LA
FRANCE ILLUSTRÉE

IV

LA
FRANCE ILLUSTRÉE

GÉOGRAPHIE — HISTOIRE — ADMINISTRATION

STATISTIQUE

PAR

V.-A. MALTE-BRUN

Secrétaire général honoraire et ancien Président de la Commission centrale
ou Conseil de la Société de Géographie de Paris
etc., etc.

ILLUSTRATIONS PAR HUBERT CLERGET

Cartes et Plans gravés par ERHARD

NOUVELLE ÉDITION, REVUE, CORRIGÉE ET AUGMENTÉE

TOME QUATRIÈME
Approuvé par M. le Ministre de l'Instruction publique

PARIS

JULES ROUFF & Cie, ÉDITEURS

14, CLOITRE-SAINT-HONORÉ, 14

1883

Tous droits réservés

LA FRANCE ILLUSTRÉE   PAR V.-A. MALTE-BRUN

85. — Territoire de Belfort.

BELFORT

TERRITOIRE DE BELFORT

(HAUT-RHIN)

Superficie : 610 kil. carrés. — Population : 68,600 habitants.
1 Arrondissement. — 5 Cantons. — 106 Communes.

DESCRIPTION PHYSIQUE ET GÉOGRAPHIQUE.

Situation, limites. — Le Territoire de Belfort, seul lambeau de notre regrettée Alsace que les derniers traités nous aient laissé à la suite de la néfaste guerre de 1870-1871, ne représente guère que 4 cantons et partie de 2 autres des 30 cantons qui composaient avant 1870 le département du Haut-Rhin. Il dépendait autrefois de la haute Alsace, dont il formait les seigneuries de Belfort, de Delle et partie de celle de Massevaux.

Ses limites actuelles sont : le Ballon d'Alsace et les ramifications des Vosges, qui le séparent du département des Vosges au nord-ouest et de l'Alsace au nord-est; à l'ouest, le département de la Haute-Saône; au sud, celui du Doubs et le canton de Berne (Suisse); enfin, à l'est, l'Alsace.

Nature du sol, montagnes. — Le Territoire de Belfort appartient au bassin du Rhône par l'Allaine ou Halle et la Savoureuse, sous-affluents de la Saône. Il est montagneux au nord et au sud. Au nord, ses sommets principaux, qui appartiennent à la chaîne des Vosges, sont le Ballon de Giromagny, 1,071 mètres, le Ballon de Saint-Antoine, 1,110, et le Ballon d'Alsace, point culminant du territoire, 1,257 mètres. Ces montagnes sont toutes accessibles et couronnées de forêts de sapins, de chênes, de hêtres et de châtaigniers. Elles sont séparées des plaines par des élévations intermédiaires couvertes de vignes; le niveau moyen de ces plaines est de 350 mètres au-dessus de celui de la mer.

Au sud, il est couvert par les derniers contreforts du Jura, qui n'ont guère plus de 400 à 500 mètres d'altitude.

La plaine resserrée entre le Jura et les Vosges a environ 350 mètres d'altitude entre Delle et Massevaux, sur l'extrême frontière du territoire; c'est ce que l'on appelle le col de Valdieu; plus à l'ouest, elle se resserre encore plus et s'accidente de quelques collines. L'ensemble de ce passage, entre le Jura et les Vosges, dont Belfort est la clef, est ce que l'on appelle la *trouée de Belfort*, point stratégique d'une extrême importance; c'est par là que, depuis les premiers temps de notre histoire jusqu'en 1871, ont passé les invasions germaniques pour déboucher dans notre pays.

Hydrographie. — Le Territoire de Belfort est situé sur l'extrême limite des bassins du Rhin et du Rhône, mais il appartient exclusivement à ce dernier par l'Allaine ou Halle, sa rivière principale.

L'Allaine, appelée aussi la Halle ou Hallam, naît en Suisse, près du village de Alle ou Halle, non loin de Porentruy. Elle entre dans le Territoire de Belfort à Delle, arrose Joncherey, Grandvillars, Morvillars, reçoit l'Aîne ou rivière de Saint-Nicolas, grossie elle-même de la Suarcine et de la rivière de la Madeleine, et passe dans le département du Doubs, pour aller se jeter dans le Doubs près de Vaujoncourt, après un cours d'environ 47 kilomètres.

La Savoureuse, affluent principal de l'Allaine, traverse le Territoire du nord au sud. Elle descend du Ballon de Giromagny, coule d'abord dans une profonde gorge boisée, passe à Lepuix, à Giromagny, à Chaux, à Sermamagny, reçoit le Rhôme, se grossit de la Waivre, du ruisseau de l'étang des Forges, baigne Belfort, Danjoutin, Andelnans, Sevenans, reçoit la Douce à Bermont, et se jette dans l'Allaine au Vieux-Charmont (Doubs), après un cours d'environ 40 kilomètres.

Les étangs sont nombreux, principalement dans le petit bassin de la Savoureuse; nommons ceux des Forges, de Malsaucy, près d'Évette, des Mielles, des Barbeaux, de Courbes-Chaussées, de Mazarin et de Denney.

Le canal du Rhône au Rhin traverse le Territoire entre Méziré et Montreux-Château et en côtoyant la rivière de Saint-Nicolas, sur une longueur d'environ 10 kilomètres.

Voies de communication. — Le Territoire de Belfort est traversé par trois routes nationales : 1° celle de Paris à Bâle ; 2° de Lyon à Strasbourg, qui se détache à Belfort de la première ; 3° de Belfort à Montbéliard. Leur parcours est de 42 kilomètres. Les routes départementales y ont été déclassées, la longueur des chemins de grande communication et d'intérêt commun est de 360 kilomètres, et la longueur totale des chemins vicinaux est de 254 kilomètres.

Le Territoire est traversé par le chemin de fer de Paris à Bâle (réseau de l'Est) par Belfort (443 kilomètres de Paris) ; l'ancienne ligne, qui se dirige sur Mulhouse, dessert les stations de Chèvremont et de Petit-Croix, où est la douane française ; la nouvelle ligne, qui évite le trajet sur le territoire allemand et passe par la Suisse, dessert, à partir de Belfort, les stations de : Méroux, Bourogne, Morvillars, Grandvillars et Delle (465 kilomètres de Paris, 22 de Belfort) où se trouve la douane française. Le trajet de Paris à Bâle par Delle et la Suisse est de 20 kilomètres plus long que celui par Mulhouse. Belfort est aussi relié à Dôle par une ligne de 188 kilomètres, qui passe par Montbéliard; et cette dernière est reliée à Delle par un tronçon de 28 kilomètres, qui évite aux voyageurs et aux marchandises de passer par Belfort pour gagner la Suisse. La longueur des chemins de fer exploités sur le Territoire de Belfort est de 54 kilomètres 205 mètres.

Climat. — Le climat du Territoire de Belfort appartient, pour sa plus grande partie, à la région climatoriale du nord-est, c'est-à-dire au climat vosgien. Il est généralement tempéré, l'air y est pur et salubre ; mais le voisinage de hautes montagnes couvertes de forêts rend la température fort variable. Les hivers y sont généralement fort longs. Les vents dominants sont ceux du sud-ouest et du nord-est ; les premiers amènent les brouillards et la pluie, les seconds le temps sec et le froid. On a vu le thermomètre descendre en hiver à — 25 degrés et monter en été à + 32 ; la moyenne des jours de brouillard, de pluie, de neige et de giboulées est d'environ 140 jours.

Le sud du département appartient au climat rhodanien, qui est plus doux que le climat vosgien.

Productions naturelles. — Le terrain qui constitue le sol du Territoire de Belfort est un terrain primitif composé de granit à grains fins ; il contient plusieurs amas stratiformes de calcaire, et dans ses rochers on rencontre des filons de quartz. Le granit de la vallée de Giromagny est estimé et, dans les environs de cette petite ville, on a trouvé accidentellement de l'or en grains ou en paillettes. Le marbre, la pierre à chaux, le grès, la houille et la tourbe sont avec le fer les minéraux que l'on rencontre. Le règne végétal offre une grande variété ; le chêne, le hêtre, le pin, le sapin, le mélèze, le frêne, le bouleau, le châtaignier peuplent les épaisses forêts qui couvrent le flanc des montagnes. Dans les forêts inférieures, on voit plus fréquemment l'orme, le frêne, le peuplier et l'aune ; le tilleul, l'érable, l'acacia sont particuliers à la plaine, et le merisier est cultivé en grand pour la production du kirchwasser.

Ee Territoire produit des céréales en suffisante qualité relativement à son étendue, des pommes de terre, de la garance et du chanvre. Les coteaux plantés en vignes donnent un vin bon ordinaire, et l'on tire des forêts, dont les principales sont celles de Beucinière, de la Grande-Roche, de Malevaux, de Florimont et du Salbert, beaucoup de bois de construction. Les animaux sont les mêmes que ceux que l'on rencontre dans le département de la Haute-Saône ; on comptait, en 1877, 15,213 bêtes appartenant à la race bovine, 3,963 moutons, 16,000 porcs et 1,946 chèvres.

Industrie agricole, manufacturière et commerciale. — Le Territoire de Belfort est à la fois agricole et manufacturier. Ses sommets sont couverts de pâturages ou d'épaisses forêts (20,493 hectares) ; au-dessous s'étagent les vignes et les plantations de châtaigniers, la plaine est laissée à l'agriculture. Voici l'étendue consacrée à chaque culture (1877) : froment, 4,920 hectares ; méteil, 792 ; seigle, 2,280 ; orge ; 610 ; avoine, 2,435 ; pommes de terre, 3,380 ; légumes secs, 50 ; betteraves, 82 ; chanvre, 44 hectares.

L'industrie métallurgique est encore d'une grande importance, surtout dans le canton de Giromagny, à Beaucourt, à Audincourt et à Grandvillars ; elle produit annuellement 30,000 quintaux métriques de fer ou d'acier. Après celle-ci, l'industrie manufacturière tient le premier rang : on compte sur le Territoire 16 fabriques de coton, principalement dans les cantons de Belfort et de Giromagny, 1 fabrique ou tissage de laine à Offemont; parmi les industries diverses, nous citerons : 3 fabriques de savon et bougies, des distilleries d'eau-de-vie, à Grandvillars et à Beaucourt d'importantes brasseries, des grandes fabriques de quincaillerie, de serrurerie, d'ustensiles de ménage, d'ébauches de montres, de vis de boulons, de rivets, une fabrique de laiton, une fonderie et atelier de construction pour les machines.

Le commerce est d'ailleurs facilité par les foires ou marchés qui se tiennent dans chacun des chefs-lieux de canton et dans quelques grosses communes.

Delle est devenu un entrepôt commercial important pour le transit des importations et des exportations.

Division politique et administrative. — Le Territoire de Belfort a pour chef-lieu Belfort; il forme un seul arrondissement qui compte 5 cantons et 106 communes; le tableau statistique que nous donnons plus loin les fera connaître. Il appartient à la région agricole de l'est de la France. Il a à sa tête un administrateur, faisant les fonctions de préfet, et une commission départementale ayant les pouvoirs du conseil général.

Ce Territoire dépend du diocèse de Besançon; il possède 2 cures de première classe, 75 succursales et 25 vicariats. Il y a des temples protestants à Belfort dépendant du consistoire d'Héricourt (Haute-Saône).

Au point de vue judiciaire, il relève de la cour d'appel de Besançon ; il y a à Belfort un tribunal de première instance et un tribunal de commerce.

Belfort possède un lycée, et le Territoire compte trois institutions secondaires. Le nombre des écoles primaires est de 166. L'instruction y est prospère, et, d'après la statistique officielle, le Territoire de Belfort tient le premier rang. Dans chacune des communes, il y a une bibliothèque scolaire et une société de protection des animaux utiles.

Le Territoire de Belfort, qui est une place forte de première classe, dépend du 7ᵉ corps d'armée et de la 7ᵉ division de l'armée territoriale dont l'état-major est à Besançon. Elle est aussi le siège d'une subdivision militaire. La compagnie de gendarmerie nationale est détachée de la 7ᵉ légion dont l'état-major est à Besançon.

Le Territoire fait partie de l'arrondissement minéralogique de Chaumont appartenant à la région du nord-est ; de la 5ᵉ inspection des ponts et chaussées et du 12ᵉ arrondissement forestier, dont le conservateur est à Besançon. Il y a un inspecteur général des douanes à Belfort et des bureaux principaux à Delle et à Petit-Croix.

Le nombre des perceptions des finances est de 18 ; les contributions et revenus publics atteignent environ huit millions de francs.

HISTOIRE DU DÉPARTEMENT

Le Territoire de Belfort était compris dans la partie méridionale de l'Alsace et portait le nom de *Sundgau*, lequel était borné : à l'est, par le Rhin et le territoire de Bâle; au sud, par les terres de l'évêque de Bâle et les comtés de Montbéliard et de Bourgogne; à l'ouest, par les Vosges et la Lorraine ; au nord, par la Thur, descendant de la vallée de Saint-Amarin, qui séparait le Sundgau de la haute Alsace. C'est seulement après l'occupation du pays par les Francs et sa réunion au royaume de Lorraine, en 843, que cette contrée fut divisée en deux grands cantons, celui du nord, appelé *Nordgau*, et celui du sud, qui prit la dénomination de *Sudgau* ou *Sundgau*. Belfort était la ville principale de ce dernier canton.

Toutefois, il est impossible de séparer l'histoire de cette petite portion de l'Alsace de celle de la contrée dont elle faisait antérieurement partie.

On nous permettra donc de rapporter ici tous les faits relatifs au territoire qui constituait naguère le département français du Haut-Rhin tout entier.

L'histoire de ce département peut se diviser en quatre parties :

La première comprenant les temps antérieurs à la conquête romaine et la domination romaine elle-même ;

La seconde : l'invasion et l'établissement de la monarchie franque jusqu'aux successeurs de Charlemagne ;

La troisième correspondant à la période allemande, depuis Othon jusqu'au traité de Westphalie ;

La dernière enfin, commençant par l'incorporation de l'Alsace à la France, sous Louis XIV, et se continuant jusqu'à nos jours.

Ce qu'on a pu recueillir de positif sur l'histoire du pays avant l'arrivée des Romains, c'est qu'il était habité par la race celtique; que les principales peuplades maîtresses de la haute Alsace étaient les Rauraques et les Séquanais, et qu'on y conservait un vif et douloureux souvenir de l'invasion d'Arioviste. Les bourgades existant à cette époque et dont le nom est parvenu jusqu'à nous sont : *Gramatum* (Offemont), *Larga* (Largitzen), *Arialbin* (Binningen), *Brisac* (Vieux-Brisach), *Olin* (Edenbourg), *Argentonaria* (Hornbourg).

On croit avoir reconnu sur le sommet des Vosges quelques vestiges d'anciens autels druidiques ; ce qui paraît plus positif, c'est que, sous le nom de Krutzman, une espèce d'Hercule sauvage était adoré par les populations, et que le Rhin fut lui-même une des divinités du pays.

Les traces du passage des Romains sont beaucoup moins incertaines ; cinquante forts furent élevés sur les bords du Rhin, pour protéger le pays contre les menaces d'invasion ; huit légions furent employées à leur garde, et, parmi leurs généraux, l'histoire a gardé les noms de Drusus, de Germanicus et de Silius. Des routes percées, souvent à travers les forêts défrichées, relièrent entre elles les anciennes villes agrandies, ou de nouvelles cités qui se formaient. Deux siècles de prospérité et de paix récompensèrent les intelligents efforts du génie colonisateur des Romains.

Mais les deux siècles suivants, troublés par les révolutions impériales, dont le contre-coup se faisait sentir depuis Rome jusqu'aux provinces les plus reculées, par les ferments de discorde que l'incertitude du pouvoir développait, furent agités surtout par les menaces incessantes et plus redoutables d'année en année des hordes du nord, qu'une invincible fatalité poussait vers les rives du Rhin, seule barrière qui les séparât de ces contrées occidentales, objet de leur ardente convoitise, proie dévouée à leurs envahissements. Malgré l'apaisement d'une première révolte, suscitée en l'an 70 par Civilis, malgré les glorieux exploits de Crispus sous Constantin, les victoires de Julien qui put envoyer prisonnier à Rome le roi barbare Chrodomar, en 357 ; malgré l'importante journée d'*Argentonaria*, en 378, et la pacification momentanée de la province par Gratien, il fallut bientôt renoncer à la lutte. Stilicon, lieutenant d'Honorius, ayant retiré ses troupes, les barbares se ruèrent sur le pays sans défense et en firent un désert.

Aux Alains et aux Vandales succédèrent les Alamans, qui tentèrent de fonder quelques établissements, en 407.

Tout fut dispersé ou anéanti lors du passage d'Attila, en 451 ; puis enfin, en 496, la victoire de Tolbiac, près de Cologne, vint asseoir sur toute la contrée le pouvoir de Clovis et la domination des Francs.

C'est à l'époque romaine et au règne de Constantin que se rattachent les premières prédications du christianisme en Alsace, et saint Materne fut le premier révélateur de la foi nouvelle, qui déjà, vers la fin du IVe siècle, possédait un évêque à Strasbourg ; là comme dans les autres provinces de France, les progrès religieux furent rapides sous la monarchie franque.

La haute Alsace, ou *Sundgau*, comprise d'abord dans le duché d'Alemanie, forma ensuite avec la basse Alsace un duché particulier du royaume d'Austrasie, jusqu'à la mort de Childebert II, époque à laquelle, en vertu du traité de Verdun, elle fut incorporée dans le nouveau royaume de Lorraine.

La division du territoire, à cette époque, en cantons (*gaue*) administrés au nom du roi par des comtes, et en terres franches ou *mundats* (*immunitates*), qui appartenaient à l'Église ou relevaient d'administrations particulières, l'éloignement du pouvoir central, expliquent le développement simultané de deux puissances : celle des évêques, qui surent se soustraire plus tard, eux et leurs domaines, à toute domination ; et celle des seigneurs, qui devinrent la souche des plus puissantes dynasties.

Parmi les cinq ducs qui représentèrent d'abord en Alsace l'autorité royale, Athic ou Adalric, plus connu encore sous le nom d'Ethico, qui succéda à Boniface et à Gundon, est le personnage le plus illustre que l'Alsace puisse revendiquer ; sans parler de sa descendance immédiate, de son fils Adalbert et de son petit-fils Luitfrid, qui tous deux héritèrent de sa dignité, et aux mains desquels elle s'éteignit, les ducs d'Alsace ayant été remplacés alors par des commissaires royaux, sous le titre d'envoyés de la chambre, *nuntii cameræ*, la lignée masculine du duc Eticho embrasse : les comtes d'Eguisheim, les ducs de Lorraine, la maison de Habsbourg, les comtes de Flandre, de Paris, de Roussillon, de Brisgau, d'Altenbourg, de Zæhringen, de Bade et de Lentybourg ; et par les femmes cette illustre famille tient aux empereurs d'Allemagne, à ceux de la maison Hohenstauffen et à Hugues Capet par Robert le Fort.

Le gouvernement des ducs d'Alsace ne fut signalé

par aucun événement politique important. Sa fin nous conduit au règne de Charlemagne qui, respecté au dehors, obéi au dedans, continua pour cette province l'ère de paix et d'organisation qu'elle devait à l'administration précédente.

La troisième période commence en 870, au milieu des déchirements qui suivirent la mort du grand empereur, et dont le partage de ses vastes États fut la cause.

L'Alsace incorporée à l'empire germanique eut, en 916, une nouvelle série de ducs qui prirent alors le titre de ducs de Souabe et d'Alsace. On en compte vingt-six, dont les quinze premiers, de différentes familles allemandes, et les onze autres appartenant tous à la maison impériale de Hohenstauffen. Le dernier fut Conradin, envoyé en Italie à l'âge de seize ans, à la tête d'une armée, pour disputer à Charles d'Anjou le royaume de Pouille et de Sicile; il fut vaincu, pris et décapité à Naples, le 26 octobre 1268.

L'autorité des ducs n'était pas souveraine, elle s'exerçait au nom de l'empereur, mais le haut rang des princes qui en étaient revêtus, presque tous fils ou proches parents du souverain, rehaussa l'éclat de cette dignité, devenue en quelque sorte héréditaire, en même temps qu'elle procurait à l'Alsace presque tous les avantages d'une véritable immédiateté.

Les landgraves succédèrent aux ducs; non pas cependant que l'établissement du landgraviat coïncide avec l'extinction des duchés; depuis 1186, les landgraves, dans la personne d'Adalbert III, dit le Riche, avaient remplacé les comtes du Sundgau ou de la haute Alsace, qui, sous les ducs, administraient la province, et étaient spécialement chargés de rendre la justice. Ils n'avaient point de résidence fixe et tenaient leurs assises à Meyenheim, à Ensisheim, à Rouffach et souvent en pleine campagne; les premiers comtes, depuis 673 jusqu'à 1111, avaient été pris dans diverses familles, principalement cependant dans celle du duc Eticho; de 1111 à 1308, ils furent tous de la maison de Habsbourg, et depuis cette époque jusqu'à la réunion à la France, en 1648, les landgraves, successeurs des comtes, appartinrent sans exception à la maison habsbourgo-autrichienne.

C'est à la longue possession du landgraviat par la même famille, à l'accumulation des richesses, à l'étendue des domaines et à l'influence qui en furent les conséquences naturelles, que Rodolphe Ier de Habsbourg dut son élévation au trône impérial, en 1273. Il n'est sorte de faveurs, distinctions et privilèges qui n'aient été constamment attachés à cette dignité de landgrave, devenue comme l'apanage héréditaire des fils puînés de la famille impériale dont plusieurs, à l'exemple de Rodolphe, n'ont quitté le gouvernement de l'Alsace que pour aller s'asseoir sur le trône des Césars.

Nous avons dû insister sur cette aride généalogie des princes d'Alsace, parce qu'elle nous semble résumer la partie la plus intime de l'histoire de la province; les événements qui se déroulèrent pendant leur longue domination, ou appartiennent à un cadre plus général et plus vaste que le nôtre, et il nous suffira de les signaler, ou rentrent dans les annales spéciales des bourgs du Territoire que nous essayerons bientôt de faire connaître. Jusqu'au XVe siècle, outre les invasions normandes et anglaises, les revendications armées des rois de France et les démêlés avec la maison de Bourgogne, le pays fut presque continuellement déchiré par des discordes intestines.

Tous les pouvoirs avaient grandi à la fois; nous avons signalé l'origine de celui des évêques; la féodalité avait acquis en Alsace les mêmes développements que dans le reste de la France; nous avons montré quelle était la grandeur et l'illustration des ducs et des landgraves: à côté, au-dessous d'eux, trop haut placés pour descendre aux détails de l'administration, s'étaient élevés les landvogt, qui, laissant aux princes impériaux les dehors de la toute-puissance, s'attachaient à en conquérir les réalités; la bourgeoisie des villes enfin opposait alternativement aux prétentions du clergé les immunités et privilèges de l'empire, aux réclamations de l'empire ses vieilles franchises épiscopales. De ce conflit perpétuel, de cette incertitude sur l'étendue et la légitimité de tous les pouvoirs, naquit une situation confuse dont les désordres devinrent souvent de véritables brigandages. Et cependant, au milieu de ces luttes sanglantes que soutenait la bourgeoisie pour augmenter ou défendre ses libertés, l'art grandissait comme pour prouver une fois de plus son alliance indissoluble avec la liberté; l'Alsace avait ses peintres, ses sculpteurs, ses musiciens, ses savants, ses poètes, et Gutenberg inventait l'art typographique.

C'est dans ces circonstances qu'apparut Luther, dont la doctrine se répandit rapidement dans tout le pays. Entre ses premières prédications et la fondation par Calvin d'une Église réformée à Strasbourg, en 1548, se place le douloureux épisode de la guerre des *rustauds*, lutte des paysans contre la noblesse, et le massacre des anabaptistes, apôtres de l'égalité absolue.

Hâtons-nous de franchir cette période sanglante qui n'offre que des récits de persécutions, que des tableaux de meurtre et de désolation ; mentionnons la guerre de Trente ans qui en fut comme le couronnement ; Colmar, Belfort, Altkirch, nous diraient les exploits de Gustave-Adolphe et du général Horn ; arrivons enfin à la victorieuse intervention de la France, au traité de Westphalie et à la réunion au sol français de cette belle province qui depuis lui resta si fidèle.

Cependant, si Louis XIV apportait le repos à ce pays longtemps troublé, le despotisme de son gouvernement devait froisser vivement des populations auxquelles la liberté était si chère ; le traité d'annexion avait garanti aux anciennes villes impériales le maintien de leurs franchises et privilèges ; la violation de cet article essentiel du contrat suscita des séditions et des révoltes qui ne cédèrent qu'aux victoires de Turenne, de Condé et de Créqui. Ce fut donc alors pour l'Alsace plutôt une soumission à la force qu'une incorporation à la patrie commune ; le règne de Louis XV ne lui donna encore que les abus de l'ancien régime français avec la paix, en compensation des gloires si chèrement payées du règne précédent, mais sans aucune restitution de ses libertés ravies.

Enfin arriva le jour qui devait cimenter à jamais l'union de l'Alsace et de la France ; la proclamation des principes de 1789 répondait trop aux sentiments, aux souvenirs et aux espérances toujours vivaces des habitants pour ne pas y être accueillie avec la plus grande satisfaction. L'égalité des cultes était surtout une précieuse conquête pour une contrée où les dissidents formaient une minorité notable de la population. Aussi, quand la France républicaine fut menacée, l'Alsace se leva comme un seul homme, et courut aux frontières. Exposée la première à toutes les attaques, à tous les assauts des puissances coalisées, jamais cette province, devenue le premier boulevard de la liberté, ne faillit aux devoirs que ses destinées nouvelles lui imposaient, pas une plainte ne s'éleva du sein de cette brave contrée, sentinelle avancée de la France, toujours sur pied, toujours en armes ; pas un murmure n'échappa à cet héroïque pays qui s'était fait, tout à coup, et volontairement, le soldat de sa nouvelle patrie, et soldat aussi dévoué, aussi soumis, aussi discipliné, qu'il avait été sujet intraitable et rebelle pour les anciens maîtres dont il contestait le pouvoir.

Hélas ! cette union, qui durait depuis 223 ans, devait être rompue violemment à notre époque. Tout le monde sait à la suite de quels événements. Le 15 juillet 1870, le gouvernement français se décidait témérairement, sans motif plausible et malgré l'opposition des patriotes clairvoyants, au nombre desquels M. Thiers était au premier rang, à déclarer la guerre à la Prusse, et, dès le 19 du même mois, le gouvernement prussien recevait notification officielle de cette folle déclaration.

Nous n'avons pas à rappeler ici avec quelle imprévoyance cette guerre avait été préparée, avec quelle impéritie elle fut conduite. On en connaît les désastreux résultats : la France amenée au bord de l'abîme, amputée de deux riches provinces : l'Alsace et la plus grande partie de la Lorraine.

Nous nous contenterons de passer rapidement en revue les principaux événements qui amenèrent et précédèrent l'envahissement du Haut-Rhin et le siège de Belfort. Dès le début, d'ailleurs, on avait dû renoncer au plan d'attaque conçu par Napoléon III ; la rapidité de la mobilisation des troupes allemandes et le désarroi dans lequel se trouvèrent immédiatement les troupes françaises ne permettaient d'autre objectif que la défensive.

Le 2 août, le général de Failly attaque la petite place de Sarrebrück, qu'il abandonnait presque immédiatement. Le 4, le général Abel Douai est battu et tué à Wissembourg. Les défaites succèdent aux défaites : le 5 et le 6, le maréchal de Mac-Mahon était vaincu à Frœschwiller, en même temps que le général Frossard l'était à Forbach. Le 10, le général allemand de Werder sommait Strasbourg de se rendre. Cette reddition ne devait avoir lieu que le 28 septembre, après la vigoureuse défense du général Uhrich. Le 13 août, la première armée allemande entourait Metz. Le 14, le 15 et le 18, se livrèrent les batailles meurtrières de Borny, de Gravelotte et de Saint-Privat, à la suite desquelles l'armée du Rhin, sous les ordres de Bazaine, rentrait dans Metz. Dès le 19, l'armée du prince Frédéric-Charles commençait le blocus de cette place, qui jusqu'à ce jour s'était enorgueillie de son surnom de *la Pucelle*.

Place de Belfort.

Le 23 août, le bombardement de Strasbourg commençait. Il était impossible d'y répondre efficacement : nos pièces avaient une portée insuffisante; il était impossible aussi de garantir des projectiles la garnison et les habitants : les refuges casematés faisaient défaut.

Le 30 août, la défaite du maréchal de Mac-Mahon à Beaumont préludait à la catastrophe de Sedan. Le 1er septembre, Napoléon III rendait son épée au roi Guillaume de Prusse. Wimpfen signait la capitulation dont on trouvera le texte au département des Ardennes.

Le 23 septembre, Phalsbourg se rendait; Strasbourg le 28.

Le 1er octobre, le général de Schmeling franchissait le Rhin et pénétrait dans le Haut-Rhin. Il est presque inutile de dire que les villes les plus importantes de ce département furent successivement occupées par des troupes allemandes : Colmar, Altkirch, Mulhouse, Neuf-Brisach, Dannemarie, etc. Belfort ne fut rendu, comme on le verra, que le 17 février 1871.

Pour la suite de notre récit, nous allons prendre pour guide, en l'abrégeant considérablement, l'ouvrage des capitaines Édouard Thiers et S. de La Laurencie, les dignes collaborateurs du brave défenseur de Belfort (*Histoire de la défense de Belfort*).

Vers la fin de septembre, un petit corps allemand s'installa à Chalampé, sur la rive française du Rhin, un peu au nord de Mulhouse, en face de la petite ville badoise de Neuenbourg, qu'un simple bac reliait à l'autre rive; au commencement d'octobre, l'ennemi, laissé définitivement tranquille possesseur de Chalampé, y établit un pont par lequel entrèrent dans le Haut-Rhin quelques milliers d'hommes qui commencèrent à rançonner le pays d'alentour, et notamment Mulhouse. Malheureusement, les populations étaient prises d'une panique indicible; dès qu'un uhlan apparaissait, les armes qui avaient été distribuées dans le but d'obtenir une résistance locale, étaient renvoyées à Belfort, où elles arrivaient par charretées; heureux encore quand elles n'étaient pas livrées par centaines à quelques cavaliers. Cette défaillance inconcevable enhardit tellement l'ennemi qu'il osa alors venir à Altkirch, presque à mi-chemin de Mulhouse et de Belfort. Le général Thorneton, qui occupait avec de la cavalerie et de l'infanterie les abords de Belfort jusqu'à Dannemarie, fit retraite de ses positions le 6 octobre, et peu s'en fallut que le grand viaduc du chemin de fer à Dannemarie ne fût prématurément détruit.

Mais les événements avaient pris une tournure de plus en plus grave; l'ennemi avait grossi en nombre dans le Haut-Rhin, réquisitionnant partout sans trouver la moindre résistance, même à Mulhouse, où le conseil municipal avait redouté de laisser armer la nombreuse population ouvrière qui, sans cela, se fût défendue avec plus ou moins de succès, mais eût au moins arrêté quelque temps l'envahisseur. Enfin, devenu assez fort, l'ennemi entreprit le siège de Neuf-Brisach, puis celui de Schlestadt, qui, tous les deux, capitulèrent après de courtes et incomplètes résistances. A la suite de divers engagements, glorieux pour nos armes, dans la haute Alsace et à l'entrée de Saint-Amarin avec les francs-tireurs de M. Keller, député du Haut-Rhin, mais dont les résultats furent insuffisants pour l'arrêter, l'ennemi attaqua, le 14 octobre, la petite ville de Soultz, énergiquement défendue par les francs-tireurs, avec le concours de la population. L'ennemi avait du canon et l'affaire fut chaude. Vers le soir, renonçant à entrer dans Soultz avec les troupes dont il disposait, il appela à lui des renforts; l'arrivée d'un détachement français de 300 hommes dépendant de Dannemarie, avec une centaine de gardes nationaux de Mulhouse, le décida à une retraite immédiate. Cette affaire, où la victoire nous resta, fut le plus sérieux de tous les engagements de ce côté.

Vers la même époque (19 octobre), le général Crouzat fut appelé sous les ordres du général Cambriels, et le commandement de Belfort fut donné au lieutenant-colonel du génie Denfert-Rochereau, qui fut en même temps nommé colonel. A l'article que nous consacrons plus loin à Belfort, nous raconterons en détail les péripéties de ce siège, qui suffirait à lui seul pour sauver l'honneur du pays, et qui eut pour résultat de conserver à la France mutilée cette position précieuse, cette gardienne de la *Trouée des Vosges*.

Les pertes éprouvées par le Territoire de Belfort au cours de cette guerre douloureuse se sont élevées au chiffre énorme de 6,010,778 fr. 48.

Mais l'argent est peu de chose, en comparaison du démembrement de la patrie! Ce démembrement a été consacré d'abord par le traité préliminaire conclu à Versailles, puis par le traité définitif signé à Francfort.

Il y a deux parties à distinguer dans le document historique qui enlevait à la France l'Alsace et une partie de la Lorraine: le traité de préliminaires de paix et le traité définitif. Le premier fut signé le 26 février 1871 et ratifié par l'Assemblée nationale le 1er mai suivant. En voici la teneur:

« Entre le chef du pouvoir exécutif de la République, M. Thiers, et

» Le ministre des affaires étrangères, M. Jules Favre, représentants de la France, d'un côté;

» Et de l'autre:

» Le chancelier de l'Empire germanique, M. le comte Otto de Bismarck-Schœnhausen, muni des pleins pouvoirs de S. M. l'empereur d'Allemagne, roi de Prusse;

» Le ministre d'Etat et des affaires étrangères de S. M. le roi de Bavière, M. le comte Otto de Bray-Steinburg;

» Le ministre des affaires étrangères de S. M. le roi de Wurtemberg, le baron Auguste de Wæchter,

» Le ministre d'Etat, président du conseil des ministres de S. A. Mgr le grand-duc de Bade, M. Jules Joly, représentants de l'Empire germanique.

» Les pleins pouvoirs des parties contractantes ayant été trouvés en bonnes et dues formes, il a été convenu ce qui suit pour servir de base préliminaire à la paix définitive à conclure ultérieurement.

» Art. 1er. La France renonce, en faveur de l'Empire allemand, à tous ses droits et titres sur les territoires situés à l'est de la frontière ci-après désignée:

» La ligne de démarcation commence à la frontière nord-ouest du canton de Cattenom (Moselle), vers le grand-duché de Luxembourg; suit, vers le sud, les frontières occidentales des cantons de Cattenom et Thionville, passe par le canton de Briey en longeant les frontières occidentales des communes de Montois-la-Montagne et Roncourt, ainsi que les frontières orientales des communes de Marie-aux-Chênes, Saint-Ail, atteint la frontière du canton de Gorze, qu'elle traverse le long des frontières communales de Vionville, Chambley et Onville, suit la frontière sud-ouest de l'arrondissement de Metz, la frontière occidentale de l'arrondissement de Château-Salins jusqu'à la commune de Pettoncourt, dont elle embrasse les frontières occidentale et méridionale, pour suivre la crête des montagnes entre la Seille et Moncel jusqu'à la frontière de l'arrondissement de Strasbourg au sud de Garde.

» La démarcation coïncide ensuite avec la frontière de cet arrondissement jusqu'à la commune de Tanconville, dont elle atteint la frontière au nord; de là, elle suit la crête des montagnes entre les sources de la Sarre blanche et de la Vezouse jusqu'à la frontière du canton de Schirmeck, longe la frontière occidentale de ce canton, embrasse les communes de Saales, Bourg-Bruche, Colroy, La Roche, Plaine, Ranrupt, Saulxures et Saint-Blaise-la-Roche du canton de Saales, et coïncide avec la frontière occidentale des départements du Bas-Rhin et du Haut-Rhin jusqu'au canton de Belfort, dont elle quitte la frontière méridionale non loin de Vourvenans pour traverser le canton de Delle, aux limites méridionales des communes de Bourgogne et Froide-Fontaine et atteindre la frontière suisse, en longeant les frontières orientales des communes de Joncherey et Delle.

» La frontière, telle qu'elle vient d'être décrite, se trouve marquée en vert sur deux exemplaires conformes de la carte du territoire formant le gouvernement général d'Alsace, publiée à Berlin en septembre 1870 par la division géographique et statistique de l'état-major général et dont un exemplaire sera joint à chacune des deux expéditions du présent traité.

» Toutefois le tracé indiqué a subi les modifications suivantes de l'œuvre des deux parties contractantes: dans l'ancien département de la Moselle, les villages de Marie-aux-Chênes, près de Saint-Privat-la-Montagne et de Vionville, à l'ouest de Rezonville, seront cédés à l'Allemagne. Par contre, la ville et les fortifications de Belfort resteront à la France, avec un rayon qui sera déterminé ultérieurement.

» Art. 2. La France payera à S. M. l'empereur d'Allemagne la somme de cinq milliards de francs.

» Le payement d'au moins un milliard de francs aura lieu dans le courant de l'année 1871, et celui de tout le reste de la dette dans un espace de trois années, à partir de la ratification du présent article.

» Art. 3. L'évacuation des territoires français occupés par les troupes allemandes commencera après la ratification du présent traité par l'Assemblée nationale siégeant à Bordeaux.

» Immédiatement après cette ratification, les troupes allemandes quitteront l'intérieur de la ville de Paris, ainsi que les forts situés à la rive gauche de la Seine; et, dans le plus bref délai possible, fixé par une entente entre les autorités militaires des deux pays, elles évacueront entièrement les départements du Calvados, de l'Orne, de la Sarthe, d'Eure-et-Loir, du Loiret, de Loir-et-Cher, d'Indre-et-Loire, de l'Yonne, et, de plus, les départements de la Seine-Inférieure, de l'Eure, de Seine-et-Oise, de Seine-et-Marne, de l'Aube et de la Côte-d'Or, jusqu'à la rive gauche de la Seine.

» Les troupes françaises se retireront en même temps derrière la Loire, qu'elles ne pourront dépasser avant la signature du traité de paix définitif. Sont exceptées de cette disposition la garnison de Paris, dont le nombre ne pourra dépasser quarante mille hommes, et les garnisons indispensables à la sûreté des places fortes.

» L'évacuation des départements situés entre la rive droite de la Seine et les frontières de l'Est, par les troupes allemandes, s'opérera graduellement, après la ratification du traité définitif et le payement du premier demi-milliard de la contribution stipulée par l'article 2, en commençant par les départements les plus rapprochés de Paris, et se continuera au fur et à mesure que les versements de la contribution seront effectués. Après le premier versement d'un demi-milliard, cette évacuation aura lieu dans les départements suivants: Somme, Oise et les parties des départements de la Seine-Inférieure, Seine-et-Oise, Seine-et-Marne, situées sur la rive droite de la Seine, ainsi que la partie du département de la Seine et les forts situés sur la rive droite.

» Après le payement de deux milliards, l'occupation allemande ne comprendra plus que les départements de la Marne, des Ardennes, de la Haute-Marne, de la Meuse, des Vosges, de la Meurthe, ainsi que la forteresse de Belfort et son territoire, qui serviront de gage pour les trois milliards restants, et où le nombre des troupes allemandes ne dépassera pas cinquante mille hommes.

» S. M. l'empereur sera disposé à substituer à la garantie territoriale, consistant en l'occupation partielle du territoire français, une garantie financière, si elle est offerte par le gouvernement français dans des conditions reconnues suffisantes par S. M. l'empereur et roi pour les intérêts de l'Allemagne. Les trois milliards dont l'acquittement aura été différé porteront intérêt à cinq pour cent, à partir de la ratification de la présente convention.

» Art. 4. Les troupes allemandes s'abstiendront de faire des réquisitions, soit en argent, soit en nature dans les départements occupés. Par contre, l'alimentation des troupes allemandes qui restent en France aura lieu aux frais du gouvernement français dans la mesure convenue avec l'intendance militaire allemande.

» Art. 5. Les habitants des territoires cédés par la France, en tout ce qui concerne leur commerce et leurs droits civils, seront traités aussi favorablement que possible, lorsque seront arrêtées les conditions de la paix définitive.

» Il sera fixé, à cet effet, un espace de temps pendant lequel ils jouiront de facilités particulières pour la circulation de leurs produits. Le gouvernement allemand n'opposera aucun obstacle à la libre émigration des habitants des territoires cédés, et ne pourra prendre contre eux aucune mesure atteignant leurs personnes ou leurs propriétés.

» Art. 6. Les prisonniers de guerre qui n'auront pas été mis en liberté par voie d'échange seront rendus immédiatement après la ratification des présents préliminaires. Afin d'accélérer le transport des prisonniers français, le gouvernement français mettra à la disposition des autorités allemandes à l'intérieur du territoire allemand, une partie du matériel roulant de ses chemins de fer, dans une mesure qui sera déterminée par des arrangements spéciaux et aux prix payés en France par le gouvernement français pour les transports militaires.

» Art. 7. L'ouverture des négociations pour le traité de paix définitif à conclure sur la base des présents préliminaires aura lieu à Bruxelles après la ratification de ces derniers par l'Assemblée nationale et par S. M. l'empereur d'Allemagne.

» Art. 8. Après la conclusion et la ratification du traité de paix définitif, l'administration des départements devant encore rester occupés par les troupes allemandes sera remise aux autorités françaises : mais ces dernières seront tenues de se conformer aux ordres que le commandant des troupes allemandes croirait devoir donner dans l'intérêt de la sûreté, de l'entretien et de la distribution des troupes.

» Dans les départements occupés, la perception des impôts, après la ratification du présent traité, s'opérera pour le compte du gouvernement français et par le moyen de ses employés.

» Art. 9. Il est bien entendu que les présentes ne peuvent donner à l'autorité militaire allemande aucun droit sur les parties du territoire qu'elles n'occupent point actuellement.

» Art. 10. Les présentes seront immédiatement soumises à la ratification de l'Assemblée nationale française, siégeant à Bordeaux, et à S. M. l'empereur d'Allemagne.

» En foi de quoi, les soussignés ont revêtu le présent traité préliminaire de leurs signatures et de leurs sceaux.

» Fait à Versailles, le 26 février 1871.

» A. Thiers.
» V. Bismarck. » Jules Favre. »

« Les royaumes de Bavière et de Wurtemberg et le grand-duché de Bade ayant pris part à la guerre actuelle comme alliés de la Prusse, et faisant partie maintenant de l'Empire germanique, les soussignés adhèrent à la présente convention au nom de leurs souverains respectifs

» Comte de Bray-Steinburg.
» Baron de Wæchter.
» Mittnach.
» Jolly. »

Deux points donnèrent lieu à des débats passionnés : la possession de Belfort et l'entrée des Prussiens dans Paris. M. Thiers parvint à conserver Belfort, mais il dut céder sur le second point ; l'empereur Guillaume y tenait absolument. Toutefois, cette entrée se fit dans de telles conditions et d'une manière relativement si restreinte que l'orgueil féroce des Teutons dut être médiocrement satisfait.

Quant au traité définitif signé à Francfort le 10 mai 1871, et soumis le 18 à l'approbation de l'Assemblée nationale qui siégeait alors à Versailles, il apportait aux préliminaires quelques modifications qui n'étaient pas à l'avantage de la France. En voici le texte :

« MM. Jules Favre, Pouyer-Quertier, de Goulard, d'un côté, et le prince de Bismarck, le comte d'Arnim, de l'autre, ont arrêté :

» Article premier. La distance de la ville de Belfort à la ligne de frontière, telle qu'elle a été d'abord proposée lors des négociations de Versailles, et telle qu'elle se trouve marquée sur la carte annexée à l'instrument ratifié du traité des préliminaires du 26 février, est considérée comme indiquant la mesure du rayon qui, en vertu de la clause y relative du premier article des préliminaires, doit rester à la France avec la ville et les fortifications de Belfort.

» Le gouvernement allemand est disposé à élargir ce rayon de manière qu'il contienne les cantons de Belfort, de Delle et de Giromagny, ainsi que la partie occidentale du canton de Fontaine, à l'ouest d'une ligne à tracer du point où le canal du Rhône au Rhin sort du canton de Delle, au sud de Montreux-Château, jusqu'à la limite nord du canton entre Bourg et Félon, où cette ligne joindrait la limite est du canton de Giromagny.

» Le gouvernement allemand, toutefois, ne cédera les territoires susindiqués qu'à la condition que la République française, de son côté, consentira à une rectification de frontière le long des limites occidentales des cantons de Cattenom et de Thionville, qui laisseront à l'Allemagne le terrain à l'est d'une ligne partant de la frontière du Luxembourg, entre Hussigny et Redingen, laissant à la France les villages de Thil et de Villerupt, se prolongeant entre Erronville et Aumetz, entre Beuvilers et Boulange, entre Trieux et Lomeringen, et joignant l'ancienne ligne de frontière entre Avril et Moyeuvre.

» La commission internationale dont il est question dans l'article 1er des Préliminaires se rendra sur le terrain immédiatement après l'échange des ratifications du présent traité, pour exécuter les travaux qui lui incombent et pour faire le tracé de la nouvelle frontière, conformément aux dispositions précédentes.

» Art. 2. Les sujets français originaires des territoires cédés, domiciliés actuellement sur ce territoire, qui entendront conserver la nationalité française, jouiront, jusqu'au 1er octobre 1872 et moyennant une déclaration préalable faite à l'autorité compétente, de la faculté de transporter leur domicile en France et de s'y fixer, sans que ce droit puisse être altéré par les lois sur le service militaire, auquel cas la qualité de citoyen français leur sera maintenue.

» Ils seront libres de conserver leurs immeubles situés sur le territoire réuni à l'Allemagne.

» Aucun habitant des territoires cédés ne pourra être poursuivi, inquiété ou recherché, dans sa personne ou dans ses biens, à raison de ses actes politiques ou militaires pendant la guerre.

» Art. 3. Le gouvernement français remettra au gouvernement allemand les archives, documents et registres concernant l'administration civile, militaire et judiciaire des territoires cédés. Si quelques-uns de ces titres avaient été déplacés, ils seront restitués par le gouvernement français, sur la demande du gouvernement allemand.

» Art. 4. Le gouvernement français remettra au gouvernement de l'empire d'Allemagne, dans le terme de six mois à dater de l'échange des ratifications de ce traité :

» 1° Le montant des sommes déposées par les départements, les communes et les établissements publics des territoires cédés ;

» 2° Le montant des primes d'enrôlement et de remplacement appartenant aux militaires et marins originaires des territoires cédés qui auront opté pour la nationalité allemande ;

» 3° Le montant des cautionnements des comptables de l'État ;

» 4° Le montant des sommes versées pour consignations judiciaires, par suite de mesures prises par les autorités administratives ou judiciaires dans les territoires cédés.

» Art. 5. Les deux nations jouiront d'un traitement égal en ce qui concerne la navigation sur la Moselle, le canal de la Marne au Rhin, le canal de la Sarre et les eaux navigables communiquant avec ces voies de navigation. Le droit de flottage sera maintenu.

» Art. 6. Les hautes parties contractantes, étant d'avis que les circonscriptions diocésaines des territoires cédés à l'empire allemand doivent coïncider avec la nouvelle frontière délimitée par l'article 1er ci-dessus, se concerteront, après la ratification du présent traité, sans retard, les mesures à prendre en commun à cet effet.

» Les communautés appartenant, soit à l'Église réformée, soit à la confession d'Augsbourg, établies sur les territoires cédés par la France, cesseront de relever de l'autorité ecclésiastique française.

» Les communautés de l'Église de la confession d'Augsbourg, établies dans les territoires français, cesseront de relever du consistoire supérieur et du directeur siégeant à Strasbourg.

» Les communautés israélites des territoires situés à l'est de la nouvelle frontière cesseront de dépendre du consistoire central israélite siégeant à Paris.

. . . .
. . . .

[Les articles 7 à 17 ont trait au mode de payement de l'indemnité, au séjour temporaire des troupes allemandes, à la reddition des prisonniers, aux traités de commerce et de navigation.]

» Art. 18. Les ratifications du présent traité par l'Assemblée nationale et par le chef du pouvoir exécutif de la République française d'un côté, et, de l'autre, par S. M. l'empereur d'Allemagne, seront échangées à Francfort dans le délai de dix jours, ou plus tôt, si faire se peut. En foi de quoi les plénipotentiaires respectifs l'ont signé et y ont apposé le cachet de leurs armes.

» Fait à Francfort, le 10 mai 1871.

« *Signé :* Jules Favre. *Signé :* V. Bismarck.
» *Signé :* Pouyer-Quertier. *Signé :* Arnim.
» *Signé :* C. de Goulard. »

Articles additionnels.

« Article premier, § 1er. D'ici à l'époque fixée pour l'échange des ratifications du présent traité, le gouvernement français usera de son droit de rachat de la concession donnée à la compagnie du chemin de fer de l'Est. Le gouvernement allemand sera subrogé à tous les droits que le gouvernement français aura acquis par le rachat des concessions, en ce qui concerne les chemins de fer situés dans les territoires cédés, soit achevés, soit en construction.

» § 2. Seront compris dans cette concession :

» 1° Tous les terrains appartenant à ladite compagnie, quelle que soit leur destination, ainsi que : établissements de gares et de stations, hangars, ateliers et magasins, maisons de gardes de voie, etc. ;

» 2° Tous les immeubles qui en dépendent, ainsi que : barrières, clôtures, changement de voie, aiguilles, plaques tournantes, prises d'eau, grues hydrauliques, machines fixes, etc. ;

» 3° Tous les matériaux, combustibles et approvisionnements de tous genres, mobiliers de gares, outillage des ateliers et des gares, etc. ;

» 4° Les sommes dues à la compagnie des chemins de fer de l'Est, à titre de subventions accordées par des corporations ou personnes domiciliées dans les territoires cédés.

» § 3. Sera exclu de cette cession le matériel roulant. Le gouvernement allemand remettra la part du matériel roulant, avec ses accessoires, qui se trouveront en sa possession, au gouvernement français.

» § 4. Le gouvernement français s'engage à libérer envers l'empire allemand entièrement les chemins de fer cédés, ainsi que leurs dépendances, de tous les droits que des tiers pourraient faire valoir, notamment des droits des obligataires. Il s'engage également à se substituer, le cas échéant, au gouvernement allemand relativement aux réclamations qui pourraient être élevées vis-à-vis du gouvernement allemand par les créanciers des chemins de fer en question.

» § 5. Le gouvernement français prendra à sa charge les réclamations que la compagnie des chemins de fer de l'Est pourrait élever, vis-à-vis du gouvernement allemand ou de ses mandataires, par rapport à l'exploitation desdits chemins de fer et à l'usage des objets indiqués dans le paragraphe 2, ainsi que du matériel roulant.

» Le gouvernement allemand communiquera au gouvernement français, à sa demande, tous les documents et toutes les indications qui pourraient servir à constater les faits sur lesquels s'appuieront les réclamations susmentionnées.

» § 6. Le gouvernement allemand payera au gouvernement français, pour la cession des droits de propriété indiqués dans les paragraphes 1 et 2, et à titre d'équivalent pour l'engagement pris par le gouvernement français dans le paragraphe 4, la somme de trois cent vingt-cinq millions (325,000,000) de francs.

» On défalquera cette somme de l'idemnité de guerre stipulée dans l'article 7.

» § 7. Vu que la situation qui a servi de base à la convention conclue entre la compagnie des chemins de fer de l'Est et la Société royale grand-ducale des chemins de fer Guillaume-Luxembourg, en date du 6 juin 1857 et du 21 janvier 1868, et celle conclue entre le gouvernement du grand-duché de Luxembourg et les Sociétés des chemins de fer de Guillaume-Luxembourg et de l'Est français, en date du 5 décembre 1868, a été modifiée essentiellement, de manière qu'elles ne sont plus applicables à l'état des choses créé par les stipulations contenues dans le paragraphe 1er, le gouvernement allemand se déclare prêt à se substituer aux droits et aux charges résultant de ces conventions pour la compagnie des chemins de fer de l'Est.

» Pour le cas où le gouvernement français serait subrogé, soit par le rachat de la concession de la compagnie de l'Est, soit par une entente spéciale, aux droits acquis par cette société, en vertu des conventions susindiquées, il s'engage à céder gratuitement, dans un délai de six semaines, ses droits au gouvernement allemand.

» Pour le cas où ladite subrogation ne s'effectuerait pas, le gouvernement français n'accordera de concessions pour les lignes du chemin de fer appartenant à la compagnie de l'Est et situées dans le territoire français que sous la condition expresse que le concessionnaire n'exploite point les lignes de chemin de fer situées dans le grand-duché de Luxembourg.

» Art. 2. Le gouvernement allemand offre deux millions de francs pour les droits et propriétés que possède la compagnie des chemins de fer de l'Est sur la partie de son réseau située sur le territoire suisse, de la frontière à Bâle, si le gouvernement français lui fait tenir le consentement dans le délai d'un mois.

» Art. 3. La cession de territoire auprès de Belfort, offerte par le gouvernement allemand dans l'article 1er du présent traité, en échange de la rectification de frontière demandée à l'ouest de Thionville, sera augmentée des territoires des villages suivants :

» Rougemont, Leval, Petite-Fontaine, Romagny, Félon, La Chapelle-sous-Rougemont, Angeot, Vautier-Mont, La Rivière, La Grange, Reppe, Fontaine, Frais, Foussemagne, Cunelières, Montreux-Château, Bretagne, Chavanne-les-Grands, Chavanatte et Souarce.

» La route de Giromagny et de Remiremont passant au Ballon d'Alsace restera à la France dans tout son parcours et servira de limite, en tant qu'elle est située en dehors du canton de Giromagny.

» Fait à Francfort le 10 mai 1871.

» *Signé* : Jules Favre. *Signé* : Bismarck.
» *Signé* : Pouyer-Quertier. *Signé* : Arnim.
» *Signé* : De Goulard. »

HISTOIRE ET DESCRIPTION DES VILLES BOURGS ET CHATEAUX LES PLUS REMARQUABLES

Belfort ou Béfort (lat., 47° 38′ 13″ ; long., 4° 31′ 44″ E.). — Belfort ou Béfort (*Castrum Belfortis, Bellus fortis*), au pied des collines de la Miotte et de la Justice, sur la Savoureuse, station de la ligne du chemin de fer de Paris à Belfort-Mulhouse-Delle-Bâle (section de Belfort à Delle, réseau de l'Est), et de celle de Dijon à Belfort (réseau de Paris-Lyon-Méditerranée), place de guerre de première classe, à 400 kilomètres à l'est de Paris, autrefois la capitale du Sundgau, naguère chef-lieu d'arrondissement du département du Haut-Rhin, aujourd'hui chef-lieu du Territoire de Belfort, c'est-à-dire de tout ce qui reste à la France de l'ancien département du Haut-Rhin, et du canton de son nom, est une ville peuplée de 15,175 habitants (19,336 en 1881).

Cette ville, dit M. Ristelhuber, doit son nom et son origine à un vieux château que l'agrément de sa situation ou peut-être l'élégance de sa construction avait fait appeler *Belfort*, et que l'on croit avoir été construit au XIe siècle par un seigneur de Montbéliard. Cette contrée, d'après ce que l'on prétend, faisait partie du duché de Bourgogne, lorsque Henri, duc de Bourgogne, frère de Hugues Capet, légua son duché, en 1002, à Robert, roi de France. Cependant aucune charte ne fait mention du château de Belfort avant 1226, époque à laquelle il appartenait au comte de Montbéliard. En 1307, Renaud de Bourgogne, comte de Montbéliard, voulant dédommager les habitants de Belfort de l'entretien des fortifications et du service militaire de la place, leur donna les bois que l'on appelait *les Espaces sous le Salbert*, et une portion de la forêt du Salbert. Jeanne de Montbéliard apporta le château de Belfort en dot à Ulric II, dernier comte de Ferrette, dont la fille épousa, en 1319, Albert, archiduc d'Autriche, et fit passer dans sa maison les bois du comté. Jeanne de Montbéliard, comtesse de Ferrette, fonda à Belfort, en 1342, une collégiale sous l'invocation de Saint-Christophe ; la même comtesse Jeanne y fonda un hôpital en 1349. En 1400, un incendie réduisit presque toute la ville en cendres ; elle eut aussi beaucoup à souffrir pendant les guerres des Bourguignons. La guerre de Trente ans ne fut pas moins désastreuse pour elle : elle fut prise par les Suédois sous le rhingrave Othon, en 1632, et par les troupes catholiques, sous le duc de Feria, en 1633. Après la défaite des impériaux à Wattwiller, en 1634, les Suédois y entrèrent de nouveau. En 1636, le comte de La Suse s'en empara, l'occupa au nom du roi de France et en fut nommé gouverneur ; mais, s'étant mis du parti des princes pendant la minorité de Louis XIV, il fut forcé de rendre la ville par le maréchal de La Ferté. En 1658, la paix de Westphalie céda Belfort à la France. En 1659, le cardinal de Mazarin en obtint du roi la seigneurie, qui passa plus tard aux Valentinois. Cependant Louis XIV voulut en conserver la souveraineté et en fit une des places les plus importantes du royaume : les fortifications, commencées en 1687, furent construites par Vauban.

En 1814 et en 1815, la ville fut bloquée par les alliés. Le second blocus fut illustré par la belle défense du général Lecourbe, et c'est sous la protection des canons de cette place qu'il effectua sa retraite.

Sous la Restauration, les yeux de la France et de l'Europe furent attirés un instant sur cette ville par le complot avorté qui porte dans l'histoire le nom de *Conspiration de Belfort*, et qui fut un des épisodes de la grande lutte du libéralisme et du bonapartisme contre le gouvernement des Bourbons restaurés. En décembre 1821, quelques officiers, mis à la réforme sans traitement et qui avaient trouvé des emplois dans des usines établies aux environs de Mulhouse et de Belfort, conçurent le projet de tenter un soulèvement avec l'appui des garnisons de l'Alsace ; ils entrèrent en relations avec les officiers et sous-officiers du 29° de ligne. Buchez achevait en ce moment d'organiser en ventes de carbonari les libéraux de Mulhouse et de quelques autres villes. L'association envahit rapidement les groupes militaires et les principales cités de l'Est. A la tête des conjurés, qui étaient assurés du concours d'une grande partie de la bourgeoisie, de généraux, de colonels et de la plupart des officiers des garnisons du Haut et du Bas-Rhin, de la Meurthe et des Vosges, étaient notamment Desbordes, Lacombe, Brue, Pégulu, et d'autres d'une notoriété moindre. Le plan était celui-ci : les garnisons de Neuf-Brisach et de Belfort arboreraient le drapeau tricolore et marcheraient sur Colmar ; Mulhouse les imiterait ; les carbonari de Strasbourg, d'Épinal, de Nancy et de Metz soulèveraient le pays autour d'eux ; le colonel Brice occuperait les passages de la chaîne des Vosges. Le gouvernement provisoire, dont La Fayette, d'Argenson et Jacques Kœchlin étaient membres désignés, devait être proclamé à Belfort, puis installé successivement à Colmar et à Strasbourg. La nuit du 1er au 2 janvier 1822 fut définitivement fixée pour le moment de l'explosion. Le peintre Scheffer, membre de la haute vente, va prévenir La Fayette, Manuel et Dupont de l'Eure qui devaient se rendre sur le théâtre de l'action, et ramène le colonel Fabvier et deux autres officiers supérieurs. Belfort est le point central où se rallient tous les conjurés. « Enfin, au jour indiqué, l'adjudant Tellier, après l'appel, commande à tous les sergents-majors de mettre les pierres aux fusils et de tout préparer pour une prise d'armes ; puis, en attendant minuit, il réunit les sous-officiers dans un souper où les têtes s'exaltèrent à la vue des drapeaux et des cocardes tricolores. D'un autre côté, le colonel Pailhés avait également rassemblé dans un banquet patriotique une foule d'officiers en demi-solde mandés à Belfort. Le bruit d'un soulèvement se propage parmi les soldats ; l'agitation gagne de proche en proche, et l'affaire semble prendre la tournure la plus favorable. Mais un sergent arrivé le matin même après un congé, et que ses camarades n'avaient pas eu le temps d'avertir, après avoir fait exécuter l'ordre de Tellier, se rend innocemment chez son capitaine pour lui annoncer que ses hommes sont prêts. Étonnement du capitaine, qui n'était point du complot. Cet officier se rend à son tour chez le lieutenant-colonel, qui ne comprend pas mieux d'où vient cet ordre ; tous deux vont en chercher l'explication auprès du commandant de place Toustain que cette nouvelle jette dans la stupéfaction. Tout à coup l'idée d'une conspiration se présente comme un trait de lumière à son esprit (1). » Le commandant Toustain prit sur le-champ les mesures les plus énergiques, et déjà la conspiration était étouffée que la majeure partie des conspirateurs attendaient encore dans les faubourgs le signal convenu. La Fayette, prévenu à temps, rebroussa chemin ; la plupart des autres conjurés cherchèrent leur salut dans la fuite. Tellier, le colonel Pailhés, Dublard et Guinaud, furent condamnés à cinq ans de prison ; la peine de mort fut prononcée contre Brue, Desbordes, Lacombe, Manoury, Pégulu, Petit-Jean et Peugnet, accusés contumax. Les accusés avaient été conduits dans la prison de Colmar au fur et à mesure de leur arrestation. Le colonel Caron fit pour les délivrer une tentative qui échoua. Le malheureux colonel, traduit devant le conseil de guerre de Strasbourg, fut condamné à mort et exécuté, le 1er octobre 1822.

Telle fut l'issue d'un mouvement qui avait donné de si vastes espérances au parti libéral, issue que quelques-uns ont attribuée à l'arrivée tardive du général La Fayette.

Mais l'histoire contemporaine doit aujourd'hui enregistrer d'autres faits à jamais honorables pour la vaillante cité. Ses antécédents étaient un garant de sa conduite ultérieure : aussi, ne pouvons-nous nous étonner que, durant la guerre franco-allemande de 1870-1871, Belfort n'ait point menti à son passé.

Avant d'aborder le récit du siège mémorable qu'elle a soutenu à cette époque contre les forces allemandes, il nous faut d'abord indiquer quelle était la situation de cette place, au point de vue de la défense, au moment de son investissement. Nous ferons connaître ensuite de quelles troupes pouvait disposer le commandant en chef. Nous résumons ici les indications qui nous sont fournies par l'*Histoire de la défense de Belfort*, écrite sous la direction de M. le colonel Denfert-Rochereau, par MM. Édouard Thiers et Sosthène de La Laurencie, capitaines d'artillerie.

Le ville de Belfort est située, comme nous l'avons déjà dit, à l'entrée de l'importante *Trouée des Vosges*, sur la rive gauche de la Savoureuse ; sur la rive droite se réunissent la route de Remiremont, le long de laquelle se trouvent les constructions du faubourg des Ancêtres ; celles de Paris et de Lyon, dont la jonction avec la précédente forme le faubourg de France, le plus important de la place, enfin la route de Montbéliard, qui aboutit au faubourg du même nom. Ces quatre routes entrent dans la ville par la porte de France, après avoir traversé la Savoureuse sur un pont de pierre. Le chemin de fer de Paris à Mulhouse suit la vallée de la Savoureuse et traverse les routes de Paris et de Lyon à l'entrée du faubourg de France ; la ligne bifurque en deux embranchements dont l'un se dirige sur Mulhouse et l'autre sur Besançon. La gare et ses dépendances se trouvent entre le passage à niveau du faubourg de France et cette bifurcation.

La ville est enserrée dans une enceinte fortifiée, présentant la forme d'un pentagone sensiblement régulier. Cette fortification, créée par Vauban, se compose de longues courtines en ligne droite le long des côtés du pentagone, avec bastionnages ou tours en maçonnerie à chaque angle, pour flanquer des fossés, et bastions terrassés, enveloppant en avant ces bastionnets. Le côté dans lequel se trouve percée la porte de France est orienté à peu près dans la direction du nord au sud. La Savoureuse baigne le pied de ses glacis, et une demi-lune placée en avant protège la porte de France. Ce front occupe le côté ouest de la ville. Le front nord est dirigé sensiblement de l'ouest à l'est ; deux autres fronts, dirigés à peu près du nord-ouest au sud-ouest, joignent ces deux premiers au cinquième, lequel n'est autre chose que le pied d'un escarpement de roc à pic, courant dans la direction du nord-est et dominant de 50 à 60 mètres la ville construite à son pied. Du sommet de cet escarpement, le terrain redescend vers la campagne, jusqu'au fond d'un petit vallon qui débouche dans la vallée de la Savoureuse. Il se relève de l'autre côté de ce vallon pour former une colline composée de deux sommets, séparés par un col élevé. Le sommet le plus au sud, qui est le moins élevé, porte le nom de Basses-Perches ; l'autre, celui des Hautes-Perches.

Le faîte de l'escarpement qui vient d'être décrit est occupé, à son extrémité sud, directement au-dessus de la ville, par le Château, l'ouvrage le plus important de la place. Le cavalier du Château domine les Basses-Perches et est dominé par les Hautes-Perches. Quant aux enceintes, elles sont dominées par les deux Perches.

En s'éloignant de Belfort, au delà des Perches, on

---

(1) Voir l'article : *Conspiration de Belfort* au *Grand Dictionnaire universel* de Pierre Larousse.

Citadelle de Belfort.

rencontre la hauteur de Bosmont ; entre cette hauteur et celle des Perches s'engage la ligne du chemin de fer de Mulhouse. A l'entrée du vallon qui sépare les Perches et le Bosmont se trouve le village de Danjoutin, puis, plus au sud, le long de la Savoureuse, Andelnans et Sevenans.

Au pied du Château existent des batteries ayant vue sur les terrains à l'ouest de la ville, par-dessus le faubourg de Montbéliard ; entre un ouvrage à cornes, dont presque toutes les vues sont masquées par le faubourg du Fourneau et le front sud de la ville, sont situés les bâtiments de l'Arsenal d'artillerie.

Au nord-est au delà de la ville se trouve dressé le fort de la Justice, qui domine le Château. Ces deux positions se prêtent un mutuel appui. Le fort de la Justice contient une caserne voûtée à l'abri de la bombe.

Parallèlement à l'escarpement qui sert d'assiette au Château et à la Justice, et un peu au nord, se trouve le fort de la Miotte, qui domine le fort de la Justice. Cet ouvrage, qui possède d'immenses glacis et renferme une caserne à l'abri des bombes, peut être considéré comme inattaquable.

La Miotte et la Justice sont reliées par une série d'ouvrages dont l'ensemble forme le front du vallon. Entre ces ouvrages et la ville se trouve l'ouvrage à cornes de l'Espérance ; entre l'Espérance et le front nord, la Manutention et une caserne destinée, en cas de siège, à servir d'hôpital. Au nord-est de la place, un ensemble de défenses forme un espace complètement fermé et qui porte le nom de camp retranché permanent, ou mieux de Vallon.

Les routes d'Altkirch et de Strasbourg sortent de la place par la porte de Brisach, percée dans le front de la ville qui regarde le Vallon.

Au nord du Vallon, en face de l'escarpement de la Miotte, s'élève le massif de l'Arsot. En regard de l'Arsot, sur la rive droite de la Savoureuse, se trouve un autre massif de montagnes boisées, composé de quatre sommets : le Grand-Salbert, le Petit-Salbert, le Coudrai et le Mont. En face et au sud du Coudrai, un autre sommet appelé la Côte. Citons encore les plateaux des Barres et de Bellevue, le ravin de Bavilliers et le Grand-Bois, que la défense sut utiliser en y construisant des forts qui se trouvaient à peu près terminés au moment de la guerre. La ville est approvisionnée d'eau par des conduites qui la puisent dans la Savoureuse, et par de nombreux puits.

Telle était la place au moment où la guerre fut déclarée ; mais il était nécessaire de réformer l'armement, de préparer celui de la défense et d'achever les travaux en cours d'exécution. Il fallait, en outre, accaparer par des ouvrages de fortification passagère les deux Perches et Bellevue. Ce qui fut fait.

Au moment de la déclaration de guerre, Belfort était à peu près sans garnison ; au moment de l'investissement, celle-ci se composait des troupes suivantes :

Un bataillon du 84ᵉ de ligne ;
Un bataillon du 45ᵉ de ligne, de récente formation ;
Le dépôt du 45ᵉ, d'un faible effectif ;
Une demi-batterie à pied, du 7ᵉ d'artillerie ;
Quatre demi-batteries à pied, du 12ᵉ d'artillerie ;
Une demi-compagnie du 2ᵉ du génie ;
Une compagnie du génie, formée dans la mobile du Haut-Rhin ;
Trois batteries mobiles du Haut-Rhin ;
Deux batteries mobiles de la Haute-Garonne ;
Trois compagnies du Haut-Rhin ;
Le 57ᵉ régiment de la Haute-Saône, 3 bataillons ;
Le 4ᵉ bataillon de la Haute-Saône (isolé) ;
Le 16ᵉ régiment du Rhône, 2 bataillons ;
Le 65ᵉ régiment du Rhône, 2 bataillons ;
Cinq compagnies de Saône-et-Loire ;
Deux compagnies des Vosges ;
Trois compagnies de mobilisés du Haut-Rhin ;
Environ 390 hommes de la garde nationale sédentaire de Belfort ;
Environ 100 douaniers ;
Deux compagnies de francs-tireurs ;
Quelques gendarmes à cheval et cavaliers isolés, restés à Belfort.

Le tout formant un effectif total compris entre 16,000 et 17,000 hommes, composé en grande majorité de garde nationale mobile.

C'est avec cet effectif restreint et un état de défenses et de munitions presque insuffisant que le brave colonel Denfert-Rochereau, appelé au commandement de la place le 19 octobre 1870, en remplacement du général Crouzat, sut faire face à toutes les nécessités du siège.

Nous avons eu la bonne fortune, au mois de novembre 1881, juste onze années après la guerre franco-allemande, d'entendre une conférence faite par M. Thierry, jeune professeur d'histoire de l'Union française de la Jeunesse, à propos du siège de Belfort. Nous sommes assuré que nos lecteurs nous sauront gré de reproduire ici la plus grande partie de ce récit émouvant. C'est un Alsacien des environs de Belfort qui raconte les péripéties de ce siège mémorable. Le souvenir des événements qu'il retrace est resté profondément gravé dans son esprit ; il avait encore présentes devant les yeux toutes les horreurs du bombardement ; aussi, pour se mettre en garde contre ses propres impressions, il a voulu laisser parler les faits dans leur éloquente impartialité. Nous lui avons emprunté, souvent textuellement, la plus grande partie des renseignements qui vont suivre.

La défense de cette petite ville par une poignée de soldats, qui surent, à force de courage et de dévouement, dégager la responsabilité écrasante qui leur incombait, sera inscrite dans les annales de la postérité comme un des plus émouvants épisodes de la défense nationale.

Ce siège n'indique pas seulement la défense d'une cité qui veut garder un nom pur devant l'histoire : c'est la défense de la France entière, jalouse de conserver ses droits en protestant par une résistance héroïque contre le viol de son territoire et les mesures arbitraires et tyranniques de ses envahisseurs.

Nous l'avons dit plus haut, sept forts : le Grand-Salbert, la Miotte et la Justice, au nord ; les Barres, Bellevue, à l'ouest ; les Grandes et les Basses-Perches, au sud, près de Danjoutin, défendent toutes les vallées du pays, et la position de cette ville, au point de vue stratégique, en fait une place de guerre de première importance.

Le nombre de ses défenseurs était petit, en comparaison de Metz, et la population civile ne comptait guère plus de 8,000 habitants. Cependant ce petit nombre a suffi pour sauver l'honneur du drapeau français, ce qui prouve que nos soldats n'ont pas dégénéré, que le même sang généreux coule toujours dans leurs veines, et que nos malheurs récents doivent surtout être imputés à ceux qui avaient en main le commandement suprême.

Sedan avait été le théâtre de cette lamentable catastrophe dont l'histoire nationale n'offre aucun exemple ; à Strasbourg, le drapeau français avait été remplacé au sommet de la cathédrale par l'aigle noir ; le 1er novembre, on apprenait la capitulation de Metz. La dernière ligne capable d'arrêter l'envahisseur était rompue. Bientôt, derrière les Vosges, on entendit le grondement de ses canons, et personne ne douta plus qu'il ne vînt se déchaîner sur Belfort, ce dernier rempart de la patrie en Alsace.

Aussitôt Denfert-Rochereau, colonel du génie et gouverneur de la place, fit commencer les préparatifs de défense : on coupa les routes ; on fit sauter les viaducs. Dans le but d'entraver la marche de l'ennemi, des troupes furent envoyées dans plusieurs directions. C'étaient, en grande partie, des mobiles qui n'avaient jamais vu le feu ; mais l'énergie et l'audace qu'ils montrèrent en maintes rencontres firent bien augurer de ces soldats improvisés.

Le 4 novembre, après plusieurs combats acharnés du côté de Giromagny, à l'entrée des Vosges, les troupes durent se replier sur Belfort, suivies de près par l'ennemi. Les prévisions se réalisaient : la place était investie.

Le jour même, deux missives furent échangées entre le général allemand de Treskow et le colonel Denfert. Les voici sans commentaire ; elles donnent la juste mesure des intentions qui animaient les parties belligérantes. D'un côté, la mansuétude doucereuse et hypocrite qui caractérisent les oppresseurs ; de l'autre, la franchise et la loyauté d'un soldat qui n'a en vue que l'honneur de la patrie à sauvegarder.

Devant Belfort, le 3 novembre 1870.

« Très honoré et honorable commandant,

» Je me fais un honneur de porter très respectueusement à votre connaissance la déclaration suivante :

» Je n'ai pas l'intention de vous prier de me rendre la place de Belfort, mais je vous laisse le soin de juger s'il ne conviendrait pas d'éviter à la ville toutes les horreurs du siège, et si votre conscience, votre devoir ne vous permettraient pas de me livrer la forteresse dont vous avez le commandement.

» Je n'ai d'autre intention, en vous envoyant cet écrit très respectueux, que de préserver, autant que possible, la population du pays des horreurs de la guerre. C'est pourquoi je me permets de vous prier de vouloir bien, dans la limite de vos pouvoirs, faire connaître aux habitants que celui qui s'approchera de la ligne d'investissement à portée de nos canons mettra sa vie en danger.

» Les propriétaires des maisons situées entre la place et notre ligne d'investissement doivent se hâter de mettre tout leur mobilier en lieu sûr ; car, d'un instant à l'autre, je puis être obligé de réduire les maisons en cendres.

» Je saisis cette occasion pour vous assurer de mon estime toute particulière.

» *Signé :* DE TRESKOW, général commandant royal prussien des troupes concentrées devant Belfort. »

Le colonel Denfert fit la réponse suivante, qui n'est pas dépourvue d'une pointe d'ironie :

« *Le colonel commandant supérieur au général de Treskow, commandant des troupes allemandes devant Belfort.*

» Général,

» J'ai lu avec l'attention qu'elle mérite la lettre que vous m'avez fait l'honneur de m'écrire avant de commencer les hostilités. En pesant dans ma conscience les raisons que vous me développez, je ne puis m'empêcher de trouver que la retraite de l'armée prussienne est le seul moyen que conseillent à la fois l'honneur et l'humanité pour éviter à la population de Belfort les horreurs d'un siège.

» Nous savons tous quelle sanction vous donnerez à vos menaces, et nous nous attendons, général, à toutes les violences que vous jugerez nécessaires pour arriver à votre but ; mais nous connaissons aussi l'étendue de nos devoirs envers la France et envers la République, et nous sommes décidés à les remplir.

» Veuillez agréer, général, l'assurance de ma considération très distinguée.

» Le colonel commandant supérieur,
» DENFERT. »

Les premiers jours du blocus donnèrent lieu à une grande animation ; les esprits étaient surexcités ; les rues prenaient une physionomie étrange. On s'empressait de cacher en lieu sûr ce que l'on avait de plus précieux ; les meubles étaient descendus dans les caves. Le maire, M. Mény, et les autorités civiles prenaient des précautions en vue du bombardement; on ne cessait de faire de grands approvisionnements. Pendant ce temps, l'autorité militaire cherchait à augmenter les moyens de résistance : les artilleurs allaient enlever les rails du chemin de fer pour en faire des blindages; on transportait les munitions de l'arsenal dans les différents forts; on augmentait la provision de gabions; on creusait des souterrains, des retranchements; on organisait la garde sédentaire; on enrôlait des guetteurs d'incendies. Le 10 novembre, on était préparé à toute éventualité.

Les Allemands étaient alors persuadés qu'ils en auraient bientôt fini avec le siège de Belfort et qu'un grand déploiement de forces militaires sur la ligne d'investissement, quelques assauts violents, quelques maisons effondrées achèveraient de mettre dans l'âme des Belfortains et de leur gouverneur le découragement que devaient nécessairement avoir déjà fait naître les tristes nouvelles qu'ils avaient reçues sur le sort de nos armées. Plus tard, quand ils reconnaîtront l'erreur de leur jugement et qu'ils ne recevront pour prix de leurs peines que des défaites et des déceptions cruelles pour leur amour-propre, ils viendront, la rage au cœur, tenter de sanglants assauts; ils transporteront autour de la place les plus terribles engins qui soient sortis de leurs fonderies, leurs *krupps* aux dimensions colossales; ils remplaceront leur *landwehr* par leurs meilleures troupes; ils viendront dans la proportion de vingt contre un; n'importe! ils seront constamment repoussés.

Ce fut le fort de la Justice qui ouvrit le feu sur les travaux de l'ennemi. Le premier coup de canon partit de ce fort le 4 novembre. On parle encore à Belfort de l'effet qu'il produisit : soldats et civils éprouvèrent un tressaillement à la voix sonore du bronze. C'était le cri de guerre, l'appel à la résistance, défi jeté au caprice de la victoire. Les vieux soldats frappèrent des mains; les mobiles pâlirent un instant; les Belfortains furent saisis par une émotion bien naturelle; mais ce fut l'affaire du premier moment : les esprits retrouvèrent vite le calme.

Pendant tout le mois de novembre, les canons français seuls retentirent; les Prussiens se bornaient à creuser des tranchées, à s'entourer d'une double circonvallation, en cas d'attaques opposées, en attendant l'arrivée de leur artillerie de siège.

Des avant-postes et des forts, on pouvait aisément se rendre compte de leurs travaux, qui s'effectuaient avec rapidité.

Le 3 décembre, les premiers obus tombèrent dans la place. A partir de ce jour, Belfort ne dut plus compter que sur sa propre résistance. Chacun se tint prêt. On entrait dans une phase nouvelle : la population civile s'installa soit dans les caves, soit dans les chambres basses; les sous-sols de l'hôtel de ville recueillirent les familles indigentes et celles qui ne trouvaient pas leurs abris assez sûrs. Chose remarquable, à cette époque, la gaieté était loin de faire défaut. On *s'encavait* de bonne grâce, et, pendant les premiers jours, la nouveauté ne laissant pas voir l'affreuse perspective qu'offrait l'avenir; on riait volontiers des singuliers contrastes que présentait ce nouveau genre de vie, au milieu de circonstances si graves. La bonne humeur de cette brave population devait être soumise bientôt à une cruelle épreuve; à un certain moment, on entendra des plaintes douloureuses, arrachées par un excès de souffrances; mais, outre le commandant militaire, il se trouvait dans la ville assiégée un homme capable de rendre le courage aux plus faibles : M. Grosjean, préfet nommé par le gouvernement de la Défense nationale, qui, forcé de quitter Colmar, avait voulu subir le sort de ses concitoyens. Sa proclamation mérite d'être rapportée :

« *Aux habitants de Belfort!*

» Citoyens,

» L'heure du péril est venue, et avec elle l'heure du dévouement. Je connais trop votre patriotisme pour avoir besoin d'y faire un suprême appel. La population civile et la population militaire, unies par les liens d'une entière et légitime confiance, seront dignes l'une de l'autre dans la lutte qu'elles seront appelées à soutenir.

» L'histoire dira un jour que les lâchetés et les trahisons de Sedan et de Metz ont été rachetées par le courage de Belfort; elle dira qu'il ne s'est rencontré ni un soldat ni un habitant pour trouver, au jour du danger, les sacrifices trop grands ou la résistance trop longue; elle dira que tous, sans hésitation et sans défaillance, nous avons serré nos rangs au pied de votre château. C'est pour nous plus qu'une forteresse : c'est la France, c'est l'Alsace, c'est deux fois la patrie.

» Citoyens, que chacun remplisse son devoir, à ce cri qui était un gage de victoire et qui la ramènera sous nos drapeaux : Vive la République ! »

Les artilleurs répondirent des forts, aux obus prussiens, par un feu nourri et meurtrier. Pendant ce temps, les fantassins faisaient des reconnaissances, des battues, en dehors des fortifications. Leur témérité les poussa souvent jusqu'aux avant-postes ennemis ; ils se battaient comme des lions pendant quelques heures, puis se retiraient en bon ordre quand leurs cartouchières étaient vides. Leur audace fut quelquefois suivie de sérieux résultats. Malheureusement, la garnison était trop faible pour opérer une sortie sérieuse ; nos soldats avaient de plus en plus de peine à se maintenir dans leurs positions avancées ; bientôt les Prussiens établiront des batteries sur les hauteurs de Bavilliers, d'où il leur sera possible de diriger des feux croisés sur le Château et d'incendier la ville.

Le mois de décembre touchait à sa fin. Depuis le commencement du bombardement des événements s'étaient précipités ; bien des ruines étaient déjà amoncelées, et l'avenir restait impénétrable.

Les premiers jours de janvier 1871 marquèrent le début de la troisième période, la plus mémorable phase de ce siège, de celle qui laissera dans l'esprit de ceux qui l'ont traversée un souvenir ineffaçable. Jusqu'au 8 janvier, le village de Danjoutin, situé à 3 kilomètres de la ville, était resté au pouvoir des Français ; c'était un poste important qu'il fallait s'efforcer à tout prix de conserver ; mais, dans la nuit du 8, on s'aperçut que le fil télégraphique qui reliait Danjoutin à la place était rompu. Bientôt, on entendit une fusillade très vive indiquant que le village était attaqué. Deux compagnies furent envoyées aussitôt pour renforcer les troupes engagées ; ces compagnies rentrèrent au matin, en apprenant que Danjoutin était au pouvoir de l'ennemi. L'après-midi, du haut du Château, on vit défiler entre une haie de baïonnettes prussiennes les 800 mobiles qui formaient la garnison de ce village. L'opinion publique fut vivement affectée de cet échec. Danjoutin pris, c'était le feu du Château et des Perches rendu sinon impossible, du moins fort compromis, et 800 hommes de moins, c'était une perte énorme pour la défense. La sévérité avec laquelle l'enquête apprécia les faits, et la sévérité de l'ordre du jour que le colonel publia au sujet de cette affaire, nous montrent une fois de plus de quelle façon on comprenait le devoir à Belfort. Le gouverneur pensait qu'il ne pouvait y avoir de limite au courage, la valeur du soldat devant, selon lui, être en tout temps à la hauteur des situations.

Mais des nouvelles d'une bien autre importance vinrent, dès le lendemain, chasser de l'esprit de la population l'impression douloureuse causée par la prise de Danjoutin. Les journaux suisses qui avaient pu pénétrer dans Belfort parlaient d'un grand soulèvement patriotique et de la formation de trois grandes armées de secours : Bourbaki avec 100,000 hommes, Bressolles avec 30,000 et Garibaldi avec 15,000. La jonction des trois corps devait s'opérer près de Dijon, et Bourbaki, qui se dirigeait sur l'Est, avait pour mission principale de débloquer Belfort. Quelle joie quand, le 13, on apprit par un paysan franc-comtois la confirmation de cette bonne nouvelle ! Le même jour, on entendit, bien loin derrière les lignes prussiennes, le bruit encore faible, mais néanmoins appréciable, de la canonnade. Le 14, on se communiqua l'heureuse nouvelle, et chacun de se dire, dans l'espoir presque assuré du triomphe : « A demain la délivrance ! » Le 15 au matin, du sein des ruines surgirent soudain tous les habitants radieux. Les obus pleuvaient toujours, quoiqu'en plus petit nombre ; mais on n'y faisait pas attention. On s'abordait le cœur ému ; on s'embrassait avec effusion ; les malades mêmes semblaient oublier leurs douleurs et retenaient leurs plaintes. La neige avait cessé de tomber dès la veille, et le soleil apparut resplendissant : « Soleil d'Austerlitz ! » s'écrièrent quelques vieux sergents.

D'heure en heure les bruits devenaient plus distincts. Ce soir, pensait-on, nous verrons des visages amis. Dans l'après-midi, le colonel Denfert fit tirer quelques coups à blanc dans tous les forts, en signe d'allégresse. La nuit vint cependant, et quand, bien tard, on rentra dans les caves, on se redit comme la veille : « A demain ! » Quant à la garnison, elle resta sous les armes, le fusil au pied, prête à s'élancer au dehors, au moindre indice de l'approche de l'armée de secours. Le jour revint, et les hostilités furent reprises avec plus de violence encore que la veille. Certains forts signalèrent des batteries françaises, et le bruit courut même un instant que les troupes de secours étaient entrées dans les faubourgs. Ces on-dit firent naître une animation extraordinaire, en même temps qu'une anxiété fébrile et une inquiétude douloureuse. Pourtant les Français étaient bien proches; le soir, on entendit très distinctement la fusillade. Pourquoi ne pas faire un dernier effort? Pourquoi s'arrêter si près du but? N'entendaient-ils pas le cri de détresse qui partait des forts? Telles étaient les pensées qui agitaient la population de Belfort le 16 au soir. On ne se coucha pas cette nuit-là, tant étaient vives l'inquiétude et l'anxiété.

Le 17, la canonnade, de plus en plus nourrie sur certains points, semblait se ralentir sur d'autres. Il y avait comme des oscillations dans la marche de l'armée de secours. Les Prussiens tiraient toujours sur la place et les forts leur répondaient avec une véritable frénésie. Pendant ce temps, loin de se rapprocher, le bruit de la bataille semblait plutôt s'éloigner et se ralentir. On ne se battait plus que par intervalles, et, quand la nuit revint, on n'entendait plus que comme une clameur rauque, lointaine et mourante. On pressentit alors qu'on n'avait caressé qu'une illusion; les esprits se refusèrent d'abord de se rendre à la douloureuse évidence; mais, le lendemain, les espérances qu'on avait conçues s'évanouissaient devant l'affreuse réalité.

Malgré cela, le désespoir ne s'empara pas de l'âme des héroïques défenseurs de Belfort. En voici la preuve. Le 26 janvier, à la faveur de la nuit, plusieurs milliers d'Allemands tentèrent de s'emparer par surprise du fort des Perches; une pente douce facilitait l'assaut qu'ils méditaient; déjà quelques compagnies de pionniers avaient réussi à pénétrer dans nos retranchements quand l'alarme fut donnée. La garnison du fort, composée de trois compagnies du 84ᵉ de ligne, les reçut par une fusillade énergique. Pendant ce temps, l'artillerie du Château jette la confusion dans les rangs ennemis et des troupes de renfort parviennent à les cerner. Les assaillants subissent un échec complet. Nos soldats firent 300 prisonniers, et le champ de bataille était couvert de 1,200 cadavres ennemis. Cependant, les forts des Grandes et des Petites-Perches étaient dans un état lamentable; les ouvrages étaient faits principalement de terre; les bombes démolissaient facilement les épaulements, et l'action du dégel s'ajoutait à celle des obus: ces forts ressemblaient à un immense cloaque de boue. Au commencement de février, cette position fut jugée intenable. Le colonel Denfert donna l'ordre que, à la première attaque de l'ennemi et tout en lui faisant subir le plus possible de pertes, on devait se replier sur la ville, avec les munitions et les pièces transportables.

Le 7 février, les Prussiens prenaient possession de ces forts. Le Château les accueillait par un feu foudroyant; ils éprouvèrent des pertes considérables, mais ils parvinrent à établir sur les hauteurs des pièces de très gros calibre.

A partir de ce jour, ce fut une véritable pluie d'obus qui tomba sur la ville et le Château; l'ennemi ne tirait plus qu'avec des krupps monstrueux. Ces énormes engins percèrent des voûtes et des blindages que l'on croyait capables de résister à toutes les épreuves; ils renversèrent une aile de la caserne du Château et firent des victimes jusque dans les caves de la prison. Le chiffre moyen des obus qui tombaient par jour, à cette époque, était de 10,000.

Jetons un regard sur la situation morale et physique de la place. Au commencement de février, l'argent était très rare. On eut recours aux bons obsidionaux de 10, 20 et 50 francs; ces bons rendirent assurément de grands services; mais, pour les pauvres, ils étaient d'un usage ruineux et fort difficile. Les vins renchérissaient chaque jour; le demi-kilogramme de viande se vendait de 3 à 5 francs; 500 grammes de mauvais sel gris, 1 franc. Quant au café, il n'en restait plus dès la mi-janvier. Pourtant, on ne peut pas dire que la famine ait régné à Belfort; toutefois, le peuple endura de grandes privations, malgré la sollicitude des autorités civiles et l'esprit de solidarité qui unissait les Belfortains. Les soldats de la garnison firent des collectes et prélevèrent sur leur ration de pain pour venir en aide à la population civile indigente. Le nombre des blessés augmentait chaque jour; la petite vérole, la fièvre typhoïde et la dysenterie faisaient de terribles ravages dans les casemates et dans les caves; cinq hôpitaux et ambulances étaient remplis de blessés et de fiévreux; la mortalité était effrayante: 30 à 40 morts par jour. L'épouvante saisit alors la population, et le mot capitulation fut prononcé.

Le colonel Denfert fut assailli de pétitions de tout genre, dans lesquelles on lui dépeignait l'état douloureux de la population et l'inutilité d'une plus longue résistance. Le gouverneur de la place était vivement ému par toutes ces plaintes; ceux qui ont vécu alors dans son intimité savent quelle tristesse navrante, quelle profonde douleur se lisaient sur ses traits au retour de ses courses à travers la ville; il se sentait pris d'un grand attendrissement, son cœur saignait; mais, chez lui, le *devoir* passait avant tout. Capituler, c'était pour lui impossible. Certes, ce n'était pas l'entêtement, un vain orgueil ou l'amour-propre qui le poussaient à prolonger la résistance : c'était cette même voix impérieuse qui lui avait déjà dicté cette parole fameuse au début du siège : « Nous connaissons l'étendue de nos devoirs envers la France et envers la République, et nous sommes décidés à les remplir. »

Jetons un voile sur les souffrances inouïes que supportèrent les assiégés et pardonnons aux cœurs qui eurent en ce moment douloureux quelques défaillances, hélas! bien explicables.

Le 13 février, les hostilités cessèrent comme par enchantement. C'était si étrange de ne plus entendre le bruit étourdissant auquel on était habitué depuis trois mois que l'on comprit que d'importantes nouvelles allaient être communiquées. Qu'allait-on apprendre? Le colonel Denfert allait-il livrer les clefs de la ville? On le connaissait trop pour s'arrêter à cette pensée. Était-ce un armistice? On n'osait guère caresser une telle espérance; on connaissait trop le désir acharné qu'avaient les Prussiens de s'emparer de Belfort par la force.

Aussi, c'est avec une émotion bien grande qu'on lut la proclamation suivante :

« Citoyens et Soldats,

» Le gouvernement de la Défense nationale m'a donné, en vue des circonstances, l'ordre de rendre la place. J'ai dû, en conséquence, traiter de cette reddition avec le général de Treskow, commandant en chef de l'armée assiégeante.

» Si les malheurs du pays n'ont pas permis que la résistance vigoureuse offerte par la garnison, la garde nationale et la généralité de la population reçût la récompense qu'elle méritait, nous avons pu du moins avoir la satisfaction de conserver à la France la garnison qu'elle va rallier avec armes et bagages, et libre de tout engagement, dans le poste français le plus voisin,

» Connaissant l'esprit qui anime les habitants de la ville, au milieu desquels je demeure depuis plusieurs années, je comprends mieux que personne l'amertume de la situation qui leur est faite. Cette situation est d'autant plus pénible qu'on prétend nous faire craindre qu'au mépris des principes et des idées modernes, le traité de paix que nous allons subir ne consacre une fois de plus le droit de la force et n'impose à l'Alsace tout entière la domination étrangère. Mais je reste convaincu que la population de Belfort conservera toujours les sentiments français et républicains qu'elle vient de manifester avec tant d'énergie; elle y puisera la légitime confiance que la force ne saurait longtemps prévaloir contre le droit.

» *Vive la France! Vive la République.*

» *Signé :* Denfert-Rochereau. »

16 février 1871.

On allait être libre; on allait pouvoir respirer au grand air. Grande fut la joie de quelques-uns, de ceux qui avaient demandé la capitulation! Mais plus grande encore fut la tristesse de ceux, — en bien plus grand nombre, — qui avaient voulu résister à outrance et n'avaient pas désespéré du succès final. On s'était encavé sans faiblesse le 3 décembre; on revit le jour les yeux pleins de larmes le 16 février. Non seulement il était pénible de retrouver sa maison effondrée ou en cendres, de se voir ruiné, de se dire qu'on avait toute une existence à recommencer au prix de mille efforts; mais c'est surtout la pensée que les Prussiens allaient venir souiller leurs chères ruines, que Belfort allait sans doute être enlevé à la France, qui faisait saigner le cœur de ces braves citoyens; ils se demandaient si la résistance était plus pénible à supporter que la nécessité qui leur était imposée de subir le joug de l'étranger. Pourtant ils acceptèrent avec résignation le sort qui leur était fait, quand ils apprirent que M. de Bismarck ne consentait à traiter avec la France qu'après la reddition de Belfort, et que l'Europe entière attendait que le dernier coup de canon de cette guerre mémorable eût été tiré à Belfort, pour être fixée sur la destinée réservée à la France vaincue.

Voici le texte de la convention relative à la reddition de la place de Belfort telle qu'elle fut conclue le 16 février 1871, à quatre heures après-midi :

« Entre MM. Denfert-Rochereau, colonel du génie, commandant supérieur à Belfort,

» Et de Treskow, lieutenant général de S. M. le roi de Prusse, commandant en chef l'armée assiégeante de Belfort,

» Il a été convenu ce qui suit :

» 1° Le colonel Denfert, sur l'autorisation spéciale qui lui a été donnée, vu les circonstances, par le gouvernement français, remet au lieutenant général de Treskow la place avec ses forts.

» 2° La garnison, en raison de sa valeureuse défense, sortira librement, avec les honneurs de la guerre, et elle emmènera les aigles, drapeaux, armes, chevaux, équipages et appareils de télégraphie militaire qui lui appartiennent spécialement, ainsi que les bagages des officiers et ceux des soldats, et enfin les archives de la place.

» La garnison comprend : les troupes de ligne, la garde nationale mobile et la garde nationale mobilisée, les douaniers et la gendarmerie.

» La garde nationale sédentaire restera à Belfort et remettra ses armes à la mairie, avant la remise de la place.

» 3° Tout le matériel de guerre, les vivres et munitions, en tant qu'ils ne sont pas, sans conteste, nécessaires à la garnison, et de plus tous les approvisionnements de toute nature de la place, et les propriétés de l'Etat en entier, seront remis dans l'état où ils se trouvent au moment de la signature de la présente convention.

» Cette remise sera effectuée par un commissaire à nommer par le commandant de la place. Elle aura lieu le 18 février, à dix heures du matin.

» 4° Le 18 février, à 10 heures du matin, des officiers allemands d'artillerie et du génie seront introduits dans les forts et le Château, pour prendre possession des magasins à poudre et des mines, en présence d'officiers français des mêmes armes.

» 5° La garnison française devra avoir terminé l'évacuation de la place le 18 à midi, heure à laquelle les troupes allemandes en prendront possession. L'ordre de marche sera réglé dans une pièce annexe.

» 6° Les blessés et les malades restant dans la place seront, dès leur rétablissement, menés par convois jusqu'à la ligne de démarcation la plus voisine; ils emporteront leurs armes. Ceux qui seront impropres au service militaire seront renvoyés dans leurs foyers.

» 7° La garnison laissera dans la place les médecins et les infirmiers nécessaires au service des hôpitaux. Ce personnel sera traité suivant les conditions de la convention de Genève.

» 8° Les prisonniers allemands, soit blessés ou non, qui sont internés dans Belfort au nombre de sept officiers et de deux cent quarante-trois hommes, seront remis aux troupes allemandes, le 18 février,

à 10 heures du matin, dans leurs casernements actuels.

» 9° La propriété privée des officiers qui quittent la forteresse sera respectée au même titre que le reste des propriétés privées.

» 10° Le colonel Denfert fera remettre au lieutenant général de Treskow, aussitôt que possible, une situation d'effectif des troupes qui quittent la place, pour permettre le règlement de l'ordre de marche, et les commissaires chargés de la remise des malades des deux nations et des prisonniers devront être munis de situations semblables.

» 11° L'administration allemande favorisera de tout son pouvoir l'apport de vivres et de secours pour les habitants de la ville, ainsi que la visite de médecins du dehors.

» La présente convention a été rédigée et signée par les officiers dont les noms suivent :

» Du côté français :

» MM. Chapelot, chef de bataillon au 84° régiment d'infanterie de ligne, et Krafft, capitaine du génie auxiliaire.

» Du côté allemand :

» MM. de Lane, major et commandant de bataillon au 4° régiment d'infanterie de Magdebourg, n° 67, et de Schultzendorf, capitaine d'état-major;

» Tous munis des pouvoirs réguliers de leurs chefs respectifs.

» Fait en double original dans chacune des deux langues :

» *Signé :* Chapelot, chef de bataillon au 84° de ligne;

» *Signé :* Von Lane, chef de bataillon au 67° de ligne ;

» *Signé :* Krafft, capitaine du génie auxiliaire ;

» *Signé :* De Schultzendorf, capitaine d'état-major. »

Annexe relative à la reddition de la place de Belfort.

« 1° Les postes et sentinelles de la place y resteront jusqu'à ce qu'ils aient été relevés par les troupes allemandes, ce qui aura lieu immédiatement après l'entrée de celles-ci, et sous la direction d'un officier supérieur de chacune des deux armées.

» Cela fait, ces troupes se masseront et suivront en corps la garnison.

Fort et tour de la Miotte.

» 2° La garnison française sera dirigée sur le département de Saône-et-Loire. Elle suivra deux routes, et marchera sur chacune d'elles par colonnes de 1,000 hommes, espacées de 5 kilomètres au moins l'une de l'autre.

» Le 17, il partira quatre de ces colonnes, dont deux marcheront sur Audincourt, Seloncourt, Exincourt, Étupes, et les deux autres sur Arcey, Héricourt.

» Chaque colonne sera accompagnée par un officier allemand.

» 3° La garnison emmènera ses vivres. Le lieutenant général de Treskow fournira les chariots nécessaires.

» 4° Pendant la marche à travers la région occupée par les troupes allemandes, la discipline intérieure reste l'affaire des officiers français. Tout délit commis en dehors des corps de troupes sera puni d'après les lois allemandes.

» Ceux qui s'éloigneront de leurs corps ou de leurs quartiers de plus de 4 kilomètres, et ceux des soldats de la garnison qui seront trouvés dans la place plus de 12 heures après le départ de la garnison seront traités comme prisonniers de guerre.

» Fait en double en chacune des deux langues, par les commissaires soussignés :

» *Signé :* Chapelot ; *Signé :* De Lane ;
  Krafft ;   De Schultzendorf. »

Telles étaient les conditions mises à la sortie de nos troupes de la place de Belfort. Elles avaient été presque imposées à l'ennemi par les patriotiques commissaires chargés de les débattre, et elles furent approuvées par le gouverneur.

En conséquence, le 17 février, à midi, les troupes valides, au nombre de 6,000 hommes, se réunirent sur la place d'Armes, où le colonel Denfert les passa en revue. Les habits étaient râpés et déchirés, les visages noircis par la poudre et la fumée. Un silence solennel régnait dans les rangs ; de graves pensées remplissaient tous les cœurs. A 2 heures, le défilé commença au chant de *la Marseillaise ;* un frémissement douloureux s'empara de la population quand la lourde porte de fer du rempart grinça sur ses gonds et s'ouvrit pour donner passage aux braves défenseurs de la ville, qui reprenaient le chemin de la France abattue. Le départ de nos soldats eut lieu, comme il avait été convenu, par colonnes de 1,000 hommes ; ils se dirigèrent par petites étapes sur Lyon et Grenoble, salués partout sur leur passage par les sympathiques acclamations des populations. Quand, le 18 février à 10 heures du matin, les Prussiens entrèrent dans la place, musique en tête, ils trouvèrent les rues désertes ; aux fenêtres délabrées flottaient de nombreux crêpes : on portait le deuil de la patrie.

Toutefois, tant de constance et tant de courage ne devait pas être dépensé en pure perte. La valeureuse défense de Belfort devait être récompensée. Au congrès de Francfort, les efforts de MM. Thiers et Jules Favre parvinrent à conserver à la France la glorieuse petite cité et son territoire. Le séjour qu'y firent les vainqueurs ne devait être que momentané, et les soldats prussiens qui ont pris part à ce siège sentiront toujours un frisson les saisir quand ils parleront à leurs enfants de ce *Todenfabrick,* de cette « fabrique de morts. »

En reconnaissance de ce mémorable siège et pour en perpétuer le souvenir, la Ville de Paris, le cœur et le cerveau de la France, comme on l'a si justement appelée, a érigé, à l'intersection du boulevard Denfert et de l'avenue d'Orléans, un monument commémoratif : le Lion de Belfort, œuvre remarquable de Bartholdi ; en outre, les électeurs du VI° arrondissement de Paris ont tenu à honneur d'envoyer le colonel Denfert-Rochereau les représenter, en 1876, à la Chambre des députés.

La langue que l'on parle aux environs de Belfort et sur les frontières de la Lorraine est un patois particulier, mélange de mots celtiques, latins, germaniques et français.

Belfort est dominé à l'est par la colline de la Justice, qui a 462 mètres d'altitude, et au nord par celle de la Miotte, qui en compte 401, soit 162 et 100 mètres au-dessus du sol de l'église. La ville se compose de trois parties : la ville proprement dite, le Château ou citadelle, appelé aussi la Roche de Belfort, à l'est, et les faubourgs : de Montbéliard au sud, de Brisach au nord-est et de France à l'ouest ;

ce dernier a pris depuis la guerre un grand accroissement.

Outre les fortifications, les portes de France et de Brisach et les établissements militaires, on remarque à Belfort : l'église Saint-Denis, construite de 1729 à 1750, en grès rouge des Vosges, sauf les deux tours, terminées, celle du Nord en 1755, celle du Sud en 1845 ; l'hôtel de la préfecture, bâti en 1783 par M. de Bellonde, bailli du duc de Valentinois, seigneur de Belfort ; c'est dans cette maison que logea Marie-Louise, lorsqu'elle quitta la France en 1814 ; l'héroïque défenseur de la cité, le général Lecourbe, y mourut, au mois d'octobre 1815 ; l'hôtel de ville, acheté par l'administration communale en 1784, aux successeurs de Mme la marquise de Staal-Cayro de Cravanche ; c'est dans ce bâtiment que sont installés le lycée monumental fondé par l'État avec l'aide d'une souscription alsacienne, les tribunaux, les musées d'art et d'histoire naturelle et la bibliothèque.

L'industrie de Belfort a excessivement prospéré depuis l'annexion ; elle est principalement représentée par : 1° les établissements de la maison Dollfus-Mieg et Cie, dont la réputation est universelle et qui produisent le fil d'Alsace connu dans les cinq parties du monde ; 2° la Société alsacienne de constructions mécaniques des ateliers de laquelle sortent les locomotives construites autrefois à Mulhouse et à Graffenstaden, les affûts de canon, résistant aux terribles effets de la poudre. La Société alsacienne a mené de front la construction de ses ateliers et des logements ouvriers, appliquant immédiatement au profit de ses travailleurs la solution du problème d'une habitation saine et à bon marché.

C'est le moyen de s'assurer un personnel fixe, honnête et moral, et d'attirer de nouvelles industries autour de ces deux puissantes maisons, qui apportent à la cité belfortaine une source de prospérité. L'industrie y est encore représentée par les forges d'Audincourt, des fabriques de fer-blanc, des tréfileries, des tanneries, des teintureries estimées, horlogeries, fabriques de bougies et de cierges ; il s'y fait un commerce de bois, de vins, des fers, des cuivres et laitons d'Alsace ; transit des cotons, houilles, acides, bois de teinture et autres matières employées dans les fabriques ; poisson et fromages. Depuis 1789, la population de cette ville s'est constamment accrue : en 1789, elle était de 4,342 habitants ; en 1866, de 8,400, en 1876, de 15,173, et en 1881, de 19,336. L'annexion à l'Allemagne des pays environnants lui a été, à ce point de vue, des plus favorables.

Les fortifications de Belfort ont reçu depuis 1871 d'importantes modifications qui ont bien amélioré l'œuvre primitive de Vauban. La Citadelle, ou Château de Belfort, assise sur une roche jurassique, sur les flancs de laquelle se détache à même la pierre le Lion de Belfort, sculpté par Bartholdi ; au nord, les forts de la Miotte et de la Justice ont pour but de protéger le camp retranché du Vallon où se trouve le parc d'artillerie ; à l'ouest, le fort des Barres et le fort du Salbert ; au nord-est, celui de Roppe ; à l'est, celui des Hautes-Perches ; au sud-est le fort des Basses-Perches, le fort de Vezelois complètent ce nouvel ensemble de défenses, dont la circonférence n'est pas moindre de 48 kilomètres. Quant à l'enceinte de la ville, elle a été jugée inutile et elle doit être supprimée. Toutes ces fortifications sont dominées par la tour de la Miotte, tour pyramidale carrée, tronquée à son sommet, que les Belfortains considèrent comme le *Palladium* de leur ville. Cette tour, mutilée par l'artillerie allemande, pendant le mémorable siège de 1870-1871, s'est écroulée dans la nuit du 8 au 9 juillet 1873. L'État a fait reconstruire, pendant l'année 1875, une tour nouvelle sur l'emplacement de l'ancienne. Elle s'élève en ce moment et elle est pour le présent et restera pour l'avenir, ce qu'elle était pour le passé : la sentinelle et la gardienne de l'honneur de Belfort. C'est en 1474 que l'abbaye de Masevaux avait dû contribuer à l'érection de cette tour de garde ; les archives de cette commune en font foi. Elle servait, dans ces temps où l'ennemi était toujours proche, d'observatoire d'où l'on donnait et recevait des signaux.

La tour de la Miotte a toujours été l'objet d'un véritable culte de la part des habitants de Belfort qui s'étaient eux-mêmes donné le nom de Miottains. Autrefois, peu de jeunes gens quittaient le pays sans aller saluer la pierre de la Miotte, et sans emporter, comme relique, un petit morceau de pierre détaché du monument.

Belfort est la patrie de l'abbé J. Delaporte, auteur du *Voyageur français ;* des généraux Stroltz, Boyer, Roussel ; du peintre F.-J. Heim et d'Émile Keller, historien et député.

Les armes de Belfort sont : *d'azur, à une tour pavillonnée d'or, ajourée du champ, maçonnée de sable, girouettée d'argent, et côtoyée d'un B et d'un F d'or ; —* aliàs : la *tour est posée sur une terrasse d'argent.*

CRAVANCHE. — Cravanche, canton et à 4 kilomètres au nord de Belfort, est une petite commune de 205 habitants, située auprès du mont Salbert, non loin de la route départementale des Vosges à Delemont ; il n'y a pas d'église, et la commune fait partie de la paroisse de Valdoie. On y voit un vieux château et une grotte qui est un but de promenade pour les excursionnistes.

C'est en faisant des fouilles pour l'établissement du fort du Salbert, qui fait partie des nouvelles défenses de Belfort, qu'on a découvert cette caverne, espèce de nécropole où gisaient des crânes, squelettes, ossements d'animaux, etc.

BAVILLIERS. — Bavilliers (autrefois *Bavelier*), canton, arrondissement et à 3 kilomètres au sud-ouest de Belfort, à la source de la Douce, est un bourg peuplé de 1,174 habitants. On y remarque un bel établissement de filature de coton et tissage mécaniques, occupant environ 350 ouvriers.

CHATENOIS. — Châtenois (*Casteneyaco*, en allemand *Kestenholz*), sur la rive droite de Savoureuse et près de la frontière de la Suisse, canton, arrondissement et à 10 kilomètres au sud de Belfort, est un bourg peuplé de 1,020 habitants. Il s'y trouvait autrefois un prieuré sous la règle de Saint-Augustin, qui fut uni, en 1435, à la collégiale de Montbéliard. Les terres qui composaient la dotation de ce prieuré furent exceptées de la mesure qui prescrivait que les biens immeubles des églises du comté de Montbéliard seraient mis aux enchères publiques et que l'argent provenant de cette vente serait placé à intérêt au profit de la recette ecclésiastique. Cette mesure avait été prescrite par une ordonnance du comte Frédéric, du 13 septembre 1585. L'histoire ne mentionne qu'un seul prieur de Châtenois, Jean, chanoine de Saint-Paul de Besançon, qui eut, en 1299, de graves démêlés avec son collègue, le prieur de Lanthenans.

On trouve sur le territoire de Châtenois des mines de fer et des fours à chaux.

DANJOUTIN. — Danjoutin (*Domus Justini*), appelé autrefois *Damjustin*, nom dérivé du patron de son église, sur la Savoureuse, canton, arrondissement et à 3 kilomètres au sud de Belfort, est un village peuplé de 1,199 habitants. On trouve sur son territoire des mines de fer et plusieurs moulins, dont l'un est très considérable. Durant le siège de Belfort, au cours de la guerre franco-allemande de 1870-1871, la position de Danjoutin fut vivement disputée entre les troupes françaises et l'armée assiégeante, et ce village fut le théâtre de plusieurs engagements meurtriers. (Voir, à l'article BELFORT, notre récit de ce siège mémorable.)

DELLE. — Delle (*Datira*, *Dadarinsis finis*, en allemand *Dattenried*), appelée autrefois *Delle-sur-Joncs*, station de la ligne du chemin de fer de Paris à Bâle, qui se relie à Morvillars à celle de Montbéliard, chef-lieu de canton, est située à 22 kilomètres au sud-est de Belfort. C'est une petite ville frontière qui compte 1,809 habitants; elle est assise dans une délicieuse vallée, arrosée par l'Allaine et dominée par des collines. La première mention que l'histoire fasse de Delle remonte à l'année 728, époque à laquelle, dit M. P. Ristelhuber, le comte Eberhard, fils d'Adalbert, duc d'Alsace, la comprit dans une donation faite à l'abbaye de Murbach. Vers la fin du XIIIe siècle, le comte de Ferrette, Frédéric Ier, était alors avoué dans cette bourgade; il y remplissait son office au nom de l'abbaye de Murbach, située à 2 kilomètres de Buhl, dans la vallée de Guebwiller (Alsace annexée).

Lors de la guerre de Trente ans, Delle était entourée d'un mur quadrangulaire. Depuis cette époque, la situation topographique n'a point changé, ce qui fait ressortir que le côté sud du carré, percé par une porte, était le plus bas. Le côté opposé, au contraire, se trouvait sur une élévation dominée par une sorte de château. Naturellement, les deux autres murs, flanqués de tourelles, devaient être assez en pente. Une deuxième porte existait au nord, près du château.

Gaspard de Champagne, comte de La Suse, ayant été chargé par Louis XIII de prendre les villes de l'Est, s'empara d'abord de Montbéliard, puis il investit Delle, afin de pouvoir mieux se rendre maître de Belfort. Delle se rendit le 25 juin 1636, à des conditions honorables pour les bourgeois; Belfort, le 29 du même mois; mais, après la reddition de cette place, elle obtint des conditions moins avantageuses que Delle.

C'est depuis l'année 1636 que les murs de Delle et de son château ont été abandonnés. La seigneurie de Delle devint définitivement française, en 1648, par le traité de paix de Westphalie.

Louis XIV en fit don, en 1669, au cardinal Mazarin; elle passa successivement entre les mains des ducs de Mazarin et de La Meilleraie.

Delle possède une institution secondaire libre pour les jeunes gens et un pensionnat de jeunes filles. Beaucoup d'enfants de la Suisse viennent réclamer à ces établissements les bienfaits de l'éducation française. Au point de vue commercial, Delle a relativement une certaine importance. On y trouve deux fabriques de bonneterie, une brasserie et une fromagerie.

Les armes de cette ville sont : *d'or, à neuf tiges de jonc étêtées et appointées en pointe de sinople.*

BEAUCOURT. — Beaucourt (autrefois *Boocor*), station de la ligne du chemin de fer de Montbéliard à Delle, sur des collines dont les eaux se déversent dans l'Allaine, canton et à 7 kilomètres au sud-ouest de Delle, arrondissement et à 23 kilomètres au sud-sud-est de Belfort, est une ville industrielle peuplée de 4,505 habitants. Cette ville, située à 1,921 mètres de la station de Beaucourt-Dasles, est le centre des opérations de l'une des plus importantes et des plus intéressantes maisons de France. L'industrie de cette maison colossale date de l'année 1767. Le fondateur, Frédéric Japy, était fils d'un maréchal-ferrand de Beaucourt. A l'époque où il a commencé son industrie horlogère, Beaucourt ne comptait certainement pas trois cents habitants. Aujourd'hui, cette industrie occupe 5,500 ouvriers, tant dans la ville même que dans les communes voisines.

En 1780, treize ans après sa fondation, cet établissement si remarquable livrait déjà annuellement au commerce 3,600 douzaines d'ébauches. Le développement continu de cette maison fut interrompu, en 1815, par une terrible catastrophe : le 1er juillet, un corps des armées alliées envahit le village pour le rançonner, le piller et mettre le feu à la fabrique.

L'incendie consuma les ateliers avec toutes les machines qu'ils contenaient. La perte fut évaluée à 2,000,000 de francs.

L'industrie de Beaucourt a fabriqué d'abord de l'horlogerie petite et grande, l'une faisant les montres, l'autre les pendules, les appareils électriques et tout ce qui dérive du mouvement automatique produit par la force d'un ressort. Il faut ajouter à cette horlogerie de toute nature :

1° La quincaillerie, comprenant, outre la serrurerie et la cadenasserie, tout l'outillage de notre civilisation ;

2° La fabrication des vis et des boulons sur une échelle considérable et par des procédés extrêmement ingénieux ;

3° La fabrication de tous les ustensiles de ménage en fer battu, émaillés, étamés ou vernis ; enfin la construction des pompes, qui occupe aussi un grand nombre d'ouvriers.

Depuis 1845, il existe à Beaucourt une boulangerie qui livre au personnel de la maison le pain et la farine au prix de revient ; et, depuis 1854, un magasin, vendant à prix coûtant la plupart des denrées de la consommation domestique, a été annexé à cette boulangerie.

Les hameaux qui dépendent de Beaucourt sont les suivants : Châtillon, Le Mont-de-Dasles, Les Pasles, Le Cret et Tréport.

Bourogne. — Bourogne (*Boronia*, en allemand *Böll*), station de la ligne du chemin de fer de Paris à Belfort-Mulhouse-Delle, canton et à 11 kilom. au nord-ouest de Delle, arrondissement et à 11 kilom. au sud de Belfort, sur la rivière Saint-Nicolas et près du canal du Rhône au Rhin, est un bourg peuplé de 1,120 habitants. Son port sur le canal est assez important pour le transit pour la Suisse, l'Italie et l'Allemagne. Au nord de Bourogne, il y avait autrefois un hameau appelé La Pie, qui existait à l'époque de l'invasion des Suédois. Il se fait à Bourogne un certain commerce de bois de charpente.

Les armes de Bourogne sont : *d'azur, à un mouton d'argent surmonté de la lettre capitale* B *d'or.*

Grandvillars. — Grandvillars (*Grandvylar, Mannumuiler*; en allemand, *Granweiller*), station de la ligne du chemin de fer de Montbéliard à Delle et de celle de Paris-Mulhouse-Belfort et Delle, canton et à 5 kilom. de Delle, arrondissement et à 17 kilom. au sud-est de Belfort, sur l'Allaine, est une petite ville industrielle peuplée de 2,272 habitants. D'après d'Anville et d'autres géographes, Grandvillars occupe l'emplacement de l'antique *Grammatum*, placé par l'*Itinéraire d'Antonin* entre Mandeure et Largitzen. Dès 1284, il est fait mention d'un Henri de Grandvillars, vassal du comte Renaud de Montbéliard, qui reconnaissait lui-même l'évêque de Bâle pour son seigneur suzerain. La seigneurie se composait de Grandvillars et Morvillars, et des villages de Thiancourt et de Mésiré ; elle fut vendue, en 1670, à Nicolas de Barbaud, et, à l'époque de la Révolution, elle appartenait aux Noblat et aux héritiers du marquis de Pezeux. Cette ville possède une belle église moderne du style byzantin. Son industrie consiste en tirerie de fil de fer, fabrication mécanique de vis à bois, pitons, gonds, crochets d'armoires, etc. ; on y voit un moulin et une tuilerie ; son commerce est favorisé par plusieurs foires.

La Chapelle-sous-Rougemont. — La Chapelle-sous-Rougemont (*Capella*; en allemand, *Kapellen bei Rothenburg*), sur la rivière Saint-Nicolas et sur la route nationale de Belfort à Colmar, canton et à 6 kilomètres de Fontaine, arrondissement et à 15 kilomètres au nord-est de Belfort, est un bourg peuplé de 1,002 habitants. Cette commune possède un collège libre important, fréquenté par 300 enfants de l'Alsace qui viennent y recevoir une instruction et une éducation françaises ; un moulin et une brasserie. Elle s'appelait autrefois, en 1295, *La Chapelle-vers-Roigemont*.

Giromagny. — Giromagny (c'est-à-dire le *Magny*, le manoir de Girod, du bas latin *mansionile*), chef-lieu de canton, arrondissement et à 13 kilomètres au nord de Belfort, sur la rive droite de la Savoureuse, près d'une espèce de cirque couvert de prairies et enveloppé au nord par les montagnes qui constituent le prolongement du Ballon d'Alsace, est une ville peuplée de 3,156 habitants. En 1347, Giromagny échut à Jeannette, duchesse d'Autriche, fille d'Ulric, dernier comte de Ferrette ; elle fut réunie à la France au XVIIe siècle. Elle posséda plus tard une maison du tiers ordre de Saint-François, fondée en 1643, et dépendant de celle dite de Picpus, située au faubourg Saint-Antoine, à Paris. L'église paroissiale et l'hôtel de ville sont deux beaux édifices modernes. Le territoire de cette commune renferme en abondance le granit, le porphyre et le marbre ; il s'y trouve plusieurs mines de cuivre, de plomb et d'argent. Aux termes d'une ordonnance royale du 26 mars 1843, la concession des mines de cuivre, de plomb et autres métaux comprend une superficie de 29 kilomètres carrés ; ces richesses sont aujourd'hui inexploitées. L'industrie de Giromagny, renommée pour sa fabrication de toiles de chanvre et de lin, et de linge de table, comprend aussi un établissement remarquable de filature et de tissage mécanique de coton (20,000 broches, 310 métiers); d'autres fabriques y offrent, en outre, un grand nombre de métiers à bras; il y a des moulins, des tuileries, une tannerie et une scierie.

Cette ville est aujourd'hui défendue par un fort qui fait partie de l'ensemble des nouvelles fortifications de Belfort.

Les armes de Giromagny sont : *d'argent, à trois tours de gueules, pavillonnées de même, girouettées d'or, rangées sur une terrasse du même.*

AUXELLES-HAUT (en allemand, *Ober-Assel*), sur le petit ruisseau du Rhône et au pied du mont Saint-Jean, canton et à 5 kilomètres de Giromagny, arrondissement et à 16 kilomètres au nord-ouest de Belfort, est un bourg peuplé de 928 habitants. Auxelles-le-Haut ne date que du XVIe siècle et doit son origine aux mines d'argent, de cuivre et de plomb qu'on exploitait sur son territoire, et qui ont été abandonnées pendant les guerres d'Allemagne. Il avait été donné en fief au directeur de ces mines, nommé Heydenburg. On y trouve des ateliers de tissage mécanique et à bras (environ 120 métiers).

AUXELLES-BAS. — Auxelles-Bas (en allemand, *Nieder-Assel*), canton et à 5 kilomètres au sud-ouest de Giromagny, arrondissement et à 16 kilomètres au nord de Belfort, sur le petit ruisseau du Rhône, est un bourg peuplé de 720 habitants. Auxelles-Bas et son château appartenaient à la famille Assel; en 1520, ils passèrent aux mains des comtes de Ferrette. Les châteaux de Rosemont, d'Auxelles et de Passant sont appelés quelquefois *les châteaux des trois Pucelles.* Il existe dans cette commune environ 130 métiers à bras pour le tissage du coton, trois moulins à blé et un moulin à tan.

LEPUIX. — Lepuix ou Le Puix (en allemand, *Sotta*), sur la Savoureuse, canton et à 2 kilomètres au nord de Giromagny, arrondissement et à 16 kilomètres au nord de Belfort, est un village peuplé de 1,995 habitants, et duquel dépendent plusieurs annexes. Ce village doit son nom au percement du quatrième puits minier qui ait été ouvert, par ordre de date, dans le canton de Giromagny. On y trouve des métiers mécaniques et à bras pour le tissage du coton, des moulins et des scieries. Charles Nodier, dans un de ses ouvrages (*Thérèse*), a dit de cette contrée : « Vous tous qui avez voyagé en tout pays et qui n'avez pas vu la gorge romantique du Puix, il vous reste un voyage essentiel à faire. »

ROUGEMONT. — Rougemont-le-Château (*Rubens Mons*; en allemand, *Rothenburg*), dans une situation charmante, près de la source de la rivière Saint-Nicolas, arrondissement et à 14 kilom. au nord-est de Belfort, et à 12 de Giromagny, est un bourg peuplé de 1,874 hab. (2,054 en 1881). « Rougemont, dit M. Ristelhuber, doit son origine et son nom à deux châteaux situés l'un au haut et l'autre au bas de la montagne, et dont on voit encore quelques restes. Autour du château inférieur se sont groupées, au XIVe siècle, quelques habitations qui prirent la qualification d'*oppidum;* de nos jours encore, le quartier qui correspond à cette partie du village est nommé la *bonne ville.* Autrefois, il s'y trouvait le siège d'une seigneurie, qui comprenait Rougemont, Leval, La Petite-Fontaine, Felon, Saint-Germain et Romagny.

L'industrie de Rougemont consiste en tissage mécanique de calicot et tissage à la main de soie, laine et coton, fabrication de quincaillerie et de serrurerie en tout genre, fonderie de pièces qui y ont rapport, fabrication de tuiles et de chaux. On trouve de la houille sur son territoire.

Avec les communes de Leval, La Petite-Fontaine et Romagny, Rougemont est tout ce qui reste à la France de l'ancien canton de Massevaux.

STATISTIQUE DU TERRITOIRE DE BELFORT (Haut-Rhin)

RANG DU DÉPARTEMENT

Superficie : 86ème. — Population : 87ème. — Densité de la population : 7ème

I. STATISTIQUE GÉNÉRALE

SUPERFICIE.	POPULATION.	ARRONDISSEMENTS.	CANTONS.	COMMUNES.	REVENU TERRITORIAL.	CONTRIBUTIONS OU REVENUS PUBLICS
610 kil. carrés, ou 61.014 hect.	Hommes, 36.532 Femmes, 32.068 (*) Total. 68.600 112 hab. 46 par kil. carr.	1	5	106	Propriétés bâties... 2.000.000 fr. — non bâties 4.000.000 » Revenu agricole.... 18.000.000 »	8.000.000 fr.

II. STATISTIQUE COMMUNALE

ARRONDISSEMENT DE BELFORT

Superficie, 610 kil. carrés ou 61.014 hect. — Population, 68.600 hab. — Cantons, 6. — Communes, 106.

CANTON, sa population.	NOM de LA COMMUNE.	POPULATION.	Distance au chef-lieu d'arr.	CANTON, sa population.	NOM de LA COMMUNE.	POPULATION.	Distance au chef-lieu d'arr.	CANTON, sa population.	NOM de LA COMMUNE.	POPULATION.	Distance au chef-lieu d'arr.
BELFORT, 32 communes, 26.543 habitants.	Belfort..........	15.173	»	Delle, 27 communes, 18.122 habitants.	Delle...........	1.516	20	Suite de FONTAINE.	Lagrange........	85	9
	Andelnans.......	294	6		Beaucourt.......	4.505	25		Lacollonge......	136	9
	Argiésans........	160	8		Boron...........	304	20		Larivière........	222	13
	Banvillars.......	186	3		Bourogne........	1.120	11		Menoncourt......	290	8
	Bavilliers.......	1.174	»		Brebotte........	270	18		Montreux-Château...	595	15
	Bermont.........	87	7		Bretagne........	272	15		Petit-Croix......	293	9
	Botans..........	125	6		Courcelles......	205	27		Phaffans.........	232	6
	Buc.............	171	6		Courtelevant....	295	27		Reppe...........	316	13
	Charmois........	204	13		Croix............	303	28		Saint-Germain....	360	11
	Châtenois.......	1.020	10		Favérois........	374	24		Vauthiermont....	334	15
	Chèvremont.....	660	6		Fesche-l'Église..	486	»				
	Cravanche.......	205	4		Florimont.......	454	26				
	Danjoutin.......	1.199	3		Froidefontaine..	282	13	GIROMAGNY, 19 communes, 13.470 habitants.	Giromagny......	3.156	15
	Dorans..........	286	7		Grandvillars....	2.272	15		Anjoutey........	548	12
	Eschêne-Autrage...	105	10		Grosne..........	239	20		Auxelles-Bas....	720	16
	Essert..........	577	5		Joncherey......	447	18		Auxelles-Haut...	928	16
	Fontenelle......	103	9		Lebetain........	293	22		Bourg...........	87	13
	Meroux..........	641	7		Lepuix..........	373	24		Chaux...........	616	10
	Moval...........	86	9		Méziré..........	744	12		Éloie............	173	8
	Novillard........	187	11		Montboutou.....	527	30		Étueffont-Bas....	275	12
	Offemont........	537	5		Morvillars.......	672	12		Étueffont-Haut...	817	13
	Perouse.........	481	4		Réchésy.........	909	30		Évette...........	494	8
	Rechotte........	77	10		Recouvrance....	94	19		Grosmagny......	646	12
	Roppe...........	479	6		Saint-Dizier.....	652	25		Lachapelle-sous-Chaux.	545	10
	Salbert..........	274	7		Thiancourt......	140	18		Lepuix...........	1.995	16
	Sevenans........	142	7		Vellescot........	147	20		La Madeleine....	148	17
	Trétudans.......	238	8		Villars-le-Sec...	227	27		Petit-Magny.....	256	13
	Urcerey.........	199	7						Rierevescemont..	187	17
	Valdoie..........	732	5						Rougegoutte.....	824	14
	Vétrigne.........	176	6	FONTAINE, 24 comm., 6.636 hab.	Fontaine........	359	10		Sermamagny....	445	7
	Vézelois.........	439	7		Angeot..........	352	16		Vescemont......	610	15
	Vourvenans.....	128	10		Bessoncourt.....	396	6				
					Bethonvilliers...	187	10				
Ancien cant. de DANNEMARIE (comm. restées françaises, 3), 1.146 habitants.					Cunelières......	127	12				
					Denney..........	231	6				
	Chavanatte.....	174	21		Éguenigue......	227	7	Ancien cant. de MASSEVAUX (comm. restées françaises, 4), 2.681 habitants.	Leval............	321	15
	Chavannes-les-Grandes.	459	18		Felon............	217	12		Petite-Fontaine (La).	214	15
	Suarce..........	513	23		Foussemagne...	526	12		Romagny........	272	13
					Frais............	150	10		Rougemont......	1.874	14
					Lachapelle-sous-Rougemont.	1.001	15				

(*) Le recensement opéré en 1881 donne 71.244 hab.

III. STATISTIQUE MORALE [1]

Par M. Eug. BOUTMY, ancien Professeur.

Les chiffres en caractères gras inscrits dans chacune des trois petites colonnes de ce tableau indiquent le rang du département relativement à la mention devant laquelle ils sont placés.

Religion [2]

Catholiques	52.059
Protestants	2.078
Israélites	841
Clergé catholique	22
Pasteurs	3
Rabbins	2

Mouvement de la population

	Naissances	1.858
	Mariages	559
	Décès	1.483
81e	Durée moyenne de la vie	31 a. 2 m.

Instruction [3]

24e	Nombre des jeunes gens sachant lire, écrire et compter sur 100 jeunes gens maintenus sur les listes de tirage	86.21
	Nombre des établissements d'enseignement secondaire de l'État	1
	Nombre des écoles primaires (publiques ou libres)	103

Crimes contre les personnes [4]

COURS D'ASSISES.

Rapport du nombre des accusés à la population . . 1 sur   hab.
Nombre total des accusés . . . .

Infanticides [4]

Rapport du nombre des infanticides à celui des enfants naturels.
Nombre total . . . .

Suicides [4]

Rapport des suicides au chiffre de la population . .
Nombre total . . . .

Crimes contre les propriétés [4]

Rapport du nombre des accusés à la population.
Nombre total . . . .

Tribunaux correctionnels [4]

Nombre des affaires . . . .
Nombre des prévenus . . .
Nombre des condamnés . . .

Procès [4]

Affaires civiles . . . . . .
Affaires commerciales . .
Faillites . . . .

Paupérisme

62e	Rapport des indigents au chiffre de la population . . . 1 sur 76 hab.	
	Nombre total	900
	Bureaux de bienfaisance	7
	Hôpitaux et hospices	1
	Aliénés à la charge du département	26
	Sociétés de secours mutuels	4

Contributions directes [5]

86e	Foncière	199.815
	Personnelle et mobilière	57.779
	Portes et fenêtres	55.534

(1) Les chiffres contenus dans ce tableau sont empruntés, pour la plupart, à l'*Annuaire statistique de la France* (1878), publié par le ministère de l'agriculture et du commerce, ou calculés d'après des données puisées dans cet ouvrage.

(2) Le recensement de 1876 a négligé ce point de vue.

Culte catholique. — Évêché à Besançon. Voir, pour le nombre des cures, des succursales, des vicariats, etc., qui appartiennent à ce diocèse, le département du Doubs.

Culte réformé. — Les réformés de la confession d'Augsbourg ont à Belfort une église consistoriale, desservie par un pasteur et dépendante du consistoire d'Héricourt (Haute-Saône).

(3) L'arrondissement de Belfort est compris dans le ressort de l'académie de Besançon; lycée à Belfort, 3 institutions secondaires et 106 écoles primaires sur le territoire. Au point de vue du nombre d'élèves inscrits dans les écoles primaires de 6 à 13 ans, sur 100 enfants recensés, l'arrondissement de Belfort occupe le 6e rang. Il occupe un des premiers rangs d'après le nombre d'enfants présents à l'école par 10,000 habitants.

(4) Les documents officiels publiés en 1878 confondent les chiffres du Haut-Rhin afférents à cette rubrique avec ceux de la Haute-Saône. Au point de vue judiciaire, le département du Haut-Rhin ressortit à la cour d'appel de Besançon. Un tribunal de première instance et un tribunal de commerce sont établis à Belfort.

(5) Receveur particulier à Belfort; 1 percepteur dans la même ville.

BIBLIOGRAPHIE

1698. Chronique universelle du pays d'Alsace, par *Konigshoven*. In-4° (en allemand).

1772. J. D. *Schilpflini* Alsatia diplomatica. Edente *Koch*. — Manheim, in f°.

1782. Histoire descriptive d'Alsace, depuis les temps les plus reculés, par *Billing*. In-8°.

1785. Vues pittoresques de l'Alsace, accompagnées d'un texte historique, par *Grandidier*. In-4°.

1808. Essai sur l'histoire littéraire de Belfort, par *Descharrières*. In-12.

1810. Statistique du département du Haut-Rhin, par *Peuchet* et *Chanlaire*. In-4°.

1826. L'Alsace, nouvelle description historique et topographique des deux départements du Rhin, par *Aufschlager*. 2 vol. In-8°.

1829. Histoire d'Alsace, traduction abrégée, de *Schœpflin*. 4 vol. In-12. — Strasbourg et Colmar.

1836. Vues des villes et bourgs les plus pittoresques de l'Alsace, avec notice historique, par *Sandmann*. In-f°.

1851. L'Alsace ancienne et moderne ou Dictionnaire géographique, historique et statistique du Haut et du Bas-Rhin, par *Jacques Baquol*. In-8°. Nouvelle édition en 1866.

1855. Histoire pittoresque et anecdotique de Belfort et de ses environs, par *A. Corret*. In-8°.

1865. Dictionnaire du Haut et du Bas-Rhin, par *Ristelhuber*. 1 vol. in-8°.

1873. Histoire de la Défense de Belfort, par *E. Thiers* et *S. de La Laurencie*. 1 vol. in-8° avec plans.

1882. Géographie du Territoire de Belfort, par *Ad. Joanne*. 1 vol. in-12 avec carte.

Cartes du département du Haut-Rhin, par *Dufour*, *Duvotenay*, *Charles*, etc., etc.

Carte topographique du Territoire de Belfort au 1/160000e, par *A. Armbruster*, inspecteur de l'instruction publique.

Paris. — Imprimerie Vve P. LAROUSSE et Cie, rue Montparnasse, 19. — JULES ROUFF, ÉDITEUR.

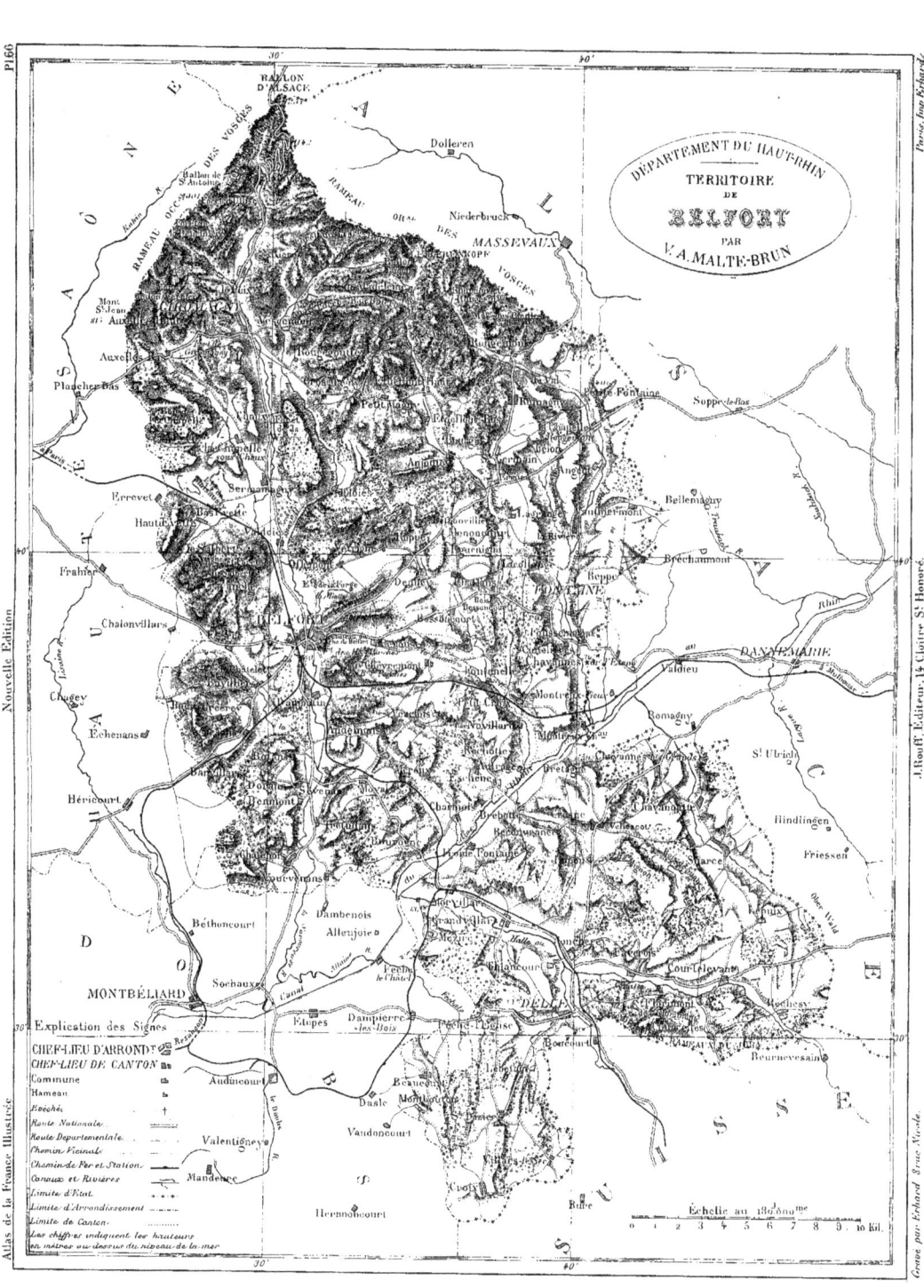

LA FRANCE ILLUSTRÉE — PAR V.-A. MALTE-BRUN

LYON

RHONE

Chef-lieu : LYON

Superficie : 2,790 kil. carrés. — Population : 705,135 habitants.
2 Arrondissements. — 29 Cantons. — 264 Communes.

DESCRIPTION PHYSIQUE ET GÉOGRAPHIQUE.

Situation, limites. — Le département du Rhône, formé de l'ancienne province du Lyonnais et d'une partie du Beaujolais, doit son nom au fleuve important qui le limite au sud-est, il appartient à son bassin et dépend de la région orientale de la France. Ses bornes sont : au nord, le département de Saône-et-Loire; à l'est, ceux de l'Ain et de l'Isère; au sud et à l'ouest, celui de la Loire. Ce département, uni à celui de la Loire, n'en forma d'abord, en 1790, qu'un seul, celui de Rhône-et-Loire, mais, en 1793, ce dernier fut démembré; on prit pour limite commune la montagne qui le traversait, et c'est ainsi que l'on eut les deux départements de la Loire et du Rhône.

Nature du sol, montagnes, vallées. — Le département du Rhône est généralement compris entre la chaîne du Beaujolais et du Lyonnais à l'ouest, la Saône et le Rhône à l'est; il n'a conséquemment, sauf quelques exceptions, qu'un seul versant et une seule pente générale de l'ouest, à l'est de cette ligne de hauteurs qui le séparent du bassin de la Loire, vers ces deux importants cours d'eau qui se réunissent à Lyon même. Son sol est peu propre à la culture des céréales; il est cependant assez riche dans le fond de quelques vallées.

Les montagnes du Lyonnais et du Beaujolais, qui traversent le département du sud au nord vers sa partie occidentale, appartiennent aux Cévennes septentrionales et font partie de la grande ligne de partage des eaux de l'Europe. Aux premières appartiennent : le mont Pilat, 937 mètres, près de Saint-André-la-Côte; le sommet de la Verrière, au nord-ouest d'Yseron, sur la route de Montbrison à Lyon; la montagne de la Roue, 904 mètres, un peu au nord-est de la précédente; le mont Pottu, au sud-est de Montrotier, 821 mètres; le mont Arjoux, 817 mètres, et le mont Popey, 806 mètres, à l'ouest de L'Arbresle; le mont Peleret, 860 mètres, à l'ouest du mont Arjoux; enfin le rocher d'Ajaux, 973 mètres. Nous arrivons ainsi aux monts de Tarare, sur la frontière occidentale du département, dont le mont Boussièvre, 1,004 mètres, paraît le point culminant; les autres sont : le mont Crepier, 935 mètres; le Pin Bouchain, 887 mètres; le sommet au nord de Saint-Apollinaire, 899 mètres; le mont Sottier, 898 mètres; séparés du massif précédent par la vallée de l'Azergues, les monts du Beaujolais couvrent la plus grande partie de l'arrondissement de Villefranche; là se trouve le mont Saint-Rigaud, près de Monsols, point culminant du département, qui atteint 1,012 mètres; citons encore : le mont Monné, 1,000 mètres; le mont Soubrant, 898 mètres; le mont Auguel, 890 mètres; le mont Tourveou, 953 mètres. Ces montagnes du Beaujolais vont se souder au nord, dans le département de Saône-et-Loire, aux montagnes de la Côte-d'Or. Les monts du Lyonnais vont se terminer entre le confluent de l'Azergues avec le Rhône par le mont Ceindre et le mont d'Or, qui, au nord de Lyon, atteignent 500 et 600 mètres; tandis qu'au sud de la ville, les coteaux de Sainte-Foy et de Fourvières ne dépassent pas 300 mètres.

Après les riches et importantes vallées de la Saône et du Rhône, les plus intéressantes du département sont celles de l'Azergues, de la Turdine, de la Brevenne, de la Vauxone et de l'Ardière. Elles se ramifient en une multitude de petits vallons et de plaines de peu d'étendue que couronnent des forêts et des bois d'arbres verts.

Hydrographie. — Le département du Rhône est arrosé par deux grands cours d'eau, un fleuve et une rivière, le Rhône et la Saône, qui viennent se réunir au sud du territoire de Lyon, après avoir traversé de fertiles vallées et reçu de nombreux affluents; l'un et l'autre apportent sur leur passage le mouvement et la vie; tous deux offrent aux populations qui habitent leurs rives une voie de communication assurée et facile et un moyen économique et prompt pour les transports des produits de l'agriculture et du commerce; mais de grandes différences distinguent les deux rivières : leurs eaux n'ont ni les mêmes teintes ni la même température; leur composition élémentaire n'est pas la même; enfin l'inégalité de la pente du sol sur lequel elles coulent établit, dans la vitesse de leur cours respectif, un contraste frappant. Autant le Rhône est impétueux et rapide, autant la Saône est paisible et lente; les eaux du premier parcourent 1 mètre 50 centimètres par seconde en temps ordinaire, et pendant les crues 4 mètres 50 centimètres; celles de la Saône ne parcourent guère que 1 mètre par seconde. Les inondations produites par les eaux du Rhône sont beaucoup plus rapides que celles de la Saône, mais elles ont beaucoup moins de durée; un froid de 7 ou 8 degrés suffit pour glacer les eaux calmes et peu profondes de la Saône; on n'a vu celles du Rhône gelées que dans quelques hivers exceptionnels par leur extrême rigueur, par une température soutenue de 16 ou 18 degrés au-dessous de zéro.

La Saône, l'*Arar* des anciens, naît à Viomesnil, dans la partie sud-ouest du département des Vosges, coule dans une direction généralement méridionale et, après un parcours d'environ 435 kilomètres, s'unit au Rhône, à l'extrémité méridionale de Lyon; elle n'appartient au département que par sa rive droite et sur une longueur de 60 kilomètres; seulement, dans cet espace, plusieurs petites rivières lui apportent le tribut de leurs eaux; les plus importantes sont l'Ardière et l'Azergues, celle-ci grossie près de L'Arbresle par la Turdine et la Brevenne. Aux abords de Lyon, la Saône coule sur des rives déprimées qu'elle submerge souvent; une barrière de rochers, vers Pierre-Scise, paraît s'être opposée autrefois à son passage. Après avoir baigné le pied de la colline de Fourvières et des coteaux de Sainte-Foy, elle atteint le Rhône, dont les eaux azurées ne se confondent qu'à une certaine distance avec ses flots de couleur jaunâtre. Paisible, lente et paresseuse dans son état normal, la Saône ne ressemble en rien à ce qu'elle se montre lorsque les pluies et l'apport des eaux du Doubs l'ont forcée à déborder; impétueuse alors, elle franchit ses rives jusqu'à de grandes distances, surtout à droite, et précipite dans le Rhône un énorme volume d'eau. De toutes les inondations qui désolent le sol lyonnais, les plus terribles sont celles de cette rivière; l'histoire a conservé le souvenir de celles qui eurent lieu en 580, en 1570, en 1602, en 1608, en 1709 et surtout en 1840. Les principales inondations causées par le débordement du Rhône sont celles de 1616, de 1711, de 1801, de 1825, de 1840 et de 1852. La Saône permet de transporter jusque sur les bords du Rhin, par le canal du Rhône au Rhin, et jusque dans la France centrale, par les canaux du Centre et de Bourgogne, les riches produits de l'industrie lyonnaise.

Le Rhône (*Rhodanus*) touche au sol lyonnais et lui sert de limite; il prend sa source en Suisse, sur les pentes du mont Furca, à 1,784 mètres au-dessus du niveau de la mer, dans un glacier de la montagne de Saas, à l'ouest du Saint-Gothard, entre le Furca, le Gallenstock et le Grimsel, à 24 kilomètres au sud-ouest de la source du Rhin. Il traverse de l'est à l'ouest le Valais, où il coule d'abord avec violence dans un lit étroit et encombré de rochers; à Brieg, son cours devient plus modéré, mais là commencent les marais qui infectent le bas Valais; il passe à Sion, puis traverse une gorge étroite près de Martigny, tourne au nord-ouest Saint-Maurice et se jette dans le lac de Genève; il sort de ce grand réservoir à Genève même, pur et limpide. A peu de distance de cette ville, il entre en France, sépare la Haute-Savoie du Jura et de l'Ain, coulant au sud dans une vallée encaissée; il passe à Fort-l'Écluse (Fort-les-Cluses); sa vallée se resserre encore, le fleuve n'a plus ici que 16 à 25 mètres de large, au lieu de 78 à 117 mètres qu'il avait à sa sortie du lac. Le Rhône s'est creusé dans les terrains peu solides de la montagne du Grand-Credo un lit profond, dans lequel il s'engouffre et dont il sort bientôt large, tranquille et profond; mais, à 300 pas du gouffre, à environ 1 kilomètre au-dessus de Belgarde, au village de Goupy, des éboulements de rochers et les affouillements du fleuve ont formé une arche de 60 pas de longueur, sous laquelle coule le Rhône; c'est ce qu'on appelle *la perte du Rhône*. Au sortir de ce gouffre, le lit du Rhône est très profond, très rapide, encaissé dans des berges à pic de 50 mètres de hauteur, et à 300 pas plus loin il reçoit la Valserine, dont le confluent augmente encore le bouleversement de cette contrée; enfin, à 6 kilomètres de là, il a encore à franchir le défilé de Malpertuis, étroit goulet hérissé de rochers, pour arriver au Parc, où il devient navigable et où sa vallée s'élargit; il passe ensuite à Seyssel, à Pierre-Châtel, près de Saint-Genix, où il reçoit le Guiers, à Anthon, en face duquel il reçoit l'Ain, sépare le département de l'Ain de celui de l'Isère, et entre enfin dans le département auquel il donne son nom, par le territoire de la commune de Vaulx-en-Vélin, et à Lyon par les Brotteaux.

A Lyon, il rencontre les hautes collines de la Croix-Rousse ; il les contourne, prend une direction sud-ouest, reçoit la Saône et coule au sud en arrosant encore dans le département Givors et Condrieu ; de là, il gagne la Méditerranée, à laquelle il arrive après un cours total de 950 kilomètres en formant le delta de la Camargue. (V. le département des *Bouches-du-Rhône.*)

Le Rhône ne touche au sol lyonnais, sauf le canton de Villeurbanne, que par sa rive droite et sur une étendue d'environ 52 kilomètres ; il n'y reçoit que quelques petites rivières, telles que l'Izeron, le Garon et le Gier ; cette dernière est la plus importante ; elle prend sa source dans la cour d'une ferme, au sommet du mont Pilat. Le Rhône se charge, à Lyon, de tous les produits agricoles et des marchandises que lui apporte la Saône des parties centrales de la France ; il les transporte à la mer avec une activité merveilleuse, desservant sur son passage les intérêts commerciaux de plusieurs villes importantes.

Le seul canal qui traverse ce département est celui de Givors à Saint-Étienne qui longe le Gier ; il était autrefois très important pour le commerce et l'industrie ; il a 15 kilomètres, dont 9 appartiennent au département, et sa pente, qui est de 81 mètres, est rachetée par 28 écluses.

Voies de communication. — Le département du Rhône est naturellement, à cause de l'importance de son chef-lieu, l'un des plus favorisés sous le rapport des voies de communication. Il est traversé par 6 routes nationales, ayant un développement de 227 kilomètres ; par 15 routes départementales, 397 ; par 34 chemins vicinaux de grande communication, 772 ; par 67 chemins vicinaux de moyenne communication ou d'intérêt commun, 730, et par 2,050 chemins vicinaux ordinaires, dont le développement dépasse 3,000 kilomètres.

Les onze chemins de fer qui le desservent (1880) appartiennent au grand réseau de Paris-Lyon-Méditerranée ; ce sont : 1° la ligne de Paris à Lyon, qui suit les vallées de la Saône et du Rhône et qui pénètre dans le département un peu au delà de la station de Romanèche (Saône-et-Loire) et dessert celles de Belleville, Saint-Georges, Villefranche, Anse, Trévoux, Saint-Germain-au-Mont-d'Or, Neuville, Couzon, Collonges-Fontaines, Ile-Barbe, Lyon (Vaise), Lyon (Perrache) [512 kilomètres de Paris, 197 kilomètres de Dijon, 71 kilomètres de Mâcon] ; 2° le chemin de fer de Lyon à Marseille, desservant, dans le Rhône, la station de Saint-Fons, avant de pénétrer dans l'Isère ; 3° le chemin de fer de Beaujeu à Belleville (13 kilomètres), desservant les stations de Durette-Quincie et de Cercie ; 4° de Roanne à Lyon par Saint-Étienne (58 kilomètres), l'un de nos plus anciens chemins de fer, desservant dans le département les stations de Trèves-Burel, Saint-Romain-en-Gier, Givors (36 kilomètres de Saint-Étienne, 22 kilomètres de Lyon), Grigny, La Tour-de-Millery, Vernaison, Irigny, Oullins et Lyon (Perrache) ; 5° de Roanne à Lyon par Tarare (section de Paris à Lyon par le Bourbonnais), desservant dans le département les stations d'Amplepuis, Tarare (463 kilomètres de Paris, 42 kilomètres de Roanne), Pont-Charra, Saint-Romain-de-Popey, L'Arbresle, Lozanne, Chazay-Marcilly, Les Chères-Chazelles, Saint-Germain-au-Mont-d'Or, Neuville, Couzon, Collonges-Fontaine, L'Ile-Barbe et Lyon (Vaise) ; 6° la ligne de Lyon à Montbrison par L'Arbresle (79 kilomètres), desservant, dans le Rhône, Lyon (Saint-Paul), Lyon (Gorge-du-Loup), Écully, Tassin, Charbonnières, La Tour-de-Salvagny, Lentilly, Fleuriaux-Lozanne, L'Arbresle, Saint-Bel, Bessenay, Courzieux-la-Giraudière, Sainte-Foy-l'Argentière et Meys ; 7° la ligne de Lyon à Bourg, 59 kilomètres, avec la station de Sathonay, dans le département ; 8° la ligne de Lyon à Genève, desservant, dans le département, Miribel ; 9° la ligne de Lyon à Besançon et à Vesoul ; 10° la ligne de Lyon à Grenoble ; 11° la ligne de Lyon à Nîmes (122 kilom.) par Givors et Tournon, suivant la rive droite du Rhône et desservant dans le département, à partir de Givors, les stations de Loire, de Sainte-Colombe, d'Ampuis et de Condrieu ; d'autres tronçons unissent autour de Lyon plusieurs de ces lignes principales entre elles. Parmi d'autres lignes projetées, nous citerons une ligne plus directe de Saint-Étienne à Lyon.

En 1875, la longueur des lignes exploitées était de 172 kilomètres, et celle des lignes en construction ou à construire de 108 kilomètres ; il y avait, en outre, 13,000 kilomètres de chemin de fer d'intérêt local exploités, et 9,000 kilomètres à construire.

Climat. — Le climat du département du Rhône est tempéré; il appartient au climat rhodanien. Il est rare que le froid pendant l'hiver dépasse une moyenne de 8 degrés au-dessous de zéro, et que la chaleur, pendant le mois de juillet, se maintienne longtemps au-dessus de 20 degrés; mais les variations de température sont communes et considérables dans une même journée, et le sol doit aux conditions locales dans lesquelles il est placé de véritables inconvénients. A Lyon, ville de brouillards dus à son voisinage du Rhône et de la Saône, les pluies sont fréquentes et, d'ordinaire, elles durent longtemps; elles sont, au reste, distribuées avec une régularité remarquable dans toute l'étendue du bassin de la Saône; les plus considérables sont amenées par les vents du sud-ouest, d'ouest et du sud.

On comprendra que ce que nous venons de dire du climat lyonnais n'est que général, et que ces observations sont souvent modifiées par la localité; c'est ainsi que les rives du Rhône et de la Saône ne sont pas dans les mêmes circonstances atmosphériques que les régions montagneuses qui avoisinent le mont Blanc; ces différences peuvent être observées dans Lyon même; les collines de Fourvières et le plateau de la Croix-Rousse sont plus salubres que la partie centrale du quartier Saint-Georges.

Productions naturelles. — Le département du Rhône présente des terrains de toutes les formations; on y rencontre surtout les roches basaltiques dans les montagnes, et un sol d'alluvion très considérable qui accompagne ses deux grands cours d'eau. Sa richesse minérale est importante; le cuivre se trouvait à Saint-Bel et à Chessy en quantité telle, que ces mines étaient réputées les premières de France par l'importance de leur production. On y rencontre encore des mines de plomb argentifère, de la houille, du marbre, des pierres de taille, de la marne, du grès et de l'argile de potier. Il y a fort peu d'eaux minérales; ce sont des eaux médiocrement ferrugineuses avec quelques traces de sels; les plus connues sont celles de Charbonnières, du quartier Saint-Georges, du faubourg de Bresse de Neuville, de Saint-Didier et d'Orliénas.

Les forêts sont peu considérables; les principales essences sont le chêne et le charme; le flanc des montagnes est couvert de châtaigneraies qui produisent ces châtaignes renommées à Paris sous le nom de marrons de Lyon; tandis que, dans les vallées bien exposées, le mûrier, qui est cultivé en grand, est une des principales sources de la richesse agricole du pays. Les vergers voient mûrir une grande quantité de fruits de toute espèce, et les vins de la côte du Rhône et de la Saône jouissent d'une réputation méritée; ceux du nord du département, ou de l'ancien Beaujolais, sont de l'espèce des vins de Bourgogne et compris dans les vins de Mâcon; ceux du sud sont ceux du Lyonnais, compris dans les vins du Rhône; les plus estimés parmi les premiers, les rouges de Chenas, sont classés parmi les bons vins fins de France; les meilleurs vins du Lyonnais, les rouges de Côte-Rôtie, de Saint-Michel (Château-Grillé) et les blancs de Condrieu et de Morgon, sont placés sur le même rang; voici les plus connus sur les coteaux de la rive droite du Rhône : les vins de Sainte-Foy, de Charly, de Millery, de Saint-Genis et de Condrieu; sur les coteaux de la rive droite de la Saône : les vins de Pommiers, de Fleurie et de Thorins. En 1874, la production vinicole a été 1,285,000 hectolitres, estimés à 57,830,265 francs; en 1875, la production a été de 1,293,833 hectolitres, et en 1877, elle était encore de 1,066,846 hectolitres, malgré l'apparition du phylloxera et de la maladie de la vigne. Le sol paraît peu propre à la culture des céréales, et le département du Rhône est tributaire des départements voisins pour le blé et les autres grains; mais la récolte des pommes de terre y est très considérable.

La superficie du département se partage en superficie bâtie et voies de transport, 19,416 hectares, et territoire agricole, 258,224 hectares. Ce dernier est lui-même subdivisé en : céréales, 83,426 hectares; farineux, 13,181; cultures potagères et maraîchères, 2,034; cultures industrielles, 2,425; prairies artificielles, 10,221; fourrages annuels, 4,242; autres cultures et jachères, 24,811; vignes, 37,023; bois et forêts, 59,528; prairies naturelles et vergers, 38,457; pâturages et pacages, 12,876; il y a encore 1,399 hectares de terres incultes.

Les productions du règne animal, dans le département du Rhône, n'offrent rien de bien particulier; on y trouve les mêmes espèces que dans les départements du centre.

L'élève la plus importante est celle des vers à soie; les chèvres sont en grande quantité dans le mont d'Or, et l'on fait avec leur lait un fromage qui jouit, sous le nom de *fromage du mont d'Or*, d'une certaine réputation.

Industrie agricole, manufacturière et commerciale. — L'industrie agricole du département du Rhône ne s'exerce que sur ses vins, qui pour la plupart sont estimés; la culture des mûriers, l'élève des vers à soie et la confection des fromages du mont d'Or; mais elle est bien peu considérable, si on la compare à l'industrie manufacturière et commerciale. Les produits de cette dernière atteignent des sommes énormes et ont placé le chef-lieu du département au rang des premières villes du monde. Deux genres de fabrication lui valent surtout cet honneur, le tissage des étoffes de coton, et surtout le tissage des étoffes de soie; le tissage du coton y occupe 36 établissements, 43,750 broches, 380 métiers mécaniques et 5,805 métiers à bras; le tissage de la soie, 30 établissements, 2,330 broches, 737 métiers mécaniques et 60,500 métiers à bras. Parmi d'autres produits importants ou renommés, la bière, les cuirs, les verres, les poteries, la charcuterie et les tabacs de la manufacture nationale doivent être mentionnés. Cependant quelques industries, longtemps florissantes à Lyon, sont en pleine décadence; telles sont l'imprimerie et la chapellerie.

Les vins, les soieries et les mousselines sont les grands articles de l'exportation dans le département; elle se fait par le commerce de transit et par 444 foires qui se tiennent dans 102 communes et durent 508 journées. Le Rhône demande aux départements voisins, en échange de ses produits, des toiles, des laines, des draps, des céréales et d'autres menus articles.

Division politique et administrative. — Le département du Rhône a pour chef-lieu l'importante ville de Lyon; il se divise en deux arrondissements, 29 cantons, 264 communes; le tableau statistique que nous donnons plus loin les fera connaître. Il appartient à la région agricole de l'est de la France.

Le département du Rhône, moins le canton de Villeurbanne, formé avec celui de la Loire le diocèse d'un archevêché qui compte pour suffragants les évêchés d'Autun, de Langres, de Dijon, de Saint-Claude et de Grenoble. L'archevêque de Lyon prend le titre de *primat des Gaules*. Il y a à Lyon un grand et un petit séminaire, et dans le département 14 cures de première classe, 65 de seconde, 589 succursales et 414 vicariats. Il est peu de villes qui possèdent autant de congrégations religieuses que Lyon. Les protestants ont à Lyon une église consistoriale desservie par deux pasteurs et divisée en deux sections : Lyon et Tarare; il y a, en outre, deux temples dans le département; les juifs ont à Lyon une synagogue consistoriale; la plupart des autres cultes ont des temples ou des maisons de prières à Lyon.

Lyon est le siège d'une cour d'appel dont le ressort s'étend sur les départements du Rhône, de l'Ain et de la Loire. Le département du Rhône a deux tribunaux de première instance, à Lyon et à Villefranche; ces deux villes possèdent aussi chacune un tribunal de commerce.

L'académie universitaire de Lyon est une des plus importantes; elle comprend dans son ressort les départements du Rhône, de l'Ain, de la Loire et de Saône-et-Loire; il y a à Lyon une Faculté des lettres, une Faculté des sciences, une Faculté de théologie et une Faculté de médecine. Outre un lycée et 42 institutions ou pensions, le département possède des écoles normales d'instituteurs et d'institutrices et 1,030 écoles primaires. Lyon est le siège d'un grand nombre de sociétés savantes ou académies, d'une société de géographie, d'un institut catholique, fondé en 1876, et qui, en 1878, comptait 510 élèves. Cette ville possède, en outre, des collèges ecclésiastiques et de nombreux établissements religieux; c'est le siège de l'association de la *Propagation de la foi*, qui envoie des missionnaires dans le monde entier.

Il y a à Lyon une école vétérinaire, des institutions pour les sourds-muets et les bègues, une école nationale des beaux-arts, une école d'arts et métiers dite *de La Martinière*, une école centrale d'industrie et commerce, des écoles professionnelles et des cours spéciaux gratuits, etc.

Lyon est le siège de l'état-major du 14ᵉ corps d'armée et de la 14ᵉ région de l'armée territoriale qui comprend dans son ressort les départements du Rhône (cantons de Givors, Saint-Genis-Laval, Villeurbanne, 1ᵉʳ, 2ᵉ, 3ᵉ et 6ᵉ arrondissements de Lyon), Hautes-Alpes, Drôme, Isère, Savoie, Haute-Savoie. Lyon, place de guerre de première classe, défendue par une ceinture de forts : les forts de

Caluire, de Montessuy, des Brotteaux, de Villeurbanne, de la Motte, du Colombet, de la Vitriolerie, de Sainte-Foy, de Saint-Irénée, de Vaise et de la Duchère, protégé en outre par le camp de Sathonay, est pourvu de tous les établissements et services administratifs militaires que comporte son importance stratégique. Lyon est le siège de l'état-major de la 14e légion de gendarmerie nationale dont les compagnies occupent les départements du Rhône, de l'Isère et de la Drôme.

Le département du Rhône forme avec celui de la Loire l'arrondissement minéralogique de Saint-Étienne, dépendant de la région du centre.

Lyon est le siège de la 16e inspection divisionnaire des ponts et chaussées, comprenant les départements du Rhône, de la Loire, de la Haute-Loire, du Cantal et du Puy-de-Dôme.

Le département du Rhône forme avec ceux de l'Ain et de Saône-et-Loire le 17e arrondissement forestier, dont le conservateur réside à Mâcon.

Il y a à Lyon une manufacture des tabacs, et dans le département 50 perceptions des finances. Les contributions et revenus publics atteignent 68 millions de francs.

HISTOIRE DU DÉPARTEMENT

Le territoire qui forme le département du Rhône avait été habité primitivement par les Ségusiens, peuple gaulois de la clientèle des Éduens. Inférieurs, pour l'importance politique aux Éduens, aux Arvernes et aux Séquanais, les Ségusiens n'ont pas eu une histoire particulière; ils se sont attachés à la destinée du peuple qui étendait sur eux son vaste patronage et ont eu le même sort. Le voisinage des colonies phéniciennes et phocéennes de la Méditerranée et de la province romaine exerça quelque influence sur leurs mœurs et leur caractère; ils se montrèrent mieux disposés que le reste des populations gauloises à subir la domination de Rome. On sait que, 124 ans avant Jésus-Christ, le consul Domitius Ahenobarbus était intervenu, par l'intermédiaire de Marseille, dans un démêlé survenu entre la confédération des Éduens et celle des Arvernes unie aux Allobroges. Biteuth, roi des Arvernes, fut vaincu dans une grande bataille. C'est dans cette occasion qu'il fut donné aux Ségusiens de voir pour la première fois les légions romaines; ils n'avaient encore qu'un seul établissement de quelque importance, *Forum Segusianorum* (Feurs),

dont il sera question à l'histoire du département de la Loire. César compta ce peuple au nombre de ses alliés lorsqu'il soumit les Gaules; une seule fois ils se soulevèrent; ce fut en l'an 52, dans cette dernière grande campagne où toutes les confédérations galliques, si longtemps divisées, se réunirent autour de l'Arverne Vercingétorix. Mais le héros de l'indépendance gauloise succomba, et les anciens alliés de Rome se firent aisément à la domination nouvelle. Ils n'eurent d'ailleurs pas à se plaindre d'avoir subi ce joug; peuplade secondaire de la Gaule, au temps de leur indépendance, ils acquirent tout d'un coup, par la fondation d'une ville, la plus haute importance; Rome leur donna Lyon. Les Ségusiens furent compris par Auguste dans la province Lyonnaise, puis dans la première Lyonnaise, par Dioclétien, lors de la nouvelle division de l'empire (292). A la dissolution de l'empire romain, ce pays fut l'un des premiers qui vit les invasions barbares; les Burgondes s'établirent au milieu d'eux de 413 à 419. Le contact des barbares fut pénible à ce peuple presque façonné à la politesse romaine, si l'on en croit le portrait que le poète de Lyon, au Ve siècle, Sidoine Apollinaire, trace des nouveaux venus : « ... Que faire au milieu de ces géants de sept pieds? Est-il permis d'écrire rien d'élégant au milieu de soldats dont la longue chevelure est imprégnée de beurre aigre, et qui parlent une langue que nous ne comprenons pas? Peut-on chanter quand on a l'âme et le visage tristes? Vos yeux sont bien heureux de ne pas voir des gens semblables, et vos oreilles de ne pas les entendre! Heureux surtout votre odorat de ne pas sentir ces hommes puants qui mangent par jour dix bottes d'oignons! Quelle muse se ferait comprendre au milieu d'ivrognes criant toujours pour égayer leurs débauches! De tels dominateurs, comme vous le pensez, mettent de terribles obstacles au désir qu'on aurait d'être joyeux. Mais je m'arrête de peur qu'on ne prenne ceci pour une satire et qu'on ne me dénonce aux Bourguignons. »

Les anciens Ségusiens n'étaient cependant pas les plus mal partagés des peuples de la Gaule, et leurs maîtres étaient réputés les plus doux entre les barbares; Paul Orose prétend qu'ils traitaient les Gaulois parmi lesquels ils vivaient moins en sujets qu'en frères, et tout en faisant la part de l'exagération de ce témoignage, nous avons la certitude qu'ils se montrèrent moins durs envers les populations conquises que les Wisigoths, et surtout

Notre-Dame-de-Fourvières.

que les Francs. Les Ségusiens purent comparer les dominations burgonde et franque quand, en 534, à la suite des démêlés des fils de Clovis et de Gondemar, fils et successeur de Gondebaud, ils eurent pour maître Childebert, roi de Paris. A la mort de ce roi (558), ils furent réunis au reste de la monarchie franque par Clotaire et, après ce dernier, ils passèrent à son fils Gontran (561). Les maux de toute nature fondirent à cette époque sur le pays ; ce furent d'abord les fleuves qui débordèrent, puis une disette générale suivie de la peste ; enfin une nouvelle invasion aussi terrible que les précédentes, celle des Sarrasins, qui s'emparèrent de la capitale du pays et n'en furent chassés que par Charles-Martel (732). Au temps de Charlemagne, le Lyonnais respira sous la bienfaisante administration du sage et savant Leydrade, ami du roi germain, qui lui-même, dit-on, eut un instant l'intention de venir habiter, près de Lyon, le célèbre monastère de l'île Barbe.

Le Lyonnais échut à Lothaire, par suite du traité de Verdun (843). Cet empereur le laissa à son fils Charles, qui le transmit à son second fils Lothaire II le Jeune ; puis, un an après la mort de ce prince, la province lyonnaise et le Beaujolais qui se trouve plus au nord, et qui jusque-là avait suivi les mêmes vicissitudes, entrèrent, par le traité de Mersen (870), dans le partage de Charles le Chauve. Cette même année, ces deux provinces, réunies au Forez, furent données au comte Guillaume Ier, dont le fils, Guillaume II, rendit la dignité de comte de Lyon héréditaire dans sa famille. Guillaume II eut deux fils, Artaud et Bernard; l'aîné, comte de Forez, réunit à cette province le comté de Lyon; Bernard eut pour sa part le Beaujolais, qui, à partir de ce moment, eut une existence distincte et une histoire particulière (920).

A la faveur des troubles que les incursions normandes, la déposition de l'empereur Charles le Gros et l'établissement de la féodalité amenèrent sur tout le sol gaulois, un seigneur, Rodolphe, fils de Conrad, comte d'Auxerre, s'était fait proclamer roi de la Bourgogne transjurane (888). Son fils Rodolphe II avait réuni la Provence à ses États. Le Lyonnais, situé dans une position intermédiaire entre la France et ce royaume de Provence, devint d'autant mieux un fief indépendant que les derniers Carlovingiens et les nouveaux rois d'Arles s'en disputaient la mouvance. Lothaire, fils de Louis d'Outre-mer, mariant sa sœur Mathilde au roi d'Arles Conrad le Pacifique (955), lui donna en dot ses droits de suzeraineté sur le comté de Lyon. Le comte était alors Artaud, qui gouverna de 920 à 960. Giraud Ier (960-990), puis Artaud II, l'un des bienfaiteurs de l'abbaye de Cluny (990-1007), lui succédèrent. Ce dernier laissait deux fils en bas âge; l'aîné, Artaud III, succéda à son père dans le Lyonnais. Le gouvernement d'Artaud III fut plein de vicissitudes. Lyon avait pour archevêque un membre de la famille suzeraine des rois d'Arles, Burchard, fils de Conrad le Pacifique et frère de Rodolphe III, dernier prince qui régna. Ce Burchard regarda le comté de Lyon comme son apanage et en fit hommage à l'empereur allemand Conrad le Salique, le même qui, à la mort de Rodolphe III, hérita de la Bourgogne transjurane et du royaume d'Arles. Chassé du Lyonnais, son héritage, Artaud III y rentra les armes à la main avec l'appui de son frère et peut-être aussi à la sollicitation secrète des Capétiens de France, qui pouvaient ne pas voir avec plaisir la suzeraineté du Lyonnais passer à l'empire. Burchard fut à son tour chassé, puis il revint par la toute-puissante protection de sa famille, et un accord fut conclu entre le comte et l'archevêque. Le comte abandonna grand nombre de ses droits seigneuriaux sur sa riche capitale, Lyon, et reçut, en échange, des terres que l'archevêque possédait dans le Forez. Artaud survécut peu à cet arrangement; à sa mort, son frère Giraud joignit le titre de comte du Lyonnais à ceux de comtes de Roannais et de Forez qu'il possédait déjà; mais ce titre fut plus nominal que réel. L'archevêque Burchard mourut en 1031 et eut pour successeur son neveu Burchard, qui considérait le titre de son oncle comme un droit héréditaire. Giraud prit les armes, expulsa le nouvel archevêque et voulut le remplacer par un de ses fils; mais Burchard recourut à l'empereur allemand Conrad, auquel il avait renouvelé l'hommage et le serment déjà prêté par son oncle. Conrad envoya une armée, chassa Giraud et son fils, rétablit Burchard et lui donna toute autorité. C'est ainsi que la ville de Lyon échangea la domination immédiate de ses comtes contre celle de ses archevêques; Giraud ne reparut plus dans la ville, et son fils, Artaud IV, tout en prenant le titre de comte du Lyonnais (1058-1076), fit du Forez, qu'il possédait également, le lieu habituel de son séjour.

Rien n'égale la barbarie et la brutalité de cette époque; la misère était générale parmi les populations du Lyonnais; les dissensions des seigneurs, loin de profiter à leur repos, redoublaient la tyrannie et les exactions que chacun se croyait en droit d'exercer. La plus haute classe de cette société féodale n'échappait pas à la sauvage férocité des mœurs germaines que la religion était insuffisante à contenir, et que ne tempérait pas encore la politesse de la chevalerie et de ses institutions. Entre autres enfants, Giraud II, père d'Artaud IV, avait eu deux filles; l'une d'elles, Rotulfe, épousa Guigues de L'Arieu, l'un des principaux seigneurs du Forez. L'autre, Prève, bien que d'une éclatante beauté et recherchée de fiers barons, fut touchée de la grâce et ne voulut avoir que le Seigneur pour époux, dit la légende. Ses jours s'écoulaient dans un monastère au milieu des prières et d'un pieux recueillement, quand un des chevaliers qui avaient brigué sa main s'en vint la trouver et s'efforça de l'arracher à sa retraite; vainement Prève lui rappela qu'elle avait consacré à Dieu sa virginité et que tenter de la détourner de ses devoirs était une entreprise sacrilège; ni larmes ni touchantes raisons ne purent convaincre celui qui l'obsédait. Alors, la fille du comte lyonnais s'enferma dans une noble fierté et chassa de sa présence un homme qui ne craignait pas d'outrager Dieu et l'une de ses servantes jusque dans son sanctuaire. Le chevalier, plein de courroux, partit méditant une terrible vengeance ; il vint à la cour de Giraud et alla trouver ses trois fils Artaud, Geoffroy-Guillaume et Conrad. « Savez-vous, leur dit-il, pourquoi votre sœur Prève a rejeté avec mépris les plus braves de vos amis et tous les seigneurs des deux comtés? C'était pour se retirer, sous prétexte de religion, dans un lieu reculé et y vivre en débauche avec serfs et vilains. » Les jeunes gens le crurent; ils prirent leurs armes, montèrent vite leurs chevaux et coururent au monastère. Prève était en prière; mais, sans vouloir rien voir et rien entendre : « La voilà donc ! s'écrièrent-ils, celle qui déshonore le comte et les fils du comte ! » Et ils lui plongèrent une épée dans les reins, puis ils coupèrent sa tête et jetèrent le cadavre dans un puits ; ensuite ils revinrent contents d'avoir vengé leur honneur. Mais voilà que la stérilité frappa toute la contrée et que des signes de feu annonçaient dans le ciel le courroux céleste; si on cherchait de l'eau dans le puits où avait été jeté le corps de l'innocente, on n'en tirait que du sang, et, à l'endroit où avait roulé sa tête, sur une dalle de pierre, avait fleuri un lis d'une éclatante blancheur; en même temps, une voix du ciel ne cessait de répéter aux fils de Giraud : « Votre sœur n'était pas coupable. » Convaincus par ces manifestations de la volonté divine, ils s'en retournèrent au couvent, donnèrent la sépulture au corps de la jeune fille, lui consacrèrent une fondation pieuse, et depuis ce temps Prève compte, dans le martyrologe, au nombre des vierges saintes.

A Burchard succéda, dans l'évêché de Lyon, Humbert, et c'est par suite de l'arrangement convenu entre lui et Artaud IV que ce dernier quitta Lyon. Les successeurs d'Artaud IV ne furent guère comtes du Lyonnais que nominalement; Wedelin, 1076; Artaud V, 1078; Guillaume III, 1085; Ide Raimonde et son époux Guigues ou Guy de Viennois, 1097; Guigues II, 1109, ne résidèrent pas dans le pays. Mais Guigues III, qui remplaça dans le titre de comte son père Guigues II en 1137, et qui, après avoir atteint, sous la tutelle du roi de France, Louis VII le Jeune, l'âge de majorité, fit une guerre heureuse à Guillaume II, comte de Nevers, prétendit revenir sur les anciennes conventions passées entre son aïeul Artaud IV et l'archevêque Humbert. C'était, dit un historien de la vie de saint Bernard, une grande injustice envers l'Église; dans la guerre que Guigues avait soutenue contre le comte de Nevers, bien inférieur en force à son adversaire, il aurait été infailliblement battu sans les prières du saint et la protection manifeste que Dieu accorda à son intercession. Quoi qu'il en soit, Guigues ne se montra pas reconnaissant. Héraclius de Montboissier, archevêque de Lyon, avait obtenu, en 1157, de l'empereur Frédéric Ier, par une bulle d'or, datée d'Arbois le 19 novembre, l'*exarchat* du royaume de Bourgogne, avec tous les droits régaliens sur la ville de Lyon. Guigues, qui voulait conserver au moins sa prépondérance, sinon gouverner seul, dans cette capitale de l'un de ses comtés et ne reconnaître d'autre suzeraineté que celle de Louis VII, s'offensa de cette concession et entra dans Lyon à main armée ; les partisans du prélat furent maltraités ; les clercs surtout furent malmenés grandement ; on pilla leurs maisons, et l'archevêque fut obligé de sortir de la ville où il ne rentra que l'année suivante, exerçant un pouvoir précaire jusqu'à sa mort (1163), sans cesser un instant d'être molesté par son terrible adversaire. L'empereur Frédéric, qui n'avait aucunement abandonné ses droits de suzeraineté sur sa capitale du Lyonnais, malgré la prétention de Guigues à se reconnaître vassal de Louis VII, voulut l'année suivante élever une forteresse sur le territoire de Lyon. Le comte chassa les ouvriers et les menaça, s'ils revenaient, de les faire tous pendre. En même temps, il entretenait les dissensions qui, à la mort d'Héraclius, s'étaient élevées dans le chapitre, pour le choix de son successeur, et s'installa dans la ville ; mais il en fut chassé par Drogon, l'un des deux candidats à l'archevêché, qui, après l'avoir emporté sur son rival Guichard, recourut au comte de Mâcon, arma ses partisans et chassa le comte. Guigues recourut alors à son protecteur naturel, Louis VII, qui faisait en Auvergne la guerre au comte Guillaume. « Seigneur, lui écrivit-il, je m'étonne qu'étant votre homme à tant de titres, qu'ayant été fait chevalier par Votre Majesté, laissé par mon père sous votre garde, et d'ailleurs votre vassal, je n'aie rien appris de votre arrivée en Auvergne; cependant je serais dans votre armée sans le comte de Mâcon, Girard, et les schismatiques de Lyon qui sont entrés à main armée sur ma terre; ils sont venus non seulement pour me dépouiller s'ils le pouvaient, mais encore pour transporter mon comté, qui relève de votre couronne, à l'empire teutonique. S'ils y réussissaient, ce serait un outrage sanglant qu'ils vous feraient en face et au mépris des armes que vous avez entre les mains. Que Votre Majesté prenne donc les mesures convenables pour mettre son honneur à couvert et mes domaines en sûreté. »

Louis écouta favorablement son baron ; il alla le trouver dans la capitale du Forez, et, en retour de la bonne réception que lui fit le comte, il lui accorda, sur sa demande, l'investiture de l'abbaye de Savigny. Mais ce fut dans le pays une source de querelles ; Humbert III, sire de Beaujeu, protecteur et patron, en vertu de ses droits héréditaires, de l'abbaye de Savigny, s'opposa à cette concession et força Guigues d'y renoncer solennellement en présence même de Louis et de sa cour. Le roi, pour dédommager son serviteur, lui donna la garde des grands chemins, dans l'étendue des deux comtés du Forez et du Lyonnais.

Cette concession est d'une haute importance dans l'histoire générale de la France ; elle nous apprend, en effet, qu'à une époque qui précède le règne de Philippe-Auguste, et où la féodalité était encore toute-puissante, le roi conservait la garde des grands chemins dans toute l'étendue du royaume, et que les seigneurs particuliers ne la tenaient dans leurs domaines qu'en fief et de la munificence royale. C'est que ce droit était l'un des plus importants et de ceux que la royauté n'a perdus que localement et qu'elle s'est efforcée le plus tôt de reconquérir ; il donnait la connaissance et justice des crimes commis sur les grands chemins.

L'archevêque Drogon fut chassé par Guichard ; mais la contestation pour la prééminence dans Lyon continua entre Guigues et le nouveau prélat. Il y eut un premier accord en 1167, à la suite duquel la querelle s'envenima de nouveau et ne s'apaisa qu'en 1173 par la cession absolue que le comte fit de ses droits en échange d'une somme d'argent et de terres dans le Forez. Cet accord fut approuvé par les papes Alexandre III et Lucius III et ratifié par Philippe-Auguste, en 1183, qui reçut de Jean *aux belles mains*, alors archevêque, hommage pour la partie de la ville située sur la rive droite de la Saône, tandis que l'empereur Frédéric se faisait prêter serment pour le territoire de la rive gauche. C'est ainsi que fut consacrée cette distinction qui, de nos jours, s'est maintenue par la tradition et subsiste encore parmi les bateliers du fleuve dans leurs dénominations de *France* et *Empire* appliquées en opposition à l'une et l'autre rive.

Nous verrons dans l'histoire particulière de Lyon comment ses habitants ne se prêtèrent pas à cet arrangement et comment, se soulevant à de fréquentes reprises contre leurs archevêques, ils essayèrent de faire prévaloir une sorte d'administration républicaine. Au milieu de la guerre que nous retraçons et dont Lyon fut le théâtre entre les habitants et les archevêques, les rois de France commencèrent à intervenir et à jeter les fondements de leur domination prochaine. Lyon était alors, et elle est à peu près restée depuis, tout le Lyonnais ; Guigues, qui abdiqua la dignité en 1199, et ses successeurs se bornèrent à la possession du Forez ; ils retenaient bien quelques restes de leur ancienne suprématie sur le comté de Lyon, mais ces droits se bornaient à peu de chose et s'amoindrissaient chaque jour. C'est ainsi que Guigues V reconnut par une charte, en 1224, que plusieurs lieux, Saint-Rambert, Bonson, Chambles, Saint-Cyprien et Saint-Just, où ses successeurs et lui avaient le droit de taille à volonté, étaient francs-alleux de l'abbaye de l'île Barbe. Il s'en désista et accorda aux habitants le pouvoir de donner, vendre, obliger, aliéner leurs fonds sans retenir pour lui autre chose que ses droits saufs et sa pleine seigneurie sur les biens que ces mêmes habitants auraient dans d'autres paroisses.

Quant à la capitale, elle continua d'être agitée par les discordes des habitants et de leur prélat. Une constitution du pape Grégoire X, en 1273, ne mit pas un terme aux animosités ; les Lyonnais, à l'occasion d'une rivalité qui s'était glissée dans l'église entre l'archevêque et les chanoines, au sujet de l'exercice de la justice, recoururent au roi de France et lui demandèrent protection. Philippe le Bel, qui régnait alors, saisit avec joie ce prétexte d'intervention ; il établit, en 1292, un *gardiateur* de la ville, magistrat chargé de recevoir et de juger au nom du roi les appels des bourgeois. Six ans plus tard, le roi de France agrandit ses prétentions ; il exigea de l'archevêque qui venait d'être nommé l'hommage illimité et le serment de fidélité tel que le prêtaient les autres prélats du royaume. Henri de Villers, archevêque, réclama auprès de l'ennemi de Philippe le Bel, Boniface VIII, contre cette autorité et ces prétentions qui lui semblaient exagérées. Boniface avait fait droit aux réclamations de l'archevêque ; il y eut conflit entre ses officiers et ceux du roi. Philippe, qui ne souffrait ni atteinte à ses volontés ni contestation de ses droits réels, s'arrogea, par deux édits datés de Pontoise (1307), l'exercice de la double jurisprudence archiépiscopale et royale. Il y était dit que le roi, dans toute la ville et cité de Lyon, et dans toute la baronnie de l'église de Lyon, en deçà de la Saône, connaîtrait des appellations et des sentences définitives données par le juge *lay* (laïque), et que ces appellations seraient jugées au parlement par plusieurs conseillers royaux, suivant le droit écrit, et que l'archevêque ferait au roi serment de fidélité, sans toutefois que les biens de son église fussent censés être du fief du roi. Henri de Villers se soumit; mais son successeur, Pierre de Savoie, qui monta sur le siège archiépiscopal en 1308, débuta par réclamer contre les deux édits et s'apprêta à soutenir ses réclamations par les armes. Louis le Hutin, fils aîné de Philippe, fut envoyé contre lui en 1310, et fit le siège de cette ville. Pierre, pressé par les ennemis, fut obligé de se rendre; conduit à Paris, il demanda pardon au roi, qui lui fit grâce, et termina le différend en 1313 par la cession absolue de tous les droits de l'église sur la ville, en échange de quelques terres; le château de Pierre-Scise demeura seul sous la juridiction ecclésiastique. C'est ainsi que le Lyonnais et sa ville, après avoir subi sous ses comtes, puis ses archevêques, la domination des rois de Bourgogne transjurane et de Provence, et ensuite de l'Empire depuis le temps où Lothaire l'avait donné à sa sœur Mathilde, rentra sous la domination des rois de France, non plus comme un fief lointain et de mouvance incertaine, mais comme partie intégrante de la France royale. Une condition expresse de l'acte de réunion était que jamais un roi ne pourrait aliéner cette province et la donner en apanage.

En traitant l'histoire du Lyonnais, nous avons forcément laissé de côté cette autre partie du département actuel qui a été prise au Beaujolais. Nous avons vu que le Beaujolais (*Bellojocensis ager*), borné au nord par le Charolais et la Mâconnais, au sud par le Lyonnais et le Forez, à l'est par la Saône et à l'ouest par le Forez, avait commencé à jouir d'une existence distincte en 920, avec Bérard ou Bernard, fils puîné de Guillaume, comte de Lyonnais et de Forez. Son histoire et celle de la seigneurie ne sont pas connues jusqu'à Guichard, successeur d'un Béraud II, qui mourut vers 967. Ce fut pendant longtemps une race pieuse que celle des sires de Beaujolais : Guichard Ier fit à l'abbaye de Cluny de nombreuses donations; son fils, Guichard II, possédé du désir de visiter les Lieux saints, accorda, avant son départ, à l'é-glise de Mâcon, réparation de quelques exactions et concéda à son évêque de grands privilèges; Humbert Ier ne fut pas moins libéral, et voici en quels termes son fils Guichard III, qui lui succéda, rapporte dans la charte de fondation les motifs qui l'engagèrent à élever, en 1115, le prieuré du Joug-Dieu qui, en 1137, fut érigé en abbaye, et a été sécularisé à la fin du VIIe siècle, par sa réunion à la collégiale de Villefranche. « Une nuit, dit la charte accordée en l'an 1118, étant seul dans ma demeure de Thamais, j'eus la vision suivante : six hommes vénérables, tout resplendissants de lumière, m'apparurent ayant des jougs à leur cou et tirant une charrue sur laquelle était appuyé le saint homme Bernard, abbé de Tyron, un aiguillon à la main, dont il les piquait pour leur faire tracer un sillon droit. A mesure qu'ils avançaient, je voyais sortir des fruits en abondance. Après avoir longtemps songé à cette vision, j'allai trouver l'abbé Bernard à qui j'offris ce même lieu de Thamais, avec ses dépendances pour y mettre des hommes qui, sous le joug du Seigneur, prieront continuellement pour moi et les miens; ce qu'il m'accorda volontiers, et, pour conserver la mémoire de la vision dont je viens de parler, je veux que ce monastère s'appelle le Joug-Dieu. »

En 1129, le même Guichard eut l'honneur de recevoir dans son château de Beaujeu le pape Innocent II, lorsque l'antipape Anaclet se fut rendu maître de Rome; puis, mettant le comble à sa piété, il prit l'habit de religieux à Cluny, où il mourut en 1137.

Son fils Humbert II ne suivit d'abord pas la même voie de salut que ses prédécesseurs; sa conduite fut d'une extrême licence; mais bientôt touché de repentir, il passa en terre sainte et entra dans l'ordre des Templiers. Sa femme Alix, fille du comte de Savoie, sans le consentement de laquelle il avait pris ce parti, obtint du pape Eugène III, par le crédit de l'archevêque de Lyon et de l'abbé de Cluny, qu'il fût rendu à la vie séculière, sous la seule condition de faire une fondation pieuse. Humbert revint alors de terre sainte et son retour fut un grand triomphe pour le clergé. « Les brigands, dit à ce sujet Pierre le Vénérable, abbé de Cluny, les pillards des biens de l'Église, des veuves et de tout le pauvre peuple qui était sans défense, tremblèrent en le voyant reparaître. Il ne trompa l'attente ni des uns ni des autres. Il atterra tellement le vicomte de Mâcon, ce loup qui, le matin, le soir et la nuit ravageait nos terres, qu'il lui fut permis de dire avec Job : *Je brisais les mâchoires du méchant et j'arrachais la proie de ses dents.* » Humbert n'avait pas perdu, en se convertissant, ses habitudes guerrières et son caractère ambitieux ; il porta ses armes chez les seigneurs voisins et se fit céder par Renaud III, sire de Beaugé de Bresse et d'une partie de Dombes, quelques châteaux et ce dernier pays. Nous avons vu comment Humbert sut empêcher les effets de la concession surprise par le comte de Lyonnais et de Forez au roi Louis VII, pour l'abbaye de Savigny. Sur la fin de ses jours, ce puissant baron se retira à Cluny, où il mourut en 1174. Humbert III, son successeur, n'eut pas la piété de ses aïeux ; il continua la guerre contre le seigneur de Bresse et ne craignit pas de porter aussi ses armes sur les terres de cette abbaye de Cluny, où son père était mort et où reposaient ses cendres. Mais il fut le fondateur de Villefranche qui depuis est devenue la capitale du Beaujolais et joignit à ses domaines la seigneurie de Montpensier.

Guichard IV, fils de Humbert II, épousa la sœur de Philippe-Auguste et prit part à la croisade contre les Albigeois, avec Louis de France, plus tard Louis VIII. Ce sire de Beaujolais joua un rôle important dans la politique du temps ; il alla comme ambassadeur du roi de France trouver le pape Innocent III et l'empereur de Constantinople, qui le renvoya chargé de riches présents. A son retour par Assise, il obtint de saint François trois religieux de son ordre qu'il amena à Villefranche, où il fonda pour eux le premier couvent que cet ordre ait eu en France. Sur les murs du cloître, encore subsistant à la fin du XIII° siècle, on lisait : *Guichard de Beaujeu, revenant ambassadeur de Constantinople, ramena trois compagnons de saint François d'Assise, fonda leur couvent de Pouillé-le-Châtel, l'an 1210, où ils demeurèrent six ans ; de là, furent amenés et fondés en ce lieu, par le même Guichard, l'an 1216.* Entièrement dévoué à la maison de France, Guichard retourna avec Louis, en 1215, dans le Languedoc, puis l'accompagna dans son expédition d'Angleterre, où il mourut à Douvres (1216).

Son fils, Humbert IV, continua les relations d'amitié qui unissaient sa famille à la maison de France ; il fut nommé gouverneur du Languedoc par Louis VIII, et ce titre lui fut confirmé par Louis IX en 1227. Humbert prit part à toute la guerre désastreuse du Midi, et nous le reverrons dans ces départements malheureux qu'a ravagés la guerre des Albigeois. Baudouin II, empereur latin de Constantinople, ayant fait un voyage en Europe, en 1239, pour chercher du secours, fut reconduit dans ses États par Humbert. La dignité de connétable, que son cousin, le roi de France, saint Louis, lui accorda à son retour l'année suivante, fut la récompense de tous les services qu'il avait rendus à la maison royale. En 1248, le sire de Beaujeu suivit le roi dans son expédition en Égypte, et il y trouva la mort en 1250. Après lui, Guichard V gouverna jusqu'en 1265 et, dit une vieille chronique, « fut fort plaint et regretté de toutes manières de gens quand il trespassa, car ce fut en son tems ung sage prince et de bonne conduite : par quoy ce fut une moult grant perte tant pour le royaume que pour son pays et ses parens. »

Humbert mourut sans postérité mâle ; sa fille, Isabelle, lui succéda, non sans contestation de la part de ses neveux, et transmit la seigneurie à son second fils Louis de Forez, qu'elle avait eu de son mariage avec Renaud, comte de Forez. Louis eut quelques démêlés avec les seigneurs voisins et les archevêques de Lyon, et mourut en 1290 ou 1294.

Son successeur, Guichard VI, gouverna jusqu'en 1331 et mérita d'être surnommé le Grand ; ses guerres furent nombreuses ; il prit part, entre autres, à celle de Flandre, avec Philippe de Valois, et commanda un corps d'armée à la bataille de Cassel, en 1228. Il mourut dans cette guerre, et son corps fut rapporté dans sa seigneurie et inhumé dans un tombeau qu'il avait fait faire exprès, dès sa jeunesse, à l'église de Belleville. Son épitaphe est curieuse ; nous la donnons comme un spécimen du latin de cette époque :

Ter et milleno primo ter quoque deno,
Princeps Guichardus, leo corde, gigas, leopardus,
Audax bellator et nobilitatis amator,
Nunquam devictus bello, pro militia ictus,
Vincitur a morte : cœli pateant sibi portæ !

L'an mille trois [cent] et aussi trois fois dix plus un, le seigneur Guichard, lion par le cœur, géant, léopard, audacieux guerrier et ami de la noblesse, jamais vaincu à la guerre, frappé dans les combats, est vaincu par la mort ; que les portes du ciel s'ouvrent à lui !

Il avait été grand chambellan et seigneur gouverneur des rois Philippe le Bel, Louis le Hutin, Philippe le Long, Charles le Bel et Philippe de Valois.

Son fils, Édouard Ier (1331-1351), « estoit fort dévot à la vierge Marie; il mena quantité de gentilshommes au voyage d'oultre-mer à ses propres couts et dépens et batailla longtemps contre ceux qui tenoient la loi de Mahomet. » Il fit aussi la guerre aux Anglais et périt dans un combat près d'Ardres, fidèle à l'alliance de sa famille avec la maison de France. Antoine, son fils, se distingua à la bataille de Cocherel (1364), puis s'attacha à la fortune de Bertrand Du Guesclin et mourut en 1374, à Montpellier.

Antoine ne laissait pas d'enfants; ce fut Édouard II, petit-fils de Guichard VI, qui lui succéda. De ce seigneur datent les privilèges et immunités accordés à Villefranche, et dont il sera plus amplement question à l'article consacré à cette ville.

Édouard eut à soutenir contre Marguerite, sœur du dernier baron de Beaujeu, une guerre pour la succession à la seigneurie; il y eut accommodement, puis rupture, et enfin un traité définitif, en 1383, après des combats désavantageux pour Édouard et quelques conquêtes d'Amédée *le Rouge*, fils de Marguerite et du comte de Savoie, dans ses domaines. Le fait capital du gouvernement d'Édouard fut sa double querelle avec le roi de France Charles VI, qui montre quelle extension avait prise l'autorité de nos rois et comment leur justice s'exerçait dans les seigneuries féodales. Édouard était d'un caractère avide et hautain; il avait saisi le douaire de Béatrix, femme de son prédécesseur; celle-ci en appela au roi de cette violence. Un jugement fut rendu contre Édouard au parlement de Paris; mais quand les huissiers royaux vinrent lui signifier l'arrêt, il les maltraita et les fit chasser. Un arrêt de corps fut signifié contre sa personne; le comte se défendit contre les commissaires, sergents et archers du Châtelet envoyés pour l'exécution du jugement. Mais enfin il fut pris et amené au Châtelet, détenu prisonnier, puis relâché seulement à l'intercession du comte de Savoie, et Charles VI signifia par les lettres de rémission : « qu'il souffrira lever dans sa seigneurie de Beaujeu les aides que Sa Majesté a imposés, comme aussi les arrérages des rentes échues; faute de quoy ladite grâce sera sans nul effet. » Mais rentré dans ses domaines, le baron ne devint pas plus circonspect et n'adoucit pas la rudesse de son caractère. Il enleva une fille de Villefranche; ajourné au parlement pour ce méfait, il fit jeter par les fenêtres du château de Perreux l'huissier qui vint lui faire la citation. Arrêté et conduit en prison à Paris, il courait risque de perdre la tête et ne fut sauvé que par le crédit du duc de Bourbon et moyennant la cession qu'il fit à ce prince du Beaujolais, au cas où il mourrait sans enfants légitimes. Le cas se réalisa quelque temps après, en 1400, et la baronnie entra ainsi dans les vastes États de la maison de Bourbon.

Un héritier de cette famille, Pierre IV, fils de Charles de Bourbon, obtint en 1475, de son frère aîné, héritier du duché, la baronnie de Beaujeu, et ce fut lui qui épousa la célèbre princesse Anne, fille de Louis XI, qui, pendant la minorité de son frère Charles VIII, poursuivit contre les derniers seigneurs la politique de son père, avec presque autant d'habileté que lui. En 1488, les revenus du Beaujolais, sinon le titre de seigneur, passèrent au cardinal Charles de Bourbon, en échange de ses droits sur le Bourbonnais dont Anne se saisit au nom de son époux; puis, par une fille de Pierre de Beaujeu et d'Anne de France, Suzanne, le Beaujolais passa à Charles III, comte de Montpensier, dauphin d'Auvergne et ce fameux duc de Bourbon qui, chassé de France par la spoliation de Louise de Savoie, mère de François Ier, porta les armes contre sa patrie. Le Beaujolais réuni à cette époque fut, en 1560, donné par François II à Louis le Bon, duc de Montpensier, et par succession parvint à Marie de Bourbon, épouse de Gaston d'Orléans, frère de Louis XIII, et passa, du chef de cette princesse, à sa fille Anne-Marie-Louise d'Orléans, la fameuse *Mademoiselle*, née en 1627 et morte sans alliance publique en 1683. Le Beaujolais fit alors partie jusqu'en 1789 des possessions de la seconde famille d'Orléans.

On appelait Franc-Lyonnais une petite contrée d'environ deux lieues et demie de longueur sur une de largeur, s'étendant sur la rive gauche de la Saône; elle contenait 13 paroisses exemptes de taille, d'où le nom qu'elle portait. Elle jouissait, disait-on, de ce privilège sous les rois de Bourgogne et les empereurs et ne s'était donnée à la France qu'à la condition qu'il serait maintenu. Ce fut Louis XI qui, en 1477, la réunit à la couronne. Le Lyonnais, le Beaujolais, le Forez et le Franc-Lyonnais furent réunis en un grand gouvernement qui a subsisté jusqu'en 1790. Outre le gouverneur général, il y eut un lieutenant du roi et un grand bailli d'épée pour le Beaujolais et un sénéchal pour le Lyonnais. Toute la généralité ressortissait au parlement, à la cour des aides et à la chambre des comptes de Paris. Le présidial de Lyon date de 1552.

En 1790, lors de la répartition de la France en départements, on forma le vaste département de Rhône-et-Loire, qui, après le siège de Lyon par la Convention, fut scindé en deux, celui de la Loire, avec Montbrison pour chef-lieu, et celui du Rhône, qui conserva pour capitale Lyon, un instant appelé *Commune-Affranchie* (1793).

On a pu suivre, dans le récit rapide que nous venons de faire, l'effacement graduel des influences provinciales jusqu'à leur absorption dans la grande unité française, résultat de la nouvelle division territoriale en 1790. A dater de cette époque surtout, l'histoire de Lyon sera l'histoire du Lyonnais et du département du Rhône tout entier. L'unité des lois, la facilité des communications rendront chaque jour l'assimilation des populations plus absolue et plus complète. Signalons toutefois, avant qu'ils disparaissent pour toujours, les derniers vestiges d'une originalité primitive que la diversité des travaux et la différence de climat disputent encore au niveau envahisseur de l'industrialisme moderne. Les fleuves, ces premiers chemins ouverts par la nature au génie du commerce, ont presque toujours déterminé l'établissement des grandes capitales; c'est par ses deux fleuves que Lyon a grandi, c'est aussi sur leurs rives qu'elle étend de jour en jour son influence et ses conquêtes. Depuis Neuville, où la rive gauche de la Saône commence à appartenir au département du Rhône, jusqu'à Givors, où le fleuve va le quitter pour l'Isère et l'Ardèche, tout appartient à l'industrie. Sur toute cette étendue, dans un parcours de 60 kilomètres, le département n'est qu'un vaste entrepôt, un immense atelier; chantiers pour l'extraction et la taille des pierres, décreusage et teinture de la soie, impressions sur étoffes, charronnages et forges pour constructions, verreries, amas gigantesques de charbons, montagnes de caisses et de ballots; toutes ces richesses n'ont qu'un maître, Lyon; tous ces bruits ne sont que des échos de la grande ville; toute cette activité n'est qu'un rayonnement du foyer commun. Quelque vaste qu'elle soit, l'influence lyonnaise n'a pu encore se circonscrire dans ces limites; le département a dû subir d'autres envahissements; sur la pente des coteaux, sur le sommet des montagnes, la navette du canut est venue disputer à l'agriculture le bras des vignerons et des laboureurs. La concurrence de la Suisse et de l'Allemagne, menaçant par ses bas prix, sur les marchés étrangers, l'avenir de l'exportation française, la fabrication des articles inférieurs s'est réfugiée dans les campagnes, où, alternée avec les travaux des champs, dégagée des frais qu'entraîne le séjour des villes, elle trouve, dans des conditions plus économiques, de nouvelles armes pour lutter avec ses rivales.

C'est contre cette force d'expansion, contre ce débordement invincible du génie industriel que lutte encore, à moitié vaincue, l'originalité nationale des vieilles provinces du Beaujolais et du Forez. Contrairement à ce qu'on pourrait supposer, le type physique diffère peu entre la population rurale et celle de la ville; il est même constaté que c'est dans les cantons les plus reculés, sur les points les plus élevés de la chaîne de montagnes qui relie le Forez au Beaujolais, à Duerne et à Monsols, que le contingent annuel du recrutement pour l'armée se complète le moins facilement. On ne rencontre que rarement des traces de cette beauté que les historiens attribuent aux anciens habitants du Beaujolais, et dont l'auteur de l'*Astrée* pare les héros qu'il promène sur les bords du Lignon. Est-ce un premier résultat de l'invasion des travaux mécaniques? Est-ce la conséquence des bouleversements politiques qui ont remué ce pays pendant tant de siècles, des guerres presque continuelles dont il a été le théâtre, du croisement des races qui s'en sont, à tant de reprises, disputé ou ravi la possession? Toujours est-il qu'entre le type bourguignon, le grand caractère de la race du Dauphiné, et la conformation déjà méridionale des montagnards de l'Ardèche, la comparaison est loin d'être en faveur des populations qui nous occupent. Cependant l'aisance est générale; la propriété, divisée depuis la Révolution française, est, surtout dans les cantons viticoles et dans les hautes vallées, aux mains des cultivateurs, qui la disputent avec passion aux capitaux de l'industrie et du commerce.

Les contrées les plus montueuses sont sillonnées par des routes souvent fort pittoresques et toujours parfaitement entretenues. On peut citer à ce double titre et parmi les plus intéressantes de France celle de Lyon à Saint-Étienne par Iseron, Duerne et Saint-Symphorien-le-Château; celle de Lyon à

Hôtel de ville de Lyon.

Montbrison par L'Arbresle, Largentière et Chazelles. Les foires et marchés sont nombreux, suivis, et l'écoulement des denrées y est facilité par les besoins d'approvisionnement de deux centres de population aussi importants que Lyon et Saint-Étienne. Si donc cette dégénérescence de la race ne peut pas s'expliquer non plus par la misère, peut-être convient-il d'en chercher l'origine dans les exhalaisons paludéennes qui s'élèvent des étangs de la Loire dans la vallée du bas Forez, et que le vent d'ouest chasse et rabat sur les versants du Beaujolais et dans le bassin de la Saône. Si ces conditions atmosphériques, qui s'aggravent encore de la fréquence des brouillards du Rhône et de la Saône, sont peu favorables au développement physique des habitants, elles exercent en échange une heureuse influence sur les productions du sol. Sur les pentes élevées où cesse la culture de la vigne, cette humidité constante entretient la fraîcheur des prairies et la vigoureuse végétation des bois.

A l'exception du sommet extrême du mont d'Or, à quatre lieues de Lyon, vers le nord, il y a dans le département bien peu de terres en jachère. Nous parlerons ailleurs de la richesse et de la fertilité de la plaine de Villefranche ; nous devons nous borner ici à quelques considérations qui complètent la physionomie générale du département.

L'habitant du Lyonnais, et cette description s'applique aussi bien à l'homme de la ville qu'à celui de la campagne, est plutôt petit que grand, plus souvent brun que blond ; image vivante du sol qu'il habite, ce n'est déjà plus le Nord et ce n'est point encore le Midi ; on sent à chaque pas, on lit sur chaque visage que ce point de notre territoire était le rendez-vous prédestiné où les races d'avenir devaient se mêler dans les confusions de la guerre et s'unir dans les relations de la paix. Toutefois, si de cette mêlée pacifique ou sanglante des nations il n'est resté, dans l'organisation physique du Lyonnais, qu'un type effacé, sans originalité saillante, son caractère moral semble avoir emprunté, au contact des races étrangères, quelques-unes de leurs plus précieuses qualités. C'est à Lyon que le génie du Nord, froid et calculateur, est venu faire alliance avec les inspirations de l'art italien ; et, sans anticiper sur l'histoire de l'industrie de la soie, qui se rattache plus intimement à l'histoire spéciale de la ville de Lyon, reconnaissons, pour l'étude et l'intelligence des mœurs du département tout entier, dans quelle heureuse proportion l'élément rénovateur des invasions barbares est venu s'y combiner avec les gracieuses réminiscences de Rome, de Venise et de Florence. Le Lyonnais est sobre, actif, dur à la peine, humble et naïf de cœur ; d'un abord un peu timide, mais d'un commerce sûr et d'une amitié fidèle ; il est de mœurs douces et pures, il est resté l'homme de la tradition et de la famille ; chez lui, mieux qu'ailleurs, la probité en affaires a résisté aux entraînements de l'amour du gain ; il y a je ne sais quelle discrète mesure dans toutes ses actions ; la simplicité est comme un produit du sol ; sur les marchés de la campagne, rien ne distingue le plus riche cultivateur du métayer le plus modeste, et, en traversant les rues de Lyon, on ne devinerait jamais, à l'aspect de ces maisons aux murs sombres et aux portes basses, qu'elles renferment les comptoirs de négociants dont la signature est connue et respectée sur toutes les places de l'ancien et du nouveau monde.

Ces vertus, qui sont celles de toutes les classes de la population, ont prêté parfois, dans ces derniers temps, à de fâcheuses et fausses interprétations ; c'est que, dans ces cœurs pleins de foi et tenaces dans leurs croyances, l'erreur est aussi difficile à déraciner que la vérité ; et à ceux qui seraient tentés de reprocher à Lyon d'avoir conservé dans son sein des disciples de Pierre Valdo, nous demanderons à notre tour de ne pas oublier que, dans les tourmentes révolutionnaires du dernier siècle, c'est à Lyon que la catholicité a trouvé son refuge le plus assuré et ses plus ardents défenseurs.

HISTOIRE ET DESCRIPTION DES VILLES BOURGS ET CHATEAUX LES PLUS REMARQUABLES

Lyon (lat. 45° 45' 45" ; long. 2° 29' 10" E.). — Lyon (*Lugdunum Segusianorum, Lucdunum*), qui forme, avec ses faubourgs, huit cantons et six arrondissements, est situé à 372 kilomètres (distance légale) et à 356 en ligne directe de Paris, à 252 kilomètres de Marseille, dans une belle position au confluent de la Saône et du Rhône. A l'ouest et au nord, la ville est dominée par les montagnes de Fourvières et de Saint-Sébastien, qui s'élèvent en amphithéâtre sur les bords de la Saône ; de ce point, l'œil embrasse tout l'ensemble de ses monuments, les deux fleuves qui la baignent, les coteaux couverts de verdure et de maisons qui l'environnent, les aspects variés que présentent les deux rives de la Saône, et vers l'orient il entrevoit les hauts sommets des Alpes.

Nous avons dit précédemment que Lyon fut une création romaine. Son nom latin a donné lieu à de longues dissertations. La ville, ont dit quelques-uns, fut fondée 1,700 ans avant J.-C. par un Gaulois contemporain de Moïse, *Lugdus*, d'où le nom *Lugdunum*. *Lugdunum*, ont prétendu certains autres, signifie, en langue celtique, la montagne des corbeaux, et une colonie de Rhodiens, chassés de la Provence par les Phocéens de Marseille et conduite par le roi Momorus, serait venue se fixer en ce lieu, miraculeusement guidée par une troupe de ces oiseaux. L'étymologie de *Lugdunum* (montagne des corbeaux) est certainement préférable à celle du roi *Lugdus* ; mais ni l'une ni l'autre n'est certaine, et il ressort des *Commentaires* de César que, de son temps, la seule ville un peu considérable des Ségusiens était celle que depuis on a appelée *Feurs*. Aussi l'honneur de la fondation de la seconde capitale de la France peut tout entier revenir à Munatius Plancus, comme l'atteste une inscription latine conservée à Gaëte. Ce fut par les ordres du sénat que ce personnage consulaire établit, 48 ans avant J.-C., une colonie romaine au confluent de la Saône et du Rhône pour servir de refuge aux habitants de Vienne, expulsés de leur ville par les Allobroges.

Presque à son origine, sous Auguste, Lyon devint la capitale de la Gaule celtique, nommée Lyonnaise, et prit un développement rapide. Comblée de bienfaits par le premier empereur, elle lui dédia un temple magnifique à l'érection duquel concoururent soixante nations de la Gaule. Agrippa en fit le point de jonction de quatre grandes voies qu'il avait fait établir à travers la Gaule. Caligula, Claude, qui y avaient pris naissance, imitèrent les libéralités d'Auguste, et ce dernier prononça, en 47, un discours dans le sénat pour faire accorder à la jeune cité le privilège de colonie romaine. Les

Lyonnais firent graver sa harangue sur deux tables de bronze, qui, perdues pendant de longs siècles, ont été retrouvées en 1528 et se voient aujourd'hui dans le musée du Palais des Arts. C'est à cette époque que furent institués des jeux littéraires et fondé un Athenæum dont les souvenirs se rattachent à l'église d'Ainay, et dont nous parlerons plus loin. Vers le même temps, sous Néron, un grand malheur frappa Lyon : un incendie détruisit presque toute cette ville, « qui, dit Sénèque, n'avait pas vécu cent ans, terme qui n'est pas même le plus long pour une vie humaine. » Lyon avait trop d'éléments de prospérité dans sa situation pour ne pas se relever; au bout de quelques années, elle était sortie de ses ruines, ainsi que l'atteste la part qu'elle prit en faveur de Néron dans sa lutte pour l'empire avec Galba (68). Trente années plus tard, Trajan, au début de son règne, fit construire à Lyon un monument longtemps célèbre, le *forum Trajanum*, qui s'élevait sur la montagne appelée aujourd'hui Fourvières. Adrien et Antonin, qui en affectionnaient le séjour, lui accordèrent de nouveaux privilèges et l'embellirent.

C'est vers cette même époque qu'un saint vieillard, disciple de saint Jean, Photin, s'en vint de Grèce vers cette cité policée des Gaules pour y prêcher l'Évangile. Au centre de la ville, à l'endroit, en ce temps désert, où s'éleva depuis l'église Saint-Nizier, il y avait un bois touffu près de l'autel consacré à Auguste; ce fut le lieu choisi par le vieillard pour répandre la parole sainte. Ses disciples furent nombreux; mais, lors de la persécution de Marc-Aurèle, un grand nombre de néophytes, avec le saint évêque, reçurent la palme du martyre.

Lyon eut encore de tristes jours sous la domination romaine. Irrité de la résistance qu'il lui avait opposée et de la faveur qu'il avait accordée à son rival Albin, battu aux portes de la ville (197), Sévère y mit à mort plus de dix-huit mille personnes. Trèves et Cologne le firent plus tard déchoir de son rang de capitale, quand le préfet des Gaules dut se rapprocher des barbares. Puis arriva l'invasion et toutes ses misères. Nous n'avons rien à ajouter à la peinture que fait Sidoine Apollinaire des Bourguignons, et que nous avons retracée dans l'histoire du Lyonnais; elle donne une idée suffisante de la société nouvelle. Les Burgondes, les Francs, les Sarrasins, la peste, les inondations, la famine, tous les maux vinrent assaillir cette ville policée naguère et fille de Rome par les mœurs élégantes.

Grâce à Charlemagne, Lyon put respirer; elle eut pour archevêque Leydrade, puis l'illustre Agobard. C'est à ce moment et sous ces deux hommes remarquables que s'établit l'influence toujours croissante depuis des archevêques. Lorsque le Lyonnais et sa capitale furent donnés à Guillaume Ier par Charles le Chauve, la lutte des prélats avec les comtes commença, et elle dura avec bien des vicissitudes jusqu'au moment où la ville, lasse de l'une et l'autre domination, se donna à la France. Nous avons vu ailleurs la liste et l'histoire des comtes, et il ne sera pas inutile de mentionner ici les principaux archevêques.

Après saint Pothin, martyr en 177, saint Irénée fit faire au christianisme de grands progrès et laissa quelques écrits. Saint Vérissimus fut contemporain de Constantin. Le successeur de Vérissimus fut saint Just, prélat pieux jusqu'au scrupule, qui se condamna lui-même à abandonner son siège et alla vivre dans les solitudes de la Thébaïde pour n'avoir pas fait respecter le droit d'asile de son église en faveur d'un fou furieux, poursuivi par la populace. Le corps de saint Just fut rapporté à Lyon, où une église lui a été consacrée.

Vers la fin du VIe siècle, le siège épiscopal fut occupé par Prisque, représenté par Grégoire de Tours comme un prélat indigne pour avoir vécu publiquement avec sa femme et habité avec elle le palais épiscopal. Les Lyonnais ne se sont pas montrés du même avis que l'évêque de Tours; leur Église compte Prisque au nombre des saints; la question du mariage des prêtres était encore indécise à cette époque. Saint Arrige se déclara en faveur de Brunehaut, et ce fut pour récompenser ses services que cette reine fit bâtir avec une grande magnificence le monastère d'Ainay sur les ruines de cet autel consacré à Auguste par soixante nations. Saint Ennemond, qui fut assassiné à Orléans au temps de Clotaire III, fut le premier fondateur de l'abbaye des filles Saint-Pierre. Saint Génis était évêque de Lyon quand les habitants prirent parti pour l'évêque d'Autun, Léodeger, contre le maire du palais Ébroïn, et ce fut sous l'épiscopat de Fulcrad que les Sarrasins s'emparèrent de Lyon, dont ils furent chassés par Charles-Martel (732). Pendant le court séjour des musulmans, les églises avaient été pillées et brûlées; elles furent reconstruites sous Pépin.

Leydrade, bibliothécaire et ami de Charlemagne, fut le quarante-sixième évêque de Lyon. Après lui,

Agobard fit remplacer par les Capitulaires de Charlemagne les prescriptions de la loi gombette qui jusque-là avaient été en vigueur. Ce prélat assista à Paris, en 825, à la fameuse assemblée concernant le culte des images. Agobard, un instant déposé par Judith, mère de Charles le Chauve, pour s'être élevé contre la protection que cette princesse accordait aux juifs, remonta plus tard sur son siège, où il termina paisiblement ses jours. On sait le mérite et l'importance des écrits de ce prélat. Ce furent, comme nous l'avons dit plus haut, les deux Burchard, membres de la famille suzeraine des rois de Provence, qui, confondant les titres de leur famille avec leur dignité, commencèrent contre les comtes cette lutte, où ils eurent l'avantage. Nous ne répéterons pas ce que nous avons dit de ces dissensions et des différents traités qui intervinrent entre les comtes et les archevêques. Lorsque ces derniers furent en possession de la suprématie, après l'accord de 1173, ils s'intitulèrent : *Archevêques par la grâce de Dieu;* mais, au moment où ils tiraient vanité de leur victoire, un nouvel ennemi bien plus redoutable et bien plus opiniâtre que les comtes de Lyonnais et de Forez, et qui à son tour resta vainqueur, se déclara : ce fut le peuple lui-même. A Lyon, comme dans la plupart des villes du Midi puissantes au temps des Romains, le régime municipal avait laissé de fortes traces, entre autres privilèges, les habitants avaient conservé celui d'élire l'archevêque. Après la victoire sur les comtes, les chanoines, à la première vacance, se refusèrent au système d'élection populaire, firent de nouveaux règlements et déclarèrent qu'on ne pourrait entrer au chapitre qu'à la condition d'être noble. La population industrielle était considérable ; déjà des distinctions profondes séparaient l'Église et les bourgeois ; il y avait presque de la haine entre eux, quand, vers la fin du XIIe siècle, un riche négociant, Valdo, qui a donné son nom à la secte des Vaudois, s'éleva contre les abus de l'Église lyonnaise et prêcha une réforme générale du clergé. L'autorité du prélat et des chanoines courut alors de sérieux dangers ; Philippe-Auguste, passant avec Richard Cœur de Lion par la ville pour se rendre en Palestine, fut pris pour arbitre par les habitants, et l'archevêque crut prudent de composer avec les bourgeois ; il abandonna l'impôt qu'il percevait sur les denrées, moyennant la somme de 20,000 sous, monnaie de Lyon. Le traité ne fut pas fidèlement exécuté, et, à cette occasion, eut lieu une grande sédition dans les premières années du XIIIe siècle, sous l'épiscopat de Renaud, fils de Guigues III et tuteur de Guigues V, comte de Forez. Les bourgeois élevèrent des forteresses au confluent des deux fleuves, élurent cinquante citoyens pour diriger les affaires de la commune et organisèrent une milice chargée de sa défense. Chacun des capitaines de cette milice fut appelé *pennon,* parce qu'un de ces étendards était confié à sa compagnie, et le nom de *pennonage* fut donné aux différents quartiers de la ville. Ces dénominations subsistèrent jusqu'à la fin du XVIIIe siècle ; il y avait dans Lyon, à la Révolution, vingt-huit pennonages ou quartiers avec chacun leur enseigne. Les citoyens lyonnais suspendirent un beffroi dans l'église Saint-Nizier, lieu de leurs séances, et firent fabriquer un sceau avec la légende : *Sigillium commune universitatis et communitatis Lugduni,* et représentant le pont de la Saône flanqué de deux tours. Au milieu figurait une croix avec un cercle au centre des croisillons, dans lequel se trouvait une fleur de lis, hommage rendu au roi de France, protecteur de la ville ; au-dessus étaient les images du soleil et de la lune ; à droite du pied de la croix, une fleur de lis, et à gauche un lion rampant, qui répété seul servait de contre-sceau. Un accord convenu sous l'arbitrage du duc de Bourgogne prévint la lutte ; les bourgeois promirent d'abandonner le projet de commune et la conjuration. L'archevêque jura de son côté le maintien des libertés et bonnes coutumes écrites ou non écrites. Ce ne fut là qu'une trêve ; les dissensions recommencèrent sous l'épiscopat de Robert de La Tour-d'Auvergne, successeur de Renaud, et ne furent apaisées que par l'arrivée dans Lyon du pape Innocent IV. Chassé de Rome par l'empereur Frédéric II, le pape convoqua un grand concile à Lyon en 1245 et séjourna sept ans dans cette ville, favorisant les bourgeois au détriment du chapitre, dont les intérêts lui étaient indifférents. En 1267, dix-sept ans après la mort de Frédéric II et le départ du pape Innocent IV, la haine des habitants et du chapitre, longtemps contenue par les circonstances, dégénéra en lutte ouverte ; il y eut une grande sédition ; les chanoines furent assiégés dans leur cloître et, vaincus sur tous les points, n'eurent d'autre ressource que d'excommunier leurs adversaires. Ceux-ci en appelèrent au roi ; saint Louis intervint très volontiers et fit une première conquête sur le droit de justice cléricale en permettant aux habitants d'appeler au bailli de Mâcon des jugements des officiers ecclésiastiques. Les chanoines profitèrent de l'absence de saint Louis, pendant sa croisade devant Tunis, pour revenir sur la concession qui leur avait été arrachée; il y eut une nouvelle et violente lutte marquée par les plus cruelles dévastations : l'église du village d'Écully fut brûlée, avec son curé et les fidèles qui assistaient à la messe, par une populace en fureur. Deux faits étrangers suspendirent un moment la querelle : le fameux concile œcuménique de 1274, tenu par le pape Grégoire X pour la réunion des deux Églises latine et grecque, et le sacre de Philippe le Bel, par le pape Bertrand de Goth (Clément V). Nous avons vu comment le roi de France intervint dans la querelle quand elle se renouvela et comment elle se termina complètement à son profit.

La réunion de Lyon à la France fut l'époque d'une transformation pour son gouvernement municipal; il cessa d'être populaire; douze échevins, élus annuellement et choisis parmi les notables, remplacèrent l'ancien conseil des cinquante membres, dont les fonctions étaient viagères. Les nouveaux magistrats prirent le nom de consuls. Pendant longtemps les archevêques protestèrent contre l'empiétement du roi sur leurs privilèges, Charles d'Alençon tenta, mais en vain, de les ressaisir; les officiers royaux s'installèrent en 1398.

A l'époque où cessa la domination temporelle des archevêques sur Lyon, cette ville commençait à jouir, grâce à son commerce, de la plus grande prospérité; son heureuse position, intermédiaire entre l'Italie et les villes commerçantes de la Flandre et de la Hanse, en avait fait le centre des plus importantes transactions. De plus, attirés par les franchises et les privilèges accordés par ses règlements municipaux, les riches Florentins, Génois, Lombards étaient venus en foule y exercer leurs industries. Louis XI, qui tenait par-dessus tout à conserver à la France royale cette importante ville, accorda à son commerce les plus grandes faveurs. Il institua un tribunal spécial appelé Conservation et ayant « pouvoir de contraindre sur-le-champ, et même par corps, les débiteurs fugitifs et de faire exécuter ses jugements dans toute l'étendue du royaume, sans distinction de ressort. »
Pendant les guerres d'Italie, le séjour fréquent de la cour et de l'armée fut pour Lyon une nouvelle source de richesses, jusqu'à la captivité de François Ier, après la bataille de Pavie. Pendant les années qui suivirent (1525-1529), les impôts multipliés et la famine occasionnèrent quelques soulèvements du pauvre peuple; pour prévenir le retour de semblables accidents, le consulat fit en faveur de la basse classe plusieurs fondations utiles, telles qu'hôpitaux et collèges pour l'éducation des jeunes enfants; puis, en 1531, à l'occasion d'une grande famine, fut instituée l'Aumône générale, vaste établissement destiné à secourir les vieillards, les infirmes et les pauvres.

En 1536, les sources de richesses, déjà si abondantes à Lyon, s'augmentèrent de l'importation de la fabrication des étoffes de soie, puis de l'autorisation accordée par François Ier d'élever des métiers pour la fabrication des draps d'or et d'argent.

Cette même année et celles qui suivirent furent ensanglantées par des massacres; d'abord ce fut l'exécution de Sébastien Montécuculli, gentilhomme de Ferrare, accusé d'avoir empoisonné le dauphin François, fils de François Ier, et qui fut tiré et démembré à quatre chevaux; puis des sectateurs de Calvin furent brûlés en place publique. L'hérésie crût avec les persécutions; le nombre des calvinistes devint tel qu'ils se rendirent maîtres de la ville en 1562 et l'ouvrirent au baron des Adrets, célèbre dans ce temps par ses cruautés et ses dévastations. Lyon resta treize mois en son pouvoir, les églises, les monastères furent saccagés, et un grand nombre de chefs-d'œuvre d'architecture et de sculpture périrent ou disparurent dans ce court espace de temps. La réaction catholique se fit sentir dans toute sa fureur à la Saint-Barthélemy; plus de 800 protestants furent massacrés en une nuit (1572). Lyon prit parti pour la Ligue contre Henri III; et le duc de Nemours, gouverneur du Lyonnais, médita de s'y créer, sous la protection du roi d'Espagne, un État indépendant. Mais on sait que l'appui cherché par la Ligue dans l'étranger fut la cause de sa perte; le parti des politiques et tous les honnêtes gens qui ne voulaient pas, dans l'intérêt d'une ambition personnelle, trahir la France, se rallièrent autour du colonel d'Ornano, commandant des forces royales. Nemours fut arrêté et enfermé au château de Pierre-Scise, et la ville se soumit à Henri IV l'année même où ce roi entra dans Paris (1594). Un édit du roi réduisit l'année suivante le corps municipal à cinq membres, le prévôt des marchands et quatre échevins assistés du procureur de la ville et d'un secrétaire.

La ville, bien qu'ayant à se plaindre parfois des

exigences du fisc, recouvrait sa prospérité, quand elle fut frappée, en 1628, de la peste et du froid rigoureux de 1629 qui firent périr, assure-t-on, 35,000 personnes. Les métiers, les fabriques étaient abandonnés, le commerce était interrompu au milieu de la désolation universelle; il fallut plusieurs années et l'épiscopat plein de charité et de douceur du cardinal Alphonse de Richelieu, frère du premier ministre de Louis XIII, pour faire oublier ce fléau. En 1642 furent exécutés, sur la place des Terreaux, l'historien de Thou et Cinq-Mars, celui-ci pour avoir trahi la France et vendu à l'étranger une de ses provinces, son ami pour ne pas l'avoir dénoncé.

Lyon reçut, en 1656, la visite de la reine de Suède Christine. La révocation de l'édit de Nantes porta un coup funeste à ses diverses industries, qu'aggravèrent encore les misères de l'hiver de 1709. Quelques émeutes, des inondations et de rigoureux hivers sont les seuls événements qui nous conduisent jusqu'au règne de Louis XVI. Cette période fut illustrée par de grands travaux, des noms devenus illustres dans la science et que nous allons bientôt citer.

En 1771, l'illustre architecte Perrache, reprenant le projet de Guillaume Delorme, dessécha un vaste terrain marécageux appelé île Moignat, le joignit au continent et recula le confluent des deux fleuves d'une demi-lieue, jusqu'au village de La Mulatière.

Lyon avait de prime abord embrassé avec ardeur la cause de la Révolution; à la nouvelle de la prise et de la destruction de la Bastille, les Lyonnais avaient démoli le château de Pierre-Scise, qui servait de prison d'État. Mais bientôt un grand nombre de mesures révolutionnaires n'eurent pas leur approbation, surtout celles qui tendirent à centraliser à Paris toutes les forces gouvernementales, au détriment de la province; Lyon se vit annihilé dans l'avenir; alors il se fit une réaction violente en faveur des partisans de l'ancien régime; divers partis se formèrent; le Piémontais Chalier et tout le corps municipal, amis de la Convention, se mirent à la tête du club central; le maire, Nièvre, était girondin. Des troubles éclatèrent en avril et mai 1793.

Les habitants s'étaient divisés en deux camps, les *jacobins* d'un côté, les *sectionnaires* de l'autre. La Convention, excitée par les plaintes du comité départemental, envoya à Lyon trois commissaires pour y rétablir l'ordre; c'étaient Bazire, Legendre et Rovère. Ils tentèrent la voie des accommodements, mais ils furent dénoncés par Chalier comme modérés à la société des jacobins de Paris, et y revinrent en toute hâte pour se justifier. En partant de Lyon, ils y instituèrent *un comité de salut public*.

Cependant la Convention, alarmée de la tournure que prenaient les affaires à Lyon, y envoya les députés Albitte, Dubois-Crancé, Gauthier et Nioche. Leur présence rendit du courage aux jacobins, que les sectionnaires avaient, par la supériorité de leur nombre et par leur attitude hostile, presque dominés. Ils créèrent une armée permanente et frappèrent la ville d'une contribution de six millions de francs. La Gironde, de son côté, fit rendre un décret qui suspendait le tribunal révolutionnaire de Lyon et autorisait les citoyens de cette cité à repousser la force par la force. Ce fut le signal de la résistance ouverte. Une lutte longue, terrible et diverse dans ses chances s'engagea entre les sectionnaires, obéissant à la Gironde, et la municipalité, unie aux jacobins, que soutenaient les commissaires de la Convention. On en vint aux mains; un bataillon de sectionnaires fut écrasé sur la place des Terreaux, et les jacobins furent d'abord victorieux; mais les sectionnaires reprirent le dessus et forcèrent les commissaires Nioche et Gauthier à rendre des décrets contre la municipalité, qui, dans la nuit du 29 mai, se vit abandonnée de ses principaux défenseurs et plongée dans les fers.

Chalier, après s'être évadé, fut pris et au bout de quelque temps exécuté. Cependant les sectionnaires, n'osant pas encore secouer le joug de la Convention, s'excusèrent auprès d'elle de la nécessité où les jacobins et les municipaux les avaient mis de les combattre. La Convention, qui ne pouvait se sauver qu'à force d'audace, et qui, en cédant, était perdue, ne voulut rien entendre. Sur ces entrefaites, les événements de juin survinrent. L'insurrection du Calvados fut connue, et les Lyonnais, encouragés, ne craignirent plus de lever l'étendard de la révolte. Ils mirent leur ville en état de défense; ils élevèrent des fortifications; ils formèrent une armée de 20,000 hommes; ils reçurent, et ce fut leur plus grande faute, des émigrés au milieu d'eux, donnèrent le commandement de leurs forces au royaliste Précy et au marquis de Virieu, et concertèrent leurs opérations avec le roi de Sardaigne.

La Convention résolut, aussitôt qu'elle eut appris ces mouvements, de faire le siège d'une ville dont la rébellion pouvait être d'un funeste exemple au midi de la France, qu'elle commande par sa position. Dans les premiers jours d'août, Dubois-Crancé, qui venait d'apaiser la révolte fédéraliste de Grenoble, marcha sur Lyon, conformément au décret qui lui enjoignait de réduire cette ville rebelle. Le 8 août, à la tête de 5,000 hommes de troupes réglées et de 7 à 8,000 réquisitionnaires, il vint se placer entre la Saône et le Rhône, de manière à commander leur cours supérieur et à couper les communications des assiégés avec la Suisse et la Savoie. Après une sommation inutile et à la suite d'une escarmouche où les Lyonnais eurent l'avantage, il commença le feu du côté de la Croix-Rousse et, dès le premier jour, son artillerie exerça de grands ravages dans la ville. Le siège se poursuivit ensuite avec lenteur. Une diversion faite par l'armée piémontaise, qui avait enfin débouché dans les vallées de la Savoie, obligea Kellermann, général de l'armée de siège, de se porter à leur rencontre en ne laissant qu'un petit nombre de troupes devant la ville. Le représentant Javoques, qui avait été envoyé pour hâter les réquisitions du Puy-de-Dôme, étant revenu avec 7 ou 8,000 paysans, Dubois-Crancé, à la fois représentant et ingénieur habile, les plaça au pont d'Oullins, de manière à gêner les communications de la place avec le Forez. Quelques milliers de réquisitionnaires amenés de Mâcon furent placés sur le haut de la Saône, tout à fait au nord. De cette manière, le blocus commença à être un peu rigoureux. Cependant les opérations étaient lentes et les attaques de vive force impossibles. Les fortifications de la Croix-Rousse ne pouvaient être emportées par un assaut : du côté de l'est, et de la rive gauche du Rhône, le pont Morand était défendu par une redoute en fer à cheval, très habilement construite ; à l'ouest, les hauteurs de Sainte-Foy de Fourvières ne pouvaient être enlevées que par une armée vigoureuse ; enfin, pour le moment, il ne fallait songer qu'à intercepter les vivres, à serrer la ville et à l'incendier. Depuis le commencement d'août jusqu'au milieu de septembre, Dubois-Crancé n'avait pu faire autre chose, et à Paris on se plaignait de ses lenteurs sans vouloir en apprécier les motifs. Cependant il avait causé de grands dommages à cette malheureuse cité : l'incendie avait dévoré la magnifique place de Bellecour, l'arsenal, le quartier Saint-Clair, le port du Temple, etc. ; les Lyonnais n'en résistaient pas moins avec la plus grande opiniâtreté, et ces braves commerçants, sincèrement républicains, étaient, par leur fausse position, réduits à désirer le secours funeste et honteux de l'émigration et de l'étranger. Leurs sentiments éclatèrent plus d'une fois d'une manière non équivoque : Précy, ayant voulu arborer le drapeau blanc, en avait bientôt senti l'impossibilité ; un papier obsidional ayant été créé pour les besoins du siège, et des fleurs de lis se trouvant sur le filigrane de ce papier, il fallut le détruire et en fabriquer un autre.

Cependant, après la défaite des Piémontais par Kellermann, qui fut remplacé au siège de Lyon par le général Doppet, les représentants du peuple entraînèrent de toutes parts contre la ville assiégée, comme à une croisade, les populations des départements voisins. Au milieu du mois de septembre, 3,500 hommes se trouvèrent réunis, la redoute du pont d'Oullins fut prise le 24, et, dans la nuit du 28 au 29, trois autres attaques furent dirigées contre les hauteurs de Sainte-Foy, qui furent enlevées. L'arrivée de Couthon avec 25,000 paysans de l'Auvergne porta enfin le découragement parmi les assiégés, et l'homme qu'ils haïssaient le plus, Dubois-Crancé, ayant été révoqué, ils ouvrirent des négociations le 7 octobre ; les pourparlers étaient à peine commencés, qu'une colonne républicaine pénétra jusqu'au faubourg Saint-Just. La ville se soumit alors sans condition et, le 9, l'armée républicaine entra dans ses murs, ayant à sa tête les représentants. Tous les montagnards persécutés sortirent en foule au-devant des troupes victorieuses et leur composèrent une espèce de triomphe populaire. Pendant ce temps, Précy, avec 2,000 habitants, était sorti du faubourg de Vaise pour se retirer en Suisse ; mais depuis longtemps Dubois-Crancé avait fait garder tous les passages. Les malheureux fugitifs furent poursuivis, dispersés et tués par les paysans ; un petit nombre seulement parvint, avec Précy, à atteindre le territoire étranger.

La prise de Lyon produisit une joie extraordinaire à Paris ; la Convention ne négligea rien pour en tirer le plus grand parti possible. Elle l'annonça solennellement aux deux armées du Nord et de la Vendée, qu'une proclamation invita à imiter l'armée de Lyon. En même temps, elle rendit un décret présenté par Barère et portant : « Il sera nommé une commission extraordinaire pour juger militairement et sans délai les contre-révolutionnaires qui ont pris les armes dans Lyon. Tous les habitants seront désarmés *La ville sera détruite;*

on n'y conservera que la maison du pauvre, les manufactures, les hôpitaux, les monuments publics et ceux de l'instruction. Lyon s'appellera désormais *Commune-Affranchie*; sur ses débris, sera élevé un monument où seront lus ces mots : *Lyon a fait la guerre à la liberté, Lyon n'est plus!* » (1).

Mais on ne supprime plus, de nos jours, une ville comme Lyon, même par un décret législatif; la Convention se borna à diviser en deux le vaste département de Rhône-et-Loire et à changer le nom de Lyon contre celui de *Commune-Affranchie*. Puis le sang coula à flots dans la ville rebelle. Ce n'était plus l'échafaud trop lent au gré des bourreaux, mais le canon qui, dans la plaine des Brotteaux, faisait justice en masse des adversaires de la Convention. Couthon, Collot d'Herbois, Fouché de Nantes présidaient aux massacres.

Enfin ces jours de deuil disparurent; le Directoire, le Consulat et l'Empire rendirent à Lyon toute son activité industrielle. Ce fut en 1802 qu'un canut de Lyon, le jeune Jacquart, inventa son métier à tisser qui fit toute une révolution dans la fabrication de la soie; l'essor que prit dès lors l'industrie lyonnaise fit de la période impériale une ère de prospérité pour la ville; aussi les Lyonnais reconnaissants firent à l'empereur Napoléon Ier l'accueil le plus empressé à son retour de l'île d'Elbe, quand il entra dans la ville presque seul par le faubourg de la Guillotière. Ce fut à cette occasion que, touché de leur joie et de leur affection, il prononça ce mot fameux : « Lyonnais, je vous aime. » Quatre mois après, en juillet 1815, Lyon revoyait, comme en 1814, les armées coalisées.

Parmi les victimes qu'y fit la réaction royaliste, nous ne devons pas oublier le général Mouton-Duvernet, condamné par un conseil de guerre en 1816 et fusillé.

Après la révolution de 1830, la ville de Lyon, la seconde de France, jouissait de toute la prospérité due à son industrie, quand elle fut agitée de nouveau par les troubles civils.

Au mois de novembre 1831, pendant une crise commerciale, toute la population ouvrière se souleva au cri de : *Vivre en travaillant ou mourir en combattant!*

Les ouvriers en soie avaient demandé le réta-

(1) Nous avons emprunté ces détails sur le siège de Lyon aux ouvrages de MM. Tissot, Thiers, Mignet et Ph. Le Bas.

blissement des anciens prix de main-d'œuvre, que les fabricants d'étoffes unies avaient été obligés, depuis plusieurs années, de réduire de 25 pour 100, à cause de la concurrence. On fit droit à cette demande par un nouveau tarif. Mais les fabricants n'avaient pu tenir leurs promesses, et les choses s'étaient rétablies sur l'ancien pied, lorsque la stagnation des affaires et la misère qui en fut la suite poussèrent les ouvriers à la révolte. Elle commença par ceux de la Croix-Rousse, qui descendirent sur la ville. Des troupes furent envoyées contre eux; mais ils avaient formé des barricades et dépavé les rues, et les troupes ne pouvant avancer, on commença la fusillade. Cependant le préfet, M. Bouvier-Dumolard, et le général Ordouneau cherchèrent à parlementer et s'avancèrent avec confiance vers les ouvriers, qui les retinrent prisonniers. Sur ces entrefaites de nouvelles troupes, dirigées par le général Roguet, marchèrent sur la Croix-Rousse; elles refoulèrent les insurgés dans les quartiers qu'ils habitaient. Ceux-ci ayant renouvelé leurs ouvertures, le général refusa de rien écouter avant la mise en liberté du préfet et du général Ordouneau. Le premier fut rendu le 21 novembre, le second ne le fut que le lendemain.

La force armée avait d'abord semblé devoir réussir à renfermer l'émeute et le combat dans la commune de la Croix-Rousse; mais, le 22, les ouvriers reprirent l'offensive; ils pénétrèrent dans la ville, occupèrent les ponts et coupèrent les communications. Le 23 au matin, après une lutte opiniâtre, ils enlevèrent l'hôtel de ville. Alors les autorités et la garnison, pour arrêter l'effusion du sang et attendre les renforts qui arrivaient de plusieurs points, évacuèrent la ville par le faubourg Saint-Clair.

Les ouvriers restèrent maîtres de la ville et donnèrent au monde un exemple inouï de moralité : maîtres de la fortune de leurs adversaires, ils la prirent en quelque sorte sous leur sauvegarde et firent sévèrement la police de la ville jusqu'au jour où, après le rétablissement de l'ordre et de la tranquillité, le jeune duc d'Orléans en vint prendre possession. En 1834, une nouvelle révolte de la classe ouvrière y fit encore couler le sang, non plus durant trois jours, mais pendant toute une semaine. Cette fois, les ouvriers s'étaient organisés militairement, ils étaient mieux dirigés. Cette révolte, plus politique qu'industrielle, était fomentée par la société des *Mutuellistes*, à laquelle se joignit

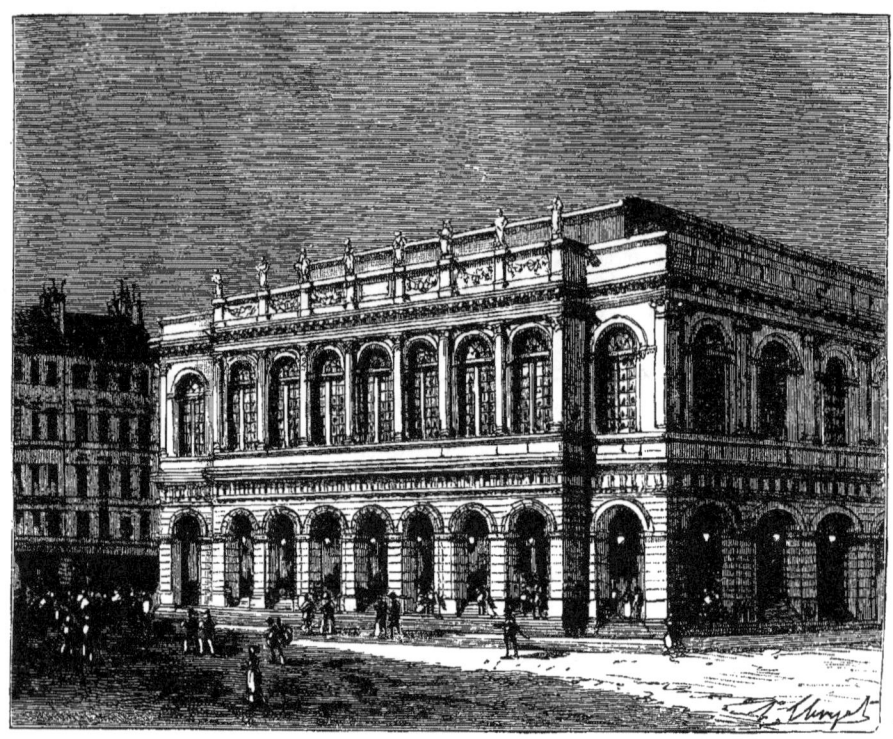

Grand-Théâtre de Lyon.

la société des *Droits de l'homme*. La lutte fut acharnée, le désastre immense; le nombre des morts et des blessés, tant du côté de la troupe que de celui de la population, s'éleva à plus de mille; plusieurs quartiers furent entièrement détruits. Un siège soutenu contre une armée étrangère n'eût pas occasionné de plus grands malheurs.

A peine rendu à sa vie normale, Lyon eut encore à souffrir, en 1840, du débordement de la Saône et du Rhône; en 1849, d'une émeute soulevée à la Croix-Rousse; en 1856, d'une inondation qui exerça plus de ravages que la précédente (les places des Terreaux et Bellecour, les Brotteaux et la Guillotière furent envahis par les eaux); mais, en 1870, les passions révolutionnaires qui avaient agité Paris le 31 octobre eurent leur contre-coup à Lyon le 22 décembre.

Voici comment M. Gambetta, alors ministre de la guerre, raconte cet événement dans son rapport au gouvernement de la Défense nationale : « Dans une réunion publique tenue à la Croix-Rousse, un chef de bataillon de la garde nationale de ce quartier, le commandant Arnaud, sommé par quelques misérables de donner l'ordre à son bataillon de marcher sur l'Hôtel de ville pour enlever le préfet, ayant courageusement refusé de se prêter à un tel crime, a été saisi, jugé par ces bandits, condamné et fusillé en moins de trois quarts d'heure, en plein midi, au milieu d'une population qui, ignorant sans doute ce qui se passait, ne lui a pas porté secours... Il est tombé en criant cinq fois : *Vive la République!* Sa mort, aussitôt connue, a jeté le deuil et l'horreur dans la cité lyonnaise, et, dès le lendemain, comme une protestation unanime de toute la population, le conseil municipal, le premier magistrat du département, assistés de toutes les autorités civiles et militaires, au milieu d'un concours de plus de cent mille citoyens, faisaient au commandant Arnaud de magnifiques et expiatoires funérailles. »

Cependant, ces tristes événements n'empêchèrent point Lyon de prendre part à la défense nationale en 1871 ; elle envoya à l'armée de la Loire quatre légions de mobiles, armés et équipés à ses frais. De son côté, la ville, dans la prévision d'un siège, s'y prépara par de grands travaux de défense, et ses habitants se disposaient à le soutenir, ajoutait M. Gambetta, « avec une résolution digne de l'exemple de Paris. » Mais ce danger écarté par le traité de paix qui intervint, Lyon, que depuis le 4 septembre travaillaient les passions anarchiques, ne sut pas traverser en paix la terrible épreuve de la Commune. Il y eut le 30 avril, à la Guillotière, une émeute qui fut réprimée.

Après tant de mauvais jours, Lyon a repris enfin son calme et sa prospérité. Sa population, qui comptait, en 1830, 145,675 habitants, en compte aujourd'hui 342,815.

Bien qu'adonnée au commerce et à l'industrie, cette grande cité a favorisé les lettres et a vu naître un grand nombre d'hommes célèbres. Son Académie des sciences, belles-lettres et arts remonte au xvie siècle ; à cette époque, ce n'était qu'une réunion libre de quelques hommes distingués, qui ont été définitivement constitués en corps savant en 1758.

FAUBOURGS DE LYON. — La ville de Lyon est entourée de trois grands faubourgs : la Guillotière et les Brotteaux ; la Croix-Rousse et Serin ; Vaise et Saint-Irénée, qui, par un décret du 24 mars 1852, lui ont été complètement annexés ; de telle sorte que l'agglomération lyonnaise forme aujourd'hui une seule ville divisée en six arrondissements communaux et huit cantons. Le premier arrondissement comprend la haute ville, entre le Rhône et la Saône, depuis le boulevard de la Croix-Rousse jusqu'au pont du Change, l'église d'Ainay et le pont du Collège. Le second arrondissement s'étend depuis cette dernière limite jusqu'au pont de la Mulatière, à l'extrémité de la pointe de Perrache. Le troisième arrondissement comprend les quartiers de la Guillotière et des Brotteaux, situés sur la rive gauche du Rhône. Le quatrième s'étend sur toute la Croix-Rousse ; le cinquième comprend toute la partie de la ville située sur la rive droite de la Saône, c'est-à-dire le faubourg de Vaise et les quartiers de Saint-Just, Saint-Georges et Saint-Irénée ; enfin le sixième arrondissement a été formé du septième canton de Lyon et d'une fraction du canton de Villeurbanne. Nous avons, jusqu'à présent, parlé de la ville proprement dite ; nous allons maintenant dire quelques mots des anciens faubourgs qui y ont été annexés.

La Guillotière est située sur la rive gauche du Rhône, et son territoire, compris dans l'ancien mandement de Béchevelin, relevait autrefois de l'Empire et faisait partie du Dauphiné ; il n'a été adjoint au Lyonnais qu'en 1734. Dans sa circonscription est compris le quartier connu sous la dénomination *des Brotteaux*, aujourd'hui l'un des plus beaux de Lyon ; on y remarque le cours Morand, aboutissant au pont de ce nom, et le cours Bourbon, qui longe le Rhône ; on y trouve un grand nombre de lieux de réunion et de plaisir. Une digue insubmersible, qui n'a pas coûté moins de 2,530,000 francs, le défend contre les inondations du fleuve, qui se montre parfois si terrible. Des fabriques de toute sorte, mais surtout d'étoffes de soie, laine et coton ; des brasseries et une cristallerie célèbre par la beauté de ses produits occupent la population industrielle.

Les accroissements constants et rapides de cette ancienne commune s'expliquent par sa position ; c'est le seul débouché ouvert à l'excédent de la population lyonnaise ; au sud la presqu'île Perrache, au nord les rampes rapides de la Croix-Rousse, à l'ouest les coteaux escarpés de Fourvières ne laissent qu'une issue à l'est aux envahissements de l'industrie et aux exigences de la vie confortable du capitaliste et du rentier. Lyon a trouvé cette espèce de déversoir dans la vaste plaine qui s'étend sur la rive gauche du Rhône et qu'occupe aujourd'hui la Guillotière ; peu de ponts à Paris peuvent donner une idée de la foule qui circule incessamment sur les ponts Morand et de la Guillotière, qui unissent la vieille ville avec les Brotteaux, la Guillotière et les plus nouveaux quartiers de Lyon.

Il existe un projet gigantesque qui consisterait à barrer le cours du Rhône au-dessus de Saint-Clair et à donner le fleuve pour limite à Lyon augmenté de toute la Guillotière ; si jamais ce rêve se réalise, tous les obstacles qui s'opposent au développement de la ville de Lyon seraient levés.

La Croix-Rousse, au nord de Lyon, comprend une cure de première classe, avec deux succursales ; sa population est en majorité formée d'ouvriers en soie. Les quartiers Saint-Clair et Serin sont fort commerçants; ce dernier renferme un grand nombre d'entrepôts de vin, de liqueurs et marchandises venant de la Saône. La Croix-Rousse commença d'être habitée vers le XVIᵉ siècle. Deux ans avant que les calvinistes fussent maîtres de la ville (1562), une croix en pierre avait été élevée sur le sommet du coteau Saint-Sébastien, à l'occasion d'une mission prêchée contre eux cette année-là; ce fut à ce moment que les premières habitations s'élevèrent en ce lieu, appelé depuis *Croix-Rousse*. La révolution de 1848 y surexcita plus que partout ailleurs une population conquise dès longtemps aux idées républicaines et aux réformes socialistes; de nombreux clubs s'y ouvrirent et une société aux antécédents bachiques, connue sous le nom de *Société des Voraces*, se transforma en milice révolutionnaire et resta pendant plusieurs mois au service des autorités insurrectionnelles, maîtresses de l'hôtel de ville de Lyon et des forts de la Croix-Rousse.

Les constructions nouvelles, appropriées à l'industrie qui s'y exploite, donnent à ce quartier une physionomie particulière; les maisons élevées de six à sept étages sont percées d'un nombre infini de fenêtres destinées à éclairer les métiers qui fonctionnent à l'intérieur. Les rues sont larges et bien alignées; du côté de Lyon, un vaste boulevard a remplacé les anciennes fortifications de la ville; de belles places ont été ménagées en face de chacune des portes, et, malgré la récente annexion de ce faubourg, tout dans l'aspect des constructions répond à l'importance qu'il a acquise. La Croix-Rousse ne peut offrir au voyageur aucun monument moderne ni aucune ruine intéressante; mais de son plateau, le voyageur domine toutes les richesses de la vieille ville, et le tic toc des métiers, les sifflements de la navette dont son oreille est incessamment frappée lui rappellent pour quelle part immense le laborieux faubourg est dans les splendeurs de la métropole.

Vaise. L'étymologie de ce nom paraît venir de la nature du sol primitivement aquatique et vaseux, qui a été successivement exhaussé et durci par les alluvions de la Saône et par l'éboulement des terres de la colline voisine. Vaise, située sur la rive droite de la Saône, est cure de première classe. En 1840, l'inondation dévasta les quartiers neufs de ce faubourg. Beaucoup de mouvement et d'activité animent cette partie commerçante de la ville; il y existe de grands chantiers pour la construction des bateaux à vapeur, une gare considérable, un moulin à vapeur et des fabriques de toute espèce. Vaise est dominé par les forts Saint-Jean, de Loyasse et la batterie dite de Vaise.

Les faubourgs ont presque toujours une importance relative à celle des deux points principaux entre lesquels ils servent de communication; Vaise est le faubourg de Lyon qui s'avance à la rencontre des arrivages de Paris; le nom seul des deux villes entre lesquelles il a servi de trait d'union peut donner une idée de son importance. Sa prospérité, étroitement liée à l'activité du roulage, a reçu une grave atteinte de chaque progrès de la navigation à vapeur sur la Saône et de l'établissement des chemins de fer. Toutefois, son importance n'a pu être méconnue, et dans les divers tracés de la ligne de fer qui unit Lyon à Paris, le point d'arrivée a été fixé à Vaise.

FORTIFICATIONS DE LYON. — Les considérations de sécurité intérieure qui déterminèrent, en 1840, la construction d'une enceinte continue pour Paris réveillèrent un projet, conçu depuis longtemps, de mettre la seconde ville de France à l'abri de toute surprise. L'étude du terrain révéla bientôt toutes les ressources que la nature avait ménagées à l'art des ingénieurs; non seulement il était facile de garantir Lyon d'un coup de main, mais, sans augmenter beaucoup le devis des dépenses, on pouvait en faire une place de guerre d'une certaine importance. De nouveaux plans furent tracés, étudiés et exécutés avec cette rapidité et cette conscience qui caractérisent les travaux du génie militaire. Tout l'ouest de la ville est défendu par la Saône et les hauteurs de Fourvières et de Saint-Just qui s'élèvent sur sa rive droite; une ceinture de forts : de la Duchère, de Vaise, de Loyasse, de Sainte-Foy, de Saint-Irénée, qui s'étend de Pierre-Scise à La Mulatière, rend ce côté à peu près inexpugnable; le plateau de la Croix-Rousse a été muni de forteresses : les forts de Montessuy, de Cuire et de Saint-Jean, dont les batteries, plongeant sur ses deux versants est et ouest, commandent le cours des deux fleuves; le point le plus vulnérable était la plaine de la Guillotière et la rive gauche du Rhône; aussi est-ce de ce côté qu'ont été dirigés les principaux efforts de la défense; les forts de la Tête-d'Or, des Charpennes, des Brotteaux, de la Part-Dieu, de Villeurbanne, de la Motte, du Colombier et celui de la Vitriolerie, d'immenses casernes, des arsenaux d'approvisionnement ont été construits; enfin on a utilisé le voisinage du fleuve et le peu d'élévation du sol pour se ménager, en cas d'attaque, les ressources d'une inondation instantanée, là où elle était praticable. Dans l'ensemble de ces travaux on a suivi avec tant d'habileté tous les caprices du terrain, que nulle part leur aspect ne choque la vue; redoutes et bastions se confondent sur les collines avec les murs de soutènement et les terrasses des jardins; dans le quartier des Brotteaux, les talus couverts de gazon, les chemins de ronde plantés d'arbres ont créé de nouvelles promenades, très fréquentées par les habitants; de telle sorte que Lyon a pu acquérir ce nouvel élément de sécurité sans rien sacrifier ni de la liberté de ses communications intérieures, ni de la magnificence de ses points de vue. Aussi l'exécution de ce système de défense n'a-t-il soulevé aucune objection dans la cité si jalouse de ses droits. Aujourd'hui, Lyon est une place de guerre de première classe et le siège d'un de nos grands commandements militaires. Dans cette œuvre de protection militaire, les hommes compétents admirent non seulement le but atteint, mais l'art avec lequel on a su concilier et les nécessités d'un semblable travail et le respect dû à la liberté d'un grand centre commerçant et industriel.

ANTIQUITÉS ET MONUMENTS DE LYON. — Bien que d'origine gallo-romaine, Lyon n'a presque rien conservé de la cité primitive. des inscriptions, des fragments de sculpture, les restes d'un théâtre au quartier Saint-Just, d'un aqueduc à Saint-Irénée, et au-dessus de Fourvières, d'une colonne dans l'hospice de l'Antiquaille, c'est à peu près tout ce que l'archéologue y peut admirer; mais si les ruines y sont rares, les monuments y sont nombreux, surtout les églises. Sous ce rapport, Lyon est une des villes de France les mieux partagées.

Ainay. — La plus remarquable église de Lyon, tant par son antiquité que par les souvenirs qui s'y rattachent, est sans contredit celle d'Ainay, presque à l'extrémité sud de la ville et sur la rive gauche de la Saône. Ce point passe pour être celui où Annibal traversa le fleuve avec son armée. Une tradition plus positive apprend que c'est sur cet emplacement que fut construit ce temple fameux dédié à Auguste et à Rome par soixante nations des Gaules. A ce temple était adjointe une académie (*Athenæum*) devant laquelle, selon Strabon, poètes et orateurs se rassemblaient pour disputer le prix de la poésie ou de l'éloquence. L'historien ajoute que, suivant une loi singulière imposée par l'empereur fondateur des jeux, les vaincus étaient contraints à passer eux-mêmes l'éponge sur leurs tablettes, ou à en effacer les caractères avec leur langue, et qu'en cas de refus, après avoir été battus de verges, ils devaient être précipités dans le fleuve. Il existe encore des médailles qui représentent la façade du temple païen, dont le style grec explique le nom : *Athenæum*. Ces colonnes, qu'on croit reconnaître dans celles qui soutiennent la voûte d'Ainay, seraient les fragments les plus importants de cette époque. Depuis le IVe siècle de l'ère chrétienne, on a pu suivre d'une manière beaucoup plus positive les transformations de cet édifice. Un ermite du nom de saint Radulphe vint y bâtir, vers cette époque, une petite chapelle souterraine. Sa réputation lui attira de nombreux disciples qui fondèrent, sur les lieux mêmes, une communauté de moines. C'est à ces moines que la reine Brunehaut abandonna ce qui restait de l'ancien temple d'Auguste, et avec ces débris fut construite une église célèbre et magnifique qui dura jusqu'à l'invasion des Sarrasins. Détruite à cette époque, elle ne fut rebâtie qu'au XIe siècle. Cette fois encore les vieilles ruines païennes entrèrent dans la construction. Ce mélange fait avec art, et dans des proportions qui rappellent le goût antique, donna au monument cet aspect original et saisissant qu'il a conservé jusqu'à nos jours. En se plaçant, pour l'admirer, à l'angle du quai de la Saône, le portique, encadré par une voûte qui sépare le quai de l'église, éclairé par les tons chauds des murs en cailloutis qui entourent la place, produit un grand effet et réveille puissamment les souvenirs de la Grèce et de l'Italie. A l'intérieur, où l'on remarque un bas-relief antique et une mosaïque qui date de la décadence, le style gothique domine presque exclusivement, sans que cependant l'harmonie générale en soit atteinte; grâce aux soins pieux des intelligents disciples de saint Radulphe, ce chef-d'œuvre de l'art chrétien a traversé intact sept siècles de révolutions, de guerres civiles et étrangères. Ces religieux, qui avaient adopté la règle de saint Benoît et qui relevaient de Cluny, furent, dans l'année 1685, convertis en chanoines de qui on exigeait des preuves de noblesse. Aujourd'hui, Ainay est la paroisse principale du premier canton de Lyon. Classée parmi les monuments historiques, elle possède quelques peintures à fresque d'Hippolyte Flandrin, l'artiste lyonnais, et une statue de la Vierge de Bonnassieux.

Saint-Nizier. — Après Ainay, l'église la plus remarquable par son antiquité et ses souvenirs est celle consacrée à saint Nizier, située en face du pont de pierre, sur la Saône, et presque au centre de la ville. Elle a servi de cathédrale pendant les premiers siècles; sous le temple actuel existe encore une crypte ou église souterraine et voûtée dans laquelle saint Pothin assemblait les fidèles et où il éleva le premier autel qui ait été dédié à la foi nouvelle dans les Gaules. L'église supérieure, commencée par les soins et aux frais d'un marchand nommé Renouard, et achevée par ses enfants, est du XIVe siècle. La voûte en est d'une grande hardiesse; le portail a été exécuté sur les dessins de Philibert Delorme. On admire à l'intérieur un très beau maître-autel, quelques excellents tableaux de maîtres et une statue de la Vierge par Coysevox. Saint-Nizier avait autrefois un chapitre fondé en 1305 par l'archevêque Louis de Villars et composé de quinze chanoines et de deux dignitaires. C'est aujourd'hui une cure de première classe, paroisse du deuxième canton.

Saint-Jean. — Si nous ne considérions dans les églises que leur importance présente et la grandeur de l'édifice, nous aurions dû accorder la première place à la cathédrale dédiée à saint Jean, siège archiépiscopal du primat des Gaules, *prima sedes Galliarum*, située sur la rive droite de la Saône, au pied de la montagne de Fourvières; sa façade, tournée vers l'ouest, manque de perspective, et le palais de l'archevêque, qui lui est contigu et qui la sépare du quai, la masque totalement du côté de l'est. L'ensemble actuel du monument s'est formé de la réunion de trois églises; chacune des nefs latérales, bâties à des époques différentes, l'une sous l'invocation de saint Étienne au IVe siècle, l'autre sous l'invocation de sainte Croix au VIIe, n'ont été reliées par la nef de Saint-Jean que sous le règne de Charlemagne; l'exhaussement de la nef principale et les dispositions intérieures qui complétèrent ce remaniement furent l'œuvre de Philippe-Auguste et de saint Louis; le portail enfin ne fut achevé que sous Louis XI. Dix siècles s'étaient donc écoulés entre le commencement et l'achèvement des constructions; il n'y avait pas d'homogénéité à espérer de travaux qui avaient passé par tant de mains; aussi, malgré tous les efforts faits pour conserver au monument le style gothique, son défaut capital est l'absence de l'harmonie. Comparée à nos basiliques des époques correspondantes, et relativement à ses autres dimensions, cette cathédrale manque d'élévation, écrasée qu'elle est, en outre, par quatre grosses tours dont elle est flanquée aux quatre coins. Cette part faite à la critique architecturale, on reconnaîtra que sous d'autres rapports l'édifice répond dignement à sa haute destination; nous retrouvons dans la décoration intérieure cette sobriété de bon goût, ce soigneux entretien qui font rarement défaut dans les monuments lyonnais. Le chapitre de Saint-Jean a une grande célébrité historique; on exigeait autrefois des chanoines, à leur réception, la preuve de quatre quartiers de noblesse; ils officiaient la mitre en tête. Cette renommée remonte à une époque déjà ancienne, puisqu'en 1245 il comptait parmi ses membres un fils d'empereur et neuf fils de rois; toutes les grandes familles du pays y ont tenu par quelques-uns de leurs membres, et l'on peut dire des archives de Saint-Jean que c'est le livre d'or de l'aristocratie lyonnaise. La Révolution a considérablement modifié cet état de choses; cependant à Saint-Jean plus que partout ailleurs s'est conservée la pompe des cérémonies religieuses, et lorsqu'aux fêtes solennelles l'archevêque primat des Gaules officie pontificalement et déploie les riches ornements, trésor du chapitre, l'étranger ne néglige pas d'aller admirer ce pieux spectacle que bien peu de villes pourraient lui offrir. On visite aussi, dans la salle des pas perdus de l'archevêché, une collection incomplète encore des portraits des archevêques qui ont occupé le siège de Lyon.

Citons encore l'église Saint-Irénée, à l'extrémité sud-ouest de la ville, dans le faubourg Saint-Just. Cette église est bâtie sur les tombeaux des premiers chrétiens martyrisés sous Marc-Aurèle, et dont les ossements sont déposés dans la crypte, qui subsiste encore. Cet édifice fut aussi saccagé par les huguenots, qui dispersèrent les reliques de saint Irénée; on ne voit plus que le sépulcre vide du saint et le pavé en mosaïque de la vieille église, sur lequel on lit une inscription en vers latins énonçant qu'il y a dix-neuf mille martyrs enterrés dans ce lieu. Parmi ces morts, une légende fort populaire et encore très accréditée s'obstine à vouloir compter les Macchabées et leur mère. De nos jours, les fidèles du quartier Bellecour ont élevé, à l'entrée de Perrache, dans le goût moderne, à leurs frais, une église sous l'invocation de saint François; cette origine, qui fait honneur à la piété des habitants, est à peu près son seul titre à l'intérêt des voyageurs. Des souvenirs d'une autre nature se rattachent à l'église de Saint-Bonaventure, située dans l'ancien cloître des Cordeliers, près du Rhône, dans la région centrale de la ville; c'est dans ce quartier que se réfugièrent, après leur défaite, les insurgés de 1834, et l'église même de Saint-Bonaventure fut leur dernier bivouac.

Plusieurs autres églises méritent une mention particulière : Saint-Pierre, qui est une dépendance du palais Saint-Pierre, autrefois abbaye célèbre de femmes, et dont nous aurons ailleurs occasion de parler, est située dans la rue du même nom, près de la place des Terreaux; Saint-Polycarpe est la paroisse du haut commerce, dans le quartier des Capucins, assis sur les premières pentes de la Croix-Rousse, et qui sépare la ville de Lyon de son plus célèbre faubourg; Saint-Paul, ancienne église romane, dans laquelle Gerson se plaisait à enseigner les enfants et devant laquelle on vient de lui élever une statue; et, parmi les églises modernes, Sainte-Blandine, à Perrache; Saint-Pierre-ès-Liens, à Vaise; Saint-André, à la Guillotière; la Rédemption, aux Brotteaux, etc.

Loyasse. — C'est le Père-Lachaise de Lyon. Il ne peut y avoir d'antiquité bien reculée pour aucun des cimetières actuels. On sait que, avant la Révolution française, le privilège d'être inhumé dans les églises s'étendait jusqu'à la bourgeoisie aisée; c'est presque dire jusqu'à toute famille ayant les moyens de payer l'inscription d'un nom sur une pierre tumulaire. A Lyon, comme dans les autres villes de France, le cimetière de Loyasse doit son origine à la suppression des cimetières de paroisse. Il est situé sur le versant occidental de la montagne de Fourvières, et son entrée principale donne sur le faubourg Saint-Just. Il est coupé d'allées droites, larges et plantées de magnifiques cyprès; les monuments prétentieux y sont rares : c'est toujours Lyon dans sa simplicité digne et décente; mais les chapelles tumulaires, les caveaux de famille y sont innombrables et généralement entretenus par une piété persévérante et avec le soin le plus religieux.

Malgré l'éloignement de Loyasse et la difficulté du chemin, l'usage de transporter les morts sur des brancards appuyés à l'épaule s'est conservé jusqu'à présent.

Fourvières. — Lorsqu'on se dirige de Lyon vers Loyasse, après avoir traversé la partie du quartier Saint-Jean qui avoisine la cathédrale, on s'engage dans de longues ruelles qui, par des pentes très rapides, conduisent au sommet du coteau qui borde Lyon à l'ouest. Nous avons eu occasion de dire que l'ancienne ville romaine s'élevait sur ce versant; les fondations antiques, et plus encore les dispositions du terrain façonné en terrasses artificielles, ont déterminé l'établissement de couvents, de communautés religieuses, d'hospices et de pensionnats, construits très probablement sur l'emplacement des anciens palais des hauts fonctionnaires, préteurs ou généraux romains. Sur le plateau de la montagne était un temple; selon l'opinion la plus répandue, il était dédié à Vénus. Près de ce temple, l'empereur Trajan avait fait construire un forum entouré de portiques et décoré de statues, d'où était venu, pour ce lieu, le nom de *Forum vetus* ou *Forum Veneris*, dont la corruption du langage a fait Fourvières; ces suppositions, quoique dénuées de témoignages authentiques, sont très vraisemblables. On sait que ce forum servait de marché et qu'il était fréquenté par de nombreux visiteurs accourant de contrées lointaines pour y échanger leurs produits; c'est là qu'aboutissaient les aqueducs construits à si grands frais et amenant l'eau du mont Pilat dans le Forez : l'importance de Fourvières, sous la domination romaine, est donc incontestable. Voici comment s'explique la piété traditionnelle et toute spéciale qui s'attache à la modeste chapelle remplaçant aujourd'hui les portiques du temple païen : on prétend que c'est devant les idoles de ce temple que furent traînés saint Pothin et ses pieux compagnons, quand on les somma d'abjurer la foi sainte, et que c'est du haut de cette colline que s'élança vers le ciel l'héroïque témoignage des premiers martyrs; l'amphithéâtre romain, témoin du sacrifice, était resté, pour les chrétiens persécutés, un lieu de vénération et le but de leurs secrets pèlerinages, lorsqu'en 389 un édit de Théodose autorisa le culte et la nouvelle religion. Les chrétiens, nombreux déjà et libres enfin de manifester leurs croyances, auraient renversé les anciennes idoles et remplacé la statue de Vénus par une image de la vierge Marie. Jusqu'en l'an 840, selon saint Bénigne de Dijon, le forum, désormais sanctifié, aurait conservé sa magnificence romaine; mais, à cette époque, un écroulement causé ou par un tremblement de terre, ou par la vétusté de l'édifice, aurait anéanti les bâtiments, les portiques, l'amphithéâtre et tout ce qui décorait Fourvières. Le zèle chrétien craignit-il ou dédaigna-t-il de lutter contre le souvenir des magnificences païennes dans l'érection d'un nouveau temple? La rivalité des divers ordres dont les couvents étaient groupés sur la sainte montagne et se disputaient la possession du nouvel autel, fit-elle obstacle à la construction d'une église, digne de répondre à la piété des fidèles? Les savantes recherches des historiens de Fourvières nous donnent peu de lumières sur ce sujet; nous savons qu'une simple chapelle s'éleva sur les ruines du temple qui s'était écroulé. Mais l'empressement des pèlerins n'en fut pas moins grand; dans les afflictions privées, dans les calamités publiques, c'est à des prières toujours adressées à Notre-Dame de Fourvières que les populations avaient recours: combien de volumes ne remplirait-on pas avec le récit des miracles que la foi lyonnaise attribue à la protection de sa madone!

Le premier agrandissement de l'humble chapelle se rattache à une des plus touchantes légendes du catholicisme, laissons l'abbé Cabour raconter, d'après Colonia, la pieuse histoire: *Un jour Thomas Becket, Guichard son ami et le chanoine Olivier de Chavannes, se promenaient ensemble sur la petite place de Saint-Jean; la conversation tomba sur les nouvelles constructions qu'on faisait à Fourvières: les yeux de l'exilé se portent sur la colline: Quel sera le deuxième patron du sanctuaire? demanda-t-il à ses hôtes. — Le premier martyr qui versera son sang, répond Guichard ou Olivier. — Vous-même, ajoute l'un d'eux, si vos ennemis vous procurent cet honneur.* Le saint prélat dut voir dans ces paroles une nouvelle révélation des glorieuses épreuves auxquelles il était réservé, car lui-même plus d'une fois il avait prédit l'issue du combat qui devait couronner sa lutte. On sait comment vingt-six jours après son retour en Angleterre, Thomas, rappelé par son roi, fut assassiné au pied des autels par quatre chevaliers.

Cette légende, ajoutée à tant d'autres, ne devait qu'accroître encore la ferveur des fidèles; de proche en proche, le renom de la sainte madone s'étendait jusqu'au delà des frontières du royaume; Philippe de Savoie joignait son offrande aux tributs de la vénération nationale et dotait la chapelle de Fourvières d'un chapitre et de riches présents. Vers la même époque, l'héritier de la couronne de France était atteint d'une maladie qui déjouait toutes les ressources de l'art des plus habiles médecins; le roi son père, Louis VII, implora le secours de Notre-Dame de Fourvières et, parmi les *ex-voto* suspendus aux murailles de l'humble chapelle, on put voir celui du monarque reconnaissant, remerciant la Vierge sainte d'avoir conservé à son amour et à la gloire de la France son fils, qui régna sous le nom de Philippe-Auguste, et fut le vainqueur de Bouvines. Rome enfin sanctionna le culte de Fourvières. En 1251, le pape Innocent IX accorda quarante jours d'indulgence à ceux qui iraient visiter le sanctuaire miraculeux. Un arrêté municipal, daté de 1336, assigna au chapitre de Fourvières une place d'honneur dans les solennités publiques, et lui confia, à titre honorifique, une des clefs de la ville de Lyon. L'histoire nous a légué le souvenir de la dévotion du roi Louis XI pour la Notre-Dame d'Embrun dont il portait l'image à son chapeau. Ce culte, quelque peu superstitieux, ne put cependant dominer la populaire influence des croyances à Notre-Dame de Fourvières; après la lutte la plus sérieuse qu'il ait eu à soutenir, vainqueur enfin de son puissant et chevaleresque adversaire, Charles le Téméraire, c'est vers la sainte colline de Fourvières qu'il se dirigeait revêtu du costume des pèlerins, c'est à sa Vierge miraculeuse qu'il adressait l'hommage de sa reconnaissance, et, par une singulière confusion de la piété éternelle avec les préjugés de son temps, il la créait « châtelaine de vingt-cinq villages. »

La sauvage invasion du baron des Adrets n'épargna pas plus l'oratoire de Fourvières que les autres édifices consacrés à la religion. La chapelle fut rasée par les huguenots en 1551, et ne put être relevée que dans les premières années du siècle suivant. A ces désastres, une peste horrible vint joindre ses ravages en 1628; l'implacable fléau décima pendant quinze ans la population lyonnaise. L'émigration enlevait ceux que la mort avait épargnés. Lyon se trouvait menacée d'une ruine complète, lorsque, le 8 septembre, ses magistrats prirent la résolution de consacrer la ville à la Vierge protectrice, et vinrent solennellement, suivis du peuple entier, renouveler leur vœu au pied de ses autels. La tradition affirme qu'à dater de ce jour la contagion s'arrêta. Deux siècles se sont écoulés depuis ce pacte de famille conclu entre Notre-Dame de Fourvières et la ville de Lyon. Des deux côtés l'alliance a été religieusement observée.

Tous les ans, à pareil jour, ce vœu est solennellement renouvelé au sanctuaire de Fourvières en présence des délégués de toutes les paroisses de Lyon. Les représentants de la ville, le prévôt des marchands, les échevins, les maîtrises et corporations des métiers, bannières en tête, y étaient autrefois conviés et y assistaient en grande pompe. Aujourd'hui, la cérémonie n'a d'autres témoins que la foule empressée des nombreux fidèles attirée par la consécration traditionnelle sur la sainte colline, aux pieds du dôme qui couronne l'humble chapelle, dont les murs, chargés d'*ex-voto*, recèlent le *palladium* de la cité.

Cette cérémonie, tout intime, se divise en deux parties : le matin, à sept heures, le renouvellement du vœu ; le soir, la bénédiction. A six heures, le bourdon de la métropole de Saint-Jean donne un signal auquel répondent les cloches de toutes les paroisses. Une oriflamme est déployée sur le clocher de Fourvières, aux pieds de la statue de la Vierge, les trompettes se font entendre, le canon tonne ; l'archevêque de Lyon, entouré de tout son clergé, apparaît en habits pontificaux sur la terrasse qui regarde la Saône, et donne la bénédiction du saint sacrement à la ville. Majestueux et émouvant spectacle ! Si, du haut de cette terrasse qui émerge d'un océan de verdure, on jette les regards sur la longue et étroite presqu'île qui s'étend entre les deux fleuves, on aperçoit de toutes parts, depuis les dernières ondulations de la colline jusqu'aux bords du Rhône, du palais de justice à Ainay, dans les rues, sur les ponts, les quais et les places, une foule attentive et recueillie. A la seconde détonation partie de Fourvières, tous les fronts se courbent, tous les genoux fléchissent, toutes les têtes se découvrent, et du silence universel s'élève une muette, mais fervente adoration pour Celui qui tient entre ses mains les destinées des cités et des nations. On a essayé de reproduire par par la gravure et la photographie ce spectacle émouvant ; mais les effets obtenus sont nécessairement restés au-dessous de la réalité.

Autrefois, lorsque la Vierge n'avait en ce lieu qu'un étroit et modeste sanctuaire, dont quelques gravures du temps ont conservé les maigres proportions, il était d'usage que tous les samedis le prêtre officiant bénît la ville de la tribune placée au fond de la nef. Cette pieuse coutume se renouvellera désormais, à l'extérieur, dans la *loggia* qui sert de soubassement à l'abside du nouveau monument, et elle a inspiré à l'architecte l'une des idées les plus heureuses et les plus originales qu'il ait rencontrées dans la construction de cet édifice.

C'est le cas de dire un mot de ce dernier. On sait qu'en 1870 les habitants de Lyon avaient fait vœu d'élever un nouveau sanctuaire à Notre-Dame de Fourvières, si la ville échappait à l'invasion allemande. Ce vœu a été exaucé et la piété lyonnaise n'a pas tardé de le réaliser. Les dons, les souscriptions, les offrandes ont afflué à l'envi dès le premier jour. La générosité est chose si familière aux Lyonnais que la commission chargée de diriger l'édification de l'église votive n'a pas eu besoin d'adresser un seul appel direct à ses concitoyens. Chaque jour l'argent arrive de lui-même et près de trois millions ont été déjà dépensés sans que l'on ait jugé utile de provoquer la libéralité des fidèles. C'est une lecture curieuse que celle de la liste des dons reçus par le trésorier de cette commission. Elle seule peut donner une juste idée des sentiments religieux qui animent encore aujourd'hui, malgré le progrès des idées nouvelles, la population lyonnaise. A côté des largesses de nos opulentes familles, qui versent en une fois 15,000, 20,000, 30,000 francs, on voit, non sans surprise, apparaître le tribut volontaire de pauvres ouvriers ; celui-ci prélève hebdomadairement 50 centimes sur sa paye du samedi ; celui-là dépose sa grosse montre d'argent, et sa femme y joint les boucles d'or qu'elle portait au jour de ses noces. Des jeunes filles, d'humbles et laborieuses couturières, qui ont peine à gagner leur pain quotidien, et qu'une semaine de chômage conduirait au bureau de bienfaisance, sinon à l'hôpital, ne veulent pas être oubliées dans l'œuvre de la piété commune et glissent joyeusement dans le tronc de la future église une petite pièce de cinq francs épargnée à force de privations et de veilles. Leur lampe brûlera deux ou trois heures plus tard chaque nuit, mais qu'importe ? Elles auront apporté leur grain de sable au sanctuaire ; elles auront, elles aussi, payé leur dette de reconnaissance à la protectrice de la cité.

La foi lyonnaise sera satisfaite : encore quelques années, et elle aura élevé au sommet de Fourvières un édifice digne d'elle. D'ici à trois ou quatre ans,

DÉPARTEMENT DU RHÔNE PAR V. A. MALTE-BRUN

LA FRANCE ILLUSTRÉE — PAR V.-A. MALTE-BRUN

30. — Rhône.

VUES DES PRINCIPALES VILLES DU DÉPARTEMENT DU RHONE.

Lyon pourra montrer avec orgueil à ses visiteurs un édifice religieux original, qui n'aura rien emprunté et n'aura rien à envier à aucun autre.

Les archives de Fourvières conservent l'extrait des délibérations de conseils municipaux reconnaissant leurs villes délivrées de la peste, sauvées des inondations par le secours de Notre-Dame de Fourvières ; c'est à elle que Lyon croit devoir la clémence du choléra qui, dans ses deux invasions, a épargné la ville si menacée. C'est à elle encore qu'elle doit, selon l'opinion de quelques-uns, d'avoir échappé aux désastres de la dernière guerre. Quand la foi se généralise à ce point, on peut se faire une idée de la ferveur individuelle dont elle est l'expansion. La chapelle miraculeuse, qui a été restaurée en 1850-1852, et que l'on reconstruit aujourd'hui, se compose de trois nefs ; sur un autel surchargé d'ornements, une statue de la Vierge couronnée d'or et vêtue des plus riches dentelles resplendit au milieu de l'éclat de milliers de cierges qui se succèdent sans interruption : les murailles sont couvertes, sans que le moindre espace reste vide, de tableaux représentant une guérison inespérée, d'images en cire donnant la forme d'un membre redressé, de couronnes, de bouquets, d'inscriptions encadrées, et toutes ces offrandes sont renouvelées sans cesse et cèdent la place à l'expression d'une autre reconnaissance, à l'accomplissement d'autres vœux. Pendant un long espace, le chemin qui mène à la chapelle est bordé de boutiques où se débitent par quantités incroyables saintes images, chapelets ou médailles bénits, cierges et couronnes ; aux fêtes de la Vierge, l'encombrement est prodigieux, et la foule n'est point plus compacte dans les jardins publics de Paris que dans les longs et rapides sentiers qui conduisent à Fourvières.

On a craint sans doute d'amoindrir les paroisses de Lyon en établissant une cure à Fourvières ; le service en est confié à des chapelains : les revenus doivent être fort considérables. Avant la Révolution, le trésor de Fourvières était célèbre ; les documents nous manquent pour constater si les libéralités contemporaines atteignent ou dépassent le chiffre des anciennes offrandes, mais les progrès des dernières années autorisent à espérer que les beaux jours de Fourvières ne sont pas prêts de finir.

Ce que nous pouvons affirmer, c'est que les Lyonnais sont toujours fidèles au culte de la sainte patronne de leur ville ; nous n'en voulons d'autre preuve que l'immense élan qui s'est emparé de l'agglomération lyonnaise, le 8 et le 12 décembre 1852, à l'occasion de l'inauguration de la statue de la vierge Marie sur le clocher qui domine la chapelle de Fourvières et l'immense cité. Le dimanche 12 décembre la ville entière était illuminée ; toutes les fenêtres, depuis le rez-de-chaussée jusqu'aux combles, étincelaient de lumières ; « mais, dit un journal de Lyon, le théâtre principal de la fête était à Fourvières, et c'était de ce côté que se levaient tous les yeux. Dès sept heures, des feux allumés sur la tour de l'observatoire ont projeté sur le clocher et sur la tour une lueur assez vive pour les rendre constamment perceptibles. Bientôt des fusées se sont élevées vers le ciel déployant leurs gerbes lumineuses dans les airs, et retombant en milliers d'étincelles, que le sentiment naïf de la foule comparait à une pluie de bénédictions épanchée sur la ville ; puis le bouquet a été tiré du sommet même du clocher de la chapelle, et des feux rouges, embrasant la colline et le ciel, ont fait resplendir au loin les lettres gigantesques formant le saint nom de la madone. »

Du clocher de Fourvières on jouit d'un beau panorama qui s'étend sur la Saône et le Rhône, traversés de nombreux ponts, sur les différents quartiers de la ville de Lyon, et surtout sur la Croix-Rousse et les Brotteaux au delà desquels on aperçoit une campagne verdoyante, des collines, des montagnes, que dominent plus loin encore les sommets neigeux des Alpes.

L'Hôtel-Dieu. — L'Hôtel-Dieu, construit sur la rive droite du Rhône, est, avec l'hôtel de ville, l'édifice le plus grandiose de la ville de Lyon ; il est incontestablement le plus magnifique des établissements de ce genre que possède la France. Sa fondation remonte au VIe siècle et est attribuée à Childebert, petit-fils de Clovis ; il était anciennement connu sous le nom d'hôpital général de Notre-Dame-de-Pitié, du Pont-du-Rhône et grand Hôtel-Dieu ; son administration se composait, depuis 1585, de quatorze recteurs ayant chacun une branche de service sous leur surveillance spéciale, et parmi lesquels il était de tradition de voir figurer un des plus célèbres avocats de la ville. Antérieurement à cette époque, l'administration en était confiée à des ecclésiastiques nommés par l'archevêque. Les constructions actuelles sont de la fin du XVIe siècle. L'église possède une magnifique châsse de sainte Valentine. Outre les donations importantes et fort nombreuses qui constituent depuis longtemps la richesse de cet hôpital, la possession presque exclusive des terrains qui bordent le Rhône à l'est, et sur lesquels la Guillotière s'est fondée et s'étend incessamment, a considérablement augmenté ses revenus depuis un demi-siècle.

L'hospice de la Charité. — L'hospice de la Charité, qui, suivant l'expression des lettres patentes de 1729, *a servi de modèle à tous les autres hôpitaux du royaume, et même à l'hôpital général de Paris,* se nommait d'abord l'Aumône générale de Lyon et a dû son établissement et ses progrès à la charité des habitants de la ville. La famine de 1531 avait amené à Lyon plusieurs milliers de pauvres des provinces voisines, qui campaient dans des cabanes construites à cet effet dans le pré du monastère d'Ainay. Des quêtes furent faites pour subvenir à leurs besoins; l'abondance revenue et les étrangers congédiés, il restait en caisse 396 livres 2 sols 7 deniers. Jean Broquin, l'un des commissaires, proposa de profiter de cet excédent pour solliciter de nouvelles souscriptions et consacrer ces nouveaux fonds à l'extinction de la mendicité. La reconnaissance lyonnaise a conservé le nom du premier souscripteur; ce fut Jean Cléberger, surnommé le *Bon Allemand*. Le projet fut chaleureusement accueilli; des troncs furent placés dans toutes les églises, dans les édifices publics, et jusque chez plusieurs négociants; les aumônes individuelles furent prohibées et toutes les ressources de la charité publique réunies et concentrées dans l'œuvre de l'*Aumône générale*. La ville avait prêté provisoirement l'hôpital de Saint-Laurent-des-Vignes, situé au faubourg de la Quarantaine, près du confluent de la Saône et du Rhône; mais ce local, destiné à recevoir les pestiférés en temps de contagion et pouvant être réclamé inopinément pour cet usage, ce qui arriva peu après en 1628, on obtint du roi Louis XIII des lettres patentes qui, à la date du 11 décembre 1614, autorisèrent l'*Aumône générale* à acquérir un emplacement sur la rive droite du Rhône, d'environ sept arpents carrés, alors occupé par des jardins et quelques maisonnettes éparses pour les cultivateurs. C'est sur cet emplacement, un peu plus bas que l'Hôtel-Dieu, sur la même rive du Rhône, que fut posée la première pierre, le 16 janvier 1617, par M. Jean de Sève de Fromente, président des trésoriers de France en la généralité de Lyon, dont les libéralités n'avaient

pas peu contribué à la réalisation du pieux projet, et qui plaça l'hôpital sous l'invocation de Notre-Dame de la Charité.

Les dons de l'archevêque Marquemont vinrent en aide pour la construction de l'église, et, le 20 juin 1622, les pauvres purent être transférés de l'hôpital Saint-Laurent dans leur nouvel asile. L'établissement actuel est resté fidèle aux vœux des premiers fondateurs. En 1533, ils se proposaient: 1° d'adopter les pauvres orphelins; 2° de distribuer chaque semaine une aumône d'argent et de pain aux habitants indigents qui résidaient à Lyon depuis sept ans; 3° de donner des secours hospitaliers aux pauvres voyageurs passant par cette ville. Aujourd'hui l'hospice de la Charité admet cent soixante hommes et deux cent quarante femmes septuagénaires et indigents, soixante incurables des deux sexes, les orphelins abandonnés, les enfants délaissés, les enfants trouvés et exposés, pourvu qu'ils n'aient pas atteint l'âge de dix ans, les filles enceintes pour y faire leurs couches; les enfants malades de deux à douze ans. Tous ces pauvres enfants, élevés par l'administration, sont, à douze ans, placés en apprentissage en ville ou dans les campagnes, et surveillés par ses agents jusqu'à l'âge de vingt et un ans; cette tutelle s'étend aujourd'hui sur quatorze mille individus des deux sexes; les vieillards portent un uniforme et peuvent sortir un ou deux jours par semaine. L'hôpital militaire, dont l'administration est distincte, occupe des dépendances de la Charité; les bâtiments vastes, bien aérés et appropriés à leur destination, offrent peu d'intérêt sous le rapport pittoresque ou artistique.

L'Antiquaille. — Un troisième hospice rivalise d'importance avec les deux grands établissements dont nous venons de parler, c'est l'Antiquaille, situé sur le coteau de Fourvières, dans l'exposition la plus riante et la plus salubre, et consacré surtout au traitement de certaines maladies. Le nom seul de l'édifice indique l'antiquité de son origine; ce fut, en effet, l'emplacement de l'ancien palais des empereurs romains dont la ville, comme on le sait, occupait le coteau de Fourvières, d'où elle n'est descendue que successivement, franchissant d'abord la Saône, s'installant ensuite entre les deux fleuves, puis de nos jours envahissant la rive gauche du Rhône dans une extension qui se dirige toujours de l'ouest à l'est. De l'époque romaine il ne reste guère que quelques débris enfouis en terre et des morceaux de métaux fondus provenant de l'incendie qui ravagea la ville sous Néron. C'est là que résida Septime-Sévère après sa victoire sur Albin, c'est là que naquirent Caracalla et Géta; mais le vieux palais a subi des transformations si nombreuses et si complètes qu'il faut le secours de l'histoire pour que sa vue évoque d'aussi lointains souvenirs. L'Antiquaille était encore un monastère à la fin du siècle dernier; sa destination actuelle date de la Révolution.

Palais Saint-Pierre. — L'ancienne abbaye des dames de Saint-Pierre, aujourd'hui Palais Saint-Pierre, est la transition naturelle entre les édifices religieux et les monuments de l'ordre civil; fondée au VIIe siècle, rebâtie sous Charlemagne, l'abbaye doit ses plus importantes restaurations aux règnes de Louis XIII et de Louis XIV.

Le cloître est aujourd'hui encore dans un état parfait de conservation. La situation du palais, au centre de la ville, sur la place des Terreaux, l'étendue de ses dépendances dans un quartier où le terrain a tant de prix, la somptuosité de sa façade, la grandeur des dispositions intérieures suffiraient pour indiquer que l'abbaye dut être l'asile de prédilection des filles de qualité de la province; les abbesses, en effet, ont toujours été demoiselles de grande maison, et parmi les simples religieuses on a compté des princesses de France et de Lorraine. Aujourd'hui, le Palais Saint-Pierre ou palais des Beaux-Arts renferme la Faculté des sciences, la Faculté des lettres, une bibliothèque, un beau et important musée de peinture et de sculpture, le musée d'histoire naturelle, le musée lapidaire, le musée des antiques et l'école de peinture où l'étude de la fleur et de l'ornementation est arrivée à un si haut degré de perfection. L'Académie de Lyon y siège, et les diverses sociétés savantes y trouvent de vastes salles pour leurs séances.

L'Hôtel de ville. — Le Palais Saint-Pierre occupe tout le côté sud de la place des Terreaux; à l'est s'élève l'Hôtel de ville, un des beaux édifices de l'Europe en ce genre; il a été construit dans sa totalité dans l'espace de huit années, de 1647 à 1655, ce qui n'a pas peu contribué à l'ensemble et à l'harmonie de ses détails. Mansard répara les dommages causés par un incendie en 1676, sans rien altérer du style général, et, sauf quelques mutilations à l'intérieur, tribut payé aux révolutions de notre temps, l'édifice est demeuré intact et complet jusqu'à nos jours. Un large escalier conduit du pavé de la place à une porte monumentale, que surmonte un vaste médaillon représentant Louis XIV à cheval; cette porte ouvre sur un grand vestibule voûté, décoré par les deux statues en bronze de la Saône et du Rhône; on y voyait autrefois des dalles en marbre, sur lesquelles était gravée une harangue de l'empereur Claude en faveur de la ville de Lyon, prononcée devant le sénat romain, et les bustes de trois rois de France, bienfaiteurs de la ville à divers titres : Philippe le Bel, Charles VIII et Henri IV.

La façade sur la place des Terreaux est décorée par une tour carrée qui s'élève au-dessus de la porte principale; cette tour, terminée en coupole, se relie à deux pavillons qui couronnent les angles en avant-corps. La cour intérieure est terminée, au levant, par un portique dont les arcades soutiennent une galerie à ciel ouvert; un double escalier descend dans une seconde cour, dont le sol, plus bas, se relie à une place où le péristyle du grand théâtre termine la perspective monumentale de l'édifice. Par son importance architecturale, l'Hôtel de ville répond donc pleinement au rôle que Lyon a joué dans les annales de notre histoire. Avant la dernière organisation administrative, la municipalité de Lyon était la plus importante de France; ses bureaux occupent la partie méridionale du bâtiment; à l'angle nord-ouest, sur la place des Terreaux, les prud'hommes et les juges consulaires ont leur tribunal; les caveaux qui sont au-dessous, et qu'on appelle caves de la ville, servent de prisons provisoires, et il faut déplorer qu'elles aient été si souvent encombrées des victimes de nos discordes civiles.

Parmi les autres monuments remarquables de Lyon, il faut compter encore l'ancien collège de la Trinité, autrefois occupé par les jésuites et siège d'une académie jusqu'à Louis XI, qui transféra à Bourges ses privilèges universitaires. Ses bâtiments, fort délabrés à l'extérieur et assis sur la rive droite du Rhône, dans la région centrale de Lyon, sont occupés par le Lycée, et l'ancienne bibliothèque des savants Pères a servi de noyau pour une collection de livres très nombreuse, très remarquable et riche surtout en ouvrages de théologie.

L'ancienne université fut visitée par Christine de Suède, qui, à son passage, s'y fit présenter le Père Ménestrier, dont la mémoire était prodigieuse.

A tous ces monuments des temps passés, notre époque ne peut opposer que la construction d'un Palais de Justice, celle de la Bourse et celle de l'École de médecine. Le Palais de Justice est situé sur la rive droite de la Saône, près de la cathédrale Saint-Jean. Sans avoir rien de bien remarquable, l'aspect en est convenable et digne; la distribution intérieure a été combinée avec intelligence; il est adossé à une prison construite dans le même temps, destinée plus particulièrement aux prévenus qui attendent leur jugement; les communications qui existent entre les deux bâtiments facilitent et accélèrent l'instruction des procès. Le Palais de la Bourse a été construit en 1860.

Théatres. — Le Grand-Théâtre de Lyon s'élève derrière l'Hôtel de ville, entre cet édifice et le Rhône. Il a été construit de 1817 à 1830, sur les dessins des architectes Chenavard et Pollet, à la place d'une autre salle qui était l'œuvre de Soufflot. Son aspect est tout à fait monumental et a quelque ressemblance avec le théâtre de l'Odéon, à Paris. Comme ce dernier, son rez-de-chaussée est occupé par des boutiques et des bazars; l'intérieur en est habilement distribué; les peintures du plafond sont d'Abel de Pujol. On y joue la tragédie, la comédie, l'opéra, l'opéra-comique et le ballet.

Le théâtre des Célestins, sur le quai du même nom, occupe l'emplacement de l'ancien couvent des Célestins de Lyon; il a été incendié plusieurs fois, notamment en 1871 et en 1880; on le reconstruit. Il est consacré au drame, au vaudeville et aux pièces populaires.

Le théâtre des Variétés, situé aux Brotteaux, est plus particulièrement consacré au vaudeville, à l'opérette et aux féeries.

Le casino des Arts, le Cercle musical et l'Alcazar sont encore des lieux de plaisir très fréquentés.

Promenades de Lyon. — La description que nous avons essayée des principaux monuments de Lyon a pu donner une idée de l'importance des quais, sur lesquels presque tous sont situés, et, en effet, pour cette ville, resserrée entre le Rhône et la Saône, les rives des deux fleuves sont à la fois et les artères principales de la circulation et les promenades les plus fréquentées; rien de plus varié que leur parcours, qui comprend plus de 35 kilomètres. De Pierre-Scise à La Mulatière, sur la rive droite de la Saône, le promeneur passe successivement en revue le débarcadère des bateaux à vapeur de la Bourgogne; les quartiers de la vieille ville où se donnaient les tournois, aux siècles de la chevalerie; le palais de justice, la cathédrale, la nouvelle paroisse du quartier Saint-Georges; puis, entre la barrière de l'octroi et le confluent des deux fleuves, à La Mulatière, une suite de maisons de campagne et de joyeuses guinguettes, où les habitants des différentes classes viennent oublier, le dimanche, les soucis et les travaux de la semaine. En passant le pont qui traverse la Saône à cet endroit même où elle se jette dans le Rhône, pont qui sert au triple usage des piétons, des voitures et du chemin de fer, et en remontant la rive orientale du fleuve, on rencontre les ateliers et entrepôts du chemin de fer de Saint-Étienne, l'arsenal et la manutention militaire, l'église d'Ainay, le grenier à sel, le quai des Célestins et le magnifique quai Saint-Antoine, heureusement élargi, qui conduit jusqu'au pont de pierre et à l'église Saint-Nizier; au delà, enfin, la poissonnerie, l'église Saint-Louis, et tous ces établissements de commerce et de haute industrie qui, adossés aux bases de la Croix-Rousse, ont pour perspective, à l'ouest, les magnifiques coteaux de Fourvières.

Les quais du Rhône ne le cèdent en rien à la richesse des aspects qu'offre la précédente promenade.

Le *Parc de la Tête-d'Or*, qui peut rivaliser avec les plus belles promenades de Paris; le Jardin d'hiver, l'Alcazar; le quartier des Brotteaux, avec ses promenades, ses cours, ses constructions somptueuses et modernes; la Guillotière, avec toutes ses industries, occupent la rive gauche du Rhône. Sur la rive droite, au delà du faubourg Saint-Clair, grande halte sur la route de Suisse, après avoir admiré sur le fleuve ces moulins qui ne se reposent jamais, ces bateaux dépecés à leur arrivée, car la rapidité du Rhône ne leur permet pas le retour; on entre en ville par le quai Saint-Clair, siège du haut commerce, de l'industrie et de la banque; on atteint le pont Morand, pont en bois, le premier qui ait été construit sur le Rhône, et qui relie le quartier de l'hôtel de ville au riche faubourg des Brotteaux; vient ensuite le quai de Retz, le port des bateaux à vapeur faisant le trajet de Lyon à Marseille, les comptoirs de roulage, les bureaux des entrepositaires, les magasins des fabriques de Rouen et de Mulhouse, les bâtiments du collège, la façade de l'Hôtel-Dieu et, plus loin que le pont de la Guillotière, le seul pont en pierre construit sur le Rhône, l'hospice de la Charité, les casernes, la prison de Saint-Joseph, l'entrepôt des tabacs; enfin des ateliers de construction, des usines, des fabriques de produits chimiques conduisent à l'extrémité de la presqu'île, à ce pont de la Mulatière que nous avons déjà décrit. Tous ces quais sont éclairés au gaz, munis de trottoirs et plantés d'arbres (1).

Mais ne quittons pas les quais de Lyon sans parler de deux de leurs plus anciens monuments, dont l'un est aujourd'hui disparu et dont le souvenir vit enraciné au cœur des vieux Lyonnais : la statue de Jean Cléberger, le *Bon Allemand,* et le *Château de Pierre-Scise,* cette bastille lyonnaise, qui, comme sa sœur de Paris, devait disparaître aux premiers souffles de la tourmente révolutionnaire.

Le château de Pierre-Scise ou de Pierre-Encise, comme on l'a écrit quelquefois, couronnait sur les bords de la Saône un rocher qu'Agrippa fit, dit-on, couper lorsqu'il construisit les voies militaires qui se croisaient à Lyon; de là son nom de Pierre-Scise. Ce rocher, qui surplombait le fleuve et gênait la navigation, fut plusieurs fois l'objet de travaux d'évincement; le château qui le couronnait avait été construit par les premiers archevêques de Lyon, qui, après l'avoir habité longtemps, l'abandonnèrent pour aller résider au palais

---

(1) Voici la nomenclature des ponts de Lyon : 1° sur la Saône : le pont de la Gare, le pont du Port-Mouton, le pont de Serin, le pont Saint-Vincent, le pont de La Feuillée, le pont de Nemours, le pont du Palais-de-Justice, le pont de Tilsitt, le pont Saint-Georges, le pont d'Ainay, le pont du Midi, le pont du Chemin-de-Fer et le pont de la Mulatière; 2° Sur le Rhône : le pont Saint-Clair, le pont Morand, le pont du Collège, le pont La Fayette, le pont de l'Hôtel-Dieu, le pont de la Guillotière, le pont du Midi, le pont du Chemin-de-Fer.

Voici les longueurs et largeurs des principaux de ces ponts; ils donnent en même temps une idée de la largeur du fleuve et de la rivière :

Sur le Rhône.

Pont Morand, 200 mètres sur 13 mètres.
Pont La Fayette, 209 mètres sur 11 mètres.
Pont de la Guillotière, 352 mètres sur 11 mètres.
Pont de l'Hôtel-Dieu, 208 mètres sur 7 mètres.

Sur la Saône.

Pont de la Gare, 173 mètres sur 5 mètres.
Pont de Serin, 113 mètres sur 8 mètres 50.
Pont Saint-Vincent, 90 mètres sur 3 mètres.
Pont de La Feuillée, 101 mètres sur 7 mètres.
Pont de Nemours, 190 mètres sur 6 mètres.
Pont du Palais-de-Justice, 164 mètres sur 6 mètres.
Pont de Tilsitt, 150 mètres sur 14 mètres.
Pont d'Ainay, 114 mètres sur 13 mètres.
Pont de la Mulatière, 175 mètres sur 11 mètres.

Saint-Jean. Cette forteresse fut ensuite transformée en prison d'État. Sous Charles IX, le terrible baron des Adrets, qui s'empara de Lyon, chassa le clergé et pilla les églises, y fut enfermé. Louis XII y fit emprisonner Louis Sforza, duc de Milan, ainsi que son frère le cardinal Ascagne; le duc de Nemours, Cinq-Mars et de Thou y furent également détenus. Ces deux derniers n'en sortirent que pour être conduits à l'échafaud, qui avait été dressé sur la place des Terreaux. Le peuple de Lyon, s'étant emparé de cette prison en 1792, en commença la démolition; il n'en reste aucun débris, et le rocher lui-même, sapé par la mine et exploité comme carrière de pierre, tend également à disparaître; à peine en reste-t-il quelques vestiges derrière les maisons du quai qui porte son nom.

Non loin de là s'élevait, il n'y a pas encore bien longtemps, dans un enfoncement du rocher taillé en forme de grotte, la statue de Jean Cléberger, surnommé l'*Homme de la Roche;* c'était une statue de taille gigantesque, que les Lyonnais avaient élevée par reconnaissance au Bon Allemand, qui de Nuremberg, sa patrie, était venu s'établir vers 1532 à Lyon, où il mourut en 1546, après avoir fait le plus noble usage de sa grande fortune. Il contribua, comme nous l'avons dit, à la construction du Palais Saint-Pierre, et chaque année il consacrait des sommes assez fortes à marier les pauvres filles du quartier du Bourg-Neuf. Il était représenté couvert d'une cuirasse, avec une hallebarde et tenant une bourse. A l'étranger qui demandait ce que signifiait cette statue, l'ouvrier, l'homme du peuple répondaient : « C'est le Bon Allemand qui marie les filles de Vaise et de Bourg-Neuf; il leur montre sa bourse pleine d'argent pour les doter. » La première statue était en bois; elle dut être souvent renouvelée au milieu des fêtes et des réjouissances; enfin, en 1849, elle a été remplacée par une statue de bronze, œuvre d'un jeune sculpteur lyonnais, M. Bonnaire.

Aujourd'hui plus respectée, la statue de l'Homme de la Roche fut autrefois exposée à l'espièglerie irréfléchie des enfants, qui lui jetaient des cailloux pour exercer leur adresse; cela donna lieu à un testament burlesque, que l'on trouve dans un petit livre du XVIe siècle, aujourd'hui assez rare, intitulé : *Formulaire fort récréatif de tous contrats, donations, testaments, codicilles,* etc.

Voici un passage de ce testament :

« Par devant, etc., etc., fut présent noble Fierabras le Furieux, seigneur de La Roche sous Thunes, lequel sage et bien advisé, considérant que le peu ou point d'espérance, tant s'en faut, qu'il se puisse asseurer d'une longue vie en la charge volontaire qu'il a prise pour la conservation de sa patrie, d'être sur pied jour et nuit, et en tout temps en sentinelle, la hallebarde au poing, exposé à tous vents et à toute autre injure du temps, craignant d'être prévenu de la mort, et pour autres bonnes considérations à ce le mouvant, de son bon gré et libre volonté, a donné, cédé, cède et remet par donation faicte à cause de mort et après son décez, et non plus tôt valable, à l'honorable homme Guillot le Songeur, son voisin et bon amy, présent et acceptant, toutes les pierres qui sont ruées audit donateur par les petits enfans, tant et si longuement qu'il se trouvera en sentinelle, et qui se trouveront à ses pieds ou près de luy, lors de sondit décez, pour en jouir et user par ledit le Songeur, les siens et ayans cause, en toute propriété, incontinent après la mort dudit donateur;...... lequel, entre ce, a donné, remis, cède et remet par la même donation que dessus, faite à cause de mort audit le Songeur, sa hallebarde et toute sa dépouille, dont aussi il ne pourra saisir et prendre par ses mains...... etc., etc., etc. »

Malgré le luxe de ses promenades, et quoique l'infranchissable barrière des deux fleuves ait mesuré bien parcimonieusement à la ville le terrain pour ses places publiques, grâce aux conquêtes de l'industrie sur les envahissements des fleuves et à la consolidation de la presqu'île de Perrache, Lyon a pu, comme Paris, se rajeunir et s'embellir depuis une vingtaine d'années. Deux squares, des jardins et des fontaines ont été construits, de nouvelles rues percées, entre autres la rue de Lyon, qui va de la place de la Comédie à la place Bellecour. Sur le quai de la Vitriolerie s'élève la nouvelle école de médecine; de nouveaux établissements ont été fondés.

Au nord, sur le versant de la Croix-Rousse, il existe un vaste jardin planté de beaux arbres, consacré en partie à l'étude de la botanique : c'est le *Jardin des Plantes* de Lyon. Il vient assainir de ses ombrages et égayer d'un peu de verdure un des quartiers les moins riches et les plus laborieux de la ville; ses pentes conduisent à la place Sathonay, illustrée par la statue de Jacquart, dont nous décrirons plus tard les bienfaisantes inventions. Plus bas encore, et au centre de la ville, est la place des Terreaux : c'est le vieux forum de la ville; à l'ouest et au nord, elle est encadrée par des constructions privées régulières; ses deux autres côtés sont bordés, comme nous l'avons dit ailleurs, par le Palais Saint-Pierre et l'Hôtel de ville. C'est sur la place des Terreaux que furent décapités Cinq-Mars et de Thou; elle a été depuis le théâtre d'aussi sanglantes tragédies, dont le récit appartient à des historiens moins limités que nous. Une rue nouvellement construite, et qui traverse la partie la plus peuplée de Lyon dans sa longueur du nord au sud, la rue Centrale, conduit de la place des Terreaux à la place Bellecour, en absorbant dans son parcours la place de la Préfecture et en laissant à droite la petite place des Célestins, célèbre parmi les indigènes par son théâtre, qui va être de nouveau reconstruit, et par ses cafés chantants.

La place Bellecour est très vaste; au milieu s'élève une statue équestre en bronze de Louis XIV, chef-d'œuvre de Lemot; elle est bornée à l'est et à l'ouest par des constructions grandioses et régulières; les promeneurs regrettent l'ombrage de vieux et beaux tilleuls dont les quinconces bordaient le côté méridional. La place Bellecourt sépare les anciens quartiers de Lyon des constructions plus modernes de Perrache, où semblent s'être groupés les derniers débris de l'aristocratie nobiliaire. Dans l'axe de la rue Saint-Dominique, prolongement préexistant de la rue Centrale, de l'autre côté de la place Bellecour, s'ouvre, dans la longueur du quartier Perrache, une rue nouvelle, la rue de la République. A son extrémité s'étend une place dont les appellations ont subi les mêmes vicissitudes que celles de la rue qui y aboutit; elle servit d'abord de marché aux chevaux; elle est bornée au sud par de magnifiques allées de platanes, qu'on pouvait prendre naguère encore pour les dernières limites de Lyon de ce côté; mais l'établissement des gares des chemins de fer n'a pas tardé à changer l'aspect un peu solitaire de ce quartier. Deux nouveaux ponts, qui traversent à cette hauteur le Rhône et la Saône, ont déjà amené dans le mouvement industriel et dans le chiffre de la population des progrès qui deviendront plus sensibles de jour en jour. L'intérieur de la presqu'île, jusqu'à sa pointe extrême, n'offre plus rien à signaler qu'un hippodrome, plus utile aux exercices de la garnison qu'aux luttes peu célèbres des chevaux lyonnais, et une nouvelle église consacrée à sainte Blandine.

Ile Barbe, près de Lyon.

Ile Barbe. — Outre ces promenades intérieures, les Lyonnais ont pour but habituel de leurs excursions l'*île Barbe*, au nord de Lyon, sur la Saône. Sur ce petit coin de terre, de 1,200 pas de longueur sur 300 de largeur, semblent s'être résumées toutes les splendeurs et toutes les tribulations de l'Église catholique de France. On s'appuie de son nom même, *insula Barbara*, pour établir l'authenticité de ses plus antiques légendes. C'était, dit-on, un petit désert couvert de bois touffus servant de retraite aux druides qui, chaque année, en sortaient aux fêtes solennelles pour aller chercher le gui sacré sur les chênes des forêts du Dauphiné. Ce serait dans cet asile que se serait retiré le Longin des saintes Écritures, emportant avec lui la coupe qui avait servi à la dernière cène de Notre-Seigneur. Ajoutons que tout ce récit est basé sur le souvenir d'une coupe précieuse qui figura, jusqu'en 1500, dans le trésor du monastère, et sur l'existence du tombeau d'un Longin, que nous verrons ne pas être celui-là. A côté de la légende, voici ce que raconte l'histoire : c'est au règne de l'empereur Septime-Sévère que remonte le premier défrichement de l'île Barbe.

Vers l'an 240 de notre ère, sous l'épiscopat de saint Just et de saint Irénée, à la suite des massacres qui décimèrent si cruellement la population chrétienne, deux fidèles, Étienne et Perregrin, vinrent se réfuger dans l'île pour échapper aux fureurs de la persécution ; leur vertu et leur piété émurent le cœur d'un seigneur du voisinage nommé Longinus, qui, quelques années après, lorsque la paix fut rendue aux chrétiens, construisit pour eux une cellule et une chapelle en leur donnant pour maître un saint homme nommé Dorothée. Tels furent les premiers fondements de ce monastère qui devint bientôt si puissant et si fameux. Les progrès furent rapides ; car, dès l'an 440, sous l'abbé saint Eucher, nous voyons que les évêques de Lyon confient en leur absence, aux moines de l'île Barbe, le soin de visiter le diocèse ; et le clergé de la ville, à la mort de ses pasteurs, a recours à leurs lumières pour l'administration des affaires religieuses. Leur réputation de sainteté attire auprès d'eux les pénitents des pays voisins ; saint Loup vient y renouveler les merveilles de la Thébaïde ; Charlemagne enfin, le grand empereur, édifié par les rapports de son ministre et ami Leydrade, envoie dans le monastère des moines du Mont-Cassin, fixe à 90 le nombre des religieux, les place sous la direction de Benoît d'Aniane et fait rédiger sous ses yeux la règle de la communauté. Quoique tant de gloire et de puissance se soient encore accrues depuis, nous sommes à l'apogée des véritables splendeurs de l'île Barbe. Ses deux patrons, saint André et saint Martin, sont, du Forez au Dauphiné, l'objet de la plus grande vénération ; les pèlerins affluent sur les bords de la Saône qui avoisinent l'île sainte ; la translation d'une relique leur suffit pour fonder Saint-Rambert, qui devient leur premier fief. Les donations se multiplient ; il n'est point de seigneur du voisinage qui ne croie devoir payer leurs prières au prix d'une fondation pieuse ou de l'abandon d'un domaine ; outre le monastère, avec demeure abbatiale bâtie à la pointe nord de l'île, il y a une église pour chacun des deux patrons.

C'est dans l'excès même de cette richesse et de cette puissance que les germes de décadence prendront leur source.

En 1261, les propriétés lointaines des moines leur suscitent de redoutables ennemis, et ils sont contraints de mettre sous la protection suspecte de Charles d'Anjou, comte de Provence, leurs biens situés aux diocèses de Gap, Embrun, Die et Sisteron. Bientôt l'ambition et la cupidité se glissent dans les cœurs avec la mollesse et les jouissances ; les cellules de l'île Barbe sont recherchées par les fils des plus nobles familles ; l'asile où vivaient à l'aise les 90 disciples de saint Eucher, depuis qu'il resplendit d'or et abonde de richesses, est devenu trop étroit ; en 1279, l'abbé Girin réduit leur nombre à 40 ; un siècle plus tard, il ne sera plus que de 34. Ajoutez le relâchement de la discipline produit par l'absence du supérieur, car il n'est plus de prince de sang royal ni de prince de l'Église qui ne soit heureux et fier d'ajouter à ses titres celui d'abbé de l'île Barbe ; en 1485, cette dignité est conférée, à titre commendataire, au cardinal de Bourbon, archevêque de Lyon. Enfin, la règle monastique de saint Benoît, toute relâchée qu'elle se soit faite, toute facile qu'elle soit devenue, est trop lourde encore pour des religieux que tant de liens rattachent au monde ; à la suite d'une longue négociation sous le pontificat de Jules III, la sécularisation est accordée et la bulle n'astreint plus les nouveaux chanoines qu'à un séjour de six mois au chapitre.

Les infortunés ne jouirent pas longtemps de cette liberté si désirée. La bulle est de 1551, et déjà à cette époque grondaient, non loin de la Saône, les orages de la Réforme. Maîtres de Lyon, les huguenots venus de Genève se ruèrent sur l'île Barbe ; tout y fut saccagé, pillé, détruit ; riches ornements, saintes reliques, tout disparut dans cette tourmente. On ne retrouva jamais depuis ni la coupe de Longin, ni le cornet d'ivoire que les seigneurs de Montd'Or venaient chaque année, le jour de l'Ascension, recevoir des mains de l'abbé pour le montrer au peuple, après en avoir pris *deux embouttées*, c'està-dire sonné deux fois. Ce que la fureur des religionnaires épargna devint la proie des paysans des environs, organisés en bandes de pillards. S'il faut en croire le Père Le Laboureur, chanoine de l'île Barbe, et dont le récit paraît sincère, la conduite des religieux n'eût été ni digne ni exempte de scandale, et dans son ouvrage intitulé : les *Mazures de l'Ile Barbe*, il cite des faits d'impiété et des abjurations, que nous aimons mieux révoquer en doute pour l'honneur du vieux monastère. Les chanoines, réfugiés pour la plupart à Montluel, sous la protection du duc de Savoie, ne se hasardèrent à revenir dans l'île que vers l'année 1615. Rien de plus touchant que les lamentations du vieux bénédictin sur l'état désolé dans lequel les Pères retrouvèrent leur ancienne demeure. Les autels renversés, les murs dépouillés des temples et de l'abbaye n'avaient plus de couvertures ; à défaut d'autre butin, les derniers venus avaient emporté les pierres dont ils croyaient pouvoir faire usage. Le chapitre ne se releva pas d'un si rude échec ; en 1620, on reconstruisit bien une chapelle à Notre-Dame, mais les chanoines restèrent éloignés d'un séjour où tout leur manquait. Les cérémonies du culte devinrent aussi simples et aussi humbles qu'elles avaient été splendides ; ce qui restait des revenus et des domaines d'autrefois devint l'apanage des abbés grands seigneurs, dont pas un ne chercha à relever les ruines de la pauvre abbaye oubliée. Notre naïf chroniqueur finit par un dernier regret donné à de grands noyers dont l'ombrage l'avait abrité dans des jours plus prospères, et qui furent abattus pendant l'hiver rigoureux de 1599. Les archives de la communauté constatent, jusqu'au milieu du xvii° siècle, une série de 88 abbés, tant cloîtrés que séculiers. Dans cette longue liste, les plus illustres familles du Lyonnais ont des représentants ; mais, depuis la fin du xvi° siècle, la fonction d'abbé ne fut plus qu'un titre honorifique et une source de gros revenus ; parmi les derniers, en 1609, figure Claude de Nerestang, nommé à l'âge de huit ans. Vers 1710, enfin, le sol ayant été déclaré malsain et inhabitable, l'abbaye fut réunie au grand chapitre et au séminaire de Lyon.

De nos jours, quelques chétives maisons de paysans, quelques logements d'artistes attirés par le pittoresque du site, une vieille chapelle, un château du xv° siècle et quelques restes romans ou gothiques, voilà tout ce qui a remplacé les magnificences du temps passé ; un double pont suspendu, destiné bien plutôt à la communication des deux rives de la Saône qu'au service de l'île, donne une fois l'an passage à la population de la ville et des campagnes environnantes, qui, comme dernier souvenir des anciennes traditions, a remplacé, par une *vogue* un peu mondaine, les pieux pèlerinages de ses pères.

Après l'île Barbe, les promenades extérieures les plus fréquentées par les Lyonnais sont les prairies au delà des Brotteaux, peuplées de cabarets et de guinguettes, théâtre ordinaire des exploits des joueurs de boule ; la grotte de la Balme, à 16 kilomètres en remontant le Rhône, et dont la description serait une usurpation sur les curiosités d'un département voisin ; le bois de Charbonnières, sur la gauche de la route de Tarare, avec un beau parc ; mais le public, attiré par la vertu des eaux minérales, y fréquente assidûment la belle promenade du bois de l'Étoile, dont les ombrages sont recherchés. Cependant tant que durera sa ville, c'est toujours du côté de Fourvières que le Lyonnais sera invinciblement attiré ; ce plateau, tout rempli des antiquités lyonnaises, ce *forum Veneris*, fut le berceau de sa patrie ; la foi s'éteindrait dans les riches églises, dans les somptueuses cathédrales, qu'elle vivrait éternelle entre les murs tapissés d'*ex-voto* de la petite chapelle de Notre-Dame de Fourvières ; c'est là, près du champ de repos où dorment ses pères, que va chercher un air pur et sain le pauvre tisseur courbé toute une semaine devant son métier ; c'est de là-haut qu'il voit sa ville, reconnaît sa maison et suit dans leurs cours ses fleuves bien-aimés ; c'est là aussi que nous voulons conduire notre lecteur en terminant pour qu'il embrasse d'un coup d'œil toutes les merveilles à travers lesquelles nous l'avons promené. Rien de plus magnifique que le panorama qui se déroule devant ses yeux : Lyon à ses pieds, la Saône depuis la Croix-Rousse jusqu'à sa jonction avec le Rhône, ses ponts de pierre, ses passerelles suspendues ; à gauche la Croix-Rousse, puis le Rhône depuis son entrée dans l'Ain jusqu'au delà de Givors, l'immense plaine du Dauphiné et les premières montagnes de l'Isère, couronnées par les cimes neigeuses des Alpes, que domine à l'est le mont Blanc. Quelque pénible que soit l'ascension à travers des escaliers sans fin, à travers des ruelles sombres, raides et fangeuses, c'est sur le plateau de Fourvières qu'il faut commencer et finir son étude de Lyon. Nous recommanderons surtout au voyageur artiste de ne pas s'en tenir à la vue classique de la terrasse qui borde la chapelle ; qu'il contourne le coteau, qu'il cherche et trouve les horizons à l'ouest, moins vastes sans doute, mais enserrés si pittoresquement dans les magnifiques montagnes du Forez et des Cévennes, et nous sommes sûr à l'avance qu'il ne regrettera ni son temps ni sa fatigue.

L'ART ET L'INDUSTRIE A LYON. — JACQUART. — Nous avons esquissé plus haut le caractère moral des habitants du département du Rhône ; il nous reste à compléter ces observations par un aperçu des arts et de l'industrie à Lyon et un rapprochement des anciennes mœurs avec le mouvement intellectuel de nos jours. L'histoire de Lyon, l'étude de ses monuments, tout constate la large part donnée à la culture des sciences, des lettres et des arts dans les habitudes de ses anciens habitants ; ce goût remonte jusqu'aux temps de la domination romaine, et nous en avons un témoignage dans la fondation de l'Athenæum. Le Lyonnais n'échappa point sans doute à cette nuit générale que l'invasion des barbares répandit pendant plusieurs siècles sur les nations conquises ; mais quand on se souvient que les monastères furent pendant cette sombre époque les seuls refuges où purent être conservés les trésors de l'art, de la science et les traditions de la civilisation antique ; lorsqu'on considère le nombre et la puissance des établissements religieux dans cette province, si on se rappelle surtout que l'ordre des bénédictins y possédait plusieurs couvents, on se rendra compte que nulle contrée ne fut mieux préparée au réveil des intelligences. La découverte de l'imprimerie fut accueillie à Lyon avec un très grand empressement. Il exste des éditions lyonnaises du Nouveau Testament et de la *Légende dorée* traduits en français, datées de la trente-sixième année de la merveilleuse invention de Gutenberg. La librairie devint une branche de commerce très importante à Lyon ; la rue Mercière, où elle avait son siège principal, est restée jusqu'à nos jours un centre de grandes affaires ; la maison Périsse frères est encore aujourd'hui la maison la plus importante de France pour la librairie religieuse. Parmi les noms de ces éditeurs savants qui, pendant près de trois siècles, contribuèrent à maintenir l'éclat et la renommée de la librairie lyonnaise, contentons-nous de citer Barthélemy Buyer, Josse Badiusis et son maître ; Jean Treschel, ses descendants, Robert Étienne et Vascosan ; le malheureux Dolet, brûlé comme athée ; Sébastien Gryphius et de nos jours l'habile imprimeur Louis Perrin, dont le nom est si avantageusement connu des bibliophiles. C'est à Lyon que Gerson fit imprimer son magnifique livre, l'*Imitation de Jésus-Christ*. Et ce n'est pas seulement toute la France méridionale que les imprimeurs lyonnais approvisionnaient de leurs produits, l'Italie elle-même fut longtemps leur tributaire. Sans vouloir faire remonter l'origine de l'Académie lyonnaise jusqu'à la fondation de l'Athenæum, il est certain qu'elle précéda la formation de la plupart des sociétés savantes de France. Sous Louis XI elle n'avait déjà plus besoin d'encouragement, puisque ce monarque lui retira le droit de conférer des grades pour fortifier de ce privilège l'université de Bourges. La science est la mère des arts ; celui qui laisse des souvenirs plus durables, l'architecture, nous a légué de nombreux témoignages de l'état florissant où ils se sont maintenus. N'oublions pas que c'est Lyon qui fournit à Louis XIV ses plus habiles architectes, ses plus fameux sculpteurs pour bâtir et décorer ses palais. On le voit donc, l'art lyonnais a ses titres de noblesse. A-t-il failli depuis à ses glorieuses traditions ? A-t-il victorieusement disputé le terrain aux envahissements de l'industrie ? C'est une question délicate, et dans laquelle une opinion personnelle, quelque consciencieuse qu'elle soit, ne peut être acceptée comme un arrêt définitif.

En appréciant le côté moral du caractère lyonnais, nous avons eu occasion de louer la sagesse, la modération, la mesure qui en sont le signe distinctif. Là, plus qu'ailleurs, la domination de la raison sur l'intelligence est souveraine, et le devoir est la règle des actions. Ce qui est vertu dans l'ordre moral est presque devenu un défaut dans son application à la littérature et aux arts ; un fait à signaler, c'est que, dans cette longue liste de savants qui ont illustré les annales de Lyon, nous n'avons trouvé le nom d'aucun poète de premier ordre ; cette folle du logis, l'imagination, n'a jamais eu qu'une place étroite au foyer lyonnais ; aussi quand les transformations sociales des temps modernes sont venues imposer à la raison et à la conscience, comme loi unique, le travail qui enrichit ou qui fait vivre, le génie local a accepté sans protestation retentissante cette nouvelle direction vers l'utile imposée aux efforts de l'esprit humain. Lyon est resté étranger à ce grand mouvement de régénération artistique et littéraire qui a signalé l'aurore du xixe siècle en Allemagne, en Angleterre et en France, comme un défi jeté par la fantaisie spiritualiste aux menaces du positivisme industriel ; des conquêtes de notre temps, Lyon a accepté surtout les progrès dans la chimie, la chirurgie et la mécanique ; on y a conservé sans doute un goût éclairé pour l'architecture et la musique, mais la musique n'y est goûtée que comme un délassement après les affaires, et le monument le plus apprécié est celui dont l'utilité est le mieux comprise ou dont le produit doit être le plus considérable ; quant à la peinture, à quelques rares exceptions près, elle s'est spécialisée dans son application aux besoins de l'industrie de la soie ; il suffit d'avoir suivi pendant quelques années les expositions de l'école de peinture du Palais Saint-Pierre pour comprendre à quel point le sentiment du dessin et de la couleur est inné dans la population lyonnaise ; recherchez ensuite les traces de ces jeunes talents dont vous avez admiré les débuts, vous les trouverez enfouis dans le cabinet d'un fabricant, usant trente années de leur existence et la sève de leur génie à changer de place les couleurs de l'arc-en-ciel, torturant la tige d'une rose pour l'encadrer dans les dimensions d'un dessin de fabrique, ou refaisant sous un ciel brumeux, à la lueur d'une lampe fumeuse, les éternels caprices d'un cachemire éclos sous le soleil de l'Inde. Oui, ce règne trop exclusif de la raison, cette prosaïque préoccupation du lendemain ont mis à Lyon l'art aux pieds de l'industrie ; c'est pour cela qu'avant de raconter l'origine de cette industrie, ses succès, ses triomphes, peut-être n'était-il pas hors de propos, ne fût-ce que pour tempérer notre admiration, de laisser entrevoir une partie de ce que cette gloire et ces richesses ont coûté.

La fabrication des étoffes de soie à Lyon ne date que de François Ier. La transmission de cet art dans nos contrées occidentales peut se raconter en quelques lignes ; il est incontestablement originaire de la Chine ; selon quelques étymologistes, *Chine* veut dire pays de la soie. Les Perses dérobèrent les premiers leurs secrets aux Chinois. Alexandre les transmit à la Grèce au retour de ses expéditions lointaines, puis ils arrivèrent aux Romains quand la Grèce devint une province de l'empire. Cet art, toutefois, semble avoir eu beaucoup de peine à s'acclimater ; ses progrès étaient lents. En 555, nous voyons Justinien envoyer en Chine deux moines chargés d'étudier les procédés employés dans ce pays pour élever les vers, en tirer la soie et l'employer. Il fallait que les étoffes fussent encore, vers cette époque, fort rares et d'un bien haut prix, puisque Vopiscus raconte que l'empereur Aurélien refusa à l'impératrice, sa femme, une robe de soie comme coûtant trop cher. L'industrie eut peu de loisir pour s'asseoir et se perfectionner pendant les siècles qui suivirent l'invasion des barbares. Sur le point qui nous occupe, comme sur beaucoup d'autres, une longue lacune existe dans l'histoire ; nous ne retrouvons plus qu'en 1130 la trace d'établissements fondés à Palerme par Roger, roi de Sicile, pour la fabrication des étoffes de soie. De Sicile, cette industrie pénètre en Italie. Enfin, en 1470, Louis XI fait venir des ouvriers de Grèce, de Gênes, Venise et Florence, et il fonde à Tours des fabriques dont la prospérité a duré jusqu'à la fin du siècle dernier. Cette version est contestée par les Avignonnais, qui réclament le droit d'aînesse pour l'industrie d'Avignon, plus effacée, plus oubliée encore que celle de Tours. Selon eux, dès 1268, lorsque le Comtat Venaissin fut donné au pape, la fabrication de la soie aurait été importée à Avignon à la suite des légats. Quelque incertitude qui puisse régner sur la date, il est certain qu'Avignon fut avec Tours la première ville où se centralisa la fabrication des étoffes de soie ; mais cette richesse devait bientôt lui échapper ; des impôts mis à la sortie sur les étoffes fabriquées entravèrent les opérations commerciales. Des ouvriers mécontents, auxquels se joignirent quelques Italiens, transportèrent à Lyon leur industrie ; plus tard, une peste qui éclata à Avignon chassa le plus grand nombre des fabricants qui y étaient restés ; une partie se fixa à Nîmes, les autres vinrent grossir à Lyon les rangs de la précédente émigration. C'est de François Ier à Henri IV que s'assoit et se consolide l'industrie lyonnaise ; ce dernier prince accorde des lettres de noblesse à quatre fabricants, témoignage authentique de l'importance qu'avaient déjà prise leurs travaux. Malgré les discordes civiles et les guerres de religion, le succès va grandissant jusqu'à la révocation de l'édit de Nantes. Cette persécution jette le trouble dans l'industrie lyonnaise, non seulement à cause des bras et des capitaux qu'elle lui enlève, mais par le fait des redoutables concurrences qu'elle lui crée à l'étranger. La Suisse, la Hollande, le Brandebourg voient aussitôt s'élever des fabriques rivales de Lyon ; ce sont ses procédés, sa propre industrie que Lyon va retrouver désormais sur les marchés étrangers. Son génie triompha de cette crise, son art la sauva. Il est une chose que les proscrits n'avaient pu emporter en quittant la France, c'est le goût français ; cette arme, Lyon s'en servit si victorieusement que bientôt la Hollande dut se restreindre à la production du velours, l'Allemagne et la Suisse au tissage des étoffes unies. Le règne de Louis XV est sans contredit la grande époque de la fabrique lyonnaise ; nous en attestons l'empressement des dessinateurs à se procurer les moindres lambeaux des merveilleux damas de cette époque. Le sentiment du danger avait conseillé au commerce de Lyon une audace qu'il eut bien rarement depuis : le spéculateur avait lâché la bride à l'artiste. La supériorité de Lyon fut alors si généralement reconnue et acceptée, sa prospérité fut si bien assise que le lendemain de la Révolution nous la retrouvons aussi florissante que jamais. Les résultats de cette période sont d'autant plus essentiels à constater que, dans celle qui a suivi, Lyon semble avoir souvent cherché dans d'autres systèmes les éléments de ses succès. Depuis soixante ans, le chiffre des métiers a plus que doublé dans l'intérieur de la ville où il s'est élevé de dix-huit à cinquante mille, et ce dernier chiffre serait doublé lui-même si nous y ajoutions les métiers répartis dans les campagnes environnantes ; la production française de la soie ne suffit pas à la fabrication ; Lyon en achète pour vingt millions à l'étranger, et livre à la consommation intérieure et à l'exportation pour cent millions de ses tissus. Certes Lyon peut s'enorgueillir de pareils succès, et nous ne voudrions en contester ni la réalité ni l'importance; mais, en industrie, il y a le progrès relatif à côté du progrès réel; dans cette lutte acharnée de la concurrence, ce n'est pas tout de vaincre aujourd'hui, il faut s'assurer la victoire de demain; ce n'est pas tout de monter, il faut encore ne pas laisser s'amoindrir la distance qui nous sépare de ceux qui cherchent à nous atteindre. Les progrès du luxe suffisent à expliquer des accroissements plus prodigieux encore que ceux de la fabrication lyonnaise. Reportons-nous à ce qu'étaient naguère Saint-Quentin, Roubaix, Saint-Étienne; comparons leur ancien état avec leur prospérité actuelle; et les progrès de Lyon nous éblouiront moins. Puis, pour compléter la comparaison, suivons dans ses essais incessants et obstinés l'Angleterre cherchant à naturaliser à Londres même une industrie qu'elle n'avait point encore osé aborder; signalons les tentatives moins heureuses, il est vrai, de ces Saxons du nouveau monde que les obstacles irritent, mais ne lassent jamais; apprécions à sa valeur cette concurrence déjà redoutable que font à Lyon, sur certains articles, Berne, Zurich et Bâle; songeons enfin qu'à quelques lieues de nos frontières, dans la Prusse rhénane, la fabrication de la soie a fait d'Elberfeld, bourg presque inconnu il y a cinquante ans, une ville qui compte aujourd'hui près de cinquante mille habitants; demandons-nous maintenant, si, malgré sa production triplée, la suprématie de Lyon sur les fabriques rivales est aussi assurée qu'elle l'était, il y a cinquante ans; et cependant, durant ces cinquante années, que de découvertes dans la mécanique et la chimie! quel empressement de la part des Lyonnais à les appliquer à leur industrie! que d'ingénieuses combinaisons pour diminuer les frais de production! Mais si toutes ces forces nouvelles consolidaient la prospérité lyonnaise n'étaient-elles point autant de ressources créées aussi pour le développement des industries rivales? Quelle est l'invention moderne dont les bénéfices ne se partagent pas aujourd'hui entre toutes les nations civilisées, tandis que l'art tient profondément aux entrailles du sol, et reste le privilège exclusif et durable des contrées où il a poussé ses racines? Or, à nos yeux, la question industrielle est ici trop étroitement liée à la question artistique pour que nous

n'ayons pas cru devoir signaler, avant qu'ils aient encore rien de sérieusement inquiétant, les premiers symptômes d'un abaissement dans le niveau général des arts à Lyon. Ces réflexions nous aideront à comprendre le caractère et l'influence d'un homme illustre dont il nous reste à parler, de Jacquart, dont les travaux résument l'histoire contemporaine de l'industrie lyonnaise, de même que les agitations de sa vie résument les misères, les vertus, la résignation et le courage de cette population au milieu de laquelle il est né.

Jacquart reçut le jour le 7 juillet 1752, d'un père ouvrier en soie brochée et d'une mère liseuse de dessins; on ne pouvait être plus que lui enfant de la fabrique lyonnaise. Ses premiers regards se portèrent sur les barres et les fils d'un métier, ses premières réflexions se dirigèrent sans doute sur l'existence misérable des enfants employés alors à tirer les lacs, et peut-être trouverait-on dans ces impressions premières le germe des pensées qui se développèrent plus tard dans son intelligence. Est-ce au spectacle de ces misères, qu'il devait soulager un jour, qu'il faut attribuer sa répugnance pour l'état paternel? Il apprit le métier de relieur, entra ensuite chez un fondeur, puis fut employé dans le Bugey à l'exploitation d'une carrière à plâtre. Aucune de ces professions n'avait pu l'attacher. Il était revenu à Lyon, poussé par la misère sans doute; il s'y était marié, et tout en se résignant à se courber sur le métier comme son père, il ne renonçait pas à l'espoir de le perfectionner : il avait, dès 1790, inventé un modèle qu'il voulait substituer aux métiers à la Maugis et à la Falconne.

Mais comment produire sa découverte? Le temps n'était pas, d'ailleurs, aux luttes pacifiques de l'industrie il s'agissait de bien autres guerres. La réquisition vint s'emparer de Jacquart; il fut incorporé dans le bataillon de Rhône-et-Loire et partit avec son jeune fils : celui-ci, blessé mortellement, expira dans les bras de son père qui put quitter le service et rentrer à Lyon.

Il y trouva sa femme dans un grenier, tressant de la paille pour les chapeaux, et il dut d'abord partager ses travaux pour subvenir aux besoins du ménage. Dès que ses épargnes le lui permettent, il revient à l'œuvre qu'il a été forcé d'interrompre, il l'achève et peut la présenter à l'exposition industrielle de 1801. Une médaille de bronze lui fut accordée *pour invention d'un métier supprimant, dans la fabrication des étoffes brochées, le tireur de lacs*. Il obtint, le 23 décembre de la même année, un brevet pour sa découverte. Malgré la sanction que ces récompenses donnaient au mérite du nouveau métier, l'esprit de routine en arrêtait la propagation, et Jacquart en était arrivé à douter de la réalisation de ses espérances, lorsqu'à la paix d'Amiens, les communications étant rétablies avec l'Angleterre, il apprend qu'un prix est offert par le gouvernement britannique pour la solution d'un problème cherché dans la fabrication des filets de pêche. Son génie inventif s'éveille et le problème est résolu. Une indiscrétion répand à Paris le bruit de cette nouvelle découverte : le mécanicien lyonnais est mandé dans la capitale; il y est accueilli par Carnot, qui obtient pour lui un emploi au Conservatoire des arts et métiers.

Jacquart était désormais à l'abri du besoin, son avenir était assuré, s'il n'était pas dans la destinée des inventeurs de triompher ou de souffrir plus encore dans leurs découvertes que dans leur personne. Ce qu'il fallait à Jacquart, par-dessus tout, c'était l'acceptation de son idée et l'adoption de son métier par ses compatriotes. En 1804, il échangea sa position paisible au Conservatoire contre une pension de 3,000 francs, avec mission de revenir à Lyon propager sa découverte. C'était rentrer dans l'arène et chercher de nouveaux combats ; l'ignorance, la routine et l'envie se liguèrent contre les efforts de sa propagande : on l'accusait de supprimer une partie des bras employés dans la fabrique et d'enlever leurs moyens d'existence à beaucoup de ceux qui vivaient de ce travail. Le peuple des faubourgs s'ameuta et sa vie fut en danger. Cette persécution fit autant pour sa renommée qu'avaient fait les récompenses du gouvernement. L'attention de l'étranger fut attirée vers ce génie obstiné et méconnu. Les offres les plus séduisantes lui furent prodiguées, son patriotisme les refusa ; il y répondit en abandonnant les privilèges de son brevet contre un droit fixe de 50 francs qu'il se réservait la faculté de percevoir sur chaque métier monté d'après son système. Tant de persévérance et une si noble abnégation devaient enfin lasser ses adversaires; de 1809 à 1812 il eut le bonheur de voir son idée comprise et appliquée par plusieurs des fabricants notables de la ville. Ce succès tant désiré ne fit qu'augmenter son ardeur à simplifier et perfectionner sa machine; un métier, résultat de ses dernières études, fut présenté par lui à l'exposition de 1819 et lui mérita la médaille d'or et la croix d'honneur. Voici en quels termes s'exprimait le rapporteur du jury central : « Les machines qu'on employait autrefois étaient compliquées, chargées de cordages et de pédales; plusieurs individus étaient nécessaires pour les mettre en mouvement, ils appartenaient au sexe le plus faible et souvent à l'âge le plus tendre; ces ouvrières, qu'on désignait sous le nom de *tireuses de lacs*, étaient obligées de conserver, pendant des journées entières, des attitudes forcées qui déformaient leurs membres et abrégeaient leur vie ; à cet appareil imparfait et compliqué, Jacquart a substitué une machine simple, au moyen de laquelle on exécute les tissus façonnés sans avoir besoin du ministère des tireuses de lacs, et avec autant de facilité que si l'ouvrier fabriquait une toile unie ; on doit ainsi à cet artiste ingénieux d'avoir, en perfectionnant les moyens d'exécution, affranchi la population ouvrière d'un travail dont les suites étaient si déplorables »

Le temps était venu pour Jacquart de jouir de sa gloire et du fruit de ses travaux : il se retira dans une modeste propriété à Oullins, où il vécut jusqu'à l'âge de quatre-vingt-deux ans. Il y mourut le 7 août 1834, entouré de la vénération générale, et, ce qui fut surtout doux à son cœur, béni par cette population ouvrière qui, après les avoir si longtemps méconnus, appréciait enfin les bienfaits de sa découverte.

La ville de Lyon reconnaissante lui a fait élever, sur la place Sathonay, une statue, œuvre de Foyatier, dont l'inauguration a eu lieu le 16 août 1840.

De nouveaux et nombreux perfectionnements ont été apportés à l'œuvre de Jacquart, mais ses successeurs n'ont fait que suivre la voie qu'il leur avait ouverte. Aujourd'hui son système a prévalu universellement, non seulement à Lyon, mais partout où l'on fabrique des tissus de soie ; c'est donc à juste titre que Lyon environne de tant d'amour le souvenir de son glorieux mécanicien ; mais, en nous associant à des hommages si bien mérités, joignons-y nos vœux pour la reconnaissance et l'encouragement de l'art lyonnais, trop négligé, trop oublié de nos jours.

COMMERCE DE LYON. — « Lyon, dit M. P.-F. Bainier, est tout à la fois un vaste entrepôt commercial et un immense atelier. Son commerce s'applique, comme celui de Paris, à toutes les denrées alimentaires, à tous les objets de consommation; mais les articles les plus importants de son marché sont : les soieries, la passementerie, les machines et mécaniques, les ouvrages en fonte, les bronzes, l'orfèvrerie, les meubles, les cuirs, les huiles de colza et de noix, les liqueurs, la bière, les produits chimiques, etc. Lyon est donc une ville d'industrie et de commerce. Le commerce de transit et de commission est très considérable à Lyon. Ce qui rend la fabrique de Lyon supérieure, c'est l'incomparable beauté des couleurs préparées par les teintureries lyonnaises, c'est l'habileté des tisseurs et le goût exquis des dessinateurs. Lyon possède des imprimeries sur étoffes et des teintureries renommées, des tanneries, des scieries mécaniques, des fonderies de fer et de cuivre, et des brasseries qui fournissent d'excellente bière aux départements du Midi et à l'Algérie. La Croix-Rousse est le siège de l'industrie de la soie. Les Brotteaux, le siège de l'industrie nouvelle et de ses usines. La draperie et la toilerie sont représentées à Lyon par des maisons de premier ordre. Lyon est l'entrepôt des charbons de la Loire, des charbons de bois de la Bourgogne, des cotons qu'elle tire de Marseille, et qu'elle livre aux manufactures de Tarare et de Villefranche. Les fromages du Dauphiné, de la Bourgogne, du Lyonnais, de la Franche-Comté, les marrons de l'Ardèche et de la Loire, les vins et les spiritueux y sont également l'objet de transactions importantes. La Bourse de Lyon ne le cède qu'à celle de Paris, et ses foires et marchés sont très suivis (1). »

GARES DE CHEMINS DE FER. — Pour répondre à son immense mouvement d'importation et d'exportation, Lyon, outre son transit fluvial et celui des routes nationales qui y aboutissent, est encore favorisé par ses chemins de fer, qui sont desservis par cinq gares. Les gares de Vaise, de Perrache, de Saint-Paul desservent la ligne de Paris à Lyon et celles qui s'y rattachent; elles mettent Lyon en communication avec la Bourgogne, le centre, l'ouest et le nord de la France.

La gare de Perrache met, en outre, Lyon en communication avec tout le Midi, avec Avignon, Marseille, Toulon, Nice, d'une part; avec Nîmes, Montpellier, Toulouse et Bordeaux, d'autre part.

(1) La Géographie appliquée à la marine, au commerce, à l'industrie, par P.-F. Bainier.

La gare des Brotteaux met Lyon en communication avec le Dauphiné, Genève et la Suisse.

La gare de Sathonay met Lyon en communication avec les Dombes, Bourg, Lons-le-Saunier, Besançon, c'est-à-dire avec l'est et le nord de la France.

Près de cette dernière est le débarcadère d'un singulier chemin de fer, connu des Lyonnais sous le nom de *Chemin de fer de la Ficelle*. Il n'a guère plus de 600 mètres de longueur et conduit par une pente très rapide, qui n'a pas moins de 16 centimètres par mètre, du quai jusqu'aux hauteurs de la Croix-Rousse. Les wagons y sont remorqués à l'aide d'une machine fixe et de cordages en fer, et le mouvement se trouve réglé de telle façon, que, quand un convoi descend, l'autre monte.

Les principaux hommes célèbres nés à Lyon sont : Germanicus, Claude, Marc-Aurèle, Caracalla et Géta; Sidoine-Apollinaire, saint Ambroise le Grand; les fameux architectes Philibert Delorme, Perrache, Rondelet; les sculpteurs Coustou, Coysevox, Chinard, Lemot; Boissieu, dont les gravures ont tant de réputation; les peintres Stella, Vivien, Revoil, Richard, Orsel; le grand agronome Rosier; les naturalistes Bernard et Adrien de Jussieu, La Tourette, Morel; les historiens Paradin, Champier, Colonia; le jésuite Ménestrier, auteur d'un traité estimé sur le blason et de recherches historiques et fameux de son temps par sa mémoire prodigieuse; les littérateurs Scarron, Brossette, Morellet, Philipon de La Madelaine, Lemontey, Ballanche, Jal; l'économiste Jean-Baptiste Say; le conventionnel Vitet; le célèbre marin Fleurieu; les mécaniciens Jambon, Thomé, Jacquart; le voyageur Spon; le maréchal Suchet; les généraux Duphot, Servon, Lapoype; le député Camille Jordan, le physicien Ampère, le baron de Gérando, le peintre Revoil, le peintre Hippolyte Flandrin, le comédien Perlet, etc. Mentionnons encore la Belle Cordière, Louise Labbé, la Ninon lyonnaise du XVIe siècle, célèbre par sa beauté, son génie poétique et ses galanteries; Mme Récamier; Jules Favre, avocat célèbre et homme politique; enfin, le bibliophile Jean Groslier, contemporain de François Ier; il eut, dès les premiers temps de l'imprimerie, l'une des plus riches bibliothèques, et, désireux de faire profiter ses livres à la science, il les prêtait aux gens de lettres, justifiant l'inscription placée sur la reliure de chacun d'eux : *Grollierii et amicorum*.

Place Bellecourt, à Lyon.

Les armes de Lyon sont : *de gueules, au lion d'argent, tenant de sa patte dextre un glaive de même ; au chef d'azur, chargé de trois fleurs de lis d'or, et pour devise :* ALIUM HÆC MONSTRAT AMOREM. Un sceau de la ville qui date de 1271 porte : une ville et un pont au milieu duquel se trouve une croix, chargée à l'intersection de ses branches d'un cercle dans lequel est renfermée une fleur de lis.

VILLEURBANNE. — Villeurbanne, chef-lieu de canton situé à 6 kilomètres à l'est de Lyon, n'est à proprement parler qu'un faubourg du quartier des Brotteaux. C'est un grand centre industriel de 9,033 habitants, où il y a de nombreuses fabriques, des filatures, des blanchisseries, etc.

Aux environs se trouvent : l'hippodrome, le champ de manœuvre et le quartier de Montplaisir avec ses villas, ses promenades et ses fabriques de pâtes alimentaires.

LIMONEST. — Limonest, chef-lieu de canton de 1,212 habitants, situé à 9 kilomètres au nord-ouest de Lyon, fait un certain commerce des fromages connus des gourmets sous le nom de *fromages du mont d'Or*.

C'est de Limonest que l'on part pour faire l'ascension du mont d'Or lyonnais ; le sommet principal, le mont Verdun, atteint une altitude de 625 mètres.

On y jouit d'une vue admirable sur les vallées de la Saône et du Rhône, le Beaujolais, la Bresse, le Bugey, les montagnes du Dauphiné à l'est et celles du Forez ainsi que la vallée de l'Azergues à l'ouest.

Les autres sommets, le mont Houx, 612 mètres, et le mont Ceindre, 467 mètres, quoique moins élevés, offrent aussi de beaux points de vue. Ce dernier est couronné par un ermitage qui date de 1341 et par une chapelle qui, chaque année, est encore l'objet de pieux pèlerinages.

ÉCULLY. — Écully, dans le canton de Limonest, et à 5 kilomètres à l'ouest de Lyon, station de la ligne du chemin de fer de Lyon à Montbrison, est un gros bourg de 3,387 habitants occupé par des usines, des fabriques et des guinguettes ; il est situé dans une position avantageuse, sur un coteau qui domine Vaise, Lyon, le Rhône et la Saône. Il y a des ateliers pour le matériel des chemins de fer, de belles pépinières et une fontaine incrustante. On y a élevé une église dans le style roman, qui est d'un bon effet. Écully possède une pension pour l'instruction secondaire.

SAINT-CYR-AU-MONT-D'OR. — Saint-Cyr-au-Mont-d'Or, dans le canton et à 4 kilomètres au sud-est de Limonest, à 9 kilomètres au nord de Lyon, est une commune de 1,716 habitants, située au pied même du mont Ceindre ; il s'y fait un grand commerce des fromages de chèvre dits du mont d'Or. Le village est dominé par une belle église de récente construction. Les archevêques de Lyon y avaient un château dont il ne reste qu'une tour.

SAINT-RAMBERT.—L'ÎLE BARBE.—L'île Barbe, dont nous avons parlé page 41, dépend de la commune de Saint-Rambert, station du chemin de fer de Dijon. Elle est située sur la Saône, à 6 kilomètres de Lyon et dans le canton de Limonest. Cette commune, qui compte 1,698 habitants, possède une belle fabrique de soie, dite de la Sauvagère ; une église moderne, l'une des plus jolies des environs de Lyon, et le petit collège du lycée de Lyon. C'est un lieu de promenade très fréquenté par la population ouvrière.

ALBIGNY. — Albigny, village de 898 habitants, sur la Saône, dans le canton de Neuville, à 16 kilomètres au nord de Lyon, a peu d'importance par lui-même, mais il s'y rattache des souvenirs historiques auxquels on croit qu'il doit son nom. Albin, compétiteur de Sévère à l'empire, livra bataille à son rival dans les environs de Lyon, qui s'était déclaré en sa faveur, et fut vaincu en ce lieu. Aujourd'hui encore on voit, dans les environs de ce village, les traces d'un camp retranché, et l'on trouve des armes, des débris d'armures et des médaillons de cette époque. Albigny eut, au moyen âge, le titre de baronnie ; il possède aujourd'hui le dépôt de mendicité départemental.

GIVORS. — Givors (*Givorsium*), station des lignes de chemin de fer de Lyon à Roanne par Saint-Étienne et de Lyon à Alais, chef-lieu de canton, sur la rive droite du Rhône, à l'embouchure du Gier, à la jonction du canal de Givors. Sa population est de 11,910 habitants. Le canal et le chemin de fer donnent beaucoup de vie et d'activité à cette ville. Le bassin qui termine le canal à Givors est sans cesse rempli de bateaux pleins de houille et de bâtiments qui apportent les produits de l'industrie de Saint-Étienne. Des hauts fourneaux, des verreries et des teintureries renommées occupent aussi la population de Givors. L'aspect général de la ville est régulier et fort agréable.

CONDRIEU. — Condrieu (*Conderates, Condrevium, Condriacum*), chef-lieu de canton de 2,542 habitants, station de la ligne de Lyon à Alais et Nîmes (station des Roches), situé sur la rive droite du Rhône et au pied des dernières pentes du mont Mounet, et à 44 kilomètres au sud de Lyon, devrait, si l'on s'en rapporte aux étymologistes, son nom de *Condrieu* ou *Coin de Rieux* à sa situation à la jonction de trois ruisseaux. Cette ville se divise en trois parties bien distinctes : le Port, la Ville, la Maladrerie ; elle est fort ancienne, et quelques historiens la font remonter à trois cents ans avant notre ère. Ce qui est plus certain, c'est qu'à la fin du XIIe siècle Raymond de Forez, archevêque de Lyon, la fit fortifier et entourer de murailles ; ce fut un malheur pour elle, car cela lui procura le triste honneur d'être plusieurs fois assiégée, prise, reprise et saccagée. Aujourd'hui, de ces anciennes fortifications, il ne reste qu'une tour du château qui s'élève encore sur le coteau qui domine la ville. Les habitants se livrent à la batellerie, à l'industrie (fabriques d'étoffes et de broderie), et surtout au commerce des excellents vins blancs dits de Condrieu que l'on récolte sur son territoire et dans les environs.

Les vins de Condrieu étaient, comme ceux de la côte du Rhône, déjà connus du temps des Romains, ainsi que l'attestent plusieurs passages de Pline, de Columelle et les vers suivants de Martial :

Hæc de vitifera venisse picata Vienna
Ne dubites, misit Romulus ipse mihi.

Maître Adam, le menuisier poète de Nevers, l'a chanté, Chapelle et Bachaumont le vantent également. Ce vignoble se compose de 35 hectares, dont 22 de première classe et 13 de seconde. Les vignobles de la Lot et du Chéry sont ses principaux crus. Condrieu a vu naître le vainqueur de Denain, le maréchal de Villars, et cet esprit aimable et fin, qui tint pendant un demi-siècle le sceptre de la critique théâtrale à Paris, Jules Janin.

Les armes de Condrieu sont : *de gueules, au griffon d'or, affronté à un lion d'argent couronné d'or*. On les trouve encore : *de sable à un chevron d'argent, chargé d'une billette de sable*.

Le village *des Roches*, où se trouve la station du chemin de fer, doit son nom à sa position sur les rochers du Rhône. Son territoire produit d'excellents vins.

AMPUIS. — Ampuis, station de la ligne du chemin de fer de Lyon à Alais, sur la rive droite du Rhône, à 34 kilomètres au sud de Lyon et à 5 au nord de Condrieu, son chef-lieu de canton, est peuplé de 1,847 habitants. Son territoire est remarquable par sa fertilité ; il est formé des sédiments du Rhône ; ses fruits et surtout ses melons et ses abricots sont très renommés sur le marché de Lyon, mais ce qui fait la fortune de ce joli pays, ce sont les vins excellents que l'on récolte sur son territoire. Un rocher qui s'élevait au nord de cette commune a été transformé par les habitants industrieux en une colline assez élevée pour protéger les produits de leur sol contre les vents qui soufflent de ce côté. La vigne a prospéré depuis ce temps, et donne ces délicieux vins de *côte-rôtie*, *brune* et *blonde*, célèbres par leur qualité spiritueuse, leur finesse et leur agréable parfum.

Le vignoble de Côte-Rôtie comprend 38 hectares, 26 de première classe et 12 de seconde ; les premiers crus sont : la Brune, la Blonde, la Turque, la Grande-Vigne, la Grosse-Roche, la Grande-Plantée, la Claperanne et la Poyette ; ils vont tous de pair. Le vin de Côte-Rôtie possède à un haut degré le feu qui caractérise les vins de la côte du Rhône, aussi est-il très capiteux ; il a de plus que beaucoup d'entre eux une grande finesse et un bouquet très agréable. Les principaux débouchés des vins de Côte-Rôtie sont : Tain, Tournon, Saint-Peray et Valence.

On trouve dans les environs d'Ampuis les restes d'un *castrum*, de nombreuses ruines romaines, etc. A l'est du bourg, sur les bords du Rhône, est l'ancien château qui a appartenu à la famille de Maugiron ; on y parvient par une belle avenue de marronniers.

L'ARBRESLE. — L'Arbresle (*Arborevilla*, *Arborella*, *Arbrella*), chef-lieu de canton, station de la ligne de Lyon à Roanne, à 26 kilomètres au nord-ouest de Lyon, est une petite ville de 3,326 habitants que se disputent leurs deux industries ; on y rencontre encore le tambour sur lequel les femmes brodent les mousselines et on entend déjà le cliquetis des métiers à tisser la soie ; une fabrique de peluches s'y est fondée et paraît devoir s'y acclimater ; toutefois la fertilité du sol et la variété des cultures y assurent pour longtemps encore la prépondérance à l'agriculture sur l'industrie. L'Arbresle est un point central auquel viennent aboutir plusieurs vallées riches en pâturages ; les céréales sont cultivées sur les plateaux et l'abaissement du sol permet à la vigne de mûrir sur les pentes exposées au levant et au midi. La Tardine, petite rivière qui arrose la ville, a un cours très irrégulier ; on garde encore la mémoire d'un de ses débordements, qui, du 14 au 15 septembre 1715, submergea la ville presque entièrement, entraîna le pont, renversa un nombre considérable de maisons et coûta la vie à plusieurs personnes. L'Arbresle avait autrefois un château fort bâti, dit-on, par les moines de Savigny ; on en voit encore quelques ruines qui consistent en deux tours et les murs d'enceinte. L'église paroissiale, qui date de la fin du xve siècle, possède de fort beaux vitraux.

Les armes de L'Arbresle sont : *de gueules*, alias : *d'azur, à un arbre de sinople aux racines d'or, accosté de deux ailes d'argent*.

CHARBONNIÈRES. — Charbonnières (*Carbonariæ*), station de la ligne du chemin de fer de Lyon à Montbrison, doit son nom à d'anciennes charbonnières qui autrefois alimentaient Lyon. C'est une commune de 710 habitants, située dans le canton de Vaugneray, à 7 kilomètres à l'ouest de Lyon, près de la Besse, affluent de l'Yzeron, dans une situation pittoresque, au milieu d'un vallon environné de bois et de rochers. On y voit un beau château dont le parc renferme une source d'eau minérale sulfo-ferrugineuse, renommée pour la guérison des maladies de la peau. Cette eau est claire, limpide, d'un goût légèrement ferrugineux et répandant une odeur d'hydrogène sulfuré. Cette source est très fréquentée pendant la belle saison par les habitants de Lyon et des environs.

SAINT-SYMPHORIEN-SUR-COISE. — Saint-Symphorien-sur-Coise est le chef-lieu du canton qui termine le département vers l'ouest. Située à 43 kilomètres de Lyon, sur un mamelon au pied duquel serpente la Coise, cette petite ville dépendait autrefois du Forez; elle avait un château et des remparts conservés intacts dans certaines parties; son église n'a de remarquable que sa position, mais de son portail tourné vers l'ouest la vue est magnifique; on découvre un horizon vaste et varié, borné par les montagnes de l'Auvergne et les Cévennes. Le canton de Saint-Symphorien-sur-Coise est exclusivement agricole; la ville compte 1,936 habitants. On l'appelait autrefois *Saint-Saphorien*, et, pendant la Révolution, en 1793, elle reçut momentanément le nom de *Chausse-Armée*, à cause des nombreuses fabriques de souliers qui s'y trouvent.

SAINT-GENIS-LAVAL. — Saint-Genis-Laval, au sud de Lyon, à une distance de 8 kilomètres, est le chef-lieu d'un riche canton qui comprend la banlieue méridionale de la ville; la population en est de 2,942 habitants. On y voit quelques tanneries et d'importantes fabriques de papier peint, d'indiennes et d'étoffes de soie. A quelques kilomètres à l'ouest de Saint-Genis, dans la vallée de Chaponost, on peut encore admirer les restes des aqueducs qui conduisaient l'eau des montagnes à la ville romaine. L'aspect monumental de ces ruines, le charme qu'elles prêtent à un paysage déjà très pittoresque par lui-même, en font le but d'une des plus intéressantes excursions de l'étranger.

BRIGNAIS. — Brignais (*Prisciniacum*), petite ville de 2,076 habitants, dans le canton de Saint-Genis-Laval, à 13 kilomètres au sud-ouest de Lyon, est célèbre par la victoire des *grandes compagnies* des *Malandrins* et *Tard-Venus* sur les seigneurs et chevaliers commandés par deux sires de Bourbon. A la faveur des désordres de la fin du règne de Jean le Bon, les vilains et gens de la campagne, puis beaucoup de brigands et quelques troupes de soldats maraudeurs se joignant à eux par amour du pillage, avaient pris le nom de *Grande Compagnie* et ravageaient tout le royaume. En 1631, après le traité de Brétigny, le roi Jean chargea son cousin Jacques de Bourbon, comte de La Marche, de réprimer ces brigandages. Jacques réunit autour de lui toute la noblesse d'Auvergne, du Limousin, de Savoie et de Dauphiné, puis s'avança vers les vilains; ceux-ci se mirent en défense dans un poste avantageux; ils se retranchèrent sur une colline au-dessus de Brignais et ne laissèrent paraître qu'une partie de leur armée. Le sire de Bourbon, trompé par cette ruse, engagea imprudemment le combat, malgré les conseils d'un ancien chef des compagnies qu'il avait à sa solde, Arnaud de Cervoles, dit l'Archiprêtre. Surpris et entouré de toutes parts par les réserves de l'ennemi, Jacques combattait avec le plus grand courage. « Il y eut par le combat grand frappeis de part et d'autre, mais les gens du roi eurent du pire; le jeune comte de Forez, neveu de Jacques de Bourbon, fut occis; le comte d'Uzès, un Chalon et un Beaujeu tombèrent aux mains des compagnons avec plus de cent chevaliers. Le comte de La Marche et Pierre de Bourbon, son fils, furent si fort navrés qu'ils moururent à Lyon de leurs blessures; toute l'armée fut déroutée, ainsi se fit le combat (6 avril). »

Cette petite ville est agréablement située à l'extrémité d'une plaine fertile et sur le ruisseau du Garon; on y voit de belles maisons de campagne. Elle fait un commerce important de bestiaux.

OULLINS — Oullins (*Auliana*), station des lignes de chemins de fer de Lyon à Alais et de Lyon à Roanne, situé à 6 kilomètres au sud de Lyon et dans le canton de Saint-Genis-Laval, n'est à proprement parler qu'une prolongation des faubourgs de Lyon; la route qui y conduit est bordée de nombreuses maisons de campagne; plusieurs établissements de charité de Lyon y ont des succursales; les négociants de la ville y ont établi de nombreux métiers : la fabrication du laiton et du fil de cuivre est depuis longtemps une industrie spéciale du pays. L'administration y a placé, dans les bâtiments d'un ancien couvent qui relevait de l'abbaye d'Ainay, une prison pénitentiaire ravagée en 1848 et dont les métiers ont été brûlés par les ouvriers de la Croix-Rousse, qui se plaignaient de la concurrence faite au travail libre par le travail des communautés et des prisons. La population d'Oullins est de 5,674 habitants. Oullins possède un collège ecclésiastique dit de Saint-Thomas-d'Aquin, une colonie pénitentiaire dite le Refuge-de-Saint-Joseph et deux châteaux. On remarque dans le cimetière paroissial un monument élevé à Jacquart; il porte l'inscription suivante :

A LA MÉMOIRE
DE
JOSEPH-MARIE JACQUART
MÉCANICIEN CÉLÈBRE, HOMME DE BIEN ET
DE GÉNIE, MORT A OULLINS DANS
SA MAISON LE VII AOUT
MDCCCXXXIV
AU SEIN DES CONSOLATIONS RELIGIEUSES

Bully. — Bully, canton de L'Arbresle, est une commune de 1,740 habitants, située sur une colline dominant la Tardine, à 32 kilomètres au nord-ouest de Lyon. C'était autrefois une seigneurie, et il y avait un château dont il reste une haute tour. Aujourd'hui, on y trouve des tanneries, et dans ses environs on exploite la houille et surtout un beau marbre isabelle.

Neuville. — Neuville-sur-Saône, station du chemin de fer de Paris à Lyon et à Marseille par la Bourgogne, à 17 kilomètres au nord de cette dernière ville, chef-lieu de canton et peuplée de 3,414 habitants, est une petite ville agréablement située sur la rive gauche de la Saône. Ce n'était, à l'origine, qu'un pauvre village nommé Vimy (*Vimiacum*), lorsque des accroissements heureux et successifs lui permirent de prendre le nom de Neuville. C'était la capitale d'un district qui dépendait des biens monastiques de l'île Barbe et que l'on appelait le *Franc-Lyonnais*, parce que ce district était exempt de toute taille ou impôt. Le Franc-Lyonnais, situé aux portes de Lyon, conserva ses franchises jusqu'à la Révolution. Un des bienfaiteurs de Neuville fut Camille de Neuville de Villeroi, archevêque de Lyon, en 1653; ce prélat établit dans la petite ville des moulins à grains, à dévider et à filer la soie, des usines et des fabriques de toute espèce; c'est à lui que Neuville doit son église paroissiale et la fontaine qui décore sa place publique. Il s'était fait bâtir un vaste et magnifique château seigneurial dont le P. Bussières a fait une belle description moitié en prose, moitié en vers; ces derniers ont survécu au château qui a été détruit par la bande noire.

Neuville possède un établissement d'eaux minérales ferrugineuses, des manufactures de ratine et de coton filé, de foulards imprimés, des blanchisseries de toile, des moulins à soie; ses marchés aux grains et aux bestiaux sont fort suivis. Un beau pont suspendu la met en communication avec la rive droite de la Saône. La plaine qui s'étend au nord-est de cette ville, auprès du domaine de Mont-Triblueux (*Mons Terribilis*), a été le théâtre de la grande bataille qui se livra entre Septime-Sévère et son compétiteur Albin, et où fut décidé le sort de l'empire romain. Des vestiges d'armures, de nombreux ossements humains et des médailles romaines de cette époque en témoignent encore aujourd'hui.

Sainte-Foy. — Sainte-Foy-lès-Lyon, commune de 5,118 habitants, dans le canton de Saint-Genis-Laval et à 4 kilomètres au nord de Lyon, s'élève sur la colline escarpée qui domine le confluent du Rhône et de la Saône; elle est très industrieuse et possède des hauts fourneaux, des laminoirs, des fabriques de papier peint et d'étoffes de soie; son église date de la fin du xive siècle et le clocher est plus ancien encore, car il appartient à l'époque romane.

Lorsque la vue est libre et qu'elle n'est pas gênée par les murs et les constructions, on jouit de Sainte-Foy d'un panorama magnifique. « Le spectateur placé sur le coteau de Sainte-Foy domine, en effet, de toutes parts les contrées environnantes où sa vue s'étend au loin. Les diverses chaînes des Alpes ne paraissent, dans cet immense espace, que comme des collines ou des aiguilles placées à différentes distances, qui se confondent souvent avec les nuages. Au nord, on découvre le mont d'Or, formé des trois pyramides du mont Ceindre, du mont Houx et du mont Verdun; à l'ouest, les montagnes du Lyonnais et du Forez; au sud, le mont Pilat, terminé en forme de coupole, presque toujours couvert de neige; à l'est, la grande chaîne des Alpes, couronnée par le mont Blanc. Sur un plan moins éloigné, l'œil plonge sur un vaste bassin entrecoupé d'une innombrable quantité de maisons de campagne, de châteaux, de villages dispersés, les uns sur des collines, les autres dans des prairies, sur les bords de la Saône et du Rhône. On distingue le cours de ce fleuve depuis Montluel. En se rapprochant de Lyon, on voit tous les grands édifices qui couronnent les deux collines de Fourvières et de Saint-Sébastien et une partie de la ville; à l'ouest sont les montagnes du Lyonnais.

Près du spectateur sont les communes d'Oullins, de Saint-Genis-Laval, Irigny; plus loin, Millery, Brignais, Orliénas, etc., dont on distingue les collines, les bois et les riches vignobles. A l'est, la vue se prolonge jusqu'aux Alpes; dans les beaux jours d'été et d'automne, lorsque l'atmosphère est épurée de vapeurs, le mont Blanc apparaît sous la forme d'un dôme immense qui, vers la fin du jour, réfléchit les teintes rosées du soleil couchant. » (Girault de Saint-Fargeau.)

VILLEFRANCHE-SUR-SAONE (lat. 45° 59′ 21″, long. 2° 22′ 56″ E.).—Villefranche (*Villafranca*), station de la ligne de Paris à Lyon et à Marseille par la Bourgogne, chef-lieu d'arrondissement, à 27 kilomètres au nord-nord-ouest de Lyon, dans une plaine, sur le Morgon, à 2 kilomètres de la rive droite de la Saône, compte 12,485 habitants.

Vers le milieu du XIIe siècle s'élevait dans le Beaujolais, entre les petites villes de *Lunna* (Belleville) et *Ansa Paulini* (Anse), une tour seigneuriale autour de laquelle le sire de Beaujolais voulut attirer des habitants pour en faire une ville. Il déclara libres tous ceux qui s'établiraient en ce lieu et ne seraient pas réclamés dans le cours d'une année. Les demeures s'élevèrent rapidement et la nouvelle ville prit le nom de *Villafranca*, Villefranche. Ce fait de la création spontanée d'une ville à la faveur de quelques privilèges n'était pas rare à cette époque du moyen âge; on n'a qu'à jeter les yeux sur une carte détaillée de la France, il s'y trouve plus de quinze villes plus ou moins importantes qui, créées de la sorte, ont retenu de leur origine ce même nom de Villefranche.

Les seigneurs de Beaujolais respectèrent les privilèges de la nouvelle cité et les augmentèrent même; Villefranche avait été fondée par Humbert III le Jeune; un siècle plus tard, Antoine constitua sa municipalité, telle qu'elle s'est conservée jusqu'à la fin du XVIIe siècle; elle se composa de quatre consuls, renouvelés chaque année par moitié, et à l'élection desquels concouraient tous les citoyens. Ces consuls ou échevins avaient le privilège d'assembler la commune et de délibérer sans l'autorisation du seigneur ni de ses gens. Le successeur d'Antoine, Édouard II, donna à la ville un code complet contenant les immunités et privilèges. Le 22 décembre 1376, ses officiers s'assemblèrent avec les bourgeois principaux dans une auberge, à l'enseigne du *Mouton*, et rédigèrent ces coutumes qu'ils firent ensuite approuver par Édouard, sous ce titre : *Libertas et franchesia Villefrancha hæc est talis*. Au nombre des privilèges, parfois bizarres, que contient ce recueil, il en est un plus singulier que tous les autres et qui donne une idée des mœurs au XIVe siècle : il était permis aux maris de battre leurs femmes jusqu'au sang, à la condition que les contusions n'entraînassent pas la mort. Un autre article porte qu'aucun débiteur ne peut être arrêté, quelle que soit sa dette, dans les foires et marchés. Édouard II mit bientôt à l'épreuve la reconnaissance des bourgeois de Villefranche; dans sa guerre avec le comte de Bresse, ils l'aidèrent si bien d'hommes et d'argent qu'ils lui permirent de reprendre l'avantage, de battre son adversaire et de s'assurer la tranquille possession de ses domaines; mais, dans une circonstance où Édouard refusa de leur accorder la franchise d'un péage auquel ils prétendaient avoir droit, ils ne cédèrent rien de leur privilège et poursuivirent leur seigneur jusque devant le parlement de Paris.

Les ducs de Bourbon, succédant à la branche directe des sires de Beaujolais, firent de Villefranche la capitale de leur seigneurie, et ce titre de capitale fut confirmé par leurs successeurs. En 1532, le gouvernement royal y installa les administrations judiciaires de la province. La prospérité de Villefranche alla croissant jusqu'à l'époque des guerres de religion; mais, en 1562, le baron des Adrets, maître de Lyon, envoya vers la capitale du Beaujolais un corps de calvinistes; vainement les magistrats municipaux ouvrirent les portes et établirent une convention, leur ville fut pillée pendant cinq jours et les huguenots y laissèrent la peste en se retirant. Comme Lyon, Villefranche se jeta avec ardeur dans le parti de la Ligue, et elle se soumit, la même année (1594), à Henri IV. A cette époque, la prospérité revint avec le calme; le goût des lettres se développa dans cette petite ville; elle eut une Académie qui n'a pas été sans mérite.

Villefranche a un tribunal de première instance, un tribunal de commerce, un collège communal, des hôpitaux. Une légende se rattache à la fondation de son église actuelle, Notre-Dame-du-Marais, dans le XIIIe siècle. Des bergers d'un couvent de cordeliers conduisaient leurs troupeaux dans un lieu marécageux, voisin du couvent, virent les bêtes qu'ils chassaient devant eux s'agenouiller et demeurer prosternées sans qu'on pût les faire se relever. Étonnés de cette singularité, ils s'en vinrent trouver les frères; ceux-ci, étant venus, virent une statue de la Vierge parmi les roseaux; ils l'emportèrent avec respect et la placèrent dans leur église; mais voilà que le lendemain la Vierge ne s'y trouva plus, elle était retournée dans ses marais. Touchés de ce prodige, ils pensèrent que la volonté divine était qu'elle restât en ce lieu, et ils y élevèrent l'église qui est assez bien conservée et dont on admire le portail, riche encore de ses vieilles sculptures. Nous avons vu ailleurs que Guichard IV, revenant de Constantinople, fonda à Villefranche un couvent de franciscains; les maisons de tous les ordres se multiplièrent dans la ville au point, qu'en 1789 elle était l'une de celles en France où l'on comptait le plus de religieux.

L'aspect de la ville est assez agréable; c'est une longue rue assez bien bâtie, où se tiennent des marchés considérables pour le chanvre, toiles de chanvre et coton, lin, coton filé, merceries et bestiaux. Le commerce des cuirs y est assez important.

Le jésuite Bussières, poète et historien; J.-B. Morin, médecin et astrologue; Roland, deux fois ministre de l'intérieur pendant la Révolution, sont nés à Villefranche.

Les armes de cette ville sont : *de gueules, à la tour d'argent maçonnée de sable*. On les trouve encore : *de gueules, à une tour crénelée d'argent, tenant à une muraille de même, au chef d'azur, chargé de trois fleurs de lis d'or*.

Anse. — Anse (*Ansa villa, Ansa Paulini*), station de la ligne du chemin de fer de Paris à Lyon et à Marseille par la Bourgogne, est une jolie ville de près de 2,055 habitants, chef-lieu de canton, à 5 kilomètres de Villefranche, à 30 de Lyon, près de la Saône. *De Villefranche à Anse*, dit un vieux dicton, *meilleur lieu de France*; là abondent, en effet, les arbres fruitiers, les riches vignobles, les plantes potagères. Anse fut, dit-on, construit par Auguste, qui lui donna ce nom en souvenir d'*Antium*, la petite ville voisine de Rome; plus tard, la bourgade élevée par Auguste a pris le nom d'*Ansa Paulini*. L'église de Saint-Romain, qui fut construite dans un temps très reculé, hors des murs de la ville, et qui a été détruite avant la Révolution, avait vu six conciles de l'année 1025 à l'année 1299. Des fouilles, pratiquées en 1826 dans cette ville, ont fait découvrir un grand nombre de tombeaux, de débris de colonnes, de statues, de vases et quelques inscriptions funéraires. Les débris du palais d'Auguste ont servi à la construction d'une chapelle, transformée aujourd'hui en magasin. L'église paroissiale, qui a été récemment reconstruite dans le style du xve siècle et dans laquelle on admire de beaux vitraux, est surmontée d'une belle flèche octogonale flanquée de clochetons. L'ancien château, dont une des tours sert de prison, est occupé par la gendarmerie.

Il se tient à Anse des marchés importants et des foires très fréquentées. Dans les environs, on exploite de belles carrières qui ont fourni, dit-on, les pierres de la cathédrale de Lyon.

Beaujeu. — Beaujeu (*Belli Jocus, Bellijocum*), station de la petite ligne de chemin de fer de Belleville à Beaujeu, chef-lieu de canton, à 22 kilomètres au nord-nord-ouest de Villefranche, au pied d'une montagne, compte 3,880 habitants.

La maison de Beaujeu et son château remontent, comme nous l'avons vu, aux premiers temps de la féodalité, sous la deuxième race; mais une autre tradition rapporte qu'un cadet de Flandre, chargé par Charles le Simple de réprimer les brigandages du cruel Gannelon, le fit périr et éleva non loin de sa forteresse un château qui, des goûts guerriers de son propriétaire, a pris le nom de *Belli Jocus* (jeu de guerre). On prétend encore que ce lieu porta d'abord, et jusqu'au xie siècle, le nom de *Pierre-Aigue*, parce que le château était construit sur un roc élevé, et celui de *Beaujeu* ne lui vint qu'à cette époque de la fière devise de ses seigneurs : *A tout venant beau jeu*. Quelle que soit l'origine de ce lieu, nous savons qu'il gagna beaucoup en importance sous ses premiers seigneurs, et devint, pendant 300 ans, la capitale de l'une des quatre grandes baronnies de France. La ville même fut construite sur l'emplacement desséché d'un étang qui avoisinait le château; le fils du sire de Beaujeu, poursuivant un cerf, était tombé avec son cheval dans les eaux où il s'était noyé, et il était impossible de retrouver son corps; son père dessécha l'étang, et fit vœu de bâtir une église à l'endroit où serait resté le cadavre de son fils. Autour de l'église, les maisons s'élevèrent et la ville fut de la sorte fondée. L'histoire de la ville de Beaujeu est tout entière dans celle de ses comtes, que nous avons retracée plus haut; ajoutons que l'antique forteresse fut détruite, en 1611, par ordre de M. d'Harlincourt, gouverneur du Lyonnais.

L'importance historique de la contrée à laquelle

la ville de Beaujeu a donné son nom, pourrait faire illusion à qui chercherait, dans son état actuel, les vestiges ou l'aspect d'une capitale. Nous avons vu ailleurs par combien de bouleversements la province lyonnaise tout entière avait été renouvelée depuis la conquête romaine jusqu'aux crises révolutionnaires contemporaines, à travers les invasions de barbares, les guerres de religion et les guerres civiles; ce qui subsiste aujourd'hui ne doit la prolongation de sa durée qu'à des restaurations successives et à des travaux d'entretien dirigés par un intérêt public ou privé. Beaujeu, depuis plusieurs siècles, est resté en dehors de ces conditions; forteresse aux temps de la guerre des barons du Beaujolais contre les comtes du Forez, elle était, pour ses possesseurs, un séjour peu séduisant. Un vieil auteur, en l'appelant *noble ville*, a grand soin d'ajouter que l'épithète ne doit s'entendre que de l'imposante solidité de ses remparts. Paulin de Lumina, à propos des diverses étymologies du nom de Beaujeu, s'exprime ainsi : « La sagacité des antiquaires est demeurée en défaut sur l'étymologie du nom de Beaujeu, parce que le château est fort laid, ainsi que la ville qui est au-dessous, et tous les alentours de la partie des montagnes où ils sont situés. » Chaque alliance, chaque fusion de la famille de Beaujeu avec les maisons du Forez ou du Mâconnais, fut un prétexte d'émigration et d'absentéisme, comme on dirait dans le langage de nos jours. La fondation de Villefranche, en 1159, vint augmenter encore l'isolement où les sires de Beaujeu laissaient leur vieux manoir; ils étaient attirés vers les rives de la Saône autant par la douceur du climat et les riants aspects de la vallée, que par le besoin d'assurer leur domination sur ces plaines vastes et fertiles : c'est donc encore aux dépens de Beaujeu que la nouvelle ville prit ce rapide et notable accroissement que nous avons signalé dans notre notice sur Villefranche. En 1532, le bailliage de Beaujeu fut réuni à celui de Villefranche; et dès l'époque où la seigneurie de Beaujolais est absorbée dans le domaine royal, par l'alliance avec la maison de Bourbon, le vieux château, abandonné dès longtemps, tombe en ruine sans que nous voyions, jusqu'en 1789, trace d'aucun effort pour le relever ou le restaurer. La Révolution acheva l'œuvre du temps; en compensation, la division de la propriété, l'accroissement des resssources, les progrès de la culture ont procuré une certaine aisance dans la contrée, malgré l'incertitude de résultats attachée à la culture de la vigne, et l'insuffisance des débouchés pour certains produits qui ne sont pas appréciés, hors du pays, à leur juste valeur; mais ce bien-être, quelle qu'en soit la mesure, ne se trahit pas, comme à Belleville et à Villefranche, par la propreté et la coquette élégance des habitations; et sur les vieilles rues, dont l'alignement n'a point été rectifié, sur leurs bâtiments sombres ou délabrés, on croit voir encore planer l'ombre du château féodal.

On a longtemps célébré à Beaujeu la fête des Chevaliers de Beaujeu. Les jeunes gens habiles au tir de l'arbalète se réunissaient dans cette ville de tous les endroits voisins, et le vainqueur des jeux était, en grande cérémonie, proclamé roi de la fête, et il choisissait une jeune fille pour partager avec lui pendant un an les honneurs de sa royauté.

Beaujeu a des marchés pour les toiles et le bétail, et on y fabrique du papier et des étoffes de coton. Les vins de Beaujolais sont estimés : on cite, entre autres, ceux de Chenas, Fleurie, Thorins, Blacé, La Chassagne.

Les armes de la ville sont : *d'or, au lion de sable avec cette devise :* A TOUT VENANT BEAUJEU! On les trouve encore : *d'or, à un chevron de gueules, chargé d'une macle d'or.*

AVENAS (LES). — Les Avenas sont une commune de très peu d'importance, qui n'a pas une population de 300 habitants; elle est située à 26 kilomètres de Villefranche. Tout l'intérêt qui s'y rattache est dû à des découvertes archéologiques. La route de Lyon à Autun passait, du temps des Romains, par cette bourgade; une partie de la voie subsiste encore, et, sur le coteau qui domine Les Avenas, on voit les ruines d'un antique monastère des premiers temps du christianisme. En 1612, on a découvert un bas-relief qui est du temps de Louis XI ou, selon d'autres, de celui de Louis le Débonnaire; il représente un roi, la couronne en tête, fléchissant le genou devant un religieux, et lui présentant une chapelle; à un autre endroit de ce bas-relief est représentée l'Annonciation de la Vierge, et Jésus au milieu des douze apôtres.

CHENELETTE. — Chenelette, à 32 kilomètres de Villefranche, est un bourg peuplé par 674 habitants.

Sur une montagne qui s'élève au bourg de Chenelette était construit un château, comme son nom même Tourveon (ou *Torvayon*) l'indique. Les sei-

Gare de Perrache, à Lyon.

gneurs de ce manoir s'étaient, de père en fils, déclarés hostiles aux rois de France. Enfermés dans leur donjon impénétrable, ils bravaient la colère de leurs ennemis, et, s'ils descendaient dans la plaine, c'était pour faire aux comtes une guerre acharnée et ravager tout le pays d'alentour. On les appelait les sires de Gannelon, et bien souvent ils avaient bravé et insulté la majesté et la justice royale ; quelquefois ils avaient été punis, mais la race de ces seigneurs se perpétuait, et de siècle en siècle les Gannelon étaient le génie malfaisant de la contrée. Louis le Débonnaire avait marché contre le sire, il l'avait battu, et, plein de reconnaissance, il avait élevé, disait la tradition, l'église des Avenas ; mais, sous Charles le Simple, Gannelon reparut. Un cadet de Flandre le prit, détruisit son château et éleva la tour de Beaujeu : Gannelon reparut encore, il traversa l'époque féodale, plus fort et plus tyran que les autres seigneurs. Au temps de Louis XI, il voulut traiter d'égal à égal avec le roi. — « Quel est-il donc le château de ce seigneur qui me brave ? » dit le roi de France. — « Sire, il est tel que toute la paille de votre royaume n'en remplirait pas les fossés. » Le roi, cependant, fit la guerre au seigneur, le prit, le fit périr d'un cruel supplice, et depuis ce temps on n'en a plus entendu parler dans le pays. Peut-être est-ce parce qu'à cette époque une transformation se fit dans le langage, et qu'on cessa de dire *enganner*, *ingannare*, *ganneler*, pour tromper, être traître : comme plusieurs des personnages héroïques de la Grèce, le Gannelon de la tradition lyonnaise a résumé les gestes et la vie de ceux qui acquirent la même illustration que lui dans la contrée.

TARARE. — Tarare (*Tararia*), importante station de la ligne du chemin de fer de Paris à Lyon par le Bourbonnais, est situé au point culminant de la chaîne qui sépare la vallée de la Loire du bassin de la Saône, dans une gorge très resserrée au pied d'une des plus hautes montagnes de cette chaîne, qui porte aussi le nom de Tarare. Ce bourg, fort peu important autrefois, était une halte obligée dans le trajet, si pénible et si dangereux même alors, de Lyon à Roanne à travers des contrées montueuses; l'aspect du petit bourg a bien changé : une industrie fort importante, celle de la mousseline, y a établi son siège, ainsi que la fabrication des peluches, soieries, etc. C'est aujourd'hui une ville pleine d'activité, fort riche et dont l'influence s'étend dans un rayon de plusieurs lieues; la broderie des étoffes fabriquées à Tarare était devenue une occupation productive pour les paysannes des environs. Tarare compte un certain nombre d'établissements importants, tissages, blanchisseries et apprêts; depuis quelques années, l'industrie de cette ville a fait d'immenses progrès, et, grâce à elle, la France, pour ses mousselines d'ameublement surtout, lutte sur les marchés étrangers avec la Suisse et l'Angleterre dont elle était naguère tributaire pour sa propre consommation. Tarare compte 14,383 habitants et est à une distance de 44 kilomètres au nord-ouest de Lyon. Les montagnes voisines renferment des mines de plomb, dont quelques-unes argentifères qui ont été exploitées, et successivement abandonnées en 1748, en 1813 et 1819; une carrière de marbre; de la houille et du porphyre gris.

BELLEVILLE. — Belleville (*Bella villa*), station des lignes des chemins de fer de Paris à Lyon et Marseille par le Bourbonnais et de Belleville à Beaujeu, occupe l'emplacement d'une ancienne ville romaine nommée *Lunna*, station intermédiaire entre Anse et Mâcon. Elle est située à 1 kilomètre de la Saône, et sur la rive droite de ce fleuve, dans une charmante position. C'était autrefois une des places importantes du Beaujolais; une abbaye y avait été fondée vers le XII° siècle et son église renfermait les tombeaux de plusieurs sires de Beaujeu : ce monument est à peu près tout ce qui lui reste des splendeurs de ce temps; mais la fertilité du sol n'a pas laissé le pays sans compensations : les ruines féodales ont été remplacées par des habitations modernes où respire l'aisance; les rues sont larges, les maisons bien construites et proprement tenues; l'église seule, quoique dépouillée à l'intérieur de ses richesses et de ses ornements d'autrefois, rappelle encore une autre époque par l'importance de ses dimensions, la hardiesse de sa nef et quelques rares débris de ses anciennes sculptures. La population de Belleville est de 3,364 habitants; sa distance de Villefranche est de 14 kilomètres.

Les armes de la ville sont : *d'azur, à une salamandre d'argent au milieu de flammes de gueules*, avec cette devise : DURABO.

MONSOLS. — Monsols est une agglomération de plusieurs hameaux formant un chef-lieu de canton de 1,540 habitants, situé à 32 kilomètres au nord-ouest de Villefranche et au pied des trois montagnes de Chonay, du Monné et de Saint-Rigaud; on y fabrique surtout de grosses toiles.

La montagne de Saint-Rigaud, située à l'ouest de Monsols, a 1,012 mètres d'altitude; elle doit son nom à un ancien monastère de l'ordre de Cluny, dont il ne reste aujourd'hui aucune trace. On y voit encore une fontaine qui, au temps jadis, jouissait d'une grande réputation et était le but de fréquents pèlerinages; elle avait, disait-on, la vertu de mettre un terme à la stérilité des femmes.

Aujourd'hui, Monsols offre à la curiosité du voyageur un énorme châtaignier qui n'a pas moins de 17 mètres de circonférence et dont l'intérieur, qui est creux, peut recevoir une quinzaine de personnes à table.

CHENAS. — Chenas, en redescendant vers la vallée de la Saône, à 23 kilomètres au nord de Villefranche, n'est citée que pour ses vins, qui sont renommés entre tous ceux du Beaujolais.

BOIS-D'OINGT. — Bois-d'Oingt, à 14 kilomètres au nord-ouest de Villefranche, est peuplé par 1,432 habitants; il est situé dans la montagne qui domine la plaine d'Anse. Ce versant oriental de la petite chaîne du Beaujolais est planté de châtaigniers dont les fruits ont, sous le nom de *marrons de Lyon*, une réputation un peu usurpée; les négociants qui spéculent sur cette denrée tirent du Luc, dans le Var, leurs marchandises les plus estimées.

CHESSY. — Chessy, à 15 kilomètres de Villefranche, est remarquable par ses mines, quoique bien déchues aujourd'hui de leur ancienne réputation. On montrait dans le trésor de Saint-Denis, avant la Révolution, une coupe d'or donnée par les comtes du Lyonnais et dont le métal provenait des mines de Chessy. Depuis longtemps on a renoncé à l'extraction de l'or, trop rare pour compenser les frais. Près du château de Baronnat, on a trouvé le cuivre plus abondant, mais pas assez toutefois pour que l'exploitation en offrît de grands avantages ; les travaux d'excavation avaient amené la découverte dans le voisinage d'une source d'eau minérale qui a été délaissée, ses vertus étant bien inférieures à celles des eaux de Charbonnières et de Saint-Galmier.

CHATILLON. — Châtillon-d'Azergues (*Castellio*), bourg de 1,206 habitants et ancienne baronnie, à 15 kilomètres de Villefranche, est situé dans l'étroite vallée de l'Azergues, petite rivière qui, descendant des sommets les plus élevés du Beaujolais, traverse cette contrée dans toute sa longueur du nord-ouest au sud-est. L'entrée de la vallée, fort importante autrefois, était défendue par un château qui a résisté en partie aux outrages du temps et aux ravages des guerres et des révolutions. Quelques laboureurs étaient venus chercher un abri au pied de ses remparts et y fondèrent le bourg de Châtillon, dont la position pittoresque mérite encore aujourd'hui l'attention du voyageur ; l'histoire du château de Châtillon-d'Azergues est mêlée aux vicissitudes de l'histoire de la province : il passa de la domination des sires de Beaujeu sous celle des comtes de Lyon, dont il relevait dans les années qui précédèrent la Révolution.

AMPLEPUIS. — Amplepuis, chef-lieu de canton, sur un affluent du Rhins, station de la ligne du chemin de fer de Paris à Lyon par le Bourbonnais, et située au pied d'une colline, à 45 kilomètres à l'ouest de Villefranche, est une petite ville peuplée par 6,915 habitants.

Amplepuis est une localité tout industrielle : on y fabrique des toiles de coton et de fil, des mousselines, des calicots, des articles dits du Beaujolais. Cette fabrication n'est pas restreinte à la commune seule ; elle s'étend dans les communes avoisinantes, telles que Thizy, Cours, Mardore et Cublize, et Amplepuis est le centre du marché de ces objets fabriqués. Elle a des filatures hydrauliques et des blanchisseries de toile. Cette petite ville possède un hospice et un conseil de prud'hommes ; ses foires et ses marchés sont très fréquentés.

LA MURE. — La Mure, chef-lieu de canton, est une commune de 1,086 habitants, située à 32 kilomètres au nord-ouest de Villefranche, sur l'Azergues ; comme Amplepuis, comme Thizy, Cours, Cublize, c'est un centre de fabrication de toiles, de mousselines, de coutils blancs et rayés, de soieries qui s'étend sur tout le canton.

Cette fabrication est d'ailleurs l'occupation principale des cantons situés dans les montagnes du Beaujolais, qu'il s'agisse de communes importantes, des humbles villages ou des maisons isolées dans la montagne.

Il y a à La Mure des blanchisseries de toiles et des scieries hydrauliques.

POULE. — Poule, canton de La Mure et à 32 kilomètres au nord-ouest de Villefranche, est une commune de 1,861 habitants, située dans la montagne, non loin des sources de l'Azergues. On voit sur son territoire une mine de plomb argentifère et le château féodal de Fougère, l'un des mieux conservés de cette partie de la France.

MONTMELAS-SAINT-SORLIN. — Montmelas-Saint-Sorlin, canton, arrondissement et à 10 kilomètres à l'ouest de Villefranche, à 37 kilomètres au nord-nord-ouest de Lyon, située entre le Nizerand et le Marveraud, est une petite commune de 441 habitants.

Sur une colline et dans une admirable situation s'élève le château de Montmelas, appartenant à M. de Tournon. Il a été habilement restauré, et de ses tours crénelées on jouit d'une vue étendue sur les environs. De vieilles chartes prouvent que jadis Montmelas avait rang de ville ; elle avait, en outre, été érigée en marquisat. L'église de la commune est comprise dans l'enceinte du château.

STATISTIQUE DU DÉPARTEMENT DU RHONE

RANG DU DÉPARTEMENT

Superficie : 85ème. — Population : 6ème. — Densité de la population : 3ème.

I. STATISTIQUE GÉNÉRALE

SUPERFICIE.	POPULATION.	ARRONDISSE-MENTS.	CANTONS.	COMMUNES.	REVENU TERRITORIAL.	CONTRIBUTIONS ET REVENUS PUBLICS
2.790 kil. carrés, ou 279.039 hect.	Hommes, 346.560 Femmes, 358.571 Total.. 705.131 252 hab. 13 par kil. carr.	2	29	264	Propriétés bâties... 30.000.000 fr. — non bâties 22.000.000 » Revenu agricole.... 80.000.000 »	68.000.000 fr.

II. STATISTIQUE COMMUNALE

ARRONDISSEMENT DE LYON

Superficie, 1.292 kil. carrés ou 129.240 hect — Population, 530.128 hab. — Cantons, 19. — Communes, 132.

CANTON, sa population.	NOM de LA COMMUNE.	POPULATION.	Distance au chef-lieu d'arr.	CANTON, sa population.	NOM de LA COMMUNE.	POPULATION.	Distance au chef-lieu d'arr.	CANTON, sa population.	NOM de LA COMMUNE.	POPULATION.	Distance au chef-lieu d'arr.
LYON, 8 cantons, 6 arrondissements communaux, 342.815 habitants (1).	1er canton de LYON Partie du 2e arrondissement municipal..	43.749	»	L'ARBRESLE, 47 communes, 48.971 habitants.	Arbresle (L')........ Bessenay.......... Bibost........... Bully.............. Demmartin........ Éveux............ Fleurieux-sur-l'Arbresle............ Leutilly........... Nuelles........... Sain-Bel.......... Saint-Germain-sur-l'Arbresle........ St-Julien-sur-Bibost. Saint-Pierre-la-Palud Sarcey............ Savigny.......... Sourcieu-sur-l'Arbresle............ Tour-de-Salvagny(La)	3.326 2.314 606 1.740 454 280 669 1.258 235 1.403 922 715 870 889 1.594 1.132 564	26 22 23 32 15 19 18 17 22 20 22 25 17 28 26 22 12	GIVORS, 10 comm., 48.872 hab.	Givors............ Chassagny........ Échalas.......... Grigny........... Millery........... Montagny......... St-Andéol-le-Château St-Jean-de-Touslas.. St-Martin-de-Cornas. Saint-Romain-en-Gier	11.910 433 972 1.992 1.100 460 657 450 194 404	21 20 27 18 16 18 23 25 22 25
	2e canton de LYON Partie du 2e arrondissement municipal..	26.676	»					LIMONEST, 16 comm., 46.461 habitants.	Limonest......... Chasselay........ Chères (Les)...... Civrieux-d'Azergues. Collonges......... Dardilly.......... Écully............ Lissieu........... Marcilly-d'Azergues.. St-Cyr-au-Mont-d'Or.	1.212 1.281 638 475 1.198 1.135 3.387 586 509 1.716	11 13 16 18 7 8 5 13 15 9
	3e canton de LYON 1er arrondissement municipal........	61.301	»								
	4e canton de LYON 4e arrondissement municipal........	34.916	»								
	5e canton de LYON Partie du 5e arrondissement municipal..	21.429	»								
	6e canton de LYON Partie du 5e arrondissement municipal..	30.470	»	CONDRIEU, 9.747 habit.	Condrieu.......... Ampuis........... Haies (Les)....... Loire............. Longes........... Sainte-Colombe... Saint-Cyr-sur-le-Rhône.......... Saint-Romain-en-Gal. Trèves............ Tupin-et-Semons....	2.542 1.847 461 1.351 862 866 242 803 383 590	38 34 31 25 33 23 29 26 33 36	MORNANT, 12 c., 11198 h.	Saint-Didier-au-Mont-d'Or........... Saint-Rambert-l'Ile-Barbe.......... Mornant.......... Chaussan......... Orliénas.......... Riverie........... Rontalon......... Saint-André-la-Côte..	2.326 1.698 1.404 565 1.064 432 740 261	6 4 21 21 15 28 20 23
	7e canton de LYON Partie du 6e arrondissement municipal..	44.947	»								
	8e canton de LYON Partie du 3e arrondissement municipal..	61.132	»								

(1) Population totale de Lyon par arrondissements communaux
- 1er arrondissement (3e canton) .... 61,301 habitants.
- 2e arrondissement (1er et 2e cantons) .... 70,425 —
- 3e arrondissement (8e canton et fraction du canton de Villeurbanne)........ 78,013 —
- 4e arrondissement (4e canton) .... 34,916 —
- 5e arrondissement (5e et 6e cantons)...................................... 51,899 —
- 6e arrondissement (7e canton et fraction du canton de Villeurbanne) .... 46,261 —

TOTAL.............. 342,815 habitants.

Population agglomérée.. 301,393 habitants

SUITE DE L'ARRONDISSEMENT DE LYON

CANTON, sa population.	NOM de LA COMMUNE.	POPULATION.	Distance au chef-lieu d'arr.	CANTON, sa population.	NOM de LA COMMUNE.	POPULATION.	Distance au chef-lieu d'arr.	CANTON, sa population.	NOM de LA COMMUNE.	POPULATION.	Distance au chef-lieu d'arr.
Suite de Mornant.	Sainte-Catherine	789	29	Suite de St-Génis-Laval	Pierre-Bénite	1.832	8	Suite de St-Symphorien	Grézieu-le-Marché	882	34
	Saint-Didier-sous-Riverie	1.258	26		Sainte-Foy-lès-Lyon	5.118	4		Larajasse	2.371	31
	Saint-Laurent-d'Agny	1.115	21		Soucieu-en-Jarrest	1.940	14		Meys	1.188	35
	Saint-Maurice-sur-Dargoire	1.243	26		Vernaison	1.303	14		Pomeys	848	34
	Saint-Sorlin	566	23		Vourles	942	13		Saint-Martin-en-Haut	2.662	25
	Taluyers	813	17	Saint-Laurent-de-Chamousset, 14 communes, 15.714 habitants.	Saint-Laurent-de-Chamousset	1.757	29	Vaugneray, 17 communes, 18.898 habitants.	Vaugneray	1.997	14
Neuville-sur-Saône, 14 communes, 21.057 habitants.	Neuville	3.414	17		Brullioles	1.071	26		Brindas	1.259	13
	Albigny	898	16		Brussieu	695	24		Charbonnières	710	7
	Cailloux-sur-Fontaines	823	10		Chambost-Longessaigne	1.912	25		Chevinay	519	18
	Caluire-et-Cuire	8.702	4		Halles (Les)	339	31		Courzieu	1.674	20
	Couzon	1.173	9		Haute-Rivoire	1.696	35		Craponne	1.623	11
	Curis	447	12		Longessaigne	973	32		Francheville	1.874	6
	Fleurieu-sur-Saône	437	11		Montromant	602	25		Grézieu-la-Varenne	967	11
	Fontaines-St-Martin	710	10		Montrottier	1.816	29		Marcy-l'Étoile	312	12
	Fontaines-sur-Saône	1.228	13		Sainte-Clément-les-Places	888	32		Messimy	1.406	15
	Poleymieux	555	11		Sainte-Foy-l'Argentière	1.074	29		Pollionnay	802	14
	Quincieux	1.108	17		Saint-Génis-l'Argentière	906	28		Sainte-Consorce	433	12
	Rochetaillée	370	11		Sonzy	625	31		Saint-Génis-les-Ollières	837	9
	Saint-Germain-au-Mont-d'Or	931	14		Villechenève	1.360	34		St-Laurent-de-Vaux	118	17
	St-Romain-de-Couzon	258	8	Saint-Symphorien, 10 c., 13.946 hab.	Saint-Symphorien-sur-Coise	1.936	43		Tassin	1.690	6
St-Génis-Laval, 11 c., 26.079 hab.	Saint-Génis-Laval	2.942	9		Aveize	1.375	29		Thurins	1.933	18
	Brignais	2.076	13		Chapelle-sur-Coise	363	29		Yzeron	744	20
	Chaponost	1.803	10		Coise	651	35	Villeurbanne, 5 c., 35.865 h.	Villeurbanne	9.033	6
	Charly	1.060	15		Duerne	670	25		Bron	2.168	6
	Irigny	1.389	11						Lyon (partie rurale des 3e et 6e arrondissements) (1)	18.195	»
	Oullins	5.674	6						Vaulx-en-Velin	1.245	6
									Vénissieux	5.224	8

(1) Voyez les cantons de Lyon.

ARRONDISSEMENT DE VILLEFRANCHE

Superficie, 1.498 kil. carrés ou 149.799 hect. — Population, 175.003 hab. — Cantons, 10. — Communes, 132.

CANTON	NOM de LA COMMUNE	POP.	Dist.	CANTON	NOM	POP.	Dist.	CANTON	NOM	POP.	Dist.
Villefranche, 15 communes, 25.098 habitants.	Villefranche	12.485	»	Suite d'Anse.	Lachassagne	472	7	Belleville, 13 communes, 15.860 habitants.	Belleville	3.364	13
	Arbuissonnas	252	10		Liergues	851	5		Cercié	680	15
	Arnas	927	4		Lozanne	620	14		Charentay	965	11
	Blacé	1.329	8		Lucenay	876	9		Corcelles	712	18
	Cogny	1.067	7		Marcy	352	7		Dracé	734	18
	Denicé	1.363	6		Morancé	867	10		Lancié	874	19
	Gleizé	1.330	3		Pommiers	1.161	5		Odenas	848	13
	Lacenas	603	6		Pouilly-le-Monial	631	5		Saint-Étienne-des-Oullières	1.254	10
	Limas	580	1		Saint-Jean-des-Vignes	209	13		Saint-Étienne-la-Varenne	721	12
	Montmelas-Saint-Sorlin	441	10	Beaujeu, 18 communes, 21.351 habitants.	Beaujeu	3.880	22		Saint-Georges-de-Reneins	2.986	7
	Rivollet	673	10		Ardillats (Les)	1.095	26		Saint-Jean-d'Ardières	1.302	14
	Saint-Cyr-le-Chatoux	164	14		Avenas	286	26		Saint-Lager	1.093	14
	Saint-Julien	821	8		Chenas	749	23		Taponas	347	15
	Salles	494	9		Chiroubles	747	21	Bois-d'Oingt, 19 comm., 15.294 h.	Bois-d'Oingt (Le)	1.432	13
	Vaux	2.499	13		Durette	224	18		Bagnols	707	13
Amplepuis, 5 c., 14.016 h.	Amplepuis	6.915	45		Émeringes	442	25		Breuil (Le)	456	17
	Cublize	2.223	31		Fleurie	2.385	21		Chamelet	789	18
	Meaux	792	32		Juliénas	1.323	24		Châtillon	1.206	15
	Ronno	1.698	32		Jullié	998	26		Chessy	1.096	15
	Saint-Vincent-de-Reims	2.388	32		Lantignié	870	19		Frontenas	377	12
Anse, 15 c., 10605 h.					Marchampt	935	19		Jarnioux	586	11
	Anse	2.055	5		Quincié	1.732	17		Légny	474	15
	Alix	397	10		Régnié	1.182	18		Letra	869	17
	Ambérieux	147	6		Saint-Didier-sous-Beaujeu	815	25		Moiré	209	12
	Belmont	156	14		Vauxrenard	922	25		Oingt	512	13
	Charnay	819	10		Vernay	187	27		Saint-Just-d'Avray	1.470	25
	Chazay	992	12		Villié-Morgon	2.579	20				

SUITE DE L'ARRONDISSEMENT DE VILLEFRANCHE

CANTON, sa population.	NOM de LA COMMUNE.	POPULATION.	Distance au chef-lieu d'arr.	CANTON, sa population.	NOM de LA COMMUNE.	POPULATION.	Distance au chef-lieu d'arr.	CANTON, sa population.	NOM de LA COMMUNE.	POPULATION.	Distance au chef-lieu d'arr.
Suite de Bois-d'Oingt	Saint-Laurent-d'Oing	787	15	Monsols, 13 comm., 11.369 habitants.	Monsols	1.340	32	Suite de Tarare.	Olmes (Les)	624	26
	Sainte-Paule	407	15		Aigueperse	911	43		Pontcharra	1.796	24
	Saint-Vérand	1.205	20		Azolette	405	37		Saint-Apollinaire	405	27
	Ternand	642	19		Cenves	1.117	30		St-Clément-sur-Valsonne	1.050	27
	Theizé	1.202	10		Ouroux	1.006	31		Saint-Forgeux	2.050	30
	Ville-sur-Jarnioux	868	10		Propières	1.240	36		Saint-Loup	776	24
Lamure, 10 com., 13.282 habitants.	La Mure	1.086	32		St-Bonnet-des-Bruyères	1.226	41		Saint-Marcel-l'Éclairé	742	30
	Chambost-Allières	886	17		Saint-Christophe	831	34		St-Romain-de-Popey	1.550	27
	Chenelette	674	32		St-Clément-de-Vers	522	42		Sauvages (Les)	771	36
	Claveisolles	1.044	27		Saint-Igny-de-Vers	1.882	40		Valsonne	1.368	30
	Grandris	2.295	23		St-Jacques-des-Arrêts	385	33	Thizy, 8 com., 19.258 hab.	Thizy	3.315	37
	Poule	1.861	32		Saint-Mamert	185	32		Bourg-de-Thizy	2.694	40
	Ranchal	1.314	35		Trades	319	36		Chapelle-de-Mardore (La)	570	35
	Saint-Bonnet-le-Troncy	1.520	32	Tarare, 16 c., 28.920 h.	Tarare	14.383	29		Cours	6.157	38
	Saint-Nizier-d'Azergues	1.534	27		Affoux	510	36		Mardore	2.564	32
	Thel	1.068	36		Ancy	830	29		Marnand	1.109	36
					Dareizé	401	25		St-Jean-la-Bussière	1.757	35
					Dième	388	28		Ville (La)	1.092	38
					Joux	1.276	35				

III. STATISTIQUE MORALE [1]

Par M. Eug. BOUTMY, ancien professeur.

Les chiffres en caractères gras inscrits dans chacune des trois petites colonnes de ce tableau indiquent le rang du département relativement à la mention devant laquelle ils sont placés.

Religion [2].

Catholiques	658.896
Protestants	7.572
Israélites	866
Clergé catholique	725
Pasteurs	25
Rabbins	3

Mouvement de la population [3].

Naissances	16.781
Mariages	6.406
Décès	12.893
75e Durée moyenne de la vie	31 a. 11 m.

Instruction [4].

16e Nombre des jeunes gens sachant lire, écrire et compter sur 100 jeunes gens maintenus sur les listes de tirage. 90,13

Nombre des établissements d'enseignement secondaire de l'État 1

Nombre des écoles primaires (publiques ou libres) . . . 1.030

Crimes contre les personnes [5].

COURS D'ASSISES.

63e Rapport du nombre des accusés à la population. . 1 sur 24.314 hab.

Nombre total des accusés. . . . 29

Infanticides.

74e Rapport du nombre des infanticides à celui des enfants naturels. . . . . . 1 sur 2.004

Nombre total 1

Suicides.

35e Rapport des suicides au chiffre de la population. . 1 sur 7.335 hab.

Nombre total 96

Crimes contre les propriétés.

34e Rapport du nombre des accusés à la population. 1 sur 15.669 hab.

Nombre total 45

Tribunaux correctionnels.

6e Nombre des affaires 4.128

Nombre des prévenus . . . 4.892

Nombre des condamnés . . . 4.644

Procès.

Affaires civiles (6) 3.891

Affaires commerciales (7) . . 15.715

7e Faillites (8) 129

Paupérisme (9).

9e Rapport des indigents au chiffre de la population. . . 1 sur 19 hab.

Nombre total 37.284

Bureaux de bienfaisance . . 174

Hôpitaux et hospices . . . 15

Aliénés à la charge du département 1.297

Sociétés de secours mutuels. 224

Contributions directes [10].

15e Foncière 2.820.177

Personnelle et mobilière 1.274.470

Portes et fenêtres . . . 957.362

---

(1) Les chiffres contenus dans ce tableau sont empruntés, pour la plupart, à l'*Annuaire statistique de la France* (1878), publié par le ministère de l'agriculture et du commerce, ou calculés d'après des données puisées dans cet ouvrage.

(2) Ces chiffres sont antérieurs au recensement de 1876, qui a négligé ce point de vue.

Culte catholique. — Archevêché à Lyon, dont les suffragants sont les évêchés d'Autun, de Langres, de Dijon, de Saint-Claude et de Grenoble. Le diocèse de Lyon comprend le département du Rhône, moins le canton de Villeurbanne, et le département de la Loire tout entier. Il compte 79 cures, 589 succursales et 414 vicariats rétribués par l'État. Les congrégations et communautés religieuses répandues dans ce diocèse étaient, avant 1880, au nombre de 85 : 17 pour les hommes et 68 pour les femmes.

Culte réformé. — Le département possède à Lyon une Église consistoriale desservie par cinq pasteurs.

(3) C'est le département où il y a le plus d'enfants trouvés. Les résultats de la statistique prouvent que, dans les populations ouvrières, la mortalité est rapide, les mariages précoces et les naissances nombreuses. De là, accroissement considérable

de la population dans les provinces et les villes manufacturières. Dans le Rhône, elle s'accroît annuellement de 62 têtes par 10,000 habitants.

Les habitants du département du Rhône ont, en général, une stature peu élevée, surtout dans les grands centres industriels, beaucoup d'énergie et d'activité et une constitution assez robuste. Ce qu'on a dit des formes grêles, de la taille contrefaite, du teint pâle et des habitudes lentes et paresseuses des ouvriers en soie lyonnais, a cessé d'être vrai depuis que ces artisans sont mieux logés.

M. Villermé, chargé en 1835, par l'Académie des sciences morales et politiques de l'Institut, de faire, dans les départements de la France, des recherches de statistique et d'économie politique dans le but de constater l'état physique et moral des classes ouvrières, a tracé, de la fabrique lyonnaise, un tableau qui jette un nouveau jour sur la vie et le mouvement de la population ouvrière. « C'est, dit-il, une opinion générale à Lyon, que dans cette ville et les communes suburbaines de la Croix-Rousse, de la Guillotière et de Vaise, qui en sont les faubourgs, les ouvriers en soie forment, avec leurs familles, la majorité de la population. Mais cette opinion n'est pas fondée sur des dénombrements, excepté pour la Croix-Rousse, qui est principalement habitée par les ouvriers dont il s'agit. En voici la preuve pour les trois communes suburbaines.

» Population totale (en 1832) des ouvriers en soie, y compris leurs familles....................... 42,825
Avant la Révolution de 1789......... 16 à 17,000
Sous l'Empire....................... 12,000
Sous la Restauration................ 27,000
Sous la monarchie de Juillet........ 40,000

répartis à Lyon, dans les trois villes ou faubourgs de la Guillotière, la Croix-Rousse et Vaise, dans les campagnes du département du Rhône et dans les départements voisins.

» Ils ne se marient, en général, que pour s'établir chefs d'atelier, communément de 24 à 27 ans pour les hommes, et de 20 à 23 pour les femmes. Ils ont très peu d'enfants, car les registres de l'état civil de la Croix-Rousse, commune dont ils composent presque seuls la population, n'en donnent que 3,23 par mariage, terme moyen. Comment ne pas voir dans ce petit nombre de procréations, et dans sa tendance à diminuer encore, la preuve du soin qu'ils mettent, bien différents en cela de la plupart des ouvriers, à ne pas accroître leur postérité plus rapidement que leur fortune ?

» On demeure encore plus convaincu qu'ils observent le moral restreint (tant recommandé par Malthus), quand on voit le nombre moyen des naissances par mariage être beaucoup plus fort à la Guillotière, où, proportion gardée, l'on compte bien moins d'ouvriers en soieries qu'à la Croix-Rousse.

» A Lyon, où dans une période de dix ans, de 1825 à 1835, l'on a compté une naissance illégitime sur 3 naissances totales, ou plus exactement 48 sur 100, la fécondité moyenne des mariages n'a été, pendant les 11 mêmes années, que de 2,74 enfants. »

(4) Le département relève de l'académie de Lyon. Faculté de théologie catholique, Faculté des sciences, Faculté des lettres, école préparatoire de médecine et de pharmacie à Lyon pour l'enseignement supérieur. Pour l'enseignement secondaire, lycée à Lyon; collège annexé à Saint-Rambert; 28 établissements libres à Lyon; 2 établissements libres à Caluire et 1 dans chacune des localités suivantes : Ampiepuis, Brignais, Bully, La Chassagne, La Mulatière, Millery, Mongré, Oullins, Sainte-Foy-lès-Lyon, Tarare. École normale d'instituteurs primaires à Villefranche; Lyon possède une école professionnelle, celle de La Martinière, une école normale et un cours normal d'institutrices. Au point de vue du nombre d'élèves inscrits dans les écoles primaires de 6 à 13 ans, sur 100 enfants recensés, le Rhône occupe le 50ᵉ rang. Il occupe le 67ᵉ rang d'après le nombre d'enfants présents à l'école par 10,000 habitants.

(5) Au point de vue judiciaire, le département du Rhône ressortit à la cour d'appel de Lyon, qui est le siège de la cour d'assises. Un tribunal de première instance est établi à Lyon et à Villefranche; celui de Lyon est divisé en 4 chambres. Des tribunaux de commerce sont établis à Lyon et à Villefranche. Conseil de prud'hommes à Lyon.

(6) Ce chiffre indique le nombre des affaires civiles terminées pendant l'année.

(7) Ce chiffre comprend les affaires contentieuses à juger pendant l'année.

(8) Terminées pendant l'année.

(9) Dans les temps de crise, la misère est extrême dans le département du Rhône. On peut évaluer à 1/03 de la population la portion ouvrière souffrante. Comme dans tous les départements industriels, la misère y a généralement pour causes l'insuffisance des salaires, les vicissitudes du commerce et de l'industrie, l'imprévoyance de la plupart des ouvriers et la surabondance d'enfants dans les familles pauvres.

La bienfaisance particulière et la charité publique se manifestent à Lyon d'une manière aussi éclairée que généreuse. Outre les établissements cités plus haut, on y compte : 1 société de charité maternelle ; 1 société de patronage pour les jeunes libérés de la maison pénitentiaire ; 1 société de patronage pour les enfants pauvres ; 1 société de patronage pour les jeunes filles ; 1 société charitable pour le mariage des pauvres (dans le cours des 14 premières années, cette société a fait célébrer 4,678 mariages et fait légitimer 1,945 enfants) ; 1 asile pour les vieillards des deux sexes, fondé par les petites sœurs des pauvres ; 1 asile pour les aliénés ; 1 institution des jeunes orphelines ; des maisons de refuge ; des associations de bienfaisance ; 1 colonie agricole et industrielle pour la réforme morale et sociale des enfants des ouvriers ; plusieurs institutions philanthropiques ; 1 dépôt de mendicité ; 2 dispensaires ; 2 caisses d'épargne ; des sociétés de secours mutuels d'ouvriers, dont l'une, celle des ouvriers en soie, compte plus de 1,100 sociétaires ; des ouvroirs, des crèches, etc.

« La fabrique lyonnaise, écrit M. Villermé dans le rapport que nous avons cité, est plus souvent que toutes les autres en proie à des crises. C'est ainsi que l'on a vu quelquefois le nombre de ses métiers se réduire en une seule année à moins des deux tiers de ce qu'il était l'année précédente, et cependant cette fabrique n'a cessé depuis longtemps d'être la première du monde pour l'industrie en soie. On conçoit que le sort de ses ouvriers dépende toujours du sien. En effet, ils passent rapidement de l'excès de la misère à la prospérité, et de celle-ci à la détresse ; ils diminuent ou augmentent de nombre, émigrent de même ou y affluent, suivant sa fortune et ses vicissitudes diverses. »

Avant que l'on eût construit pour les ouvriers, dans les deux faubourgs de la Croix-Rousse et des Brotteaux, des maisons très hautes, dans de larges rues, ils étaient logés, comme partout ailleurs le sont les classes ouvrières, dans les plus mauvais quartiers et les maisons les moins belles et les moins commodes : tels que les rues en pente qui conduisent à la Croix-Rousse et le quartier Saint-Georges.

Il y a soixante ans, les ouvriers en soie lyonnais passaient pour des êtres dégradés au physique et au moral, vicieux, stupides, vivant au jour le jour, grossiers dans leurs mœurs, etc. Aujourd'hui, tout a changé, et leur état physique, intellectuel et moral s'améliore sensiblement. Vêtus proprement, ils sont actifs et laborieux. Debout ordinairement à la pointe du jour en été et plus tôt en hiver, ils travaillent très souvent jusqu'à 10 et 11 heures du soir. Déduction faite des trois repas, beaucoup travaillent 15 heures chaque jour et quelquefois davantage.

Dans les temps de crise ou de chômage, des milliers de familles sont sans ouvrage, c'est-à-dire, comme le fait remarquer M. Villermé, presque sans autre ressource que les secours insuffisants de la charité.

D'après les calculs du même savant, la dépense d'un ouvrier maître ou chef d'atelier serait environ de 2 fr. 25 c. par jour. Par an, de 821 fr.

« Un ouvrier compagnon dépense depuis 1 fr. 50 jusqu'à 2 fr. par jour, ou par année de 547 fr. 50 c. à 730 fr.

» Une famille de chef d'atelier, composée du mari, de la femme, de deux enfants en bas âge, établie à la Croix-Rousse, où le vin et la viande sont un peu moins chers que dans la ville proprement dite, 1,500 fr. par an. D'où il résulte que, dans les temps ordinaires, les ouvriers maîtres ou chefs d'atelier et les compagnons qui gagnent le plus peuvent seuls faire des épargnes, et que le reste des ouvriers vit à grand'peine.

(10) Trésorier-payeur général à Lyon; receveur particulier à Villefranche; 50 percepteurs.

BIBLIOGRAPHIE

1510. Traité de l'antiquité, origine et noblesse de l'antique Cité de Lyon. *Théophraste du Mas.*

1557. Ordre de l'antiquité et excellence de la ville de Lyon. *Charles Fontaine.* In-8°.

1572. Mémoire sur l'histoire de Lyon. Imprimerie Ant. Gryphius. *Paradin de Coyjscaulx.*

1574. Les Privilèges, franchises, immunités de la ville de Lyon. *C. de Rubis.* 1 vol. in-f°.

1596. Discours des premiers troubles advenus à Lyon, avec l'apologie de la ville. *Laconay.* In-8°.

1604. Véritable histoire de la ville de Lyon. *C. de Rubis.* In-f°.

1658. Les Forces de Lyon ou les Armoiries des capitaines, lieutenants de la ville. *Tristan Hermite.*

1666. Histoire de la ville de Lyon ancienne et moderne. *Jean de Saint-Aubin.*

1669. Éloge historique de la ville de Lyon, et sa grandeur consulaire. *Ménestrier.* In-4°.

1672. Mémoires sur Villefranche. 1 vol. in-4°, imprimé à Villefranche.

1672. Histoire de Villefranche, capitale du Beaujolais.

1702. Antiquitez de la ville de Lyon, avec quelques singularitéz remarquables, par *Dom Colonia.* In-12.

1741. Description de la ville de Lyon, avec des recherches sur ses hommes célèbres, par *Rivière de Brinaie.* In-8°.

Histoire du diocèse de Lyon. *De La Mure.*

1767. Abrégé chronologique de l'histoire de Lyon, par *Poulain de Lumina.* In-4°.

1770. Mémoire historique et économique sur le Beaujolais, par *Brisson.* Avignon.

1770. Histoire de l'Église de Lyon depuis son établissement, par *Poulain de Lumina.* In-4°.

1788. Recherches pour servir à l'histoire du Lyonnais, par l'abbé *Pernetti.* 2 vol. in-8°.

1790. Le Voyageur français, article du Lyonnais, tome XXXI. In-12, par l'abbé *de La Porte.*

1792. Histoire du siège de Lyon, par l'abbé *Guillon.* 2 vol. in-8°.

1818. Lettres sur l'histoire ancienne de Lyon. In-8°.

1819. Mémoire bibliographique et littéraire sur Lyon, ses antiquités, etc., par *Delandine.* In-8°.

1825. Voyage pittoresque et historique à Lyon et aux environs. *Fortis.* 2 vol. in-4°.

1826. Résumé de l'histoire du Lyonnais. *Jal.* In-18.

1835. France pittoresque, par *A. Hugo,* tome III. Grand in-8°.

1836. Tableau chronologique, historique et statistique de Lyon. *Beaulieu.* In-4°.

1838. Histoire de Lyon depuis les Gaulois jusqu'à nos jours. In-8°.

1838. Guide pittoresque du voyageur en France, *Firmin Didot.* Tome II, article Rhône.

1840. Histoire de Lyon. 6 vol. in-8°, de 1829 à 1840. *Clerjon et Morin.*

1843. De l'état politique de la ville de Lyon depuis le x° siècle jusqu'à l'année 1789. *Grandperret.* In-8°.

1843. Lyon ancien et moderne. *Léon Boitel.* 3 vol. in-8°.

1843. Siège de Lyon, histoire de Commune-Affranchie, recueillie dans les conversations d'un soldat.

1844. Géohydrographie du département du Rhône, par *Ogier,* avec une carte.

1844. Histoire des villes de France, *A. Guilbert,* tome 1er, article Lyonnais. Grand in-8°.

1858. Description du pays des Ségusiaves, pour servir d'introduction à l'histoire du Lyonnais, par *Aug. Bernard.* 1 vol. in-8°.

Châtillon-d'Azergues, son château, sa chapelle et ses seigneurs, par *A. Vachez.* In-8°.

1865. Almanach du Lyonnais, du Beaujolais, du Forez pour 1865, avec des articles d'histoire, d'archéologie, etc. In-8°.

Autour de Lyon, Guide détaillé, etc., par *M. Raverat.* In-18.

1869. Géographie du département du Rhône, par *Ad. Joanne.* Petit in-8°.

1869. Histoire de la ville de Lyon, par *J.-B. Montfalcon,* revue par *C. Bréghot du Lut* et *A. Péricaud.* 4 vol. grand in-8°.

Souvenirs du mont Pilat et de ses environs, par *E. Mulsant.* In-12.

1872. Petite géographie du département du Rhône, par *M. Martin* (Collection *E. Le Vasseur*). 1 vol. in-12.

1874. De Paris à la Méditerranée, par *Ad. Joanne* et *J. Ferrand* (Collection de Guides). 1 fort volume in-18.

1876. Les Six premiers siècles littéraires de la ville de Lyon, par *L. de La Saussaye.* 1 vol. petit in-8°.

Collection des Annuaires du département.

Mémoires de la Société littéraire de Lyon, littérature, histoire, archéologie. In-8°.

Feuilles 148, 158, 159, 167, 168 de la grande *Carte de France,* dite de l'*État-major,* publiée par le *Dépôt de la guerre.*

Carte du département du Rhône, extraite de la grande carte du Dépôt de la guerre.

Vues pittoresques du Dauphiné et du Lyonnais. In-8°.

Description historique et vues pittoresque de Lyon, par *Jolimont.* In-4°.

Album du Lyonnais, par *Boissel.* In-4°.

Topographie française de *Claude Châtillon.* In-f°.

Cartes, vues et plans du département du Rhône Bibliothèque nationale, 2 registres grand in-f°.

Cartes du département du Rhône, par *Dufour, Charle, Logerot, Ad. Joanne,* etc.

PLAN DE LYON PAR V. A. MALTE-BRUN

84. — **Haute-Saône.**

VESOUL

HAUTE-SAÔNE

Chef-lieu : VESOUL

Superficie : 5,339 kil. carrés. — Population : 304,052 habitants.
3 Arrondissements. — 28 Cantons. — 583 Communes.

DESCRIPTION PHYSIQUE ET GÉOGRAPHIQUE.

Situation, limites. — Le département de la Haute-Saône doit son nom à sa position sur le cours supérieur de la Saône, qui l'arrose du nord-est au sud-ouest ; c'est un des départements de la région orientale de la France ; il est entièrement situé dans le bassin du Rhône et a été formé, en 1790, de la partie septentrionale de l'ancienne province de Franche-Comté.

Ses limites sont : au nord, le département des Vosges ; à l'est, celui du Haut-Rhin ; au sud, ceux du Doubs et du Jura ; à l'ouest, ceux de la Côte-d'Or et de la Haute-Marne.

Nature du sol, montagnes, vallées. — Le département de la Haute-Saône est un pays montagneux et assez élevé, appuyé au nord-est à l'extrémité méridionale de la chaîne des Vosges, qui projette sur le département quelques ramifications et des contreforts dont les points culminants sont : le Ballon de Lure, qui a 1,150 mètres, et le Ballon de Servance, qui en a 1,189. Au nord et à l'ouest, mais un peu en dehors du département, dans ceux des Vosges et de la Haute-Marne, sont les monts Faucilles et le plateau de Langres, qui appartiennent à la ligne de partage des eaux de l'Europe et séparent les eaux qui se rendent dans la Méditerranée de celles qui coulent vers la mer du Nord. La pente générale du département est déterminée par ces montagnes dans la direction générale du nord-est au sud-ouest.

On peut diviser le territoire de l'ouest à l'est en deux zones distinctes, situées un peu l'une au-dessus de l'autre. Dans la zone inférieure ou occidentale, le sol offre de beaux coteaux couverts de vignes et de bois, de vastes prairies baignées par la Saône et ses affluents, et des champs fertiles couverts de riches moissons et d'arbres fruitiers. Dans la zone orientale, située un peu plus au nord que la précédente, le pays s'élève et devient plus âpre, les montagnes se couronnent de forêts ; les torrents, les cascades, les vallées agrestes et profondes se présentent à la vue. La superficie du sol n'offre qu'un terrain aride où la végétation est languissante, mais dont les entrailles abondent en richesses minéralogiques.

Le Ballon de Lure, que l'on nomme aussi la Planche des Belles-Filles, et le Ballon de Servance ne sont que des dépendances du fameux Ballon d'Alsace, le géant des Vosges (1,257 mètres). Ce dernier est composé de trois mamelons formant une chaîne, dont celui du milieu, qui a 1,150 mètres, est le plus élevé ; les autres ont 1,136 et 1,120 mètres. Le mont de Vannes, qui a 689 mètres, tient au Ballon de Servance par une côte étroite qui sépare la vallée de Froue de celle de Planche-les-Mines. Parmi les points les plus élevés du département, nous citerons encore : la source de l'Ognon à Château-Lambert, 694 mètres ; Mont-Taudin, près de Faucogney, 604 ; Mont-Chauvillerain, près de Faucogney, 571 ; la montagne près de Corcelles, 568 ; la montagne de Grammont, 524 ; le Haut de Fresse, 725 ; le Salbert, 652 ; enfin le mont Lachapelle, près de Ronchamp, 445 mètres. On trouve sur ces montagnes de beaux pâturages, et l'on y fabrique des fromages façon gruyère.

Les principales vallées sont celles du val d'Ajol ou de la Combeauté, du Rahin, de la Lanterne, de l'Augrogne, du Breuchin et du Durgeon.

La superficie du département est de 533,940 hectares, et le sol s'y divise, d'après sa nature, en : pays de montagnes, 43,000 hectares ; pays de bruyères ou de landes 26,500 ; sol de riche terreau, 115,000 ; sol de craie ou calcaire, 75,000 ; sol de gravier, 12,000 ; sol pierreux, 201,000 ; et sol sablonneux, 15,000 hectares.

Hydrographie. — Appuyé au nord et au nord-est sur la ligne de faîte qui sépare les eaux coulant vers la mer du Nord de celles qui se dirigent vers la Méditerranée, le département est incliné du nord-est au sud-ouest, et appartient entièrement au bassin de la Saône, partie du grand bassin du Rhône. Il est arrosé par la Saône et ses affluents, dont les principaux sont : à droite, l'Amance, l'Ougeotte, le Gourgeon, le Vannon et le Salon; à gauche, le Coney, la Superbe, la Lanterne, grossie de la Semouse qui reçoit l'Augronne, de la Roge ou Beuchot, et du Breuchin, etc., etc., le Durgeon ou Drugeon, la Romaine et l'Ognon, grossi du Rahin et de la Scey.

La Saône, le Coney et l'Ognon sont les plus importants de ces rivières.

La Saône prend sa source dans le département des Vosges, à Vioménil, dans le canton de Bains (arrondissement d'Épinal), au pied du mont d'Harel, élevé de 472 mètres au-dessus du niveau de la mer. Elle pénètre dans le département près de Jonvelle et passe à Bourbevelle, Ranzevelle, Ormoy, Fouchecourt, Conflandey, Port-sur-Saône, Scey-sur-Saône, Soing, Ray, Seveux, Savoyeux, Vereux, Rigny, Gray, Mantoche, Essertenne, et quitte le département près de son confluent avec l'Ognon pour entrer dans le département de la Côte-d'Or, de là dans celui de Saône-et-Loire; et, après avoir séparé les deux départements du Rhône et de l'Ain, elle vient à Lyon se jeter dans le Rhône par sa rive droite, après un cours total de 455 kilomètres, dont 98 environ appartiennent au département. Le cours de cette rivière lente et capricieuse est rectifié, entre Port-sur-Saône et Gray, par cinq canaux de dérivation qui en abrègent la navigation. Elle est navigable depuis Port-sur-Saône pendant 314 kilomètres.

Le Coney prend sa source au pied des monts Faucilles, dans un étang au-dessus du village d'Uzemain, dans l'arrondissement d'Épinal (Vosges); il arrose la partie septentrionale du département, passe à Ambiévillers, à Selles, et se jette dans la Saône entre Corre et Ranzevelle, après un cours d'environ 50 kilomètres; il est flottable depuis Uzemain.

L'Ognon ou l'Oignon prend sa source dans le département, au nord du Ballon de Servance, près du village de Château-Lambert; il passe à Servance, Ternuay, Mélisey, La Neuvelle, Vouhenans, Les Aynans, Villersexel, Pont-sur-l'Ognon, à quelque distance duquel cette rivière n'appartient plus au département que par sa rive droite seulement, séparant la Haute-Saône du Doubs et du Jura : elle arrose ainsi sur sa rive droite Thiénans, Montbozon, Besnans, Larians, Voray, Marnay, Bresilley, Malans, Pesmes et Broye, à peu de distance de laquelle elle se jette dans la Saône, après un parcours d'environ 192 kilomètres.

Cette rivière présente ce phénomène qu'en été elle s'engouffre près de Froideterre, un peu au nord-est de Lure, pour ne reparaître que quelques kilomètres plus loin.

La Lanterne, qui a 50 kilomètres de cours, appartient entièrement au département; elle prend sa source près du village de la Lanterne, passe à Franchevelle, à Baudoncourt, à Conflans, à Mersuay, où elle est flottable, à Faverney, et se jette dans la Saône, près de Conflandey.

La Lisaine, sous-affluent du Doubs par l'Allaine, arrose l'extrémité sud-est du département.

Les plateaux compris entre Montbozon et Vesoul sont arrosés par des ruisseaux qui se perdent, alimentant le gouffre de Baignes et donnant naissance à la Baignotte, à la fontaine de Champdamoy et au gouffre du Frais-Puits, dont les crues intermittentes font souvent déborder la Colombine, petit affluent du Durgeon.

Le département ne renferme qu'un petit nombre d'étangs et de lacs, la plupart situés dans sa partie nord-est. On évalue la superficie de tous ces étangs à 1,360 hectares environ.

Voies de communication. — Le département de la Haute-Saône possède : 6 routes nationales, d'un parcours de 300 kilomètres; 18 routes départementales, 465 kilomètres; 30 chemins vicinaux de grande communication, 680 kilomètres; 36 chemins vicinaux de moyenne communication ou d'intérêt commun, 435 kilomètres; et 2,250 chemins vicinaux ordinaires, dont le développement total atteint 3,290 kilomètres.

Les chemins de fer de ce département appartiennent au grand réseau de l'Est.

La ligne principale qui le traverse est la ligne de Paris à Mulhouse, elle y entre à 5 kilomètres en amont de Vitrey, et dessert successivement les stations de : Vitrey, Jussey, Monthureux-les-Baulay, Port-d'Atelier-Amance (361 kilom. de Paris), Port-sur-Saône, Vaivre, Vesoul (381 kilom. de Paris, 141 kilom. de Chaumont), Colombier, Creveney-Saulx, Genevreuille, Lure (411 kilom. de Paris,

50 kilom. de Vesoul). Ronchamp et Champagney.

De cette ligne principale se détachent plusieurs embranchements ou lignes secondaires, desservant dans le département : 1° à Port-d'Atelier, sur Plombières, Luxeuil, Remiremont et les chemins de fer des Vosges, par Faverney, Mersuay, Conflans, Saint-Loup et Aillevillers; 2° à Lure, sur Plombières et sur Épinal, par Aillevillers, en passant par Citers-Quers, Luxeuil-les-Bains, Fontaine-lès-Luxeuil et Aillevillers; 3° de Vesoul à Gray et à Dijon, par Vaivre, Mont-le-Vernois, Noidans-le-Ferreux, Fresnes-Saint-Mamès, Vellexon, Seveux, Autet, Vereux-Beaujeu, Gray (58 kilom. de Vesoul) et Mantoche, avec embranchement de Chaumont à Besançon par Gray, desservant dans le département : Champlitte, Oyrières, Gray, Champvans-lès-Gray, Valay et Montagney. A Gray, un tronçon de 22 kilomètres dessert : Velesmes-Saint-Broing, Sauvigney-Saint-Loup, Gy et Bucey-lès-Gy; 4° à Vesoul, un embranchement se dirige sur Besançon et Lyon, en desservant dans le département les stations de : Villers-le-Sec, Vallerois-le-Bois, Dampierre, Montbozon et Loulans-les-Forges. (Cette ligne appartient au réseau de Paris-Lyon-Méditerranée.)

D'autres lignes sont à l'étude ou en construction ; citons celle de Gray à Châtillon-sur-Seine.

En 1877, on évaluait la longueur des lignes exploitées à 296 kilomètres, et celle des lignes en construction ou à construire à 106 kilomètres.

Climat. — Le département de la Haute-Saône est sur la limite du climat vosgien ou du nord-est, et du climat rhodanien ou du sud-est. La température y est généralement plus douce que dans la plupart des départements voisins; l'été et l'hiver y sont plus tempérés, parce qu'il est plus abrité au nord et au nord-est; l'automne y est généralement beau; mais l'accumulation des neiges dans la montagne y rend au printemps, lors de leur fonte, la température très variable; et il n'est pas rare de voir, avec le changement de vent, arriver, après une belle journée, des jours froids et pluvieux. Les vents du nord-ouest sont les plus froids; ceux du nord-est, secs et vifs; les vents dominants sont ceux du sud-ouest.

Productions naturelles. — Le département de la Haute-Saône appartient à la région géologique dite de Bourgogne, formée par des plateaux et des plaines de calcaires et d'argiles jurassiques, tandis que les montagnes au nord et à l'est sont formées de roches granitiques et schisteuses. Ses richesses minéralogiques lui assurent un rang important parmi les plus favorisés sous ce rapport. On y trouve le granit rouge, le granit feuille-morte, le porphyre vert, le porphyre violet, le schiste argileux, le fer oligiste, le manganèse oxydé, des minerais de plomb, de cuivre, d'argent et d'or; le grès houiller, la houille, le grès rouge, le grès vosgien, le grès bigarré, la pierre lithographique, la pierre à chaux; des minerais de fer en roche, des marbres, d'excellentes pierres de taille, des minerais de fer en grains très abondants, de la houille, de la tourbe, du tuf calcaire, de la chaux, de l'argile, etc., etc., etc.

Il possède plusieurs sources d'eaux minérales et thermales, au premier rang desquelles se placent celles de Luxeuil, qui comptent au nombre des plus fréquentées de France; elles sont employées principalement pour les affections nerveuses, les rhumatismes et les paralysies. On en fait usage en bains, en douches et en boisson; leur température varie de 40 à 60 degrés. Il y a d'autres sources à Rèpes, à Fédry et à Vesoncourt. Le département possède aussi plusieurs sources d'eaux salées, notamment celles de Saulnot et de Scey-sur-Saône. On exploite à Gouhenans un banc de sel gemme fort riche.

La récolte en céréales est plus que suffisante pour les besoins de la consommation locale; celle des pommes de terre est très abondante, et la production du chanvre, des graines oléagineuses et de la betterave à sucre est très importante, ainsi que celle des fruits, et surtout des cerises destinées aux distilleries. La production des bois est très considérable; celle des vins est en surabondance, on l'évaluait annuellement, avant l'invasion de la maladie de la vigne, à 300,000 hectolitres. Ce sont de gros vins rouges fort ordinaires, dont les meilleurs sont ceux de Ray, de Charicy, de Champlitte et de Gy. En 1871, la production des vins dans le département a été de 364,719 hectolitres, estimés à 10,212,132 francs; en 1874, elle fut de 220,103 hectolitres, estimés à 6,603,090 francs; en 1875, elle fut de 2,220,872 hectolitres; en 1877, elle était descendue à 405,694 hectolitres et en 1880 à 113,406 hectolitres seulement. On brûle les marcs de raisin pour en tirer une eau-de-vie de médiocre qualité. Les prairies artificielles sont très multipliées; les prairies naturelles que l'on rencontre sur les bords de la Saône, de l'Ognon, de l'Amance, de la Superbe, du Durgeon, etc., fournissent une quantité assez considérable de fourrages. On trouve de bons pâturages sur les montagnes de l'arrondissement de Lure. Le chêne, le hêtre et le charme dominent dans les forêts; l'orme, l'érable, le tremble, le frêne s'y rencontrent plus rarement. Les principales de ces forêts sont : celles de Bellevaivre, de Champlitte, de Gray, la forêt de Grange, la forêt du Chérimont et la forêt de la Montagne; le grand bois de Gy, le bois de Saint-Gand, le bois de Borey et le bois des Fraîches-Communes. Le sapin se montre dans les montagnes; on y rencontre également parmi les plantes : la digitale, l'arnica, la mélisse, la valériane, etc.

Les races d'animaux domestiques ne se distinguent pas de celles des départements voisins; ils sont généralement de petite espèce. Les chevaux, quoique de petite race, sont assez vigoureux. On nourrit dans tous les cantons beaucoup de porcs, un certain nombre de bêtes à laine et de la volaille. Parmi les animaux sauvages, on remarque le loup, le renard, le chat sauvage, la loutre, le blaireau. Les sangliers sont encore assez nombreux; le cerf et le chevreuil plus rares. On trouve en abondance des lièvres et des lapins; le gibier ailé est très multiplié. On voit de temps en temps l'outarde, le cygne, le pélican. On remarque, parmi les oiseaux de proie, l'aigle, l'épervier et la buse. La vipère et la couleuvre sont très communes. Les rivières sont très poissonneuses; on vante la carpe de la Saône et du Salon, le barbeau de l'Ognon, la truite saumonée du Rahin et du Breuchin, ainsi que les écrevisses du Coney et du Plané.

Industrie agricole, manufacturière et commerciale. — Le département de la Haute-Saône est un pays agricole et d'exploitation; mais l'agriculture y laisse encore à désirer sous le rapport des assolements, des engrais, des ensemencements, des instruments aratoires, etc., etc. Elle a cependant fait, dans ces dernières années, de notables progrès, et les procédés du drainage y ont été introduits. Les vignes, les pâturages, le chanvre, la culture des pommes de terre, les fruits du cerisier que l'on convertit en kirschwasser, sont les objets principaux sur lesquels s'exerce l'industrie agricole. On élève une grande quantité de bêtes à cornes et de porcs, et le département fournit de bons chevaux de trait et de cavalerie.

La superficie du département, qui est de 533,940 hectares, se partage en superficie bâtie et voies de transport, 15,338 hectares, et en territoire agricole, 518,940 hectares. Ce dernier se subdivise lui-même en : céréales, 160,094 hectares; farineux, 17,896; cultures potagères et maraîchères, 1,214; prairies artificielles, 18,380; cultures industrielles, 5,176; fourrages annuels, 7,270; autres cultures et jachères, 59,014; vignes, 12,849; bois et forêts, 152,156; prairies naturelles et vergers, 62,027; pâturages et pacages, 9,600; terres incultes, 12,978 hectares.

L'exploitation minérale est considérable dans le département; les usines à fer, qui sont au nombre d'environ 50, doivent être placées en première ligne; puis viennent le manganèse, la houille (à Ronchamp et à Gouhenans), la tourbe, le sel, le granit, le porphyre et la pierre de taille, la pierre meulière, la pierre à aiguiser, les marbres, etc. Les principaux établissements métallurgiques alimentés par les usines sont des tréfileries, des lamineries, des manufactures de fers blancs et de fers noirs, d'ustensiles de ménage en fer battu, de carrés de montres, de pointes de Paris, de vis et autres articles de quincaillerie. Parmi les autres produits les plus importants de la fabrication : les fils et les tissus de coton en assez grande quantité, les toiles de ménage, l'huile de graines, l'eau-de-vie, et surtout l'eau-de-vie de cerises (kirschwasser), dont on fabrique environ 10,000 hectolitres par année, le sucre de betterave, les verres, la faïence et la poterie commune, les briques, les tuiles et les tuyaux de drainage, les cuirs, les papiers et la tournerie. Dans les montagnes, on fabrique un beurre estimé et des fromages façon gruyère, qui s'exportent au loin. L'exploitation des forêts et les scieries de planches occupent un très grand nombre de personnes. Les fers, les bois, planches de sapin et merrains, le sel, les vins et eaux-de-vie de cerises, les bestiaux et les fourrages sont les grands articles de l'exportation. On les dirige en grande partie sur Gray et Lyon pour le midi de la France.

Il y a dans le département environ 400 foires, qui se tiennent dans plus de 70 communes et durent 420 journées. C'est principalement à ces foires-là que les Flamands viennent faire leurs achats de bestiaux; aussi, toutes les foires de la Haute-Saône abondent-elles en bestiaux de toute espèce. Les autres articles de commerce sont : les grains, les étoffes fabriquées dans le pays, la mercerie la quincaillerie, les chapeaux de paille, etc., etc., etc.

Division politique et administrative. — Le département de la Haute-Saône a pour chef-lieu Vesoul; il comprend : 3 arrondissements, 28 cantons, 583 communes; le tableau statistique que nous donnons plus loin les fera connaître. Il appartient à la région agricole du nord-est de la France.

Ce département forme avec le Doubs le diocèse particulier de Besançon; il compte deux cures de première classe, 26 de seconde, 296 succursales et 45 vicariats. Les protestants de la confession d'Augsbourg ont à Héricourt une église desservie par 5 pasteurs, qui résident à Héricourt, Brevilliers, Trémoins, Claire-Goutte et Étobon. Les Israélites ont 3 synagogues, à Vesoul, Gray et Luxeuil, qui dépendent du consistoire de Colmar.

Les 3 tribunaux de première instance de Vesoul, de Gray, de Lure, et le tribunal de commerce de Gray sont du ressort de la cour d'appel de Besançon.

Au point de vue universitaire, le département relève de l'académie de Besançon; il possède un lycée à Vesoul, des collèges communaux à Gray, à Luxeuil et à Lure ; des écoles secondaires ecclésiastiques à Luxeuil, à Marnay, des établissements libres d'instruction secondaire à Marast, à Saint-Remy, à Vélesmes et à Vesoul, 7 écoles primaires supérieures et 1,080 écoles primaires.

Le département est compris dans la circonscription du 7e corps d'armée et dans la 7e région de l'armée territoriale, dont l'état-major est à Besançon. Vesoul est un chef-lieu de subdivision; la compagnie de gendarmerie appartient à la 9e légion dont l'état-major est à Besançon.

Ce département appartient à l'arrondissement minéralogique de Dijon, région du nord-est; à la 5e inspection divisionnaire des ponts et chaussées; et il forme le 32e arrondissement forestier, dont le conservateur réside à Vesoul.

Le nombre des perceptions des finances est de 69; les contributions et revenus publics atteignent 14 millions de francs.

HISTOIRE DU DÉPARTEMENT

Ainsi que les deux départements du Jura et du Doubs, celui de la Haute-Saône fut formé, en 1790, d'une partie de l'ancienne province de Franche-Comté. Le territoire qu'il occupe formait sa partie septentrionale, et cette circonscription reçut, à cause de cela, le nom de grand bailliage d'Amont. Gray en était la capitale. Cette contrée, avant l'arrivée des Romains, était habitée par les Séquanais. On sait que les luttes de ce peuple avec les Éduens amena l'intervention romaine. Nous ne reviendrons pas sur cette période, que, plusieurs fois déjà, nous avons eu occasion de traiter. Les ruines qu'on rencontre encore à Luxeuil et sur l'emplacement de l'ancienne *Amagetobria* attestent le séjour et la longue domination du peuple-roi. La Séquanie, dans laquelle était compris le département actuel de la Haute-Saône, fut incorporée, sous Auguste, dans la Germanie supérieure. Quant les Burgondes franchirent le Rhin et descendirent les pentes des Alpes et du Jura, la Séquanie constitua une importante fraction du premier royaume de Bourgogne. Nous rentrons ici dans l'histoire de cet État, que nos lecteurs trouveront plus détaillée et moins incomplète dans notre notice sur la Côte-d'Or. Après avoir été conquise par Clovis et possédée quelque temps par les rois francs ses successeurs, la Séquanie échut à Lothaire, lors du démembrement de l'empire de Charlemagne. On sait que cette époque fut le signal des usurpations féodales. Nulle part le pouvoir des comtes et des abbés ne fut plus indépendant que dans le comté de Bourgogne; pendant plusieurs siècles l'autorité centrale est presque entièrement annulée; la plupart des fiefs relevaient bien de l'empire d'Allemagne, mais cette dépendance n'était que nominale. C'est donc dans les annales des villes, dans les chroniques des puissants monastères qu'il faut chercher la vie historique de cette époque; c'est à peine si son unité peut se rattacher à celle du duché de Bourgogne dans la grande phase des quatre derniers ducs.

Les populations des trois bailliages se prononcèrent bien plus énergiquement encore que celles de Bourgogne en faveur de l'héritière de Charles le Téméraire, contre les prétentions de Louis XI; ce prince fit une rude guerre aux obstinés Comtois qui ne voulaient pas devenir Français. Nous suivrons dans les épisodes locaux, dans le siège des villes, la dévastation des campagnes, les traces de cette première lutte, qui se termina par l'incorporation de la Comté aux États d'Autriche. Presque toutes les cités du bailliage d'Amont eurent leur part dans les calamités de cette période. Voici comment cette transformation est caractérisée par M. Eugène Rougebief, historien franc-comtois, dans son patriotique et savant ouvrage : « La Franche-Comté se trouvait pour la troisième fois séparée du duché de Bourgogne. Rendue à la maison d'Autriche par le traité de Senlis, on va la voir changer de maître et continuer son existence isolée. C'est en elle dorénavant que se personnifiera le génie de la vieille nationalité bourguignonne; c'est elle qui s'en montrera la dernière expression ; et, lorsque viendra le jour où la logique de l'histoire aura marqué sa place dans le grand cycle de la France, elle gardera longtemps encore sa physionomie originale, son vieil esprit traditionnel. Nous venons de la laisser à la fin d'une lutte courageuse, et qui ne devait pas être la dernière. Aussi dévouée à ses princes que jalouse de ses libertés, la Franche-Comté, *plus grande en sa réputation qu'en son étendue,* comme a dit un historien, ne reculera devant aucun sacrifice pour rester digne de son antique renom et de l'estime de ses souverains ; elle va se soutenir pendant deux siècles avant de trouver son maître : encore faudra-t-il, pour la dompter, que la forte épée de la France vienne à trois reprises s'abattre sur elle, et les hommes qui la tiendront, cette épée, s'appelleront Henri IV, Richelieu, Louis XIV. »

Il n'avait point été difficile à Maximilien de rattacher à l'Autriche une province qui ne connaissait la domination française que par les rigueurs de Louis XI ou l'incapacité administrative de Charles VIII ; son fils, Philippe le Beau, devenu possesseur de la Franche-Comté par l'avènement de son père à l'Empire, resserra encore les liens d'affection qui attachaient les Comtois à sa maison. Il visita deux fois leur province, présida les états et confirma les privilèges de la bourgeoisie. Il avait épousé Jeanne, infante d'Espagne, et c'est de cette alliance que découlèrent plus tard les droits de Charles-Quint sur la Comté. L'intervalle qui sépara le règne de Philippe de l'avènement du grand empereur fut rempli par la régence de Marguerite, deux fois veuve avant d'avoir été mariée, et qui laissa dans le pays un souvenir durable de ses qualités aussi aimables que solides. C'est à cette époque aussi que se rattache le grand mouvement suscité par les prédications de Luther et de Munzer. Leurs paroles trouvèrent de l'écho dans cette province, si hostile à toutes les oppressions ; mais les effets de la réforme religieuse furent amortis par la tolérance même qu'elle rencontra chez ses adversaires, et la révolte des paysans eut dans la Comté un caractère particulier qui la fait ressembler aux guerres des hussites plutôt qu'à la Jacquerie de France.

Le sol était raffermi quand Charles-Quint prit en main l'administration du pays que la comtesse sa tante avait si habilement gouverné. Il se conforma scrupuleusement aux instructions qu'elle lui avait tracées dans son testament ; il hérita surtout des sympathies profondes que Marguerite avait conservées jusqu'à sa mort pour la Franche-Comté. Rien ne put jamais distraire le puissant monarque de la bienveillante sollicitude avec laquelle il veillait sur les destinées de cette province de prédilection. Chaque ville reçut quelque témoignage particulier de sa libéralité et de son affection ; c'est à des Comtois qu'il confia les postes les plus importants de son gouvernement ; à sa cour, dans son intimité, il aimait à se sentir entouré de ces fidèles Bourguignons, et l'histoire en cite un nombre considérable qui, par l'éclat de leurs services ou l'importance de leur position, ont participé à la gloire de son règne.

La mort de Charles-Quint mit un terme à cette ère de splendeur et de prospérité ; le fanatique Philippe II compromit au dedans et au dehors les destinées de la Franche-Comté. L'inquisition, établie par lui, fit couler des flots de sang, jeta la perturbation dans ces populations tolérantes et paisibles, excita les passions religieuses et entraîna le pays dans les luttes désastreuses du XVIe siècle. En février 1595, le bailliage d'Amont fut envahi par six mille soldats lorrains, commandés par deux anciens capitaines ligueurs, d'Aussonville et Beauvau-Tremblecourt, qui promenèrent dans toute la contrée le pillage, le meurtre et l'incendie. Cette expédition livrait les clefs de la province à Henri IV, qui, quelques mois plus tard, y remportait la célèbre victoire de Fontaine-Française et se vengeait sur les habitants inoffensifs des justes griefs qu'il avait contre le roi d'Espagne. Ce n'était là encore que le commencement des épreuves auxquelles était réservé ce malheureux pays ; le traité de Vervins remit les choses dans l'état où elles étaient avant la guerre, c'est-à-dire dans un provisoire plein de périls.

Richelieu reprit l'œuvre de Henri IV, et le prince de Condé pénétra en Franche-Comté. Les haines séculaires de la France et de l'Espagne semblaient

Lure.

avoir adopté cette province pour champ clos; c'est là, en effet, que se vidaient toutes les querelles; mais plus la constitution de l'unité française rendait indispensable l'incorporation de ce pays, plus les habitants luttaient avec énergie et désespoir contre ce qu'ils appelaient la domination de l'étranger et la perte de leur indépendance.

La résistance aux efforts de Richelieu, guerre de dix ans, amena successivement dans le pays les plus illustres capitaines du temps; après Condé, ce furent Turenne, Villeroy, Longueville et ce prince de sanglante mémoire, Bernard de Saxe-Weimar, le fléau du bailliage d'Amont, pillant, rançonnant, dévastant tout sur son passage; il ne s'attaquait qu'aux petites places; il prit Jonvelle, Jussey, Champlitte, Pierrecourt, et, comme les habitants de ce village avaient tué quelques hommes de son avant-garde, il livra les habitations aux flammes et passa la population au fil de l'épée.

Aux attaques incessantes qui s'acharnaient contre elle, la Franche-Comté opposa victorieusement l'indomptable énergie de quatre villes, Dôle, Gray, Salins et Besançon, qui repoussèrent tous les assauts comme elles rejetaient toutes les offres de capitulation; le génie patriotique de deux capitaines comtois, le baron d'Arnans et Lacuzon, qui se maintenaient dans les montagnes et qu'aucun échec ne pouvait ni abattre ni décourager; enfin, l'héroïque et mâle courage d'une femme, de la jeune et belle comtesse de Saint-Amour, dont l'exemple entraînait sur les remparts des villes assiégées les mères, les femmes et les filles des combattants. Louis XIV n'aurait sans doute pas été plus heureux que Henri IV et Richelieu, si, comme eux, il n'avait eu recours qu'à la force de ses armes; mais, profitant de la position qu'avait maintenue la paix de Munster, en 1648, laissé en possession de plusieurs places au cœur du pays, il fit de là le siège des consciences, et toutes ne furent pas imprenables comme les glorieuses cités comtoises. Éblouis par les pompes de Versailles, gagnés peut-être aussi par d'autres séductions, l'abbé de Watteville pratiqua la noblesse, d'Aubépin fit circonvenir la bourgeoisie des parlements; le peuple, trahi par ses anciens chefs, abandonné par l'Espagne épuisée, n'eut même plus à défendre ses forteresses, que les gouverneurs livraient à prix d'argent. Le 4 juillet 1674, dernier effort de la nationalité comtoise, la ville de Faucogney succombait après trois jours d'assaut, les habitants étaient passés par les armes, la conquête était accomplie, et Louis XIV pouvait se faire représenter sur un arc de triomphe en conquérant et en dominateur de la Franche-Comté. Nous avons ailleurs caractérisé son règne et celui de ses successeurs; c'est un sujet sur lequel il serait plus pénible encore qu'inutile de revenir. Si le bailliage d'Amont ne fut français réellement et de cœur que depuis 1789, il a pris dès lors une bonne et glorieuse place dans la nouvelle famille; le bataillon de la Haute-Saône en 1792, les patriotes comtois en 1814 et 1815 ont scellé de leur sang le pacte d'alliance qui les unit pour toujours à la France.

L'année 1870-1871 réservait à ce département une nouvelle et douloureuse occasion de montrer son patriotisme.

A la fin de la notice historique que nous avons consacrée au département du Doubs, nous avons raconté les événements de la guerre franco-allemande qui ont eu pour théâtre le territoire de ce département, c'est-à-dire de la lamentable retraite de la première armée de la Loire vers la frontière suisse, après les combats d'Héricourt et de Montbéliard. Nous nous proposons de reprendre notre récit un peu plus haut et de faire connaître les faits militaires concernant la même armée, qui se sont accomplis à cette époque dans le département de la Haute-Saône, notamment les batailles de Villersexel et d'Héricourt.

Dès le 3 janvier 1871, la première armée de la Loire devenue l'armée de l'Est, placée sous les ordres du général Bourbaki, se mettait en mouvement. Le général en chef prenait ses dispositions pour se porter sur Belfort et débloquer cette place, assiégée par le général allemand de Werder, commandant le XIVe corps ou corps d'opérations d'Alsace. A cette date, Vesoul était occupé par les troupes du XIVe corps, une brigade badoise était à Gray, la division Schmeling à Villersexel, à l'embranchement des routes de Dijon, Gray et Vesoul

sur Montbéliard et Belfort. Héricourt était gardé par divers détachements ennemis. Le 4 janvier, la division Cremer reçoit l'ordre de marcher sur Vesoul; mais les avant-postes français rétrogradent sur Gray, et notre armée se dirige directement sur Belfort. Le général de Werder manœuvre de façon à couper la route de l'armée française, qui était, hélas! très mal équipée et mal nourrie. Le 8 janvier, celle-ci était signalée à Montbozon, et les deux armées, suivant deux routes convergentes, se trouvaient à 20 kilomètres environ de Villersexel où ces routes se croisaient. Le 9, la division Schmeling enlevait Villersexel; mais l'armée française arrivait successivement et se présentait devant la petite ville fortement retranchée par les troupes allemandes. A dix heures du matin, le combat s'engage et se prolonge jusqu'à dix heures du soir. La ville, clef de la position et qui a donné son nom à la bataille, est prise et reprise et finit par nous rester. Le général Bourbaki déploya dans cette journée son audace habituelle, menant lui-même au feu ses colonnes d'attaque. Nous restons maîtres des positions; l'ennemi, abandonnant le champ de bataille, se retire sur Lure, au nord, et de là rejoint le corps de blocus devant Belfort, amenant au général de Werder un renfort urgent. La présence du général Cremer sur la route de Vesoul à Lure eût amené un désastre pour l'ennemi; malheureusement, un froid de 18° au-dessous de zéro avait retardé le jeune et vigoureux général, qui le 8 seulement quittait Dijon, et l'empêchait d'arriver à temps pour la bataille du lendemain. Les Allemands perdirent plus de 1,000 hommes à la bataille de Villersexel.

Le 10 janvier, le général français laisse reposer ses troupes exténuées; le 11, il reprend sa marche vers les positions ennemies de la Lisaine, mais avec une grande lenteur, tant le froid est intense. Le 13, l'armée française repoussait à d'Arcey, à 20 kilomètres de Villersexel et à 15 de Montbéliard, les avant-postes allemands; sa gauche était devant Lure et forçait le colonel Willisen de se replier, le 14, sur Ronchamp. Pendant la nuit du 14 au 15, le thermomètre descend à 17° Réaumur au-dessous de zéro. Dès le matin pourtant, Bourbaki recommence ses attaques contre les lignes de la Lisaine, et essaye d'enlever d'abord Chagey, à la droite des Allemands. Repoussé, il tente inutilement jusqu'au soir de percer la ligne à Lure et à Héricourt. « La canonnade ne discontinue pas, écrit l'auteur de l'ouvrage intitulé : *la Guerre au jour le jour (1870-1871)*. Vers midi, une vigoureuse attaque est dirigée sur le centre de la position de Werder, à Busserel et à Béthancourt. Les chemins sont détestables et glissants. La division Cremer, retardée par la marche sur la gauche du XVIII° corps, ne peut entrer en ligne qu'à trois heures. En résumé, pendant cette journée, nous tentons vainement d'enfoncer le centre et nous couchons sur nos positions. » Le 16, la bataille recommence au point du jour, du côté d'Héricourt et de Busserel, puis près de Montbéliard. Le 17, après avoir combattu de huit heures du matin à quatre heures du soir, après une lutte héroïque de trois jours, le général en chef reconnaît l'impossibilité de forcer le passage et ordonne la retraite. L'ennemi, dont les troupes sont aussi fatiguées que les nôtres, n'ose nous poursuivre. Le général Bourbaki apprend alors que le VII° corps allemand menace ses lignes de retraite ; il donne ses ordres pour hâter la marche de l'armée sur Besançon, ne se dissimulant pas l'épouvantable position dans laquelle il va se trouver.

On sait le reste. Notre armée, décimée et en désordre, ne put se réorganiser et dut se résigner à passer désarmée la frontière de la Suisse hospitalière.

Les pertes occasionnées au département de la Haute-Saône par l'invasion se sont élevées au chiffre considérable de 13,825,505 fr. 86.

HISTOIRE ET DESCRIPTION DES VILLES, BOURGS ET CHATEAUX LES PLUS REMARQUABLES

VESOUL (lat., 47° 37′ 26″; long., 3° 49′ 6″ E.). — Vesoul (*Vesulum, Castrum Velosense*), importante station des lignes de chemins de fer de Vesoul à Besançon et Lyon ; de Nancy à Gray, par Vesoul ; de Paris à Belfort, Delle et Bâle (section de Jussey à Montreux-Vieux), appartenant, la première, au réseau Paris-Lyon-Méditerranée, et les deux autres au réseau de l'Est, à 362 kilomètres au sud-est de Paris, chef-lieu du département de la Haute-Saône, dans une jolie vallée, au confluent du Durgeon et de la Colombine, peuplé de 9,026 habitants, chef-lieu d'un arrondissement et d'un canton, siège d'un tribunal de première instance, d'une société d'agriculture, d'un lycée, d'une école normale préparatoire et d'une école secondaire ecclésiastique, était autrefois une des deux principales villes du bailliage d'Amont, avec présidial, prévôté, recette, maîtrise particulière, chapitre fondé d'abord à Calmouthier au XI° siècle, transféré à Vesoul au XVI° et uni à son église par une bulle du pape Alexandre VII, en 1658 ; dépendait du diocèse, du parlement et de l'intendance de Besançon.

Quoique aucun document authentique ne vienne confirmer cette version, Vesoul passe pour une ville de très ancienne origine ; les Romains l'auraient trouvée florissante déjà parmi les cités séquanaises, et l'auraient fortifiée, d'où lui serait venu son surnom de *Castrum*. C'est en 899 qu'il est fait mention pour la première fois de Vesoul, dans les actes de saint Adelphe. On doit supposer que, dans la constitution des anciens royaumes de Bourgogne, cette ville avait été inféodée aux domaines des archevêques de Besançon. A la fin du X° siècle, Henri le Grand, duc de Bourgogne, secondé par Lambert, comte de Châlon, vient l'assiéger et s'en rend maître ; elle passe ensuite aux mains des seigneurs de Faucogney, vicomtes héréditaires, qui y résident pendant les deux siècles suivants et prennent souvent dans leurs actes le titre de *proconsuls de Vesoul ;* enfin, dans une pièce de 1183, la comtesse Béatrix, femme de l'empereur Frédéric Barberousse, déclare tenir le château de Vesoul comme fief de l'église de Besançon. Bientôt cette obscurité va se dissiper et l'histoire de la ville prendra plus de clarté et de précision. En 1360, une bande de ces Anglais indisciplinés connus sous le nom d'*écorcheurs* se répand dans le bailliage d'Amont et, après avoir dévasté les campagnes, s'abat sur la ville, la pille, la brûle et en passe les habitants au fil de l'épée.

En 1369, c'est un parti d'Allemands qui se rue sur Vesoul, dont les ruines sont à peine relevées. Ces désastres inspirent aux ducs de Bourgogne la pensée de mettre à l'abri de nouveaux malheurs une des villes les plus importantes de la Comté ; Jean de Rochefort, maître de l'artillerie, est chargé de la fortifier. Cet habile homme de guerre dirigea lui-même les travaux et, se conformant aux règles de l'art à cette époque et aux exigences du terrain, il resserra les habitations dans une enceinte moins étendue.

Si de solides remparts et de hauts bastions éloignent parfois l'ennemi des places qui en sont munies, souvent aussi l'importance qu'elles tirent de leurs moyens de défense appelle sur elles, plus terribles, plus implacables, les calamités de la guerre. Vesoul en est un triste exemple. Dès que commencent les luttes sérieuses de la Bourgogne et de la France, Louis XI dirige contre cette place un corps commandé par le sire de Craon. Les assiégés, sous la conduite d'Herman de Vaudrey et de Nicolas de Mont-Saint-Ligier, capitaine de la ville, firent d'abord une victorieuse résistance : une vigoureuse sortie les débarrassa même des Français, contraints à la retraite; mais, la même année 1479, Charles d'Amboise reparut sous les murs de Vesoul avec de nouvelles forces, et cette fois, malgré tous les efforts de la garnison et des habitants, la place fut emportée, livrée à toute la vengeance des vainqueurs, et, selon l'expression effroyablement pittoresque d'un chroniqueur du temps, laissée *comme champestre*. Il fallut un siècle tout entier à Vesoul pour se relever de ce coup terrible. Ses plaies étaient à peine cicatrisées qu'un autre fléau plus épouvantable encore vint s'acharner sur sa malheureuse population. En 1566, la peste s'y déclara avec une telle violence qu'après la mort des uns et la fuite des autres il ne resta dans la ville que soixante-quinze habitants. Cette période n'offre qu'une suite de désastres plus lamentables les uns que les autres. Aux grandes compagnies succèdent les anabaptistes d'Allemagne, puis les Jacques; puis, dans l'intervalle, les bandes impériales se rendant de Flandre ou d'Allemagne en Italie traversent le pays, pillent, rançonnent et brûlent tout sur leur passage.

C'est à cette déplorable époque que se rattache un épisode longtemps tenu pour miraculeux et dont le souvenir vit encore parmi les traditions de la contrée. En 1557, une armée allemande, forte de mille lansquenets et de douze cents reitres, se trouvant de passage près de Vesoul, se mutina contre son chef, le baron de Polviller, en demandant à grands cris et avec menaces son arriéré de solde ou le sac de la ville. Polviller, qui n'avait pas d'argent à leur donner et qui, d'ailleurs, n'était pas assez scrupuleux pour se formaliser d'une pareille proposition, consentit à ce qu'exigeaient ses soldats et prépara tout pour l'assaut, déjà, disent les historiens, les échelles étaient dressées, lorsqu'un auxiliaire inattendu vint en aide à la ville peu préparée à se défendre. Dans une montagne, près de Frotté, à quatre kilomètres de Vesoul, s'ouvre une caverne d'environ quatre-vingt-dix pieds de largeur sur cent vingt de profondeur. Au fond est un gouffre étroit, le *Frais-Puits*, d'où il ne sort ordinairement qu'un mince filet d'eau; mais, lorsqu'il a plu plusieurs jours de suite, on voit l'eau monter, remplir le puits et la caverne, s'élancer jusqu'à vingt-cinq et trente pieds au-dessus et inonder les campagnes voisines. « Or,
» il advint, raconte naïvement un historien con-
» temporain, que les soldats de Polviller étant prêts
» à marcher avec quelques pièces d'artillerie me-
» nue et des échelles, pour forcer et emporter la
» ville et la mettre à sac, *Frais-Puits* se mit su-
» bitement à vomir tant d'eau, quoiqu'il n'eût plu
» sinon vingt-quatre heures ou environ, qu'en
» moins de cinq ou six heures, toute la campagne
» en demeura couverte, ce qui fit croire aux sol-
» dats que les habitants avoient en leur puissance
» quelque cataracte par la levée de laquelle on
» pouvoit baigner la campagne et noyer tous ceux
» qui se trouveroient sur icelle. Et en cette fan-
» taisie se retirèrent à la hâte, quittant la plaine
» pour se sauver au-dessus des montagnes, sans
» plus vouloir descendre pour demander le *guett*,
» abandonnant échelles, artillerie, tambours et
» autres choses, voire, chose incroyable entre les
» Allemands, les bouteilles et les barils. »

Le *Frais-Puits* ne déborda pas toujours aussi à propos; quelques années plus tard, en 1569, il laissait le duc de Wolfgand traverser en toute sécurité le bailliage d'Amont et ravager tous les environs de Vesoul.

Le règne de Henri IV et sa lutte contre l'Espagne attirèrent de nouveaux orages sur la malheureuse ville. En 1595, lors de l'invasion du bailliage par les bandes lorraines, Tremblecourt, après s'être assuré de l'inaction des places environnantes qu'il avait soumises ou réduites à capituler, vint investir Vesoul avec toutes ses forces. Cette ville, dont les remparts étaient en ruine et qui n'avait pour garnison que deux compagnies de milice bourgeoise, ne se trouvait guère en état de tenir contre une armée de six mille hommes : aussi M. de Sorans, qui y commandait, aima-t-il mieux négocier que d'exposer ses compatriotes à subir la loi du vainqueur, et, pour satisfaire à la première sommation du chef des Lorrains, il consentit à lui payer une contribution de guerre de douze mille écus, mais à la condition que ses soldats ne commettraient ni vols, ni violences, ni meurtres. Cette convention acceptée, Tremblecourt entra dans Vesoul avec ses gens, qui s'y livrèrent, malgré la foi jurée, à toutes sortes de désordres et s'y comportèrent comme en une ville prise d'assaut. Pendant que ces choses se passaient, Nicolas Cornini, lieutenant de Tremblecourt, assiégeait Noroy-l'Archevêque, bourg à peu de distance de Vesoul, et menaçait les habitants de ne faire qu'un monceau de ruines de leurs maisons s'ils se refusaient à lui payer une forte somme. A cette nouvelle, les Vesuliens, mus par un sentiment de solidarité patriotique d'autant plus admirable qu'eux-mêmes se trouvaient dans une position malheureuse, s'empressèrent de venir en aide à leurs voisins, en apportant à Cornini leur or, leur argent, leur vaisselle, jusqu'aux anneaux et bracelets de leurs femmes. Ce noble sacrifice ne put cependant sauver Noroy, gros bourg à l'est de Vesoul. Cornini, sous prétexte que la rançon n'avait pas été payée dans le délai prescrit, livra le malheureux bourg aux flammes et au pillage. L'arrivée de don Velasco, connétable de Castille, à la tête d'une forte armée de Comtois et d'Espagnols, mit pour quelque temps un terme à ces calamités. Assiégé à son tour dans Vesoul, Tremblecourt ne put défendre qu'un jour la ville; mais il se maintint près d'un mois dans le château, et ne se rendit que faute d'eau et après avoir vu de Loupy, un de ses lieutenants, tué à ses côtés d'un coup de mousquet.

Les Lorrains obtinrent de quitter la citadelle avec armes et bagages. Après leur évacuation, le marquis de Fuentès la fit raser comme étant d'un entretien trop coûteux. La même année, Henri IV entra dans la place sans opposition et taxa les bourgeois à une somme considérable. Le traité de Vervins (2 mai 1598) remit, comme on sait, chacune des puissances belligérantes en possession des territoires qu'elles occupaient avant la dernière guerre; Vesoul avait donc été rendue à l'Espagne, quand Richelieu recommença la lutte. L'année 1638 est une date funeste dans les annales de Vesoul. Non seulement la ville était sans cesse sous le coup d'une attaque des Français, elle était encore exposée aux violences et aux brigandages des prétendus alliés qui couvraient la campagne environnante. Une horrible famine vint mettre le comble à toutes ces misères. Les paysans fuyaient leurs habitations ruinées et s'entassaient dans les villes pour y disputer à leurs habitants les provisions qu'on y supposait moins rares; le grain, après avoir atteint les prix les plus élevés, manqua complètement; on vécut d'herbages et d'animaux immondes; la faim ne recula pas même devant la chair humaine. Les troupes de Charles de Lorraine, cantonnées aux environs de Vesoul, après s'être nourries de bétail mort qu'elles déterraient, en arrivèrent à manger les soldats tués dans les combats, et les historiens parlent d'un chirurgien qui, venant de faire à un blessé l'amputation d'une main, la demanda pour son salaire et la dévora. Réduite à de pareilles extrémités, la population fut encore rançonnée en 1641 par le comte de Grancey et en 1643 par le comte de La Suze. Enfin un dernier coup manquait pour couronner cette triste campagne; Turenne le porta l'année suivante. Quoique la ville épuisée eût à peine essayé une faible résistance, quoique les termes de la capitulation garantissent la vie sauve aux habitants, le vainqueur laissa ses soldats égorger dans le couvent des Annonciades un grand nombre d'enfants et de femmes qui y avaient cherché un asile contre leur fureur; puis, joignant l'avidité à la barbarie et au parjure, il frappa sur les vaincus une contribution de guerre telle que, pour la payer, il leur fallut vendre leurs vases sacrés et les cloches de leurs églises.

Il ne faut donc pas s'étonner si, dans les deux guerres d'invasion que Louis XIV entreprit contre la Franche-Comté, le rôle politique de Vesoul est considérablement amoindri. Cette place, entièrement démantelée, ne pouvait plus même songer à se défendre contre le puissant monarque dont les armées couvraient la province. Vesoul courba la tête et attendit en silence l'heure de la réparation. Toutefois, un drame sanglant vint dès le début attrister l'élan enthousiaste et les généreuses illusions qu'excitait à Vesoul la transformation politique de 1789.

A Quincey, village près de Vesoul, s'élevait un château appartenant à M. de Mesmay, conseiller au parlement de Besançon. Ce magistrat franc-comtois n'était pas aimé : on le savait hostile à toutes les idées nouvelles, et il était l'un des nobles qui avaient, comme membre du parlement, protesté contre la double représentation. M. de Mesmay, à la nouvelle de la prise de la Bastille, ne se croyant pas en sûreté, quitta la province; mais, en partant, il avait recommandé aux gens de son service d'ouvrir le château à une fête patriotique. Le 19 juillet 1789, c'était un dimanche, les paysans du voisinage s'y rendirent en grand nombre. Ils s'étaient réunis dans un bosquet attenant au château, et là ils se livraient à la joie, lorsqu'on entendit tout à coup, entre onze heures et minuit, une épouvantable explosion et on vit le sol jonché de morts et de blessés au milieu de décombres et de ruines fumantes. Un baril de poudre, qui venait de prendre feu, avait causé la catastrophe. L'exaspération fut profonde; le fait fut porté le 25 juillet devant l'Assemblée nationale; l'enquête générale ordonnée ne donna que d'insuffisantes explications sur les causes de cet effroyable accident; de sinistres rumeurs continuèrent à circuler, et l'impunité de ce qu'on pouvait considérer comme un crime, envenimant les haines de caste, entraîna de sévères représailles contre plusieurs châteaux des environs.

Dans les derniers jours de 1813, la Franche-Comté fut envahie par la redoutable armée du prince de Schwarzenberg; son aile droite descendit des Vosges sur Vesoul, qui ne pouvait résister : les souverains de Prusse, d'Autriche et de Russie y eurent pendant quelque temps leur quartier général. Vesoul a consacré les longues années de paix qui suivirent au développement de son commerce et de son industrie, sans renoncer cependant au culte de la littérature et des beaux-arts, qui est traditionnel dans son intelligente population; mais la funeste guerre franco-allemande de 1870-1871 lui réservait de nouvelles épreuves. Le 19 octobre 1870, le général allemand de Werder atteint le chef-lieu de la Haute-Saône, et l'occupation par les troupes ennemies ne cesse qu'après le traité de Francfort.

Cette ville est située sur le Durgeon, dans un bassin d'une grande fertilité, où coulent deux petites rivières, la Colombine et l'Échenoz, qui y réunissent leurs eaux, et dont les limites sont dessinées par une ceinture de collines peu élevées sur lesquelles s'étagent de riches vignobles. Elle est dominée par une montagne conique de 215 mètres de hauteur qu'on nomme la Motte de Vesoul, et que couronne une statue de la Vierge; les flancs de cette montagne, quoique escarpés, sont cependant couverts de vignes et de pâturages. De son sommet, le regard embrasse un panorama aussi vaste qu'intéressant. Les six ou sept cents maisons de Vesoul, groupées au pied de cette pittoresque éminence, forment des rues larges, bien percées et bien entretenues. On n'y remarque aucun édifice ancien, ce qui s'explique par les nombreuses transformations que la guerre a fait subir à cette intéressante cité; mais il y a de grandes et belles constructions, surtout parmi les monuments d'utilité publique; avant de les énumérer, constatons la salubrité due à une heureuse situation et aux soins, à la propreté de la population. Trois places, ornées d'élégantes fontaines, donnent accès à l'air agréablement rafraîchi et sans cesse renouvelé. L'église paroissiale possède un maître-autel d'une grande richesse et un mausolée décoré de figures très remarquables. L'hôtel de ville mérite d'être cité, ainsi que le palais de justice, les quartiers de cavalerie construits en 1777, l'hospice civil et militaire, l'hôtel de la préfecture, qui ne date que de 1822, la salle de spectacle, le musée, riche en antiquités gallo-romaines, et la bibliothèque publique, riche de plus de 26,000 volumes. De charmantes promenades entourent la ville; une excursion des plus intéressante est celle au hameau des Rêpes, à 2 kilomètres de Vesoul. On y a découvert, en 1715, une source d'eau minérale saline froide; sa limpidité est extrême, et la quantité de sel qu'elle contient en dissolution est considérable : elle est purgative. L'arrondissement de Vesoul étant plus agricole qu'industriel, le mouvement de ses foires et de ses marchés entre pour beaucoup dans son importance commerciale; toutefois, il y a des magasins permanents de grains, vins, épiceries, fers, fourrages, clous et cuirs, où se traitent journellement de grandes affaires; les sels de la Lorraine s'y entreposent aussi en quantité considérable; enfin l'industrie y est représentée par des fabriques de calicots percales, percales, droguets et bonneterie, par de nombreux métiers à tourner, par des blanchisseries de cire, des teintureries, des tanneries et des chamoiseries.

Vesoul a donné le jour à Simon Renard, ambassadeur de Charles-Quint en France et négociateur du mariage de Marie d'Angleterre avec Philippe II; aux historiens Balin, Labbé, Villers, dom Couderet et Renaudot; au célèbre astronome Joseph Beauchamp, membre de l'Institut d'Égypte; au physicien Petit; aux médecins Billard et Marc. Vesoul, en outre, a donné au parlement de Dôle neuf présidents et trente-six conseillers, et peut enfin revendiquer comme ses enfants, parce qu'ils sont nés dans ses environs : Richardot, évêque d'Arras, une des lumières du concile de Trente; le colonel de La Verne, l'intrépide défenseur de Dôle en 1636; le bénédictin Berthold, un des principaux bollandistes.

Les armes de la ville sont : *de gueules, au croissant d'argent, au chef d'azur semé de billettes d'or, chargé d'un lion issant de même.*

Jussey. — Jussey, station de la ligne du chemin de fer de Paris à Belfort, Mulhouse, Delle et Bâle, sur l'Amance, qui s'y divise en plusieurs bras, et à 2 kilomètres de la Saône, au pied de coteaux élevés, chef-lieu de canton, arrondissement et à 38 kilomètres au nord-ouest de Vesoul, est une petite ville d'origine fort ancienne, peuplée de 2,996 habitants. De nombreux débris d'antiquités trouvés dans les environs, les restes d'une voie romaine et les fondations de vastes édifices qui existent sur le territoire de la ville prouvent que la fondation de Jussey remonte au moins à la période romaine. Au moyen âge, ce fut une place fortifiée ; on trouve dans les champs voisins de profondes ravines qui paraissent avoir été jadis des fossés d'enceinte ; on conserve dans ses archives des lettres patentes de Philippe II, roi d'Espagne, à la date de 1580, portant exemption, pour les habitants de la ville de Jussey, de toutes tailles et arrérages d'impositions, pour leur faciliter les moyens de réparer les fortifications et les portes de la ville, ruinées par les guerres. Il y avait aussi un château fort, dont la garnison capitula en 1595 après avoir longtemps résisté aux bandes de Tremblecourt ; ce château fut dévasté, et sur ses ruines on éleva un couvent de capucins en 1621. Du XVe au XVIIIe siècle, Jussey est une des villes qui eurent la plus large part dans toutes les calamités qui désolèrent la province. Elle possédait un antique hôpital qui fut supprimé en 1696 et réuni à celui de Vesoul. Au cours de la guerre franco-allemande de 1870-1871, cette ville est tombée aux mains des troupes ennemies, dont elle n'a été délivrée qu'après la signature du traité de Francfort.

La position de Jussey est des plus agréables ; cette ville est bâtie au pied des montagnes des Vosges, près du confluent de la Saône et de l'Amance, à l'entrée d'un vallon fort étendu, mais entouré par des coteaux très élevés. La partie basse s'ouvre davantage, et présente, à la sortie de la ville, du côté de la Haute-Marne et des Vosges, le bassin magnifique d'une spacieuse prairie partagée par une longue et large chaussée et fécondée par les méandres des deux rivières. L'eau est un luxe de Jussey, presque chacun des habitants de la rue principale a une fontaine dans sa cave ou un réservoir dans son jardin ; et, en outre, quatre fontaines publiques subviennent aux besoins des maisons moins favorisées. L'industrie y est représentée par des tanneries, des ateliers de tissage, des fabriques de droguets, filature de laine, huilerie, teinturerie, moulin à foulon ; il s'y tient une foire le dernier mardi de chaque mois.

Jussey a vu naître le botaniste Alex. Cordienne.

Les armes de cette ville sont : *de sable, au lion d'or, armé et lampassé de gueules, à la bordure d'or.*

Corre. — Corre, sur la rive droite du Coney, au-dessous du confluent de cette rivière avec la Saône, canton de Jussey, arrondissement et à 41 kilomètres au nord-nord-ouest de Vesoul, est aujourd'hui un modeste village peuplé de 648 habitants ; c'est un lieu de transit pour les bois de marine, la boissellerie, les grains, les meules de grès, la verrerie et la poterie. On y remarque un pont suspendu.

Le territoire qu'il occupe fut très probablement le sol de la riche et puissante ville *Dittation*. Nous ne saurions mieux faire, pour donner à nos lecteurs une idée des nombreuses et importantes antiquités que Corre possède, que d'emprunter quelques lignes à la savante et spirituelle description qu'en a donnée M. Monnier, conservateur du musée de Dôle : « Une fois arrivé à Corre, dit-il, vous ne ressentez plus de fatigues, la vue des monuments épars vous les fait oublier. Ici, vous voyez une vache s'abreuver dans un vieux sarcophage apporté près d'un puits ; là, des laveuses blanchir le linge sur un bas-relief couché dans la rivière. Ailleurs, l'adjoint au maire se délasse, à l'entrée de sa demeure, sur le torse d'un Apollon Pythien ; et à l'église le bénitier n'est autre chose que le buste renversé d'une statue en marbre blanc. Dans les jardins de M. ***, on est passé en revue par des sénateurs et contrôlé par de vénérables matrones, personnages à longues robes devant lesquels un Français a honte de paraître en petit frac à l'anglaise. Ces antiquités romaines appartiennent, pour la plupart, à des autels consacrés aux dieux mânes, et sortent de chènevières placées à la jonction de la Saône et du Coney. La rive gauche du Coney a mis à jour, sous la pioche du vigneron, des cercueils et des tombeaux à figures. Au reste, sur tous les points du territoire, le hasard restitue des antiquités précieuses. Un jour, un laboureur se reposant vers l'heure de midi voit une motte de terre remuée par une taupe ; il s'avance pour tuer l'animal, et trouve une pièce d'or qui venait d'être rendue à la lumière : c'était une médaille de César ayant au revers un quadrige. Un des beaux monuments découverts en 1882, représentant des personnages taillés en demi-relief dans une niche cintrée et ornée de draperies, se voit dans l'habitation de M. Barbey... »

PONT-SUR-SAONE. — Port-sur-Saône (*Portus Abucinus*), station de la ligne du chemin de fer de Paris à Belfort-Mulhouse et Bâle (réseau de l'Est), sur la rive gauche de la Saône, arrondissement et à 13 kilomètres au nord-nord-ouest de Vesoul, chef-lieu de canton, peuplé de 2,012 habitants, fut pendant longtemps une des villes les plus considérables de la Franche-Comté, et jusqu'au Xe siècle environ donna son nom à un canton ou *pagus* dont l'étendue égalait celle du département actuel de la Haute-Saône. Saint Vallier, archidiacre de Langres, se dirigeant vers les montagnes du Jura, fut arrêté à Port par les Vandales et subit le martyre. Les longues investigations auxquelles se sont livrés les archéologues de diverses époques semblent démontrer que l'ancienne ville était située un peu plus bas que le bourg actuel. Outre les tuiles, les mosaïques, les médailles et les fragments d'architecture découverts à Port et au hameau de Saint-Valère, qui en est très proche, on distingue encore, sur le plateau de la vigne des Pères, en amont du pont, deux lignes de pierres entassées, noircies, couvertes d'épaisses broussailles ; elles ont une hauteur moyenne de 1 à 2 mètres sur une épaisseur de 3 à 4 à la base ; au lieu d'être pleine, cette muraille présente à l'intérieur trois petites galeries parallèles, dirigées dans le sens de sa longueur et séparées l'une de l'autre par un intervalle de 0^m,30 environ. Cette bizarre disposition laisse de l'incertitude sur la destination primitive de la construction dans laquelle les uns voient un ancien aqueduc et les autres un simple mur d'enceinte.

Dans ses savantes études sur les patois de la Franche-Comté, M. Dartois a consigné l'observation suivante, qui est particulièrement applicable à Port-sur-Saône : pour désigner la rive droite et la rive gauche de la Saône, les mariniers se servent encore des mots *riaume*, *spire*, qui désignent, l'un la Bourgogne appartenant au royaume de France ; l'autre l'Empire, dont la Comté était une dépendance. Le commerce de Port, fort important jusqu'aux guerres contre la France, fut presque complètement anéanti du XVe au XVIIe siècle ; la ville fut dévastée en 1595. Le nouveau pont, seul édifice à citer, est remarquable par son élégance et sa solidité.

Il y a à Port-sur-Saône des moulins à farine, des scieries mécaniques, des tanneries et des teintureries ; on y construit des bateaux, et le commerce des bestiaux y est assez considérable. C'est la patrie de Bureau de Puzy.

AMANCE. — Amance, chef-lieu de canton de l'arrondissement de Vesoul, situé à 24 kilomètres au nord de cette ville, sur la Superbe, petit affluent de gauche de la Saône, est un bourg peuplé de 934 habitants.

On peut faire remonter aux premiers temps du moyen âge l'origine d'Amance qui, dès le commencement du Xe siècle, constituait déjà une terre dont le seigneur avait le titre de comte : Du Chesne cite une charte où il est dit que, vers 915, l'un des Vergy, Manassès Ier, fit transporter au territoire d'Autun le corps de saint Vivant, qui avait reposé jusque-là dans un monastère situé *in comitatu Amanso*, au comté d'Amance, *distans sex millibus ab Arari*, à six mille pas de la Saône. Cette double indication topographique désigne clairement le bourg d'Amance et l'abbaye de Faverney. La vaste terre d'Amance, d'abord possédée par cette abbaye, faisait partie au XIIe siècle du domaine des comtes souverains de Bourgogne, comme le prouve l'acte d'association qui fut passé, en 1276, entre le monastère de Faverney et Alix de Savoie, comtesse de Bourgogne. Auparavant, les comtes souverains ne jouissaient à Amance que des honoraires du gardiennat de Faverney. Par le traité d'association, il leur fut permis d'y bâtir un château qui les mit plus à portée de protéger l'abbaye et de veiller sur ses droits. Le château fut immédiatement construit avec tours, remparts, fossés larges et profonds, le tout dans de grandes dimensions.

Malgré ses fortes défenses, le château d'Amance fut occupé en 1475 par les troupes de Louis XI ; mais il fut repris dans la même année. Un siècle plus tard, en 1595, le château d'Amance tomba au pouvoir des Lorrains de Tremblecourt, mais il ne fut saccagé et pillé que pendant les désastreuses guerres de 1636 et années suivantes.

Héricourt.

On voit par le traité de 1276 cité plus haut, qu'Amance se composait, comme à présent, de trois villages : le Bourg, le Mont et le Magny.

La population d'Amance s'adonne à l'agriculture ; néanmoins, on y compte aujourd'hui deux moulins, deux huileries, une teinturerie, quatre tisseranderies et deux fabriques de poteries. On y exploite également une carrière de pierre dite castine.

Une des tours du château existe encore aujourd'hui ; on y lit cette inscription :

L'AN MIL CCCCLXXVIII
LE XX° JOR DE JULLET
FUT FONDÉE

C'est au château d'Amance qu'est mort, le 6 décembre 1373, Jean de Bourgogne. Son corps a été transporté dans l'église abbatiale de Faverney.

On y voit encore la pierre sculpturale qui couvrait son mausolée.

Scey. — Scey-sur-Saône, sur la rive droite de la Saône, au pied de coteaux boisés, arrondissement et à 17 kilomètres au nord-ouest de Vesoul, chef-lieu de canton peuplé de 1,728 habitants, est un des bourgs les plus anciens et les plus considérables du département. Des fouilles faites dans le clos d'une maison appelée le Duhel ont amené la découverte de médailles, de fondations anciennes et de restes de maçonnerie qui semblent prouver que les Romains avaient un établissement près d'un endroit où existe encore aujourd'hui une source d'eau salée. Pendant la période féodale, on sait que la partie connue sous le nom de *Bourg* était entourée d'un fossé et d'un rempart flanqué de tours dont il ne reste aucun vestige. La Révolution de 1789 a converti en hôpital un magnifique château que les Beauffremont possédaient à Scey depuis près de sept cents ans. On sait que cette famille passe pour s'être alliée à toutes les maisons souveraines de l'Europe. Il existait aussi dans les environs une abbaye de Bellevaux-lez-Cirey, dont les domaines, bornés à leurs quatre angles par quatre croix, étaient lieu d'asile; l'histoire locale mentionne enfin l'influence qu'exerçait dans la commune une association des frères de la Croix, qui ne fut dissoute qu'à la fin du siècle dernier.

Le bourg actuel n'a rien perdu de son importance dans sa transformation moderne, les habitants ont heureusement et habilement approprié à la vie nouvelle les richesses de leur sol et les avantages de leur situation. Rien ne manque à la prospérité de ce charmant pays, riant paysage, belle rivière, fontaines abondantes, riches pâturages, vignobles estimés, champs fertiles et bien cultivés. Il est traversé par la grande route de Besançon à Neufchâtel; il a un petit port très commerçant et un beau pont de quatorze arches construit sous le règne de Louis XIV; on y remarque, en outre, un beau parc et une croix en pierre datant de la Renaissance.

La grande industrie du fer et des cuirs vient encore ajouter à toutes ces richesses, et Scey possède de belles tanneries, des hauts fourneaux, des forges et des laminoirs.

Les armes de Scey-sur-Saône sont : *de vair plein*.

GRAY (lat., 47° 26′ 48″; long., 3° 15′ 22″ E.). — Gray (*Greium, Graium, Greyacum*), importante station des lignes de chemin de fer de Nancy à Gray par Vesoul, de Paris à Chalindrey-Gray, et d'Auxonne à Gray (réseau de Paris-Lyon-Méditerranée), sur la rive gauche de la Saône, à son confluent avec le ruisseau des Écoulottes et un bras de la Morte, bâtie en amphithéâtre dans une situation très agréable, à 55 kilomètres au sud-ouest de Vesoul, chef-lieu d'un arrondissement et d'un canton, est une ville peuplée de 7,401 habitants, siège d'un tribunal de première instance et de commerce, d'une société d'agriculture et d'un collège communal. Elle fut longtemps capitale du bailliage d'Amont, avec recette, présidial, maîtrise particulière, et dépendait du diocèse, du parlement et de l'intendance de Besançon.

L'importance de Gray comme ville ne remonte pas au delà du XIIIᵉ siècle, quoique son existence soit constatée dès le VIIᵉ par la mention qui en est faite dans la légende de l'évêque Miget. A cette époque reculée, c'était un simple village, dont la possession passa des comtes aux archevêques de Besançon. C'est au commerce et à la navigation de la Saône que Gray dut ses premiers accroissements. Les avantages de sa situation frappèrent le comte de Bourgogne Othon IV, qui, en 1287, y établit une université transférée plus tard à Dôle. Dès lors, Gray s'anima et s'embellit; ce fut le séjour de prédilection de Jeanne de Bourgogne, femme de Philippe le Long; cette princesse y résida à deux reprises, une première fois pendant sa brouille avec son époux et ensuite quand elle fut veuve; elle fit construire un château sur la colline qui domine la ville, y fonda une chapelle à laquelle fut affecté un chapitre composé de huit chanoines et d'un prévôt, chapitre qui a toujours été considéré depuis comme institution royale. Le château fut engagé dans la suite à des seigneurs particuliers. Aujourd'hui, il n'en reste rien.

Gray eut beaucoup à souffrir des ravages qu'exercèrent dans le pays les compagnies de routiers et les écorcheurs. La ville fut pillée et incendiée en 1360 en 1384. Pour éviter le retour de semblables désastres, on se décida à la fortifier en 1420 et on donna une organisation militaire à sa population. Cette circonstance, jointe au goût des armes, inné chez les Comtois, fit des habitants de Gray une garnison toujours prête au combat, à laquelle les événements donnèrent un rôle actif pendant près de trois siècles.

Le premier épisode de cette nouvelle phase des annales de Gray remonte à 1474. Georges de La Trémouille, gouverneur de Champagne, sachant Charles le Téméraire occupé au siège de Neuss, envahit le bailliage d'Amont avec une armée de Lorrains et de Français et vint menacer les murs de Gray; les habitants défendirent l'entrée de leur ville jusqu'à l'arrivée d'un secours de troupes bourguignonnes qui força l'ennemi à se retirer de l'autre côté des Vosges. Trois ans plus tard, en 1477, après la mort de Charles, les habitants de Gray, croyant à l'union de la princesse Marie avec le dauphin de France, avaient ouvert leurs portes aux lieutenants de Louis XI. Dès que la ruse du roi fut découverte, des intrigues s'établirent entre la ville et les partisans de l'héritière du dernier duc de Bourgogne. Claude de Vaudrey réunit dans les environs un corps de mille Suisses et Allemands et, profitant d'une sédition qui avait appelé à Dijon le sire de Craon, gouverneur de Gray, à la faveur d'une nuit d'orage, il traversa la Saône et escalada les murs de la place. Renforcé par les bourgeois qui se joignent à lui, il se jette sur la garnison française, la refoule dans la citadelle, l'y assiège et la force d'en sortir après des pertes énormes et au milieu des plus grands périls. Gray s'était prononcée, depuis le commencement de la lutte, avec tant d'énergie pour la maison d'Espagne, et Charles-Quint était tellement convaincu que cette place était le gage le plus solide de sa domination en Franche-Comté, que, dans son testament, il recommanda à Philippe II d'entretenir avec le plus grand soin les fortifications de Gray. Le célèbre ingénieur Ambroise Precipiano présida aux travaux exécutés à cette époque. Gray leur dut d'être la seule ville du pays d'Amont qui, en 1595, échappa aux dévastations de Tremblecourt. La stupeur que répandit dans ses murs la victoire inattendue de Fontaine-Française fit ce que la force des armes n'aurait peut-être pas pu opérer ; lorsque Henri IV vainqueur se présenta devant la ville, les portes lui en furent ouvertes à la première sommation.

Le temps n'était déjà plus, où, s'associant à l'héroïsme de leurs parents, dames et demoiselles vendaient leurs pierreries et leurs plus riches vêtements pour contribuer à la défense de leur cité. La population, au xviie siècle, était travaillée et divisée par les rivalités des classes et par les intrigues françaises.

Lorsque Louis XIV vint, en 1668, établir devant Gray son quartier général, il y avait dans la ville deux partis, deux sentiments en présence : d'un côté, l'honneur ; de l'autre, la lâcheté ; d'un côté, le peuple qui voulait se défendre jusqu'à la dernière extrémité ; de l'autre, la bourgeoisie et la noblesse qui voulaient se rendre sans brûler une seule amorce. Le commandant de la place, marquis de Lullin, et le maire Mongin étaient de l'avis du peuple ; on ne devait pas céder sans combattre : il fallait du moins sauver la réputation de la ville. Deux membres du parlement, Gollut, descendant de l'historien, et Jacquot, que Louis XIV avait amenés de Dôle avec lui, furent chargés de porter aux Graylois l'invitation de capituler ; mais les deux envoyés ne parurent pas plutôt devant les remparts, que des coups de fusil les forcèrent à la retraite. Cette réception faite à des députés pouvait entraîner de terribles conséquences, et l'on ne sait ce qui fût arrivé, si les intrigues de l'abbé de Watteville et du marquis d'Yenne, que le roi avait précédemment envoyés à Gray en parlementaires, n'eussent eu le succès qu'on attendait de l'habileté du premier et de l'influence du second. Ces deux traîtres travaillèrent si bien les esprits, que les partisans de la capitulation finirent par être les plus nombreux ou les plus forts, et, le 19 février, les portes de Gray s'ouvrirent devant le roi de France. Le gouverneur Lullin protesta, pour son honneur militaire, contre la solidarité d'une reddition si honteuse ; et le maire Mongin, en présentant à Louis XIV les clefs de la ville, eut le courage de lui dire : « Sire, votre conquête serait plus glorieuse si elle vous eût été disputée. » Ces mots firent froncer le sourcil de l'orgueilleux monarque, parce qu'ils étaient profondément vrais ; ils renfermaient tout le secret de la politique qui venait de donner en quinze jours un maître à la Franche-Comté.

L'histoire politique de Gray pourrait aussi finir sur ces nobles paroles ; la restitution de la place à l'Espagne en vertu du traité d'Aix-la-Chapelle, les transports de joie que laissa éclater la population, sont des indices de la fidélité de son attachement, mais sont désormais des incidents sans portée. Le rôle de cette ville était fini jusqu'à ce qu'elle en eût accepté un autre dans sa nouvelle patrie. Les Français, avant de l'abandonner, en 1668, l'avaient démantelée entièrement. Depuis, le gouverneur espagnol s'était contenté de la faire remparer de quelques ouvrages en terre ; mais « on y pouvoit entrer à cheval de tous côtés, » dit Monglat. Cependant, lorsque, vers les derniers jours de janvier 1674, le duc de Navailles se présenta devant ses murs avec 4,000 de ses meilleurs soldats, Gray, qui renfermait 2,000 hommes, tant soldats que miliciens, essaya de résister, tint trois jours, et sa défense courageuse lui valut une capitulation honorable. Durant la guerre franco-allemande de 1870-1871, cette ville eut à souffrir les douleurs de l'occupation ennemie ; dès le 26 octobre 1870, elle tombait aux mains du général de Werder et n'était délivrée qu'après la signature du traité de Francfort.

Comme nous l'avons dit, Gray est située sur la rive gauche de la Saône, sur le versant septentrional d'une colline qui domine une magnifique prairie arrosée par les eaux de cette rivière. La ville est assez bien bâtie et ornée de fontaines publiques ; mais les rues sont étroites, mal percées et d'un accès difficile, à l'exception cependant des élégantes constructions formant un quai qui se prolonge sur la rive droite de la Saône. Les monuments les plus remarquables sont : le pont, le quartier de cavalerie, l'hôtel de ville, qui date de la domination espagnole (1568); le palais de justice, la bibliothèque publique, contenant environ 15,000 volumes. Il faut citer aussi l'église paroissiale, les restes du vieux château et les promenades. Elle possède, en outre, un hospice, un collège et une salle de spectacle.

Gray, par sa position et grâce à l'active intelligence de ses habitants, a reconquis depuis la Révolution les éléments de sa prospérité première ; cette ville est redevenue un des plus importants entrepôts du commerce de l'Est. Le fer, les grains, les farines, le merrain, les vins, les fourrages, les planches et les denrées coloniales sont les principaux articles que le centre et le midi de la France y échangent avec les provinces de l'Est et les États limitrophes. L'industrie locale y a ajouté des fabriques de tissus de crin, de pointes dites *de Paris*, de fécule, d'amidon, des blanchisseries de cire, des tanneries, des teintureries, huileries, brasseries et des chantiers pour la construction des bateaux. La navigation de la Saône y est très active.

Gray a donné le jour au minéralogiste Romé de L'Isle, au poète dramatique Viollet d'Épagny et au général Barthélemy.

Les armes de la ville sont : *coupé, le chef d'azur, semé de billettes d'or, au lion naissant du même, mouvant de la pointe, qui est d'argent, à trois flammes de feu de gueules.*

CHAMPLITTE. — Champlitte, station de la ligne du chemin de fer de Paris à Chalindrey et Gray, sur la rive gauche du Salon, chef-lieu de canton peuplé de 2,580 habitants, arrondissement et à 24 kilomètres au nord-nord-ouest de Gray, est une petite ville d'origine assez ancienne. Son nom, qui fut longtemps *Chamlitte*, indiquait, dans le langage celtique, sa situation entre deux coteaux (*an*, coteau, *eplith*, entre). Jadis Champlitte se divisait entre Champlitte-la-Ville et Champlitte-le-Château. Des seigneurs qui en portaient le nom, elle passa en 1228 à la maison de Vergy, qui possédait en même temps les seigneuries d'Autrey et de Fouvent. Guillaume Ier, sénéchal de Bourgogne, en avait acheté alors la moitié pour 7,200 livres parisis ; et Jean Ier, son petit-fils, acquit l'autre moitié en 1289.

Ce domaine fut érigé en comté par Philippe II, roi d'Espagne, en 1574. Charles-Quint avait fait entourer la place de larges fossés et de solides murailles flanquées de tours, dont il ne reste que quelques vestiges. Les Toulongeon, ayant succédé comme seigneurs du lieu aux princes d'Arenberg et de Lislebonne, habitaient à l'époque de la Révolution un château de construction plus moderne, qui sert maintenant d'hôtel de ville. Sous Louis XI, la ville de Champlitte souffrit considérablement et fut réduite à dix ou douze maisons. Henri IV l'assiégea sans succès en 1595. Le duc Bernard de Saxe-Weimar la prit par capitulation en 1637, et la rendit peu de temps après. Le duc d'Angoulême s'en empara en 1638 et la brûla entièrement, ainsi que le château. Durant la guerre franco-allemande de 1870-1871, cette ville a été occupée par les troupes ennemies, comme la plupart des localités du département.

Elle est située sur la croupe et le penchant d'une colline fort élevée au pied de laquelle coule la petite rivière du Salon. Champlitte-le-Château occupait la partie supérieure de la colline ; les constructions de la ville actuelle s'étendent jusqu'au bord de la rivière. Les ruines du vieux château, qui couronnent le sommet de la colline et dominent les environs, méritent d'être visitées. On remarque au milieu de la cour un puits vaste et profond ; il a fallu, pour trouver l'eau, percer le sol jusqu'au niveau de la rivière. On y conserve aussi une vieille pierre portant l'inscription suivante, qui revendique, pour les Vergy de Champlitte, l'authenticité du drame dont la belle Gabrielle fut la malheureuse héroïne :

> Céans ès chastel de Chanite
> Gente Gabrielle de Vergy
> Nacquit, aima le pieux Coucy,
> Puis, par un cruel époux conduite
> En la cour d'Autrey près icy,
> Trop bien en savons tous la suite.

La principale richesse de Champlitte consiste dans les vins estimés de son territoire ; il y a aussi quelques fabriques de tissus pour bretelles et des distilleries d'eau-de-vie.

C'est la patrie du général Toulongeon, député à la Constituante, membre de l'Institut ; d'Adrien-Simon Boy, médecin en chef de l'armée du Rhin, auteur de l'hymne *Veillons au salut de l'empire*, et de l'acteur Naudet.

Les armes de cette ville sont : *de sable, à trois hoyaux d'argent, 2 et 1.*

Gy. — Gy, station d'un petit embranchement de Gray à Bucey-lès-Gy, agréablement située au milieu d'un immense vignoble, sur le penchant d'une colline, chef-lieu de canton, arrondissement et à 19 kilomètres à l'est de Gray, est une ancienne ville forte peuplée aujourd'hui de 2,092 habitants. Elle était autrefois défendue par un château occupé par une garnison. Quand la ville eut été démantelée, le château servit de lieu de plaisance aux archevêques de Sens. On trouve sur son territoire du minerai de fer et de belles carrières. L'industrie consiste en fabrique de poterie, tanneries, fabriques de droguets, de cotonnades et de toiles ; plusieurs foires favorisent son commerce, qui a pour objet les divers produits de son industrie et principalement les vins que l'on récolte dans les environs.

Les armes de Gy sont : *d'azur, à la croix d'or.*

Lure (lat., 47° 41′ 14″; long., 4° 9′ 19″ E.). — Lure (*Lutera, Ludera, Lurense monasterium*), station des lignes de chemin de fer de Nancy à Gray par Vesoul (section d'Aillevillers à Lure) et de Paris à Belfort (section de Jussey à Montreux-Vieux), dans une région très boisée, à peu de distance de l'Ognon, à 31 kilomètres au nord-est de Vesoul, chef-lieu d'un arrondissement et d'un canton, est une petite ville peuplée de 3,995 habitants, siège d'un tribunal de première instance, d'une société d'agriculture et d'un collège communal. Cette localité a une double histoire, celle de son abbaye et celle de la ville; l'abbaye avait été fondée par Déicole, disciple de saint Colomban; ses abbés durent aux empereurs d'Allemagne de grands privilèges et la qualité de princes de l'Empire. Elle fut réunie, en 1554, à l'abbaye de Murbach et, au xvii° siècle, convertie en collégiale de fondation royale. On y suivait la règle de l'ordre de Saint-Benoît non réformé, et il fallait faire des preuves de noblesse pour y être admis.

Quant à la ville, malgré les conséquences qu'on prétend tirer de sa position sur la voie romaine de Luxeuil à Mandeure et de la découverte d'un certain nombre de tuiles antiques trouvées sur son territoire, il est difficile de lui supposer une origine de beaucoup antérieure à la fondation de l'abbaye. Toutefois, c'était déjà, en 870, un lieu d'une certaine importance, puisqu'il en est fait mention dans le partage qui eut lieu entre Charles le Chauve et Louis le Germanique. Vers 937, les Hongrois détruisirent de fond en comble la ville ainsi que le monastère. Au xiv° siècle, elle avait été fortifiée; c'est sans doute autant à la solidité de ses remparts qu'au voisinage de l'abbaye qu'elle dut d'échapper aux ravages qu'exercèrent dans la contrée les bandes allemandes après la bataille d'Héricourt. Moins heureuse à l'époque de la guerre de Dix ans, elle fut prise durant le fameux siège de Dôle par le marquis de Grancey, qui la laissa piller par ses soldats, en 1636.

Lure tomba définitivement au pouvoir de Louis XIV le 1ᵉʳ juillet 1674. Ce monarque avait conçu le dessein d'établir dans cette ville un vaste entrepôt de munitions de guerre; mais ce projet, dont les habitants espéraient beaucoup pour l'accroissement et la prospérité de Lure, ne reçut pas même un commencement d'exécution.

Durant la guerre franco-allemande de 1870-1871, comme la plupart des localités du département, cette ville tomba aux mains de l'ennemi, dont elle eut à subir l'odieuse présence jusqu'après la signature de la paix.

Lure est située au milieu d'une plaine vaste et marécageuse. Le terrain sur lequel elle est construite est presque entièrement entouré de marais. Les grandes routes de Paris à Bâle et de Besançon aux Vosges traversent la principale rue; une belle allée de peupliers, sur la route d'Alsace, sert de promenade aux habitants. Les maisons sont vastes et d'une certaine élévation, mais mal alignées; cet inconvénient se retrouve même dans le plan d'un édifice, bien conçu et bien distribué du reste, qui, situé à l'une des extrémités de la grande rue, contient la mairie, le théâtre et le tribunal. La sous-préfecture occupe les vastes et beaux bâtiments habités jadis par le prince-abbé de Lure. Le collège est une construction spacieuse et imposante. L'église paroissiale, peu remarquable à l'extérieur, est intérieurement décorée avec goût. Citons encore l'hôpital; un petit lac appelé *la Font*, devant la sous-préfecture; les fontaines Saint-Desle et des Chartons, à peu de distance de la ville, et la promenade du Mont-Chateix.

L'arrondissement de Lure étant plus agricole qu'industriel, c'est surtout par les produits du sol que le commerce de la ville est alimenté; ses marchés de chaque semaine sont très fréquentés, et les foires nombreuses qui s'y tiennent sont, pour les cultivateurs du pays, l'occasion d'importantes transactions commerciales. Jusqu'à ce jour, l'industrie y a pris peu de développements ; elle n'est guère représentée que par quelques fabriques de bonneterie, de tissus en coton, de chapeaux de paille, et par des tanneries peu considérables.

Les armes de Lure sont : *de gueules, à trois tours d'argent, rangées sur une terrasse de sinople, surmontées de trois fleurs de lis du second émail, rangées en chef,* avec cette devise : Undique nos tuere ; — aliàs : *d'azur, à un soleil d'or.*

Champagney. — Champagney, station de la ligne du chemin de fer de Paris à Belfort, chef-lieu de canton, arrondissement et à 16 kilomètres à l'est nord-est de Lure, sur le Rahin, au pied du Ballon de Servance, est un bourg industriel important, peuplé de 4,356 habitants. Son territoire renferme des gisements de houille, et il possède une usine à fer, une forge, des tuileries, des moulins à tan et à blé ; il y existe une scierie et des ateliers de serrurerie. Le commerce est favorisé par plusieurs foires. Son église, qui date du XVIIIe siècle, renferme deux tableaux remarquables : l'*Adoration des Mages* et la *Résurrection de Lazare.* On rencontre dans les environs les ruines du château de Passavant.

Faucogney. — Faucogney, chef-lieu de canton, dans une région agreste, au pied de collines escarpées, arrondissement et à 22 kilom. au nord de Lure, peuplé de 1,241 habitants, est une petite ville d'origine fort ancienne. Ce fut, dès une époque très reculée, le chef-lieu d'importants domaines dont les seigneurs portaient le titre de sires de Faucogney. L'illustration et la puissance de cette maison devinrent telles qu'un sire de Faucogney, Jean III, épousa Isabelle de France, fille de Philippe le Long. Leur influence dans la province est constatée par le titre de vicomtes de Vesoul, dont ils étaient revêtus. Les dernières familles qui possédèrent cette seigneurie sont celles d'Ancier, de Saint-Mauris et d'Arenberg. Il reste encore quelques vestiges des vastes fossés et des épaisses murailles qui entouraient la ville. Pendant la période espagnole, il est souvent question du château de Faucogney, où les rois d'Espagne avaient soin d'entretenir bonne garnison. Une tour qui a résisté aux outrages du temps, des guerres et des révolutions, porte le millésime de 1015. Faucogney est une des dernières places dont les Français s'emparèrent. Elle fut prise d'assaut en 1674, par le marquis de Resnel, après un siège pendant lequel les habitants et la garnison rivalisèrent d'énergie et de dévouement.

Faucogney est situé près de la Voivre, au pied de rochers escarpés, à l'extrémité d'une prairie arrosée par le Breuchin. Sur le sommet d'une montagne qui domine la ville est une église gothique dédiée à saint Martin, et renommée pour la grosseur de sa cloche. L'eau de cerises fabriquée à Faucogney jouit d'une grande réputation ; quelques tanneries, des métiers à tisser le coton, l'exploitation d'excellentes pierres à rasoir et de plusieurs tourbières complètent ses ressources industrielles.

Les armes de cette ville sont : *d'or, à trois bandes de gueules ;* — aliàs : *de gueules, au lion naissant d'or, coupé d'argent, à un faucon de gueules, tenant dans ses serres une perdrix du même.*

Héricourt. — Héricourt, station du chemin de fer de Dijon à Belfort, chef-lieu de canton, arrondissement et à 27 kilomètres au sud-est de Lure, peuplé de 3,770 habitants, est une petite ville qui joua jadis un rôle politique d'une certaine importance. Les seigneurs du lieu y possédaient un château dont quelques ruines subsistent encore. La position d'Héricourt sur l'extrême limite de la Comté et de l'Alsace en fit l'objet de fréquentes contestations. Les maisons d'Ortembourg et de Neuchâtel s'en disputèrent surtout la possession. En 1425, l'évêque de Bâle, aidé de quelques seigneurs, en fit le siège et y mit tout à feu et à sang. En 1475, cette place fut assiégée par l'armée du duc Sigismond, formée d'Allemands et de Suisses. Thibault de Neuchâtel, seigneur d'Héricourt, s'avança au secours de la ville ; mais ses efforts furent inutiles. Les habitants purent du haut de leurs murailles assister, en quelque sorte, à la défaite de leur allié et compter les morts qu'il laissa sur le champ de bataille ; on en porta le nombre à deux mille. Les bourgeois d'Héricourt, réduits à la dernière extrémité et découragés par la perte de cette dernière espérance, se rendirent, obtenant à grand'peine *vie et bagues sauves.* En 1561, les ducs de Wurtemberg, princes de Montbéliard, firent l'acquisition d'Héricourt et y accueillirent un grand nombre de familles protestantes fuyant devant les persécutions. Aujourd'hui encore, la population est partagée entre un nombre à peu près égal de protestants et de catholiques. La paix et l'union qui règnent entre les deux cultes offrent un touchant exemple de tolérance chrétienne et d'esprit véritablement évangélique; les catholiques célèbrent leurs offices dans le chœur, et la nef est réservée pour les cérémonies religieuses des luthériens.

Durant la guerre franco-allemande de 1870-1871, les environs d'Héricourt ont été le théâtre de combats acharnés entre les troupes ennemies et l'armée de l'Est, sous les ordres du général Bourbaki. A la fin de notre partie historique, nous avons parlé de cette bataille de trois jours, après lesquels nos troupes, ne pouvant percer les lignes allemandes, durent se mettre en retraite vers Besançon et finalement passèrent en Suisse.

Héricourt est situé sur la rive gauche de la Lisaine, qui y alimente plusieurs usines. Les constructions de la ville manquent de régularité dans leur ensemble; mais elles sont propres et confortables. On y remarque les ruines de son château et les vestiges de l'ancien prieuré de Saint-Valbert. Héricourt est aujourd'hui un centre industriel important; l'industrie des tissus, importée par les émigrés protestants, s'y est maintenue et développée constamment depuis le xvi° siècle; on y voit des filatures de tissage de coton, une fabrique d'impression sur étoffes, des teintureries et des tisseranderies de toiles de coton; filature et tissage de chanvre, fabrique de colle forte, tanneries, moulins à tan, etc., etc. Le commerce y est favorisé par d'importantes foires mensuelles.

Les armes d'Héricourt sont : *de gueules, à une potence de sable, au chef cousu d'azur, chargé d'une balance d'argent;* — aliàs : *d'argent, à la potence de gueules, au chef de gueules, chargé d'une potence d'or.*

Luxeuil. — Luxeuil (*Luxorium, Luxoriensis monasterium*), station de la ligne du chemin de fer de Paris-Plombières-Épinal par Vesoul et Lure, dans une région boisée, sur la rive droite du Breuchin, chef-lieu de canton, arrondissement et à 20 kilomètres au nord-ouest de Lure, peuplé de 4,162 habitants, siège d'un collège communal et d'un petit séminaire, est une jolie petite ville qui se recommande par des souvenirs historiques de plus d'un genre. C'est peut-être la plus ancienne cité du département. Sous les Romains comme aujourd'hui, elle dut sa célébrité et son importance à la vertu des eaux minérales dont elle possède plusieurs sources. Une inscription, découverte en 1755, constate que, par les ordres de Jules César, Labiénus, son lieutenant, fit réparer les thermes de Luxeuil. Le mot *réparer*, sur lequel aucun doute ne s'élève, semble donc indiquer l'existence de cet établissement antérieurement à la conquête romaine. Au v° siècle, les retranchements élevés par les Romains autour de Luxeuil, désigné par un historien du temps sous le nom de *Castrum Luxorium*, n'arrêtèrent pas Attila. La ville fut saccagée et ruinée de fond en comble par les terribles Huns. Luxeuil était un lieu désert et presque inconnu, lorsque, au vii° siècle, un moine d'Irlande, le fameux Colomban, quitta son monastère de Bancot avec quelques-uns de ses disciples, passa en France, traversa les Vosges et vint fonder à Luxeuil le monastère auquel de si brillantes destinées étaient réservées. La renommée du saint personnage, sa réputation de sagesse et de vertu se répandirent si loin et montèrent si haut, qu'il fut appelé à la cour du roi de Bourgogne. C'était au temps de Brunehaut. Colomban dénonça hautement les scandales et les crimes dont il était témoin. La reine, qu'il comparait à Jézabel, persécuta celui qui ne voulait pas se faire son complice, même par son silence; le fondateur de Luxeuil fut obligé de quitter la cour et d'abandonner son monastère. Mais son œuvre n'en prospéra pas moins : sous le quatrième abbé, le monastère comptait plus de neuf cents religieux; ses écoles étaient tellement renommées, qu'on s'y rendait de toutes les parties de l'Europe. C'était en même temps une espèce de prison d'État. De 672 à 673, Ébroïn et saint Léger, victimes tous deux de révolutions de cour, s'y trouvèrent réunis dans une captivité commune. Quelques années plus tard, les Sarrasins, ayant pénétré en Franche-Comté, assaillirent Luxeuil et massacrèrent les moines. Pendant quinze ans environ, la ville et l'abbaye furent abandonnées. Charlemagne, le grand restaurateur du moyen âge, y ramena l'ordre et la prospérité; des biens immenses, les privilèges les plus étendus furent accordés au monastère. Ansegise, vingt-huitième abbé, y introduisit au ix° siècle la règle de Saint-Benoît en remplacement de celle de Saint-Colomban. L'abbaye ne déchut pas sous cette nouvelle discipline. Au commencement du xi° siècle, nous voyons l'empereur saint Henri obtenir pour elle l'exemption de la juridiction ordinaire. Ses successeurs agrandissent encore ses domaines par leurs libéralités et étendent ses privilèges ; les droits régaliens même lui sont concédés. A cette époque, toutefois, on n'était pas riche impunément. Vers 888, Luxeuil avait eu de nouvelles épreuves à traverser : des barbares venus du Rhin, des Normands sans doute, se jetèrent sur la ville, en massacrèrent tous les habitants et la livrèrent aux flammes. Gibard, alors abbé, et la plupart des religieux tombèrent percés de flèches en tentant de fuir. C'est contre le renouvellement de pareils désastres que les abbés prirent alors la précaution de fortifier Luxeuil ; ils entourèrent donc la ville de murs, ne laissant en dehors que trois faubourgs sur lesquels, cependant, ils exerçaient la même souveraineté que dans la ville. En 1201 et 1214, deux incendies firent de tels ravages dans Luxeuil, qu'une bulle d'Honorius III, datée de 1222, la qualifie de simple village. Au milieu de ces désastres, l'abbaye conservait cependant son importance religieuse, qui en faisait aussi une puissance politique. En 1289, l'abbé entre dans la coalition formée par Othenin, les bourgeois de Besançon et les seigneurs de Ferrette, contre Rodolphe de Habsbourg ; ce prince et Jean d'Arlai viennent assiéger Luxeuil et livrent la ville au pillage, quoique les habitants ne leur eussent opposé aucune résistance.

Vers la même époque, l'abbé, mécontent aussi des comtes de Bourgogne, choisit pour avoué et défenseur le comte de Champagne, en lui abandonnant une partie de ses revenus. Cet arrangement devint dans la suite la source de longues et sérieuses contestations. Les rois de France, héritiers des comtes de Champagne, prétendirent faire valoir leurs droits sur l'abbaye, et les comtes de Bourgogne les leur disputèrent. Ces difficultés ne reçurent de solution que par le traité d'Arras, en 1435, par lequel l'abbaye était cédée à Philippe le Bon, duc et comte de Bourgogne. Mais on sait que cette paix ne fut pas de longue durée. Dès 1444, les compagnies du dauphin ravageaient les domaines de Luxeuil, et mettaient tout à feu et à sang dans les environs de la ville. Cette fois, cependant, les habitants parvinrent à repousser l'ennemi. Ils furent moins heureux pendant les guerres de religion ; en 1569, Luxeuil tombait au pouvoir des reîtres que le prince d'Orange et le duc de Wolfgand amenaient au secours des calvinistes de France, et les flammes ravageaient une fois encore la malheureuse ville. Pour elle, néanmoins, ce n'était que le prélude de la phase calamiteuse dans laquelle elle allait entrer. En 1595, aux hordes dévastatrices de Tremblecourt succède Henri IV, si impitoyable pour les Comtois alliés de l'Espagne, son ennemie ; il exige des habitants ruinés une rançon énorme. Viennent ensuite les bandes lorraines, traînant après elles la famine et la peste. Turenne, enfin, se présente sous les murs de Luxeuil en 1644 ; les habitants n'avaient ni la pensée ni les moyens de se défendre ; à la première sommation, ils ouvrirent leurs portes. Turenne, juste et clément cette fois, leur accorda des conditions honorables. Les choses se passèrent à peu près de même pendant les deux occupations de la Franche-Comté sous Louis XIV. Les annales politiques de la ville ne nous offrent plus rien qui mérite d'être cité, si ce n'est la sécularisation de l'abbaye, seule trace du passage de la Révolution à Luxeuil.

Depuis le XVIe siècle, de nombreux changements s'étaient introduits dans le régime intérieur de ce célèbre monastère : les abbés n'étaient plus de simples moines, mais des personnages de haute naissance dont les prétentions compromirent, en voulant les exagérer, les anciens privilèges de l'abbaye. Jean de La Palu opposa ses droits de souveraineté à ceux de Charles-Quint ; la querelle fut soumise à un arbitrage. L'empereur gagna le procès et fut reconnu comme seul maître dans Luxeuil, à la condition de céder quelques revenus à l'abbé. Depuis ce temps, les rois d'Espagne nommèrent par indult à cette abbaye, d'abord des cardinaux, et ensuite de simples abbés commendataires ; c'est ce que firent aussi les rois de France devenus possesseurs de la Franche-Comté. En 1630, le monastère de Luxeuil avait embrassé la réforme de la congrégation de Saint-Vannes.

Quant à la ville, ce qu'on peut déduire du dépouillement de vieilles chartes, c'est que les habitants conservèrent jusqu'en 1291, comme tradition des municipes romains, les deux institutions, libérales pour l'époque, du tabellionage et de la bourgeoisie, remplacées alors par une charte de commune semblable à celles de Vesoul et de Jonvelle. Mais on ne sait pas dans quelle mesure ces institutions protégeaient la liberté des habitants contre l'omnipotence de l'abbé de Luxeuil, qui, dans ses terres, avait droit d'exiger des paysans qu'ils bat-

Villersexel.

tissent l'eau de l'étang seigneurial pour imposer silence aux grenouilles; ainsi que le prouve une vieille chanson :

> Pâ, pâ, renotes, pâ!
> Vecy monsieu
> L'abbé de Luxeu
> Que Dieu gâ!

Luxeuil est situé à l'extrémité d'une plaine riante et fertile qu'arrosent le Breuchin et la Lanterne. Dernière ville du département, elle s'appuie sur les derniers versants de la chaîne des Vosges, au centre de quatre routes qui se dirigent vers les anciennes provinces de Franche-Comté, Bourgogne, Alsace, Lorraine et Champagne. La ville consiste en une seule rue, qui, du beau pont de Saint-Sauveur, s'étend jusqu'aux bains. La partie supérieure jusqu'à l'abbaye renferme toute la portion commerçante de la ville; l'espace compris entre le collège et les bains se désigne sous le nom de *Corvée*.

Les édifices les plus remarquables sont l'ancienne abbaye, dont les bâtiments sont consacrés à diverses destinations d'utilité publique ; l'église Saint-Pierre, monument du XIVe siècle, dont le chœur et les orgues sont dignes d'attention ; l'hôtel de ville, les deux maisons des Jeoffroy, le collège et la tour de l'hôtel de ville, renfermant dans une de ses salles les inscriptions romaines dont nous avons parlé et offrant de son sommet un des plus magnifiques panoramas qu'on puisse imaginer. Les bains sont à l'extrémité de la ville, au milieu d'un paysage sévère et grandiose, merveilleusement approprié aux souvenirs historiques qu'il évoque. Trois superbes allées d'arbres séculaires encadrent l'établissement, la partie faisant face à la route est close par une grille ornée d'un beau portail. Une vaste cour, de beaux jardins occupent tout l'espace compris entre les bâtiments et les allées. Outre les sources salines thermales, l'établissement possède deux autres sources minérales : l'une savonneuse et l'autre ferrugineuse. Cette richesse explique la diversité des maladies contre lesquelles les eaux de Luxeuil sont efficaces et le nombre des malades qui viennent y chercher la santé, du 15 mai au 15 octobre.

Il y a dans les environs des forges importantes, des hauts fourneaux, tirerie de fer et clouteries, papeterie, filature de coton, poteries ; on prépare en ville : chapeaux de paille, eau de cerises, jambons façon de Mayence, merrains, cuirs, quelques tissus et quelques ouvrages en fer-blanc, en fer ouvré et poli. Une industrie toute spéciale à cette ville, c'est la fabrication des sabots, depuis les plus grossiers jusqu'aux plus élégants. C'est la patrie du savant Brenin, du cardinal Jeoffroy, du bénédictin Gastel, des médecins Aubry et Magnon.

Les armes de Luxeuil sont : *de gueules, à un soleil d'or ;* plus tard, elle ajouta à ses armes *un semé de billettes d'or, à un lion naissant du même.*

SAINT-LOUP-SUR-SEMOUSE. — Saint-Loup-sur-Semouse (*Grannum*), station de la ligne de Paris à Nancy-Aillevillers-Vesoul et Gray, au pied des Vosges et au bord d'une plaine arrosée par la Semouse, l'Angronne et la Combeauté, chef-lieu de canton, arrondissement et à 30 kilomètres au nord-ouest de Lure, est une petite ville d'origine très ancienne, peuplée de 2,822 habitants. Ce fut d'abord un *castrum* établi par les Romains pour maintenir les Angrons ; plus tard, une forteresse y fut bâtie et sa garnison osa résister aux barbares guerriers d'Attila ; mais son courage ne put arrêter celui qui s'intitulait le *Fléau de Dieu*, et les défenseurs de *Grannum* furent pour la plupart massacrés. Après la mort de saint Loup, évêque de Troyes, qui avait, lui, été assez heureux pour arrêter les progrès d'Attila, les habitants de *Grannum* le prirent pour patron et donnèrent son nom à leur ville ; mais d'autres désastres étaient réservés à la vaillante petite cité : en 1340, le duc de Bourgogne Thiébaud s'en empara et la réduisit en cendres ; elle s'était relevée de ses ruines, quand Charles le Téméraire lui fit de nouveau éprouver, en 1475, les effets de sa colère. Louis XI, qui prit possession des deux Bourgognes après la mort de Charles le Téméraire, lui procura une période de calme et de prospérité. Plus tard, Louis XIV y mit garnison ; depuis ce temps, elle est restée à la France. On y voit une église élégante, édifiée en 1789. Son industrie consiste en tisseranderies, moulins à foulon, filature de laine, teinturerie, fabriques de droguets, de bonneterie, de chandelles renommées, serrurerie, pointerie, kirsch, tanneries, mégisseries, fours à chaux, etc. Le commerce y est favorisé par plusieurs foires.

VILLERSEXEL. — Villersexel, chef-lieu de canton, au confluent de l'Ognon et du Scey, arrondissement et à 18 kilomètres au sud-sud-ouest de Lure, peuplé de 1,200 habitants, doit sa célébrité à un chapitre dont la fondation datait de 1418. Sur les domaines de cet établissement fut construit un château magnifique, entouré d'un vaste parc qui appartient depuis plus d'un siècle à la famille de Grammont.

Pendant la guerre franco-allemande de 1870-1871, le 9 janvier, Villersexel a été le théâtre d'un combat acharné entre nos troupes, commandées par le général Bourbaki, et les troupes ennemies ; ce combat, qui dura toute la journée, de 7 heures du matin à 10 heures du soir, fut glorieux pour nos armes ; nous en avons rendu compte à la fin de notre notice historique ; nous nous bornons donc à le rappeler ici.

Villersexel possède des hauts fourneaux, des forges et des fabriques de bonneterie.

Les armes de cette ville sont : *cinq points d'or équipollés, à quatre points d'azur.*

STATISTIQUE DU DÉPARTEMENT DE LA HAUTE-SAÔNE

RANG DU DÉPARTEMENT

Superficie : 67ème. — Population : 60ème. — Densité de la population : 50ème.

I. STATISTIQUE GÉNÉRALE

SUPERFICIE.	POPULATION.	ARRONDISSEMENTS.	CANTONS.	COMMUNES.	REVENU TERRITORIAL.		CONTRIBUTIONS et REVENUS PUBLICS
5.339 kil. carrés ou 533.940 hect.	Hommes, 150.212 Femmes, 153.840 Total.. 304.052 57 hab. 15 par kil. carré.	3	28	583	Propriétés bâties... — non bâties Revenu agricole....	4.600.000 fr. 22.000.000 » 90.000.000 »	14.000.000 fr.

II. STATISTIQUE COMMUNALE

ARRONDISSEMENT DE VESOUL

Superficie, 1.900 kil. carrés ou 190.009 hect. — Population, 97.463 hab. — Cantons, 10. — Communes, 215.

CANTON, sa population.	NOM de LA COMMUNE.	POPULATION.	Distance au chef-lieu d'arr.	CANTON, sa population.	NOM de LA COMMUNE.	POPULATION.	Distance au chef-lieu d'arr.	CANTON, sa population.	NOM de LA COMMUNE.	POPULATION.	Distance au chef-lieu d'arr.
VESOUL, 24 communes, 18.217 habitants.	Vesoul............	9.206	»	Suite d'AMANCE.	Polaincourt-et-Clairefontaine........	963	31	Suite de Jussey.	Corre.............	648	41
	Andelarre..........	130	7		Saint-Remy........	662	28		Demangevelle.....	503	41
	Andelarrot.........	171	7		Saponcourt........	300	34		Jonvelle...........	666	46
	Charíez............	553	6		Senoncourt........	506	28		Magny-lès-Jussey...	549	34
	Charmoille.........	231	7		Venisey...........	275	30		Montcourt.........	180	44
	Colombier..........	756	8	COMBEAUFONTAINE, 17 communes, 7.462 habitants.	Combeaufontaine....	686	26		Ormoy............	965	38
	Comberjon.........	201	5		Aboncourt.........	259	24		Passavant-la-Rochère	1.484	46
	Coulevon..........	181	4		Arbecey...........	743	25		Raincourt.........	504	42
	Échenoz-la-Méline...	1.002	3		Augicourt..........	475	32		Ranzevelle........	49	39
	Frotey-lès-Vesoul....	488	2		Bougey...........	350	33		Tartécourt.........	106	32
	Montcey...........	329	9		Chargey-lès-Port...	510	20		Villars-le-Pautel...	872	40
	Mont-le-Vernois.....	380	20		Cornot............	379	30		Vougécourt........	417	40
	Montigny-lès-Vesoul.	339	8		Fouchécourt.......	261	26	MONTBOZON, 32 communes, 8.139 habitants.	Montbozon.........	793	22
	Navenne...........	473	2		Gesincourt........	263	24		Auberlans.........	173	22
	Noidans-lès-Vesoul..	618	3		Gevigney-et-Mercey..	859	30		Authoison.........	415	18
	Pusey.............	575	5		Gourgeon..........	494	29		Barre (La)........	83	29
	Pusy-et-Epenoux ...	433	6		Lambrey...........	228	27		Beaumotte-lès-Montbozon...........	336	27
	Quincey...........	444	3		Melin.............	244	32		Besnans..........	137	24
	Vaivre-et-Montoille..	588	5		Neuvelle-lès-Scey (La)	333	20		Bouhans-lès-Montbozon...........	164	22
	Varogne...........	249	12		Oigney............	225	32		Cenans...........	217	26
	Vellefrie...........	273	12		Purgerot..........	775	21		Chassey-lès-Montbozon...........	484	21
	Villeneuve-Bellenoye-et-la-Maize (La)...	337	14		Semmadon.........	378	29		Cognières.........	170	21
	Villeparois.........	125	5	JUSSEY, 22 comm., 14.238 h.	Jussey............	2.996	38		Dampierre-lès-Montbozon...........	885	16
	Vilory.............	135	14		Aisey-et-Richecourt..	334	39		Échenoz-le-Sec.....	397	11
AMANCE, 13 c., 7.988 hab.	Amance...........	934	24		Barges............	408	45		Filain............	431	14
	Anchenoncourt-et-Chazel...........	709	31		Basse-Vaivre (La)..	153	43		Fontenois-lès-Montbozon...........	481	19
	Baulay............	596	25		Betaucourt........	419	37		Larians-et-Munans..	296	28
	Buffignécourt......	332	27		Blondefontaine.....	953	45		Loulans...........	435	23
	Contréglise........	386	28		Bourbévelle.......	310	44		Magnoray (Le).....	124	13
	Faverney..........	1.406	19		Bousseraucourt....	369	48				
	Menoux............	566	24		Cemboing..........	714	43				
	Montureux-lès-Baulay	353	29		Cendrecourt........	639	35				

SUITE DE L'ARRONDISSEMENT DE VESOUL

CANTON, sa population.	NOM de LA COMMUNE.	POPULATION.	Distance au chef-lieu d'arr.	CANTON, sa population.	NOM de LA COMMUNE.	POPULATION.	Distance au chef-lieu d'arr.	CANTON, sa population.	NOM de LA COMMUNE.	POPULATION.	Distance au chef-lieu d'arr.
Suite de MONTBOZON.	Maussans	89	27	Suite de Port-sur-Saône.	Mersuay	544	21	Suite de SCEY-SUR-SAÔNE.	Chemilly	110	12
	Ormenans	152	22		Proveuchère	378	13		Clans	232	10
	Presle	208	16		Scye	184	10		Ferrières-lès-Scey	206	13
	Roche-sur-Linotte-et-Sorans-lès-Cordiers	171	20		Val-Saint-Eloy (Le)	299	15		Grandvelle-et-Perrenot	468	21
	Ruhans	121	21		Vauchoux	195	12		Lieffrans	127	21
	Thieffrans	364	21		Villers-sur-Port	330	14		Mailley-et-Chazelot	795	15
	Thiénans	157	23	Suite de RIOZ, 8.248 habitants. 29 communes.	Rioz	986	27		Neuvelle-lès-la-Charité	509	21
	Trevey	89	17		Aulx-lès-Cromary	96	30		Noidans-le-Ferroux	729	19
	Vellefaux	375	9		Boulot	301	40		Ovanches	325	18
	Verchamp	84	25		Boult	696	35		Pontcey	287	11
	Villedieu-lès-Quenoche (La)	31	23		Bussières	404	38		Raze	433	13
	Villers-Pater	113	20		Buthiers	259	38		Rosey	540	13
	Vy-lès-Filain	164	15		Chambornay-les-Bellevaux	225	31		Rupt	432	20
NOROY-LE-BOURG, 6.883 habitants. 16 communes.	Noroy-le-Bourg	1.070	13		Chaux-la-Lotière	289	36		Traves	542	18
	Autrey-lès-Cerre	276	17		Cirey	391	29		Velleguindry-et-Levrecey	244	10
	Borey	622	18		Cromary	325	35		Velle-le-Châtel	181	10
	Calmoutier	674	11		Eguilley	72	24		Vy-le-Ferroux	330	16
	Cerre-lès-Noroy	368	14		Fondremand	385	22	Suite de VITREY, 8.468 habitants. 22 communes.	Vitrey	880	42
	Colombe-lès-Vesoul	266	5		Fontenis (Les)	68	24		Betoncourt-les-Ménétriers	255	33
	Colombotte	152	12		Hauterive	218	31		Betoncourt-sur-Mance	267	44
	Dampvalley-lès-Colombe	193	8		Hyet	162	18		Bourguignon-lès-Morey	336	41
	Demie (La)	196	5		Maizières	403	21		Charmes-St-Valbert	218	41
	Esprels	889	22		Malachère (La)	218	22		Chauvirey-le-Châtel	393	41
	Liévans	222	17		Montarlot-lès-Rioz	269	30		Chauvirey-le-Vieil	160	41
	Montjustin	310	19		Neuvelle-lès-Cromary	253	30		Cintrey	322	39
	Neurey-lès-la-Demie	390	7		Pennesières	274	16		Lavigney	346	32
	Vallerois-le-Bois	665	15		Perrouse	113	35		Malvillers	226	35
	Vallerois-Lorioz	177	9		Quenoche	150	18		Molay	289	39
	Villers-le-Sec	416	6		Recologne-lès-Rioz	195	25		Montigny-les-Cherlieux	683	38
PORT-SUR-SAÔNE, 8.218 habit. 17 comm.	Port-sur-Saône	2.012	13		Sorans-lès-Breurey	333	32		Morey	743	38
	Amoncourt	250	17		Traitiéfontaine	172	28		Noroy-lès-Jussey	387	37
	Auxon	500	13		Tresilley	245	25		Ouge	595	45
	Bougnon	398	10		Vandelans	103	30		Preigney	517	37
	Breurey-lès-Faverney	1.061	17		Villers-Bouton	123	28		Quarte (La)	219	44
	Chaux-lès-Port	265	16		Voray	518	39		Rochelle (La)	136	40
	Conflandey	365	17	Suite de SCEY-SUR-SAÔNE, 9.582 hab. 25 comm.	Scey-sur-Saône	1.728	17		Rosières-sur-Mance	387	42
	Equevilley	392	19		Aroz	267	13		Saint-Julien	230	39
	Flagy	305	10		Baignes	270	12		Saint-Marcel	336	39
	Fleurey-lès-Faverney	479	17		Boursières	74	10		Vernois-sur-Mance	543	44
	Grattery	261	9		Bourguignon-lès-la-Charité	203	22				
					Bucey-lès-Traves	142	15				
					Chantes	287	20				
					Chassey-lès-Scey	121	16				

ARRONDISSEMENT DE GRAY

Superficie, 1.591 kil. carrés ou 159.065 hect. — Population, 74.635 hab. — Cantons, 8. — Communes, 165.

CANTON, sa population.	NOM de LA COMMUNE.	POPULATION.	Distance au chef-lieu d'arr.	CANTON, sa population.	NOM de LA COMMUNE.	POPULATION.	Distance au chef-lieu d'arr.	CANTON, sa population.	NOM de LA COMMUNE.	POPULATION.	Distance au chef-lieu d'arr.
GRAY, 16.265 habitants. 23 communes.	GRAY	7.401	»	Suite de GRAY.	Saint-Loup-lès-Gray	220	13	Suite d'AUTREY-LÈS-GRAY.	Montureux-et-Prantigny	445	9
	Ancier	366	4		Sauvigney-lès-Angirey	249	13		Nantilly	407	6
	Angirey	274	16		Tremblois (Le)	131	8		Oyrières	543	12
	Apremont	659	8		Velesmes	656	10		Poyans	357	11
	Arc	2.815	1		Velet	432	3		Rigny	630	5
	Battrans	216	5	AUTREY-LÈS-GRAY, 8.014 hab. 17 comm.	Autrey-lès-Gray	1.052	11		Vars	379	13
	Champvans	338	7		Attricourt	101	18	CHAMPLITTE, 7.880 hab. 17 c.	Champlitte	2.580	24
	Championnay	179	11		Auvet-et-la-Chapelotte	496	11		Argillières	315	29
	Cresancey	316	9		Bouhans-et-Feurg	396	9		Champlitte-la-Ville	181	23
	Echevanne	86	13		Broye-les-Loups-et-Verfontaine	265	15		Courtesoult-et-Gatey	314	23
	Esmoulins	129	6		Chargey-lès-Gray	755	6		Fouvent-le-Bas	325	26
	Germigney	384	10		Écuelle	204	14		Fouvent-le-Haut	447	28
	Gray-la-Ville	412	2		Essertenne-et-Cecey	574	13		Frânois	271	18
	Igny	422	16		Fahy-lès-Autrey	346	14		Larret	217	24
	Nantouard	93	11		Lœuilley	182	18		Leffond	678	30
	Noiron	142	9		Mantoche	882	6		Margilley	375	22
	Onay	115	12								
	Saint-Broing	230	10								

SUITE DE L'ARRONDISSEMENT DE GRAY

CANTON, sa population.	NOM de LA COMMUNE.	POPULATION.	Distance au chef-lieu d'arr.	CANTON, sa population.	NOM de LA COMMUNE.	POPULATION.	Distance au chef-lieu d'arr.	CANTON, sa population.	NOM de LA COMMUNE.	POPULATION.	Distance au chef-lieu d'arr.
Suite de CHAMPLITTE.	Montarlot-lès-Champlitte	352	27	FRESNE-SAINT-MAMÈS, 7.814 habitants.	Fresne-Saint-Mamès	557	28	MARNAY, 6.904 habitants.	Marnay	1.144	25
	Mont-le-Frânois	235	18		Bâties (Les)	270	28		Avrigney	636	22
	Neuvelle-lès-Champlitte	297	19		Beaujeu-Saint-Vallier-et-Pierrejux	1.033	11		Bay	184	23
	Percey-le-Grand	376	28		Charentenay	196	30		Beaumotte-lès-Pin	345	27
	Pierrecourt	476	27		Cubry-lès-Soing	255	35		Bonboillon	237	17
	Saint-Andoche	174	26		Fretigney-et-Velloreille	668	32		Brussey	318	27
	Suaucourt-et-Pisseloup	267	34		Greucourt	135	27		Chambornay-lès-Pin	197	31
					Mercey-sur-Saône	509	18		Charcenne	645	19
					Motey-sur-Saône	104	17		Chenevrey-et-Morogne	376	25
DAMPIERRE-SUR-SALON, 10.640 habitants. 31 communes.	Dampierre-sur-Salon	1.170	16		Pont-de-Planches (Le)	409	31		Courcuire	251	24
	Achey	188	17		Quitteur	152	14		Cuguey	339	15
	Autet	479	16		Saint-Gand	259	25		Cult	215	21
	Brotte-lès-Ray	172	25		Sainte-Reine	137	18		Etuz	243	33
	Confracourt	605	37		Sept-Fontaines (Les)	246	27		Hugier	238	20
	Delain	416	18		Seveux	745	20		Pin	572	29
	Denèvre	160	17		Soing	617	31		Sornay	444	23
	Fédry	427	34		Vellexon-Queutey-et-Vaudey	1.127	25		Tromarey-et-Chancevigney	234	18
	Ferrières-lès-Ray	82	26		Vezet	395	29		Virey	181	19
	Fleurey-lès-Lavoncourt	414	33	GY, 9.108 habitants. 20 communes.	Gy	2.092	20		Vregille	105	31
	Francourt	225	30		Autoreille	423	21	PESMES, 8.030 habitants. 20 communes.	Pesmes	1.439	22
	Grandecourt	117	37		Bonnevent-et-Velloreille-lès-Oiselay	345	31		Arsans	77	11
	Lavoncourt	384	29		Bucey-lès-Gy	1.348	22		Aubigney	259	16
	Membrey	631	24		Chapelle-Saint-Quillain (La)	339	20		Bard-lès-Pesmes	388	23
	Montot	282	16		Choye	732	16		Bresilley	192	25
	Mont-Saint-Léger	106	30		Citey	190	17		Broye-lès-Pesmes	520	19
	Nervezain	85	36		Etrelles-et-la-Montbleuse	205	23		Chancey	353	18
	Ray	442	28		Frasne-le-Château	565	27		Chaumercenne	352	19
	Rocologne	80	24		Gezier-et-Fontelenay	293	27		Chevigney	147	15
	Renaucourt	258	30		Montboillon	242	31		Licuocurt	147	13
	Roche-et-Raucourt	508	25		Mont-les-Etrelles-et-Villers-Chemin	270	24		Malans	422	24
	Savoyeux	483	19		Oiselay-et-Grachaux	619	30		Montagney	603	21
	Theuley	316	30		Vantoux-et-Longevelle	323	23		Montseugny	265	13
	Tincey-et-Pontrebeau	264	28		Vaux-le-Moncelot	190	28		Motey-Besuche	281	20
	Valte	383	23		Velleclaire	139	24		Résie (La Grande-)	160	14
	Vanne	319	30		Vellefrey-et-Vellefrange	201	21		Résie-Saint-Martin (La)	266	17
	Vauconcourt	525	35		Vellemoz	195	18		Sauvigney-lès-Pesmes	319	19
	Vereux	420	12		Velloreille-lès-Choye	160	14		Vadans	345	12
	Villers-Vaudey	216	34		Villefrancon	237	15		Valay	1.171	15
	Volon	176	26						Venère	324	13
	Vy-lès-Rupt	307	34								

ARRONDISSEMENT DE LURE

Superficie, 1.849 kil. carrés ou 184.918 hect. — Population, 131.954 hab. — Cantons, 10. — Communes, 203.

CANTON	NOM de LA COMMUNE	POPULATION	Distance	CANTON	NOM de LA COMMUNE	POPULATION	Distance	CANTON	NOM de LA COMMUNE	POPULATION	Distance
LURE, 17.456 habitants. 28 communes.	Lure	3.995	»	Suite de LURE.	Neuvelle-lès-Lure (La)	476	6	FAUCOGNEY, 11.876 habitants. 16 communes.	Faucogney	1.241	22
	Adelans	427	9		Palante	166	9		Amage	549	20
	Amblans-et-Velotte	483	8		Pomoy	459	13		Amont-et-Effreney	875	23
	Andornay	122	10		Quers	627	9		Beulotte-St-Laurent	636	28
	Arpenans	471	12		Roye	659	4		Bruyère (La)	386	19
	Aynans (Les)	563	10		Saint-Germain	1.137	6		Corravillers (Le Plain-de-)	696	30
	Bouhans-lès-Lure	333	7		Val-de-Gouhenans (Le)	63	9		Esmoulières	969	24
	Côte (La)	438	8		Vouhenans	524	4		Fessey-Dessous-et-Dessus	307	17
	Franchevelle	500	8		Vy-lès-Lure	998	7		Longine (La)	748	27
	Froideterre	280	5	CHAMPAGNEY, 14.772 h. 9 comm.	Champagney	4.356	16		Montagne (La)	582	31
	Frotey-lès-Lure	448	6		Clairegoutte	560	12		Proiselière-et-Langle (La)	439	18
	Genevreuille	353	10		Echavanne	188	21		Raddon-et-Chapendu	1.102	21
	Lyoffans	386	9		Errevet	238	25		Rosière (La)	737	39
	Magny-Danigon	535	9		Frahier-et-Châtebier	1.168	22		Saint-Bresson	1.807	24
	Magny-Jobert	228	11		Frédéric-Fontaine	379	12		Ste-Marie-en-Chanois	354	19
	Magny-Vernois	700	3		Plancher-Bas	2.323	21		Voivre (La)	648	18
	Malbouhans	655	8		Plancher-les-Mines	2.007	23				
	Moffans	813	9		Ronchamp	3.553	12				
	Mollans	617	12								

SUITE DE L'ARRONDISSEMENT DE LURE

CANTON, sa population.	NOM de LA COMMUNE.	POPULATION.	Distance au chef-lieu d'arr.	CANTON, sa population.	NOM de LA COMMUNE.	POPULATION.	Distance au chef-lieu d'arr.	CANTON, sa population.	NOM de LA COMMUNE.	POPULATION.	Distance au chef-lieu d'arr.
HÉRICOURT, 26 communes, 13,075 habitants.	Héricourt	3.558	27	Suite de MELISEY.	Fresse	2.668	17	Suite de VAUVILLERS.	Bourguignon-lès-Conflans	263	33
	Belverne	285	15		Haut-du-Them (Le)	1.330	26		Cubry-lès-Faverney	228	36
	Brevilliers	354	29		Miélin	566	37		Cuve	336	37
	Bussurel	310	31		Montessaux	193	10		Dampierre-lès-Conflans	793	35
	Byans	130	25		Saint-Barthélemy	1.112	12		Dampvalley-St-Pancras	114	39
	Chagey	870	22		Servance	2.120	24		Fontenois-la-Ville	610	43
	Châlonvillars	866	26		Ternuay-Melay-et-Saint-Hilaire	1.136	17		Girefontaine	116	39
	Champey	732	21						Hurecourt	222	47
	Chavanne	337	22						Jasney	582	36
	Chenebier	617	20						Mailleroncourt-Saint-Pancras	596	44
	Coisevaux	217	22	SAINT-LOUP-SUR-SEMOUSE, 13 comm., 17.723 habitants.	St-Loup-sur-Semouse	2.822	33		Melincourt	534	41
	Corcelles	138	21		Aillevillers-et-Lyaumont	2.712	33		Montdoré	315	47
	Courmont	401	15		Ainvelle	299	30		Pisseure (La)	83	33
	Couthenans	287	24		Briaucourt	553	28		Plainemont	93	32
	Échenans	265	24		Conflans	833	30		Pont-du-Bois	606	49
	Étobon	583	17		Corbenay	1.111	30		Selles	768	51
	Gonvillars	101	22		Fleurey-lès-St-Loup	187	35				
	Lomont	797	13		Fontaine-lès-Luxeuil	1.822	27	VILLERSEXEL, 34 communes, 11.701 habitants.	Villersexel	1.200	18
	Luze	445	24		Fougerolles	5.459	27		Aillevans	350	14
	Mandrevillars	142	27		Francalmont	334	28		Athesans	629	12
	Saulnot	710	20		Hautevelle	572	28		Autrey-le-Vay	131	21
	Tavey	205	26		Magnoncourt	451	33		Beveuge	238	17
	Tremoins	262	24		Vaivre (La)	568	32		Courchaton	798	21
	Verlans	83	24						Crevans	305	17
	Villers-sur-Saulnot	181	22	SAULX, 18 communes, 7.062 habitants.	Saulx	982	19		Étoitefontaine	83	15
	Vyans	199	29		Abelcourt	337	22		Fallon	540	23
LUXEUIL, 24 communes, 15.985 habitants.	Luxeuil	4.162	20		Betoncourt-lès-Brotte	178	15		Faymont-et-Vacheresse	463	13
	Ailloncourt	373	13		Bithaine-et-le-Val	149	11		Georfans	184	19
	Bandoncourt	833	16		Châtency	166	16		Gouhenans	688	10
	Belmont	351	14		Châtenois	303	16		Grammont	225	22
	Breuches	1.229	20		Colombe-lès-Bithaine	136	12		Granges-le-Bourg-et-la-Chapelle-les-Granges	396	17
	Breuchotte	567	20		Creuse (La)	236	13		Granges-la-Ville	327	17
	Brotte-lès-Luxeuil	333	15		Creveney	145	19		Longevelle	336	13
	Chapelle-lès-Luxeuil (La)	468	16		Genevrey	589	16		Magny (Les)	346	21
	Citers	986	12		Maillercourt-Charette	722	22		Marast	212	20
	Corbière (La)	221	15		Meurcourt	780	25		Melecey	335	21
	Dambenoît	383	11		Neurey-en-Vaux	376	26		Mignafans	183	17
	Ehuns	236	20		Servigney	284	28		Mignavillers	633	14
	Esboz-Brest	634	18		Velleminfroy	450	16		Moimay	341	19
	Froidecouche	1.097	19		Velorcey	309	22		Oppenans	148	16
	Lantenot	402	8		Villedieu-en-Fontenette (La)	479	28		Oricourt	150	15
	Lanterne-et-les-Armonts (La)	639	14		Villers-lès-Luxeuil	471	21		Pont-sur-l'Ognon	109	24
	Linexert	173	16						Saint-Ferjeux	103	18
	Magnivray	459	13	VAUVILLERS, 23 c., 9.798 habit.	Vauvillers	1.249	46		Saint-Sulpice	243	16
	Ormoiche	179	22		Alaincourt	181	48		Secenans	220	17
	Rignovelle	247	10		Ambiévillers	447	48		Senargent	422	16
	Ste-Marie-en-Chaux	211	21		Anjeux	434	35		Vellechevreux-et-Courbenans	425	19
	Saint-Sauveur	1.222	19		Bassigney	296	32		Vergenne (La)	176	10
	Saint-Valbert	386	24		Betoncourt-St-Pancras	219	41		Villafans	332	14
	Visoncourt	194	19		Bouligney	713	35		Villargent	188	19
MELISEY, 12 c., 12.476 h.	Melisey	1.973	11						Villers-la-Ville	242	18
	Belfahy	539	22								
	Belonchamp	378	15								
	Château-Lambert	139	32								
	Écromagny	322	15								

III. STATISTIQUE MORALE (1)

Par M. Eug. BOUTMY, ancien Professeur.

Les chiffres en caractères gras inscrits dans chacune des trois petites colonnes de ce tableau indiquent le rang du département relativement à la mention devant laquelle ils sont placés.

Religion (2).

Catholiques	293.682
Protestants	8.686
Israélites	671
Clergé catholique	527
Pasteurs	14
Rabbins	2

Mouvement de la population.

	Naissances	7.095
	Mariages	2.375
	Décès	5.920
41e	Durée moyenne de la vie. 37 a. 10 m.	

Instruction (3).

8e	Nombre des jeunes gens sachant lire, écrire et compter sur 100 jeunes gens maintenus sur les listes de tirage	91.90
	Nombre des établissements d'enseignement secondaire de l'État	4
	Nombre des écoles primaires (publiques ou libres)	1.080

Crimes contre les personnes (4).

COURS D'ASSISES.

42e	Rapport du nombre des accusés à la population. . 1 sur 19.613 hab.	
	Nombre total des accusés	19

Infanticides (5).

46e	Rapport du nombre des infanticides à celui des enfants naturels. 1 sur 216	
	Nombre total	3

Suicides (5).

50e	Rapport des suicides au chiffre de la population. 1 sur 10.072 hab.	
	Nombre total	37

Crimes contre les propriétés (5).

71e	Rapport du nombre des accusés à la population. 1 sur 30.973 hab.	
	Nombre total	13

Tribunaux correctionnels (5).

17e	Nombre des affaires	2.299
	Nombre des prévenus	2.788
	Nombre des condamnés	2.614

Procès (5).

	Affaires civiles (6)	1.611
31e	Affaires commerciales (7)	1.070
	Faillites (8)	40

Paupérisme.

80e	Rapport des indigents au chiffre de la population. 1 sur 108 hab.	
	Nombre total	2.808
	Bureaux de bienfaisance	110
	Hôpitaux et hospices	7
	Aliénés à la charge du département	201
	Sociétés de secours mutuels	10

Contributions directes (9).

50e	Foncière	1.518.151
	Personnelle et mobilière	306.398
	Portes et fenêtres	20.536

---

(1) Les chiffres contenus dans ce tableau sont empruntés, pour la plupart, à l'*Annuaire statistique de la France* (1878), publié par le ministère de l'agriculture et du commerce, ou calculés d'après des données puisées dans cet ouvrage.

(2) Ces chiffres sont antérieurs au recensement de 1876, qui a négligé ce point de vue.

Culte catholique. — Évêché à Besançon. Voir, pour le nombre des cures, des succursales, des vicariats, etc., qui appartiennent à ce diocèse, le département du Doubs.

Culte réformé. — Le département possède à Héricourt une Église consistoriale de la confession d'Augsbourg, desservie par 10 pasteurs, et par 3 pasteurs vicaires, résidant à Héricourt, Brevillers, Claire-Goutte et Étobon. L'église paroissiale de Trémoins, desservie par un pasteur, dépend du consistoire de Saint-Julien (Doubs).

(3) Le département relève de l'académie de Besançon. Lycée à Vesoul; collèges communaux à Gray, à Lure et à Luxeuil. École normale d'instituteurs primaires à Vesoul. Au point de vue du nombre d'élèves inscrits dans les écoles primaires de 6 à 13 ans, sur 100 enfants recensés, la Haute-Saône occupe le 17e rang. Le même département occupe le 5e rang d'après le nombre d'enfants présents à l'école pour 10,000 habitants.

Mœurs et caractère. — Les habitants de la Haute-Saône, ayant été moins mêlés avec les conquérants francs et bourguignons que ceux d'autres parties de la France, représentent assez exactement, par leur extérieur, l'ancienne race gauloise ou le peuple gallo-romain. Ils sont généralement grands, bruns, secs, plus robustes qu'agiles et adroits, plus constants et braves que fins. Ils s'épuisent souvent de bonne heure dans les campagnes par des travaux excessifs; on remarque chez eux plus de tempérance qu'autrefois dans leurs repas. Ils se marient généralement de bonne heure. Ils ont conservé le courage de leurs ancêtres, et ont depuis longtemps transporté à la France les anciens sentiments d'affection qui les attachaient à l'Espagne autrichienne. Les bataillons de la Haute-Saône se sont toujours distingués pendant les guerres de la Révolution et de l'Empire.

(4) Les documents publiés en 1878 comprennent sous cette rubrique les chiffres afférents au Haut-Rhin (Belfort) et à la Haute-Saône. — Au point de vue judiciaire, le département de la Haute-Saône ressortit à la cour d'appel de Besançon. Vesoul est le siège de la cour d'assises. Chaque chef-lieu d'arrondissement possède un tribunal de première instance; celui de Vesoul est divisé en deux chambres. Un tribunal de commerce est établi à Gray.

(5) Les documents officiels publiés en 1878 comprennent sous cette rubrique les chiffres afférents au Haut-Rhin (Belfort) et à la Haute-Saône.

(6) Ce chiffre indique le nombre des affaires civiles terminées pendant l'année.

(7) Ce chiffre comprend les affaires contentieuses à juger pendant l'année.

(8) Terminées pendant l'année.

(9) Trésorier-payeur général à Vesoul; receveur particulier dans chacun des autres chefs-lieux d'arrondissement; 69 percepteurs.

BIBLIOGRAPHIE

1731. Dissertation sur les eaux minérales de Rêpes, près de Vesoul, par *A. Barbier*. In-12.
1748. Traité historique des eaux et bains de Plombières, Bourbonne, Luxeuil, etc., par *Dom Calmet*. In-8°.
1757. Histoire abrégée des merveilles opérées dans la Sainte-Chapelle de Notre-Dame de Gray. In-12.
1757. Dissertation sur les eaux de Luxeuil, par *Morelle*. In-12.
1771. Histoire de l'abbaye de Faverney, par *Dominique Grappin*. In-8°.
1773. Essai historique sur les eaux de Luxeuil, par *Fabert*. In-12.
1779. Mémoire pour servir à l'histoire de la ville de Vesoul en Franche-Comté, par *Miroudat de Saint-Ferjeux*. In-4°.
1787. Recherches sur la ville de Gray, par *J.-F. Crestin*. In-8°.
1790. Essai sur l'histoire militaire du bourg de Saint-Loup, par *J.-J.-Cl. Descharrières*. In-8°.
An X. Statistique du département de la Haute-Saône, par *Vergnes*. In-8°.
1807. Notices historiques sur le pont Abucin et sur la ville de Vesoul, par *J.-A. Marc*. In-8°.
1808. Notice sur les savants et les littérateurs nés dans le département de la Haute-Saône, par *Weiss*. In-8°.
1811. Essai historique et statistique sur l'agriculture de la Haute-Saône, par *J.-A. Marc*. In-8°.
1813. Statistique abrégée du département de la Haute-Saône, par *Poissenot*. In-8°.
1815. Annuaire statistique et historique du département de la Haute-Saône, par *J.-A. Marc*. In-8°.
1818. Mémoire sur les noms et la source de la Saône, par *Cl.-Xavier Girault*. In-8°.
1825. Annuaire historique et statistique de la Haute-Saône, par *S. Suchaux*. In-12. Voir la Collection.
1826. Dissertation sur les monuments d'antiquité de la Haute-Saône, par *J.-A. Marc*. In-8°.
1827. Dictionnaire géographique, historique et industriel des villes, bourgs, villages de la Haute-Saône. In-12.
1833. Notice sur Luxeuil et ses eaux minérales, par *Molin*. In-8°.
1833. Description du département de la Haute-Saône au t. III de la France pittoresque, par *Abel Hugo*. Grand in-8°, cart. et grav.
1834. Statistique minérale et géologique du département de la Haute-Saône, par *E.-M Thirria*. In-8°
1835. Le Département de la Haute-Saône au tome III du Guide pittoresque du voyageur en France publié par *Firmin Didot*. In-8°, gravures et carte.
1842. Le voyage du poète à Luxeuil, par *Jacquin*, de Sancy. In-8°.
1848. Vesoul, Gray, Lure, Luxeuil, etc., etc., au t. V de l'Histoire des villes de France par *Aristide Guilbert*. 1 vol. grand in-8°, blasons, gravures.
1854. Vesoul et le bailliage d'Amont, notice historique qui a obtenu le prix à l'Académie de Besançon en 1852, par *Charles Longchamps*. In-8°.
1854. Notes étymologiques, historiques et statistiques sur les communes de la Haute-Saône, par *Charles Longchamps*. In-8°.
1860. Guide du voyageur et du baigneur à Luxeuil, par un habitant du pays. 1 vol. in-12.
1862. Hydrologie médicale, les Bains de Luxeuil, par le docteur *A. Delaporte*. In-8°.
1862. Mémoire pour servir à l'histoire de la ville de Luxeuil, par *A. Dey*. In-8°.
1862. Les sources ferrugineuses de Luxeuil, notice sur les fouilles faites en 1857 et 1858, par le docteur *Em. Delacroix*. In-8°.
1864. Inscriptions antiques de Luxeuil et d'Aix-les-Bains, par *F. Bourquelot*. Extrait du XXVI° volume des Mémoires de la Société des Antiquaires de France.
1865. Luxeuil ancien et moderne, par *C. Duhaut*. In-12.
1866. Dictionnaire historique, topographique et statistique des communes du département de la Haute-Saône, par *L. Suchaux*. 1 vol. in-8°.
1868. Itinéraire général de la France. Vosges et Ardennes, par *Ad. Joanne*. In-18.
1869. Histoire de la Seigneurie et de la Ville de Champlitte, par M. l'abbé *Briffaut*. In-8°.
1872. Géographie du département de la Haute-Saône, par *Chotard* (Collection Em. Levasseur).
1876. Géographie du département de la Haute-Saône, par *Ad. Joanne*. In-12.
1879. Étude de géographie historique sur la Saône, ses principaux affluents et le rôle qu'elle a joué comme frontière dans l'antiquité et le moyen âge, par *J. Finot*, archiviste de la Haute-Saône. 1 vol. In-8°.

Revue épigraphique de la Haute-Saône, par *Charles Longchamps*.

Mémoires de la Commission d'Archéologie et des Sciences historiques de la Haute-Saône. In-8°.

Carte du bailliage d'Amont.

Cartes de *Cassini* et de *Capitaine*.

Carte du diocèse de Besançon et de ses archidiaconés.

Voir les feuilles : 99, 100, 113, 114, 126, de la grande Carte de France, dite de l'*État-Major*, publiée par le Dépôt de la guerre.

Carte géologique du département de la Haute-Saône.

Plan de Vesoul publié par *Suchaux*.

Cartes du département de la Haute-Saône, par *Dufour, Frémin, Duvotenay, Charle, Ad. Joanne*.

Atlas cantonal de la Haute-Saône, dressé par ordre du préfet, par les agents voyers du département.

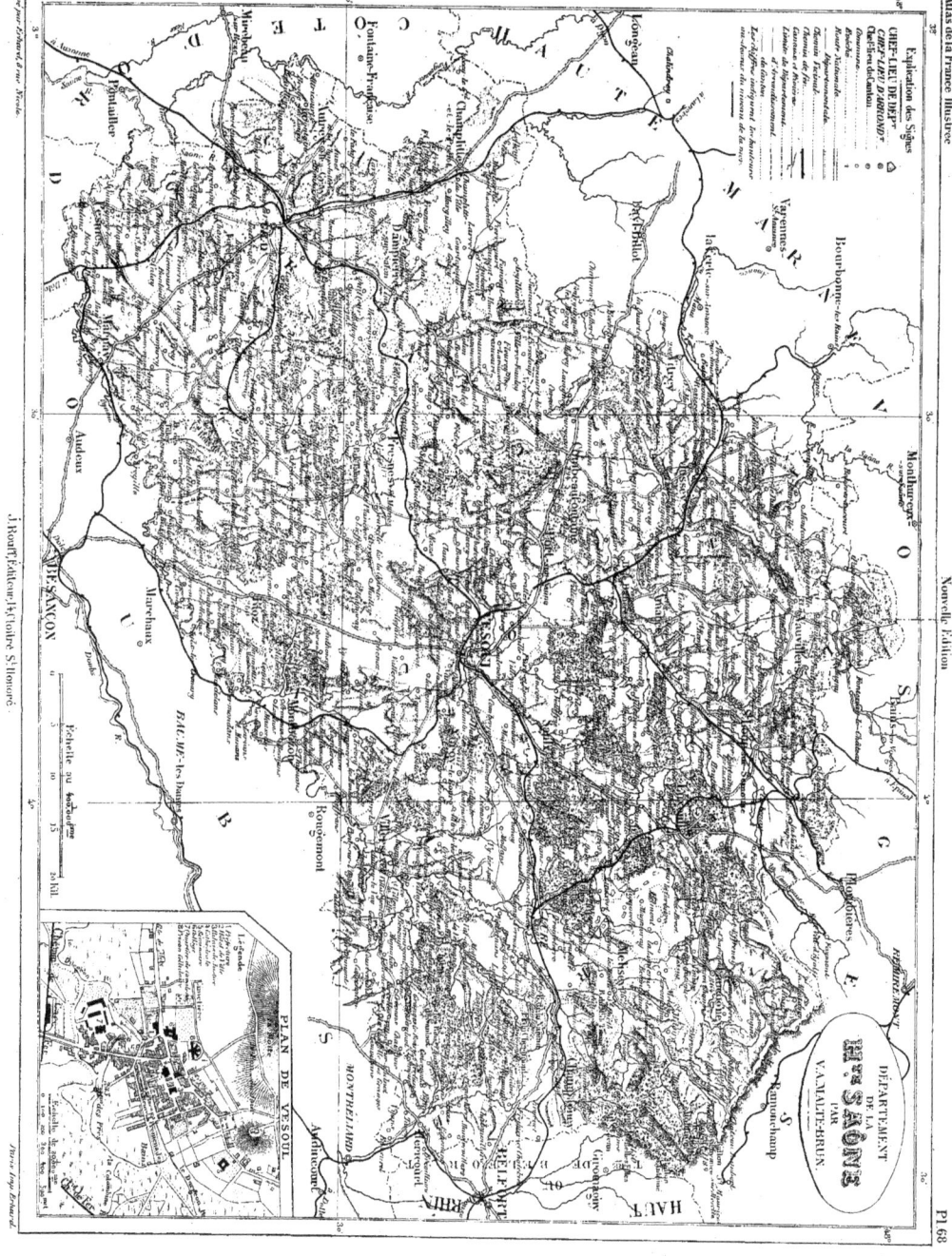

LA FRANCE ILLUSTRÉE PAR V.-A. MALTE-BRUN

49. — Saône-et-Loire. MACON

SAONE-ET-LOIRE

Chef-lieu : MACON

Superficie : 8,552 kil. carrés. — Population : 614,309 habitants
5 Arrondissements. — 50 Cantons. — 589 Communes.

DESCRIPTION PHYSIQUE ET GÉOGRAPHIQUE

Situation, limites. — Le département de Saône-et-Loire est un département qui appartient à la région centrale de la France; il tire son nom des deux principales rivières qui l'arrosent et a été formé, en 1790, par la réunion du Charolais, du Mâconnais, de l'Autunois, du Brionnais et du Châlonnais, pays de l'ancienne province de Bourgogne.

Ses limites sont : au nord, le département de la Côte-d'Or; à l'est, ceux du Jura et de l'Ain; au sud, ceux du Rhône et de la Loire; à l'ouest, ceux de l'Allier et de la Nièvre.

Nature du sol, montagnes. — Le département est traversé du sud au nord, en son milieu, par les montagnes du Charolais (dépendant des Cévennes septentrionales) et par la partie méridionale des montagnes de la Côte-d'Or ; ces deux chaînes appartiennent à la fois aux grandes lignes de partage des eaux de l'Europe et de la France; enfin, à l'ouest, court un contrefort des montagnes du Morvan. Les points culminants du département sont: au sud de la première chaîne, près de Montbéliard, un sommet de 774 mètres; aux Grandes-Roches, 772 mètres; la montagne de Suin, 593 mètres; le mont Saint-Vincent, 603 mètres; ces montagnes, que couronnent des plateaux ondulés et boisés, vont en s'abaissant de 400, à 200 mètres, pour laisser passer le canal du Centre, et elles se relèvent ensuite dans l'arrondissement d'Autun jusqu'à 400 à 550 mètres; le mont de Rome a 547 mètres, le mont de la Reine, 516 mètres; le mont Auxy, à l'est d'Autun, 540 mètres.

Les monts du Morvan, qui limitent à l'ouest le département et le séparent de celui de la Nièvre, ont des sommets de 350 à 450 mètres à l'est du mont Beuvray (810 mètres), qui est sur le département de la Nièvre. Ces montagnes du Charolais et du Morvan partagent le pays en belles vallées que séparent des coteaux couverts de riches vignobles ; ils présentent aussi des plaines fertiles et d'immenses pâturages dans le voisinage des deux grandes rivières; le versant de la Saône est surtout renommé pour l'abondance de ses produits et la beauté de ses sites.

La superficie du département se divise, d'après la nature du sol, en pays de montagnes, 437,355 hectares; pays de bruyères ou de landes, 35,000; sol de riche terreau, 37,500; sol de craie ou calcaire, 190,000; sol de gravier, 80,355 ; sol pierreux, 90,000; sol sablonneux, 70,000 hectares.

Hydrographie. — Le département de Saône-et-Loire appartient à la fois au bassin de la Loire et au bassin du Rhône, par la Saône, son affluent. Il est arrosé par la Loire et ses affluents de droite, le Sornin, l'Arconce, l'Arroux et la Somme, et par la Saône grossie à droite de la Dheune ou d'Heune, et de la Grosne ou Grône, et à gauche, du Doubs et de la Seille. La Loire, l'Arroux, la Saône, le Doubs et la Seille y sont seules navigables.

La Loire (voir l'hydrographie des départements de l'Ardèche, de la Loire, du Loiret et de la Loire-Inférieure) naît au Gerbier-de-Jonc, dans le département de l'Ardèche, à 1,408 mètres au-dessus du niveau de la mer ; avant son entrée dans le département, elle reçoit plus de 40 affluents et parcourt les départements de la Haute-Loire et de la Loire. Elle pénètre dans le département sur le territoire de la commune d'Iguerande, à près de 240 kilomètres de sa source, en traverse l'angle sud-ouest, puis le sépare à l'ouest de celui de l'Allier, et, après un cours de 92 kilomètres pendant lequel elle reçoit le Sornin, l'Arconce, l'Arroux, la Somme et une vingtaine d'autres petits cours d'eau, elle quitte le département pour parcourir ceux de la Nièvre et du Cher, qu'elle sépare, et ensuite le Loiret, le Loir-et-Cher, l'Indre-et-Loire, le Maine-et-Loire et la Loire-

Inférieure. Dans ce trajet, elle se grossit encore de plus de 75 affluents. La Loire arrose, dans le département, les territoires de : Iguerande, Marcigny, Beaugy, Vindecy, Digoin, Saint-Agnan, Gilly, Saint-Aubin, Trisy, etc. L'Arroux prend sa source dans l'étang de Mouisson, canton d'Arnay-le-Duc (Côte-d'Or), et coule constamment du nord au sud. Cette rivière a 20 mètres de largeur au milieu de son cours. Sa profondeur varie de 18 centimètres à 4 mètres ; elle déborde fréquemment. L'Arroux est flottable depuis Autun, et navigable aux eaux moyennes à partir de Gueugnon. Elle a près de 140 kilomètres de cours, dont 120 dans le département, où elle arrose Igornay, Cordesse, Autun, Étang, Saint-Nizier, Toulon, Gueugnon, Rigny, Neuvy, au-dessous duquel il se jette dans la Loire vers Digoin. L'Arroux reçoit dans Saône-et-Loire près de 25 cours d'eau sur la droite, et 20 sur la gauche. Les plus importants sont : le Travoux, la Vesne, le Mesvrin, le Pontain et la Bourbince, grossie de l'Oudrache, sur la gauche ; le Creuseveaux et le Monthelon, sur la droite.

La Saône est une des plus importantes rivières de France ; elle a sa source dans les Vosges, au village de Vioménil, par 396 mètres d'altitude. Elle se dirige généralement du nord au sud ; sa pente est variable ; dans les endroits profonds, elle est presque nulle, tandis qu'elle atteint 1^m,50 par kilomètre dans les rapides. La pente moyenne est d'environ 48 millimètres par kilomètre. Les basses eaux s'élèvent, à Mâcon, à 170 mètres au-dessus du niveau de la Méditerranée. La largeur de la Saône est, en moyenne, de 100 à 160 mètres ; son cours total est de 455 kilomètres, dont 120 appartiennent au département. Elle y pénètre sur le territoire de Mont-lez-Seurre, à environ 330 kilomètres de sa source, après avoir traversé les départements des Vosges, de la Haute-Saône et de la Côte-d'Or ; elle arrose Charney, Verdun, Châlon, Marnay, Ormes, Tournus ; au-dessous de Villars, elle sépare au sud-est le département de celui de l'Ain, et passe à Saint-Martin-de-Senozan, à Saint-Jean-de-Senozan, à Mâcon et à Saint-Romain, au delà duquel la Saône sort du département pour aller, en séparant ceux du Rhône et de l'Ain, se jeter dans le Rhône à Lyon.

Le Doubs, qui prend sa source au mont Rixon, près de Pontarlier, dans le département du Doubs (voyez l'hydrographie du dép. du Doubs), n'appartient au département de Saône-et-Loire que pour 35 kilomètres seulement des 455 dont se compose son cours total ; avant d'y entrer, il traverse ceux du Doubs et du Jura. Il passe dans le département à Lays, Longepierre, Navilly, Pontoux, Saunières et Verdun, où il se jette dans la Saône.

La Seille prend naissance au mont de la Roche, vers Baume-les-Messieurs (Jura), et entre dans le département sur le territoire de la commune du Tartre ; elle se grossit d'un grand nombre de rivières, de ruisseaux et d'étangs. Elle est navigable depuis Louhans jusqu'à sa chute dans la Saône, sur environ 50 kilomètres, au moyen de quatre barrages à écluses ; la profondeur moyenne de ses eaux est de 2 mètres ; quelquefois elles s'élèvent jusqu'à 4 mètres. Elle a un cours total de 110 kilomètres, dont 72 appartiennent au département, où elle arrose Mouthier-en-Bresse, Montjay, Bouhans, Vincelles, Louhans, Sornay, Savigny, Cuisery, Ratenelle et le petit village de La Truchère, au-dessous duquel elle se jette dans la Saône ; ses principaux affluents sont la Brenne, sur la rive droite, et, sur la rive gauche, le Solman, grossi du Sevron et de la Vallière, enfin la Sâne formée par la Sâne-Vive et la Sâne-Morte.

Le canal du Centre, qui unit la Loire à la Saône, traverse le département dans toute sa longueur ; il commence à Digoin-sur-Loire et finit à Châlon-sur-Saône ; il suit la vallée de la Bourbince, sur le versant de la Loire, et celle de la Dheune et de la Thalie, sur le versant de la Saône : sa longueur est de 116 kilomètres, sa largeur moyenne de 12 mètres, sa profondeur de 1^m,50. Il compte 81 écluses ; le biez de partage est entre l'étang de Long-Pendu, situé sur le versant de la Loire, et l'étang de Montchanin sur celui de la Saône. Ce canal a été commencé en 1784 et terminé en 1791.

Le canal latéral de la Loire touche un instant le département ; il a 16 kilomètres d'Iguerande à Bourg-le-Comte, et à Digoin il se joint au canal du Centre.

Le département possède plusieurs étangs très poissonneux ; les plus importants sont ceux de Villeron, commune de Savigny-en-Revermont, des Clayes, des Arbois-de-Barres ; de Baignant, commune de Saint-Loup-la-Salle ; de Villeneuve, de Long-Pendu, de la Revarde, de Saint-Pierre, de Montchanin ou de Berthaud : ces derniers alimentant le canal du Centre ; enfin ceux de Perrecy, du Rousset et du Baronay, dans le Charolais.

Les marais proprement dits sont rares. Ceux qui

existent sont peu étendus et se rencontrent sur les bords du canal du Centre, dans les parties basses des forêts et à l'approche des étangs. La Bresse est le pays qui en renferme le plus.

Voies de communication. — Ce département est très avantageusement partagé, sous le rapport des voies de communication ; il possède, en sus de 422 kilomètres de voies navigables, 8 routes nationales d'une longueur totale de 590 kilomètres ; 21 routes départementales, 830 kilomètres ; 61 chemins de grande communication, 1,310 kilomètres ; 92 de moyenne communication ou d'intérêt commun ; et 3,680 chemins vicinaux ordinaires dont le parcours général peut être évalué à 7,625 kilomètres.

Les chemins de fer de ce département appartiennent au grand réseau de Paris-Lyon-Méditerranée. La ligne principale est celle de Paris à Lyon ; elle y pénètre, en sortant de la Côte-d'Or, après avoir traversé la petite rivière de la Dheune, et dessert successivement les stations de : Chagny, Fontaines, Châlon-sur-Saône (383 kilom. de Paris), Châlon-Saint-Côme, Varennes-le-Grand, Sennecey-le-Grand, Tournus (409 kilom. de Paris), Uchizy, Pont-de-Vaux-Fleurville, Senozan, Mâcon (441 kilom. de Paris, 66 kilom. de Lyon), Crèches, Pontanevaux et Romanèche.

De cette ligne principale se détachent les embranchements suivants, avec leurs stations dans le département : 1° de Chagny à Nevers (163 kilom.) par : Santenay, Cheilly, Saint-Léger-sur-Dheune, Saint-Bérain, Saint-Julien-sur-Dheune, Montchanin, Le Creusot, Marmagne, Broye, Mesvres, Étang et Saint-Didier ; 2° tronçon de 58 kilomètres se détachant également de Chagny, dessert Autun par Épinac, en passant à : Santenay, Paris-l'Hôpital, Nolay, Épinac, Saint-Léger-Sully, Dracy-Saint-Loup, Autun ; et qui vient rejoindre la précédente par Brion-Laizy et Étang ; 3° à Montchanin se détache de la ligne un embranchement qui se dirige sur Moulins, par Blanzy, Montceau-les-Mines, Ciry-le-Noble, Génelard, Palinges, La Gravoine, Paray-le-Monial, Digoin, Saint-Agnan, Gilly-sur-Loire et Diou.

De Châlon-sur-Saône partent également plusieurs embranchements : 1° De Châlon à Dôle (78 kilom.) par : Châlon-Ville, Champ-Gaillard, Gergy, Verdun-sur-le-Doubs, Saint-Bonnet-en-Bresse, et Pierre ; 2° de Châlon à Lons-le-Saunier (66 kilom.) par : Saint-Marcel, Épervans, Ouroux-Saint-Christophe, Saint-Germain-du-Plain, Saint-Étienne-en-Bresse, Montret, Branges, Louhans, Ratte, Pont-Rouge-Le Fay ; 3° de Châlon à Bourg (77 kilom.) par : Saint-Marcel, Épervans, Ouroux-Saint-Chistophe, Saint-Germain-du-Plain, Baudrières, Simandre-les-Ormes, Cuisery, Ratenelle et Romenay.

A Mâcon, outre le tronçon de 78 kilomètres qui unit Mâcon à Moulins par Paray-le-Monial en desservant : Charnay, Poisse, Saint-Sorlin-Milly, La Croix-Blanche, Cluny, Sainte-Cécile, Clermain, La Chapelle, Trivy-Dompierre, Les Terreaux, Saint-Bonnet, Vendenesse et Charolles, nous avons à signaler la ligne importante de Mâcon à Bourg, qui se bifurque sur Genève et Chambéry-Turin ; elle a seulement son amorce à Mâcon, dans le département. A ces lignes principales, il faudrait ajouter les chemins de fer d'intérêt privé qui desservent Le Creusot, Montchanin, Épinac et Blanzy.

D'autres lignes sont encore en construction ou projetées ; signalons celles : de Châlon à Cluny, de Cluny à Roanne, du Creusot à Saint-Germain-du-Plain.

En 1877, on évaluait la longueur des lignes livrées à la circulation à 486 kilomètres, et celle des lignes en construction ou à construire à 300 kilomètres.

Climat. — Le département de Saône-et-Loire est sur la limite des deux climats rhodanien et girondin, ou du sud-est et du sud-ouest ; aussi participe-t-il de chacun d'eux et conséquemment est-il variable, tenant du premier par la sécheresse et du second par ses pluies et l'humidité. Néanmoins, ce climat est sain et tempéré ; le thermomètre ne s'élève que rarement au delà de 25° et ne s'abaisse guère au-dessous de 6° pendant l'hiver. Les vents sont variables ; ils suivent généralement la direction des vallées. Les plus fréquents sont ceux du sud, du nord-est, de l'ouest et du nord ; la violence de ces deux derniers est souvent très grande. Les vent d'ouest et du sud amènent la pluie.

A Mâcon, la température moyenne de l'année a été en 13 ans de +11°,31. La température moyenne de l'hiver était de +2°,47 et celle de l'été +20°,27. En 16 ans, le maximum de température a été de +38°, et le minimum de +18°.

Productions naturelles. — Le département de Saône-et-Loire appartient à la région géologique du plateau central pour le versant de la Loire, et de la Bresse pour celui de la Saône. A l'ouest dominent principalement les terrains de formation plutonique, les basaltes, les porphyres, les granits, etc.; tandis qu'à l'est on trouve ceux de formation neptunienne, qui comprennent des terrains primitifs, des terrains schisteux, des terrains carbonifères très riches, des terrains de grès rouge, des terrains jurassiques, des terrains d'alluvion et des terrains de la plus récente formation.

Ce que nous venons de dire de la constitution géologique du sol doit naturellement faire espérer une grande variété de productions minérales. Aussi trouve-t-on dans le département de Saône-et-Loire des mines de fer, des mines de houille très riches, et il suffirait de nommer Le Creusot, Montchanin et Épinac. Ces mines forment trois bassins houillers : du Sornin, d'Autun, d'Épinac et de la Bourbince; ce dernier est le plus important : on évalue leur superficie à 42,000 hect. ; ils se subdivisent en 22 concessions employant plus de 2,000 ouvriers. Des mines de schiste bitumineux sont exploitées à Igornay, Saint-Léger-du-Bois et Dracy, près d'Autun. Ils sont traités dans des usines, sur les lieux mêmes ; les huiles qui en proviennent sont transportées à Paris et à Strasbourg, pour alimenter les usines à gaz. On trouve aussi dans Saône-et-Loire des indices de plomb, de cuivre, d'argent, etc. Une mine de manganèse très riche est exploitée dans les environs de Romanèche ; elle est partagée en 4 concessions. Les marnes irisées sont exploitées dans beaucoup de localités, aux environs de Sully, d'Épinac, de Saint-Léger-sur-Dheune, dans l'arrondissement de Charolles; le gypse qu'on en retire s'emploie dans la bâtisse et comme amendement pour les terres. Les pierres à bâtir sont de très bonne qualité et fort abondantes. Les principales carrières sont celles de Tournus, de Chagny, du Montel, etc. Le grès, la pierre lithographique, le marbre, divers sables, la pierre à chaux, des argiles sont exploités sur le territoire de beaucoup de communes. On remarque certains cantons où l'on trouve des émeraudes, des hyacinthes, de l'urane, de l'amphibole, de la tourmaline, du mica, etc. On présume que le Doubs charrie des paillettes d'or.

Sur beaucoup de points du territoire, il existe des eaux minérales qui le plus souvent n'ont qu'un intérêt local ; telles sont celles de Saint-Martin-de-la-Vallée, de Leynes, de Pierreclos, de Chazou, de Farges, de Sailly, etc. Celles de Bourbon-Lancy sont seules renommées et paraissent très bonnes pour le traitement des affections rhumatismales.

Le département de Saône-et-Loire est compris tout entier dans la zone où croissent également et la vigne et le maïs. La grande diversité de la composition du sol, ses nombreuses montagnes, ses vallées et ses plaines, rendent les productions végétales du département très variées. Il récolte, année moyenne, plus de grains qu'il n'en faut pour sa consommation; mais, par la distribution de sa culture, il se trouve souvent obligé de s'approvisionner dans les départements voisins; c'est ainsi que le Mâconnais, qui cultive la vigne, reçoit son blé en grande partie du département de l'Ain; l'Autunois échange la surabondance de son seigle contre le blé; le Charolais se suffit à lui-même et a un excédent de seigle, et le Châlonnais exporte la surabondance de ses grains. Le département renferme un grand nombre de prairies naturelles, dont les fourrages sont excellents, et les prairies artificielles s'y montrent en grand nombre. La vigne est une des sources de production les plus importantes du département; on évalue en moyenne à plus d'un million le nombre d'hectolitres de vin récoltés annuellement, et leur valeur représente plus de 25 millions de francs; la moitié environ se consomme sur les lieux ; le reste est exporté à Paris, Lyon et Marseille, par les rivières et les canaux. Les vins du Beaujolais et du Mâconnais sont généralement connus sous le nom de vins de Mâcon ; on les estime plus comme vins d'ordinaire que comme vins fins. Les principaux crus sont ceux de Romanèche, de Thorins, de Moulin-à-Vent, de Pouilly et de Fuissey (ces deux derniers donnent des vins blancs), pour le Mâconnais; de Givry, de Mâcon, de Rully, de Chânes, de Chenôve et de Saint-Vérand, et surtout de Mercurey, pour le Châlonnais. En 1871, bonne année, la production des vins dans le département atteignait 1,025,206 hectolitres estimés 41,008,240 francs; en 1874, année malheureuse, elle était descendue à cause de l'oïdium et du phylloxera à 587,049 hectolitres, estimés 26,417,205 francs. En 1875, la production fut de 2,220,872 hectolitres, et en 1877, elle redescendait à 1,407,216 hectolitres, pour n'atteindre que 647,922 hectolitres en 1880. La récolte des pommes de terre est très considérable. Le chanvre, le mûrier, les arbres résineux réussissent bien; les plantes médicinales et aromatiques abondent sur les montagnes.

Le chêne, le hêtre, le charme et le tremble sont les essences dominantes des forêts dont les principales sont : celle de la Planoise, qui a 1,943 hectares ; de Bourcier, 1,768 ; de Chapaize, 1,009 ; de Cheaume-Germagny, 1,007 ; de Montignons, de Bragny-la-Ferté, de Folins et de Pourlans.

Les animaux domestiques du département sont généralement d'une belle espèce. Les chevaux du Charolais sont de petite race, mais d'une grande vigueur ; les bestiaux du Louhannais et du Charolais sont fort estimés et sont, avec les porcs et les volailles, un des principaux articles d'exportation pour les marchés de la capitale. Vers les confins de la Nièvre et de la Côte-d'Or, on trouve la belle race des bœufs du Morvan. Les forêts renferment beaucoup de loups, de renards, des écureuils, des fouines, des blaireaux. Le gibier est abondant ; on y trouve des sangliers, des cerfs, des chevreuils, des lièvres, des lapins, des perdrix, et en général tout le gibier ailé dans la saison. Les étangs et les rivières contiennent d'excellents poissons, parmi lesquels on remarque le carpeau, la brème, le brochet, la truite, la perche, la lamproie, l'alose ; les écrevisses foisonnent dans les petits cours d'eau ; on y trouve aussi l'anodonte, que l'on mange dans beaucoup de localités ; à Châlon, enfin, on pêche des ablettes, avec l'écaille desquelles on fait de l'essence d'Orient.

Industrie agricole, manufacturière et commerciale. — Le département de Saône-et-Loire est un pays agricole et d'exploitation ; l'habitant des campagnes est en général laboureur et vigneron ; la culture y est avancée et a fait de grands progrès depuis ces dernières années ; les terres sont cultivées avec des bœufs ; l'assolement y est généralement biennal, à l'exception de quelques cantons de la Bresse (partie orientale du département), où il est triennal. Dans l'arrondissement d'Autun, les jachères dominent et elles ont quelquefois 15 ans de durée. La superficie du département se partage en superficie bâtie et voies de communication, 62,004 hectares, et en territoire agricole, 793,170 hectares. Ce dernier se subdivise lui-même en : céréales, 241,672 hectares ; farineux, 37,832 ; culture potagère et maraîchère, 1,560 ; cultures industrielles, 20,034 ; prairies artificielles, 21,285 ; fourrages annuels, 3,230 ; autres cultures et jachères, 111,193 ; vignes, 48,000 ; bois et forêts, 150,484 ; prairies naturelles et vergers, 118,284 ; pâturages et pacages, 15,880 ; terres incultes, 23,716 hectares.

Les établissements métallurgiques tiennent le premier rang parmi les établissements industriels du pays, et à leur tête nous devons placer les importantes forges et fonderies du Creusot, qui sont non seulement les plus importantes de la France entière, mais encore de toute l'Europe continentale. On compte dans le département, outre ces dernières, douze usines à fer : les principales sont à Mesvrin, aux Touillards, à Perrecy, à Autun, au Perrier et à Gueugnon. Le département possède trois verreries à bouteilles, à Épinac, à La Motte, à Blanzy ; quatre fonderies de cuivre : celle de Mâcon a une grande importance ; une fabrique de grosses horloges et de pressoirs à Mâcon ; six papeteries à Cluny, Cormatin, Monthelon et Saint-Pantaléon ; plusieurs raffineries de sucre ; de nombreux tissages de soie, des manufactures de couvertures de coton, de briques réfractaires, des filatures de coton, des tanneries, des teintureries, des huileries, des tonnelleries, des fabriques d'armes à feu, de tapis de poils, de poterie de commune, etc.

Le commerce se compose principalement des produits du sol, de ceux des usines à fer, d'exploitations de houille et des tanneries. Châlon est le centre et l'entrepôt d'un commerce très actif entre le nord et le midi de la France. Le Charolais fait un commerce considérable de bestiaux. Les foires sont au nombre de 819, dont 727 fixes ; elles se tiennent dans plus de 180 communes. Les articles de commerce sont : les chevaux et les bestiaux, le chanvre, le fil, les bois, les tonneaux, les cercles, les vins et les grains. La foire de Cordesse est une assemblée pour la location des domestiques.

Division politique et administrative. — Le département de Saône-et-Loire a pour chef-lieu Mâcon : il compte 5 arrondissements, 50 cantons, 589 communes ; le tableau statistique que nous donnons plus loin les fera connaître. Il appartient à la région agricole de l'est de la France.

Le département forme le diocèse d'un évêché dont le siège est à Autun, et qui est suffragant de l'archevêché de Lyon ; il y a dans cette ville un grand et un petit séminaire ; le département compte 9 cures de première classe, 56 de seconde, 454 succursales et 103 vicariats.

Les cinq tribunaux de première instance des 5 arrondissements et les tribunaux de commerce de Charolles, Louhans, Autun, Châlon, Mâcon et Tournus sont du ressort de la cour d'appel de Dijon. Il existe une maison de correction à Tournus. Au point de vue universitaire, le département de Saône-et-Loire relève de l'académie de Lyon; il y a à Mâcon un lycée, et des collèges communaux à : Autun, Charolles, Louhans, Tournus et Châlon-sur-Saône; Cluny possède une école normale professionnelle avec collège annexé. Il y a encore dans le département 5 institutions secondaires libres et 1,132 écoles primaires.

Le département est dans la circonscription du 8° corps d'armée et de la 8° région de l'armée territoriale dont l'état-major est à Bourges; Châlon-sur-Saône et Mâcon sont des chefs-lieux de subdivision. La compagnie départementale appartient à la 8° légion dont l'état-major est à Bourges.

Châlon-sur-Saône est le chef-lieu d'un arrondissement minéralogique qui appartient à la région du nord-est et qui comprend les départements de Saône-et-Loire, de l'Ain, du Doubs et du Jura.

Le département fait partie de la 5° inspection divisionnaire des ponts et chaussées et du 17° arrondissement forestier dont Mâcon est le chef-lieu et qui comprend, entre autres, les départements de l'Ain et du Rhône.

On compte dans ce département 87 perceptions des finances; les contributions et revenus publics atteignent 29 millions de francs. C'est un de nos plus riches départements.

HISTOIRE DU DÉPARTEMENT

Les *Éduens*, puissante tribu de la Gaule centrale, occupaient, avant l'invasion romaine, la plus grande partie du territoire dont a été formé le département de Saône-et-Loire. C'est comme allié des Éduens, et appelé par eux, pour les aider dans une guerre qu'ils soutenaient contre les Séquanais, que César franchit les Alpes. L'occupation romaine ne rencontra donc d'abord dans la contrée aucune résistance et n'y souleva aucune opposition. *Bibracte* (Autun), la vieille capitale du pays, fut adoptée par les soldats de César comme une seconde patrie; mais cette union, qui reposait sur un malentendu, ne fut pas de longue durée; lorsque les Éduens virent se changer en conquête définitive une occupation qu'ils n'avaient acceptée que comme un secours momentané, leur esprit national se réveilla et les sympathies anciennes firent bientôt place à une hostilité mal déguisée. De leur côté, les conquérants, pour entraver l'organisation de la révolte, changèrent à diverses reprises les divisions administratives de la province. Une levée de boucliers répondit à ces mesures vexatoires; les esclaves gladiateurs destinés aux cirques de Rome se réunirent sous un chef acclamé par eux, le vaillant Sacrovir; la population presque entière se joignit à eux, et les Éduens tentèrent, mais trop tard, de réparer la faute qu'ils avaient commise en appelant l'étranger dans leur patrie. Cette tentative échoua comme celle de Vercingétorix dans l'Arvernie; les dernières forces de la race celtique s'y épuisèrent, et la volonté des Éduens n'eut même plus à intervenir dans le choix des maîtres qui se disputèrent leur territoire.

Quand le colosse romain commença à vaciller sur ses bases, quand les possessions de l'empire énervé purent être attaquées impunément, la Saône fut franchie tour à tour par les hordes barbares qui, des rives du Rhin ou du sommet des Alpes, se ruaient dans les plaines de l'ouest et du midi.

Attila, avec ses Huns, passa comme une avalanche. Les lourds Bourguignons s'arrêtèrent au bord du fleuve, et jusqu'à la venue des Francs le pays fut possédé par deux maîtres à la fois, les Bourguignons et les Romains. Les nouvelles divisions territoriales qu'entraîna la conquête de Clovis, les partages de son héritage, plus tard la constitution des grands fiefs donnèrent naissance à un royaume, puis à un duché de Bourgogne, dont fit presque toujours partie le département de Saône-et-Loire, mais dont l'histoire trouvera sa place plus spéciale dans notre notice sur Dijon et la Côte-d'Or. L'importance des villes détermina d'abord la division administrative du pays en *pagi* ou cantons, qui devinrent autant de comtés plus ou moins indépendants quand prévalut, sous la seconde race, l'organisation féodale dans la France entière, et ne furent réunis à la couronne que successivement et beaucoup plus tard.

L'Autunois, le Mâconnais, le Châlonnais et le Charolais eurent donc chacun pendant longtemps une existence particulière, dont se compose l'ensemble des annales du département.

L'Autunois tira son nom de la ville d'Autun, autrefois *Bibracte*, l'ancienne capitale des Éduens. Cette tribu, par haine des Allobroges et des Ar-

Château de Lamartine, à Saint-Point.

vernés, s'allia étroitement avec les Romains ; aussi eut-elle des citoyens admis dans le sénat avant toutes les autres peuplades gauloises.

La foi chrétienne fut apportée dans cette contrée dès le iie siècle par saint Andoche, prêtre, et saint Thirse, diacre, qui, malgré la protection d'un riche habitant de Saulieu nommé Faustus, souffrirent le martyre à leur retour à Autun, en même temps qu'un marchand du nom de Félix qui leur avait donné asile. Tetricus, général romain, s'étant fait reconnaître empereur, entraîna les Éduens dans son parti. Claude vint le combattre, ravagea les campagnes, incendia et pilla les villes. Constance et Constantin réparèrent ces désastres ; le pays fut tranquille et prospère jusqu'à l'invasion des barbares. Les rapides progrès du christianisme dans l'Autunois et l'influence de l'évêque dans la capitale donnèrent de bonne heure une prépondérance marquée au pouvoir clérical. Sur quatre bailliages dont la province était composée, un seul, celui de Bourbon-Lancy devint une baronnie de quelque importance.

Le Mâconnais (*pagus Matisconensis*) des Éduens eut sous les Romains les mêmes destinées que l'Autunois. Sa position sur les bords de la Saône en faisait un centre d'approvisionnement ; on y fabriquait aussi des instruments de guerre. Sous la seconde race, le Mâconnais est possédé par des comtes qui rendent leurs domaines héréditaires, et arrivent par leurs alliances jusqu'à la couronne ducale de Bourgogne. C'était un comte du Mâconnais, cet Othon-Guillaume auquel le roi Robert fut obligé de disputer devant un concile et par les armes les deux Bourgognes et le comté de Nevers. Sa descendance resta en possession du comté jusqu'en 1245, époque à laquelle il fut cédé à saint Louis par la comtesse Alix. A l'exception d'une courte période pendant laquelle Charles VII l'aliéna à Philippe le Bon, le Mâconnais est demeuré depuis annexé au domaine royal ; depuis saint Louis, il relevait du parlement de Paris, et les privilèges municipaux accordés par ce prince aux habitants des villes furent maintenus jusqu'à la Révolution de 1789.

Le pouvoir épiscopal profita moins encore de l'extinction des comtes du Mâconnais que de l'importance acquise par la puissante abbaye de Cluny. Le couvent fournit un grand nombre de prélats au siège de Mâcon ; aussi fut-il occupé, le plus souvent, par des personnages d'un grand nom et d'une haute position dont l'influence fut souveraine sur les destinées de la province.

Le Châlonnais était aussi compris dans le pays des Éduens ; il en est question, ainsi que de sa capitale *Cabillonum*, Châlon, dans César, Strabon et Ptolémée. C'était un poste important des légions romaines ; une large chaussée fut construite pour relier Autun à la Saône. La tradition populaire donne les environs de Châlon pour théâtre à l'apparition de la croix miraculeuse autour de laquelle Constantin put lire : « Tu vaincras par ce signe : » *In hoc signo vinces*. Après avoir été traversé et ravagé par Attila, le Châlonnais devint le centre de la première monarchie burgonde. Châlon était la capitale du roi Gontran, et Clovis II y convoqua une assemblée nationale. La position du pays, qui le désigna dès les premières invasions comme le passage le plus favorable de l'est au centre de la France et du nord au midi, ne lui permit d'échapper à aucun des envahissements que nos pères eurent à subir. Après les Romains, les Germains, les Helvètes, les Huns et les Bourguignons, vinrent les Sarrasins, et après eux les Normands. Jamais terre ne fut foulée par tant d'ennemis différents ; et comme si ce n'eût point encore été assez, après tant d'assauts, de devenir le théâtre des luttes entre les maisons de France et de Bourgogne, il fallut encore que le Châlonnais payât tribut aux guerres de religion et à toutes nos discordes civiles. Le premier comte héréditaire du Châlonnais fut Théodoric Ier ; c'est seulement en 1247 que, par suite d'échange, le comté échut à la maison de Bourgogne ; il y est resté jusqu'à la réunion du duché à la France.

Le premier apôtre du Châlonnais fut saint Marcel, prêtre attaché à saint Potin et venu de Lyon avec lui ; il souffrit le martyre en 161, sous le règne de Vérus. Pendant la période féodale, le pouvoir de l'évêque sur le Châlonnais fut plus nominal que réel ; les comtes se laissaient investir par eux de leur titre, mais sans renoncer à agir ensuite au gré de leur caprice ou selon leur intérêt ; les ducs de Bourgogne et les rois de France, trop haut placés pour recevoir l'investiture du comté des mains de l'évêque de Châlon, leur laissèrent en réalité un cercle d'action plus libre et moins restreint. Il est juste d'ajouter que le pays ne s'en trouva pas plus mal.

Les *Ambarri* et les *Brannovii* occupaient le Charolais et vivaient dans une étroite alliance avec les Éduens ; sous les Romains et les Bourguignons, leurs destinées furent communes. L'administration franque constitua le Charolais en comté, qui sous la première race dépendit du comté d'Autun, et de celui de Châlon sous la seconde. Au XIIIe siècle, Hugues IV, duc de Bourgogne, ayant acquis le comté de Châlon et ses dépendances, le donna en apanage à son second fils Jean, qui épousa l'héritière de Bourbon. Une seule fille naquit de cette union : on la maria à Robert, comte de Clermont, fils de saint Louis ; ce prince et trois générations de ses descendants possédèrent donc le Charolais, mais comme fief relevant du duché de Bourgogne. En 1390, Philippe le Hardi le racheta moyennant 60,000 francs d'or. Il demeura plus d'un siècle dans la maison ducale, et l'estime qu'elle faisait de cette possession est attestée par le titre de comte du Charolais que portaient ordinairement les fils aînés des ducs de Bourgogne. A la mort de Charles le Téméraire, en 1477, le Charolais fut compris dans les dépouilles de l'ennemi vaincu que Louis XI réunit à la France. Ses successeurs, Charles VIII et Louis XII, restituèrent ce comté aux héritiers de Marie de Bourgogne ; il fut donc rendu, en 1493, à Philippe d'Autriche, père de Charles-Quint, et resta dans la maison d'Espagne jusqu'en 1684, mais cette fois comme fief de la couronne de France, à la charge de foi et hommage, et soumis à la juridiction française. Le prétexte dont on usa pour mettre fin à cet état de choses mérite d'être rapporté.

En dehors des grands événements qui décidèrent de ses destinées, les régions qui composent le département de Saône-et-Loire eurent leur part dans toutes les épreuves que traversa la France : sans avoir été marqué par des luttes aussi violentes que dans d'autres localités, l'établissement des communes l'agita au XIIIe siècle. Au XIVe, le pays fut décimé par la peste noire ; treize familles seulement survécurent à Verdun-en-Châlonnais. Ce fut ensuite l'invasion des Anglais sous la conduite du Prince Noir, et, quelques années plus tard, les brigandages des Écorcheurs. Du Guesclin, en 1366, les avait décidés à le suivre en Espagne dans l'espoir d'un riche butin ; mais ils revinrent quelques années après et ravagèrent tout le Mâconnais. Nous les retrouvons, en 1438, en compagnie de la peste et de la famine, dévastant le Charolais et les environs de Paray-le-Monial, sous la conduite du fameux Antoine de Chabannes ; il fallut, pour en délivrer la contrée, que le comte de Fribourg, gouverneur de la Bourgogne, convoquât la noblesse à une sorte de croisade ; les prisonniers mêmes ne furent point épargnés.

La guerre civile entre les Armagnacs et les Bourguignons, les luttes qui précédèrent la réunion du duché à la France eurent presque continuellement pour théâtre ces contrées douées d'une telle vitalité que quelques années de paix leur rendaient une prospérité relative.

Les discussions religieuses agitaient sourdement la France depuis plusieurs années, lorsque le massacre de Vassy fit éclater la guerre civile. La noblesse de Bourgogne était peu favorable aux protestants, mais ils avaient de nombreux adhérents dans les villes. En 1562, un fameux capitaine calviniste nommé Ponsenac parcourut la Bresse et le Mâconnais à la tête d'une troupe de six à sept mille hommes, saccageant, pillant, brûlant les couvents et les églises. Le capitaine d'Entraigues et deux de ses lieutenants, Jean-Jacques et Misery étaient maîtres d'une partie de la province, quand leur marche fut arrêtée par le maréchal de Tavannes. Quelques années plus tard, en 1567, 1570 et 1576, c'est contre les Suisses et les reîtres des Deux-Ponts qu'il faut se défendre ; ces derniers avaient traversé la Loire à Marcigny, au nombre de 25,000 environ.

L'anarchie régna en Bourgogne pendant tout le temps de la Ligue, et même après l'abjuration de Henri IV et la bataille de Fontaine-Française ; en 1593, un article du traité de Folembray accordait au duc de Mayenne la ville de Châlon comme place de sûreté.

Sous Louis XIII, la révolte de Gaston d'Orléans, frère du roi, appela les Impériaux en Bourgogne ; la courageuse et patriotique résistance des habitants fit obstacle aux funestes progrès de l'invasion, qui échoua définitivement devant l'héroïsme de Saint-Jean-de-Losne. Le pays se ressentit peu des agitations de la Fronde ; quelques communes seulement eurent à subir les exactions de soldats indisciplinés et d'une bande de rebelles qui ne compta jamais plus de 500 hommes et que commandait un aventurier du nom de Poussin de Longepierre.

Les règnes suivants ne furent signalés que par d'utiles travaux et de magnifiques améliorations (1789).

Le grand Condé, ayant fait sa paix avec la cour de Saint-Germain, réclama du roi d'Espagne des sommes considérables, prix de ses services pendant la guerre contre la France ; pour rentrer dans cette créance, il saisit le Charolais : une procédure s'ensuivit comme s'il se fût agi de la dette d'un marchand, ou tout au moins d'une seigneurie ordinaire ; on plaida, et un arrêt intervint qui adjugea le comté à la maison de Condé. C'est seulement en 1761 qu'il fut racheté par Louis XIV et réuni au domaine royal.

En 1814, à la chute du premier Empire, le département fut traversé par les troupes autrichiennes. Châlon, qui n'avait qu'une garnison de 200 hommes, n'en résista pas moins au général Bubna, et l'ennemi ne s'en rendit maître qu'après un vif combat soutenu, le 4 février, par les habitants. Sa vengeance s'exerça sur Autun qui fut durement traitée, et sur le château de Martigny-sous-Saint-Symphorien qui fut incendié.

En 1870, la situation pouvait paraître plus périlleuse. Autun couvrant l'important établissement du Creusot, dont le matériel et les puissantes ressources devaient être un objectif pour les envahisseurs victorieux ; ils firent, en effet, dans les premiers jours de décembre, quelques démonstrations hostiles ; mais Garibaldi y avait alors son quartier général, où des forces imposantes avaient été réunies, pour appuyer les opérations de l'armée de l'Est, commandée par le général Bourbaki ; l'ennemi s'en tint donc à quelques reconnaissances autour de la ville, et prit sa direction vers le département de l'Yonne et la Loire. Les pertes éprouvées par le département montèrent seulement à 30,292 francs 27 centimes.

La Révolution de 1789, qui donna à la France unité et liberté, avait été accueillie par le département de Saône-et-Loire avec le plus grand enthousiasme. Les habitants sont restés fidèles au culte de leurs principes. En 1792, comme en 1814 et en 1870, la patrie menacée ne trouva dans aucune province de plus dévoués défenseurs. Le sentiment de la nationalité est aussi fortement empreint chez le citoyen des villes que dans la population des campagnes. Les développements de l'industrie et du commerce, le soin des intérêts privés n'ont altéré ni comprimé dans ce département les élans généreux, les aspirations enthousiastes qui caractérisent les fortes races et les grands peuples.

HISTOIRE ET DESCRIPTION DES VILLES, BOURGS ET CHATEAUX LES PLUS REMARQUABLES

MACON (lat. 46° 18′ 24″; long. 2° 29′ 55″). — Mâcon (*Matisco, Matiscona*), importante station de la ligne de Paris à Lyon, de celle de Mâcon à Moulins par Paray-le-Monial, à la bifurcation de la ligne de Chambéry par Bourg, à 441 kilomètres est-sud-est de Paris, est une ville de 17,570 habitants, chef-lieu du département de Saône-et-Loire, avec tribunal de première instance et de commerce, société d'agriculture, de sciences, arts et belles-lettres, lycée et écoles primaires. C'était autrefois le siège d'un évêché auquel l'abbaye de Cluny donnait une grande importance, d'un bailliage, présidial et prévôté royale ; elle dépendait de l'intendance et du parlement de Dijon.

Des témoignages nombreux et authentiques constatent la haute antiquité de Mâcon. C'était une des villes importantes de la confédération des Éduens, lorsque César pénétra dans les Gaules ; de grands magasins, pour l'approvisionnement de l'armée, y furent construits par les généraux Tullius Cicero, Sulpicius et Agrippa ; plus tard, on y établit d'importantes fabriques de flèches et d'armes de guerre, et la ville s'embellit de tous les monuments publics, temples, bains et théâtres, dont les Romains aimaient à parer leurs résidences ; un camp retranché défendit ses abords et le titre de cité lui fut accordé. L'emplacement de Mâcon, sous la domination romaine, n'était pas exactement celui que la ville occupe aujourd'hui ; elle était alors groupée sur la hauteur d'où peu à peu elle est descendue, s'étendant sur les rives de la Saône ; au IXe siècle encore, l'église de Saint-Vincent était en dehors de son enceinte. Cette position stratégique ne la protégea pas contre les invasions des barbares. En 431, le pillage et l'incendie y signalèrent le passage d'Attila, et les ruines laissées par le chef des Huns étaient à peine relevées, que les Bourguignons occupaient la place et s'installaient dans la contrée, en face des Romains,

désormais impuissants à défendre leur conquête. Clovis, à son tour, chassa les Bourguignons; puis, dans le démembrement de l'empire des Francs qui suivit sa mort, Mâcon fit partie du nouveau royaume de Bourgogne. Les principaux faits qui se rattachent à cette période sont une terrible invasion des Sarrasins, en 720, et les horribles vengeances exercées par Lothaire, en 834, contre Bernard et Guérin, comtes du Mâconnais, qui avaient pris parti pour Louis le Débonnaire dans la guerre impie que lui firent ses enfants ; Mâcon fut pris, livré aux flammes et détruit en grande partie. Pendant les déchirements qu'entraîna le partage des États de Charlemagne, Mâcon fut incorporé dans le royaume d'Arles et de Provence, qu'avait fondé le roi Boson ; celui-ci, cherchant partout des auxiliaires contre les menaces des Francs, accueillit dans les murs de Mâcon une colonie de juifs, qui occupèrent un quartier séparé, désigné sous le nom de *Sabbat*, et construisirent au nord de la ville le pont Jud (*pons Judæorum*), démoli de nos jours.

Les petits-fils de Charles le Chauve, Louis et Carloman, s'en prirent à la ville des méfaits de son maître ; Mâcon fut assiégé en 880 : une prompte soumission désarma la colère des vainqueurs. Moins heureuse au siècle suivant, en 924, la ville eut à soutenir le choc d'une invasion de Hongrois ; épuisée, démantelée, elle ne put opposer une sérieuse résistance ; les habitants prirent la fuite ; l'évêque Gérard se réfugia au milieu des bois, où il jeta les premiers fondements de l'église de Brou ; la ville disparut presque complètement sous les ravages des barbares.

Pour se remettre d'aussi rudes épreuves et renaître de ses cendres, elle eut trois siècles de paix et de tranquillité relative, sous la domination des comtes de Bourgogne, héritiers d'Othon-Guillaume, célèbre par ses démêlés avec le roi Robert. La paix de cette époque n'entraîne toutefois aucune des idées de bien-être et de prospérité que nous pourrions y ajouter aujourd'hui. La peste ravagea la ville à diverses reprises, et, en 1028, la disette fut telle, qu'après s'être nourris des feuilles et de l'écorce des arbres, les habitants de Mâcon furent réduits, disent les chroniques du temps, à aller chercher leur subsistance dans les cimetières ; certains auteurs affirment qu'on vendit publiquement de la chair humaine dans les marchés de la ville : cette famine dura quatre années. Il faut encore ajouter à ces fléaux plusieurs excursions des Brabançons dans le xiie et le xiiie siècle, les longs et sanglants démêlés des évêques avec les comtes, et le sac de la ville par les Écorcheurs et les Malandrins, vers 1361. Mâcon, à cette époque, était réuni depuis plus d'un siècle à la monarchie française : le comté avait été vendu, dès 1228, au roi saint Louis, par le comte Jean, moyennant une somme de dix mille livres et une pension viagère de mille livres pour sa femme Alix. En 1424, Mâcon fit retour au duché de Bourgogne, sauf quelques réserves mentionnées dans le traité d'Arras (1435). On doit supposer que cette cession, faite par Charles VII au duc Philippe le Bon, froissa le sentiment national ; car les soldats de son armée, ceux qu'on appelait *les Grandes Compagnies*, au lieu d'obéir à l'ordre de licenciement, qui était une conséquence de la paix conclue, se ruèrent sur la ville et y commirent les plus grands désordres. Pendant la lutte de Louis XI et de Charles le Téméraire, Mâcon fut un des points le plus obstinément attaqués ; le roi de France fit assiéger la ville par le comte-dauphin d'Auvergne ; la mort de Charles la réunit enfin définitivement au domaine de la monarchie.

Cette réunion, quoique féconde en conséquences heureuses pour la ville, qui retrouvait sa nationalité et des destinées moins variables, ne marqua cependant point pour elle le terme de ses épreuves : les discordes religieuses agitèrent longtemps la malheureuse cité ; les prédicateurs de la Réforme y avaient fait de nombreux prosélytes ; Mâcon fut de bonne heure le centre du mouvement protestant en Bourgogne. Les sires d'Entraigues et de Ponsenac y avaient planté l'étendard huguenot le 5 mai 1562 ; Tavannes reprit la place par ruse le 18 août de la même année : cinq ans après, les calvinistes en chassaient les catholiques, pour être chassés à leur tour par le duc de Nevers, après un siège dont la plume se refuse à retracer les horreurs. Les huguenots avaient souillé leurs victoires par d'affreuses cruautés ; les représailles qu'exerça le gouverneur du roi, Saint-Point, dépassèrent en barbarie ce que l'imagination la plus délirante pourrait rêver ; son successeur, Philibert de La Guiche, dont la postérité doit bénir le souvenir, épargna à la ville les crimes dont la Saint-Barthélemy fut ailleurs le signal ; enfin, l'avènement de Henri IV au trône de France inaugura pour Mâcon une ère de paix et de prospérité inconnue jusqu'alors, troublée seulement par quelques excès révolutionnaires, en 1792, et une apparition des troupes de la Sainte-Alliance, le 18 février 1814.

Le siège épiscopal de Mâcon, fondé avant le ve siècle, et qui avait compté une longue suite de prélats recommandables, fut supprimé lors de la Révolution. Cinq conciles ont été tenus à Mâcon ; c'est dans celui de 585 que sa qualité de créature humaine fut contestée à la femme.

Mâcon est situé dans une riante position, sur les pentes adoucies d'une colline aboutissant à un large et beau quai baigné par les eaux de la Saône ; un pont de douze arches, dont la construction remonte au xie siècle, mais qui a été plusieurs fois réparé, relie la ville au bourg de Saint-Laurent, qui s'étend sur la rive gauche du fleuve et dépend du département de l'Ain. L'intérieur de la ville est percé de rues irrégulières et souvent étroites ; mais les constructions modernes qui entourent et cachent la vieille cité lui donnent, à distance, un aspect propre, digne et imposant. Beaucoup des anciens monuments ont été détruits ; parmi ceux qui restent, il faut citer l'ancien palais épiscopal, l'hôtel de ville, la cathédrale Saint-Vincent, et deux autres églises surmontées de dômes et de flèches d'un effet très pittoresque ; l'hôtel-Dieu, achevé en 1770 d'après les plans de Soufflot, et deux autres établissements de charité, les hospices de la Providence et de la Charité, l'asile départemental, qui renferme un dépôt de mendicité. Mâcon possède, en outre, une bibliothèque renfermant 8,000 volumes et une salle de spectacle.

La richesse principale de Mâcon consiste dans ses vins, dont le mérite et la renommée peuvent se passer de tout éloge ; il se fait sur ses marchés d'importantes affaires en céréales et en bestiaux : l'industrie, un peu attardée, se résume dans quelques fabriques de couvertures, de toiles, d'horlogerie, de tonnellerie, de bouchons, de cerceaux, de merrains, de colle à clarifier les vins, de bougies stéariques, de faïence et une belle fonderie de cuivre.

C'est la patrie du généalogiste Guichenon, historiographe de France et de Savoie, du conventionnel Roberjot, un des plénipotentiaires assassinés à Rastadt ; du comte de Montrevel, député de la noblesse aux états généraux ; de Bignonnet, célèbre par sa résistance au coup d'État du 18 brumaire ; de l'astronome Mathieu et d'un homme, enfin, dont le nom suffirait seul à la gloire de sa ville natale, Alphonse de Lamartine!

Les armes de Mâcon sont : *de gueules, à trois cercles d'argent, deux en chef et un en pointe.*

ROMANÈCHE-THORINS.—Romanèche (*Romanaesca, Romanesca villa*), station de la grande ligne du chemin de fer de Paris à Lyon et Marseille, canton et à 4 kilomètres de La Chapelle-de-Guinchay, arrondissement et à 17 kilomètres de Mâcon, près de la route nationale de Paris à Chambéry, est une ville peuplée de 2,470 habitants; elle passe pour avoir été une station romaine. Au lieu dit *Les Mailles*, on a trouvé des débris de marbre et de mosaïque. Des documents du IX° siècle indiquent les droits reconnus de l'abbé de Tournus sur cette localité.

Romanèche doit sa célébrité actuelle à la qualité exceptionnelle de ses vins dont les principaux sont ceux de *Thorins* et de *Moulin-à-vent*.

Le vin n'est pas la seule richesse que Romanèche ait trouvée dans son sol; il renferme des carrières de pierres à bâtir et une très riche mine de manganèse, dont la commune est concessionnaire pour une partie. La mine est exploitée par puits et galeries ; des moulins sont employés à la pulvérisation du minerai; les produits, qui rencontrent ailleurs la concurrence de l'Allemagne, sont expédiés principalement dans l'Est et le Midi.

CLUNY. — Cluny (*Clunacum, Cluniacum*), station de l'embranchement de Mâcon à Paray-le-Monial, chef-lieu de canton avec école professionnelle et collège annexe, à 25 kilomètres au nord-nord-ouest de Mâcon, chef-lieu de son arrondissement, peuplé de 4,540 habitants, est une petite ville située dans une étroite vallée traversée par la Grosne et resserrée entre deux montagnes couvertes en grande partie de bois.

Cluny doit sa célébrité historique et son origine comme ville à la puissante abbaye qui y fut fondée, au commencement du X° siècle, par Bernon, qui était entré dans les ordres à Gigny et était devenu abbé de Baume-les-Moines. Bernon s'installa à Cluny, avec douze religieux seulement, y organisa la communauté d'après les règles de l'ordre de Saint-Benoît, et mourut en 927. Son successeur, saint Odilon, connu aussi sous le nom d'Odon, gouverna l'abbaye pendant quinze ans. Sous son administration les progrès furent rapides, le nombre des moines augmenta de façon à fournir des fondateurs pour d'autres couvents; des monastères, établis déjà depuis longtemps, adoptèrent la règle de Cluny, qui devint chef d'ordre.

Tout concourait à la grandeur de Cluny, quant à ses richesses; un proverbe populaire disait :

En tout pays où le vent vente
L'abbé de Cluny a rente.

En 1109, la mort de l'abbé Hugues, qui avait été l'arbitre des princes de son temps, appela Ponce de Melgueil à la direction de Cluny; sa vanité, son arrogance, son orgueil, le rendirent criminel. Un concile lui avait refusé le titre d'abbé des abbés, auquel il prétendait; dans son dépit, il se démet de sa prélature, quitte Cluny, passe en Palestine, puis revient secrètement à la tête d'une troupe d'aventuriers bourguignons, s'empare par guet-apens et surprise du monastère dont il avait été élu abbé, le profane, le saccage et abandonne aux soudards, ses nouveaux et dignes compagnons, les trésors dont les religieux ses frères lui avaient autrefois confié l'administration et la garde. Un pareil crime ne pouvait demeurer longtemps impuni; bientôt Melgueil, vaincu, est pris et envoyé captif à Rome, où il meurt dans la prison dite *Tour des Sept-Salles*, en 1125. Le coup moral porté par la criminelle extravagance de l'indigne abbé fut tel, que Cluny ne s'en releva point, malgré les efforts de Hugues II, élu pendant l'absence de Ponce, et malgré le dernier éclat que jeta sur l'abbaye la sage et habile administration de Pierre le Vénérable, qui lui succéda. Le pieux prélat appela en vain à son aide tous les souvenirs qui pouvaient faire oublier le scandale contemporain. Il fit achever la superbe église du couvent, obtint du pape Innocent II qu'il vint la consacrer en personne; le reçut en 1130 avec une extrême magnificence; assembla un chapitre général de son ordre, et put compter deux cents prieurs qui en dépendaient, porta à quatre cent soixante le nombre des religieux de la communauté de Cluny, eut pour ami particulier Suger et pour disciple Abailard, vécut jusqu'en 1158, et garda pendant trente-cinq ans le gouvernement de l'abbaye sans obtenir d'autre résultat que d'avoir retardé de quelques années l'heure de la décadence qui avait sonné pour Cluny.

Il avait pu voir jeter de son vivant les premiers fondements des ordres rivaux de Cîteaux et de saint Bernard; c'est de ce côté que se tournèrent, après sa mort, l'influence morale et les libéralités des grands.

La discipline de Cluny alla se relâchant de jour en jour sous les successeurs de Pierre, dont les noms n'ont plus de signification historique. Cluny demeura toutefois longtemps encore une des plus riches communautés de France et une espèce de somptueuse hôtellerie où les potentats de l'Europe se donnaient rendez-vous pour régler leurs différends. En 1245, le roi saint Louis, accompagné de la reine Blanche sa mère, s'y rencontra avec Baudouin, empereur de Constantinople, et les fils des rois d'Aragon et de Castille ; le pape Innocent IV, qui s'y était rendu de son côté, officia pontificalement dans l'église du monastère, assisté de douze cardinaux, et en présence des patriarches d'Antioche et de Constantinople : tous ces hauts personnages trouvèrent à se loger convenablement, eux et leur suite, dans les immenses bâtiments du cloître, sans déranger ses quatre cents moines. En 1307, Boniface VIII, Philippe le Bel et les princes de Castille et d'Aragon, y reçurent encore une royale hospitalité.

Mais la vie s'était retirée de ces lambris magnifiques ; les abbés ne résidaient plus ; c'était, l'hiver, de leur célèbre hôtel de Cluny à Paris, l'été, de quelque somptueuse villa qu'ils dirigeaient une administration devenue presque exclusivement financière. Dès que cette renommée de richesse ne fut plus protégée par son ancienne réputation de sainteté, Cluny devint une proie que se disputèrent tous les pillards et tous les affamés. En 1170, Guillaume de Châlon se jette sur le couvent avec une bande de Brabançons ; au XIIIe siècle, deux incendies consument une partie du cloître et du palais abbatial ; puis arrivent les huguenots qui, après avoir renversé les autels, brisé les statues, enlèvent pour plus de deux millions d'ornements sacrés et brûlent dix-huit cents manuscrits, croyant, dit naïvement Théodore de Bèze, *que c'étaient tous livres de messe*.

Cluny, désormais, n'est plus qu'un riche bénéfice dont les prélats de sang royal ou puissants par leur position politique s'adjugent le titre et surtout les revenus. La Révolution détruisit à peu près tout ce qui restait de Cluny : la communauté religieuse fut dissoute et dispersée ; les domaines qui en dépendaient furent compris parmi les biens nationaux, et des immenses constructions de la superbe basilique abbatiale, la plus vaste de la chrétienté après Saint-Pierre de Rome, il n'en reste aujourd'hui que le transept méridional, et des ruines rangées parmi nos monuments historiques, un clocher et une chapelle. C'est aux descriptions des anciens historiens qu'il faut avoir recours pour reconstruire par la pensée cette triple nef de cent cinquante pieds de longueur sur cent vingt de large avec son transept, en forme de croix archiépiscopale, et son double autel dont le plus petit, appelé la prothèse, servait à la communion des ministres assistant le prélat officiant qui, après avoir reçu l'hostie sainte, allaient y communier sous la seconde espèce avec un chalumeau d'argent. Les tombeaux ont disparu ainsi que les appartements autrefois célèbres sous le nom de logis du pape Gélase ; on retrouve de temps en temps, en fouillant dans les décombres, quelques fragments des vastes souterrains creusés pour l'écoulement des eaux de la montagne et l'assainissement des bâtiments du monastère.

On a utilisé dans ces derniers temps ce qui restait des anciens bâtiments du monastère, qui étaient d'une grande étendue, en y établissant une école normale professionnelle modèle, dans laquelle quelques jeunes gens d'élite viennent perfectionner leurs études ; ils en sortent avec des diplômes qui leur permettent à leur tour d'enseigner. Un collège communal est annexé à cette école professionnelle.

La mairie, la justice de paix, la bibliothèque, riche des derniers débris de celle des moines, l'école des frères occupent aussi l'emplacement de l'ancien monastère.

Cluny possède deux églises : Notre-Dame et Saint-Marcel, un bel hôpital commencé au XVIIe siècle, et terminé seulement en 1828, de curieuses maisons du XIIe, du XIIIe et du XVe siècle.

C'est dans cette ville qu'est établie la maison mère des Dames de Saint-Joseph, qui rendent tant de services dans les maisons hospitalières.

La population actuelle exploite diverses industries : filature de laine, papeterie, tannerie, poterie, mégisserie, blanchisserie ; elle travaille l'acier, fabrique des droguets et du vinaigre. Son commerce en bois, céréales et bestiaux, est prospère et assez important.

Cluny a vu naître le célèbre peintre Prudhon et Jean Germain, qui, de porteur d'eau bénite, devint évêque de Nevers, de Châlon, chancelier de l'ordre de la Toison d'or, conseiller de Philippe le Bon et son représentant au concile de Bâle.

Ses armes sont : *de gueules, à une clef d'argent et une épée de même à la garde d'or passée en sautoir.*

Saint-Point. — Saint-Point, bourg de 861 habitants, dans le canton de Tramayes, à 19 kilomètres de Mâcon, son chef-lieu d'arrondissement, est surtout célèbre par les fréquents séjours qu'y fit, durant de longues années, Alphonse de Lamartine. L'illustre poète avait fait réparer et agrandir l'ancien château, qui devint sa demeure de prédilection. On remarque, en outre, à Saint-Point, une église du XIV° siècle, dont le clocher est surmonté d'une flèche aiguë.

Tournus. — Tournus (*Trinurcium; Trenorchium*), station de la grande ligne du chemin de fer de Paris à Lyon et Marseille, chef-lieu de canton, peuplé de 5,527 habitants, à 30 kilomètres au nord de Mâcon, son chef-lieu d'arrondissement, siège d'un tribunal de commerce et d'un collège communal, est une petite ville d'origine très ancienne. Elle était habitée par les Éduens quand les Romains pénétrèrent dans la Gaule ; les lieutenants de César y établirent des magasins de blé. Les lumières du christianisme y furent apportées par saint Valérien, qui y subit le martyre en 177. Gontran, roi de Bourgogne, consacra plus tard le lieu même du supplice par la fondation d'une abbaye dont la chapelle fut transformée, en 875, en une vaste et belle église placée sous l'invocation de saint Philibert. L'abbaye de Saint-Valérien formait, comme une petite ville dans la ville de Tournus ; elle avait ses tours, murs, créneaux et fossés comme une forteresse ; une porte, défendue par un ravelin et un pont-levis, conduisait dans la campagne ; du côté de la ville, il n'y avait d'accès que par une étroite et solide poterne, la porte d'Orbe.

Selon quelques auteurs, la première rencontre de l'armée de Septime Sévère et de son compétiteur Albin eut lieu dans une plaine voisine.

La ville fut ruinée par les Sarrasins en 732, et ravagée, en 937, par les Hongrois.

Tournus fut mêlé à tous les événements qui agitèrent le pays sans qu'aucun fait important se rattache spécialement à ses annales. Ses habitants se signalèrent, en 1814, par l'énergie de leur résistance aux armées étrangères.

Deux conciles ont été tenus à Tournus : l'un en 949, et le dernier en 1115.

L'aspect de Tournus est des plus séduisants. Située sur la rive droite de la Saône, à distance presque égale de Mâcon et de Châlon, la ville s'élève en amphithéâtre sur les pentes d'un coteau que couronnent les ruines imposantes et pittoresques de la vieille abbaye de Saint-Valérien ; à l'ouest, un beau quai, et, de tous les autres côtés, de riantes campagnes se relient à de gracieuses constructions ; un beau pont, hardiment jeté sur cinq arches de bois, traverse le fleuve et aboutit à la route de Suisse par Lons-le-Saunier, et à celle de Genève par Bourg. L'église paroissiale, dédiée, comme nous l'avons dit, à saint Philibert, est un beau monument gothique, décoré à l'intérieur de curieuses mosaïques en briques ; à la suite d'habiles réparations, elle a été rangée au nombre de nos monuments historiques. Après l'église, il faut citer l'hôtel-Dieu fondé sous Philippe le Bel, et qui fut administré par Marguerite, veuve de Charles d'Anjou, roi de Sicile ; l'hospice de la Charité, dont Tournus fut doté en 1718 par le cardinal Fleury, prieur de son abbaye ; l'hôtel de ville, d'une construction un peu plus récente, et de belles casernes de cavalerie, servant aujourd'hui de maison de correction.

Une colonne de 6 mètres de hauteur, que les uns supposent provenir de quelque temple romain, et d'autres n'être qu'une ancienne colonne milliaire, décore la place de l'Hôtel-de-Ville ; un marbre placé devant l'arcade d'une maison constate que Jean-Baptiste Greuze, le peintre célèbre, y naquit le 21 août 1725. On a d'ailleurs élevé, il y a quelques années, une statue à ce peintre sur une des places de la ville.

Outre un commerce considérable de bétail, de porcs, de grains, de vins, de cercles, d'échalas, de tonneaux, de pierres à bâtir, et des marchés qui ne sont pas sans importance, Tournus possède une fonderie, une usine pour la construction des machines à vapeur, des fabriques de chaises, de tuiles, de sucre indigène, de potasse, de savon, de chapeaux, de molleton, de couvertures en coton et en laine, des corderies, des filatures de soie, des tanneries, des teintureries.

C'est la patrie de Greuze et du médecin Ives Vaffier.

Les armes de Tournus sont : *d'azur, à deux tours crénelées d'argent, tenant l'une à l'autre, celle du milieu plus haut, et deux fleurs de lis d'or en chef;* — alias : *de gueules, au château d'ar-*

Autun.

gent, *au chef d'azur chargé de trois fleurs de lis d'or*. Sous l'Empire, l'aigle remplaça les fleurs de lis.

AUTUN (lat. 46° 56′ 43″; long. 1° 57′ 47″ E.). — Autun (*Bibracte, Ædua, Æduorum Civitas, Augustodunum, Flavia Æduorum*), station d'un embranchement qui unit Châlon à Nevers, chef-lieu d'arrondissement peuplé de 12,889 habitants, à 106 kilomètres au nord-nord-ouest de Mâcon, siège d'un évêché, suffragant de l'archevêché de Lyon, avec grand et petit séminaires, d'un tribunal de première instance et de commerce et d'un collège communal, est une des plus anciennes villes de France.

Sans remonter aux légendes fabuleuses qui lui donnent pour fondateur Somothné, fils de Japhet et petit-fils de Noé; sans accepter même, faute de documents assez authentiques, la version qui attribue la construction de *Bibracte* à une colonie de Phocéens, pénétrant dans la Gaule celtique 600 ans avant la fondation de Rome, il est permis d'affirmer que, avant la conquête romaine, Autun, sous le nom de *Bibracte*, était une cité fort importante, capitale de la puissante confédération des Éduens et exerçant une influence prépondérante sur les destinées de la Gaule entière. Les historiens romains qui se sont occupés d'elle, grâce au rang qu'elle occupait, nous ont transmis de précieux détails sur son administration intérieure. Elle était gouvernée par un *vergobret* ou grand juge, dont les pouvoirs cessaient au bout d'une année; au-dessous de lui, quelques puissantes familles et les druides, qui possédaient un riche et nombreux collège dont le mont Dru rappelle aujourd'hui l'emplacement, se partageaient l'influence religieuse et politique, sans empiéter toutefois sur les droits d'une démocratie libre et quelque peu turbulente.

Une rivalité des Éduens avec les Arvernes, qui

appelèrent à leur secours Arioviste, resserra entre Autun et Rome une alliance que la prévoyance habile du sénat s'était déjà ménagée depuis longtemps. César ne rencontra donc pas de sérieux obstacles sur les bords de la Saône ; il n'eut contre lui que la patriotique fraction de ceux qui pensaient, comme il le rapporte lui-même dans ses *Commentaires*, que *mieux valait encore obéir à des Gaulois qu'à des Romains, si désormais les Éduens étaient impuissants à conquérir la domination*. Quoique ce parti fût ensuite parvenu à entraîner la cité dans le mouvement national de Vercingétorix, plus tard dans la tentative de Sacrovir et dans la révolte de Tétricus, il ne semble pas que le gouvernement romain en ait gardé rancune aux Autunois. Si, dans la division territoriale des Gaules, Lyon fut constitué capitale de la province, Autun resta la ville de l'élégance et des loisirs, des sciences et des arts. C'est à Autun que se retira César après sa victoire d'Alésia. Au collège des druides succéda l'établissement d'écoles dont la renommée attira de Rome même de nombreux écoliers, et à l'entretien desquels le philosophe Eumène consacrait les six cent mille sesterces qu'il recevait de l'empereur Constance comme chef des études. La ville s'embellit de monuments de toute sorte dont nous aurons occasion de parler, et que la civilisation romaine ne prodigua sur aucun autre point du territoire celtique avec autant de libéralité et de magnificence. Les ravages causés par les premières attaques des barbares furent réparés avec empressement ; l'immense et massive muraille, dont subsistent maintenant des ruines si imposantes, fut plusieurs fois relevée et restaurée dans son étendue de 8 kilomètres. Aussi la population d'Autun restait-elle romaine au milieu de ce monde romain qui tombait en dissolution autour d'elle ; et les dieux de Rome régnaient encore dans la vieille cité des Éduens, alors que la religion du Christ avait conquis presque tout le reste de la Gaule. C'est dans ce fait que nous trouvons l'explication des persécutions acharnées qui accueillirent les premiers apôtres : saint Andoche, saint Thirse, saint Faustin, saint Symphorien, et tant d'autres illustres martyrs, jusqu'à la conversion de Constantin et au triomphe définitif de la vraie foi.

Cette obstination dans les mœurs romaines est la seule protestation que put opposer Autun aux crises suprêmes qui transformèrent le monde au v° siècle. L'envahissement du territoire éduen par les Bourguignons, leur installation, l'invasion du schisme arien, le mécontentement des évêques orthodoxes qui prépara l'accès aux Francs et facilita leur victoire, tous ces événements passèrent sur notre ville sans y soulever de grands orages. La domination nouvelle ne pouvait guère apporter à Autun l'équivalent de ce qu'elle lui enlevait en importance et en richesse ; toutefois, c'est ce qu'il y avait en elle de plus vital et de plus fécond, une administration cléricale, qu'elle substitua à l'organisation détruite. Autun devint la capitale d'un comté où l'évêque eut presque toujours une autorité prépondérante. Les prérogatives attachées à ce siège étaient fort considérables. L'évêque d'Autun avait droit au pallium ; était premier suffragant de Lyon, président né et perpétuel des états de Bourgogne ; lorsqu'il prenait possession, il entrait dans sa cathédrale porté par quatre des plus hauts barons du diocèse ; il conférait de plein droit les plus hautes dignités de son église, et son pouvoir s'étendait sur les cures de plus de sept cents paroisses.

La liste des évêques d'Autun est remplie des noms les plus vénérés et les plus illustres, parmi lesquels il suffira de citer saint Amator, saint Siagre, frère de Brunehaut, saint Léger, de la famille de Clovis, maire du palais sous Clotaire III et Childéric II, rival d'Ébroïn, qui le fit assassiner dans une forêt, près d'Arras. Sous la direction et grâce aux libéralités de ces prélats, la glorieuse tradition des écoles d'Autun se perpétua ; on peut citer comme sortis de leur sein l'évêque de Paris saint Germain, saint Grégoire de Langres, saint Didier de Vienne et saint Hugues, le fameux abbé de Cluny.

La chronique des comtes d'Autun est moins intéressante et se rattache d'ailleurs moins directement aux annales de la ville. Le rôle politique joué par l'ancienne capitale des Éduens a toujours été en s'amoindrissant du moyen âge aux temps modernes ; il est purement passif au milieu des orages qui agitent cette longue période. A l'invasion des Sarrasins succèdent les ravages des Normands ; après eux viennent les Anglais, qui, en 1379, brûlent la ville ; ce sont ensuite les guerres de religion : Autun embrasse le parti de la Ligue et soutient, en 1591, contre le maréchal d'Aumont, un siège dont le fanatisme pousse des deux côtés l'acharnement au dernier point ; enfin, en 1814, la chute de Napoléon amène dans les murs d'Autun les troupes des puissances coalisées, et les baïonnettes étangères effaçent sur les arcs de triomphe romains l'inscription que, dans des temps meilleurs, la municipalité avait fait graver en l'honneur du nouveau César : *Novo Cæsari.*

En 1870, Autun fut un instant menacé par les armées allemandes; mais il suffit d'un mouvement combiné des armées de Bourbaki et de Garibaldi pour faire renoncer l'ennemi à ses projets sur la ville et sur Le Creusot.

Si nous ajoutons seulement à cette notice, nécessairement succincte, la date des conciles tenus à Autun (590, 661, 663, 670, 1055, 1061, 1065, 1071, 1077, 1094), il nous restera à peine un espace suffisant pour donner à nos lecteurs une idée des trésors archéologiques et des richesses architecturales qu'a pu sauver à travers tant de siècles la vieille *Bibracte*, la ville d'Auguste.

Autun est situé sur un mamelon que protège une couronne semi-circulaire de hautes montagnes. Sa forme seule suffit à révéler l'antiquité de son origine; elle se divise en trois parties : le sommet est occupé par l'ancien *palatium*, sur l'emplacement duquel ont été construits les édifices publics et les temples dont la destination a souvent changé : au-dessous, à mi-côte, s'étend le Marchand, *Martis Campus*, le Champ de Mars, qui séparait la résidence officielle des conquérants de la ville proprement dite. Celle-ci descendait jusqu'au niveau de la belle et vaste plaine qu'arrose la petite rivière d'Arroux. Dans ce vaste espace, qui se déploie vers le couchant, la trace des voies romaines, des fragments des tombeaux, des ruines des vieux temples témoignent à chaque pas de la splendeur d'Autun sous les descendants de César. Les souvenirs druidiques sont concentrés sur les collines qui dominent la ville à l'est. La muraille massive qui formait l'enceinte subsiste dans beaucoup d'endroits ; sur les huit portes qui donnaient jadis accès dans l'intérieur de la cité, deux ont conservé, intactes quant à la forme, des arcs de triomphe qui suffiraient à l'appréciation de l'art antique ; ce sont les portes d'Arroux et de Saint-André (monuments historiques). Un cirque et un amphithéâtre ont été déblayés ; le plus important de ces monuments pouvait contenir trente-deux mille spectateurs. On a retrouvé l'emplacement et de notables débris de temples élevés à Janus, à Jupiter, à Vénus, à Pluton, à Proserpine, à Diane, à Cybèle, à Apollon et à Cupidon ; chaque jour, le sol livre aux savantes et persévérantes recherches de la Société éduenne des pièces de monnaie, des médailles, des mosaïques. Un temple d'Anubis, les urnes funéraires de Couhard, les ruines du mont Dru constituent les antiquités druidiques. L'âge chrétien pouvait opposer à ces splendeurs du paganisme ses deux basiliques, ses huit paroisses et ses riches abbayes. Il ne reste aujourd'hui de remarquable que la cathédrale dédiée à saint Lazare ; près du temple, une fontaine d'ordre ionique, monument historique ; l'évêché qui a été habilement restauré, le grand séminaire et ses jardins dessinés par Le Nôtre, les églises Saint-Jean, Saint-Pantaléon et Notre-Dame; la chapelle de l'ancienne abbaye de Saint-Martin, qui renferme la tombe de Brunehaut, et enfin l'hôtel de ville, de construction récente. L'art moderne a ajouté à ces richesses du passé deux toiles fort estimées : le *Martyre de saint Symphorien*, par Ingres, qui décore la cathédrale, et la *Retraite de Constantine*, par Horace Vernet, dont s'est enrichi le musée.

Autun est bien plutôt une ville d'étude, de loisir et de souvenirs qu'un centre de commerce et d'industrie ; il se fait cependant sur ses marchés quelques affaires en céréales, chevaux, bestiaux, vins, chanvre, bois, peaux et cuirs ; on trouve encore dans la ville ou ses environs des tanneries, des féculeries, des fabriques de chaussures, de clous, de grosse chaudronnerie, de constructions métalliques, des brasseries, des forges, des papeteries, quelques exploitations de mines de cuivre et de plomb argentifère, des fabriques de tapis de pieds et de poteries en terre.

C'est la patrie du célèbre grammairien Eumène ; de saint Germain, évêque de Paris ; de saint Syagrius et de saint Didier, son disciple ; de l'astronome Bertrand, de Mme de Genlis; du célèbre président Jeannin, mort en 1662, et regardé comme le plus honnête homme de son temps, et du général Changarnier.

Les armes d'Autun sont : *d'or, au lion grimpant de gueules;* — alias : *d'argent, au lion de gueules; au chef de Bourgogne ancienne, qui était d'or à trois bandes d'azur, à la bordure de gueules.*

ÉPINAC. — Épinac (*Spinacum*), station de la ligne du chemin de fer d'Étang à Chagny, chef-lieu de canton, arrondissement et à 18 kilomètres au nord-est d'Autun, sur la Drée, petit affluent de l'Arroux, et près de la route nationale de Moulins à Bâle, est une ville industrielle peuplée de 4,620 habitants.

Cette petite ville, située sur une éminence, était nommée, avant son érection en comté, *Monetoy*, et dépendait du diocèse d'Autun. En 1226, Gauthier de Sully fondait, dans une vallée attenant à son territoire, un prieuré de Saint-Benoît que les Anglais saccagèrent et brûlèrent en 1359. Elle était autrefois protégée ou dominée par un château fort avec ponts-levis, mâchicoulis, meurtrières et une enceinte défendue par sept tours; les deux qui restent ont valu à ces ruines d'être classées parmi les monuments historiques. C'était une possession du cardinal Rolin.

Épinac possède d'importantes mines de houille, mises en communication avec Pont-d'Ouche, sur le canal de Bourgogne, par un chemin de fer d'intérêt local de 20 kilomètres de longueur. L'exploitation occupe un millier d'ouvriers, qui livrent annuellement au commerce environ quinze cent mille hectolitres de charbon. Une verrerie fort importante produit de son côté de 3 à 4 millions de bouteilles.

Le Creusot. — Le Creusot, station d'un embranchement qui unit la ligne de Lyon à celle de Nevers (Chagny à Nevers), ville industrielle ou plutôt immense usine, chef-lieu de canton, arrondissement et à 30 kilomètres au sud d'Autun, doit ses développements et son importance aux mines de houille que son sol renferme. La proximité du minerai et la facilité des transports déterminèrent au Creusot l'établissement de forges et d'usines pour l'exploitation du combustible qui s'y trouvait en abondance. Pendant les guerres de la République et de l'Empire, le gouvernement y organisa ou y entretint une importante fonderie de canons. La population augmenta du chiffre des ouvriers employés à ces travaux : le village devint un bourg considérable. Pendant la longue période de paix qui suivit 1815, l'industrie privée, demeurée maîtresse de l'immense usine, sembla plusieurs fois prête à succomber sous un fardeau au-dessus de ses forces; mais la création des chemins de fer rendit bientôt la vie et la prospérité à l'établissement régénéré. Le Creusot est aujourd'hui, sous l'habile direction de M. Schneider, qui a succédé à son père (le véritable organisateur de cette immense usine), en pleine activité et en voie de grand succès; il peut à peine suffire aux commandes qu'il reçoit de tous côtés; sa grandiose organisation, l'importance de son outillage lui permettent d'aborder la fabrication des plus puissantes machines; ses produits jouissent d'une grande et légitime réputation. Nous abandonnons à des plumes plus spéciales la description détaillée de ses énormes fourneaux, de ses puissants laminoirs, de ses monstrueux soufflets et de ses marteaux cyclopéens, dont on a pu voir un gigantesque spécimen à la dernière exposition universelle de Paris. Ce que nous recommandons à ceux de nos lecteurs qui, comme nous, sont surtout impressionnables au côté pittoresque des choses, c'est le spectacle fantastique qui se déroule aux yeux du voyageur arrivant le soir sur les hauteurs qui dominent l'usine. Le bassin du Creusot se dessine devant lui par une ceinture de flammes jaillissant des fours où la houille en combustion se change en coke; dans l'intérieur de cette espèce de cirque, que le contraste des clartés environnantes rend plus obscur, au milieu d'appareils bizarres surgissant çà et là, et marquant l'entrée des puits à charbon, spectres étranges auxquels l'imagination et la nuit peuvent prêter les destinations les plus lugubres, s'étendent sur une prodigieuse longueur des constructions à la toiture lourde et écrasée; entre ce toit et le sol, qui restent dans l'ombre, le regard plonge, par de larges travées, dans d'immenses ateliers éclairés d'une lueur inégale et sinistre par les étincelles qui jaillissent du fer ou les flammes d'immenses foyers qui ne s'éteignent jamais; puis, sur ce théâtre vulcanien, comme les personnages de quelque drame infernal, passent et repassent des formes humaines noires et rouges, corps demi-nus, circulant au milieu du métal en fusion, courbant, tordant, étendant, étalant, façonnant des barres énormes, des blocs informes sous leurs obéissantes machines, tout cela au milieu du bruit confus des sifflets perçants, du pétillement des flammes, du retentissement des lourds martinets, concert qui étonne les oreilles autant que le spectacle a surpris les yeux, et qui fait douter de la réalité du tableau qu'on admire.

L'extension toujours croissante des chemins de fer, les développements donnés à la marine cuirassée font incessamment grandir l'importance du Creusot. Sa population, qui était en 1832 de 3,000 âmes, en 1852 de 8,083, est aujourd'hui de 26,432 habitants. Des documents produits lors de la dernière exposition internationale, il résulte que l'établissement s'étend sur une surface de 125 hectares, dont 20 sont couverts de constructions; que le nombre des ouvriers employés est de 9,950, chiffre égal à celui des chevaux-vapeur qui fonctionnent journellement. Il s'extrait annuellement 300,000 tonnes de minerai et 250,000 tonnes de houille. Il se produit 120,000 tonnes de fer, rails, tôles, fer ouvré; il se construit 120 locomotives, des vaisseaux, des ponts et machines de toute sorte; le chiffre général des affaires s'élève à 35 millions, donnant aux actionnaires un intérêt de 8 pour 100. Les communications avec le canal du Centre et les grandes voies ferrées s'opèrent par 70 kilomètres de chemins de fer, dont la gare centrale a 152 trains journaliers.

L'atelier des modèles est sans rival parmi les établissements similaires les mieux organisés. Service médical, hôpital, caisse de secours pour les malades, caisse d'épargne, écoles pour les enfants et les adultes; rien n'a été oublié de ce qui peut assurer l'existence et l'avenir de l'ouvrier sage et laborieux. La plupart de ces institutions sont dues à la sollicitude de M. Schneider, auquel Le Creusot reconnaissant a élevé une statue.

Un chemin de fer d'intérêt local, ayant 10 kilomètres de développement, met en communication les diverses parties de l'établissement et unit celui-ci au canal du Centre.

COUCHES-LES-MINES. — Couches-les-Mines (*Colchæ*), chef-lieu de canton, arrondissement et à 25 kilomètres à l'est-sud-est d'Autun, sur la route nationale de Nevers à Saint-Laurent, doit son surnom à une mine de fer exploitée pour les usines du Creusot. Ce bourg renferme les restes d'anciennes constructions; d'Anville y voit le théâtre de la bataille où Sacrovir fut vaincu par Silius, l'an 21 de l'ère chrétienne; il y avait à Couches, sous le vocable de saint Georges, un prieuré fondé au viiie siècle, qui passa, sous Charles le Chauve, à l'église d'Autun, puis à l'abbaye de Flavigny. La commune, affranchie en 1496, fut autrefois divisée en deux parties, l'une dépendant du bailliage d'Autun, l'autre de celui de Montcenis. Une tradition assez suspecte se rattache aux ruines du château de Couches qui, célèbre au xiie siècle, reconstruit par Claude de Montaigu en 1442, n'a conservé que le caveau funéraire des seigneurs, et une chapelle décorée d'anciennes peintures; c'est là que se seraient rassemblés les catholiques des environs pour *se liguer* contre les protestants et d'où serait sorti le mot de *ligue*, qui devint le mot de ralliement du fanatisme catholique.

Des témoignages moins douteux, là découverte d'une mosaïque romaine, de nombreux squelettes, des voies enfouies sous le sol, les restes d'une maladrerie, indiquent suffisamment le rôle historique de cette localité, bien antérieurement à l'avènement des seigneurs de Couches, dont l'influence, succédant à celle des abbés de Flavigny, ne se révèle qu'à partir du xiie siècle. En 1130, Étienne, l'un d'eux, fait prévaloir ses droits sur ceux des moines. A cette petite féodalité succéda la grande, celle des ducs de Bourgogne.

On exploite à Couches, dont la population est de 2,787 habitants, d'abondantes carrières de pierres donnant de la chaux commune et une chaux hydraulique connue sous le nom de *chaux Minard*.

MONTCENIS. — Montcenis, chef-lieu de canton, arrondissement et à 27 kilomètres au sud-est d'Autun, sur la route nationale de Mâcon à Châtillon-sur-Seine, est situé sur une éminence entre deux montagnes, dont celle du sud atteint une altitude de 475 mètres. Sur celle à l'est existait, avec titre de baronnie, un ancien manoir qui appartenait aux ducs de Bourgogne de la première race, et qui fut démoli sous Henri IV, après avoir passé des mains du marquis de Hocheberg, qui l'avait reçu de Louis XI, à la maison d'Orléans, puis à celle de Soissons. Il avait été réuni à la couronne, par confiscation, lors de la trahison du connétable de Bourbon. L'emplacement, qui n'a gardé que des ruines, a conservé le nom de château.

Montcenis, dont la population est de 1,921 habitants, possède des carrières de pierres granitiques rougeâtres, des mines de fer et de houille, dépendantes de la concession du Creusot. Il avait donné son nom à l'importante cristallerie qui procura autrefois sa première notoriété à l'établissement si puissant aujourd'hui. A quelques industries secondaires, représentées par des moulins à huile et par des teintureries, Montcenis joint un important commerce de bétail, bœufs, moutons et porcs.

BLANZY. — Blanzy (*Blanzeium*), station de la ligne de Moulins à Montchanin-Chagny, canton et à 13 kilomètres au sud de Montcenis, arrondissement et à 40 kilomètres d'Autun, sur la Bourbince et le canal du Centre, est traversé par la route nationale de Mâcon à Châtillon-sur-Seine; sa population est de 3,695 habitants.

Ce bourg appartenait pour les deux tiers à un prieuré du même nom fondé en 1060. Il tenait du duc Robert II les droits de seigneurie. Dès 938, l'église avait été donnée par Rotmond, évêque d'Autun, à l'abbaye de Cluny.

Blanzy était comme entouré d'une ceinture de châteaux forts : il y en avait deux à Savigny, un au hameau d'Ocle, et celui du Plessis, qui a appartenu au chancelier Rollin. Les Romains ont laissé dans ces localités des traces de leur passage; on y trouve fréquemment des tuiles et des briques de leur fabrication.

La principale richesse du sol consiste dans d'importantes mines de houille, qui alimentent les usines de la Loire et de l'Est. La plus importante des concessions, dont la direction est à Paris, est celle dite de Blanzy; elle donne annuellement plus de deux millions d'hectolitres; on y a établi des chemins de fer d'intérêt local qui, de l'intérieur même des mines, transportent le charbon jusqu'aux bords du canal du Centre. Blanzy possède, en outre : une verrerie à bouteilles, un moulin à vapeur sur le canal, des tuileries, huileries, fours à chaux, carrières granitiques, des pierres blanches faciles à tailler, et d'autres dures dont on fait des meules de moulin et des pavés dits d'échantillons.

Châlon-sur-Saône (lat. 46°46′51″; long. 2°31′7″ E.). — Châlon-sur-Saône (*Cabillonum, Cabillo Æduorum*), station de la grande ligne du chemin de fer de Paris à Lyon et Marseille, de celles de Châlon à Dôle et de Châlon à Lons-le-Saunier, à 383 kilomètres de Paris et à 124 de Lyon, à 60 kilomètres au nord de Mâcon, chef-lieu d'arrondissement et de deux cantons, peuplé de 19,060 habitants, siège d'un tribunal de première instance, de commerce et des assises, d'une bourse, d'une chambre de commerce, d'un collège communal, et d'une société d'agriculture, possédait autrefois un évêché, chapitre et séminaire, avait un gouvernement particulier et relevait du parlement de Dijon.

La haute antiquité de Châlon, son importance comme ville celtique, sont aussi incontestables que celles de Mâcon et d'Autun. Sous la domination romaine, Châlon est mêlé à tous les événements importants dont sa contrée est le théâtre. C'est à Châlon que se manifestent les premiers symptômes de la désaffection des Éduens, qui chassent de la ville le tribun Aristius et les marchands romains qui y trafiquaient. César, après la prise d'Alise, et avant d'aller prendre ses quartiers d'hiver à Bibracte, fait de Châlon un centre d'approvisionnement pour son armée, *castrum frumentarium*, et en confie le commandement et la garde à son lieutenant Q. Cicéron, frère de l'orateur. Un port y est établi pour les bateaux de transport, et l'officier qui y réside porte le titre de *præfectus navium araricarum*. Auguste s'arrête à Châlon, en allant de Lyon à Autun. Agrippa, son gendre, dans le tracé des grandes voies militaires décrétées par l'empereur, choisit Châlon comme point d'intersection où la grande ligne de Lyon en Belgique se croise avec la route d'Autun à Besançon. Probus traverse Châlon à son tour, et la plantation des premiers vignobles du Châlonnais, ordonnée par lui, immortalise son passage. Constantin y laisse reposer son armée, qu'il conduit de Trèves à Rome pour combattre le tyran Maxence; et c'est près de Châlon que lui apparaît dans le ciel le labarum miraculeux; enfin, quand le triomphe des barbares est déjà proche, Julien accourt de Vienne à Châlon pour secourir Autun, assiégé par les Allemands, en 356, et il y passe la revue de ses troupes. Son historien qualifie cette ville *une des plus fortes et des plus considérables villes de la Gaule*. Et il n'y avait rien d'exagéré dans ce témoignage, que les faits se chargent d'ailleurs de confirmer. Les Bourguignons, en effet, lorsqu'ils remplacent les Romains sur le territoire éduen, adoptent Châlon, sinon comme capitale de leur royaume, du moins comme la résidence la plus habituelle de leurs princes. Théodebert, Gontran, Thierry y habitaient un palais construit vraisemblablement sur l'emplacement du Châtelet, et dont les deux vieilles tours de la porte au Change marquaient sans doute l'entrée. Aux époques enfin où la Bourgogne était réunie au royaume des Francs, les monarques ne négligeaient pas de visiter Châlon; Dagobert y tint ses assises; Clovis II y assembla les états généraux et y tint un concile; Charlemagne lui-même vint y rétablir la discipline du clergé et y régler l'ordre des hautes études; il ordonna, pendant son séjour, la restauration de la cathédrale Saint-Vincent qui avait beaucoup souffert de l'invasion des Sarrasins.

Au règne de Louis le Débonnaire se rattache un épisode qui peint à la fois et la loyauté du caractère bourguignon et la barbarie des mœurs de ce temps. Lorsque les fils dénaturés de ce prince se liguèrent pour le détrôner, Guérin, comte de Châlon, et Bernard d'Autun, à la tête de leurs vassaux, marchèrent à son secours ; Lothaire, après le succès de son crime, résolut de se venger de ceux qui avaient refusé d'être ses complices. Il vint assiéger Châlon en 834, prit la ville, la réduisit en cendres, et, dans une religieuse nommée Gerberge ayant reconnu une sœur de son ennemi Bernard, il la fit clouer dans un tonneau et jeter dans la Saône. En 864, Charles le Chauve, par un édit, classe Châlon parmi les huit principales villes de France et permet qu'on y batte monnaie. Pendant les siècles désastreux qui suivirent, Châlon eut à subir les inconvénients de sa grandeur : Hongrois, Normands, Brabançons, Anglais, Grandes-Compagnies, Écorcheurs, s'abattaient tour à tour sur ces murailles, et les ravages qu'ils y commirent furent couronnés par les sanglants exploits du comte de Fribourg, qui, y ayant rassemblé la noblesse de la province, « en tailla en pièces une partie, et fit périr le reste par la main du bourreau ; la Saône était si pleine de leurs corps, ajoute Olivier de La Marche, que les pêcheurs, au lieu de poissons, les tiraient bien souvent deux à deux ou trois à trois, liés et accouplés de cordes. » Toutes les secousses qu'éprouva la France réagirent sur Châlon avec une force proportionnée à son importance. Ses habitants supportèrent tout le poids des rancunes de Louis XI, qui se vengea sur eux des peines que lui avait coûtées la conquête de la Bourgogne en leur imposant pour gouverneur le cruel et violent sire de Craon. Une peste horrible, qui sévit pendant plusieurs années, sépare cette malheureuse époque de la longue et affligeante période de guerres religieuses. Elles eurent à Châlon un caractère particulier d'obstination et d'acharnement, et durèrent quelque temps après l'abjuration de Henri IV, puisque Châlon fut une des trois places de sûreté laissées au duc de Mayenne par le traité de Folembray. Le dernier fait historique que nous ayons à consigner est la courageuse résistance que les Châlonnais opposèrent, en 1814, aux troupes étrangères : appuyés seulement par un détachement du 144e de ligne, ils repoussèrent l'ennemi au delà de leurs faubourgs et chassèrent ignominieusement de la ville le commandant qui leur avait proposé de se rendre. En récompense de cette attitude patriotique, Châlon fut autorisé par Napoléon à ajouter l'aigle impérial à son blason.

Châlon est situé sur la rive droite de la Saône, et à l'embouchure du canal du Centre, qui communique avec la Loire, au milieu de vastes prairies arrosées par la Saône. Ses monuments les plus remarquables sont la cathédrale, dédiée à saint Vincent, et aujourd'hui rangée au nombre des monuments historiques ; l'église Saint-Pierre, l'hospice Saint-Laurent, l'hôpital Saint-Louis, l'hôtel de ville, le palais de justice, les deux places de Beaune et Saint-Pierre, la fontaine Saint-Vincent, et l'obélisque érigé en 1793 en mémoire de l'ouverture du canal du Centre. Outre les quais et les promenades de l'île Saint-Laurent, il faut citer la salle de spectacle et sa bibliothèque, riche de 10,000 volumes.

Châlon fait un grand commerce de commission ; grâce au canal du Centre, elle est devenue l'entrepôt des marchandises qui des ports de la Méditerranée et de l'Océan, sont dirigées vers l'intérieur de la France. Elle fabrique des bascules, des balances, des mesures métriques, construit des bateaux, possède des ateliers de grosse chaudronnerie, de machines, des fabriques de clous, de produits chimiques, de poterie, des raffineries, des féculeries, etc. Son commerce principal est celui des bois, charbons, vins, fer, etc.

Châlon a vu naître saint Arigius, évêque élu de Gap, ami de saint Grégoire ; saint Césaire, archevêque d'Arles, il présida plusieurs conciles au VIe siècle ; le sculpteur Boichet ; l'ingénieur Gauthey, qui dirigea les travaux du canal du Centre ; le général Poinsot et le maréchal d'Uxelles, membre du conseil de régence après la mort de Louis XIV (en lui s'éteignit la maison d'Uxelles) ; Victor Denon, que recommandent sa science et ses voyages.

Les armes de la ville sont : *d'azur, à trois annelets ou cercles d'or, deux en chef et un en pointe.*

MONTCHANIN-LES-MINES. — Montchanin-les-Mines, sur le canal du Centre et la Bourbince, avec embranchements de chemins de fer sur Chagny, Le Creusot, Moulins et Nevers, est une agglomération industrielle de 4,611 habitants, qui doit sa prospérité à l'importance de ses mines de houille qui sont reliées par un petit chemin de fer d'intérêt local au canal du Centre.

Cette petite ville, située à 35 kilomètres à l'ouest de Châlon, est toute moderne et ne date que de 1835 ; elle formait autrefois un écart de la commune de Saint-Eusèbe-des-Bois ; elle dépend du Mont-Saint-Vincent.

Sur son territoire, on voit un bel étang, celui de Berthaud, qui peut emmagasiner près de deux millions de mètres cubes d'eau, destinés à l'alimentation du canal du Centre.

Charolles (lat. 46°, 26′, 9″; long. 1°, 56′, 29″ E.). — Charolles (*Quadregillæ, Cadressæ, Carolliæ*), station de l'embranchement de Mâcon à Paray-le-Monial, à 62 kilomètres à l'ouest-nord-ouest de Mâcon, chef-lieu d'arrondissement, peuplé de 3,286 habitants, siège d'un tribunal de première instance et de commerce, d'une société d'agriculture et d'un collège communal, était autrefois la capitale du Charolais, premier comté de la province, et des états de Bourgogne, et la résidence des comtes de ce nom.

Quoique Charolles soit très probablement d'une origine fort ancienne, les documents manquent pour constater cette antiquité. La première charte où il en soit fait mention est du xe siècle ; elle constate une victoire de Raoul sur les Normands, en 920, dans les environs de cette ville. Son histoire locale se confond presque constamment avec celle des comtes du Charolais.

On sait seulement qu'elle demeura quelque temps au pouvoir des Espagnols ; que les calvinistes s'en emparèrent pendant les guerres de religion et la dévastèrent cruellement ; qu'une horrible famine en décima la population en 1531.

On possède aussi quelques détails sur l'administration politique de Charolles ; les états particuliers de la province s'y réunissaient avec les mêmes cérémonies et dans les mêmes formes que les états généraux de France ou de Bourgogne ; la ville était administrée par un semblant de pouvoir municipal, dont le chef, le maire de Charolles, avait la quatorzième place dans l'ordre du tiers état de Bourgogne ; elle devait à Robert, comte de Clermont, et à Béatrix, sa femme, l'octroi de ses premiers privilèges qui lui avaient été concédés en 1301.

Charolles est devenu un important marché pour les céréales, les vins, les bois, le fer, la houille, et surtout pour les bestiaux. La race des bœufs du Charolais est une des plus belles et des plus estimées de France. L'industrie n'est pas restée en arrière du progrès de l'agriculture. On trouve à Charolles : tuileries, fabriques de chapeaux, faïenceries, fours à chaux, moulins à plâtre, et dans les environs de belles et nombreuses forges qui alimentent les clouteries de Saint-Étienne. Charolles est agréablement situé entre deux coteaux, au confluent de la Semonce et de l'Arconce. Les constructions sont d'un aspect élégant et propre, et pittoresquement couronnées par les ruines du vieux château des seigneurs du Charolais.

Les armes de la ville sont : *de gueules, au lion d'or, la tête contournée ; au chef d'azur, à une fleur de lis d'or.*

Paray-le-Monial. — Paray-le-Monial, station de l'embranchement de Moulins à Montchanin-Chagny, sur la Bourbince, avec un bassin sur le canal du Centre, chef-lieu de canton, arrondissement et à 12 kilomètres à l'ouest de Charolles, compte aujourd'hui 3,627 habitants.

Cette ville tenait le second rang parmi celles du Charolais, et dépendait autrefois de l'abbaye de Cluny. Elle tire son origine et son nom d'une abbaye de bénédictins fondée en 973, par Lambert, comte de Châlon ; elle dut à l'un de ses successeurs, en 1080, l'octroi d'une charte et la confirmation de ses privilèges. Au siècle suivant, des difficultés s'étant élevées entre les habitants et leurs seigneurs, Philippe-Auguste s'interposa, et le comte Guillaume reconnut qu'on ne lui devait ni tailles ni tribut.

En 1347, la peste noire fit de nombreuses victimes à Paray. Après avoir cruellement souffert des bandes des Écorcheurs et des guerres du xve siècle, il fut encore plus durement éprouvé pendant les guerres de religion. Un chef huguenot, Ponsenac, s'en étant emparé, y signala sa présence par des violences qui ne prirent fin qu'en 1685.

L'église abbatiale, aujourd'hui paroisse de la ville, est classée parmi les monuments historiques ; c'est un spécimen très important et très remarquable de l'architecture romane.

Paray renferme aussi les ruines d'un palais prioral, construit à la fin du xve siècle, que le cardinal de Bouillon, abbé de Cluny, habita en 1700, pendant son exil, et qu'il orna de beaux jardins. Au siècle précédent, les ursulines et les visitandines y avaient fondé des maisons. C'est chez ces dernières que vivait une religieuse sujette à extases, Marie Alacoque. Encouragées par les jésuites qui dirigeaient à Paray un hôpital et un collège, les révélations de la religieuse devinrent l'origine d'une dévotion nouvelle au Sacré-Cœur de Jésus, qui, dans ces derniers temps, a retrouvé de fervents affiliés ; aussi l'église qui renferme sa sépul-

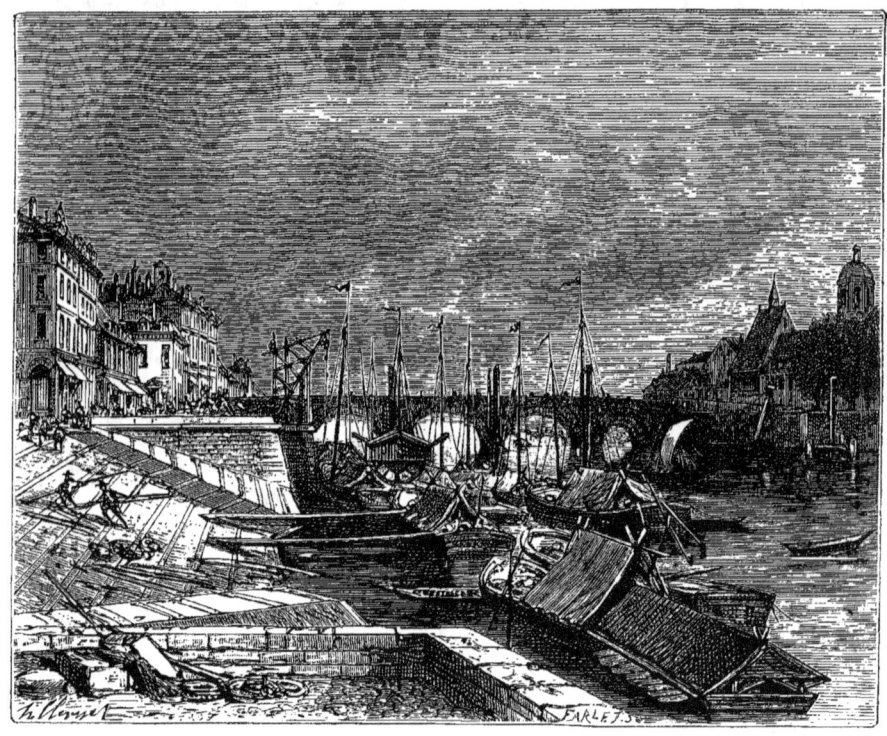

Châlon-sur-Saône.

ture est-elle le but d'un pèlerinage qui est très fréquenté et qui contribue à la prospérité de la ville. Paray est une petite ville propre et bien bâtie; on y voit quelques maisons curieuses, notamment celle où sont établis les bureaux de la mairie et qui date de la Renaissance; elle possède, sur la Bourbince, des moulins à blé, à huile, à tan et des ateliers pour la construction de bateaux; elle exploite des fours à plâtre et à chaux, des tanneries, tuileries et poteries. Son commerce en bestiaux, en grains, en bois et en charbon ne manque pas d'importance.

C'est la patrie du savant jésuite Vavasseur, né en 1605 et du docteur en médecine Baudeson, auteur d'une pharmacopée très estimée au XVIe siècle.

Les armes de Paray-le-Monial sont : *d'or, au paon d'azur faisant la roue, membré et becqué de sable.*

BOURBON-LANCY. — Bourbon-Lancy (*Borbonium Anselmium*), chef-lieu de canton, arrondissement et à 53 kilomètres à l'ouest-nord-ouest de Charolles, peuplé de 3,228 habitants, est une petite ville située sur la Borne, à 4 kilomètres de la Loire, sur le versant d'une colline que dominent des roches granitiques. La vertu de ses eaux minérales l'avait déjà rendue célèbre sous les Romains; elle est désignée, dans les itinéraires de cette époque, sous le nom d'*Aquæ Nisinienses;* elle communique par la station de Gilly avec la ligne de Paris à Lyon et Marseille. Son surnom actuel de Lancy, que l'on devrait écrire l'*Ancy*, lui vient d'un seigneur Anselme ou Anceau, l'aîné de sa famille, à qui échut cette ville de Bourbon, tandis qu'un autre du même nom formait l'héritage de son frère cadet Archambaud, et prenait aussi le surnom de son seigneur. Nous ne nous appesantirons pas sur les qualités des eaux de Bourbon-Lancy, qui sont thermales, chlorurées sodiques, ferrugineuses et qui conviennent aux affections rhumatismales, aux névroses, aux névralgies, aux fièvres intermittentes, etc.

Sur la principale place de la ville, on a élevé des statues en bronze au marquis et à la marquise d'Aligre. C'est à un legs du premier que l'on doit la construction du magnifique hôpital qui contient 400 lits.

Les armes de Bourbon-Lancy sont : *d'azur, à trois fleurs de lis d'or, 2 et 1, à un calice de gueules brochant sur le tout.* D'Hozier indique : *d'azur, à un lion d'or, et trois coquilles de même posées en orle.*

SEMUR-EN-BRIONNAIS. — Semur-en-Brionnais, chef-lieu de canton, arrondissement et à 33 kilomètres de Charolles, peuplé par 1,495 habitants, avec collège communal, école gratuite de dessin et d'architecture, est situé à 5 kilomètres de la Loire, sur une colline, dont la petite rivière de Saint-Martin baigne le pied. Cette petite ville occupe l'emplacement de la ville principale d'une tribu gauloise, citée par Jules César, les *Brannovii*. Elle fut détruite par les invasions des barbares. Elle se releva au IXe siècle, comme châtellenie relevant des comtes de Châlon, et comme capitale du Brionnais.

Son église paroissiale, située dans le haut de la ville, dépendait jadis d'un collège de chanoines, fondé en 1214 par Jean de Châteauvillain, seigneur de Luzy et de Semur. Cet édifice, qui date de la fin du XIIe siècle, est remarquable par ses beaux portails d'ordre roman et classé parmi les monuments historiques.

Dans un endroit de la basse ville, qui porte encore le nom de *moines blancs*, on voit les ruines d'un monastère de l'ordre de Cîteaux et les restes d'épaisses murailles d'une date plus reculée.

En dehors de ses vignobles, dont les crus les plus estimés sont ceux de Corneloup, Craye et Balmont, Semur exploite des carrières de pierres à bâtir.

Les armes de la ville étaient : *quartier de Bourgogne ancien, bardé de gueules et d'argent de six pièces.*

LOUHANS (lat. 46°, 37′, 44″; long. 2°, 53′, 9″ E.). — Louhans (*Loens, Loans, Lovingium*), station de la ligne du chemin de fer de Châlon à Lons-le-Saunier, à 57 kilomètres de Mâcon, chef-lieu d'arrondissement, peuplé de 4,163 habitants, avec tribunal de première instance et de commerce et collège communal, école d'adultes et prison départementale, était la seconde ville du comté d'Auxonne. De nombreuses et importantes découvertes archéologiques témoignent d'un long séjour que les Romains durent faire en cet endroit ; ce n'était pourtant plus qu'un village en 870, et son importance moderne ne remonte qu'au Xe siècle et à la possession qu'en eurent les seigneurs de Vienne. Elle est située dans une espèce de presqu'île que forment les trois rivières de la Seille, de la Salle et du Soulevent. Le prolongement des toits des maisons qui se touchent presque d'un côté des rues à l'autre, donne à l'intérieur de la ville un aspect triste et sombre que les constructions modernes modifient heureusement de jour en jour. L'église paroissiale, de style ogival, est un monument d'une originalité fort curieuse ; elle se compose de deux églises bâties l'une à côté de l'autre, et communiquant entre elles par une grande ogive latérale ; la galerie du clocher est découpée à jour de manière à laisser lire : *Ave Maria, gratia plena, Dominus tecum.*

Le territoire de Louhans et celui de l'arrondissement sont d'une merveilleuse fertilité ; aussi les produits agricoles et le commerce dont ils sont l'objet constituent-ils la principale richesse des habitants de la ville. L'exportation, pour Lyon et la Suisse, des grains, farines, bestiaux et volailles, est très importante. Ajoutons, comme ressources industrielles, de belles tanneries, des mégisseries, des fabriques de chapeaux et de machines agricoles, et de nombreux moulins.

Les armes de la ville sont : *de gueules, à deux clefs d'argent en sautoir, et une fleur de lis d'or en chef entre les deux clefs.*

SAVIGNY-EN-REVERMONT. — Savigny-en-Revermont est une petite ville de 2,111 habitant, située dans le canton de Beaurepaire, près de la Vallière, et à 17 kilomètres à l'ouest de Louhans. Elle était autrefois importante et avait même été érigée en comté en 1596 ; elle eut à souffrir à l'époque des guerres de religion, et fut aussi prise et saccagée par les Comtois en 1637. On voit encore au-dessous de l'église les ruines de son château, qui a appartenu à la famille de Montbarrey.

Savigny fait un commerce important de bestiaux ; elle possède plusieurs poteries, des tuileries, des moulins à blé, à huile et à tan.

STATISTIQUE DU DÉPARTEMENT DE SAONE-ET-LOIRE

RANG DU DÉPARTEMENT

Superficie : 7ème. — Population : 9ème. — Densité de la population : 26ème.

I. STATISTIQUE GÉNÉRALE

SUPERFICIE.	POPULATION.	ARRONDISSEMENTS.	CANTONS.	COMMUNES.	REVENU TERRITORIAL.	CONTRIBUTIONS OU REVENUS PUBLICS
8.552 kil. carrés, ou 855.174 hect.	Hommes, 305.835 Femmes, 308.474 Total.. 614.309 171 hab. 84 par kil. carr.	5	50	589	Propriétés bâties... 7.840.896 fr. — non bâties 35.284.914 » Revenu agricole.... 160.959.263 »	29.000.000 fr.

II. STATISTIQUE COMMUNALE

ARRONDISSEMENT DE MACON

Superficie, 1.197 kil. carrés ou 199.694 hect. — Population, 118.686 hab. — Cantons, 9. — Communes, 130.

CANTON, sa population.	NOM de LA COMMUNE.	POPULATION.	Distance au chef-lieu d'arr.	CANTON, sa population.	NOM de LA COMMUNE.	POPULATION.	Distance au chef-lieu d'arr.	CANTON, sa population.	NOM de LA COMMUNE.	POPULATION.	Distance au chef-lieu d'arr.
MACON, 2 cantons, 27 communes, 34.421 habitants.	Macon (nord)........	7.438	»	Suite de CLUNY.	Château.............	629	25	SAINT-GENGOUX-LE-ROYAL, 19 communes, 10.661 habitants.	Saint - Gengoux - le - Royal...........	1.857	47
	Berzé-la-Ville.......	794	13		Chérizet.............	137	38		Ameugny...........	357	36
	Charbonnières......	235	11		Cortambert.........	464	24		Bissy-sous-Uxelles..	299	41
	Chevagny - les - Chevrières............	336	7		Curtil-sous-Buffières.	310	28		Bonnay.............	736	39
	Flacé...............	744	2		Donzy-le-Pertuis....	267	20		Burnand............	328	44
	Hurigny............	1.034	6		Donzy-le-Royal.....	710	33		Burzy..............	256	45
	Laizé...............	777	11		Flagy...............	447	33		Chapaize...........	645	33
	Milly...............	366	13		Igé.................	1.242	14		Chissey-lès-Mâcon..	774	33
	Saint-Jean-le-Priche.	164	7		Jalogny.............	513	25		Cormatin...........	905	33
	Saint - Martin - de - Senozan...........	687	9		Lournand...........	603	28		Cortevaix...........	797	38
	Saint-Sorlin........	1.338	10		Massilly............	376	32		Curtil - sous - Burnand..............	480	38
	Sancé...............	489	4		Massy...............	162	32		Malay..............	700	40
	Sennecé-lès-Mâcon...	579	6		Mazille..............	550	22		Passy...............	242	42
	Senozan............	485	11		Saint-André-le-Désert	1.025	38		Sailly...............	362	39
	Sologny.............	821	14		Sainte-Cécile........	442	20		Saint-Huruge.......	209	44
	Verzé...............	1.102	14		Saint - Vincent - des - Prés...............	365	34		Saint-Ythaire.......	663	41
	Macon (sud)........	10.132	»		Salornay-sur-Guye...	1.000	36		Savigny-sur-Grosne.	495	42
	Bussières...........	478	12		Vineuse (La)........	766	32		Sigy-le-Châtel......	364	40
	Charnay............	1.820	4		Vitry...............	220	34		Taizé...............	192	33
	Davayé.............	582	8	LUGNY, 16 communes, 11.835 habitants.	Lugny..............	1.304	24	TOURNUS, 14 communes, 17.341 habitants.			
	Fuissé..............	519	8		Azé.................	1.440	16				
	Loché...............	269	7		Bissy-la-Mâconnaise.	291	24		Tournus............	5.527	30
	Prissé...............	1.408	7		Burgy...............	271	18		Branciou............	576	30
	Solutré.............	553	9		Chardonnay........	518	25		Chapelle-sous-Brancion (La).........	570	31
	Varennes-lès-Mâcon..	297	15		Clessé...............	1.007	15		Farges..............	448	25
	Vergisson...........	469	10		Cruzille.............	670	25		La Crost............	652	..
	Vinzelles............	515	7		Grevilly.............	174	27		Ozenay.............	929	29
CHAPELLE-DE-GUINCHAY, 12 communes, 10.823 habit.	Chapelle-de-Guinchay (La)................	2.134	13		Montbellet..........	1.202	19		Plottes..............	854	27
	Chaintré............	503	9		Péronne.............	724	18		Préty...............	848	28
	Chânes..............	465	10		Saint-Albain........	650	13		Ratenelle............	741	30
	Chasselas...........	336	11		Saint - Gengoux - de - Scissé.............	948	23		Romenay...........	3.435	32
	Crèches.............	1.294	8		Saint - Maurice - de - Satonnay...........	515	14		Royer...............	384	32
	Leynes..............	729	11		Salle (La)...........	500	13		Truchère (La).......	459	26
	Pruzilly.............	417	13		Vérizet..............	755	15		Uchizy..............	1.459	23
	Romanèche-Thorins..	2.684	17		Viré.................	866	16		Villars (Le).........	459	25
	Saint-Amour........	889	11	MATOUR, 9 comm., 8.532 hab.	Matour..............	2.222	34	TRAMAYES, 7 comm., 7.828 hab.	Tramayes...........	2.135	23
	Saint-Romain-des-Iles	387	15		Brandon............	763	25		Bourgvilain.........	600	21
	Saint - Symphorien - d'Ancelles........	727	12		Chapelle-du-Mont-de-France (La).......	632	27		Clermain............	400	24
	Saint-Verand.......	258	11		Dompierre-les-Ormes.	1.427	32		Germolles...........	349	25
CLUNY, 25 c., 17.235 h.	Cluny...............	4.540	25		Meulin...............	377	30		Pierreclos...........	1.205	14
	Bergesserin..........	529	25		Montagny-sur-Grosne	299	27		Saint-Léger-sous-la-Bussière...........	572	25
	Berzé-le-Châtel......	175	16		Montmelard.........	1.043	41		Saint-Pierre-le-Vieux	1.076	27
	Blanot..............	505	22		Trambly............	923	27		Saint-Point.........	861	20
	Bray................	368	26		Trivy...............	846	31		Serrières............	630	16
	Buffières............	890	28								

ARRONDISSEMENT D'AUTUN

Superficie, 1.909 kil. carrés ou 190.907 hect. — Population, 124.664 hab. — Cantons, 9. — Communes, 85.

CANTON, sa population.	NOM de LA COMMUNE.	POPULATION.	Distance au chef-lieu d'arr.	CANTON, sa population.	NOM de LA COMMUNE.	POPULATION.	Distance au chef-lieu d'arr.	CANTON, sa population.	NOM de LA COMMUNE.	POPULATION.	Distance au chef-lieu d'arr.
AUTUN, 9 comm., 21.139 h.	AUTUN	12.889	»	ÉPINAC, 11 comm., 11.163 hab.	Épinac	4.020	18	MESVRES, 15 communes, 8.493 hab.	Mesvres	1.195	13
	Antully	1.522	12		Change	602	27		Boulaye (La)	293	30
	Auxy	1.337	8		Collonge-la-Madeleine	174	19		Brion	632	9
	Curgy	1.330	7		Créot	316	27		Broye	1.098	11
	Dracy-Saint-Loup	801	8		Épertully	370	26		Chapelle-sous-Uchon (La)	582	15
	Monthelon	502	6		Morlet	329	16		Charbonnat	822	26
	Saint-Forgeot	522	6		Saint-Gervais-sur-Couches	850	24		Dettey	451	26
	Saint-Pantaléon	1.258	2		Saint-Léger-du-Bois	1.249	13		Laizy	1.046	10
	Tavernay	978	10		Saizy	1.169	21		Saint-Eugène	640	29
COUCHES-LES-MINES, 15 communes, 13.347 habitants.	Couches-les-Mines	2.787	27		Sully	1.289	15		Saint-Nizier-sur-Arroux	256	24
	Cheilly	912	33		Tintry	295	17		Tagnière (La)	912	25
	Dezize	545	34	ISSY-L'ÉVÊQUE, 7 c., 6.053 h.	Issy-l'Évêque	1.971	44		Uchon	566	21
	Dracy-les-Couches	782	23		Cressy-sur-Somme	675	47	MONTCENIS, 8 comm., 11.352 hab.	Montcenis	1.921	27
	Essertenne	548	28		Cuzy	447	39		Blanzy	3.695	40
	Paris-l'Hôpital	584	35		Grury	1.278	49		Charmoy	622	28
	Perreuil	637	28		Marly-sous-Issy	480	42		Marmagne	1.365	16
	Saint-Émiland	958	16		Montmort	693	34		Saint-Berain-sous-Sanvignes	1.029	36
	Saint-Jean-de-Trézy	686	29		Sainte-Radegonde	509	42		Saint-Nizier-sous-Charmoy	517	29
	Saint-Julien-sur-Dheune	324	33	LUCENAY-L'ÉVÊQUE, 12 communes, 14.597 hab.	Lucenay-l'Évêque	1.183	15		Saint-Symphorien-de-Marmagne	1.288	15
	Saint-Martin-de-Commune	498	19		Anost	3.725	22		Torcy	915	28
	Saint-Maurice-lès-Couches	536	25		Barnay	383	16	ST-LÉGER-SOUS-BEUVRAY, 7 c., 8.612 h.	Saint-Léger-sous-Beuvray	1.693	17
	Saint-Pierre-de-Varennes	890	32		Chissey-en-Morvan	1.378	20		Comelle (La)	934	18
	Saint-Sernin-du-Plain	2.292	30		Cordesse	224	11		Étang	1.555	15
	Sampigny	368	33		Cussy-en-Morvan	2.350	20		Grande-Verrière (La)	1.927	13
CREUSOT (LE), 4 c., 29.908 h.	Creusot (Le)	26.432	30		Igornay	1.158	13		Saint-Didier-sur-Arroux	934	22
	Breuil (Le)	1.134	30		Petite-Verrière (La)	220	15		Saint-Prix	1.081	23
	Saint-Firmin	656	22		Reclesne	670	10		Thil-sur-Arroux	488	26
	Saint-Sernin-du-Bois	1.686	17		Roussillon	1.584	17				
					Selle (La)	858	13				
					Sommant	864	13				

ARRONDISSEMENT DE CHALON-SUR-SAONE

Superficie, 1.721 kil. carrés ou 172.079 hect. — Population, 149.633 hab. — Cantons, 11. — Communes, 155.

CANTON, sa population.	NOM de LA COMMUNE.	POPULATION.	Distance au chef-lieu d'arr.	CANTON, sa population.	NOM de LA COMMUNE.	POPULATION.	Distance au chef-lieu d'arr.	CANTON, sa population.	NOM de LA COMMUNE.	POPULATION.	Distance au chef-lieu d'arr.
CHALON-SUR-SAONE, 2 cantons, 23 communes, 34.816 habitants.	Chalon-sur-Saone (nord)	19.060	»	BUXY, 29 communes, 15.946 habitants.	Buxy	2.052	16	Suite de Buxy.	Sassangy	333	20
	Champforgeuil	545	5		Bissey-sous-Cruchaud	551	17		Saules	203	23
	Châtenoy-le-Royal	755	4		Bissy-sur-Fley	282	25		Savianges	222	25
	Crissey	500	5		Cersot	213	22		Sercy	276	20
	Farges-lès-Châlon	324	6		Chenoves	527	21		Villeneuve-en-Montagne	402	20
	Fragne	195	6		Culles	366	24	CHAGNY, 14 communes, 15.741 habitants.	Chagny	4.173	17
	Loyère (La)	229	8		Écuisses	1.528	24		Aluze	393	16
	Saint-Jean-des-Vignes	1.571	1		Fley	581	23		Bouzeron	247	20
	Sassenay	863	8		Germagny	298	25		Chamilly	340	19
	Virey	511	7		Jully-lès-Buxy	558	19		Chassey	544	22
	Chalon-sur-Saone (sud)	1.835	»		Marcilly-lès-Buxy	980	24		Chaudenay	959	18
	Charmée (La)	507	9		Messey-sur-Grosne	1.100	22		Demigny	1.749	17
	Châtenoy-en-Bresse	325	6		Montagny-lès-Buxy	380	18		Dennevy	493	21
	Épervans	753	6		Moroges	907	16		Fontaines	1.506	11
	Lans	219	5		Saint-Boil	899	23		Lessard-le-Royal	148	40
	Lux	526	»		Saint-Germain-des-Bois	371	11		Remigny	532	19
	Marnay	578	12		Sainte-Hélène	664	18		Rully	1.681	15
	Oslon	393	5		Saint-Laurent-d'Andenay	464	28		Saint-Gilles	638	»
	Saint-Loup-de-Varenne	631	7		Saint-Martin-d'Auxy	204	28		Saint-Léger-sur-Dheune	2.368	19
	Saint-Marcel	1.674	3		Saint-Martin-du-Tartre	415	27	GIVRY, 18 c., 18.315 h.	Givry	2.957	9
	Saint-Remy	1.102	2		Saint-Maurice-des-Champs	196	28		Barizey	250	14
	Sevrey	525	6		Saint-Privé	228	25		Charrecey	533	16
	Varennes-le-Grand	1.195	9		Saint-Vallerin	472	20		Châtel-Moron	257	17
					Santilly	274	28		Dracy-le-Fort	623	8

SUITE DE L'ARRONDISSEMENT DE CHALON-SUR-SAONE

CANTON, sa population.	NOM de LA COMMUNE.	POPULATION.	Distance au chef-lieu d'arr.	CANTON, sa population.	NOM de LA COMMUNE.	POPULATION.	Distance au chef-lieu d'arr.	CANTON, sa population.	NOM de LA COMMUNE.	POPULATION.	Distance au chef-lieu d'arr.
Suite de Givry.	Granges	336	14	SAINT-GERMAIN-DU-PLAIN, 7 comm., 7.976 hab.	Saint-Germain-du-Plain	1.558	13	Suite de SENNECEY-LE-GRAND.	Juzy	529	21
	Jambles	733	13		Baudrières	1.414	17		Laives	1.200	19
	Mellecey	1.042	11		L'Abergement-Sainte-Colombe	890	13		Lalheue	715	18
	Mercurey	724	13						Mancey	712	25
	Morey	499	28						Montceaux	117	20
	Rosey	351	15		Lessard-en-Bresse	707	19		Nanton	1.147	22
	Saint-Berain-sur-Dheune	1.306	22		Ouroux	1.956	11		Saint-Ambreuil	481	11
	Saint-Denis-de-Vaux	359	15		Saint-Christophe-en-Bresse	1.003	12		Saint-Cyr	669	13
	Saint-Désert	1.179	14		Tronchy	448	20		Vers	232	23
	Saint-Jean-de-Vaux	515	14						Verdun-sur-le-Doubs	1.957	22
	Saint-Mard-de-Vaux	345	15						Allerey	995	26
	Saint-Martin-sous-Montaigu	299	12	ST-MARTIN-EN-BRESSE, 9 comm., 5.898 hab.	Saint-Martin-en-Bresse	1.921	17		Bordes (Les)	206	23
	Touches	1.207	13		Allériot	565	9		Bragny	920	24
MONTCEAU-LES-MINES, 2 c. 14.736 h.	Montceau-les-Mines	11.011	»		Bey	550	14		Charnay-lès-Châlon	642	30
	Saint-Vallier	3.725	47		Damerey	685	13		Ciel	980	19
					Guerfand	215	14		Clux	223	34
					Montcoy	210	12	VERDUN-SUR-LE-DOUBS, 24 communes, 16.408 habitants.	Écuelles	619	28
					Saint-Didier-en-Bresse	475	21		Geanges	390	34
					Saint-Maurice-en-Rivière	940	15		Gergy	1.708	15
MONT-SAINT-VINCENT, 12 comm., 10.831 hab.	Mont-Saint-Vincent	670	38						Longepierre	656	35
	Genouilly	780	30		Villegaudin	337	19		Mont-lès-Seurre	264	30
	Gourdon	892	41						Navilly	770	30
	Marigny	406	38	SENNECEY-LE-GRAND, 18 comm., 13.766 hab.	Sennecey-le-Grand	2.649	18		Palleau	444	29
	Mary	442	38		Beaumont	411	14		Pontoux	475	28
	Montchanin-les-Mines	4.611	35		Boyer	1.315	23		Pourlans	531	38
	Puley (Le)	159	27		Bresse-sur-Grosne	481	29		Saint-Gervais-en-Vallière	678	31
	Saint-Clément-sur-Guye	412	30		Champlieu	157	26		Saint-Loup-de-la-Salle	1.013	33
	Saint-Eusèbe	1.061	34		Chapelle-de-Bragny (La)	410	21		Saint-Martin-en-Gâtinois	390	30
	Saint-Micaud	523	28		Colombier-sous-Uxelles	456	29		Saunières	274	24
	Saint-Romain-sous-Gourdon	587	46		Étrigny	1.176	25		Sermesse	436	23
									Toutenant	537	25
	Vaux-en-Pré	288	29		Gigny	909	18		Verjux	949	19
									Villeneuve (La)	351	33

ARRONDISSEMENT DE CHAROLLES

Superficie, 2.496 kil. carrés ou 249.619 hect. — Population, 133.252 hab. — Cantons, 13. — Communes, 138.

CANTON, sa population.	NOM de LA COMMUNE.	POPULATION.	Distance au chef-lieu d'arr.	CANTON, sa population.	NOM de LA COMMUNE.	POPULATION.	Distance au chef-lieu d'arr.	CANTON, sa population.	NOM de LA COMMUNE.	POPULATION.	Distance au chef-lieu d'arr.
CHAROLLES, 14 communes, 11.924 habitants.	CHAROLLES	3.286	»	CHAUFFAILLES, 10 comm., 13.785 hab.	Chauffailles	4.524	29	Suite de LA CLAYETTE.	Saint-Laurent-en-Brionnais	922	25
	Baron	552	7		Anglure-sous-Dun	564	»		Saint-Racho	705	26
	Champlecy	515	6		Chassigny-sous-Dun	1.229	23		Saint-Symphorien-des-Bois	756	12
	Changy	826	4		Châteauneuf	323	28				
	Fontenay	96	»		Coublanc	2.042	33		Vareilles	544	24
	Lugny-lès-Charolles	609	6		Mussy-sous-Dun	900	26		Varennes-sous-Dun	963	22
	Marcilly-la-Gueurce	408	4		Saint-Igny-de-Roche	1.221	32		Vauban	1.026	22
	Ozolles	1.128	9		Saint-Martin-de-Lixy	268	30	DIGOIN, 6 c. 7.507 hab.	Digoin	3.377	25
	Prizy	204	11		Saint-Maurice-lès-Châteauneuf	1.714	27		Guerreaux (Les)	747	»
	Saint-Julien-de-Civry	1.284	9		Tancon	1.000	30		Motte-Saint-Jean (La)	1.450	28
	Saint-Symphorien-lès-Charolles	379	2	CLAYETTE (LA), 18 communes, 13.416 habitants.	Clayette (La)	1.685	20		Saint-Agnan	1.364	34
	Vandebarrier	385	4		Amanzé	434	18		Saint-Germain-des-Rives	293	21
	Vendenesse-lès-Charolles	1.520	6		Baudemont	499	10		Varenne-Reuillon	276	22
	Viry	732	7		Bois-Sainte-Marie	446	17				
					Chapelle-sous-Dun (La)	947	24				
BOURBON-LANCY, 10 comm., 10.443 hab.	Bourbon-Lancy	3.228	53		Châteauneuf	462	»	GUEUGNON, 9 comm., 9.267 hab.	Gueugnon	3.033	34
	Chalmoux	1.236	40		Colombier-en-Brionnais	825	12		Chapelle-au-Mans (La)	566	42
	Cronat	1.467	61		Curbigny	354	18		Chassy	593	21
	Gilly-sur-Loire	976	40		Dyo	914	10		Clessy	464	29
	Lesme	191	53		Gibles	1.290	16		Curdin	394	29
	Maltat	887	55						Neuvy	1.356	35
	Mont	425	43		Ouroux-sous-le-Bois-Sainte-Marie	294	10		Rigny-sur-Arroux	1.201	44
	Perrigny-sur-Loire	433	37						Uxeau	1.078	42
	Saint-Aubin-sur-Loire	639	45		Saint-Germain-des-Bois	350	11		Vendenesse-sur-Arroux	582	34
	Vitry-sur-Loire	931	57								

SUITE DE L'ARRONDISSEMENT DE CHAROLLES

CANTON, sa population.	NOM de LA COMMUNE.	POPULATION.	Distance au chef-lieu d'arr.	CANTON, sa population.	NOM de LA COMMUNE.	POPULATION.	Distance au chef-lieu d'arr.	CANTON, sa population.	NOM de LA COMMUNE.	POPULATION.	Distance au chef-lieu d'arr.
GUICHE (LA), 11 communes, 7.632 habitants.	Guiche (La)	892	22	PALINGES, 8 comm., 7.852 hab.	Palinges	2.295	15	SEMUR-EN-BRIONNAIS, 14 communes, 12.752 habitants.	Semur-en-Brionnais	1.495	33
	Ballore	345	15		Bragny-en-Charolais	576	18		Briant	667	21
	Chevagny-sur-Guye	312	24		Grandvaux	280	11		Fleury-la-Montagne	1.223	49
	Collonge-en-Charolais	535	37		Martigny-le-Comte	1.632	13		Iguerande	1.818	47
	Joncy	1.178	34		Oudry	595	22		Ligny	1.215	28
	Marizy	1.079	27		St-Aubin-en-Charolais	848	10		Mailly	525	47
	Pouilloux	1.117	33		Saint-Bonnet-de-Vielle-Vigne	664	13		Oyé	903	18
	Rousset (Le)	846	26		St-Vincent-lès-Bragny	962	17		Saint-Bonnet-de-Cray	1.227	49
	Saint-Marcelin-de-Cray	639	28	PARAY-LE-MONIAL, 11 comm., 9.010 hab.	Paray-le-Monial	3.627	12		Saint-Christophe-en-Brionnais	1.238	21
	Saint-Martin-de-Salencey	492	23		Hautefond	311	9		Saint-Didier-en-Brionnais	409	17
	Saint-Martin-la-Patrouille	197	31		Hôpital-le-Mercier (L')	375	24		Sainte-Foy	383	25
MARCIGNY, 12 comm., 12.151 hab.	Marcigny	2.790	38		Nochize	162	10		Saint-Julien-de-Jonzy	906	49
	Anzy-le-Duc	1.016	33		Poisson	1.037	14		Sarry	328	19
	Artaix	875	43		Saint-Léger-lès-Paray	390	15		Varenne-l'Arconce	415	14
	Baugy	449	36		Saint-Yan	989	21	TOULON-SUR-ARROUX, 8 comm., 10.331 h.	Toulon-sur-Arroux	1.958	33
	Bourg-le-Comte	459	39		Versaugues	466	27		Ciry-le-Noble	1.581	24
	Céron	979	46		Vigny	373	21		Dompierre-sous-Sanvignes	251	27
	Chambilly	900	38		Vitry-en-Charolais	681	18		Génetard	1.584	18
	Chenay-le-Châtel	1.250	48		Volesvres	599	11		Marly-sur-Arroux	607	27
	Melay	1.962	46	ST-BONNET-DE-JOUX, 7 c., 7.212 h.	Saint-Bonnet-de-Joux	1.610	15		Perrecy-les-Forges	1.774	22
	Montceaux-l'Étoile	532	28		Beaubery	1.123	11		Saint-Romain-sous-Versigny	296	26
	Saint-Martin-du-Lac	451	41		Mornay	826	12		Sanvignes	2.280	29
	Vindecy	488	28		Pressy-sous-Dondin	897	21				
					Sivignon	654	»				
					Suin	958	18				
					Verosvres	1.144	15				

ARRONDISSEMENT DE LOUHANS

Superficie, 1.229 kil. carrés ou 122.875 hect. — Population, 88.074 hab. — Cantons, 8. — Communes, 81.

CANTON, sa population.	NOM de LA COMMUNE.	POPULATION.	Distance au chef-lieu d'arr.	CANTON, sa population.	NOM de LA COMMUNE.	POPULATION.	Distance au chef-lieu d'arr.	CANTON, sa population.	NOM de LA COMMUNE.	POPULATION.	Distance au chef-lieu d'arr.
LOUHANS, 10 comm., 15.431 hab.	LOUHANS	4.163	»	CUISERY, 10 comm., 9.763 hab.	Cuisery	1.666	21	PIERRE, 18 communes, 15.359 habitants.	Pierre	2.046	32
	Branges	1.935	4		Brienne	563	19		Authumes	666	35
	Bruailles	1.242	5		Genête (La)	827	8		Beauvernois	402	37
	Chapelle-Naude (La)	817	4		Huilly	744	16		Bellevesvre	703	30
	Châteaurenaud	1.494	1		Jouvençon	703	15		Chapelle-Saint-Sauveur (La)	1.807	29
	Montagny-près-Louhans	624	5		L'Abergement-de-Cuisery	926	25		Charette	798	33
	Ratte	712	7		Loisy	1.176	18		Chaux (La)	591	27
	Saint-Usuge	2.334	7		Ormes	788	31		Dampierre-en-Bresse	655	24
	Sornay	1.644	5		Rancy	613	12		Fretterans	536	38
	Vincelles	426	4		Simandre	1.757	29		Frontenard	627	33
BEAUREPAIRE, 7 comm., 9.431 hab.	Beaurepaire	868	15	MONTPONT, 5 c., 7.812 h.	Montpont	2.731	10		Lays-sur-Doubs	500	36
	Fay (Le)	1.272	10		Bantanges	883	10		Montjay	787	29
	Montcony	722	11		Chapelle-Thècle (La)	1.377	12		Mouthier-en-Bresse	1.660	33
	Sagy	2.392	8		Ménetreuil	999	11		Racineuse (La)	354	24
	Saillenard	1.600	16		Sainte-Croix	1.322	7		St-Bonnet-en-Bresse	1.227	27
	Saint-Martin-du-Mont	266	7						Terrans	448	29
	Savigny-en-Revermont	2.111	17	MONTRET, 9 comm., 7.220 hab.	Montret	987	11		Torpes	1.385	30
CUISEAUX, 9 comm., 10.521 hab.	Cuiseaux	1.559	21		Frette (La)	639	14		Varenne-sur-le-Doubs	167	35
	Champagnat	811	23		Juif	626	8	ST-GERMAIN-DU-BOIS, 13 comm., 13.017 hab.	St-Germain-du-Bois	2.733	39
	Condal	916	21		Saint-André-en-Bresse	203	10		Bosjean	990	25
	Dommartin-lès-Cuiseaux	1.276	17		Saint-Étienne-en-Bresse	1.196	16		Bouhans	477	23
	Flacey-en-Bresse	1.141	14		Saint-Vincent-en-Bresse	902	14		Devrouze	767	17
	Frontenaud	1.117	11		Savigny-sur-Seille	879	10		Diconne	701	19
	Joudes	528	26		Simard	1.583	11		Frangy	1.662	20
	Miroir (Le)	1.085	15		Vérissey	205	15		Mervans	1.835	20
	Varennes-Saint-Sauveur	2.088	18						Planois (Le)	275	26
									Sens	875	24
									Serley	1.096	22
									Serrigny-en-Bresse	349	26
									Tartre (Le)	240	28
									Thurey	1.017	17

III. STATISTIQUE MORALE (1)

Par M. Eug. BOUTMY, ancien professeur.

Les chiffres en caractères gras inscrits dans chacune des trois petites colonnes de ce tableau indiquent le rang du département relativement à la mention devant laquelle ils sont placés.

Religion (2).
Catholiques	595.839
Protestants	1.872
Israélites	162
Clergé catholique	695
Pasteurs	7
Rabbins	»

Mouvement de la population (3).
	Naissances	16.688
	Mariages	5.112
	Décès	12.537
71ᵉ	Durée moyenne de la vie	32 a. 7 m.

Instruction (4).
30ᵉ	Nombre des jeunes gens sachant lire, écrire et compter sur 100 jeunes gens maintenus sur les listes de tirage	84,48
	Nombre des établissements d'enseignement secondaire de l'État	6
	Nombre des écoles primaires (publiques ou libres)	1.132

Crimes contre les personnes (5).

COURS D'ASSISES.

44ᵉ	Rapport du nombre des accusés à la population	1 sur 19.880 hab.
	Nombre total des accusés	31

Infanticides.
35ᵉ	Rapport du nombre des infanticides à celui des enfants naturels	1 sur 176
	Nombre total	4

Suicides.
28ᵉ	Rapport des suicides au chiffre de la population	1 sur 6.825 hab.
	Nombre total	90

Crimes contre les propriétés.
18ᵉ	Rapport du nombre des accusés à la population	1 sur 11.813 hab.
	Nombre total	52

Tribunaux correctionnels.
35ᵉ	Nombre des affaires	1.637
	Nombre des prévenus	1.911
	Nombre des condamnés	1.751

Procès.
	Affaires civiles (6)	1.482
17ᵉ	Affaires commerciales (7)	1.792
	Faillites (8)	65

Paupérisme.
51ᵉ	Rapport des indigents au chiffre de la population	1 sur 66 hab.
	Nombre total	9.182
	Bureaux de bienfaisance	185
	Hôpitaux et hospices	25
	Aliénés à la charge du département	343
	Sociétés de secours mutuels	119

Contributions directes (9).
11ᵉ	Foncière	3.026.873
	Personnelle et mobilière	594.365
	Portes et fenêtres	401.995

---

(1) Les chiffres contenus dans ce tableau sont empruntés, pour la plupart, à l'*Annuaire statistique de la France* (1878), publié par le ministère de l'agriculture et du commerce, ou calculés d'après des données puisées dans cet ouvrage.

(2) Ces chiffres sont antérieurs au recensement de 1876, qui a négligé ce point de vue.

Culte catholique. — Évêché à Autun, suffragant de la métropole de Lyon. Le diocèse d'Autun, qui comprend le département tout entier, compte 65 cures, 454 succursales et 21 vicariats rétribués par l'État. Les congrégations et communautés religieuses établies dans le département étaient, avant 1880, au nombre de 50 : 10 pour les hommes et 40 pour les femmes.

(3) On trouve, dans quelques communes qui avoisinent les bords de la Saône, et notamment à Boz (département de l'Ain) et à Uchizy (département de Saône-et-Loire), une race d'habitants que la tradition fait descendre des Sarrasins qui inondèrent la France au VIIᵉ et au VIIIᵉ siècle. Il résulte des recherches faites par M. Riboud, membre correspondant de l'Institut, qu'il y a soixante et quelques années, ces communes présentaient encore, pour le langage, le costume et les usages, des différences complètes avec les pays environnants, et qui devaient leur faire assigner une origine orientale. Les *Chizerots*, tel est le nom que l'on donne aux habitants d'Uchizy, ont l'air fier et rude, la physionomie spirituelle, les yeux noirs et vifs, les sourcils épais, les cheveux bruns, le nez long et bien fait, les dents très blanches, le teint fortement coloré. Ils montrent de l'activité, de l'intelligence et de l'énergie. Ils sont laborieux et hospitaliers. La coupe, la longueur et les plis de leurs anciens habits rappelaient le costume oriental. Ils avaient de larges culottes plissées comme celles des Turcs, des vestes longues, bleues ou vertes, bordées avec un galon lilas ou d'une autre couleur tranchante. Les Chizerots ne se servaient pas de boutons, ils fermaient leurs vestes et leurs habits avec des agrafes. Ils portaient par-dessus leur habillement une ceinture de soie et un surtout de toile noire, long et très plissé.

(4) Le département relève de l'académie de Lyon. École normale d'enseignement secondaire à Cluny, à laquelle est annexé un collège spécial ; lycée à Mâcon ; collèges communaux à Autun, à Châlon-sur-Saône, à Charolles, à Louhans et à Tournus ; 3 établissements libres pour l'enseignement secondaire. École normale d'instituteurs primaires et cours normal d'institutrices à Mâcon. Au point de vue du nombre d'élèves inscrits dans les écoles primaires de 6 à 13 ans, sur 100 enfants recensés, Saône-et-Loire occupe le 20ᵉ rang. Le même département occupe le 10ᵉ rang d'après le nombre d'enfants présents à l'école par 10,000 habitants.

(5) Au point de vue judiciaire, le département de Saône-et-Loire ressortit à la cour d'appel de Dijon. Châlon-sur-Saône est le siège de la cour d'assises. Chaque chef-lieu d'arrondissement possède un tribunal de première instance ; celui de Châlon est divisé en deux chambres. Des tribunaux de commerce sont établis à Autun, à Châlon, à Charolles, à Louhans, à Mâcon et à Tournus.

(6) Ce chiffre indique le nombre des affaires civiles terminées pendant l'année.

(7) Ce chiffre comprend les affaires contentieuses à juger pendant l'année.

(8) Terminées pendant l'année.

(9) Trésorier-payeur général à Mâcon ; receveur particulier dans chaque chef-lieu d'arrondissement ; 87 percepteurs.

BIBLIOGRAPHIE

1604. Privilèges octroyés aux maires, échevins, etc., de Châlon-sur-Saône, par *B. Durand*. In-4°.

1619. Traicté du pays et comté de Charolois, par *de Rymon*. In-8°.

1655. Les miracles de la nature en la guérison de toutes sortes de maladies par l'usage des eaux minérales de Bourbon-Lancy, par *P. Mouleau*. In-8°.

1655. Lettres sur les eaux de Bourbon-Lancy, par *Isaac Cattier*. In-4°.

1659. Histoire civile et ecclésiastique ancienne et moderne de la ville de Châlon-sur-Saône, par *C. Perry*. In-fol.

1660. Recherches et mémoires sur l'ancienne ville et cité d'Autun, par *J. Munier*. In-4°.

1660. Histoire ancienne, moderne et ecclésiastique de la ville d'Autun, par *E. Thomas*. In-4°.

1662. L'Illustre Orbandale ou Histoire ancienne et moderne de la ville et cité de Châlon-sur-Saône, par *L. Bertaud et Cusset*. 2 vol. in-4°.

1664. Histoire de l'abbaye et de la ville de Tournus, par *Chifflet*. In-4°.

1686. Autun chrétien, par *Saulnier*. In-4°.

1752. Dissertation sur les eaux minérales de Bourbon-Lancy, par *J.-M. Pinot*. In-12.

1774. Histoire de l'église d'Autun. In-8°.

1795. Description de Mâcon, Charolles, Châlon, etc., au t. XXXVII du Voyageur français de l'abbé *Delaporte*. In-12.

1802. Statistique de Saône-et-Loire, par *de Roujoux*. In-8°.

1803. Histoire de la ville d'Autun, par *A.-J.-N. de Rosny*. 1 vol. in-4°.

1820. Topographie physico-médicale de Châlon-sur-Saône, par *L. Suchet*. In-8°.

1829. Notice sur l'ermitage du château de Montaigne, et statistique de la commune de Touches. In-8°.

1829. Sur les gîtes de manganèse de Romanèche, par *de Bonnard*, Brochure in-8°.

1834. Notice sur la bibliographie publique de Châlon-sur-Saône, par *A. Beaune*. In-8°.

1835. Description du département de Saône-et-Loire, au tome III de la France pittoresque d'*A. Hugo*. Grand in-4°, cartes et figures.

1336. Description du département de Saône-et-Loire, au tome II du Guide pittoresque du voyageur en France de *Didot*. In-8°, figures.

1838. Statistique du département de Saône-et-Loire, par *C. Ragut*. 2 vol. in-4°.

1839. Essai historique sur l'abbaye de Cluny, par *M. P. Lorain*. Grand in-8°, figures.

1841. Annuaire topographique, statistique et historique du département de Saône-et-Loire. In-12.

1842. Mémoire sur le gisement de la houille dans le département de Saône-et-Loire, par *A. Burat*. In-8°.

1843. Album historique et pittoresque du département de Saône-et-Loire. 2 vol. in-4°.

1844. Guide historique et pittoresque de Lyon à Châlon par la Saône. 1 vol. in-18.

1844. Le département de Saône-et-Loire (France nationale), par *Ducourneau* et *A. Monteil*. In-4°.

1844. Histoire de Châlon-sur-Saône depuis les temps les plus reculés jusqu'à nos jours, par *Victor Fouque*. Petit in-8° et carte.

1848. Autun archéologique, par les secrétaires de la Société éduenne. In-8° et planches.

1849. Essai sur l'abbaye de Saint-Martin d'Autun, par *G. Bulliot*. 2 vol. grand in-8°, figures.

1864. Géographie complète du département de Saône-et-Loire, par *M. Mulcey*. In-8°.

1865. Histoire territoriale du département de Saône-et-Loire, par *Aug. Bernard*. In-8°.

1865. Études topographiques, historiques,... sur le canton de Bourbon-Lancy, arrondissement de Charolles, par *A. Bernard-Langlois*. 1 vol. in-8°.

1866. Géographie historique, biographique, industrielle, commerciale, administrative du département de Saône-et-Loire, entièrement refondue et corrigée, par *L.-A. Lejosne*. 1 vol. in-32.

1866. Dictionnaire topographique de l'arrondissement de Louhans, avec les formes anciennes et nouvelles, par *J. Guillemin*. 1 vol. in-4°.

1870. Topographie des cours d'eau du département de Saône-et-Loire, matériaux d'archéologie et d'histoire. (Plusieurs fascicules.)

1872. Cluny, la ville et l'abbaye, par *Penjon*. 1 vol. in-12.

1873. Notes pour servir à l'histoire du département de Saône-et-Loire, par ses monuments, par *Monnier*. In-8°.

1874. Géographie du département de Saône-et-Loire, par. *Ad. Joanne*. 1 vol. in-12.

1879. Étude de géographie historique sur la Saône, ses principaux affluents, et le rôle qu'elle a joué comme frontière dans l'antiquité et au moyen âge, par *J. Finot*, archiviste de la Haute-Saône. 1 vol. in-8°.

Annuaires du département de Saône-et-Loire, avec notice historique.

Annales de la Société éduenne. In-8°.

Cartes de Bourgogne, de *Cassini* et de *Capitaine*.

Voir les feuilles : 124, 125, 136, 137, 138, 147, 148, 149. 158, 159 de la grande *Carte* de France, dite de l'*État-Major*, publiée par le Dépôt de la guerre.

Cartes du département de Saône-et-Loire de *Dufour, Fremin, Donnet* et *Charle*.

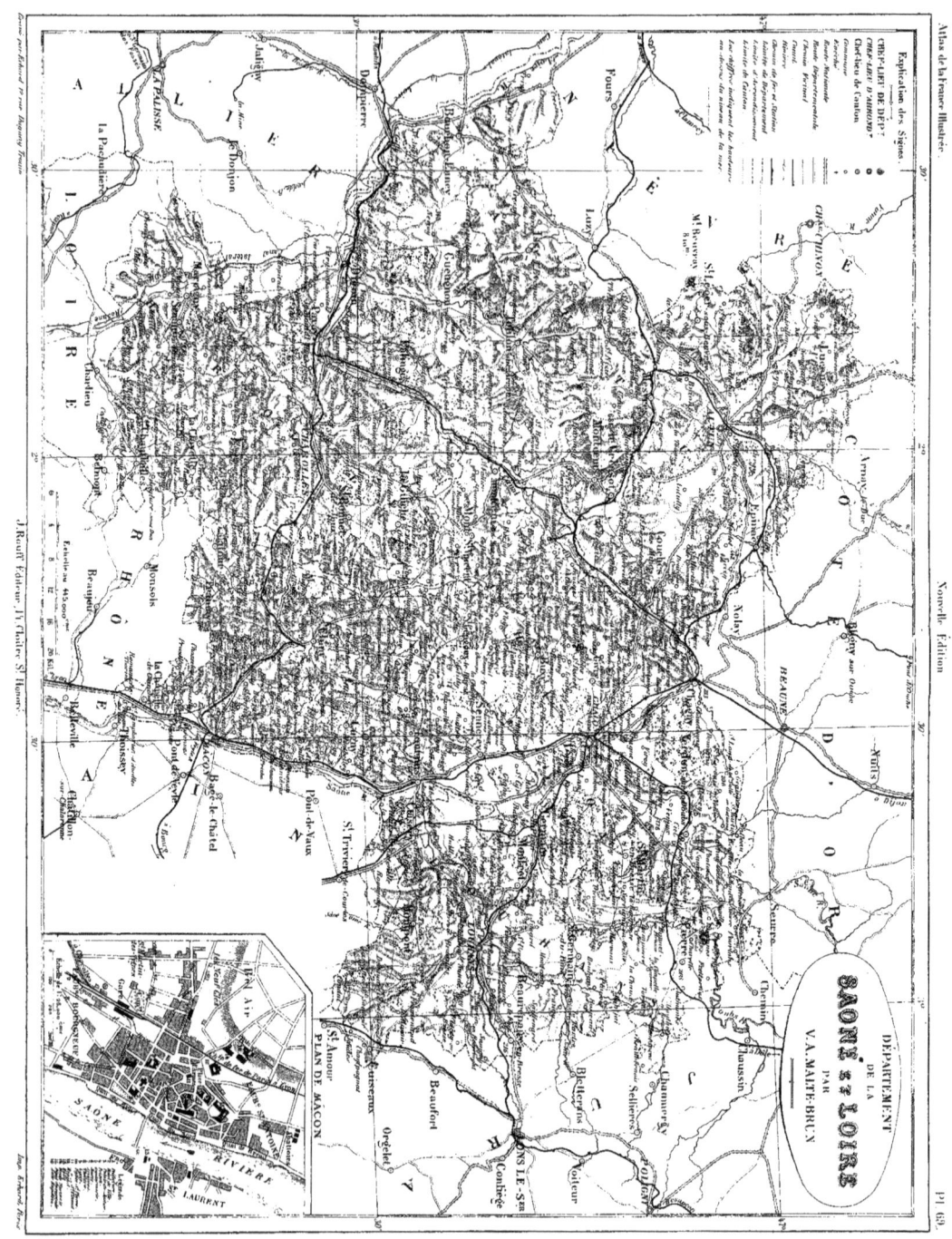

LA FRANCE ILLUSTRÉE   PAR V.-A. MALTE-BRUN

LE MANS

45. — Sarthe.

SARTHE

Chef-lieu : LE MANS

Superficie : 6,207 kil. carrés. — Population : 446,239 habitants.
4 Arrondissements. — 33 Cantons. — 386 Communes.

DESCRIPTION PHYSIQUE ET GÉOGRAPHIQUE.

Situation, limites. — Le département de la Sarthe est ainsi nommé de la principale rivière qui le traverse ; il appartient à la région nord-ouest de la France, et il dépend entièrement du bassin de la Loire. Il a été formé, en 1790, de la partie orientale du haut Maine, d'une faible portion de l'Anjou qui comprenait les villes du Lude et de la Flèche, au sud ; de trois communes du Perche, à l'est : Montmirail, Melleray et Champrond.

Il a pour limites, au nord, le département de l'Orne ; au nord-est, celui d'Eure-et-Loir ; à l'est, celui de Loir-et-Cher ; au sud, ceux d'Indre-et-Loire et de Maine-et-Loire ; et à l'ouest, celui de la Mayenne.

Nature du sol. — Compris dans l'espace qui s'étend des collines de la Normandie et du Perche (ligne de partage des eaux entre les deux versants de la Loire et de la Manche) à la Loire, ce département a sa pente générale au sud et au sud-ouest. C'est un pays de plaines généralement fertiles, surtout dans la partie septentrionale, sillonné de collines peu élevées et de coteaux couverts de vignes, qui donnent des vins de qualité secondaire, de belles et grandes forêts, d'agréables vallées, que parcourent un grand nombre de petites rivières et de ruisseaux fécondants. La forêt de Perseigne, au Signal, est le point le plus élevé du département : sa hauteur au-dessus de la mer est de 340 mètres. L'aspect du département est agréable ; cependant, dans l'espace compris entre la Sarthe et l'Huisne, la Braye et le Loir, on rencontre encore quelques landes incultes, qui pourraient sans doute être, à force de soin, rendues à l'agriculture. Ces landes sont généralement plantées de pins maritimes ; puis, de distance en distance, on voit aux environs des villes et des bourgs des champs bien cultivés et assez productifs.

On évalue la superficie du département à 620,668 hectares, qui se divisent, d'après la nature du sol, en : pays de bruyère et de landes, 110,000 hectares ; sol de riche terreau, 150,000 ; sol de craie ou calcaire, 136,000 ; sol de gravier, 5,000 ; sol pierreux, 4,500 ; sol sablonneux, 12,000 hectares.

Hydrographie. — Le département appartient, avons-nous dit, au bassin de la Loire, et sa pente générale est du nord-nord-est au sud-sud-ouest. Il est arrosé par la Sarthe, affluent de gauche de la Mayenne, et par les affluents de la Sarthe, le Merdereau, la Vaudelle, la Claye, la Longuève, l'Orthe, la Vègre et l'Erve, sur la rive droite ; la Bienne, l'Orne-Saosnoise, l'Huisne et le Loir, sur la rive gauche.

La Sarthe prend sa source dans les collines du Perche, dans le département de l'Orne, au village de Somme-Sarthe et près de l'ancienne abbaye de la Trappe, sert deux fois de limite aux deux départements de l'Orne et de la Sarthe ; traverse Alençon avant de pénétrer, près de Saint-Léonard-des-Bois, dans le département ; arrose les villes de Fresnay, de Beaumont, du Mans où elle est flottable, Arnage où elle est navigable, de La Suze, de Sablé, et se réunit à la Mayenne dans le département de Maine-et-Loire, à 6 kilomètres au-dessus d'Angers, après un cours de 286 kilomètres, dont 212 dans le département. Elle est navigable dans les 132 derniers kilomètres de son cours.

L'Huisne prend aussi sa source dans le département de l'Orne, à Saint-Hilaire-du-Souzay, près de la forêt de Bellême, arrose Nogent-le-Rotrou dans Eure-et-Loir, passe ensuite à La Ferté-Bernard, et vient se jeter dans la Sarthe à 1 kilomètre au-dessous du Mans, en un lieu appelé Bouche-d'Huisne, après un cours de 92 kilomètres. Cette rivière parcourt une belle et riche vallée ; elle reçoit sur la rive droite : la Même, la Viveparance et le Coëslon, et sur la rive gauche, l'Oueune, la Due et le Narais.

La Vègre prend sa source aux environs de Sillé-le-Guillaume, et se jette dans Sarthe au-dessus de Sablé, après un cours de 60 kilomètres.

Le Loir prend sa source à Cernay, arrondissement de Chartres, département d'Eure-et-Loir, traverse Vendôme dans celui de Loir-et-Cher, forme ensuite la limite du département de la Sarthe au sud, en arrosant les villes de La Chartre, de Château-du-Loir, du Lude et de La Flèche, et se réunit à la Sarthe au-dessous de Briolay, département de Maine-et-Loire, après un cours de 310 kilomètres. Le Loir est navigable depuis Château-du-Loir; il reçoit dans le département : la Veuve grossie de l'Étangsort, le Dinan et l'Aune ou la Lone. La Braye, affluent de droite du Loir, forme un instant, à l'est, la limite du département qu'elle sépare de celui de Loir-et-Cher; elle a un cours de 70 kilomètres et reçoit l'Anille, qui passe à Saint-Calais.

Voies de communication. — Le département de la Sarthe est des mieux partagés sous le rapport des voies de communication; il compte : 6 routes nationales d'un parcours de 403 kilomètres; 1 route stratégique ayant 8 kilomètres; 16 routes départementales, 578 kil.; 31 chemins vicinaux de grande communication, 856 kil.; 81 de moyenne communication ou d'intérêt commun, 1,235 kil.; et 1,220 chemins vicinaux ordinaires, dont le développement total atteint 2,540 kilomètres. Les chemins de fer de ce département appartiennent au grand réseau de l'Ouest; la principale ligne est celle de Paris à Brest, qui traverse de l'est à l'ouest sa partie septentrionale. Elle y pénètre un peu après la station du Theil (Orne), dessert successivement celles de : La Ferté-Bernard (170 kil. de Paris), Sceaux, Connerré, Pont-de-Gennes, Saint-Mars-la-Brière, Yvré-l'Évêque, Le Mans (211 kil. de Paris, 163 kil. de Rennes), La Milesse, Domfront (232 kil. de Paris, 21 kil. du Mans), Conlie, Sillé-le-Guillaume et Rouesse-Vassé.

De cette ligne principale se détachent plusieurs embranchements : 1° De Mamers à Saint-Calais, par Connerré, composé de deux sections : l'une de 45 kilomètres allant de Mamers à Connerré, par Saint-Remy-des-Monts, Moncé-en-Saosnois, Marolles-les-Brault, Saint-Aignan, Jauzé, Bonnétable, Prevelles, Tuffé et Connerré; l'autre de 32 kilomètres, de Connerré Saint-Calais, par : Thorigné, Saint-Michel-de-Chauvaigne, Bouloire, Coudrecieux, Montaillé et Saint-Calais. A Saint-Calais, cette ligne se prolonge sur Château-du-Loir, Aubigné et Sablé, où elle se soude au grand réseau d'Orléans; les stations, à partir de Saint-Calais, sont, dans le département : Saint-Gervais-de-Vic, La Chapelle-Huon, Bessé-sur-Braye, Pont-de-Braye, Ruillé-Poncé, La Chartre, Cahaignes, Marçon-Vouvray, Château-du-Loir, Vaas, Aubigné, La Chapelle-aux-Choux, Le Lude, Luché-Pringé et La Flèche. 2° Au Mans, un embranchement se dirige sur Alençon et Caen, en desservant dans le département les stations de : Neuville, La Guierche, Montbizot, Maresche, Vivoin-Beaumont, Fresnay-sur-Sarthe, La Hutte-Coulombier (avec embranchement sur Mamers et Bellême) et Bourgle-Roi. 3° Du Mans, une de ligne 99 kilomètres va rejoindre Tours, en desservant dans le département les stations de : Arnage, Laigné, Saint-Gervais, Écommoy, Mayet, Aubigné, Vaas, Château-du-Loir et Dissay-sous-Courcillon. 4° Du Mans, une autre ligne de 90 kilomètres se dirige sur Angers par : Voivres, La Suze, Noyen, Avoise, Juigné-sur-Sarthe, Sablé (48 kilomètres du Mans) et Pincé-Précigné, mettant en communication le réseau de l'Ouest avec celui d'Orléans. 5° Le 8 mai 1881 a été inaugurée la petite ligne de Sillé-le-Guillaume à La Hutte.

Enfin Le Mans est directement mis en communication avec La Flèche par La Suze, Mézeray, Malicorne, Villaines et Verron.

En 1877, la longueur des lignes livrées à la circulation était de 426 kilomètres, et celle des lignes à l'étude ou en construction de 67 kilomètres.

Climat. — Le département de la Sarthe appartient au climat séquanien ou du nord-ouest; ce climat est sain et tempéré, l'air est doux et humide. La disposition des collines est tellement variée, qu'elle ne donne lieu à aucun vent dominant. Dans la partie méridionale, l'air est plus vif que dans la partie septentrionale. Les épidémies dyssentériques sont parfois assez communes le long des cours d'eau, dont plusieurs sont marécageux.

Productions naturelles. — Le département de la Sarthe appartient à la région géologique dite de Neustrie ou du bassin de Paris. On y observe différentes sortes de terrains : les terrains primordiaux existent sur quelques points à l'ouest et au nord. Les roches de transition occupent dans ces mêmes parties un espace assez étendu; la houille, découverte en 1813, procure une exploitation assez avantageuse. Le calcaire secondaire ou jurassique, qui couvre la moitié du territoire, commence au sud-ouest, s'avance vers le nord, puis, se dirigeant au nord-est, va joindre le terrain crétacé. Au-dessous du Mans se manifeste le grès vert, qui, après avoir remonté le cours de l'Huisne, se reproduit aux bords de la Braye et de l'Anille, vers Montmirail et Saint-Calais, où il se trouve limité par la craie tuffeau, dont les bancs épais offrent sur les rives du Loir des excavations artificielles, servant, les unes, à recevoir la récolte des vins, les autres, à loger les vignerons. Le grès blanc tertiaire et le grès ferrifère s'exploitent, le premier, dans un grand nombre de localités, le second principalement aux environs du chef-lieu. Pruillé-le-Chétif, La Chapelle-Saint-Aubin, Cérans, Villaines-la-Gonais, possèdent le calcaire d'eau douce ; on trouve quelques tourbières, et les ardoisières sont assez multipliées ; le marbre se montre aussi en plusieurs points. Des alluvions remplissent les bassins de la Sarthe, de l'Huisne et du Loir. Des eaux minérales sourdent de plusieurs endroits ; les plus remarquables sont à Ruillé-sur-Loir.

Le département de la Sarthe produit des céréales en quantité suffisante pour la consommation de ses habitants, telles que : froment, seigle, méteil, orge, avoine, mélarde (mélange d'avoine et d'orge), un peu de maïs et de sarrasin. L'arrondissement de Mamers est celui qui produit le plus de céréales. On récolte aussi beaucoup de pommes de terre, qui servent à engraisser les porcs. Il y a des prairies naturelles le long des cours d'eau, et il y a beaucoup de prairies artificielles, que l'on ensemence de sainfoin, de luzerne et de trèfle. Cette dernière plante produit une graine dont le département de la Sarthe fait avec l'Angleterre et la Hollande un commerce considérable. On y récolte du chanvre, qui sert à la fabrication d'une grande quantité de toiles, et un peu de lin qui reçoit la même destination. Les vignes donnent un vin généralement médiocre, qui se consomme en grande partie dans le pays ; la production annuelle est, en moyenne, d'environ 150,000 hectolitres ; les meilleurs crus sont ceux des Jasnières (vin blanc), de Bazouges, de Gazoulières (vins rouges), de La Flotte, de La Chartre, de Sainte-Cécile, de Marçon, de Château-du-Loir, de Mareil et de Champagne (vins blancs). Les arbres fruitiers réussissent parfaitement, notamment les pommiers et les poiriers, dont on tire un cidre agréable, qui sert de boisson la plus habituelle aux habitants des campagnes. On en évalue la quantité annuelle à 230,000 hectolitres. Les marronniers abondent, ainsi que les noyers ; leurs fruits sont l'objet d'un grand commerce. Les bois sont une des productions végétales les plus importantes du département. Il possède des forêts étendues ; les principales sont celles de Perseigne, 5,085 hectares ; Berfay ou Jupilles, 15,165 hectares ; Vibraye, 3,000 hectares ; Sillé-le-Guillaume, 2,000 hectares ; Malpaire, 1,300 hectares ; Bonnétable, 1,300 hectares, et de la Grande et de la Petite-Charnie. Le chêne, le charme et le châtaignier sont les essences principales.

Le département produit des chevaux de trait, des bœufs d'une taille moyenne, mais qui s'engraissent aisément, des moutons dont la laine commune sert à fabriquer de grosses étoffes connues sous le nom de serges, de droguets, etc. ; des chèvres, qui donnent un lait abondant dont on fait des fromages ; des porcs destinés à l'approvisionnement de Paris ; une grande quantité d'oies, qui fournissent un duvet recherché et des plumes excellentes ; beaucoup de volailles, que l'on engraisse, et qui sont fort renommées sous le nom de *poulardes du Mans ;* il s'en fait des envois considérables à Paris et au loin ; et beaucoup d'abeilles, qui donnent une cire dont on fait cette *bougie du Mans,* qui, depuis si longtemps, jouit d'une réputation méritée. Parmi les animaux nuisibles, les loups et les renards sont communs. Le cerf, le chevreuil et quelquefois le sanglier se rencontrent dans les grandes forêts. Le gibier de toute espèce abonde ; l'aigle et la cigogne se montrent fréquemment. Les rivières nourrissent d'excellentes truites et de belles et nombreuses écrevisses.

Industrie agricole, manufacturière et commerciale. — Le département de la Sarthe est un pays agricole de moyenne et de petite culture ; les propriétés y sont extrêmement divisées et tendent à se diviser encore. On trouve à peine quelques fermes de 100 hectares ; les plus grandes sont communément de 30 à 50 ; la plupart sont de 20 à 30 ; et, aux environs des villes, on voit une foule de *bordages* ou *closeries* bien moins considérables encore. Cependant l'agriculture a fait, surtout dans ces derniers temps, des progrès sensibles. On peut les attribuer à plusieurs causes : à l'amélioration des chemins, qui facilitent les communications, l'écoulement des produits et le transport des engrais ; à l'emploi plus fréquent et mieux entendu de ces derniers, et particulièrement à l'usage de la marne et de la chaux. Dans les landes sablonneuses, on a établi des plantations de pins, d'où l'on extrait de la résine; les étangs ont été desséchés; les céréales et les vignes prospèrent dans les plus mauvaises terres; enfin, le département est en progrès, et il le doit aux efforts tentés par la Société d'agriculture et les comices agricoles.

La superficie du département se partage en : superficie bâtie et voies de communication, 28,403 hectares, et en territoire agricole, 592,265 hectares. Ce dernier se subdivise lui-même en : céréales, 221,272 hectares; farineux, 32,741; cultures potagères et maraîchères, 7,097; cultures industrielles, 11,335; prairies artificielles, 58,772; fourrages annuels, 5,032; autres cultures et jachères, 86,276; vignes, 9,311; bois et forêts, 79,470; prairies naturelles et vergers, 58,404; pâturages et pacages, 12,232; terres incultes, 10,323 hectares.

La branche la plus considérable de l'industrie manufacturière du département est la fabrication de la toile. Environ 8,000 métiers produisent annuellement 80,000 pièces de toiles qui se vendent en France et à l'étranger. Ces métiers sont placés dans les villes de Fresnay, Mamers, Château-du-Loir, Le Mans, La Ferté-Bernard, Sillé-le-Guillaume, et dans une centaine de communes environnantes. Ils occupent, en y comprenant le dévidage du fil, environ 10,000 personnes, femmes et enfants. La fabrique de Fresnay est une des plus considérables et des plus renommées pour la belle qualité de ses toiles, dont quelques-unes, à l'usage des peintres, ont jusqu'à six mètres de largeur. Il existe dans le département plusieurs usines où l'on fait subir au chanvre plusieurs préparations nécessaires avant son emploi, à l'aide de moyens mécaniques. Le chanvre est aussi exporté pour les approvisionnements de la marine. La fabrication de la bougie du Mans a perdu, par suite de la concurrence et de l'imitation, une partie de son importance; il en est de même des fabriques d'étamine. Les étoffes de laine que l'on y fabrique aujourd'hui sont les serges, les espagnolettes, les castorines et les couvertures; Le Mans, Saint-Calais et Mayet sont les centres de cette industrie. Des mécaniques propres à carder, à peigner et à filer la laine pour la confection de ces marchandises existent dans ces dernières villes et à Sablé. Il existe des filatures de coton à Vouvray-sur-Loir, à Mamers, à Pontlieue, etc. On fabrique aussi des cotonnades, telles que flanelles, futaines et retors. Sur divers points du département on travaille la soie que l'on y recueille. Les autres industries les plus répandues sont : les tanneries, les corroiries, les mégisseries, les fabriques de gants, les papeteries, les scieries de bois, les marbreries, les tuileries, les briqueteries, les poteries, les faïenceries et les verreries. Le Mans possède un bel établissement de peinture sur verre et une bonne fabrique de vitraux. Il y a de belles forges à La Gaudinière, commune de Sougé-le-Ganelon, à Antoigné, commune de Saint-James, à Cormorin ou Montmirail, commune de Champrond, à L'Aune, commune de Montreuil-le-Chétif, et à Chemiré. A Sainte-Croix, près du Mans, il y a une fonderie de cloches; enfin, il y a au Mans, à l'établissement de Saint-Pavin, une fonderie de fontes en activité.

Le département de la Sarthe étant essentiellement agricole, son commerce a pour objet non seulement les produits de l'industrie manufacturière, mais encore ceux de l'agriculture, qui sont très abondants. Les bestiaux en forment une des branches les plus considérables; plus de 5,000 bœufs maigres et plus de 6,000 porcs sont vendus chaque année aux marchés du Mans. Viennent ensuite les exportations de volailles, de poulardes, d'oies grasses, de gibier et d'œufs, dont La Flèche et Le Mans sont les principaux dépôts. Il s'expédie aussi, principalement par les ports du Havre et de Saint-Malo, une quantité considérable de conserves alimentaires. La plume d'oie, la graine de trèfle, l'huile de noix et l'huile de chènevis sont aussi au nombre des articles les plus ordinaires du commerce. Il se fait encore vers Paris et la Normandie des envois considérables de noix, de marrons et de fruits cuits. Somme toute, l'industrie commerciale procure au département un revenu annuel d'environ 50,000,000 de francs.

Le nombre des foires du département est de 186; elles se tiennent dans 39 communes et durent 200 journées. Les plus importantes sont celles du Mans, 12 foires; de La Flèche, 12; de Sillé-le-Guillaume, 8; du Lude, 8; de Vibraye, 7; de Fresnay, 7, de La Ferté-Bernard, 7; de Bonnétable, 7; de Saint-Calais, 6; d'Écommoy, 6; de Mamers, de Mayet et de La Suze, 6. Celles de la Pentecôte et de la Toussaint, au Mans, durent chacune 8 jours.

Division politique et administrative. — Le département de la Sarthe a pour chef-lieu Le Mans; il compte : 4 arrondissements, 33 cantons et 386 communes; le tableau statistique que nous donnons plus loin les fera connaître. Il appartient à la région agricole du nord-ouest de la France.

Le département forme, à lui seul, le diocèse d'un évêché dont le siège est au Mans, et qui est suffragant de l'archevêché de Tours; il y a au Mans un grand séminaire, et à Précigné un petit séminaire; le département compte 5 cures de première classe, 33 de seconde, 330 succursales et 120 vicariats. Le diocèse du Mans est un de ceux qui comptaient, avant 1880, le plus de communautés religieuses des deux sexes; nous ne citerons que la célèbre abbaye de Solesmes, occupée naguère par les bénédictins.

Les tribunaux de première instance des quatre chefs-lieux d'arrondissement, et les tribunaux de commerce de Mamers et du Mans sont du ressort de la cour d'appel d'Angers.

Au point de vue universitaire, le département dépend de l'académie de Caen; il y a un lycée au Mans et des collèges communaux à Sablé et à Courdemanche, une école normale d'instituteurs et un cours normal d'institutrices au Mans; 25 institutions ou pensions et 734 écoles primaires.

Le Mans est le siège de l'état-major du 4ᵉ corps d'armée et de la 4ᵉ région de l'armée territoriale, comprenant les départements de la Sarthe, d'Eure-et-Loir, de la Mayenne, de l'Orne, de Seine-et-Oise (arrondissement de Rambouillet); Seine (cantons de Villejuif et de Sceaux); IVᵉ, Vᵉ, VIᵉ, XIIIᵉ, XIVᵉ arrondissements de Paris. Le Mans est le siège d'une subdivision. Il y a à La Flèche un lycée militaire connu sous le nom de *Prytanée*, et sous la dépendance exclusive du ministère de la guerre. Le Mans est le siège de l'état-major de la 4ᵉ légion de gendarmerie départementale dont les compagnies occupent les départements de la Sarthe, d'Eure-et-Loir, de l'Orne et de la Mayenne.

Le département de la Sarthe dépend : de l'arrondissement minéralogique de Rennes (région du nord-ouest); de la 13ᵉ inspection divisionnaire des ponts et chaussées; du 15ᵉ arrondissement forestier, dont le conservateur réside à Alençon.

Le département compte 78 perceptions des finances; les contributions et revenus publics atteignent 26 millions de francs.

HISTOIRE DU DÉPARTEMENT

Les Aulerces Cénomans (*Aulerci Cenomani*) occupaient, avant la domination romaine, le territoire du département de la Sarthe. Ils sont comptés par Tite-Live au nombre des peuplades gauloises qui, sous la conduite de Bellovèse, envahirent l'Italie et s'établirent dans le nord de la péninsule. Ils furent soumis par Crassus, l'un des lieutenants de César, à l'époque de la conquête des Gaules. Plus tard, ils prirent une part énergique à l'insurrection gauloise, dont Vercingétorix fut le chef et le martyr. Le pays, soumis à la domination romaine sous les Césars, s'en affranchit, et vécut d'une existence indépendante avec tout le reste des nations occidentales de la Gaule, jusqu'au milieu du Vᵉ siècle, où il subit la domination d'un chef franc, Régnomer. Le christianisme, prêché dans le pays par saint Julien, y avait depuis longtemps fait de nombreux prosélytes, et, pendant les premiers siècles de notre histoire, la plus grande autorité du pays fut celle des évêques du Mans, dont plusieurs se signalèrent par leur charité, leurs lumières et leurs fondations pieuses. Leur influence bienfaisante répara un peu les malheurs que l'anarchie sanglante de cette époque fit peser sur le Maine, comme sur le reste de notre pays. Après avoir joui d'un moment de calme sous Charlemagne, qui traversa la contrée en se rendant en Espagne, le Maine, dont la capitale était devenue une ville importante, excita la convoitise des divers successeurs de Charlemagne, et fut enfin envahi par le duc de Normandie, Guillaume le Conquérant. « Quelques années avant sa descente en Angleterre, dit M. Augustin Thierry, Guillaume fut reconnu pour suzerain du Maine par Herbert, comte de ce pays, grand ennemi de la puissance angevine, et à qui ses excursions nocturnes dans les bourgs de l'Anjou avaient fait donner le nom bizarre et énergique d'*Éveille-Chien*. Comme vassaux du duc de Normandie, les Manceaux lui fournirent de bonne grâce leur contingent de chevaliers et d'archers; mais, quand ils le virent occupé des soins et des embarras de la conquête, ils songèrent à s'affranchir de la domination normande. Nobles, gens de guerre, bourgeois, toutes les classes de la population concoururent à cette œuvre patriotique : les châteaux gardés par les soldats normands furent attaqués et pris l'un après l'autre; Turgis de Tracy et Guillaume de La Ferté, qui commandaient la citadelle du Mans, rendirent cette place, et sortirent du pays avec tous ceux de leurs compatriotes qui avaient échappé aux représailles et aux vengeances populaires. Le mouvement imprimé aux esprits par cette insurrection ne s'arrêta pas lorsque le Maine eut été rendu à ses seigneurs nationaux, et l'on vit éclater dans la principale ville une révolution d'un autre genre. » Cette révolution, dont nous parlerons plus en détail en nous occupant de la ville même qui en fut le théâtre, eut pour premier résultat la fondation d'une commune au Mans ; mais la querelle se prolongeant, Guillaume en profita pour envahir le pays. Ses soldats dévastèrent toute la contrée, et telle fut la terreur répandue partout par leurs excès, que les places fortes se hâtèrent de se soumettre, et les principaux citoyens du Mans apportèrent les clefs de leur ville au duc, qui campait sur les bords de la Sarthe. Ils lui prêtèrent serment, et Guillaume leur assura la conservation de leurs anciennes franchises ; mais il ne paraît pas qu'il ait maintenu l'établissement de la commune.

Les Manceaux, dont l'humeur libre et fière est constatée par les plus vieux historiens, se révoltèrent plusieurs fois sous les successeurs de Guillaume. Le comté du Maine fut réuni aux domaines du comte d'Anjou, appartint aux Plantagenets, qui, en arrivant au trône d'Angleterre, firent passer leurs comtés sous la domination anglaise. Le Maine fut, sous Philippe-Auguste, réuni à la couronne de France, après l'assassinat commis par Jean sans Terre sur son neveu Arthur et la confiscation prononcée contre le meurtrier. A partir de ce moment, le Maine est plusieurs fois donné comme apanage à des princes du sang royal, et d'abord possédé par Charles d'Anjou, frère de saint Louis et roi de Naples. Il ne fait définitivement retour à la couronne que sous Louis XI, en 1481.

Pendant la guerre de Cent ans, le pays fut le théâtre d'une guerre acharnée. Le duc de Lancastre s'y était établi sous Charles V : celui-ci rappelle d'Espagne Bertrand Du Guesclin, qui taille en pièces les Anglais à quelques lieues du Mans, à Pontvallain, en 1370. Aidé d'Olivier de Clisson, il les défait encore en plusieurs rencontres. En 1424, après la funeste bataille de Verneuil, le comte de Salisbury vient mettre le siège devant Le Mans, foudroie la ville avec son artillerie, usage nouveau alors de ces canons qui avaient un siècle auparavant contribué à notre défaite à Crécy : la ville se rend après vingt jours de résistance. La guerre continue cependant à ravager le pays ; Le Mans est repris par les Français, puis par Talbot, qui met à mort ceux des habitants qui se sont soulevés contre l'étranger. Enfin, en 1443, les Anglais sortent du Maine pour n'y plus rentrer. Pendant cette longue lutte, un gentilhomme manceau, Ambroise de Loré, à qui il ne manqua qu'une scène plus éclatante pour obtenir plus de gloire, se rendit fameux dans le pays par sa bravoure et sa lutte opiniâtre contre les conquérants.

Le faible Henri VI, en épousant Marguerite d'Anjou, fille du roi René, avait restitué les comtés d'Anjou et du Maine à son beau-père, « dont les titres pompeux ne répondaient guère à la maigreur de la bourse, » dit Shakspeare. Il faut voir dans le *Henri VI* du grand poète, avec quelle amertume les seigneurs anglais reprochèrent cette concession à leur roi. « Par la mort de celui qui est mort pour tous, dit Salisbury, ces comtés étaient la clef de la Normandie. Pourquoi pleures-tu, Warwick, mon valeureux fils? — Warwick. Je pleure de douleur en voyant ces pays perdus pour nous sans retour ; car, s'il restait quelque espoir de les recouvrer, mon épée verserait du sang, mes yeux ne verseraient point de larmes. L'Anjou, le Maine! C'est moi qui ai conquis ces deux provinces, c'est ce bras qui les a domptées. Eh quoi! ces villes dont la prise m'a coûté des blessures, faut-il que je les voie rendre avec des paroles de paix, mordieu ! — York. Périsse le duc de Suffolk, qui ternit l'honneur de cette île belliqueuse ! La France m'aurait arraché le cœur avant de me faire souscrire à un pareil traité. » Henri VI tenta de ne pas exécuter ce traité fatal à sa puissance et à son honneur ; mais le roi de France ne tarda pas à lui reprendre ces deux provinces.

Le Maine fit retour à la couronne de France après la mort de son dernier comte, Charles, neveu de René d'Anjou, qui avait institué pour son héritier le roi Louis XI. Cette province, si éprouvée par la guerre étrangère, fut encore dévastée par la guerre civile que les passions religieuses y allumèrent au XVIe siècle.

Les premiers prédicateurs du calvinisme, dans le Maine, furent Henri Salvert, qui y vint de Tours en 1559, et Merlin, de La Rochelle, un des disciples de Théodore de Bèze. Les progrès de la nouvelle doctrine furent rapides : un an après, un consistoire était établi au Mans, et seize ministres étaient institués. Mamers devint bientôt l'un des

École militaire de La Flèche.

plus ardents foyers du protestantisme dans cette contrée; mais, la guerre ayant éclaté, les calvinistes s'emparèrent du Mans, qu'ils occupèrent pendant trois mois : les catholiques reprirent bientôt la ville, et y exercèrent d'atroces vengeances. Ces cruautés rendirent plus tard inutile au Mans le massacre de la Saint-Barthélemy. L'édit de Nantes rétablit le calme dans ce pays, et un peu de tolérance à l'égard des réformés. Ils établirent au Mans un temple qui subsista jusqu'à la révocation de l'édit de Nantes : le lieu où il était bâti porte encore le nom de *Chemin du Prêche*.

Le pays resta tranquille jusqu'à la Révolution; à cette époque, la population s'y prononça en général pour la cause des réformes. Elle envoya à la Convention les députés Sieyès, Levasseur, Letourneur, Phelippeaux. Mais la contrée fut cruellement éprouvée par la guerre civile dont l'Ouest fut le théâtre. Les Vendéens entrèrent dans le Maine en décembre 1793; ils étaient commandés par La Rochejacquelein. Le Mans, dégarni de troupes, tenta de leur résister; les gardes nationales défendirent bravement les approches de la ville; mais il fallut céder au nombre, et les Vendéens s'emparèrent de la ville. Deux jours après, ils en étaient chassés après un combat sanglant par les généraux républicains Marceau et Westermann. La pacification du département fut due aux efforts intelligents du général Hoche, et le pays commençait à respirer, quand la chouannerie y éclata. Les chouans, sous la conduite de M. de Bourmont, surprirent Le Mans pendant la nuit du 13 octobre 1799, et le gardèrent pendant trois jours. Du reste, cette guerre peu sérieuse fut bientôt terminée, grâce à l'activité du général Brune.

Le département qui avait envoyé au conseil des Cinq-Cents Carnot, Daunou, Chénier, Legendre, envoya, sous la Restauration, siéger à la chambre des députés le général La Fayette et Benjamin Constant.

Durant la guerre franco-allemande de 1870-1871, le département de la Sarthe fut occupé par les armées ennemies poursuivant la 2ᵉ armée de la Loire en retraite vers l'Ouest. Dans la notice historique que nous avons consacrée au département de Loir-et-Cher, nous avons raconté les débuts de cette retraite, après les combats de Marchenoir et de Fréteval, et la bataille de Vendôme. Nous reprendrons ici notre rapide récit. Le 1ᵉʳ janvier 1871, le prince Frédéric-Charles reprenait l'offensive contre la 2ᵉ armée de la Loire ; le 6 janvier, quatre corps marchaient concentriquement vers l'Huisne ; le 7, les corps se concentraient : le grand-duc de Mecklembourg enlevait Nogent-le-Rotrou (Eure-et-Loir) et le centre garnissait la rive gauche de la Braye, de Sargé à Savigny (Loir-et-Cher). Le 8, le centre allemand arrivait à Saint-Calais où s'établissait le prince Frédéric-Charles, et sa gauche gagnait le Loir à La Chartre, pendant que le grand-duc, faisant un nouveau pas en avant dans la vallée de l'Huisne, dépassait La Ferté-Bernard. Le cercle se resserrait autour du Mans, où le général Chanzy s'était arrêté et où il se reconstituait en toute hâte. Le 9, Frédéric-Charles s'établit à Bouloire ; le xᵉ corps allemand, forcé de combattre à Chahaignes, ne peut dépasser le village de Brives, tandis que le corps français du général Jouffroy arrête l'ennemi à Vancé et que le général Jaurès ne cède que pied à pied au xiiiᵉ corps, qui peut pourtant gagner Connerré-Thorigné. Le 10, l'ennemi rencontre à Saint-Mars, à Champagné, à Changé-Parigné, une résistance vigoureuse et s'arrête à 4 kilomètres du Mans. « Le plateau d'Aujour, dit un historien, fut même repris par un héroïque retour offensif des zouaves pontificaux du 17ᵉ corps conduit par le général Goujard, et la xviiᵉ division allemande fut repoussée à Montfort dans une tentative pour franchir l'Huisne à Pont-de-Gennes. » Mais le 11, les mobilisés de Bretagne, mal armés, mal approvisionnés, abandonnèrent le poste si important de La Tuilerie, ce qui décida la retraite. Le 12, le xiiiᵉ corps allemand fut encore arrêté à La Croix par le général Jaurès ; toutefois le xᵉ corps occupa Le Mans. Le brouillard du matin avait favorisé la retraite de notre malheureuse armée ; mais elle laissait aux mains de l'ennemi, après sept jours de combats, 18,000 prisonniers et 20 canons. La poursuite continua jusqu'à Laval. Les Français s'établirent solidement derrière la Mayenne, et, quand l'armistice arriva, le général Chanzy avait réussi à réorganiser en partie cette 2ᵉ armée de la Loire qui restait debout après six semaines de combats incessants résolue à continuer la lutte.

Pour terminer, nous allons donner le nom des localités de la Sarthe successivement occupées par les troupes du prince Frédéric-Charles venant de Vendôme et par celles du grand-duc. Ce sont : Saint-Calais, Bouloire, Arthenay, Champagné, Le Mans, Neuville-sur-Sarthe, Conlie, Sillé-le-Guillaume, Saint-Georges, Le Grand-Lucé, Parigné-l'Évêque, Changé, Pontlieue, Chassillé, Saint-Denis-d'Orgnes, Château-du-Loir, La Chartre-sur-le-Loir, Écommoy, La Flèche, Sablé, et par les corps venant de Chartres : La Ferté-Bernard, Sceaux, Connerré et Montfort.

Les pertes éprouvées par le département de la Sarthe durant cette lugubre invasion sont considérables ; elles se montent à 17,026,660 francs 72 centimes.

HISTOIRE ET DESCRIPTION DES VILLES BOURGS ET CHATEAUX LES PLUS REMARQUABLES

LE MANS (lat. 48° 0′ 35″; long. 2° 8′ 19″ O.) — Le Mans (*Vindinum Cenomanum*) est une grande et ancienne ville, qui occupe à peu près le point central du département. Elle dépendait autrefois du parlement de Paris, de l'intendance de Tours, était chef-lieu d'élection, avait présidial, bailliage, maîtrise particulière, gouvernement particulier, lieutenance de maréchaussée et de nombreuses congrégations religieuses. C'est aujourd'hui le chef-lieu du département, d'un arrondissement communal et de trois cantons ; sa population est de 50,175 habitants. Elle possède tribunaux de 1ʳᵉ instance et de commerce, chambre consultative des manufactures, société d'agriculture, sciences et arts, lycée national, bibliothèque, etc., etc. Elle est située sur la Sarthe, qui la divise en deux parties inégales et qu'on y traverse sur quatre ponts de pierre et sur un pont en fonte, qui remplace, depuis 1872, le pont suspendu du Greffier ; elle est à 214 kilomètres au sud-ouest de Paris.

Le Mans est une station très importante de la ligne du chemin de fer de Paris à Brest (réseau de l'Ouest) ; c'est en même temps un nœud d'où se détachent plusieurs embranchements : sur Alençon et Caen, sur Tours et sur Angers.

Cette ville était, au temps des Romains, la capitale des *Aulerces Cénomans*; elle date probablement du IIe siècle après Jésus-Christ. *Vindinum* fut fortifié par les Romains, et des restes de cette enceinte se sont conservés jusqu'à nos jours : des fouilles ont fait découvrir à Allonnes, à 6 kilomètres du Mans, un grand nombre de médailles datant du haut empire, des débris de vases, de colonnes, de fresques, dont les couleurs avaient gardé leur vivacité ; il est probable que ce fut là le premier emplacement de cette ville, et que, transportée plus tard à la place où elle existe aujourd'hui, elle aura été rebâtie en partie avec les débris de l'ancienne cité. « Deux tours de la place des Jacobins, dit M. Cauvin, démolies en 1778, renfermaient dans leurs fondements une quantité prodigieuse de grosses pierres sculptées, des morceaux considérables de colonnes, de corniches, d'architraves, entassés sans liaison, et provenant de constructions romaines. Ces ruines ne pouvaient être que celles d'Allonnes. » (*Statistique de l'arrondissement du Mans*.) Si les médailles trouvées à Allonnes remontent jusqu'à Jules César, celles que des fouilles ont mises au jour sur l'emplacement actuel du Mans ne remontent qu'au IIe siècle de notre ère. Saint Julien vint y prêcher l'Évangile, on ne sait au juste à quelle époque. La légende raconte qu'il constata la sainteté de sa mission en faisant jaillir une source au milieu d'un village du pays, qui manquait d'eau. Le gouverneur romain, Défensor, ayant appris ce miracle, fit venir le saint, écouta ses instructions, et se convertit à la foi chrétienne, ainsi que sa femme Goda et presque toute la population du pays. Il fonda plusieurs édifices religieux, entre autres le monastère connu sous le nom d'*Abbaye du Pré*. Après avoir partout fait fructifier dans le pays les semences de la foi, saint Julien se retira à quelques lieues du Mans, dans un ermitage autour duquel se forma le bourg de Saint-Martial ou Marceau.

Le Mans, comme nous l'avons dit, fut quelque temps indépendant des Romains, et fit partie de la république armoricaine. Cependant, lors de l'invasion des Francs sous Clovis, il est soumis à un chef franc, nommé Régnomer, que Clovis fait bientôt périr. Visité plusieurs fois par les rois des deux premières races, Le Mans était pour l'époque une ville importante ; André Duchesne la compte au nombre des *quatre villes rouges*, ainsi nommées de la couleur des briques qui formaient les fortifications :

Bourges, Autun, Le Mans avec Limouges,
Furent jadis les quatre villes rouges.

Malgré ces fortifications, Le Mans fut pris par Lothaire Ier, plus tard forcé de se rendre aux Bretons, et pillé par ceux-ci, auxquels s'étaient joints des Normands. Pendant toute cette première période, l'histoire de la ville n'est guère que celle de ses désastres, auxquels le dévouement de ses évêques ne peut remédier qu'imparfaitement. Parmi ces prélats, on cite le Saxon Aldric, élevé au siège épiscopal du Mans en 832, qui fonda deux hospices, plusieurs monastères, fit transporter dans la cathédrale des reliques précieuses, établit dans la ville des fontaines qu'alimentait un aqueduc. Son nom resta longtemps vénéré comme celui d'un des bienfaiteurs de la cité, et jusqu'à la Révolution sa statue domina la tour de la cathédrale.

Nous avons dit comment, à l'époque de la conquête de l'Angleterre par les Normands, Le Mans sut un moment s'affranchir à la fois de la domination de l'étranger et de la tyrannie de ses seigneurs. Nous empruntons aux lettres de M. Augustin Thierry sur l'histoire de France les détails de cette révolution : « Après avoir combattu pour l'indépendance du pays, les bourgeois du Mans, rentrés dans leurs foyers, commencèrent à trouver gênant et vexatoire le gouvernement de leur comte, et s'irritèrent d'une foule de choses qu'ils avaient tolérées jusque-là. A la première taille un peu lourde, ils se soulevèrent tous et formèrent entre eux une association jurée, qui s'organisa sous des chefs électifs et prit le nom de commune. Le comte régnant était en bas âge ; il avait pour tuteur Geoffroy de Mayenne, seigneur puissant et renommé à cause de son habileté politique. Cédant à la force des choses, Geoffroy, en son nom et au nom de son pupille, jura la commune et promit obéissance aux lois établies contre son propre pouvoir ; mais il le fit de mauvaise foi. Par force ou par crainte, l'évêque du Mans et les nobles de la ville prêtèrent le même serment ; mais quelques seigneurs des environs s'y refusèrent, et les bourgeois, pour les réduire, se mirent en devoir d'attaquer leurs châteaux. Ils marchaient à ces expéditions avec plus d'ardeur que de prudence, et montraient peu de modération après la victoire. On les accusait (reproche très grave dans ce siècle) de guerroyer sans scrupule durant le carême et la semaine sainte ; on leur reprochait aussi de faire trop sévèrement et trop sommairement justice de leurs ennemis ou de ceux qui troublaient la paix de la commune, faisant pendre les uns et mutiler les autres sans

aucun égard pour le rang des personnes. Voici quelques traits de cette orageuse et courte destinée, racontés par un historien du temps : « Il arriva
» qu'un des barons du pays, nommé Hugues de
» Sillé, attira sur lui la colère des membres de la
» commune en s'opposant aux institutions qu'ils
» avaient promulguées. Ceux-ci envoyèrent aussi-
» tôt des messagers dans tous les cantons d'alen-
» tour, et rassemblèrent une armée qui se porta
» avec beaucoup d'ardeur contre le château de
» Sillé. L'évêque du Mans et les prêtres de chaque
» paroisse marchaient en tête avec les croix et
» les bannières. L'armée s'arrêta pour camper à
» quelque distance du château, tandis que Geof-
» froy de Mayenne, venu de son côté avec ses hom-
» mes d'armes, prenait son quartier séparément.
» Il faisait semblant de vouloir aider la commune
» dans son expédition ; mais il eut, dès la nuit
» même, des intelligences avec l'ennemi, et ne
» s'occupa d'autre chose que de faire échouer l'en-
» treprise des bourgeois. A peine fut-il jour, que
» la garnison du château fit une sortie avec de
» grands cris ; et, au moment où les nôtres, pris
» au dépourvu, se levaient et s'armaient pour
» combattre, dans toutes les parties du camp des
» gens apostés répandirent qu'on était trahi, que
» la ville du Mans venait d'être livrée au parti en-
» nemi. Cette fausse nouvelle, jointe à une attaque
» imprévue, produisit une terreur générale ; les
» bourgeois et leurs auxiliaires prirent la fuite en
» jetant leurs armes ; beaucoup furent tués, tant
» nobles que vilains, et l'évêque lui-même se trou-
» va parmi les prisonniers. Geoffroy de Mayenne,
» de plus en plus suspect aux gens de la commune,
» et craignant leur ressentiment, abandonna la
» tutelle du jeune comte et se retira hors de la
» ville dans un château nommé la Geôle. Mais la
» mère de l'enfant, Guersende, fille du comte Her-
» bert, qui entretenait avec Geoffroy un commerce
» illicite, s'ennuya bientôt de son absence et our-
» dit sous main un complot pour lui livrer la ville.
» Un dimanche, par la connivence de quelques
» traîtres, il entra avec quatre-vingts chevaliers
» dans un des forts de la cité, voisin de la princi-
» pale église, et de là se mit à guerroyer contre
» les habitants. Ceux-ci, appelant à leur aide les
» barons du pays, assiégèrent la forteresse. L'at-
» taque était difficile, parce que, outre le château,
» Geoffroy de Mayenne et ses gens occupaient
» deux maisons flanquées de tourelles ; les nôtres
» n'hésitèrent pas à mettre le feu à ces maisons,
» quoiqu'elles fussent tout près de l'église, qu'on
» eut peine à préserver de l'incendie. Ensuite l'at-
» taque du fort commença, à l'aide de machines,
» si vivement que Geoffroy, perdant courage, s'é-
» chappa de nuit, disant aux siens qu'il allait cher-
» cher du secours. Les autres ne tardèrent pas à
» se rendre ; et les bourgeois, rentrés en posses-
» sion de leur forteresse, en rasèrent les murailles
» intérieures jusqu'à la hauteur du mur de ville,
» ne laissant subsister en entier que les remparts
» tournés vers la campagne. »

Mais, en 1073, survint Guillaume le Conquérant, réclamant la souveraineté du Maine. Il fallut céder et se soumettre, lui prêter serment, et recevoir comme un don la conservation des anciennes franchises municipales ; l'histoire ne faisant plus mention de la commune, il est probable qu'elle cessa d'exister.

Nous n'avons pas à rappeler ici par combien de dominations successives passa Le Mans en même temps que la province dont il était la capitale. Parmi les faits purement locaux, nous devons mentionner une effroyable famine qui, en 1085, désola la ville ; le setier de blé se vendit, à ce qu'on prétend, jusqu'à quarante-trois francs. Le clergé et le peuple obtinrent de l'évêque Hoël que l'or et l'argent qui couvraient le maître-autel de la cathédrale seraient consacrés à acheter des subsistances ; peu après un incendie dévora une partie de la ville. D'autres famines, de nouveaux incendies, des sièges meurtriers éprouvèrent la malheureuse cité pendant le XIe et le XIIe siècle. Prise par Jean sans Terre en 1199, elle est démantelée ; mais Philippe-Auguste fit relever ses murailles et chargea de la défendre Guillaume des Roches, qui la livra à Jean sans Terre. Le roi de France s'en empara de nouveau (1202).

« En 1219, dit M. Cauvin, la reine Bérengère, veuve de Richard Cœur de Lion, comtesse du Maine, assiste le 23 août, veille de la Saint-Barthélemy, à un duel qui eut lieu sur la place Saint-Pierre, entre Raoul de Flory, champion de Huet de Corleiant, et Joscet Lefèvre, champion de Hodeburge, sœur de Corleiant, que celui-ci voulait priver de la succession de leur père parce qu'elle avait forfait à l'honneur. Le dernier succomba, et Raoul Lenterré, sacristain de Saint-Pierre, eut, suivant l'usage, le bouclier et la lance du vaincu. »

Ce fut près du Mans que le roi Charles VI ressentit les premières atteintes de cette démence qui devait être si fatale à la France. Il passait devant la maladrerie de Saint-Lazare, sur le chemin de Sablé, lorsqu'un homme de figure sinistre, vêtu d'une cotte blanche, tête et pieds nus, sort du taillis, se jette à la bride du cheval du roi, en s'écriant : « Arrête, noble sire, tu es trahi. » On l'éloigne ; mais pendant longtemps il suit le roi en répétant le même cri. Il faisait une chaleur étouffante ; le roi chevauchait silencieux et comme frappé de l'avertissement qu'il venait de recevoir, quand un page, qu'endormait l'excessive chaleur, laisse tomber la lance du roi, qu'il portait, sur le casque que portait un autre page. A ce bruit, le roi tressaille, tire l'épée ; puis, se précipitant sur le duc d'Orléans : « Sus aux traîtres ! s'écrie-t-il, ils veulent me livrer. » Le duc échappe à sa fureur ; mais, avant qu'on pût se rendre maître du pauvre insensé, il avait tué cinq hommes. Cette folie fut pour Le Mans, comme pour le reste de la France, le signal des plus affreux désastres. Prise par les Anglais, cette ville ne fut rendue à la couronne qu'en 1447. Dunois y entra le 16 mars à la tête de 7,000 hommes. L'allégresse fut si vive, qu'on institua, en souvenir de cette délivrance, une procession solennelle qui eut lieu pendant plus d'un siècle.

Agité par les querelles religieuses, pris par les protestants, repris par les catholiques en 1562, Le Mans fut, en 1589, assiégé par Henri IV. Le gouverneur, Bois-Dauphin, qui tenait pour la Ligue, après avoir brûlé un grand nombre de maisons dans les faubourgs comme s'il se préparait à une défense énergique, se rend à la seconde volée de canon. Les habitants donnèrent au roi vingt-sept mille écus pour payer ses Suisses. Bois-Dauphin leur avait brûlé pour cinq cent mille livres environ de bâtiments.

Le roi Louis XIII passa plusieurs fois au Mans ; il fit démolir le château en 1617, et en donna l'emplacement à la ville. Des maladies contagieuses, une famine désolèrent encore la ville à cette époque. En 1625, on prit des mesures sévères pour arrêter les progrès de l'épidémie ; parmi les prescriptions de la police, nous remarquons celles-ci : Défense de nourrir des porcs, des lapins et des pigeons dans l'intérieur de la ville ; injonction aux mendiants de se retirer dans deux endroits où ils seront renfermés ; défense d'en sortir, sous peine du fouet et de la marque ; enfin, défense aux habitants *soupçonnés* d'être atteints de la maladie de quitter leurs maisons, sous peine d'être poursuivis à coups de pierres ou d'arquebuse. L'épidémie n'en fit pas moins d'affreux ravages pendant les années suivantes.

Pendant le XVIIe et le XVIIIe siècle, la tranquillité du Mans ne fut troublée qu'en 1675 par une émeute, à l'occasion d'un nouveau tarif. Nous trouvons à cette époque un arrêt assez curieux du parlement, qui enjoint au messager chargé du service entre Le Mans et Tours (vingt lieues) de ne pas mettre plus de *deux jours* pour faire ce trajet. En 1760, grâce au progrès des temps, la voiture qui avait le monopole du transport des voyageurs de Paris au Mans ne devait mettre que *quatre jours et demi* en été, et *cinq jours et demi* en hiver. Ce trajet se fait aujourd'hui en quelques heures.

Le Mans, qui s'était en 1789 prononcé pour la Révolution, fut troublé par une émeute causée par la cherté des grains ; de plus grands malheurs allaient fondre sur la capitale du Maine.

Le 10 décembre 1793, l'armée vendéenne, sous les ordres de La Rochejaquelein, après avoir enlevé quelques retranchements élevés à la hâte et défendus par des gardes nationales, entra à quatre heures du soir au Mans, d'où avaient fui tous les hommes compromis par leur dévouement à la Révolution. Épuisés par le combat et des marches forcées, les Vendéens passèrent la nuit et le jour suivant à se reposer ; mais, sentant l'impossibilité de tenir dans une place ouverte de toutes parts, ils se préparent à partir, le 12 au matin, quand vers le milieu du jour apparaissent les hussards de l'avant-garde républicaine. Ceux-ci chargent aussitôt les royalistes. Laissons à M. Thiers le soin de rapporter cette affaire si importante dans l'histoire de nos malheureuses guerres : « La confusion se mit d'abord parmi les Vendéens ; mais quelques mille braves, conduits par La Rochejaquelein, vinrent se former en avant de la ville et forcèrent Westermann et ses hussards à se replier sur Marceau, qui arrivait avec une division. Kléber était encore en arrière avec le reste de l'armée. Westermann voulait attaquer sur-le-champ, quoiqu'il fît nuit. Marceau, entraîné par son tempérament bouillant, mais craignant le blâme de Kléber, dont la force froide et calme ne se laissait jamais emporter, hésite ; cependant, entraîné par Westermann, il se décide et attaque Le Mans. Le tocsin sonne, la désolation se répand dans la ville. Westermann, Marceau, se précipitent au milieu de la nuit, culbutent tout devant eux, et, malgré un feu terrible des maisons, parviennent à refouler le plus grand nombre des Vendéens sur la grande place de la ville. Marceau fait couper à sa droite et à sa gauche les rues aboutissant à cette place, et tient ainsi les Vendéens bloqués. Cependant sa position était hasardée ; car, engagé dans une ville au milieu de la nuit, il eût pu être tourné et enveloppé. Il envoie donc un avis à Kléber pour le presser d'arriver au plus vite avec sa division. Celui-ci arrive à la pointe du jour. Le plus grand nombre des Vendéens avaient fui ; il ne restait plus que les plus braves pour protéger la retraite. On les charge à la baïonnette, on les enfonce, on les disperse et un carnage horrible commence par toute la ville. Jamais déroute n'avait été si meurtrière. Une foule considérable de femmes laissées en arrière furent faites prisonnières. Marceau sauva une jeune personne qui avait perdu ses parents, et qui, dans son désespoir, demandait qu'on lui donnât la mort. Elle était modeste et belle ; Marceau, plein d'égards et de délicatesse, la recueillit dans sa voiture, la respecta, et la fit déposer en lieu sûr. Les campagnes étaient couvertes au loin des débris de ce grand naufrage. Westermann, infatigable, harcelait les fugitifs. » Quelques jours après, Marceau et Kléber anéantissaient à Savenay les derniers restes de cette vaillante armée, qui avait tenu en échec la Révolution. La Vendée n'existait plus !

Plus tard, quand cette formidable guerre, réduite à une guerre de partisans, fut devenue ce qu'on appela la chouannerie, M. de Bourmont, dans la nuit 15 octobre 1799, surprend Le Mans et y pénètre par trois côtés à deux heures du matin. Il s'empare de toute la ville ; mais la caserne de Saint-Vincent, défendue par une partie de la 40ᵉ demi-brigade, lui oppose la plus énergique résistance ; les soldats ne font leur retraite qu'après avoir épuisé toutes leurs munitions. Les chouans brûlent les papiers de la mairie, désarment les habitants, enlèvent les caisses publiques, puis se retirent vers Sablé après trois jours d'occupation.

Durant la guerre franco-allemande de 1870-1871, Le Mans devint le centre des opérations du général Chanzy, qui s'y établit le 19 décembre. Ce fut près de cette ville que fut livrée, le 11 janvier 1871, la désastreuse bataille qui rendit désormais impossible la délivrance de Paris par les armées de province. Nous avons rapidement raconté les faits à la fin de la notice historique consacrée au département.

La cathédrale du Mans est un majestueux édifice appartenant à diverses époques : les statues du portail appartiennent au VIᵉ siècle ; la voûte de la nef, au IXᵉ siècle ; elle a été élevée par saint Aldric, qui consacra l'église à saint Julien ; mais les travaux n'étaient pas encore terminés que l'édifice fut ravagé par les Normands. Ce ne fut qu'au XIᵉ siècle qu'on les reprit sérieusement : l'église ne fut terminée qu'en 1434. La nef, avec ses bas côtés, offre un parallélogramme régulier de 62 mètres de longueur sur 10 de largeur ; la longueur de l'édifice est de 130 mètres, et la tour qui le domine s'élève de 66 mètres au-dessus du pavé. On remarque surtout la beauté de la rose du bras méridional de la croix, les figures bizarres qui ornent les chapiteaux, et l'élégance du chœur, dont la construction, postérieure à celle de la nef, présente un monument du style gothique le plus élégant.

L'église de la Couture, du XIIIᵉ siècle, et Saint-Julien-du-Pré, du XIᵉ, présentent aux regards de l'archéologue les sujets d'études les plus intéressants et les plus variés.

Le musée de la ville possède une riche collection d'antiquités et quelques bons tableaux des maîtres. La bibliothèque est une des plus complètes des bibliothèques départementales ; on y admire un grand nombre d'anciens manuscrits.

Le Mans est la patrie de plusieurs hommes célèbres : La Croix du Maine, savant bibliographe, né en 1552, auteur d'une *Bibliothèque française*, contenant le catalogue de tous nos écrivains jusqu'à cette époque ; soupçonné d'être attaché à la Réforme, il périt assassiné à l'âge de quarante ans ; le spirituel comte de Tressan ; Forbonnais, économiste distingué du XVIIIᵉ siècle, et qui eut l'honneur de déplaire à Mᵐᵉ de Pompadour ; il composa divers ouvrages estimés. Nommé membre de l'Institut dès la fondation de cette compagnie par la Convention, il mourut en 1800.

La ville du Mans est dans une situation agréable sur le penchant d'un coteau et sur les bords de la Sarthe que l'on y passe sur quatre ponts. La ville basse est généralement mal bâtie ; la ville haute est plus régulière, mais le quartier neuf est le beau quartier. Les principales rues de la ville viennent aboutir à la place des Halles. Une large rue a été percée pour dégager la préfecture et la relier à la gare, bâtie au pied de la colline. La cathédrale dédiée à Saint-Julien ; l'église de la Couture (monument historique), et l'église Notre-Dame-du-Pré sont, nous l'avons déjà dit, les monuments les plus curieux à visiter. Citons encore l'hôtel de ville, l'hôpital général, l'hôtel du Grabatoire et quelques maisons anciennes, la halle, l'asile des aliénés, la promenade des Jacobins et la promenade du Greffier. Son commerce consiste principalement en grains, légumes, bestiaux; ses volailles sont célèbres depuis longtemps. On se rappelle que le crime dont est accusé le chien Citron, dans les *Plaideurs* de Racine, est d'avoir mangé un *bon chapon du Maine :*

> Appelez les témoins. — Je les ai dans ma poche;
> Tenez, voici la tête et les pieds du chapon :
> Voyez-les et jugez. — Je les récuse. — Bon!
> Pourquoi les récuser? — Monsieur, ils sont du Maine.
> — Il est vrai que du Mans il en vient par douzaine.

Le Mans possède des fabriques de toiles, de papier, de vitraux, de savon, de cuir, de chaussures, de balances à bascules, de bâches, de conserves alimentaires, de chocolats et de bougies fort estimées. Elle fait un commerce de bestiaux, de graines fourragères, de plumes, de vieux linges, de toiles, de miel et de volailles.

Les armes du Mans sont : *d'azur, à la croix de gueules à trois chandeliers d'église d'argent, 2 et 1, et une clef de même posée en pal sur le chandelier de la pointe; au chef d'azur, chargé de fleurs de lis d'or.*

ALLONNES. — Allonnes, village de 861 habitants, situé à 6 kilomètres au sud du Mans, paraît être l'emplacement de l'antique *Suindinum*. On y a découvert un grand nombre de débris, et l'on reconnaît encore le tracé de l'ancienne ville. Près de là existait un château appelé la *Tour des Fées,* dont il reste encore quelques ruines. Cette tour était encore habitée en 1614. Lorsque Louis XIII et sa mère Marie de Médicis vinrent dans le pays, ils furent complimentés à leur passage par la dame de la Tour des Fées. C'est dans le bois des Teillais, dépendant de la commune d'Allonnes, que Charles VI fut effrayé par la fameuse apparition qui causa sa folie.

Allonnes possède des fabriques de toiles et de cotonnades et des briqueteries.

PARIGNÉ-L'ÉVÊQUE. — Parigné-l'Évêque est un gros bourg du 3e canton de l'arrondissement et à 18 kilomètres au sud du Mans, peuplé par 3,317 habitants. On y voit une église romane de transition, ayant deux bas côtés séparés de la nef par des arcades semi-ogivales supportées par des colonnes rondes à chapiteaux ornés de chérubins et de têtes d'animaux; une lanterne des Morts et une ancienne chapelle sépulcrale.

Parigné possède des fabriques de toiles, une papeterie, une minoterie et des fours à chaux. On trouve sur son territoire une source ferrugineuse, des marnières et des carrières de tuffeau, les châteaux du Breil et du Grand-Montbray.

Durant la guerre franco-allemande de 1870-1871, Parigné-l'Évêque fut occupé par les troupes du prince Frédéric-Charles, à la poursuite de la 2e armée de la Loire.

YVRÉ-L'ÉVÊQUE. — Yvré-l'Évêque, station de la ligne du chemin de fer de Paris à Brest, canton, arrondissement et à 7 kilomètres à l'est du Mans, est un gros bourg, sur l'Huisne, peuplé par 2,334 habitants. Il doit son surnom à un château que les évêques du Mans y possédèrent depuis le XIIe siècle jusqu'à la Révolution. Sur le territoire de cette commune, on voit les ruines de la célèbre abbaye de l'Épau (*Pietatis Dei*). Cette abbaye avait été fondée, en 1229, par Bérengère, veuve de Richard Cœur de Lion, pour une congrégation de moines de l'ordre de Cîteaux; l'évêque du Mans, Geoffroy de Laval, en avait consacré l'église en 1234. Le tombeau de Bérengère y resta jusqu'à 1821, époque à laquelle il fut transféré dans la cathédrale du Mans. L'église, détruite en 1365, avait été relevée dans les premières années du XVe siècle.

L'industrie est représentée à Yvré-l'Évêque par des fabriques de toiles, de chaux et d'allumettes chimiques et une filature.

Durant la guerre franco-allemande de 1870-1871, cette localité fut défendue et gardée par le général Gougeard au moment où se livrait la malheureuse bataille du Mans (11 janvier 1871), puis occupée par l'ennemi.

BALLON. — Ballon et Saint-Ouen-sous-Ballon forment un chef-lieu de canton de 1,756 habitants, situé à 23 kilomètres au nord du Mans, sur une colline de la rive gauche de l'Orne-Saosnoise. Cette petite ville fut au moyen âge une place importante que se disputèrent souvent les Normands et les Manceaux. Philippe-Auguste s'en empara et fit raser le château. Cette forteresse fut plus tard rebâtie; en 1417, les

Anglais s'en emparèrent et la conservèrent quelque temps ; il en reste d'importants débris, composés d'une grosse tour accompagnée de deux tourelles. La vue s'étend de là sur un ravissant paysage. On croit qu'un souterrain parti de ce point se prolonge sous la grande rue jusqu'à l'auberge de la Tête-Noire. En 1789, cette petite ville fut le théâtre d'un malheureux événement : MM. Cureau et de Montesson, accusés d'avoir voulu entretenir dans le pays une disette factice, furent massacrés par les paysans. Les meurtriers furent punis de mort. C'est la patrie du général Coutard.

Ballon fait un commerce important de bestiaux, de graines et de grains ; les principales industries sont la fabrication des toiles et la blanchisserie des fils.

Les armes de cette ville sont : *d'azur, à une fasce d'or, accompagnée de trois besants d'argent.*

CONLIE. — Conlie, chef-lieu de canton de l'arrondissement et à 25 kilomètres au nord-ouest du Mans, station de la ligne du chemin de fer de Paris à Brest (réseau de l'Ouest), est un gros bourg situé près de la source du ruisseau de Gironde, petit affluent de la Vesgre, peuplé de 1,673 habitants, à 1 kilomètre environ de la station et dominé par le Signal de la Jaunelière qui a 165 mètres d'altitude. On y a trouvé, en 1838, un cimetière remontant à l'époque mérovingienne, dont les sépultures renfermaient des armes et des bijoux extrêmement curieux. M. de Caumont en a représenté quelques-uns dans son *Cours d'antiquités monumentales.*

L'industrie y est représentée par des fabriques de toiles et de canevas et des tanneries. Sur son territoire, on voit le château de Sourches, qui appartient au duc des Cars.

Durant la guerre franco-allemande de 1870-1871, un camp d'instruction militaire fut établi dans cette localité, qui fut occupée par les armées allemandes après la bataille du Mans.

ÉCOMMOY. — Écommoy, station de la ligne du chemin de fer du Mans à Tours, chef-lieu de canton, arrondissement et à 24 kilomètres au sud du Mans, est un gros bourg de 3,615 habitants, situé dans une contrée sablonneuse, mais fertile.

C'était, au VIIe siècle, un petit village, que l'on voit légué par l'évêque Hadoing à l'abbaye de la Couture. L'église est un édifice moderne du style ogival.

Durant la guerre franco-allemande de 1870-1871, Écommoy fut occupé par les troupes du prince Frédéric-Charles.

Ce bourg, qui doit sa prospérité croissante à son industrie, possède des fabriques de toiles, des blanchisseries de fil, des manufactures de faïence et des fours à chaux.

LA SUZE. — La Suze, station de la ligne du chemin de fer du Mans à Angers, est un chef-lieu de canton peuplé de 2,603 habitants, situé à 18 kilomètres au sud-ouest du Mans, sur la rive gauche de la Sarthe dont la navigation est facilitée par une écluse et un canal de dérivation, et que l'on y passe sur un pont de neuf arches. C'est une petite ville commerçante ; elle doit son origine à un château qui appartenait dès le XIe siècle à une famille du même nom. Les seigneurs de La Suze sont célèbres dans les guerres du moyen âge. Plus tard, cette châtellenie fit partie des domaines de ce Gilles de Laval, maréchal de Retz, dont l'histoire est si horrible. (Voir les articles *Champtocé* dans le département de Maine-et-Loire ; *Machecoul,* département de la Loire-Inférieure ; *Tiffauges,* département de la Vendée.) Le château de La Suze fut le théâtre des crimes inénarrables de ce seigneur, dont une partie de la vie avait pourtant été exempte de toute souillure, et qui avait contribué à rendre au roi Charles VII sa couronne. Le château de La Suze, ou plutôt le château de la *Barbe-Bleue,* comme on le dit encore dans le pays, est aujourd'hui en ruine ; et ceux qui ont fait des fouilles pour retrouver les trésors de Gilles de Retz n'ont jamais trouvé sous ses décombres que des ossements de petits enfants, des carcans de fer et des instruments de torture. Sous Louis XIV, la châtellenie de La Suze appartint au ministre d'État Chamillard, qui lui fit rendre le titre de comté qu'elle avait reçu de Charles IX en 1566.

Le chancelier de France Laforêt (1350) et le chanoine Le Paige, auteur du *Dictionnaire historique du Maine,* sont nés à La Suze. On visite dans le canton le château de *la Belle-Fille,* remarquable par l'histoire touchante qui, au XIIe siècle, lui a donné son nom.

Les armes de La Suze sont : *d'or, à trois étoiles de sable.*

CONNERRÉ. — Connerré, importante station pour les marchandises de la ligne du chemin de fer de

Château du Lude.

Paris à Brest et de celle de Mamers-Connerré à Saint-Calais, est un gros bourg peuplé de 2,227 habitants, dans le canton de Montfort, arrondissement et à 27 kilomètres au nord-est du Mans, à 2 kilomètres de la station, sur la rive gauche de l'Huisne.

Vers 1364, ce bourg soutint un siège contre le duc de Bourgogne Philippe le Hardi et ne céda qu'après une honorable résistance. En 1871, les troupes du duc de Mecklembourg occupèrent cette localité, durant la retraite de la 2e armée de la Loire. On y remarque l'église Saint-Jacques, édifice roman surmonté d'un clocher pyramidal; l'ancien prieuré converti en presbytère et des restes de fortifications.

Connerré possède des fabriques de toiles métalliques, de toiles communes et de canevas, et des tanneries. Aux environs, on voit un dolmen remarquable par ses proportions.

SILLÉ-LE-GUILLAUME. — Sillé-le-Guillaume, station de la ligne du chemin de fer de Paris à Brest, est un chef-lieu de canton peuplé de 3,474 âmes. Cette ville, qui doit son nom à un de ses anciens seigneurs, est située à 30 kilomètres à l'ouest du Mans, au pied d'une colline, dans un pays très riche, sur la lisière de la forêt qui porte son nom. C'est une des plus anciennes villes du département; elle fait un grand commerce de toiles et de bestiaux. Elle était défendue par un château dont les restes attestent son importance au moyen âge; les Manceaux l'assiégèrent sans succès, et Guillaume le Conquérant la prit dans le XIe siècle. Placée sur les confins des possessions anglaises et françaises, elle fut pendant la guerre de Cent ans plusieurs fois prise et reprise. Le comte de Richemont s'en empara en 1412. Plus tard, assiégée en 1432 par le comte d'Arundel, elle allait de nouveau tomber au pouvoir de l'ennemi, lorsque, par un coup de main hardi, Ambroise de Loré vint à son secours et la délivra.

Le château de Sillé-le-Guillaume est encore bien

conservé; il fut construit au XIVᵉ siècle sur l'emplacement d'une plus ancienne forteresse. Il est composé d'un carré long avec cour intérieure, flanqué de quatre tours, dont une, nommée le donjon ou la maîtresse tour, est remarquable par ses murs en grès appareillé de moyenne grosseur et par sa charpente, ronde d'un côté, hexagonale de l'autre; elle a 38 mètres d'élévation et 14 de diamètre, les murailles ont 3 mètres 50 centimètres d'épaisseur. Cette tour se divise en trois étages, celui du rez-de-chaussée forme un cachot. Le portail occidental de l'église paroissiale de Notre-Dame offre de beaux détails qui rappellent l'architecture du XVᵉ siècle.

Le 15 janvier 1871, Sillé-le-Guillaume a été le théâtre d'un combat entre les corps des généraux Villeneuve et Rousseau et les troupes allemandes, qui occupèrent cette ville.

SAINT-CALAIS (lat. 47° 55′ 19″; long. 1° 35′ 28″ O.). — Saint-Calais, chef-lieu d'arrondissement et d'un canton, avec tribunal de première instance et pension secondaire, est une petite ville de 3,482 habitants, située à 44 kilomètres à l'est du Mans, sur la petite rivière de l'Anille et dans un bassin peu fertile entouré de landes et de forêts; station de la ligne d'intérêt local du chemin de fer de Mamers-Connerré à Saint-Calais, et de Saint-Calais au Château-du-Loir.

Elle portait primitivement le nom d'*Anille* ou *Anisolle*, du nom du ruisseau qui la traverse. Son nom moderne est celui d'un saint qui vint s'y établir au VIᵉ siècle, et fonda un monastère occupé depuis par les bénédictins. « Cette abbaye, dit M. Edom, était une des quatre dans l'église desquelles on amenait des accusés qui niaient leurs crimes, afin de leur faire jurer sur les reliques des saints qu'ils étaient innocents. Les trois autres abbayes étaient celles de Saint-Germain-des-Prés à Paris, de Saint-Martin à Tours et de Saint-Médard à Soissons. » (*Géogr. de la Sarthe*.) L'église, partagée en deux étages, est occupée dans sa partie inférieure par la halle au blé, dans la partie supérieure par le tribunal civil. L'enclos de l'abbaye est devenu une promenade publique.

L'église paroissiale est remarquable; elle appartient à différentes époques et est surmontée d'une flèche octogonale en pierre. On remarque des ruines du château fondé au XIᵉ siècle et deux dolmens.

La ville fabrique des étoffes de laine, des serges, des castorines et des tuyaux de drainage; elle fait un commerce assez considérable en céréales, graines de trèfle, bois, volailles et bestiaux.

Après la bataille de Vendôme, perdue par nos armes, une partie de la 2ᵉ armée de la Loire, en retraite sur Le Mans, s'arrêta quelques instants à Saint-Calais, qu'elle fut bientôt obligée d'évacuer. Le prince Frédéric-Charles y arriva le 8 janvier 1871 et s'y établit avant de continuer sa marche.

Les armes de Saint-Calais sont : *d'azur, à trois calebasses d'or, 2 et 1.*

BESSÉ. — Bessé-sur-Braye, station de la ligne du chemin de fer de Saint-Calais au Château-du-Loir, prolongement de la ligne de Mamers à Saint-Calais, est un gros bourg peuplé de 2,282 habitants, à 12 kilomètres au sud de Saint-Calais. On y fabrique des toiles, des siamoises et des bougies, et l'on y exploite des fours à chaux; il y existe une papeterie.

Près de là se trouve le château de Courtanvaux, propriété héréditaire des Montesquiou, bizarre et pittoresque assemblage de constructions appartenant à différents siècles. Il est adossé à une colline boisée, et l'on y admire une belle galerie de portraits. Au XVᵉ siècle, la seigneurie de Courtanvaux appartenait à Jacques de Berziau; elle fut érigée en marquisat en faveur de Gilles de Souvré, ami de Henri IV.

VIBRAYE. — Vibraye (*Vicus Braiæ*) est une petite ville de 2,991 habitants qui doit son nom à sa position sur la rivière de Braye. C'était autrefois un marquisat dont la juridiction s'étendait sur cinq paroisses, et que posséda longtemps la famille des Hurault, à laquelle appartenait le chevalier de Chiverny. C'est aujourd'hui un chef-lieu de canton situé à 18 kilomètres au sud de Saint-Calais, près de la belle forêt qui porte son nom et qui abonde en gibier.

Vibraye possède une belle église moderne, une usine à fer, dans laquelle on traite le minerai que l'on extrait dans ses environs, des carrières, des fabriques de chaux, etc. Ses foires et ses marchés sont très fréquentés. Elle est en communication avec La Ferté-Bernard, station de la ligne de Paris à Brest.

Les armes de Vibraye sont : *d'azur, à un vilebrequin d'or.*

LA CHARTRE-SUR-LE-LOIR. — La Chartre-sur-le-

Loir (*Carcer Castellum*), chef-lieu de canton, arrondissement et à 29 kilomètres au sud-est de Saint-Calais, est une petite ville peuplée par 1,525 habitants, station de la ligne du chemin de fer de Connerré à La Flèche par Saint-Calais, située entre le Loir et une colline très escarpée, dans laquelle sont creusées quelques habitations souterraines. On voit sur la Butte les ruines d'un château fort, qui dominait le cours du Loir et que Henri IV fit démanteler. L'église, qui appartient à l'époque de transition, n'offre aucun caractère; elle n'a pas même de clocher. La campagne environnante est charmante et peuplée de châteaux et de villas. A 2 kilomètres environ, sur la rivière, est établie une filature de coton. La Chartre renferme des fabriques de chandelles et de chaux hydraulique, des tanneries, des moulins à blé et à tan. Il s'y fait un commerce assez important de céréales, de vin blanc, de bœufs gras et de graines de trèfle. Durant la guerre franco-allemande de 1870-1871, la gauche de l'armée ennemie, gagnant la ligne du Loir, occupa La Chartre, le 9 janvier 1871.

BEAUMONT-LA-CHARTRE. — Beaumont-la-Chartre est un petit bourg de 852 habitants, situé à 34 kilomètres au sud de Saint-Calais, sur le penchant d'un coteau. Sa forme est celle d'un cœur dont la pointe serait au nord. On y voit encore les restes d'un ancien manoir flanqué de tours carrées; mais ce qu'il y a de plus remarquable à Beaumont, c'est son église qui date des croisades.

Beaumont est la patrie de M. Gustave de Beaumont, ancien député et membre de l'Institut, et d'un savant statisticien, M. A. Guerry.

A quelque distance de Beaumont, au pied d'une colline et sur les bords de la Demée, s'élèvent, dans une situation charmante, les ruines du vieux château de la Marcellière, dont la construction paraît dater du XVIe siècle. Il y existe aussi de vastes souterrains qui, dit-on, s'étendaient à trois lieues, et pouvaient cacher une armée pendant les guerres civiles du temps de la Ligue. Aujourd'hui, on ne peut y pénétrer; les lumières s'y éteignent, et la respiration manque au bout de quelques minutes.

CHATEAU-DU-LOIR. — Château-du-Loir (*Castrum Lidi, Castrum Lædum*), chef-lieu de canton de 2,892 habitants, est une petite ville située à 50 kilomètres au sud-ouest de Saint-Calais, sur le penchant d'un coteau qui domine la délicieuse vallée du Loir; station de la ligne du chemin de fer du Mans à Tours et de la ligne de Saint-Calais-Château-du-Loir, prolongement de celle de Mamers à Saint-Calais.

Ce n'était jadis qu'un château construit sur un rocher, que la main des hommes avait isolé d'un coteau, au pied duquel coulent deux ruisseaux à droite et à gauche; il se trouvait ainsi entouré de tous côtés. Il était bâti sur une roche de nature calcaire : on a fait sauter et forteresse et rocher, et leurs débris ont comblé le fossé. Ce château était célèbre pour avoir, au XIe siècle, soutenu un siège de sept ans contre Geoffroy Martel, comte d'Anjou. En 1075, il fut pris par Foulques le Réchin. Plus tard Philippe-Auguste l'enleva à Henri II, roi d'Angleterre, et le rendit à Richard Cœur de Lion, alors son ami. C'est maintenant une petite ville fort agréable, bâtie dans une position délicieuse. Elle fut dévastée, en 1798, par un incendie qui détruisit le quart de ses habitations, et, durant la guerre franco-allemande de 1870-1871, elle fut occupée par un corps de l'armée du prince Frédéric-Charles.

Les toiles qu'elle fabrique sont fort estimées. Elle fait, en outre, un grand commerce de marrons et de vins blancs, assez renommés dans le pays. La ville est dominée par un rocher d'où l'on jouit d'une vue ravissante. Elle possède des filatures de coton, des blanchisseries, des tanneries et des fours à chaux. Elle commerce en grains, bestiaux, volailles, vins de son territoire.

Les armes de Château-du-Loir sont : *de gueules, à un château d'argent crénelé à trois tours couvertes en pointes, sur une onde ombrée d'azur, au chef d'azur chargé de deux fleurs de lis d'or.*

LA FLÈCHE (lat. 47° 42′ 4″; long. 2° 24′ 47″ O.) — La Flèche (*Fixa, Flexia*), jolie ville, propre et bien bâtie, chef-lieu d'un arrondissement communal et d'un canton, située à 47 kilomètres au sud-ouest du Mans, sur la rive droite du Loir, est peuplée de 9,405 habitants; station de la ligne de Mamers-Saint-Calais-Château-du-Loir-La Flèche et Sablé, à 1 kilomètre de la ville, sur la rive gauche du Loir, dans le faubourg Sainte-Colombe. Elle possède un tribunal de 1re instance, un collège militaire, aujourd'hui le Prytanée national. Chef-lieu d'élection, elle dépendait autrefois du diocèse d'Angers, du parlement de Paris et de l'intendance de Tours, avait sénéchaussée, présidial, collège et école royale militaire, plusieurs couvents, et formait un gouvernement particulier. On a assigné au nom de cette ville des étymologies diverses; selon les uns, il serait dû tout simplement à la flèche élevée d'une de ses églises; selon d'autres, La Flèche, désignée sous le nom de *Fixa*, *Fisa*, viendrait de ce que la ville fut, en quelque sorte, bâtie sur pilotis. En effet, le château de La Flèche avait été bâti sur des arcades qui coupaient la rivière du Loir. Des deux côtés du château on avait creusé deux canaux, qui formaient deux îles artificielles, et contribuaient à la sûreté de la forteresse. C'est dans ces îles que les premières maisons de la ville furent bâties.

Il est fait mention de La Flèche au XIe siècle. Jean de La Flèche, attaqué par Foulques le Réchin, comte d'Anjou, réclame l'appui du duc de Normandie, Guillaume le Conquérant. Celui-ci lui envoie des troupes; de son côté, Foulques s'allie au comte de Bretagne et vient assiéger La Flèche. Les Bretons et les Angevins, apprenant que Guillaume en personne arrive au secours de son allié, prennent une résolution héroïque; ils passent le Loir, rompent le pont de bateaux qui unissait les deux rives, afin de se mettre dans la nécessité de ne point reculer, et marchent à l'ennemi. Les deux armées étaient en présence et allaient en venir aux mains, lorsque, par l'intervention de quelques prélats, elles consentirent à traiter et à se retirer chacune de son côté.

Ce même Jean fut d'une grande libéralité envers l'Église, et laissa au clergé une partie de ses biens. Il enrichit l'abbaye de Saint-Aubin d'Angers; ce dont il est loué, en termes assez naïfs, dans un acte rédigé par un des moines de l'abbaye: « Comme il nous importe d'éviter l'oubli des *choses utiles*, autant qu'il est possible, il est bon de conserver par écrit tout ce qui peut servir aux générations futures; aussi nous écrivons ce qu'un homme noble et de haute valeur, nommé Jean de La Flèche, a donné à Dieu, à Saint-Aubin et à ses religieux, espérant par là que ses péchés pourront lui être remis par une aussi bonne œuvre, car il n'exigea des moines ni or ni argent; mais tout ce qu'il leur donna fut donné pour le salut de son âme et de celles de ses père et mère. » Suit l'énumération des donations de Jean de La Flèche : l'église de Saint-Odon, la chapelle de son château, « une mesure de terre » de la meilleure qualité, autant que quatre bœufs » vigoureux en pourraient labourer en un jour; » plus : des prés, son jardin, son verger; il décida « que ceux qui l'habiteraient seraient sous la puis- » sance des moines; » plus, la dîme du blé qui serait porté à ses moulins, la dîme du poisson qu'on prendrait dans ses rivières, du pain qui serait cuit au four banal, la dîme de ses vignes. Jean de La Flèche ne crut pas avoir assez fait, et, se sentant mourir, ajouta encore de nouvelles donations à celles que nous venons d'énumérer. Aussi obtint-il de l'abbé la promesse d'être enterré revêtu de l'habit de bénédictin. Malheureusement Gaulberg, son fils, cria à la spoliation. Les moines consentirent à entrer en arrangement; ce qui fut fait moyennant 10 livres 2 deniers, une oie et une mesure d'avoine que l'abbaye consentit à donner pour dédommager l'héritier mécontent : on ne pouvait en être quitte à meilleur marché. Le fils aîné, plus accommodant, avait ratifié toutes les donations de son père, comme cela est mentionné dans l'acte ci-dessus. Il s'appelait Hélie : sa vie fut très malheureuse; trois ans après la mort de son père, sa ville fut prise par Foulques le Réchin, qui la livra au pillage. Ce fut à Hélie que La Flèche dut la construction ou la restauration de l'église de Saint-Thomas, dont la flèche élevée aurait donné à la ville son nom actuel.

La Flèche passa par mariage dans la maison d'Anjou (1110), puis dans la famille des vicomtes de Beaumont, et successivement dans celles de Brienne, de Chamillard, et enfin d'Alençon, en 1391. Son histoire ne présente rien d'intéressant pendant cette période; mais, au XVe siècle, elle eut à souffrir de la guerre contre les Anglais, fut prise par eux et ruinée. De la maison d'Alençon, elle passa par mariage dans celle de Bourbon, en 1513, et de là date pour elle une nouvelle existence. Ce fut dans cette ville que Jeanne d'Albret devint enceinte de Henri IV. Celui-ci s'en souvint toujours avec plaisir, et successivement fit réparer les fortifications de la ville, y institua quatre foires franches, et enfin y fonda le collège auquel la ville doit sa prospérité. Henri IV avait donné la seigneurie de cette ville à Fouquet de La Varenne, qui avait rendu à ce prince de complexion amoureuse quelques-uns de ces services délicats auxquels l'honnête d'Aubigné s'était refusé si rudement. Confident des faiblesses royales, il était fort bien en cour; il se servit de son crédit auprès du roi pour augmenter la prospérité de sa seigneurie. Les jésuites voulaient établir à La Flèche une université pour

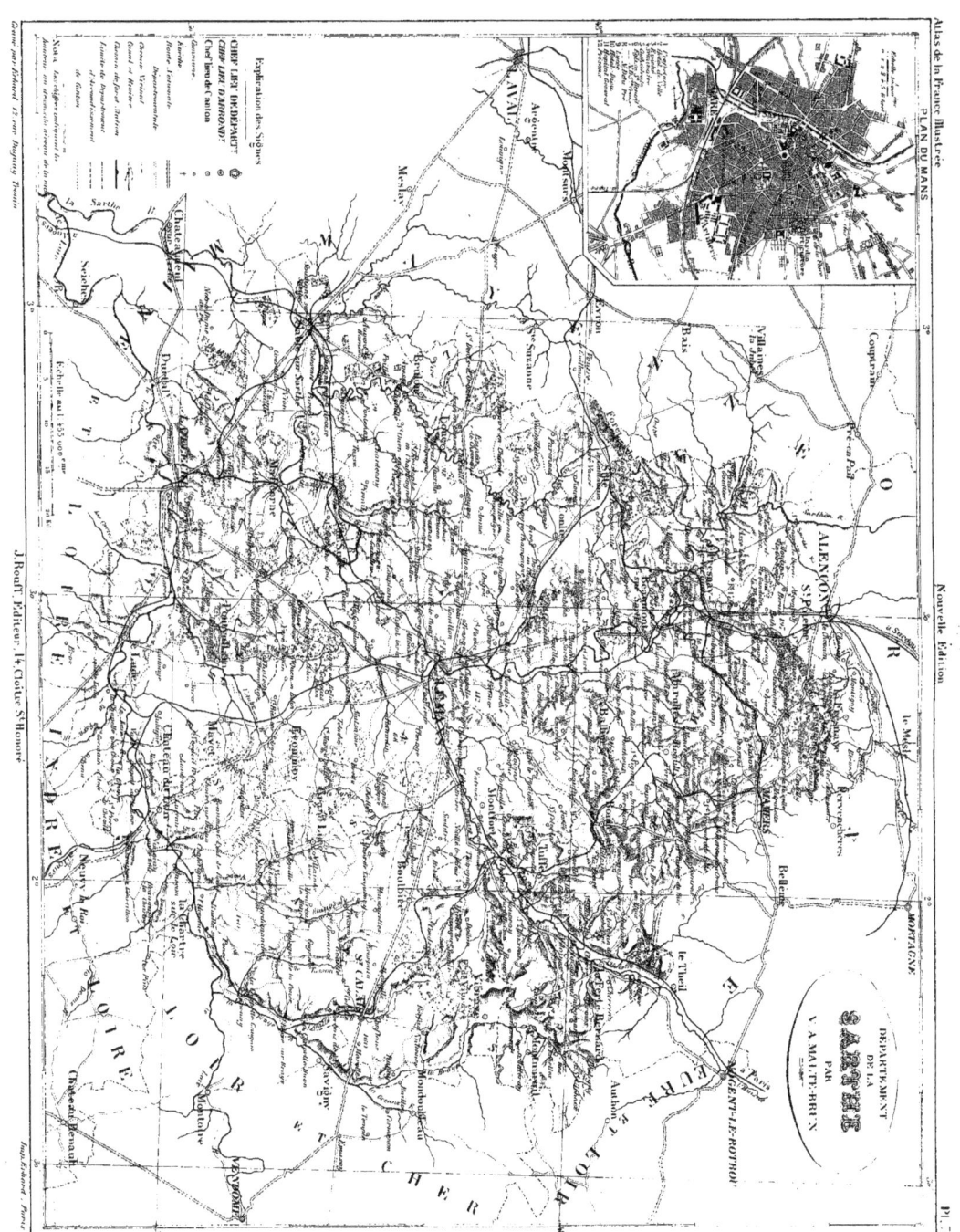

faire concurrence à l'académie protestante que Duplessis-Mornay avait fondée à Saumur; mais ils étaient bannis de France depuis le meurtre tenté par Jean Châtel sur la personne de Henri IV. La Varenne obtint du roi non seulement leur rappel, mais l'autorisation pour les jésuites de fonder cet établissement, qui devait si rapidement prospérer. Henri leur donna, en outre, le château, 100,000 écus, et y attacha un revenu annuel de 20,000 livres, en y réunissant plusieurs abbayes. Les jésuites arrivèrent à La Flèche en 1604, et logèrent d'abord chez La Varenne. On se hâta de mettre à profit les importantes donations faites par le roi; mais les bâtiments si considérables ne furent achevés qu'au bout d'un demi-siècle. A la mort de Henri IV, les jésuites apportèrent dans leur église le cœur du roi, comme il en avait lui-même exprimé la volonté. Par une indigne profanation, ces reliques furent brûlées en 1793.

Le collège prospéra rapidement et donna à la ville un air d'aisance et de vie. Il suffit de nommer, parmi les élèves de cette maison, le vrai fondateur de la philosophie en France, René Descartes, le prince Eugène, dont la gloire nous fut si fatale, et, enfin, Pasquier, conseiller au parlement de Paris, qui, sous Louis XV, se montra si hostile à l'ordre des jésuites, et contribua si puissamment à leur expulsion en 1762. A cette époque, le collège fut consacré à l'enseignement gratuit de 150 jeunes nobles destinés à la carrière des armes. Les Pères de la doctrine chrétienne furent chargés de leur éducation en 1775; mais alors le pensionnat cessa d'être gratuit.

Les jésuites, pendant les dernières années de leur enseignement si brillant, avaient eu pour professeurs à La Flèche: Brumoi, l'auteur de la traduction du théâtre des Grecs; Gresset, et les deux ennemis les plus acharnés de Voltaire: Desfontaines et Fréron.

La Flèche, pendant la Révolution, eut à souffrir des guerres civiles. Les Vendéens y entrèrent le 1er décembre 1793, puis quittèrent cette ville pour se diriger sur Angers. Ayant échoué dans cette nouvelle entreprise, ils se rabattirent sur La Flèche, qui, cette fois leur résista. Les gardes nationaux défendirent bravement l'entrée de la ville; mais ils furent obligés de céder au nombre, et plièrent.

La Flèche, qui, quoique ayant toujours fait partie de l'Anjou sous l'ancien régime, avait été réunie à une partie du Maine pour former le département de la Sarthe, devint, en 1800, chef-lieu de sous-préfecture. Son collège, abandonné au mois d'août 1792 par les Pères de la doctrine, était rouvert depuis le mois de mai 1797. L'Empire y créa un prytanée militaire; la Restauration en fit une École militaire préparatoire où sont admis en général les fils des officiers pauvres ou tués à la guerre. Le collège, qui a pris le nom de Prytanée, est encore aujourd'hui le monument le plus considérable de La Flèche. Parmi les élèves les plus distingués de ce collège, citons le maréchal de Guébriant, le P. Mersenne, René Descartes, Voysin, le prince Eugène de Savoie, Séguier, La Tour-d'Auvergne, surnommé le *premier grenadier de France*, les deux frères Du Petit-Thouars, etc.

L'église Saint-Thomas, construction massive de l'époque romane, mérite l'attention du voyageur.

Après la bataille du Mans, livrée le 11 janvier 1871, durant la guerre franco-allemande, La Flèche fut occupée par les troupes ennemies.

Cette ville fabrique des toiles, des cotonnades, des gants, des bougies; elle possède des blanchisseries de lin, des tanneries, fait un commerce important de grains, vins, huiles, noix, fruits, cuirs, volailles et bestiaux.

Les armes de La Flèche sont: *d'azur, à deux tours crénelées d'argent séparées par une flèche d'or posée en pal avec trois fleurs de lis d'or en chef*.

BAZOUGES. — Bazouges-sur-Loir est un joli village de 1,584 habitants, situé à 18 kilomètres à l'ouest et dans le canton de La Flèche. Il possède une église romane, classée parmi les monuments historiques; fondée en 1008 par Hugues et Aremburge, elle est un des plus curieux édifices religieux du département. Le château est bien conservé; il date du XVIe siècle; ses tours à créneaux, ses tourelles en guérite lui donnent un aspect pittoresque. Les vins rouges de Bazouges sont assez estimés.

LE LUDE. — Le Lude, station de la ligne du chemin de fer de Mamers - Saint - Calais - Château-du-Loir-La Flèche et Sablé, chef-lieu de canton, à 39 kilomètres à l'est de La Flèche, peuplé de 3,791 habitants, est une jolie petite ville assez bien bâtie sur la rive gauche du Loir. Elle possède des fabriques de toiles et d'étoffes de laine, des tanneries, et fait un assez grand commerce de toiles, de grains, de chanvre, de marrons et de bestiaux.

Son château, qui appartient au marquis de Talhouët, est un des plus beaux de la contrée: il est en partie gothique et en partie dans le style de la Renaissance. De grosses tours rondes, dont une s'est écroulée au XVIIIe siècle, sortent de ses angles. La cour est décorée de statues et de pilastres en marbre. La terre du Lude a appartenu à Du Guesclin à titre de baronnie : elle fut plus tard érigée en comté par François Ier, puis en duché-pairie par Louis XIV. On montre dans le château un appartement où ont couché Henri IV et Louis XIII ; l'ameublement n'en a pas été changé depuis cette époque. Une inscription porte que « Henri IV a couché dans cette chambre la veille de la Fête-Dieu, l'an 1598, et a assisté à la procession qui fut la première cérémonie catholique où il se trouva depuis sa conversion. » Assertion un peu hasardée, peut-être, car l'abjuration de Henri IV est de 1593, et il est peu vraisemblable que, pendant cinq années, il n'ait pas assisté à une seule cérémonie catholique. Une autre inscription est ainsi conçue : « Louis XIII a couché dans cette chambre le 5 juin 1619 en allant en Touraine voir Marie de Médicis, sa mère, qui s'y était retirée ; d'où elle alla à Angers, excita une révolte qui fut apaisée en 1520 par la prise du Pont-de-Cé, où le roi se trouvait. Il était alors âgé de dix-huit ans. »

Les armes du Lude sont : *d'azur, à la croix engrêlée d'argent*, ou bien encore : *écartelé au 1er et 4° d'azur, à un pal d'argent ; au 2° et au 3° d'argent à un pal d'azur*.

Noyen. — Noyen ou Noyen-sur-Sarthe, station de la ligne du chemin de fer du Mans à Angers, sur la Sarthe, dont la navigation est favorisée par une écluse et un canal de dérivation, est une petite ville du canton de Malicorne, arrondissement et à 23 kilomètres au nord de La Flèche ; elle est peuplée de 2,562 habitants. On y remarque une église du XVIe siècle, surmontée d'une grosse tour ; une église plus ancienne servant de halle, un pont suspendu sur la Sarthe, l'ancien manoir d'Aubigné les châteaux modernes de Montabon et de Marcé, une tombelle, la fontaine intermittente du Châtelet, le bel étang de la Bonde et une source ferrugineuse. Elle possède des carrières et des fours à chaux. L'industrie y est représentée par des taillanderies, des minoteries et des teintureries.

Mayet. — Mayet (*Maiatum*), station de la ligne du chemin de fer du Mans à Tours, chef-lieu de canton, arrondissement et à 31 kilomètres à l'est de La Flèche, sur un affluent de l'Aune, est une ville industrielle peuplée par 3,620 habitants. C'était autrefois une place importante, que Guillaume le Roux disputa à Hélie de La Flèche. Du château de La Roche-Mayet, il ne reste plus qu'une tourelle hexagonale. « Le château du Fort-des-Salles, assiégé en 1095 par Guillaume le Roux, dit un écrivain, appartient au marquis de La Roche-Talon. Des anciennes constructions, il ne reste qu'un pavillon carré et quelques murs. Près du pavillon est un appartement qui conduit à un petit souterrain, divisé en deux compartiments. » L'église Saint-Martin (XIIe, XIVe et XVIe siècles) a été convertie en hôtel de ville et en halle. Sur le territoire de Mayet existe un tumulus d'où l'on a retiré des haches celtiques, des monnaies gauloises et romaines et des cercueils en grès.

A 4 kilomètres à l'ouest de la ville s'étend la lande de Rigalet, dans laquelle, dit M. Legeay, le connétable Bertrand Du Guesclin, pourchassant les Anglais, leur livra une sanglante bataille. Du Guesclin, avant de poursuivre les fuyards anglais qui s'étaient retirés dans le château de Vaas, fit élever une cabane sous un orme pour y déposer les blessés ; ensuite, il fit inhumer ses morts et placer une croix en bois qui porta depuis cette époque le nom de Croix-Brette ; cette croix est située sur le territoire de Pontvallain, et nous en dirons un mot à l'article consacré à cette localité.

On trouve à Mayet une carrière de tuffeau et des tourbières ; il s'y fabrique de la toile à voiles, des cadis, des droguets, des couvertures de laine, des vitraux peints, de l'horlogerie et des machines de précision, des sculptures sur pierre et sur bois.

Pontvallain. — Pontvallain, bourg de 1,808 habitants, situé sur la rive droite de l'Aune, à 23 kilomètres au nord-est de La Flèche, est célèbre par un combat livré en 1369 aux Anglais par Du Guesclin. Le chevalier breton venait d'être nommé connétable : il avait tenté de s'excuser auprès du roi, et dit « qu'il estoit un pauvre homme et petit bachelier et de basse venue au regard des grands seigneurs de France, et qu'il n'oseroit commander, comme il convient à l'office de connétable, sur les frères, neveux et cousins du roi. » (Froissart.) Mais le roi ayant insisté, Bertrand Du Guesclin accepta, à la grande joie du royaume, et partit pour le Maine pour combattre les Anglais. Thomas de Grandson, qui les commandait à Pontvallain en l'absence de Robert Knolles, voulut se mesurer avec le nouveau connétable, et lui envoya un héraut pour lui proposer le combat. Du Guesclin se hâte, et surprend les Anglais, qui ne s'attendaient pas à le voir arriver si vite ; il avait laissé derrière lui la plus grande partie de sa petite armée afin de venir plus rapidement. Les Anglais, d'abord déconcertés, se réunissent, enveloppent la troupe du connétable. Le combat s'engage avec fureur des deux côtés ; mais Clisson survient avec le reste des Français, et décide la victoire. Les Anglais sont contraints de plier.

A quelque distance se trouve la *Croix-Brette*, ainsi nommée d'une croix plantée sur le lieu où l'on enterra les morts. Cette croix, qui exista pendant quatre siècles, étant tombée en 1828, le propriétaire du terrain, M. Dubignon, la remplaça par un obélisque en pierre avec cette inscription : « Ici, après le combat de Pontvallain, en novembre 1370, Bertrand Du Guesclin, de glorieuse mémoire, fit reposer ses fidèles Bretons. Un ormeau voisin, sous lequel on éleva une cabane pour les blessés, une croix plantée sur les morts, ont donné à ce lieu le nom d'Ormeau et de Croix-Brette. »

SABLÉ. — Sablé (*Saborium*), station de la ligne du chemin de fer du Mans à Angers, de celles de Sablé-Château-du-Loir à Saint-Calais et de Sablé à Châteaubriant, chef-lieu de canton, peuplé de 5,947 habitants, et situé à 30 kilomètres au nord-ouest de La Flèche, avait autrefois le titre de marquisat, et dépendait du diocèse du Mans, du parlement de Paris et de l'élection de La Flèche.

Cette petite ville, agréablement bâtie sur le sommet d'une colline que couronne son magnifique château, en face du confluent de la Sarthe et de l'Erve, est divisée en deux parties inégales par la Sarthe, que l'on y traverse sur un beau pont en marbre noir. Elle a dû à son château, en partie détruit sous Louis XV, le triste avantage de jouer un rôle assez important dans les guerres contre les Anglais ; ses environs furent souvent ravagés, mais la ville eut cette gloire unique, de n'être jamais tombée au pouvoir de l'étranger pendant la guerre de Cent ans. Ambroise de Loré, qui y tenait garnison, fit aux Anglais une guerre très active, et les força de se renfermer dans les villes qu'ils occupèrent. Ce fut là qu'en 1488 le duc d'Orléans, depuis Louis XII, fut d'abord enfermé après avoir été pris à la bataille de Saint-Aubin-du-Cormier. La ville se soumit en 1589 à Henri IV ; mais elle tomba peu après au pouvoir de la Ligue. Elle resta au pouvoir des ligueurs jusqu'en 1595, et ce fut la dernière place qui se soumit au roi. Un des frères du grand Colbert acheta la terre de Sablé, se fit élever par Mansart un magnifique château sur le bord de la Sarthe, et démolit l'ancienne forteresse dont il reste encore quelques débris. Ménage, le savant littérateur du temps de Louis XIV, est né à Sablé, et le curé Urbain Grandier, dont la fin fut si tragique, est né près de Sablé, à Rovère. Sablé fabrique des gants, des chapeaux, des serges ; elle possède des miroiteries, des carrières de marbre, des mines d'anthracite et des filatures de laine ; son commerce consiste en grains, fruits, sel, bois, bestiaux, ardoises, etc.

Durant la guerre franco-allemande de 1870-1871, Sablé a été occupé par les troupes ennemies.

Les armes de cette ville sont : *d'argent, à une tour de sable.*

PRÉCIGNÉ. — Précigné est un gros bourg du canton de Sablé, arrondissement et à 24 kilomètres au nord-ouest de La Flèche, peuplé de 2,697 habitants ; il communique avec la ligne du chemin de fer du Mans à Tours par la station de Pincé-Précigné dont il est distant de 4 kilomètres environ. On remarque à Précigné une église décorée de vitraux qui date du XIII° siècle ; le petit séminaire, établi dans l'ancien couvent de Saint-François, fondé en 1610, par Urbain de Laval, marquis de Sablé. Sur le territoire de cette commune se trouve la belle propriété de Bois-Dauphin, appartenant à la famille de Rougé et dont le château a été détruit pendant la Révolution ; il y existe, en outre, une source d'eau minérale. On fabrique à Précigné de la grosse draperie, de la poterie ; on y trouve des tuileries, des huileries, des fabriques de vitraux peints, des fours à chaux. On peut y visiter une ancienne maison de Templiers, et à La Popelinière, un ancien temple protestant qui a été converti en grange et qui recouvre des souterrains.

SOLESMES. — Solesmes est un bourg situé à 3 kilomètres au nord-est de Sablé et à 29 de La Flèche, peuplé de 936 habitants. Sur son territoire s'élève, sur un coteau, l'église de Solesmes, reste d'un antique et célèbre prieuré fondé au XIe siècle. Ce bel édifice, qui date du XIIe ou du commencement du XIIIe siècle, renferme un grand nombre de sculptures précieuses, exécutées à l'époque de la Renaissance. Elle a été réparée, et les murs de l'antique abbaye se sont relevés pour servir d'asile à une communauté religieuse. Les bénédictins y avaient fondé une maison importante. De 1866 à 1871, un riche monastère de bénédictines a été construit à peu de distance de l'abbaye.

Mamers (lat. 48° 21′ 5″; long. 1° 58′ 1″ O.). — Mamers (*Mamercia*), ancienne ville, chef-lieu d'un arrondissement communal et d'un canton, avec tribunal de 1re instance et de commerce, institution secondaire, est située près des sources de la Dive, à 48 kilomètres au nord-nord-est du Mans et peuplée de 5,342 habitants; station et tête de ligne du chemin de fer de Mamers à Saint-Calais par Connerré.

Avant l'établissement du christianisme dans le pays, Mamers possédait un temple de Mars, qui, selon quelques-uns, aurait donné son nom à la ville. Saint Longin le fit renverser au commencement du VIIe siècle. Au XIIe siècle, le courage d'une femme, nommée Bussi, sauva la ville de Mamers; les Anglais, profitant de la nuit, s'approchaient en silence des murs de la place, lorsque cette femme les aperçut; elle lance une pierre qui tue un capitaine ennemi, et sonne la cloche d'alarme. Les Anglais sont repoussés et poursuivis dans la campagne. En mémoire de cet événement, les habitants de Mamers faisaient tous les ans, le soir du 25 avril, une procession solennelle; cet usage n'a cessé que depuis la Révolution. Mamers faisait partie du pays appelé le Sounois ou Saosnois, contrée couverte de bois, où, vers la fin du Ve siècle, les Saxons, repoussés d'Angers, bâtirent un château nommé Saône. Saône, Saint-Rémy-du-Plain et Mamers étaient les principales places de ce pays, dont la fertilité excita souvent la convoitise des comtes du Mans. Le Saosnois appartint longtemps à ces Talvas, comtes d'Alençon, célèbres par leur humeur remuante et leurs cruautés. Mamers fut pris plusieurs fois, pendant la guerre entre la France et l'Angleterre. En 1428, le comte de Salisbury, ayant besoin de réunir autour de lui toutes ses troupes pour faire le siège d'Orléans, retire de Mamers la garnison anglaise et fait raser les fortifications. En 1477, François de Laval et sa femme, Catherine d'Alençon, possesseurs du Saosnois, donnent à perpétuité à Thomas de Viel et à sa femme le château de Mamers, à la charge par ledit Viel d'en entretenir les prisons et de garder les prisonniers qu'y feront enfermer les officiers de leur justice. Mamers était devenue une ville assez importante, et la capitale du Saosnois. A l'époque de la Réforme, elle fut visitée par le prédicateur Merlin, qui y introduisit les idées nouvelles, mais sans faire beaucoup de prosélytes. En 1590, le capitaine Lansac, chef ligueur, ayant tenté vainement de surprendre Le Mans, s'installa à Mamers avec quatre compagnies de gens de pied. Le baron de Hertré forma le projet de l'y surprendre; ayant secrètement réuni la noblesse des environs, il tombe à l'improviste sur les troupes de Lansac et les fait prisonnières. Pendant l'action, on mit le feu à la ville, dont une partie fut détruite par l'incendie.

Henri IV créa à Mamers un bailliage royal, dont dépendaient soixante-neuf paroisses. En 1597, il engage les halles et la prévôté de Mamers au prince de Guéméné. Sous son successeur, Louis XIII, la ville augmente encore d'importance; on y établit une maîtrise des eaux et forêts. L'administration municipale se composait alors d'un maire, d'un lieutenant du maire, de deux échevins, de deux conseillers, d'un procureur du roi, d'un receveur, un contrôleur et un greffier. Ces officiers étaient nommés pour trois ans.

Depuis le consulat, Mamers est chef-lieu d'arrondissement; c'est le siège d'un tribunal de commerce et d'un conseil de prud'hommes. On y a bâti, de 1817 à 1821, de vastes halles : c'est une ville de commerce et d'industrie; elle possède plusieurs fabriques de toiles, de résilles et de filets, calicots, cotonnades, bonneteries en laine, boutons de nacre, des blanchisseries de cire, des tanneries, des brasseries et des minoteries. Elle n'offre d'autres monuments que deux églises assez insignifiantes, et un ancien couvent des religieuses de la Visitation de Sainte-Marie, occupé aujourd'hui par les tribunaux, la sous-préfecture, la mairie, la bibliothèque, l'institution secondaire, la prison et la gendarmerie; ses promenades sont très belles.

Les armes de Mamers sont : *coupé, le chef d'azur semé de fleurs de lis d'or, au lion de même brochant sur le tout; la pointe d'argent au léopard de sable.*

Beaumont-sur-Sarthe. — Beaumont-sur-Sarthe

Sablé.

(*Delmontium*) est un chef lieu-lieu de canton situé à 26 kilomètres au sud-ouest de Mamers et peuplé de 2,028 habitants ; il communique avec la ligne du chemin de fer du Mans à Alençon par la station de Vixoin. On appelle aussi cette petite ville Beaumont-le-Vicomte, parce que ses premiers seigneurs étaient lieutenants des comtes du Maine ; elle soutint une lutte sanglante au xiᵉ siècle contre Guillaume le Conquérant, qui la prit jusqu'à trois fois. Geoffroy d'Anjou la prit et la brûla entièrement en 1135. Le comte Arthur de Richemont la prit d'assaut en 1412 ; en 1417, les Anglais s'en emparèrent ; mais Ambroise de Loré la leur reprit, pour peu de temps sans doute, puisqu'en 1433 ils en étaient de nouveau les maîtres. En 1562, elle tomba au pouvoir des calvinistes, commandés par Lamothe-Tibergeau. Beaumont et le Saosnois avaient, quelques années auparavant, été érigés en duché-pairie au profit de Françoise d'Alençon, femme de Charles de Bourbon, duc de Vendôme.

Henri IV, devenu roi, publia des lettres patentes pour se réserver la propriété particulière du duché de Beaumont ; mais le Parlement refusa de les enregistrer, soutenant que « tout domaine particulier d'un prince qui parvient à la royauté est réuni de plein droit à la couronne. » Henri IV fut obligé de céder.

Beaumont est bâti en amphithéâtre sur le penchant d'un coteau au bas duquel coule la Sarthe, que l'on y passe sur deux ponts ; ses rues sont étroites. Pour bien apprécier la position pittoresque de Beaumont, il faut se placer sur le pont suspendu jeté sur la Sarthe. Son église présente quelques parties remarquables, qui appartiennent à l'époque romane. Le château est détruit en grande partie ; il n'en reste que quelques murs et une portion de tour qui sert de prison. Beaumont fait un assez grand commerce de grains, bestiaux, volailles, fabrique des toiles de chanvre, des couvertures de laine et renferme des filatures de laine et de coton.

Les armes de Beaumont-sur-Sarthe sont : *d'azur, semé de fleurs de lis d'or au lion de même brochant sur le tout.*

BONNÉTABLE. — Bonnétable, station de la ligne du chemin de fer de Mamers-Connerré à Saint-Calais, est un chef-lieu de canton peuplé de 4,658 habitants et situé à 23 kilomètres au sud de Mamers ; jadis baronnie, elle appartint aux seigneurs de La Ferté-Bernard, puis successivement aux maisons de Parthenay et d'Harcourt, etc., enfin à la maison de Luynes. Cette terre appartient aujourd'hui à M. Sosthène de La Rochefoucauld, duc de Bisaccia. Son ancien nom était *Malestable*, et nous ne saurions dire qu'elle fut la cause du changement radical qu'il subit. Cette petite ville n'a de remarquable qu'un château, flanqué de tours pittoresques, aux toits pointus, et parfaitement conservé ; il fut construit par Jean d'Harcourt, en 1479. Au milieu des bâtiments s'élève une sorte de petit clocher élégant qui servait de belvédère. L'intérieur du château présente quelques remarquables sculptures en bois.

La ville, située au milieu d'un pays fertile, fait un grand commerce de produits agricoles, et fabrique des étamines, des siamoises, des calicots et des mouchoirs de coton.

Les armes de Bonnétable sont : *d'azur, à trois gerbes d'or, 2 et 1.*

LA FRESNAYE et PERSEIGNE. — La Fresnaye est un chef-lieu de canton peuplé à peine de 1,502 habitants, situé à 18 kilomètres au nord de Mamers, et qui possède dans ses environs la forêt de Perseigne, dont la superficie est d'environ 5,000 hectares, et qui, avant la Révolution, en comptait plus de 8,000.

La forêt de Perseigne appartenait autrefois aux seigneurs d'Alençon et du Perche. On appelait forestiers ses gardes, et ils étaient soumis au grand veneur. Plus tard, l'officier préposé à la garde et à la conservation fut nommé grand maître enquêteur et réformateur des eaux et forêts. Cet officier avait un lieutenant général, et dans chaque siège particulier un autre lieutenant et un *verdier*. Le grand maître tenait les grands jours de chaque forêt. Un certain nombre de seigneurs voisins étaient tenus, par la nature de leurs fiefs, d'y assister pour l'aider à rendre les jugements, et de l'accompagner deux fois l'an dans la visite de la forêt. Le point de cette forêt appelé le *Signal* est le plus élevé du département ; il est à 340 mètres au-dessus du niveau de la mer.

Sur la lisière méridionale de la forêt, à 2 kilomètres au nord-est du bourg de Neufchâtel-en-Saosnois, dont la population est de 1,529 habitants, on admire les beaux restes de la célèbre abbaye de *Perseigne*, de l'ordre de Cîteaux, fondée en 1145 par Guillaume Talvas III, comte d'Alençon. Elle devint, par les nombreuses donations qui lui furent faites, une des plus riches abbayes du Maine et de l'Anjou. Les comtes d'Alençon y eurent leur sépulture jusqu'en 1377. Sous Henri II, en 1559, elle passa en commende, et l'oubli de la règle la fit rapidement tomber en décadence. C'est à l'abbaye de Perseigne que le célèbre abbé de Rancé fit son noviciat.

MONTMIRAIL. — Montmirail (*Mons mirabilis, Monmirallium*), chef-lieu de canton de 768 habitants, situé à 49 kilomètres au sud-est de Mamers, est une petite ville qui mériterait peu d'être mentionnée si elle n'avait une existence historique, grâce au traité qu'y signèrent en 1168 le roi d'Angleterre, Henri II, et le roi de France, Louis le Jeune. Le premier donnait à ses fils divers apanages, et ceux-ci se reconnaissaient vassaux du roi de France ; il y fut aussi question de réconciliation du roi d'Angleterre avec Thomas Becket. Montmirail était la première des cinq baronnies du Perche-Gouët ; ce pays resta longtemps indépendant sous des seigneurs particuliers. Les restes de ses fortifications suffiraient pour constater son ancienne importance. Philippe-Auguste s'empara du château, et le fit raser en 1194. Le Dauphin, depuis Charles VII, assiégea cette ville et la contraignit de se soumettre en 1421. Elle est bâtie sur une éminence, qui est, l'un des points culminants du département de la Sarthe et d'où l'on découvre une vue étendue ; le sommet de cette colline est couronné par un château moitié moderne, moitié ancien ; il est flanqué au centre d'un donjon octogonal, et sur deux de ses côtés, d'une tour ronde, et d'une autre tour de forme hexagonale. L'industrie du canton est surtout agricole ; il y a pourtant quelques fabriques de toiles et une verrerie.

FRESNAY-LE-VICOMTE. — Fresnay-le-Vicomte ou Fresnay-sur-Sarthe, chef-lieu de canton, peuplé de 3,052 habitants, station de la ligne du chemin de fer du Mans à Alençon et Caen, est une petite ville située sur la rive gauche de la Sarthe, à 32 kilomètres au sud-ouest de Mamers. Elle doit son origine à un ancien château, une des premières places fortes du pays, assis sur le haut d'un rocher à pic, au-dessus de la rivière. Guillaume le Conquérant s'en empara trois fois. Plus tard, les Anglais se rendent maîtres de la ville; ils en sont chassés par Ambroise de Loré, le valeureux champion de la nationalité française dans ce pays. Les restes de l'ancien château, et surtout l'église paroissiale, monuments curieux de l'époque romane méritent d'être visités. L'industrie de cette ville consiste en toiles, dites de Fresnay, fort estimées. A quelque distance, le pays, coupé de rochers, devient sauvage et pittoresque, et les environs du village de Saint-Léonard-des-Bois sont cités pour leur beauté.

Les armes de Fresnay-le-Vicomte sont : *parti : le premier d'or à un frêne de sinople; le deuxième d'azur semé de fleurs de lis d'or, à un lion de même brochant sur le tout.*

LA FERTÉ-BERNARD. — La Ferté-Bernard (*Firmitas Bernardi*), chef-lieu de canton, station de la ligne du chemin de fer de Paris à Brest (réseau de l'Ouest), établie dans le village de Saint-Antoine-de-Rochefort, est une petite ville très ancienne, située à 33 kilomètres au sud-est de Mamers, près de l'Huisne; elle renferme une population de 2,637 habitants. C'était jadis la capitale d'une contrée appelée le Fertois; plusieurs de ses seigneurs portèrent le nom de Bernard, qu'on s'habitua à joindre à celui de la ville. Au XIe siècle, elle était déjà une place de guerre importante. Ce fut dans cette ville que Louis VII, roi de France, et Henri II, roi d'Angleterre, posèrent les bases du traité qui fut signé à Montmirail en 1168; la même ville est encore, quelques années plus tard, le siège de conférences destinées à ménager un rapprochement entre Henri II et Philippe-Auguste, et qui eurent un effet tout contraire. La guerre s'en suivit, et les Français s'emparèrent de La Ferté. En 1424, Louis d'Avaugour défend la ville contre les Anglais; forcé de se rendre, il est retenu prisonnier par Salisbury contre les clauses de la capitulation. Alors Louis, s'élançant du donjon dans la rivière, la traverse à la nage, et va se réfugier à Sablé. L'année suivante, la ville fut reprise par Ambroise de Loré. Quelques années plus tard, les Anglais allaient surprendre la ville, lorsque, selon la légende, une statue de la Vierge, placée dans une niche près de la porte, leur cria : « Arrêtez, adversaires ! » Les Anglais s'enfuirent épouvantés. Ces mots furent gravés sur une croix sculptée sur le mur; la croix et le mur ont été abattus en 1823, mais on a conservé à cette place une image de la Vierge, et l'on y faisait encore, il y a peu de temps, le dernier dimanche d'octobre, une procession en mémoire de la délivrance miraculeuse de la ville. En 1590, Henri IV charge le prince de Conti d'investir la place, qui était défendue pour la Ligue par Draques de Comnène, de la famille des anciens empereurs d'Orient. Celui-ci fait sortir une troupe de soldats déguisés en femmes et bien armés sous leurs habits; ils s'approchent d'un poste de cent hommes d'armes, commandé par le Manceau René de Bouillé; celui-ci devine ce stratagème, et ramène dans la ville les assaillants avec une perte considérable. Le roi, ayant appris ce fait, s'écria : « Le Manceau a été plus fin que le Grec; je l'ai toujours connu pour aussi avisé que valeureux. » La ville finit par capituler. Durant la guerre franco-allemande de 1870-1871, La Ferté-Bernard a été occupée le 8 janvier par les troupes du grand-duc de Meckembourg marchant sur Le Mans.

La Ferté est la patrie d'un écrivain, dont les œuvres, oubliées aujourd'hui, n'en ont pas moins eu une influence considérable sur les destinées de notre poésie dramatique. Robert Garnier, conseiller au grand conseil, sous Henri IV, né en 1534, mort en 1590, a écrit plusieurs tragédies, très admirées de Ronsard, et qu'il fit représenter dans divers collèges de Paris. Son style est plus pur que celui de Jodelle, son prédécesseur.

L'hôtel de ville de La Ferté-Bernard est un édifice remarquable, flanqué de deux grosses tours, qui servait autrefois d'entrée à la ville. On admire aussi une fort jolie église construite du XVe au XVIe siècle, précieux spécimen du style gothique flamboyant. Le pays voisin produit en abondance toutes sortes de denrées, qui forment la principale richesse du pays. Il y a quelques fabriques de toiles jaunes, écrues et de couleur, qui s'exportent pour nos colonies, et aussi de cotonnades, industrie très ancienne dans la contrée; elle possède des tuileries, des tanneries et fait un certain commerce de bestiaux gras.

STATISTIQUE DU DÉPARTEMENT DE LA SARTHE

RANG DU DÉPARTEMENT.

Superficie : 37ème. — Population : 26ème. — Densité de la population : 25ème.

I. STATISTIQUE GÉNÉRALE

SUPERFICIE.	POPULATION.	ARRONDISSE-MENTS.	CANTONS.	COMMUNES.	REVENU TERRITORIAL.	CONTRIBUTIONS et REVENUS PUBLICS
6.207 kil. carrés ou 620.668 hect.	Hommes, 216.701 Femmes, 229.538 Total.. 446.239 hab. 71,89 par kil. carré	4	33	386	Propriétés bâties... 7.000.000 fr. — non bâties 24.000.000 » Revenu agricole... 105.000.000 »	26.000.000 fr.

II. STATISTIQUE COMMUNALE

ARRONDISSEMENT DU MANS

Superficie, 1.889 kil. carrés ou 188.900 hect. — Population, 174.298 hab. — Cantons, 10. — Communes, 113.

CANTON, sa population.	NOM de LA COMMUNE.	POPULATION.	Distance au chef-lieu d'arr.	CANTON, sa population.	NOM de LA COMMUNE.	POPULATION.	Distance au chef-lieu d'arr.	CANTON, sa population.	NOM de LA COMMUNE.	POPULATION.	Distance au chef-lieu d'arr.
Le Mans, 3 cantons, 25 communes, 72.399 habitants.	Mans (Le)	34.584	»	Suite de Ballon.	Saint-Mars-sous-Ballon	1.302	24	Suite de Loué.	Épineu-le-Chevreuil..	792	27
	Arnage	948	9		Souillé	320	15		Joué-en-Charnie	1.208	34
	Coulaines	634	2		Souligné-sous-Ballon.	1.172	18		Longnes	382	24
	Neuville-sur-Sarthe..	1.270	9		Teillé	857	24		Saint-Denis-d'Orques	1.994	42
	Saint-Pavace	302	4	Conlie, 13.487 habitants.	Conlie	1.673	25		Tassillé	281	25
	Sargé	1.029	5		Bernay	737	24		Vallon	1.199	24
	Mans (Le)	15.591	»		Chapelle-St-Fray (La).	463	17	Montfort, 15.820 habitants.	Montfort	900	19
	Allonnes	861	6		Cures	611	22		Ardenay	401	20
	Chapelle-Saint-Aubin (La)	548	5		Degré	503	13		Breil (Le)	1.775	24
	Pruillé-le-Chétif	585	8		Domfront	1.247	20		Champagné	871	12
	Rouillon	630	5		Lavardin	491	15		Connerré	2.227	27
	Saint-Georges-du-Bois	526	9		Mézières-sous-Lavardin	915	25		Fatines	307	14
	Saint-Saturnin	519	8		Neuville-la-Lais	1.088	26		Lombron	1.407	22
	Mans (Le)	»	»		Neuvy-en-Champagne	628	23		Nuillé-le-Jalais	515	25
	Aigné	729	10		Quinte (La)	600	16		Pont-de-Gennes	864	20
	Bazoge (La)	1.805	13		Ruillé-en-Champagne	1.003	26		Saint-Célerin	853	25
	Challes	1.087	21		Sainte-Sabine	736	20		Saint-Corneille	788	15
	Changé	2.514	8		Saint-Symphorien	976	29		Saint-Mars-la-Brière.	1.620	16
	Chauffour	658	11		Tennie	1.816	28		Sillé-le-Philippe	878	19
	Fay	578	11	Écommoy, 16.084 habitants.	Écommoy	3.615	24		Soulitré	706	23
	Milesse (La)	750	9		Brette	1.280	24		Surfonds	392	24
	Parigné-l'Évêque	3.317	18		Laigné-en-Belin	1.278	17		Torcé	1.326	24
	Ruaudin	841	10		Marigné	1.940	27	Sillé-le-Guillaume, 10 comm., 14.949 hab.	Sillé-le-Guillaume	3.474	37
	Savigné-l'Évêque	2.423	13		Moncé-en-Belin	1.000	12		Crissé	1.112	31
	Trangé	471	8		Mulsanne	767	14		Grez (Le)	472	38
	Yvré-l'Évêque	2.334	7		Saint-Biez-en-Belin..	689	24		Mont-Saint-Jean	2.119	41
Ballon, 13 comm., 14.372 hab.	Ballon	1.756	23		Saint-Gervais-en-Belin	681	17		Neuvillette	874	38
	Beaufay	1.912	24		Saint-Mars-d'Outillé	2.066	21		Parennes	1.012	37
	Courceboeufs	1.018	19		Saint-Ouen-en-Belin .	1.099	23		Pezé-le-Robert	861	33
	Courcemont	1.441	26		Teloché	1.669	17		Rouessé-Vassé	2.008	40
	Guierche (La)	630	14	Loué, 13.139 hab.	Loué	1.753	31		Rouez	1.922	53
	Joué-l'Abbé	626	13		Amné	642	25		Saint-Remy-de-Sillé	1.095	35
	Montbizot	941	19		Auvers-sous-Montfaucon	328	23	La Suze, 10 comm., 10.363 habit.	Suze (La)	2.603	21
	Sainte-Jamme-sur-Sarthe	740	18		Brains	873	20		Chemiré-le-Gaudin	1.282	21
	Saint-Jean-d'Assé	1.657	20		Chassillé	557	27		Étival-lès-Le-Mans	656	12
					Chemiré-en-Charnie .	738	36		Fillé-Guécélard	1.184	15
					Coulans	1.685	17		Louplande	920	17
					Crannes-en-Champagne	757	22		Parigné-le-Pôlin	707	22
									Roézé	1.355	19
									Souligné-sous-Val lon	841	17
									Spay	748	11
									Voivres	567	15

ARRONDISSEMENT DE LA FLÈCHE

Superficie, 1.602 kil. carrés ou 160.199 hect. — Population, 96.012 hab. — Cantons, 7. — Communes, 75.

CANTON, sa population.	NOM de LA COMMUNE.	POPULATION.	Distance au chef-lieu d'arr.	CANTON, sa population.	NOM de LA COMMUNE.	POPULATION.	Distance au chef-lieu d'arr.	CANTON, sa population.	NOM de LA COMMUNE.	POPULATION.	Distance au chef-lieu d'arr.
LA FLÈCHE, 9 comm., 18.597 hab.	Flèche (La)	9.405	»	Le LUDE, 9 comm., 14.672 hab.	Lude (Le)	3.791	22	PONTVALLAIN, 6 comm., 12.189 habit.	Pontvallain	1.808	23
	Bazouges	1.584	8		Bruère (La)	362	39		Cérans-Foulletourte	2.383	22
	Chapelle - d'Aligné (La)	1.658	11		Chapelle - aux - Choux (La)	501	29		Château - l'Hermitage	190	25
	Clermont	1.505	5		Chenu	1.012	38		Fontaine-Saint-Martin (La)	779	16
	Cré	893	7		Dissé-sous-le-Lude	854	24		Mansigné	2.203	18
	Crosmières	1.049	9		Luché-Pringé	2.435	13		Oizé	850	21
	Mareil-sur-Loir	848	8		Saint-Germain-d'Arcé	723	34		Requeil	1.012	23
	Saint-Germain-du-Val	941	2		Savigné-sous-le-Lude	1.073	15		Saint - Jean - de - la - Motte	1.678	12
	Verron	714	4		Thorée	921	10		Yvré-le-Pôlin	1.286	25
BRULON, 15 communes, 11.267 habitants.	Brûlon	1.715	38	MALICORNE, 11 comm., 11.635 habit.	Malicorne	1.507	15	SABLÉ, 13 communes, 19.723 habitants.	Sablé	5.947	30
	Avessé	844	37		Arthezé	414	12		Asnières	671	29
	Chantenay	1.383	30		Bailleul (Le)	1.109	12		Auvers-le-Hamon	1.864	37
	Chevillé	772	36		Bousse	828	10		Avoise	998	25
	Fercé	447	27		Courcelles	760	12		Courtillers	205	25
	Fontenay	601	30		Dureil	184	20		Gastines	342	32
	Maigné	682	32		Ligron	838	12		Juigné-sur-Sarthe	1.488	29
	Mareil-en-Champagne	384	39		Mézeray	1.853	18		Louailé	425	20
	Pirmil	959	28		Noyen	2.562	23		Parcé	2.051	22
	Poillé	879	34		Saint-Jean-du-Bois	524	23		Pé (Le)	331	23
	Saint-Christophe - en - Champagne	397	32		Villaines - sous - Malicorne	1.056	9		Pincé	211	30
	Saint-Ouen-en-Champagne	698	35	MAYET, 7 c., 10.930 h.	Mayet	3.620	31		Précigné	2.697	24
	Saint-Pierre-des-Bois	399	33		Aubigné	2.286	31		Solesmes	936	29
	Tassé	514	26		Coulongé	844	25		Souvigné-sur-Sarthe	605	33
	Viré	593	42		Lavernat	718	37		Vion	951	21
					Sarcé	715	25				
					Vaas	1.755	35				
					Verneil-le-Chétif	992	32				

ARRONDISSEMENT DE MAMERS

Superficie, 1.617 kil. carrés ou 161.646 hect. — Population, 113.192 hab. — Cantons, 10. — Communes, 142.

CANTON, sa population.	NOM de LA COMMUNE.	POPULATION.	Distance au chef-lieu d'arr.	CANTON, sa population.	NOM de LA COMMUNE.	POPULATION.	Distance au chef-lieu d'arr.	CANTON, sa population.	NOM de LA COMMUNE.	POPULATION.	Distance au chef-lieu d'arr.
MAMERS, 21 communes, 15.478 habitants.	Mamers	5.342	»	Suite de BEAUMONT-SUR-SARTHE.	Piacé	919	25	Suite de LA FERTÉ-BERNARD.	Saint - Antoine - de - Rochefort	1.492	32
	Champaissant	629	12		Saint - Cristophe - du - Jambet	685	32		Saint - Aubin - des - Coudrais	1.112	30
	Commerveil	343	4		Saint-Germain-de-la-Coudre	866	25		Saint - Martin - des - Monts	250	32
	Contilly	458	6		Saint-Marceau	730	31		Souvigné-sur-Même	286	29
	Contres	520	14		Ségrie	1.294	36		Théligny	716	44
	Louvigny	510	15		Tronchet (Le)	262	33		Villaines-la-Gonais	558	34
	Marolette	208	3		Vernie	718	37	FRESNAY, 22 communes, 14.954 habitants.	Fresnay	3.052	32
	Mées (Les)	291	14		Vivoin	1.157	24		Assé-le-Boisne	1.589	35
	Panon	81	6	BONNÉTABLE, 10 comm., 10.050 hab.	Bonnétable	4.658	23		Douillet	955	37
	Pizieux	231	5		Aulaines	507	23		Moitron	703	32
	Saint - Calez - en - Saosnois	478	8		Briosne	420	23		Montreuil-le-Chétif	960	38
	Saint-Cosme-de-Vair	1.545	13		Courcival	328	16		Saint - Aubin - de - Locquenay	1.052	31
	Saint-Longis	384	2		Jauzé	282	18		Saint - Georges - le - Gaultier	1.446	42
	Saint - Pierre - des - Ormes	534	7		Nogent-le-Bernard	1.886	18		Saint - Léonard - des - Bois	1.510	39
	Saint - Remy - des - Monts	972	6		Rouperroux	598	16		Saint-Ouen-de-Mimbré	934	20
	Saint-Remy-du-Plain	804	10		Sables	112	21		Saint-Paul-le-Gaultier	934	42
	Saint - Vincent - des - Prés	821	7		Saint - Georges - du - Rosay	974	23		Saint-Victeur	577	29
	Saosnes	468	8		Terrehault	285	19		Sougé-le-Ganelon	1.222	35
	Val (Le)	78	9	LA FERTÉ-BERNARD, 14 c., 13.504 hab.	Ferté-Bernard (La)	2.637	33	LA FRESNAIE, 13 c., 6.473 h.	Fresnaye (La)	1.502	16
	Vezot	195	6		Avezé	1.035	31		Aillières	234	8
	Villaines-la-Carelle	586	7		Chapelle-du-Bois (La)	933	25		Aulneaux (Les)	377	12
BEAUMONT-S-SARTHE, 15 c., 13.224 h.	Beaumont-sur-Sarthe	2.028	26		Cherré	1.625	34		Beauvoir	307	8
	Assé-le-Riboul	1.102	32		Cherreau	974	34		Blèves	201	14
	Cherancé	750	19		Cormes	917	37				
	Coulombiers	860	22		Dehault	533	25				
	Doucelles	323	21		Préval	436	28				
	Juillé	414	25								
	Mareschè	1.118	25								

SUITE DE L'ARRONDISSEMENT DE MAMERS

CANTON, sa population.	NOM de LA COMMUNE.	POPULATION.	Distance au chef-lieu d'arr.	CANTON, sa population.	NOM de LA COMMUNE.	POPULATION.	Distance au chef-lieu d'arr.	CANTON, sa population.	NOM de LA COMMUNE.	POPULATION.	Distance au chef-lieu d'arr.
Suite de LA FRESNAYE.	Chassé..........	203	20	Suite de MAROLLES.	Peray..........	210	13	Suite de SAINT-PATERNE.	Cherisay........	348	23
	Chenay..........	111	22		Ponthouin........	225	19		Chevain (Le).....	252	24
	Lignières-la-Carelle..	256	20		René...........	1.011	15		Fyé............	1.614	25
	Louzes..........	324	11		Saint-Aignan.....	736	18		Gesne-le-Gandelin...	1.298	31
	Montigny........	98	21		Thoigné.........	416	12		Grandchamp......	391	17
	Neufchâtel.......	1.529	11						Livet...........	163	13
	Roullée..........	685	16	MONTMIRAIL, 9 comm., 8.039 hab.	Montmirail.......	768	49		Moulins-le-Carbonnel	1.058	34
	Saint-Rigomer-des-Bois..........	647	17		Champrond.......	177	48		Oisseau (Le Petit)...	927	25
					Courgenard......	757	41		Rouessé-Fontaine....	726	19
					Gréez-sur-Roc.....	1.380	46		Thoiré-sous-Contensor	237	16
					Lamnay.........	1.167	42	TUFFÉ, 13 communes, 8.564 habitants.	Tuffé...........	1.658	33
MAROLLES-LES-BRAULTS 18 comm., 12.638 habit.	Marolles-les-Braults..	2.178	14		Melleray........	1.090	50		Beillé..........	512	37
	Avesnes.........	385	11		Saint-Jean-des-Échelles........	436	43		Boëssé-le-Sec.....	760	33
	Congé-sur-Orne....	749	22						Bosse (La)......	386	27
	Courgains........	1.085	11		Saint-Maixent.....	1.460	41		Bouër..........	352	42
	Dangeul.........	916	16		Saint-Ulphace.....	814	46		Chapelle-Saint-Remy (La)...........	1.046	33
	Dissé-sous-Ballon...	308	15	SAINT-PATERNE, 17 c., 10.357 h.	Saint-Paterne.....	525	24		Duneau.........	672	39
	Lucé-sous-Ballon...	351	23		Ancinnes........	1.006	17		Luart (Le)......	1.061	41
	Meurcé..........	370	21		Arçonnay........	542	24		Prévelles........	516	28
	Mézières-sous-Ballon.	983	21		Bérus..........	450	28		Saint-Denis-des-Coudrais........	440	29
	Moncé-en-Saosnois...	680	10		Béthon.........	286	25				
	Monhoudou.......	570	9		Bourg-le-Roi......	471	20		Saint-Hilaire-le-Lierru	237	35
	Nauvay.........	150	13		Champfleur......	573	22		Sceaux..........	668	37
	Nouans..........	715	19						Vouvray-sur-Huisne.	156	38

ARRONDISSEMENT DE SAINT-CALAIS

Superficie, 1.099 kil. carrés ou 109.993 hect. — Population, 62.737 hab. — Cantons, 6. — Communes, 56.

CANTON, sa population.	NOM de LA COMMUNE.	POPULATION.	Distance au chef-lieu d'arr.	CANTON, sa population.	NOM de LA COMMUNE.	POPULATION.	Distance au chef-lieu d'arr.	CANTON, sa population.	NOM de LA COMMUNE.	POPULATION.	Distance au chef-lieu d'arr.
SAINT-CALAIS, 14 comm., 13.072 habitants.	SAINT-CALAIS.....	3.482	»	Suite de BOULOIRE.	Saint-Michel-de-Chavaignes......	1.404	23	Suite de CHÂTEAU-DU-LOIR.	Montabon........	482	53
	Bessé...........	2.282	12		Thorigné........	1.656	27		Nogent-sur-Loir....	500	54
	Chapelle-Huon (La)..	771	7		Tresson.........	1.212	18		Saint-Pierre-de-Chevillé........	668	29
	Cogners.........	512	12		Volnay..........	1.170	26		Thoiré-sur-Dinan....	725	58
	Conflans.........	777	4						Vouvray-sur-Loir....	742	40
	Écorpain.........	544	7	LA CHARTRE, 9 comm., 9.169 hab.	Chartre (La).....	1.525	35				46
	Évaillé..........	691	12		Beaumont-la-Chartre.	652	42	LE GRAND-LUCÉ, 8 comm., 9.363 hab.	Grand-Lucé......	2.140	
	Marolles.........	318	3		Chahaignes......	1.386	37		Courdemanche.....	1.536	25
	Montaillé........	996	5		Chapelle-Gaugain (La)	565	18		Montreuil-le-Henri...	583	25
	Rahay..........	520	8		Lavenay........	406	18		Pruillé-l'Éguillé....	1.251	20
	Sainte-Cerotte.....	416	5		L'Homme........	938	35		Saint-Georges-de-la-Couée.........	697	20
	Saint-Gervais-de-Vic.	532	4		Marçon.........	1.688	43				
	Sainte-Osmane.....	421	14		Poncé..........	688	24		St-Pierre-du-Lorouër.	701	26
	Vancé...........	810	18		Ruillé-sur-Loir....	1.321	25		St-Vincent-du-Lorouër	1.458	28
BOULOIRE, 8 c., 10.526 h.	Bouloire.........	2.193	20	CHÂTEAU-DU-LOIR, 11 c., 11.737 h.	Château-du-Loir...	2.892	50		Villaines-sous-Lucé..	997	28
	Coudrecieux......	1.480	15		Beaumont-Pied-de-Bœuf..........	893	40	VIBRAYE, 6 c., 8.870 h.	Vibraye.........	2.991	18
	Maisoncelles......	446	22		Dissay-sous-Courcillon	1.383	53		Berfay..........	641	10
	Saint-Mars-de-Locquenay.......	965	25		Flée............	976	43		Dollon..........	2.075	23
					Jupilles.........	1.402	40		Lavaré..........	1.257	24
					Luceau..........	1.074	48		Semur..........	950	24
									Valennes........	956	13

III. STATISTIQUE MORALE (1)

par M. Eug. Boutmy, ancien Professeur.

Les chiffres en caractères gras inscrits dans chacune des trois petites colonnes de ce tableau indiquent le rang du département relativement à la mention devant laquelle ils sont placés.

Religion (2).

Catholiques	445.526
Protestants	307
Israélites	27
Clergé catholique	648
Pasteurs	1
Rabbins	»

Mouvement de la population.

	Naissances	9.004
	Mariages	3.569
	Décès	10,435
19e	Durée moyenne de la vie. 40 a. 2 m.	

Instruction (3).

62e	Nombre des jeunes gens sachant lire, écrire et compter sur 100 jeunes gens maintenus sur les listes de tirage	72,77
	Nombre des établissements d'enseignement secondaire de l'État	2
	Nombre des écoles primaires (publiques ou libres)	734

Crimes contre les personnes (4)

COURS D'ASSISES.

77e	Rapport du nombre des accusés à la population. 1 sur 44.623 hab.	
	Nombre total des accusés	10

Infanticides.

67e	Rapport du nombre des infanticides à celui des enfants naturels	1 sur 637
	Nombre total	2

Suicides.

34e	Rapport des suicides au chiffre de la population. 1 sur 7.197 hab.	
	Nombre total	62

Crimes contre les propriétés.

62e	Rapport du nombre des accusés à la population. 1 sur 23.486 hab.	
	Nombre total	19

Tribunaux correctionnels.

43e	Nombre des affaires	1.398
	Nombre des prévenus	1.616
	Nombre des condamnés	1.544

Procès.

	Affaires civiles (5)	926
	Affaires commerciales (6)	972
44e	Faillites (7)	34

Paupérisme.

33e	Rapport des indigents au chiffre de la population	1 sur 38 hab.
	Nombre total	11.635
	Bureaux de bienfaisance	185
	Hôpitaux et hospices	25
	Aliénés à la charge du département	209
	Sociétés de secours mutuels	26

Contributions directes (8).

25e	Foncière	2.371.567
	Personnelle et mobilière	512.260
	Portes et fenêtres	343.863

(1) Les chiffres contenus dans ce tableau sont empruntés, pour la plupart, à l'*Annuaire statistique de la France* (1878), publié par le ministère de l'agriculture et du commerce, ou calculés d'après des données puisées dans cet ouvrage.

(2) Ces chiffres sont antérieurs au recensement de 1876, qui a négligé ce point de vue.

Culte catholique. — Évêché au Mans, suffragant de la métropole de Tours. Le diocèse du Mans, qui comprend le département tout entier compte 38 cures, 350 succursales et 120 vicariats rétribués par l'État. Les congrégations ou communautés religieuses établies dans le département étaient, avant 1880, au nombre de 34 : 6 pour les hommes et 28 pour les femmes.

(3) Le département relève de l'académie de Caen. Lycée au Mans ; collèges communaux à Courdemanche et à Sablé ; 4 établissements libres pour l'enseignement secondaire. École normale d'instituteurs primaires et cours normal d'institutrices, au Mans. Au point de vue du nombre d'élèves inscrits dans les écoles primaires de 6 à 13 ans, sur 100 enfants recensés, la Sarthe occupe le 63e rang. Le même département occupe le 74e rang d'après le nombre d'enfants présents à l'école par 10,000 habitants.

Caractère, mœurs et langage. Les habitants du département de la Sarthe sont, en général, un peu intéressés, lents, routiniers et ennemis des nouveautés, mais laborieux ; leurs mœurs sont douces et calmes. Ils tiennent à leurs usages, moins par préjugé peut-être que par paresse. Ils aiment leur village, redoutent les voyages et s'éloignent peu de leurs foyers. Cette peinture à grands traits, due à un ancien préfet du département, n'a pas cessé d'être exacte dans ses lignes générales, mais, là comme partout, la facilité des communications a modifié et nivelé les caractères, détruit en partie les anciens usages, fait disparaître presque partout les superstitieuses croyances aux follets, aux revenants et aux loups-garous. Quant au langage que parlent les habitants de la Sarthe, on peut dire qu'il est assez pur, du moins dans les villes ; ils n'ont pas de véritable patois ; mais l'accent est très désagréable, lent, traînard, surtout au Mans et dans les environs ; cet accent a beaucoup d'analogie avec celui des Francs-Comtois ; ajoutons, toutefois que, au contact des étrangers que les chemins de fer transportent chaque jour, en si grand nombre à travers la contrée, cet accent tend, lui aussi, à se modifier heureusement.

(4) Au point de vue judiciaire, le département de la Sarthe ressortit à la cour d'appel d'Angers. Le Mans est le siège de la cour d'assises. Chaque chef-lieu d'arrondissement possède un tribunal de première instance ; celui du Mans est divisé en deux chambres. Des tribunaux de commerce sont établis au Mans et à Mamers.

(5) Ce chiffre indique le nombre des affaires civiles terminées pendant l'année.

(6) Ce chiffre comprend les affaires contentieuses à juger pendant l'année.

(7) Terminées pendant l'année.

(8) Trésorier-payeur général au Mans ; receveur particulier dans chaque chef-lieu d'arrondissement ; 78 percepteurs.

BIBLIOGRAPHIE

1588. Topographie du Maine.
1648. Histoire des évêques du Mans, par *Le Courvaisier de Courteilles*. In-4°.
1683. Histoire de Sablé, par l'abbé *G. Ménage*. In-folio.
1687. Hydrologie de la fontaine minérale de Dives, proche la ville de Mamers, par *Musnier*. In-12.
1728. Almanach manceau pour l'année 1728. In-12.
1781. Tableau historique du Maine. In-18°, fig.
1784. Bibliothèque littéraire du Maine, par *L.-J.-A. Ansart*. T. Ier, in-8°. (Seul paru.)
1787. Dictionnaire topographique, historique, généalogique de la province et diocèse du Maine, par *A.-R. Lepaige*. 2 vol. in-8°.
1795. Description du Maine, au tome XXXVI du Voyageur françois, par l'abbé *Delaporte*. In-12.
1800. Statistique du département de la Sarthe, par le citoyen *Auvray*, préfet. In-8°, an X.
1803. Essai historique sur la ville et le collège de La Flèche, par *Marchand de Burbure*. In-8°.
1809. Statistique de la Sarthe, par *Peuchet* et *Chanlaire*. In-8°.
1812. Essai de topographie médicale de la ville du Mans et de ses environs, par *Lebrun*. In-8°.
1817. Notices historiques sur quelques hommes célèbres de la province du Maine, par *A.-P. Ledru*. In-18.
1827. Essai sur la statistique de l'arrondissement de Saint-Calais, par *T. Cauvin*. In-12.
1828. Dictionnaire topographique, historique et statistique de la Sarthe, avec une biographie et une bibliographie du Maine, par *J.-R. Pesche*. 6 vol. in-8°, 1828 à 1842.
1829. Essai sur la statistique de l'arrondissement de Mamers, par *Th. Cauvin*. In-12.
1829. Voyage pittoresque dans le département de la Sarthe, par *S.-Ch. Richelet*. In-4° et pl.
1830. Le Mans ancien et moderne et ses environs, par *Richel*. In-18.
1831. Description topographique et hydrographique du diocèse du Mans, par *N. Desportes*, suivie du Guide du voyageur dans la Sarthe. 1 vol. in-18.
1833. Essai sur la statistique de l'arrondissement du Mans, par *Th. Cauvin*. In-12.
1836. Bataille de Pontvallain et siège de Vaas, par *J.-R. Pesche*. Br. in-8°.
1838. Description du département de la Sarthe, au tome V du Guide pittoresque du voyageur de *Firmin Didot*. In-8°, cart. et grav.
1838. Description topographique et industrielle du diocèse du Mans, suivie du Guide du voyageur dans la Sarthe et la Mayenne, par *N. Desportes*. In-18.
1838. Flore de la Sarthe et de la Mayenne, par *N. Desportes*. In-8°.
1839. Notice sur Matovall ou Origine de Saint-Calais, par l'abbé *Voisin*. In-8°.
1839. Notice sur l'abbaye de Solesmes. In-8°.
1840. Essai sur l'armorial du diocèse du Mans, par *Cauvin*. In-12.
1842. Statistique générale du département de la Sarthe, par *J.-R. Pesche*. In-8°.
1843. Histoire littéraire du Maine, par *Barth. Haureau*. 4 vol. in-8°, de 1843 à 1852.
1844. Bibliographie du Maine, précédée d'une description topographique, par *N. Desportes*. In-8°.
1844. Histoire de l'église de La Ferté-Bernard. In-18 de 2 f. 2/3.
1845. Géographie de la Sarthe, accompagnée de notions sur l'histoire, etc., par *Edom*. In-18. 7° édition en 1868.

1845. Description du Maine, au tome III de l'Histoire des villes de France, par *Arist. Guilbert*. Grand in-8°, gravures et blason.
1845. Articles Sarthe, Le Mans, La Flèche, Mamers, etc., au Dictionnaire des communes de *Girault de Saint-Fargeau*. 3 vol. in-4°; blason et gravures.
1848. Notice sur Notre-Dame-des-Anges, par l'abbé *Sebeaux*. Brochure in-12.
1848. Notice sur l'église de Crè-sur-Loir, près La Flèche. Brochure in-12.
1848. Notes sur les peintures murales de la chapelle de la Vierge, à Saint-Julien du Mans, par *Ad. Despaulart*. In-8°.
1852. Histoire topographique, statistique et médicale de la commune de Marçon, par M. *H. Gousson*. In-8°.
1852. Calques des vitraux peints de la cathédrale du Mans, publiés sous la direction de M. *E. Hucher*. Grand in-fol
1852. Recherches historiques sur Vaas et Lavernat, par *F. Legeay*. 1 vol. in-12.
1854. Du Mans à Nogent-le-Rotrou en chemin de fer. In-18.
1855. La Ferté-Bernard, son origine et ses monuments, par M. *L. Charles*. 1 vol. in-8°.
1856. Recherches historiques sur Sarcé (Maine), par *F. Legeay*. 1 vol. in-12.
1857. Note sur différents objets d'antiquité recueillis à Yvré-l'Évêque (Sarthe) en 1857. In-8°.
1858. Le Château de Montgars (bas Maine), par le P. *Tessier*. 1 vol. in-12.
1860. La Commune du Mans, son origine et son histoire, par l'abbé *A. Voisin*. Vol. grand in-12.
1860. Recherches historiques sur Mayet, par *F. Legeay*. 2° édition, 2 vol. in-18.
1860. Guide historique du chemin de fer du Mans à Mézidon, par M. *Morard*. 1 vol. in-12.
1861. Histoire de Saint-Calais et de ses environs. 1 vol. in-4°.
1861. Le Guide du voyageur au Mans et dans le département de la Sarthe, par *F. Legeay*. 1 vol. grand in-18.
1862. Les Cénomans anciens et modernes; histoire du département de la Sarthe, par l'abbé *A. Voisin*. 1 vol. in-8°.
1867. Itinéraire général de la France. — Bretagne, par *Ad. Joanne*. 1 fort vol. in-18.
1872. Petite géographie du département de la Sarthe, par M. *Tarot* (Collection E. Levasseur). In-12.
1877. Histoire de La Ferté-Bernard, par *Léopold Charles*, publiée par *Robert Charles*. In-8°.
1877. Revue historique et archéologique du Maine. 2 vol. in-8°.
Annuaires de la Sarthe, publiés par *Monnoyer*.
Mémoires de la Société d'agriculture, sciences et arts du Mans.
Mémoires de la Société des antiquaires de France.
Bulletin monumental de M. de Caumont.
Mémoires de l'Académie des Inscriptions et Belles-Lettres.
Carte du comté du Maine, par *Ogier*. In-folio, 1537-1575.
Carte du Maine et du Perche, par *de L'Isle*.
Cartes du Maine dans *Cassini* et *Capitaine*.
Voir les feuilles 63, 77, 78, 92, 93, 106, 107 de la *Carte de France dite de l'État-Major*, publiée par le Dépôt de la guerre.
Nouvelle Carte du département de la Sarthe, à l'échelle du 1/100000, dressée par *N. Othon*, d'après les Cartes de l'État-Major, mises au courant par le service vicinal, gravées sur pierre par *Erhard*. Publication du ministère de l'Intérieur.
Cartes du département de la Sarthe, par *Charle, Dufour, Fremin, Duvotenay, Logerot, Ad. Joanne*, etc.

LA FRANCE ILLUSTRÉE PAR V.-A. MALTE-BRUN

19. — Savoie. CHAMBÉRY

SAVOIE

Chef-lieu : CHAMBÉRY

Superficie : 5,760 kil. carrés. — Population : 268,361 habitants.
4 Arrondissements. — 29 Cantons. — 327 Communes.

DESCRIPTION PHYSIQUE ET GÉOGRAPHIQUE.

Situation, limites. — Le département de la Savoie doit son nom à l'ancien pays dont il a été formé; c'est un département frontière de la région sud-est de la France. Il est situé dans le bassin du Rhône. Il a été composé des anciennes provinces piémontaises de la Haute-Savoie, de la Savoie proprement dite, de la Maurienne et de la Tarentaise, devenues françaises par suite du traité de cession de la Savoie à la France signé le 24 avril 1860. Sous le premier Empire, il formait, à très peu de chose près, le département du Mont-Blanc, qui avait Chambéry pour chef-lieu.

Ses limites sont : au nord, le département de la Haute-Savoie; à l'est, l'Italie, dont il est séparé par la haute barrière des Alpes Grées et Cottiennes; au sud, le même pays et les départements des Hautes-Alpes et de l'Isère; enfin, à l'ouest, les départements de l'Isère et de l'Ain.

Nature du sol, montagnes, passages des Alpes, vallées. — Le département de la Savoie a une superficie de 575,950 hectares. C'est un pays de montagnes qui s'appuie à l'est et au sud-est sur la grande chaîne des Alpes et dont la pente générale est inclinée vers la France dans la direction du sud-est au nord-ouest. Le village le plus élevé du département est Bonneval-de-Maurienne, situé sur la rive droite de l'Arc, à 1,798 mètres au-dessus du niveau de la mer; le point le plus bas du département est au confluent du Guiers avec le Rhône, environ 200 mètres d'altitude.

Les Alpes Graies ou Grées (*Alpes Graiæ, Alpi Graje*) [1], qui, d'après la tradition, devaient leur nom au passage d'Hercule, et la partie septentrionale des Alpes Cottiennes (*Alpes Cottiæ, Alpi Cozi*) [1] jusqu'au col de Valmeynier, offrent sur la frontière orientale du département les massifs des montagnes les plus élevées. Sur cette frontière orientale, on rencontre successivement, sur la ligne de faîte, à partir du col du Bonhomme, 2,340 mètres, et du petit Mont-Blanc, 3,932 mètres, 1° dans les Alpes Grées : le col de la Seigne, 2,530 mètres; le pic de Lancebranlette, 2,987 m.; le col du petit Saint-Bernard, 2,220 m.; le mont Ormelune, 3,283 m.; la Grande-Sassière, 3,750 m.; la Levanna, 3,705 m.; la pointe de Chalançon, 3,662 m.; le col de l'Autaret ou du Lautaret, 3,083 m., et le grand mont Cenis, 3,375 m.; 2° dans la partie septentrionale des Alpes Cottiennes : le pic d'Ambin, 3,320 m.; le col d'Ambin, 3,145 m.; le passage du Tunnel des Alpes, situé à une altitude moyenne de 1,200 mètres.

Du mont de Levanna se détache un chaînon qui court entre l'Arc et l'Isère, en dessinant un grand arc de cercle : c'est la chaîne de la Tarentaise, qui couvre la partie centrale du département; les points principaux sont : l'aiguille de la Vanoise, 3,853 mètres; la pointe de Rochenaire; le Perron des Encombres, 2,814 m.; le mont de la Madeleine, 2,689 m.; la Dent-du-Corbeau et le mont Jouvet, 2,552 mètres. Si nous ajoutons à cette nomenclature : le mont Grenier, 1,939 mètres; le rocher de Frêne, 2,795 m.; le mont Trélot, 2,174 m.; les Tournettes, 2,296 m., et le mont Chervin, 2,415 m., continuation des montagnes du Grésivaudan, sur la rive gauche de l'Isère, nous aurons donné les noms des principales montagnes du département.

Dans cette nomenclature nous avons, à dessein, omis le *mont Iseran*, regardé jusqu'à présent comme le nœud principal des Alpes Grées. En effet, le mont Iseran est tout à fait inconnu des habitants du pays. Le seul sommet important de cette partie des Alpes est la Levanna, nœud orographique d'un système très étendu qui se continue en Italie par

---

(1) Quelques étymologistes veulent que le nom des Alpes Grées, *Alpes Graiæ*, vienne du mot celtique *kraigh*, rocher, et non du latin *graius*.

(1) Elles doivent leur nom au roi Cottus, qui régnait sur ce pays au temps d'Auguste.

le Grand-Paradis (4,045 mètres). Le mont Cenis, auquel nous avons attribué 3,375 mètres, n'est qu'un des points les moins importants de la chaîne. En résumé, la Commission chargée du lever topographique des Alpes Grées, destiné à compléter la Carte de l'État-major, n'a vu nulle part, entre le nœud de la Levanna et le col du petit Saint-Bernard, de sommet dépassant 2,500 mètres.

Du mont Thabor se détache la chaîne de la Maurienne, qui court entre l'Isère et la Romanche. Ces montagnes séparent le département de la Savoie de ceux des Hautes-Alpes et de l'Isère. Nous signalerons comme sommets principaux : le grand Galibier, 3,142 mètres ; les Trois-Évêchés, 3,120 m. ; les Trois-Ellions, 3,509 m. ; les Grandes-Rousses, 3,473 m. ; le rocher Blanc, 2,931 m. ; le rocher d'Arguille, 2,848 m., et le Grand-Charnier, 2,500 mètres.

Entre ces montagnes existent des vallées profondes dans lesquelles on ne pénètre la plupart du temps que par d'étroits passages, des cols, des défilés souvent impraticables dans la mauvaise saison. Les principaux de ces cols ou passages qui mènent en Italie sont : le col de la Seigne, au pied du petit mont Blanc ; son altitude est de 2,530 mètres ; le col du petit Saint-Bernard, 2,151 m. ; le col de la Motte, simple chemin de mulets ; le col de la Golette, le col de la Galise, le col de Girard, le col de l'Autaret ou du Lautaret, 3,033 m. ; le col du mont Cenis, 3,375 m. ; le col d'Ambin, 3,145 m., et le col de la Roue. De tous ces cols, ceux du mont Cenis et du petit Saint-Bernard sont seuls praticables pour les voitures ; ceux de la Roue, de Fréjus, du petit mont Cenis peuvent être franchis à dos de mulet pendant deux ou trois mois de l'année ; les autres n'offrent guère qu'un sentier difficile et souvent dangereux. Ces passages présentent du côté de l'Italie des pentes plus escarpées que du côté de la France ; quelques-uns sont tracés en lacet sur les pentes des précipices.

Les principales vallées sont : la vallée de Chambéry, la Combe de Savoie ou vallée de l'Isère, surnommée, à cause de sa fertilité, le *Rognon de la Savoie*, et dans laquelle débouchent les vallées de l'Isère supérieur, de l'Arly et de l'Arc. La Combe de Savoie fait suite à la célèbre vallée du Grésivaudan, qui, de Montmélian, conduit à Grenoble. Dans la vallée de l'Isère supérieur débouchent le val de Pesey, les vaux du Doron et de Belleville et le val des Celliers. Dans la vallée de l'Arc, le val de l'Arvérole, le val de Saint-Pierre, le val de Vallaires, le val de Saint-Jean-d'Arves, le val des Villards et le val du Gellon.

Les villes, les bourgs, les grands centres d'habitation se montrent principalement dans les vallées un peu plus étendues que forment le Rhône, l'Isère et l'Arc. Les villages deviennent plus rares au fur et à mesure que l'on s'élève ; aux champs cultivés, aux vergers succèdent d'abord les pâturages et les forêts. On ne voit çà et là que de misérables chalets habités seulement pendant la belle saison ; enfin apparaissent les roches couvertes de la maigre végétation des lichens ; puis commence, à environ 3,000 mètres, l'empire des neiges éternelles et des glaciers.

Hydrographie. — Le département de la Savoie appartient au bassin du Rhône. Le Rhône, l'Isère, l'Arc et le Guiers sont les principales rivières du département.

Le Rhône (*Rhodanus*) le sépare de l'Ain et de l'Isère à l'ouest, depuis son confluent avec le Fiers, entre Seyssel et Motz, jusqu'à Saint-Genix, où il reçoit le Guiers-Vif, servant également de limite entre le département et celui de l'Isère. Dans ce parcours d'au moins 50 kilomètres, le fleuve, qui n'a guère encore que l'aspect d'un torrent, forme de nombreuses îles, et il passe successivement près de Motz, Serrières, Ruffieux, La Loi, Mollard-en-Vions, Chanaz, Saint-Pierre-de-Curtille, Lucey, Billième, Yenne, La Balme et Champagneux. Il reçoit dans ce parcours sur sa rive gauche, la seule qui appartienne au département, des cours d'eau torrentueux et le canal de Savière, déversoir du lac du Bourget.

L'Isère (*Scoras, Isara*) descend des pentes nord-ouest du groupe de la Levanna ; elle arrose successivement les territoires de Fournel-Dessus, Val-de-Tignes, Le Crêt, Franchet, Coleur, Combaz, Tignes, Chaudanne, Les Brenières, Savinaz, La Guraz, Sainte-Foy, Villaroger, Longetoir, Châtelard, Montignon, Séez, Bourg-Saint-Maurice, Orbassi, Mongirod, Les Chapelles, Bonconseil, Bellentre, Aime, Châtelard-Saint-Marcel, Moutiers, où elle commence à être flottable ; Le Bois, Aigueblanche, Bellecombe, Grand-Cœur, Petit-Cœur, Notre-Dame-de-Briançon, Pussy, Fessons-sous-Briançon, Saint-Paul, Cévins, Esserte-Blay, La Roche, Tours, Gilly, Tournon, Saint-Vital, Montailleur, Grésy, Saint-Pierre-d'Albigny, Coise, Montmélian et Laissand, à quelque distance de laquelle cette rivière entre dans la département qui porte son nom, après un cours d'environ 160 kilomètres dans celui de la Savoie. L'Isère a été canalisée depuis son confluent avec l'Arly jusqu'à Montmélian.

L'Arc, le principal affluent de l'Isère dans le département, descend du revers méridional de la Levanna; il passe à Bonneval, à Saint-Antoine, à Lans-le-Bourg, à Sollières, à Bramans, à Villarodin, à Modane, à Saint-André, à Saint-Michel, à Saint-Martin-la-Porte, à Saint-Jean-de-Maurienne, à Pontamafrey, à Saint-Avre, à La Chambre, à Saint-Remy, à Épierre, à Aiguebelle, à Rendens, à Ayton et vient se jeter dans l'Isère, sur la rive gauche, entre Chamousset et Saint-Pierre-d'Albigny, après un cours d'environ 120 kilomètres. L'Arc reçoit toutes les eaux de la vallée de la Maurienne, qu'il parcourt dans toute sa longueur. Le Doron, le Nanta et le Bujon, sur sa rive droite; l'Arvérole, le torrent des Valloires, l'Arvan et le Gelon, sur sa rive gauche, sont ses principaux affluents. Les autres affluents de l'Isère sont l'Arly, grossi du Doron-de-Beaufort et de la Chaise, sur la rive droite, et le Doron-de-Bozel, grossi du Nant, sur la rive gauche.

Le Guiers, qui sert de limite au département pendant environ 45 kilomètres, est formé par le Guiers-Vif et le Guiers-Mort, qui vient du département de l'Isère; le Guiers-Vif descend du mont Granier; il arrose le territoire des communes de Saint-Pierre-d'Entremont, Corbel, Saint-Christophe, Les Échelles, où il reçoit le Guiers-Mort, Pont-de-Beauvoisin et Saint-Genix-d'Aoste, près de laquelle cette petite rivière tombe dans le Rhône.

Le Fiers sépare à son embouchure dans le Rhône le département de la Savoie de celui de la Haute-Savoie; mais son principal affluent, le Chéran, appartient pour la plus grande partie de son cours à la Savoie même. Cette petite rivière est formée par les torrents qui descendent du cirque déterminé par le Lanza, l'Armenaz, l'Orchan, la Tête-Noire et le Grand-Golet; ses eaux se précipitent d'abord avec fracas entre des rochers calcaires, et, dans la partie inférieure, elles roulent sur des couches de grès. Dans son cours, d'environ 40 kilomètres, elle passe près de l'abbaye de Bellevaux, du Châtelard, de Lescheraine, des Allèves et d'Alby; ses eaux nourrissent d'excellentes truites et charrient un sable mêlé de paillettes d'or.

Toutes ces rivières et les ruisseaux qu'elles reçoivent dans leur cours ont généralement des eaux froides et crues; rarement elles baissent au point d'être guéables; toujours alimentées par les pluies ou la fonte des neiges, elles descendent avec une telle rapidité de leurs gorges de montagnes, qu'elles donnent peu de prise à l'évaporation. La plupart d'entre elles sont redoutables à quelques pas de leur source. « Leurs eaux bondissantes, dit M. Élisée Reclus, minent et dissolvent les rochers, déblayent les moraines, réduisent en sable le roc vif de leurs rivages, entraînent dans leurs cascades les blocs apportés par les avalanches de pierres et les entassent en plages énormes tout le long de leur cours. Quand des trombes éclatent dans les montagnes, pendant les fortes chaleurs, et que la fonte rapide des glaces coïncide avec de violentes averses, alors chaque gorge donne naissance à un torrent dévastateur poussant devant lui une barre flottante de pierres et de débris; le torrent principal, enflé tout à coup, double de vitesse, dévore en passant les ruisseaux qui s'y jettent, les talus de pierre qui s'y écroulent et, ramassant en une immense vague toutes les eaux, tous les rochers, tous les sables que contient son lit, s'abat comme une avalanche sur les plaines situées au bas de la montagne. En un instant, toutes les campagnes sont couvertes; les bestiaux qui ne se sont pas enfuis en entendant le grondement sourd, précurseur de l'inondation, sont engloutis; tous les travaux de l'homme disparaissent sous des champs de galets. Depuis de longues années les divers gouvernements qui se sont succédé en Savoie font de vains efforts pour prévenir les désastres occasionnés par la course rapide des torrents; mais, le plus souvent, les digues sont plus funestes qu'utiles; car, en rétrécissant la largeur des torrents, elles forcent ceux-ci à déposer leurs alluvions dans leur propre lit et à l'exhausser ainsi d'une manière considérable. Il faut alors élever la digue dont la base est déjà endommagée; mais, tôt ou tard, le fleuve l'emporte dans un jour de colère. C'est dans la montagne elle-même que l'on doit tenter de prévenir l'inondation, soit par le reboisement, soit par des réservoirs disposés en étage à l'issue de toutes les gorges. »

Le département de la Savoie renferme plusieurs lacs; tels sont ceux du Bourget et d'Aiguebelette.

Le lac du Bourget doit son nom à la petite ville située près de sa rive méridionale; il a 16 à 17 kilomètres de longueur sur 3 à 5 kilomètres de largeur. Sa profondeur est d'environ 80 mètres, et le niveau de ses eaux est à 231 mètres au-dessus de celui de la Méditerranée. Il baigne à l'ouest les escarpements du mont du Chat, et à l'est des plaines et le pied de collines peu élevées. Ses eaux limpides sont aussi poissonneuses que celles du lac Léman; on y pêche notamment le lavaret, poisson très estimé des gourmets. Les eaux de ce lac, comme celles du Léman, diminuent en hiver et grossissent au printemps; elles inondent même quelquefois les prairies d'Aix. On attribue cet effet au refoulement des eaux du Rhône, avec lesquelles le lac du Bourget communique par le canal de Savières. A son extrémité méridionale, ce lac reçoit la petite rivière de la Leysse ou Laisse, qui passe à Chambéry, et qui elle-même se grossit des eaux torrentueuses de l'Hière et de l'Albane. Le lac d'Aiguebelette est bien moins étendu que le précédent; il ne mesure guère que 4 kilomètres de longueur sur une largeur moyenne de 2 kilomètres; sur certains points, sa profondeur atteint 50 mètres; plus élevé que le lac du Bourget, ses eaux sont à 376 mètres au-dessus du niveau de la mer. Dans sa partie méridionale, il offre deux îles, dans l'une desquelles une chapelle à la Vierge paraît avoir remplacé un temple antique dédié à Bellone. Les eaux ordinairement tranquilles de ce lac sont quelquefois soulevées par le *frou* ou *farou*, vent tempétueux qui cause souvent des effets désastreux. Le lac d'Aiguebelette, objet de fréquentes excursions, est entouré de coteaux boisés qui offrent à l'artiste de charmants points de vue. On en peut dire autant du lac de Sainte-Hélène, près de Montmélian.

Le lac Blanc, le Grand-Lac, près des sources de l'Arvan; le lac du Mont-Cenis, aux Tavernettes; le lac Noir, au pied du mont Riotour; celui de la Girottaz, dans le voisinage du mont Jovet, ne sont que les premiers réservoirs des glaciers ou des montagnes couvertes de neige qui les avoisinent.

Sur quelques points de la rive gauche du Rhône qui longe le département au nord-ouest, on rencontre des marécages; mais ils sont nécessairement de très peu d'étendue et sont produits par des relais du fleuve, qui, dans cette partie de son cours est très capricieux.

Voies de communication. — Le département de la Savoie est traversé par 4 routes nationales, d'un développement de 342 kilomètres; par 13 routes départementales, d'une longueur de 355 kilomètres; par 19 chemins vicinaux de grande communication, 580 kilom.; par 100 chemins vicinaux de moyenne communication, 1,100 kilom.; enfin, les chemins vicinaux ordinaires sont au nombre de 760 et leur longueur dépasse 1,200 kilom.

La principale ligne de chemin de fer du département est celle de Paris-Lyon à Turin. Elle se soude, à Culoz (Ain), à celle de Lyon à Genève, traverse le Rhône, entre dans la Savoie et dessert les stations de : Châtillon, Aix-les-Bains (582 kilom. de Paris, 73 kilom. de Lyon); Viviers, Chambéry (596 kilom. de Paris, 91 kilom. de Lyon); Les Marches, Montmélian, Cruet, Saint-Pierre-d'Albigny, Chamousset, Aiguebelle, Épierre, La Chambre, Saint-Jean-de-Maurienne, Saint-Michel, La Praz et Modane (693 kilom. de Paris). A 2 kilomètres au sud-ouest s'ouvre le *Tunnel des Alpes* ou *Tunnel de Fréjus*, qui a 12,200 mètres, improprement appelé tunnel du Mont-Cenis, dont il est à près de 27 kilomètres, et sous lequel s'engage la voie pour aller se relier aux chemins de fer italiens. A Aix-les-Bains, un embranchement de 40 kilom. va rejoindre Annecy en desservant dans le département Grésy-sur-Aix et Albens. A Montmélian, un autre embranchement se dirige sur Grenoble et Valence, en suivant la vallée de l'Isère et en passant dans le département à Sainte-Hélène. Enfin la ligne de Saint-Pierre d'Albigny à Albertville vient d'être livrée à l'exploitation (mai 1880). D'autres lignes sont projetées; citons celle d'Annecy à Moutiers par Albertville, et celle de Modane à Gap.

La longueur des lignes de chemin de fer exploitées était, en 1877, de 166 kilomètres, et celle des lignes projetées d'environ 90 kilomètres.

Climat. — Le climat et les conditions météorologiques du département de la Savoie varient nécessairement avec l'élévation et l'exposition du sol. Les climats suivent l'élévation graduelle des montagnes; ils ont chacun leur faune et leur flore. Quelquefois dans la même vallée, orientée de l'est à l'ouest, on cultive la vigne sur les pentes méridionales, tandis qu'à la même élévation, de l'autre côté de la vallée, sur sa pente septentrionale, on rencontre la rose des Alpes. L'hiver est, en général, long et rigoureux en Savoie; l'été est chaud, et, ainsi que cela a lieu dans les hautes latitudes, le passage d'une saison à l'autre est brusque et supprime, pour ainsi dire, les saisons intermédiaires. « Le point le plus chaud de la Savoie, dit M. Gabriel Mortillet, est la plaine qui s'étend de Saint-

Pierre-d'Albigny à Montmélian et Chambéry. Cette plaine, d'après les observations recueillies à Chambéry, a une température moyenne de 11°,70 centigrades, qui peut descendre dans les endroits élevés et découverts, comme aux Marches, à 10°,36. En s'enfonçant dans les vallées des montagnes, cette température diminue ; ainsi, à Saint-Jean-de-Maurienne, ville située plus au sud que Chambéry, la température moyenne n'est plus que de 9°,7. En Savoie, de 200 à 600 mètres au-dessus du niveau de la mer, la température moyenne diminue d'un degré tous les 116 mètres de hauteur ; et, de 600 mètres au sommet des montagnes, la même diminution a lieu tous les 247 mètres. Cette différence de température, à mesure qu'on s'élève, produit une grande différence dans l'époque de la maturité des fruits. Ainsi, la haute montagne fournit encore des fraises et des cerises, quand la plaine donne déjà d'excellents raisins.

» Les vents varient beaucoup dans les diverses parties de la Savoie, suivant les reliefs du sol. Mais, en général, celui du nord, connu sous le nom de *bise*, et celui de l'est assurent le beau temps ; ceux du sud (désigné simplement par le nom de *vent*) et de l'ouest amènent les pluies, s'étant saturés de vapeurs en traversant la Méditerranée et l'Océan. La grande mobilité des vents, occasionnée par les montagnes, fait parfois éprouver, comme en Suisse, de brusques changements de température. »

Productions naturelles. — Le département de la Savoie appartient à la région géologique des Alpes. Le talc et le schiste ardoisier forment le principal élément des roches des montagnes ; elles renferment des ammonites et des dépôts anthraxifères que l'on ne rencontre d'ordinaire que dans le lias ; mais ces derniers sont trop peu épais pour que l'on puisse les exploiter avec profit. Dans le voisinage du Rhône, les montagnes appartiennent à la formation jurassique et calcaire ; les alluvions qui remplissent les vallées se composent de couches de terrain tertiaire alliées à des alluvions modernes.

On trouve dans le département des mines de fer, de cuivre, de plomb, de zinc, d'argent, d'asphalte, d'albâtre, d'ardoise, de jaspe, de marbre, de porphyre, de sel et de soufre ; mais peu d'entre elles méritent d'être exploitées ; la mine de fer de Saint-Georges-d'Hurtières est la principale qui soit exploitée ; celles de Replane et de Thermigron ont donné lieu à quelques recherches. Le plomb et l'argent se rencontrent dans les arrondissements de Moutiers et de Saint-Jean-de-Maurienne ; mais leurs filons, qui avaient donné lieu, il y a trente ans, à des exploitations assez importantes, sont depuis longtemps déjà abandonnés.

L'or se trouve en paillettes dans plusieurs rivières ; on a aussi constaté la présence du manganèse et de l'arsenic, mais ils n'ont jamais donné lieu à quelque tentative d'extraction.

Les eaux minérales abondent et prennent chaque année plus d'importance ; les principales sont : les eaux d'Aix-les-Bains, qui les priment toutes ; celles de Marlioz, de La Boisse et de Challes, près de Chambéry ; de Brides et de Salins, près de Moutiers ; de La Bauche, dans le canton des Échelles. Ces eaux sont sulfureuses, salines ou ferrugineuses.

Les forêts ne sont pas aussi étendues qu'il le faudrait pour s'opposer au ravage des eaux et les retenir. Par suite d'une incurie et d'une négligence prolongées, les richesses forestières de la Savoie avaient sinon complètement disparu, du moins considérablement diminué. Au XVIIIe siècle, sur une superficie de 1 million d'hectares, on comptait 200,000 hectares en terrains boisés. Mais, sous le premier Empire et à partir de 1815, des lois nombreuses ayant autorisé le cantonnement et le partage des bois, les ventes partielles des forêts et leur aliénation au profit des communes, celles-ci en profitèrent pour couper, tailler et réduire en broussailles des terrains étendus, couverts auparavant de très hautes futaies ; sans compter que, pour les forêts qu'elles consentaient à laisser, il n'y avait pas de chemins d'accès ; les troupeaux les parcouraient à tout âge ; les coupes des taillis étaient très rapprochées, le balivage insuffisant, et des coupes intempestives se faisaient à toutes les époques de l'année. Depuis 1860, on a regarni, au moyen de semis ou de plantations partielles, des centaines d'hectares ; des gazonnements, des barrages, des digues préservent les vallons des corrosions des eaux torrentielles ; enfin on a régularisé les coupes et assuré leur repeuplement.

Les principales essences des forêts de la Savoie sont : le chêne, le bouleau, le sapin et le mélèze.

Le département produit des céréales en quantité suffisante pour la nourriture de ses habitants ; on récolte du froment, du maïs, du sarrasin. La vigne prospère : en 1874, la production en vins du département a été de 204,504 hectolitres; en 1875, de 279, 662 hectolitres; en 1877, de 215,612 hectolitres. Les principaux crus sont ceux de Chambéry, Montmélian, Arbin, Saint-Jean-de-la-Porte, Chignin, Monterminod, Touvière, Chantagne; les vins blancs mousseux d'Altesse, de Vimines; les vins secs de Chignin, Villardhéry et Marétel. Les pâturages sont aussi nombreux et aussi estimés qu'en Suisse; ils nourrissent des bestiaux, des chevaux et des mulets renommés.

Les animaux sauvages sont nombreux; nous citerons, entre autres, l'ours, le renard, le chamois, le loup, le bouquetin, la marmotte. Les montagnes abritent des oiseaux de proie de différents genres, et notamment l'aigle et le vautour. Le gibier le plus commun est la bécasse, le canard, la grive, l'alouette, le merle, la perdrix, la sarcelle, le râle et le vanneau. Les rivières sont très poissonneuses et, comme dans tous les pays de montagnes, on y pêche d'excellentes truites.

Industrie agricole, manufacturière et commerciale. — La superficie du département de la Savoie se partage en superficie bâtie et voies de communication, 63,860 hectares, et territoire agricole, 512,090 hectares. Ce dernier se subdivise lui-même en : céréales, 61,720 hectares; farineux, 11,400; cultures potagères et maraîchères, 1,233; cultures industrielles, 1,410; prairies artificielles, 16,804; fourrages annuels, 1,248; autres cultures et jachères mortes, 3,450; vignes, 11,200; bois et forêts, 83,200; prairies naturelles et vergers, 69,643; pâturages et pacages, 74,620; terres incultes, 176,162 hectares. L'industrie agricole est encore peu avancée; cependant, depuis trente ans, d'immenses progrès ont été accomplis; d'ailleurs, l'agriculture est difficile dans le département, à cause de la nature du sol; néanmoins, les terres sont bien soignées; on n'y fait pas de jachères, aucune partie de terrain fertile n'est perdue, et c'est souvent à dos d'homme que la terre végétale est portée au milieu des rochers pour y constituer le petit champ qui devra nourrir la famille. Mais ce qui manque encore, c'est l'outillage agricole, surtout en ce qui concerne les instruments de labour; l'emploi des machines, surtout des batteuses locomobiles, tend pourtant à se généraliser. L'élevage des bestiaux, l'engraissement de la volaille et la fabrication des fromages sont les principales industries des habitants. C'est dans les chalets des montagnes, avec le lait abondant et sain des troupeaux, que l'on fabrique les *tignards*, qui ressemblent au roquefort, les *mont-cenis*, les *vacherins*, les *rebrochons*, les *persillés*, fromages dignes d'être appréciés en France, et à l'exportation desquels les lignes de douane française opposaient autrefois une barrière préjudiciable. L'élève des abeilles est assez répandue dans les bonnes expositions et l'on en tire un miel renommé.

Il y a dans le département des hauts fourneaux, des forges, des fonderies, des laminoirs à Chambéry, à Épierre, à Arvillard, à La Rochette; des fours à chaux, au nombre de 30; des ardoisières, des scieries hydrauliques, des verreries et quelques fabriques de papier à Saint-Étienne-de-Cuines, à La Rochette, à Leysse, à Bourdau, à La Serraz et à La Roche-Saint-Alban; de gaze, dite de Chambéry; de gants, d'indienne et de soierie; les tanneries donnent des produits estimés. Le commerce, dont l'essor était jusqu'à présent arrêté à l'est par la barrière des Alpes, à l'ouest par celle des douanes françaises, est certainement destiné à un plus florissant avenir. Les bestiaux, les mulets, les bois de construction, les fromages, le grain, le lin et le miel sont les principaux objets de l'exportation.

Division politique et administrative. — Le département de la Savoie a pour chef-lieu Chambéry; il se divise en 4 arrondissements, 29 cantons, 327 communes; le tableau que nous donnons plus loin les fera connaître. Il appartient à la région agricole du sud-est de la France.

Chambéry est le siège d'un archevêché, érigé en 1780, qui a pour suffragants les évêchés d'Annecy, dans la Haute-Savoie, de Tarentaise et de Saint-Jean-de-Maurienne, dans la Savoie. Le diocèse de Chambéry comprend le département de la Savoie et diverses paroisses de l'arrondissement d'Annecy (Haute-Savoie). Il y a un grand séminaire à Chambéry, un petit séminaire à Pont-de-Beauvoisin et à Saint-Pierre d'Albigny; un grand et un petit séminaire à Moutiers, à Saint-Jean de Maurienne. Il y a dans le département 18 cures, 153 succursales et 47 vicariats.

Les quatre tribunaux de première instance des chefs-lieux d'arrondissement et la chambre de commerce de Chambéry ressortissent à la cour d'appel de Chambéry, qui a dans son ressort les deux départements de la Savoie et de la Haute-Savoie.

Aix-les-Bains.

Le département dépend, avec celui de la Haute-Savoie, de l'académie universitaire de Chambéry. Il y a, à Chambéry, un lycée et dans le département cinq institutions secondaires libres, une école normale primaire à Albertville et 982 écoles primaires. Il y a, à Chambéry, une Académie des sciences, arts et belles-lettres de Savoie, fondée en 1824, et une Société savoisienne d'histoire et d'archéologie, une Société d'histoire naturelle et une Société centrale d'agriculture pour le département.

Le département fait partie du 14ᵉ corps d'armée et de la 14ᵉ région de l'armée territoriale, dont le quartier général est à Lyon; Chambéry est le siège d'une des subdivisions. La compagnie de gendarmerie départementale fait partie de la 14ᵉ légion, dont l'état-major réside à Chambéry, et qui comprend les compagnies des trois départements de la Savoie, de la Haute-Savoie et des Hautes-Alpes.

Le département de la Savoie dépend de l'arrondissement minéralogique de Chambéry, qui appartient à la région du sud-est et qui comprend les départements de la Savoie, de la Haute-Savoie, de l'Isère et des Hautes-Alpes; de la 6ᵉ inspection des ponts et chaussées, et il forme, avec la Haute-Savoie, le 33ᵉ arrondissement forestier, dont le conservateur réside à Chambéry.

La ligne de douane passe dans le département à La Giettaz, Plumet, Haute-Luce, La Gîte, Bonneval, Séez, Masure, Val-de-Tignes, Lans-le-Villard, Lans-le-Bourg, Bramans, Modane, Saint-Michel et Saint-Jean-de-Maurienne; les bureaux sont établis à La Giettaz, Plumet, Haute-Luce, La Gîte, Bonneval, Séez, Masure, Val-de-Tignes, Lans-le-Villard, Lans-le-Bourg, Saint-Jean-de-Maurienne et Chambéry. Il y a, dans cette dernière ville, un bureau central ou principal des douanes.

On compte dans le département 45 perceptions des finances; les contributions et revenus publics atteignent 11 millions de francs.

HISTOIRE DU DÉPARTEMENT.

L'union territoriale de la France, la force de cohésion qui relie entre elles toutes ses parties et qui fait l'admiration ou l'envie des autres nations, ce fait à peu près unique en Europe et dont l'histoire n'est pas un accident dû au hasard, c'est, au milieu des événements humains, le dégagement d'un grand principe, la consécration d'une loi providentielle. Ce fait, comme toute œuvre destinée à durer, est l'œuvre patiente du temps, et il lui a fallu de longs siècles pour s'accomplir.

La Savoie, dont nous allons résumer les annales, nous prouvera une fois de plus que les peuples, pas plus que les individus, ne peuvent échapper à leur destinée et que l'harmonie, ici-bas, consiste tout entière dans l'accomplissement des lois que nous impose la divine Providence.

Quoique la réunion de la Savoie à la France ne date que d'hier, nos lecteurs verront depuis combien de temps cette fusion était préparée dans les esprits, dans les mœurs, dans les besoins, dans les vœux de tous, et par conséquent à combien de titres elle était légitime; ils savent que les années sont à peine des jours dans la vie des peuples, et ils se rappelleront que celles de nos provinces les plus profondément, les plus énergiquement françaises, étaient encore séparées de la grande, de la bien-aimée famille, au commencement du siècle dernier.

Alors encore, pour rattacher ces membres au tronc, il fallut de violents efforts, des guerres sanglantes; le temps a marché depuis; la Révolution française est enfin venue. Par elle, un nouveau droit public a surgi; les peuples ont repris possession d'eux-mêmes, et, cette fois, c'est à un suffrage libre que la France doit l'agrandissement de sa famille et l'extension de ses frontières.

Ces annexions, conquêtes pacifiques, les seules que devrait désormais accepter l'esprit moderne, sont déterminées par une communauté d'origine, des liens de traditions historiques et une solidarité d'intérêts dont l'évidence ressortira, nous l'espérons, des faits que nous avons à retracer.

Avant l'invasion romaine, époque pleine d'obscurité et d'incertitude, on sait seulement que la Savoie était habitée par des tribus allobroges, sorties, comme les tribus gauloises, de la race celtique. L'organisation politique était la même, les mœurs étaient semblables. Aussi, quand Brennus et Bellovèse descendirent en Italie, leurs hordes, en passant les Alpes, se grossirent-elles de nombreux contingents de l'Allobrogie. Polybe donne le nom d'un roi des Allobroges, Bancas, qui aurait servi de guide à Annibal; mais aucun monument ne constate d'une manière positive le passage du général carthaginois. MM. Champollion-Figeac et Barentin de Montchal prétendent que le gouvernement des Allobroges était républicain, nous ne mentionnons donc le fait que pour constater les controverses auxquelles il a donné lieu. Le premier événement dont l'authenticité soit incontestable remonte à l'an 118 avant l'ère chrétienne. Les Allobroges avaient donné asile au roi des Liguriens, ennemi de Marseille que Rome protégeait, Domitius Ahenobarbus saisit avec empressement ce prétexte; la guerre fut déclarée; les Savoisiens, unis aux Dauphinois septentrionaux, s'avancèrent au-devant de l'ennemi; les armées se rencontrèrent près d'Avignon, dans les plaines d'un village nommé Vindalie; les Romains furent vainqueurs, et l'Allobrogie fut ajoutée aux provinces déjà conquises. Jusqu'à l'arrivée de César, les montagnards semblent avoir supporté le joug assez difficilement; ils protestaient contre la lourdeur des impôts, et leur mécontentement était si notoire, que Catilina comptait sur eux dans ses projets contre le sénat. Il fut trahi à Rome par leurs députés, qui entrèrent d'abord dans la conjuration; mais la nation ne s'en associa pas moins par un soulèvement à sa tentative : il fallut que le préteur de la Gaule Narbonnaise marchât contre les révoltés. Un de leurs chefs, Induciomar, de la tribu des Voconces, se mit à leur tête. Toute l'Allobrogie s'arma; deux batailles rangées furent gagnées par les montagnards sur les légions romaines; mais ce triomphe fut de peu de durée. C'est à César qu'il appartenait d'achever de les vaincre. L'indocilité des Allobroges et les nombreuses interventions qu'elle nécessitait valurent au pays la création de deux voies romaines, constatées dans les itinéraires d'Antonin et dont de nombreux vestiges existent encore : l'une de Milan à Vienne en Dauphiné, séparant la Tarentaise et la Savoie proprement dite du petit Saint-Bernard et de Saint-Genix-d'Aoste; l'autre de la Tarentaise à Genève; la première longue de 100 kilomètres environ, et la seconde de 110.

Depuis César jusqu'à l'invasion des Burgondes en 427, la tradition ne nous a transmis le souvenir d'aucun événement important. On peut supposer que, le caractère des Savoisiens ayant été mieux apprécié par les Romains, de meilleurs rapports s'établirent entre les vainqueurs et les vaincus, que les impôts furent diminués et qu'une période de paix et de bonheur relatif fit oublier les tempêtes et les calamités passées. N'est-ce pas l'occasion d'appliquer le mot célèbre : Heureux les peuples qui n'ont pas d'histoire ?

C'est par analogie encore que nous sommes réduits à juger les temps qui suivirent. Le contact de la civilisation romaine dut opérer en Allobrogie une transformation semblable à celle que nous avons pu signaler dans la plus grande partie de la Gaule par certains changements caractéristiques et avec des documents précis qui manquent ici. Il fallait que le caractère national eût perdu beaucoup de son ancienne fierté et de son énergie pour accepter sans protestation une invasion des Burgondes vaincus que le patrice romain Aétius parquait dans les vallées de la Savoie [*Sapaudia* ou *Sabaudia* (1)] en l'an 427. Il fallait que les éléments de sa nationalité primitive fussent bien altérés pour se laisser aussi facilement absorber par la barbarie des nouveaux hôtes.

Pendant près de six siècles, la *Sapaudia* disparaît dans les royaumes de Bourgogne, plus complètement encore que l'Allobrogie n'avait été effacée sous les successeurs de César ; malheureusement, cette époque, moins éloignée de nous et mieux connue que la précédente, ne nous permet pas d'aussi rassurantes suppositions.

La pauvre Savoie eut sa part de tribulations, de misères, d'épreuves de tout genre, dans les crises que traversèrent ces éphémères monarchies burgondes. Nos lecteurs trouveront un aperçu de cette lamentable histoire dans la notice de la Côte-d'Or, où il était mieux à sa place ; nous n'y emprunterons que quelques détails se rattachant plus directement au passé du département qui nous occupe.

Nous rappellerons seulement le nom de quatre rois de la première dynastie : Gondicaire fonde le royaume. Chilpéric est le père de la célèbre Clotilde, épouse de Clovis. Gondebaud promulgue la loi Gombette, ce code de la féodalité qui survécut si longtemps à l'invasion des barbares et dont l'empreinte est encore si puissante dans plusieurs constitutions contemporaines ; enfin le dernier et le meilleur, dit-on, Sigismond, fait étrangler son fils sur un simple soupçon de révolte ; mais il fait de nombreux dons au clergé et de pieuses fondations : il est canonisé.

C'est à cette période de son histoire qu'on fait remonter, pour la Savoie, la première organisation de son territoire en *pagi*, espèce de districts désignés sous la dénomination générique de *Pagi Burgonden*, organisation que remania de sa main puissante Charlemagne en 763, lorsque, passant d'Allemagne en Italie, il s'arrêta à Genève et à Saint-Jean-de-Maurienne. Dans ce même temps, les plus célèbres apôtres du christianime en Savoie furent saint Romain, saint Colomban et saint Lupicin. Notons encore, comme preuve de la permanente solidarité qui devait unir la Savoie aux provinces voisines de la Gaule, que le royaume de Bourgogne comprenait, avec la Savoie elle-même et le nord-est de la Suisse, la Bourgogne proprement dite, la Bresse, la Franche-Comté, le Dauphiné, le Lyonnais et toute la Provence. La capitale était tantôt Lyon ou Vienne, tantôt Chalon-sur-Saône. Les annales de la Savoie sont plus dépourvues encore de tout intérêt spécial et plus vides d'événements importants sous la seconde monarchie bourguignonne.

Lorsque Louis le Débonnaire, en 842, partagea entre ses fils l'héritage de Charlemagne, la Savoie échut à Lothaire avec l'Italie, la Provence et le titre d'empereur. Après Louis, fils de Boson, le royaume de Bourgogne transjurane se scinde, et la Savoie passe sous le sceptre de Rodolphe Ier, premier roi du second royaume de Bourgogne. Ce roi, comme son prédécesseur Boson, n'était d'abord qu'un simple gouverneur de province ; il profita des troubles du royaume, en fomenta de nouveaux et se fit proclamer roi à Saint-Maurice-en-Valais, par les grands feudataires qu'il avait séduits. Rodolphe II, qui lui succéda, mourut à Payerne, près de Lausanne, en 938 ; il ajouta à ses États les principautés d'Arles et de Provence. A la mort de ce prince, surnommé le Fainéant, le royaume tomba dans l'anarchie et passa pièces par pièces aux comtes, aux barons qui s'emparèrent de l'autorité souveraine dans leurs districts. Conréard, qui lui succéda, eut lui-même pour successeur Rodolphe III,

---

(1) A quelle époque paraît le mot *Sabaudia* pour désigner cette région, et d'où vient-il ? On l'ignore complètement. C'est un écrivain du IVe siècle après Jésus-Christ, Ammien-Marcellin, qui l'emploie pour la première fois, et depuis il a été conservé. Des différentes étymologies qu'on lui a données, la seule vraisemblable est la suivante : *Sap-Wald*, deux mots teutons ou germaniques dont la réunion signifie *Forêt* ou *Pays des Pins*. (J.-B. Paquier. *Géog. élém. de la Savoie.*)

plus fainéant encore que Rodolphe II. Ce dernier compléta l'œuvre de dissolution en étendant aux titulaires ecclésiastiques les concessions d'autorité temporelle que l'autre avait faites aux seigneurs laïques.

Nos lecteurs ont déjà remarqué sans doute l'identité qui existe même dans ce surnom de fainéant entre ces tristes chroniques de Bourgogne et l'histoire de France qui lui correspond; nous avons à signaler une similitude plus déplorable encore, le fléau des invasions.

Citons un historien national, Claude Genoux, une des gloires populaires de la Savoie : « Ce fut en 891, dit-il dans son excellente *Histoire de Savoie*, que les Sarrasins, fanatiques sectaires de Mahomet, abordèrent à Nice ; ils désolèrent d'abord le Piémont et passèrent ensuite en Savoie. Les marquis (commandants des marches), les comtes, les évêques de Maurienne, de Tarentaise et de Genève, convoquèrent le ban et l'arrière-ban de leurs guerriers ; ce fut en vain : des flots de sang coulèrent, et, malgré la bravoure de ses défenseurs, la ville de Saint-Jean-de-Maurienne fut ruinée de fond en comble; le Faucigny, la Tarentaise et le Valais eurent à peu près le même sort. C'était toujours chargés de butin que les Sarrasins, après leurs expéditions, se réfugiaient dans la haute vallée des Beauges, ou bien encore, dit la tradition, dans le quartier général à La Roche-Cevin. A Conflans, où ils ne laissèrent pas pierre sur pierre, ils bâtirent eux-mêmes une tour carrée, afin de perpétuer la mémoire de leurs méfaits. Cette tour se voit encore aujourd'hui à l'angle droit de l'esplanade de la ville ; une autre version, il est vrai, prétend que les barons saxons bâtirent cette tour ainsi que beaucoup d'autres et qu'ils y employèrent comme manœuvres les prisonniers qu'ils firent aux Sarrasins. Toujours est-il que, de toute notre Savoie, le château d'Ugines seul leur résista. C'était vers 940, sous le règne de Conréard, troisième roi du second royaume de Bourgogne. Cette invasion avait duré cinquante ans. »

La fin de Rodolphe III nous conduit à l'an 1033. La Savoie appartient alors à Conrad le Salique, fils de Rodolphe II. Adopté comme héritier par Charles Constantin, il est, à la mort de celui-ci, couronné empereur d'Allemagne. Une nouvelle période commence pour l'histoire de notre province.

Ici, toutefois, se présente pour nous une difficulté nouvelle. Pour les époques précédentes, les documents sont rares et confus; ceux que nous allons rencontrer maintenant ont besoin d'être transformés et dégagés d'éléments qui ne leur sont pas propres. Il n'existe point, pour ainsi dire, d'histoire de Savoie, tant cette histoire se fond et s'absorbe dans celle de la maison qui régnait sur ce pays. Ce peuple, tout de dévouement et d'abnégation, semble avoir renoncé à toute existence nationale pour vivre de la vie de ses souverains. Ses prospérités comme ses infortunes, sa gloire comme ses revers sont ceux de ses comtes, de ses ducs, de ses rois ; et les historiens du pays se sont tellement associés à cette espèce d'abdication, que leur grand souci est de rechercher s'il faut faire remonter l'origine d'Humbert aux Blanches mains, le premier comte de Savoie, à Boson, le fondateur du second royaume de Bourgogne, ou à Bérold le Saxon, descendant du fameux Witikind, comme le désiraient les princes de Savoie, dans le but de se donner un titre germanique à l'empire d'Allemagne, auquel aspirèrent plusieurs d'entre eux.

Notre observation n'a rien d'hostile pour l'antique et illustre maison de Savoie; nous sommes tout disposés à reconnaître qu'elle a souvent donné des preuves de clémence, de mansuétude et de bonté, bien rares dans ces siècles d'injustice et de violence; nous sommes prêts à proclamer que beaucoup de ses membres ont été aussi sages, aussi habiles, aussi prudents que courageux et magnanimes; nous faisons trop la part du temps, des mœurs, des institutions, pour lui reprocher sa persévérante ambition ; mais il nous sera permis de regretter que tout cet éclat ait laissé dans une ombre trop profonde les mérites oubliés de ceux qui ont tant contribué à cette fortune. En en tirant une excuse pour l'insuffisance de cette notice, nous espérons aussi y trouver un argument à l'appui des opinions que nous avons émises en commençant. Telle est, en effet, la puissance des liens qui rattachent la Savoie à la France, que, malgré son dévouement docile, malgré l'héroïque fidélité avec laquelle elle suit et sert ses princes dans leurs brillantes aventures, rien ne peut détourner ni ses regards, ni ses pensées, toujours tournés vers l'occident ; aujourd'hui même que sa croix blanche flotte victorieuse des confins du Tyrol aux rivages de la Sicile, aucun regret ne se mêle au bonheur qu'elle éprouve d'arborer enfin le drapeau de la France.

Tâchons de répondre à ces précieuses sympathies de nos nouveaux compatriotes, et qu'ils ne s'en prennent qu'à l'humilité et à la modestie de leurs ancêtres, s'il est si difficile de glorifier convenablement leur passé.

Voici quelles étaient, en Savoie, vers le milieu du XIe siècle, les grandes familles de hauts barons déjà existantes : les vicomtes de Maurienne, de Briançon et de Chambéry, les barons de Seyssel, de Menthon, de La Rochette, de Blonay, de Montbel, de Chevron-Villette, de Beaufort, de Montmayeur, de Miolans et d'Allinges.

Au-dessous de ces puissantes maisons existait une noblesse inférieure, ne possédant que de petites baronnies et qui formait l'ordre équestre. Après lui venait, dans l'ordre hiérarchique, une noblesse militaire, composée de capitaines, qui forma, plus tard, l'ordre des chevaliers. Après cette dernière classe de la noblesse venait celle des vavasseurs ou hommes libres, que l'on nommait aussi hommes d'honneur et compagnons de guerre; puis les propriétaires libres ou de franc-alleu, et ensuite les vilains ou villageois; ils étaient affranchis et propriétaires, mais attachés à la glèbe. Enfin, les serfs venaient en dernier lieu; ils terminaient cette longue liste de privilèges, de servitude et de misère. Cette classe, beaucoup plus nombreuse que toutes les autres ensemble, dit M. Costa de Beauregard, était composée d'ilotes voués exclusivement aux travaux des champs, à qui l'usage des armes était interdit, qui ne devaient jamais quitter le sol natal, qui ne connaissaient point les douceurs de la propriété, et auxquels il n'était permis ni de se marier ni de tester, sans le consentement de leurs seigneurs, lesquels étaient les maîtres de lever sur eux des contributions arbitraires; et comme, suivant la coutume des Francs et des Bourguignons, la longueur de la chevelure indiquait le degré de la noblesse, les serfs, en signe de leur condition, devaient tenir sans cesse leurs cheveux coupés au ras de la tête.

De l'an 1033 à 1391, dix-sept comtes de la dynastie de Savoie possèdent successivement tout ou partie du pays. Voici la liste de ces princes, avec la date approximative de leur règne, sans y comprendre le trop problématique Bérold de Saxe : 1033. Humbert Ier, dit aux Blanches mains. — 1048. Amédée Ier, ou, par abréviation, Amé, surnommé la Queue. — 1069. Oddon ou Othon. — 1078. Amédée II, surnommé Adélao. — 1094. Humbert II, dit le Renforcé. — 1103, Amédée III. — 1150. Humbert III, surnommé le Saint. — 1188. Thomas Ier. — 1230. Amédée IV. — 1253. Boniface, dit le Roland. — 1263. Pierre, dit le petit Charlemagne. — 1268. Philippe. — 1285. Amédée V, dit le Grand. — 1323. Édouard, surnommé le Libéral. — 1329. Aimon, dit le Pacifique. — 1344. Amédée VI, dit le comte Vert. — 1383. Amédée VII, surnommé le Rouge, le Noir ou le Roux.

Après la réunion des deux Bourgognes sous le sceptre de l'empereur Conrad le Salique, Humbert Ier obtint de ce prince le titre de comte souverain de Maurienne. Cette concession, toutefois, ne s'étendait qu'à une partie de la Maurienne et à quelques-unes de ses petites vallées. Le comte habita, ainsi que ses successeurs, jusqu'au milieu du XIIIe siècle, le château fort de Charbonnière, résidence ordinaire des marquis, feudataires des rois de Bourgogne et chargés, par eux, de défendre la vallée de Maurienne et la ville d'Aiguebelle. Tels furent l'humble berceau et les premiers domaines de la puissante monarchie de Savoie.

Sous Amédée Ier, les progrès étaient déjà sensibles, à en juger d'après la chronique à laquelle ce prince dut son peu poétique surnom. L'empereur d'Allemagne, Henri III, allait se faire couronner à Rome; il était accompagné d'Amédée Ier, que suivaient de nombreux gentilshommes, quarante, dit-on. « Advint un jour, raconte Paradin, que le comte se vint présenter à l'huis de la chambre où se tenoit le conseil, et ayant heurté, lui fut incontinent la porte présentée, pour sa personne seulement, le priant l'huissier du conseil de vouloir faire retirer cette grande troupe qui estoit à sa queue; à quoi ne voulant acquiescer, ne voulut l'huissier permettre l'entrée : dont il persista encore si haultement que l'empereur oyant le bruit demanda que c'estoit, l'huissier répond que c'estoit le comte de Maurienne qui menoit après soi un grand nombre de gentilshommes. Lors, dit l'empereur, qu'on le laisse entrer et qu'il laisse sa queue dehors : ce qu'ayant entendu, le comte répondit avec mécontentement : si ma queue n'y entre avec moi, je n'y entrerai jà et vous en quitte. Alors l'empereur ordonna que la porte fût ouverte au comte et à sa queue. » N'est-ce point un curieux tableau des mœurs du temps et un intéressant indice des rapports qui existaient alors entre les divers degrés de la hiérarchie féodale?

Le marquisat de Suse, ce premier regard sur l'Italie, échoit à Oddon par son mariage avec Adélaïde, fille de Mainfroy. Sous le règne de son fils,

Amédée II, cette Adélaïde sert de médiatrice entre le pape Grégoire VII et l'empereur Henri IV ; et il est déjà question de l'importance politique que prend la maison de Savoie, dans une relation adressée par l'ambassadeur Foscarini au sénat de Venise. Cependant le titre de comte de Savoie ne semble avoir été pris pour la première fois que par Humbert II. La Savoie eut, comme la France, les folles terreurs de l'an 1000 qui multiplièrent les fondations religieuses. Le siècle suivant fut celui des croisades ; ce fut principalement à la troisième que prit part la Savoie. Amédée III accompagna le roi de France Louis VII ; il mourut à Nicosie, dans l'île de Chypre, deux ans après son départ de Charbonnière. Voici le nom des principaux seigneurs dont il fut suivi : le baron de Faucigny et son fils, les barons de Seyssel et de La Chambre, ceux de Miolans et de Montbel, les seigneurs de Theire, de Montmayeur, de Vienne-de-Viry, de La Palude, de Blonay, de Chevron-Villette, de Chignin et de Châtillon. Les premières monnaies qui portent l'empreinte de la croix de Savoie datent de Humbert III, le premier de sa race qui ait été enterré à l'abbaye de Hautecombe. L'espace si restreint dont nous disposons nous oblige à passer sous silence bien des faits importants. Nous ne pouvons rien dire des guerres si fréquentes auxquelles les comtes devaient presque toujours un accroissement de leur influence et une extension de leurs frontières ; n'oublions pas cependant que l'acquisition de Chambéry est due au comte Thomas, qui l'acheta du comte Berlion, le 15 mars 1232, moyennant 32,000 sous forts de Suse, somme équivalente à 100,000 francs de notre monnaie ; le château n'étant pas compris dans ce marché. C'est à cette époque que remontent les premières franchises municipales conquises, obtenues ou achetées par les communes. Inscrivons ces dates glorieuses : elles valent bien celles des batailles ou de l'avènement des princes. Yenne s'affranchit la première en 1215, Montmélian en 1221, Plumet en 1228, Chambéry en 1233, Beaugé en 1250, Évian en 1265, Seyssel en 1285, Bonneville en 1289, Rumilly en 1292, Chaumont et Cluses en 1310, Thonon en 1323, La Roche en 1325, Annecy en 1367. Genève, si fière aujourd'hui de sa liberté, n'en fit la première conquête qu'en 1387.

Le règne d'Amédée IV fut marqué par une épouvantable catastrophe, l'écroulement de la montagne du Grenier ; les blocs de rochers, dit la légende, ne s'arrêtèrent que devant le sanctuaire de Notre-Dame de Myans ; l'image de la Vierge qu'on y vénérait passait pour avoir été peinte par saint Luc ; aussi la dévotion envers cette madone devint-elle une des pratiques les plus répandues et les plus populaires de la Savoie. Sous Boniface, ce fut la lèpre qui envahit le pays. Ce prince mourut prisonnier de Charles d'Anjou, qui l'avait vaincu à Turin. Pierre vengea son neveu ; il éleva la Savoie au rang des puissances secondaires de son temps. Une tradition, qu'aucun témoignage sérieux ne confirme malheureusement, attribue à Philippe la convocation des premières assemblées nationales. Un titre moins contestable, c'est l'heureux choix qu'il fit d'Amédée V pour son successeur. Ce prince et son fils Édouard constituèrent définitivement la puissance de leur maison. Sans avoir à lutter contre d'aussi grands obstacles, ils réalisèrent dans leur comté l'œuvre que Louis XI poursuivit en France.

Leurs successeurs n'eurent plus qu'à suivre la voie qui leur avait été tracée. Sous Amédée VI, les frontières de la Savoie se déterminent d'une manière presque stable du côté du Valais, de la France et du Dauphiné. Ce prince acquiert les baronnies du pays de Vaud, se consolide à Genève et dans le Piémont. Avant lui, Aymon, plus législateur que guerrier, avait créé à Chambéry un conseil suprême de justice qui fonctionna jusqu'en 1559, époque à laquelle il fut remplacé par le sénat de Savoie ; c'est à ce comte qu'on doit aussi la belle institution de l'avocat des pauvres et l'établissement des assises générales de Savoie, siégeant chaque année pendant le mois de mai. Amédée VII, après de nombreux démêlés avec Galéas Visconti, duc de Milan, avec le marquis de Montferrat et les Angevins de Naples, finit par ajouter aux conquêtes de ses ancêtres les vallées de la Stura, de Vintimille et de Nice. Ce fut le dernier comte de Savoie ; avant d'aborder la période des ducs, nous devons donner un souvenir aux hommes qui ont illustré le pays pendant l'époque que nous venons de parcourir.

Citons d'abord les deux saints Anselme : le premier, né dans la cité d'Aoste, en 1033, qui de bénédictin devint archevêque de Cantorbéry ; l'autre de la maison des seigneurs de Chignin, qui fut évêque de Belley en 1150 et prieur de la Grande-Chartreuse ; saint Bernard de Menthon, fondateur des hospices qui portent son nom et perpétuent le souvenir de ses vertus aux sommets des Alpes Pennines ; Gérard Nicolas, de Chevron, sacré pape à Rome, le 28 décembre 1058, sous le nom de Nicolas II ;

Guillaume della Chiusa, originaire de Maurienne, moine bénédictin, le plus ancien chroniqueur de Savoie; Pierre de Tarentaise, ami de saint Bernard, archevêque de Moutiers; Geoffroy de Châtillon, devenu pape sous le nom de Célestin IV, en 1230; Pierre de Compagnon, né à Moutiers, archevêque de Lyon, cardinal, puis pontife, sous le nom d'Innocent V, à l'âge de quarante ans; Guillaume de Gerbaix et Ginifred d'Allinges, tous deux grands maîtres des templiers, l'un en 1250, l'autre en 1285; Jean Gersen, né à Cavaglia, en Biellais, bénédictin de Verceil, l'un de ceux à qui on a attribué le célèbre livre de l'*Imitation de Jésus-Christ;* Pierre de La Palud, de Varambon-en-Bresse, moine dominicain, le plus savant théologien de son temps, nommé patriarche de Jérusalem; Étienne de La Baume, de Mont-Revel, premier maréchal de Savoie.

Aux dix-sept comtes succède, en 1391, dans la personne d'Amédée VIII, dit le Pacifique ou le Salomon, une série de quatorze ducs, dont voici les noms : après Amédée VIII, Louis, en 1440; — Amédée IX, dit le Bienheureux, en 1465; — Philibert Ier, surnommé le Chasseur, en 1472; — Charles Ier, surnommé le Guerrier, en 1482; — Charles-Jean-Amédée ou Charles II, en 1490; — Philippe, surnommé sans Terre, en 1496; — Philibert II, surnommé le Beau, en 1497; — Charles III, surnommé le Bon ou le Malheureux, en 1504; — Emmanuel-Philibert, surnommé Tête de Fer ou le Prince à cent yeux, en 1553; — Charles-Emmanuel, surnommé le Grand, en 1590; — Victor-Amédée Ier, en 1630; — François-Hyacinthe, en 1637; — Charles-Emmanuel II, en 1638.

Peu d'éloges et de panégyriques princiers valent ce que dit Olivier de La Marche d'Amédée VIII. « En ce temps où l'Europe entière était en armes, le duc, homme de vertus singulières, était enclin à la paix; il vécut sans guerre avec Français et Bourguignons et si sagement se gouverna parmi tant de divisions, que son pays de Savoie était le plus riche, le plus sûr, le plus planturcux de tous ses voisins. » Les développements et la prospérité d'Annecy datent de ce règne. Chambéry reçut dans ses murs l'empereur Sigismond, qui, le jour même de son arrivée, en 1416, érigea en duché le comté de Savoie. L'ordre de Saint-Maurice fut créé par Amédée VIII, en 1434. Quoique le duc Louis fût loin de posséder les qualités de son père, et quoique son règne ait été beaucoup moins glorieux, ses alliances apportèrent aux souverains de Savoie le titre de rois de Chypre et de Jérusalem. Des froids excessifs, des pestes, des famines et des dissensions intestines concoururent à rendre malheureux le règne d'Amédée IX et la régence qui suivit. Sous le règne suivant, quoique le duc Charles ait été surnommé le Guerrier, la Savoie retrouva des jours meilleurs. La cour de ce prince était, disent les chroniqueurs du temps, une parfaite école d'honneur et de vertu. Ce fut à cette école que l'évêque de Grenoble conduisit, en 1488, son neveu Pierre du Terrail, qui devint depuis l'illustre Bayard, le chevalier sans peur et sans reproche. Jeune alors, ce héros servit le duc Charles Ier, en qualité de page, et continua son service auprès de sa veuve Blanche de Montferrat. Ce règne vit fonder la première imprimerie que posséda la Savoie. Le premier imprimeur établi à Chambéry se nommait Antoine Neyret.

Nous avons peu de chose à dire des règnes qui suivent. La lutte continue entre la France et la maison d'Autriche. Les ducs de Savoie continuent à pratiquer entre les deux puissances l'habile et prudente politique qui leur a toujours si bien réussi. Philibert le Beau épouse la célèbre Marguerite, descendante de Charles le Téméraire, fille de l'empereur Maximilien Ier, celle qui avait été fiancée à l'infant d'Espagne et au dauphin de France, celle qui, se croyant en danger de mort, avait fait elle-même ces deux vers pour lui servir d'épitaphe :

> Ci-gît Margot, la gente demoiselle,
> Qu'eut deux maris et si mourut pucelle.

Cette alliance dérangeait un peu l'équilibre de neutralité; il en résulta même, en 1535, une invasion du pays par François Ier; mais ce prince manquait de l'habileté qui consolide les succès, et la protection de Charles-Quint fut plus profitable à la maison de Savoie que ne lui avait été préjudiciable l'hostilité du monarque français. Une des conditions de la paix de Cateau-Cambrésis, conclue le 3 avril 1559, entre l'Espagne et la France, c'est que le duc Emmanuel-Philibert, le principal négociateur du traité, obtiendra la main de Marguerite de Valois, sœur de Henri II. C'est dans le tournoi donné à la porte des Tournelles, pour célébrer cette union, que le roi Henri II fut accidentellement blessé à mort par le comte de Montgomery. Il est un point, toutefois, sur lequel vient échouer toute la puissance, toute l'habileté des princes de Savoie : Genève, si longtemps enviée, si souvent attaquée, défend et consolide sa liberté. Le long règne de Charles-Emmanuel déroule une suite de tentatives obstinées dont le résultat définitif est de constater l'héroïsme de la cité et d'assurer son indépendance. Avant d'arriver à la période des rois, il ne nous reste plus à relater que la persécution des *barbets*, dissidents dont les croyances avaient beaucoup de rapport avec celles des anciens Vaudois. Ils occupaient les vallées de Luzerne, de Saint-Martin, d'Angrogne et de la Pérouse. On intéressa Charles-Emmanuel II dans la question, en lui persuadant que les barbets voulaient créer une république au milieu des Alpes. Il y eut donc chasse aux barbets, poursuites, pendaisons, massacres, de véritables dragonnades. Cromwell et la Suisse intervinrent en 1656, et malgré le pape la paix fut rétablie. La Savoie, pendant l'époque que nous venons de parcourir, a produit de nombreux personnages illustres; les documents étant plus certains dans ces temps plus rapprochés, nous citerons leurs noms dans notre notice sur le lieu qu'ils ont illustré.

Après ses dix-sept comtes, ses quatorze ducs, la maison de Savoie compte jusqu'à ce jour une suite de huit rois : Victor-Amédée II, en 1684 ; — Charles-Emmanuel III, en 1730 ; — Victor-Amédée III, en 1773 ; — Charles-Emmanuel IV, en 1796 ; — Victor-Emmanuel Ier, en 1802 ; — Charles-Félix, en 1821 ; — Charles-Albert, en 1831; Victor-Emmanuel II, en 1849.

Avec Louis XIV renaissent les grandes guerres européennes ; elles appartiennent à un domaine historique qui n'est pas le nôtre ; détachons seulement de ces grandes pages quelques détails qui aient leur place dans notre cadre : dans la campagne de 1696, Victor-Amédée résuma de la plus éclatante manière la politique de sa maison ; en moins d'un mois, dit Voltaire, il fut généralissime de l'empereur et généralissime de Louis XIV. Sous l'influence de ce puissant monarque, il y eut de nouvelles persécutions religieuses dans les montagnes de la Savoie, et cependant quand Victor-Amédée, à bout de patience et de concessions, voulut résister aux exigences de son puissant voisin, il n'eut pas de plus dévoués, de plus vaillants soldats que ces pauvres barbets et Vaudois contre lesquels il s'était fait l'exécuteur d'ordres si iniques et si barbares. La France avait beau se manifester par des actes aussi déplorables, la Savoie était sans force contre l'attraction qui la poussait de ce côté. Claude Genoux en fait en ces termes la judicieuse remarque : « Lorsque les invasions de Henri IV, de Louis XIII, de Louis XIV eurent assimilé l'esprit savoyard à l'esprit français, alors la Savoie fut française : elle l'était non seulement par le cœur, par la raison, par la logique des faits, elle l'était encore par tempérament. Lors de ces quatre invasions successives, Annecy et Rumilly furent les seules villes qui firent un simulacre de résistance; ce simulacre fut le chant du cygne de la nationalité savoyarde : cette nationalité appartenait à la France. » Notons que ceci était écrit avant l'annexion, et par un enfant de la Savoie. L'émigration qui depuis le XVIe siècle amène chaque année dans les grandes villes de France des milliers de montagnards actifs et industrieux qui rapportent au pays, avec le fruit de leurs économies, le souvenir des lieux où ils ont vécu, l'empreinte des mœurs qu'ils ont traversées, cette émigration, dont l'importance augmente sans cesse, a achevé l'œuvre de fusion, d'assimilation qui vient de s'accomplir. Nous pourrions terminer ici notre tâche, car de plus en plus l'histoire des souverains s'isole de celle du pays; plus la Savoie vient à nous, plus ses princes s'italianisent. C'est à la bataille de Superga, sous les murs de Turin, aux côtés du prince Eugène, que Victor-Amédée gagne son titre de roi. Cependant, c'est dans le château de Chambéry que se retira encore ce prince lorsque, fatigué des affaires, il eut abdiqué en faveur de son fils Charles-Emmanuel III. La Savoie, sous ce prince, qui a néanmoins laissé une mémoire vénérée, paya cruellement les frais de la guerre, qui ne se termina qu'au traité d'Aix-la-Chapelle, en 1748. A diverses reprises, depuis 1733, et surtout de 1742 à 1747, l'armée franco-espagnole prit ses quartiers d'hiver dans ce pays pauvre et déjà épuisé. A tant de maux c'était une triste compensation que les réformes administratives et judiciaires qui ont honoré les dernières années de Charles-Emmanuel.

La Révolution française trouva sur le trône de Savoie Victor-Amédée III, qui ne méritait pas ses colères, mais qui n'était pas de taille à lui faire obstacle. En quelques jours, dans le mois de septembre 1792, les redoutes élevées sur le passage des Français étaient enlevées, 11,000 Piémontais étaient culbutés, le drapeau de la République flottait sur le château de Chambéry, et sur les murs de la ville était affichée la proclamation suivante : « Liberté, égalité! de la part de la nation française. Guerre aux despotes, paix et liberté aux peuples ! — Donné à Chambéry le 24 septembre 1792, l'an IV

Abbaye de Hautecombe.

de la liberté et le premier de l'égalité. — Signé : le général de l'armée française, Montesquiou. » Ce général n'avait avec lui que 12 compagnies de grenadiers, 12 piquets et 100 sapeurs.

Une assemblée nationale des Allobroges, composée de 665 députés, se réunit à Chambéry et vota l'annexion de la Savoie à la France. La Convention approuva cette délibération, et la Savoie devint le 84ᵉ département de la République et prit le nom de département du Mont-Blanc. Pendant vingt-deux ans, ce pays suivit les destinées de la France. Les armées de la République et de l'Empire comptèrent dans leurs rangs plus de 50,000 de ses enfants, parmi lesquels 800 officiers de tout grade et 20 généraux.

En 1814, Victor-Emmanuel Iᵉʳ recouvra la plus grande partie de la Savoie, que le traité de Vienne du 15 novembre 1815 lui rendit tout entière. Jusqu'en 1847, ce pays resta courbé sous le joug d'un absolutisme impitoyable. A cette époque, le roi Charles-Albert opéra quelques réformes, et, le 4 mars 1848, le Statut constitutionnel inaugura le régime parlementaire. La Savoie put renaître à la vie publique ; grâce aux libertés les plus étendues et à la sagesse prévoyante des princes qui l'ont gouvernée jusqu'en 1860, sa prospérité se développa considérablement. Les Savoisiens prirent une part glorieuse aux guerres de 1848 et 1849, que soutint le Piémont contre l'Autriche. Après l'abdication de Charles-Albert, vaincu à Novare, Victor-Emmanuel II, avec l'assentiment des populations et l'aide du comte de Cavour, son habile ministre, consacra toutes ses forces et ses constants efforts à rendre la liberté à l'Italie.

Il était dans les destinées de la Savoie de contribuer à l'accomplissement de ce grand projet et de se séparer de l'Italie juste au moment où le but si longtemps poursuivi venait d'être atteint. Comme compensation des sacrifices faits par la France et pour assurer notre frontière du sud-est, le traité du

24 mars 1860, sanctionné par un plébiscite, nous rendit cette antique province, qui est si incontestablement française.

Durant la guerre franco-allemande de 1870-1871, ses habitants payèrent largement leur dette à la mère patrie, en fournissant un nombreux contingent à la ligne, à la mobile, aux mobilisés et aux francs-tireurs. Au moment de la guerre civile qui déchira la patrie après la conclusion de la paix avec l'Allemagne, plusieurs Savoisiens, craignant de voir la France tomber de nouveau de l'anarchie dans le despotisme, tournèrent leurs regards vers l'Italie, à laquelle ils avaient été si longtemps unis; mais la consolidation d'un régime libéral a fait taire toutes ces velléités de séparatisme. « Il est certain, dit un historien contemporain, que la Savoie est française par sa langue, par ses mœurs, par ses aspirations, par tout ce qui constitue l'existence d'un peuple; il est certain aussi que, plus le régime politique et administratif de la France se rapprochera du régime de sage liberté et de bonne administration que la Savoie possédait avant 1860, et qu'elle eut plus d'une fois lieu de regretter depuis, plus ses populations seront attachées à la France. Dans les mauvais jours comme dans la prospérité, la France trouvera toujours le plus ferme appui et le plus constant dévouement chez les Savoisiens. »

Le département actuel de la Savoie est formé de la majeure partie de l'ancien département du Mont-Blanc.

La population de la Savoie a toutes les qualités, mais aussi quelques-uns des défauts qui distinguent les populations des montagnes. Dans un pays où circulent lentement les idées, où mille obstacles naturels s'opposent à l'échange facile et rapide de ces idées et à la promptitude des communications, on vit généralement sur le passé, on conserve intacts, avec les traditions locales, comme un esprit de routine qui tue l'initiative individuelle, et cette fidélité à ce qui a existé autrefois qui fait repousser avec dédain le nouveau ou l'inconnu.

D'une part, si l'on se préserve ainsi de ces vices si répandus dans les autres pays; si l'honnêteté primitive subsiste entière et forme le fond du caractère de chacun; d'autre part aussi on est porté à s'isoler toujours, à vivre à l'écart, à voir dans son pays le meilleur, le plus beau de tous les pays; on se méfie de l'étranger, et cette méfiance, souvent exagérée, subsiste longtemps encore malgré le commerce de chaque jour; on n'accepte qu'avec une extrême réserve tout ce qui est nouveau; on reste stationnaire, on attend. De là aussi cette lenteur calculée, souvent paresseuse, à procéder en toutes choses et qui se traduit dans les actes et les paroles des habitants des villes aussi bien que des habitants des campagnes.

En outre, la grande place que tient en Savoie l'agriculture, l'amour profond du sol natal et l'attachement à la terre ne font que rendre plus saillant son caractère, en expliquant cette ténacité inébranlable mise à la recherche d'un bien-être plus grand, cet esprit continu qui ne donne rien au hasard et cet amour, parfois exagéré, du lucre, que l'on retrouve, du reste, dans toutes les campagnes, quelles qu'elles soient.

En somme, une population foncièrement honnête, tenace et laborieuse, à laquelle on ne peut demander qu'un peu plus d'initiative et d'abandon.

Et cependant, de toutes les populations françaises, celle de la Savoie tend le plus à émigrer. Déjà on le constatait avant l'annexion; après 1860, les chiffres ont parlé d'eux-mêmes; de 1860 à 1866, sa population a baissé de 3,376 habitants; de 1866 à 1871, de près de 5,000; de 1871 à 1876, de 3,925.

L'émigration hivernale ne peut qu'avoir un bon résultat, puisqu'elle pourvoit au bien-être des habitants qui retournent, au printemps, reprendre possession des hauteurs; mais l'émigration des plaines a de graves conséquences; elle dépeuple pour un certain nombre d'années les vallées les plus fertiles, pour porter les émigrants à courir la France, à s'expatrier même dans l'Amérique méridionale, et une véritable colonie savoisienne est déjà établie à Buenos-Ayres. Il y a là un mal à signaler et qu'il importe de prévenir, mal qui provient de l'émigration à l'intérieur de la France, plus que de l'émigration en Amérique.

HISTOIRE ET DESCRIPTION DES VILLES, BOURGS ET CHATEAUX LES PLUS REMARQUABLES.

CHAMBÉRY (lat. 45° 34′ 52″; long. 3° 34′ 57″ E.). — Chambéry (*Campus Berii*), chef-lieu du département de la Savoie, importante station de la ligne de Paris à Turin, à 596 kilomètres au sud-est de Paris, à 305 kilomètres de Turin, est peuplée de 18,545 habitants, possède une station du chemin de fer de

Lyon à Saint-Jean-de-Maurienne et fut l'ancienne capitale de la Savoie.

Cette ville est placée dans une délicieuse vallée, fraîche et fertile, arrosée par deux petites rivières, la Laisse et l'Albane, dont les eaux, divisées en nombreux canaux, parcourent tous les quartiers. Les ingénieurs, dans d'intéressants travaux de triangulation opérés en Savoie, ont trouvé que le parapet des dernières fenêtres de la tour du château était à une hauteur de 309 mètres au-dessus du niveau de la mer.

L'origine de Chambéry est enveloppée d'obscurité : un auteur savoisien, voulant ajouter à l'illustration de sa patrie, en fait remonter la fondation à l'an 171 et lui donne pour auteur un certain *Carturigus*, roi des Allobroges. Un autre étymologiste veut que la ville ait été bâtie par *Berius*, paladin compagnon du fameux roi Artus. Berius se serait arrêté dans la belle plaine qu'arrosent la Laisse et l'Albane et il y aurait fait bâtir une ville qu'il aurait appelée de son nom *Campus Berii* (Champ de Berius). Ce qui est beaucoup plus authentique que ces diverses prétentions, c'est que les premiers seigneurs de Chambéry ne sont mentionnés dans l'histoire qu'en 1029. Le sort de Chambéry paraît être de se voir cédée volontairement par ses légitimes possesseurs plutôt que violemment conquise. Nous avons relaté son acquisition par Thomas Ier, et la pensée de chacun se reporte sur les conditions du traité de 1860 qui la donne définitivement à la France. Le comte Thomas Ier ne négligea rien pour s'attirer l'affection de ses nouveaux sujets ; il s'empressa d'accorder aux bourgeois un grand nombre de franchises ; il les exempta de payer la taille et leur permit d'élire chaque année quatre syndics. Chambéry devint une espèce de lieu d'asile pour les serfs fugitifs ; toute personne qui résidait pendant un an et un jour sur le sol de la ville ou de la banlieue, sans être réclamée par son seigneur, devenait libre ; les bourgeois de Chambéry étaient tenus de la défendre, elle et ses biens. Ce régime dura jusqu'en 1496, époque à laquelle le duc Philippe VII, trouvant que l'influence de la bourgeoisie de Chambéry était dangereuse, supprima ce qu'avaient accepté ses prédécesseurs. Les assemblées annuelles des habitants furent remplacées par des réunions de notables, formant ce qu'on appela le petit conseil. Dès les premiers temps de son acquisition par les comtes, Chambéry fut élevée au rang de capitale de la Savoie ; cet honneur lui valut de fréquentes tribulations ; dans les derniers siècles, elle fut à diverses reprises occupée par les Français, qui s'en emparèrent sous François Ier, sous Henri IV, sous Louis XIII, sous Louis XIV, et enfin pendant les guerres de la République et de l'Empire.

L'aspect intérieur de Chambéry n'a rien de bien remarquable ; la rue de Boigne, qui traverse la ville dans toute sa longueur, mérite seule d'être citée ; les autres, quoique tenues avec une certaine propreté, sont étroites, sinueuses et bordées de constructions sans aucun caractère. Les boulevards actuels datent de la Révolution française ; ils occupent l'emplacement d'un terre-plein servant antérieurement de contrescarpe à un large fossé qui défendait une enceinte flanquée de tours et aujourd'hui démolie. Outre cette promenade, il y a celle du Vernois, garnie d'arbres magnifiques plantés en quinconce.

Les monuments les plus remarquables sont : la fontaine des Éléphants ; le théâtre, construction moderne de bon goût, assez vaste pour contenir 1,200 spectateurs ; la colonne Indienne, surmontée de la statue en bronze du général de Boigne ; la fontaine de Lans, devenue presque historique à cause des vicissitudes éprouvées par la coiffure de la statue dont elle est ornée. Cette statue représentait primitivement Chambéry et portait une couronne murale ; le tête ayant été brisée, on lui en ajusta une autre parée d'un casque, et on lui donna alors le nom de Jeanne Darc. Pendant la Révolution française, le casque fut remplacé par un bonnet phrygien et Jeanne Darc métamorphosée en déesse de la Liberté. Quand la liberté fut détruite, le bonnet disparut avec elle, mais la statue n'en demeura pas moins le symbole de l'indépendance. Elle joua son rôle lors de la proclamation de la constitution sarde et fut ombragée par le drapeau tricolore italien, auquel vint succéder le drapeau tricolore français pendant les fêtes de l'annexion.

La cathédrale a été commencée au XIVe siècle et terminée en 1430. Elle possède un portail gothique autrefois décoré de statues. On y remarque un baptistère en marbre blanc et quelques vitraux anciens. Le père du grammairien Vaugelas y a son tombeau. Sous la première République française, la cathédrale servit de salle pour l'assemblée nationale des Allobroges.

Le château est bâti sur une éminence qui domine la ville. Il a été fondé vers le milieu du XIIIe siècle, mais des constructions anciennes il ne reste plus qu'une grande tour carrée, surmontée de mâchicoulis et dominée par une tourelle d'un grand effet. Au commencement de ce siècle, on a cherché à réparer les ravages de la guerre et des incendies; on l'a restauré, puis agrandi; on en avait fait la résidence du gouverneur de la province de Savoie.

La bibliothèque compte 13,000 volumes, parmi lesquels plusieurs elzévirs et quelques beaux manuscrits. Elle est établie dans une ancienne église et décorée d'un buste en marbre du général de Boigne. Les casernes, seuls souvenirs des précédentes occupations françaises, ont été construites sous le premier Empire; elles sont assez vastes pour loger 3,000 hommes. Chambéry possède de nombreux établissements de bienfaisance; tous sont riches et bien tenus. L'hôpital connu sous le nom d'Hôtel-Dieu est un grand et beau bâtiment, fondé le 28 septembre 1647 par les libéralités d'un bourgeois nommé Théodore Boccon. Plus tard, une princesse de Savoie-Nemours prétendit s'en faire déclarer fondatrice; mais la reconnaissance populaire conserve religieusement dans sa mémoire le nom du premier bienfaiteur. L'hospice de la Charité a été créé aussi par un simple négociant nommé Perrin. La maison de Sainte-Hélène, asile ouvert aux indigents, dans le but d'amener l'extinction de la mendicité; l'hospice de Saint-Benoît, refuge pour les vieillards des deux sexes qui sont dans le dénuement, doivent tous deux leur existence à la générosité du général de Boigne. Mme de Faverges a fondé un établissement connu sous le nom des Orphelines, pour élever et instruire les jeunes filles pauvres. Enfin, l'administration municipale a accepté une donation qui lui permet de loger et de nourrir gratuitement pendant trois jours quatre étrangers, à court d'argent, sans aucune distinction de culte ni de nationalité.

Ces diverses ressources rentrent naturellement sous le régime de la nouvelle législation française qui peut en autoriser l'aliénation.

Il n'est pas permis de parler de Chambéry sans dire un mot des charmantes campagnes qui l'environnent. Les montagnes voisines, bien qu'atteignant une grande hauteur, ne s'élèvent que progressivement et offrent aux promeneurs des excursions pittoresques variées et d'un accès facile. Il faut citer la cascade de Jacob, près de laquelle se dresse une prétentieuse pyramide élevée en l'honneur d'une visite d'un roi de Sardaigne. Les souvenirs des grands de la terre sont toujours bien petits à côté des œuvres de Dieu. Le Bout du monde est un ravin célèbre; on passe, en le visitant, près d'une papeterie qui a appartenu aux frères Montgolfier, les inventeurs des aérostats. N'oublions pas la Dent-de-Nivolet, pic dont les touristes aiment à faire l'ascension, et, sur le rocher qui domine la ville, l'église de Lemenec, qui est peut-être la plus ancienne de la contrée. Elle s'élève sur l'emplacement du *Lemnicum* des Romains; c'est dans ses caveaux qu'ont été déposés les restes de Mme de Warens, qui doit toute sa célébrité à sa fréquentation avec J.-J. Rousseau, et aussi le corps du général de Boigne, auquel sa bienfaisance a fait une renommée de meilleur aloi.

Chambéry a vu naître un nombre considérable d'hommes distingués, qui se sont presque tous illustrés en France ou dans les lettres françaises.

Claude Fabre de Vaugelas, né en 1585, était considéré à juste titre comme un des meilleurs grammairiens de son temps. Il est du nombre des écrivains qui ont le plus contribué à fixer notre langue.

Saint-Réal (1639) est l'auteur d'un ouvrage devenu classique : la *Conjuration des Espagnols contre la république de Venise*.

Xavier de Maistre, élégant écrivain fantaisiste, à qui l'on doit le *Lépreux de la cité d'Aoste* et le *Voyage autour de ma chambre*.

Joseph de Maistre, frère du précédent, qui a écrit le livre du *Pape* et les *Soirées de Saint-Pétersbourg*. Quoique de récentes publications aient mis au jour les nombreuses variations d'une imagination plus mobile qu'on ne le supposait, ces deux ouvrages, dans lesquels brille un véritable talent mis au service d'une cause désespérée, le classent parmi les plus éloquents défenseurs de l'absolutisme mourant.

Nommons enfin le général de Boigne, militaire aventureux, qui, à vingt-deux ans, entra au service de la compagnie des Indes. Il arriva à Madras en 1777; mais bientôt, mécontent de la manière dont les Anglais récompensaient ses services, il n'hésita pas à quitter leurs drapeaux pour se rendre à Delhi, capitale de l'empire mogol. Il offrit son épée au chef mahratte Mandajy Scindiah, qui s'efforçait alors de soumettre, les uns après les autres, tous les petits princes de sa nation. En 1785, de Boigne était par venu à organiser deux bataillons équipés et instruits à l'européenne ; grâce à la discipline de ses troupes, Scindiah put acquérir une puissance formidable et se rendre maître de toutes les petites principautés voisines de ses États héréditaires. La mort du fondateur de cet empire naissant mit un terme à la carrière militaire du général. Il revint en Europe en 1796, possesseur d'une fortune évaluée à 15 millions de francs, dont il sut faire un noble usage. Son nom a été cité par nous plusieurs fois dans l'énumération des établissements qui honorent le plus Chambéry. Il parvint à une vieillesse avancée et ne mourut qu'en 1830.

Géographiquement et politiquement, Chambéry a été jusqu'à présent dans une position peu favorable au développement de son industrie et de son commerce ; on ne doit donc pas s'étonner de trouver une ancienne capitale si attardée sous ce double rapport. L'état actuel ne préjuge rien pour l'avenir ; on peut, au contraire, concevoir de légitimes espérances en voyant avec quelle persévérance et souvent avec quel bonheur le génie des habitants a lutté contre les obstacles qui comprimaient son essor. On trouve à Chambéry des fabriques de gaze de soie renommée, d'horlogerie, de bas de soie et de laine, de bonneterie, de bougies stéariques, de cartes à jouer, de balances, d'allumettes chimiques, de chandelles, de chapellerie en feutre et en soie, de couleurs, de couvertures, de draps et de pâtes alimentaires ; des amidonneries, des chamoiseries, des corroiries, tanneries, fonderies, huileries, savonneries, papeteries et de grandes pépinières.

Il s'y fait un commerce assez important de comestibles, de ciment romain, de tissus de laine et de coton, de peaux, et de nombreuses expéditions de plantes.

Les armes de Chambéry sont : *De gueules, à la croix d'argent, avec une étoile d'argent au premier quartier.*

LES CHARMETTES. — Les Charmettes, à 3 kilomètres au sud de Chambéry, sont le pèlerinage obligé de tous les étrangers qui visitent cette ville ; c'est une humble maison de campagne que les amours de J.-J. Rousseau et de Mme de Warens ont immortalisée. Voici ce qu'en dit le philosophe de Genève dans ses *Confessions*, livre V : « Nous nous fixâmes aux Charmettes, une terre à M. de Conzié, à la porte de Chambéry, mais retirée et solitaire comme si l'on était à cent lieues. Entre deux coteaux élevés est un petit vallon nord et sud, au fond duquel coule une rigole entre des cailloux et des arbres. Le long de ce vallon, à mi-côte, sont quelques maisons éparses, fort agréables pour quiconque aime un asile un peu sauvage et retiré. La maison était très logeable ; au devant, un jardin en terrasse, une vigne au-dessus, un verger au-dessous ; vis-à-vis, un petit bois de châtaigniers, une fontaine à portée ; plus haut dans la montagne, des prés pour l'entretien du bétail ; enfin tout ce qu'il fallait pour le petit ménage champêtre que nous voulions y établir. Autant que je puis me rappeler les temps et les dates, nous en prîmes possession vers la fin de l'été de 1736. » Les lieux n'ont pas changé, et l'on retrouve la terrasse où Rousseau cultivait des fleurs, le verger où il aimait à se promener et la fontaine au bord de laquelle il venait s'asseoir.

Dans le mur de la petite maison, à quatre fenêtres de façade, est incrustée une pierre blanche sur laquelle se lisent les vers suivants, attribués à Mme d'Épinay :

> Réduit par Jean-Jacques habité,
> Tu me rappelles son génie,
> Sa solitude, sa fierté,
> Et ses malheurs et sa folie.
> A la gloire, à la vérité,
> Il osa consacrer sa vie
> Et fut toujours persécuté
> Ou par lui-même ou par l'envie !

ALBENS. — Albens (*civitas Albana*), chef-lieu de canton, station de la ligne du chemin de fer d'Aix-les-Bains à Annecy (réseau Paris-Lyon-Méditerranée), arrondissement et à 24 kilomètres au nord de Chambéry, est une ville peuplée par 6,584 habitants, située au confluent de la Daisse et de l'Albenche. On a trouvé sur son territoire des antiquités romaines, des médailles et des armes.

Albens est la patrie de l'académicien Joseph Michaud, l'historien des croisades.

AIX-LES-BAINS. — Aix-les-Bains (*Aquæ Gratianæ*), chef-lieu de canton, station de la ligne de Chambéry à Annecy, à 14 kilomètres au nord de Chambéry et à 584 kilomètres de Paris, compte une population de 4,399 habitants, qui est plus que doublée pendant la saison des bains. Cette jolie ville est située à 258 mètres au-dessus du niveau de la mer, à 32 mètres au-dessus de la rive orientale du lac du Bourget, dans une magnifique vallée entourée de hautes montagnes. Son climat est si doux, que le figuier, le grenadier, le jujubier y prospèrent en pleine terre; la température moyenne y est de 10 degrés. De nombreux débris d'antiquités attestent, de la manière la plus positive, qu'Aix date des Romains; mais était-ce une simple villa, comme le prétendent les uns, ou une *civitas*, comme d'autres auteurs le soutiennent? Cette dernière opinion est la plus probable; en effet, les dimensions de ses thermes, plus vastes que l'établissement actuel, dénotent une ville importante. Les ruines d'autres monuments sont des témoignages plus décisifs encore; c'est un arc de triomphe datant du IIIe ou du IVe siècle, élevé par Lucius Pompeius Campanus, et qui se trouve au milieu d'une cour particulière, derrière l'église; non loin de là, dans l'enceinte du château, une portion d'un temple de Diane ou de Vénus; et enfin, dans la demeure du docteur Vidal, un magnifique tombeau d'une conservation parfaite. Après l'invasion des barbares, Aix fit d'abord partie du royaume de Bourgogne. Vers la fin du Ve siècle, elle eut des comtes vassaux des princes du Genevois. Réduite en cendres par un incendie au XIIIe siècle, elle venait d'être rebâtie quand, le siècle suivant, elle passa sous la domination des comtes de Savoie. Ces princes y créèrent une baronnie et plus tard un marquisat. Mais la principale richesse d'Aix, ses eaux, restèrent délaissées depuis la disparition des Romains jusqu'au XVIIe siècle. C'est au roi de Sardaigne, Victor-Amédée III, qu'on doit cette tardive restauration. C'est lui qui fit élever, en 1772, l'édifice actuellement occupé par l'établissement des bains.

Les eaux thermales sulfureuses d'Aix-les-Bains sont administrées dans deux établissements distincts: le premier, auquel arrivent les deux sources, est appelé *Établissement royal* ou *Grand bâtiment;* le second, connu sous le nom de *thermes Berthollet*, renferme le Bain royal, à l'usage des indigents. La galerie de captage de la source Saint-Paul, ouvrage remarquable de M. François, est digne d'une mention particulière; elle a 90 mètres de longueur, 1m,80 de hauteur et 1m,40 de largeur. A 10 mètres de son extrémité, le rocher s'ouvre en une fente large et profonde d'où émerge la source. Les cavernes auxquelles aboutit cette galerie forment deux étages et leur aspect offre des formes bizarres d'un effet curieux. Il y a deux sources minérales chaudes et sulfureuses: *l'eau de soufre* et l'*eau d'alun*. La première fournit, par vingt-quatre heures, 15,500 hectolitres; la seconde, 42,184 hectolitres. La source dite d'*alun*, bien qu'elle ne contienne pas d'alun, n'était point sulfureuse; mais des travaux de captage lui ont ajouté cette caractéristique des eaux d'Aix. L'établissement thermal est pourvu de douches et d'étuves de toute espèce; il possède des appareils d'inhalation et de humage. Excitantes, toniques et reconstituantes, ces eaux sont employées dans les affections de l'appareil digestif et des voies urinaires. On doit se garder de faire usage de ces eaux à des températures trop élevées. C'est aussi à leur emploi excessif et inopportun qu'il faut attribuer les résultats imparfaits ou fâcheux.

En 1878, les eaux d'Aix-les-Bains ont été visitées par 5,000 malades, sur lesquels on comptait plus de 3,000 Français.

L'hôpital d'Aix a été fondé en 1813 par la reine Hortense, puis reconstruit par M. Haldimann.

Au sud d'Aix-les-Bains et dépendant de cette commune, près de la route de Chambéry, on rencontre le hameau de Marlioz, peuplé par moins de 200 habitants. On y trouve trois belles sources d'eau froide, sulfatée, sodique, iodo-bromurée. Excitante, tonique et reconstituante, on emploie cette eau en inhalations, en bains et en boisson.

Les environs d'Aix offrent de nombreuses et charmantes promenades; chacune des montagnes qui couronnent la vallée peut servir de but pour de pittoresques excursions; on recommande, en outre, le jardin du Casino, la promenade du Gigot, remarquable par ses beaux ombrages; enfin le parc du vieux château.

Le Chatelard. — Le Châtelard-en-Beauges, chef-lieu de canton, à 43 kilomètres au nord-est de Chambéry, est aujourd'hui un bourg peuplé de 935 habitants. Perché sur une élévation, au-dessus d'un torrent, dominé par les ruines d'un château féodal, ce fut jadis une petite ville, capitale de l'intéressant pays de Beauges. Cette désignation comprend un plateau de 20 kilomètres de long sur 12 de large, d'une altitude de 992 mètres, traversé par le Chéran et divisé en 13 communes formant une population de 10,000 habitants. Cette contrée est comme renfermée dans une ceinture naturelle de rochers, dont fait partie la Dent-de-Nivolet. Cette disposition des lieux, la fertilité du sol, qui leur permettait de se suffire à eux-mêmes, protégea longtemps les gens du pays de Beauges contre le contact et les vices de la civilisation. Ils vivaient en petites communautés gouvernées par des chefs électifs. L'intérêt, l'argent a modifié tout cela ; là, comme partout, règne maintenant la doctrine souveraine : chacun pour soi, chacun chez soi. On cultive avec succès la pomme de terre, on élève un grand nombre de bestiaux. On y fabrique aussi des clous de toute espèce et de la vaisselle de bois, qu'on appelle avec malice, dans toute la Savoie, l'argenterie de Beauges.

LES ÉCHELLES. — Les Échelles, chef-lieu de canton, à 23 kilomètres de Chambéry. Ce bourg, peuplé de 736 habitants, était divisé, avant l'annexion, par le Guiers-Vif en deux parties, l'une savoisienne et l'autre française (département de l'Isère). A 4 kilomètres des Échelles se dresse un mur de pierre de 260 mètres de hauteur dans lequel on aperçoit l'entrée d'une galerie de 308 mètres de long sur 7 à 8 de large. Cet ouvrage, commencé par Napoléon, a été continué et achevé par le gouvernement sarde. Il y a plusieurs siècles, le seul chemin était une grotte naturelle, étroite et sinueuse, percée par les eaux dans le roc. Pour atteindre cette ouverture, il fallait gravir des échelles qui avaient donné leur nom au village. On fabrique dans les environs des briques estimées.

MONTMÉLIAN. — Montmélian (*Mons Melianus*), station de la ligne de Chambéry à Turin, chef-lieu de canton, à 16 kilomètres au sud-est de Chambéry, compte 1,117 habitants. Ce bourg, situé sur la rive droite de l'Isère, au pied d'un mamelon rocheux, doit son illustration sinon sa prospérité à sa forteresse aujourd'hui ruinée, mais qui passa longtemps pour une des places les plus fortes de l'Europe.

François Ier la prit cependant. Henri IV, qui l'assiégea, faillit être tué par un boulet qui passa assez près de lui pour le couvrir de poussière. Comme le siège traînait en longueur, le roi de France manifesta plusieurs fois l'intention de se retirer. « Sire, lui dit Lesdiguières, je m'engage à payer les frais du siège si, dans un mois, je ne suis pas maître de la place. » Un mois ne s'était pas écoulé, en effet, que Montmélian capitulait. Cette forteresse résista à Louis XIII; elle fut prise par Catinat le 11 décembre 1691, après 33 jours de tranchée ouverte et 10 jours de bombardement.

Montmélian et ses environs produisent des vins blancs très estimés ; elle possède des corroiries, des tanneries et des fabriques de pâtes alimentaires. Le pays offre de belles perspectives sur la plaine du Grésivaudan ; à 40 minutes au sud du bourg, on rencontre le charmant village de Saint-Étienne-du-Lac, dominant une petite vallée où se trouve en effet un joli lac de 29 hectares.

CHIGNIN. — Chignin, canton de Montmélian, à 11 kilomètres au sud-est de Chambéry, d'une altitude de 375 mètres et d'une population de 987 habitants, fut le berceau d'une des plus anciennes et des plus puissantes familles de la Savoie. Près du bourg on voit encore les ruines du vieux château féodal ; ses tours, qui sont debout, donnent au paysage un caractère très pittoresque. Sa vaste enceinte fortifiée était autrefois habitée par des seigneurs qui étaient la terreur des environs ; un collier de fer, armé intérieurement de pointes et trouvé dans les ruines, montre comment les sires de Chignin traitaient leurs ennemis ou leurs victimes.

LE BOURGET. — Le Bourget, canton de La Motte-Servolex, à 10 kilomètres au nord-ouest de Chambéry, compte 1,662 habitants. C'est un village de pêcheurs au bord du lac très poissonneux qui porte son nom, et qui a 16 kilomètres de long sur 3 de large. Autrefois, ce fut une des résidences des comtes de Savoie ; sur un rocher à pic, baigné par le lac, on voit encore les ruines du château de Bourdeau ou Bordeau, cité par Montaigne dans son *Itinéraire de France en Italie.* Un prisonnier parvint à s'échapper de ce nid d'aigle, en se laissant glisser le long du rocher ; il était soutenu par une corde tressée avec ses draps et ses couvertures. Non loin du Bourget se trouve l'abbaye fameuse de Haute-Combe, fondée en 1125 par Amédée III et destinée à devenir la sépulture des princes de la maison de Savoie. Le monastère actuel a été construit en 1723 ; sous la République, il fut utilisé et devint une usine ; il a été complètement restauré en 1821, d'après les dessins de l'ingénieur Mellanas. Les montagnes qui dominent Le Bourget renferment des gisements de fer, de cuivre, de zinc et de plomb sulfuré. Ces mines étaient exploitées au commencement du XVIIe siècle.

Pont-de-Beauvoisin. — Pont-de-Beauvoisin, chef-lieu de canton, à 29 kilomètres à l'ouest de Chambéry, est une ville de 1,240 âmes, qui doit son nom à un pont d'une seule arche très hardiment jeté sur le Guiers. Le commerce de cette ville est assez important, ses marchés sont fréquentés ; elle possède une filature de soie. Peut-être devait-elle une partie de ses avantages à sa position d'extrême frontière. Son pont sépare le nouveau département de celui de l'Isère ; naguère, il servait de limite entre la Savoie et la France.

Aiguebelette. — Aiguebelette (*Aqua Bella*), canton de Pont-de-Beauvoisin, à 17 kilomètres au sud-ouest de Chambéry, est un petit village peuplé de 310 habitants, qui doit son nom et son illustration à un joli lac de forme irrégulière, mesurant 4 kilomètres de longueur sur une largeur moyenne de 2 kilomètres ; dans quelques endroits ses eaux limpides ont une profondeur de 50 mètres, et il est à une hauteur de 376 mètres au-dessus du niveau de la mer. Dans une des îles de ce lac charmant on voit une petite chapelle bâtie sur les ruines d'un temple antique consacré à Bellone.

Certains géologues prétendent que ce lac, comme celui du Léman, a été traversé autrefois par le Rhône. Il existe encore quelques ruines du château d'Aiguebelette, dévasté par le dauphin de Viennois au XVe siècle et complètement abandonné depuis le XVIIe.

Saint-Pierre-d'Albigny. — Saint-Pierre-d'Albigny, chef-lieu de canton et station de la ligne de Chambéry à Turin, à 27 kilomètres à l'est de Chambéry, ville de 3,262 habitants, d'une altitude de 327 mètres, est situé dans un ravissant paysage ; de hautes montagnes l'abritent contre les vents du nord ; il est entouré d'une végétation puissante, variée et précoce ; on y rencontre de nombreuses et intéressantes antiquités romaines. Le château de Miolans est dans ses environs. Il fut converti en prison d'État vers 1694.

Saint-Genix-sur-Guiers. — Saint-Genix-sur-Guiers, chef-lieu de canton de 1,868 habitants, est situé à 46 kilomètres à l'ouest de Chambéry, sur la rive droite du Guiers, à 2 kilomètres de son embouchure dans le Rhône. C'est un bourg industriel et commerçant, agréablement assis au milieu d'un pays riant et fertile ; on y trouve une importante fabrique de bandages, des tissages de soie et des fabriques de gants et d'acide gallique.

Saint-Genix-sur-Guiers est aussi appelé Saint-Genix-d'Aoste ; on y a découvert de nombreuses antiquités romaines, et on croit pouvoir l'identifier à l'*Augustum* ou *Civitas Augusta* de l'Itinéraire d'Antonin.

Albertville (lat. 45° 40′ 17″ ; long. 4° 3′ 42″ E.). — Albertville (*Albertis villa*, *Villa-Franca*), chef-lieu d'arrondissement, en communication avec Chambéry par une ligne de chemin de fer qui doit être prolongée (??), possède une population de 4,750 habitants. Elle est très agréablement située sur la rivière de l'Arly, au-dessus du confluent de l'Isère et au point de réunion de cinq vallées, à 50 kilomètres au nord-ouest de Chambéry et à 646 kilomètres de Paris. Cette commune était autrefois composée de deux villes distinctes : Conflans, sur la rive droite, et L'Hôpital, sur la rive gauche. En 1845, on les a réunies en une seule ; mais on conserve aujourd'hui plus particulièrement le nom d'Albertville à L'Hôpital. Albertville est admirablement située dans un bassin fertile et riant, entouré de charmantes montagnes ; sa position au débouché de la vallée de Tarentaise et du val de Beaufort en fait naturellement le centre d'un commerce important. Les bois, le fer, les comestibles, les fromages, les toiles et tissus de laine ou de coton en sont les éléments principaux ; elle fabrique des draps, possède des tanneries, des scieries, des moulins à blé ou à huile, des fabriques de pâtes alimentaires, des briqueteries, des clouteries et des poteries. Le gouvernement sarde y avait construit de vastes prisons, dont la France a hérité.

Beaufort. — Beaufort, chef-lieu de canton, à 19 kilomètres au nord-est d'Albertville, compte 2,410 habitants. Cette petite ville est située dans une position très agréable, au débouché de trois vallées. L'histoire a conservé le souvenir du séjour qu'y fit, à deux époques, le roi Henri IV, pendant ses guerres contre le duc de Savoie. Le prince Vert-Galant y commit, selon la chronique, de grandes folies et donna de bien mauvais exemples aux 8,000 hommes qu'il menait avec lui.

Ugines. — Ugines, chef-lieu de canton, arrondissement et à 9 kilomètres au nord d'Albertville, située au confluent de l'Arly et de la Chaise, est une

Brides-les-Bains.

petite ville peuplée par 2,690 habitants; elle est dominée par les ruines d'un vieux château détruit au XIIIᵉ siècle. L'industrie y est représentée par des fabriques de chapeaux de paille et de poterie, des moulins et des scieries; il s'y tient des foires importantes pour la vente du bétail et des mulets. Sur son territoire, on a ouvert des carrières d'où l'on extrait des pierres meulières.

Moutiers (lat. 45° 29′ 3″; long. 4° 11′ 37″ E.). — Moutiers (*Monasteriolum, Monsteriolum, Moustieriolum*), à 77 kilomètres à l'est de Chambéry, sera bientôt en communication avec cette ville et Albertville par une ligne de chemin de fer; c'est un chef-lieu d'arrondissement, ancienne capitale de la province de Tarentaise et siège d'un évêché; ce n'est pourtant qu'une petite ville qui n'a pas plus de 2,000 habitants. Située à la jonction des vallées de l'Isère et du Doron, de hautes montagnes la dominent de tous côtés et la privent des rayons du soleil pendant la plus grande partie de la journée. Moutiers doit son nom à un ancien monastère fondé à peu de distance, au vᵉ siècle. Les murailles de la ville furent rasées en 1332 par Aymon le Pacifique. En 1630, la peste y sévit avec tant de fureur que les habitants n'avaient pas le temps d'enterrer les cadavres et se contentaient de les jeter dans l'Isère. Moutiers possède des salines dont on remarque les bâtiments de graduation. Ces bâtiments ont une longueur de 1,046 mètres sur une hauteur de 8 mètres en moyenne; quarante pompes élèvent l'eau venue des sources dans les combles de ces hangars; elle y est répandue en pluie sur des fagots où le sel se concentre par l'évaporation que produit le contact de l'air. Ce procédé économise les 15/16ᵢᵉᵐᵉˢ du combustible nécessaire pour la fabrication ordinaire du sel. On a cherché, dans ces derniers temps, à remplacer pour l'évaporation les fagots par des cordes, le long desquelles l'eau descend lentement. La production annuelle du sel varie de 7,000 à 9,000 quintaux métriques; l'État en retire un bénéfice d'environ 100,000 francs. On a établi, depuis une vingtaine d'années, des bains à la source de Sobiès; le nombre de baigneurs ne dépasse jamais 25 à 30. La température de la source est de 35 degrés. Le débit est de 24,800 hectolitres pour 24 heures; primitivement, il y avait deux sources; toutes deux cessèrent de couler pendant 48 heures, lors du tremblement de terre de Lisbonne. En 1848, un autre tremblement de terre les réunit en une seule source. Ces eaux donnent 25 grammes de résidu par kilogramme, sur lesquels on compte 10 grammes de chlorure de sodium.

Cette petite ville fait un certain commerce de bestiaux, de fromages et de peaux. On y voit de belles tanneries.

FEISSONS-SOUS-BRIANÇON. — Feissons-sous-Briançon, canton et arrondissement de Moutiers, à 10 kilomètres au nord-ouest de cette ville, est un joli village de 469 habitants, tout environné d'arbres fruitiers. On y voit les ruines des châteaux de Briançon qui commandaient le défilé appelé le *Pas de Briançon*. Humbert II prit et rasa ces châteaux de sinistre aspect dont le nom latin était, dit-on, *Castrum Brigantium;* plus tard, ils furent réédifiés et pris, l'un par François Ier en 1536, l'autre par Henri IV en 1600.

AIME. — Aime (*Axuma, forum Claudii*), chef-lieu de canton, à 14 kilomètres au nord-est de Moutiers, peuplé de 1,057 habitants, est une ville très ancienne, que les inondations ont plusieurs fois détruite. Les nombreux monuments du passé qu'on y rencontre lui avaient valu sous la République un nom bizarre, mais significatif : *Les Antiquités*. Ce fut une des principales cités des Centrons (*Centrones*); les Romains y ont laissé des traces importantes de leur passage. On y voit encore des restes de fortifications très étendues, de nombreuses inscriptions, de vastes canaux souterrains. Un prétendu temple de Diane a été transformé en une église consacrée à saint Martin. Cet édifice, construit presque entièrement avec des matériaux romains, est situé près de l'Isère. Au-dessous, plus près encore du fleuve, se trouvent les ruines d'un château féodal.

Les montagnes voisines renferment des gisements de houille.

BRIDES-LES-BAINS. — Brides-les-Bains ou Bains-la-Perrière, village du canton de Bozel, arrondissement et à 5 kilomètres de Moutiers, au pied du Jovet, au confluent du Doron et du torrent des Allues, peuplé par 166 habitants, est de création récente. Il doit son existence à la réputation de sa source thermale (36°), connue des anciens, négligée pendant le moyen âge, et remise en vogue au commencement du siècle dernier. Les eaux de cette source, sulfatées sodiques et calcaires, chlorurées sodiques, stimulent les fonctions de l'estomac, agissent comme révulsif sur l'intestin et activent la circulation. L'établissement thermal, élevé en 1838 par les soins de M. le chevalier Melano, renferme des cabinets de bains, des cabinets de douches et trois piscines. La source débite environ 3,200 hectolitres en vingt-quatre heures. La saison dure du 1er juin au 1er octobre.

On peut visiter aux environs de Brides le val de Belleville, le val de Prémou, le val de Pralognan; la combe des Allues, dominée par la montagne du Saut et par l'infranchissable glacier des Allues.

BOURG-SAINT-MAURICE. — Bourg-Saint-Maurice, chef-lieu de canton, arrondissement et à 27 kilomètres au nord-nord-est de Moutiers, est une petite ville située près du confluent de l'Isère, du Versoyen et du Nantet, au milieu de belles prairies et de bouquets d'arbres, peuplée par 8,771 habitants. On rencontre aux environs, dans la montagne de l'Arbonne, des mines de sel gemme abandonnées, de la chaux et du gypse, des gisements d'amiante, de cuivre argentifère, de plomb, de fer, d'anthracite et de tourbe. Le touriste visitera avec intérêt la vallée de Bonneval, la tour du Châtelard; le col du Petit-Bonhomme, qui mène dans la vallée de Saint-Gervais; le Petit-Mont-Blanc et le col de la Seigne; le Petit-Saint-Bernard, par la vallée du Reclus.

SÉEZ. — Séez (*Sexium*), canton de Bourg-Saint-Maurice, à 30 kilomètres au nord-est de Moutiers, est un bourg de 1,348 âmes. Il doit son nom à sa situation au milieu de six montagnes. Au-dessus de ce bourg s'ouvre le val qui conduit à l'hospice du Petit-Saint-Bernard. Cet établissement, construit à 2,102 mètres au-dessus du niveau de la mer, a été fondé par saint Bernard de Menthon. Avant la construction de l'auberge qu'on y trouve actuellement, il était desservi par un prêtre séculier qui y résidait toute l'année avec un pâtre et un domestique. Les voyageurs qui pouvaient le faire payaient leurs dépenses; les indigents étaient hébergés gratuitement.

SAINT-JEAN-DE-MAURIENNE (lat. 45° 16′ 31″; long. 4° 0′ 34″ E.). — Saint-Jean-de-Maurienne (*Sanctus Joannes ad Mauritanias*), station de la ligne de Chambéry à Turin, chef-lieu d'arrondissement, à 76 kilomètres au sud-est de Chambéry, est une ville de 3,087 âmes, autrefois capitale de la province de Maurienne. Dans notre notice générale sur le département, nous avons eu plusieurs fois occasion d'apprécier l'importance historique de cette ville, berceau de la grandeur savoisienne ; l'espace nous manque pour faire ici l'histoire de ses évêques, qui est celle de la cité ; il faut nous contenter de noter les restes les plus remarquables de cette grandeur passée. Le monument capital de Saint-Jean-de-Maurienne est sa cathédrale. Elle renferme une statue en plâtre d'Humbert aux Blanches mains, couché sur un mausolée qui n'a jamais été terminé. Un bas-relief des frères Collini représente l'empereur Conrad donnant à ce fondateur de la maison de Savoie l'investiture du comté de Maurienne. Le chœur est revêtu de magnifiques boiseries dues à Mochet de Genève, artiste qui vivait au XVe siècle. Le siège épiscopal est pareillement en bois sculpté, ainsi que vingt-deux stalles surmontées d'une galerie sculptée à jour. A côté de la stalle de l'évêque, on voit une pierre merveilleusement travaillée qu'on nomme le reliquaire de Saint-Jean. La ville possède, en outre, une église du XIIIe siècle, dont le portail est richement sculpté. Une statue en bronze du docteur Fodéré décore une vaste place ombragée de beaux platanes. Le palais épiscopal est un grand bâtiment moderne sans caractère. Il y a un collège dirigé par des ecclésiastiques et un hôpital qui renferme les portraits de tous ses fondateurs et donataires. Un simple citoyen, nommé Bonafous, a doté sa ville natale de deux établissements précieux, une bibliothèque et un jardin d'expérimentation. Le pays est en progrès, le culte du passé n'empêche pas de rendre justice aux améliorations du présent. Un historien savoisien reconnaît que depuis la Révolution française le sort des habitants de Saint-Jean-de-Maurienne est bien amélioré. Plaise à Dieu qu'on ne s'arrête pas en si bonne voie; il reste encore beaucoup à faire en faveur de cette population intéressante. Sur les pentes, au sud de la ville, est le vignoble de Princens, qui est réputé pour produire le meilleur vin de la Savoie.

La ville fait un commerce de fromages ; elle possède des hauts fourneaux estimés pour la fonte de l'acier, et dans les environs on fabrique de la chaux hydraulique, du plâtre, et on exploite l'ardoise et le plomb argentifère.

AIGUEBELLE. — Aiguebelle (*Aqua Bella*), chef-lieu de canton, à 34 kilomètres au nord de Saint-Jean-de-Maurienne, est une ville fort ancienne, simple bourg aujourd'hui, situé sur l'Arc, au milieu d'un bassin bien cultivé, et peuplé de 1,090 habitants. Le 12 juin 1760, le bourg d'Aiguebelle fut presque entièrement détruit par un éboulement de la montagne des Combes. Il ne lui reste comme monument qu'un arc de triomphe assez mesquin, élevé en l'honneur du roi de Sardaigne Charles-Félix et pour célébrer le voyage qu'il fit en Savoie. Près de là se dresse une roche nue, isolée; elle servait jadis d'assise au château de Charbonnière, résidence des premiers comtes souverains du pays. On cherche vainement les traces des nombreux assauts qu'eut à soutenir ce rocher : en 1536, contre François Ier en personne ; en 1590, contre le duc de Lesdiguières ; en 1600, contre le duc de Sully ; en 1742, contre les Espagnols.

LA CHAMBRE. — La Chambre, chef-lieu de canton, situé à 10 kilomètres au nord-ouest de Saint-Jean-de-Maurienne, au confluent du Bugion et de l'Arc et sur le chemin de fer de Chambéry à Modane, compte 616 habitants et mérite l'attention des touristes à cause de sa belle situation à l'entrée de la vallée du Glandon. Il est dominé par une vieille tour, et l'on s'arrête volontiers devant le portail de son église, qui paraît dater du XIIIe siècle. Il y a des minoteries, des fabriques de chaux, et dans ses environs on exploite des ardoisières.

LANS-LE-BOURG. — Lans-le-Bourg, chef-lieu de canton, à 53 kilomètres à l'est de Saint-Jean-de-Maurienne, est une petite ville qui a une population de 1,023 habitants. On y arrive par une gorge étroite et sauvage, que les soldats de la République, en 1792, eurent quelque peine à forcer. Les habitants, animés pour les Autrichiens d'une sympathie tout exceptionnelle, avertissaient l'ennemi de tous nos mouvements. Le chef de l'expédition, s'en étant aperçu, les fit enlever tous, sans aucune exception, et les transporta à Barraux. Peu après, la passe fut forcée.

BONNEVAL. — Bonneval-en-Maurienne, canton de Lans-le-Bourg, à 72 kilomètres au sud-est de Saint-Jean-de-Maurienne, pauvre village peuplé de 339 habitants, résume toutes les misères de la vie de montagne ; c'est peut-être, dans notre pays, le village le plus froid. Il est situé dans une vallée très resserrée et comme enfermé dans une ceinture de rochers noirs et arides. On y trouve, à 1,798 mètres au-dessus du niveau de la mer, une source d'eau thermale, avec un petit établissement où l'on peut prendre des bains ; mais le climat est si rude qu'aucun étranger ne s'y risque, et les habitants du pays en usent seuls. Afin d'éviter en hiver le froid, qui est excessif, on choisit des terrains en pente pour bâtir les maisons et on les enterre à moitié dans le sol. On ne brûle que du fumier de mouton desséché. Souvent la neige amoncelée intercepte pour les habitants de ces réduits toute clarté pendant plusieurs jours; les routes alors sont impraticables, et les habitants, enterrés dans leurs caves, restent sans communication avec les villages voisins. Le chemin qui conduit de Bonneval à Lans-le-Bourg est bordé de croix rappelant la mort de malheureux surpris par la tempête. Près de Bonneval est le col de la Levanna, auquel on a donné aussi le nom de col d'Iseran, dont l'altitude est de 2,480 mètres; au nord-est s'étendent les glaciers de Meautmartin, les plus vastes de ce massif des Alpes.

SAINT-MICHEL. — Saint-Michel, station de la ligne de Chambéry à Modane, chef-lieu de canton peuplé de 2,061 habitants, est à 13 kilomètres à l'est de Saint-Jean-de-Maurienne, sur la rive droite de l'Arc. Ce bourg, qui est à demi caché par des bosquets d'arbres fruitiers, se compose de deux villages : l'ancien, bâti sur une hauteur, et le nouveau, dont les maisons bordent la grande route et le chemin de fer. On y remarque une vieille tour carrée et le clocher de l'église. On exploite sur son territoire de l'anthracite ; il y a des fabriques de chaux hydraulique, des minoteries pour farine de maïs, de riz et semoule, des fabriques de pâtes alimentaires, des corroiries et des taillanderies. On y traverse l'Arc sur un pont de pierre pour se rendre au Val-Meynier et au Mont-Thabor.

MODANE. — Modane, chef-lieu de canton, à 31 kilomètres au sud-est de Saint-Jean-de-Marienne et à 2 kilomètres de l'entrée du *Tunnel des Alpes*, est un bourg de 2,144 habitants, situé sur la rive gauche de l'Arc et dans un bassin fertile. Sa position exceptionnelle lui assure un accroissement rapide. Il est le siège d'un mouvement de transit assez important ; aussi y compte-t-on un grand nombre d'auberges et de débits. Les principales ressources du pays consistent dans le tribut prélevé sur les voyageurs, dans le stationnement des rouliers et de leurs équipages, et encore dans ses marchés de bestiaux et de bêtes de trait ou de charge.

LE TUNNEL DES ALPES, si improprement appelé *Tunnel du Mont-Cenis*, puisque le mont Cenis en est à 27 kilomètres au nord-est, et qu'il conviendrait mieux d'appeler *Tunnel de Fréjus*, parce qu'il avoisine ce col ou passage, a une longueur de 12,233 mètres 50 centimètres. Commencé au mois d'août 1857, d'abord par le gouvernement piémontais seul, ensuite continué en 1860 avec le concours des deux gouvernements piémontais et français, il fut terminé en treize années et inauguré le 17 septembre 1871 ; il avait coûté 75 millions de francs. La traversée s'en fait en 45 minutes lorsque l'on se rend de France en Italie ; mais si l'on vient d'Italie en France, la traversée est moindre et ne dure que 25 minutes. L'entrée du tunnel du côté de la France est à 1,158 mètres 96 d'altitude au-dessus du niveau de la mer, et la sortie, à Bardonnèche, du côté de l'Italie, est à 1,291 mètres 52, ce qui lui donne une pente de 132 mètres 156 dans la direction de France en Italie (du nord-nord-ouest au sud-sud-est). Il règne dans ce tunnel un courant d'air presque continuel, et la température n'y dépasse pas 24 degrés centigrades.

C'est à M. Médail, de Bardonnèche, que l'on doit la première idée de ce gigantesque souterrain. Cet admirable travail, le premier de ce genre qui ait été entrepris, a été exécuté par un enfant de la Savoie, M. l'ingénieur Sommellier, avec le concours de M. Daniel Colladon. C'est au tunnel des Alpes qu'a été fait le premier essai des perforatrices à air comprimé.

STATISTIQUE DU DÉPARTEMENT DE LA SAVOIE

[Acquis par le traité de Turin de 1860.]

RANG DU DÉPARTEMENT

Superficie : 55ème. — Population : 73ème. — Densité de la population : 75ème.

I. STATISTIQUE GÉNÉRALE

SUPERFICIE.	POPULATION.	ARRONDISSE-MENTS.	CANTONS.	COMMUNES.	REVENU TERRITORIAL.		CONTRIBUTIONS et REVENUS PUBLICS
5.760 kil. carrés, ou 575.950 hect.	Hommes, 132.703 Femmes, 135.658 Total.. 268.361 46 hab. 55 par kil. carré.	4	29	327	Propriétés bâties... — non bâties Revenu agricole....	2.000.000 fr. 10.000.000 » 40.000.000 »	11.000.000 fr.

(1) Population, en 1801, du département du Mont-Blanc, chef-lieu Chambéry, 275.881 hab. — Ce département, dont les limites n'étaient pas les mêmes que celles du département de la Savoie, avait été enlevé à la France par les traités de Paris de 1814 et 1815.

II. STATISTIQUE COMMUNALE

ARRONDISSEMENT DE CHAMBÉRY

Superficie, 1.488 kil. carrés ou 148.786 hect. — Population, 143.726 hab. — Cantons, 15. — Communes, 163.

CANTON, sa population.	NOM de LA COMMUNE.	POPULATION.	Distance au chef-lieu d'arr.	CANTON, sa population.	NOM de LA COMMUNE.	POPULATION.	Distance au chef-lieu d'arr.	CANTON, sa population.	NOM de LA COMMUNE.	POPULATION.	Distance au chef-lieu d'arr.
CHAMBÉRY, 14 comm., 32.481 habitants.	Chambéry (nord)....	6.863	»	ALBENS, 9 comm., 6.584 hab.	Albens..........	1.702	24	LES ÉCHELLES, 11 comm., 7.648 habit.	Échelles (Les).......	736	23
	Barby...........	252	5		Ansigny..........	127	27		Attignat-Oncin......	996	28
	Bassens..........	1.035	3		Biolle (La)........	1.465	22		Bauche (La)........	473	28
	Curienne.........	582	9		Cessens..........	694	29		Corbel............	411	20
	Déserts (Les)......	1.415	14		Epersy...........	369	22		Entremont-le-Vieux..	1.679	45
	Puisgros..........	790	12		Mognard..........	431	24		Saint-Christophe....	547	26
	Saint-Alban.......	1.257	4		Saint-Germain.....	690	25		Saint-Franc........	591	31
	Saint-Jean-d'Arvey..	1.022	8		Saint-Girod.......	543	28		Saint-Jean-de-Couz..	365	16
	Sonnaz...........	668	6		Saint-Ours........	563	25		St-Pierre-de-Genebroz	324	25
	Thoiry...........	1.286	12						St-Pierre-d'Entremont	841	40
	Verel-Pragondran...	377	7	CHAMOUX, 10 comm., 7.306 hab.	Chamoux.........	1.453	34		St-Thibaud-de-Couz..	885	11
					Betton-Bettonet....	398	32				
	Chambéry (sud)....	11.682	»		Bourgneuf........	481	34	MONTMÉLIAN, 14 comm., 10.083 habit.	Montmélian........	1.117	16
	Barberaz.........	619	1		Chamousset.......	402	33		Apremont.........	818	6
	Challes-les-Eaux...	590	2		Champlaurent.....	369	25		Arbin............	557	16
	Jacob-Bellecombette.	349	3		Châteauneuf......	995	27		Chavanne (La).....	406	1
	Montagnole.......	794	6		Coise - Saint - Jean - Pied-Gauthier.....	1.539	24		Chignin...........	987	11
	Ravoire (La)......	785	4		Hauteville........	383	30		Francin...........	721	14
	Saint-Baldoph.....	821	0		Montendry........	501	35		Laissaud..........	476	20
	Saint-Cassin......	634	4		Villard-Léger.....	875	31		Marches (Les).....	1.662	11
	Saint-Jeoire.......	660	7						Mollettes (Les).....	567	19
									Planaise..........	545	19
AIX-LES-BAINS, 14 comm., 13.747 habitants.	Aix-les-Bains.......	4.399	14	LE CHÂTELARD, 14 comm., 10.429 habitants.	Châtelard (Le)....	935	43		Sainte-Hélène-du-Lac	801	18
	Brison-St-Innocent..	978	24		Aillon-le-Jeune....	693	27		Saint-Pierre-de-Soucy	832	18
	Drumettaz-Clarafond.	992	11		Aillon-le-Vieux....	644	27		Villard-d'Héry.....	368	26
	Grésy-sur-Aix......	1.395	19		Arith............	830	40		Villaroux.........	226	24
	Méry............	700	9		Bellecombe.......	1.053	43				
	Montcel..........	948	10		Compôte (La).....	512	46	LA MOTTE-SERVOLEX, 9 comm., 9.846 habit.	Motte-Servolex (La).	3.404	5
	Mouxy...........	593	16		Doucy...........	542	79		Bissy............	829	4
	Pugny-Chatenod...	455	19		Ecole............	880	47		Bourdeau.........	143	15
	St-Offenge-Dessous..	669	27		Jarsy............	946	48		Bourget (Le)......	1.662	10
	Saint-Offenge-Dessus.	427	26		Lescheraines.....	608	38		Chambéry-le-Vieux..	680	4
	Tresserve.........	585	14		Motte-en-Bauges(La)	660	39		Chapelle-Mont-du-Chat (La)..	294	19
	Trévignin.........	434	20		Noyer (Le).......	712	44		Cognin...........	1.155	2
	Viviers (Le).......	502	10		St-François-de-Sales.	804	46		Saint-Sulpice......	529	7
	Voglans..........	671	8		Sainte-Reine......	610	52		Vimines..........	1.150	7

SUITE DE L'ARRONDISSEMENT DE CHAMBÉRY

CANTON, sa population.	NOM de LA COMMUNE.	POPULATION.	Distance au chef-lieu d'arr.	CANTON, sa population.	NOM de LA COMMUNE.	POPULATION.	Distance au chef-lieu d'arr.	CANTON, sa population.	NOM de LA COMMUNE.	POPULATION.	Distance au chef-lieu d'arr.
Pont-Beauvoisin, 42 comm., 7.458 habitants.	Pont-Beauvoisin....	1.240	29	Suite de La Rochette.	Table (La)........	979	34	St-Pierre-d'Albigny, 5 c., 7.249 hab.	Saint-Pierre-d'Albigny......	3.262	27
	Aiguebelette.......	310	17		Trinité (La).......	730	36		Cruet...........	1.123	20
	Ayn..............	612	15		Verneil (Le).......	394	32		Fréterive.........	925	33
	Belmont-Tramonet...	501	42		Villard-Sallet......	493	34		Saint-Jean-de-la-Porte.	1.082	24
	Bridoire (La).......	711	34	Ruffieux, 8 c., 3.858 hab.	Ruffieux..........	1.060	32		Thuile (La).......	857	15
	Domessin..........	1.347	30		Chanaz...........	693	49	Yenne, 14 communes, 9.026 habitants.	Yenne............	2.864	28
	Dullin............	487	23		Chindrieux........	1.289	29		Balme (La).......	557	32
	Lépin.............	288	38		Conjux...........	184	39		Billième..........	389	27
	Nances...........	320	16		Motz.............	686	44		Chapelle-Saint-Martin (La)...........	249	30
	Saint-Alban-de-Montbel	275	27		St-Pierre-de-Curtille.	497	46		Jongieux..........	448	29
	Saint-Beron........	966	30		Serrières.........	1.072	35		Loisieux..........	530	33
	Verel-de-Montbel....	401	32		Vions............	377	35		Lucey............	418	35
La Rochette, 14 comm., 9.082 habit.	Rochette (La)......	1.245	30	Saint-Genix, 10 comm., 6.839 habit.	Saint-Genix.......	1.868	46		Meyrieux-Trouet....	500	30
	Arvillard..........	1.259	30		Avressieux........	660	29		Ontex............	185	23
	Bourget-en-Huile....	408	37		Champagneux......	695	44		Saint-Jean-de-Chevelu.	864	22
	Chapelle-Blanche (La)	556	25		Gerbaix...........	475	35		Saint-Paul........	701	20
	Croix-de-la-Rochette (La).............	309	29		Gresin............	482	50		Saint-Pierre-d'Alvey.	506	32
	Détrier...........	255	33		Marcieux..........	172	35		Traize............	433	31
	Etable............	484	33		Novalaise.........	1.469	18		Verthemex........	382	29
	Pontet (Le)........	621	35		Rochefort.........	402	35				
	Presle............	1.060	27		Sainte-Marie-d'Alvey.	245	49				
	Rotherens.........	289	30		Saint-Maurice-de-Rotherens.......	371	52				

ARRONDISSEMENT D'ALBERTVILLE

Superficie, 676 kil. carrés ou 67.586 hect. — Population, 36.364 hab. — Cantons, 4. — Communes, 42.

CANTON	NOM	POP.	Dist.	CANTON	NOM	POP.	Dist.	CANTON	NOM	POP.	Dist.
Albertville, 18 comm., 15.304 habitants.	ALBERTVILLE......	4.750	»	Suite d'Albertville, 4 c., 8.071 h.	Saint-Sigismond....	522	1	Suite de Grézy.	Plancherine.......	425	8
	Allondaz..........	327	4		Thénésol..........	314	6		St^e-Hélène-des-Millières	1.171	10
	Bâthie (La)........	1.262	8		Tours............	489	5		Saint-Vital.......	402	8
	Césarches.........	227	4		Venthon..........	247	3		Tournon..........	305	7
	Cevins............	595	13	Beaufort, 4 c., 6.900 hab.	Beaufort..........	2.410	19		Verrens-Arvey.....	736	8
	Esserts-Blay.......	808	11		Hauteluce.........	1.224	24	Ugines, 9 comm., 6.900 hab.	Ugines...........	2.690	9
	Gilly.............	732	4		Queige...........	1.465	9		Cohennoz.........	313	12
	Grignon...........	452	4		Villard-de-Beaufort..	972	15		Crest-Voland......	257	23
	Marthod...........	1.107	6	Grésy-sur-Isère, 11 c., 8.089 h.	Grésy-sur-Isère.....	1.447	14		Flumet...........	848	24
	Mercury-Gémilly....	1.096	5		Bonvillard........	818	12		Giettaz (La).......	637	30
	Monthion..........	335	4		Cléry............	525	10		Héry.............	643	16
	Pallud............	507	1		Frontenex........	371	10		Notre-Dame-de-Bellecombe.......	558	25
	Rognex...........	297	14		Montailleur.......	957	10		Outrechaise.......	179	11
	Saint-Paul.........	637	14		N.-Dame-des-Millières	932	9		St-Nicolas-la-Chapelle	775	22

ARRONDISSEMENT DE MOUTIERS

Superficie, 1.629 kil. carrés ou 162.879 hect. — Population, 35.039 hab. — Cantons, 4. — Communes, 55.

CANTON	NOM	POP.	Dist.	CANTON	NOM	POP.	Dist.	CANTON	NOM	POP.	Dist.
Moutiers, 25 communes, 12.587 habitants.	MOUTIERS.........	2.000	»	Suite de Moutiers.	St-Laurent-de-la-Côte	255	9	Bourg-St-Maurice, 9 comm., 8.771 hab.	Bourg-Saint-Maurice	2.569	27
	Aigueblanche.......	440	3		Saint-Marcel......	584	5		Chapelles (Les)....	730	24
	Avanchers (Les)....	726	8		St-Martin-de-Belleville	1.449	17		Hauteville-Gondon..	816	34
	Bellecombe........	202	5		Saint-Oyen.......	156	5		Montvalezan-sur-Séez	573	23
	Bois (Le).........	308	5		Sallu............	279	2		Sainte-Foy........	1.053	38
	Bonneval.........	458	11		Villargerel.......	372	5		Séez.............	1.348	30
	Celliers..........	326	17		Villard-Lurin......	208	3		Tignes...........	816	53
	Doucy............	602	7	Aime, 12 comm., 7.741 habitants.	Aime............	1.057	14		Val-de-Tignes.....	274	60
	Feissons-sous-Briançon............	469	10		Bellentre.........	790	20		Villaroger........	592	38
	Fontaine-le-Puits...	196	5		Côte-d'Aime (La)...	727	17	Bozel, 9 comm., 5.940 hab.	Bozel............	1.250	13
	Grand-Cœur.......	258	5		Granier...........	560	17		Allues (Les).......	920	11
	Hautecour........	490	5		Landry...........	580	24		Brides-les-Bains...	166	5
	Naves............	577	10		Longefoy.........	400	14		Champagny.......	657	17
	Notre-Dame-de-Briançon............	233	8		Mâcot............	988	16		Feissons-sur-Salins.	248	5
	Notre-Dame-du-Pré.	466	10		Montgirod........	565	10		Montagny........	644	8
	Petit-Cœur........	213	10		Montvalezan-sur-Bellentre,..........	386	20		Perrière (La).....	486	8
	Pussy............	560	11		Peisey...........	912	26		Pralognan........	880	25
	Saint-Jean-de-Belleville............	960	10		Tessens..........	405	13		Saint-Bon.........	689	13
					Villette..........	371	11				

ARRONDISSEMENT DE SAINT-JEAN-DE-MAURIENNE

Superficie, 1.967 kil. carrés ou 19.699 hect. — Population, 53.232 hab. — Cantons, 6. — Communes, 67.

CANTON, sa population.	NOM de LA COMMUNE.	POPULATION.	Distance au chef-lieu d'arr.	CANTON, sa population.	NOM de LA COMMUNE.	POPULATION.	Distance au chef-lieu d'arr.	CANTON, sa population.	NOM de LA COMMUNE.	POPULATION.	Distance au chef-lieu d'arr.
SAINT-JEAN-DE-MAURIENNE, 20 communes, 14.813 habitants.	Saint-Jean-de-Maurienne.	3.087	»	AIGUEBELLE, 12 comm., 10.326 habitants.	Aiguebelle.	1.090	34	LANSLEBOURG, 7 c., 5.314 hab.	Lanslebourg.	1.023	53
	Albane.	446	17		Aiton.	1.192	39		Bessans.	1.002	65
	Albiez-le-Jeune.	466	12		Argentine.	1.654	32		Bonneval.	339	72
	Albiez-le-Vieux.	821	11		Bonvillaret.	561	39		Bramans.	792	40
	Châtel (Le).	355	5		Épierre.	584	12		Lanslevillard.	572	56
	Fontcouverte.	1.313	6		Montgilbert.	681	35		Sollières-Sardières.	612	43
	Hermillon.	516	6		Montsapey.	483	31		Thermignon.	974	47
	Jarrier.	925	3		Randens.	811	34	MODANE, 8 c., 7.417 hab.	Modane.	2.144	31
	Mont-Denis.	436	14		St-Alban-des-Hurtières.	1.197	28		Aussois.	646	38
	Montpascal.	366	11		St-Georges-des-Hurtières.	1.300	27		Avrieux.	248	35
	Montricher.	323	8		Saint-Léger.	502	20		Fourneaux.	1.220	28
	Montrond.	480	12		St-Pierre-de-Belleville.	271	23		Freney.	256	27
	Montvernier.	536	8	LA CHAMBRE, 13 comm., 9.783 habitants.	Chambre (La).	616	10		Orelle.	1.063	18
	Pontamafrey.	136	4		Chapelle (La).	766	19		Saint-André.	1.004	28
	Saint-Jean-d'Arves.	1.422	13		Chavannes (Les).	301	14		Villarodin-Bourget.	536	34
	Saint-Julien.	1.093	6		Montaimont.	1.317	17	SAINT-MICHEL, c., 5.879 hab.	Saint-Michel.	2.061	13
	Saint-Pancrace.	361	2		Montgellafrey.	875	18		Beaune.	308	14
	Saint-Sorlin-d'Arves.	762	15		Notre-Dame-du-Cruet.	189	14		Saint-Martin-d'Arc.	258	14
	Villarembert.	458	8		St-Alban-des-Villards.	1.020	16		Saint-Martin-de-la-Porte.	761	12
	Villargondran.	511	3		Saint-Avre.	210	10		Thyl.	564	17
					St-Colomban-des-Villards.	1.486	18		Valloires (Les).	1.281	11
					St-Etienne-de-Cuine.	956	9		Valmeinier.	646	18
					Ste-Marie-de-Cuine.	762	8				
					St-Martin-sur-la-Chambre.	422	13				
					Saint-Remy.	863	16				

III. STATISTIQUE MORALE (1)

Par M. Eug. BOUTMY, ancien professeur.

Les chiffres en caractères gras inscrits dans chacune des trois petites colonnes de ce tableau indiquent le rang du département relativement à la mention devant laquelle ils sont placés.

Religion (2).

Catholiques.	267.628
Protestants.	249
Israélites.	10
Clergé catholique.	537
Pasteurs.	8
Rabbins.	»

Mouvement de la population.

	Naissances.	7.669
	Mariages.	1.916
	Décès.	6.575
61e	Durée moyenne de la vie.	35 a, 4 m.

Instruction (3).

18e	Nombre des jeunes gens sachant lire, écrire et compter sur 100 jeunes gens maintenus sur les listes de tirage.	87,97
	Nombre des établissements d'enseignement secondaire de l'Etat.	1
	Nombre des écoles primaires (publiques ou libres).	982

Crimes contre les personnes (4).

COURS D'ASSISES.

78e	Rapport du nombre des accusés à la population.	1 sur 44.727 hab.
	Nombre total des accusés.	6

Infanticides.

50e	Rapport du nombre des infanticides à celui des enfants naturels.	1 sur 256
	Nombre total.	1

Suicides.

60e	Rapport des suicides au chiffre de la population.	1 sur 11.181 hab.
	Nombre total.	24

Crimes contre les propriétés.

28e	Rapport du nombre des accusés à la population.	1 sur 14.124 hab.
	Nombre total.	19

Tribunaux correctionnels.

60e	Nombre des affaires.	1.145
	Nombre des prévenus.	1.368
	Nombre des condamnés.	1.275

Procès.

	Affaires civiles (5).	1.417
49e	Affaires commerciales (6).	863
	Faillites (7).	31

Paupérisme.

35e	Rapport des indigents au chiffre de la population.	1 sur 39 hab.
	Nombre total.	6.807
	Bureaux de bienfaisance.	146
	Hôpitaux et hospices.	10
	Aliénés à la charge du département.	245
	Sociétés de secours mutuels.	11

Contributions directes (8).

81e	Foncière.	602.747
	Personnelle et mobilière.	164.014
	Portes et fenêtres.	95.461

(1) Les chiffres contenus dans ce tableau sont empruntés, pour la plupart, à l'*Annuaire statistique de la France* (1878), publié par le ministère de l'agriculture et du commerce, ou calculés d'après des données puisées dans cet ouvrage.

(2) Ces chiffres sont antérieurs au recensement de 1876, qui a négligé ce point de vue.
Culte catholique. — Archevêché à Chambéry, dont les suffragants sont les évêchés d'Annecy, de Tarentaise et de Maurienne. Le diocèse de Chambéry comprend le département de la Savoie tout entier et diverses paroisses de l'arrondissement d'Annecy (Haute-Savoie). Il compte 18 cures, 153 succursales et 47 vicariats rétribués par l'État. Les congrégations et communautés religieuses reconnues dans ce diocèse étaient, avant 1880, au nombre de 15 : 7 pour les hommes et 8 pour les femmes.

(3) Le département relève de l'académie de Chambéry. École préparatoire à l'enseignement des sciences et des lettres, à Chambéry ; lycée dans la même ville ; 5 établissements libres pour l'enseignement secondaire. École normale d'instituteurs primaires à Albertville. Au point de vue du nombre d'élèves inscrits dans les écoles primaires de 6 à 13 ans, sur 100 enfants recensés, la Savoie occupe le 23e rang. Le même département occupe le 1er rang d'après le nombre d'enfants présents à l'école par 10,000 habitants.

(4) Au point de vue judiciaire, le département de la Savoie ressortit à la cour d'appel de Chambéry, qui est le siège de la cour d'assises. Chaque chef-lieu d'arrondissement possède un tribunal de première instance ; celui de Chambéry est divisé en deux chambres. Un tribunal de commerce a été établi dans la même ville.

(5) Ce chiffre indique le nombre des affaires civiles terminées pendant l'année.

(6) Ce chiffre comprend les affaires contentieuses à juger pendant l'année.

(7) Terminées pendant l'année.

(8) Trésorier-payeur général à Chambéry ; receveur particulier dans chaque chef-lieu d'arrondissement.

BIBLIOGRAPHIE

1602. Chronique de Savoie, continuée jusqu'en 1601, par *J. de Tournes*.

1677. Abrégé de l'histoire de la maison de Savoie, par *Th. Blanc*. 3 vol.

... Histoire des ducs et de la nation de Savoie, par *Van der Burch*. 1 vol. in-4°.

1816. Mémoires historiques sur la maison de Savoie, par *Costa de Beauregard*. 3 vol. in-8°.

... Histoire de la Savoie, par *de Saint-Genis*. 3 vol. in-12.

... Description des Alpes Grées et Cottiennes, par *Albanis de Beaumont*. 4 vol. in-4°.

... Mémoire statistique sur la Savoie, par *de Saussaye*.

1840. Le Guide des voyageurs en Savoie, par *Richard*. In-18.

1847. La Savoie. Voyage à Chambéry et aux eaux d'Aix, par le comte *de Résie*. In-18.

1852. Histoire de la Savoie, depuis la domination romaine jusqu'à nos jours. In-12.

1854. Notice sur les eaux minérales de Saint-Gervais, en Savoie, par le Dr *Payen*.

1854. La Savoie historique et pittoresque, par *J. Dessaix*.

1855. Guide de l'étranger en Savoie, par *Gabriel de Mortillet*. In-12.

1855. Histoire de la maison de Savoie, par *Boissat*, supérieur de collège. In-12.

1855. Ornithologie de la Savoie, de la Suisse et des Alpes, par *J. Bailly*. 4 vol. in-8°, avec atlas.

1860. Indicateur médical et topographique d'Aix-les-Bains, par le docteur baron *Despine*. In-12.

1860. Itinéraire descriptif de la Savoie, par *Ad. Joanne*, avec une introduction par *Élisée Reclus* et des vues panoramiques. 1 vol. in-18.

1860. Les frontières sud-est de la France, par le colonel *Borson*. In-8°.

1861. Itinéraire général de la France, par *Ad. Joanne* (Bourgogne, Bresse, Bugey, Savoie). 1 vol. in-18.

1864. Histoire de l'agriculture en Savoie, par *Tochon*. 1 vol. in-8°.

1865. Manuel topographique et médical de l'étranger aux eaux d'Aix-en-Savoie, par le docteur baron *Despine*. In-12.

1866. La Savoie, le mont Cenis et l'Italie septentrionale, par *Goumain Cornille*. 1 vol. in-8°.

1872. Dictionnaire géographique de la France et de ses colonies, par *Ad. Joanne*. 2e édition.

1875. Géographie de la Savoie et de la Haute-Savoie, par *J.-B. Pasquier*, agrégé d'histoire. 1 vol. in-18 et carte.

1876. Petite géographie des départements de la Savoie et de la Haute-Savoie, par *Périn* (collection Em. Levasseur). 1 vol. in-18.

Mémoires de la Société ou Académie de Savoie. In-8°.

La Savoie, carte en 2 feuilles extraite de la carte de l'État-major sarde.

Carte générale de la Savoie en 1 feuille. — Atlas de la Savoie en 7 feuilles, sur raisin, par provinces.

Feuilles 169, 169 *bis*, 179, 179 *bis* de la carte de l'État-major français.

Carte de Savoie, par *Logerot*, *Ad. Joanne*, etc.

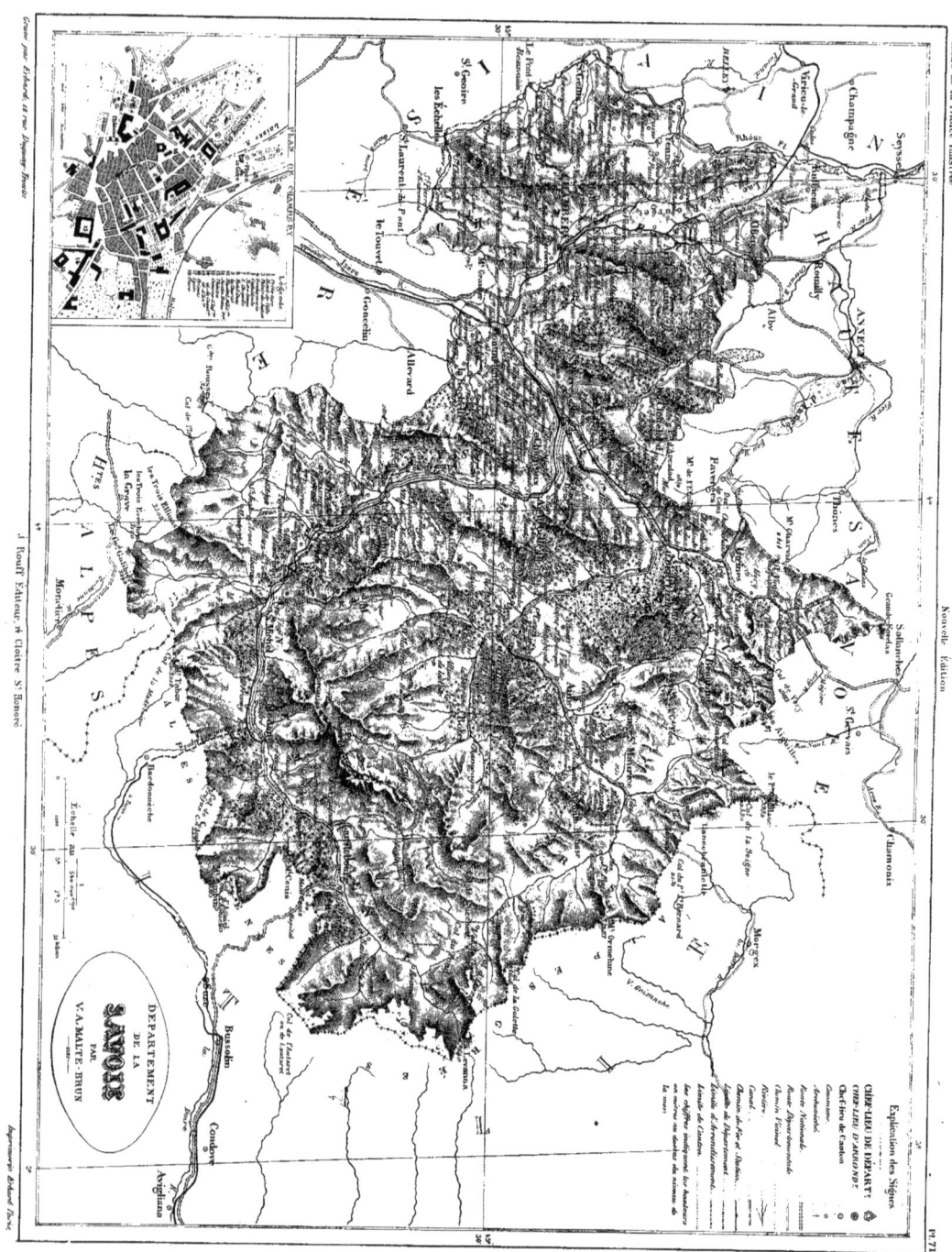

LA FRANCE ILLUSTRÉE — PAR V.-A. MALTE-BRUN

36. — **Haute-Savoie.** ANNECY

HAUTE-SAVOIE

Chef-lieu : ANNECY

Superficie : 4,315 kil. carrés. — Population : 273,801 habitants.
4 Arrondissements. — 28 Cantons. — 314 Communes.

DESCRIPTION PHYSIQUE ET GÉOGRAPHIQUE

Situation, limites. — Le département de la Haute-Savoie doit son nom à sa position au nord de celui de la Savoie ; c'est un département frontière de la France. Il est situé dans le bassin du Rhône. Il a été formé, en 1860, par voie d'annexion des provinces septentrionales de la Savoie, c'est-à-dire de celles du Faucigny, du Chablais et du Genevois. Lors de la réunion de la Savoie au premier Empire, il formait, pour la plus grande partie, le département du Léman, dont Genève était le chef-lieu.

Ses limites actuelles sont : au nord, le lac Léman ou de Genève et le canton suisse de Genève ; à l'est, le canton suisse du Valais, le mont Blanc et le commencement des Alpes Grées, qui le séparent du royaume d'Italie ; au sud, le département de la Savoie, et à l'ouest le Rhône, qui le sépare du département de l'Ain.

Superficie, nature du sol, montagnes, passages des Alpes. — Le département de la Haute-Savoie est un pays de montagnes qui s'appuie à l'est sur la haute chaîne des Alpes, et dont la pente générale est inclinée vers la France dans la direction du sud-est au nord-ouest.

Les Alpes Grées et les Alpes Pennines appartiennent en partie au département ; le mont Blanc en forme le sommet principal ; sa cime s'élève à 4,810 mètres au-dessus du niveau de la mer ; c'est, comme on le sait, la plus haute montagne de notre Europe, et pourtant à peine dépasse-t-elle la moitié de la plus haute montagne mesurée du globe, le mont Everest, l'un des pics de l'Himalaya, en Asie, qui a 8,837 mètres d'altitude. « Le mont Blanc, solitaire dans son auguste majesté, dit M. Élisée Reclus (voir son introduction géographique au *Guide de la Savoie* de M. Adolphe Joanne), est séparé des montagnes environnantes par des vallées profondes qui s'épanouissent autour de lui et par des cols élevés de 2,200 à 2,700 mètres au-dessus du niveau de la mer, inférieurs par conséquent de 2,400 mètres en moyenne à l'énorme pic qui les domine. Ainsi aucun puissant contrefort ne s'appuie sur le géant des Alpes lui-même ; tous les monts se tiennent à distance comme pour lui composer une cour de sommets secondaires. Le principal chaînon qui s'en détache au nord est l'arête régulière qui commence au col de Balme, se redresse pour former le Buet et, séparant la Savoie du Valais, se termine à la Dent-d'Oche, au-dessus de Saint-Gingolph. »

Si l'on excepte le mont Blanc, les autres pics principaux du département de la Haute-Savoie sont moins élevés que ceux du département de la Savoie, et même, en moyenne, le sol du premier offre une altitude moindre que celle du second, ce qui paraît contraire à cette dénomination de Haute-Savoie, qui, comme nous l'avons dit, a plutôt trait à l'orientation géographique qu'à une désignation topographique. Le mont Brévent, 2,612 mètres ; l'aiguille de l'Argentière, 3,927 mètres ; la Dent-du-Buet, 3,109 mètres ; la Dent-d'Oche, 2,434 mètres ; le signal de Vaugy, 2,178 mètres ; l'aiguille de la Tour, 3,495 mètres ; l'aiguille Verte, 4,081 mètres ; l'aiguille du Moine, 2,858 mètres ; les aiguilles de Charmoz, 2,783 et 2,524 mètres, sont, après le mont Blanc, les pics les plus élevés du département. La petite chaîne transversale des Voirons ne dépasse pas (le Calvaire) 1,456 mètres.

Du col de Balme au col de la Seigne, le massif du mont Blanc offre successivement, en Savoie, le glacier du Trient (sur la frontière valaisane), le glacier et l'aiguille de la Tour, l'aiguille Verte, l'aiguille du Dru, le mont Dolent, le glacier Léchaud, au pied duquel est le Jardin ; le Géant, la Mer de glace, le glacier des Bois, le mont Blanc du Tacul, l'aiguille du Midi, les aiguilles de Charmoz, le glacier des Bossons, le glacier de Tacconay, la montagne de la Gria, l'aiguille du Goûter, le mont Blanc, le glacier du Miage, le glacier de la Trelatête et le glacier de l'Aiguille. C'est du mont Brévent, au-dessus du prieuré de Chamonix, que l'on peut jouir le mieux de la vue de l'ensemble du massif du mont Blanc.

Le col de Balme, 2,362 mètres, qui conduit de Chamonix à Martigny, dans le Valais, et le col de la Seigne, 2,487 mètres, qui conduit de la Savoie dans la vallée d'Aoste, sont, sur la frontière, les passages les plus fréquentés par les voyageurs. Le col d'Abondance ou pas de Morgin, 1,411 mètres, qui forme la limite du département et du Valais entre la montagne du Corbeau, 1,498 mètres, et celle de Nobay, 1,675 mètres, conduit à Saint-Maurice; les autres passages que nous citerons sont le col de Champéry, le col de Coux et le col de la Tête-Noire, 1,280 mètres, qui conduit de la vallée de Valorsine (Savoie) dans celle du Trient (Valais). Comme la chaîne des Alpes offre une pente beaucoup plus raide sur le versant qui regarde l'Italie, ces passages se ressentent de cette disposition topographique et leurs pentes sont bien moins escarpées du côté de la France que de celui de l'Italie; leur végétation est plus brillante du premier côté que du second.

Le département est sillonné de vallées profondes formées par le réseau inextricable des chaînons et des contreforts qui se détachent du massif principal du mont Blanc; elles sont dominées par des montagnes dont quelques pics atteignent jusqu'à 2,500 mètres et en moyenne 1,200 à 1,500 et communiquent entre elles par des cols ou défilés qui, sans offrir la grande majesté de ceux de la chaîne principale, n'en sont pas moins remarquables. Les plus fréquentés sont: le col de Forclaz, qui conduit de la vallée de Saint-Gervais-les-Bains dans celle de Chamonix; le col d'Anterne, qui mène de la vallée de Chamonix dans celle de Sixt; le col Joli et le col du Bonhomme, qui conduisent du département de la Haute-Savoie dans celui de la Savoie.

Les glaciers se rencontrent à une hauteur moyenne de 2,400 mètres; cependant, dans certaines expositions, il n'est pas rare de les retrouver à une altitude de 1,200 mètres. Leur longueur varie avec leur largeur, et les plus grands n'ont pas moins de 20 kilomètres de longueur sur 6 de largeur.

La *Mer de glace* offre, dans le département, l'échantillon le plus curieux de ces grands réservoirs des eaux de l'Europe. C'est M. de Saussure qui, pour la première fois, lui donna ce nom si bien mérité par son aspect; il n'est pas de touriste qui, dans sa visite à la vallée de Chamonix, ne l'ait franchie, quoique aujourd'hui le trajet présente plus de difficultés qu'autrefois, à cause des *crevasses*, des *rimages* et des *entonnoirs* qui s'y forment. Au pied de ces glaciers et sur leurs bords s'accumulent des amas de roches, de sables et de débris de toute nature; ce sont les *moraines*, produites par l'éboulement des montagnes qui les dominent. Quelquefois, au printemps, ces éboulements, sur de plus grandes proportions, concourent, avec les avalanches et les tourmentes de neige, à combler les vallées les plus étroites et les cols qui les mettent en communication; tout chemin disparaît bientôt sous un amas informe de terres, de roches, de neige et de blocs de glace; malheur alors au pauvre voyageur qui n'a pu trouver un sûr abri et un guide habile!

Hydrographie. — Le département de la Haute-Savoie appartient au bassin du Rhône. Il est arrosé par le Rhône, par le Fier et l'Arve, ses principaux affluents dans le département; par la Dranse, tributaire du lac Léman.

Le Rhône sert de frontière au département et à celui de l'Ain, depuis Bellegarde (Ain) jusqu'à l'embouchure du Fier, au-dessous de Seyssel; dans son cours torrentueux, que l'on peut évaluer à environ 30 kilomètres, il embrasse beaucoup de petites îles, et, aussitôt qu'il sort de ces gorges qui le retenaient captif, ses bras capricieux changent fréquemment leur lit, autant que le permettent les alluvions les plus basses, converties en pâturages.

Dans ce parcours, le Rhône arrose, dans le département, le territoire des communes de Saint-Germain, de Franclens, de Challons, d'Usinens, de Bassy et de Seyssel.

Tout fait supposer qu'autrefois le Rhône s'était frayé une voie au sud de Ruffieux jusqu'au lac du Bourget, qu'il traversait, pour de là remplir la vallée actuelle de Chambéry et descendre dans la vallée du Grésivaudan.

Le Fier descend du massif des Bornes, un peu au nord du mont Charvin, arrose Manigod, Les Clefs, Thônes, La Balme-de-Thuy, Saint-Gervais, Naves, Brogny, Metz, Gévrier, Lovagny, Étercy, Versonnex, Vallières, Sion, Saint-André-de-Rumilly et se jette dans le Rhône, à 2 kilomètres de Seyssel, après un cours d'environ 65 kilomètres de l'est à l'ouest. Il reçoit, en outre, les eaux de plusieurs petits torrents, tels que le Nom et les Fillières, à gauche ; celles du lac d'Annecy, près de Gévrier, qui s'écoulent par un canal de peu d'étendue appelé canal du Thioux, et, plus bas, le Chéran, qui arrose le département de la Savoie. Le Fier est guéable, excepté pendant les temps de pluie, où il devient un torrent impétueux ; il charrie des sables aurifères.

Le bassin secondaire de l'Arve forme, à vrai dire, le principal système hydrographique du département de la Haute-Savoie. Cette rivière descend du pied du col de Balme et coule du nord-est au sud-ouest, dans la vallée de Chamonix, avec le fracas et la rapidité d'un torrent, en arrosant les territoires de L'Argentière, de Tines-de-Dru, des Prés, du Prieuré, des Bossons, de Chavannes, de Servoz et de Passy. A la sortie de la vallée de Chamonix, elle se dirige vers le nord-ouest, passe près de Sallanches, de Grayen, de Maglan ; à Cluses, à Torloz, à Aize, à Bonneville ; près de Contamines, de Régnier, d'Annemasse ; entre dans le canton suisse de Genève, passe à Carouge et se jette dans le Rhône, à 1 kilomètre à l'ouest-sud-ouest de Genève, après un cours rapide de 90 kilomètres.

L'Arve a souvent emporté les ponts sur lesquels on la traverse. Ses débordements rendent inutiles de grandes étendues de terrain de la vallée qu'elle arrose. Pour peu qu'elle déborde, elle inonde en entier cette vallée, parce que le fond en est très plat ; même dans les temps ordinaires, elle en couvre une grande partie, et le moindre obstacle lui fait changer de lit presque d'un jour à l'autre. Lorsqu'elle est basse, cet espace sablonneux et aride présente un aspect triste et ingrat ; mais, quand elle déborde, la vallée ressemble à un lac, et les collines boisées qui la dominent, couronnées par des cimes sourcilleuses, forment un tableau de la plus grande beauté. L'Arve est quelquefois tellement resserrée entre les rochers, que l'on ne peut suivre ses bords. Depuis Cluses jusqu'à 8 kilomètres au-dessous de Bonneville, elle forme une grande quantité d'îles.

L'Arve reçoit, à droite, la Diosa ou Diousa, qui prend sa source à Villi et arrose Bouchet, et le Giffre, grossi du Crieu, de la Valentine, du Foron et de la Risse ; le Giffre arrose Sixt, Samoens, Taninges et Saint-Jeoire. Les affluents de gauche sont les *Nants* ou torrents qui sortent des glaciers de la Tour ou de l'Argentière et le Bonnant, le Sallanches et la Borne, petits cours d'eau un peu plus considérables.

L'Arve, en entrant dans le Rhône, dont les eaux sont limpides, vient avec impétuosité y mêler les siennes, qui sont généralement bourbeuses. On distingue à une assez grande distance celles-ci, qui continuent à être grises et troubles le long de la rive gauche du Rhône. L'Arve est sujette à des crues subites et considérables ; on l'a vue quelquefois s'enfler à un tel point, qu'elle a forcé le fleuve à remonter vers le lac Léman. Lorsque l'eau de l'Arve s'est dépouillée du limon qu'elle charrie, elle est d'une pureté extrême. La variété et la beauté des cailloux que l'on trouve dans son lit la rendent très intéressante pour les minéralogistes. Comme toutes les rivières qui descendent torrentueusement de hautes montagnes, elle roule des paillettes d'or.

Au nombre des affluents savoisiens du Rhône, nous ne devons pas omettre la petite rivière des Usses ; elle prend sa source dans le pays des Bornes, au pied de la montagne de Salèves ; elle arrose le territoire de Caille, de Cercier, de Copponex, de Contamine, de Musiège, de Frangy, de Plana et vient tomber dans le Rhône, au-dessus de Seyssel, après un cours d'environ 50 kilomètres. Elle reçoit le torrent des Petites-Usses.

La Dranse, que l'on qualifie de Savoyarde, pour la distinguer d'une autre rivière du même nom qui arrose le Valais, descend du col d'Abondance ; elle passe à Pont-Châtel, La Chapelle, La Friche, Abondance, Vacheresse, Chevenoz, Féterne, Armoy-Liaud et se jette dans le lac Léman, à Vouey, à 2 kilomètres au nord-est de Thonon, après un cours de 40 kilomètres. Près de Chevenoz, elle reçoit l'Ursine et, un peu plus loin, la Dranse-de-Biot, qui arrose Morzine et Le Biot, et la Dranse-d'Enfer ou le Breyon, qui arrose Vailly.

Le département de la Haute-Savoie est riverain du lac Léman ou de Genève, depuis Douvaine, à 18 kilomètres au nord-est de Genève, jusqu'à Saint-Gingolph, sur la frontière du Valais, c'est-à-dire l'espace de 43 kilomètres. La longueur de ce lac est de 71 kilomètres ; sa plus grande largeur (entre Mourges et Évian) est de 14 kilomètres, et l'on évalue sa superficie à 1,450 kilomètres carrés. Sa plus grande profondeur, près de La Meillerie, est de 308 mètres. Ses eaux, dont le niveau est à 364 mètres au-dessus du niveau de la mer, sont très transparentes ; il nourrit un grand nombre de poissons, dont quelques-uns appartiennent à des espèces qui lui sont particulières; tel est le férat. Le Rhône, qui vient s'y jeter à son extrémité orientale en descendant du Valais, y forme des atterrissements considérables; il conserve son courant à travers le lac, et, par certains temps, des hauteurs des collines de Vaud, on peut le suivre comme un ruban, tranchant par sa couleur sur celle des eaux du lac de Genève. La rive savoisienne du lac offre des sites sauvages, tels que celui des roches de La Meillerie, bien connu des artistes et des poètes. La navigation sur le lac est très active et souvent dangereuse, lorsque soufflent les vents du nord ou du sud. Thonon, où l'on a projeté d'établir un port, est appelé à devenir le centre du commerce français avec Genève, Coppet, Nyon, Rolle, Morges, Ouchy (port de Lausanne), Vevey et Villeneuve, les villes suisses riveraines.

Le lac d'Annecy, si nous en exceptons sa pointe méridionale, appartient en entier au département. Il a 14 kilomètres de longueur, sur une largeur de 1 à 3 kilomètres; ses eaux sont à 70 mètres au-dessus de celles du lac de Genève, et sa profondeur moyenne est de 30 mètres. Il nourrit assez peu de poisson et « ressemble, dit un proverbe du pays, à un ami qui vous abandonne dans le besoin : il manque de poisson dans le carême. » Entouré de montagnes calcaires, excepté du côté d'Annecy, il reçoit quelques cours d'eau torrentueux, comme le Fournet et l'Aiguedon; un déversoir de 3 à 4 kilomètres de longueur conduit ses eaux dans le Fier.

Les autres lacs du département de la Haute-Savoie sont de bien moins grande importance. Pour la plupart, ce ne sont que des réservoirs encaissés au milieu des montagnes, des eaux provenant de la fonte des neiges ou des glaces; ils alimentent les torrents qui vont grossir les rivières que nous avons décrites. Citons le lac de Montrioud, appelé aussi lac Vert ou lac Noir, selon l'apparence de ses eaux; il est élevé de 1,050 mètres et dominé par de belles parois de rochers d'où tombent des cascades; le lac de Gers, dans le voisinage de Sixt, qui donne naissance à la cascade de Pieu ou de Gers, et lac de Flaine, à peu de distance du précédent, qui n'a pas d'écoulement apparent.

Il y a quelques plaines marécageuses dans les environs d'Annecy; mais elles sont de peu d'étendue.

Voies de communication. — Le département de la Haute-Savoie est traversé par 5 routes nationales, d'une longueur de 300 kilomètres; par 16 routes départementales, 370 kilomètres; par 26 chemins vicinaux de grande communication, 517 kilomètres; par 33 chemins vicinaux d'intérêt commun, 385 kilomètres, et par près de 2,500 chemins vicinaux ordinaires, ayant un développement total d'environ 4,500 kilomètres.

La principale ligne de chemin de fer est celle d'Aix-les-Bains à Annecy, qui a 40 kilomètres et dessert dans le département les stations de Rumilly, Marcellaz, Lovagny et Annecy (622 kilomètres de Paris). Cette ligne doit être continuée jusqu'à Genève. La ligne de Lyon à Genève côtoie le département sur la rive droite du Rhône, appartenant au département de l'Ain, depuis Seyssel jusqu'à Collonges; à la station de Bellegarde, un petit embranchement de 69 kilomètres conduit à Thonon en desservant : Valleiry, Viry, Saint-Julien, Archamps, Bossey, Annemasse, Saint-Cergues, Bous-Saint-Didier et Perrignier.

Climat. — Le département de la Haute-Savoie est un pays de montagnes; le climat y varie conséquemment avec l'élévation et l'exposition des lieux. « Sur le flanc des montagnes, les climats sont étagés par zones ayant chacune leur faune et leur flore, et dont la température baisse d'un degré en moyenne par chaque élévation de 150 mètres. » (Ad. Joanne.) On peut, dans une course d'une seule journée, passer de la plaine dans la haute montagne et voir se succéder les températures de l'été, du printemps et de l'hiver. La température moyenne d'Annecy est d'environ 10° centigrades; elle est inférieure à celle de Chambéry, et l'on cite des années où le lac d'Annecy fut entièrement pris par la glace. Annecy doit sa température inférieure, pendant les six premiers mois de l'année, au voisinage des neiges hiémales.

Les vents varient avec la direction des vallées, et ils dépendent de l'enchevêtrement des montagnes. « Les montagnes ne sont pas visitées seulement par les courants atmosphériques qui soufflent sur les plaines; elles ont aussi leur système propre de brises, alternant avec la même régularité que la brise de terre et la brise de mer sur les côtes de l'Océan. Le jour, surtout en été, lorsque les vallées sont exposées à toute l'intensité des rayons solaires, l'air chaud s'élève avec impétuosité sur le flanc des montagnes et forme un vent d'autant plus violent que l'écart entre la température d'en bas et celle des hauteurs est plus considérable. La nuit, des phénomènes d'un ordre inverse se produisent, et les hautes montagnes, qui perdent moins rapidement que les vallées leur chaleur par le rayonnement nocturne, rendent aux campagnes situées à leur base les nappes d'air qu'elles ont reçues. Il s'établit ainsi un échange entre les deux zones, un flux et un reflux, une marée atmosphérique ascendante et descendante, réglée dans son intensité par l'intensité de la température elle-même. D'ordinaire, le vent ascendant commence vers dix heures du matin dans les vallées de la Savoie, et le courant descendant reflue vers les bas-fonds à partir de neuf heures du soir. En hiver, la vallée ne recevant qu'une faible quantité de chaleur solaire, la bise ascendante devient presque insensible durant le jour ; mais, la nuit, la bise descendante acquiert d'autant plus d'énergie, parce que, relativement, les cimes des monts absorbent une bien plus grande quantité de chaleur que les vallées. En été, au contraire, les bises diurnes soufflent toujours avec plus de violence que les bises nocturnes. » (É. Reclus.)

En général, les vents du nord et du nord-est sont secs et froids ; la pluie vient avec les vents d'ouest et du sud. On donne dans le département le nom de *morges* au vent qui traverse le Léman dans la direction de Morges à Thonon ; la *vaudière* arrive du Valais, et le *joran*, dont on redoute la violence, vient du Jura.

Productions naturelles. — Le département de la Haute-Savoie appartient à la région géologique des Alpes ; le schiste et le talc forment les éléments principaux des montagnes ; l'amphibole, l'eurite, le gneiss se montrent dans les pics principaux. Dans l'ouest du département, on rencontre des chaînons jurassiques qui alternent avec un terrain crétacé ; ces chaînons sont tous parallèles aux chaînes du Jura, et quelques-uns en sont même la continuation. Les montagnes recèlent des mines d'antimoine, de baryte, de cuivre, de fer et de manganèse. On rencontre aussi les lignites (à Entrevernes), l'argile, le bitume (à Frañclens, à Challonges, à Contamines, à Musièges, etc.) ; le cristal de roche, le granit, le marbre, le plâtre et la pierre calcaire (94 carrières sont exploitées). Les sources d'eaux minérales sont nombreuses ; les principales qui soient exploitées sont celles d'Évian et de Saint-Gervais. Des forêts de sapins s'étagent sur les hauts gradins des Alpes ; sur les montagnes de moindre importance, on rencontre d'autres essences : le chêne, le chêne-liège, le châtaignier, le bouleau, le mélèze, etc. Les plantes médicinales y abondent. La superficie du département se partage en superficie bâtie et voies de communication, 65,991 hectares, et en territoire agricole, 365,481 hectares. Ce dernier est lui-même subdivisé en : céréales, 68,882 hectares ; farineux, 14,178 ; cultures potagères et maraîchères, 3,626 ; cultures industrielles, 1,640 ; prairies artificielles, 34,716 ; fourrages annuels, 4,465 ; autres cultures, jachères, etc., 12,726 ; vignes, 8,625 ; bois et forêts, 87,209 ; prairies naturelles et vergers, 37,031 ; pâturages et pacages, 38,850 ; terres incultes, 53,535 hectares. Le département ne produit pas de céréales en quantité suffisante pour la consommation de ses habitants ; il tire le surplus des départements voisins. On récolte, en outre, du froment, du maïs et du sarrasin. Les fruits et les légumes y viennent parfaitement, mais la vigne est rare et elle ne convient qu'à certaines expositions. La production vinicole de la Savoie n'est pas limitée, comme dans nos départements du centre, aux vignes basses ; on y trouve encore, entremêlées aux cultures, des *hautains* et treillages qui fournissent une quantité considérable de vins communs. Les principaux crus de la Haute-Savoie sont ceux de Thonon, vin de Crepy ; de Bonneville, l'Aïse ; de Saint-Julien, de Seyssel, de Frangy, de Musièges, d'Annecy et de Talloires. En 1875, la production a été de 196,821 hectolitres ; en 1877, de 160,309 hectolitres. Les pâturages sont très riches ; aussi élève-t-on beaucoup de bestiaux : chevaux de trait, mulets, moutons et vaches ; tous les animaux de basse-cour abondent. Parmi les animaux sauvages, nous citerons le bouquetin, le chamois, le loup-cervier, la marmotte et l'ours brun. Les oiseaux de proie sont nombreux, et l'on distingue même plusieurs espèces d'aigles. Les rivières sont poissonneuses ; enfin le gibier à plume et à poil est le même que celui que l'on rencontre dans le département de l'Isère.

Industrie agricole, manufacturière et commerciale. — Ainsi que dans le département de la Savoie, l'industrie agricole est encore peu avancée ; les terres cultivables sont néanmoins soignées, en raison de leur peu d'étendue, et la méthode des jachères y est inconnue.

L'élevage des bestiaux et la fabrication des fromages forment la principale industrie des habitants de la montagne; les meilleurs beurres sont ceux de Faucigny; les fromages principaux sont les *vacherins* d'Abondance, et les *rebrochons* de Thônes. Dans les vallées, on joint à la fabrication du beurre et des fromages l'engraissement de la volaille et l'éducation des abeilles.

Il y a dans le département des hauts fourneaux, des forges à Annecy, à Samoëns, à Sixt et à Cran, des fonderies, des laminoirs, des fours à chaux, des scieries hydrauliques, des moulins à huile, au nombre de 132; des verreries, des tanneries, une belle fabrique de coton à Annecy, une manufacture de coton à Thonon, quelques fabriques d'indiennes et de soieries et une fabrique de papier à Cran. On y fait aussi de la toile et de gros drap pour l'usage des gens de la campagne.

Cluses et Sallanches possèdent des fabriques d'horlogerie; cette dernière possède même une école pour cette industrie.

Les principaux articles du commerce sont : les bestiaux et les mulets, les bois de construction, les fromages façon Gruyère et persillés, les grains, le lin et le miel. Il y a dans chaque principale commune des foires qui attirent un grand concours de gens du dehors; il s'y fait beaucoup d'affaires, et les montagnards y viennent de loin chercher leurs provisions d'hiver.

Chaque année, une partie de la population active appartenant à la classe la plus pauvre quitte le pays pour aller exercer dans les autres départements les métiers de colporteur, de domestique, de fumiste, de rémouleur, etc.; au bout de quelques années, ils reviennent au pays avec leurs économies et s'y établissent.

Division politique et administrative. — Le département de la Haute-Savoie a pour chef-lieu Annecy; il se divise en 4 arrondissements, 28 cantons, 314 communes; le tableau que nous donnons plus loin les fera connaître. Il appartient à la région agricole du sud-est de la France.

Annecy est le siège d'un évêché, qui y a été transporté de Genève; son diocèse comprend tout le département, et il est suffragant de l'archevêché de Chambéry. Il y a un grand séminaire à Annecy, des petits séminaires ou écoles ecclésiastiques à Rumilly, à Thônes, à La Roche et à Taninges, et dans le département 3 cures de première classe, 26 de seconde, 270 succursales et 190 vicariats.

Les quatre tribunaux de première instance des chefs-lieux d'arrondissement ressortissent à la cour d'appel de Chambéry.

Le département dépend de l'académie universitaire de Chambéry; il a deux collèges communaux, à Annecy et à Bonneville; cinq institutions secondaires libres, plusieurs pensions et 693 écoles primaires.

Annecy possède une société savante, fondée en 1607, c'est-à-dire trente ans avant l'Académie française, par le président Favre et saint François de Sales, sous le titre d'*Académie florimontane*.

Le département de la Haute-Savoie fait partie du 14ᵉ corps d'armée et de la 14ᵉ région de l'armée territoriale, dont le quartier général est à Lyon; Annecy est le siège d'une des subdivisions. La compagnie de gendarmerie départementale fait partie de la 14ᵉ légion, dont l'état-major réside à Chambéry.

Le département dépend de l'arrondissement minéralogique de Chambéry, qui appartient à la région du Sud-Est; à la 6ᵉ inspection des ponts et chaussées (Grenoble) et au 33ᵉ arrondissement forestier (Chambéry).

La ligne de douane passe dans le département à Bassy, Châtel, Planaz, Frangy, Chilly, Bonlieu, Les Prats, Maillet, Duret, Menthonex, Evize, La Luaz, Collet, Sapey, Saint-Jean-de-Sixt, Chenaillon et Le Plan. Il y a à Annecy un bureau principal ou central des douanes.

On compte dans le département 65 perceptions des finances; les contributions et les revenus publics atteignent 9 millions de francs.

HISTOIRE DU DÉPARTEMENT

Le département de la Haute-Savoie se composant presque en entier des trois anciennes petites provinces du Faucigny, du Chablais et du Genevois, notre notice devrait être un abrégé de l'histoire de ces trois provinces; mais, comme elles ont eu dans les premiers temps une existence commune avec le reste de la Savoie, comme, plus tard, elles ont été absorbées dans cet envahissant petit État, pour éviter de fastidieuses répétitions, nous nous occuperons principalement ici de l'époque où ces contrées ont vécu de leur vie propre et où elles ont eu une place à elles dans le morcellement de l'Europe

Lac d'Annecy.

féodale. Pour les faits qui ont précédé et suivi cette période, nous renvoyons nos lecteurs à la partie de notre travail consacrée au département de la Savoie.

FAUCIGNY.

Le Faucigny ou Foussigni (*Fociniacum, Fussiniacensis tractus*), pays des anciens *Focunates* ou *Focuates*, est borné au nord par le Chablais, à l'ouest par le Genevois, au sud par la Savoie et la Tarentaise, à l'est par le Valais. De ce côté, il est séparé du val d'Aoste par les hautes Alpes, que les anciens appelaient Alpes Graïennes. Au reste, ses limites ont souvent changé; en dernier lieu, il contenait 96 communes, peuplées ensemble de 105,474 habitants, et sa superficie était de 203,525 kilomètres carrés. Excepté quelques vallées, le pays est âpre, rude, peu fertile. Malgré l'existence pénible que fait aux habitants une nature ingrate et un climat rigoureux, des trois provinces qui formaient la division d'Annecy, c'est celle où il y a le moins d'ignorance; sur 100 personnes, 29 savent lire et écrire, 23,5 savent lire, 47,5 ne savent ni lire ni écrire.

On prétend que la province prit son nom d'une ville de Faucigny, disparue depuis bien des siècles, et sur les ruines de laquelle aurait été bâtie une autre petite ville du nom d'Anse. Aujourd'hui, le nom ne peut s'appliquer qu'aux débris de l'ancien château de Faucigny, habité jadis par les seigneurs de la province et situé sur le sommet d'un rocher abrupt, à une hauteur de 661 mètres, près du hameau de Perrine, à quelques kilomètres du bourg de Contamine.

Pendant l'occupation romaine et la période bourguignonne, le Faucigny partagea le sort des contrées voisines. C'est au XIe siècle, alors que les empereurs allemands descendants de Conrad le Salique laissent échapper une à une leurs possessions de Bourgogne et d'Arles, qu'apparaissent les premiers seigneurs de Faucigny. Nous retrouvons dans un vieil historien la généalogie de cette puissante maison. C'est un document d'un grand intérêt; il donne, mieux que de longs récits, la mesure de l'influence qu'exerça cette famille pendant plus de trois siècles.

Émerard est le premier seigneur de Faucigny dont l'histoire nous ait laissé le nom; il vivait dans le XIe siècle et épousa deux femmes; de la première, il eut trois fils, Aimé, Aimon, et Gui, évêque de Genève; de la seconde, il eut Guillaume, seigneur de Faucigny, mort vers l'an 1119. Ce dernier eut quatre fils, Gérard, Amé, évêque de Maurienne, Raymond et Rodolphe, qui lui succéda. Rodolphe vivait en 1125; il eut une lignée plus nombreuse encore; outre Humbert, son successeur, il eut Arducius, évêque de Genève, qui fut créé prince de cette ville par l'empereur Barberousse, en 1157, et qui gouverna son Église pendant cinquante ans; Ponce, abbé de Sixt; Annon, fondateur de la Chartreuse du Reposoir; Rodolphe, dit Alemand, tige des Alemands, seigneurs de Valbonnais et d'Aubonne; enfin Raymond, seigneur de Thoire et de Boussi-en-Genevois. Humbert vécut jusqu'en 1170; il laissa deux fils, Aimon, qui lui succéda, et Guillaume de Faucigny, qui vivait encore en 1202. Ce dernier fut père d'une fille unique, Agnès, mariée, selon Guichenon, à Thomas Ier, comte de Savoie. Aimon eut trois filles; l'aînée, l'héritière de la seigneurie, s'appelait Agnès, comme sa cousine, et, comme elle, épousa un prince de Savoie, le comte Pierre. Ce mariage fut conclu en 1233. Des deux sœurs d'Agnès, l'une, Béatrix, devint la femme d'Étienne, sire de Thoire et de Villars; l'autre, Léonor, épousa Simon de Joinville, seigneur de Gex. Agnès n'eut qu'une fille, Béatrix de Savoie, dame de Faucigny, mariée en 1241 à Guignes XII, dauphin du Viennois. De ce mariage naquirent deux fils, Jean et André, qui moururent sans postérité, et une fille, Anne, qui apporta en dot le Faucigny et le Dauphiné à son époux Humbert Ier, sire de La Tour-du-Pin. Cette union fut féconde; de ces fruits nous ne citerons que l'héritier, Jean II, et Hugues, mort sans postérité en 1323, après avoir épousé Marie, fille d'Amé V, comte de Savoie. Jean II eut deux fils, Guignes XIII, qui n'eut pas d'enfants, et Humbert II. C'est celui-ci qui, en 1343 et 1349, fit don de toutes ses terres au roi Philippe de Valois, à condition que le fils aîné des rois France porterait le titre de dauphin

et que sa baronnie du Faucigny ne pourrait jamais être séparée du Dauphiné. C'est ainsi que, sous les auspices d'un prince généreux et dévoué à la France, cinq cents ans avant l'annexion définitive, le Faucigny contractait avec ce pays une première union.

Les comtes de Genève avaient des droits dont ils firent aussi l'abandon au roi Jean; mais ceux de Savoie acceptèrent cette cession avec moins de résignation. Leurs officiers étaient en perpétuelles discordes avec les gens du dauphin; les rixes étaient fréquentes et menaçaient d'entraîner des conflits plus graves. Pour terminer ces différends, un traité fut conclu en 1355. En vertu de cette convention, le dauphin abandonnait au comte de Savoie le Faucigny, le pays de Gex et diverses terres qu'il possédait au delà du Rhône et du Guier. Le comte, en échange, cédait au dauphin les terres qu'il avait en deçà des deux rivières.

Le marché était inique, car les domaines acquis par la Savoie représentaient un revenu de 25,000 florins au moins, tandis que la part faite au dauphin n'en rendait pas 1,500. Aussi le comte de Valentinois, Aimar V, gouverneur du Dauphiné, fut-il accusé de s'être laissé corrompre par les présents d'Amé VI, comte de Savoie, et le parlement de Paris le condamna pour ce fait à une amende de 1,000 marcs d'argent. Quoique possesseurs du Faucigny, les comtes de Savoie étaient tenus à un hommage qu'ils ont rendu deux fois. Ils en furent relevés en 1445 par le dauphin, qui fut depuis le roi Louis XI.

De la part de ce prince, une pareille concession a lieu de surprendre, surtout si, comme le prétend notre vieux et patriotique historien, cette renonciation outrepassait son pouvoir comme étant contraire *aux droits inaliénables et imprescriptibles* que nos rois ont sur la baronnie de Faucigny. Charles VIII eut moins de susceptibilité: il ratifia le traité à Chinon cette même année; il est vrai qu'en réciprocité le duc de Savoie renonçait, au profit du roi et du dauphin, à tous les droits qu'il prétendait avoir sur le Valentinois.

A dater de cette époque, le Faucigny a fait partie intégrante des domaines de la maison de Savoie; il n'en avait été distrait que sous la République française et pendant le premier Empire. Il faisait alors partie du département du Léman.

CHABLAIS.

Le Chablais (*Caballicus ager*, *Caballica*, *Pro-*

vincia equestris), ancienne province de Savoie, qui avait le titre de duché, avait pour limites, au nord, le lac Léman; à l'est, le Valais; au sud, le Faucigny, et à l'ouest le Genevois. Ce pays s'étend le long du rivage méridional du Léman; il a peu de largeur au couchant et va toujours en s'élargissant jusqu'à ses frontières orientales, qui sont la rivière de Mourgues, depuis son embouchure jusqu'à sa source, et, de là, une ligne tirée par les montagnes, vers le sud, jusqu'aux glaciers, de sorte que la Valaisine reste au Chablais. Les Romains trouvèrent cette contrée occupée par les *Andates* ou *Nantuates* et *Veragriens*, dont parle César dans ses *Commentaires*. Elle parut propice aux vainqueurs pour l'entretien et la remonte de leur cavalerie; ils y établirent des haras, et ce serait là l'origine de son nom latin. Avec le temps et la corruption du langage, *Caballica* se serait transformé en Chablais. Nous abandonnons cette hypothèse à l'appréciation de nos lecteurs, en déclarant toutefois qu'aucun document ne nous fournit d'étymologie plus acceptable. Sous le gouvernement sarde, voici les renseignements statistiques qu'a recueillis M. Gabriel Mortillet au sujet de la région qui nous occupe: après les deux provinces de plaine, la Savoie propre et le Genevois, le Chablais est celle où il y a le moins d'instruction. Sur 100 habitants, 23 seulement savent lire et écrire; 28 savent lire; le reste, 49 sur 100, bien près de la moitié, comme on voit, ne sait ni lire ni écrire. Il y a, ajoute-t-il, dans le Chablais 60 communes qui se composent de 11,572 familles et de 57,562 habitants, répartis sur une superficie de 928 kilomètres carrés; c'est 62 personnes par kilomètre. Le Chablais est donc la province de Savoie la moins étendue, mais la troisième quant au chiffre proportionnel de la population. Elle comprenait jadis cinq bailliages, ceux de Thonon, Évian, Aups, Ternier et Gaillard. Les centres de population les plus importants, les lieux les plus remarquables se trouvent presque tous sur les bords du Léman. On ne peut citer dans l'intérieur des terres que Douvaine et le fort des Allinges. Les principales rivières sont la Mourgues, l'Ursine, la Dranse, la Béveronne. Il y a quelques autres cours d'eau, mais trop peu considérables pour être cités.

Nous avons peu de chose à dire sur l'histoire particulière du Chablais. Jusqu'au dernier roi, Rodolphe III, il fit partie du royaume de Bourgogne. Il fut donné, en même temps que la vallée d'Aoste, par Conrad le Salique à Humbert Ier aux blanches mains, en récompense des services que ce premier comte de Savoie lui avait rendus dans sa lutte contre Eudes II de Champagne, qui lui disputait sa couronne. Il n'y a donc, comme on le voit, aucune interruption dans la solidarité qui unit les destinées du Chablais à celles de Savoie, puisque la petite province est déjà en la possession du premier prince qui a constitué un comté de Savoie. Le Chablais, cependant, formait un petit État à part; il donnait un titre spécial aux comtes de Savoie. Dans les premiers temps, ils ne portèrent que celui de seigneurs de Chablais; mais, au XIVe siècle, l'empereur Henri VII ou VIII, de la maison de Luxembourg, érigea le Chablais en duché au profit du comte Amédée le Grand, qu'il créa en outre prince de l'empire. Toutefois, Amédée et ses successeurs préférèrent leur ancien titre de comtes de Savoie et de Maurienne à leur nouvelle qualité de ducs du Chablais et de la vallée d'Aoste; ils ne s'intitulèrent ducs que quand l'empereur Sigismond eut érigé la Savoie en duché et en principauté de l'empire.

Par le fait d'alliances, ou comme conséquences passagères de la guerre, le Chablais a fourni parfois des fiefs à des seigneurs étrangers; nous voyons en 1313 Guillaume III, comte du Genevois, faire hommage à l'évêque de Genève du marché de Thonon et des dépendances de Châtillon. Nous voyons à une autre époque Hermance, qui est sur le lac, et Allinges, dans l'intérieur des terres, relever de la baronnie de Faucigny.

Deux faits d'une certaine importance constituent à peu près exclusivement l'histoire du Chablais: les luttes qu'il soutint pour conserver la possession du bas Valais; mais les détails nous manquent complètement; nous ne pouvons que constater le résultat, la victoire définitive des hauts Valaisans, et les troubles religieux qui agitèrent le pays au XVIe siècle. Thonon, capitale du pays et primitivement catholique, avait embrassé le protestantisme sous la pression des Bernois, qui s'en étaient rendus maîtres. Quand les princes de Savoie reprirent la ville, les deux cultes se trouvèrent en présence. Le Chablais eut le bonheur de voir confier à François de Sales la mission de convertir les dissidents. La tolérance et la douceur du saint homme eurent de meilleurs et plus durables résultats que les persécutions et les dragonnades, auxquelles ont eut recours en trop d'autres endroits.

Conquis par les armées républicaines, le Chablais, sous l'Empire, faisait partie du département du Léman.

GENEVOIS.

Le Genevois était un petit État situé entre la France, la Savoie et la Suisse. Il se composait, outre la ville indépendante de Genève, dont nous n'avons point à nous occuper ici, de onze paroisses dont Annecy devint la capitale quand leur séparation de Genève fut consommée.

Après l'histoire de la domination romaine, les plus anciens souvenirs qui se rattachent au Genevois sont ceux de l'établissement du christianisme. L'Évangile fut, dit-on, prêché pour la première fois dans cette contrée par saint Nazaire, disciple de saint Pierre, qui convertit saint Celse vers l'an 75.

Ces premiers missionnaires de la foi eurent pour successeurs immédiats Paracodes, Donnellus, Hyginus et Fronze, qui était auparavant grand prêtre d'Apollon. Tels sont les premiers noms inscrits sur la longue et glorieuse liste de prélats qui occupèrent le siège de Genève. Le dernier, Pierre de Baume, se retira à Annecy en 1534, lorsque la coalition victorieuse des Bernois et des Fribourgeois eut fait triompher le protestantisme dans sa ville épiscopale. A côté de l'autorité religieuse, il y avait, pour Genève et pour les Genevois, un pouvoir civil représenté par des comtes dont l'établissement remontait à une époque reculée, puisque nous connaissons le nom d'un comte Rutbert qui vivait en 880.

Là, comme ailleurs, les mandataires de l'autorité centrale profitèrent de son affaiblissement pour assurer leur indépendance; il y eut donc à la fois comtes et évêques souverains. Nous n'avons pas à relater ici les fréquents conflits qui en résultèrent; ils eurent presque toujours Genève pour théâtre. Voici les seuls éclaircissements que nous fournisse Claude Genoux sur cette époque un peu confuse; c'est d'abord la table chronologique des comtes, que nous transcrivons : 1020, Guillaume. — 1030, Gerold. — 1060, Robert, fils du précédent. — 1080, Gerold II, frère. — 1120, Aimon, fils. — 1150, Amédée Ier, fils. — 1175, Guillaume Ier, fils. — 1220, Humbert, fils. — 1250, Guillaume II, frère. — 1270, Rodolphe, fils. — 1274, Aimon II, fils. — 1290, Amédée II, frère. — 1308, Guillaume III, fils. — 1320, Amédée III, fils. — 1367, Amédée IV, fils. — 1368, Pierre, frère. — 1394, Robert, frère (Clément VII). — 1324, Humbert de Villars, gendre d'Amédée III. — 1400, Oddo (Eudes) de Villars, oncle. — 1401, Oddo de Villars cède le comté de Genevois à Amédée VIII, comte de Savoie. Cette liste est accompagnée des quelques détails qui suivent.

Amédée VII entrait dans l'âge de sa majorité quand la famille des comtes de Genevois s'éteignit dans la personne du comte Robert, plus connu sous le nom du pape Clément VII. Ce pape laissa ses États à son neveu Humbert de Villars; Oddo de Villars en hérita en 1401 et les vendit à son élève, Amédée VIII, pour la somme de 45,000 francs d'or. Cette vente fut conclue à Paris le 5 août de cette même année 1401. Les premiers comtes n'avaient eu que la possession de fait des pays qu'ils gouvernaient; ils s'en rendirent ensuite souverains héréditaires. Vers le XIe et le XIIe siècle, époque où l'empire, affaibli par sa lutte avec les papes dans la question des investitures, ne permettait pas aux empereurs de s'occuper de choses secondaires, ceux-ci crurent bien faire en nommant l'évêque de Genève, dont ils n'avaient pas à se plaindre, dépositaire de leur pouvoir sur Genève et ses environs. Avec le temps, pourtant, les évêques gardèrent le pouvoir pour eux; ils le gardèrent tant qu'ils purent, et ne firent pas en cela autrement que n'avaient fait les seigneurs laïques.

Le premier évêque souverain de Genève fut Ardutius, fils du baron du Faucigny; il succéda au comte Humbert en 1135. Ce dernier, forcé de quitter Genève, où Ardutius commandait, alla résider à Talloires, puis à Annecy, centre de ses États. Une ordonnance de Frédéric Barberousse, du 14 janvier 1153, déclarait qu'il mettrait au ban de l'empire et soumettrait à une amende de 10 livres d'or tout prince qui attenterait aux droits de l'Église de Genève; cependant Amédée, le successeur de Humbert, ressaisit cette souveraineté de Genève, mais ne put s'y maintenir, Frédéric Barberousse s'y opposant formellement. Ce fut donc vers le milieu du XIIe siècle que Guillaume, fils et successeur d'Amédée, fit décidément d'Annecy la capitale de son comté de Genevois.

Après sa réunion à la Savoie, le Genevois devint l'apanage de Philippe de Savoie, second fils de Philippe, surnommé Sans Terre, et de sa seconde femme, Claudine de Bretagne. A côté de cette branche cadette se développa une autre souche, la maison de Lullin, sortie de Pierre Balard, de Genevois, fils naturel de Guillaume III et d'Émeraude de La Frasse, dame de Montjoie, sa maîtresse. Cette famille ne s'éteignit qu'en 1663, après avoir fourni pendant toute son existence de nombreux dignitaires dans les plus hautes fonctions de la cour et de l'armée des princes de Savoie.

Il ne nous reste plus qu'à mentionner les troubles religieux qui agitèrent et ensanglantèrent le pays au XVIe siècle, sa conquête faite par la République, sa réunion à l'Empire, pendant laquelle il fit partie du département du Léman. L'annexion à la France donna lieu à quelques réclamations de la Suisse; la question était trop simple pour entraîner de graves complications. Les traités de 1815, pour mieux assurer l'inviolabilité du territoire de la Confédération helvétique, avaient étendu les conditions de neutralisation aux enclaves du Faucigny et du Genevois, qui faisaient retour au royaume de Sardaigne. Il s'agissait donc de savoir si le Piémont avait pu céder ces contrées à des conditions différentes de celles dans lesquelles il les avait reçues; la solution affirmative ne fut pas douteuse.

Il y a d'ailleurs toujours en France, chez tous les esprits intelligents, des sympathies pour la Suisse, un respect de son indépendance et un désir de paix, de bon accord, auquel le gouvernement ne pouvait manquer de donner satisfaction.

HISTOIRE ET DESCRIPTION DES VILLES, BOURGS ET CHATEAUX LES PLUS REMARQUABLES

ANNECY (lat. 45° 53′ 59″; long. 3° 47′ 33″ E.). — Annecy (*Annesiacum novum*), station de la ligne du chemin de fer d'Aix-les-Bains à Annecy (réseau de Lyon), chef-lieu du département de la Haute-Savoie, à 623 kilomètres au sud-est de Paris, est une ville peuplée de 10,976 habitants, située à 450 mètres au-dessus du niveau de la mer, à la base septentrionale de la chaîne du Semnoz, à l'extrémité du lac auquel elle a donné son nom. C'était l'ancienne capitale du Genevois et, plus tard, le chef-lieu de la division générale qui portait son nom, et qui comprenait, outre le Genevois, le Chablais et le Faucigny. Quoique l'origine d'Annecy soit incertaine, on peut, avec beaucoup de probabilité, la faire remonter au temps des Romains; de nombreuses antiquités, découvertes sur la colline qu'on appelle Annecy-le-Vieux, prouvent qu'il y existait alors une station militaire. La ville actuelle a des antécédents exclusivement féodaux;

elle s'est formée et a grandi à l'abri du château des comtes du Genevois, qui la domine et qui depuis a été transformé en caserne. Dans la seconde moitié du XIVe siècle, cette cité était assez importante pour que le comte René III se crût obligé de lui accorder des franchises municipales, que confirmèrent la plupart de ses successeurs. Son heureuse situation a favorisé les développements de son industrie et de son commerce; ses marchés réunissent jusqu'à six mille personnes; mais c'est avant tout un centre industriel; les eaux du lac, qui traversent la ville par trois canaux, appelés Thioux, mettent en mouvement les roues de nombreuses usines; aussi compte-t-elle une population ouvrière relativement considérable. Il y a deux filatures de coton, dont une seule occupe plus de deux mille travailleurs; des tanneries, des papeteries et une importante fabrique d'étoffes de soie. Outré le château des comtes du Genevois, qui sert aujourd'hui de caserne, les principaux monuments d'Annecy sont : la préfecture, bâtiment de construction récente; l'hôtel de ville; l'évêché, élevé en 1784; la cathédrale, construite au commencement du XVIe siècle; l'église du couvent de la Visitation, où l'on conserve les reliques de saint François de Sales, avec celles de sa pieuse pénitente, la bienheureuse Jeanne de Chantal; les églises de Notre-Dame et de Saint-Dominique; le grand séminaire. L'hôpital, construit sur la route d'Albertville, a été récemment agrandi et doté par un avocat nommé Favre. La bibliothèque publique se compose de 12,000 volumes, quoiqu'elle n'ait été fondée qu'en 1784; on prétend cependant que c'est la plus ancienne de toute la Savoie. Le Muséum possède une collection de 10,000 médailles romaines. La principale promenade de la ville est celle du Pâquier; citons aussi le jardin public, orné de la statue de Berthollet, due au ciseau de Marochetti.

Les rives du lac d'Annecy sont célèbres; le côté oriental, dominé par la montagne de la Tournette, est le plus riche en points de vue, en promenades agréables et en souvenirs historiques. La longueur du lac est de 14 kilomètres; sa largeur varie de 1 à 3; sa profondeur moyenne est de 30 mètres; il nourrit assez peu de poisson. Il a gelé complètement dans l'année 1673.

Les armes d'Annecy sont : *de gueules, à la truite d'argent*.

ANNECY-LE-VIEUX. — Annecy-le-Vieux (*Annesia-*

cum vetus), canton et arrondissement d'Annecy, à 4 kilomètres au nord-est de cette dernière ville, renferme une population de 1,352 habitants. Nous avons dit ses titres à l'intérêt des antiquaires comme station romaine ; il a d'autres attraits pour les touristes : du haut du monticule qui l'avoisine, le regard du voyageur embrasse à la fois Annecy, son lac, les vallées du Fier et de la Filière, magnifique panorama. Le romancier Eugène Sue, ancien représentant du peuple en 1848, est mort à Annecy-le-Vieux le 14 août 1857.

... ON. — Menthon, canton et arrondissement ... y, et à 8 kilomètres au sud-est de cette ville, est un village peuplé de 737 habitants et situé près du lac ; c'est un des sites les plus délicieux de cette contrée, si riche en charmants paysages. Menthon a une illustration : il a donné naissance à saint Bernard, fondateur des hospices du Grand et du Petit-Saint-Bernard. On montre encore sa chambre dans le château bien conservé, bâti à une élévation de 606 mètres, et qui concourt au gracieux ensemble du paysage.

Au-dessus de Menthon, on trouve des restes de bains romains, alimentés par une source sulfureuse froide qui est presque perdue aujourd'hui. Ces ruines ne sont pas les seules de cette époque que possède cet intéressant village ; lorsque les eaux du lac sont basses, on distingue encore la première pile d'un pont projeté par les Romains et qui devait réunir les deux rives du lac.

Près de Menthon est le hameau de *Chavoires*, où la tradition donne à une maisonnette rustique le nom de maison de Rousseau.

TALLOIRES. — Talloires, dans le canton nord et à 12 kilomètres au sud-est d'Annecy, près du lac, est une commune de 1,125 habitants. On y remarque les restes d'une ancienne abbaye fondée dans le XIe siècle par Ermengarde, femme de Rodolphe III, roi de Bourgogne. On y trouve aussi des antiquités romaines et des restes de thermes gallo-romains. Talloires possède, en effet, une source sulfureuse alcaline et thermale, qui ne donne pas moins de 30,000 litres en 24 heures. Au-dessus du village, on voit une petite chapelle bâtie sur le roc ; c'est le pèlerinage de saint Germain, qui fut, dit-on, le premier abbé de Talloires.

Mais ce qui recommande Talloires au souvenir des savants, c'est que c'est la patrie de Berthollet, l'un des créateurs de la science chimique et l'organisateur de l'Institut d'Égypte, qui y naquit en 1748, d'une famille d'origine française.

DINGY-SAINT-CLAIR. — Dingy-Saint-Clair est un bourg de 1,107 habitants, situé à 10 kilomètres à l'est d'Annecy et dans son canton nord ; à peu de distance, on y traverse le Fier, au pont Saint-Clair. Ce pont se trouve dans un étroit passage, entre deux rochers qui ne laissent de place que pour le lit du torrent et la chaussée qui est taillée dans le roc. Au delà de ce pont, dit M. Mortillet, on aperçoit un chemin qui monte en partie taillé dans le roc, en partie supporté par des arcades en pierres équarries et simplement superposées sans ciment ; ce sont les restes d'une voie romaine tracée par Tincius Paculus, comme le prouve une inscription gravée sur le rocher : ces antiques débris sont dignes de l'attention des antiquaires. Près de là sont les ruines du prieuré de Saint-Clair, qui a donné son nom au pont et à la commune et qui fut fondé par saint Bernard de Menthon. Au delà du pont viennent aboutir les vallées de Naves, de Thônes, de Menthon et de Dingy ; les pâturages de cette dernière montent presqu'à pic jusqu'aux premières assises de la crête du Pormenaz, dont l'altitude est de 1,831 mètres.

DUINGT. — Duingt, à 13 kilomètres au sud-est et dans le canton sud d'Annecy, ne compte que 381 habitants. Ce joli village est situé sur la pointe d'un rocher qui s'avance dans le lac d'Annecy et divise ses eaux en deux bassins. Il possède un château construit au milieu du lac et qui ne se relie au rivage que par une chaussée ; des terrasses de cette charmante habitation, on a des points de vue ravissants. On remarque, près du village, la maison de campagne où M. de Custine a écrit son ouvrage sur la Russie, en 1839. Une route de mulets, assez escarpée, conduit de Duingt au Châtelard par le pauvre vallon d'Entragues et le col du même nom. On y exploite une mine de charbon découverte par hasard en 1794.

ALLÈVES. — Allèves, canton et à 28 kilomètres au sud d'Alby, arrondissement d'Annecy, est un petit village qui n'a que 424 habitants. Il est situé dans un étroit défilé, par lequel on pénètre dans le pays des Beauges. Le Chéran, à partir de ce point, roule des paillettes d'or. A l'extrémité du défilé, on remarque les ruines d'une ancienne commanderie de Templiers; des rochers qui se sont séparés de la montagne et qui affectent les formes de tours ou d'obélisques, et que dans le pays on désigne sous le nom de *Tours de Saint-Jacques*, du nom d'un petit château voisin. Près du village, une prairie porte encore le nom de *Pré Rouge* ou *Pré des Sarrasins;* il rappelle un sanglant combat que soutinrent au x⁰ siècle les habitants d'Allèves et des environs contre les Sarrasins et qui se termina par l'expulsion des envahisseurs.

LESCHAUX. — Leschaux, canton sud, arrondissement et à 18 kilomètres au sud-est d'Annecy, a une population de 382 habitants. Ce village est situé au sommet d'un col qui débouche à l'extrémité du pays de Beauges; son église est construite à une hauteur de 929 mètres au-dessus de la mer. La curiosité des environs est le *Pont du Diable*, jeté sur un petit torrent profondément encaissé et coulant dans une fente étroite, entre deux rochers. Au sein de cette population superstitieuse et naïve, il existe encore de fantastiques légendes sur ce pont, qui n'offre d'autre danger réel que d'être dépourvu de garde-fous et de parapets.

RUMILLY. — Rumilly (*Rumiliacum, Romilia*), station de la ligne d'Aix-les-Bains à Annecy, chef-lieu de canton, arrondissement et à 18 kilomètres à l'ouest d'Annecy, est une jolie petite ville très ancienne, autrefois capitale de l'Albanais, comptant aujourd'hui 4,104 habitants et située dans une plaine riante, fertile en céréales, qu'arrose le Chéran, après être sorti du pays des Beauges, non loin de sa jonction avec la Népha.

Le Chéran est profondément encaissé entre deux parois de mollasses et coule ainsi dans un lit qu'il s'est creusé peu à peu, au milieu des rochers. Ses eaux roulent quelques paillettes d'or.

Le nom de Rumilly trahit son origine romaine. Avant d'être réunie au duché de Savoie, au commencement du xv⁰ siècle, elle avait successivement appartenu aux rois de Bourgogne, aux évêques de Genève, aux comtes du Genevois. Deux fois le feu la détruisit presque entièrement : une première fois en 1430 et la seconde en 1514. Défendue par le château de l'Annonciade, qu'avait fait construire Emmanuel-Philibert, et par des remparts élevés par l'ordre de son successeur, Charles-Emmanuel, Rumilly soutint en 1630 un siège mémorable dans lequel s'illustrèrent ses habitants. « Rendez-vous! » leur criaient les généraux français; Annecy et Chambéry viennent elles-mêmes de se rendre! — *E capouè?* (Et quand même?), » répondirent les assiégés. Et ils continuèrent, en effet, à se défendre jusqu'à ce que l'ennemi leur eût fait des conditions acceptables. En 1690 et 1742, de nouveaux sièges furent soutenus contre les Français et contre les Espagnols; mais la ville dut alors se rendre. Rumilly se compose principalement d'une longue rue tortueuse, à laquelle viennent aboutir d'étroites rues transversales; on y voit quelques maisons du xv⁰ et du xvi⁰ siècle, à voûtes ogivales ou ornées de pilastres de la Renaissance; l'église paroissiale, de style grec, en a remplacé une plus ancienne dont la tour seule subsiste encore. Rumilly possède un petit séminaire, un collège, une école normale d'institutrices et une manutention des tabacs. L'industrie de Rumilly a pris de notables développements. On y fabrique des couvertures de laine, des tissus de soie, de laine et de coton; on y trouve brasseries, tanneries, corroiries, filatures et tuileries; sur son territoire, on cultive le tabac. Les principaux articles de son commerce sont : le fer, les fleurs artificielles, la mercerie, la quincaillerie et les tissus divers.

Rumilly est la patrie du cardinal Maillard de Tournon; du général Motz de Lallée, qui s'illustra dans l'Inde au service d'Hyder-Ali; du major Rubellin, le brave défenseur d'Auxonne sous le premier Empire, et de Mgr Truffey, vicaire apostolique des deux Guinées.

FAVERGES. — Faverges, chef-lieu de canton situé à 25 kilomètres au sud-est d'Annecy, sur un torrent dont les eaux se partagent entre la Chaise, sous-affluent de l'Isère, et l'Eau-Morte, sous-affluent du Rhône, est une jolie petite ville de 3,173 habitants, agréablement assise au milieu d'une belle plaine très fertile. Elle est à la fois commerçante et industrielle; elle possède plusieurs usines, des filatures de soie, etc. Déjà au xii⁰ siècle ses fourneaux de cuivre et de fer l'avaient fait appeler *Fabricurium*.

La ville est dominée par un vieux château, dans lequel on a établi une manufacture de soieries.

Au sud de Faverges s'ouvre une gorge très pittoresque, au sommet de laquelle est placée l'abbaye de Tomie, de l'ordre de Cîteaux, et dont on rapporte la fondation à 1132. Ses restes, dont une partie a été restaurée pour abriter une nouvelle communauté, méritent d'être visités.

Thônes. — Thônes, située à 19 kilomètres à l'est d'Annecy, est une petite ville très commerçante de 2,777 habitants ; elle est bâtie au confluent du Fier et du Nom et possède un petit séminaire, un collège et un hospice. L'industrie y est représentée par une école d'horlogerie, des corderies, des scieries, des pelleteries, des corroiries, des manufactures de tissus de coton et des distilleries de kirsch. Ses foires et ses marchés sont très fréquentés. C'est de Thônes que l'on part pour faire l'ascension de la Tournette, haute cime très escarpée, qui se trouve entre le lac d'Annecy et la vallée de Thônes et qui domine de beaucoup toutes les montagnes voisines; elle est située presque au centre de la Savoie, et son altitude est de 2,364 mètres. Elle est surmontée d'une masse de rochers appelée le *Fauteuil*.

Thorens. — Thorens ou Thorens-Salés, chef-lieu de canton situé dans une jolie vallée, à 19 kilomètres au nord-est d'Annecy, sur la Fillière, est un gros bourg peuplé de 2,574 habitants. Ses foires et ses marchés, entrepôts des denrées agricoles des environs, sont très fréquentés. Dans le voisinage, on voit le château de Sales où naquit saint François de Sales. Du haut des collines qui dominent ce bourg, on jouit d'une belle vue sur le Jura, les Salèves, le Pormenan ou Pormenaz et quelques-uns des pics de la chaîne du mont Blanc.

Bonneville (lat. 46° 4′ 32″; long. 4° 4′ 12″ E.). — Bonneville, chef-lieu d'arrondissement, à 34 kilomètres au nord-est d'Annecy, est une petite ville peuplée de 2,247 habitants, située à la base méridionale du Môle, sur la rive droite de l'Arve. C'était autrefois la capitale du Faucigny. On y arrive par un beau pont en pierre, à l'extrémité duquel se dresse une colonne, haute de 22 mètres, et que surmonte une statue du roi Charles-Félix. Une inscription latine, gravée en lettres d'or sur le piédestal, rapporte que des travaux importants ont été entrepris sous le règne de ce prince pour contenir l'Arve dans son lit. Bonneville possède un collège communal, une prison départementale et une importante fabrique de fournitures et d'instruments à l'usage des horlogers. Son commerce consiste principalement en bestiaux, miel et fromages.

De cette ville, on peut faire l'ascension du Môle, montagne de 1,869 mètres, ou de celle du Brezon, qui en mesure 1,879.

Mont-Saxonnex. — Mont-Saxonnex est une commune de 1,442 habitants, située dans une agréable position, dans le canton et à 10 kilomètres au sud-est de Bonneville. L'église se trouve en dehors du village et sur un mamelon isolé.

Au-dessus et vers le sud, à une altitude de 1,448 mètres, se trouve le lac Bénit, au pied du mont Bargy ou Vergy, qui compte 2,028 mètres d'élévation; son ascension est pénible et quelquefois même dangereuse.

Faucigny. — Faucigny est une petite commune de 423 habitants, située près de l'Arve, dans le canton et à 8 kilomètres au nord-ouest de Bonneville. Sur un rocher abrupt du côté de la plaine, on voit les ruines de son ancien château, qui a donné son nom à la province de Faucigny, dont Bonneville était la capitale. Le Faucigny, avant l'annexion à la France, comptait 96 communes et environ 110,000 habitants; sa superficie était de 204 kilomètres carrés, et, après la Maurienne, c'était la province la plus étendue de l'ancienne Savoie.

La Roche. — La Roche-en-Faucigny (*Rupes Allobrogum*), chef-lieu de canton, arrondissement et à 8 kilomètres à l'ouest de Bonneville, est une petite ville, jadis fortifiée, bâtie au pied de la colline de Saint-Sixt, sur la rive gauche du Feron et peuplée de 2,942 habitants. Une tour, qui date du XII° siècle, couronne la roche qui donne son nom à la ville; de ce point culminant, on jouit d'un magnifique coup d'œil sur le Salève, le Jura, le Pormenan, les montagnes de Thorens et de Saint-Laurent, le Môle, le Buet et quelques pics de la chaîne du mont Blanc. C'est la patrie de Grillet et de Roger de Cholex, qui est mort en 1828 ministre de l'intérieur à Turin. L'industrie du pays consiste dans la fabrication d'horlogerie, de cierges et de quelques tissus, en tanneries et tourneries sur bois. La ferronnerie, la quincaillerie et des marchés importants, surtout en grains, alimentent son commerce.

Cluses. — Cluses (*Clausum, Clusæ*), chef-lieu de canton, arrondissement et à 10 kilomètres à l'est de Bonneville, est un bourg peuplé de 1,813 habi-

La vallée de Chamonix et le mont Blanc.

tants, situé au pied de la montagne de Chevrant, au débouché du défilé de l'Arve.

Il a été détruit par un incendie en 1844, puis rebâti sur un plan trop vaste pour sa population, ce qui lui donne l'aspect d'une ville déserte. Il possède une école nationale d'horlogerie; ses fabriques d'horlogerie jouissaient d'une grande réputation à la fin du siècle dernier; quoiqu'elles soient aujourd'hui moins importantes, on y prépare encore un grand nombre de mouvements de montres qu'emploient les fabriques de Genève et d'Allemagne.

Près de Cluses, au-dessus du hameau de *Balme*, on remarque l'ouverture de la caverne ou grotte de ce nom, située au milieu des escarpements des couches horizontales d'une montagne calcaire. On y parvient par un sentier tracé en zigzag à travers les broussailles et par un escalier extérieur tracé dans le roc vif. L'entrée est une voûte circulaire d'environ 3 mètres de hauteur sur 20 mètres de largeur. Le fond est presque horizontal; la hauteur, la largeur, la forme des parois varient beaucoup; sa profondeur est d'environ 400 pas. A cette distance, la grotte se resserre tellement, que l'on ne peut pas pénétrer plus avant. A 340 pas se trouve un puits très profond; si on y tire un coup de fusil, il produit un effet prodigieux. Les voyageurs se font ordinairement arrêter à une auberge où, moyennant une légère rétribution, on tire un ou deux coups de canon; on éveille ainsi les échos des montagnes voisines, qui répercutent le son avec une remarquable intensité.

Le Reposoir. — Le Reposoir, canton de Cluses, arrondissement et à 16 kilomètres au sud-ouest de Bonneville, est un village de 429 habitants, sur lequel la réputation de sa Chartreuse et le souvenir des expériences qu'y a faites M. de Saussure ont attiré l'attention des voyageurs. Fondée en 1151 par Aimon de Faucigny, restaurée en 1671 et occupée de nouveau depuis 1866, la Chartreuse a conservé son cloître, qui est d'un beau style. Au-dessus du couvent, dit de Saussure, on voit une cime calcaire d'une très grande hauteur et absolument inaccessible; c'est un feuillet mince qui s'élève comme une crête par-dessus une tête de rocher déjà très élevée. Cette crête est percée à jour près de son bord occidental; avec des lunettes, ou même avec de bons yeux, du couvent on distingue cette ouverture. La première fois que de Saussure vint explorer cette vallée, il était accompagné de deux domestiques, armés comme lui d'un fusil, car il travaillait alors à une collection d'oiseaux des Alpes. Quand il vint frapper à la porte du cloître pour y demander l'hospitalité, les chartreux, effrayés de cet appareil, se crurent attaqués par des bandits; ils cédèrent cependant aux instances du naturaliste; mais celui-ci resta toujours convaincu que c'était une concession à leur terreur bien plus qu'un acte de charité.

MAGLAND. — Magland, dans le canton de Cluses et à 20 kilomètres au sud-est de Bonneville, est un joli village de la vallée de l'Arve, dont les environs se font remarquer par la beauté de leurs bois, de leurs vergers et de leurs prairies. Dans le voisinage sont les deux lacs de Flaine et de Gers, les aiguilles de Varens (2,728 mètres) et plus près de la frontière le Buet, qui s'élève à 3,097 mètres au-dessus du niveau de la mer.

La population de Magland est de 1,676 habitants.

SCIONZIER. — Scionzier, canton de Cluses, arrondissement et à 8 kilomètres au sud-est de Bonneville, est un bourg important qui compte 1,362 habitants. Il est situé au débouché de la gorge sauvage du Reposoir. Les eaux courantes qui s'en échappent mettent en mouvement un grand nombre d'usines et donnent au pays l'aspect agité d'un centre industriel. De Scionzier à Cluses, qui en est à 4 kilomètres, dit G. Mortillet, on chemine toujours en plaine, laissant à gauche, entre la route et la rivière, un rocher isolé couvert de bois; au sommet de ce rocher, on voit les ruines du château de Mussel détruit par les Genevois.

SAINT-GERVAIS-LES-BAINS. — Saint-Gervais-les-Bains, chef-lieu de canton, arrondissement et à 40 kilomètres au sud-est de Bonneville, est un bourg considérable qui compte 1,977 habitants. Il est coquettement situé au milieu de riches prairies, sur la pente inférieure du Prarion. Son aspect réjouit les yeux; la propreté et la bonne tenue des habitations indiquent l'aisance et la moralité. A peu de distance, au fond de la gorge sauvage de Bon-Nant, se trouve un établissement de bains qui occupe toute la largeur de la vallée, resserrée à cet endroit entre de hautes collines. Ces constructions, isolées de toute habitation, renferment plus de cent chambres, des salles de réunion, de bal, de concert, une bibliothèque composée de plus de 3,000 volumes, un médaillier riche de 1,500 pièces de monnaie, un cabinet de physique, un laboratoire de chimie et un cabinet d'histoire naturelle. Les eaux thermales de Saint-Gervais ont été découvertes en 1806; elles sortent de cinq sources principales; le débit de la source du milieu est de 987 hectolitres en 24 heures; la température de cette source est de 42°; on l'emploie en boisson, en douches et en bains. Elles conviennent dans les cas d'affections catarrhales, les maladies cutanées, les rhumatismes, les débilités, les affections scrofuleuses, lymphatiques, la chlorose, l'anémie, l'engorgement des viscères abdominaux, les névroses de l'appareil digestif, l'hypocondrie, les dartres; elles sont légèrement purgatives.

Les environs de l'établissement des bains, dit G. Mortillet, offrent un grand nombre de promenades et d'excursions intéressantes. On peut faire ce qu'on appelle le tour du *Pont-du-Diable*, c'est-à-dire parcourir l'espèce de fer à cheval qui entoure l'habitation. On peut aussi aller au *Moulin des Râteaux*, ou bien remonter le large ravin qui descend de la Forclaz et où se trouvent les *Cheminées des Fées*, hautes pyramides de terre, rondes, presque cylindriques et coiffées à leur sommet d'énormes pierres. A chaque pas, le paysage change, et ses aspects sont aussi ravissants que variés. Dans les environs de Saint-Gervais, on exploite des carrières d'un marbre rouge foncé.

CHAMONIX. — Chamonix, Chamounix ou Chamouny (*Campus munitus*), chef-lieu de canton, arrondissement et à 61 kilomètres au sud-est de Bonneville, est un joli village peuplé de 2,406 habitants, situé au milieu de prairies, au pied du mont Brévent, sur la rive droite de l'Arve, et auquel les beautés de sa vallée ont donné une célébrité bien méritée. Quoique la réputation de Chamonix date surtout des écrits de de Saussure, de

Bourrit et de Deluc, ce bourg, connu aussi sous le nom du *Prieuré*, n'est pas sans quelques titres historiques. On a retrouvé, dans les archives de la paroisse, une donation de terres et la fondation du prieuré, couvent de bénédictins, qui remonte à l'année 1090. Il y a trace de lois édictées par le prieuré en 1330 contre les étrangers, et preuves certaines des fréquentes visites qu'y faisaient les évêques de Genève au xv⁰ siècle, ainsi que d'un séjour qu'y fit saint François de Sales en juillet 1606. Le sénat de Savoie, présidé par son souverain, promulgua une ordonnance, en 1634, pour permettre aux bêtes à cornes et autres objets de commerce d'entrer dans la vallée sans payer aucune redevance. Avant de parler des magnificences que la nature a prodiguées à ce pays, consacrons quelques lignes à ses habitants. Ils sont actifs et laborieux, dit M. Pictet; ils savent presque tous lire et écrire; ils vivent principalement du produit de leurs troupeaux et de ce qu'ils gagnent avec les voyageurs. La longueur de l'hiver ne leur permet pas de cultiver les céréales d'automne. Ils récoltent plus particulièrement un mélange d'orge et d'avoine, avec lequel ils font leur pain; ils cultivent aussi quelque peu de froment de printemps, de l'espèce appelée blé de Fellemberg, et d'épeautre, de l'espèce appelée *triticum monococcum*. Ils n'ont pas de fruits, excepté quelques mauvaises pommes et cerises; les pommes de terre réussissent bien dans cette vallée et y sont très bonnes; mais les produits les plus importants sont le lin et le miel, devenus pour les habitants un objet d'exportation assez considérable. La chasse et la recherche des cristaux forment les occupations principales des Chamoniards qui n'exercent pas la profession de guide ou de porteur. L'industrie est représentée par quelques tanneries.

La fameuse vallée, située à 1,000 mètres environ au-dessus du niveau de la mer, s'étend dans la direction du N.-E. au S.-O. le long de l'Arve, qui l'arrose sur une longueur de 30 à 35 kilomètres. Les curiosités qu'elle renferme, ses beautés principales dont elle est le centre sont : la source de l'Arveiron, le Montanvert, le Jardin, le Chapeau, les Posettes, la Flégère, le Brévent, le glacier des Bossons, les cascades des Pèlerins et du Dard, les mines du Coupeau, la montagne de la Côte, le glacier d'Argentière, les Aiguilles, le Buet, le mont Blanc. Nos lecteurs comprendront que des volumes entiers ne suffiraient pas à la description de tant de merveilles; nous nous réduirons donc à dire quelques mots de celles qu'il n'est pas permis d'oublier, recommandant à quiconque désire des détails exacts et complets les ouvrages consciencieux et si bien faits de MM. Joanne et Mortillet.

La *source de l'Arveiron* se rencontre à une heure seulement de Chamonix; on y arrive par un chemin carrossable. L'Arveiron sort en bouillonnant de l'extrémité inférieure de la Mer de glace, tantôt par une vaste arcade, haute parfois de 25 à 30 mètres, tantôt au milieu de blocs de glace, lorsque le fragile portique s'écroule. Il y a des années où il est possible de pénétrer sous cette voûte, mais il est dangereux de s'y aventurer trop avant, et surtout de décharger des armes à feu, dont la détonation produit un bruit comparable au grondement du tonnerre.

En face de l'hospice du Montanvert est la *Mer de glace*, nommée aussi le *Glacier des bois*. Elle a environ 45 mètres de largeur. A son extrémité supérieure, elle bifurque. La branche qui s'élève du côté de l'est prend le nom de *glacier de Léchaud*. Il est situé à 2,274 mètres au-dessus du niveau de la mer et à 1,200 mètres au-dessus de Chamonix. La branche qui s'élève du côté de l'ouest se nomme le *glacier de Tacul* ou du *Géant*. Depuis le commencement du chemin, on voit les deux glaciers se séparer au pied d'une haute montagne appelée les Périades. Parmi les sommités voisines, celle qui frappe le plus le regard est un pic qu'on nomme l'*Aiguille du Dru*. « Vue du Montanvert, dit de Saussure, la surface du glacier ressemble à celle d'une mer qui aurait été subitement gelée, non pas dans le moment de la tempête, mais à l'instant où le vent s'est calmé et où les vagues, quoique très hautes, se sont comme émoussées et arrondies. Ces grandes ondes sont à peu près parallèles à la longueur du glacier, et elles sont coupées par des crevasses transversales qui paraissent bleues dans leur intérieur, tandis que la glace est blanche à sa surface extérieure. Quand on est au milieu du glacier, les ondes ressemblent à des montagnes, et leurs intervalles semblent être des vallées entre ces montagnes. Il faut d'ailleurs parcourir un peu le glacier pour voir ses beaux accidents, ses larges et profondes crevasses, ses grandes cavernes, ses lacs remplis de la plus belle eau, renfermés dans des murs transparents couleur d'aigue-marine; ses ruisseaux, d'une eau vive et claire, qui coulent dans des canaux de glace et qui viennent se précipiter et former des cascades dans des abîmes de glace ! » Après deux heures de marche sur le glacier du Léchaud, on en sort au pied d'un autre glacier qui s'y jette et qu'on nomme le *Talèfre*. Voici en quels termes M. Pictet le décrit : « L'aspect du Talèfre est majestueux et terrible. Comme la pente par laquelle il descend est extrêmement rapide, ses glaçons, se pressant mutuellement, se dressent, se relèvent et présentent des tours, des pyramides diversement inclinées, qui semblent prêtes à écraser le voyageur téméraire qui oserait s'en approcher. »

C'est de Chamonix qu'on part généralement pour tenter l'ascension du *mont Blanc*. Cette montagne, le géant de notre Europe, fut gravie pour la première fois en 1786 par le docteur Paccard et Jacques Balmat, de Chamonix. L'année suivante, de Saussure y monta avec dix-sept guides et y fit d'intéressantes observations météorologiques. Depuis 1786 jusqu'en 1854 inclusivement, dit G. Mortillet, c'est-à-dire pendant une période de soixante-neuf ans, on ne compte que quarante-neuf ascensions ayant réussi. Le chiffre total des ascensionnistes heureux, leurs guides non compris, est de soixante-quatorze, qui se répartissent ainsi : 43 Anglais ou Écossais, 12 Français, 6 Savoisiens, 3 Américains, 2 Allemands, 2 Polonais, 1 Russe, 1 Suédois, 1 Napolitain et 3 Suisses. Parmi ces ascensionnistes on compte trois femmes : une paysanne de Chamonix, nommée Marie Paradis, en 1809 ; Mlle Henriette d'Angeville, Française, en 1838, et mistress Hamilton, Anglaise, en 1854 (1). Les époques extrêmes des ascensions heureuses ont été le 19 juin et le 9 octobre ; généralement, elles se font pendant les mois de juillet, août et septembre. Ces ascensions, très difficiles et très périlleuses il y a peu de temps encore, se font maintenant avec bien moins de fatigue et beaucoup moins de dangers, et, depuis 1854, le nombre des ascensions réussies s'est fort multiplié. Lorsqu'on approche du sommet, la pente devient comparativement douce ; mais la respiration est pénible, le pouls s'accélère sensiblement ; on perd l'appétit, on ressent une soif ardente et on éprouve une envie de dormir presque irrésistible ; on est si facilement essoufflé, qu'il est impossible de faire un grand nombre de pas sans s'arrêter ; certains voyageurs ne vont pas au delà de 24, mais il n'y en pas qui fassent de suite plus de 150 pas. Le sommet du mont Blanc est comme arrondi en forme de dos d'âne ; il a environ 200 pas de longueur et un mètre de largeur au point culminant. Du côté de l'est, la pente s'adoucit en descendant, tandis que du côté de l'ouest elle prend la forme d'une arête aiguë. Le panorama qu'on découvre de cette élévation est immense ; malheureusement, à moins de jouir d'un temps exceptionnellement beau, les objets paraissent en général un peu confus. On ne voit distinctement que les grandes masses de montagnes, telles que la chaîne du Jura, les Alpes suisses, les Alpes maritimes et les Apennins.

C'est à un endroit appelé les Grands-Mulets que passent la nuit les voyageurs tentant l'ascension du mont Blanc ; ils y trouvent un pavillon destiné à les abriter. La hauteur de cette station est de 3,455 mètres au-dessus du niveau de la mer. Le chemin pour y arriver commence à être dangereux après un rocher de granit qui a 12 à 15 mètres de hauteur, et qu'on nomme la Pierre-à-l'Échelle. A sa base, en effet, se trouve une grotte dans laquelle les guides déposent l'échelle qui sert à traverser les crevasses du glacier. « En quittant la Pierre-à-l'Échelle, dit Joanne, on arrive sur le bord du glacier des Bossons, dont l'accès est toujours difficile ; on le traverse le plus vite possible, car quelquefois, en revenant, on trouve les traces d'une avalanche fraîche tombée depuis qu'on est passé. Après avoir franchi le lit de l'avalanche, on s'attache à une corde et l'on commence à marcher sur une vaste plaine de neige légèrement ondulée et sous laquelle d'immenses crevasses s'étendent dans dans tous les sens. Quand les crevassses sont trop larges pour être enjambées, on les franchit à l'aide d'une échelle posée d'un bord à l'autre et servant de pont. Le guide, qui marche le premier, sonde avec précaution et à chaque pas devant lui et sur les côtés. Après avoir dépassé les Séracs, énormes blocs de glace d'une forme à peu près cubique, après avoir escaladé d'autres degrés du glacier et franchi d'autres crevasses, on arrive aux Grands-Mulets, rochers isolés, hauts de 200 mètres, et du haut desquels la perspective est d'une magnificence indescriptible. » Les guides, compagnons indispensables dans ces périlleuses excursions, forment une corporation à laquelle une loi du 11 mai 1852 a imposé certains règlements.

SERVOZ. — Servoz, canton de Chamonix, arron-

---

(1) Depuis 1854, elles ont été nombreuses; il y en a eu plusieurs chaque année.

dissement et à 50 kilomètres au sud-est de Bonneville, est un village peuplé de 278 habitants. Il est divisé en deux parties (Servoz et Le Bouchet), éloignées l'une de l'autre d'environ 1 kilomètre. Le Bouchet renferme l'église et un beau cabinet de minéralogie créé par M. Deschamps. Au-dessus de Servoz s'élève le groupe de rochers des Fiz, débris d'une montagne qui portait ce nom. La partie supérieure s'en détacha en 1751, en produisant un bruit tellement formidable, que les habitants des vallées voisines firent annoncer à Turin qu'un nouveau volcan venait de s'ouvrir dans les environs de Servoz. La pointe d'Ayer reste seule debout, dominant tous ces décombres. Dans les environs de Servoz se trouvent les mines du Coupeau, fournissant de l'anthracite ; à peu de distance sont encore les mines de Sainte-Marie, d'où l'on tirait un minerai nommé la bournonite, mélange de plomb, de cuivre et d'argent. On a trouvé dans le sol des végétaux fossiles. Des hauts fourneaux exploitent ces diverses richesses minérales.

SALLANCHES. — Sallanches (*Sallanchia*), chef-lieu de canton, arrondissement et à 35 kilomètres au sud-est de Bonneville, compte 1,979 habitants. Cette ville a été complètement réduite en cendres, dans l'espace de quelques heures, le 19 avril 1840. Cette catastrophe a fourni une confirmation de plus au vieux proverbe : « A quelque chose malheur est bon. » En remplacement des rues étroites et tortueuses, des sombres maisons en bois qui constituaient la vieille cité, une ville neuve s'est élevée avec des rues larges, droites, des maisons en pierre bien alignées et d'un aspect confortable. La place de l'Hôtel-de-Ville est, dit-on, le point le plus favorable pour voir le mont Blanc ; les voyageurs viennent y admirer les teintes splendides de ses cimes, quand les derniers rayons du soleil couchant les illuminent de leurs feux. La plaine de Sallanches a été ravagée à plusieurs reprises, et notamment en 1852, par les grands débordements de l'Arve. Depuis cette époque, de grands travaux ont été exécutés pour prévenir le retour de ces désastreuses inondations. Cette petite ville a donné naissance à l'astronome Nicollet. Elle possède de belles halles, une école d'horlogerie, des fabriques d'instruments aratoires, des filatures de coton et des fabriques de draps, des tanneries. Il s'y tient des foires importantes de bestiaux et de mulets ; son commerce consiste principalement en articles de mercerie et draperie. Sur son territoire, il y a des mines de plomb argentifère et de zinc cuivreux.

Les environs de Sallanches offrent un grand nombre de promenades intéressantes ; c'est près de cette ville que se trouve la fameuse cascade d'Arpennaz, formée par un torrent qui se précipite d'un rocher à pic de 260 mètres d'élévation. Malheureusement, pendant les chaleurs de l'été, la source n'est pas abondante.

MÉGÈVE. — Mégève, dans le canton de Sallanches, à 46 kilomètres au sud-est de Bonneville, est une commune de 1,860 habitants, qui fabrique des dentelles et possède des tanneries. Elle est entourée de prairies verdoyantes, du milieu desquelles s'élèvent des chapelles, des oratoires et des croix.

C'est de Mégève que l'on fait ordinairement l'ascension du *Mont-Joli*, haut de 2,660 mètres ; c'est une montagne à peu près isolée qui domine Mégève Elle présente, dit G. Mortillet, une crête allongée du sud au nord, dans une direction qui forme presque un angle droit avec le cours de l'Arve. Elle est bien cultivée à sa base ; sa partie moyenne est couverte de forêts et de pâturages ; mais, dans la partie voisine du sommet, le rocher se montre presque partout à nu. Elle sépare à l'est la vallée de Mont-Joie de celle de Mégève. Son ascension, qui est très intéressante, dure de 4 à 5 heures. Du sommet, on jouit d'un magnifique panorama : au sud-ouest, sur la vallée de l'Isère et la montagne de la Grande-Chartreuse ; au sud et au sud-est, sur la chaîne et sur les hauts glaciers du mont Blanc ; à l'est et au nord-est, par-dessus le col de Vozal, sur la vallée de Chamonix, et par-dessus le col de Balme sur le Wild-Strubel en Valais, et plus à gauche sur le Brévent, les aiguilles Rouges, le Buet, la pointe de Tannevergcs, les Fiz et l'aiguille de Varens ; au nord, sur la vallée de l'Arve.

SAMOENS. — Samoëns, chef-lieu de canton, arrondissement et à 31 kilomètres à l'est de Bonneville, est peuplé de 2,585 habitants. Cette jolie petite ville, bâtie à une altitude de 759 mètres au-dessus du niveau de la mer, est située à l'extrémité d'une belle plaine et à l'entrée de la charmante vallée de Clévieux, qu'arrose le torrent du Giffre, descendu des monts Suet et Greyou. Les environs de Samoëns sont plus intéressants que la ville elle-même ; les voyageurs ne peuvent y remarquer qu'un magnifique tilleul décorant la place principale, quelques jolies maisons et le château; encore cet édifice est-il éloigné de 1 kilomètre. De la chapelle de ce château, la vue est magnifique; le regard embrasse toute la vallée de Clévieux. Les bosquets du Nant-Dent, pentes boisées de cette montagne, sont le but de charmantes promenades; les bords du torrent du Giffre présentent des spectacles plus sévères et des émotions d'une autre nature : c'est d'abord, sur la rive gauche, une cascade de 210 mètres de hauteur, tombant de la montagne du Nant-Dent, dont nous venons de parler; un peu plus loin et encore sur la rive gauche, la chapelle pittoresque de Notre-Dame-de-Grâce. En remontant le cours du torrent, on arrive à un défilé au fond duquel il se précipite, quittant la vallée de Sixt pour entrer dans celle de Samoëns; le gouffre à pic et étroit dans lequel il tombe ainsi a 48 mètres de profondeur. Samoëns possède plusieurs hauts fourneaux, une clouterie, des scieries et des tanneries; dans ses environs, il y a quatre sources d'eaux minérales.

Sixt. — Sixt, canton de Samoëns, arrondissement et à 37 kilomètres à l'est de Bonneville, est un village d'une origine assez reculée et qui aujourd'hui possède 1,278 habitants. Sa vallée est célèbre. Du côté de Samoëns, l'amas de rochers qui domine la chute du Giffre semble la fermer complètement. La route, toutefois, franchit cet obstacle, et, quand on est arrivé au sommet, la vue se repose sur une plaine magnifique de forme triangulaire. Au sud et à droite tombe la belle cascade du Rozet ou Rouget. A mesure qu'on avance, le panorama s'agrandit. Le regard est frappé surtout par le Grenier, la crête des Folits et le Grenairon; plus à l'est, par la montagne de Tanneverges; à droite, par la montagne de Sales, qui ressemble à un château démantelé; la pointe des Plages et les montagnes de Gers, couvertes de pâturages et de forêts, à travers lesquels tombe la jolie cascade du Gers ou du Pieu. C'est au milieu de cette belle vallée, au pied du roc Planay, sur la rive droite du Giffre inférieur, qu'est situé le village de Sixt, qu'on désigne aussi sous le nom de *L'Abbaye*, à cause d'un ancien couvent qui y fut fondé en 1144 par Ponce de Faucigny et qui a été transformé en habitation particulière. Dans le cimetière de l'église paroissiale, on voit le tombeau d'Albanis de Beaumont, naturaliste célèbre, qui a écrit un ouvrage descriptif très remarquable sur la Savoie et qui a fondé une usine à fer dans cette belle vallée où il est maintenant enseveli. L'exemple d'Albanis de Beaumont a été suivi, et il y a aujourd'hui plusieurs hauts fourneaux dans les environs de Sixt.

Sixt possède une source ferrugineuse; ses pâturages sont considérables et il fait un certain commerce de ses fromages, qui sont estimés.

Taninges. — Taninges, chef-lieu de canton, arrondissement et à 20 kilomètres à l'est de Bonneville, est une petite ville qui compte 2,397 habitants et possède un petit séminaire; elle est heureusement située au fond d'un large bassin bien cultivé, sur le Toron, torrent qui sort d'une belle gorge conduisant à Thonon par Le Biot. Une partie des habitants, comme presque tous ceux de la vallée, émigre, chaque année, pour aller exercer au loin la profession de maçon ou de tailleur de pierre. Près de Taninges, à *Mélan*, on voit un ancien couvent de chartreusines, fondé en 1292 par Béatrix de Faucigny et qui a été transformé en un établissement d'éducation. Le pays possède des carrières d'ardoise, des mines d'anthracite. Taninges, qui fabrique des peignes en laiton et possède des tanneries, des taillanderies, est le centre d'un commerce assez important; ses marchés approvisionnent Genève de bétail, de chevaux, de bois et de charbon.

Saint-Julien (lat. 56° 8′ 35″; long. 3° 44′ 46″ E.). — Saint-Julien, station de l'embranchement de Bellegarde à Thonon, sur l'Aire, affluent de l'Arve, est un chef-lieu d'arrondissement et de canton, situé à 33 kilomètres au nord d'Annecy, sur l'extrême limite de la France et du canton de Genève; sa population est de 1,337 habitants. Ancien chef-lieu de la province de Carouge, cette petite ville doit sa seule importance à sa situation au point de rencontre des routes d'Annecy et de Rumilly à Genève et à sa petite station de chemin de fer; elle possède une prison départementale. On exploite du gypse dans ses environs.

La Caille. — La Caille, commune d'Allonzier, canton de Crouzeilles et arrondissement de Saint-Julien, à 19 kilomètres au sud de cette dernière ville, est un hameau qui doit sa célébrité à un magnifique pont suspendu, jeté sur la gorge des Usses. Cette merveille porte le nom de Charles-

Albert, sous le règne duquel elle a été inaugurée, le 10 juin 1839. Elle est élevée de 170 mètres au-dessus du torrent qui roule au fond de ce ravin pittoresque ; sa longueur n'est pas moindre de 194 mètres, sur une largeur de 6. Les extrémités sont soutenues par deux tours rondes, couronnées de créneaux, mesurant 40 mètres de hauteur sur 4 de diamètre. En traversant ce pont, on aperçoit, au fond de la gorge, des habitations entourées de verdure : c'est un établissement de bains. Connues, dit-on, des Romains et dédaignées pendant des siècles, ces eaux ont commencé à être de nouveau utilisées il y a quelques années. On y compte cinq sources sulfureuses, trois froides et deux chaudes. Elles sont efficaces dans le traitement des affections du système osseux, des voies digestives et urinaires. Elles n'ont pas moins de vertu pour combattre les maladies de la peau.

ANNEMASSE. — Annemasse, station de l'embranchement de Bellegarde à Thonon, chef-lieu de canton de l'arrondissement de Saint-Julien, est un bourg de 1,221 habitants, situé à 16 kilomètres au nord-est de cette dernière ville, entre l'Arve et le Foron, sur la frontière suisse, non loin de Genève et au pied du coteau de Monthon, dans une plaine riche et bien cultivée ; on y fabrique des poids et mesures, des toiles et elle possède des tanneries. A partir du poste de la douane, le panorama qui se déroule devant les yeux des voyageurs, en sortant d'Annemasse, est d'une splendide magnificence ; il comprend le groupe du mont Blanc, autour duquel s'échelonnent le Môle et les monts Vergy ; le Brison, qui domine le mont Jallouvre. Le Salève, qui semble être à portée de la main, va rejoindre le mont de Sion, et là, entre le Vouache et la gigantesque muraille du Jura, se dessine, comme une brèche, le col de l'Écluse. La gracieuse végétation des Voirons égaye le sévère et grandiose paysage dans lequel l'œuvre humaine est représentée par la tour pittoresque de Langin.

MACHILLY. — Machilly, canton d'Annemasse, arrondissement et à 28 kilomètres au nord-est de Saint-Julien, est un pittoresque village d'une population de 508 habitants, qui doit sa célébrité aux ruines intéressantes dont il est environné. A peu de distance, sur un mamelon que l'on aperçoit de fort loin, s'élève la vieille tour de Langin. Du haut de cet édifice, le regard embrasse le Léman, les cantons de Vaud, de Genève et les montagnes du Valais ; au premier plan s'étendent les pentes douces des Voirons. Un peu plus loin, on rencontre l'ancien manoir d'Avally et les débris du château de La Rochette, qui couronnent un massif isolé de rochers. Le déboisement du versant occidental des Voirons a détruit le charme qu'ajoutait au paysage une vaste forêt de sapins. Malheureusement, cette invasion toujours croissante des pâturages, plus productifs que les bois, exerce de désastreux effets sur le climat de la Savoie et sur le régime des eaux de toute la vallée du Rhône. Le versant oriental a du moins conservé sa verdoyante parure. La montagne se termine par une crête étroite, où se dressent deux points culminants, hauts l'un de 1,406, l'autre de 1,456 mètres au-dessus du niveau de la mer. Près de ce dernier, sur le bord d'un précipice qu'on nomme le *Saut-de-la-Pucelle,* sont les ruines d'un couvent de dominicains fondé au XVIe siècle et détruit par un incendie en 1769.

LES ALLINGES. — Les Allinges, canton, arrondissement et à 5 kilomètres au sud de Thonon, comptent 1,082 habitants. Ce village est situé auprès d'une montagne très escarpée, sur laquelle se trouvent les ruines d'un vieux château qui, suivant la chronique, existait déjà du temps du roi Rodolphe II de Bourgogne. En 1302, raconte G. Mortillet, Édouard, comte de Savoie, défit devant cette place l'armée de Guignes, dauphin du Viennois. Les fortifications ont été rasées au commencement du dernier siècle. La chapelle, bâtie à une élévation de 715 mètres au-dessus du niveau de la mer, a été restaurée il y a quelques années ; on y montre un vieux chapeau de saint François de Sales.

De ces ruines on découvre un panorama magnifique sur le lac de Genève, les dents d'Oches et le Chablais.

ABONDANCE. — Abondance, chef-lieu de canton de l'arrondissement de Thonon, à 30 kilomètres au sud-est de cette ville, est un bourg peuplé de 1,451 habitants, situé dans la vallée du même nom, sur la rive droite de la Dranse, petite rivière ou torrent qui y prend sa source. La richesse du pays consiste en bons et nombreux pâturages, ainsi que dans la fabrication d'excellents fromages connus sous le nom de *vacherins.* Il y a aussi dans les environs des carrières d'ardoise et des sources de pétrole ou bitume liquide. Abondance possédait une abbaye de chanoines réguliers fondée au XIIe siècle. En 1607, saint François de Sales leur substitua des religieux de l'ordre des feuillants, qui se retirèrent à Lemene en 1768.

Le col d'Abondance, dont l'altitude est de 1,411 mètres, forme les limites de la Savoie et du Valais entre la montagne du Corbeau à gauche et le Nobay à droite; la descente du col vers Morgin offre de magnifiques points de vue.

YVOIRE. — Yvoire, que signale au loin la tour d'un ancien château, est un village de 535 habitants, situé dans le canton de Douvaine, à 17 kilomètres au sud-ouest de Thonon, sur le lac de Genève, au point où la côte de ce lac s'arrondit et se dirige ensuite presque perpendiculairement au sud, donnant ainsi à ce lac une bien plus grande largeur; aussi donne-t-on à la partie qui s'étend de Genève jusqu'à Yvoire le nom de *Petit-Lac*, par opposition au reste du lac qui, devant Thonon et Évian, porte le nom de *Grand-Lac*.

MASSONGY. — Massongy, canton de Douvaine, arrondissement et à 13 kilomètres au sud-ouest de Thonon, est un petit bourg de 818 habitants, que sa situation pittoresque recommande surtout à la curiosité des voyageurs. Les points de vue qu'il présente sont d'une variété et d'une magnificence extrêmes. On y découvre le lac Léman dans sa plus grande largeur, Thonon et la chartreuse de Ripaille, le mont des Allinges et les ruines du vieux château qui porte le même nom. La vue s'étend sur les montagnes de Liaud, de Bogève, d'Abondance, couvertes de forêts, de riches cultures et de verdoyants pâturages, et, au loin, elle s'arrête sur les cimes grisâtres des dents d'Oches, qui bornent l'horizon.

La corroirie est la principale industrie du pays.

ÉVIAN-LÈS-BAINS. — Évian-les-Bains (*Acquianum*), chef-lieu de canton, arrondissement et à 10 kilomètres au nord-est de Thonon, est une ville peuplée de 2,553 habitants; elle est assez bien bâtie et située, dans une position admirable et en amphithéâtre, sur le bord du lac de Genève. L'empereur Napoléon III avait projeté d'y établir un port, et ce projet a seulement reçu un commencement d'exécution; le port d'Évian est une des stations les plus fréquentées de la navigation à vapeur du lac de Genève. De la plage d'Évian et de la gracieuse colline de Saint-Paul, qui la domine, on aperçoit la rive suisse sur une étendue de plus de 12 lieues. L'œil du spectateur, enchanté par ce merveilleux panorama, a pour limites, à l'horizon, les cimes du Jura et des Alpes vaudoises, et, au delà du Léman, la chaîne entière du Jorat, couverte de villes, de villages et de maisons de campagne. Mais ce qui, plus encore que son site enchanteur, fait la fortune d'Évian, ce sont ses sources minérales, qui portent les différents noms de Bron ou de Bonne-Vie, Cachet (ce sont les deux principales), Guillot, du Lavoir, Montmasson; leur température ne dépasse pas 12 degrés; elles sont gazeuses, bicarbonatées, sodiques, limpides, sans odeur ni saveur, laissant déposer un sédiment rougeâtre. Elles s'emploient en boisson, en bains, en douches. Elles ont pour effet de stimuler la digestion et peuvent, dans certains cas, être employées comme les eaux de Vichy; enfin, on les recommande pour le traitement des affections catarrhales de la vessie et des reins, les gastralgies et les maladies de la vessie. Les établissements de bains Bonne-Vie et Cachet reçoivent annuellement de 3,000 à 4,000 visiteurs. Évian renferme plusieurs fabriques de chocolat et de fleurs artificielles, des brasseries et des tanneries; il s'y fait un commerce assez important de chevaux, de ferronnerie, draperie, lingerie, mercerie et quincaillerie.

Elle possède un hôtel de ville gothique remarquable et une église romane; aux environs, on peut visiter le manoir de Blonay et les anciens châteaux de Gribaldy et de Fonbonne.

REIGNIER. — Reignier, chef-lieu de canton, arrondissement et à 18 kilomètres à l'est de Saint-Julien, est un gros et riche village qui compte 1,760 habitants. Il est célèbre par le voisinage d'un rare et important monument mégalithique. Non loin des habitations, en plein champ, on voit dans un état de conservation parfaite un dolmen semblable à ceux que l'on rencontre dans l'Armorique. C'est un énorme bloc de granit reposant sur trois autres et formant un abri assez vaste pour recevoir plusieurs personnes. On sait que la plate-forme dont nous parlons ici servait très probablement d'autel pour les sacrifices. Des blocs moins gros sont dressés autour, de manière à former un cercle dont ce dolmen est le centre.

MONETIER-MORNEX. — Monetier-Mornex est une

Évian-les-Bains.

commune de 900 habitants, située dans le canton de Reignier, à 15 kilomètres à l'est de Saint-Julien, dans une gorge qui sépare le *Grand-Salève* du *Petit-Salève*. De Monetier un chemin fatigant, mais sans danger, mène sur le Grand-Salève dont l'altitude est d'environ 1,300 mètres. De son sommet, dit G. Mortillet, on découvre le mont Blanc avec toutes ses aiguilles, le Buet, le Grenier, la Pointe-de-Roi, le Vambion, le Môle, les Voirons et Bonneville qui est au pied; le Brezon, les Jallouvres qui dominent la vallée du Reposoir, l'entrée de la vallée du Petit-Bornand, la pointe de Belle à Joux, les rochers de Soudinaz, le Pormenan, la vallée mamelonnée des Bornes; au sud-ouest, une partie du lac d'Annecy et le mont de Sion; à l'ouest, la montagne du Vouache, la gorge étroite du fort l'Écluse; au nord, la longue chaîne du Jura, la plus grande partie du canton de Vaud, la ville de Genève et son lac. Le Petit-Salève n'a que 897 mètres; on y visite l'Ermitage, rendez-vous de chasse, construit en 1855 dans les ruines d'un château fort d'où l'on a une belle vue sur Genève, son beau lac et ses environs. On en descend du côté de la ville par le Pas de l'Échelle, formé par des marches taillées à même dans le roc et garnies d'une balustrade en fer; le sentier conduit au village de Veirier, qui n'est qu'à 6 kilomètres de Genève.

Frangy. — Nous devons une mention à Frangy, chef-lieu de canton de 1,491 habitants, situé sur la rive droite du torrent des Moses, à 22 kilomètres au sud-ouest de Saint-Julien, à cause des bons vins blancs de son territoire. Il est assis au fond d'un vallon dont les pentes sont couvertes de vignes.

Saint-Jean-d'Aulph. — Saint-Jean-d'Aulph, dans le canton du Biot et à 27 kilomètres au sud-est de Thonon, sur la Dranse, possède les belles ruines d'une ancienne abbaye de l'ordre de Cîteaux, fondée en 1107 par Humbert II; ce sont les restes d'un cloître remarquable par l'élégance de ses dentelures de pierre. Dans le voisinage, il y a une mine de fer et de manganèse oxydé, inexploitée et une source sulfureuse. Les foires et les marchés de Saint-Jean-d'Aulph sont très fréquentés; sa population est de 1,810 habitants.

SEYSSEL. — Seyssel, station de la ligne du chemin de fer de Mâcon à Genève (section de Culoz à Bellegarde, réseau Paris-Lyon-Méditerranée), chef-lieu de canton de l'arrondissement et à 35 kilomètres au sud-ouest de Saint-Julien, est un bourg de 1,520 habitants, assis sur le Rhône, qui le partage en deux sections; il appartenait, avant l'annexion, à deux nations, à la Savoie par la rive gauche et à la France par la rive droite. Un pont suspendu réunit les deux parties du bourg, qui dépendent : celle de la rive droite du département de l'Ain, celle de la rive gauche du département de la Haute-Savoie, et maintenant obéissent aux mêmes lois et ne forment plus qu'une seule famille. C'est à Seyssel que commence la navigation ordinaire du Rhône; comme il est difficile de remonter ce fleuve, à cause de sa rapidité, les transports, à la descente, se font communément sur des bateaux peu solides, grossièrement faits, qui souvent sont dépecés après leur premier voyage. On construit à Seyssel un certain nombre de ces bateaux. Une autre industrie a pris d'importants développements à Seyssel et dans les environs : de cet endroit jusqu'à Bellegarde s'étendent des couches de substances bitumineuses d'où l'on tire l'asphalte de Pyrimont-Seyssel, si fréquemment employé à divers usages dans les principales villes d'Europe; l'exploitation de ce produit occupe beaucoup de bras. A ces ressources de l'industrie, il faut ajouter la richesse du sol, où mûrit un vin très estimé. On admire dans la direction de Culoz de nombreux travaux d'art exécutés pour l'établissement du chemin de fer de Lyon à Genève, et on a constamment devant soi la belle montagne du Credo, dont le sommet atteint une élévation de 1,624 mètres et qui semble fermer toute la vallée du Rhône.

THONON (lat. 46° 22′ 22″; long. 4° 8′ 44″ E.). — Thonon, station terminale de l'embranchement de Bellegarde, chef-lieu d'arrondissement, ancienne capitale du Chablais, sur la rive méridionale du lac de Genève, à 76 kilomètres au nord-est d'Annecy, compte 5,501 habitants. Cette ville, assez mal bâtie, est située sur une éminence, au bord du Léman; elle est divisée en haute et basse ville. La haute ville renferme quelques édifices : l'église, le collège, l'hôtel de ville. On y remarque une petite terrasse plantée d'arbres et décorée d'un obélisque en marbre gris; de ce point, le panorama est magnifique. La basse ville, moins importante, est sur le lac; elle possède un port, auquel paraît être réservé un grand avenir, sous la domination française. L'industrie de Thonon consiste principalement en tanneries, filatures de coton et extraction de gypse ou plâtrières. L'exportation des fromages dits *vacherins* y est considérable.

Le village de *Concise,* à dix minutes seulement de la ville, est renommé pour les magnifiques points de vue qu'il offre aux touristes; on y voit un château ruiné et un couvent moderne. Thonon, enfin, possède une source d'eau thermale de la même nature que celle d'Évian; on se propose de l'exploiter, ce qui ne peut manquer d'ajouter à la prospérité du pays.

En sortant de Thonon, on entrevoit, au milieu de bouquets d'arbres, l'ancien château de *Ripaille;* il fut construit et flanqué de sept tours par Amédée V, surnommé le Sage, le Salomon de la Savoie. Ce prince, après un règne de quarante ans, abdiqua en faveur de son fils, se choisit six vieux compagnons (le plus jeune avait soixante ans) et se retira, en 1434, dans cette tranquille retraite. Il y resta cinq ans, menant si bonne et si joyeuse vie, que le dicton populaire *faire ripaille* en est venu. Amédée se lassa-t-il de son bonheur, l'ambition le reprit-elle, ou sa destinée le condamnait-elle à d'autres agitations, à de nouvelles grandeurs? En 1439, le concile de Bâle, après avoir déposé le pape Eugène IV, pensa au joyeux cénobite de Ripaille et l'élut pape sous le nom de Félix V. L'empereur, qui suspectait peut-être les intentions de l'ancien souverain de Savoie, s'opposa à cette élection; Amédée transigea; il renonça à la tiare comme il s'était démis de la couronne ducale, acceptant en compensation un chapeau de cardinal. Puis il revint finir ses jours à Ripaille, d'où il administra l'Église de Genève jusqu'à sa mort, qui eut lieu en 1451. Les Bernois prirent et saccagèrent ce château en 1589; des chartreux utilisèrent ses débris et s'y établirent en 1630. La chartreuse fut vendue, en 1793, à des particuliers qui en firent une usine. Des constructions primitives il reste cependant encore l'église, avec sa façade en marbre, ombragée par de magnifiques arbres qui sont peut-être aussi vieux qu'elle. Ripaille a inspiré à Voltaire ces vers bien connus, qu'on pourrait cependant nous reprocher de ne pas citer en finissant :

> Au bord de cette mer, où s'égarent mes yeux,
> Ripaille, je te vois. O bizarre Amédée !
> Est-il vrai que dans ces beaux lieux,
> Des soins et des grandeurs écartant toute idée,
> Tu vécus en vrai sage, en vrai voluptueux,
> Et que, lassé bientôt de ton doux ermitage,
> Tu voulus être pape et cessas d'être sage ?

AMPHION. — Amphion, commune de Publier, canton d'Évian, arrondissement et à 6 kilomètres à l'est de Thonon, est un village peuplé de 300 habitants. Il doit son importance à une source minérale ferrugineuse, bicarbonatée, froide, qui jouissait autrefois d'une très grande réputation, et a trois sources alcalines froides, qui ont été découvertes seulement depuis 1864 ; ces eaux possèdent les mêmes qualités thérapeutiques que les eaux d'Évian et conviennent aux mêmes affections. On a établi des omnibus qui font un service régulier entre cette localité et Évian, qui n'en est éloigné que de 12 kilomètres. La source minérale ferrugineuse sort de terre sous un hangar, auprès d'un élégant casino qui attire de nombreux voyageurs. On y jouit d'une vue magnifique sur le Léman et sur le canton de Vaud. C'est à Amphion que se trouvent les plus beaux châtaigniers du Chablais et peut-être de toute la Savoie et de toute la Suisse. Malheureusement, on en abat chaque jour quelques-uns.

MEILLERIE. — Meillerie, commune de Thollon, canton d'Évian, arrondissement et à 23 kilomètres à l'est de Thonon, est un humble village situé sur les bords du Léman et exclusivement habité par une population de pêcheurs et de carriers. Avant les grands travaux exécutés par les Français pour la construction de la route du Simplon, Meillerie ne pouvait être facilement abordée que par eau. Aujourd'hui encore, quoique les pierres de ses carrières contribuent pour une grande part aux embellissements de la riche et fière Genève, il serait peu question de ce modeste pays si J.-J. Rousseau ne l'avait illuminé d'un rayon de son génie. Écoutons-le parler de ces rochers, désormais immortels, qui, semblables à d'énormes tours, descendent à pic jusque dans les eaux du lac, profond en cet endroit de plus de 250 mètres : « Une file de rochers stériles borde la côte et environne mon habitation ; j'y ai trouvé, dans un abri solitaire, une petite esplanade d'où l'on découvre en plein la ville heureuse où vous habitez... Vous connaissez l'antique usage du château de Leucate, dernier refuge de tant d'amants malheureux. Celui-ci lui ressemble à bien des égards. La roche est escarpée, l'eau est profonde, et je suis au désespoir. »

En 1816, lord Byron, se promenant en bateau sur le lac avec son ami le poète Shelly, fut assailli par une tempête si violente, que, se débarrassant de ses habits, il se préparait à gagner le rivage à la nage, lorsqu'un coup de vent jeta le bateau contre les rochers de Meillerie. Dans le dixième entretien de son *Cours de littérature*, M. de Lamartine raconte cet épisode de la vie de lord Byron. Voici quelques passages de ce poétique récit : « Il ne m'est jamais arrivé de rencontrer personne dans ses grèves désertes... Je ne m'entretenais qu'avec les flots et les brises du lac, qui n'avaient à me dire que ce que leur disaient les vagues et les mélancolies de la nature, moins vagues et moins mélancoliques que mon cœur où ils résonnaient. Un soir je fus surpris par un grand orage, mêlé de tonnerre et de vent. Il éclata tout à coup sur les hauteurs de Thonon et d'Évian ; il souleva en quelques minutes, sur le lac, des lames plus courtes, mais aussi creuses et aussi écumantes que celles de l'Océan. Je cherchai un abri contre les premières ondées de pluie sous un petit rocher qui s'avançait en demi-voûte le long du rivage ; deux petits bergers du pays et un vieux mendiant de Genève, qui regagnait la ville, sa besace pleine de châtaignes et de morceaux de pain, s'y étaient abrités avant moi. Ils se rangèrent pour me faire un peu de place. Nous nous assîmes sur nos talons pour attendre la fin de l'orage. La mince voûte du rocher tremblait aux coups de tonnerre, et les lames, pulvérisées en brouillard par le vent, montaient jusqu'à nous et nous mouillaient de leur écume presque autant que la pluie. Tout à coup j'entendis, à très peu de distance du cap, les voix sonores et confuses de quelques hommes, auxquels le danger donnait l'accent grave de l'émotion, puis le bruit sec d'une rame ou d'un gouvernail qui se rompt et dont on jette le manche sur les planches sonores d'une embarcation en détresse. La poudre des lames nous dérobait tout, excepté les voix. Mais, au même instant, un immense éclair, qui sembla entr'ouvrir le ciel devant nous sur la dent de Jaman, perça la brume et vint se répercuter sur l'écoute blanche d'un petit yacht qui cinglait à travers ces montagnes d'écume, la proue sur Genève, comme un goéland, une aile dans la lame, l'autre dans le nuage. Un beau jeune homme, d'une figure étrangère et d'un costume un peu bizarre, était assis sur le banc du yacht. Il tenait d'une main la corde de la voile d'écoute, de l'autre le manche du gouvernail. Quatre rameurs ruisselants d'écume étaient courbés sur les rames. Le jeune homme, quoique pâle et les cheveux fouettés par le vent, semblait plus attentif à la majesté de la scène qu'au danger de sa barque. L'éclair prolongé qui me l'avait montré le déroba à ma vue en s'éteignant. Nous n'entendîmes que le bouillonnement frémissant du sillage qui creusait les lames avec la rapidité du vent. Quelques secondes après tout avait disparu, et la moitié d'une rame brisée vint s'échouer et clapoter à quelques pas de nous, sur la grève. « Qui donc » ose affronter le lac et le ciel dans une telle tour- » mente? » m'écriai-je tout haut, sans songer aux paysans qui se collaient au rocher à côté de moi. « Je le sais bien, moi, » dit alors le mendiant, qui n'avait pas encore pris la parole : « C'est un lord » anglais qui fait des livres et dont les Anglais ré- » sidant ou passant à Genève vont visiter la maison » de campagne, près de la ville, sans jamais y en- » trer. On en parle en bien et en mal dans son » pays, comme de tout le monde. Quant à moi, je n'ai » que du bien à en dire, car il me jette une pièce » blanche, et quelquefois même une pièce jaune, » toutes les fois qu'il me rencontre sous les pieds » de son cheval. — Savez-vous son nom? dis-je » au mendiant. — Je ne le sais pas bien, reprit-il; » nous autres, nous ne savons jamais comment se » nomment les étrangers qui viennent dépenser » leur temps et leur argent à Genève; nous savons » seulement s'ils sont de bon ou de mauvais cœur » pour les pauvres. Celui-là est bon, je vous le ga- » rantis, et je serais bien fâché qu'il lui arrivât » malheur dans cette bourrasque. » Puis le mendiant essaya d'articuler un nom anglais inintelligible, mais qui ressemblait à un nom historique français. Je lus quelques jours après, dans le journal de Genève, que c'était un jeune grand poète du nom de Byron, qui avait couru un grand danger pendant cette soirée de tempête. »

Meillerie! heureux et glorieux petit pays! où toutes les grandeurs du génie humain s'associent aux splendeurs de la nature; hameau privilégié qui peut ainsi évoquer à la fois, dans le souvenir de ses visiteurs, Rousseau mesurant dans son désespoir la profondeur de ses abîmes, Byron cherchant des émotions nouvelles dans les tempêtes de son lac et Lamartine promenant sa mélancolie sur son rivage!

Saint-Gingolph. — Saint-Gingolph, canton d'Évian, arrondissement et à 27 kilomètres à l'est de Thonon, est un joli village peuplé de 679 habitants. Il est construit en amphithéâtre au bord du lac Léman, sur les alluvions de la Morge, torrent qui divise Saint-Gingolph en deux parties et qui, après avoir séparé le Chablais du Valais, sert maintenant de frontière entre la France et la Suisse. Au-dessus d'une jolie esplanade couverte d'arbres et de gazon, sur les bords du lac Léman, se trouve la curieuse grotte du Vivier, à laquelle on ne peut parvenir qu'en bateau. Entre Saint-Gingolph et Boveret, hameau situé à l'embouchure du Rhône, s'étend une large montagne coupée par une ravine immense et nommée Chaumeny ou Grammont; son ascension est fort intéressante. Saint-Gingolph possède une papeterie et une belle exploitation de pierre calcaire.

STATISTIQUE DU DÉPARTEMENT DE LA HAUTE-SAVOIE

Acquis par le traité de Turin de 1860.

RANG DU DÉPARTEMENT

Superficie : 80ème. — Population : 71ème. — Densité de la population : 36ème.

I. STATISTIQUE GÉNÉRALE

SUPERFICIE.	POPULATION (1).	ARRONDISSEMENTS.	CANTONS.	COMMUNES.	REVENU TERRITORIAL.		CONTRIBUTIONS et REVENUS PUBLICS
4.315 kil. carrés ou 431.472 hect.	Hommes, 138.244 Femmes, 135.557 Total.. 273.801 63 hab. 45 par kil. carré	4	28	314	Propriétés bâties... — non bâties Revenu agricole...	3.000.000 fr. 9.000.000 » 35.000.000 »	9.000.000 fr.

(1) Population, en 1801, du département du Léman, 283,106 habitants. — Ce département, dont les limites n'étaient pas les mêmes que celles du département de la Haute-Savoie, a été enlevé à la France par le traité de mai 1814.

II. STATISTIQUE COMMUNALE

ARRONDISSEMENT D'ANNECY

Superficie, 1.219 kil. carrés ou 121.932 hect. — Population, 86.008 hab. — Cantons, 7. — Communes, 99.

CANTON, sa population	NOM de LA COMMUNE.	POPULATION.	Distance au chef-lieu d'arr.	CANTON, sa population	NOM de LA COMMUNE.	POPULATION.	Distance au chef-lieu d'arr.	CANTON, sa population	NOM de LA COMMUNE.	POPULATION.	Distance au chef-lieu d'arr.
ANNECY, 2 cantons, 41 communes, 34.483 habitants.	Annecy (Nord)	6.153	»	Suite d'ANNECY(Sud) ALBY, 12 comm., 8.251 habitants.	Poisy	822	8	Suite de RUMILLY THÔNES, 10 comm., 10.540 hab.	Étercy	435	27
	Alex	613	10		Quintal	359	8		Hauteville	545	15
	Annecy-le-Vieux	1.352	4		Saint-Eustache	504	13		Lornay	430	26
	Argonnex	331	7		Saint-Jorioz	1.254	9		Marcellaz	1.301	14
	Avregny	183	20		Sévrier	691	6		Marigny-Saint-Marcel	576	23
	Balme-de-Sillingy (La)	829	11		Seynod	493	6		Massingy	1.048	21
	Bluffy	246	10		Vieugy	510	8		Moye	1.339	22
	Charvonnex	539	13		Alby	1.179	11		Saint-André	300	14
	Choisy	1.035	15		Allèves	424	28		Saint-Eusèbe	648	20
	Cuvat	390	14		Balmont	270	9		Sales	769	16
	Dingy-Saint-Clair	1.107	10		Chainaz-les-Frasses	504	17		Syon	334	28
	Épagny	407	8		Chapéry	339	5		Thusy	1.161	16
	Ferrières	279	11		Cusy	1.235	18		Vallières	902	24
	Menthon	737	8		Gruffy	920	15		Vaulx	913	18
	Mésigny	534	15		Héry-sur-Alby	777	14		Versonnex	407	25
	Metz	471	8		Mûres	490	14				
	Naves	486	8		Saint-Félix	940	15				
	Pringy	421	7		Saint-Sylvestre	633	11		Thônes	2.777	19
	Saint-Martin	510	10		Viuz-la-Chiésaz	540	10		Balme-de-Thuy (La)	307	15
	Sallenôves	449	17						Bouchet (Le)	495	35
	Sillingy	1.334	10	FAVERGES, 10 comm., 8.700 hab.	Faverges	3.173	25		Clefs (Les)	575	23
	Talloires	1.125	12		Chevaline	149	20		Clusaz (La)	994	30
	Veyrier	741	7		Cons-Sainte-Colombe	222	29		Grand-Bornand (Le)	2.010	32
	Villy-le-Pelloux	264	13		Doussard	1.126	13		Manigod	1.309	25
	Annecy (Sud)	4.823	»		Giez	506	23		Saint-Jean-de-Sixt	498	28
	Chapelle-Saint-Maurice (La)	228	4		Lathuile	570	17		Serraval	885	30
	Chavanod	753	8		Marlens	505	31		Villards-sur-Thônes (Les)	690	24
	Duingt	381	13		Montmin	525	31				
	Entrevernes	393	18		Saint-Ferréol	861	28				
	Gévrier	879	5		Seythenex	773	29				
	Leschaux	382	18	RUMILLY, 26 c., 16.670 h.	Rumilly	4.104	18	THORENS, 6 c., 7.364 h.	Thorens	2.574	19
	Lovagny	448	10		Bloye	520	22		Aviernoz	576	20
	Meythet	325	5		Bonneguête	206	26		Évires	1.281	25
	Montagny	268	9		Boussy	480	18		Groisy	1.578	20
	Nonglard	434	15		Crempigny	220	27		Ollières (Les)	560	10
									Villaz	795	10

ARRONDISSEMENT DE BONNEVILLE

Superficie, 1.436 kil. carrés ou 143.640 hect. — Population, 70.215 hab. — Cantons, 9. — Communes, 68.

CANTON, sa population.	NOM de LA COMMUNE.	POPULATION.	Distance au chef-lieu d'arr.	CANTON, sa population.	NOM de LA COMMUNE.	POPULATION.	Distance au chef-lieu d'arr.	CANTON, sa population.	NOM de LA COMMUNE.	POPULATION.	Distance au chef-lieu d'arr.
BONNEVILLE, 15 communes, 14.093 habitants.	Bonneville	2.247	»	Suite de Cluses.	Nancy-sur-Cluses	403	10	St-Jeoire, 6 c., 7.302 h.	Saint-Jeoire	1.802	14
	Ayse	842	2		Reposoir (Le)	429	16		Onion	962	18
	Brizon	575	8		Saint-Sigismond	522	16		St-Jean-de-Tholome	1.136	12
	Contamine-sur-Arve	832	3		Scionzier	1.362	8		Tour (La)	566	16
	Côte-d'Hyot (La)	430	4	La Roche, 9 comm., 9.088 habitants.	Roche (La)	2.942	8		Ville-en-Sallaz	375	18
	Entremont	642	16		Amancy	888	6		Viuz-en-Sallaz	2.461	14
	Faucigny	423	8		Arenthon	919	6	Sallanches, 9 comm., 8.623 hab.	Sallanches	1.979	35
	Marcellaz	467	12		Chapelle - Rambaud (La)	294	13		Combloux	872	37
	Marignier	1.892	8		Cornier	674	10		Cordon	693	38
	Mont-Saxonnex	1.442	10		Étaux	706	10		Demi-Quartier	422	39
	Peillonnex	602	13		Passeirier	254	5		Domancy	584	34
	Petit-Bornand (Le)	1.580	12		Saint-Laurent	703	5		Mégève	1.860	46
	Pontchy	1.003	1		Saint-Maurice	406	4		Praz (Le)	570	47
	Thiez	788	12		Saint-Pierre-de-Rumilly	1.069	4		Saint-Martin	312	30
	Vougy	388	8		Saint-Sixt	233	7		Saint-Roch	1.331	32
Chamonix, 4 c., 4.638 h.	Chamonix	2.406	61	St-Gervais, 4 c., 5.014 h.	Saint-Gervais-les-Bains	1.977	40	Samoëns, 4 c., 4.944 h.	Samoëns	2.583	31
	Houches (Les)	1.152	59		Contamines (Les)	670	34		Morillon	645	26
	Servoz	478	50		Passy	1.892	36		Sixt	1.278	37
	Vallorcine	602	75		Saint-Nicolas-de-Véroce	475	50		Verchaix	436	26
Cluses, 10 c., 9.400 h.	Cluses	1.813	10					Taninges, 5 c., 7.113 h.	Taninges	2.397	20
	Arâches	829	20						Cote-d'Arbroz (La)	553	54
	Châtillon	788	16						Gets (Les)	1.276	28
	Frasse (La)	454	4						Mieussy	2.206	19
	Magland	1.676	20						Rivière-en-Verse (La)	681	20
	Marnaz	1.124	6								

ARRONDISSEMENT DE SAINT-JULIEN-DE-MAURIENNE

Superficie, 745 kil. carrés ou 74.459 hect. — Population, 54.106 hab. — Cantons, 6. — Communes, 76.

CANTON	NOM de LA COMMUNE	POP.	Dist.	CANTON	NOM de LA COMMUNE	POP.	Dist.	CANTON	NOM de LA COMMUNE	POP.	Dist.
Saint-Julien, 18 communes, 11.672 habitants.	Saint-Julien	1.337	»	Suite d'Annemasse	Loëx	124	25	Suite de Frangy	Éloise	504	24
	Archamps	615	5		Lucinges	589	24		Marlioz	659	15
	Beaumont	618	7		Machilly	508	28		Minzier	639	15
	Bossey	289	8		Saint-Cergues	1.223	26		Musièges	246	20
	Chénex	280	10		Vétraz-Monthoux	858	19		Vanzy	567	28
	Chevrier	374	14		Ville-la-Grand	567	18	Reignier, 9 comm., 9.498 hab.	Reignier	1.760	18
	Collonges-sous-Salèves	644	6	Cruseilles, 11 comm., 7.577 habit.	Cruseilles	1.912	15		Arbusigny	938	16
	Dingy-en-Vuache	448	5		Allonzier	707	19		Essert-Essery (Les)	528	14
	Feigères	816	5		Andilly	608	12		Filinge	1.791	27
	Jonzier-Épagny	472	12		Cercier	768	20		Monnetier-Mornex	900	15
	Neydens	468	4		Cernex	773	11		Muraz (La)	820	18
	Présilly	518	7		Copponex	642	13		Naugy	516	24
	Savigny	594	17		Menthonnex-en-Bornes	693	20		Pers-Jussy	1.735	22
	Thairy	490	3		Saint-Blaise	162	12		Scientrier	490	18
	Valleiry	647	12		Sappey (Le)	524	25	Seyssel, 11 comm., 7.634 habitants.	Seyssel	1.520	25
	Vers	412	12		Villy-le-Bouveret	345	22		Bassy	673	25
	Viry	1.858	5		Vovray-en-Bornes	443	21		Challonges	743	34
	Vulbens	792	14	Frangy, 13 comm., 8.064 hab.	Frangy	1.491	22		Chêne-en-Semine	390	28
Annemasse, 14 com., 9.644 hab.	Annemasse	1.221	16		Arcine	275	20		Clermont	515	30
	Ambilly	186	17		Chaumont	661	18		Desingy	1.504	30
	Arthaz-Pont-Notre-Dame	761	20		Chavannaz	252	13		Droisy	194	33
	Bonne	827	9		Chessenaz	308	27		Franclens	230	28
	Cranves-Sales	1.075	22		Chilly	1.403	30		Menthonnex-sous-Clermont	930	32
	Étrembières	239	15		Clarafond	614	23		St-Germain-sur-Rhône	348	30
	Gaillard	1.180	19		Contamines-sous-Marlioz	445	15		Usinens	587	30
	Juvigny	283	21								

ARRONDISSEMENT DE THONON

Superficie, 915 kil. carrés ou 91.441 hect. — Population, 63.472 hab. — Cantons, 6. — Communes, 71.

CANTON	NOM de LA COMMUNE	POP.	Dist.	CANTON	NOM de LA COMMUNE	POP.	Dist.	CANTON	NOM de LA COMMUNE	POP.	Dist.
Thonon, 17 c., 20.052 hab.	Thonon	5.501	»	Suite de Thonon	Margencel	850	8	Abondance, 7 comm., 5.757 hab.	Abondance	1.451	30
	Allinges	1.082	5		Marin	760	6		Bernex	1.057	22
	Anthy	561	6		Mégevette	1.101	30		Bonnevaux	358	25
	Armoy	293	5		Orcier	812	8		Chapelle (La)	602	35
	Bellevaux	4.471	21		Perrignier	758	9		Châtel	473	41
	Cervens	615	12		Reyvroz	708	11		Chevenoz	801	18
	Draillant	606	10		Sciez	1.836	10		Vacheresse	1.015	22
	Lullin	1.080	18		Vailly	1.319	15				
	Lyaudy	699	5								

SUITE DE L'ARRONDISSEMENT DE THONON

CANTON, sa population	NOM de LA COMMUNE.	POPULATION.	Distance au chef-lieu d'arr.	CANTON, sa population	NOM de LA COMMUNE.	POPULATION.	Distance au chef-lieu d'arr.	CANTON, sa population	NOM de LA COMMUNE	POPULATION.	Distance au chef-lieu d'arr.
Le Biot, 9 comm., 7.356 hab.	Biot (Le)............	728	22	Douvaine, 16 communes, 10.543 habitants.	Douvaine...........	1.134	16	Évian-les-Bains, 14 communes, 13.728 habitants.	Évian-les-Bains......	2.553	10
	Baume (La).........	673	20		Ballaison...........	788	20		Champanges........	481	10
	Essert-Romand.....	356	31		Bons...............	1.226	16		Féternes...........	1.460	9
	Forclaz (La)........	330	17		Brens..............	545	20		Larringes..........	665	7
	Montriond..........	723	31		Brenthonne........	801	14		Lugrin.............	1.571	14
	Morzine............	1.623	33		Chens..............	576	21		Maxilly............	430	13
	Saint-Jean-d'Aulph..	1.810	27		Excenevex..........	324	13		Meillerie..........	930	21
	Seytroux...........	640	25		Fessy..............	471	13		Neuvecelle........	731	11
	Vernaz (La)........	473	15		Loisin.............	705	19		Novel.............	154	32
Boëge, 8 comm., 6.036 hab.	Boëge.............	1.475	28		Lully..............	565	12		Publier............	1.130	6
	Bogève............	782	25		Massongy..........	818	13		Saint-Gingolph.....	679	27
	Burdignin..........	686	32		Messery...........	611	20		Saint-Paul.........	1.322	15
	Habère-Lullin......	571	19		Nernier............	215	20		Thollon...........	819	23
	Habère-Poche......	743	15		Saint-Didier........	517	17		Vinzier............	803	15
	Saint-André........	727	25		Veigy-Foncenex.....	812	26				
	Saxel..............	301	25		Yvoire.............	435	17				
	Villard............	751	23								

III. STATISTIQUE MORALE (1)

par M. Eug. Boutmy, ancien Professeur.

Les chiffres en caractères gras inscrits dans chacune des trois petites colonnes de ce tableau indiquent le rang du département relativement à la mention devant laquelle ils sont placés.

Religion (2).

Catholiques........	271.194
Protestants........	786
Israélites..........	18
Clergé catholique.....	548
Pasteurs..........	2
Rabbins..........	»

Mouvement de la population.

	Naissances.........	8.582
	Mariages..........	1.874
	Décès............	6.673
60e	Durée moyenne de la vie.	35 a. 11 m.

Instruction (3).

15e	Nombre des jeunes gens sachant lire, écrire et compter sur 100 jeunes gens maintenus sur les listes de tirage......	90,66
	Nombre des établissements d'enseignement secondaire de l'État......	2
	Nombre des écoles primaires (publiques ou libres)...	693

Crimes contre les personnes (4)

COURS D'ASSISES.

6e	Rapport du nombre des accusés à la population.	1 sur 11.408 hab.
	Nombre total des accusés...	24

Infanticides.

41e	Rapport du nombre des infanticides à celui des enfants naturels............	1 sur 190
	Nombre total..........	2

Suicides.

70e	Rapport des suicides au chiffre de la population..	1 sur 14.908 hab.
	Nombre total..........	18

Crimes contre les propriétés.

57e	Rapport du nombre des accusés à la population.	1 sur 22.816 hab.
	Nombre total..........	12

Tribunaux correctionnels.

58e	Nombre des affaires....	1.194
	Nombre des prévenus...	1.419
	Nombre des condamnés.	1.345

Procès.

	Affaires civiles (5).....	1.804
	Affaires commerciales (6).	770
69e	Faillites (7)........	16

Paupérisme.

19e	Rapport des indigents au chiffre de la population..	1 sur 27 hab.
	Nombre total........	10.064
	Bureaux de bienfaisance..	169
	Hôpitaux et hospices..	10
	Aliénés à la charge du département........	216
	Sociétés de secours mutuels.	12

Contributions directes (8).

84e	Foncière..........	553.911
	Personnelle et mobilière.	118.590
	Portes et fenêtres....	78.655

(1) Les chiffres contenus dans ce tableau sont empruntés, pour la plupart, à l'*Annuaire statistique de la France* (1878), publié par le ministère de l'agriculture et du commerce, ou calculés d'après des données puisées dans cet ouvrage.

(2) Ces chiffres sont antérieurs au recensement de 1876, qui a négligé ce point de vue.

Culte catholique. — Évêché à Annecy, suffragant de la métropole de Chambéry. Le diocèse d'Annecy est formé du département de la Haute-Savoie, moins quelques paroisses des cantons d'Alby et de Rumilly (arrondissement d'Annecy); il comprend, en outre, le canton d'Ugines, département de la Savoie, arrondissement d'Albertville. Il compte 29 cures, 270 succursales et 190 vicariats rétribués par l'État. Les congrégations et communautés religieuses établies dans ce département étaient, avant 1880, au nombre de 11 : 5 pour les hommes et 6 pour les femmes.

(3) Le département relève de l'académie de Chambéry. Collège Chapuisien à Annecy; collège communal à Bonneville; 5 établissements libres pour l'enseignement secondaire. École normale primaire d'institutrices, à Rumilly. Au point de vue du nombre d'élèves inscrits dans les écoles primaires de 6 à 13 ans, sur 100 enfants recensés, la Haute-Savoie occupe le 34e rang. Le même département occupe le 2e rang d'après le nombre d'enfants présents à l'école par 10,000 habitants.

(4) Au point de vue judiciaire, le département de la Haute-Savoie ressortit à la cour d'appel de Chambéry. Annecy est le siège de la cour d'assises. Chaque chef-lieu d'arrondissement possède un tribunal de première instance; ceux d'Annecy et de Bonneville sont divisés en deux chambres.

(5) Ce chiffre indique le nombre des affaires civiles terminées pendant l'année.

(6) Ce chiffre comprend les affaires contentieuses à juger pendant l'année.

(7) Terminées pendant l'année.

(8) Trésorier-payeur général à Annecy; receveur particulier dans chaque chef-lieu d'arrondissement; 65 percepteurs.

BIBLIOGRAPHIE

. . . Description des Alpes, par *De Saussure*. 6 vol. in-4°.

. . . Voyages dans les Alpes, par *De Saussure*.

. . . Dictionnaire historique et artistique du Mont-Blanc et du lac Léman, par *Grillat*. 3 vol. in-8°.

. . . Statistique du Mont-Blanc, par *Verneih*. 1 vol. in-4°.

1840. Étude sur les glaciers, par *L. Agassiz*. 1 vol. in-8°.

1848. Eaux minérales alcalines d'Évian et minérales ferrugineuses acidulées d'Amphion, par le D*r F. Audrier*. 1 vol. in-8°.

1851. La Vallée de Sixt et le Petit Saint-Bernard, par *J.-L. Manget*.

1851. Chamounix, le mont Blanc, Courmayeur et le Grand Saint-Bernard; court itinéraire descriptif, par *J.-M. Couttet*.

1852. Chamounix, le mont Blanc, les deux Saint-Bernard et la vallée de Sixt; nouvel itinéraire descriptif, par *J.-L.-Manget*. In-12.

1852. Annecy et ses environs, par *Jules Philippe*. 1 vol. in-12.

1853. Thermographie et hypsométrie de la Savoie.

1854. Histoire et description des sources minérales d'Évian, d'Amphion et du Chablais, par le comte *Davet de Beaurepaire*. In-8°.

1855. Guide de l'étranger en Savoie, par *Gabriel de Mortillet*. 1 vol. in-12.

. . . Essai sur la constitution géologique des Alpes centrales de la France et de la Savoie, par *Scipion Gras* (au Bulletin de la Société géologique de France).

1858. Les Alpes, par *Tschudi*. 1 vol. gr. in-8°.

1858. Nouveau guide pratique médical et pittoresque aux eaux d'Aix-en-Savoie, par le D*r Forestier*. In-12.

1860. Évian et ses environs, par *Alfred de Bougy*. 1 vol. in-18.

. . . Voyage dans la Haute-Savoie, par *Francis Wey*. 1 vol. in-12.

1860. Le Percement des Alpes et la Savoie française, par *Claude Genoux*. In-8°.

1860. Itinéraire descriptif et historique de la Savoie, par *Ad. Joanne*, avec une introduction par *Élisée Reclus*.

1861. Itinéraire général de la France, par *Ad. Joanne* (Bourgogne, Bresse, Bugey, Savoie). 1 vol. in-18.

1872. Dictionnaire géographique de la France et de ses colonies, par *Ad. Joanne*. 2e édition.

1875. Géographie des départements de la Haute-Savoie et de la Savoie, par *J.-B. Pasquier*. 1 vol. in-18. Carte.

. . . A travers la Haute-Savoie jusqu'au lac d'Annecy, par *Fr. Descotes*.

1876. Le Massif du mont Blanc, par *E. Viollet-le-Duc*. 1 vol. in-8° et atlas.

1876. Petite géographie de la Haute-Savoie et de la Savoie, par *Périn* (collection Em. Levasseur). 1 vol. in-18.

1877. Le Mont Blanc, par *Ch. Durier*. 1 vol. gr. in-8°.

Carte de la Savoie, extraite de la *Carte de l'État-Major* sarde. 2 feuilles.

Feuilles 150, 160, 160 *bis*, 160 *ter*, 169 de la *Carte de l'État-Major* français.

Cartes de la Haute-Savoie, par *Logerot, Ad. Joanne*, etc.

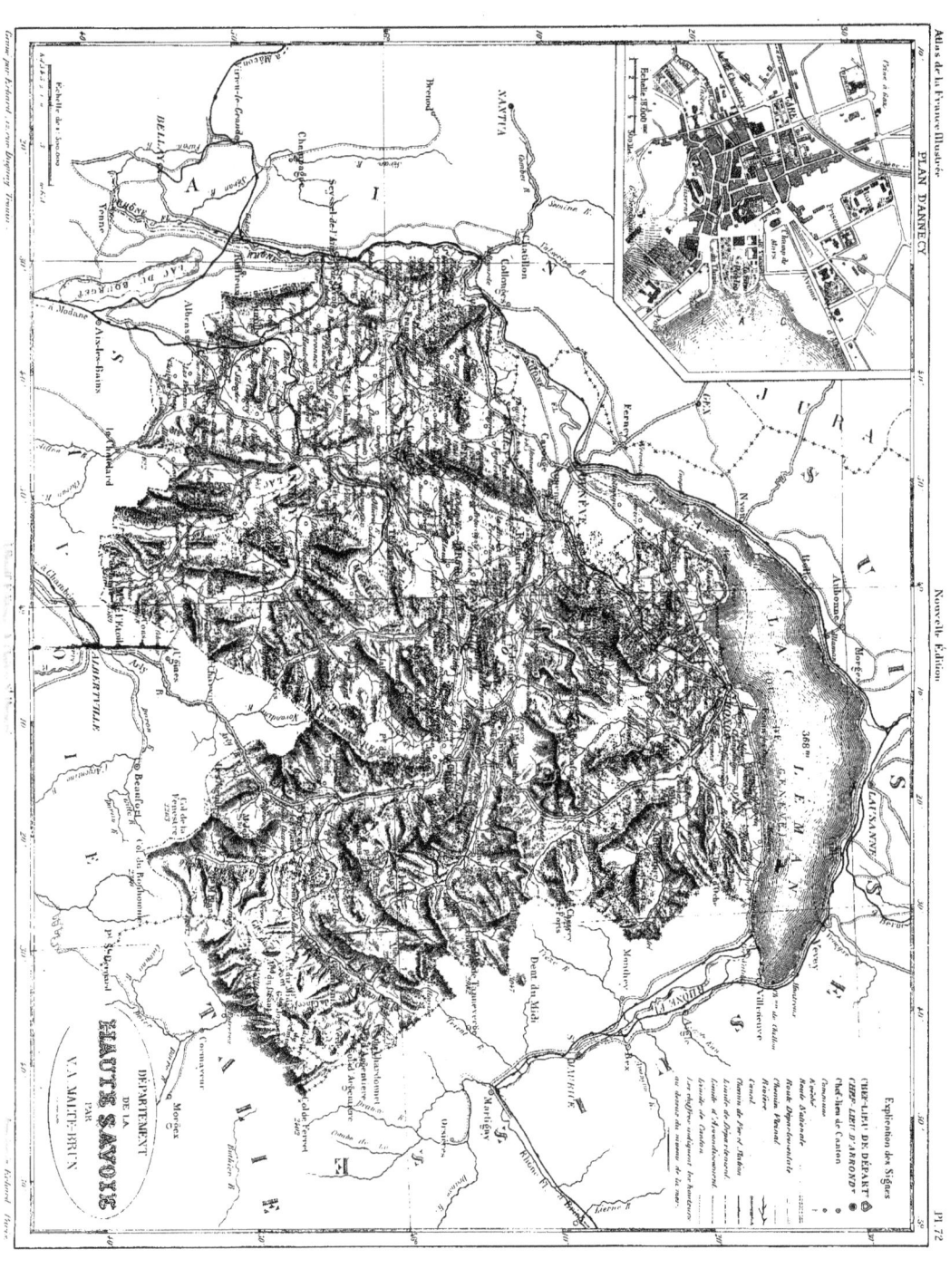

105. — Seine (1). PARIS — VUE PRISE DE L'ARC DE TRIOMPHE DE L'ÉTOILE

SEINE

Chef-lieu : PARIS

Superficie : 479 kil. carrés.

Population : 2,799,329 habitants (Recensement de 1881. Le recensement de 1876 avait donné 2,410,849 h.).

3 Arrondissements. — 28 Cantons. — 72 Communes.

DESCRIPTION PHYSIQUE ET GÉOGRAPHIQUE.

Situation, limites. — Le département de la Seine doit son nom à sa principale rivière ; il est entièrement enclavé dans le département de Seine-et-Oise, et comme ce dernier il fait partie de la région septentrionale de la France. Il appartient au bassin de la Seine et a été formé, en 1790, d'une partie de la province de l'Ile-de-France. C'est le plus petit de tous les départements, mais c'est le plus peuplé relativement à sa superficie. Sa forme est à peu près ovale.

Superficie, nature du sol, montagnes. — Le sol du département de la Seine n'est pas également bon dans toutes ses parties ; mais le cultivateur y supplée par les soins entendus qu'il sait donner à la culture et par les nombreux engrais qu'il tire de la capitale. C'est un pays de plaines sillonné de vallées peu profondes et parcouru par des chaînes de collines d'une médiocre élévation. Le mont Valérien, sur la rive gauche de la Seine, qui a 122 mètres d'altitude, sur la rive droite du fleuve, la butte Montmartre, qui en a 129, et les buttes Chaumont, qui en ont 99 à 101 ; les hauteurs de Romainville et celles de Bagnolet, qui en comptent 117 et 106 ; celles de Montreuil et de Fontenay-sous-Bois, qui ont 115 et 112 mètres d'altitude ; au sud de Paris, les hauteurs de Châtillon, 162 à 173 mètres (point culminant du département), et la butte des Maronniers, au-dessus d'Aulnay, 162 mètres, en sont les parties les plus élevées. L'altitude du sol des plaines au-dessus du niveau de la mer est, en moyenne, de 40 à 60 mètres. La pente générale est du sud-est au nord-ouest, et Paris, qui occupe le centre du département, se trouve au milieu d'un bassin circulaire limité au nord par Montmartre et les buttes Chaumont ; au nord-est et à l'est par les collines de Belleville et de Ménilmontant ; au sud-est et au sud, par les hauteurs d'Ivry, de Bicêtre et du Panthéon ; tandis que vers le sud-ouest et l'ouest, ce bassin, s'élargissant tout à coup, a pour limites les hauteurs de Meudon, de Bellevue, de Saint-Cloud, et pour horizon, au nord-ouest, les coteaux d'Argenteuil et de Montmorency. La superficie du département est évaluée à 47,875 hectares. Le sol se divise, d'après sa nature, en pays de montagnes, 3,941 hectares ; sol de craie ou calcaire, 20,499 ; sol sablonneux, 2,500 hectares.

Hydrographie. — Le département de la Seine appartient naturellement au bassin de la Seine. Ce beau fleuve le traverse du sud-est au nord-ouest. Depuis son entrée dans le département, au-dessus de Choisy-le-Roi, jusqu'à sa sortie, il fait des circuits considérables ; ce qui le prouve, c'est que la largeur du département est à peine de 25 kilomètres, et que la traversée du fleuve est de 58 kilomètres, dont 12,300 mètres dans Paris même. Nous renvoyons aux départements de la Côte-d'Or, de Seine-et-Oise et de la Seine-Inférieure pour les détails relatifs à l'origine, au cours et à l'embouchure de la Seine. Nous nous contenterons de dire ici que la Seine, qui, en moyenne, débite 250 mètres cubes d'eau par seconde, en débite jusqu'à 1,600 mètres cubes dans les grandes eaux ; alors elle s'élève jusqu'à 6 à 8 mètres au-dessus de l'étiage ordinaire, qui est lui-même de $0^m,80$ à $0^m,85$ au-dessus du lit de la rivière (1).

(1) Voici le tableau des principales grandes crues de la Seine depuis le XVIIe siècle.

1649. Février....	$7^m,66$	1740. Décembre...	$7^m,30$
1651. Janvier......	$7^m,83$	1764. Février......	$7^m,33$
1658. Février.....	$8^m,81$	1802. Janvier......	$7^m,45$
1690. »	$7^m,55$	1876. Mars........	$6^m,50$
1711. Mars..... ..	$7^m,62$	1882. Décembre...	$6^m,80$

La Seine reçoit dans son parcours dans le département et sur la rive droite : la Marne, qui lui appartient pour les 24 derniers kilomètres de son cours, et, à la hauteur de Saint-Denis et de l'île Saint-Denis, la petite rivière du Crould, grossie des rus du Réveillon et de la Morée; sur la rive gauche, la petite rivière de Bièvre ou des Gobelins, dont les eaux sont exclusivement employées par l'industrie.

Le département de la Seine possède quatre canaux de navigation : le canal de l'Ourcq, principale source d'alimentation de Paris ; il dérive, à Mareuil (Oise), de la petite rivière dont il porte le nom, et qui prend sa source dans la forêt de Prie (Aisne); il a de Mareuil jusqu'à La Villette, où il aboutit, un développement de 108 kilomètres ; son parcours dans le département même n'est que de 10 kilomètres ; le canal Saint-Denis, qui part de la Seine au-dessous de Saint-Denis et vient aboutir au bassin de La Villette ; sa longueur est de 6 kilomètres ; le canal Saint-Martin, dont le développement est de 4 kilomètres, et qui, partant du bassin de La Villette, vient aboutir à la Seine à la hauteur du Jardin des plantes, après avoir traversé souterrainement le XI° arrondissement. La communication ouverte par les deux canaux de Saint-Denis et de Saint-Martin remplace la navigation de la Seine, si lente et si dangereuse entre Paris et Saint-Denis, et dispense les bateaux du passage toujours si difficile des nombreux ponts de la capitale. Le canal Saint-Maur réunit deux points rapprochés du cours de la Marne, qui décrit en cet endroit un coude considérable, appelé *la boucle de Marne*, et remplace par une ligne droite de 1,115 mètres un circuit de 13,000 mètres ; sur les 1,115 mètres de longueur de ce dernier canal, 600 sont en tunnel, et à la sortie de ce tunnel du côté de Paris s'embranche un petit canal latéral à la Marne qui longe la rive droite de cette rivière et vient se terminer au pont de Charenton ; on l'appelle indifféremment canal de Saint-Maurice ou canal de Charenton.

Voies de communication. — Paris est le point où viennent aboutir toutes les routes nationales de la France. C'est à partir du pilier qui partage en deux la grande porte principale de l'église métropolitaine de Notre-Dame que les distances légales commencent à compter et les bornes à être numérotées. 17 routes nationales, d'un développement de 117 kilomètres, partent du département, qui est, en outre, sillonné par 68 routes départementales ayant 186 kilomètres de longueur, et par des chemins vicinaux dont le parcours est de 539 kilomètres.

Paris est aussi le point où aboutissent les principales lignes de chemins de fer. Ces chemins de fer appartiennent aux cinq réseaux suivants :

1° *Le réseau des chemins de fer du Nord*, qui, dans le département de la Seine, comprend deux lignes principales, lesquelles ont leur tête de ligne à la *gare du Nord*. La première dessert La Chapelle et Saint-Denis et se bifurque en se dirigeant à l'ouest sur Pontoise par Épinay-sur-Seine, et sur Creil par Pierrefitte-Stains. A Épinay-sur-Seine se détache l'embranchement de Beauvais.

De la tête même de cette première grande ligne principale se détache la ligne de Belgique, desservant dans le département les stations du Bourget et de Drancy.

Le réseau du chemin de fer du Nord a dans le département une longueur de 28 kilomètres.

2° *Le réseau du chemin de fer de l'Ouest* est desservi par deux gares : l'une, rue Saint-Lazare, pour les lignes de Versailles (rive droite) et de la haute Normandie; l'autre, boulevard Montparnasse, pour celles de Versailles (rive gauche) et de Bretagne et de basse Normandie.

A la gare Saint-Lazare appartient le chemin de fer du Havre, qui dessert dans le département Clichy, Asnières et Colombes, et envoie à Asnières un embranchement sur Argenteuil, qui va à Ermont rejoindre la ligne de Creil, soudant ainsi le réseau de l'Ouest à celui du Nord ; un autre embranchement va sur Saint-Germain par Nanterre ; enfin, à Asnières, se détache la ligne de Versailles (rive droite), qui dessert Courbevoie, Puteaux, Suresnes, et va rejoindre les lignes de Bretagne à Viroflay.

Les lignes de Bretagne et de basse Normandie, qui partent de la gare du boulevard Montparnasse et qui se confondent jusqu'à Versailles avec la ligne de Versailles (rive gauche), n'ont dans le département de la Seine que les deux stations d'Ouest-Ceinture et de Vanves. Le réseau des chemins de fer de l'Ouest a dans le département un développement de 34 kilomètres.

3° *Le réseau des chemins de fer de l'Est*, qui a sa tête de ligne au boulevard de Strasbourg, comprend la ligne de Paris à Strasbourg, qui dessert dans le département les stations de l'Est-Ceinture, Pantin, Noisy-le-Sec, Bondy et du Raincy ; et la ligne de Paris à Mulhouse, qui se détache de la précédente à Noisy-le-Sec et dessert les stations de Rosny, Nogent-sur-Marne.

De ce réseau dépend la ligne de Vincennes-Brie-Comte-Robert, qui a une gare particulière place de la Bastille et dessert dans le département les stations de : Reuilly, Bel-Air, Saint-Mandé, Vincennes, Fontenay-sous-Bois, Nogent-sur-Marne, Joinville-le-Pont, Saint-Maur-Port-Créteil, Parc de Saint-Maur, Champigny et La Varenne-Saint-Maur.

Ce réseau se raccorde à celui du Nord par un embranchement qui part de Drancy pour aller à Aulnay-lès-Bondy et qui dessert la station de Gargan-Livry.

Le réseau du chemin de fer de l'Est a dans le département un développement de 38 kilomètres.

4° *Le réseau de Paris-Lyon-Méditerranée*, qui a son point de départ à la gare de Lyon et dessert, dans le département, les stations de Bercy, Charenton-le-Pont et Maisons-Alfort. Son parcours est de 11 kilomètres.

5° *Le réseau d'Orléans*, qui a son point de départ à la gare d'Orléans, place Valhubert, et qui dessert dans le département les stations d'Orléans-Ceinture, de Vitry et de Choisy-le-Roi. Son parcours est de 15 kilomètres.

De ce réseau dépend la petite ligne de Paris-Sceaux-Limours, qui a sa gare particulière au Petit-Montrouge, près de la place Denfert-Rochereau, et dessert, dans le département, les stations de Sceaux-Ceinture, Arcueil, Bourg-la-Reine (d'où un embranchement de 3 kilomètres monte en décrivant un S jusqu'à Sceaux en desservant Fontenay-aux-Roses), La Croix-de-Berny et Antony. Son parcours est de 15 kilomètres.

Ces différents réseaux sont reliés entre eux par le chemin de fer de *Petite-Ceinture*, qui évite aux marchandises expédiées d'un réseau à l'autre la traversée de Paris. Ce chemin prend également des voyageurs; son point de départ et d'arrivée est à la gare Saint-Lazare. Il dessert circulairement autour de Paris les stations suivantes : Batignolles, Courcelles-Levallois, Neuilly, Porte-Maillot, avenue du Bois-de-Boulogne, avenue du Trocadéro, Passy, Auteuil, Point-du-Jour, Grenelle, Vaugirard-Issy, Ouest-Ceinture, Montrouge, la Glacière-Gentilly, La Maison-Blanche, Orléans-Ceinture, La Râpée-Bercy, Bel-Air, avenue de Vincennes, Charonne, Ménilmontant, Belleville-La Villette, Pont-de-Flandre, La Chapelle-Saint-Denis, boulevard Ornano, avenue de Saint-Ouen, avenue de Clichy et Courcelles-Ceinture ; en tout, 27 stations. Son parcours est de 35 kilomètres.

A ces lignes qui rayonnent autour de Paris viendra s'ajouter (juillet 1889) dans un avenir prochain le réseau du *Métropolitain*, lignes en partie souterraines, qui permettront aux marchandises et aux voyageurs d'arriver jusqu'au centre même de Paris.

La longueur totale des lignes exploitées dans le département de la Seine était à la fin de l'année 1879 de 202 kilomètres ; la longueur des lignes projetées ou en construction était de 94 kilomètres.

A ces moyens de locomotion, il faut encore ajouter les *tramways*, ou chemins de fer à rails plats et voitures traînées par des chevaux ; leur longueur est de 250 kilomètres, et ils se divisent en deux réseaux : celui du Nord et celui du Sud. Non seulement ils mettent en communication entre eux différents quartiers de Paris, mais ils desservent encore plusieurs communes du dehors, à savoir, sur la rive droite : Levallois-Perret, Saint-Ouen, Saint-Denis, Aubervilliers, Pantin, Montreuil, Vincennes, et sur la rive gauche : Villejuif, Châtillon, Fontenay-aux-Roses, Vanves, Clamart, Versailles, Saint-Cloud, Courbevoie, Suresnes, Neuilly, Asnières et Gennevilliers.

Climat. — Le département de la Seine appartient au climat séquanien ; la température y est généralement douce et le climat fort sain ; mais le voisinage de la Manche, en même temps qu'il adoucit cette température, y rend les changements de temps assez fréquents. La température moyenne, pour une période de 78 années, de 1804 à 1882, a été de + 10°,74 du thermomètre centigrade ; la moyenne la plus haute, observée dans cet espace de temps, est de 12°,08 ; la plus basse est de 9°,39. De 1804 à 1882, la plus haute température a été de + 38°,04, en 1874, et la plus basse, de — 23°, en 1879. Pour une période de 78 années, la température moyenne par saison a donné : hiver, 3°,7; printemps, 10°,3 ; été, 18°,2 ; automne, 11°,2. Le nombre annuel moyen des jours de gelée est de 56.

Parmi les températures les plus basses qui aient été observées, nous citerons celle du 13 janvier 1709, où le thermomètre descendit à — 23° ; 31 décembre 1788, — 22°,3 ; 25 janvier 1795, — 23°,5 ; 17 janvier 1830, — 17°,2 ; 20 janvier 1842, — 19° ; et 9 décembre 1879, — 23°,7.

Parmi les températures les plus élevées, nous citerons celles : 8 juillet 1793, où le thermomètre atteignit $+38°,4$; 16 août, même année, $+37°,3$; 8 août 1802, $+36°,4$; 18 août 1842, $+37°,2$; 9 août 1863, $+39°$; et 9 juillet 1874, $+38°,4$.

La quantité annuelle moyenne de pluie tombée sur la plate-forme de l'Observatoire a été, pour une période de 95 ans, de 471 millimètres. La quantité recueillie dans la cour de l'Observatoire est plus considérable que celle qui tombe sur la plate-forme, élevée de 28 mètres au-dessus ; on doit l'évaluer en moyenne à 546 millimètres. La quantité qui tombe en un jour est en moyenne de $3^{mm},61$; en hiver, $116^{mm},40$; printemps, $140^{mm},76$; été, $171^{mm},89$; automne, $134^{mm},45$. Le nombre annuel moyen des jours de pluie est de 144,5, à peu près également partagés par saison. Le nombre annuel moyen des jours de neige est de 12 ; couverts, de 184 ; nuageux, de 181 ; de brouillards, 180 ; de grêle, 20 ; d'orage, 13,6.

Les vents les plus fréquents sont ceux de l'ouest, du sud-ouest, du sud, du nord, du nord-est et du nord-ouest. Enfin, la hauteur moyenne de la colonne barométrique a été, pour une période de 24 années, de $756^{mm},03$; la variation moyenne est d'environ 42 millimètres.

Productions naturelles. — Le département de la Seine appartient à la région naturelle dite de Neustrie, et plus particulièrement à la région dite du *Bassin de Paris*. Le calcaire y domine, ainsi que le sol sablonneux ; ils sont recouverts d'une couche d'humus ou de terre végétale provenant de la décomposition des matières animales et végétales ; dans la vallée de la Seine, on rencontre des alluvions. On a reconnu, dans le département, des indices de manganèse et des pyrites sulfureuses ; mais on n'exploite aucune mine métallique. Par compensation, ses carrières, surtout celles de plâtre, de pierres de taille et de moellons pour bâtir, sont les plus considérables de France. Les principales sont celles de Saint-Maur, Neuilly, Ivry, Arcueil, Bagneux, Clamart, Châtillon, Vanves, Vaugirard, Montrouge. Le meilleur plâtre vient de Montmartre, de Belleville, du Bas-Meudon, du Mont-Valérien, de Châtillon, de Ménilmontant et d'Argenteuil. On trouve aussi du sable à fonderies, des argiles de diverses natures, de la craie, de la tourbe. Il y a des eaux minérales ferrugineuses à Passy, à Auteuil ; des indices de sources sulfureuses à Belleville et à Villetaneuse ; celles de Passy sont seules exploitées et assez renommées.

Le sol produit toutes les céréales, des légumes et des fruits en abondance, du vin, du cidre ; il y a très peu de bois et quelques pâturages. Les vins sont de la qualité la plus commune, et consommés seulement par les cultivateurs ou dans les cabarets des barrières.

Parmi les animaux domestiques, on doit citer les vaches laitières et les moutons. Les environs de Paris possèdent plusieurs des troupeaux les plus précieux de France en moutons de race mérinos, saxonne-anglaise, etc., et les espèces communes y ont été améliorées ; on y rencontre aussi quelques troupeaux de chèvres du Thibet. On y trouve quelque menu gibier, mais il devient de plus en plus rare. Nous ne sommes plus au temps (1710) où la plaine Saint-Denis était « si remplie de gibier qu'il n'était pas possible de faire deux pas sans trouver des lièvres et des perdrix et mille autres sortes de venaisons (*les Délices de la France*) ; » où Dangeau écrivait à la date du 27 mars 1703 : « Messeigneurs les ducs de Bourgogne et de Berry allèrent tirer dans la plaine de Saint-Denis, où ils tuèrent 150 lièvres ; et au 30 juillet 1706 : Messeigneurs les ducs de Bourgogne et de Berry allèrent tirer dans la plaine de Saint-Denis, où l'on tua 1,500 perdrix !... » La Seine et la Marne sont très poissonneuses : les carpes, les anguilles, les goujons que l'on y pêche sont très estimés des gourmets.

Industrie agricole, manufacturière et commerciale. — L'abondance des engrais fournis par la capitale a donné lieu à plusieurs cultures spéciales qui ont acquis un grand développement, telles que celles des pêches à Montreuil, des pêches et du raisin au Grand-Charonne, des fraises et des primeurs à Fontenay-aux-Roses, à Clamart, des arbres fruitiers à Vitry. On cultive beaucoup de betteraves pour la fabrication du sucre. Généralement, la culture maraîchère est portée à sa perfection dans la banlieue et les environs de Paris ; le même petit carré de terre donne jusqu'à quatre récoltes diverses par année. Il y a à Saint-Denis, à Montreuil, à Ivry, à Arcueil, à Clamart, à Fontenay-aux-Roses, à Sceaux, etc., et à Paris même, des pépinières remarquables. La superficie du département se partage en : superficie bâtie et voies de transport, 21,058 hectares, et territoire agricole, 26,817 hectares. Ce dernier est lui-même subdivisé en : céréales, 9,854 hectares ; farineux, 5,358 ; cultures potagères et maraîchères, 4,194 ; cultures industrielles, 416 ; prairies artificielles, 1,800 ; fourrages annuels, 340 ; autres cultures : jachères mortes, 13 ; vignes, 1,000 ; bois et forêts, 356 ; prairies naturelles et vergers, 402 ; pâturages et pacages, 16 ; terres incultes, 700 hectares. On évalue le revenu territorial à 50,000,000 de francs. L'élève des vaches laitières et des moutons mérinos y est très perfectionnée, et les produits en sont fort remarquables. L'exploitation des carrières occupe un grand nombre de bras ; elle est aussi en progrès. L'industrie manufacturière du département se résume tout entière dans l'immense industrie de Paris et de ses faubourgs, qui, sous ce rapport, lui assignent le premier rang. Ses produits constituent à eux seuls toute l'exportation du territoire. Il y a, en outre, un foule d'industries de détail dont la production est connue sous la dénomination générale d'*articles de Paris*, et dans l'énumération desquelles nous ne pouvons entrer. Au delà de l'enceinte de la ville sont reléguées : les filatures, les fabriques de produits chimiques, de papiers peints, de gaz, de noir animal, les raffineries, les distilleries, la peausserie, les fabriques d'allumettes, les grandes usines de construction et de réparation de machines, de wagons, etc. On évalue à 600,000 le nombre des ouvriers (hommes et femmes) employés dans l'industrie parisienne, et à environ 200 millions de francs son produit annuel.

Le commerce embrasse le produit de toutes ces industries multipliées ; celui des vins, eaux-de-vie, liqueurs, huiles, et celui des céréales, légumes, et des denrées coloniales de toute espèce, sont fort considérables.

Le nombre des foires est de 20 ; elles se tiennent dans neuf communes. Les trois principales sont celles du mardi saint, dite *Foire aux jambons*, à Paris ; la *Foire aux pains d'épice*, à la place de la Nation, et celle du *Landit*, à Saint-Denis. Les fêtes patronales des villes et communes rurales du département attirent aussi la population de la capitale.

Le département de la Seine est classé :
Le 1ᵉʳ pour la fabrication du sucre raffiné.
Le 1ᵉʳ pour la fabrication des bougies.
Le 1ᵉʳ pour l'industrie de la faïence.
Le 1ᵉʳ pour la fabrication du cuivre et du laiton.
Le 2ᵉ pour la fabrication des savons.
Le 2ᵉ pour la fabrication du plomb.
Le 2ᵉ pour la fabrication des verres et cristaux.
Le 5ᵉ pour l'industrie de la porcelaine ordinaire.
Le 5ᵉ pour la fabrication des glaces.
Le 1ᵉʳ dans l'ordre de la richesse générale des départements.

Division politique et administrative. — Nous avons dit que la superficie du département de la Seine était de 47,875 hectares ; sa population, d'après le recensement de 1876, était de 2,410,849 habitants ; le recensement de 1881 a donné 2,799,329 habitants, soit une augmentation pour les cinq ans de 388,480 habitants. Le chef-lieu de préfecture est à Paris. L'administration du département est partagée entre le préfet du département et le préfet de police ; c'est à ces deux fonctionnaires qu'appartiennent spécialement l'administration et la police de Paris. Le département est partagé en trois arrondissements communaux : Paris (subdivisé en 20 arrondissements municipaux), Saint-Denis et Sceaux. Il renferme 28 cantons et 72 communes.

Paris étant la capitale de la France réunit tous les ministères et toutes les grandes directions de l'État. Paris est le siège d'un archevêché qui a pour évêchés suffragants ceux de Chartres, de Meaux, d'Orléans, de Blois et de Versailles ; son diocèse comprend tout le département de la Seine. Ce diocèse compte : 3 vicaires généraux, 15 chanoines titulaires, 39 curés, 105 desservants, 572 vicaires des paroisses ou desservants de chapelles, 583 prêtres habitués aux différentes paroisses et 174 aumôniers ; il y a enfin plusieurs grands et petits séminaires à Paris, à Vaugirard, à Issy, etc.

Le département de la Seine est partagé entre les 2ᵉ, 3ᵉ, 4ᵉ et 5ᵉ corps d'armée dont les chefs-lieux sont à : Amiens, Rouen, Le Mans et Orléans. Tous les grands centres de l'administration militaire ont leur siège à Paris ; la forteresse de Vincennes et celle du Mont-Valérien, les forts de Nogent, Rosny, Noisy, Romainville, Aubervilliers, Issy, Vanves, Montrouge, Bicêtre, Ivry et Charenton, et une enceinte continue garnie de places d'armes de distance en distance, sont les dépendances militaires immédiates de la place, qui a, en outre, de nombreuses écoles régimentaires, des prisons et des hôpitaux.

Paris est le siège de la cour de cassation, du tribunal des conflits, d'une cour d'appel à laquelle ressortissent les tribunaux civils, commerciaux ou criminels des départements de la Seine, de l'Aube, d'Eure-et-Loir, de la Marne, de Seine-et-Marne, de Seine-et-Oise et de l'Yonne.

Paris est le siège de grandes administrations universitaires et académiques de France, telles que l'Institut, le Collège de France, les Facultés, l'École normale supérieure ; l'académie de Paris, confiée à un vice-recteur, a sous sa surveillance les établissements d'instruction publique supérieure, secondaire ou primaire des départements de la Seine, du Cher, d'Eure-et-Loir, de Loir-et-Cher, du Loiret, de la Marne, de l'Oise, Seine-et-Marne et de Seine-et-Oise.

Il y a à Paris 6 lycées, 3 collèges municipaux, de grandes écoles municipales d'instruction supérieure, un grand nombre d'institutions ou d'établissements scolaires libres, et dans le département, y compris Paris, plus de 2,000 écoles primaires.

Le département de la Seine dépend de la première inspection des ponts et chaussées ; de la première conservation forestière, dont le siège est à Paris ; de l'arrondissement minéralogique de Paris (division du nord-ouest).

Le revenu territorial du département est évalué à 54,418,000 francs ; les impositions et le revenu publics atteignent près de 130 millions de francs.

HISTOIRE DU DÉPARTEMENT

L'île étroite qui fut le berceau de Paris n'a dû paraître au-dessus des eaux du fleuve qu'après les révolutions géologiques dont la contrée fut le théâtre vers la fin de la période tertiaire et lorsque notre continent eut reçu à peu près sa configuration actuelle ; la série des siècles qui constituent la période quaternaire dessina ensuite, par la retraite des glaces et des eaux, les vallées et les plaines qui constituent le vaste bassin dont cette île, qui sortit de l'abaissement de la mer, occupe la partie centrale et forme aujourd'hui la Cité. Elle faisait originairement partie d'un groupe de cinq îles dont trois ont été successivement supprimées par des travaux d'utilité générale. Une seule reste près de la première : c'est l'île Saint-Louis ou Notre-Dame. La surface du bassin de Paris est limitée sur une partie considérable de son contour par des collines plus ou moins élevées qui lui font une enceinte ; la Seine, qui coule au milieu, reçoit les eaux de la Bièvre, faible rivière qui a creusé une étroite vallée, et à l'est, en amont, la Marne vient joindre son cours à celui du fleuve. Les observations géologiques faites dans le sol de ce bassin ainsi déterminé ont démontré que les eaux de l'Océan y séjournèrent à une époque inconnue : les huîtres, les coquilles, les oursins, les squelettes de poissons, les os de baleines, les dents de squales, les empreintes de plantes marines, etc., qu'on y a découverts démontrent d'une manière indubitable la présence et l'action prolongée des eaux de la mer en ces parages. Quand celle-ci se retira, le fleuve dut s'étendre sur une surface considérable et y former des dépôts fluvio-marins ; puis les alluvions s'entassèrent ; le dessèchement progressif créa des marais ; enfin la Seine et la Marne tracèrent leurs lits tels à peu près qu'on les voit aujourd'hui. Une végétation abondante, étrangère aux essences qui s'y trouvent maintenant, envahit le sol récemment découvert ; les animaux purent y vivre. Notre grand Cuvier, à l'aide des ossements qu'ils ont laissés dans les carrières du bassin de Paris, a pu faire reparaître une quinzaine de quadrupèdes et d'oiseaux qui durent habiter cette contrée à cette époque reculée. L'homme y vint alors, et, pour défendre sa misérable existence, il dut disputer aux animaux féroces, lions, tigres, etc., dont on a retrouvé les restes, les cavernes qui leur servaient de retraites. C'est à ce moment qu'apparaissent les premières traces d'industrie. L'exploitation des sables voisins du Champ-de-Mars a décelé la présence d'instruments de chasse en silex grossièrement taillé. Bientôt une industrie un peu plus avancée permit aux sauvages habitants des rives de la Seine de creuser des barques dans le tronc d'un arbre (on a retrouvé un de ces bateaux monoxyles dans les alluvions de l'île des Cygnes) ; le fleuve fut traversé et des cabanes de terre et de branchages établies dans l'île. Des fouilles opérées dans l'ancien sol, en mettant à découvert des instruments de silex d'un travail plus perfectionné que ceux de l'époque antérieure, montrent que l'habitation de l'île de la Seine date d'une haute antiquité. Les monuments mégalithiques et les sépultures datant des époques antéhistoriques découvertes de nos jours au bois de Vincennes, à La Varenne-Saint-Hilaire, sur les bords de la Marne, sur ceux de la Seine à Paris, à Meudon, à Marly, auprès de Saint-Germain-en-Laye, à Argenteuil et jusqu'à l'embouchure de l'Oise, à Conflans-Sainte-Honorine, démontrent combien les hommes qui occu-

Arc de Triomphe de l'Étoile.

pèrent alors le territoire qui devint plus tard celui des *Parisii* surent profiter des avantages que leur offrait la situation de la région qu'ils habitaient. Des conquérants galls, celtes ou kymris se rendirent maîtres de cette région ; plus civilisée que celle dont elle était héritière, cette population nouvelle construisit des ponts qui rendirent faciles les communications entre l'île et les deux rives du fleuve ; elle cultivait le froment, l'orge et l'avoine et menait paître de nombreux troupeaux d'animaux domestiques dans les terrains de la rive gauche (1).

Quand César vint à l'assemblée des peuples de la Gaule convoqués par lui à *Lutèce* (tel était le nom de l'île de la Seine et de la bourgade qu'on y avait élevée), les habitants, descendus des Celtes, des Galls ou des Kymris, arrivés successivement d'Asie, faisaient partie d'un clan ou tribu dont

(1) Voir le bel ouvrage intitulé : *Paris à travers les âges*, publié par la librairie Didot.

l'auteur des *Commentaires* nomme les membres *Parisii*.

Le moyen âge inventa une origine troyenne à ce nom devenu si célèbre : Francus, fils d'Hector, vint fonder Troyes en Champagne et une ville dans une île de la Seine à laquelle il appliqua pieusement le nom de son oncle Pâris ; l'imparfaite et puérile érudition de nos pères en fait d'étymologie était frappée d'une concordance de nom comme d'une preuve historique irréfragable. Troyes en Champagne et Paris en France devaient nécessairement dériver de la Troie de l'*Iliade* et du Pâris qui ravit Hélène. Au XVIe siècle, une érudition grecque un peu plus avancée et le désir de trouver dans une étymologie la consécration d'un droit déjà bien cher à nos compatriotes firent imaginer que Paris venait du grec παρρησία, *parrhisia*, qui signifie le *franc parler* : « chose autant propre aux Parisiens qu'à nation quelconque, » comme dit le vieux moine octogénaire Du Breul, qui s'intitule avec tant de soin

Parisien sur le titre de ses *Antiquités de Paris*, ainsi que l'avaient fait d'ailleurs Gilles Corrozet et Nicolas Bonfons, les premiers historiens de la grande cité. L'opinion qui fait dériver le nom de notre capitale du celtique *par* ou *bar*, frontière, offre, à défaut de certitude, plus de vraisemblance. On suppose que les *Parisii*, originaires de la Belgique, vinrent se fixer sur les bords de la Seine après en avoir obtenu la permission des *Senones*; ils se soumirent même, pour s'assurer la protection de cette nation puissante, à une certaine dépendance. Leur territoire, borné à une circonférence de dix à douze lieues, était enclavé entre les *Silvanectes* au nord, les *Meldi* à l'est, les *Senones* au sud-est, les *Carnutes* au sud-ouest.

Telle était la situation où César trouva les *Parisii* en l'an 54 avant Jésus-Christ. Lui-même raconte dans ses *Commentaires* qu'il convoqua dans leur ville une assemblée de chefs gaulois, desquels il obtint une levée de cavalerie. L'année suivante, une insurrection générale ayant éclaté, Labiénus se vit arrêter au confluent de la Seine et de la Marne par l'armée confédérée, sous les ordres du vieux Camulogène, chef des *Aulerci*. Après avoir remonté le cours du fleuve pour s'emparer de Melun, il le redescendit, mais par la rive gauche, et vint camper sur le mont *Leucotitius* (montagne Sainte-Geneviève). C'est là que les Parisiens, après avoir mis le feu à leur ville, vinrent se réunir à l'armée gauloise que la marche du général romain avait forcée de se replier. Les Gaulois furent vaincus dans une bataille livrée dans les terrains qui se trouvent compris aujourd'hui entre Issy et Vaugirard. Camulogène fut tué dans l'action. Quoique César présente les *Parisii* comme un peuple dont l'alliance lui est acquise, il est permis d'en douter lorsqu'on les voit fournir ensuite leur contingent à la grande armée de Vercingétorix ; faible contingent, à la vérité, et qui démontre leur peu d'importance. Réunis aux *Pictaves*, aux *Turones* et aux *Suessiones*, ils ne fournirent que huit mille hommes. La conquête des Gaules achevée, il ne fut plus question des *Parisii*, si ce n'est dans la distribution en provinces qui les rangea dans la Lyonnaise.

L'excellente position des *Parisii*, déjà remarquée par César, leur valut l'honneur de voir plusieurs empereurs habiter parmi eux, comme nous aurons occasion de le dire en parlant de Paris. L'importance que leur ville acquit se conserva sous les Francs vainqueurs, qui en firent une de leurs capitales. L'invasion austrasienne dépouilla les *Parisii* de cet honneur. Ils eurent simplement parmi eux des comtes, et leur territoire forma un comté qui dépendait du duché de France. Gérard était comte de Paris en 759. Étienne, qui lui succéda, figure dans les capitulaires. Son successeur, Bigon ou Pécopin, épousa une fille de Louis le Débonnaire. Vers ce temps, les comtes de Paris devinrent héréditaires. C'est : Gérard II, qui se déclara pour Lothaire ; Conrad, que l'abbé Gozlin entraîna dans le parti de Louis le Germanique ; Odo ou Eudes, qui défendit si bien Paris en 885 et devint roi ; Robert, qui fut roi aussi ; Hugues le Grand, qui se contenta du titre de duc de France, et enfin Hugues Capet, qui fixa définitivement sur sa tête et sur celles de ses descendants la couronne royale en 987. Devenus depuis longtemps de grands personnages, les comtes de Paris se déchargeaient sur des vicomtes de l'administration particulière de la ville. Dès l'an 900, nous trouvons un vicomte de Paris, Grimoard.

A partir de la révolution de 987, qui assura à Paris le rang de capitale de la France future, l'histoire du comté de Paris se confond avec celle du royaume entier. Nous arrêtons donc nécessairement ici ce que nous avons à dire en général du département de la Seine, dont l'histoire se retrouvera dans celle de Paris et des localités qui l'entourent, nous bornant à signaler l'héroïque patriotisme dont notre banlieue donna plus d'une fois l'exemple, principalement en 1814 et 1815, à la barrière Clichy et sur les buttes Chaumont.

Toutefois, nous ne pouvons nous dispenser de dire un mot des terribles événements dont le département de la Seine a été théâtre et victime durant la guerre franco-allemande de 1870-1871. Dès le 5 septembre 1870, à l'approche des troupes ennemies, des commencements de fortifications avaient été ordonnés aux alentours de Paris ; mais on avait malheureusement négligé le plateau de Châtillon, qui domine le fort d'Issy et où les Prussiens devaient plus tard établir de formidables batteries pour cette œuvre odieuse du bombardement de la capitale, devant laquelle leur haine envieuse ne devait pas reculer. Le 16 septembre, la marche des corps composant les deux armées allemandes chargées des opérations contre Paris se dessinant de plus en plus, un mouvement d'émigration se prononce, en même temps qu'un mouvement en sens inverse se produit. L'investissement, commencé le 18, continue le 19 et est complet le 21. L'implacable blocus devait durer près de cinq mois. On conçoit quel dut être le sort des malheureux habitants de la banlieue parisienne qui n'avaient pas abandonné leurs foyers devant le flot de l'invasion. On sait aussi quelles ruines amoncelèrent les soldats allemands autour de la ville assiégée ; mais il est difficile de raconter les souffrances de tout genre qu'endura la population qui y vécut enfermée durant ce long espace de temps. Pourtant, au cours de l'article que nous consacrons ci-dessous à Paris, nous dirons les douloureuses péripéties de ce siège mémorable, ainsi que les combats qui eurent lieu aux environs de la place.

Parmi les départements envahis, le département de la Seine est celui qui eut le plus à souffrir ; ses pertes se sont élevées à la somme énorme de 269,196,022 francs.

HISTOIRE ET DESCRIPTION DES VILLES BOURGS ET CHATEAUX LES PLUS REMARQUABLES

PARIS

« Il y a des points du globe, des bassins de vallées, des versants de collines, des confluents de fleuves qui ont une fonction. Ils se combinent pour créer un peuple. Dans telle solitude, il existe une attraction ; le premier venu s'y arrête. Une cabane suffit quelquefois pour déposer la larve d'une ville.

» Le penseur constate des endroits de ponte mystérieuse. De cet œuf sortira une barbarie, de cet autre une humanité. Ici, Carthage ; là, Jérusalem. Il y a des villes monstres, de même qu'il y a des villes prodiges. Carthage naît de la mer, Jérusalem de la montagne. Quelquefois le paysage est grand, quelquefois le paysage est nul. Ce n'est pas une raison d'avortement. Voyez cette campagne. Comment la qualifierez-vous? Quelconque. Çà et là des broussailles. Faites attention. La chrysalide d'une ville est dans ces broussailles. Cette cité en germe, le climat la couve. La plaine est mère ; la rivière est nourrice. Cela est viable, cela pousse, cela grandit. A une certaine heure, c'est Paris. Le genre humain vient là se concentrer. Le tourbillon des cercles s'y creuse. L'histoire s'y dépose sur l'histoire. Le passé s'approfondit, lugubre. C'est là Paris. Et l'on médite. Comment s'est formé ce chef-lieu suprême.....?

» Paris est une sorte de puits perdu. Son histoire, microcosme de l'histoire générale, épouvante par moments la réflexion. Cette histoire est, plus qu'aucune autre, spécimen et échantillon. Le fait local y a un sens universel. Cette histoire est, pas à pas, l'accentuation du progrès. Rien n'y manque de ce qui est ailleurs. Elle résume en soulignant. Tout s'y réfracte, mais tout s'y réfléchit. Tout s'y abrège et s'y exagère en même temps. Pas d'étude plus poignante. L'histoire de Paris, si on la déblaye comme on déblayerait Herculanum, vous force à recommencer sans cesse le travail. Elle a des couches d'alluvion, des alvéoles de syringe, des spirales de labyrinthe. Disséquer cette ruine à fond semble impossible : une cave nettoyée met à jour une cave obstruée. Sous le rez-de-chaussée, il y a une crypte ; plus bas que la crypte, une caverne ; plus avant que la caverne, un sépulcre ; au-dessous du sépulcre, le gouffre. Le gouffre, c'est l'inconnu celtique. Fouiller tout est malaisé. Gilles Corrozet l'a essayé par la légende ; Malingre et Pierre Bonfons, par la tradition ; Du Breul, Germain Brice, Sauval, Béquillet, Pignaniol de La Force, par l'érudition ; Hurtaut et Magny, par la critique ; Félibien, Lobineau et Lebeuf, par l'orthodoxie ; Dulaure, par la philosophie. Chacun y a cassé son outil. Prenez les plans de Paris à ses divers âges ; superposez-les l'un à l'autre concentriquement à Notre-Dame ; regardez le XVe siècle dans le plan de Saint-Victor, le XVIIe dans le plan de Bullet ; le XVIIIe dans les plans de Gomboust, de Roussel, de Denis Thierry, de Lagrive de Bretez, de Verniquet ; le XIXe, dans les plans actuels, l'effet de grossissement est terrible. Vous croyez voir, au bout d'une lunette, l'approche grandissante d'un astre. Qui regarde au fond de Paris a le vertige. Rien de plus fantasque, rien de plus tragique, rien de plus superbe. »

La page magnifique qu'on vient de lire est empruntée à Victor Hugo, à l'auteur immortel de *Notre-Dame de Paris*. Nous ne pouvions trouver une meilleure introduction à l'article que nous consacrons à la ville, grande entre toutes, surnommée si justement la moderne Athènes.

Paris (*Lutetia, Civitas Parisiorum, Parisii*), capitale de la France et chef-lieu du département de la Seine ; grande, belle, riche et l'une des plus florissantes villes du monde ; la première ville de l'Europe pour le nombre, la beauté et la variété de ses monuments publics ; la seconde pour la population et la quatrième pour l'étendue, est située dans la vallée de la Seine, par 48° 50′ 13″ de lat. N. et par long. 0° 0′ 0″ E. de l'Observatoire ; 0° 0′ 35″ E. du Panthéon ; 19° 53′ 45″ E. du méridien de l'île de Fer ; 2° 20′ 9″ E. du méridien de Greenwich. Son altitude est : niveau de la Seine au 0° de l'étiage du pont de la Tournelle, 34 mètres ; point culminant, seuil de la porte de l'Observatoire, 66 mètres. La superficie de Paris, dans l'enceinte nouvelle des fortifications, jusqu'au pied du glacis, est de 7,802 hectares ; son enceinte se développe sur une longueur de 34,350 mètres mesurée au pied du glacis ; la longueur développée de la rue Militaire est de 33,330 mètres ; sa population est de 2,269,023 habitants. (Le recensement de 1876 donnait 1,988,806 habitants.)

D'après un relevé récent, l'enceinte fortifiée de Paris est percée de 55 portes ou poternes, plus 2 portes fermées, celles de Sablonville et de la Révolte ; il s'y trouve 2,258 rues, 115 impasses, 325 passages, 142 places ou carrefours ; 156 cités, galeries ou villas ; 45 cours ; 171 boulevards, avenues ou allées ; 45 quais, 26 ponts et 2 passerelles ; 53 halles et marchés, 41 théâtres et concerts.

Paris, archevêché, résidence du gouvernement, du Sénat et de la Chambre des députés, renferme toutes les grandes administrations centrales, les directions générales, administratives et financières, telles que le conseil d'État, les ministères, la cour de cassation, la cour des comptes, le trésor public, les caisses d'amortissement et des dépôts et consignations, la grande chancellerie de la Légion d'honneur, l'état-major général, les comités consultatifs de la marine, de l'artillerie, le dépôt central de l'artillerie, le conseil de santé ; les conseils généraux des mines, des ponts et chaussées, etc.

Paris est le centre d'une administration départementale dont le siège est à l'Hôtel de ville. Sous le rapport politique et administratif, Paris est une ville à part, en France, et son organisation municipale lui est toute particulière. C'est le seul cheflieu de département qui ne soit pas aussi, en réalité, chef-lieu d'un arrondissement, de cantons et de communes. C'est également la seule ville de France dont le territoire, ainsi entièrement compris dans l'enceinte d'un mur, ne forme exactement qu'une ville et non pas une commune, et à laquelle ce dernier titre ne s'applique pas en effet. Administrativement, elle est divisée en 20 arrondissements dont les maires et les adjoints sont désignés par le préfet ; chaque arrondissement, sectionné en quatre quartiers, comprend un ou plusieurs collèges électoraux, suivant le chiffre de sa population. Comme commune, cette ville est administrée par le préfet et représentée par un conseil municipal élu à raison d'un membre par quartier ; les conseillers municipaux font en même temps partie du conseil général du département. La préfecture et la mairie centrale ne forment à certains égards qu'une seule et même administration. Il y a par arrondissement une mairie, une justice de paix, un bureau de bienfaisance, un comité local d'instruction primaire, deux recettes de perceptions particulières et au moins un commissariat de police par quartier. Le préfet de police est chargé de la police municipale ; il est assisté d'un conseil de salubrité pour veiller à l'assainissement de la grande cité. Le revenu de la ville de Paris dépasse celui de tous les États secondaires de l'Europe : il est de plus de 306,935,030 francs (budget de 1884).

La première fois que le nom de cette ville, réservée à de si grandes destinées, est prononcé, c'est par César. Il l'appelle *Lutetia*, donnant sans doute une physionomie latine au nom celtique qu'elle portait jusque-là et que les celtophiles pensent être *Loutouhezi*, c'est-à-dire *habitation au milieu des eaux*. Les Romains dérivaient tout simplement *Lutetia* de *lutum*, boue, et assurément la ville, qui n'était alors qu'une île boueuse au milieu de la Seine, méritait bien cette épigramme. Mais, comme l'a judicieusement fait observer nous ne savons plus quel vieil auteur sur Paris, il est peu probable que les *Parisii* fussent fort curieux de dénominations latines avant l'arrivée de Jules César.

Strabon et Ptolémée écrivent *Leucotetia*, et l'empereur Julien adopte l'orthographe *Louchetia*, en parlant de cette cité qui lui fut si chère. L'abbé Lebeuf, le P. Toussaint Duplessis, Bourignon et autres savants ont cherché dans les langues celtique, bas-bretonne, irlandaise et dans la langue grecque, l'origine du nom de cette ville. En décomposant les mots de ces langues, ils y ont vu diverses significations : *Ile aux corbeaux*, *Ile aux rats*, *Ile au milieu des eaux*, enfin *la Blanche*, du grec Λευκὸς, qui signifie *blanc*. Cette dernière étymologie, qui pourrait provenir de la blancheur du plâtre qu'on fabriquait peut-être déjà au nord de Lutèce, paraît confirmée par une inscription gauloise conservée au musée de Cluny, et par les mots *lucotios, lucoticnos,* gravés sur des monnaies gauloises. (*Revue archéologique, 1878.*)

Au IVe siècle de l'ère chrétienne, le nom des *Nautæ Parisiaci* l'emporte et se substitue à celui de *Lutetia.* Comme nous l'avons vu plus haut, l'étymologie du nom donné à la tribu des *Parisii* n'a pas moins exercé les savants que celle du mot *Lutetia;* nous n'y reviendrons pas. Qu'il nous suffise de dire qu'Ammien Marcellin appelle la ville *Parisii.* Trois lois publiées en 365 par Valentinien et Valens sont aussi datées de *Parasii.*

Lutèce n'appartient plus dès lors qu'à l'archéologie ou à la poésie; Paris est le nom que se répète le monde.

Pour mettre plus de clarté dans l'immense histoire de cette ville, nous la diviserons en un certain nombre de périodes :

PARIS AVANT LA DOMINATION ROMAINE

Qu'était-ce que Paris avant la conquête de César ?

Nous l'avons dit : une réunion de quelques habitations de barbares dans une petite île de la Seine, « qui avait, dit Sauval, la forme d'un navire enfoncé dans la vase et échoué au fil de l'eau. » L'île que nous appelons la Cité ne donne qu'une imparfaite idée de l'étendue de la primitive Lutèce. Nous ne voyons plus que deux îles dans la Seine, la Cité et l'île Saint-Louis. Il y en avait cinq alors ; la place Dauphine et le Pont-Neuf occupent aujourd'hui le sol de deux petites îles qui n'ont été réunies que plus tard à la Cité actuelle, et l'île Louviers, ou île aux Javiaux, a été réunie en 1847 au quai Morland, aujourd'hui boulevard Morland, qui longe la bibliothèque de l'Arsenal. Les exhaussements successifs qui ont formé les quais n'ont pas moins contribué à l'agrandir. La Seine était beaucoup plus large : deux ponts de bois unissaient l'île à la terre ferme, l'un sur l'emplacement du Petit-Pont, l'autre sur celui du pont au Change. On estime que la population de Lutèce pouvait s'élever alors à 6,000 habitants.

PARIS SOUS LES ROMAINS

Quand César parut en Gaule, la cité des *Parisii* était à peu près inconnue. Il en révèle l'existence au VIIe livre de ses *Commentaires* : « Labiénus, dit-il, part pour *Lutetia* avec quatre légions : c'est la forteresse des *Parisii,* posée dans une île de la rivière *Sequana.* » Malgré la résistance des habitants, le lieutenant du conquérant romain s'empara de leur ville, ou plutôt de ses débris fumants, car ils l'avaient incendiée.

Elle se releva assurément bientôt. En effet, au commencement de la sixième campagne, César, inquiet de l'absence des députés de certains peuples, ceux de Trèves, de Chartres et de Sens, qu'il avait convoqués avec les autres peuples de la Gaule à *Samarobriva* (Amiens) en assemblée générale, dissout cette assemblée et indique à bref délai, comme nouveau lieu de réunion, *Lutetia Parisiorum,* où il devait présider lui-même les États. Après avoir intimidé les *Senones* par sa présence, il revient par la rive droite de la Seine avec ses sept légions, 42,000 hommes environ, sans compter les contingents alliés et la cavalerie gauloise auxiliaire et vient camper sur le plateau qui s'étendait des buttes Chaumont et des hauteurs de Belleville aux forts de Romainville, de Noisy et de Rosny. Ce camp retranché, qui fut plusieurs fois occupé par les troupes romaines qui surveillaient le pays des *Parisii,* a laissé quelques traces de sa circonvallation sur la crête du plateau qui regarde la plaine des Vertus. Plus tard, une villa romaine occupa une partie de son emplacement; telle est l'origine de Romainville.

Sous les Romains, une voie traversait du nord au sud le pays des *Parisii;* au nord, elle passait sous les retranchements mêmes du camp retranché, traversait l'île du Corbeau (Lutèce) et gravissait le plateau méridional de la rive gauche; selon l'habitude romaine, elle était bordée de tombeaux de chaque côté, garnie d'un camp à gauche de l'*Arx,* à droite d'un cirque; le théâtre était en face du palais des Thermes, ne laissant place qu'à quelques habitations, à un seul faubourg. Près du palais des Thermes, dont les jardins s'étendaient jusqu'à la Seine, était le champ de Mars (jardin du Luxembourg).

Ainsi, dès l'époque romaine, des faubourgs se formèrent autour de l'île qui fut le berceau de Paris ; l'enceinte resserrée de la Lutèce primitive obligea de s'établir au dehors; des vestiges de voies conduisant dans plusieurs directions au nord et à l'est, des cimetières placés le long de ces voies et les médailles romaines qu'on y a trouvées démontrent la présence d'habitants sur la rive droite de la Seine. La rive gauche était riche en édifices :

là se trouvait un palais, situé près de la grande voie de Lutèce à *Genabum* (Orléans), un quartier de soldats, un établissement de bains, l'aqueduc d'Arcueil, un vaste cimetière sur le versant méridional du mont *Leucotitius* (entre la rue Saint-Jacques et la rue Mouffetard actuelles); sur le versant septentrional, des Arènes; un port sur le petit bras de la Seine. Enfin, une population nombreuse se porta vers le sud; des antiquités gallo-romaines trouvées près de l'emplacement de l'ancienne église Saint-Marcel, au Luxembourg et auprès de l'église Saint-Germain-des-Prés prouvent l'importance de ce faubourg à l'époque qui nous occupe.

Durant plus de trois siècles après la conquête, il n'est plus question de Lutèce; ce silence dure jusqu'aux empereurs Constantin, Constance et Julien. Celui-ci, prince éclairé, aimait cette petite ville gauloise, comme s'il eût pressenti que cette grâce et cette délicatesse d'esprit, cette raillerie fine et cette incrédulité savante qui caractérisent ses ouvrages, auraient là plus tard leur principal foyer. C'est moins, cependant, chose merveilleuse! pour leur esprit que pour leur sagesse qu'il vante les Parisiens : « Ils n'adorent Vénus, dit-il, que comme président au mariage; ils n'usent des dons de Bacchus que pour avoir de nombreux enfants; ils fuient les danses lascives, l'obscénité et l'impudence des théâtres. » Il vante aussi le climat de Paris, le produit de ses vignobles. Pour qu'il ait préféré à tant de lieux célèbres une bourgade des bords de la Seine, qu'il soit venu y passer cinq hivers, de 355 à 361, il faut au moins que Lutèce fût déjà ornée de quelques édifices importants. On ne doute point, en effet, qu'il n'y ait eu un palais construit dès lors dans la Cité même. Toutefois, nous l'avons dit tout à l'heure, c'est sur la terre ferme que se trouvaient les édifices les plus considérables, surtout sur la rive gauche. Là s'élevait ce palais qu'on appelle encore aujourd'hui les *Thermes de Julien* et qui borde le boulevard Saint-Michel. De vastes jardins l'entouraient. La montagne Sainte-Geneviève était occupée par un champ de Mars, un camp romain s'étendait sur l'emplacement du palais du Luxembourg et de ses abords. Des villas romaines se voyaient également sur les deux rives; des tombeaux ont été découverts dans les fouilles pratiquées rue Vivienne et au Palais-Royal. L'aqueduc d'Arcueil apportait déjà à Paris les eaux de Rungis. Enfin il existait une corporation de *nautes* (bateliers) parisiens, qui avait le monopole des transports sur la Seine et qui se perpétua pendant l'époque mérovingienne et le moyen âge sous le nom de *Mercatores aquæ parisiaci*, la *Confrérie des marchands de l'eau*.

C'est à l'époque romaine qu'appartient la conversion des Parisiens au christianisme. D'après Grégoire de Tours, la religion nouvelle y fut apportée vers 250 par saint Denis, qui en fut le premier évêque. Toutefois, il n'y a de certitude que pour Victorinus, qui passe pour le sixième évêque de Paris et qui figure avec ce titre au concile de Cologne, en 346. Vers 360, un synode fut réuni pour la première fois à Paris, ce qui semble prouver que les prédicateurs de l'Évangile y avaient fait de nombreux prosélytes. Le paganisme n'y fut cependant pas entièrement déraciné avant l'épiscopat de Marcellus (saint Marcel), si célèbre depuis sous le nom de saint Marceau, donné d'abord à un bourg, qui, réuni bientôt à la ville, devint par la suite un de ses faubourgs. C'est Marcellus qui, d'après la légende, entraîna avec le pli de son manteau et précipita dans la Seine l'affreux dragon qui désolait Paris, emblème de la religion païenne. Il mourut en 436; son tombeau, foyer de miracles, donna naissance à une église, et l'église au bourg, puis au faubourg qui couvrait l'éminence appelée *mons Cetardus*, d'où est venu *Moucetard*, puis *Mouffetard*. Vers cette époque, Attila et ses Huns assiégeaient Orléans, au grand effroi de toute la Gaule. Une jeune bergère de Nanterre, sainte Geneviève, sut, au dire de la légende, rassurer les Parisiens alarmés et les préserver de cette invasion terrible. Paris en a fait sa patronne.

PARIS SOUS LES DEUX PREMIÈRES RACES

Nous avons déjà dit que Paris devint la capitale d'un royaume sous les Mérovingiens. Clovis y résida le premier; il occupait un palais dans la partie occidentale de la Cité. Ses quatre fils, en se partageant ses États, jugèrent la possession de Paris tellement importante qu'ils la partagèrent et qu'ils convinrent qu'aucun d'eux n'y pourrait entrer sans le consentement des autres. Lorsque Clodomir mourut, c'est à Paris que Clotilde retint auprès d'elle les trois fils qu'il laissait sous sa tutelle; c'est là qu'elle reçut le terrible message de Childebert et de Clotaire, et que ces scélérats égorgèrent de leurs propres mains deux de ces enfants, qu'elle avait mieux aimé « voir morts que tondus. » Plus tard, dans le même siècle, Sigebert, roi de Metz, fondit sur Paris et brûla plusieurs quartiers. Les habitations de la Cité furent consumées par un autre incendie, deux ans après.

C'est surtout par des édifices religieux que les rois mérovingiens se plurent à décorer leur ville de Paris. Pour eux-mêmes, ils se contentèrent probablement des palais romains; Childebert habitait les Thermes avec son épouse Ultrogothe. Clovis fonda, soit en 499, en mémoire de sa conversion, soit en 511, en souvenir de sa victoire sur les Wisigoths, la basilique des apôtres saint Pierre et saint Paul, depuis nommée abbaye Sainte-Geneviève. Il y fut enterré avec son épouse Clotilde, et leurs tombeaux ont été retrouvés dans ces derniers temps. Aujourd'hui, une rue Clovis et une rue Clotilde se croisent à l'angle du lycée Henri IV, et le nom de *tour de Clovis* est resté à la vieille tour dont la masse grise domine les bâtiments de ce lycée qui occupe l'emplacement de l'antique et célèbre abbaye. Childebert bâtit, avec les dépouilles de l'Espagne et surtout de l'église de Tolède, l'église Saint-Vincent-et-Sainte-Croix, plus tard Saint-Germain-des-Prés, parce qu'elle fut dédiée par saint Germain, évêque de Paris. « Les arceaux de chaque fenêtre, dit le légendaire, étaient supportés par des colonnes de marbre très précieux. Des peintures, rehaussées d'or, brillaient au plafond et sur les murs. Les toits, composés de lames de bronze doré, lorsque les rayons du soleil venaient à les frapper, produisaient des éclats de lumière qui éblouissaient les yeux. » La première cathédrale, placée sous l'invocation de saint Étienne, les premières églises Saint-Germain-l'Auxerrois, Saint-Gervais, Saint-Laurent datent également de cette période. Il est permis de croire aussi que les rois mérovingiens, si jaloux de la possession de Paris, fortifièrent cette ville, dont l'importance les avait tant frappés. Quelques expressions de Grégoire de Tours s'accordent à cet égard avec la découverte que l'on fit, en 1829, d'un grand fragment de muraille de la Cité, portant les caractères du v° siècle.

Les Carlovingiens, ne résidant point à Paris, s'en occupèrent peu, et leur autorité était devenue à peu près illusoire quand parurent les Normands. Ces pirates, remontant la Seine, ravagèrent en 841 les environs de Paris et en 845 Paris lui-même, déserté par ses moines et ses habitants. Charles le Chauve s'avança jusqu'à Saint-Denis, non pour combattre, mais pour peser aux barbares sept mille livres d'argent. A ce prix, les Normands voulurent bien se retirer pendant quelques années; mais, en 856, ils reparaissent, s'emparent de l'abbé de Saint-Denis, qui leur paye chèrement sa liberté; brûlent l'église Saint-Pierre-et-Saint-Paul et l'abbaye de Saint-Vincent. Nouveaux ravages en 861. Mais, en 885, ils trouvèrent à qui parler. L'abbé Gozlin, élu évêque, de concert avec le comte Eudes, avait organisé une défense énergique. Des tours en bois avaient été construites aux deux têtes de chaque pont; il y en avait une également, sur un massif de maçonnerie, à l'extrémité occidentale de la Cité. Les moines s'étaient réfugiés dans la petite enceinte de Lutèce avec leurs reliques et leurs objets précieux. Les barques des Normands couvraient le fleuve dans un espace de deux lieues: ils demandèrent la rupture du grand pont afin de pouvoir remonter la Seine; elle leur fut refusée. Alors ils s'arrêtèrent devant la Cité et lui livrèrent huit assauts en treize mois. Toutes leurs tentatives furent repoussées. Ils revinrent l'année suivante; cette fois, Charles le Chauve était encore là avec son armée. C'était tout bénéfice pour eux; ils y gagnèrent mille quatre cents marcs d'argent et passèrent sans tenter une attaque.

Temps désastreux pour notre capitale! En vingt-trois ans, quatorze années de famine! Et, dans plusieurs (850, 855, 868, 873), les hommes se dévorèrent. Au siècle suivant, de nouvelles famines donnèrent naissance à ce terrible *mal des ardents* qui consumait les chairs vivantes et les faisait tomber en lambeaux. Plus de commerce, plus d'industrie. Les Normands avaient dispersé ou pris les marchands et les navigateurs de la Seine; ce fleuve était abandonné des mariniers. Les marchands syriens, qui abondaient à Paris sous la première race, avaient disparu pour toujours.

Un capitulaire de 864 nous apprend qu'il y avait dès lors à Paris un hôtel des monnaies. « Et pour ce que Paris est la métropolitaine et première ville de France, disait Malingre au xvii° siècle, la monnoye qui s'y forge est marquée de l'*A*, comme de meilleur alloy et poids que les autres (qui portaient les autres lettres de l'alphabet)... Cela a donné lieu au proverbe commun quand, pour porter témoignage d'un homme de bien, on dit: *Il est des bons, il est marqué de l'A.* »

PARIS JUSQU'A PHILIPPE-AUGUSTE

Les mêmes fléaux décimèrent Paris sous les premiers Capétiens. Si les Normands avaient disparu, les violences brutales du régime féodal naissant n'étaient guère plus propres à développer la prospérité publique. Quand les sires de Corbeil, de Montlhéry, du Puiset, s'en allaient, la lance au poing, détroussant les passants sur les routes voisines de la capitale, ou que le roi Philippe Ier pillait les trésors de l'abbaye de Saint-Germain-des-Prés, le commerce avait assurément peu de sécurité à Paris. La propriété n'était guère sûre non plus, quand les *preneurs* et les *chevaucheurs* du roi faisaient chez les habitants leurs réquisitions de fournitures et de meubles de toutes sortes pour le service de la cour. Malgré tous ces désordres, la seule présence des rois, si faibles qu'ils fussent alors, était un gage assuré de progrès pour Paris, qui ne pouvait plus craindre d'être oublié comme sous les Carlovingiens. Robert fait reconstruire l'abbaye de Saint-Germain-des-Prés et l'église de Saint-Germain-l'Auxerrois, détruites par les Normands, et se bâtit à lui-même un palais remarquable (*palatium insigne*) dans la Cité; Philippe institue le premier *prévôt* de la ville. Ce prévôt, nommé Étienne, fut, à la vérité, un coquin; c'est lui qui conduisit le roi au pillage de l'abbaye de Saint-Germain-des-Prés, et la légende ajoute que, au moment où il portait une main sacrilège sur la fameuse croix de diamants rapportée d'Espagne par Childebert, il fut frappé de cécité.

Sous Louis VI, l'activité augmente. C'est à lui qu'on attribue la fondation du Grand et du Petit-Châtelet, le premier à l'extrémité septentrionale du pont au Change, le second à l'extrémité méridionale du Petit-Pont. On a prétendu également rapporter à son règne la construction d'une enceinte de la ville. Mais la plus grande obscurité règne sur cette question. Il est à peu près certain que la partie de la ville située sur la rive droite était enclose de murailles. Louis VI en fut-il le fondateur ou seulement le réparateur? Quant à la rive gauche, nous citerons ce passage d'une étude sur les *Anciennes enceintes de Paris*, par M. Bonnardot : « Exista-t-il jamais sur la rive gauche un mur d'enceinte antérieur à celui de Philippe-Auguste? Cette question n'a pu jusqu'à présent sortir des ténèbres de l'hypothèse. Il suffit, je crois, pour la résoudre négativement, des considérations suivantes : Cette partie de la ville se trouvait établie sur le petit bras de la Seine, presque toujours à sec en été, au pied d'une colline assez escarpée; cette position seule indique qu'elle était peu commerçante. C'était, en effet, avant Philippe-Auguste, et même de son temps, dans la Cité et dans la ville qu'étaient agglomérés les riches habitations et les établissements de commerce. Sur la rive gauche, on ne voyait guère que d'immenses clos en culture et çà et là quelques églises et chapelles; les collèges et les couvents ne s'y multiplièrent qu'au XIIIe et au XIVe siècle. Le petit nombre de rues alors formées se composaient de paisibles et silencieuses habitations; il n'y avait un peu de mouvement qu'aux abords du Petit-Pont et sur la ligne de la grande chaussée d'Italie, nommée plus tard rue Saint-Jacques. Les églises, autour desquelles se groupaient quelques maisons, avaient des tours crénelées; le palais des Thermes pouvait lui-même passer pour la citadelle de la rive gauche. »

Mais cette rive gauche, si négligée du commerce, avait, dès le temps de Louis VI et de Louis VII, l'insigne honneur de servir de foyer aux lumières de l'époque. Si ce n'était pas le domaine de la richesse, c'était celui de la science. Les écoles les plus connues de Paris étaient alors l'école épiscopale, l'école de Saint-Germain-des-Prés et celle de Sainte-Geneviève. C'est à l'école épiscopale de Paris que Guillaume de Champeaux professa la théologie à la fin du XIe et au commencement du XIIe siècle, et compta parmi ses disciples Abailard. Les enfants des rois venaient eux-mêmes entendre les leçons de grammaire dans cette école, qui se tenait alors dans le cloître Notre-Dame. L'école de Saint-Victor fut fondée par ce même Guillaume de Champeaux, qui décida Louis VI à y établir un chapitre de chanoines réguliers avec le titre d'abbaye (1112). Bientôt (1118) Abailard, à son tour, vint ouvrir sur la montagne Sainte-Geneviève cette école si fameuse qui éclipsa toutes les autres; dix mille écoliers se pressaient à ses leçons : population à la fois instruite et turbulente, pauvre et studieuse, mais amie des folles joies. « O cité séduisante et corruptrice, s'écrie déjà un auteur de ce temps, que de pièges tu tends à la jeunesse, que de péchés tu lui fais commettre! » Nous ne confondrons pas avec les vulgaires amours des écoliers la grande et malheureuse passion d'Abailard et d'Héloïse. Tout le monde a vu dans la Cité le lieu

Muséum d'histoire naturelle du Jardin des plantes.

où s'élevait la maison du chanoine Fulbert avec ce mystérieux jardin qui reçut les douces confidences des deux amants ; tout le monde aussi a été voir au cimetière du Père-Lachaise leur mausolée gothique.

PARIS JUSQU'A SAINT LOUIS

La période dans laquelle nous entrons est capitale dans l'histoire de Paris. Cette ville, résidence continuelle des rois, s'agrandissait avec le royaume. Pour la première fois, sous Philippe-Auguste, elle fut enfermée dans une enceinte complète et bien authentique dont nous avons encore aujourd'hui des débris sous les yeux. Parlons d'abord de cette enceinte qui nous donnera une idée approximative de l'étendue de Paris à cette époque ; approximative, disons-nous, car il n'est pas douteux que certaines parties de l'enceinte dite de Philippe-Auguste n'aient été modifiées plus tard et que des terrains non bâtis n'y aient été originairement enveloppés. Cette enceinte fut commencée en 1190 sur la rive droite et continuée sur l'autre rive entre 1200 et 1211. Le roi acheta le terrain ; la ville, selon toute probabilité, se chargea de la construction des murs et des tours. Aussi disait-on d'abord : les *murs de la ville;* et ce n'est que plus tard que l'on dit les *murs du roy*. L'enceinte de la rive gauche formait un demi-cercle qui commençait par la *Tour de Nesle* (pavillon de l'Est de l'Institut) et finissait par la *Tournelle* (quai de la Tournelle, près de la rue des Fossés-Saint-Bernard), ayant pour points principaux : porte Bussy (rue Saint-André-des-Arts, près de la rue Mazet) ; porte des Cordeliers (rue de l'École-de-Médecine) ; porte Gibart ou d'Enfer (place Saint-Michel) ; porte Saint-Jacques (près de la rue Paillet) ; porte Saint-Victor (entre la rue Thouin et la rue Saint-Victor). L'enceinte de la rive droite formait aussi un demi-cercle qui commençait par la *Tour qui fait le coin* (près du pont des Arts), et finissait par la *Tour Barbeau* (près du port Saint-Paul), en ayant pour points principaux : porte Saint-Honoré (rue Saint-Honoré, près de l'Oratoire); porte Coquillière (à l'entrée de la rue Coquillière); porte Montmartre (numéros 15 et 32 de la rue Montmartre); porte Saint-Denis (rue Saint-Denis, près de l'impasse des Peintres); porte Saint-Martin (rue Saint-Martin, près de la rue Grenier-Saint-Lazare); porte de Braque (rue de Braque, près des Archives nationales); porte Barbette (rue Vieille-du-Temple, près de la rue Barbette); porte Baudet (place Baudoyer); porte Bordet (rue de Fourcy). Ces murs, qui se développaient à peu près également, comme on le voit, sur les deux rives, étaient construits avec soin. Ils sont formés de deux murs de soutien composés de pierres de petit appareil et reliés ensemble par un blocage de moellons solidement cimentés. L'épaisseur totale était d'environ 3 mètres à fleur du sol et $2^m,30$ a une hauteur de 6 ou 7 mètres au-dessus des fondements. La hauteur totale était à peu près de 9 mètres. Cette clôture murale, surmontée d'un parapet crénelé, était fortifiée par des tournelles espacées d'environ 70 mètres, qui paraissent avoir été au nombre de trente-quatre au midi et trente-trois au nord, en tout soixante-sept, et non pas six cents ou cinq cents comme Sauval et Félibien l'ont avancé avec tant d'exagération. Les portes étaient défendues par des tours de 15 ou 16 mètres de haut, de véritables donjons.

Philippe-Auguste ne jugea pas que ce fût assez pour la sûreté de Paris ou pour la sienne propre. Il fit bâtir en dehors de l'enceinte la Tour du Louvre. Les rois avaient là, dit-on, une louveterie, d'où le nom de *Lupara*, Louvre. Plusieurs lettres datées de cette forteresse portent : *Apud Luparam prope Parisios*, au Louvre, près de Paris. C'était une simple tour, qui servait à la fois de séjour aux rois, de forteresse et de prison politique. C'est là que fut enfermé Ferrand, comte de Flandre, fait prisonnier à Bouvines. D'autres seigneurs eurent le même sort. Aussi quel respect ou quelle haine les seigneurs féodaux ne portaient-ils pas à ce donjon duquel relevaient tous les fiefs du royaume ! La construction de la tour du Louvre était achevée en 1204.

Quand cette nouvelle résidence n'était point encore bâtie et que le roi habitait son palais de la Cité (aujourd'hui le Palais de justice), « il s'approcha un jour des fenêtres où il se plaçait quelquefois pour se distraire par la vue du cours de la Seine. Des voitures, traînées par des chevaux, traversaient alors la Cité, et, remuant la boue, en faisaient exhaler une odeur insupportable. Le roi ne put y tenir, et même la puanteur le poursuivit jusque dans l'intérieur de son palais. Dès lors il conçut un projet très difficile, mais très nécessaire, projet qu'aucun de ses prédécesseurs, à cause de la grande dépense et des graves obstacles que présentait son exécution, n'avait osé entreprendre. Il convoqua les bourgeois et le prévôt de la ville, et, par son autorité royale, leur ordonna de paver, avec de fortes et dures pierres, toutes les rues et voies de la Cité. » La ville fit les frais, alors considérables, de ce pavage, qui consistait en grosses dalles ou carreaux de grès d'environ 1 mètre de carré sur à peu près $0^m,16$ d'épaisseur.

Paris ne doit pas seulement son premier pavé à Philippe-Auguste : il lui doit aussi ses halles, établies sur le territoire des Champeaux; il lui doit aussi la première clôture du cimetière des Innocents, ouvert jusque-là aux hommes et aux animaux. Autant de mesures qui contribuèrent puissamment à assainir la ville.

C'est encore sous Philippe-Auguste, en 1182, que fut consacré par un légat du saint-siège l'autel de la cathédrale nouvelle dont l'évêque de Paris, Maurice de Sully, avait commencé, en 1163, la construction. Immense édifice qui ne pouvait être l'œuvre que de plusieurs siècles réunis, alors surtout que les fléaux, les guerres, la faiblesse du gouvernement paralysaient ou ralentissaient tous les travaux. On suppose que le chevet de l'église était seul construit alors. En 1257, le portail méridional n'existait pas encore, quoique la construction en fût alors commencée par Jean de Chelles. Le portail septentrional ne fut bâti que vers 1312 avec les richesses enlevées aux templiers, et, au XVe siècle, Charles VII était encore obligé de donner des secours considérables pour achever cet édifice. Ainsi s'est élevée lentement cette magnifique cathédrale qui porte le cachet des divers âges de l'architecture ogivale, depuis la simplicité austère du début jusqu'à la riche ornementation de la fin ; monument dont notre grand poète Victor Hugo a, en quelque sorte, exprimé toute la poésie dans son beau roman de *Notre-Dame de Paris*. De nos jours, Viollet-le-Duc a restauré avec un grand soin cette belle création gothique et lui a, autant que cela était possible, restitué son aspect du XIIIe siècle ; nous disons : « autant que possible; » car tout ne pouvait pas être remis dans le même état : l'église Notre-Dame s'enterre insensiblement elle-même par l'exhaussement continuel du sol; comme on a retrouvé du pavé de Philippe-Auguste à près de 3 mètres sous terre, de même les treize marches qu'il fallait monter pour entrer dans l'église ont disparu et l'édifice a dû y perdre beaucoup de sa majesté et de son effet (1).

C'était la foi qui édifiait ces montagnes de pierres vivantes pour parler comme on faisait alors (*vivi lapides*). Et, chose singulière, ce même édifice consacré à la prière, et dont les sombres voûtes inspirent encore à nos générations moins crédules un respectueux recueillement, était chaque année témoin des plus grossiers divertissements et des plus obscènes bouffonneries où les acteurs étaient les ecclésiastiques eux-mêmes. Nous voulons parler de ces fameuses *fêtes des fous* ou *fêtes des sous-diacres*, qu'on appelait par dérision, mais fort exactement, *fêtes des diacres soûls*. Depuis le 26 septembre, jour de Saint-Étienne, jusqu'au 6 janvier, jour de l'Épiphanie, le clergé de Notre-Dame, sous la conduite de l'*évêque des fous*, librement élu, au bruit des cloches, sous des déguisements de femmes et les travestissements les plus grotesques, se livrait dans la cathédrale et jusque sur l'autel à des orgies, où tout ce qui était prohibé en d'autres temps devenait permis, sans excepter les plus monstrueuses immoralités. En 1198, Eudes de Sully, qui avait succédé à Maurice, ordonna, mais inutilement, la suppression de ces saturnales chrétiennes. « Il s'y commettait, dit-il lui-même, d'innombrables abominations, des crimes énormes. Ce n'était pas seulement des laïques qui y figuraient; mais, ce qui est horrible à dire, ces scènes scandaleuses, ces turpitudes étaient commises par des ecclésiastiques, dans l'église même, au pied des autels, pendant qu'on célébrait les messes et qu'on chantait les louanges de Dieu. »

Au reste, le moyen âge est le temps des contrastes bizarres; on se portait à toute chose avec une ardeur également impétueuse et déréglée. Un contemporain nous peint par ces traits les écoliers du temps : « Ils sont plus adonnés à la gloutonnerie qu'ils ne le sont à l'étude; ils préfèrent quêter de l'argent plutôt que de chercher l'instruction dans les livres; ils aiment mieux contempler les beautés des jeunes filles que les beautés de Cicéron... Toute science est avilie, l'instruction languit, on n'ouvre plus les livres. » Tandis qu'un de ces moroses dépréciateurs de leur époque, qui se rencontrent dans tous les siècles, traçait ce tableau, la rue du Fouarre regorgeait d'auditeurs avides de science.

« *Foare* ou *Fouarre*, nous dit Charles Nodier, dont il nous reste *fourrage*, est un vieux mot français qui signifiait *de la paille*. Dans les titres latins de l'époque, la rue du Fouarre est appelée *vicus Straminis, via Straminea*. La place Maubert était alors un lieu d'enseignement public. Sous Philippe-Auguste, l'emplacement des écoles s'étendit; il s'en établit de nouvelles dans la rue du Fouarre. Les étudiants de cet âge de simplicité assistaient sur de la paille aux leçons de leurs maîtres; et cet usage avait appelé en grand nombre autour d'eux les gens qui faisaient ce commerce, rapprochement dans lequel les journaux trouveraient aujourd'hui une source intarissable de délicieuses plaisanteries. De là vient le nom de la rue *du Fouarre*. La rue du Fouarre fut d'abord fermée à ses deux extrémités. En 1362, le roi Jean assigna deux arpents de bois de sa forêt de Fontainebleau pour en renouveler les portes et pour les entretenir. Cette clôture avait pour objet d'empêcher le passage des voitures, dont le bruit aurait pu incommoder ou distraire les étudiants. Tant de sollicitude pour l'instruction n'annonçait pas un gouvernement trop barbare; et, en effet, la génération qui s'élevait alors allait préparer les beaux siècles de notre littérature. » Nodier aurait pu ajouter qu'aujourd'hui les lourdes voitures qui passent sous les murs de la Sorbonne en ébranlent les fenêtres, couvrent la voix des professeurs et souvent troublent l'intelligence des candidats déjà suffisamment émus.

De la rue du Fouarre, sans se déplacer beaucoup et sans passer l'eau, nos écoliers du XIII° siècle allaient prendre au Pré-aux-Clercs leurs ébats quelque peu turbulents. Dès 1163, ils avaient eu maille à partir avec les moines de Saint-Germain-des-Prés, propriétaires dudit Pré, et l'affaire avait été jugée assez grave pour être portée devant le concile de Tours et pour y donner lieu à de longues discussions. On donna tort aux écoliers. Peu leur importait. En 1192, les voici qui se querellent si bel et bien avec les habitants du bourg

---

(1) Quelques archéologues contestent l'existence de ces treize marches, et nous serions nous-même disposé à nous ranger de leur avis d'après l'inspection que nous avons faite des lieux au moment où l'on avait pratiqué de larges et profondes tranchées au pied du vénérable édifice, afin d'en régulariser les abords et de niveler la place du Parvis.

Saint-Germain qu'un des leurs perd la vie; puis nouveau débat avec les moines, lequel est soumis au pape, qui ne prononce rien. En 1200, les étudiants allemands mettent à mort un marchand de vin qui avait maltraité le domestique d'un seigneur de leur nation. Les Parisiens et le prévôt de Paris à leur tête s'arment pour venger ce marchand; cinq étudiants allemands sont tués. Aussitôt les maîtres des écoles se plaignent; le roi fait arrêter le prévôt et ses adhérents, fait raser leurs maisons, arracher leurs vignes et leurs arbres fruitiers. Philippe-Auguste protégeait énergiquement son Université de Paris.

Au reste, il ne traitait pas plus mal pour cela les bourgeois de sa capitale, et c'est sous son règne que la municipalité de Paris reçut ses premiers développements. Elle existait de temps immémorial à l'état rudimentaire, pour ainsi dire. A côté du prévôt de Paris, officier du roi qui rendait la justice au Grand-Chatelet, il y avait le syndic ou juré des marchandises, nommé par la communauté des marchands de la ville, lequel siégeait au Parloir aux bourgeois et protégeait les intérêts privés et industriels. Ce syndic prit, sous Philippe-Auguste, le nom de *prévôt des marchands*. Il était assisté des échevins qui formaient son conseil. Ses droits s'accrurent alors considérablement. La police, la voirie, la réparation des édifices publics, l'administration des domaines de la ville passèrent des attributions du prévôt de Paris dans celles du prévôt des marchands. Pour subvenir à ces dépenses, il obtint du roi l'abandon de certains droits prélevés jusque-là par l'officier royal. L'ancienne hanse parisienne s'était bien agrandie : c'était une immense corporation fédérative des différents métiers. Le cours de la rivière lui appartenait ; elle seule avait le droit de faire remonter des bateaux depuis Mantes jusqu'à Paris, et aucun étranger ne le pouvait faire s'il n'était associé d'un bourgeois de Paris. Elle obtint de construire un port destiné au débarquement et au dépôt de ses marchandises, moyennant un octroi sur la consommation de la ville. Elle acheta, en 1220, par une rente annuelle au fisc, le criage de Paris, en d'autres termes le droit de lods et ventes. C'est à elle que le roi confia l'étalon des poids et mesures et le soin de les régler. Enfin sa juridiction, qui ne comprenait à la vérité que la petite justice, s'exerçait dans cette sphère à côté de celle du roi et de celles des seigneurs ecclésiastiques, de l'évêque de Paris, des abbés de Sainte-Geneviève et de Saint-Germain-des-Prés. Le *Parlouer aux borjois* avait ses clercs et ses sergents. Enfin la bourgeoisie de Paris avait déjà acquis une telle importance et une telle faveur auprès du roi, que Philippe-Auguste, partant pour la croisade, désigne six bourgeois parisiens pour être les gérants de sa fortune et de ses domaines, et ses exécuteurs testamentaires en cas de mort.

PARIS JUSQU'A CHARLES V

Le progrès de Paris, favorisé avec tant d'intelligence par Philippe-Auguste, alla toujours croissant sous ses successeurs.

« Quand, sous Philippe-Auguste, on faisait le tour du mur (d'enceinte) à l'intérieur, dit M. Bonnardot, on rencontrait d'immenses espaces vides, des cultures, des jardins, des terrains en friche et à vendre ; mais, à l'approche des bourgs populeux récemment incorporés à la ville, la promenade était interrompue, car les maisons de la rue principale de ces bourgs touchaient au mur d'enceinte. Ce mur, vu du dehors, paraissait donc isolé au milieu des champs, hors aux approches des portes importantes, puisque la majeure partie des hôtels, collèges ou couvents, fondés sous le règne de Louis IX, n'existaient pas encore. Les vides immenses laissés entre la ville et la muraille se peuplèrent un peu plus tard, grâce au zèle du saint roi, d'établissements religieux accompagnés d'immenses jardins. » On voit dans quelle direction Paris s'agrandit au XIII° siècle. Il s'occupa à remplir son enceinte sans l'excéder encore. Les établissements religieux dont on vient de parler sont principalement : les églises Sainte-Catherine-du-Val-des-Écoliers, rue Saint-Antoine, à la place du marché actuel de Sainte-Catherine; de Saint-Nicolas-du-Chardonnet, rue Saint-Victor; puis de nombreux couvents : des Jacobins, rue Saint-Jacques, c'étaient les dominicains; des Cordeliers, en face de l'École actuelle de médecine; des Grands-Augustins, entre la rue et le quai de ce nom, là où a été longtemps le marché à la volaille désigné sous le nom de *la Vallée*, et que des constructions particulières ont remplacé; les Carmes, où est le marché de la place Maubert; des Chartreux, établis d'abord à Gentilly, puis auprès des murs de Paris, dans le vieux château de Vauvert, hanté, disait-on, par le diable, d'où la locution *envoyer au diable Vauvert*, et par corruption *au diable au vert*, peut-être encore le nom de la rue d'*Enfer*. Un établissement plus utile assurément que tous ces couvents est l'hospice des Quinze-Vingts, que saint Louis fit bâtir en 1260 et auquel il octroya trente livres de rente destinées au potage de trois cents aveugles. Quant aux collèges fondés alors, nous citerons celui d'Harcourt, établi par Raoul d'Harcourt, docteur en droit, pour les pauvres écoliers normands, et celui de la Sorbonne, appelé d'abord *la pauvre maison*, par Robert Sorbon, chapelain du roi, destiné à ceux qui n'avaient pas assez de fortune pour arriver au grade de docteur.

En 1239, saint Louis acheta cent mille livres à Baudouin, empereur de Constantinople, une couronne d'épines que celui-ci assurait être celle qui avait été posée sur la tête du Christ. Le bon roi alla au-devant de la merveilleuse relique jusqu'à Villeneuve-l'Archevêque (Yonne) en compagnie de toute sa famille et l'apporta à l'abbaye Saint-Antoine-des-Champs ; puis, lui-même, pieds nus, avec son frère Robert, la transporta solennellement à la chapelle Saint-Nicolas, dans l'enceinte du palais. Mais un si rare objet méritait bien un logis spécial. C'est pour le recevoir que fut bâtie la Sainte-Chapelle, chef-d'œuvre de Pierre de Montreuil et le morceau le plus accompli peut-être de l'architecture ogivale dans toute sa pureté. « En laquelle l'on dit, raconte l'auteur de la *Vie de saint Louis*, que il despendit bien 40,000 livres de tournois et plus. Et li benaiez rois aourna d'or et d'argent et de pierres précieuses et d'autres joyaux les lieux et les châsses où les saintes reliques reposent (1). Et croit l'on que les aournements desdites reliques valent bien 100,000 livres de tournois et plus. » Malgré ses petites dimensions, c'est l'édifice gothique le plus élégant de Paris, véritable bijou, malheureusement en partie caché par les autres constructions du Palais. Elle mesure 35 mètres de longueur et de hauteur sur 11 de largeur. La Sainte-Chapelle, dont la restauration a été confiée successivement à Duban, Lassus, Viollet-le-Duc et Bœswillwald, ne sert au culte qu'une fois par an, pour la messe du Saint-Esprit, à la rentrée des tribunaux. Elle a heureusement échappé à la destruction en 1871, quoiqu'elle fût presque complètement environnée de bâtiments en feu.

(1) Ces reliques sont aujourd'hui à Notre-Dame.

Les admirateurs passionnés du moyen âge, qui ne voient que les cathédrales gothiques et point les souffrances du peuple, devraient bien faire attention à certains passages des auteurs de ce temps. Joinville nous apprend que, sous saint Louis, pendant qu'il était en terre sainte, le séjour de Paris n'était pas tenable. Le prévôt, au lieu de protéger les habitants, les tyrannisait à ce point qu'ils désertaient en foule et s'en allaient dans d'autres prévôtés. « La terre du roi était si déserte que, quand il tenait ses plaids, il n'y venait pas plus de douze personnes. Outre cela, se trouvaient à Paris et dans les environs tant de malfaiteurs et de voleurs, que tout le pays en était plein. » Lorsque saint Louis eut confié ensuite la prévôté de Paris à Étienne Boileau, ce *bon justicier* qui punissait « étroitement les malfaicteurs, sans égard au riche plus qu'au povre, » on remarqua comme chose merveilleuse « que désormais n'y avoit larron, meurtrier ou autre qui osast demeurer à Paris, qui ne fust pendu ou puni à la rigueur de justice. » Le roi lui-même allait souvent s'asseoir auprès de Boileau pour encourager cette louable sévérité. Un de ces admirateurs du moyen âge dont nous parlions s'émerveille qu'une garde de soixante hommes suffît à une ville qui comptait déjà 50,000 habitants. Il existait, en effet, soixante sergents, moitié à pied, moitié à cheval, sous les ordres d'un *chevalier du guet*, pour faire la police pendant la nuit, et c'est sous ce régime précisément que la ville était pleine de vols, viols, meurtres et incendies ; à tel point que les bourgeois demandèrent à se garder eux-mêmes et que saint Louis les autorisa, en 1254, à établir une garde appelée *guet des métiers* ou *des bourgeois*. Dans la suite, le guet royal destiné à courir la ville fut désigné sous le nom de *guet levé* ; tandis que le guet municipal ou bourgeois, qui était sédentaire et occupait des postes fixes, fut désigné sous le nom de *guet assis*.

Étienne Boileau releva la prévôté de Paris par la manière dont il en remplit les fonctions. Au reste, à cette charge, jusque-là vendue aux enchères, le roi attacha désormais un salaire ; ce qui supprima un grand nombre d'abus. Tout le monde sait que c'est Étienne Boileau qui organisa les métiers de Paris et qui leur donna des statuts examinés et approuvés par « les plus sages et les plus anciens hommes de Paris. »

Les écoles de Paris prirent pour la première fois

sous saint Louis le nom d'*Université* (1). Au reste, toujours même ardeur et même éclat dans les études, affluence toujours croissante d'écoliers de toutes nations, et toujours même turbulence. Sous Louis VIII, les écoliers avaient assiégé le légat du pape dans sa maison et l'eussent égorgé sans l'intervention du roi. En 1229, ils saccagent la maison et répandent tout le vin d'un cabaretier, puis courent par la ville, frappant et tuant les bourgeois qu'ils rencontrent. Le prévôt fond sur eux avec sa troupe; quelques-uns périssent. Aussitôt l'Université suspend ses cours pendant deux années. Suspension semblable en 1252, quoique moins longue. En 1278, l'abbé de Saint-Germain-des-Prés fait construire un mur sur le Pré-aux-Clercs. Les écoliers, trouvant que ce mur les gêne, le démolissent. L'abbé appelle, au son du tocsin, tous les domestiques de l'abbaye et les habitants du bourg Saint-Germain; quelques écoliers furent encore tués, d'autres pris. L'Université suspendit ses cours et ne les reprit qu'après que l'abbé et le prévôt eurent été forcés à une réparation éclatante.

Un fléau dont il convient de parler comme d'un signe à la fois de prospérité matérielle et de dépravation des mœurs, la prostitution, se répandait dans Paris et particulièrement envahissait certaines rues. Un contemporain, le cardinal Jacques de Vitry, trace le tableau suivant, un peu chargé de couleur peut-être, mais évidemment vrai en général : « Les habitants de Paris se livrent à tous les crimes, se vautrent dans toutes les ordures de la débauche... Le clergé est encore plus dissolu que le reste du peuple. Semblable à une chèvre galeuse, à une brebis malade, il communique à tous ceux qui affluent dans cette cité la contagion de ses exemples pernicieux; il les corrompt, les dévore et les entraîne dans l'abîme. Alors, à Paris, une simple fornication n'était point réputée un péché. Les filles publiques, dans les rues, dans les places, devant leur maison, arrêtaient effrontément les ecclésiastiques qui y passaient, et si, par hasard, ils refusaient de les suivre, elles criaient après eux en les appelant *sodomites*. Car ce vice honteux et abominable est tellement en vigueur dans cette ville, ce venin, cette peste y sont si incurables, que celui qui entretient publiquement une ou plusieurs concubines est considéré comme un homme de mœurs

___
(1) De la formule *sciat* UNIVERSITAS *vestra* (que votre totalité sache), employée dans les actes et les ordonnances qui concernaient les maîtres et les écoliers.

exemplaires. » Il faut toute la sainteté de Louis IX pour racheter de tels désordres.

L'ordre et la sécurité que ce monarque avait réussi à faire régner dans sa capitale y attirèrent de nombreux habitants pendant le siècle qui suivit. On est étonné surtout du nombre considérable de collèges que l'on voit s'établir : quatre sous Philippe III, six sous Philippe IV, et parmi eux le collège de Navarre, où est aujourd'hui l'École polytechnique; un sous Louis X, c'est le collège de Montaigu, célèbre par ses *éperviers* et ses haricots : *collège de pouillerie*, comme l'appelle Rabelais; quatre sous Philippe V et Charles IV : entre autres le collège du Plessis, rue Saint-Jacques (Louis-le-Grand); quatorze sous Philippe VI, etc. Paris devenait, par l'importance des études, la capitale de l'intelligence, comme elle devenait par sa population et son étendue la capitale du royaume.

Ses habitants, devenus riches, protégés des rois, puissamment organisés en confréries, commencent à sentir leurs droits et leur force. Paris va prendre un nouvel aspect. Ce ne sera plus la petite ville faible, opprimée, se laissant gouverner et implorant la protection des rois. Ce sera une grande cité, populeuse, unie par la communauté des sentiments, ardente et toujours prête à se faire droit elle-même, fût-ce contre les rois. C'est au moment où la convocation des états généraux marque l'avènement du tiers état à la vie politique, qu'éclate dans Paris la première insurrection populaire. Ce ne sont plus seulement des écoliers tapageurs, c'est le peuple lui-même, cette fois, qui se lève pour réclamer contre l'excès des impôts, l'oppression des collecteurs, l'altération des monnaies. Irrité de voir les bourgeois refuser les monnaies altérées, il se précipite à la *courtille Barbette*, maison de plaisance d'Étienne Barbette, riche bourgeois, et la livre aux flammes. Le roi avec ses barons, ne pouvant tenir tête à cette formidable émeute, s'était réfugié dans la tour du Temple : l'émeute apaisée, il fit pendre vingt-huit insurgés aux quatre entrées de Paris. Cette même tour, où Philippe IV avait trouvé un asile, Louis XVI y trouva plus tard une prison; et d'où le premier était sorti pour punir le peuple, le second sortit, hélas! pour aller recevoir le triste châtiment de la monarchie.

Les templiers avaient reçu chez eux leur plus mortel ennemi. Établis en ce lieu depuis la première croisade, ils y avaient amassé leurs immenses richesses. La tour carrée flanquée de quatre tourelles, où Philippe avait trouvé sa sûreté et qui n'a été démolie qu'en 1811, avait été bâtie en 1222 par frère Hubert, leur trésorier; elle était entourée de dépendances considérables. Les richesses de ces moines guerriers, maintenant inutiles, puisqu'ils ne les dépensaient plus en armements contre les infidèles, avaient tenté l'avidité du roi, toujours à court d'argent, et leur puissance offusquait son despotisme. Ils étaient 15,000 chevaliers avec une multitude de frères servants et d'affiliés; c'est-à-dire que, tous réunis, ils pouvaient défier toutes les armées royales de l'Europe. Ils possédaient plus de 10,000 manoirs, un grand nombre de forteresses, entre autres celle du Temple, à Paris; leur trésor renfermait 150,000 florins d'or; une puissante organisation, qui tenait tous les chevaliers sous la main du grand maître, rendait ce corps extrêmement redoutable. En outre, leur orgueil irritait le peuple et de vagues rumeurs les accusaient de toute sorte de crimes. Ils n'étaient coupables, sans doute, que d'un grand relâchement de mœurs et d'avoir mêlé aux cérémonies religieuses quelques coutumes bizarres de l'Orient. Philippe le Bel résolut leur perte, et, après avoir obtenu l'assentiment du pape Clément V, sa créature, il employa pour l'anéantissement de l'ordre cette vigueur en même temps que cette barbarie que tout le monde connaît. Dans la nuit du 12 au 13 octobre 1307, les chevaliers furent partout arrêtés; la torture leur arracha des aveux qu'ils rétractèrent plus tard. Les états généraux, assemblés à Tours, les jugèrent dignes de mort. Le concile de Paris fit brûler, à petit feu, en un jour, au faubourg Saint-Antoine, cinquante-quatre templiers. Le grand maître, Jacques Molay, et Guy, commandeur de Normandie, furent brûlés vifs dans l'*Ile aux Juifs*, appelée aussi l'*Ile aux Vaches*, parce que les Parisiens y faisaient paître leurs vaches en payant une redevance à l'abbé de Saint-Germain-des-Prés, qui en était seigneur. Elle était située à l'extrémité de la Cité, à peu près où est la statue de Henri IV.

Philippe le Bel fonda le parlement de Paris. C'était le second triomphe du tiers état, qui s'empara par ses légistes de la puissance judiciaire. Ces légistes furent installés dans le palais même des rois qui finirent par le leur abandonner entièrement; en 1431, Charles VII cessa d'y résider. Là se trouvait la vaste salle qui servait à la réception des hommages des vassaux, aux audiences des ambassadeurs, aux festins publics et aux noces des enfants des rois. A l'une des extrémités de cette salle était la fameuse *table de marbre*, cette *merveilleuse tranche de marbre, si longue, si large et si épaisse*, autour de laquelle s'asseyaient seules les têtes couronnées; les princes et les seigneurs mangeaient à des tables particulières. C'est sur cette table que les clercs de la Basoche représentaient, à diverses époques de l'année, leurs farces et soties. On pense que c'est Philippe le Bel qui institua le *royaume de la Basoche*; le *roi de la Basoche* et son tribunal faisaient précéder leurs arrêts de cette formule : *La Basoche régnante et triomphante en titres d'honneur, salut*. Ce roi bizarre obtint plus tard des armoiries dont l'écusson, chargé de *trois écritoires* et surmonté d'un casque, était supporté par deux jeunes filles nues; il obtint en outre le droit de frapper une monnaie qui n'avait cours, au reste, que parmi ses sujets. Les clercs de la cour des comptes avaient, de leur côté, une sorte d'institution analogue : c'était le *haut et souverain empire de Galilée;* l'empire et l'empereur de Galilée furent supprimés par le roi Henri III. Le Palais de justice fut témoin, sous Philippe le Bel, d'une de ces fêtes magnifiques dont la royauté, de plus en plus somptueuse, commençait à donner le spectacle aux Parisiens. C'était à l'occasion de la présence d'Édouard II, roi d'Angleterre, et de son épouse Isabelle de France. Les trois fils du roi y furent armés chevaliers. Paris fut *encourtiné*, dit la chronique, c'est-à-dire que les façades des maisons furent tendues de draperies. Une belle cavalcade de bourgeois défila sous les fenêtres du palais « au son de trompe, tabourins, buisines et ménestriers, à grande joie et à grande noise, et en bien jouant de très beaux jeux. »

Ce fut Philippe le Bel qui, par une lettre en date du 9 juin 1312, adressée au prévôt des marchands, ordonna la construction du plus ancien quai de Paris, le long du couvent des Augustins jusqu'à la tour de Nesle. « Tout le bord de la rivière du côté des Augustins, dit Félibien, n'estoit alors revêtu d'aucun mur. Il estoit en pente et garni de saules, à l'ombre desquels les habitants alloient se promener; mais les inondations fréquentes de la rivière minoient peu à peu le terrain et faisoient craindre pour les maisons. En 1313, il fut enjoint au prévôt des marchands de faire prolonger devant l'hôtel de Nesle le quai dont une partie avait nom quai des Augustins (qu'il porte encore), et dont l'autre, en aval, a été appelée successivement du nom de ses habitants, quai de Nesle, quai Guénégaud et enfin quai Conti, dénomination qui lui est restée.

A cette époque se rattachent les sinistres légendes de la tour de Nesle, qui sont demeurées, sinon comme des faits historiques, au moins comme une trace de la luxure et des passions violentes de la cour de ce temps. Là où s'élève aujourd'hui le pavillon oriental de l'Institut, « une tour noire, appuyée d'une tourelle où était pratiqué un escalier à vis, se mirait dans les eaux du fleuve. Une énorme chaîne garrottait ce donjon, s'étendait sur les eaux et l'unissait à un autre monument du même genre, situé sur l'autre bord. On appelait celui-ci la tour Ronde. La tour de la rive gauche porta d'abord le nom de Philippe Hamelin, puis elle prit le nom de tour de Nesle de celui d'un hôtel dont elle était voisine, et qui fut habité par la reine Jeanne, femme de Philippe le Long. » (Ch. Nodier.) C'est de Jeanne que Villon a dit :

> Semblablement où est la royne
> Qui commanda que Buridan
> Fust jeté en un sac en Seyne?
> Mais où sont les neiges d'antan?

Voici simplement ce que dit Brantôme : « Elle se tenoit à l'hostel de Nesle à Paris, laquelle faisant le guet aux passants, et ceux qui lui revenoient et agréoient le plus, de quelque sorte de gens que ce fussent, les faisoit appeler et venir à soy, et après en avoir tiré ce qu'elle en vouloit, les faisoit précipiter du haut de la tour qui paroit encore, en bas, en l'eau, et les faisoit noyer. *Je ne veux pas dire que cela soit vrai*, mais le vulgaire, au moins la plupart de Paris, l'affirme, et n'y a si commun, qu'en lui montrant la tour seulement et en l'interrogeant, que de lui-même ne le die. »

Le luxe et la recherche des vêtements prirent un singulier essor dans la première moitié du XIVe siècle. Cette noblesse étourdie et légère, qui allait perdre les batailles de Crécy et de Poitiers, s'occupait déjà prodigieusement de sa toilette. Un auteur écrit en 1346 : « Cette nation, journellement livrée à l'orgueil, à la débauche, ne fait que des sottises; tantôt les habits qu'elle adopte sont trop larges, tantôt ils sont trop étroits. Dans un temps ils sont trop longs, dans un autre ils sont trop courts; toujours avide de nouveautés, elle ne peut conserver pendant l'espace de dix années la même forme de vêtements. » La mode régnait donc déjà avec toute sa mobilité. Que de besoins à satisfaire! Aussi rien de plus animé dès lors que l'aspect de Paris. On n'y voyait point nos belles boutiques, nos magnifiques *magasins de nouveautés,* expression qui semble faite pour justifier l'écrivain du XIVe siècle; mais on était assourdi des cris des marchands qui encombraient les rues. Depuis le matin jusqu'au soir, ils ne cessaient de *braire,* nous dit Guillaume de Villeneuve dans ses vers intitulés : *Crieries de Paris.* On criait le hareng frais et le hareng saur, la chair fraîche et la chair salée, la purée de pois toute chaude, les pommes et les poires, les nèfles et les noix fraîches, les châtaignes de Lombardie et les raisins de *Mélite* ou de Malte, le vin à 6 deniers ou à 32 deniers la pinte, le vinaigre à la moutarde, les pâtés chauds, le flan, les *oublies renforcées,* les *siminaux,* espèce de pâtisserie; les *roinssoles* ou couennes de cochon grillées; on entendait aussi les cris des marchands de vieilles défroques, mises hors d'usage par quelque nouvelle coupe de vêtement, vieilles bottes et vieux souliers, *chapes, cottes, surcots, mantels, pelisson;* d'autres criaient : *Chapeaux! chapeaux!* d'autres s'offraient à polir les pots d'étain, à réparer les hanaps et les cuviers. Des meuniers allaient aussi par les rues demandant à tue-tête qui avait du blé à moudre. Les écoliers, les moines, les trois cents aveugles des Quinze-Vingts renforçaient ce concert discordant. « Je ne sais, disait le poète Rutebeuf, pourquoi le roi a réuni dans une maison 300 aveugles, qui s'en vont par troupes dans les rues de Paris, et qui, pendant que le jour dure, ne cessent de braire. Ils se heurtent les uns contre les autres et se font de fortes contusions, car personne ne les conduit. » Le saint roi avait pourtant fait là une belle chose; mais aujourd'hui nos aveugles sont encore mieux traités.

Les Lombards et les Juifs ne manquaient pas dans une ville où l'argent était si nécessaire. Les seconds subirent d'innombrables persécutions qui avaient pour principal objet de les dépouiller. Ils avaient à Paris deux synagogues : l'une rue de la Juiverie, l'autre au cloître Saint-Jean-en-Grève, dans la vieille tour du *Pet-au Diable;* ils avaient aussi deux cimetières et un moulin particuliers. On obligeait ces parias de la société chrétienne à porter une corne sur leur chapeau et une roue de drap jaune sur la poitrine. Pendant toute la semaine sainte, on leur jetait des pierres dans les

Buttes Chaumont.

rues en l'honneur du Christ; enfin, le jour de Pâques, on en traînait un dans chaque église pour y recevoir un soufflet.

PARIS JUSQU'A FRANÇOIS Ier

Pour Paris, comme pour le reste de la France, l'avènement des Valois ouvre une période de désolation. En 1343 furent décapités aux Halles, par ordre de Philippe VI, des seigneurs qui, dans les dissensions de Montfort et de Charles de Blois, avaient pris parti contre le roi de France. En 1348, une épidémie fit de tels ravages que l'on compta 500 morts par jour à l'Hôtel-Dieu. En 1350, lorsque le roi Jean monta sur le trône, il convoqua à Paris les états généraux et en obtint des subsides pour faire la guerre aux Anglais ; mais il fut fait prisonnier à la bataille de Poitiers (19 septembre 1356). Dès lors commença, entre le dauphin Charles et les Parisiens, une hostilité qui se manifesta aux états généraux de la même année. Le roi et la noblesse féodale n'avaient pas su défendre la France. Ce fut ce peuple de Paris, naguère révolté contre Philippe le Bel, qui prit au moins la défense de la patrie. Un homme remarquable par son intelligence et son caractère, le prévôt des marchands, Étienne Marcel, le premier qui réclama pour Paris ses libertés communales, se mit à sa tête. Appuyé à la fois sur le peuple de Paris comme force matérielle, et sur les états généraux comme force morale, il imposa au dauphin le renvoi des ministres qui gaspillaient le trésor public, l'obligea de renoncer à l'altération des monnaies, ce vol fait au public, et prépara des plans de la plus haute portée dont l'exécution eût avancé de cinq siècles la Révolution. Il donna au peuple de Paris un signe de ralliement, le chaperon *mi-parti* bleu et rouge avec la devise : *A bonne fin*. Il transféra le Parloir aux bourgeois, situé jusque-là auprès du Grand-Châtelet, dans une maison de la place de Grève appelée *Maison aux Piliers*. Cette place devint dès ce moment le véritable centre du royaume; c'était le Forum du peuple de Paris alors régnant. C'est là qu'il écoutait les discours et pesait les adulations des princes qui venaient le haranguer sur les degrés d'une grande croix où les criminels s'agenouillaient avant le supplice. Ces princes étaient le dauphin et le roi de Navarre; quelquefois c'était au Pré-aux-Clercs ou bien à la Halle qu'ils tenaient leurs *conciones*. Que voulait Marcel? Profiter de la division et de la rivalité des deux princes pour exercer la dictature, ou bien les faire vivre tous deux en paix pour le salut de la France. Mais aucun n'était sincère. Le dauphin manque à sa parole, le peuple se soulève et pénètre dans le palais. Marcel va sommer le dauphin de mettre fin aux abus et de s'occuper de la défense du royaume; sur son refus, il fait égorger les maréchaux de Normandie et de Champagne aux côtés même du prince, qui tombe à genoux et demande la vie. Marcel lui assure la vie sauve, lui met sur la tête le chaperon mi-parti et reçoit en échange le chaperon doré du dauphin, qui se vit obligé de porter, ainsi que sa suite, les couleurs de Paris. Mais le craintif dauphin s'échappe encore et revient assiéger Paris; la discorde se met dans les états: obligé de se rejeter du côté du roi de Navarre, Marcel est assassiné à la porte Saint-Antoine par Jean Maillard et les partisans du dauphin au moment où il tenait les clefs qui allaient l'ouvrir à l'armée du Navarrais (1er août 1358).

Cette courte apparition de la puissance du peuple parisien cessa avec le retour du dauphin, qui rentra l'amnistie sur les lèvres et qui, quelques jours après, fit décapiter un échevin, deux bourgeois, un avocat, sans parler du chancelier et du trésorier du roi de Navarre. Ce dernier bloqua la ville, empêcha les arrivages. Un baril de harengs se vendit trente écus; il mourait 80 personnes par jour à l'Hôtel-Dieu. Les Anglais arrivèrent, par surcroît, et ravagèrent les plaines de Vaugirard et de Montrouge; mais Marcel avait paré à ce danger; une enceinte nouvelle, construite par ses soins, protégeait la partie méridionale de Paris. Bientôt le roi Jean revint de sa captivité et rentra au milieu des fêtes dans cette ville que le patriotisme de Marcel lui avait conservée, à lui le vaincu de Poitiers. Les rues étaient tendues de draperies; à la porte Saint-Denis, des fontaines versaient du vin; le roi marchait sous un dais d'or que portaient quatre échevins: la ville lui offrit un buffet d'argenterie du poids de mille marcs.

Le règne pacifique de Charles V fut utile à l'agrandissement de Paris. Par ses ordres, Hugues Aubryot, prévôt de Paris, compléta l'enceinte de Marcel. Cette enceinte consistait en un mur flanqué de *bastides* carrées et précédé d'un fossé et d'un arrière-fossé que séparait une chaussée en dos d'âne. Elle commençait à la *tour de Bois*, près des Tuileries, et finissait à la *tour Billy*, sur le boulevard Bourdon, en suivant à peu près la ligne que voici: place du Carrousel, rue du Rempart, angle sud-est du Palais-Royal, place des Victoires, rues des Fossés-Montmartre, Neuve-Saint-Eustache, Bourbon-Villeneuve, Sainte-Apolline, Meslay, puis la ligne actuelle des boulevards jusqu'à la rivière. A ces fortifications Charles V fit ajouter la bastille Saint-Antoine, dont le prévôt de Paris posa la première pierre en 1369. C'est cette fameuse *Bastille* qui devint la prison d'État où la monarchie fit gémir ses ennemis et qui ne tomba qu'avec elle. Ce formidable édifice était moins destiné à défendre Paris contre l'étranger que le roi lui-même contre Paris. Elle faisait pendant au Louvre, qui fut, de son côté, fortifié et agrandi. Charles V ne voulut plus résider au centre de la ville et abandonna le palais de la Cité, où il avait vu braver son autorité. Tantôt il habita l'hôtel Saint-Paul, vaste assemblage de douze hôtels réunis par autant de galeries, avec préaux, chapelles, ménagerie, fauconnerie, forges d'artillerie, écuries, selleries, colombiers, etc., et qui occupait tout l'espace entre les rues Saint-Antoine, Saint-Paul, le quai des Célestins et le fossé de la Bastille. Tantôt il habita le Louvre, dont M. Vitet nous trace en ces termes le pittoresque tableau: « Le séjour de cette forteresse eût été par trop sévère si le roi n'eût fait élever en dehors des fossés une multitude de bâtiments de service et d'agrément d'une hauteur moyenne, formant ce qu'on appelait alors des basses-cours et reliés au château par des jardins peu spacieux du côté de la rivière, mais assez étendus du côté opposé. On ne peut imaginer tout ce qui était entassé dans ces dépendances et dans ces jardins. Outre des logements pour tous les officiers de la couronne, nous y trouvons une ménagerie garnie de lions et de panthères, des chambres à oiseaux, des volières pour les *papegauts* (perroquets) du roi, des viviers, des bassins, des gazons taillés en labyrinthes, des tonnelles, des treillis, des pavillons de verdure, parures favorites de nos jardins du moyen âge. Ces parterres à compartiments symétriques, jetés au milieu de ces bâtiments si divers de forme et de hauteur, ce chaos de tours et de tourelles, les unes lourdement assises dans le fond même des fossés, les autres suspendues en quelque sorte aux murailles et soutenues en porte-à-faux ; ce pêle-mêle de toits pointus, ici couverts de plomb, là de tuiles vernissées, les uns coiffés de lourdes girouettes, les autres de crêtes, de panaches reluisant au soleil ; tout cela ne ressemblait guère à ce qu'on nomme aujourd'hui un palais de souverain ; mais ce désordre, ces contrastes, qui pour nous ne sont que pittoresques, parlaient alors tout autrement aux imaginations et ne manquaient ni de grandeur ni de majesté. Ce sont là les beaux jours du Louvre féodal, le temps où il fut vivant, peuplé et bien entretenu. »

En dépit des guerres civiles ou étrangères et des épidémies qui ravageaient de temps en temps la capitale, l'industrie s'était développée.

Ces lignes de Froissart montrent quelle était, après le règne de Charles V, la puissance du peuple parisien : « Il y avoit alors (1382) de riches et puissants hommes, armés de pied en cap, la somme de trente mille, aussi bien appareillés de toutes pièces comme nuls chevaliers pourroient être, et disoient, quand ils se nombroient, qu'ils estoient bien gens à combattre d'eux-mêmes et sans aide les plus grands seigneurs du monde. »

Quoique Charles V eût laissé des économies, elles ne suffirent pas pour entretenir la magnificence du nouveau roi, que l'abus des plaisirs devait plus tard conduire à la démence ; ses oncles, les ducs de Berry, de Bourgogne, d'Anjou et de Bourbon n'étaient pas moins dilapidateurs. Accablés d'impôts, les Parisiens tinrent plusieurs assemblées et obtinrent une ordonnance qui révoquait tous les subsides établis depuis Philippe le Bel, considérant que le peuple était « moult grevé et dommaigé par les aydes. » La masse, peu satisfaite de cette concession, demanda l'expulsion des juifs et des lombards. Les malheureux israélites, dépouillés et battus, ne trouvèrent de refuge que dans la prison du Grand-Châtelet. Le duc d'Anjou, qui avait cédé devant l'émeute, prit diverses mesures pour l'avenir ; dès qu'il se crut assez fort, il rétablit les anciens impôts. Quand les receveurs des aides se présentèrent aux Halles pour percevoir les taxes sur les fruits et les légumes, la foule assomma les receveurs, courut à l'Hôtel de ville, où elle s'empara de maillets de plomb (d'où le nom de *maillotins*), pesant chacun vingt-cinq livres, qui avaient été distribués sous le règne de Charles V dans la crainte d'invasion des Anglais. Mais il manquait un homme comme Marcel. Faute de direction, l'unité fait défaut, la cour rentre menaçante ; la ville paye 100,000 livres, 300 bourgeois sont emprisonnés, 12 sont décapités ; la prévôté des marchands, l'échevinage, les maîtrises sont abolis ; l'Hôtel de ville devient la prévôté de Paris, les chaînes qu'on tendait la nuit dans les rues depuis que Marcel en avait introduit l'usage sont portées à Vincennes et toutes les armes au Louvre, de quoi armer 100,000 hommes.

Le mouvement des maillotins n'était qu'une insurrection ; celui des *cabochiens* (du nom du boucher Caboche, leur chef) faillit, comme celui de Marcel, devenir une révolution. La démence de Charles VI, la rivalité des Armagnacs et des Bourguignons excitée par le meurtre du duc d'Orléans, avaient plongé la France et surtout Paris dans un abîme de sang. La puissante corporation des bouchers demeura la violente maîtresse de la ville après avoir égorgé les Armagnacs. Alors parut, sous l'inspiration des docteurs de l'Université, cette fameuse *ordonnance cabochienne* qui n'allait à rien moins qu'à révolutionner l'état politique du pays.

L'anarchie de cette époque lamentable favorisait la marche des Anglais ; ils furent bientôt aux portes de la capitale. Le traité de Troyes, du 21 mai 1420, par lequel Charles VI reconnaissait pour héritier le roi d'Angleterre, à l'exclusion de son propre fils, indigna la nation. Malheureusement, comme en 1357, le peuple était victime de l'ambition des princes qui se disputaient son appui et ne lui laissaient pas de repos. Il fut obligé de se déclarer pour le duc de Bourgogne, qui avait pris un rôle populaire, et cette alliance l'entraîna dans le parti anglais. Paris devint anglais en haine des princes et de l'aristocratie méridionale qui l'avaient pillé. Temps de cruelles souffrances et d'horrible famine dont un bourgeois de Paris nous a laissé la vive peinture dans son journal.

L'aspect de la ville fut bien remarquable pendant cette époque, alors que, sous Charles VI, les hôtels habités par les princes et les seigneurs étaient, en quelque sorte, les camps des divers partis. La cour habitait toujours l'hôtel Saint-Paul. L'hôtel de la *Miséricorde*, plus tard hôtel Soubise, aujourd'hui palais des Archives nationales, s'élevait non loin de là, rue du Chaume ; le connétable de Clisson l'avait fait bâtir avec la rançon des Parisiens, en 1382. Il s'y rendait, venant de l'hôtel Saint-Paul, quand il fut assassiné. C'est en sortant de l'hôtel Barbette, habité par la reine Isabeau et situé entre les rues Vieille-du-Temple, de la Perle, des Trois-Pavillons et des Francs-Bourgeois, que fut assassiné lui aussi le duc d'Orléans, dans la rue Vieille-du-Temple, tandis qu'insouciant et fredonnant un gai refrain il retournait le soir à son bel hôtel de Bohême, situé entre les rues Coquillière, de Grenelle, d'Orléans et des Deux-Écus. Cet hôtel, que ce brillant et malheureux prince avait orné d'objets d'art, de sculptures, de jardins et d'eaux jaillissantes, et qui fut plus tard remplacé par l'hôtel de Soissons, avait été habité auparavant par le roi de Bohême, à qui Philippe VI en avait fait don. L'ennemi cruel qui avait ordonné le meurtre et qui vint lui-même, une lanterne sourde à la main, s'assurer que sa victime était bien morte, Jean sans Peur, habitait l'hôtel d'Artois, compris entre les rues du Petit-Lion, Saint-Denis, Mauconseil et Montorgueil, alors appelée rue Comtesse-d'Artois. Cet hôtel, quartier général des Bourguignons, s'appuyait sur le mur d'enceinte de Paris, il était entouré de murs crénelés, et sa principale défense consistait dans un beau donjon, chef-d'œuvre de l'architecture de l'époque, que l'on peut encore voir aujourd'hui près des Halles, rue aux Ours prolongée. Le duc de Bourgogne était là tout près des halles, théâtre de sa popularité. L'hôtel de Nesle, qui cède plus tard la place à l'hôtel Conti, au collège des Quatre-Nations et enfin à l'Institut, était la demeure du duc de Berry. Le palais des Tournelles, sur l'emplacement de la place Royale, fut habité par Bedford, régent du royaume pour le roi d'Angleterre.

Deux monuments de cette époque nous rappellent encore aujourd'hui, avec le nom d'un bourgeois de Paris, Nicolas Flamel, et avec la Danse macabre, de fantastiques souvenirs. Adressons-nous à Charles Nodier. « Le surnom de la tour Saint-Jacques-la-Boucherie est facile à expliquer ; elle le doit au voisinage de la grande boucherie et aux nombreuses habitations de bouchers et de tanneurs dont elle était environnée. Le vaisseau de l'église était grand et imposant, mais d'un assez mauvais gothique. Il fut démoli en partie, du côté du chevet, en 1672, pour donner de la place et de l'air à la rue des Arcis (confondue aujourd'hui avec la rue Saint-Martin), qui tire peut-être son nom des *arceaux* et des ogives des anciennes constructions. La tour, remarquable par son élévation, ne l'est pas moins par le goût et la délicatesse de son travail. Elle ne fut achevée que sous le règne de François Ier. Son faîte, qui domine tous les monuments de Paris, est encore couronné aux quatre coins par les symboles des quatre évangélistes. Le petit portail de Saint-Jacques-de-la-Boucherie, du côté de la rue de Marivaux, avait été bâti, en 1399, aux dépens du célèbre Nicolas Flamel, habile calligraphe du XIVe siècle et, nonobstant son talent d'artiste, homme entendu dans les affaires, dont l'ignorance du peuple a fait un alchimiste. Du temps de Nicolas Flamel, comme du nôtre, la pierre philosophale, c'était *le travail et l'habileté*. La figure du donataire et celle de Pernelle, sa femme, se voyaient taillées sur un pilier près de la chaire, et elles ornaient aussi la petite porte qu'ils avaient fait construire. L'église Saint-Jacques-de-la-Boucherie jouissait du droit d'asile, qui fut aboli par Louis XII. » Aujourd'hui, la tour Saint-Jacques s'élève seule et isolée, dans un beau square, au milieu de la rue de Rivoli, dont le prolongement a emporté les rues étroites et les vieilles maisons qui se pressaient autour de sa base quadrangulaire ; gigantesque reine du moyen âge dépaysée au milieu de la droite et large voie moderne. D'autres changements ont emporté le marché des Innocents. « Cet immense marché, qu'arrose la plus élégante de nos fontaines, chef-d'œuvre dû au ciseau de Jean Goujon, était au moyen âge un hideux cimetière, enfermé d'une enceinte de pierre dont la moitié avait été construite aux frais du maréchal de Boucicaut, et l'autre à ceux du fameux calligraphe Nicolas Flamel... L'enceinte dont nous parlons formait une galerie voûtée qu'on appela les *Charniers*, et qui était réservée aux morts privilégiés. La foule se pressait alors sous ces arceaux noirs et humides et sur ces pavés composés de pierres tumulaires, entre les cabinets des écrivains et les étalages riants des modistes, qui payaient des loyers fort considérables pour ce temps, et qui s'en dédommageaient amplement sur leurs chalands. C'était le Palais-Royal de nos bons aïeux. Il faut avouer que la vogue a eu de singuliers caprices. Au milieu du cimetière s'élevait un obélisque surmonté d'une lanterne qui éclairait, pendant toute la nuit, ce vaste champ de mort, et qui animait seule son affreuse solitude. On y distinguait tout au plus quelques chiens errants attirés par les exhalaisons des fosses, ou quelques malfaiteurs qui cherchaient un refuge. C'était un horrible silence dans lequel une oreille attentive pouvait presque entendre le travail assidu des vers du cercueil ; mais la nuit écoulée, tout changeait d'aspect, le jour avait ramené le bruit, le luxe et le plaisir. En 1785, un arrêt du conseil d'État convertit le cimetière en marché. On en exhuma 1,200,000 squelettes, qui sont allés servir de matériaux au grand ossuaire des catacombes. Les Anglais, maîtres de Paris, avaient choisi ce cimetière, en 1424, pour y donner une fête en réjouissance de la bataille de Verneuil. *On y dansa la Danse macabre*, genre de divertissement très convenablement approprié à ce théâtre. Un siècle et demi plus tard, les Anglais y auraient probablement joué Hamlet. »

Les Anglais occupaient encore Paris en 1429. L'armée royale, conduite par Jeanne Darc, vint tenter un assaut et campa en face de la porte Saint-Honoré, sur la butte Saint-Roch, alors couverte de moulins à vent. Au pied de cette butte, amas d'immondices selon les uns, ancien *tumulus* gaulois selon les autres, se tenait alors le *marché aux pourceaux*, où l'on faisait bouillir les faux monnayeurs, cérémonie qui attirait toujours là une grande foule. Jeanne, avec bon nombre de gens d'armes, descendit d'abord dans l'arrière-fossé, « puis, avec une lance, elle monta jusque sur le *dos d'âne*, d'où elle tenta et sonda l'eau, qui estoit bien profonde ; quoy faisant, elle eut d'un trait les deux cuisses percées, ou au moins l'une, mais ce nonobstant, elle ne vouloit en partir et faisoit toute diligence de faire apporter et jeter des fagots et du bois en l'autre fossé, dans l'espoir de pouvoir passer jusques au mur, laquelle chose n'estoit possible, vu la grande eau qui y estoit..... fallut que le duc d'Alençon l'allast querir et la ramenast lui-même. » Il y avait six ans que Jeanne Darc était apparue devant les murs de Paris (1436) ; ses habitants, réduits aux dernières extrémités de la misère par la guerre, la famine et la peste, voyant que le duc de Bourgogne s'était réconcilié avec Charles VII pour chasser les étrangers, appelèrent eux-mêmes dans leurs murs les troupes royales, commandées par le connétable de Richemond et Dunois. Conduites par un marchand nommé Michel Lallier, elles entrèrent par la porte Saint-Jacques aux acclamations des bourgeois. Les Anglais, qui s'étaient réfugiés dans la Bastille, en sortirent en trois colonnes et se dirigèrent sur les Halles et les portes Saint-Martin et Saint-Denis. Ils furent repoussés et obligés de s'enfuir. Délivrée des Anglais, la ville cacha ses ruines et s'efforça de paraître belle pour recevoir Charles VII. Celui-ci se rendit à Paris non pour sévir, mais pour faire acte de possession ; puis « il la quitta, dit un bourgeois du temps, comme s'il fust venu seulement pour la voir. » Ses successeurs conservèrent longtemps cette aversion pour la ville turbulente qui avait préféré les Bourguignons et massacré les Armagnacs. Pourtant Louis XI, dont l'avènement fut accueilli par les Parisiens comme l'aurore d'une meilleure administration, fut reçu dans sa *bonne ville* par des fêtes magnifiques. Toutefois, lui-même n'y résida guère et se borna à prodiguer les amitiés à ses bons *compères* les bourgeois parisiens. Après Montlhéry, il les alla voir, dînant chez l'un, chez l'autre, causant et faisant de *salés contes*. Il augmenta leurs privilèges, les appela dans son conseil, se mit de leur confrérie, prit parmi eux ses ministres, leur donna des franchises pour leurs marchés et les organisa en 72 compagnies de milice formant 30,000 hommes. Il établit à la Sorbonne la première imprimerie de France, laquelle prit pour enseigne *Au Soleil d'or*, et il fonda une école de médecine rue de la Bûcherie, entre les rues des Rats et du Fouarre. Ce dernier établissement fut accordé par lui aux sollicitations de son médecin, Jacques Coictier, qui avait une belle maison rue Saint-André-des-Arts avec un abricotier sculpté au-dessus de la porte et ce jeu de mots : *A l'Abri Coictier*.

« L'an mil quatre cent quatre-vingt-dix-neuf, dit le vieux Corrozet, le vendredi devant la Toussaint, 25e jour d'octobre, le pont Notre-Dame, assis sur pieux avec soixante maisons dessus, édifices en très bel ordre et de mesme hauteur, une heure devant midi, trébucha dans la rivière de Seyne, 82 ans après avoir esté basty. » Un moine jacobin, frère Joconde, le reconstruisit avec six robustes piles qui supportaient encore au siècle dernier 68 maisons de brique dont Vasari fait le plus grand éloge comme architecture. Ce travail fut achevé en 1511. « Le nouveau pont de frère Joconde, ajoute Charles Nodier, fut longtemps le bazar des marchands d'objets curieux et le rendez-vous de la bonne compagnie. Il était du bel air d'y étaler ses plumes ou son pourpoint neuf avant la construction du pont de Henri IV, qui lui enleva la vogue et qui la céda bientôt à son tour aux galeries du palais. »

Le Paris du XVe siècle a été admirablement décrit par Victor Hugo dans son livre de *Notre-Dame de Paris* (livre III, chapitre II, *Paris à vol d'oiseau*); nous voudrions citer tout le chapitre où il fait revivre avec autant de verve que de talent la grande cité du moyen âge; dans l'impossibilité où nous nous trouvons de faire une aussi longue citation, nous extrairons du moins de ce chapitre les lignes suivantes, qui esquisseront ce que nous ne pouvons dessiner complètement.

« Au XVe siècle, Paris était divisé en trois villes tout à fait distinctes et séparées, ayant chacune leur physionomie, leur spécialité, leurs mœurs, leurs coutumes, leurs privilèges, leur histoire : la CITÉ, l'UNIVERSITÉ, la VILLE. — La *Cité*, qui occupait l'île, était la plus ancienne, la moindre et la mère des deux autres, resserrée entre elles (qu'on nous passe la comparaison) comme une petite vieille entre deux grandes belles filles. — L'*Université* couvrait la rive gauche de la Seine, depuis la Tournelle jusqu'à la tour de Nesle, points qui correspondent, dans le Paris d'aujourd'hui, l'un à la Halle aux vins, l'autre à la Monnaie. Son enceinte échancrait assez largement cette campagne où Julien avait bâti ses Thermes. La montagne de Sainte-Geneviève y était renfermée. Le point culminant de cette courbe de murailles était la porte Papale, c'est-à-dire à peu près l'emplacement actuel du Panthéon. — La *Ville*, qui était le plus grand des trois morceaux de Paris, avait la rive droite. Son quai, rompu toutefois ou interrompu en plusieurs endroits, courait le long de la Seine, de la tour de Billy à la tour de Bois, c'est-à-dire de l'endroit où est aujourd'hui le grenier d'abondance à l'endroit où sont les Tuileries. Ces quatre points, où la Seine coupait l'enceinte de la capitale, la Tournelle et la tour de Nesle à gauche, la tour de Billy et la tour de Bois à droite, s'appelaient par excellence *les quatre tours de Paris*. La *Ville* entrait dans les terres plus profondément encore que l'*Université*. Le point culminant de la clôture de la Ville (celle de Charles V) était aux portes Saint-Denis et Saint-Martin, dont l'emplacement n'a pas changé.....

» Chacune des trois grandes divisions de Paris était une ville, mais une ville trop spéciale pour être complète, une ville qui ne pouvait se passer des deux autres. Aussi trois aspects parfaitement à part. Dans la *Cité* abondaient les églises, dans la *Ville* les palais, dans l'*Université* les collèges. Pour négliger ici les originalités secondaires du vieux Paris et les caprices du droit de voirie, nous dirons, en ne considérant que les ensembles et les masses dans le chaos des juridictions communales, que l'île était à l'évêque, la rive droite au prévôt des marchands, la rive gauche au recteur; le prévôt de Paris, officier royal et non municipal, sur le tout. La *Cité* avait Notre-Dame, la *Ville* le Louvre et l'Hôtel de ville, l'*Université* la Sorbonne. La *Ville* avait les Halles, la *Cité* l'Hôtel-Dieu, l'*Université* le Pré-aux-Clercs. Le délit que les écoliers commettaient sur la rive gauche, dans le Pré-aux-Clercs, on le jugeait dans l'île, au Palais de justice, et on le punissait sur la rive droite, à Montfaucon, à moins que le recteur, sentant l'Université forte et le roi faible, n'intervînt; car c'était un privilège des écoliers d'être pendus chez eux.

» La plupart de ces privilèges, pour le noter en passant, et il y en avait de meilleurs que celui-ci, avaient été extorqués aux rois par révoltes et mutineries. C'est la marche immémoriale : *le roi ne lâche que quand le peuple arrache*. Il y a une vieille charte qui dit la chose naïvement, à propos de fidélité : *Civibus fidelitas in reges, quæ tamen aliquoties seditionibus interrupta, multa peperit privilegia.* »

Enfin, pour compléter cette description, nous ajouterons que Gilles Corrozet, le premier historien de la ville de Paris, donne de Paris la description suivante, en 1532, au commencement de la : *Fleur, singularités et excellence de la plus noble et triomphante Ville et Cité de Paris.*

> Cette ville est de unze portes
> Avec gros murs, qui n'est pas peu de chose;
> Profonds fossez tout à l'entour s'estendent,
> Où maintes eaux de toutes parts se rendent;
> Lequel enclos sept lieues lors contient,
> Comme le bruyct tout commun le maintient;
> Puis après sont cinq grands ponts,
> Par-dessus l'eau, aussy pour passer et repasser
> Depuis la Ville en la noble Cité,
> De la Cité en l'Université.

PARIS SOUS FRANÇOIS Ier ET HENRI IV

Paris, abandonné depuis près d'un siècle par les rois, commença à les revoir dans son sein, après que les discordes civiles complètement apaisées eurent affranchi l'autorité royale de toute crainte à l'intérieur. Le danger venait maintenant du dehors; la lutte terrible engagée avec Charles-Quint amena plusieurs fois les ennemis au cœur de la Champagne; Paris était donc très exposé. Or, son ancienne enceinte était en fort mauvais état, si l'on en croit Rabelais : « Panurge considéroit les murailles de Paris et en irrision dist à Pantagruel : Voyez cy ces belles murailles ! O que fortes sont et bien en poinct pour guarder les oysons en mue ! Par ma barbe, elles sont complètement meschantes pour une telle ville comme ceste-cy, car une vache avecques ung pet en abbattroit plus de six brasses. » D'ailleurs, l'ancien système de fortification ne valait plus rien depuis que l'artillerie avait adopté le tir à plein fouet; la hauteur des murs et des tours devenait un danger : battus en brèche, leurs débris écrasaient les défenseurs et, comblant les fossés, facilitaient l'assaut. On imagina donc de former devant la vieille enceinte une autre enceinte d'ouvrages avancés, de diverses formes, composés de terre, fort bas et revêtus seulement d'un parement de pierre du côté de l'escarpe, afin que l'artillerie produisit peu de dégâts. Sous François Ier, on donnait déjà à ces *bastillons* (bastions) la forme angulaire qu'ils ont de nos jours, forme qui permet de battre l'ennemi en flanc et de défendre la courtine et les approches des fossés. La première ordonnance pour l'exécution de cette enceinte bastionnée est de 1523; mais les travaux ne commencèrent sérieusement qu'en 1536 : les bourgeois de Paris et les habitants des villages circonvoisins furent tenus de fournir à leurs dépens des gens pour y travailler; toutes œuvres dans la ville durent cesser pendant deux mois. Pendant les règnes de François Ier et de Henri II, on s'occupa presque constamment d'achever cette dispendieuse enceinte.

Paris, qui s'entourait de fortifications appropriées au nouvel art de la guerre, s'ornait en même temps d'édifices dans le genre nouveau de la Renaissance. Les particuliers et les rois y concouraient également. Jacques d'Amboise, fils du ministre de Louis XII, faisait construire le gracieux hôtel de Cluny, aujourd'hui consacré aux antiquités nationales. Le chancelier Duprat bâtissait sur le quai des Augustins l'hôtel d'Hercule, qui n'existe plus, que François Ier se plut à habiter et dans le voisinage duquel il fit construire l'hôtel d'Étampes pour la duchesse, sa favorite.

Ce prince s'occupa aussi du Louvre, dont nous parlerons en détail un peu plus loin, et fit poser en 1533 la première pierre d'un nouvel hôtel de ville que Henri II fit plus tard recommencer sur de nouveaux plans, quoiqu'il eût déjà été élevé jusqu'au second étage.

François Ier, qui fit brûler vif dans Paris même, sur la place de l'Estrapade, bon nombre de protestants, protégeait néanmoins les lettres, par une contradiction habituelle aux princes qui ne favorisent l'essor de l'esprit humain qu'autant qu'il faut pour jeter de l'éclat sur leur règne. C'est lui, « le grand Apollon gaulois, » comme l'appelle Corrozet, qui fonda au collège de Cambrai les chaires réunies sous le nom de *Collège de France;* c'est lui qui allait dans l'obscure et tortueuse rue Jean-de-Beauvais visiter en son établissement Robert Estienne, le célèbre et savant imprimeur, et qui, appuyé sur la barre de la presse, exigeait qu'il ne se dérangeât point de son travail avant d'avoir terminé son épreuve. Dans la même rue logea un peu plus tard Ramus, glorieuse victime de la Saint-Barthélemy, et pas loin de là, dans une maison de la rue des Fossés-Saint-Victor (aujourd'hui rue Thouin), adossée au mur de la ville, habita Ronsard, qui y réunissait les poètes de la Pléiade et y reçut quelquefois la visite de Charles IX.

Les guerres de religion vinrent tout à coup troubler dans son repos la capitale de la France. Il ne s'y trouvait guère à l'origine que 7,000 ou 8,000 huguenots contre 250,000 catholiques; une mouche contre un éléphant, comme dit La Noue. Ils furent chassés; la population catholique prit les armes et mit à sa tête le duc de Guise.

On connaît les vicissitudes de cette longue guerre et les sanglantes scènes de la Saint-Barthélemy. Dans la soirée du 24 août 1572, tous les bateaux furent réunis et solidement amarrés sur la rive droite de la Seine; toutes les portes furent fermées; les quarteniers des seize quartiers, les cinquanteniers et les dizainiers distribuèrent à leurs hommes, comme signe de ralliement, des manches blanches qui devaient se mettre au bras gauche, et des croix blanches pour attacher aux chapeaux. Les portes des protestants furent marquées à la craie. Les Suisses prirent position au Louvre, les gardes-françaises le long de la Seine, les hallebardiers près de la tour de l'Horloge ou dans des embarcations réservées. Chose inouïe, ces promenades d'hommes armés, ce cliquetis de fer, la lueur des torches qui s'allumaient n'éveillèrent l'attention d'aucun réformé.

Pendant que le duc de Guise et le chevalier d'Angoulême couraient réveiller leurs complices, le prévôt des marchands haranguait la foule assemblée dans la grande salle de l'Hôtel de ville : « Or sus, mes amis, s'écriait-il, le roi a pris la résolution d'exterminer tous ces séditieux... Par ma foi, cela est venu bien à point; car leurs princes et capitaines sont comme en prison dans l'enclos de la ville. C'est par eux qu'on commencera cette nuit-là. Quant aux autres, leur tour arrivera. C'est l'horloge du palais qui donnera le signal. » A minuit, la cloche de Saint-Germain-l'Auxerrois le fit entendre, ce signal meurtrier; il fut répété par la cloche du palais et le massacre commença. La plupart des protestants, surpris dans leur premier sommeil, furent égorgés sans défense; quelques-uns se défendirent avec énergie; d'autres, essayant de fuir par les toits, furent criblés de balles et de pierres; d'autres encore furent jetés dans la Seine. On ignore exactement le nombre des victimes de cette horrible boucherie; mais il dut être considérable. « Le bruit continuel des arquebuses et des pistolets, dit un contemporain, les cris lamentables de ceux qu'on massacroit, les hurlements des meurtriers, les corps détranchés tombant des fenêtres et traînés à la rivière, le pillage de plus de six cents maisons, faisoient ressembler Paris à une ville prise d'assaut. »

Si nous en croyons une tradition populaire, qui a été contestée, Charles IX, posté à une fenêtre de l'hôtel du Petit-Bourbon, aurait tiré avec une longue arquebuse sur les protestants qui, le Pont-Neuf n'existant pas encore, s'efforçaient de traverser la Seine à la nage pour gagner le faubourg Saint-Germain.

Cet hôtel occupait la place où les victimes de Juillet sont restées longtemps ensevelies sous la colonnade du Louvre. C'est dans ce même hôtel, d'où un roi tira sur ses sujets, que furent tenus quarante ans plus tard les avant-derniers états généraux de la monarchie, ces états de 1614 où le tiers état fut si outrageusement traité par les nobles. Au reste, il ne s'y rattachait que de sinistres souvenirs. Bâti par Louis de Condé à la fin du XVᵉ siècle sur l'emplacement de l'ancien hôtel Marigny, d'où Enguerrand avait été arraché pour être conduit à Montfaucon, l'hôtel du Petit-Bourbon était resté sans maître après la mort du connétable, son fils, tué devant Rouen le 5 mai 1527. Le connétable avait été déclaré criminel de lèse-majesté. Le roi ne fit point raser son hôtel; mais on sema du sel dans ses appartements, on brisa les armoiries et les portes furent brossées de jaune, en signe d'infamie, par la main du bourreau. Plus tard, en 1658, comme pour déshonorer cet édifice, Mazarin permit à Molière d'y établir sa troupe et d'y jouer alternativement avec les comédiens italiens. « Un jour, dit Charles Nodier, une femme belle et parée s'appuya sur la fenêtre d'où le roi parricide avait foudroyé ses sujets. Ce n'était pas la mère de Charles IX, l'implacable Catherine de Médicis : c'était la maîtresse de Molière, la jolie comédienne Béjart. »

La première victime de la Saint-Barthélemy fut l'amiral Coligny qui, deux jours auparavant, comme il sortait du Louvre, avait été blessé d'un coup de feu. Au premier signal du massacre, Guise était accouru chez Coligny et s'était fait ouvrir au nom du roi. Cosseins, chargé de protéger l'amiral, remplit la cour de soldats; tout ce qui se présente est immolé. Au bruit de la mousqueterie, aux cris des victimes, Coligny et ses compagnons se préparent à la mort. La porte de la chambre est enfoncée; les sbires des Guises, couverts de cuirasses et armés d'épées, entrent tumultueusement. Besme, l'un d'eux, se rue sur l'amiral, lui enfonce son épée dans le corps, la retire et lui en frappe plusieurs fois le visage. Guise était dans la cour avec plusieurs gentilshommes : « Est-ce fait? » cria-t-il à Besme, et Besme jeta le corps tout chaud par la fenêtre. Guise et ses hideux compagnons foulèrent aux pieds la tête de leur victime, remontèrent à cheval et coururent à de nouveaux massacres. Le lendemain, le cadavre de Coligny, traîné dans les rues par la populace, fut pendu par les cuisses au gibet de Montfaucon. La reine l'y alla voir et y conduisit ses fils, ses filles et son gendre.

Henri de Navarre, le mari de Marguerite, sœur du roi, et Condé n'échappèrent à la mort qu'en se faisant catholiques. La *messe ou la mort!* leur avait dit Charles IX. La crainte maîtrisa leurs consciences; mais ces conversions durèrent aussi peu que les motifs qui les avaient arrachées. Le célèbre philosophe Pierre Ramus fut égorgé dans son logement du collège de Presles; Jean Goujon, pendant qu'il travaillait à orner de ses gracieuses productions le palais du roi, fut tué par une balle (le fait est contesté, voir Henri Martin).

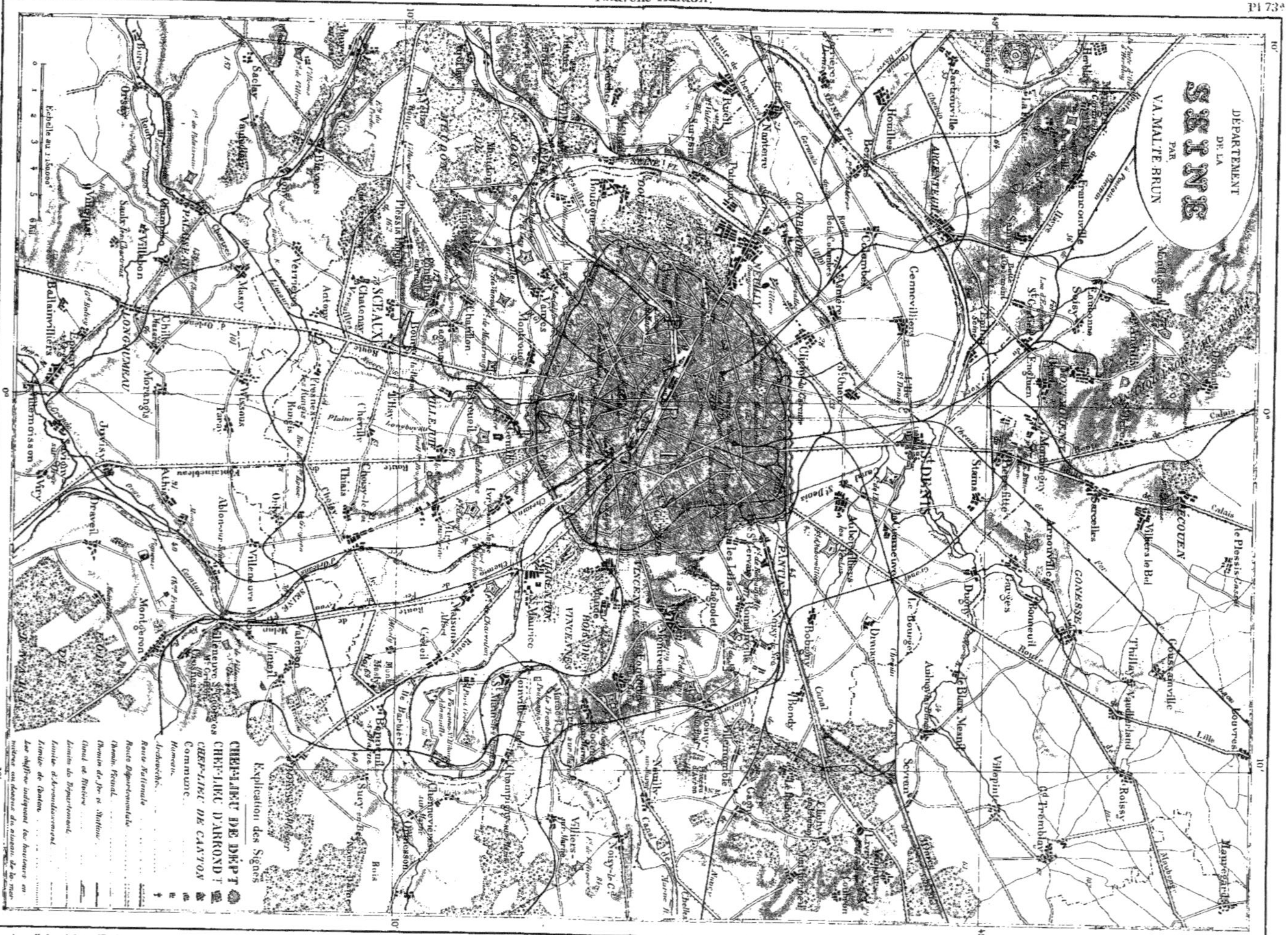

LA FRANCE ILLUSTRÉE — PAR V.-A. MALTE-BRUN

106. — Seine (2).

PARIS — LES QUAIS

Le chirurgien Ambroise Paré, médecin du roi, fut un des rares protestants qui furent épargnés.

Il est bon de retenir les noms des principaux massacreurs, ne serait-ce que pour les vouer à l'exécration de la postérité. Outre les inspirateurs et les organisateurs de cette horrible hécatombe, la reine mère Catherine de Médicis et les Guises, elle stigmatisera le comte de Coconnas, le capitaine gascon Sarlaboz, le boucher Pezou; René, parfumeur de la reine; Jean Ferrier, avocat, et Croizet, tireur d'or, qui se vantait d'avoir tué pour sa part quatre cents hérétiques.

Nous avons dit que le cadavre de l'amiral Coligny fut honteusement attaché aux fourches patibulaires de Montfaucon. Jetons un coup d'œil sur ce hideux édifice, qui vit expirer tant de coupables et d'innocents et qui compta tant d'illustres victimes depuis Pierre de Brosse jusqu'à Semblançay. La butte sur laquelle était bâti le gibet de Montfaucon se trouvait près de l'extrémité du faubourg Saint-Martin, entre les rues Saint-Maur et de la Butte-Chaumont, et à l'ouest de la route qui conduisait à Pantin; cette route est devenue de nos jours la rue Grange-aux-Belles (X° arrondissement) (1). Sur le sommet de cette éminence se voyait un massif de maçonnerie de 15 à 18 pieds de haut, composé de 10 ou 12 assises de gros quartiers de pierres brutes et bien liées, bien cimentées et refendues dans leurs joints, formant un carré long de 40 pieds sur 25 ou 30 de large. Sa partie supérieure offrait une plate-forme à laquelle on accédait par une rampe de pierre assez large, et dont l'entrée était fermée par une porte solide. De cette plate-forme et le long de trois côtés seulement, s'élevaient seize piliers carrés hauts de 32 à 33 pieds, formés de pierres d'un pied d'épaisseur, semblables à celles de la base et également bien liées entre elles. Le quatrain suivant de la *Satire Ménippée* nous fait connaître que tous ces piliers étaient encore debout à la fin du XVI° siècle :

> A chacun le sien c'est justice ;
> A Paris seize quarteniers,
> A Montfaucon seize piliers,
> C'est à chacun son bénéfice.

Les piliers étaient unis entre eux par de doubles poutres en bois qui s'enclavaient dans leurs chaperons, et supportaient des chaînes de fer de trois pieds et demi de long destinées à suspendre les condamnés. Au-dessous, à moitié de leur hauteur, ces piliers étaient également liés par d'autres traverses servant au même usage que les poutres supérieures. De cette dernière disposition vient l'expression fréquemment employée : « Pendu au lieu le plus éminent, au plus haut du gibet. » Au milieu de la plate-forme une ouverture permettait de jeter dans un caveau les ossements des suppliciés.

Le gibet de Montfaucon cessa, sous Richelieu, de servir soit au supplice des coupables, soit à l'exposition de leurs cadavres. Dès 1650, quand Sauval écrivait, il ne restait plus debout que trois ou quatre piliers, et tout à l'entour de la butte on exploitait de nombreuses plâtrières. Chose étrange ! les environs de Montfaucon, couverts de tavernes renommées, étaient, aux jours de fête, le rendez-vous de la population parisienne, qui allait là rire et faire de folles orgies, à quelques pas de ce charnier dont la puanteur devait se mêler à l'odeur des mets. On se rappelle que chose semblable arriva au cimetière des Innocents.

Charles IX, l'élève du bon Jacques Amyot, fut loin d'être insensible aux charmes de la littérature et des beaux-arts ; il faisait des vers, appelait Ronsard son ami et il forma le projet d'établir à Paris une Académie de poésie et de musique ; ce fut sous son règne que Pierre Lescot continuait le Louvre; Androuet du Cerceau, les Tuileries, et que l'Arsenal fut fondé.

Paris, purgé de protestants par la Saint-Barthélemy, put devenir peu de temps après le foyer de la Ligue. Elle naquit, dit-on, d'une assemblée de bourgeois, de docteurs et de moines qui se tint au collège Fortel, rue des Sept-Voies, n° 27 (aujourd'hui rue Valette). Elle s'empressa de créer, pour les seize quartiers de la ville, le conseil secret des Seize, qui devint son principal organe. Bientôt Henri III, tout occupé de ses mascarades et de ses pénitences, vit entrer dans Paris, malgré ses ordres, le duc de Guise accueilli comme un triomphateur. Il appela les Suisses : Guise souleva le peuple. La révolte éclata à la place Maubert, et par le Châtelet et l'Hôtel de ville, poussa ses barricades jusqu'au Louvre. Henri III vit succomber ses Suisses, et, n'ayant plus de ressources que dans la fuite, feignit de se rendre au château des Tuileries, que l'on commençait à bâtir hors des murs ; un cheval l'attendait à la porte Neuve (entre le pont Royal et le pont des Saints-Pères); il piqua des deux,

---

(1) Le plan de Paris de Roussel (1797) est le dernier plan de Paris où il soit marqué.

et, sans être atteint par les balles des bourgeois postés à la tour de Nesle, de l'autre côté de la rivière, il s'échappa au galop. L'Estoile dit qu'il se retourna vers la ville, et, la maudissant, jura de n'y rentrer que par la brèche. Il n'y rentra jamais.

Paris fut pendant quinze années le quartier général du fanatisme. Ce n'étaient que processions, prédications furibondes, apprêts de guerre. Le déchaînement fut terrible après l'assassinat du duc de Guise. Henri III fut déclaré déchu du trône. Bientôt il arriva avec les protestants et assiégea sa capitale. Il la contemplait des hauteurs de Saint-Cloud, et, tout en regrettant la ruine d'une aussi belle ville, déclarait qu'elle avait besoin d'une saignée pour la guérir. « Encore quelques jours, ajoutait-il, et l'on ne verra plus ni tes maisons ni tes murailles, mais seulement la place où tu auras été. » Quelques jours après, Paris célébrait par des danses et des cris de joie le coup de poignard de Jacques Clément.

Cependant Henri IV assiégeait Paris ; son armée, à peine forte de 6,000 hommes, couronnait les hauteurs de Gentilly, de Vaugirard et de Montrouge. Sully, le duc d'Aumont et Châtillon pénétrèrent dans le faubourg Saint-Germain ; quinze à vingt hommes poussèrent même une reconnaissance jusqu'en face du Pont-Neuf. Au moment même où les ligueurs proclamaient roi le cardinal de Bourbon sous le nom de Charles X, le roi de Navarre se présentait devant Paris, s'emparait des faubourgs, brûlait les moulins ; mais il ne voulut pas brusquer la victoire.

Henri IV revint plus tard. C'est cet horrible siège chanté par Voltaire et qui coûta la vie à 30,000 personnes. Paris se lassa de tant de souffrances et des excès des Seize ; la *Satire Ménippée* acheva ; Henri IV, ayant abjuré à Saint-Denis, entra dans la ville en vainqueur, occupa le Louvre, les Châtelets, le Palais, le Temple et la Bastille, d'où il congédia les Espagnols. « Allez, messieurs, leur disait-il, bien des choses à votre maître ; mais n'y revenez plus! » La ville était dans un état déplorable. « Il y avait peu de maisons entières et sans ruines ; elles étaient la plupart inhabitées ; le pavé des rues était à demi couvert d'herbes ; quant au dehors, les maisons des faubourgs étaient toutes rasées, il n'y avait quasi un seul village qui eût pierre sur pierre, et les campagnes étaient toutes désertes et en friche. » La ville était infestée de voleurs « tout ainsi que dans une forest. » La nuit venue, nul n'osait plus sortir de chez soi. Henri IV fit renaître l'ordre en rétablissant la garde bourgeoise, le guet royal et les gardes de la connétablie.

Henri IV continua à Paris les grands travaux d'architecture commencés sous ses prédécesseurs, et en entreprit de nouveaux.

François Ier habitait le palais des Tournelles, où était mort Louis XII et où mourut ensuite Henri II, lorsque, en 1539, ayant offert à Charles-Quint de traverser la France, il eut l'idée de le recevoir au Louvre. Aussitôt des milliers d'ouvriers sont jetés dans cette vieille et inhabitable demeure. La tour féodale tombe, les murs se couvrent de peintures et de tapisseries ; tout, jusqu'aux girouettes, est redoré avec prodigalité. Le palais fut prêt à temps ; mais une fois l'empereur parti, François Ier reconnut qu'il n'avait fait qu'une restauration passagère et peu durable. Il résolut de bâtir, sur la place même du Louvre, un nouveau palais et en confia le soin à Pierre Lescot, secondé par Jean Goujon. Les travaux furent commencés en 1541 et furent conduits jusqu'à la mort de Henri II avec une sage lenteur. C'est la plus belle partie du Louvre, l'angle sud-ouest. Catherine de Médicis, devenue maîtresse du pouvoir, congédia Lescot, prit un architecte italien, et, négligeant les plans de l'architecte français, fit bâtir cette aile qui s'avance vers la rivière, où Henri IV fit plus tard construire la galerie des Rois, remaniée sous Louis XIV et baptisée galerie d'Apollon.

En 1564, Catherine de Médicis se dégoûte des travaux du Louvre et échange contre le domaine royal de Chanteloup, près de Châtres (Arpajon), le terrain de la *Sablonnière*, situé de l'autre côté des murs et occupé par des fabriques de poterie et des fours à chaux : c'est ce qu'on appelait les *tuileries Sainct-Honoré*. Philibert Delorme est chargé d'y construire un palais. Son plan consistait en un parallélogramme de bâtiments et de galeries partagé en trois cours d'inégale grandeur. Les travaux marchèrent six ans. Puis Catherine, ayant appris de son astrologue qu'elle mourrait près de Saint-Germain sous les ruines d'une grande maison, abandonna tout à coup tous les travaux des Tuileries parce qu'elle était là sur la paroisse de Saint-Germain-l'Auxerrois. C'est alors qu'elle fit bâtir par Bullant le charmant hôtel de Soissons, à la place qu'occupe actuellement la halle au blé. Il n'en reste plus que la fameuse colonne d'où l'astrologue Ruggieri lisait dans le ciel les destinées de tant de grands personnages. La partie des Tuileries achevée au moment où Catherine arrêta les travaux se bornait au pavillon central, aux ailes ou galeries qui s'étendaient à droite et à gauche et aux deux pavillons auxquels ces galeries aboutissaient. Le pavillon central était beaucoup plus petit que celui qui existait avant l'incendie de 1871 et était surmonté d'un dôme demi-sphérique, malheureusement remplacé plus tard par une lourde calotte à quatre pans. On fit à ce palais, à l'époque de Louis XIV, et surtout sous Louis-Philippe, d'autres malencontreux changements. L'idée sur laquelle reposèrent tous les travaux exécutés au Louvre et aux Tuileries sous Henri IV fut celle d'unir ces deux palais, « afin, dit Sauval, d'être par ce moyen dehors et dedans la ville quand il lui plairait, et de ne pas se voir enfermé dans des murailles où l'honneur et la vie de Henri III avaient presque dépendu du caprice et de la frénésie d'une populace irritée. » Dans ce but furent bâtis le pavillon de Flore et la grande galerie qui réunit ce pavillon à la partie du Louvre construite par Catherine de Médicis. Une révolution apparut alors dans l'architecture. Ce n'était plus cette école française si délicate et si gracieuse des Lescot, des Bullant et des Delorme ; c'était une imitation de l'Italie et de ce genre colossal si froid et si sec. L'architecte était Androuet du Cerceau.

C'est ce même Androuet du Cerceau qui acheva, en 1606, l'Hôtel de ville commencé en 1553 sur les plans de l'Italien Dominique Boccardo di Cortone ; édifice gracieux et coquet plutôt que majestueux, et qui faisait dire au sévère prévôt des marchands, François Myron : « A quoi diable pensait cet étranger ! Sa construction est bonne à loger des ribaudes et non des magistrats. » Considérablement agrandi sous Louis-Philippe (1837-1841), l'Hôtel de ville, devenu un édifice immense et fort agréable à la vue, mais dont le détail et le style n'étaient plus en harmonie avec l'étendue, a été brûlé à la fin de l'insurrection communaliste de 1871. Il a été reconstruit depuis, comme nous le dirons plus loin.

Le souvenir de Henri IV est particulièrement attaché au Pont-Neuf. Henri III en posa la première pierre en 1578. Ce même Androuet du Cerceau, dont nous venons de parler, en avait tracé le plan et en dirigea les premiers travaux, suspendus ensuite pendant les troubles de la Ligue. Ils furent repris en 1602 et achevés en 1607 par Charles Marchand. Le Pont-Neuf devint

> Le rendez-vous des charlatans,
> Des filous, des passe-volans ;
> Pont-Neuf, ordinaire théâtre
> Des vendeurs d'onguent et d'emplâtre,
> Séjour des arracheurs de dents,
> Des fripiers, libraires, pédants ;
> Des chanteurs de chansons nouvelles,
> D'entremetteurs de demoiselles,
> De coupe-bourses, d'argotiers,
> De maîtres de sales métiers,
> D'opérateurs et de chimiques,
> Et de médecins purgitiques,
> De fins joueurs de gobelets,
> De ceux qui vendent des poulets...

Là, le théâtre de Mondor et de Tabarin, les tours de maître Gonin, les marionnettes de Brioché et les beaux tours de son singe attiraient la foule des badauds. La pompe de la Samaritaine, construite en 1607, était ainsi appelée parce qu'on y avait représenté le Christ demandant à boire à la Samaritaine. La statue de Henri IV, érigée en 1614, renversée en 1792, fut rétablie en 1817. Le Pont-Neuf traversait l'îlot où avaient été brûlés les templiers. Cet îlot fut réuni à la Cité et le roi en fit la cession en forme au premier président, Achille de Harlay, à la charge d'y construire une place et de payer une redevance annuelle au trésor royal. Cette place, bâtie régulièrement en pierre et en brique, fut appelée place Dauphine en l'honneur du dauphin Louis (1607). Enfin la rue Dauphine fut percée pour servir de débouché au Pont-Neuf, ainsi que les rues Christine et d'Anjou-Dauphine (actuellement rue de Nesle). Sur la rive droite, dans le Marais, furent ouvertes, sur des terrains dépendants de la censive du Temple, les rues larges et bien alignées d'Orléans, de Bretagne, de Berry, de Poitou, de Touraine, de Limoges, de la Marche, de Saintonge, d'Angoulême, de Beaujolais et de Beauce, dont la plupart ont conservé leur désignation primitive. L'usage des coches avait été introduit par Catherine de Médicis ; Paris commençait à avoir des rues larges et droites. C'est encore sous Henri IV que fut élevée la place Royale, sur l'emplacement où se trouvait alors le marché aux chevaux. L'Arsenal fut agrandi et donné pour demeure à Sully, qui y amassa de l'argent, des canons et de la poudre, « ingrédients et drogues propres à médiciner les plus fascheuses maladies de l'État. » Les manufactures de tapisseries de la Savonnerie furent établies à Chaillot ; l'hospice des soldats invalides, rue de Lourcine ; l'hôpital Saint-Louis, etc., datent de la même époque.

La superficie de Paris était alors de 1,660 arpents (84,660 ares).

Neuf mois après son entrée dans la capitale, Henri IV était frappé d'un coup de couteau à la mâchoire supérieure par Jean Châtel, élève des jésuites. Ravaillac, en 1610, devait réussir où Jean Châtel avait échoué. Ce fut en allant à l'Arsenal, visiter son ministre Sully, qui était malade, que Henri IV fut assassiné, dans la rue de la Ferronnerie, vis-à-vis du numéro 3 de la rue Saint-Honoré. Il était dans son carrosse avec les ducs d'Épernon et de Montbazon, et cinq autres seigneurs, sans escorte. Un embarras de voitures arrêta le carrosse ; Ravaillac, qui l'avait suivi, monta sur une borne et frappa le roi de deux coups de couteau, dont le second atteignit le cœur. Le Parlement condamna l'assassin à être écartelé. « Les juges, dit un historien, ne lui trouvèrent pas ou n'osèrent point lui trouver de complices. »

PARIS SOUS LOUIS XIII, LOUIS XIV ET LOUIS XV

Le règne de Henri IV avait mis fin aux folies de la Ligue et ramené le calme dans Paris. Ce calme ne fut guère troublé sous Louis XIII, et la ville alla croissant avec une telle rapidité que, dès 1626, une nouvelle enceinte fut jugée nécessaire. On s'était contenté jusque-là de celle d'Étienne Marcel et de Charles V. La nouvelle suivait à peu près la ligne de nos boulevards depuis la porte Saint-Denis, enveloppait les Tuileries et leur jardin, ainsi que la butte Saint-Roch, encore dépourvue de constructions autres que ses moulins à vent ; à son extrémité, près de la Seine, fut ouverte la porte dite de la Conférence. Le Marais, l'île Saint-Louis, la butte Saint-Roch, la rue Richelieu, le Pré-aux-Clercs (faubourg Saint-Germain) se couvrirent de maisons.

« Jusqu'à cette époque, le Pré-aux-Clercs avait été, comme son nom l'indique, une agréable prairie consacrée aux ébattements des *clercs* ou écoliers, et que partageait un canal de treize à quatorze toises de largeur, appelé la *petite Seine*, qui allait se perdre dans les fossés de l'abbaye, alors flanquée de tours. C'est là qu'ont existé de nos jours le couvent et l'église des Petits-Augustins, sur l'emplacement desquels s'élève maintenant l'École des Beaux-Arts. Dès le milieu du XVIe siècle, on avait commencé à y bâtir la rue du Colombier et la rue des Marais. Le reste des constructions de ce quartier ne s'acheva que sous le règne de Louis XIV. Ce fut dans le grand Pré-aux-Clercs que l'armée de Henri IV campa en 1589, quand le bon roi assiégea sa bonne ville... Le Pré-aux-Clercs fut longtemps le rendez-vous des *raffinés* et des duellistes. Après avoir été le camp de Henri IV, il devint le champ de bataille de Cyrano. C'est aujourd'hui un quartier très civilisé (le faubourg Saint-Germain) où l'on danse et où l'on fait de la politique. » (Ch. Nodier, *Paris historique*.)

Les édifices publics continuèrent à s'élever en grand nombre. En 1616, Marie de Médicis entreprit la construction du palais du Luxembourg, qu'elle s'efforça de faire appeler *palais Médicis;* mais l'usage l'emporta. Le duc de Piney-Luxembourg avait fait l'acquisition de l'hôtel qui s'élevait là au XVIe siècle ; Marie de Médicis le lui acheta en 1612. Le palais de la Cité, détruit, ainsi que sa fameuse table de marbre, par un incendie, fut reconstruit, en 1618, par Jacques de Brosse. Entre 1621 et 1630, s'éleva, rue Saint-Honoré, l'église de l'Oratoire pour cette fameuse congrégation fondée par le cardinal de Bérulle et destinée sans doute à faire contrepoids aux jésuites. « C'est un corps, disait Bossuet, où tout le monde obéit et où personne ne commande. » « L'église des oratoriens, dit Charles Nodier, est devenue de nos jours le temple des protestants. Les catholiques ultramontains et les jésuites, s'il en reste, pensent probablement qu'il n'a pas beaucoup changé de destination. » En 1633, Lemercier commença la construction de l'église Saint-Roch, qui ne fut achevée qu'en 1736. La Sorbonne fut rebâtie par les soins de Richelieu, qui y avait été élevé et dont on y voit le tombeau, œuvre de Girardon. Le pont au Change et le pont Saint-Michel furent reconstruits.

La place Royale était achevée dès 1612. Richelieu y occupa l'hôtel qui porte aujourd'hui le n° 21. De là il pouvait quelquefois reposer ses yeux sur la demeure de Marion Delorme, qui habitait aussi la place Royale, vers l'angle nord-est de la place, et que Victor Hugo occupa depuis. En 1639, on y érigea la statue de Louis XIII. « La véritable décoration de la place Royale, dit le critique que nous venons de citer, c'est la vieille architecture italienne de ses trente-cinq pavillons ; c'est le souvenir de ses fêtes, de ses carrousels, de ses duels ; c'est le *square* agréable qu'on y a ménagé pour la délectation des enfants du quartier et qui est fort susceptible de s'embellir à peu de frais. Il ne faut pour cela qu'un massif d'arbres de plus et une statue de moins. »

Richelieu voulut avoir un palais à lui et construisit le palais Cardinal, commencé dès 1629 sous le nom d'hôtel de Richelieu. En 1636, le cardinal en fit une donation entre vifs au roi ; aussi, dès 1643, le palais Cardinal fut appelé palais Royal. Il s'y trouvait une magnifique galerie d'*hommes illustres*, peinte et décorée par Philippe de Champagne, Vouet, etc. Pour cette construction, il avait fallu renverser la vieille muraille de la ville et combler l'ancien fossé. Les contemporains étaient émerveillés de cette magique transformation de la capitale, et leur étonnement se peint dans ce passage du *Menteur* de Corneille :

DORANTE.

Paris semble à mes yeux un pays de romans ;
J'y croyais ce matin voir une île enchantée (île Saint-Louis) ;
Je la laissai déserte et la trouve habitée.
Quelque Amphion nouveau, sans l'aide des maçons,
En superbes palais a changé ces buissons.

GÉRONTE.

Paris voit tous les jours de ces métamorphoses :
Dans tout le Pré-aux-Clercs tu verras mêmes choses,
Et l'univers entier ne peut rien voir d'égal
Aux superbes dehors du palais Cardinal ;
Toute une ville entière avec pompe bâtie
Semble d'un vieux fossé par miracle sortie.

Une multitude d'hôtels particuliers s'élevaient en même temps que les édifices publics. L'hôtel de Rambouillet, si célèbre comme le rendez-vous des beaux esprits sous Louis XIII, venait d'être bâti par la belle Catherine de Vivonne, marquise de Rambouillet. Il était construit en briques avec des ornements de pierre et occupait une partie de la place du Palais-Royal. Plus tard, l'esprit de l'hôtel de Rambouillet dégénéra et mérita les satires de Scarron, de Boileau et de Molière. Un grand luxe y entretenait une sorte d'enchantement perpétuel : ce n'étaient qu'objets rares, parfums, corbeilles de fleurs toujours pleines. Le luxe, au reste, était partout. Les *dorlotières* ou modistes faisaient un commerce considérable pour la toilette des hommes comme pour celle des femmes.

Nœuds argentés, lacets, escharpes,
Bouillons en nageoires de carpes,
Porte-fraises en entonnoir,
Oreillettes de velours noir,
Doublures aux masques huilées,
Des mentonnières dentelées,
Des sangles à roidir le buse,
Des endroits où l'on met du musc, etc.

Le palais était plein de ces boutiques de brimborions, et un contemporain blâme fort les marchands de ce lieu qui, pour attirer les chalands, « leur laissent la liberté de parler à leurs femmes, de leur dire des choses lascives, avec attouchements et regards..., le tout pour vendre une douzaine d'aiguillettes de soie, un collet à la mode, une bourse d'enfant, une dragme ou deux de parfum pour la perruque ou bien pour une petite épée de bois à mettre au côté d'un enfant ; ainsi pour peu de chose. » En parlant de perruque, il ne faut pas oublier l'artiste célèbre du temps, M. *Binet, qui fait les perruques du roi, rue des Petits-Champs.* La magnifique perruque de Louis XIV et de ses courtisans, pesant plusieurs livres, coûtant jusqu'à mille écus et surmontant le front de cinq à six pouces de cheveux, s'appelait alors une *binette*, du nom de son auteur. Le mot est resté pour désigner une figure grotesque dans le langage du gamin de Paris. Il était du suprême bon ton d'être coiffé par M. Binet, *d'avoir une binette ;* cet échafaudage capillaire donnait à quelques financiers parvenus une drôle de figure, *une drôle de binette.* Le mot a été retrouvé de nos jours, et non pas inventé par le gamin de Paris.

Parmi les fondations de toutes sortes qui remontent au règne de Louis XIII, citons encore celle de l'Académie française, qui tint d'abord ses séances chez Conrart, puis dans l'hôtel du chancelier Séguier et que Louis XIII accueillit au Louvre ; l'Imprimerie royale (aujourd'hui Imprimerie nationale), elle aussi, eut d'abord ses ateliers au Louvre, puis à l'hôtel de Toulouse, et, en 1809, à l'hôtel de Soubise, dans la rue Vieille-du-Temple, où elle est encore ; le collège de Clermont (collège de Louis-le-Grand), rue Saint-Jacques, fut reconstruit ; le Jardin des Plantes, dont la direction devait échoir plus tard à Buffon (1781), fut fondé sur la proposition de Labrosse, médecin du roi ; la reine Anne d'Autriche, pour célébrer sa grossesse et la naissance de Louis XIV, édifia le Val-de-Grâce, chef-d'œuvre de Mansart, dont on a fait un hôpital militaire ; l'hôpital de la Pitié, celui des Incurables, le Port-Royal (aujourd'hui hospice de la Maternité), y furent ouverts aux malades et aux femmes en couche ; enfin de riches bourgeois firent bâtir, en dehors de la porte Saint-Honoré, tant d'hôtels que ce faubourg se trouva joint aux villages du Roule et de la Ville-l'Évêque; la grande rue du faubourg Saint-Antoine et les rues adjacentes furent percées.

La dernière révolte de Paris avant la Révolution fut la Fronde. Au pied de la butte Saint-Roch, dans le fossé de la ville, les petits garçons du quartier avaient alors l'habitude d'aller se battre à coups de fronde. Quand l'archer paraissait, ils se sauvaient; dès qu'il était parti, ils recommençaient. Dans les premiers troubles du parlement, un jeune conseiller, Bachaumont, remarqua le silence et la docilité des magistrats en présence du roi, leur turbulence en son absence : « On se tait à présent, dit-il, mais, quand il sera parti, on *frondera* de plus belle. » Le mot resta. La Fronde gagna bientôt toute la ville, qui s'y trouvait particulièrement intéressée puisque le premier grief était un nouvel octroi et un impôt sur les maisons construites en dehors de l'enceinte. Assiégée par le peuple furieux dans le Palais-Royal, Anne d'Autriche fut obligée de relâcher le vieux conseiller Broussel, qu'elle avait fait arrêter. Le Parlement leva une armée parmi les Parisiens : l'*armée des portes cochères*, parce que le propriétaire de chaque maison ayant une porte cochère devait fournir un homme tout équipé. La guerre commença. Mais le peuple de Paris n'eut point alors dans sa révolte la majesté terrible du xiv° ou même du xvi° siècle. La querelle, suscitée et dirigée par les parlementaires et les nobles, demeura mesquine et frivole. Il assista en spectateur au combat de la porte Saint-Antoine, où Condé, chef des rebelles, ne dut son salut qu'au canon de la Bastille, tiré par l'ordre de la duchesse de Montpensier, la grande Mademoiselle, comme on l'a appelée, qui devait plus tard tirer les bottes de Lauzun. Condé, si vaillant capitaine, ne sut que semer l'anarchie dans la ville, qui, enfin, lassée, ouvrit ses portes au roi. Ce fut elle surtout qui paya les frais de la révolte. Ses privilèges furent abolis, ses chaînes brisées, ses milices remplacées par une garnison royale, ses officiers municipaux par des magistrats royaux. Les registres du parlement et de l'Hôtel de ville, qui contenaient les actes de cette époque, furent lacérés par la main du bourreau.

Privé pour un siècle et demi de toute individualité et de toute indépendance, Paris demeura le théâtre où s'étalaient les splendeurs de la cour de Louis XIV. Dès 1662, ce roi donna l'idée de ce que coûterait son règne dans cette fameuse fête du *carrousel* qui coûta un million deux cent mille livres (somme qui représenterait aujourd'hui cinq millions de francs) et qui a laissé son nom à la vaste place située entre le Louvre et les Tuileries. « L'or et l'agent étaient employés avec une si grande profusion sur les habits et les housses des chevaux, qu'à peine pouvait-on discerner le fond de l'étoffe d'avec la broderie dont elle était couverte. Le roi et les princes brillaient extraordinairement par la quantité prodigieuse de diamants dont leurs armes et les harnais de leurs chevaux étaient enrichis. » A la même époque (1660-1664), l'architecte Levau achevait le palais des Tuileries par la construction du pavillon de Marsan, et complétait le Louvre en élevant les façades intérieures auxquelles Perrault adossa plus tard sa fameuse colonnade et la façade extérieure du midi (1667-1680). C'est en 1665 que Le Nôtre fut chargé de dessiner le jardin des Tuileries. Comme les anciens jardins français, celui-ci était jusque-là un pêle-mêle de toutes sortes de choses : on y voyait un étang, un bois, un rocher, une volière, une orangerie, un écho, un petit théâtre et un labyrinthe. Près de la porte de la Conférence, le long du quai, se trouvait une jolie petite habitation cachée mystérieusement au milieu des arbres : le roi Louis XIII en avait fait don à son valet de chambre, Renard, qui l'avait meublée d'objets rares et précieux et en avait fait un lieu de fins soupers et de secrets rendez-vous fréquenté par les jeunes seigneurs. Tout cela fit place au majestueux et sévère jardin que nous admirons aujourd'hui. Louis XIV fit bâtir un palais pour les vieux soldats. En 1670, il posa la première pierre de l'hôtel des Invalides, chef-d'œuvre de Jules Hardouin-Mansart, qui sut imprimer à l'édifice un caractère à la fois religieux et militaire, bien conforme à sa destination, et dessiner le plus beau dôme de France. En même temps s'achevait le Val-de-Grâce, dont la voûte fut décorée des peintures de Mignard, le plus grand morceau de fresque qu'il y ait en Europe. D'autres monuments étaient consacrés aux sciences et aux lettres : le collège Mazarin ou des Quatre-Nations, devenu, en 1795, le palais de l'Institut, s'achevait sur les dessins de Levau ; l'Observatoire s'élevait sur ceux de Perrault avec des caves égales en profondeur à la hauteur de l'édifice.

D'autres monuments, infiniment moins utiles,

Place Vendôme.

étaient offerts à la vanité du monarque par des sujets trop complaisants. La ville de Paris dépensa plus de cinq cent mille francs à construire la porte Saint-Denis, sur les dessins de Blondel, et sans doute à peu près autant à la porte Saint-Martin (1671-1674). Mais le plus insigne monument de flatterie fut la place des Victoires, à la création de laquelle le prévôt des marchands et les échevins sollicitèrent l'honneur de participer; elle est surtout l'œuvre du duc de La Feuillade (1686). Ce duc avait fait les frais d'un groupe composé d'une statue de Louis XIV que la Victoire couronnait et qui foulait aux pieds un Cerbère. Le monument fut inauguré au bruit des fanfares et de l'artillerie; on se prosterna devant l'idole et on lui brûla de l'encens; on grava dessous en lettres d'or : *Viro immortali*. Quatre fanaux allumés éclairaient ce groupe pendant la nuit ; un Gascon plaisant écrivit :

La Feuillade, sandis, jé crois qué tu mé bernes,
De placer lé soleil entré quatré lanternes.

On fit abattre les fanaux. Ils nous rappellent que Paris commença d'être éclairé la nuit par des lanternes en 1667.

Rappelons aussi d'autres souvenirs moins fastueux, mais plus intéressants pour l'esprit humain. Dans la Cité, dans la rue de la Juiverie (aujourd'hui disparue), vis-à-vis de l'église de la Madeleine et près du pont Notre-Dame, était le fameux cabaret de la *Pomme de pin*, compté déjà par Rabelais au nombre des « tabernes méritoires où cauponisoient joyeusement les escholiers de Lutèce. » Les ivrognes n'y manquaient pas au temps de Regnier le satirique, qui parle d'un certain nez d'ivrogne,

Où maint rubis balais, tout rougissants de vin,
Montroient un *Hac itur* à la Pomme de pin.

Cependant la *Pomme de pin* tombait en décadence. Elle se releva sous Louis XIV par l'habileté du grand Crénet. Ses tables, peu magnifiques, mais fort chargées de bouteilles, réunissaient une fois par semaine Molière, Racine, La Fontaine et Boileau. Ils y rencontraient quelquefois Lulli, Mignard et Dufresnoy. C'est là que furent en partie composés *les Plaideurs* et le *Chapelain décoiffé*. C'est là que Chapelle, le plus assidu sans doute, enivrait Boileau,

> Et répandoit sa lampe à l'huile
> Pour lui mettre un verre à la main.

Les cafés allaient détrôner les cabarets. Soliman-Aga, ambassadeur de la Porte, introduisit à Paris, en 1669, l'usage du café. Bientôt le premier établissement où se vendit cette généreuse liqueur s'ouvrit à la foire Saint-Germain, qui était alors un des lieux les plus fréquentés et les plus à la mode, et dont la suppression, vers la fin du XVIII° siècle, fut un coup mortel porté à l'industrie et au commerce de la rive gauche au profit de la rive droite. Un Arménien appelé Pascal établit ensuite sur le quai de l'École un café qui eut de la vogue (café Manouri); et, enfin, en 1689, le Sicilien Procope ouvrit le sien vis-à-vis de la Comédie-Française, dans la rue des Fossés-Saint-Germain (rue de l'Ancienne-Comédie).

Les illustres amis dont nous venons de parler ne se réunissaient pas toujours chez Crénet ou Boucingault. Souvent aussi un petit appartement de la rue du Vieux-Colombier, que Boileau avait loué en quittant la cour du Palais pour y fuir l'humeur acariâtre de sa belle-sœur, Mme Jérôme Boileau, voyait les amis réunis autour d'une table modeste. Au milieu s'élevait l'énorme in-folio de *la Pucelle* de Chapelain : chaque faute d'un des convives était punie par la lecture de vingt vers du poète proscrit; « la lecture de la page entière, dit Louis Racine, était assimilée à la plus grande punition ! » Un jour le malin Racine (nous parlons du père), en sortant de la rue du Vieux-Colombier, emmena Boileau rue des Cinq-Diamants, quartier des Lombards, chez ce même Chapelain, et le présenta à l'infortuné poète épique sous le nom de bailli de Chevreuse. Mais la conversation étant promptement tombée sur la poésie, Boileau ne tarda pas à prendre feu, et Racine fut obligé de l'emmener prestement pour l'empêcher de trahir son incognito et de déchirer sa malheureuse victime autrement qu'en vers. Racine s'en allait ensuite paisiblement dans sa petite rue des Marais-Saint-Germain (rue Visconti), au milieu de sa famille. Corneille demeurait rue d'Argenteuil, n° 18. Un jour sa servante jette imprudemment de la paille devant la porte, et le grand Corneille fut obligé de comparaître devant le magistrat du quartier, qui, au reste, l'acquitta. Molière, on le sait, est né sous les piliers des halles, dans la même maison et peut-être la même chambre où naquit ensuite Regnard, son seul héritier; il mourut au n° 34 de la rue Richelieu, en face de l'endroit où s'élève aujourd'hui la fontaine Molière. Ce quartier se peuplait : les moulins de la butte Saint-Roch avaient disparu entièrement en 1672, et, dès 1670, Lulli était venu faire bâtir dans la rue Sainte-Anne une magnifique et trop peu modeste maison dont on voit encore la façade ornée de sculptures qui représentent des instruments de musique et des masques de théâtre. Quant à la société aristocratique, son centre était toujours le Marais. Dans la rue Culture-Sainte-Catherine (rue Sévigné actuelle) s'élevait l'hôtel Carnavalet, bâti par Du Cerceau et Mansart, décoré par Jean Goujon, et illustré surtout par le séjour de Mme de Sévigné. Le bel hôtel Lamoignon réunissait dans la rue Pavée-Saint-Antoine l'élite des esprits sérieux; et celui de Ninon de Lenclos, rue des Tournelles, l'élite des esprits frondeurs et hardis au milieu desquels le hasard apporta un jour si judicieusement le berceau de Voltaire.

C'est en vain que Louis XIV abandonna Paris, Versailles y gagna et put compter jusqu'à cent mille habitants; mais Paris n'y perdit guère. Sa population atteignait presque cinq cent mille âmes : on y comptait cinq cents grandes rues, neuf faubourgs, cent places, neuf ponts. L'accroissement de la population rendit nécessaire l'extension de l'enceinte; on l'effectua en circonscrivant Paris dans de vastes boulevards; ces boulevards ne furent complètement achevés qu'en 1761. La nouvelle enceinte enferma les quartiers de Saint-Benoît, du Luxembourg et de Montmartre; les remparts, abattus sur les boulevards intérieurs, donnèrent naissance à de magnifiques promenades; les Champs-Élysées furent plantés. D'autres créations moins fastueuses et plus utiles signalent encore cette époque; citons : l'hospice des Enfants-Trouvés, l'hospice des Orphelins; Sainte-Pélagie, destinée aux femmes et aux filles condamnées à une pénitence variée, devenue plus tard une prison pour dettes et une prison politique; la Madeleine; Saint-Sulpice; la Bibliothèque royale (aujourd'hui Nationale), rue de Richelieu, sur l'emplacement de l'hôtel Mazarin; la manufacture des Gobelins; l'Académie des inscriptions et belles-lettres ; celle des sciences, installée au Louvre en 1699 ; celle de peinture, etc. Après cette rapide et incomplète nomenclature, on ne peut s'étonner de ce que Vauban écrivait alors : « Cette ville est à la France ce que la tête est au corps humain. C'est le vrai cœur du royaume, la mère commune de la France, par qui tous les peuples de ce grand État subsistent, et dont le royaume ne saurait se passer sans déchoir considérablement. » Un aussi juste coup d'œil sur l'importance nécessaire de Paris était digne du grand homme qui a écrit ces lignes.

Paris fut, pendant tout le xviiie siècle, le centre du gouvernement et des affaires, des idées et des plaisirs. Tandis que le régent remplissait de ses orgies le Palais-Royal et y célébrait les scandaleuses *fêtes d'Adam*, on s'étouffait dans la rue Quincampoix pour avoir des actions de la compagnie de Law, et trois ou quatre personnes y étaient écrasées chaque jour. Les rues Saint-Martin, Saint-Denis, Aubry-le-Boucher étaient encombrées par de longues files d'équipages. La moindre chambre de la rue Quincampoix se louait dix louis par jour ; des maisons de sept à huit cents livres de loyer en rapportaient cinquante à soixante mille. Celle où siégeait la banque de Law existait encore il y a une vingtaine d'années à l'endroit où l'on a bâti la maison qui porte le n° 47, au coin de la rue Rambuteau. L'affluence toujours croissante obligea bientôt de transférer la banque dans un local plus vaste, l'hôtel de Soissons. La cause de tout ce tripotage qui tenait du vertige était dans les embarras que le régent avait éprouvés en prenant la direction du pouvoir. En effet, Louis XIV en mourant (1715) avait laissé une dette publique de 2 milliards 62 millions. Dans l'espérance de se tirer d'affaire, Philippe d'Orléans avait prêté l'oreille aux conseils de l'aventurier écossais et accepté ses combinaisons, qui aboutirent à une sorte de banqueroute.

Après le Mississipi, ce fut le tombeau du diacre Pàris qui eut la vogue. Ce tombeau, situé dans le cimetière de l'église Saint-Médard et réputé miraculeux, attira cette multitude prodigieuse de convulsionnaires et d'illuminés divisée en sectes nombreuses et dont les excentricités obligèrent l'autorité à fermer le cimetière. C'était surtout des jeunes filles exaltées. L'une d'elles, Jeanne Muller, se faisait donner sur l'estomac de grands coups d'un lourd chenet qui pénétrait assez profondément ; et à chaque fois elle s'écriait avec délices : « Ah ! que cela est bon ! Ah ! que cela me fait du bien ! Mon frère, redoublez encore vos forces, si vous pouvez ! » D'autres sautaient, miaulaient, aboyaient, etc. Quand le cimetière eut été fermé, un plaisant écrivit sur la porte :

> De par le roi défense à Dieu
> De faire miracle en ce lieu.

Et le ridicule emporta ces tristes folies. Il ne fut plus, depuis, question des *Convulsionnaires*.

Si l'homme se déshonorait au Palais-Royal, dans la rue Quincampoix et au cimetière Saint-Médard par le vice et la folie, il se relevait et atteignait toute la grandeur que lui prêtent la raison et le génie dans d'obscurs logis de la capitale. Rue Plâtrière (rue Jean-Jacques-Rousseau), dans la maison n° 21, au quatrième étage, Rousseau copiait de la musique pour vivre. Plus tard, pendant la Révolution, cette maison modeste devint un lieu de pèlerinage et le loyer en augmenta considérablement. Au n° 25 de la rue Molière, alors appelée rue Traversière, Voltaire habitait en compagnie de Mme du Châtelet ; c'est là qu'il accueillait, défrayait et instruisait Lekain encore pauvre et obscur, dont il avait deviné le talent : au-dessus de son logement, il fit construire un petit théâtre où cet acteur célèbre jouait avec sa société et avec les nièces du poète philosophe. La dernière demeure de Voltaire fut, comme chacun sait, l'hôtel Villette (quai Voltaire), où il vint habiter en 1777, et mourut le 30 mai 1778, dans l'appartement du premier étage. Tout près de la rue Traversière, rue des Moulins, était le logis du bon et spirituel Piron, qui s'en allait de là, par le passage des Feuillants, faire sa promenade quotidienne aux Tuileries.

Ces hommes de génie ou d'esprit, qui pullulaient au xviiie siècle, on les retrouvait encore avec tout le brillant de leur esprit dans tous ces cafés, devenus des lieux de réunion où se débitaient les idées nouvelles, les anecdotes plaisantes, les piquantes épigrammes, où se formulaient les jugements de la critique littéraire. Il y avait une quinzaine de cafés qui possédaient une vogue de ce genre : à leur tête étaient le *café Procope*, qui vit bien des fois réunis Voltaire, Piron, Fontenelle, Saint-Foix ; le *café de la Régence*, qui a disparu par suite des démolitions de la place du Palais-Royal, et où Rousseau jouant aux échecs attirait une foule si considérable de curieux que le lieutenant de police fut obligé de placer une sentinelle à la porte ; le *café de la Rotonde*, qui rassemblait la *société du*

Caveau, Piron, Collé, Duclos, Crébillon fils, Boucher, Rameau, Bernard; plus tard le *café de Foy*, où le poëte Lebrun, vieux et aveugle, venait tous les soirs, appuyé sur le bras de sa servante, prendre son café, et où Camille Desmoulins, par ses discours patriotiques, conquit le titre de premier apôtre de la liberté, etc.

En face du du café Procope était le théâtre de la Comédie-Française, qui avait ouvert le 18 avril 1689 par la tragédie de *Phèdre* et qui fut occupé jusqu'en 1770 par les *comédiens ordinaires du roi*; ce théâtre menaçant ruine, ils l'abandonnèrent alors pour se transporter aux Tuileries, et c'est dans le théâtre du palais des rois que Voltaire reçut, en 1777, cette ovation extraordinaire qui couronna si dignement sa longue existence. C'est surtout l'Opéra qui prit de grands accroissements au XVIII° siècle :

> Il faut se rendre à ce palais magique,
> Où les beaux vers, la danse, la musique,
> L'art de charmer les yeux par les couleurs,
> L'art plus heureux de séduire les cœurs,
> De cent plaisirs fait un plaisir unique.

Au moment où Voltaire dépeignait par ces vers charmants l'Académie royale de musique, ce théâtre réunissait une brillante pléiade : Vestris, la Guimard, Sophie Arnould, etc. Il est probable qu'alors les appointements de ces acteurs avaient été augmentés; en 1713, ils étaient bien modestes : les premiers acteurs ou actrices avaient mille cinq cents livres; les premiers danseurs mille livres. Aujourd'hui, on ne compte que par cent mille francs.

Les reines de l'Opéra étaient alors en grande vogue. Les riches seigneurs, et surtout les gros financiers, les millionnaires, fermiers généraux, défrayaient ces demoiselles avec un luxe prodigieux. Le fermier général était, sur ce chapitre, préféré de beaucoup aux ducs, comme le prouve cette épigramme :

> Fières de vider une caisse,
> Que celles qu'entretient un fermier général
> N'insultent pas dans leur ivresse
> Celles qui n'ont qu'un duc : l'orgueil sied toujours mal,
> Et la modestie intéresse.

Ces riches traitants bâtissaient alors tout un nouveau quartier de Paris, celui que nous appelons quartier de la Chaussé-d'Antin. Au commencement du siècle, Paris s'arrêtait à peu près à nos boulevards; au delà, on ne voyait que des jardins maraîchers et les carrières de plâtre de Montmartre. Regnard, qui, moins pauvre que Molière, possédait un bel hôtel à la place même où s'est établi de nos jours le *café Frascati*, décrit ainsi la vue dont il jouissait de ses fenêtres.

> L'œil voit d'abord ce mont, dont les antres profonds
> Fournissent à Paris l'honneur de ses plafonds,
> Où de trente moulins les ailes étendues
> M'apprennent chaque jour quel vent chasse les nues.
> . . . . Les yeux satisfaits
> S'y promènent au loin sur de vastes marais.
> C'est là qu'en mille endroits laissant errer ma vue,
> Je vois croître à plaisir l'oseille et la laitue;
> C'est là que, dans son temps, des moissons d'artichauts
> Du jardinier actif fécondent les travaux,
> Et que de champignons une couche voisine
> Ne fait, quand il me plaît, qu'un saut dans ma cuisine.

Là se trouvait l'enclos appelé la *Ville-l'Évêque* et qui relevait, comme son nom l'indique, de l'évêque de Paris. Là, au milieu des marécages peuplés de grenouilles dont le souvenir se conserva dans le nom de la rue *Chante-Raine* (rue de la Victoire), s'élevait la petite île de la *Grange-Batelière*. Le fermier de cette grange vendait du pain, du beurre, des œufs, du lait, des poulets, du jambon, des gâteaux; aussi l'appelait-on, au XIV° siècle, la *Grange au Gastelier*. Le Parisien, déjà grand ami de la campagne, y courait le dimanche. Les alentours, pourtant, n'étaient pas très sûrs la nuit; l'égout du faubourg Montmartre qu'on y avait établi s'ouvrait béant comme un abîme d'ordure et de boue où finissait quelquefois la course des ivrognes attardés revenant des Porcherons. C'était aussi le théâtre des exploits d'une bande audacieuse de brigands qui, un beau jour, ou plutôt une belle nuit, arrêta le grand Turenne lui-même. Le grand Turenne donna bonnement sa bourse; les voleurs, ne la trouvant pas suffisamment garnie, ne l'acceptèrent que comme un acompte, et le lendemain leur chef se présenta à l'hôtel du maréchal, qui lui paya religieusement la somme à laquelle il s'était engagé. Le traitant Crozat, qui avait fait bâtir un superbe hôtel près de la porte Richelieu, se fit faire, hors de l'enceinte de la ville et sur les terrains de la Grange, de magnifiques jardins, vers l'époque où les anciens remparts furent transformés en un cours qui jouit d'une grande vogue, et qui n'est autre que nos boulevards actuels. C'était au commencement du XVIII° siècle. Bientôt ce fut une fureur de ce côté. Bouret, Le Normand d'Étioles, Dauguy y construisirent des palais dont les filles de d'Opéra furent les premiers habitants. Le duc de Choiseul y eut aussi un hôtel superbe. Paris avait changé de centre. La place Royale et le Marais étaient devenus province. Collé et Sedaine protestaient plaisamment :

> On n'est plus de Paris quand on est du Marais,
> Mais aussi n'est-on pas de Vienne.
> La critique a beau dire, on y vient sans relais,
> Il faut même que l'on convienne
> Qu'on n'en saurait être plus près.
> Vive, vive le quartier du Marais !

Durant cette période, Paris reçut une extension et des embellissements considérables; en 1726, sa superficie était de 3,319 arpents (169,269 ares); son enceinte commençait au nord de l'Arsenal, suivait les boulevards jusqu'à la rue Saint-Honoré, passait au boulevard des Invalides, coupait les rues de Babylone, Plumet, de Sèvres, des Vieilles-Tuileries, allait en droite ligne jusqu'à la rue de la Bourbe, d'où elle longeait les murs du Val-de-Grâce, la rue des Bourguignons (aujourd'hui disparue), la rue de Lourcine, la rue Censier et aboutissait en droite ligne vis-à-vis de l'Arsenal. Les faubourgs Saint-Honoré et Saint-Germain se décorèrent d'hôtels somptueux; le beau quartier de la Chaussée-d'Antin fut créé. L'Élysée-Bourbon fut bâti en 1718 par le comte d'Évreux; acquis par Mme de Pompadour, il devint la résidence du financier Beaujon. L'École-Militaire fut érigée en 1751 pour que les jeunes gentilshommes sans fortune ou dont les pères seraient morts au service de l'État y fussent instruits dans l'art de la guerre; le Champ-de-Mars s'étendit depuis l'École-Militaire jusqu'au quai qui borde la rivière.

Parmi les autres créations de cette époque, citons encore : l'église Sainte-Geneviève, bâtie en 1757 sur les dessins de Soufflot, que la Révolution a nommée le Panthéon en y déposant les cendres des grands hommes, de Rousseau, de Voltaire, de Mirabeau, etc., et qui, déjà rendue au culte sous l'Empire et la Restauration, lui a été rendue de nouveau sous Napoléon III; l'École de droit, l'École de médecine, l'Odéon, le Théâtre-Français de la rue de Richelieu, l'hôtel des Monnaies, la halle au blé, la place Louis XV, appelée plus tard place de la Révolution et aujourd'hui place de la Concorde; une statue équestre de Louis XV, élevée au milieu, donna lieu à de mordantes plaisanteries; on y lut un jour ces vers, allusion aux statues des quatre vertus : la Force, la Prudence, la Paix et la Justice, placées aux angles du piédestal :

> O la belle statue ! O le beau piédestal !
> Les vertus sont à pied, le vice est à cheval.

En 1770, la place Louis XV, théâtre des fêtes célébrées en l'honneur du mariage du dauphin et de l'archiduchesse Marie-Antoinette d'Autriche, devint tout à coup celui d'une affreuse catastrophe amenée par l'excès d'affluence : il y eut près de 300 personnes étouffées, et les esprits chagrins et impressionnables considérèrent ce malheur comme un funeste présage.

En 1774, Louis XV mourut; son petit-fils lui succéda sous le nom de Louis XVI; son premier acte fut de rappeler le Parlement, banni depuis 1753; puis il fonda le Mont-de-Piété, abolit les corvées et la torture (1). L'affaire du collier, où fut compromis le cardinal de Rohan, agita un instant l'opinion; mais de plus graves préoccupations allaient s'imposer à l'attention : le déficit énorme laissé par Louis XV avait encore été augmenté, grâce aux folles prodigalités de la cour et aux complaisances de Calonne. Une assemblée de notables est convoquée; le ministre est congédié; Brienne, archevêque de Toulouse, lui succède, mais est bientôt forcé de se retirer. La cour cède devant les réclamations du Parlement et surtout par la peur que lui inspirent les agitations de Paris. Necker est rappelé et l'ouverture des états généraux est fixée au 1er mai 1789. Ils s'ouvrent à Versailles dans la salle des Menus-Plaisirs. La vérification des pouvoirs amène la question du vote par ordre ou par tête. La cour envoie des troupes et ferme aux députés du tiers la salle des séances; ceux-ci se réunissent au Jeu de paume et jurent de ne se séparer que lorsqu'ils auront donné à la France une constitution.

La Révolution débutait.

PARIS SOUS LA RÉPUBLIQUE ET LE PREMIER EMPIRE

La Révolution, nous venons de le voir, commença à Versailles; mais elle fut bientôt ramenée à Paris, son véritable théâtre. Les Parisiens, apprenant que le roi rassemblait des troupes, s'inquiétèrent; le jardin du Palais-Royal, que le duc d'Or-

---

(1) Il avait même projeté de faire démolir la Bastille, pour la remplacer par une place monumentale; les plans existent; ils sont de Corbet, architecte des bâtiments de l'État.

léans avait récemment dépouillé des beaux marronniers de Richelieu et entouré d'une enceinte de portiques et de maisons, était devenu le rendez-vous des nouvellistes et de tout ce qui s'occupait de politique, c'est-à-dire un véritable forum. Camille Desmoulins monte sur une table, jette au milieu de cette foule émue un ardent appel aux armes, et le lendemain (14 juillet 1789), la Bastille est enlevée; la vieille forteresse des rois, la prison cruelle où avait gémi presque tout ce qui pensait librement, est abattue à ras du sol; un bal public s'établit à la place avec cette inscription : *Ici l'on danse!* Avec les pierres se construisit le pont Louis XVI (de la Concorde). Ce n'est pas assez : on apprend que le roi se prépare à fuir; le peuple souffre de la faim tandis que la cour enivre, dit-on, les gardes du corps; aussitôt la multitude se lève, court à Versailles et ramène le roi et sa famille. « Nous ramenons le boulanger, la boulangère et le petit mitron, » criaient les femmes de la halle, comme si la présence du souverain eût dû faire régner l'abondance dans la capitale. L'Assemblée constituante se transporta aussi à Paris et siégea d'abord à l'archevêché, puis dans la salle du Manège, qui occupait l'emplacement de la rue de Rivoli, entre la rue des Pyramides et la rue Castiglione. C'est là qu'elle termina ses grands travaux.

Le 14 juillet 1790, anniversaire de la prise de la Bastille, fut la plus belle fête de la Révolution. Toute la France y contribua avec enthousiasme, en envoyant des députés que les Parisiens se disputèrent l'honneur d'héberger. Depuis quinze jours, la fête était en quelque sorte commencée. Douze mille ouvriers n'ayant pas suffi pour édifier les talus qui bordaient le Champ-de-Mars, mais qui n'existaient pas encore (ils sont aujourd'hui détruits), toute la population s'était jointe à eux avec une patriotique émulation. Il n'y eut pas jusqu'aux grandes dames, aux prêtres et aux sœurs de charité, qui ne vinssent remuer la pelle et pousser la brouette. Enfin, tout fut prêt pour le grand jour : l'autel de la Patrie se dressait au milieu de la plaine; l'évêque d'Autun, Talleyrand de Périgord, y célébra la messe; le roi y prononça le serment de fidélité à la constitution. Il pleuvait par moments; le sol n'était que boue : qu'importait à ce peuple généreux? Il avait foi dans l'avenir; les farandoles, les acclamations, les fanfares de 12,000 musiciens transportaient toutes les imaginations.

Le 2 avril 1791, une foule immense et inquiète encombrait la rue de la Chaussée-d'Antin. Au n° 42 mourait Mirabeau, dont le corps fut solennellement porté au Panthéon.

Le 21 juin, tout Paris était encore en rumeur. Le roi s'était enfui pendant la nuit. Bientôt on le ramenait de Varennes au milieu du silence des Parisiens, silence plein de reproche et de dignité. On voyait sur les murs cette affiche : « Celui qui applaudira le roi sera battu; celui qui insultera le roi sera pendu. » Ainsi la royauté était à la fois réprimandée et protégée.

Déjà l'Assemblée constituante était dépassée par des opinions plus hardies. Une pétition pour la déchéance du roi fut déposée au Champ-de-Mars sur l'autel de la patrie. Dans le désordre qui accompagna cette manifestation, plusieurs hommes furent tués. L'autorité municipale intervint à la tête de la garde nationale et fut accueillie à coups de pierres; Bailly et La Fayette proclamèrent la loi martiale et firent tirer sur les Parisiens, dont une trentaine furent tués (17 juillet). Les souverains de l'Europe s'étaient coalisés contre la Révolution : on leur déclara la guerre. Le peuple de Paris s'arma de piques et s'organisa en sections. Le 20 juin 1792, Louis XVI fut forcé de coiffer le bonnet rouge. Le 10 août, les Tuileries furent prises d'assaut; dans cette dernière journée, le château, défendu par les Suisses, est attaqué avec l'artillerie par les Marseillais, forcé, envahi, inondé du sang des soldats étrangers, que quelques gentilshommes indignes de ce nom (si le fait était prouvé) abandonnèrent lâchement en s'esquivant par la galerie du Louvre. Pendant ce temps, Louis XVI, retiré à la salle du Manège, assistait tristement à la séance de l'Assemblée dans la loge du logographe. Huit jours après, la tour du Temple recevait dans ses sombres murailles le malheureux monarque avec sa famille. Il n'en devait sortir que pour monter sur l'échafaud. Après avoir achevé son œuvre et déclaré qu'aucun de ses membres ne serait réélu à la prochaine législature, la Constituante se retira.

Les opinions hardies qui commençaient à se faire jour avaient pour organes les clubs. Celui des Jacobins se tenait au couvent des Jacobins, à la place qu'occupe actuellement le marché Saint-Honoré; là fut le siège de cette société qui se ramifiait par toute la France. Dirigée par Robespierre, ce fut elle qui imprima à la Révolution sa terrible énergie. Sur l'autre rive de la Seine, la salle d'étude de théologie du couvent des Cordeliers était le lieu de réunion du club plus violent encore où Danton et Camille Desmoulins semaient leurs paroles de feu. Là se trouve aujourd'hui la place de l'École-de-Médecine. Ce furent les clubs, surtout ce dernier, qui, au 20 juin, au 10 août, poussèrent le peuple des faubourgs sur les Tuileries.

Alors le pouvoir de l'Assemblée législative s'effaça devant la dictature révolutionnaire de la Commune de Paris. « Il faut, avait dit Danton, il faut faire peur aux royalistes. » C'est la Commune qui se chargea de cette terrible mission. Dans les premiers jours de septembre, des massacres organisés et soldés par elle ensanglantèrent les prisons de la Force, de l'Abbaye, du Châtelet, de la Conciergerie, de Bicêtre et de la Salpêtrière. Étrange histoire que celle de cette prison de la Force, ancien hôtel qui eut pour maîtres d'abord des rois de Naples (Charles d'Anjou), de France (Charles VI), de Navarre, puis des cardinaux; enfin ce duc de La Force, dont il a retenu le nom et qui donna des fêtes brillantes dans les mêmes lieux plus tard habités (avant 1789) par les débiteurs et les vagabonds, puis par des victimes politiques, et en dernier lieu par des forçats, terribles hôtes de la fameuse *fosse aux lions*. Hôtel et prison ont disparu sous le marteau des démolisseurs.

Après ces déplorables journées d'anarchie, la Convention nationale ouvrit ses séances, le 20 septembre 1792, le jour même où nos jeunes conscrits, intrépides sous le feu des Prussiens, signalaient leurs premières armes par la victoire de Valmy; le lendemain 21, la Convention proclamait la République. Pour consommer la rupture de la France avec la royauté, elle décréta la mise en accusation de l'infortuné roi de France. Le 21 janvier 1793, Louis XVI, condamné par la Convention à la peine capitale, est tiré du Temple par Santerre accompagné de deux officiers municipaux; à huit heures et demie du matin, il monte dans la voiture du maire avec son confesseur et deux gendarmes; le temps était brumeux, humide et froid; la voiture suivit le boulevard au milieu d'une foule immense et silencieuse et d'une double haie de garde nationale. Arrivé à la place de la Concorde, Louis XVI monta avec courage sur l'échafaud, et sa tête tomba au bruit d'un roulement de tambours. Il fut inhumé au cimetière de la Madeleine, où plus tard la Restauration a fait élever un monument expiatoire.

Sous le règne de Louis XVI, Paris vit s'élever ou se fonder le couvent des capucins de la Chaussée-d'Antin, l'église Saint-Louis, l'église Saint-Nicolas-du-Roule, l'hôpital Beaujon, l'hôpital Necker, l'hôpital Cochin, l'hôpital des Vénériens, l'hospice Saint-Merri, l'hospice de La Rochefoucauld, l'École des ponts et chaussées, l'École des mines, l'École royale de chant et de déclamation, l'Institution des Sourds-Muets, l'Institution des Jeunes-Aveugles; au même règne remontent les marchés Beauvau, des Innocents, Sainte-Catherine, la pompe à feu de Chaillot, la pompe à feu du Gros-Caillou, le pont de la Concorde, d'abord nommé pont Louis XVI; plus de soixante-dix rues furent percées; les fossés des anciens remparts furent comblés; on commença à débarrasser les ponts des constructions qui les obstruaient, et les cimetières furent transportés hors de la ville. En 1782, sur la proposition des fermiers généraux, un nouveau mur d'enceinte, percé d'ouvertures exclusivement destinées à l'introduction des denrées nécessaires à la consommation des habitants, engloba les faubourgs. Il fut achevé en 1790; il était percé de 55 entrées ou barrières, avait 28 kilomètres de tour et servit de clôture à Paris jusqu'en 1860. C'est à propos de cette enceinte que fut écrit le vers satirique suivant :

Le mur murant Paris rend Paris murmurant.

Après l'exécution du roi, toute la force tomba aux mains de cette fameuse Commune de Paris qui dirigeait la Convention, et par elle gouvernait la France entière. Si elle fut violente et sanguinaire, il faut convenir, en revanche, que c'est d'elle surtout que partit la résistance opiniâtre au fédéralisme des girondins; l'idée de l'unité de la France était une idée essentiellement parisienne; autant les provinces, encore pleines des souvenirs de leur ancienne indépendance, trouvaient d'attraits au fédéralisme, autant Paris mettait son honneur à demeurer la capitale d'une grande république une et indivisible. Jetons un coup d'œil sur cette Commune. Avant la Révolution, la municipalité de Paris était composée du prévôt des marchands, de 4 échevins, de 26 conseillers du roi, tous pris parmi les plus anciennes familles bourgeoises. Il y avait, en outre, 1 procureur et avocat du roi et de la ville, 1 greffier en chef, 1 trésorier,

16 quarteniers, 64 cinquanteniers et 256 dizainiers. Sans changer cette organisation, Necker établit, en 1789, à l'occasion des élections des états généraux, une division de la ville en 60 districts pour procéder à la nomination d'un électeur sur 100 individus, payant un cens de deux journées de travail. L'assemblée des électeurs, ayant procédé à l'élection des députés, continua de se réunir malgré les défenses de l'autorité, et prit le nom d'*Assemblée du tiers état de la Ville de Paris*. Elle forma une sorte de petit gouvernement populaire à l'usage de la ville de Paris, un point de ralliement pour la population parisienne. C'est à l'Hôtel de ville que s'organisa le mouvement du 14 juillet 1789. Le 16, les électeurs abolissent le titre de prévôt des marchands, que Flesselles porta le dernier, et y substituent celui de maire de Paris, donné à Bailly. En même temps, ils organisent la garde nationale sous le commandement de La Fayette (1).

L'assemblée des électeurs prit fin le 25 juillet de la même année. On y substitua une municipalité provisoire, composée de 120 députés des districts, avec le titre de représentants de la Commune. Cet état de choses dura près d'un an. Le 27 juin 1790, la base de la représentation municipale fut changée. Aux 60 districts furent substituées 48 sections. La municipalité fut composée d'un maire, de 16 administrateurs, de 32 conseillers et de 96 notables. Enfin, deux ans après, le 10 août 1792, les commissaires des sections, ne jugeant plus cette municipalité en harmonie avec les nouveaux besoins de la Révolution, se rendent au nombre de 180 à l'Hôtel de ville, la suspendent, nomment Santerre commandant de la garde nationale, et obligent l'Assemblée législative à changer l'organisation municipale. Celle-ci, maintenant les 48 sections, ordonne que chacune d'elles nommera un membre pour remplir la charge d'administrateur du département. De cette nomination et des lois du 30 août et du 2 septembre naquit la célèbre Commune de Paris. Constitutionnelle sous Bailly, républicaine avec Pétion pour maire et Danton pour substitut du procureur de la Commune, démocratique quand Pétion, maire plutôt de nom qu'en réalité, subit l'influence populaire; enfin ultra-démocratique avec Pache pour maire, Chaumette pour procureur et Hébert pour substitut. Fleuriot remplit ensuite les fonctions de maire. S'étant uni avec les triumvirs, Robespierre, Saint-Just et Couthon, il périt avec eux. Déjà Bailly et Pétion avaient eu le même sort.

La violente Commune d'Hébert trouva dans les girondins des adversaires au sein de la Convention. Ils réussirent à le faire décréter d'arrestation par l'assemblée; ce fut le signal de l'insurrection qui, la Commune en tête et précédée par des canons, se porta sur les Tuileries. En effet, depuis le 10 mai 1793, la Convention avait quitté la salle du Manège et était venue s'installer dans une vaste salle construite à la place de la salle de spectacle du palais. Un mot sur cette salle de spectacle. Elle était l'œuvre de Vigarani (1662), et passait pour la plus grande de l'Europe après celle de Parme. Sept à huit mille personnes pouvaient y être convenablement placées. Elle occupait toute la largeur de l'aile du pavillon Marsan d'un mur à l'autre. C'est dans cette vaste enceinte, où la royauté s'était amusée de fêtes et d'opéras, que se jouait maintenant le drame formidable de la Révolution. C'est là que la Convention livra ses grands débats; c'est là que les tribunes tremblaient sous les trépignements d'un public pressé et frémissant. Tous les comités dont se composait alors le gouvernement siégeaient aux Tuileries. Le comité de Salut public se réunissait dans le pavillon de Flore, alors pavillon de la Liberté. L'insurrection arrive donc, demandant les têtes des girondins. Ceux-ci veulent sortir par la place du Carrousel et trouvent les canons pointés contre eux; ils rentrent dans la Convention pour entendre leur arrêt. (Journée du 31 mai.)

Cependant les chefs les plus hardis de la Révolution allaient disparaître. Le 13 juillet 1793, à cinq heures du soir, des cris retentissent au n° 18 de la rue de l'École-de-Médecine. Charlotte Corday venait d'assassiner Marat. C'est là (1), dans un cabinet qui donnait sur une petite cour au-dessus du puits, au premier étage, que le fougueux rédacteur de *l'Ami du peuple* expia frappé dans son bain

---

(1) Ce fut alors qu'apparut le drapeau tricolore formé du bleu et du rouge, couleurs qui, depuis Étienne Marcel, étaient celles de la ville de Paris, au milieu desquelles on établit le blanc, couleur de la monarchie; le nouvel étendard était donc un drapeau constitutionnel. On remarquera encore que le premier drapeau français fut *bleu* (la chape de saint Martin de Tours); que Louis VI et Philippe-Auguste y substituèrent l'oriflamme, qui était *rouge*; qu'enfin, Jeanne Darc fit adopter à Charles VII le drapeau *blanc*; le drapeau tricolore résume donc nos anciennes couleurs nationales.

(1) La maison habitée par Marat et où il fut assassiné a existé jusqu'à ces derniers temps; elle n'a été démolie que pour faire place aux agrandissements de l'École de médecine (1881).

Palais-Royal.

tout le sang qu'il avait fait couler par ses funestes conseils. Là s'étaient réunis maintes fois Collot d'Herbois, Billaud-Varennes, Chaumette, Legendre, Saint-Just, Robespierre. Souvent, en se rendant au club des Cordeliers, Danton, qui demeurait dans le passage du Commerce, passait chez Marat ou l'appelait de sa voix tonnante au bas de l'escalier en pierre qui conduisait au pauvre appartement du journaliste. Danton aussi vit bientôt la fin de sa carrière (5 avril 1794), et Robespierre, qui l'envoya à l'échafaud, approchait également de la sienne. Il la termina par la célébration de la fameuse fête de l'Être suprême, à laquelle il présida et qui, commencée aux Tuileries, s'acheva au Champ-de-Mars. Attaqué le 9 thermidor par les dantonistes et par les débris des girondins, il se réfugie à l'Hôtel de ville au sein de la Commune, dont Fleuriot était maire. Le peuple fut appelé à sa défense. De son côté, la Convention fit marcher ses forces; elle l'emporta. Le lendemain, Robespierre et ses compagnons furent conduits à l'échafaud. En passant devant sa modeste demeure, la maison du menuisier Duplay, rue Saint-Honoré, n° 104 ou 106, il fut insulté par la foule. Aucun supplice n'avait attiré une aussi grande affluence. En ce jour finit le règne de la Commune de Paris; en même temps finissait la période révolutionnaire qu'on a appelée la Terreur.

L'échafaud, cette arme terrible de la Révolution, avait d'abord été dressé à la place de Grève, où se faisaient autrefois les exécutions. C'est là que, le 25 avril 1792, on fit la première expérience de la guillotine sur un assassin. En 1793, l'échafaud fut transporté sur la place Louis XV, alors place de la Révolution, puis, l'année suivante, à la place Saint-Antoine, et ramené ensuite à la place de la Révolution pour l'exécution de Robespierre. Les thermidoriens prétendirent se montrer cléments en laissant rentrer quelques émigrés : peu de jours après, la bibliothèque de l'abbaye Saint-Germain-des-Prés est incendiée, la poudrière de Grenelle saute. Le peuple s'alarme et voit dans ces faits des preuves de complots royalistes. Il s'insurge, il menace, il demande du pain : « Nous en avions, s'écrie-t-il, sous Robespierre. » — Six cents femmes se rassemblent à la section des Gravilliers et viennent demander du pain à la Convention. Elles sont repoussées. Mais un mois après une insurrection armée s'organise et envahit la Convention nationale. Boissy d'Anglas est menacé; le député Féraud est tué et sa tête promenée sur une pique. Son assassin est conduit au supplice; mais le peuple le délivre et l'enlève. Alarmée de cette opiniâtreté de l'insurrection, la Convention fait cerner le faubourg Saint-Antoine par 30,000 hommes et le menace d'un bombardement.

Après avoir vaincu la Commune, la Convention eut à vaincre l'autre parti extrême. Le 13 vendémiaire, un mouvement royaliste éclate; le général Danican, commandant les forces des sections, menace les Tuileries avec 36,000 hommes. Barras, chargé de défendre la Convention, s'en remet au général Bonaparte; celui-ci n'avait que 8,000 combattants, mais il disposait de 40 pièces de canon qu'il fit mettre en batterie au pont Tournant, à la tête du pont Louis XVI, à celle du pont Royal, au Carrousel, au débouché des rues qui aboutissent aux Tuileries. A quatre heures du soir, l'armée de Danican attaque les forces conventionnelles. Bonaparte monte à cheval, fait avancer ses pièces en face de l'église Saint-Roch et mitraille les insurgés. Les traces, malgré les réparations, se voient encore sur la façade de l'église.

La Constitution de l'an III triomphait. La Convention se retira victorieuse. Le 4 brumaire an III (26 octobre 1795), elle déclarait sa mission terminée : elle avait siégé 3 ans 1 mois et 6 jours.

Au milieu d'une guerre terrible au dedans et au dehors, que de fondations utiles furent son ouvrage! Les lycées de Paris, alors appelés écoles centrales; les Écoles normale et polytechnique, la première établie d'abord à l'amphithéâtre du Jardin des Plantes, d'où elle fut transférée rue des Postes (aujourd'hui rue Lhomond); la seconde au collège de Navarre, rue de la Montagne-Sainte-Geneviève, où elle est restée; le musée du Louvre; le Conservatoire des arts et métiers, rue Saint-Martin, formé sur la proposition de Grégoire; l'administration des télégraphes, dont Chappe fut l'inventeur, rue de l'Université; une foule d'hôpitaux civils et militaires, principalement ceux de la Pitié et Saint-Antoine, le premier occupé d'abord par les Enfants de la patrie, orphelins des deux sexes, etc.

Certes, jamais Paris n'a vécu et ne vivra sans doute d'une vie plus pleine et plus ardente, mais aussi plus tristement agitée, que pendant les grands jours de l'Assemblée constituante, de l'Assemblée législative et de la Convention.

Le Directoire eut à réprimer la conspiration de Babeuf et dut sévir contre les royalistes qui travaillaient ouvertement à la restauration de la monarchie; ensuite eut lieu le coup d'État du 18 fructidor, à la suite duquel les directeurs Barthélemy et Carnot, en même temps que 53 députés, furent condamnés à la déportation. Cette période fut marquée par une extrême corruption des mœurs : l'amour du plaisir sous toutes ses formes, longtemps comprimé, fit tout à coup explosion. Bientôt le 18 brumaire renversa le nouvel état de choses. Sous les beaux jours du Consulat, Paris vit renaître son ancienne prospérité : l'industrie, le commerce, les arts, qui avaient tant souffert de la tempête révolutionnaire, refleurirent; de nouvelles constructions s'élevèrent; on démolit la plus grande partie des maisons de la rue Saint-Nicaise, qui avaient été fort endommagées par l'explosion de la machine infernale, et à leur place fut construit le corps de bâtiment qui s'attache au pavillon de Marsan et qui, longtemps arrêté à la rue de Rohan, fut achevé en 1852. Paris vit alors de grandes fêtes. Telles furent les cérémonies célébrées dans l'église de Notre-Dame, naguère temple de la Raison; l'une eut lieu le 18 avril 1802, jour de Pâques, pour le rétablissement du culte catholique. L'autre, la plus splendide de toutes par la magnificence des costumes, l'éclat des uniformes et la richesse des toilettes des femmes, fut celle du sacre, le 1er décembre 1804. Enfin, il y eut encore pour Paris des jours d'enthousiasme à l'occasion des grandes victoires de l'empereur.

On ouvrit les marchés Saint-Joseph, Saint-Honoré, Saint-Martin, des Blancs-Manteaux, Saint-Germain, chef-d'œuvre de Blondel, sur l'ancien emplacement de la foire; des Carmes, à la viande, à la volaille, aux fleurs; enfin l'entrepôt des vins, quai Saint-Bernard, élevé par Gaucher sur l'emplacement de l'ancienne halle aux vins, de l'abbaye Saint-Victor, de la terre d'Aletz et de plusieurs maisons particulières; c'est, pour l'étendue, une ville de quatrième ordre. On construisit les cinq abattoirs Montmartre, Ivry, Popincourt, Vaugirard, du Roule. On jeta sur la Seine les ponts d'Austerlitz, de la Cité, des Arts, d'Iéna, celui-ci miné par les Prussiens et que Louis XVIII ne sauva de la destruction qu'en le baptisant pont des Invalides. En face, sur la hauteur de Chaillot, où se trouve aujourd'hui le palais du Trocadéro, construit en 1878, devait s'élever le palais du roi de Rome. De nombreuses fontaines furent édifiées, entre autres le Château-d'Eau, chef-d'œuvre de Gérard. La dérivation des eaux de l'Ourcq vers Paris, commencée en 1799, fut achevée. L'eau arriva dans le bassin de La Villette ; on creusa un canal de la Seine à la Seine, composé de deux branches : l'une se dirigeant vers Saint-Denis, l'autre par les faubourgs vers les fossés de la Bastille, transformés en gare d'eau. Le trajet par la Seine était de trois jours ; celui-ci est de huit heures. On ouvrit les cimetières Montmartre, Vaugirard, Sainte-Catherine et du Père-Lachaise, ainsi nommé de la maison de campagne du jésuite confesseur de Louis XIV, qui est enfermée dans son enceinte. 3,000 mètres de quais nouveaux, accompagnés de ports magnifiques, dégagèrent les abords de la Seine. Un quartier superbe s'éleva depuis la rue de Rivoli jusqu'aux boulevards. Enfin, le palais de la Légion d'honneur, ancien hôtel du prince de Salm, brûlé en 1871 et rebâti depuis à l'aide d'une souscription parmi les légionnaires ; le Palais-Bourbon, qui avait servi aux séances des Cinq-Cents en 1797, avait été décoré en 1807 de la belle façade qui regarde le pont, et qui est occupé aujourd'hui encore par la Chambre des députés, après avoir abrité le Corps législatif sous le premier et le second Empire ; le palais de la Bourse, commencé en 1808 ; l'arc de triomphe de l'Étoile, commencé en 1806 par Chalgrin et achevé sous Louis-Philippe ; l'arc de triomphe du Carrousel, élevé en 1806 par Percier et Fontaine ; la colonne Vendôme, d'où la statue colossale de Napoléon fut renversée en 1814 et remplacée par un drapeau blanc qui a cédé la place, en 1833, à la statue en redingote et au petit chapeau, exécutée avec un scrupuleux respect de la tradition historique par M. Émile Seurre. Sous le deuxième Empire, la colonne de la place Vendôme a été surmontée d'un Napoléon en costume d'empereur romain. Abattu pendant la Commune de 1871, ce monument, élevé à la gloire de la grande armée à l'aide des canons pris sur l'ennemi, a été réédifié dans son état primitif.

C'est sous le Directoire et le Consulat que l'organisation municipale de Paris fut fixée telle qu'elle est demeurée jusqu'en 1860. La ville fut divisée en l'an IV en douze municipalités, dont l'administration fut confiée au département de la Seine, composé de 7 administrateurs. La loi de pluviôse an VIII substitua à ces administrateurs 12 maires et 2 préfets, l'un chargé de l'administration du département, et l'autre de la police. Sous l'Empire et la Restauration, au mode électoral succédèrent les nominations arbitraires. « Ainsi disparurent dans la ville de Paris, dit M. Henrion de Pansey, jusqu'aux traces du régime municipal. » Le premier préfet de la Seine fut M. Frochot ; il a eu pour premiers successeurs MM. de Chabrol, Alexandre de Laborde, Odilon Barrot, de Bondi, Rambuteau et Haussmann. Ces deux derniers ont laissé de très honorables traces de leur magistrature municipale, en donnant un grand essor aux embellissements de la capitale.

Quand les alliés envahirent la France en 1814, Napoléon, partant pour les combattre, rassembla la garde nationale parisienne et lui confia sa femme et son fils. Malgré ses efforts, 200,000 ennemis arrivèrent sous Paris. Marmont avait ordre de défendre la place jusqu'à son arrivée. Les Parisiens couraient aux armes et couvraient les redoutes qui protégeaient le nord de la ville. Les invalides, les élèves des Écoles d'Alfort et polytechnique, 40,000 gardes nationaux organisés, joints à 20,000 hommes de troupes régulières, contraignirent l'ennemi d'engager toutes ses réserves. Telle fut la journée du 30 mars, glorieuse pour Paris. Mais la trahison livra la ville : le lendemain, à midi, l'empereur de Russie et le roi de Prusse y firent leur entrée, par la barrière Saint-Martin, à la tête d'un brillant état-major et de 50,000 hommes d'élite. Des courtisans sans pudeur et des femmes de cour éhontées embrassaient les genoux des soldats étrangers ou leur jetaient des fleurs. Un petit nombre d'émigrés précédaient les alliés dans leur marche, agitant des drapeaux blancs et criant : Vivent les Bourbons ! Le peuple accueillit cette manifestation avec une sombre tristesse. Le lendemain, le conseil municipal de Paris déclarait qu'il renonçait à toute obéissance envers Napoléon, et, le 2 avril, le Sénat proclamait sa déchéance. Le 12, le comte d'Artois, frère de Louis XVIII, entrait dans Paris ; le roi y était reçu solennellement le 30 et ratifiait le traité qui enlevait à la France ses conquêtes et la réduisait à ses limites de janvier 1792. Un an après, le 20 mars 1815, Napoléon reparaissait en maître aux Tuileries ; le 1er juin, il réunissait au Champ-de-Mars les députés des départements, des gardes nationales et de l'armée. Mais la journée de Waterloo détruisait à tout jamais ses espérances. Il rentra cependant à Paris et occupa l'Élysée-Bourbon, abdiqua une seconde fois et se retira à la Malmaison. Le 3 juillet, Davout capitule malgré les cris de rage de l'armée et du peuple. Louis XVIII remonte le 8 aux Tuileries. Des fenêtres il voit les Cosaques qui bivouaquent dans la cour du Carrousel; il voit le Louvre dévalisé; il voit les grandes dames de sa cour former avec les barbares soldats du Nord des rondes infâmes.

PARIS SOUS LA RESTAURATION.

Le nouveau règne fut tristement inauguré par deux exécutions politiques, celles du colonel Labédoyère et du maréchal Ney, regardées comme les représailles du meurtre du duc d'Enghien. Tandis que la terreur blanche régnait au dehors, la tranquillité de la capitale ne fut pas troublée pendant les premières années du règne de Louis XVIII; après la vie agitée de la Révolution, les guerres sanglantes de l'Empire, qui avaient enlevé aux familles le plus généreux de leur sang, on aspirait au repos; on avait besoin de calme. Malgré les fautes des conseillers de Louis XVIII, qui restauraient l'ancien régime, aucun désordre grave ne s'était encore manifesté, lorsque le duc de Berry fut assassiné par Louvel, le 13 février 1820, au sortir de l'Opéra. Le meurtrier avait cru mettre fin à la branche aînée des Bourbons; mais, le 29 septembre, la duchesse de Berry accouchait d'un fils qui, sous le nom du duc de Bordeaux, devait être l'héritier présomptif du trône, et qui est mort sans avoir régné (24 août 1883). Du 30 mai au 9 juin, des troubles graves eurent lieu à l'occasion de la loi électorale; le gouvernement accrut l'irritation en voulant la réprimer par la force, et la lutte parlementaire s'établit surtout en 1823. La majorité de la Chambre des députés alla jusqu'à ordonner l'expulsion de Manuel, l'orateur populaire et le plus hardi de l'opposition, tandis que le peuple frémissait d'indignation au triste spectacle de l'exécution des quatre sergents de La Rochelle, victimes d'un entraînement libéral qui était commun à toute la France, et pour lesquels on avait espéré un sursis, une commutation de peine.

Louis XVIII, accablé d'infirmités, mourut en 1824, aux Tuileries. On crut d'abord que Charles X, son successeur, saurait conquérir et conserver une popularité nécessaire au repos de la France; mais ce roi se vit bientôt entouré et circonvenu par un parti rétrograde qui lui fit commettre faute sur faute : la désaffection vint, et bientôt les hostilités du parti libéral recommencèrent. Charles X avait aboli la censure, et cette mesure avait excité dans Paris un enthousiasme immense; effrayé du terrain qu'elle perdait, la camarilla s'empara de l'esprit du roi, et, en 1825, Paris assistait avec un étonnement railleur à la procession du jubilé, cérémonie empruntée par l'esprit clérical aux pratiques du passé, que, dans l'intérêt même de la religion, on n'aurait pas dû tenter dans une grande cité comme Paris, où l'élément voltairien dominait. Les funérailles du général Foy (1825), représentant du pur libéralisme, furent encore pour le peuple de Paris une occasion de faire comprendre à la royauté dans quelle voie dangereuse elle s'engageait. Les ministres, loin de tenir compte de l'esprit public, sévirent contre la presse; ils annoncèrent une loi restrictive de cette liberté, ironiquement qualifiée de *loi de justice et d'amour*, et ils la présentèrent.

L'Académie française, les journaux, les imprimeurs, les libraires réclamèrent énergiquement contre cette mesure; cette fois, on la retira

Mais, le 28 avril 1827, le roi passa en revue au Champ-de-Mars la garde nationale de Paris, qui fit entendre des cris hostiles au ministère : *A bas les ministres! à bas les jésuites!* Charles X déclara qu'il était venu *recevoir des hommages et non des leçons*. La garde nationale fut dissoute. La même année, Paris voit les funérailles de Manuel, de Stanislas Girardin et de La Rochefoucauld-Liancourt. Béranger expie en prison les élans libéraux de sa muse; mais il peut du fond de son cachot entendre au loin ses refrains dans lesquels le peuple trouve à la fois des souvenirs de gloire, une consolation à ses souffrances et des espérances pour l'avenir. Le 20 novembre, des troubles éclatèrent à propos des élections; le quartier Saint-Martin en fut le principal théâtre. Il fallut enlever des barricades rue Grenéta et au passage du Grand-Cerf. C'était le prélude des journées de juillet.

Le 26 juillet 1830, des ordonnances attentatoires à la liberté de la presse et aux lois électorales donnent lieu à une agitation immense qui dégénère bientôt en insurrection.

Le premier fait d'armes du peuple pour défendre ses droits fut l'enlèvement du poste de l'Hôtel de ville. Maîtres de ce point, les vainqueurs s'y maintinrent avec un courage héroïque contre les Suisses et plusieurs autres régiments soutenus par quatre pièces d'artillerie. D'ailleurs, ils furent secourus par des bandes venues des faubourgs. L'une de celles-ci, arrivant par les quais de l'Archevêché, se vit arrêtée au pont suspendu par la mitraille des royalistes. On hésitait : un jeune homme de dix-sept ans s'élance un drapeau tricolore à la main : « Mes amis, s'écrie-t-il, suivez-moi, je vais vous montrer comment on brave les feux de l'ennemi. Si je succombe, je m'appelle d'Arcole. » Et il court planter son drapeau au milieu du pont. Il tomba frappé à mort, mais son exemple avait entraîné les citoyens ; le pont fut franchi au pas de charge et la colonne victorieuse déboucha sur la place de Grève. Le nom d'Arcole fut donné au pont qui avait été le théâtre de son courageux dévouement. Ceci se passait le 28 juillet. Le lendemain, 29, fut installé à l'Hôtel de ville une sorte de gouvernement provisoire présidé par le général Dubourg. Dans cette même journée, le Louvre fut emporté d'assaut par les citoyens armés, à la tête desquels s'était placé le général Gérard. Ce fut un combat meurtrier. Les Suisses et la garde royale défendirent avec acharnement ce dernier boulevard de la monarchie légitime. Les victimes tombées du côté du peuple furent ensevelies au pied de la colonnade du Louvre, où leurs restes demeurèrent dix années. En 1840, on les transporta dans les caveaux creusés sous la colonne de Juillet, sur laquelle on grava leurs noms ; une inscription d'une grande simplicité rappelle la destination de ce monument. Sur le faîte se dresse une statue dorée représentant le génie de la Liberté ayant brisé les fers du despotisme et éclairant le monde du flambeau de la liberté.

Le 9 août, le duc d'Orléans est proclamé roi dans une réunion de deux cent cinquante-deux députés et prend le titre de *roi des Français*, tandis que le vieux roi Charles X suivait tristement sur la route de Cherbourg, avec toute sa famille, le chemin de l'exil.

Les quinze années de paix dont jouit la France pendant les deux Restaurations, de 1814 et de 1815, favorisèrent le développement matériel de la prospérité publique dans Paris. La plus grande partie des travaux d'embellissement et d'assainissement commencés sous l'Empire furent continués ou achevés ; le régime des prisons et des hospices reçut des améliorations notables ; pour l'éclairage des rues, on employa le gaz hydrogène (1819). En 1823, on estimait le nombre des rues de Paris à 1,070, outre 120 culs-de-sac et 70 places.

Parmi les institutions et établissements nouveaux fondés dans la capitale vers la même époque, citons : la Caisse d'épargne (1818) ; l'École des beaux-arts (1819) ; l'École des chartes (1821) ; le Musée des antiquités égyptiennes (1827) ; l'École centrale des arts et manufactures (1828) ; les églises Notre-Dame-de-Lorette (1823) ; Saint-Vincent-de-Paul (1824) ; les collèges Saint-Louis (1820), sur l'emplacement de l'ancien collège d'Harcourt ; Stanislas (1822) ; Rollin (1823) ; les théâtres du Gymnase-Dramatique, des Nouveautés, etc., etc., la salle de l'Opéra, rue Lepelletier (1821) ; la salle Ventadour (Théâtre-Italien), les ponts des Invalides, de l'Archevêché et d'Arcole (1827). On décora les églises de statues et de tableaux ; une nouvelle statue équestre de Henri IV fut placée sur le terre-plein du Pont-Neuf. Ajoutons encore le séminaire de Saint-Sulpice (1820) ; la chapelle expiatoire de Louis XVI (1826), et l'église Notre-Dame-de-Bonne-Nouvelle, et nous aurons dressé le bilan des embellissements de Paris sous la Restauration.

PARIS SOUS LOUIS-PHILIPPE Ier

Sous Louis-Philippe, Paris vit des insurrections, le terrible choléra et aussi des fêtes. Le 13 février 1831, il voit flotter sur les flots de la Seine les livres, chasubles, mitres, objets de culte arrachés à l'archevêché et à Saint-Germain-l'Auxerrois. Une manifestation légitimiste dans cette église avait provoqué l'émeute. Le 27 mars 1832, le choléra-morbus, fléau jusque-là inconnu, faisait irruption dans la capitale, où l'on compta jusqu'à 1,000 victimes par jour. En juin de la même année, le canon foudroie les républicains du cloître Saint-Merri, et en avril 1834 ceux de la rue Transnonain. Les attentats régicides se succèdent avec une déplorable furie. Tandis qu'à la Chambre des députés et dans la presse une lutte acharnée éclate entre les modérés et les libéraux, le sang est versé dans les duels politiques, et Paris entier assiste aux funérailles d'un homme de bien, d'Armand Carrel (24 juillet 1836), tombé victime d'une de ces luttes sacrilèges. Mais voici que tout un peuple court au Champ-de-Mars, c'est la joie qui l'y conduit ; il va voir les fêtes célébrées en l'honneur du mariage du duc d'Orléans. Hélas ! la joie se change en deuil ;

on s'étouffe au sortir du Champ-de-Mars, de nombreuses victimes restent sur la place. On compara ce désastre à celui du mariage de Louis XVI, et quelques-uns y virent un présage funeste. Quatre ans après, l'église Notre-Dame se revêt de tentures funèbres : le duc d'Orléans, sur lequel les plus sages comptaient pour rallier tous les partis, s'est tué sur la route de Neuilly en sautant de sa voiture pour échapper à ses chevaux emportés. Avec lui périt l'espoir de la dynastie, car que d'années séparent le vieux roi de son petit-fils, le comte de Paris ! Entre ces deux deuils, Paris en avait eu un autre qui avait plutôt le caractère d'une fête : les cendres de Napoléon Ier furent apportées, le 15 décembre 1840, sous le dôme des Invalides, où un tombeau devait être élevé pour les recevoir ; Louis-Philippe avait confié au duc de Joinville, l'un de ses fils, le soin de ramener aux bords de la Seine les restes du proscrit de Sainte-Hélène. Le monument est achevé aujourd'hui par l'art et la main d'un grand architecte, Visconti, et d'un grand sculpteur, Pradier. Douze Victoires, taillées d'un seul jet dans le granit et ne faisant qu'un avec les piliers massifs qui portent le temple même, veillent sur l'urne de porphyre qui contient le corps embaumé de Napoléon Ier.

Chose étrange ! sous le règne pacifique de Louis-Philippe, Paris fut cuirassé pour la guerre. Une immense enceinte fortifiée, précédée d'un système de forts détachés, l'entoura complètement. Depuis bien longtemps, Paris n'avait plus de fortifications : 1815 rendait la précaution plausible. On sait trop qu'elle ne servit à rien et qu'elle n'empêcha pas en 1871 les hordes germaniques d'assiéger, de bombarder et d'affamer la capitale, dont elles ne souillèrent d'ailleurs, par leur courte présence, qu'une minime partie. Cependant, le triste rôle que joua la France en 1840 dans les affaires d'Orient, plus tard l'indemnité Pritchard et les scandales publics, où se trouvèrent malheureusement mêlés des hommes appartenant de près ou de loin au gouvernement, réveillèrent l'agitation politique qui s'était graduellement apaisée depuis 1830. Le gouvernement, ne s'appuyant que sur une classe, la bourgeoisie censitaire, était profondément discrédité. Ce fut alors que l'opposition commença sa campagne par les banquets pour la réforme électorale, présidés par les députés, mais propagés sous l'influence prédominante du parti républicain. Un banquet de ce genre, qui devait avoir lieu à Paris, près de l'avenue des Champs-Élysées, et auquel le gouvernement crut devoir s'opposer, donna aux mécontents l'occasion de se compter et d'entraîner l'opinion. Le 22 février, des bandes de gardes nationaux, d'ouvriers et d'étudiants parcourent la ville aux cris de : *Vive la Réforme ! A bas Guizot !* Après deux jours de lutte, le 24 février, la monarchie était de nouveau renversée et la République, à la surprise du plus grand nombre, fut proclamée. Quant au roi Louis-Philippe, après avoir essayé une abdication tardive et inutile en faveur de son petit-fils le comte de Paris, il se retira en Angleterre, où il mourut trois ans après.

Louis-Philippe fit moins bâtir des édifices nouveaux qu'achever ou réparer les anciens : la Madeleine, l'arc de triomphe de l'Étoile, l'Hôtel de ville, l'église Saint-Vincent-de-Paul, le palais d'Orsay, la décoration de la place de la Concorde. Il fit commencer l'agrandissement du Palais de justice, la restauration de Notre-Dame et de la Sainte-Chapelle ; construire la fontaine Molière, les ponts Louis-Philippe et du Carrousel ; ouvrir les musées des Thermes et de l'hôtel Cluny.

Sous ce règne, malgré les agitations incessantes des premières années, l'industrie et le commerce firent de grands progrès : un nombre considérable d'usines et de manufactures importantes furent fondées dans les faubourgs ; les vieilles boutiques commencèrent à faire place à des magasins éblouissants de luxe et de richesse ; plus de 4,000 maisons furent construites de 1834 à 1848 ; la double ligne des quais fut complétée, la Cité déblayée des bouges qui l'occupaient ; les abords de l'Hôtel de ville furent en partie dégagés, ainsi que ceux des Halles ; les prisons de la Roquette et de Mazas furent construites. Enfin le redressement et l'alignement des rues (notamment la rue de Rambuteau) portèrent dans des quartiers obscurs et malsains le jour et la santé. Le puits artésien de Grenelle, dont l'eau jaillit de 547 mètres de profondeur, fut destiné à alimenter les bornes-fontaines de la rive gauche. Les gares des chemins de fer, surtout celle du chemin de fer de Strasbourg, furent de nouveaux monuments pour l'ornement comme pour l'utilité de la ville.

PARIS SOUS LA SECONDE RÉPUBLIQUE

Le 24 février, Louis-Philippe, abandonné par la bourgeoisie parisienne, pour laquelle il avait tant fait, avait abdiqué vers midi, pendant qu'on se battait encore sur la place du Palais-Royal; puis, après bien des hésitations, protégé par quelques régiments, il avait pu partir avec sa famille sans être poursuivi ni inquiété. Pendant ce temps, la duchesse d'Orléans, accompagnée du jeune duc de Nemours, s'était rendue avec ses enfants à la Chambre des députés. En vain Odilon Barrot et Dupin essayèrent-ils de poser la question de la régence; Ledru-Rollin et Lamartine proposèrent l'établissement d'un gouvernement provisoire qui fut ainsi composé: Lamartine, Dupont (de l'Eure), Arago, Ledru-Rollin, Garnier-Pagès, Crémieux et Marie, auxquels furent adjoints comme secrétaires d'abord, ensuite comme collègues, Louis Blanc, Flocon, Armand Marrast et Albert. A peine constitué et installé à l'Hôtel de ville, le gouvernement provisoire proclamait la République, décrétait la formation des 24 bataillons de garde mobile et ouvrait aux ouvriers sans travail ces funestes ateliers nationaux dont la fermeture devait quelques mois plus tard occasionner la terrible insurrection de juin. Pendant qu'une commission, chargée de s'occuper du sort des travailleurs, siégeait au Luxembourg sous la présidence de Louis Blanc et proclamait le *droit au travail*, Lamartine, pour rassurer l'Europe, déclarait dans un manifeste que la République ne menacerait personne, mais qu'elle empêcherait toute intervention ayant pour objet de comprimer les réclamations légitimes des peuples, et Arago faisait décréter l'émancipation des noirs de nos colonies.

Cependant, une vive agitation, entretenue par 237 clubs et 140 journaux, régnait dans les esprits et faisait craindre une lutte nouvelle. Le 16 mars, les compagnies d'élite de l'ancienne garde nationale firent en corps une manifestation à l'Hôtel de ville; le lendemain, les corporations ouvrières, les délégués du Luxembourg, les ateliers nationaux organisèrent une contre-manifestation dans laquelle défilèrent plus de 120,000 personnes. Le 16 avril fut signalé par une manifestation socialiste; 60,000 hommes, partis du Champs-de-Mars, se dirigèrent vers l'Hôtel de ville dans le but de substituer un comité de Salut public au gouvernement provisoire; la garde nationale, avec l'aide de la garde mobile, dispersa la colonne des clubistes. Le 21 avril, la fête de la Fraternité parut réunir pour un moment et confondre tous les esprits dans un commun désir de paix et de réconcialition. Le 4 mai, la première Assemblée française nommée par le suffrage universel se réunissait au Palais-Bourbon, proclamait solennellement la République et confiait le pouvoir à une commission exécutive de cinq membres: Arago, Garnier-Pagès, Marie, Lamartine et Ledru-Rollin. Mais la confiance était loin de renaître, et l'envahissement de l'Assemblée nationale au 15 mai accentua encore la sourde mésintelligence qui s'était élevée entre le peuple remuant de Paris et les représentants, et ces troubles, qui avaient eu pour prétexte une pétition en faveur de la Pologne et que la garde nationale put réprimer encore, étaient le triste prélude de désordres plus graves.

Dans les premiers jours de juin, l'Assemblée nationale, au lieu de se ranger du côté de ceux qui étaient d'avis de procéder avec prudence et méthode au licenciement des ateliers nationaux dont tout le monde avait reconnu le danger, parut vouloir adopter le parti proposé par M. de Falloux, comme plus radical et plus énergique, c'est-à-dire en ordonner la dissolution immédiate et jeter sur le pavé, sans ressources et sans pain, 100,000 travailleurs. C'était allumer la guerre civile. En effet, à la nouvelle du vote probable de la dissolution des ateliers nationaux, qui constituaient une puissante armée de prolétaires possédant des armes, des chefs et une véritable discipline, les têtes s'exaltèrent; aux mécontents que cette mesure atteignait si cruellement, puisqu'elle les jetait eux et leur famille dans la misère absolue, se joignirent les messieurs des clubs et les agents bonapartistes et légitimistes. Le 22 juin, des barricades s'élèvent tout à coup avec une étonnante rapidité dans les faubourgs et occupent bientôt la moitié de Paris. La commission exécutive n'avait à sa disposition qu'une vingtaine de mille hommes de la ligne, la garde mobile et une partie de la garde nationale. Le général Cavaignac, qui était ministre de la guerre depuis le 18 mai, refusant d'adopter le plan de la commission exécutive, qui consistait à combattre l'insurrection à mesure qu'elle se manifestait, laissa, au contraire, la ville se hérisser de barricades qui s'étendaient en demi-cercle depuis le clos Saint-Lazare sur la rive droite jusqu'au Panthéon sur la rive gauche. Au début, l'insurrection n'avait ni chef ni plan arrêté. Elle prit pour centre la place de la Bastille et eut pour objectif de converger vers l'Hôtel de ville. Dans la journée du 23, on ne lui opposa d'autres forces que la garde mobile et la garde nationale; le soir seulement, le général Cavaignac engagea quelques troupes.

La nuit interrompit un instant le combat, qui recommença le lendemain avec furie.

En présence de ces événements, l'Assemblée nationale proclama l'état de siège et concentra tous les pouvoirs entre les mains de Cavaignac. Maître absolu du gouvernement, celui-ci sortit enfin de son apathie et agit avec une énergie terrible. Le 25 au matin, le faubourg Saint-Antoine restait seul au pouvoir des insurgés. C'est là que s'était rendu la veille l'archevêque de Paris, Denis Affre, dans l'espérance d'arrêter l'horrible effusion de sang humain qui, depuis trois jours, rougissait les rues de la capitale. Le prélat avait pénétré dans le faubourg par la grande barricade qui en masquait l'entrée et avait été accueilli avec sympathie. Mais à peine avait-il prononcé quelques paroles que le feu, un instant éteint, recommençait de nouveau et que l'archevêque tombait frappé d'une balle.

Dans la nuit du 25 au 26, des négociations furent entamées; mais le général Cavaignac refusa d'accorder aux insurgés la capitulation qu'ils demandaient : la lutte recommença et se termina par la prise et l'occupation du grand faubourg.

Les lugubres journées de juin coûtèrent à la France 12,000 morts parmi les insurgés, et le nombre des arrestations s'éleva à près de 20,000. On eut à déplorer la perte de 8 généraux, parmi lesquels nous nommerons le général Bréa et le général Négrier; un grand nombre de soldats succombèrent aussi dans cette guerre fratricide. La République sortit singulièrement affaiblie de cette lutte affreuse, bien que dans les deux camps on criât : Vive la République !

La révolution de Février, en envoyant en exil les membres de la famille d'Orléans, avait ouvert les portes de la France à ceux de la famille Bonaparte. L'Assemblée nationale avait établi pour bases du gouvernement nouveau une Assemblée unique et un président de la République, élu par le suffrage universel. Le 10 décembre, Louis-Napoléon Bonaparte, neveu de Napoléon Ier, était élu président de la République par plus de 5,000,000 de voix, tandis que le général Cavaignac, son concurrent, en obtenait à peine 1,500,000. Le nouveau président s'empressa de prêter serment à la Constitution.

Le pouvoir législatif et le pouvoir exécutif s'entendirent d'abord tout le temps qu'il s'agit de comprimer les partis extrêmes; ainsi, une tentative d'émeute, organisée le 29 janvier 1849, échoua devant les mesures prises par le général Changarnier.

Aux termes de la nouvelle Constitution, une Assemblée législative avait été élue et s'était réunie le 28 mai 1849. Elle renfermait dans son sein un grand nombre de partisans des régimes déchus.

Le 13 juin, en apprenant qu'une armée française était envoyée en Italie sous le commandement du général Oudinot pour faire rentrer Rome, qui avait proclamé la République, sous le pouvoir papal, les députés républicains, ayant Ledru-Rollin à leur tête, proposèrent la mise en accusation du président et de ses ministres et descendirent dans la rue; mais ce mouvement fut aussitôt comprimé.

La session de 1850 fut marquée par la loi du 31 mai, qui mutilait le suffrage universel et rayait 3,000,000 d'électeurs. Durant cette année et pendant les onze premiers mois de 1851, la tranquillité matérielle ne fut pas troublée à Paris; mais un conflit s'était élevé entre l'Assemblée et le président. Ce conflit devait se terminer par le coup d'État du 2 décembre. Le 7 novembre, les questeurs de l'Assemblée avaient présenté un projet de décret qui investissait le président de l'Assemblée du droit de requérir directement la force armée pour veiller à la sûreté de la représentation nationale; cette proposition fut repoussée et ajourna à quinze jours le dénouement du drame. Le 26 novembre, le général Magnan fit part à tous les généraux de son armée des projets de coup d'État et leur demanda leur concours; le 1er décembre, cet acte était décidé, et les proclamations furent portées à l'Imprimerie nationale, dont personne ne put sortir jusqu'à ce que tout fût terminé; le Palais législatif fut occupé par surprise, et le 2 décembre, au matin, les chefs des différents partis de l'Assemblée étaient arrêtés chez eux et jetés à Mazas. Paris se réveilla au frémissement de la grande nouvelle et lut sur les murs le décret qui dissolvait l'Assemblée nationale, rétablissait le suffrage universel, convoquait le peuple français dans ses comices et mettait Paris en état de siège. En même temps paraissaient une proclamation au peuple français et une autre à l'armée. Cependant un petit nombre de représentants, après avoir tenté inutilement de se réunir au Palais législatif, se ren-

Panthéon.

dirent à la mairie du X⁰ arrondissement (aujourd'hui le VII⁰), s'y constituèrent en assemblée, décrétèrent la déchéance du président et nommèrent le général Oudinot commandant de l'armée de Paris; mais des troupes nombreuses ne tardèrent pas à les envelopper : les uns furent conduits à la prison Mazas, d'autres au Mont-Valérien ou à Vincennes; la plupart, toutefois, furent mis en liberté après quelques jours de détention. Le 3, un certain nombre de représentants et de républicains déterminés essayèrent sans succès d'organiser la résistance au faubourg Saint-Antoine, et une frêle barricade fut construite : c'est là que le représentant Baudin tomba foudroyé par une balle. A partir de ce moment, l'agitation grandit et acquit des proportions considérables. Des rassemblements se formaient de toutes parts et prenaient d'heure en heure, dans les quartiers du centre surtout, une attitude plus menaçante. Entre les boulevards, la rue du Temple, la rue Saint-Denis et les quais, dans ce fouillis, inextricable en ce temps-là, de rues populeuses, étroites, tortueuses, éminemment favorables à la guerre de barricades, on commençait à rencontrer des groupes armés, rares encore, mais pleins d'audace... Sur la rive gauche de la Seine, l'agitation avait gagné le faubourg Saint-Marceau... A Belleville, Madier de Montjau et Jules Bastide réussaient à déterminer un commencement de résistance. Mais cette résistance fut bientôt comprimée. Pourtant de nouvelles tentatives se produisirent dans la matinée du 4 décembre et des combats acharnés furent livrés dans la rue Saint-Denis, dans la rue de Rambuteau et dans le faubourg Saint-Martin. Dans la rue Montorgueil tomba, frappé de deux balles, Denis Dussoubs, qui, par une héroïque usurpation, s'était revêtu de l'écharpe de son frère, représentant de la Haute-Vienne. Toutefois, de tous les épisodes des journées de décembre, il n'en est pas qui aient laissé une impression plus profonde que ceux qui eurent pour théâtre les boulevards Bonne-Nouvelle, Poissonnière, Montmartre et des Italiens. Nous en empruntons le récit abrégé à l'ouvrage de M. Eugène Ténot (1) : « Le 4 décembre, à trois heures, les troupes stationnaient ou défilaient lentement, avec des haltes fréquentes, sur les boulevards. La foule qui les entourait était surtout curieuse, mais cependant en général peu sympathique ; des cris hostiles au président se faisaient entendre sur quelques points ; souvent aussi des rires moqueurs, des lazzi à l'adresse des soldats. Ceux-ci, très excités contre la population, s'exagérant sans doute le degré de son hostilité, l'esprit hanté par le souvenir de la terrible « guerre des fenêtres » en juin, s'imaginaient être sous le coup d'une agression subite ; il est certain qu'ils supposaient les maisons garnies d'ennemis invisibles prêts à faire feu ; ils se croyaient environnés d'embûches ; ils étaient dans un de ces états de surexcitation nerveuse où les hommes gardent difficilement leur sang-froid... Cet état mental des soldats massés le 4 décembre sur les boulevards était-il aggravé par des causes physiques, des excès de nourriture et de boisson ? On l'a dit avec tant d'insistance que le gouvernement a cru devoir le démentir dans son organe officiel... Les dispositions des troupes étant telles, on s'explique naturellement ce qui arriva, ce qui a été d'ailleurs raconté par des témoins oculaires : des coups de feu sont tirés vers la tête de colonne, boulevard Bonne-Nouvelle ; les premiers pelotons ripostent, criblant de balles les fenêtres ; la masse est frappée comme d'une commotion électrique. Plus de doute pour les soldats, c'est la guerre des croisées qui commence. Et, peloton par peloton, ils font feu les uns après les autres sur les groupes qui stationnent, sur les spectateurs des balcons et des fenêtres, criblant de balles ces ennemis imaginaires. Vainement la plupart des officiers, — ceci a été constaté par un grand nombre, — essayent-ils d'arrêter cet entraînement. Pendant un quart d'heure, c'est un véritable ouragan de feu et de plomb depuis le boulevard Bonne-Nouvelle jusqu'à celui des Italiens. « Quelques minutes après la » première décharge, rapporte M. William Jesse, » officier anglais qui assistait à cette horrible fu- » sillade, des canons furent braqués et tirés contre » le magasin de M. Sallandrouze. » La foule se précipita, frappée d'épouvante, vers les portes des maisons, vers les débouchés des rues adjacentes, en proie à une terreur trop légitime. La grêle des balles s'abattit, en partie, sur ces groupes effarés.

» On les vit se courber sous l'ouragan, tomber sur les trottoirs, sur le seuil des portes... Beaucoup aussi furent frappés aux fenêtres et dans l'intérieur des appartements par les balles qui ricochaient contre les murs. »

Dès le 5 décembre, le triomphe de Louis-Napoléon était assuré. La Constitution républicaine de 1848 était déchirée par celui-là même qui avait juré de la défendre. Il est vrai que, quelques semaines plus tard, il prétendit « n'être sorti de la légalité que pour rentrer dans le droit. » Quoi qu'il en soit, les lambeaux du pacte gisaient à terre rougis du sang de 380 citoyens et de 181 soldats, d'après les constatations officielles.

Pendant les journées qui suivirent le coup d'État, de nombreuses arrestations furent opérées dans Paris. Un décret exila momentanément les généraux Bedeau, Changarnier, Lamoricière et Leflô ; MM. Duvergier de Hauranne, Baze, Thiers, Rémusat, etc. ; un grand nombre de représentants du peuple républicains furent désignés pour la transportation à Cayenne ou exilés. Vers la fin de décembre furent organisées, par une circulaire ministérielle, les fameuses *commissions mixtes*, que l'on a quelquefois comparées aux cours prévôtales de la Restauration, et qui jugèrent et condamnèrent à l'exil ou à la déportation les accusés sans les entendre. Dufaure devait plus tard flétrir ces magistrats trop dociles du haut de la tribune française.

Conformément à la proclamation du 2 décembre, le scrutin pour le plébiscite s'ouvrit ; le résultat donna 7,439,246 *oui* et 640,737 *non*. Ainsi la France acceptait la Constitution proposée par le président de la République et lui conférait le pouvoir pour dix ans. C'était un acheminement au rétablissement de l'Empire. En effet, un sénatus-consulte le proposa bientôt ; il fut adopté par les comices populaires le 21 et le 22 novembre.

Le 2 décembre 1852, l'Empire était solennellement proclamé.

Durant cette courte période de moins de quatre années si remplie d'événements, l'embellissement de la capitale continua : l'hospice Louis-Philippe, aujourd'hui l'hôpital de La Riboisière, fut terminé ; la bibliothèque Sainte-Geneviève s'éleva sur les

---

(1) *Paris en décembre 1851, étude historique sur le coup d'État.*

ruines du vieux collège Montaigu; les travaux de l'église Sainte-Clotilde furent poursuivis avec ardeur. Citons encore l'achèvement des réparations de la Sainte-Chapelle, la continuation de celles de Notre-Dame, l'érection de plusieurs nouvelles mairies, les alignements des anciennes rues, le percement d'un très grand nombre de nouvelles, au premier rang desquelles il nous faut placer le prolongement de la rue de Rivoli et d'autres travaux entrepris ou terminés.

PARIS SOUS NAPOLÉON III

Le nouvel empereur prit le nom de Napoléon III. La nation, avide de repos et de tranquillité, accepta sans grande peine la suppression de presque toutes les libertés politiques; un désir immense de bien-être et de jouissance s'empara des masses. L'activité de tout un peuple parut se porter vers les conquêtes de l'industrie et celle des richesses qui en dérivent. Le gouvernement donna aux travaux publics une activité qui, en dix ans, renouvela presque les grandes villes, mais aussi surexcita la spéculation et amena des désastres. Paris, sous l'administration du nouveau préfet de la Seine, M. Haussmann, fut comme rebâti sur un plan nouveau et grandiose. Le Louvre s'achève et va rejoindre les Tuileries; le pavillon de Flore est reconstruit; le Musée restauré reçoit de nouveaux chefs-d'œuvre et voit s'ouvrir de nouvelles galeries; les places s'élargissent ou se transforment en squares et en jardins, des voies et des avenues nouvelles s'ouvrent, des quartiers entiers aux rues étroites et mal famées, aux maisons insalubres, tombent sous le marteau des démolisseurs, laissant partout pénétrer l'air et la lumière; des cités ouvrières s'élèvent; la rue de Rivoli prolongée va rejoindre la rue Saint-Antoine; une caserne monumentale, de splendides habitations qui étalent sur leurs façades les mille caprices de l'architecture de l'époque, bordent son parcours; les Halles centrales s'achèvent; un nouveau marché du Temple est construit; le canal Saint-Martin, voûté sur une longueur de 1,800 mètres; le boulevard Voltaire, qui s'appela d'abord boulevard du Prince-Eugène, est ouvert; les boulevards de Strasbourg, de Sébastopol, du Palais et Saint-Michel traversent Paris du nord au sud; on supprime d'affreuses ruelles qui se cachaient dans la partie occidentale de la place de l'Hôtel-de-Ville, pour les remplacer par l'avenue Victoria, qui fait communiquer cette place avec celle du Châtelet, dotée de la fontaine de la Victoire et de deux grands théâtres; l'hôtel de la Banque reçoit de nouveaux agrandissements, tandis que dans son voisinage s'élèvent le nouvel hôtel du Timbre, une caserne modèle et la Mairie du III° arrondissement (aujourd'hui le II°); la Bibliothèque nationale restaurée laisse voir, du côté de la rue Vivienne, sa charmante façade Louis XIII; non loin de là, la place Louvois est transformée en square; un nouvel Opéra est construit, autour duquel les rues Auber, Scribe, etc., bordées d'hôtels luxueux comme des palais, qui offrent aux étrangers toutes les délicatesses d'un élégant confort; la large avenue de l'Opéra met ce superbe édifice en communication directe avec le Théâtre-Français; de nouvelles églises, celles de la Trinité, rue Clichy, de Saint-André, dans la cité d'Antin, de Saint-Eugène, sur la limite du IX° et du X° arrondissements, sont élevées; la vieille tour Saint-Jacques-la-Boucherie est rendue à l'air et à la lumière. La Cité, cet antique berceau de Paris, voit se continuer les embellissements commencés sous le règne du roi Louis-Philippe et disparaître ces ruelles fangeuses, refuge du vice et de la débauche, pour faire place au tribunal de commerce et à une caserne monumentale. La vieille basilique de Notre-Dame, dégagée de la forêt d'étais et d'échafaudages qui la cachaient aux yeux de tous, réapparaît habilement restaurée et rajeunie, disposée à braver encore bien des siècles; la Sainte-Chapelle, débarrassée des archives poudreuses de la justice, élance dans les airs sa belle flèche dorée et fleurdelisée, tandis que le Palais de justice étale aux quatre points cardinaux ses nouvelles façades. Nos vieux ponts, le Pont-Neuf lui-même, sont réparés ou reconstruits, et leurs trottoirs, rendus praticables, offrent de belles promenades; le pont d'Iéna n'est plus isolé et a vu s'élever dans son voisinage deux nouveaux ponts, ceux de l'Alma et de Solférino; le pont au Change a été rebâti et placé dans l'axe du boulevard de Sébastopol; de nouveaux égouts, entre autres le grand égout collecteur, sont construits; les anciens sont assainis ou élargis; enfin, grâce à l'écluse monumentale de la Monnaie, la Seine voit le bras de sa rive gauche devenir navigable, et son lit, autrefois si souvent desséché pendant l'été, hors des atteintes des rayons du soleil. Les quais, redressés et garnis de trottoirs, s'embellissent de plantations.

Dans cette fièvre de constructions nouvelles, les plaisirs ne sont pas oubliés : les anciens théâtres sont restaurés et de nouveaux s'élèvent, tandis qu'aux Champs-Élysées, dont les fossés sont supprimés et les abords remaniés, le Palais de l'Industrie, aux dimensions colossales, chasse du carré Marigny, que l'on appelait autrefois le carré des Fêtes, le peuple et ses bruyants plaisirs. Au bois de Boulogne et au bois de Vincennes, changés en beaux parcs, jaillissent d'abondantes cascades qui alimentent une rivière aux bords gazonnés. Au Champs-de-Mars, aplani et nivelé, l'École-Militaire s'est agrandie. De la Madeleine part un nouveau boulevard, celui de Malesherbes, qui aboutit à la Seine. Un autre, partant de l'ancienne barrière Monceaux, en traversant la plaine du nord-est au sud-ouest, gagne le parc de Neuilly. La place de l'Étoile est transformée et embellie ; elle devient le point central de réunion de 12 boulevards ou avenues.

La rive gauche, quoique moins bien partagée que sa voisine, a sa part dans ce mouvement général : la rue des Écoles s'achève ; les abords du Luxembourg et du Panthéon s'embellissent ; la gare du chemin de fer de l'Ouest orne un des boulevards les plus oubliés autrefois, tandis que la rue de Rennes, aux larges dimensions, vient la mettre en communication avec le centre du faubourg Saint-Germain ; le boulevard Saint-Germain décrit un immense arc de cercle qui s'appuie d'un côté au pont Sully et de l'autre au pont de la Concorde, en traversant tout le faubourg Saint-Germain ; l'église Sainte-Clotilde est livrée au culte ; le palais des Beaux-Arts agrandi ; le musée de Cluny, le palais des Thermes sont restaurés. Le boulevard Saint-Marcel unit le boulevard de l'Hôpital à la rue Mouffetard, tandis que le boulevard de Port-Royal fait communiquer cette vieille rue complètement rebâtie avec le carrefour de l'Observatoire ; le boulevard Arago débouche sur la place Denfert-Rochereau. Enfin, un grand nombre de voies nouvelles sont ouvertes et plusieurs anciennes prolongées : la rue Monge, la rue Gay-Lussac, la rue des Feuillantines, la rue de Médicis, etc., etc. Nous n'en finirions pas, si nous voulions énumérer ici toutes les transformations que la ville a subies pendant les dix-huit années qu'a duré l'Empire. Nous en reparlerons d'ailleurs plus loin, en faisant la description de Paris. Rappelons toutefois le bois de Boulogne transformé, le Jardin zoologique d'acclimatation créé ; le bois de Vincennes métamorphosé en parc à l'instar du bois de Boulogne ; le parc Monceau ouvert au public ; la colline du Trocadéro transformée d'abord en un triste amphithéâtre de verdure, qui depuis a fait place à l'immense palais édifié pour l'exposition de 1878 ; le parc de Montsouris commencé ; les travaux du puits artésien de Passy achevés ; les eaux de la Dhuis et de la Vanne amenées à Paris ; l'Hôtel-Dieu reconstruit ; de spacieux abattoirs généraux et un marché central de bestiaux établis à La Vilette.

Pendant que s'opéraient ces splendides, mais coûteuses transformations, qui d'ailleurs ont fait de la capitale de la France la plus belle ville du monde, l'opinion publique sommeillait et la politique chômait ; aussi l'historien n'a-t-il à noter, durant la plus grande partie de ce règne, que peu d'événements remarquables, relatifs à Paris. Les dernières années seules attireront spécialement notre attention.

En 1853, le 30 janvier, le mariage de Louis Bonaparte avec la comtesse espagnole Eugénie de Montijo était célébré à Notre-Dame avec une pompe extraordinaire. Un an après, le 16 janvier 1854, le gouvernement créait la caisse du service de la boulangerie pour prévenir, en cas de disette, la trop grande élévation du pain à Paris. Le 28 avril 1855, au moment où il passait à la hauteur du Château-des-Fleurs, vers 5 heures du soir, Napoléon III était l'objet d'une tentative d'assassinat de la part d'un Italien nommé Pianori : l'empereur ne fut pas atteint. Pianori, arrêté, déclara qu'il n'avait pas de complices, qu'il avait voulu venger sa patrie amoindrie par Napoléon Bonaparte ; il fut condamné à mort et exécuté. Le 15 mai de la même année s'ouvrit au Palais de l'Industrie une exposition universelle ; elle inaugurait ces luttes pacifiques du travail, les seules pour lesquelles les peuples devraient utiliser leurs forces. Elle dura jusqu'au 16 octobre. En 1854, l'empereur qui, avant d'être couronné, avait dit : « L'Empire, c'est la paix, » avait néanmoins, de concert avec l'Angleterre, déclaré la guerre à la Russie qui menaçait d'envahir les possessions de la Turquie. La flotte anglo-française était entrée dans la mer Noire, tandis qu'une armée se rassemblait sous les murs de Constantinople. Le 14 septembre 1854, la victoire de l'Alma avait permis de commencer le siège de Sébastopol qui ne fut pris que le 8 septembre 1855. La paix fut signée à Paris le 30 mars 1856. Avant cette date, c'est-à-dire le 29 décembre 1855, avait eu lieu, au milieu des réjouissances publiques, l'entrée solennelle à Paris de la garde impériale et de plusieurs régiments de ligne revenant de Crimée. Le 16 mars 1856, le prince impérial naissait : cet événement sembla devoir consolider la dynastie napoléonienne ; il fut célébré par des fêtes, notamment sur la place de l'Hôtel-de-Ville que l'on élargissait alors. Le 3 janvier 1857, l'archevêque Sibour était assassiné dans l'église Saint-Étienne-du-Mont par un prêtre interdit nommé Verger. Un peu plus d'un an après, le 14 janvier 1858, avait lieu l'attentat d'Orsini contre la vie de l'empereur, lequel, accompagné de l'impératrice, se rendait à l'Opéra où devait avoir lieu une représentation extraordinaire. Au moment où la voiture impériale s'engageait dans le passage réservé, trois détonations terribles, provenant de l'explosion de bombes fulminantes, éclatèrent coup sur coup. Ni l'empereur ni l'impératrice n'avaient été atteints, quoique la voiture eût été criblée de projectiles. Orsini avait trois complices, dont un seul, nommé Pieri, fut exécuté en même temps que lui. Cet attentat, dans lequel 156 victimes avaient été tuées ou blessées, servit de prétexte pour frapper de nouveau le parti démocratique : 2,000 personnes suspectes de républicanisme furent jetées en prison, et, peu après, en vertu de la loi de sûreté générale, que s'empressa de voter le Corps législatif, plus de 400 républicains étaient transportés en Algérie. Le 24 février 1858, un décret du gouvernement proclamait la liberté de la boucherie à Paris, et, le 8 mai, le Corps législatif votait une loi sur les grands travaux de la capitale par laquelle il était stipulé que 180 millions seraient consacrés à l'ouverture ou à l'achèvement des grandes voies de communication. Une autre loi, du 28 mai 1859, portait jusqu'aux fortifications les limites de Paris, à partir du 1er janvier 1860.

Entre temps, la guerre avait été déclarée à l'Autriche, qui, en dépit des efforts de la diplomatie européenne, avait passé le Tessin (29 avril). Les victoires de Magenta et de Solferino terminèrent cette guerre ; la paix, signée à Villafranca, fut confirmée plus tard par le traité de Zurich, et, le 28 août 1859, les troupes de l'armée d'Italie firent à Paris une entrée triomphale.

Jusqu'en 1863, nous n'avons rien à signaler : le 30 juin de cette année, la liberté de la boulangerie fut décrétée, et la loi qui remettait aux municipalités le soin de fixer la taxe du pain fut suspendue.

Le 1er avril 1867 s'ouvrit au Champ-de-Mars une grande exposition universelle ; à cette occasion, la capitale reçut la visite de plusieurs souverains, notamment du sultan, du roi de Prusse et de l'empereur de Russie. Ce dernier fut l'objet d'une tentative d'assassinat, au bois de Boulogne, de la part d'un jeune Polonais nommé Bérézowski, que le jury de la Seine condamna aux travaux forcés à perpétuité.

En juin 1868, une loi plus libérale permit l'ouverture de nombreuses réunions publiques. L'opinion, si longtemps endormie, commençait à se réveiller : elle se souvint du représentant du peuple Baudin, tué le 3 décembre 1851, à la barricade du faubourg Saint-Antoine, et une imposante manifestation eut lieu sur sa tombe, au cimetière Montmartre, le 2 novembre de cette année. L'année suivante, le 23 mai, les élections pour le Corps législatif donnèrent à Paris, aux candidats de l'opposition, une majorité considérable. Le meurtre de Victor Noir (10 janvier 1870), à Auteuil, par le prince Pierre Bonaparte, occasionna une émotion extraordinaire, et l'enterrement de la victime provoqua une manifestation immense, à laquelle prirent part plus de 100,000 Parisiens. Le 7 février, l'arrestation de M. Henri Rochefort, dont le pamphlet *la Lanterne* flagellait chaque semaine l'Empire et ses serviteurs, fut suivie d'une tentative d'insurrection aussitôt réprimée.

A tous ces signes et à d'autres encore, le gouvernement comprit que c'en était fait du pouvoir personnel ; aussi un sénatus-consulte du 20 avril 1870 proposa-t-il au peuple français la transformation de l'Empire autoritaire en Empire libéral. Le 8 mai 7,300,000 citoyens répondirent *oui*. Paris, lui, avait donné une grande majorité hostile au gouvernement, qui pourtant se crut affermi par ce vote. Cette croyance trompeuse et funeste l'engagea bientôt à déclarer à la Prusse cette guerre folle qui devait conduire la France au bord de l'abîme. On sait quelle fut l'origine ou plutôt le prétexte de cette lutte sanglante que la France a provoquée, mais que la Prusse a voulue et en vue de laquelle elle organisait depuis un grand nombre d'années la plus formidable machine de guerre que le monde eût encore vue. Au mois de juin 1868, une révolution précipitait du trône d'Espagne la reine Isabelle ; alors se produisit la candidature à la couronne de ce pays du prince Léopold de Hohenzollern, parent du roi de Prusse. L'entente s'étant faite définitivement à la fin de juin 1870, le gouvernement français déclara à la tribune du Corps législatif qu'il s'y opposerait « sans hésitations et sans faiblesse. » Notre ambassadeur à Berlin, M. Benedetti, reçu par le roi Guillaume aux eaux d'Ems, demanda que celui-ci donnât au prince de Hohenzollern l'ordre de renoncer au trône d'Espagne. Le roi répondit qu'il ne pouvait accéder à ce désir, ajoutant néanmoins qu'il approuverait la renonciation du prince Léopold si celui-ci consentait à la faire. Le gouvernement français ne se contenta pas de cette réponse, et M. Benedetti fut chargé d'insister. Le 12 juillet, le prince allemand avait donné la renonciation exigée et toute cause de conflit paraissait écartée, lorsque l'ambassadeur français demanda au roi de Prusse de promettre d'interposer son autorité dans le cas où le prince Léopold reviendrait sur sa décision. Guillaume, alors, refusa catégoriquement. Dans la séance du 15 juillet, M. Émile Ollivier et M. de Grammont présentèrent ces négociations sous un jour injurieux pour la France. M. Benedetti reçut l'ordre de revenir à Paris, et, malgré l'énergique opposition de M. Thiers et de quelques-uns de ses collègues, il fut décidé que la guerre serait déclarée à la Prusse. Le ministère impérial, M. Émile Ollivier en tête, venait de déchaîner sur son pays « d'un cœur léger » les horreurs de la plus épouvantable guerre qu'on ait jamais vue, en y associant une majorité servile et aveugle. Le 19 juillet, le chargé d'affaires de la France à Berlin remettait au gouvernement du roi Guillaume une note dénonçant la guerre. Pendant que, sur les boulevards, des bandes salariées poussaient le cri : *A Berlin!* la population parisienne assistait morne et inquiète au départ de l'armée. L'empereur lui-même s'empressa de quitter la capitale, en laissant la régence à l'impératrice, et se rendit à Metz où se trouvait le quartier général impérial. Mais nous n'avons pas à retracer ici les émouvantes et tristes péripéties de cette lutte formidable, pour laquelle, malgré l'assertion contraire du maréchal Lebœuf, rien n'était prêt ; elles ont d'ailleurs été résumées dans l'Introduction historique de cet ouvrage. Nous devons nous contenter de faire le récit abrégé du siège de Paris et des quelques faits qui l'ont précédé.

PARIS SOUS LA TROISIÈME RÉPUBLIQUE

A la nouvelle du désastre de Sedan (2 septembre 1870), de la reddition de l'armée de Mac-Mahon qu'avait accompagnée sinon précédée celle de Napoléon III, Paris eut un frémissement profond et douloureux. Le 4 septembre, la salle où siégeait le Corps législatif était envahie aux cris de : *Vive la République!* la déchéance de Louis-Napoléon Bonaparte et de sa dynastie proclamée, la République acclamée à l'Hôtel de ville et un nouveau gouvernement établi sous l'heureuse dénomination de gouvernement de la Défense nationale. Il était ainsi constitué : Emmanuel Arago, Crémieux, Jules Favre, Jules Ferry, Gambetta, Garnier-Pagès, Glais-Bizoin, Eugène Pelletan, Ernest Picard, Rochefort, Jules Simon. Le général Trochu lui fut adjoint comme chef militaire. L'impératrice avait quitté Paris en toute hâte, pendant que le prince impérial gagnait la Belgique, accompagné de son précepteur.

Le drapeau du château des Tuileries avait été amené et cette révolution s'était accomplie sans aucune effusion du sang.

Siège de Paris par les Allemands en 1870-1871. — « Tandis que la France, foulée par l'invasion, dit M. Ch. de Mazade dans son ouvrage intitulé *la Guerre de France* (1870-1871), se redresse dans une convulsion suprême pour soutenir avec des forces improvisées une lutte désormais inégale, Paris, retranché tout à coup du monde, livré à lui-même, Paris reste, à partir de la mi-septembre 1870, le théâtre du plus dramatique et je peux dire du plus mémorable épisode de cette funeste guerre. Là, pendant cinq mois, est le point central de la défense, le nœud de toutes les opérations poursuivies ou tentées au sud et au nord, à l'ouest comme à l'est. Pour l'ennemi, c'est le gage de la victoire définitive à saisir sur les remparts de la Cité souveraine. Pour les armées levées à la hâte en province, c'est la grande ville, tête et cœur de la France, à délivrer. Pour tous, pour l'Europe elle-même, étonnée et troublée de ce puissant conflit, c'est un événement unique par la durée et le caractère de la lutte, par la nouveauté de ce spectacle d'une population de 2 millions d'âmes réduite à vivre en armes au milieu de ses monuments, de ses musées et de ses bibliothèques, à se disputer aux passions qui l'agitent, aux souffrances qui l'éprouvent, à l'ennemi qui la presse, qui commence par l'affamer pour finir par la bombarder. »

L'Allemand, en effet, avait bien compris que Paris était le nœud définitif de la guerre et que sa victoire resterait incertaine tant que Paris n'aurait pas été pris. Aussi, après la journée de Sedan, se hâta-t-il de marcher sur la capitale. Aux premières nouvelles de cette marche, le nouveau gouvernement donna une vive impulsion aux travaux de défense déjà commencés par le gouvernement de la régence, qui, avant la fin d'août, avait fait de sérieux efforts pour l'armement des forts et de l'enceinte. Il fallait, en effet, des efforts gigantesques pour garnir de canons des fortifications qui présentent un développement de près de 34 kilomètres, sans compter les forts au nombre de 17 et dont quelques-uns, tels que le Mont-Valérien, sont de formidables forteresses. Voici, d'ailleurs, d'après M. Ch. de Mazade, quelle était la situation au 15 septembre : « L'approvisionnement pouvait passer pour assuré sans qu'on pût au juste en préciser les ressources. L'armement en matériel semblait puissant et abondant, puisqu'on avait fait refluer à Paris tout ce qu'on avait pu tirer de la province ; il restait encore, par malheur, confus et décousu. La défense de l'enceinte, habilement organisée, avait été distribuée en neuf secteurs, placés sous le commandement d'officiers généraux, principalement d'officiers de marine, en communication directe avec le gouvernement central au Louvre. Pour la défense extérieure, six forts avaient été confiés à la marine, — trois au nord-est : Romainville, Noisy, Rosny, groupés sous les ordres du contre-amiral Saisset ; — trois au sud : Ivry, Bicêtre, Montrouge, réunis sous le contre-amiral Pothuau, les uns et les autres sous la direction supérieure du vice-amiral La Roncière Le Nourry, chargé dès l'origine du commandement de tous les marins de siège. Les autres forts avaient pour défenseurs des gardes mobiles et des compagnies de marche improvisées. » L'armée régulière comptait seulement 50,000 hommes peu aguerris ; on pouvait disposer, en outre, d'environ 100,000 hommes de gardes mobiles, ni équipés ni sérieusement armés. La garde nationale parisienne en était encore à s'organiser.

Le 9 septembre, le plan des ouvrages à exécuter pour la défense de Paris est arrêté ; ils consistent en redoutes à Gennevilliers, à Montretout, dans le parc de Saint-Cloud au-dessus de Ville-d'Avray, à Brimborion, sur les hauteurs des Bruyères, au plateau de Châtillon, au Moulin-Saquet, au Port-à-l'Anglais, et au nord, sur la rive droite, un ouvrage continu. Malheureusement, on n'eut pas le temps de terminer et d'armer comme il l'eût fallu ces différents ouvrages.

Cependant, comme nous l'avons dit, l'ennemi n'avait pas perdu de temps ; il s'approchait d'heure en heure, et il n'était pas difficile de prévoir que les communications entre Paris et la province allaient bientôt devenir impossibles. Le gouvernement comprit la nécessité de conserver sa liberté de mouvement et d'action afin de pouvoir correspondre avec le reste de la France. Il délégua donc à Tours deux de ses membres : MM. Crémieux et Glais-Bizoin ; ils s'y établirent le 11. Le 15, les armées allemandes dépassaient Senlis et Meaux. Le 17, les premiers coups de canon retentissaient entre la Marne et la Seine. C'était le général Vinoy qui se heurtait contre les têtes de colonnes de l'armée du prince de Prusse.

En ce moment et avant que l'investissement fût complet, M. Thiers consentit, par patriotisme, à faire auprès des cours d'Europe une douloureuse et inutile tentative ; de son côté, Jules Favre allait trouver à Ferrières, sans plus de succès, le comte de Bismarck. Le 19 septembre, et au moment même où il rentrait à Paris, « n'ayant à rapporter au gouvernement de l'Hôtel de ville que la déception de sa diplomatie, la défense militaire, de son côté, venait, elle aussi, de faire sa tentative et d'essuyer son premier mécompte, en livrant sa première bataille pour retarder l'investissement définitif (1). » Le général Ducrot avait mis, le 18, son camp au plateau de Châtillon dont la redoute, malheureusement inachevée, pouvait pourtant être un abri assez solide et devenir le point d'appui d'une action offensive ; il avait résolu de se jeter sur l'ennemi prêt à défiler devant lui. Le combat, commencé le 19 de grand matin, garda jusqu'à 7 heures un aspect favorable, quand une affreuse panique s'empara des zouaves qui entraient à peine en ligne et qui se débandèrent follement avant d'avoir combattu, malgré les efforts de leurs chefs. Un combat d'artillerie s'établit alors et dura jusqu'à 4 heures du soir, moment où le général en chef dut se résigner à lâcher prise et à quitter la redoute. Les conducteurs d'artillerie, laissés en arrière, s'étaient repliés sous les forts en même temps que les fuyards ; il fut donc impossible d'en-

(1) Ch. de Mazade, *la Guerre de France (1870-1871)*.

lever les canons que les artilleurs enclouèrent. Les mitrailleuses furent sauvées avec des chevaux d'officiers. Le résultat de cette première bataille du siège de Paris était d'une triste gravité, en ce que nous venions de perdre une position maîtresse dominant les routes de Versailles aussi bien que les murs de Paris. En même temps que la redoute de Châtillon, celles de Bagneux et du Moulin-de-Pierre étaient abandonnées avec 8 bouches à feu, et le gouverneur de Paris ordonnait d'évacuer les redoutes de Meudon, de Montretout, de Brimborion, de Gennevilliers, de Ville-d'Avray et de la Capsulerie. On fit sauter les ponts de Sèvres, de Billancourt, de Saint-Cloud, d'Asnières, de Clichy, de Saint-Ouen. Seul le pont de Neuilly fut conservé. Le Mont-Valérien resta ainsi isolé; toutes les troupes furent ramenées dans Paris. Les trains de chemins de chemins de fer ne marchent plus.

« Jusque-là, dit M. Ch. de Mazade, personne n'avait cru à la possibilité de cette opération extraordinaire d'un investissement aussi complet, aussi absolu, dépassant la mesure de toutes les combinaisons militaires connues. On considérait presque comme une chimère ambitieuse et vaine cette idée du siège ou du blocus d'une place défendue par une enceinte d'un développement de 34 kilomètres, protégée par des forts décrivant une ligne circulaire de 60 à 80 kilomètres. On s'était dit, sur la foi des calculs ordinaires, que, pour faire un tel siège, il faudrait un matériel d'artillerie colossal qu'une armée traînerait difficilement après elle à 600 kilomètres de sa base d'opérations; que, pour accomplir un tel investissement, il faudrait 500,000 ou 600,000 hommes... On n'imaginait pas un blocus tel qu'il pût interdire la plus simple communication. »

Et pourtant, le 21 septembre, cet investissement était complet; à partir de ce jour s'engageait l'implacable duel entre la ville assiégée et l'ennemi, dont le grand quartier général était à Versailles. De ce duel, nous ne pouvons que noter en passant les faits principaux, nous arrêtant seulement aux plus saillants. La journée du 23 septembre fut signalée par deux brillants succès pour nos armes. Vers 3 heures du matin, un bataillon allemand voulut reprendre possession de Villejuif, ne se doutant pas que nos troupes occupaient de nouveau ce village, qui avait été abandonné les jours précédents. Ce bataillon est jeté hors des rues avec des pertes assez fortes. Vers la même heure, une reconnaissance française s'élance sur l'ouvrage des Hautes-Bruyères et s'en empare; l'ennemi se retire sur les villages de Chevilly et de L'Hay, où il se maintient. Les positions de Villejuif et des Hautes-Bruyères devaient nous rester jusqu'à la fin du siège. Ce même jour, l'amiral Saisset, à la tête de fusiliers marins et des éclaireurs de la Seine, poussait une reconnaissance jusqu'à 400 mètres du Bourget, après avoir débusqué l'ennemi de Drancy. Jusqu'au 30, notons quelques faits : le 24, les théâtres sont fermés et un poste allemand se laisse surprendre à Neuilly-sur-Marne; à Saint-Denis, l'ennemi semble vouloir établir une batterie sur la butte du Moulin-Pinçon; le même jour a lieu une manifestation patriotique au pied de la statue de Strasbourg. Le 27, un premier ballon, porteur de 300 kilogrammes de dépêches, part pour la province. Le 28, des barricades sont construites au rond-point de Courbevoie, les Tuileries sont converties en ambulances et le jardin en camp; la flottille cuirassée commence à descendre la Seine. Le 30, Paris s'éveilla au bruit de la canonnade : c'était le combat de Chevilly, qui ne produisit pour nous aucun résultat positif, mais qui eut néanmoins l'avantage de ramener la confiance dans l'esprit du soldat et de lui montrer que les Prussiens n'étaient pas invincibles.

Le 1er octobre, un armistice de quelques heures permit d'enterrer les morts et de relever les blessés en avant de Villejuif. Le 2, Paris apprit une désolante nouvelle : Strasbourg et Toul venaient de succomber. Le 3 octobre eurent lieu aux Invalides les funérailles du général Guilhem, tué au combat de Chevilly. Le 4, les Allemands construisent cinq batteries sur les hauteurs de Saint-Cloud, à Meudon, à Fleury, à Bellevue, à la lanterne de Démosthène (parc de Saint-Cloud) et à Montretout. Le 5, le Mont-Valérien, Issy, Vanves, Montrouge, les canonnières du côté de Brimborion ouvrent le feu de leur grosse artillerie contre les ouvrages et les batteries de l'ennemi, qui sont entièrement détruits.

Cependant les coups répétés de la mauvaise fortune exerçaient une singulière influence sur la population parisienne, impressionnable, nerveuse à l'excès; influence qui ne la conduisait pas au découragement, mais à une sourde colère présageant de loin l'orage qui ne pouvait manquer d'éclater quand toutes ses espérances seraient brisées. La nouvelle de la capitulation de Strasbourg et de Toul avait avivé ce sentiment. Le foyer du mécon-

PARIS
SES ACCROISSEMENTS
SES ENCEINTES
PAR V. A. MALTE-BRUN

SUPERFICIE DE PARIS A DIFFÉRENTES ÉPOQUES

Sous Jules César	15 hect. 03
Sous l'Empereur Julien	18 hect. 33
van 1211	252 hect. 46
Sous Philippe Auguste	438 hect. 99
Sous Charles VI	483 hect. 44
Sous François Ier	567 hect. 35
Sous Henri IV	1002 hect. 65
Sous Louis XIV	1338 hect. 40
Sous Louis XV	3335 hect. 45
Sous Louis XVI	3435 hect. 00
Sous le second Empire et sous la 2.me République	8950 hect. 00

Gravé par Erhard, r.me E, rue Nicole

J. Rouff, Éditeur, 14, Cloître St-Honoré

Imprimerie Erhard, Paris

LA FRANCE ILLUSTRÉE   PAR V.-A. MALTE-BRUN

107. — Seine (3).   PARIS — PLACE DE LA CONCORDE

tentement était à Belleville ; les bataillons de cette partie de Paris étaient commandés par Gustave Flourens, cœur généreux, mais incapable de suivre une direction réfléchie. Le 5 octobre, il descendit avec ses bataillons sur la place de l'Hôtel-de-Ville, somma le gouvernement d'agir, demandant la levée en masse, la sortie immédiate contre les Prussiens, les élections municipales, le réquisitionnement et le rationnement, etc. La majorité de la population blâma cette manifestation, surtout parce qu'elle était faite en armes et pouvait dégénérer en émeute ; — et toute émeute eût fait le jeu de M. de Bismarck, qui comptait bien là-dessus, il l'a assez répété, pour réduire la capitale.

Le lendemain, on recevait de Tours la nouvelle, fort exagérée, que la province se levait et se mettait en mouvement. Le gouvernement songea alors à fortifier sa délégation, et Gambetta reçut la mission de se rendre à Tours avec la double qualité de ministre de l'intérieur et de ministre de la guerre. Le 7, il monta dans la nacelle du ballon l'*Armand-Barbès*, emportant une proclamation à la France signée de tous les membres du gouvernement. Ce même jour, le commandant Sapia faisait appel à la guerre civile. Le lendemain, M. de Kératry donnait sa démission de préfet de police et partait en ballon pour la province avec une mission militaire. C'est à partir de cette date que chaque famille reçut une carte pour le pain et une pour la viande ; on avait d'abord mangé les bœufs, on allait maintenant manger les chevaux. Le 8, une colonne d'infanterie de marine, dirigée par le chef de bataillon Bouzigon, chasse l'ennemi du village de Bondy et détruit ce qui peut gêner le feu des postes avancés. Le 9, les mobiles et les francs-tireurs s'emparent du village de Gentilly et du moulin de Cachan, occupés par l'ennemi depuis le 19 septembre. En outre, les mobiles s'installent fortement à Clamart. Dans la nuit du 10 au 11, les mobiles de la Côte-d'Or, soutenus par la brigade de La Mariouze et appuyés par l'artillerie de Montrouge, attaquent la maison Plichon ou Milhaud, située près de Cachan, en chassent les Prussiens et la fortifient immédiatement. Les mobiles se conduisent avec une grande vigueur. Toutefois, on ne dépasse pas le village de Bagneux.

A ce moment, les troupes allemandes massées autour de Paris s'élevaient au plus à 180,000 hommes, et il semble que le général Trochu eût pu facilement rompre une ligne d'investissement aussi étendue en jetant sur un seul point un nombre supérieur ou au moins égal de combattants. Mais on commence à reconnaître que le chef militaire de la défense agit avec mollesse, fait des attaques partielles avec peu de troupes et ne pousse pas aussi activement qu'il pourrait le faire l'organisation et l'accroissement de l'armée ; par exemple, on n'exécute pas la levée des hommes de 25 à 35 ans, ordonnée par la loi du 10 août.

Dans la nuit du 12 au 13, le 13ᵉ corps reçoit l'ordre de faire une grande reconnaissance sur le plateau de Châtillon. Tandis que la brigade Susbielle opère sur ce village, une colonne sous les ordres du colonel de La Mariouze, formée des mobiles de la Côte-d'Or avec un bataillon de ceux de l'Aube, est lancée sur Bagneux. Ce village est enlevé d'une façon brillante ; le commandant de Dampierre, des mobiles de l'Aube, y est tué. « Ainsi mourait glorieusement, dit M. Jules Claretie, jeune et riche (il n'avait que 33 ans), ce digne descendant du vieux Dampierre, mort en combattant les Prussiens sous la première République et enseveli au Panthéon avec son épée de combat, ses gants de buffle et sa dragonne en cuir. » Vers Châtillon, l'ennemi se défend pied à pied, et bientôt la redoute des Hautes-Bruyères signale l'arrivée de fortes réserves ennemies avec une artillerie nombreuse. Le général Vinoy fait demander au gouverneur s'il faut conserver Bagneux ; ne recevant qu'une réponse ambiguë, il ordonne la retraite. Le général Trochu félicite les troupes ; mais cette belle affaire reste, comme les autres, sans aucun résultat, nous ayant coûté 200 hommes mis hors de combat. Le 14, un armistice de six heures au plateau de Châtillon permet d'ensevelir les morts. La veille, à la tombée de la nuit, on apercevait d'immenses gerbes de flamme tourbillonner au-dessus de Saint-Cloud : c'était le château qui brûlait. Les Allemands ont prétendu que l'incendie avait été allumé par un obus du Mont-Valérien ; les habitants restés à Saint-Cloud affirment que, si un obus du Mont-Valérien a mis le feu, les Prussiens l'ont avivé pour faire disparaître sous des ruines les traces du pillage auquel ils s'étaient livrés. Le 15, trois bataillons de mobiles de Seine-et-Marne occupent Asnières, qui est immédiatement barricadé. Le fort de Noisy foudroie le camp allemand de la Maison-Grise. Le 16 ont lieu les obsèques du commandant de Dampierre ; le 17, dans la crainte d'un bombardement que l'on croit prochain, on commence à fermer avec des sacs à terre les ouvertures de la galerie des Antiques, au Louvre. La nuit du 18 au 19 octobre fut signalée par la plus effroyable canonnade que Paris eût encore entendue; on garnit les vitres des maisons de longues bandes de papier croisées et collées pour les assurer contre les violentes vibrations de l'air. Le 19, le génie français brûle le pont d'Argenteuil. Le 21 eut lieu une grande sortie sur Rueil, La Jonchère, Buzenval, Bougival et La Malmaison. Après avoir obtenu des succès marqués au commencement de l'action, nos troupes finirent par plier; le général Ducrot ordonna la retraite à la nuit tombante, et elle s'exécuta sous le feu de l'ennemi, qui avait reçu d'importants renforts. Cette affaire, que l'on a appelée *Combat de La Malmaison*, faite sans discernement et sans plan utile, n'eut d'autre résultat que de faire comprendre à l'ennemi que ses lignes étaient faibles de ce côté et de nous coûter 500 morts. On a combattu plusieurs heures contre une division prussienne entière, une partie du IVe corps et un régiment de la garde. Bien que ce combat n'ait pas avancé d'un pas les affaires des assiégés, les craintes furent telles à Versailles que le roi Guillaume gagna Saint-Germain. Le 22, on arme la redoute des Hautes-Bruyères de pièces à longue portée; le lendemain, un observatoire est établi dans le clocher de Villejuif. Le 26 octobre, M. de Flavigny portait à Versailles, au quartier général allemand, la moitié des 500,000 fr. envoyés par l'Angleterre aux blessés des deux armées; le prince royal lui manifesta son admiration de la belle défense de Paris. Cette admiration était méritée; malgré l'insuccès des diverses tentatives faites pour rompre le blocus, l'énergie de la population parisienne n'était point ébranlée : elle voyait sans faiblir approcher les premiers froids, les provisions diminuer, les marchés vides, les boutiques d'approvisionnements fermées : elle n'avait pas cessé d'avoir confiance; elle croyait encore au général Trochu. Le 26, la viande est rationnée à 50 grammes par personne; le Théâtre-Français rouvre ses portes. Le 27, une estrade de velours rouge pavoisée de drapeaux est élevée devant la grille du Panthéon. Le maire est sur l'estrade pour recevoir les enrôlements et les dons pour la fonte des canons. Un drapeau noir flotte au-dessus des noms de *Strasbourg, Toul, Châteaudun*. Sur une bande de toile blanche sont écrits ces mots : *Citoyens, la patrie est en danger. Enrôlements volontaires de la garde nationale*. Un grand nombre de jeunes gens s'inscrivent, offrant leur sang et leur vie pour la patrie. Hélas! on ne sut point mettre à profit ces élans et ces dévouements. Ce jour-là arrivaient au camp allemand des canons Krupp à longue portée et de gros calibre. Le bombardement de la capitale du monde civilisé par les barbares germaniques commencera bientôt. Ce même jour encore, le journal *le Combat* annonçait que le maréchal Bazaine avait envoyé au roi de Prusse un émissaire pour traiter de la reddition de Metz. On juge quel effet produisit cette nouvelle, qui fut démentie, mais qui cependant était vraie. Dans la nuit du 27 au 28, le général de Bellemare lance de Saint-Denis sur Le Bourget 300 francs-tireurs dits de *la Presse*, sous les ordres du commandant Rolland; ceux-ci, sans tirer un coup de fusil, abordent les postes allemands, les rejettent en désordre et s'emparent du village dans lequel les troupes s'établissent solidement. Le 28 et le 29, l'ennemi attaque cette position avec une artillerie formidable; le lendemain 30, Le Bourget est de nouveau attaqué par des forces considérables; les francs-tireurs de la Presse se battent avec rage, ainsi que le 14e de mobiles; sur la fin du combat, le 3e de marche et les turcos arrivent au secours des défenseurs du village; mais ce renfort ne peut empêcher la reprise de la position par les Allemands. Cette issue malheureuse d'une lutte qui a duré trois jours produit une sensation d'autant plus douloureuse sur la population parisienne, qu'au nombre des troupes défendant Le Bourget se trouvait un bataillon des mobiles de la Seine qui fut abîmé par le feu de l'ennemi. C'est durant ce combat meurtrier que fut tué le commandant Ernest Baroche. Ce jour-là, a dit Victor Hugo, la mort du fils a fait oublier la vie du père.

Une autre cause de désespoir vint s'ajouter à toutes celles qu'on avait déjà et porter à son comble l'irritation publique : la nouvelle de la capitulation de Metz fut affichée sur les murs de la capitale. Ces diverses circonstances amenèrent fatalement l'insurrection du 31 octobre. Vers 10 heures du matin, des rassemblements s'étaient formés sur la place de l'Hôtel-de-Ville et des députations se présentèrent pour faire part aux membres du gouvernement de la Défense des inquiétudes, des irritations et des vœux de la population, au nombre desquels figuraient en première ligne les élections municipales à bref délai. Malgré la promesse qui fut faite d'y procéder sans retard, le palais est envahi : on reproche au gouvernement son incapacité et son inertie; on le déclare déchu, et, pendant que quelques-uns de ses membres sont gardés à vue par les tirailleurs de Flourens, diverses listes des membres du gouvernement nouveau circulent dans la foule; sur la plupart figuraient les noms de Blanqui, Delescluze, Dorian, Félix Pyat, etc. Le général Trochu et d'autres étaient parvenus à s'évader. Durant la nuit, M. Jules Ferry, avec quelques troupes et un bataillon de mobiles bretons, put pénétrer dans le palais et y délivrer ses collègues. Il fut convenu, grâce à l'intervention de Dorian, que l'Hôtel de ville serait évacué sous la condition que les élections municipales auraient lieu le lendemain et qu'en outre il n'y aurait ni représailles ni poursuites à l'occasion des faits accomplis. Malgré cette promesse, des arrestations furent opérées un peu plus tard et les élections fixées au 5 novembre. Mais, auparavant, le gouvernement crut devoir demander (2 novembre) à la population, par voie plébiscitaire, si elle entendait lui maintenir par un vote régulier les pouvoirs qu'elle lui avait conférés par acclamation. Le dépouillement du vote donna 557,996 *oui* et 62,638 *non*. Malgré cette imposante majorité, le gouvernement sortit affaibli de l'émeute du 31 octobre et le résultat qu'il obtint le 2 novembre prouvait seulement que l'on comprenait la nécessité de ne pas se diviser. Le 3, le général Clément Thomas est nommé commandant en chef de la garde nationale. Les élections municipales eurent lieu le 5 novembre dans le plus grand calme. La veille, les Allemands avaient démasqué leurs batteries de gros calibre, construites à fleur de terre, de Meudon à Châtillon, et casematées en dessus et en dessous.

M. Thiers était rentré à Paris; il n'avait pu obtenir l'intervention d'aucune des grandes puissances; cependant, celles-ci avaient pris l'initiative d'une proposition d'armistice, à l'effet de faire élire une Assemblée nationale. Cette proposition fut repoussée par M. de Bismarck, qui y mit du moins des conditions inacceptables, dont un envoyé alla à Versailles notifier le refus.

Pendant que l'ennemi travaille avec ardeur à l'achèvement et à l'armement des batteries du plateau de Châtillon, qu'il établit au Bourget des ouvrages destinés à relier ses lignes du nord, qu'il élève des batteries de gros calibre à la pépinière de Gravelle et les arme de 120 bouches à feu, le général Trochu paraît songer à donner une organisation plus sérieuse à la garde nationale dont un décret, affiché le 8 novembre, ordonne la mobilisation. Toutes les forces militaires de Paris furent divisées en trois armées : la première comprenait les 266 bataillons de la garde nationale; la seconde, les troupes de ligne, trois brigades de mobiles et une division de cavalerie; la troisième, les marins, divers corps spéciaux, le reste de la garde mobile et une division de cavalerie. L'ensemble des forces présentait un effectif de 650,000 hommes. Malheureusement, la crainte de mouvements insurrectionnels empêcha toujours le gouverneur d'utiliser hors de l'enceinte cet effectif formidable, tout au moins par le nombre. Les gardes nationaux et les gardes mobiles s'exerçaient sans relâche au maniement des armes sur les squares, les places publiques et les boulevards extérieurs; on fondait des canons, on fabriquait des essieux, des cartouches, des obus, etc. On commençait, en outre, à correspondre avec la province à l'aide des pigeons voyageurs; on envoyait aussi des ballons : l'un d'eux alla atterrir en Norvège, un autre se perdit dans l'Océan, mais la plupart arrivèrent à destination. De leur côté, les forts, par un feu continuel, s'efforçaient d'inquiéter l'ennemi ou d'entraver ses travaux. Le 14 novembre, on reçut la nouvelle de la victoire de Coulmiers, qui causa une grande allégresse et releva les courages; des combats continuels ont lieu durant cette période aux avant-postes. Le 24, le 72e bataillon de la garde nationale sous les ordres de M. de Brancion s'empare de Bondy. Le 26, le gouverneur décide une grande opération offensive pour le 29 et donne ses instructions détaillées aux généraux des trois armées, ce qui a l'inconvénient, malgré toutes les précautions, de mettre l'ennemi au courant des projets arrêtés.

Enfin, le 29 novembre, eut lieu cette sortie; c'était l'exécution du plan élaboré entre les généraux Trochu et Ducrot. Une dépêche avait été expédiée par ballon à Gambetta pour qu'il mît en mouvement l'armée de la Loire et la dirigeât sur la forêt de Fontainebleau. Dérouter les prévisions de l'ennemi en franchissant la Marne à l'est sur divers points; pénétrer dans la presqu'île de Champigny; faire en même temps une attaque du côté de Créteil, tel était le plan de Ducrot, qui, avant de partir, fit le serment de « ne rentrer dans Paris que mort ou victorieux. » Aucune de ces deux alternatives ne devait s'accomplir. Le 29, une crue empêcha l'établissement d'un pont de bateaux ; le 30, au matin, le passage de la Marne s'effectua rapidement et nos soldats, après des prodiges, parvinrent à s'emparer des crêtes. La bataille de Champigny, glorieuse pour nos troupes, n'eut d'autre résultat que de forcer l'ennemi à reculer ses lignes ; mais la trouée ne fut pas faite.

Contrairement à toute attente, la bataille des 29 et 30 novembre ne continua pas ; le 1er décembre, le gouverneur arrêta toutes les opérations offensives ; le 2, l'ennemi, qui a profité de la journée précédente pour renforcer les points menacés, attaque au point du jour tout le front de la position française. Le 3, la Marne était repassée : on renonçait à percer les lignes allemandes ; on perdait et l'on ôtait confiance dans les efforts à venir : le siège de Paris avait eu sa crise décisive.

Le 16, dans un conseil de guerre tenu chez le gouverneur, celui-ci fait connaître son intention de tenter une attaque au nord sur Le Bourget. Du 19 au 21, on établit l'armée du général Ducrot en face de Bondy. La journée du 21 peut se résumer ainsi : bataille du Bourget, combats de La Ville-Évrard et de La Maison-Blanche ; démonstration sur Montretout et Buzenval. Le combat dura tout le jour et tourna à notre avantage ; mais, comme toujours, il resta sans résultat. Le froid est devenu de plus en plus intense et le soldat se décourage à la suite de nuits passées en plein air sous une bise glaciale. Tout travail de terrassement est devenu impossible et de nombreux cas de congélation se sont produits ; le moral de l'armée commence à être sérieusement atteint. Le 27 décembre, centième jour du siège, l'ennemi démasque ses batteries Krupp de gros calibre et commence le bombardement de nos forts, sans avertissement, sans sommation préalable. Devant l'intensité du feu, on décide que le plateau d'Avron sera évacué après l'enlèvement du matériel. L'opération fut exécutée ; l'ennemi s'empressa d'occuper la position abandonnée, mais ne put s'y maintenir.

Le 1er janvier 1871, « la physionomie de Paris est d'une grande tristesse. Les privations sont de plus en plus fortes ; le pain est distribué en quantité insuffisante et n'est plus qu'un mélange détestable d'un peu de farine blutée avec toute espèce de substances ; la viande de cheval, la seule que l'on a encore, est mesurée avec parcimonie ; plus de gaz, mais de petites lampes à pétrole laissant les rues dans une demi-obscurité ; plus de bois, si ce n'est celui provenant de quelques coupes organisées dans les bois de Vincennes et de Boulogne, combustible vert et presque impossible à brûler. La mortalité augmente par suite de la variole et de la fièvre typhoïde. L'ennemi inaugure l'année par un redoublement de son feu sur les forts de l'est... Les Allemands n'ont qu'un but : réduire Paris par la famine (1). » Le feu de l'ennemi continua les jours suivants ; le 4, tous les forts de l'est recevaient une formidable pluie d'obus. Le 5, c'est le tour des forts d'Issy, de Vanves et de Montrouge, ainsi que des quartiers de Paris situés sur la rive gauche de la Seine. Le roi Guillaume s'empressa d'annoncer par un télégramme daté de Versailles à la reine de Prusse et à toute l'Allemagne, qui réclamait la destruction de la *Babylone moderne*, le bombardement de Paris. Si les Allemands avaient compté épouvanter les assiégés, ils durent bientôt apprendre qu'ils s'étaient trompés ; la grande ville retrouvait tout son courage pour souffrir, et le bombardement, qui atteignit en tout 431 victimes de tout âge et de tout sexe, l'irrita sans l'abattre.

A la suite d'une reconnaissance des troupes françaises sur le Moulin-de-Pierre, en avant du fort d'Issy, l'ennemi avait démasqué à la fois toutes ses batteries et ouvert un feu violent contre les forts du sud ; l'intérieur de Paris reçut des obus, notamment Vaugirard, le cimetière Montparnasse, l'École de commerce, le boulevard Arago, les rues Daguerre, Gay-Lussac, des Feuillantines, le jardin de l'École de pharmacie, la rue d'Enfer et même le Luxembourg et la rue d'Assas. Le 7, à la suite d'un conseil de guerre dans lequel le général Vinoy demanda que les troupes sortissent de l'inaction où elles étaient depuis le bombardement et proposa qu'une tentative fût faite pour enlever les batteries de Châtillon, on adopta un projet de sortie sur le plateau de Bougival. L'exécution de ce projet fut différée jusqu'au 19 : cette fois, Versailles devait être l'objectif.

Le 8 janvier, un obus perce la coupole de la chapelle de la Vierge dans l'église Saint-Sulpice, sur l'une des tours de laquelle on avait établi un signal-vigie. Le froid cesse et un pigeon voyageur apporte la nouvelle des avantages obtenus par l'armée du Nord à Bapaume et le commen-

---

(1) *La Guerre au jour le jour (1870-1871)*, par le baron A. Du Casse.

cement du mouvement de l'armée de l'Est. Le 10 janvier, pendant la nuit, le bombardement redouble d'intensité; l'ennemi ne respecte plus rien : il semble, au contraire, diriger ses feux sur les établissements hospitaliers. Le lendemain, les habitants des quartiers bombardés changent de domicile ou se réfugient dans les caves.

Dans la nuit du 13 au 14, une attaque dirigée contre le Moulin-de-Pierre est repoussée, et le bombardement, qui avait diminué pendant l'opération, recommence furieusement le matin et continue très intense les jours suivants; la coupole du Panthéon est criblée d'obus, dont deux traversent même la Seine et tombent sur le quai de Béthune : ce sont les premiers.

Dans un conseil de guerre tenu le 18, il est décidé qu'une attaque sera dirigée en avant du Mont-Valérien, là où l'ennemi a accumulé des travaux de défense pour couvrir l'accès de Versailles. Mais l'insuffisance des communications à travers la rivière et la boue produite par un récent dégel devaient encore une fois faire avorter les combinaisons du général Trochu. Le 19 janvier, dès l'aube, le canon du Mont-Valérien donna le signal de l'attaque. La gauche, aux ordres du général Vinoy, enleva Montretout et les maisons voisines, postes avancés de la position des Allemands; le centre, dirigé par le général Bellemare, put s'emparer de Buzenval et s'arrêta devant la Bergerie, attendant Ducrot et la droite qui arrivèrent avec un retard de plusieurs heures, quand les renforts prussiens s'étaient accumulés sur le terrain de l'attaque. Le soir vint sans qu'on eût obtenu un succès décisif, et le général Trochu ordonna la retraite. La journée de Buzenval nous avait coûté 3,000 hommes, parmi lesquels un peintre de grand avenir, Henri Regnault, fils du chimiste Regnault, de l'Institut ; Gustave Lambert, qui avait interrompu ses préparatifs d'une expédition au pôle nord pour s'engager dans le 119º de ligne; le lieutenant-colonel de Rochebrune, etc.

A la suite de la journée de Buzenval, que l'on a appelée *le dernier effort du désespoir*, le général Trochu dut céder le commandement de l'armée au général Vinoy. Celui-ci prenait ses nouvelles fonctions dans les plus douloureuses circonstances : le général Trochu avait déclaré que « le gouverneur de Paris ne capitulerait pas, » et la capitulation était imminente. En ce moment, il ne restait plus de vivres que pour quelques jours, et il fallait supputer le temps nécessaire au ravitaillement.

Le 22 janvier, pendant que le bombardement continue sur Vaugirard, Grenelle et Saint-Denis, et que l'ennemi établit de nouvelles batteries sur tout le périmètre de la ligne d'investissement, l'Hôtel de ville est attaqué par une compagnie du 101º de mobilisés; un adjudant d'un bataillon de mobiles tombe frappé de trois balles : les mobiles de garde ripostent, et, en quelques instants la place est vidée. Il y eut une quarantaine de morts, parmi lesquels Théodore Sapia, ex-commandant d'un bataillon de la garde nationale. Le lendemain, le gouvernement entamait avec l'ennemi des négociations en vue d'une capitulation désormais inévitable, ce qui n'empêcha pas le bombardement de continuer. On eût dit que les Prussiens voulaient, avant que tout fût fini, épuiser ce qui leur restait au cœur de sauvage acharnement et de haine féroce.

Le 26 janvier, on apprenait que Chanzy et Faidherbe étaient battus, que Bourbaki était immobilisé. Les maires, réunis d'urgence, laissent au gouvernement le soin des résolutions suprêmes. Le soir, Jules Favre ordonna de cesser le feu partout, et, dans la nuit du 27 au 28, il signait l'armistice.

Nous en détachons quelques articles :

« Article 1er. Une armistice général, sur toute la ligne des opérations militaires en cours d'exécution entre les armées allemandes et les armées françaises, commencera pour Paris, aujourd'hui même, pour les départements, dans un délai de trois jours. La durée de l'armistice sera de vingt et un jours à dater d'aujourd'hui, de manière que, sauf le cas où il serait renouvelé, l'armistice se terminera partout le 19 février, à midi.

» Les armées belligérantes conserveront leurs positions respectives, qui seront séparées par une ligne de démarcation....

» Les deux armées belligérantes et leurs avant-postes de part et d'autre se tiendront à une distance de 10 kilomètres au moins des lignes tracées pour séparer leurs positions.

» Chacune des deux armées se réserve le droit de maintenir son autorité dans le territoire qu'elle occupe et d'employer les moyens que ses commandants jugeront nécessaires pour arriver à ce but.

» L'armistice s'applique également aux forces navales des deux pays, en adoptant le méridien de Dunkerque comme ligne de démarcation....

» Les opérations militaires sur le terrain des départements du Doubs, du Jura et de la Côte-d'Or, ainsi que le siège de Belfort, se continueront indépendamment de l'armistice, jusqu'au moment où on se sera mis d'accord sur la ligne de démarcation dont le tracé à travers les trois départements mentionnés a été réservé à une entente ultérieure.

» Art. 2. L'armistice ainsi convenu a pour but de permettre au gouvernement de la Défense nationale de convoquer une Assemblée librement élue, qui se prononcera sur la question de savoir si la guerre doit être continuée ou à quelles conditions la paix doit être faite.

» L'Assemblée se réunira dans la ville de Bordeaux.

» Art. 3. Il sera fait immédiatement remise à l'armée allemande, par l'autorité militaire française, de tous les forts formant le périmètre de la défense extérieure de Paris, ainsi que de leur matériel de guerre....

» Art. 4. Pendant la durée de l'armistice, l'armée allemande n'entrera pas dans Paris.

» Art. 5. L'enceinte sera désarmée de ses canons, dont les affûts seront transportés dans les forts à désigner par un commissaire de l'armée allemande...

» Art. 7. La garde nationale conservera ses armes ; elle sera chargée de la garde de Paris et du maintien de l'ordre. Il en sera de même de la gendarmerie et des troupes assimilées, employées dans le service municipal, telles que garde républicaine, douaniers et pompiers....

» Art. 8. Aussitôt après la signature des présentes et avant la prise de possession des forts, le commandant en chef des armées allemandes donnera toutes facilités aux commissaires que le gouvernement français enverra, tant dans les départements qu'à l'étranger, pour préparer le ravitaillement et faire approcher de la ville les marchandises qui y sont destinées....

» Art. 11. La ville de Paris payera une contribution municipale de guerre de la somme de 200 millions de francs. Ce payement devra être effectué avant le quinzième jour de l'armistice. Le mode de payement sera déterminé par une commission mixte allemande et française. »

. . . .

Une clause de la convention signée un mois plus tard, relative à la prolongation de l'armistice, avait stipulé que les Allemands entreraient dans Paris : c'est au prix de cette humiliation que nous avons conservé Belfort. Elle portait cette condition : « La partie de la ville de Paris, à l'intérieur de l'enceinte comprise entre la Seine, la rue du Faubourg-Saint-Honoré et l'avenue des Ternes, sera occupée par les troupes allemandes, dont le nombre ne dépassera pas 30,000 hommes. »

Le 1er mars, à 8 h. 1/2 du matin, les éclaireurs du corps d'occupation débouchèrent sur le rond-point de l'Étoile ; le reste entra vers 3 heures. Toutes les maisons se fermèrent sur leur passage. Le soir, Paris revêtit un aspect sinistre, étrange ; pas une lumière, pas une voiture. La ville semblait morte. L'occupation devait durer jusqu'à l'acceptation des préliminaires de la paix par l'Assemblée nationale ; cette acceptation avait lieu ce jour-là même et les Prussiens se retirèrent au bout de 48 heures.

La capitulation de Paris était celle de la France épuisée. Malheureusement, Jules Favre avait négligé de faire connaître à Gambetta la funeste exception qu'il avait consentie relativement à l'armée de l'Est. Le désastre de cette armée en fut aggravé. Nous avons dit ailleurs comment nos malheureux soldats furent contraints de se réfugier en Suisse. (Voir la notice historique de la *Haute-Saône* et du *Doubs*.)

Le siège avait duré 132 jours, le bombardement 32 ; au moment de la signature de l'armistice, il restait à peine pour 7 jours de vivres. On avait mangé 67,000 chevaux, et les 33,000 qui n'avaient pas encore été abattus ne pouvaient donner plus de 10 jours de viande. La ration de pain (on sait quel pain !) était réduite à 300 grammes et celle de viande à 30 grammes. La défense avait donc été poussée jusqu'aux dernières limites du possible.

Avant de clore cette sorte de journal du plus lamentable épisode de l'histoire de Paris, disons un mot des souffrances et de l'héroïsme de la population. Dès le matin, les femmes et les enfants s'acheminaient, munis de leurs cartes, vers les boulangeries et les boucheries municipales. A la porte de ces établissements, de longues queues se formaient, les pieds dans la neige, grelottant de froid et aussi de faim, pendant que les obus lancés sur la malheureuse ville éclataient çà et là. Après une attente de plusieurs heures, quelquefois huit à dix, on remportait 150 grammes de viande de cheval pour trois jours, ou bien une mesure de lentilles avariées, de la graisse rance, — ou encore un morceau de ce pain infect fabriqué avec les balayures des greniers, plus semblable à un gâteau de fumier qu'au plus habituel et au plus nécessaire des ali-

Palais du Sénat.

ments; puis il fallait recommencer ces longues stations à la porte des chantiers où, sur la présentation d'un bon signé du maire, on vous délivrait quelques kilogrammes de bois vert. Heureux ceux qui parvenaient à obtenir des briquettes faites avec le poussier des magasins à charbon! Le vin seul ne fit pas défaut, et, en général, celui que l'on buvait était supérieur aux vins falsifiés et mélangés que vendent les débitants en temps ordinaire.

Voici un aperçu de quelques prix : La viande de cheval coûtait, en moyenne, 2 fr. 50 le kilogr., celle de mulet et d'âne jusqu'à 6 francs. Quant aux denrées sur lesquelles le contrôle administratif n'avait aucune action, elles atteignirent des prix exorbitants : une oie ordinaire se vendait 25 à 30 fr., un poulet, 14 ou 15 fr.; les dindes, devenues d'une extrême rareté, se vendaient jusqu'à 55 fr. chez les marchands de comestibles; deux lapins, 36 fr.; le jambon fumé, 16 fr. le kilogr.; le saucisson de Lyon, 32 fr.; le beurre frais, jusqu'à 45 fr. le kilogr.; un boisseau de pommes de terre, 6 fr.; un litre de haricots, 6 fr.; un chou, 1 fr. 50, — et tout à l'avenant. Heureux étaient ceux qui avaient la bonne aubaine de trouver à acheter quelqu'une des denrées que nous venons d'énumérer! Ils étaient rares.

Malgré tant de souffrances et de privations, jamais une plainte; pas de récriminations. On supportait tout avec résignation, dans l'espoir que le Prussien serait enfin battu; qu'il lèverait le siège à l'approche des armées qui se reformaient en province; que la patrie serait délivrée et que la France, un instant abattue, ne tarderait pas à reprendre des forces, et, avec elles, sa gloire passée et son ancienne splendeur. Et pendant que l'on faisait ces rêves, on mangeait des chats, des rats, des chiens et toute sorte d'aliments sans nom. Mais si le patriotisme peut exalter le courage, il est malheureusement impuissant à satisfaire les besoins de la nature; aussi la mortalité augmenta-t-elle dans une effrayante proportion. Tandis qu'elle montait au chiffre de 820 pour le septénaire du 18 au 24 septembre 1869, elle atteignait 1,272 pour la même période en 1870. Du 30 au 5 novembre 1869, les décès avaient été de 921 ; en 1870, ils s'élevaient à 1,762.

La Commune en 1871. — Les épreuves de Paris, hélas! n'étaient pas terminées. Aux douleurs de la guerre étrangère allaient succéder les maux plus poignants encore de la guerre civile ; en présence et sous les yeux railleurs de l'ennemi qui occupait les forts de la rive droite, une lutte fratricide allait s'engager et mettre le comble à l'horreur de cette situation véritablement inouïe dans l'histoire d'un peuple. Par le récit qui précède, on a pu se rendre compte du degré de souffrance et d'irritation auquel en était arrivée la population de Paris au moment de la capitulation. Toutes les privations que l'on avait endurées l'avaient été en pure perte ; la confiance que l'on avait eue dans les chefs avait été trompée ; aussi la déception fut-elle grande, et ceux qui avaient présidé à cette longue et inutile défense ne tardèrent pas à être accusés d'impéritie et presque de trahison. Aussi, dans les rangs de la garde nationale — c'est-à-dire dans la presque totalité du peuple valide — que l'on n'avait pas su utiliser, le mécontentement était-il profond, bien que latent.

Le 8 février avaient eu lieu les élections pour l'Assemblée nationale, et Paris avait nommé 43 députés qui tous, sauf M. Thiers, s'étaient présentés aux suffrages comme républicains. Le 3 mars, le dernier des Prussiens qui avaient souillé par leur présence quelques points du sol de Paris repassait l'enceinte. Les communications s'étaient rétablies avec la province et des commandes importantes commençaient à affluer ; quelques ateliers rouvraient leurs portes ; on entrevoyait déjà le moment où la tunique du garde national faisant place à la vareuse, on allait se remettre au travail et guérir les blessures que l'Allemagne victorieuse venait de faire à la France. Partout, à l'étranger comme à Paris, des syndicats de banquiers s'étaient formés pour couvrir l'emprunt destiné à payer à la Prusse la partie de l'indemnité exigée pour l'évacution de notre territoire. Malheureusement, lorsque, le 10 mars, l'Assemblée nationale, élue, comme l'a dit un de ses membres, « en un jour de malheur, » décida qu'elle n'irait pas siéger à Paris en quittant Bordeaux, mais à Versailles, Paris rendit défiance pour défiance à une majorité qui lui témoignait si peu de sympathie et de reconnaissance. Dès lors, une vive inquiétude s'empara de la grande cité qui, au mois de septembre, avait acclamé la République. Quoi, bien loin de tenir compte à l'héroïque ville de sa longue résistance, qui sera son éternel honneur, on semblait lui en faire un crime et l'on voulait la décapitaliser! Enfin on se préparait à désarmer la garde nationale, qui paraissait la meilleure garantie du maintien de la République. C'était là d'ailleurs une mesure impolitique et que l'on peut comparer à la suppression des ateliers nationaux au mois de juin 1848. Durant le siège, une solde peu élevée (1 fr. 50 par jour) avait été payée aux hommes ; cette solde était encore indispensable à la plupart d'entre eux : la supprimer brusquement, c'était les jeter en armes sur le pavé.

Lors de l'entrée des Prussiens à Paris, des canons fondus grâce aux souscriptions de tous avaient été oubliés dans le parc de Wagram : les bataillons auxquels ils appartenaient n'avaient eu que le temps de les soustraire à l'ennemi et de les amener à la place des Vosges, à Belleville, au Buttes-Chaumont, à Charonne, à La Villette, enfin à Montmartre. Ces canons devaient être le point de départ de la crise. Sur ces entrefaites, l'Assemblée de Versailles vota la loi sur les échéances, qui ruinait un grand nombre de petits commerçants ; puis la loi sur les loyers. Le dissentiment s'accentuait de plus en plus. Vers le commencement de mars, la garde nationale s'était donné une organisation formidable, en dehors du commandement auquel elle n'obéissait plus, et avait mis à sa tête un Comité central composé des délégués des 215 bataillons qui avaient adhéré à la fédération. Une étincelle allait mettre le feu aux poudres et faire éclater le conflit. Le gouvernement résolut de s'emparer des canons hissés sur les hauteurs de Montmartre : dans la nuit du 17 au 18 mars, le poste qui les gardait est surpris et une douzaine de pièces sont enlevées. Les gardes nationaux accourent de tous côtés pour s'opposer à l'enlèvement des autres ; le général Lecomte, qui dirigeait la troupe, commande le feu : les soldats mettent la crosse en l'air, et le malheureux général est fait prisonnier. Quelques heures plus tard, il était fusillé par les fédérés avec le général Clément Thomas.

A la fin de cette journée, M. Thiers, chef du pouvoir exécutif, le général Vinoy et les ministres présents à Paris se retirèrent à Versailles, en emmenant le plus de troupes possible et en évacuant les forts, à l'exception du Mont-Valérien. Dans la soirée du 20, les fédérés se présentèrent devant cette forteresse et la sommèrent de se rendre. Il fut répondu aux parlementaires que s'ils ne se retiraient pas ils seraient fusillés. Cependant les maires de Paris et leurs municipalités, ainsi qu'un certain nombre de représentants de Paris, essayèrent de s'interposer. A leur demande, le gouvernement fit quelques concessions, accorda notamment les élections municipales à bref délai ; mais il était devenu impossible d'enrayer le mouvement. Dès le 18, le Comité central avait fait occuper les mairies et les principales administrations, les ministères, les gares de chemins de fer, etc. Le Comité central avait fixé les élections pour le conseil municipal au 22 ; remises d'abord au 23, elles eurent lieu le 26. La Commune était dès lors constituée. En s'installant à l'Hôtel de ville, son premier acte fut de déclarer que la garde nationale et le Comité central avaient bien mérité de la patrie. Sauf quelques-uns, la presque totalité des noms des membres de la Commune étaient ceux d'inconnus. Dès les premières séances, les plus modérés parmi les élus refusèrent de s'associer aux actes violents qu'ils prévoyaient et donnèrent leur démission.

Le Comité central avait déclaré que Paris ayant accompli pacifiquement sa révolution, il se retirait, laissant la place au gouvernement librement élu. En réalité, l'influence de ce Comité continua d'être prépondérante, et il domina réellement la Commune. Un décret du 1er avril supprimant les fonctions de général en chef nomma Eudes *délégué* à la guerre, Bergeret à l'état-major de la garde nationale et Duval au commandement militaire de l'ex-préfecture de police. Beslay, austère républicain dont l'honnêteté était bien connue, fut le président d'âge.

Mais la lutte entre l'armée de Versailles et la Commune ne pouvait tarder à s'engager : elle éclata le 2 avril, et ce fut la Commune qui prit l'offensive : une colonne de 2,000 fédérés sortit de Paris se dirigeant sur Versailles par l'avenue qui conduit au rond-point de Courbevoie. Après un court engagement, les troupes de la Commune durent battre en retraite. Cet échec eut pour résultat immédiat un décret qui mettait en accusation MM. Thiers, J. Favre, Picard, Dufaure, J. Simon, qui constituaient le gouvernement régulier, et déclarait leurs biens saisis et mis sous séquestre. Un second décret adoptait les familles de ceux qui avaient succombé ou succomberaient ; un troisième, enfin, déclarait l'Église séparée de l'Etat, supprimait le budget des cultes et confisquait les biens des congrégations.

Le 3 avril, un corps de fédérés d'environ 30,000 hommes sous les ordres de Gustave Flourens se mettait en marche, se dirigeant vers Versailles par la rive droite, tandis qu'une autre colonne, commandée par le général Duval, se portait également sur Versailles par Meudon et Petit-Bicêtre. La première colonne fut chassée de la plaine par le feu du Mont-Valérien, le reste dispersé par l'armée régulière, et son chef Gustave Flourens était tué. Sur la rive gauche, les fédérés, composant la seconde colonne, furent cernés sur le plateau de Châtillon ; 1,500 d'entre eux furent faits prisonniers, parmi lesquels le général Duval que Vinoy fit immédiatement fusiller. Le 4 avril, Cluseret fut nommé délégué à la guerre ; celui-ci s'empressa de faire réorganiser les compagnies de marche dans lesquelles devaient entrer « tous les citoyens de 17 à 35 ans non mariés. » Le 6 paraissait un décret relatif aux réfractaires, lequel devait à peu près rester lettre morte, et le décret sur les otages, qui, lui, devait malheureusement recevoir son exécution. Le 7, la Commune adressait aux départements une déclaration dans laquelle elle expliquait le mouvement.

Cependant l'artillerie des fédérés ne cessait de tonner sur les positions occupées par l'armée ; du 6 au 10 avril, les avant-postes de celle-ci furent néanmoins portés à Sceaux et à Bourg-la-Reine. Le 7, un arrêté de la commission municipale avait prescrit la substitution du drapeau rouge au drapeau tricolore sur les monuments publics.

A ce moment, diverses tentatives de conciliation furent encore faites ; elles échouèrent, et le résultat de cet échec fut l'arrestation de nombreux otages. Le 11 avril, un décret de la Commune instituait dans chaque légion un conseil de guerre composé de sept membres. Le 12, un autre décret fixait la solde des officiers de la garde nationale ; le même jour, elle ordonnait que la colonne de la place Vendôme serait démolie. A partir du 15, le *Journal officiel* publia le compte rendu des séances de la Commune. La veille, le *Journal officiel* de Versailles avait publié une circulaire adressée aux préfets par le pouvoir exécutif. Le 16, un décret de la Commune confisquait les ateliers fermés pour les remettre « aux travailleurs qui y étaient employés. » Le même jour eurent lieu les élections complémentaires pour combler les lacunes faites au sein de la Commune par les élections doubles ou par les démissions. Elles étaient nombreuses ces lacunes, et ne purent être toutes comblées. Dans plusieurs arrondissements, il n'y eut pas d'élus. Le 18, la Commune décrétait que « le remboursement des dettes de toute nature serait effectué dans un délai de trois années, et un arrêt de la cour martiale, présidée par Rossel, réglait la jurisprudence et les peines, les appliquant à « tous les faits intéressant le salut public. » Le 19, les journaux *le Soir*, *la Cloche*, *l'Opinion* et *le Bien public* étaient supprimés.

Pendant ce temps, l'armée de Versailles achevait de se constituer, et, le 12 avril, le commandement en était attribué au maréchal de Mac-Mahon. Deux jours avant, le général de Ladmirault s'était emparé d'Asnières. Le 20, le *Journal officiel* de la Commune publiait une « Déclaration au peuple français. » Comme le premier, cet appel ne fut pas écouté. Dans la séance du 21 avril, les membres de la Commune se répartirent entre diverses commissions. Le 22, Rogeard, Briosne et Félix Pyat, élus en dehors des conditions prescrites par la loi, donnèrent leur démission ; le dernier ne tarda pas à la retirer. Le 28, un arrêté condamna les compagnies de chemins de fer à payer une somme de 2,000,000 de francs, « imputable à l'arriéré de leurs impôts. » Le même jour fut décidée l'exécution du décret relatif à la colonne Vendôme. Le 29 avril eut lieu la manifestation des francs-maçons, qui ne fut suivie d'aucun résultat : les délégués revinrent de Versailles sans avoir rien obtenu. Le 1ᵉʳ mai, Rossel était chargé, à titre provisoire, des fonctions de délégué à la guerre, et Cluseret mis en état d'arrestation ; le même jour, un décret organisa un Comité de Salut public. Dans la nuit du 3 au 4 mai, la redoute du Moulin-Saquet fut prise par les troupes de Versailles.

A mesure que l'armée régulière faisait des progrès, le gâchis s'accentuait au sein de la Commune, et, comme si elle eût prévu d'instinct sa fin prochaine, elle se hâtait de multiplier ses résolutions et de rendre décret sur décret. On ne sait bientôt plus qui commande, de la Commune, du Comité de Salut public ou du Comité central, dont l'influence, bien qu'occulte, avait toujours été, d'ailleurs, prépondérante. Cependant les événements se précipitaient et le dénouement approchait. Rossel, accusé de trahison, envoyait sa démission. Delescluze est désigné pour le remplacer, le 9 mai. C'est à cette même date que fut pris l'arrêté concernant la maison de M. Thiers, arrêté qui fut exécuté le 12. Le jour même où Delescluze entrait en fonctions, le drapeau tricolore flottait sur le fort d'Issy. Le 12 mai, le délégué à la Sûreté générale supprimait plusieurs journaux, *le Moniteur* et *l'Univers* entre autres ; le 14, le Comité de Salut public prenait un arrêté d'après lequel « tout citoyen devait être muni d'une carte d'identité, » délivrée par le commissaire de police ; le 16, des « commissaires civils étaient délégués auprès des généraux des armées de la Commune, » ridicule pastiche de la Convention. Le 17 mai, une épouvantable explosion faisait sauter la cartoucherie de l'avenue Rapp. On ne sut jamais quel fut l'auteur de cette catastrophe, due peut-être à une imprudence.

A cette époque, une scission s'opéra au sein de la Commune, dont la minorité relativement modérée commençait à s'épouvanter des excès auxquels elle était forcée d'adhérer. A partir du 20, le Comité central reprit ouvertement la direction ; mais il eut beau s'agiter, ses moments étaient comptés. Le fort de Vanves était occupé par l'armée, et celle-ci entra le 21 mai dans Paris par une brèche que l'artillerie avait pratiquée sur un point de la partie de l'enceinte voisine de la porte de Saint-Cloud.

A cette date commence cette terrible semaine que l'on a appelée à juste titre *la Semaine sanglante*. La bataille des rues ne fut terminée que le 28 mai ; la lutte fratricide dans l'enceinte de la malheureuse ville avait duré huit jours, au bout desquels l'insurrection était vaincue et les derniers survivants acculés dans le cimetière du Père-Lachaise. Dès les premiers moments de l'entrée des troupes de Versailles, le feu avait été mis dans divers endroits de la capitale. 238 maisons ou édifices publics furent alors détruits, soit en totalité, soit en partie, par le feu. Parmi les monuments, nous citerons les Tuileries, le ministère des finances, le Palais-Royal, la bibliothèque du Louvre, l'Hôtel de ville, le palais de la Légion d'honneur, le palais du conseil d'État et de la cour des comptes, la préfecture de police, le Palais de justice, le Théâtre-Lyrique, le théâtre de la Porte-Saint-Martin, le Grenier d'abondance. Dans la nuit du 23 au 24, la ville paraissait tout entière en proie aux flammes. Toutes les ruines accumulées durant ces huit journées n'ont pas encore entièrement disparu. Aux derniers moments, Mgr Darboy, archevêque de Paris, l'abbé Deguerry, curé de la Madeleine, le président Bonjean et quelques autres, qui avaient été pris pour otages, furent fusillés (24 mai), ainsi que le journaliste républicain Chaudey. De part et d'autre, les pertes furent considérables : celles de l'armée se montèrent à 790 tués et 6,000 blessés. Du côté des insurgés, le nombre des morts a été évalué à 35,000 ; on fusillait sans pitié les hommes qui avaient pris part au combat ; malheureusement il y eut des erreurs commises, et des innocents furent compris dans le nombre. Le rapport du mamaréchal de Mac-Mahon constate qu'il avait fait 25,000 prisonniers, qui, pour la plupart furent jugés par les conseils de guerre siégeant à Versailles et dont un certain nombre furent condamnés à mort et exécutés ; — parmi ceux-ci, nommons l'infortuné capitaine du génie Rossel. — Le reste fut envoyé en Nouvelle-Calédonie. Avant de jeter un voile sur cette lugubre semaine, ajoutons que Vermorel et Delescluze se firent tuer aux barricades. La plupart des membres de la Commune purent se réfugier à l'étranger. Beslay, dont l'intervention avait sauvé la Banque de France du pillage et de l'incendie, reçut un sauf-conduit et gagna la Suisse où il est mort depuis.

Détournons-nous maintenant de ce drame odieux, qui a tenu pendant deux mois le monde attentif et inquiet ; détournons nos regards des ruines encore fumantes, des incendies, des massacres : la Patrie, dont les plaies se sont élargies, dont les veines ouvertes par l'étranger sont presque taries, a besoin d'apaisement ; elle a soif du labeur qui répare et du calme qui guérit. Après la victoire, l'Assemblée nationale était toute-puissante pour le bien ; malheureusement, elle allait essayer de donner suite à ses rêves de restauration monarchique. Ce serait sortir de notre sujet que d'aborder l'histoire de ses impuissants efforts. Toutefois, sous le gouvernement de M. Thiers, Paris se releva rapidement de tant de désastres. Le 27 juin, l'emprunt national de 2 milliards de francs était ouvert et couvert deux fois et demie en 24 heures. La ville de Paris, à elle seule, avait souscrit pour 2 milliards et demi. Les élections complémentaires à l'Assemblée nationale eurent lieu le 2 juillet. A la fin du même mois, un *conseil municipal* fut élu et s'occupa avec activité de mettre de l'ordre dans les finances de la ville. En 1872, on commença de réparer les ruines et le palais de la Légion d'honneur fut reconstruit. En janvier 1873, une nouvelle souscription fut ouverte ; comme la première fois, Paris offrit une somme énorme. La chute de M. Thiers au 24 mai y causa une sensation d'autant plus pénible que cet homme d'État tombait du pouvoir parce qu'il voulait enfin organiser le gouvernement de la République. Les affaires, qui avaient repris leur essor sous le gouvernement de celui qui a été appelé le *Libérateur du territoire* et auquel avait succédé le maréchal de Mac-Mahon, tombèrent dans un marasme profond, causé par l'incertitude du lendemain. Cette incertitude s'accrut encore quand les pouvoirs du maréchal comme président de la République furent prorogés pour sept ans (20 novembre). Cette même année 1873 fut marquée par la visite à Paris du schah de Perse, et par l'incendie de l'ancien Opéra (31 octobre) de la rue Le Peletier. On s'occupa aussi de réédifier l'Hôtel de ville ; l'architecte Ballu en fut chargé. L'année 1874 ne nous offre que peu d'événements saillants ; mentionnons toutefois la rigueur de l'hiver et la grande misère qui l'accompagna. La chute du ministère de Broglie, le 16 mai, fut accueillie par les Parisiens avec une vive satisfaction, mitigée par le refus persistant de l'Assemblée nationale de venir s'installer à Paris. Le grand grief de la majorité parlementaire était que cette ville a toujours été le foyer des révolutions. « Politiquement et historiquement, dit le *Grand Dictionnaire universel du XIXᵉ siècle* de Pierre Larousse, rien n'est plus faux que cette thèse. Nulle ville plus que Paris, essentiellement industriel et commerçant, n'a besoin de sécurité et d'un gouvernement qui inspire la confiance. Cette énorme agglomération d'individus qui constitue la population parisienne peut, à un moment donné, recevoir cette excitation électrique qui pousse parfois les masses comme par un mouvement spontané. « Mais, dit fort bien » M. Ad. Michel, pour qu'une population si consi- » dérable et si intéressée au maintien de la tran- » quillité se répande sur les places publiques et se » livre à la colère, il faut de grandes causes, il faut » que la paix publique et que l'intérêt national » soient déjà compromis par un gouvernement. Il » faut surtout, et c'est ici le point capital à noter, » que l'impulsion vienne de plus loin que les murs » de la ville et que cette agitation ne soit que le » contre-coup d'une émotion nationale. » Lorsqu'un gouvernement tombe à Paris, c'est que tous les appuis lui manquent à la fois. Comme l'a dit

M. Thiers, Paris n'accomplit que les révolutions déjà faites dans l'esprit général de la nation. Lorsqu'il secoue l'arbre et que le fruit tombe, c'est que le fruit était pourri et ne tenait plus. Cela est si vrai, que jamais une insurrection n'a réussi à Paris et n'a pu s'imposer au reste de la France quand elle n'était pas jugée nécessaire ou légitime. Donnez à Paris le gouvernement de son choix, alors Paris ne fera plus de révolutions, parce que les révolutions deviendront inutiles.

» Dans un discours prononcé devant la commission d'initiative parlementaire le 15 décembre 1871, M. Thiers a démontré fort bien pourquoi le siège du gouvernement ne peut être qu'à Paris où se trouvent les grands établissements financiers, la Banque de France, la préfecture de police, tous les grands services administratifs, la diplomatie étrangère, etc. Mais d'autres arguments combattent en faveur de Paris capitale. C'est son passé, c'est, qu'on le veuille ou non, l'action prépondérante que cette ville exerce. « On a beau faire, dit M. John
» Lemoinne, on ne peut pas faire que Paris ne soit
» pas l'entrepôt général de la France et du monde.
» Paris ne produit pas tout, mais il reproduit tout.
» C'est le grand instrument d'assimilation et le grand
» agent de distribution. Tout ce qu'on demande ne
» se fabrique pas à Paris, mais tout y vient, tout y
» passe, tout s'y arrête, tout prend l'air de Paris
» pour ensuite se déverser au dehors. Il en est de
» même des idées. Elles ne naissent pas toutes à
» Paris; mais toutes s'y font inscrire, toutes y pren-
» nent un brevet, toutes prennent l'air de Paris
» avant de commencer leur tour de France et du
» monde. » C'est seulement en 1879 que devait avoir lieu ce retour tant désiré. Jusque-là, Paris se sentit amoindri et pour ainsi dire décapitalisé.

Le 5 janvier 1875, le Grand-Opéra, construit par M. Charles Garnier, était inauguré, et, le 6 février, la ville de Paris ouvrait un emprunt de 220 millions qui fut rapidement couvert. Le mois d'avril fut attristé par la catastrophe du ballon *le Zénith*, qui coûta la vie à MM. Sivel et Crocé-Spinelli. Le 16 juillet, la capitale recevait dans ses murs le sultan de Zanzibar, et le 5 janvier 1876 le lord-maire de Londres. A la fin du mois d'août 1877, M. Thiers termina à Saint-Germain-en-Laye, presque subitement, sa longue carrière, au moment où il préparait un manifeste au peuple français en vue des élections prochaines. Le peuple de Paris, ne voulant voir en lui que l'ardent patriote et le libérateur du territoire, assista en masse à ses funérailles. On évalue à 1,200,000 personnes le nombre de ceux qui, malgré la pluie, s'y rendirent.

L'année 1878 fut marquée par une splendide exposition universelle au Champ-de-Mars et au Trocadéro; le nombre des exposants et celui des visiteurs fut énorme. L'inauguration de cette exposition (1er mai) avait été pour les Parisiens l'occasion d'une décoration splendide et d'une illumination féerique auxquelles prit par l'immense majorité des habitants. Ces merveilles devaient se renouveler le 30 juin avec plus d'éclat encore. Là on put voir que les blessures terribles faites à la France seraient bientôt guéries. L'année 1879 fut marquée par la rentrée du Parlement à Paris (novembre); la réconciliation était opérée et la scission finie. La démission du maréchal de Mac-Mahon et l'élection de M. Grévy à la présidence de la République ne l'avaient précédée que de quelques mois.

Nous terminons ici cette histoire épique de Paris. Aujourd'hui, la grande ville a repris toute son activité; espérons que l'avenir lui épargnera les redoutables catastrophes par lesquelles elle a passé et que la nef qui lui sert d'emblème continuera, comme le dit sa devise séculaire, de voguer et qu'elle ne sera jamais submergée:

FLUCTUAT NEC MERGITUR.

Les armes de Paris, en effet, sont: *de gueules, au navire équipé d'argent, sur une onde du même, au chef cousu d'azur, semé de fleurs de lis d'or*, avec la devise que nous venons de citer.

DESCRIPTION GÉNÉRALE

Fortifications. Enceinte. — Paris occupe actuellement le centre d'un vaste camp retranché dont les trois lignes de retranchements l'enveloppent de toutes parts. Deux de ces lignes sont formées d'ouvrages détachés. La troisième, celle de l'intérieur, est déterminée par une enceinte continue qui a un développement circulaire de 34 kilomètres et qui se compose de 94 bastions, dont 67 sur la rive droite de la Seine et 27 sur la rive gauche du fleuve. A une distance moyenne de 2 à 3 kilomètres de cette enceinte se trouve une ligne à intervalles dont les 17 forts sont bâtis sur une circonférence de 10 kilomètres de rayon et de 60 kilomètres de périmètre environ. Plus loin, enfin, se dressent les 50 forts, batteries et redoutes de l'autre ligne à intervalles, dont le pourtour est à peu près de 100 kilomètres et dont les points les plus rapprochés du centre de la ville sont à une distance minima de 14 kilomètres, tandis que d'autres sont situés entre 22 et 25 kilomètres d'éloignement. Telle est la disposition générale de cette immense place forte à cheval sur la Seine, couverte à l'est par la Marne, à l'ouest par l'Oise, qui englobe près de trois millions d'habitants, c'est-à-dire la douzième partie de la population du pays, qui sert de tête de ligne à toutes les voies ferrées et à toutes les routes, et que l'on a toujours considérée jusqu'à présent comme étant le dernier rempart de la France contre toutes les agressions venues du dehors. Une armée qui s'approcherait de la triple ceinture qui entoure et protège la grande ville rencontrerait d'abord une première résistance à la ceinture des forts extérieurs, qui circonscrit une superficie de 1,216 kilomètres carrés, et forme un cercle irrégulier de 130 kilomètres de périphérie. Elle se heurterait ensuite à la ceinture des anciens forts détachés; et enfin, à l'enceinte continue de la ville.

Cette dernière enceinte est restée telle qu'elle était à l'origine. Elle avait été exécutée en trois ans, conformément à la loi due à l'initiative de M. Thiers (1840), moitié par les entrepreneurs, moitié par le génie militaire, avec le concours de plusieurs régiments dont les soldats faisaient l'office de terrassiers. Elle est entièrement désarmée en temps de paix. Elle compte 94 bastions et est percée de 66 portes, dont 9 ouvertures pour le passage des chemins de fer.

Elle ne possède pas d'ouvrages avancés. Les fossés, larges de 11 mètres, profonds de 6, ayant une escarpe en maçonnerie, mais une contre-escarpe sans revêtement, peuvent être inondés soit par la Seine, soit par les canaux de Saint-Denis et de l'Ourcq; mais on ne l'a pas fait en 1870, ni même pendant le siège soutenu par la Commune contre l'armée de Versailles.

Les anciens forts détachés, au nombre de 17, ont été rétablis dans l'état où ils se trouvaient avant 1870; mais on les a modernisés et on leur a donné leur armement de canons même en temps de paix. Ce sont, en commençant par le nord : le *fort de la Briche*, appuyé sur la rive droite de la Seine; la *double couronne du Nord* et le *fort de l'Est*, qui ont pour principal objet de protéger Saint-Denis. En nous dirigeant vers l'est, nous rencontrons le *fort d'Aubervilliers*, sur la route du Bourget. Viennent ensuite les *forts de Romainville*, de *Noisy*, de *Rosny* et de *Nogent*. Ce dernier se trouve à l'est du *fort de Vincennes*. Enfin les redoutes de *la Faisanderie* et de *Gravelle*, près de la rive droite de la Marne.

Sur la rive gauche de la Marne est le fort de *Charenton*, au sud de Vincennes. Sur la rive gauche de la Seine, nous trouvons successivement les *forts d'Ivry*, de *Bicêtre*, de *Montrouge*, de *Vanves* et d'*Issy*; ce dernier est le plus rapproché de la rivière. Plus loin s'élève la *forteresse du Mont-Valérien*.

Comme seconde ligne sur le point sud, on a érigé, depuis la guerre, deux ouvrages; le *fort de Châtillon*, à l'ouest de Fontenay, et le *fort des Hautes-Bruyères*, à l'ouest de Villejuif; ces deux forts sont du système polygonal, tandis que les anciens forts ont le tracé bastionnaire.

Les nouveaux forts extérieurs sont achevés. On en a construit seize en tout. A cela, il faut ajouter un plus grand nombre de redoutes et de batteries destinées à compléter le système de cette ceinture extérieure.

Nous commençons l'énumération au nord, par les forts qui s'élèvent au nord de la ligne Argenteuil-Saint-Denis. Nous ferons remarquer que les ouvrages sont nommés d'après les localités environnantes, et nous indiquons par des numéros entre parenthèse si un fort est de premier ou de second rang.

a. Front nord. — Premier groupe : *Fort de Cormeilles* (1) et *fort de Sannois* (2), aux deux extrémités de la ligne de hauteurs qui s'élève entre les deux villages de ce nom. Entre les deux forts, une redoute et trois batteries.

Deuxième groupe : *Fort de la Butte-à-Pinson*, à l'est de Montmagny (2), et *fort de Garches* (2).

Troisième groupe : ce groupe, avancé entre le premier et le deuxième, comprend les *forts Montlignon* (1), *Domont* (1), avec une redoute, et *Écouen* (2), aussi avec une redoute.

b. Front est. — Sur le front est, entre le canal de l'Ourcq et la Marne, se trouvent : le *fort Vaujours* (2), avec deux batteries annexes; plus loin, le *fort de Chelles* (2). Au nord de la Marne et sur la rive droite de la Seine, les *forts de Villiers* (2) et *de Chennevières* (2), et le *fort de Villeneuve-Saint-Georges* (1).

c. Front sud. — Sur le front sud, de la rive

gauche de la Seine au chemin de fer d'Orléans, s'élèvent : le *fort Palaiseau* (1), avec deux batteries avancées ; le *fort de Villeras* (2) et le *fort de Haut-Buc* (1). Derrière, en seconde ligne, on se propose d'établir plusieurs batteries dans le bois de Verrières, au nord de Palaiseau, de même qu'à Satory, au sud de Versailles.

d. Front ouest. — Sur le front ouest, dans le segment entre les chemins de fer d'Orléans et du Havre, ont été construits : le *fort de Saint-Cyr* (1) et le *fort de Bois-d'Arcy*, tous deux à l'ouest du grand parc du château de Versailles ; puis, plus loin, au nord, cinq batteries de différentes grandeurs, d'un point touchant Noisy au nord jusqu'au sud de Marly.

Le nouveau chemin de fer de ceinture destiné à relier entre eux les forts extérieurs est complètement établi. Nous en avons parlé dans la livraison consacrée au département de Seine-et-Oise (page 6).

Paris paraît défier ainsi toute idée d'investissement. La ceinture des forts extérieurs ayant une périphérie de 130 kilomètres, la ligne d'investissement devrait mesurer 170 kilomètres. On se trouve en présence d'une véritable province fortifiée, renfermant, outre la capitale, sept villes : Versailles, Sceaux, Villeneuve-Saint-Georges, Saint-Denis, Argenteuil, Enghien et Saint-Germain.

Nous nous écarterions trop du cadre de notre travail, si nous nous laissions aller à des raisonnements stratégiques sur la valeur éventuelle de ce colossal système de défense qui entoure le cœur de la France, ou à des considérations sur la façon dont l'assaillant devrait se comporter en présence de cet ensemble de fortifications. Pourtant, on nous permettra quelques courtes réflexions. Cette question dépend uniquement des proportions respectives des forces de l'attaque et de la défense au moment où les opérations stratégiques auraient amené sous Paris l'armée d'invasion. Un point cependant semble certain : c'est que même la plus puissante armée d'invasion ne peut songer un instant à un investissement complet de Paris ; mais elle pourrait fort bien, tout en étant obligée de maintenir ses forces devant une partie seulement du front fortifié, désorganiser de fond en comble le trafic des chemins de fer et des voies fluviales sur toutes les faces du périmètre de la défense et empêcher de le rétablir de manière à rendre précaires toutes les communications avec le dehors. Mais, pour cette tâche, il faut, de toute nécessité, des masses considérables de cavalerie.

Les Allemands, il est vrai, prétendent qu'une étendue aussi considérable présente de graves inconvénients pour la défense. Elle rend impossible, disent-ils, de donner aux forts séparés un appui réciproque et d'organiser une défense solide des terrains intermédiaires, de sorte que l'enceinte fortifiée offrirait actuellement à l'ennemi plusieurs brèches, dont il peut tirer profit, même sans efforts extraordinaires.

Quant aux garanties qu'offre la nouvelle ligne de défense contre un investissement de Paris, l'écrivain auquel nous empruntons ces considérations pessimistes les considère comme insuffisantes. Le dernier siège a prouvé, dit-il, qu'un investissement complet, tendant à isoler la capitale de toute communication avec le dehors, était irréalisable, et qu'on pouvait avoir recours aux ballons et aux pigeons voyageurs. Mais la question principale, celle de l'alimentation de la ville, ne trouve pas de solution favorable dans le nouveau système de défense. Nous n'avons pas qualité pour conclure en pareille matière.

Rue militaire. Portes. — La *rue militaire* ou *route stratégique* longe toute l'enceinte à l'intérieur ; elle a un développement de $33^{kil},330$; elle est divisée en sections appelées *boulevards*, qui portent chacun le nom d'un général de la République et du premier Empire. En voici la liste : *Rive droite :* boulevards Poniatowski, Soult, Davout, Mortier, Sérurier, Macdonald, Ney, Berthier, Gouvion-Saint-Cyr, Lannes, Suchet, Murat. — *Rive gauche :* boulevards Masséna, Kellermann, Jourdan, Brune, Lefèbre, Victor.

L'enceinte est percée de 66 ouvertures : 55 portes, 9 passages de chemins de fer et 2 passages pour le canal Saint-Denis et le canal de l'Ourcq. A chacune des portes, on a bâti des bureaux d'octroi et établi des grilles. Voici la nomenclature des portes : Porte de Billancourt (XVIe arr.), du Point-du-Jour (XVIe), de Saint-Cloud (XVIe), d'Auteuil (XVIe), de Passy (XVIe), de la Muette (XIVe), Dauphine (XVIe), de Neuilly (XVIIe), des Ternes (XVIIe), de Villiers (XVIIe), Bineau (XVIIe), de Courcelles (XVIIe), d'Asnières (XVIIe), de Clichy (XVIIe), de Saint-Ouen (XVIIe-XVIIIe), poterne de Montmartre (XVIIIe), porte de Clignancourt (XVIIIe), des Poissonniers (XVIIIe), de La Chapelle (XVIIIe), d'Auber-

Palais de Justice et Sainte-Chapelle.

villiers (XVIIIe-XIXe), de La Villette (XIXe), de Pantin (XIXe), poterne du Pré (XIXe), porte de Romainville (XXe), de Ménilmontant (XXe), de Bagnolet (XXe), de Montreuil (XXe), de Vincennes (XXe), de Saint-Mandé (XIIe), de Montempoivre (XIIe), de Picpus (XIIe), de Reuilly (XIIe), de Charenton (XIIe), de Bercy (XIIe), de la Gare (XIIIe), de Vitry (XIIIe), d'Ivry (XIIIe), de Choisy (XIIIe), d'Italie (XIIIe), de Bicêtre (XIIIe), poterne des Peupliers (XIIIe), porte de Gentilly (XIIIe-XIVe), d'Arcueil (XIVe), d'Orléans (XIVe), de Montrouge (XIVe), de Châtillon (XIVe), de Vanves (XIVe), Brancion (XVe), poterne de la Plaine (XVe), porte de Versailles (XVe), d'Issy (XVe), de Sèvres (XVe), du Bas-Meudon (XVe). Les portes de Sablonville et de la Révolte (XVIIe arrond.) sont fermées.

Divisions administratives. — Nous avons dit précédemment (p. 61) qu'une loi, votée le 10 juin 1859, avait décrété l'annexion à la ville des communes suburbaines comprises dans l'enceinte, et que, à partir du 1er janvier 1860, les limites de Paris avaient été portées jusqu'au pied du glacis, en même temps que le régime de l'octroi s'étendait jusqu'à ces limites. Cette extension nécessitait une division nouvelle. En conséquence, depuis cette époque, Paris est divisé en 20 arrondissements, comprenant chacun quatre quartiers. En voici la nomenclature (1), avec le nom de chaque arrondissement et celui de la mairie à laquelle il ressortit :

Premier Arrondissement, du Louvre. (Mairie : place du Louvre.) — Une ligne partant du milieu de la Seine et suivant le mur ouest du jardin des Tuileries, l'axe des rues Saint-Florentin, Richepanse et Duphot jusqu'au boulevard de la Madeleine, — l'axe dudit boulevard et celui des rues des Capucines,

(1) Nous l'empruntons à l'ouvrage officiel intitulé : *Nomenclature des voies publiques et privées avec la date des actes officiels les concernant* (Paris, Chaix, in-4º).

des Petits-Champs, de la Feuillade, — de la place des Victoires, de la rue Étienne-Marcel, — du boulevard de Sébastopol, du pont au Change et du boulevard du Palais jusqu'au milieu du pont Saint-Michel — et le milieu de la Seine jusqu'au point de départ.

Premier quartier. — *Saint-Germain-l'Auxerrois*. — Une ligne partant du milieu de la Seine et suivant le mur ouest du jardin des Tuileries, — l'axe de la rue de Rivoli, — celui du boulevard Sébastopol, du pont au Change et du boulevard du Palais jusqu'au milieu du pont Saint-Michel, — et le milieu de la Seine jusqu'au point de départ. — 2º Quartier. — *Des Halles*. — Une ligne partant du milieu de la rue de Rivoli et suivant l'axe des rues de Marengo et de la Croix-des-Petits-Champs jusqu'à la place des Victoires, — celui de la rue Étienne-Marcel, — du boulevard Sébastopol — et de la rue de Rivoli jusqu'au point de départ. — 3º Quartier. — *Du Palais-Royal*. — Une ligne partant de la rue de Rivoli et suivant l'axe des rues Saint-Roch, — des Petits-Champs, de la Feuillade, de la place des Victoires, — des rues de la Croix-des-Petits-Champs, de Marengo — et de la rue de Rivoli jusqu'au point de départ. — 4º Quartier. — *De la place Vendôme*. — Une ligne partant de la rue de Rivoli et suivant l'axe des rues Saint-Florentin, Richepanse et Duphot, — l'axe du boulevard de la Madeleine et des rues des Capucines, des Petits-Champs, — Saint-Roch — et de Rivoli jusqu'au point de départ.

IIº Arr., de la Bourse. (Mairie : rue de la Banque.) — Une ligne suivant l'axe du boulevard des Capucines à partir de la rue des Capucines, et celui des boulevards des Italiens, Montmartre, Poissonnière, de Bonne-Nouvelle et Saint-Denis jusqu'au boulevard de Sébastopol, — l'axe dudit boulevard jusqu'à la rue Étienne-Marcel, — celui de la rue Étienne-Marcel, de la place des Victoires, des rues de la Feuillade, des Petits-Champs et des Capucines jusqu'au point de départ.

5º Quartier. — *Gaillon*. — Une ligne suivant l'axe du boulevard des Capucines, à partir de la rue des Capucines, — du boulevard des Italiens, — des rues de Grammont, Sainte-Anne, des Petits-Champs et des Capucines jusqu'au point de départ. — 6º Quartier. — *Vivienne*. — Une ligne partant de la rue des Petits-Champs, et suivant l'axe des rues Sainte-Anne et de Grammont, — des boulevards des Italiens et Montmartre, — des rues Montmartre, Notre-Dame-des-Victoires et Vide-Gousset, — de la place des Victoires, des rues de la Feuillade et des Petits-Champs jusqu'au point de départ. — 7º Quartier. — *Du Mail*. — Une ligne partant de la place des Victoires et suivant l'axe des rues Vide-Gousset, Notre-Dame-des-Victoires et Montmartre, — du boulevard Poissonnière, — des rues Poissonnière, des Petits-Carreaux, Montorgueil — et Étienne-Marcel jusqu'à la place des Victoires. — 8º Quartier. — *De Bonne-Nouvelle*. — Une ligne partant de la rue Étienne-Marcel et suivant l'axe des rues Montorgueil, des Petits-Carreaux et Poissonnière, — des boulevards de Bonne-Nouvelle, Saint-Denis, — de Sébastopol — et de la rue Étienne-Marcel jusqu'au point de départ.

IIIº Arr., du Temple. (Mairie : rue des Archives.) — Une ligne suivant l'axe du boulevard de Sébastopol, à partir de la rue Rambuteau jusqu'au boulevard Saint-Denis, — des boulevards Saint-Denis, Saint-Martin, du Temple, des Filles-du-Calvaire et Beaumarchais jusqu'à la rue des Vosges, — l'axe de ladite rue et des rues des Francs-Bourgeois et Rambuteau jusqu'au point de départ.

9º Quartier. — *Des Arts-et-Métiers*. — Une ligne suivant l'axe du boulevard de Sébastopol, à partir de la rue de Turbigo, celui des boulevards Saint-Denis et Saint-Martin, de la place de la République — et des rues du Temple, — des Gravilliers et de Turbigo jusqu'au point de départ. — 10º Quartier. — *Des Enfants-Rouges*. — Une ligne suivant l'axe de la rue du Temple, à partir de l'extrémité de la rue Pastourelle, celui des boulevards du Temple et des Filles-du-Calvaire, — des rues du Pont-aux-Choux, de Poitou et Pastourelle. — 11º Quartier. — *Des Archives*. — Une ligne suivant l'axe de la rue des Archives, à partir de la rue des Francs-Bourgeois, celui des rues Pastourelle, de Poitou, du Pont-aux-Choux, — du boulevard Beaumarchais, — des rues des Vosges et des Francs-Bourgeois jusqu'au point de départ. — 12º Quartier. — *Sainte-Avoye*. — Une ligne suivant l'axe du boulevard de Sébastopol, à partir de la rue Rambuteau jusqu'à la rue de Turbigo, l'axe de cette rue et celui des rues des Gravilliers, Pastourelle, — des Archives — et Rambuteau jusqu'au point de départ.

IVº Arr., de l'Hôtel-de-Ville. (Mairie : place Baudoyer.) Une ligne partant du milieu du pont Saint-Michel et suivant l'axe du boulevard du Palais, du pont au Change et du boulevard Sébastopol jusqu'à la rue Rambuteau, — l'axe de cette rue et des rues des Francs-Bourgeois et des Vosges, — du boulevard Beaumarchais, de la place de la Bastille, de la gare de l'Arsenal — et le milieu de la Seine jusqu'au point de départ.

13e Quartier. — *Saint-Merri*. — Une ligne partant du milieu de pont au Change, traversant la place du Châtelet et suivant l'axe du boulevard de Sébastopol, — des rues Rambuteau, — du Chaume, de l'Homme-Armé, des Billettes, des Deux-Portes et celui de la rue Lobau, prolongé jusqu'au milieu de la Seine, — enfin le milieu du grand bras de la Seine jusqu'au point de départ. — 14e Quartier. — *Saint-Gervais*. — Une ligne partant du milieu de la Seine et suivant l'axe des rues Lobau, des Deux-Portes, des Billettes, de l'Homme-Armé et du Chaume, — des rues des Francs-Bourgeois, — de Turenne et de Saint-Paul, prolongé jusqu'au milieu de la Seine, — et le milieu du petit bras de la Seine jusqu'au point de départ. — 15e Quartier. — *De l'Arsenal*. — Une ligne partant du petit bras de la Seine, en face de la rue Saint-Paul, suivant l'axe de cette rue et des rues Turenne, — des Vosges, — du boulevard Beaumarchais, de la place de la Bastille, de la gare de l'Arsenal et de l'écluse à la suite jusqu'au milieu de la Seine, — le milieu de la Seine jusqu'à l'île Saint-Louis et le milieu du petit bras jusqu'au point de départ. — 16e Quartier. — *Notre-Dame*. — Une ligne partant du pont Saint-Michel et suivant l'axe du boulevard du Palais jusqu'au milieu du pont au Change, — le milieu de ce bras de la Seine jusqu'à l'extrémité de l'île Saint-Louis — et le milieu de l'autre bras jusqu'au pont Saint-Michel.

Ve ARR., du Panthéon. (Mairie : place du Panthéon.) — Une ligne partant du boulevard de Port-Royal et suivant l'axe du boulevard Saint-Michel, jusqu'au milieu du pont Saint-Michel, — le milieu du petit et du grand bras de la Seine jusqu'au pont d'Austerlitz, — l'axe du pont d'Austerlitz et des boulevards de l'Hôpital, Saint-Marcel et de Port-Royal jusqu'au point de départ.

17e Quartier. — *Saint-Victor*. — Une ligne partant de la place de la Contrescarpe et suivant l'axe des rues Mouffetard, Descartes, de la Montagne-Sainte-Geneviève, de la place Maubert et de la rue du Haut-Pavé jusqu'au milieu de la Seine, — le milieu de la Seine jusqu'en face la rue Cuvier, — l'axe de la rue Cuvier et celui de la rue Lacépède jusqu'au point de départ. — 18e Quartier. — *Du Jardin-des-Plantes*. — Une ligne partant du boulevard de Port-Royal et suivant l'axe des rues Pascal, Mouffetard, — Lacépède et celui de la rue Cuvier, prolongé jusqu'au milieu de la Seine, — le milieu du fleuve jusqu'au pont d'Austerlitz, l'axe de ce pont, celui des boulevards de l'Hôpital, Saint-Marcel et de Port-Royal jusqu'à la rue Pascal. — 19e Quartier. — *Du Val-de-Grâce*. — Une ligne partant du boulevard de Port-Royal et traversant une partie de l'avenue de l'Observatoire suivant la direction de l'axe du boulevard de Sébastopol, l'axe de ce boulevard jusqu'à la rue Soufflot, — celui des rues Soufflot, Sainte-Catherine, Malebranche, des Fossés-Saint-Jacques, de la place de l'Estrapade, des rues de l'Estrapade, Blainville, — Mouffetard et Pascal, — et du boulevard de Port-Royal jusqu'à l'avenue de l'Observatoire. — 20e Quartier. — *De la Sorbonne*. — Une ligne suivant l'axe du boulevard Saint-Michel, à partir de la rue Soufflot jusqu'au milieu du pont Saint-Michel, — le petit bras de la Seine jusqu'en face la rue du Haut-Pavé — l'axe de cette rue, celui de la place Maubert, des rues de la Montagne-Sainte-Geneviève, Descartes et Mouffetard, jusqu'à la place de la Contrescarpe, — enfin des rues Blainville, de l'Estrapade, de la place de l'Estrapade, des rues des Fossés-Saint-Jacques, Malebranche, Sainte-Catherine et Soufflot jusqu'au point de départ.

VIe ARR., du Luxembourg. (Mairie : rue Bonaparte.) Une ligne suivant l'axe de la rue de Sèvres, à partir du boulevard du Montparnasse jusqu'à la rue des Saints-Pères, — l'axe de cette dernière rue, celui du quai Voltaire et du pont du Carrousel jusqu'au milieu de la Seine, — le milieu de la Seine jusqu'au pont Saint-Michel, — l'axe dudit pont jusqu'à la place Saint-Michel et celui du boulevard Saint-Michel jusqu'au carrefour de l'Observatoire et au boulevard du Montparnasse, — enfin l'axe du boulevard du Montparnasse jusqu'au point de départ.

21e Quartier. — *De la Monnaie*. — Une ligne partant du boulevard Saint-Germain et suivant l'axe de la rue de Seine jusqu'au quai Malaquais, longeant à l'ouest les bâtiments de l'Institut, se prolongeant jusqu'au milieu de la Seine, — et suivant le milieu du petit bras jusqu'au pont Saint-Michel, — l'axe de ce pont, celui du boulevard Saint-Michel, — de la rue de l'École-de-Médecine et du boulevard Saint-Germain jusqu'au point de départ. — 22e Quartier. — *De l'Odéon*. — Une ligne partant du carrefour de l'Observatoire et suivant l'axe des rues d'Assas, — Madame, du Four — et du boulevard Saint-Germain, celui de la rue de l'École-de-Médecine et du boulevard Saint-Michel jusqu'au point de départ. — 23ᵉ Quartier. — *Notre-Dame-des-Champs*. — Une ligne suivant l'axe de la rue de Sèvres, à partir du boulevard du Montparnasse, celui de la rue du Four — et des rues Madame, — d'Assas, de l'avenue de l'Observatoire — et enfin du boulevard du Montparnasse jusqu'au point de départ. — 24ᵉ Quartier. — *Saint-Germain-des-Prés*. — Une ligne partant de la rue de Sèvres et suivant l'axe de la rue des Saints-Pères, du quai Voltaire et du pont du Carrousel jusqu'au milieu de la Seine, — le milieu du fleuve jusqu'au pavillon ouest de l'Institut, — longeant la face ouest de ce pavillon et suivant l'axe de la rue de Seine, — du boulevard Saint-Germain, de la rue du Four et de la rue de Sèvres jusqu'au point de départ.

VIIᵉ Arr., du Palais-Bourbon. (Mairie : rue de Grenelle.) Une ligne partant du milieu de la Seine en face de l'avenue de Suffren et remontant le cours du fleuve jusqu'au pont du Carrousel, — suivant l'axe dudit pont, celui du quai Voltaire, de la rue des Saints-Pères, — de la rue de Sèvres, — de l'avenue de Saxe, — de la rue Pérignon, — enfin l'axe de l'avenue de Suffren jusqu'au point de départ.

25ᵉ Quartier. — *De Saint-Thomas-d'Aquin*. — Une ligne partant du milieu de la Seine, en face de la rue de Bellechasse et remontant le cours du fleuve jusqu'au pont du Carrousel, — suivant l'axe dudit pont, celui du quai Voltaire, de la rue des Saints-Pères, — de la rue de Sèvres — et des rues Vaneau et de Bellechasse jusqu'au point de départ. — 26ᵉ Quartier. — *Des Invalides*. — Une ligne partant du milieu du pont des Invalides, remontant le cours de la Seine jusqu'en face la rue de Bellechasse — et suivant l'axe des rues de Bellechasse, Vaneau, — de Babylone, — du boulevard des Invalides, — de l'avenue de Tourville — et du boulevard de La Tour-Maubourg jusqu'au point de départ. — 27ᵉ Quartier. — *De l'École-Militaire*. — Une ligne partant de l'avenue de Suffren et passant au devant des bâtiments de l'École-Militaire ayant façade sur le Champ-de-Mars, — suivant ensuite l'axe de l'avenue de Tourville, — du boulevard des Invalides, — des rues de Babylone, — Vaneau, de Sèvres, de l'avenue de Saxe, — de la rue Pérignon — et de l'avenue de Suffren jusqu'au point de départ. — 28ᵉ Quartier. — *Du Gros-Caillou*. — Une ligne partant du milieu de la Seine, en face de l'avenue de Suffren, remontant le cours du fleuve jusqu'au milieu du pont des Invalides, suivant l'axe dudit pont, — celui du boulevard de La Tour-Maubourg, — de l'avenue de Tourville jusqu'à l'avenue de La Bourdonnaye, — passant au devant des bâtiments de l'École-Militaire ayant façade sur le Champ-de-Mars, — et suivant l'axe de l'avenue de Suffren jusqu'au point de départ.

VIIIᵉ Arr., de l'Élysée. (Mairie : rue d'Anjou.) Une ligne partant du milieu du pont de l'Alma, suivant l'axe de ce pont, de la place de l'Alma, — de l'avenue du Trocadéro, — de l'avenue Marceau, de la place de l'Étoile, — de l'avenue de Wagram, — des boulevards de Courcelles et des Batignolles, de la place de Clichy, — des rues d'Amsterdam, du Havre, Tronchet, de la Ferme-des-Mathurins, — du boulevard de la Madeleine, des rues Duphot, Richepanse, Saint-Florentin, le mur ouest du jardin des Tuileries — et le milieu de la Seine jusqu'au point de départ.

29ᵉ Quartier. — *Des Champs-Élysées*. — Une ligne partant du milieu du pont de l'Alma et suivant l'axe dudit pont — de la place de l'Alma, — des avenues du Trocadéro et Marceau jusqu'au centre de la place de l'Étoile, — l'axe de l'avenue des Champs-Élysées, — des avenues de Matignon — et Gabriel, la partie nord de la place de la Concorde, — le mur ouest du jardin des Tuileries — et le milieu de la Seine jusqu'au point de départ. — 30ᵉ Quartier. — *Du Faubourg-du-Roule*. — Une ligne partant du centre de la place de l'Étoile et suivant l'axe de l'avenue de Wagram, — du boulevard de Courcelles, des rues de Courcelles, de La Boëtie, — du Faubourg-Saint-Honoré, — Montaigne, Rabelais, — des avenues de Matignon — et des Champs-Élysées jusqu'au point de départ. 31ᵉ Quartier. — *De la Madeleine*. — Une ligne partant de l'avenue Gabriel et suivant l'axe de l'avenue de Matignon, des rues Rabelais, Montaigne, — du Faubourg-Saint-Honoré, — de La Boëtie, de la Pépinière et Saint-Lazare, — des rues du Havre, Tronchet et de la Ferme-des-Mathurins, — du boulevard de la Madeleine, des rues Duphot, Richepanse et Saint-Florentin, — de la partie nord de la place de la Concorde et enfin de l'avenue Gabriel jusqu'au point de départ. — 32ᵉ Quartier. — *De l'Europe*. — Une ligne suivant l'axe du boulevard de Courcelles, à partir de la rue de Courcelles, du boulevard des Batignolles, de la place Clichy, — des rues d'Amsterdam, — Saint-Lazare, de la Pépinière, de La Boëtie et de Courcelles jusqu'au point de départ.

IXᵉ Arr., de l'Opéra. (Mairie : rue Drouot.) — Une ligne partant du boulevard de la Madeleine et suivant l'axe des rues de la Ferme-des-Mathurins, Tronchet, du Havre et d'Amsterdam, — de la place de Clichy, des boulevards de Clichy et de Rochechouart, — de la rue du Faubourg-Poissonnière, — des boulevards Poissonnière, Montmartre, des Italiens, des Capucines et de la Madeleine jusqu'au point de départ.

33ᵉ Quartier. — *Saint-Georges*. — Une ligne partant de la rue Saint-Lazare et suivant l'axe de la rue d'Amsterdam, — de la place de Clichy, du boulevard de Clichy, — des rues des Martyrs — et Saint-Lazare jusqu'au point de départ. — 34ᵉ Quartier. — *De la Chaussée-d'Antin*. — Une ligne partant du boulevard de la Madeleine et suivant l'axe de la rue de la Ferme-des-Mathurins, des rues Tronchet et du Havre, de la rue Saint-Lazare, — des rues Fléchier, de Châteaudun et Laffitte, — des boulevards des Italiens, des Capucines et de la Madeleine jusqu'au point de départ. — 35ᵉ Quartier. — *Du Faubourg Montmartre*. — Une ligne partant du boulevard des Italiens et suivant l'axe des rues Laffitte, de Châteaudun et Fléchier, — des rues Lamartine, de Montholon, — de la rue du Faubourg-Poissonnière — et des boulevards Poissonnière, Montmartre et des Italiens jusqu'au point de départ. — 36ᵉ Quartier. — *De Rochechouart*. — Une ligne partant de l'extrémité de la rue Lamartine et suivant l'axe de la rue des Martyrs, — du boulevard de Rochechouart, — de la rue du Faubourg-Poissonnière, — et des rues de Montholon et Lamartine jusqu'au point de départ.

Xᵉ Arr., de l'Enclos-Saint-Laurent (Mairie : rue du Château-d'Eau.) — Une ligne partant de l'extrémité du boulevard de Bonne-Nouvelle et suivant l'axe de la rue du Faubourg-Poissonnière, — des boulevards de La Chapelle et de La Villette, — de la rue du Faubourg-du-Temple, — de la place de la République, des boulevards Saint-Martin, Saint-Denis — et de Bonne-Nouvelle jusqu'au point de départ.

37ᵉ Quartier. — *Saint-Vincent-de-Paul*. — Une ligne partant de la rue de Bellefond et suivant l'axe de la rue du Faubourg-Poissonnière, — des boulevards de La Chapelle et de La Villette, — de la rue du Faubourg-Saint-Martin, — et des rues de Strasbourg et de Chabrol jusqu'au point de départ. — 38ᵉ Quartier. — *De la Porte-Saint-Denis*. — Une ligne partant de l'extrémité du boulevard de Bonne-Nouvelle et suivant l'axe de la rue du Faubourg-Poissonnière, — des rues de Bellefond, de Chabrol, de Strasbourg jusqu'au boulevard de Strasbourg, — l'axe dudit boulevard jusqu'au boulevard Saint-Denis, — enfin celui des boulevards Saint-Denis et de Bonne-Nouvelle jusqu'au point de départ. — 39ᵉ Quartier. — *De la Porte-Saint-Martin*. — Une ligne partant du boulevard Saint-Denis et suivant l'axe du boulevard de Strasbourg, — des rues de Strasbourg, du Faubourg-Saint-Martin, — des Récollets, Bichat, — de la rue du Faubourg-du-Temple, — de la place de la République, et des boulevards Saint-Martin et Saint-Denis jusqu'au point de départ. — 40ᵉ Quartier. — *De l'Hôpital Saint-Louis*. — Une ligne partant de l'extrémité de la rue des Récollets et suivant l'axe de la rue du Faubourg-Saint-Martin, — du boulevard de La Villette, — de la rue du Faubourg-du-Temple, — et des rues Bichat et des Récollets jusqu'au point de départ.

XIᵉ Arr., de Popincourt. (Mairie : place Voltaire.) — Une ligne partant au sud de la place de la République et suivant l'axe de la rue du Faubourg-du-Temple, — des boulevards de Belleville, de Ménilmontant et de Charonne, — de l'avenue du Trône, de la place de la Nation, de la rue du Faubourg-Saint-Antoine, de la place de la Bastille, — et des boulevards Beaumarchais, des Filles-du-Calvaire et du Temple jusqu'au point de départ.

41ᵉ Quartier, — *De la Folie-Méricourt*. — Une ligne partant au sud de la place de la République et suivant l'axe de la rue du Faubourg-du-Temple, — du boulevard de Belleville, — de la rue Oberkampf, — et des boulevards des Filles-du-Calvaire et du Temple jusqu'au point de départ. — 42ᵉ Quartier. — *Saint-Ambroise*. — Une ligne partant des boulevards des Filles-du-Calvaire et suivant l'axe de la rue Oberkampf, — du boulevard de Ménilmontant, — de la rue du Chemin-Vert, — et des boulevards Beaumarchais et des Filles-du-Calvaire jusqu'au point de départ. — 43ᵉ Quartier. — *De la Roquette*. — Une ligne partant du boulevard Beaumarchais et suivant l'axe de la rue du Chemin-Vert, — des boulevards de Ménilmontant et de Charonne,

— des rues de Charonne — et du Faubourg-Saint-Antoine jusqu'à l'axe de la place de la Bastille, — et celui du boulevard Beaumarchais jusqu'au point de départ. — 44e Quartier. — *Sainte-Marguerite*. — Une ligne partant de la rue du Faubourg-Saint-Antoine et suivant l'axe de la rue de Charonne, — du boulevard de Charonne, — de l'avenue du Trône, de la place de la Nation, et de la rue du Faubourg-Saint-Antoine jusqu'au point de départ.

XIIe Arr., de Reuilly. (Mairie : avenue Daumesnil et rue de Charenton.) — Une ligne partant du milieu de la Seine en face du débouché de la gare de l'Arsenal et suivant l'axe de ladite gare à la place de la Bastille, — de la rue du Faubourg-Saint-Antoine, de la place de la Nation, de l'avenue du Trône et du cours de Vincennes jusqu'à la limite des terrains militaires, — le pied du glacis jusqu'à la Seine, et le milieu du fleuve jusqu'au point de départ. 45e Quartier. — *Du Bel-Air*. — Une ligne suivant l'axe du cours de Vincennes, à partir de l'avenue du Trône jusqu'à la limite des terrains militaires, — le pied du glacis jusqu'à un point situé dans le prolongement de l'axe de la rue de Picpus, — l'axe de la rue de Picpus, — et celui du boulevard de Picpus jusqu'au point de départ. — 46e Quartier. — *De Picpus*. — Une ligne partant de la rue de Chaligny et suivant l'axe de la rue du Faubourg-Saint-Antoine, de la place de la Nation et de l'avenue du Trône, — celui du boulevard Picpus et de la rue Picpus, prolongé jusqu'au pied du glacis, — et suivant le pied du glacis jusqu'à la porte de Charenton, — l'axe des rues de Charenton et de Chaligny jusqu'au point de départ. — 47e Quartier. — *De Bercy*. — Une ligne partant du milieu de la Seine et suivant l'axe des rues Villiot et de Rambouillet, — celui de la rue de Charenton jusqu'à la limite des terrains militaires, — le pied du glacis jusqu'à la Seine, — et le milieu dudit fleuve jusqu'au point de départ. — 48e Quartier. — *Des Quinze-Vingts*. — Une ligne partant du milieu de la Seine en face du débouché de la gare de l'Arsenal, et suivant l'axe de ladite gare et de la place de la Bastille, — celui des rues du Faubourg-Saint-Antoine, — de Chaligny, — de Rambouillet et Villiot, — et le milieu de la Seine jusqu'au point de départ.

XIIIe Arr., des Gobelins. (Mairie : place d'Italie.) — Une ligne partant du glacis de l'enceinte et suivant l'axe de la porte de Gentilly, des rues de la Glacière et de la Santé, — celui des boulevards de Port-Royal, Saint-Marcel, de l'Hôpital et du pont d'Austerlitz jusqu'au milieu dudit pont, — le milieu de la Seine jusqu'au droit des limites des terrains militaires — et le pied du glacis jusqu'à l'axe de la porte de Gentilly.

49e Quartier. — *De la Salpêtrière*. — Une ligne partant de l'avenue des Gobelins et suivant l'axe des boulevards Saint-Marcel, de l'Hôpital et du pont d'Austerlitz, jusqu'au milieu dudit pont, — le milieu de la Seine jusqu'au pont de Bercy, — l'axe dudit pont et du boulevard de la Gare jusqu'à la place d'Italie, — celui de la place d'Italie et de l'avenue des Gobelins jusqu'au point de départ. — 50e Quartier. — *De la Gare*. — Une ligne partant de l'avenue de Choisy et suivant l'axe du boulevard de la Gare et du pont de Bercy, jusqu'au milieu dudit pont, — le milieu de la Seine jusqu'au droit de la limite des terrains militaires, — le pied du glacis jusqu'à la porte de Choisy, — l'axe de cette porte et celui de l'avenue de Choisy jusqu'au point de départ. — 51e Quartier. — *De la Maison-Blanche*. — Une ligne partant de la rue de la Santé et suivant l'axe du boulevard d'Italie, de la place d'Italie, — de l'avenue de Choisy jusqu'à la limite des terrains militaires, — le pied du glacis, jusqu'à la porte de Gentilly, — l'axe de cette porte et celui des rues de la Glacière et de la Santé jusqu'au point de départ. — 52e Quartier. — *De Croulebarbe*. — Une ligne partant du boulevard d'Italie et suivant l'axe de la rue de la Santé, — celui du boulevard de Port-Royal, — de l'avenue des Gobelins, — de la place d'Italie, et du boulevard d'Italie jusqu'au point de départ.

XIVe Arr., de l'Observatoire. (Mairie : place de Montrouge.) — Une ligne suivant l'axe du boulevard du Montparnasse, à partir du côté ouest de la rue du Départ, celui du boulevard de Port-Royal, — des rues de la Santé, de la Glacière, et de la porte de Gentilly, jusqu'à la limite des terrains militaires, — suivant le pied du glacis jusqu'au chemin de fer de l'Ouest, — et les limites, côté Est, dudit chemin de fer jusqu'au boulevard du Montparnasse. — 53e Quartier. — *Du Montparnasse*. — Une ligne partant du boulevard du Montparnasse et suivant la rue du Départ sur la limite de l'embarcadère et du viaduc du chemin de fer de l'Ouest jusqu'à l'avenue du Maine, — l'axe de ladite avenue, — celui de la rue Daguerre, — de l'avenue d'Orléans, — de la place Denfert-Rochereau et du boulevard Saint-Jacques, — de la rue de la Santé, — et des boulevards de Port-Royal et du Montparnasse jusqu'au point de départ. — 54º Quartier. — *De la Santé.* — Une ligne partant de la place Saint-Jacques et suivant l'axe du boulevard Saint-Jacques, — de la rue de la Santé et de la rue de la Glacière, jusqu'à la limite des terrains militaires, — suivant le pied du glacis jusqu'au prolongement de l'axe de la rue de la Tombe-Issoire, — et l'axe de ladite rue jusqu'au point de départ. — 55º Quartier. — *Du Petit-Montrouge.* — Une ligne partant de la rue du Chemin-des-Plantes et suivant l'axe de la rue Daguerre, — de l'avenue d'Orléans, — de la place Denfert-Rochereau, du boulevard Saint-Jacques, — de la rue de la Tombe-Issoire prolongée jusqu'à la limite des terrains militaires, — le pied du glacis jusqu'à l'axe de la porte de Châtillon, — et l'axe de la rue du Chemin-des-Plantes, à partir de la porte de Châtillon jusqu'au point de départ. — 56º Quartier. — *De Plaisance.* — Une ligne partant de la limite des terrains militaires au débouché du chemin de fer de l'Ouest, suivant la limite, côté Est, dudit chemin de fer jusqu'à l'avenue du Maine, — l'axe de ladite avenue — et celui des rues Daguerre — et du Chemin-des-Plantes, prolongé jusqu'à la limite des terrains militaires (axe de la porte de Châtillon) — et le pied du glacis jusqu'au point de départ.

XVº Arr., de Vaugirard. (Mairie : rue Péclet). — Une ligne partant du milieu de la Seine au droit des limites des terrains militaires, remontant le cours du fleuve jusqu'au prolongement de l'axe de l'avenue de Suffren, — l'axe de cette avenue, — celui de la rue Pérignon, — de l'avenue de Saxe, — de la rue de Sèvres, — du boulevard du Montparnasse jusqu'à la rue du Départ, — suivant les limites, côté Est, du chemin de fer de l'Ouest jusqu'à la limite des terrains militaires, — et le pied du glacis jusqu'au point de départ.

57º Quartier. — *Saint-Lambert.* — Une ligne partant de la limite des terrains militaires dans l'axe de la porte de Sèvres, suivant l'axe de ladite porte et du boulevard Victor, — celui de la rue Lecourbe, de la Croix-Nivert, — Mademoiselle, — Cambronne, de Vaugirard et de la Procession, jusqu'au chemin de fer de l'Ouest, — les limites, côté Est, dudit chemin de fer jusqu'aux confins des terrains militaires, — et le pied du glacis jusqu'au point de départ. — 58º Quartier. — *Necker.* — Une ligne partant de la rue Mademoiselle et suivant l'axe de la rue de la Croix-Nivert, de la place Cambronne, et des avenues Lowendal — et de Suffren, — celui de la rue Pérignon, de l'avenue de Saxe, — de la rue de Sèvres et du boulevard du Montparnasse jusqu'à la rue du Départ, — les limites, côté Est, du chemin de fer de l'Ouest, jusqu'à la rue de la Procession, — l'axe de cette rue et des rues de Vaugirard, de Cambronne et Mademoiselle, jusqu'au point de départ. — 59º Quartier. — *De Grenelle.* — Une ligne partant du pont de Grenelle, au milieu du grand bras de la Seine et remontant le cours du fleuve jusqu'au prolongement de l'axe de l'avenue de Suffren, — suivant l'axe de cette avenue, — celui de l'avenue de Lowendal, de la place Cambronne, des rues Croix-Nivert, des Entrepreneurs, de Linois et du pont de Grenelle, jusqu'au point de départ. — 60º Quartier. — *De Javel.* — Une ligne partant du milieu de la Seine, au droit des limites des terrains militaires, remontant le cours du fleuve jusqu'au pont de Grenelle, — et suivant l'axe dudit pont, celui des rues Linois, des Entrepreneurs, — de la Croix-Nivert et Lecourbe, — l'axe du boulevard Victor et de la porte de Sèvres, jusqu'à la limite des terrains militaires, — enfin le pied du glacis jusqu'au point de départ.

XVIº Arr., de Passy. (Mairie : avenue du Trocadéro.) — Une ligne partant du milieu de la Seine au droit de la limite des terrains militaires, suivant le pied du glacis jusqu'à l'avenue de la Grande-Armée, — l'axe de ladite avenue, celui de la place de l'Étoile, — des avenues Marceau et du Trocadéro, de la place de l'Alma et du pont de l'Alma, jusqu'au milieu de la Seine, — et le milieu du fleuve jusqu'au point de départ.

61º Quartier. — *D'Auteuil.* — Une ligne partant du milieu de la Seine, au droit de la limite des terrains militaires et suivant le pied du glacis, jusqu'à la porte de Passy, — l'axe de cette porte, celui du boulevard Suchet jusqu'au prolongement de l'axe de la rue de l'Assomption, — l'axe de ladite rue, celui de la rue Boulainvilliers et du pont de Grenelle — et le milieu de la Seine jusqu'au point de départ. — 62º Quartier. — *De la Muette.* — Une ligne partant de la porte de Passy, à la limite des terrains militaires, et suivant le pied du glacis jusqu'à la porte de la Muette, — l'axe de cette porte, de l'avenue du Trocadéro, — de la place et du jardin du Trocadéro, celui du pont d'Iéna, —

le milieu de la Seine jusqu'au pont de Grenelle, — l'axe dudit pont et des rues Boulainvilliers et de l'Assomption, prolongé jusqu'au boulevard Suchet, l'axe du boulevard Suchet et celui de la porte de Passy jusqu'au point de départ. — 63e Quartier. — *De la Porte-Dauphine*. — Une ligne partant de la porte de la Muette et suivant le pied du glacis jusqu'à l'avenue de la Grande-Armée, — l'axe de ladite avenue, celui de l'avenue Malakoff, de la place du Trocadéro, — de l'avenue du Trocadéro et de la porte de la Muette jusqu'au point de départ. — 64e Quartier. — *Des Bassins*. — Une ligne partant du milieu de la Seine, dans l'axe du pont d'Iéna, suivant l'axe dudit pont, du jardin et de la place du Trocadéro, — de l'avenue Malakoff, de l'avenue de la Grande-Armée, de la place de l'Étoile, des avenues Marceau et du Trocadéro, de la place de l'Alma et du pont de l'Alma, — et le milieu de la Seine entre les ponts de l'Alma et d'Iéna.

XVIIe Arr., des Batignolles-Monceaux. (Mairie : rue des Batignolles.) — Une ligne partant de l'axe de l'avenue de la Grande-Armée, au droit de la limite des terrains militaires, et suivant le pied des glacis jusqu'à la porte de Saint-Ouen, — l'axe de la porte et de l'avenue de Saint-Ouen, de l'avenue de Clichy et de la place de Clichy, — celui des boulevards des Batignolles et de Courcelles, — de l'avenue de Wagram, — de la place de l'Étoile et de l'avenue de la Grande-Armée jusqu'au point de départ.

65e Quartier. — *Des Ternes*. — Une ligne partant de l'axe de l'avenue de la Grande-Armée, à la limite des terrains militaires et contournant le pied du glacis jusqu'au prolongement de l'axe de la rue d'Héliopolis et du boulevard de Gouvion-Saint-Cyr, — suivant cet axe et celui des rues Guillaume-Tell, Rennequin, Poncelet, et Desrenaudes, — du boulevard de Courcelles, de l'avenue de Wagram, de la place de l'Étoile — et de l'avenue de la Grande-Armée jusqu'au point de départ. — 66e Quartier. — *De la plaine de Monceaux*. — Une ligne partant du boulevard de Courcelles et suivant l'axe des rues Desrenaudes, Poncelet, Rennequin, Guillaume-Tell, d'Héliopolis et celui du boulevard Gouvion-Saint-Cyr prolongé jusqu'à la limite des terrains militaires, — le pied du glacis jusqu'à la porte d'Asnières, — l'axe de ladite porte, celui des rues de Tocqueville, de Lévis, — et du boulevard de Courcelles jusqu'au point de départ. — 67e Quartier. — *Des Batignolles*. — Une ligne partant du boulevard des Batignolles et suivant l'axe des rues de Lévis, de Tocqueville et de la porte d'Asnières, — le pied du glacis jusqu'à un point en prolongement de l'ancienne rue de l'Entrepôt aujourd'hui supprimée, l'axe de cette ancienne rue aboutissant rue Cardinet dans le voisinage de la rue Lemercier, — l'axe des rues Cardinet, Lemercier et La Condamine, — de l'avenue de Clichy, de la place de Clichy — et du boulevard des Batignolles jusqu'au point de départ. — 68e Quartier. — *Des Épinettes*. — Une ligne suivant le pied du glacis, à partir du prolongement de l'ancienne rue de l'Entrepôt (supprimée) jusqu'à la porte de Saint-Ouen, — l'axe de cette porte, celui de l'avenue de Saint-Ouen, de l'avenue de Clichy, — et des rues La Condamine, Lemercier, Cardinet et l'axe de l'ancienne rue de l'Entrepôt jusqu'au point de départ.

XVIIIe Arr., de la Butte-Montmartre. (Mairie : place des Abbesses.) — Une ligne partant de la place de Clichy et suivant l'axe des avenues de Clichy, de Saint-Ouen et de la porte de Saint-Ouen jusqu'à la limite des terrains militaires, — le pied du glacis jusqu'à la porte d'Aubervilliers, — des boulevards de La Chapelle, de Rochechouart et de Clichy jusqu'au point de départ.

69e Quartier. — *Des Grandes-Carrières*. — Une ligne partant de la place de Clichy et suivant l'axe des avenues de Clichy, de Saint-Ouen et de la porte de Saint-Ouen jusqu'à la limite des terrains militaires, — le pied du glacis jusqu'au prolongement de l'axe de la rue du Ruisseau, — l'axe de ladite rue et des rues Marcadet, des Saules, Ravignan, des Abbesses et Houdon, — puis l'axe du boulevard de Clichy jusqu'au point de départ. — 70e Quartier. — *De Clignancourt*. — Une ligne partant du boulevard de Clichy et suivant l'axe des rues Houdon, des Abbesses, Ravignan, des Saules, Marcadet et de la rue du Ruisseau, prolongé jusqu'à la limite des terrains militaires, — le pied du glacis jusqu'à l'axe prolongé de la rue des Poissonniers, — l'axe de ladite rue — et celui des boulevards Barbès, Rochechouart et de Clichy jusqu'au point de départ. — 71e Quartier. — *De la Goutte-d'Or*. — Une ligne partant de l'extrémité du boulevard de La Chapelle et suivant l'axe du boulevard Barbès, et celui de la rue des Poissonniers prolongé jusqu'à la limite des terrains militaires, — le pied du glacis jusqu'à la porte de La Chapelle, — l'axe de cette porte et de la rue de La Chapelle — et celui du

Hôtel des Invalides.

boulevard de La Chapelle jusqu'au point de départ. — 72ᵉ Quartier. — *De La Chapelle.* — Une ligne partant du boulevard de La Chapelle et suivant l'axe de la rue de La Chapelle et de la porte de La Chapelle jusqu'à la limite des terrains militaires, — le pied du glacis jusqu'à la porte d'Aubervilliers, l'axe de ladite porte et de la rue d'Aubervilliers — et celui du boulevard de La Chapelle jusqu'au point de départ.

XIXᵉ Arr., des Buttes-Chaumont. (Mairie : place Armand-Carrel.) — Une ligne partant de l'extrémité du boulevard de La Villette et suivant l'axe de la rue d'Aubervilliers et de la porte d'Aubervilliers jusqu'à la limite des terrains militaires, — le pied du glacis jusqu'à la porte de Romainville, — l'axe de cette porte, celui de la rue de Belleville, — et du boulevard de La Villette jusqu'au point de départ.

73ᵉ Quartier. — *De La Villette.* — Une ligne partant de l'extrémité du boulevard de La Villette et suivant l'axe de la rue d'Aubervilliers, — des rues de l'Ourcq, — d'Allemagne et de Meaux, — et celui du boulevard de La Villette jusqu'au point de départ. — 74ᵉ Quartier. — *Du Pont-de-Flandres.* — Une ligne partant de la rue de l'Ourcq et suivant l'axe de la rue d'Aubervilliers et de la porte d'Aubervilliers jusqu'à la limite des terrains militaires, — le pied du glacis jusqu'à la porte de Pantin, — l'axe de cette porte et celui des rues d'Allemagne — et de l'Ourcq jusqu'au point de départ. — 75ᵉ Quartier. — *D'Amérique.* — Une ligne partant de la rue de Belleville et suivant l'axe des rues de La Villette, Botzaris, de Crimée, — d'Allemagne et de la porte de Pantin, jusqu'à la limite des terrains militaires, — le pied du glacis jusqu'à la porte de Romainville, — l'axe de cette porte et de la rue de Belleville jusqu'au point de départ. — 76ᵉ Quartier. — *Du Combat.* — Une ligne partant du boulevard de La Villette et suivant l'axe de la rue de Meaux, — de la rue de Crimée, — des rues Botzaris, de La Villette et de

Belleville, — et celui du boulevard de La Villette jusqu'au point de départ.

XX° Arr., de Ménilmontant. (Marie : place des Pyrénées.) — Une ligne partant de l'extrémité du boulevard de Belleville et suivant l'axe de la rue de Belleville et de la porte de Romainville jusqu'à la limite des terrains militaires, — le pied du glacis jusqu'à la porte de Vincennes, — l'axe de cette porte et du cours de Vincennes, — et celui des boulevards de Charonne, de Ménilmontant et de Belleville jusqu'au point de départ.

77° Quartier. — *De Belleville*. — Une ligne partant de l'extrémité du boulevard de Belleville et suivant l'axe des rues de Belleville, — Pixérécourt, de Ménilmontant, — et celui du boulevard de Belleville jusqu'au point de départ. — 78° Quartier. — *Saint-Fargeau*. — Une ligne partant de la rue Pixérécourt et suivant l'axe de la rue de Belleville et de la porte de Romainville jusqu'à la limite des terrains militaires, — le pied du glacis jusqu'à la porte de Bagnolet, — l'axe de cette porte et des rues de Bagnolet, — Pelleport, — de Ménilmontant — et Pixérécourt jusqu'au point de départ. — 79° Quartier. — *Du Père-Lachaise*. — Une ligne partant du boulevard de Ménilmontant et suivant l'axe des rues de Ménilmontant, — Pelleport, — de Bagnolet, — et celui des boulevards de Charonne et de Ménilmontant jusqu'au point de départ. — 80° Quartier. — *De Charonne*. — Une ligne partant du boulevard de Charonne et suivant l'axe de la rue de Bagnolet et de la porte de Bagnolet jusqu'à la limite des terrains militaires, — le pied du glacis jusqu'à la porte de Vincennes, — l'axe de cette porte, celui du cours de Vincennes — et du boulevard de Charonne jusqu'au point de départ.

Aspect intérieur. — Depuis vingt-neuf ans, c'est-à-dire depuis 1854, la capitale de la France a totalement changé d'aspect. Au lendemain du coup d'État de décembre, le nouveau gouvernement décida de transformer Paris, de supprimer les voies étroites et tortueuses qui étaient un péril et dans lesquelles l'émeute pouvait toujours se cantonner, de faire enfin une ville à voies larges et droites; il était nécessaire d'ailleurs d'assainir cette cité toujours grandissante, de faire pénétrer partout l'air et la lumière. Nous avons dit brièvement ailleurs en quoi ont consisté ces immenses travaux, et, dans la description qui va suivre, nous reviendrons sur la plupart d'entre eux. Contentons-nous de dire ici qu'en même temps que les rues étaient transformées, des squares et des parcs créés, soit à l'intérieur, soit aux portes de la nouvelle ville, d'immenses travaux d'égout et de distribution d'eau étaient entrepris et menés depuis à bonne fin ; des sommes énormes étaient consacrées à la construction d'églises; de nouveaux théâtres s'élevaient, des casernes nombreuses étaient édifiées ; des marchés, construits sur le modèle des Halles centrales, étaient ouverts dans la plupart des quartiers. Ajoutons, comme renseignement statistique, que la superficie de Paris, mesurée jusqu'au pied du glacis des fortifications, est de 7,802 hectares, et que la longueur totale des voies plantées ou non plantées est de 886,803^m,48. Avant l'annexion des communes suburbaines, Paris, enfermé dans le mur d'octroi, couvrait seulement une surface de 3,402 hectares.

On conçoit, d'après ce rapide exposé, quelle métamorphose s'est produite durant cette période. « C'est littéralement à ne s'y point reconnaître, dit le *Grand Dictionnaire universel du XIX° siècle*, et tel qui aurait habité Paris durant vingt ans, de 1835 à 1855, et y reviendrait de nos jours, s'y perdrait certainement. L'aspect général y a gagné, et Paris, qui n'était, avant cette date de 1855, qu'une grande ville, est aujourd'hui une immense et belle ville. La santé publique a gagné, elle aussi, à ces remaniements.... Les quelques rêveurs ou poètes qui regrettent les rues sombres et les tourelles dentelées du moyen âge, mais qui ne voudraient cependant, pour rien au monde, vivre de la vie de cette triste époque, déploreraient peut-être, dans quelques boutades rimées, ces embellissements; mais l'immense majorité applaudirait sans réserve. Ces constructions ont eu cependant des conséquences regrettables : l'élévation des loyers, l'obligation pour l'ouvrier de reculer loin du centre, etc. »

Quoi qu'il en soit, de nos jours, l'aspect de l'immense cité est splendide : un nombre prodigieux de voitures de toutes sortes, d'omnibus et de tramways la sillonnent en tous sens et à toutes les heures; à certains moments de la journée, dans les quartiers du centre principalement et sur les grands boulevards, la foule est si considérable que la circulation devient presque impossible, surtout pour les piétons. Le soir, des milliers de becs de gaz et, dans quelques endroits, trop rares encore, la lumière électrique éclairent la cité d'un immense flamboiement de jets lumineux. Les promenades, les grandes voies, illuminées *a giorno*, présentent un aspect véritablement féerique. Hélas! il y a une ombre à ce tableau : les ruines faites par la guerre civile n'ont pas encore partout disparu. Si l'Hôtel de ville a été reconstruit en de plus vastes proportions, si le déblayement des Tuileries est terminé, si la Légion d'honneur, le Ministère des finances et d'autres édifices incendiés ont été rebâtis, on voit encore les pans de murs noircis de la Cour des comptes. Dans quelques années sans doute, toutes les traces de cette désolante période de notre histoire auront disparu, et la grande ville n'aura plus de verrues.

Nous allons maintenant décrire en détail cette incomparable cité.

Les Rues. — Nous sommes loin de l'époque où quatre ou cinq voies à peine tracées à travers les marécages et les bois suffisaient à la bourgade des *Parisii;* nous sommes loin aussi d'une époque beaucoup moins reculée, puisqu'elle remonte à une trentaine d'années. Quels progrès ont été accomplis depuis cette date dans la viabilité parisienne! Nous l'avons déjà constaté au paragraphe intitulé *Aspect intérieur*, la capitale est transformée: les rues tortueuses et sombres du vieux Paris sont tombées sous le marteau des démolisseurs; ses sinistres quartiers, celui de la Cité par exemple, ont été éventrés, et, à la place qu'ils ont si longtemps encombrée, on voit de splendides maisons, souvent des palais, qui bordent des rues larges et quelquefois plantées d'arbres.

D'après l'ouvrage officiel intitulé *Nomenclature des voies publiques et privées*, le nombre de ces voies (en y comprenant les quais, les boulevards, les passages, les impasses, et même les rues non encore dénommées) est de 3,743.

Au point de vue du numérotage des maisons, les rues de Paris sont divisées en deux classes : les rues parallèles et les rues perpendiculaires ou obliques à la Seine. Pour les premières, les numéros suivent le cours du fleuve, c'est-à-dire qu'ils commencent du côté de l'est; pour les secondes, les numéros vont en s'éloignant de la Seine. De plus, quand on marche en remontant la série des numéros, on a les numéros pairs à droite et les numéros impairs à gauche. Il résulte de cette simple convention qu'en remontant l'ordre des numéros on s'éloigne de la Seine ou de l'est de Paris, suivant la direction des rues que l'on suit, et qu'en redescendant le même ordre on se rapproche de la Seine ou de l'est de Paris. Pour compléter cette utile indication, les plaques qui portent les noms des rues devraient faire connaître si la rue est parallèle ou perpendiculaire, ce qui soustrairait l'étranger au danger de se diriger sur Auteuil lorsqu'il veut se rendre au Pont-Neuf.

Les plaques indicatrices, fort rares et peu lisibles autrefois, sont aujourd'hui beaucoup plus nombreuses et plus intelligemment coloriées. Elle sont en belle lave de Volvic, émaillée, à fond bleu, avec les inscriptions en blanc. Cette utile amélioration date de 1844. Dans quelques endroits, on est parvenu à rendre les numéros lisibles pendant la nuit en les disposant de manière à pouvoir les éclairer par derrière; mais cette innovation n'a malheureusement pas été généralisée.

Il nous est impossible de passer en revue toutes les rues de la capitale; nous nous contenterons de citer les suivantes :

La *rue de Rivoli* (IVe et Ier arr.), commencée en 1802 et ainsi nommée en mémoire de la bataille de Rivoli, s'étend en ligne droite de la rue Sévigné à la place de la Concorde. La longueur actuelle est de plus de 3 kilomètres. Les façades qui la bordent jusqu'à la rue du Louvre ont été construites d'après un dessin uniforme. Le rez-de-chaussée est précédé d'arcades cintrées formant une galerie couverte, où se pressent incessamment des flots de promeneurs. En suivant cette rue dans toute sa longueur, on longe à gauche la mairie du IVe arrondissement, la caserne Napoléon, l'Hôtel de ville, la place Saint-Jacques-la-Boucherie, le Louvre et l'espace autrefois occupé par les Tuileries, avec leurs jardins; à droite, la place du Palais-Royal et l'emplacement où était le ministère des finances, incendié par la Commune et rebâti depuis.

La *rue de Castiglione* (Ier arr.), qui a pris le nom d'une victoire remportée par Bonaparte, a été ouverte sur l'emplacement de l'ancien monastère des Feuillants. La rue de Castiglione met la rue de Rivoli en communication avec la place Vendôme.

La *rue de la Paix* (IIe arr.), qui relie la place Vendôme à la place de l'Opéra, a été percée en 1807, sur les dépendances de l'ancien couvent des Capucines, et porta jusqu'en 1814 le nom de *rue Napoléon*. Sa longueur est de 280 mètres. Elle est bordée par de magnifiques magasins.

La *rue Saint-Honoré* (Ier arr.) commence près des Halles centrales, à la rue des Bourdonnais, et finit à la rue Royale, en face de la Madeleine. Ce fut dans cette rue qu'eut lieu, en 1648, la première collision entre le peuple et les troupes royales, collision qui fut le signal des troubles de la Fronde. En 1720, la banqueroute de ses banques ayant donné lieu à une émeute, Law se réfugia au Palais-Royal, mais son carrosse fut mis en pièces dans la rue Saint-Honoré. C'est aussi dans cette rue et près du Palais-Royal que fut tiré, le 27 juillet 1830, le premier coup de fusil de la révolution qui renversa Charles X. Enfin, en 1848, les mêmes lieux furent le théâtre d'une lutte très vive entre les insurgés et l'armée. Ravaillac avait logé pendant quelques jours à l'auberge des *Trois-Pigeons*, en face de Saint-Roch, avant de commettre son abominable crime près de la maison de la rue Saint-Honoré qui porte aujourd'hui le numéro 3.

La *rue du Bac* (VII° arr.), ainsi nommée d'un bac établi en 1560 pour le passage de la Seine, à peu près à l'endroit où est aujourd'hui le pont Royal, s'étend du quai d'Orsay à la rue de Sèvres. Mme de Staël a habité une maison de cette rue, et l'on connaît ses regrets à propos du *ruisseau boueux de la rue du Bac*. Au n° 128 sont l'église et le séminaire des Missions-Étrangères; au n° 140, l'hôtel de La Vallière, devenu la maison mère des Sœurs de charité.

Sur la rive droite, des rues nouvelles et commodes, aboutissant à de nombreux boulevards, ont métamorphosé les quartiers de Chaillot, des Champs-Élysées et de Monceaux.

La *rue de Rome* (1,200 mètres environ) relie le pont Cardinet (parc de Monceaux) aux rues Saint-Lazare et de la Pépinière prolongées.

La construction de l'Opéra sur une vaste place, à côté du boulevard des Capucines, a donné lieu à de nouvelles rues : la *rue Auber*, de la place de l'Opéra à la *rue Tronchet ;* le prolongement de la *rue La Fayette*, entre l'Opéra et la rue du Faubourg-Poissonnière (1,350 mètres) ; la *rue du Quatre-Septembre*, qui s'étend du boulevard des Capucines (place de l'Opéra) à la rue Turbigo (1,800 mètres); l'*avenue de l'Opéra* (800 mètres).

La *rue de Châteaudun*, élargie et prolongée (800 mètres), met la rue La Fayette en communication directe avec l'extrémité septentrionale de la Chaussée-d'Antin et la nouvelle église de la Trinité.

La *rue de Maubeuge*, partant du point de rencontre de la rue du Faubourg-Montmartre et de la rue Le Peletier prolongée, aboutit à l'O. de l'embarcadère du chemin de fer du Nord (1,200 mètres),

en rencontrant au N. la rue de Laval, prolongée de 600 mètres.

La *rue Turbigo* (1,200 mètres) part de la Pointe-Sainte-Eustache pour aboutir en haut de la rue du Temple, après avoir croisé, derrière le Conservatoire des arts et métiers, la rue Réaumur et une *rue projetée* de ce point à l'Hôtel de ville (1 kilom.).

Sur la rive gauche de la Seine, des rues larges et régulières ont remplacé les rues étroites et tortueuses qui faisaient communiquer le boulevard Saint-Germain avec les quais :

La *rue Descartes*, sensiblement élargie et continuée jusqu'au boulevard Saint-Germain (250 mètres), près du Collège de France.

La rue de l'*École-de-Médecine*, élargie aussi, aboutit au boulevard Saint-Germain.

Derrière l'Odéon a été percée la rue de *Médicis*.

La *rue de Rennes*, prolongée jusqu'à la rue Bonaparte, en face de l'église Saint-Germain-des-Prés, aboutira, lorsqu'elle sera terminée, au quai Conti, en face d'un pont à construire vis-à-vis de la Monnaie.

La rue *Gay-Lussac* (650 mètres) part du boulevard Saint-Michel et aboutit au point de rencontre des rues d'Ulm (où se trouve l'École normale) et des Feuillantines.

La *rue des Écoles* relie le boulevard Saint-Michel à la Halle aux vins.

La *rue Monge* contourne la montagne Sainte-Geneviève et se termine à l'avenue des Gobelins (ancienne rue Mouffetard).

La plus longue rue de la ville est celle qui, sous divers noms, quitte la voie militaire à 300 mètres environ à l'E. de la porte d'Orléans, et qui, au N.-E., sort de Paris par la porte de La Villette. Sa longueur est de 10 kilom. environ ; elle prend successivement les noms de *rue de la Tombe-Issoire*, *du Faubourg-Saint-Jacques*, *Saint-Jacques*, *du Petit-Pont*, *de la Cité*, *Saint-Martin*, *Faubourg-Saint-Martin* et de *Flandre*.

Les *rues Saint-Honoré* et du *Faubourg-Saint-Honoré* ont ensemble une longueur de 4,000 mètres.

La *rue de Vaugirard* a plus de 4,500 mètres ; la *rue de Sèvres* en a 1,600, et, avec la *rue Lecourbe*, son prolongement, 4,000.

Signalons encore, en raison de leur longueur : la *rue de Crimée* (2,600 mètres), la *rue du Temple* (2,500 mètres) et avec la rue de *Belleville* (5,000); les *rues Saint-Denis* et *du Faubourg-Saint-Denis*

(3,200 mètres); la *rue de Charonne* et son prolongement la *rue de Bagnolet* (3,400 mètres); la *rue de l'Université* (2,701 mètres); la *rue Saint-Dominique-Saint-Germain*, dont une partie se confond aujourd'hui avec le boulevard Saint-Germain (2,436 mètres); la *rue de Grenelle-Saint-Germain* (2,251 mètres); la *rue Saint-Maur-Popincourt* (2,223 mètres), la *rue de Montreuil* (2,200 mètres environ).

Boulevards et Avenues. — La longue ligne circulaire qui s'étend de la Bastille à la Madeleine constitue ce que les Parisiens appellent par excellence les *boulevards*. Historiquement, ce nom est bien appliqué ici, puisque les boulevards suivent le tracé des remparts qui, du XVe au XVIIIe siècle, ont enfermé Paris de ce côté; mais, par une extension abusive et assez récente, on a donné ce même nom de *boulevards* à d'autres voies qui n'ont jamais succédé à des remparts. Les *grands boulevards* s'étendent, comme nous venons de le dire, de la Bastille à la Madeleine; ils ont une longueur totale de 4,800 mètres et une largeur de plus de 30 mètres; ils sont au nombre de 11: Beaumarchais, des Filles-du-Calvaire, du Temple, Saint-Martin, Saint-Denis, Bonne-Nouvelle, Poissonnière, Montmartre, des Italiens, des Capucines et de la Madeleine. On ne saurait, avant de les avoir vues, se faire une idée de ces voies, qui surpassent aujourd'hui toutes les rues des autres grandes villes de l'univers, par la richesse de l'architecture, par le luxe des magasins et par l'animation qui y règne.

Le premier des grands boulevards, en partant de la place de la Bastille, est le *boulevard Beaumarchais*, ainsi nommé en l'honneur du célèbre Beaumarchais, l'auteur du *Mariage de Figaro*, qui y possédait une grande propriété. Il a été ouvert en 1671 sous le nom de *boulevard Saint-Antoine* et mesure une longueur de 700 mètres environ. On rencontre sur cette voie, au n° 23, un petit hôtel qu'habita Ninon de Lenclos, et à côté les Fantaisies-Parisiennes, ancien théâtre Beaumarchais. La rue des Vosges, ancienne rue du Pas-de-la-Mule, fait communiquer ce boulevard avec la place des Vosges, ancienne place Royale; une autre rue qui y débouche, la rue des Tournelles, rappelle bien des souvenirs : c'est là, en effet, qu'était le palais où séjourna le duc de Bedford, ce prince anglais qui régna sur Paris, où vécut Charles VI, où mourut Henri II, tué par le coup de lance de Montgomery.

Le *boulevard des Filles-du-Calvaire*, qui vient ensuite, n'a que 300 mètres. Il doit son nom à un couvent fondé en 1633 par le Père Joseph, confesseur de Richelieu, et supprimé en 1790. A l'extrémité de ce boulevard se voit le Cirque d'Hiver.

Le *boulevard du Temple* fait suite au précédent; il a 500 mètres de longueur. Avant la Révolution et jusque vers 1854, il était le plus gai et le plus animé de tous; il possédait les brillants cafés, les spectacles à bon marché, les restaurants, les joyeux cabarets. C'est sur ce boulevard, que l'on nommait quelquefois *boulevard du Crime*, à cause des nombreux théâtres de mélodrame qui s'y trouvaient, qu'était située la maison d'où Fieschi tenta, le 28 juillet 1835, d'assassiner Louis-Philippe et fit quinze victimes sans atteindre le roi, parmi lesquelles le maréchal Mortier. Le boulevard du Temple aboutit à la place de la République, ancienne place du Château-d'Eau, laquelle a subi une transformation complète et où a été installée le 27 juin 1883 la statue colossale de la République, due aux frères Morice, fondue dans les ateliers des frères Thiébault. On voit sur cette place les anciens Magasins-Réunis et la caserne du Château-d'Eau (autrefois du Prince-Eugène). De là rayonnent : le boulevard Voltaire, l'avenue de la République, la rue du Faubourg-du-Temple, le boulevard Magenta, la rue du Temple et la grande et belle rue de Turbigo, qui descend tout droit aux Halles centrales. Sur le boulevard du Temple, on trouve le café Turc, le troisième Théâtre-Français, ancien théâtre Déjazet, et le passage Vendôme.

Le *boulevard Saint-Martin*, qui fait suite à la place de la République, a 650 mètres de longueur. On y voit plusieurs théâtres : les Folies-Dramatiques, l'Ambigu-Comique, le théâtre de la Porte-Saint-Martin, incendié par la Commune et rebâti en 1873, et le théâtre de la Renaissance. C'est sur ce boulevard que s'élève la *Porte Saint-Martin*, arc de triomphe de 17m,50 de hauteur, érigé en 1674 en l'honneur de Louis XIV; on lit sur l'une des faces l'inscription suivante : *Ludovico Magno, Vesontione Sequanisque bis captis, et fractis Germanorum, Hispanorum, Batavorumque exercitibus* (A Louis le Grand, qui prit deux fois Besançon et la Franche-Comté, et défit les Allemands, les Espagnols et les Hollandais); sur l'autre face : *Ludovico Magno, quod Limburgo capto, impotentes hostium minas ubique repressit* (A Louis le Grand, qui sut, après la prise de Limbourg, réprimer partout les menaces impuissantes de l'ennemi).

Le boulevard *Saint-Denis* fait suite au précédent ; il n'a que 250 mètres de longueur ; il est coupé à droite par le *boulevard de Strasbourg*, à gauche par le boulevard de Sébastopol, qui forment avec les *boulevards du Palais* et *Saint-Michel* (de la gare de l'Est à la place de l'Observatoire) une magnifique voie de 4,500 mètres de longueur, traversant la ville du N. au S.

A l'extrémité du boulevard Saint-Denis se trouve la *Porte Saint-Denis*, élevée en 1672 pour perpétuer la mémoire du triomphe de Louis XIV en Hollande Elle est bâtie entre la rue du Faubourg-Saint-Denis et la rue Saint-Denis, une des plus anciennes et naguère encore une des plus commerçantes artères de la capitale ; elle a 24^m,65 de hauteur. La rue d'Aboukir, qui conduit à la place des Victoires, débouche près de là.

Le *boulevard Bonne-Nouvelle* succède au boulevard Saint-Denis ; il a 350 mètres de longueur. On y voit le bazar de la Ménagère et le théâtre du Gymnase. La longue rue d'Hauteville y débouche.

Le *boulevard Poissonnière*, qui a une longueur de 350 mètres, commence à la rue du Faubourg-Poissonnière et reçoit la rue des Petits-Carreaux et la rue Montorgueil, qui mènent aux Halles centrales.

Le *boulevard Montmartre*, qui vient ensuite, n'a que 250 mètres de longueur. On y remarque de nombreux cafés et restaurants, de riches magasins, le passage des Panoramas, le passage Jouffroy et l'extrémité de la rue Vivienne, qui conduit à la Bourse et au Palais-Royal. On remarque sur ce boulevard le théâtre des Variétés.

Le *boulevard des Italiens*, qui vient après, a une longueur de 550 mètres. C'est le plus distingué et le plus animé des grands boulevards. Son nom lui vient de l'ancien théâtre des Italiens, qui occupait la salle de l'Opéra-Comique actuel. Les cafés et les restaurants de premier ordre y abondent ; les magasins y regorgent d'objets de grand prix. Sur ce boulevard s'ouvrent le passage de l'Opéra, les rues Laffitte, Taitbout, de la Chaussée-d'Antin, etc. On y voit le théâtre des Nouveautés.

Le *boulevard des Capucines*, long de 500 mètres, traverse la place de l'Opéra d'où rayonnent cinq larges voies, entre autres l'*avenue de l'Opéra*, qui conduit à la place du Palais-Royal. Sur le boulevard des Capucines, on remarque le théâtre du Vaudeville, le *Grand-Hôtel* et le *Bazar du voyage*.

Le *boulevard de la Madeleine* est le dernier des grands boulevards ; il a une longueur de 250 mètres et va jusqu'à la place de la Madeleine. L'église de la Madeleine termine heureusement cette longue et incomparable file d'édifices et de monuments qu'on appelle les *grands boulevards*.

Les communes annexées à Paris en 1860 étaient antérieurement séparées de la ville, d'abord par un mur d'octroi que bordait à l'intérieur une longue série de chemins de ronde, puis par de larges voies extérieures, plantées de chaque côté de la chaussée d'une double rangée d'ormes ; on les appelait les *boulevards extérieurs*. Après l'annexion, le mur d'octroi ayant été démoli, le chemin de ronde se trouva partout réuni au boulevard ci-devant extérieur. L'administration municipale remania complètement le plan de ces boulevards. A l'unique chaussée médiane, flanquée d'une double allée latérale, on a substitué, au milieu de la voie, un promenoir planté de quatre rangs d'arbres, ayant à droite et à gauche une voie macadamisée pour les voitures, que borde un trottoir large de 3 mètres, le long de chaque rangée riveraine de maisons. A toutes les intersections de rues perpendiculaires, le promenoir central est coupé par un passage pavé. Sur une partie de la rive gauche, cette disposition a dû être modifiée, en raison de l'état antérieur. En effet, depuis la barrière de la Gare jusqu'au boulevard Montparnasse, le chemin de ronde intérieur était remplacé par un boulevard semblable à ceux de l'extérieur. Entre les deux courait le mur ; celui-ci abattu, les deux boulevards se trouvèrent n'en former qu'un. On les a conservés avec cette double largeur, en y appliquant le plan adopté partout ailleurs.

Voici les noms de ces boulevards, à partir de la Seine, en amont :

Rive droite : boulevards de Bercy, Reuilly, Picpus, Saint-Mandé, Charonne, Ménilmontant, Belleville, La Villette, La Chapelle, Rochechouart, Clichy, Batignolles, Courcelles, de l'Étoile, Kléber, Franklin. — *Rive gauche :* boulevards de la Gare, d'Italie, Saint-Jacques, Montrouge (aujourd'hui Edgar-Quinet), Vaugirard, Grenelle.

L'intérieur même de Paris est sillonné de voies longues et larges, appelées les unes du nom de *boulevards*, les autres de celui d'*avenues*. Nous

nous contenterons d'en donner un aperçu forcément incomplet.

Rive droite : avenue *des Champs-Élysées*, de la place de la Concorde à la place de l'Étoile ; — avenue *Friedland*, du Faubourg-Saint-Honoré à la place de l'Étoile ; — avenue *Hoche*, du parc Monceaux à la place de l'Étoile ; — avenue *de Wagram*, de la place de Wagram à la place de l'Étoile ; — avenue *Niel*, de la place de Courcelles à la place de l'Étoile ; — avenue *Carnot*, de l'avenue des Ternes à la place de l'Étoile ; — avenue *de la Grande-Armée*, de la porte de Neuilly à la place de l'Étoile ; — avenue *du Général-Uhrich*, de la porte Dauphine à la place de l'Étoile ; — avenue *d'Eylau* et *Victor Hugo*, de la porte de la Muette à la place de l'Étoile ; — avenue *Kléber*, du Trocadéro à la place de l'Étoile ; — avenue *d'Iéna*, de l'avenue du Trocadéro à la place de l'Étoile ; — avenue *Marceau*, de la place de l'Alma à la place de l'Étoile ; — avenue *Franklin*, de la grande rue de Passy au Trocadéro ; — avenue *de la Muette*, de l'avenue du Ranelagh au Trocadéro ; — avenue *du Trocadéro*, de la porte de la Muette au pont de l'Alma ; — avenue *du Bois de Boulogne*, de la porte Dauphine à la place de l'Étoile ; — avenue *Malakoff*, de la porte de Neuilly au Trocadéro.

De toutes ces avenues, deux seulement, celles des Champs-Élysées et de la Grande-Armée, sont complètement garnies d'habitations.

L'avenue *des Ternes*, autrefois vieille route de Neuilly, était la principale rue du village des Ternes.

L'avenue *Montaigne* a été longtemps nommée *Allée des Veuves*. Comme les avenues *d'Antin*, *Marigny*, *Gabriel* et le *Cours-la-Reine*, elle fait partie des Champs-Élysées.

Le boulevard *Haussmann* va du Faubourg-Saint-Honoré à la rue Taitbout.

Le boulevard *Barbès* conduit du boulevard de Rochechouart au boulevard Ney ; c'est l'ancien boulevard Ornano.

L'avenue de *Messine*, entre le boulevard Haussmann et la rue de Monceau.

L'avenue de *Villiers*, ancien boulevard *de Neuilly*, commence au boulevard de Courcelles et finit au boulevard Berthier. Cette voie n'est semée que de rares habitations.

Le boulevard *Malesherbes*, de la Madeleine à la porte d'Asnières, est bordé de maisons assez peu remarquables d'architecture, intérieurement décorées avec plus de richesse que de goût. C'est un séjour fort recherché par de riches étrangers et par les filles splendidement entretenues.

La grande voie qui monte de la Seine au boulevard Saint-Denis, sous le nom de boulevard *de Sébastopol* et se prolonge jusqu'à la gare de l'Est, sous le nom de boulevard *de Strasbourg*, ouverte de 1852 à 1854, est devenue une des artères les plus fréquentées de la capitale. Les maisons, dépourvues de tout style, sont généralement occupées par le commerce et l'industrie.

Le boulevard *de Magenta*, de la place de la République au boulevard Rochechouart.

Le boulevard *Voltaire* va de la place de la République à la place de la Nation, entre la rue Saint-Antoine et l'avenue *du Trône*.

Le boulevard *Ménilmontant*, de la place de la République à la rue Oberkampf.

L'avenue *Parmentier*, entre la place Voltaire et la rue Alibert.

Le boulevard *Richard-Lenoir*, formé de la voûte établie sur une partie du canal Saint-Martin, et d'une portion des quais de Jemmapes et de Valmy, va de la place de la Bastille à la rue Rampon.

Le boulevard *Diderot*, ancien boulevard *Mazas*, décrété en 1814, commencé comme rue en 1815, n'a été exécuté que de 1850 à 1854, pour relier le pont d'Austerlitz à la place de la Nation. Le principal édifice qu'on y remarque est la prison dite de Mazas.

L'avenue *Philippe-Auguste*, entre la place de la Nation et le boulevard de Charonne.

L'avenue *Saint-Mandé* commence à la rue de Picpus et se termine au boulevard Soult.

L'avenue *Daumesnil* va de la rue de Lyon au boulevard Poniatowski.

L'avenue *Ledru-Rollin* était une rue qu'on a élargie, entre le quai de la Râpée et l'avenue Daumesnil.

De la Bastille à la Seine, deux boulevards longent la gare de l'Arsenal. C'est, à l'ouest, le boulevard *Bourdon* ; à l'est, le boulevard *de la Contrescarpe*. Le boulevard *Morland* unit le boulevard Bourdon au quai des Célestins et le boulevard *Henri IV* la place de la Bastille au pont de Sully.

La *rive gauche* est moins généreusement dotée en boulevards et avenues que sa sœur droite ; pourtant elle n'en est pas complètement dépourvue : nommons le magnifique boulevard *Saint-Germain*, qui décrit un immense arc de cercle dont la Seine est la corde du quai Saint-Bernard au quai d'Orsay ;

le boulevard *Saint-Michel*, le premier achevé, appelé d'abord boulevard *de Sébastopol* (*rive gauche*), qui prolonge celui de la rive droite en prenant, dans la Cité, le nom de boulevard *du Palais*.

Les boulevards *de Port-Royal*, *Arago*, *Saint-Marcel* ont porté l'air et la lumière dans les ruelles du vieux et sordide faubourg Saint-Marceau ; le dernier, quoique récemment ouvert, est déjà bordé de belles maisons dans lesquelles la population s'empresse d'accourir ; les deux autres sont moins favorisés.

L'avenue de *Montsouris*, de la place Denfert-Rochereau à l'avenue Reille, mène au beau parc de Montsouris dans lequel se trouve un observatoire météorologique.

L'avenue du *Maine* n'est autre que l'ancienne Chaussée-du-Maine ; elle part du boulevard Montparnasse, passe sous la voie du chemin de fer de l'Ouest et va rejoindre l'avenue d'Orléans à l'église Saint-Pierre de Montrouge.

Du pont de l'Alma partent deux voies qui vont, l'une, sous le nom d'avenue *Rapp*, aboutir au Champ-de-Mars ; l'autre, sous celui d'avenue *Bosquet*, rejoindre l'avenue de Tourville.

Les deux avenues *La Bourdonnaye* et *Suffren*, formées au siècle dernier, encadrent le Champ-de-Mars, au nord et au sud. Les avenues *Lowendal*, *La Mothe-Piquet*, *Tourville* font communiquer le Champ-de-Mars et l'École-Militaire avec les Invalides. Les avenues de *Ségur*, de *Breteuil*, de *Villars* rayonnent en face du dôme des Invalides, autour de la place de Fontenoy. Ces dernières avenues datent du XVIIe et du XVIIIe siècle, ainsi que l'avenue de *La Tour-Maubourg*, longeant les Invalides et prolongée jusqu'au quai d'Orsay.

Enfin l'avenue *de l'Observatoire* va du boulevard Montparnasse au jardin du Luxembourg. Elle a été augmentée dans sa partie méridionale aux dépens du Luxembourg, dont on a retranché la grande et belle allée dite aussi de l'Observatoire.

Quais. — Depuis son entrée dans Paris jusqu'à sa sortie, la Seine est bordée de quais munis de parapets, pour la plupart plantés d'arbres et garnis de bancs de distance en distance. Comme celle des rues et des boulevards, la physionomie de ces voies se modifie à mesure qu'on avance, et l'aspect des quais au centre de la ville est tout différent de celui qu'ils ont près des fortifications, en amont et en aval. Ils sont au nombre de 45 ; en voici la nomenclature à partir du pont National et en descendant la rivière jusqu'au pont d'Auteuil : *Rive droite :* quais de Bercy, de la Râpée, Henri IV, des Célestins, de l'Hôtel-de-Ville, de Gèvres, de la Mégisserie, du Louvre, des Tuileries, de la Conférence, de Billy, de Passy, d'Auteuil. — *Rive gauche :* quais de la Gare, d'Austerlitz, Saint-Bernard, de la Tournelle, Montebello, Saint-Michel, des Augustins, Conti, Malaquais, Voltaire, d'Orsay, de Grenelle, de Javel.

En outre, l'île Saint-Louis et la Cité sont bordées par les quais suivants : Ile Saint-Louis (*rive droite*), quai d'Anjou et quai Bourbon ; (*rive gauche*), quais de Béthune et d'Orléans. — Cité (*rive droite*) quais aux Feurs, de la Cité et de l'Horloge ; (*rive gauche*) quais de l'Archevêché, du Marché-Neuf et des Orfèvres.

Des quais accompagnent aussi le canal Saint-Martin ; ce sont, en remontant à partir du boulevard Voltaire ; (*à droite*) quais de Jemmapes, de la Loire, de la Marne, de la Charente ; — (*à gauche*) quais de Valmy, de la Seine, de l'Oise, de la Gironde ; enfin, bordant le canal de l'Ourcq, le quai de la Sambre.

Quelques-unes de ces voies offrent diverses particularités intéressantes : Au quai de Bercy, les berges sont vastes et les maisons basses : des caves, des tonneaux pleins de vin, du charbon. Le quai de la Râpée fut un lieu de plaisir sous la Restauration et le premier Empire. Sur le quai d'Austerlitz s'ouvre le Jardin des plantes. Au quai Saint-Bernard, Jean Raisin a ses docks, l'Entrepôt. Dans l'île Saint-Louis, le quai d'Orléans s'appela, pendant la Révolution, *Quai de l'Égalité*, et le quai de Béthune, *Quai de la Liberté ;* tous deux sentent la province. Ils ont, dit un écrivain, je ne sais quel apaisement satisfait ; leurs maisons rêvent ou sommeillent. Dans la Cité, le quai aux Fleurs est embaumé deux fois par semaine par un marché de fleurs qui se tient derrière le tribunal de commerce et envahit le pont Notre-Dame et même le pont d'Arcole. Le quai de Gèvres, qui a absorbé l'ancien quai Pelletier, a vu construire le premier pont de l'ancien Paris. Le quai de la Mégisserie a laissé dans l'histoire d'assez tristes souvenirs sous son ancien nom de quai de la Ferraille, où l'on vendait « des oiseaux, des hommes et des fleurs, » et dont une partie porta longtemps le nom caractéristique de *Vallée-de-Misère*. Les marchands de vieux fers, qui lui avaient donné son ancien nom, ont transformé leurs échoppes en somptueux magasins

LA FRANCE ILLUSTRÉE PAR V.-A. MALTE-BRUN

PARIS — VUE PRISE DE LA TOUR SAINT-GERVAIS

d'appareils de chauffage perfectionnés; quant aux marchands d'oiseaux, ils ont cédé la place à une spécialité toute moderne, les jardiniers en boutique, et se sont eux-mêmes transportés sur le quai suivant. C'est le quai du Louvre, le plus beau peut-être et le plus vivant de tous ceux de la capitale. Il commence au Pont-Neuf et se prolonge jusqu'au pont des Saints-Pères, bordé en partie par la façade méridionale du Louvre. Il a porté autrefois le nom de quai de l'École. Le quai des Tuileries longe le jardin de ce nom et se termine à la place de la Concorde. N'étant bordé par aucun édifice particulier, aucune boutique, aucun café, c'est un des plus solennels et des plus tristes. Aussi, quoique plus régulier et plus beau que les quais qui lui font face de l'autre côté de l'eau, il est bien moins fréquenté. Le quai des Augustins, avec ses maisons aux balcons historiés, est bordé de librairies. On voit qu'on est là à l'entrée du quartier Latin. Sur le quai Conti, on remarque la Monnaie; dans une de ses maisons, celle qui fait le coin de la petite rue de Nevers, habita Napoléon Ier, alors simple lieutenant d'artillerie. Les parapets du quai Malaquais sont envahis par les boîtes des bouquinistes, qui se succèdent sans interruption jusqu'au pont Royal; autrefois, les bibliophiles y faisaient des trouvailles inespérées, mais ce beau temps n'existe plus pour eux. L'Institut dresse sa coupole en face du pont des Arts. C'est sur l'emplacement du pavillon de gauche, occupé en partie par la bibliothèque Mazarine, que s'élevait la tour de Nesle de tragique réputation.

Sur le quai Voltaire, les bouquins s'étalent ainsi que les vieilles estampes. Voltaire est mort dans la maison qui fait le coin de la rue de Beaune; son nom a remplacé celui des Théatins que portait alors ce quai. De l'autre côté de la rivière se profile la façade latérale du Louvre, et le pavillon de Flore, épave des Tuileries.

Le quai d'Orsay s'appela longtemps la Grenouillère. C'est un quai d'aspect solennel, officiel, bordé de casernes, de grands hôtels et de palais, tels que ceux de la Légion d'honneur et de la Cour des comptes, l'un et l'autre incendiés en 1871; la Chambre des députés, le ministère des affaires étrangères, la Manufacture des tabacs. En face, le quai de la Conférence se confond avec le Cours-la-Reine. Sur le quai de Billy se trouve la Manutention, qui fut détruite par un incendie en 1855 et rebâtie depuis.

Ponts. — Les deux rives de la Seine sont jointes par 26 ponts et 2 passerelles. Nous allons les énumérer en suivant la Seine d'amont en aval, et en indiquant à quels arrondissements ils appartiennent et le nom des quais qu'ils mettent en communication. Nous trouvons d'abord, immédiatement après que la Seine a dépassé l'enceinte fortifiée, le *pont National* (XIIIe-XIIe arr.), port de Bercy au quai de la Gare; — le *pont de Bercy* (XIIe-XIIIe arr.), quai de la Râpée au quai de la Gare; — le *pont d'Austerlitz* (XIIIe arr.), place Mazas à la place Walhubert; — les *ponts Sully* (V^e-IVe arr.), à l'extrémité est de l'île-Saint-Louis, quai Saint-Bernard au boulevard Henri IV; — la *passerelle de l'Estacade* (IVe arr.), quai Henri IV au quai de Béthune; — le *pont de la Tournelle* (IVe-V^e arr.), quai de la Tournelle au quai de Béthune (île Saint-Louis); — le *pont Marie* (IVe arr.), quai d'Anjou (île Saint-Louis) au quai de l'Hôtel-de-Ville; — le *pont Louis-Philippe* (IVe arr.), quai de l'Hôtel-de-Ville au quai Bourbon (île Saint-Louis); — le *pont Saint-Louis* (IVe arr.), qui unit l'île Saint-Louis à la Cité, quai d'Orléans au quai aux Fleurs; — le *pont d'Arcole* (IVe arr.), quai aux Fleurs (Cité) à la place de l'Hôtel-de-Ville; — le *pont Notre-Dame* (IVe arr.), quai de la Cité au quai de Gèvres; — le *pont au Change* (IVe arr.), quai de l'Horloge (Cité) à la place du Châtelet; — le *pont de l'Archevêché* (V^e-IVe arr.), quai de l'Archevêché (dans la Cité) au quai de la Tournelle; — le *pont au Double* (IVe-V^e arr.), place du Parvis (dans la Cité) au quai Montebello; — le *Petit-Pont* (IVe-V^e arr.), rue du Petit-Pont à la rue de la Cité; — le *pont Saint-Michel* (Ier-VIe arr.), quai des Orfèvres (Cité) au quai Saint-Michel; — le *Pont-Neuf* (VIe-Ier arr.), à l'extrémité occidentale de l'île de la Cité, quai des Augustins au quai de la Mégisserie; — le *pont des Arts* (VIe-Ier arr.), pour les piétons seulement, quai Conti au quai du Louvre; — le *pont du Carrousel* ou *des Saints-Pères* (Ier-VIIe arr.), quai du Louvre au quai Voltaire; — le *pont Royal* (Ier-VIIe arr.), quai des Tuileries au quai d'Orsay; — le *pont Solférino* (Ier-VIIe arr.), quai des Tuileries au quai d'Orsay; — le *pont de la Concorde* (VIIIe-VIIe arr.), place de la Concorde au quai d'Orsay; — le *pont des Invalides* (VIIIe-VIIe arr.), quai de la Conférence au quai d'Orsay; — le *pont de l'Alma* (VIIIe-VIIe arr.), quai de Billy au quai d'Orsay; — le *pont d'Iéna* (XVIe-VIIe arr.), quai de Billy au quai d'Orsay; — la *passerelle de*

Passy (XVIe-XVe arr.), pour les piétons seulement, quai de Passy au quai de Grenelle; — le *pont de Grenelle* (XVe-XVIe arr.), quai de Grenelle à la route de Versailles; — enfin le *pont-viaduc d'Auteuil* (XVIe-XVe arr.), quais d'Auteuil et de Javel. Immédiatement après avoir passé sous ce pont, la Seine franchit de nouveau l'enceinte fortifiée et quitte Paris après un parcours d'un peu plus de 12 kilomètres.

Presque tous les ponts que nous venons de nommer sont remarquables à des titres divers. Nous allons revenir sur quelques-uns d'entre eux : le *pont National*, construit en 1858, porta d'abord le nom de *pont Napoléon III*. Il a 6 arches de 34 mètres d'ouverture chacune, 400 mètres de longueur entre les culées; à double voie, il sert à la circulation des voitures et des piétons et porte les rails du chemin de fer de petite Ceinture.

Le *pont de la Tournelle*, construit en 1614, par Marie, sur l'emplacement d'un ancien pont en bois, fut d'abord en bois aussi; emporté en 1637, relevé aussitôt, détruit encore en 1651, il fut recommencé en pierre, dans l'année, et achevé seulement en 1656. Il devait son nom à une tour ou *tournelle*, dernier débris de l'enceinte du XIVe siècle, située sur la rive gauche, qui servit longtemps de lieu de dépôt pour les galériens et ne fut démolie qu'en 1787. De 1846 à 1847, le pont de la Tournelle a été complètement restauré, et le tablier en a été élargi au moyen d'arcs en fer. Il a 130 mètres de longueur.

Le *pont Marie* vit sa première pierre posée, en 1614, par Louis XIII et Marie de Médicis, mais ne fut terminé qu'en 1635. Le nom qu'il porte ne vient pas de cette princesse, comme on pourrait le supposer, mais de Marie, le grand entrepreneur des constructions de l'île Saint-Louis; 50 maisons y étaient bâties; en 1658, les eaux emportèrent deux arches et 22 maisons; on reconstruisit celles-là, non celles-ci. En 1788, les maisons subsistantes furent démolies; on adoucit alors la pente du pont, qui fut encore diminuée en 1851. Il a 93m,97 de longueur et 23m,70 de largeur.

Le *pont Saint-Louis* a succédé à un pont de bois, plusieurs fois détruit et reconstruit, qu'on appelait le *pont Rouge*.

Le *pont d'Arcole*, qui était à l'origine un pont suspendu, s'appelait *pont de la Grève* quand il fut construit en 1828. Il prit son nom actuel d'un jeune homme qui y fut tué le 28 juillet 1830 en combattant pour la liberté; ce nom est tout ce qui lui reste de son état originaire. On l'a, en effet, reconstruit d'après un nouveau système, en 1854 et 1855. Il se compose actuellement d'une seule arche, d'une courbe très hardiment surbaissée. Le pont d'Arcole est maintenant accessible aux voitures.

Le *pont Notre-Dame* est celui dont l'origine est la plus ancienne sur le bras septentrional. C'est l'antique *Grand-Pont* de l'époque gallo-romaine, qui conduisait aux nombreuses voies romaines partant de la rive droite. Il a subi aussi bien des vicissitudes. Ses parties les plus anciennes, encore subsistantes, remontent à la fin du XVe siècle; mais il a été, surtout dans ses parties supérieures, plusieurs fois réparé, remanié, restauré, notamment en 1853, où l'on en mit la chaussée de niveau avec le nouveau sol de la rue Saint-Martin. Il y a 25 ans environ, on a démoli un édifice élevé sur pilotis, en 1670, reconstruit en 1700, et contenant une pompe aspirante qui alimentait un grand nombre de quartiers de Paris. Cette construction, gênante pour la navigation, produisait, quoique sans nulle élégance, un effet pittoresque. Le pont Notre-Dame est aujourd'hui le plus ancien des ponts de Paris.

Le *pont au Change* était aussi un des plus anciens et, parmi les anciens, le plus large des ponts de Paris. Il y eut là, primitivement, un pont construit par le roi Charles le Chauve, et dont on a retrouvé des vestiges considérables lors de la construction du grand égout collecteur de la rive droite. Ce pont fut détruit, et, sur des emplacements tout voisins, on en construisit successivement deux autres : le *pont Marchand* et le *pont au Change*, qui existèrent quelque temps simultanément. Le second seul est resté; son nom lui venait des *changeurs* qui habitaient les maisons dont il était surchargé, comme les autres ponts de Paris; à son extrémité, sur la rive droite, il était défendu par un fort, que l'on appelait le *Grand-Châtelet* et dont les bâtiments servirent longtemps de tribunal et de prison; ils furent démolis en 1802. De 1859 à 1860, l'ancien et solide pont au Change a été démoli, non sans de grandes peines, et reconstruit à peu de distance, tel qu'on le voit aujourd'hui, dans l'axe des boulevards du Palais et de Sébastopol. Il se compose de trois arches, formant chacune un arc elliptique qui mesure 31m,60 d'ouverture; il a 30 mètres de largeur. L'ancien pont au Change a figuré plus d'une fois dans les entrées de rois et de reines et autres solennités publiques.

Le *pont au Double* a été ainsi nommé parce que, pour y passer, on payait une petite pièce de monnaie appelée *double* et valant 2 deniers. Construit en 1654, il était alors composé de deux arches, praticable seulement aux piétons, et débouchait dans l'île sous une voûte. De 1847 à 1848, le pont au Double a été entièrement reconstruit et n'a plus qu'une arche ; les voitures y passent. Il a 33 mètres de longueur sur 15^m,10 de largeur.

Le *Petit-Pont* est, sur le bras méridional de la Seine, par son origine, avec le pont Notre-Dame, le plus ancien de tous les ponts de Paris ; c'est le premier par lequel Lutèce a communiqué avec la rive gauche, qui était la plus rapprochée de l'île. Bâti tantôt en bois, tantôt en pierre, brûlé par les Normands, emporté dix ou douze fois par les eaux, incendié accidentellement, le Petit-Pont a été une dernière fois démoli en 1853 et reconstruit aussitôt avec une seule arche ; il a 38^m,40 de long sur 20 de large. Comme le Grand-Pont, le Petit-Pont était défendu à son extrémité, sur la rive gauche, par une forteresse appelée le *Petit-Châtelet*, qui a été démolie en 1782.

Le *pont Saint-Michel* date du xive siècle et tire son nom d'une petite chapelle qui se trouvait dans l'enceinte du palais de la Cité. Il fut plusieurs fois détruit et rebâti. La dernière reconstruction est de 1857 ; la longueur en est de 54^m,90 et la largeur de 30 mètres.

Le *Pont-Neuf* est le plus renommé des ponts de Paris. Il n'était pas situé sur l'emplacement actuel, mais plus haut, à peu près dans l'axe de la rue de Harlay. Le 31 mai 1578, le roi Henri III en posa solennellement la première pierre. Androuet du Cerceau fut le premier architecte de ce pont, dont les travaux, interrompus par les guerres civiles, ne furent achevés qu'en 1604, par Charles Marchand, sous le règne de Henri IV. Sur la pointe de l'île de la Cité qui s'avance dans le fleuve en aval du pont, on forma une espèce de môle carré ou terre-plein, où la régente Marie de Médicis fit ériger, en 1614, un cheval de bronze modelé par Jean de Bologne. La figure de Henri IV n'y fut placée et inaugurée qu'en 1635. Sur la seconde arche du pont, et du côté du quai du Louvre, s'élevait la pompe de *la Samaritaine*, dont les eaux, puisées dans la Seine, alimentaient le Louvre, les Tuileries, et plus tard le Palais-Royal. Construit sous Henri IV par le Flamand Jean Lintlaër, cet édifice tirait son nom d'un groupe en plomb doré décorant la façade et représentant Jésus-Christ et la Samaritaine. Au-dessus du troisième étage, une sorte d'arcade renfermait le cadran d'une horloge marquant les mois, les jours et les heures. Une petite figure de bronze, placée au-dessus de l'horloge, frappait les heures avec un marteau. Un campanile, dont la lanterne renfermait un carillon, couronnait l'édifice. Reconstruite en 1774, la Samaritaine conserva un *gouverneur* jusqu'à la Révolution ; elle a été démolie en 1813. Les premiers occupants du Pont-Neuf furent des filous. C'est aussi sur ce pont que les charlatans et les badauds de toute catégorie se donnaient rendez-vous. Là se rencontraient également les bohémiens de la littérature et de l'art, les marchands de gazettes et de bric-à-brac. Le Pont-Neuf fut témoin de la plupart des exploits accomplis par la Fronde. Le coadjuteur vint un jour prêcher la foule du parapet du Pont-Neuf. Quelque temps après, Mazarin était pendu en effigie sur le terre-plein. Pendant plusieurs années, l'émeute passa et repassa d'un quai à l'autre sur le pont, au grand détriment des saltimbanques, des arracheurs de dents et des libraires, qui mouraient de faim. D'autre part, la police royale faisait des razzias continuelles sur les marchands de libelles qui osaient s'aventurer sur le marché ordinaire. Le duc de Beaufort, ne trouvant plus personne qui voulût venir débiter au Pont-Neuf les pamphlets écrits sous son inspiration, se risquait à venir lui-même les vendre aux passants. Cette physionomie du Pont-Neuf subit peu de changements pendant le règne de Louis XIV. Les airs populaires sur lesquels on y chantait alors les couplets satiriques, composés chaque jour contre les gens de la cour ou de la ville, ont conservé le nom de *ponts-neufs*. En 1709, Cartouche fit de ce pont le théâtre de ses exploits illégaux. En 1742, ce fut le tour d'une bande d'assommeurs. Malgré cela, le Pont-Neuf était véritablement alors le centre du mouvement de la ville entière, en même temps que l'endroit le plus curieux à visiter. Les dernières années de la splendeur du Pont-Neuf furent celles qui précédèrent immédiatement 1789. La Révolution s'installe au Pont-Neuf à son début. Lorsqu'on proclame la patrie en danger, un bureau d'enrôlement pour les volontaires s'organise sur le terre-plein envahi par la foule, qui se presse à ce spectacle d'un nouveau genre. Du reste, le Pont-Neuf n'est étranger à aucune des scènes de la

Révolution, depuis les journées d'octobre jusqu'à l'apothéose de Marat. En 1792, la statue de Henri IV fut fondue pour faire des canons. Enfin, en 1818, le gouvernement de la Restauration inaugura la statue que l'on voit aujourd'hui à cette place. Elle est l'œuvre de Lemot; et le bronze dont elle est formée provient des statues de Napoléon Ier, élevées sur la place Vendôme et à Boulogne-sur-Mer, auxquelles on ajouta celle du général Desaix, qui décorait la place des Victoires. Le Pont-Neuf a une longueur totale de 229^m,41, sur 23^m,10 de largeur. Il est orné, des deux côtés, d'une corniche très saillante, par des supports-consoles en forme de masques de satyres, etc., qui ont remplacé celles qu'avait sculptées, dit-on, Germain Pilon. Réparé en 1825, en 1836 et en 1837, le pont a été, en 1852, l'objet d'importantes modifications. Toutes les piles ont été consolidées, les arches et le tablier sensiblement baissés, sans que la circulation et la navigation fussent un seul instant interrompues. Le Pont-Neuf a trouvé dans Édouard Fournier un historien digne de son passé et de sa renommée (1).

Le *pont des Arts,* construit de 1802 à 1803, a 130 mètres de longueur sur 10 de largeur. On y accède par des marches. L'extrémité méridionale de ce pont s'appuie en face de l'emplacement de l'ancienne et fameuse tour de Nesle.

Le *pont du Carrousel* ou *des Saint-Pères* a été construit en 1834. Ses deux extrémités sont décorées de statues assises : (rive gauche) *la Seine* et *la Ville de Paris*; (rive droite) *l'Abondance* et *l'Industrie*. Il a 168 mètres de longueur et 12 de largeur.

Le *pont Royal* date de 1685 (128 mètres de long sur 17 de large); il a remplacé l'ancien bac sur lequel on traversait la Seine en cet endroit et qui avait donné son nom à la rue à laquelle il aboutit.

Le *pont Solférino* a été construit en 1860. Il a 144^m,50 de longueur, 20 mètres de largeur.

Le *pont de la Concorde,* construit de 1787 à 1790, dut d'abord s'appeler *pont Louis XV;* pendant plusieurs années, il fut désigné sous le nom de *pont de la Révolution;* la Convention nationale lui donna sa dénomination actuelle. Il a 150 mètres de long sur 20 de large.

Le *pont des Invalides* fut d'abord un pont suspendu. Il a été reconstruit en pierre de 1854 à

(1) *Histoire du Pont-Neuf,* par Éd. Fournier (2 vol. in-12).

1855 et récemment réparé (155 mètres de long, 15 de large).

Le *pont de l'Alma* date de 1855. Au-dessus de chaque pile et à l'extérieur sont des statues personnifiant l'armée française et représentant *un grenadier* et *un zouave, un chasseur à pied* et *un artilleur à pied* (153 mètres de longueur sur 20 de largeur.)

Le *pont d'Iéna,* construit de 1806 à 1813, rappelle la victoire remportée par les Français sur les Prussiens en 1806. Aussi, en 1814, les soldats de Blücher voulurent-ils le faire sauter; c'est à grand'-peine que Louis XVIII parvint à les en empêcher.

Le *pont-viaduc d'Auteuil* est, avec le pont National, le seul de ce genre que possède Paris. C'est en même temps un pont et un viaduc pour le chemin de fer de Ceinture. Le pont se compose de cinq arches ayant chacune 31 mètres d'ouverture. Le tablier présente deux chaussées, destinées aux piétons et aux voitures. Entre les deux s'élève le viaduc formé, sur le pont, de 41 arches à 5 mètres d'ouverture supportant la voie de fer. Ces arches, qui se prolongent bien au delà du pont sur l'une et l'autre rive, sont, dans leur largeur, percées de quatre rangs d'arcades un peu moins hautes sous lesquelles, on peut circuler; de sorte que ce pont est le seul à Paris qu'on puisse franchir à l'abri du soleil et de la pluie. Il a été construit de 1865 à 1866. Cette œuvre, véritablement monumentale, a été conçue et dirigée par M. de Bassompierre, ingénieur en chef du chemin de fer de Ceinture. Sa longueur est de 190 mètres et sa largeur 30 mètres. Il a été fortement endommagé pendant les deux sièges de Paris en 1871; mais il a été complètement restauré depuis.

Le canal Saint-Martin est traversé, lui aussi, par quelques ponts trop peu remarquables pour mériter une mention.

Ports. — Le nom même de *Nautes parisiens* et plus tard celui de la *Hanse des marchands de l'eau* montrent que le commerce par la Seine fut, aux époques antérieures, d'une très grande importance; mais, de notre temps, les moyens faciles de communication et de transport par terre, les routes d'abord, les chemins de fer ensuite, ont amoindri, puis presque annihilé la navigation fluviale. Paris ne reçoit plus guère par eau que du bois flotté, du vin, des charbons, quelques matériaux de construction et des fruits, en particulier des pommes ; il n'expédie guère par cette voie que quelques marchandises en destination de Londres, en sorte que les ports ont perdu la plus grande partie de leur importance. Contentons-nous d'indiquer les suivants : le *port de Bercy*, sur le quai du même nom, en aval du pont National ; le *port aux Bois*, sur le quai de la Gare (rive gauche) ; le *port Louviers*, sur le prolongement du quai Henri IV (bras septentrional de la Seine) ; les *ports au Poisson* et *aux Veaux*, en contre-bas du quai des Célestins ; le *port de la Tournelle*, sur le quai du même nom ; le *port aux Fruits*, anciennement le *port au Blé*, en contre-bas du quai de l'Hôtel-de-Ville ; le *port des Saints-Pères*, en contre-bas du quai Malaquais ; le *port Saint-Nicolas* ou *port du Louvre*, en amont du pont du Carrousel, sur la rive droite de la Seine (embarcadère des bateaux à vapeur exclusivement consacrés au transport des marchandises pour Le Havre et l'Angleterre) ; le *port d'Orsay* ou *port aux Pierres*, entre le pont Royal et le pont de la Concorde ; le *port des Invalides*, en aval du pont du même nom ; le *port de l'île aux Cygnes*, entre le pont de l'Alma et le pont d'Iéna ; le *port de Grenelle*, qui est bordé par le quai du même nom et où se débarquent des matériaux de toute espèce pour les chantiers et les usines du voisinage ; enfin, le *port d'Auteuil*, entre le pont de Grenelle et le pont d'Auteuil (sur la rive gauche), long de 2 kilomètres.

Passages et Cités. — Les *passages* sont des sortes de rues, pour la plupart couvertes d'un vitrage et praticables seulement aux piétons. On en compte à Paris environ 80, en y comprenant les *galeries*. Un grand nombre d'entre eux sont bordés de riches magasins, qui le soir étincellent de lumières. Nous nous contenterons de citer les principaux par ordre alphabétique, en particulier ceux qui sont très fréquentés ou qui servent le plus habituellement de lieux de promenade ou de rendez-vous.

Passage de l'Ancre (IIIᵉ arr.). Il fait communiquer la rue de Turbigo avec la rue Saint-Martin.

Passage Bourg-l'Abbé (IIᵉ arr.) ; de la rue Palestro à la rue Saint-Denis.

Passage Brady (Xᵉ arr.) ; de la rue du Faubourg-Saint-Martin à la rue du Faubourg-Saint-Denis.

Passage du Caire (IIᵉ arr.) ; de la rue Saint-Denis à la place du Caire. Il projette deux branches, l'une vers la rue des Filles-Dieu et une autre vers la rue du Caire. C'est l'un des plus passants de ce quartier commerçant et industriel.

Passage Choiseul (IIᵉ arr.) ; de la rue Neuve-des-Petits-Champs à la rue Neuve-Saint-Augustin. C'est un des plus fréquentés de Paris. En 1826, M. Comte y avait installé le théâtre des Jeunes-Élèves, qui est devenu les Bouffes-Parisiens. Ce passage est coupé par le *passage Sainte-Anne*.

Cloître Saint-Honoré (Iᵉʳ arr.) ; de la rue des Bons-Enfants à la rue Croix-des-Petits-Champs, avec une entrée rue Saint-Honoré.

Passage ou *Galerie Colbert* (IIᵉ arr.) ; de la rue Neuve-des-Petits-Champs à la rue Vivienne. Il a été ouvert sur une partie de l'emplacement qu'occupait l'hôtel Colbert. On y trouve quelques magasins ; mais son voisin, le passage Vivienne, lui a fait bien du tort ; il est solitaire et délaissé.

Passage du Commerce (VIᵉ arr.) ; de la rue Saint-André-des-Arts au boulevard Saint-Germain, avec une sortie sur la rue de l'Ancienne-Comédie, et une autre sur la cour de Rohan, ou plutôt de Rouen, comme on devrait dire. Il n'est couvert que dans la partie qui touche à la rue Saint-André-des-Arts. On y remarque un bon cabinet de lecture où les étudiants du quartier viennent travailler.

Passage Dauphine (VIᵉ arr.) ; de la rue Dauphine à la rue Mazarine.

Passage Delorme (Iᵉʳ arr.) ; de la rue Saint-Honoré à la rue de Rivoli, en face des Tuileries. Il a pris le nom d'un propriétaire qui le fit construire en 1808. Malgré sa situation avantageuse, ce passage est peu fréquenté.

Passage du Grand-Cerf (IIᵉ arr.) ; de la rue Saint-Denis à la rue des Deux-Portes-Saint-Sauveur.

Passage du Havre (IXᵉ arr.) ; s'ouvre dans la rue Caumartin, près de l'église Saint-Louis-d'Antin et du lycée Fontanes, et débouche dans la rue Saint-Lazare, près du chemin de fer de l'Ouest.

Passage de l'Industrie (Xᵉ arr.) ; de la rue du Faubourg-Saint-Martin à la rue du Faubourg-Saint-Denis.

Passage Jouffroy (IXᵉ arr.) ; fait communiquer le boulevard Montmartre avec la rue Grange-Batelière. Du côté du boulevard, il fait face au passage des Panoramas ; dans la rue Grange-Batelière, il s'ouvre vis-à-vis du passage Verdeau.

Passage de la Madeleine (VIIIᵉ arr.) ; de la place de la Madeleine à la rue de l'Arcade.

Passage de l'Opéra (IX° arr.); s'ouvre sur le boulevard des Italiens, entre la rue Drouot et la rue Le Peletier.

Passage des Panoramas (II° arr.); met le boulevard Montmartre en communication avec les rues Vivienne, Saint-Marc et Montmartre. Il se composait primitivement d'une seule galerie, construite en 1800, sur une partie de l'emplacement de l'hôtel Montmorency.

Passage des Petits-Pères (II° arr.); relie le passage Vivienne à la rue de la Banque et à la place du même nom.

Passage du Pont-Neuf (VI° arr.); de la rue de Seine à la rue Mazarine, vis-à-vis de la rue Guénégaud. C'est un des plus fréquentés de la rive gauche. Il occupe l'emplacement d'un ancien jeu de paume et est coupé par un escalier à double rampe.

Passage des Princes (II° arr.); de la rue de Richelieu au boulevard des Italiens. Il a été ouvert en 1861.

Passage du Saumon (II° arr.); l'un des plus vastes et des plus commerçants de Paris : il met en communication la rue Montmartre avec la rue Montorgueil, et projette des embranchements vers les rues Mandar et Saint-Sauveur.

Passage Vendôme (III° arr.); de la rue Béranger au boulevard du Temple.

Passage ou *Galerie Véro-Dodat* (I° arr.); fait communiquer la rue Jean-Jacques-Rousseau avec la rue Croix-des-Petits-Champs. C'est une belle galerie vitrée, assez fréquentée.

Passage ou *Galerie Vivienne* (II° arr.); va de la rue Neuve-des-Petits-Champs à la rue Vivienne, et communique aussi avec le passage des Petits-Pères. C'est, après le passage Choiseul, le passage des Panoramas et le passage Jouffroy, un des plus fréquentés, des plus riches et des plus commerçants de Paris.

Les *Cités* sont des sortes de passages qui appartiennent ou ont appartenu à un seul propriétaire et ne sont pas livrés à la circulation publique. Les unes, situées dans des quartiers aristocratiques, sont le séjour des gens riches qui aiment la paix et la tranquillité; les autres sont des espèces de casernes où s'entasse une population misérable et peu sédentaire. Parmi les premières, nous nommerons la *cité d'Antin* (IX° arr.), de la rue de Provence à la rue La Fayette; la *cité Bergère* (IX° arr.), de la rue du Faubourg-Montmartre à la rue Bergère; la *cité Berryer* (VIII° arr.), de la rue Royale à la rue Boissy-d'Anglas; — parmi les secondes, à peu près tout le reste de celles que contient Paris : la *cité des Amandiers* (XX° arr.), la *cité Beauharnais* (XI° arr.), la *cité de Belleville* (XIX° arr.), la *cité Bertrand* (XI° arr.), rue Saint-Maur; la *cité Doré* (XIII° arr.), la plus infecte de toutes; la *cité Industrielle* (XI° arr.), rue de la Roquette, etc.

Places. — Paris ne renferme pas moins de 142 places ou carrefours. Parmi celles-là, quelques-unes sont extrêmement remarquables, soit par leurs dimensions, soit surtout par la magnificence des édifices qui les entourent ou des monuments, colonnes, statues, fontaines qui les décorent. Voici par ordre alphabétique la liste des principales :

Place de la Bastille (IV° arr.), entre la rue Saint-Antoine et la rue du Faubourg-Saint-Antoine. Elle doit son nom à la bastille Saint-Antoine, forteresse construite de 1371 à 1383, sous Charles V et Charles VI, pour servir de porte fortifiée et pour commander le cours de la Seine, et, plus tard, pour tenir en respect le quartier populeux et remuant à l'entrée duquel elle était placée. On sait que cette forteresse, qui était devenue une prison d'État dans laquelle gémirent tant de victimes du despotisme, fut prise et détruite par le peuple le 14 juillet 1789, date mémorable qui marque le début de la Révolution. Louis XVI avait projeté, au commencement de son règne, de la faire abattre et de la remplacer par une place monumentale à laquelle seraient venues aboutir, comme à la barrière du Trône, plusieurs grandes avenues; Napoléon Ier reprit ce projet, et, près du canal, on vit longtemps le modèle en plâtre d'un éléphant colossal, qui devait être fondu en bronze pour devenir le principal motif d'une fontaine monumentale. Après la révolution de Juillet fut élevée (de 1831 à 1840) la colonne qu'on y voit aujourd'hui, surmontée du génie de la Liberté. En juin 1848, cette place servit de formidable place d'armes aux insurgés, et, en mai 1871, ce fut une des dernières positions où se retranchèrent les fédérés.

Place de la Bourse (II° arr.). Elle s'étend autour de l'édifice de ce nom et se confond, dans la partie qui fait face au fronton du palais, avec la rue Vivienne. Les passants y sont nombreux, et, à l'heure du marché des valeurs (de midi à 3 heures), elle est envahie par un monde d'agioteurs et de courtiers; les maisons qui la bordent sont occupées par des cafés, des restaurants, des offices d'annonces, des bureaux de poste et de télégraphie. Elle occupe

Place de la Bastille.

l'emplacement de l'ancien couvent des Filles de Saint-Thomas-d'Aquin et est plantée d'arbres. A la place de la Bourse commence la rue du Quatre-Septembre, qui mène à la place de l'Opéra.

Place du Caire (II° arr.), rue d'Aboukir et rue du Caire. C'est une place modeste, perdue dans un fouillis de maisons laborieuses, assez terne, mais bizarre avec ses figures égyptiennes qui décorent l'entrée du passage.

Place du Carrousel (I⁰ʳ arr.). Elle est entre la cour des Tuileries et le Louvre, ainsi nommée à cause d'un carrousel qu'y donna Louis XIV en 1662. Sur cette place se dresse l'arc de triomphe du Carrousel que Napoléon I⁰ʳ fit élever pour perpétuer le souvenir de ses victoires de 1805-1806.

Place du Châtelet (I⁰ʳ arr.), en face du pont au Change reconstruit. Elle doit son nom à la fameuse prison du Châtelet, qui subsista jusqu'en 1802. On y a érigé en 1807 une fontaine de la Victoire avec la colonne du Palmier. Lors de l'ouverture du boulevard, cette colonne a été déplacée d'un seul bloc et transportée dans l'axe du nouveau pont, à l'endroit où elle se trouve aujourd'hui. On y remarque, en outre, de chaque côté, un théâtre appartenant à la ville de Paris : l'un, le théâtre du Châtelet, consacré aux pièces à grand spectacle, aux féeries, etc.; l'autre, qui sous les noms successifs de Théâtre-Lyrique, Théâtre-Historique, Théâtre des Nations, Théâtre-Italien, paraît avoir pour fortune d'héberger tous les genres dramatiques sans en fixer un seul.

Place Clichy (XVII° arr.), entre la rue de Clichy et l'avenue du même nom. Sur cette place, que l'on appelle encore *place Moncey*, s'élève un groupe colossal en bronze, par Doublemard, représentant la Ville de Paris défendue par le général Moncey, qui s'y distingua en 1814.

Place de la Concorde (I⁰ʳ arr.), entre le jardin des Tuileries et l'avenue des Champs-Élysées. C'est la plus grande et la plus belle des places de Paris; elle mesure 357 mètres de longueur sur 217 de largeur. En se plaçant au milieu, on jouit d'une perspective sans pareille : sur la Madeleine, la Chambre des députés, le jardin des Tuileries, l'arc de triomphe de l'Étoile. Cette place, qui n'a été achevée qu'en 1854, n'a pas son égale au monde. Le centre est occupé par l'obélisque de Louqsor, offert au roi Louis-Philippe par Méhémet-Ali, pacha d'Égypte, et qui fut érigé en 1836 sous la direction de l'ingénieur J.-B. Lebas. Deux fontaines monumentales, de chaque côté de l'obélisque, concourent à l'ornement de la place, autour de laquelle sont huit statues assises de grandes villes : Lille, Strasbourg, Bordeaux, Nantes, Rouen, Brest, Marseille et Lyon. La place de la Concorde s'est d'abord appelée *place Louis XV*, puis *place de la Révolution*. Sous ce dernier nom, elle rappelle de tristes événements.

Place Dauphine (Ier arr.), rue du Harlay et Pont-Neuf. C'est une petite place triangulaire qui occupe un terrain autrefois partagé en deux îlots. Elle a été récemment ornée de parterres et doit être bordée de constructions se rattachant au Palais de justice. Avant ces travaux, on y voyait une fontaine surmontée du buste du général Desaix.

Place Denfert-Rochereau (XIV° arr.), rue Denfert-Rochereau et avenue d'Orléans. C'est l'ancienne *place d'Enfer*. Elle est décorée d'un lion colossal en bronze, par Bartholdi, érigé pour perpétuer le souvenir de la « défense nationale 1870-1871. »

Place de l'Étoile (XVI° arr.), avenue des Champs-Élysées et avenue de la Grande-Armée. Ainsi nommée parce que de là rayonnent douze avenues qui portent les noms des plus illustres généraux du premier Empire, cette place occupe une petite éminence au sommet de laquelle se dresse l'arc de triomphe de l'Étoile, le plus grand des monuments de ce genre (49^m,80 de hauteur, 45 de largeur et 22 d'épaisseur). Parmi les sculptures qui ornent cet édifice, commencé en 1806 et terminé en 1836, nous citerons le *Départ de 1792*, par Rude. Le sculpteur Falguière a tenté récemment d'ajouter, pour couronnement, le quadrige de la Victoire, qui n'avait été que projeté.

Place de l'Europe (VIII° arr.), rue de Berlin et rue de Constantinople. C'est la plus singulière des places du monde entier. Depuis les dernières modifications qu'elle a subies, cette place, de forme circulaire, se compose essentiellement d'un immense pont en fer, sous lequel passent les nombreuses voies du chemin de fer de l'Ouest. Les côtés de ce pont gigantesque s'évasent de façon à se raccorder avec quatre des grandes rues qui débouchent sur la place.

Place Saint-Georges (IX° arr.), rue Notre-Dame-de-Lorette et rue Saint-Georges. C'est une petite place circulaire, ornée d'une fontaine.

Place de l'Hôtel-de-Ville (IV° arr.), devant l'Hôtel de ville. Elle s'appelait autrefois *place de Grève* et n'a de remarquable que son étendue et ses souvenirs historiques; des bûchers y ont dévoré bien des victimes et des flots de sang y ont coulé sur l'échafaud. Elle doit être décorée de deux fontaines monumentales et d'une statue d'Étienne Marcel.

Place d'Italie (XIII° arr.), avenue d'Italie et boulevard de l'Hôpital. Cette place, d'où rayonnent plusieurs boulevards et avenues, possède un bassin avec jet d'eau. La mairie du XIII° arrondissement occupe le côté nord.

Place de la Madeleine (VIII° arr.), rue Royale et rue Tronchet. C'est là que finissent les grands boulevards de la rive droite. Il s'y tient un marché aux fleurs deux jours par semaine.

Place Maubert (V° arr.), rue des Grands-Degrés et boulevard Saint-Germain. Le nom de cette place, qui rappelle le moyen âge, vient en effet de *maître Albert*, le philosophe hermétique du XIII° siècle. C'est là que fut brûlé vif l'imprimeur Étienne Dolet, en 1546.

Place de la Nation (XI° arr.), rue du Faubourg-Saint-Antoine et boulevard de Charonne. C'est l'ancienne *Place du Trône*. Elle est ornée d'un bassin avec jet d'eau et de deux colonnes surmontées des statues de saint Louis et de Philippe-Auguste.

Place de l'Opéra (IX°-II° arr.). Située en face du nouvel Opéra, cette place rectangulaire donne sur le boulevard des Capucines. De grandes voies y aboutissent de tous côtés, notamment l'avenue de l'Opéra.

Place du Palais-Bourbon (VII° arr.), rue de l'Université et rue de Bourgogne. C'est une place rectangulaire, régulièrement décorée, située derrière le palais de la Chambre des députés. Elle a été commencée en 1778. Une statue de la Loi, d'une assez triste exécution, en occupe le centre.

Place du Palais-Royal (Ier arr.), rue de Rivoli et Palais-Royal. Elle est formée par le Palais-Royal, le nouveau Louvre, l'hôtel et les magasins du Louvre; elle est traversée par la rue Saint-Honoré et présente, à toute heure du jour et de la nuit, la plus grande animation.

Place du Panthéon (V° arr.), rue Soufflot et rue

Clovis. Elle s'étend autour de l'édifice qui lui a donné son nom. Ses côtés sont occupés par la bibliothèque Sainte-Geneviève, l'École de droit et la mairie du V° arrondissement.

Place du Parvis (IV° arr.), rue d'Arcole et rue de la Cité, devant Notre-Dame. Elle est bordée par la cathédrale, l'Hôtel-Dieu et une caserne. Une statue de Charlemagne décore le côté que longe la Seine.

Place du Pont-Saint-Michel (VI° arr.), en face du pont Saint-Michel, à l'entrée du boulevard du même nom. Une fontaine monumentale, adossée au pan coupé formé par le boulevard et la place Saint-André, et surmontée d'un groupe colossal : *Saint Michel terrassant le démon*, la décore.

Place de la République (III° arr.), boulevard du Temple et boulevard Voltaire. C'est l'ancienne *place du Château-d'Eau*. Elle est ornée de la statue colossale de la République (inaugurée le 14 juillet 1883). De cette place rayonnent plusieurs voies importantes.

Place Saint-Sulpice (VI° arr.), devant l'église Saint-Sulpice et la rue du Vieux-Colombier. Elle est plantée d'arbres sur trois côtés et bordée par le séminaire Saint-Sulpice et la mairie du VI° arrondissement. Le centre est occupé par une fontaine d'un beau caractère, inaugurée en 1847. Un marché aux fleurs s'y tient deux fois par semaine.

Place du Théâtre-Français (I°r arr.), avenue de l'Opéra et rue de Richelieu. Elle est ornée de deux belles fontaines modernes, mais mal circonscrite.

Place Vendôme (I°r-II° arr.), rue Saint-Honoré et rue Neuve-des-Petits-Champs. C'est une place octogone, d'architecture froide. Elle doit son nom à un hôtel que Henri IV y avait fait bâtir pour le duc de Vendôme. Au centre se dresse la colonne Vendôme, appelée aussi colonne de la Grande-Armée, érigée de 1806 à 1810, renversée en mai 1871 et reconstruite en 1874. Sous la première République, cette place fut appelée *Place des Piques*.

Place des Victoires (I°r-II° arr.), rue d'Aboukir. C'est une place elliptique, construite sous Louis XIV, et dont le centre est occupé par une statue équestre de ce prince.

Place des Vosges (III°-IV° arr.), rue de Birague et rue des Vosges. Ouverte vers 1606, sur l'emplacement du palais des Tournelles, cette place, désignée autrefois sous le nom de *place Royale*, ressemble à un cloître ; elle est plantée d'arbres ; au milieu s'élève la statue équestre de Louis XIII,

érigée sous Charles X. Elle était, au XVII° siècle, le rendez-vous de la noblesse et du Paris élégant.

Promenades, Parcs, Jardins, Squares. — Les principales promenades des Parisiens à Paris, outre les grands boulevards, sont les Champs-Élysées, le bois de Boulogne, le bois de Vincennes, le parc de Monceau, les Buttes-Chaumont, le parc de Montsouris, le Jardin des plantes, les jardins des Tuileries, du Luxembourg, du Palais-Royal et les squares. Nous devons nous contenter d'y jeter un rapide coup d'œil.

Champs-Élysées (VIII° arr.). Ils sont situés en face du jardin des Tuileries, de l'autre côté de la place de la Concorde ; ils s'étendent jusqu'à l'arc de triomphe de l'Étoile. Cette promenade, une des plus fréquentées par les gens du grand monde, n'a pas toujours été ce qu'elle est aujourd'hui. Avant 1616, l'emplacement des Champs-Élysées était encore en culture. En 1616, on planta, parallèlement à la Seine, trois allées d'arbres réservées aux promenades particulières de Marie de Médicis, alors veuve de Henri IV, et qui reçurent, à cause de cela, le nom de *Cours-la-Reine*. Ce sont ces allées qui, étendues depuis sur la plaine environnante, sont devenues les Champs-Élysées. En 1770, on les replanta de nouveau. En 1814 et 1815, les soldats anglais y bivouaquèrent et les dévastèrent de telle sorte qu'il fallut les replanter en 1819 ; on les exhaussa alors, on les affermit et on les sabla. Puis, chaque année, depuis ce moment, les améliorations s'y sont succédé : les voies de communication ont été éclairées ; des constructions élégantes, les plus élégantes de Paris peut-être, se sont élevées sur les bas côtés de cette avenue, qui mérite bien son nom de Champs-Élysées. En 1871, les soldats allemands y campèrent pendant deux jours. C'est dans les Champs-Élysées que se trouvent le *Palais de l'Industrie*, le *Cirque d'été*, le *Diorama* et le *Pavillon d'exposition de la ville de Paris*. De quatre heures à six heures, quand le temps est beau, l'avenue principale est remplie d'équipages et de cavaliers qui vont au bois de Boulogne ou en reviennent.

Bois de Boulogne. Ce bois, qui n'est séparé que par une faible distance des Champs-Élysées, est un parc charmant de 873 hectares, situé en dehors de l'enceinte fortifiée, et limité par la Seine, Boulogne, le boulevard d'Auteuil et Neuilly. C'est un faible reste de l'ancienne forêt de Rouvray. Une grande partie fut détruite en 1814 et 1815 par les soldats ennemis. Jusqu'en 1848, il appartint à la liste civile et fut cédé à la ville en 1852 ; celle-ci en a fait le délicieux parc qui est actuellement une des promenades favorites des Parisiens. On y remarque deux grands lacs, des rivières et des ruisseaux alimentés par les eaux provenant du puits artésien de Passy, plusieurs cascades, la *mare aux Biches*, le *Pré Catelan*, le *Jardin d'acclimatation*, partie du bois de 20 hectares de superficie, cédée à une société qui en a fait une intéressante et instructive promenade. Ce jardin a été « fondé pour introduire en France toutes les espèces animales ou végétales, utiles ou agréables, domestiques ou sauvages, les multiplier et les faire connaître au public. Il répand et vulgarise les meilleurs types par l'importation et la vente, et sert d'intermédiaire entre les éleveurs de la France et ceux des pays voisins. » Entre la porte de Saint-Cloud et la porte de Suresnes, dans la partie du bois qui confine à la Seine, se trouve l'*Hippodrome* ou *Champ de courses de Longchamp*. Cet hippodrome contient deux pistes de 30 mètres de largeur : l'une a 1,900 mètres de longueur ; l'autre, 2,900 mètres. De vastes et élégantes tribunes, adossées à la Seine et faisant face au bois, peuvent recevoir 5,000 spectateurs. 12 kilomètres de route, de 20 mètres de largeur, ont été disposés autour des pistes et sur les rives de la Seine. Près de la porte de Saint-Cloud a été établie une grande pépinière destinée à fournir sans cesse de nouveaux arbres de toutes essences pour l'entretien du bois.

Bois de Vincennes. Situé à l'est de Paris, en dehors de l'enceinte, ce bois, quoique moins fréquenté que le précédent, ne lui cède guère en agréments. C'était jadis une forêt où saint Louis aimait à chasser et, dit-on, à rendre la justice. En 1731, Louis XV le fit abattre, puis replanter « pour en rendre les promenades plus agréables aux habitants de Paris. » On éleva, à cette occasion, la pyramide située sur l'ancienne route de Saint-Maur, et qui portait une inscription commémorative. Depuis le commencement de ce siècle, le bois de Vincennes a été diminué de près de moitié par le génie militaire, par le chemin de fer et surtout par la ville de Paris, à laquelle il appartient actuellement, et qui en a aliéné une partie ; par compensation, on lui a ajouté une partie de la plaine de Bercy. Sous le second Empire, il n'offrait plus aux Parisiens les promenades agréables qu'il devait à Louis XV, lorsqu'on résolut d'y faire des travaux analogues à ceux qui ont transformé le bois de Boulogne. Ces travaux ont été exécutés depuis 1857. En moins d'un an et demi, des rivières serpentèrent, des lacs furent creusés, au milieu de ces terrains arides où ne se voyait pas auparavant la plus petite flaque d'eau. Des routes furent ouvertes à travers les fourrés, dont les arbres magnifiques, habilement dégagés, forment de toutes parts d'agréables perspectives. Toutes ces routes sont bordées de larges trottoirs. Plus de 40 kilomètres d'allées tracées à l'anglaise, de 4 à 8 mètres de largeur, ont été ouverts pour les voitures et les cavaliers. Près de 15 kilomètres de sentiers de 2 mètres, à l'usage des piétons, ont été établis sous bois. Outre *le Lac des Minimes* et les petites cascades qui l'alimentent, on y remarque la *Redoute de la Faisanderie*, le *Champ de manœuvres*, le *Polygone d'artillerie*, la *Ferme modèle de la Faisanderie*, le *Champ de courses*, et enfin l'*Asile de Vincennes*, pour les ouvriers malades ou convalescents. Dans la partie qui confine aux fortifications se trouve le *Lac de Daumesnil*, plus grand que celui des Minimes et contenant deux jolies petites îles reliées par un pont rustique.

Parc de Monceau (VIIIe arr.). Le parc de Monceau fut planté, en 1778, par Philippe d'Orléans (le père de Louis-Philippe Ier), sur les dessins de Carmontel, qui en fit un délicieux jardin anglais. Il y a peu d'années encore, le parc Monceau restait fermé au public. La création du boulevard Malesherbes fit céder à la ville de Paris la propriété entière du parc, destiné désormais à servir de promenade publique. Les curiosités sont : la *rivière*, le *bois* de haute futaie et le *tombeau* qui s'y cache, et surtout la *naumachie*, vaste bassin ovale, entouré en partie d'une colonnade corinthienne provenant de la chapelle funéraire des Valois dans l'église abbatiale de Saint-Denis, et la *rotonde*. Un massif pittoresque de rochers, abritant une grotte formée de stalactites, et un pont, ont été ajoutés aux curiosités du parc primitif.

Les Buttes-Chaumont (XIXe arr.), entre les rues Manin, de Crimée, Botzaris et Bolivar. Elles s'étendent à l'extrémité de la colline de Belleville, en forme de croissant irrégulier, sur une superficie de plus de 22 hectares. On a transformé ces collines, anciennes et dangereuses plâtrières, en un joli parc ; on a donné aux rochers un aspect encore plus sauvage et on les a entourés d'un lac en forme de D d'environ 2 hectares. Une forte cascade y tombe d'une hauteur considérable dans une grotte artificielle. Un petit temple a été bâti au sommet d'une roche calcaire isolée.

Parc de Montsouris (XIV° arr.), entre le boulevard Jourdan, la rue Nansouty, l'avenue Reille et la rue Gazan. Ce nouveau parc, achevé en 1878, forme au sud de Paris, à côté des fortifications, une belle promenade publique : c'est, pour ainsi dire, le pendant de celle des Buttes-Chaumont au nord, mais elle est moins grande et moins pittoresque. Sa superficie est d'environ 16 hectares ; le chemin de fer de Sceaux et le chemin de fer de Ceinture le traversent. On y remarque un *lac* alimenté par une petite cascade. A l'endroit le plus élevé a été reconstruit *le Bardo* ou palais du bey de Tunis, qui figurait à l'exposition de 1867 ; c'est maintenant un observatoire météorologique.

Jardin des plantes (V° arr.), entre le quai Saint-Bernard, la place Walhubert, la rue de Buffon, la rue Cuvier et la rue Geoffroy-Saint-Hilaire. Le Jardin des plantes ou *Muséum d'histoire naturelle* réunit presque tout ce qui concerne l'histoire naturelle : plantes et animaux vivants, collections, laboratoire, bibliothèque, etc. Un *amphithéâtre*, qui peut contenir environ 1,200 auditeurs, y sert à des cours d'histoire naturelle que tout le monde peut fréquenter. Fondé par Louis XIII, en 1626, tracé primitivement par Gui La Brosse, successivement aggrandi par Fagon, Tournefort, Buffon, Lacépède, réorganisé par la Convention en 1793, il occupe aujourd'hui, avec ses bosquets, ses pépinières, ses allées de tilleuls et de marronniers, ses écoles d'arbres fruitiers, ses belles serres, ses parterres, ses galeries et sa ménagerie, une étendue de plus de 30 hectares.

Jardin des Tuileries (I°r arr.). C'est une des promenades les plus fréquentées de l'intérieur de Paris et le rendez-vous préféré des mères avec leurs enfants. Ce jardin, dessiné par Le Nôtre, et dont il ne reste qu'une partie, est encore un modèle de noblesse et de grandeur ; sa superficie est d'environ 24 hectares ; une belle grille le sépare de la rue de Rivoli ; une longue terrasse règne tout autour et domine d'un côté la place de la Concorde et de l'autre le bord de la Seine : celle qui longe le quai s'appelle *terrasse du Bord de l'eau ;* celle qui longe la rue de Rivoli, *terrasse des Feuillants*. Les parterres situés entre l'espace où fut le palais et le bassin du milieu sont de création moderne, et c'est récemment qu'on a ouvert la *rue des Tuileries*. La contre-allée au-dessous de la terrasse des Feuillants est garnie dans la bonne saison d'orangers en caisses dont les plus vieux ont, dit-on, quatre cents ans. A l'extrémité de la grande allée, du côté de la place de la Concorde, se trouve un grand bassin octogone avec jet d'eau. Le jardin des Tuileries est peuplé d'un monde de statues, œuvres de nos plus grands artistes, qu'il serait trop long d'énumérer.

Jardin du Luxembourg (VI° arr.). C'est un des plus beaux de Paris, bien que sa forme ne soit pas aussi régulière que celle du jardin des Tuileries. Comme le palais dont il porte le nom, il est l'œuvre de Jacques Debrosses. En 1750, les arbres périssaient ; il fallut les remplacer. En 1795, la Convention fit planter la magnifique allée qui s'étend du grand parterre à l'Observatoire. Quelque temps après, elle créa, sur un terrain dépendant de l'ancien couvent des Chartreux, une pépinière, détruite en 1867, véritable retraite champêtre au milieu de la ville, forêt de rosiers entremêlée de bosquets de lilas et de seringas, où l'on se promenait dans d'étroites allées, pour goûter les charmes du silence et respirer un air pur. Louis-Philippe laissa aussi des traces de son règne dans le jardin. D'abord il agrandit le palais ; puis il construisit l'Orangerie, le long du Petit-Luxembourg, fit planter des arbustes, semer des fleurs et tracer des allées ; enfin, une grille élégante fut établie. Après 1848, les talus qui entourent le grand parterre furent couronnés d'une balustrade de pierre, et des groupes, des colonnes et des statues placés en divers endroits. Sur les balustrades établies autour du talus, on multiplia des vases en marbre de différente grandeur. Les parterres de ce jardin sont renommés pour la beauté de leurs fleurs, et passent, à bon droit, pour les mieux entretenus de tous les jardins publics. En 1861, de nombreux changements eurent lieu. Les dépendances construites sous le règne de Louis-Philippe ayant été démolies, on perça, sur leur emplacement, la *rue de Médicis*. Cette partie du Luxembourg fut transformée en un jardin anglais. Quant à la belle allée de platanes, au fond de laquelle s'élevait la jolie fontaine de Jacques Desbrosses, elle fut coupée à son extrémité supérieure par la nouvelle rue. Cette fontaine, placée non loin de la grille et connue sous le nom de *fontaine de Médicis*, se compose de trois niches. La niche centrale renferme la statue de *Polyphème*, un genou sur un rocher et prêt à écraser *Acis* et *Galatée*. Les niches de droite et de gauche ont été décorées de deux statues : *Pan* et *Diane*. En avant de la fontaine s'étend un long bassin bordé de vases et de platanes qu'unissent des guirlandes de lierre. Sur la face regardant la rue de Médicis est encastrée la *fontaine de Léda*, qui était autrefois à l'angle des rues du Regard et de Vaugirard. En 1865, un décret mutila le jardin du Luxembourg, en le limitant par deux grandes voies publiques et en supprimant, au grand regret de tout le quartier, les deux tiers de l'avenue de l'Observatoire et la plus grande partie de la pépinière ; ce qui en reste a été transformé en jardin anglais. On remarque encore, dans cette promenade, outre un grand nombre de statues consacrées pour la plupart aux femmes célèbres de la France, la nouvelle Orangerie et l'École des Mines dont la façade donne sur le boulevard Saint-Michel ; le bassin situé en avant du palais, et, auprès de la grille qui s'ouvre sur la place de l'Observatoire, une fontaine surmontée des *Quatre Parties du monde* de Carpeaux.

Jardin du Palais-Royal (Ier arr.). Situé au centre même du palais dont il porte le nom, ce jardin, long de 230 mètres et large de 100, est ombragé par une quadruple rangée d'ormes et de tilleuls et le milieu est occupé par un bassin circulaire. Deux parterres ornés de statues le décorent ; dans l'un d'eux se trouve le petit canon du Palais-Royal, que le soleil fait partir à midi, au moyen d'une lentille de verre, lorsqu'il passe au méridien de ce lieu. Ce jardin, but de rendez-vous pour les provinciaux et les étrangers qui viennent à Paris, tout exigu qu'il soit, est un lieu de promenade très apprécié par les habitants des quartiers voisins, et, dans les belles soirées d'été, surtout lorsque la musique militaire s'y fait entendre, il présente une animation extraordinaire. C'est de ce jardin que partit le signal de la Révolution : le 12 juillet 1789, Camille Desmoulins y a appelé le peuple aux armes et y prit la cocarde verte, pour un temps signe de ralliement des patriotes qu'il conduisit le surlendemain au siège de la Bastille.

Parmi les créations dont la ville de Paris s'est enrichie, le succès et la popularité appartiennent surtout aux jardins plantés dans tous ses quartiers. En 1855, la municipalité conçut le projet de doter de jardins les points où une population chaque jour croissante réclamait l'air et l'espace, et, chaque année, ils furent ouverts en grand nombre au public et adoptés par lui avec empressement. A peine étaient accomplis les derniers travaux du bois de Boulogne, les hommes qui avaient présidé à cette œuvre importante furent chargés de la continuer par l'établissement des jardins intérieurs. L'idée première de ces jardins avait été prise en Angleterre, et, à cause de cela, on les nomma improprement des *squares*. Nous ne pouvons songer ici à en donner la description et nous devons nous borner à nommer les principaux, par ordre alphabétique *square des Batignolles* (XVIIe arr.), 13,931 mètres carrés ; *square de Belleville* (place des Fêtes, XIXe arr.), 11,200 mètres ; *square des Écoles* ou *square Monge* (V^e arr.), 3,768 mètres, orné d'une statue de Voltaire ; *square du Conservatoire des Arts-et-Métiers* (IIIe arr.), 4,042 mètres, orné de deux fontaines ; *square des Innocents* (Ier arr.), 2,057 mètres, au milieu duquel se trouve la célèbre fontaine des Innocents que Jean Goujon a décorée de sculptures ; *square de la place Louvois* (IIe arr.), 2,203 mètres, orné d'une fontaine, œuvre de Visconti ; *square des Ménages* (VIIe arr.), 5,853 mètres, orné du groupe en marbre *le Sommeil ;* le *square Montholon* (IXe arr.), 4,223 mètres ; le *square de Montrouge* (XIVe arr.), en face de la mairie, 3,836 mètres ; le *square Parmentier* (XIe arr.), 9,137 mètres ; le *square Sainte-Clotilde* (VIIe arr.), 1,738 mètres, orné du groupe *l'Éducation maternelle ;* le *square Saint-Jacques* (IVe arr.), 5,876 mètres, au milieu duquel se dresse la vieille tour, seul reste de l'église Saint-Jacques-la-Boucherie ; le *square Saint-Pierre* (XVIIIe arr.), à Montmartre ; le *square du Temple* (IIIe arr.), 7,038 mètres, orné d'une statue en bronze, *le Rétiaire*, et d'un saule pleureur qui, dit-on, a plus de 400 ans ; le *square de la Trinité* (IXe arr.), 3,118 mètres ; le *square Trudaine* (IXe arr.) ; le *square Victor* (XVe arr.), 21,000 mètres ; le *square Vintimille* (IXe arr.), 807 mètres.

Édifices religieux. — Paris possède un grand nombre d'édifices religieux consacrés aux divers cultes ; il ne renferme pas moins de cent églises ou chapelles, l'église russe, plusieurs temples protestants et quelques synagogues. Nous nous occuperons seulement parmi ces édifices de ceux qui méritent d'être étudiés :

CULTE CATHOLIQUE. *Notre-Dame*. Dès les premiers temps de l'établissement du christianisme à Paris, vers 365, une église épiscopale, nommée

Sainte-Marie ou Notre-Dame, fut fondée à l'extrémité orientale de la Cité sur l'emplacement d'un temple païen. Au commencement du xe siècle, la cathédrale menaçait ruine. Elle fut restaurée en 907, par les soins de l'évêque Anschéric. Vers 1130, Suger, le grand abbé de Saint-Denis, l'enrichit d'un vitrail d'une remarquable beauté. En 1160, Maurice de Sully, évêque de Paris, conçut le projet de bâtir une nouvelle église dans des proportions beaucoup plus vastes. La première pierre fut posée en 1163, par le pape Alexandre III, alors réfugié en France. Le maître-autel fut consacré en 1182. Eudes de Sully, successeur de Maurice, fit travailler à la nef jusqu'en 1208. Les premières travées de cette nef s'élevèrent vers 1215, ainsi que la façade principale, qui paraît avoir été terminée, jusqu'à la base de la galerie supérieure, avant la fin du règne de Philippe-Auguste (1223). Les deux tours durent être achevées vers l'année 1235, sauf les flèches, demeurées en projet. Le portail latéral du côté du midi fut commencé en 1257, par Jean de Chelles. Quant au portail septentrional, il a été construit à la même époque. Les chapelles du chœur furent bâties à partir de 1296. En 1312 ou 1313, Philippe le Bel employa à leur construction une partie des biens confisqués sur les templiers. Les chapelles latérales à la grande nef ont été bâties de 1260 à 1275. La cathédrale de Paris, commencée en 1163, était achevée vers 1235, toutes les constructions postérieures n'ayant fait que modifier son plan primitif, en agrandissant le transept et en élevant des chapelles qui n'existaient pas dans le premier édifice. De 1699 à 1753, la cathédrale perdit ses anciennes stalles du xive siècle, son jubé, toute la clôture à jour du rond-point, l'ancien maître-autel avec ses colonnes de cuivre et ses châsses, tous les tombeaux du chœur, les vitraux de la nef, du chœur et des chapelles. En 1771, on fit disparaître le trumeau qui divisait la grande porte occidentale en deux parties. Ce pilier fut supprimé avec la statue du Christ et les curieux bas-reliefs qui s'y trouvaient. Puis on entailla toute la partie inférieure du tympan, sans respect pour la belle sculpture du *Jugement dernier*, afin d'y introduire l'arc de la nouvelle porte. Enfin, en 1793, la plupart des statues des portails et des chapelles du chœur furent enlevées et la cathédrale servit de *Temple de la Raison*; en 1801, la flèche centrale, inspirant des craintes pour sa solidité, fut démolie. Toutefois, depuis 1845, une restauration complète, conçue et exécutée par Viollet-le-Duc avec autant de soin que d'intelligence et de goût, a réparé les outrages que les deux derniers siècles avaient fait subir au vénérable édifice. L'église Notre-Dame a, dans œuvre, 126^m,68 de longueur, 48^m,70 de largeur et 33^m,77 de hauteur. La hauteur des tours est de 68 mètres. La cathédrale de Paris est, après celles de Chartres, de Reims et d'Amiens, le plus beau monument de l'art ogival en France. Elle l'emporte de beaucoup sur les deux dernières par l'ampleur de son style, et sur toutes les trois par l'immense intérêt qu'elle présente au point de vue archéologique. Une description, même sommaire, de toutes les beautés que contient cet immense édifice exigerait des développements que ne nous permet pas le cadre que nous nous sommes tracé.

Saint-Ambroise (XIe arr.), boulevard Voltaire. C'est l'ancienne église du couvent des *Annonciades du Saint-Esprit*. En 1791, elle fut érigée en paroisse sous le titre de Saint-Ambroise. Restaurée et agrandie en 1818, elle a été reconstruite de 1863 à 1869 sur les plans et sous la direction de M. Ballu.

L'Assomption (Ier arr.), dans la rue Saint-Honoré, entre la rue Castiglione et la rue Royale. C'était autrefois l'église du couvent des *Filles de l'Assomption* ou *Haudriettes*, ainsi nommées en souvenir de Jean Haudry, fondateur de leur monastère. Elles avaient été établies par le cardinal de La Rochefoucauld, en 1622, rue Saint-Honoré, et elles firent construire, en 1670, l'église qui subsiste encore, sur les dessins d'Érard. Lors du rétablissement officiel du culte, l'Assomption fut désignée pour le service de la paroisse de la Madeleine. Depuis que la Madeleine a été ouverte, l'Assomption n'est plus qu'une chapelle. Les almanachs du temps de la Révolution indiquent la demeure de Robespierre en face de l'Assomption. La maison qu'habitait le célèbre tribun a été détruite pour l'ouverture de la rue Duphot.

Saint-Augustin (VIIIe arr.), boulevard Malesherbes. C'était d'abord une chétive église en planches, bâtie, en 1851, sur la place Laborde. L'édifice actuel, construit de 1860 à 1868, sous la direction de M. Baltard, sur un terrain dont la configuration a dû gêner l'architecte, offre des lignes bizarres et un assemblage de styles discordants, le tout surmonté d'un dôme un peu maigre.

Saint-Bernard (XVIIIe arr.), à La Chapelle-Saint-

Denis. Malgré sa physionomie ogivale, c'est une église toute moderne, toute récente même, car elle a été construite de 1856 à 1861, sur les plans d'un habile architecte, M. Ch. Magne. Le sommet de la flèche est à 60 mètres du sol.

Église des Carmes (VIe arr.), rue de Vaugirard, dédiée à Saint-Joseph. C'est l'ancienne église du couvent des Carmes dits *déchaux* ou *déchaussés*, parce qu'ils marchaient pieds nus. Marie de Médicis en posa la première pierre en 1613.

Sainte-Chapelle (Ier arr.), au Palais de justice. C'est peut-être le plus bel édifice religieux de Paris. Elle a été construite sous saint Louis, de 1245 à 1248, par Pierre de Montereau, pour recevoir les reliques que le roi avait achetées à Baudouin, empereur de Constantinople. Sa restauration, qui s'est faite de nos jours, a été confiée à d'habiles architetes : Duban, Lassus et Viollet-le-Duc ; après la mort de Lassus, M. Bœswillwald en est resté seul chargé. Elle mesure 35 mètres de longueur et de hauteur, sur 11 de largeur, et se compose de deux chapelles superposées. La Sainte-Chapelle ne sert au culte qu'une fois par an, pour la messe solennelle du Saint-Esprit, à la rentrée des tribunaux.

Chapelle expiatoire (VIIIe arr.), rue d'Anjou. Construite par Louis XVIII, elle est destinée, comme le constate l'inscription placée au-dessus de la porte, à consacrer le lieu où les dépouilles mortelles de Louis XVI et de Marie-Antoinette avaient reposé pendant vingt et un ans. Cet édifice, commencé en 1816, ne fut terminé qu'en 1826, sur les plans de Percier et Fontaine. Il est entouré d'un square.

Sainte-Clotilde (VIIe arr.), rue de Las Cases. Curieuse particularité, cette église a changé de nom avant d'avoir été même commencée. En effet, la construction en avait été décidée en 1829, pour remplacer l'église Sainte-Valère de la rue de Bourgogne ; elle devait être dédiée à saint Charles, patron du roi alors régnant. La révolution de Juillet vint changer ces projets. On ne renonça point à construire l'église, mais on destitua le patron et on le remplaça par une patronne, qui devait être sainte Amélie, mais qui, d'après le vœu de la reine Marie-Amélie, fut sainte Clotilde, femme de Clovis. Les travaux commencèrent seulement en 1840, sous la direction de Gau qui, étant mort avant de les avoir terminés, eut pour successeur Théodore Ballu. L'église ne fut livrée au culte qu'en 1857. Elle est bâtie sur un terrain provenant du couvent des Carmélites.

Saint-Denis-du-Saint-Sacrement (IIIe arr.), rue Turenne. Cette église, construite de 1826 à 1835, sur l'emplacement du monastère des *Filles de l'Adoration du Saint-Sacrement*, d'après les plans de M. Godde, est décorée, dans le fronton de la façade, d'un bas-relief de Feuchères, *la Foi, l'Espérance, la Charité*.

Sainte-Élisabeth (IIIe arr.), rue du Temple, près de la rue de Turbigo. C'était l'église du couvent des *Filles de Sainte-Élisabeth*, fondé en 1614. Marie de Médicis posa, en 1620, la première pierre de cette église, qui fut achevée en 1630 et placée sous l'invocation de sainte Élisabeth de Hongrie, et sous le titre de Notre-Dame-de-Pitié. L'église a été agrandie en 1826, puis réparée en 1831 et 1835.

Saint-Étienne-du-Mont (Ve arr.), place Sainte-Geneviève. Cette église a été ainsi surnommée parce qu'elle est située sur la montagne Sainte-Geneviève ; ce fut d'abord une chapelle édifiée au XIIIe siècle, pour le service paroissial des habitants de la montagne, devenus si nombreux, que ce service ne pouvait plus se faire, comme précédemment, dans la crypte de l'église de l'abbaye Sainte-Geneviève. Saint-Étienne, rebâtie de 1517 à 1624, renferme le tombeau de sainte Geneviève, transféré de l'ancienne abbaye et placé dans une chapelle latérale. Ce tombeau est vide. Il est accompagné d'une châsse contenant, dit-on, des reliques de la sainte, bien que ces reliques aient été détruites en 1792. L'église du Panthéon ou Sainte-Geneviève possède aussi une châsse et quelques reliques de la même sainte. Chaque année, à partir du 3 janvier, jour de la fête de sainte Geneviève, les deux églises sont, pendant neuf jours, visitées par de nombreux pèlerins. Le 3 janvier 1857, à l'ouverture de la neuvaine, Mgr l'archevêque Sibour fut assassiné dans la première par un prêtre interdit nommé Verger. Saint-Étienne a été l'objet d'une complète restauration opérée avec soin, de 1861 à 1868, par M. Baltard. Le portail a reçu plusieurs statues.

Saint-Eugène (IXe arr.), rue Sainte-Cécile. Cette église, reconstruite en 1854, sur les plans et sous la direction de M. Boileau, qui y a employé la fonte de fer pour les colonnettes intérieures, a été livrée au culte en décembre 1855. La profusion et la richesse du décor tiennent lieu de style et de goût.

Saint-Eustache (IIe arr.), place Saint-Eustache, près des Halles centrales. Saint-Eustache a été précédé d'une autre église qui, elle-même, avait

Porte Saint-Denis et Porte Saint-Martin.

remplacé la petite chapelle de Sainte-Agnès. Cette première église fut, lors de l'invasion des pastoureaux, le théâtre de violences sanglantes ; plusieurs des prêtres furent massacrés. Au XVᵉ siècle, pendant la domination de l'Anglais, la même église vit s'organiser dans ses murs la confrérie des bouchers, qui domina Paris à force de terreur. L'église actuelle, commencée en 1532, ne fut achevée qu'en 1642, moins le portail. Ce portail et une des tours qui l'accompagnent ne sont pas terminés. La chapelle de la Vierge date seulement des premières années du siècle actuel. Le 4 avril 1791, à huit heures du soir, les funérailles de Mirabeau ont été célébrées à Saint-Eustache, d'où le corps fut transporté au Panthéon. En 1793 eut lieu à Saint-Eustache la fête de la Raison. En 1795, l'église fut concédée aux Théophilanthropes, qui en firent le *Temple de l'Agriculture*. Le 11 décembre 1844, les belles orgues de Saint-Eustache furent détruites par le feu. On les rétablit avec le produit d'une loterie. De 1846 à 1854, l'église a été complètement restaurée.

Saint-François-Xavier (VIIᵉ arr.), rue du Bac. C'est l'église du séminaire des Missions étrangères, fondé en 1663 par Bernard de Sainte-Thérèse, évêque de Babylone, en souvenir duquel la rue qui borde cet établissement s'appelle rue de Babylone. Le séminaire, dans lequel se trouve un musée composé d'instruments de supplice rapportés des pays étrangers par les missionnaires, eut d'abord une église dédiée à la *Sainte-Famille*, qui fut remplacée, en 1683, par celle qui subsiste encore.

Sainte-Geneviève ou *Panthéon* (Vᵉ arr.), place du Panthéon. L'édifice dont Soufflot fut chargé de diriger la construction était destiné à remplacer l'église de l'abbaye Sainte-Geneviève, qui menaçait ruine au milieu du XVIIIᵉ siècle et qui ne fut démolie que vers 1806. Les travaux furent commencés en 1758. Dès le début, on rencontra au-dessous du sol de profondes excavations que l'on n'avait pas soupçonnées et qu'il fallut combler. En 1763, l'église souterraine était achevée; en 1764, Louis XV posa la première pierre du dôme. L'œuvre achevée excita une grande admiration que vint, presque aussitôt, troubler une grande crainte. Le poids de l'édifice fit tasser les remblais et l'on redouta un écroulement général. L'envie ne manqua pas d'accuser Soufflot, et ce fut à un autre, à Rondelet, que fut confié le soin de consolider l'édifice. Il suffit de remplacer par des piliers pleins les colonnes séparées qui supportaient le dôme. Cette église n'était pas encore consacrée au culte lorsque l'Assemblée constituante décida que le nouvel édifice serait destiné à perpétuer le souvenir des hommes illustres, des grands citoyens, dont le dévouement, la science ou le génie faisaient la gloire du pays. On traça alors sur le fronton cette inscription:

AUX GRANDS HOMMES
LA PATRIE RECONNAISSANTE.

Outre Mirabeau et Marat, Voltaire et Rousseau, les honneurs du Panthéon furent décernés, pendant la Révolution, à Lepelletier de Saint-Fargeau, aux jeunes Barra et Viala. Remplaçant une croix rayonnante, sculptée par Coustou, Moitte avait représenté, sur le fronton, la Patrie distribuant des récompenses, motif dont s'est inspiré David, en le transformant, dans la belle composition qui décore aujourd'hui le tympan du fronton. D'autres groupes sculptés étaient placés sous le vestibule. Une statue de la Renommée devait surmonter la coupole. Il fallut modifier pour cela le sommet de la lanterne. On voit encore la trace des travaux commencés à cet effet et qui ne furent point achevés. Napoléon Ier, après avoir fait mettre le maréchal Lannes au Panthéon, redevenue l'église Sainte-Geneviève, affecta cette église à la sépulture des sénateurs et autres dignitaires. La Restauration fit enlever nuitamment les restes de Voltaire et de Rousseau, qui furent jetés dans un trou près de la Bièvre. Elle fit aussi détruire le fronton de Moitte et enlever les groupes et bas-reliefs républicains, qui furent relégués longtemps sous un hangar dans une cour du collège Henri IV, et on remplaça l'inscription du fronton par celle-ci:

D. O. M.
SUB. INVOC. S. GENOVEFÆ
LUD. XV. DICAVIT.
LUD. XVIII. RESTITUIT.

La Restauration, du moins, atténua ces actes de vandalisme royal en chargeant le peintre Gros de représenter, sur la voûte de la seconde coupole, l'apothéose de sainte Geneviève. La révolution de Juillet, faisant revivre la loi de 1791, rendit le Panthéon à la destination que la Constituante lui avait donnée et y rétablit la dédicace révolutionnaire. Mais aucun grand homme n'y a reçu la sépulture. Le magnifique fronton de David garde seul le souvenir de cette restitution, car les tables de bronze où étaient gravés les noms des citoyens tués dans les journées de juillet 1830 ont disparu. Le gouvernement du roi Louis-Philippe a fait aussi remettre en place les groupes et bas-reliefs de la Révolution, et y a ajouté un groupe de *Sainte Geneviève arrêtant Attila*, par Maindron. La République de 1848 n'eut rien à changer au Panthéon. Un célèbre physicien, M. Foucaux, disposa au milieu de l'édifice un pendule qui démontrait, d'une manière visible, le mouvement de rotation de la terre. En décembre 1851, un décret rapporta l'ordonnance royale de 1830, c'est-à-dire enleva le Panthéon aux grands hommes et le rendit une seconde fois au culte catholique. On y remarque de belles fresques de Chenavard représentant différents épisodes de la vie de sainte Geneviève. Le Panthéon (la voix populaire lui conserve ce nom), bâti en forme de croix grecque, mesure 113 mètres de longueur, y compris le péristyle, sur 84^m,50 de largeur. Le dôme, qui a 23^m,15 de diamètre, s'élève à 83^m,11 au-dessus du pavé de la nef. Le sommet de la lanterne domine de 117^m,60 le niveau moyen de la Seine, et de 143^m,36 celui de la mer. Chaque colonne du péristyle est haute de 18^m,92 et a 1^m,80 de diamètre. L'église souterraine contient un écho remarquable.

Saint-Germain-de-Charonne (XXe arr.), place de l'Église, à Charonne. C'est une église fort ancienne, car certaines parties remontent au XIIIe, au XIIe et même au XIe siècle; mais des remaniements ou des reconstructions faites à diverses époques en ont complètement dénaturé le caractère primitif.

Saint-Germain-des-Prés (VIe arr.), boulevard Saint-Germain et rue Bonaparte. C'est l'église de l'ancienne et si célèbre abbaye Saint-Germain, qu'on appelait *des Prés* parce qu'originairement elle était située au milieu de *prés* dont la partie qui s'étendait de l'abbaye à la Seine et vers l'ouest jusqu'à la rue des Saint-Pères a longtemps gardé le nom de *Pré-aux-Clercs*. Childebert fit construire les bâtiments monastiques; puis il mourut, le jour même de la dédicace de l'église, en 558, qui fut d'abord placée sous l'invocation de la Sainte-Croix et de saint Vincent, mais qui ne tarda pas à prendre le nom de l'évêque saint Germain, enterré dans une des chapelles. Cette première église était décorée avec beaucoup de luxe; l'or, le marbre y abondaient, et les chapiteaux des colonnes étaient sculptés avec une profusion un peu barbare, mais non pourtant dépourvue de caractère. Église et monastère furent saccagés, dévastés, ruinés par les incursions normandes. Quand les pirates du Nord eurent été chassés sans retour de Paris, Morard, abbé de Saint-Germain (de 990 à 1014), entreprit de relever l'abbaye de ses ruines. C'est de lui que datent les parties les plus anciennes de l'église actuelle; mais le monument a été si souvent réparé, remanié, restauré, suivant des idées et des goûts très différents, depuis le xie siècle jusqu'à ces dernières années, qu'il est difficile aujourd'hui d'en reconnaître le véritable caractère. Avant la construction de la basilique de Saint-Denis, l'église de l'abbaye Saint-Germain était le lieu de sépulture des rois, reines et princes de la famille royale. La plupart des Mérovingiens y ont été enterrés. Plusieurs de leurs tombes ont été découvertes au siècle dernier pendant des travaux de réparation. En 1845 a été commencée une restauration totale de l'église et une décoration polychrome, accomplies de 1852 à 1861, sous la direction de V. Baltard. Le peintre Flandrin y a exécuté des fresques remarquables, malheureusement interrompues par la mort de l'artiste. La chapelle de Saint-Symphorien, dans le collatéral de droite, marque l'endroit où se trouvait le tombeau de saint Germain.

Saint-Germain-l'Auxerrois (Ier arr.), vis-à-vis de la colonnade du Louvre. Saint-Germain-l'Auxerrois a remplacé une église bâtie, dit-on, par Chilpéric, et dont la forme était ronde, d'où lui vint le nom de Saint-Germain-*le-Rond*. Les Normands s'en firent une sorte de forteresse, et, lors de leur retraite, n'en laissèrent que des ruines et des fossés (rue des Fossés-Saint-Germain-l'Auxerrois). Relevée par le roi Robert, l'église fut reconstruite du xiie au xvie siècle. Voisine du Louvre, l'église Saint-Germain-l'Auxerrois fut la paroisse des rois de France depuis Philippe-Auguste jusqu'en 1792, du moins lorsqu'ils résidaient à Paris. Elle le redevint de 1814 à 1830. Ce fut la cloche de Saint-Germain qui, le 24 août 1572, donna le signal du massacre de la Saint-Barthélemy, signal que répéta immédiatement le beffroi du Palais de justice et que propagèrent ensuite les autres cloches de Paris. Une autre date mémorable pour cette église est celle du 14 février 1831. Tandis que le clergé de la paroisse célébrait un service pour l'anniversaire de la mort du duc de Berry, le peuple, excité par quelques meneurs, fit irruption dans l'église et la saccagea. Elle resta quelque temps fermée, puis servit de mairie au IVe arrondissement, et ne fut rendue au culte qu'en 1838. Elle fut dès lors restaurée sous la direction de M. Lassus. Colbert avait eu le projet de former devant le Louvre une vaste place en abattant Saint-Germain-l'Auxerrois. Ce projet fut repris, en partie, par Napoléon Ier, qui avait décidé l'ouverture d'une large avenue allant du Louvre à la barrière du Trône. Ce second projet fut encore repris après la révolution de Juillet; mais Louis-Philippe eut la sagesse de ne pas consentir à la démolition de l'église. Saint-Germain-l'Auxerrois mesure 78 mètres de longueur sur 39 mètres de largeur.

Saint-Gervais-et-Saint-Protais (IVe arr.), derrière l'Hôtel de ville. Dès le vi^e siècle existait en ce lieu une église qui tombait en ruine au xiie. On la réédifia en 1212; mais il fallut en reconstruire une nouvelle à la fin du xve siècle. Toute l'église est de style ogival. En 1616 fut élevé le portail actuel, sur les plans de Salomon Debrosse; Louis XIII en posa la première pierre. Considéré en lui-même et indépendamment du reste de l'édifice, ce portail est une œuvre remarquable d'architecture. En 1795, Saint-Gervais, concédé aux Théophilanthropes, devint le *Temple de la Jeunesse*.

Saint-Honoré (XVIe arr.), place d'Eylau, est une petite construction provisoire, sans caractère, élevée en 1855, destinée à desservir le quartier récemment formé entre l'ancien Passy et l'arc de triomphe de l'Étoile.

Saint-Jacques-du-Haut-Pas (V^e arr.), rue Saint-Jacques, à l'angle de la rue de l'Abbé-de-l'Épée. Cette église, qui devait son nom aux degrés que l'on devait franchir pour y accéder, a remplacé deux anciennes chapelles; elle fut commencée en 1630 sur les dessins de Gittard, et le duc d'Orléans, frère de Louis XIII, en posa la première pierre le 2 septembre. Les travaux, longtemps suspendus faute de fonds, furent repris en 1675, grâce aux libéralités de la duchesse de Longueville et des paroissiens. La chapelle de la Vierge est de 1688.

Saint-Jean-Baptiste (XXᵉ arr.), rue de Belleville. Cet édifice a été construit de 1854 à 1856, sur les plans et sous la direction de Lassus, qui a déployé beaucoup d'érudition, de goût, et a même mis un certain caractère original dans cette étude en grand de l'architecture du XIIIᵉ siècle. C'est un pastiche, mais un pastiche élégant. Les deux flèches jumelles du portail ont 58 mètres de hauteur.

Saint-Jean-Saint-François (IIIᵉ arr.), rue Charlot. C'est l'église de l'ancien couvent des capucins du Marais, fondée en 1623 par Athanase Molé, frère du premier président. L'église fut désignée en 1791 comme paroisse, sous le titre de *Saint-François-d'Assise*. On y transporta alors les fonts baptismaux, les stalles et divers ornements de l'église Saint-Jean-en-Grève, et on ajouta ce second vocable au premier.

Saint-Julien-le-Pauvre (Vᵉ arr.), rue Saint-Julien-le-Pauvre et rue de la Bucherie. Cette église, dont le chœur est un des plus anciens monuments de l'architecture religieuse à Paris, car il date de sainte Geneviève, n'est plus qu'une chapelle dépendante de l'Hôtel-Dieu.

Saint-Lambert (XVᵉ arr.), place de l'Église. Elle a été construite de 1848 à 1853 par M. Naissant, qui s'est inspiré du type des églises romanes. L'édifice est un peu sombre à l'intérieur ; il a une chapelle souterraine.

Saint-Laurent (XVᵉ arr.), boulevard de Strasbourg. Cette église date du XVᵉ siècle; elle a été agrandie en 1548, reconstruite en 1595 et restaurée en 1622 par Lepautre, qui la dota d'un portail classique qu'on a démoli pour y substituer une façade assortie au style de l'église. On a, en même temps, ajouté deux travées à la nef, afin que l'église se trouvât à l'alignement des maisons du boulevard.

Saint-Leu-Saint-Gilles (Iᵉʳ arr.), rue Saint-Denis et boulevard de Sébastopol. Cette église ne fut d'abord qu'une chapelle bâtie au XIIIᵉ siècle. En 1320, la chapelle fut reconstruite sur un plan plus étendu et devint paroisse en 1617. Elle a été réparée en 1727. En 1780, le maître-autel fut exhaussé et l'architecte de Wailly pratiqua sous le chœur une chapelle souterraine. Le percement du boulevard de Sébastopol a amené une réduction de l'abside. Il en est résulté, à l'intérieur de l'église, un étranglement disgracieux. A cette même époque, l'église a été isolée.

Saint-Louis-d'Antin (IXᵉ arr.), rue Caumartin. C'était originairement la chapelle d'un couvent de capucins. Elle a été construite en 1782, par l'architecte Brongniart. Il n'y a rien à y remarquer qu'un vase funéraire contenant le cœur de Choiseul-Gouffier.

Saint-Louis-des-Invalides (VIIᵉ arr.), dans l'hôtel des Invalides. Cette église, dont le portail est dans la cour d'honneur, se compose d'une haute nef flanquée de deux bas côtés. Cette nef est décorée de deux rangées de drapeaux pris sur l'ennemi, surtout en Algérie, sous Louis-Philippe; en Crimée, en Italie, en Chine et au Mexique. Le 30 mars 1814, la veille de l'entrée des alliés à Paris, près de 1,500 drapeaux, pris autrefois sur l'ennemi, qui la tapissaient, furent brûlés dans la cour des Invalides. Quelques-uns furent néanmoins conservés par les soins de M. le duc Decazes.

Saint-Louis-en-l'Ile (IVᵉ arr.), rue Saint-Louis (île Saint-Louis). Ce fut d'abord une simple chapelle bâtie vers 1600 et qui devint paroisse en 1623. Mais alors la chapelle ne suffit plus à la population de l'île, et une nouvelle église fut commencée dont l'archevêque Péréfixe posa la première pierre, le 1ᵉʳ octobre 1679; elle ne fut achevée qu'en 1725. Louis Levau en avait donné les plans et en commença la construction, que Gabriel Leduc continua après sa mort. L'aiguille à jour qui surmonte le clocher est de 1741.

Saint-Louis-Saint-Paul (IVᵉ arr.), rue Saint-Antoine. C'est l'ancienne église du noviciat des Jésuites, au titre de laquelle (Saint-Louis) fut ajouté, en 1803, celui de la vieille église Saint-Paul, supprimée en 1791 et démolie vers 1800. Elle fut commencée en 1627, sur les plans du jésuite François Derrand. Le portail fut élevé, en 1641, aux frais du cardinal de Richelieu, d'après les plans d'un autre jésuite, Marcel Ange. Sous les chapelles latérales se trouvent des caveaux séparés que les jésuites concédaient à la sépulture de diverses familles. Sous l'église, un vaste caveau était réservé aux pères de la Société.

La Madeleine (VIIIᵉ arr.), sur la place et le boulevard du même nom. Ce monument, qui ne ressemble guère à une église, fut commencé sous Louis XV, qui en posa la première pierre en 1764. L'architecte, Contant d'Ivry, mourut avant d'avoir achevé les travaux. Son successeur, Couture, fit adopter de nouveaux plans, détruisit tout ce qui était déjà exécuté et commença une autre construction que la Révolution vint suspendre. Reprise par Napoléon Iᵉʳ comme *Temple de la Gloire*, continuée lentement par la Restauration pour redevenir église, la Madeleine ne fut achevée que sous Louis-Philippe, en 1843. Le fronton, où on lit l'inscription suivante :

D. O. M. SVB INVOC. S. M. MAGDALENÆ,

a été sculpté par Lemaire. Les portes en bronze sont de Triquetti, les bénétiers d'Antonin Moine.

Saint-Marcel de la Maison-Blanche (XIII° arr.), avenue d'Italie. C'est une chapelle bâtie sur l'emplacement du corps de garde où le général Bréa fut massacré pendant l'insurrection de juin 1848.

Sainte-Marguerite (XI° arr.), rue Saint-Bernard. Chapelle construite en 1625, elle devint paroisse en 1712 et fut agrandie d'abord en 1736, puis en 1765. C'est dans le cimetière attenant à cette église que, le 10 juin 1795, fut enterré le jeune fils de Louis XVI, mort au Temple l'avant-veille.

Saint-Médard (V° arr.), rue Mouffetard. C'est la plus pauvre, peut-être, des églises parisiennes ; elle existait déjà au XII° siècle et relevait de l'abbaye Sainte-Geneviève ; elle a été agrandie en 1561, 1586 et 1655. En 1561, il s'y livra un combat sanglant entre les catholiques et les protestants. Dans le XVIII° siècle, le cimetière de Saint-Médard, situé rue d'Orléans (aujourd'hui rue Daubenton), fut quelque temps célèbre par les miracles qui s'opéraient sur le tombeau du diacre Pâris et qui firent naître la secte des convulsionnaires. En 1795, Saint-Médard fut livré aux Théophilanthropes et devint le *Temple du Travail*.

Saint-Merri ou *Merry* (III° arr.), rue Saint-Martin. C'était, au VIII° siècle, une chapelle, bâtie à une époque inconnue, qui prit le nom de *Saint-Médéric* (par abréviation *Merri*), mort près de là en 700, et enterré dans cette chapelle, dédiée jusque-là à saint Pierre. Celle-ci étant devenue trop petite, Eudes le Fauconnier fit construire une nouvelle église, sous le titre de Saint-Merri, dans laquelle il fut enterré. Au XVI° siècle, une reconstruction fut nécessaire. L'église actuelle fut commencée en 1520 et terminée seulement en 1612. Une crypte a été ménagée à la place du caveau où se trouvait le tombeau de saint Merri.

Saint-Nicolas-des-Champs (III° arr.), rue Saint-Martin, à l'angle de la rue de Turbigo. C'était originairement une chapelle, qui fut réparée et agrandie en 1399, 1420, 1489 et 1576. Le portail méridional est une œuvre élégante du style Renaissance. L'architecture intérieure a été gravement altérée par les restaurations successives. Saint-Nicolas-des-Champs contenait de nombreuses sépultures ; les chapelles sont pavées, en grande partie, de pierres tombales avec épitaphes.

Saint-Nicolas-du-Chardonnet (V° arr.), rue Saint-Victor. Cette église tire son surnom *des chardons* qui poussaient dans le terrain où elle fut construite, et non *des chardonnerets*, comme on serait tenté de le croire. Elle a été bâtie de 1656 à 1709 ; il y manque encore le portail.

Notre-Dame-de-Lorette (IX° arr.), rue de Châteaudun. Cette église, dont les travaux commencèrent en 1824 sur les plans et sous la direction de Lebas, ne fut achevée qu'en 1836 ; elle a la forme d'une basilique romaine. L'extérieur en est sévère et même un peu nu. Le fronton, sculpté par Nanteuil, porte les statues des *Trois Vertus théologales* par Foyatier, Lemaire et Laitié. A l'intérieur, Notre-Dame-de-Lorette est la plus mondaine des églises de Paris. Tout est stuc, marbre, dorure, peintures : c'est la vraie paroisse du demi-monde.

Notre-Dame-des-Victoires, appelée vulgairement *les Petits-Pères* (II° arr.). C'est l'ancienne église du couvent des Augustins réformés dits Petits Pères. Louis XIII posa la première pierre de l'église en 1629 et lui donna le nom de *Notre-Dame-des-Victoires*, en souvenir de ses victoires sur les protestants. La construction en fut longue, car elle dura jusqu'en 1740. Dans ce laps de temps, on changea les proportions de l'édifice et on l'agrandit de telle façon que l'église primitive est devenue la sacristie de l'église actuelle. Celle-ci est l'œuvre de Libéral Bruant et de Gabriel Leduc ; le portail est de Cartault. Elle servit de Bourse après la Révolution et fut rendue au culte en 1809. Aujourd'hui, Notre-Dame-des-Victoires est le centre de la dévotion à l'Immaculée-Conception.

Saint-Philippe-du-Roule (VIII° arr.), rue du Faubourg-Saint-Honoré. C'était au XIII° siècle la chapelle d'une léproserie dite *Hostel du bas Rolle*. Érigée en paroisse au XVIII° siècle, elle a été reconstruite, sur les plans de Chalgrin, de 1760 à 1784, et agrandie de nos jours.

Saint-Pierre-de-Montmartre (XVIII° arr.), rue du Mont-Cenis. C'est une des plus anciennes églises de Paris. Dès les premiers temps du christianisme en Gaule, il y eut sur le sommet de Montmartre une église qui paraît avoir eu de l'importance, et qui fut détruite par les Normands. A la place fut bâtie une chapelle. Louis VI l'acheta en 1135 et fit construire l'église actuelle, qui fut bénie par le pape Eugène III.

Saint-Roch (Ier arr.), rue Saint-Honoré). L'édifice actuel a été précédé par deux chapelles; celles-ci furent remplacées, en 1587, par une église qui, ne suffisant plus, dut être remplacée par une nouvelle dont Louis XIV et sa mère Anne d'Autriche posèrent la première pierre en 1653. Le portail est de Robert de Cotte. La construction de cet édifice dura longtemps et ne fut terminée qu'au XVIIIe siècle.

Saint-Séverin (V^e arr.), rue Boutebrie. Elle doit son origine à un oratoire, qui prit le nom du solitaire saint Séverin lorsque celui-ci y mourut. L'église actuelle fut commencée vers la fin du XIe siècle, rééditiée au XVIe siècle, agrandie et dénaturée au XVIIe siècle.

Saint-Sulpice (VIe arr.), place du même nom. Sur le même emplacement existait précédemment une église dédiée à saint Pierre, qu'on appela par contraction *Saint-Père*. Dès le XIVe siècle, l'église Saint-Pierre portait généralement le titre de *Saint-Sulpice*. Devenue insuffisante, elle fut abattue au XVIIe siècle pour faire place à une église plus vaste, dont Anne d'Autriche posa la première pierre en 1646, et dont la construction fut dirigée par Christophe Gamart, qui en avait dressé les plans. Les travaux durèrent longtemps. Levau, puis Gittard, succédèrent à Gamart. Gittard fils, secondé par Oppanord, éleva le portail de la rue Palatine. Celui de la façade fut construit, en 1733, par Servandoni. Après cet architecte, Chalgrin entreprit, en 1777, de modifier le plan de la partie supérieure et des tours. Il refit la tour du nord; mais la Révolution l'empêcha de toucher à celle du sud, qui, commencée en 1749 par Maclaurin, resta et est encore inachevée. En 1858, on a placé sous le portail les statues assises de *saint Pierre* et de *saint Paul*. L'édifice a 140 mètres de longueur, 35 de hauteur et 56 de largeur.

Saint-Thomas-d'Aquin (VIIe arr.), sur la place de ce nom, entre la rue du Bac et le boulevard Saint-Germain. C'était l'église du noviciat des Dominicains ou Jacobins, fondé en 1631. Devenus riches, ces religieux résolurent de faire construire une église digne de leur fortune. Pierre Bullet en donna les plans, et la première pierre en fut posée en 1683. L'église était achevée l'année suivante. Le plafond du chœur a été peint par Lemoine, en 1724.

La Trinité (IXe arr.), rue Saint-Lazare, à l'extrémité de la rue de la Chaussée-d'Antin. Un décret de 1860 ayant prescrit la construction d'une église dans ce quartier, les travaux commencèrent en juin 1861 sur les plans et sous la direction de Ballu, et l'édifice fut consacré le 8 novembre 1867. La façade de l'église, élevée sur une rampe qui domine un jardin orné d'une fontaine formant cascade, présente un aspect satisfaisant.

Val-de-Grâce (V^e arr.), rue Saint-Jacques. Élevé par Anne d'Autriche pour remercier Dieu de la naissance de Louis XIV, la première pierre en fut posée en 1645, et elle fut terminée par Lemuet en 1665. Le dôme, une des nombreuses imitations de celui de Saint-Pierre de Rome, est une des mieux réussies.

Saint-Vincent-de-Paul (X^e arr.), place La Fayette. Cette église a été construite sur les plans de Lepère, continués, après lui, par Hittorf, pour remplacer une chapelle provisoire située rue Montholon. Les travaux, commencés en 1824, n'ont été achevés qu'en 1844.

Église arménienne (VIIe arr.), rue de Monsieur.

CULTE PROTESTANT. Pour le culte anglican, il y a quatre temples : *Église épiscopale* (VIIIe arr.), rue d'Aguesseau ; *Chapelle Marbeuf* (VIIIe arr.), avenue de Marbeuf ; l'*Église épiscopale américaine* (VIIIe arr.), rue Bayard ; *Chapelle américaine* (VIIIe arr.), rue de Berry. — Les églises calvinistes sont : la *Chapelle de l'Oratoire* (Ier arr.), rue Saint-Honoré, bâtie de 1621 à 1630 et cédée aux calvinistes en 1811 ; l'*Église de Pantemont* (VIIe arr.), rue de Grenelle ; l'*Église de Sainte-Marie* ou la *Visitation* (IVe arr.), rue Saint-Antoine ; l'*Église de l'Étoile* (XVIe arr.), avenue de la Grande-Armée. — Les églises luthériennes sont : l'*Église des Carmes* (IVe arr.), rue des Billettes ; l'*Église évangélique de la Rédemption* (IXe arr.), rue Chauchat. — Il existe, en outre, à Paris plusieurs églises indépendantes, entre autres la *Chapelle Wesleyenne* (IXe arr.), rue Roquépine, style du XVe siècle, avec deux tours sur la façade.

RITE GREC. *Église russe* (VIIIe arr.), rue Daru. Cette église a été construite de 1859 à 1861. Elle est élevée sur une crypte et surmontée de coupoles recouvertes en cuivre doré. Elle a 34 mètres de longueur sur 28 de largeur, 26 de hauteur sous la coupole et 48 jusqu'au sommet de la grande croix. L'édifice, de style byzantin, offre un aspect assez élégant.

CULTE ISRAÉLITE. Paris possède actuellement trois

synagogues et un temple juif : 1° la *Synagogue de la rue Notre-Dame-de-Nazareth* (III° arr.), édifice de style byzantin, construit en 1852 par les libéralités de M. James de Rothschild et sur les dessins de M. Thierry ; 2° la *Synagogue de la rue de la Victoire* (IX° arr.), construite de 1866 à 1870, par Aldrophe, dans le style roman ; 3° la *Synagogue de la rue des Tournelles* (III° arr.), la plus importantes des trois, bâtie par Vercollier de 1873 à 1875 ; 4° le *Temple portugais* (IX° arr.), rue Buffault, dans le style roman.

Palais. — Aucune ville au monde ne l'emporte sur Paris pour le nombre et la magnificence des palais. En voici la nomenclature avec une notice historique très succincte pour chacun d'eux :

Le Louvre (I° arr.). « Le vrai palais de Paris, le vrai palais de la France, a écrit M. Ferdinand de Lasteyrie, tout le monde l'a nommé : c'est le Louvre. Le Louvre, aux yeux des Français, c'est plus qu'un palais ; c'est un sanctuaire. Là, tout se trouve résumé. Les grandeurs souveraines y coudoient celles du génie. Aussi, depuis longtemps, la France y a-t-elle mis son orgueil. Pour elle, aucun palais au monde ne saurait être comparé à celui-ci... Chaque siècle y a apporté sa part, son contingent d'invention et de labeur. » Le nom de cette demeure royale apparaît cependant pour la première fois en 1204, sous Philippe-Auguste, qui la reconstruisit entièrement. C'était alors une forteresse redoutable, qui fut plus tard transformée par Charles V. Le château avait la forme d'un grand carré, dont l'étendue correspondait à peu près au quart de celle du Louvre actuel. Des lignes en asphalte blanc ou en granit, tracées sur le pavé de la cour du Louvre actuel, figurent exactement le plan de la forteresse, que des fouilles ont fait reconnaître. C'est François I° qui conçut l'idée de remplacer l'édifice féodal par un palais élevé d'après le nouveau système d'architecture du XVI° siècle. La grosse tour fut abattue en 1527 ; mais les travaux ne commencèrent qu'en 1541, sous la direction de Pierre Lescot. Ils continuèrent sous le règne de Henri II, et, quand celui-ci mourut, sa veuve vint habiter avec ses enfants le vieux Louvre. Abandonnant le plan de Pierre Lescot, elle fit construire le bâtiment qui s'avance sur le quai ; puis elle suspendit les travaux pour élever les Tuileries. Henri IV eut à cœur de les continuer. C'est lui qui construisit la galerie d'Apollon et la galerie du bord de l'eau, dont une partie a été rebâtie de nos jours sur d'autres plans. En 1624, Louis XIII chargea Lemercier d'achever les bâtiments projetés par Lescot ; on agrandit le plan primitif, au point de le quadrupler. De 1643 à 1715, les côtés du nord, du sud et de l'est, qui ne faisaient que sortir de terre, furent continués sous la direction de Levau. La façade du côté de Saint-Germain-l'Auxerrois est l'œuvre du médecin architecte Claude Perrault ; sa *colonnade* se compose de 28 colonnes corinthiennes accouplées. Cependant les constructions ne furent pas terminées alors. Napoléon I° les fit reprendre par Percier et Fontaine, qui s'occupèrent aussi de construire au nord une galerie parallèle à celle du bord de l'eau ; c'est la plus triste et la moins réussie. Enfin, après une dernière interruption, Napoléon III reprit, en 1852, le plan de ses prédécesseurs, et, à cette époque seulement, le Louvre fut réellement relié aux Tuileries. La galerie qui reliait les Tuileries au Louvre n'a été achevée qu'en 1857, d'après les dessins de Visconti et Lefuel. Celle qui longe la rue de Rivoli a été prolongée jusqu'au Louvre. Deux autres galeries parallèles, partant du Louvre, sont venues se relier à des corps de logis sur la place du Carrousel. Toutes ces constructions ont fait du Louvre un monument vraiment grandiose ; mais les anciennes parties (celles qui longent le quai et la colonnade) en sont regardées à juste titre comme les meilleures. Aujourd'hui, l'ancienne demeure royale est devenue le palais des arts, où les écoles de tous les temps et de tous les pays sont représentées par des chefs-d'œuvre. On y compte jusqu'à seize musées : le musée de peinture, celui des gravures, ceux des antiques, du moyen âge et de la Renaissance ; le musée de sculpture moderne française, les musées assyrien, égyptien, algérien, asiatique et américain ; le musée des antiquités grecques et étrusques ; le musée de la marine, et d'autres encore. En 1871, le Louvre et les trésors qu'il renferme ont couru de grands dangers. La bibliothèque, qui se trouvait dans le pavillon du côté de la place du Palais-Royal, a été seule la proie des flammes.

Les Tuileries (I° arr.) C'est pour mémoire seulement que nous allons parler des Tuileries ; en effet, au moment où nous écrivons (août 1883), on achève de déblayer les ruines de ce palais, qui, dit-on, ne doit pas être reconstruit. Les Tuileries, à cause de ses mutilations et de ses adjonctions, étaient devenues peu remarquables comme architecture ; mais aucun édifice de Paris n'était, depuis la fin du XVIIIe siècle, plus riche en souvenirs historiques, et aucun, à l'exception de l'Hôtel de ville, n'a eu une destinée plus tragique. Le palais des Tuileries, commencé en 1564 par Catherine de Médicis, s'élevait sur l'emplacement qu'occupait un petit château appartenant à la duchesse d'Angoulême, mère de François Ier, et qu'avait occupé précédemment une tuilerie, d'où il a pris son nom. Philibert Delorme fut le principal architecte du pavillon central et des ailes contiguës ; Henri IV et Louis XIII firent bâtir les autres pavillons, à l'exception de celui du nord, qui fut construit sous Louis XIV ; Louis-Philippe y fit de nombreuses modifications, et la façade du côté du jardin avait été régularisée depuis 1856. Aussi cet édifice présentait-il les caractères de ces diverses époques et un mélange des principaux ordres d'architecture. Le 23 mai 1871, les fédérés y mirent le feu en battant en retraite devant les troupes régulières.

L'Élysée (VIIIe arr.). Ce palais fut construit, en 1718, par Molet, pour le comte d'Évreux, cadet de la maison de Bourbon. Cette charmante résidence a subi tant de modifications qu'à peine la donnée générale, le plan des bâtiments tels que nous les voyons aujourd'hui peuvent-ils être regardés comme l'œuvre personnelle du premier architecte. Le comte d'Évreux étant mort sans enfants, son hôtel passa aux mains de Mme de Pompadour, qui le posséda jusqu'à sa mort et y donna des fêtes splendides. Louis XV l'acheta au marquis de Marigny, frère de la favorite, pour y loger les ambassadeurs extraordinaires. En 1773, le financier Beaujon l'acheta du roi, y exécuta des embellissements considérables et en fit ce que nous le voyons aujourd'hui. En 1790, ce fut la duchesse de Bourbon qui l'acquit, et il retint d'elle le nom d'*Élysée-Bourbon*. Devenu propriété nationale, on y donna sous le Consulat quelques fêtes publiques ; puis Murat en fit sa résidence. C'est là que Napoléon Ier signa sa seconde abdication. Sous la Restauration, l'Élysée devint l'apanage du duc de Berry ; il fit retour au domaine en 1830 et resta sans emploi jusqu'en 1848, époque à laquelle il fut assigné comme résidence au président de la République. Durant l'Empire, il a été habité par la comtesse Eugénie de Teba avant son mariage avec l'empereur, par divers souverains étrangers en 1867, puis par le prince impérial. Il est redevenu la demeure du président de la République.

Palais-Royal (Ier arr.). Ce palais fut construit par Richelieu, de 1629 à 1636, et se nomma d'abord *Palais-Cardinal*. Après la mort du grand ministre, Anne d'Autriche, veuve de Louis XIII, vint l'habiter avec ses deux fils mineurs, Louis XIV et Philippe d'Orléans, et c'est à partir de cette époque qu'il s'appela *Palais-Royal*. Louis XIV en fit don à son frère, le duc d'Orléans ; il fut plus tard le théâtre des orgies du fils de ce dernier, le Régent. Son petit-fils, que l'on appela *Philippe-Égalité* pendant la Révolution, y mena un grand train de vie, et, pour augmenter ses revenus, de 1781 à 1786, il fit entourer tout le jardin des constructions qui existent encore aujourd'hui, pour les louer à des boutiquiers. Bientôt des maisons de jeu et des industriels de tout genre vinrent s'établir dans les étages supérieurs. Appelé *Palais-Égalité* pendant la Révolution, *Palais du Tribunat* de 1801 à 1807, il resta inhabité jusqu'en 1814, revint alors à la famille d'Orléans et fut la résidence de Louis-Philippe jusqu'en 1830. En 1848, le peuple le dévasta ; sous l'Empire, il fut habité par le prince Jérôme Bonaparte, oncle de l'empereur, puis par son fils, le prince Napoléon. En 1871, les fédérés y mirent le feu et toute l'aile sud, à l'exception de l'angle où se trouve le Théâtre-Français, fut la proie des flammes. Parfaitement restauré aujourd'hui, il sert de palais au Conseil d'État. On remarque au Palais-Royal la célèbre *galerie d'Orléans*, qui surpasse en magnificence les plus beaux passages de Paris. Les autres galeries qui entourent le jardin du Palais-Royal s'appellent : celle de l'est *galerie de Valois*, celle de l'ouest *galerie de Montpensier*, celle du nord *galerie de Beaujolais*. Les brillants magasins qu'on y remarque appartiennent surtout à des bijoutiers.

Le Luxembourg (VIe arr.). Ce palais, dont une partie est aujourd'hui occupée par le *musée* dit *du Luxembourg*, doit son origine à Harlay de Sancy, un gentilhomme du XVIe siècle. Acheté par François de Luxembourg-Limbourg, qui l'agrandit et le céda en 1612 à Marie de Médicis, il fut rebâti à cette époque par l'architecte Jacques Debrosses. La mère de Louis XIII n'y passa que quelques années, moins en reine qu'en prisonnière. Il s'appelait alors le *Palais Médicis*. Elle le légua à Gaston, duc d'Orléans, son second fils, et il devint le *Palais d'Orléans*. Après Gaston, le Luxembourg échut à la duchesse de Montpensier, l'héroïne de la Fronde. En 1672, le palais passa à Élisabeth d'Orléans,

Place de la République.

duchesse de Guise, qui en fit don à Louis XIV, en 1694. A la mort du grand roi, il retourna à la famille d'Orléans. Enfin, en 1778, Louis XVI donna le Luxembourg à son frère, le comte de Provence, depuis Louis XVIII, qui occupa l'hôtel du Petit-Luxembourg jusqu'à son départ pour l'émigration (1791). La Révolution fit du Luxembourg une prison. Là furent renfermés : Philippe de Noailles, maréchal de France; le vicomte de Beauharnais et sa femme Joséphine Tascher de La Pagerie, la future impératrice; puis Hébert, Danton, Camille Desmoulins, Philippeaux, Lacroix, Hérault de Séchelles, Thomas Payne, Bazire, Chabot, Fabre d'Églantine. Le Directoire en fit le siège du gouvernement; après le 18 brumaire, il devint *palais du Consulat*, puis resta inhabité jusqu'au moment où il devint *palais du Sénat* sous le premier Empire, *palais de la Chambre des pairs* sous la Restauration et la monarchie de Juillet. Ce fut au Luxembourg que furent jugés les ministres de Charles X, MM. de Polignac, de Peyronnet, de Chantelauze et de Guernon-Ranville, en 1830; les accusés politiques d'avril 1834, au nombre de 121; ceux de l'attentat de juillet 1835, Fieschi, Pépin, Moret, Boireau; puis Alibaud, Meunier, Laity, Barbès; et enfin le prince Louis-Napoléon Bonaparte, après l'attentat de Boulogne, en 1840. En 1852, le palais fut de nouveau affecté aux réunions du Sénat. Après l'incendie de l'Hôtel de ville, la Préfecture de la Seine et les services administratifs de la ville de Paris y furent un instant installés. Le Sénat en a repris possession en 1879, à la rentrée des Chambres à Paris. En 1804, puis de 1836 à 1844, des changements considérables ont été apportés à l'édifice primitif. Le président du Sénat demeure dans le *Petit-Luxembourg*, corps de bâtiment qui se rattache au palais.

Palais de la Légion d'honneur (VII° arr.). Cet élégant édifice fut construit en 1786, par l'architecte Rousseau, pour la résidence du prince Frédéric de Salm-Kyrbourg, qui ne le posséda qu'un petit nombre d'années. En effet, ce prince fut arrêté, condamné à mort et exécuté en 1794. Son hôtel, devenu propriété nationale, servit d'abord aux réunions d'un club, puis tomba entre les mains d'une sorte d'aventurier nommé Liauthraud. Sous le Directoire, l'hôtel de Salm fut réhabilité par le séjour de Mme de Staël, que le Consulat éloigna de Paris. En 1803, Napoléon le fit acheter par l'État et en fit le palais de la Chancellerie de la Légion d'honneur, destination qui n'a pas été changée depuis lors. Incendié par la Commune au mois de mai 1871, le palais de la Légion d'honneur a été rebâti depuis dans son état primitif à l'aide de souscriptions recueillies parmi les légionnaires.

Palais du quai d'Orsay (VIe arr.). Cette dénomination désigne un monument qui, longtemps interrompu, fut destiné à des affectations bien diverses avant de devenir le palais de la Cour des Comptes et du Conseil d'État. Commencé en 1810, cet édifice dut d'abord recevoir le ministère des Relations extérieures. La chute de l'Empire arrêta ou du moins ralentit les travaux, qui continuèrent cependant jusqu'en 1820. A cette époque, l'édifice fut placé dans les attributions du ministère de l'intérieur et l'on ne cessa d'y travailler, mais très lentement. En 1830, une ordonnance royale le destina aux expositions de l'industrie française. En 1842, la Cour des Comptes fut transférée dans une partie du palais, et plus tard l'autre partie reçut le Conseil d'État. Incendié par les fédérés en 1871, il est encore (août 1883) à l'état de ruine.

Palais de l'Institut (VIe arr.). Construit sur l'emplacement de l'hôtel de Nesle, en exécution du testament de Mazarin, pour servir de collège à un certain nombre de gentilshommes des provinces annexées, l'établissement s'appela d'abord *Collège Mazarin*; mais le peuple le nomma *Collège des Quatre-Nations*. La Révolution en fit une prison; mais, dès 1795, la Convention le donnait aux Académies, qui avaient jusqu'alors siégé au Louvre, et elle l'appela, de leur nom collectif, *Palais de l'Institut*. L'Institut de France se divise en cinq Académies, qui sont : l'Académie française, l'Académie des inscriptions et belles-lettres, l'Académie des sciences, l'Académie des beaux-arts et l'Académie des sciences morales et politiques.

Palais de l'Industrie (VIIIe arr.). Cette construction, l'une des plus grandes, mais non des plus élégantes du Paris moderne, a été élevée de 1852 à 1855, dans les Champs-Élysées, pour l'exposition universelle de 1855; elle couvre 27,000 mètres carrés et forme un parallélogramme de 250 mètres de longueur sur 108 de largeur. Ce palais, qui présente à l'intérieur une nef principale de 192 mètres de longueur, 48 de largeur, 35 de hauteur, et une galerie supérieure faisant le tour de l'édifice, sert à diverses expositions, en particulier à celle de peinture et de sculpture dite *le Salon*, qui s'ouvre le 1er mai de chaque année.

Palais des Beaux-Arts (VIe arr.). Bâti de 1820 à 1838 et de 1860 à 1862 par Debret et ensuite par Duban, à la place qu'occupait autrefois le couvent des Petits-Augustins, cet édifice renferme l'École des beaux-arts, fondée en 1648 pour l'enseignement de la peinture, de la sculpture, de l'architecture et de la gravure. Le vestibule, la première et la seconde cour contiennent de nombreux fragments d'architecture antique ou nationale.

Palais du Corps législatif, Chambre des députés ou Palais-Bourbon (VIIe arr.). Ce palais, qui s'élève à l'extrémité du boulevard Saint-Germain, vis-à-vis de la place et du pont de la Concorde, fut commencé en 1722, par l'architecte Girardini, pour la duchesse de Bourbon. Devenu propriété nationale en 1790, il fut d'abord affecté à divers usages, puis transformé pour servir aux séances du conseil des Cinq-Cents, du Corps législatif, puis de la Chambre des députés; rendu en 1814 au prince de Condé, il finit par être acquis par l'État. La façade qui donne sur le quai, avec péristyle précédé d'un perron, est dans le style d'un temple grec; le fronton est de Pierre Cortot. La salle des séances forme un hémicycle avec 20 colonnes de marbre.

Palais de justice (Ier arr.). Le Palais de justice forme un vaste quadrilatère limité à l'est par le boulevard du Palais, au nord par le quai de l'Horloge, à l'ouest par la rue du Harlay, et enfin au sud par le quai des Orfèvres. Depuis trente ans, il a été l'objet de travaux considérables qui ont fini par aboutir à une reconstruction générale destinée à renouveler l'édifice dans son ensemble. Sous la domination romaine, il y avait déjà un château à la place qu'occupe aujourd'hui le Palais de justice, à l'extrémité de la Cité. Plus tard, Eudes, d'abord comte de Paris, puis roi, s'établit définitivement dans ce palais. Robert le Pieux l'agrandit; Louis le Gros, Louis le Jeune y moururent. Philippe-Auguste y épousa la sœur du roi de Danemark. Saint Louis le fit en partie reconstruire; la Sainte-Chapelle et la galerie voûtée qui porte encore le nom de *Cuisines de saint Louis* ont été élevées sous son règne; la salle actuelle des Pas-Perdus occupe la place d'une salle immense et magnifique, destinée par lui aux actes solennels et aux fêtes de la cour. Philippe le Bel, Louis XI, Charles VIII et Louis XII firent des agrandissements au palais, quoiqu'il ne fût plus leur résidence principale. François Ier fut le dernier roi qui l'habita. A partir de Henri II, le Parlement, qui, depuis saint Louis, partageait le palais avec les rois, en demeura seul possesseur. La grande salle de Saint-Louis fut détruite, en 1618, par un incendie. Elle fut reconstruite, en 1622, par Jacques Debrosses. Un nouvel incendie, en 1776, obligea de reconstruire presque tout l'édifice. C'est alors que fut élevée la façade sur la cour du palais. En 1787, on ferma la cour d'honneur par la grille qu'on y voit encore. Enfin, sous le règne de Louis-Philippe furent commencés les immenses travaux d'agrandissement et d'appropriation qui étaient à peu près terminés quand, dans les derniers jours de la Commune, une partie du Palais de justice fut incendiée. Aujourd'hui, ce magnifique monument a été remis dans son aspect primitif.

Palais des Thermes (V^e arr.). D'après l'opinion commune, ce palais, dont les ruines des bains subsistent seules, aurait été bâti par l'empereur Julien; ce qu'il y a de certain, c'est que celui-ci y séjourna. A partir de Clovis, il fut habité par les rois francs; plus tard, Philippe-Auguste en fit don à l'un de ses chambellans. En 1360, l'abbé de Cluny s'en rendit acquéreur. Depuis cette époque jusqu'à nos jours, les restes de la demeure des Césars et des rois francs ont été désignés sous le nom de *palais des Thermes*. Oubliées pendant de longs siècles, ces ruines intéressantes furent achetées, en 1831, par la ville de Paris, et l'on s'occupa d'y installer un musée gallo-romain. Une loi de 1843 décréta la réunion du palais des Thermes à l'hôtel de Cluny, et ces monuments sont devenus de nos jours le dépôt de précieuses collections. Un square a été établi derrière les deux édifices.

Palais du Tribunal de Commerce (Ier arr.), boulevard du Palais. Le Tribunal de Commerce s'élève sur l'emplacement de l'ancien marché aux Fleurs; ce palais, construit par M. Bailly, de 1860 à 1864, est occupé par le Tribunal de Commerce et par les conseils des prud'hommes. La façade principale sert d'entrée pour le tribunal; les trois portes, au lieu d'être au centre de la façade, ont été rapprochées du boulevard du Palais, afin de se trouver sur l'axe du boulevard de Sébastopol.

Palais du Trocadéro (XVIe arr.). A l'occasion de l'exposition universelle de 1878, sur l'emplacement où Napoléon Ier avait eu l'idée de construire un palais de marbre pour le roi de Rome, on a bâti ce palais, nommé aussi *palais des Fêtes*, dans le style oriental, sur les plans de Davioud et Bourdais. Il se compose surtout d'une rotonde flanquée de deux minarets ou tours et de deux ailes avec galeries, formant ensemble un vaste hémicycle d'un aspect imposant.

Édifices civils. — Paris n'est pas moins riche en édifices civils qu'en édifices religieux et en palais. Voici les principaux :

Hôtel de ville (IVe arr.). L'ancien édifice avait été commencé en 1533 et terminé seulement sous le règne de Henri IV, en 1605, par l'architecte italien Dominique Boccardo ou Bocador, dit de Cortone; il était dans le style de la Renaissance. Avant la Révolution et depuis, de nouvelles constructions, qui ne furent achevées qu'en 1841, en avaient quadruplé l'étendue. Cette maison commune, qui avait succédé au *Parloir aux Bourgeois* et qui avait été le théâtre de tant d'événements tragiques, a été entièrement détruite par le feu, le 24 mai 1871. Quantité d'œuvres d'art et une bibliothèque de 100,000 volumes ont péri en même temps, avec une multitude de documents publics des plus importants. On l'a reconstruite depuis dans sa forme primitive; les travaux ont été confiés à MM. Ballu et Deperthes. La préfecture de la Seine et le conseil municipal y ont installé leurs bureaux en juillet 1883, bien que l'intérieur ne soit pas encore complètement terminé. L'édifice, entièrement isolé, consiste en un corps de bâtiment de 143 mètres de longueur, 83^m,25 de largeur et 18^m,75 de hauteur, avec des pavillons d'angle et un campanile sur la façade. De nombreuses niches sont décorées de statues de Parisiens célèbres de tous les temps.

Banque de France (Ier arr.). La Banque, un des premiers établissements de crédit du monde entier, occupe l'ancien hôtel de La Vrillière, entre les rues de La Vrillière, Croix-des-Petits-Champs, Baillif et Radziwill. Cet hôtel, dont il reste encore des constructions du XVIIe siècle une magnifique galerie dite la *Galerie dorée*, appartint d'abord à Raymond Phélippeaux, duc de La Vrillière, pour lequel il fut bâti en 1620 par François Mansart. Le comte de Toulouse, Mme de Montespan, le duc de Penthièvre, Florian y demeurèrent tour à tour. L'Imprimerie nationale y fut installée jusqu'en 1808 ; la Banque l'occupe depuis 1811. Les bâtiments ont été restaurés et considérablement agrandis.

La Bourse (II° arr.). Ce palais de la finance a été commencé en 1808 par Brongniart et achevé en 1826 par Labarre. C'est un édifice de style gréco-romain, reproduction du temple de Vespasien à Rome, avec un péristyle composé de colonnes corinthiennes ; il est entouré d'une grille. La grande salle où se font les opérations a 32 mètres de longueur sur 18 de largeur et autant de hauteur ; elle est entourée de galeries au rez-de-chaussée et au premier étage. On y remarque le *parquet*, endroit réservé aux agents de change, et la *corbeille*, autour de laquelle ceux-ci se placent pour offrir ou acheter les valeurs.

La Monnaie (VI° arr.), près du Pont-Neuf. Cet édifice, dont la façade présente au milieu un avant-corps avec colonnade d'ordre dorique, a été construit de 1771 à 1775 sur l'emplacement de l'hôtel de Nevers. Outre les ateliers, qui méritent d'être visités, l'hôtel des Monnaies renferme un musée monétaire.

Les Gobelins ou *Manufactures de tapisseries des Gobelins et de tapis de la Savonnerie* (V° arr.). En 1450, Jean Gobelin fonda une tapisserie sur les bords de la Bièvre, petit ruisseau qui traverse Paris au sud-est et aboutit à l'égout collecteur de la rive gauche. Colbert acheta l'établissement en 1662. La fabrique de tapis de la Savonnerie, fondée en 1604 par Marie de Médicis, fut réunie aux Gobelins en 1826. Incendiés le 25 mai 1871, les bâtiments, qui n'avaient d'ailleurs rien de remarquable, ont été restaurés depuis.

Imprimerie nationale (III° arr.). Elle est établie dans l'ancien hôtel de Strasbourg ou du cardinal de Rohan. On voit dans la cour une reproduction en bronze de la statue de Gutenberg, par David d'Angers, dont l'original est à Strasbourg. Dans cet établissement, particulièrement riche en caractères orientaux, on imprime surtout les actes et les documents officiels, les livres publiés aux frais du gouvernement, des cartes géologiques et des cartes à jouer, les figures et l'as de trèfle, les seules dont l'État se réserve le monopole.

Manufacture des tabacs (VII° arr.). Cet établissement occupe, sur le quai d'Orsay, des bâtiments construits en 1827 ; plus de 2,600 personnes y sont employées, en y comprenant sa succursale de la rue de Neuilly. La *salle des forces motrices* est remarquable.

Hôtel du timbre (II° arr.). Construit par M. Baltard dans le style néo-classique, cet édifice est un des plus beaux monuments administratifs de Paris ; il se compose d'un pavillon central, de deux corps de bâtiment principaux et de deux ailes. L'hôtel est occupé par la Direction du timbre et de l'enregistrement, par les ateliers du timbre et la Direction des domaines.

Hôtel des postes (Ier arr.). Jusqu'en 1880, la Direction générale des postes a occupé, rue Jean-Jacques-Rousseau, des bâtiments acquis successivement et tant bien que mal appropriés aux besoins du service ; la partie principale de ces bâtiments était l'hôtel d'Armenonville. Un nouvel hôtel, plus vaste et mieux aménagé, est en voie de construction (1883) sur l'emplacement de l'ancien. En attendant qu'il soit achevé, la Direction est installée dans des constructions provisoires sur la place du Carrousel.

Ministères. Nous nous contenterons d'indiquer la situation respective de ces grands établissements : Ministère des Affaires étrangères, rue de l'Université, quai d'Orsay et rue d'Iéna ; — des Travaux publics, boulevard Saint-Germain ; — des Finances, au Louvre, place du Palais-Royal ; — de la Guerre, rue Saint-Dominique et boulevard Saint-Germain ; — de l'Instruction publique, rue de Grenelle ; — de l'Intérieur, place Beauvau (faubourg Saint-Honoré). Bureaux, rue Cambacérès, rue de Varennes et rue de Grenelle ; — de la Justice et des cultes, place Vendôme et rue de Luxembourg ; — de la Marine, rue Royale ; — de l'Agriculture et du Commerce, rue de Varennes et boulevard Saint-Germain ; — des Postes et Télégraphes, place du Carrousel.

Théâtres. — On trouve aujourd'hui à Paris environ 40 théâtres ou concerts ; nous allons passer rapidement en revue ceux qui méritent une courte notice. Parmi ces théâtres, quatre reçoivent des subventions du gouvernement ; ce sont : l'Opéra, le Théâtre-Français, l'Opéra-Comique et l'Odéon. Tout spectacle, bal public, concert, cirque, etc., est soumis à un impôt égal au onzième des recettes brutes et prélevé par l'administration des hospices, sous le nom de taxe des pauvres.

Opéra ou *Académie nationale de musique* (IX° arr.). Ce splendide monument, construit sur les plans de Charles Garnier, a été commencé en 1861 et achevé seulement à la fin de 1874; c'est le plus vaste théâtre du monde : il occupe une superficie de 11,237 mètres carrés. La façade se compose d'un soubassement percé d'arcades; au premier étage règne une *loggia* avec une colonnade corinthienne; un attique richement sculpté et bordé de masques de théâtre dorés termine cette façade. Des groupes de statues, dues au ciseau de nos premiers maîtres, se dressent contre les pieds-droits. L'intérieur s'ouvre par un immense vestibule orné aussi de statues; le *grand escalier d'honneur*, dont les marches sont de marbre blanc, conduit à la salle, décorée avec une richesse peut-être excessive et qui peut contenir 2,156 personnes. Le lustre compte 340 becs. Le *foyer de la danse* a été décoré par M. Boulanger; le foyer public, précédé d'un avant-foyer, est une véritable merveille, dont les peintures de M. Baudry, qui couvrent une surface de 450 mètres carrés, constituent le principal ornement. On joue à l'Opéra les œuvres musicales du premier ordre; la mise en scène et le ballet sont splendides.

Théâtre-Français (I°° arr.), rue Richelieu et place du Théâtre-Français, à côté du Palais-Royal. L'édifice a été construit en 1782; on a refait de nos jours les façades sur la rue Saint-Honoré et sur la place. La création du Théâtre-Français ou Comédie-Française date de la réunion des comédiens de l'hôtel de Bourgogne avec l'ancienne troupe de Molière; il était alors installé dans la rue Mazarine; en 1689, une nouvelle salle fut construite rue de l'Ancienne-Comédie, vis-à-vis du café Procope; la Comédie-Française y resta 82 ans. De 1770 à 1782, elle se transporta aux Tuileries. En 1793, le théâtre fut fermé, bien qu'il eût pris les noms de *Théâtre de la Nation* et de *Théâtre de l'Égalité*. Le premier consul le réorganisa et il vint s'installer dans la salle de la rue Richelieu, qu'il n'a pas quittée depuis. Dans le foyer se trouve la statue de Voltaire, par Houdon. Le Théâtre-Français est toujours le représentant du genre classique : aucune autre scène ne l'égale pour la tragédie et pour la comédie. La salle renferme 1,522 places.

Opéra Comique (II° arr.), place Boieldieu. Construit de 1781 à 1783, ce théâtre a été entièrement rebâti en 1837, moins la façade, qui a été seulement restaurée ; il contient 1,500 places. On y représente de petits opéras avec dialogues.

Odéon (VI° arr.), place du même nom. En face de la grille du jardin du Luxembourg s'élève le théâtre de l'Odéon, nommé aussi *second Théâtre-Français*. Il a été construit en 1782, incendié, reconstruit ou restauré plusieurs fois depuis. Un perron et un portique de colonnes doriques précèdent sa façade principale du côté de la place. Sur les trois autres faces règnent des galeries occupées par des étalages de libraires et de marchands de journaux. On y joue la tragédie, la comédie et le drame. Il contient 1,650 places.

Gymnase (II° arr.). Construit en 1820 sur l'emplacement de l'ancien cimetière de Notre-Dame-de-Bonne-Nouvelle, ce théâtre a été récemment restauré. On y donne des comédies, des vaudevilles et des drames. La salle contient 1,300 places.

Théâtre du Châtelet (I°° arr.), place du Châtelet. Il y a une vaste scène spéciale pour les féeries et les ballets; la salle n'a pas de lustre, mais un plafond en cristal sur lequel un réflecteur projette la lumière produite dans les combles. 3,000 personnes peuvent y trouver place.

Vaudeville (IX° arr.), rue de la Chaussée-d'Antin. C'est une jolie salle, construite par l'architecte Ch. Magne et admirablement aménagée. Elle a été ouverte en 1869 ; on y joue des vaudevilles, des drames et des comédies. Ce théâtre peut contenir 980 spectateurs.

Théâtre des Nations (I°° arr.), place du Châtelet. C'est l'ancien *Théâtre-Lyrique*, qui s'est appelé aussi *Théâtre-Historique*, fondé d'abord au boulevard du Temple, en 1847, par Alexandre Dumas. On y a donné de petits opéras ; mais il est revenu au drame pour retourner au genre italien (1883). La salle contient 1,500 places.

Théâtre de la Porte-Saint-Martin (X° arr.), boulevard Saint-Martin et rue de Bondy. Complètement brûlé pendant la Commune, en mai 1871, ce théâtre a été rebâti en 1873. On y jouait autrefois des pièces à grand spectacle. Depuis 1814, on y donne des drames, des mélodrames et des pièces à tableaux. La salle renferme 1,800 places.

Théâtre de la Gaîté (III° arr.), au square des Arts-et-Métiers. Ce théâtre, fondé en 1760 à la Foire Saint-Germain et transporté plus tard au boulevard du Temple, ne donnait que des tours de force et des danses de cordes. Il a maintes fois changé de nom et de destination ; on y donne maintenant des drames. La salle actuelle a été construite en 1861-1862.

Théâtre des Nouveautés (II⁰ arr.), boulevard des Italiens. Ce théâtre est installé dans l'ancienne salle des Fantaisies-Parisiennes; on y joue des comédies, vaudevilles et opérettes. Il contient 1,000 places.

Théâtre des Variétés (II° arr.), boulevard Montmartre. Construit par Cellerier, ce théâtre fut ouvert en 1808. On y joue des vaudevilles, des opérettes ou des revues. Il y a 1,240 places.

Théâtre du Palais-Royal (II° arr.). Ce petit théâtre, situé dans la partie nord-ouest du Palais-Royal, est très fréquenté. On y donne des vaudevilles et des comédies. La salle, construite en 1784, achetée par M¹¹⁰ de Montansier en 1790, occupée après 1808 par des danseurs de cordes et des marionnettes, restaurée et réouverte en 1831, peut contenir 980 spectateurs.

Bouffes-Parisiens (II° arr.), passage Choiseul. Ce théâtre est établi depuis 1857 dans la salle occupée antérieurement par le *Théâtre Comte* ou *Théâtre des Jeunes-Élèves*. On y donne des opérettes, des opéras bouffes et des parodies; il y a 700 places.

Ambigu-Comique (III° arr.). Fondé en 1769 au boulevard du Temple, incendié en 1827, rebâti à l'angle du boulevard Saint-Martin, ce théâtre peut contenir 1,900 personnes. On y joue des drames et des mélodrames.

Théâtre de Cluny (V° arr.), boulevard Saint-Germain. D'abord salle de café-concert, ouverte en 1864, et transformée en théâtre, on y joue des drames et des comédies de mœurs. Il y a 1,800 places.

Hippodrome (VIII° arr.), entre l'avenue de l'Alma et l'avenue Joséphine. C'est un vaste cirque pouvant contenir 10,000 personnes. Il s'y donne en été toutes sortes de représentations équestres.

Citons encore les établissements suivants, théâtres, cirques ou cafés-concerts : *Éden-Théâtre*, rue Boudreau ; — *Folies-Dramatiques*, rue de Bondy ; — *Théâtre du Château-d'Eau*, rue de Malte ; — *Comédie-Parisienne*, boulevard de Strasbourg ; — *Renaissance*, boulevard Saint-Martin ; — *Théâtre Beaumarchais*, boulevard Beaumarchais ; — *Théâtre Déjazet*, boulevard du Temple ; — *Palace-Theatre*, rue Blanche ; — *Robert-Houdin*, boulevard des Italiens ; — *Cirque d'hiver*, place des Filles-du-Calvaire ; — *Cirque d'été*, aux Champs-Élysées ; — *Cirque Fernando*, boulevard Rochechouart et rue des Martyrs ; — *Concerts du Châtelet*, place du Châtelet ; — *Concerts du Cirque d'hiver*, place des Filles-du-Calvaire ; — *Concerts du Château-d'Eau*, rue de Malte ; — *Eldorado*, boulevard de Strasbourg ; — *Éden-Concert*, boulevard Sébastopol ; — *Folies-Bergères*, rue Richer ; — *Alcazar d'hiver*, faubourg Poissonnière ; — *Panorama National*, aux Champs-Élysées ; — *Panorama des Cuirassiers de Reischshoffen*, rue Saint-Honoré ; — *Eden-Gallery*, rue du Faubourg-Poissonnière ; — *Café-concert des Ambassadeurs*, aux Champs-Élysées ; — *Café-concert de l'Horloge*, aux Champs-Élysées ; — etc., etc.

Les Musées. — « Ce n'est qu'avec un sentiment de respectueuse appréhension que nous approchons de ce sanctuaire où siècle par siècle s'est déposé l'idéal de tous les peuples. Le Beau a ici son temple et on peut l'y admirer dans ses manifestations les plus diverses. Au milieu de l'immense capitale, le Musée est comme le camée qui ferme un bracelet de pierres précieuses. L'art y a posé son cachet suprême. Et c'est une tâche ardue que de trouver des paroles dignes d'un tel sujet. » C'est ainsi que Théophile Gautier commence sa description des musées du Louvre. Notre tâche, à nous, sera moins difficile, car nous devons nous borner à énumérer.

Musées du Louvre. La fondation de notre musée national remonte à François I⁰ʳ et est contemporaine de la galerie des Offices de Florence : c'était à Fontainebleau, dans le cabinet du roi, qu'étaient réunis tous les objets d'art rapportés d'Italie. Par un décret du 27 juillet 1793, la Convention ordonna la formation du *Muséum français*, nommé bientôt *Musée central français*. En 1848 et dans les années suivantes, ce Musée, installé au Louvre, reçut une forme raisonnée, bien entendue et digne de lui. Les nombreuses collections du Louvre se divisent de la manière suivante : *Rez-de-chaussée*. Musée des antiques ; Musée de sculpture du moyen âge et de la Renaissance ; Musée égyptien ; Musée assyrien ; Musée de gravure ou de chalcographie ; Musée de sculpture moderne. — *1ᵉʳ étage*. Musée de peinture (salle Lacaze, salle de Henri II, salon des Sept-Cheminées, salle des Bijoux, Vestibule, galerie d'Apollon, Salon carré, salle des fresques de Luini, salle des Sept-Mètres, Grande galerie, Salles de l'école française, salle des Lebrun) ; Musée Campana ; Musée des antiquités grecques ; Salle Duchâtel ; Musée du moyen âge et de la Renaissance, formé à l'aide d'objets provenant du Garde-Meuble ; Musée des dessins; Salle des boîtes (dans lesquelles sont enfermés de précieux dessins); Salle des bronzes; Musée de marine et d'ethnographie.

Musée du Luxembourg. Ce musée, qui occupe deux salles du rez-de-chaussée et une grande partie du premier étage du palais, est consacré à la collection des ouvrages des artistes vivants, tandis que le Louvre ne renferme que les œuvres des artistes morts. Un usage, qui, du reste, n'est pas toujours observé, veut que les ouvrages les plus remarquables figurant au Luxembourg soient transférés au Louvre ou envoyés aux Musées de province dix ans après la mort de leurs auteurs. Les sculptures sont au rez-de-chaussée et les peintures au premier étage.

Musée de Cluny ou des Thermes. Devenu propriété nationale à l'époque de la Révolution, l'hôtel de Cluny, ancienne demeure des abbés de Cluny, fut occupé, jusqu'en 1833, par des locataires de professions diverses. A cette époque, M. du Sommerard y installa les nombreux objets du moyen âge et de la Renaissance qu'il avait passé sa vie à rassembler. En 1843, ses collections furent acquises par l'État, ainsi que le précieux monument qui les renfermait, et, en 1844, eut lieu l'ouverture du musée des Thermes et de l'hôtel de Cluny. Le musée occupe la grande salle du rez-de-chaussée et les salles du premier étage dans le bâtiment principal. Il renferme environ 4,000 objets, tels que sculptures en marbre, en bois, en pierre, ivoires, émaux, terres cuites, bronzes, meubles, tableaux, faïences, tapisseries, verreries, objets de serrurerie et bijoux, etc.

Musée municipal ou Musée Carnavalet (IVᵉ arr.), rue Sévigné. C'est une collection d'antiquités parisiennes, entreprise depuis 1867 dans l'ancien hôtel Carnavalet, qui a été restauré. Après 1871, la nouvelle bibliothèque de la ville y a été réunie. Cet hôtel, acquis par la ville en 1869, avait été habité par Mᵐᵉ de Sévigné. Lescot, Bullant, Du Cerceau et Fr. Mansart en furent les architectes.

Musée d'artillerie. Ce musée, installé aux Invalides, comprend toutes les armes offensives et défensives des premiers âges jusqu'à nos jours. Une galerie d'ethnographie y a été créée.

Nommons encore : le *Musée des arts décoratifs*, au palais de l'Industrie; — le *Muséum d'histoire naturelle*, au Jardin des plantes; — le *Musée des médailles, pierres gravées et antiques*, à la Bibliothèque nationale; — le *Musée instrumental du Conservatoire de musique*, au Conservatoire; — le *Musée algérien*, au palais de l'Industrie; — enfin le *Musée Dupuytren*, à l'École pratique, dans l'ancien couvent des Cordeliers, rue de l'École-de-Médecine.

Bibliothèques. — Paris possède aujourd'hui six grandes bibliothèques publiques : la Bibliothèque nationale, la bibliothèque Sainte-Geneviève, la bibliothèque Mazarine, la bibliothèque de l'Arsenal, la bibliothèque de la Ville de Paris et la bibliothèque de l'Université. En outre, le Muséum, le Conservatoire des arts et métiers, les Facultés de droit et de médecine, l'École des beaux-arts, la Société de géographie ont aussi leurs bibliothèques, et nous allons passer en revue les principales.

Bibliothèque nationale (IIᵉ arr.), rue Richelieu. Elle occupe presque tout un îlot de constructions formé par les rues de Richelieu, des Petits-Champs, Vivienne et Colbert. Fondée par Charles V dans une tour du Louvre et transférée successivement à Blois sous Louis XII, à Fontainebleau sous François Iᵉʳ, dans le collège des Jésuites, rue Saint-Jacques, en 1599, dans le couvent des Cordeliers sous Louis XIII, dans l'hôtel Colbert, rue Vivienne, sous Louis XIV, elle a été installée en 1724 dans l'hôtel Mazarin, où elle est encore aujourd'hui. Toutefois, il reste peu de chose de l'édifice primitif, soumis depuis longtemps à une restauration et à une reconstruction graduelles, dont le but est de l'isoler des maisons voisines, afin de préserver, autant que possible, cet inestimable dépôt des redoutables chances d'un incendie ; ces travaux préservateurs ne sont pas encore tout à fait terminés. La Bibliothèque nationale, la plus riche du monde, se divise en quatre départements : 1º le *département des imprimés, cartes et collections géographiques;* 2º celui des *manuscrits;* 3º celui des *estampes;* 4º celui des *médailles et antiques.* Voici l'inventaire, récemment dressé, de toutes ces richesses.

Le *département des imprimés* possède cinquante kilomètres de rayons, sur lesquels reposent 2,200,000 volumes, dont une grande partie est formée de livres rares et précieux. Le développement de ces rayons a lieu sur cinq étages de planchers en fer, à jour, éclairés seulement par le haut. Jamais on n'y allume de lumière, et le chauffage ne s'y fait qu'au moyen d'appareils à air chaud. 100,000 volumes environ forment le *département des manuscrits.* 20,000 des volumes de ces deux départements sont mis à la disposition des lecteurs, à qui une salle est réservée à cet effet. Le *département des médailles et antiques* compte plus de 150,000 médailles, pièces de monnaie, etc., etc. Le *cabinet des estampes* renferme environ 2,200,000 pièces, Le nombre des lecteurs a été, en 1882, de 58,961. En 1867, il n'était que de 14,472.

Bibliothèque Sainte-Geneviève (V° arr.). Fondée en 1624, par le cardinal de La Rochefoucauld, dans l'abbaye de Sainte-Geneviève dont elle occupait les combles, et augmentée en 1710 de celle du cardinal Le Tellier, elle compte 35,000 manuscrits, 6,000 estampes et 120,000 volumes. Elle occupe aujourd'hui un long édifice au nord de la place du Panthéon, achevé en 1850, par l'architecte H. Labrouste. Elle est ouverte de 10 heures du matin à 3 heures, et le soir de 6 heures à 10 heures.

Bibliothèque Mazarine (VI° arr.), à l'Institut. Elle comprend 200,000 volumes, 6,000 manuscrits et 80 modèles en relief des monuments pélasgiques de l'Italie, de la Grèce et de l'Asie Mineure, ainsi que plusieurs œuvres d'art antiques. Elle a été fondée par le cardinal de Mazarin à l'usage du collège des Quatre-Nations.

Bibliothèque de l'Arsenal (IV° arr.), rue de Sully. Installée dans une partie de l'ancien Arsenal de Paris, elle a été fondée par le marquis Paulmy d'Argenson, qui la vendit en 1785 au comte d'Artois. Celui-ci y ajouta la bibliothèque du duc de La Vallière. La Révolution en fit une propriété nationale ; rendue par la Restauration au comte d'Artois, elle est redevenue propriété de l'État après la révolution de Juillet. C'est, après la Bibliothèque nationale, la plus riche de Paris en ouvrages anciens et en livres précieux.

Bibliothèque de la Ville de Paris (IV° arr.), à l'hôtel Carnavalet. Exclusivement composée d'ouvrages relatifs à l'histoire de Paris, elle comprend 45,000 volumes et 30,000 estampes.

Bibliothèque de l'Université (V° arr.), à la Sorbonne. Fréquentée par les jeunes gens qui se préparent à concourir pour les grades universitaires, elle possède seulement 100,000 volumes et quelques manuscrits.

Archives nationales. — (III° arr.), rue des Francs-Bourgeois. Les Archives nationales renferment les documents d'intérêt public appartenant à l'État. Constituées en 1808 en Archives centrales de l'Empire français, elles furent établies alors dans le palais que le prince de Soubise avait fait construire, en 1706, sur l'emplacement et avec quelques parties des hôtels de Clisson, de Laval et de Guise. Ce dépôt s'augmente chaque année des documents dont les ministères et les administrations qui en dépendent n'ont plus besoin pour leurs affaires courantes. Elles contiennent plus de 90,000,000 d'actes ou de titres, répartis dans 300,000 cartons, liasses, registres, etc. Le plus ancien des titres que possèdent les Archives nationales est un diplôme original de l'an 625 (Clotaire II). L'antiquité de ces documents, la suite et l'ensemble de ces grandes séries, telles que les diplômes mérovingiens et carlovingiens, le Trésor des Chartes, le Bullaire de fonds des abbayes, les Archives des anciennes Chambres des comptes et de l'ancien Conseil d'État, les registres du Parlement et de toutes les juridictions de son ressort, la collection des sceaux, les archives de la couronne, etc., font des Archives nationales une institution hors ligne.

Établissements d'instruction publique. — Les établissements d'instruction sont très nombreux à Paris : dans leur ensemble, ils donnent depuis l'enseignement supérieur et spécial dans tous les genres jusqu'aux notions primaires élémentaires. Nous citerons les suivants :

La Sorbonne (V° arr.), rue de la Sorbonne. Bâti en 1629 par le cardinal de Richelieu, pour la Faculté de théologie, cet édifice est aujourd'hui en même temps le siège de la Faculté des lettres et de la Faculté des sciences. Dans le principe, ce fut un collège fondé, en 1253, par Robert Sorbon, confesseur de saint Louis.

Collège de France (V° arr.), rue des Écoles. Fondé en 1530 par François Ier, réorganisé en 1774, restauré et agrandi en 1831, cet établissement n'était à l'origine qu'un simple collège dit *Collège des trois langues*. Les professeurs sont nommés par le président de la République, et le collège est administré sous l'autorité du ministre de l'instruction publique et des beaux-arts. Les cours sont gratuits ; il y a 39 chaires.

École polytechnique (V° arr.), rue Descartes. Fondée par Monge en 1794, elle prépare aux services de l'artillerie, du génie, de la marine, du corps des ingénieurs hydrographes, des ponts et chaussées et des mines, de l'administration des tabacs et des lignes télégraphiques. Elle a été agrandie en 1874 et peut recevoir 550 élèves.

LA FRANCE ILLUSTRÉE — PAR V.-A. MALTE-BRUN

109. — Seine (5). PARIS — LE LOUVRE

École normale supérieure (V₀ arr.), rue d'Ulm. Cet établissement est placé sous l'autorité immédiate du ministre de l'instruction publique et il a à sa tête un directeur. Il est destiné à former des professeurs, dans les lettres et dans les sciences, pour les établissements de l'État. L'École normale supérieure prépare aux grades de licencié ès lettres, de licencié ès sciences, aux divers concours d'agrégation, et à la pratique des meilleurs procédés d'enseignement et de discipline scolaire.

École des beaux-arts (VI₀ arr.), rue Bonaparte et quai Malaquais. Cette école, qui a été substituée à l'Académie de peinture et de sculpture et à l'Académie d'architecture, dépend du ministère de l'instruction publique; elle est divisée en trois sections: peinture, sculpture, architecture. L'enseignement y est à la fois théorique et pratique. L'enseignement théorique comprend: l'histoire de l'art et l'esthétique, l'anatomie, la perspective, le dessin, la sculpture, l'histoire et l'archéologie, les mathématiques élémentaires, la géométrie descriptive, la stéréotomie et le lever des plans, la géologie, la physique et la chimie élémentaires, la construction, la législation du bâtiment, l'histoire de l'architecture, la théorie de l'architecture, l'histoire générale, la littérature, le dessin ornemental et l'art décoratif. L'enseignement pratique est dirigé par des chefs d'atelier. La peinture, la sculpture et l'architecture possèdent chacune trois ateliers; la gravure en taille-douce et la gravure en médailles et pierres fines n'en ont chacune qu'un. Tous les ans des concours ont lieu pour les grands prix de Rome: la moyenne de leur durée est de trois mois. Un seul prix est accordé pour chaque section; les lauréats sont envoyés à Rome, où ils séjournent aux frais de l'État, dans la villa Médicis. Chaque année, les travaux des élèves de l'École de Rome sont l'objet d'une exposition publique au palais des Beaux-Arts.

École centrale des arts et manufactures (III₀ arr.), rue de Thorigny. Fondée en 1829, elle occupe l'ancien hôtel de Juigné; elle forme des ingénieurs civils.

École des ponts et chaussées (VII₀ arr.), rue des Saints-Pères. Fondée en 1747, elle reçoit: 1° des élèves ingénieurs sortis de l'École polytechnique; 2° des élèves externes, français et étrangers, admis après examen.

École des mines (VI₀ arr.), boulevard Saint-Michel. Fondée en 1793 et installée depuis 1816 dans l'ancien hôtel Vendôme, elle a pour but de former des ingénieurs pour le corps des mines et des praticiens propres à diriger des usines métallurgiques et des exploitations de mines.

École des Chartes (III₀ arr.), aux Archives nationales. Cette école, fondée en 1821, est établie depuis 1866 dans une dépendance des Archives; elle a pour but de former des archivistes paléographes.

École spéciale d'architecture (XIV₀ arr.), boulevard Montparnasse. Frappé de l'état d'abaissement dans lequel était tombée l'architecture, M. Émile Trélat, architecte, conçut la pensée de relever cet art par un enseignement qui n'aurait pas presque exclusivement pour objet, comme l'École des beaux-arts, les constructions monumentales, mais qui, sans renoncer aux œuvres les plus élevées de l'art, en embrasserait les parties diverses et ne dédaignerait pas les plus usuelles. Tel est le but de *l'École spéciale d'architecture*, ouverte, rue d'Enfer, 59, le 10 novembre 1865, et transférée boulevard Montparnasse, 136. M. É. Trélat a eu le bon esprit de ne pas chercher à inventer une organisation nouvelle quand il avait sous les yeux l'excellent modèle de l'École centrale des arts et manufactures. Il en a emprunté les données principales en les appropriant à la destination particulière de l'établissement nouveau. L'externat est le régime de l'École spéciale d'architecture. Les élèves, admis après examen, sont répartis en ateliers, à leur choix, dont chacun est dirigé par un architecte. A l'atelier, l'élève dispose de son temps suivant sa volonté, reçoit les conseils du chef et consulte les documents que possède la bibliothèque de l'École. A des heures fixes, les élèves se réunissent dans des salles pour le dessin, dans les amphithéâtres pour les différents cours que comporte le programme: stéréotomie, physique et chimie générales, stabilité des constructions, histoire des civilisations, géologie, hygiène, histoire naturelle, perspective, physique et chimie appliquées aux constructions, mécanique des constructions, théorie et histoire de l'architecture, construction, comptabilité, législation, économie politique. Cet enseignement est divisé en trois années. Dans le cours de chaque année, de fréquents examens tiennent les élèves en haleine. Un examen de sortie termine chaque année. Les élèves qui ont satisfait au concours institué à la fin de la troisième année reçoivent un diplôme qui constate leur savoir et leur aptitude à exercer la profession d'architecte.

Conservatoire de musique et de déclamation (IXe arr.), rue du Faubourg-Poissonnière. Fondé en 1784 et destiné à former des sujets pour les théâtres nationaux, il compte 70 professeurs, 600 élèves et 200 auditeurs. Les élèves n'y sont admis qu'à la suite d'un concours.

La Convention, en adoptant le Conservatoire de musique, avait eu uniquement en vue l'enseignement de la musique vocale et instrumentale, surtout comme auxiliaire des fêtes nationales et comme moyen d'entretenir dans les armées l'ardeur patriotique. Le théâtre devait en profiter par surcroît. Mais la Convention avait pensé sans doute que les autres branches de l'art théâtral seraient suffisamment encouragées par les applaudissements du public. Napoléon crut utile de faire quelque chose de plus : en 1806, par le même décret qui institua un pensionnat au Conservatoire, il rétablit les classes de déclamation qui avaient existé dans l'ancienne École royale de chant. En 1808, ces classes devinrent une École spéciale de déclamation, faisant partie du Conservatoire. Cette école compta alors parmi ses professeurs Dugazon, Dazincourt, Talma, Baptiste aîné, Fleury. L'école de déclamation disparut, sous la Restauration, avec le Conservatoire, fut bientôt rétablie avec lui et en suivit toutes les vicissitudes. La Convention avait doté le Conservatoire d'une *Bibliothèque* et d'un *Musée instrumental*, ancien et moderne. La Bibliothèque fut immédiatement formée au moyen du dépôt de la Commission des Arts ; elle s'est considérablement accrue depuis, surtout par l'effet de l'ordonnance de 1832, qui lui a attribué un exemplaire du dépôt légal de toutes les publications musicales. Elle comprend aujourd'hui 15,000 volumes. Le Musée attendit longtemps, et peut-être attendrait-il encore si Clapisson n'avait légué au Conservatoire la curieuse collection qu'il s'était plu à former pour son usage personnel. Les élèves de la classe de composition concourent, chaque année, pour un grand prix. Ce prix donne droit à la dispense du service militaire et à une pension de 3,000 francs, concédée pour cinq années, pendant lesquelles le lauréat parcourt l'Italie et l'Allemagne, en étudiant les œuvres musicales de ces deux pays. A son retour, il a droit à faire représenter une pièce de sa composition sur un des théâtres lyriques.

École de droit (Ve arr.), place du Panthéon. Elle date de 1384 et fut réorganisée en 1679 ; elle vint habiter les bâtiments actuels, construits par Soufflot, en 1741. Un décret de 1804 la réorganisa de nouveau et elle ne tarda pas à faire partie de l'Université (1808). Les cours comportent 19 chaires.

École de médecine (VIe arr.), rue de l'École-de-Médecine et boulevard Saint-Germain. Les bâtiments qu'elle occupe datent du XVIIIe siècle ; on les a agrandis et modifiés dans ces derniers temps, de manière à faire une seconde façade sur le boulevard. La Faculté de médecine compte 29 chaires ; elle possède un *jardin botanique* à côté du Jardin des plantes, un *amphithéâtre d'anatomie*, rue du Fer-à-Moulin, et une *école d'accouchement*, près du Luxembourg. Elle confère le diplôme de docteur en médecine sans lequel il est interdit en France d'exercer cet art.

École supérieure de pharmacie (Ve arr.), rue de l'Arbalète. Cette école, pour laquelle on reconstruit actuellement un immense édifice dans les terrains retranchés du Luxembourg, occupe encore l'emplacement d'un ancien couvent. Elle confère le diplôme de pharmacien de première classe et des certificats d'herboriste.

Lycées et Collèges. On compte à Paris six lycées et deux collèges particuliers de plein exercice ; le régime, le mode et les objets de l'enseignement reçu par les élèves sont les mêmes dans ces établissements. Il y a un concours général à la fin de chaque année scolaire, entre les élèves de ces lycées et ceux du lycée de Versailles. Quatre lycées : le *lycée Louis-le-Grand* (Ve arr.), rue Saint-Jacques ; le *lycée Henri IV* (Ve arr.), rue Clovis ; le *lycée Saint-Louis* (VIe arr.), boulevard Saint-Michel, et le *lycée de Vanves*, admettent des pensionnaires et des externes. Les deux autres : le *lycée Fontanes* (IXe arr.), rue Caumartin, et le *lycée Charlemagne* (IVe arr.), rue Saint-Antoine, ne reçoivent que des externes. Le *collège Rollin* (IXe arr.), avenue Trudaine, reçoit des pensionnaires et des demi-pensionnaires ; le *collège Chaptal* (IXe arr.), boulevard des Batignolles, est spécialement consacré aux études industrielles ; enfin le *collège Stanislas* (VIe arr.), rue Notre-Dame-des-Champs, est une institution particulière à laquelle on a accordé toutes les immunités des collèges. Un lycée de jeunes filles a été ouvert, au mois d'octobre 1883, rue Saint-André-des-Arts (VIe arr.).

Citons, en outre, l'*Institution Sainte-Barbe* (Ve arr.), rue Cujas ; — l'*École Monge* (VIIIe arr.), boulevard Malesherbes ; — et, parmi les établissements de la ville qui donnent l'enseignement primaire supérieur : l'*École Turgot* (III° arr.), rue de Turbigo ; les *Écoles Colbert* (X° arr.), rue de Château-Landon ; *Lavoisier* (V° arr.), rue Denfert-Rochereau ; *Jean-Baptiste Say* (XVI° arr.), rue d'Auteuil ; enfin l'*École supérieure de Commerce* (XI° arr.), rue Amelot.

Ajoutons que chaque arrondissement possède plusieurs groupes scolaires où les enfants des deux sexes viennent puiser l'instruction nécessaire qu'une loi récente a rendue obligatoire. Dans quelques arrondissements excentriques, il a fallu construire des baraques en bois pour répondre aux besoins urgents, lesquels pourtant ne sont pas encore complètement satisfaits, puisque les places dans ces nouvelles écoles ne sont pas assez nombreuses pour recevoir tous les enfants. D'un autre côté, l'enseignement libre ou congréganiste a ouvert des établissements dans les divers quartiers.

Séminaires. Paris possède un *Institut catholique* (VI° arr.), rue de Vaugirard, et plusieurs séminaires : le grand *séminaire Saint-Sulpice* (VI° arr.), place Saint-Sulpice, installé dans des bâtiments élevés, en 1820, sur l'emplacement de l'ancien couvent des Filles de l'Instruction chrétienne ; — le *Séminaire des Missions étrangères* (VII° arr.), rue du Bac ; — le *Séminaire du Saint-Esprit* (V° arr.), rue Lhomond ; — enfin le *Petit Séminaire de Notre-Dame-des-Champs* (VI° arr.), dans la rue du même nom.

Établissements scientifiques. — Parmi les nombreux établissements consacrés à la science que possède Paris, nous nous contenterons de citer les suivants :

L'*Observatoire* (XIV° arr.), avenue de l'Observatoire. Cet établissement célèbre a été fondé en 1672 et agrandi à diverses époques. Le méridien de Paris passe au milieu, et sa latitude se confond avec la façade méridionale de l'édifice. Le dôme a été ajouté en 1850 ; il est en cuivre et tourne sur lui-même. Ses vastes caves, sillonnées de rues, conservent une température constante ($12°,1$) ; elles sont célèbres par les travaux de Cassini, de Lavoisier et d'Arago.

Bureau des longitudes (VI° arr.), installé depuis 1874 dans un bâtiment attenant à la cour de l'Institut. Il est composé : 1° de treize membres titulaires, savoir : trois membres de l'Académie des sciences ; cinq astronomes ; trois membres appartenant au département de la marine ; un membre appartenant au département de la guerre ; un géographe, et d'un artiste membre ; 2° de deux artistes. Le Bureau des longitudes rédige et publie *la Connaissance des Temps*, à l'usage des astronomes et des navigateurs. Il en assure la publication trois ans au moins à l'avance. Il rédige et publie un *Annuaire*.

Conservatoire des arts et métiers (III° arr.), rue Saint-Martin. C'est peut-être le musée industriel le plus considérable d'Europe. Il est établi dans l'ancien couvent des bénédictins de Saint-Martin-des-Champs, que l'on a en grande partie restauré et dégagé. La Convention en décréta l'établissement en 1794, et il fut transféré en 1798 dans l'édifice qu'il occupe. Les collections, destinées à l'instruction pratique des ouvriers, sont divisées en 24 catégories ; en outre, des cours publics de sciences appliquées y sont faits tous les soirs.

Sociétés savantes. — En dehors des sociétés savantes fondées par l'État et entretenues à ses frais, il en existe qui sont dues à l'initiative de particuliers. Parmi ces sociétés, les unes ont une sorte d'existence officielle. On les considère comme des établissements d'utilité publique, et, à ce titre, elles peuvent recevoir des dons, acquérir, aliéner, etc. Les autres, qui sont entièrement libres, puisent leurs ressources dans les cotisations des membres, dans un droit de diplôme et dans le produit des publications livrées au commerce. L'organisation de ces sociétés est très variable : les unes ont un nombre de membres limité et exigent certaines conditions de talent et de nationalité ; d'autres se composent d'un nombre illimité d'adhérents qui versent une cotisation. Depuis 1858, un décret a réorganisé le Comité des travaux historiques et en a fait comme le centre et le trait d'union des sociétés libres, sous le titre de *Comité des travaux historiques et des Sociétés savantes*. Ce comité, qui siège au ministère de l'instruction publique, publie mensuellement la *Revue des Sociétés savantes* et juge les travaux présentés chaque année à un concours entre les diverses sociétés.

Nous allons énumérer rapidement, d'après le *Grand Dictionnaire universel du XIX° siècle*, ces sociétés diverses. Celles qui s'occupent de sciences historiques et géographiques sont :

La *Société de l'histoire de France*, fondée en

1833 pour publier les documents relatifs à notre histoire nationale.

L'*Institut historique*, créé en 1833 pour propager l'étude de l'histoire en France et à l'étranger.

La *Société des antiquaires de France*, fondée en 1805 sous le nom d'*Académie celtique* et réorganisée en 1829. Elle publie un bulletin trimestriel et un recueil de mémoires.

La *Société de géographie*, instituée en 1824 et qui donne chaque année, outre des prix spéciaux, une grande médaille d'or au voyageur qui a fait la découverte géographique la plus importante. Elle publie un bulletin mensuel, des mémoires et des cartes. Elle occupe un hôtel particulier élevé boulevard Saint-Germain, sur les plans de l'architecte E.-F.-J. Leudière.

La *Société asiatique*, fondée en 1822 pour propager l'étude des littératures orientales. Elle publie le *Journal asiatique*, des grammaires, des dictionnaires, etc.

La *Société d'ethnographie*, qui publie la *Revue orientale et américaine*.

La *Société française d'archéologie*, établie en 1833 pour veiller à la conservation des monuments.

La *Société de l'École des chartes*, fondée en 1838 et qui publie un recueil intitulé la *Bibliothèque de l'École des chartes*.

La *Société des bibliophiles français*, qui s'occupe de publier des ouvrages rares relatifs à l'histoire et à la littérature.

L'*Athénée oriental*, qui publie la *Revue de l'Orient*.

L'*Institut d'Afrique*, qui s'occupe principalement de la colonisation de l'Algérie.

Les sociétés purement scientifiques sont :

La *Société géologique*, fondée en 1830 et qui fait paraître plusieurs publications, un bulletin, des mémoires, une *Revue géologique*.

La *Société entomologique*, fondée par Latreille en 1832.

La *Société anthropologique*, ayant pour objet l'étude des races humaines. Elle publie des bulletins et des mémoires.

La *Société de chirurgie*, créée en 1843 et comprenant 35 membres titulaires.

La *Société anatomique*, fondée par Dupuytren en 1802 et reconstituée en 1826.

La *Société médicale d'émulation*, établie en l'an IV, et qui distribue chaque année trois médailles d'or et trois médailles d'argent aux auteurs des meilleurs ouvrages adressés pendant l'année.

La *Société médico-pratique*, créée en 1805.

La *Société de médecine pratique*, qui s'occupe de thérapeutique.

La *Société de médecine de Paris*, fondée en 1796 et qui décerne des prix pour mémoires sur des sujets qu'elle indique.

La *Société de pharmacie*, établie en 1791.

Citons encore : la *Société de médecine vétérinaire*, la *Société médicale d'observation*, la *Société d'hydrologie médicale*, la *Société botanique*, la *Société d'apiculture*, la *Société météorologique*, etc.

La *Société zoologique d'acclimatation*, créée en 1854, qui s'occupe d'introduire et d'acclimater les animaux et les végétaux utiles. Chaque année, elle distribue des récompenses consistant en médailles d'or, d'argent et de bronze.

La *Société protectrice des animaux*, qui distribue des médailles.

La *Société d'encouragement pour l'amélioration des races de chevaux en France*.

Parmi les sociétés qui s'occupent particulièrement de sciences agricoles et industrielles, nous nommerons :

La *Société nationale et centrale d'agriculture*, instituée en 1788 pour s'occuper de l'amélioration des diverses branches de l'économie rurale et domestique. Cette Société, qui sert de trait d'union entre les diverses sociétés d'agriculture de France, publie des mémoires, un annuaire et des instructions particulières pour les agriculteurs.

La *Société centrale d'horticulture*, créée en 1827, donne des livrets pour les ouvriers horticulteurs nécessiteux et publie un recueil mensuel, le *Journal de la Société nationale et centrale d'horticulture*.

La *Société d'encouragement pour l'industrie nationale*, instituée en 1801 pour l'amélioration des diverses branches de l'industrie française, et qui distribue un grand nombre de prix, de médailles, de récompenses, fait expérimenter les procédés qui lui sont soumis, fournit des fonds à ceux qui ont fait une invention véritablement utile, etc. Elle publie un *Bulletin* mensuel.

Enfin, il existe un grand nombre de sociétés qui s'occupent de sciences économiques, de belles-lettres, d'art, etc. Nous citerons, entre autres : la *Société internationale des études pratiques d'économie sociale*; la *Société française de statistique universelle*, fondée en 1829; la *Société de statistique de Paris*, qui a fondé une chaire de statistique et qui distribue chaque année des médailles pour des sujets mis au concours; la *Société philomathique;* la *Société philotechnique*, créée en 1795; l'*Athénée des arts, sciences et lettres*, fondée en 1792, sous le nom de *Lycée des arts* et qui décerne chaque année un prix de 100 francs; la *Société pour l'instruction élémentaire*, fondée en 1815, laquelle établit des écoles, édite des ouvrages, décerne des médailles et des prix et publie un bulletin de ses travaux; la *Ligue pour l'enseignement*, qui a tant fait pour la propagation de l'instruction primaire dans notre pays; la *Société d'instruction et d'éducation populaires;* la *Société des amis des arts*, reconstituée en 1816; la *Société libre des beaux-arts*, qui publie une *Revue*.

Établissements militaires. — Résidence du chef de l'État et des ministres de la guerre et de la marine, Paris réunit naturellement dans son sein la plupart des établissements qu'exige l'administration militaire. Nous allons passer rapidement en revue les principaux.

Hôtel des Invalides (VII⁰ arr.), esplanade des Invalides. « L'Hôtel des Invalides, dit Montesquieu, est le lieu le plus respectable de la terre. J'aimerais autant avoir fait cet établissement, si j'étais prince, que d'avoir gagné trois batailles. » Aussi, de tous les établissements dont la capitale s'honore et se glorifie, est-ce celui qui excite au plus haut degré l'intérêt et la curiosité. Cet édifice, dont le dôme doré se voit de très loin, a été fondé en 1670 par Louis XIV, « pour assurer une existence heureuse aux militaires qui, vieillards, mutilés ou infirmes, se trouveraient sans ressource après avoir blanchi sous les drapeaux ou versé leur sang pour la patrie. » Il a été commencé en 1671 sous la direction de Libéral Bruant et achevé en 1675 par J.-H. Mansart; la superficie qu'il occupe est de 126,985 mètres carrés. L'hôtel a été bâti pour loger 6,000 invalides; mais maintenant il n'y a pas plus de 470 à 480 lits. L'entrée principale est décorée d'une statue de Louis XIV avec l'inscription : *Ludovicus Magnus, militibus regali munificentia in perpetuum providens, has ædes posuit 1675*. (Louis le Grand, dans sa munificence royale, a fondé cet édifice en 1675, pour assurer à jamais l'existence des soldats.) Nous avons à signaler aux Invalides : la *Salle des maréchaux*, le *Musée d'artillerie*, l'*église* et le *Tombeau de Napoléon Ier*, sous le dôme, consistant en une crypte circulaire ouverte dans le haut. En avant de l'hôtel, et séparée de l'esplanade par de larges fossés munis d'un mur, se trouve la batterie d'artillerie des Invalides, appelée la *batterie triomphale*, dont la grande voix se mêle depuis environ deux siècles à toutes les réjouissances publiques de la grande ville.

École-Militaire (VII⁰ arr.), entre le Champ-de-Mars et l'avenue de Lowendal. Fondée en 1751 par Louis XV « pour y élever 500 gentilshommes dans toutes les sciences nécessaires et convenables à un officier, » et construite par l'architecte Gabriel, elle a été transformée en caserne en 1792. L'École-Militaire peut loger 5,400 hommes et 1,500 chevaux; la superficie qu'elle occupe est de 116,528 mètres carrés. Les bâtiments des extrémités n'ont été construits qu'en 1855.

Champ-de-Mars (VII⁰ arr.), entre la Seine et l'École-Militaire. Depuis la construction de l'École, cet espace (1,000 mètres sur 500) a été affecté aux exercices militaires et aux revues. Le Champ-de-Mars a été le théâtre d'événements importants : fête de la Fédération en 1790; champ de Mai (1er juin 1815); distribution des drapeaux tricolores par Louis-Philippe en 1830; distribution des aigles par Napoléon III en 1852; expositions universelles en 1867 et en 1878.

Val-de-Grâce (V⁰ arr.), rue Saint-Jacques. C'était primitivement une abbaye de bénédictines. Depuis la Révolution, on y a établi : 1⁰ un hôpital militaire; 2⁰ une école de médecine et de pharmacie militaires; 3⁰ une buanderie centrale des hôpitaux militaires de Paris.

Manutention des vivres de la guerre (XVI⁰ arr.), quai de Billy. Ce très bel établissement comprend : 1⁰ des magasins à blé pour 64,000 quintaux; 2⁰ un vaste moulin comptant 21 paires de meules; 3⁰ des magasins à farine pour 15,000 quintaux; 4⁰ quatre boulangeries de 4 fours chacune; 5⁰ une paneterie et un magasin au biscuit; 6⁰ un magasin de modèles; 7⁰ un casernement d'ouvriers.

Nommons encore : le *Dépôt central de l'artillerie* (VII⁰ arr.), place Saint-Thomas-d'Aquin; — le *Dépôt des fortifications* (VII⁰ arr.), boulevard Saint-Germain; — de nombreuses casernes : celles *de la rue Verte, de la Pépinière, de la Nouvelle-France, de la Courtille, de Popincourt, de Bercy, de Reuilly, du Château-d'Eau, Lobau, des Minimes, Mouffetard, de Tournon, de la Banque, des Célestins, de la Cité;* les *quartiers de cavalerie* de Grenelle, Bellechasse et d'Orsay ; enfin les casernes de sapeurs-pompiers, dans les divers quartiers de la capitale.

Halles, marchés, abattoirs, etc. — Depuis que Paris est devenu une des plus grandes villes du monde, l'approvisionnement de sa population a pris les proportions d'une question de premier ordre. Il faut que Paris trouve chaque matin, pour la consommation de la journée, une masse énorme de denrées alimentaires. Ces denrées sont expédiées de la province et de l'étranger vers un centre commun, les Halles centrales, d'où elles sont ensuite réparties dans les divers marchés de quartier. Pour les bestiaux, il y a un marché spécial à La Villette.

Halles centrales (Ier arr.). Les Halles centrales constituent un groupe gigantesque de constructions à peu près tout en fer, avec couverture en zinc, œuvre des plus remarquables de Baltard. Elles se composent aujourd'hui de 10 pavillons, qui doivent être portés à 12. Entre ces pavillons passent des rues couvertes coupées par une sorte de boulevard. Chaque pavillon contient 250 places ; en dessous sont des caves qui servent à l'emmagasinage des denrées. La superficie totale des Halles centrales sera de 88,000 mètres carrés ; elles occupent l'emplacement du vieux marché des Innocents.

Halle au blé (Ier arr.), rue de Viarmes. Construite en 1662, incendiée en 1802 et rebâtie en 1811, la Halle au blé est en pierre et percée de 25 arcades. La rotonde mesure à l'intérieur 42 mètres de diamètre sur 32^m,50 de hauteur ; tout autour règne une galerie soutenue par des piliers. Au sud existe une colonne, élevée en 1572 par Catherine de Médicis pour servir à des observations astrologiques.

Quant aux autres halles ou marchés, il suffira d'en donner la nomenclature, avec la situation de chacun d'eux : *marché d'Aguesseau* (VIIIe arr.), rue Boissy-d'Anglas et rue Royale ; — *Saint-Antoine* (XIIe arr.), Quinze-Vingts et rue d'Aligre ; — *d'Auteuil* (XVIe arr.), rue d'Auteuil et rue Poussin ; — *de l'Avé-Maria* (IVe arr.), rue du Fauconnier, quai des Célestins ; — *des Batignolles* (XVIIe arr.) ; — *Beauvau* (XIIe arr.), place d'Aligre ; — *marché de Belleville* (XXe arr.), rue des Pyrénées, 300, rue de l'Ermitage ; — *marché aux Bestiaux* (XIXe arr.), aux abattoirs de La Villette ; — *des Blancs-Manteaux* (IVe arr.), rue Vieille-du-Temple, 14 ; — *des Carmes* (V^e arr.), rue de la Montagne-Sainte-Geneviève et boulevard Saint-Germain ; — *Sainte-Catherine* (IVe arr.), rue Saint-Antoine, 14 ; — *aux Chevaux et aux chiens* (XIIIe arr.), à l'angle des boulevards Saint-Marcel et de l'Hôpital ; — *aux Comestibles* (XVe arr.), rue Saint-Charles ; — *aux Cuirs* (V^e arr.), rue Santeuil ; — *Saint-Dominique* (VIIe arr.), rue Saint-Dominique ; — *des Enfants-Rouges* (IIIe arr.), rue de Bretagne, 10 ; — *marché de l'Europe* (VIIIe arr.), avenue Percier ; — *aux Fleurs* (VIIIe arr.), à la Madeleine, 4 ; — *aux Fleurs* (IIIe arr.) boulevard Saint-Martin, 7 ; — *aux Fleurs* (IVe arr.), quai de la Cité ; — *aux Fleurs* (VIe arr.), place Saint-Sulpice, 24 ; — *aux Fleurs* (XVIe arr.), à l'angle des rues Duban et Bois-le-Vent ; — *aux Fleurs* (XIe arr.), place de la République ; — *aux Fourrages* (X^e arr.), rue du Faubourg-Saint-Martin, 10 ; — *aux Fourrages* (XIe arr.), rue du Faubourg-Saint-Antoine, 46 ; — *aux Fourrages* (XIVe arr.), boulevard d'Enfer, 53 ; — *Saint-Germain* (VIe arr.), rue Clément et rue Lobineau ; — *des Gobelins* (XIIIe arr.), avenue des Gobelins, 130 ; — *Saint-Honoré* (Ier arr.), rue du Marché-Saint-Honoré ; — *Saint-Joseph* (IIe arr.), rue Montmartre, 7 ; — *Saint-Louis* (IVe arr.), rue de Turenne ; — *de la Madeleine* (VIIIe arr.), rue de l'Arcade, 31 ; — *Saint-Martin* (IIIe arr.), rue Vaucanson, rue Mongolfier, 9 ; — *marché Maubeuge* (IXe arr.), rue Maubeuge, rue Milton ; — *de Montmartre* (XVIIIe arr.), rue Charles-Nodier, rue Ronsard ; — *marché Nicole* (V^e arr.), rue Nicole ; — *Notre-Dame-de-Lorette* (IXe arr.), rue Notre-Dame-de-Lorette, 33 ; — *aux Oiseaux* (V^e arr.), rue Basse-de-la-Montagne-Sainte-Geneviève ; — *des Patriarches* (V^e arr.), rue Daubenton ; — *Popincourt* (XIe arr.), rue Popincourt, 42 ; — *de la Porte-Saint-Martin* (X^e arr.), rue du Château-d'Eau, 39 ; — *Saint-Quentin* (X^e arr.), rue Saint-Quentin ; — *de Sèvres* (VIIe arr.), rue de Sèvres ; — *Saint-Maur-Saint-Germain* (VIe arr.), rue de l'Abbé-Grégoire ; — *Saint-Philippe-du-Roule* (VIIIe arr.), faubourg Saint-Honoré ; — *du Temple* (IIIe arr.), rue du Temple ; — *de Vaugirard* (XVe arr.), rue Bellat, rue de la Procession, 14 ; — *marché de la Villette* (XIXe arr.), rue Puebla, rue de Meaux et rue Baste ; — *des Ternes* (XVIIe arr.) ; — *aux Vieux linges et à la ferraille* (V^e arr.), rue Basse-de-la-Montagne-Sainte-Geneviève ; — *aux Vins* (V^e arr.), Jardin-des-Plantes, quai Saint-Bernard, 18.

Abattoirs. Paris a plusieurs abattoirs. Le principal est situé rue de Flandre (XIXe arr.). Il comporte 80 échaudoirs, disposés autour de 20 cours.

Place Notre-Dame.

En outre, sur la rive gauche existent deux grands abattoirs près des places d'Italie (XIII° arr.) et de Breteuil (VII° arr.).

Docks et entrepôts. — En 1848, le gouvernement provisoire décréta l'établissement à Paris de magasins généraux, où les industriels et les commerçants pourraient déposer leurs matières premières, marchandises ou objets fabriqués, contre lesquels il leur serait délivré un récépissé ou *warrant* négociable. En 1852, une Compagnie se forma pour l'administration des entrepôts et des magasins généraux de Paris. Les entrepôts de douane ou libres qu'elle administre aujourd'hui sont les suivants : *Entrepôt des Douanes de Paris* (XIX° arr.), boulevard de La Villette ; — *Entrepôt des Douanes de Saint-Ouen ;* — *Entrepôt du Pont-de-Flandre* (XIX° arr.), rue de Cambrai ; — *Entrepôt du Pont-Tournant* (XIX° arr.), rue de Crimée ; — *Entrepôt de l'Est*, à Pantin (libre) ; — *Entrepôt du Château-d'Eau* (XI° arr., libre), avenue de la République ; — *Entrepôt* (extérieur) *ou Docks de Saint-Ouen.*

Hôtel des Ventes mobilières (IX° arr.), rue Drouot et rue Rossini. Terminé en 1858, l'hôtel se compose de trois corps de bâtiments séparés par des cours. On y procède aux ventes mobilières, volontaires ou forcées, qui ont lieu aux enchères publiques et qui sont faites par le ministère des commissaires-priseurs.

Préfecture de Police (I°r arr.), boulevard du Palais et rue de la Cité. La Préfecture de police est le centre où aboutissent les fils d'un réseau de sûreté, en partie invisible, qui s'étend sur toute la grande ville. Elle comprend trois divisions principales : administration centrale, commissariats de police et police municipale. La préfecture de police est l'héritière directe des lieutenants de police, établis par Louis XIV. Elle occupe l'ancienne caserne de la Cité et les deux hôtels d'état-major du boulevard du Palais.

Prisons. — L'immense agglomération de plus de deux millions d'individus qui constitue la population de Paris n'est pas uniquement composée d'honnêtes gens. Pour s'en convaincre, il suffit de parcourir les statistiques criminelles. Ainsi, en 1875, 30,142 personnes ont été incarcérées pour faits qualifiés crimes ou délits. Paris possède, en vue de cette masse de malfaiteurs, un certain nombre de prisons. En voici la nomenclature.

Dépôt de la Préfecture (Ier arr.), quai de l'Horloge. C'est un lieu de détention essentiellement provisoire, où l'on amène d'abord les personnes arrêtées. On y a établi le régime cellulaire.

Mazas (XIIe arr.), en face de la gare du chemin de fer de Lyon. C'est une maison d'arrêt, ouverte en 1850 pour faire l'essai du système cellulaire importé des États-Unis. Les graves inconvénients de ce système au point de vue de l'humanité ont fait consacrer cette prison uniquement aux détentions préventives. Elle est de forme circulaire et se compose de six corps de logis principaux, divisés en trois étages et rayonnant autour d'un centre commun. Le nombre des cellules est de 1,260.

Conciergerie (Ier arr.), au Palais de justice. Elle occupe la partie inférieure du palais, du côté de la Seine, et sert maintenant de prison préventive. En 1418, le comte d'Armagnac y fut massacré; Marie-Antoinette y passa les derniers instants de sa vie, Bailly, Malesherbes, Mme Roland, Camille Desmoulins, Danton, Fabre d'Églantine, Robespierre, y furent incarcérés avant de monter à l'échafaud, Georges Cadoudal y fut détenu; Teste, Béranger, Proudhon, Pierre Bonaparte et tout récemment le prince Napoléon y ont occupé des cellules.

La Roquette (XIe arr.), rue de la Roquette. On la nomme, en style administratif, *Dépôt des condamnés;* en effet, c'est dans cette prison que sont enfermés les criminels condamnés à la peine capitale ou à la déportation. Elle a été construite en 1836 et peut contenir 440 détenus; elle est formée d'un grand bâtiment semblable à une forteresse. C'est là que furent fusillés les otages de la Commune, du 24 au 26 mai 1871; parmi eux se trouvaient l'archevêque de Paris, Mgr Darboy, le président Bonjean, l'abbé Deguerry et soixante-dix gendarmes. Les exécutions capitales se font en face de cette prison.

Sainte-Pélagie (V^e arr.), rue du Puits-de-l'Ermite. C'est aujourd'hui une maison d'arrêt; de 1797 à 1834, elle fut affectée aux prisonniers pour dette; elle renferma aussi des prisonniers politiques et des écrivains condamnés pour délits de presse. L'édifice dans lequel elle est établie formait, avant la Révolution, une maison de correction et un couvent pour les filles de mauvaise vie et les repenties.

La Santé (XIIIe arr.), rue de la Santé. Cette prison remplace depuis 1866 l'ancienne prison des Madelonnettes; elle a été construite sur l'emplacement de l'enclos de la Charbonnerie et présente une superficie de 26,000 mètres carrés environ; elle est affectée aux individus détenus préventivement ou aux condamnés à moins d'un an d'emprisonnement.

Saint-Lazare (X^e arr.), rue du Faubourg-Saint-Denis. Cette prison, encore appelée *Maison d'arrêt et de correction*, est exclusivement consacrée à la détention des femmes : jeunes filles arrêtées pour vagabondage ou inconduite, filles publiques arrêtées administrativement, femmes prévenues de crimes ou délits, enfin condamnées à moins d'un an d'emprisonnement. Elle peut recevoir 1,200 détenues. A l'origine, c'était une léproserie; vers le milieu du XVIIe siècle, saint Vincent de Paul y établit une société de lazaristes. Sous la Convention, elle devint une maison de détention pour les prisonniers politiques. André Chénier y fut enfermé avant de monter à l'échafaud.

Prison des jeunes détenus (XIe arr.), rue de la Roquette. On l'appelle aussi *Maison centrale d'éducation correctionnelle* et la *Petite Roquette*. Elle a remplacé les Madelonnettes comme lieu de détention des enfants. On y enferme : 1° des enfants au-dessous de seize ans qui, acquittés comme ayant agi sans discernement, sont néanmoins envoyés dans une maison de correction; 2° des enfants détenus sur la demande de leurs parents. Elle contient en moyenne 450 jeunes garçons.

Maison d'arrêt et de correction militaire (VIe arr.), rue du Cherche-Midi. Construite en 1850 pour remplacer l'ancienne prison de l'Abbaye, elle est destinée aux militaires condamnés de un mois à deux années de prison et renferme un quartier pour les disciplinaires.

Les Hôpitaux et Hospices. — « Paris, écrit M. le docteur Léon Lefort, concentre dans sa vaste enceinte toutes les joies et toutes les douleurs de l'humanité. Au-dessus des riches salons les mansardes sans feu, près du luxe l'indigence;

mais aussi, à côté de la misère qui abat et qui tue, la charité qui sauve ou qui au moins protège ; à côté des palais, l'hôpital. » L'administration de l'Assistance publique, à laquelle ressortissent tous les services hospitaliers : hôpitaux, hospices, asiles, maisons de refuge, etc., a son siège place de l'Hôtel-de-Ville. Voici l'énumération des établissements principaux :

Hôtel-Dieu (IV° arr.), place du Parvis-Notre-Dame. Avant sa reconstruction, qui a eu lieu de 1868 à 1878, il occupait le côté sud de la place du Parvis ; il a été rebâti au côté opposé. C'était le plus ancien hôpital de Paris et peut-être de toute l'Europe ; en effet, il avait été fondé sous Clovis II, par saint Landry, évêque de Paris, vers l'an 660. Il consistait uniquement, à la fin du XII° siècle, en deux bâtiments qui ne contenaient que deux salles. Il fut agrandi par Philippe-Auguste ; saint Louis et Henri IV, Louis XIV et Louis XV s'en montrèrent également les bienfaiteurs. En 1535, le cardinal Duprat, légat du pape, y fit construire, entre les anciens bâtiments et le Petit-Pont, une grande salle qui garda longtemps le nom de *salle du Légat*. En 1838, l'hôpital se composait de deux immenses corps de logis, élevés sur les deux rives du petit bras de la Seine. L'affluence toujours croissante des malades, la difficulté des communications, l'éloignement des services nécessitaient depuis longtemps la reconstruction d'un autre édifice. Le nouvel Hôtel-Dieu est parfaitement organisé, et l'on ne peut blâmer que le choix de l'emplacement dans la partie la plus basse de la ville, entre deux bras de la rivière. Il offre 839 lits, deux chaires de clinique médicale et deux de clinique chirurgicale.

Hôpital Beaujon (VIII° arr.), rue du Faubourg-Saint-Honoré. En 1795, la Convention ouvrit aux malades un établissement, fondé en 1780, par le financier Beaujon et affecté à l'éducation et à l'entretien d'enfants pauvres. C'est, dit-on, le mieux aménagé des hôpitaux de Paris. Il contient 238 lits de médecine, dont 18 d'accouchement, et 178 lits de chirurgie.

Hôpital Cochin (XIV° arr.), rue du Faubourg-Saint-Jacques. Il a été fondé en 1779 par M. Cochin, curé de Saint-Jacques-du-Haut-Pas, pour les pauvres ouvriers blessés. Il contient 201 lits de médecine, d'accouchement et de chirurgie.

La Charité (VI° arr.), rue Jacob. Fondé en 1607 et d'abord dirigé par des religieux de la congrégation de Saint-Jean-de-Dieu, dits frères de la Charité, cet hôpital reçut, en 1793, le nom d'*hospice de l'Unité* ; il a été récemment agrandi et renferme 504 lits ; il y a deux cliniques médicales et une clinique chirurgicale.

La Pitié (V° arr.), rue Lacépède. C'était, en 1612, une maison destinée à renfermer les pauvres et les mendiants ; en 1657, on en fit une succursale de la Salpêtrière. Des travaux importants ont été exécutés à cet hôpital, qui contient 709 lits.

Lariboisière (X° arr.), rue Ambroise-Paré. Fondé en 1846, les constructions de cet hôpital n'ont été terminées qu'en 1853. Il doit son nom à la comtesse de Lariboisière, qui légua en mourant 2,900,000 fr. aux pauvres de Paris. Il y a 664 lits.

Hôpital Necker (XV° arr.), rue de Sèvres Autrefois couvent de bénédictines, Mme Necker y établit un hospice fondé par Louis XVI. Depuis cette époque, les bâtiments ont été reconstruits. Il y a 118 lits.

Hôpital Saint-Antoine (XI° arr.), rue du Faubourg-Saint-Antoine. Il est installé dans les bâtiments d'une ancienne abbaye de femmes. Ses bâtiments ont été reconstruits en 1770, et affectés à leur destination actuelle par la Convention. Il offre 594 lits.

Hôpital Ménilmontant, appelé aussi *Hôpital Tenon* (XX° arr.), rue de la Chine. Commencé en 1870 et terminé en 1878, cet hôpital occupe un emplacement heureusement choisi. Il comprend de vastes bâtiments séparés par des cours et des préaux. Le nombre des lits, qui est de 560, peut être porté à 760.

Hôpital Saint-Louis (X° arr.), rue Bichat. Destiné au traitement des maladies cutanées, cet hôpital a été fondé en 1607, par Henri IV, pour les pestiférés des deux sexes. Sous la Révolution, il prit le nom d'*hôpital du Nord*. On remarque dans la cour la statue de Montyon. Il y a 667 lits de médecine et 156 lits de chirurgie.

Hôpital du Midi (V° arr.), boulevard de Port-Royal. Il est spécialement consacré au traitement des maladies vénériennes et a été établi, en 1785, dans l'ancien couvent des Capucins-Saint-Jacques ; il y a 336 lits. On n'y reçoit que des hommes.

Hôpital de Lourcine (V° arr.), rue de Lourcine. Établi dans un ancien couvent de cordelières, cet hôpital reçoit, depuis 1836, les femmes atteintes de maladies vénériennes. Il y a 276 lits, dont 56 d'accouchement.

Hôpital de la Maternité (V⁰ arr.), boulevard de Port-Royal. Cet hôpital, que l'on appelle encore *Maison d'accouchement* et qui a été longtemps connu sous le nom de *la Bourbe*, occupe les bâtiments de l'abbaye de Port-Royal. Il reçoit les femmes enceintes arrivées à leur neuvième mois et celles qui sont en péril d'accoucher ; il y a 316 lits.

Hôpital des Enfants malades (XV⁰ arr.), rue de Sèvres. Fondé en 1735 pour l'éducation de jeunes filles pauvres, l'établissement a été transformé en hôpital en 1802. Il est affecté aux enfants malades des deux sexes de deux à quinze ans ; il compte 518 lits. Un gymnase y a été installé.

Hôpital Sainte-Eugénie (XII⁰ arr.), rue de Charenton. Fondé en 1660 sous le nom d'*hôpital Sainte-Marguerite*, cet hôpital, comme le précédent, reçoit les enfants malades de deux à quinze ans. Il y a 345 lits. Il a pris son nom actuel de l'ex-impératrice Eugénie.

Maison municipale de santé (X⁰ arr.), rue du Faubourg-Saint-Denis. Parmi les nombreuses maisons de santé que possède Paris, celle-ci occupe le premier rang. Fondée en 1802 par le docteur Dubois, elle porta longtemps le nom de *Maison Dubois* et était située en face de Saint-Lazare ; elle reçoit les personnes malades ou blessées qui ne peuvent se faire traiter chez elles, ou les étrangers surpris par la maladie durant leur séjour dans la capitale. La rétribution varie de 4 à 15 francs par jour, suivant les chambres ou appartements. Cette maison, qui relève de l'Assistance publique, n'est pas ouverte aux malades atteints d'aliénation mentale ou d'épilepsie.

Parmi les hospices, nous nous contenterons de citer l'*hospice de la Vieillesse*, à Bicêtre. Il y a 2,534 lits, dont 740 pour les aliénés, et il est exclusivement consacré aux hommes ; — *la Salpêtrière* (4,410 lits, dont 1,341 pour les aliénées). Cet hospice, destiné par Louis XIII à servir d'arsenal, est aujourd'hui l'établissement hospitalier le plus vaste de l'Europe ; il ne reçoit que des femmes ; — *Asile Sainte-Anne* (XIV⁰ arr., rue Cabanis), créé en 1864 pour les aliénés des deux sexes ; — *Hospice des Enfants assistés* (XIV⁰ arr., rue Denfert-Rochereau) ; — *Maison de retraite de La Rochefoucauld* (XIV⁰ arr., avenue d'Orléans). Il faut payer une pension ; — *Institution de Sainte-Périne* (à Auteuil). Il faut avoir 60 ans et payer une pension ; — *hospice des Quinze-Vingts* (XII⁰ arr., rue de Charenton), fondé par saint Louis, en 1260 ; il est consacré aux aveugles.

Il nous reste à parler, pour compléter cette notice nécessairement abrégée, de deux établissements importants :

Institution des Jeunes-Aveugles (VII⁰ arr.), boulevard des Invalides. Fondée en 1784, cette institution a été reconnue d'utilité publique en 1791. L'enseignement comprend, outre les diverses branches de l'éducation, les professions manuelles qui peuvent être exercées sans le secours de la vue. Elle est installée, depuis 1843, dans un bel édifice construit par Philippon et compte 250 élèves environ.

Institut des Sourds-Muets (V⁰ arr.), rue Saint-Jacques. Il occupe l'ancien séminaire Saint-Magloire et doit sa fondation à l'abbé de L'Épée ; il est ouvert exclusivement aux garçons. Le minimum de la pension est de 1,000 francs ; mais il y a des boursiers. On y donne l'instruction élémentaire et même secondaire, et on y enseigne divers métiers.

La Morgue (IV⁰ arr.). — Cet établissement, destiné à l'exposition des cadavres trouvés dans la Seine ou sur la voie publique, et qui n'ont pas été reconnus, était avant 1863 à l'extrémité du pont Saint-Michel, sur la rive droite du petit bras de la Seine ; il s'élève aujourd'hui à l'extrémité orientale de la Cité, près du pont Saint-Louis. Les cadavres y restent exposés pendant trois jours, à moins qu'ils ne soient réclamés dans un délai moindre. En 1877, il a été déposé à la Morgue 630 corps ou portions de corps ; ceux-ci reposent sur des dalles de marbre continuellement rafraîchies par de l'eau courante.

Cimetières. — La mortalité moyenne à Paris oscille entre 1,000 et 1,100 décès par semaine en temps ordinaire, environ 150 par jour. Il est impossible, ici comme à la Chine, de conserver les ancêtres dans le vestibule de nos étroites habitations ; de là, nécessité de vastes champs où s'entassent les générations successives. Mais, avant de montrer comment Paris s'enterre, nous allons dire en peu de mots comment il s'enterrait autrefois. D'abord on enterra un peu partout ; puis chaque église eut son cimetière, et Paris posséda autant de cimetières que d'églises. Le plus célèbre fut le cimetière des Saints-Innocents. A la fin du VIII⁰ siècle, on enterra dans un emplacement qui est devenu la place des Victoires et qui se nommait alors les Champeaux. Les morts augmentant plus que les vivants, le cimetière des Champeaux gagna du terrain : les rues Coq-Héron, Coquillière et presque tout le quartier des Halles furent couverts de tombes placées sans ordre et sans méthode. A la fin du XIIe siècle, « on construisit, dit M. Léon Vafflard, tout autour de la clôture du cimetière des Saints-Innocents, une galerie voûtée appelée *Charniers*. C'était là qu'on enterrait ceux à qui la fortune permettait de se séparer du commun des mortels. Cette galerie sombre, humide, servait de passage aux piétons ; elle était pavée de tombeaux et tapissée de monuments funèbres. Plus tard s'y installèrent des boutiques de modes, de lingerie, de mercerie et des bureaux d'écrivains publics. » En 1786, Paris éprouva le besoin de se débarrasser de cette immense pourriture, que les générations de dix siècles avaient accumulée dans son sein et qui avait exhaussé le sol primitif de plus d'un mètre. Il y avait longtemps que les habitants souffraient et se plaignaient des exhalaisons mortelles qui engendraient les plus grands maux ; il fallut l'effondrement d'une immense fosse qui ébranla tout le quartier de la Lingerie pour ouvrir les yeux aux gouvernants. Enfin, en cette même année, l'archevêque de Paris ordonna la suppression de cette immense nécropole, où les barons de Charlemagne dormaient à côté des coureurs de ruelles et des brelandiers. Les débris humains du gigantesque charnier furent enlevés et transportés dans les anciennes carrières, à Montrouge, où ils formèrent une ville souterraine appelée *les Catacombes*. En 1790, l'Assemblée constituante défendit d'enterrer les morts dans les églises, les chapelles et les hospices. Mais ce ne fut qu'en 1804 qu'un décret ordonna la création de quatre cimetières établis hors de l'enceinte de Paris : un au nord, un au sud, l'autre à l'est, le quatrième à l'ouest. Il n'a été établi que trois de ces cimetières, qui sont : Le Père-Lachaise (Est), Montparnasse (Sud), Montmartre (Nord).

Cimetière du Père-Lachaise (XIe arr.). Le cimetière du Père-Lachaise, à l'extrémité de la rue de la Roquette, sur le boulevard de Ménilmontant, est le plus vaste et le plus riche cimetière de Paris.

Cimetière Montparnasse (XIVe arr.). Le cimetière Montparnasse, sur le boulevard d'Enfer, a été ouvert en 1824, lors de la suppression d'un cimetière situé à l'entrée de Vaugirard.

Cimetière Montmartre (XIXe arr.). Le cimetière du Nord ou de Montmartre, situé sur le boulevard de Clichy, près de l'ancienne barrière Blanche, s'appelait d'abord le *Champ du repos*. C'est, avec le Père-Lachaise, le plus ancien des cimetières de Paris.

Outre ces trois nécropoles, dont les deux premières sont réservées aux concessions perpétuelles, ainsi que le cimetière d'Auteuil, Paris possède à ses portes un grand nombre de cimetières affectés aux inhumations temporaires et gratuites. Ce sont les cimetières : des Batignolles, d'Ivry (ancien), d'Ivry (nouveau), Montmartre-Saint-Ouen, Montmartre-Saint-Ouen (ancien), Montmartre-Saint-Vincent, Montmartre-Calvaire, de Passy, de La Chapelle-Marcadet, de La Chapelle *extra-muros*, de La Villette, de Belleville, de Charonne, de Bercy, de Grenelle, de Vaugirard ; les anciens cimetières de Picpus, de Clamart et de Vaugirard.

L'eau à Paris. — Le service des eaux de Paris a subi, depuis son origine jusqu'à nos jours, d'importantes et curieuses modifications que nous ne pouvons étudier ici. L'humble capitale des deux premières races de nos rois, à peine sortie de ses langes et contenue dans l'étroite enceinte de la Cité, pouvait se contenter de l'eau de Seine pour son alimentation ; aujourd'hui, elle est obligée d'emprunter à des provinces éloignées leurs rivières et leurs sources. De tout temps, toutefois, le service des eaux a été l'objet des préoccupations publiques et de celles de l'administration. Chaque époque a laissé des traces de l'impulsion donnée à cette branche ; mais c'est à notre époque que les améliorations les plus sérieuses ont été apportées à ce service par la création du canal de l'Ourcq et par la dérivation des sources de la Dhuis et de la Vanne. Aujourd'hui, l'administration municipale peut distribuer plus de 400,000 mètres cubes d'eau par jour. Ces masses de liquide sont fournies par l'aqueduc d'Arcueil, par les sources du Nord, par la Seine, le canal de l'Ourcq, les puits artésiens de Grenelle et de Passy, la Dhuis, la Marne et enfin les sources de la vallée de la Vanne, dont le réservoir est situé près du parc de Montsouris. Un immense réseau souterrain de conduites distribue les flots recueillis aux nombreuses fontaines publiques, ainsi qu'aux bornes-fontaines et dans les maisons particulières.

Égouts. — L'esprit qui a présidé aux embellissements de la capitale a fait exécuter aussi des travaux gigantesques de canalisation : de *l'air pur* et de l'*eau pure*, telle fut la devise. En même temps que de grandes et larges rues étaient ouvertes, que des jardins et des squares étaient dessinés, il fallait créer des canaux pour éloigner les éléments malsains. Bien qu'il reste encore quelques améliorations à faire, Paris est actuellement, grâce à eux, la grande ville la plus saine du continent. Les eaux impures sont conduites et déversées dans des canaux souterrains, d'où elles s'écoulent vers la Seine, non pas toutefois pour y être jetées directement, mais par un long tunnel qui aboutit en aval du pont d'Asnières. La longueur totale du réseau des égouts doit être de 975 kilomètres ou 244 lieues (il n'en existait que 67 kilomètres en 1837 et 160 en 1856). Ces travaux gigantesques ont été surtout exécutés sous la direction de Belgrand. Deux grands égouts perpendiculaires à la Seine, ceux du boulevard de Sébastopol et du boulevard Saint-Michel, qui aboutissent dans d'autres plus ou moins parallèles au fleuve, divisent le bassin de la ville en quatre parties. Ces galeries principales sont nommées *égouts collecteurs*, et ont pour affluents une quinzaine de galeries secondaires. Les collecteurs parallèles au fleuve sont au nombre de 7 : 4 sur la rive droite et 3 sur la rive gauche, plus un collecteur spécial des parties les plus élevées qui se dirige vers la plaine Saint-Denis. Les collecteurs de la rive droite amènent les eaux à la place de la Concorde dans un *collecteur général*. Pour souder les collecteurs de la rive gauche au reste du réseau, on a immergé dans le lit du fleuve, en amont du pont de l'Alma, un siphon dont les deux tuyaux vont rejoindre le collecteur général de la rive droite non loin de son embouchure dans la Seine. Toutes les galeries communiquent avec le sol des rues par de nombreux regards munis d'échelles de fer et fermés par de lourdes plaques rondes en fonte.

Catacombes. — Nous terminerons cette description de Paris par quelques mots relatifs aux Catacombes. Ce sont d'anciennes carrières au sud de la Seine, qui du temps des Romains fournissaient déjà les matériaux employés à la construction des maisons. Ces galeries souterraines s'étendent depuis le Jardin des plantes à l'est jusqu'à l'ancienne barrière de Vaugirard à l'ouest; elles pénètrent vers le sud sous les territoires de Montrouge, de Montsouris et de Gentilly; une partie d'entre elles fournit encore des matériaux de construction. Les piliers de ces carrières sont dénommés, classés, numérotés, les quartiers tracés, les rues observées; le numéro de chaque maison, rapporté exactement au-dessous de celui de la propriété. 70 escaliers environ donnent accès dans les Catacombes. Le principal se trouve dans la cour du pavillon occidental de l'ancienne barrière d'Enfer. Dès 1786, une partie de ces souterrains fut transformée en charnier, et c'est alors qu'on les a nommées *Catacombes*. En 1810, on rangea d'une manière symétrique les ossements qui y avaient été apportés de toutes parts et entassés pêle-mêle; les parois des galeries sont garnies d'ossements humains disposés avec beaucoup de soin et entremêlés de rangées de crânes. La légende ou plan des Catacombes, dressé en 1857, évalue à 3 millions le nombre des morts dont les derniers restes se trouvent dans cet ossuaire; mais ce chiffre est sans doute bien inférieur à la réalité.

Personnages célèbres nés à Paris. — Il serait surprenant que Paris, la capitale du monde civilisé, n'eût pas donné naissance à une multitude d'hommes remarquables en tout genre; il compte, en effet, parmi ses enfants, des littérateurs et des savants de premier ordre, des géographes, des auteurs dramatiques, des historiens, des navigateurs, des musiciens, des poètes et des chansonniers, des peintres, des sculpteurs et des architectes, etc. Notre cadre ne nous permet pas d'en épuiser la nomenclature: il faudrait pour cela un volume; nous nous contenterons de citer les principaux, par ordre alphabétique :

Adolphe Adam, musicien compositeur (1803-1856); d'Alembert, mathématicien et littérateur (1717-1783); Amontons, physicien (1663-1705); Andral, médecin (1797-1876); Anquetil-Duperron, orientaliste (1731-1805); d'Anville, géographe (1697-1782); Sophie Arnould, actrice (1744-1803); Augereau, duc de Castiglione, maréchal de France (1757-1815). — Bailly, premier maire de Paris (1736-1793); Barbier, avocat et chroniqueur (1689-1771); Baron, acteur (1653-1729); Barye, statuaire et graveur (1796-1875); le duc de Beaufort, un des chefs de la Fronde (1616-1669); Eugène de Beauharnais, vice-roi d'Italie (1781-1824); Beaumarchais, l'auteur du *Mariage de Figaro* (1732-1799); Roger de Beauvoir, romancier (1809-1866); Benserade, membre de l'Académie française (1613-1691); Béranger, le chansonnier populaire (1780-1857);

Samuel Bernard, financier (1651-1739 ; Béroald de Verville, philosophe et mathématicien (1558-1612); Berryer, avocat et orateur politique (1790-1868); Bervic, graveur en taille-douce (1756-1822); Biot, physicien et chimiste (1774-1862); Boileau-Despréaux, poète satirique, le *législateur du Parnasse* (1636-1711); Boissonade, helléniste (1774-1857); Boiste, lexicographe (1765-1824); le sculpteur Bosio (1798-1876); Boucher, surnommé *l'Alexandre des violons* (1770-1861); Bougainville, navigateur (1729-1811); Boulle, ébéniste (1642-1732); Bon Boullongne, peintre (1649-1717); le conventionnel Boursault (1752-1842); la marquise de Brinvilliers, célèbre empoisonneuse (1630-1676); le duc Victor de Broglie (1785-1870); Brongniart, architecte (1739-1813), et Brongniart, chimiste (1770-1847); Brunet, bibliographe (1780-1867); Guillaume Budé, le plus savant homme de France au XVIe siècle (1467-1540); Eugène Burnouf, orientaliste (1801-1852). — Mme de Campan, célèbre institutrice (1752-1822); Camulogène, chef gaulois tué dans une bataille contre Labiénus, lieutenant de César (56 av. J.-C.); le conventionnel Camus (1740-1804); le général Canclaux (1740-1817); le cuisinier Carême (1784-1833); Carmontel, littérateur (1717-1806); les astronomes Cassini (1714-1784 et 1748-1845); Catinat, maréchal de France (1637-1711); Cauchy, mathématicien (1789-1857); Godefroi et Eugène Cavaignac (1801-1845 et 1802-1857); l'architecte Chalgrin (1739-1811); Champcenetz, publiciste et chansonnier (1759-1794); Chardin, peintre (1699-1779); les rois Charles V, Charles VI et Charles VII (1337-1380, 1368-1422 et 1403-1461); Chazal, peintre (1793-1854); l'abbé de Choisy (1644-1724); le mathématicien Clairaut (1713-1765); l'anatomiste Cloquet (1787-1840); plusieurs membres de la famille de Colbert, le ministre de Louis XIV; Collot d'Herbois (1750-1796); Conrart, regardé comme de fondateur de l'Académie française (1603-1675); Athanase Coquerel, théologien protestant (1795-1868); Corot, peintre de paysage (1796-1875); Gilles Corrozet, imprimeur-libraire (1510-1568); Victor Cousin, philosophe et littérateur (1792-1867); les peintres Coypel; l'imprimeur Crapelet (1789-1842); le romancier Crébillon (1707-1777); le marquis de Custine, littérateur et voyageur (1804-1857); Cyrano de Bergerac, auteur comique, célèbre par sa bizarrerie (1619-1655). — Le marquis de Dangeau, auteur d'un journal historique (1638-1720); le sculpteur Dantan jeune (1800-1869); le chimiste Darcet (1774-1844); le peintre Decamps (1803-1860); Virginie Déjazet, artiste dramatique (1798-1875); Paul Delaroche, peintre (1797-1856); Gabriel Delessert, homme politique (1786-1858); le vaudevilliste Delestre-Poirson (1790-1859); Mme Deshoulières (1659-1718); Desmarets de Saint-Sorlin, académicien (1595-1676); le chirurgien Desormeaux (1778-1830); Destouches, compositeur de musique (1672-1749); le peintre Devéria (1805-1865); les célèbres imprimeurs Didot; Duban, architecte (1798-1870); le bénédictin Jacques Dubreul, historien de Paris (1528-1614); la marquise Du Châtelet (1706-1749); le romancier Ducray-Duminil (1761-1819); Duhamel du Monceau, botaniste et agronome (1700-1782); le jurisconsulte Dumoulin (1500-1566); Dunois, *le bâtard d'Orléans* (1403-1468); Dupont de Nemours, économiste (1739-1817). — Empis, auteur dramatique (1795-1868); Enfantin, l'un des fondateurs du saint-simonisme (1796-1864); Alphonse Esquiros, littérateur et homme politique (1814-1876); les Estienne, célèbres imprimeurs ; — le médecin Fagon (1638-1718); le sculpteur Falconet (1716-1791); le comédien Favart (1749-1806); Feuchère, statuaire (1807-1852); Fiévée, littérateur et publiciste (1767-1839); Jacques de Flesselles, le dernier prévôt des marchands (1721-1789) ; Flocon, journaliste (1800-1866); Gustave Flourens (1838-1871) ; Léon Foucault, physicien (1819-1868); le chimiste Fourcroy (1755-1809); le conventionnel Fréron (1765-1802); Furetière, membre de l'Académie française (1619-1688). — L'architecte Gabriel (1700-1782); les aéronautes Garnerin ; Gaudin, duc de Gaëte (1756-1841); le caricaturiste Gavarni (1801-1866); Mme Geoffrin (1699-1777) ; les Geoffroy, médecin, chimiste et entomologiste; Girault-Duvivier, lexicographe (1765-1832); le chansonnier Armand Gouffé (1775-1845) ; Grimod de La Reynière, gastronome (1758-1838); Mme Guizot (1773-1827). — Halévy, compositeur de musique (1799-1861); Achille de Harlay, premier président du Parlement de Paris (1639-1712); Helvétius, littérateur et philosophe (1715-1771); Hérault de Séchelles (1760-1794); Hérold, compositeur de musique (1791-1833); le généalogiste Pierre d'Hozier (1685-1767). — Le voyageur Victor Jacquemont (1801-1832); le calligraphe Nicolas Jarry (1620-1666); le Père Joseph, le confident du cardinal de Richelieu (1577-1638). — Charles-Paul de Kock, romancier (1795-1871); — le comte de Labédoyère, général de division (1786-1815); l'architecte Labrouste (1799-1875); Mme Lachapelle, célèbre sage-femme (1769-1822); La Condamine, mathématicien et voyageur (1701-1774); le peintre Lagrenée (1725-1805); les Lameth et les Lamoignon ; saint Landry, fondateur de l'Hôtel-Dieu (mort en 656); l'astronome Laugier (1812-1872); le duc de La Vallière, bibliophile (1708-1780); Lavoisier, le principal fondateur de la chimie moderne (1743-1794); Ledru-Rollin (1808-1874); le conventionnel Legendre (1755-1797); Lekain, tragédien (1728-1778); Lemaistre de Sacy, théologien (1638-1728); Ninon de Lenclos (1620-1705); Le Nôtre, dessinateur de jardins (1613-1700); les Lepautre, sculpteur, graveur, architecte; le conventionnel Le Peletier de Saint-Fargeau (1760-1793); Leroy d'Étioles, chirurgien (1798-1860) ; le chroniqueur Pierre de Lestoile (1540-1601); Eustache Le Sueur, l'un des fondateurs de l'Académie de peinture (1616-1655); Michel Le Tellier, secrétaire d'État (1603-1685); le poète Linière (1628-1704); le roi Louis-Philippe (1773-1850); le marquis de Louvois, ministre de Louis XIV (1641-1691); un grand nombre de membres de la famille de Luynes. — Malebranche, oratorien et philosophe (1638-1715); la cantatrice Mme Malibran (1808-1836); les deux Mansart, architectes (1598-1666 et 1646-1708); saint Marcel, évêque de Paris (mort vers 405); Étienne Marcel, prévôt des marchands (mort en 1358); Marivaux, romancier et auteur dramatique (1688-1763); Maupeou, garde des sceaux (1688-1775); Mérard de Saint-Just, littérateur (1749-1812); Froment Meurice, orfèvre (1807-1855); Matthieu Molé, président au Parlement de Paris (1584-1656); Molière, le plus grand de tous les poètes comiques (1622-1673); Monpou, compositeur de musique (1804-1841); plusieurs membres de la famille de Montesquiou ; la duchesse de Montpensier, la grande Mademoiselle (1627-1683); le duc de Morny (1811-1865); le prince Murat, fils du roi Joachim (1801-1847); Henri Mürger (1822-1861); Alfred de Musset (1810-1857). — Le sculpteur Nanteuil (1792-1865) ; Napoléon II et Napoléon III ; Gabriel Naudé, bibliographe (1600-1653); le chirurgien Nélaton (1807-1873); le mathématicien Nicole (1683-1758); un grand nombre de membres de la famille de Noailles; l'épigraphiste Noël des Vergers (1805-1867). — Plusieurs membres de la famille d'Ormesson ; le roi de Suède Oscar Ier (1799-1859); le peintre Oudry (1686-1755). — Pache, maire de Paris (1746-1823); Panckoucke, imprimeur-libraire (1780-1844); le médecin Parent-Duchâtelet (1790-1836); le peintre Parrocel (1688-1756); Percier, architecte (1764-1838); Claude Perrault, médecin architecte (1613-1688); le statuaire Petitot (1794-1862); Pigalle, sculpteur (1714-1785); Édouard Plouvier, littérateur (1821-1876); la marquise de Pompadour (1721-1764); plusieurs ducs de Praslin ; Prévost-Paradol (1829-1870). — Quatremère de Quincy, archéologue (1755-1849); Quinault, poète dramatique (1635-1688). — Raffet, peintre et dessinateur (1804-1860); Randon, général de division (1751-1832); Renaudot, médecin journaliste (mort en 1679); le cardinal de Retz (1572-1622); le cardinal de Richelieu (1585-1642); un grand nombre de membres de la famille de Rohan; le bon Rollin, recteur de l'Université (1661-1741); Jean-Baptiste Rousseau (1671-1741). — Silvestre de Sacy, orientaliste (1758-1838); le marquis de Sade, auteur de livres ordurier (1740-1814); Mme George Sand (1809-1876); Scarron, poète burlesque (1610-1660); Scribe, auteur dramatique (1791-1861); plusieurs membres des familles Séguier et de Ségur; la marquise de Sévigné (1647-1713); plusieurs membres de la famille de Soubise; Mme de Staël (1766-1817) et le romancier Eugène Sue (1804-1857). — Plusieurs membres de la famille Talleyrand-Périgord; le conventionnel Tallien (1767-1820); le tragédien Talma (1763-1826); le voyageur Tavernier (1605-1689); l'imprimeur Thiboust (1701-1757); Destutt de Tracy (1781-1864); Turgot (1727-1781). — Plusieurs membres de la famille Jouvenel des Ursins; le peintre Vanloo (1743-1821); le chevalier de Vendôme, grand prieur de France (1655-1727); le peintre Vigée (1727-1767); Voltaire (1694-1778), etc., etc.

Hôtel de Ville.

I. — ARRONDISSEMENT DE SAINT-DENIS

Saint-Denis (lat., 48° 56′ 11″; long., 0° 1′ 21″ E.). — Saint-Denis (*Dionysopolis*), autrefois nommée *Saint-Denys en France* pour la distinguer du grand nombre de lieux qui portent le même nom, station importante du chemin de fer du Nord avec embranchement sur Asnières (réseau de l'Ouest), par Argenteuil, est une ancienne ville qui possédait une abbaye célèbre. C'est aujourd'hui une place forte défendue par les forts de la Briche, de la Double-Couronne, de l'Est et d'Aubervilliers; chef-lieu d'un arrondissement communal du département de la Seine, avec tribunal de 1re instance, institution nationale pour les filles d'anciens militaires décorés, dite de la Légion d'honneur, belles casernes, grand dépôt de mendicité, belle église construite en 1868 par Viollet-le-Duc, etc., etc., et une population (en grande partie ouvrière) de 34,908 habitants en 1876 et de 43,265 en 1882.

L'histoire de la ville de Saint-Denis est tout entière dans celle de son abbaye. Tout le monde connaît la légende de saint Denis. Ce saint, qui vivait à une époque fort incertaine, fut décapité avec deux autres chrétiens, Rustique et Éleuthère, sur la hauteur qui prit de là le nom de mont des Martyrs (Montmartre) : quoique décapité, dit la légende, composée au IXe siècle par Hilduin, abbé de Saint-Denis, Denys se leva sur ses pieds, prit sa tête, et, escorté par des anges, « dont les uns chantaient autour de lui : *Gloria tibi, Domine*, tandis que d'autres répondaient trois fois *Alleluia*, » il chemina ainsi l'espace d'une lieue; il ne s'arrêta qu'à l'endroit où s'élève aujourd'hui l'église qui lui est consacrée, près du village gallo-romain de *Catuliacum*. Ses restes, ainsi que ceux de ses compagnons, furent recueillis et réunis par une sainte femme gallo-romaine nommée *Catula* ou *Catulda*, dans une chapelle qui prit le nom de *chapelle des Martyrs*. Ce fut sainte Geneviève qui, la première, mit en honneur le tombeau de saint Denis chez les Parisiens. On y édifia d'abord une simple chapelle en briques. Il s'y fit des miracles. Le jeune Dagobert, fils de Clotaire II, étant un jour à la chasse, un cerf qu'il poursuivait se réfugia dans la chapelle, et les chiens, voulant l'y poursuivre, furent arrêtés sur le seuil par une puissance invisible. Dagobert, à quelque temps de là, ayant été maltraité par son gouverneur, résolut de s'en venger : le plus grand affront qu'on pût faire à un Franc était de lui couper la barbe ; l'enfant, profitant du sommeil de son maître, s'arma d'un rasoir, et, saisissant la barbe, la coupa, et avec elle un morceau du menton ; puis, se sauvant à la hâte par crainte de la colère de son père, il se réfugia dans la chapelle des Martyrs. Le roi envoya pour le prendre des gens qui furent arrêtés sur le seuil, comme l'avaient été les chiens de Dagobert lui-même. « Pendant les allées et venues des gens du roi, dit l'historien auquel nous empruntons ces détails, le prince Dagobert s'endormit, auquel saint Denis apparut en vision, lui promettant de le garantir contre la fureur de son père et l'assurant même qu'il lui succéderait au royaume, pourvu qu'il lui fît bâtir un tombeau et un temple. » Dagobert, devenu roi, ordonna en effet la construction d'une magnifique église. Dagobert y fit construire la première église et l'abbaye. Un autel d'or s'élevait sur la place même où avaient été ensevelis saint Denis et ses deux compagnons. Ce prince avait fait couvrir d'argent fin la partie correspondante de la toiture. Cette église, dont les substructions furent mises à jour, dans les fouilles opérées en 1860, était de proportions bien plus modestes que celles de la basilique actuelle ; elle n'en dépassait pas le transept. Le roi Dagobert y fut inhumé. Ce prince conféra à l'église de Saint-Denis de grands biens ; il donna à l'abbaye, par an, cent vaches pour la nourriture des moines, et huit mille livres de plomb pour l'entretien de la toiture. Ses successeurs imitèrent ses générosités, et l'abbaye de Saint-Denis devint bientôt une des plus riches et des plus puissantes de France. Parmi ses privilèges, il en est un qui garantissait l'impunité à tout criminel qui se retirerait dans la juridiction de l'église de Saint-Denis : « Si le Dieu tout-puissant, dit cette charte, par l'intercession de saint Denis et de ses compagnons, a protégé dans ce lieu sacré une brute, un cerf, il est bien plus convenable que des hommes coupables de crimes quelconques soient protégés par la même main. »

Charles-Martel, maire du palais, y fut enterré ; il avait donné à Saint-Denis sa maison de Clichy, ainsi que les nombreux serfs qui en dépendaient. Mais, précédemment, il avait pris aux prélats du temps une partie de leurs biens pour soutenir la guerre contre les Sarrasins qui envahissaient le royaume, et qu'il défit à Poitiers. Cette conduite l'avait fait haïr du clergé, et saint Euchère, évêque d'Orléans, eut une révélation qui lui fit voir Charles-Martel condamné aux flammes de l'enfer. Pépin le Bref, averti de cette vision, pria le saint évêque d'aller vérifier le fait en ouvrant à Saint-Denis le tombeau de son père : « Ceux-ci, dit le bénédictin Doublet, trouvèrent seulement un serpent horrible et hideux dans le cercueil, et le sépulcre tant noir, qu'il sembloit que le feu y eust passé, témoignage de l'ire de Dieu contre ce prince, qui avoit molesté les prélats, et iceux envoyé en exil, et particulièrement ce saint évêque. »

Pépin, averti, tint une conduite toute différente de celle de son père ; il prodigua les biens au clergé, qui s'en montra reconnaissant. Fulrard, abbé de Saint-Denis, appuya ses prétentions ambitieuses auprès du pape Zacharie, qui autorisa la substitution de Pépin et de sa famille à la dynastie mérovingienne, dont le dernier roi, Childéric, finit ses jours dans un monastère ; le pape Étienne II vint sacrer Pépin, en 754, dans la basilique de Saint-Denis. Ce pape excommunia, en outre, par avance, tous ceux qui tenteraient à l'avenir d'élever au trône une autre dynastie. Pépin fit détruire l'église élevée par Dagobert et la remplaça par une basilique plus vaste, qui ne fut achevée que sous Charlemagne. De cette basilique, il ne reste aujourd'hui que la crypte (ou église souterraine), autour du chœur.

Charlemagne fit présent à l'abbaye de la ville de Luzarches ; ce ne fut pas néanmoins Saint-Denis qu'il choisit pour sa sépulture. Ses restes se trouvent encore dans la cathédrale d'Aix-la-Chapelle.

Parmi les abbés de Saint-Denis à cette époque, on doit mentionner Turpin, le confident de Charlemagne, et Hilduin, qui, après avoir rempli des fonctions importantes auprès de Louis le Débonnaire, conspira contre lui. C'est cet abbé qui composa la légende de saint Denis citée plus haut : il y suppose que saint Denis, le patron de son abbaye, était le même que Denis l'Aréopagite, premier évêque d'Athènes, qui mourut à la fin du 1er siècle, tandis qu'on croit que notre saint Denis subit le martyre deux siècles plus tard, en 273. On ne doit pas oublier, cependant, que ce fut le même abbé Hilduin qui introduisit dans l'abbaye de Saint-Denis une réforme rendue nécessaire par le relâchement des mœurs et de la discipline. « Au commencement du ixe siècle, dit Félibien, le relâchement y devenait plus grand de jour en jour; on n'y reconnaissait plus ni régularité ni discipline, la plupart des religieux (si toutefois on doit les appeler ainsi) avaient quitté l'habit monastique et s'étaient transformés en chanoines, pour vivre avec plus de licence. » Louis le Débonnaire prit l'initiative de cette réforme; mais ce prince n'y ayant pas réussi, malgré les efforts des abbés Benoît et Arnould, Hilduin, sur l'avis des évêques réunis en concile à Paris en 829, employa des mesures énergiques qui ramenèrent pour un temps la régularité et l'ordre dans la communauté; un siècle plus tard, il fallut recommencer; en 994, l'archevêque de Sens présida un concile dans l'abbaye même pour en renouveler la réforme ; mais les moines se soulevèrent, excitèrent une émeute contre les évêques, qui furent obligés de s'enfuir précipitamment. La réforme s'accomplit cependant sous le règne de Hugues Capet, grâce aux efforts de l'abbé Odilon.

Plusieurs souverains, à dater de Charles le Chauve, s'étaient nommés abbés de Saint-Denis, pour en posséder les immenses revenus, qu'ils augmentèrent par leurs donations ; Hugues Capet, à son avènement, rendit à l'abbaye le droit de se nommer un abbé ecclésiastique et de mettre fin à l'abus, contraire aux décisions de plusieurs conciles, qui avait conféré à plusieurs de ses prédécesseurs et à lui-même une dignité réservée aux seuls ecclésiastiques. « Ainsi, dit Doublet, Charles le Chauve a été chastié de la main toute-puissante de Dieu, et son royaume osté, pour avoir introduit les commendes (1); et le roi Hugues Capet, bien qu'usurpateur de la royauté, béni du même Dieu pour avoir rendu la liberté et l'élection à l'Église. »

(1) *Commende*, bénéfice qu'on donnait à un séculier.

C'était sous Louis XIII, descendant de cet usurpateur, que le bénédictin Doublet s'exprimait ainsi.

C'est à Charles le Chauve que Saint-Denis dut sa première enceinte. Des maisons s'étaient peu à peu groupées autour de l'antique abbaye, et il fallut les protéger par un rempart contre les incursions des Normands. Cette ville devint bientôt assez considérable, et l'abbé Adam, sous Louis le Gros, abolit les servitudes personnelles et corporelles des sujets de l'abbaye. Son successeur, l'illustre Suger, compléta son œuvre en émancipant les habitants de Saint-Denis. Ce fut à cette époque que commença à paraître dans les armées de nos rois la fameuse oriflamme; c'était primitivement l'étendard que les abbés de Saint-Denis faisaient porter dans leurs guerres privées. Ce drapeau était rouge, découpé en trois pointes, dont chacune se terminait par une houppe de soie verte. Voici la description qu'en fait Guillaume Guïart, poète du xiie siècle :

> Oriflamme est une bannière
> Aucun poi plus forte que guimple,
> De candal rougeoyant et simple
> Sans pourtraiture d'autre affaire,

c'est-à-dire une bannière un peu plus grande qu'une guimpe, d'étoffe de soie rouge, sans dessin. On attribuait à cet étendard des vertus miraculeuses; il semblait garantir la victoire ; il remplaça bientôt la chape de soie bleue de saint Martin, que les rois faisaient précédemment porter devant eux dans les batailles. Louis le Gros, qui le premier s'en servit, combla de biens l'abbaye, lui confirma le droit de haute et moyenne justice, et, ce qui vaut mieux encore, il eut le bon esprit de conserver pour ministre le sage abbé Suger. Suger, tout en gouvernant la France avec prudence, n'oublia pas son abbaye; il en augmenta considérablement les domaines et les revenus et lui fit restituer le prieuré important d'Argenteuil. Il fit démolir une partie de l'abbaye, l'entoura de murailles, avec portes flanquées de tours, et la reconstruisit plus magnifique. La partie antérieure (la façade) date de cette époque.

Sous le règne de saint Louis, Matthieu de Vendôme, abbé de Saint-Denis, gouverna le royaume pendant la seconde croisade entreprise par ce prince, comme Suger l'avait précédemment gouverné sous le règne de Louis VII. Comme Suger aussi, il augmenta considérablement les biens de son abbaye, et termina la reconstruction de l'église en 1281. Ce fut saint Louis qui adopta le cri de *Montjoie Saint-Denis*, comme cri de guerre des rois de France, et ce fut à la prise de Damiette qu'il le fit entendre pour la première fois.

N'omettons pas de dire que l'abbaye de Saint-Denis servit un moment d'asile, au XIIe siècle, à Abailard persécuté. Mais il avait le malheur d'être assez savant pour ne pas ignorer que Denis l'Aréopagite n'était pas le même que saint Denis, comme l'affirmait la légende de l'abbé Hilduin ; il eut l'imprudence de le dire ; la colère des moines le chassa de cet asile.

Au XIIIe siècle, le pape Innocent III, voulant honorer l'église de Saint-Denis, qui relevait directement du saint-siège, lui envoya les reliques de saint Denis l'Aréopagite : c'était tout à la fois condamner les prétentions antérieures des moines à la possession des restes de ce saint et les justifier pour l'avenir.

Saint Louis fit transférer dans le chœur de l'église de Saint-Denis les corps des rois ses prédécesseurs, qui n'y avaient point été déposés.

Au XVe siècle, Saint-Denis fut pris et dévasté par les Armagnacs et par les Anglais, qui, en 1436, pillèrent les reliques pour enlever l'or et l'argent des reliquaires. Les calvinistes renouvelèrent ces dévastions en 1561 et en 1567. Ce fut sous les murs de cette ville que se livra la bataille de Saint-Denis, où le connétable de Montmorency fut tué. Les calvinistes ne quittèrent la ville que cinq jours après la bataille.

Ce fut à Saint-Denis que, le dimanche 25 juillet 1593, Henri IV abjura le protestantisme.

La ville eut encore à souffrir au temps des guerres de la Fronde. Tant de désastres avaient beaucoup diminué son ancienne importance ; une partie de ses faubourgs avait disparu. Elle jouit, pendant le XVIIe et le XVIIIe siècle, d'une grande tranquillité. Mais la Révolution attira sur la cathédrale un dernier et irréparable désastre. Son abbaye fut supprimée en 1792, en même temps que toutes les autres abbayes du royaume. En 1793, Saint-Denis prit le nom de *Franciade ;* un décret de la Convention, du 1er août de cette même année, prescrivit la destruction de ses tombes royales, ou plutôt le transfèrement de celles qui présentaient quelque intérêt au point de vue de l'art ou de l'histoire dans le Musée des monuments français. Une commission fut nommée pour conserver ceux de ces monuments qui paraîtraient dignes de l'admiration des artistes. Le bénédictin dom Poirier fut chargé d'assister à l'exhumation et d'en faire un rapport. Quant aux restes des rois, ils furent réunis et ensevelis dans deux fosses creusées près du transept septentrional et sur l'ancien emplacement de la chapelle des Valois, l'une destinée principalement aux Valois et l'autre aux Bourbons. Dans cette dévastation, on fit une exception remarquable pour Turenne. Son tombeau fut ouvert ; mais son corps, renfermé dans une bière, fut conservé dans la sacristie, puis transféré d'abord au Jardin des plantes, ensuite au Musée des monuments français, et de là aux Invalides. Cette dévastation sacrilège présenta quelques circonstances curieuses consignées dans le procès-verbal dressé *de visu* par dom Poirier, ancien religieux de l'abbaye. Le corps de Henri IV était resté bien conservé ; il n'était pas défiguré. Il resta deux jours exposé à la curiosité publique, et on le déposa ensuite dans la fosse commune. Louis XIII et Louis XIV étaient également reconnaissables ; mais celui de Louis XV était dans un état complet de putréfaction, et l'ouverture du cercueil répandit une odeur si infecte, qu'on se hâta de le jeter dans la fosse et de recouvrir de chaux son cercueil.

On a remarqué, comme un rapprochement singulier, que, cent ans auparavant, les troupes de Louis XIV, chargées de la dévastation du Palatinat, avaient, par l'ordre de leurs chefs, commis les mêmes excès à Spire, où reposaient les corps des empereurs d'Allemagne, brisé leurs tombeaux et dispersé leurs ossements.

Les objets d'or ou d'argent qu'on trouva à Saint-Denis, en 1793, furent envoyés à la Monnaie, et une partie de la toiture en plomb fut enlevée « pour en faire des balles destinées aux ennemis de la République. »

En 1806, Napoléon Ier restitua l'abbaye à son ancienne destination ; le 20 février 1806, il rendit le décret suivant : « L'église de Saint-Denis est consacrée à la sépulture des empereurs. Un chapitre, composé de dix chanoines, est chargé de desservir cette église. Ces chanoines sont choisis parmi les évêques âgés de plus de soixante ans, et qui se trouvent hors d'état d'acquitter l'exercice des fonctions épiscopales... Le grand aumônier de Sa Majesté est chef de ce chapitre. » Le grand aumônier devait avoir un traitement annuel de

150,000 francs, plus 100,000 francs de frais de premier établissement. En 1812, Napoléon s'occupa d'y faire préparer des caveaux pour lui-même et pour sa dynastie : inutile prévoyance que devaient déjouer les événements. Des huit derniers souverains de la France, Louis XVI, Louis XVII, Napoléon Ier, Napoléon II, Louis XVIII, Charles X, Louis-Philippe, Napoléon III, un seul a pu jouir immédiatement après sa mort de cette royale sépulture ; c'est Louis XVIII. Un seul corps y fut déposé pendant la durée du premier Empire ; ce fut celui du jeune Louis, fils de Louis Bonaparte, mort à l'âge de six ans. Au retour des Bourbons, on retira de l'église et on transféra dans le cimetière de la ville les restes de ce prince, « qui avait usurpé la place consacrée à la légitimité, » comme dit une monographie que nous avons sous les yeux. Étranges représailles, singulières révolutions, qui s'accomplissent jusque dans la mort même.

Nous trouvons les lignes suivantes dans l'excellente monographie de Saint-Denis, publiée par M. de Guilhermy pendant la dernière année du règne de Louis-Philippe : « Le monument de Louis XVIII est le dernier, et la place *manquerait* dans la crypte pour les monuments à venir. Mais Saint-Denis ne doit plus recevoir de tombeaux ; la dynastie régnante s'est choisi une autre sépulture au milieu des ruines de l'antique château de Dreux. » Quelles réflexions se pressent dans l'esprit du lecteur en lisant cette simple observation, à laquelle les événements ont ajouté un si étrange commentaire ! Celui qui écrivait cette phrase, en 1847, était loin d'en soupçonner toute la portée. *La place manquait*... L'histoire a parfois de ces enseignements singuliers. C'est ainsi qu'on a remarqué qu'à Francfort, dans la salle des empereurs, lorsqu'on y pratiqua, au XVIe siècle, un certain nombre de niches pour les statues des empereurs d'Allemagne, on n'en réserva que huit pour les empereurs à venir. Ces huit places furent remplies pendant le XVIIe et le XVIIIe siècle. François II vint occuper la dernière en 1794. C'était le dernier empereur d'Allemagne. Depuis la Révolution, il n'y a plus eu que des empereurs d'Autriche. Il est vrai que, de nos jours, l'empire d'Allemagne a été restauré en faveur de Guillaume de Prusse.

L'église de Saint-Denis a dû être réparée plusieurs fois depuis la Restauration. La façade a subi de nombreuses transformations. En 1837, la foudre frappa la grande flèche ; on dut en reconstruire une partie. A peine ces travaux étaient-ils finis, qu'on remarqua des lézardes effrayantes ; il fallut démolir la flèche en 1846. On n'avait pas dépensé moins de sept millions en pure perte, lorsque fort heureusement un habile architecte, Viollet-le-Duc, fut chargé de l'ensemble des restaurations. La façade est aujourd'hui heureusement réparée. Sa largeur est de 29 mètres. L'église est longue de 108 mètres et large de 37. On remarque sur la façade occidentale de curieuses sculptures. Elles datent de l'époque où Suger fit reconstruire la basilique. La porte centrale présente la Résurrection ; la Vierge implore Jésus pour les pécheurs ; les apôtres sont à côté du Sauveur ; les âmes des élus sont reçues dans le sein d'Abraham, et les vingt-quatre vieillards tiennent des instruments de musique et des vases « qui renferment pour parfums les prières des justes. » Des bas-reliefs de la même porte représentent les Vierges folles et les Vierges sages. La porte du midi représente le Martyre de saint Denis et de ses deux compagnons, que Jésus-Christ vient assister dans leur prison. Quant à la porte du nord, elle a été complètement restaurée.

Une autre porte, à l'extrémité du croisillon septentrional, présente six grandes statues, que l'on croit être celles de quelques-uns des ancêtres de Jésus-Christ, et que l'on a prises longtemps pour celles des premiers rois de la dynastie capétienne. « L'auteur de ce mensonge historique, dit M. de Guilhermy, a réussi au delà de ses espérances ; ces figures ont été moulées, et leurs plâtres, placés au musée de Versailles, passent pour les portraits authentiques de Hugues Capet, de Robert, de Henri, de Philippe, de Louis VI et de Louis VII. » Parmi les vitraux, quelques-uns sont anciens ; tirés de diverses églises, ils ont été apportés à Saint-Denis. D'autres sont modernes et représentent des scènes de notre siècle, qui se prêtent peu, il faut l'avouer, à ce genre de peinture. Quant aux statues et aux monuments rétablis dans cette église, ils sont trop nombreux pour que nous en essayions ici l'énumération.

Saint-Denis, situé au milieu de la vaste plaine qui porte son nom, à l'embouchure des ruisseaux du Crould et du Rouillon dans la Seine et à la tête du canal Saint-Denis qui, avec le canal Saint-Martin, abrège la navigation de la Seine de 16 kilomètres, est aujourd'hui une ville industrielle, animée par le travail et le commerce. Beaucoup d'industries et de manufactures, chassées de Paris et ne pouvant s'y exercer à l'aise faute d'espace ou à cause des règlements municipaux, s'y sont réfugiées.

Saint-Denis possède des marchés importants, la foire du *Lendit*, qui date de la fondation de l'abbaye; mais ce qui lui attire le plus grand nombre de visiteurs, c'est toujours sa vieille basilique, et l'on peut dire encore, comme au temps de Guillaume de Nangis, le chroniqueur : « Moult de gens viennent en l'église de monseigneur saint Dionyse de France, où partie des vaillants rois de France gisent en sépulture. »

Pendant la guerre de 1870-1871, Saint-Denis servit de quartier général aux défenses du Nord ; le vice-amiral de La Roncière Le Noury, qui y commandait, déploya une grande activité et un énergique courage qu'il sut communiquer aux troupes placées sous son commandement. La ville fut bombardée dans le mois de janvier 1871 par les batteries allemandes du moulin d'Orgemont, de la Butte-à-Pinçon, de Stains et du Bourget; elle eut, ainsi que la basilique, beaucoup à souffrir des obus allemands.

Aujourd'hui, nous l'avons dit, Saint-Denis est défendu par trois forts : ceux de la Briche, de la Double-Couronne, du Nord et de l'Est, qui sont reliés entre eux par des ouvrages en terre.

L'Ile Saint-Denis. — L'Ile Saint-Denis, qui a environ 4 kilomètres de longueur, communique avec la ville de Saint-Denis par deux ponts suspendus. Ses habitations, parmi lesquelles il y a un grand nombre de cabarets, marchands de vins traiteurs, des blanchisseries de tissus et une tréfilerie de fer, forment une agglomération communale de 1,730 habitants. Elle est située à 10 kilomètres de Paris.

Cette île portait, aux premiers temps de notre histoire, le nom d'Ile du Châtelet ou du Châtelier, qu'elle devait à un château fort qui appartenait à des seigneurs fort turbulents, lesquels ne craignaient pas de piller, de détrousser les vassaux de la royale abbaye, sa voisine, voire même d'arrêter l'abbé et de lui voler sa mule. L'un de ces seigneurs, nommé Burchard, se signala entre tous les autres par ses exactions, et le roi Robert ne put y mettre terme qu'en l'éloignant et en lui donnant la terre de Montmorency en échange de son donjon du Châtelier, qui fut alors rasé. Telle est l'origine de la maison de Montmorency.

Cette terre demeura dans la maison de Montmorency jusqu'en 1373, où le roi Charles V l'acheta pour la donner à l'abbaye de Saint-Denis.

Stains. — Stains, que l'on écrivait autrefois *Staings* (*Stagnum*), doit son nom aux étangs qui couvraient son territoire ; c'est une commune de 1,826 habitants, située à 4 kilomètres au nord-est de Saint-Denis, son chef-lieu de canton, et à 14 kilomètres de Notre-Dame.

En 1351, Stains avait une léproserie qui servait aux habitants de Saint-Léger, Stains et Garges. En 1480, Louis XI fit don à Jacques de Saint-Benoît, son chambellan, de la seigneurie de Stains ; elle dépendait alors de Gonesse. Plus tard, en 1513, Jean Ruzé, contrôleur général des finances, seigneur de Stains, obtint du roi Louis XII l'établissement de quatre foires par an dans ce village, avec un marché le jeudi. En 1688, Christophe de Thou était seigneur de Stains; après lui, ce fut son gendre, le procureur général Achille de Harlay. A la mort de ce dernier, la terre de Stains fut achetée par Claude Coquille. Elle passa ensuite entre plusieurs mains, et, en 1752, elle appartenait au fermier général Perrinet. C'est lui qui fit bâtir le beau château que l'on y remarque aujourd'hui ; il fit considérablement embellir le parc et les jardins. Acheté en 1810 par Jérôme Napoléon, il appartient aujourd'hui à la famille de Vatry.

Pendant le siège de Paris, les Allemands occupèrent Stains et le château ; ils y avaient élevé des batteries qui firent beaucoup de mal à Saint-Denis. Il y a sur cette commune trois puits artésiens ; elle possède des blanchisseries de coton, des fabriques de perles, de toile cirée et une féculerie.

Aubervilliers-les-Vertus. — Aubervilliers-les-Vertus (*Alberti Villare*) est une commune de 19,472 habitants, qui n'en avait que 2,611 en 1852 ; elle doit son rapide accroissement à ce que son territoire s'est trouvé augmenté, en 1860, de la partie de l'ancienne commune de La Chapelle qui n'a pas été annexée à Paris ; elle est située dans le canton et à 3 kilomètres au sud-est de Saint-Denis. Le village doit son surnom *des Vertus* à une image de la sainte Vierge, dont les *vertus*, constatées par de nombreux miracles, y attiraient un grand nombre de pèlerins. Louis XI avait une dévotion particulière pour cette image, et il vint plusieurs fois s'agenouiller devant elle. Le village avait été ruiné par les Armagnacs ; mais un bref du pape ayant assuré de grandes indulgences à tous ceux qui visiteraient et aumôneraient l'église paroissiale de Notre-Dame-des-Vertus, il y vint une grande affluence de pêcheurs, dont les aumônes abondantes servirent à rebâtir Aubervilliers. Henri II avait fait reconstruire l'église, dans laquelle on retrouve quelques parties du style de la Renaissance. Henri IV séjourna, dit-on, dans ce village lors du siège de Paris. En 1815, Aubervilliers fut le théâtre de combats assez vifs entre les Prussiens et les défenseurs de la capitale. Pendant la dernière guerre, Aubervilliers ne fut pas occupé par l'ennemi ; le fort situé à un kilomètre à l'est et qui porte son nom servit à tenir en respect les batteries prussiennes du Bourget.

PANTIN. — Pantin (*Penthinum, Panthium*), chef-lieu de canton, est une ville de 19,472 habitants, située à 7 kilomètres au sud-est de Saint-Denis et à 12 kilomètres de Notre-Dame. Dès le XIVe siècle, elle avait une léproserie connue sous le nom de léproserie de Saint-Lazare. En 1814, elle fut le théâtre d'une longue lutte entre les armées prussienne et russe et les troupes du général Compans. Ce fut là que l'empereur Alexandre et le roi de Prusse reçurent les maires de Paris ; ce fut de là qu'ils partirent pour faire leur entrée dans la capitale.

Filles et garçons de Pantin ont eu longtemps la réputation d'exceller à la danse ; aussi disait-on dans une vieille chanson :

> Ceux de Pantin, de Saint-Ouen, de Saint-Cloud,
> Dansent bien mieux que ceux de La Villette ;
> Ceux de Pantin, de Saint-Ouen, de Saint-Cloud,
> Dansent bien mieux que tous ceux de cheux nous.

Pantin exploite les carrières de son voisinage ; il s'y tient des marchés aux fourrages importants et aussi une foire aux jambons. On a transporté sur le territoire de cette commune le fétide, mais nécessaire établissement de vidanges et de l'équarrissage de la capitale, qui se trouvait autrefois à Montfaucon et menaçait, par sa trop grande proximité des faubourgs, la santé publique, et pourtant, si vous le demandez aux habitants du IXe, du Xe du XVIIIe et du XIXe arrondissement, ils vous diront qu'on ne l'a pas transporté assez loin.

LE BOURGET. — Le Bourget (*Burgellum*) est une petite commune de 1,734 habitants, située au milieu d'une plaine, sur la Molette, ruisseau affluent du Crould, à égale distance (6 kilomètres) entre Saint-Denis et Pantin, et à 11 kilomètres au nord de Paris. C'est une des premières stations de la ligne du Nord. Elle possède des pépinières, des fabriques de taffetas, de toiles cirées et de caoutchouc.

Premier relais sur la route de Flandre, après la bataille de Waterloo, Napoléon Ier s'y arrêta quelques heures, le 20 juin 1815, pour ne pas rentrer de jour dans Paris.

Les 28 et 29 octobre, le 16 et le 21 décembre 1870, Le Bourget fut le théâtre de combats acharnés entre l'armée de Paris et les Allemands ; il fut plusieurs fois, pris et repris, et le commandant E. Baroche y tomba glorieusement avec le lieutenant de vaisseau Pelterau, après une héroïque résistance. En 1872, on a inauguré au nord du village un monument commémoratif, élevé en l'honneur des marins et des mobiles de la Seine qui succombèrent pendant ces combats.

Le Bourget était autrefois un hameau dépendant du village de Dugny ; il n'en fut séparé qu'après la Révolution de 1789. Il y avait une léproserie.

ROMAINVILLE. — Des hauteurs de Belleville, XXe arrondissement de Paris, se détache un mamelon qui se courbe au sud-est, fléchit un peu en arrivant à Nogent-sur-Marne, et, se courbant de nouveau dans la direction de l'ouest, vient finir en mourant au-dessus du faubourg Saint-Antoine ; c'est une immense demi-lune formée par la nature et qui protège la capitale au nord-est et au sud-est. On comprend tout de suite quel parti la stratégie a dû tirer d'une pareille position. Aussi les Romains y avaient-ils un camp retranché, d'où ils surveillaient Lutèce ; plus tard, la beauté du site fixa leur attention ; ils y eurent des maisons de campagne, des villas : de là Romainville, *Romanorum villa* ou *Romana Villa*, comme on le trouve nommé dans d'anciens titres. De nos jours, la crête de ce plateau a été couronnée d'une chaussée et jalonnée de forts, et ces derniers ont su tenir à distance l'invasion allemande pendant la dernière guerre.

La commune de Romainville est à 2 kilomètres à l'est de Pantin, son chef-lieu de canton, à 11 kilomètres au sud-est de Saint-Denis et à 7 kilomètres de Notre-Dame ; sa population est de 1,844 habitants. C'était, il y a soixante ans, un charmant village, célèbre par ses guinguettes, ses lilas et son bois, témoin discret de tant d'ébats amoureux ; les poètes l'avaient chanté, les romanciers s'étaient plu à le décrire. La construction des fortifications de Paris et surtout celle du fort de Romainville ont bien changé tout cela ! Du bois à peine reste-t-il de quoi faire un balai ; les guinguettes champêtres et verdoyantes ont disparu ; il a fait place au fort, à une route stratégique bordée d'une longue traînée de cafés et d'établissements de tout genre : c'est le Petit-Romainville, qui se prolonge du mur d'enceinte au village encore habité par quelques cultivateurs et des plâtriers.

On voit à Romainville les restes d'un château qui, au siècle dernier, appartenait à la famille de Noailles.

En 1814, les hauteurs de Romainville ont été le théâtre des derniers efforts des troupes françaises contre les alliés, et le village fut plusieurs fois pris et repris ; la capitulation de Paris mit seule fin à la lutte.

Les Lilas. — Ce village au nom charmant, qui rappelle les charmilles et les haies égayées de lilas des sentiers qui menaient de Romainville et de Ménilmontant à Bagnolet, s'étend entre ces deux dernières communes ; il est de récente création et sa population compte 5,526 habitants. Il est aux portes de Paris, à 8 kilomètres au sud-est de Saint-Denis et dépend du canton de Pantin. On y trouve, ainsi que dans toutes les communes suburbaines, de nombreux cabarets, cafés, restaurants, etc., etc., fréquentés principalement par les habitants des arrondissements voisins. Paul de Kock y possédait une maison de campagne et pouvait *de visu* y observer les mœurs faciles des commis et des grisettes qu'il excellait à dépeindre.

Le Pré-Saint-Gervais. — Le Pré-Saint-Gervais est une ville de 6,306 habitants, située aux portes de Paris, à 6 kilomètres de Notre-Dame, à 1 kilomètre de Pantin, son chef-lieu de canton, et à 6 kilomètres de Saint-Denis. C'est une commune industrielle ; on y trouve des plâtrières, des fabriques de pianos, de cuirs vernis, de savons, d'allumettes chimiques, etc., etc. C'est encore un lieu de rendez-vous de plaisir pour les Parisiens des anciens faubourgs et on y voit plusieurs maisons de campagne dont l'une était fréquentée par Charles Nodier.

Le Pré-Saint-Gervais est un ancien écart de la commune de Pantin appelé dans des titres du XIIe siècle *Pratum Sancti-Gervasii* ; les abbés de Saint-Denis y avaient des biens ; Henri IV y possédait un rendez-vous de chasse.

Au mois de mars 1814, les Français, sous les ordres du général Compans, y livrèrent aux alliés plusieurs combats heureux.

Bagnolet. — Bagnolet, que nous retrouvons écrit tel qu'on le fait aujourd'hui dans des titres de la fin du XIIIe siècle, doit sans doute son nom à sa situation dans le *ban* ou banlieue de Paris. C'est une commune de 3,839 habitants, située sur la partie déclive orientale du plateau de Romainville, à 7 kilomètres de Notre-Dame et à 10 kilomètres au sud-est de Saint-Denis ; comme les précédentes, elle dépend du canton de Pantin.

Sa composition est la même que celles des Lilas et du Pré-Saint-Gervais, c'est-à-dire que l'on y trouve quelques maisons de campagne et nombre de cabarets et de restaurants. Cependant elle possède aussi des jardins maraîchers et fruitiers, et ces derniers donnent même des pêches qui rivalisent en renommée avec celles de Montreuil, sa voisine ; il y a également quelques établissements industriels.

Avant la Révolution, il y avait plusieurs châteaux ou maisons de plaisance à Bagnolet : le château des Brières, le château de Malassis, l'ancienne résidence de Pierre des Essarts ; mais le plus important de tous était celui que les ducs d'Orléans possédaient dans le bas du village. Le Régent y venait souvent. Un jour, c'était la fête du pays, il assistait à la messe, lorsque, les yeux timidement baissés, la quêteuse, c'était la plus jolie fille que l'on avait pu trouver dans le pays, lui présente l'aumônière en prononçant les paroles traditionnelles : « Pour les pauvres, s'il vous plaît, Monseigneur ! » lui dit-elle. Émerveillé par la grâce, l'air candide et la beauté de la jeune personne, le Régent tire une poignée d'or de sa poche, et mettant le tout dans sa bourse : « Pour vos beaux yeux, ma toute belle, » lui dit-il en souriant. — « Et pour les pauvres, Monseigneur ? » répète la jeune fille en continuant de lui tendre sa bourse. Le prince, comprenant la finesse de la réplique, prit une seconde poignée d'or et la lui donna. Parmi les illustrations de Bagnolet, il faut citer le cardinal Duperron, qui y avait sa maison de prédilection ; il y avait passé plusieurs années de sa jeunesse : il y mourut.

Théâtre de l'Opéra.

Bondy. — Bondy, que l'on appelait autrefois *Bonisies* (*Bonisiaca*) et plus tard *Bondies* (*Bungeiæ*), est une commune de 2,269 habitants, située sur le canal de l'Ourcq, dans le canton de Pantin, à 10 kilomètres à l'est de Saint-Denis et à 12 au nord-est de Notre-Dame ; c'est une station du chemin de fer de l'Est.

Il doit toute sa célébrité à sa fameuse forêt, jadis repaire de brigands, si redoutée « que, dit une légende du lieu, nul n'osait la traverser sans avoir fait son testament. » Cette forêt est en grande partie sur le territoire du département voisin, celui de Seine-et-Marne. Elle avait plus de 2,000 hectares ; elle a été bien diminuée par les défrichements et les empiétements des villages voisins : Le Raincy, Livry, Montfermeil ; elle est d'ailleurs coupée de nombreuses routes qui contribuent aujourd'hui à sa sécurité.

C'est dans cette forêt que Chilpéric II fut assassiné par le leude Bodillon, qu'il avait fait battre de verges ; c'est dans cette même forêt et près de Chelles qu'aurait eu lieu le combat du chien de Montargis contre l'assassin de son maître, Aubry de Montdidier.

C'est à Bondy qu'en mars 1814 l'empereur de Russie reçut le conseil municipal de Paris et que fut signée la capitulation qui ouvrit aux troupes alliées les portes de la ville.

De nos jours, Bondy a vu s'établir sur son territoire, au nord-est de la commune et de l'autre côté du canal de l'Ourcq, le dépôt central de la grande voirie parisienne ; c'est un voisinage dont il se serait bien passé.

Clichy. — Clichy-la-Garenne (*Clippiacum*), station de la ligne du chemin de fer de Paris à Versailles (rive droite), commune de 23,808 habitants, est situé dans une belle plaine, entre la rive droite de la Seine et la route de Saint-Denis à Versailles, près du chemin de fer, à 7 kilomètres au sud-ouest de Saint-Denis, à 7 kilomètres de Notre-Dame et à 3 kilomètres de la barrière de Clichy, à laquelle il a donné son nom.

Clichy remonte à une très haute antiquité. Nos rois de la première race y eurent un palais ou château qui paraît avoir été situé entre ce village et celui de Saint-Ouen. Le voisinage du bois de Boulogne, appelé alors forêt de *Rouvray*, qui s'étendait jusque-là, y attira souvent les rois. Dagobert y séjourna et y fit frapper des monnaies. C'est à Clichy qu'il épousa, en 625, pour la répudier au même lieu quatre années après, la pieuse Germentrude. Clotaire II y tint un concile en 627 ; d'autres réunions du même genre y eurent lieu en 636 et en 653. Le domaine de Clichy, après avoir été le séjour favori des rois de la première race, fut donné par Charles-Martel à l'abbaye de Saint-Denis, et devint un des fiefs de cette riche abbaye ; mais plus tard il fut aliéné.

Le bienfaiteur des pauvres, le père des orphelins, l'illustre et modeste saint Vincent de Paul, était curé de Clichy en 1612 ; c'est lui qui fit construire à ses frais l'église telle qu'elle est encore aujourd'hui ; il conserva cette cure jusqu'en 1625, époque à laquelle il devint supérieur et aumônier de la confrérie des prêtres de la Mission, qu'il avait fondée. Grimod de La Reynière, fermier général, dont le souvenir vit dans le cœur des épicuriens et des gourmets, donna dans son château de Clichy quelques-uns des dîners si recherchés qui l'ont placé au rang des *princes de la table;* Crozat de Tugny, premier président au parlement, avait aussi à Clichy une maison de plaisance. De ces deux habitations l'une est détruite, l'autre fut longtemps occupée par l'institution de l'Assomption, dirigée par des ecclésiastiques. Le salon, dont les fresques représentaient des attributs de chasse et de musique, servait alors de parloir, et ces vastes fourneaux où s'élaboraient autrefois tant de merveilles culinaires ne serviront plus guère qu'à préparer la maigre et austère pitance des nouveaux hôtes de cet aimable logis aux joyeux souvenirs.

Avant la Révolution, la seigneurie de Clichy comprenait une partie du Roule, Les Ternes, la ferme de Courcelles, Monceaux, Les Batignolles. La veuve du marquis de Vaubrun, qui possédait cette seigneurie, avait fait établir une avenue plantée d'arbres, qui de son château s'étendait jusqu'au sommet de la butte des Batignolles ; c'est encore l'avenue de Clichy actuelle.

C'est à Clichy qu'en 1795, 1796 et 1797, se rassemblaient les membres de la société royaliste connue sous le nom de *club de Clichy*, qui joua un instant un rôle important sous le Directoire. Ils se dispersèrent après le 18 fructidor ; quelques-uns furent même déportés.

Nous avons rapporté, dans notre notice sur Paris, qu'en 1815 la barrière de Clichy fut défendue par le maréchal Moncey à la tête des volontaires de la garde nationale. Le tableau si connu d'Horace Vernet a consacré ce souvenir ; il a eu un autre effet secondaire, il est vrai : c'est de faire la fortune du *père la Thuille*, dont le modeste cabaret, aujourd'hui transformé en un très confortable restaurant, figure dans ce tableau.

En 1831, Clichy, que saint Vincent de Paul, *l'abbé Vincent*, comme disaient ses paroissiens, avait édifié par ses vertus, fut le théâtre d'une petite révolution religieuse. Le curé, l'abbé Heuqueville, ayant eu des difficultés avec les habitants à cause de ses opinions ultra-religieuses, fut abandonné par ceux-ci, qui demandèrent à l'abbé Châtel, qui venait de fonder l'*Église française*, un pasteur de son choix. Le *Primat des Gaules*, c'est ainsi que s'intitulait modestement l'abbé Châtel, leur envoya son vicaire général, l'abbé Auzoux, et vint pour l'installer ; mais ils trouvèrent les portes de l'église fermées par ordre de l'autorité civile ; ils officièrent en plein vent sur un autel improvisé. Peu de temps après, l'église leur fut ouverte ; mais les obstacles apportés de nouveau par le pouvoir civil à l'exercice du culte de l'Église française décidèrent l'abbé Auzoux à louer un local qu'il occupa pendant près de deux ans. Niant toute hiérarchie épiscopale, il célébrait l'office divin en langue vulgaire, ne reconnaissait que des prêtres et des curés ; ces derniers devaient être élus par le peuple ; les autres fonctions étaient électives ou temporaires. Il y eut, à propos de sa destitution, une petite émeute à Clichy, dont le dénouement eut lieu à la police correctionnelle.

Clichy, dont la population se compose en grande partie de blanchisseuses, d'ouvriers employés dans les usines et les fabriques, etc., renferme de nombreux établissements industriels, parmi lesquels nous citerons une importante fabrique de céruse et de bougies, des fabriques de produits chimiques renommés, de colle forte, de vernis, de cordes à boyau, de carton, de papier, de plomb de chasse et de plomb laminé.

Outre le chemin de fer, une ligne de tramways relie Clichy à Paris.

SAINT-OUEN. — Saint-Ouen (*Villa Sancti-Audoeni*) est un joli village de 17,514 habitants, agréablement situé sur la rive droite de la Seine, à 4 kilomètres au sud-sud-ouest de Saint-Denis et à 8 kilomètres de Notre-Dame.

Saint-Ouen est un lieu très ancien qui doit évidemment son nom, et peut-être son origine, au séjour qu'y fit le ministre de Dagobert et l'ami de saint Éloi; les rois de la première race paraissent aussi y avoir eu une habitation, palais ou ferme.

Mais la principale illustration historique de Saint-Ouen date du xive et xve siècle. Le roi Jean ayant, en 1351, fondé l'ordre militaire de l'Étoile, assigna pour y tenir les assemblées la *Noble-Maison* de Saint-Ouen. C'était un château dont l'origine remontait à 1285, et que plusieurs grands personnages, Charles de Valois, Philippe le Bel, etc., s'étaient plu à embellir. C'était à la Notre-Dame de la mi-août que les chevaliers de la *Noble-Maison* (au nombre de cinq cents) se réunissaient à l'heure de prime, pour y rester tout le jour et le lendemain jusqu'à vêpres. La salle dans laquelle ils tenaient cette séance solennelle avait 40 mètres de longueur et 20 de largeur. Elle était flanquée aux quatre coins de quatre petites tours rondes qui servaient de cheminées, et dont les tuyaux s'élevaient aussi haut que le clocher du village. L'ordre de l'Étoile fut aboli par Louis XI, qui le remplaça par celui de Saint-Michel, et, dès lors, le manoir de la Noble-Maison fut complètement abandonné. Louis XI finit même par le donner, en 1482, aux moines de l'abbaye de Saint-Denis afin qu'ils priassent Dieu pour la conservation de sa personne.

Charles VI avait séjourné à la Noble-Maison; sa femme, la reine Isabeau de Bavière, avait fait construire dans la même rue et vis-à-vis l'*Hôtel des bergeries de la reine*, qu'elle légua plus tard aux moines de Gonesse. Saint-Ouen posséda dans la suite d'autres châteaux; tel fut celui de M. de La Seiglière de Boisfranc, bâti en 1660 et acheté en 1745 par Mme de Pompadour, qui y fit de nombreux embellissements, et dans lequel Louis XVIII séjourna le 2 mai 1814, la veille de sa rentrée dans Paris. C'est de cet endroit qu'il signa sa fameuse déclaration, préliminaire de la Charte constitutionnelle. En 1816, il fit l'acquisition du château, qui fut entièrement démoli et reconstruit avec magnificence pour Mme du Cayla dont il devint la propriété. M. Ternaux possédait à Saint-Ouen une maison remarquable par sa construction, ses points de vue et ses jolis jardins baignés par la Seine; c'est là qu'il éleva le premier troupeau de chèvres du Thibet introduit en France, et qu'il perfectionna la fabrique de châles auxquels il a laissé son nom.

Saint-Ouen possède un port qui communique avec la Seine par une écluse de 60 mètres de longueur sur 12 de largeur; de vastes bassins, des quais spacieux bordés de nombreux magasins et hangars. Ce sont là les *Docks de Saint-Ouen* qui offrent aux marchandises un abri momentané jusqu'à ce qu'on les dirige sur Paris par le canal Saint-Denis et celui de La Villette, par deux chemins de fer spéciaux se reliant, le premier au grand tronçon commun des lignes du Nord, le second au chemin de fer de Ceinture.

Saint-Ouen s'est considérablement accru depuis l'annexion de la petite banlieue à Paris (1860); on y a annexé à cette époque une partie du territoire de l'ancienne commune de Montmartre. L'industrie s'en est emparé; on y trouve des fonderies, des forges, des teintureries, des fabriques d'impression sur tissus, de graisse, d'encre pour imprimerie, des blanchisseries et une importante glacière. Les îles voisines sont le but des promenades des Parisiens et des excursions nautiques des canotiers. Le parc sert à certaines époques de lieu de réunion aux sportsmen : il y a des courses de chevaux.

Saint-Ouen est en communication avec Paris par une ligne de tramways.

ASNIÈRES. — Asnières (*Asinariæ, Asneriæ in Garenna*), station de la ligne du chemin de fer de l'Ouest, avec triple bifurcation sur Rouen, sur Saint-Germain et sur Versailles, est un joli village peuplé de 10,851 habitants, agréablement situé sur la rive gauche de la Seine, à 8 kilomètres au sud-ouest de Saint-Denis et à 7 kilomètres de Notre-Dame.

Asnières doit son nom aux animaux que son territoire élevait en grand nombre, il y a quelques siècles, ou, selon d'autres historiens, à un gué ou à un bac sur lequel les ânes chargés de matériaux passaient la Seine lors de la construction de l'abbaye de Saint-Denis. Il paraît qu'au xiiie siècle les rois de France y eurent une maison de plaisance. Quoi qu'il en soit, le lieu semble avoir été de toute antiquité habité, ainsi que le témoignaient les nombreux squelettes que l'abbé Lebeuf dit y avoir été exhumés de son temps près de la berge de la Seine. Au xviiie siècle, Asnières vit s'élever un château qu'entoura bientôt un parc magnifique. C'était à M. Voyer d'Argenson qu'appartenait cette belle habitation; il y réunissait quelquefois et la cour et la ville. Aujourd'hui, le parc et le château d'Asnières ont une autre destination; ce lieu est, pendant la belle saison, le rendez-vous d'une joyeuse jeunesse qui vient s'y livrer à tout l'entrain de la danse et des plaisirs. Asnières et ses îles sont l'*ultima Thule* du canotier parisien; qu'il soit simple matelot, ou qu'il ait justifié par son audace, par sa vigueur, par son sang-froid dans les dangers son grade de chef d'équipe, il lance sa barque dans la direction d'Asnières : aussi voit-on sur le quai un grand nombre de restaurants de tout étage, des guinguettes et des bals publics. Rien de plus gai que la physionomie et le mouvement de ce petit port, le soir, lorsque l'heure du repas et les parfums de la matelote et de la friture rappellent la flottille de promeneurs au rivage. Asnières a vu naître une industrie très prospère aujourd'hui, c'est celle des constructeurs de barques; il est sorti des chantiers d'Asnières, et plus particulièrement de celui de M. Picot, plus d'un chef-d'œuvre en ce genre.

Il y a chaque année à Asnières des régates très suivies, qui attirent une grande affluence de curieux.

Le territoire d'Asnières est couvert de petites villas, de chalets, d'habitations champêtres pour lesquelles tous les genres d'architecture ont été mis à contribution. Outre le chemin de fer, une ligne de tramways dessert Asnières.

Neuilly. — Neuilly-sur-Seine (*Portus Luliaco, Luliacum, Nully*) est une grande commune de 24,384 habitants, située à 8 kilomètres au sud-ouest de Saint-Denis et à 8 kilomètres de Notre-Dame.

Neuilly n'était originairement qu'une annexe de Villiers-la-Garenne, et ce ne fut longtemps qu'un lieu d'abordage pour le bac qui y traversait la Seine vis-à-vis du chemin de Nanterre. Il doit son importance au pont qui y fut établi au commencement du xviie siècle; voici à quelle occasion : Henri IV revenait de Saint-Germain avec la reine sa femme; au moment d'entrer dans le bac, les chevaux, qu'on avait oublié de faire boire, se précipitèrent dans l'eau et entraînèrent la voiture; le roi et la reine auraient péri sans le dévouement de MM. de L'Isle-Rouhot et de Castaigneraie, qui se jetèrent à l'eau, retirèrent le roi, lequel, se voyant hors de danger, se jeta dans la rivière pour aider à sauver la reine. Cette princesse avait bu un peu d'eau, ce qui fit dire à la marquise de Verneuil, alors maîtresse en titre de Henri IV, laquelle était absente : « Ah! si j'avais été là! comme j'aurais crié : *La reine boit !* » La révolution que cet accident causa au roi le guérit à l'instant d'un mal de dents très violent; aussi aimait-il à rappeler cette guérison, disant qu'il n'avait jamais trouvé de meilleur remède pour pareil mal. Cet événement donna l'idée de construire un pont en cet endroit. Ce pont ne dura que trente-cinq ans. Il fallut le reconstruire en partie sous Louis XIII. Un nouveau pont, placé un peu plus haut, dans l'alignement de la grande allée des Tuileries, fut construit sous Louis XV, et inauguré en 1772; c'est celui que nous voyons aujourd'hui. Ce pont, le premier sans courbure elliptique qui ait été construit en France, est un chef-d'œuvre de hardiesse, de solidité et d'élégance; il est dû à l'architecte Perronnet.

Le pont de Neuilly, la belle avenue qui le reliait aux Champs-Élysées, aux Tuileries, donnèrent bientôt au village une importance qui s'est accrue par l'établissement d'un grand nombre de maisons de campagne, au nombre desquelles nous citerons celles de Saint-James et de Sainte-Foy. Ces maisons de plaisance se sont accrues de celles que l'on a élevées dans le parc de l'ancien château, résidence favorite du roi Louis-Philippe. Ce prince avait été aussi pour beaucoup dans les rapides accroissements de la commune de Neuilly.

Saint-James forme un quartier de Neuilly; il s'est bâti sur l'emplacement de la propriété de Baudard de Saint-James, trésorier des dépenses du département de la Marne en 1775.

Les jardins, dessinés à l'anglaise, coupés par un canal, étaient plantés d'une variété infinie d'arbres indigènes et exotiques. On y voyait des temples, des kiosques, des rochers dans lesquels s'ouvraient des grottes souterraines. Le créateur de tant de merveilles mourut dans l'indigence et n'eut que le convoi du pauvre.

Après lui, Saint-James fut habité par la princesse Borghèse, qui y donna de grandes fêtes; puis par Wellington, qui ne put empêcher ses soldats de le ravager; il fut détruit au commencement de la Restauration.

Courbevoie. — Courbevoie (*Curvavia*) est un village de 15,000 habitants, situé à 12 kilomètres au sud-ouest de Saint-Denis et à 9 kilomètres de Notre-Dame, station du chemin de fer de Paris à Versailles (rive droite).

Courbevoie ne fut pendant longtemps qu'un hameau dépendant de la commune de Colombes, dont deux titres de 1209 constatent l'existence sous le nom de *Curvavia*, qu'il devait au détour que la route y faisait pour franchir le coteau au passage du bac de Neuilly. Ce village n'a pris d'importance réelle que depuis la construction des vastes casernes que Louis XV y fit bâtir pour loger les gardes suisses. Ces casernes sont le seul monument de ce village, qui ne présente, par conséquent, rien de bien intéressant. Mais on y voit un grand nombre de jolies maisons de campagne, auxquelles il ne manque absolument que le voisinage d'un bois. Courbevoie est bâti en amphithéâtre sur une colline que ses belles casernes dominent de leurs vastes constructions; son église n'a rien de remarquable. Il y a un hospice pour les protestants indigents dont la fondation est due à la libéralité privée. A ses pieds la Seine forme des îles verdoyantes du plus pittoresque aspect.

Au rond-point de l'avenue de Courbevoie, qui continue au delà du pont de Neuilly l'avenue de la Grande-Armée et l'avenue de Neuilly, s'élevait avant 1870 la statue de Napoléon Ier, par Seurre aîné, qui était autrefois placée au haut de la colonne Vendôme. On a érigé à sa place, en 1883, le groupe allégorique de la Défense de Paris, par Barrias.

Levallois-Perret. — Levallois-Perret est une commune de récente formation, qui a été démembrée du territoire de Clichy-la-Garenne; en 1852, elle n'avait que 22,000 habitants, et en 1881 elle en comptait 29,361. Cette augmentation est due à l'émigration des ouvriers et des petits rentiers parisiens que la chèreté des loyers chasse de Paris.

Dès l'année 1746, Nicolas-Eugène Levallois, marchand de vin, de concert avec MM. Fazillau, Paccard, Vallier, Zabbot et quelques autres, avait imaginé le plan de ce village, qui ne commença à prendre quelque importance que lorsque, en 1860, on eut annexé la petite banlieue à Paris. C'est une agglomération industrielle où l'on trouve des dépôts de charbon, de bois, d'eau-de-vie, des fabriques de serrures, de miroirs métalliques, de couleurs, de clous, d'amidon, d'encre, de papiers vernis imperméables, de voitures, de wagons, de matériel de chemins de fer, etc. Cette commune dépend du canton de Neuilly; elle est à 3 kilomètres de Neuilly, à 6 de Saint-Denis et à 7 de Paris.

Colombes. — Colombes (*Columbariæ*) est un fort village de 10,357 habitants, situé dans le canton de Courbevoie, à 4 kilomètres à l'ouest de Saint-Denis et à 11 de Paris, station du chemin de fer de l'Ouest, avec bifurcation sur Argenteuil.

Colombes est près de la Seine, au milieu d'une plaine bien cultivée; il doit son origine à une ferme au milieu de laquelle s'élevait un colombier. Ce village, qui était connu dès le xiiie siècle, a été fortifié; il possédait un château dans lequel mourut, à l'âge de 60 ans, Henriette de France, troisième fille de Henri IV et veuve de Charles Ier. Ce château qui avait été décoré de peintures par Simon Vouet, a été détruit en 1793. Aujourd'hui, Colombes est un village agricole et industriel; on y trouve des fabriques de bonneterie, de colle forte, des féculeries et des corderies.

C'est dans une des îles qui dépendaient de cette commune, que le peintre Watelet avait élevé, à la fin du siècle dernier, une maison de campagne ornée de beaux jardins; on l'appelait le *Moulin-Joli* et elle fut longtemps le rendez-vous d'une société choisie. Des inscriptions en vers mieux intentionnés que corrects avertissaient le promeneur des impressions qu'il devait éprouver dans telle ou telle station de ces bocages factices. Citons les vers qui se lisaient près du moulin à eau auquel la propriété devait son nom :

> Ah! connaissez le prix du temps!
> Tandis que l'onde s'écoule,
> Que la roue obéit à ses prompts mouvements,
> De vos beaux jours le fuseau roule.
> Jouissez, jouissez; ne perdez pas d'instants!

A cette sentence par trop épicurienne, nous préférons celle qui se lisait sur un vieux saule :

> Vivez pour peu d'années, occupez peu d'espace,
> Faites du bien surtout, formez peu de projets,
> Vos jours seront heureux; et si ce bonheur passe,
> Il ne vous laissera ni remords ni regrets!

Le hameau de Bois-Colombes, qui est une des

annexes de la commune, vient d'en être distrait pour former une commune particulière

Puteaux. — Puteaux (*Puteoli*) est un village de 15,184 habitants, situé sur la rive gauche de la Seine, à la descente d'une colline qui fait face à celle de Suresnes, à 12 kilomètres au sud-ouest de Saint-Denis et à 11 kilomètres de Notre-Dame; station du chemin de fer de Versailles (rive droite). Puteaux fut longtemps une annexe de la commune de Suresnes. L'agrément de son site au pied d'une colline, sur le bord du fleuve et près d'une île verdoyante, y attira bientôt les Parisiens, qui y bâtirent des maisons de campagne; on citait, parmi les plus remarquables, celles de la duchesse de Guiche et du duc de Grammont; cette dernière s'appelait *Faventine;* elle passa ensuite au duc de Penthièvre, et, quoiqu'elle ait été morcelée, il reste encore quelques vestiges du parc et du château. C'est surtout depuis une trentaine d'années que le village a pris une grande extension : le voisinage de la Seine y a fait établir de nombreuses fabriques et usines qui ont triplé sa population primitive; il y a des fabriques d'indiennes, des teintureries, une filature de laine, une fabrique de produits chimiques et de blanc de céruse, un grand atelier de construction de machines, etc., etc.

L'église, qui date du xvi° siècle, n'offre rien de bien remarquable. L'hôtel de ville est plus moderne : il a été construit en 1854; il porte une inscription qui indique à la fois le sentiment de l'ordre et des tendances libérales : *Sub lege libertas.*

La plus grande partie du territoire abonde en vignes; le reste est cultivé en légumes, tels que pois, haricots, asperges, etc.; on y voit aussi quantité de rosiers, dont les habitants vendent les fleurs aux parfumeurs de Paris.

Suresnes. — Suresnes (*Surisnæ, Sorenæ*), village de 6,993 habitants est agréablement bâti sur la rive gauche de la Seine, au pied du Mont-Valérien, à 14 kilomètres au sud-ouest de Saint-Denis et à 10 kilomètres de Notre-Dame; station du chemin de fer de Versailles (rive droite). Ce village est très ancien, il en est question dès l'année 918 : il appartenait alors à Charles le Simple, qui en fit cadeau à Robert, comte de Paris et abbé de Saint-Germain-des-Prés. Dans le xiii° siècle, le nom latin du village était écrit tantôt *Sorenæ* et tantôt *Serenæ*.

Voici à quelle occasion, suivant l'abbé Lebeuf, Suresnes commença à devenir une paroisse séparée de Nanterre, dont il fut longtemps une annexe : « Saint Leufroy, abbé du diocèse d'Évreux, dans le viii° siècle, y mourut en 738. Les moines de son abbaye, s'étant réfugiés à Paris avec le corps de leur saint abbé à cause de la crainte des Normands, s'en retournèrent lorsque la paix fut faite avec eux; mais les religieux de Saint-Germain, chez qui ils avaient caché ces reliques, ne voulurent point les rendre et se contentèrent de leur laisser emporter un bras. La terre de Suresnes ayant été donnée alors à la même abbaye de Saint-Germain-des-Prés comme pour suppléer aux terres de l'abbaye de la Croix-Saint-Leufroy, dont elle avait espéré jouir, on songea à bâtir une église et à y ériger une cure. Ainsi, ce fut alors, c'est-à-dire depuis l'an 918, que les hameaux de Puteaux et de Suresnes furent démembrés de Nanterre, chef-lieu de toute la péninsule. L'église fut dédiée sous le titre de Saint-Leufroy, dont l'abbaye possédait le corps, et dont on détacha sans doute quelques parcelles pour la cérémonie. Il n'y a pas d'apparence qu'il y eût une église en ce lieu avant le transport de ce saint corps à Paris et avant la donation de Suresnes au monastère qui possédait cette relique. L'église de Saint-Leufroy de Suresnes reçut encore par deux fois des reliques de son saint patron. En 1222, lorsque le corps fut transféré de la vieille châsse dans une nouvelle, l'abbé de Saint-Germain en fit tirer une côte qu'il donna à la même paroisse; et derechef, en 1508, les anciennes reliques ayant été perdues ou brûlées dans le temps des guerres de religion, le clergé du lieu vint recevoir à Paris un petit os de la jambe du même saint, que les habitants promirent de rapporter à l'abbaye, en temps de guerre ou d'autres dangers. »

Suresnes fut très souvent ravagé, en effet, pendant les guerres du xv° siècle. Quelques ligueurs s'étant réfugiés dans l'église, les troupes royales y mirent le feu; on montre encore les traces de cet incendie.

En 1593, une conférence célèbre y fut tenue pour déterminer Henri IV à changer de religion; on y prépara des logements pour les députés de la Ligue et ceux du roi. On tira au sort des divers quartiers, et il arriva que celui où était l'église échut aux catholiques, ce qui parut de bon augure pour le résultat des conférences. L'événement justifia ces pressentiments.

C'est au xviiie siècle qu'on institua à Suresnes un couronnement de rosière, institution qui s'est maintenue jusqu'à notre temps ; le couronnement de cette rosière a lieu le dimanche le plus rapproché du 21 août.

Suresnes, par sa riante situation en face du bois de Boulogne, avec lequel le relie un pont de trois arches, se recommandait aux riches Parisiens qui cherchaient un lieu de repos durant la belle saison. Dès le xviie siècle, Colbert, M. de Lionne, la marquise de Hamanville, le duc de Chaulnes y eurent des maisons de plaisance ; M. Salomon de Rothschild acheta la principale et consacra une partie de son immense fortune à l'embellissement des jardins, à la création de serres où étaient réunies les plus rares productions des régions intertropicales. Cette belle propriété fut dévastée par des émeutiers le 25 février 1848 et le dommage qu'ils y firent fut évalué à 1,500,000 francs ; le château n'a été restauré que depuis la guerre franco-allemande.

Le vin de Suresnes est depuis longtemps fameux par son acidité ; il a pourtant joui autrefois d'une réputation toute contraire. Le roi Louis VII n'avait rien de mieux à offrir au roi Henri II d'Angleterre, ainsi qu'aux moines qui gardaient le tombeau de saint Thomas Becket, de Cantorbéry, que plusieurs quartauts de vin de Suresnes. Un poète latin du xviie siècle l'a célébré en vers pompeux ; il l'a mis sur la même ligne que les vins d'Orléans, et, en 1725, des thèses publiques furent soutenues par des docteurs de la Faculté de Paris pour démontrer que ce vin l'emportait en qualité sur les meilleurs crus de Bourgogne et de Champagne. Notre goût est-il devenu plus délicat ? ou bien, supposition plus vraisemblable, le mode de culture a-t-il changé ? On reproche, en effet, aux habitants de Suresnes de vendanger avant que le raisin soit arrivé à son entière maturité et surtout d'avoir préféré la quantité à la qualité. Cette circonstance suffit, sans doute, pour expliquer et l'ancienne gloire du vin de Suresnes et son impopularité actuelle.

Les habitants de cette commune sont blanchisseurs, vignerons ou occupés dans des usines.

Suresnes est la patrie de l'architecte Perronnet, auquel on doit le beau pont de Saint-Cloud.

Le Mont-Valérien. — Le Mont-Valérien, aujourd'hui couronné par un fort, était, dès le xve siècle, un lieu de pèlerinage très fréquenté. On y avait élevé au-dessus d'une grotte artificielle trois grandes croix qui rappelaient le Calvaire. Au xviie siècle, on y bâtit une église de la Sainte-Croix et un couvent. Le cardinal de Richelieu favorisa la nouvelle institution. Mais, en 1663, les prêtres de ce couvent en ayant vendu la propriété aux jacobins de Paris, le chapitre de Notre-Dame refusa de ratifier le marché et y installa d'autres prêtres. Il en résulta un conflit et même un combat, auquel prirent part les paysans des environs ; les jacobins restèrent maîtres de la place. Il fallut, pour décider la question, un arrêt du parlement, qui restitua le couvent et ses biens aux premiers possesseurs. Cette petite guerre ecclésiastique fut célébrée dans une pièce de 2,000 vers de neuf syllabes, fort spirituellement tournés, de la composition de Jean Duval, prêtre et bachelier en théologie, publiée à Paris en 1664 et qui est aujourd'hui une curiosité bibliographique. Le Calvaire attirait un grand concours de pèlerins pendant la semaine sainte.

La vue dont on jouit du haut du Mont-Valérien, dont la hauteur absolue est de $161^m,30$ et qui domine le cours de la Seine d'environ 130 mètres, est une des plus belles des environs de Paris. Bernardin de Saint-Pierre nous a conservé le récit d'une promenade qu'il y fit avec Jean-Jacques Rousseau : celui-ci était né protestant, tous deux étaient philosophes ; cependant le recueillement de la foule rassemblée dans la chapelle les émut : « Jean-Jacques, dit Bernardin de Saint-Pierre, me dit avec attendrissement : « Maintenant j'éprouve » ce qui est dit dans l'Évangile : *Quand plusieurs* » *d'entre vous seront rassemblés en mon nom, je* » *me trouverai parmi eux...* Il y a ici un sentiment » de paix et de bonheur qui pénètre l'âme. » Je lui répondis : « Si Fénelon vivait, vous seriez catholi- » que. » Il me repartit hors de lui et les larmes aux yeux : « Si Fénelon vivait, je chercherais à être son » laquais pour mériter de devenir son valet de cham- » bre.... » Cependant on nous introduisit au réfectoire ; nous nous assîmes pour écouter la lecture, à laquelle Rousseau fut très attentif..... Après cette lecture, Rousseau dit d'un air profondément ému : « Ah, qu'on est heureux de croire ! »..... Nous nous promenâmes pendant quelque temps dans le cloître et dans les jardins. On y jouit d'une vue immense. Paris élevait au loin ses tours couvertes de lumière, et semblait couronner ce vaste paysage ; ce spectacle contrastait avec de grands nuages plombés qui se succédaient à l'ouest et semblaient remplir la vallée. Comme nous marchions en silence, en considérant ce spectacle, Rousseau me dit : « Je vien-» drai cet été méditer ici. »

Les bâtiments du couvent subsistèrent longtemps après sa suppression par l'Assemblée constituante. Mais Napoléon Ier, ayant appris que des ecclésiastiques y tenaient de nuit des conciliabules, crut y voir une conspiration, fit saisir, une nuit, ceux qui étaient réunis dans le couvent, dont il ordonna la démolition immédiate, et y fit construire une caserne, qui était presque terminée lorsque arrivèrent les événements de 1814. Ces bâtiments furent alors donnés aux Pères de la Foi.

Sous la Restauration, le Mont-Valérien fut rendu à sa pieuse destination : les trois croix furent relevées ; on reconstruisit l'église et la maison conventuelle. Les Parisiens accoururent de nouveau au pieux pèlerinage pendant la semaine sainte ; mais, à la suite de la révolution de 1830, les jésuites furent expulsés, et le couvent fut encore détruit (1841).

Aujourd'hui, le Mont-Valérien a été converti en une formidable forteresse qui commande tous les alentours ; on y a construit de vastes casernes, des casemates à l'abri des bombes, et de beaux logements pour les officiers : la garnison y est, en temps ordinaire, de 1,200 ou 1,500 hommes.

Pendant le siège de Paris, les canons du Mont-Valérien ont tenu en respect les forces allemandes qui de ce côté investissaient la capitale. Plus tard, durant la Commune, ils décidèrent en partie du succès des journées des 2 et 3 avril, pendant lesquelles les fédérés parisiens tentèrent une sortie contre les troupes du général Vinoy et furent repoussés.

NANTERRE. — Nanterre (*Nemetodorum*, *Nannetodorum*), bourg de 4,924 habitants, est situé à 16 kilomètres au sud-ouest de Saint-Denis et à 12 kilomètres de Notre-Dame ; station du chemin de fer de Saint-Germain.

Nanterre existait dès le Ve siècle sous le nom de *Nemetodorum*. Avant qu'on y vît des habitants, c'était un lieu boisé consacré par les druides ; on y voyait des dolmens et des menhirs. « Saint Germain y passant, dit l'abbé Lebeuf, y discerna la fille de Sévère, habitant de ce lieu. Il la fit approcher, la mena à l'église, où il récita les prières de nones et de vêpres, et le lendemain il lui fit déclarer, ainsi qu'elle le lui avait promis la veille, qu'elle désirait embrasser l'institut des vierges chrétiennes ; il l'affermit dans cette résolution, et lui donna une pièce de cuivre où était gravée la figure de la croix, lui disant de la porter à son cou au lieu de ces colliers que les jeunes filles mondaines portaient. » Cette jeune fille était sainte Geneviève Parmi les historiens, les uns la font naître d'un seigneur qu'on représente comme fort riche et possédant sept ou huit villages ; selon d'autres, c'était une simple bergère ; cette seconde tradition, plus attrayante, a prévalu. Depuis son entretien avec saint Germain, Geneviève vécut pieusement, et il se fit tant de miracles sur son tombeau, qu'elle fut presque aussitôt canonisée. Elle devint la patronne de Paris.

Au XIIe siècle, Nanterre appartenait à l'église Sainte-Geneviève de Paris.

Une inscription commémorative indique dans la Grande-Rue l'emplacement de la maison de sainte Geneviève, bâtie, dit-on, au VIe siècle, à la place où était la maison des père et mère de la sainte. Leur puits, qui s'est conservé, et près duquel on a élevé une petite chapelle, est encore l'objet d'une dévotion particulière ; les pèlerins y tirent l'eau, dont ils s'abreuvent à longs traits ; ils attribuent à cette eau toutes sortes de vertus surnaturelles. Henriette-Marie de France, reine d'Angleterre, y vint faire ses dévotions ; et le roi Louis XIII, cinq ans après, fuyant une maladie, qui cessa par l'intervention de la vierge de Nanterre, y vint en pèlerinage en 1630.

Nanterre était autrefois un bourg fortifié, entouré de murs flanqués de tours qui ont été remplacés par des promenades agréables. Les rois de France y avaient une résidence au VIe siècle. En 591, Clotaire II, âgé de sept ans, et fils du roi Chilpéric, y fut baptisé. Gontrand, roi de Bourgogne, oncle du jeune prince, fut son parrain. En 1346, les Anglais, qui venaient de s'emparer de Saint-Germain et de le brûler, prirent aussi Nanterre et lui firent éprouver le même sort.

En 1441, les Anglais, réunis aux Armagnacs, prirent une seconde fois Nanterre, et signalèrent leur nouvelle apparition par de nouveaux excès. Le journal de Charles VI rapporte qu'ils pendaient les uns, noyaient les autres, et exigeaient de tous ces malheureux habitants des rançons bien au delà de ce qu'ils possédaient. En 1815, il y eut à Nanterre un engagement entre les Prussiens et les

LA FRANCE ILLUSTRÉE   PAR V.-A. MALTE-BRUN

LAC DU BOIS DE BOULOGNE

110. — Seine (6).

Français : un bataillon prussien y fut détruit. Le lendemain, les Anglais occupèrent et pillèrent le village, abandonné par les troupes françaises, qui s'étaient repliées sur Paris.

Nanterre est aujourd'hui assez bien bâti, dans une grande plaine, à peu de distance de la Seine, sur la grande route de Rouen. On y voit de belles maisons de campagne, quelques grands établissements industriels et l'on y a construit récemment une grande maison centrale de répression qui peut recevoir jusqu'à 1,500 détenus et vieillards recueillis de l'un ou de l'autre sexe. Son abattoir à porcs livre annuellement à Paris pour plus de quatre millions de charcuterie. Ses gâteaux ont longtemps joui d'une juste renommée auprès des jeunes Parisiens ; il s'en vendait pour plusieurs centaines de mille francs par an ; mais aujourd'hui il faut faire le voyage de Nanterre même pour en trouver.

Nanterre a sa rosière, et le couronnement de celle-ci attire dans le bourg, chaque année, le jour de la Pentecôte, une grande affluence et donne lieu à une cérémonie religieuse accompagnée d'une procession à la chapelle de Sainte-Geneviève, située en plein champ, entre Nanterre et Chatou.

BOULOGNE. — Boulogne-sur-Seine (*Bononia parva*) est un beau et grand village situé à 14 kilomètres au sud-ouest de Saint-Denis, et à 9 kilomètres à l'est de Paris.

Ce village se composait, au XIVe siècle, de quelques maisons groupées autour de Notre-Dame-de-Boulogne, ainsi nommée par des Parisiens qui, ayant fait un pèlerinage à Notre-Dame-de-Boulogne-sur-Mer, entreprirent de construire sous cette invocation un oratoire dans le voisinage de Paris. Cette petite église, exactement semblable, dit-on, à celle qu'ils venaient de visiter, fut achevée en 1348, agrandie le siècle suivant, et tout récemment habilement restaurée. Le village avait d'abord le nom de *Menus-lez-Saint-Cloud*, ce qui indiquait une petite agglomération de quelques habitations ; mais le nom de Boulogne-sur-Seine a prévalu et s'est étendu au bois qui l'avoisine.

L'église de Boulogne fut longtemps le théâtre de nombreuses conversions qu'opérait par son éloquence entraînante un cordelier qui revenait de Jérusalem. Le frère Richard, en effet, déclamait avec tant de force contre les abus, le luxe et la dépravation des mœurs de son siècle, que tout le monde se portait en foule pour l'entendre. Ce brûlant apôtre fit un jour un sermon si pathétique, si entraînant sur les vanités du siècle, que tous les Parisiens qui l'entendirent, animés d'un saint enthousiasme et pénétrés du plus sincère repentir, se saisirent à leur retour chez eux de tous les objets de plaisir et de luxe, et en offrirent publiquement un sacrifice expiatoire en les jetant dans les flammes. Le journal de Charles VI, de 1429, rapporte qu'on vit dans Paris plus de cent de ces feux, et que les hommes brûlèrent les tables de jeu, les cartes, les billes et billards et toutes autres choses qui pouvaient être réputées répréhensibles. Les femmes firent un autodafé de tous leurs atours, de leurs aigrettes et de tous leurs ornements de tête... Les demoiselles laissèrent leurs cornes et leur queue et *grand foison de leurs pompes*. Frère Richard commençait ses sermons à cinq heures du matin et les finissait à onze. S'il prêchait à Boulogne ou à Saint-Denis, les routes étaient couvertes d'une multitude de gens qui allaient l'entendre. On partait dès la veille pour avoir la meilleure place ; on couchait dans les masures ou en plein champ pour être rendu plus tôt au sermon du frère. La chronique du temps ajoute que dix de ses sermons firent plus d'effet sur le peuple et convertirent plus d'âmes à Dieu que tous les textes qu'avaient traités et commentés, depuis cent ans, les plus fameux prédicateurs. Tels furent les premiers motifs qui déterminèrent les Parisiens à aller à Boulogne. Le frère Richard ne se doutait sûrement pas qu'en prêchant contre le luxe, il instituerait des fêtes, et que justement l'on viendrait y étaler ce qu'il avait tant blâmé.

Le village de Boulogne est percé par une longue rue, bien bâtie, qui mène de la porte du bois au pont de Saint-Cloud. L'avenue de Boulogne forme principalement un beau boulevard ; on y voit un grand nombre de confortables maisons de campagne, qui ont pour principal agrément le double voisinage de la Seine et du bois. La population est de 24,961 habitants ; elle jouit, en général, d'une certaine aisance, et se compose, en grande partie, de blanchisseurs et de blanchisseuses ; on n'y compte pas moins de quatre cents propriétaires de buanderies.

Le bois auquel Boulogne donne son nom était autrefois beaucoup plus vaste ; il couvrait tout le territoire des communes de Neuilly, de Levallois-Perret et de Clichy-la-Garenne ; il était désigné sous la dénomination de forêt de Rouvray (*Roveritum*). Ce nom, que l'on rencontre fréquemment dans les anciens titres, désignait un lieu planté en chênes (*robur, roburitum, rovuritum*) et en taillis de chênes. Les rois de France y vinrent souvent se livrer au plaisir de la chasse; et il était redouté des Parisiens à cause de ses voleurs, qui y détroussaient les passants; la *Croix Catelan* rappelait un événement de ce genre. Isabelle de France, sœur de saint Louis, y fonda, en 1260, le monastère de *Longchamps*, dont les religieuses suivaient la règle de Saint-François. Le roi François Iᵉʳ établit à l'extrémité du bois, et dans le voisinage de l'abbaye, son château de *Madrid*, qui fut détruit en 1793, après avoir un instant été converti en manufacture, parce qu'il tombait en ruine. Ce château, dont le premier nom était *Château de Boulogne*, fut nommé *Madrid*, non pas par rapport au palais de cette ville, avec lequel il n'avait aucune ressemblance, mais par allusion à ce que François Iᵉʳ, dans ses fréquentes retraites au château de Boulogne, y était presque aussi inaccessible pour ses courtisans que durant sa captivité en Espagne. Le comte d'Artois, depuis Charles X, y fit élever, dans les premières années du règne de Louis XVI, la petite maison de *Bagatelle*, qu'on appela longtemps *Folie d'Artois*, et qui servit de but de promenade au duc de Bordeaux, et, plus tard, au fils de Napoléon III. Enfin, le comte Baudard de Saint-James fit construire sur la lisière du bois une belle maison d'habitation que l'on désigna sous le nom de *Folie Saint-James*, à cause des sommes énormes qu'il y avait dépensées. Telles sont les habitations qui ont laissé leur nom à certaines parties du bois de Boulogne actuel.

L'abbaye de Longchamps a légué, jusqu'à ces dernières années, son nom à l'une des coutumes parisiennes les plus bizarres; nous voulons parler de la promenade de Longchamps. Il reste encore une grange qui appartenait jadis aux dépendances du monastère, quelques débris de murailles et un moulin. « Avant la Révolution de 1789, tous les ans, les mercredi, jeudi et vendredi de la semaine sainte, la cour et les personnages les plus distingués se rendaient dans l'église de cette abbaye. La foule y était attirée par les chants harmonieux, plaintifs et touchants que les religieuses faisaient entendre à Ténèbres, pendant ces trois jours consacrés par la religion à la douleur. Dans le principe, la piété et l'esprit de pénitence y conduisaient quelques personnes; puis, les chants remarquables des Filles de l'Humilité de la Vierge y amenèrent des curieux; la mode s'en mêla, et on vint à Longchamps comme on va aujourd'hui aux Champs-Élysées ou à l'Opéra. Cette coutume d'aller à Longchamps s'est perpétuée jusqu'à nous; seulement, les pèlerins et les pèlerines restent à mi-route, et beaucoup ignorent où se trouve réellement Longchamps et pourquoi on va à Longchamps : tout ce qu'ils savent, c'est qu'on y va souvent à grands frais, toujours en grande toilette, pour voir, et plus encore pour se faire voir. Ainsi tout dégénère. »

Une partie des terres de l'ancienne abbaye, comprise entre le bois et la Seine, sert maintenant *de turf* au *sport de Longchamps*.

Le bois de Boulogne, horriblement dévasté en 1815 par les Anglais, qui y campèrent, a été concédé à la ville de Paris qui se l'est annexé et qui y a fait faire de grands embellissements. Ce n'est d'ailleurs plus un bois, c'est une promenade, un parc auquel on arrive par la belle avenue du Bois-de-Boulogne, bordée de riches et somptueuses habitations; rien n'y manque, allées tournantes, points de vue, rivière, cascade, chalets, et surtout la poussière; il y a encore des gens qui regrettent le temps où il n'était pas encore embelli par l'administration municipale ni mutilé par les fortifications.

II. — ARRONDISSEMENT DE SCEAUX

Sceaux (lat., 48° 46′ 39″ ; long., 0° 2′ 25″ O.). — Sceaux (*Cellæ*), jolie petite ville de 2,771 habitants, chef-lieu du II° arrondissement communal et d'un canton, est située à 12 kilomètres au sud de Notre-Dame, sur une colline de 102 mètres d'altitude et entourée de charmantes promenades égayées par de jolies maisons de campagne, villas, chalets, etc.

Cette petite ville était, au XII° siècle, un hameau dont le nom latin était *Cellæ* (cabanes, cellules) ; de là son nom actuel, *Seaux* ou *Sceaux*. Un de ses premiers seigneurs y apporta de Palestine, en 1214, les reliques d'un croisé, saint Mamès, martyrisé en Cappadoce par les infidèles ; ces reliques avaient la vertu de guérir la colique, ce qui leur valut de nombreux visiteurs et augmenta l'importance de la bourgade. La terre de Sceaux fut achetée à la fin du XVI° siècle par M. de Gesvres, qui y bâtit un château. Mais le premier possesseur illustre de ce domaine fut Colbert, qui l'acheta en 1670 des héritiers du duc de Tresmes. Colbert fit démolir l'ancien château, qu'il remplaça par un édifice magnifique ; Lebrun le décora de peintures, Le Nôtre dessina les jardins, Girardon et Puget les peuplèrent de statues. Le grand ministre y séjourna souvent ; il se plaisait à y réunir les gens de lettres et les savants. Le roi lui-même y vint deux fois, et Colbert lui offrit des fêtes splendides. Le château passa ensuite au fils de Colbert, le marquis de Seignelay, et, en 1700, à l'un des enfants de Mme de Montespan et de Louis XIV, le duc du Maine. La duchesse du Maine, l'altière et intrigante fille du grand Condé, qui y passa sa vie et y tint une petite cour, partagée entre des amusements singuliers et le goût de l'intrigue, fit de son château le foyer d'une constante conspiration contre le Régent, qui fit enfermer, pendant une année, la duchesse et son infortuné mari. Elle revint ensuite à Sceaux, et reprit le cours de ses amusements ordinaires. Mais le duc du Maine, qui n'était pour rien dans la conspiration dont il avait été victime, eut grand'peine à pardonner à sa femme de l'avoir compromis dans des entreprises auxquelles se refusait sa paisible nature ; il ne revint à Sceaux que longtemps après.

Sceaux devint, sous la duchesse du Maine, le théâtre de fêtes perpétuelles, où la galanterie et le bel esprit rivalisaient d'efforts pour désennuyer la petite princesse. Nous avons peine à comprendre aujourd'hui le sens, et surtout l'agrément de ces laborieux amusements, qui faisaient l'occupation la plus sérieuse de M. de Malézieu et de quelques autres hommes de mérite attachés à la duchesse. On y faisait des anagrammes, on y composait de petits vers, on y jouait aux bergeries ; aussi quelques esprits solides, qui s'égarèrent un temps dans cette petite cour, l'appelaient les *galères du bel esprit*. C'était chaque jour quelque invention nouvelle ; on inventait l'*ordre de la Mouche à miel*, en l'honneur de la duchesse. Chacun des membres de cet ordre devait porter un ruban citron, et jurer, par *le mont Hymette*, fidélité aux règlements et statuts, qu'on rédigea avec gravité. La devise de l'ordre était : *Piccola si, ma fa pur gravi le ferite*. « Oui, elle est petite, mais elle fait de graves blessures. » Un autre jour, on jouait au moyen âge, tel qu'on le connaissait et qu'on le comprenait alors, et le président de Mesmes, que le bon Rollin regardait comme un grave magistrat, et qui passa pour être un moment sur un pied d'intimité parfaite avec la duchesse, lui écrivait de précieuses lettres en style marotique, où il se qualifiait de *très puissant empérier de l'Indoustan*, écrivant *à la plus que parfaite princesse Ludovise, empérière de Sceaux*. Tout cela dura autant que la vie de Mme du Maine ; et Mlle de Launay (Mme de Staël), qui vécut longtemps dans ce monde, pouvait dire d'elle : « Mme la duchesse du Maine, à l'âge de soixante ans, est encore un enfant de beaucoup d'esprit. » Voltaire fit quelques apparitions dans ce singulier monde, et y trouva même un asile dans un de ses nombreux démêlés avec le pouvoir ; il y écrivit *Zadig*. Des gens de lettres, d'une médiocrité plus convenable à une telle société, tels que La Motte et le marquis de Sainte-Aulaire, y vécurent plus assidûment. On sait que ce fut à Sceaux, et pour Mme du Maine, alors que l'on jouait *aux devinettes*, que le marquis composa le fameux quatrain qui lui valut, à plus de soixante ans, le fauteuil académique :

>La divinité qui s'amuse
>A me demander mon secret,
>Si j'étais Apollon, ne serait pas ma muse :
>Elle serait Thétis et le jour finirait.

En 1700, la terre de Sceaux passa entre les

mains toutes bienfaisantes du duc de Penthièvre, qui s'y fit aimer par son active et inépuisable charité. Mais l'influence des bergeries de Mme du Maine s'y maintint après la mort de la duchesse; Florian — *Florianet*, comme disait Voltaire, — y composa ses pastorales les plus célèbres. Lorsqu'il fut nommé de l'Académie française, le duc de Penthièvre ayant, pour fêter cette élection, donné un grand dîner aux académiciens, fut surnommé le *Restaurateur de l'Académie*. Florian passa à Sceaux plusieurs années de sa vie, et y mourut en 1794, à l'âge de trente-neuf ans, d'une fièvre typhoïde. Il avait été emprisonné pendant quelque temps, puis relâché. Mais cet emprisonnement avait ébranlé sa frêle organisation et il mourut peu de temps après sa sortie de prison. Il crut pourtant devoir payer sa dette à l'esprit du temps, en composant, sur l'air de la *Carmagnole*, une assez mauvaise chanson dont voici un couplet :

> Que faut-il au républicain ?
> Du fer, du cœur, un peu de pain :
> Du fer pour l'étranger,
> Du cœur pour le danger,
> Et du pain pour ses frères, etc.

Qui se fût attendu à cela de la part du sentimental auteur d'*Estelle et Némorin*, de celui que la reine Marie-Antoinette elle-même trouvait fade, et dont elle disait si spirituellement : « Quand je lis le *Numa* de M. de Florian, il me semble que je mange de la soupe au lait. »

Le duc de Penthièvre, protégé par sa bienfaisance, mourut tranquillement, en 1793, à Vernon ; le conseil de la commune de Sceaux lui fit faire un service funèbre. La duchesse d'Orléans, sa fille, était, depuis quelque temps déjà, propriétaire de Sceaux, quand tous les biens des Bourbons furent confisqués. Le château et le parc devinrent propriétés nationales. La Convention eut soin, après la confiscation de ce domaine, d'en faire retirer, et de placer au Musée des monuments français au Luxembourg et aux Tuileries, les statues qui avaient une valeur artistique, entre autres l'*Hercule gaulois* de Puget. La bibliothèque avait été transportée dans l'un des neuf dépôts qui existaient alors à Paris, et où l'on réunissait les livres provenant de la suppression des maisons royales et ecclésiastiques.

Pendant quelque temps, Palloy, entrepreneur de bâtiments, qui, en 1789, avait été chargé de la démolition de la Bastille, imagina de donner dans le parc de Sceaux, où il habitait, une série de fêtes patriotiques, en l'honneur de la prise de la Bastille, de Barra et de Viala, de la Liberté (où figura sa fille), de l'Agriculture, des Vieillards, de l'Être suprême, de la Fraternité, etc. Ce fanatique patriote mourut dans la misère.

Quoiqu'un décret spécial de la Convention eût ordonné « la conservation des maisons et jardins de Sceaux, et leur entretien aux frais de la République, pour servir aux jouissances du peuple et former des établissements utiles à l'agriculture et aux beaux-arts, » le parc et le château furent vendus en 1798, comme biens nationaux. Les acquéreurs firent abattre le château, dont les débris suffirent, dit-on, à payer le prix du domaine. Le parc fut dépecé et partagé en divers lots. Le jardin de l'orangerie, sauvé par M. Desgranges, alors maire de Sceaux, qui en fit l'acquisition, aidé de quelques riches particuliers, devint le parc actuel, célèbre par son bal, plus ou moins *champêtre*, et où la simplicité et l'innocence villageoises, comme aurait dit Florian, font assaut de coquetteries raffinées avec les beautés de la ville qu'y transporte le chemin de fer. L'ancien grand parc est devenu la propriété de M. le duc de Trévise. Une partie, ô profanation ! a vu s'élever des habitations bourgeoises, ou convertir en simples vergers ces bosquets, où les grâces venaient inspirer tant de quatrains galants à MM. de Sainte-Aulaire et Malézieu. Que diraient la duchesse du Maine et ses bergers et ses bergères, s'ils voyaient leur champêtre asile transformé en une vraie campagne, traversée par de vrais, de grossiers moutons, qu'on va vendre prosaïquement aux marchés voisins ? Que dirait Florian lui-même, s'il voyait, le dimanche, au parc, les Estelles et les Némorins du lieu se livrer à des danses folâtres, dont les gendarmes sont quelquefois obligés de tempérer l'exagération ? Tout cela n'empêche pas, du reste, que Sceaux ne soit une ville fort gaie, plus gaie sans doute qu'elle ne l'était au temps des fêtes cérémonieuses de Mme la duchesse du Maine. Il est peu de villes dont le nom ait aussi souvent varié que celle-ci : nous la trouvons nommée successivement *Cellæ*, Ceaux, Seaux, Sceaux, Sceaux-du-Maine, Sceaux-Penthièvre et Sceaux-l'Unité.

L'église de Sceaux est d'une élégante simplicité; on y remarque un beau groupe en marbre de Puget, représentant le baptême du Christ. Près de cette église et dans le cimetière se trouve le modeste monument consacré à Florian par les habitants ; chaque année, il voit se grouper autour de lui la poétique société des *Félibres*, dont les échos redisent les vers aux mânes de l'aimable poète. La gare du chemin de fer touche au nouveau parc, qui comprend, comme nous l'avons dit, la partie de l'ancien que l'on appelait autrefois l'Orangerie. L'ancien parc, mis en culture, appartient à la famille du duc de Trévise. La ville est peu commerçante ; les habitants se contentent de cultiver des fleurs et des fruits ; ses fêtes champêtres, ses maisons de campagne et celles des environs y entretiennent seules un certain mouvement les dimanches et jours de fête. On y a récemment établi une école normale maternelle appelée École Pape-Carpantier.

LE PLESSIS-PIQUET. — Le Plessis-Piquet (*Plesseium*), à 3 kilomètres de Sceaux et à 13 kilomètres de Paris, est un village de 336 habitants qui possède de belles maisons de plaisance. Cette terre appartint à Colbert, qui embellit le château et agrandit le parc ; on remarquait dans ce dernier une magnifique terrasse aux deux bouts de laquelle étaient des pavillons de repos. De cette terrasse, on avait une vue magnifique sur les environs et même sur une partie de Paris. Le Plessis-Piquet passa ensuite dans la maison de Montesquiou, et Pierre Montesquiou d'Artagnan, maréchal de France, qui se distingua aux batailles de Ramillies et de Malplaquet, y mourut en 1725 et fut enterré dans l'église. Plus tard, terre et château furent l'apanage du duc de Massa, fils du grand juge de ce nom sous le premier Empire ; vint ensuite Mlle Mars, qui y résida plusieurs années. Aujourd'hui, l'ancien château de Colbert appartient à un des princes de la librairie parisienne, M. Georges Hachette.

Les feuillants avaient un couvent dans ce village ; il y fut établi en 1614 et fut fermé, comme tous les autres, à la Révolution. L'église du Plessis-Piquet est surmontée d'un clocher roman.

Le nom du village a varié avec celui de ses anciens seigneurs : il s'est appelé Le Plessis-Raoul (*Plesseium* ou *Plexeium Radulfi*). Il est situé sur la pente d'une colline boisée, au pied de laquelle se trouve un étang qui alimentait autrefois les cascades du parc de Sceaux. Les environs offrent de charmantes promenades ; nommons : la Vallée-aux-Loups, la Fosse-Bazin et surtout *Robinson*, agglomération de cabarets, de guinguettes, de restaurants champêtres, qui ont établi, dans les châtaigniers séculaires qui les entourent, leurs cabinets particuliers et leurs salles de tir. *Robinson*, si paisible pendant la semaine, devient les dimanches et les jours de fête le bruyant rendez-vous des promeneurs parisiens.

CHATENAY et AULNAY. — Châtenay-lès-Bagneux (*Castanetum*), village de 1,101 habitants, du canton et de l'arrondissement de Sceaux, situé sur un coteau planté de vignes, à 6 kilomètres au sud-ouest de Sceaux, à 13 kilomètres de Notre-Dame, est aussi ancien que Bagneux dont il était une dépendance avant que Sceaux, Bourg-la-Reine et Le Plessis-Piquet, qui l'en séparent aujourd'hui, existassent. Il en est question dans un titre du IXe siècle comme d'un lieu voisin de Verrières. C'était un des fiefs de l'abbaye de Saint-Germain-des-Prés.

Châtenay, dont le nom vient des châtaigniers qui croissaient sur son territoire, est cité au temps de Charlemagne par Irminon, abbé de Saint-Germain-des-Prés. Au XIIIe siècle, cette seigneurie appartenait aux templiers ; ils la vendirent au chapitre de Notre-Dame. En 1245, pendant la première croisade de saint Louis, ce chapitre fit emprisonner ses serfs de Châtenay, parce que ces malheureux n'avaient pu lui payer leur redevance. Quelques-uns de leurs compagnons intercédèrent auprès de la mère de saint Louis, la reine Blanche, qui demanda leur mise en liberté. Le chapitre s'y refusa. La reine alors se rendit en personne à la prison, fit enfoncer les portes, délivra les prisonniers, et se saisit du temporel de l'église jusqu'à ce que les chanoines eussent indemnisé les habitants du tort qu'ils leur avaient fait éprouver. Quelques années plus tard, les habitants de Châtenay s'affranchirent, moyennant la somme de 1,400 livres tournois.

La seigneurie de Châtenay a appartenu à l'académicien Malézieu, le grand ordonnateur des fêtes de Sceaux ; il l'avait reçue en présent de Mme la duchesse du Maine, à laquelle il donna quelques fêtes.

Voltaire est-il né à Châtenay, comme Châtenay l'affirme, ou à Paris, rue de Jérusalem, comme d'autres le prétendent? Il paraît, au moins, qu'il passa sa première enfance à Châtenay, dans une maison située sur la place, où les habitants de Châtenay lui ont dressé un buste, faute de statue. Nous ferons remarquer seulement que la date de sa naissance, 20 février 1694, rendrait peu vraisemblable l'opinion qui veut que sa mère, habitant Paris d'ordinaire, ait été au milieu de l'hiver habiter Châtenay pour y faire ses couches. Il est vrai que Berriat Saint-Prix pense que Voltaire est né le 21 novembre, mais à Paris. Le fait est que Voltaire assigne trois dates différentes à son jour de naissance, et paraît ne pas avoir été lui-même bien fixé sur ce point. A plus forte raison, nous est-il permis de rester à cet égard dans un doute modeste.

L'église de Châtenay est un édifice remarquable et fort ancien : ses piliers semblent révéler le x° siècle comme date de la construction. George Sand, M. de Lamennais et le philosophe Pierre Leroux ont été les hôtes de Châtenay.

Au nombre des dépendances de Châtenay, nous devons citer le joli hameau d'AULNAY, situé à l'entrée d'une gorge boisée que l'on appelle la *Vallée-aux-Loups* et qui va rejoindre Le Plessis-Piquet. Aulnay est formé par de belles et riches maisons de campagne, parmi lesquelles on distingue celles qui ont appartenu à M. Alexandre de Girardin et à M. Sosthène de La Rochefoucauld. Cette dernière, d'une construction bizarre, d'un gothique équivoque, prétentieux et mesquin, d'un *moyen âge* tel qu'on le comprenait au temps de la *Gaule poétique* et du *beau Dunois*, est une des œuvres les moins réussies d'un écrivain illustre, de Chateaubriand. Le parc est fort beau d'ailleurs et dans une charmante situation. C'est dans cette retraite de la Vallée-aux-Loups que Chateaubriand écrivit les *Martyrs*, le *Dernier des Abencérages*, l'*Itinéraire de Paris à Jérusalem*. Des revers de fortune forcèrent l'illustre écrivain à vendre, au commencement de la Restauration, cette maison de campagne. Il avait tenté de la mettre en loterie : « Il y avait, dit-il, quatre-vingt-dix billets à 1,000 francs chacun ; les numéros ne furent point pris par les royalistes ; Mme la duchesse d'Orléans, douairière, prit trois numéros ; mon ami, M. Lainé, prit, sous un faux nom, un quatrième billet. » Ce moyen n'ayant pas réussi, on mit la maison en vente sur la mise à prix de 50,000 francs. Elle fut couverte par M. le vicomte Matthieu de Montmorency, « qui seul osa mettre une surenchère de 100 francs. » Ce hameau, tout littéraire, a été habité encore par Henri Delatouche, l'éditeur des œuvres posthumes d'André Chénier, qui, au dire de Béranger, aurait mis du sien dans ces œuvres, notamment la fameuse élégie de la dernière heure que l'appel du geôlier est censé interrompre. La petite maison de Henri Delatouche, tout enveloppée de lierre et comme cachée sous le feuillage, rappelle la tristesse mélancolique qui dévora la vie de cet homme de lettres distingué. C'est également d'Aulnay, qu'il habitait en 1830, que Farcy, élève de l'École polytechnique, partit pendant les journées de Juillet pour aller se faire tuer au coin de la rue de Rohan.

BOURG-LA-REINE. — Bourg-la-Reine (*Burgus Reginæ*), station du chemin de fer de Limours, avec embranchement sur Sceaux, à 2 kilomètres au sud de Sceaux, son chef-lieu de canton, et à 9 kilomètres de Notre-Dame, compte une population de 2,741 habitants.

Ce village, situé sur la grande route de Paris à Orléans, et auquel cette situation a donné depuis longtemps une grande importance, existait du temps de Chilpéric ; on le trouve mentionné au XII° siècle sous son nom actuel, *Burgus Reginæ;* on ignore à quelle reine il doit cette dénomination. Il portait antérieurement le nom de *Briquet*, si l'on en croit une légende romanesque. Gérard de Dammartin, amoureux de Colombe, reine de Frise, l'enlève au roi son rival. Les deux amants lèvent des armées ; elles vont en venir aux mains, quand on propose de vider le différend par combat singulier. Les prétendants acceptent ; le combat a lieu à *Briquet :* Gérard est vainqueur, épouse la reine Colombe, et, en mémoire de cet événement *Briquet* prit le nom de Bourg-la-Reine. Rien de moins historique, comme on le voit, que cette tradition ; il semble mieux prouvé que, en 584, Rigonthe, fille de Chilpéric, se rendant en Espagne, y passa la nuit.

Au XII° siècle, la plus grande partie de la seigneurie de Bourg-la-Reine fut possédée par l'abbaye d'Hyères et ensuite par l'abbaye de Montmartre. Édouard III, roi d'Angleterre, fit camper son armée dans les environs de Bourg-la-Reine, et logea dans le village. De là il envoya à Paris ses hérauts d'armes pour provoquer à une bataille le dauphin Charles ; celui-ci ne répondit pas à la provocation, et Édouard se retira vers Montlhéry. Pendant sa retraite, quelques chevaliers français sortirent de Paris pour le harceler, et tombèrent, près de Bourg-la-Reine, dans une embuscade ; ils se défendirent avec énergie et parvinrent à rentrer dans Paris. Bourg-la-Reine eut encore beaucoup à souffrir de la guerre pendant le XV° et le XVI° siècle.

Il existe encore à Bourg-la-Reine un pavillon bâti par Henri IV pour Gabrielle d'Estrées et pour

Palais de l'Élysée.

lui-même. On a respecté, dit-on, la disposition de la chambre de Henri IV. Cette maison fut choisie, en 1722, pour l'entrevue de l'infante d'Espagne, âgée de quatre ans, et de Louis XV, âgé de douze ans, son futur époux. Ce mariage n'eut pas lieu; l'infante, après trois ans de séjour en France, retourna en Espagne, et Louis XV épousa Marie Leczinska, fille de Stanislas, roi de Pologne.

Le savant et malheureux Condorcet mourut à Bourg-la-Reine. Après s'être longtemps caché à Paris pour échapper à la proscription qui pesait sur les girondins, craignant de compromettre ses hôtes, il sortit sans les avertir, dans l'intention de se rendre à Fontenay-aux-Roses, chez son ami Suard, pour combiner avec lui des moyens de fuite; mais il s'égara dans la campagne au midi de Paris; il entra à Clamart dans un cabaret pour y manger une omelette. Le contraste de ses vêtements communs avec ses manières et la délicatesse de ses mains, ainsi que l'imprudence qu'il eut de tirer de sa poche un petit *Horace* pour lire en attendant son repas, éveillèrent l'attention et les soupçons de quelques personnes. On lui demanda ses papiers; il n'en avait pas. Arrêté et transféré à Bourg-la-Reine, il avala un poison qu'il portait toujours avec lui, et mourut pendant la nuit. Quand on entra dans la chambre qui lui servait de prison, on ne trouva plus qu'un cadavre; on le reconnut en lisant ces mots écrits sur la première page de son *Horace* : *Ex libris Condorcet*.

Dupuis, l'auteur de l'*Origine de tous les cultes*, où tant d'érudition est employée à démontrer une thèse inadmissible, habita le presbytère de Bourg-la-Reine. C'est la patrie du général Forest, l'une des illustrations militaires de la guerre de Crimée.

Bourg-la-Reine fait un certain commerce de transit; il y a une manufacture de faïence artistique et quelques grands magasins servant d'entrepôts.

Pendant le siège de Paris, en 1870-1871, Bourg-la-Reine a été occupé par les avant-postes allemands.

Bagneux. — Bagneux (*Balneolum, Baniolum*), à 1 kilomètre au sud de Sceaux et à 10 de Notre-Dame, est un village très ancien, qu'on trouve cité sous Charles le Chauve, et Dagobert y avait, dit-on, un vignoble, et plus tard les templiers s'y étaient établis. Il tirerait son nom de *Balneolum* des bains qui étaient autrefois sur son territoire ; mais le peu d'eau qu'on trouve à Bagneux rend cette étymologie fort suspecte. Ce mot de Bagneux vient plutôt de *Bano*, qui, d'après le *Glossaire* de Du Cange, veut dire *commun*, peut-être parce que la banlieue de Paris finissait de ce côté-là. *Bagneux* serait ainsi une altération de *Bannieux*, et *Balneolum* une autre altération de *Baniolum*. Son église, dont saint Herbland est le patron, une des plus curieuses des environs de Paris, constate son ancienne importance ; elle appartient à l'architecture du XIIIe siècle. Le vaisseau de cet édifice est d'une véritable beauté : il offre de petites galeries latérales dans le genre de celles de Notre-Dame ; le portail est de la plus haute antiquité.

Bagneux, dont la population est de 1,509 habitants, est bâti sur une petite colline d'où l'on jouit d'un paysage admirable. On y voit de nombreuses et belles maisons de campagne ; l'une d'elles a appartenu à Benicourt, l'un des favoris du cardinal de Richelieu. On assure que lorsqu'à la Révolution on démolit une partie de ce petit château, on trouva dans un pavillon situé à l'extrémité du jardin un puits dont l'ouverture était bouchée, et qui contenait des débris de vêtements, des bijoux et des ossements humains. Le bruit courut dans le pays que c'étaient là des *oubliettes* dans lesquelles Richelieu faisait jeter ses victimes.

Bagneux a été le théâtre de plusieurs sanglants engagements pendant le siège de Paris ; le plus terrible fut celui du 13 octobre 1870. Un monument y a été élevé à nos soldats. Les habitants de Bagneux avaient autrefois vendu les eaux de leur village à leurs voisins de Montrouge pour avoir des cloches ; aussi furent-ils qualifiés pendant longtemps de *fous de Bagneux*, à cause de ce malencontreux marché. Aujourd'hui, mieux avisés, ils tirent un grand profit des primeurs de leur territoire ; on exploite aussi des carrières de pierre et de plâtre. Il y a en France neuf communes de ce même nom.

Fontenay-aux-Roses. — Fontenay-aux-Roses, ou Fontenay-sous-Bagneux (*Fontenatum Balneolum*), station du chemin de fer de Sceaux, est un joli village de l'arrondissement et du canton de Sceaux, peuplé de 2,956 habitants et situé sur le penchant d'un coteau, à 2 kilomètres au nord de Sceaux et à 9 kilomètres au sud de Notre-Dame.

Fontenay-aux-Roses doit son nom aux sources dont son territoire est arrosé, et son surnom aux roses qui, avec les fraises et les violettes, y sont surtout cultivées. Ce jardinage tout gracieux prédestinait ce village à être chéri des citadins qui aiment la campagne d'un amour modéré, et veulent que la nature soit propre et élégante comme un jardin. A ce point de vue, Fontenay doit être regardé comme un des plus charmants séjours des environs de Paris. Aussi les maisons de campagne y abondent et chaque dimanche y amène des flots de visiteurs parisiens, qui ôtent à cette jolie campagne tout ce qui pouvait lui rester d'agreste. La culture des roses a été longtemps la principale industrie de Fontenay. On voit dans les actes du parlement que le confectionneur de bouquets de roses de cette cour se fournissait à Fontenay. Ces bouquets étaient un cadeau que les ducs et pairs, le roi lui-même, donnaient annuellement au printemps à cette cour souveraine.

Fontenay-aux-Roses, plus exactement aujourd'hui Fontenay-aux-Fraises, car la culture de ce fruit y prévaut maintenant, est un riche village ; pas de Fontenaisien qui n'ait son cheval et sa carriole pour transporter sur les marchés de Paris les paniers de fraises habilement parés qui font les délices de nos desserts.

Fontenay est, nous l'avons dit, dans une situation charmante ; il a vu s'établir, en 1852, dans son ancien château une institution aujourd'hui très florissante ; jeune et heureuse colonie de la grande institution de Sainte-Barbe, à Paris, elle porte le nom de *Sainte-Barbe-des-Champs*, et elle est destinée à recevoir les jeunes enfants des classes élémentaires. On vient d'y fonder aussi une École normale supérieure d'enseignement primaire pour les institutrices.

Chatillon. — Châtillon-lès-Bagneux (*Castillo*) est un village de 2,253 habitants, situé à 4 kilomètres au nord de Sceaux et à 8 kilomètres au sud de Notre-Dame, sur la partie déclive du plateau qui porte son nom. De ce plateau, qui a 162 mètres d'altitude, on jouit d'une des vues les plus remarquables des environs de Paris, l'œil planant au loin sur les rives de la Seine, sur Paris, Issy, Vanves, Bagneux. Châtillon, dans l'origine, était un des domaines de l'abbaye Saint-Germain-des-Prés. La terre appartint ensuite à Colbert, puis au duc du Maine. L'église, qui n'a rien de remarquable, paraît avoir été construite au commencement de la Renaissance; le chœur, du moins, est de cette époque; le reste de l'édifice est moderne. Châtillon est principalement habité par les carriers qui exploitent les nombreux bancs de calcaire des environs et par des maraîchers qui utilisent les carrières abandonnées pour la culture des champignons. Près de la route, au-dessus du village, on remarque les restes d'une ancienne tour convertie en glacière. On la nomme dans le pays la *Tour de Crouy*; d'autres lui donnent le nom de *Tour des Anglais*. On ne sait rien sur son origine et sa destination; peut-être a-t-elle fait partie du château fort qui a donné son nom à la commune.

Laplace et Gay-Lussac ont eu leurs maisons de campagne à Châtillon. Il y existe une importante institution de jeunes filles.

Au début de la guerre, en 1870, on reconnut la nécessité d'occuper fortement les hauteurs de Châtillon pour protéger le fort de Vanves qu'il dominait, à ce point que de la hauteur on pouvait voir ce qui se passait dans la place; il fut décidé qu'on y établirait une redoute. Cette dernière n'était pas terminée lorsque, le 19 septembre, les Allemands s'y établirent. De cette position, leur artillerie fit le plus grand mal aux forts de Vanves, d'Issy et aux secteurs de l'enceinte compris entre Auteuil et Passy. Le 13 octobre, le général Vinoy eut ordre d'en chasser l'ennemi. Bagneux fut enlevé après un combat acharné dans lequel le commandant de Dampierre, des mobiles de l'Aube, succomba glorieusement; mais, à cause de retards et de contre-ordres, le général Vinoy fut empêché d'enlever la redoute de Châtillon qui resta au pouvoir de l'ennemi. Lors de son évacuation par les Allemands, en mars 1871, cette position fut immédiatement occupée par les fédérés parisiens qui en furent chassés, le 6 avril 1871, par l'armée de Versailles. Aujourd'hui, la redoute de Châtillon a été remplacée par un fort solidement établi dans une admirable situation stratégique.

Issy. — Issy (*Isiacum*), joli village de 11,000 habitants, situé à 8 kilomètres au nord-ouest de Sceaux et à 8 kilomètres de Notre-Dame, est bâti dans une position charmante, sur une petite colline qui descend jusqu'à la rive gauche de la Seine.

Ce village est fort ancien; les rois de la première race, auxquels il appartenait, s'en dessaisirent en faveur de plusieurs abbayes. Les Carlovingiens y eurent un palais. Issy devait surtout son importance à l'avantage d'être traversé par l'ancienne route de Paris à Orléans, qui, partant de la place Saint-Michel, à Paris, passait sur le terrain qu'occupe aujourd'hui une partie du jardin du Luxembourg. Issy portait sous Childebert le nom d'*Isiacum*. Ce nom a fait beaucoup travailler l'imagination des antiquaires, qui y ont vu un lieu consacré à la déesse Isis. Rien de bien important, du reste, ne s'est passé au moyen âge dans cette localité. Plusieurs sources se trouvent sur le territoire de la commune et contribuent à en rendre le séjour agréable; aussi y remarque-t-on un grand nombre de jolies maisons de campagne. L'une d'elles, qui appartenait jadis à Marguerite de Navarre et dans laquelle elle résida plusieurs fois après le divorce de Henri IV, est aujourd'hui occupée par le petit séminaire des sulpiciens de Paris. Le cardinal Fleury y mourut en 1774. On a transféré à Issy, dans un vaste emplacement mieux approprié à sa destination, l'hospice des *Petits-Ménages*. Bossuet y tint, en 1695, des conférences, ainsi que quatre docteurs chargés d'examiner la doctrine des livres publiés par l'illustre Fénelon. Dans la grande rue est la succursale de la grande institution Saint-Nicolas, dirigée par les frères de la Doctrine chrétienne. Deux autres établissements de ce village servent, l'un de noviciat aux prêtres sulpiciens, l'autre de séminaire à la congrégation des prêtres de Picpus.

A l'extrémité de la commune se trouve l'ancien château; il a été habité par le prince de Conti. Son parc, qui était surtout remarquable par la beauté de ses arbres, a été pris et repris par les fédérés parisiens et par l'armée de Versailles qui attaquait le fort d'Issy. Pendant le siège de Paris, la garnison de ce fort eut beaucoup à souffrir des batteries ennemies établies au pavillon de Breteuil, au Moulin-de-Beurre près de Clamart, et sur la terrasse du château de Meudon.

On vantait au XVe siècle le vin d'Issy; un poète latin de cette époque ne craint même pas de le comparer au falerne antique; aujourd'hui, il n'y a plus de vignes. On fabrique à Issy du blanc, dit *blanc d'Espagne*, de la tuilerie, de la poterie, des produits chimiques, de la chaux, etc.

Vanves. — Vanves, village de 11,774 habitants, situé à 7 kilomètres au nord de Sceaux et à 7 kilomètres au sud de Notre-Dame, au fond d'un vallon où abondent les sources d'eaux vives, n'a pas beaucoup plus figuré dans l'histoire que son voisin, auquel il est réuni par une belle avenue. Il existait pourtant dès l'an 998 : on l'appelait *Vanna* ou *Benna*, mot de la basse latinité qui désignait un endroit habité par des pêcheurs. La Seine baignait alors, en effet, le bas du coteau, si nous en croyons ce passage du moine Helgaud, dans la vie du roi Robert : *Ecce venientes ad portum Sequanæ qui dicitur Caroli Benna, hoc est piscatorium*. La terre de Vanves appartint longtemps à l'abbaye de Sainte-Geneviève. François Ier, pour railler Charles-Quint qui, suivant l'usage espagnol, faisait suivre son nom d'un grand nombre de titres sonores, prenait par plaisanterie celui de roi de France, seigneur de Gonesse et de Vanves. Le château, qui appartenait à la maison de Condé, fut bâti en 1698, d'après les dessins de Mansart; mais aujourd'hui il est défiguré par l'addition de plusieurs annexes. Il s'élève sur une éminence qui domine la vallée de la Seine et d'où l'on a une fort belle vue et est accompagné d'un grand parc. Il est occupé par un lycée de l'État, disposé pour recevoir des jeunes enfants qui y font leurs classes élémentaires avant de poursuivre leurs études dans les lycées de la capitale.

L'église de Vanves, qui a été restaurée dans le style du XVe siècle, est surmontée par une belle flèche. On voit dans la commune des maisons de campagne, une maison d'aliénés si bien tenue, qu'un écrivain de beaucoup d'esprit a pu dire : « Cette maison de Vanves a tant de séductions, qu'en la parcourant on est presque tenté de désirer d'être fou pour y demeurer. » Les habitants sont carriers, blanchisseurs ou agriculteurs; il y a aussi des fabriques de produits chimiques, de verreries, de vernis et de toiles cirées. Le territoire de la commune est divisé en deux genres de cultures : les grains et les vignes. Les pâturages de Vanves avaient autrefois une certaine renommée; car Sauval, parlant du beurre de Vanves, dit que « ce village en donne peu, mais que c'est le plus excellent qui soit au monde. »

Au sud du village, sur le plateau, s'élève le fort de Vanves; il est à 1 kilom. de celui d'Issy et à 2 kilom. du fort de Montrouge. Il protégea efficacement Vanves et les bastions voisins pendant le siège de Paris; mais il eut beaucoup à souffrir du feu des batteries prussiennes établies à Châtillon et à Clamart. Les fédérés parisiens l'occupèrent en 1871 ; mais il leur fut enlevé par l'armée de Versailles, le 14 mai.

Montrouge. — Montrouge, vaste commune située à 7 kilom. au nord de Sceaux, à 6 kilom. de Notre-Dame, et dont le territoire s'étend entre le mur d'enceinte et les communes de Gentilly, d'Arcueil, de Bagneux, de Vanves, de Vaugirard, est aujourd'hui devenu une véritable ville dont la population est de 8,495 habitants. Ses alentours sont assurément peu pittoresques; c'était pourtant un lieu de promenade fort agréable au XVIe siècle, si l'on en croit Rabelais. Selon lui, le précepteur de Gargantua, Ponocrates, l'y menait de temps en temps en partie de plaisir. On croit que Montrouge doit son nom à un sire de Montlhéry, Guy le Rouge, qui en était seigneur. Ce bourg, quoique ancien, ne présente rien de bien intéressant. Il se divisait, avant l'annexion de 1860, en deux parties, le Grand-Montrouge, qui nous occupe, et le Petit-Montrouge, qui commençait à l'ancienne barrière d'Enfer et a été annexé dans le XIVe arrondissement. Les jésuites ont eu à Montrouge, sous la Restauration, une maison célèbre; ils y avaient établi leur noviciat. Le château seigneurial de Montrouge, qui a appartenu à plusieurs propriétaires qui ne le conservaient pas longtemps, fut détruit au commencement de la Révolution. Le parc, qui existait encore il y a une trentaine d'années, et dont la superficie dépassait 80 hectares, a été depuis divisé et vendu. Le duc de La Vallière et le critique Fréron, l'antagoniste de Voltaire, eurent une maison de campagne à Montrouge.

Montrouge fait un certain commerce de transit et d'entrepôt. On y voit des fabriques de bougies, de cuirs vernis, de noir animal, de salpêtre, des distilleries, des brasseries, des raffineries de sucre, des magasins de vins et d'eaux-de-vie, enfin quelques pépinières. On exploite sur son territoire d'importantes carrières dans les excavations desquelles on cultive des champignons.

Au sud de la commune et près de la route nationale de Paris à Toulouse, mais sur le territoire de Gentilly, est le *Fort de Montrouge*, qui, pendant le siège de Paris, eut beaucoup à souffrir des batteries prussiennes établies à Châtillon, à Fontenay et à Bagneux.

Gentilly. — Gentilly (*Gentiliacum*), village très

ancien de l'arrondissement de Sceaux, situé à 7 kilomètres au nord-est de cette ville et à 6 kilomètres de Notre-Dame, dans la vallée de la Bièvre, compte une population de 12,213 habitants.

Si l'on en croit la tradition, Gentilly tirerait son nom des *Gentils*, c'est-à-dire d'une colonie de Sarmates prisonniers, que les Romains y établirent. Quoi qu'il en soit, ce village est d'une haute antiquité. Le *bon saint Éloi* possédait une maison dans ce village, et il y établit un monastère; les rois de la première race y habitèrent une maison ou ferme royale qui est désignée dans d'anciens titres sous le nom de *Villa Dominica*, et Pépin y tint un concile en 766. Louis le Bègue, en 878, donna Gentilly à l'évêque de Paris, et ce domaine passa aux successeurs de ce dernier, qui le possédèrent jusqu'au XVe siècle. Villeroy y avait un château dont le parc renfermait de belles eaux fournies par l'aqueduc d'Arcueil. Il y avait alors à Gentilly un grand nombre de maisons de plaisance dans lesquelles les gens du bon ton et ceux de la cour donnaient des fêtes somptueuses. C'est dans une de ces villas que mourut, en 1691, le poète Benserade, qui traduisit Ovide en rondeaux. Au-dessus de la porte de sa maison, on lisait l'inscription suivante :

> Adieu, fortune, honneurs; adieu, vous et les vôtres !
> Je viens ici vous oublier.
> Adieu, toi-même, Amour! bien plus que tous les autres
> Difficile à congédier!

Gentilly fut, au XVIe et au XVIIe siècle, un des trois villages adoptés par l'Université pour la promenade des écoliers; c'était ce que l'on nommait alors *ire ad campos*. Sainte-Barbe y eut, avant la Révolution, sa maison de campagne. Aujourd'hui encore, il est fréquenté, le jeudi et le dimanche, par les jeunes élèves de nos lycées. Les habitants de Gentilly sont carriers ou blanchisseurs. Il y a plusieurs grandes usines dans les environs.

BICÊTRE est un hameau qui possède un vaste établissement dépendant aujourd'hui de la commune de Gentilly. Le château de Bicêtre est ce sévère et immense édifice qui couronne la hauteur à la droite de la route de Fontainebleau. Il y eut d'abord en ce lieu, sur un terrain appelé la *Grange-aux-Gueux*, une colonie de chartreux; elle y fut établie par le roi saint Louis. Les chartreux l'ayant abandonnée pour se rapprocher de Paris, l'évêque de Wincester y fit construire, en 1290, un château qui prit son nom et devint, par corruption, *Wincestre*, *Wicestre*, puis *Bicestre*. Nous devons cependant ajouter qu'on assigne une autre étymologie au nom de Bicêtre, et qu'on le fait dériver de *Biberi castrum*, château de la Bicône; ce ruisseau coule, en effet, au bas de la hauteur où est construit le château. Reconstruit par le duc de Berry, frère de Charles V, ruiné sous Charles VI pendant la guerre des Anglais, et dévoré par un incendie qui détruisit la riche ornementation et les portraits dont il était orné, ce château, ou plutôt l'emplacement où il avait existé, fut donné au chapitre de Notre-Dame de Paris. L'édifice actuel fut bâti sous Louis XIII pour les soldats invalides, Henri IV avait déjà fait construire pour eux l'hôpital de Lourcine; transférés dans cette nouvelle demeure, ils la quittèrent, sous Louis XIV, pour aller habiter le somptueux hôtel qu'il leur fit bâtir à Paris. Dès lors, Bicêtre ne fut plus qu'un hôpital ordinaire, où l'on enfermait surtout les aliénés, et une prison où l'on mettait les voleurs, d'où partait la *chaîne* des forçats pour les bagnes, et où les condamnés à mort attendaient leur exécution. Bien des détentions arbitraires, si l'on en croit la tradition, ont retenu dans les cabanons de Bicêtre des malheureux que l'on faisait passer pour fous parce qu'ils avaient eu le malheur de déplaire aux puissants du jour; on a accusé Fouché de plusieurs de ces incarcérations, qui remplaçaient les lettres de cachet de l'ancien régime.

Aujourd'hui, Bicêtre n'est plus qu'un hôpital pour les vieillards indigents, que l'on nomme les *bons pauvres*, et pour les aliénés. Il renferme 2,500 lits. Ce qu'il y a de plus curieux à voir, c'est le puits creusé dans le roc, qui n'a pas moins de 54 mètres de profondeur et 5 mètres 33 centimètres de diamètre. Une pompe à vapeur a depuis longtemps remplacé le treuil auquel s'attelaient les pensionnaires chargés de puiser l'eau à l'aide d'énormes seaux qui contenaient 600 litres chacun. En avant de Bicêtre est le *Fort de Bicêtre;* et, de l'autre côté de la route nationale de Paris à Lyon, le nouveau grand cimetière parisien, auquel son ancienne destination a valu parmi le peuple le nom de *Champ des Navets*. Un enclos spécial y est destiné aux suppliciés.

VILLEJUIF. — Villejuif (*Villa Judæa*, *Villa Jude*), bourg voisin de Bicêtre, situé sur une hauteur, à

6 kilomètres à l'est-nord-est de Sceaux, et à 8 de Notre-Dame, existait au temps de Louis VII sous le nom de *Villa Judæa*, sans qu'on connaisse positivement l'origine de ce surnom. L'abbé Lebeuf pense que son véritable nom latin est *Villa Gesedum*, ou bien *Villa Iosedum*, et qu'il aurait dû ce nom à un certain village nommé *Gesedum*, qui existait au xe siècle dans le diocèse de Paris, sans qu'il soit possible aujourd'hui d'en préciser l'emplacement.

Sauval rapporte que, le 4 mai 1492, on vit entre Paris et Villejuif « plus de quatre cents corbeaux s'entre-battre avec tant de furie, en croassant effroyablement, que le lieu rougit de leur sang. » *Il plut du sang*, comme dit La Fontaine ; ce combat annonçait un désastre : une pluie furieuse ravagea, le jour même, le village de Villejuif et effaça les traces du carnage. En mars 1815, Villejuif fut le quartier général éphémère des volontaires royaux. C'est aujourd'hui un chef-lieu de canton de l'arrondissement de Sceaux ; sa population est de 2,593 habitants, presque tous cultivateurs ou carriers.

Villejuif est mis en communication avec Paris à l'aide d'un tramway.

ARCUEIL-CACHAN. — Arcueil (*Arcoleum*, *Archeilum*), village de 5,911 habitants, situé dans un vallon sur la rivière de Bièvre, à 6 kilomètres au nord-est de Sceaux et à 7 de Notre-Dame, tire son nom de l'aqueduc qui y fut construit par les Romains et dont on voit les restes contigus à l'aqueduc moderne, bâti par Marie de Médicis. Il dépend du canton de Villejuif. « Dès l'an 1613, dit M. de Gisors dans son ouvrage sur le *Palais du Luxembourg*, c'est-à-dire deux ans environ avant que Marie de Médicis fît commencer la construction du palais, elle s'était occupée des moyens d'y faire arriver en abondance les eaux nécessaires aux services généraux et à l'embellissement des jardins. Dans ce but, on fit d'énormes dépenses. Dans l'ancien village d'Arcueil se trouvaient les restes d'un aqueduc romain construit au IIIe siècle et destiné à conduire les eaux de Rungis au palais des Thermes. Marie de Médicis fit élever un nouvel aqueduc ; c'est celui que l'on voit aujourd'hui dans le même village. Cet ouvrage, comparable aux plus beaux monuments que l'antiquité nous ait laissés en ce genre, fut construit d'après les dessins et sous la direction de Jacques Debrosse. La première pierre en fut posée par la régente et par son fils Louis XIII, le 17 juillet 1613 : il avait alors douze ans. Les travaux, mis au rabais et adjugés le 8 octobre de l'année précédente à Jean Coing, maître maçon, pour quatre cent soixante mille livres, furent achevés en 1624. Cet aqueduc a environ trois cent quatre-vingt-dix mètres de longueur et vingt-quatre mètres de hauteur. Les eaux de Rungis et des sources avoisinantes traversent l'aqueduc, composé de vingt-cinq arcades, et, après avoir parcouru des conduits souterrains de onze mille six cent soixante-quatre mètres, sont reçues dans un château d'eau situé à droite de la grille d'entrée de l'Observatoire. Ensuite elles se dirigent en partie dans des réservoirs voisins de la belle fontaine connue autrefois sous le nom de grotte de Marie de Médicis, et construite par Jacques Debrosse à l'extrémité de l'allée des Platanes. » Sur les trente pouces d'eau que fournissait l'aqueduc, dix-huit furent consacrés au palais de Marie de Médicis, et elle abandonna les douze autres à la ville de Paris. Telle fut l'origine des fontaines de la rive gauche, pour lesquelles Santeul fit ses meilleurs vers latins. En 1868, la ville de Paris a fait élever au-dessus de l'aqueduc de Marie de Médicis un nouvel aqueduc destiné à amener dans les réservoirs de Montsouris les eaux de la Vanne. L'architecte a borné son travail au but d'utilité auquel on le destinait ; il ne faut y rechercher ni élégance ni aspect monumental.

L'église d'Arcueil, bâtie au XIIIe siècle, à l'époque où ce hameau commença à prendre quelque importance et à devenir un village, est une des plus remarquables des environs ; elle a eu bien à souffrir pendant le siège de Paris. Les habitants sont ou blanchisseurs ou carriers. La maison de l'*Aumônerie* fut le triste théâtre des lubriques atrocités du marquis de Sade. Le poète Jodelle, les savants Laplace, Berthollet, J.-B. Raspail y eurent des maisons de campagne. Les dominicains avaient établi dans le parc leur collège, que l'on appelait l'*École d'Albert-le-Grand*, et, pendant le siège de Paris, ils en avaient transformé les bâtiments en ambulance. C'est là que les fédérés de la Commune vinrent les arrêter pour les conduire à Paris où ils furent massacrés, le 25 mai 1871. Une chapelle funéraire, érigée dans le parc, a reçu leurs restes.

Le joli hameau de CACHAN, séparé d'Arcueil par l'aqueduc, dépend de cette commune. Nos rois de la première race y eurent une villa. Il compte aujourd'hui beaucoup de maisons de campagne.

Arcueil et Cachan sont des stations du chemin de fer de Sceaux.

On doit élever sur le territoire de cette commune, aux lieux dits *Le Trou-Favy* et *Les Lozais*, un nouvel hospice d'aliénés, pouvant recevoir de 400 à 600 malades.

C'est sur le plateau qui s'étend entre Villejuif et L'Hay, plateau dont l'altitude est de 123 mètres et qui dépend de ce que l'on appelle dans le pays la *Plaine de Longboyau*, que se trouvait la *Redoute des Hautes-Bruyères*, poste avancé des forts de Montrouge et d'Ivry, d'où nos troupes inquiétèrent avec succès les positions de L'Hay, de Chevilly et de Fontenay pendant tout le siège de Paris.

L'Hay. — L'Hay ou Lay (*Laïacum*), canton de Villejuif, à 3 kilomètres à l'est de Sceaux et à 15 de Notre-Dame, est une petite commune de 598 habitants qui était connue, dès l'année 823, par le testament d'Inchab, évêque de Paris ; un diplôme des rois Lothaire et Louis, daté de 985, en parle également.

L'Hay avait un manoir seigneurial dont le donjon existait encore au commencement de ce siècle. C'était une tour carrée en pierre appareillée, qui dominait tout le village et qui était flanquée aux angles de tourelles en culs-de-lampe ou échauguettes.

Le village est très agréablement situé sur le plateau qui domine à l'est le cours de la Bièvre, et en face de Bourg-la-Reine. On y voit beaucoup de maisons de campagne.

L'Hay et Chevilly, autre petite commune, de 522 habitants, située au milieu de la haute plaine dite de Longboyau, qui n'est distante de la première que de 2 kilomètres, ont été pendant le siège de Paris le théâtre de nombreuses escarmouches et de deux combats sanglants, qui eurent lieu le 30 septembre et le 29 novembre 1870.

Rungis. — Rungis (*Rungi, Villa Rungiacum*) est une petite commune de 268 habitants, située sur la plaine élevée de Longboyau, dans le canton de Villejuif, à 6 kilomètres au sud-est de Sceaux. Rungis, ainsi que l'indique son nom latin, est d'origine romaine ou gallo-romaine ; il en est fait mention pour la première fois en 1124, dans une charte par laquelle le roi Louis VI donne au chapitre de Sainte-Geneviève la voirie du lieu. Le territoire de la commune possédait des sources abondantes qui ont été recueillies, au XVIIe siècle, pour l'alimentation de l'aqueduc d'Arcueil.

On voit à Rungis plusieurs maisons de campagne ; le cardinal de Richelieu y en avait même deux. Il donna l'une d'elles, située au lieu dit le *Val-Joyeux*, au poète Guillaume Colletet, qui y recevait ses amis et disait peu galamment :

Quoique cette maison n'ait pas un grand espace,
Elle est presqu'en tout temps aux enfants du Parnasse,
Puisque pendant le jour, puisque pendant la nuit
Je la vois sans fumée, et sans femme, et sans bruit.

Il la regretta lorsqu'elle eut été ravagée pendant les guerres de la Fronde.

Je soupire mon Val-Joyeux,
Que nos guerres ont mises en proye,
Et je plains mon petit logis
Des belles sources de Rungis,
Où le soldat dur et sauvage
A fait un horrible ravage!

Qu'aurait-il donc dit des Prussiens de M. de Bismarck ?

Ivry. — Ivry-sur-Seine (*Ivriacum, Evriacum*), à 9 kilomètres au nord-est de Sceaux et à 8 de Notre-Dame, sur la rive gauche de la Seine, est une commune de 18,228 habitants, qui a pris un très grand accroissement depuis l'annexion de la banlieue suburbaine à Paris ; elle dépend du canton de Villejuif.

Le village d'Ivry était connu dès le Xe siècle ; il en est question dans une charte de Louis d'Outremer. Les seigneurs d'Ivry ont peu marqué dans l'histoire ; au commencement du XVIIe siècle, l'un deux, Claude Bosc du Bois, conseiller d'État, prévôt des marchands et procureur général à la cour des aides, y fit bâtir un château dont le parc se terminait par une belle terrasse ayant vue sur le cours de la Seine. Le maréchal d'Uxelles, le marquis de Béringhem l'occupèrent après lui. Il ne reste de ce château qu'un pavillon et de beaux jardins. A côté se trouvait une autre habitation dans laquelle mourut la duchesse d'Orléans, mère de Louis-Philippe. Mlle Contat, célèbre actrice du Théâtre-Français, et le poète Parny, qu'elle épousa plus tard, habitèrent aussi Ivry.

La partie de cette commune que l'on appelait *Saint-Frambourg*, et l'écart appelé *Austerlitz* ont été annexés, en 1860, à Paris.

Les habitants d'Ivry se livrent à la culture maraîchère et à l'horticulture; il y a sur le territoire de la commune une grande et belle maison de santé, des pépinières, des verreries, des fabriques d'allumettes, de noir animal, de produits chimiques et des forges, des raffineries, etc., etc.

Nous devons encore mentionner sur le territoire de cette commune une grande usine élévatoire comprenant 6 machines de 150 chevaux chacune, donnant 85,000 mètres cubes d'eau de Seine par jour pour l'approvisionnement de Paris, et aussi le grand et bel hospice des incurables, qui contient 2,000 lits; enfin, sur la hauteur, le *Fort d'Ivry*, qui commande le cours de la Seine, au sud de Paris.

C'est en partie sur le territoire de cette commune et sur celui de Villejuif que se trouve le nouveau cimetière de Paris, dont nous avons parlé plus haut : il n'occupe pas moins de 80 hectares.

VITRY. — Vitry-sur-Seine (*Victoriacum*, *Vitriacum*), station du chemin de fer d'Orléans, commune du canton de Villejuif, située à 8 kilomètres au nord-est de Sceaux et 8 kilomètres de Notre-Dame, sur la rive gauche de la Seine, compte, y compris la GARE D'IVRY et LE PORT-A-L'ANGLAIS, qui en dépendent, une population de 18,226 habitants. Si nous en croyons quelques savants, Vitry devrait son nom à la victoire remportée, en l'an 52 avant J.-C., par Labienus, lieutenant de César, sur Camulogène et les Parisiens. Saint Éloi, le légendaire ministre de Dagobert, y eut une habitation.

Vitry avait autrefois deux paroisses et deux églises : la plus considérable était celle qui existe encore, et qui a pour patron saint Germain, évêque de Paris; sa construction est du XIIIe siècle, et son portail est accompagné d'une tour que termine une belle flèche. Cette église, qui a été réparée en 1848, est rangée au nombre de nos monuments historiques ; l'autre, dédiée à saint Gervais et à saint Protais, datait aussi du XIIIe siècle : elle fut brûlée, au XIVe siècle, par les Anglais, au moment où, réunis à Charles le Mauvais, roi de Navarre, ils ravageaient les environs de Paris et faisaient la guerre au dauphin Charles, fils du roi Jean. Le dauphin, devenu Charles V, vainqueur de tous ses ennemis, fournit par ses largesses aux habitants les moyens de la rétablir.

Nous n'avons rien à dire des seigneurs de Vitry, si ce n'est que le château était possédé, en 1796, par un financier nommé Du Petit-Val; le 21 avril de cette année, des hommes masqués envahirent cette demeure et massacrèrent M. Du Petit-Val, sa belle-mère, ses deux sœurs et cinq domestiques ; l'argent et les objets précieux qui se trouvaient dans le château ne tentaient pas la convoitise des assassins, qui se bornèrent à enlever un portefeuille contenant certains papiers. Quelques jours après, le secrétaire de M. Du Petit-Val était tué à Paris, rue de la Victoire. On n'a jamais pu mettre la main sur les assassins. Deux spéculateurs, les frères Michel, qui avaient été compromis, furent arrêtés et relâchés, faute de preuves suffisantes. Le château de Vitry appartint ensuite au célèbre chirurgien Dubois, qui l'a laissé à sa famille. Vitry a des tanneries, des fabriques de pâtes d'Italie et des carrières à plâtre ; mais sa principale industrie consiste dans ses potagers, ses jardins maraîchers, et surtout ses pépinières renommées, qui lui ont valu le nom de *Vitry-aux-Fruits*.

CHOISY-LE-ROI. — Choisy-le-Roi (*Chosiacum*, *Choisiacum*), jolie petite ville de 6,856 habitants, située à 9 kilomètres à l'est de Sceaux et à 13 au sud-est de Notre-Dame, dans une charmante position sur la rive gauche de la Seine et sur le chemin de fer d'Orléans, était déjà au XIIIe siècle un hameau nommé *Chosiacum* et dépendant de la paroisse de Thiais. A cette époque, Jean, abbé de Saint-Germain-des-Prés, et, en cette qualité, seigneur de Thiais, fit élever à Choisy une chapelle. « On ne connaît, dit Dulaure, de seigneurs de Choisy que depuis le règne de Louis XI. Une sentence de 1482 permet à Laurent Leblanc de faire redresser les fourches patibulaires de Choisy-sur-Seine, dont il était seigneur. Au XVIIe siècle, Choisy appartint à la duchesse de Montpensier, la grande *Mademoiselle*, et prit alors le nom de *Choisy-Mademoiselle*, qu'il échangea plus tard contre celui de *Choisy-le-Roi*. Mademoiselle y avait fait bâtir un château, considérablement agrandi et embelli depuis par Louis XV, qui avait confié la conservation de la bibliothèque à l'aimable poète Gentil-Bernard. Ce prince y séjourna assez souvent; une belle route fut tracée pour relier Choisy à Versailles. Cette route magnifique n'est plus guère fréquentée aujourd'hui que par les conducteurs de bestiaux pour l'approvisionnement de Paris.

La ville de Choisy-le-Roi, qui ne se composait sous Louis XV que de quelques cabarets fréquentés

Trocadéro.

par la domesticité du château, est une des plus agréables des environs de Paris : on y voit de belles maisons de campagne; le pont, qui vient d'être restauré, date de 1802. La commune possède une célèbre manufacture de faïence ; on y trouve aussi des fabriques de toiles cirées, de savons, de produits chimiques, de distilleries, etc.

Rouget de Lisle, l'auteur de *la Marseillaise*, est mort pauvre et ignoré à Choisy-le-Roi, le 27 juin 1836. On lui a élevé, en 1880, une statue à la rencontre de la Grande-Rue et de la route de Thiais.

A propos de Choisy-le-Roi, voici ce que nous lisons dans le *Manuel du Voyageur aux environs de Paris*, par P. Villiers, ancien officier de dragons (1802, 2 vol. in-18) : « Le financier Bourette, voulant plaire à Louis XV, fit bâtir, pour un des rendez-vous de chasse dans la forêt de Senart, le pavillon de Croix-Fontaine. La comtesse Du Barry, se promenant avec son royal amant dans les jardins qui environnaient le pavillon, en admirait les statues. En voyant une figure de l'Amour, elle se plaignit bien galamment de voir toujours ce dieu représenté avec des ailes. Bourette l'entendit, et ne voulant point que chez lui rien pût déplaire, il fit sur-le-champ mutiler le maître de l'univers ; et les ailes furent un hommage qu'il vint offrir à celle qui régnait sur Louis XV. Le présent fut accepté avec cette grâce aimable que Mme Du Barry mettait en tout. Les ailes, oubliées longtemps dans un appartement reculé de Choisy, en furent retirées; on les métamorphosa en deux bénitiers pour orner le temple consacré à Dieu, dans le village de Choisy. Plus d'une jolie dévote n'a pas cru toucher de ses doigts mignons les dépouilles du tendre Amour, en les mouillant d'eau lustrale. C'est toujours la foi qui nous sauve. » L'anecdote de M. le capitaine de dragons est-elle vraie? Nous ne saurions le garantir. Mais ce que nous pouvons assurer, c'est qu'aujourd'hui les bénitiers de l'église de Choisy-le-Roi sont en tout point orthodoxes et qu'ils s'harmonisent entièrement avec le style de l'édifice.

Choisy-le-Roi, outre par sa station importante du chemin de fer d'Orléans, est mis en communication avec Paris à l'aide d'un service de voitures.

CHARENTON-LE-PONT. — Charenton-le-Pont (*Carentonus*), station du chemin de fer de Paris à Lyon, chef-lieu de canton de l'arrondissement de Sceaux, agréablement situé en amphithéâtre sur la rive droite de la Marne, près du confluent de cette rivière avec la Seine, à 15 kilomètres au nord-est de Sceaux et à 7 de Notre-Dame, compte une population de 10,393 habitants.

Charenton doit son surnom à son pont sur la Marne, et c'est là qu'est toute son histoire. Dès le VIIe siècle, il existait un pont de bois sur la Marne pour faciliter par terre les arrivages de Paris. Considéré comme une des clefs de la capitale, ce pont a souvent attiré sur Charenton de grands désastres, et il a été bien des fois fortifié, attaqué, défendu, pris et repris, successivement par les Normands, les Anglais, les Armagnacs, les ligueurs, les protestants, les frondeurs, les royalistes et les armées alliées. En 865, les Normands s'en emparèrent; en 1590, Henri IV l'enleva aux ligueurs; il était alors défendu par une grosse tour bâtie à sa tête, à l'entrée du village; dix ligueurs parisiens y avaient tenu tête pendant trois jours aux troupes royales. Henri IV fut si irrité de leur résistance, qu'il les fit pendre tous les dix et raser la tour. Au temps de la Fronde, nouveaux combats au pont de Charenton; le prince de Condé enleva, le 8 février 1648, Charenton aux troupes parisiennes après un combat assez vif. Enfin, en 1814, le pont de Charenton, palissadé et défendu avec courage par les élèves de l'école d'Alfort, fut pris le 30 mars par l'ennemi; les Wurtembergeois et un corps autrichien y établirent leur bivouac. En 1870-1871, Charenton ne fut pas occupé par l'ennemi; nous y avions nos avant-postes.

Charenton possédait autrefois une justice seigneuriale, ainsi qu'il résulte d'un passage assez curieux de la *Chronique scandaleuse* de Jehan de Troyes, chronique, qui, disons-le en passant, n'a de *scandaleux* que son titre : « Audit an 1478, le lundy devant les Rois, advint que plusieurs officiers du Roy (Louis XI) en son artillerie firent assortir une grosse bombarde qui, en ladicte année, avait été faicte à Tours, pour illec essayer et esprouver, et fut acculée la queuë d'icelle aux champs devant la Bastille Saint-Antoine, et la gueule d'icelle en tirant vers le pont de Charenton. Laquelle fut chargée pour la première fois et tira très bien, et porta la pierre d'icelle de volée jusqu'à la justice dudit pont de Charenton. Et pour cela qu'il sembla aux dessusdits qu'elle ne s'estoit pas bien deschargée de toute la poudre qui mise et boutée avoit esté dedens la chambre d'icelle bombarde, fut ordonné par les dessusdits que encore seroit chargée de nouveau, et que derechief seroit tirée pour la seconde fois, et que, avant ce, elle seroit nettoyée dedens la chambre d'icelle auant que d'y mettre la poudre, ce qui fut fait, et fut faite charge et bouté sa boule qui pesoit 500 livres de fer, dedens la gueule d'icelle bombarde, à laquelle gueule estoit un nommé Jehan Maugué, fondeur, qu'illec bombarde avoit faicte; laquelle boule en vollant au long de la vollée contre le tampon de la chambre de illec bombarde, se deschargea incontinent, sans sçavoir d'où le feu y vint. A cause de quoi elle tua et meurdit et mit en diverses pièces ledit Maugué, et jusqu'à quatorze autres personnes de Paris, dont les têtes, bras, jambes et corps estoient portez et gettez en l'air et en divers lieux. Et ala aussi ladicte boule tuer et mettre en pièces et lopins un pauvre garçon oyselleur qui tendoit aux champs aux oiseaulx. Et de la poudre et vent de ladicte bombarde, y en eut quinze ou seize aultres personnes qui tous en eurent plusieurs de leurs membres gastez et brulez, et en mourut plusieurs depuis. Et tellement de ceulx qui y moururent ledit jour, que de ceulx qui furent happés dudit vent, en mourut en tout de vingt-deux à vingt-quatre personnes. Et après le trespas dudit Maugué, fondeur de ladicte bombarde, son corps fut recuilly, ensepvely et mis en bière, et porté à Sainct-Merry, à Paris, son patron, pour y faire son service, et fut crié par les carrefours de Paris que on priast pour ledit Maugué, qui nouvellement *estoit allé de vie à trépas entre le ciel et la terre*, au service du roi, notre sire. »

Le pont de Charenton a été rebâti plusieurs fois; sa dernière reconstruction date de 1863. Il produit un effet pittoresque avec les grands arbres, les îles de la Marne couvertes d'une belle verdure, les moulins et les maisons du bourg qui l'environnent.

CHARENTON-LES-CARRIÈRES. — Charenton-les-Carrières, qui avoisine Charenton-le-Pont, est une dépendance de cette commune. Son sol, creusé souterrainement pour l'extraction de la pierre, est couvert de jolies maisons de campagne bâties sur le penchant du coteau. Plusieurs fabriques importantes y sont établies; on y voit des fonderies de fer, des manufactures de produits chimiques, d'acier poli, des féculeries, des ateliers de gravure pour les cylindres destinés à l'impression des toiles, etc.

CONFLANS. — Conflans (*Confluentes*), qui est situé sur le bord de la Seine, entre Charenton et Paris, et qui doit son nom à sa proximité du confluent de la Marne, est aussi une annexe de Charenton-le-Pont, qui, longtemps, n'eut d'autre paroisse que l'antique petite église de ce village, construite au xi° siècle sous l'invocation de saint Pierre.

Conflans possède une histoire des plus complètes. Nos premiers rois de la troisième race y eurent une résidence. En 1316, Philippe le Long donna à sa belle-mère Mathilde, comtesse d'Artois, une partie de la garenne dépendant de sa terre royale de Conflans, et qui s'étendait depuis le pont de Charenton jusqu'à Bercy, et depuis la Seine jusqu'au chemin de Paris à Saint-Maur. Le testament de ce prince est daté de *Conflans-les-Carrières*. Jeanne II, reine de Navarre, mourut à Conflans en 1349. En 1400, les comtes de Flandre et les ducs de Bourgogne y avaient *séjour* ou *manoir*, et c'est dans le dernier que Louis XI, à la suite de la bataille de Montlhéry, signa avec Charles le Téméraire la paix qui mettait fin à la guerre dite du Bien public. Il ne devait guère aimer Conflans, qui lui rappelait son humiliation; aussi le voyons-nous, quelque temps avant sa mort, en 1483, donner l'habitation qu'il y possédait à son chirurgien Sixte d'Allemagne. Plus tard, les séjours et manoirs de Flandre et de Bourgogne ayant fait retour à la couronne, Henri II les fit aliéner par sa cour des comptes, en 1548, et quelque temps après, en 1554, il céda à Claude Dodieu, évêque de Rennes, la terre et seigneurerie de Conflans. Un grand nombre de maisons de campagne s'y étaient élevées au xviie siècle. L'archevêque de Paris, François de Harlay de Champvalon, désirant en avoir une, fit, en 1672, l'acquisition de celle que le duc de Richelieu y possédait et la fit somptueusement reconstruire.

Il est souvent question de Conflans dans les querelles théologiques du xviiie siècle et dans les couplets satiriques du temps. On sait la vie et la mort peu édifiantes de François de Harlay. Ce prélat, le même qui accorda avec tant de peine *un peu de terre* aux restes de Molière, passa dans ce château ses deux ou trois dernières années, « renfermé, dit Saint-Simon, avec sa bonne amie la duchesse de Lesdiguières, qu'il voyoit tous les jours de sa vie, ou chez elle ou à Conflans, dont il avoit fait un jardin délicieux, et qu'il tenoit si propre, qu'à mesure qu'ils s'y promenoient tous deux, des jardiniers les suivoient à distance pour effacer leurs pas avec des râteaux. » Il y mourut subitement en 1695. « Le père Gaillard fit son oraison funèbre à Notre-Dame; la matière était plus que délicate et la fin terrible. Le célèbre jésuite prit son parti; il loua tout ce qui devait être loué, puis tourna court sur la morale. Il fit un chef-d'œuvre d'éloquence et de piété. » Ce château servit jusqu'à la Révolution de maison de campagne aux archevêques de Paris. Aliéné à cette époque, il fut racheté plus tard par M. de Quélen; mais, après la révolution de Juillet, et le 13 février 1831, il fut envahi et dévasté à la suite d'une émeute parisienne. Sur son emplacement s'élève aujourd'hui la maison des religieuses du Sacré-Cœur.

SAINT-MAURICE. — Saint-Maurice ou Charenton-Saint-Maurice, joli bourg situé à 12 kilomètres au nord-est de Sceaux et à 3 kilomètres à l'est de Charenton, dont il fut longtemps une dépendance, forme depuis 1842 une commune séparée et compte 5,542 habitants.

Charenton-Saint-Maurice joue un rôle important dans l'histoire du protestantisme en France. Les protestants y tinrent plusieurs fois leurs synodes nationaux. Ils y avaient leur principal temple, qui fut brûlé par leurs adversaires, en 1621, dans une émeute. Ce temple fut rebâti, en 1623, sur les dessins de Jacques Debrosse, le célèbre architecte auquel on doit le palais du Luxembourg. C'était un bel édifice, d'un aspect simple et austère; ils avaient auprès une bibliothèque, une imprimerie et des boutiques de libraires. Lors de la révocation de l'édit de Nantes, le soir même du jour où cet édit fut vérifié au Parlement, on commença la démolition de ce temple, et, au bout de cinq jours, il n'en restait plus de traces. Plus tard, on établit sur son emplacement un couvent de bénédictines et une petite église qui existe encore.

Aujourd'hui, l'établissement le plus important de Charenton-Saint-Maurice est le bel hospice des aliénés situé sur le penchant d'une colline au bas de laquelle coule la Marne; il offre de toute part une vue ravissante. Fondé en 1642 par Sébastien

Leblanc, contrôleur des guerres, qui avait donné aux Frères de la Charité une maison et une vigne pour y établir un hospice de 12 lits, il reçut de nombreux accroissements. Mais comme sa situation sur le bord de la Seine et au pied du coteau l'exposait à une humidité nuisible aux malades, on le reconstruisit, il y a une cinquantaine d'années, avec toutes les améliorations nécessaires sur le haut du plateau qu'il domine de ses importants bâtiments. Il sert aussi d'hôpital pour les malades de Charenton et des communes du canton ; on n'y admet que les aliénés dont on espère pouvoir obtenir la guérison ; les autres sont envoyés à Bicêtre. Au commencement de ce siècle, on y interna, comme à Bicêtre, par raison politique, des gens qu'on faisait passer pour aliénés. Le marquis de Sade y fut enfermé comme *fou dangereux* et y mourut. Dans les dernières années de sa vie, il composait des pièces de théâtre que ses compagnons de captivité jouaient avec lui ; l'une d'elles se terminait par ces deux vers :

<small>Tous les hommes sont fous; il faut, pour n'en point voir,
Se renfermer chez soi et briser son miroir.</small>

Le poète Desorgues paya de sa liberté quelques vers hostiles au gouvernement : enfermé comme fou par ordre de Fouché, ministre de la police, il mourut dans son cabanon, misérable et oublié. Citons encore au nombre des fous célèbres enfermés à Charenton : le danseur Trénis; Eugène Hugo, le troisième frère de notre illustre poète ; le littérateur Eugène Briffaut et le dessinateur André Gill.

L'hôpital de Charenton a encore reçu, dans ces dernières années, d'importantes améliorations qui en font un des plus beaux établissements de ce genre que possède aujourd'hui l'Europe.

Derrière l'hospice des aliénés, et sur une partie du bois de Vincennes qui dépend de la commune de Saint-Maurice, est le bel Asile de Vincennes, fondé par Napoléon III, et destiné à recevoir temporairement les pauvres ouvriers blessés ou malades qui entrent en convalescence ; il contient 500 lits.

Saint-Maurice est une localité de prédilection pour les Parisiens qui désirent trouver réunis la fraîcheur, la verdure et l'aspect d'une rivière. De nombreux enclos, bien ombreux et rafraîchis par des sources vives, en font un délicieux séjour. Parmi les habitations qui le décorent, on doit remarquer le *Séjour du roi*, ou le petit pavillon que Henri IV avait fait construire pour la belle Gabrielle ; c'est un bâtiment en briques, que l'on voit à la droite de la route en entrant dans le village, quand on vient de Paris. Le parc et les jardins, qui étaient magnifiques, ont été détruits et vendus par lots en 1825.

MAISONS-ALFORT. — Maisons-Alfort (*Mansiones*) est une commune située à 13 kilomètres au nord-est de Sceaux, à 7 de Notre-Dame, avec une population de 9,168 habitants. Elle est composée de deux villages : celui de Maisons et celui d'Alfort.

Le village de Maisons est situé sur la rive gauche de la Marne, dans la position la plus riante et la plus avantageuse, sur la grande route de Lyon et dans une plaine qui s'étend entre la Seine et la Marne. Il en est fait mention dans des diplômes de 988; et les Anglais, après s'en être emparés, firent rééditier l'église et élever le clocher de pierre que l'on y voit encore aujourd'hui. Diane de Poitiers eut, dit-on, une maison de plaisance dans ce village ; elle la devait à la munificence de François Ier ou de Henri II, et, en 1720, on y voyait encore des fleurs de lis sur une porte condamnée qui en dépendait. On trouve à Maisons des carrières de pierre de liais de bonne qualité.

Alfort est un hameau qui doit son origine au château d'*Harford* ou d'*Hallefort*, dont il est question dans des titres de 1362 et de 1612; ce domaine, ainsi que l'indique son nom, avait une origine anglaise. Alfort n'est séparé de Charenton-le-Pont que par la Marne. Placé à l'angle que forment les deux rivières à leur confluent, il communique avec la rive droite de la Marne par l'ancien pont de Charenton, et avec la rive gauche de la Seine par un pont construit au point que l'on appelle la Bosse-de-Marne. Mais ce qui donne une grande importance à cette localité, c'est le bel établissement vétérinaire fondé dans l'ancien château, en 1766, sous le nom d'*École royale d'économie rurale*, par Bourgelat : c'est aujourd'hui l'*École vétérinaire;* elle peut recevoir 250 élèves. L'anatomie, la botanique, la pharmacie, l'étude des maladies tant internes qu'externes des animaux, de leur traitement, des soins qu'il faut donner à leur éducation, font l'objet d'autant de cours que l'on y professe. Cet établissement modèle renferme une bibliothèque, un cabinet d'anatomie, des forges, un laboratoire de chimie, une pharmacie, un jardin botanique, une clinique et une infirmerie pour les animaux malades. Partie des élèves est aux frais du gouvernement; l'autre paye pension. La durée des études est de trois ans.

Comme Charenton, Alfort a de nombreux restaurants, des guinguettes et plusieurs cafés fréquentés pendant la belle saison. Entre Alfort et Maisons, près du confluent de la Marne et de la Seine, dans une très forte position, s'élèvent le *Fort de Charenton*, commandant la route d'Italie, et, à quelque distance sur la rive gauche de la Seine, le *Fort d'Ivry*, que nous avons signalé plus haut, pouvant défendre avec le précédent, par des feux croisés, le passage du fleuve.

Le hameau de *Charentonneau*, dont il est question dans une charte de l'abbaye de Saint-Maur au XII° siècle, est une annexe de la commune de Maisons-Alfort.

CRÉTEIL. — Créteil (*Vicus Christolius* ou *Christoïlum*) est une commune du canton de Charenton qui compte 3,377 habitants; elle est située sur la rive gauche de la Marne, à 14 kilomètres à l'est de Sceaux. C'est un village fort ancien, et le chroniqueur Usuard, qui écrivait dans le IX° siècle, nous apprend dans son martyrologe que saint Agoard et saint Aglibert, et une foule d'autres chrétiens, y furent martyrisés par les barbares au lieu dit la *Croix-Taboury*. Plus tard, il en est question dans une charte de Charles le Simple, qui date de l'an 900. Un pont met ce village en communication avec Port-Créteil, situé sur la rive droite de la rivière et dépendant de la commune de Saint-Maur. Il y a beaucoup de villas et de maisons de campagne dans les environs.

A 2 kilomètres au sud, et en face de Choisy-le-Roi, sont situés le hameau de MESLY (*Massolacum*, *Melliacum*), et la colline gypseuse de *Montmesly*, qui, le 17 septembre 1870, fut emportée par nos troupes sous le commandement du général Vinoy.

SAINT-MAUR-LES-FOSSÉS. — Saint-Maur-les-Fossés (*Bagaudarum Castrum*, *Fossatum Bagaudarum*), station de la ligne du chemin de fer de Paris-Vincennes-Boissy-Saint-Léger, est une forte commune de 10,410 habitants, agréablement située dans une presqu'île que forme la Marne avant d'arriver à Charenton, à 17 kilomètres au nord-est de Sceaux, et à 11 kilomètres de Notre-Dame.

On n'est pas d'accord sur l'origine de Saint-Maur : selon les uns, une inscription prouvant qu'il existait à cette place un collège de prêtres du dieu Sylvain y aurait été, dit-on, découverte en 1725; en dépit de cette origine toute pastorale, d'autres ajoutent simplement que les bagaudes (du mot celtique *bagad*, bande insurgée) ou Gaulois révoltés contre l'autorité impériale, sous Dioclétien, en 286, y eurent leur camp et s'y retranchèrent à l'aide de profonds fossés; enfin, selon quelques historiens modernes, ces fossés furent creusés par les moines, qui voulurent mettre ainsi leur monastère à l'abri des incursions des Normands. Ce qu'il y a de certain, c'est que, sous le règne de Clovis II, un diacre de Paris nommé Blidégésille y fonda une abbaye de bénédictins, qui fut longtemps célèbre par la régularité de ses mœurs et l'érudition des moines qu'elle renfermait. Elle prit le nom de Saint-Maur et quitta celui de Saint-Babolein, son premier abbé, lorsqu'elle eut reçu en dépôt les reliques de saint Maur, que les moines de Glanefeuille, en Anjou, vinrent y déposer en 868, lorsqu'ils fuyaient les ravages des Normands. Après avoir subsisté pendant environ neuf cents ans, ce monastère fut sécularisé en 1534; son chapitre fut réuni, en 1750, à celui de Saint-Louis du Louvre, à Paris, et l'abbaye presque entièrement détruite en 1786. De cette célèbre abbaye, qui devint chef d'ordre, il ne restait, au commencement de ce siècle, qu'une petite chapelle dite *Notre-Dame-des-Miracles*. Les bénédictins de Saint-Maur ont rendu des services éminents aux lettres; leur riche bibliothèque fut, après la sécularisation de l'abbaye, partagée entre la bibliothèque du roi et celle de Saint-Germain-des-Prés, à Paris. Ce fut à Saint-Maur que les confrères de la Passion essayèrent les premières représentations de leurs mystères. Charles VI fut si satisfait de ce spectacle qu'il permit à ces religieux de s'établir à Paris.

Rabelais obtint, en 1537, par le crédit de son protecteur, le cardinal Du Bellay, un canonicat dans l'église de Saint-Maur, lorsqu'elle fut sécularisée; ce fut alors qu'il composa son *Pantagruel*.

Avant la Révolution, on voyait à Saint-Maur un magnifique **château** construit par le cardinal Jean Du Bellay, évêque de Paris et abbé commendataire de l'abbaye, réparé par Eustache Du Bellay et reconstruit par Catherine de Médicis. Charles IX et Henri III s'y retiraient fort souvent pendant l'été; Louis XIII data plusieurs ordonnances de ce château. Il passa dans la maison de Condé par le mariage de Charlotte de La Trémouille, qui l'avait acquis en 1598. Jusqu'à la Révolution, il continua d'appartenir à la maison de Condé, qui en fit une habitation magnifique. Le parc était surtout renommé par sa beauté. Aujourd'hui, abbaye, église-abbatiale, château ont entièrement disparu ; le parc a été dépecé en propriétés bourgeoises sur lesquelles s'élèvent des villas et des habitations : *Port-Créteil*, *La Pie*, *Adamville* ou *La Varenne-Saint-Maur*, *La Varenne-Saint-Hilaire*, *Le Petit-Mesnil* et *Champignolle* sont autant d'annexes de Saint-Maur, dont quelques-unes, telles que Adamville et La Varenne-Saint-Hilaire, à cause de l'importance qu'elles ont prises, ne tarderont pas à être érigées en commune. Les derniers vestiges du château et du parc ont disparu ; il dominait la rive gauche de la Marne. Le village de Saint-Maur était encore fort peu de chose avant la Révolution. Joseph Chénier adressait, en 1779, de jolis vers à la *solitude* de Saint-Maur :

<blockquote>Salut, nymphe de la prairie...</blockquote>

Cette solitude est aujourd'hui très peuplée : le village s'est considérablement agrandi ; il est devenu petite ville, et, les jours de fête, ainsi que Charenton, Saint-Maurice et tous les environs que baigne la Marne, il est très fréquenté par les Parisiens, surtout par les canotiers, qui y exercent à l'envi leurs talents nautiques. Le canal souterrain, qui coupe la péninsule de Saint-Maur sur une longueur de 1,115 mètres, abrège de 13 kilomètres le chemin des bateaux qui descendent la Marne ; il a été construit sous le premier Empire.

VINCENNES. — Vincennes (*Vilcena*, *Vicenæ*), station importante de la ligne du chemin de fer de Paris-Vincennes-Brie-Comte-Robert, ville de 20,241 habitants, chef-lieu d'un canton de l'arrondissement de Sceaux, située à 20 kilomètres au nord-est de Sceaux et à 7 kilomètres à l'est de Notre-Dame, doit son origine au petit hameau de *La Pissotte*, qui, bientôt agrandi, prit le nom du bois voisin. Toute son histoire se confond avec celle de son château royal, qui, autrefois, formait un gouvernement particulier et a aujourd'hui le rang de place de guerre de 1re classe, avec école d'artillerie, arsenal important, école de tir, atelier de pyrotechnie, etc.

L'histoire de Vincennes est double : elle comprend celle du *Bourg* et celle du *Bois* et du *Château*.

Le Bourg. Le premier acte qui fasse mention du bourg de Vincennes ou plutôt de La Pissotte, ainsi qu'on l'appelait avant la Révolution, est une charte du roi Jean. Cette charte, qui est datée du mois de mars 1360, exempte les habitants de toutes prises, c'est-à-dire du droit de gîte et de nourriture qu'ils devaient à la cour quand elle venait au château ; mais, en même temps, elle les charge de l'entretien des fontaines et des autres eaux qui traversaient le bois de Vincennes pour se rendre dans le parc formé autour du château. Par une autre charte de 1364, ces mêmes habitants, toujours aux mêmes conditions, furent de plus exemptés de toutes tailles et impôts. Dans cet acte, il est fait mention des eaux de Bagnolet et de Montreuil-sous-Bois, qui se rendaient à Vincennes par un canal creusé exprès et que les habitants appelaient le *ru orgueilleux*. Ce ru ou ruisseau passait entre les vignes de Montreuil et le bois de Vincennes.

L'abbaye de Saint-Victor eut longtemps des biens considérables sur le territoire de la commune. Jusqu'en 1547, Vincennes ou La Pissotte (1) n'eut pas de paroisse ; ce n'était qu'un pauvre hameau ou annexe de Montreuil-sous-Bois ; on n'y voyait qu'une petite chapelle. Les chemins pour se rendre à la paroisse de Montreuil étant très mauvais l'hiver, les habitants firent des remontrances à l'évêque de Paris, et celui-ci, du consentement de Nicolas Boileau, curé de Montreuil, érigea la chapelle en succursale ; plus tard, en 1669, elle fut rebâtie et érigée en paroisse sous l'invocation de Notre-Dame.

Vincennes est aujourd'hui, non plus un simple bourg, mais bien une ville assez bien bâtie, qui emprunte à sa position militaire un caractère tout particulier. Les grandes industries se sont prudemment tenues à l'écart, fuyant la distraction des bruyants exercices, le tambour et l'odeur de la poudre ; de telle sorte qu'à Vincennes il n'y a que des cultivateurs, primitives dynasties de l'endroit, toujours plus ou moins en rivalité avec ceux de Montreuil-sous-Bois ; puis quelques bourgeois intrépidement attachés à leur commune, des rentiers tout aussi sédentaires ; beaucoup d'officiers et de sous-officiers retraités, pour lesquels l'uniforme, le tambour, le canon et la poudre ont toujours tant d'attraits, et un grand nombre de boutiquiers, épiciers, marchands de vin, cabaretiers, tables d'hôte,

---

(1) Le quartier de Vincennes situé à l'angle de la grande avenue et de la route qui mène à Montreuil-sous-Bois a conservé le nom originel de *La Pissotte*. Ce nom venait probablement d'un petit ruisseau qui descendait des coteaux voisins.

traiteurs, limonadiers, etc., vivant de leur clientèle militaire et de celle des nombreux visiteurs qu'elle procure à leur localité.

L'avenue Daumesnil et celle qui conduit le long du chemin de fer de Vincennes à Nogent-sur-Marne sont devenues plus particulièrement bourgeoises par les petits hôtels, les maisons de plaisance, les chalets qui les décorent.

Le Bois et le Château. L'existence du bois de Vincennes est constatée, dès le ixe siècle, par un titre de l'abbaye de Saint-Maur-les-Fossés, qui le désigne sous le nom de *Vilcena*. On ne sait pas au juste l'époque de la fondation du premier château. Louis VII y établit des religieux de Grandmont, plus tard remplacés par des minimes, et Philippe-Auguste fit clore de murs le bois, où l'on entretint un grand nombre de daims et de cerfs. Saint Louis séjourna souvent à Vincennes; du temps de Sauval, on montrait encore le chêne sous lequel le pieux roi avait l'habitude de s'asseoir pour entendre les doléances des malheureux : « Maintes fois, dit Joinville, advint qu'en été il alloit seoir au bois de Vinciennes après sa messe, et s'acostoyoit à un chêne, et nous faisoit seoir entour li, et tous ceulx qui avoient affaire venoient parler à li, sans des tourbier (empêchement) d'huissier ne d'aultre. »

A partir de ce prince, Vincennes fut, jusqu'à Louis XI, le séjour des rois. Ce fut Philippe de Valois qui, en 1337, fit raser le premier château et jeta les fondements du donjon actuel. A l'entrée du donjon se trouvait, avant la Révolution, une ancienne inscription en vers, qui, racontant l'histoire du château de *Vinciennes*, disait :

> La Tour du bois de Vinciennes
> Sur tours neuves et anciennes
> A le prix. Or, saurez en ça
> Qui la parfit et commença.
> Premièrement Philippe, roys,
> Fils de Charles, comte de Valois,
> Qui de grand' prouesses abonda,
> Jusque sur la terre la fonda
> Pour s'en soulacier et esbattre...
> L'an mil trois cent trente-trois, quatre
> Après vingt et quatre ans passé,
> Et qu'il estoit jà trépassé,
> Le roi Jean, son fils, cet ouvrage
> Fit lever jusqu'au tiers étage,
> Dedans trois ans par mort cessa.
> Mais Charles, roy, son fils, laissa,
> Qui parfit en brèves saisons
> Tours, ponts, braies, fossés, maison :
> Né fut en ce lieu délitable;
> Pour ce, l'avoit pour agréable.

Ce fut donc Charles V qui *parfit* le château. Il veilla aussi à l'entretien du bois, et, pour en conserver les bêtes fauves, ordonna que chaque nuit quatre habitants de Montreuil et deux de Fontenay viendraient y faire patrouille; on leur fournissait un manteau de gros drap où le chaperon tenait, semblable à ceux que Du Guesclin faisait porter à ses gens d'armes pour les garantir de la pluie. Sous le règne de Charles VII, Henri V, roi d'Angleterre, maître alors d'une partie de la France, vint mourir à Vincennes.

Depuis Louis XI, qui avait nommé son compère Olivier capitaine concierge du château, Vincennes, que nos rois avaient élevé pour *s'en soulacier et esbattre*, servit à un tout autre usage et devint une prison d'État, une succursale de la Bastille, où furent enfermés les plus illustres personnages. Les rois s'y rendirent quelquefois, cependant, et y firent de courts séjours. C'est là que, le 30 mai 1574, mourut Charles IX, au milieu d'atroces souffrances.

Louis XIII ajouta de nouveaux bâtiments au château de Vincennes. C'est surtout à partir de ce roi que la forteresse reçut d'illustres prisonniers; Richelieu y envoya le maréchal d'Ornano, le duc de Vendôme et Puylaurens. Le prince de Condé y fut enfermé, en 1617; quarante ans plus tard, son fils, le grand Condé, y fut enfermé à son tour, ainsi que le cardinal de Retz et le duc de Beaufort, qui, tous deux parvinrent à s'échapper.

Diderot et Mirabeau y furent incarcérés au xviiie siècle. C'est là que ce dernier, qui y fut détenu 42 mois, écrivit ses *Lettres à Sophie;* son ouvrage contre les *lettres de cachet* fut également composé dans cette prison; Mirabeau ne pouvait guère choisir de sujet plus convenable à sa situation.

En 1674, une des tours de Vincennes s'écroula tout à coup et écrasa le concierge, sa femme et ses trois enfants; Louis XIV vint exprès à Vincennes pour voir ce désastre. Mazarin mourut au château de Vincennes, le 9 mars 1661, et son corps resta dans la Sainte-Chapelle jusqu'en 1684, date à laquelle il fut apporté à Paris. En 1715, le Régent et le jeune Louis XV y séjournèrent une année. Plus tard, on essaya d'utiliser les bâtiments en y établissant une manufacture de porcelaine.

Vincennes, redevenu prison d'État sous l'Empire, reçut un assez grand nombre de prisonniers. Le duc d'Enghien n'y parut que quelques heures : la nuit du 20 au 21 mars 1804 suffit à son interrogatoire, à son jugement et à son exécution. Fusillé dans le fossé du côté de l'esplanade, à l'angle gauche près de la tour de la Reine, il y fut également enterré; une pierre avec cette simple inscription : *Hic cecidit*, en désigna longtemps l'emplacement. Depuis cette époque, Vincennes a ouvert ses prisons aux ministres de Charles X, et, plus tard, pour d'autres prisonniers politiques appartenant à des opinions tout opposées.

Tout le monde connaît la belle conduite, en 1814 et en 1815, du commandant Daumesnil, surnommé *la Jambe de bois*, dont la statue, œuvre de L. Rochet, s'élève aujourd'hui sur la place de l'Hôtel-de-Ville. Nommé de nouveau gouverneur de la forteresse, en 1830, pendant la captivité des ministres de Charles X, il sut par sa fermeté et ses nobles pensées faire rentrer dans le devoir une foule égarée, qui était venue réclamer la tête des prisonniers.

Nous n'avons pas parlé de la chapelle du château, bâtie sous Charles V; c'est un édifice gothique d'une remarquable élégance. On y voit d'anciens vitraux peints par Jean Cousin. La décoration intérieure, qui existait à l'époque de la Révolution, était due à Henri II. « Les chiffres du roi et de sa maîtresse, Diane de Poitiers, qui avait été celle de son père, étaient, dit un historien du château, entrelacés dans les vitraux et sur les voûtes, avec des cors de chasse, des chiens, des croissants et des cornes d'abondance. Diane était même représentée dans les vitraux du milieu de la nef, à gauche. On la distinguait par un ruban bleu, que le peintre avait mis pour servir de bandeau à ses blonds cheveux; et, ce qu'il y avait de plus singulier, elle était représentée toute nue et d'une ressemblance parfaite. » En 1557, Henri II transféra dans cette chapelle les assemblées de l'ordre de Saint-Michel, qui se tenaient précédemment au Mont-Saint-Michel, en Normandie.

Le château de Vincennes est aujourd'hui une forteresse, une caserne, un arsenal et surtout une école de pyrotechnie et de tir. C'est là que se font les expériences qui se rattachent au perfectionnement des armes à feu. Vincennes a donné son nom aux meilleurs tireurs de l'armée, aux bataillons de chasseurs à pied, dont la formation est due à l'initiative du duc d'Orléans, fils aîné du roi Louis-Philippe.

Le bois de Vincennes, entouré d'une enceinte de murs sous Louis VII (en 1162) et sous Philippe-Auguste, enceinte qui fut réparée ou renouvelée sous Louis XIV, en 1671, replanté en 1731, sous Louis XV, a été sous le second Empire l'objet d'une complète transformation qui en fait une des plus agréables promenades pour les Parisiens et ne lui laisse rien à envier sous ce rapport au bois de Boulogne. Le champ de manœuvres de l'infanterie, qui s'étend du château à Joinville-le-Pont, le partage en deux parties; à droite, du côté de Saint-Mandé, entre les fortifications et le champ de manœuvres, les lacs de Saint-Mandé, de Charenton et de Gravelle, la rivière de Gravelle, les pelouses et les allées pour les piétons et pour les cavaliers; à gauche, entre le champ de manœuvres et le chemin de fer de Saint-Maur qui sépare cette partie du bois de Fontenay-sous-Bois, de Nogent-sur-Marne, de Joinville-le-Pont, le lac des Minimes avec ses trois îles, son chalet, ses cascades, ses allées circulaires, etc., ses ruisseaux et le rond-point de Gravelle d'où la vue s'étend sur plus de 100 lieues carrées. Au sud-est du bois et commandant l'entrée de la Boucle de Marne sont les redoutes de Gravelle et de la Faisanderie, reliées entre elles par un front fortifié. Elles sont destinées à remplir la lacune qui existe entre les forts de Charenton et de Nogent, distants l'un de l'autre de près de 6 kilomètres. Des écoles de gymnastique ont été installées, l'une civile, pour les sociétés de gymnastique de Paris et du département, dans la plus occidentale des deux îles du lac de Charenton; l'autre militaire, à la redoute de la Faisanderie, pour les sous-officiers et soldats de l'armée. A l'entrée de Vincennes, à droite, dans la rue de Paris, à peu de distance de la tourelle, seul reste de l'ancienne enceinte de Louis VII, est l'hôpital militaire, vaste édifice qui date de 1858 et qui contient 642 lits. Il peut servir de modèle aux constructions de ce genre. Les communications entre Vincennes et Paris sont très fréquentes; elles se font soit à l'aide du chemin de fer dont le point de départ est à la place de la Bastille, soit à l'aide des tramways du Louvre.

Saint-Mandé. — Saint-Mandé, station du chemin de fer de Paris-Vincennes-Brie-Comte Robert, est un village de 9,584 habitants, situé dans le canton et à 1 kilomètre de Vincennes, à 18 kilomètres au nord-est de Sceaux et à 6 kilomètres de Notre-Dame.

Saint-Mandé ne fut dans l'origine qu'un simple hameau. Les maisons étaient encore, au XIIe siècle, éparses çà et là dans la campagne et au milieu du bois de Vincennes. Philippe le Hardi, voulant agrandir son parc, acheta la partie du bois qui les contenait et l'enferma de murs; cette acquisition rétrécit

Halles centrales.

beaucoup Saint-Mandé, et les habitants, chassés de leurs maisons, en bâtirent de nouvelles vers les confins du territoire restant le long du mur que Philippe avait fait élever.

Le plus ancien édifice de Saint-Mandé est la chapelle qui lui sert d'église; elle faisait autrefois partie du prieuré qui a donné son nom à la commune, et dont on voit encore quelques vestiges dans la grande rue, du côté du parc. Avant qu'il eût fait construire sa splendide habitation de Vaux, Fouquet possédait à Saint-Mandé une *petite maison* où il recevait dans l'intimité Pellisson, La Fontaine, Mme de Sévigné et les plus beaux esprits du temps. Cette maison était aussi le théâtre discret de ses plaisirs. Elle fut confisquée et détruite lors de sa grande catastrophe.

Il y a peu de cultivateurs à Saint-Mandé; mais, en revanche, des pépiniéristes, beaucoup de jolies maisons de campagne et de maisons meublées que le voisinage du bois de Vincennes fait assez rechercher. Les plus remarquables sont sur l'avenue du Bel-Air. On y voit aussi l'*asile Saint-Michel*, dû à une pensée philanthropique, fondé en 1830 par M. Boulard, tapissier de la cour, pour douze vieillards de cette profession ; et l'*Hôpital Lenoir-Jousserand*, qui lui est contigu, fondé au moyen d'un legs de 3 millions par la veuve Lenoir-Jousserand en faveur des vieillards malades ou infirmes. Il y a encore à Saint-Mandé des maisons de santé et des institutions de filles et de garçons.

Dans le cimetière de la commune, on voit la tombe d'Armand Carrel, mort des suites de son duel avec Émile de Girardin, le 22 juillet 1836. Cette tombe est décorée d'une statue en bronze, l'une des plus belles œuvres de David d'Angers.

Avant l'annexion de la banlieue suburbaine, Saint-Mandé s'étendait par l'avenue du Bel-Air jusqu'aux portes de Paris; mais aujourd'hui il a plus que compensé la perte de cette partie de son ancien territoire par ses empiétements sur le bois de Vincennes. Un quartier nouveau a été créé près de la gare; une rue nouvelle fait communiquer le lac de Saint-Mandé avec l'ancienne Grande-Rue, et plusieurs voies se sont avancées à travers les jardins maraîchers jusqu'à la zone de servitude militaire des fortifications de Paris. Une nouvelle mairie, des écoles, une place spacieuse sur laquelle débouche la gare du chemin de fer, une replantation de l'avenue du Bel-Air dévastée pendant la guerre, telles sont les principales améliorations de cette commune, dont la population a décuplé en moins de 30 ans.

MONTREUIL-SOUS-BOIS. — Montreuil-sous-Bois ou Montreuil-aux-Pêches (*Monsteriolum*), station du chemin de fer Vincennes-Brie-Comte-Robert, est un bourg de 18,455 habitants, situé à 22 kilomètres au nord-est de Sceaux et à 16 kilomètres de Notre-Dame.

Montreuil ne fut longtemps qu'un hameau, situé à l'entrée du bois de Vincennes et dépendant de la commune de Fontenay-sous-Bois; il devait lui-même son origine à un petit monastère, *monasteriolum*, placé sous l'invocation de saint Pierre, et dont la rue Saint-Père, haute et basse, rappelle encore aujourd'hui le nom. Le hameau devint, à cause de sa proximité de Paris, un beau village; mais il fut exposé pendant les longues guerres du XIVe, du XVe et du XVIe siècle à toutes les horreurs qu'elles entraînent. Les fontaines de Montreuil servaient à alimenter le vivier et les fossés du château de Vincennes; le roi Jean et ses successeurs exemptèrent les habitants des corvées et de l'impôt, à la condition qu'ils entretiendraient à leurs dépens les fontaines de Montreuil.

De nos jours, Montreuil, qui s'est considérablement agrandi et est devenu un bourg important, est surtout célèbre par son genre d'arboriculture; ses habiles cultivateurs sont passés maîtres dans l'art de la greffe, de la taille et du palissage des arbres fruitiers, et surtout dans l'art de cultiver les pêchers. Lorsque, des hauteurs de Charonne et de Bagnolet, on aperçoit dans la belle saison les innombrables jardins de Montreuil, coupés dans tous les sens par des murs de refend dirigés vers toutes les expositions, on croit voir un vaste échiquier aux cases verdoyantes et lisérées de blanc.

Montreuil est le pays des cultures les plus variées; on y peut visiter d'admirables pépinières, des jardins bien tenus et des serres richement occupées par de magnifiques collections de camélias, de magnolias, d'azalées et de bruyères.

Il y a dans ce bourg des maisons de campagne; mais surtout d'importantes industries s'y sont établies. A leur tête, nous devons citer une belle manufacture de porcelaine. Il y existe aussi des tuileries et des fours à plâtre.

CHAMPIGNY. — Champigny-sur-Marne, station du chemin de fer de Paris à Brie-Comte-Robert, canton de Charenton-le-Pont, à 21 kilomètres à l'est de Sceaux et à 14 kilomètres de Notre-Dame, est une commune de 3,087 habitants, située sur la rive gauche de la Marne. Son origine est très ancienne, et il y avait autrefois un château fort qui fut pris et détruit par les Armagnacs, le 5 avril 1419. En 1545, François Ier permit aux habitants de Champigny de se clore de murs, et il y établit un marché qui s'y tenait tous les jeudis. Charles IX y créa, en 1563, deux foires annuelles. Champigny devait emprunter une plus récente, mais plus triste célébrité aux batailles livrées le 30 novembre et le 2 décembre 1870 aux Allemands par l'armée de Paris, batailles dans lesquelles nos troupes montrèrent, malgré le peu d'homogénéité de leur assemblage, troupe de ligne, marins, mobiles, gardes nationaux, une solidité et un courage à toute épreuve, par une température des plus rigoureuses; courage qui fut hélas! dépensé en pure perte. Au haut de la côte, et en vue du château de Cœuilly où s'étaient retranchés les Allemands, un beau monument a été élevé en 1877 aux victimes de ces désastreuses journées.

La culture maraîchère, celle de la vigne, la taillanderie et l'exploitation des fours à chaux sont les principales industries du pays. Ajoutons qu'autrefois le vin de Champigny avait une certaine réputation.

STATISTIQUE DU DÉPARTEMENT DE LA SEINE

RANG DU DÉPARTEMENT

Superficie : 87ème. — Population : 1er. — Densité de la population : 1er.

I. STATISTIQUE GÉNÉRALE

SUPERFICIE.	POPULATION EN 1881.	ARRONDISSE-MENTS.	CANTONS.	COMMUNES.	CONTRIBUTIONS ET REVENUS PUBLICS
478 kilom. carrés, ou 47.875 hectares.	Hommes...... 1.394.939 Femmes ...... 1.404.390 Total........ 2.799.329 5.844 hab. par kil. carr.	3	28	74	130.000.000 fr.

II. STATISTIQUE COMMUNALE (VILLE DE PARIS)

Superficie, 78 kil. carrés ou 7.802 hect. — Popul., { en 1876, 1.667.841 hab.
en 1881, 2.239.928 hab.[1] } — Cant., 20 — Comm., 1.

SUPERFICIE, POPULATION ET DENSITÉ PAR ARRONDISSEMENTS ET PAR QUARTIERS EN 1861 ET DÉCEMBRE 1881

Nº	ARRONDISSEMENTS et quartiers.	Nº	SUPERFICIE exprimée en hectares.	POPULATION en 1861.	POPULATION en 1881.	DENSITÉ Nombre d'hab. par hectare. en 1861.	DENSITÉ en 1881.
	Saint-Germain-l'Auxerrois........	1	93,55	10.947	9.891	117	106
	Halles.........................	2	41,00	42.292	36.203	1.032	883
	Palais-Royal...................	3	28,45	22.250	15.366	782	540
	Place Vendôme..................	4	27,00	24.030	13.930	520	516
1	**Louvre**		**190,00**	**89.519**	**75.390**	**471**	**397**
	Gaillon........................	5	19,20	11.765	9.579	613	499
	Vivienne......................	6	23,30	14.639	13.479	628	579
	Mail..........................	7	27,00	22.757	20.716	343	767
	Bonne-Nouvelle................	8	28,00	32.448	32.620	1.159	1.165
2	**Bourse**		**97,50**	**81.609**	**76.394**	**837**	**785**
	Arts-et-Métiers................	9	30,65	31.870	27.116	1.040	885
	Enfants-Rouges................	10	27,85	22.335	21.938	795	788
	Archives......................	11	36,00	21.686	21.972	602	610
	Sainte-Avoie..................	12	21,50	23.425	23.228	1.090	1.080
3	**Temple**		**116,00**	**99.116**	**94.254**	**854**	**813**
	Saint-Merri...................	13	32,00	26.747	26.643	836	833
	Saint-Gervais.................	14	40,85	43.613	44.756	1.068	1.096
	Arsenal.......................	15	48,15	16.992	18.122	353	376
	Notre-Dame....................	16	35,50	21.168	14.239	596	401
4	**Hôtel-de-Ville**		**156,00**	**108.520**	**103.760**	**693**	**663**
	Saint-Victor..................	17	59,70	27.837	26.907	466	451
	Jardin-des-Plantes...........	18	80,00	19.049	23.182	238	290
	Val-de-Grâce..................	19	67,00	25.993	31.147	388	465
	Sorbonne......................	20	42,30	34.875	33.208	824	785
5	**Panthéon**		**249,00**	**107.754**	**114.444**	**433**	**460**

(1) Les Parisiens nés à Paris ont toujours constitué une exception dans cette grande ville. Sur 1,000 habitants recensés à Paris, 322 sont nés dans la ville, 38 dans les autres communes du département, 565 dans les autres départements ou colonies, 75 à l'étranger. La plupart des autres villes sont loin d'atteindre ce dernier chiffre. Ainsi, pour citer deux capitales inégales par leur population, à Berlin, la proportion des individus étrangers à l'Allemagne n'est que de 13 pour 1,000 habitants ; à Buda-Pesth, le nombre des individus qui ne sont ni Hongrois ni Autrichiens n'est que de 14 pour 1,000 habitants.
Paris est donc une ville particulièrement hospitalière. On y compte, d'après le recensement de 1881 : 45,281 Belges ; 31,190 Allemands ; 21,577 Italiens ; 20,810 Suisses ; 10,789 Anglais ; 2,950 Hollandais ; 5,927 Américains ; 5,786 Russes ; 4,982 Autrichiens et enfin 3,616 Espagnols. La colonie anglaise habite principalement les VIIIe, XVIe et XVIIe arrondissements.
Le nombre des Allemands fixés à Paris a singulièrement augmenté depuis 1876. Ils n'étaient que 19,024 à cette époque. La plupart sont fixés dans les arrondissements excentriques de Paris, et notamment dans le XIXe arrondissement.
Les Belges, au nombre 34,192 en 1876, sont répartis presque dans tous les quartiers de la ville. Le nombre des Hollandais a peu augmenté : on les trouve à peu près dans les mêmes arrondissements que les Belges. Les Italiens n'étaient que de 11,530 en 1876. Leur nombre a presque doublé depuis. C'est dans le XIe arrondissement et dans les arrondissements voisins qu'ils habitent. Les Suisses sont fixés pour la plupart dans les quartiers commerçants du centre.
En résumé, le nombre des étrangers augmente rapidement. Ils n'étaient que 149,349 en 1876 ; ils étaient, en 1881, 164,038. Cette augmentation de 14,689 constitue la cinquième partie environ de l'accroissement total de la population parisienne.

SUPERFICIE, POPULATION ET DENSITÉ PAR ARRONDISSEMENTS ET PAR QUARTIERS EN 1861 ET 1881 (Suite)

N°	ARRONDISSEMENTS et quartiers.	N°	SUPERFICIE exprimée en hectares.	POPULATION en 1861.	POPULATION en 1881.	DENSITÉ Nombre d'hab. par hectare. en 1861.	DENSITÉ en 1881.
	Monnaie	21	28,80	21.198	18.723	736	650
	Odéon	22	70,20	21.595	22.174	308	316
	Notre-Dame-des-Champs	23	84,40	34.518	40.046	409	474
	Saint-Germain-des-Prés	24	27,60	18.620	16.792	675	608
6	**Luxembourg**		211,00	95.931	97.735	455	463
	Saint-Thomas-d'Aquin	25	78,00	26.796	24.526	344	314
	Invalides	26	107,00	15.098	12.156	141	114
	École-Militaire	27	82,00	11.860	17.464	145	213
	Gros-Caillou	28	136,00	19.211	29.181	141	215
7	**Palais-Bourbon**		403,00	72.965	83.327	181	207
	Champs-Élysées	29	111,60	7.179	8.281	64	74
	Faubourg-du-Roule	30	75,60	16.602	18.228	220	249
	Madeleine	31	79,00	28.253	27.118	358	343
	Europe	32	114,80	17.780	34.777	155	303
8	**Élysée**		381,00	69.814	89.004	183	234
	Saint-Georges	33	71,20	33.447	36.564	470	514
	Chaussée-d'Antin	34	55,30	25.110	24.126	454	436
	Faubourg-Montmartre	35	42,05	25.990	26.344	618	627
	Rochechouart	36	44,45	22.779	35.862	512	807
9	**Opéra**		213,00	107.326	122.896	504	577
	Saint-Vincent-de-Paul	37	90,40	22.093	39.754	244	240
	Porte-Saint-Denis	38	47,20	29.986	32.275	635	684
	Porte-Saint-Martin	39	58,20	33.073	44.396	568	762
	Hôpital-Saint-Louis	40	90,20	28.419	43.384	315	481
10	**Enclos-Saint-Laurent**		286,00	113.571	159.809	397	559
	Folie-Méricourt	41	70,15	36.952	55.319	527	789
	Saint-Ambroise	42	81,75	25.931	45.707	317	559
	Roquette	43	117,20	39.677	69.502	339	593
	Sainte-Marguerite	44	91,90	23.158	38.718	252	421
11	**Popincourt**		361,00	125.718	209.246	348	580
	Bel-Air	45	99,00	4.007	7.262	40	73
	Picpus	46	183,50	19.338	36.836	105	201
	Bercy	47	165,50	12.794	10.285	77	62
	Quinze-Vingts	48	120,00	29.609	48.052	247	400
12	**Reuilly**		568,00	65.748	102.435	116	180
	Salpêtrière	49	116,90	15.245	18.143	130	155
	Gare	50	262,20	13.542	32.788	52	125
	Maison-Blanche	51	173,80	18.342	29.865	106	172
	Croulebarbe	52	72,10	9.669	10.519	134	146
13	**Gobelins**		625,00	56.798	91.315	91	146
	Montparnasse	53	109,00	15.408	25.553	141	234
	Santé	54	102,15	4.525	6.980	44	68
	Petit-Montrouge	55	105,40	11.293	19.521	107	185
	Plaisance	56	147,45	21.368	39.659	145	269
14	**Observatoire**		464,00	52.594	91.713	113	198
	Saint-Lambert	57	239,00	12.867	23.648	54	99
	Necker	58	154,00	22.221	34.045	131	221
	Grenelle	59	150,00	16.064	29.843	107	199
	Javel	60	178,00	6.889	13.143	39	74
15	**Vaugirard**		721,00	56.041	100.679	78	140
	Auteuil	61	249,00	6.545	12.406	26	50
	Muette	62	167,35	12.818	18.982	77	113
	Porte-Dauphine	63	144,45	3.771	9.051	26	63
	Bassins	64	148,20	13.594	20.263	92	137
16	**Passy**		709,00	36.728	60.702	52	86
	Ternes	65	109,65	16.859	29.538	154	269
	Plaine-Monceaux	66	121,45	7.781	22.225	64	183
	Batignolles	67	111,60	33.163	51.643	297	463
	Épinettes	68	102,30	17.425	39.781	170	389
17	**Batignolles-Monceaux**		445,00	75.228	143.187	169	322
	Grandes-Carrières	69	167,35	24.738	43.219	148	258
	Clignancourt	70	148,45	38.846	71.079	262	479
	Goutte-d'Or	71	95,00	30.653	41.255	323	434
	Chapelle	72	108,20	12.119	23.283	112	215
18	**Butte-Montmartre**		519,00	106.356	178.883	205	345

SUPERFICIE, POPULATION ET DENSITÉ PAR ARRONDISSEMENTS ET PAR QUARTIERS EN 1861 ET 1881 (Suite)

N°	ARRONDISSEMENTS et quartiers.	N°	SUPERFICIE exprimée en hectares.	POPULATION en 1861.	POPULATION en 1881.	DENSITÉ Nombre d'hab. par hectare. en 1861.	DENSITÉ en 1881.
	Villette	73	125,30	30.486	49.522	243	395
	Pont-de-Flandre	74	170,60	5.654	11.114	33	65
	Amérique	75	143,70	11.716	18.738	82	130
	Combat	76	126,40	28.589	38.511	226	305
19	**Buttes-Chaumont**		**566,00**	**76.445**	**117.885**	**348**	**208**
	Belleville	77	82,10	28.574	47.639	348	580
	Saint-Fargeau	78	115,60	3.683	9.617	32	83
	Père-Lachaise	79	162,20	23.585	38.676	145	238
	Charonne	80	161,10	14.218	30.985	88	192
20	**Ménilmontant**		**521,00**	**70.060**	**126.917**	**134**	**244**
	Totaux pour la ville entière		**7892,00**	**1.167.841**	**2.239.928**(1)	**214**	**287**

(1) Ce nombre est celui de la population de fait recensée comme présente à Paris le 18 décembre 1881. Il est inférieur de 29.095 au nombre de la population de domicile donnée par le Ministère de l'intérieur.

ARRONDISSEMENT DE SAINT-DENIS

Superficie, 218 kil. carrés ou 21.800 hect. — Popul., en 1876, 237.852 hab. ; en 1881, 307.979 hab. — Cant., 4. — Comm., 32.

CANTON, sa population.	NOM de LA COMMUNE.	POPULATION 1876	POPULATION 1881	Distance au chef-lieu d'arr.	CANTON, sa population.	NOM de LA COMMUNE.	POPULATION 1876	POPULATION 1881	Distance au chef-lieu d'arr.
SAINT-DENIS, 10 c., 1876: 68.172 h. 1881: 90.562 h.	Saint-Denis	34.908	43.895	»	NEUILLY, 4 c., 1876: 82.435 h. 1881: 104.899 h.				
	Aubervilliers	14.340	19.437	3					
	Courneuve (La)	926	1.124	2					
	Dugny	517	603	6		Neuilly	20.781	25.235	10
	Épinay-sur-Seine	1.698	2.324	5		Boulogne	21.556	25.825	14
	Ile-Saint-Denis (L')	1.350	1.730	2		Clichy	17.354	24.320	7
	Pierrefitte	1.131	1.151	4		Levallois-Perret	22.744	29.519	6
	Saint-Ouen	11.255	17.718	4					
	Stains	1.577	1.826	5					
	Villetaneuse	450	542	4					
COURBEVOIE, 8 c., 1876: 51.850 h. 1881: 67.167 h.	Courbevoie	11.934	15.112	12	PANTIN, 10 c., 1876: 35.395 h. 1881: 5.331 h.	Pantin	13.655	17.857	7
	Asnières	8.278	10.851	8		Bagnolet	2.861	3.839	11
	Colombes et Bois-Colombes	6.640	11.352	11		Bobigny	972	1.139	8
	Gennevilliers	2.389	3.192	5		Bondy	2.018	2.280	11
	Nanterre	3.279	4.924	16		Bourget (Le)	1.380	1.734	6
	Puteaux	12.481	15.586	12		Drancy	446	629	7
	Suresnes	6.149	7.011	14		Lilas (Les)	4.411	5.690	4
						Noisy-le-Sec	3.170	3.897	11
						Pré-Saint-Gervais (Le)	4.447	6.396	8
						Romainville	2.025	1.844	11

ARRONDISSEMENT DE SCEAUX

Superficie, 183 kil. carrés ou 18.300 hect. — Popul., en 1876, 184.191 hab. ; en 1881, 222.327 hab. — Cant., 4. — Comm., 41.

CANTON, sa population.	NOM de LA COMMUNE.	1876	1881	Dist.	CANTON.	NOM	1876	1881	Dist.
SCEAUX, 12 c., 1876: 42.636 h. 1881: 51.120 h.	Sceaux	2.460	2.783	»	VILLEJUIF, 12 c., 1876: 47.437 h. 1881: 56.546 h.	Villejuif	2.117	2.678	6
	Antony	1.525	1.614	5		Arcueil	5.299	6.067	7
	Bagneux	1.509	1.509	1		Chevilly	526	522	5
	Bourg-la-Reine	2.523	2.741	2		Choisy-le-Roi	5.821	6.978	9
	Châtenay	982	1.101	6		Fresnes	542	497	3
	Châtillon	2.080	2.260	4		Gentilly	10.378	12.396	7
	Clamart	3.640	4.187	6		L'Hay	671	598	3
	Fontenay-aux-Roses	2.924	2.849	2		Ivry	15.247	18.442	15
	Issy	9.484	11.111	8		Orly	689	682	11
	Montrouge	6.371	8.595	7		Rungis	232	268	6
	Plessis-Piquet (Le)	326	336	1		Thiais	1.760	2.120	8
	Vanves	8.812	12.005	7		Vitry	4.155	5.284	13
CHARENTON, 10 c., 1876: 47.068 h. 1881: 57.897 h.	Charenton-le-Pont	8.822	11.826	15	VINCENNES, 6 c., 1876: 47.050 h. 1881: 56.764 h.				
	Bonneuil	417	416	15					
	Bry-sur-Marne	972	1.035	22		Vincennes	18.245	20.530	20
	Champigny	2.813	3.084	21		Fontenay-sous-Bois	4.445	4.365	21
	Créteil	2.955	3.430	14		Montreuil	13.607	18.693	22
	Joinville-le-Pont	2.901	3.364	18		Rosny	1.924	1.715	24
	Maisons-Alfort	7.619	9.174	13		Saint-Mandé	7.499	9.398	18
	Nogent-sur-Marne	7.559	9.491	21		Villemomble	1.332	1.980	26
	Saint-Maur	8.433	10.492	17					
	Saint-Maurice	4.577	5.576	16					

III. STATISTIQUE MORALE (1)
Par M. Eug. BOUTMY, ancien Professeur.

Les chiffres en caractères gras inscrits dans chacune des trois petites colonnes de ce tableau indiquent le rang du département relativement à la mention devant laquelle ils sont placés.

Religion (2).
Catholiques	2.118.652
Protestants	47.048
Israélites	24,319
Clergé catholique	1.382
Pasteurs protestants	104
Rabbins	19

Mouvement de la population.
	Naissances	64.419
87e	Mariages	22.249
	Décès	57.163
	Durée moyenne de la vie. 28 a. 8 m.	

Instruction (3).
21e	Nombre des jeunes gens sachant lire, écrire et compter sur 100 jeunes gens maintenus sur les listes de tirage	87.37
	Nombre des établissements d'enseignement secondaire de l'État	7
	Nombre des pensions et des écoles primaires (publiques ou libres)	1.769

Crimes contre les personnes (4).
COURS D'ASSISES.
9e	Rapport du nombre des accusés à la population. . 1 sur 12.054 hab.	
	Nombre total des accusés	200

Infanticides.
71e	Rapport du nombre des infanticides à celui des enfants naturels. . . . . 1 sur 1.404,18	
	Nombre total	11

Suicides.
2e	Rapport des suicides au chiffre de la population. . 1 sur 2.603 hab.	
	Nombre total	926

Crimes contre les propriétés.
1er	Rapport du nombre des accusés à la population . . 1 sur 3.952 hab.	
	Nombre total	610

Tribunaux correctionnels.
1er	Nombre des affaires	19.919
	Nombre des prévenus	23.585
	Nombre des condamnés	20.897

Procès.
1er	Affaires civiles (5)	16.683
	Affaires commerciales (6)	59.625
	Faillites (7)	1.659

Paupérisme.
4e	Rapport des indigents au chiffre de la population. . . . 1 sur 14 hab.	
	Nombre total	171.721
	Bureaux de bienfaisance	72
	Hôpitaux et hospices	35
	Aliénés à la charge du département	7.072
	Sociétés de secours mutuels	217

Contributions directes (8)
1er	Foncière	14.443.654
	Personnelle et mobilière	9.593.659
	Portes et fenêtres	5.871.198

---

(1) Les chiffres contenus dans ce tableau sont empruntés, pour la plupart, à l'*Annuaire statistique de la France* (1878), publié par le ministère de l'agriculture et du commerce, ou calculés d'après des données puisées dans cet ouvrage.

(2) Ces chiffres sont antérieurs au recensement de 1876, qui a négligé ce point de vue.

Culte catholique. — Archevêché à Paris, dont les suffragants sont les évêchés de Chartres, de Meaux, d'Orléans, de Blois et de Versailles. Le diocèse de Paris, qui comprend le département tout entier, compte 39 cures, 103 succursales et 46 vicariats rétribués par l'État. Les congrégations et communautés religieuses établies dans le département étaient, avant 1880, au nombre de 71 : 31 pour les hommes et 40 pour les femmes.

Église arménienne. — Les Arméniens catholiques (rit oriental) possèdent, à Paris, une chapelle desservie par les professeurs du collège Moorat.

Culte catholique grec. — Ce culte est exercé : 1º à l'église russe; 2º à la chapelle de l'ambassade de Russie ; 3º à la chapelle roumaine.

Culte réformé. — Ce ne fut qu'après la proclamation de la liberté de conscience par l'Assemblée constituante que l'Église réformée put se montrer au grand jour. L'Oratoire est le centre principal de cette Église à Paris ; les édifices de Pontemont, rue de Grenelle-Saint-Germain, et de Sainte-Marie, rue Saint-Antoine, forment deux églises dites de secours. En 1865, fut ouvert rue Roquépine, un nouveau temple, le premier qui, dans l'enceinte de Paris, ait été érigé expressément par les réformés. Outre ces temples et celui des Batignolles, boulevard de ce nom, le consistoire a institué le culte à Belleville, à Plaisance, à Passy, à l'Asile des vieillards, rue de la Muette. Il a fondé aussi des services en langue allemande, confiés à des pasteurs auxiliaires : à Sainte-Marie, à Plaisance et à La Glacière. Le nombre des pasteurs de l'Église consistoriale de Paris est de douze.

Culte luthérien. — Reconnue en France par la loi de germinal an X, l'Église luthérienne ne fut fondée à Paris qu'en 1807. L'ancienne église des Carmes, rue des Billettes, vendue comme bien national, fut rachetée pour la ville de Paris et elle fut affectée dès lors au culte luthérien. Après le mariage du duc d'Orléans avec Hélène, princesse de Mecklembourg, un nouveau temple, sous le titre de la *Rédemption*, fut ouvert rue Chauchat, et, comme la population luthérienne de Paris s'accrut, une église luthérienne et des écoles furent construites rue de Crimée. Outre cette église, dite de *La Villette*, le consistoire en a fondé d'autres en divers quartiers : l'église *Saint-Marcel*, 19, rue Tournefort, centre d'un groupe considérable d'établissements d'instruction et de charité ; l'église de *Bon-Secours*, rue de Charonne ; l'église de *Montmartre*, rue des Poissonniers ; l'église de la *Résurrection*, rue Quinault, à Vaugirard ; celles de la place d'*Italie* et des *Batignolles*, rue Dulong. Des services religieux en langue allemande ont été fondés dans la plupart des lieux de culte. Le nombre des pasteurs de l'Église consistoriale du culte luthérien de Paris est de dix.

Église indépendante. — D'une scission de l'Église réformée est née l'Église indépendante, qui a un temple rue de Provence ; cette Église a donné elle-même naissance à l'*Église réformée évangélique* ; cette Église célèbre son culte dans trois chapelles : 1º la chapelle du Nord ; 2º la chapelle américaine de Saint-Honoré ; 3º la chapelle des Ternes.

Église méthodiste wesleyenne. — Les disciples de Wesley, à Paris, s'assemblèrent rue Royale-Saint-Honoré, d'où, en 1862, ils allèrent s'établir dans la chapelle *Malesherbes*, édifice de style ogival, qu'ils ont fait bâtir rue Roquépine, et où le service religieux a lieu en français, en anglais et en allemand. Depuis 1864, ils ont transporté aux Ternes, rue Demours, un culte qui avait lieu rue Chateaubriand.

Église baptiste. — Cette communauté, en relation avec l'*Union missionnaire baptiste* des États-Unis, a deux pasteurs à Paris. Le culte a lieu dans la chapelle, rue de Lille.

Église anglicane. — Elle a trois lieux de culte à Paris : Avenue Marbeuf, rue d'Aguesseau et rue de la Madeleine.

Église (presbytérienne) d'Écosse. — Se réunit dans la chapelle supérieure de l'Oratoire, rue de Rivoli.

Église épiscopale américaine. — Elle a une chapelle rue Bayard.

Église des vieux catholiques. — L'ex-père Hyacinthe a fondé une Église française de ce culte.

Culte israélite. — Paris est le siège du consistoire central des israélites et la résidence du grand rabbin de France. Il y a, en outre, à Paris, une synagogue consistoriale. Les israélites ont, depuis 1822, une Église Notre-Dame-de-Nazareth, une synagogue reconstruite en 1852 par les libéralités de M. James de Rothschild. Une nouvelle synagogue a été construite rue de la Victoire ; enfin, une troisième synagogue, rit portugais, existe rue Buffault.

(3) Le département relève de l'académie de Paris. L'enseignement supérieur est donné par la Faculté de théologie, la Faculté de droit, la Faculté de médecine, la Faculté des sciences, la Faculté des lettres et l'École supérieure de pharmacie. École normale supérieure pour l'enseignement secondaire, qui fournit à l'Université de France les professeurs les plus remarquables. L'enseignement secondaire compte à Paris cinq lycées nationaux (ceux de Louis-le-Grand, Henri IV, Saint-Louis, Charlemagne et Fontanes), deux collèges particuliers de plein exercice (Stanislas et Rollin), de plus le lycée de Vanves. Les trois premiers de ces lycées admettent des pensionnaires et des externes, le lycée de Vanves n'admet que des pensionnaires, les deux lycées Charlemagne et Fontanes ne reçoivent que des externes. Le lycée Rollin est un établissement municipal qui n'admet pas d'externes. Les autres établissements municipaux sont les écoles professionnelles (collège Chaptal, école municipale Turgot, école Lavoisier, etc.). Les chefs d'établissements libres dans le département sont, à Paris, au nombre de 120. École supérieure du commerce, une école normale primaire d'instituteurs et une école normale primaire d'institutrices. Il existe, en outre, à Paris, un nombre considérable d'établissements spéciaux de premier ordre, tels que l'École polytechnique, que nous ne pouvons même mentionner ici et que l'on trouvera plus haut. Au point de vue du nombre d'élèves inscrits dans les écoles primaires de 6 à 13 ans, sur 100 enfants recensés, la Seine occupe le 11e rang. Le même département occupe le 85e rang d'après le nombre d'enfants présents à l'école pour 10,000 habitants.

(4) Au point de vue judiciaire, le département de la Seine ressortit à la cour d'appel de Paris, qui est le siège de la cour d'assises. Un tribunal de première instance, divisé en 11 chambres siège à Paris. Tribunal de commerce divisé en sections ; conseil de prud'hommes.

(5) Ce chiffre indique le nombre des affaires civiles terminées pendant l'année.

(6) Ce chiffre comprend les affaires contentieuses à juger pendant l'année.

(7) Terminées pendant l'année.

(8) Receveur central à Paris, assisté de 41 percepteurs pour Paris et de 18 pour la banlieue.

BIBLIOGRAPHIE [1]

1532. La Fleur des antiquités, singularités et excellences de la plus noble et triomphante ville et cité de Paris, capitale du royaume de France, par *Gilles Corrozet*, Parisien, libraire. In-16, réimpr. en 1543, en 1550, 1551, format in-8°; les mêmes, augmentées par *Nicolas Bonfons* en 1576, 1581, 1586; les mêmes, recueillies par *Jean Robel*, 1588, in-8°.
1605. Les Fastes, antiquités et choses les plus remarquables de Paris, recueillis par *P. Bonfons* et augmentés par *Jacques Du Breul*, religieux de Saint-Germain-des-Prés. In-8°, réimpr. en 1608.
1612. Le Théâtre des antiquités de Paris, par le R. P. F. *Du Breul*, Parisien, religieux de Saint-Germain-des-Prés. Paris, 1 vol. in-4°, réimpr. en 1614, 1618 et 1639.
1612. Recherches et antiquités de Paris, par *Sauval*. Paris, 1612, 3 vol. in-f°.
1625. Histoire de l'abbaye de Saint-Denis en France, par *Dom Doublet*. In-4°.
1627. Coup d'œil sur l'univers, avec un calendrier, et enrichi des singularités de Paris, par *Raoul*. In-12.
1640. Antiquités de la ville de Paris, par *Claude Malingre*. In-f°.
1665. Historia Universitatis Pariensis; auctore *Egassio Bulæo (Egasse du Boulai)*. 6 vol. in-f°, de 1665 à 1673.
1668. Antiquités de la ville de Paris, dans le livre des Antiquités des villes de France d'*André Duchesne*. 2 vol. in-12.
1684. Description nouvelle de Paris et recherches des singularités les plus remarquables, par *D. Germain Brice*. 2 vol. in-12; plusieurs éditions; la dernière, en 4 vol. avec additions, est de 1752.
1705. Traité de la police, avec une description historique et topographique de Paris, par *de La Mare*. 4 vol. in-f° avec plans.
1710. La Généralité de Paris divisée en ses 22 élections, ou Description exacte et générale de tout ce qui est contenu dans ladite généralité, par *Dangosse (J. Chalibert)*.
1714. Description de la ville et faubourgs de Paris, en 24 planches, par ordre de M. d'Argenson, par *J. de La Caille*. In-f°.
1724. Histoire et recherches des antiquités de la ville de Paris, par *Henri Sauval*. 3 vol. in-f°.
1724. Histoire de l'abbaye royale de Saint-Germain-des-Prés, par *P. Bouillart*. In-f°.
1725. Histoire de la ville de Paris, par *Félibien* et *Lobineau*. 5 vol. in-f°, cart. et grav.
1728. Histoire abrégée de l'Eglise de Paris, par *J. Grancolas*. 2 vol. in-12.
1735. Histoire de la ville de Paris jusqu'en 1730, par l'abbé *Guyot des Fontaines* et *J.-F. Labarre*. 5 vol. in-12.
1739. Dissertation sur l'histoire ecclésiastique et civile de Paris, suivie de plusieurs éclaircissements, par l'abbé *Lebeuf*. 3 vol. in-12.
1749. Mémorial de Paris et de ses environs. 2° édit., Paris, 2 vol. in-12.
1752. Description de Paris et de la France, par *Piganiol de La Force*. Paris, 15 vol. in-12.
1753. Les Délices de Paris et de ses environs, par *Ch.-Ant. Jombert*. Paris, in-f°.
1754. Histoire de la ville et de tout le diocèse de Paris, par l'abbé *Lebeuf*. Paris, 15 vol. in-12.
1761. Les Promenades des environs de Paris, avec cartes et plans, avec un abrégé historique, par *Robert de Vaugondy*. In-f°.
1763. Description de la généralité de Paris, par l'abbé *Régley*. In-4°.
1767. Pouillé, ou Description du diocèse de Paris, par *L. Denis*. In-f° de 34 planches gravées.
1768. Voyage pittoresque des environs de Paris, par M*** (d'Argenville fils). 3° édit., 1 vol. in-12 plusieurs fois réimprimé.
1769. Tableau topographique des environs de Paris, par *Louis Denis*. Paris, in-18.
1769. Le Géographe parisien, par *Lesage*. 2 vol. in-8° (cartes).
1771. Histoire de Paris prouvée par les textes originaux jusqu'à Louis XV, par *Poncet de La Grave*.
1775. Recherches critiques, historiques et topographiques sur Paris, par *Jaillot*. Paris, 5 vol. in-8°.
1775. Les Rues de Paris, par *Jaillot*. In-8°, réimpr. en 1777.
1778. Essais historiques sur Paris, par *Poullain de Saint-Foix*. Paris, 5 vol. in-12.
1778. Curiosités de Paris, Vincennes, Versailles, etc., par *G.-L. Lerouge*. Nouv. édit., 3 vol. in-12.
1779. Dictionnaire historique de la ville de Paris et de ses environs, par *Hurtaut* et *Magny*, Paris, 4 vol. in-8°.
1782. Tableau historique de Paris, par *Mercier*. 12 vol. in-8°.
1785. Nouvelle description des curiosités de Paris, par *J.-A. Dulaure*. In-18.
1787. Nouvelle description des environs de Paris, par *J.-A. Dulaure*. 2° édit., Paris, 2 vol. in-12.
1793. Rapport sur la contagion des cimetières, par *L.-N. Rablot*. Broch. in-8°.
1800. Examen du rapport sur les sépultures, par *Cambry*. An VIII, in-8°.
1804. Manuel du voyageur aux environs de Paris, par *Pierre Villiers*. Nouv. édit., 2 vol. in-18.
1805. Essais historiques sur Paris, pour faire suite à ceux de M. Poullain de Saint-Foix, par *Augustin Poullain de Saint-Foix*. 2 vol. in-12.
1805. Panorama de Paris. 1 vol. in-12.

1807. Coup d'œil historique sur la ville de Saint-Denis et sur la restauration de son église, par *M. B. A. H.* et *A. M.* In-8°.
1808. Voyage religieux et sentimental aux quatre cimetières de Paris, par *Ant. Caillot*. 1 vol. in-8°.
1808. Tableau historique et pittoresque de Paris, par *Saint-Victor*. 3 vol. in-4°, grav.; réimpr. in-8° de 1822 à 1827.
1811. Essai sur la géographie minéralogique des environs de Paris, par *G. Cuvier* et *A. Brongniart*. 1 vol. in-4°; réimpr. en 1822 et 1835.
1814. Voyage descriptif de l'ancien et du nouveau Paris, par *Louis Prudhomme*. 6 vol. in-18; réimpr. en 1821 et 1825.
1815. Paris et sa banlieue ou Dictionnaire topographique et commercial, par *Gobelet*. In-12 (4 édit.).
1815. Description des catacombes de Paris, par *L. Héricart de Thury*. In-8°.
1815. Recueil des tombeaux des quatre cimetières de Paris, par *C. Arnaud*, architecte. In-8°.
1815. Description historique de l'église royale de Saint-Denis, par *A.-P.-M. Gilbert*. Broch. in-8°.
1815. Histoire du donjon et château de Vincennes, par *A. D. B.* 3 vol. in-12.
1815. Manuel chorographique de Paris et du département de la Seine, par *J.-B. Foulon*. In-8°.
1816. Dictionnaire historique, topographique et militaire de tous les environs de Paris, par *M. P. Saint-Amand*. 1 vol. in-12.
1816. Dictionnaire topographique, étymologique et historique des rues de Paris, par *J. de La Tynna*. In-12.
1821. Dictionnaire topographique des environs de Paris jusqu'à 20 lieues à la ronde, par *Ch. Oudiette*. 2° édit., in-8°.
1821. Histoire physique, civile et morale de Paris, par *J.-A. Dulaure*. 1°° édit., 7 vol. in-8°; 9° édit., 10 vol. in-8°, 1837.
1824. Description des environs de Paris considérés sous les rapports topographique, historique et monumental, par *Al. Donnet*. In-8°.
1825. Dictionnaire historique de Paris, par *A. Béraud* et *P. Dufey*. 2 vol. in-8° avec plans.
1829. Dictionnaire topographique et descriptif des environs de Paris, par *J.-B. Richard*. 1 vol. in-18.
1833. Histoire de Paris, rédigée sur un plan nouveau, par *Touchard-Lafosse*. 5 vol. in-8°.
1834. Histoire des environs de Paris dans un rayon de 30 à 40 lieues, par *Touchard-Lafosse*. 4 vol. in-8°.
1835. Histoire physique, civile et morale de Paris, par *Girault de Saint-Fargeau*. In-8° (extr. du Guide pitt. du voyageur en France).
1836. Description pittoresque et statistique de Paris, au XIX° siècle, par *Laponneraye*. In-4°.
1836. Chroniques des villes, bourgs, villages et monuments remarquables des environs de Paris. 1 vol. in-18.
1836. Des anciennes fourches patibulaires de Montfaucon, par *E. de Lavilleguille*. In-4°.
1837. Paris sous Philippe le Bel, d'après les documents originaux, publié par *H. Géraud*. 1 vol. in-4°.
1838. Histoire physique et morale des environs de Paris, de Dulaure, revue par *Belin*, avocat. 6 vol. in-8°.
1838. Paris ancien et moderne, par *Lacroix de Marlès*. 3 vol. in-4°, et atlas in-4°.
1838. Paris historique, promenade dans les rues de Paris, par *Charles Nodier*, *Champin*, *Christian*. 3 vol. in-8°, 200 grav.
1839. Le Vieux Paris, d'après les dessins de *F.-A. Pernot*, avec lithographies par *Nouveaux Asselineau*, texte et pl. in-f°.
1840. Nouvelle histoire de Paris et de ses environs, par *J. de Gaulle* et *Ch. Nodier*. 5 vol. gr. in-8°.
1842. Paris pittoresque, par *Germain Sarrut* et *Saint-Edme*. 2 vol. in-8°.
1843. Dictionnaire administratif et historique des rues de Paris, par *Louis* et *Félix Lazare*. Gr. in-8°, réimpr. en 1853.
1846. Histoire de Paris et de ses monuments, par Dulaure, refondue et complétée par *L. Batissier*. 1 vol. gr. in-8°.
1846. Bibliographie historique et topographique de la ville de Paris ou Catalogue de tous les ouvrages imprimés en français relatifs à l'histoire de Paris depuis le XV° siècle jusqu'au mois de novembre 1846, par *P. Girault de Saint-Fargeau*. 1 vol. in-8°.
1846. Histoire de l'Hôtel de ville de Paris, suivie d'un Essai sur l'ancien gouvernement municipal de cette ville, par *Leroux de Lincy*. In-4°.
1850. Cartulaire de l'église Notre-Dame de Paris, publié par MM. *Géraud*, *Marion* et *Deloye*. 4 vol. in-4°.
1853. Histoire de Paris, de ses embellissements, de ses promenades, de sa banlieue (*de ses barrières*), par *B. R.* Paris, *Ruel*, libraire. in-18.
1853. Dissertations archéologiques sur les anciennes enceintes de Paris, par *A. Bonnardot*. In-4°, et plans.
1854. Paris, son histoire, ses monuments, ses musées, ses établissements divers, son administration, son commerce, etc. — Guide cicerone, Hachette. In-12 de 750 pages.
1855. Histoire de Paris et de son influence en Europe depuis les temps les plus reculés jusqu'à nos jours, par *A.-J. Meindre*. 5 vol. in-8°.
1858. Curiosités de l'histoire du vieux Paris, par *P.-L. Jacob*. 1 vol. in-18.

---

[1] Nous n'avons indiqué ici que les principaux ouvrages publiés sur Paris et les environs; une bibliographie complète exigerait des volumes entiers. Nous nous sommes attaché surtout à n'indiquer que les ouvrages généraux qui souvent ont servi de type à ceux que nous négligeons.

1859. Fragments de l'histoire de Gonesse, par *L. Delisle*. In-8°.
1860. Le Nouveau Paris, histoire de ses 20 arrondissements, par *Émile de La Bédollière*. 1 vol. gr. in-8°.
1861. Paris dans sa splendeur, monuments, vues, scènes historiques, description et histoire, dessins et lithographies, etc., texte par *L. Énault, V. Fournel, Ed. Fournier, Viollet-le-Duc*, etc. 2 vol. gr. in-f°.
1862. Montmartre et Clignancourt, études historiques par *L.-M. de Trétaigne*. 1 vol. in-8°.
1865. Nouvelle histoire des environs de Paris, par *Émile de La Bédollière*. 1 vol. gr. in-8°.
Paris démoli, par *E. Fournier*. 1 vol. in-18.
Paris anecdote, par *Privat d'Anglemont*. 1 vol. in-18.
Paris inconnu, par *Ed. Fournier*. 1 vol. in-18.
Ce que l'on voit dans les rues de Paris. 1 vol. in-18.
1869. Paris, ses organes, ses fonctions, sa vie dans la seconde moitié du XIX⁵ siècle, par *Maxime du Camp* (1869-1878). 2 vol. in-8°.
1871. Rapports militaires officiels du siège de Paris de 1870-1871, par le D' *Pierotti*, commandant du génie militaire italien. 1 vol. in-18.
1871. Décrets et rapports officiels de la Commune de Paris et du gouvernement français à Versailles du 18 mars au 31 mai 1871, par le D' *E. Pierotti*. 1 vol. in-16.
1871. Les 31 séances officielles de la Commune de Paris. 1 vol. in-12.
1872. Histoire de la révolution de 1870-1871 (siège de Paris), par *Jules Claretie*. 1 fort vol. gr. in-8° en deux parties, cartes et gravures.
1876. Les Environs de Paris, par *Joanne*. 1 vol. in-16.
1883. Histoire de la ville de Sceaux, par *V. Advieille*. 1 vol.
1883. Paris-Guide, publié par *Hachette*. 1 vol. in-18.
..... Histoire générale de Paris, publiée par les Archives des travaux historiques de Paris. 8 vol. in-4°, avec gravures.
Bulletin de la Société de l'histoire de France et de l'Ile-de-France. In-8°.

Collection des mémoires publiés par la Société de l'histoire de Paris et de l'Ile-de-France. In-8°.
CARTES DES ENVIRONS DE PARIS. — Atlas topographique des environs de Paris, par *Dom Coutans*, revu et augmenté par Picquet. 17 feuilles, 1800 et 1844. — Carte des environs de Paris, par *Tassin*. 4 feuilles in-f°, 1668. — Carte topographique des environs de Paris, par *La Grive*. 9 feuilles in-f°, 1768. — Carte de la généralité de Paris, par *Jaillot*. 4 feuilles, 1725. — Carte topographique des environs de Versailles, dite *des chasses*. 12 feuilles, 1807. — Carte des environs de Paris d'après la grande carte du Dépôt de la guerre. 1843. — Carte en relief des environs de Paris, par *Bauerkeller*. 1 feuille, 1842. — Carte topographique des environs de Paris, par *Bauerkeller*. 1 feuille 1/50000°, 1842. — Cartes d'Andriveau-Goujon, Logerot, etc. Carte du département de la Seine, extraite de la carte du Dépôt de la guerre, au 1/40000°. — Même carte au 1/80000°.
PLANS DE PARIS. — Le Vrai portrait de la ville, cité et Université de Paris en 1515. In-f°. — Prévôté et élection de Paris, par *N. Sanson*. — Plan en perspective de la ville de Paris, dit *de la tapisserie*, l'original, brodé sur une tapisserie, remonte à 1540. — Plan en perspective de la ville de Paris, telle qu'elle était sous le règne de Charles IX. 1 feuille. — Plan de Paris sous Henri II, avec le palais des Tournelles. — Plan de Paris ancien, tel qu'il était sous Charles V et Charles VI, dit plan de Saint-Victor. In-f°, 1757. — Plan de Paris sous Louis XIV, par *Gomboust*. 9 feuilles, 1652. — Nouveau plan de Paris, par *Jean de La Caille*. 20 feuilles, 1714. — Plan de Paris, par *Louis de Bretez*, dressé par l'ordre de Turgot. 20 feuilles in-f°, 1766. — Atlas chorographique, historique et portatif de la généralité de Paris, divisée en ses 22 élections, par *Desnos*. In-4°. — Atlas du plan général de la ville de Paris, levé géométriquement par *Verniquet*. 72 planches, 1798. — Plan de Paris sous *Manjon* et *Jacoubet*. 6 feuilles. — Atlas général de la ville de Paris à l'échelle d'un millimètre pour 2 mètres, par *Jacoubet*. 54 feuilles, 1835. — Carte des fortifications de Paris, par *Picquet*. 1841. — Plan de Paris, par *Girard*. — Plan en relief de Paris, par *Bauerkeller*. — Carte du département de la Seine, par *Charles, Dufour, Duvotenay, Fremin, Joanne*, etc.

TABLE DES MATIÈRES

CONTENUES DANS LE DÉPARTEMENT DE LA SEINE

Description physique et géographique du département de la Seine.	3
Histoire du département.	8
Paris. — Origine de son nom. — Histoire de Paris.	11
Paris avant la domination romaine.	13
Paris sous les Romains.	13
Paris sous les deux premières races.	14
Paris jusqu'à saint Louis.	17
Paris jusqu'à Charles V.	20
Paris jusqu'à François I⁵ʳ.	25
Paris sous François I⁵ʳ et Henri IV.	30
Paris sous Louis XIII, Louis XIV et Louis XV.	38
Paris sous la première République et le premier Empire.	45
Paris sous la Restauration.	52
Paris sous Louis-Philippe I⁵ʳ.	53
Paris sous la seconde République.	54
Paris sous Napoléon III. — Le second Empire.	59
Paris sous la troisième République.	62
Le Siège de Paris, 1870-1871.	62
La Commune de Paris en 1871.	74
Présidences de M. Thiers, du maréchal de Mac-Mahon, de M. J. Grévy.	78
Description générale de Paris.	78
Fortifications. — Enceinte. — Rue militaire. — Portes.	78
Divisions administratives. — Circonscriptions des 20 arrondissements et des 80 quartiers	81
Aspect intérieur.	90
Les Rues.	91
Boulevards et Avenues.	93
Quais.	96
Ponts.	99
Ports.	102
Passages et Cités.	103
Places.	104
Promenades. — Parcs. — Jardins. — Squares.	107
Édifices religieux.	110
Palais.	119
Édifices civils.	123
Théâtres.	124
Musées.	126
Bibliothèques.	127
Archives nationales.	128
Établissem. d'instruction publique.	128
Établissements scientifiques.	133
Sociétés savantes.	133
Établissements militaires.	135
Halles. — Marchés. — Abattoirs.	136
Préfecture de police.	137
Prisons.	138
Hôpitaux et Hospices.	138
La Morgue.	140
Cimetières.	140
L'Eau à Paris.	141
Égouts.	141
Catacombes.	142
Personnages célèbres nés à Paris.	142

Arrondissement de Saint-Denis.

Saint-Denis.	145
L'Ile Saint-Denis.	150
Stains.	150
Aubervilliers-les-Vertus.	151
Pantin.	151
Le Bourget.	151
Romainville.	151
Les Lilas.	152
Le Pré-Saint-Gervais.	152
Bagnolet.	152
Bondy.	153
Clichy-la-Garenne.	155
Saint-Ouen.	155
Asnières.	155
Neuilly-sur-Seine.	156
Courbevoie.	157
Levallois-Perret.	157
Colombes.	157
Bois-Colombes.	157
Puteaux.	158
Suresnes.	158
Le Mont-Valérien.	159
Nanterre.	160
Boulogne.	163

Arrondissement de Sceaux.

Sceaux.	165
Le Plessis-Piquet.	167
Châtenay et Aulnay.	167
Bourg-la-Reine.	168
Bagneux.	170
Fontenay-aux-Roses.	170
Châtillon.	170
Issy.	171
Vanves.	172
Montrouge.	172
Gentilly.	172
Bicêtre.	173
Villejuif.	173
Arcueil-Cachan.	174
L'Hay et Chevilly.	175
Rungis.	175
Ivry.	175
Vitry.	176
Choisy-le-Roi.	176
Charenton-le-Pont.	178
Charenton-les-Carrières.	178
Conflans.	179
Saint-Maurice.	179
Maisons-Alfort.	180
Créteil.	181
Saint-Maur-les-Fossés.	181
Vincennes.	182
Saint-Mandé.	184
Montreuil-sous-Bois.	186
Champigny.	186
Tableaux statistiques.	187
Statistique morale.	190
Bibliographie.	191

Paris. — Imprimerie Vᵛᵉ P. LAROUSSE ET Cⁱᵉ, rue Montparnasse, 19. — JULES ROUFF et Cⁱᵉ, ÉDITEURS.

LA FRANCE ILLUSTRÉE   PAR V.-A. MALTE-BRUN

42. — Seine-Inférieure.   ROUEN

SEINE-INFÉRIEURE

Chef-lieu : ROUEN

Superficie : 6,035 kil. carrés. — Population : 798,414 habitants.
5 Arrondissements. — 51 Cantons. — 759 Communes.

DESCRIPTION PHYSIQUE ET GÉOGRAPHIQUE

Situation, limites. — Le département de la Seine-Inférieure appartient à la région nord-ouest de la France; c'est un département maritime qui doit son nom à sa position sur le cours inférieur de la Seine, qui vient s'y jeter dans la Manche dans sa partie méridionale. Il a été formé, en 1790, d'une partie de la haute Normandie, dont il comprend en tout ou en partie quatre pays : le pays de Caux, le pays de Bray, une partie du Roumois et la presque totalité du Vexin normand. Ses limites sont : au nord, au nord-ouest et à l'ouest, la Manche; au sud, les départements de l'Eure et du Calvados, dont il est séparé en partie par le cours de la Seine; à l'est, par ceux de l'Oise et de la Somme.

Nature du sol, montagnes, falaises, côtes, ports. — La surface de ce département présente une vaste plaine faiblement inclinée au sud-ouest et au nord-ouest; nous n'y trouverons pas de montagnes proprement dites, mais des collines et des côtes. Les collines, dont la plus haute, près du Ronchois, atteint à peine 245 mètres, se montrent principalement dans les arrondissements de Neufchâtel et de Dieppe; une de leurs ramifications pénètre dans les arrondissements d'Yvetot et du Havre, et forme ainsi la ligne de faîte ou de partage des eaux des bassins hydrographiques de la Seine et de la Somme. Le cours sinueux de la Seine est aussi dominé par des collines couvertes d'une riche végétation, quelquefois elles atteignent une grande hauteur; telles sont celles de Sainte-Catherine, 153 mètres, et de Canteleu, 138 mètres, près de Rouen; d'autres fois, leur base montre à nu des escarpements crayeux, comme entre Duclair et Caudebec et près de Tancarville; ce sont de véritables falaises taillées à pic, dans lesquelles les riverains ont creusé des caves et même des habitations.

Les côtes offrent, depuis Le Havre jusqu'à l'embouchure de la Bresle, un développement d'environ 141 kilomètres ou 35 lieues; ce sont de hautes falaises, espèces de montagnes calcaires taillées à pic et dont la hauteur varie, suivant les lieux, depuis 50 jusqu'à 116 mètres. Voici la hauteur de quelques-unes : les phares de la Hève, 114 mètres; le cap d'Antifer, 116; falaise d'Étretat, 95; falaise de Fécamp, 128; les falaises de Stenneville, 114 à 120; le phare de l'Ailly, 79; la cité de Limes, 67 mètres. Ces côtes sont échancrées pour recevoir les cours d'eau de l'intérieur, ou bien s'abaissent pour former des baies découpées où se sont établis des ports, à savoir, en suivant la côte : le port de Dieppe, à l'embouchure de l'Arques; le petit port des Moutiers, au pied de la falaise de Varengeville-sur-Mer; le petit port de Veules, le bon port de Saint-Valery-en-Caux, le petit port de Suselle, le bon port de Fécamp, ceux d'Yport et d'Étretat et le port du Havre, le second de France après celui de Marseille. La partie du sol qui est près des côtes est sablonneuse; le sol paraît plus gras dans les arrondissements du Havre et d'Yvetot, moins riche dans celui de Dieppe; il est boisé dans celui de Neufchâtel; dans l'arrondissement de Rouen, il est à la fois très gras et très boisé.

Les forêts les plus étendues sont celles du Rouvray, de Roumare, de Brotonne, de Bray, d'Eu et de Lyons.

Le sol du département, qui est d'une très grande fertilité, se divise, d'après sa nature, en : pays de bruyères ou de landes, 16,500 hectares; sol de riche terreau, 241,335; sol de craie ou calcaire, 7,500; sol pierreux, 209,356; sol sablonneux, 13,404 hectares.

Hydrographie. — Toutes les eaux de la Seine-Inférieure appartiennent au bassin principal de la Seine, ou bien se rendent directement dans la Manche. La ligne de partage des eaux s'étend de Gaillefontaine au cap d'Antifer, en passant par Buchy, Bosc-le-Hard, Varneville, Yvetot, Yébleron, Bréauté et Saint-Sauveur-d'Émalleville. C'est une suite de faibles collines, qui n'est interrompue que par la vallée de Bray.

La Seine, le seul cours d'eau navigable du département, lui appartient, principalement par sa rive droite, depuis Sotteville, près de Pont-de-l'Arche (Eure), jusqu'au Havre, sur une longueur d'environ 50 kilomètres. Rencontrant sur l'une ou l'autre de ses rives des collines qui semblent devoir barrer son cours, elle leur échappe en les contournant, ce qui explique ses méandres ou changements de direction de son cours. Ils sont tels que, de Rouen au Havre, il y a, en ligne directe, 84 kilomètres, tandis que par la Seine on en compte 150.

La Seine maritime commence à Rouen. Son développement jusqu'au port du Havre est de 124 kilomètres; elle a 8 mètres de profondeur à Rouen et 225 mètres de largeur. Entre La Mailleraie et Quillebeuf, cette largeur augmente et varie de 500 à 3,000 mètres; vis-à-vis de Quillebeuf, elle est de 1,800 mètres; là commence l'embouchure proprement dite, qui, déjà de 3,600 mètres entre Tancarville et La Roque, atteint au Havre 9,000 mètres de largeur.

Bien que la navigation de la Seine ait été améliorée par des travaux d'endiguement récemment exécutés, elle n'en offre pas moins encore quelques dangers, à partir de Quillebeuf, par l'agrégation des bancs de sable qui obstruent son lit; il faut aux navires un pilote habile, qui connaisse bien la passe; encore la mer, en dérangeant de place les bancs mobiles, met-elle souvent en défaut l'expérience du marin. Le chenal de la Seine, qui a été canalisé entre La Mailleraie et Caudebec, suit la rive droite depuis Caudebec environ jusqu'au-dessous de La Pierre-du-Poirier; mais il change tout à coup de direction, à une petite distance de ce point, et passe vers la rive gauche pour ne plus la quitter qu'au-dessus de Quillebeuf. Ce trajet d'une rive à l'autre est ce que l'on nomme la *Traverse*; c'est la partie de la navigation de Rouen au Havre la plus dangereuse. La route est d'ailleurs sinistrement jalonnée par des bouées ou des balises placées à l'extrémité des mâts des bâtiments qui s'y sont perdus. Le pire des dangers de la Traverse, c'est l'instabilité des sables légers qui forment en cet endroit le fond du chenal, successivement soulevés par la marée montante à l'heure du flux et rendus au lit du fleuve par la marée descendante. Le flux se fait sentir jusqu'à Pont-de-l'Arche (département de l'Eure). La Seine met, dans les grandes marées, deux heures et demie à monter de 7 mètres 14 centimètre de hauteur, et neuf heures et demie à descendre. Lors du flux, on remarque le phénomène de la *barre*, puissante vague, offrant un front presque perpendiculaire, qui remonte le fleuve jusqu'à Jumièges et quelquefois jusqu'à Rouen avec rapidité et un bruit qui l'annonce longtemps à l'avance; c'est surtout aux marées d'équinoxe que ce phénomène se produit avec le plus d'intensité. La profondeur des eaux moyennes de la Seine est de 10 mètres au pont de Rouen; chaque année, on améliore son chenal, et on doit la canaliser dans la partie la plus dangereuse de son parcours, depuis Le Havre jusqu'à Tancarville. La pente, entre Rouen et la mer, est de 7 centimètres par kilomètre.

Sur son parcours dans le département, la Seine reçoit plusieurs petits affluents par sa rive droite; ce sont : le Ruisseau ou l'Eau-de-Robec, qui passe à Rouen; le ru de Cailly, grossi de la Bapaume; l'Austreberte, qui se jette dans la Seine au-dessous de Duclair; le Rançon, grossi de la Fontenelle, qui passe à Saint-Wandrille et se jette dans la Seine en amont de Caudebec; le ru de Bolbec, qui passe à Bolbec et à Duclair, et la Lézarde, qui passe à Montivilliers et à Harfleur. Deux autres affluents importants de la Seine prennent leur source dans le département : l'un est l'Epte, qui passe à Gournay et à Neufmarché et sert ensuite de limite entre les deux départements de l'Oise, de Seine-et-Oise et celui de l'Eure; l'autre est l'Andelle, dont la source est voisine de celle de l'Epte et non loin de Forges; la première a 36 kilomètres de cours dans le département et l'autre 26 seulement.

Les cours d'eau qui se rendent directement dans la Manche sont les suivants : La Bresle, qui sépare le département de celui de la Somme, prend sa source dans le département de l'Oise; elle passe dans la Seine-Inférieure à Aumale, Blangy, Eu et Le Tréport, où elle se jette dans la Manche; cette rivière a 60 kilomètres de cours; la Varenne, plus connue sous le nom de rivière d'Arques (36 kilomètres de cours), prend sa source dans le département; elle passe à Arques, près de Grand-Torcy, à Arques et se jette à Dieppe dans la Manche; elle reçoit sur sa rive droite la Béthune

(52 kilomètres de cours), qui passe à Gaillefontaine, à Neufchâtel, à Archettes, près d'Arques, et l'Eaulne (38 kilomètres), qui passe à Ménonval, à Londinières et à Envermeu; la Béthune et l'Eaulne se jettent dans la rivière d'Arques, à peu de distance l'une de l'autre et à quelques kilomètres en aval d'Arques. Quelques géographes accordent la prééminence à la Béthune sur l'Arques et l'Eaulne; la Scye ou Scie, qui autrefois servait de limite au pays de Caux proprement dit, prend sa source au-dessus du village de Saint-Maclou-de-Folleville et passe à Auffay, Longueville, Anneville et Appeville, avant de se jeter, à Pauville, dans la Manche, à 3 kilomètres à l'ouest de Dieppe; elle a 30 kilomètres de cours; la Saâne (30 kilomètres de cours) prend sa source près de Varvanes et passe à Englesqueville, Lestouville, Brachy, Guerres et Longueil, et reçoit la Vienne, qui passe à Bacqueville et a 16 kilomètres de cours. Le Durdent n'est guère qu'un ruisseau; il passe à Grainville, à Cany et à Villefleur; son cours est de 24 kilomètres. Le ru de Valmont n'a d'autre importance que de former à son embouchure le port de Fécamp; il reçoit la petite rivière de Ganzeville.

A défaut du canal du Havre à Tancarville, qui n'est encore que projeté (1881), nous n'avons qu'un seul canal à signaler, celui d'Eu au Tréport. Les étangs sont, dans ce département, d'une importance insignifiante; il existe cependant quelques marais sur les bords des rivières d'Epte et d'Andelle; quelques-uns ont été en partie desséchés et livrés à l'agriculture.

Voies de communication. — Le département de la Seine-Inférieure est des plus favorisés sous le rapport des voies de communication. Il compte 13 routes nationales, d'une longueur de 594 kilomètres; 41 routes départementales (852 kilomètres); 60 chemins vicinaux de grande communication (868 kilomètres); 1,075 chemins vicinaux de moyenne communication ou d'intérêt commun (3,963 kilomètres) et 2,060 chemins vicinaux ordinaires, dont le parcours total dépasse 2,680 kilomètres.

Les chemins de fer qui sillonnent le département appartiennent au grand réseau de l'Ouest. La ligne la plus importante est celle de Paris-Rouen-Le-Havre; elle passe dans la Seine-Inférieure un peu avant Oissel, à 120 kilomètres de Paris, et dessert les stations de : Oissel, Saint-Étienne-du-Rouvray, Rouen (rive gauche), Rouen (rive droite) [136 kilomètres de Paris], Maromme, Malaunay, Barentin, Pavilly, Motteville, Yvetot, Alvimare, Bolbec-Nointot, Beuzeville-Bréauté, Saint-Romain, Harfleur, Le Havre (228 kilomètres de Paris, 92 kilomètres de Rouen). Au delà de Malaunay se détache l'embranchement de Paris à Dieppe, desservant les stations de : Maromme, Malaunay, Monville, Clères, Saint-Victor, Auffay, Longueville, Saint-Aubin-sur-Scie et Dieppe (201 kilomètres de Paris, 65 kilomètres de Rouen). A la station de Motteville, un embranchement de 32 kilomètres se dirige sur Saint-Valery-en-Caux en desservant les stations de Gremonville, Doudeville, Saint-Vaast-Bosville et Neville, avec tronçon de Saint-Vaast-Bosville sur Cany. Au delà de la station de Beuzeville-Bréauté se détache l'embranchement de Paris à Fécamp, desservant : Grainville-Goderville, Les Ifs, Fécamp (222 kilomètres de Paris, 86 kilomètres de Rouen). Au Havre, un tronçon de quelques kilomètres dessert Montivilliers, par : Graville-Sainte-Honorine, Harfleur, Rouelles et Demi-Lieue.

Rouen est en communication avec Amiens par une ligne qui dessert dans le département les stations de : Darnétal, Morgny, Longuerue, Montérolier-Buchy, Sommery, Serqueux et Gaillefontaine. Cette ligne se raccorde avec celle de Dieppe par un tronçon qui va de la station de Montérolier-Buchy à celle de Clères; de Clères, elle se continue sur Motteville pour mettre directement Le Havre et Fécamp en communication avec Amiens.

Au sud de la Seine, Rouen est en communication avec les lignes de la basse Normandie et de la Bretagne par Saint-Pierre-du-Vauvray et Serquigny, et avec Orléans par Dreux et Chartres.

Le département est encore traversé par la ligne directe de Paris à Dieppe par Pontoise, qui dessert dans le département : Neufmarché, Gournay-Ferrières, Grandcourt-Saint-Étienne, Saumont-la-Poterie, Forges-les-Eaux, Serqueux, Nesle, Saint-Saire, Neufchâtel-en-Bray, Mesnières, Bures-Londinières, Saint-Vaast d'Equiqueville, Dampierre, Arques, Dieppe (168 kilomètres de Paris). A Gournay, un embranchement rejoint Beauvais.

Eu et Le Tréport, à l'extrême limite septentrionale du département, sont desservis par une ligne qui appartient au grand réseau du Nord (Creil-Beauvais), et qui dessert dans le département les stations de : Aumale, Vieux-Rouen, Sénarpont, Nesle, Blangy, Monchaux, Longroy, Incheville,

Ponts-et-Marais, Eu et Le Tréport (183 kilomètres).

Telles sont les lignes les plus importantes qui sillonnent le département; d'autres sont projetées ou en construction (janvier 1881). Nous signalerons les tronçons de Beuzeville à Bolbec et à Lillebonne se détachant de la ligne principale de Rouen au Havre; la ligne d'Yvetot à Dieppe, de Dieppe au Tréport et de Barentin à Caudebec, etc.

En 1877, on évaluait la longueur des lignes exploitées à 436 kilomètres, et celle des lignes en construction ou à construire à 115 kilomètres.

Au Havre commencent les grandes communications extérieures; cette ville, le premier port de commerce de la Manche, est, à l'aide d'un service régulier de paquebots, à 24 heures de Rotterdam, à 60 heures de Hambourg, à 18 heures de Londres par la Tamise, à 8 heures de la même ville par Southampton, à 60 heures de Liverpool, à 11 jours de New-York, à 6 jours de Malaga, à 20 heures de Morlaix, à 8 heures de Cherbourg, à 6 heures d'Isigny et à 3 heures de Caen. Outre ces services réguliers, Le Havre met Paris et Rouen en communication avec tous les pays commerçants du monde, à l'aide des nombreux navires que son port reçoit annuellement.

Climat. — Bordé par la Manche dans une grande partie de son étendue, couvert à l'est et au sud d'épaisses forêts, traversé en tous sens par des vallées, arrosé enfin par un grand fleuve sinueux et de nombreuses rivières, le département de la Seine-Inférieure, quoique situé dans la région climatérique séquanienne, a un climat très varié. Le froid et l'humidité dominent dans les contrées voisines de la mer. Le peu d'élévation du sol des vallées, les prairies qui les couvrent et souvent le voisinage des forêts les rendent également humides; le climat est plus sec et plus sain dans les plaines élevées et sur les collines qui couvrent le département. Les hivers y sont longs et souvent pluvieux, mais le froid atteint rarement une grande intensité. Les vents dominants sont ceux du nord, dit *vent d'aval;* il est sec et froid; du nord-est et du nord-ouest, dit *vent d'amont;* il est humide et amène les pluies. Le vent du sud-ouest, le plus sain de tous, amène les beaux jours, mais ils sont souvent interrompus par de grands orages.

A Rouen, la température moyenne maximum est de 32°,3 du thermomètre centigrade, et la température moyenne minimum de 10°,3. Le nombre annuel moyen des jours de pluie est de 121. En été, on compte en moyenne 21 jours de pluie; en automne, 39. Dans l'espace de cinq ans, le nombre annuel moyen des jours d'orage a été de 15. Les variations de la colonne barométrique sont souvent brusques dans le voisinage de la mer; dans le haut pays, elles suivent les lois ordinaires.

Productions naturelles. — Le département de la Seine-Inférieure appartient à la région géologique *neustrienne*, qu'on appelle aussi *bassin de Paris*. Il est formé par des argiles sableuses, en général peu épaisses, reposant le plus souvent sur la craie pure ou sableuse, ou bien sur des sables ou des calcaires tertiaires. Les principales productions minérales du département consistent dans ses carrières de pierre à bâtir, de craie, de marbre, de grès, d'argile à poterie et de sable qui sert, entre autres usages, à la fabrication du verre. On y exploite de la marne et de la tourbe; on y trouve des indices de mines de houille. Des forges ont existé autrefois à Forges-les-Eaux, à Beaussault, à Bellozanne; on trouve encore dans ce dernier endroit du fer limoneux. Les sources ferrugineuses et salines abondent dans le département; les principales sont celles de Forges, de Gournay, d'Aumale, de Quièvrecourt, d'Oberville, de Valmont, de Bléville, de Mesmoulins, de Nointot, de Rolleville et de La Maréquerie à Rouen; celles de Forges-les-Eaux sont seules fréquentées.

Si le règne minéral est peu riche et peu varié dans ce département, il n'en est pas ainsi du règne végétal. Toutes les céréales y réussissent parfaitement, mais leur récolte est insuffisante pour la consommation des nombreux habitants du département; elles produisent à peine les cinq sixièmes des grains nécessaires à leurs besoins. Année moyenne, en effet, la seule récolte du froment ne donne que 2,239,687 hectolitres. L'arrondissement de Neufchâtel et la partie septentrionale de celui de Dieppe produisent peu de blé. Le Calvados fournit au département ce qui lui manque en grains. Dans les campagnes qui avoisinent la mer du Havre à Fécamp, on cultive le lin et le chanvre, ainsi que les plantes oléagineuses. Les prairies naturelles des bords de la Seine sont admirables, et l'arrondissement de Neufchâtel offre de très beaux pâturages. Les plantes potagères réussissent bien. Parmi les arbres fruitiers, le pommier et le poirier sont seuls cultivés en grand, et couvrent non seulement les vergers, mais encore les champs eux-mêmes, et surtout les moindres routes. Point de vignes; le cidre est la boisson principale des habitants; les meilleurs crus sont ceux de Montigny et du pays de Caux. Parmi les arbustes qui réussissent ici, nous citerons le troène, la bruyère et le jonc marin. Les arbres les plus répandus sont le cornouiller, le merisier, le chêne, le hêtre, l'orme, le charme, le tilleul, l'érable, le bouleau, le pin et le sapin. Le saule et le peuplier tremble se plaisent aux bords des rivières. Les animaux sauvages et carnassiers ont presque entièrement disparu du département, si nous en exceptons toutefois le renard. Le chevreuil et le cerf habitent encore les vastes forêts qui couvrent la partie méridionale du département; le sanglier y est rare, et le loup n'y vient que de passage. Quant au menu gibier, il devient moins commun d'année en année. Les corbeaux et les pies pullulent dans les campagnes et vivent en troupes nombreuses. Les grands vents poussent quelquefois jusqu'à Rouen le vautour et l'aigle commun qui habitent les montagnes de l'Écosse. On rencontre des couleuvres et des vipères le long de nombreuses haies qui servent de clôture aux fermes. Toutes les races d'animaux domestiques sont bonnes et tendent à s'améliorer; les chevaux normands sont de belle race; il y a des bidets, dits d'*allure*, fort estimés des cultivateurs. Les vaches sont un objet d'importante spéculation, à cause du beurre et du fromage que l'on tire de leur lait. Sur les 214,473 bêtes à cornes dont se compose l'espèce bovine, on compte 112,666 vaches laitières. Les moutons du Vexin et du pays de Caux sont estimés, et ceux qui paissent dans les pâturages voisins de la mer donnent le mouton dit de *pré salé*. Les oiseaux de basse-cour sont nombreux et d'excellente espèce. La Seine offre aux populations riveraines, qui vivent du produit de leur pêche, le saumon, l'esturgeon, la sole, l'anguille, l'alose et un grand nombre d'autres espèces en abondance. Le poisson de mer et surtout le hareng et le maquereau sont poursuivis jusque près des côtes de l'Angleterre et de l'Irlande; la raie, la barbue, le turbot sont communs sur les côtes du département, et les rochers abondent en crustacés et en coquillages, tels que homards, langoustes, moules, huîtres, etc.

Industrie agricole, manufacturière et commerciale. — Le département de la Seine-Inférieure est un des plus riches de France; il est tout à la fois agricole, manufacturier et commerçant. La culture y est en grand progrès; les machines agricoles perfectionnées y sont adoptées; l'usage des jachères y a été remplacé par une méthode bien entendue d'assolement triennal, et les systèmes d'engrais s'y sont perfectionnés; on y emploie la chaux, le varech et le guano. La récolte y est considérable en grains, en pommes de terre et en légumes secs; mais toutes les parties du territoire ne sont pas également productives. Les contrées du centre et de l'est rendent davantage : au centre viennent le froment, l'orge, le seigle, l'avoine; à l'est sont les prairies et les pâturages. La récolte des fruits à cidre, du houblon, des plantes oléagineuses, du lin et des fourrages est très considérable.

La superficie du département se partage en · superficie bâtie et voies de transport : 69,637 hectares, et territoire agricole, 533,913 hectares. Ce dernier est lui-même subdivisé en : céréales, 226,926 hectares; farineux, 11,010; cultures potagères et maraîchères, 3,630; cultures industrielles, 15,280; prairies artificielles, 58,296; fourrages annuels, 20,337; cultures diverses et jachères, 26,358; bois et forêts, 74,253; prairies naturelles et vergers, 77,276; pâturages et pacages, 11,530 hectares. Il y a encore 9,018 hectares de terres incultes.

L'élève du bétail est très bien entendu et très productif : les *chevaux cauchois*, appartenant à la belle race normande, sont fort estimés. Nous avons déjà parlé de l'importance des vaches laitières normandes auxquelles on doit le beurre de Gournay et le fromage de Neufchâtel. On voit aussi, dans ce beau département, de nombreux moutons mérinos et de très nombreux troupeaux de races améliorées. Les fermes des cultivateurs sont bien tenues; elles sont entourées d'arbres qui servent à les garantir des coups de vent; chacune est ordinairement isolée et placée au milieu d'une vaste cour plantée de pommiers, entourée de fossés flanqués d'une haie vive d'aubépine du milieu de laquelle s'élancent des ormes et des hêtres. Chacune des cours a généralement deux issues, l'une donnant sur la rue du village et l'autre sur les champs en exploitation. Le village normand offre lui-même un aspect singulier : ce n'est plus ici, comme ailleurs, une agglomération plus ou moins régulière de maisons formant autour d'une église des rues ou des ruelles; autour de l'église, on ne voit groupées que les maisons des industriels indispensables ou des modestes fonctionnaires. Les habitations des agriculteurs sont isolées, séparées les unes des autres par un champ, un verger, un jardin et des haies jalonnées d'arbres, de telle sorte qu'en été le village est perdu au milieu d'un bois, et que le voyageur n'en devine la présence qu'à la vue du clocher qui, dominant les arbres, trahit de loin l'existence d'un lieu fréquenté.

Le département de la Seine-Inférieure est l'un des sièges les plus célèbres de l'industrie manufacturière de la France. Rouen est le centre le plus considérable du filage et du tissage du coton et de l'impression des toiles. On ne compte pas moins dans tout le département de 229 filatures et tissages de coton, occupant 20,700 ouvriers. Le nombre des broches est de 1,395,540; celui des métiers mécaniques est de 13,012; celui des métiers à bras, de 28,816. Son industrie comprend encore la fabrication très importante des cotons et des toiles de lin tissés en couleur et dits *rouenneries*, de la ville qui les a la première livrés au commerce. Les blanchisseries, dont les principales sont situées dans les communes qui environnent Rouen, donnent aux toiles un blanc supérieur à celui des blanchisseries de Paris et de Saint-Quentin. Après les toiles peintes et les rouenneries, les célèbres draps d'Elbeuf sont les produits les plus renommés de l'industrie du département. D'autres tissus fabriqués, tels que les tulles, les foulards et les velours de soie, ne sont pas moins recherchés. En général, l'impression des tissus de soie et de laine et la teinture de la soie, de la laine et du coton occupent un nombre très considérable d'ateliers. On compte aussi dans le département de nombreuses fabriques de produits chimiques et de couleurs. L'industrie métallurgique y est représentée par l'usine des Forges Havraises pour la fonte des minerais de cuivre ; la Société des Chantiers et Ateliers de l'Océan pour la construction des navires en fer, et par des fabriques de machines à tisser, des mécaniques et des mouvements d'horlogerie. Les papiers du département et la faïencerie de Rouen jouissent d'une réputation méritée; il en est de même de la confiserie ; le sucre de pomme est plus particulièrement en grande réputation. Citons encore les ouvrages en ivoire fabriqués dans l'arrondissement de Dieppe, la faïence et le verre à vitres de l'arrondissement de Neufchâtel, les briques de l'arrondissement du Havre, les raffineries de sucre, les brasseries, les fabriques de cuirs et les huiles.

On comprendra aisément que la position du département et le grand nombre de voies de communication de toute nature dont il est sillonné facilitent singulièrement ses relations commerciales ; il reçoit une très grande quantité de marchandises de l'extérieur, surtout des colonies françaises, et expédie sur tous les points du monde les marchandises de la France; le commerce est facilité par 12 ports principaux, dont 5 sur la Manche : Le Tréport, Dieppe, Saint-Valery-en-Caux, Fécamp, Le Havre, et 7 en Seine : Harfleur, Caudebec, La Mailleraie, Croisset (commune de Canteleu), Duclair, La Bouille et Rouen. Le tonnage de tous ces ports est d'environ 5,000 bâtiments, de 1,200,000 tonneaux, et le mouvement de 21,000 bâtiments, de 2,200,000 tonneaux. Le cabotage emploie près de 6,000 bâtiments, de 500,000 tonneaux. En 1875, la marine à voiles comptait environ 1,000 navires jaugeant 150,000 tonneaux, et la marine à vapeur 120 navires jaugeant 30,000 tonneaux. La pêche maritime produit annuellement près de 8 millions de francs. Dieppe et les ports secondaires fournissent Paris de cette denrée importante. Les produits fabriqués et le poisson sont les grands articles de l'exportation du département de la Seine-Inférieure ; son commerce est d'ailleurs facilité par 339 foires importantes qui se tiennent dans 95 communes et durent 433 journées.

Division politique et administrative. — Le département de la Seine-Inférieure est un des plus importants de nos départements français. Il compte 5 arrondissements, 51 cantons et 759 communes ; le tableau statistique que nous donnons plus loin les fera connaître. Il appartient à la région agricole du nord de la France.

Rouen est le siège d'un archevêché qui a pour suffragants les évêchés de Bayeux, d'Évreux, de Séez et de Coutances. On compte dans le diocèse de Rouen, qui comprend tout le département, 14 cures de première classe, 59 de seconde, 594 succursales et 124 vicariats. Il y a à Rouen un grand et un petit séminaire. Les protestants ont quatre églises consistoriales : la première à Rouen, desservie par trois pasteurs ; la seconde à Bolbec, desservie par quatre pasteurs ; la troisième au Havre, desservie par quatre pasteurs, et la quatrième à Dieppe, desservie par trois pasteurs. Il y a de plus dans le département plusieurs temples, et les israélites y ont des synagogues.

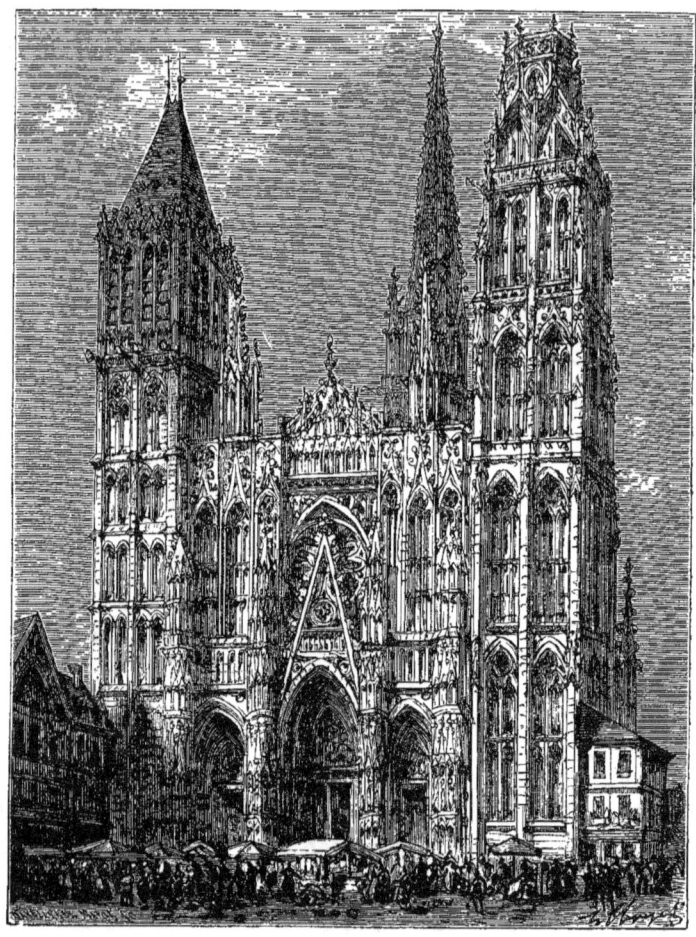

Cathédrale de Rouen.

Rouen est le siège d'une cour d'appel qui comprend dans son ressort les tribunaux de la Seine-Inférieure et de l'Eure; chacun des cinq arrondissements possède un tribunal de première instance et il y a des tribunaux de commerce à Rouen, au Havre, à Dieppe, à Yvetot, à Neufchâtel, à Elbeuf, à Eu, au Tréport, à Fécamp, à Gournay et à Saint-Valery-en-Caux. Il existe au Petit-Quévilly une colonie pénitentiaire de refuge et d'éducation pour les jeunes détenus des deux sexes.

Le département de la Seine-Inférieure, au point de vue universitaire, dépend de l'académie de Caen. Il y a à Rouen une Faculté de théologie catholique, une école préparatoire de médecine et de pharmacie, une école préparatoire à l'enseignement des lettres et des sciences, le département compte deux lycées, à Rouen et au Havre; deux collèges communaux, à Dieppe et à Eu; 19 institutions secondaires libres, une école normale primaire supérieure et 1,389 écoles primaires. Rouen est le siège de plusieurs sociétés savantes importantes; telles sont : l'Académie des sciences et belles-lettres, la Société des antiquaires de Normandie, et de la Société Normande de géographie, récemment fondée (1879). Il se fait dans cette ville des cours de botanique, de chimie, de physique, de peinture, de dessin, d'histoire naturelle, de comptabilité commerciale, de géométrie, de mécanique et d'économie rurale.

Rouen est le siège du 3ᵉ corps d'armée et de la 3ᵉ région de l'armée territoriale, qui comprend les départements du Calvados, de l'Eure, de la Seine-Inférieure, de Seine-et-Oise (arrondissements de Mantes et de Versailles), de la Seine (cantons de Courbevoie et de Neuilly, 1ᵉʳ, 7ᵉ, 8ᵉ, 15ᵉ, 16ᵉ, 17ᵉ, 18ᵉ arrondissements de Paris). Rouen forme deux subdivisions de région (Rouen nord, Rouen sud) et Le Havre une subdivision. Le Havre et Dieppe sont deux places fortes de 3ᵉ classe. Rouen est encore le siège de l'état-major de la 3ᵉ légion de gendarmerie, dont les compagnies occupent les départements de la Seine-Inférieure, de l'Eure et du Calvados.

Au point de vue maritime, Le Havre est le siège d'un sous-arrondissement dépendant de la préfecture maritime de Cherbourg; il a pour quartiers maritimes Le Havre, Dieppe, Fécamp et Rouen. Il y a dans chacune de ces villes une école d'hydrographie.

Le département de la Seine-Inférieure appartient à l'arrondissement minéralogique de Rouen (faisant partie de la région du Nord), qui comprend les départements de la Seine-Inférieure, de la Manche, du Calvados, de l'Orne et de l'Eure; à la première inspection divisionnaire des ponts et chaussées et au deuxième arrondissement forestier, dont le conservateur réside à Rouen.

Le département compte trois bureaux de douane; ceux de Rouen et du Havre dépendent de la direction de Rouen; celui de Dieppe de la direction d'Abbeville. On compte dans la Seine-Inférieure 118 perceptions des finances; les contributions et revenus publics atteignent 115 millions de francs.

HISTOIRE DU DÉPARTEMENT

Le territoire que comprend aujourd'hui le département de la Seine-Inférieure était habité, à l'époque de la conquête des Gaules, par deux populations distinctes: les Véliocasses, dont la capitale était *Rotomagus* (Rouen), et les Calètes, qui occupaient la partie nord-ouest du département (ancien pays de Caux). *Caletum*, capitale de ces derniers, prit, en l'honneur de Jules César, le nom de *Juliobona* (aujourd'hui Lillebonne). Colonisé par les Romains, qui y bâtirent des villes et y creusèrent des ports, compris dans la seconde Lyonnaise, ce peuple reçut, dès le IIIᵉ siècle, la foi chrétienne qui lui fut apportée par saint Nicaise, disciple de saint Denis. Après avoir vécu tranquille sous la domination romaine, il se révolta, ainsi que l'Armorique (Bretagne), en l'an 408; les contrées insurgées se constituèrent en république et furent gouvernées par des magistrats élus jusqu'à la conquête du pays par Clovis. Pendant cette première période de notre histoire, la Normandie fait partie de la Neustrie, qui comprenait tout le territoire occidental de la France, entre la Bretagne, la Bourgogne et l'Austrasie.

Au milieu des querelles sanglantes qui remplissent l'histoire des successeurs de Clovis, la Neustrie eut sa part de crimes et de calamités. Sigebert, roi d'Austrasie, excité par sa femme Brunehaut, enlève à son frère Chilpéric la plus grande partie de son royaume, Rouen et la Neustrie. Chilpéric est contraint de se réfugier dans Tournay; désespéré, il semble attendre, dans une sorte d'impassibilité farouche, que sa ruine se consomme; mais, moins prompte à se décourager, sa femme Frédégonde fait venir deux jeunes guerriers francs; elle leur peint les malheurs de la famille royale, les attendrit, les anime encore en leur faisant boire des liqueurs enivrantes, et leur fait jurer de tuer Sigebert. Les deux guerriers partent pour la Neustrie, se présentent devant Sigebert le poignardent et tombent eux-mêmes percés de coups.

Délivré de son frère, Chilpéric rentre vainqueur à Paris; il y trouve la reine Brunehaut, qu'il exile à Rouen. Mais la veuve de Sigebert avait réussi à inspirer une passion violente au fils même de Chilpéric, Mérovée. Celui-ci s'échappe, va la rejoindre à Rouen, l'épouse et fait bénir cette union par l'évêque de Rouen, Prétextat, qui, parrain du jeune prince, lui portait une affection paternelle. Furieux, Chilpéric atteint les coupables, les sépare; Brunehaut retourne en Austrasie; quant à Mérovée, enfermé dans un monastère, il réussit à s'évader et erre quelque temps d'asile en asile. Enfin, se voyant près de tomber entre les mains de sa marâtre Frédégonde et de son père animé par elle, il se fait donner la mort par un de ses amis.

Cependant l'affection que l'évêque de Rouen avait témoignée à son pupille avait profondément irrité Chilpéric et Frédégonde. Prétextat est exilé à Jersey; une des créatures de Frédégonde, Mélantius, est promu à sa place à la dignité épiscopale; quelques années après, Chilpéric meurt, et Prétextat est rétabli. Frédégonde, outrée de fureur, fait assassiner le vieil évêque au pied des autels, pendant le service divin, par un serf de l'Église de Rouen. La mémoire de Prétextat resta chère au peuple de Rouen et l'Église l'honore comme un saint.

Mésantius remonte sur le siège épiscopal, toujours en butte à la haine et au mépris des Neustriens. La chaire épiscopale fut, après lui, occupée par deux saints, saint Romain et saint Ouen, dont l'ardente piété réussit à détruire, dans ces contrées, les derniers vestiges du paganisme. Saint Ouen fonda les deux fameuses abbayes de Saint-Wandrille et de Jumièges et s'efforça de propager l'étude des lettres chrétiennes; mais, après lui, la Neustrie, abandonnée aux exactions des seigneurs, aux invasions des pirates du Nord, ne respira un moment que sous le règne de Charlemagne. L'anarchie sanglante qui désola l'empire des Francs après la mort du grand empereur allait la livrer de nouveau aux envahissements des hommes du Nord, aux *Northmans* ou Normands, qui devaient lui donner sa dénomination définitive.

Le sol antique de la Gaule avait été envahi par des races barbares, d'origine et de mœurs diverses ; mais les invasions des Normands eurent, pour la France, un caractère étrange et inattendu. « Les vikings normands faisaient un genre de guere tout nouveau et qui aurait déconcerté les mesures les mieux prises contre une agression ordinaire. Leurs flottes de bateaux à rames et à voiles entraient par l'embouchure des fleuves et les remontaient souvent jusqu'à leur source, jetant alternativement, sur les deux rives, des bandes de pillards intrépides et disciplinés. Lorsqu'un pont ou quelque autre obstacle arrêtait cette navigation, les équipages tiraient leurs navires à sec, les démontaient et les charriaient jusqu'à ce qu'ils eussent dépassé l'obstacle. Des fleuves, ils passaient dans les rivières, et puis d'une rivière dans l'autre, s'emparant de toutes les grandes îles, qu'ils fortifiaient pour en faire leurs quartiers d'hiver et y déposer, sous des cabanes rangées en files, leur butin et leurs captifs. Attaquant ainsi à l'improviste, et, lorsqu'ils étaient prévenus, faisant retraite avec une extrême facilité, ils parvinrent à dévaster des contrées entières, au point que, selon l'expression des contemporains, on n'y entendait plus un chien aboyer. Les châteaux et les lieux forts étaient le seul refuge contre eux ; mais, à cette première époque de leurs irruptions, il y en avait peu, et les murs mêmes des anciennes villes romaines tombaient en ruine.

Pendant que les riches seigneurs de terres flanquaient leurs manoirs de tours crénelées et les entouraient de fossés profonds, les habitants du plat pays émigraient en masse de leurs villages, et allaient à la forêt voisine camper sous des huttes défendues par des abatis et des palissades. Mal protégés par les rois, les ducs et les comtes du pays, qui souvent traitaient avec l'ennemi pour eux seuls et aux dépens des pauvres, les paysans s'animaient quelquefois d'une bravoure désespérée, et, avec de simples bâtons, ils affrontaient les haches des Normands. D'autres fois, voyant toute résistance inutile, abattus et démoralisés, ils renonçaient à leur baptême pour détourner la fureur des païens, et, en signe de leur initiation au culte des dieux du Nord, ils mangeaient de la chair d'un cheval immolé en sacrifice. Cette apostasie ne fut point rare dans les lieux les plus exposés au débarquement des pirates; leurs bandes mêmes se recrutèrent de gens qui avaient tout perdu par leurs ravages ; et d'anciens historiens assurent que le fameux roi de mer Hastings était fils d'un laboureur des environs de Troyes. » (M. Augustin Thierry, *Histoire de la conquête d'Angleterre*.)

Brûlée une première fois, en 841, par ces pirates, qui remontaient le cours de la Seine, pillant et ravageant tous les riverains, Rouen les voit s'établir dans ses murs en 845, puis se retirer. Mais, après ces courses rapides, vint la grande invasion, celle de 896. Roll ou Rollon, banni de la Norvège, sa patrie, réunit autour de lui de hardis compagnons résolus à suivre tous les hasards de sa fortune. Avec une flotte nombreuse, il entre dans la Seine, qu'il remonte jusqu'à Jumièges, à cinq lieues de Rouen. Aucune armée ne se présente pour leur disputer l'entrée du pays. Le prince qui régnait alors était Charles le Simple, faible d'esprit et de cœur. Au milieu de l'épouvante générale, seul l'archevêque de Rouen ose ne pas désespérer du salut de la ville : il se rend au camp des Normands et offre à Rollon l'entrée de Rouen, à la condition qu'il ne sera fait aucun mal aux habitants. Rollon accepte; Rouen devient sa place d'armes, le centre de ses entreprises. Après en avoir pris possession, il remonte la Seine jusqu'à l'embouchure de l'Eure, et là, établis dans un camp fortifié, les Normands attendent l'arrivée de l'armée que Charles réunissait enfin contre eux. Dans cette armée se trouvait un païen converti, le Norvégien Hastings; connaissant l'énergie sauvage de ses anciens compatriotes, il donne le conseil de ne point tenter de forcer leurs retranchements : « Voilà un conseil de traître, » s'écrie un seigneur français. Hastings, indigné, quitte aussitôt le camp. La bataille s'engage; les Normands sont vainqueurs, et le duc de France, chef de l'armée française, Regnauld, périt de la main d'un pêcheur de Rouen, qui avait suivi l'armée des envahisseurs.

Rollon poursuit sa marche victorieuse jusqu'à Paris, qu'il assiège inutilement. Forcé de reculer, il se rabat sur Bayeux, dont le comte est tué; la beauté de la fille du comte, Popa, touche le cœur du chef normand, qui l'épouse. Après avoir pris Évreux, Rollon échoue devant Chartres. Néanmoins, la terreur que les Normands inspirent est si grande, que le cri général impose à Charles le Simple la nécessité de traiter avec ces pirates. La paix est conclue à Saint-Clair-sur-Epte, en 912. Rollon et ses principaux compagnons consentent à embrasser la foi chrétienne, à condition qu'on leur cédera les contrées maritimes, avec Rouen et ses dépendances.

On raconte qu'après la cérémonie, où Rollon jura foi et hommage au roi de France, on voulut exiger de lui qu'il s'agenouillât, selon l'usage, devant le roi et lui baisât le pied. « Jamais je ne m'agenouillerai devant un homme, » dit Rollon; puis, les seigneurs français insistant, le Normand fit signe à un de ses gens de venir baiser à sa place le pied du roi. Le soldat se baisse, saisit le pied, puis, le relevant vivement comme s'il eût voulu le porter à sa bouche, jeta le roi à la renverse, aux grands éclats de rire de tous ses compagnons.

Dès lors, l'histoire des envahisseurs devint l'histoire même du pays auquel ils ont donné leur nom. Ils se partagèrent le pays; les anciens propriétaires furent dépossédés ou contraints de tenir leurs domaines à ferme ou en vasselage; mais le calme dont jouit enfin le pays, sous la domination ferme et intelligente de Rollon, le dédommagea un peu des malheurs de sa condition nouvelle; en quelques années, les terres furent défrichées; les villes, les églises, les monastères et les châteaux sortirent de leurs ruines. Longtemps après la mort de Rollon, le nom de ce chef de pirates resta célèbre en Normandie, comme celui de l'ennemi le plus acharné des larrons et du plus grand justicier de son siècle.

Guillaume Ier, fils de Rollon, recula les limites de son duché, vainquit une armée de rebelles normands, aux portes mêmes de Rouen, dans une prairie qui a conservé depuis le nom de *pré de la Bataille*, et mourut assassiné par trahison, dans une conférence où l'avait attiré Arnould, comte de Flandre. Ce duc, ainsi que ses successeurs, Richard Ier et Richard II, se distingua par une vive piété et par sa libéralité envers l'Église; les moines normands, seuls historiens de cette époque, en ont récompensé ces princes par les éloges les plus magnifiques.

Sous Richard II, les paysans, écrasés d'impôts, tourmentés par les nouveaux dominateurs, formèrent un vaste complot pour secouer le joug de leurs tyrans. Ils choisirent des délégués qui se réunissaient en une assemblée générale et communiquaient ensuite à chaque village le résultat des délibérations. Raoul, oncle de Richard II encore enfant, fut informé de ces assemblées secrètes et du lieu où elles se tenaient : il fond avec ses chevaliers sur ces paysans sans armes; les supplices les plus atroces furent infligés à ces malheureux, ainsi qu'à tous ceux qui avaient comme eux nourri l'espoir de reconquérir leur liberté.

Sous Richard III et son frère Robert le Diable, l'histoire intérieure de la Normandie ne présente rien de remarquable; mais c'est à cette époque que des aventuriers normands, sous la conduite des fils de Tancrède de Hauteville, étonnèrent le midi de l'Europe par l'éclat de leurs faits d'armes, et conquirent Naples et la Sicile.

Les habitudes et le caractère des Normands, à cette époque héroïque de leur histoire, ont été dépeints par Michelet dans son *Histoire de France*, avec la vivacité pittoresque qu'on lui connaît : « Les historiens de la conquête d'Angleterre et de Sicile se sont plu à représenter leurs Normands sous les formes et la taille colossale des héros de chevalerie. En Italie, un d'eux tue d'un coup de poing le cheval de l'envoyé grec. En Sicile, Roger, combattant cinquante mille fantassins avec cent trente chevaliers, est renversé sous son cheval, mais se dégage seul, et rapporte encore la selle. Les ennemis des Normands, sans nier leur valeur, ne leur attribuent point ces forces surnaturelles. Les Allemands, qui les combattirent en Italie, se moquaient de leur petite taille. Dans leur guerre contre les Grecs et les Vénitiens, ces descendants de Rollon et d'Hastings se montrent peu marins et fort effrayés des tempêtes de l'Adriatique. Mélange d'audace et de ruse, conquérants et chicaneurs comme les anciens

Romains, scribes et chevaliers, rasés comme les prêtres et bons amis des prêtres (au moins pour commencer); ils firent leur fortune par l'Église et malgré l'Église. La lance y fit, mais aussi *la lance de Judas*, comme parle Dante. Le héros de cette race, c'est Robert l'Avisé (Guiscard, *Wise*).

» La Normandie était petite, et la police y était trop bonne pour qu'ils pussent butiner grand'chose les uns sur les autres. Il leur fallut donc aller, comme ils disaient, *gaaignant* par l'Europe. Mais l'Europe féodale, hérissée de châteaux, n'était pas au XIe siècle facile à parcourir. Ce n'était plus le temps où les petits chevaux des Hongrois galopaient jusqu'au Tibre, jusqu'à la Provence. Chaque passe des fleuves, chaque poste dominant avait sa tour; à chaque défilé on voyait descendre de la montagne quelque homme d'armes avec ses varlets et ses dogues, qui demandait péage ou bataille; il visitait le petit bagage du voyageur, prenait part, quelquefois prenait tout, et l'homme par-dessus. Il n'y avait donc pas beaucoup à *gaaigner* en voyageant ainsi. Nos Normands s'y prenaient mieux. Ils se mettaient plusieurs ensemble bien montés, bien armés, mais de plus affublés en pèlerins de bourdons et de coquilles ; ils prenaient même volontiers quelque moine avec eux. Alors, à qui eût voulu les arrêter ils auraient répondu doucement, avec leur accent traînant et nasillard, qu'ils étaient de pauvres pèlerins, qu'ils s'en allaient au Mont-Cassin, au saint sépulcre, à Saint-Jacques de Compostelle; on respectait d'ordinaire une dévotion si bien armée. Le fait est qu'ils aimaient ces lointains pèlerinages : il n'y avait pas d'autre moyen d'échapper à l'ennui du manoir. Et puis c'étaient des routes fréquentées; il y avait de bons coups à faire sur le chemin, et l'absolution au bout du voyage. Tout au moins, comme ces pèlerinages étaient aussi des foires, on pouvait faire un peu de commerce, et gagner plus de cent pour cent en faisant son salut. Le meilleur négoce était celui des reliques : on rapportait une dent de saint Georges, un cheveu de la Vierge. On trouvait à s'en défaire à grand profit; il y avait toujours quelque évêque qui voulait achalander son église, quelque prince prudent qui n'était pas fâché à tout événement d'avoir en bataille quelque relique sous sa cuirasse. »

Le successeur de Robert le Diable, son bâtard Guillaume, allait illustrer le nom normand par la conquête de l'Angleterre. Il appuyait ses prétentions au trône de la Grande-Bretagne sur un testament que le feu roi des Anglo-Saxons, Édouard, aurait fait en sa faveur; sur le don que le pape Alexandre II faisait de ce royaume aux Normands, fils si dévoués de l'Église; enfin, sur une nombreuse armée, composée d'aventuriers de toutes nations, qu'attirait l'espoir du pillage et des conquêtes. La victoire d'Hastings (1066) leur livra l'Angleterre. Le roi des Anglo-Saxons, l'intrépide Harold, y fut tué. Guillaume le Conquérant imposa les lois et la langue normandes à son nouveau royaume, qu'il partagea en fiefs au profit de ses compagnons.

Guillaume, depuis cette conquête, séjourna alternativement en Normandie, où il eut à réprimer la rébellion de son fils Robert, appuyée par de nombreux mécontents, et en Angleterre, où l'appelaient des révoltes continuelles, excitées par la tyrannie sanguinaire des nouveaux conquérants. Ces atrocités contribuèrent à enrichir le clergé de Normandie. Les seigneurs de Normandie se sentaient parfois des remords en songeant aux crimes de toute sorte qu'ils avaient commis en Angleterre ; les évêques décidèrent qu'ils devaient s'en délivrer par la pénitence ou par des aumônes faites aux églises : les conquérants, enrichis par le pillage et les massacres, préférèrent en général ce dernier genre d'absolution. C'est de cette époque que date la construction des plus riches églises de Normandie.

Les États de Guillaume le Conquérant furent, à sa mort, partagés entre ses trois fils : Robert Courte-Heuse eut la Normandie; Guillaume le Roux, l'Angleterre, et Henri le comté de Mortain. C'est ici que finit l'époque héroïque de la Normandie. Robert Courte-Heuse, prince faible et débauché, vit son pouvoir souvent menacé par la révolte de ses vassaux. En 1096, il partit pour la croisade. L'un de ses frères, Guillaume le Roux étant mort, le troisième fils du Conquérant, Henri Beau-Clerc, profita de l'absence de son frère aîné pour s'emparer de la couronne d'Angleterre et du duché de Normandie; Robert Courte-Heuse, à son retour, ayant tenté de reconquérir par les armes ce que l'usurpation lui avait enlevé, fut fait prisonnier par son frère, qui l'enferma dans un château du pays de Galles, après lui avoir crevé les yeux. Robert languit pendant trente ans dans cette prison, se consolant de sa captivité en composant des poésies, dont quelques-unes nous ont été conservées.

Henri Beau-Clerc réprima énergiquement l'insolence de ses vassaux. Ceux-ci lui suscitèrent un compétiteur dans la personne du jeune fils de Robert Courte-Heuse, Guillaume Clyton, et appelèrent à leur aide le roi de France, Louis le Gros. Mais Henri vainquit ces confédérés à Brenneville, ou plutôt Brémule (1119), bataille peu sanglante d'ailleurs, s'il est vrai qu'il n'y périt que trois hommes. Après avoir imposé au roi de France un traité désavantageux, Henri mourut; laissant une fille, Mathilde, mariée à Geoffroy Plantagenet, comte d'Anjou. La discorde et la guerre continuèrent de désoler la Normandie. Cependant les premières communes de Normandie datent de cette époque; au milieu de ces dissensions rivales, les divers compétiteurs cherchaient à s'attacher par des concessions et des franchises les bourgeois, qui commençaient à s'enrichir par le commerce et l'industrie; Geoffroy et Henri Plantagenet, qui lui succéda, abolirent en Normandie les charges les plus onéreuses, fruits amers de la conquête, et accordèrent des privilèges importants aux bourgeois de Rouen et de la ville d'Eu.

Cette époque est celle de la plus grande puissance des Normands et l'origine des longues guerres de l'Angleterre et de la France. Éléonore de Guyenne, fille du comte de Poitiers et d'Aquitaine, avait épousé le roi de France, Louis VII; un divorce les sépara en 1150, et, la même année, Éléonore épousait Henri Plantagenet, duc d'Anjou et de Normandie, bientôt roi d'Angleterre sous le nom de Henri II; elle lui apportait en dot toute la France occidentale, de Nantes aux Pyrénées. Maître en France d'un territoire beaucoup plus étendu que celui du roi, possédant une étendue de pays qui correspondait à quarante-sept de nos départements actuels, tandis que Louis VII n'en possédait pas vingt, Henri II vit bientôt sa puissance ébranlée par sa lutte avec l'archevêque de Cantorbéry, Thomas Becket, qu'il fit assassiner, et par la révolte de ses fils appuyés par le roi de France. Il mourut, laissant sa couronne à son fils Richard Cœur de Lion; celui-ci avait eu, dans le roi de France Philippe-Auguste, un ami dévoué et fidèle. Pendant la croisade qu'ils entreprirent ensemble, ils ne tardèrent pas à se brouiller. Laissant le chevaleresque roi d'Angleterre étonner la Palestine par ses exploits et révolter par son orgueil les princes ses compagnons, Philippe, revenu en France, excita Jean sans Terre, frère de Richard, à s'emparer du trône d'Angleterre. Richard, longtemps captif en Autriche, ne put revenir qu'après avoir payé une rançon énorme. Il réduisit aisément ses vassaux révoltés; mais il mourut bientôt, atteint d'une flèche au siège de Châlus, petit château du Limousin (1199).

Son frère et successeur, Jean sans Terre, fait prisonnier à Mirebeau Arthur de Bretagne, fils de son frère aîné, Geoffroy, qui faisait valoir ses droits à la couronne anglo-normande. Il l'enferme dans le château de Rouen, puis le fait assassiner et jeter dans la Seine. Philippe profite avidement du crime de Jean sans Terre et de l'horreur que ses perfidies et ses cruautés inspiraient aux Normands. Il le fait citer devant le tribunal des pairs, pour répondre du meurtre d'Arthur et, sur son refus de comparaître, fait confisquer les provinces que Jean possédait en France. La Normandie fut ainsi réunie à la couronne de France (1204).

A dater de cette époque, l'histoire de cette province se confond avec celle de la France. Philippe-Auguste assure son autorité en Normandie, en achetant la plupart des fiefs importants et en confirmant les privilèges des communes. Sous l'avide Philippe le Bel, des impôts excessifs provoquèrent une révolte, bientôt étouffée. Louis le Hutin octroie à la province la charte dite *Charte aux Normands*, qui assurait aux Normands le droit de n'être jamais cités devant une autre juridiction que celle de leur province. Cette charte, longtemps respectée, ne fut abolie réellement que sous Louis XIV, et, s'il arrivait qu'une ordonnance royale en violât quelque disposition, on y ajoutait cette réserve expresse, qui rappelait l'existence du droit, lors même qu'il était violé : *Nonobstant clameur de haro et charte normande.*

La Normandie fut constituée en duché apanager en faveur du fils aîné de Philippe de Valois; ce fut Louis XI qui la réunit définitivement au domaine royal. Pendant la guerre de Cent ans, dont elle fut souvent le théâtre, la Normandie fut dévastée par les Anglais, et l'épidémie célèbre connue sous le nom de *peste noire* réduisit de moitié le nombre de ses habitants. Depuis Louis XI, elle jouit pendant près d'un siècle d'une paix dont elle profita pour tourner son activité vers le commerce et les expéditions maritimes. François Ier encouragea l'esprit de découverte qui animait, au XVIe siècle, les marins normands, en fondant à l'embouchure de la Seine le port du Havre. Mais la province vit bientôt cette prospérité s'évanouir pendant les guerres de religion. Les protestants se rendirent maîtres de Rouen qui, reprise par les catholiques, fut livrée au pillage; Le Havre resta deux ans au pouvoir des Anglais, et les supplices infligés aux huguenots, les massacres qui suivirent la Saint-Barthélemy portèrent la désolation et la ruine dans ce beau pays. Un statisticien du XVIe siècle calculait que la guerre civile avait enlevé à la Normandie plus de cent cinquante mille habitants.

La Normandie fut le théâtre de la lutte entre Henri IV et la Ligue, dont les combats d'Arques et d'Ivry sont les épisodes les plus importants. Henri, maître du royaume, releva le commerce et la marine normande, qui prospéra de nouveau jusqu'à l'époque de nos désastres, à la fin du règne de Louis XIV. Sous ce prince, les états de Normandie, qui s'étaient longtemps maintenus, disparurent enfin; mais si la province perdit quelques-uns de ses privilèges, la prospérité matérielle y gagna. Au XVIIIe siècle, la lutte du vieil esprit provincial contre l'unité française semble parfois se ranimer, sous Louis XV, au sein du parlement de Normandie; et, dans les premiers temps de la Révolution, ce fut à Caen que s'organisa, en 1793, l'insurrection dirigée par les Girondins unis aux royalistes; mais l'armée insurrectionnelle, conduite par Wimpfen et le marquis de Puisaye, fut vaincue à Vernon, et la Normandie fut soumise à l'autorité de la Convention. Dès lors, malgré le voisinage de la Bretagne révoltée, elle resta tranquille, et ce fut à peine si la chouannerie réussit à troubler un moment quelques cantons de la basse Normandie.

Sous Napoléon Ier, le génie commercial de la Normandie prit un nouvel essor. Jamais l'industrie et les productions n'y furent plus actives ni plus prospères; mais, si elle n'eut pas à souffrir des invasions en 1814 et en 1815, elle paya son tribut à la guerre de 1870-1871. Dès le 1er novembre, un corps formé de 7 bataillons de mobiles, de 8 compagnies de francs-tireurs, de 2 escadrons de hussards, avec une batterie d'artillerie et quelques gardes nationaux mobilisés, fut chargé de couvrir, sur la rive droite de la Seine, Rouen et Le Havre, et ces troupes se déployèrent en avant de Rouen jusqu'à Gournay, Écouen et Les Andelys (Eure).

Mais, le 4 décembre, les mobiles furent repoussés, à Buchy, par le huitième corps allemand qui venait de Metz; ils rentrèrent à Rouen vers cinq heures du soir et y causèrent une violente émotion. La ville était ouverte, sans fortifications et dominée par de hautes collines qui rendaient, dans les conditions présentes, toute défense impossible. Le conseil municipal assemblé à la hâte délibéra, et il fut décidé que la ville ne serait pas défendue. Le 5 décembre, le général Briand, qui avait été antérieurement chargé de la défense de la place, voyant que l'on ne convoquait pas la garde nationale à l'approche de l'ennemi et que les autorités étaient décidées à ne pas défendre la ville, se retira sur Le Havre, qui venait d'être fortifié par les soins du capitaine de vaisseau Mouchez, et Le Havre se trouva défendu par un corps d'environ 20,000 hommes.

« Après l'occupation de Rouen, les Allemands avaient établi leurs postes avancés sur toute la ligne qui s'étend entre les deux rives de la Seine, d'Elbeuf à La Bouille. Un corps de 1,500 Français entreprit de forcer les postes avancés de l'ennemi. L'action s'engagea près de Moulineaux, à 15 kilomètres au sud-ouest de Rouen; l'ennemi en fut chassé et poursuivi jusqu'au Grand-Couronne. Il voulut le lendemain reprendre ses positions, mais fut chaudement reçu et définitivement repoussé. Les francs-tireurs du Calvados et les mobiles de l'Ardèche et des Landes eurent principalement l'honneur de ces deux journées.

» Le 1er et le 2 janvier, les Allemands se contentèrent de mettre quelques canons en batterie sur la route du Grand-Couronne à Elbeuf, et vers deux heures ils tirèrent plusieurs coups de feu sur Moulineaux; mais, le 3 au soir, d'épaisses colonnes de Prussiens partirent de Rouen et se dirigèrent vers le Grand-Couronne, où ils firent halte et passèrent une partie de la nuit. Ils étaient 20,000 à 25,000 avec trente-six canons. Le lendemain, avant six heures du matin, une formidable fusillade éclata. C'étaient toutes les forces ennemies qui se ruaient sur la faible avant-garde française.

» Les Prussiens étaient quinze contre un; de plus, un brouillard extrêmement épais permit d'avancer sans être vu. Tout d'abord un détachement de quatre-vingts mobiles, qui n'avaient pris aucune mesure pour éviter une surprise, fut enveloppé et fait prisonnier.

». Les lourdes masses allemandes gravirent à grand'peine les flancs escarpés du Château-Robert. Sur la plate-forme du vieux donjon, une poignée d'hommes, soutenue de deux canons, foudroyait à bout portant les troupes allemandes qui montaient toujours et par un feu plongeant ouvrait de vastes trouées dans leurs rangs épais.

» Mais quand ces braves gens eurent perdu douze des leurs et virent l'ennemi déborder de toutes parts sur le plateau, ils durent opérer leur retraite. Elle fut lente et protégée par une fusillade des mieux nourries. A dix heures, les Français manœuvraient au-dessus de La Bouille, à Saint-Ouen-de-Thiberville (Eure). Nos tirailleurs s'adossèrent à l'église et firent sur l'ennemi un feu terrible. Notre dernier canon ne fut pris qu'après la mort des quatre artilleurs qui le servaient; vers deux heures et demie, la canonnade cessa de gronder, tout était à peu près terminé. Les Français avaient perdu environ 600 hommes et les Allemands 3,000 (1). »

Cependant l'ennemi avançait toujours; Rouen, Dieppe, Fécamp, Bolbec tombèrent en son pouvoir. Il allait marcher sur Le Havre lorsque ses troupes furent rappelées au nord-est par suite de l'heureuse diversion de l'armée du Nord commandée par le général Faidherbe. Dieppe et plusieurs autres villes furent alors évacuées par les Allemands; mais ils ne cessèrent d'occuper Rouen, qui fut largement mis à contribution et resta entre leurs mains comme centre d'opérations futures. Après plus de sept mois d'occupation, le pays se vit enfin délivré; mais épuisé par les réquisitions des envahisseurs. Le département de la Seine-Inférieure avait eu à payer la somme énorme de 14,864,964 fr. 30 centimes.

Depuis, entrée dans le mouvement qui semble porter la France vers les arts de la paix, la Normandie a marqué sa place au premier rang par les développements qu'elle a donnés à son industrie agricole et manufacturière.

HISTOIRE ET DESCRIPTION DES VILLES, BOURGS ET CHATEAUX LES PLUS REMARQUABLES.

Rouen (lat. 49° 26′ 29″; long. 1° 14′ 32″ O.) — Rouen (*Rotomagus*), ancienne, grande et riche ville, située sur la rive droite de la Seine, au bas d'une vallée très ouverte, à l'entrée des vallées de Déville et de Darnétal, à la jonction du chemin de fer de Paris au Havre avec la ligne d'Amiens, très importante station des lignes du chemin de fer de Paris au Havre, de Paris à Dieppe, de Paris à Fécamp et de Rouen à Elbœuf et Serquigny (réseau de l'Ouest), à 136 kilomètres de Paris, à 92 kilomètres du Havre et à 117 d'Amiens, est aujourd'hui peuplée de 104,902 habitants.

C'est une vanité patriotique, assez commune aux anciennes villes de France, de chercher dans les *Commentaires* de César les premières traces de leur origine; Rouen ne peut prétendre à cet honneur : le conquérant des Gaules n'en fait aucune mention. Cependant son existence est constatée sous la domination romaine, et il semble prouvé qu'alors elle possédait déjà une enceinte fortifiée. Des fouilles récentes ont fait découvrir quelques débris de monuments romains, des médailles à l'effigie des Césars et des ustensiles domestiques : on a reconnu que, à l'époque impériale, le niveau moyen de la ville était alors de 7 mètres plus bas que le niveau actuel.

Rouen fut, dès le IIIe siècle, conquise à la foi chrétienne; elle eut ses saints et ses martyrs. Sous la domination romaine et sous celle des Francs, l'histoire de Rouen n'est guère que celle de ses évêques, dont l'autorité spirituelle et temporelle s'accrut graduellement, en ces temps d'anarchie et de violences. Nous avons raconté les malheurs et la mort de Prétextat. Un des successeurs les plus célèbres de l'évêque Prétextat fut saint Romain, au nom duquel se rattache une curieuse légende. Un dragon ou *gargouille* d'une grosseur extraordinaire désolait alors les environs de la ville; saint Romain prend avec lui deux prisonniers condamnés à mort : il marche droit au monstre, qu'il enchaîne par le cou avec son étole et qu'il traîne, docile et soumis, jusqu'au milieu de la ville; là, le monstre fut brûlé solennellement ou, selon d'autres, jeté à la Seine. La gloire de ce miracle parvint jusqu'au roi des Francs, qui, pour en perpétuer le souvenir, accorda au chapitre de Rouen le droit de délivrer chaque année un prisonnier, le jour de l'Assomption. Saint Romain rebâtit la cathédrale de Rouen; sa mémoire resta vénérée dans toute la Neustrie, et la ville de Rouen prit saint Romain pour patron, à l'exclusion de saint Godard, qui, depuis plus d'un siècle, était en possession de cet honneur.

Audoenus ou Dodon, canonisé depuis sous le nom de saint Ouen, hérita de l'œuvre et de la popularité de saint Romain. Nommé évêque de la ville, après avoir rempli des fonctions administratives, il acquit auprès du peuple et des rois francs une grande influence par ses vertus, son activité et l'étendue de ses connaissances. Il écrivit la vie de son ami saint Éloi. Ce fut sous son gouverne-

---

(1) J. Bunel et A. Tougard. *Géographie de la Seine-Inférieure.*

Palais de Justice de Rouen.

ment que s'élevèrent, dans le diocèse de Rouen, les deux célèbres abbayes de Jumièges et de Fontenelle ou Saint-Wandrille. Il légua en mourant son corps à la basilique de Saint-Pierre, fondée par Clotaire Ier, et qui ne fut plus connue désormais que sous le nom de Saint-Ouen.

A partir du IXe siècle, Rouen, comme la Neustrie, est livrée aux invasions des Normands. Pillée et brûlée par les pirates, qui disparaissaient après avoir laissé d'horribles traces de leur passage, menacée en 876 par le plus hardi des chefs normands, Rollon, elle lui envoie son archevêque, qui le trouve à Jumièges, entouré de ses compagnons, et réussit à le fléchir. Rouen, dès lors, devient la capitale du nouveau duché. Selon quelques érudits, la ville lui devrait même son nom, *Rou ham*, et par altération *Rouan*, *Rouen*, ce qui signifierait l'habitation de *Rou* ou de *Rollon*. Ce fut dans cette ville qu'après le traité de Saint-Clair-sur-Epte, par lequel Rollon s'était engagé, lui et les siens, à embrasser la foi chrétienne, il reçut le baptême dans la cathédrale de Rouen. Sous le gouvernement de Rollon et de ses successeurs, Rouen devint bientôt une place de guerre d'une haute importance et vit s'élever de nouveaux édifices religieux, qui durent leur fondation ou leurs embellissements à la piété et aux remords des Normands enrichis par le pillage et le meurtre. Mais cette importance même l'exposa souvent aux dévastations et aux attaques soit des princes étrangers, soit des vassaux rebelles. Du reste, l'histoire de la capitale de la Normandie se confond, à cette époque, avec celle du duché ; nous ne répéterons pas ici ce que nous avons dit de ces révoltes et de ces guerres dans l'histoire du département.

L'histoire des transformations intérieures de la cité rouennaise est ici ce qui doit surtout nous occuper.

C'est au génie commercial de ses habitants que Rouen dut sa prompte prospérité et son affranchissement, à l'époque de la révolution communale. Dès les temps les plus reculés, les navigateurs rouennais, réunis en compagnie, avaient presque tout le commerce de Seine en aval et en amont. Même, avant la conquête de l'Angleterre, ils avaient obtenu dans ce pays d'importantes garanties pour leur commerce, et Édouard le Confesseur leur avait accordé, pour leur usage particulier, le port de Dungeness, situé dans le comté de Kent, à quelques lieues de Douvres. Les ducs de Normandie, devenus rois d'Angleterre, augmentèrent encore les privilèges de Rouen. Ses marchands, formant une association désignée sous le nom de *ghilde*, obtinrent de Henri II le monopole exclusif du commerce de l'Irlande, sous cette seule réserve « que la ville de Cherbourg pourrait expédier pour cette île un seul navire, une fois par an. » S'ils eurent ainsi en droit le monopole du commerce de l'Irlande, ils possédèrent longtemps en fait celui des îles Britanniques.

L'importance que ces richesses donnèrent aux bourgeois de Rouen, le sentiment de fierté qu'elles leur inspiraient, enfin la nécessité de les mettre à l'abri des exactions féodales firent bientôt de la *ghilde*, ou association commerciale, une association politique, une *commune*. En 1144, Geoffroy Plantagenet, maître de Rouen, dont les habitants avaient pris parti pour lui contre son compétiteur, leur accorda une charte qui consacrait des privilèges dont la ville jouissait déjà en réalité; ces avantages furent confirmés par ses successeurs. Mais la commune de Rouen trouva un ennemi redoutable dans le clergé. Longtemps les évêques avaient été des protecteurs dévoués pour le peuple vaincu dont la plupart étaient sortis; mais bientôt, devenu riche et puissant et se recrutant en partie parmi la race conquérante, le clergé devint hostile à l'affranchissement du peuple. « Partout, dit M. Chéruel, la commune de Rouen trouvait en lui un dangereux adversaire; là, il lui disputait la juridiction d'un quartier; ici, il ouvrait un asile aux marchands qu'il protégeait contre l'autorité du maire; ailleurs, il traînait les laïques devant le tribunal ecclésiastique, pour des affaires purement temporelles. » Cet antagonisme resserra l'union de la bourgeoisie rouennaise avec la royauté, qui rencontrait souvent dans le haut clergé normand un dangereux adversaire, et, dans sa lutte contre le pouvoir ecclésiastique, Henri trouva dans la commune de Rouen une alliée fidèle et dévouée.

Richard Cœur de Lion avait confirmé les franchises de la ville; mais, après le départ de ce prince pour la croisade et pendant sa captivité, la querelle s'envenima entre les deux puissances déjà rivales : la commune, qui déjà sentait sa force, et le clergé, qui avait conservé presque tous les droits féodaux. Le chapitre possédait autour de la cathédrale un emplacement, qui jouissait d'un double et important privilège : c'était un lieu d'asile pour le criminel et un lieu de franchise pour le marchand. Les chanoines y firent bâtir des échoppes pour les marchands, attirés en ce lieu par l'exemption de tout droit; les corporations d'arts et métiers, qui trouvaient, dans cette réunion de marchands exemptés des obligations communes, une redoutable concurrence, s'émurent et s'agitèrent. Le chapitre demanda vengeance de ce qu'il regardait comme un attentat; en l'absence de l'archevêque de Rouen, quatre évêques de Normandie se réunirent à Rouen, et, la commune n'ayant pas voulu céder à leurs menaces, ils jetèrent l'interdit sur la ville. Pendant six mois, l'office divin fut suspendu; les malades mouraient sans obtenir les secours de la religion, et leurs corps ne reposaient point en terre sainte. Les bourgeois persistèrent néanmoins; mais, à l'approche de Pâques et de ses cérémonies religieuses, les imaginations s'alarmèrent; au moment où la catholicité tout entière allait s'asseoir au banquet de la foi, seraient-ils seuls privés de la communion universelle? Ils s'avisèrent alors d'un expédient : pendant la semaine sainte, ils introduisirent dans la ville des prêtres étrangers, ouvrirent les portes des églises et firent célébrer l'office divin. Le chapitre indigné lança contre la commune de nouveaux anathèmes, auxquels la population exaspérée répondit par de nouvelles violences; cette fois, les maisons des chanoines furent envahies, quelques-uns d'entre eux égorgés; ceux qui échappèrent en appelèrent au pape Célestin III; celui-ci confirma la sentence d'excommunication; la terreur religieuse pesa de nouveau sur la ville.

Rien ne put vaincre l'obstination de la commune. En vain Innocent III renouvela contre elle les anathèmes lancés par son prédécesseur; la lutte continua avec des péripéties diverses; on finit par obtenir des bourgeois quelques réparations; mais ils se refusèrent formellement à relever l'enceinte détruite dans la première émeute, et les chanoines furent obligés de la rebâtir à leurs frais, longtemps après le commencement de la querelle, lorsque la Normandie était passée sous l'autorité des rois de

France ; ce fut saint Louis qui leur en accorda l'autorisation, mais sous cette condition formelle que le mur n'aurait pas plus de quatre pieds de hauteur. Quant aux échoppes, cause première de toutes ces querelles, la commune ne permit d'en rebâtir qu'un petit nombre.

Nous avons insisté sur cette querelle, dont la cause première peut sembler peu importante, parce qu'elle marque quelle rapide transformation s'était opérée parmi ces bourgeois, d'abord serfs du chapitre, maintenant indépendants et maîtres dans leur ville ; un mur et quelques échoppes, voilà l'occasion de la lutte ; mais le résultat est grand ; ce n'est rien moins que la substitution du pouvoir civil à la féodalité ecclésiastique, accomplie avec une persévérance surprenante, si l'on tient compte de l'empire que les terreurs religieuses exerçaient au XIIIe siècle sur ces pieuses imaginations ; à ce titre, cette révolution locale méritait qu'on s'y arrêtât.

Si maintenant l'on considère l'organisation de cette commune, on est étonné d'y trouver une véritable république, sous la suzeraineté du roi ; un maire, choisi par le roi parmi trois *prud'hommes*, présentés par les cent *pairs* de la ville, était investi, pour un an, du pouvoir le plus étendu ; ces cent pairs formèrent une espèce de patriciat, qui, plus tard, tenta de fermer ses rangs aux classes inférieures. Le roi de France même, en 1320, fut obligé d'intervenir, sur la réclamation du peuple, pour modifier cette constitution dans un sens plus démocratique. « Le droit électoral et politique, dit M. Chéruel, était restreint à un petit nombre de bourgeois. La masse du peuple ne nommait ni le maire ni les conseillers du maire. » Quelques nominations de magistrats d'un ordre inférieur lui étaient seules réservées. Une disposition libérale, obtenue sous Guillaume le Conquérant et confirmée par ses successeurs, doit être mentionnée ici : si un serf restait un an et un jour dans la ville sans être réclamé par son seigneur, il devenait libre. Cette disposition, qui s'étendait à toutes les villes et châteaux de la domination normande, augmenta rapidement la population et la puissance des villes, où les serfs de la campagne cherchaient et trouvaient un refuge. Enfin, une milice communale, commandée par le maire, était chargée de défendre des droits si péniblement conquis.

Jean sans Terre, successeur de son frère, Richard Cœur de Lion, confirma les privilèges de la commune. Néanmoins, son règne ne fut marqué que par des désastres. En 1200, pendant la nuit de Pâques, la cathédrale fut dévorée par un incendie ; six mois après, le feu détruisit encore une partie de la ville. Les exactions de ce prince, sa protection accordée aux juifs, enfin la captivité et le meurtre présumé de son neveu, Arthur de Bretagne, le rendirent l'objet de l'exécration générale. Cependant, telle était la vigueur du patriotisme local, que les bourgeois résistèrent avec courage aux armes de Philippe-Auguste. Jean sans Terre ayant lâchement refusé de secourir la ville, elle fut obligée de se soumettre. Le roi de France promit de respecter les frontières de la commune. Mais il ne tarda pas à la menacer, faisant élever, sur une des hauteurs qui dominent la ville, un château dont le donjon subsiste encore, levant des impôts considérables. De nouveaux incendies dévorèrent plusieurs quartiers de la ville, où les maisons, construites en bois et entassées les unes sur les autres, propagèrent rapidement la flamme. Ces catastrophes et les ravages des pastoureaux contribuèrent sans doute à augmenter la ferveur religieuse, dont nous trouvons des signes nombreux à cette époque : des miracles, des extases, l'introduction des moines mendiants, dont la règle sévère plaisait mieux aux âmes pieuses que les mœurs relâchées du clergé séculier ; enfin, des persécutions exercées contre les hérétiques, dont plusieurs furent brûlés vifs. Ce fut à cette époque que le roi Louis IX vint visiter la ville ; il confirma par une charte les privilèges communaux, et ce prince éclairé, qui sut toujours, malgré son ardente piété, réprimer les passions envahissantes du clergé, décida, en 1259, que l'archevêque de Rouen ne pourrait frapper d'excommunication les habitants pour cause temporelle.

Le règne de Philippe le Bel vit plusieurs émeutes, causées par des impôts excessifs, facilement réprimées. Sous son successeur, Philippe V, la constitution de la commune fut modifiée. La haute bourgeoisie, qui d'abord s'était fait suivre par le peuple dans sa lutte contre le clergé, avait fini par affecter des allures aristocratiques, qui causèrent plusieurs dissensions. Le corps des *pairs*, anciennement au nombre de cent, fut réduit à trente-six, qui durent se renouveler par tiers tous les trois ans et on institua, en face de cette assemblée, un conseil de douze bourgeois, nommés les *prud'hommes du commun*. Quatre receveurs, pris par moitié parmi les pairs et parmi les prud'hommes, eurent l'administration des revenus de la ville.

Sous Philippe VI eut lieu la première réunion des états de Normandie et les bourgeois y parurent comme composant un troisième ordre. Les états accordèrent des subsides au roi pour soutenir la guerre contre les Anglais, et Philippe confirma la charte aux Normands.

Mais ces jours d'indépendance allaient bientôt finir. En 1382, le rétablissement des gabelles, sous Charles VI, provoqua une insurrection ; les traitants sont massacrés, les prêtres poursuivis et menacés par une multitude furieuse. Mais Charles VI arriva bientôt avec une armée ; des exécutions signalèrent son entrée dans la ville. On rase le beffroi, qui contenait la *Rouvel*, la cloche de la ville, qui avait si souvent appelé les bourgeois à l'insurrection : la commune est supprimée ; vieilles franchises, privilèges antiques des corporations, tout disparaît dans ce jour néfaste. Une rançon énorme est exigée de la ville et de chacun des principaux bourgeois, qui ont été jetés dans les cachots. Pendant un an, la plus implacable tyrannie s'appesantit sur la malheureuse ville.

Peu à peu, l'autorité royale se relâcha de ses rigueurs ; un conseil électif fut reconstitué ; mais les fonctions du maire furent remplies par un bailli royal. Pour cette royauté, qui l'avait si cruellement frappée, Rouen allait pourtant soutenir contre Henri V, roi d'Angleterre, un siège héroïque, qui devait épuiser ses dernières forces.

Après une défense désespérée, honorée par des sorties furieuses et des actes individuels d'un courage dont l'histoire a gardé le souvenir, après avoir vainement imploré le secours de la cour de France, Rouen est obligée de capituler. Le roi d'Angleterre impose une rançon de trois cent mille écus et excepte de la capitulation un certain nombre de ses défenseurs ; tous réussirent à sauver leur vie en sacrifiant la moitié de leurs biens ; un seul, le capitaine des arbalétriers de la ville, Alain Blanchard, est voué à la mort par l'indigne vainqueur. « Je n'ai pas de biens pour racheter ma vie comme les autres, dit le martyr en montant à l'échafaud ; mais, quand j'aurais de quoi payer ma rançon, je ne voudrais pas racheter le roi anglais de son déshonneur ! »

Quelques années plus tard, la domination anglaise, qui ne fut à Rouen qu'une longue suite d'exactions et de violences, devait se signaler par un crime plus abominable encore. Jeanne Darc, prise à Compiègne, après avoir sauvé la France, était entre les mains du duc de Bourgogne. Jean Le Maître, prieur du couvent des dominicains de Rouen, vicaire de l'inquisiteur général de France, somme le duc de Bourgogne de livrer Jeanne à l'autorité ecclésiastique, pour la faire juger comme sorcière. Le duc de Bourgogne la vend pour dix mille écus d'or. Jeanne est amenée à Rouen, enfermée dans une des tours du vieux château (1). Nous ne raconterons pas la longue et héroïque agonie de Jeanne et les tortures que lui firent subir l'inquisiteur, le cardinal de Winchester, et l'évêque de Beauvais, Pierre Cauchon. Qui ne connaît ce tragique épisode de notre histoire? Qu'il nous suffise de rappeler que, si, pour la honte de notre pays, le tribunal ecclésiastique qui jugea Jeanne était composé de Français, des chanoines de la cathédrale, des supérieurs des couvents de Rouen et de quelques membres du clergé de la province, quelques-uns eurent le courage de se récuser ; qu'un légiste de Rouen, Jean Lohier, protesta hautement, devant Pierre Cauchon, contre la violation des plus simples formes de la justice envers l'accusée... Elle fut traînée au supplice le 30 mai 1431. Voici comment Michelet raconte ce tragique épisode, dans un récit admirable d'émotion patriotique ; la poésie s'est souvent emparée de ce sujet, mais jamais les vues des poètes n'ont atteint la simple et pathétique grandeur du récit de l'historien :

« Quelles furent les pensées de Jeanne lorsqu'elle vit que vraiment il fallait mourir, lorsque, montée sur la charrette, elle s'en allait à travers une foule tremblante, sous la garde de 800 Anglais, armés de lances et d'épées? Elle pleurait et se lamentait, n'accusant toutefois ni son roi ni ses saintes... Il ne lui échappait qu'un mot : « O Rouen ! Rouen ! » dois-je mourir ici ? »

» Le terme du voyage était le Vieux-Marché, le marché au poisson. Trois échafauds avaient été dressés : sur l'un était la chaire épiscopale et royale, le trône du cardinal d'Angleterre parmi les sièges de ses prélats ; sur l'autre devaient figurer les personnages du lugubre drame, le prédicateur, le juge et le bailli, enfin la condamnée. On voyait

---

(1) Cette tour, longtemps en ruine, a été définitivement détruite au commencement du siècle, sous le premier Empire. Elle était située (vers l'angle de la rue Jeanne-Darc et du boulevard Bouvreuil) à droite du donjon auquel on a donné depuis, à tort, le nom de *Tour de Jeanne Darc*, et dans lequel elle ne fut conduite qu'une seule fois pour subir un interrogatoire.

à part un grand échafaud de plâtre, chargé et surchargé de bois; on n'avait rien plaint au bûcher; il effrayait par sa hauteur. Ce n'était pas seulement pour rendre l'exécution plus solennelle; il y avait une intention : c'était afin que, le bûcher étant si haut échafaudé, le bourreau n'y atteignît que par en bas, pour allumer seulement; qu'ainsi il ne pût abréger le supplice ni expédier la patiente, comme il faisait des autres, leur faisant grâce de la flamme. Ici, il ne s'agissait pas de frauder la justice, de donner au feu un corps mort; on voulait qu'elle fût bien réellement brûlée vive; que, placée au sommet de cette montagne de bois et dominant le cercle des lances et des épées, elle pût être observée de toute la place. Lentement, longuement brûlée sous les yeux d'une foule curieuse, mais indignée, il y avait lieu de croire qu'à la fin elle laisserait surprendre quelque faiblesse, qu'il lui échapperait quelque chose qu'on pût donner pour un désaveu, tout au moins des mots confus qu'on pourrait interpréter, peut-être de basses prières, d'humiliants cris de grâce, comme d'une femme éperdue...

» Un chroniqueur, ami des Anglais, les charge ici cruellement. Ils voulaient, si on l'en croit, que, la robe étant brûlée d'abord, la patiente restât nue, « pour oster les doubtes du peuple; » que le feu étant éloigné, chacun vînt la voir, « et tous les se-
» crez qui povent et doivent estre en une femme; » et qu'après cette impudique et féroce exhibition, « le bourrel remist le grand feu sur sa povre charogne... »

« L'effroyable cérémonie commença par un sermon. Maître Nicolas Midy, une des lumières de l'Université de Paris, prêcha sur ce texte édifiant : « Quand un membre de l'Église est malade, toute » l'Église est malade. » Cette pauvre Église ne pouvait guérir qu'en se coupant un membre. Il concluait par la formule : « Jeanne, allez en paix, » l'Église ne peut plus te défendre. »

« Alors le juge d'Église, l'évêque de Beauvais, l'exhorta bénignement à s'occuper de son âme et à se rappeler tous ses méfaits, pour s'exciter à la contrition. Les assesseurs avaient jugé qu'il était de droit de lui relire son abjuration; l'évêque n'en fit rien. Il craignait des démentis, des réclamations. Mais la pauvre fille ne songeait guère à chicaner ainsi sa vie; elle avait bien d'autres pensées. Avant même qu'on l'eût exhortée à la contrition, elle s'était mise à genoux, invoquant Dieu, la Vierge, saint Michel et sainte Catherine, pardonnant à tous et demandant pardon, disant aux assistants : « Priez pour moi... » Elle requérait surtout les prêtres de dire chacun une messe pour son âme... Tout cela de façon si dévote, si humble et si touchante, que, l'émotion gagnant, personne ne put plus se contenir; l'évêque de Beauvais se mit à pleurer, celui de Boulogne sanglotait, et voilà que les Anglais eux-mêmes pleuraient et larmoyaient aussi, Winchester comme les autres.

» Serait-ce dans ce moment d'attendrissement universel, de larmes, de contagieuse faiblesse, que l'infortunée, amollie et redevenue simple femme, aurait avoué qu'elle voyait bien qu'elle avait eu tort, qu'on l'avait trompée apparemment en lui promettant délivrance? Nous n'en pouvons trop croire là-dessus le témoignage intéressé des Anglais. Toutefois, il faudrait bien peu connaître la nature humaine pour douter qu'ainsi trompée dans son espoir, elle n'ait vacillé dans sa foi... A-t-elle dit le mot? C'est chose incertaine; j'affirme qu'elle l'a pensé.

» Cependant les juges, un moment décontenancés, s'étaient remis et raffermis; l'évêque de Beauvais, s'essuyant les yeux, se mit à lire la condamnation. Il remémora à la coupable tous ses crimes, schisme, idolâtrie, invocation de démons, comment elle avait été admise à pénitence et comment, « séduite par le prince du mensonge, elle estoit » retombée, ô douleur! *comme le chien qui re-* » *tourne à son vomissement...* Donc nous pronon-
» çons que vous êtes un membre pourri et, comme » tel, retranché de l'Église. Nous vous livrons à la » puissance séculière, la priant toutefois de modé-
» rer son jugement, en vous évitant la mort et la » mutilation des membres. »

» Délaissée ainsi de l'Église, elle se remit en toute confiance à Dieu. Elle demanda la croix. Un Anglais lui passa une croix de bois qu'il fit d'un bâton; elle ne la reçut pas moins dévotement; elle la baisa et la mit, cette rude croix, sous ses vêtements et sur sa chair... Mais elle aurait voulu la croix de l'église pour la tenir devant ses yeux jusqu'à la mort. Le bon huissier Massieu et le frère Isambart firent tant, qu'on la lui apporta de Saint-Sauveur. Comme elle embrassait cette croix et qu'Isambart l'encourageait, les Anglais commencèrent à trouver tout cela bien long; il devait être au moins midi; les soldats grondaient, les capitaines disaient : « Comment, prêtres, nous ferez-

» vous dîner ici ?... » Alors, perdant patience et n'attendant pas l'ordre du bailli, qui seul, pourtant, avait autorité pour l'envoyer à la mort, ils firent monter deux sergents pour la tirer des mains des prêtres. Au pied du tribunal, elle fut saisie par les hommes d'armes qui la traînèrent au bourreau, lui disant : « Fais ton office... » Cette furie de soldats fit horreur ; plusieurs des assistants, des juges même s'enfuirent pour n'en pas voir davantage.

» Quand elle se trouva en bas dans la place, entre ces Anglais qui portaient les mains sur elle, la nature pâtit et la chair se troubla ; elle cria de nouveau : « O Rouen, tu seras donc ma dernière » demeure !... » Elle n'en dit pas plus et ne pécha pas par ses lèvres, dans ce moment même d'effroi et de trouble...

» Elle n'accusa ni son roi ni ses saintes ; mais, parvenue au haut du bûcher, voyant cette grande ville, cette foule immobile et silencieuse, elle ne put s'empêcher de dire : « Ah ! Rouen, Rouen, j'ai » grand'peur que tu n'aies à souffrir de ma mort ! » Celle qui avait sauvé le peuple et que le peuple abandonnait n'exprima en mourant (admirable douceur d'âme !) que de la compassion pour lui...

» Elle fut liée sous l'écriteau infâme, mitrée d'une mitre où on lisait : « Hérétique, relapse, » apostate, ydolastre.... » Et alors le bourreau mit le feu... Elle le vit d'en haut et poussa un cri... Puis, comme le frère qui l'exhortait ne faisait pas attention à la flamme, elle eut peur pour lui, s'oubliant elle-même, et elle le fit descendre.

» Ce qui prouve bien que jusque-là elle n'avait rien rétracté expressément, c'est que ce malheureux Cauchon fut obligé (sans doute par la haute volonté satanique qui présidait) à venir au pied du bûcher, obligé à affronter de près la face de sa victime, pour essayer d'en tirer quelque parole.... Il n'en obtint qu'une, désespérante. Elle lui dit avec douceur ce qu'elle avait déjà dit : « Évêque, je » meurs par vous... Si vous m'aviez mise aux » prisons d'église, ceci ne fût pas advenu. » On avait espéré sans doute que, se croyant abandonnée de son roi, elle l'accuserait enfin et parlerait contre lui. Elle le défendit encore : » Que » j'aie bien fait, que j'aie mal fait, mon roi n'y est » pour rien ; ce n'est pas lui qui m'a conseillée... »

» Cependant la flamme montait... Au moment où elle toucha, la malheureuse frémit et demanda *de l'eau* bénite ; *de l'eau*, c'était apparemment le cri de la frayeur... Mais, se relevant aussitôt, elle ne nomma plus que Dieu, que ses anges et ses saintes. Elle leur rendit témoignage : « Oui, mes voix » étaient de Dieu, mes voix ne m'ont pas trom- » pée !... » Que toute incertitude ait cessé dans les flammes, cela nous doit faire croire qu'elle accepta la mort pour la *délivrance* promise, qu'elle n'entendit plus le *salut* au sens judaïque et matériel, comme elle avait fait jusque-là, qu'elle vit clair enfin, et que, sortant des ombres, elle obtint ce qui lui manquait encore de lumière et de sainteté.

» Cette grande parole est attestée par le témoin obligé et juré de la mort, par le dominicain qui monta avec elle sur le bûcher, qu'elle en fit descendre, mais qui d'en bas lui parlait, l'écoutait et lui tenait la croix.

» Nous avons encore un autre témoin de cette mort sainte, un témoin bien grave, qui lui-même fut sans doute un saint. Cet homme, dont l'histoire doit conserver le nom, était le moine augustin déjà mentionné, frère Isambart de La Pierre ; dans le procès, il avait failli périr pour avoir conseillé la Pucelle, et néanmoins, quoique si bien désigné à la haine des Anglais, il voulut monter avec elle dans la charrette, lui fit venir la croix de la paroisse, l'assista parmi cette foule furieuse, et sur l'échafaud et au bûcher.

» Vingt ans après, les deux vénérables religieux, simples moines, voués à la pauvreté et n'ayant rien à gagner ni à craindre en ce monde, déposent ce qu'on vient de lire : « Nous l'entendions, disent- » ils, dans le feu, invoquer ses saintes, son ar- » change ; elle répétait le nom du Sauveur... En- » fin, laissant tomber sa tête, elle poussa un grand » cri : « Jésus ! »

» Dix mille hommes pleuraient... Quelques Anglais seuls riaient ou tâchaient de rire. Un d'eux, des plus furieux, avait juré de mettre un fagot au bûcher ; elle expirait au moment où il le mit ; il se trouva mal ; ses camarades le menèrent à une taverne pour le faire boire et reprendre ses esprits ; mais il ne pouvait se remettre : « J'ai vu, disait-il » hors de lui-même, j'ai vu de sa bouche, avec le » dernier soupir, s'envoler une colombe. » D'autres avaient lu dans les flammes le mot qu'elle répétait : « Jésus ! » Le bourreau alla le soir trouver frère Isambart ; il était tout épouvanté ; il se confessa, mais il ne pouvait croire que Dieu lui pardonnât jamais... Un secrétaire du roi d'Angleterre disait tout haut en revenant : « Nous sommes per- » dus ; nous avons brûlé une sainte ! »

» Les tristes restes que le feu avait épargnés furent, par l'ordre des Anglais, jetés par le bourreau dans la Seine, du milieu du pont de Rouen.

» Quelle légende plus belle que cette incontestable histoire? Mais il faut se garder bien d'en faire une légende ; on doit en conserver pieusement tous les traits, même les plus humains, en respecter la réalité touchante et terrible (1). »

Disons hautement avec M. Chéruel (*Histoire de Rouen pendant la domination anglaise*) « qu'il serait injuste de reprocher aux Rouennais de s'être bornés à une stérile pitié et de n'avoir fait aucune tentative pour sauver Jeanne Darc. Il faut se rappeler quelle était alors la situation de la ville. L'élite des habitants avait succombé pendant le siège ; beaucoup d'autres avaient abandonné leur patrie pour ne pas subir la tyrannie des Anglais ; les plus courageux avaient péri sur l'échafaud, accusés de conspirer en faveur de Charles VII. Les Anglais, non contents de garder les postes militaires les plus importants, élevaient de nouvelles forteresses. Les précautions mêmes qu'ils prirent pendant le procès attestent que le peuple de Rouen était bien loin de partager leur haine contre la Pucelle. Ils ne se fiaient qu'aux murs de la forteresse où elle était courbée sous le poids des chaînes ; ils refusèrent constamment de la déposer dans les prisons ecclésiastiques, et, lorsqu'ils furent forcés de la faire paraître en public, il déployèrent un appareil militaire qui témoignait assez de leurs craintes. »

Quelques années après le martyre patriotique de Jeanne, en 1449, les Anglais étaient chassés de Rouen ; une cour ecclésiastique réhabilitait la mémoire de Jeanne ; des processions expiatoires, où assistaient sa mère et ses frères, furent faites au Vieux-Marché et au cimetière Saint-Ouen, et une croix s'éleva à la place où Jeanne avait subi le martyre.

Depuis 1449, époque où Rouen redevint ville française, son existence fut plus calme jusqu'au temps des guerres de religion. Elle eut un archevêque célèbre, Georges d'Amboise, dont le nom appartient à l'histoire générale de la France. Sur sa proposition, Louis XII érigea en cour perpétuelle l'échiquier de Normandie ; cette institution, en donnant une plus grande importance aux légistes sortis du tiers état, fit naître à Rouen, comme dans les autres villes de magistrature, une noblesse parlementaire, qui s'honora souvent par ses lumières et son indépendance. Malheureusement, dès le règne de François Ier, le parlement de Rouen déploya une cruauté extrême contre les hérétiques, nombreux dans la ville. Ces atrocités exaspérèrent les huguenots, qui se révoltèrent en 1562 et restèrent maîtres de Rouen. Reprise par les catholiques sous la conduite du duc de Guise, la ville fut pillée pendant huit jours. Les supplices recommencèrent, et, au mois de septembre 1572, Rouen eut son massacre de la Saint-Barthélemy : cinq ou six cents personnes périrent égorgées ; un tiers environ des habitants de Rouen s'était enfui.

Ainsi délivré de ses ennemis, le parti catholique domina dès lors à Rouen. La ville prit parti pour la Ligue, lutta contre Henri III, dont l'assassinat fut accueilli à Rouen par des transports de joie ; elle soutint bravement un pénible siège contre Henri IV ; le roi fut obligé de se retirer. Mais, deux ans après, l'amiral de Villars, qui commandait la place, la vendit à Henri IV pour le titre de maréchal et une indemnité de 120,000 écus. Le roi y fit son entrée et y tint l'assemblée des notables en 1596.

L'histoire de Rouen, depuis cette époque, est moins tragique ; elle eut bien, en 1639, une émeute causée par la misère et l'excès des impôts, émeute impitoyablement châtiée par le chancelier Séguier ; mais elle jouit d'un repos inaccoutumé jusqu'à la révocation de l'édit de Nantes. Là, comme ailleurs, l'industrie et le commerce étaient en partie aux mains des protestants ; cet événement porta un coup terrible à la prospérité de Rouen. La population de Rouen, qui s'élevait à 80,000 âmes en 1685, diminua de 20,000 en cinq ans.

Cependant, au commencement du XVIIIe siècle, le commerce de Rouen se releva, grâce à l'heureuse industrie d'un négociant de la ville, Delarue, qui, le premier, imagina de faire filer le coton. Dès lors, les toiles de coton teintes désignées sous le nom de *rouenneries* devinrent à Rouen une branche d'industrie très active. Ses faïences et ses porcelaines étaient déjà à cette époque fort estimées.

En 1707, Boisguilbert, lieutenant général au bailliage de Rouen, publia un livre rempli de vues sages et neuves, le *Détail de la France sous Louis XIV*. Frappé des maux du peuple et de la manière scandaleuse dont les impôts se percevaient, il proposait des réformes, moins absolues que celles de Vauban, mais qui n'en irritaient pas

---

(1) MICHELET. *Histoire de France*, t. V, liv. X, chap. IV.

moins contre lui ceux qui profitaient des abus et voulaient les perpétuer. « La vengeance ne tarda pas, dit Saint-Simon ; Boisguilbert fut exilé au fond de l'Auvergne... Au bout de deux mois, j'obtins son retour ; mais ce ne fut pas tout. Boisguilbert, mandé en revenant, essuya une dure mercuriale et, pour le mortifier de tout point, fut renvoyé à Rouen, suspendu de ses fonctions, ce qui toutefois ne dura guère. Il en fut amplement dédommagé par la foule de peuple et les acclamations avec lesquelles il fut reçu. » Ce bon citoyen mourut en 1714.

L'histoire de Rouen, au xviii° siècle, ne se compose guère que des luttes du parlement contre l'autorité ecclésiastique ou contre la cour. Supprimé par Louis XV, auquel il avait résisté plusieurs fois, il fut remplacé par deux conseils siégeant à Rouen et à Bayeux (1771). Il fut rétabli au commencement du règne de Louis XVI. Néanmoins, une nouvelle opposition se manifesta en 1788 ; de nouvelles persécutions s'ensuivirent ; mais la Révolution approchait, et l'esprit nouveau était déjà plus puissant que les persécuteurs. Tout se borna à d'inutiles et vaines démonstrations ; le parlement, exilé d'abord, fut bientôt rétabli.

Au commencement de la Révolution, il y eut à Rouen quelques mouvements populaires, causés par la cherté du pain. Néanmoins, pendant la Terreur, il y eut peu d'excès ; on ne compte que deux exécutions politiques pendant les années 1793 et 1794. Sous le Directoire et le Consulat, les brigands connus sous le nom de *chauffeurs* jetèrent l'épouvante dans les départements ; un grand nombre furent pris et exécutés à Rouen.

Depuis le règne de Napoléon Ier, Rouen avait joui d'un calme et d'une prospérité sans exemple. A peine si les événements de 1830, de 1848 et de 1852 l'avaient un moment troublée ; mais il n'en fut pas de même en 1870. A la suite du combat de Buchy, où un corps de marins, de volontaires et de mobiles français eut à lutter, mais sans succès, contre une armée prussienne, celle-ci marcha sur Rouen, qu'elle occupa sans coup férir le 6 décembre 1870, et qu'elle abandonna ensuite après l'avoir pillée et dirigé son butin sur Amiens.

Aujourd'hui, grâce aux bienfaits de la paix, Rouen est redevenu ce qu'elle doit toujours être, une des villes les plus industrielles et les plus productives de la France.

Avant de dire l'état actuel de Rouen, jetons un regard sur ce qu'elle était au moyen âge.

Au commencement du xii° siècle, Rouen avait pour limite vers le nord une enceinte de murailles qui s'étendait de la rue de la Poterne au pont de Robec, en passant par la place des Carmes ; la limite occidentale était marquée par le cours de la Renelle, et celle de l'est par le ruisseau de Robec. L'ancien marais de *Malpalu* avait été desséché et formait alors un faubourg. Au sud, la Seine n'était pas resserrée par les quais, et ses eaux baignaient une partie du terrain occupé aujourd'hui par la rue du Grand-Pont et les rues adjacentes. A l'extérieur une double enceinte de murailles et trois fossés profonds faisaient de Rouen une des plus fortes places de l'époque. A l'intérieur, la ville ne présentait guère qu'un amas de maisons de bois où presque chaque année le feu exerçait d'horribles ravages. Cette masse confuse était dominée par quelques édifices imposants. C'était d'abord le château élevé par Richard Ier sur l'emplacement qu'occupent maintenant les halles. Cette forteresse était entourée de fossés profonds que la Seine remplissait à la marée montante : c'était là que d'ordinaire résidaient les ducs de Normandie. Non loin du château s'élevait la cathédrale (elle fut incendiée au xiii° siècle), qu'en 1063 l'archevêque Maurille avait consacrée avec une pompe dont les contemporains nous ont conservé le souvenir. Ce devait être un monument de style sévère, gardant, dans son plein cintre, le souvenir de l'arcade romane, et annonçant déjà, par l'élévation des voûtes et des tours, la hardiesse de l'architecture ogivale.

L'atrium, l'aitre ou parvis de la cathédrale, était entouré de murailles et jouissait d'une franchise absolue ; les marchands n'y relevaient que du chapitre, et les malfaiteurs y trouvaient un asile inviolable.

Les maisons capitulaires avaient les mêmes privilèges que le parvis. La juridiction du chapitre ne s'arrêtait pas aux limites de cette enceinte. Elle s'exerçait sur un vaste terrain compris entre les deux ruisseaux de Robec et d'Aubette. On l'appelait à cette époque l'île Notre-Dame (rue des Arpents) : les écoles et la Madeleine relevaient de son autorité.

En dehors de l'enceinte de la ville, l'abbaye de Saint-Ouen, reconstruite au commencement du xi° siècle, était un des principaux centres du pouvoir ecclésiastique et féodal. Cette royale abbaye, qui remontait jusqu'au vi° siècle, et conservait

La tour de la Grosse Horloge, à Rouen.

les chartes des rois carlovingiens, avait le droit de haute et basse justice dans une partie de la ville. Elle élevait ses fourches patibulaires sur la colline de Bihorel, et, derrière ses murailles crénelées, bravait l'autorité ducale et épiscopale.

Château, cathédrale, abbaye de Saint-Ouen, tels étaient alors les seuls monuments de Rouen. Le *parloir aux bourgeois* (l'hôtel de ville) était bien humble auprès ces édifices féodaux. Mais les *vilains* commençaient à se compter, et chaque jour voyait s'accroître leur importance. Rouen était déjà célèbre parmi les villes commerçantes de l'Europe, elle s'enrichissait peu à peu, son port était très fréquenté, et les bourgeois qui, pendant tant de siècles, avaient été taillables et corvéables, commençaient à sortir de leur obscurité. Ils formaient alors entre eux des *ghildes* ou associations, dans lesquelles les hommes de métier juraient de se soutenir l'un l'autre. Ce fut là le principe de cette commune de Rouen dont l'histoire, si palpitante d'intérêt, a été écrite avec un talent consciencieux et une élégante facilité par M. A. Chéruel, auquel nous avons emprunté les lignes qui précèdent. (*Histoire de Rouen pendant l'époque communale, de 1150 à 1382*, 2 vol. in-8°.)

Rouen compte aujourd'hui de nombreux monuments. La *cathédrale* a été commencée dans les premières années du XIIIᵉ siècle. L'édifice qu'elle remplaçait avait été détruit par un incendie. L'église métropolitaine actuelle est l'œuvre de plusieurs siècles; elle ne fut terminée qu'au XVIᵉ siècle. Sa longueur est de 130 mètres; sa largeur, de 32 mètres. Au centre est la lanterne soutenue par quatre forts piliers supportant le soubassement d'une tour carrée, sur laquelle s'élevait jadis un clocher en bois couvert de plomb. Cette pyramide ayant été détruite par le feu du ciel en 1822, elle a été remplacée par une flèche en fonte et à jour, ayant 151 mètres de hauteur. La tour placée à l'extrémité nord de la façade s'appelle la tour de Saint-Romain. Sa base est d'une construction antérieure au reste de l'édifice. La tour méridionale était appelée anciennement tour de Beurre, parce qu'elle fut élevée au moyen de l'argent que le clergé exigea du peuple pour lui permettre de manger du beurre en carême; elle s'appelle aujourd'hui la tour de Georges d'Amboise. Haute de 77 mètres, elle contenait, avant la Révolution, l'énorme cloche nommée Georges d'Amboise. Cette cloche se fêla lorsqu'on la mit en branle pour célébrer l'entrée de Louis XVI à Rouen, en 1786; sept ans plus tard, on la descendait de la tour, et elle servait à faire des canons. L'intérieur de l'édifice, l'un des mieux conservés de nos monuments religieux, contient un grand nombre de sculptures curieuses (1) et de magnifiques vitraux, dont quelques-uns datent du XIIIᵉ siècle.

En 1838, des fouilles ont fait découvrir, sous le pavé de l'église, la statue très bien conservée de Richard Cœur de Lion; ce roi chevalier est représenté couché, les pieds appuyés sur un lion. On a trouvé également la boîte qui contient son cœur. Parmi les tombeaux qui ornent la cathédrale, on remarque ceux des deux Georges d'Amboise, de Pierre et de Louis de Brézé, l'infortuné mari de Diane de Poitiers, sénéchal de Normandie.

L'abbaye de Saint-Ouen fut, comme la cathédrale, détruite par un incendie; c'était la plus ancienne de toute la Normandie; sa fondation remontait au règne de Clotaire Iᵉʳ. Au IXᵉ siècle, elle fut brûlée par les Normands, puis réparée par Rollon, qui y fit porter les reliques de saint Ouen. Le vieil édifice fut démoli dans la première moitié du XIᵉ siècle, puis rebâti complètement. Il y avait dix ans qu'il était terminé lorsqu'il fut entièrement dévoré par les flammes; reconstruit encore une fois, incendié de nouveau en 1248, on éleva sur l'emplacement la magnifique basilique qui s'est conservée jusqu'à nos jours, et dont la construction, commencée en 1318, ne fut entièrement terminée qu'au commencement du XVIᵉ siècle.

La longueur de l'église est de 135 mètres, sa largeur de 26 mètres, sa hauteur de 33 mètres environ.

Trois rangs de fenêtres, au nombre de 125, et trois rosaces laissent pénétrer le jour à travers des vitraux magnifiques; la multiplicité des sujets, le fini des détails, l'éclat des couleurs font de la vitrerie de Saint-Ouen un des chefs-d'œuvre les plus surprenants en ce genre.

Le premier pilier, à droite en entrant, supporte un bénitier de marbre; on y voit reflétée la voûte de l'église dans toute son étendue. La nef était jadis séparée du chœur par un jubé célèbre, dont la destruction, commencée par les calvinistes, a été achevée à l'époque de la Révolution. Le chœur est entouré de onze chapelles. Elles contiennent peu de choses curieuses. La grande tour, surmontée d'une couronne à jour, est un chef-d'œuvre de grâce et de majesté. Le jardin public, qui environne une partie de ce magnifique monument, et qui a remplacé une partie des bâtiments claustraux, est orné de la statue équestre de Guillaume le Conquérant; il permet d'admirer les merveilles de l'édifice, à toutes les distances, à tous les points de vue. Dans la partie conservée des bâtiments claustraux qui datent du XVIIᵉ siècle sont installés l'hôtel de ville, la bibliothèque, riche de 112,000 volumes et 3,000 manuscrits, et les musées.

L'église de Saint-Maclou n'est pas aussi heureusement entourée; mais l'intérieur mérite l'attention des visiteurs. L'escalier à jour qui conduit à l'orgue est d'une élégance ravissante. Les portes sont ornées de sculptures remarquables, attribuées à Jean Goujon. Les vitraux sont, en général, bien conservés. En face du portail septentrional de l'église est l'entrée de l'*Aître* ou cimetière de Saint-Maclou. On y trouve des inscriptions et des fragments de sculptures où un habile antiquaire, H. Langlois, a découvert les divers sujets d'une danse macabre. « Les colonnes de cette espèce de cloître, dit cet écrivain, sont encore visibles au nombre de trente et une et distantes l'une de l'autre d'à peu près onze pieds. Sur chacune d'elles,

---

(1) Le jubé, par exemple, dont les marbres proviennent des deux temples de *Leptis Magna*, en Afrique.

un groupe de deux figures, sculptées à même chaque fût, représente ou plutôt représentait, tant furent grands les ravages exercés sur ces objets d'art, un personnage vivant entraîné dans la tombe par un cadavre du marasme le plus consommé ; conception singulière qui semble matérialiser cet axiome de la jurisprudence de saint Louis : *mortuus vivum*, et qui trouve de célèbres analogies sur plusieurs points de l'Europe. Dans les statuettes du cimetière de Saint-Maclou, tantôt la Mort se montre dans une action d'entraînement plus ou moins brusque ; tantôt, affectant une pose tranquille, elle paraît employer le raisonnement plutôt que la violence. Sur quelques colonnes des plus mutilées, on retrouve des pieds décharnés, dont l'élévation au-dessus du plan sur lequel posaient des figures atteste que plusieurs de ces cadavres symboliques gambadaient en s'emparant de leurs victimes. Quant à ces derniers personnages, ils montrent généralement, par leurs poses simples et calmes, plus de résignation que de résistance. Tous ces groupes ont été mutilés avec rage ; il n'est point une seule de ces figures qui ne soit sans tête, et de beaucoup d'autres il ne reste plus que d'informes vestiges. » Une des inscriptions tumulaires porte ces mots : *Donnez-lui une patenôtre ou un Ave Maria ;* le nom de celui pour lequel on demande au passant ses prières est effacé.

Les églises de Saint-Vincent, de Saint-Patrice et celle de Saint-Godard offrent des vitraux de la plus grande beauté. Celles de Saint-Laurent et de Saint-André n'ont de remarquable que leurs clochers.

Un des monuments les plus curieux de Rouen, après ses édifices religieux, est l'*hôtel du Bourgtheroulde*, sur la place de la Pucelle. Des bas-reliefs, qui contiennent un grand nombre de figures, représentent l'entrevue de François Ier et de Henri VIII, roi d'Angleterre, au camp du Drap-d'Or. D'autres bas-reliefs curieux décorent la façade de la maison ; ce sont des scènes pastorales. Rouen, malgré les démolitions nécessitées par ses embellissements modernes, possède encore plusieurs maisons remarquables par leur antiquité ou leur architecture ; elles ont été décrites et reproduites par M. de La Quérière, dans un ouvrage estimable ; citons plus particulièrement : l'hôtel Saint-Amand, l'ancien bureau des finances, l'hôtel de la vicomté de l'Eau. Nous devons encore mentionner le palais de l'Archevêché, qui date de la Renaissance ; le Palais de justice, achevé vers la fin du XVe siècle et qui a été restauré avec tant de magnificence dans ces dernières années, est un des plus curieux monuments de cette époque, d'une exécution délicate et hardie. Citons enfin l'ancien hôtel de ville et la Tour de la Grosse-Horloge, élevée en 1389, qui contient la *Rouvel*, cloche célèbre et populaire, dont nous avons déjà parlé ; l'ancien donjon de Philippe-Auguste improprement dit Tour de Jeanne-Darc, le Jardin des plantes, etc.

Parmi les fontaines de Rouen, dont les principales sont celles de la Croix-de-Pierre, de Saint-Maclou, des Célestins, de Saint-Vivien, de la rue de l'Épée et de l'Hospice général, nous devons une mention à la fontaine Sainte-Marie, inaugurée le 2 novembre 1879. Elle a pour but de rappeler les améliorations apportées en ces derniers temps dans l'œuvre de l'assainissement de la ville, par la création de nombreuses fontaines et de bouches sous trottoirs bien plus nombreuses encore. C'est donc un monument commémoratif et en même temps une œuvre d'art. Cette fontaine, œuvre de M. Falguière, est une sorte de château d'eau que surmonte une fort belle statue de femme personnifiant la ville de Rouen. La main droite étendue, la main gauche tenant un flambeau, elle est assise sur une nef antique, glissant sur les eaux de la Seine, qui semblent déborder dans une vasque à double déversoir Les génies du commerce, de la science, des arts et de l'industrie l'entourent. Sur les côtés de la composition principale se trouvent, à droite, une jument au repos, la tête dressée, tenue par un jeune paysan ; à gauche, un taureau et une vache couchés, sous la garde d'un bouvier. Aux deux angles du groupe supérieur, les cours d'eau de Robec et d'Aubette sont représentés par deux enfants appuyés sur un dauphin. Au centre de la façade septentrionale est une grotte dans laquelle est accroupie une nymphe, tordant ses cheveux et paraissant se mirer dans l'eau.

Des hauteurs de Bon-Secours, de Sainte-Catherine, de Bois-Guillaume, du Mont-aux-Malades et de Canteleu, on jouit de panoramas aussi variés qu'étendus sur la ville de Rouen et ses environs.

Sur le terre-plein du Pont-de-Pierre, appelé aussi le *Pont-Neuf* et qui, comme son homonyme de Paris, s'appuie sur l'extrémité d'une île (l'île Lacroix), s'élève la statue en bronze du plus illustre des enfants de Rouen, de *Pierre Corneille ;* cette statue est une des œuvres les plus remarquables de M. David d'Angers. Elle a été placée en 1834; c'est le produit d'une souscription nationale. Le Pont-de-Pierre unit Rouen au faubourg Saint-Sever, situé sur la rive gauche du fleuve. Ce faubourg forme à lui seul une ville de plus de vingt mille âmes. C'est à proprement parler un vaste atelier, où les usines, les manufactures, les fabriques de machines et le gros outillage de l'industrie manufacturière se forge, se lamine, se prépare. C'est là que se trouvent aussi la grande gare commerciale de Rouen, les docks et les magasins qui s'emplissent de marchandises venues de tous les points de la France.

Un autre pont, le Pont-Suspendu, met la partie centrale de la ville en communication avec le faubourg Saint-Sever; une passe mobile fermée par un double pont-levis, permet aux bâtiments mâtés de le franchir; sa longueur totale est de près de 200 mètres.

Parmi les personnages célèbres que Rouen a produits, il en est un qu'il semble presque inutile de nommer, Pierre Corneille, né rue de la Pie, n° 4, dans une maison aujourd'hui démolie, mais dont une inscription rappelle l'emplacement; Thomas Corneille, son frère, et Fontenelle, leur neveu, sont aussi nés à Rouen. Nous citerons encore les deux Basnage, protestants, auteurs d'ouvrages estimés; Boisguilbert, l'économiste célèbre du XVII° siècle; Saint-Amand et Pradon, deux des victimes de Boileau, dont l'un, le premier, méritait plus de ménagement; Mlle de Champmeslé, actrice aimée de Racine; les peintres Jouvenet et Restaut; le célèbre voyageur Robert Cavelier de La Sale; Géricault, l'auteur du célèbre tableau du *Radeau de la Méduse*, à qui Rouen a élevé une statue; les graveurs Lesueur; les compositeurs Boieldieu et Frédéric Bérat; le romancier Gustave Flaubert; Armand Carrel : c'est clore dignement par le nom d'un homme de cœur cette liste qu'il serait aisé encore d'allonger.

Rouen possède de nombreuses promenades. La plus animée, celle qui présente aux yeux un spectacle qui varie à chaque instant, est celle qu'offrent ses quais, sur un développement de plus de 2 kilomètres; le cours Boieldieu, orné de la statue du grand compositeur, entre la Bourse et le théâtre des Arts, en est la partie la mieux fréquentée; viennent ensuite : la promenade du cours la Reine, le square de Solférino, l'avenue du Mont-Riboudet et les boulevards, qui occupent en partie l'emplacement des anciens fossés. Des omnibus, des tramways, des bateaux à vapeur transportent les Rouennais dans la banlieue de leur ville, tandis que deux gares, celle de Saint-Sever sur la rive gauche, celle du faubourg Bouvreuil sur la rive droite, mettent la ville en communication avec Paris, Elbeuf, Amiens, Le Havre et tout le grand réseau des chemins de fer français. Rouen possède huit cimetières, dont un pour les catholiques, le plus important, qui s'élève sur une portion de la côte des Sapins, porte le nom de Cimetière Monumental; c'est là que reposent Boeildieu, le peintre H. Langlois, les littérateurs Louis Bouilhet, Gustave Flaubert et bien d'autres illustrations rouennaises. Sur la tombe de Frédéric Bérat, le chantre populaire de *Ma Normandie*, on lit la dernière strophe de la chanson :

. . . .
Lorsque ma muse refroidie
Aura fini ses chants d'amour
J'irai revoir ma Normandie
C'est le pays où j'ai reçu le jour.

L'industrie et le commerce de Rouen embrassent tous les genres de production. Dès le XV° et le XVI° siècle, elle était déjà renommée par ses faïences aujourd'hui si recherchées, par ses toiles, ses dentelles, ses draps, ses verreries; de nos jours, elle a vu son industrie prendre un essor plus grand encore; ses manufactures de toiles de coton, de calicots, d'indiennes, de rouenneries, de bonneteries, de couvertures et de blanchisseries sont surtout renommées. L'art de confire les fruits y est porté au plus haut degré de perfection; tout le monde connaît la gelée et le sucre de pommes de Rouen. Cette ville n'est pas seulement l'un des plus grands centres de l'industrie cotonnière et du commerce de laine en France; elle est encore le vaste entrepôt des denrées coloniales et du commerce d'exportation entre Le Havre et Paris. Son mouvement d'importation et d'exportation, en 1876, a été de 996,196 tonnes. Le produit de l'octroi s'est élevé à 3,499,820 fr., soit une augmentation de plus 600,000 fr. sur celui de 1874. Il y a vingt-cinq ans, les navires de 3 mètres de tirant d'eau remontaient difficilement à Rouen en plusieurs marées; maintenant les navires de 6 mètres peuvent venir et viennent à Rouen en une seule marée. Le mouvement du port n'a pas un instant cessé de progresser depuis dix ans. Le chiffre du tonnage était seulement, en 1869, de 505,000 tonnes pour le bassin maritime ; il a été, pour l'année 1877, de 909,750 tonnes. Il faut ajouter, pour avoir le chiffre total du mouvement commercial, 267,066 tonnes de la navigation fluviale et 509,000 tonnes représentant le trafic de marchandises des chemins de fer de l'Ouest et du Nord, partant de Rouen ou y arrivant. On ne comptait pas, en 1870, plus de 1,210 navires remontant à Rouen ; il en est remonté 1,762 en 1876, et le tonnage moyen s'est accru considérablement puisque le poids total transporté a presque doublé.

Rouen centralise toutes les grandes administrations que comporte son importance d'ancienne ville parlementaire, d'ancienne capitale d'une des plus belles provinces de France et de chef-lieu du département ; outre la préfecture et l'archevêché, elle possède un grand séminaire, 12 paroisses, de nombreuses congrégations ; une cour d'appel, un tribunal de commerce, un tribunal maritime commercial. C'est un quartier maritime du sous-arrondissement du Havre qui relève de la préfecture maritime de Cherbourg ; elle a une école d'hydrographie. Rouen est le siège d'une Faculté de théologie ; elle possède une école préparatoire de médecine et de pharmacie, un lycée, 10 pensions, 30 écoles communales. C'est le siège de l'état-major du 3º corps d'armée et aussi des grandes administrations minéralogiques, des ponts et chaussées, forestières, etc., du département.

Les armes de Rouen sont : *de gueules, à l'agneau d'argent tenant une croix d'or, à la banderole d'argent chargée d'une croix de gueules, au chef d'azur, chargé de trois fleurs de lis d'or.*

Blosseville-Bon-Secours. — Blosseville-Bon-Secours, sur la route de Paris à Rouen, commune de 1,497 habitants, dans le canton de Boos et à 5 kilomètres à l'ouest de Rouen, se compose de deux sections, l'une sur le bord de la Seine, l'autre sur le coteau qui la domine à une hauteur de 150 mètres et d'où l'on jouit d'une magnifique vue sur Rouen et sur les bords du fleuve. C'est sur ce coteau, qui porte le nom singulier de Mont-de-Thuringe, que s'élève la jolie petite église gothique de Notre-Dame-de-Bon-Secours, qui a remplacé en 1840 une chapelle beaucoup plus ancienne et qui, comme elle, est encore un but de pèlerinage très fréquenté en Normandie ; au centre s'élève une tour qui se termine par une flèche, dont la hauteur totale est de 50 mètres ; l'intérieur de l'église est tapissé d'*ex-voto*. Dans son voisinage, il y a une maison de retraite pour les prêtres infirmes.

Blosseville-Bon-Secours possède des fabriques de briques, tuiles, plâtre, de cotons-velours, moulinés et cordonnets.

Darnétal. — Darnétal (*Darnestella*), station de la ligne du chemin de fer de Rouen à Amiens (section de Rouen à Montérolier, réseau du Nord), est une petite ville manufacturière, chef-lieu de canton, située à 4 kilomètres à l'est de Rouen, dans une vallée charmante, dominée par deux coteaux boisés et arrosée par les rivières d'Aubette et de Robec. Dans le haut de la ville se trouve l'église de Long-Paon, édifice gothique du XVe siècle, qui a été habilement réparé il y a quelques années. A l'autre extrémité de la ville s'élève une église moderne, auprès de laquelle se dresse une tour ancienne appelée la Tour de Carville, surmontée d'une plate-forme d'où la vue est magnifique. Darnétal est renommé par ses fabriques de draps, ses filatures, ses impressions sur indiennes et ses teintureries. Sa population est aujourd'hui de 5,618 habitants. On trouve dans la vallée de nombreuses manufactures qui appartiennent à ce que l'on nomme la *fabrique de Rouen*.

Boisguillaume. — Boisguillaume (*Guilelmi Boscus*), bourg de 4,239 habitants, du canton de Darnétal, situé à 4 kilomètres au nord de Rouen, sur une hauteur d'où l'on jouit de magnifiques points de vue, doit son nom à une forêt dans laquelle le duc Guillaume allait souvent se livrer aux plaisirs de la chasse, mais dont il ne reste aujourd'hui que de rares vestiges. La colline de Boisguillaume est couverte de villas, de maisons de plaisance.

C'est sur le territoire de cette commune que se trouvent les hameaux de *Saint-Aignan* et du *Mont-aux-Malades*, bâtis au sommet d'une colline, d'où l'on découvre une très belle vue sur Rouen et les rives de la Seine. Le Mont-aux-Malades, autrefois appelé Mont-Saint-Jacques, doit son nom à une léproserie qui y avait été établie au moyen âge. Henri Plantagenet y avait fondé un prieuré dont l'église, consacrée à saint Thomas, sert aujourd'hui de paroisse. Le petit séminaire de Rouen est établi au Mont-aux-Malades.

En face de la colline de Boisguillaume est celle de Sainte-Catherine (130 mètres), dont le promontoire commande Rouen et la vallée de la Seine. On n'y trouve aucune trace de l'antique abbaye de la Sainte-Trinité-du-Mont, ni de la chapelle du prieuré de Saint-Michel, ni du fort d'où le marquis de Villars repoussa les assauts de Henri IV; mais on y jouit d'un panorama admirable.

Maromme. — Maromme, chef-lieu de canton et station de la ligne du chemin de fer de Paris au Havre et de Paris à Dieppe (réseau de l'Ouest), est situé à 7 kilomètres au nord-ouest de Rouen, sur les bords du Cailly et au pied des coteaux que couronnent la belle forêt de Roumare et la forêt Verte, lieux d'excursion des Rouennais. C'est un gros bourg industriel de 2,795 habitants, entièrement occupé par des tissages de coton, des filatures, des teintureries et des blanchisseries. Il possède une église moderne construite dans le style du XIII° siècle, que domine un beau clocher. C'est la patrie du maréchal Pélissier.

Canteleu. — Canteleu, petite ville de 3,246 habitants, dans le canton de Maromme, à 7 kilomètres à l'ouest de Rouen, près de la Seine, possède plusieurs manufactures importantes de toiles peintes, de mousselines, etc. Situé sur le versant d'une montagne, d'où l'on découvre un admirable paysage, ce bourg est dominé par un beau château construit par Mansart. Une coutume assez singulière s'est longtemps maintenue dans cette localité: tous les ans, à la foire de la Saint-Gourgon, de petites figures en émail, les unes représentant des femmes, les autres des hommes, étaient distribuées les premières aux garçons, les secondes aux filles, qui les portaient suspendues à leur cou avec un ruban rose.

Grand-Quevilly. — Petit-Quevilly. — Grand-Quevilly est une commune du canton de Grand-Couronne, située dans une belle plaine sur la rive gauche de la Seine, à 6 kilomètres au sud-ouest de Rouen. On y voyait jadis un vaste temple protestant qui fut rasé par ordre de Louis XIV. Au nord du bourg se trouve le château, qui est entouré d'un beau parc. La population de cette commune est de 1,618 habitants.

Le Petit-Quevilly, situé à 2 kilomètres au nord du Grand, sur la route de Caen et plus près de Rouen, doit son origine à un manoir qu'y possédait Henri II, roi d'Angleterre, et auprès duquel il avait fondé une léproserie pour les filles nobles. La chapelle de cette léproserie existe encore, sous le nom de chapelle Saint-Julien; c'est peut-être le monument le plus complet de l'architecture à plein cintre des environs de Rouen. La population de cette commune est de 6,250 habitants. Elle possède une maison de refuge ou colonie pénitentiaire pour les jeunes filles.

Les deux Quevilly sont surtout des bourgs industriels; ils possèdent des usines, des manufactures de machines et de produits chimiques, des savonneries, des scieries, des filatures, des teintureries, des fabriques de cordages, etc. Un petit chemin de fer industriel unit le Petit-Quevilly à Rouen. Au-dessus de ces deux bourgs s'étend la forêt de Rouvray, qui a 3,359 hectares de superficie et au milieu de laquelle on a établi un champ de manœuvre pour la garnison de Rouen.

Sotteville. — Sotteville-lès-Rouen est un gros bourg du canton de Grand-Couronne, situé près de la rive gauche de la Seine, à 3 kilomètres au sud-est de Rouen; il n'a pas moins de 11,763 habitants. Ce n'est aujourd'hui, à proprement parler, que la continuation du faubourg Saint-Sever. Il présente une agglomération de fabriques, d'usines et de manufactures dont les hautes cheminées vomissent nuit et jour des nuages de fumée. La Compagnie des chemins de fer de l'Ouest y a ses ateliers et ses magasins. Les prairies qui entourent Sotteville nourrissent d'excellentes vaches laitières qui produisent une crème renommée à Rouen.

Oissel. — Oissel, sur la rive gauche de la Seine, à 13 kilomètres au sud-est de Rouen, station de la ligne du chemin de fer de Paris à Rouen, dans le canton de Grand-Couronne, est une ville peuplée par 3,951 hab.

Les Normands avaient établi dans une des îles voisines une de leurs stations (1); c'est de là qu'ils partaient au printemps pour porter au loin la terreur et la désolation; c'est là que, en 858, Charles le Chauve vint les assiéger sans succès. Ils inspiraient une telle crainte dans toute la Neustrie, qu'aux litanies chantées selon le rituel on avait ajouté ce verset: *A furore Normanorum libera nos, Domine!*

(1) Quelques auteurs disent que l'*Oscellus* des chroniques est l'île d'*Oscel*, une des îles qui avoisinent Bougival.

Aujourd'hui, les îles d'Oissel n'évoquent plus que d'agréables pensées par la beauté de leur site et la sérénité de leurs bords ; le village qui, dans l'origine ne comptait guère que quelques bateliers ou pêcheurs, a pris un grand accroissement ; les hautes cheminées des usines témoignent de l'activité laborieuse de ses habitants, et une importante filature de lin y occupe un grand nombre d'ouvriers. Son quai est fort animé et son port reçoit quelques navires.

Oissel, près duquel la ligne de Rouen traverse la Seine, se signale au loin par la belle flèche pyramidale de son église, que l'on aperçoit à travers les peupliers de ses îles.

La Bouille. — La Bouille (*Butila*) est situéé dans le canton de Grand-Couronne, à 19 kilomètres au sud-ouest de Rouen ; elle compte environ 556 habitants. Sa position sur les bords de la Seine, au pied d'une montagne, près de la belle forêt de Lalonde, en fait un des lieux de promenade le plus souvent visités par les habitants de Rouen ; son église, qui date de quelques années, a été construite dans le style du xiiie siècle ; elle est surmontée d'un beau clocher en pierre. Le coteau qui domine La Bouille est surmonté par les ruines d'un vieux château connu sous le nom de château de Robert le Diable. Quelques historiens ont confondu à tort, à ce qu'il semble, avec le duc de Normandie, père de Guillaume le Conquérant, ce chevalier célèbre au moyen âge par sa turbulence, ses débauches et ses cruautés, personnage appartenant plus au roman qu'à l'histoire. On raconte que Robert, dans sa jeunesse, tua son maître d'école d'un coup de couteau, qu'il s'abandonna plus tard à des amours effrénées, ne respectant pas même les religieuses et méritant enfin son surnom de *Diable, par les grandes cruautés et mauvaisetés dont il fut plein*. Ce qu'on sait de plus certain sur ce château, c'est qu'il fut démoli par Jean sans Terre au moment où Philippe-Auguste s'emparait de la Normandie. Les riches carrières de Caumon, célèbres par la beauté de leurs stalactites, sont situées près de La Bouille.

Elbeuf. — Elbeuf (*Elbovium, Elbovinium*), station de la ligne du chemin de fer de Rouen à Orléans, chef-lieu de canton, arrondissement et à 24 kilomètres au sud-sud-ouest de Rouen, est une vieille ville dont l'importance était déjà considérable au xive siècle, époque où elle fut érigée en comté. Ses manufactures de draps prirent une grande activité sous le ministère de Colbert ; mais la révocation de l'édit de Nantes lui porta un coup fatal, comme aux autres villes manufacturières. Son importance, comme ville industrielle, s'est surtout accrue depuis la Restauration ; ses manufactures ont même triplé leurs produits depuis 1800. Elbeuf est la place la plus importante du commerce de la draperie en France ; c'est à la fois une ville de vente et de production. La fabrication a atteint, en 1877, le chiffre de 5,052,621 kilogrammes, et la production totale d'Elbeuf et des environs a atteint, cette même année, 78,265,099 francs. C'est néanmoins une diminution de plus de 8 millions sur le chiffre constaté en 1876, et de 17 millions sur le chiffre obtenu en 1864. Le nombre de fabricants, qui était de 281 en 1860, n'était plus en 1878 que de 188, soit une diminution d'un tiers.

La ville ne compte que 21,506 habitants ; mais la population ouvrière, qui occupe ses manufactures et qui est dispersée en partie dans les communes environnantes, porte le chiffre des habitants à 22,213. Elbeuf possède deux églises remarquables par leurs vitraux, Saint-Étienne et Saint-Jean-Baptiste, monuments de la Renaissance. La ville est mal bâtie et mal pavée ; mais le voisinage de la Seine que l'on traverse sur deux ponts suspendus, des collines qui la dominent et de la forêt de Lalonde rendent ses environs très pittoresques.

Les armes d'Elbeuf sont : *d'or, à une vigne de sinople, terrassée de même, fruitée de pourpre et soutenue d'une croix de Lorraine de même*.

Caudebec-lès-Elbeuf. — Caudebec-lès-Elbeuf, station de la ligne du chemin de fer d'Orléans à Rouen, peuplée par 11,338 habitants, n'est à proprement parler qu'un faubourg d'Elbeuf, à 2 kilomètres au sud-est de cette ville. Cette commune a longtemps fait partie du diocèse d'Évreux ; l'abbé Cochet croit y reconnaître la ville d'*Uggate*, citée par les anciens itinéraires romains. Ce qui est plus certain, c'est qu'on y a trouvé dans ces derniers temps de nombreuses antiquités gauloises, romaines et franques, telles que : monnaies d'or et de bronze, haches en silex, vases, fibules, armes, bracelets et surtout une grande quantité d'objets en os travaillé. Il y avait autrefois des vignobles aux environs ; ils appartenaient à l'antique abbaye de Saint-Taurin d'Évreux.

Au commencement du siècle, la population de Caudebec-lès-Elbeuf ne dépassait pas 2,000 âmes, l'industrie et le travail l'ont fait quintupler ; elle possède des fabriques de draps, des tissages et des teintureries de laine ; l'église, placée sous le vocable de la sainte Vierge, a été récemment reconstruite dans le style du XVIe siècle ; le clocher seul est roman.

Duclair. — Duclair (*Duroclarum*), chef-lieu de canton, à 20 kilomètres au nord-ouest de Rouen, est un port de relâche sur la Seine ; marché important pour les grains, les volailles et les poissons. Ce bourg, qui compte 1,840 habitants, consiste principalement en une longue ligne de maisons rangées sur le beau quai qui borde la Seine. Son église, classée au nombre de nos monuments historiques, est très ancienne. Les aloses et les éperlans que l'on pêche dans les parages de Duclair sont fort estimés.

Aux environs, on montre, au lieu dit Le Catel, l'emplacement d'un camp romain, et près des bords de la Seine la Chaire de Gargantua.

Jumièges. — Jumièges (*Gemeticum*, *Vallis gemitus*), bourg du canton de Duclair, à 26 kilomètres à l'ouest de Rouen, est célèbre par les ruines de son antique abbaye, souvent visitée par les archéologues et les touristes. Cette abbaye fut fondée au VIIe siècle par saint Philibert. Sous son successeur, le monastère contenait déjà 800 moines. Il posséda d'immenses propriétés ; Duclair et Quillebeuf lui appartenaient. C'est là que furent enfermés les fils de Clovis II ; leur père, pour punir leur rébellion, leur avait fait couper les nerfs des bras. De là leur nom, les *Énervés ;* on a trouvé les restes de leur tombeau. Diverses légendes se rattachent à l'histoire de cette abbaye ; nous ne citerons que celle de sainte Austreberthe. Cette pieuse femme blanchissait le linge de sacristie de l'abbaye de Jumièges ; un âne portait ce linge à l'abbaye. Un jour, un loup sortant de la forêt se jette sur l'âne et l'étrangle ; Austreberthe force aussitôt le loup à se charger du linge, et la légende ajoute que, depuis ce jour, le loup remplit avec exactitude l'office de l'âne. Une sculpture de l'église a conservé le souvenir de ce miracle ; la sainte y est représentée caressant un loup, et, dans la forêt, s'élève un vieux chêne auquel on a conservé le nom de *chêne à l'âne ;* c'est là que l'âne d'Austreberthe fut, dit-on, étranglé par le loup.

Rien n'est plus imposant que les ruines de l'abbaye dont le porche d'entrée est le mieux conservé, rien de plus saisissant que ces antiques débris, habités aujourd'hui par les oiseaux de nuit ; on a déblayé des souterrains immenses, qui s'étendent au delà de l'emplacement occupé jadis par les habitations. Longtemps les deux hautes tours qui accompagnent le portail de l'église ont servi de repère aux pilotes de la Seine pour diriger leurs navires à travers les méandres de la Seine. D'autres souvenirs historiques se rattachent à ce pays : on montre encore au Mesnil-sous-Jumièges le *manoir* qu'habitait la maîtresse de Charles VII, Agnès Sorel ; *la Dame de Beauté* y mourut, et son cœur reposa longtemps sous les voûtes du monastère. Une vieille inscription rappelle que, *piteuse entre toutes gens, largement elle donnoit de ses deniers aux églises et aux pauvres;* mais la tradition ajoute un souvenir moins édifiant ; souvent, dit-on, Agnès se serait consolée de l'absence de son royal amant avec un moine de l'abbaye, dom Bernard ; ce qui scandalisait fort les gens des environs, lesquels ne manquaient pas de huer la dame, d'un côté de la Seine à l'autre, quand ils la voyaient se promener avec le moine dans les prairies qui bordent la rivière.

Saint-Martin-de-Boscherville. — Saint-Martin-de-Boscherville, connu aussi sous le nom de Saint-Georges-de-Boscherville, est un village de 732 habitants, situé dans le canton de Duclair, à 12 kilomètres de Rouen. Il portait, au Xe siècle, le nom de *Baucherivilla*, et il doit son nom de Saint-Georges à une célèbre abbaye de bénédictins, fondée vers l'an 1060 par Raoul de Tancarville, chambellan de Guillaume le Conquérant. L'église et le chapitre subsistent encore. Cette église est massive et offre un exemple précieux et complet de l'architecture romane. Rien de plus curieux que les ornements bizarres de son portail et les figures fantastiques dont sont chargés les chapiteaux des colonnes qui accompagnent la nef. Les sires de Tancarville y avaient leur sépulture. Quelques-uns s'y retirèrent même de leur vivant. A droite de l'église, dans l'ancien enclos du monastère, on remarque quelques piliers de l'ancien cloître, et, attenant à l'église, l'ancienne salle du chapitre, datant du XIIe siècle, qui est ornée de curieuses sculptures et de quelques traces de peintures.

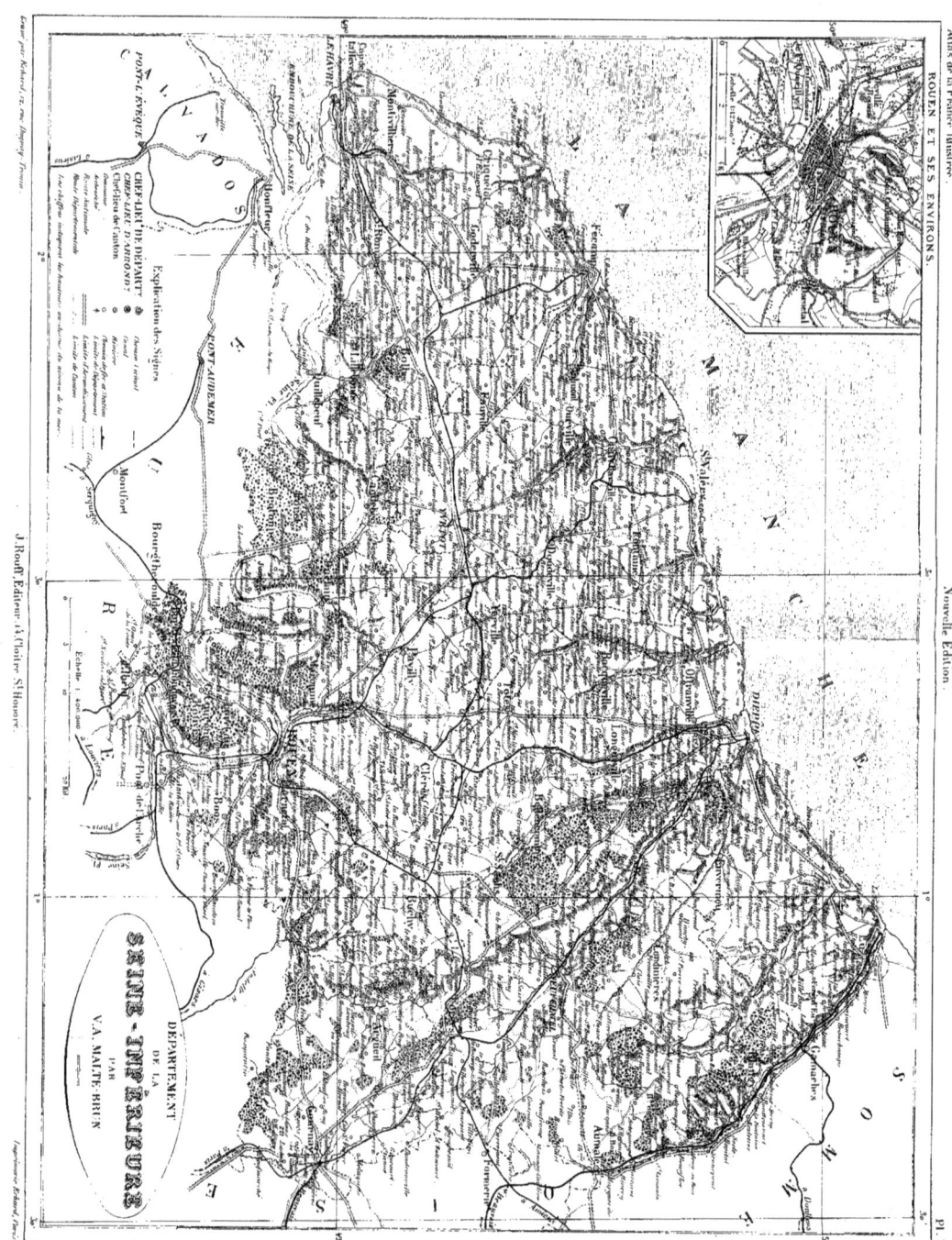

LA FRANCE ILLUSTRÉE   PAR V.-A. MALTE-BRUN

LE HAVRE

43. — Seine-Inférieure.

Le Havre (lat. 49° 29′ 16″; long. 2° 13′ 45″ O.). — Le Havre-de-Grâce (*Gratiæ Portus, Franciscopolis*), à 97 kilomètres au nord-nord-ouest de Rouen et à 213 au nord-ouest de Paris, station terminale de la ligne du chemin de fer de Paris à Rouen et au Havre, chef-lieu de sous-préfecture, tribunal de première instance, tribunal de commerce, lycée, sous-arrondissement maritime, place de guerre de 3ᵉ classe, etc., est le port de commerce le plus considérable que possède la France sur la Manche et qui rivalise avec Marseille; sa population, qui, en 1830, était de 25,000 habitants est aujourd'hui de 96,000. Le Havre ne peut prétendre à une haute antiquité. Sous Charles VII, il existait à l'embouchure de la Seine, à la place où s'élève Le Havre, des fortifications qui furent occupées par les Anglais; près de là se trouvait un hameau habité par des pêcheurs et dépendant de la paroisse d'Ingouville. Au milieu de ces huttes était une petite chapelle dédiée à *Notre-Dame de Grâce*. Voilà la modeste origine de cette belle ville. Sous Louis XI, deux expéditions maritimes se rallièrent au Havre. Louis XII fit réparer les fortifications et construire des quais en bois; mais c'est au successeur de ce prince que Le Havre doit véritablement son existence. François Iᵉʳ sentit de quelle importance commerciale pouvait être un port placé à l'embouchure de la Seine; il voulut en faire un entrepôt de commerce et une place de défense. Par ordre du roi, du Chillou, vice-amiral et ingénieur renommé, jeta les fondements de la nouvelle ville, à laquelle François Iᵉʳ voulut donner ses propres armes, une salamandre. Le port reçut d'abord le nom de *Ville-Françoise*, auquel les savants du temps voulurent substituer le nom grec de *Franciscopolis* (*ville de François Iᵉʳ*). Ni l'une ni l'autre de ces dénominations ne prévalut, et *Le Havre-de-Grâce* garda, dans l'usage commun, ce nom qui convenait à sa destination, et rappelait en même temps la chapelle de *Notre-Dame-de-Grâce*, autour de laquelle s'étaient groupés ses premiers habitants. Des fortifications élevées à cette époque il était resté, jusqu'à ces dernières années, une tour, à l'entrée du port, connue sous le nom de *tour de François Iᵉʳ*; elle a été démolie pour les embellissements de la ville. L'église Notre-Dame, commencée également sous François Iᵉʳ, subsiste seule aujourd'hui.

Ce prince accorda au Havre l'exemption des tailles et gabelles et d'autres privilèges qui attirèrent bientôt dans la nouvelle ville une nombreuse population; mais, en 1525, une forte marée inonda Le Havre et causa de grands désastres. La ville répara bientôt les pertes qu'elle avait faites; François Iᵉʳ la visita et y fit construire deux vaisseaux plus forts que tous ceux qu'on avait vus jusqu'alors. L'un d'eux ne put être mis à flot; il échoua à l'entrée du port et fut détruit par la tempête; l'autre fut dévoré par un incendie.

La ville, défendue d'un côté par le port, était encore protégée par un vaste marais; mais les exhalaisons qui s'élevaient de ces marécages occasionnèrent une contagion qui désola Le Havre. Henri II vint visiter ce port, avec la reine Catherine de Médicis. Au moyen de fossés et de canaux pratiqués dans ces terrains humides, il en dessécha une partie, fit exhausser et paver les rues de la ville et lui confirma les privilèges accordés par le roi son père.

Mais les guerres de religion allaient bientôt dévaster cette cité si éprouvée pendant le premier siècle de son existence. Les protestants s'emparèrent du Havre et, craignant de ne pouvoir s'y maintenir, implorèrent le secours d'Élisabeth, qui leur envoya le comte de Warwick avec 6,000 hommes. A peine arrivés dans la ville, les Anglais en chassèrent les habitants, avec les traîtres qui la leur avaient livrée. Le connétable de Montmorency vint assiéger Le Havre. Huguenots et catholiques se réunirent pour rendre la place à la France, *chacun*, dit Castelnau qui y était, *se rendant diligent à bien faire; et même les plus frisés de la cour, méprisant tout péril, se trouvoient souvent aux tranchées.* Le prince de Condé et d'Andelot, tous deux *de la religion*, se signalèrent à ce siège. Enfin, Warwick fut obligé de se rendre. Le jeune roi Charles IX entra dans la ville avec sa mère et son frère (depuis Henri III); ils comblèrent de récompenses les capitaines qui s'étaient distingués à ce siège et donnèrent *divers contentements* aux soldats blessés; Catherine de Médicis proposa même, à cette occasion, de fonder un hôpital, *avec de bonnes rentes et revenus, pour les soldats estropiés et pour ceux qui le seroient dès lors en allant au service du roi.* (Mémoires de Castelnau.) Mais on oublia bientôt ce projet, qui devait recevoir d'abord un commencement d'exécution sous Henri IV et aboutir enfin, sous Louis XIV, à la fondation de l'hôtel des Invalides.

Au temps de la Ligue, Le Havre, au pouvoir des catholiques, fut cruellement traité par le gouverneur, qui tenait la ville pour l'Union. Aussi Henri IV, vainqueur, y fut-il bien reçu. On voulut lui donner des fêtes; il les refusa, recommandant aux habitants de réserver leur argent pour ceux qui avaient souffert de la guerre. « Eux et moi, dit-il, y trouverons ainsi notre compte. »

Ce n'est pourtant que sous Richelieu que Le Havre attira l'attention du pouvoir. Le cardinal y fit entreprendre d'immenses travaux; surintendant de la marine et gouverneur du Havre, il y vint avec une foule d'ingénieurs, de marins expérimentés, fit relever les fortifications, bâtir une citadelle qui pouvait contenir une garnison de 3,000 hommes; le port creusé, élargi, revêtu d'un quai de pierre, des ateliers de toute espèce établis dans la ville, des compagnies maritimes pour le commerce avec l'Amérique et les Indes instituées par le cardinal, témoignèrent de l'importance que le grand ministre attachait au port du Havre et de cette activité de génie qu'il portait partout.

La citadelle, pendant la Fronde, servit un instant de prison aux princes de Condé et de Conti et au duc de Longueville, arrêtés par ordre de Mazarin.

Cette période fut malheureuse pour Le Havre; mais Colbert allait lui rendre l'importance que lui avait déjà donnée Richelieu; le port, encombré de galets et de vase, fut curé. Par le conseil de Vauban, on établit un canal, qui, portant d'Harfleur au Havre les eaux de la Lézarde, pouvait servir à nettoyer le port. La jetée du nord fut prolongée; une école d'hydrographie fut instituée, l'arsenal rebâti et approvisionné, et un hôpital général fondé au pied de la côte d'Ingouville. C'est une gloire pour Le Havre d'avoir dû ses principaux accroissements aux deux plus grands ministres qu'ait eus la France, à Richelieu et à Colbert.

En 1694, après avoir bombardé Dieppe, la flotte anglaise se présenta devant Le Havre; mais ce bombardement causa peu de dommages sérieux, et les vents contraires obligèrent bientôt les Anglais à s'éloigner.

En 1759, nouveau bombardement, plus funeste cette fois; 800 bombes furent lancées sur la ville et un assez grand nombre de maisons furent détruites. Cependant la résistance fut telle, que l'amiral anglais dut bientôt renoncer à son entreprise.

En 1787, on commença des travaux pour l'agrandissement du port. Mais la Révolution étant survenue, notre commerce maritime eut à souffrir de la guerre, et l'on se borna à mettre Le Havre à l'abri d'un coup de main. L'agrandissement du port devenait momentanément inutile. Le premier consul eut l'idée de faire du Havre un port de marine militaire; il fit construire une écluse de chasse, pour empêcher l'envahissement des bassins par la vase et les galets; mais la guerre empêcha de réaliser les grands projets qui avaient été conçus.

Depuis la Restauration, et surtout sous le règne de Louis-Philippe et de Napoléon III, le port du Havre reçut de notables améliorations; ses fortifications ont disparu pour faire place à des quartiers neufs; le vaste bassin de Vauban a été creusé, entouré d'usines et pourvu de vastes entrepôts ou docks. Son port a particulièrement reçu de notables agrandissements. Le nombre des bassins est de huit, et près de l'Eure on en a établi un neuvième. Le canal du Havre à Tancarville, en évitant aux navires les dangers de la navigation de l'embouchure de la Seine, doit encore favoriser son commerce. Ce commerce a pris d'ailleurs une grande extension; il a triplé depuis 1821, et cette ville est aujourd'hui, après Marseille, le premier port de France. Le produit de l'octroi s'y est élevé en 1876 à 2,484,374 francs; le mouvement d'importation et d'exportation atteint 2,374,898 tonnes; en 1879, le mouvement commercial de cette ville a été de 1,666,000 francs.

Pendant la guerre de 1870-1871, Le Havre fut préservé des malheurs de l'invasion; les Prussiens se contentèrent de le menacer et s'avancèrent jusqu'à Bolbec, à quelques lieues de la ville.

A part ses deux anciennes églises, Notre-Dame et Saint-François, Le Havre ne possède que des édifices modernes, parmi lesquels nous citerons l'hôtel de ville, le théâtre, le lycée, le musée, etc.

Le Havre est la patrie de plusieurs personnages célèbres; citons: Bernardin de Saint-Pierre, Casimir Delavigne. Mme de La Fayette est née dans cette ville, dont son père était gouverneur. Le Havre a produit aussi deux écrivains d'une illustration plus équivoque, Georges de Scudery et sa sœur, Mlle de Scudery, auteur de ces interminables romans tant ridiculisés par Molière et par Boileau. Noblesse oblige; aussi faut-il espérer que l'amour du gain et les préoccupations du commerce laisseront dans l'esprit des habitants du Havre une place pour l'appréciation des œuvres de l'intelligence. Gênes, Venise et Florence ont été, avant Le Havre, de grands marchés; mais ce qui a légitimé leur opulence et immortalisé le souvenir de leur splendeur, c'est leur culte pour tout autre chose que les marchandises qui les avaient enrichies.

Les armes du Havre sont : *de gueules, à la salamandre couronnée d'or, au chef d'azur, semé de trois fleurs de lis d'or;* — aliàs : *de gueules, à une salamandre d'argent couronnée d'or, sur un brasier du même et accompagnée de trois fleurs de lis d'or, deux en chef et une en pointe.*

GRAVILLE-SAINTE-HONORINE. — Ingouville (*Inguelci Villa*) et Graville (*Girardi Villa*), station de la petite ligne du Havre à Montivilliers, ont longtemps formé des communes indépendantes du Havre. Une loi du 9 juillet 1852, relative à l'agrandissement du Havre, les a réunies à cette dernière ville. Une portion du territoire d'Ingouville a été réunie à la commune de Sanvic, et la portion rurale de Graville forme, depuis, une commune nouvelle sous le nom de *Graville-Sainte-Honorine*.

Le commerce seul alimente Le Havre ; ce qui domine à Graville-Sainte-Honorine, qui aujourd'hui peut être considérée comme un faubourg du Havre, c'est l'industrie manufacturière : des filatures, des raffineries, des fonderies, des fabriques de toute espèce font de cette commune un centre manufacturier assez important.

Graville possède une curieuse église romane, dernier reste d'un antique prieuré fondé en 1203. Cette église présente extérieurement, à chaque extrémité du transept, une suite d'arcades entrelacées, surmontées de figures symboliques. D'autres figures bizarres et parfois monstrueuses décorent les chapiteaux des colonnes de la nef; l'église, bâtie en l'honneur de sainte Honorine, renfermait les reliques de cette sainte; mais, pour les préserver de la rapacité des hommes du Nord, elles furent transportées à Conflans-sur-Seine et confiées à la garde de moines, qui, une fois le danger passé, refusèrent de les rendre. A partir de cette époque, Conflans ajouta à son nom celui de Sainte-Honorine. Cependant, malgré cette perte, l'église du prieuré de Graville n'a pas moins conservé sa sainteté et toute son antique réputation; elle reçoit encore de nombreux pèlerins. L'église de Graville s'élève sur la pente d'un coteau élevé, d'où l'on découvre une vue magnifique.

Graville a eu ses seigneurs particuliers; ils faisaient remonter leurs ancêtres jusqu'au temps de la conquête de la Gaule par César; aussi disaient-ils orgueilleusement *avoir été sire de Graville premier* (avant) *que Roy* en France. Ils portaient : *de gueules, à trois fermeaux d'or, 2 et 1,* et leur devise était : *Ma force d'en Haut.* Le château de Graville, dont il ne reste aucune trace, s'élevait sur un mamelon isolé, au-dessous du prieuré ; il était flanqué de tours rondes. Graville était anciennement un marquisat, qui comprenait le territoire actuel du Havre et d'Ingouville. Lorsque François Ier voulut faire du Havre une ville importante, le vidame de Chartres, possesseur du marquisat de Graville, obtint sur chacune des maisons de la ville nouvelle des droits qui furent plus tard rachetés ou abolis.

La population de Graville-Sainte-Honorine est de 2,700 habitants.

SANVIC. — Sanvic est un joli village de 3,880 habitants, situé à 2 kilomètres au nord du Havre, en face de la côte de Sainte-Adresse. Il est égayé par de jolies maisons de campagne, de beaux jardins et une agréable végétation. C'est un des lieux de plaisance les plus fréquentés par la population havraise. L'église, qui est moderne, est de style roman. Sanvic possède une fabrique de faïence, une fabrique de produits chimiques et des usines.

SAINTE-ADRESSE. — Ainsi que Graville-Sainte-Honorine et Sanvic, on peut considérer Sainte-Adresse comme un des faubourgs du Havre. Cette commune, qui compte 1,876 habitants, est située à 5 kilomètres au nord-ouest du Havre. Ses bains de mer sont très fréquentés en été ; on y voit aussi beaucoup de maisons de campagne et d'habitations de plaisance. C'est à peu de distance de ce village que s'élèvent, à 105 mètres au-dessus du niveau de la mer, sur le cap de la Hève, falaise continuellement rongée par la tempête, deux phares magnifiques.

Ce village, longtemps habité par l'écrivain humoristique Alphonse Karr, possède dans son humble cimetière le cénotaphe du contre-amiral Lefèvre-Desnouettes.

MONTIVILLIERS. — Montivilliers (*Monasterium Villare, Monstier-Villiers*), relié au Havre par un tronçon de chemin de fer de 10 kilomètres, est une jolie ville de 4,261 habitants, chef-lieu de canton, située au nord-est du Havre, sur la Lézarde, entre deux collines boisées. Elle doit son origine à un monastère de religieuses fondé en 682 par saint Philibert, abbé de Jumièges, grâce aux libéralités du maire du palais Waratton. Le nouveau monastère fut détruit en 850 par Hastings et les Normands; mais il se releva de ses ruines. En 990, Richard Ier, duc de Normandie, et Robert le Magnifique, en 1030, en furent les restaurateurs; ce dernier y établit des religieuses bénédictines. Ce monastère devint en peu d'années un des plus importants et des plus riches de la Normandie. L'abbesse de Montivilliers portait la crosse, la mitre et l'anneau pastoral; elle avait ses chanoines, son vicaire général, son doyen, son official, par l'entremise desquels elle exerçait sa juridiction sur seize paroisses et quinze chapelles; elle relevait directement de l'archevêque de Rouen. Elle possédait le port de Harfleur avec seize salines. Cette prospérité dura jusqu'en 1791, époque de la suppression du monastère; quarante abbesses s'y succédèrent.

Autour du monastère s'était fondée une ville qui s'entoura de murailles. En 1202, Jean sans Terre l'avait autorisée à se constituer, ainsi que Harfleur, en commune. La ville et le monastère eurent beaucoup à souffrir pendant les guerres contre les Anglais et aussi de celles de la Ligue; elle fut plusieurs fois prise et reprise et le monastère saccagé, notamment en 1357, 1415, 1435, 1449, 1562. Elle fut même deux fois visitée par la peste, en 1582 et 1597. Montivilliers était renommée au XIVe, au XVe et au XVIe siècle pour ses fabriques de draps; elle possédait aussi de nombreuses tanneries. Harfleur, le *souverain port de Normandie*, servait de débouché à tous ces produits.

Aujourd'hui, Montivilliers possède encore quelques tanneries, des minoteries, des tisseranderies, des fabriques et blanchisseries de toiles et des fabriques de machines. Elle conserve des restes de ses anciens remparts flanqués de tours, dans l'une desquelles le roi Louis XI aurait, dit-on, logé; plusieurs maisons du XIVe et du XVe siècle. Son église, d'architecture romane et maintenant classée au nombre de nos monuments historiques, est celle de l'ancienne abbaye; à la nef principale on avait ajouté, au XVIe siècle, une nef latérale au nord, qui servait de paroisse aux habitants. Cette dernière, qui comprenait six chapelles, avait son portail et un joli porche. Sept grandes arcades la mettaient en communication avec l'église abbatiale.

Dans le cimetière, situé en dehors de la ville, dans un lieu connu autrefois sous le nom de Brisegaret, on voit un cloître de 25 à 30 mètres de longueur qui a dû servir de charnier; il date de la Renaissance et est en brique et voûte en bois; sa charpente est délicatement sculptée. Il y a aussi dans ce cimetière une très belle croix sculptée de la même époque.

Pendant la Révolution, Montivilliers porta le nom de *Brutus-Villiers*. On a trouvé sur son territoire de nombreuses antiquités gallo-romaines ou franques, que l'on conserve dans le musée de la ville, qui possède aussi une bibliothèque de 6,000 volumes.

A 3 kilomètres au nord-ouest de Montivilliers s'élève le château de Réauté ou Réaulté, aujourd'hui converti en ferme; il date de la Renaissance, et sa charpente apparente présente de curieuses et délicates sculptures; on y voit une très belle cheminée.

Les armes de Montivilliers sont : *de gueules, à une aigle d'or, sur un crocodile d'argent*.

GONFREVILLE-L'ORCHER. — Gonfreville-l'Orcher (*Gunfredi Villa*), à 12 kilomètres à l'est du Havre et à 7 kilomètres au sud de Montivilliers, son chef-lieu de canton, est un village de 767 habitants, agréablement situé dans un petit vallon sur les bords de la Seine; il possédait autrefois des salines. On y a trouvé beaucoup d'antiquités gauloises. De la terrasse de son château, appelé château d'Orcher, du nom d'Orcher ou Auréchèr, son premier seigneur, on jouit d'une vue très étendue sur les rives de la Seine, son embouchure jusqu'à Dives et sur Le Havre. Son église a été restaurée en 1862; elle date du XIe siècle; son portail et son clocher sont romans.

C'est sur le territoire de cette commune qu'est le manoir de Bévilliers ou Beinvilliers, aujourd'hui converti en ferme. C'est une élégante construction de la Renaissance, qui date de 1528. On dit que Henri IV y coucha en 1603, lorsqu'il se rendit au Havre, et, à ce propos, on raconte qu'ayant invité le curé du lieu à dîner, il lui demanda après un repas dans lequel on avait sans doute bien bu : « Curé ! quelle distance y a-t-il d'un paillard à un gaillard ? — La table, sire ! » répondit celui-ci, qui était justement assis en face du roi. Et le Béarnais d'éclater de rire ! Le lendemain, en quittant le château, il n'oubliait pas les pauvres de M. le curé.

LILLEBONNE. — Lillebonne (*Juliobona, Insulabona*), à 35 kilomètres à l'est du Havre, est agréablement situé sur la Bolbec, petite rivière qui se jette dans la Seine, vis-à-vis de Quillebeuf. Cette ville paraît être l'antique *Juliobona*, fondée par Auguste, sur l'emplacement de la métropole des anciens Calètes (*Caletæ*), et à laquelle il donna le nom de sa fille *Julie*. Cinq voies romaines principales partaient de Lillebonne : la première allait à Rouen par *Lotum* (Caudebec) ; la seconde à *Caracotinum* (Harfleur) et à l'embouchure de la Seine ; la troisième à *Breviodurum* (Brionne ou Pont-Audemer), en traversant la Seine à Petitville ; la quatrième à *Gessoriacum* (Boulogne-sur-Mer), par *Gravinum* (Grainville-la-Teinturière) ; enfin la cinquième à Étretat et à Fécamp. Cette ville, longtemps puissante, fut souvent dévastée par les barbares. En vain Constantin III l'avait-il relevée de ses ruines en employant les débris des anciennes constructions romaines ; ce n'était guère plus qu'un simple poste militaire lorsque Guillaume le Conquérant y fit élever un palais, dans lequel il séjourna souvent, et où fut décidée, en 1065, l'invasion de l'Angleterre. Depuis, Lillebonne fut érigée en comté, et même en principauté, lorsqu'elle appartint aux princes de la maison de Lorraine. On a découvert, tout auprès, l'enceinte d'un amphithéâtre romain, qui témoigne de son ancienne importance. La ville actuelle ne repose que sur des décombres et on ne peut y creuser à 3 ou 4 mètres de profondeur sans retrouver l'antique cité romaine. Le vieux château, qui porte le nom de château d'Harcourt, parce que jusqu'à la Révolution il fit partie des domaines de la maison d'Harcourt, est aujourd'hui en ruine ; un lierre d'une grande épaisseur couvre les débris de ce vaste édifice et lui donne un aspect singulier. C'est un des châteaux les plus curieux de l'antique Normandie ; il est flanqué à l'est d'un donjon cylindrique, datant du XIIe siècle, de 17 mètres de diamètre, avec des murs de 4 mètres, bâti en blocage et partagé en trois étages voûtés en ogive. On y arrive par un pont-levis de 10 mètres, jeté sur le fossé qui l'environne. De la plate-forme de ce donjon, à laquelle on accède à l'aide d'un escalier à vis qui dessert les trois étages, on a une vue admirable sur la campagne. Une autre tour hexagonale est moins bien conservée. L'intérieur du château n'offre plus qu'une vaste cour au milieu de laquelle est une habitation moderne, dominée par plusieurs terrasses sur lesquelles on monte par des escaliers rompus et couverts de mousse. En se plaçant sur l'une de ces terrasses, du côté du midi, et en s'avançant vers l'embrasure d'une profonde croisée, on jouit d'une admirable vue sur les belles prairies qui bordent la Seine. A droite, on voit les ruines du château de Tancarville ; en face, on aperçoit Quillebeuf, bâti au pied d'un rocher, et dans le lointain on découvre l'embouchure de la Seine et les côtes de la basse Normandie.

Lillebonne est à 5 kilomètres de la Seine, au pied de coteaux boisés. Chef-lieu de canton, ayant 5,390 habitants, c'est aujourd'hui une petite ville industrielle qui possède trois filatures de coton, cinq tissages mécaniques et plusieurs moulins à tan et à blé. Son hôtel de ville a été construit sur l'emplacement des bains romains. L'église Notre-Dame, monument historique, qui a été entièrement restaurée, possède un beau portail surmonté d'un élégant clocher, haut de 55 mètres, qui rappelle celui d'Harfleur.

Dans les environs, le manoir de Catillon (du *Castillon*) montre des traces du XVIe et du XVIIe siècle. Du haut du donjon principal, la vue s'étend sur la fraîche vallée de Lillebonne. Ce curieux château est souvent visité par les voyageurs.

BOLBEC. — Bolbec, station de la ligne du chemin de fer de Paris au Havre (Bolbec-Nointot, réseau de l'Ouest), chef-lieu de canton, à 30 kilomètres au nord-est du Havre, sur le penchant d'un coteau baigné par la petite rivière du même nom, est une ville peuplée de 11,105 habitants.

Les seigneurs de Bolbec sont souvent mentionnés dans l'histoire des ducs de Normandie. Le premier dont il est fait mention est Osbern, qui épousa, vers l'an 990, la sœur de Richard Ier, duc de Normandie. La ville était entourée d'une ceinture de murailles flanquées de tours. On y entrait par trois portes. Au XVIIe siècle, Bolbec devint une importante ville manufacturière ; mais elle fut plusieurs fois détruite par des incendies, et notamment par celui de 1765, qui ne laissa debout que dix maisons. Elle contenait un très grand nombre de réformés. Au XVIIIe siècle, elle était célèbre par ses fabriques d'indiennes et ses tanneries. Bolbec possède encore aujourd'hui d'importantes manufactures. Ses fabriques de mouchoirs sont renommées ; elle a des filatures, des tissages mécaniques, des fabriques d'indiennes, des tanneries, des fonderies. Cette ville est d'ailleurs dans une admirable situation pour le commerce : elle tire les cotons du Havre, le charbon de terre de Fécamp et d'Harfleur ; elle conduit ses tissus à Rouen, qui est le grand marché des tissus de coton. Les ouvriers ne sont pas tous concentrés dans la ville ; ils habitent la campagne ; tous possèdent quelque chose et jouissent d'une modeste et honorable aisance.

Bolbec a été occupé par les Prussiens le 28 décembre 1870, après une canonnade heureusement plus vive que meurtrière.

Dans ses environs, on remarque : la Motte et les fossés de l'ancien château de Fontaine-Martel, le manoir de Caltot, qui date de la Renaissance et qui, comme tant d'autres en Normandie, est aujourd'hui converti en ferme.

FÉCAMP. — Fécamp (*Fisci campus*, *Fiscanum*, *Fiscamurum*), chef-lieu de canton, arrondissement et à 44 kilomètres au nord-est du Havre, est une ville maritime peuplée par 12,684 habitants, aujourd'hui unie à la grande ligne de Rouen au Havre par un embranchement de 19 kilomètres qui s'y soude à la station de Beuzeville-Bréauté. Elle semble devoir son origine à une fameuse abbaye de femmes, fondée en 664 par un baron du pays de Caux, nommé Waninge, qui s'était voué au culte du Seigneur. Ce monastère contint jusqu'à trois cents religieuses ; mais il fut détruit par les pirates normands en 841. On raconte que, pour se soustraire aux outrages des pirates, les nonnes s'étaient défigurées par d'horribles mutilations ; elles furent massacrées pour la plupart. Quelques-unes, qui n'avaient pu se résoudre à se défigurer comme leurs compagnes, s'échappèrent et emportèrent avec elles les reliques de saint Waninge, patron de l'abbaye. Richard Ier, duc de Normandie, rebâtit le monastère en 988, le plaça sous l'invocation de la Sainte-Trinité et en fit une abbaye de bénédictins, qui parvint bientôt à un degré de puissance et de splendeur remarquable ; elle subsista jusqu'au XVIIIe siècle. Les ducs de Normandie y séjournaient quelquefois. La ville, qui peu à peu s'éleva et s'accrut à l'ombre de cette abbaye, devint une ville de pêche, renommée, dès le XIIIe siècle, pour ses harengs. Souvent dévastée pendant la guerre de Cent ans et plus tard pendant les guerres de religion, elle offre encore aux regards curieux de l'antiquaire quelques vestiges d'un château bâti par Guillaume Longue-Épée et l'église, monument historique, encore bien conservée, qui faisait partie de l'abbaye. C'est un édifice dans lequel on reconnaît les styles les plus divers, l'ensemble se composant de constructions entreprises à des époques différentes, depuis le XIe jusqu'au XVIe siècle. On y conserve la relique du précieux sang, que contiennent deux tubes en plomb, placés dans une espèce de ciboire. Cette relique attire encore un grand nombre de pèlerins à Fécamp ; elle est exposée à certaines époques de l'année, et il se fait en son honneur deux processions. Outre le chœur, on y remarque surtout l'élégante chapelle de la Vierge et ses belles verrières. Fécamp est encore aujourd'hui une ville importante pour la pêche ; son port, qui se compose d'un vaste avant-port, d'un bassin à flot et d'une retenue, est un des meilleurs de la côte ; il est défendu par trois batteries. Les vaisseaux d'un fort tonnage peuvent y entrer en tout temps, et elle envoie annuellement un assez grand nombre de navires à Terre-Neuve, pour la pêche de la morue ; les produits de cette pêche s'élèvent annuellement à près de 2,500,000 francs ; ceux du hareng, du maquereau et autres poissons frais à 2,000,000 de francs.

Fécamp est située sur la Manche, à l'embouchure des rivières de Ganzeville et de Valmont, à 228 kilomètres de Paris et à 86 de Rouen, par le chemin de fer. Elle s'étend sur un espace de plus de 4 kilomètres, entre deux rangs de collines jadis boisées, maintenant en partie cultivées. Elle possède des sources minérales, des bains de mer, des chantiers de construction pour les navires, des ateliers pour la construction des machines, des filatures de coton, des tissages mécaniques, des fabriques de filets, des forges, des moulins, des tanneries, des ateliers de salaisons, des brasseries et une fabrique de liqueur dite bénédictine de Fécamp. Elle exporte de la houille, du chanvre, du goudron, des bois de construction ouvrés.

Les armes de Fécamp sont : *de sinople, à trois tentes, deux et une, d'argent, ouvertes du champ, celle de la pointe plus haute ; au chef cousu d'azur chargé d'un faucon essorant, tenant dans ses serres une corne d'abondance d'où s'échappent des graines, le tout d'argent.*

YPORT. — Yport est un petit port d'échouage, protégé par une jetée et situé à 8 kilomètres à l'ouest de Fécamp et à 39 du Havre. Sa population est de 1,722 habitants, se livrant presque exclusivement à la pêche. Ce village s'est beaucoup embelli depuis quelques années. On y a construit un casino et l'on y trouve maintenant tout ce qui est nécessaire aux Parisiens en villégiature ; sur le flanc

Elbeuf.

des collines voisines se sont élevées d'élégantes villas. L'église, qui date de 1838, a été construite par les habitants du pays eux-mêmes, avec cet élan spontané qui rappelle la construction des églises du moyen âge. Les charpentiers, les maçons ont donné leurs journées; les fermiers et les marcyeurs ont prêté leurs chevaux; les femmes et les enfants portaient de l'eau, éteignaient la chaux et faisaient le mortier; les douaniers ramassaient le sable; les marins allaient en bateau chercher à Fécamp les bois de construction; chaque fois qu'on avait besoin d'un coup de main, on appelait, au son de la cloche, les habitants.

Étretat. — Étretat, bourg sur le bord de la mer, à 27 kilomètres au nord-est du Havre et à 73 de Rouen, dans une situation pittoresque, au débouché de deux vallons, le Grand-Val et le Petit-Val, entre deux falaises calcaires d'environ 90 mètres de hauteur, est mis en communication avec la ligne de Paris à Fécamp par les stations des Ifs et de Fécamp (15 et 17 kilomètres). Il paraît qu'anciennement une rivière arrosait la vallée et le village d'Étretat; mais depuis deux cents ans environ elle a disparu, s'est frayé un cours souterrain et verse ses eaux dans les galets. C'est là qu'à mer basse les femmes viennent creuser des réservoirs pour laver leur linge. Une légende explique la disparition de ce cours d'eau : un soir, une bohémienne, son enfant sur le dos, frappait à la porte d'un moulin que faisait marcher la rivière. Le meunier, homme dur et cruel, lui refuse l'hospitalité qu'elle implore. « Malheureux, lui dit la fée, tu t'en repentiras. » Le lendemain, le moulin était arrêté, car la rivière n'existait plus. Le port d'Étretat n'est guère qu'un port d'échouage, sur la grève duquel les pêcheurs hissent leurs embarcations. Les plus vieilles, couvertes d'un toit, servent à remiser les agrès et les ustensiles de pêche; on les appelle *calonges*.

C'est au XIe siècle, dans une charte octroyée par Richard II à l'abbaye de Saint-Wandrille, qu'il est pour la première fois fait mention d'Étretat, sous le nom d'*Estrutat*. Dans les siècles suivants, les titres portent : *Strutat, Strudard, Estrudard, Estouetat,* et *Estrutat*, et il paraîtrait qu'autrefois il y aurait eu en ce lieu une station romaine ; on y a découvert des antiquités. C'est aujourd'hui une station de bains de mer des plus fréquentées.

L'église Notre-Dame d'Étretat, d'architecture romane, est digne d'attention ; elle reproduit, en de moindres proportions, l'ancienne église abbatiale de Fécamp. On attribue sa fondation à la piété d'une noble dame nommée Olive, qui, en se baignant, faillit être surprise par les Sarrasins.

Le sol d'Étretat est au-dessous du niveau des hautes mers, et le village n'est protégé que par une digue naturelle qui s'est formée avec les galets et les débris provenant des deux parties saillantes de la côte, que les vagues ont successivement amoncelés ; si jamais la mer rompait cette digue, il est probable qu'Étretat serait englouti.

La position de ce lieu a de tout temps fixé l'attention des ingénieurs ou des marins. L'amiral Bonnivet en 1516, Colbert, Vauban, Napoléon songèrent à en faire une station navale militaire que rendait précieuse sa belle situation entre Cherbourg et Boulogne, avec une baie de 30,000 mètres carrés en eau profonde.

Mais ce qui mérite l'attention des touristes, ce sont ces admirables falaises, merveilleusement découpées par la mer en aiguilles, en arches et en grottes pittoresques. Les plus remarquables sont, en se dirigeant vers le sud-ouest, c'est-à-dire en aval : le Trou-de-l'Homme, vaste grotte dallée de roches blanches ; la Porte-d'Aval, majestueuse arcade ouverte par les vagues à l'extrémité de la falaise ; l'aiguille d'Étretat, magnifique obélisque élevé de 70 mètres au-dessus des flots ; le Petit-Port, la Manne-Porte ou Male-Porte, la Courtine, rocher autrefois surmonté d'un fort ; le roc aux Guillemots, dans les flancs duquel ces oiseaux viennent déposer leurs œufs au printemps. Au nord-est, en remontant la falaise d'aval : le Banc-à-Cuves, la roche de Vandieu, le Trou-à-Romain, l'aiguille de Belval ou de Bérouville, éloignée de la falaise de plus de 500 mètres ; le banc de Sainte-Anne, la fontaine aux Mousses, dont l'eau très bonne à boire pétrifie les mousses ; la Porte-d'Amont et le Chaudron, sorte de cirque où bouillonnent les vagues.

Étretat occupe un certain nombre de barques pour la pêche du hareng, du poisson, et possède un parc aux huîtres.

HARFLEUR.—Harfleur (*Harfleatum, Hareflotum*, anciennement *Hardflow, Hareflot* ou *Harfleu*), à 8 kilomètres du Havre, station du chemin de fer de Rouen au Havre et de la petite ligne du Havre à Montivilliers, est une petite ville fort ancienne qui compte aujourd'hui 2,073 habitants. Elle est située au pied d'une haute colline, à l'entrée d'une plaine fertile et à 4 kilomètres de l'embouchure de la Lézarde, qui la traverse et que les bâtiments légers peuvent remonter jusque sous ses murs à la marée haute. Ce n'est plus qu'un petit port qui a perdu presque toute son ancienne importance ; c'était jadis le premier de la Normandie, avant la fondation du Havre. Les antiquaires croient y reconnaître *Caracotinum*, ville romaine où aboutissait une des voies principales de la IIe Lyonnaise. Sa prospérité s'accrut sous les ducs normands. C'était déjà une puissante ville maritime au commencement de la guerre de Cent ans, et elle équipa une flotte contre les Anglais ; cette flotte fut prise ou détruite. Plus tard, en 1415, le roi d'Angleterre, Henri V, assiégea Harfleur, qui opposa à ses efforts une héroïque résistance. Irrité de leur courage, le vainqueur transporta les habitants en Angleterre et les remplaça par des Anglais ; mais, lors de l'insurrection du pays de Caux contre l'étranger, quelques Normands, restés dans la ville, en ouvrirent les portes aux insurgés. Le souvenir de cette délivrance resta cher aux habitants du pays. Trois ans après, les Anglais tentèrent vainement de reprendre cette place ; mais, en 1440, Talbot vint assiéger la ville, qu'il attaqua avec fureur ; on montre encore d'énormes boulets de pierre que lançaient, pendant ce siège, les bombardes des Anglais et qui crevaient les toits des maisons. Il fallut céder. En 1449, Dunois rendait la ville à la France. Les guerres de religion vinrent plus tard ensanglanter de nouveau la ville, qui fut plusieurs fois saccagée et couverte des ruines de ses principaux édifices. Le port d'Harfleur avait, jusqu'à cette époque, été soigneusement préservé, par des curages et par des jetées, de l'envahissement des sables de la mer ; mais, négligé pendant ces longues guerres, il s'était peu à peu encombré ; bientôt la fondation du Havre et la révocation de l'édit de Nantes, qui éloigna plusieurs familles de riches commerçants, vinrent consommer la ruine de ce port, jadis si fréquenté. Depuis ce temps, la petite et glorieuse ville alla toujours en dépérissant. Son commerce est aujourd'hui fort peu de chose. De son ancienne splendeur il ne lui reste guère que son antique église, dont le clocher a été célébré par Casimir Delavigne, dans son discours en vers pour l'inauguration du théâtre du Havre. Il paraît, malgré ces vers, conformes d'ailleurs à une tradition locale, que le clocher d'Harfleur ne fut élevé qu'après l'expulsion des Anglais.

Harfleur a cherché dans l'industrie manufacturière une nouvelle source de richesses; elle possède aujourd'hui des lavages de laine, des savonneries, des épurations d'huile, des fabriques de noir animal, des distilleries, des blanchisseries de toile, des tanneries et une fabrique de carton.

Les armes de cette ville sont : *d'azur, à un navire d'argent, sur une onde de même, les voiles ferlées.*

TANCARVILLE. — Tancarville (*Tancardi Villa*) est un village situé sur les bords de la Seine, à 30 kilomètres à l'est du Havre, dans le canton de Saint-Romain-de-Colbosc, et peuplé par 386 habitants. Sur le coteau presque à pic qui domine le fleuve s'élèvent les ruines de l'antique manoir des sires de Tancarville, derniers débris d'une puissance dont le nom même est oublié aujourd'hui. L'existence de ce château paraît remonter au XII° siècle. Les sires de Tancarville étaient héréditairement chambellans des ducs de Normandie, rois d'Angleterre. L'un d'eux accompagna Richard Cœur de Lion à la croisade et n'en revint pas. Quand Philippe-Auguste s'empara de la Normandie, il dut se faire un ami du sire de Tancarville, auquel il maintint ses privilèges. Un des droits dont il lui assura la jouissance fut de lever, sur tout navire allant à Rouen et venant d'Irlande, un singulier impôt, qui consistait en un oiseau de proie, un *autour*, ou, dans le cas où le navire aurait négligé de se munir de ce bizarre tribut, seize sous. L'histoire mentionne les seigneurs de Tancarville, l'un comme ayant combattu à Bouvines, auprès de Philippe, l'autre comme ayant suivi saint Louis à la croisade, pendant laquelle il mourut. Son cœur, selon sa dernière volonté, fut rapporté en Normandie par un de ses hommes d'armes. L'avant-dernier des seigneurs de cette forte race fut Robert de Tancarville, tué auprès du comte d'Artois dans la guerre de Flandre. Son fils, qui avait épousé la fille d'Enguerrand de Marigny, mourut jeune; en lui s'éteignit cette illustre maison et le cri de guerre de ces preux : *Tancarville à Nostre-Dame!* ne retentit plus dans les batailles. La sœur de Guillaume porta son héritage dans la maison de son mari, Jean de Melun. Le château passa ensuite aux d'Harcourt; ce fut à cette époque que les Anglais s'en emparèrent. Sous Charles VII, Tancarville fut rendu à Guillaume d'Harcourt, qui avait vaillamment servi la France auprès de Xaintrailles et de Dunois. Ce fut au fils de ce dernier qu'échut par héritage l'antique manoir; dès lors Tancarville ne fut plus qu'une des possessions de la puissante famille des ducs de Longueville et perdit de son importance. Lorsque les protestants eurent, sous Charles IX, livré Le Havre aux Anglais, ceux-ci s'emparèrent par surprise du château; Michel de Castelnau le reprit peu de temps après. Pendant les guerres de religion, Tancarville fut successivement le point de mire des différents partis; mais bientôt le vieux manoir allait sortir de ces mains seigneuriales pour passer un moment dans celles d'un financier. En 1709, la duchesse de Nemours (de la maison de Longueville) vend Tancarville au comte d'Évreux; celui-ci y fait bâtir le château moderne, bien délabré aujourd'hui, qui s'élève sur le plateau, au milieu des anciennes constructions. A peine le château est-il bâti que le comte s'en dégoûte et le vend au fameux Law; mais cette vente fut résiliée plus tard, et le comte d'Évreux, rentrant en possession du château, le vendit au duc de Luxembourg (Montmorency). Il resta dans cette maison jusqu'à la Révolution; confisqué à cette époque comme bien d'émigré, on le trouve loué, en 1796, moyennant cent francs par an. Donné aux hospices du Havre par le premier consul, rendu ensuite par Charles X à Mme de Montmorency, qui s'engageait à payer une indemnité de 6,000 francs aux hospices dépossédés, le château de Tancarville, après tant de vicissitudes, doit aujourd'hui toute sa valeur à sa situation pittoresque et aux souvenirs que l'histoire a attachés à ses pierres noircies par le temps. Bâti sur un plateau triangulaire, dont la Seine et deux ravins forment les côtés, il attire les regards du voyageur par sa masse imposante. C'est, avec une pierre mégalithique, tout ce que ce village offre de remarquable.

DIEPPE (lat. 49° 55′ 35″; long. 1°, 15′ 31″ O.). — Dieppe (*Dieppa*), station terminale de la ligne des chemins de fer de Paris à Dieppe par Rouen et par Conflans, est une grande et belle ville maritime de 20,333 habitants ; chef-lieu d'un arrondissement communal de la Seine-Inférieure et d'un canton, tribunaux de première instance et de commerce, collège communal, quartier maritime, école d'hydrographie, etc. Elle est située à 168 kilomètres de Paris par la ligne directe du chemin de fer, et à 201 kilomètres par la ligne de Paris à Rouen, entre deux hautes falaises, au fond d'un petit golfe, sur la Manche, à l'embouchure de l'Arques, petite rivière dont les eaux sont grossies par celles de l'Eaulne et de la Béthune.

Des fouilles, pratiquées depuis quelques années, ont démontré que les Romains avaient eu en cet endroit deux stations : la première à l'ouest, à laquelle deux voies romaines, venant l'une de *Rothomagus*, l'autre de *Juliobona*, aboutissaient ; la seconde à l'est, dont on retrouve des traces dans le faubourg du Pollet, était desservie par une voie romaine qui se rendait à *Cæsaromagus* (Beauvais). L'histoire de cette ville ne commence véritablement qu'à la fin du XIIe siècle. Ce ne fut d'abord qu'un petit port, avec quelques masures de pêcheurs ; une charte de 1030 fait don, aux religieux de l'abbaye de Sainte-Catherine-lès-Rouen, de cinq salines dépendant du port de Dieppe, et de cinq cabanes habitées par des pêcheurs qui devaient fournir à l'abbaye une redevance annuelle de cinq mille harengs saurs. Les rapports fréquents qui s'établirent entre la Normandie et l'Angleterre, après l'expédition de Guillaume le Conquérant, accrurent l'importance de Dieppe ; mais, en 1195, Philippe-Auguste, alors en guerre avec Richard Cœur de Lion, prit la ville et la détruisit. La pauvre cité fut plus d'un siècle à se relever de ce désastre. Protégée plus tard par Philippe de Valois et par Charles V, elle prit de rapides accroissements, et l'on voit, en 1364, des marins dieppois aller jusqu'en Guinée chercher l'ivoire et les épices. Prise par les Anglais sous le règne de Charles VI, elle resta quelques années soumise à toutes les rigueurs d'une tyrannie d'autant plus grande qu'elle se sentait mal affermie dans le pays. Enfin, en 1435, un Dieppois nommé Des Marais, qui, quelques années auparavant, avait été capitaine de la ville pour le roi de France et qui depuis avait vécu retiré dans les environs, entreprit de chasser les Anglais. Après s'être entendu avec quelques bourgeois, il pénétra de nuit dans la ville et fit prisonnière la garnison. Les Anglais, furieux de la perte d'un port de cette importance, cherchèrent à le reprendre ; leur vaillant capitaine Talbot mit le siège devant la place ; mais, ayant éprouvé une vive résistance, il se retira après avoir laissé sur une des falaises voisines un fort ou bastille en bois pourvue d'une bonne garnison et partit pour l'Angleterre, comptant revenir avec une flotte anglaise pour bloquer Dieppe par mer. Les Dieppois envoyèrent aussitôt réclamer des secours au roi Charles VII, qui leur envoya le dauphin, depuis Louis XI. Celui-ci assiégea aussitôt la bastille ; ses soldats, repoussés dans un premier assaut, reculaient découragés, quand Louis saisit lui-même une échelle, l'applique contre la muraille et monte intrépidement. Aussitôt, de toutes parts, soldats et capitaines reviennent à l'assaut ; le fort est emporté.

En souvenir de cette délivrance, qui eut lieu le 14 août, veille de l'Assomption, on célébra jusqu'au milieu du XVIIe siècle une fête annuelle en l'honneur de la Vierge : on choisissait une belle jeune fille chargée de représenter le personnage de Marie ; portée par les douze apôtres, elle entrait dans l'église : au fond du chœur on avait construit un échafaudage où des statues de bois, mues par des ressorts, figuraient le Père éternel et les anges au milieu des nuages ; deux anges portaient la Vierge jusqu'au Père éternel qui lui donnait sa bénédiction, et les nuages se refermaient alors sur elle ; pendant toute la cérémonie, un bouffon, qu'on appelait *Gringalet* ou *Grimpesalais*, adressait à la Vierge et à Dieu même de singulières pasquinades. En 1647, cette pieuse farce fut représentée devant Louis XIV enfant et devant sa mère ; ces bouffonneries, que la naïveté des temps n'excusait plus, choquèrent la piété de la reine régente et furent désormais abolies.

Nous avons dit qu'au XIVe siècle les navigateurs dieppois avaient poussé leurs courses aventureuses jusqu'en Guinée, où ils établirent, dès 1364, leurs comptoirs du *Petit-Dieppe* et du *Petit-Paris*. La voie était ouverte et allait être parcourue par d'intrépides aventuriers. En 1402, un Dieppois, Jean de Béthancourt, s'empare des Canaries. Mais une expédition plus célèbre est celle du capitaine Cousin. Jeune et hardi, il part de Dieppe au commencement de 1488. Il se lance intrépidement au milieu de l'Océan, et, si l'on en croit la tradition, il aurait abordé sur un rivage inconnu, près de l'embouchure d'un grand fleuve, qui ne serait autre que le fleuve des Amazones. Ainsi, ce serait un Français qui, quatre ans avant Colomb, aurait rencontré le premier l'Amérique ; on ajoute qu'en revenant il aurait suivi la côte d'Afrique jusqu'au cap de Bonne-Espérance, avant Vasco de Gama. Malheureusement les preuves historiques manquent pour appuyer cette double gloire, et l'on en est réduit sur ce point aux conjectures. Cette expédition avait été consignée au greffe de l'amirauté de Dieppe ; mais les archives de l'amirauté ont péri en partie pendant le bombardement de 1694.

Ce qui est plus certain, c'est que Dieppe fut la première ville de France où l'on établit des cours d'hydrographie.

Au XVIe siècle, le capitaine Jean Parmentier se rend célèbre par ses voyages dans la mer des Indes, et un armateur de la ville, Ango, devient, par les richesses qu'avaient produites ses expéditions, une des puissances du temps. Dans les intervalles des guerres de religion, l'amiral de Coligny forme le projet de fonder en Amérique une colonie protestante ; un des meilleurs capitaines du port de Dieppe, Jean Ribaud, emmène avec lui sur cinq navires cinq à six cents compagnons intrépides, tous protestants comme lui, et ils vont s'établir sur les côtes de la Floride, dont ils prennent possession au nom de la France. Mais les Espagnols les attaquent, font écorcher vif le capitaine et pendent tous ses compagnons avec cette inscription : *Pendus, non comme Français, mais comme hérétiques.* Un capitaine gascon, Dominique de Gourgues, en apprenant la mort de ses coreligionnaires, jure de les venger ; il arme à ses frais deux navires, fond à son tour sur ces Espagnols et les fait tous pendre avec cette inscription : *Non comme Espagnols, mais comme assassins.* Il fallut cependant abandonner la Floride ; ce fut vers le Canada que se tourna l'esprit d'aventure des Dieppois. Aidé de la protection de Richelieu, Diel d'Énambuc, Dieppois, s'empare d'une partie de l'île Saint-Christophe et bâtit le fort Saint-Pierre à la Martinique. Tous ces braves marins, semés sur toutes ces côtes par ces expéditions lointaines, gardaient aux Espagnols une implacable haine ; de là l'origine des flibustiers, qui, montés sur des barques légères, attaquaient les plus gros vaisseaux espagnols, et Dieppe fournit bon nombre de ces corsaires ; ces courses lucratives s'appelaient *la pêche aux Espagnols.*

Malgré ces expéditions glorieuses, l'importance de Dieppe commençait à diminuer. Le protestantisme, introduit dans cette ville en 1557, devint la première cause des dissensions nombreuses qui attirèrent sur Dieppe les persécutions et les désastres. La majorité de la population adopta les nouvelles croyances ; Dieppe devint le centre du calvinisme en Normandie. Elle se souleva plusieurs fois ; mais, toujours vaincue, elle fut livrée au pillage et durement traitée par les gouverneurs catholiques. Sa prospérité déclina rapidement : une partie des habitants s'enfuit pour échapper à la persécution ; d'autres se convertirent, au moins en apparence, et le protestantisme y parut si bien dompté qu'à l'époque de la Saint-Barthélemy le gouverneur de Dieppe, M. de Sigognes, put se donner le facile honneur de ne point faire exécuter dans cette ville les ordres sanglants qu'il avait reçus : le zèle des massacreurs eût eu peine à trouver à Dieppe des victimes. Ravagée à plusieurs reprises par la peste, atteinte en 1685 par la révocation de l'édit de Nantes, Dieppe vit consommer sa ruine en 1694. Elle fut bombardée par une flotte anglaise, et l'incendie dévora presque toutes ses maisons. L'usage des galiotes à bombes, inventées par le Français Renaud, pratiqué pour la première fois au siège d'Alger en 1681, par un marin dieppois, l'illustre Duquesne, devint, douze ans plus tard, fatal à la patrie même de Duquesne.

Louis XIV s'intéressa, il faut le dire, à la reconstruction de la ville détruite ; il encouragea les Dieppois à rebâtir leurs habitations, en leur accordant des exemptions d'impôt pendant dix ans et quelques autres privilèges ; néanmoins, Dieppe ne reprit jamais son ancienne splendeur ; sa marine n'existait plus, le port s'encombrait de galets apportés par la marée. Pendant le XVIIIe siècle, on pouvait mentionner quelques efforts pour rappeler la vie et la richesse dans ce port. « Mais jamais, dit M. Vitet, ces tentatives ne furent couronnées de succès. Il semble que, pour être ainsi resté vingt années en jachère (après le bombardement), ce sol dieppois fût devenu stérile aux affaires de commerce et de navigation. Bordeaux, Nantes, Le Havre avaient hérité de ses armateurs, de ses marins, de ses capitaux ; il lui fallait dire adieu aux vastes spéculations et aux voyages au long cours. La pêche seule faisait vivre ce qui restait de son ancienne population. Mais bientôt la pêche elle-même fut interdite, car la guerre éclata de nouveau entre l'Angleterre et la France en 1744. Depuis cette année jusqu'à la paix d'Aix-la-Chapelle (1749),

Dieppe fut en proie à la plus affreuse détresse et à des angoisses continuelles. Son port était bloqué par des frégates anglaises ; à tout instant on parlait de siège et de bombardement ; le moindre bateau ne pouvait sortir sans risquer d'être pris, et la population était sans cesse appelée aux armes par le tocsin des cloches d'alentour. On jugera jusqu'à quel point le commerce de la pêche, le seul qui restât à Dieppe, avait été détruit par ces cinq années de guerre et combien la ville était épuisée et misérable, quand nous dirons qu'une fois la paix signée on resta près d'un an sans pouvoir pêcher, faute de bateaux et faute d'argent pour en construire. La plupart des anciens bateaux avaient été pris par les Anglais ; ceux qui restaient s'étaient pourris dans le port, et les armateurs et marchands de poisson, qui tous étaient ruinés, ne pouvaient fournir aux pêcheurs de nouvelles barques. Il fallut que la ville fît un emprunt pour faire construire à ses frais 60 bateaux de 80 tonneaux. Cet emprunt se couvrit péniblement. Le gouverneur, pour donner l'exemple, fut obligé d'avancer de sa bourse 20,000 livres. Le port commençait pourtant à se repeupler, et la ville voyait renaître lentement une ombre de prospérité, lorsque la funeste guerre de 1756, cette guerre de sept ans, suivie d'une si triste paix, vint anéantir toutes les espérances et replonger les Dieppois dans de nouveaux malheurs. » (*Histoire de Dieppe*.)

Cependant, vers la fin du siècle, des travaux assez importants, entrepris dans le port, permettaient d'espérer de plus heureux jours, quand les guerres de la Révolution vinrent porter un dernier coup à la malheureuse ville. En 1803, Napoléon Ier ordonna l'exécution de quelques travaux dans le port de Dieppe ; mais, au milieu des désastres de notre marine, ces travaux languirent et furent enfin abandonnés.

Aujourd'hui, presque sans commerce, Dieppe, morne et solitaire en hiver, prend en été un air d'animation et de fête ; ses bains de mer y attirent un grand nombre d'étrangers. La ville, entièrement rebâtie depuis le bombardement, n'a guère conservé de ces monuments qui intéressent ailleurs la curiosité des voyageurs ; nous citerons cependant : l'église Saint-Remi, fondée en 1522 ; elle appartient à l'architecture de la Renaissance ; on y voit dans la chapelle de la Vierge le tombeau de M. de Sigognes, gouverneur de Dieppe à l'époque de la Saint-Barthélemy. L'église Saint-Jacques est plus remarquable que la précédente ; commencée vers le XIIIe siècle et achevée lentement au milieu des guerres incessantes qui désolaient la ville, elle offre un mélange de l'architecture de toutes ces époques ; sa tour a quelque ressemblance avec celle de l'ancienne église Saint-Jacques-la-Boucherie à Paris. Le château de Dieppe, qui couronne à l'ouest la falaise, est un curieux monument de l'architecture militaire de transition ; son plan est original et sa construction bizarre ; il défend le port, qui est formé par deux belles jetées et qui peut encore recevoir près de 200 navires. A l'ouest de Dieppe se trouve le faubourg de *la Barre*, et, de l'autre côté du bassin, celui du *Pollet* dont la population, composée exclusivement de pêcheurs, se distingue de celle de la ville par ses mœurs, par son langage et par son costume pittoresque ; le matelot *polletais* était déjà réputé comme excellent marin dès le XVe siècle. Le faubourg du Pollet est compris dans l'enceinte de la ville, et il communique avec elle par un pont de sept arches.

Dieppe est en communication avec Paris et les grandes villes du nord et de l'ouest de la France par deux lignes de chemin de fer. Comme port de transit, Dieppe est le cinquième port de France ; il communique avec Londres par le service de paquebots de Newhaven et par la Tamise. Les importations, qui atteignent 20 à 22 millions par an, consistent principalement en houille, riz, laines, fer, fonte, acier, sucre brut, bois du Nord, brai, goudron, etc. Les exportations comprennent les poteries, les verres et cristaux, le papier, les cartons, les tissus de soie ou de laine, les graines, les peaux, les dentelles, les objets d'ivoirerie. Le cabotage de Dieppe est très animé ; après la pêche du hareng, qui se fait en hiver, les principales pêches de Dieppe sont celles du maquereau et de la morue.

Dieppe possédait jadis une importante manufacture de tabac, qui a été transférée au Havre. La fabrication des boussoles, de l'horlogerie, des dentelles, toutes ces branches de commerce qui faisaient jadis une portion importante de ses revenus, sont devenues peu productives. De son antique industrie, Dieppe n'a guère conservé que l'ivoirerie, où elle excellait dès le XIVe siècle, quand ses marins allaient chercher l'ivoire sur les côtes de Guinée. Dieppe a donné à la France les illustres marins Jean Ango et Abraham Duquesne ; le géographe

Bruzen de La Martinière, auteur d'un *Grand Dictionnaire géographique*; de Servin, l'historien de Rouen; l'hydrographe Descheliers ou Desceliers, qui dressa en France, en 1550, le premier planisphère manuscrit connu; le médecin Pecquet, grand anatomiste du XVIIᵉ siècle, qui a découvert le réservoir du chyle, dit *réservoir de Pecquet*.

Les armes de Dieppe sont : *parti d'azur et de gueules, au navire d'argent, l'écu surmonté d'une tête d'ange, ayant pour support deux sirènes ;* — aliàs : *parti d'azur et de gueules, à un navire d'or* (aliàs : *d'argent*), *ancré et les voiles ferlées sur le tout*.

BRACQUEMONT et PUYS. — Bracquemont (*Brachemons*) est une petite commune qui ne compte pas plus de 484 habitants et qui est située à 6 kilomètres au nord-est de Dieppe; nous la mentionnons parce qu'elle possède au nombre de ses annexes le hameau de *Puys* ou *Puits*, situé dans un charmant vallon, près de la mer, et qui, dans ces dernières années, s'est embelli de maisons de villégiature ou de plaisance. C'est dans l'une d'entre elles, appartenant à son fils, qu'est mort, en décembre 1870, Alexandre Dumas, dont la fécondité littéraire a charmé pendant un demi-siècle tous ceux qui prenaient plaisir à la lecture; c'est encore sur le territoire de cette même commune que se trouve la curieuse *Cité de Limes*, qui a été l'objet de tant de dissertations archéologiques.

La *Cité de Limes*, appelée aussi *Camp de César* et quelquefois *Cité d'Olyme*, est un vaste camp d'environ 55 hectares de superficie, de forme à peu près triangulaire, protégé d'un côté par la mer, de l'autre par le vallon de Puys, et enfin dans sa partie la plus étroite, du côté de Bracquemont, par un rempart haut de 15 mètres, élevé entre deux fossés très profonds. Trois entrées donnent accès dans cette immense enceinte; on y voit de nombreux tertres ou *tumuli* et des restes de *tuguria* ou maisons gauloises, construites de bois, de craie et de pierres sèches. La Cité de Limes était, en effet, dans l'origine, un *oppidum* gaulois, dont les Romains profitèrent pour en faire un poste d'observation contre les barbares; elle était même, paraît-il, traversée par la voie romaine de *Juliobona* (Lillebonne) à *Gessoriacum* (Boulogne).

ARQUES. — Arques (*Arca, Arcæ Caletenses*), à 6 kilomètres au sud-est de Dieppe, station de la ligne du chemin de fer de Paris à Dieppe par Conflans (réseau de l'Ouest), est une petite ville qui joua jadis un grand rôle dans l'histoire de la Normandie et fut successivement la capitale du pays de Tallou, depuis comté d'Arques. Ce n'est plus qu'un bourg de 961 âmes, qui ne figure même pas comme chef-lieu de canton dans l'arrondissement de Dieppe. Une charte du Xᵉ siècle fait mention d'un vicomte d'Arques, qui fait don à l'abbaye de Fécamp de tous ses biens situés à Arques ou dans les environs, et Flodoard parle de cette ville dans sa chronique. Arques devint une des résidences des ducs de Normandie. Guillaume le Conquérant fit don du comté d'Arques à son oncle Guillaume, qui, plus tard, s'unit aux ennemis du duc. Celui-ci, irrité, s'empara du château que le nouveau comte venait de faire bâtir. Ce château fut depuis plusieurs fois pris et repris pendant les guerres de la France avec l'Angleterre, et c'est sous ses murs que, en septembre 1589, Henri IV, avec 7,000 hommes de troupes, défit le duc Mayenne, qui en avait 30,000. On sait que le soir même de la bataille le Béarnais écrivait à Crillon ce billet devenu célèbre : « Pends-toi, brave Crillon, nous avons combattu à Arques, et tu n'y étais pas. »

Aujourd'hui Arques, outre les ruines si intéressantes de son château, possède une belle église de la Renaissance, des fabriques de toiles, une filature et quelques tanneries. Aux environs existe une belle forêt. Cette petite ville est la patrie du naturaliste de Blainville.

VARENGEVILLE. — Varengeville-sur-Mer est un village de 1,092 habitants, à 8 kilomètres à l'ouest de Dieppe. Ce sont des maisons éparses sur plus d'une lieue de terrain, entremêlées de beaux arbres, qui lui donnent un aspect charmant. L'église est à l'extrémité du village, sur le haut de la falaise. Varengeville est surtout célèbre par le séjour qu'y fit Ango et le somptueux manoir qu'il s'y fit construire. Jean Ango, né à Dieppe en 1480, d'un armateur qui s'était enrichi sur mer, navigua lui-même assez longtemps; puis, après la mort de son père, il se fixa à Dieppe, forma de vastes entreprises, arma des vaisseaux, qu'il envoya aux Indes et en Amérique. Il se bâtit à Dieppe une riche maison, longtemps fameuse par le luxe de son ornementation. On l'admirait encore au XVIIᵉ siècle; elle fut détruite pendant le bombardement de Dieppe. Il se fit bâtir aussi une maison de campagne à Varengeville; quand François Ier vint dans le pays, il fut reçu par Ango dans cette maison avec un faste qui ravit le roi. En quittant l'armateur, le roi lui annonça qu'il venait de le nommer vicomte et capitaine commandant de la place de Dieppe. Depuis cette époque, Ango prêta des vaisseaux au roi, de l'argent aux grands seigneurs. Sa puissance et ses richesses s'accrurent; son orgueil en vint au point qu'un de ses vaisseaux ayant été pris et l'équipage massacré par une escadre portugaise, Ango arma une flotte, qui alla piller des villages sur la côte du Portugal, capturer un grand nombre de vaisseaux près de Lisbonne même. Le roi de Portugal envoya à François Ier deux députés, que le roi de France renvoya à Ango, disant que cette guerre ne le regardait point. Ango reçut, dit-on, les députés avec courtoisie, leur recommanda seulement de mieux traiter à l'avenir le pavillon français et consentit à rappeler sa flotte. Cependant son caractère avait changé; il était devenu hautain, dédaigneux; ses richesses, autant que son orgueil, lui avaient fait beaucoup d'ennemis; quand François Ier, son protecteur, fut mort, on lui suscita des procès; sa fortune dépérit rapidement; ses maisons furent vendues, et il mourut délaissé, en 1551. Son riche manoir de Varengeville, détruit en partie, est aujourd'hui converti en ferme; on y admire encore cependant les ornements capricieux des fenêtres, une élégante galerie, des médaillons appliqués contre la muraille et contenant des figures d'hommes et de femmes; ces salles servent aujourd'hui de granges et de bergeries.

Eu. — Eu (*Auga, Aucum, Alga castrum*), station de la ligne de Longpré au Tréport (ligne d'Amiens, réseau du Nord), à 29 kilomètres au nord-est de Dieppe, est un chef-lieu de canton peuplé par 4,379 habitants. Des restes d'une voie antique et une vieille porte, flanquée de deux tours, ont fait assigner à cette ville une origine romaine. Ce n'est cependant qu'au xe siècle qu'il en est fait mention pour la première fois. Eu, se trouvant à l'extrémité de la Normandie, parut à Rollon devoir devenir une place importante; il l'entoura d'une enceinte fortifiée. Prise par les Français, elle fut reprise par les Normands, et ses remparts, qui avaient été détruits, furent relevés. Eu fut bientôt érigé en comté et devint l'apanage d'un frère de Richard II, duc de Normandie. Au XIIe siècle, on y éleva l'église de Notre-Dame, qui existe encore aujourd'hui et que recommande l'élégance de son architecture. L'importance de la ville d'Eu sous les rois d'Angleterre, de race normande, s'accrut rapidement; sous Henri Plantagenet, Eu fut érigé en commune et reçut d'assez importants privilèges. Deux échevins élus rendaient la justice et levaient des impôts, et, pour certains actes, le comte lui-même était obligé d'obtenir leur consentement. Au XIIIe siècle, la commune entra en lutte ouverte avec un de ses comtes qui l'accablait d'impôts; le comte fut obligé de céder et de reconnaître par une charte les franchises de ses vassaux. Un comte d'Eu, Raoul de Brienne, devint connétable de France sous Philippe de Valois; son successeur, également connétable, fut accusé de haute trahison par le roi Jean et décapité sans jugement; ses biens confisqués passèrent alors dans la maison d'Artois. En 1413, Charles d'Artois, fils de Philippe, aidé des bourgeois de la commune, résista bravement à Henri V, roi d'Angleterre, et le contraignit de se retirer, après qu'il eut perdu beaucoup de monde. Mais, un an après, la défaite d'Azincourt livra aux Anglais la ville restée sans défense. Elle demeura en leur pouvoir jusqu'à l'époque de leur expulsion définitive. Redevenue ville française, Eu vit s'accroître rapidement son industrie et sa prospérité. Mais Louis XI, craignant de la voir tomber entre les mains des Anglais, ordonna de brûler la ville; on ne respecta que les églises. Jamais depuis, cette ville, jadis si florissante, ne put se relever de ce désastre. Pendant les guerres de religion, Eu resta fidèle au parti catholique. Attaquée par Montgomery, qui s'était emparé de Dieppe, la ville réussit à le repousser. Le comté passa bientôt, par suite d'un mariage, dans la maison de Lorraine. Le château actuel fut bâti à cette époque par Henri, duc de Guise, et l'on voit encore à l'entrée du parc de vieux arbres qui datent, dit-on, de cette époque, et que l'on appelle les *guisards*. Après le meurtre du duc de Guise aux états de Blois, sa veuve passa le reste de sa longue vie dans le château d'Eu, et fonda quelques établissements utiles. Sous Louis XIV, la fille de Gaston d'Orléans, Mademoiselle de Montpensier, la grande *Mademoiselle*, acheta le comté d'Eu; elle embellit le château et y commença la belle galerie de portraits que l'on y a vue jusque dans ces derniers temps. Louis XIV contraignit plus tard cette princesse à abandonner à son fils illégitime, le duc du Maine, le comté

Dieppe.

d'Eu, et, en échange de cette concession, il lui accorda la liberté de son amant Lauzun, qu'elle sollicitait vainement depuis longtemps. Érigé en pairie, le comté eut pour dernier possesseur avant la Révolution ce duc de Penthièvre si populaire à la fin du dernier siècle par sa bienfaisance. La fille du duc épousa Philippe-Égalité, père du roi Louis-Philippe, et porta ainsi cet héritage dans la maison d'Orléans. Le duc de Penthièvre était mort de maladie à Vernon en 1793; la Révolution transforma le château en hôpital militaire; Napoléon le réunit au domaine impérial. Depuis le retour des Bourbons, la famille d'Orléans était rentrée en possession de ce beau domaine. Louis-Philippe l'embellit sans cesse, y multiplia les plantations, y établit des fermes et ouvrit des routes, dont le pays avait grand besoin; car on raconte que les abords du château étaient, au XVIIIe siècle, si difficiles, que le duc de Penthièvre ne se tira un jour d'une route où il s'était imprudemment engagé qu'en faisant démonter sa voiture. Outre ce beau château, dont le parc a été dessiné par Le Nôtre, la ville d'Eu possède une ancienne église, curieux monument du moyen âge; elle a été débarrassée des constructions qui l'entouraient. Par décret du 22 janvier 1852, le château d'Eu cessa d'appartenir à la famille d'Orléans; mais, depuis la chute du second Empire, cette belle propriété a été rendue à M. le comte de Paris qui s'est plu à l'embellir.

Le Tréport. — Le Tréport (*Ulterior Portus, Trepaor Portus*), station terminale de l'embranchement de Longpré au Tréport (ligne d'Amiens, réseau du Nord), à 28 kilomètres de Dieppe, à l'embouchure de la Bresle, petite rivière qui sépare le département de la Seine-Inférieure de celui de la Somme, est un chef-lieu de canton peuplé par 3,819 habitants.

Cette petite ville maritime apparaît dans l'histoire à la fin du XIe siècle. Désignée dans les anciennes chroniques sous le nom d'*Ulterior Portus*, elle servait de port à Eu et suivit en général, pendant le moyen âge, les destinées de sa voisine. Elle fut pillée au xvᵉ siècle par les Anglais, qui y brûlèrent le monastère de Saint-Michel, fondé en 1057. Pendant le règne de Louis XI, les corsaires du Tréport coururent la Manche avec gloire, enlevant des vaisseaux anglais et faisant même quelques descentes sur les côtes d'Angleterre. Sous François Iᵉʳ, en 1523, une flotte anglaise tenta un débarquement au Tréport; les assaillants furent repoussés et contraints de se rembarquer. Mais, en 1545, les Anglais surprirent la ville et y mirent le feu. L'importance du Tréport diminua lorsque Calais eut été repris par les Français; cependant, au xvIIᵉ siècle, on chercha à persuader à Richelieu d'y fonder un grand établissement militaire; le ministre s'y refusa. Le duc de Penthièvre, en 1778, améliora l'état du port en faisant construire l'écluse de chasse qui fonctionne aujourd'hui; il y consacra 170,000 livres. Le port, qui depuis longtemps ne recevait plus que de petits bateaux de pêche, reprit quelque activité. Grâce à ces améliorations, l'entrée du port est aujourd'hui fixée par des travaux d'une grande solidité; la digue de galets sur laquelle ils s'appuient, fortifiée par l'action des flots, a maintenant 200 mètres de largeur à la base et 10 mètres de hauteur; la stabilité en est devenue parfaite, et elle résiste par sa masse aux coups de mer les plus furieux. Les lois de 1837 et 1840 ont doté Le Tréport d'un bassin à flot qui se prolonge par le beau canal de la Bresle jusque sous les murs d'Eu et remet, dans la rigoureuse acception de ce nom, la ville en possession de l'*Ulterior portus* des anciennes chroniques. Indépendamment du commerce local et de la pêche, Le Tréport rend d'utiles services comme port de refuge; les navires qui, par les vents d'aval, manquent l'entrée de Dieppe seraient poussés, s'il ne leur était pas ouvert, jusqu'au fond du pas de Calais. Il n'admettait jusqu'ici que des navires de 2 à 3 mètres de tirant d'eau; on double presque aujourd'hui la profondeur du port, on l'entoure de quais, on prolonge les jetées de manière à les mettre en état de recueillir les bâtiments à la marée basse.

Station de bains de mer, Le Tréport n'offre guère de remarquable que son église, monument historique du xviᵉ siècle.

LONGUEVILLE. — Longueville (*Longavilla*), station de la ligne de Paris-Rouen à Dieppe, est un chef-lieu de canton à 17 kilomètres au sud de Dieppe, sur la Scie, qui, en cet endroit, est resserrée entre deux collines très rapprochées et forme une vallée très étroite; sa population est de 708 habitants.

Ce bourg doit son nom à sa situation qui ne lui a permis de s'étendre qu'en longueur, du nord au sud, sur les bords de la Scie. Il eut de bonne heure ses seigneurs particuliers, qui portaient le titre de comte, et prit souvent leur nom; on le nommait *Longueville-la-Giffard*. En 1384, Charles V le donna au connétable Bertrand Du Guesclin, avec le titre de maréchal de Normandie, en récompense de la victoire de Cocherel, remportée sur l'armée de Charles le Mauvais. En 1406, ce domaine passa aux Montmorency-Laval, puis, en 1443, Charles VII le donna au célèbre comte de Dunois. A partir de cette époque, on trouve les ducs de Dunois-Longueville et Tancarville mentionnés à toutes les grandes pages de notre histoire; ils sont à Guinegate, à Marignan, à Saint-Quentin, à Moncontour. La femme de Henri II d'Orléans, Anne-Geneviève de Bourbon-Condé, duchesse de Longueville, fut, comme on le sait, la principale héroïne de la Fronde. Son fils aîné, qui mourut en 1694 abbé de Saint-Georges de Boscherville, fut le dernier des Dunois-Orléans-Longueville; après lui, le comté fit retour à la couronne. Cette petite ville était défendue par un château, ce qui lui attira plus d'une fois les horreurs de la guerre; il fut pris et repris, brûlé, saccagé. Les ruines de ce vieux château couvrent encore la colline à l'est du bourg. C'est une vaste enceinte de fossés profonds et d'épaisses murailles, flanquées de tours rondes ou carrées; le château actuel est moderne. L'église, dédiée aux apôtres saint Pierre et saint Paul, ne conserve d'ancien que sa nef principale, les deux transepts et quelques pierres tumulaires.

Longueville possède une filature de coton, tissage et retorderie, établie dans un des bâtiments de l'ancien prieuré de Sainte-Foy.

Les armes de la vicomté de Longueville étaient: *de gueules, au château d'argent*.

YVETOT (lat. 49° 37′ 3″; long. 1° 35′ 2″ O.). — Yvetot (*Ivonis Tofta, Ivetotum*), chef-lieu de sous-préfecture, à 34 kilomètres de Rouen, est une ville peuplée par 8,444 habitants. C'est au xiᵉ siècle qu'il est fait mention de cette ville pour la première fois. Un sire d'Yvetot est cité comme ayant suivi Guillaume à la conquête de l'Angleterre et s'étant distingué à la bataille d'Hastings. Une tradition contestée veut que, sous la première race, les seigneurs d'Yvetot aient pris le titre de roi; mais ce titre se trouve dans les actes du XIVᵉ siècle, et il est certain que les seigneurs d'Yvetot conservèrent jusqu'au milieu du XVIᵉ siècle cette singulière royauté. De la conquête de l'Angleterre (1066) à l'invasion de la France par Henri V, roi d'Angleterre (1418), on compte trois dynasties des rois d'Yvetot, juste tout autant que pour les rois de France à la même époque.

Ce fut Jean d'Yvetot IV, appartenant à la première race, qui prit, vers 1383, le titre de roi dans ses actes publics et privés; sans doute il en avait le droit, car un arrêt de l'échiquier de Normandie, daté de l'an 1392, lui donne cette qualification. Il eut pour successeur Martin; celui-ci, que nous pourrions peut-être appeler le *Magnifique*, prit tellement au sérieux son titre de roi, qu'il fit de grandes dépenses, affecta des manières tout à fait royales, s'endetta, et force lui fut, lui qui ne voulait pas faire *payer à ses sujets leur gloire*, de vendre purement et simplement sa couronne. Les rois d'Yvetot battaient monnaie, et nous en possédons la preuve dans nos grandes collections numismatiques; mais elles conviennent parfaitement à cette modeste monarchie, car la monnaie d'Yvetot était tout simplement un morceau de cuir taillé, portant une empreinte avec une tête de clou au milieu; c'est du moins ainsi que *Martin, roi d'Yvetot*, battait monnaie. Il était représenté monté sur un trône, escabeau à quatre pieds, couronné du cercle royal, sans branches ni fleurons, et donnant l'accolade à un de ses sujets nommé Bobé. Autour on lit : *Maistre Ivetoti Bobé E. s. sct. Fg.* Martin d'Yvetot est représenté vêtu d'une cotte d'armes serrée à la ceinture, et il a les cheveux longs comme les rois mérovingiens.

L'acquéreur du royaume d'Yvetot fut Pierre Iᵉʳ de Vilaines, chambellan du roi; ce fondateur de la seconde dynastie fut tué à la bataille d'Azincourt, en 1415.

Guillaume Chenu Iᵉʳ fut le chef de la troisième dynastie. Après l'expulsion des Anglais en 1453, il rentra en possession du royaume d'Yvetot, que ceux-ci avaient momentanément envahi; il y rentra soit par héritage, du chef de sa femme, ce qui prouve que la loi salique y était en vigueur, soit par achat. Sans doute le roi Louis XI, ce terrible démolisseur de la constitution féodale, ne redoutait pas le royaume d'Yvetot, car il reconnut, par lettres patentes du mois de mars 1461, les libertés et franchises de ce royaume. L'un des successeurs de Chenu Iᵉʳ, et il y eut quatre rois de ce nom, gentilhomme de l'hôtel de Charles VIII, est cité, dans un état des dépenses de la maison du roi, avec cette désignation : *Messire Jean Baucher, chevalier, roi d'Yvetot*. Ce roi recevait *quatre cents livres de gages*, voilà une liste civile dont la modestie justifiait bien l'admiration de Béranger pour cette royauté à bon marché. Pendant les guerres entre la France et l'Angleterre, Yvetot eut le bonheur d'échapper aux désastres qui frappèrent la plupart des villes de Normandie; mais elle fut témoin, en 1592, de combats acharnés entre les troupes de Henri IV et celles de la Ligue. Elle resta au pouvoir du Béarnais, qui s'écria : « Au moins, si je dois perdre le royaume de France, suis-je assuré de celui d'Yvetot. » Cette ville est aujourd'hui un centre de commerce pour les grains et les bestiaux; elle possède aussi quelques manufactures. Mais rien de moins royal que l'aspect d'Yvetot; il y a peu de maisons qui soient élevées de plus d'un étage, et la ville ne consiste guère qu'en une longue rue d'une lieue de long. Cependant elle doit à son dernier seigneur ou roi, Camille III d'Albon, la restauration de son église et sa halle aux blés. Sur la façade de ce monument, on lit : *Gentium commodo Camillus III*, MDCCLXXXVI.

CAUDEBEC. — Caudebec (*Caletum, Calidobeccum, Calidum Beccum*), appelée aussi Caudebec-en-Caux pour la distinguer de Caudebec-lès-Elbeuf, est une jolie ville, sur les bords de la Seine, à 11 kilomètres au sud d'Yvetot. Vis-à-vis de cette ville, on voyait jadis une assez grande île, l'île de *Belcinac*, qui a disparu avec son monastère et ses églises depuis plusieurs siècles, après avoir été longuement minée par les eaux de la Seine luttant contre la mer. Caudebec était anciennement une station de pêcheurs; elle fut longtemps un fief, appartenant aux moines de Saint-Wandrille. Son commerce s'agrandit et elle devint très importante. Elle était entourée de murailles flanquées de tours, dont les derniers débris ont disparu il y a quelques années seulement. Guillaume le Conquérant y passa la Seine en 1047 pour aller punir la révolte du comte d'Arques. Après la prise de Rouen par les Anglais en 1419, Caudebec fut assiégé par Talbot, qui ne parvint à s'en rendre maître qu'après six mois de tranchée ouverte. Les habitants essayèrent en vain de secouer le joug; les Anglais ne l'évacuèrent qu'en 1450. Charles VII, après la conquête de la Normandie, y fit une entrée triomphale, suivi d'une brillante escorte, dans laquelle on distinguait les héros des dernières guerres et à leur tête Dunois. Depuis cette époque jusqu'aux guerres de religion, l'importance de Caudebec s'accrut rapidement; c'était l'entrepôt presque exclusif des pêches de la Normandie; aussi avait-elle pour armoiries : *trois éperlans d'argent sur champ d'azur*; ils ont été remplacés plus tard par : *trois saumons sur champ de gueules*. Prise et reprise à la fin du xvi° siècle par les huguenots et les catholiques, elle perdit plus tard, à l'époque de la révocation de l'édit de Nantes, un grand nombre de ses habitants; ses fabriques de gants et de chapeaux, longtemps célèbres, ne se relevèrent point. Ses chapeaux avaient été connus sous le nom de *caudebecs*, et elle en fournissait non seulement la France, mais aussi la Hollande et l'Angleterre. Boileau nous a conservé le souvenir de cette industrie spéciale dans ces vers de son épître à Lamoignon :

> Pradon a mis au jour un livre contre vous,
> Et chez le chapelier du coin de notre place
> Autour d'un caudebec j'en ai lu la préface.

La plupart des chapeliers cauchois étaient protestants; ils émigrèrent après la révocation de l'édit de Nantes et portèrent leur industrie dans les pays qui en avaient jadis été tributaires. Caudebec ne possède plus que 2,049 habitants, chiffre bien inférieur à celui des recensements antérieurs à la fin du xvii° siècle. Son église paroissiale est un monument remarquable du xv° siècle, dans lequel Guillaume Le Tellier, son architecte, a prodigué à l'extérieur tous les trésors de l'architecture gothique. Le grand portail est un chef-d'œuvre d'élégance et de délicatesse. On lit sur la galerie qui le couronne ces mots découpés dans la pierre en grandes lettres gothiques : *Pulchra est et decora*, applicables à la fois à l'église et à la Vierge Marie. La tour, de forme carrée, surmontée d'une flèche octogonale élancée, est entourée de trois couronnes qui semblent figurer la tiare romaine et lui donnent un aspect tout particulier. La chapelle de la Vierge renferme un pendentif admirable; les vitraux sont fort curieux, et, dans la sacristie, on voit de belles armoires et de beaux vestiaires provenant de l'abbaye de Saint-Wandrille. L'église de Caudebec mérite en tout point le compliment qu'en faisait Henri IV, lorsqu'en parlant d'elle il disait : « C'est ici la plus belle chapelle que j'aie jamais vue. »

On doit visiter aux environs l'ancienne chapelle gothique de Sainte-Gertrude, qui mériterait d'être restaurée, et la chapelle de Notre-Dame-de-Barre-y-Va, charmant édifice du xv° siècle, tout rempli d'*ex-voto*, lieu de pèlerinage encore fréquenté, et dont le nom rappelle la redoutable présence de la *barre*. Caudebec est, en effet, un des points des bords de la Seine d'où l'on peut le mieux jouir de la vue de ce phénomène; et l'on s'y rend pour cela au moment des grandes marées d'équinoxe.

Les armes de Caudebec sont : *de gueules, à trois éperlans* ou *saumons d'argent péris en fasce, la tête tournée à droite*.

SAINT-WANDRILLE-RANÇON. — Saint-Wandrille-Rançon, commune du canton de Caudebec, située près de la rive droite de la Seine, à 3 kilomètres d'Yvetot et peuplée de 751 habitants, doit son origine à une illustre abbaye aujourd'hui en ruine, fondée vers l'an 684 en même temps que Jumièges, par Wandrille, ami de saint Philibert. Ce monastère, qui n'était qu'à 3 kilomètres de Caudebec, est quelquefois désigné aussi sous le nom de *Fontenelle* ou *Fontanelle* (*Fontanella*, petite fontaine; de la petite source qui en arrosait les jardins). Caudebec était un fief de cette puissante abbaye. Saint-Wandrille a produit quelques hommes fameux : Ansbert, Ansegise et Éginhard. Le réfectoire, une magnifique fontaine ou lavabo, à l'entrée de ce réfectoire, et le cloître ont été conservés; mais, de l'église abbatiale, il ne reste plus que l'emplacement du chœur et la base des piliers d'une partie de la nef. L'enceinte du monastère contenait huit églises.

Outre ces restes remarquables, aujourd'hui conservés avec soin, Saint-Wandrille possède encore deux monuments historiques : l'église paroissiale et la petite chapelle de Saint-Saturnin, située à mi-côte, au nord du monastère.

VILLEQUIER. — Villequier est un village de 779 habitants, situé à 16 kilomètres au sud-ouest d'Yvetot et à 7 kilomètres au sud-ouest de Caudebec, sur la rive droite de la Seine, au pied de ravissants coteaux boisés. Il est presque exclusivement habité par des anciens marins, des pilotes ou lamaneurs ou des pêcheurs. C'est à Villequier que les navires peuvent réclamer des pilotes pour remonter ou descendre la Seine. Le fleuve, dans ces parages, est dangereux et l'humble village a été témoin de bien des naufrages. C'est en vue de Villequier que périt, en 1843, au retour d'une visite sur l'autre rive, Léopoldine Hugo, fille du grand poète; c'est dans l'humble cimetière qui entoure l'église paroissiale qu'elle repose auprès de sa mère, dont la dalle funéraire porte ces simples mots : *Ci-gît Adèle, femme de Victor Hugo*. L'église de Villequier, qui s'élève au milieu de la verdure, à mi-côte au-dessus de l'unique rue du village qui forme quai, n'a pas grand caractère; le chœur est du XIIe siècle, et la nef du XIIIe; mais elle possède de beaux vitraux, dont l'un représente un combat naval.

De la terrasse du château de Villequier on jouit d'un admirable panorama sur le cours de la Seine et les pays voisins.

WATTEVILLE. — Watteville-la-Rue, ainsi surnommé pour le distinguer de plus de cent autres villages du même nom, est une commune de 911 habitants, située à 17 kilomètres d'Yvetot, presque en face de Villequier et sur la rive gauche de la Seine. Le bourg se compose principalement de maisons disséminées dans de vastes enclos. C'était autrefois un fief qui relevait du château de La Meilleraie. Son église, qui date de la Renaissance, possède une jolie toiture et de beaux vitraux. L'ancien château de Watteville était très considérable; il était autrefois baigné par la Seine elle-même, dont il est séparé aujourd'hui par des prairies étendues; il commandait le passage du fleuve. Il en reste les ruines d'un vaste bâtiment perpendiculaire au cours du fleuve et celles d'un grand donjon polygonal dont le fossé circulaire est très bien conservé. Le village de Watteville, dont les habitants se livrent principalement à l'agriculture, est adossé à la vaste forêt de Brotonne, dans laquelle on a trouvé des antiquités gallo-romaines.

SAINT-VALERY-EN-CAUX. — Saint-Valery, petite ville sur la Manche, à 30 kilomètres d'Yvetot, aujourd'hui reliée, à Motteville, à la ligne de Rouen au Havre par un embranchement de 32 kilomètres, doit son existence à un modeste hameau, qui exista d'abord au lieu dit *La Cité*, où se trouve la paroisse.

Au XVIe siècle, des pêcheurs de Veules vinrent s'établir, entre deux hautes falaises, dans la vallée qui s'étend entre l'église et la mer. Alors on construisit les jetées et l'on creusa le port qui aujourd'hui donne à cette petite ville toute son importance. Ce port est sûr; il est accessible par les vents d'ouest et de nord-ouest; il offre ainsi un refuge aux navires tourmentés par un gros temps. Le port de Saint-Valery possède 125 navires de commerce et bateaux pêcheurs, jaugeant ensemble environ 6,000 tonneaux. C'est le port d'importation et d'exportation de la haute Normandie; il arme aussi pour la pêche du hareng, de la morue et du banc de Terre-Neuve.

La population de cette petite ville commerçante est de 4,238 habitants. L'église paroissiale se trouve au sommet d'une charmante colline éloignée de près d'un kilomètre du centre de la ville. Les environs de Saint-Valery sont très fertiles; on y récolte une grande quantité de graines oléagineuses.

Saint-Valery est aussi une station de bains de mer très fréquentée.

VEULES et VEULETTES. — A peu près à la même distance de Saint-Valery, 6 à 8 kilomètres, on trouve encore deux stations balnéaires. L'une à l'est, *Veules*, située à l'embouchure de la rivière qui lui donne son nom, est une commune de 1,205 habitants, distante de 30 kilomètres d'Yvetot. Son port, qui s'ouvre entre deux hautes falaises, peut offrir un abri aux barques de pêcheurs surprises par un gros temps; la situation pittoresque de ce bourg, la beauté de ses environs en font un des lieux préférés par les artistes sur la côte normande. L'autre, à l'ouest, est *Veulettes*, qui n'est encore qu'un petit village de 308 habitants, à 32 kilomètres d'Yvetot, resserré entre deux collines, un peu à l'ouest de l'embouchure du Durdent, dont l'église, qui est rangée au nombre de nos monuments historiques, date en partie du XIIe siècle. Son établissement de bains de mer est de récente construction; il est assez fréquenté. Veules est à 202 kilomètres de Paris et Veulettes à 209, par Rouen et Yvetot.

ALLOUVILLE. — Allouville-Bellefosse est un bourg de 1,180 habitants, à 6 kilomètres d'Yvetot, dans le cimetière duquel on voit une des plus curieuses merveilles végétales de la France, le fameux *gros chêne*, que l'on croit contemporain de Charlemagne. Il a 15 mètres de circonférence à sa base; il est creux, et, dans son intérieur, on a établi une chapelle qui date de l'année 1696.

NEUFCHATEL (lat. 49°43'57"; long. 0°53'41" O.). — Neufchâtel, autrefois Driencourt (*Driencuria, Castellum Novum*), station de la ligne du chemin de fer de Paris à Dieppe par Pontoise, chef-lieu de sous-préfecture et tribunal de 1re instance, est une ville de 3,651 âmes, située sur la rive droite de la Béthune, dans un pays boisé et accidenté, à 44 kilomètres au nord-est de Rouen. C'est l'ancienne capitale du Bray normand, qui était une subdivision du pays de Caux. Son ancien nom était *Driencourt* ou *Drincourt*. Ce n'était alors qu'un pauvre village défendu par un château en bois; l'un de ses premiers seigneurs accompagnait Guillaume le Conquérant et fut tué à la bataille d'Hastings, en 1066. Henri Ier, roi d'Angleterre, y ayant fait bâtir, au XIIe siècle, un château fort, la ville s'appela alors le *Neuf-Chastel de Driencourt*, et bientôt plus simplement Neufchâtel. Il y a peu de villes de France dont l'existence ait été aussi malheureuse. Prise et reprise continuellement par les divers partis qui désolèrent la France, elle fut saccagée par le roi Louis VII; puis, sept ans après, par le fils de Henri Ier d'Angleterre, révolté contre son père; enfin, peu d'années après, par le comte de Ponthieu, ennemi du même roi Henri. Elle passa, avec le reste de la Normandie, sous l'autorité de Philippe-Auguste et fut, plus tard, prise par les Anglais, après une résistance désespérée. En 1472, Charles le Téméraire, qui venait d'échouer devant Beauvais, s'en empara, la livra pendant trois jours au pillage, puis la brûla. « Ce fut, dit un chroniqueur, un grand et piteux dommage, car c'était une moult belle ville de guerre et grande. » Agitée par les guerres de religion au XVIe siècle, elle fut prise et reprise par les protestants et les catholiques, pendant la lutte dont le pays fut le théâtre, entre Henri IV d'un côté, le duc de Mayenne et le prince de Parme de l'autre. Elle ne fit sa soumission à Henri IV que six mois après la reddition de Rouen. Le roi la fit démanteler. Depuis ce temps, l'existence de Neufchâtel a été d'un calme profond; sans industrie manufacturière, elle doit cependant aux gras pâturages qui l'entourent une certaine importance. Ses fromages, appelés *bondons*, sont renommés. Ils se fabriquent, surtout pour le commerce, dans les vallées de la Béthune et de l'Epte;

une bonne vache laitière fournit 25 à 30 fromages par jour. Neufchâtel possède une bibliothèque et un musée d'antiquités. Son église paroissiale, dite de Notre-Dame, est un monument historique dont quelques parties remontent au XIIe siècle, d'autres au XVe et au XVIe siècle; le chœur est fort beau et le grand portail est élégant. Le clocher qui la surmonte, formé par une jolie tour de la Renaissance, mériterait d'être terminé par une flèche plus en rapport avec son architecture que celle que l'on y voit aujourd'hui.

Les armes de Neufchâtel étaient: *d'azur, à trois tours crénelées d'argent, 2 et 1;* après la réunion de la Normandie à la France, on ajouta: *au chef cousu d'azur, aux trois fleurs de lis d'or.*

AUMALE. — Aumale (*Alba Marla, Alba Mallia*), petite ville de 2,231 habitants, sur la Bresle, à 25 kilomètres à l'est de Neufchâtel, station de la ligne d'Abancourt au Tréport, a eu jadis, comme Neufchâtel, une importance qui lui a été souvent fatale. Elle a soutenu onze sièges et a été souvent saccagée. Elle existait déjà au temps de Rollon; plus tard, elle fut prise et détruite par Philippe-Auguste. Rebâtie par Richard Cœur de Lion, elle passa définitivement, en 1204, comme le reste de la Normandie, sous la domination de Philippe-Auguste. Au XVIe siècle, Henri II érigea le comté d'Aumale en duché-pairie, en faveur de Claude de Lorraine. Le fils de Claude se rendit célèbre au temps de la Ligue sous le nom de duc d'Aumale. Ce fut près d'Aumale que se livra, en 1592, un combat assez vif entre la cavalerie de Henri IV et les troupes du duc de Parme; Henri y fut atteint d'un coup d'arquebuse aux reins, la balle avait à peine entamé la peau; il faillit être pris, mais il se retira heureusement à Neufchâtel. Le duché d'Aumale appartint, au XVIIe siècle, à Mlle de Montpensier, la *grande Mademoiselle*, puis fut donné au duc du Maine, fils légitimé de Louis XIV, et appartient à ses descendants jusqu'à la Révolution. Le titre de duc d'Aumale fut renouvelé en 1822 par Louis XVIII, en faveur d'un des fils de Louis-Philippe d'Orléans.

Parmi les monuments d'Aumale, nous citerons: l'hôtel de ville; le collège, qui possède une belle chapelle; l'hôpital, fondé en 1694 par le duc du Maine, et l'église de Saint-Pierre-et-Saint-Paul, monument historique dont on remarque le chœur et le portail méridional; enfin, les ruines de son antique abbaye ou collégiale de Saint-Martin, fondée vers l'an 1000, donnée aux bénédictins en 1120, et dont le poète Chaulieu fut abbé.

Aumale était autrefois renommée par ses serges ; elle possède une fabrique de draps, des tanneries, une laminerie d'acier et une grande verrerie. Ses marchés aux grains et aux bestiaux sont très fréquentés.

Les armes de cette ville sont : *d'argent, à la fasce d'azur, chargée de trois fleurs de lis d'or.*

BLANGY. — Blangy (*Blangiacum, Blangeium*), sur la Bresle, à 30 kilomètres au nord-est de Neufchâtel, station de la ligne d'Abancourt au Tréport, est une petite ville de 1,600 habitants, d'origine fort ancienne, car on y a trouvé des antiquités celtiques et romaines et les ruines d'une villa. Au XIIe siècle, elle était entourée de fossés et d'une muraille en brique; on y accédait par les portes de Normandie, de Picardie et de la Mer ou de Dieppe. Elle eut de bonne heure son administration communale, c'est-à-dire un maire et des échevins. Elle fut plusieurs fois prise et reprise pendant les guerres du XVe et du XVIe siècle, et ses fabriques de draps, qui étaient alors très florissantes, eurent beaucoup à souffrir. En 1733, elle fut ravagée par un grand incendie qui ruina, dit-on, tous ses habitants. Blangy possédait trois églises : celle de Saint-Ouen, supprimée dès le XVIIe siècle; celle de Saint-Denis, démolie vers 1810, et l'église actuelle, consacrée à la sainte Vierge, et rangée au nombre des monuments historiques.

Cette petite ville possède des tanneries, des clouteries, une filature de coton, une fabrique de produits chimiques et une importante brasserie ; elle fait un très grand commerce de bois et de grains.

FORGES-LES-EAUX. — Forges (*Forgiæ*), station de la ligne de Paris à Dieppe par Pontoise, sur l'Andelle, à 20 kilomètres au sud-est de Neufchâtel, doit son nom aux importants établissements métallurgiques qui y furent en activité sous la domination gallo-romaine et une partie du moyen âge, et son surnom à ses eaux minérales ferrugineuses, connues et fréquentées dès le XIVe siècle. La tradition populaire attribue la découverte de leurs propriétés à la guérison d'un cheval abandonné dans la forêt voisine par les moines de Beaubec. Ce qui est plus certain, c'est qu'elles doivent toute leur renommée au séjour qu'y fit Louis XIII, du 21 juin au 13 juillet 1632, accompagné de la reine Anne d'Autriche et du cardinal de Richelieu. Les sources, au nombre de trois, qui jusqu'alors s'étaient appelées la Fontaine de Jouvence, prirent à cette occasion le nom de leurs augustes visiteurs et portent encore les noms de Reinette, de Royale et du Cardinal, de la préférence accordée par la reine Anne d'Autriche, le roi et le cardinal à chacune d'elles. Les eaux de Forges sont toniques comme celles de Spa ; elles sont surtout efficaces dans les maladies de langueur, conviennent aux tempéraments lymphatiques et sont employées avec grand succès contre les douleurs qui affectent les organes digestifs.

Forges est un chef-lieu de canton et compte 1,684 habitants ; ses environs sont fort beaux et présentent d'agréables promenades; elle fait un certain commerce de faïences, de poteries, de produits chimiques, de céruse, de pipes, etc. Aux environs de Forges sont les châteaux de Riberpré et du Héron ; ce dernier mérite d'être visité.

GOURNAY. — Gournay (*Gornacum, Gornarum*) est une petite ville très ancienne, située sur la rive droite de l'Epte, dans l'ancien pays de Bray, sur la limite du département et de celui de l'Oise, à 45 kilomètres au sud-est de Neufchâtel-en-Bray, station de la ligne de Paris à Dieppe par Pontoise, avec embranchement sur Beauvais. Elle existait du temps des Romains. Elle est souvent mentionnée au moyen âge comme une ville assez considérable, et comme place forte elle tirait une grande importance de sa situation sur la frontière du pays de Caux, du Vexin et du Beauvaisis, elle soutint plusieurs sièges. Le chapelain de Philippe-Auguste, Guillaume le Breton, parle assez longuement de Gournay dans son poème de la *Philippide*. Nous lui emprunterons le récit du plus remarquable de ces sièges, qui eut lieu vers l'an 1206. Philippe-Auguste, après avoir enlevé à Jean sans Terre la plupart des villes de Normandie, venait de reprendre les châteaux de Longchamp et de Mortemer :

« Non loin de là était un bourg, fier de sa nombreuse population, rempli de toutes sortes de richesses, célébré par la renommée, au milieu d'une vallée délicieuse et extrêmement belle. Il se nommait Gournay, était inexpugnable par sa position, quand même il n'y aurait eu dans l'intérieur personne pour le défendre ; il était sous les lois de

Hugues de Gournay, seigneur de beaucoup d'autres châteaux. Les fossés de celui-ci étaient très vastes et très profonds, et l'Epte les avait tellement remplis de ses eaux que nul ne pouvait les franchir pour s'avancer vers les murailles. Voici cependant l'artifice que le roi employa pour s'en rendre maître.

» Non loin des murs était un très vaste étang, dont les eaux, telles que celles d'une mer stagnante, étaient rassemblées pour former un lac plein de sinuosités et contenues par une chaussée en terre recouverte de pierres carrées et d'un gazon fort épais. Le roi fit rompre cette chaussée par le milieu ; par là s'écoula aussitôt un immense déluge ; sous ce gouffre ouvert à l'improviste, la vallée disparut et ne présenta plus que l'aspect d'une mer ; l'inondation, se répandant avec impétuosité, porta de tous côtés les ravages et fut ruineuse pour les habitants, entraînant avec elle les champs, les maisons, les vignobles, les meules, les frênes déracinés ; les gens de la campagne fuient, gagnant en hâte les points les plus élevés, pour échapper au péril et s'inquiétant peu des choses qu'ils perdent, pourvu qu'ils puissent sauver leur corps ; quiconque s'échappe sain et sauf croit lui-même n'avoir rien perdu, tant l'effroi s'était emparé de tous les cœurs!

» Les habitants fuient donc pour ne pas être submergés, et tout le peuple évacue les champs et les laisse absolument déserts. Même en fuyant, le peuple ne craint point d'être pris par l'ennemi, car il pense que c'est un moindre mal d'être jeté dans les fers ou de périr par le glaive que de perdre la vie au milieu des flots subitement élevés et de priver sa respiration des conduits qui doivent la mener naturellement se perdre dans l'air. Ainsi ce lieu, puissant par ses armes, fort de ses murailles et de ses habitants, qui ne craignait d'être pris ni par artifice ni par force, est pris par un déluge inopiné. L'assaut que livrent les eaux renverse les remparts ; en peu d'instants elles ont détruit cette forteresse, qui naguère ne redoutait ni les machines de guerre ni les armes des combattants. Le roi, après qu'il eut ainsi réduit Gournay sous sa domination, rappelant tous les gens du pays dans leur propriétés, rendit aux peuples la paix et leur liberté première. Il fit ensuite reconstruire les murailles, les rues et les maisons qu'avaient renversées avec violence les ondes se précipitant par torrents. »

Aujourd'hui, elle n'a plus d'autre importance que celle que lui donne son commerce de laitage et de bestiaux. Sa population est de 3,521 habitants. Le chapitre de cette ville conserve dans une riche châsse les reliques de saint Hildevert, mort au XI° siècle évêque de Meaux. En 1793, la châsse qui contenait ces reliques fut spoliée et les reliques auraient péri sans un chanoine qui les enveloppa dans un morceau d'étoffe et les enfouit dans le cimetière des chanoines. Elles en furent presque aussitôt retirées par un avocat nommé Larcher et demeurèrent chez lui jusqu'au 22 mai 1803, jour où elles furent solennellement rapportées dans l'église paroissiale, ancienne collégiale qui date du XIII° et du XIV° siècle et a mérité d'être rangée au nombre de nos monuments historiques.

Cette petite ville possède des mégisseries et des tanneries ; elle fait un grand commerce de beurre et de fromages renommés ; ses marchés du mardi sont très fréquentés.

Les armes de Gournay sont : *d'azur, à un cavalier d'argent, tenant un guidon de gueules à la croix d'argent.*

NEUFMARCHÉ. — Neufmarché (*Novus Marchesias, Novum Mercatum*), station de la ligne du chemin de fer de Paris à Dieppe par Pontoise, est un bourg très ancien, situé au sud-est de Neufchâtel, à 6 kilomètres de Gournay. Avant les invasions normandes, il portait le nom de *Gomercium*. Son premier seigneur connu portait le nom de Turquetil et vivait vers l'an 1050. Les successeurs de celui-ci tiennent une place importante dans l'histoire normande. On y voit les ruines d'un vieux château construit en 1120 par Henri Ier d'Angleterre, pour défendre la rive droite de l'Epte. Ce château, dont il ne restera bientôt plus de traces, se composait d'un donjon supporté par une motte artificielle, comme celui de Gisors, et entouré d'une vaste enceinte circulaire, flanquée de distance en distance de demi-tours carrées, ouvertes vers l'intérieur de la place. Il avait trois portes, et ses murs étaient très épais. En 1152, le roi Louis VII en fit le siège et s'en empara, quoiqu'il fût, au dire d'un historien, *presque inexpugnable*. Philippe-Auguste et après lui Philippe le Bel et ses trois fils visitèrent Neufmarché et séjournèrent au château. Aujourd'hui, Neufmarché compte 637 habitants ; son église, dédiée à saint Pierre, remonte au XI° siècle ; c'est

Harfleur.

un très curieux édifice roman, rangé au nombre de nos monuments historiques.

SAINT-SAENS. — Saint-Saëns (*Sanctus Sidonius*), chef-lieu de canton de 2,475 habitants, situé sur la Varenne, à 15 kilomètres au sud-ouest de Neufchâtel, doit son nom à un moine de Jumièges nommé Sidonius. Le bourg et le monastère furent brûlés en 1450 par les Anglais et les Bourguignons; ils ne furent rétablis qu'environ 200 ans après cette époque. Saint-Saëns eut ses seigneurs particuliers, il ne reste aucune trace de leur château. L'église est une construction en grande partie romane. Saint-Saëns avait aussi un monastère de femmes. Mme de Maintenon y vint fréquemment visiter l'abbesse, qui était son amie; c'est à elle que l'on attribue les embellissements de l'église paroissiale.

Diverses industries furent jadis des plus florissantes dans ce bourg. Les drapiers y formaient une corporation; les forgerons y étaient au nombre de plus de 500, les couteliers au nombre de 40, et il y avait une verrerie occupant 300 ouvriers. Aujourd'hui, Saint-Saëns possède d'importantes tanneries, et son marché aux grains est fréquenté.

STATISTIQUE DU DÉPARTEMENT DE LA SEINE-INFÉRIEURE

RANG DU DÉPARTEMENT

Superficie : 42ème. — Population : 3ème. — Densité de la population : 4ème.

I. STATISTIQUE GÉNÉRALE

SUPERFICIE.	POPULATION.	ARRONDISSEMENTS.	CANTONS.	COMMUNES.	REVENU TERRITORIAL.		CONTRIBUTIONS et REVENUS PUBLICS
6.035 kil. carrés, ou 603.550 hect.	Hommes, 391.479 Femmes, 406.935 Total.. 798.414 132 hab. 28 par kil. carr.	5	51	759	Propriétés bâties...	30.000.000 fr.	115.000.000 fr.
					— non bâties	44.000.000 »	
					Revenu agricole....	190.000.000 »	

II. STATISTIQUE COMMUNALE

ARRONDISSEMENT DE ROUEN

Superficie, 1.283 kil. carrés ou 128.395 hect. — Population, 280.585 hab. — Cantons, 15. — Communes, 158.

CANTON, sa population.	NOM de LA COMMUNE.	POPULATION.	Distance au chef-lieu d'arr.	CANTON, sa population.	NOM de LA COMMUNE.	POPULATION.	Distance au chef-lieu d'arr.	CANTON, sa population.	NOM de LA COMMUNE.	POPULATION.	Distance au chef-lieu d'arr.
ROUEN, 1 com., 101.902 h.	Rouen (1er canton)...	14.825	»	Suite de BUCHY.	Estouteville-Escalles.	318	23	Suite de DARNÉTAL.	Épreville - Martainville.	402	16
					Héronchelles.....	142	23		Fontaine-sous-Préaux.	196	8
	Rouen (2e canton)...	12.535	»		Longuerue........	240	18		Grainville-sur-Ry....	199	17
					Morgny - la - Pommeraye.	400	15		Héron............	303	25
	Rouen (3e canton)...	16.162	»		Pierreval.........	167	16		Isneauville........	843	8
					Rebets...........	184	27		Préaux...........	710	12
	Rouen (4e canton)...	16.040	»		Saint-Aignan-sur-Ry.	245	20		Roncherolles......	426	9
					Sainte - Croix - sur - Buchy.	760	23		Ry...............	510	20
	Rouen (5e canton)...	24.163	»		Saint - Germain - des - Essours.	288	19		Saint-Denis-le-Thiboult.	428	21
	Rouen (6e canton)...	21.177	»		Vieux-Manoir......	300	18		Saint - Jacques - sur - Darnétal.	1.133	9
Boos, 10.440 habitants.	Boos.............	730	12						Saint-Léger-du-Bourg-Denis.	1.030	6
	Amfreville-la-Mivoie.	1.286	6		Clères............	782	22				
	Authieux-sur-le-Port-Saint-Ouen (Les)..	501	13		Anceaumeville.....	384	18		Saint-Martin-du-Vivier.	470	6
	Belbeuf...........	650	9		Authieux-Ratiéville..	258	13		Servaville - Salmonville.	431	16
	Blosseville - Bon - Secours.	1.497	5		Bocasse..........	468	23		Vieux-Rue (La).....	224	12
	Fresne-le-Plan......	319	20		Bosc-Guérard - Saint-Adrien.	401	12				
17 communes,	Gouy.............	337	12	22 communes, 12.402 habitants.	Cailly............	429	21	DUCLAIR, 20 communes, 12.122 habitants.			
	Mesnil-Esnard (Le)..	1.223	6		Claville-Motteville...	366	23		Duclair...........	1.840	20
	Mesnil-Raoul (Le)...	454	18		Eslettes..........	393	16		Ambourville.......	177	16
	Montmain.........	260	14		Esteville..........	315	23		Anneville-sur-Seine..	490	17
	Neuville-Champ-d'Oisel (La).	1.142	14		Fontaine-le-Bourg...	1.425	15		Bardouville........	327	14
	Notre-Dame-de-Franqueville.	546	8	CLÈRES,	Frichemesnil......	294	25		Berville-sur-Seine...	303	17
	Quévreville-la-Poterie	229	16		Grugny...........	180	23		Épinay-sur-Duclair..	278	19
	Saint-Aubin-Celloville	474	12		Houssaye-Béranger.	350	26		Hénouville........	493	15
	Saint-Aubin-Épinay..	410	8		Mont-Cauvaire.....	375	16		Heurteauville......	436	26
	Saint-Pierre-de-Franqueville.	392	11		Monville..........	2.417	16		Jumièges..........	1.084	27
	Ymare............	188	16		Quincampoix......	926	12		Mauny............	166	19
BUCHY, 21 com., 7.315 habitants.	Buchy............	832	27		Rue-Saint-Pierre (La)	405	16		Mesnil-sous-Jumièges (Le).	368	29
	Bierville..........	132	16		Saint-André-sur-Cailly	551	17		Quevillon.........	274	15
	Blainville-Crevon....	770	18		Saint - Georges - sur-Fontaine.	515	15		Sainte - Marguerite - sur-Duclair.	861	19
	Bois-Guilbert......	287	27		Saint - Germain - sous-Cailly.	207	21		Saint-Martin-de-Boscherville.	732	12
	Bois-Héroult......	229	27		Sierville..........	786	20		Saint-Paër........	999	19
	Boissay...........	238	22		Yquebeuf.........	175	19		Saint-Pierre-de-Varengeville.	1.316	16
	Bosc-Bordel.......	460	33	DARNÉTAL, 20 c., 18.415 h.	Darnétal..........	5.618	4		Trait.............	504	27
	Bosc-Édeline......	320	33		Auzouville-sur-Ry...	579	19		Villers-Écalles.....	820	17
	Bosc-Roger-sur-Buchy	499	27		Bois d'Ennebourg...	265	15		Yainville..........	226	24
	Catenay..........	318	20		Boisguillaume.....	4.239	4		Yville-sur-Seine....	408	20
	Ernemont-sur-Buchy.	186	19		Bois - l'Évêque....	230	15				
					Elbeuf-sur-Andelle..	239	23				

SUITE DE L'ARRONDISSEMENT DE ROUEN

CANTON, sa population	NOM de LA COMMUNE.	POPULATION.	Distance au chef-lieu d'arr	CANTON, sa population	NOM de LA COMMUNE.	POPULATION.	Distance au chef-lieu d'arr	CANTON, sa population	NOM de LA COMMUNE.	POPULATION.	Distance au chef-lieu d'arr
ELBEUF, 46.165 habitants. 10 com.	Elbeuf............	22.213	21	Suite de Gᵈᵉ-COURONNE	Saint-Étienne-du-Rouvray......	2.864	7	PAVILLY, 14.819 habitants. 21 communes,	Pavilly...........	2.904	20
	Caudebec-lès-Elbeuf..	11.338	23		Saint-Pierre-de-Manneville.........	558	16		Barentin..........	3.172	18
	Cléon.............	580	17						Beautot...........	168	27
	Freneuse..........	507	16		Sotteville-lès-Rouen..	11.763	3		Betteville.........	458	29
	Londe (La)........	1.799	20		Val-de-la-Haye.....	384	12		Blacqueville.......	482	23
	Orival............	1.848	19						Bouville..........	830	23
	Saint-Aubin-Jouxte-Boulleng.	2.870	21	MAROMME, 22.791 habitants. 13 communes.	Maromme..........	2.795	7		Butot.............	254	24
	Saint-Pierre-lès-Elbeuf.	3.869	26		Canteleu..........	3.246	7		Carville-la-Folletière....	303	26
	Sotteville-sous-le-Val.	319	15		Déville...........	4.458	5		Croix-Mare........	717	28
	Tourville-la-Rivière..	822	13		Houlme...........	1.750	11		Écalles-Alix.......	604	31
GRAND-COURONNE, 31.154 hab. 13 c.,	Grand-Couronne.....	1.403	12		Houppeville........	537	11		Émanville.........	453	23
	Bouille (La).......	856	19		Malaunay..........	1.690	12		Follettière (La)....	109	30
	Grand-Quévilly.....	1.618	6		Montigny..........	472	6		Fresquienne.......	575	18
	Hautot-sur-Seine....	194	14		Mont-Saint-Aignan..	2.985	4		Fréville...........	530	25
	Moulineaux........	309	15		Notre-Dame-de-Bondeville.	2.418	7		Goupillières.......	278	20
	Oissel............	3.951	13		Pissy-Pôville......	524	14		Gueutteville.......	206	23
	Petit-Couronne.....	715	9		Roumare..........	716	13		Limésy............	1.213	23
	Petit-Quévilly.....	6.250	4		Saint-Jean-du-Cardonnay....	737	12		Mesnil-Panneville..	514	26
	Sahurs............	589	15		Vaupalière (La)....	463	11		Mont-de-l'If.......	225	29
									Sainte-Austreberthe..	425	23
									Saint-Ouen-du-Breuil	397	23

ARRONDISSEMENT DE DIEPPE

Superficie, 1.172 kil. carrés ou 117.209 hect. — Population, 108.375 hab. — Cantons, 8. — Communes, 168.

CANTON	NOM de LA COMMUNE.	POPULATION.	Distance	CANTON	NOM de LA COMMUNE.	POPULATION.	Distance	CANTON	NOM de LA COMMUNE.	POPULATION.	Distance
DIEPPE, 24.462 hab. 9 com.	Dieppe............	20.333	»	Suite de BELLENCOMBRE.	Grandes-Ventes (Les)	1.743	20	EU, 16.473 habitants. 22 communes,	Eu................	4.379	29
	Ancourt...........	466	8		Grigneuseville......	284	33		Baromesnil........	332	25
	Belleville-sur-Mer...	192	7		Mesnil-Follemprise..	247	24		Cannehan..........	329	21
	Berneval-le-Grand...	541	9		Pommeréval.......	512	28		Criel.............	1.158	21
	Bracquemont.......	484	6		Rosay.............	374	29		Cuverville.........	377	23
	Derchigny.........	380	10		Saint-Hellier.......	600	24		Étalondes.........	337	26
	Grèges............	276	5		Sévis.............	424	26		Flocques..........	266	25
	Martin-Église......	481	5						Incheville.........	517	32
	Neuville...........	1.309	1	ENVERMEU, 13.932 habitants. 30 communes.	Envermeu..........	1.330	15		Longroy..........	509	35
					Assigny...........	407	18		Melleville.........	340	29
BACQUEVILLE, 15.263 habitants. 25 communes,	Bacqueville........	2.512	18		Auquemesnil......	334	19		Mesnil-Réaume (Le).	306	28
	Auppegard.........	632	12		Avesnes...........	680	24		Millebosc..........	410	31
	Auzouville-sur-Saâne.	288	23		Bailly-en-Rivière...	765	21		Monchy-sur-Eu.....	446	28
	Avremesnil........	1.090	15		Bellengreville......	300	11		Ponts-et-Marais....	250	30
	Biville-la-Rivière...	271	20		Biville-sur-Mer....	401	15		Saint-Martin-le-Gaillard........	514	23
	Brachy............	578	15		Brunville..........	137	15		Saint-Pierre-en-Val..	567	28
	Gonnetot..........	408	20		Dampierre.........	328	12		Saint-Remy-Boscrocourt....	552	24
	Greuville..........	617	18		Douvrend..........	660	21		
	Gruchet-Saint-Siméon	974	19		Freulleville........	467	16		Sept-Meules.......	220	25
	Gueures...........	691	13		Glicourt...........	248	12		Tocqueville-sur-Eu..	237	18
	Hermanville.......	235	15		Gouchaupré.......	148	16		Touffreville-sur-Eu..	250	21
	Lamberville........	292	19		Greny.............	171	16		Tréport (Le).......	3.819	28
	Lammerville.......	740	17		Guilmécourt.......	359	17		Villy-le-Bas.......	358	27
	Lestanville........	167	22		Ifs (Les)..........	133	25		
	Luneray...........	1.858	17		Intraville..........	193	14	LONGUEVILLE, 7.483 habitants. 23 communes.	Longueville........	708	16
	Omonville.........	287	15		Meulers............	466	15		Anneville..........	352	11
	Rainfreville........	236	20		Notre-Dame-d'Aliermont........	480	17		Belmesnil.........	451	18
	Royville...........	564	20						Bertreville-St-Ouen..	452	15
	Saâne-Saint-Just....	243	23		Penly.............	256	14		Bois-Robert (Le)...	249	11
	Saint-Mards.......	437	20		Ricarville.........	246	20		Catelier (Le)......	307	20
	Saint-Ouen-le-Mauger	428	20		Saint-Aubin-le-Cauf..	634	11		Cent-Acres (Les)...	85	18
	Sassetot-le-Malgardé.	434	23		Saint-Jacques-d'Aliermont........	304	17		Chapelle-du-Bourgay (La)........	156	13
	Thil-Manneville....	672	12						
	Tocqueville-en-Caux.	241	21		Saint-Martin-en-Campagne.	407	13		Chaussée (La).....	325	13
	Venestanville......	368	22		Saint-Nicolas-d'Aliermont........	2.315	13		Criquetot-sur-Longueville........	240	17
BELLENCOMBRE, 7.547 hab. 15 c.,	Bellencombre.......	831	28						Crosville-sur-Scie...	218	12
	Ardouval..........	302	25		Saint-Ouen-sous-Bailly..........	266	17		Denestanville......	238	14
	Beaumont-le-Hareng.	238	32		Saint-Quentin.....	143	18		Heugleville-sur-Scie.	763	23
	Bosc-le-Hard......	720	34		Saint-Vaast-d'Équiqueville....	536	20		Lintot............	217	14
	Cottévrard.........	286	35						Manéhouville......	206	10
	Cressy............	304	24		Sauchay..........	313	10		Muchedent........	204	20
	Crique (La)........	429	28		Tourville-la-Chapelle.	505	13		Notre-Dame-du-Parc	159	21
	Cropus............	253	22						

SUITE DE L'ARRONDISSEMENT DE DIEPPE

CANTON.	NOM de LA COMMUNE.	POPULATION.	Distance au chef-lieu d'arr.	CANTON. sa population	NOM de LA COMMUNE.	POPULATION.	Distance au chef-lieu d'arr.	CANTON. sa population	NOM de LA COMMUNE.	POPULATION.	Distance au chef-lieu d'arr.
Suite de LONGUEVILLE.	Saint-Crespin	206	17	Suite d'OFFRANVILLE.	Rouxmesnil-Bouteilles	284	4	Suite de TÔTES.	Étaimpuis	516	34
	Saint-Germain-d'Étables	239	13		Saint-Aubin-sur-Scie	575	6		Eurville	237	26
	Saint-Honoré	157	17		Saint-Denis-d'Aclon	155	13		Fontelaye (La)	120	30
	Sainte-Foi	396	16		Sainte-Marguerite	388	11		Fresnay-le-Long	216	33
	Torcy-le-Grand	607	17		Sauqueville	351	8		Gonneville	642	20
	Torcy-le-Petit	548	15		Tourville-sur-Arques	635	8		Imbleville	583	26
					Varengeville-sur-Mer	1.092	8		Montreuil-en-Caux	460	30
OFFRANVILLE, 18 comm., 10.838 hab.	Offranville	1.575	8	TÔTES, 26 comm., 12.377 hab.	Tôtes	834	28		Saint-Denis-sur-Scie	461	27
	Ambrumesnil	409	11		Anglesqueville-sur-Saâne	339	28		Sainte-Geneviève	454	23
	Arques	961	6		Auffay	1.364	26		Saint-Maclou-de-Folleville	620	30
	Aubermesnil	284	11		Beaunay	428	22		Saint-Pierre-Bénouville	647	23
	Bourg-Dun	1.059	17		Belleville-en-Caux	334	26		Saint-Vaast-du-Val	450	27
	Colmesnil-Manneville	100	9		Bertrimont	200	32		Saint-Victor-l'Abbaye	540	30
	Hautot-sur-Mer	1.183	6		Biville-la-Baignarde	663	23		Thiédeville	255	24
	Longueil	647	11		Bracquetuit	455	30		Varneville-Bretteville	501	31
	Martigny	217	8		Calleville-les-Deux-Églises	413	25		Varvannes	322	34
	Ouville-la-Rivière	666	12						Vassonville	321	28
	Quiberville	257	13								

ARRONDISSEMENT DU HAVRE

Superficie, 878 kil. carrés ou 87.802 hect. — Population, 210.775 hab. — Cantons, 10. — Communes, 123.

	NOM	POP.	Dist.		NOM	POP.	Dist.		NOM	POP.	Dist.
LE HAVRE, 3 cant., 5 c., 102.446 h.	LE HAVRE (Est)	25.101	»	FÉCAMP, 20.941 habitants.	Fécamp	12.684	44	Suite de LILLEBONNE.	Petiville	406	47
	Graville-Sainte-Honorine	2.700	2		Criquebeuf	283	35		Saint-Antoine-la-Forêt	607	31
	LE HAVRE (Nord)	33.375	»		Epreville	664	37		St-Jean-de-Folleville	522	33
	Bléville	1.922	»		Froberville	612	35		St-Maurice-d'Etelan	347	48
	Sainte-Adresse	1.876	5		Ganzeville	456	37		Saint-Nicolas-de-la-Taille	801	35
	Sanvic	3.880	3		Gerville	500	31		Trinité-du-Mont (La)	386	40
	LE HAVRE (Sud)	33.592	»		Loges (Les)	1.614	29		Triquerville	259	46
BOLBEC, 21.516 habitants. 14 communes	Bolbec	11.105	30	12 com.	Maniquerville	218	32	MONTIVILLIERS, 15.124 habitants. 15 communes	Montivilliers	4.261	13
	Bernières	777	38		Saint-Léonard	1.001	36		Cauville	738	15
	Beuzeville-la-Grenier	844	33		Tourville	568	35		Épouville	626	16
	Beuzevillette	753	39		Vattetot-sur-Mer	617	31		Fontaine-la-Mallet	609	5
	Bolleville	730	39		Yport	1.722	..		Fontenay	336	15
	Gruchet-le-Valasse	1.750	32	GODERVILLE, 13.973 habitants. 23 communes	Goderville	1.361	30		Gainneville	561	13
	Lanquetot	1.029	36		Angerville-Bailleul	322	36		Gonfreville-l'Orcher	767	12
	Lintot	646	43		Annouville-Vilmesnil	479	35		Harfleur	2.073	8
	Nointot	823	35		Auberville-la-Renault	403	31		Manéglise	626	16
	Parc-d'Anxtot	504	30		Bec-de-Mortagne	1.144	39		Mannevillette	363	15
	Raffetot	663	40		Bénarville	349	..		Notre-Dame-du-Bec	307	16
	Rouville	776	40		Bornambusc	235	27		Octeville	2.161	15
	St-Jean-de-la-Neuville	561	33		Bréauté	1.269	33		Rolleville	647	15
	Trouville	555	45		Bretteville	1.394	31		Rouelles	574	6
CRIQUETOT-L'ESNEVAL, 12.800 habitants. 21 communes	Criquetot-l'Esneval	1.446	22		Daubeuf-Serville	648	40		Saint-Martin-du-Manoir	473	12
	Angerville-l'Orcher	1.005	20		Écrainville	1.084	26	ST-ROMAIN-DE-COLBOSC, 41.489 habitants. 19 communes	St-Romain-de-Colbosc	1.732	20
	Anglesqueville-l'Esneval	374	18		Gonfreville-Caillot	376	34		Cerlangue (La)	879	24
	Beaurepaire	386	20		Grainville-Ymauville	519	32		Éprétot	473	18
	Bénouville	272	25		Houquetot	267	28		Étainhus	524	20
	Bordeaux-Saint-Clair	760	24		Manneville-la-Goupil	824	26		Gommerville	546	20
	Cuverville	370	22		Mentheville	256	35		Graimbouville	517	22
	Étretat	2.033	24		Mirville	407	31		Oudalle	184	17
	Fongueusemare	241	25		Saint-Maclou-la-Brière	553	36		Remuée (La)	686	24
	Gonneville	878	20		Saint-Sauveur-Émalleville	542	23		Rogerville	250	13
	Hermeville	288	18		Sausseuzemare-en-Caux	510	28		Sainneville	599	17
	Heuqueville	328	17		Tocqueville	283	40		Saint-Aubin-Routot	633	18
	Pierrefiques	205	23		Vattetot-sous-Beaumont	529	32		St Eustache-la-Forêt	844	29
	Poterie (La)	556	25		Virville	219	23		Saint-Gilles-de-la-Neuville	696	22
	Saint-Jouin	1.507	17	LILLEBONNE, 12.486 hab. 14 c.	Lillebonne	5.396	35		Saint-Laurent-de-Brèvedent	550	14
	Sainte-Marie-au-Bosc	224	20		Auberville-la-Campagne	415	41		St-Vigor-d'Ymauville	618	24
	Saint-Martin-du-Bec	316	19		Frenaye (La)	820	39		Saint-Vincent-Cramesnil	423	23
	Tilleul (Le)	612	23		Grand-Camp	382	45		Sandouville	409	17
	Turretot	483	20		Mélamare	747	28		Tancarville	386	30
	Vergetot	270	24		Norville	684	50		Trois-Pierres (Les)	540	26
	Villainville	246	23		Notre-Dame-de-Gravenchon	714	45				

SEINE-INFÉRIEURE

ARRONDISSEMENT DE NEUFCHATEL

Superficie, 1.545 kil. carrés ou 154.546 hect. — Population, 77.975 hab. — Cantons, 8. — Communes, 142.

CANTON, sa population.	NOM de LA COMMUNE.	POPULATION.	Distance au chef-lieu d'arr.	CANTON, sa population.	NOM de LA COMMUNE.	POPULATION.	Distance au chef-lieu d'arr.	CANTON, sa population.	NOM de LA COMMUNE.	POPULATION.	Distance au chef-lieu d'arr.
NEUFCHATEL, 22 communes, 11.975 habitants.	Neufchatel	3.654	»		Blangy	1.606	30	GOURNAY, 16 communes, 10.097 habitants.	Gournay	3.521	45
	Auvilliers	189	12		Aubermesnil	400	17		Avesnes	323	45
	Bouelles	303	4		Bazinval	377	28		Bézancourt	588	45
	Bully	1.022	7		Champneuseville	703	25		Boschyons	383	50
	Esclavelles	463	6		Caule-Sainte-Beuve	772	14		Brémontier-Merval	574	35
	Fesques	306	6		Dancourt	567	20		Cuy-Saint-Fiacre	482	40
	Flamets-Frétils	361	11		Essarts-Varimpré (Les)	413	14		Dampierre	556	35
	Fresles	300	7		Fallencourt	418	19		Doudeauville	220	30
	Graval	149	7		Foucarmont	732	18		Elbeuf-en-Bray	387	40
	Lucy	337	7	BLANGY, 23 communes, 13.221 habitants.	Guerville	765	28		Ernemont-la-Villette	279	47
	Massy	450	7		Hodeng-au-Bosc	378	29		Ferrières	800	50
	Ménonval	221	7		Landes - Vieilles - et - Neuves	242	15		Gancourt-St-Étienne	396	35
	Mesnières	851	6						Ménerval	453	30
	Mortemer	215	9		Monchaux-Soreng	458	30		Molagnies	170	40
	Nesle-Hodeng	664	6		Nesle-Normandeuse	430	30		Montroty	306	50
	Neuville-Ferrières	526	3		Pierrecourt	808	28		Neuf-Marché	657	53
	Quiévrecourt	197	1		Réalcamp	804	22				
	Ste-Beuve-en-Rivière	394	7		Rétonval	331	18	LONDINIÈRES, 17 communes, 7.930 habitants.	Londinières	1.152	14
	St-Germain-sur-Eaulne	247	7		Richemont	805	20		Bailleul - Neuville	350	12
	Saint-Martin-l'Hortier	208	3		Rieux	468	28		Baillolet	317	9
	Saint-Saire	701	7		Saint - Léger - aux - Bois	697	20		Bosc-Geffroy	337	13
	Vatierville	220	9		Saint - Martin - au - Bosc	357	24		Bures	414	12
ARGUEIL, 15 communes, 7.057 habitants.	Argueil	430	25						Clais	354	15
	Beauvoir-en-Lions	1.009	35		Saint-Riquier-en-Rivière	444	20		Croixdalle	416	13
	Chapelle - Saint-Ouen (La)	162	28		Villers - sous - Foucarmont	246	17		Fréauville	272	13
	Croisy	420	40						Fresnoy-Folny	914	20
	Fenillie (La)	1.515	35						Grandcourt	735	23
	Fry	271	26	FORGES, 21 communes, 11.615 habitants.	Forges	1.684	20		Preuseville	407	22
	Hallotière (La)	256	40		Beaubec-la-Rosière	663	15		Puisenval	107	22
	Haye (La)	423	40		Beaussault	897	13		Sainte-Agathe-d'Aliermont	295	16
	Hodeng-Hodenger	425	30		Bellière (La)	132	24		Saint-Pierre-des-Jonquières	214	17
	Mesangueville	356	25		Compainville	273	15		Saint - Valery - sous - Bures	505	15
	Mesnil-Lieubray (Le)	189	27		Ferté - Saint - Samson (La)	643	24		Smermesnil	501	15
	Morville	206	35		Fossé (Le)	435	23		Wanchy-Capval	643	19
	Nolleval	474	32		Gaillefontaine	1.640	16	SAINT-SAËNS, 15 communes, 8.479 habitants.	Saint-Saëns	2.475	15
	Saint-Lucien	268	33		Grumesnil	483	25		Bosc-Bérenger	154	20
	Sigy	653	35		Haucourt	370	20		Bosc-Mesnil	259	13
AUMALE, 13 comm., 7.601 habitants.	Aumale	2.231	25		Haussez	607	25		Bradiancourt	202	14
	Aubéguimont	361	21		Longmesnil	142	20		Critot	316	22
	Beaufresne	228	20		Mauquenchy	444	20		Fontaine-en-Bray	228	5
	Conteville	610	18		Mesnil-Mauger	389	13		Mathonville	200	18
	Criquiers	800	23		Pommereux	179	25		Maucomble	382	12
	Ellecourt	242	23		Roncherolles-en-Bray	648	20		Montérolier	624	17
	Haudricourt	671	22		Rouvray	355	25		Neufbosq	296	15
	Illois	564	15		Saint-Michel-d'Halescourt	258	20		Rocquemont	558	20
	Marques	402	21		Saumont-la-Poterie	627	27		Sainte-Geneviève	606	14
	Nullemont	188	17		Serqueux	408	15		St-Martin-Omonville	969	15
	Ronchois	284	17		Thil-Riberpré (Le)	338	18		Sommery	944	17
	Sainte-Marguerite	514	25						Ventes-Saint-Remy	266	13
	Vieux-Rouen	506	25								

ARRONDISSEMENT D'YVETOT

Superficie, 1.556 kil. carrés ou 155.598 hect. — Population, 120.704 hab. — Cantons, 10. — Communes, 168.

CANTON, sa population.	NOM de LA COMMUNE.	POPULATION.	Distance	CANTON	NOM de LA COMMUNE.	POPULATION.	Distance	CANTON	NOM de LA COMMUNE.	POPULATION.	Distance
YVETOT, 11 comm., 16.338 habitants.	Yvetot	8.444	»	CANY-BARVILLE, 19 comm., 12.213 habitants.	Cany-Barville	1.920	25	Suite de CANY.	Paluel	647	30
	Alouville-Dellefosse	1.180	7		Auberville-la-Manuel	411	31		St-Martin-aux-Buneaux	1.491	32
	Autretot	722	5		Bertheauville	328	25		Sasseville	327	25
	Auzebosc	589	3		Bertreville	224	25		Vénesville	252	29
	Bois-Himont	224	6		Bosville	1.171	20		Veulettes	308	32
	Écretteville-lès-Baons	650	6		Butot	222	30		Vittefleur	914	29
	Saint-Clair-sur-les-Monts	519	4		Canouville	346	28	CAUDEBEC-EN-CAUX, 15 c., 10.333 h.	Caudebec-en-Caux	2.049	10
					Clasville	386	26		Anquetierville	200	13
	Sainte - Marie - des - Champs	860	1		Crasville-la-Mallet	375	22		Guerbaville	1.473	20
	Touffreville-la-Corbeline	1.063	5		Grainville - la - Teinturière	1.314	20		Louvetot	700	6
	Valliquerville	1.437	6		Malleville-les-Grès	249	30		Maulévrier	796	9
	Veauville-lès-Baons	670	4		Ocqueville	751	22		Notre - Dame - de - Bliquetuit	450	18
					Ouainville	577	25				

SUITE DE L'ARRONDISSEMENT D'YVETOT.

CANTON, sa population	NOM de LA COMMUNE.	POPULATION.	Distance au chef-lieu d'arr.	CANTON, sa population	NOM de LA COMMUNE.	POPULATION.	Distance au chef-lieu d'arr.	CANTON, sa population	NOM de LA COMMUNE	POPULATION.	Distance au chef-lieu d'arr.
Suite de CAUDEBEC-EN-CAUX.	Saint-Arnoult	758	15	FONTAINE-LE-DUN 16 communes, 9.257 habitants.	Fontaine-le-Dun	503	25	VALMONT, 23 communes, 15.734 habitants.	Valmont	911	25
	Saint-Aubin-de-Crétot	309	10		Angiens	962	25		Ancretteville-sur-Mer	432	30
	Saint-Gilles-de-Crétot	335	12		Anglesqueville - la - Bras-Long	326	20		Angerville - la - Martel	1.320	27
	Saint-Nicolas-de-Bliquetuit	347	15		Autigny	241	22		Colleville	544	30
	Saint-Nicolas-de-la-Haie	297	15		Bourville	687	20		Contremoulins	266	32
	Saint-Wandrille-Rançon	751	9		Brametot	400	25		Criquetot-le-Mauconduit	244	28
	Touffreville-la-Cable	198	15		Chapelle-sur-Dun (La)	802	27		Écretteville-sur-Mer	210	30
	Vatteville	911	17		Crasville - la - Rocquefort	638	25		Eletot	873	33
	Villequier	779	16		Ermenouville	375	22		Gerponville	632	23
					Gaillarde (La)	842	27		Limpiville	684	25
					Héberville	426	20		Riville	639	22
					Houdetot	365	22		Sainte-Hélène-Bondeville	792	30
DOUDEVILLE, 17 communes, 12.557 habitants.	Doudeville	3.207	12		Saint-Aubin-sur-Mer	303	30		Saint - Pierre - en - Port	1.144	33
	Amfreville-les-Champs	285	10		Saint-Pierre-le-Vieux	675	30				
	Bénesville	475	17		Saint-Pierre-le-Viger	504	27		Sassetot-le-Mauconduit	1.443	30
	Berville	1.010	12		Sotteville-sur-Mer	1.208	30		Senneville - sur - Fécamp	697	35
	Boudeville	290	17						Sorquainville	395	20
	Bretteville-Saint-Laurent	337	20	OURVILLE 16 communes, 9.343 habitants.	Ourville	1.195	20		Therouldeville	724	25
	Canville - les - Deux-Églises	780	20		Ancourteville-sur-Héricourt	552	12		Theuville - aux - Maillots	834	24
	Étalleville	522	15		Anvéville	858	10		Thiergeville	705	27
	Fultot	540	17		Beuzeville-le-Guerard	370	17		Thiétreville	580	25
	Gonzeville	308	17		Carville-Pot-de-Fer	330	12		Toussaint	517	35
	Harcanville	780	12		Cleuville	451	15		Vinnemerville	395	28
	Hautot-Saint-Sulpice	1.118	8		Hanouard (Le)	411	20		Ypreville-Biville	753	23
	Prétot-Vicquemare	401	17		Hautot-l'Auvray	869	20				
	Reuville	314	19		Héricourt-en-Caux	998	10	YERVILLE, 19 communes, 10.858 habitants.	Yerville	1.642	11
	Saint-Laurent-en-Caux	1.035	20		Ohervilo	472	15		Ancretiéville - Saint - Victor	447	18
	Torp-Mesnil (Le)	477	20		Robertot	478	15		Auzouville-l'Esneval	392	12
	Yvecrique	678	9		Routes	416	15		Baons-le-Comte	512	3
					Saint-Vaast-Dieppedalle	847	20		Bourdainville	449	20
FAUVILLE, 18 communes, 11.227 habitants.	Fauville	1.436	12		Sommesnil	299	12		Cideville	276	12
	Alvimare	686	15		Thiouville	651	15		Criquetot - sur - Ouville	780	10
	Auzouville-Auberbosc	366	15		Veauville-les-Quelles	346	15		Ectot-l'Auber	448	15
	Bennetot	292	17						Ectot-lès-Baons	458	4
	Bermonville	680	10	SAINT-VALERY, 14 communes, 12.604 habitants.	Saint-Valery	4.238	30		Étouteville	897	8
	Cléville	400	12		Blosseville	702	30		Flamanville	362	7
	Cliponville	521	10		Cailleville	427	25		Grémonville	446	7
	Envronville	584	9		Drosay	678	22		Hugleville-en-Caux	412	23
	Foucart	424	10		Gueutteville	658	25		Lindebeuf	602	20
	Hattenville	902	15		Ingouville	808	25		Motteville	572	9
	Hautot-le-Vatois	507	7		Manneville-ès-Plains	495	27		Ouville-l'Abbaye	772	12
	Normanville	1.060	10		Mesnil-Durdent (Le)	157	25		Saint - Martin - aux - Arbres	524	13
	Ricarville	360	10		Néville	1.421	26				
	Rocquefort	489	6		Pleine-Sève	230	23		Saussay	281	15
	Sainte-Marguerite-sur-Fauville	285	15		Sainte-Colombe	396	21		Vibeuf	586	18
	Saint-Pierre-Lavis	272	12		St-Riquier-ès-Plains	895	28				
	Trémauville	196	20		Saint-Sylvain	294	26				
	Yébleron	1.767	17		Veules	1.205	30				

III. STATISTIQUE MORALE (1)

Par M. Eug. BOUTMY, ancien professeur.

Les chiffres en caractères gras inscrits dans chacune des trois petites colonnes de ce tableau indiquent le rang du département relativement à la mention devant laquelle ils sont placés.

	Religion (2).			Crimes contre les personnes (4).			Tribunaux correctionnels.	
	Catholiques.........	774.524		COURS D'ASSISES.		4e	Nombre des affaires.....	4.488
	Protestants.........	11.635	16e	Rapport du nombre des accusés à la population. . 1 sur 13 306 hab.			Nombre des prévenus....	5.182
	Israélites..........	688					Nombre des condamnés. . .	4.899
	Clergé catholique.....	905		Nombre total des accusés. . . . 60			Procès.	
	Pasteurs..........	18		Infanticides.			Affaires civiles (5)......	2.415
	Rabbins...........	1					Affaires commerciales (6). .	7.005
	Mouvement de la population.		55e	Rapport du nombre des infanticides à celui des enfants naturels.......... 1 sur 324		5e	Faillites (7).........	166
	Naissances..........	28.430					Paupérisme.	
	Mariages..........	6.487		Nombre total......... 9		12e	Rapport des indigents au chiffre de la population. . . 1 sur 21 hab.	
	Décès............	22.458		Suicides.			Nombre total.........	36.763
57e	Durée moyenne de la vie. 36 a. 4 m.		13e	Rapport des suicides au chiffre de la population. . 1 sur 4.893 hab.			Bureaux de bienfaisance. .	389
	Instruction (3).						Hôpitaux et hospices....	28
61e	Nombre des jeunes gens sachant lire, écrire et compter sur 100 jeunes gens maintenus sur les listes de tirage........	73,25		Nombre total......... 183			Aliénés à la charge du département..........	1.326
				Crimes contre les propriétés.			Sociétés de secours mutuels.	60
	Nombre des établissements d'enseignement secondaire de l'État.......	4	6e	Rapport du nombre des accusés à la population. 1 sur 7.984 hab.			Contributions directes (8).	
						2e	Foncière........	5.674.305
	Nombre des écoles primaires (publiques ou libres)...	1.389		Nombre total......... 100			Personnelle et mobilière	1.511.512
							Portes et fenêtres.....	1.392.641

(1) Les chiffres contenus dans ce tableau sont empruntés, pour la plupart, à l'*Annuaire statistique de la France* (1878), publié par le ministère de l'agriculture et du commerce, ou calculés d'après des données puisées dans cet ouvrage.

(2) Ces chiffres sont antérieurs au recensement de 1876, qui a négligé ce point de vue.

Culte catholique. — Archevêché à Rouen, dont les suffragants sont les évêchés de Bayeux, d'Évreux, de Séez et de Coutances. Le diocèse de Rouen, qui comprend le département tout entier, compte 63 cures, 594 succursales et 124 vicariats rétribués par l'État. Les congrégations et communautés religieuses établies dans le département étaient, avant 1880, au nombre de 31 : 3 pour les hommes et 28 pour les femmes.

Culte réformé. — Le département possède 4 Églises consistoriales, qui sont : Bolbec, desservie par 4 pasteurs; Dieppe, par 3 pasteurs; Le Havre, par 4 pasteurs, et Rouen, par 3 pasteurs.

(3) Le département relève de l'académie de Caen. Faculté de théologie catholique à Rouen; école préparatoire de médecine et de pharmacie, école préparatoire à l'enseignement des lettres et des sciences dans la même ville pour l'enseignement supérieur. Pour l'enseignement secondaire, lycées à Rouen et au Havre; collèges communaux à Dieppe et à Eu ; 19 établissements libres pour l'enseignement secondaire. Une école normale primaire d'instituteurs est établie à Rouen; des écoles professionnelles à Rouen, au Havre et à Montivilliers; une école supérieure de commerce à Rouen et au Havre; une école d'apprentissage au Havre. Au point de vue du nombre d'élèves inscrits dans les écoles primaires de 6 à 13 ans, sur 100 enfants recensés, la Seine-Inférieure occupe le 22e rang. Le même département occupe le 21e rang d'après le nombre d'enfants présents à l'école par 10,000 habitants.

(4) Au point de vue judiciaire, le département de la Seine-Inférieure, ressortit à la cour d'appel de Rouen, qui est le siège de la cour d'assises. Chaque chef-lieu d'arrondissement possède un tribunal de première instance; celui de Rouen est divisé en trois chambres; celui du Havre en deux. Les tribunaux de commerce sont établis à Dieppe, à Elbeuf, à Eu, au Tréport, à Fécamp, à Gournay-en-Bray, au Havre, à Neufchâtel, à Rouen, à Saint-Valery-en-Caux et à Yvetot.

(5) Ce chiffre indique le nombre des affaires civiles terminées pendant l'année.

(6) Ce chiffre comprend les affaires contentieuses à juger pendant l'année.

(7) Terminées pendant l'année.

(8) Trésorier-payeur général à Rouen ; receveur particulier dans chaque chef-lieu d'arrondissement; 118 percepteurs.

BIBLIOGRAPHIE [1]

..... *Orderici Vitalis* Historia ecclesiastica (Orderic Vital, Histoire de Normandie), traduit par M. *Guizot*, en 1826. 4 vol. in-8°.
1487. Chronique de Normandie, par *Guillaume le Tailleur*. In-fol. gothique. (Il n'en existe que deux exemplaires.)
1535. Les Chroniques et excellents faits des ducs de Normandie. In-4°.
1589. Recueil des antiquités et singularités de la ville de Rouen, par *Noël Taillepied*. In-8°, réimprimés en 1610 et 1672.
1614. Traité du royaume d'Yvetot, par *C. Malingre*. In-8°.
1619. Historiæ Normanorum scriptores antiqui, auctore *Duchesne*. In-folio.
1631. Histoire générale de Normandie, par *Dumoulin*. In-fol.
1662. Histoire des abbayes de Saint-Ouen de Rouen, de Sainte-Catherine et de Saint-Arnaud, par *F. Pommeraye*. In-fol.
1663. Neustria pia, auctore *Dumoustier*. 1 vol. in-folio.
1667. Histoire des archevêques de Rouen, par *Pommeraye*. In-fol.
1668. Histoire de la ville de Rouen, par *François Farin*. 3 vol. in-12, réimprimés en 1710 et 1738, in-12 et in-4°, avec additions.
1686. Histoire de l'église cathédrale de Rouen, par *F. Pommeraye*. In-4°.
1720. Antiquités de la ville de Harfleur. In-12.
1740. Description géographique et histoire de la haute Normandie, par *P. Duplessis*. 2 vol. in-4°.
1759. Histoire ecclésiastique de la province de Normandie, par *Trigan*. 4 vol. in-4°.
1810. Statistique de la Seine-Inférieure, par *Peuchet* et *Chanlaire*. In-4°.
1816. Essai historique sur la cathédrale de Rouen, par *Gilbert*. In-8°.
1820. Monuments de la Normandie, par *Jolimont*. In-folio.
1827. Essai historique et descriptif sur l'abbaye Saint-Wandrille, par *Hyacinthe Langlois*. In-8°.
1828. Histoire des comtes d'Eu, par *L. Estancelin*. In-8°.
1829. Histoire de l'abbaye de Jumièges, par *A. Deshayes*. In-8°.
1834. Histoire du château et des sires de Tancarville, par *A. Deville*. In-8°.
1834. Tableau historique, topographique et statistique de la Normandie, par *L. Mairs*. In-folio.
1835. Histoire de Normandie depuis les temps les plus reculés jusqu'à la conquête de 1066, par *Licquet*. 2 vol. in-8°.
1835. Histoire des expéditions maritimes des Normands, par *G.-B. Depping*. 3° édit. Les deux premières sont in-8°.
1837. Tombeaux de la cathédrale de Rouen, par *Deville*. In-8°, fig.
1839. Histoire du château d'Arques, par *Deville*. 1 vol. grand in-8°, gravures.
1839. Chronique de Normandie, publiée pour la première fois d'après un manuscrit, par *Francisque Michel*. In-4°.
1839. Essai historique et littéraire sur l'abbaye de Fécamp, par *Leroux de Lincy*. In-8°.
1840. Le Havre et son arrondissement, par *Morlent*. Grand in-8°.
1840. Histoire de la ville et du canton d'Elbeuf. In-8°.
1840. Histoire de Rouen sous la domination anglaise, par *A. Chéruel*. In-8°.
1841. Descriptions historiques des maisons de la ville de Rouen, par *E. de La Quérière*. 2 vol. in-8°.
1841. Histoire de la ville et de l'abbaye de Fécamp, par *Léon Fallue*. 1 vol. in-8°.
1841. Essai historique sur Caudebec et ses environs, par *A. Saulnier*. In-18.
1842. La ville d'Eu, par *D. Lebeuf*. In-8°, 1844.
1842. Histoire de Gournay-en-Bray, par *P. de La Mairie*. 3 vol. in-8°.
1843. Histoire de Normandie sous le règne de Guillaume le Conquérant et ses successeurs, par *Depping*. 2 vol. in-8°.

1844. Histoire de Dieppe, par *L. Vitet*. In-18.
1844. Les Principaux édifices de la ville de Rouen, par *Jacques le Lieur*, publiés par *T. de Jolimont*. 1 vol. in-4°, figures (tirés à 125 exemplaires).
1844. Histoire de Rouen pendant l'époque communale, par *A. Chéruel*. 2 vol. in-8°.
1847. Annales des Cauchois, par *Just Rouël*. 3 vol. in-8°.
1850. Histoire politique et religieuse de l'église métropolitaine de Rouen, par *Léon Fallue*. 4 vol. in-8°.
1851. *Regestrum visitationum* (Visites pastorales d'Eudes Rigaud, en 1248), publié par *Bonin*. 1 vol. in-4°.
1851. Études historiques sur l'arrondissement d'Yvetot, par *A. Labutte*. In-8°.
1852. Les Églises de l'arrondissement d'Yvetot, par l'abbé *Cochet*. 2 vol. grand in-8°.
1853. Promenade archéologique de Rouen à Fécamp et de Fécamp à Rouen, par *L. Glanville*. 1 vol. in-8°.
1861. La Seine-Inf^{re} au temps des Gaulois, par l'abbé *Cochet*. In-8°.
1862. Histoire de la ville d'Aumale et de ses institutions depuis les temps les plus anciens jusqu'à nos jours, par *Semichon*. 2 vol. in-8°. — Rouen, Lebrument.
1864. La Seine-Inférieure historique et archéologique, par l'abbé *Cochet*. Époques gauloise, romaine et franque, avec une carte archéologique de ces trois périodes. Dieppe, in-4°.
1865. Jeanne Darc au château de Rouen, par *F. Bouquet*. Gr. in-8°.
1867. Mémoire sur le lieu du supplice de Jeanne Darc, par *Ch. R. de Beaurepaire*. In-8°.
1870-1871. Dictionnaire indicateur et historique des rues et places de Rouen. Revue de ses monuments et de ses établissements publics, par *Nicétas Périaux*. 1 vol. grand in-8°.
1872. Histoire de l'abbaye de Fécamp et de ses abbés, par *Gourdon de Genouillac*. In-8°.
1872. Répertoire archéologique du département de la Seine-Inférieure, par l'abbé *Cochet*. In-4°.
1872. Recherches sur l'Instruction publique dans le diocèse de Rouen, avant 1789, par *Ch. Robillard de Beaurepaire*. 3 vol. in-8°.
1873. Géographie du département de la Seine-Inférieure, par *Ad. Joanne*. In-12, Hachette.
1874. Les Antiquitez et Chroniques de la ville de Dieppe, par *David Asseline*, prestre, publiées pour la première fois, avec une introduction et des notes historiques, par *Michel Hardy*, *Guérillon* et l'abbé *Sauvage*. 2 vol. in-8°.
1874. Tréport, Eu et ses environs, Guide historique, par *O. Therin*.
1875. Harfleur au XIV° siècle, son commerce et son industrie, par l'abbé *Sauvage*. Brochure in-8°.
1876. L'Abbaye de Montivilliers, par *Dumont*. 1 vol. in-8°.
1877. Géographie du département de la Seine-Inférieure, ouvrage posthume de l'abbé *J. Bunel*, continué et publié par l'abbé *A. Tougard*. 6 vol. in-8° (un par arrondissement et 1 vol. d'introduction), Rouen, imprimerie de Cagniard.
1878. Mémoires pour servir à l'histoire de Dieppe, par *Michel-Claude Guibert*, publiés pour la première fois, avec une introduction, des suppléments jusqu'à 1790 et des notes historiques, par *Michel Hardy*. 2 vol. in-8°.
1878. Glanes historiques sur Le Havre et son arrondissement, par *A. Martin*. 1 vol. in-8°.
Mémoires et Bulletin de l'Académie des sciences et belles-lettres de Rouen.
Mémoires de la Société des antiquaires de Normandie.
Carte du département de la Seine-Inférieure au 1/320000°, par *Le Chalas*. 1 feuille (1874).
Cartes de la Seine-Inférieure, extraites de *Cassini*, de *Capitaine*, de *Dufour*, de *Fremin* et de *Joanne*.
Feuilles 10, 11, 18, 19, 20, 30, 31 de la *Carte* de France dite de l'*État-Major*, publiée par le Dépôt de la guerre.

---

[1] La Bibliographie complète de la Normandie nécessiterait des volumes entiers; nous n'avons indiqué ici que les ouvrages les plus importants. Voir d'ailleurs la *Bibliographie* des départements du *Calvados*, de l'*Eure*, de l'*Orne* et de la *Manche*.

Paris. — Imprimerie Vve P. LAROUSSE et Cie, rue Montparnasse, 19.

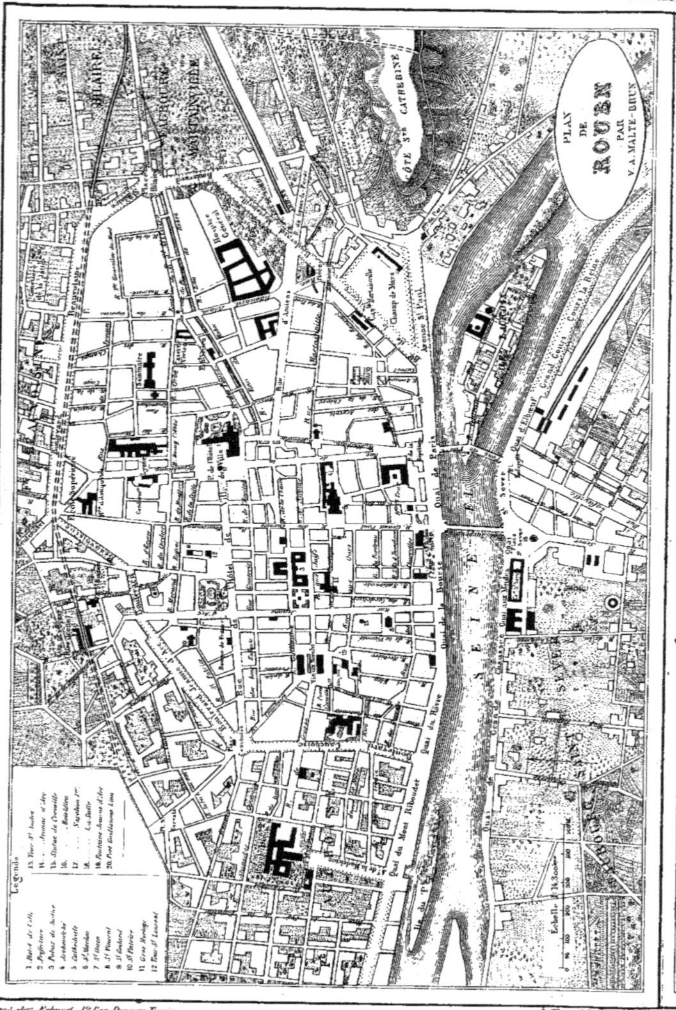

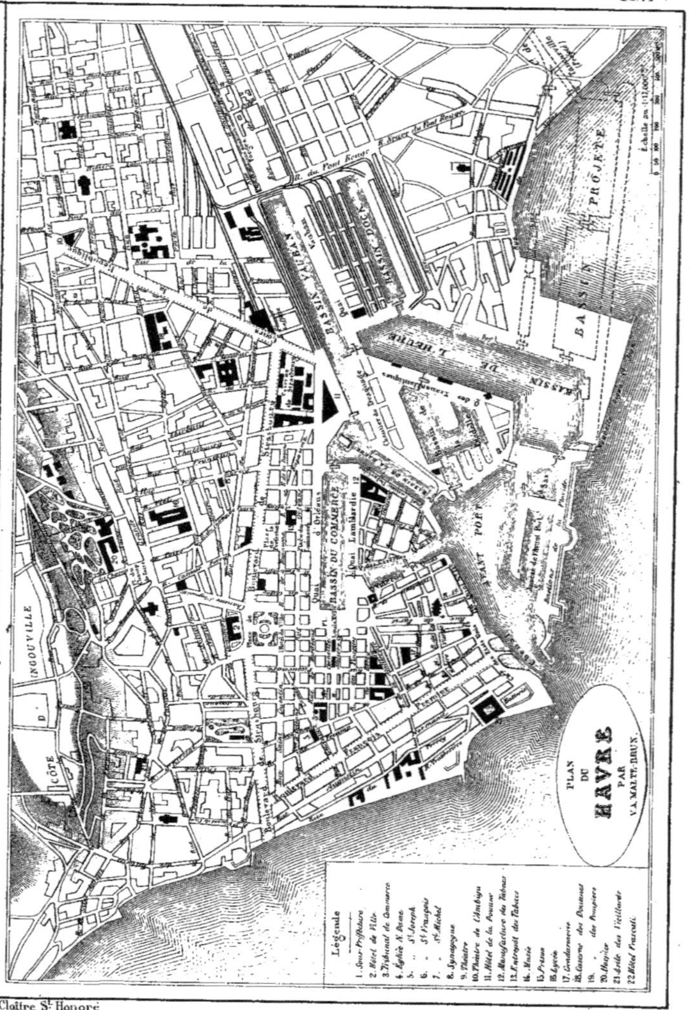

27. — Seine-et-Marne. MELUN

SEINE-ET-MARNE

Chef-lieu : MELUN

Superficie : 5,736 kil. carrés. — Population : 347,323 habitants.
5 Arrondissements. — 29 Cantons. — 530 Communes.

DESCRIPTION PHYSIQUE ET GÉOGRAPHIQUE.

Situation, limites. — Le département de Seine-et-Marne emprunte son nom aux deux principaux cours d'eau qui le traversent : l'un (la Seine), dans sa partie méridionale, et l'autre (la Marne) dans sa partie septentrionale ; il a été formé, en 1790, d'une partie de la Brie française et champenoise et du Gâtinais français ; il est entièrement compris dans le bassin de la Seine. Ses bornes sont : les départements de l'Oise au nord ; ceux de la Marne et de l'Aube à l'est ; les départements de l'Yonne et du Loiret au sud, enfin celui de Seine-et-Oise à l'ouest.

Nature du sol. Aspect général. — Le département de Seine-et-Marne forme, pour la plus grande partie, un vaste plateau, le plateau de la Brie, compris entre la Seine, au sud, et la Marne au nord ; d'une élévation moyenne de 120 à 160 mètres au-dessus du niveau de la mer et dont les points culminants ne dépassent guère 200 mètres ; près de Dhuisy, au nord-est de Meaux, on compte 203 mètres d'altitude ; à l'est de La Ferté-sous-Jouarre, 198 ; à l'est de Rebais, 201 ; Melun est à 38 mètres et Meaux à 44 mètres au-dessus du niveau de la mer.

Au sud du plateau de la Brie, et au delà de la rive gauche de la Seine, commence le plateau de Hurepoix qui se soude à celui de la Beauce, si renommé par sa fertilité.

Ces plateaux sont coupés de vallées profondes auxquelles viennent aboutir des vallons secondaires et des gorges étroites, au fond desquels coulent de petites rivières et des ruisseaux dont quelques-uns se perdent sous terre. Les principales de ces vallées sont celles de l'Yères, de la Voulzie, du Grand-Morin et du Petit-Morin.

Voici d'ailleurs comment se décompose la superficie du département, eu égard à la nature du sol : pays de montagnes, 19,933 hectares ; sol de craie ou calcaire, 366,544 hectares, et sol sablonneux, 23,920 hectares.

Hydrographie. — Le département de Seine-et-Marne est arrosé par un grand nombre de cours d'eau, parmi lesquels nous remarquons un des principaux fleuves de France, la Seine ; une rivière importante, la Marne ; cinq rivières secondaires, l'Ourcq, le Grand-Morin, l'Yères, l'Yonne, le Loing et un grand nombre de ruisseaux.

La Seine prend sa source entre Saint-Seine et Chanceaux, dans le département de la Côte-d'Or, et se dirige généralement de l'est à l'ouest, en parcourant les départements de la Côte-d'Or et de l'Aube ; elle entre ensuite dans celui de Seine-et-Marne, qu'elle traverse de l'est à l'ouest, sur une longueur de 106 kilomètres, en arrosant Bray, Marolles, Montereau, Thomery et Melun ; elle sort du département à quelque distance de Seine-Port. Les affluents qu'elle reçoit dans cette partie de son cours sont : l'Orvin ou Lorrin, la Voulzie (24 kilomètres), la Vieille-Seine, l'Yonne, le ruisseau de Champigny, le Loing, le ru de Changis, l'Almont, la petite rivière d'École et le ru de Balory.

L'Yonne prend naissance dans le département de la Nièvre, non loin de Château-Chinon ; avant son entrée dans le département de Seine-et-Marne, elle traverse ceux de la Nièvre et de l'Yonne ; son parcours dans le département n'est que de 16 kilomètres ; elle se réunit à la Seine à Montereau. Le Loing prend sa source à Sainte-Colombe-en-Puisaye, dans le département de l'Yonne, et tombe dans la Seine près de Moret, après un cours de 38 kilomètres dans le département, pendant lequel il reçoit le Fusin, le Betz, le Lunain (34 kilomètres) et l'Orvanne.

La petite rivière d'Yères est le cours d'eau le plus central du département ; elle prend sa source entre Touquin et Pezarches, dans l'arrondissement de Coulommiers, et, après un parcours très sinueux de 72 kilomètres dans le département, elle traverse celui de Seine-et-Oise et vient tomber dans la Seine près de Villeneuve-Saint-Georges.

La Marne, qui est, avec l'Yonne et l'Oise, un des affluents les plus importants de la Seine, prend sa source dans le département de la Haute-Marne (voir ce département), traverse celui de la Marne, entre un instant dans le département de l'Aisne et pénètre dans celui de Seine-et-Marne près du village de Citry, arrondissement de Meaux. Elle traverse alors La Ferté-sous-Jouarre, Meaux, Lagny et sort du département à quelque distance de Chelles, après un parcours de près de 89 kilomètres dans le département. Elle entre ensuite dans celui de Seine-et-Oise, qu'elle traverse, et vient se jeter dans la Seine à Charenton, près de Paris, après un parcours total de 494 kilomètres. Ses principaux affluents, dans le département de Seine-et-Marne, sont : l'Ourcq, la Thérouanne et la Beuvronne, sur la rive droite; le Petit-Morin et le Grand-Morin, sur la rive gauche.

L'Ourcq prend naissance à Fère-en-Tardenois (Aisne), traverse un angle du département de l'Oise, entre dans celui qui nous occupe, à l'est de Crouy, et se jette dans la Marne près de Lizy; son parcours total est de 80 kilomètres, dont 13 appartiennent au département de Seine-et-Marne. A partir de Mareuil (Oise), cette rivière est canalisée et ses eaux sont conduites à Paris. Le Grand-Morin prend sa source dans le département de la Marne, canton de Sézanne, et se dirige généralement du sud-est au nord-ouest; son cours, qui est de 118 kilomètres, appartient presque exclusivement au département; il traverse La Ferté-Gaucher, Coulommiers, Tigeau, où il est navigable, et Crécy; il a pour affluent principal l'Aubetin.

Indépendamment de la navigation qui s'effectue sur la Seine, la Marne, l'Yonne, l'Ourcq et le Grand-Morin, le département de Seine-et-Marne possède cinq canaux : le canal de l'Ourcq, celui du Loing, celui de Cornillon, celui de Meaux à Chalifert et celui de Chelles.

Le canal de l'Ourcq n'est qu'un canal de dérivation, destiné à conduire les eaux de l'Ourcq à Paris. Il commence à Mareuil (Oise), passe à Meaux, à Claye et arrive par la Villette à Paris, où il prend le nom de canal Saint-Martin; sa longueur est de 94 kilomètres, et sa pente, de 10^m,14, répartie sur toute sa longueur, n'est rachetée par aucune écluse.

Le canal du Loing met en communication le bassin de la Seine avec celui de la Loire, au moyen des canaux de Briare et d'Orléans, qui se réunissent au nord de Montargis. Le canal du Loing a, de Montargis à son embouchure dans la Seine à Saint-Mammès, près de Moret, 53 kilomètres; la navigation y est fort active; il sert à l'alimentation de Paris.

Le canal de Cornillon passe à Meaux même.

Le canal de Meaux à Chalifert n'a été achevé qu'en 1846; il évite les nombreux méandres de la Marne et abrège la navigation de Meaux à Paris; il a 12 kilomètres et est alimenté par les eaux du Grand-Morin.

Le canal de Chelles, commencé en 1849, a aussi pour but d'abréger la navigation de la Marne.

La plupart des vallées et des plateaux du versant de la Marne présentent des étangs et des marais nombreux qui, le plus souvent, n'ont qu'une importance locale. Les principaux étangs sont les étangs de Saint-Denis, près de Pierre-Levée; l'étang de la Loge, près de Doué, et l'étang de Villefermoy, près de Fontenailles-les-Bouleaux. Il y avait autrefois, auprès d'Armanvilliers, un vaste étang connu sous le nom de *Petite mer de Brie;* il a été converti en prairies il y a plusieurs années.

Voies de communication. — La proximité du département de Seine-et-Marne de la capitale y rend nécessairement les voies de communication plus nombreuses; aussi y compte-t-on 19 routes nationales, d'une longueur totale de 516 kilomètres; 41 routes départementales, 1,041 kilomètres; 90 chemins vicinaux de grande communication, 2,340 kilomètres, et 1,750 chemins vicinaux ordinaires, ayant près de 2,000 kilomètres de développement.

Le département est sillonné par sept lignes de chemin de fer, d'un parcours de 342 kilomètres et appartenant aux réseaux du Nord, de l'Est et de Lyon. Les principales sont celles de Paris à Nancy, par Meaux et Épernay; de Paris à Troyes, par Nangis; de Paris à Dijon et Lyon, par Melun, avec embranchement à Moret sur Nevers et Malesherbes.

Voici maintenant l'énumération des stations des diverses lignes. La ligne de Paris à Soissons (réseau du Nord) entame un instant l'angle nord-ouest du département et dessert seulement deux stations, celles de Mitry-Claye et de Dammartin. La ligne de Paris à Nancy (réseau de l'Est) pénètre dans le département en avant de la station de Chelles et dessert les stations de Chelles, Lagny-Thorigny, Esbly, Meaux (45 kilomètres de Paris), Trilport, Changis, La Ferté-sous-Jouarre et Nanteuil-Saacy; elle passe alors dans le département de l'Aisne. La ligne de Paris à Troyes et Mulhouse (réseau de l'Est) entre dans le département près de la station d'Émerainville et dessert successivement celles de : Ozouer-la-Ferrière, Gretz-Armainvilliers, Villepatour, Ozouer-le-Voulgis, Verneuil-Chaumes, Mormant, Grandpuits, Nangis (70 kilomètres de Paris), Maison-Rouge, Longueville; et tandis qu'un petit embranchement de 6 kilomètres gagne Provins (95 kilomètres de Paris), la ligne principale se dirige sur Troyes par Flamboin, Hermé et Melz; après cette dernière station elle entre dans le département de l'Aube. A la station de Gretz-Armainvilliers, un embranchement se dirige sur Coulommiers, en desservant Tournan, Marles, La Houssaye-Crèvecœur, Mortcerf, Guérard, Faremoutiers-Pommeuse, Mouroux et Coulommiers (72 kilomètres de Paris). Cet embranchement doit être prolongé jusqu'à Vitry-le-François, par La Fère-Champenoise.

La ligne principale de Paris à Lyon entre dans le département près de la station de Combs-la-Ville, dessert les stations de Lieusaint, Cesson, Melun (45 kilomètres de Paris), Bois-le-Roi, Fontainebleau, Moret et Montereau (79 kilomètres de Paris), à peu de distance de laquelle elle pénètre dans le département de l'Yonne. A Moret, un premier embranchement se dirige sur Nevers, par Montargis et Gien, en desservant Montigny, Bourron, Nemours et Souppes; tandis qu'un second, de 30 kilomètres seulement, détaché à Montereau de la ligne principale, va rejoindre à Flamboin la ligne de Troyes et Mulhouse, en desservant les stations de Noslong, Châtenay, Vimpelles, Les Ormes, Flamboin-Gouaix.

D'autres lignes sont projetées et à l'étude; telle est celle d'Étampes à Melun, Coulommiers, La Ferté-sous-Jouarre, appartenant à la ligne dite de grande Ceinture, etc.

On évaluait, en 1877, la longueur des lignes exploitées à 342 kilomètres et celle des lignes en construction ou à construire à 62 kilomètres.

Climat. — Le climat du département, quoique généralement tempéré, doit être regardé comme froid et humide. Il y a néanmoins des différences assez sensibles; c'est ainsi qu'au nord et à l'est il paraît plus humide qu'au sud. Les vents dominants sont ceux de l'ouest et du nord-ouest, qui amènent la pluie, et ceux du sud-est qui attiédissent la température; l'air y est généralement pur et sain.

Productions naturelles. — Le département de Seine-et-Marne est compris dans le bassin géologique de Paris; il se compose principalement de terrains tertiaires reposant sur une couche d'argile que recouvre un vaste amas de craie. On y a retrouvé des coquillages, des dents de crocodile, des débris fossiles de carapace de grande tortue. Les productions minérales proprement dites sont peu importantes. Autrefois on exploitait, dit-on, une mine d'or à Luzancy. On trouve des pyrites de fer aux environs de Fontainebleau et de Provins. Les Romains avaient même des forges près de cette dernière ville. Mais la véritable richesse minérale du département est le produit de ses carrières; sous ce rapport, il est le plus riche de la France. Elles fournissent les grès à paver de Fontainebleau, les pierres meulières de La Ferté-sous-Jouarre, réputées les meilleures de l'Europe; les belles pierres de taille de Château-Landon, la terre à faïence de Montereau, du sable pour les verreries et cristalleries, du gypse, de l'albâtre gris, de la pierre à chaux et de l'argile à poterie commune; quelques tourbières sont exploitées sur les bords du Grand-Morin. Parmi quelques sources minérales, une seule est un peu fréquentée, celle de Provins, découverte en 1648 par un médecin de Donnemarie; ferrugineuse froide, elle ne se prend qu'en boisson et paraît salutaire pour les maladies chroniques.

Le règne végétal est brillamment représenté dans ce département. Il y est admirablement favorisé par la nature du sol et le climat. Les forêts y sont nombreuses; les plus importantes sont celles de Fontainebleau, qui a 16,438 hectares; d'Armainvilliers, de Crécy, de Jouy, de Villefermoy ou de Barbeaux, etc.; leurs essences principales sont : le chêne, le charme, le bouleau, le châtaignier, le tilleul, etc., etc. On trouve beaucoup d'alisiers dans la forêt de Fontainebleau, ainsi que des pins de Genève et du Nord; les arbres fruitiers sont en grand nombre; ils appartiennent aux espèces les plus répandues : le poirier, l'abricotier, le prunier, le cerisier, le pêcher, le pommier, l'amandier, etc., etc. Les noyers s'y font remarquer par leur puissante végétation. La vigne y donne des produits estimés, et les raisins de

Thomery, dits chasselas de Fontainebleau, sont connus du monde entier comme raisins de table. Provins et ses environs ont la gracieuse spécialité des *roses dites de Provins*, dont l'usage en médecine est fréquent; elles sont, dit-on, une importation des croisades. Les céréales de toutes sortes, les prairies naturelles et artificielles renommées; les plantes oléagineuses et le safran du Gâtinais contribuent aussi à augmenter les richesses végétales de ce département. Les productions du règne animal n'ont rien qui lui soit particulier; on y rencontre les mêmes animaux domestiques qu'aux environs de Paris, ils paraissent être d'une bonne race. Les bêtes à cornes y sont en quantité inférieure à la consommation; on y élève avec succès des chevaux; mais la branche la plus importante de l'élève est celle des moutons qui sont au nombre de 500,000. Le département renferme de nombreux troupeaux de mérinos et de moutons anglais, et presque tous les autres sont de race améliorée. Les forêts et les bois abritent beaucoup de gibier: cerfs, daims, chevreuils, sangliers, etc., etc. Le loup se montre sur la lisière des bois dans les hivers les plus rudes, et la forêt de Fontainebleau nourrit une espèce de vipère ou d'aspi dont la morsure venimeuse est très redoutée. Les rivières abondent en poissons: les truites et les écrevisses du Loing sont fort estimées.

Industrie agricole, manufacturière et commerciale. — Le département de Seine-et-Marne appartient, sous le rapport agricole, à trois régions bien distinctes: la Brie, le Gâtinais, la Champagne. La première est la plus importante: sa fertilité est devenue proverbiale; les chevaux sont seuls employés pour le labour. La culture y est très perfectionnée, et, sous ce rapport, ce département pourrait servir d'exemple aux autres. La récolte est surabondante en grains, vins, pommes de terre, légumes secs et fourrages; celle des fruits à cidre et autres est importante; nous avons déjà cité le *chasselas* de Thomery, dit *de Fontainebleau*, comme un des principaux éléments de richesse du département, ainsi que les *roses de Provins*. Le département produit aussi des vins, mais ils sont de qualité médiocre. A peine citerons-nous les vins blancs et rouges de Chartrettes, ceux de la Grande-Paroisse et de Moret, qui priment cependant les autres. En 1874, la production des vins a été de 76,600 hectolitres, estimée à 2,341,662 fr.;

en 1875, elle a été de 664,225 hectolitres, et, en 1877, de 270,034 hectolitres. Les jachères diminuent de jour en jour; on n'en trouve presque plus dans les arrondissements de Meaux, de Melun et de Coulommiers.

La superficie du département se partage en superficie bâtie et en voies de transport, 19,707 hectares, et en territoire agricole, 553,928 hectares. Ce dernier est lui-même subdivisé en: céréales, 235,693 hectares; farineux, 11,371; cultures potagères et maraîchères, 4,945; cultures industrielles, 16,082; prairies artificielles, 72,284; fourrages annuels, 14,159; autres cultures et jachères mortes, 42,000; vignes, 18,570; bois et forêts, 103,625; prairies naturelles et vergers, 27,327; pâturages et pacages, 904; terres incultes, 9,626 hectares.

L'industrie du département consiste surtout dans l'exploitation des carrières; les fabriques les plus importantes sont: la manufacture de porcelaine opaque de Montereau, les belles papeteries du Marais, la fabrique de toiles peintes de Claye, la verrerie de Bagneaux. Cependant, quoique ce département renferme encore des filatures, des blanchisseries, des distilleries, des fonderies, des tanneries, des chapelleries, etc. Son industrie manufacturière le cède de beaucoup à son industrie agricole.

Le commerce de Seine-et-Marne a pour objet les produits du sol et ceux qui y sont fabriqués; nous mettons en première ligne les raisins de Fontainebleau, les roses de Provins, les fromages de Brie, le papier du Marais, les grès, les porcelaines, la pierre meulière et à bâtir; puis viennent le bois, le charbon, la farine, les fruits, les grains, le chanvre, la laine, etc.

Le commerce et l'industrie sont d'ailleurs activés par 140 foires, qui se tiennent dans 57 villes ou bourgs, pendant 174 journées.

Division politique et administrative. — Le département de Seine-et-Marne a pour chef-lieu Melun; il compte 5 arrondissements, 29 cantons et 530 communes; le tableau que nous donnons plus loin les fera connaître. Il appartient à la région agricole du nord de la France.

Le département forme le diocèse d'un évêché dont le siège est à Meaux et qui est suffragant de l'archevêché de Paris; il y a à Meaux un grand et un petit séminaire, et dans le département 9 cures de première classe, 30 de seconde, 402 succursales et 37 vicariats. Pour le culte protestant, il y a une église consistoriale à Meaux et des maisons de prières ou des temples dans cinq communes.

Les tribunaux de première instance des chefs-lieux d'arrondissement et les tribunaux de commerce de Montereau, de Meaux et de Provins ressortissent à la cour d'appel de Paris. Il y a à Melun une maison centrale de détention pour les condamnés des départements de la Seine, de Seine-et-Marne et de Seine-et-Oise.

Au point de vue universitaire, le département dépend de l'académie de Paris; il y a des collèges communaux à Melun, à Meaux, à Coulommiers et à Provins; 13 institutions secondaires libres et 870 écoles primaires.

Le département se rattache au 5ᵉ corps d'armée dont le quartier général est à Orléans; il fait partie de la 5ᵉ région de l'armée territoriale; Fontainebleau, Melun, Coulommiers sont des sièges de subdivision de région, et il y a à Fontainebleau une école d'application du génie et de l'artillerie. La compagnie de gendarmerie départementale appartient à la 5ᵉ légion, dont l'état-major est à Orléans.

Le département dépend de l'arrondissement minéralogique de Paris, appartenant à la région du nord; de la 1ʳᵉ inspection des ponts et chaussées, et du 1ᵉʳ arrondissement forestier (Paris).

On compte dans Seine-et-Marne 74 perceptions des finances; les contributions et revenus publics atteignent 32 millions de francs.

HISTOIRE DU DÉPARTEMENT

Pendant la période gauloise, le territoire du département de Seine-et-Marne fut habité par plusieurs peuples: les *Vadicasses*, dans la partie la plus septentrionale; les *Meldi* et les *Senones*, qui y avaient une de leurs villes les plus importantes, *Melodunum* (Melun). Peu hostiles à la domination romaine, qui pesait moins lourdement sur eux que sur les peuplades des frontières méridionale et orientale, ces peuples se soulevèrent cependant en l'an 52 et prirent part à l'insurrection générale des Gaules sous Vercingétorix. Labiénus, avant de combattre dans les marais de la Bièvre, au midi de l'île de *Lutèce*, les *Senones* unis aux *Parisii* et aux *Aulerques*, s'empara de *Melodunum*, située dans une petite île de la Seine, malgré la précaution que les habitants avaient prise de couper les ponts. Les Romains, en s'établissant dans ce pays, alors compris dans la quatrième Lyonnaise, y portèrent leur civilisation. Ainsi que Melun, les villes de Meaux (*Iatinum*) et de Lagny (*Latiniacum*) prirent une certaine importance; de nombreuses constructions, dont il reste encore des vestiges, s'y élevèrent. Les plaines furent mises en culture, les forêts s'éclaircirent, de longues voies sillonnèrent le pays; la principale était celle qui, venant de *Cæsaromagus* (Beauvais), allait à *Agendicum* (Sens), en passant par *Iatinum* (Meaux); la race conquérante et les anciens habitants se mêlèrent, et le mélange fut si complet qu'on les appela les Gallo-Romains. Le christianisme pénétra dans cette région vers le milieu du IIIᵉ siècle. Le martyr de Lutèce, saint Denis, prêcha l'Évangile aux *Meldi*; saint Saintin, que l'on regarde comme le fondateur de l'évêché de Meaux, le remplaça, et saint Savinien et saint Aspais portèrent la parole sainte aux habitants de Melun et de Provins. Quand la période de persécution eut cessé et que la foi chrétienne se fut solidement établie dans le pays, l'Église institua ses divisions diocésaines, et, sous cette forme nouvelle, le département dont nous racontons l'histoire se trouva encore divisé. Meaux devint le chef-lieu d'un diocèse, et Melun, avec Château-Landon, Provins et tout l'arrondissement de Fontainebleau, fit partie de celui de Sens. Lagny, Tournan, Brie-Comte-Robert et Mormant furent attachés au diocèse de Paris. Les évêchés de Paris et de Meaux étaient suffragants de l'archevêché de Sens. L'état de la contrée et de ses principales villes était assez prospère quand les grandes invasions survinrent. Ægidius et Syagrius furent, on le sait, les derniers gouverneurs romains de la Gaule; Syagrius fut vaincu par Clovis à Soissons, en 486, et cette victoire livra au chef des Francs la partie de la Gaule comprise entre le Rhin et la Seine.

Conquis par Clovis, les *Senones* et les *Meldi*, à la mort du conquérant en 511, entrèrent dans le partage de Childebert, roi de Paris, et, plus tard, en 558, furent réunis par Clotaire Iᵉʳ au reste de la monarchie franque; mais leur pays fut souvent ensanglanté par les guerres des fils de Clovis et de Clotaire. En 557, Clotaire, attaqué par son fils Chramm révolté et par son frère Childebert, se jeta sur le territoire de ce dernier et ravagea toute la contrée située entre Seine et Marne. En 577, Gontran et Chilpéric se livrèrent une bataille à Melun et détruisirent dans cette ville l'abbaye Saint-Pierre. A la mort de Frédégonde, en 597, les Austrasiens et les Bourguignons réunis envahissent les États de

Clotaire II et ravagent la Neustrie. Vainqueurs à Dormeille (599), ils mettent le Gâtinais à feu et à sang. Chilpéric avait été assassiné à Chelles, par un serviteur de la reine Frédégonde, en 584. Sous le successeur de Dagobert, Clovis II, la reine Bathilde illustra ce lieu par sa piété et sa bienfaisance pendant son séjour dans l'abbaye qu'elle y avait fondée. Les forêts dont le pays était couvert attirèrent souvent les princes mérovingiens, passionnés pour la chasse comme pour la guerre ; en temps de paix, ils avaient des résidences à Chelles, Jouarre, Lagny, La Grande-Paroisse, Faremoutiers, ville qu'a aussi rendue fameuse son monastère. A cette époque commencent à apparaître les dénominations qui ont remplacé les noms gaulois ou latins ; on trouve cités dans des actes des derniers temps mérovingiens la Brie (*Brigensis saltus*) et le *Gâtinais*, dont le nom semble venir du vieux mot *gastine* qui désigne un abatis de bois et d'arbres, et dérive lui-même du latin *vastare*. La Brie contenait les *pagi* de Meaux, Provins et Melun. Les victoires des Francs Austrasiens sur les Neustriens et l'avènement de Pépin le Bref firent passer la Brie, le Gâtinais et tout ce qui dépendait de l'empire des Francs sous la domination de la famille d'Héristal. Charlemagne, dans sa grande organisation administrative, donna aux pays de Meaux, de Melun, de Provins et du Gâtinais des comtes particuliers, amovibles, chargés de rendre la justice sous la surveillance des *legati* et des *missi dominici* ; sous les faibles successeurs de cet empereur, ces chefs tendirent comme le reste des seigneurs à s'approprier les bénéfices à temps ou à vie qui leur avaient été confiés, et à les rendre héréditaires dans leurs familles. Leurs efforts ne furent pas également heureux, grâce à la proximité de Paris et des rois carlovingiens ; mais si le pays échappa d'abord aux exigences des tyrannies locales, il eut grandement à souffrir des incursions des Normands. Meaux, Melun, Tournan, Lagny furent ravagés par ces pirates qui remontaient la Seine, la Marne et tous les fleuves de l'empire carlovingien, et pillaient les villes et les églises jusqu'au cœur de la Gaule. Pendant le grand siège soutenu à Paris par Eudes, qui devint roi après la déposition de Charles le Gros, Meaux et Melun furent saccagées, en 886.

La grande famille des ducs de France étendit son autorité sur les bords de la Seine et de ses affluents dès les premiers temps de la féodalité, tandis que les rois carlovingiens, toujours en guerre avec les grands vassaux et presque toujours battus, ne cessaient de reculer vers le nord-est. Les pays dont nous nous occupons furent compris dans les domaines des ducs de France, à l'époque où les successeurs de Charlemagne se trouvèrent réduits à la ville de Laon. Robert le Fort, Eudes, Robert II, Hugues le Grand et Hugues Capet les possédèrent successivement. Mais on sait que, lorsque ce dernier prince eut échangé sa puissance féodale contre le titre de roi, il aliéna à titre de bénéfices une grande partie de ses possessions et fut obligé, pour consacrer son usurpation, de sacrifier beaucoup de sa puissance réelle à sa puissance nominale. C'est ainsi que se morcelèrent les pays annexés au duché de France. La famille des comtes de Vermandois, qui fut la tige des comtes de Champagne, possédait la Brie, et ses membres prenaient le titre de comtes de Meaux et de Provins. Le Gâtinais eut des comtes particuliers ; il en fut de même du pays de Goësle, dont les comtes prirent plus tard le titre de sires de Dammartin, et du pays de Galvesse, dont la capitale était La Ferté-sous-Jouarre. Seul, le comté de Melun appartenait encore à la royauté au temps du roi Philippe Ier.

Dans la période carlovingienne, la contrée s'était couverte de monastères. On sait l'influence de l'Église au moyen âge ; tandis que, dans la société turbulente et comme en fermentation qui venait de s'établir sur le territoire gaulois, tout était désordre et tyrannie, ce qui restait des lumières et des institutions romaines s'était concentré dans le clergé ; grâce à des donations nombreuses que multiplia l'approche de l'an mille, année marquée d'avance par la superstition populaire comme devant amener la fin du monde, le clergé étendit et consolida sa domination spirituelle et temporelle et sut en user sagement pour apporter quelques remèdes aux maux de la société. Deux conciles furent tenus à Meaux en 841 et 847, dans lesquels on s'occupa du moyen de repousser les Normands. Outre le monastère de Chelles, dont nous avons parlé, s'étaient élevés ceux de Saint-Séverin, de Château-Landon, fondé par Childebert, fils de Clovis, sous la première race ; celui de Saint-Pierre de Melun, les abbayes de Rebais, de Chaumes, de Lagny, de Faremoutiers et de Saint-Faron, à Meaux, et celle de Jouarre. La crypte de cette dernière abbaye subsiste encore ; c'est un des rares monuments de l'époque carlovingienne.

Avec Philippe Ier commencèrent les réunions à la

Château de Fontainebleau.

couronne qui, à la longue, augmentèrent le domaine royal et l'autorité des rois au point de leur assurer la supériorité dans la lutte avec la féodalité. En 1062, Foulques le Réchin, comte d'Anjou, céda à Philippe le Gâtinais, en échange de quelques secours contre son frère, Geoffroy le Barbu, « et le roi jura bonnement qu'il tiendroit la terre aux us et coutumes que elle avoit esté tenue; car aultrement ne vouldrent lé homes du pays faire homaige. » En 1116 fut convoquée une assemblée à Melun, par Louis le Gros, dans laquelle fut résolue la guerre contre Hugues du Puiset dont la tyrannie et les brigandages désolaient tout le pays Chartrain. Pris après la destruction de son château, le seigneur du Puiset fut détenu à Château-Landon. Quelques années après, Louis VI échoua dans une plus vaste entreprise : il eut des démêlés avec Thibaut IV, comte de Champagne et de Brie, et vint assiéger Meaux et Lagny qui faisaient partie des domaines de son ennemi; mais ces villes résistèrent à la petite armée du roi de France. Son fils Louis VII continua ces guerres avec ses voisins; il fit détruire, en 1138, la forteresse de Montceaux, près de Meaux, dont un Montmorency, qui en était possesseur, se servait pour se livrer à toutes sortes d'exactions contre les habitants du voisinage. Deux ans après, le même prince prit la forteresse de Montjay, près de Villevaudé, qui appartenait à Hugues de Gournay, et la détruisit, à l'exception d'une tour dont les ruines ont subsisté jusque dans ces derniers temps.

Sous l'administration habile des puissants comtes de Champagne, tout ce pays avait vu se développer son activité et son industrie. Thibaut le Grand, qui gouverna cinquante ans, de 1102 à 1152, et son fils Henri Ier le Libéral, qui, avant de devenir comte de Champagne, avait porté le titre particulier de comte de Meaux, avaient fondé dans leur capitale, Troyes, de nombreuses manufactures et des marchés célèbres dans toute l'Europe; ce fut une source de prospérité pour le pays de Champagne et de Brie, dont les productions se répandaient au loin. Meaux, Coulommiers, Provins, Lagny eurent leurs foires particulières, et celles de Provins ne tardèrent pas à rivaliser avec celles de Troyes. On était alors au plus fort de ce mouvement communal qui agitait le nord de la France et séparait violemment les villes de leurs seigneurs; les comtes de Champagne, pour prévenir cette émancipation qui eût porté atteinte à leur puissance, accordèrent à la bourgeoisie quelques concessions et privilèges; Henri octroya, en 1179, à Meaux, une charte d'affranchissement communal confirmée par ses successeurs, et notamment en 1198 et 1222 par Thibaut III et Thibaut IV le Posthume et le Grand. Plus tard, après la réunion à la couronne de la Champagne et de la Brie, les privilèges de cette concession furent confirmés par le roi Louis le Hutin. En 1230, Provins obtint le droit de choisir un maire et douze échevins. Coulommiers reçut le même privilège l'année suivante; seulement le comte se réserva le droit de choisir les électeurs chargés de nommer le maire.

Quant à Melun, ville du domaine royal, elle n'eut jamais de charte d'affranchissement; ses habitants eurent, néanmoins, peu à souffrir de la tyrannie féodale, grâce surtout au séjour fréquent qu'y firent les rois de France; Louis le Jeune et Philippe-Auguste avaient une résidence au Jard et habitèrent souvent aussi Melun, dont le château vit s'assembler plusieurs parlements royaux sous Philippe-Auguste et Louis VIII, et où saint Louis rendit plusieurs ordonnances; il y arma chevalier son frère, le duc d'Anjou (1243), y maria sa fille Isabelle à Thibaut VIII, dit le Jeune, comte de Champagne, et roi de Navarre en 1255. En 1236, il s'était rendu maître des villes de Bray-sur-Seine et de Montereau. C'est à cette époque que Fontainebleau commence à devenir un rendez-vous de chasse très fréquenté; Philippe le Bel y naquit. Le château du Vivier, près de Fontenay, dont on voit encore les ruines remarquables, fut l'un des lieux de plaisance de Charles V, et son successeur y fut relégué lorsqu'il fut tombé en démence.

Mais ce pays, favorisé par le séjour des rois de France et par la munificence de ses comtes, les riches seigneurs de Champagne, dont la cour brillante rivalisait avec celle des rois, fut, au temps des guerres albigeoises, ensanglanté par les supplices. Bien qu'éloigné des provinces méridionales, principal foyer de cette hérésie, il lui donna un assez grand nombre de partisans, surtout à Provins. Ces malheureux furent pris et condamnés aux flammes; on en brûla 83 le 22 mai 1239, sur le mont Aimé, près de Vertus. Leur chef, qui prenait le titre d'archevêque de Moran, donnant à tous l'absolution avant le supplice, s'écria : « Vous serez sauvés par l'absolution que je vous donne; je serai seul damné parce que je n'ai personne au-dessus de moi pour m'absoudre. »

Toute la partie du département de Seine-et-Marne, en dehors du domaine royal, qui avait appartenu aux comtes de Champagne et de Brie, fut réunie à la couronne par le mariage de Philippe le Bel avec Jeanne de Navarre, héritière de ces deux provinces, en 1285. Distraites pendant quelques années en faveur de Jeanne, fille de Louis le Hutin, elles furent de nouveau réunies pour n'être plus séparées, en 1155 et 1156, par l'abandon qu'en fit cette princesse. Dès 1297, les villes de Meaux et de Provins avaient reçu chacune un bailli royal.

Jusqu'ici nous avons vu paisiblement s'accroître la prospérité des pays qui formèrent dans la suite le département de Seine-et-Marne; mais, après les paisibles années du XIIe et du XIIIe siècle, survinrent avec les Valois la terrible guerre de Cent ans et tous les maux qui l'accompagnèrent, la misère, la peste, la jacquerie et les ravages des Bourguignons. Après les batailles désastreuses de Crécy et de Poitiers, pendant la captivité du roi Jean et les agitations produites par la réunion des états généraux de 1358 et les intrigues du roi de Navarre, le peuple des campagnes, ruiné par les impôts, pillé par les seigneurs, se souleva; à des gens malheureux et justement irrités par les maux toujours renaissants de leur condition se joignirent des brigands et des troupes de soldats habitués au pillage, et ils commencèrent ce grand désordre et cette insurrection des vilains qu'on a appelée la jacquerie. Les campagnes, naguère si fertiles, maintenant désolées de la Brie, furent le centre du mouvement. Un cri de mort fut poussé par tous les manants et vilains contre les nobles et seigneurs. Guillaume Callet, élu chef des Jacques, s'en alla avec une grande troupe, armée de piques et de couteaux, forcer et détruire les châteaux. Après avoir saccagé et brûlé plus de soixante forteresses *et bonnes maisons*, ils vinrent devant Meaux, où s'étaient réfugiées les duchesses d'Orléans et de Normandie avec plus de trois cents nobles dames et demoiselles. Elles ne devaient pas espérer de merci, car aucun soulèvement populaire n'avait jusqu'alors eu le caractère terrible de celui de la jacquerie ; sur leur passage les Jacques avaient tout renversé, tout tué, *jusqu'aux petits enfants, qui n'avaient pas fait encore le mal.* Les habitants des villes les accueillirent en beaucoup d'endroits avec faveur, soit par crainte, soit qu'ils vissent en eux des vengeurs destinés à châtier l'orgueil des barons ; ceux de Meaux leur ouvrirent leurs portes et le maire, Jean Soulas, dirigea les insurgés qui cherchaient à s'emparer d'une île formée par la Marne et par le canal du Cornillon, dans laquelle quelques chevaliers et les nobles dames s'étaient retirés. Les chevaliers, en trop petit nombre pour oser combattre en plaine, fortifièrent de leur mieux leur retraite et ils s'apprêtaient à vendre chèrement leur vie. Les femmes et les filles voyaient les deux rives couvertes des bandes de ces forcenés ; elles entendaient leurs outrages et leurs menaces, et elles demandaient à périr de la main de leurs défenseurs, plutôt que d'être exposées à la brutalité de ces hideux ennemis, quand un renfort inattendu délivra les captifs ; Gaston-Phœbus, comte de Foix, l'un des plus brillants chevaliers de la chrétienté, et le captal de Buch, seigneur anglo-gascon, revenant d'une croisade contre les idolâtres de Prusse, avaient appris à Châlons le péril des belles dames enfermées dans l'île de Meaux, et ils étaient accourus suivis d'une troupe de chevaliers. Les vilains *qui estoient noirs et petits et très mal armés,* dit Froissart, ne purent supporter le choc d'hommes robustes et couverts de fortes armures ; un grand nombre fut massacré, beaucoup se noyèrent en voulant fuir, et la ville, en punition du secours qu'elle leur avait donné, fut incendiée par les seigneurs ; elle brûla pendant quinze jours ; le maire Jean Soulas, pris dans le combat, fut pendu (9 juin 1358).

La même année, Charles le Mauvais s'empara de Nemours, Montereau, Lagny ; Melun lui fut livré par sa sœur, veuve de Philippe de Valois ; le régent Charles V essaya inutilement, à plusieurs reprises, de prendre la place ; ce ne fut qu'en 1364 qu'elle se rendit à Du Guesclin, qui commençait alors à s'illustrer.

Charles VI, pendant l'insurrection des maillotins, chercha successivement un refuge à Meaux et à Melun (1381). Cette dernière ville servit souvent de résidence à ce malheureux roi. Il en donna la seigneurie à sa femme Isabeau de Bavière qui s'y retirait avec le duc d'Orléans toutes les fois que les Bourguignons avaient l'avantage. En 1407, elle s'y réfugia après l'assassinat du duc d'Orléans ; on sait qu'en représailles de ce meurtre Jean sans Peur fut assassiné sur le pont de Montereau le 10 septembre 1419. Cet événement jeta la France dans les plus grands malheurs ; les Bourguignons s'allièrent aux Anglais et firent déshériter le dauphin par son père Charles VI au traité de Troyes (1420), puis ils s'emparèrent successivement des dernières villes qui tenaient pour les Armagnacs : Montereau, Moret, Nemours, Dammartin tombèrent en leur pouvoir ; Melun fut investi et fut réduit par la famine après une courageuse résistance du sire de Barbazan. Meaux, la dernière ville de cette partie du royaume qui fût restée fidèle au dauphin, tomba l'année suivante en leur pouvoir (1421). Pendant dix années la Brie et le Gâtinais furent ravagés par les armées ennemies, et cinquante ans après on disait que « de tout le peuple qui soloit estre n'en est pas demoré ung au païs pour montrer ne dire au peuple qui y est nouvellement venu et aux seigneurs aussi les limites et séparations de leurs terres. »

Ce ne fut qu'après l'heureuse délivrance d'Orléans par Jeanne Darc, que Provins, Moret, Bray, Dammartin, Lagny, Coulommiers, Melun rentrèrent successivement sous la domination du roi de France. Le territoire du département fut le théâtre d'un grand nombre d'engagements entre les Anglais et l'armée royale. Provins, Melun, Château-Landon retombèrent momentanément au pouvoir du duc de Bedford, général des forces anglaises ; Lagny résista à tous les efforts. Enfin les étrangers furent chassés de toutes ces places ; Meaux fut reprise la dernière par le comte de Richemont.

La guerre de la Praguerie, dans laquelle Brie-Comte-Robert fut prise par une bande d'écorcheurs, et la ligue du Bien public sous Louis XI (1465) agitèrent seules encore le pays dans le courant de ce siècle.

Pendant les guerres de religion, la Réforme en France prit naissance à Meaux ; dès 1523, un cardeur de laine, Jean Leclerc, y prêcha le luthéranisme. Des exécutions sanglantes eurent lieu dans cette ville en 1546. Sous Henri II, les conférences du parti se tinrent à La Ferté-sous-Jouarre, chez le prince de Condé (1559). Après le massacre de Vassy et l'édit de 1562, qui autorisa l'exercice du culte protestant, des prêches s'ouvrirent à Meaux et dans les environs, et un synode provincial se tint à La Ferté-sous-Jouarre (1563). Au renouvellement des hostilités entre les deux partis, Bray et Montereau furent pris par Coligny, et Lagny, Lizy, Claye, La Ferté-sous-Jouarre fournirent leurs contingents à son armée. Charles IX faillit être pris à Montceaux par les réformés. La Saint-Barthélemy (1572) amena des représailles de la part des catholiques; le lieutenant général du bailliage, Roland Cosset, livra pendant plusieurs jours les villes protestantes au massacre.

La Ligue raviva la guerre civile, qui ne finit dans le pays qu'en 1593, quand Meaux eut ouvert ses portes à Henri IV. La belle Gabrielle d'Estrées demeura à Montceaux. Henri IV séjourna souvent à Fontainebleau, qui lui dut de grands embellissements; il commença les canaux de Briare et du Loing, achevés sous Louis XIII.

Pendant la minorité de Louis XIV et les troubles de la Fronde, Condé s'empara de Lagny (1649), et l'armée du duc de Lorraine, qui venait au secours des révoltés, ravagea la Brie et les bords de la Marne; Crouy, Cerfroy, le prieuré de Grandchamp, Meaux, Coulommiers, l'abbaye de Jouy furent pillés par les Lorrains. Le règne de Louis XIV avait rendu quelque calme à la contrée, quand la révocation de l'édit de Nantes vint jeter le trouble parmi les nombreux protestants du diocèse de Meaux (1685); plus de 1,200 familles furent forcées d'émigrer.

A cette époque, le pays dépendait de la généralité de Paris pour l'administration financière et la perception des impôts. Il y avait sept chefs-lieux d'élection : Meaux, Coulommiers, Provins, Rozoy, Melun, Montereau et Nemours. Meaux avait un bailliage présidial ressortissant au parlement de Paris.

Pendant la révolution de 1789, le département de Seine-et-Marne, à l'exception de Meaux qui eut ses septembriseurs, sut échapper aux excès révolutionnaires. A la fin de l'Empire, il fut le théâtre de plusieurs combats livrés par Napoléon Ier contre les armées coalisées. « Il est beau de le voir dans ce moment, dit Mignet, non plus oppresseur, non plus conquérant, défendre pied à pied, par de nouvelles victoires, le sol de la patrie en même temps que son empire et sa renommée. » — « Attaqué de tous côtés par des forces supérieures, ajoutent deux autres historiens de la Révolution, il était envahi partout où il n'était pas, partout où il n'était plus. C'est ainsi que, pendant qu'il battait Blücher sur la Marne, Schwartzenberg avait forcé le passage de la Seine à Nogent, à Bray, à Montereau et s'avançait sur Paris. Alors Napoléon quitte la poursuite de Blücher pour courir sur les Autrichiens. Secondé par le patriotisme de la population, il les bat à Mormant, à Nangis, à Donnemarie et les chasse devant lui. Schwartzenberg se retire, laissant tous les chemins couverts de ses morts et de ses blessés. Cependant, les Wurtembergeois veulent défendre Montereau : Napoléon accourt, il enlève les hauteurs qui dominent le confluent de la Seine et de l'Yonne, y fait établir des batteries, pointe lui-même les canons et commande le feu. Il voit tomber à ses côtés, sans s'émouvoir, les boulets ennemis. Ses soldats murmurent de le voir s'exposer ainsi; ils insistent même pour qu'il se retire : « Allez, mes amis, leur répond-il, le boulet qui doit » me tuer n'est pas encore fondu. » Alors, il lance Gérard sur le faubourg le plus rapproché, et Pajol, avec sa cavalerie, sur les ponts. Un plein succès couronne ces deux mouvements; l'ennemi est refoulé dans la ville et y est écrasé; il repasse bientôt la Seine, après avoir perdu 6,000 hommes. »

C'est encore le département de Seine-et-Marne qui fut témoin de l'abdication de l'empereur, qui eut lieu à Fontainebleau le 4 avril 1814, et qui fut suivie, le 20 du même mois, de la fameuse scène des adieux dans la cour du Cheval-Blanc. A son retour de l'île d'Elbe, Napoléon revit Fontainebleau, mais pour la dernière fois!

Si le département eut beaucoup à souffrir de l'invasion de 1815, il ne fut pas épargné non plus par celle de 1870. Dès le 12 septembre, les Prussiens étaient à Provins, et le 13, malgré les efforts des francs-tireurs, ils investissaient Melun. Le département de Seine-et-Marne fut, après ceux de la Seine et de Seine-et-Oise, le plus éprouvé sous le rapport des réquisitions et des dommages. Il eut à payer 50,904,041 francs 14 centimes, dont 932,771 francs 28 centimes représentent les contributions de guerre et amendes payées, 12 millions 658,452 francs 82 centimes pour les dépenses de logement et de nourriture des troupes ennemies et 31,106,207 francs 81 centimes, montant des dommages résultant de vols, d'incendies et de faits de guerre.

Depuis la dernière guerre, il a pu voir sa richesse territoriale et ses produits prendre un nouvel accroissement, grâce à la paix dont il n'a cessé de jouir.

HISTOIRE ET DESCRIPTION DES VILLES, BOURGS ET CHATEAUX LES PLUS REMARQUABLES.

Melun (lat. 48° 32′ 32″; long. 0° 19′ 10″ E.). — Melun (*Melodunum*), importante station de la grande ligne de Paris à Lyon et à Marseille, de celles de Paris à Fontainebleau, de Paris à Lyon par le Bourbonnais, chef-lieu du département, est pittoresquement située sur une île et les deux rives de la Seine, à 36 kilomètres au sud-est de Paris. Sa population est de 11,241 habitants.

D'après une antique tradition, cette ville serait l'une des plus anciennes de la Gaule; son vieil historien Odon prétend qu'elle fut bâtie mille et un ans avant Paris; il donne comme preuve la prétendue étymologie de *Melodunum, mille unum;* il ajoute que cette ville porta d'abord le nom d'*Isis*, et, comme témoignage de la supériorité de Melun sur Paris, il assigne à la capitale pour étymologie de son nom les mots latins *par Isis*, semblable à Isis. Le blason de la ville témoigne de ces assertions :

> Melun je suis qui eus à ma naissance
> Le nom d'Isis, comme des vieux on sait;
> Sy fut Paris construict à ma semblance
> Mille et un an depuis que je fus faict.
> Dire me pus sur les villes de France
> Pauvre de biens, riche de loyauté,
> Qui par la guerre ay eu maintes souffrances
> Et par la faim de maints rats ai tâté.

Il est permis de ne pas croire à tant d'ancienneté, mais il est certain que Melun existait au temps de Jules César, qui la désigne, dans ses *Commentaires*, comme un *oppidum* des *Senones*. Dans sa marche sur Lutèce, Labiénus s'empara de *Melodunum* 52 ans avant J.-C. Le conquérant des Gaules en fit une station militaire; cependant elle n'était pas encore bien considérable, et, au temps de la conquête franque, Grégoire de Tours ne lui donne que le titre de *castrum*. Aurélien, l'un des Gallo-Romains au service de Clovis, avait reçu cette ville à titre de duché; il l'agrandit, y appela des habitants et augmenta son importance. Melun souffrit des guerres que se firent les fils de Clovis et ceux de Clotaire, et sous la seconde race, sa situation sur la Seine l'exposa aux ravages des Normands. On dit que le nom de *Bière*, donné d'abord à la forêt de Fontainebleau et à l'une des portes de Melun, était un souvenir du pirate normand de ce nom. La forteresse, située à l'extrémité de l'île, fut prise et dévastée six fois dans le cours du IX° siècle. Charles le Simple répara en partie ces désastres; mais le temps de la véritable prospérité de cette ville fut le règne des premiers Capétiens, qui en firent le lieu de leur séjour habituel, leur Versailles, selon l'expression de Dulaure. C'est là que moururent les rois Robert et Philippe Ier, l'un en 1030, et l'autre en 1108. Au commencement du règne de Louis VII, la ville fut à deux reprises illustrée par les leçons du fameux Abailard, qui, chassé de Paris, vint y professer la philosophie en 1102. Philippe-Auguste réunit dans cette ville deux grandes assemblées de ses barons : en 1200, à l'occasion de son divorce avec Ingelburge et de l'excommunication du pape Innocent III, il leur demanda s'ils consentiraient à le seconder dans ses projets contre l'Angleterre; et, en 1223, il présida un concile provincial. Saint Louis tint souvent sa cour à Melun. En 1246, il y arma chevalier son frère Charles d'Anjou, et, en 1255, il y maria sa fille Isabelle à Thibaut, roi de Navarre.

Melun ne sortit pas du domaine royal jusqu'en 1348, époque à laquelle Philippe de Valois assigna en douaire le château et la seigneurie de cette ville à sa jeune épouse Jeanne de Navarre, qui, durant les troubles de la captivité de Jean, livra cette ville à son frère Charles le Mauvais. Le dauphin et Du Guesclin la reprirent en 1359. Elle était défendue par Mareuil. Le jeune héros breton avait *juré, par Dieu qui peina en croix et au tiers jour ressuscita, qu'il iroit aux créneaux parler à la barrette du basque de Mareuil*, et quoique atteint de blessures graves, il combattit tout le jour sans prendre de repos jusqu'à ce que les assiégés consentissent à capituler. Des droits excessifs furent frappés sur toutes les marchandises qui passèrent par cette ville; un droit de 6 écus d'or était perçu pour un tonneau de vin.

Pendant les longs troubles du règne de Charles VI, Melun fut occupée par les Armagnacs et servit souvent de retraite à la reine Isabeau et au duc d'Orléans. Après la prise de Montereau, en 1420, le duc de Bourgogne et le roi d'Angleterre marchèrent sur Melun et l'investirent au mois de juin. Les assiégés, commandés par les sires de Barbazan et de Préaux, se défendirent courageusement; l'île Saint-Étienne, particulièrement fortifiée, servait de forteresse, et un pont de bois mettait en communication les deux rives de la Seine et les chefs assiégés. Le roi d'Angleterre traînait dans son camp l'infortuné Charles VI, devenu depuis peu son beau-père, et pressait Barbazan de se rendre au nom du titre d'héritier de France, qui venait de lui être conféré par le traité de Troyes au préjudice du dauphin. Tous ses ordres étaient revêtus du sceau de France, et c'est ainsi qu'il fit publier sous le nom de Charles VI, par tout le royaume, des lettres de ce prince datées de son camp de Melun, le 23 juillet 1420, et adressées aux principaux évêques et gouverneurs du royaume. Par ces lettres, le roi de France faisait connaître le mariage célébré à Troyes entre sa fille et le roi d'Angleterre et le traité qui instituait ce dernier, à l'exclusion du dauphin, héritier présomptif de la couronne, avec injonction *de faire jurer le traicté à tous ses sujets sur les saints Évangiles.* Les habitants de Melun n'en persistèrent que plus courageusement à tenir pour le dauphin, héritier légitime de la couronne de France. Le sire de Barbazan avait de plus un motif personnel de résistance : compromis dans l'assassinat de Jean sans Peur au pont de Montereau, il n'avait rien à espérer de la générosité des Bourguignons. Des murs, des contre-murs et des fossés de toute espèce furent construits pour la défense de la ville; les assiégés élevèrent sur le haut de la butte Saint-Père, aujourd'hui la montagne Saint-Barthélemy, un escarpement avancé au delà des fossés; de cette position, les archers et arbalétriers pouvaient faire beaucoup de mal aux assiégeants. Un moine de l'abbaye du Jard, dom Simon, se fit surtout remarquer par son adresse à manier l'arbalète : vêtu du costume des augustins, avec son long scapulaire blanc, il était constamment à son poste, et dès qu'un ennemi se présentait à portée et à découvert, il l'ajustait et le faisait presque toujours tomber sous ses coups. On prétend que, pendant le siège, il fit de la sorte périr plus de soixante hommes d'armes. Les soldats anglais et bourguignons n'osaient plus sortir du camp, tant le moine était redouté. Les chefs résolurent alors de s'emparer de la position; les défenseurs de la ville en furent délogés, malgré une énergique résistance. Maîtres de ce point, les Bourguignons s'élancent à l'assaut de la ville même, à leur cri : *Bon duc de Bourgogne, Dieu te maintienne en joie!* Le sire de Barbazan les laisse avancer, et quand ils se croient presque maîtres des remparts peu défendus, lui-même et les principaux chefs assiégés, le sire de Préaux et Juvénal des Ursins, se précipitent à leur rencontre et les exterminent. Le siège dura encore longtemps avec diverses vicissitudes; les assiégeants barrèrent la Seine au-dessus de la ville pour la réduire par la famine; mais la peste se déclara dans leur camp. Enfin la milice de Paris, fidèle aux Bourguignons, vint à leur secours sous le commandement des bouchers Legoix et Saint-Yon, après avoir égorgé leurs prisonniers armagnacs : la résistance n'était plus possible. Par la convention de novembre 1420, la ville se rendit à la seule condition de la vie sauve pour les habitants, dont 500 furent exceptés par les ennemis, entre autres le fameux moine Simon de l'abbaye du Jard. Tant d'Anglais avaient péri pendant le siège qu'un endroit voisin de la ville où eurent lieu les principaux engagements en a retenu le nom de *Fosse aux Anglais.* Neuf ans après, les habitants, aidés par le commandeur de Girêmes, se délivrèrent de leurs ennemis, qui y rentrèrent encore pour en être définitivement chassés en 1435.

Melun, en récompense de sa belle défense contre les Anglais, obtint du dauphin plusieurs privilèges et une coutume particulière qui fut rédigée, en 1506, par les membres des trois états de la province, et revisée par Gustave de Thou, en 1558. Cette ville n'accueillit pas favorablement la Réforme; quelques ministres y prêchèrent en 1561, mais le temple fut aussitôt fermé et ne se rouvrit pas. Le duc d'Alençon et d'Andelot y avaient été enfermés en 1551 et 1558.

Prise par les ligueurs en 1589, reprise d'assaut par Henri IV l'année suivante, Melun se ressentit vivement des troubles de la Fronde; la misère fut au comble dans la ville désolée par les maladies et par la famine. Le jeune Louis XIV fut cependant forcé de s'y réfugier avec Mazarin en 1652; il logea non dans le château, jugé inhabitable, mais dans la maison de Fouquet, qui portait le titre de vicomte de Melun. En 1709, Louis XIV érigea la vicomté en duché-pairie en faveur de Louis-Hector de Villars, qui en avait fait l'acquisition. C'est à Melun que Law abjura le calvinisme afin de pouvoir occuper la place de contrôleur général des finances. En 1740, le château de Melun, menaçant ruine, fut démoli; il n'en reste que la base d'une tour, dite la *Tour de César.*

Pendant la Révolution, et après la journée du 10 août, le savant Bailly y vint chercher un asile auprès du célèbre mathématicien Laplace, qui habitait cette ville; reconnu, il y fut arrêté, puis transféré à Paris et mis à mort. En 1814, Melun fut le théâtre de quelques opérations militaires de peu d'importance avant la bataille de Montereau.

Melun, divisée par la Seine en trois parties, est d'un aspect assez agréable; la partie qui est située sur la rive droite de la Seine s'élève en amphithéâtre; c'est la plus considérable et la ville proprement dite. Des travaux importants ont depuis plusieurs années contribué à l'embellir; des quais, des promenades nouvelles, un square derrière l'hôtel de ville, une fontaine monumentale sur la place Saint-Jean, en font une jolie ville; deux ponts, le pont aux Fruits et le pont aux Meuniers, unissent les deux rives de la Seine; ce dernier a été reconstruit en fonte. C'est là que se pêchaient ces anguilles dont un proverbe a consacré la réputation. Cette ville possédait autrefois plusieurs paroisses, qui actuellement sont réduites à deux : Saint-Aspais, sur la rive droite de la Seine, et Notre-Dame-en-l'Ile, église romane, restaurée il y a quelques années et dont la fondation remonte au X° siècle. Ce sont deux monuments historiques. Des fouilles, exécutées en 1864 sur la place de Notre-Dame, ont mis à jour quelques fragments de bas-reliefs antiques. L'ancien couvent des Carmes est occupé aujourd'hui par le palais de justice, la prison, la gendarmerie et la salle de spectacle; ceux des Ursulines avec la Visitation, par des casernes de cavalerie.

L'établissement le plus important est la maison centrale de détention, qui a été bâtie sur l'emplacement de l'hôpital Saint-Nicolas et du couvent des Annonciades. Melun est le siège d'un tribunal de première instance; elle possède un collège communal, un musée et une bibliothèque, qui contient environ 18,000 volumes. L'industrie y est assez active; cette ville a des fabriques de drap, d'étoffes de laine, toiles peintes, calicots, filatures de coton, tanneries. Il s'y fait un grand commerce de grains, farines, fromages, laine et bestiaux.

Parmi les hommes dont Melun est la patrie, on distingue Philippe-Auguste, Jacques Amyot, qui y naquit, le 30 octobre 1513, de parents très pauvres, dans une maison qui subsiste encore; il s'en vint à Paris par le coche, et sa mère lui envoyait, pour le soutenir pendant ses études, un pain par semaine. Amyot raconte comment il étudiait pendant l'hiver, les mains sur un pot de terre, où était allumé un peu de charbon, afin de n'avoir pas l'onglée et de pouvoir prendre des notes en lisant. Ses ouvrages parvinrent à François Ier, qui lui fit don de l'abbaye de Bellozane et l'attacha à sa personne; il fut le précepteur des trois fils de Henri II. Plus tard, il devint évêque d'Auxerre, où il mourut à l'âge de 80 ans; il laissait une traduction de plusieurs auteurs grecs et son immortel ouvrage *Les Hommes illustres de Plutarque*. Melun lui a érigé une statue dans la cour de son hôtel de ville. Mme Gail, compositeur distinguée de musique sous l'empire, et les lieutenants généraux Ch. Jacquinot et baron Simon, sont aussi nés dans cette ville.

Les armes de Melun sont : *d'azur, semé de fleurs de lis d'or, à la tour sommée de tours d'argent et couvertes de gueules, hersée de même et maçonnée de sable*. La devise est : FIDA MURIS USQUE AD MUROS. On les trouve encore : *d'azur, à sept besants d'or, 2, 3 et 1, au chef d'or*.

MAINCY. — Maincy, village à 4 kilom. à l'est de Melun, a une population de 993 habitants. Le château de *Vaux-Praslin* dépend de cette commune, et y attire annuellement un grand nombre de visiteurs, ce château a souvent changé de nom; il fut d'abord appelé *Vaux-le-Vicomte*; ce n'était alors qu'une simple demeure seigneuriale dont le surintendant des finances Fouquet fit l'acquisition et qu'il fit abattre. Il la remplaça alors, en 1653, par le somptueux château que nous admirons aujourd'hui. L'architecte Le Vau en dressa les plans, Le Nôtre en dessina les jardins, et Mignard et Le Brun en couvrirent les plafonds et les panneaux de leurs plus délicates peintures. Le parc, de 300 hectares environ, fut orné de statues, de fontaines, de bassins et de cascades; les eaux furent amenées de loin et à grands frais : dix-huit millions suffirent à peine pour toutes ces merveilles. C'est dans ce séjour enchanteur que, le 17 août 1661, Fouquet reçut Louis XIV, sa mère et plus de six mille invités. Tous les mémoires du temps parlent de cette réception féerique, dont le dénouement fut si fatal à l'amphitryon. Le prince, en effet, ne put pardonner au surintendant tant de luxe et de richesses; il fut de plus blessé de l'ambitieuse devise qui se présentait à chaque pas à ses regards : un écureil poursuivant une couleuvre, avec la légende « *Quo non ascendam ?* » (Où ne monterais-je pas?) Colbert, auquel la couleuvre faisait allusion (*coluber*), fit entendre au roi ces mots qui devaient perdre Fouquet : « Dilapidation des finances, » et le 5 septembre, dix-huit jours après cette fête mémorable, Fouquet fut arrêté à Nantes, conduit d'abord à Vincennes, puis à la Bastille; enfin, jugé et condamné par le parlement et enfermé à Pignerol. L'amitié de Pellisson, de Gourville, de La Fontaine, de Scudéry, de Saint-Évremont et de Mme de Sévigné ne put le sauver de sa disgrâce. Plus tard, le maréchal de Villars étant devenu possesseur de ce château, que Louis XIV avait érigé en sa faveur en duché-pairie, et qui reçut le nom de *Vaux-Villars*, il le passa à son fils, le duc de Villars, qui négligea l'entretien des eaux et renversa une partie de ouvrages de Le Nôtre. Le duc de Praslin, alors ministre de la marine et des affaires étrangères, l'acquit du duc de Villars; et cette terre, restée depuis dans sa famille jusqu'en 1850, est aujourd'hui la propriété d'un riche industriel de Paris, M. Sommier.

Voisenon. — Voisenon, à 4 kilomètres au nord de Melun, n'a que 340 habitants; mais le château du Jard, qui est dans ses environs, le signale à l'attention des archéologues. Le roi Louis VII, après son mariage avec sa troisième femme, Alix de Champagne, y résida souvent; cette dernière y donna même le jour à Philippe-Auguste. Après la mort de son mari, Alix établit au château du Jard, qu'elle transforma en monastère, des religieux de Saint-Victor. Pierre de Corbeil, savant distingué, en fut le premier abbé; dans la suite, il devint archevêque de Sens. Après plusieurs siècles, l'abbaye du Jard continua de recevoir de grandes libéralités des rois, des princes et surtout des vicomtes de Melun; un grand nombre de ces derniers et plusieurs comtes de Tancarville y furent enterrés. Cette abbaye, devenue fort riche, fut mise en commende dans le courant du XVIe siècle. Un des derniers abbés fut l'abbé de Voisenon, connu au siècle dernier par ses œuvres littéraires.

Brie-Comte-Robert. — Brie-Comte-Robert (*Braia Comitis Roberti*), station de la ligne du chemin de fer de Paris à Vincennes et Brie-Comte-Robert, petite ville de 2,770 habitants, située sur la rive droite du petit ruisseau de l'Isère, affluent de l'Yères, à 18 kilomètres au nord de Melun, aujourd'hui chef-lieu de canton, était autrefois la capitale de la Brie française. Elle a été fortifiée et défendue par un château construit à la fin du XIIe siècle. Les Anglais la prirent d'assaut en 1430; mais, quatre années après, le duc de Bourbon s'en emparait par surprise. Elle fut encore plusieurs fois prise et reprise pendant la guerre de la Praguerie et au temps de la Fronde. A l'époque de la Révolution, son nom fut un instant changé en celui de *Brie-sur-Yères*.

Son château était situé à l'extrémité de la ville, près de la route de Paris. Il se composait d'une enceinte carrée, aux angles de laquelle s'élevaient des tours rondes, et de trois autres tours placées au milieu des trois côtés du carré. Celle que l'on nommait la tour de Brie et qui paraissait être le donjon, ou la maîtresse tour, était carrée et n'avait pas moins de 34 mètres d'élévation; elle ne fut démolie qu'en 1830. De ce château il ne reste guère que quelques pans de murailles; il devait cependant être encore en assez bon état au commencement de la Révolution, puisque le baron de Bezenval y fut enfermé. On éleva ensuite une guérite d'observation sur la tour principale, et l'on braqua plusieurs canons dans la cour, afin de défendre la ville. La précaution n'était pas inutile, car une troupe de bandits dirigea une véritable attaque contre Brie-Comte-Robert et mit en fuite ses habitants. Brie possède une belle église du XIIIe siècle avec une façade de la Renaissance; elle a été classée parmi les monuments historiques; on y voit plusieurs tombeaux remarquables; l'Hôtel-Dieu est ancien; sa porte, qui date du XIIe siècle, est accompagnée d'élégantes arcatures.

Brie fait un commerce considérable de grains et de fromages justement renommés; elle possède des fabriques de plumes à écrire, de chandelles, des tanneries, chapelleries, distilleries, etc., etc.; on exploite dans les environs des carrières de pierre de taille.

Les armes de Brie-Comte-Robert, qui doit son nom à l'un de ses seigneurs, sont : *de gueules, à la tour d'argent maçonnée de sable, surmontée de trois tourelles girouettées d'argent*. Dans un manuscrit du XVIIe siècle, elles sont figurées : *d'azur, à une tour crénelée d'argent, donjonnée de trois tourelles du même, ouverte ajourée et maçonnée de sable, accostée de deux fleurs de lis d'or*.

Blandy. — Blandy, commune de 619 habitants, appartenant au canton du Châtelet et située à 11 kilomètres à l'est de Melun sur le ru d'Ancœur, mérite une mention à cause de son château, l'une des plus belles ruines féodales du département.

Ce château, construit près de la pente d'une petite vallée et dont quelques parties remontent au XIIe et au XIIIe siècle, avait la forme d'un polygone irrégulier; à chacun des angles s'élevait une tour ronde; les trois tours placées au sud-ouest, du côté de la plaine, étaient plus fortes et plus hautes que les

Cathédrale de Meaux.

autres. Le donjon était particulièrement remarquable.

Le château de Blandy a été successivement possédé par les premiers comtes de Melun, par Dunois, par Jacqueline de Rothelin, par le prince Louis Ier de Condé, par le comte de Soissons, grand maître de France ; par son fils, tué au combat de La Marfée, et par le maréchal de Villars, qui y résida plusieurs fois. Depuis, il a été converti en une belle et riche ferme.

FONTAINEBLEAU (lat. 48° 24′ 23″; long. 0° 21′ 52″ E.). —Fontainebleau (*Fons Bliaudi, Fons Bellaqueus*), station de la ligne du chemin de fer de Paris à Lyon et à Marseille par la Bourgogne, chef-lieu d'arrondissement, à 14 kilomètres au sud-est de Melun, a une population de 11,653 habitants.

Longtemps cette ville, que son château et sa forêt ont rendue célèbre, fut un hameau obscur dépendant du village d'Avon ; sa puissante végétation, ses roches sauvages, le charme de sa solitude étaient vantés ; mais les rois, dont les ancêtres étaient sortis des forêts de la Germanie, préféraient à ce désert quelque jolie ville ou quelque château pour leur résidence. Les premiers Capétiens habitèrent Melun et commencèrent à chasser dans la forêt que l'on appelait alors forêt de *Bière;* à mesure que les bois, qui avaient couvert la Gaule primitive, s'éclaircirent pour faire place à des habitations et à des villes, les sites sauvages de la forêt, le gibier qu'elle renfermait y attirèrent plus souvent les rois. Louis VII y fit construire un modeste rendez-vous de chasse, et une chapelle en 1169. Ce fut vers cette époque que le nom de Fontainebleau, dont l'étymologie probable est la beauté des fontaines et sources de la forêt, se substitua au premier nom. Après Louis VII, saint Louis se plut dans ce séjour, qu'il appelait *ses déserts;* il agrandit les fondations de son bisaïeul, construisit le pavillon qui porte encore son nom et un hôpital pour les pauvres malades; Philippe le Bel, qui était né dans la résidence de Fontainebleau et qui y mourut, et Charles IV le Bel, son troisième fils, y séjournèrent habituellement. Puis vinrent Charles V le Savant, qui y fit *belle assemblée des notables livres moult bien escripts et richement adornés, et sans cesser y eut maistres qui grans gaiges en recepvoient, de ce embesoingniet.* Isabeau de Bavière, hôtesse de ce séjour qu'elle embellit, en fit le théâtre de sa vie de scandale et de libertinage.

Délaissé par Charles VIII, Louis XI et Louis XII, qui lui préférèrent d'autres résidences, Fontainebleau dut à François Ier sa plus belle restauration; sous l'impulsion de ce grand roi, le génie italien de la Renaissance éleva les bâtiments que nous admirons aujourd'hui; Serlio construisit la façade de la cour des Fontaines; le Rosso peignit la galerie qui a pris le nom de François Ier; Benvenuto Cellini y exposa son fameux Jupiter d'argent. La salle de bal, complétée plus tard sous Henri II, par les peintures du Primatice et de Nicolo del Abbate est de cette époque. Une vaste pièce, autrefois ouverte à tous les vents et où se voyaient à peine des vestiges des peintures du grand Primatice, a été rajeunie et habilement restaurée il y a plusieurs années, et aujourd'hui on peut y admirer dans leur splendeur les œuvres de ce maître du XVIe siècle.

Jacques V, roi d'Écosse, en 1536, Charles-Quint, en 1539, visitèrent Fontainebleau. C'est là, en 1543, que fut célébré le baptême de François II et, deux ans après, celui d'Élisabeth, fille du dauphin Henri.

Après François Ier et son successeur, Henri II, les troubles de religion firent oublier, pendant quelques années, le charmant séjour de Fontainebleau; cependant Charles IX, en 1564, y reçut les ambassadeurs du pape, de l'empereur, du roi d'Espagne et d'autres princes catholiques, au sujet de l'édit de pacification d'Amboise, dont ils venaient demander la révocation. Un moment même, la politique de la reine mère, Catherine de Médicis, avec son escadron volant de filles d'honneur, y ramena les plaisirs et les fêtes; mais, après la Saint-Barthélemy, la guerre entre les protestants et les catholiques éclata plus vive que jamais, et Fontainebleau resta désert jusqu'au règne de Henri IV, qui l'agrandit et l'embellit. Il fit construire les bâtiments de la cour du Cheval-Blanc; l'appartement des bains, en forme de grotte rustique, qui faisait suite à la galerie d'Ulysse; la galerie des Chevreuils, qui n'existe plus; la galerie des Cerfs; la galerie de Diane, souvenir consacré par ce roi galant à la maîtresse bien-aimée de l'un de ses prédécesseurs. Des terrasses, des parterres, le grand canal embellirent les jardins. Dans la forêt, il ouvrit quelques avenues; ses mystérieuses profondeurs avaient, à cette époque, leurs légendes, et la tradition rapporte que Henri IV lui-même y rencontra un jour le fantôme du Grand-Veneur, l'un des génies de cette retraite.

En 1606, Fontainebleau eut de magnifiques fêtes, à l'occasion du baptême de Louis XIII, alors âgé de cinq ans. On avait apporté de Vincennes à Fontainebleau la cuve du IXe siècle qui servait pour le « chrétiennement » des enfants de France. La reine et les seigneurs étaient couverts de perles et de diamants « qui rayonnoient plus que le clair soleil, » et Sully, l'ordonnateur de la fête, couronna celle-ci par un feu d'artifice où l'on voyait un château pris par des satyres.

Louis XIII fit construire, en 1634, par Jacques Lemercier, l'escalier en fer à cheval de la cour d'honneur. Sous Mazarin, Christine de Suède reçut l'autorisation d'habiter Fontainebleau, et ce fut dans la galerie des Cerfs que, le 10 novembre 1657, elle fit assassiner son favori Monaldeschi. Le corps du grand écuyer repose à la lisière de la forêt, au-dessous du bénitier de l'église du village d'Avon. Dans la galerie des Cerfs, qui a été restaurée sous Louis-Philippe, une inscription marque l'endroit où se passa ce tragique événement.

Louis XIV et La Vallière habitèrent ce bienheureux séjour et il retentit du bruit des fêtes joyeuses, des carrousels et des concerts. Les interminables guerres, les grandes affaires, tous les soins du gouvernement, d'autres amours entraînèrent ailleurs Louis XIV; mais Fontainebleau le revit, vieilli, cette fois, et dévot, menant avec lui Mme de Maintenon.

C'est à Fontainebleau, en 1686, que mourut le prince de Condé et que Louis XIV, en 1700, reçut la nouvelle que son petit-fils, le duc d'Anjou, venait d'hériter du trône d'Espagne. C'est là aussi, en 1752, qu'eut lieu, devant la cour de Louis XV, la première représentation du *Devin du village*, de Jean-Jacques Rousseau.

Après Louis XIV et Louis XV, Fontainebleau est oublié ; l'infortuné Louis XVI préféra à sa pittoresque forêt Versailles et Trianon. La Révolution épargna ce séjour royal. C'était, en 1804, une caserne affectée à des prisonniers de guerre. Napoléon Ier en fit l'une de ses résidences favorites ; il en embellit et en agrandit les constructions et y dépensa plus de 12 millions de francs ; il aimait à chasser dans la forêt lorsque sa vie militaire lui laissait quelques jours de repos.

Par une singulière vicissitude, ce même château, qui reçut le pape venant sacrer l'empereur, devait, huit ans plus tard, recevoir le pape prisonnier. C'est là aussi que s'accomplit le mariage de l'empereur avec Marie-Louise et que furent signés, en 1813, le Concordat, par lequel le saint-père renonçait à la souveraineté des États romains, et, en 1814, après l'insuccès de la campagne de France et la défection de Marmont, l'acte d'abdication de Napoléon. C'est là, dans la cour du Cheval-Blanc, que le grand empereur fit à son armée ces adieux célèbres, consacrés sur la toile par le pinceau d'Horace Vernet. Un an plus tard, le 20 mars 1815, Napoléon, dans cette même cour du Cheval-Blanc, passait en revue les vieux grenadiers qui l'avaient accompagné à l'île d'Elbe et qui le ramenaient aux Tuileries.

Si la Restauration négligea cette résidence aimée de Napoléon, les intelligentes réparations exécutées sous le règne de Louis-Philippe ont rendu à cette demeure des rois la splendeur dont elle est digne.

Aujourd'hui, le château est composé de six cours : la cour du Cheval-Blanc, la cour des Fontaines, la cour Ovale ou du Donjon, la cour ou jardin de l'Orangerie, la cour des Princes et la cour des Cuisines. Chaque cour est entourée de trois ou quatre corps de bâtiments. La première doit son nom à un cheval en plâtre, copie du cheval de Marc-Aurèle, moulé à Rome en 1560. Dans l'un des bâtiments de cette cour, qu'on appelle aussi cour des Adieux, en souvenir des adieux de Napoléon à son armée, se trouve la chapelle de la Trinité, remarquable par sa belle architecture. Dans les bâtiments de la cour de l'Orangerie se trouve la galerie des Cerfs, où Christine fit assassiner Monaldeschi.

A l'est du château s'étend le parc, d'une superficie de 84 hectares. Dans la partie sud du parc se trouve la grande pièce d'eau, dite l'Étang, dont les bords, plantés de vieux arbres, forment une charmante promenade. Le reste de ce vaste jardin est traversé parallèlement par une magnifique avenue, bordée d'ormes, et par un canal de 1,170 mètres de longueur sur 46 de largeur.

La forêt de Fontainebleau, dont on évalue la superficie à 16,438 hectares, est aujourd'hui, grâce à sa proximité de la capitale, l'un des rendez-vous des parties de plaisir parisiennes ; tout le monde a visité ses sites sauvages ou pittoresques, et ce serait un hors-d'œuvre qu'essayer de les décrire. Nombre de légendes et d'aventures se rattachent à l'histoire de cette forêt, entre autres celle du Chasseur Noir, dont Sully parle dans ses *Mémoires* : « C'estoit, dit-il, un fantôme, environné d'une meute de chiens dont on entendoit les cris et qu'on voyoit de loin, mais qui disparaissoit dès qu'on approchoit. »

La ville de Fontainebleau est agréable et régulière, un peu triste. Ses établissements remarquables sont : l'hôtel de ville, la sous-préfecture, les casernes, la statue du général Damesme ; le château d'eau, contenant un réservoir alimenté par une source dont les eaux sont distribuées dans les différentes fontaines et les bassins du château ; des hospices, fondés par Anne d'Autriche et Mme de Montespan ; le collège et la bibliothèque, qui contient près de 30,000 volumes. Depuis 1871, on a transporté à Fontainebleau l'école d'application de l'artillerie et du génie de Metz.

A l'une des entrées de la ville, vers le midi, on voit un obélisque élevé en 1780, à l'occasion de la naissance des enfants de Louis XVI et de Marie-Antoinette.

Cette ville possède des manufactures de porcelaine et de faïence, des fabriques de calicot et des tanneries ; les grès de la forêt sont depuis longtemps exploités pour le pavage de Paris et des routes environnantes. Le commerce est assez actif en vins, fruits et surtout *chasselas* dit *de Fontainebleau*, dont la culture se fait en grand au village voisin de Thomery.

Les rois Philippe le Bel, Henri III, Louis XIII, le duc de Nemours, Gaston de Foix, héros des guerres d'Italie, qui périt si malheureusement à la bataille de Ravenne; Poinsinet, poète du XVIII° siècle, connu par sa jolie comédie du *Cercle* et encore plus par ses ridicules; le peintre Lantara, le général Damesme, sont nés à Fontainebleau.

Les armes de Fontainebleau sont : *d'azur, à une fontaine d'argent accompagnée en chef d'une fleur de lis d'or, et en pointe d'un chien courant de même.*

MONTEREAU. — Montereau (*Monasteriolum, Monstriolum*), chef-lieu de canton, à l'embranchement des chemins de fer de Troyes et de Lyon, station de la ligne de Paris-Flamboin à Montereau, au confluent de la Seine et de l'Yonne, à 23 kilomètres de Fontainebleau, est peuplée par 7,041 habitants.

Cette ville, désignée dans l'Itinéraire d'Antonin sous le nom de *Condate*, tire, dit-on, son nom d'un monastère dédié à saint Martin et fondé dans les premiers siècles de l'ère chrétienne. Vers 1026, un comte de Sens fit construire un château fort au confluent des rivières de Seine et d'Yonne, qui limitait alors ses domaines. Charles de Navarre s'en empara dans le XIV° siècle et le posséda jusqu'en 1359, époque à laquelle le régent Charles (depuis Charles V, le Sage) le prit. Les habitations qui s'étaient successivement élevées autour de la forteresse furent exposées aux ravages des Bourguignons et des Armagnacs pendant le règne de Charles VI. C'est sur le pont de cette ville qu'eut lieu, en 1419, l'entrevue du dauphin Charles et du duc de Bourgogne, Jean sans Peur, pendant laquelle celui-ci fut assassiné par Tanneguy Duchâtel et le sire de Barbazan. Longtemps on a lu cette inscription sur le pont où fut commis cet assassinat :

> L'an mil quatre cent dix-neuf,
> Sur un pont agencé de neuf,
> Fut meurtri Jean de Bourgogne
> A Montereau où faut l'Yonne.

L'année suivante, Philippe le Bon, fils du duc assassiné, s'empara de la ville de Montereau, qui resta pendant huit ans au pouvoir des Bourguignons et des Anglais. Charles VII la reprit cette même année, avec le secours de Chabannes et de Dunois, après un long siège. En 1567, pendant les troubles de religion, Condé s'empara de Montereau; cette ville entra, vingt ans plus tard, dans le parti de la Ligue, et se rendit à Henri IV en 1590. Depuis ce moment, les habitants de Montereau n'ont de nouveau entendu le bruit des batailles qu'en 1814.

Nous avons raconté plus haut le combat qui s'y livra, et qui fut le dernier effort, le dernier succès de la Grande Armée.

Montereau est une ville assez bien bâtie et dominée par une montagne au sommet de laquelle s'élève le château Surville, dont la construction est moderne. On y remarque une église gothique et deux ponts sur la Seine et sur l'Yonne, entre lesquels s'élève une statue de Napoléon Ier. Cette ville, par cette situation, est destinée à une grande prospérité commerciale; il s'y trouve de très importantes manufactures de faïences et de poteries, et il s'y fait un grand commerce en grains, bestiaux, bois flottés, etc.

Les armes de Montereau sont : *d'azur, à trois tours crénelées d'argent, 2 et 1.*

MORET. — Moret (*Muritum, Moretum*), chef-lieu de canton et petite ville de 1,853 habitants, située sur la rive gauche du Loing, près du débouché du canal du Loing dans cette rivière, et à 11 kilomètres au sud-est de Fontainebleau. C'est à Moret que la ligne de Lyon se bifurque pour se diriger soit sur Dijon, soit sur Nevers.

Sans prétendre, comme quelques historiens, que Moret existait du temps de César, nous dirons que Moret est très ancienne et paraît, comme Montereau, devoir sa naissance à un château fort, sous la protection duquel se placèrent quelques habitations, dont le nombre s'accrut peu à peu. Vers l'an 1128, le roi Louis le Gros acheta le château de Moret à Foulques, vicomte du Gâtinais, et depuis cette époque les rois de France y ont séjourné plusieurs fois. En 1155, Louis le Jeune y convoqua une assemblée pour juger les querelles violentes qui s'étaient élevées entre les moines et les bourgeois de Vézelay; le même souverain s'y trouva encore, en 1166, pour prononcer sur un grave différend qui divisait l'abbé de Vézelay et le comte de Nevers, à cause du droit de commune que les moines disputaient aux habitants de Vézelay. C'est aussi à Moret qu'en 1202 Philippe-Auguste rassembla des troupes destinées à agir contre Jean sans Terre, roi d'Angleterre. En 1420, elle tomba au pouvoir du roi d'Angleterre, Henri V, et du duc de Bourgogne, Philippe le Bon; mais Charles VII, qui la reprit plus tard, la fit fortifier et environner de fossés. En 1604, Henri IV créa comtesse de Moret, en la mariant au seigneur de Cézy, dit Chanvallon, fils de Jean de Harlay, Jacqueline de Beuil, sa maîtresse, qui lui donna un fils, Antoine de Bourbon, auquel le titre passa. Ayant fait rompre son mariage en 1607, elle épousa, dix ans après, René du Bec-Crespin Grimaldi, marquis de Vardes; c'est de concert avec lui qu'elle avait fondé le couvent des bénédictines de Moret. Devenue aveugle, alors qu'elle était encore belle, un poète lui consacra ce distique :

Cum longas noctes ab amore Moreta rogaret,
Favit Amor votis, perpetuasque dedit,

qu'un poète français a ainsi traduits :

Prolonge, dieu d'amour, ces nuits!... ces nuits si belles!...
L'Amour entend Moret et les fait éternelles.

Son fils, le comte de Moret, condamné en 1631 comme coupable de lèse-majesté pour avoir, avec d'autres seigneurs, donné de mauvais conseils à Gaston d'Orléans, frère puîné du roi Louis XIII, fut tué l'année suivante à la bataille de Castelnaudary, aux côtés du duc de Montmorency, qui y fut fait prisonnier et qui fut décapité à Toulouse.

Après la mort de la comtesse, empoisonnée par accident, dit-on, en 1651, la seigneurie de Moret passa d'abord à son fils, puis au duc de Rohan-Chabot, qui la céda, en 1695, à Lefèvre de Caumartin, dans la famille duquel elle resta jusqu'en 1793. Quant au couvent des bénédictines, il avait été supprimé en 1784, après 145 ans d'existence, ne laissant après lui que le souvenir de l'excellent sucre d'orge qu'y fabriquaient les religieuses, renommée que les sœurs de l'Hôtel-Dieu se sont donné la tâche de perpétuer au profit de leurs malades. Le couvent de Moret avait abrité, de 1680 à 1728, une énigme vivante, la *Mauresse*, religieuse au teint plus que basané, que l'on a cru être une fille légitime de Louis XIV, et dont Saint-Simon et Voltaire ont parlé dans leurs ouvrages.

Moret, l'une des principales stations de la ligne de Lyon, possède encore une partie de ses anciennes fortifications, notamment les deux portes de Paris et du Loing, ainsi que les ruines de son ancien château, où fut enfermé le surintendant Fouquet pendant la durée de son procès. Elle est assez bien bâtie; son église, mise au rang des monuments historiques, a un portail très remarquable, et l'hôtel de ville occupe une partie de l'ancien emplacement du couvent.

Moret est principalement habité par des vignerons.

Ses armes sont : *d'argent, à la tête de Maure de sable et bandée; coupé, en bas, de France-Orléans.*

NEMOURS. — Nemours (*Nemus, Nemoracum Vastinense*), station de la ligne de Paris à Lyon par le Bourbonnais, ancienne ville, située sur le Loing, à 17 kilomètres au sud de Fontainebleau, chef-lieu d'un canton, est peuplée par 3,871 habitants.

Si l'on en croyait l'historien du Gâtinais, dom Morin, Nemours remonterait aux druides; sans le suivre si loin, nous nous contenterons de dire que la ville est très ancienne, qu'elle doit son nom à la région boisée au milieu de laquelle on l'éleva et qu'elle n'est citée pour la première fois qu'au XIIe siècle, époque de la fondation de son église collégiale de Saint-Jean.

Prise en 1358, par Charles le Mauvais, roi de Navarre, Nemours ne fut fortifiée qu'en 1394. Cela n'empêcha pas les Anglais de s'en rendre maîtres quelques années après, et ils la gardèrent jusqu'en 1437. Charles VI l'érigea en duché-pairie et la donna, à titre d'échange, à Charles, comte d'Évreux.

La maison d'Armagnac entra en possession du duché, et l'on sait le triste sort d'un des ducs de Nemours, Jacques d'Armagnac, que Louis XI fit décapiter en 1477, en présence de ses fils. Le duché de Nemours fut alors confisqué et réuni à la couronne. Louis XII en fit présent au brillant général Gaston de Foix, des mains duquel il passa aux princes de Savoie, puis à la maison d'Orléans.

Nemours est bâtie dans une situation très pittoresque, au fond d'un vallon environné de tous côtés de collines et de rochers. Elle est généralement bien bâtie, percée de rues larges et spacieuses. On y passe le Loing sur un beau pont, et l'on y remarque l'ancien château, aujourd'hui converti en prison; l'église Saint-Jean, l'hôtel de ville, qui renferme une bibliothèque publique, et de belles promenades.

La ville fait un important commerce de grains, de farines, de bois, de charbons; elle possède des tanneries, des brasseries, des tuileries, de nombreux moulins à farine, des fours à chaux, des ateliers de marbrerie et de belles pépinières.

Les armes de Nemours sont : *d'argent, à une forêt de sinople, posée sur un tertre de même; au chef d'azur, semé de fleurs de lis d'or, chargé d'un lambel de même.*

PROVINS (lat. 48° 33′ 41″; long. 0° 57′ 19″ E.). — Provins (*Agendicum, Provinum*), station de la ligne de Paris (95 kilomètres) à Provins, correspondant par Longueville avec Belfort, et par Flamboin et Montereau avec la ligne de Lyon, chef-lieu d'arrondissement, sur les petites rivières le Durtein et la Voulzie, à 41 kilomètres à l'est de Melun, compte une population de 7,593 habitants.

L'origine de cette ville est fort ancienne; plusieurs écrivains ont cru y trouver l'*Agendicum* des *Commentaires* de César; mais il est maintenant reconnu que ce nom s'applique à l'emplacement occupé par Sens, et aucun fait particulier à Provins ne nous est parvenu jusqu'au IXe siècle. Charlemagne envoya, vers 802, des *legati* dans le *pagus* de Provins. En 833, les fils aînés de Louis le Débonnaire, Lothaire, Louis et Pépin, s'opposant à un nouveau partage de l'empire, enfermèrent dans cette ville leur jeune frère Charles, fils de Judith. Les comtes de Champagne, dans la possession desquels elle tomba, y fondèrent des églises et des hôpitaux, qu'ils enrichirent de leurs donations. Thibaut III érigea Provins en vicomté et l'entoura de murailles. Au XIIe siècle, Abailard, persécuté à Paris, se réfugia à Provins et y prêcha la philosophie avant d'aller chercher un asile à Melun.

Le XIIe siècle est l'époque du développement commercial de Provins; sous l'administration bienfaisante des comtes de Champagne, sa prospérité s'accrut au point que sa population monta, dit-on, à 60,000 âmes. Des juifs en grand nombre y faisaient la banque, d'habiles ouvriers y tissaient les laines; nulle part on ne fabriquait des draps d'une qualité égale à ceux de Provins. Les comtes de Champagne frappèrent à cette époque, au coin de la ville, une monnaie qui eut un grand cours dans cette période du moyen âge. Aux mois de mai et de septembre, deux foires annuelles attiraient les marchands de tous les pays. L'ordre du Temple établit à Provins une de ses commanderies, et cette ville eut à cette époque son poète et ses guerriers illustres : Guyot de Provins, auteur d'une satire célèbre contre les vices de son siècle, et Milon de Breban, qui se distingua, entre tous les chevaliers, à la quatrième croisade. Thibaut IV le Chansonnier, ce comte poète, fit de Provins son séjour de prédilection; il y avait un palais sur les murs duquel il avait, dit-on, fait peindre les vers des chansons amoureuses qu'il avait composées en l'honneur de la belle reine de France, Blanche de Castille. Ce fut lui, si l'on en croit la tradition, qui rapporta de Palestine la rose aujourd'hui si célèbre sous le nom de *rose de Provins*. Il fonda le couvent des Cordeliers, où son cœur a été déposé.

Provins avait obtenu en 1190 de Henri Ier le Libéral l'exemption de toutes tailles, moyennant une redevance annuelle de 600 livres. Thibaut IV le Chansonnier renouvela ce privilège en 1240 et changea la redevance annuelle en un impôt personnel et mobilier; de plus, il abandonna aux bourgeois l'exercice de la justice et de la prévôté, et nomma treize échevins qui avaient pouvoir de choisir un maire.

Sous Henri III le Gros, le calme dont avait joui Provins fut troublé par des séditions populaires à l'occasion de la transformation de l'impôt personnel en taxes qui pesaient sur la population industrielle. Les troubles augmentèrent pendant la minorité de la comtesse Jeanne, sa fille. Le mercredi qui précéda la Chandeleur de l'année 1280, les ouvriers, que le maire voulait faire travailler une heure de plus au profit des riches, se soulevèrent, et, après l'avoir massacré, pillèrent les maisons des échevins. Philippe le Hardi, tuteur de la comtesse, voulut faire un exemple : il y envoya deux de ses officiers pour désarmer les habitants, et supprima une partie des privilèges. L'année suivante, une amnistie générale fut proclamée. Malgré cette indulgence et les efforts que firent les rois de France pour conserver à Provins son ancienne splendeur, la fortune de cette ville subit une décadence rapide. Dès le commencement du XIVe siècle, les marchands cherchent d'autres marchés et d'autres foires, les ouvriers abandonnent une ville qui ne suffit plus à leur travail et à leurs besoins; les couvents y sont réduits à la misère; les templiers de Provins sont frappés par l'arrêt de proscription de Philippe le Bel; puis la commune finit par disparaître, et le maire est remplacé par un procureur royal, bien que Philippe le Long eût, en 1329, réorganisé l'administration municipale. Ravagé par la peste noire et par la famine, en 1348, Provins fut le théâtre d'une grande solennité, lorsque Jean II y convoqua, en 1358, les états de Champagne; mais la guerre de Cent ans lui fut contraire, comme à toute cette partie du royaume. Charles le Mauvais s'en empara en 1368; reprise par le duc de Berry, elle tomba, pendant la querelle des Armagnacs et des Bourguignons, au pouvoir d'un capitaine lorrain, Charlot de Ducilly, qui y commit toutes sortes de cruautés. Leur illustre concitoyen, Jean Desmarest, avocat général au parlement de Paris et l'un des négociateurs du traité de Brétigny, venait d'être mis à mort par les ordres des oncles de Charles VI (1382). Longtemps au pouvoir des Bourguignons, Provins rentra dans l'obéissance du roi Charles VII, en 1429. L'année suivante, elle tomba, pour quelques mois, au pouvoir des Anglais; reprise par les gens du dauphin, elle fut assiégée de nouveau et emportée d'assaut par les gens d'armes anglais et leur resta environ une année.

Provins ne se releva jamais des coups terribles que tant de désastres avaient portés à son industrie et à sa prospérité. L'extension que prit le commerce dans le midi de la France et les foires de Lyon ruinèrent les foires de Champagne. Henri II créa un siége présidial à Provins (1551), et Charles IX y rétablit la mairie. Cette ville eut un grand nombre de protestants; mais, tandis que partout ailleurs on massacrait les réformés, Provins se contenta de les expulser. Pendant la Ligue, dévoués aux Guises, les habitants reçurent dans leurs murs le duc de Longueville, en avril 1590, et Mayenne à la fin de la même année. Henri IV se rendit maître de cette ville en 1592, après un siège de treize jours.

Provins n'eut à subir aucun des excès de la Révolution, et elle vit passer deux fois les armées alliées, en 1814 et 1815, sans avoir trop à souffrir de leur passage; mais, en 1870, il lui fallut payer de fortes contributions aux Prussiens.

Provins s'élève en amphithéâtre sur le coteau au pied duquel coulent le Durtein et la petite rivière de la Voulzie, chantés par l'infortuné poète Hégésippe Moreau. Ces cours d'eau font tourner un grand nombre de moulins. C'est là que se trouve la basse ville, quartier neuf, bien bâti, et dont les rues sont larges et propres. La haute ville ou ville ancienne est formée de rues escarpées et d'un accès difficile. Ces deux parties de la ville sont ceintes de murailles flanquées de tours, restes de ses anciennes fortifications. A l'extrémité sud-ouest de la ville haute s'élève un édifice improprement appelé *Tour de César*, qui domine les campagnes environnantes. Cette tour, d'une hauteur de 42 mètres, présente un carré à pans coupés, flanqué à chaque angle d'une tourelle circulaire, surmontée, ainsi que la tour principale, de toitures pyramidales. L'intérieur offre deux vastes salles superposées, dont les voûtes en arête ont la forme ogivale. « D'après les recherches de Bourquelot, dit M. de Caumont, il est question de la tour de Provins dans une charte du comte Henri, donnée l'an 1176, et tout porte à croire que la tour dont il s'agit est bien le donjon actuel. Ce qu'il importe de faire remarquer, c'est que le donjon, passant du carré à l'octogone et flanqué de tours cylindriques, offre une imitation de certaines tours d'église de la même époque et une disposition nouvelle ou insolite pour les forteresses. La disposition intérieure de la tour est aussi très curieuse : les deux salles qui subsistent intactes sont voûtées; celle du premier étage renferme une grande cheminée dont le tuyau rond se perd dans la maçonnerie. » Les portes Saint-Jean et de Jouy, composées de plusieurs cintres, donnent entrée dans la ville haute. On remarque encore à Provins : l'église Saint-Quiriace, ancienne collégiale du XIIe siècle et monument historique; l'église Saint-Ayoul, qui possède un magnifique retable, et un tableau peint par Stella; l'église Sainte-Croix, reconstruite au milieu du XVIe siècle sur les débris d'églises antérieures; les restes du palais des comtes de Champagne (aujourd'hui le collège communal); la grange aux Dîmes, sur la place du Châtel; l'hôpital général; la salle de spectacle; la bibliothèque publique, etc. Provins a des eaux minérales, ferrugineuses, froides, découvertes par Michel Prévost en 1651; elles sont situées dans une agréable promenade, aux abords de la ville. Le puits minéral et la fontaine établie au XVIIe siècle par le maire Étienne Roze ont été mis à l'abri de tout accident et décorés au commencement de celui-ci. Les eaux de Provins se prennent au printemps et en automne; elles sont ferrugineuses, douceâtres et astringentes; elles s'emploient surtout contre les chloroses, leucorrhées, maladies de foie, de rate, du mésentère, faiblesses d'estomac, etc.

Provins fabrique des poteries de terre, des conserves de roses et de la tiretaine; son commerce consiste en grains, farine, roses, laines et aciers.

Guyot de Provins, auteur de la *Bible satirique* au XIIe siècle; Jean Desmarest, le conventionnel Opoix, qui se refusa à voter la mort de Louis XVI; le général Bonnaire et Hégésippe Moreau y ont pris naissance.

Les armes de la ville sont : *d'azur, à la tour crénelée d'argent, sommée de trois tourillons qui soutiennent un donjon couvert en pointe, et une fleur de lis d'or en chef.* La devise est : Agendicum Provinum.

Coulommiers (lat. 48° 48′ 52″; long. 0° 44′ 56″ E.). — Coulommiers, station de la ligne de Paris à Coulommiers (72 kilomètres), chef-lieu d'arrondissement, sur la rive droite du Grand-Morin, à 40 kilomètres au nord-est de Melun et à 20 kilomètres au sud-est de Meaux, est peuplée par 5,240 habitants. Cette ville, fort ancienne, doit, dit-on, son nom aux nombreux nids de pigeons (*columbaria*) que l'on trouva dans ses environs. Deux voies militaires furent construites sur son territoire par les Romains, de Meaux à Châlons, et de Sens à Soissons; Auguste y établit un péage à leur jonction. Vers 156, Antonin fit entourer la ville de murailles. Au ve siècle, les Francs s'emparèrent de Coulommiers et en démolirent les remparts; Clovis les releva et y jeta les fondements d'un château.

Aucun événement de quelque importance ne se passa à Coulommiers pendant de longs siècles; en 1080, un prieuré y fut construit par Étienne de Champagne et prit le nom de Sainte-Foi. En 1215, Philippe-Auguste, pour agrandir la ville et l'entourer d'une troisième enceinte, fit démolir une partie des constructions du prieuré. En 1220 fut construite une église dédiée à saint Denis. Thibaut le Chansonnier accorda à cette époque, par une charte de 1231, confirmée en 1240, aux habitants de Coulommiers la permission de se choisir un maire et douze prud'hommes de plus; il les exempta des tailles. L'histoire politique de Coulommiers est celle de la plupart des villes qui avoisinent Paris, elle fut prise et reprise au temps des guerres des Anglais. Plus tard, elle eut à souffrir des entreprises des religionnaires et dut se racheter du pillage dont la menaçait le duc de Parme.

A l'intérieur comme à l'extérieur, Coulommiers ne présente, en général, rien de remarquable. Cependant, depuis quelques années, cette ville, où la plupart des rues sont étroites et mal percées, a fait quelques efforts pour s'embellir, et l'on vient (1879) d'y inaugurer un collège communal. On y pénètre, du côté de la gare, par un large faubourg; elle est entourée d'un beau boulevard, qui sert de promenade et longe les anciens remparts. Les seuls monuments dignes d'être cités sont, avec le collège : l'église paroissiale de Saint-Denis, qui a été reconstruite au xiiie siècle; le palais de justice; l'hôtel de ville; l'ancienne église des Capucins (aujourd'hui magasin à fourrages) et les restes d'un château qui date du xviie siècle.

Coulommiers fait un commerce considérable de grains, farines, fromages, melons, laines, cuirs, chevaux et bestiaux. Il s'y trouve des tanneries et beaucoup de moulins à tan. Aux environs, on remarque la belle papeterie de Sainte-Marie.

Le peintre Valentin de Boullongne, le célèbre bibliographe Barbier et le général Beaurepaire sont nés à Coulommiers.

Les armes de la ville sont : *d'azur, à une tour de colombier d'or, entre quatre pigeons volant d'argent, deux en chef et deux aux flancs;* la devise est : Ingredior et ingrediar. On trouve aussi pour devise : Prudentes ut serpentes, dulces ut columbæ.

Meaux (lat. 48° 57′ 40″; long. 0° 32′ 31″ E.). — Meaux (*Iatinum Meldi*), importante station du réseau des chemins de fer de l'Est (lignes de Paris à Meaux et à Nancy), chef-lieu d'arrondissement, à 57 kilomètres de Melun et à 37 kilomètres de Paris, sur la Marne, qui la divise en deux parties inégales, dont la plus importante est sur la rive droite et près du canal de l'Ourcq, est peuplée par 11,739 habitants.

Les *Meldi*, confédération puissante qui habitait le nord de la Gaule, ayant abandonné leurs premiers cantonnements, une partie se fixa sur les bords de l'Escaut, et ce fut chez eux que César fit construire ses barques pour passer dans la Grande-Bretagne; les autres donnèrent leur nom à la ville de *Iatinum*, mentionnée par Ptolémée au nombre de celles qui avoisinaient les *Parisii*. La table Théodosienne lui donna le nom de *Fixituinum*. Dès le milieu du iiie siècle, Meaux fut érigée en évêché; le christianisme y avait été apporté d'abord par saint Denis, puis par saint Saintin, qui en fut le premier évêque. Meaux eut de bonne heure des comtes; à la fin du vi^e siècle, Guerpin et Gondebaud sont mentionnés avec ce titre par Grégoire de Tours. A la mort de Clovis (511), Childebert, puis en 561, à la mort de Clotaire, Sigebert furent successivement maîtres de la cité des *Meldi*. Le traité d'Andelot (587) en confirma la possession à Childebert, fils de Sigebert. Meaux fut à cette époque le centre d'un mouvement religieux très prononcé; l'Irlandais Colomban et l'Écossais Fiacre vinrent fonder des couvents dans ce diocèse, et ce fut au viie siècle que l'on vit presque simultanément s'élever les monastères de Faremoutiers, Rebais, Jouarre et Saint-Faron.

Le 17 juin 845, les archevêques de Sens, de Reims

Château de Ferrières.

et de Bourges tinrent à Meaux un grand concile pour formuler des réclamations et les adresser au roi. A cette époque commencèrent les incursions normandes dont tout le pays eut à souffrir. En 862, les pirates, partis de Paris, où ils avaient établi une station, remontèrent la Marne et surprirent Meaux, qui fut incendiée et pillée. En 887 et 888, ils reparurent et bloquèrent la ville, la prirent par famine, forcèrent les habitants à l'évacuer et la livrèrent au plus complet pillage. Ce IX° siècle fut donc pour la ville une période de désastres dont elle eut peine à se relever; dans le siècle suivant, le clergé et les nombreux monastères du diocèse se laissèrent aller à un relâchement général et à l'abandon de toutes les règles, malgré les pieux efforts de l'évêque Gauthier.

Cet évêque de Meaux, qui occupa le siège épiscopal de 1045 à 1082, fut au nombre des envoyés du roi Henri Ier qui allèrent en Russie chercher la fille du grand-duc Jaroslaf, Anne, qui devint reine de France. Meaux appartenait à cette époque aux comtes de Champagne; cette ville continua à faire partie de leurs domaines jusqu'à la réunion définitive du comté à la couronne, sous le règne de Philippe le Long (1317). Les malheurs de la guerre de Cent ans et la jacquerie n'épargnèrent pas cette partie de la Brie; nous avons raconté les dangers que coururent les *belles dames* renfermées dans le château de Meaux. Sous le règne de Charles VI, après la désastreuse bataille d'Azincourt (1415), Meaux refusa de reconnaître l'autorité de Henri V et fut assiégée, en 1420, par le roi d'Angleterre. Après une courageuse résistance, qui dura cinq mois, la ville fut forcée de se rendre à discrétion; ses principaux défenseurs furent pendus ou eurent la tête tranchée. Les Anglais conservèrent Meaux dix-sept ans; ils nommèrent un évêque de leur choix, Paquier de Vaux, qui fut plus tard chancelier de Henri VI. En 1438, le connétable de Richemont prit la ville d'assaut;

Talbot la lui enleva; les Français la reprirent définitivement l'année suivante.

L'agitation générale des esprits pendant cette période, les doutes et les hérésies mal contenues faisaient présager la part considérable que Meaux prit au mouvement de la Réforme. Cette ville fut comme le berceau du protestantisme en France; l'évêque Guillaume Brissonnet, Jacques Lefèvre d'Étaples, Guillaume Farel, Martial Mazurier, Gérard Buffi, tous docteurs en Sorbonne, et les plus savants hommes de l'époque, favorisèrent les doctrines nouvelles. Une condamnation de la cour de Rome enjoignit à l'évêque de les abandonner; celui-ci sacrifia ses opinions à sa sûreté personnelle, et ses amis furent dispersés; mais la Réforme n'en fit pas moins de progrès parmi les habitants de Meaux. En 1546, soixante protestants furent brûlés sur la place publique, d'autres furent bannis ou fouettés; mais les réformés continuèrent à se multiplier. En 1562, quand le libre exercice du culte leur fut accordé, ils étaient assez nombreux pour occuper tout un quartier. Cette année même, dans les mois de juin et de juillet, il y eut une lutte ouverte entre les partisans des deux cultes; les protestants, d'abord vainqueurs et maîtres de la ville, finirent par avoir le dessous, et un grand nombre d'entre eux furent pendus. A la Saint-Barthélemy, dans les journées des 24 et 25 août, ce fut un massacre général; le quartier du Marché, qu'ils occupaient, fut presque dépeuplé.

Pendant la Ligue, Meaux tomba au pouvoir des ligueurs qui en firent une place d'armes (1589). Henri IV s'en empara facilement en 1595 et confirma ses anciens privilèges.

Ravagée, en 1652, par l'armée de Lorraine marchant sur Paris, Meaux s'était relevée de ses désastres, quand la Révolution vint la troubler de nouveau. Pendant les massacres de septembre 1792, un grand nombre de détenus politiques y furent mis à mort. En 1814, Meaux fut, en février et en mars, le théâtre de plusieurs combats entre les Français et les Russes. Ces derniers, battus d'abord, foudroyèrent les troupes françaises dans la plaine dite Varenne de Meaux. Les Français se retirèrent sur la ville qui, attaquée par les Russes à deux reprises, opposa la plus courageuse résistance; un corps d'armée revenant de Montmirail battit complètement les ennemis à May et à Lizy et les rejeta sur Soissons; mais, quelque temps après, les Russes revinrent par La Ferté-Milon et s'emparèrent de la ville, abandonnée de ses défenseurs. En 1870, les Prussiens et les Allemands l'occupèrent et la rançonnèrent.

Meaux est le siège d'un évêché illustré par Bossuet, d'un collège communal, d'un tribunal de commerce; il y a une conservation des hypothèques, une division des contributions indirectes et une inspection forestière. La ville est dans une situation agréable; la Marne et l'Ourcq y font tourner un grand nombre de moulins servant à la mouture des grains. Sa cathédrale dédiée à saint Étienne, est un de nos monuments historiques les plus remarquables; elle appartient au XIe siècle et fut commencée par l'évêque Gauthier, sur l'emplacement de l'ancienne église détruite par les Normands. Une de ses tours est inachevée; les dernières constructions datent du XVIe siècle. Le chœur et le sanctuaire sont de la plus grande beauté. On y voit, sous la clef de voûte, un buste de la reine Jeanne de Navarre, ainsi qu'une statue en marbre blanc et le tombeau de Bossuet, qui a été ouvert en 1854. Après la cathédrale, il faut citer le palais épiscopal et son beau jardin, dessiné, dit-on, par Le Nôtre, et sur la terrasse duquel s'élève un pavillon où se trouvait le cabinet de travail de Bossuet; le séminaire et l'ancienne église de Saint-Remi, dont elle est une dépendance; l'Hôtel-Dieu; le palais de justice (dans l'ancien château des comtes de Champagne); l'hôtel de ville; la bibliothèque publique; la belle promenade de la gare et du boulevard, etc.

Meaux fabrique des calicots, des indiennes, des poteries de terre, du salpêtre, de la colle forte et des instruments aratoires. Il s'y trouve des tanneries et des corroiries. Le commerce est très actif en grains, farine, avoine, volaille, bestiaux, fromages de Brie, dont on y débite annuellement plus de 300,000 kilogrammes.

A une petite distance de Meaux on voit le rocher de Crécy, qui contient des grottes et des pétrifications curieuses.

Cette ville est la patrie de T. Sauvé de Lanoue, auteur dramatique; de Florent de Puisieux, traducteur de romans anglais; de Méhée de La Touche, secrétaire-greffier de la Commune de Paris.

Les armes de la ville sont: *parti de gueules et de sinople, à la lettre capitale gothique M d'or, couronnée d'une couronne comtale d'or, brochant sur le parti; au chef d'azur, semé de fleurs de lis d'or.*

CHELLES. — Chelles, station de la ligne du chemin de fer de Paris à Meaux (réseau de l'Est), est un gros bourg de 2,500 habitants, à 30 kilomètres à l'ouest de Meaux, près de la rive droite de la Marne et dans le canton de Lagny. Les rois de France de la première race y eurent un palais ; Chilpéric Ier y fut assassiné. Au VIe siècle s'élevait, à Chelles, une abbaye, fondée par sainte Clotilde, rebâtie vers 656 et détruite en 1790.

Jean de Chelles, architecte de la cathédrale de Paris au XIIIe siècle, est né dans cette localité.

Sur le plateau de Chelles, où les Prussiens avaient établi une batterie pendant la bataille de Champigny, en 1870, s'élève un fort construit en 1877.

LAGNY. — Lagny, station des lignes de Paris à Meaux et de Lagny à Villeneuve-le-Comte (réseau de l'Est), chef-lieu de canton, sur la Marne, à 21 kilomètres au sud-ouest de Meaux, est peuplé par 4,272 habitants. Cette ville est connue, dès le VIIe siècle, par l'établissement d'un monastère dû à l'Irlandais saint Furcy. Les Normands le ravagèrent au IXe siècle. Il fut rétabli par Herbert de Vermandois, qui investit l'abbé du titre de comte de Lagny. Au XIIe siècle, les comtes de Champagne accordèrent à cette ville une charte de commune. A cette époque, sa prospérité se développa rapidement. La confrérie des maîtres drapiers de cette ville avait à Paris une halle spéciale. Deux incendies, en 1157 et 1184, et les ravages des Anglais pendant la guerre de Cent ans mirent un terme à cette prospérité. En 1415, Jean sans Peur établit sa résidence à Lagny ; il pilla la ville avant de la quitter. Les Bourguignons en restèrent maîtres jusqu'en 1429. En 1432, elle était rentrée dans l'obéissance royale ; les Anglais vinrent l'assiéger ; Charles VII, pour récompenser les habitants de leur résistance, les exempta de toute sorte d'impôts. En 1445, les Bourguignons s'en emparèrent de nouveau. En 1544, la ville fut de nouveau saccagée. L'église de Lagny, dédiée à saint Pierre, fondée au VIIe siècle et trois fois reconstruite depuis, est restée inachevée. Sur la place s'élève une belle fontaine du XIIIe siècle. Cette ville fait un grand commerce de grains, farines, fromages, chanvre.

Les armes de Lagny sont : *d'azur, à la lettre gothique L couronnée d'or au côté dextre, et un clou couronné d'or du côté sénestre.*

FERRIÈRES. — Ferrières, dans le canton et à 10 kilomètres au sud de Lagny, est un village de 797 habitants, entouré de bois de trois côtés. Nous ne mentionnons cette localité que parce qu'elle possède le magnifique château de Ferrières, résidence favorite du baron de Rothschild, construit sur les plans de l'architecte anglais Paxton. C'est dans ce château qu'a eu lieu, le 18 et le 19 septembre 1870, l'entrevue de Jules Favre, ministre des affaires étrangères du gouvernement de la Défense nationale, et du comte de Bismarck. Ferrières communique avec le réseau des chemins de fer de l'Est par la station d'Ozouer-la-Ferrière.

DAMMARTIN-EN-GOËLE. — Dammartin-en-Goële, chef-lieu de canton, à 20 kilomètres au nord-ouest de Meaux, a une population de 1,780 habitants. Cette ville est célèbre par ses seigneurs et a eu le titre de comté jusqu'en 1789. Le premier sire de Dammartin est Manassès, qui vivait dans la première moitié du IIe siècle. En 1220, la ville fut incendiée et détruite ; reconstruite par ses seigneurs, elle reçut, en 1420, d'Antoine de Chabannes, un collège de chanoines. Dammartin fut, en 1590, au pouvoir de la Ligue ; Henri IV s'en empara la même année. Dans la suite, Dammartin passa successivement aux Montmorency et au prince de Condé. On y remarque l'église collégiale. Le vieux château, qui datait du Xe siècle, a été détruit en 1633. Il a fait place à une belle promenade. Dammartin a des fabriques de blondes et de passementerie et fait commerce de vins, grains et bestiaux.

Les armes de Dammartin sont : *d'argent, à trois fasces d'azur, à la bordure de sinople.*

JUILLY. — Juilly (*Juliacum*), à 18 kilomètres au nord-ouest de Meaux, a une population de 1,025 habitants. Un seigneur de Saint-Denis, Foucault, fit construire une église en ce lieu vers 1180. Onze ans plus tard, cette église fut érigée en abbaye. En 1638, l'abbaye de Juilly fut réunie à la congrégation de l'Oratoire, et le P. Condron y fonda un collège qui devint bientôt célèbre et qui subsiste encore, après avoir été momentanément fermé pendant la Révolution.

Louis et Jérôme Bonaparte, M. Berryer et bien d'autres illustrations politiques ou littéraires y ont fait leurs études.

STATISTIQUE DU DÉPARTEMENT DE SEINE-ET-MARNE

RANG DU DÉPARTEMENT

Superficie : 58ème. — Population : 47ème. — Densité de la population : 45ème.

I. STATISTIQUE GÉNÉRALE

SUPERFICIE.	POPULATION.	ARRONDISSE-MENTS.	CANTONS.	COMMUNES.	REVENU TERRITORIAL.	CONTRIBUTIONS et REVENUS PUBLICS
5.736 kil. carrés, ou 573.035 hect.	Hommes, 175.275 Femmes, 172.048 Total.. 347.323 60 hab. 55 par kil. carré.	5	29	530	Propriétés bâties... 10.000.000 fr. — non bâties 32.000.000 » Revenu agricole.... 170.000.000 »	32.000.000 fr.

II. STATISTIQUE COMMUNALE

ARRONDISSEMENT DE MELUN

Superficie, 1.085 kil. carrés ou 108.523 hect. — Population, 64.467 hab. — Cantons, 6. — Communes, 97.

CANTON, sa population.	NOM de LA COMMUNE.	POPULATION.	Distance au chef-lieu d'arr.	CANTON, sa population.	NOM de LA COMMUNE.	POPULATION.	Distance au chef-lieu d'arr.	CANTON, sa population.	NOM de LA COMMUNE.	POPULATION.	Distance au chef-lieu d'arr.
MELUN, 2 cantons, 30 communes, 25.566 habitants.	Melun (nord)	6.791	»	BRIE-COMTE-ROBERT, 16 communes, 10.520 habitants.	Bric-Comte-Robert...	2.770	18	MORMANT, Suite de MORMANT. TOURNAN, 14 communes, 9.953 habitants.	Beauvoir	215	20
	Boissettes	133	6		Chevry-Cossigny	800	5		Bombon	763	17
	Boissise-la-Bertrand	293	7		Combs-la-Ville	676	18		Bréau	218	18
	Cesson	393	7		Coubert	590	18		Champdeuil	209	12
	Livry	260	5		Evry-les-Châteaux	597	15		Champeaux	530	14
	Maincy	993	4		Férolles-Attilly	259	26		Chapelle-Gauthier (La)	774	20
	Mée (Le)	634	3		Grégy	153	17		Clos-Fontaine	168	31
	Montereau - sur - le - Jard	257	8		Grisy-Suisnes	976	19		Courtomer	347	24
	Nandy	395	10		Lésigny	415	27		Crisenoy	421	10
	Rubelles	195	3		Lieusaint	686	13		Fontenailles	712	24
	Saint-Germain-Laxis	193	6		Limoges-Fourches	195	11		Fouju	260	12
	Savigny-le-Temple	615	8		Lissy	150	11		Grand-Puits	322	24
	Seine-Port	743	11		Moissy-Cramayel	829	13		Guignes	1.000	16
	Vaux-le-Pénil	807	2		Réau	449	9		Ozouer-le-Repos	290	22
	Vert-Saint-Denis	702	3		Servon	353	23		Quiers	293	26
	Voisenon	340	4		Soignolles	622	14		Saint-Méry	446	14
									Saint-Ouen	302	22
				LE CHÂTELET-EN-BRIE, 13 comm., 7.916 habitants.	Châtelet-en-Brie (Le)	968	12		Verneuil	350	19
					Blandy	619	11		Yèbles	345	16
	Melun (sud)	4.450	»		Chartrettes	595	8				
	Arbonne	199	18		Châtillon-la-Borde	206	14				
	Boissise-le-Roi	280	9		Echouboulains	535	25				
	Cély	513	13		Ecrennes (Les)	292	18		Tournan	1.764	26
	Chailly-en-Bière	1.045	9		Féricy	542	18		Châtres	333	25
	Dammarie-les-Lys	1.219	4		Fontaine-le-Port	290	12		Chaumes	1.793	20
	Fleury-en-Bière	510	13		Héricy	1.043	17		Courquetaine	242	19
	Perthes	718	12		Machault	888	20		Favières	739	30
	Pringy	522	12		Moisenay	750	8		Gretz	634	27
	Rochette (La)	168	4		Sivry-Courtry	594	6		Liverdy	462	22
	Saint-Fargeau	1.085	15		Valence	614	23		Ozoir-la-Ferrière	652	28
	Saint - Germain - sur - Ecole	175	15	MORMANT, 34 c., 10.490 h.	Mormant	1.380	20		Ozouer-le-Voulgis	874	18
	Saint-Martin-en-Bière	443	14		Andrezel	330	17		Pontault-Combault	640	32
	Saint - Sauveur - sur - Ecole	399	11		Argentières	157	22		Pontcarré	509	35
	Villiers-en-Bière	96	8		Aubepierre	376	22		Presles	584	24
					Bailly-Carrois	282	30		Roissy	409	35
									Solers	320	17

ARRONDISSEMENT DE COULOMMIERS

Superficie, 944 kil. carrés ou 94.416 hect. — Population, 52.643 hab. — Cantons, 4. — Communes, 77.

CANTON, sa population	NOM de LA COMMUNE.	POPULATION.	Distance au chef-lieu d'arr.	CANTON, sa population	NOM de LA COMMUNE.	POPULATION.	Distance au chef-lieu d'arr.	CANTON, sa population	NOM de LA COMMUNE.	POPULATION.	Distance au chef-lieu d'arr.
COULOMMIERS, 14 comm., 15.944 habitants.	Coulommiers	5.240	»	Suite de LA FERTÉ	Moutils	135	23	REBAIS, 10.968 habitants	Rozoy	1.593	19
	Aulnoy	379	4		Saint-Barthélemy	427	25		Bernay	403	21
	Beautheil	594	6		Saint-Mars	262	23		Chapelle-Iger (La)	187	22
	Boissy-le-Châtel	1.160	4		Saint-Martin-des-Champs	447	21		Chapelles-Bourbon (Les)	86	24
	Celle-sur-Morin (La)	814	9		Saint-Remy-la-Vanne	901	13		Courpalay	868	23
	Chailly-en-Brie	827	4		Saint-Siméon	674	12		Crèvecœur	106	20
	Giremoutiers	123	6						Dammartin-sur-Tigeaux	499	15
	Guérard	1.489	11		Rebais	1.219	12		Faremoutiers	860	9
	Maisoncelles-en-Brie	411	10		Bellot	844	19		Fontenay-Trésigny	1.292	23
	Mauperthuis	281	7		Boitron	244	19		Hautefeuille	113	14
	Mouroux	1.616	4		Chauffry	453	8		Houssaye (La)	585	21
	Pommeuse	1.030	6		Doue	1.006	10	ROZOY, 26 communes, 13.723 habitants	Lumigny	447	15
	Saint-Augustin	1.096	6		Hondevilliers	278	21		Marles	458	21
	Saints	884	8		Montdauphin	342	26		Mortcerf	816	16
LA FERTÉ-GAUCHER, 19 comm., 12.008 habitants.	Ferté-Gaucher (La)	2.128	16		Montenils	72	31		Nesles	401	17
	Amillis	846	10		Orly-sur-Morin	401	17		Neufmoutiers	379	24
	Chapelle-Véronge (La)	505	26		Sablonnières	696	18		Ormeaux	237	13
	Chartronges	184	18		Saint-Cyr-sur-Morin	1.328	14		Pézarches	205	12
	Chevru	483	12		Saint-Denis-lès-Rebais	709	11		Plessis-feu-Aussoux (Le)	256	14
	Choisy-en-Brie	1.145	15		Saint-Germain-sous-Doue	363	8		Tigeaux	220	15
	Dagny	265	15		Saint-Léger	212	14		Touquin	771	11
	Jouy-sur-Morin	1.940	16		Saint-Ouen-sur-Morin	251	15		Vaudoy	823	15
	Lescherolles	340	22		Trétoire (La)	561	15		Vilbert	298	22
	Leudon	158	19		Verdelot	1.100	23		Villeneuve-le-Comte	991	24
	Marolles-en-Brie	400	8		Villeneuve-sur-Bellot	889	21		Villeneuve-St-Denis	363	27
	Meilleray	402	28						Voinsles	466	17
	Montolivet	366	31								

ARRONDISSEMENT DE FONTAINEBLEAU

Superficie, 1.225 kil. carrés ou 122.581 hect. — Population, 80.678 hab. — Cantons, 7. — Communes, 101.

CANTON, sa population	NOM de LA COMMUNE.	POPULATION.	Distance	CANTON, sa population	NOM de LA COMMUNE.	POPULATION.	Distance	CANTON, sa population	NOM de LA COMMUNE.	POPULATION.	Distance
FONTAINEBLEAU, 6 c., 16.348 hab.	Fontainebleau	11.653	»	Suite de CHATEAU-LANDON	Gironville	265	34	Suite de MONTEREAU	Misy-sur-Yonne	552	35
	Avon	1.926	3		Ichy	308	31		Saint-Germain-Laval	459	28
	Bois-le-Roi	1.029	10		Madeleine (La)	235	25		Salins	495	31
	Samois	1.092	7		Maisoncel'es	175	27		Varennes	561	22
	Samoreau	356	6		Mondreville	455	34	MORET-SUR-LOING, 15 communes, 10.042 habitants	Moret-sur-Loing	1.853	11
	Vulaines-sur-Seine	292	7		Obsonville	175	30		Celle-sous-Moret (La)	247	17
LA CHAPELLE-LA-REINE, 18 communes, 8.410 habitants.	Chapelle-la-Reine (La)	836	14		Souppes	2.483	28		Champagne	477	8
	Achères	672	12	LORREZ-LE-BOCAGE, 17 communes, 9.926 habitants	Lorrez-le-Bocage	854	32		Dormelles	671	21
	Amponville	374	20		Blennes	805	34		Ecuelles	312	15
	Boissy-aux-Cailles	357	21		Chevry-en-Sereine	634	27		Episy	261	17
	Boulancourt	211	25		Diant	359	32		Montarlot	171	17
	Burcy	368	24		Egreville	1.761	34		Montigny-sur-Loing	865	10
	Buthiers	448	26		Flagy	413	24		Saint-Mammès	1.000	12
	Fromont	340	24		Montmachoux	278	26		Thomery	943	6
	Guercheville	361	21		Noisy-le-Sec	293	24		Veneux-Nadon	980	9
	Larchant	621	16		Paley	486	25		Vernou	618	17
	Nanteau-sur-Essonnes	225	26		Préaux	190	30		Villecerf	512	18
	Noisy-sur-École	559	20		Remauville	441	30		Villemer	493	20
	Recloses	598	7		Saint-Ange-le-Vieil	129	26		Ville-Saint-Jacques	639	21
	Rumont	250	22		Thoury-Férottes	583	29	NEMOURS, 16 communes, 10.455 habitants	Nemours	3.871	17
	Tousson	479	23		Vaux-sur-Lunain	235	36		Bagneaux	482	25
	Ury	586	10		Villebéon	608	36		Bourron	1.178	8
	Vaudoué (Le)	391	20		Villemaréchal	672	26		Châtenoy	184	24
	Villiers-sous-Grez	634	12		Voulx	1.185	30		Chevrainvilliers	306	23
CHATEAU-LANDON, 15 comm., 12.074 hab.	Château-Landon	2.724	31	MONTEREAU-FAUT-YONNE, 14 com., 13.423 hab.	Montereau-faut-Yonne	7.041	23		Fay-lès-Nemours	295	22
	Arville	236	33		Barbey	197	31		Fromonville	681	16
	Aufferville	616	27		Brosse-Montceaux (La)	400	29		Garentreville	172	27
	Beaumont	1.502	49		Cannes	668	29		Genevraye (La)	270	11
	Bougligny	668	27		Courcelles	185	33		Grez	565	10
	Bransles	714	36		Esmans	557	25		Nanteau-sur-Lunain	420	27
	Chaintreaux	1.100	30		Forges	229	29		Nonville	293	20
	Chenou	418	30		Grande-Paroisse (La)	1.034	20		Ormesson	137	21
					Laval	449	31		Poligny	479	24
					Marolles-sur-Seine	596	31		St Pierre-lès-Nemours	813	18
									Treuzy	309	22

ARRONDISSEMENT DE MEAUX

Superficie, 1.257 kil. carrés ou 125.672 hect. — Population, 95.751 hab. — Cantons, 7. — Communes, 154.

CANTON, sa population	NOM de LA COMMUNE.	POPULATION.	Distance au chef-lieu d'arr.	CANTON, sa population	NOM de LA COMMUNE.	POPULATION.	Distance au chef-lieu d'arr.	CANTON, sa population	NOM de LA COMMUNE.	POPULATION.	Distance au chef-lieu d'arr.
MEAUX, 19.502 habitants. 15 communes.	Meaux	11.739	»	Suite de CRÉCY-EN-BRIE.	Saint-Germain-lès-Couilly	474	10	LAGNY, 17.635 habitants. 29 communes.	Lagny	4.272	21
	Chambry	521	6		Saint-Martin-les-Voulangis	584	16		Brou	137	27
	Chauconin	242	4						Bussy-Saint-Georges	518	24
	Grégy	321	3		Sancy	182	11		Bussy-Saint-Martin	213	23
	Fublaines	365	7		Serris	268	17		Chalifert	242	15
	Germigny-l'Evêque	329	4		Vaucourtois	191	10		Champs	813	29
	Mareuil-lès-Meaux	500	4		Villemareuil	239	10		Chanteloup	201	14
	Montceaux	396	9		Villiers-sur-Morin	622	13		Chelles	2.500	30
	Nanteuil-lès-Meaux	1.178	4						Chessy	350	15
	Neufmoutiers	520	5	DAMMARTIN-EN-GOËLE, 10.332 habitants. 23 communes.	Dammartin-en-Goële	1.780	20		Collégien	179	26
	Penchard	380	4		Cuisy	147	13		Conches	110	21
	Poincy	134	5		Forfry	163	15		Coupvray	452	14
	Trilport	953	5		Gesvres-le-Chapitre	89	15		Croissy-Beaubourg	247	28
	Varreddes	1.028	7		Juilly	1.025	18		Dampmart	712	21
	Villenoy	806	3		Longperrier	431	22		Émerainville	199	31
CLAYE-SOUILLY, 10.994 habitants. 23 communes.	Claye-Souilly	1.667	15		Marchémoret	126	15		Ferrières	797	27
	Annet-sur-Marne	889	15		Mauregard	143	29		Gouvernes	392	22
	Carnetin	183	18		Mesnil-Amelot (Le)	516	27		Guermantes	165	21
	Charmentray	170	9		Montgé	626	14		Jablines	214	15
	Charny	480	11		Monthyon	899	8		Jossigny	487	22
	Compans	204	22		Moussy-le-Neuf	494	29		Lesches	132	14
	Courtry	470	23		Moussy-le-Vieux	283	27		Lognes	216	28
	Fresnes	394	11		Oissery	432	16		Montevrain	541	17
	Gressy	65	19		Othis	230	23		Noisiel	635	27
	Isles-lès-Villenoy	252	8		Plessis-l'Evêque (Le)	120	10		Pomponne	481	23
	Iverny	325	11		Rouvres	199	19		Saint-Thibault-des-Vignes	190	22
	Messy	465	15		Saint-Mard	444	19		Thorigny	976	21
	Mitry-Mory	1.820	24		Saint-Pathus	304	17		Torcy	979	25
	Nantouillet	229	17		Saint-Soupplets	855	12		Vaires	265	25
	Pin (Le)	404	21		Thieux	385	21	LIZY-SUR-OURCQ, 11.454 habitants. 23 communes.	Lizy-sur-Ourcq	1.666	16
	Plessis-aux-Bois (Le)	150	13		Villeneuve-sous-Dammartin	404	24		Armentières	510	12
	Précy-sur-Marne	208	9		Vinantes	237	14		Barcy	274	9
	Saint-Mesmes	224	16	LA FERTÉ-SOUS-JOUARRE, 15.990 habitants. 19 communes.	La Ferté-sous-Jouarre	4.771	19		Cocherel	440	22
	Trilbardou	416	7		Bassevelle	432	32		Congis	992	13
	Vignely	110	8		Bussières	290	28		Coulombs	546	26
	Villeparisis	898	20		Chamigny	637	23		Crouy-sur-Ourcq	1.198	25
	Villeroy	264	10		Changis	232	11		Dhuisy	317	26
	Villevaudé	637	20		City	676	30		Douy-la-Ramée	201	17
CRÉCY-EN-BRIE, 10.514 habitants. 22 communes.	Crécy-en-Brie	934	15		Jouarre	2.549	20		Étrépilly	600	12
	Bailly-Romainvilliers	314	16		Luzancy	474	25		Germigny-sous-Coulombs	259	23
	Bouleurs	387	10		Méry-sur-Marne	300	26		Jaignes	357	21
	Boutigny	613	7		Nanteuil-sur-Marne	335	27		Marcilly	344	11
	Chapelle-sur-Crécy (La)	923	16		Pierre-Levée	433	16		Mary-sur-Marne	360	17
	Condé-Sainte-Libiaire	339	10		Reuil	376	21		May-en-Multien	893	17
	Couilly	552	10		Saacy-sur-Marne	1.281	27		Ocquerre	320	20
	Coulommes	383	10		Sainte-Aulde	342	27		Plessy-Placy (Le)	332	17
	Coutrevoult	369	12		Saint-Jean-les-Deux-Jumeaux	565	11		Puisieux	360	17
	Esbly	471	10		Sammeron	451	16		Tancrou	364	20
	Haute-Maison (La)	296	15		Sept-Sorts	132	18		Trocy	178	15
	Magny-le-Hongre	174	14		Signy-Signets	537	19		Vaux-sous-Coulombs	166	30
	Montry	411	11		Ussy-sur-Marne	607	15		Vendrest	707	22
	Quincy-Ségy	1.573	8						Vincy-Manœuvre	168	20
	Saint-Fiacre	215	9								

ARRONDISSEMENT DE PROVINS

Superficie, 1.224 kil. carrés ou 122.443 hect. — Population, 53.784 hab. — Cantons, 5. — Communes, 101.

CANTON, sa population	NOM de LA COMMUNE.	POPULATION.	Distance au chef-lieu d'arr.	CANTON, sa population	NOM de LA COMMUNE.	POPULATION.	Distance au chef-lieu d'arr.	CANTON, sa population	NOM de LA COMMUNE.	POPULATION.	Distance au chef-lieu d'arr.
PROVINS, 13.377 habitants. 14 comm.	Provins	7.593	»	BRAY-SUR-SEINE, 11.400 habitants. 24 comm.	Bray-sur-Seine	1.598	18	Suite de BRAY-SUR-SEINE.	Mousseaux-lès-Bray	353	30
	Chalautre-la-Petite	670	»		Baby	121	24		Mouy-sur-Seine	415	19
	Chapelle-St-Sulpice (La)	166	»		Balloy	292	24		Noyen-sur-Seine	505	15
	Chenoise	1.088	10		Bazoches-lès-Bray	755	24		Ormes-sur-Voulzie (Les)	819	13
	Cucharmoy	333	9		Chalmaison	465	11		Passy-sur-Seine	92	16
	Lourps	344	8		Everly	470	13		Saint-Sauveur-lès-Bray	191	22
	Mortery	165	5		Fontaine-Fourches	777	22		Soisy	116	9
	Poigny	214	3		Gouaix	1.005	10		Tombe (La)	250	30
	Rouilly	277	4		Gravon	111	26		Villenauxe-la-Petite	569	22
	Saint-Brice	400	2		Grisy-sur-Seine	178	15		Villiers-sur-Seine	485	15
	Sainte-Colombe	619	4		Hermé	712	10		Villuis	396	22
	Saint-Hilliers	608	8		Jaulnes	354	22				
	Saint-Loup-de-Naud	740	7		Montigny-le-Guesdier	371	24				
	Vulaines	160	7								

SEINE-ET-MARNE

SUITE DE L'ARRONDISSEMENT DE PROVINS

CANTON, sa population.	NOM de LA COMMUNE.	POPULATION.	Distance au chef-lieu d'arr.	CANTON, sa population.	NOM de LA COMMUNE.	POPULATION.	Distance au chef-lieu d'arr.	CANTON, sa population.	NOM de LA COMMUNE.	POPULATION,	Distance au chef-lieu d'arr.
DONNEMARIE-EN-MONTOIS, 8.954 habitants. 21 communes.	Donnemarie-en-Montois	1.031	17	NANGIS, 10.016 habitants. 18 communes.	Nangis	2.578	21	VILLIERS-SAINT-GEORGES, 10.037 habitants. 24 communes.	Villiers-Saint-Georges	959	15
	Cessoy	282	13		Bannost	455	18		Augers	405	16
	Chalautre-la-Reposte	188	19		Bezalles	180	16		Beauchery	349	10
	Châtenay-sur-Seine	705	24		Boisdon	127	18		Beton-Bazoches	658	20
	Coutençon	252	26		Chapelle-Rablais (La)	523	30		Cerneux	503	18
	Dontilly	792	17		Châteaubleau	233	16		Chalautre-la-Grande	995	15
	Egligny	416	24		Croix-en-Brie (La)	783	20		Champcenest	296	15
	Gurcy-le-Châtel	256	22		Fontains	253	27		Courchamp	181	10
	Jutigny	317	12		Frétoy	184	20		Courtacon	348	18
	Lizines	140	10		Gastins	638	25		Fontaine-sous-Montaiguillon	214	20
	Loisetaines	233	15		Jouy-le-Châtel	1.530	20		Léchelle	488	8
	Meigneux	220	18		Maison-Rouge	563	11		Louan	339	18
	Mons	405	16		Pecy	577	25		Marets (Les)	233	15
	Montigny-Lencoup	1.065	23		Rampillon	662	19		Melz-sur-Seine	519	15
	Paroy	135	15		Saint-Just	204	18		Monceaux-lès-Provins	414	20
	Savins	499	10		Vanvillé	169	15		Pierrelez	58	25
	Sigy	95	15		Vieux-Champagne	200	15		Rupéreux	139	10
	Sognolles	432	13		Villegagnon	157	17		St-Martin-Chennetron	237	12
	Thénisy	418	15						St-Martin-du-Boschet	373	25
	Villeneuve-les-Bordes	414	26						Saucy-lès-Provins	588	20
	Vimpelles	659	20						Sourdun	880	5
									Vieux-Maisons	135	24
									Villegruis	292	15
									Voulton	434	8

III. STATISTIQUE MORALE (1)

Par M. Eug. BOUTMY, ancien professeur.

Les chiffres en caractères gras inscrits dans chacune des trois petites colonnes de ce tableau indiquent le rang du département relativement à la mention devant laquelle ils sont placés.

Religion (2).
- Catholiques.......... 238.117
- Protestants.......... 2.638
- Israélites........... 315
- Clergé catholique.... 499
- Pasteurs............. 6
- Rabbins.............. »

Mouvement de la population.
- Naissances........... 7.906
- Mariages............. 2.598
- Décès................ 8.068
- **74e** Durée moyenne de la vie. 32 a. 1 m.

Instruction (3).
- **11e** Nombre des jeunes gens sachant lire, écrire et compter sur 100 jeunes gens maintenus sur les listes de tirage. 91,64
- Nombre des établissements d'enseignement secondaire de l'État. 4
- Nombre des écoles primaires (publiques ou libres). . . 870

Crimes contre les personnes (4).
COURS D'ASSISES.
- **39e** Rapport du nombre des accusés à la population. . 1 sur 19.295 hab.
- Nombre total des accusés. . . . 18

Infanticides.
- **84e** Rapport du nombre des infanticides à celui des enfants naturels. . . . . » (5)
- Nombre total . . . . . »

Suicides.
- **4e** Rapport des suicides au chiffre de la population. . 1 sur 2.692 hab.
- Nombre total. 129

Crimes contre les propriétés.
- **38e** Rapport du nombre des accusés à la population. . 1 sur 16.318 hab.
- Nombre total. 21

Tribunaux correctionnels.
- **28e** Nombre des affaires. . . . 1.808
- Nombre des prévenus. . 2.151
- Nombre des condamnés. . 1.908

Procès.
- Affaires civiles (6). 1.209
- Affaires commerciales (7). . 1.496
- **27e** Faillites (8). 53

Paupérisme.
- **65e** Rapport des indigents au chiffre de la population. . . 1 sur 80 hab.
- Nombre total. 4.329
- Bureaux de bienfaisance. . . 210
- Hôpitaux et hospices. . . 24
- Aliénés à la charge du département. 208
- Sociétés de secours mutuels. . 80

Contributions directes (9).
- **12e** Foncière. 3.024.163
- Personnelle et mobilière . 613.970
- Portes et fenêtres 391.603

(1) Les chiffres contenus dans ce tableau sont empruntés, pour la plupart, à l'*Annuaire statistique de la France* (1878), publié par le ministère de l'agriculture et du commerce, ou calculés d'après des données puisées dans cet ouvrage.

(2) Ces chiffres sont antérieurs au recensement de 1876, qui a négligé ce point de vue.
Culte catholique. — Évêché à Meaux, suffragant de la métropole de Paris. Le diocèse de Meaux, qui comprend le département tout entier, compte 39 cures, 402 succursales et 37 vicariats rétribués par l'État. Les congrégations et communautés religieuses établies dans le département sont au nombre de 32 : 3 pour les hommes et 29 pour les femmes.
Culte réformé. — Le département possède à Melun une Église consistoriale, desservie par 5 pasteurs et divisée en 5 sections, qui sont : Meaux, Nanteuil-lès-Meaux, Saint-Denis-lès-Rebais, Quincy-Ségy, Fontainebleau.

(3) Le département relève de l'académie de Paris. Collèges communaux à Melun, à Meaux, à Coulommiers et à Provins; collège libre à Juilly, dirigé par les Pères de l'Oratoire ; 13 établissements libres pour l'enseignement secondaire. École normale d'instituteur primaires à Melun et cours normal d'institutrices à Juilly. Au point de vue du nombre d'élèves inscrits dans les écoles primaires de 6 à 13 ans, sur 100 enfants recensés, le département de Seine-et-Marne occupe le 4e rang. Il occupe le 34e rang d'après le nombre d'enfants présents à l'école par 10,000 habitants.

(4) Au point de vue judiciaire, le département de Seine-et-Marne ressortit à la cour d'appel de Paris. Melun est le siège de la cour d'assises. Chaque chef-lieu d'arrondissement possède un tribunal de première instance; celui de Melun est divisé en deux chambres. Des tribunaux de commerce sont établis à Meaux, à Provins et à Montereau.

(5) Aucun infanticide n'ayant été relevé dans le département pendant l'année qui a servi de type à notre statistique (*Compte général de la justice criminelle en France pendant l'année 1876* ; Impr. nationale, 1878), nous établissons le rang d'après le nombre des enfants naturels, qui est de 450.

(6) Ce chiffre indique le nombre des affaires civiles terminées pendant l'année.

(7) Ce chiffre comprend les affaires contentieuses à juger pendant l'année.

(8) Terminées pendant l'année.

(9) Trésorier-payeur général à Melun ; receveur particulier dans chaque chef-lieu d'arrondissement ; 74 percepteurs.

BIBLIOGRAPHIE

1628. *Odon*, Histoire de la ville de Melun, traduite du latin par *Rouillard*. In-4°.

1630. Histoire générale du Gâtinais, Sénonois et Hurepois, par *D. Morin*. In-4°.

1642. Le Trésor des merveilles de la maison royale de Fontainebleau, par le *R. P. Dan*. Petit in-fol.

1731. Histoire de l'église de Meaux, par *D. Duplessis*. 2 vol. in-4°.

1731. Description historique des château, bourg et forêt de Fontainebleau, par l'abbé *Guilbert*. 2 vol. in-12.

1742. Histoire des comtes de Champagne et de Brie (La Ravaillère). 2 vol. in-12.

1780. Almanach historique, topographique et littéraire de Provins. 1780.

1817. Dictionnaire topographique des environs de Paris, par *Oudiette*. 1 vol. in-4°.

1819. Essai historique sur la ville de Meaux, par *P. Navarre*. In-8°.

1819. L'Ancien Provins, par *C. Opoix*. In-12.

1821. Dictionnaire topographique de Seine-et-Marne. 1 vol. in-8°.

1823. Histoire et description de Provins, par M. *Opoix*, avec supplément. In-8°.

1829. Notice historique sur la ville de Coulommiers. In-8°.

1833. France pittoresque de A. *Hugo*, tome III, article Seine-et-Marne.

1834. Fontainebleau ou Notice historique et descriptive sur cette résidence royale, par *Jamin*. In-8°.

1835. Guide pittoresque en France de F. *Didot*, tome Ier, article Seine-et-Marne.

1836. Histoire du département de Seine-et-Marne, par *P. Pascal*. 2 vol. in-8°.

1836. Statistique du département de Seine-et-Marne, par *E. Dubarle*. 1 vol. in-8°.

1839. Notice historique et descriptive de la cathédrale de Meaux, par Mgr *Allou*. In-8°.

1840. Histoire de Provins, par *F. Bourquelot*. 2 vol. in-8°.

1840. Souvenirs des résidences royales de Fontainebleau, par *Vatout*. In-8°.

1841. Essais historiques, statistiques, etc., sur Seine-et-Marne, par *L. Michelin*. 7 vol. in-8°.

1841. Histoire de la ville de Dammartin, par *Offroy*. In-12.

1843. Histoire de Melun, par *H.-G. Nicolet*. 1 vol. grand in-8°.

1843. Histoire et description de Notre-Dame de Melun, par *Bernard de La Fortelle*.

1845. Histoire des villes de France, article Champagne et Brie, par *Furne* et *Aristide Guilbert*, tome III. Grand in-8°.

1847. Supplément à l'Histoire de Provins de M. *C. Opoix*, par *A.-C. Opoix*. In-8°.

1847. Géographie départementale de la France, Seine-et-Marne, par *Badin* et *Quantin*.

1852. Annales de Seine-et-Marne, par *A.-C. Michelin*, depuis 1819. 1 vol. in-12.

1860. Dictionnaire topographique et historique du département de Seine-et-Marne, par *Pascal*. 2 vol. in-8°.

1861. Le Monastère de Jouarre, son histoire jusqu'à la Révolution, par *H. Tiercelin*. 1 vol. in-8°.

1865. Histoire de Meaux et du pays Meldors, par *A. Carro*. 1 vol. in-8°.

1869. Géographie du département de Seine-et-Marne, par *Ad. Joanne*. In-8°.

1873. Histoire de la Forêt de Fontainebleau, par *Paul Domet*. Grand in-18.

1873. Histoire de la ville de Dammartin, par *V. Offroy*. In-8°.

1874. Carte hydrologique du département de Seine-et-Marne, par *Delesse*. 2 feuilles.

1875. L'Antique et royale cité de Moret-sur-Loing, par l'abbé *A. Pougeois*. In-8°.

1875. La Formation du département de Seine-et-Marne en 1790, par *Lhuillier*. In-8° broché.

1875. Petite géographie du département de Seine-et-Marne (collection *Em. Levasseur*). In-12.

1877.-1880. Monuments religieux, civils et militaires du Gâtinais (départements de Seine-et-Marne et du Loiret), depuis le XIe jusqu'au XVIIIe siècle, par *Michel*. Grand in-8°.

1878. Géographie physique et historique du département de Seine-et-Marne, par *Th. Lhuillier*. 1 vol. in-12, avec carte.

1878. Notice descriptive et statistique sur le département de Seine-et-Marne, par *Senault*, chef d'escadron d'état-major. 1 vol. in-16.

Bulletin de la Société d'archéologie, sciences, lettres et arts du département de Seine-et-Marne. In-8°.

Annuaire historique, topographique et statistique du département de Seine-et-Marne et du diocèse de Meaux. In-18 (plusieurs volumes).

Almanach historique, topographique et statistique du département de Seine-et-Marne et du diocèse de Meaux. 1 vol. in-12, 1861 à 1880.

Voir les feuilles 48, 49, 65, 66, 80, 81 de la grande carte de France dite de l'*Etat-Major*, publiée par le *Dépôt de la guerre*.

Carte des chasses, dressée par le Dépôt de la guerre en 1839.

Vues de Provins, par *Dusommerard*. 1 vol. in-4°, 1822.

Monuments inédits de Provins, dessinés et publiés par *J. Bernard*. Grand in-8°.

DÉPARTEMENT DE SEINE-et-MARNE

par V.A. MALTE-BRUN

LA FRANCE ILLUSTRÉE   PAR V.-A. MALTE-BRUN

93. — Seine-et-Oise.   VERSAILLES

SEINE-ET-OISE

Chef-lieu : VERSAILLES

Superficie : 5,604 kil. carrés. — Population : 561,990 habitants.
6 Arrondissements. — 36 Cantons. — 686 Communes.

DESCRIPTION PHYSIQUE ET GÉOGRAPHIQUE.

Situation, limites. — Le département de Seine-et-Oise appartient à la région septentrionale de la France; il circonscrit entièrement le département de la Seine. A l'exception d'une partie du Gâtinais français, appartenant au département de Seine-et-Marne, il a été formé en entier, en 1790, aux dépens de l'Ile-de-France, dont il comprend, en tout ou partie, sept petits pays : une portion du Gâtinais français, la presque totalité du Hurepoix, une portion de la Brie, de l'Ile-de-France proprement dite, du Vexin français et du Beauvaisis, et la partie principale du Mantais.

Il tire son nom de la Seine, qui le traverse du sud-est au nord-ouest, et de l'Oise, qui en parcourt la partie nord-ouest avant de se jeter dans la Seine à Conflans-Sainte-Honorine. Il appartient donc entièrement au bassin de la Seine; le méridien de Paris le traverse dans toute sa longueur à l'est.

Ses limites sont : au nord, le département de l'Oise; à l'est, celui de Seine-et-Marne; au sud, celui du Loiret; à l'ouest, ceux d'Eure-et-Loir et de l'Eure.

Nature du sol, montagnes. — En général, le sol de ce département est formé de terre végétale, argileuse ou sablonneuse, reposant sur des masses calcaires. Il est formé en grande partie de plaines et de forêts, et parsemé de vallées et de coteaux. Au fond des vallées serpentent des ruisseaux ou des rivières dont le cours est toujours paisible; la direction de ces vallées est généralement perpendiculaire au cours du fleuve.

Nous ne devons pas nous attendre à rencontrer des montagnes dans le département de Seine-et-Oise; à peine y voit-on des collines qui atteignent 200 mètres. Les points culminants sont : la colline d'Arthies-en-Vexin, 203 mètres au-dessus du niveau de la mer; le coteau de Meudon, 184; celui de Montmorency, 174; la montagne de Sannois, 167; la Cour de marbre du palais de Versailles, 154, la colline sur laquelle s'élève la tour de Montlhéry, 137; la butte du Griffon, près de Villeneuve-Saint-Georges, 120; la terrasse de Saint-Germain, 86 mètres au-dessus du niveau de la mer. L'aspect du pays est très varié; le département offre, sur tous les points, des champs admirablement cultivés, des enclos, de belles forêts, des parcs charmants, de riants villages, de magnifiques châteaux et une quantité innombrable de maisons de campagne et d'habitations délicieuses. Le sol de ce département, qui est très fertile, se divise, d'après sa nature : en sol de riche terreau, 15,000 hectares; sol de craie ou calcaire, 310,755; sol de gravier, 32,142; sol sablonneux, 202,440 hectares.

Hydrographie. — Le département de Seine-et-Oise est traversé par trois rivières navigables : la Seine, l'Oise et la Marne, et par 160 cours d'eau qui arrosent le territoire de 385 communes; ils ont ensemble une longueur d'environ 1,200 kilomètres et font mouvoir 720 usines. Les principaux de ces cours d'eau sont : l'Essonnes, qui est navigable pendant 2 kilomètres; la Juine, l'Orge, l'Yères, la Bièvre, le Rouillon, la Vaucouleurs, la Mauldre et l'Epte.

La Seine prend naissance dans le département de la Côte-d'Or, au pied de la ferme des Vergerots, près de Saint-Germain-la-Feuille, à 471 mètres d'altitude et à 4 kilomètres au sud de Chanceaux, canton de Flavigny, arrondissement de Semur, dans un vallon que l'on nomme dans le pays le Buis-de-Seine; elle est formée par trois ruisseaux, et ce n'est qu'après en avoir reçu beaucoup d'autres qu'elle commence à rendre quelques services à l'industrie. Elle pénètre dans Seine-et-Oise à 2 kilomètres de Coudray-sur-Seine (près de Corbeil), à 251 kilomètres de sa source, après avoir traversé les départements de la Côte-d'Or, de l'Aube et de Seine-et-Marne. Le fleuve, dont la navigation est alors d'une très grande importance, parcourt dans le département une ligne très sinueuse d'environ 144 kilomètres, longueur qui forme à peu près le double de ce qu'une ligne droite traverserait dans le même sens. Sa largeur moyenne est de 240 à 270 mètres, et sa profondeur de 9 à 10 mètres. Elle entre dans le département près de Coudray-sur-Seine, passe à Corbeil, Ris, Ablon, Villeneuve-Saint-Georges; entre dans le département de la Seine à 2 kilomètres de Choisy-le-Roi, pour en ressortir en aval d'Épinay-sur-Seine; arrose encore dans Seine-et-Oise Argenteuil, Besons, Port-Marly, Le Pecq, Maisons, Conflans, Poissy, Meulan, Mantes, La Roche-Guyon, et en sort à 1 kilomètre de Port-Villez, près de Vernon, pour venir se jeter dans la Manche après avoir arrosé les départements de l'Eure et de la Seine-Inférieure, ayant parcouru, depuis sa source jusqu'à son embouchure, au Havre, 746 kilomètres.

Les principaux affluents de droite de la Seine sont, dans le département : l'Yères, la Marne, le Rouillon grossi du Crould et de la Morée, l'Oise, le Banthelu, l'Aubette-de-Meulan et l'Epte.

L'Yères vient du département de Seine-et-Marne, entre dans celui de Seine-et-Oise près de Varennes; arrose Quincy, Boussy, Épinay, Brunoy, Crosne, Villeneuve-Saint-Georges, où elle a son embouchure; elle reçoit sur sa rive gauche le ru de Montgeron, qui sort de la forêt de Sénart. Son cours dans le département est de 17 kilomètres.

La Marne, l'un des affluents importants de la Seine, qui a sa source au pied du plateau de Langres, traverse les départements de la Haute-Marne, de la Marne, de l'Aisne, de Seine-et-Marne, et pénètre dans Seine-et-Oise près de Gournay-sur-Marne, pour venir se jeter dans la Seine à Charenton, après un cours de 6 kilomètres seulement dans le département.

L'Oise prend sa source sur les frontières de la France et du royaume de Belgique, traverse les départements de l'Aisne et de l'Oise, entre dans celui de Seine-et-Oise à 3 kilomètres de Noisy-sur-Oise, et vient se jeter dans la Seine à Conflans-Sainte-Honorine, après un parcours de 45 kilomètres dans le département, sur les 225 qui représentent sa longueur totale. Elle passe à L'Isle-Adam, Pontoise, Sergy et Maurecours; elle reçoit, à droite, le Chambly, le Sausseron, la Viosne; à gauche, l'Isieux et les rus de Presles, de Chanvry, de Méry et de Pierrelay. La Viosne, qui a 26 kilomètres de cours, est l'affluent de l'Oise le plus important du département ; elle passe à Chars et vient aboutir dans l'Oise à Pontoise. La plupart de ces cours d'eau servent au flottage des bois ou à alimenter les usines.

L'Epte limite le département en quittant celui de l'Eure, et le sépare de ce dernier sur une longueur de 25 kilomètres; elle passe à Saint-Clair-sur-Epte, Bray, Gommecourt, Limetz et Port-Villez, au-dessus duquel elle grossit la Seine; elle a pour affluent le ru de Magny.

Parmi les affluents de la rive gauche de la Seine, nous citerons dans le département : l'Essonnes, petite rivière qui vient de celui du Loiret, arrose Boigneville, La Ferté-Alais, dix à douze autres petites communes, Essonnes et Corbeil, où elle a son embouchure, après un cours, du sud au nord, d'environ 45 kilomètres dans le département. Sa largeur est de 9 mètres, sa profondeur très variable; elle est flottable depuis son entrée dans le département, et navigable depuis Le Bouchet l'espace de 12 kilomètres.

L'Essonnes reçoit sur la rive gauche la Juine, appelée quelquefois rivière d'Étampes, qui vient également du département du Loiret, et passe à Méréville, Boissy, Ormoy, Étampes, Auvers, Chamarande, Lardy, Saint-Vrain et se réunit à l'Essonnes à la poudrerie du Bouchet. Comme l'Essonnes, la Juine est importante à cause des nombreuses usines établies sur son cours; elle est renommée pour la grande quantité d'écrevisses qu'elle nourrit.

L'Orge prend sa source dans le département, à 8 kilomètres à l'ouest de Dourdan, près de Saint-Martin-de-Brétencourt, arrose Sainte-Mesme, Dourdan, Saint-Chéron, Breuillet, Arpajon, Saint-Michel-sur-Orge, Savigny-sur-Orge, Juvisy et Mons, où elle se jette dans la Seine. Son cours peut être évalué à 50 kilomètres et sa largeur moyenne à 5 mètres. Cette petite rivière est aussi poissonneuse que l'Essonnes et alimente aussi un grand nombre de moulins et d'usines; elle reçoit à Arpajon la Remarde grossie de la Renarde, la Salemouille, qui passe à Marcoussis; mais le plus important de ses affluents est l'Yvette, dont la longueur est d'environ 36 kilomètres et la largeur moyenne 5 mètres; elle vient de Lévy-Saint-Nom, traverse Dampierre, Chevreuse, Gif, Bures, Orsay, Palaiseau, Longjumeau, et se jette dans l'Orge entre Épinay et Villemoisson.

La Bièvre a un cours de 17 kilomètres dans le

département; elle prend sa source à Guyancourt, arrose Buc, Jouy, Bièvre, Verrières, et entre alors dans le département de la Seine pour se jeter à Paris dans le grand égout collecteur sous le nom de rivière des Gobelins. Les eaux de ce ruisseau sont, comme celles des petites rivières que nous venons d'énumérer, utilisées par un grand nombre d'établissements industriels.

La Mauldre, qui a 30 kilomètres de cours, passe au Tremblay, à Néauphle-le-Vieux, à Beynes, à Mareil, à Maule, à La Falaise, près d'Épône, et se jette dans la Seine un peu en amont de Porcheville. Elle reçoit sur sa rive droite le ru de Gally, qui passe à Grignon.

Enfin, la Vaucouleurs est formée par la réunion de plusieurs ruisseaux qui se rassemblent à Septeuil; elle se jette dans la Seine à Mantes, après un cours total d'environ 20 kilomètres.

Le département de Seine-et-Oise est traversé par deux canaux : celui de l'Ourcq et le canal de Chelles. Le canal de l'Ourcq y entre par le canton de Gonesse, passe à Sévran et traverse la forêt de Bondy; son parcours dans le département n'est que de 7 à 8 kilomètres. Quant au canal de Chelles, il n'a dans le département que 3 kilomètres et demi.

Le canal de Versailles, dont le seul objet est d'embellir le parc, a 1,400 mètres de longueur, de Versailles à la ferme de Gally, et sa largeur est de 62 mètres ; il fait partie du domaine national.

Les étangs sont nombreux dans ce département. Nous citerons : ceux de Saint-Quentin, dont la superficie est de 187 hectares, entre la vallée de la Mauldre et celle de la Bièvre ; celui de Saint-Gratien ou de Montmorency, plus connu des Parisiens sous le nom plus imposant de *lac d'Enghien*, 67 hectares, dans la vallée de la Seine; ceux de Saint-Hubert, 132 hectares; des Bréviaires, 117 hectares, sur le versant du bassin de l'Eure, dans la vallée du même nom; celui de Saclay, 70 hectares, dans la vallée de la Bièvre. Ceux de Ville-d'Avray, de Trou-Salé, de Gobert et de Montbauron sont de moindre étendue. Enfin, le bassin dit la *Pièce d'eau des Suisses* est un étang creusé de main d'homme, qui a 240 mètres de longueur sur 100 mètres de largeur.

Le département de Seine-et-Oise renferme de nombreux marais ; les plus importants sont situés dans les vallées de la Juine et de l'Essonnes ; on y rencontre plusieurs exploitations de tourbe.

Voies de communication. — La proximité de la capitale assure à ce département un grand nombre de voies de communication, dont les plus importantes rayonnent sur Paris. Aussi, en sus des 200 kilomètres de voies navigables que forment ses deux rivières navigables et deux canaux, y compte-t-on : 26 routes nationales, d'un développement de 744 kilomètres; 60 routes départementales, 865 kilomètres; 60 chemins vicinaux de grande communication, 695 kilomètres; 119 chemins vicinaux d'intérêt commun ou de moyenne communication, 950 kilomètres; et 3,782 chemins vicinaux ordinaires d'un parcours général de 3,875 kilomètres.

Les chemins de fer du département ou leurs embranchements sont au nombre de 30; la plupart convergent sur Paris, où ils forment les têtes de ligne des grandes compagnies.

Nous citerons : I. Le réseau du Nord, qui comprend : 1° la ligne du Nord proprement dite, laquelle se partage à Saint-Denis en deux branches, l'une passant dans le département par : Enghien, Ermont, Franconville-Herblay, Pierrelaye, Pontoise, Saint-Ouen-l'Aumône, Auvers, Valmondois, L'Isle-Adam, Champagne-Persan, Beaumont, avec un petit embranchement à Enghien sur Montmorency ; 2° l'autre par Pierrefitte-Stains, Villiers-le-Bel-Gonesse, Goussainville, Louvres et Luzarches-Surville, et de là à Chantilly (Oise) ; 3° la ligne de Soissons, qui se détache des précédentes près des fortifications de Paris, et dessert, dans Seine-et-Oise, la station de Sévran-Livry.

II. Le réseau d'Orléans, qui comprend : 1° la ligne d'Orléans, qui remonte les vallées de la Seine, de l'Orge et de la Juine, en desservant les stations de : Ablon, Athis-Mons, Juvisy, Savigny-sur-Orge (avec embranchement sur Longjumeau et Palaiseau), Épinay-sur-Orge, Péray-Vaucluse, Saint-Michel, Brétigny, Marolles, Bouray, Lardy, Chamarande, Étréchy, Étampes (56 kilom. de Paris), Monnerville et Angerville ; 2° la ligne de Tours, qui se détache de la précédente à Brétigny et remonte la vallée de l'Orge en desservant Arpajon, Breuillet, Saint-Chéron, Dourdan, Sainte-Mesme, Ablis-Paray; 3° la petite ligne de Paris à Limours, qui dessert, dans Seine-et-Oise : Palaiseau, Lozère, Orsay, Gif, Saint-Remy-lès-Chevreuse, Boullay-lès-Troux et Limours (40 kilom. de Paris).

III. Le réseau de l'Ouest, qui comprend : 1° la ligne de Brest, qui dessert dans le département : Versailles, Saint-Cyr, Trappes, La Verrière, Les Essarts, Le Perray, Rambouillet (48 kilom. de

Paris); 2° la ligne de Granville, qui se sépare de la précédente près de Saint-Cyr, et dessert : Villepreux-les-Clayes, Plaisir-Grignon, Villiers-Néauphle, Montfort-l'Amaury (45 kilom. de Paris), Garancières, Tacoignières et Houdan ; 3° la ligne du Havre, qui suit la vallée de la Seine en desservant : Houilles, Maisons (17 kilom. de Paris), Achères, Poissy (27 kilom. de Paris), Villennes, Triel, Meulan (41 kilom. de Paris), Épône, Mantes (58 kilom. de Paris), Rosny et Bonnières ; 4° la ligne de Cherbourg, qui se confond avec la précédente jusqu'à Mantes, et dessert ensuite Breval, avant de pénétrer dans le département de l'Eure ; 5° la ligne de Dieppe, qui se détache de la précédente à Asnières, passe par Argenteuil, se confond à Ermont avec la ligne du Nord, s'en détache en amont de Saint-Ouen, remonte la vallée de la Viosne, et dessert Pontoise, Boissy-l'Aillerie, Us-Marines et Chars ; 6° à Chars se détache un embranchement de 13 kilomètres, qui dessert Magny ; 7° la ligne de Versailles, rive droite (23 kilom.), qui se détache aussi de la ligne de Cherbourg à Asnières et dessert Saint-Cloud et Ville-d'Avray ; 8° la ligne de Saint-Germain, qui se détache de la ligne de Cherbourg à Colombes, et dessert Rueil, Chatou, Le Vésinet, Le Pecq et Saint-Germain (21 kilom. de Paris) ; 9° la ligne de Versailles, rive gauche, qui dessert Meudon, Bellevue, Sèvres, Chaville, Viroflay, Versailles (18 kilom. de Paris).

IV. Le réseau de Paris-Lyon-Méditerranée, comprenant : 1° la ligne de Lyon, qui remonte les vallées de la Seine et de l'Yères, et dessert dans le département : Villeneuve-Saint-Georges, Montgeron et Brunoy ; 2° la ligne de Montargis, qui se détache de la première à Villeneuve-Saint-Georges, se soude à Juvisy à la ligne d'Orléans, et dessert dans le département : Ris-Orangis, Évry-Petit-Bourg, Corbeil-Essonnes, Moulin-Galant, Mennecy, Ballancourt, La Ferté-Alais, Boutigny, Maisse et Boigneville.

V. Le réseau de l'Est, qui comprend : 1° la ligne de Paris à Château-Thierry, avec la station de Gagny-Montfermeil, dans Seine-et-Oise ; 2° la ligne de Paris à Longueville, qui se détache à Noisy-le-Sec (Seine) de la précédente et dessert Villiers-sur-Marne ; 3° la ligne de Brie-Comte-Robert, qui dessert dans Seine-et-Oise : Sucy-en-Brie-Bonneuil, Boissy-Saint-Léger, Limeil, Villecresnes et Mandres.

A ces lignes, il faut ajouter la ligne de Grande-Ceinture, composée de sections : 1° de Versailles à Achères, stations : Saint-Cyr, Noisy-le-Roi, Mareil-Marly, Saint-Germain, Poissy, Achères ; 2° d'Achères à Noisy-le-Sec, stations : Maisons, Houilles-Sartrouville, Argenteuil, Épinay, Stains-Pierrefitte, La Courneuve-Dugny, Le Bourget, Bobigny, Noisy-le-Sec ; 3° de Noisy-le-Sec à Juvisy, stations : Rosny-sous-Bois, Nogent-sur-Marne-Bry, Plant-Champigny, La Varenne-Chennevières, Sucy-Bonneuil, Villeneuve-Saint-Georges, Draveil-Vigneux, Juvisy ; 4° de Juvisy à Versailles, stations : Savigny, Épinay-sur-Orge, Longjumeau, Palaiseau, Bièvre, Jouy, Versailles.

D'autres lignes sont à l'étude ou en construction ; parmi les premières, il faut citer la ligne de Paris à Gien par Montargis, celle de Paris à Auneau et la ligne de Rambouillet à Mantes, de Rambouillet à Dreux, de Dreux à Étampes, d'Étampes à Melun, etc., etc. ; et, au nombre des voies encore en construction (1883), celles d'Étampes à Auneau, de Courbevoie aux Moulineaux, et de L'Étang-la-Ville à Saint-Cloud. Ajoutons encore que, en même temps qu'un service de bateaux-omnibus dessert Sèvres et Saint-Cloud, ces mêmes communes et Versailles sont encore desservies par des tramways, etc., etc.

Climat. — Le département de Seine-et-Oise est, après le département de la Seine, celui dans lequel les observations météorologiques ont été suivies avec le plus de persévérance ; dès l'année 1685, on s'y occupait de météorologie. Le P. Cotte, savant physicien, le promoteur de la science dont nous parlons, était curé de Montmorency : il a laissé de nombreux mémoires relatifs à ses observations, et après lui l'abbé Caron, et surtout le docteur Bérigny, Jobert et Richard les ont continuées ; on a même établi depuis 1846 un observatoire à Versailles, et les résultats que l'on y a obtenus sont fort importants pour la science.

Le département appartient à la région dite du climat séquanien. A Versailles, la température moyenne annuelle maxima est de 21°,8 du thermomètre centigrade, et la température moyenne annuelle minima est de 0°,3 (pour une période de trois années, 1847 à 1849). La température moyenne maxima de l'hiver est de 11°,8, et la température moyenne minima est de 6°,8. L'été, la température moyenne annuelle minima est, pour la même période, de 7°,8, et la température moyenne annuelle maxima de la même saison est de 30°,8.

Année moyenne, le nombre des jours de pluie est de 108 ; celui des jours de grêle, de 8 ; enfin, celui des jours d'orage est de 13. La colonne barométrique varie annuellement de 743^{mm},30 à 752^{mm},57. L'air y est généralement vif et sain ; les vents les plus dominants sont ceux du sud-ouest, de l'ouest et du nord-ouest ; ils sont généralement froids et humides, et ils arrêtent la transpiration.

Productions naturelles. — Sous le rapport géologique, le département de Seine-et-Oise dépend du bassin de Paris. Les grès et les sables marins supérieurs forment le sommet des collines, et le calcaire d'eau douce apparait dans les plaines. On trouve dans certains terrains, et notamment aux environs de Jouy, des bois silicés, ainsi que du fer oxydé ; ce dernier se rencontre par couches horizontales au milieu des sables. A Meudon et à Séraincourt, on voit des couches de fer limoneux. Le département possède des carrières de marbre, d'albâtre, de pierres à bâtir, de pierre meulière, de pierre à chaux, de grès, d'argile, de marne et surtout de kaolin. On trouve à Argenteuil la pierre lithographique ; on rencontre la tourbe en abondance dans les vallées de la Juine, de l'Essonnes et de l'Orge ; enfin, il existe à Enghien une source d'eau sulfureuse qui convient aux affections rhumatismales, et à Forges-les-Bains, à Saint-Germain-en-Laye et Abbécourt, des sources d'eaux minérales de même nature ou ferrugineuses, qui conviennent aux maux de tête, aux faiblesses d'estomac, aux inflammations intestinales et aux fièvres intermittentes. Le règne végétal n'offre rien de particulier : le département est fertile en toutes sortes de grains ; une partie des arrondissements d'Étampes et de Rambouillet est formée par ces vastes plaines de la Beauce dont les amples moissons nourrissent Paris, plaines jadis incultes dont Fortunat, l'évêque de Poitiers, ne craignait pas de dire, au VIe siècle : « Il ne manque seulement à la Beauce que six choses : des sources, des prés, des bois, des pierres, des arbres et des vignes. »

Le département de Seine-et-Oise alimente aussi Paris de ses légumes et de ses primeurs ; ses pâturages sont abondants. Les cantons d'Argenteuil, de Montmorency, de Poissy sont renommés pour leurs fruits à noyau ; les pépinières sont en plus grand nombre et mieux entretenues dans ce département que dans la plupart des autres. Les forêts y sont nombreuses ; les principales sont celles : de Saint-Germain, 5,397 hectares ; Rosny, 1,950 ; Rambouillet, 1,300 ; L'Isle-Adam, Meudon, Marly, Versailles. Leurs essences principales sont le chêne, le châtaignier, le bouleau et le charme. La vigne n'occupe que la trente-quatrième partie du territoire.

Les animaux domestiques sont généralement d'une belle race. On se livre peu à l'élève des bœufs, mais les vaches et les moutons sont l'objet d'un soin particulier ; il y a quelques années, on se livrait, aux haras de Meudon, de Rambouillet, de Villebon et de Viroflay, à l'élève du cheval, et l'on était parvenu à obtenir des résultats satisfaisants ; mais plusieurs de ces haras ont été fermés depuis 1848. Le gibier est moins abondant que dans le département de Seine-et-Marne ; cependant il y a encore quelques belles chasses réservées. Les forêts se ressentent du voisinage de la capitale, elles sont fréquemment parcourues dans tous les sens par les promeneurs ; aussi renferment-elles peu d'animaux sauvages, qui ne sauraient y trouver de retraites assez sûres. Les seuls animaux nuisibles appartiennent aux espèces qui font la guerre aux habitants des basses-cours. Les rivières et les étangs sont très poissonneux ; enfin, l'éducation des abeilles a fait de sensibles progrès.

Industrie agricole, manufacturière et commerciale. — Déjà très perfectionnée, l'agriculture du département fait chaque jour de nouveaux progrès. Ils sont principalement dus aux excellentes méthodes propagées par l'école régionale d'agriculture de Grignon, située dans le canton de Poissy, et aux encouragements de la société d'agriculture et des comices agricoles. La culture maraîchère et celle des arbres à fruit y ont une grande extension et sont traitées avec beaucoup d'intelligence, à cause du débit avantageux que le voisinage de la capitale assure à leurs produits. Nous avons dit que les cantons de Montmorency, d'Argenteuil et de Poissy étaient renommés pour leurs fruits à noyau ; les cerises de Montmorency s'exportent même à l'étranger. Marcoussis alimente Paris de ses primeurs : fraises, cerises, haricots verts, pommes de terre nouvelles, et fait, au printemps et à l'automne, un grand commerce de violettes ; Argenteuil est renommé pour ses asperges ; à Bruyères-le-Châtel, on cultive les fleurs en grand pour en recueillir les graines ; Montlhéry et Linas approvisionnent la capitale de leurs potirons. Les communes de Néauphle, Houdan, Saint-Nom et Ablis produisent en abondance des fruits à cidre. On recueille beaucoup de châtaignes sauvages dans les forêts de Montmorency et dans les bois de Versailles. Les fruits charnus, pommes et poires sauvages, se récoltent dans la forêt de Rambouillet : ces fruits, séchés au four, se débitent sous le nom de *daguenelles* au marché du même lieu, et donnent, en les faisant fermenter avec de l'eau, une boisson fort usitée dans les campagnes. Les vignobles, qui sont de médiocre qualité, fournissaient, avant l'invasion de la maladie de la vigne, année moyenne, 225,000 hectolitres de vin, qui étaient consommés presque en totalité dans le département. En 1871, la production des vignobles du département a été de 118,195 hectolitres, estimés 4,255,020 francs ; en 1874, elle était de 236,747 hectolitres, valant 8,328,759 francs ; en 1875, elle montait à 413,455 hectolitres ; enfin, en 1876, elle redescendait à 256,882 hectolitres pour n'être plus que de 70,370 hectolitres en 1880.

La superficie du département se partage en : superficie bâtie et voies de communication, 80,262 hectares, et en territoire agricole, 480,102 hectares. Ce dernier se subdivise lui-même en : céréales, 210,236 hectares ; farineux, 20,960 ; cultures potagères et maraîchères, 11,620 ; cultures industrielles, 11,002 ; prairies artificielles, 60,688 ; fourrages annuels, 7,276 ; autres cultures et jachères, 34,082 ; vignes, 7,171 ; bois et forêts, 91,767 ; prairies naturelles et vergers, 14,153 ; pâturages et pacages, 1,521 ; terres incultes, 9,626 hectares.

Tous les genres d'industrie sont en activité dans le département : on y compte un grand nombre de carrières en exploitation, des moulins à farine, parmi lesquels ceux de Corbeil, d'Étampes, de Pontoise, de Morigny, d'Étréchy sont cités comme les plus remarquables. Il existe un grand nombre de filatures ; nous citerons celles de Corbeil, d'Essonnes, de Villepreux, de Saclas, de Boissy-la-Rivière, de Hodent et de Limetz. Essonnes renferme, en outre, des fabriques de tissus de drap et d'impression sur étoffes, ainsi qu'une belle papeterie. Mentionnons encore : les forges d'Athis, la verrerie de Sèvres, la cordonnerie d'Arpajon, la bonneterie de La Ferté-Alais, de Gonesse, d'Étampes, de Rueil ; les produits chimiques de Pontoise, la passementerie de Beaumont, la fabrique de lacets de Lardy, et tant d'autres établissements industriels dont nous épargnerons au lecteur la liste trop longue et trop fastidieuse. A la tête de ces établissements viennent se placer la manufacture de Sèvres et la poudrerie du Bouchet, qui toutes deux appartiennent à l'État ; la première a, comme on le sait, une célébrité européenne et justement méritée.

Le commerce a particulièrement pour objet les grains, les vins, les fruits, les légumes, les fourrages et autres productions du sol, ainsi que les bestiaux et les volailles destinés à l'alimentation de la capitale. Les laines sont un objet de commerce assez important pour les villes d'Étampes, de Rambouillet et de Dourdan. Corbeil, Étampes, Pontoise approvisionnent Paris de farines ; les pépinières de Versailles, qui jouissent d'une certaine réputation, fournissent des fleurs et des arbustes qui s'exportent au loin ; Étampes fait un commerce de miel et de cire, Argenteuil de vins et de plâtre ; enfin le Bas-Meudon et Bougival livrent au commerce leur blanc, qui rivalise avec le blanc d'Espagne. Le nombre des foires du département est de 116 ; elles se tiennent dans 46 communes. Quelques-unes, comme la célèbre *foire de Saint-Cloud* et celle dite *des Loges*, dans la forêt de Saint-Germain, ne sont guère que des réunions bruyantes où le Parisien vient chercher le plaisir et l'oubli des affaires. D'autres, comme la foire de la Saint-Louis à Versailles, celles de la Saint-Jean à Rambouillet, de la Saint-Michel à Étampes, celles de septembre à Houdan et à Dourdan, de décembre à Mantes, de septembre et de novembre à Pontoise, du cinquième dimanche après Pâques à Corbeil, sont fort importantes ; elles durent plusieurs jours et il s'y fait beaucoup d'affaires en chevaux, bestiaux, mercerie, quincaillerie, rouenneries, nouveautés et effets d'habillement.

Outre ces foires, il existe dans la plupart des chefs-lieux de canton des marchés hebdomadaires ; citons les marchés aux grains de Corbeil, Mantes, Marines, Palaiseau, Rambouillet, Montmorency, Chevreuse, Montlhéry, Étampes et Dammartin, et des marchés aux fruits, beurre et légumes de Saint-Germain, de Montfort, de Limours, de Luzarches, de Beaumont, de L'Isle-Adam, de Gonesse, de Sèvres et de Triel. On comprend que le voisinage de la capitale, ainsi que le grand nombre de voies de communication qui couvrent le département d'un réseau de plus de 30,000 kilomètres de développement, favorise singulièrement l'écoulement

Château de Versailles.

de tous les produits de l'industrie agricole, manufacturière et commerciale; aussi ce département occupe-t-il le sixième rang dans l'ordre de la richesse générale des départements français.

Division politique et administrative. — Le département de Seine-et-Oise a pour chef-lieu Versailles; il comprend 6 arrondissements, 36 cantons et 686 communes; le tableau statistique que nous donnons plus loin les fera connaître. Il appartient à la région agricole du nord de la France.

Le département forme le diocèse d'un évêché dont le siège est à Versailles, et qui est suffragant de l'archevêché de Paris; il y a à Versailles un grand et un petit séminaire, et l'on compte dans le diocèse : 12 cures de première classe, 51 de seconde, 521 succursales et 61 vicariats. Les protestants ont à Versailles une chapelle évangélique et cinq temples de prière à : Versailles, Saint-Germain, Bellevue, Corbeil, Mantes et Gommecourt, qui dépendent du consistoire de Paris. Les israélites ont un temple à Versailles.

Les six tribunaux de première instance des chefs-lieux d'arrondissement et le tribunal de commerce de Versailles sont du ressort de la cour d'appel de Paris. Poissy possède une maison centrale de détention pour les condamnés des départements de la Seine et de Seine-et-Oise; il y a à Vaujours un asile modèle pour les jeunes enfants; on vient de construire à Pontoise une prison cellulaire et on doit en construire une à Corbeil.

Versailles et le département dépendent de l'académie universitaire de Paris; il y a à Versailles un lycée de première classe, l'un des plus beaux établissements de ce genre qui soient en France, et qui l'emporte de beaucoup, sous le rapport du bien-être matériel, de l'heureuse distribution et de l'étendue, sur tous les lycées de Paris; Pontoise et Étampes ont des collèges communaux; Versailles possède une Société d'émulation des sciences, lettres, arts et agriculture, une école normale d'instituteurs, 4 écoles préparatoires aux écoles du gouvernement; Rambouillet a une Société archéologique, et il y a dans le département 32 institutions ou pensions, et 1,081 écoles primaires.

Le territoire du département de Seine-et-Oise, comme celui de la Seine, est partagé entre plusieurs corps d'armée : c'est ainsi que l'arrondissement de Pontoise appartient au 2ᵉ corps d'armée et à la 2ᵉ région de l'armée territoriale, dont l'état-major est à Amiens; les arrondissements de Mantes et de Versailles dépendent du 3ᵉ corps d'armée et de la 4ᵉ région de l'armée territoriale, dont l'état-major est à Rouen; l'arrondissement de Rambouillet dépend du 4ᵉ corps et de la 4ᵉ région de l'armée territoriale, dont l'état-major est au Mans; enfin les arrondissements de Corbeil et d'Étampes dépendent du 5ᵉ corps d'armée et de la 5ᵉ région de l'armée territoriale, dont l'état-major est à Orléans.

Il y a à Saint-Cyr, près de Versailles, une école spéciale militaire dont la réputation est universelle; à Rambouillet, une école des pupilles de l'armée (enfants de troupe); au château d'Écouen et aux Loges, dans la forêt de Saint-Germain, des institutions succursales de la maison d'éducation dite de la Légion d'honneur de Saint-Denis; au Bouchet, près d'Essonnes, sur l'emplacement de la maison de campagne où mourut Duquesne, une poudrerie nationale. Les compagnies de gendarmerie nationale appartiennent à la 1ʳᵉ légion, dont l'état-major est à Paris.

Paris est entouré, dans le département de Seine-et-Oise, d'une ceinture de forts et de batteries qui font de sa banlieue immédiate un vaste camp retranché; ces forts sont : sur la rive droite de la Seine, ceux de Saint-Pierre, près de Cormeilles-en-Parisis, d'Andilly, de Domont, de Montmorency, de la Butte-à-Pinçon, de Stains, de Vaujours, de Chelles, de Villiers-sur-Marne, de Chennevières, de Sucy-en-Brie, la batterie de Limeil, le fort de Villeneuve-Saint-Georges; et, sur la rive gauche, de Palaiseau, de Villeras (de Saclay), Haut-Buc, la batterie de Bouviers, le fort de Saint-Cyr, Saint-James et Aigremont, près de Poissy. Ces forts sont reliés entre eux par le chemin de fer départemental de Grande-Ceinture.

Le département de Seine-et-Oise dépend : de l'arrondissement minéralogique de Paris (région du nord et du nord-ouest), de la 1ʳᵉ inspection divisionnaire des ponts et chaussées et du 1ᵉʳ arrondissement forestier, dont le conservateur réside à Paris. Il y a à Grignon une école nationale d'agriculture ou institut agronomique.

On compte dans ce département 94 perceptions des finances; les contributions et revenus publics atteignent 58 millions de francs.

HISTOIRE DU DÉPARTEMENT

Le département de Seine-et-Oise, compris autrefois dans la province de l'Ile-de-France, n'a jamais eu plus d'unité que nous ne lui en voyons aujourd'hui; bien avant les développements qu'a pris Paris comme capitale de la France, avant même que l'ancienne Lutèce eût acquis l'importance que lui donna la domination romaine, les habitants des contrées qui nous occupent étaient divisés en nations distinctes et souvent hostiles les unes aux autres. Les rives de la Seine étaient occupées par les *Parisii*, peuplade adonnée à la navigation; les *Vellocasses* étaient possesseurs de la partie septentrionale du département, qui s'étend entre l'Oise et la Seine, et qui fit plus tard partie du Vexin; l'ouest appartenait aux *Carnutes*, dans un espace compris entre l'emplacement actuel de Mantes et le canton de Rambouillet; enfin, toute la région méridionale, c'est-à-dire le territoire des arrondissements d'Étampes et de Corbeil, avait pour maîtres les *Sénonais*. Les immenses forêts qui s'étendaient à l'ouest protégeaient les mystères religieux des druides; aussi leurs principaux collèges étaient-ils dans le pays des Carnutes. César rend hommage au caractère belliqueux de ces habitants de la Gaule celtique; contre eux, il eut plus souvent recours aux ruses de la politique qu'à la force des armes.

Quand Vercingétorix fit appel au patriotisme gaulois, Carnutes, Sénonais et *Parisii* furent des plus ardents à se ranger sous ses ordres, et le département de Seine-et-Oise put compter, selon les récits de César lui-même, vingt mille de ses soldats parmi les premiers martyrs de l'indépendance nationale. La victoire définitive des Romains eut pour conséquence l'effacement des nationalités entre lesquelles se partageait le territoire; de nouvelles délimitations furent tracées, de nouvelles dénominations furent imposées : jusqu'au ɪvᵉ siècle, Lutèce et tout le territoire actuel de Seine-et-Oise firent partie de la quatrième Lyonnaise ou Sénonie. Sur ce sol si profondément remué depuis, l'établissement de la domination romaine a laissé peu de traces ; nous savons cependant que des routes furent ouvertes pour le passage des légions ; Paris, que sa position fit adopter par les vainqueurs comme un des centres de leur gouvernement, a pu conserver quelques ruines des monuments de cette époque ; mais, dans le pays environnant, couvert de forêts profondes, habité par des populations aguerries et menaçantes, il convenait peu à la politique romaine d'encourager le développement des anciens bourgs ou l'établissement de villes nouvelles dont l'importance aurait réveillé les souvenirs et les espérances des nationalités vaincues.

Sur un sol aussi remué et fouillé que l'a été celui de Seine-et-Oise, on ne peut guère compter sur la conservation des monuments mégalithiques, celtiques et gallo-romains. Cependant on rencontre encore quelques-uns de ces monuments. On connaît, par exemple, les dolmens de Meudon, les menhirs de Bruyères-le-Châtel ; le nom du village de Pierrefitte rappelle le souvenir d'un de ces monuments, et, près de Chars-en-Vexin, le docteur Bonnejoy vient de sauver de la mise en moellons une autre pierre connue autrefois sous le nom de la *Pierre qui tourne*. A Gency, on montre une pierre levée que l'on appelle dans le pays le Palet de Gargantua, la Pierre du Fouet ou la Pierre qui pousse, et, comme à la plupart des monuments de ce genre, la légende ne manque pas. A Jouy-le-Moutier, on en montre une autre. A Bougival et à La Celle-Saint-Cloud, à Marcoussis, sur la lisière du bois des Charmeaux, on a trouvé des débris de poteries et de tuiles de l'époque gallo-romaine.

Aux Mureaux, dans le canton de Meulan, M. Guégan a retrouvé des traces du séjour des populations préhistoriques. Au Pecq, à Marly, au lieu dit la Tour aux Païens, on a mis à jour des sépultures, des armes en silex, des poteries. Le dragage de la Seine, du Pecq à Conflans-Sainte-Honorine, a aussi fourni son contingent d'antiquités celtiques. A L'Étang-la-Ville, on a mis au jour, en 1878, un dolmen qui renfermait de nombreux ossements : on peut évaluer à cent cinquante le nombre des individus qui y avaient été enterrés.

A Mareil-Marly, dans la tranchée du chemin de fer de Grande-Ceinture, on a trouvé des vestiges romains qui font supposer que ce lieu était un poste de surveillance pour maintenir en respect les populations gauloises.

Enfin, en pratiquant une tranchée pour le petit chemin de fer d'intérêt local de Beaumont (Seine-et-Oise) à Neuilly-en-Thelle (Oise), M. P. Guégan a trouvé, sur le territoire de la commune de Baines, un cimetière celto-gaulois, gallo-romain et mérovingien.

C'est dans les annales du christianisme qu'il faut chercher les seuls faits importants à recueillir pour l'histoire des quatre premiers siècles de notre ère.

Saint Denis fut le premier des apôtres qui pénétra dans le pays des *Parisii;* mais la date de son arrivée est incertaine et les détails de son martyre sont plutôt une sainte légende qu'une réalité historique. On cite, après lui, saint Nicaise, mort comme lui victime de son zèle apostolique ; quoique ses prédications datent du commencement du IVe siècle, certains auteurs disent qu'il fut martyrisé à *Vadiniacum*, aujourd'hui Gasny-sur-Epte ; d'autres assignent, comme théâtre à cet événement, Meulan, qui a choisi ce saint pour patron.

La piété des nouveaux chrétiens nous aurait conservé sans doute de précieux documents sur cette époque de transformation sociale, si l'invasion des barbares eût bouleversé moins profondément cette contrée de Lutèce où les proconsuls romains et l'empereur Julien en personne firent leurs dernières tentatives de résistance. C'est par la nuit et le silence qu'elles ont laissés derrière elles qu'on peut juger les ravages de ces invasions, qui passèrent sur la Gaule celtique comme un torrent. Quelques points oubliés du territoire étaient encore restés sous la domination des Romains ; Clovis, à la tête des Francs, s'avance du nord sur la Gaule ravagée ; sa conversion à la foi nouvelle achève l'œuvre de la conquête ; le flot des premiers barbares s'est écoulé ; rien ne subsiste plus de la puissance romaine ; un nouvel empire se fonde entre la Meuse et la Loire. Mais, à la mort du fondateur, déjà le nouvel empire se démembre, et notre département échoit en partie, avec la royauté de Paris, à Childebert, un des quatre fils de Clovis. C'est de cette époque que commence à dater la notoriété historique de la plupart des villes de l'ancienne Ile-de-France ; mais hélas ! cette gloire fut chèrement payée : les divisions arbitraires des territoires, les rivalités des souverains furent, pendant les temps mérovingiens, la cause de guerres incessantes ; l'Ile-de-France semblait condamnée à être le champ clos où Neustrie et Austrasie venaient vider leurs sanglantes querelles.

Cependant, à côté du spectacle affligeant qu'offraient les déchirements des jeunes monarchies, l'histoire nous montre une puissance nouvelle grandissant dans le silence et la paix, s'enrichissant des présents du vainqueur et des dépouilles du vaincu : c'est la puissance des abbés ; dans leur ferveur de néophytes, les Mérovingiens avaient fondé et enrichi le monastère de Saint-Denis et celui de Saint-Germain-des-Prés ; l'exemple des maîtres avait été suivi par les leudes ou seigneurs ; au VIIIᵉ siècle, l'abbaye de Saint-Germain tenait en sa possession Palaiseau, Verrières, Jouy-en-Josas, La Celle-lès-Bordes, Gagny, Épinay-sur-Orge, La Celle-Saint-Cloud, Villeneuve-Saint-Georges, Morsang, Le Coudray-sur-Seine, Maule et autres domaines de moindre importance ; et l'abbaye de Saint-Denis, maîtresse d'une grande partie du Vexin, était à la veille de voir inféodées ses pacifiques conquêtes, par un édit de Charlemagne, sous le titre de *feudum sacrum sancti Dionysii*.

Il faut reconnaître que, dans ces temps de barbarie, la domination ecclésiastique fut quelquefois moins dure pour le peuple que celle des leudes et des rois, prenant à leurs vassaux leur sang dans la guerre, et le fruit de leur travail lorsqu'ils étaient en paix. Ce fut donc un bonheur pour cette époque que le prodigieux accroissement de puissance des abbayes de Saint-Germain et de Saint-Denis ; leurs domaines furent un refuge pour l'artisan des villes ou le laboureur, qui ailleurs ne trouvait pas même le repos dans la servitude.

Aucun document n'est parvenu jusqu'à nous concernant l'organisation administrative, sous les Romains, du pays dont nous retraçons brièvement l'histoire ; ce n'est que sous les Mérovingiens que nous retrouvons, à l'aide des chartes, les principales divisions administratives des *pagi* ou cantons. Le département de Seine-et-Oise était irrégulièrement composé : 1° du grand *pagus* de Paris, subdivisé plus tard ; 2° du *pagus Castrensis* (de Châtres ou Arpajon), qui fut depuis le Hurepoix ; 3° du *pagus* de Poissy, autrement le Pincerais (*Pinciacensis*) ; 4° de celui de Madrie (*Madriacensis*), dont le chef-lieu était probablement Méré, près de Montfort-l'Amaury ; ces deux derniers étaient du diocèse de Chartres ; ajoutons-y le *pagus Stampensis* ou d'Étampes, au diocèse de Sens. Plusieurs de ces *pagi* devinrent des comtés au IXᵉ siècle, et leurs possesseurs convertirent leurs dignités en fiefs, comme on le verra plus tard.

La grande époque de Charlemagne fut une ère de paix et de prospérité relative pour le pays de l'Ile-de-France ; l'empereur avait transporté sa capitale sur le Rhin, à Aix-la-Chapelle ; la haute direction des affaires publiques était confiée, dans l'intérieur du pays, à des inspecteurs impériaux, *missi dominici* ; sous leur surveillance, l'administration de l'Ile-de-France resta aux mains et sous l'influence des deux puissants abbés de Saint-Germain et de Saint-Denis. La mort de Charlemagne jeta la France dans une période de guerre et d'anarchie que la faiblesse de Louis le Débonnaire et de ses successeurs ne put arrêter. Par suite du partage de l'empire, les pays de Seine-et-Oise furent dévolus à Charles le Chauve. La trêve accordée à ces malheureuses contrées n'avait point été de longue durée ; aux guerres intestines succèdent les invasions des Normands. En 845, Épône est brûlée ; en 865, Mantes est pillée ; onze ans plus tard, l'ennemi remonte la Seine jusqu'à Meulan. A chaque invasion nouvelle, il pénètre plus au cœur du pays : Étampes ne doit son salut, en 885, qu'à la valeur du comte Eudes ; Pontoise, moins heureuse, est réduit par la famine ; les hostilités ne cessent, en 911, qu'après le traité de Saint-Clair-sur-Epte, par lequel Charles le Simple abandonne à Rollon, chef des barbares, la Normandie et le Vexin jusqu'à la rivière d'Epte.

Les malheureux successeurs de Charlemagne ne savaient pas mieux défendre leur autorité à l'intérieur que leurs frontières contre l'ennemi. Charles le Chauve, en consacrant en droit, par le capitulaire de Quierzy, en 877, la transmission des bénéfices des mains des possesseurs en celles de leurs héritiers, avait constitué définitivement la féodalité ; les comtes et les autres officiers royaux s'empressèrent de convertir leurs charges en fiefs et propriétés personnelles ; dans le pays de Seine-et-Oise, la transformation féodale fut instantanée et complète.

L'histoire du département offre l'exemple le plus frappant des conséquences qu'entraîna cette grande mesure. Grâce à elle, en moins d'un siècle, l'hérédité des titres et la transmission des fiefs firent des comtes de Paris la souche d'une troisième dynastie. La capitulaire de Charles le Chauve inféodait à leur maison les comtes du Vexin, seigneurs de Pontoise, qui absorbèrent bientôt à leur tour les comtes de Madrie et les comtes de Meulan, les comtes de Corbeil, les barons de Montfort-l'Amaury, de Montlhéry et de Montmorency. C'est encouragé et aidé par ses puissants vassaux, que Hugues le Grand se fit proclamer roi de France; mais le prix de leur concours, c'était le partage du pouvoir. Hugues Capet roi, c'était la féodalité couronnée. Les Normands n'avaient rencontré sur leur chemin que des tours en bois construites pour protéger le cours de la Seine; maintenant que les comtes et barons ont leurs domaines à défendre, nous verrons les pierres amoncelées s'élever en formidables remparts, les rochers taillés à pic devenir des murailles imprenables, les rivières détournées de leur cours inonder les fossés des châteaux forts. Nous verrons grandir au nord les colossales assises de Montmorency, et surgir au sud les massifs créneaux de la tour de Montlhéry; il n'y aura plus de montagne qui n'ait son castel bâti sur sa crête comme un nid de vautour; plus de vallée qui n'ait à son embouchure son fort menaçant et sombre, prêt à disputer et à faire payer le passage. La paix ne pouvait pas sortir de préparatifs aussi peu pacifiques; la guerre fut donc la vie du XIe siècle. Dans leur indépendance, les grands vassaux refusent obéissance à leurs souverains et s'attachent à la fortune des princes dont ils espèrent meilleure récompense.

En 1015, le trône du roi Robert est menacé par une ligue dont font partie Galeran Ier, comte de Meulan, et Gauthier, comte du Vexin; ce n'est que par l'intervention de Fulbert, évêque de Chartres, que la guerre est suspendue. Vingt ans plus tard, ce même Galeran s'allie aux comtes de Brie et de Champagne, dans la guerre qu'ils soutiennent contre Henri Ier. En 1102, Bouchard IV de Montmorency refuse à Louis le Gros de faire réparation des dommages causés par lui à l'abbaye de Saint-Denis, et se laisse assiéger dans sa forteresse, dont les soldats du roi sont contraints d'abandonner le siège. Pendant près d'un siècle, la malveillance impunie des sires de Montlhéry entrave les communications de la capitale avec Étampes, demeuré fief de la couronne. En rattachant les souvenirs de ces faits recueillis parmi beaucoup d'autres aux impressions produites par la vue des ruines féodales qui couvrent encore le sol, on pourra se faire une idée des désordres et de l'anarchie de cette déplorable époque, pendant laquelle les Normands, toujours habiles à profiter de l'affaiblissement du pouvoir central, vinrent ajouter les ravages de leurs excursions aux misères de nos déchirements intérieurs; en 1060, Meulan avait été encore une fois pris et saccagé par eux; en 1087, Pontoise et Mantes furent livrés aux flammes.

Dans la lutte devenue inévitable entre les rois et les seigneurs féodaux, la royauté eût probablement succombé sans le mouvement religieux qui entraîna vers les croisades cette noblesse ambitieuse et turbulente; pendant que le roi Philippe Ier se faisait représenter à la première expédition, en 1083, par Eudes d'Étampes, les plus indociles et les plus redoutables de ses sujets prenaient la croix et s'enrôlaient sous la sainte oriflamme. Quelques-uns revenaient comme le fameux Simon de Montfort, qui continua si cruellement contre les Albigeois ses exploits de Constantinople et de Palestine; mais beaucoup d'autres y mouraient ou trouvaient au retour leurs domaines aux mains de nouveaux maîtres. L'autorité royale n'avait pas seule gagné dans cet amoindrissement de la puissance féodale; plusieurs seigneurs, pour payer les préparatifs de l'expédition et les frais du voyage, avaient vendu, contre argent, certaines franchises aux bourgeois de leurs villes; les rois avaient encouragé, de leur pouvoir moins contesté, ces premières tentatives d'émancipation des communes; pour la royauté d'alors, grandir le peuple, c'était affaiblir d'autant le seigneur intraitable et si souvent menaçant; c'était créer un antagonisme dont elle se réservait l'arbitrage. C'est donc de cette époque que sont datées les premières chartes octroyées par les rois de France aux communes. Mantes a les siennes en 1110, Étampes quelques années plus tard, Pontoise en 1188, Meulan en 1189 : un maire et des échevins ou jurés nommés par les bourgeois étaient chargés de l'administration des deniers communaux, de la garde de la ville et de l'exercice plus ou moins étendu de la justice. L'essor que prirent dès lors les communes, l'importance toujours grandissante de la bourgeoisie assura désormais la soumission des seigneurs contre lesquels la royauté avait partout des alliés reconnaissants. Certes, le trône de France eut encore de rudes assauts à soutenir; les maisons féodales qui résistèrent à cette première secousse n'en devinrent que plus puissantes et plus redoutables; c'est à la politique de Louis XI, c'est au génie de Richelieu qu'il était réservé de leur porter les derniers coups; mais, dans ce pays de Seine-et-Oise, dans l'histoire duquel notre récit doit se circonscrire, la féodalité rebelle, menaçante, rivale parfois de la royauté, cette féodalité ne survécut pas au règne de Philippe-Auguste.

Si l'habile modération qui fut la règle de conduite des puissants abbés de Saint-Germain et de Saint-Denis explique la paisible possession dans laquelle les laissèrent les guerres de la féodalité, la constance de leurs sympathies et de leur fidélité pour les rois de France explique plus naturellement encore la généreuse reconnaissance des monarques pour l'Église. Chaque succès de la royauté est signalé par la fondation de quelque établissement religieux ; Charlemagne et Hugues Capet avaient payé leur tribut : après les deux grandes abbayes si souvent citées par nous, celle d'Argenteuil avait été fondée en 665, celle de Chelles en 656, celle de Néauphle-le-Vieux et de Saint-Mellon à Pontoise vers 899, et, quelques années plus tard, celles de Saint-Spire à Corbeil et de Saint-Nicaise à Meulan. La consolidation définitive de la dynastie capétienne eut pour l'Église de non moins précieux résultats. Elle lui doit, au xie siècle, la collégiale d'Étampes, le prieuré de Saint-Germain-en-Laye, l'abbaye de Morigny, près d'Étampes, le prieuré de Notre-Dame de Longpont ; les abbayes de Saint-Martin de Poissy et de Saint-Martin de Pontoise au xiie ; l'abbaye de Juziers, de Saint-Corentin-sur-Septeuil, des Vaux-de-Cernay, de Gif, de Port-Royal, et enfin l'abbaye de Maubuisson, près de Pontoise, en 1236 ; les dominicains de Poissy en 1304 ; les célestins de Limay en 1376, ceux de Marcoussis en 1409. Toutes ces fondations indiquent une longue période de prospérité et de paix qui nous conduit jusqu'aux premières guerres des Anglais.

Sous la conduite du roi Édouard, nous les voyons suivre la même route que les Normands, leurs ancêtres ; ils remontent le cours de la Seine, et jusqu'à Poissy tout est mis à feu et à sang sur leur passage.

La triste histoire du roi Jean, celle de Charles V, la démence de Charles VI, la minorité de Charles VII rappellent les désastres de la patrie, encore présents à toutes les mémoires ; la France entière fut frappée, mais aucune de nos provinces ne le fut aussi cruellement que l'Ile-de-France ; les invasions anglaises étaient périodiques, et quand cette malheureuse contrée avait par hasard échappé aux dévastations de leur arrivée, elle avait à subir leurs exactions ou leur vengeance au retour ; l'histoire de chaque année est la même et peut se résumer dans les mêmes mots : sac, pillage, incendie. « Après l'invasion de 1360, de Mantes à Paris, dit un chroniqueur contemporain, il n'y avait plus un seul habitant ; » celle de 1370, commandée par le routier Robert Knolles, amena les Anglais jusqu'aux portes de Paris ; de son hôtel Saint-Paul, le roi pouvait voir les flammes allumées par l'ennemi. Un libérateur inespéré, Du Guesclin, sauva cette fois Paris et la France ; la rude leçon que le brave connétable breton avait donnée aux bandes de Robert Knolles les eût peut-être empêchées de songer de longtemps à de nouvelles attaques, si l'Anglais n'eût bientôt retrouvé dans nos discordes un encouragement à de nouvelles tentatives : Armagnacs et Bourguignons se disputaient l'héritage de Charles VI vivant encore ; dans sa haine contre le dauphin, la reine Isabeau appela elle-même l'étranger ; le traité de Troyes livra la France à l'Angleterre. La miraculeuse délivrance de la patrie, les combats, les victoires de Jeanne Darc, la vierge inspirée, cette épopée nationale appartient à d'autres pages de notre ouvrage ; nous sommes heureux cependant de pouvoir rattacher à ce grand événement de notre histoire la délivrance du pays de Seine-et-Oise. Charles VII avait été sacré à Reims en 1429, Paris avait été repris en 1436, les garnisons anglaises évacuèrent Pontoise en 1441 et Mantes en 1449.

Avant ces miraculeux succès, l'affaiblissement de la monarchie avait réveillé les prétentions des grands vassaux de la couronne ; il ne s'agissait plus des sires de Montmorency ou des comtes de Meulan, mais de ces grandes maisons enrichies par les alliances royales et à la tête desquelles marchaient les ducs de Bourgogne, de Berry et de Bretagne. Louis XI, malgré les ruses de sa politique, n'avait pu dissimuler son projet d'asseoir le trône de France sur la ruine de tous ces grands fiefs, éléments éternels de discorde et d'anarchie ; ses ennemis menacés prirent l'offensive et formèrent une ligue qu'ils appelèrent *Ligue du bien public*. Le drame se dénoua encore dans le pays de Seine-et-Oise : le comte de Charolais, à la tête de 15,000 Flamands, rejoignit l'armée des ducs près de Montlhéry ; l'issue de la bataille fut incertaine, chacun des partis s'attribua la victoire ; Louis XI, selon son habitude, parut céder pour attendre une occasion meilleure ; le traité signé à Conflans donna Étampes et Montfort au duc de Bretagne, et au duc de Nemours le gouvernement de Paris et de l'Ile-de-France. Par mariages, alliances, extinctions de races, ou de haute lutte, et par confiscation sous Richelieu et Louis XIV, la monarchie devait bientôt rentrer en possession de ce qu'elle semblait alors abandonner ; nous suivrons, dans l'histoire particulière des villes, les progrès de ces revendications. Les guerres religieuses du xvi⁰ siècle, les troubles de la Fronde, les prétentions des Guises firent jaillir quelques étincelles des cendres de la féodalité ; mais désormais il n'y avait plus d'incendie sérieux à redouter pour la province de l'Ile-de-France, sur laquelle le roi de France régna sans interruption et sans conteste, même alors que Paris était au pouvoir des rebelles, grâce à quelques surprises qui n'eurent ni résultat ni durée. Ce n'est point dire que le pays fût désormais à l'abri des agitations dont la France fut troublée ; plus, au contraire, son administration se rattachait directement et étroitement à la couronne, plus il ressentait vivement les secousses dont la royauté était atteinte. Nous constatons seulement son annexion définitive, à une époque où la possession de la plupart de nos provinces était encore incertaine et précaire. Au règne de Charles VIII se rattache le retour à la couronne du comté de Montfort-l'Amaury, qui fut une conséquence du mariage du roi avec Anne de Bretagne.

Les règnes suivants devaient être agités par les guerres de la Réforme. Les idées nouvelles pénétrèrent de bonne heure dans l'Ile-de-France ; elles avaient de nombreux adhérents dans le Vexin, où Calvin avait été accueilli par le seigneur d'Hargeville, dans son château situé près de Wy ou Joli-Village ; il y résida quelque temps, y composa une partie de ses ouvrages et prêcha lui-même sa doctrine dans les villages environnants, à Limay, Avernes, Arthies, Jambville et Gadancourt. Henri II, François II et Charles IX, pendant les premières années de son règne, passèrent alternativement de la rigueur à la tolérance dans leur attitude vis-à-vis des protestants. C'est dans le pays de Seine-et-Oise que se tinrent les premières réunions où les représentants des deux cultes travaillèrent à la pacification des esprits et à la conciliation des consciences ; les états généraux furent d'abord convoqués dans ce but à Saint-Germain ; puis, quelques années plus tard, en 1561, s'ouvrit le colloque de Poissy, fameux par les discussions violentes de Théodore de Bèze ; de nouvelles conférences eurent lieu l'année suivante à Saint-Germain sans amener de meilleurs résultats, et la guerre éclata tout à coup par le massacre de Vassy.

Qui ne se rappelle les sanglants épisodes de ces déplorables guerres, les tristes exploits de Coligny, de Condé et de Montmorency ; ce malheureux département en fut trop souvent le théâtre ; les points stratégiques que les partis ennemis se disputèrent avec le plus d'acharnement furent Corbeil, qui commande le cours de la haute Seine, et Étampes qui domine la ligne de communication entre la capitale et les provinces de l'ouest et du sud. Cette dernière ville, prise par Condé, resta au pouvoir des protestants jusqu'au traité de paix de Longjumeau ; dans l'intervalle eut lieu la bataille de Dreux, gagnée par Montmorency, commandant l'armée catholique, et la bataille de Saint-Denis, qui amena *la petite paix*, trêve de six mois rompue par le massacre de la Saint-Barthélemy. Les fanatiques égorgeurs de Paris durent avoir des complices nombreux dans le département de Seine-et-Oise ; mais le rang et le nom des victimes parisiennes ont trop fait oublier les martyrs plus obscurs des campagnes environnantes.

La soif de vengeance que la trahison du Louvre alluma au cœur des huguenots rendit la guerre plus ardente et plus implacable encore. La tiédeur et l'hésitation que les zélés catholiques reprochaient à Henri III avaient grandi l'influence des Guises. L'ambition héréditaire de cette famille n'allait à rien moins qu'à s'emparer de la couronne, dont elle n'était plus séparée que par un prince maladif et peu populaire, et par Henri de Béarn, chef du parti huguenot. L'assassinat du roi de France, frappé à Saint-Cloud par un jacobin fanatique nommé Jacques Clément, simplifiait encore la question : d'un côté, le droit et la légitimité avec Henri le huguenot ; de l'autre, l'usurpation avec les Guises, forts de leur valeur personnelle, de leur clientèle fanatisée et de la puissante organisation de la Ligue.

A l'exemple de Paris, l'Ile-de-France tenait en grande partie pour les Guises ; aussi fut-elle encore le théâtre des luttes qu'eut à soutenir Henri IV lorsqu'il vint jusque sous les murs de la capitale revendiquer ses droits à l'héritage de Henri III. La conversion du roi acheva l'œuvre de pacification si glorieusement commencée par la victoire d'Ivry ; la sage administration de Sully, l'esprit de tolérance et d'économie du gouvernement, eurent bientôt cicatrisé les plaies faites par les dernières guerres ; l'Ile-de-France, dont le sol offre tant de ressources, releva toutes ses ruines ; la culture encouragée reprit un rapide essor ; Sully en donnait l'exemple, et, comme propriétaire du château de Rosny, il fit de nombreuses plantations de mûriers; Mantes, dont il était le gouverneur, vit s'élever dans ses murs une fabrique de draps; le château de Saint-Germain fut reconstruit, celui d'Étampes restauré et le duché concédé à la belle Gabrielle d'Estrées. Les bienfaits de ce règne furent répartis avec tant d'à-propos et d'intelligence, la pacification des esprits fut si complète, qu'à la mort du roi les désordres qui signalèrent la régence de Marie de Médicis n'affectèrent que d'une façon peu sensible les pays de Seine-et-Oise. L'administration de Richelieu consolida encore pour eux les bienfaits de celle de Sully. Nous n'avons à citer, sous le règne de Louis XIII, que la naissance à Saint-Germain de Louis XIV, en 1638, et, en 1641, l'assemblée générale que tint le clergé de France dans la ville de Mantes.

La haute noblesse, qui avait été obligée de courber la tête sous la main de fer de Richelieu, voyait à la mort de Louis XIII, dans la perspective d'une longue minorité, une occasion favorable pour revendiquer ses prétendus droits et reconquérir ses privilèges.

La confiance de la reine régente, abandonnée à un autre cardinal dévoué aux idées de Richelieu, son continuateur présumé, à un étranger, à Mazarin, souleva l'indignation des grands et des princes; l'opposition des parlements, suscitée par la noblesse, fut le prélude d'hostilités plus sérieuses; les promesses des meneurs, les épigrammes des beaux diseurs, l'influence du clergé, parvinrent à entraîner les bourgeois de Paris dans cette nouvelle Ligue. Les *frondeurs* disputaient à la reine mère et au cardinal la personne du jeune roi; la cour dut quitter Paris et se réfugier à Saint-Germain, sous la protection d'une armée de huit mille hommes; de leur côté, les rebelles organisèrent leurs forces : le prince de Conti fut nommé généralissime. Les villes de Seine-et-Oise furent, comme toujours, les points qu'on se disputa le plus vivement; Étampes, Corbeil, Saint-Cloud, Dourdan, dont la Fronde était maîtresse, furent d'abord repris par Condé : une paix de peu de durée fut la conséquence de ces premiers succès de l'armée royale; une rupture, qui éclata entre la cour et Condé, donna à la lutte un caractère plus sérieux; Turenne fut opposé par Mazarin à ce redoutable adversaire; personne n'a oublié les exploits plus affligeants encore que brillants des deux illustres capitaines, ni le fameux combat du faubourg Saint-Antoine, où ils faillirent eux-mêmes en venir aux mains; cette guerre sans motifs sérieux, et à laquelle devait mettre fin la majorité de Louis XIV, n'en causa pas moins de grands malheurs dans nos pays : Corbeil, Saint-Cloud, Palaiseau, Mantes, furent victimes de l'indiscipline des soldats des deux armées, qui, manquant de vêtements et de solde, pillaient et rançonnaient les villes et les campagnes. Enfin Paris, éclairé sur le but réel des princes et des organisateurs de la Fronde, se détacha de leur cause et ouvrit ses portes au roi, qui y fit son entrée en 1653.

Les pays de Seine-et-Oise, qui avaient eu une si large part dans tous les revers et toutes les épreuves de la royauté, participèrent plus que toute autre province aux splendeurs du triomphe : le règne de Louis XIV est raconté par toutes les magnificences des châteaux dont il nous reste à faire l'histoire. La guerre, portée au delà de nos frontières, n'ensanglanta plus les campagnes de l'Ile-de-France, et Versailles a gardé le glorieux souvenir des années de paix. Il en est de même pour le règne des princes qui se sont succédé jusqu'à nos jours sur le trône de France; l'importance des châteaux royaux et des résidences princières rattache désormais à leurs lambris le souvenir des faits principaux qui seuls sont du domaine de cette notice. C'est à Louveciennes et à Marly que nous étudierons Louis XV; pour son malheureux successeur, Trianon complètera Versailles, Saint-Cloud nous dira le 18 brumaire, et les douloureux mystères de la Malmaison nous conduiront des gloires du premier Empire aux désastres de l'invasion. Ajoutons que, depuis 1789, l'immense développement de Paris a absorbé toute importance politique, toute originalité saillante dans Seine-et-Oise qui l'entoure; ce qui nous reste à dire du département n'est plus guère qu'une œuvre de statistique.

Jusqu'à la Révolution de 1789, il était compris dans le gouvernement de l'Ile-de-France; on y comptait, sous le rapport judiciaire, les prévôtés royales de Poissy, Montlhéry, Corbeil, Arpajon, Gonesse, qui toutes relevaient des prévôté et vicomté de Paris; puis venaient : le bailliage et présidial de Mantes, les bailliages simples de Montfort-l'Amaury et d'Étampes, les bailliage et prévôté de Pontoise, etc. Le ressort de ces juridictions était plus ou moins étendu. La coutume de

Galerie des Glaces du château de Versailles.

Paris les régissait presque toutes, à l'exception des paroisses du bailliage de Pontoise, qui suivaient les unes la coutume de Senlis et les autres celle du Vexin français.

Sous le rapport financier, le département était de la généralité de Paris, et on y comptait les élections d'Étampes, Mantes, Montfort-l'Amaury et Pontoise. Corbeil, Versailles, Saint-Germain et leurs dépendances étaient de l'élection de Paris. Des gouverneurs royaux commandaient dans les principales villes qui étaient du domaine de la couronne.

Le département, formé en 1790 par l'Assemblée nationale dans un sentiment de défiance contre Paris qu'elle craignait de rendre trop redoutable au reste de la France, fut alors divisé en 9 districts administratifs et judiciaires : Versailles, Montlhéry, Mantes, Pontoise, Dourdan, Montfort-l'Amaury, Étampes, Corbeil et Gonesse. L'organisation impériale de 1804, qui a prévalu jusqu'à nos jours, le partagea en 5 arrondissements : Versailles, chef-lieu; Corbeil, Étampes, Mantes et Pontoise. En 1811, Rambouillet fut érigé en 6e arrondissement, pour la formation duquel on prit sur ceux d'Étampes et de Versailles; ces 6 arrondissements se subdivisent en 36 cantons, comprenant chacun en moyenne 19 communes.

Le Concordat de 1801 a établi à Versailles un évêché, qui étend sa juridiction sur tout le département.

Il serait difficile de caractériser la population de Seine-et-Oise; la diversité de race de ses anciens habitants a été remplacée par la variété des travaux, la différence des positions, l'inégalité des fortunes; de même que le sol se prête à tous les genres de culture, le génie des habitants s'est plié à toute espèce d'industrie : l'usine y touche à la ferme, la chaumière du vigneron au château du banquier millionnaire. Seine-et-Oise est à la fois, et le jardin de Paris et la succursale de ses manufactures; le campagnard ne travaille qu'en vue de

Paris, qui consomme et qui achète; il y a toujours au bout des rêves du Parisien un point des riants paysages de l'Ile-de-France, comme but de sa promenade des dimanches, comme retraite promise aux loisirs de sa vieillesse; ces rapports étroits, intimes, ce frottement continuel, ont donné au paysan de Seine-et-Oise un caractère qui n'est déjà plus celui du campagnard et qui cependant n'est pas encore celui du citadin; ce type nouveau, que la rapidité des communications développe de jour en jour, mériterait une étude plus approfondie que ne le comporte le cadre de cet ouvrage; il nous appartenait seulement d'en signaler l'apparition, qui n'est nulle part plus sensible que dans cette contrée. Que nous reste-t-il à dire après tout ce qui a été écrit sur les sites délicieux de ce pays? Quel est celui de ses bois, de ses coteaux ou de ses vallons qui n'ait eu ses peintres, ses historiens, ses poètes? A ces tableaux, qui sont encore devant tous les yeux, à ces descriptions qui sont dans toutes les mémoires, nous n'ajouterons qu'un mot, c'est que ni l'inspiration des uns ni l'enthousiasme des autres n'a exagéré les gracieuses merveilles de la réalité; c'est que, malgré tout ce qu'ont pu ajouter aux délices du paysage les fantaisies du luxe, les ressources de l'art, les magnificences des rois, on peut dire que pour lui la nature avait fait plus encore.

Mais d'autres sujets moins gracieux nous réclament.

Durant la guerre franco-allemande de 1870-1871, le département de Seine-et-Oise fut, parmi les départements qui subirent alors les douleurs et les hontes de l'invasion, un de ceux qui eurent le plus à souffrir. La situation de son territoire, qui enveloppe Paris de tous les côtés, l'exposait plus que tout autre au danger; en effet, aussitôt après notre lamentable défaite à Sedan, dès le 4 septembre, la capitale de la France devenait l'objectif des Allemands: la IIIe armée, celle du prince royal de Prusse, moins les Bavarois, se mettait en marche dans cette direction. Le 12 septembre, deux éclaireurs sont aperçus à Ablon, dans le canton de Longjumeau; le 15, des cavaliers se montrent à Draveil; le 16, dès le matin, des troupes de toutes armes, venues de Lagny et de Brie-Comte-Robert, inondent le canton de Boissy-Saint-Léger et se massent dans la plaine de Vigneux. A ce moment, Paris était prêt d'être investi: la IIIe et la IVe armée allemandes sont à deux marches de la capitale, dans la direction du nord-est et du nord-ouest: la 5e et la 6e division de cavalerie, chargées d'éclairer les colonnes, s'avancent vers Pontoise; le même jour, les Prussiens occupent la voie ferrée entre Ablon et Athis, puis ils descendent vers Mongeron. Le 17, un pont de bateaux est jeté sur la Seine, près de Villeneuve-Saint-Georges, et une avant-garde de 1,000 hommes, appartenant au XIe corps bavarois, se présente dans le faubourg de Corbeil. Le 18 septembre, la 6e division de cavalerie, commandée par le duc de Mecklembourg (IVe armée) marche sur Poissy et y franchit la Seine; la 5e division de cavalerie occupe Pontoise; le IVe corps atteint Le Mesnil-Amelot, entre Dammartin et Saint-Denis; la brigade des uhlans de la garde attachée à ce corps marche sur Argenteuil, entre Saint-Denis et Pontoise; la garde se porte sur Thieux, entre Claye et Dammartin. Le XIIe corps (prince de Saxe) s'établit à Claye, en avant de Meaux et de Dammartin, tandis que la 2e division de cavalerie de la IIIe armée, celle du prince royal de Prusse, se dirige sur Sarlay, au sud de Paris, occupe la route qui y mène et se lie par Chevreuse avec la cavalerie du prince de Saxe; le Ve corps de la même armée passe la Seine à Villeneuve-Saint-Georges (grande route de Melun à Paris) et s'avance jusqu'à Palaiseau; le IIe corps bavarois marche sur Longjumeau, détachant une brigade à Montlhéry; le VIe corps occupe Villeneuve-Saint-Georges et Brunoy. Le quartier général de l'armée de la Meuse (IVe armée) est à Saint-Souplet, entre Meaux et Dammartin, près de l'embranchement des routes, sur Paris, de Meaux, Nanteuil et Senlis. Celui de l'armée du prince royal (IIIe armée) s'établit à Saint-Germain-lès-Corbeil, à la porte de Corbeil. Le 19 septembre, le blocus est sur le point d'être complété par les deux armées allemandes; le seul côté moins fortement investi est l'espace compris en avant des forts de l'Est: la 6e division de cavalerie marche sur Chevreuse, la 5e sur Poissy; le IVe corps est à Argenteuil, la garde en avant de Pontoise; le XIIe corps contourne Saint-Denis; la 2e division de cavalerie, vers Chevreuse et Saclay, relie la droite de la IVe armée avec la gauche de la IIIe; le Ve corps est à Versailles même et pousse ses avant-postes jusqu'à Sèvres et Saint-Cloud; le IIe corps bavarois est près de l'Hay, vers Meudon jusqu'à la Bièvre; le VIe corps est entre la Seine et la Bièvre, avec une brigade et deux escadrons sur la rive droite du fleuve et de forts avant-postes entre la Marne et la

Seine. Le 21 septembre, l'ennemi complète l'investissement de Paris sur un périmètre extérieur de près de 80 kilomètres ; il établit des communications télégraphiques directes reliant tous les quartiers généraux des divers corps d'armée par un fil électrique qui n'a pas moins de 150 kilomètres de développement.

« A la date du 22 septembre, écrit M. Gustave Desjardins (1), le département de Seine-et-Oise avait sur son territoire environ 216 bataillons d'infanterie, 244 escadrons de cavalerie avec 774 canons. L'investissement de Paris était fait par 216 bataillons et 140 escadrons. Cet effectif varia peu durant le siège. Le 1er corps bavarois et la 22e division du xie corps prussien furent détachés, le 6 octobre, et remplacés par le xie corps prussien envoyé dans les premiers jours de novembre. Le iie corps marcha vers l'est le 3 janvier ; mais le 1er corps bavarois revint occuper le canton de Boissy-Saint-Léger.

» A l'extrême gauche de la IIIe armée, la landwehr de la garde prussienne, rendue disponible par la prise de Strasbourg, avait pris position à Chatou, donnant la main à la IVe armée. »

L'ennemi put prendre ses positions sans rencontrer pour ainsi dire de résistance. Quelques échauffourées eurent lieu çà et là, sans autre résultat que de motiver les pillages et les exécutions sommaires. On conçoit d'ailleurs qu'une pareille concentration de troupes sur un même point n'ait pu se faire sans un grand dommage et de grandes vexations pour les habitants, auxquels les menaces, les coups, la mort même ne furent pas épargnés. Les villes et les villages furent submergés par ce flot envahisseur qui ne cessait de grossir. Les soldats, dit M. Gustave Desjardins, pénètrent avec effraction dans les maisons fermées, s'installent par groupes, arrachent les habitants de leur lit. A Verrières-le-Buisson, ils mettent leurs chevaux dans les boutiques et les rez-de-chaussée, pillent en masse les marchands de comestibles. Corbeil est écrasé : 90,000 hommes y passent en trois jours. Tout est envahi : magasins, maisons, églises ; dans le tribunal s'installe une boucherie.

(1) *Tableau de la guerre des Allemands dans le département de Seine-et-Oise* (1870-1871), par Gustave Desjardins, archiviste du département de Seine-et-Oise, ancien élève de l'École des chartes. Cet excellent ouvrage, ainsi que la *Guerre au jour le jour* de M. le baron A. du Casse, nous a souvent servi de guide pour notre récit.

A Versailles, les Allemands n'osent pas entrer dans les casernes qu'ils supposent minées et occupent les promenades. En un clin d'œil, la ville du grand roi se transforme en campement de horde germanique. On n'entend plus que le bruit des patrouilles et les cris rauques des sentinelles. Le 20 septembre, Saint-Germain est menacé de bombardement ; cinq bombes sont même lancées du Pecq sur cette ville.

Les faits militaires ont été peu nombreux dans le département de Seine-et-Oise, et cela se conçoit facilement, puisque l'armée régulière n'existait pas ; les gardes nationales étaient à peine armées et mal instruites ; les francs-tireurs seuls opposèrent de la résistance et quelquefois avec succès. Dans son expédition vers Mantes, la 5e division de cavalerie prussienne rencontre, après avoir brûlé Mézières, des francs-tireurs parisiens. Deux bataillons, sous les ordres du commandant de Faybel, traversent Mantes, chassent les patrouilles prussiennes ; mais ils sont obligés de se retirer en combattant, par Écquevilly et Mareil-sur-Mauldre, sur Mantes, et de là à Vernon, devant des forces supérieures.

Dans l'arrondissement de Rambouillet, des paysans s'organisent en guérillas. Pour venir à bout de la résistance, le général de la 6e division de cavalerie prussienne ordonna une battue dans ce pays couvert de bois, et ses soldats se livrèrent à d'indignes cruautés contre des habitants inoffensifs.

Le 8 octobre, les Français attaquent les Prussiens et les Bavarois barricadés dans Ablis, près de Dourdan, et font, après une demi-heure de combat, 70 hussards prisonniers. Le lendemain, après le départ des francs-tireurs, une colonne ennemie envahit la commune, brise les portes et les fenêtres et la livre au pillage.

A La Montignotte, près de Milly, le 28 septembre, quelques francs-tireurs unis à des gardes nationaux font éprouver des pertes sensibles à une colonne de 800 hommes envoyée de Melun pour châtier Milly.

A Parmain, commune de Jouy-le-Comte, dans le canton de L'Isle-Adam, des volontaires accourus de Pontoise, de Valmondois, de Méry, de Jouy-le-Comte et d'autres localités environnantes, unis à quelques francs-tireurs de la légion Mocquart, se barricadent et s'apprêtent à défendre énergiquement le passage de l'Oise. Le 27 septembre, à 10 heures du matin, quelques centaines de Prussiens, avec quatre pièces d'artillerie, essayent de s'emparer des barricades. Ne pouvant y parvenir, ils s'en prennent à la population de L'Isle-Adam. Le 29, à midi, 1,500 Prussiens sont dirigés sur Parmain, et une partie ayant réussi à passer l'Oise à Mours, tourne le village que les francs-tireurs ont le temps d'évacuer. Le 30, les Prussiens bombardaient Nesles et brûlaient Parmain.

Le chapitre des réquisitions exigées serait interminable, s'il fallait tout relater. Contentons-nous d'un court résumé. « Huit jours après leur entrée dans le département, il n'était pas un village qui n'eût reçu la visite des Prussiens. On voyait d'abord paraître trois ou quatre cavaliers, sondant de l'œil tous les recoins du pays; au premier bruit suspect, ils détalent au galop comme des daims effarouchés. Semble-t-on avoir peur, ils deviennent plus hardis, commencent par briser le télégraphe et intiment avec arrogance aux habitants l'ordre de combler les tranchées pratiquées dans les routes; si une foule irritée les entoure, ils montrent beaucoup de modération et tâchent de se tirer de ce mauvais pas sans faire usage de leurs armes; mais ils reviennent un instant après menaçants, soutenus par des forces imposantes. Ils savent que leurs chefs veillent sur eux avec sollicitude, leur porteront secours à temps et feront payer cher le moindre attentat envers leurs personnes. A Dourdan, on s'ameute contre des hussards; un homme porte la main à la bride du cheval d'un officier. Le lendemain, un parlementaire signifie à la municipalité, que si pareille offense se renouvelle, la ville sera livrée aux flammes et les habitants pendus jusqu'au plus petit enfant, comme dans les guerres bibliques. A Poissy, le général Schmidt fait savoir que si la ville ne lui rend pas deux dragons pris par la garde nationnle, elle sera bombardée et frappée d'une contribution de 200,000 francs... Dans les campagnes, l'ennemi se contente de provisions de bouche; dans les villes, il demande des couvertures, des matelas, des balais, des gants, des semelles, des fournitures de bureau, des objets de toilette, de l'amidon, du cirage, des bandages herniaires, des peaux de sanglier et de chevreuil, tout ce que sa fantaisie imagine. Le major de Colomb, commandant de place à Corbeil, entendant qualifier de *riche en cuirs* un paysan dont le langage est orné de liaisons superflues, saute sur une plume et s'empresse de libeller un ordre de livrer 60 peaux pour basaner les culottes de ses dragons :

Ab uno disce omnes. Certains officiers affectent une politesse exagérée, suivie aussitôt d'une menace froide; d'autres, en arrivant, mettent le revolver au poing et parlent de tout tuer et brûler si l'on n'obéit sur-le-champ. A la plus petite objection, coups de cravache et coups de sabre pleuvent comme grêle... On n'a rien de mieux à faire que d'obéir et de les gorger de vin et d'avoine...

» Pour les héros de l'Allemagne moderne, comme pour leurs aïeux les reîtres du XVIe siècle, la guerre est une franche lippée. Le majordome, préparant à Versailles les logements de la cour du roi de Prusse, veut contraindre le maire à violer le domicile d'un absent qui a dans sa cave des vins dignes de la table de son maître. Dès les premiers jours d'octobre, ils sont entièrement nos maîtres; la résistance a été partout comprimée avec une sauvage rigueur, et la terreur prussienne règne dans le département. On annonce l'arrivée à Versailles de Guillaume le Victorieux. »

On pouvait espérer que l'arrivée du roi de Prusse mettrait fin aux exactions, aux réquisitions et aux vexations. M. de Brauchitsch, nommé préfet prussien de Seine-et-Oise, présenta, en effet, au conseil municipal de Versailles, convoqué pour entendre ses communications, le plus séduisant tableau des intentions de son auguste souverain. Mais ce n'était là qu'une déclaration platonique; aux exactions et aux violences brutales des soldats allaient succéder des exactions et des violences hypocrites. « Nous avons pu juger par expérience, écrit M. E. Delérot, dans son livre intitulé : *Versailles pendant l'occupation*, comment la Prusse contemporaine entendait l'administration civile des pays occupés : le *préfet* de Brauchitsch est, à ce titre, un échantillon curieux de cupidité à étudier. Ses actes et ceux des subordonnés placés sous ses ordres sont d'autant plus intéressants qu'ils s'accomplissaient sous les yeux du roi, par conséquent avec son assentiment tacite. » Le préfet prussien essaya d'abord de se servir de l'organisation française; mais il se heurta au refus ou au mauvais vouloir des anciens employés qui, pour la plupart, ne voulurent pas reprendre leurs fonctions et s'y dérobèrent même par la fuite. Pour avoir des huissiers, le préfet dut les faire empoigner par les gendarmes. Ceci se passait à Versailles et fut d'un salutaire effet pour le reste du département. A Corbeil seulement, il fut possible aux Allemands de réorganiser le personnel de la sous-préfecture. Devant la mauvaise volonté générale, le préfet prussien du département de Seine-et-Oise réorganisa l'administration sur la base du canton. Le maire du chef-lieu, investi de tous les pouvoirs, était chargé des communications avec l'autorité centrale, de la réparation des chemins, du service de la poste, de la perception des contributions. Le refus absolu était à peu près impossible; car M. le préfet terminait son injonction par ces mots, dans le cas de non-acceptation : « Je me verrai obligé, contre mon gré, *à en* recourir à la force; ce qui serait toujours regrettable. »

Les exactions, bien entendu, continuèrent de plus belle. Au mois de janvier 1871, M. de Brauchitsch « s'avisa que la perception des contributions indirectes était interrompue et voulut la remplacer. Il ajouta à l'impôt foncier un supplément de 150 pour 100; mais il n'eut pas le temps d'en poursuivre partout le recouvrement; toutefois, il extorqua ainsi, dans l'arrondissement de Versailles, près d'un million et demi. En arrivant, les Prussiens avaient frappé le département d'une contribution extraordinaire d'un million. D'autres exigences furent encore présentées; elles prirent, celles-là, la forme d'un emprunt forcé qui fournit 1,101,279 fr.

Nous avons dit que, lors de son installation, M. le préfet prussien avait promis formellement que les réquisitions cesseraient ou du moins seraient payées. L'armée d'occupation parut ignorer complètement ces engagements, et la population de Seine-et-Oise ne trouva dans la présence de M. de Brauchistch qu'une aggravation à ses maux : elle dut payer l'impôt et fournir les réquisitions.

Les vexations et les réquisitions ne cessèrent même pas durant l'armistice, et le département de Seine-et-Oise ne fut délivré des hordes germaniques que le 12 mars 1871. Les pertes qu'il supporta s'élevèrent à la somme énorme de 146,500,930 fr. 12, la plus considérable après le département de la Seine.

HISTOIRE ET DESCRIPTION DES VILLES BOURGS ET CHATEAUX LES PLUS REMARQUABLES

VERSAILLES (lat., 48° 47′ 56″; long., 0° 12′ 44″ O.). — Versailles (*Versaliæ*), importante station de plusieurs lignes de chemin de fer appartenant au réseau de l'Ouest : Paris à Brest, Versailles à Paris (rive droite et rive gauche), et Grande-Ceinture, à 19 kilomètres ouest-sud-ouest de Paris, chef-lieu du département de Seine-et-Oise, peuplé de 49,847 habitants (48,324 en 1881), faisait autrefois partie de la province de l'Ile-de-France et du diocèse de Paris. Le premier document qui constate l'existence de ce lieu est une charte donnée en 1037 par Odon, comte de Chartres; il en est question ensuite dans d'autres titres, à la date de 1065, 1066, 1095; ce n'était alors qu'un petit village appartenant à l'abbaye de Saint-Magloire de Paris ou de Marmoutiers. Il en fut ainsi jusqu'au XVIe siècle; la seigneurie de Versailles était divisée à cette époque entre plusieurs possesseurs. Martial de Loménie, secrétaire de Charles IX, obtint de ce roi, pour le village, l'établissement de quatre foires annuelles, dont la plus célèbre se tenait le jour de la fête de Saint-Julien. La terre de Versailles fut achetée en 1579 par Albert de Gondi, comte de Retz; son petit-fils, le fameux archevêque de Paris, la vendit en 1632 au roi Louis XIII, qui racheta en même temps les autres parties de la seigneurie. On y construisit alors, pour servir de rendez-vous de chasse, une modeste résidence dont Bassompierre dit que c'est « un chétif château dont un simple gentilhomme ne sauroit prendre vanité. »

La ville actuelle ne prit d'importance qu'après la construction du château et lorsque Louis XIV y eut fixé sa résidence. Dès 1661, à côté du palais s'éleva une ville digne de recevoir les nombreux courtisans de la monarchie absolue. En 1672, une déclaration royale confirmait les dons d'emplacements sur lesquels on avait commencé de bâtir dans les dernières années du règne précédent. Un des premiers hôtels construits avait été celui du grand écuyer Cinq-Mars, dont la mort tragique est si connue; le même édit ordonnait que les maisons bâties ne seraient sujettes à aucune hypothèque et ne pourraient être saisies que pour dettes privilégiées. Deux autres ordonnances de 1692 et 1696 étendirent ce privilège : la première aux héritiers, et la seconde sur le loyer comme sur la propriété même des bâtiments. Tant d'avantages joints aux dons de terrains faits par le roi avec profusion, au profit et à l'attrait qu'il y avait pour tant de monde à se rapprocher de celui qui pouvait dire : « L'État, c'est moi, » expliquent les rapides accroissements de Versailles. Aussi, en 1713, Louis XIV crut-il devoir révoquer les privilèges antérieurement accordés, parce que, dit-il dans son ordonnance, « les motifs en avoient cessé et que ses vues à cet égard avoient été remplies au delà de ses espérances. »

Les progrès n'en furent cependant point arrêtés ; le chiffre de la population, qui était de 40,000 en 1725, augmenta continuellement sous les règnes de Louis XV et de Louis XVI. Aux premiers jours de la Révolution de 1789, Versailles comptait 100,000 habitants. Cet accroissement successif de la population donna lieu de créer de nouveaux quartiers ; la ville fut rattachée au château par la rue des Réservoirs d'un côté, de l'autre par la rue de la Surintendance. Elle se composait de trois parties principales : au nord, la ville neuve ; au sud, le vieux Versailles ; en face du château, le faubourg de Limoges, ainsi nommé du séjour d'une colonie de Limousins employés aux travaux du château. Le quartier du Parc-aux-Cerfs, dans le vieux Versailles, date de la fin du règne de Louis XIV. Au commencement du règne de Louis XVI, les deux villages du Grand et du Petit-Montreuil, deux importants faubourgs de Versailles, furent réunis à la ville ; enfin, de nos jours, le quartier de Clagny s'est élevé sur l'emplacement de l'ancien parc de ce nom. Moins de deux siècles avaient suffi pour faire d'un humble hameau une des grandes villes de l'Europe et la plus magnifique résidence royale que les temps modernes puissent opposer aux splendeurs de l'antiquité.

La rapidité des premières constructions écloses, comme une décoration d'opéra, de la volonté de ce monarque qui ne savait pas attendre, le rang et la puissance des familles auxquelles elles étaient destinées, l'unité des plans, permirent, dès le principe, de donner et à l'alignement des rues et à la disposition des édifices une régularité sur laquelle durent se régler les constructions postérieures. Aussi, toutes ces rues larges et droites, ces longs et vastes boulevards, rayonnant de la façade orientale du château comme les lames d'un éventail, ont-ils conservé à la ville un aspect grandiose et imposant, malgré la solitude et la tristesse de ses jours de décadence.

La plupart des grands hôtels de Versailles et toutes les dépendances du château ont subi des transformations nécessitées par le changement des temps ; l'hôtel du grand maître est devenu la mairie, celui du grand veneur le tribunal ; de nouveaux bâtiments, mieux appropriés aux besoins actuels de l'administration municipale et à la dignité de la justice, ont été récemment construits dans l'ancien quartier de Limoges, entre les avenues de Paris et de Sceaux. La préfecture occupe, à l'angle de l'avenue de Paris et de la rue Saint-Pierre, l'emplacement de la vénerie et d'une ancienne caserne ; c'est une belle construction moderne, bien appropriée à sa destination ; le grand commun sert d'hôpital militaire ; l'ancien ministère de la marine est occupé par la bibliothèque de la ville, riche de plus de 60,000 volumes ; la surintendance par le petit séminaire ; les écuries du roi et de la reine abritent les chevaux de la garnison. Au reste, tous ces bâtiments n'avaient de remarquable que l'ampleur de leurs proportions et leur régularité symétrique. Chacun des principaux quartiers a son église ; dans la ville neuve, Notre-Dame a été bâtie par Hardouin-Mansart ; Louis XIV en posa la première pierre en 1684.

La paroisse du quartier Saint-Louis ne s'éleva que plus tard, en 1743 ; c'est le dernier Mansart (Mansart de Sagonne) qui en avait tracé les dessins ; Louis XV les fit exécuter. C'est une œuvre assez médiocre, sans distinction et sans caractère.

Du vieux Versailles, il ne reste plus que deux rues : l'une, la rue du Vieux-Versailles, en rappelle le nom ; l'autre, la rue Saint-Julien, rappelle l'ancienne petite paroisse qui avait pour patron saint Julien.

L'église de Montreuil, dédiée à saint Symphorien, n'offre non plus rien de bien remarquable.

La Révolution avait utilisé le grand et vaste bâtiment des anciens communs pour y établir une manufacture d'armes, qui livra jusqu'à 50,000 fusils par an pendant les guerres de la première République, et qui, sous la direction d'un habile arquebusier nommé Boutet, resta célèbre jusqu'en 1815, pour la fabrication des armes de luxe. Plus tard, on a cherché à remplacer cette industrie par une fabrique modèle d'horlogerie ; mais cela n'a pas eu grand succès. Parmi les autres principaux édifices de Versailles, nous citerons le Lycée, qui occupe les bâtiments de l'ancienne communauté des chanoinesses augustines, fondée en 1760 par Marie Leczinska ; le Grand-Théâtre, fondé en 1777, restauré en 1850, où l'on joue les meilleures pièces du répertoire français ; le théâtre des Variétés, consacré aux pièces d'un genre plus léger.

La ville possède encore un hospice dont l'existence comme léproserie remonte à 1350, et qui, après avoir été détruit pendant les guerres de religion, fut successivement relevé par Louis XIII, agrandi par Louis XIV, doté par Louis XV et rebâti en partie dans les premières années du règne de

Louis XVI. Mais, de tous les monuments historiques de Versailles, en dehors de son château, le plus remarquable est le fameux Jeu de paume, où se réunirent les représentants du tiers état après la fermeture de la salle de leur réunion, et où ils prêtèrent, le 20 juin 1789, leur mémorable serment. Cette vaste salle servit, sous le règne du roi Louis-Philippe, d'atelier au célèbre peintre Horace Vernet. On vient de la restaurer.

On comprend combien doivent être nombreuses et variées les promenades d'une ville créée pour être le séjour de la cour la plus fastueuse et la plus amoureuse des plaisirs. Les rues sont coupées par de larges places en harmonie avec les bâtiments qui les entourent.

Le Potager du Roi, près de la pièce d'eau des Suisses, a été dessiné et planté autrefois par le célèbre La Quintinie; il est accompagné d'une école d'agriculture pratique, fondée en 1874, destinée à former des élèves initiés aux meilleures pratiques de l'agriculture moderne.

Une ceinture de bois, percés pour la promenade et pour la chasse de belles routes souvent pavées, environne Versailles de tous les côtés; les forêts de Marly et de Satory viennent se rattacher à chacun des côtés du parc, presqu'à chacune des ailes du château, et se relient, dans leurs courbes gracieuses, aux ombrages de Chaville et de Meudon, aux parcs de Ville-d'Avray et de Saint-Cloud. Rien n'a été épargné pour rendre facile aux promeneurs les plus paresseux l'accès de ces délicieux paysages; aussi, parmi les 50,000 habitants auxquels est réduite aujourd'hui la population de Versailles, faut-il compter pour près de moitié les étrangers et les rentiers parisiens, attirés à la fois par le calme de la ville et le charme de ses environs.

Parmi les hommes illustres auxquels Versailles donna le jour, il faut citer le poète Ducis, l'abbé de L'Épée, le bienfaiteur des sourds-muets, le maréchal Berthier, le général républicain Hoche, dont la statue décore une place qui a pris son nom, et le géographe Edme Jomard, l'un des membres de l'Institut d'Égypte; Pellisson, le courageux ami du surintendant Fouquet, y mourut, ainsi que La Bruyère, l'immortel auteur des *Caractères*.

Après ces descriptions de la ville, il nous reste peu de chose à dire sur les événements historiques dont elle a été le théâtre; si nous isolons son histoire de celle du château, nous ne la voyons naître à la vie politique qu'à l'époque de la dernière réunion des états généraux. Les auteurs, qui presque tous paraissent s'étonner du zèle que montrèrent à cette époque les habitants de Versailles pour les idées nouvelles, semblent oublier les nombreux adhérents que l'école philosophique du XVIII° siècle comptait dans la plus haute noblesse; ils ne tiennent pas compte non plus de la désaffection qui avait gagné le peuple pendant les dernières années de la vie de Louis XIV, années si tristes, si peu semblables à la première partie de son règne, et surtout pendant cette longue et honteuse orgie qui de la régence du duc d'Orléans dura jusqu'à l'avènement de Louis XVI. Il est certain que les sympathies de Versailles furent tout d'abord acquises aux orateurs de l'opposition; peuple et bourgeoisie se croyaient atteints par les humiliations dont les représentants des deux premiers ordres abreuvaient les députés du tiers état. Plus tard, entraînés par la passion politique, ils s'associèrent à leurs vengeances. La nouvelle de la prise de la Bastille fut accueillie à Versailles avec une grande joie. Aux journées d'octobre, lorsque le peuple de Paris déjà menaçant vint arracher Louis XVI et sa famille au palais de ses ancêtres pour le conduire, comme un otage, dans la capitale, on remarqua que la municipalité de Versailles, peu prévoyante des conséquences qu'entraînerait pour la ville ce dernier adieu de la royauté au palais de Louis XIV, n'eut de soins et de libéralités que pour l'armée révolutionnaire qui campait sur ses places et dans ses avenues. Versailles eut aussi ses massacres de septembre 1792; une colonne de Marseillais conduisait à Paris 53 prisonniers qu'ils étaient allés chercher à Orléans; à leur arrivée à la grille de l'Orangerie, le 9 septembre, la populace, augmentée d'une foule de gens sans aveu, héros pour la plupart des massacres qui venaient d'ensanglanter les prisons de Paris, fit fermer les portes, se jeta sur les voitures qui transportaient les malheureux captifs, massacra tous ceux dont elle put se saisir, et trois seulement d'entre eux parvinrent à s'échapper.

Le château, menacé de destruction, n'y avait échappé qu'en devenant un asile pour les invalides. Napoléon Ier, dans sa toute-puissance, avait reculé devant les frais d'une restauration complète, et Versailles ne lui devait guère que son érection en chef-lieu de département. Cependant, aux jours de ses revers, cette ville eut pour la cause de l'empereur des élans de patriotisme. Livrée le 31 mars

1814 à un corps de cavalerie prussienne, elle fut pendant les Cent-Jours une des premières villes qui arborèrent le drapeau tricolore, et, après la bataille de Waterloo, un détachement de gardes nationaux volontaires qui avaient offert leurs services pour la défense de Paris eut une rencontre avec deux régiments prussiens dans les bois de Rocquencourt et contribua par sa valeur à les mettre en déroute. Le général Blücher punit cruellement Versailles du courage de ses habitants ; revenant le lendemain sur la ville à la tête de forces imposantes, quoique le drapeau blanc fût arboré et qu'aucun symptôme de résistance ne se fût manifesté, il ordonna que, sous peine de mort, toutes les armes fussent déposées dans l'espace de deux heures et livra ensuite la ville au pillage. Un grand nombre de maisons, surtout dans les faubourgs, furent ravagées de fond en comble ; de la manufacture d'armes, entre autres, il ne resta debout que les quatre murs. Versailles, depuis cette époque a toujours suivi l'impulsion parisienne, ressentant le contre-coup de toutes les commotions qui agitent la capitale.

Les faveurs de la branche aînée pendant les quinze années que dura la Restauration, la création du Musée historique par le roi Louis-Philippe, l'établissement de deux lignes de chemin de fer, la valeur des propriétés relevée, l'accroissement du bien-être ont maintenu le chef-lieu du département de Seine-et-Oise dans un état de prospérité qui ferait envie à plusieurs capitales de nos provinces et qui suffirait sans doute à son ambition et à sa gloire, si les souvenirs du passé ne venaient jeter leur ombre sur les compensations, encore insuffisantes, que peut offrir le temps présent.

Durant la guerre franco-allemande de 1870-1871, Versailles, tombé aux mains des troupes ennemies, devint le quartier général du grand état-major allemand et la résidence du roi de Prusse.

Ouverte de tous les côtés, environnée de hauteurs boisées, percée de larges avenues et de deux lignes de chemin de fer, cette ville n'avait pu songer à se défendre. Toutefois, le maire, M. Rameau, qui, dans ces circonstances difficiles et périlleuses, montra autant d'énergie et de dignité que de dévouement et de sang-froid, prit les dispositions nécessaires pour ne pas avoir à subir l'humiliation d'une incursion de la part de quelques éclaireurs et d'une sorte de pillage par des maraudeurs isolés. Il sut éviter, — ce qui n'eut pas lieu partout, notamment à Nancy, dans le cours de cette triste campagne, — la reddition non moins ridicule qu'odieuse d'une agglomération de 50,000 âmes à quelques uhlans. Pour cela, à l'annonce de l'approche des armées envahissantes, il fit garder toutes les entrées par des gardes nationaux, avec ordre de ne laisser pénétrer aucun cavalier ou soldat étranger. Il fit aussi évacuer sur Paris tout ce qu'on eut le temps et le moyen de transporter en fait d'avoine et de fourrages tirés des immenses magasins de l'Intendance.

Le 18 septembre, à quatre heures du soir, trois hussards prussiens se présentèrent à la porte de Buc et furent conduits à la mairie, dans la cour de laquelle l'un d'eux fut introduit. Il annonça qu'il précédait cinq régiments de cavalerie. Le maire répondit qu'il ne pouvait parlementer qu'avec un officier supérieur. Le 19, cet officier s'étant présenté, une convention, déchirée quelques jours plus tard par l'autorité allemande, et qui réglait les conditions de l'entrée des troupes fut signée : 40,000 Allemands, qui, le matin, avaient pris part au combat de Châtillon, occupèrent la cité de Louis XIV. A partir de ce moment commencèrent à peser sur la ville, d'un poids sous lequel elle resta écrasée jusqu'au dernier jour, les réquisitions et les logements militaires, les violences et les extorsions. Les réquisitions de vivres étaient destinées à nourrir les troupes qui devaient rester dans Versailles et aux alentours. Les régiments désignés pour séjourner dans la ville ne se rendirent pas immédiatement dans les casernes; l'ennemi craignait quelles ne fussent minées et il voulut les visiter en détail avant d'y loger. Il ne s'y installa que lentement et peu à peu. Pendant les premiers jours, les soldats bivaquèrent sur les avenues.

Le 20 septembre, le prince royal arriva et prit possession de l'hôtel de la Préfecture, que le préfet nommé par le gouvernement de la Défense nationale, M. E. Charton, avait dû abandonner la veille. Pendant toute la journée, la mairie fut assiégée par des habitants venant demander secours et protection contre les violences ou les vols dont ils avaient été victimes la veille. Pillages, vols, violations brutales de domicile chez des femmes, violences sur les personnes, outrage au culte, insultes aux morts, tels étaient quelques-uns des incidents de la première journée passée sous l'autorité qui, le matin même, avait promis solennelle-

Saint-Cyr.

ment « le respect des personnes et des propriétés. » La situation de la municipalité et de son chef était des plus pénibles. Dès le début, l'ennemi soumit à des interrogatoires accompagnés de menaces de mort les autorités françaises sur lesquelles il avait mis la main, et il ne sembla jamais comprendre tout ce qu'il y avait de révoltant à dire à ceux qu'on questionnait : « Trahis ton pays ou je te tue ! » Telle était l'alternative qu'ils posaient dès leurs premières relations avec un maire ; telle fut leur conduite à l'égard de celui de Versailles. D'un autre côté, la population de la ville fut soumise à une sorte d'examen militaire. « Des précautions étaient prises pour écarter des troupes tout danger et en particulier pour que toute sécurité fût assurée aux chefs qui devaient bientôt venir fixer leur séjour à Versailles. Toutes ces mesures avaient été étudiées, prévues et combinées bien à l'avance ; elles étaient prises sans tâtonnements dès l'entrée de l'ennemi dans la ville.

On voyait par là avec quel soin et quelle précision toutes les instructions avaient été données aux officiers supérieurs (1). »

L'Allemand n'était que depuis deux jours dans la ville ; ses exigences allaient en augmentant et les réquisitions prenaient des proportions véritablement fabuleuses ; il demandait comme fourniture quotidienne : 60,000 kilogrammes de pain, 40,000 kilogrammes de viande, 45,000 kilogrammes d'avoine, 18,500 kilogrammes de riz, 3,500 kilogrammes de café brûlé, 2,000 kilogrammes de sel, 20,000 litres de vin et 500,000 cigares. Le maire réclama auprès du prince royal ; il obtint, en apparence, gain de cause sur quelques points ; mais ce ne fut que de pure apparence, comme la plupart des satisfactions que l'ennemi, avec une hypocrite humanité, feignait d'accorder.

(1) *Versailles pendant l'occupation allemande*, publié par E. Delérot, ancien adjoint au maire.

Nous avons cru devoir insister sur les débuts de l'occupation allemande pour donner au lecteur une idée de la situation à cette époque, situation qui se prolongea en s'aggravant jusqu'au mois de mars 1871. Nous ne pouvons, on le comprend, relater en détail tous les faits qui se passèrent durant ce long laps de temps. Il nous suffira de noter les principaux par ordre chronologique et d'en faire une nomenclature un peu sèche, mais qui nous est imposée par l'espace restreint dont nous pouvons disposer.

Le 29 septembre, M. Jeandel, membre du conseil municipal, est arrêté à cause d'un article publié dans le *Journal de Versailles*, dont il était le rédacteur en chef, et qui commençait par ces mots : « De tous côtés nous n'entendons que plaintes et malédictions contre les Prussiens... » La ville est frappée d'une contribution de guerre de 400,000 francs. Un préfet prussien va être placé à sa tête. Ce préfet, installé le 1er octobre, est M. de Brauchitsch. Le maire donne sa démission pour cause de santé ; mais le conseil municipal refusant de l'accepter, il consent par patriotisme à reprendre ses fonctions.

Le 2 octobre, de nouvelles et écrasantes réquisitions sont imposées Le roi Guillaume, venant du château de Ferrières, arrive à Versailles le 5 octobre ; M. de Bismarck s'installe rue de Provence et M. de Moltke rue Neuve. En même temps que le roi arrive une suite extrêmement nombreuse ; les réquisitions, qui déjà avaient été si lourdes, s'accroissent immédiatement dans des proportions conformes à la dignité des nouveaux arrivants. Le 13 octobre, les habitants de Garches, chassés de leur village, se réfugient à Versailles dans le plus piteux état. Après avoir supprimé les journaux de Versailles, le préfet prussien fait paraître en français le *Nouvelliste* et le *Recueil officiel du département de Seine-et-Oise ;* il n'est pas besoin de dire que ces publications n'insèrent que des articles favorables à l'ennemi.

Le 21 octobre, une sortie de Paris et une du Mont-Valérien causent à Versailles une vive alerte et font naître des espérances bientôt détruites. Le 22, l'intendance allemande réclame à la ville 600,000 francs comme prix des réquisitions arriérées ; la remise lui en est faite grâce à la réclamation du maire et à l'intermédiaire du prince royal. Le 27, le *Nouvelliste* annonce que Bazaine « vient de se rendre avec son armée et de livrer la forteresse de Metz. » Le 29, les habitants de Saint-Cloud, expulsés de leurs maisons, arrivent à Versailles dans la plus grande détresse. Le 30, M. Thiers, muni d'un sauf-conduit pour traverser les lignes prussiennes, passe par la ville et est acclamé.

MM. de Raynal et Harel, substituts, sont arrêtés le 8 novembre et conduits en Prusse, ainsi que M. Thiraux, directeur intérimaire des postes. Le 23 a lieu la signature de l'acte qui réunit la Bavière à la Confédération de l'Allemagne du Nord. Le 30 novembre, une nouvelle alerte des Prussiens fait concevoir de nouvelles espérances bientôt déçues.

Le 2 décembre, le *Moniteur* prussien annonce que M. de Brauchitsch se rend à Berlin et est remplacé par intérim par M. Forster. Le 16, une députation du Parlement de l'Allemagne du Nord arrive à Versailles et présente au roi Guillaume une adresse le suppliant d'accepter le titre d'empereur d'Allemagne. Le 18, M. de Brauchitsch reprend son poste. Le 22, la ville est frappée par cet administrateur d'une amende de 50,000 francs ; le 31, le conseil municipal refuse de payer et le maire est arrêté et conduit à la prison Saint-Pierre ; presque au même instant, MM. Barré-Perrault et Maingault, conseillers municipaux, sont également mis en cellule.

Le 5 janvier, les négociants de la ville payent l'indemnité, et le lendemain le maire et les conseillers municipaux incarcérés sont mis en liberté. Le même jour, on conçoit quelque espérance, vaine comme les précédentes, d'une délivrance prochaine ; nouvel emprunt de 300,000 francs pour faire face aux réquisitions. M. de Fabrice est nommé gouverneur général des départements de Seine-et-Oise, de l'Oise, de la Somme, de la Seine-Inférieure, du Loiret et d'Eure-et-Loir. Le 13 janvier, on apprend le désastre du Mans. Le 18 a lieu la cérémonie de la proclamation de l'empire allemand. La grande sortie du 19 janvier cause une nouvelle et profonde émotion. Le 23 au soir, Jules Favre arrive à Versailles et a une entrevue avec M. de Bismarck ; de nouvelles conférences ont lieu les jours suivants et aboutissent à la capitulation de Paris et à l'armistice. On pourrait croire que, dès ce moment, la pauvre ville eut à subir un joug moins lourd. Il n'en fut rien : les exactions et les brutalités des Allemands ne firent que croître, ce que l'on croyait impossible. Le 1er février, le château de Meudon est incendié comme l'avait été celui de Saint-Cloud, après la signature de l'armistice.

Dans sa séance du 19 février, l'Assemblée de Bordeaux avait nommé, comme négociateurs des préliminaires de la paix, MM. Thiers et Jules Favre. Ces négociateurs s'étaient rendus à Versailles, et, après de longues et pénibles discussions, ces préliminaires y furent signés le 26 février. Mais l'heure de la délivrance n'avait pas encore sonné pour la malheureuse cité; ce n'est que le dimanche 12 mars qu'elle fut débarrassée de la présence des hordes germaniques.

Dans sa séance du 10 mars, l'Assemblée nationale avait décidé de venir siéger à Versailles. Elle s'y réunit peu après le départ des derniers soldats allemands.

Presque au même moment, l'insurrection communaliste éclatait. Aux humiliations et aux souffrances de l'occupation étrangère allaient succéder les angoisses plus poignantes encore de la guerre civile.

Pour des causes diverses, que nous ne pouvons relater ici, de graves dissentiments s'étaient élevés entre le gouvernement de M. Thiers, qui avait été nommé chef du pouvoir exécutif par l'Assemblée nationale, et la grande majorité de la garde nationale parisienne dirigée par le Comité central. La loi impopulaire sur les échéances, qui ruinait un grand nombre de petits négociants, la lenteur apportée au vote de celle sur les loyers, le mauvais vouloir évident de la majorité des députés à l'égard de la capitale, des proclamations maladroites ou menaçantes avaient augmenté l'irritation. La tentative faite, dans la matinée du 18 mars, pour s'emparer de vive force des canons hissés sur les hauteurs de Montmartre détermina la scission. Cette tentative échoua, les soldats ayant refusé de marcher contre les *fédérés* (tel était le nom que l'on donnait alors aux gardes nationaux). Malheureusement, la journée du 18 mars fut souillée par l'exécution des généraux Lecomte et Clément Thomas, qui, tombés entre les mains des insurgés, furent condamnés à mort et fusillés après un jugement sommaire. Les appels réitérés de M. Thiers aux bataillons conservateurs étant restés sans écho, le chef du pouvoir exécutif, le général Vinoy et les ministres présents à Paris se réfugièrent à Versailles, en y réunissant le plus de troupes possible, afin de les soustraire à l'influence révolutionnaire. En même temps, les forts de la rive gauche étaient abandonnés et tombaient au pouvoir des gardes nationaux, à l'exception du Mont-Valérien.

Il n'entre pas dans notre cadre de faire ici l'histoire de cette formidable insurrection, connue sous le nom de *Commune*. Disons seulement que cette épouvantable guerre civile, cette odieuse lutte fratricide en présence des Prussiens victorieux, qui débuta le dimanche 2 avril, ne se termina, le 28 mai, après une bataille sanglante d'une semaine dans les rues de Paris, que par l'écrasement des fédérés.

C'est à Versailles que M. Thiers réorganisa l'armée qui devait reprendre Paris et y rétablir le gouvernement légal. Du 18 mars au 28 mai, cette ville fut le théâtre d'une animation extraordinaire; elle s'était peuplée aux dépens de la capitale, que la population riche ou aisée avait abandonnée; ses rues calmes et ses avenues désertes s'étaient transformées en voies animées. On voyait dans le parc les toilettes brillantes des Parisiennes habituées du bois de Boulogne et de la grande avenue des Champs-Élysées. La cour du Maroc et la rue des Réservoirs étaient le rendez-vous des politiques. « Cette partie de Versailles était devenue, écrit M. Jules Claretie dans son *Histoire de la révolution de 1870-1871*, quelque chose comme un Coblentz intérieur. On y discourait sur les affaires du jour; beaucoup semblaient tristes de chaque succès de l'armée révolutionnaire, et, tandis que les patriotes ne demandaient que la fin rapide de ces canonnades, d'autres citoyens paraissaient souhaiter que les hostilités continuassent, car chaque jour qui s'écoulait semblait affaiblir l'autorité du gouvernement de M. Thiers... Lorsque le fort d'Issy fut pris, un détachement des troupes du général Faron apporta à l'Assemblée les canons et les drapeaux rouges trouvés dans le fort. Ces soldats, poudreux encore du combat, venaient de risquer leur vie, et naïvement s'enorgueillissaient de ces trophées arrachées à des Français. Ils avaient bien combattu, bien lutté, et, au retour, ils criaient : *Vive la République!* et *Vive la France!* Mais ce qui était bien fait pour navrer, pour emplir le cœur d'amertume, c'était l'attitude de la foule lorsqu'un convoi de prisonniers arrivait par la grande avenue de Paris; on insultait, on menaçait, on huait les prisonniers. Des femmes s'en mêlaient!

» Un spectacle curieux et moins écœurant était celui qu'offrait alors la route de Saint-Denis à Versailles, par la presqu'île de Gennevilliers et par Rueil. Ces tableaux de mœurs appartiennent à l'histoire vivante, qui ne dédaigne rien.

» Des voitures, chars-à-bancs, omnibus, fiacres ou coupés, se croisaient sur la route encombrée soulevant une poussière intense. C'était à la fois attristant et comique. On eût dit une immense émigration. Des camions chargés de mobiliers, de matelas, arrachés à Paris; des entassements de gens se massaient dans des voitures souvent étroites et qui galopaient par un prodige d'équilibre renouvelé des *corricoli* napolitains. Les visages étaient à la fois inquiets et abêtis; les costumes, d'une économie stricte. Les fuyards de Paris usaient philosophiquement leurs vêtements de l'an dernier. Saint-Denis était pour eux un lieu de refuge... Saint-Denis était devenu une véritable foire aux voitures: voitures pour Saint-Germain et pour Versailles... Dès qu'on débouchait dans la presqu'île de Gennevilliers, on apercevait le feu des batteries de Bécon tirant sur Paris et les boîtes à mitrailles qui éclataient sur l'Arc de l'Étoile. Des lueurs sinistres, les éclairs du canon s'allumaient dans le crépuscule. Parfois un obus venu de Paris sifflait en tombant dans la presqu'île. Il y eut plus d'une fois des voyageurs blessés... » Cet état de choses, ce va-et-vient se prolongea jusqu'au retour des Chambres à Paris. Après l'entrée des troupes versaillaises à Paris, la ville de Louis XIV ne perdit pas pour cela son animation: les conseils de guerre établis pour juger les fédérés arrêtés les armes à la main, et enfermés comme des troupeaux à l'Orangerie et dans d'autres locaux, amenaient chaque jour de la capitale un grand nombre de personnes: les défenseurs des accusés, leurs parents, leurs amis, les employés des différents ministères, les journalistes, enfin les députés. Ces allées et venues ne cessèrent, avons-nous dit, qu'après le retour à Paris, qui eut lieu en 1878, à la suite d'une résolution du Congrès.

Depuis cette époque, Versailles a repris son aspect et son train de vie accoutumés.

Les armes de Versailles sont: *d'azur, à trois fleurs de lis d'or; au chef d'argent chargé d'un coq à deux têtes naissant au naturel*. Les anciennes armes étaient seulement: *d'azur, aux trois fleurs de lis d'or, surmontées de la couronne royale*.

Le château de Versailles. — Ce devrait être un merveilleux pays de chasse que cette immense et vieille forêt d'Yveline, dont les tronçons, coupés aujourd'hui par tant de vignobles et tant de plaines, suffisent encore à faire de Seine-et-Oise un des départements les plus boisés de la France. Quand aux fureurs de la guerre eut succédé la passion de la chasse; lorsque, s'éloignant au point du jour de leur château de Saint-Germain, Henri IV et Louis XIII, entraînés à la poursuite du cerf ou du sanglier, s'étaient égarés dans les vallées de Rambouillet ou sur les plateaux de Verrières, ce devait être une halte précieuse que ce petit hameau de Versailles, point central où, de toutes les directions, les chasseurs pouvaient se rallier pour le départ ou pour le retour. Henri IV y avait trouvé une famille protestante dont le chef, Martial de Loménie, conseiller et secrétaire des finances, avait péri dans le massacre de la Saint-Barthélemy. Ce prince s'était attaché l'héritier de cette maison, Antoine de Loménie, qui l'accompagnait souvent dans ses promenades et dans ses chasses, et qui devint par la suite secrétaire d'État. Louis XIII, qui avait pour les environs de Versailles une prédilection plus vive encore que celle du roi son père, résolut de s'y construire une résidence et traita de l'acquisition de cette terre, en 1632, avec Jean de Choisy qui en était le seigneur. Blondel, dans son *Histoire de l'architecture française*, nous a laissé une description du château bâti par les ordres de Louis XIII. « Il était flanqué de quatre pavillons bâtis de pierre et de brique, avec un balcon en fer qui tournait tout autour et qui dégageait les bâtiments du premier étage. Une fausse braie entourait aussi ce bâtiment et était précédée d'un fossé à fond de cuve revêtu de briques et de pierres de taille, terminé par une balustrade. Ce petit édifice était entouré de bois, de plaines, d'étangs dont la nature alors faisait seule les frais. »

Tel était resté ce château dont l'aspect devait rappeler fidèlement le caractère architecturale de Saint-Germain et de Fontainebleau, lorsque, en 1661, Louis XIV résolut d'en faire une résidence somptueuse qui n'aurait pas son égale dans le monde. On dit que le grand monarque hésita entre cette création et la construction d'un nouveau château à Saint-Germain sur l'emplacement de ce qu'on appelait le Château-Neuf, et qu'il fut déterminé dans son choix par l'impression pénible que lui causait la vue des clochers de Saint-Denis, sépulture de ses ancêtres qui l'attendait à son tour. Dans l'ivresse de sa toute-puissance et de sa gloire, le roi semblait vouloir oublier que, lui aussi, était mortel. La construction de Versailles fut donc résolue et commencée en 1661 sous la direction de l'architecte Leveau; Mansart (Hardouin) ne lui succéda qu'en 1670. Une des premières difficultés, difficulté qui ne fut jamais complètement vaincue, était l'obstination pieuse du roi à vouloir conserver dans les constructions nouvelles le château élevé par son père; c'est ce qui explique le peu d'élévation de l'édifice relativement à son étendue. Les premiers travaux furent le pavage en marbre de la cour intérieure qui a conservé le nom de Cour de marbre, et l'élévation sur le jardin de la façade qui forme le grand avant-corps du milieu, percé, suivant un usage assez général, d'un vestibule ouvert servant de principale entrée au jardin.

L'aile du sud fut construite ensuite; mais elle était isolée du corps principal. Au nord, sur l'emplacement actuel de la chapelle, une grotte ménagée sous les voûtes de rochers artificiels donnait passage à un torrent qui s'échappait en élégantes cascades. Cette grotte, célèbre surtout par les deux groupes mythologiques, chefs-d'œuvre du sculpteur Girardon, *Apollon servi par les nymphes de Thétis*, et les *Coursiers du Soleil abreuvés par des tritons*, fut déplacée dans un des projets d'agrandissement de la partie septentrionale du château, et les statues furent transportées dans un des bosquets du parc.

Quoique Louis XIV ne soit venu habiter Versailles qu'au mois de février 1672, les travaux avaient été poussés avec tant de vigueur que, dès l'année 1664, il pouvait y donner des fêtes. Molière, à cette date, dans la préface de *la Princesse d'Élide*, célèbre les merveilles du nouveau palais. C'est dans cet intervalle, de 1664 à 1672, que l'aile du nord et les deux pavillons des ministres vinrent s'ajouter aux édifices du palais. La chapelle ne fut construite que de 1699 à 1710. Plus tard, on éleva dans l'avant-cour deux corps de bâtiment parallèles, et dans la partie sud le grand commun, vaste construction carrée qui contenait mille chambres pour le logement des officiers et des serviteurs attachés à la personne du prince ou aux grands dignitaires de sa cour.

Les deux bâtiments demi-circulaires qui, en dehors de l'avant-cour, bordent l'immense place d'armes à droite et à gauche de l'avenue de Paris,
et affectés au service de la Grande et Petite Écurie du roi, furent construits de 1679 à 1685. La salle de l'Opéra ne date que du règne de Louis XV; elle fut bâtie à l'occasion du mariage du dauphin. Les premières représentations y furent données en 1770. On a pu voir avec quelle prodigieuse rapidité furent exécutées les volontés de Louis XIV; nous chercherons à apprécier plus loin quelles sommes énormes cette merveilleuse fantaisie du grand roi coûta à la France. Rappelons, en terminant cet aride résumé chronologique de l'histoire des constructions de Versailles, qu'une ordonnance royale avait réservé pour le château l'emploi exclusif de la pierre de taille. Tous les bâtiments de la ville devaient être construits en brique. C'est ce qui explique l'aspect uniforme des anciens hôtels et des maisons de cette époque sur la façade desquels la brique est simulée alors même que d'autres matériaux ont servi à leur construction.

L'achèvement du palais n'était qu'une partie de l'œuvre que Louis XIV s'était proposé d'accomplir. A côté des travaux de Leveau et de Mansart, Le Nôtre avait ses merveilles à créer. Comme l'architecte, il était entravé par la volonté du roi, qui s'obstinait à conserver, dans le plan des jardins, deux bosquets qui le terminaient au temps de Louis XIII. Plus hardi et plus heureux que Leveau, Le Nôtre, dans une seule nuit, fit abattre la partie des quinconces dont il voulait agrandir la belle pelouse connue sous le nom de tapis vert. Louis XIV céda devant le fait accompli, et l'artiste put mettre à exécution les plans magnifiques qu'il avait conçus. Ce qui s'appelle aujourd'hui le parc de Versailles n'était alors que les jardins du château; ils furent reliés par la pièce d'eau des Suisses et par le grand canal à une seconde enceinte qui s'appela le petit parc et qui renfermait les fermes de Satory, de la Ménagerie et de Gally. Son pourtour était de plus de seize kilomètres. Enfin, au delà du petit parc, une troisième enceinte d'un circuit de dix lieues au moins s'étendait jusqu'aux villages des Loges, de Châteaufort, de Voisins-le-Bretonneux, de Trappes, de Villepreux, de Noisy et de Bailly.

Si l'esprit reste confondu devant les proportions gigantesques d'une œuvre pareille, l'étonnement augmente encore quand on cherche à l'apprécier dans ses détails. Ce parc immense, entouré d'une triple muraille, était sillonné de larges chaussées, bordées d'arbres transplantés des forêts voisines avec leurs racines quand le vaste rideau de leur feuillage était nécessaire à la perspective. Les allées mêmes des bois étaient pavées de grès amenés à grands frais des carrières de Fontainebleau, pour que la chasse pût être suivie par les carrosses de la cour. Ce n'est point à la nature seulement qu'il avait fallu faire violence pour improviser ces hautes futaies, ces bosquets touffus des jardins : chaque carrefour des quinconces, chaque bassin, chaque ligne des plates-bandes, chaque degré des escaliers avait sa merveille de marbre ou de bronze. Les trésors de l'antiquité, le génie de l'art moderne étaient mis à contribution pour créer tout un peuple de demi-dieux, de faunes et de dryades à ce roi qui se laissait appeler le Jupiter ou l'Apollon du nouvel Olympe.

Ces masses énormes de pierres, enfouies dans les fondations et la construction du château, avaient été tirées de carrières lointaines. On avait oublié que le pays n'en fournissait pas ! L'eau enfin, distribuée si abondamment pour les besoins de la nouvelle ville, si largement prodiguée pour l'éclat des fêtes, l'eau, ce grand luxe de Versailles, manquait à la contrée. Il avait fallu aller la chercher à une grande distance, dans les étangs de Saclay, situés près de Rambouillet, et construire une puissante machine sur les bords de la Seine, au bas de Marly, pour la monter jusqu'aux aqueducs de Louveciennes chargés de la conduire à Versailles. Dangeau raconte dans ses *Mémoires* qu'il a vu travailler à Versailles jusqu'à trente-six mille hommes à la fois, et plus de six mille chevaux. De ce terrain si profondément remué, de ces tranchées ouvertes sur tant de points, s'exhalaient des miasmes pestilentiels. Pendant la nuit, dit Mme de Sévigné, on emportait des chariots remplis de malades et de morts. Aucun document n'existe qui permette d'évaluer, même approximativement, les dépenses qu'entraîna la construction de Versailles. On apporta un jour à Louis XIV les mémoires relatifs seulement à la fourniture du plomb pour la conduite des eaux; le total se montait à trente-deux millions de livres; le roi honteux brûla les papiers et ne permit pas qu'à dater de ce jour un seul chiffre des dépenses fût divulgué. En se servant de cette révélation pour évaluer les autres frais, en tenant compte de la valeur relative de l'argent beaucoup plus considérable à cette époque que de nos jours, en se reportant à la perception si vicieuse des impôts qui ne faisait rentrer dans les caisses de l'État qu'une faible partie des sommes extorquées par les fermiers généraux, on est effrayé de ce qu'a dû coûter à la France l'embellissement, tout merveilleux qu'il puisse être, de ce point naguère ignoré de son territoire.

Une description détaillée du château de Versailles nécessiterait des volumes; chaque salon du palais, chaque statue des jardins exigerait un chapitre. Il n'est point de paroles qui puissent donner une idée de Versailles à ceux qui ne le connaissent pas, ou qui puissent rivaliser avec les souvenirs de ceux qui l'ont visité. Nous nous bornerons donc à renvoyer le lecteur aux guides spéciaux.

Nous avons dit que Louis XIV vint habiter Versailles en 1672. Jusqu'à sa mort, en 1715, son règne n'y fut interrompu que par des voyages en temps de guerre et des excursions de chasse à Compiègne et Fontainebleau. Il est donc bien peu de faits notables de l'histoire de son règne dont le souvenir ne se rattache au palais de Versailles; ses murs, dont l'inauguration avait été un prétexte pour tant de fêtes données par le monarque, jeune encore et toujours victorieux, furent les sombres témoins d'une vieillesse attristée par de nombreux revers, et de ces honteuses intrigues qui, après s'être disputé les faveurs du roi vivant, bravèrent outrageusement les dernières volontés du roi mort et firent casser son testament.

Le régent, qui préférait la vie de Paris et sa demeure du Palais-Royal aux souvenirs que pouvait lui rappeler Versailles, emmena le dauphin à Vincennes, où il le fit rester jusqu'à l'achèvement des appartements qu'il lui destinait aux Tuileries; mais Louis XV, à sa majorité, en 1722, déclara que son intention était d'aller habiter le palais construit par son illustre prédécesseur. Versailles, abandonné pendant sept ans, retrouva ses jours de splendeur et de fête. Plusieurs embellissements sont dus à ce monarque; il y résida tout le temps de son long règne, et son exemple fut suivi par Louis XVI, que la Révolution seule en chassa. La Convention nationale, pendant sa courte et terrible domination, se préoccupa plusieurs fois du soin de donner une nouvelle destination au palais et à ses dépendances devenus propriété de la nation. Dans la séance du 22 septembre 1792, une députation de Versailles avait été admise à déposer une pétition dans laquelle nous retrouvons le germe des projets que le roi Louis-Philippe mit plus tard à exécution. L'intensité de la crise ne permit point alors de réaliser cette mesure de conservation et de salut. La vente de la plus grande partie du mobilier fut ordonnée et effectuée en juillet 1793. Les terres que renfermait la seconde enceinte du parc furent divisées par lots, mises en vente ou affermées à des agriculteurs. L'énergique influence de Couthon sauva le parterre et les bosquets du jardin d'une dévastation complète.

Quant aux appartements du palais, affectés d'abord à une maison de retraite pour les invalides, on voulut en faire un gymnase pour l'éducation de la jeunesse. Le temps manqua pour la réalisation de ce projet. Napoléon Ier, devenu maître de Versailles, qui avait été réuni au domaine de l'État, entreprit la réparation des dommages causés par la tempête révolutionnaire. On prétend même qu'il eut un instant la pensée d'y fixer sa résidence, et qu'il recula devant l'énormité des dépenses qu'eût nécessitées une restauration convenable. Il se contenta donc de racheter, parmi les parcelles aliénées, celles qui touchaient de plus près aux dépendances du château et se borna aux réparations les plus urgentes pour arrêter la dégradation et la ruine des bâtiments. Le pape Pie VII, à l'époque du sacre, avait fait une visite solennelle au palais de Versailles. En 1814, les princes coalisés voulurent aussi venir admirer ses merveilles. On prétend que le czar Alexandre, frappé à la fois d'admiration et de stupeur en songeant aux sommes énormes qu'avaient dû coûter ces constructions, se serait écrié : « Ah! c'est trop; je serais resté à Saint-Germain ou aux Tuileries. »

Le roi Louis XVIII eut la sagesse de résister au désir qu'il dut éprouver de venir habiter le palais de ses ancêtres. Son règne aura cependant laissé la trace de quelques embellissements. Il en est un surtout, bien cher aux habitants de Versailles; c'est la création du délicieux jardin connu sous le nom de Jardin du roi, dessiné dans un des bosquets du parc par un des compagnons d'exil du roi, et sur le dessin du modeste parterre qui environnait sa demeure d'Hartwell pendant l'émigration.

Il appartenait au roi Louis-Philippe de sauver le palais de Versailles d'un abandon et d'une ruine inévitables, en donnant pour asile la vieille résidence monarchique *A Toutes les Gloires de la France*. Ce projet, poursuivi avec une longue et intelligente persévérance, a été conduit à bonne fin. Statues, portraits, tableaux, représentant l'image d'un personnage célèbre ou retraçant un fait notable de notre histoire, ont été réunis et classés avec soin ; les salles du bas sont affectées aux sculptures ; les grandes toiles occupent les galeries et salons du premier étage, le deuxième renferme une merveilleuse collection de portraits qui s'augmente chaque jour, embrassant les célébrités de tous les temps et de tous les pays, commençant aux premiers ouvrages d'Holbein et s'arrêtant aux ministres actuels de la république américaine : la création du *Musée de Versailles* est une œuvre dont on ne saurait trop louer le plan et l'exécution, surtout depuis qu'on peut le faire sans encourir le reproche de courtisanerie ; certes, tous les tableaux et toutes les statues ne sont pas des chefs-d'œuvre ; mais, en faisant aussi large qu'on le voudra la part des imperfections, il faudra convenir que rien n'est plus intéressant et plus instructif qu'une promenade à travers ces annales vivantes de notre histoire et que, pour sauver de l'oubli le plus magnifique des palais, rien ne pouvait être fait de mieux que de le doter d'un musée que l'Europe entière admire et nous envie.

LES DEUX TRIANON.

Grand Trianon. — Le Grand Trianon, à 2 kilomètres au nord-ouest de Versailles, était un village du diocèse de Chartres, désigné dans une bulle du XIIe siècle sous le nom de *Triarnum*, et faisant partie du val de Galie, dont la terre et les dépendances appartenaient à l'abbaye de Sainte-Geneviève. Louis XIV l'acheta des moines en 1663, fit abattre l'église et les maisons pour ajouter les terrains au parc de Versailles. Avant la construction du château actuel, il existait au même endroit une petite maison servant aux parties de plaisir du roi et indistinctement appelé palais de Flore ou maison de porcelaine.

Vers l'année 1676, Louis XIV, las enfin lui-même des éternelles pompes de Versailles, et pour se dérober à cette existence théâtrale à laquelle il était obligé de se soumettre pour y mieux assujettir les autres, résolut de se bâtir une résidence moins fastueuse, pour une vie plus intime et plus recueillie ; Mansart donna les plans du château, Le Nôtre dessina les jardins. Saint-Simon raconte que, pendant le cours des constructions, le roi ayant reproché à son ministre Louvois, chargé de la surveillance des travaux, un défaut de symétrie dans le niveau d'une des fenêtres, ce dernier, pour donner une autre direction aux idées tracassières du monarque et sauver sa position menacée, suscita, par ses intrigues, la guerre funeste de 1688. Le château ne fut d'abord construit qu'à la hauteur d'un rez-de-chaussée, et il ne formait qu'une façade principale avec deux ailes en retour réunies par un péristyle à colonnes ioniques; on y a fait depuis de notables adjonctions. Trianon, dans son ensemble, est une copie réduite de Versailles : disposition des bâtiments et des jardins, profusion des eaux, nous retrouvons partout, quoique sur une échelle restreinte, la magnificence et le goût qui ont présidé à la création de Versailles.

Louis XIV, comme s'il éprouvait le besoin de s'éloigner davantage encore de Versailles, abandonna, sur la fin de sa vie, le séjour de Trianon pour celui de Marly; son successeur y revint et l'augmenta d'une nouvelle construction, le petit Trianon, dont nous parlerons bientôt. Louis XVI y fut attiré, surtout par le charme que la reine éprouvait à y vivre libre des exigences de la cour et des entraves de l'étiquette.

C'est à Trianon que Napoléon Ier aimait à venir se délasser des fatigues de la guerre. Il y avait rassemblé une bibliothèque choisie qu'il réclama de la chambre des représentants, le 3 juillet 1815, quelques jours après son abdication; cette demande fut accueillie par l'assemblée, mais il était trop tard, et les Prussiens, maîtres de Versailles, furent accusés d'avoir enlevé les livres réclamés par l'empereur vaincu.

Trianon ne fut point oublié dans l'œuvre réparatrice de Louis-Philippe, et quand il fut question, quelques années avant sa chute, d'une visite de la reine d'Angleterre à Paris et à Versailles, c'est le château de Trianon qui lui fut destiné pour résidence par son hôte royal. L'ameublement, convenablement restauré, rappelle très distinctement trois époques : les règnes de Louis XIV, Louis XVI et Napoléon Ier.

Petit Trianon. — Le petit Trianon fut élevé, comme nous l'avons dit, par Louis XV, dans un but d'isolement plus complet encore; cette gracieuse habitation, construite à quelques centaines de pas au nord du grand Trianon, est de proportions presque bourgeoises et semble donner la mesure des amoindrissements de la majesté royale. Le duc d'Ayen, capitaine des gardes du roi, lui inspira l'idée de consacrer le jardin du nouveau palais à des essais de plantations d'arbres exotiques; l'illustre botaniste Bernard de Jussieu y fit, de son côté, des expériences de tous genres, et c'est en utilisant ces précieux éléments que Marie-Antoinette obtint plus tard le parc dessiné dans le genre anglais que nous admirons aujourd'hui. Louis XV, qui affectionnait ce séjour, y avait réuni toutes les somptuosités du luxe le plus voluptueux et le plus raffiné; il resta jusqu'à la fin de sa vie fidèle à cette affection. Louis XVI, qui se plaisait beaucoup au grand Trianon, donna à la reine la jouissance du petit château et de ses dépendances; la nouvelle distribution du jardin, le goût presque passionné de Marie-Antoinette pour cette résidence, fit donner pendant longtemps au parc créé par elle le nom de Jardin de la reine. La manie pastorale et l'affectation de mœurs naïves que les philosophes avaient mises à la mode enrichirent le paysage de chalets rustiques : ferme, laiterie, moulin, aucun des accessoires ne manquait à cette parodie de la vie champêtre où la fille des Césars, l'héritière de Louis XIV, fut accusée de trop oublier les devoirs de la royauté en face de la Révolution qui apparaissait déjà menaçante. Cette époque ne fut pas moins fatale aux deux Trianons qu'au palais de Versailles.

Napoléon Ier, qui cherchait à renouer en toute chose le fil des traditions monarchiques, donna le petit Trianon restauré pour résidence à l'impératrice pendant ses séjours au grand Trianon; Marie-Louise dut songer parfois à l'instabilité des grandeurs humaines sous l'ombrage de ces beaux arbres plantés pour une autre archiduchesse de sa maison; moins infortunée que sa parente, ce n'est point pour une prison qu'elle quitta son palais; mais, lorsque son trône s'écroula, le petit Trianon fut la dernière résidence qu'elle habita comme souveraine de l'Empire français. Il a été habité depuis, à de rares intervalles et pendant quelques semaines seulement, par les princes de la famille d'Orléans; l'ameublement n'a plus rien de somptueux ni de remarquable; la gloire durable, la gloire actuelle du petit Trianon est dans son parc ravissant, dont la rivière capricieuse, les sinueuses allées, le terrain accidenté, les frais gazons, les arbres magnifiques groupés avec un art qui se laisse à peine deviner, reposent l'œil quelque peu fatigué de la régularité monotone des quinconces et des charmilles de Versailles.

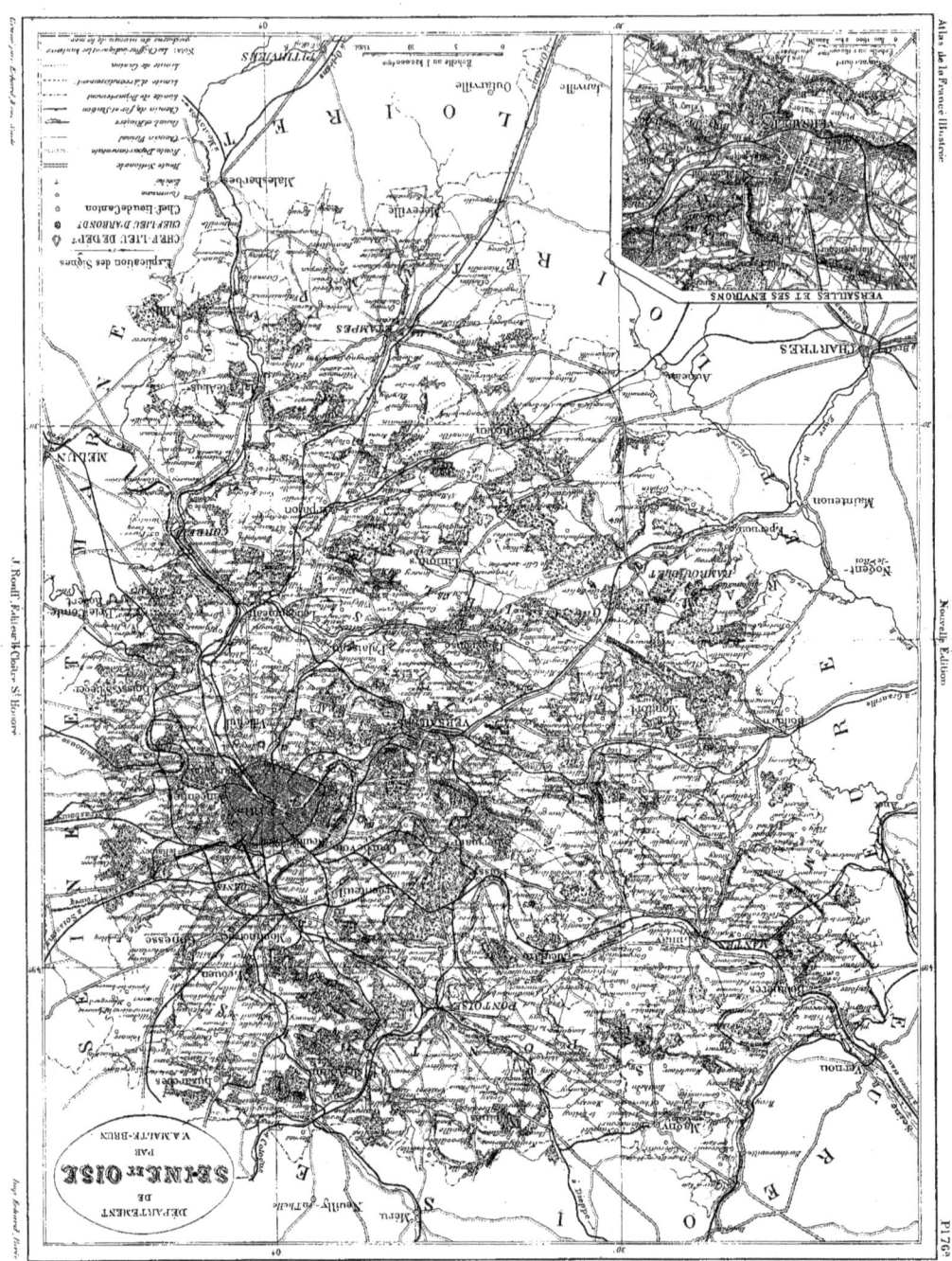

LA FRANCE ILLUSTRÉE — PAR V.-A. MALTE-BRUN

94. — Seine-et-Oise (2e).

SAINT-CYR-L'ÉCOLE. — Saint-Cyr-l'École, station de la ligne de Bretagne, avec bifurcation sur Granville (réseau de l'Ouest), canton et à 6 kilomètres à l'ouest de Versailles, était un village très peu connu de l'Ile-de-France, dépendant du diocèse de Chartres. Le château du seigneur, modeste habitation, s'élevait sur l'emplacement actuel de l'auberge de *l'Écu-de-France*, lorsque, en 1685, à la sollicitation de Mme de Maintenon, Louis XIV résolut d'y transférer l'école royale des filles nobles établie d'abord à Rueil, puis à Noisy-le-Roi, dans le château qu'y possédait Mme de Maintenon. Mansart fut chargé de dresser les plans pour la construction du nouvel établissement; une partie considérable des bois environnants fut défrichée; 2,500 ouvriers étaient employés tant à ces travaux qu'aux constructions. L'édifice, commencé le 1er mai 1685, était, le 1er mai de l'année suivante, en état de recevoir les jeunes pensionnaires : il se compose de trois grands corps de logis dont le principal est flanqué de deux ailes qui forment les deux autres. Ces deux ailes séparent trois cours, entourées elles-mêmes d'autres cours et de jardins. L'École était instituée pour donner l'éducation gratuite à 250 demoiselles nobles, qu'on recevait de sept à douze ans, et qui pouvaient y demeurer jusqu'à vingt, nourries et entretenues de toutes choses; pour y entrer, ces demoiselles devaient faire preuve de quatre degrés de noblesse du côté paternel. L'instruction était dirigée par quarante dames, et quarante sœurs converses ou servantes étaient chargées de tous les détails de la domesticité. Mme de Maintenon surveillait avec un zèle très assidu la discipline de la maison; elle y avait ses appartements, même pendant l'existence du roi, qui y faisait de fréquentes visites et auquel était réservé un pavillon isolé à l'extrémité des jardins. L'histoire a gardé le souvenir des représentations d'*Esther* et d'*Athalie*, dirigées par Racine lui-même. On sait que ces pièces avaient été composées spécialement pour les solennités de Saint-Cyr. C'est aussi pour les demoiselles de Saint-Cyr que Lulli avait composé l'air de de cet hymne de bienvenue destiné à Mme de Maintenon, que les Anglais s'approprièrent et dont ils firent le *Good save the king*, devenu leur chant national. A la mort de Louis XIV, Mme de Maintenon se retira dans l'établissement qu'elle avait fondé; elle refusa constamment la dignité de supérieure, ne voulant pas compromettre l'avenir de l'école par la solidarité de la disgrâce où elle se croyait tombée; c'est même contre ses vœux formellement exprimés qu'à sa mort, arrivée le 15 avril 1719, son corps fut inhumé dans la chapelle de la maison. Cette institution fut supprimée sans aucune violence en 1793, et ses bâtiments reçurent d'abord des invalides et des troupes, et plus tard Napoléon Ier y établit une école militaire, dont les statuts régissent encore l'établissement actuel, sauf de légères modifications : après un double examen, à l'admission et pour la sortie, les élèves, au bout de deux années d'études, pendant lesquelles ils sont exercés aux manœuvres de l'artillerie, à l'exercice du cheval, au tir des armes à feu, et initiés à toute la partie théorique de l'art militaire, sortent avec le grade de sous-lieutenant et sont, selon leurs capacités, répartis dans les différents régiments de l'armée. Les plus illustres généraux de notre époque ont presque tous passé par cette glorieuse école.

Pendant la guerre de 1870-1871, les bâtiments de l'École militaire furent convertis en hôpital militaire et placés sous la sauvegarde de la convention de Genève; les Allemands lui conservèrent pendant l'occupation cette destination.

Les armes de Saint-Cyr sont : *d'azur, à la croix haussée de gueules, fleurdelisée d'or, couronnée d'une couronne fermée de France, de même.*

Aujourd'hui, Saint-Cyr, qui, outre le chemin de fer de Bretagne, est aussi traversé par la grande route de Paris à Brest, est une commune de 2,918 habitants, dont la principale industrie est celle des travaux agricoles.

VIROFLAY. — Viroflay est une commune de 1,572 habitants, située à 2 kilomètres à l'est de Versailles, et à la jonction de la ligne de Paris à Versailles, rive gauche, avec celle de Paris à Brest (réseau de l'Ouest), qui s'y raccorde à l'aide d'un viaduc long de 256 mètres et qui compte 22 arches, sous lesquelles passe la route de Paris à Versailles. Viroflay possède un haras avec de belles prairies en pente, une fabrique d'épingles, de nombreuses villas et de belles promenades qui permettent d'aller à Meudon, à Bellevue, à Versailles, à Jouy à travers bois.

BUC. — Buc (*Buxium, Busirum*), petit village de 709 habitants, situé à 4 kilomètres au sud de Versailles, sur un coteau au pied duquel coule la Bièvre, doit son nom à la grande quantité de buis qui y poussait. Il possède de nombreuses maisons de campagne et une fabrique d'étoffes de crin; mais ce qui y attire l'attention, c'est le bel aqueduc qui franchit la vallée et qui a été construit en 1686 pour conduire à Versailles les eaux des étangs de Saclay et de Trou-Salé. Cet aqueduc a 488 mètres de longueur, et l'arche la plus élevée 22 mètres de hauteur.

Les environs de Buc offrent de jolies promenades.

Jouy-en-Josas. — Jouy (*Joyacum*), canton et à 6 kilomètres au sud-est de Versailles, autrefois paroisse de l'Ile-de-France et du diocèse de Paris, était un village assez considérable dès le IX° siècle; sous Charles VI, la terre de Jouy fut possédée par le fameux connétable de Clisson; elle fut érigée en comté, en 1654, pour Charles d'Escoubleau, marquis de Sourdis; des sculptures très délicates, retrouvées dans des fouilles, une statue de la Vierge en bois sculpté rapportée d'une ferme des environs dans l'église de Jouy, prouvent qu'avant François Ier ce pays avait une certaine importance; d'ailleurs, le petit pays de Josas avait donné son nom à l'un des trois archidiaconés du diocèse de Paris. Il doit sa célébrité contemporaine à la manufacture de toiles peintes qu'y avait fondée M. Oberkampf et qui fut puissamment encouragée par Napoléon Ier; le bon goût des dessins, la vivacité des impressions et des teintures assurèrent longtemps une grande prospérité à cet établissement; pendant plusieurs années, le nom de *toile de Jouy* s'appliquait à toute cotonnade enluminée dont on voulait vanter la qualité; la fabrique a compté sous le premier Empire jusqu'à 1,200 ouvriers, dont les salaires relativement élevés répandaient l'aisance et le progrès dans le village et dans ses environs; la paix lui suscita en Normandie et surtout en Alsace des concurrences sous les efforts desquelles elle a succombé.

On admirait à Jouy un château moderne magnifique, dont l'orangerie en face d'un vaste étang avait un aspect princier, et dont le parc de plus de 150 hectares était entièrement clos de murs: cette propriété était possédée par le riche munitionnaire Séguin; à sa mort, elle a été vendue et amoindrie. Jouy compte 1,463 habitants; il est situé sur la route de Versailles à Chevreuse et sur la Bièvre, dans une vallée fertile couronnée de bois délicieux; le paysage est traversé, au loin, de la façon la plus pittoresque, par la ligne des aqueducs de Buc, qui conduisent à Versailles l'eau des étangs de Saclay.

Cette commune a eu beaucoup à souffrir de l'invasion allemande; la plupart des maisons de campagne qui l'embellissent, surtout celles qui étaient abandonnées, furent pillées et saccagées. « Les maisons désertes, disaient les officiers du XI° corps, appartiennent au soldat. »

Palaiseau. — Palaiseau (*Palatiolum, Palasiacum*), station de la ligne du chemin de fer de Paris à Limours, chef-lieu de canton de 2,464 habitants, situé sur l'Yvette, au pied d'un coteau, à 15 kilomètres au sud de Versailles et à 17 au sud-ouest de Paris.

Palaiseau est un des plus anciens villages de l'Ile-de-France. Au temps du roi Childebert Ier, on voit saint Rigomer et sainte Ténestine venir du Maine pour se justifier auprès de ce prince d'une accusation de dérèglement des mœurs portée contre eux; plus tard, en 504, ce même prince y reçut saint Wandrille, abbé de Fontenelle, et lui fit don de Marcoussis, Aupec (le Pecq) et autres biens. Les rois de la première race y eurent un palais et y tinrent plusieurs plaids ou assemblées plénières des grands du royaume. Le château de Palaiseau, dont il reste à peine quelques ruines, était jadis considérable; il existait encore en 1757, au dire de l'abbé Lebeuf, et l'on en voit une représentation dans la *Topographie française* de Claude Chastillon.

La terre de Palaiseau appartint au domaine royal pendant tout le temps de la domination mérovingienne; mais elle cessa d'en faire partie au commencement de la seconde race. L'abbaye Saint-Germain-des-Prés posséda cette terre jusqu'en 950, époque à laquelle elle fut aliénée par l'abbé Hugues le Grand. Elle passa par la suite à divers seigneurs laïques. Enfin, vers le milieu du XVII° siècle, elle fut érigée en marquisat en faveur d'Antoine de Tarteville. Tout le monde connaît la touchante histoire, trop apocryphe, de la pauvre servante de Palaiseau, qui faillit être victime de l'instinct pervers de la *Pie voleuse;* mais une célébrité de meilleur aloi pour ce bourg, c'est d'avoir donné naissance à cet intrépide enfant de troupe, Bara, qui, cerné, par les Vendéens et sommé de crier: Vive le roi! tomba héroïquement, après un énergique refus, sous les coups des baïonnettes royalistes. La Convention décréta qu'on lui accorderait les honneurs du Panthéon, et on vient de lui élever une statue dans son bourg natal. George Sand a un instant habité une modeste maison de campagne de Palaiseau. Palaiseau, qui se compose exclusivement d'une longue rue sur l'ancienne route de Chartres, fait un commerce de légumes, de fraises, de primeurs, de céréales et surtout de fourrages.

En 1870, le prince royal de Prusse, chef de la III° armée, après avoir passé la Seine à Corbeil, vint, le 17 septembre, coucher à Palaiseau ; le bourg fut occupé par l'ennemi, qui y établit son ambulance. Les habitants avaient fui à Paris ou à Versailles ; ceux qui restaient (à peine 120) furent soumis aux plus dures réquisitions ; le maire, M. Morère, fut jeté en prison avec les conseillers municipaux, et privé d'aliments jusqu'à ce que la somme réquisitionnée eut été payée.

Au-dessus de Palaiseau et près de la ferme des Granges s'élèvent aujourd'hui un fort et deux redoutes qui font partie de la nouvelle ligne de circonvallation de Paris. A 3 kilomètres au sud-est de Palaiseau, à Villebon, il y a un beau haras.

BIÈVRE. — Bièvre ou Bièvres (*Bevria, Bevera*), à 9 kilomètres au sud-est de Versailles, canton de Palaiseau, est un des plus jolis villages des environs de Paris ; sa population est de 977 habitants. Il est situé sur le sommet d'une colline au pied de laquelle passe la Bièvre, qui prend sa source à 10 kilomètres plus à l'ouest, aux étangs de Saint-Quentin. C'est à cette charmante petite rivière que le village emprunte son nom, et elle-même le doit à une espèce de loutre qui fréquentait ses bords.

Bièvre, qui compte aujourd'hui plusieurs maisons de plaisance, n'a conservé aucune trace de son ancien château. Dès le XI° et le XII° siècle, ce lieu avait des seigneurs particuliers ; il fut érigé en marquisat par Louis XV. Un seul de ses seigneurs a joui d'une certaine réputation : ce fut Maréchal, marquis de Bièvre, qui, à la fin du siècle dernier, avait mis à la mode les jeux de mots appelés calembours ; il avait des prétentions littéraires, et composa plusieurs facéties, telles que : *Lettre à la Comtesse Tation* (contestation), les *Amours de l'ange Lure* (angelure) ; il prétendit même à l'Académie. L'abbé Maury l'ayant emporté sur lui, il se consola de cet échec en citant ce vers si connu :

Omnia vincit amor et nos cedamus amori
(à Maury).

Le général Junot avait acheté la terre de Bièvre. Frédéric Soulié est mort dans une maison de cette commune.

C'est de Bièvre que dépendait l'ancienne et célèbre abbaye du Val-Profond, qui remontait au XII° siècle. Elle souffrit beaucoup des guerres sous les règnes de Charles VI et Charles VIII et fut presque entièrement ruinée par les huguenots en 1562. La reine Anne de Bretagne fit changer le nom de l'abbaye en celui de Val-de-Grâce, et c'est pour ces religieuses qu'Anne d'Autriche fit bâtir le superbe couvent de ce nom, rue Saint-Jacques, à Paris.

VERRIÈRES-LE-BUISSON. — Verrières-le-Buisson (*Verdrariæ*) doit à la proximité du bois qui porte son nom le qualificatif qu'on lui a imposé pour le distinguer de nombreuses communes du même nom que compte la France.

C'est un village du canton de Palaiseau, situé à 15 kilomètres au sud-ouest de Versailles ; sa population est de 1,331 habitants, et l'on y voit plusieurs villas et habitations de plaisance. La plus importante est le château de Migneaux, qui a appartenu au duc de Cambacerès.

Le bois ou Buisson de Verrières a une superficie d'un millier d'hectares ; il offrait de fort jolies promenades avant que le génie militaire s'en fût emparé en 1877 pour y construire cinq redoutes qui dépendent du nouveau système de défense de Paris.

CHATEAUFORT. — Châteaufort (*Castrum Forte*), à 3 kilomètres au sud de Versailles et à 13 kilomètres à l'ouest de Palaiseau, son chef-lieu de canton, est une commune située au haut d'un coteau dont le pied est baigné par la Mérantaise ou rivière de Port-Royal, petit affluent de gauche de l'Yvette. Sa population, exclusivement agricole, est de 591 habitants.

Châteaufort doit son nom à une importante forteresse, dont les seigneurs inquiétèrent souvent la monarchie capétienne à son début. Deux d'entre eux furent grands sénéchaux de France ; Hugues de Crécy, le second, était seigneur de Crécy en Brie, de Gometz-le-Châtel, de Rochefort. Ce fut un vassal turbulent que Louis, fils de Philippe Ier, dut combattre plusieurs fois : c'est lui qui avait étranglé de ses propres mains son cousin Milon de Bray ; pour expier ce crime, il se fit religieux à Longpont, en 1118 ; sa maigreur était telle qu'on le surnomma *Hugues le Cadavre*.

Châteaufort était entouré de murailles épaisses ; il était ceint d'un double fossé très large, et appuyé de trois grosses tours qui faisaient sa principale défense; le donjon, dont il reste la base, était une énorme tour ronde qui n'avait pas moins de 15 à 20 mètres de diamètre sur 36 de hauteur. Il y avait à Châteaufort une riche léproserie et deux églises: l'une appartenait au bourg; l'autre était pour ceux qui habitaient en dehors de l'enceinte fortifiée. Cette seconde église, la seule qui existe aujourd'hui, appartenait à un prieuré.

Châteaufort avait autrefois une telle importance qu'il était le siège d'un des doyennés de l'évêché de Paris. La forteresse fut détruite par Louis VI et par Philippe-Auguste, et le bourg fut entièrement ruiné pendant les guerres de religion.

Orsay. — Orsay (*Orceacum, Orciacum*), station de la ligne du chemin de fer de Paris à Limours, sur l'Yvette, à 5 kilomètres au sud de Versailles et à 6 kilomètres de Palaiseau, son chef-lieu de canton.

Orsay doit à sa position, au croisement des routes de Paris à Chartres, et de Versailles à Corbeil, une certaine importance. Sa situation sur la belle vallée de l'Yvette lui procure de nombreuses et charmantes promenades; aussi y voit-on un grand nombre de maisons de campagne. Le village est dominé par une haute colline que couronne le château de Corbeville, de la terrasse duquel on a une très belle vue. Orsay a eu ses seigneurs particuliers; ils y avaient un château qui fut plusieurs fois pris et repris pendant les guerres des Anglais, des Armagnacs et des Bourguignons. Il fut ruiné sous Louis XIII et remplacé par un château de plaisance, que l'incendie a détruit au commencement du siècle; il n'en reste qu'un canal, des jardins et une grille d'entrée. La route de Paris à Chartres en traverse aujourd'hui le parc; l'église, qui datait du XIIe siècle, a été entièrement réparée et défigurée au siècle dernier; il y a un bel hôpital et une mairie nouvellement construite.

Le 20 septembre 1870, Orsay reçut la visite d'un escadron de cuirassiers blancs prussiens; ils venaient s'y approvisionner. Trouvant le village sans défense, ils passèrent joyeusement la journée à table, les officiers au presbytère, les soldats dans les cafés. A six heures du soir, ils chargèrent sur leurs fourgons l'avoine, les pièces de vin, les balles de café, les pains de sucre dont ils s'étaient emparés, et tous à demi ivres regagnèrent leur campement. Orsay reçut aussi nos pauvres soldats prisonniers; mais le spectacle fut différent: ils étaient là, exténués, sans vivres, vêtus de haillons et exposés à toute la rigueur d'une température inclémente, et pourtant ils conservaient leur énergie et leur dignité.

Gif. — Gif, station du chemin de fer de Paris à Limours, à 16 kilomètres de Versailles et à 10 de Palaiseau, son chef-lieu de canton, est situé sur l'Yvette, dans la jolie vallée de Chevreuse. La commune compte 732 habitants; son église date du XIIe siècle.

Il y avait autrefois à Gif une abbaye de bénédictines que l'on désignait sous le nom d'abbaye de Notre-Dame du Val-de-Gif. Elle était très ancienne, puisque, déjà en 1180, Maurice de Sully, évêque de Paris, entreprenait la restauration des bâtiments qui tombaient en ruine. Cette abbaye subsista jusqu'à la Révolution; l'église, qui n'avait rien d'intéressant, a été détruite. Ce qui reste des bâtiments claustraux a été converti en ferme.

Gif possède aujourd'hui deux beaux châteaux modernes: le château de Courcelles, sur la hauteur; l'autre, appelé l'Hermitage, près de l'église.

Sèvres. — Sèvres (*Sapara, Savara*), à 10 kilomètres à l'est de Versailles et à 8 kilomètres à l'ouest de Paris, station de la ligne de la rive gauche, et sur la route de Paris à Versailles, est un des bourgs les plus anciens de l'Ile-de-France. Il dépendait du diocèse de Paris. On raconte que l'évêque de Paris, saint Germain, traversant Sèvres, en 560, y guérit une jeune fille nommée Magna Flède, qu'on prétendait possédée du démon et qui depuis se fit religieuse. Ce point paraît avoir été choisi dès les temps les plus reculés pour un passage de la Seine. Dans tous les vieux auteurs, à propos du bourg, il est toujours question de son vieux pont de bois, qui ne fut remplacé par un pont de pierre, œuvre de l'ingénieur Vigoureux, qu'en 1821. Dulaure raconte l'enlèvement par une troupe de partisans, en 1707, de M. de Beringhem, premier écuyer du roi, qu'à la livrée de son carrosse les assaillants prirent pour le roi lui-même, et il rend compte d'une expérience faite sous les yeux du roi en novembre 1736 par deux hommes qui traversèrent deux fois le fleuve en dix minutes, étant couverts de cuir pour se soutenir à la surface, et se servant de petits battoirs pour avancer. Sèvres ne forme qu'une longue rue qui, avant l'établissement des chemins de fer, servait de communication directe, comme route royale, entre Versailles et Paris. Le dernier recensement lui donne une population de 6,552 habitants, plus adonnés à l'industrie et au commerce qu'à l'agriculture. Pendant la moitié de son parcours, Sèvres, dans son étroite vallée, est resserré au nord par les murs du parc de Saint-Cloud, au sud par les coteaux presque à pic de Bellevue ; ce n'est qu'aux approches de Chaville que la vallée, en s'élargissant, offre à la culture des terrains de quelque étendue. Sèvres possède une belle verrerie, de nombreux lavoirs pour le blanchissage du linge et de vastes magasins pour les entrepositaires de liquides. On a utilisé pour cet usage d'immenses carrières qui ont la propriété de vieillir le vin et la bière et aussi d'enrichir leurs qualités. Parmi ces caves d'une nouvelle espèce, on cite les caves dites *du Roi*, qui peuvent contenir quinze mille futailles et qui servent aujourd'hui à emmagasiner la bière. Les monuments de Sèvres sont une église qui date du XIII° siècle, mais qui n'a d'autre mérite que son antiquité ; un pont en pierre, construit par Napoléon Ier, en remplacement de celui dont nous avons parlé ; une vaste caserne, et enfin son ancienne manufacture de porcelaine, célèbre dans le monde entier. La fondation de cet établissement ne remonte qu'à 1750, époque à laquelle les fermiers généraux achetèrent du marquis de Fulvy, gouverneur de Vincennes, une manufacture de ce genre qu'il avait créée avec ses propres ressources, et la transportèrent à Sèvres. Louis XV, en ayant fait l'acquisition, la réunit au domaine de la couronne dont elle a continué de faire partie. La manufacture de porcelaine de Sèvres, aujourd'hui transférée dans un local mieux approprié, mais peut-être trop exigu, à l'entrée du parc de Saint-Cloud, renferme un musée complet de tous les produits céramiques connus, fondé par M. Brongniart, et on y fabrique avec une incomparable perfection les porcelaines peintes les plus riches et les plus recherchées. Les bâtiments de l'ancienne manufacture ont été aménagés pour recevoir une école normale d'institutrices.

Sèvres fut un des premiers points occupés par l'ennemi en 1870, après l'investissement de Versailles, et il resta jusqu'au dernier moment de l'occupation étrangère l'avant-poste de ce côté de Paris, ce qui lui attira bien des malheurs. La première victime fut le tambour de ville Foury ; comme il battait le rappel sur l'ordre du maire, pour faire rentrer les gardes nationaux à Paris au moment de l'investissement, il rencontra des uhlans qui lui ordonnèrent, sous menace de mort, de cesser. Il continua : un soldat prussien lui fit sauter la cervelle. Pris entre les feux de Paris et ceux de l'ennemi envahisseur, les malheureux habitants de Sèvres durent, le 5 octobre, quitter d'abord le quartier du pont. Quelques-uns ne purent se décider à abandonner leurs demeures et restèrent cachés dans leurs caves, où le maire, M. Léon Journault, leur porta secours au milieu des plus grands dangers.

MEUDON. — Meudon (*Modunum, Muldonium*), station de la ligne de Paris à Versailles (rive gauche), à 10 kilomètres à l'est de Versailles, était un bourg de la province de l'Ile-de-France et du diocèse de Paris ; c'est aujourd'hui une commune de l'arrondissement de Versailles et du canton de Sèvres ; elle compte 6,425 habitants, livrés aux industries les plus diverses : blanchissage, fabrication de bouteilles et de cristaux, extraction et cuisson du plâtre.

Meudon est situé sur la pente occidentale d'un coteau dominé par la terrasse du château dont nous parlerons bientôt. Cette disposition était favorable à la culture de la vigne, qui fut longtemps le principal produit du pays ; mais l'envahissement des fours à plâtre ou des séchoirs laisse chaque jour moins de place à l'agriculture. Les constructions du bourg, resserrées dans une étroite vallée entre les murs du parc et les clôtures de propriétés particulières qui se disputent ce précieux terrain, ont un aspect peu gracieux. L'histoire de Meudon n'est pas riche en faits à noter ; nous voyons seulement, en 1474, que le premier essai de la taille de la pierre fut fait sur un franc archer de Meudon qui avait été condamné à être pendu et qui, pour avoir sa grâce, consentit à se faire opérer et guérit. Le seul nom dont la célébrité s'associe aux annales de Meudon est celui de Rabelais qui, après avoir été cordelier, bénédictin, docteur en médecine, puis être rentré dans les ordres, fut nommé le 18 janvier 1550, par Jean des Ursins, vicaire général de l'évêque de Paris, à la cure de Meudon ; mais il paraît qu'il n'exerça jamais le saint ministère. Le souvenir du bon curé de Meudon fut longtemps conservé par ce distique qu'on lisait au-dessus de la porte du presbytère :

Cordiger hinc medicus, tunc pastor et intus obivi :
Si quæras nomen, te mea scripta docent.

Ce qui est plus certain, c'est que le cardinal de Lorraine y avait établi un couvent de capucins, le premier de cet ordre qui fut établi en France; il y a longtemps qu'il a été converti en maison de campagne.

L'histoire du château est plus intéressante. Situé au-dessus du bourg, sur un point culminant qui domine Paris et une partie de la vallée de la Seine, ce château, après avoir eu pendant trois siècles des possesseurs dont les noms obscurs sont cependant parvenus jusqu'à nous, échut en 1539 à la fameuse Anne de Pisseleu, duchesse d'Étampes. Les premiers embellissements furent dus aux libéralités de François Ier dont on connaît l'affection pour la belle duchesse. Celle-ci, inconstante, comme en témoigna plus tard son royal amant, céda ce domaine au cardinal Charles de Lorraine, qui remplaça les anciens bâtiments par des constructions confiées au talent de Philibert Delorme. Henri de Lorraine, duc de Guise, en hérita, et l'aîné de ses enfants le vendit, en 1654, à Abel Servien, surintendant des finances. Des mains de ce propriétaire, qui avait ajouté à son domaine de nombreuses dépendances et qui avait fait entourer le parc de murailles, il passa entre celles de Louvois. Cédé à Louis XIV par la veuve de son ministre, il fut donné par lui au grand dauphin, en échange de Choisy. Ce prince ajouta alors, en 1699, sur les dessins de Mansart, un nouveau château aux constructions de Philibert Delorme. Il le fit élever sur la droite, faisant face, vers le levant, à la grande terrasse, sur l'emplacement d'une magnifique grotte que le duc de Guise avait fait construire, tandis que l'ancien palais, qui consistait en un principal corps de bâtiment avec deux ailes en retour du côté de l'entrée, réunis par cinq pavillons flanqués de tourelles, palais dont rien ne subsiste aujourd'hui, avait sa façade au nord, dans l'axe de la grande avenue qui sert encore de route.

Le château du dauphin, qui fut pillé et incendié pendant la guerre de 1870, avait été bâti en belles pierres de taille; il était aussi remarquable par son étendue et le style sévère de son architecture que par sa belle situation. Le panorama qui se déroule encore aujourd'hui du haut de sa magnifique terrasse, dans la direction du nord, est un des plus vastes et des plus animés que puissent offrir les environs de Paris. Une belle allée de tilleuls relie le château aux riants coteaux de Bellevue et établit par Sèvres une communication directe avec Versailles et Saint-Cloud.

Le vieux château de Meudon, qui ne fut démoli qu'en 1803, reçut le 31 juillet 1589 le roi de Navarre, Henri IV, qui y établit son quartier général après son alliance avec Henri III. Louvois y réunit plusieurs fois les membres de l'Académie des inscriptions et belles-lettres avant leur installation au Louvre. Les ambassadeurs de Siam le visitèrent en 1686. Le grand dauphin, fils de Louis XIV, y mourut le 11 avril 1711. Un autre dauphin, premier fils de Louis XVI, y mourut le 4 juin 1789. Pendant la Révolution, un comité de recherches, chargé d'études et d'expériences sur le perfectionnement de l'artillerie et des machines de guerre, y fut installé. On doit à ce comité l'emploi des ballons pour l'observation des forces ennemies; ce qui ne fut pas sans influence sur le résultat de la bataille de Fleurus. Cette résidence fut richement ornée par Napoléon Ier. L'impératrice Marie-Louise l'habita pendant la campagne de Russie en 1812. Dom Pedro, empereur du Brésil, y reçut l'hospitalité en 1833.

Pendant le second Empire, le château de Meudon servit de résidence à la princesse Clotilde après son mariage avec le prince Napoléon. On avait établi sur l'emplacement de l'ancien haras une fabrique de mitrailleuses et un atelier de perfectionnement pour l'artillerie. Au commencement de la guerre, Meudon fut de bonne heure envahi par les Allemands : le IIe corps s'y établit dès le 19 septembre; on chassa les habitants, on pilla les maisons, on incendia et ruina le château (janvier 1871); une batterie de vingt-quatre canons de gros calibre, établie sur la terrasse, eut pour objectif les bastions du Point-du-Jour et les forts d'Issy et de Vanves. Aujourd'hui, on doit reconstruire le château pour y établir un observatoire de météorologie physique et astronomique.

BELLEVUE. — La marquise de Pompadour, se rendant un jour de Sèvres au château de Meudon, fut frappée de la beauté du site où elle se trouvait. En effet, du sommet de la colline qu'elle venait de gravir se déroulait à l'œil un panorama immense, qui embrassait toute la vallée de la Seine et s'étendait jusqu'au delà de la capitale. La marquise témoigna le désir d'y avoir une maison de plaisance. Ses désirs étaient des ordres, et tout aussitôt architectes, artistes et jardiniers se mirent à l'œuvre. Lassurance dressa les plans, d'Isles dessina les jardins; Coustou, Falconnet, Adam l'aîné,

Manufacture de Sèvres.

Salé, Pigalle, Fragonard, Lagrenée rivalisèrent de talent et de goût. Le château de Bellevue s'éleva comme par enchantement; commencé le 30 juin 1748, il était achevé le 20 novembre 1750. Bellevue était surtout remarquable par sa position avantageuse et la gracieuse magnificence de sa construction. En arrivant du côté de Meudon, on rencontrait deux pavillons carrés dont l'un existe encore; puis les curieux admiraient l'avenue de tilleuls qui conduisait à l'avant-cour, où se trouvaient les écuries et la salle de spectacle. On pénétrait ensuite dans la cour du château, fermée de trois côtés par les ailes et le corps du bâtiment, et du quatrième par une belle grille en fer doré qui la séparait du parc. La façade principale regardait Paris. Il y avait au devant une terrasse qui existe encore et d'où l'on jouit d'une vue magnifique : des rampes gracieuses appliquées aux flancs du coteau descendaient jusqu'au rivage de la Seine et conduisaient à un pavillon appelé Brimborion, qui terminait la propriété en face des belles plantations de peupliers et de saules qui ombrageaient les îles Seguin et de Billancourt. Les parterres et le parc, d'une étendue de plus de cent arpents, étaient plantés dans le goût du temps; l'ornement le plus remarquable en était deux statues d'une belle exécution, dues au ciseau de Pigalle et représentant le roi et la belle propriétaire du lieu.

Louis XV avait pris tellement à cœur l'achèvement de Bellevue, qu'il présidait en quelque sorte lui-même à la conduite des travaux et que plusieurs fois on le vit se faire apporter ses repas au milieu des ouvriers. Il y coucha pour la première fois le 24 novembre 1750. Trois ans après, on y joua *le Devin du village*. La marquise de Pompadour remplissait elle-même le rôle de Colin, et 50 louis furent envoyés à l'auteur. La prédilection de Louis XV pour cette résidence le détermina à s'en faire plus tard céder la propriété; elle faisait donc partie du domaine de la couronne quand Louis XVI en fit don à ses tantes, Mesdames de France, qui reculèrent les limites du parc et apportèrent de nouveaux embellissements au château.

La Révolution trouva Bellevue à l'apogée de ses splendeurs; un décret de la Convention l'avait compris, avec Meudon, dans la classe des palais conservés pour une destination d'utilité publique; mais la sentence parlementaire ne fut pas ratifiée par l'instinct populaire, qui, dans un discernement trop peu remarqué, proportionna presque partout sa fureur dévastatrice à la honte ou à la barbarie des souvenirs que les monuments lui rappelaient. Bellevue eut à souffrir un peu moins que Marly, mais beaucoup plus que Meudon et Saint-Cloud. La spéculation privée acheva plus tard l'œuvre révolutionnaire. En 1823, un M. Guillaume, devenu acquéreur de cette propriété, la divisa en une cinquantaine de parcelles, fit tracer le plan d'un village et concourut à la construction d'une partie des charmantes villas qui forment aujourd'hui un des bourgs les plus délicieux des environs de Paris; il faut citer, comme remarquables entre toutes, les habitations élevées sur le sol de l'ancien château ou agrandies des anciennes dépendances du parc. Le chemin de fer de l'Ouest traverse Bellevue et y a une station près de laquelle arriva, le 8 mai 1842, l'affreuse catastrophe qui coûta la vie à cinquante-six personnes, parmi lesquelles la marine et la science regrettent si amèrement l'amiral Dumont-d'Urville. Une chapelle commémorative, placée sous l'invocation de Notre-Dame-des-Flammes, a été élevée près de la voie descendante vers Paris qui domine le lieu même où eut lieu ce désastre.

Le village de Bellevue, composé presque exclusivement de villas et de maisons de campagne et de maisons bourgeoises dont les jardins envahissent la plus grande partie du terrain cultivable, n'exploite aucune industrie et compte même peu de bras occupés aux travaux de l'agriculture; il possède un établissement hydrothérapique qui date de 1848, et il forme une annexe de la commune de Meudon.

Pendant la guerre de 1870-1871, Bellevue suivit la fortune de Meudon : comme lui, il fut pillé et saccagé, et ses malheureux habitants, chassés de leurs demeures, durent chercher un asile à Versailles.

CHAVILLE. — Chaville (*Cati Villa*), station du chemin de fer de Paris à Versailles, rive gauche, à 4 kilomètres au sud-ouest de Sèvres, son chef-lieu de canton, et à 5 kilomètres à l'est de Versailles, est un des jolis villages des environs de Paris. Bâti sur la pente d'un coteau, il est entouré de beaux bois aux essences les plus variées qui offrent de charmantes promenades. Sa population est de 2,600 habitants; il possède des fours à chaux, des aciéries, des fabriques de limes, de carton, de pots à fleurs, des blanchisseries; il y a aussi des glacières. Louvois, ministre de la guerre sous Louis XIV, y avait fait bâtir un château, qui fut démoli en 1800 et à la place duquel s'élève aujourd'hui une habitation beaucoup plus simple. Le bas Chaville, traversé par la route de Paris à Versailles, est plus particulièrement habité par des commerçants.

VILLE-D'AVRAY. — Ville-d'Avray, station du chemin de fer de Paris à Versailles, rive droite, est encore un de ces charmants villages dont la villégiature parisienne s'est emparée; il est situé à la porte du parc de Saint-Cloud et sur la route de ce bourg à Versailles, dans le canton de Sèvres, qui n'en est qu'à 2 kilomètres et à 6 kilomètres au nord-est de Versailles. Sa population régulière est de 1,250 habitants; mais en été elle est presque doublée.

Ce village était connu dès le XIII° siècle : il se trouvait sur la route de Chartres qui, après avoir franchi la Seine au pont de Saint-Cloud, qui était fortifié à son extrémité du côté du bourg, passait ensuite à Garches, à Vaucresson, à Choisy-aux-Bœufs (emplacement du parc de Versailles), au petit village de Versailles, allait par Saint-Cyr rejoindre la route actuelle de Chartres. Ville-d'Avray a eu ses seigneurs particuliers et passa au XVII° siècle dans la famille de Dangeau. Louis XVI acheta cette terre en 1778 et en fit don à Thierry, son premier valet de chambre, qui y fit bâtir un château d'apparence assez modeste et fit reconstruire l'église. Parmi les personnages qui ont habité Ville-d'Avray, nous citerons : Fontenelle, Ducray-Duminil, Arnault, Laya, Pradier; Gambetta, qui y est mort le 31 décembre 1882, dans l'ancienne villa des Jardies construite par Balzac, et le peintre Corot, auquel les paysagistes français ont élevé un modeste monument sur la chaussée du Grand-Étang.

Au-dessous du château, et à droite de la route de Versailles, est la *Fontaine du Roi;* son eau, réputée la meilleure des environs de Paris, était exclusivement réservée à la table royale lorsque la cour résidait à Versailles.

Les étangs de Ville-d'Avray, situés à l'extrémité du village, sur la gauche de la route qui conduit à Versailles, offrent des sites charmants, encadrés qu'ils sont par des bois et de jolies maisons de campagne. Ils servent à alimenter les pièces d'eau du parc de Saint-Cloud.

SAINT-CLOUD. — Saint-Cloud (*Novigentum, Clodoaldum*), station de la ligne de Versailles, rive droite, à 10 kilomètres à l'est de Versailles, ancien bourg de l'Ile-de-France et paroisse du diocèse de Paris, est aujourd'hui une petite ville de l'arrondissement de Versailles, canton de Sèvres, qui compte 4,862 habitants. Le nom actuel du pays suffit pour constater son existence contemporaine des Mérovingiens; il le doit, en effet, comme chacun sait, au souvenir de Clodoald, troisième fils de Clodomir et de Clotilde, qui, plus heureux que ses deux frères, échappa au poignard de ses oncles, se réfugia dans les bois de *Novigentum* auprès d'un saint ermite du nom de Séverin; il reçut de lui l'habit monastique, se coupa les cheveux en signe de renonciation au trône, fit un pèlerinage en Provence, revint à Paris où il fut ordonné prêtre en 551. Puis il se retira à Nogent, y fonda un monastère qu'il dédia à saint Martin, et, après toute une vie de prières et de bonnes œuvres, y mourut dans un état de sainteté si notoire que les nombreux pèlerins, visiteurs de son tombeau et propagateurs des miracles qui s'y accomplissaient, finirent par oublier le nom de Nogent pour celui du saint qui les y attirait; de *Clodoald*, la langue vulgaire avec le temps a fait *Cloud*.

Longtemps oublié dans l'histoire, Saint-Cloud n'y reparaît que vers l'an 1358, à l'époque de l'invasion des Anglais; depuis lors, il devient le théâtre des faits les plus importants pendant la longue période des guerres civiles et des guerres de religion. Sa position, comme dernière étape avant Paris, dont le cours de la Seine protège les remparts, en a fait un point stratégique très important depuis le XIVe siècle jusqu'en 1870. Tous les partis successivement, Armagnacs et Bourguignons, ligueurs et catholiques, royalistes et frondeurs, se disputèrent avec le plus vif et le plus infatigable acharnement la possession de Saint-Cloud et de son vieux pont, que défendait une sorte de forteresse.

L'épisode le plus important de ces époques fut l'assassinat de Henri III par Jacques Clément, le 2 août 1589; on sait quel ardent fanatisme arma le bras du fougueux jacobin. C'est à Saint-Cloud que Henri de Navarre, qui au premier bruit de l'attentat était accouru au chevet du prince mourant, fut salué pour la première fois à Saint-Cloud du titre de roi de France.

L'histoire du château nous conduira à travers les règnes des derniers princes de la maison de Bourbon jusqu'au drame de brumaire et aux événements contemporains; nous devons à la ville elle-même quelques lignes sur sa situation, ses monuments, ses produits et cette fameuse foire de Saint-Cloud dont la célébrité survit à toutes les révolutions et s'impose à tous les régimes. Saint-Cloud s'élève en amphithéâtre sur la rive gauche de la Seine, appuyant au nord ses coteaux aux pentes du mont Valérien, et s'abaissant au sud par les allées de son parc jusqu'à l'étroite vallée de Sèvres. La Seine seule le sépare à l'est du village de Boulogne, auquel il est relié par un pont en pierre construit en 1810 qui a remplacé son vieux pont de bois.

L'église, qui datait du XIIe siècle, a été reconstruite dans le même style en 1865; elle est surmontée d'une flèche élégante en pierre. La tradition qui la suppose construite sur l'emplacement de l'ermitage de saint Clodoald nous semble peu fondée; ce qui a pu produire cette confusion, c'est l'abandon fait par le saint lui-même aux évêques de Paris de la terre de Saint-Cloud qui lui devait toute sa célébrité; un monastère et plusieurs couvents avaient été construits auprès de cette église, qui renferme le cœur de Henri III et les entrailles de Henriette-Anne Stuart et de Philippe de France, son mari. Il y avait aussi un Hôtel-Dieu et un hôpital de la Charité. La terre avait été érigée en duché-pairie au XVIIe siècle en faveur de Mgr de Harlay, archevêque de Paris; à côté de l'église s'élève le nouvel hôtel de ville, qui date de 1873.

Lorsqu'on arrive à Saint-Cloud par le pont qui débouche sur une place assez vaste, mais irrégulière, une grille à gauche donne entrée dans le parc par une allée plantée de beaux arbres et parallèle au cours de la Seine. C'est cette magnifique promenade, qui, chaque année, pendant deux ou trois semaines du mois de septembre, est transformée en un immense champ de foire; le charme des lieux, la proximité de Paris, le choix de la saison donnent à cette solennité un éclat avec lequel aucune autre fête des environs de Paris ne peut rivaliser. Quant au but traditionnel du pèlerinage auquel la foire actuelle doit son origine, il est tombé dans un oubli complet, et les divertissements qui attirent de si nombreux promeneurs ne sont plus même l'occasion d'une pensée ou d'une pieuse visite pour ce saint autrefois si vénéré. A droite de la place, une large avenue ouverte sous Louis-Philippe sépare la basse ville de la ville haute, et va rejoindre par les hauteurs de Montretout, la route de Versailles. Le territoire de Saint-Cloud est sillonné de routes nombreuses et bien entretenues; la partie du sol qui n'est pas envahie par les dépendances du château et les maisons de campagne des particuliers est presque exclusivement plantée de vignes, dont l'exposition et la qualité sont identiquement celles des vignobles de Suresne.

Les armes de Saint-Cloud sont : *d'azur, semé de fleurs de lis d'or.*

Le CHATEAU DE SAINT-CLOUD était d'une origine bien postérieure à la fondation du bourg; quoique nous trouvions, dès l'an 1300, la trace d'un séjour à Saint-Cloud de Charles, fils de Philippe le Bel, et ensuite les nombreux titres de maisons de plaisance et d'hôtels possédés par des personnages célèbres à divers titres, entre autres par l'évêque de Beauvais Pierre Cauchon, président du tribunal qui, à Rouen, condamna Jeanne Darc, il faut arriver jusqu'en 1572 pour trouver, dans une maison appartenant au banquier Jérôme de Gondi, l'un de ces heureux aventuriers qui avaient suivi Catherine de Médicis, l'origine première du palais qui, avant la guerre de 1870, méritait à tant de titres l'admiration des étrangers. C'était sans doute la maison de plaisance que le roi Henri II avait fait élever à Saint-Cloud dans le goût italien que Jérôme de Gondi tenait des libéralités de Catherine de Médicis. Henri III, après la funeste journée des états de Blois et la mort de sa mère, s'était réconcilié avec Henri de Navarre avec lequel il avait eu une entrevue dans le parc de Plessis-lès-Tours. D'un commun accord, ils décidèrent de mettre le siège devant Paris. Saint-Cloud était occupé par les ligueurs. Cette ville, que Henri III avait en 1577 laissé clore de murs et de fossés par ses habitants, lui résista. Il dut en faire le siège, la prit d'assaut et établit son quartier général dans la maison de Gondi; c'est là qu'il fut assassiné par Jacques Clément, le 2 août 1589. Après être restée pendant quatre générations dans la famille des Gondi et avoir été successivement augmentée et embellie jusqu'à mériter cette description du continuateur de J. Du Breul, datée de 1639 : « Le jardin estoit d'une grande étendue et estimé pour les belles grottes qui s'y voyoient et pour les fontaines dont l'eau faisoit jouer plusieurs instruments; il y a, en outre, quantité de statues de marbre et de pierre, des parterres, compartiments, bordures, carreaux, allées couvertes, et un bois très frais en été, » la maison de Gondi passa dans la suite aux mains d'un riche contrôleur général des finances nommé Hervard, qui avait obtenu d'un des jets d'eau une élévation de 90 pieds. Mazarin trouva un excellent moyen d'acquérir à bon marché cette résidence dont Louis XIV voulait faire hommage à son frère. Le cardinal demanda un jour au financier à quel prix lui revenait sa maison; celui-ci, croyant prudent de dissimuler quelque chose de sa fortune, répondit : trois cent mille livres. « Je vous prends au mot, » répartit vivement le ministre; et il fallut conclure le marché. A l'ancienne propriété de Gondi on joignit, par des procédés d'acquisition plus avouables sans doute, une maison du surintendant Fouquet, celle d'un sieur Monerot et enfin celle de M. du Tillet, greffier au parlement dont le nom est resté à l'allée du parc qui est coupée par la grande cascade. Le roi ordonna à Lepautre, architecte particulier du duc d'Orléans, ainsi qu'à Mansart et Girard, ses propres architectes, de dresser le plan d'un édifice nouveau, qui fut bientôt exécuté.

Le Nôtre fut chargé de la décoration du parc et des jardins; et sous sa main les parties les plus arides du plateau, les pentes les plus abruptes se transformèrent en gracieuses pelouses et se couvrirent d'ombrages délicieux. Si l'on tient compte de toutes les difficultés du terrain, on trouvera que le génie de Le Nôtre s'est révélé avec plus d'éclat peut-être à Saint-Cloud qu'à Versailles. Les princes de la maison d'Orléans, qui possédèrent le château jusqu'en 1782, y firent divers embellissements et l'enrichirent d'une galerie de tableaux; à cette époque, la reine Marie-Antoinette en fit l'acquisition, elle y séjourna plusieurs fois avec le roi son époux et modifia dans l'intérieur des appartements quelques-unes des dispositions de Mansart; elle fit clore aussi de palissades une partie du parc, dans la région nord-ouest, qui forme aujourd'hui le parc réservé; mais tous les travaux de Le

Nôtre furent respectés : les bassins, la fameuse cascade que certains connaisseurs préfèrent à tout ce que possède Versailles en ce genre, l'alignement des gazons, la distribution des massifs, toutes ces merveilles qu'on admire aujourd'hui sont l'œuvre intacte du grand artiste. Saint-Cloud avait eu moins à souffrir que beaucoup d'autres résidences royales des fureurs révolutionnaires ; par un décret de 1794, la Convention ordonna que : « les maisons et jardins de Saint-Cloud ne seraient pas vendus, mais conservés et entretenus aux dépens de la République pour servir aux jouissances du peuple et former des établissements utiles à l'agriculture et aux arts. » Ne trouverait-on pas dans cette clémence inusitée de la grande Assemblée une réminiscence des joies populaires de la fête traditionnelle de Saint-Cloud, et le souvenir des baraques de la foire ne fut-il pas pour quelque chose dans la conservation des lambris dorés du palais? Quelques années plus tard, le château de Saint-Cloud était le théâtre du coup d'État du 18 brumaire et voyait se lever l'aurore de la fortune du général Bonaparte.

Napoléon garda toujours depuis une prédilection marquée pour le château de Saint-Cloud, qui avait été le théâtre de sa première élévation. Il y fit exécuter d'importants travaux d'embellissements et d'entretien ; c'est par ses ordres que fut élevée sur le plateau central du parc la colonne appelée *Lanterne de Démosthène*, exécutée en terre cuite d'après des plâtres moulés à Athènes sur le monument choragique de Lysicrate et rapportés par M. de Choiseul. Du haut de ce belvédère, détruit par les Prussiens en 1871 et que les Parisiens s'obstinèrent si longtemps à appeler la *Lanterne de Diogène*, on jouissait d'une vue magnifique, qui n'avait cependant guère plus d'étendue que celle dont on jouit de la terrasse; l'œil embrasse un horizon qui s'étend au delà de Paris jusqu'au donjon de Vincennes et aux coteaux de la Marne ; on voit la Seine sortir de Paris, baigner le pied des collines de Meudon et se perdre vers le nord dans la direction de Saint-Denis. Napoléon installa sa cour somptueuse à Saint-Cloud et y passait presque tout le temps qui n'était pas consacré à la guerre ; un grand nombre de ses décrets sont datés de Saint-Cloud ; on disait, dans les chancelleries européennes, le cabinet de Saint-Cloud comme on avait dit le cabinet de Versailles sous l'ancienne monarchie et comme on a dit depuis le cabinet des Tuileries ; mais bien court est l'espace qui sépare la plus éclatante fortune des revers les plus terribles!

Le 30 mars 1814, Saint-Cloud est occupé par l'ennemi ; le 7 avril, l'état-major autrichien prend possession du château. Le prince Schwartzenberg y donna une fête très brillante à laquelle assistèrent les souverains alliés, les princes français et un grand nombre de princes étrangers ; il y eut spectacle le soir dans la grande galerie, bal dans le salon de Mars et grand souper dans le salon de granit. Ce n'était pourtant pas encore assez de ces humiliations, et les désastres de 1815 devaient entraîner sur le château de l'empereur vaincu des profanations plus odieuses encore. L'état-major autrichien avait matériellement respecté le château et le parc; Blücher, qui le remplaça en 1815, sembla prendre à cœur de faire douter s'il commandait à des sauvages ou s'il était le général d'une armée civilisée ; le parc fut ravagé, les meubles précieux du palais pillés. Blücher, suivi d'une meute de chiens, s'installa dans l'appartement de Napoléon ; ses chiens dormaient sur une ottomane du boudoir de Marie-Louise, et il se vautrait tout botté dans le lit du vainqueur d'Iéna.

La réparation de ces dégâts fut l'œuvre de Louis XVIII et de Charles X, qui passa à Saint-Cloud l'été des dernières années de son règne ; les fatales ordonnances de juillet 1830 y furent signées, et c'est de Saint-Cloud que, se dirigeant par Versailles et Rambouillet sur Cherbourg, la famille royale partit pour son exil.

Le roi Louis-Philippe, pendant son règne, résidait habituellement à Saint-Cloud du mois de juillet au mois de décembre.

Les événements contemporains gardaient une dernière page aux annales du château de Saint-Cloud. C'est dans les salons de ce palais, témoin depuis un demi-siècle de grandeurs si soudaines et de revers si inattendus, que furent apportés au prince Louis-Napoléon Bonaparte, neveu de l'empereur Napoléon et président de la République depuis décembre 1848, le sénatus-consulte et le plébiscite qui l'appelaient au trône impérial. Le nouvel empereur, Napoléon III, y passait une partie des étés, et c'est du château de Saint-Cloud qu'il partait, hélas ! le 2 juillet 1870, pour aller prendre à Metz le commandement de l'armée du Rhin....!

Ces longs séjours n'avaient pas peu contribué à l'amélioration des dispositions intérieures, aussi bien au point de vue de l'élégance et du luxe que sous le rapport de la commodité.

Glaces, dorures, bronzes, tableaux, tapisseries, toutes les productions de l'art, toutes les fantaisies du luxe s'y trouvaient accumulés en profusion. De tous les palais de France, c'était alors le plus somptueusement orné. Les peintures de Mignard, qui décoraient le salon de Mars et la galerie d'Apollon, passaient pour le chef-d'œuvre de ce grand peintre.

Le palais, dont il ne reste aujourd'hui que de tristes et déplorables ruines, se composait d'un corps de logis principal avec façade à l'est sur la cour et à l'ouest sur les jardins, et deux ailes l'une vers le nord, l'autre vers le sud. On y arrivait par une avenue conduisant dans une première cour, qui existe encore, qu'une belle grille sépare de la cour d'honneur du château. Le rez-de-chaussée était décoré d'une colonnade en saillie supportant la terrasse du premier étage, au-dessus duquel régnaient les combles en mansardes. Sur la façade principale, on voyait plusieurs morceaux de sculpture et quatre colonnes corinthiennes surmontées de quatre statues représentant la Force, la Prudence, la Richesse et la Guerre. Les deux ailes étaient également ornées de statues allégoriques placées dans des niches. L'intérieur était divisé en nombreux appartements d'honneur et en petits appartements. On y remarquait la galerie et le salon de Diane, la belle galerie d'Apollon restaurée en 1870 et incendiée en 1871, les salons de Mars, de Louis XVI, des princes et le grand salon.

Ainsi que Sèvres, Saint-Cloud se trouvait en 1870 sur l'extrême ligne d'investissement et dut partager le sort rigoureux de cette première ville. Dès le 5 octobre, la population recevait l'ordre d'évacuer les maisons et elle allait se réfugier à Versailles ; bientôt après, les maisons qui avoisinaient le pont étaient détruites, soit par l'incendie allumé par les Prussiens, soit, malheureusement, par le feu des forts. Cependant la plus grande partie de la ville était encore debout lorsque, le lendemain de la signature de la capitulation, les soldats des 47e et 58e régiments d'infanterie du ve corps brûlèrent une à une avec du pétrole la plupart des maisons. Dès le 13 octobre, le feu avait pris au palais. Les Allemands prétendent avoir fait de vains efforts pour éteindre l'incendie qui, disent-ils, avait été allumé par les obus du Mont-Valérien ; mais les quelques habitants demeurés jusqu'au 30 octobre dans la ville affirment, au contraire, que des soldats ont mis le château à sac et activé eux-mêmes les flammes, au lieu de les éteindre. Les épaves, fruits de leurs rapines, qu'ils ont oubliées dans leurs différentes étapes, témoignent de la fausseté de leurs affirmations. (G. Desjardins.)

Aujourd'hui, Saint-Cloud s'est relevé de ses désastres, et si ce n'était le triste spectacle qu'offrent les ruines calcinées du château, qui n'a pas encore reçu de nouvelle destination (1882), l'étranger, le visiteur, le promeneur du dimanche, ne se douteraient pas de la somme de malheurs qui a pesé sur cette commune.

En 1880, on a transporté dans les dépendances du château, à droite de la cour d'entrée, l'école normale supérieure de filles qui était auparavant installée dans les bâtiments de l'ancienne manufacture de Sèvres.

ARGENTEUIL. — Argenteuil (*Argentoilanum, Argentolium*), station du chemin de fer de Grande-Ceinture, à 20 kilomètres au nord-est de Versailles, station des lignes du Nord (19 kilom. de Paris) et de l'Ouest (10 kilom. de Paris), aujourd'hui chef-lieu de canton, avec une population de 8,990 habitants, est une petite ville d'une origine fort ancienne, qui faisait autrefois partie de la province de l'Ile-de-France et du diocèse de Paris et dont le bailliage ressortissait directement au parlement de Paris. Sa situation sur la rive droite de la Seine, la vieille réputation de ses vignobles qui, autrefois, supportaient la comparaison avec ceux de la Bourgogne, et l'importance des couvents qui s'y étaient établis l'exposèrent à de continuelles attaques, des Normands d'abord, puis des Anglais et plus tard des huguenots. On retrouvait encore, il y a quelques années, des traces de l'enceinte dont elle avait été autorisée à se fortifier en 1544, par François Ier ; l'étendue de ces murs flanqués de tours était de trois quarts de lieue, et l'on y pénétrait par deux portes.

L'établissement qui a le plus contribué à la célébrité d'Argenteuil est son prieuré, fondé en 656 par Hermenric, sous le règne de Clotaire III. Les premiers religieux de cette maison ayant été obligés de l'abandonner pour cause de dérèglement, Charlemagne la donna à sa fille Théodrate, pour y fonder une abbaye de filles de l'ordre de Saint-Benoît, qui s'y maintint jusqu'en 1129. A cette époque, une discussion s'éleva entre l'abbé de Saint-Denis et l'évêque de Paris, chacun revendiquant la propriété de l'abbaye ; le procès fut porté devant un concile qui se tint dans le couvent de Saint-Germain-des-Prés, sous la présidence du légat. La sentence décida l'expulsion des religieuses de leur monastère et leur remplacement par des moines bénédictins ; dans les motifs de ce sévère jugement, nous retrouvons encore le reproche d'inconduite, de dérèglements et de scandales ; cependant la prieure était à cette époque la célèbre Héloïse, qui se retira avec sept ou huit de ses compagnes au Paraclet, maison qu'Abélard leur céda, et qui, sous la direction de cette savante religieuse, devint une des abbayes les plus célèbres du royaume. Les restes d'Héloïse et d'Abélard, confondus dans le même tombeau, reposèrent longtemps dans l'église du prieuré d'Argenteuil.

Cette église possédait, comme relique vénérée, une robe sans couture qu'avait, assure-t-on, portée Notre-Seigneur Jésus-Christ et qui, envoyée par l'impératrice Irène à Charlemagne, avait été donnée par celui-ci à sa fille Théodrate.

L'église paroissiale, qui a hérité de cette relique, a été reconstruite dans le style roman, il y a quelques années; elle est dominée par une flèche de 60 mètres.

Le château du Marais, qui faisait autrefois partie des domaines de l'abbaye de Saint-Denis, fut possédé par le comte de Mirabeau et le vice-amiral comte Decrès. Palissot eut aussi une maison de plaisance à Argenteuil. Cette ville se ressentit souvent de son voisinage de la capitale : elle fut saccagée par les Normands, prise et reprise par les Bourguignons et les Anglais, dévastée par les calvinistes et les ligueurs. Le 2 juillet 1815, pendant la seconde invasion, il y eut à Argenteuil un engagement très vif entre les Anglais et les Français; ceux-ci, quoique bien inférieurs en nombre, repoussèrent l'ennemi et lui prirent deux drapeaux qui le soir même furent apportés à Paris.

En 1870, Argenteuil vit de bonne heure ses communications avec la capitale coupées ; une contribution de 2,000 francs fut imposée aux habitants pour la rupture d'un fil télégraphique. Dès le commencement de l'investissement, M. Ackler, membre de la commission administrative de la commune, fut arrêté pour avoir passé la Seine à la nage et porté des renseignements à nos mobiles établis dans la presqu'île de Gennevilliers. Interné dans la citadelle de Neiss, il essaya de s'évader et eut les deux pieds gelés. On dut l'amputer des deux jambes. Argenteuil fut à ce point pillé par l'ennemi que le 86e de ligne prussien qui l'occupait pendant le siège de Paris emporta 80 voitures de meubles. Disons enfin à la louange de la brave population d'Argenteuil qu'au milieu de leurs privations, ceux de ses habitants qui étaient réfugiés à Paris trouvèrent encore le moyen d'offrir des canons au gouvernement de Paris.

Les armes d'Argenteuil sont : *d'argent, à trois macles de gueules.*

La culture de la vigne et celle des asperges sont, avec l'exploitation des carières à plâtre, les principales industries du pays.

Sur le territoire d'Argenteuil, entre cette petite ville et Épinay-sur-Seine, près de la rive droite de la Seine, on a mis à jour en 1866 une allée couverte dans la chambre de laquelle on a reconnu des ossements et des armes en silex. Au nord-ouest, sur la route de Sannois, s'élève le moulin d'Orgemont, sur la colline duquel les Prussiens avaient élevé une batterie de fort calibre pour battre les défenses de Saint-Denis.

CORMEILLES-EN-PARISIS. — Cormeilles-en-Parisis est ainsi nommé pour le distinguer de Cormeilles-en-Vexin (canton de Marines); c'est une commune de 2,070 habitants, située dans le canton d'Argenteuil, à 24 kilomètres au nord de Versailles, sur le versant méridional d'une colline de 173 mètres de hauteur qui domine le cours de la Seine. Cormeilles était connu dès le IXe siècle, et il est nommé dans les vieux titres *Cormelia*, peut-être à cause des cormiers qui y abondaient ; c'était, comme la plupart des villages qui avoisinaient Saint-Denis, une dépendance, un fief, de la célèbre abbaye.

Son église, qui date du XIIIe siècle, paraît avoir été entourée de fortifications; elles furent détruites en 1359 par ordre du régent, plus tard Charles V, pendant la captivité du roi Jean, ainsi que la plupart des lieux voisins de Paris qui auraient pu à cette époque servir de retraite aux ennemis. Les habitants faisaient autrefois un grand commerce de vins qu'ils expédiaient par la Seine en Normandie. Gui Patin eut une maison de campagne à Cormeilles, et il vante dans ses lettres l'air que l'on y respire ainsi que la vue dont on y jouit.

Sur la hauteur s'élevaient plusieurs moulins : l'un d'eux est devenu fameux pour avoir servi longtemps de repère à Cassini, lorsqu'il dressait sa carte de France.

Aujourd'hui, moulins et maisons de campagne, qui couronnaient la colline, ont disparu pour faire place à un des nouveaux forts de la grande ceinture militaire extérieure de Paris.

Cormeilles est la patrie du peintre Daguerre, l'un des inventeurs de la photographie, auquel on a élevé, en 1882, une statue sur la principale place de la commune.

SANNOIS. — Quelle est l'origine du nom de cette commune, qui s'écrivait autrefois *Çannoy* ou *Cennais*? Est-ce, comme le dit Adrien de Valois, *Centum nuces*, que lui auraient valu les nombreux noyers de son voisinage, ou bien plutôt, comme le veut l'abbé Lebeuf, *Cantonacum* ou *Cannacum*, qui serait devenu *Cennacum*, puis *Çennoi* et enfin *Sannois*? Ce qui est plus certain, c'est qu'il est fait mention de ce village sous le nom de *Cennoy* dès le XIIe siècle; c'était alors une dépendance de l'abbaye de Saint-Denis. Sur son territoire était le château du Mail, souvent habité par nos rois de la première race, et qui fut détruit au temps du roi Jean, pour qu'il ne servît pas de forteresse aux Anglais.

Sannois compte 2,727 habitants, est situé sur une colline, près de la route de Paris à Rouen, à 23 kilomètres au nord de Versailles et dans le canton d'Argenteuil; on y exploite le plâtre et on y récolte d'excellents fruits.

Dans ses environs sont les châteaux de l'Ermitage, de Crinon, de Cernay; il y a aussi de nombreuses maisons de campagne.

MARLY-LE-ROY. — Marly (*Marleium, Marlacum*), sur la rive gauche de la Seine, à 8 kilomètres au nord de Versailles, est aujourd'hui un chef-lieu de canton et compte 1,334 habitants. C'est un bourg très ancien; il faisait autrefois partie de l'Ile-de-France et du diocèse de Paris. Il en est fait mention dès l'an 676, dans une charte du roi Thierry au sieur Hervé, seigneur de Marly. En 1150, la terre de Marly appartenait à Matthieu de Montmorency; elle passa dans les mains de la famille de Lévis en 1355, et enfin le comte de Pontchartrain, qui en était devenu propriétaire, l'échangea en 1693 avec le roi Louis XIV, contre la seigneurie de Néauphle-le-Château. La position de Marly, la proximité de ses bois magnifiques, qui relient ceux de Versailles à la forêt de Saint-Germain, séduisit si fort le roi, fatigué du faste et de la pompe officielle de Versailles, qu'il résolut de s'y faire construire un pavillon de retraite, un ermitage, où il pourrait venir en compagnie de quelques familiers y jouir du bonheur d'une retraite relative. Le pavillon royal s'éleva donc au fond d'un vallon entouré de toutes parts de collines couvertes de bois; sur chacun de ses côtés se dressèrent six pavillons de moindre importance, reliés entre eux par des berceaux verdoyants. Le roi venait y passer trois jours par semaine, du mercredi au samedi, désignant chaque fois ceux qui devaient l'y suivre et monter dans les voitures de la cour. De cette merveille, rien ne reste aujourd'hui que l'abreuvoir, décoré jadis par les chevaux qui font l'ornement de l'entrée du jardin des Tuileries, et une dépendance appelée le chenil.

Le bourg de Marly n'a de remarquable que ses chaussées royales, sa délicieuse forêt et de nombreuses maisons de campagne dont les jardins ont été formés d'acquisitions de terrains enlevés au parc ou à la forêt même. Autrefois, la commune se divisait en *Marly-le-Bourg* et *Marly-le-Châtel*.

Les habitants de Marly et du canton dont il est le chef-lieu sont généralement agriculteurs. Le vin est leur principal produit; cependant, la fertilité du sol leur permet d'utiliser les terrains bas de la vallée à la culture des légumes et des fruits, dont le voisinage de Paris, Versailles et Saint-Germain leur assure un débit avantageux; depuis quelques années, cerises, pêches, chasselas s'expédient jusqu'en Angleterre. Il se fait à Marly un commerce de bois assez important provenant des coupes de la forêt.

La façade de l'église de Marly a une apparence prétentieuse à laquelle rien ne répond dans le reste de l'édifice; elle est située sur une place irrégulière et disgracieuse, digne en tous points des deux ou trois ruelles à pic, mal bâties et plus mal pavées encore, dont se compose le bourg.

A l'ouest et à mi-côte du coteau s'élève l'originale construction de *Montecristo*, dans laquelle les amis d'Alexandre Dumas le père trouvaient tous les enchantements du goût et de l'esprit; mais aussi, y arrivaient trop souvent si nombreux, que l'amphitryon était obligé d'envoyer à Saint-Germain chercher et les vivres et le vin de Champagne.

LOUVECIENNES. — Louveciennes, Luciennes (*Mons Lupinus, Lupicinus, Lovecenæ*), à 7 kilomètres au nord de Versailles, à 2 kilomètres au sud-est de Marly-

Parc de Saint-Cloud.

le-Roi, est une très ancienne paroisse dépendant autrefois du diocèse de Paris et de la province de l'Ile-de-France, aujourd'hui commune de 2,160 habitants, du canton de Marly-le-Roi et de l'arrondissement de Versailles. Des documents authentiques constatent l'existence de ce village dès le IV° siècle; sa merveilleuse position, sa proximité de Marly, Versailles, Saint-Germain et Paris devaient y déterminer la construction de nombreuses maisons de plaisance. Louveciennes est situé à l'extrémité nord du plateau dont Versailles occupe la partie basse, au point élevé où ce plateau borne de ses pentes boisées l'horizon de la vallée de la Seine. On cite les propriétés qui ont appartenu à M°¹ª la princesse de Conti et à M. le comte du Puy; cette dernière était la demeure seigneuriale, et c'est sur ses dépendances que fut construit, en 1772, par Louis XV, le splendide pavillon de Mme Du Barry dont Louveciennes a tiré principalement sa célébrité.

L'histoire a dit si les séductions de ce séjour ont contribué beaucoup à la gloire du règne de Louis XV; notre mission se borne à constater que Mme Du Barry y résida jusqu'à la mort du roi. Son successeur eut la pensée d'infliger à l'ancienne favorite un exil à l'Abbaye-aux-Dames; mais l'ordre fut bientôt révoqué, et la Révolution trouva encore la maîtresse de Louis XV dans ce pavillon qu'elle ne quitta que pour la prison et l'échafaud. Les meubles furent lacérés, pillés et vendus; parc et bâtiments furent acquis plus tard par Jacques Laffitte, aux mains duquel ils sont restés jusqu'en 1830. Depuis, le pavillon de Louveciennes a été défiguré par plusieurs restaurations inintelligentes.

Quoique éloigné, et des chemins de fer et des grandes lignes de communication, Louveciennes a des abords faciles; la royale chaussée qui autrefois unissait Saint-Germain et Versailles se bifurque à la naissance des aqueducs et un de ses embranchements rejoint, pour desservir Louveciennes, le chemin si pittoresque appelé route de la Princesse ; cette route, se reliant à Bougival au pavé de Paris, conduit, par une pente habilement ménagée de l'est à l'ouest, jusqu'au sommet du plateau, d'où la vue, plongeant à droite sur les vallées de La Celle-Saint-Cloud, à gauche sur les coteaux de Marly, s'étend au nord au delà de la Seine et de la forêt du Vésinet jusqu'aux plaines d'Argenteuil, aux buttes de Sannois et aux collines de Pontoise et d'Écouen.

BOUGIVAL. — Bougival (*Buchivallis, Bachivallis*), à 7 kilomètres nord-est de Versailles, à 5 kilomètres est de Marly, autrefois de l'Ile-de-France et du diocèse de Paris, est aujourd'hui une commune de 2,309 habitants, de l'arrondissement de Versailles et du canton de Marly-le-Roi. Sa situation est des plus agréables : elle s'étend sur la rive gauche de la Seine, entre les murs du parc de la Malmaison et la machine de Marly, sur une étendue de près de 3 kilomètres ; les habitations, qui ne sont séparées de la Seine que par la grande route et une berge gazonnée, sont adossées à des collines boisées où l'on a dessiné de gracieux et pittoresques jardins. La Seine, à cet endroit, forme une île importante qui, d'après le témoignage de certains auteurs, et entre autres de l'abbé Lebeuf, serait l'antique *Oscellus*, où les Normands établirent leur place d'armes en 858, 859 et 861, et d'où ils furent expulsés par Charles le Chauve. C'est aujourd'hui un but de délicieuses promenades, un discret abri pour les baigneurs pendant l'été et un emplacement très favorable pour la pêche. Sur cette espèce de quai s'ouvre, vers le sud, dans une gorge très resserrée, une route bordée d'abord de maisons, mais qui bientôt s'enfonce dans les bois et conduit au village et au château de La Celle-Saint-Cloud ; la variété des sites, la richesse de la végétation et la beauté des perspectives attirent chaque année de nombreux artistes dans les environs de Bougival. Les ressources du pays consistent, outre les produits d'un sol fertile et d'une culture très variée, dans d'importants fours à chaux et dans la fabrication du blanc dit *blanc de Bougival*.

A défaut de chemin de fer, Bougival, Port-Marly et Marly-le-Roi sont desservis par un tramway qui se raccorde, à Rueil, à la ligne de Paris à Saint-Germain.

La terre de Bougival avait été achetée par Louis XIV en 1683, de la famille du comte d'Assy, quand il enferma le domaine de La Celle, qui lui était contigu, dans la troisième enceinte du parc de Versailles. La vieille résidence, qui n'a plus rien de seigneurial, a depuis changé bien souvent de propriétaire. L'église, dont le clocher est roman, date du XIIIᵉ siècle ; à l'extrémité de l'aile droite, une table de marbre blanc est consacrée à la mémoire de l'inventeur de la machine de Marly ; l'inscription porte : « Ci-gissent honorables personnes, Rennequin Sualem, seul inventeur de la machine de Marly, décédé le 29 juillet 1708, âgé de 64 ans, et dame Marie Nouelle, son épouse, décédée le 4 mai 1714, âgée de 84 ans. »

Ce génie oublié de nos jours, qui résolut un des plus importants problèmes de l'hydrostatique, était Liégeois et ne savait pas lire.

Pendant la guerre de 1870-1871, Bougival fut investi par les Prussiens le lendemain de leur prise de possession de Versailles ; comme celle de Meudon, comme celle de Saint-Cloud, sa malheureuse population dut chercher un refuge à Versailles. Le 46ᵉ régiment d'infanterie s'y établit, et, dès les premiers jours, sous prétexte que les Français avaient tiré sur les soldats avec des *arquebuses à vent*, on imposa au village une contribution de 50,000 francs ; la maison d'où les Prussiens imaginèrent que le coup était parti fut incendiée ; dix-huit habitants furent traduits devant le conseil de guerre, deux envoyés en Allemagne, deux autres fusillés, et ce qui resta d'habitants dans la commune fut expulsé. Enfin, un jardinier, François Debergue, accusé d'avoir rompu cinq fois le télégraphe prussien, avait été amené, le 26 septembre, devant un conseil de guerre. Comme on allait procéder à une enquête pour établir sa culpabilité, qui n'était pas bien prouvée, il arrêta le président par ces mots : « J'ai coupé les fils télégraphiques, et, si j'étais libre, je le ferais encore, *parce que je suis Français !* » Cette héroïque réponse lui valut la mort, qu'il reçut le front haut.

MARLY-LA-MACHINE. — Marly-la-Machine est une dépendance de la commune de Bougival. Ce petit hameau, situé sur la rive gauche de la Seine, à 1 kilomètre au nord-ouest de Bougival et à la même distance au nord de Marly-le-Roi, doit son nom à la curieuse machine hydraulique que Rennequin Sualem y avait établie en 1682 pour alimenter le bassin du parc de Versailles. Cette machine, qui avait coûté plus de huit millions de livres, se composait de 14 roues de 6 toises de diamètre faisant mouvoir 221 pompes aspirantes et foulantes, étagées sur le flanc du coteau et devant porter 5,000 mètres cubes d'eau en vingt-quatre heures dans l'aqueduc de Marly. Malgré différents perfectionnements qui lui furent apportés, son débit avait bien décru, et ses frais d'entretien étaient énormes. En 1858, on lui substitua une autre machine de l'invention de l'académicien Regnault; elle se compose de six roues hydrauliques mises en mouvement par la vapeur et portant à l'aqueduc 6,000 mètres cubes d'eau en moyenne par jour, en tenant compte des chômages forcés de la machine, dont trois roues seulement fonctionnent, tandis que les trois autres restent en réserve.

Rueil. — Rueil (*Rotolajum, Roialum*), station de la ligne de Paris à Saint-Germain, à 11 kilomètres au nord-est de Versailles et à 8 de Marly, est une petite ville de 8,087 habitants, du canton de Marly et de l'arrondissement de Versailles; elle dépendait autrefois de l'Ile-de-France et du diocèse de Paris. Son origine est très ancienne; Childebert y possédait une maison en 512, et Charles le Chauve, en 870, donna la terre de Rueil à l'abbaye de Saint-Denis. Rueil eut beaucoup à souffrir des invasions des Normands et des Anglais; un château voisin, devenu célèbre et dont nous reparlerons, a gardé un nom qui rappelle les malheurs de ces invasions : c'est celui de *Mala-Domus*, la Malmaison. Des événements d'un autre ordre augmentèrent dans la suite la célébrité de ce pays. Le cardinal de Richelieu y acheta d'un riche bourgeois de Paris nommé Moisset un château qu'il agrandit et embellit considérablement, sans négliger, dit une croyance populaire, d'y établir des oubliettes. Il fit de ce château de Rueil sa plus habituelle résidence; le célèbre Père Joseph (du Tremblay), le conseiller, le confident du cardinal, y mourut le 18 décembre 1638; les courtisans et les hauts employés vinrent se construire des habitations dans les environs, pour se rapprocher du ministre tout-puissant. Richelieu, par testament, laissa cette propriété à sa nièce, la duchesse d'Aiguillon; la reine régente Anne d'Autriche y vint la visiter plusieurs fois; en 1648, la cour, menacée par les frondeurs, s'y retira précipitamment, et, l'année suivante, la reine y eut une conférence avec les députés du parlement. Le château resta en la possession de la famille de Richelieu presque jusqu'à la Révolution française. Après avoir perdu une grande partie de ses dépendances, vendues comme propriétés nationales, il fut acheté par le maréchal Masséna, qui lui rendit un instant quelque chose de son ancienne splendeur; aujourd'hui, il n'en reste plus de traces.

Rueil fut aussi le berceau de la communauté de Saint-Cyr. Deux religieuses du nom de Brinon et de Saint-Pierre avaient fondé un pensionnat à Montmorency; dans une visite qu'elles firent à Mme de Maintenon pour implorer sa protection, elles plurent tellement à la favorite que, pour les rapprocher de sa personne et de la cour qui résidait alors à Saint-Germain, elle loua pour elles une maison à Rueil et leur donna un chapelain. Lorsque Louis XIV transféra son séjour à Versailles, le pensionnat naissant fut d'abord établi à Noisy-le-Roi, en 1684, puis définitivement à Saint-Cyr; mais la communauté conserva la seigneurie de Rueil et fut dotée des revenus désignés sous le titre de mense abbatiale de Saint-Denis.

Rueil a conservé de l'époque de Richelieu l'apparence d'une petite ville; les rues en sont larges, régulièrement alignées et les maisons bien bâties; elle possède de nombreuses fontaines et une très belle caserne; son église, dédiée à saint Pierre et saint Paul, est un monument assez curieux; certaines parties, le clocher entre autres, datent du temps de la domination anglaise; une inscription, gravée sur un des piliers de la nef, apprend que la première pierre des travaux entrepris en 1584 fut posée par Antoine Ier, roi de Portugal, et ses deux fils dom Emmanuel et dom Christophe, qui se trouvaient alors à Rueil avec leur père. Le portail, œuvre de Mercier, est dû à la munificence du duc de Richelieu; les armes du cardinal y sont gravées. A l'intérieur, on remarque les statues des deux patrons de l'église, attribuées au sculpteur Sarrazin; le mausolée élevé à la mémoire de l'impératrice Joséphine, et près de lui les tombeaux de la reine Hortense, sa fille, et du comte Tascher de La Pagerie.

Le territoire de Rueil, borné au sud par des collines boisées d'une assez grande élévation, à l'est par les versants du Mont-Valérien, et ouvert à tous les vents de l'ouest et du nord, est peu favorable à la culture de la vigne et produit principalement des céréales; depuis quelques années, l'industrie cherche à pénétrer dans le pays et les hautes cheminées de plusieurs usines témoignent des heureux essais qui y ont été tentés.

On ne saurait parler de Rueil sans consacrer quelques lignes au domaine de LA MALMAISON, qui est une de ses dépendances et que tant de souvenirs rattachent à notre histoire contemporaine.

Simple grange en 1244, vendue comme bien national en 1792, cette propriété fut acquise par M. Lecouteulx de Canteleu, alors banquier, et depuis sénateur, qui la céda l'année suivante à Joséphine Tascher de La Pagerie, veuve de Beauharnais et femme du général Bonaparte. C'est là que se retirait Joséphine pendant les absences de son époux ; embellie par ses soins, la résidence s'agrandissait et se décorait à mesure que se consolidait la fortune du futur empereur. Une partie du parc était consacrée à des essais d'agriculture ; une autre était transformée en un jardin botanique, dont Bompland fit un des plus précieux jardins des environs de Paris ; la ménagerie était une des plus complètes de l'Europe. Ces touchantes consolations contre les chagrins de séparations momentanées, le souvenir de fêtes intimes qui célébraient chaque retour, qui saluaient chaque victoire, tout fut impuissant contre la mortelle douleur du divorce ; la santé de Joséphine s'altéra : elle était malade et alitée lorsque, en 1814, l'empereur Alexandre voulut la visiter ; par un reste de coquetterie féminine ou dans un sentiment exagéré des convenances, elle voulut se lever pour le recevoir et l'accompagna même dans ses jardins qu'il était curieux de connaître ; le soir le mal avait empiré, et, trois jours après, le 30 mai 1814, l'impératrice Joséphine était enlevée à l'amour des habitants de Rueil qui perdaient en elle une véritable bienfaitrice. En 1815, après le désastre de Waterloo, Napoléon Ier revit la Malmaison qui, depuis la mort de Joséphine, appartenait à ses enfants. C'est de cette résidence, où s'étaient écoulées les premières années de sa grandeur, que, le 29 juin, il partit pour se rendre à Rochefort où l'attendait *le Bellérophon*. A peine eut-il quitté la Malmaison que les Anglais et les Prussiens y entraient et la dévastaient. La Malmaison devint la propriété de la reine d'Espagne Marie-Christine, qui la revendit à Napoléon III ; à la chute du second Empire, il fut revendiqué par le Domaine de l'État qui l'aliéna en 1877 ; il a été morcelé et mis en vente par lots.

Rueil, quoique protégé par le Mont-Valérien, eut beaucoup à souffrir de la guerre ; l'ennemi y brûla vingt-deux maisons et imposa de lourdes contributions à ceux des habitants qui n'avaient pas abandonné leurs demeures. Le 3 avril 1871, après la signature de l'armistice, Rueil fut encore envahi ; mais cette fois ce fut par les fédérés parisiens, commandés par Flourens et Duval. Ne se trouvant pas soutenus comme ils l'avaient espéré, et redoutant les feux du Mont-Valérien, ils reculèrent en désordre par le pont d'Asnières. C'est alors que Flourens, surpris dans une maison de Nanterre, y fut tué.

LA CELLE-SAINT-CLOUD. — La Celle-Saint-Cloud est une commune de 663 habitants, située dans le canton de Marly-le-Roi, à 5 kilomètres au nord de Versailles, sur une hauteur qui domine le cours de la Seine et qui est couverte de bois dans lesquels on remarque de magnifiques châtaigniers.

La Celle doit son origine à un ermitage, *cella;* elle est désignée dans un acte de 697 sous le nom de *Cella fratrum;* elle fut cédée à cette époque au monastère de Saint-Germain-des-Prés sous Paris. Plus tard, en 846, ce village, qui avait été fortifié, fut assiégé par les Normands ; mais Charles le Chauve les éloigna à prix d'argent. L'église de Saint-Pierre ayant été dévastée par un parti huguenot, les moines de Saint-Germain-des-Prés, qui avaient à La Celle une maison de retraite et de convalescence, ne s'y crurent plus en sûreté ; ils aliénèrent ce domaine en 1616 ; il eut alors pour premier seigneur séculier Joachim Sandras, dont les héritiers le vendirent en 1683 au roi Louis XIV. Ce prince se plaisait à La Celle, que l'on écrivait aussi à cette époque *La Selle;* il venait s'y reposer quand il chassait dans les environs. Le 19 juin 1695, il y vint déjeuner avec Mme de Maintenon chez le prince de Marsillac, duc de La Rochefoucauld ; à ce propos, Mme de Coulanges écrivait à sa cousine, Mme de Sévigné : « Sa Majesté même, il y a quelques jours, Mme de Maintenon, suivie de ses dames, soupa dans une maison de campagne de ce nouveau favori (La Rochefoucauld), qui se nomme La Celle ; et je vous l'écris ainsi pour ne point vous dire qu'*il les mena à la Selle*. » Le mot n'est-il pas un peu risqué pour une dame de qualité ? C'est à partir de cette époque que l'on écrivit La Celle au lieu de La Selle.

Le château de La Celle appartint plus tard à Mme de Pompadour ; Collé y composa sa fameuse pièce : *la Partie de chasse de Henri IV*, qui dut son succès plutôt au sujet qu'à son mérite littéraire. De nos jours, Morel de Vindé, pair de France, et après lui

M. Pescatore en furent propriétaires : l'un y éleva un beau troupeau de moutons mérinos, et l'autre des chevaux.

De la commune de La Celle-Saint-Cloud dépend également le château de Beauregard, bâti pour le Père Lachaise, confesseur de Louis XIV, et dans lequel les petits-fils du comte d'Artois passèrent leur enfance. Sous Napoléon III, il servit d'asile discret à mistress Howard, qui l'avait fait rebâtir en 1855.

La Celle-Saint-Cloud possède, en outre, de belles maisons de campagne. Ses environs offrent de jolies promenades et de magnifiques points de vue.

Saint-Germain-en-Laye. — Saint-Germain-en-Laye (*Sanctus Germanus in Laya*, *Ledia Germani*, *Germanopolis Ledia*), chef-lieu de canton, à 12 kilomètres au nord de Versailles et à 23 kilomètres à l'ouest de Paris, avec lequel elle communique par un chemin de fer particulier, compte aujourd'hui 17,199 habitants. Cette ville faisait autrefois partie de l'Ile-de-France et du diocèse de Paris.

Parmi les forêts qui couvraient jadis le territoire du département de Seine-et-Oise, une des plus considérables était celle connue sous le nom de *silva Lida* ou *Ledia*. Vers l'an 1010, le roi Robert choisit le sommet de la colline que couvrait cette forêt pour y fonder une chapelle dédiée à saint Vincent et à saint Germain; un monastère compléta sans doute sa fondation, car, trente ans après, à la prière d'Imbert, évêque de Paris, Henri Ier donna au chapitre de la cathédrale le gouvernement temporel et spirituel de la petite abbaye de Saint-Germain et de Saint-Vincent. Louis le Gros se fit bâtir un château dans le voisinage de ce monastère. Depuis Louis le Gros jusqu'au xve siècle, nous n'avons aucun document sur l'existence du monastère et du château : l'histoire de leurs accroissements est très obscure; on doit supposer cependant que la réunion du monastère à l'abbaye de Coulombs, en 1060, et la reconstruction du château sous Charles V attirèrent dans le voisinage quelques serfs et quelques paysans et qu'un bourg s'y était formé, puisqu'il est question, dans de vieilles chroniques, du *copieux butin* que les Anglais y firent dans leurs invasions de 1346 et 1419. François Ier, trouvant la cité agréable, fit abattre le vieux château de Charles V; on n'en conserva que la chapelle consacrée à saint Louis et le donjon. Il fit comprendre dans l'enceinte du nouveau château l'ancien monastère et y séjourna souvent. Mais ce château avait trop l'apparence d'une forteresse : il n'était plus dans le goût de l'époque; aussi Henri II le négligea-t-il pour en faire construire un nouveau, le Château-Neuf, qui s'éleva sur le bord de la colline, dominant le cours de la Seine et auquel on accédait de la rive gauche à l'aide de terrasses successives sous lesquelles on avait ménagé des grottes garnies de coquillages et ornées de statues mythologiques se jouant au milieu des eaux. A la mort de Henri II, François II s'y retira avec sa cour et le prince de Guise. Charles IX voulut y établir une manufacture de glaces à l'instar de celles de Venise. C'est à Saint-Germain qu'eurent lieu, en 1562, les conférences entre les principaux docteurs des deux communions catholique et protestante. Henri III y tint, en 1583, une assemblée de notables. Enfin, le 10 juillet 1598, Henri IV rendit des lettres patentes par lesquelles il exemptait les habitants de toutes charges et de tous impôts. Ces immunités, confirmées plus tard par Louis XV, contribuèrent autant que la présence de la cour à augmenter le chiffre de la population de la ville. Pendant que les puissantes familles élevaient, comme celle de Noailles, des hôtels dignes de l'importance de leurs charges ou appropriés à leur fortune, on construisait des habitations plus modestes pour les petits rentiers attirés par la beauté des promenades, la salubrité de l'air et les conditions exceptionnelles de la vie à bon marché; cette dernière classe d'habitants, qui naturellement ne suivit pas la cour à Versailles et devint par conséquent une partie d'autant plus notable de la population, a inspiré à Mercier, dans son *Tableau de Paris*, une critique railleuse et mordante qui, si elle fut fondée de son temps, ne reposerait aujourd'hui sur aucune apparence de vérité. Saint-Germain ne porte pas, comme semble le faire Versailles, un deuil éternel du départ de la cour; les rentiers qui habitent ses faubourgs sont ou d'élégants Parisiens ou des étrangers, des Anglais principalement, aux habitudes confortables; l'herbe ne pousse pas entre le pavé des rues, et le centre de la ville, animé par de nombreuses boutiques, est plein de la vie et du mouvement des affaires. Un marché bien situé, près d'une halle couverte, est le centre d'un commerce considérable de céréales et attire chaque semaine à Saint-Germain les cultivateurs et les fermiers des environs. Le sol des communes qui avoisinent Saint-Germain, par la diversité de ses expositions et de ses niveaux, se prête aux cultures les plus variées : blés, vignes, prairies, légumes et fruits sont en abondance et d'excellente qualité dans cette heureuse contrée ; l'industrie est encore venue ajouter ses richesses à tous ces dons de la nature ; les tanneries, établies sur un cours d'eau qui baigne du côté du sud-ouest le pied de la montagne, jouissent d'une réputation déjà ancienne et toujours méritée ; les métiers pour le tissage s'y multiplient ; on y trouve aussi d'importants établissements pour la fabrication des boutons, la préparation du crin et les impressions sur étoffes. Un chemin de fer conduit les voyageurs de Paris presque sur la place même du château. Saint-Germain possédait autrefois plusieurs couvents de récollets, dames hospitalières, ursulines et augustines ; les constructions en ont été consacrées à des établissements de charité, parmi lesquels il faut citer un hospice pour les vieillards et un hôpital pour les malades civils et militaires.

L'église qui décore la place du château est restée plus de deux siècles en construction, agrandie ou remaniée sous chaque règne ; mais, malgré la participation de Mansart lui-même aux plans de l'édifice, il est certainement d'une valeur artistique très médiocre.

On a, en 1880, élevé une statue au libérateur du territoire, à Thiers, qui y est mort en 1877.

Les armes de la ville sont : *d'azur, à un berceau semé de fleurs de lis d'or, accompagné au second point en chef d'une fleur de lis d'or, et en pointe de la date du 5 septembre 1638* (date de la naissance de Louis XIV), *de même*.

Saint-Germain a vu naître Henri II, Madeleine de France et Marguerite de Valois, toutes deux filles de François Ier, Charles IX et Louis XIV ; il a donné le jour aux littérateurs Boucher de La Richarderie et Hamilton, auteur des spirituels *Mémoires du chevalier de Gramont ;* aux lieutenants généraux Le Tort et Willot. Le prince Eugène de Beauharnais y fut élevé dans un institut fondé par M. Mestro, devenu plus tard collège de Saint-Germain.

LE CHATEAU DE SAINT-GERMAIN a précédé, comme nous l'avons vu, la formation de la ville ; cependant, quoique son origine remonte à la seconde race de nos rois, quoique l'histoire signale la trace du passage ou du séjour de la plupart d'entre eux à Saint-Germain, les souvenirs attachés à l'édifice actuel ne remontent pas plus haut que François Ier.

C'était, à cette époque, un monument de forme pentagonale, irrégulière, ayant l'aspect d'une forteresse et dont cinq tours flanquaient chacune des façades ; les remparts étaient garnis de créneaux et de meurtrières ; un fossé profond, à revêtement en pierre de taille, en défendait les abords ; on y arrivait par trois ponts-levis, et le chiffre de François Ier était sculpté sur chacune des portes. La suppression des tours, leur remplacement par les cinq pavillons qui existent encore, furent l'œuvre de Louis XIV, dirigée par Mansart.

Saint-Germain doit encore à Louis XIV le reboisement d'une partie de sa forêt dont les futaies environnant le château tombaient de vétusté ; les allées percées dans les jeunes taillis furent dessinées par Le Nôtre, ainsi que les quinconces et les pelouses connus sous le nom de Parterre : il faut compter encore, parmi les embellissements qui datent du même règne, cette merveilleuse terrasse, œuvre de Le Nôtre, longue de 2,400 mètres, parallèle au cours de la Seine ; adossée d'un côté à la forêt, et planant sur un immense horizon demi-circulaire, du nord au sud sur tout le bassin de la Seine depuis sa sortie de Paris. A 200 mètres du château de François Ier, vers l'est, au-dessus des grottes, dont les murs de la terrasse actuelle sont le prolongement, Henri IV avait fait construire pour la belle Gabrielle un pavillon qu'on appela le Château-Neuf, et sur l'emplacement duquel Louis XIV avait songé à élever un nouveau palais avant de se décider à fonder Versailles. L'industrie privée s'est emparée de ce qui restait de ces ruines, et les salons d'un restaurateur occupent ce qui fut autrefois le Château-Neuf et le pavillon de la belle favorite. Louis XIV, en entraînant sa cour à Versailles, laissa le château de Saint-Germain à Mlle de La Vallière, qu'il abandonnait pour Mme de Montespan ; on raconte que la châtelaine délaissée portait un jour des consolations et des secours aux habitants d'un hameau voisin incendié, lorsque, dans le curé de ce village, elle reconnut le prêtre vénérable directeur de ses jeunes années, et que c'est à l'influence de ses conseils, à l'émotion des souvenirs que cette rencontre éveilla dans sa conscience et dans son cœur, qu'on peut attribuer sa retraite au couvent des carmélites. Après le départ de Mlle de La Vallière, en 1689, le château de Saint-Germain fut offert comme asile au roi d'Angleterre, Jacques II, chassé de ses États ; c'est là que furent préparées son expédition et sa descente en Irlande, c'est là aussi qu'il vint chercher la consolation et l'oubli de son nouvel échec dans les pratiques d'une dévotion presque monastique ; il y mourut le 16 septembre 1701, méritant l'épitaphe que fit pour lui un poète du temps :

> C'est ici que Jacques Second
> Sans ministres et sans maîtresse,
> Le matin allait à la messe
> Et le soir allait au sermon.

Sa fille, la princesse Marie, et sa femme, Josèphe-Marie d'Este, dont la mort suivit de près la sienne, furent les derniers hôtes royaux qu'ait eus le château de Saint-Germain. Napoléon Ier y fonda une école spéciale de cavalerie ; sous Louis XVIII, une compagnie des gardes du corps y fut logée ; plus tard, on y établit un pénitencier militaire. Sous Napoléon III, le château, après avoir été habilement restauré et rétabli tel qu'il était sous François Ier, a été converti en un musée d'archéologie préhistorique et gallo-romain, dans les salles duquel on retrouve tout ce qui concerne nos antiquités nationales, et mérite l'attention des curieux. Une salle d'étude et une bibliothèque sont annexées au musée.

On montre encore au-dessous de l'horloge l'entrée de souterrains qu'on est convenu d'appeler *oubliettes*. Les antiquaires ont prétendu reconnaître, dans le pavillon de l'est, l'escalier périlleux et discret qui, au début de sa carrière galante, conduisait Louis XIV dans les appartements des filles d'honneur de la reine mère.

La forêt de Saint-Germain, qui s'étend sur un espace de 4,400 hectares, dont les routes ont un développement évalué à 380 lieues, couvre un plateau élevé de 63 mètres au-dessus du niveau de la Seine. La salubrité de l'atmosphère valut à la ville, pendant la Révolution, le nom de *Montagne du Bel-Air*. Une première enceinte, sous François Ier, enfermait un parc de 200 hectares ; un mur plus récent la clôt aujourd'hui dans toute sa circonférence. Plusieurs édifices y ont été construits à différentes époques et méritent d'être mentionnés. Dans la partie la plus retirée, François Ier fit élever le pavillon de la Muette, au centre de huit routes qu'il aimait à voir traversées par les fauves habitants de la forêt. Le château du Val, aujourd'hui propriété particulière, à l'extrémité nord de la terrasse, fut d'abord un rendez-vous de chasse, dont de successifs agrandissements ont fait une délicieuse habitation.

Enfin la maison des Loges, succursale de l'institution de Saint-Denis, destinée à l'éducation des demoiselles de la Légion d'honneur, fut fondée comme couvent d'augustins déchaussés, par Anne d'Autriche, qui s'y était réservé un petit pavillon, où Mme Du Barry fut exilée momentanément, à la mort de Louis XV. Chaque année, les dimanche, lundi et mardi qui suivent la Saint-Fiacre, ces paisibles retraites sont envahies par une innombrable quantité de boutiques, de baraques de bateleurs, de cuisines improvisées. Les promeneurs y viennent en foule de Paris et des campagnes environnantes ; on y mange, on y danse en plein vent pendant trois jours et trois nuits. Ces lumières qui tremblent sous le feuillage des arbres, ces cris de joie, ces bruits d'orchestre, mêlés d'heure en heure au tintement mélancolique de la cloche du couvent, muet au milieu de tous ces bruits, sombre au milieu de toutes ces clartés, donnent à la *Fête des Loges* une physionomie particulière entre toutes les autres fêtes des environs de Paris.

« Le 19 septembre 1870, à huit heures du soir, cinq dragons allemands traversent la ville de Saint-Germain, au grand étonnement des habitants qui ne s'attendaient pas sitôt à une telle visite. Le 20, des officiers se présentant à la mairie font descendre le maire et lui annoncent, sans autre explication, qu'il est condamné à payer cent mille francs dans une heure, sans quoi la ville sera incendiée. Une heure après, cinq bombes sont lancées du Pecq ; une vieille femme en mourut de frayeur. Le 21, des soldats prennent des otages et les emmènent jusqu'à Rocquencourt. Le maire court après eux et demande une audience au général Schmidt. Avant de le recevoir, celui-ci dépêche un homme à Saint-Germain, porteur de menaces terribles. Sur ces entrefaites, entre dans la ville une brigade de cavalerie qui vint s'y loger. On se rassure, et le général de Redern, qui la commande, obtint le renvoi de l'affaire à son examen. Le maire parvient seulement alors à apprendre que ses administrés sont accusés d'avoir fait disparaître trois des dragons qu'on a vu passer le 19. Il n'a pas de peine à démontrer leur innocence, et les menaces n'ont pas de suite ; mais le général garde une caution de 10,000 francs qu'il s'était fait remettre, rendant la ville responsable du passage d'un ballon ! » (G. Desjardins.)

Tel fut le début de l'occupation allemande dans la ville de Saint-Germain, qui vit ses casernes occupées par la cavalerie des x° et v° corps, et dut satisfaire à de lourdes réquisitions. Le Pavillon Henri IV, dont les cuisines ne chômèrent pas, reçut fréquemment les princes qui venaient chasser à courre dans la forêt et contempler de la terrasse le Mont-Valérien et Paris, entourés par le bombardement d'une ceinture de fumée. Enfin, de nombreuses ambulances furent établies dans les différents quartiers.

LE PECQ. — Le Pecq, autrefois Aupec (*Alpicum, Alpecum*), station du chemin de fer de Saint-Germain, sur le versant d'une colline dominant la rive gauche de la Seine, à 14 kilomètres au nord de Versailles, n'est à proprement parler qu'un faubourg de Saint-Germain, dont un kilomètre à peine le sépare. C'était autrefois un des fiefs dépendant de l'abbaye de Saint-Wandrille de Rouen, qui y possédait de nombreux vignobles; c'est aujourd'hui une importante commune de 1,572 habitants, qui possède des fonderies de fer, des fabriques d'eaux minérales, des fabriques de châles. Un beau pont de pierre y traverse la Seine en aval du village. On voit au Pecq plusieurs belles maisons de campagne et des villas agréables; nous citerons les châteaux de Rocheville et de Grand-Champ.

Le 19 septembre 1870, Le Pecq fut occupé par le v° corps prussien, sous les ordres du général Kirchbach, et un des premiers soins de l'ennemi fut d'y établir une batterie pour intimider Saint-Germain, sur lequel, comme nous l'avons dit plus haut, elle lança cinq bombes. Le Pecq suivit la fortune de Saint-Germain pendant la guerre franco-allemande et fut accablé de réquisitions; il dut héberger une partie de la cavalerie du v° corps.

CHATOU. — Chatou, sur la rive droite de la Seine, que l'on y passe sur un beau pont, station du chemin de fer de Paris à Saint-Germain, à 6 kilomètres à l'est de cette dernière ville et à 14 kilomètres au nord de Versailles, est une importante commune de 2,956 habitants, qui possède des fabriques de bonneterie, d'impression sur feutre et de vitraux; une partie des habitants se livre aux soins de la culture maraîchère.

On compte à Chatou beaucoup de maisons de campagne, que sa proximité de Paris (15 kilomètres) et les agréments qu'offre la Seine pendant la belle saison y ont fait construire. Parmi ces dernières, on cite celles qui ont appartenu au chancelier de Maupeou.

A 1 kilomètre au sud est CROISSY, qui donne son nom à une longue île de la Seine, rendez-vous ordinaire des canotiers. Croissy doit au marquis d'Aligre d'utiles restaurations et des établissements de bienfaisance; il a eu pour curé M. l'abbé de Vertot, qui y écrivit ses *Révolutions de Portugal*, un de ses meilleurs ouvrages.

En 1870, après la prise de Strasbourg, la landwehr de la garde prussienne devenue disponible vint prendre position à Chatou, qui eut beaucoup à souffrir de l'occupation; son église fut dévastée. Dans les îles voisines, il se livra plusieurs escarmouches entre nos francs-tireurs et l'ennemi.

LE VÉSINET. — Le Vésinet (*Visiniolum*) est un lieu très ancien dont il est déjà question dans des titres du vIII° siècle. Childebert I° donna ce lieu, en même temps que Le Pecq et Marcoussis, à saint Wandrille, abbé de Fontenelle, et, en 1177, Louis VII renouvela cette donation. Il était alors planté en bois et en vignes; c'était un essart de l'ancienne forêt qui couvrait l'Ile-de-France dans sa presque totalité. Ce bois, que l'on appelait aussi le bois d'Échauffour, eut longtemps une mauvaise réputation; les bandits en avaient fait un des passages les moins sûrs des environs de Paris. Plus tard, lors de l'établissement du chemin de fer de Paris à Saint-Germain, on y établit une station, ce qui y attira quelques spéculateurs : on y bâtit des habitations; on y établit un champ de course; le bois fut divisé, morcelé, vendu par lots, et bientôt les maisons y furent en assez grand nombre pour que l'on y construisit une église et qu'on érigeât ce nouveau groupe en commune.

La commune du Vésinet ne date que de quelques années : c'est une des plus récentes des environs de Paris; elle dépend du canton de Saint-Germain-en-Laye et est située entre Chatou et Saint-Germain, à 3 kilomètres au sud de cette dernière et à 18 kilomètres de Paris. C'est une agglomération de villas et de maisons de campagne. On y voit un bel asile pour les femmes convalescentes des hôpitaux et un orphelinat pour les enfants alsaciens-lorrains de Paris. Sa population est de 2,465 habitants.

MAISONS-LAFITTE. — Maisons-Lafitte, que l'on appelle aussi Maisons-sur-Seine pour la distinguer

Château de Saint-Germain-en-Laye.

de sept autres communes du même nom, est très agréablement située sur la rive gauche de la Seine, près de la forêt de Saint-Germain, à 22 kilomètres au nord de Versailles, à 8 kilomètres au nord-est de Saint-Germain, son chef-lieu de canton, et à 17 kilomètres au nord-ouest de Paris. C'est une station de la grande ligne du chemin de fer de Paris à Rouen et au Havre; sa population est de 3,247 habitants.

Maisons ne fut, dans l'origine, qu'un humble village habité par des bûcherons et des mariniers; on y passait la Seine pour se rendre à Poissy, et il y avait sur le pont de bois un moulin à eau.

Le surintendant des finances, René de Longueil, ayant remarqué la beauté du site, y fit bâtir en 1650 un château par François Mansart, devenu plus tard la propriété du président de Maisons. Ce château a été souvent habité par Voltaire; il passa dans la suite au comte d'Artois, au duc de Montebello, enfin au banquier Lafitte, qui vendit une partie du parc, dans laquelle s'élevèrent des villas et des habitations élégantes. Aujourd'hui, Maisons est un des lieux mis à la mode pour la villégiature parisienne, et c'est surtout aux financiers et aux hommes de lettres qu'il offre l'abri précieux de ses ombrages pendant la belle saison.

Poissy. — Poissy (*Pisiacum, Pinciacum*), station de la ligne du chemin de fer de Paris à Rouen et au Havre (réseau de l'Ouest), à 19 kilomètres nord-nord-ouest de Versailles, chef-lieu de canton, peuplé de 4,300 habitants et situé sur la rive gauche de la Seine, dépendait autrefois de l'Ile-de-France et du diocèse de Chartres, et était la capitale d'une contrée appelée le Pincerais. L'étymologie de son nom latin, *Pisiacum*, semble indiquer que son origine remonte à quelques établissements de pêcheurs sur lesquels l'histoire ne nous a conservé aucun document.

Le titre le plus ancien que nous connaissons

sur cette localité est une convocation à Poissy des grands et des prélats du royaume, sous Charles le Chauve, en 868, ce qui permet de supposer qu'à cette époque Poissy avait déjà une certaine importance; on sait aussi que Robert, fils de Hugues Capet, y possédait une habitation. Sa charte communale était datée 1216. Poissy tomba deux fois sous la domination des Anglais, en 1346 et en 1419. Mais c'est au règne de saint Louis que se rattache principalement la célébrité de cette ville. Ce prince y naquit le 24 avril 1215 et conserva toute sa vie une tendre prédilection pour le lieu de sa naissance; il aimait à signer sa correspondance intime : *Louis de Poissy*, et, à ceux qui s'en étonnaient : « J'imite, répondait-il naïvement, les empereurs romains, qui empruntaient les noms des lieux témoins de leurs victoires; c'est à Poissy que j'ai triomphé de l'ennemi le plus redoutable : j'y ai vaincu le diable par le baptême que j'y ai reçu. »

A l'imitation de son aïeul Robert, saint Louis résida souvent à Poissy, et y laissa de nombreux embellissements comme traces de son passage. Le château fut réparé et rendu digne de recevoir la cour de France; la ville agrandie fut entourée d'un fossé et de murailles flanquées de hautes tours ; un pont, long de 400 mètres, fut construit sur la Seine, que jusqu'alors on ne traversait qu'en bateau ; et telle fut la solidité de ces travaux, que les assises servent encore de bases aux culées du pont actuel. Enfin, pour créer au commerce de la ville des ressources nouvelles, il y établit un marché aux bestiaux où la capitale et les pays environnants ont continué, jusqu'à ces derniers temps, à venir s'approvisionner. Ce marché se tenait précédemment dans un village du val de Galie, appelé Choisy-aux-Bœufs, dont l'emplacement est aujourd'hui compris dans les parcs de Versailles et de Trianon. Colbert, propriétaire de la terre de Sceaux, obtint pendant quelque temps la translation du marché dans cette résidence; mais, sur les réclamations des habitants de Poissy appuyées par les bouchers de Paris, la faveur fut partagée entre Sceaux, qui conserva son marché, et Poissy, qui fut autorisé à rouvrir le sien par lettres patentes de 1701. Ce dernier retrouva bientôt sa prospérité, et, pendant près d'un siècle qu'il exista, sa prépondérance ne fut jamais sérieusement compromise. Depuis quelques années, il a été transféré, ainsi que celui de Sceaux, à La Villette.

Le fils de saint Louis, Philippe le Hardi, qui avait donné un si touchant exemple de piété filiale en portant à Saint-Denis, sur ses épaules, le corps de son père, ne crut pas pouvoir mieux honorer sa mémoire qu'en élevant un couvent de religieuses de l'ordre de Saint-Dominique et une église monumentale dans la ville qu'il avait tant aimée. Cette église, continuée à la mort de Philippe le Hardi par Philippe de Valois et encore inachevée, est d'un grand intérêt historique; on assure qu'elle a été bâtie sur l'emplacement de l'ancien château détruit à cet effet, et que le maître-autel occupe l'endroit même où était le lit de la reine Blanche quand elle donna le jour à saint Louis; c'est à cette circonstance qu'on attribue l'orientation inusitée de l'église. Elle est dédié à la Vierge, elle a trois nefs; dans une des chapelles on voyait, il y a quelques années, les fonts sur lesquels la tradition assure que le saint roi fut baptisé ; ils ont été transportés depuis peu au Musée du Louvre. Les vitraux représentent l'accouchement de la reine Blanche, et au bas on lit cette inscription :

Saint Louis fut enfant de Poissy
Et baptisé en la présente église;
Les fonts en sont gardés encore ici
Et honorés comme relique exquise.

En 1687, des ouvriers, occupés à réparer le chœur de l'église, trouvèrent, dans un petit caveau, une espèce d'urne en étain posée sur des barres de fer, dans laquelle deux plats d'argent étaient enveloppés d'une étoffe d'or et rouge avec l'inscription suivante sur une lame de plomb :

Cy deden est le cœur du Roi Philippe qui fonda cette église, qui trépassa à Fontainebleau la veille de Saint-André
MCCCXIV.

Cette découverte, rapprochée du vœu émis par Philippe le Hardi que son cœur fût porté dans l'église de Poissy, ne permet pas le moindre doute sur l'authenticité de ces restes précieux.

Aujourd'hui, cette église, d'une architecture gothique fort riche et bien conservée, a été rangée au nombre des monuments historiques et vient d'être fort habilement restaurée.

Outre le couvent de dominicains dont nous avons dit la fondation en 1304, et où plusieurs princesses prirent l'habit religieux, Poissy possédait encore une communauté d'ursulines et de capucins, qui ont complètement disparu dans la tourmente révolutionnaire ; les bâtiments de l'ancien couvent des dominicaines, convertis en dépôt de mendicité pour les départements de la Seine et de Seine-et-Oise, par un décret de Napoléon Ier, le sont aujourd'hui en une maison centrale de détention, où les prisonniers, au nombre de 1,200 à 1,500, sont occupés à des travaux d'ébénisterie, de bijouterie, à la fabrication de cardes, d'objets de nacre, etc. Quoiqu'il en ait été question dans l'histoire du département, rappelons encore que c'est à Poissy, dans le réfectoire du couvent des dominicains, que se tinrent, du 9 au 19 septembre 1561, les fameuses conférences entre les docteurs catholiques et les ministres de la religion réformée, connues sous le nom de *Colloque de Poissy*.

Avec l'importance que donne à Poissy sa maison centrale, elle puise d'autres ressources encore dans l'industrie de ses habitants ; on y voit de belles carrières de pierres, des fabriques de produits chimiques, de coutellerie, de toiles cirées et de chaussons en tresse ; son territoire consiste en terres labourables très bien cultivées et en prairies que le voisinage de la Seine rend très fertiles. Poissy est traversé par la grande route de Paris à Caen et par la principale ligne du réseau de l'Ouest ; une large et belle chaussée le relie à Saint-Germain, dont il n'est séparé que par la forêt. L'aspect de la ville, triste et peu régulière, est beaucoup moins gracieux que celui de ses environs. Les seuls monuments qu'on y remarque sont, avec son antique collégiale, dédiée à saint Louis, habilement restaurée par Viollet-le-Duc et rangée parmi nos monuments historiques : l'hôpital civil et militaire, la caserne d'infanterie, la fontaine de la place de l'Ancien-Marché-aux-Bestiaux et la fontaine de la place du Petit-Marché. Poissy possède aussi plusieurs belles maisons de campagne, telles que le château de l'Abbaye ou du Prieuré, celui de Migneaux, les maisons de Bethmont et de Villiers. Entre la ville et la Seine s'étend une belle promenade plantée d'arbres.

Le 19 septembre 1870, les habitants de Poissy, réunis sur les quais, furent hélés par des Prussiens qui apparurent sur la rive droite de la Seine, vers Carrières. Comme on ne répondait pas à leur appel, les soldats les couchèrent en joue. Le maire, craignant qu'ils ne fissent feu, traversa le fleuve en bateau pour parlementer. On lui demanda d'envoyer des bateaux pour passer des troupes dans la ville : il se refusa à le faire. Alors les Allemands construisirent un pont de bateaux près de Triel, et le 20, au lever du soleil, 46 escadrons de cuirassiers, uhlans, dragons et hussards passèrent la Seine. Poissy fut envahi et occupé ; mais le sort de la ville, qui, par sa position, se trouvait isolée des opérations militaires, fut relativement heureux ; elle n'en fut pas moins soumise à de fortes contributions. L'énergie du maire, Hély d'Oyssel, sut contenir les mauvaises dispositions des détenus de la prison centrale, tout prêts à se révolter, et il put obtenir de l'ennemi cent fusils pour la police de l'établissement pénitentiaire. Ce ne fut qu'au commencement de septembre 1871 que Poissy se vit délivré de ses terribles garnisaires. En 1882, on a inauguré à Poissy un hippodrome dit de Saint-Louis, qui réunit, dans l'arrière-saison, l'élite des sportsmen des environs.

Les armes de cette ville sont : *d'azur, à un poisson d'argent posé en fasce, une fleur de lis d'or en chef, une autre en pointe.*

THIERVAL-GRIGNON. — Thierval est une commune agricole du canton de Poissy, située sur le ruisseau de Gally, petit affluent de la Mauldre, à 20 kilomètres au sud-ouest de Versailles ; sa population est de 553 habitants. Son église, qui date du XIIIe siècle, a été rangée au nombre de nos monuments historiques.

Parmi ses écarts, GRIGNON mérite plus particulièrement l'attention, à cause de son château, qui, après avoir été habité par les maréchaux Ney et Bessières, est, depuis 1827, le siège d'une école agronomique dont la réputation est aujourd'hui européenne. C'est à l'ingénieur Polonceau que revient l'initiative de la création de cet établissement si utile. Le parc a une étendue de 290 arpents ; on y trouve un banc de coquilles fossiles : on en a compté près de 600 espèces différentes. Beaucoup de ces mollusques ont encore leurs analogues bien reconnus, qui vivent dans des mers éloignées. Les terres labourables dépendant du domaine, et en dehors du parc, ont une superficie de 180 hectares ; elles couvrent le plateau qui domine le château. Ce dernier est occupé par les salles d'étude, la chapelle, le réfectoire et les dortoirs ; d'autres bâtiments annexes sont occupés par l'administration et les laboratoires. L'école admet cent élèves, tant boursiers que pensionnaires.

TRIEL. — Triel, station de la ligne du chemin de

fer de Paris à Rouen et au Havre (réseau de l'Ouest), à 24 kilomètres au nord de Versailles, autrefois paroisse de l'Ile-de-France et du diocèse de Rouen, est aujourd'hui une commune de 2,351 habitants, canton de Poissy, arrondissement de Versailles.

Sa situation sur la rive droite de la Seine et sur le passage des armées anglaises l'a souvent exposée à partager, à l'époque des invasions, le sort des villes voisines, Mantes, Meulan et Poissy. Son importance à cette époque nous est révélée par l'existence d'une église gothique d'un style assez pur, et dont les vitraux, d'une belle exécution, représentaient divers épisodes de la *Légende dorée*. Ce qui en reste est d'un très grand intérêt; elle a été rangée au nombre de nos monuments historiques.

Triel, avant la Révolution, possédait un château dont la princesse de Conti était propriétaire; on y voit aujourd'hui plusieurs habitations bourgeoises très agréablement situées. Un pont suspendu a remplacé le bac auquel on avait recours autrefois pour traverser la Seine. Ce pont fut rompu par les Français au commencement de la guerre de 1870; mais, le 20 septembre, deux divisions de cavalerie, sous les ordres du duc Guillaume de Mecklembourg, passèrent la Seine entre Poissy et Triel, sur un pont de chevalets péniblement construits par les pontonniers prussiens. Ce pont avait été une première fois rompu, grâce à la présence d'esprit patriotique de l'éclusier d'Andrésy, qui avait lâché les eaux de l'écluse.

De belles carrières de pierres meulières et de pierres à chaux constituent, avec la culture des céréales, de la vigne et des fruits de table, la richesse de cette agréable et intéressante petite ville.

MEULAN. — Meulan (*Mellentum, Veloccassium, Mulanctum*), station de la ligne du chemin de fer de Paris à Rouen et au Havre (réseau de l'Ouest), à 35 kilomètres au nord de Versailles, chef-lieu de canton, qui compte 2,374 habitants, était un ancien comté du Vexin français, et de ses trois paroisses en avait deux qui dépendaient du diocèse de Chartres et une du diocèse de Rouen. Dès le IIIe siècle, l'existence de Meulan est constatée par des chartes authentiques. Saint Nicaise, que la ville regarde comme son patron, y prêcha la foi chrétienne. Sa charte d'affranchissement, octroyée en 1189 par le comte Robert, et consignée dans un registre de Philippe-Auguste, est une des plus anciennes de France. Elle était calquée sur celle de Pontoise, et chargeait de l'administration municipale un maire assisté de douze pairs. Sa réunion à la couronne date de Philippe-Auguste, et la terre fut donnée plusieurs fois en apanage à des reines de France. Les comtes de Meulan y avaient élevé successivement deux châteaux forts : l'un, dû au comte Robert Ier, était dans l'île; l'autre, construit par Robert III, était destiné à remplacer, sur la montagne, une forteresse qui, de ce point élevé, protégeait la ville dès le Xe siècle. Un autre comte, Galleran, avait établi, entre l'île et les deux rives de la Seine, une communication au moyen de deux ponts dont l'un a été l'objet d'une restauration très remarquable dirigée par M. le marquis de Roy, ingénieur des ponts et chaussées. En outre, la ville, bâtie en amphithéâtre, était défendue par de hautes et fortes murailles. Ces précautions n'étaient, hélas! que des mesures indispensables et trop souvent insuffisantes. Jamais remparts ne furent exposés à de plus rudes et de plus fréquents assauts. En 1346, Meulan fut pris par les Anglais; ses environs et dépendances furent ravagés en 1359 par Charles le Mauvais, roi de Navarre; Du Guesclin s'en empara en 1363, et, en 1417, cette ville tomba au pouvoir du duc de Bourgogne. Meulan fut, en 1419, le théâtre de conférences entre Isabeau et Henri V d'Angleterre, dont le cérémonial rappelle la célèbre entrevue du Camp du drap d'or.

Après les guerres étrangères, Meulan eut encore à souffrir de tous les fléaux des guerres civiles. Armagnacs et Bourguignons se disputèrent cette place importante et se l'enlevèrent jusqu'à deux fois dans un seul jour, le 24 décembre 1435. Pendant les guerres de la Ligue, Mayenne la tint assiégée fort longtemps sans cependant pouvoir y pénétrer. Avant la Révolution, Meulan était le siège d'un bailliage royal qui ressortissait au parlement de Paris. Il y avait trois paroisses, un prieuré, un couvent de pénitents et une communauté de religieuses annonciades, fondée par Louis XIII en 1638. Des trois églises, une a été détruite, une autre a été conservée et sert de halle pour le marché aux grains; la troisième, sous l'invocation de saint Nicolas, est l'église paroissiale; les couvents ont été vendus comme biens nationaux; sur l'emplacement de celui des annonciades, deux jolies maisons ont été construites, ayant une délicieuse vue sur la Seine : l'une d'elles a appartenu à la veuve de Condorcet. Le comte de Maurepas a possédé dans l'île, sur l'emplacement de l'ancien fort, une charmante habitation en partie détruite. Chateaubriand a aussi habité Meulan ; il y aurait, dit-on, écrit une partie de ses *Mémoires*. Les collines qui entourent la ville sont plantées en vignes ; les plaines produisent des céréales, et de riches prairies s'étendent sur les bords de la Seine. Des exploitations de pierres à plâtre, des fabriques de bonneterie et de cordes, de nombreux moulins à farine, y alimentent le commerce et l'industrie. Meulan est sur la grande route de Paris à Caen, et a aujourd'hui une station sur la ligne de Paris à Rouen ; mais cette station, située au village des Mureaux, sur la rive gauche de la Seine, est à 1,500 mètres, c'est-à-dire assez éloignée de la ville.

Meulan, pendant la guerre de 1870, fut envahi en même temps que Poissy et Triel, et fut occupé jusqu'au mois de septembre 1871.

Elle porte pour armoiries : *d'azur, semé de fleurs de lis d'or*.

CONFLANS-SAINTE-HONORINE. — Conflans-Sainte-Honorine, station du chemin de fer de Paris à Dieppe par Pontoise, doit son nom à sa position un peu au-dessus du confluent de l'Oise avec la Seine, et son surnom aux reliques de sainte Honorine, qui y furent apportées de Graville, en 898, pour les préserver de la fureur des Normands. C'est une commune de 1,985 habitants, située dans le canton de Poissy, à 25 kilomètres au nord-ouest de Pontoise. Avant de recevoir les reliques de sainte Honorine, Conflans portait le nom de Conflans-sur-Oise. C'était un lieu déjà ancien que défendait un château fort dont il reste une tour carrée ; les seigneurs de Beaumont-sur-Oise y firent bâtir un prieuré pour recevoir les reliques de la sainte, qui avaient d'abord été déposées dans une petite chapelle. Ce prieuré, confié aux moines de l'abbaye du Bec en Normandie, prospéra et subsista jusqu'à la Révolution ; il avait été construit sur la colline.

Il y avait, à l'égard de la seigneurie de Conflans, un usage assez bizarre : le prieur du monastère de Sainte-Honorine était seigneur du lieu pendant quarante-huit heures chaque année, à compter de la veille de l'Ascension, à midi, jusqu'au lendemain de cette fête à la même heure. Pendant ces quarante-huit heures, la châsse de la sainte était exposée, et, le jour de l'Ascension, on faisait une procession solennelle dans la paroisse en faveur de cette sainte. Un usage singulier imposait à chaque cabaretier l'obligation, dès que la châsse était remise à sa place, de porter au prieuré une pinte de vin qu'on appelait la Pinte aux ribauds.

Conflans a perdu son prieuré ; mais il possède aujourd'hui le noviciat de la maison du Sacré-Cœur. On y voit quelques usines où l'on affine le fer et le cuivre, de nombreuses maisons de campagne ; on exploite sur son territoire de belles carrières, et la vigne y donne un vin assez estimé.

RAMBOUILLET (lat., 48° 38′ 5″ ; long., 0° 30′ 26″ O.). — Rambouillet (*Rumbellilum, Rambolitanum*), à 32 kilomètres ouest de Versailles, sur la grande route de Paris à Nantes et aujourd'hui station de la ligne du chemin de fer de Paris à Brest par Chartres (réseau de l'Ouest), est un chef-lieu de sous-préfecture avec tribunal de première instance, école des enfants de troupe, etc., etc., et compte une population de 4,750 habitants. C'était autrefois un village peu considérable de la province d'Ile-de-France, dans le Hurepoix ; il dépendait du diocèse de Chartres et de la généralité d'Orléans. Dès le VIIIe siècle, Rambouillet est cité dans une charte du roi Pépin au sujet des limites de la forêt d'Yveline. Du Xe au XIVe siècle, cette terre resta en la possession des sires de Montfort-l'Amaury ; elle passa ensuite par alliance à une famille normande, celle de La Roche-Tesson, puis à la famille Bernier, qui l'échangea, en 1368, contre d'autres terres, avec un des officiers de Charles VI nommé Regnault d'Angennes, lequel augmenta son domaine de tous les fiefs voisins. Un de ses successeurs fit ériger, en 1612, la terre de Rambouillet en marquisat ; il avait épousé Catherine de Vivonne, si connue dans l'histoire des lettres sous le nom de marquise de Rambouillet. Fille de cette femme célèbre, Julie d'Angennes apporta Rambouillet en dot au duc de Montausier ; la seconde fille de celle-ci l'apporta au duc d'Uzès. Ce dernier étant mort sans enfants, Rambouillet fut saisi par droit féodal sur ses héritiers et vendu à Fleuriau d'Arménonville, qui y fit de grands embellissements et le céda, en 1706, au comte de Toulouse, fils légitime de Louis XIV, en faveur duquel la terre de Rambouillet fut érigée en duché-prairie. Louis XIV et Louis XV y vinrent souvent ; enfin Louis XV acheta Rambouillet au duc de Penthièvre et y fit faire de nombreuses améliorations. C'est à lui que l'on doit l'établissement de la belle bergerie de moutons mérinos d'où proviennent tous les moutons mérinos qui existent en France.

Le château, qui date de la possession des sires de Montfort, était construit en fer à cheval et flanqué de tours dans la principale desquelles est mort François Ier, le 31 mars 1547. Ce château, restauré, agrandi successivement par ses propriétaires, éprouva des changements plus complets encore lorsque Louis XVI en eut fait l'acquisition ; 3 millions y furent dépensés à cette époque. Napoléon Ier ne l'oublia pas non plus dans son œuvre de restauration universelle, et cependant tous ces efforts n'ont pu le relever de l'état d'abandon où il est constamment retombé. Son exposition mal choisie, ses appartements intérieurs mal distribués, ses constructions irrégulières, l'ont toujours fait abandonner par les hôtes royaux qu'y avaient attirés d'abord la beauté de ses jardins dessinés par Le Nôtre, l'abondance de ses eaux et l'immensité de sa forêt si favorable pour la chasse. Le grand et le petit parc, dans l'enceinte desquels sont deux jardins : l'un planté à la française, et l'autre dans le genre anglais, ont une étendue de 1,500 hectares ; une seule pièce d'eau en compte 43 : c'est sur le bord de cet étang, dit *de Saint-Hubert*, que Louis XV fit élever un château, moins sombre que l'ancien, mais qui dura bien moins longtemps encore, et dont aujourd'hui il ne reste que des ruines. La forêt, partie de l'ancienne forêt d'Yveline, qui tient au parc, est d'une contenance de plus de 12,818 hectares, et c'est une des plus giboyeuses de France.

Les annales contemporaines ont aussi apporté leur tribut à la célébrité du vieux château : c'est dans ses murs que Charles X, retiré après la révolution de Juillet et entouré de sa garde qui l'y avait rejoint, préféra l'exil aux chances d'une bataille meurtrière que venaient lui offrir les Parisiens lancés à sa poursuite. C'est là aussi qu'après la seconde invasion, Napoléon Ier avait signé l'acte de son abdication ; et, pour les deux monarques déchus, Rambouillet fut la dernière étape royale jusqu'à Cherbourg et jusqu'à Rochefort.

Louis-Philippe, et après lui Napoléon III, vinrent plusieurs fois chasser dans la forêt de Rambouillet et séjournèrent au château, qui, ainsi que la terre et la forêt, appartient depuis 1870 à l'État. Dans certaines dépendances du château, on a établi une école des pupilles de l'armée pouvant réunir 320 enfants de troupe, dont 15 réservés à la marine.

La ville de Rambouillet n'a acquis d'importance que depuis son érection en chef-lieu d'arrondissement. Cette récente origine explique l'élégance et la régularité de ses constructions, la largeur de ses rues bien alignées et bien pavées, mais en même temps aussi l'absence de ruines ou de légendes intéressantes. Sauf un hôpital, fondé en 1731 par le comte de Toulouse, et une école de charité et de travail pour les enfants pauvres, dernières traces du bienfaisant passage du duc de Penthièvre, la ville n'offre rien qui mérite d'être cité. L'église est moderne ; l'ancienne, qui n'avait de remarquable que son assez grande dimension, renfermait un tombeau surmonté de deux statues de pierre qu'on suppose représenter Nicolas d'Angennes, seigneur de Rambouillet, lieutenant général des armées des rois Charles IX et Henri III, et Julienne, dame d'Arquenay, sa femme. Dans la chapelle de la Vierge, une simple dalle de marbre indique l'entrée du caveau où voulut être enterré, sans faste et sans pompe, le comte de Toulouse, mort en 1737. L'hôtel de ville renferme la mairie, le tribunal et la justice de paix. L'industrie est représentée dans cette ville par une fabrique de ressorts d'horlogerie ; le commerce est celui des grains, des bestiaux, des laines, des plumes et des bois. On a longtemps conservé à Rambouillet le casque et la cotte de mailles de François Ier ; mais ces objets ont été transportés, depuis la Révolution, au Musée d'artillerie de Paris. Rambouillet possède une société archéologique qui a produit d'utiles travaux historiques et une société médicale.

C'est le 27 septembre 1870 que les Prussiens, commandés par le duc Guillaume de Mecklembourg, parurent devant Rambouillet ; ils s'emparèrent d'abord, sans coup férir, des réserves de fourrages que la négligence de l'administration française avait oubliées dans les magasins de l'État. La ville et les communes de l'arrondissement furent occupées militairement et elles eurent à payer 2,717,396 fr. de réquisitions au préfet prussien, M. de Brauchitsch ; sans compter les dégâts commis par l'armée allemande, évalués, pour Rambouillet et les environs, à 22,765 francs.

Les armes de Rambouillet sont : *de sable, au sautoir d'argent, au chef d'azur, chargé de trois fleurs de lis d'or.*

DOURDAN. — Dourdan (*Dordingum*, *Dordanum*), station de la ligne de Paris à Tours par Vendôme (réseau d'Orléans), à 37 kilomètres au sud-est de Versailles, à 22 de Rambouillet, sur la petite rivière d'Orge, ancienne capitale du Hurepoix, dans la province de l'Ile-de-France, siège d'un bailliage, d'une prévôté, chef-lieu d'élection, avait un gouvernement particulier, un grenier à sel et dépendait du diocèse de Chartres, de l'intendance et du parlement de Paris. C'est aujourd'hui le chef-lieu de deux cantons, et elle compte 2,950 habitants. L'origine de Dourdan est fort ancienne ; les premiers Capétiens, attirés par les plaisirs de la chasse dans la grande forêt d'Yveline, qui, au sud, s'étendait jusque-là, y eurent de bonne heure un palais. Philippe-Auguste remplaça ce palais par un château fort autour duquel vinrent se grouper les habitants qui formèrent la ville. Ce château, dont il reste aujourd'hui l'enceinte quadrilatérale, était formé de courtines unissant huit tours, dont la principale, à l'angle septentrional, était le donjon. Cette maîtresse tour, comme on disait jadis, avait 26 mètres d'élévation du pied du fossé au sommet, et se partageait en trois salles voûtées, dont l'une souterraine, avec berceaux en ogive, dont les arceaux reposaient sur des consoles. L'enceinte du château de Dourdan et surtout le donjon sont en parfait état de conservation, grâce aux soins éclairés du propriétaire, M. Joseph Guyot, membre de la Société archéologique de Rambouillet, et auteur d'une bonne monographie de Dourdan. Il a fait restaurer le donjon par Viollet-le-Duc.

L'histoire de la ville de Dourdan et celle de son château se confondent. Le domaine de Dourdan a successivement appartenu aux rois de France, aux comtes d'Évreux, aux ducs de Berry et de Bourgogne, à la maison de Guise, aux ducs d'Orléans. Le château a été plusieurs fois assiégé ; de tous ces sièges, le plus mémorable est celui qui fut soutenu contre le duc de Biron, en 1591, par le capitaine ligueur Jacques ; celui-ci rendit la place, mais il en sortit avec les honneurs de la guerre. Le donjon servit aussi de prison, notamment à Jeanne de Bourgogne, femme de Philippe le Long, accusée d'adultère, avec ses sœurs, à la suite des désordres qui valurent à la tour de Nesle sa sinistre célébrité. Plus tard, une partie de la bande des brigands connus sous le nom de *Chauffeurs* y fut enfermée ; en 1791, le château fut converti en prison départementale ; il subit alors de nombreux changements intérieurs et conserva cette destination jusqu'à ce l'on eut ouvert les prisons de Poissy, en 1818 ; alors il fut converti en une habitation particulière, à l'exception du donjon, qui continua jusqu'en 1852 à servir de prison communale et de lieu de sûreté pour les prisonniers de passage.

Dourdan, avec le titre de comté, était, avant la Révolution de 1789, un des domaines de la maison d'Orléans. La ville avait, à l'exemple du château, été fortifiée de fossés et de solides murailles flanquées de tours ; de ses deux paroisses, l'une, dédiée à saint Pierre, a été supprimée ; celle qui subsiste aujourd'hui, placée sous l'invocation de saint Germain, est un joli monument d'architecture gothique qui a été très habilement restauré il y a quelques années, et dont le portail est surmonté de deux flèches, à l'imitation de celles de la cathédrale de Chartres. Sur la cloche de l'horloge, on lit ces vers :

> Au venir des Bourbons, au finir des Valois,
> Grande combustion enflamma les François.
> Tant je vous sonnay lors de malheureuses heures :
> La ville mise à sac, le feu en ce sainct lieu,
> Maint bourgeois ransonné, ô Dourdan ! priez Dieu !
> Qu'à vous à tout jamais je les sonne meilleures.
> En l'an 1559, Thomas Mouset m'a faicte.

La halle de Dourdan est une vieille construction du moyen âge qui s'élève sur la place du Marché, en face du château ; il s'y tient, le samedi, un marché aux grains d'une grande importance qui contribue à fixer le prix des mercuriales pour l'alimentation de la capitale. Les anciens fossés ont depuis longtemps été convertis en boulevards ; la ville possède une très belle promenade : c'est le Parterre, ancienne propriété de la famille de Vertaillac. Les bâtiments en sont occupés par la mairie, la justice de paix et la Caisse d'épargne ; enfin Dourdan possède un bel hôpital très bien tenu et contenant 160 lits. Cette petite ville, autrefois renommée par ses poteries, ses fabriques de bas, possède une filature hydraulique, une scierie mécanique, des blanchisseries, une fabrique de machines agricoles, des tanneries. C'est la patrie du moraliste La Bruyère ; le poète Regnard, qui fut bailli de Dourdan, eut à ses portes une agréable habitation, *Grillon*, dont il faisait les honneurs à ses amis ; enfin, dans son cimetière, repose Roustan Raza, le mameluk de Napoléon Ier.

Les environs de Dourdan, et principalement la vallée de l'Orge, entre Arpajon et Dourdan, offrent de charmantes promenades bien appréciées par l'école des paysagistes parisiens.

Les armes de Dourdan sont des armes parlantes; elles rappellent sa principale industrie. Elles sont: *d'azur, à trois pots de fleurs, à deux anses d'or, 2 et 1.*

En 1870, Dourdan fut occupé par les Allemands, et ses habitants furent soumis à des réquisitions vexatoires; ils eurent un instant la satisfaction, le 10 novembre, d'assister à la retraite des troupes du général Von der Thann, chassées d'Orléans; mais la 17º division du XIIIº corps, commandée par le grand-duc de Mecklembourg, accourut au secours des Bavarois, et l'occupation étrangère pesa de nouveau de tout son poids sur ce malheureux et intéressant pays.

Le Val-Saint-Germain. — Le Val-Saint-Germain, commune de 539 habitants, située à 7 kilomètres au nord-est de Dourdan, son chef-lieu de canton, et à 20 kilomètres au sud-est de Rambouillet, sur la petite rivière de la Rémarde, est bien plus connue dans la Beauce sous le nom de *Sainte-Julienne*, à cause du pèlerinage qui y avait lieu autrefois.

Un chevalier breton, revenant de la cinquième croisade, rapportait le crâne presque entier de sainte Julienne, martyrisée autrefois à Nicomédie. Il tomba malade au Val-Saint-Germain, et fit vœu, s'il guérissait, de laisser en ce lieu son précieux trésor dans une église qu'il ferait bâtir à ses frais. Son vœu fut entendu du ciel: il fit élever une église, qui fut plusieurs fois pillée et dévastée pendant les guerres qui désolèrent l'Ile-de-France, et dont il reste encore aujourd'hui la nef du milieu et le collatéral de gauche; il y déposa sa relique. Pendant plus de six siècles, les pèlerins, attirés par la renommée du lieu, s'y sont donné rendez-vous chaque année, principalement dans la semaine de la Pentecôte, de plus de trente lieues à la ronde, et cela donnait lieu à une foire moitié religieuse, moitié profane. En témoignage de leur pèlerinage, les paroisses circonvoisines laissaient une torche ou un cierge votif dont la poignée ou souche était enrubannée, ornée de fleurs, d'emblèmes, etc.

Aujourd'hui, il vient peu de pèlerins à Sainte-Julienne; mais on peut y voir, outre les reliques de la sainte, dans le collatéral de gauche, toute une collection de ces souches, portant chacune le nom de la commune qui l'apporta et témoignant de la ferveur religieuse du temps passé.

C'est au Val-Saint-Germain et dans sa maison de campagne, située au bout du village, du côté de Saint-Cyr-sous-Dourdan, qu'est mort, à l'âge de 84 ans, l'académicien Viennet, auquel on doit la tragédie d'*Arbogaste*, quelques jolies fables et un roman sur *la Tour de Montlhéry*.

Saint-Chéron. — Saint-Chéron, station du chemin de fer de Paris à Tours par Vendôme, à 9 kilomètres à l'est de Dourdan, son chef-lieu de canton, et à 38 kilomètres au sud-est de Rambouillet, est situé dans la charmante vallée de l'Orge, qui, depuis Arpajon jusqu'à Dourdan, offre tant de sites et de points de vue remarquables. C'est une commune exclusivement agricole qui compte 1,188 habitants.

C'est sur son territoire que se trouve le fameux château de Bâville, résidence de Lamoignon, chanté par Boileau, habité par Mme de Sévigné, visité par Racine, Regnard et Bourdaloue, qui se plaisait à faire le catéchisme aux enfants du village. Dans le parc, qui a 250 hectares, on remarque deux accidents géologiques curieux: ce sont les *Buttes de Bâville*, composées de sables et de roches de grès ayant, l'une, la *Butte Saint-Nicolas*, 152 mètres d'altitude; l'autre, la *Butte Sainte-Catherine*, 145 mètres. Elles sont couvertes de sapins, ce qui exagère encore leur hauteur dans le paysage; on les découvre de fort loin, et, du sommet de la Butte Saint-Nicolas, on a surtout un très beau panorama.

Non loin de Saint-Chéron, sur la commune de Breuillet, station du chemin de fer de Paris à Tours par Vendôme, est le beau château du Marais, bâti sous Louis XV par l'architecte Neveu. Il a appartenu à M. de Montmorin et à M. Molé; il est entouré d'eau de toutes parts, fournie par la petite rivière de la Rémarde, affluent de l'Orge; son parc renferme de très beaux arbres et des serres bien entretenues.

Saint-Sulpice-de-Favières. — Saint-Sulpice-de-Favières, près de la Renarde ou ruisseau de Souzi, petit affluent de l'Orge, doit une partie de son nom aux fèves (*fabariæ*) que l'on y cultivait, et l'autre au saint que l'on y honorait. C'est encore un ancien lieu de pèlerinage très fréquenté au temps jadis, et la foi s'y est traduite par l'érection de « la plus belle église de village de tout le royaume, » dit un vieil historien. Bâtie au XIIIº siècle dans un fond, au lieu où saint Sulpice guérissait des malades, vers le XIº siècle, elle rappelle

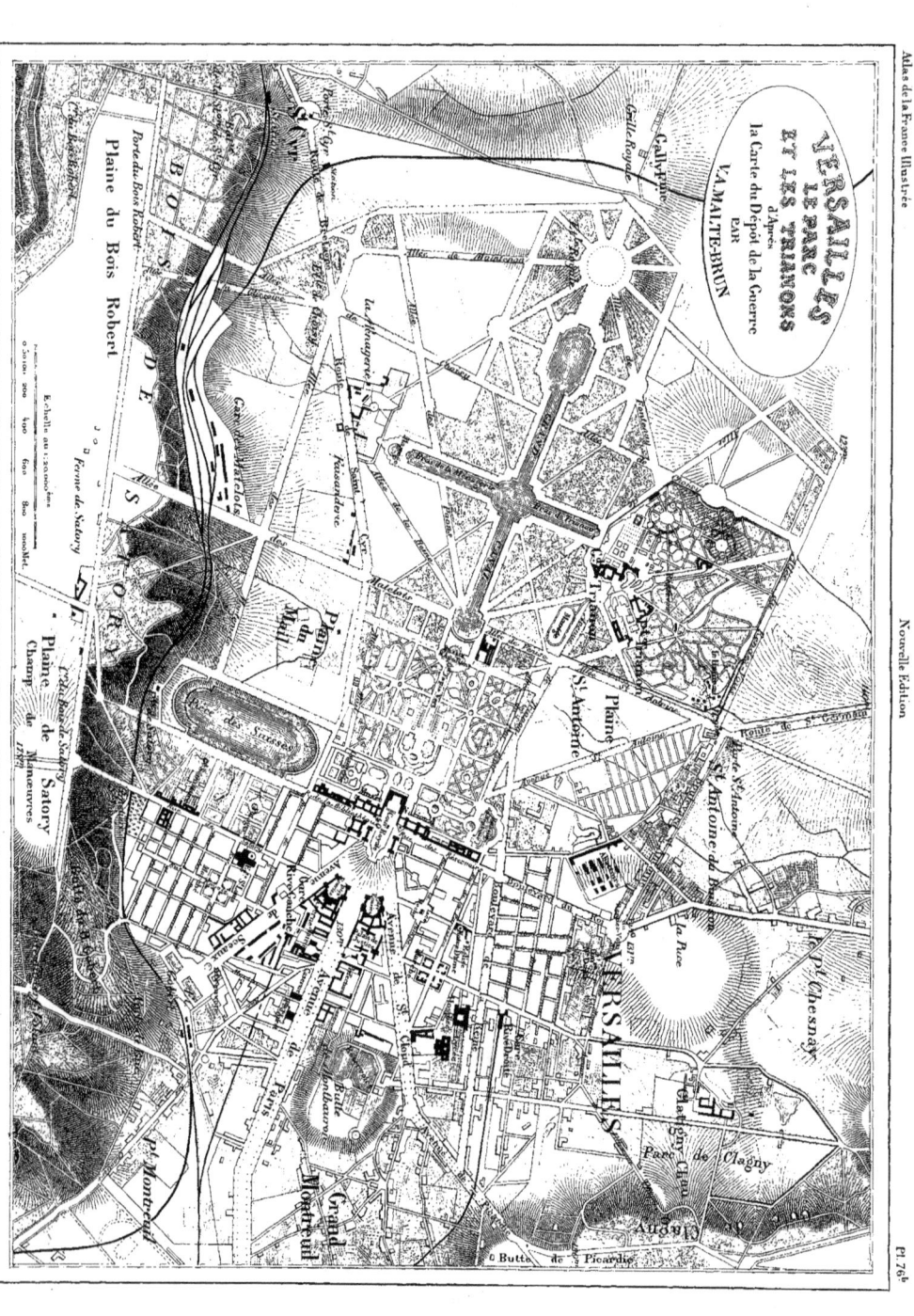

LA FRANCE ILLUSTRÉE PAR V.-A. MALTE-BRUN

VUE DES HAUTEURS DE BELLEVUE

95. — Seine-et-Oise (3ᵉ).

dans son élégance, et le triple étage des verrières du chœur, la Sainte-Chapelle de Paris. Sa façade, qui date de la première moitié du xiv° siècle, présente trois portes ornées de fines sculptures. Au pied de la tour du clocher privé de sa flèche s'avance l'ancienne chapelle, dite des Miracles, qui appartient au gothique primitif. On voit dans cette église, qui est à bon droit rangée au nombre de nos monuments historiques, plusieurs pierres tombales du xiv°, du xv° et du xvi° siècle; sur l'une d'entre elles, on lit un charmant sonnet de Gilles de Couldrier à sa fille morte à 19 ans (1604). La population de cette petite commune est de 257 habitants. Près de Saint-Sulpice-de-Favières est le château de Segrez ou Ségrais, dont le parc est très beau et arrosé par des eaux vives.

ROCHEFORT-EN-YVELINE. — Rochefort, surnommé en Yveline pour le distinguer des nombreuses communes qui, en France, portent ce même nom, est situé à 8 kilomètres au nord de Dourdan, son chef-lieu de canton, et à 14 kilomètres au sud-est de Rambouillet sur la route de Paris à Chartres, sur le ruisseau de la Rabette, affluent de la Remarde, sa population est de 547 habitants.

Cette commune doit son nom à la forteresse qui couronnait l'énorme et abrupt rocher au pied duquel elle est bâtie. Rochefort a été longtemps le repaire de ces seigneurs turbulents qui mirent en péril la royauté capétienne à son aurore. Un de ces seigneurs, Gui de Rochefort, était connétable, ce qui ne l'empêcha pas de guerroyer contre son roi Philippe Ier; un autre, Hugues de Crécy, que sa maigreur avait fait appeler Hugues le Cadavre, ne craignit pas d'étrangler, de ses propres mains, dans ce même château de Rochefort, Milon II de Montlhéry, son cousin, l'allié de Louis le Batailleur, plus tard Louis VI le Gros. La seigneurie de Rochefort passa successivement aux Montfort, aux La Roche-Guyon, enfin aux Rohan, aux La Rochefoucauld et aux La Roche-d'Yon. L'un de ses seigneurs, Mêle, duc de Rohan-Rochefort, avait fait construire en 1787, au pied de la forteresse féodale, un autre château mieux approprié aux besoins de la vie moderne; il fut abattu, sauf une aile, pendant la Révolution. Le bourg de Rochefort avait autrefois une telle importance qu'il avait été choisi pour le siège de l'un des doyennés de l'évêché de Chartres. L'église est bâtie à mi-côte du rocher, au-dessous des ruines de l'ancien château.

Aux environs de Rochefort, LE PLESSIS-MARLY ou PLESSIS-MORNAY, avec ses tourelles, ses combles en escalier, ses murs crénelés, et les tours de son enceinte, rappelle qu'il fut autrefois habité par Duplessis-Mornay, l'austère ami de Henri IV. M. de Pourtalès l'a converti en une école pratique de culture agricole et horticole pour les jeunes enfants appartenant à la religion réformée.

SAINT-ARNOULD. — Saint-Arnould, canton de Dourdan, à 15 kilomètres au sud-est de Rambouillet, sur la Remarde et près de la forêt d'Yveline, est une commune de 1,311 habitants, qui a dû quelque importance à sa situation sur l'ancienne route de Chartres. Elle possède une filature de coton, une fabrique de calicot, des blanchisseries de toile, un tissage de toile de crin et des fours à chaux; enfin, sur son territoire, il existe une source thermale.

Cette petite ville, dont la seigneurie appartenait aux comtes de Montfort, dépendait autrefois du Hurepoix et du diocèse de Chartres; elle était entourée de murailles; il en reste encore quelques débris. Son église, qui date du xi° siècle, et qui a été réparée au xv°, possède de beaux vitraux de cette dernière époque; sous le chœur, il y a une crypte fort ancienne.

A 4 kilomètres à l'ouest, et près des sources de la Remarde, est le petit village de SONCHAMP, qui est d'origine fort ancienne, car on y a trouvé des antiquités gallo-romaines, et près de là se trouve l'abbaye de *Clairefontaine*, fondée au commencement du xii° siècle, par la puissante famille des comtes de Montfort-l'Amaury; elle appartenait à l'ordre des augustins. Ses anciens bâtiments sont occupés par un hospice.

LIMOURS. — Limours, autrefois Limoux (*Limosus, Limors*), actuellement station terminale de la petite ligne du chemin de fer Paris-Orsay-Limours, à 25 kilomètres au sud de Versailles et 16 kilomètres de Rambouillet, chef-lieu de canton de l'arrondissement de Rambouillet, avec une population de 1,204 habitants, était autrefois une paroisse du diocèse de Paris, faisant partie du Hurepoix, dans la province de l'Ile-de-France. Son existence n'est constatée qu'à dater du xi° siècle, époque à laquelle Geoffroy, évêque de Paris, fit donation de l'église de ce lieu en 1091, à Baudry, abbé de Bourgueil en Anjou. La terre de Limours, après avoir appartenu, sous le règne de Philippe-Auguste, à Gauthier de Limours, passa, vers la fin du XV⁵ siècle, dans la maison de Jean de Châtillon et devint en 1516 la propriété de Jean Poncher, trésorier des guerres, qui y construisit un château, et « à cause des sommes qu'y employa ce financier, dit Dulaure, il fut pendu à Montfaucon qui était dans ce temps-là, selon L'Étoile, le rendez-vous ordinaire de ces messieurs. » Par arrêt du 18 septembre 1535, cette terre fut confisquée et donnée par François I⁵ʳ à la duchesse d'Étampes. Les embellissements exécutés par la duchesse, les séductions de la belle propriétaire y attiraient souvent le roi ; son chiffre était sculpté au-dessus de plusieurs fenêtres, et la prédilection qu'il marqua dans les dernières années de sa vie pour le séjour de Rambouillet s'explique par sa proximité de Limours. Des mains de la duchesse d'Étampes, Limours passa dans celles de Diane de Poitiers, maîtresse de Henri II ; puis elle appartint au duc de Joyeuse, mignon de Henri III ; ce qui a fait dire à l'auteur du journal de ce roi que le château avait été bâti par « Jean Poncher, malheureux et chétif trésorier, pour venir en proie successivement à toutes les mignonnes et les mignons de nos rois. » Le chancelier Chiverny acquit cette terre et la fit ériger en comté en 1607 en faveur de son fils, Louis Hurault, qui prit le titre de comte de Limours et vendit ensuite cette propriété à Richelieu, en 1623.

Limours, par les soins du cardinal, devint une des plus magnifiques habitations du royaume. La distance et les difficultés du gouvernement en tenaient le ministre si souvent éloigné, qu'il la céda à Gaston d'Orléans pour une somme de 375,000 livres. Incorporée avec Montlhéry au duché de Chartres, apanage de ce prince, elle fut à sa mort choisie pour retraite par Marguerite de Lorraine, sa veuve. La comtesse de Brienne en fut la dernière propriétaire ; les parterres et le parc, d'une contenance de 1,500 arpents soigneusement entretenus par elle, méritèrent d'être célébrés par Delille, dans son poème des *Jardins*. De toutes ces magnificences, la Révolution n'a laissé que des ruines. Les matériaux d'un ancien couvent du tiers ordre de Saint-François ont servi à la construction de deux maisons de campagne de bourgeoise apparence. L'église, qui date de François I⁵ʳ, est un monument en forme de croix, mais sans ailes ; le sanctuaire et la nef sont à plein cintre ; un faisceau de colonnes sur lesquelles descendent les arceaux des voûtes forme les piliers.

Aux travaux de l'agriculture dont les produits sont la principale richesse du pays, les habitants ont joint la fabrication de la faïence, de la poterie de terre et des briques pour bâtiments.

Deux foires assez importantes s'y tiennent régulièrement, depuis 1516, le dernier jeudi d'avril et le premier jeudi de septembre.

Pendant la guerre de 1870-1871, Limours fut occupé par les Allemands qui s'y établirent comme chez eux, jusqu'au jour tardif de l'entière évacuation du territoire de Seine-et-Oise.

MARCOUSSIS. — Marcoussis (*Marcocinctum, Marcociæ*), à 25 kilomètres au sud de Versailles, canton de Limours, arrondissement et à 34 kilomètres à l'est de Rambouillet, importante commune de 1,713 habitants, qui dépendait de l'Ile-de-France, est une ancienne seigneurie qui avait droit de haute et basse justice. Sa fondation remonte au VII⁵ siècle, époque à laquelle saint Wandrille y fit construire une chapelle et un prieuré. Milon *de Marcociis* en était le seigneur vers l'an 1100.

Mais la grande célébrité de Marcoussis ne date que du XIV⁵ siècle et de Jean de Montaigu, premier ministre de Charles VI, auquel on doit la construction d'un des plus curieux et des plus importants monuments de l'époque féodale.

Sur l'emplacement d'un vieux corps de logis qu'on appelait la Maison-Fort, dont il restait une tour carrée, au pied d'une roche perpendiculaire, dans le fond d'une vallée sauvage, arrosée par la Salemouille, dont les eaux venaient remplir de larges et profonds fossés, Jean de Montaigu fit élever en 1409 un château en forme de parallélogramme dont les quatre angles étaient défendus par de grosses tours rondes, couvertes d'ardoises avec courtines munies de mâchicoulis et de demi-tours découvertes. Deux ponts-levis, situés sur les flancs d'un ouvrage avancé formant bastion, donnaient accès dans une première cour dans laquelle se trouvaient les communs, les écuries ; un autre pont-levis séparait cette première cour de l'intérieur du manoir, dont la porte massive, défendue par une double herse, était surmontée d'un donjon menaçant, et décorée d'un médaillon représentant Charles VI ; dans le fond de la cour, à gauche, étaient deux chapelles superposées : l'une au rez-de-chaussée, pour la domesticité du château, l'autre au niveau du premier étage pour le seigneur et sa famille. Les chambres des tours d'angle étaient petites et octogones; sous celle du nord était une oubliette ou plutôt un caveau, qui existe encore, et dans lequel on ne pouvait descendre que par une échelle. Le bâtiment principal, qui regardait le levant et donnait sur des jardins, renfermait plusieurs belles salles dont les cheminées étaient décorées de cerfs et d'attributs de chasse. Le château de Marcoussis, abandonné pendant la Révolution, a été détruit en 1804 par ordre du marquis Armand Chastenet de Puységur, un des héritiers de la comtesse d'Esclignac. Ce château a été remplacé par un nouveau, bâti dans le style de la Renaissance, pour M. le marquis de La Baume-Pluvinel, qui a épousé la petite-fille du marquis de Puységur.

La terre de Marcoussis a successivement appartenu aux Montaigu, aux Graville et aux Balzac d'Entragues, aux d'Illiers-d'Entragues, au marquis de Rieux, à la comtesse d'Esclignac. Le château, dont il ne reste que la tour aux oubliettes et les douves des fossés, a plusieurs fois été assiégé et a servi de prison pendant trois mois, en 1650, aux princes de Condé, de Conti et de Longueville, arrêtés par ordre de Mazarin. Il a reçu successivement la visite de: Charles VI, Louis XI, Louis XII, qui y signa, en 1498, un traité avec l'Espagne; François Iᵉʳ, Louis XV et Louis XVI, qu'y attiraient les plaisirs de la chasse, tandis que Henri IV, captivé par l'astucieuse Henriette d'Entragues, y était attiré par un tout autre motif. C'est en revenant de chasser dans les bois de Marcoussis que Louis XV sentit les premières atteintes de la maladie qui allait l'emporter.

En même temps que le château, Jean de Montaigu avait fondé à l'extrémité du petit parc un prieuré de célestins, qui devint important par ses richesses et le savoir des religieux qui y résidèrent, au nombre desquels on doit compter Jean Gerson et son frère, qui portait le même prénom que lui. Au moment de la suppression de l'ordre des célestins, en 1779, cette maison possédait encore 80,000 livres de rentes en biens-fonds ou en redevances; elle comptait au plus 11 religieux et quelques frères servants. Ce couvent a été détruit à la Révolution, à l'exception du bâtiment principal aujourd'hui converti en maison de campagne.

De la commune de Marcoussis, qui est très étendue, dépendent plusieurs châteaux ou maisons de plaisance; citons celles de Bellejame, autrefois *Bellejambe*, que son propriétaire, qui était boiteux et qui redoutait les quolibets, obtint de Henri IV de désigner sous ce nouveau nom; le Chênerond, jolie habitation qui a remplacé une ancienne et vieille construction du temps de Louis XIII; Bel-Ébat ou Belesbat, qui domine le val de Galie; la Ronce, un des plus anciens fiefs de la seigneurie de Marcoussis; et le Déluge, belle habitation de plaisance qui occupe l'emplacement d'une ancienne commanderie du Temple, plus tard de Malte, qui relevait de celle de Saint-Jean-de-Latran, à Paris. On visite avec intérêt le portail de son ancienne chapelle, convertie en grange et, dans l'ancienne sacristie, qui, jusqu'à la Révolution, servait encore de chapelle particulière au commandeur du Déluge, quelques pierres tumulaires.

Marcoussis envoie à Paris pour plus de 100,000 fr. de primeurs, violettes, fraises, pois, asperges, artichauts; il fait un grand commerce de fruits et de fromages mous connus à Paris sous le nom de fromages de Montlhéry; on y fabrique des chaussures et des sabots : c'est un des villages les plus riches des environs de Paris. L'église paroissiale, dont le chœur a été construit en même temps que le château et le couvent des célestins, est celle de l'ancien prieuré de Saint-Wandrille; elle a été agrandie par les seigneurs de Balzac d'Entragues et de Graville dont on voit les armes à la croisée des arceaux des voûtes; sa façade, qui date de la Renaissance, vient d'être habilement restaurée. A l'intérieur, on remarque une Vierge en marbre blanc, œuvre de l'époque de la Renaissance, qui provient de l'ancien couvent, et une *Mater dolorosa*, de Ribera ou d'un de ses élèves.

Les armes de Marcoussis sont celles de Jean de Montaigu, fondateur de l'église, du château et du couvent, c'est-à-dire : *d'argent, à la croix d'azur, cantonné de quatre aigles au vol éployé de gueules, becquées et membrées d'or*, avec la devise ILPADELT, qui rappelle un trait de la vie de Jean de Montaigu.

Pendant la guerre de 1870-1871, Marcoussis fut occupé par les Bavarois du général Von der Thann et soumis aux plus coûteuses réquisitions. Pour trouver un nouveau prétexte d'en imposer de nouvelles, les chefs accusèrent les habitants d'avoir tiré des coups de fusil : c'étaient les soldats allemands qui avaient déchargé eux-mêmes leurs pistolets; l'énergie de M. J. Girard, alors maire de Marcoussis, empêcha le succès de cette ruse; il avait dénoncé les vrais coupables à leurs chefs; il faillit périr victime de la vengeance des soldats qui l'auraient écrasé sous les pieds de leurs chevaux, si un officier ne lui avait à temps porté secours; quelques jours après, il était encore arrêté et on se disposait à l'emmener, à peine vêtu, prisonnier à Versailles lorsqu'il put encore leur échapper. La buraliste de la poste, Mlle Dubourg, avec une habileté et un zèle au-dessus de tout éloge, paya aussi de sa personne et parvint à traverser les lignes prussiennes avec des paquets de correspondances.

Ce ne fut que le 11 février que Marcoussis se vit délivré de l'occupation étrangère. Les Allemands y laissaient plusieurs maisons pillées et dévastées.

Forges-les-Bains. — Forges-les-Bains, près d'un petit affluent de la Remarde, canton de Limours et à 20 kilomètres de Rambouillet, est une commune de 849 habitants, qui possède des sources minérales ferrugineuses alcalines et un établissement hydrothérapique fréquenté pendant la belle saison. La ville de Paris y entretient un hôpital parfaitement installé : 100 lits pour les enfants atteints de maladies scrofuleuses ou d'infirmités analogues. Dans les environs, nous signalerons : le château de Courson, qui possède une belle galerie de tableaux ; sur la route d'Arpajon, la tour de *Briis-sous-Forges*, dernier débris d'un ancien château où Anne de Boleyn, l'une des six femmes de Henri VIII d'Angleterre, fut, dit-on, élevée, et le château de *Fontenay-sous-Bois*, entouré d'un beau parc qui possède des eaux abondantes.

Chevreuse. — Chevreuse (*Caprosa, Caprosia*), sur la rive gauche de l'Yvette, à 17 kilomètres au nord-ouest de Versailles, chef-lieu de canton de l'arrondissement de Rambouillet, à 19 kilomètres au nord-est de cette dernière ville, compte aujourd'hui 1,786 habitants. Elle dépendait autrefois de l'Ile-de-France et du diocèse de Paris. Selon les étymologistes, son nom lui vient du nombre considérable de chevreuils ou chèvres sauvages qui peuplaient les forêts de son territoire. L'importance de Chevreuse et la célébrité de ses seigneurs lui venaient de son château, connu sous le nom de château de la Madeleine, un des plus forts et des plus renommés des environs de Paris. Il était situé sur la crête de la colline et dominait entièrement Chevreuse et la vallée de l'Yvette.

Pendant plusieurs siècles, une dynastie de seigneurs du nom de Milon posséda Chevreuse. A chaque pas dans l'histoire, on retrouve des preuves de leur puissance. Un d'eux soutint plusieurs guerres contre Louis le Gros et le comte de Montfort-l'Amaury, ne craignant pas d'abattre, pour la construction de ses machines de guerre, les plus beaux arbres des forêts appartenant à l'abbaye de Saint-Denis. En 1304, sous le règne de Philippe le Bel, c'était un seigneur de Chevreuse du nom d'Ansel ou Anseau qui portait l'oriflamme à la bataille de Mons-en-Puelle (1304), et telle fut son ardeur dans le combat qu'il mourut de chaleur et de soif, étouffé sous le poids de son armure. Philippe le Bel, accompagné de l'impératrice de Constantinople, s'y arrêta et y logea le 7 février 1306, et le 22 septembre 1308, dans le cours d'un voyage qu'il entreprit pour visiter les provinces de son royaume. Pris, en 1414, par Jean sans Peur, duc de Bourgogne, et livré par lui au roi d'Angleterre, il ne fit retour à la domination française qu'en 1438, sous Charles VII, quoique dans l'intervalle, en 1417, le prévôt Tanneguy Duchâtel eût repris la ville malgré la résistance des Bourguignons demeurés maîtres du château. Louis XI confisqua la terre de Chevreuse, possédée alors par un seigneur nommé Nicolas, qui avait embrassé le parti de la ligue dite du Bien public. Divisée en deux parties, elle fut acquise dans sa totalité, au commencement du XVIe siècle, par le duc et la duchesse d'Étampes, au profit desquels, en 1545, elle fut érigée en duché-pairie, de simple baronnie qu'elle avait été jusqu'alors. Elle passa, en 1551, au cardinal de Lorraine, qui, en 1555, obtint une nouvelle érection du duché en sa faveur. C'est sur ce pied que Chevreuse passa aux héritiers du cardinal. Marie de Rohan, veuve du dernier duc, et précédemment mariée au connétable de Luynes, ayant eu Chevreuse pour ses reprises, le transmit à Louis-Charles d'Albert de Luynes, fils de son premier mari, qui obtint à son tour, en 1667, une troisième érection de la terre en duché-pairie, et c'est en vertu de ce titre que les héritiers de Luynes ajoutent à leurs titres celui de ducs de Chevreuse. Louis XIV, voulant agrandir le parc de Versailles, échangea une partie de ce duché, en 1692, contre le comté de Montfort-l'Amaury et le donna aux dames de Saint-Cyr. Le château fut alors abandonné et ne tarda pas à tomber en ruine. Vers 1823, ses divers bâtiments furent appropriés à un exploitation agricole. Depuis 1853, il appartient de nouveau à la famille d'Albert de Luynes qui donne le titre de duc de Chevreuse à ses puînés. Ce château est encore un des plus intéressants et des plus complets des environs de Paris. Il se compose de trois parties : 1° Un donjon rectangulaire de 17 mètres de longueur sur 12 mètres de largeur, appuyé de quatorze contreforts, percé du côté de l'ouest d'étroites fenêtres en plein cintre, qui autorisent à faire remonter sa construction au xi° siècle. Les ouvertures de l'est ont été agrandies au xv° siècle. D'anciens bastions prouvent que les murs du donjon s'élevaient tout au moins à la hauteur des pignons actuels, et que la toiture en pavillon était surmontée d'une lanterne élancée; 2° une enceinte irrégulière de 65 mètres de longueur sur 45 de largeur, garnie de cinq tours rondes, de trois tours carrées et de nombreux contreforts. Le front du nord, qui est bien conservé, est une belle et solide construction de la fin du xiv° siècle, du temps de Pierre de Chevreuse; 3° dans la basse-cour ou avant-cour du château, on remarque encore la porte d'entrée et les vestiges de l'antique chapelle de Sainte-Marie-Madeleine, qui avait donné son nom au château.

La ville devait son origine au prieuré de Saint-Saturnin, dépendant de l'abbaye de Bourgueil en Touraine; il en reste la porte extérieure dans le voisinage de l'église paroissiale de Saint-Martin, qui date du xiii° et du xvii° siècle et a été réparée à différentes époques.

Chevreuse, qui a conservé l'apparence d'une petite ville rappelant son ancienne importance, renferme quelques établissements industriels : mégisseries, lavoirs de laines, tanneries et tuileries. Le territoire se compose de bois, de terres labourables, de quelques hectares plantés de vignes et de belles prairies arrosées par l'Yvette et coupées par plusieurs étangs. La ville possède un hospice contenant 34 lits et riche d'un revenu d'une dizaine de mille francs. Sur un coteau boisé, à 2 kilomètres au sud-ouest de Chevreuse, sont les ruines du petit château de Méridon (*Mesnildum*). Ce fief, qui fut ruiné au xvi° siècle, consistait, en 1527, en un hôtel et manoir, avec cour, grange, étables, colombier, bergerie, et une petite tour qui servait de prison. Le tout était clos de murailles et entouré de fossés.

Les armes de Chevreuse sont : *d'argent, à la croix de gueules, cantonnée de quatre lions passant d'azur*. On les trouve encore : *d'argent, à la croix de sable, chargée de cinq molettes d'or, et cantonnée de quatre lionceaux d'azur*.

Chevreuse est desservi par la station de Saint-Remy-lès-Chevreuse, appartenant à la ligne du chemin de fer de Paris à Limours.

DAMPIERRE. — Dampierre (*Domna-Petra, Dampetra*), près du confluent de l'Yvette et du ruisseau des Vaux-de-Cernay, canton de Chevreuse, à 17 kilomètres au nord-est de Rambouillet et à 18 kilomètres au sud-ouest de Versailles, autrefois paroisse du Hurepoix, dans l'Ile-de-France, et dépendant du diocèse de Paris, aujourd'hui petite commune de 641 habitants, à 5 kilomètres seulement à l'ouest de Chevreuse, n'a dû et ne doit encore sa célébrité qu'à son magnifique château, construit sur les dessins de Mansart pour le cardinal Charles de Lorraine, archevêque de Reims, et depuis ce temps soigneusement entretenu et constamment embelli par la famille d'Albert de Luynes qui en fait sa principale résidence.

La splendeur et la belle disposition des bâtiments, l'étendue du parc, qui a 400 hectares, l'abondance des eaux placent ce château en première ligne après les palais de nos rois. On remarque surtout à l'intérieur le salon de Louis XIII, destiné à consacrer le souvenir du prince qui fut le bienfaiteur de la famille de Luynes, le grand escalier, la galerie, la chapelle, qui renferment des objets d'art d'un grand mérite, tels que la statue en argent de Louis XIII enfant, par Rude; la Pénélope, de Cavelier; la Minerve en ivoire et en métal, exécutée par Simart, d'après les indications du duc de Luynes; des peintures de Ingres, des deux Flandrin, de Gleyre, de Picot, de Guignet. La bibliothèque, composée de 18,000 volumes, est une des plus précieuses et des mieux choisies qu'il y ait en France, sous le rapport historique. De riches collections d'histoire naturelle et un laboratoire de chimie ont été disposés dans certaines salles qui dépendaient de l'ancien château.

CERNAY-LA-VILLE et LES VAUX-DE-CERNAY. — Cernay (*Sarnetum, Sarnaia, Sarnaium*), désigné sous le nom de Cernay-la-Ville pour le distinguer du hameau des VAUX-DE-CERNAY, est une commune de 519 habitants, située à l'extrémité d'une plaine fertile, au bord d'une vallée très pittoresque, dans le canton de Chevreuse et à 12 kilomètres au nord-est de Rambouillet.

Cernay-la-Ville était autrefois fief dépendant de l'abbaye de Saint-Denis qui relevait du roi à cause de sa tour de Neauphle-le-Châtel; la seigneurie en appartint longtemps à une famille Furet; il y avait une léproserie. L'église, sous l'invocation de saint Brice, n'offre rien de remarquable. Les habitants se livrent aux travaux agricoles, et on y élève des moutons mérinos. C'est à Cernay-la-Ville que prennent, chaque été, résidence les nombreux artistes qui viennent y étudier la nature.

En sortant de la principale auberge, qui est dans l'angle sud-est de la place, et après avoir traversé celle-ci, ils trouvent à gauche un sentier qui les conduit dans la vallée de Vaux-de-Cernay, en longeant d'abord un ruisseau qui s'échappe en formant de jolies cascades. Cette vallée, qui s'étend du sud-est au nord-ouest de Cernay-la-Ville, vers Auffargis, présente dans sa partie la plus resserrée et dans le voisinage du hameau des Vaux des sites qui peuvent rivaliser par leur aspect sauvage et les roches qui les décorent avec les parties les plus renommées de la forêt de Fontainebleau. C'est au hameau des Vaux-de-Cernay, à 3 kilomètres à l'ouest de Cernay-la-Ville, que se trouvent les ruines imposantes de l'antique abbaye fondée en 1118 par Simon III de Montfort et de Neauphle-le-Château, et par Ève, sa femme, en l'honneur de la sainte Vierge et de saint Jean-Baptiste. Les religieux qui vinrent s'y établir embrassèrent, en 1147, la règle de Cîteaux. Le monastère s'accrut rapidement, grâce aux libéralités des familles de Montfort, de Montmorency, de Marly et de Chevreuse. Gui, abbé des Vaux, prit une part importante à la quatrième croisade et s'opposa avec courage à l'injuste expédition dirigée contre Zara. Plus tard, il suivit Simon de Montfort, chef de l'armée envoyée pour combattre les Albigeois, et il devint évêque de Carcassonne. Le récit de ces expéditions a été écrit par son neveu, Pierre des Vaux-de-Cernay. Le plus illustre abbé fut saint Thibault, fils de Bouchard de Marly et de Mathilde de Châteaufort, qui mourut en 1247, après avoir donné l'exemple de toutes les vertus monastiques. Les guerres continuelles du XIVe et du XVe siècle avaient réduit le monastère des Vaux à la plus grande détresse et à un abandon presque complet. Dès 1542, l'abbaye avait été donnée à des abbés commendataires, parmi lesquels on compte Philippe Desportes, le poète chartrain; Henri de Bourbon de Verneuil, fils naturel de Henri IV; Jean-Casimir, roi de Pologne. Les bâtiments de l'abbaye, vendus en 1792, ont subi de nombreuses mutilations fort regrettables. Protégé vers le couchant par un étang, le monastère avait une enceinte qui le mettait à l'abri d'un coup de main; il en reste encore quelques parties, le pont ogival fortifié et la porte du hameau.

Des anciens bâtiments claustraux, il ne reste qu'un corps de logis de 14 travées, en pierre meulière, avec des voûtes ogivales, des colonnes et des chapiteaux en grès. De l'église, il subsiste le pignon occidental avec sa grande rosace et sa porte ogivale, les murs de la nef, le collatéral du midi et les deux chapelles romanes du transept. Plus à l'ouest, de l'autre côté du chemin qui séparait autrefois le diocèse de Paris de celui de Chartres, se trouve l'hôtel du prieur, reconstruit en 1673 sur l'emplacement de l'ancienne habitation abbatiale. Ce qui reste des bâtiments de l'ancienne abbaye des Vaux-de-Cernay forme aujourd'hui une belle propriété de plaisance.

Magny-les-Hameaux (*Magneium, Magniacum*) et Port-Royal-des-Champs. — Magny-les-Hameaux, à 6 kilomètres au nord-est de Chevreuse, son chef-lieu de canton, à 25 kilomètres au nord-est de Rambouillet et à 10 à l'ouest de Versailles, petite commune de 442 habitants, présente encore quelques ruines de la célèbre abbaye de Port-Royal. Au bout de la plaine de Trappes, dans un vallon retiré nommé *Borroy*, qui, en celtique, signifiait broussailles, et dont on a fait Port-Roi, puis Port-Royal, Eudes de Sully, en 1204, avait réuni une communauté de religieuses, dotée par les plus puissants seigneurs du temps et dirigée en 1316 par Béatrix de Dreux, princesse de la maison royale; le cloître avait été abandonné pendant les longues guerres civiles, et l'établissement, transféré à Paris, rue Saint-Jacques, lorsque, en 1630, l'abbesse Angélique Arnaud obtint que la communauté fût soustraite à l'ordre de Cîteaux et soumise à une règle nouvelle dont la base était l'adoration perpétuelle du saint sacrement.

Le mysticisme de la nouvelle doctrine, la réputation méritée de la fondatrice lui attirèrent de nombreuses adeptes; le couvent de Paris ne pouvant les contenir, on se souvint du vieux cloître des champs; plusieurs pieux solitaires, presque tous parents ou admirateurs de la mère Angélique Arnaud, s'y étaient retirés, pour y vivre en philosophes chrétiens dans l'étude et la méditation; ils cédèrent les bâtiments de l'ancien monastère, qui furent réparés, à la sainte colonie de la rue Saint-Jacques; mais ils ne s'éloignèrent pas; la science et le talent

Corbeil.

de ces hommes vinrent rehausser la piété et la vertu des religieuses ; cet éclat leur devint funeste : les doctrines de Jansénius, qu'ils défendaient, furent attaquées et condamnées par le pape Clément XI. Louis XIV, guidé par les rivalités hostiles, exagéra, dans l'exécution, les rigueurs de la sentence : l'établissement fut rasé jusque dans ses fondements, et la persécution vint ajouter un nouveau lustre à la renommée de Port-Royal.

Il ne reste plus de Port-Royal que l'étang d'où sort la Mérantaise, petit ruisseau qui passe à Mérantais et au bas de Châteaufort avant de se jeter dans l'Yvette ; le moulin, le colombier, une partie des murs de clôture et des tourelles, les caves du petit palais que la duchesse de Longueville y avait fait construire, la fontaine d'Angélique Arnaud, et les fondations des murs de l'église avec la base des piliers et des colonnes. Dans un petit pavillon qui occupe l'emplacement du chevet de l'église, on a pieusement réuni une collection de plans, de gravures de l'ancienne abbaye, et des débris de tombes.

Lévy-Saint-Nom. — Lévy-Saint-Nom ou plutôt Saint-Num (*Leviciæ, Levis*), humble village de 323 habitants, situé près des sources de l'Yvette, à l'extrémité occidentale du canton de Chevreuse et à 19 kilomètres au nord-est de Rambouillet, est le berceau de l'antique maison de Lévis, dont les membres se disaient cousins de la sainte Vierge et qui, sous le nom de Lévis-Mirepoix, tiennent une place notable dans l'histoire. On voit dans l'église, qui date en partie de la Renaissance, une statue de la Vierge dont la tête et les mains, d'un fort beau travail, sont en stuc. Cette image, qui provient de l'ancienne abbaye de Notre-Dame de La Roche, est encore de nos jours le but d'un pèlerinage très fréquenté par les mères des environs, qui viennent y faire toucher les vêtements de leurs enfants. Quant au château de Lévy-Saint-Nom, il ne présente plus que quelques ruines que se disputent le lierre et les plantes pariétaires.

L'abbaye de *Notre-Dame de La Roche* ou *de La Rouche*, comme on dit encore dans le pays, était située à 2 kilomètres au nord de Lévy-Saint-Nom; elle avait été fondée en 1296 par Gui, sire de Lévy, compagnon de Simon de Montfort dans la guerre des Albigeois, qui y gagna, avec le titre de *maréchal de la Foi*, les seigneuries de Mirepoix et de Florensac. Il ne reste de cet ancien monastère, dont les moines suivaient la règle de Saint-Augustin, et qui, dans ces dernières années, était encore converti en ferme, que le logis abbatial, une grande salle attenante à la chapelle et la chapelle elle-même. Cette dernière, en forme de croix latine, paraît dater du commencement du XIIIe siècle; elle est précédée d'un porche ouvert en ogive; elle présente à l'intérieur des chapiteaux remarquables; le sol est formé par des pierres tumulaires des abbés ou religieux, et on voit dans le chœur les tombes aux effigies de Gui de Lévis, le fondateur, mort en 1230, et de plusieurs de ses descendants. Le marquis de Lévis-Mirepoix, qui a racheté cette chapelle, véritable monument historique de sa famille, l'a fait entièrement réparer.

Toute cette vallée de l'Yvette, depuis Palaiseau et Orsay jusqu'à Chevreuse, Dampierre et au hameau d'YVETTE, qui donne son nom à la charmante petite rivière qui l'arrose, offre des sites pittoresques et bien connus des artistes. Il y avait autrefois à Yvette un prieuré de l'ordre de Saint-Benoît; il a été détruit à la Révolution. C'était une dépendance de l'abbaye de Saint-Maur-des-Fossés, près de Paris.

MAUREPAS. — Maurepas est une petite commune de 222 habitants, située dans le canton de Chevreuse, à 19 kilomètres au nord de Rambouillet. On y voit les ruines pittoresques d'un château du XIe siècle, avec un donjon cylindrique dont il ne reste qu'une moitié. Ce château servit longtemps de repaire à des seigneurs qui ne vivaient que de brigandage et répandaient la terreur dans les environs. Le seigneur de Massy s'était surtout signalé par ses exactions; il s'était emparé de force du château et en avait fait jeter les défenseurs dans le puits, que l'on combla ensuite de pierres. Les Anglais l'y assiégèrent à son tour et le lui reprirent sous le règne de Charles VII. Plus tard, le château, continuant à être un repaire de brigands, fut pris et détruit.

MONTFORT-L'AMAURY. — Montfort-l'Amaury (*Monsfortis Amalarici, Almaria, Monsfortium Amalriæ*), station de la ligne du chemin de fer de Paris à Granville (réseau de l'Ouest), à 19 kilomètres de Rambouillet et à 26 à l'ouest de Versailles, est un chef-lieu de canton de l'arrondissement de Rambouillet qui compte 1,509 habitants; c'est une des plus anciennes villes de l'Ile-de-France. Chef-lieu d'élection, dépendant du diocèse de Chartres, cette petite ville, qui jouissait autrefois d'une certaine importance qu'elle devait à la célébrité de ses seigneurs, était défendue par des murailles et protégée par un château dont il existe encore des ruines importantes; la fondation de ce château, berceau de la fameuse dynastie des Montfort, est attribuée par les uns à Robert le Pieux, et à Guillaume de Hainaut, par Aimoin, historien du Xe siècle, qui assigne pour date à sa construction l'an 996. Il est certain que le fils du fondateur s'appelait Amalric ou Amaury et que son nom fut ajouté à celui de la ville pour la distinguer de plusieurs autres Montfort. Louis le Gros, pendant son règne, eut à guerroyer contre un seigneur de Montfort et ne put s'emparer de son château; cent ans plus tard, le fameux Simon de Montfort, après s'être distingué dans les guerres des croisades, était choisi pour commander l'armée dirigée contre les Albigeois, et remportait, en 1213, sur le roi d'Aragon, Raymond, comte de Toulouse, et les comtes de Foix et de Comminges l'éclatante victoire de Muret, qui lui valait du pape l'investiture du comté de Toulouse dont il fit hommage, en 1215, à Philippe-Auguste. Après ce Simon de terrible et sanglante mémoire, son fils Amaury, nommé par saint Louis connétable de France, en 1231, fut envoyé en terre sainte et mourut en 1241, prisonnier des Sarrasins. Son héritier, Jean, ne lui survécut que huit années et périt, en 1249, dans l'île de Chypre, ne laissant qu'une fille, qui épousa le comte de Dreux. C'est de cette puissante famille, possédant le duché de Bretagne, que descendait la duchesse Anne, qui apporta le comté de Montfort-l'Amaury en dot à la couronne de France. Il y est resté annexé jusqu'à l'époque où Louis XIV l'échangea avec le duc de Luynes contre le duché de Chevreuse.

Les habitants du bourg actuel, qui est agréablement situé en amphithéâtre sur un coteau dont une petite rivière, la Mauldre, baigne le pied, sont exclusivement adonnés aux travaux de l'agriculture. L'église paroissiale, classée au nombre des monuments historiques, est une construction remarquable du xv°, du xvi° et du xvii° siècle, elle est ornée de vitraux exécutés par Pinagrier et ses trois fils. Le cimetière, avec son cloître dont une partie date de la fin du xv° siècle, se recommande à l'attention de l'archéologue. L'hospice, fondé en 1239 par le connétable Amaury de Montfort; une maison en brique et quelques restes de ses vieux remparts, qui datent du xi° siècle, méritent l'attention des curieux.

Mais le principal attrait qui doit conduire le curieux et l'artiste à Montfort, c'est l'aspect et l'étude des restes de son vieux château, conservés par l'administration municipale avec un soin aussi intelligent que religieux; des allées bien entretenues, des plantations en harmonie avec les ruines, font de ce pèlerinage une promenade agréable tout autant qu'une étude intéressante. Des deux tours ruinées, qui avoisinaient le donjon dont il reste peu de traces, l'une, ronde, date de la fin du x° siècle; l'autre, hexagonale et construite en pierres alternant avec la brique, est beaucoup plus moderne et ne remonte qu'à l'époque de la Renaissance; elle renfermait un escalier. Au bas du mamelon qui supporte les restes du château, une porte, appelée dans le pays porte Bardou, paraît avoir appartenu à l'une des enceintes extérieures du château.

Montfort-l'Amaury fait un commerce de grains, de fruits, de chevaux, de bestiaux et de bois. Ses armes sont : *de gueules, au lion d'or, au chef d'argent chargé de trois mouchetures d'hermine.*

C'est la patrie de Quesnay, le doyen des économistes français.

NEAUPHLE-LE-CHATEAU. — Neauphle-le-Château (*Nelfa* ou *Nidalfa Castellum*) dépend du canton de Montfort-l'Amaury. Ce village, qui a 1,221 habitants, est situé à 25 kilomètres au nord de Rambouillet et près de la route de Paris à Brest. Il doit son surnom à un château fort dont il ne reste plus que la motte située près de l'église, château qui a été témoin des luttes féodales au xi° et au xii° siècle. Guillaume le Roux l'assiégea en vain. Plus tard, cette seigneurie fit partie des domaines des seigneurs de Montfort-l'Amaury, et, au xv° siècle, les ducs de Bretagne s'en étant rendus acquéreurs, le réunirent au comté de Montfort.

Neauphle-le-Château est situé dans une position *agréable*, sur une éminence d'où la vue s'étend au loin. Ses marchés aux grains sont très fréquentés.

A 2 kilomètres à l'ouest se trouve un autre Neauphle, que l'on appelait autrefois *Neauphle-la-Ville*, pour le distinguer du précédent, et que l'on nomme aujourd'hui *Neauphle-le-Vieux*.

Il y avait à Neauphle-le-Vieux une abbaye d'hommes de l'ordre de Saint-Benoît, fondée en 1066; les bâtiments claustraux, dont une partie subsiste encore, ont été convertis en ferme; quant à l'église abbatiale, elle sert aujourd'hui de paroisse; elle est en partie romane.

Il existe en France sept communes portant le nom de Neauphle ou Neaufle.

ÉTAMPES (lat., 48° 26′ 49″; long., 0° 11′ 0″ O.). — Étampes (*Stampæ*), importante station de la ligne du chemin de fer de Paris à Orléans, avec bifurcation sur Auneau et Chartres, à 50 kilomètres au sud de Versailles, est située dans une belle vallée arrosée par le Juineteau, la Louette et la Chalouette dont la réunion forme la Juine, appelée aussi rivière d'Étampes. Cette ville dépendait autrefois de l'Ile-de-France et du diocèse de Sens; c'est aujourd'hui le chef-lieu d'une sous-préfecture, avec tribunal de première instance, collège et bibliothèque publique; elle compte 7,840 habitants.

L'origine d'Étampes remonte aux temps de la domination romaine; nous la voyons de bonne heure la capitale d'un petit pays nommé par nos premiers historiens *Stampæ Pagus*, et les fils de Clovis se la disputèrent. En 604, un combat fameux fut livré sous ses murs entre les troupes de Clotaire et celles de Thierry, roi de Bourgogne. Trente mille hommes restèrent, dit-on, sur le terrain, et aujourd'hui encore on appelle *Champ des Morts* le lieu où ils furent inhumés. Les Normands pillèrent Étampes en 911, dans l'invasion dirigée par Rollon. Au xi° siècle, la reine Constance, femme de Robert, y fit construire un château qu'on appela le palais des Quatre-Tours, et qui, détruit sur la fin du règne de Henri IV, se résume aujourd'hui dans la *Tour Guinette*, dont les proportions massives suffisent cependant encore à donner une idée de l'ensemble des constructions primitives. Ce château fut souvent habité par les premiers rois capétiens; en leur absence, ils y étaient représentés par un seigneur qui prenait le titre de vicomte. Ingelburge, femme de Philippe-Auguste, que son mari avait éloignée de lui, sans qu'on en ait su la raison, le jour même de ses noces, y fut enfermée de 1200 à 1212. De Louis le Gros à Louis XII, la ville d'Étampes, qui dans l'origine était divisée en deux parties : l'une du côté de Paris, qui s'appelait *Estampes-le-Châtel* ou *Estampes-les-Nouvelles*, — l'autre, *Estampes-la-Ville* ou *Estampes-les-Vieilles*, eut de nombreux démêlés avec la couronne et ses représentants, pour le maintien des privilèges de sa charte communale. C'est à cette période aussi que se rattache le souvenir de deux conciles tenus à Étampes, au sujet des prétentions simultanées de deux papes : dans le premier, en 1130, saint Bernard fit reconnaître Innocent II, et, trente ans plus tard, la décision de l'Église de France entraîna le choix de la chrétienté en faveur d'Alexandre III.

La seigneurie d'Étampes fut distraite du domaine royal en 1307, en faveur de Louis, fils de Philippe le Hardi, et érigée en comté vingt ans après par Philippe le Bel. Tombée, en 1411, au pouvoir des ducs de Bourgogne, elle y demeura jusqu'au règne de Louis XI, et fut donnée, avec le titre de duché, par François Ier, au mari d'Anne de Pisseleu, sa maîtresse. Après avoir été, à cause de son importance comme place de guerre, le point de mire des attaques de tous les partis qui déchirèrent la France, depuis la lutte des Armagnacs et des Bourguignons jusqu'aux dernières convulsions de la Fronde ; après avoir cruellement souffert d'une peste qui fut pour saint Vincent de Paul l'occasion d'un périlleux voyage à Étampes et d'un héroïque dévouement, cette ville ne retrouva le calme et la sécurité qu'au commencement du XVIIIe siècle. Les seuls événements remarquables dont elle ait été depuis le théâtre furent : en 1745, un séjour de Louis XV et de son fils, venus pour y recevoir l'infante Marie-Thérèse, et, en 1792, la mort tragique du maire Simonneau, victime de son zèle pour la liberté du commerce des grains. Un curieux privilège exista à Étampes jusqu'au XVIe siècle, en faveur d'une famille Eudes Le Maire, dont le chef avait obtenu de Philippe Ier immunité complète de tous impôts et péages, pour lui, les siens et sa postérité, en récompense du service qu'il avait rendu à ce prince, en partant en son lieu et place pour la croisade en terre sainte. Cette bienheureuse famille s'était tellement multipliée, et la perception des impôts en éprouvait une réduction si notable, qu'après des restrictions successives, le privilège fut complètement supprimé par Henri IV.

Qui croirait aujourd'hui que l'on allait jadis d'Étampes à Paris *par eau* ? On s'embarquait à Étampes au lieu dit le Port ; on suivait la rivière d'Étampes jusqu'à Morigny ; à Morigny, on descendait la Juine jusqu'au Bouchet ; du Bouchet, on prenait l'Essonnes jusqu'à Corbeil, et de Corbeil on descendait la Seine jusqu'à Paris. Piganiol de La Force dit, dans sa *Nouvelle description de la France* : « Il y a environ soixante-dix ans, Étampes estoit de beaucoup plus marchande qu'aujourd'hui ; il y avoit toujours trente ou quarante bateaux de dix muids de bleds chacun qui arrivoient ensuite au port de la Tournelle. »

« Le voyage par eau d'Étampes à Paris, dit M. Léon Marquis, dans son intéressant ouvrage sur Étampes, pouvait durer huit à dix jours. » Claude Mignaut, le savant jurisconsulte du XVIe siècle, avocat du roi à Étampes, composa en bateau sa traduction des *Emblèmes*, d'Alciat. « Il travaillait ainsi aux heures qu'il était contraint de perdre dans un bateau, voyageant plusieurs fois par occasion de ce lieu à Paris. » Aujourd'hui, il prendrait le chemin de fer et ferait en trois heures le trajet qu'il faisait ainsi en dix jours.

Cette navigation dura de 1460 à 1676, époque à laquelle elle fut interrompue et abandonnée par suite de la rupture des écluses de la Juine.

Étampes, avant la Révolution, renfermait deux collégiales : l'une sous l'invocation de Notre-Dame, l'autre sous celle de Sainte-Croix ; cinq paroisses, dont quatre existent encore : Notre-Dame, Saint-Basile, Saint-Gilles, Saint-Martin et Saint-Pierre ; des couvents de barnabites, de cordeliers, de mathurins, de capucins. Parmi ses monuments, nous citerons : l'église Notre-Dame, la plus grande et la plus belle église de la ville, restaurée avec goût en 1854 par Viollet-le-Duc ; elle remonte à Robert le Pieux ; l'église Saint-Basile, ornée d'un beau portail roman ; l'église Saint-Gilles, remarquable par le grand nombre de pierres tumulaires dont les murs sont ornés à l'intérieur ; l'église Saint-Martin, dont le chœur et l'abside datent du XIe siècle, remarquable par sa tour penchée qui date de 1536 ; l'hôtel de ville, ancienne habitation de la Renaissance, très habilement restauré par deux des enfants de la ville, MM. Magne, architecte, et Barré, peintre ; le collège, qui date de François Ier ; l'Hôtel-Dieu, qui existait déjà en 1191 ; les maisons historiques de la rue Sainte-Croix, anciennes résidences des duchesses d'Étampes : Anne de Pisseleu et Diane de Poitiers, maisons dans le style de la Renaissance; enfin la tour Guinette, seul vestige du château fort dont nous avons parlé, et où fut enfermée la reine Ingelburge. Cette tour, aujourd'hui propriété de la ville, et dont le nom vient, dit-on, du vieux mot *guigner*, voir de loin, date de 1150 à 1170; elle possède encore trois étages des quatre qui la composaient, et sa hauteur est de vingt-sept à vingt-huit mètres. Sa forme est singulière : elle est l'assemblage de quatre demi-tours rondes accolées au carré que forment leurs quatre diamètres. Ses murs ont quatre mètres d'épaisseur; ils contiennent les escaliers, les cheminées, les latrines; un pilier central soutenait le plancher des étages inférieurs et les voûtes du premier étage, qui était le plus orné et semblait être l'habitation seigneuriale.

Les anciens remparts et les fossés de la ville ont été convertis en belles promenades : au nord, la Promenade du Port et le boulevard Henri IV; au midi, la Promenade des Prés, que longe la petite rivière de ce nom.

Entre autres personnages célèbres, Étampes a vu naître dom B. Fleureau, le vieil annaliste d'Étampes; le savant théologien Guenée; le naturaliste J.-E. Guettard; l'éminent zoologiste Geoffroy Saint-Hilaire, dont la statue s'élève sur l'une de ses places; le statuaire Élias Robert, et Marie Cizos, dite Rose Chéri, artiste dramatique. Étampes, par sa double position sur la route nationale et sur le chemin de fer de Paris à Orléans, est le centre d'un important commerce de grains, et l'un des principaux marchés où s'approvisionne la capitale; ses riches et nombreux moulins sont alimentés par les moissons de la Beauce et du Gâtinais; la laine y est aussi l'objet d'importantes transactions commerciales.

Il s'y tient à la Saint-Michel une foire importante, et tous les samedis un marché franc aux bestiaux.

Étampes porte pour armoiries : *de gueules, à trois tours crénelées d'or, accolées ensemble et finissant en cul-de-lampe; celle du milieu, plus haute et plus basse que les deux autres, est chargée, dans son milieu, d'un écusson écartelé, le 1er et le 4e d'azur à une fleur de lis d'or, le 2e et le 3e de gueules à une tour crénelée d'or.*

Étampes fut envahi par les Allemands le 8 octobre 1870; la ville fut occupée jusqu'à la fin de la guerre. Le maire, M. Brunard, montra le plus grand courage pour protéger ses administrés; il fut arrêté et conduit à Orléans.

MORIGNY-CHAMPIGNY. — Morigny (*Moriniacum*), à 3 kilomètres au nord-est d'Étampes, est une petite commune de 955 habitants, que son heureuse position dans la vallée de la Juine, la fertilité de son sol et le charme de ses promenades recommandent moins encore à l'attention du voyageur que les souvenirs attachés à sa célèbre abbaye et aux ruines du vieux château de la reine Brunehaut. Cette abbaye fameuse, de l'ordre de Saint-Benoît, fondée au XIe siècle, fut enrichie par les donations et les présents magnifiques des rois et des seigneurs de cette époque. Philippe Ier alla jusqu'à lui abandonner la possession de toutes les églises du vieil Étampes fondées par Robert.

« En 1557, dit dom Fleureau, le vieil annaliste d'Étampes, sous le pastorat de Jean Hurault, son vingt-septième abbé, le monastère de Morigny fut cruellement éprouvé par le vol des saintes reliques et de toute son argenterie.

» Joachim du Ruth, gentilhomme de naissance, seigneur de Venant, hameau de la paroisse de Boissy-le-Sec, à 10 kilomètres au nord-ouest d'Étampes, résolut de dépouiller l'abbaye de ce qu'elle avait de plus précieux et de plus riche. Pour exécuter ce dessein pervers, il se rend à Paris, où il recrute une douzaine de voleurs, réunis là de tous les points du royaume. Il les mène boire à l'hôtellerie de *l'Écu-de-France*, sur la place Maubert; là, le complot fut organisé, et du Ruth leur promet cent écus pour récompense. Il les envoie tous à sa maison, et il les rejoint bientôt lui-même au galop. Immédiatement après, on se met en marche vers Morigny, et, la nuit du 6 mai 1557, sur les onze heures du soir, avec des échelles prises en passant dans l'église de Saint-Pierre d'Étampes, ils franchissent les murailles de la cour et entrent par les fenêtres de l'église. La porte de la sacristie, fermée à double tour, leur donna assez de mal. Ils eurent encore bien plus de peine à ouvrir l'armoire où se trouvaient les saints reliquaires et l'argenterie, parce qu'elle était fermée par trois serrures et une bande de fer en travers. Ils emportèrent tous les reliquaires, à l'exception du bras de saint Siméon, qui n'était que de bois argenté, prirent l'argenterie, et ils purent s'en retourner très tranquillement chez le seigneur du Ruth. Ils brûlèrent dans le chœur, sur le marchepied de l'autel, les ossements sacrés, et, arrivés à Venant, ils mirent en pièces l'argenterie. Étienne de La Mothe, seigneur de Ronqueux, entre Dourdan et Rochefort, gendre de du Ruth, jeta dans le feu le reste des reliques, avec les cahiers en vélin de trois livres servant à l'autel. Il avait eu soin d'arracher les couvertures, qui étaient d'argent doré et enrichies de pierreries.

» Le frère chargé de sonner matines le matin, étant entré dans l'église à l'heure ordinaire, fut d'abord surpris de voir une grande clarté. Il se rassura en se disant à lui-même que ce devait être la clarté de la lune. Or, ce n'était pas autre chose que la lumière d'un cierge laissé tout allumé par les voleurs dans la sacristie. Mais, réfléchissant bientôt que la lune ne pouvait y être pour rien, il se mit à crier de toute la force de ses poumons. Les religieux se levèrent en toute hâte, ainsi que l'abbé, qui était couché dans le dortoir. Ils furent tous saisis de douleur à la vue de cette déprédation sacrilège, mais surtout l'abbé, qui fit aussitôt publier dans le village et dans les localités voisines que l'abbaye de Morigny venait d'être dévalisée. Pour connaître les auteurs de ce méfait, il s'adressa à Dieu. Au lieu de la messe du Saint-Sacrement, que l'on célébrait le jeudi, il fit chanter la messe du Saint-Esprit. La messe était à peine achevée, quand il reçut une lettre de Charles de Paviot, seigneur de Boissy-le-Sec, un des plus considérables gentilshommes du pays, lui apprenant qu'il avait découvert la retraite des voleurs de son église. Un froc ou cuculle, que les paysans avaient trouvé sur le chemin, l'avait mis sur la trace. Il s'offrait, lui et les habitants de son village, à prendre les voleurs si on lui prêtait aide. L'abbé lui envoya tout ce qu'il put trouver d'hommes à Morigny et ailleurs. Il vint aussi du monde d'Étampes. La maison de Venant fut investie; la porte fut brisée à coups de hache, et les voleurs, qui se disposaient à faire chère-lie, durent songer à se sauver. Les uns sautèrent par les fenêtres; les autres résistèrent et furent tués ou blessés. Du Ruth et son gendre furent amenés prisonniers à Étampes avec tous ceux qu'on put saisir; ils furent tous condamnés à mort et exécutés; les deux chefs eurent la tête tranchée et les autres furent roués ou pendus. »

Dans l'enceinte du château moderne qui occupe l'emplacement de l'ancien monastère, on voit encore une petite chapelle dont la richesse architecturale et la conservation font l'admiration des antiquaires.

Les ruines du château de Brunehaut, construit sur une éminence, sont encadrées par les ombrages d'un parc disposé pour mettre en relief ce précieux monument de notre histoire. Dans l'intérieur du village existait un château où se retira, dit-on, Diane de Poitiers après sa disgrâce; mais il n'en reste rien aujourd'hui. A côté de ces intéressants débris d'un autre âge, on admire encore à CHAMPIGNY, hameau dépendant administrativement de Morigny, le magnifique château de Jeurre, avec ses canaux, son aqueduc et son parc de 75 hectares, qui en font une propriété presque princière.

MILLY. — Milly est un chef-lieu de canton de 2,306 habitants, situé sur la petite rivière d'École, à 26 kilomètres d'Étampes. Cette petite ville possède des fabriques de bonneterie et est un centre agricole important pour les environs; son église, ancienne collégiale, date du XIIIe siècle. Le château, qui a été construit au XVe siècle, a subi différentes modifications qui l'ont défiguré; il a subi plusieurs sièges, notamment sous Charles VII.

Pendant la guerre de 1870, les environs de Milly furent le théâtre de plusieurs combats soutenus avec avantage par les francs-tireurs et quelques gardes nationaux contre la cavalerie prussienne. Pour punir cet échec, le général de Goltz envoya à MILLY, le 28 septembre, une colonne de 800 cavaliers et fantassins qui pillèrent la ville, brûlèrent 300 hectares de bois dans le voisinage, et lui imposa une contribution de 50,000 francs. Seize des principaux habitants furent même internés en Allemagne. Milly fut occupé jusqu'à la fin de la guerre. N'oublions pas la belle conduite de Mme de Susini, directrice des postes, qui refusa énergiquement de signer un engagement de service à M. de Rosshirt, administrateur des postes prussiennes, disant que, « mère de trois fils volontaires dans l'armée française, elle penserait se déshonorer à leurs yeux en acceptant une pareille offre. »

Milly est la patrie de saint Vulfran, archevêque de Sens, qui, après avoir évangélisé les Frisons, vint mourir simple moine, en 695, dans l'abbaye de Fontenelle ou de Saint-Wandrille, près de Caudebec en Normandie.

CHAMPMOTTEUX. — Champmotteux, à 17 kilomètres

au sud-est d'Étampes, est un humble village du canton de Milly, peuplé de 254 habitants, qui resterait comme d'autres dans l'obscurité des statistiques départementales, si la gloire des grands hommes, et surtout des gens de bien, ne rayonnait pas après eux sur le lieu de leur naissance, sur leur tombeau, sur la demeure qu'ils ont habitée. Champmotteux a dans ses dépendances, à 2 kilomètres au nord, le *Château de Vignay*, où résida et mourut le chancelier de L'Hôpital; c'est dans l'église de ce village qu'a été transporté du musée des Petits-Augustins le monument élevé à la mémoire de cet homme illustre.

Le château est de la plus modeste apparence; après avoir traversé la cour, on pénètre dans un vestibule au fond duquel est un escalier dont la voûte, taillée en arceaux, est toujours dans un parfait état de conservation; sous cette voûte, au rez-de-chaussée, près d'une basse porte qui conduit au jardin, est une retraite où, pendant longtemps, furent déposés les titres les plus précieux des archives de France. Parmi les salles basses, on retrouve cette salle à manger, témoin de la frugalité du chancelier, où le maréchal de Strozzi et Brantôme, qui raconte le fait, se trouvèrent dinant avec du *bouilli seulement;* car, dit l'histoire, *c'était son ordinaire pour les dîners*. Sa vaisselle n'était pas plus somptueuse; on se rappelle ce qu'il écrivait à un de ses amis pour l'inviter à dîner : « Le service ne sera pas trop rustique, vous verrez une salière d'argent que ma femme a rapportée de la ville, et qu'elle y reporterait de nouveau si je pouvais y retourner. »

Le salon est une pièce assez vaste qui a conservé comme précieuse décoration le portrait original de Michel L'Hôpital, en robe noire, la main droite appuyée sur une boîte fleurdelisée, contenant les sceaux de l'État. Le vertueux Malesherbes, dont le château est peu éloigné (Malesherbes-Loiret), et qui, chaque année, venait à pied au Vignay « pour rendre sa visite au chancelier de L'Hôpital, » reconnut cette boîte et dit que c'était encore la même qui servait au même usage en 1789. L'Hôpital travaillait au second étage, dans un fort petit cabinet où étaient ses livres de prédilection; pas un seul n'est resté dans le château; comme le chancelier n'avait qu'une fille, il déclara, par testament, léguer *toute sa librairie et bibliothèque* à l'un de ses petits-fils, non à titre de prérogative d'aînesse, mais à celui qu'il supposait « le plus idoine et le plus affectionné aux bonnes lettres que ses autres enfants. » Il en usa de même pour ses manuscrits.

On le voit, chaque pas dans cette habitation évoque un souvenir et vaut une leçon de morale; les jardins ont conservé aussi, dans les mains des nouveaux propriétaires, l'empreinte religieuse des pas du sage qui aimait à s'y promener. L'if du chancelier, après les développements qu'il a pris depuis trois siècles, forme à lui seul tout un cabinet de verdure et abrite la place où L'Hôpital venait lire et méditer; pour clore cette description, empruntons la plume du grand homme lui-même; voici en quels termes il parlait de sa maison, dont la restauration et l'entretien étaient l'œuvre de sa femme :

« Ma maison, écrit-il à l'un de ses amis, est assez vaste pour loger son maître avec trois et même quatre amis ensemble; vous verrez à deux pas ce plant d'ormes si sagement imaginé pour nous défendre du soleil. C'était un champ sous l'ancien propriétaire; on y moissonnait : ma femme a changé sa destination en arrivant ici, elle a continué le bois jusqu'à la maison; c'est une prolongation d'ombrage qu'elle a voulu me ménager. Là je m'égare au retour de l'aurore, je fais des vers, j'y compose des bagatelles, je m'y promène tout seul jusqu'au moment où la voix de ma femme m'invite au repas préparé de sa main. » Quel est l'éloge qui célébrerait la vie du grand chancelier aussi magnifiquement qu'un pareil tableau ?

C'est le dimanche 30 janvier 1818, par les soins du comte de Bizemont, que les restes de Michel L'Hôpital furent inhumés dans l'église de Champmotteux, qui elle-même fut réparée en 1834, à l'aide d'une souscription ouverte sur l'initiative de M. Aubernon, préfet de Seine-et-Oise. Le monument, restauré, est un cénotaphe surmonté d'une table de marbre sur laquelle repose l'image du chancelier, en robe, avec la longue barbe qu'il portait dans les derniers temps de sa vie.

Courances. — Courances, à 4 kilomètres au nord de Milly, son chef-lieu de canton, et à 30 kilomètres à l'est d'Étampes, est une petite commune de 350 habitants. Elle possède un château qui, après avoir été longtemps abandonné, a été récemment restauré par son nouveau propriétaire; le parc qui, dans son ancien abandon, offrait aux artistes les motifs les plus intéressants d'études, est orné d'arbres magnifiques; la rivière d'École y apporte ses eaux, qui s'y multiplient en canal, en bassins, en cascades; c'est une des plus belles habitations des environs de Paris.

Au temps du massacre de la Saint-Barthélemy, quelques fugitifs, échappés aux poignards des assassins, traversaient Courances, lorsqu'ils furent arrêtés par le chevalier d'Achon, qui les retint prisonniers au château; l'inquisiteur de la foi, Démocharès de Mouchy, les sermonna pour leur faire abandonner le calvinisme. Du nombre de ces prisonniers était le jeune d'Aubigné, alors âgé de 9 à 10 ans, le même qui, dans la suite, devint si célèbre par son courage, sa fermeté, l'austérité et la pureté de ses mœurs. Le jeune d'Aubigné pleura, non de se voir privé de sa liberté, mais de se voir enlever sa petite épée et une ceinture garnie en argent. Son habit de satin bleu et ses gentilles manières l'avaient fait remarquer par quelques officiers; ils le conduisirent dans la chambre du chevalier d'Achon. Ce fut là qu'on dit à cet enfant que lui et ceux de sa compagnie allaient être condamnés au feu, s'ils ne changeaient pas de sentiment. Le jeune d'Aubigné répondit avec fermeté que l'horreur qu'il avait pour une autre religion diminuait l'horreur de son supplice. Dans cette chambre, où l'on décidait qu'il fallait faire périr ce jeune enfant, il y avait deux violons pour faire danser la compagnie du château. D'Achon ordonna au jeune prisonnier de danser une gaillarde. Il obéit, et dansa avec tant de grâce qu'il fut applaudi et caressé de tout le monde.

Le bourreau l'attendait dans la prison pour lui montrer l'appareil du supplice; on l'y conduisit sur-le-champ. Il trouva son précepteur et toute la troupe disposés à souffrir courageusement la mort. L'instant d'après arrive un officier de la troupe d'Achon, chargé de la garde des prisonniers. La gentillesse et l'air d'innocence et de candeur du jeune d'Aubigné l'avaient intéressé. Il s'approche de lui, le serre dans ses bras; puis, se tournant vers son précepteur, il lui dit : « Pour l'amour de cet enfant, il faut que je vous sauve tous. Tenez-vous prêts à sortir quand je vous le dirai. Donnez-moi soixante écus pour corrompre deux hommes sans lesquels je ne puis rien. » Ce qui fut fait.

A minuit, les portes de la prison s'ouvrent; l'officier entre, accompagné de deux hommes, et, s'adressant au précepteur, il lui dit : « Vous m'avez dit que le père du petit garçon avait commandement à Orléans; promettez-moi de me faire bien recevoir dans sa compagnie. » On le lui promit, et de plus une bonne récompense. Alors il dit aux prisonniers de se prendre tous par la main; il prit celle de d'Aubigné; il les conduisit tous, dans l'ombre de la nuit, auprès d'un corps de garde, de là dans une grange où ils se cachèrent sous leur voiture; puis ils passèrent dans les blés, jusqu'au grand chemin de Montargis, où ils arrivèrent sans nul danger.

La duchesse de Ferrare, fille de Louis XII, les accueillit généreusement. Elle fit asseoir, pendant plusieurs heures, le jeune d'Aubigné auprès d'elle, et prit plaisir à le faire causer. Cette princesse le fit ensuite conduire à Orléans, où ils retrouvèrent : d'Aubigné, son père; les autres, leurs parents, leurs amis et les gens de leur parti.

La Ferté-Alais. — La Ferté-Alais ou Aleps (*Firmitas Balduini, Firmitas Alepia, Firmitas Adelaidis*), station de la ligne du chemin de fer de Paris à Montargis par Corbeil, à 17 kilomètres au nord-est d'Étampes, chef-lieu de canton peuplé de 8,501 habitants, dépendait autrefois du diocèse de Sens, du parlement et de l'intendance de Paris, de l'élection de Melun.

Cette petite ville, située dans la vallée et sur la rive droite de l'Essonnes, fut d'abord connue sous le nom de La Ferté-Baudouin (*Firmitas Balduini*), qu'elle devait sans doute à un de ses seigneurs ou à un de ses premiers possesseurs; les renseignements sont très vagues sur cette époque reculée de son existence : on sait seulement qu'au XIIe siècle c'était une place très forte, *Firmitas*, avec un château appartenant aux sires de Montmorency, et que la comtesse Aales, Alix ou Adélaïde, en étant devenue suzeraine vers l'an 1109, apporta à son nom primitif une modification qui a prévalu depuis.

Vers ce temps, La Ferté eut à soutenir, contre Louis le Gros en personne, un siège dans des circonstances qui peignent trop bien les mœurs féodales pour ne pas être mises sous les yeux de nos lecteurs. Les Montmorency étaient en guerre avec le roi de France; Hugues de Crécy, allié à cette famille, qui, comme nous l'avons déjà dit, disputait alors la possession de Montlhéry à son cousin Milon de Bray, ainsi que lui arrière-petit-fils de Thibaut File-Étoupe, tenait pour eux le château de La Ferté; irrité de n'avoir pu associer à sa cause son propre frère Eudes, comte de Corbeil, resté fidèle au parti royal, il fit saisir ce

Tour de Montlhéry.

dernier pendant une chasse, l'entraîna dans son château et le jeta pieds et poings liés au fond d'un cachot. Les habitants de Corbeil et les barons vassaux d'Eudes, soit par affection pour leur seigneur, soit par crainte des vengeances de Hugues, implorèrent d'abord l'assistance de Louis le Gros, qui accourut sous les murs de La Ferté, puis cherchèrent à arrêter les mesures vigoureuses qu'il se disposait à prendre ; la harangue que, dans leur perplexité, ils adressèrent au monarque nous a été conservée : « Illustre prince, disaient-ils, ayez pitié de nous, car si Hugues de Crécy, cet homme infâme, ce tigre altéré de sang, revient dans son château, il est assez féroce pour faire pendre de suite son frère Eudes sans aucune formalité. » Hugues, en effet, était absent ainsi que son père Gui de Rochefort, dit le Rouge, et c'est à cette heureuse conjoncture qu'Eudes dut sans doute la vie ; l'implacable Hugues de Crécy rôdait cependant autour du château, tantôt faisant des efforts inouïs pour y pénétrer de vive force, tantôt ayant recours à la ruse et se déguisant sous le costume d'un jongleur ou sous les habits d'une courtisane ; mais la forteresse était serrée de près et sérieusement investie ; le sénéchal du roi, Ansel de Garlande, ayant été fait prisonnier dans une sortie de la garnison et placé dans la même prison qu'Eudes de Corbeil, Louis le Gros avait confié la direction du blocus à Guillaume de Garlande, frère du sénéchal prisonnier, qui avait ainsi un double intérêt à repousser toutes les attaques et à déjouer tous les stratagèmes de Hugues.

Le succès couronna ses pieux efforts. La place fut prise sans que Hugues pût y pénétrer, et les prisonniers furent délivrés. Le château, théâtre de ce drame, servait de prison d'État au XVIᵉ siècle ; Henri IV en fit don au duc de Vendôme, et ce n'est qu'après la mort de ce prince qu'il commença à tomber en ruine ; aujourd'hui, il n'en reste plus de traces.

L'église de La Ferté-Alais appartient au style ogival primitif; elle offre des détails intéressants et elle a été rangée au nombre de nos monuments historiques.

Lors de l'invasion étrangère, en 1814, La Ferté-Alais fut un des points enlevés et occupés par l'armée russe. En 1870, les Allemands, comme cadeau de bienvenue, exigèrent des habitants 50,000 francs dans les 24 heures, menaçant la ville de la bombarder; on donna immédiatement 10,400 francs; les réquisitions et les exactions vinrent ensuite peser sur la laborieuse population de La Ferté-Alais, jusqu'au jour de la signature de l'armistice.

Les armes de La Ferté-Alais sont : *d'or, à l'aigle de gueules, becquée et membrée d'azur.*

L'industrie des habitants a ajouté à la culture du sol l'éducation en grand des abeilles et la filature de la bourre de soie. C'est la patrie du fameux ligueur Matthieu de Launoy, président des assemblées des Seize qui condamnèrent à mort, en 1591, l'infortuné président Brisson.

CHAMARANDE. — Chamarande, que l'on appelait autrefois Bonnes (*Butnæ*), est situé dans le canton de La Ferté-Alais, à 12 kilomètres au nord d'Étampes, sur un coteau qui domine le cours de la Juine; c'est une station du chemin de fer de Paris à Orléans, et la population de la commune n'est que de 390 habitants. Son église datait du XIe au XIIe siècle; mais depuis sa réparation elle ne présente aucun caractère.

Au-dessous du village et dans la vallée, on voit un beau château, construit en 1688, pour le comte d'Ornaison, en grès et en brique, sur les dessins de Mansart; il est entouré de fossés remplis d'eau vive et accompagné d'un parc qui avait été dessiné et planté par Le Nôtre. On y admirait une magnifique futaie; mais, à la mort du marquis de Talaru, vers 1850, elle a été abattue par des spéculateurs; le château était lui-même menacé du même sort, lorsque M. de Persigny en fit l'acquisition; de ses mains, il est passé dans celles de la famille Aristide Boucicaut.

MÉRÉVILLE. — Méréville, à 16 kilomètres au sud-sud-ouest d'Étampes, chef-lieu de canton peuplé de 1,591 habitants, est un ancien bourg du Gâtinais, situé sur la rivière de la Juine, et dont il est fait mention dans plusieurs de nos vieilles chroniques

Au commencement du XIe siècle, pendant la guerre suscitée, à la mort du roi Robert, par sa veuve Constance, qui voulait déposséder de l'héritage paternel Henri Ier, son fils aîné, au profit de son second fils Robert, Hugues Bardulfe, sire de Méréville, fut au nombre des seigneurs qui se liguèrent et se révoltèrent contre le prince légitime héritier de la couronne. Il fallait que Méréville eût alors une certaine importance; car Henri vint en personne faire le siège du château, s'en empara et bannit pour toujours du royaume le châtelain rebelle.

Ce manoir, auquel le bourg doit son illustration actuelle, relevé de ses ruines, restauré par les divers propriétaires aux mains desquels il était passé, avait été choisi comme résidence par la famille La Tour-du-Pin, lorsque, au milieu du siècle dernier, il fut acheté par M. Delaborde, riche banquier de la cour. C'était alors un donjon gothique flanqué de quatre tourelles à chacun de ses angles, n'ayant pour le signaler particulièrement à l'attention du voyageur que sa situation dans la petite vallée de la Juine, à l'endroit où la rivière est dans toute sa beauté. Le nouvel acquéreur comprit avec une rare intelligence tout le parti qu'il y avait à tirer de l'emplacement. Il s'adressa au célèbre architecte Bellanger pour la restauration des bâtiments; le plan du parc et des jardins fut dessiné par Joseph Vernet et Robert; une véritable armée de travailleurs fut employée aux terrassements; les dispositions du sol furent modifiées et appropriées aux projets des artistes, à ce point qu'une montagne considérable fut nivelée pour raffermir et exhausser avec ses déblais les parties basses et marécageuses du nouveau parc; le cours trop régulier et trop droit de la rivière fut changé; on la dirigea par des courbes gracieuses, tantôt sous l'arche immense d'un pont formé de roches, tantôt à travers l'obstacle artificiel d'une cascade pittoresque, au milieu des gazons dont elle entretient la fraîcheur et sous de gracieuses plantations dont elle reflète l'ombrage. Plus de 14 millions furent consacrés à ces immenses travaux d'embellissement; le parc a une étendue de 50 hectares; dans une des îles qu'y forme la Juine, non loin d'un moulin en forme de chalet suisse, on remarque une colonne en marbre bleu turquin élevée à la mémoire de deux frères Delaborde qui, partis avec l'expédition de La Peyrouse, périrent sur les côtes de la Californie, victimes d'un acte de courage et de dévouement. On admire encore, parmi les merveilles du parc, plusieurs tours, un beau temple, des imitations de ruines gothiques, un sarcophage dédié au capitaine Cook et de vastes grottes sous lesquelles semblent se perdre mystérieusement les eaux de la rivière ; enfin, au milieu de la forêt, une belle colonne, imitation de la colonne Trajane, au sommet de laquelle on monte par un escalier de 99 marches.

Le château s'élève à mi-côte et domine tout le parc ; les adjonctions faites aux constructions primitives sont en harmonie parfaite avec le caractère gothique de l'ancien manoir ; elles consistent principalement dans deux ailes et une grande terrasse au-dessous de laquelle ont été construites d'immenses salles qui servent de chapelle, d'office et de cuisine. La terre de Méréville a passé de la famille Delaborde aux mains du comte de Saint-Roman, qui, lui aussi, ne négligea rien pour rehausser l'éclat et accroître les agréments de ce délicieux séjour.

« Pendant la guerre de 1870, le maire de Méréville et plusieurs habitants furent arrêtés, et la commune, condamnée à 50,000 francs d'amende, eut la douleur d'assister à l'assassinat de deux francs-tireurs faits prisonniers ; car on ne peut appeler d'un autre nom le meurtre accompli froidement d'hommes appartenant à une troupe militairement organisée, obéissant à des chefs, portant un uniforme et servant d'éclaireurs à une armée régulière. Sorti de prison, le maire fit enterrer avec de grands honneurs les corps de ces glorieux martyrs de la patrie. » (G. Desjardins.)

Il se fait dans le bourg de Méréville un assez important commerce de chevaux, vaches et autres bestiaux ; on y fabrique : chandelles, chapeaux et dentelles ; il y a aussi des tuileries et une filature de laine, toutes ces ressources viennent s'ajouter aux richesses d'un sol aussi fertile que bien cultivé.

Torfou. — Torfou (*Tortus Fagus*), à 13 kilomètres au nord-est d'Étampes, est un petit village de 207 habitants que traversait autrefois la route de Paris à Étampes ; il est situé sur un plateau élevé du sommet duquel la vue s'étend sur un vaste panorama. Devant lui s'ouvre une vallée qui, pendant bien longtemps, a joui d'une affreuse réputation, si nous en croyons l'historien André Duchesne, qui la qualifie de : « vraye retraite de voleurs, et recommandable à si longues années par les pilleries et les meurtres qui s'y sont faits aux siècles passés. » La lettre que, lors de son voyage en Limousin, La Fontaine écrivait à sa femme nous montre que la vallée de Torfou n'avait, au XVIIe siècle, rien perdu de sa triste célébrité. Après avoir traversé Montlhéry, dont l'orthographe l'occupe fort, Châtres, qui alors appartenait à M. le prince de Condé, et n'avait pas encore été érigé en marquisat sous le nom d'Arpajon, et la vallée de Cocatrix, le bon fabuliste arrive enfin à la vallée de Torfou, qu'il nomme Tréfou, et il écrit :

« Je ne songe point à cette vallée de Tréfou que je ne frémisse :

> C'est un passage dangereux,
> Un lieu pour les voleurs d'embûche et de retraite :
> A gauche un bois, une montagne à droite ;
> Entre les deux
> Un chemin creux.
> La montagne est toute pleine
> De rochers faits comme ceux
> De notre petit domaine.

» Tout ce que nous étions d'hommes dans le carrosse, nous descendîmes, afin de soulager les chevaux. Tant que le chemin dura, je ne parlai d'autre chose que des commodités de la guerre : en effet, si elle produit des voleurs, elle les occupe, ce qui est grand bien pour tout le monde, et particulièrement pour moi, qui crains naturellement de les rencontrer. On dit que ce bois que nous côtoyâmes en fourmille : cela n'est pas bien, il mériterait qu'on le brûlât. »

Cette mauvaise renommée de Torfou datait du règne de Louis XIII. « A cette époque, dit l'abbé Lebeuf, l'historien du diocèse de Paris, la grande route de Paris à Orléans approchait tout à fait de Torfou, et jusqu'à l'endroit où il est resté un grand chemin vert sur le bord du village. Le chemin de la vallée, avant qu'on aperçût le village, était aussi plus étroit qu'aujourd'hui. Deux gardes de chasse de la maréchale de Bassompierre, dame de Torfou, avaient pratiqué sous une roche une espèce de cave qui leur servait de retraite et de garde-robe. Là ils avaient des habits de différents ordres religieux, et aussi des livrées des plus distinguées. Par ce moyen, ils changeaient de forme et de figure à toutes les heures du jour, et, à la faveur de ces déguisements répétés plusieurs fois, ils se répandaient le long du grand chemin et ne faisaient pas de quartier à ceux qui tombaient entre leurs mains. Étant enfin découverts et arrêtés, ils furent condamnés à être rompus vifs : ce qui fut exécuté, dit-on, au bas de la vallée; au moins leurs corps y furent longtemps exposés sur la roue. »

CORBEIL (lat., 48° 36′ 44″; long., 0° 8′ 45″ E.). — Corbeil (*Metiosedum, Corboilum*), station de la ligne du chemin de fer de Paris à Montargis, à 40 kilomètres au sud-est de Versailles et à 33 au sud de Paris, sur la rive gauche de la Seine, au confluent de l'Essonnes, est un chef-lieu de sous-préfecture, le siège d'un tribunal de première instance, possède une bibliothèque publique, un théâtre, et compte 6,392 habitants. Autrefois, cette ville dépendait de la province de l'Ile-de-France, du diocèse de Paris et était le siège d'une prévôté royale.

Corbeil dut son accroissement à l'importance stratégique de sa position qui, relativement à Paris, commande le cours de la haute Seine. Jusqu'au IXe siècle, ce fut un bourg peu considérable.

Charles le Gros, effrayé des envahissements des Normands, résolut d'élever un château fort à Corbeil pour arrêter leur invasion de ce côté. Le château, autour duquel vinrent se grouper de nombreuses habitations, occupait le terrain compris entre le pont, la Seine, la rue Notre-Dame et les beaux moulins de M. Darblay. Hugues le Grand, père de Hugues Capet, qui possédait ce domaine, le donna à Aymon, fils d'Osmond le Danois. C'est de ce premier seigneur que date la dynastie des comtes de Corbeil, dont la durée fut de près de deux siècles. Le prestige religieux était venu de bonne heure consolider leur puissance militaire. Aymon s'étant emparé, en 950, du château de Paluau, situé près du confluent de la Seine et de l'Essonnes, avait transféré de là à Corbeil les reliques de saint Exupère, vulgairement appelé saint Spire, et celles de saint Leu, tous deux évêques de Bayeux, et il avait fondé une église collégiale en leur honneur. Aymon étant mort à Rome pendant un pèlerinage, sa veuve, Élisabeth, épousa le comte Burchard, célèbre alors pour sa dévotion et auquel Hugues Capet confia le gouvernement des comtés de Corbeil, de Melun et de Montereau; il se retira au monastère de Saint-Maur-des-Fossés et y mourut vers l'an 1012. En 1019, Corbeil, qui n'avait alors que le titre de bourg, fut détruit par un violent incendie, ainsi que son château; mais ils furent promptement rétablis. En 1108, le comté de Corbeil appartenait à Bouchard II, dit *le Superbe*. « C'était, dit Suger, un homme d'un esprit turbulent, d'une taille extraordinaire et d'une force prodigieuse. » Il prit une part active à la ligue que formèrent, contre Philippe Ier et son fils Louis, les barons de l'Ile-de-France. Il osa même aspirer au trône. Ce fut lui qui, allant combattre Philippe Ier, refusait dans la cour de son château l'épée que lui offrait son écuyer, et disait à sa femme : « Donnez, noble comtesse, donnez cette épée à votre valeureux époux! C'est un comte qui la reçoit, mais c'est un roi de France qui vous la rapportera. » Il fut mauvais prophète, ne rapporta rien, et périt dans la bataille qui se livra vers l'an 1100. Il eut pour successeur son fils Eudes, qui, plus fidèle au roi Philippe et à son fils Louis, fut victime du ressentiment du redoutable Hugues de Crécy, qui le fit prisonnier dans une embuscade. Mais le roi Louis le délivra; il mourut en 1112. Son neveu, Hugues, sire du Puiset, en Beauce, céda au roi le comté de Corbeil, et depuis lors il fut réuni à la couronne, et son chef-lieu devint le siège d'une châtellenie royale. Les épisodes les plus notables de cette seconde période sont le séjour d'Abélard, qui y tint école publique, et la résidence de la reine Ingelburge, seconde femme de Philippe-Auguste, qui y passa les quinze dernières années de sa vie, y fonda l'église de la commanderie de Saint-Jean-en-l'Ile, pour une communauté de prêtres de l'ordre de Saint-Jean-de-Jérusalem, et augmenta l'ancien château de constructions nouvelles, connues sous le nom de Palais de la Reine, où le grand maître, Villiers de l'Isle-Adam, tint un chapitre général de son ordre, et où logèrent saint Louis, Philippe le Hardi et Henri IV. La châtellenie de Corbeil fut donnée à titre de douaire à plusieurs autres reines. Pendant les guerres du XIVe et du XVe siècle, cette ville reprit son importance militaire; le château, qui était situé dans une forte position et commandait la rive gauche de la Seine en amont de Paris, était vaste et bien fortifié; chaque parti s'en disputait la possession: il fut pris et repris plusieurs fois. Le souvenir de deux sièges terribles est resté dans la mémoire des habitants : le premier, en 1562, était dirigé par le prince de Condé; le duc de Parme commandait l'autre en 1590, et, après vingt-quatre jours de résistance, la ville tomba en son pouvoir; mais Henri IV la reprit peu de temps après, et, à l'exception des agitations de la Fronde, du règne de ce prince a daté, pour Corbeil, une ère de sécurité qui n'a plus été troublée que par les orages de la grande Révolution et les invasions de 1814, 1815 et 1870.

Outre la collégiale de Saint-Spire, dont nous avons parlé, Corbeil possédait trois paroisses, Saint-Guénaut, Notre-Dame, Saint-Jean de l'Ermitage, un prieuré de chanoines de l'ordre de Saint-Augustin, un couvent de récollets et un des dames de la Congrégation. Il ne reste plus aujourd'hui des temps passés que l'Hôtel-Dieu, qui est très ancien, et l'église de Saint-Spire, qui a été restaurée et rangée au nombre de nos monuments historiques. On y voit le tombeau de son fondateur, Aymon, sire de Corbeil; celui de Jacques de Bourgoin, qui est représenté à genoux, armé de pied en cap, dans l'attitude de la prière, et plusieurs autres monuments funéraires d'une importance secondaire. Citons encore une belle halle au blé et d'importants greniers de réserve. Corbeil est la patrie de plusieurs comtes de la maison de Corbeil; de Petit, médecin célèbre au XIIIe siècle; d'Anse de Villoison, savant helléniste, et du peintre Mauzaisse.

La paix a considérablement développé le commerce et l'industrie de Corbeil; à ses moulins, à ses importants marchés de grains et de farines, sont venus se joindre des établissements de tous genres, fabriques d'aiguilles, de montres et d'horlogerie, fabriques de châles et d'étoffes cachemire, de toiles peintes, sangles, colle forte, filature de coton, tanneries, papeterie, imprimeries, fonderie de cuivre, confection de tuyaux, etc. Sur la rive droite de la Seine s'étend en amphithéâtre le quartier de Saint-Léonard, qui, selon quelques archéologues, aurait remplacé le *Vieux-Corbeil*.

La création d'un chemin de fer, l'heureuse situation de la ville, le voisinage de la Seine, la beauté des promenades, augmentent chaque année le nombre des maisons de plaisance qui répandent le mouvement et l'aisance sur les environs de Corbeil.

Le 16 septembre 1870, une avant-garde de 1,000 hommes appartenant au IIe corps bavarois se présenta, sous la conduite du général Hartmann, dans le faubourg du Vieux-Corbeil pour y passer la Seine; le pont avait été rompu; le lendemain 17, à neuf heures du matin, l'ennemi jeta un pont sur lequel tout le IIe corps bavarois passa sur la rive gauche, se dirigeant sur Longjumeau. Le 18, ce fut le tour du XIe corps prussien, et le prince royal, chef de la IIIe armée, établit son quartier général au château de Saint-Germain-lez-Corbeil. Les habitants de Saint-Germain furent contraints par la force de rétablir avec des madriers le passage du pont, et leur ville devint dès lors une des principales positions fortement occupées par l'ennemi, qui y établit des grands magasins. On lui imposa un sous-préfet et des fonctionnaires prussiens; elle fut, comme toutes les autres villes, soumise aux réquisitions et aux exactions, et, au milieu de toutes ces misères, l'ignorance de notre langue amenait parmi nos envahisseurs de risibles incidents. « C'est ainsi que le major de Colomb, commandant la place, entendant qualifier de *riche en cuirs* un brave paysan dont le langage était orné de liaisons superflues, prenait vivement la plume et s'empressait de libeller l'ordre de livrer 60 peaux pour basaner les culottes de ses dragons (1). » L'arrondissement de Corbeil eut à payer 522,585 francs. La ville fut la plus maltraitée de toutes celles du département : le 4 mars, elle enregistrait sa 8,914e réquisition; elle eut à loger 500,000 Allemands, sans compter 45,000 prisonniers français. Les dégâts que commirent les armées allemandes dans l'arrondissement furent évalués à 67,758 francs. Disons, en terminant ce triste exposé, que la population de Corbeil fut admirable de charité envers nos soldats prisonniers. Au premier rang, il faut citer les magistrats et leurs femmes, et particulièrement M. de Birague, juge suppléant, dont le dévouement fut sans bornes.

Les armes de Corbeil sont : *d'azur, à un cœur de gueules, à une fleur de lis d'or en abîme.*

Essonnes. — Essonnes (*Exona*), à 37 kilomètres au sud-est de Versailles et à 3 kilomètres au sud-ouest de Corbeil, sur la rivière d'Essonnes, près de son confluent avec la Seine, est un bourg important du canton et de l'arrondissement de Corbeil, qui compte 5,333 habitants. Ce fut d'abord une résidence d'été pour les rois de la première race. L'abbé Lebeuf prétend qu'ils y battirent monnaie avec cette légende : *Exona* ou *Axona fisci*. Clotaire, au VIe siècle, fit don de la terre d'Essonnes à l'abbaye de Saint-Denis; lors du partage qui eut lieu en 832, l'abbé Hilduin l'abandonna aux moines pour leurs habits et leurs chaussures. Une église y fut alors fondée, et le bourg se forma; en 1121, Suger y établit un prieuré, sous le titre de Notre-Dame-des-Victoires, qu'il dota de plusieurs terres et redevances. La position d'Essonnes sur

---

(1) A. de La Rue : *Sous Paris pendant l'invasion.*

la grande route de Paris à Fontainebleau, le voisinage de la Seine, l'importance de ses cours d'eau y ont déterminé l'établissement de moulins considérables et d'importantes fabriques. Il possède aujourd'hui, outre ses moulins à blé et à foulon, outre sa belle papeterie, qui occupe plus de 600 ouvriers, de grands ateliers de construction de machines, des fabriques de couvertures et de linge de table, des fabriques de toiles peintes, des fabriques de broches pour filatures, une belle filature hydraulique de laines et de coton.

On montre, dans une île, une petite maison qu'y fit construire et qu'habita Bernadin de Saint-Pierre.

Pendant la guerre de 1870, Essonnes suivit la triste fortune de Corbeil, et, comme ceux de cette ville, ses habitants s'honorèrent en secourant nos malheureux soldats prisonniers.

MENNECY. — Mennecy (*Manassiacum, Mensicacum*), station de la ligne de Corbeil à Montargis, sur la rive droite de l'Essonnes, à 8 kilomètres au sud de Corbeil, est un bourg de 1,465 habitants, qui a pris le nom de son fondateur, Manassès, vers le XIII° siècle. L'église, qui date de cette époque, est sous le vocable de saint Denis. L'accroissement de ce bourg est principalement dû au magnifique château de Villeroy, élevé au XVI° siècle par Neuville de Villeroy, secrétaire d'État sous les rois Charles IX, Henri III, Henri IV et Louis XIII, qui s'y arrêtèrent plusieurs fois dans leurs voyages à Fontainebleau. Le château est aujourd'hui rasé; il n'en reste que quelques dépendances des communs et un grand parc clos de murs, en partie livré à la culture.

Ce château en avait remplacé un plus ancien qui prit le nom de Villeroy (*Villa Regis*), par opposition à Villabé (*Villa Abbatis*), autre fief qui en était voisin. C'est en 1663 que le marquisat de Villeroy fut érigé en duché-pairie; le bourg de Mennecy prit alors le nom nouveau de Villeroy.

Aujourd'hui, Mennecy est un bourg industriuex qui, outre ses importants marchés et ses foires, possède des fabriques de produits chimiques, de carton, de vitraux, et, comme toutes les communes riveraines de l'Essonnes, exploite des tourbières.

CHAMPCUEIL. — Champcueil est une commune de 586 habitants, située dans l'arrondissement de Corbeil, à 14 kilomètres au sud de cette ville. Son territoire est en labour et en bois. On y voit un château que l'on appelle le Buisson.

Mais ce qui fixe l'attention sur ce village, c'est que c'est sur son territoire que se trouve la ferme de *Malvoisine*, qui fut choisie par l'académicien Picard pour théâtre de ses opérations géodésiques, lorsque, en 1669, il voulut, pour la première fois, étudier mathématiquement la forme de la terre et mesurer l'arc du méridien qui séparait ce lieu de Sourdon, près d'Amiens. Il trouva que la distance entre ces deux lieux était de 1° 11′ 57″ et qu'elle répondait à une distance de 68,430 toises. Il en conclut que la longueur du degré était de 57,064 toises.

La position de la ferme de Malvoisine, sur un plateau à 150 mètres au-dessus du niveau de la mer et à 70 mètres au-dessus des plaines environnantes, la rendait d'ailleurs très propre à ce genre d'opération.

Il serait à désirer qu'une inscription locale ou une plaque commémorative consacrât le souvenir d'un fait si intéressant pour la science et qui fait honneur à la France.

ARPAJON. — Arpajon (*Castra, Châtres*), station de la ligne de Paris à Tours par Vendôme, chef-lieu de canton, au confluent de l'Orge et de la Remarde, à 35 kilom. de Corbeil; à 32 de Versailles et à 37 de Paris, est une jolie petite ville de 2,779 habitants.

Ancien chef-lieu d'un *pagus* ou canton du Parisis (*Pagus Castrensis*), paroisse du diocèse de Paris, dans le Hurepoix et la province de l'Ile-de-France, depuis le VI° siècle jusqu'en 1720, cette ville fut connue sous le nom de Châtres. La seigneurie resta pendant plus de deux siècles aux mains d'une seule famille, les Milon de Bray; elle passa aux Montaigu et aux Graville, dans le cours du XIV° et du XV° siècle; puis les Balzac et de Dessaut la possédèrent jusqu'au XVII° siècle, et enfin ce fut, en 1720 et en faveur de Louis de Séverac, que la terre fut érigée en marquisat et prit le nom d'Arpajon.

Il paraîtrait que ce ne fut pas sans quelque difficulté que cette substitution de nom s'opéra; ce qui y contribua le plus efficacement, ce fut sans doute l'ingénieux procédé dont s'avisa le nouveau marquis. Chaque matin, si nous en croyons la tradition, il se rendait sur les routes qui aboutissaient à sa seigneurie; apercevait-il un paysan, il l'abordait : « Eh! l'ami quel est le nom de ce lieu? lui disait-il en lui montrant le bourg. — Châtres, mon bon gentilhomme, répondait le manant. —

Plaît-il? — Châtres, répétait-il. — Ah! coquin! ah! maraud! s'écriait alors le marquis en le rouant de coups de canne, apprends que ce n'est pas Châtres, mais bien Arpajon. » Et notre paysan de fuir, gardant, avec le souvenir des coups de canne, celui du nouveau nom de Châtres. Quelque autre villageois mieux avisé répondait-il favorablement aux désirs de M. le marquis d'Arpajon, celui-ci le complimentait, s'enquérait des nouvelles de sa famille et lui donnait quelque pièce de monnaie pour boire à sa santé. La famille de Séverac conserva le marquisat jusqu'à la Révolution, et le dernier marquis d'Arpajon put ajouter à ses titres ceux de grenadier de la garde impériale et de chevalier de la Légion d'honneur. On voit dans notre grande Bibliothèque nationale, dans la collection des cartes et plans (Seine-et-Oise), une carte originale de l'ancien marquisat d'Arpajon.

Cette ville était trop près du théâtre de nos guerres pour ne pas avoir sa part de désastres et de calamités. Elle fut ravagée en 1358 par les Navarrais, et assiégée par les Anglais en 1360. Louis XI y campa avant la bataille de Montlhéry; les religionnaires, commandés par Montgomery, la détruisirent en partie, en 1567; enfin Henri IV la prit aux ligueurs en 1592.

Arpajon est bien bâtie; c'est une jolie petite ville dont les anciens remparts ont été convertis en beaux boulevards. Son église, Saint-Clément, dont le chœur et les chapelles absidales datent du XIIe siècle, a été réparée à diverses époques. Aux clefs de voûte de la nef se remarquent les armes des familles de Balzac d'Entragues et de Graville. Le clocher a servi de retraite aux habitants pendant le siège de 1360. L'hôtel de ville, de construction récente, est très élégant; on y remarque de belles peintures murales; les halles datent du XVIe siècle. Cette petite ville possède des fabriques de chaussures, des tanneries, mégisserie, lavoir de laine et brasserie; mais son principal commerce consiste en céréales, beurre, volailles et légumes. Son marché aux bestiaux est très fréquenté.

Les armes d'Arpajon sont : *de gueules, à la harpe d'or.*

Aux portes d'Arpajon et un peu au nord-est, le petit village de SAINT-GERMAIN-LÈS-ARPAJON paraît n'en être qu'un faubourg. Sa population est de 591 habitants; il est très ancien et avait jadis plus d'importance qu'Arpajon même; son église date du XIe siècle : on y voit de belles pierres tombales. A 1 kilomètre au nord d'Arpajon est le château de *Chanteloup;* c'est un très ancien fief royal dans lequel séjournèrent Philippe le Bel et Philippe le Long, et qui fut échangé par François Ier avec Nicolas de Neuville contre la terre des Tuileries, à Paris. Au parc de ce château était joint le couvent-hôpital de Saint-Eutrope.

En 1870, Arpajon devint un centre d'occupation pour l'ennemi; on y garda en prison les maires des communes voisines qui ne se hâtaient pas de payer les réquisitions en argent. Un fil télégraphique ayant été brisé, la ville fut condamnée à une amende de 20,000 francs; plus tard, à propos d'une autre réquisition, le maire et les membres du conseil municipal furent emprisonnés à Versailles, jusqu'après le payement du tiers. Rappelons encore que la directrice du bureau de poste d'Arpajon, Mlle de Saint-Remy, ne se laissa pas effrayer par les perquisitions de l'ennemi et continua à desservir la contrée jusqu'à Essonnes.

BRUYÈRES-LE-CHATEL. — Bruyères-le-Châtel (*Brueriæ, Brocaria*), village de 718 habitants, sur une colline dominant le cours de l'Orge et de la Remarde, à 28 kilomètres à l'ouest de Corbeil, dans le canton d'Arpajon, est ainsi surnommé pour le distinguer de huit autres communes du nom de Bruyères, à cause d'un château qui y avait été élevé dès le VIIe siècle et dont il reste aujourd'hui quelques parties, notamment les deux tours d'entrée, et le chœur d'une ancienne chapelle ou église.

Les seigneurs de Bruyères, qui pour la plupart portaient le nom de Thomas, étaient du nombre des chevaliers chargés, par redevance féodale, par Philippe-Auguste, de deux mois de garde dans son château de Montlhéry (*milites de fisco Montis-Letherici*). Il y eut en même temps, au VIIe et au VIIIe siècle, à Bruyères, un monastère d'hommes et de filles. Ce dernier était dans le château; sa chapelle, dédiée à Notre-Dame, qui est celle dont nous avons parlé plus haut, servit jusqu'au XVIIe siècle de paroisse à la commune. Plus tard, il y eut à Bruyères-le-Châtel une autre église située à l'ouest du château, dans la campagne : c'est celle de Saint-Didier, qui sert aujourd'hui de paroisse; on y voit quelques vitraux et de belles pierres tombales; elle paraît remonter au XIe siècle.

Le château de Bruyères fut habité par saint Louis et la reine Blanche de Castille; il subit plusieurs sièges pendant les guerres du xive et du xvie siècle, et il fut pillé et brûlé. Aujourd'hui encore, on voit à gauche de la route de Bruyères à Arpajon, au haut d'une côte et avant d'arriver à Ollainville, une croix que l'on appelle la *Croix du siège;* elle est élevée sur l'emplacement qu'occupait en 1360 le camp d'Édouard III, alors qu'il faisait le siège de Châtres (Arpajon). De ce point, il surveillait à la fois Châtres et Bruyères-le-Châtel. Au nord du village et au milieu des bois, on voit quelques restes de l'ancien prieuré de Saint-Thomas, plus tard Le Plessis-Saint-Thibaut, fondé au retour d'une croisade par un des seigneurs de Bruyères.

Sur le territoire de la commune, il existe deux menhirs, dont un dans le parc même. La principale industrie du pays est la culture des plantes et des fleurs pour en recueillir la graine. M. Lefaucheux, propriétaire du château, a établi dans le village une fabrique d'armes à feu.

Montlhéry. — Montlhéry (*Mons Aetricus, Mons Lethericus, Mons Lehericus, Mont-li-Airy*), à 25 kilomètres au sud de Versailles et à 18 kilomètres à l'ouest de Corbeil, est une petite ville de 2,068 habitants, dépendant du canton d'Arpajon, située sur le penchant d'une haute colline, dont le bourg de Linas occupe le pied, sur la route de Paris à Orléans.

C'était autrefois un ancien comté, siège d'une prévôté royale et d'une châtellenie, siège d'un archidiaconé dépendant du diocèse de Paris, faisant partie du Hurepoix et de la province de l'Ile-de-France.

Selon quelques auteurs, l'origine de Montlhéry remonterait jusqu'au temps des druides dont on sait la prédilection pour les retraites mystérieuses, et qu'auraient attirés la difficulté des abords et l'élévation abrupte de la montagne.

Ce qui tendrait à confirmer cette assertion, c'est que, devant le château, on voit encore une butte artificielle connue sous le nom de *la Motte,* dans laquelle quelques archéologues croient reconnaître un tumulus.

Une charte du roi Pépin y constate déjà l'existence d'un village en 768 ; mais la célébrité du lieu ne date que du roi Robert. Thibaut, surnommé File-Étoupe, à cause de la couleur de ses cheveux, son forestier, obtint de lui la permission de construire pour la protection de ce village une forteresse sur le sommet de la colline. Son œuvre fut ce fameux château de Montlhéry, effroi des rois de France pendant plus d'un siècle, et dont la juridiction s'étendait sur cent paroisses et sur cent trente-trois fiefs. Les portes en étaient gardées par un certain nombre de chevaliers (*milites de fisco Montis-Letherici*), qui se relevaient tous les deux mois. Aujourd'hui encore, la maîtresse tour ou donjon est pour la population l'image la plus saisissante et le souvenir le plus terrible de la domination féodale.

Cette tour, encore debout, a 31 mètres de hauteur du sol de la plate-forme à son faîte, et elle était dans l'origine plus élevée encore. Les débris de constructions qui l'entourent permettent de constater la fidélité de la description qui nous a été laissée de l'ensemble de la forteresse. Sa principale entrée s'ouvrait du côté de la ville ; il fallait franchir cinq portes, gravir trois terrasses élevées les unes au-dessus des autres, et traverser cinq enceintes avant d'arriver au donjon. Chaque terrasse, soutenue par des murailles, avait sa porte, ses murs, ses tours et 36 mètres de longueur. Chaque porte était flanquée de tours rondes, munies de fossés et de ponts-levis. Dans la première enceinte, la plus vaste de toutes, et où l'on voyait une chapelle dédiée à saint Pierre et juxtaposée à celle-ci l'église du prieuré Saint-Laurent, était une porte qui donnait entrée sur la première terrasse ; puis on montait à la seconde, et enfin à la troisième. A cette hauteur se trouvait une porte fortifiée comme les précédentes, à laquelle était adossée une construction qui devait servir de corps de garde ou logement aux hommes d'armes et aux chevaliers chargés de la garde de ce poste. Elle était très fortifiée et s'ouvrait sur la plate-forme ou esplanade du château. Cette esplanade, entourée de murailles et de tours, contenait les principaux bâtiments, un puits et le donjon ; ce dernier dominait les terrasses, le bourg et une très vaste étendue de campagne. La largeur de cette esplanade est de 14 mètres ; sa longueur, depuis la porte jusqu'au donjon, de 44 mètres. On voyait encore, en 1547, autour de cette place, à droite, deux bâtiments qui se composaient de deux grandes salles, et, à gauche, des galeries venant se relier à la tour du donjon. On y distingue aujourd'hui les premières assises de quatre tours qui fortifiaient l'esplanade ; on estime qu'elles avaient 20 mètres de hauteur. Près de la tour du donjon, on remarque l'ouverture d'une cave ou souterrain. Si l'on ajoute à la sé-

Eglise de Longjumeau.

curité que devait inspirer une aussi inexpugnable retraite l'importance agressive de sa position, à cheval sur les deux grandes lignes de commmunication entre Paris, l'ouest et le sud, par les deux routes d'Orléans et de Fontainebleau ; si l'on se représente ce pays de l'Ile-de-France couvert de forêts impénétrables, si bien disposé pour les surprises de la guerre, partagé entre la domination des grandes abbayes et des seigneurs indépendants, sans aucun élément de cohésion, sans aucun sentiment d'une nationalité commune, on se rendra facilement compte du poids qu'apportait dans la balance de tant d'intérêts divers la possession de la forteresse que nous venons de décrire. Philippe Ier, en confiant la garde du château de Montlhéry à Louis le Gros, son fils, lui disait : « Mon fils, sois bien attentif à garder cette tour qui m'a donné tant de peines et de tourments, d'où sont sorties tant d'expéditions ; car les vexations, la perfidie et la méchanceté de son seigneur m'ont fait vieillir avant le temps, et j'ai passé ma vie entière à me défendre contre ses fraudes et ses trahisons sans avoir pu jamais en obtenir ni paix ni trêve. »

Toute la période qui comprend la possession du château par les successeurs de Thibaut (1) n'est qu'une suite de luttes sanglantes, de sourdes intrigues ou d'ingénieux stratagèmes pour les en

---

(1) Voici la généalogie de ces seigneurs de Montlhéry, telle au moins qu'il est possible de l'établir d'après les textes du Cartulaire de Longpont. récemment publié (1879), rapprochés des indications fournies par Suger dans la *Vie de Louis le Gros*.

1º Thibaut File-Étoupe, vers 1010 et 1040.
2º Gui Ier, vers 1050 et 1060.
3º Milon le Grand, 1080 et 1090.
4º Gui II Troussel, fils aîné de Milon le Grand, vers 1098-1105 ou 1106.
5º Philippe, comte de Mantes, marié à Élisabeth, fille et héritière de Gui Troussel, vers 1106-1108.
6º Milon de Bray, vicomte de Troyes, deuxième fils de Milon le Grand, étranglé au château de Rochefort-en-Yveline par son cousin Hugues de Créoy, seigneur de Gometz, 1100-1118.

chasser. Après la domination des Gui et des Milon, Philippe Ier ne trouva pas d'autre moyen, pour s'emparer de la redoutable forteresse, que de demander la main d'Élisabeth, fille du comte Gui II, dit Troussel, pour son fils bâtard Philippe, à la condition que l'héritière apporterait en dot Montlhéry à la couronne de France; c'est à cette époque que la garde du château fut confiée par Philippe à Louis le Gros, son fils légitime, fiancé à Luciane, fille d'un autre Gui, surnommé Gui le Rouge, et sénéchal des armées du roi. Effrayé des incessantes tentatives de Gui Troussel pour reconquérir le château, Louis, devenu roi, fit raser toutes les défenses du château, à l'exception du donjon (*omnes munitiones præter turrim dejecit*), et confia la garde de ce donjon à Milon de Bray, vicomte de Troyes, qu'il investit de la possession de cette châtellenie. C'est ce même Milon, que Hugues de Crécy, seigneur de Gometz, surprit dans une embuscade et étrangla de ses propres mains; à la mort de ce dernier, Montlhéry rentra définitivement sous le gouvernement royal.

Louis VI fit alors restaurer le château. Philippe-Auguste surtout y ajouta de nouvelles défenses, et saint Louis y fit bâtir, à son retour de la croisade de 1245, une chapelle qui porta son nom. Ainsi restauré, le château de Montlhéry servit alors tour à tour de demeure de plaisance et de prison d'État; Louis VII y vint fréquemment; Philippe-Auguste en fit le siège d'une de ses prévôtés royales et institua un service régulier de garde qui y était fait tour à tour pendant deux mois par un certain nombre de chevaliers qui relevaient de la seigneurie; enfin saint Louis, qui séjourna au château, y trouva avec sa mère, la reine Blanche, un refuge contre les seigneurs envieux de l'autorité de la régente et qui cherchaient à s'emparer de la personne du jeune roi.

Sous Philippe le Bel, le donjon servit de prison au comte de Hainaut qui s'était révolté; et, en 1311, Louis de Flandre, fils aîné du comte Robert, y fut enfermé après sa défaite; Jean le Bon y résida souvent; il y fut même poursuivi par les Anglais, qui mirent le feu au bourg pendant que leur roi Édouard occupait le château : Olivier de Clisson le reçut en apanage et s'y réfugia un instant lorsqu'il fut banni de la cour par les oncles de l'infortuné Charles VI. Les Armagnacs et les Bourguignons, pendant leur lutte, s'en emparèrent tour à tour; le chef bourguignon Jean de Croy y fut fait prisonnier en 1413. Sous Charles VII, avant les victoires de Jeanne Darc, Bedford y mit garnison.

Enfin, comme si les murailles du vieux château eussent dû fatalement être témoins du dénouement de ce drame féodal dans lequel elles avaient joué un si grand rôle, c'est au pied de sa montagne que se rencontrèrent, le mardi 16 juillet 1465, l'armée du monarque niveleur et centralisateur Louis XI et les troupes brillantes du comte de Charolais, fils du duc de Bourgogne, dernière coalition sérieuse de la chevalerie française et de la noblesse insoumise. Quoique la victoire soit restée, cette fois encore, fidèle aux brillants panaches et aux nobles écussons, les lignes de l'infanterie bourgeoise qui, en grande partie, composaient l'armée royale, venaient d'apprendre à tenir pied; un nouveau mode de recrutement était trouvé, qui promettait désormais d'épuiser la noblesse, même par ses victoires, et Louis XI, quoique fugitif à Corbeil, pouvait se rendre témoignage que la féodalité était vaincue. La bataille de Montlhéry est donc une date, et la dernière qui se rattache à l'époque féodale de notre histoire. Le lieu témoin de cette bataille est la plaine qui s'étend entre Montlhéry et Longpont; on la désigne encore aujourd'hui sous le nom expressif de *Chantier du champ de bataille*, et près de là, on montre encore le *cimetière des Bourguignons*, qui devint plus tard celui de la commune.

Montlhéry, depuis cette époque, n'a été le théâtre d'aucun fait qui mérite d'être signalé, le château, sauf le donjon, fut démoli sous les règnes de Henri IV et de Louis XIV. La seigneurie fut néanmoins maintenue jusqu'à la Révolution, et pour démontrer l'importance qui s'attachait encore aux souvenirs qu'évoquaient les ruines de l'antique forteresse, il nous suffira de citer la liste des seigneurs engagistes du comté. Nous trouvons, sur cette liste, le duc de La Vauguyon, Claude de Clermont, seigneur de Dampierre, François-Olivier de Leuville, François de Balzac, gouverneur d'Orléans et seigneur de Marcoussis; le cardinal de Richelieu, qui s'était probablement nommé lui-même, comme si, non content d'étouffer dans ses dernières convulsions la petite féodalité qui s'agitait encore, il avait voulu surveiller les cendres de la grande féodalité qui était morte; après lui, Gaston d'Orléans, Guillaume de Lamoignon, Phélippeaux et son fils, enfin le maréchal de Mouchy, comte de Noailles.

La tour de Montlhéry a plus de huit siècles d'existence, et, sans doute, elle bravera encore longtemps les atteintes du temps. Dernier jalon de la féodalité, sa vue n'évoque plus, comme autrefois, des pensées de servitude et de souffrance ; au contraire, prise comme signal ou point de repère, elle est aujourd'hui liée aux plus glorieux souvenirs de la science française : à la détermination du mètre ; à la triangulation de la France, pour l'exécution de notre belle carte de l'État-Major ; à celle de la vitesse du son, par le Bureau des longitudes ; enfin à celle de la vitesse de la lumière. C'est le but d'une promenade intéressante et pittoresque, et quand l'œil du voyageur est parvenu à se détacher de ces sombres pierres qui rappellent des temps déjà si loin de nous, il se repose sur des campagnes merveilleusement cultivées, sur des villages qui respirent l'aisance et le bonheur, sur des paysages tranquilles ; et le contraste qui surgit dans la pensée fait bénir les longs et douloureux efforts auxquels sont dus les progrès de l'organisation moderne.

Avec son château, dont l'esplanade a été déblayée, on remarque, à Montlhéry, l'Hôtel-Dieu, dont le porche date de Louis VII ; la porte Baudry, porte fortifiée du XIe siècle, restaurée au XVIe ; la vaste place du Marché et la halle. L'église paroissiale de Notre-Dame n'est autre que l'ancienne chapelle de l'Hôtel-Dieu, qui fut agrandie au XVe siècle ; sa façade a été récemment restaurée avec habileté.

L'air sain dont on jouit à Montlhéry a de tout temps été en réputation dans les environs ; aussi cette petite ville possède-t-elle, outre ses deux écoles primaires réglementaires de filles et de garçons, cinq pensionnats, deux de filles et trois de garçons ; deux de ces derniers, habilement dirigés, comptent chacun plus d'une centaine d'enfants.

Montlhéry fait un grand commerce de grains, de fruits, de légumes, de fromages blancs qui portent son nom. Son marché du lundi est très important ; il s'y fait de grandes transactions qui contribuent à la fixation du prix des céréales pour l'alimentation de la capitale.

En 1870, Montlhéry fut occupé par le corps bavarois venu de Corbeil ; il eut à souffrir les exactions et les réquisitions de l'ennemi, et la tour, d'où l'on pouvait voir une partie de l'investissement de Paris, servit souvent d'observatoire aux officiers prussiens.

LINAS. — Linas (*Linais*), sur la Salemouille, petit affluent de gauche de la rivière d'Orge, à 19 kilomètres de Corbeil et à 26 de Versailles, sur la route de Paris à Orléans, n'est, à vrai dire, qu'un faubourg de Montlhéry, auquel il a été plusieurs fois question de le réunir sous le nom de Montlhéry-le-Bas.

Linas est cependant beaucoup plus ancien que Montlhéry, et fut d'abord le siège d'un archidiaconé diocésain, avant qu'on l'eût transporté à Montlhéry. Il y avait à Linas une ancienne collégiale de Saint-Merri, desservie par des chanoines qui vivaient en communauté. La seigneurie de Linas était partagée entre les chanoines, les seigneurs de La Roue et les commandeurs du Déluge. Linas a beaucoup perdu depuis que la route d'Orléans n'est plus fréquentée par les diligences. La population de cette commune, qui est exclusivement agricole, est de 1,143 habitants.

Pendant la guerre de 1870, elle a été occupée par des troupes bavaroises du IIIe corps.

SAINT-VRAIN-LE-BOUCHET. — Saint-Vrain ou Saint-Vérain (*Sanctus Veranius*), à 17 kilomètres au sud-ouest de Corbeil et à 8 d'Arpajon, son chef-lieu de canton, est une commune de 777 habitants, située sur la rive gauche de la Juine. Elle portait autrefois le nom d'Escorchy (*Scorciacum*) et se trouvait au milieu d'une forêt nommée *Bratellum*, dont le nom est resté au hameau de Brateau qui en dépend. Dans cette forêt se trouvait le petit prieuré de Saint-Vrain. Ce prieuré donna plus tard, au XVIIIe siècle, son nom à la commune. L'église est sous le patronage de Saint-Caprais, ancien disciple de saint Honorat, dont elle possède quelques reliques. Ces reliques furent cachées en terre dans une boîte d'argent au XVIe siècle pour les mettre à couvert des profanations des protestants, et elles furent retrouvées, par hasard, plus d'un siècle après, en 1659.

La seigneurie de Saint-Vrain est restée pendant plusieurs siècles dans la famille de Carnazet. La comtesse Du Barry, après la mort de Louis XV, se retira au château de Saint-Vrain qu'elle avait fait bâtir par l'architecte Ledoux ; il est aujourd'hui la propriété de la famille de Mortemart.

A 2 kilomètres au nord, sur la Juine, se trouve la poudrerie du BOUCHET qui dépend administrativement de la commune du Vert-le-Petit. Cette poudrerie avait d'abord été établie à Essonnes en 1668 ; elle a été, en 1844, transportée au Bouchet, sur les ruines du château qu'y possédait Duquesne, l'honneur de notre marine. Elle occupe une soixantaine d'ouvriers, et produit par an environ 600,000 kilogrammes de poudre de différentes qualités.

L'industrie de Saint-Vrain est surtout agricole; on y exploite aussi des tourbières.

LONGJUMEAU. — Longjumeau (*Nogemellum, Nongemellum, Noniumeau* (1)), sur l'Yvette et sur la route nationale de Paris à Orléans, à 20 kilomètres au nord-ouest de Corbeil, chef-lieu de canton de 2,314 habitants, est un bourg situé entre deux collines séparées par la rivière d'Yvette. Il faisait autrefois partie de la province de l'Ile-de-France et dépendait du diocèse, du parlement, de l'intendance et de l'élection de Paris. Quoique son existence soit plus ancienne et qu'on sache que plusieurs rois de la première race y tinrent leurs plaids, ce qui ferait supposer qu'ils y avaient un palais, le premier titre authentique où il est fait mention de Longjumeau ne date que du IXe siècle. Les seigneurs de Longjumeau ont constamment été ceux de Chilly, qui en est voisin, à 1 kilomètre au nord-est. Ces terres relevaient de la prévôté de Montlhéry. Le bourg paraît avoir été entouré de murailles. Le principal événement dont il ait été le théâtre, c'est la signature de la paix de 1568, entre les catholiques et les protestants. Cette paix fut appelée *Paix boiteuse ou mal assise*, soit à cause de son peu de durée (six mois seulement), soit parce que les négociateurs du côté de la cour étaient Armand de Gontaut, baron de Biron, qui était boiteux, et le sire de Mesmes, baron de Malassise.

En 1626 la terre de Longjumeau fut érigée en marquisat en faveur d'Antoine Coiffier, seigneur d'Effiat.

Longjumeau possède une église assez remarquable dont les piliers datent du XIIIe siècle et dont le portail, de style gothique, est bien conservé; près de l'église est une jolie fontaine à laquelle tient un abreuvoir. L'ancienne commanderie de l'ordre de Malte, située à *Balisy*, qui eut d'abord sous Louis le Gros des seigneurs considérables, peut être regardée comme une dépendance de Longjumeau.

Ce bourg, outre un commerce important de grains, farine, fruits, bestiaux et cuirs, possède encore des tanneries, des mégisseries, et se livre à l'éduction en grand des abeilles.

Près de cette ville, il y avait autrefois un prieuré de Saint-Éloi, aujourd'hui converti en maison de campagne.

Les armes de Longjumeau sont celles de ses anciens seigneurs : *d'argent, semé de trèfles de sinople, à deux T de gueules en chef, et deux papegais aussi de sinople affrontés au-dessous*.

En 1870, Longjumeau fut occupé dès le 2 septembre par le IIe corps bavarois.

CHILLY-MAZARIN. — Chilly, autrefois Chailly (*Callidiacum*), est un village de 381 habitants, situé à 2 kilomètres au nord-est de Longjumeau et à 20 kilomètres au nord-ouest de Corbeil.

Robert, comte de Dreux, fils de Louis le Gros, y fit bâtir un château au XIIe siècle. Philippe le Bel en fit l'acquisition de Hugues de Lusignan, comte de La Marche. Plus tard, les rois engagèrent cette seigneurie à diverses personnes: Quand elle fut rentrée à la couronne, François Ier la donna à sa sœur naturelle, souveraine d'Angoulême, qui avait épousé Michel Gaillard, seigneur de Longjumeau et panetier du roi. Chilly resta dans sa famille jusqu'en 1616. Martin Ruzé, secrétaire d'État, en fit alors l'acquisition. Antoine Coiffier, Ruzé d'Effiat, maréchal de France, le père de Cinq-Mars, en hérita; il fit abattre le château fort et le fit rebâtir avec une magnificence vraiment royale. Chilly fut érigé en marquisat en sa faveur. Sa fille porta cette terre en dot au duc de La Meilleraye, maréchal de France, qui, dans sa longue carrière, eut l'honneur de recevoir au château de Chilly quatre fois Louis XIII et une fois Louis XIV. Son fils Armand-Charles épousa Hortense Mancini, nièce de Mazarin, en 1661; c'est alors que, pour satisfaire à l'une des clauses de son contrat de mariage qui lui apportait vingt millions, il prit le titre de Mazarin, et dès lors Chilly s'appela *Chilly-Mazarin*. Sa descendance posséda cette terre jusqu'à la Révolution.

Le château a été détruit par un spéculateur au commencement de ce siècle; il en reste les fossés de la première cour, l'orangerie, les communs et un canal; le parc a été mis en culture; une maison

---

(1) *Noniumeau* ou *Nonjumeau*, par altération Longjumeau, viendrait de deux racines, *Noio* ou *Noveo*, nouveau, et de *mellum* ou *mallum*, le synonyme de *congregatio, conventus*, et s'appliquerait à un lieu où l'on convoquait les plaids ou assemblées de la nation.

de campagne a été élevée à l'entrée de la seconde cour. L'église de Chilly possède les mausolées en marbre blanc de la famille d'Effiat.

Le poète Chapelle passa les dernières années de sa vie dans une petite maison qu'il avait à l'entrée de Chilly; il y reçut plusieurs fois Racine, Molière et Boileau.

LONGPONT. — Longpont-sous-Montlhéry (*Longus Pons*), commune agricole de 642 habitants, située dans le canton de Longjumeau, à 17 kilomètres à l'ouest de Corbeil et sur la rive gauche de l'Orge, doit son ancienne importance au célèbre prieuré de bénédictins qu'y fondèrent, vers l'an 1061, Gui Troussel de Montlhéry et Hodierne, sa femme. Ce prieuré, qui possédait de grands biens, subsista jusqu'à la Révolution. Les derniers débris du cloître ont été détruits en 1822. On avait, à cette même époque, abattu le transept, le chœur et la flèche du clocher; mais, grâce au zèle de l'abbé Arthaud, curé de la paroisse pendant quarante ans et mort en 1877, on a reconstruit le transept et le chœur, en attendant que l'on puisse en faire autant pour le clocher. L'église de Longpont, seul reste de l'ancien prieuré, est aujourd'hui rangée au nombre de nos monuments historiques. Le portail, qui fut réparé grâce aux libéralités d'Anne de Bretagne et de Charles VIII, offre malgré sa mutilation de curieux détails archéologiques. A l'extrémité du bas côté septentrional, la chapelle de Notre-Dame-de-Bonne-Garde est le but d'un pèlerinage recommandé par le saint-siège et qui est encore aujourd'hui très fréquenté.

Du territoire de la commune de Longpont dépend le château de Lormoy ou Lormoïe, reconstruit il y a vingt ans dans le style de la Renaissance, et celui de Villebouzin ou plutôt Villebosein, comme le désignent d'anciens titres.

VILLIERS-SUR-ORGE. — Villiers-sur-Orge, appelé aussi *Villiers-sous-Longpont*, est une petite commune de 199 habitants, située à 19 kilomètres de Corbeil et à 6 kilomètres de Longjumeau, son chef-lieu de canton.

La seigneurie de ce lieu, qui a longtemps dépendu de Longpont, a appartenu au frère aîné de la marquise de Brinvilliers et plus tard à Grimod de La Reynière, qui donna au château quelques-uns de ces dîners qui lui ont valu une place au Panthéon des gourmands. Il était connu par ses excentricités; nous ne citerons que celle-ci : il invita un jour les danseurs et les danseuses de l'Opéra à dîner dans son hôtel, dont le grand salon était tendu de drap noir. Chaque convive avait une bière ouverte derrière lui, et devant son assiette une colonnette sur laquelle il lisait son nom à la lueur d'une lampe sépulcrale. Aujourd'hui, du château il ne reste nulle trace; mais le parc subsiste encore.

A l'extrémité méridionale du village, du côté de Longpont, *la Maison Rouge* mérite d'être citée; elle doit son nom à l'emploi de la brique dans sa construction. Ce n'était, dans l'origine, qu'une petite ferme que Mme Du Barry acheta pour y établir sa mère, Mme Rançon, laquelle y était connue sous le nom de Mme de Montrable. La comtesse y venait souvent voir sa mère.

Mme Sophie Gay et sa fille, Delphine Gay, plus tard Mme de Girardin, ont également habité Villiers-sur-Orge et ont daté de ce lieu plusieurs de leurs poésies.

ÉPINAY-SUR-ORGE. — Épinay-sur-Orge est un de ces nombreux villages qui furent créés dans des lieux couverts d'épines, de broussailles, *Spinetum*, *Spincilum*, si communs en France aux premiers temps de notre histoire, et que l'on distingue les uns des autres par un qualificatif dû à leur position. Épinay est sur la rive gauche de l'Orge, à l'embouchure de l'Yvette avec cette rivière, en face de Villemoisson, petite commune de 387 habitants, à 18 kilomètres à l'ouest de Corbeil et à 4 kilomètres au sud-est de Longjumeau, son chef-lieu de canton. Sa population est de 1,506 habitants. C'est une des stations de la ligne de Paris à Étampes, réseau de Paris à Orléans.

Épinay-sur-Orge possède plusieurs belles maisons de campagne. Sur son territoire et dans la jolie vallée de l'Orge est l'asile des aliénés de Vaucluse, établi dans le parc du château de ce nom et appartenant à la ville de Paris. Le château de *Vaucluse* portait autrefois le nom peu euphonique de La Gilqueniére, du nom de Gilquin, son fondateur. Le comte de Provence, plus tard Louis XVIII, y étant venu visiter le bailli de Crussol d'Uzès, enchanté de la beauté du site, s'écria : « Mais c'est une véritable vallée de Vaucluse! » Le nom lui en est resté.

SAINTE-GENEVIÈVE-DES-BOIS. — Sainte-Geneviève-des-Bois est une petite commune de 402 habitants, située à 12 kilomètres à l'ouest de Corbeil, sur la route de cette dernière ville à Versailles ; elle dépend du canton de Longjumeau. Sainte-Geneviève doit son surnom à la forêt de Séquigny, sur la lisière de laquelle ce village est placé ; c'est un lieu fort ancien, autrefois désigné sous le nom de *Sicnii Villare* ou *Sequini Villare*. On sait peu de chose de ses premiers seigneurs ; ils y possédaient cependant un château dont il reste le donjon. C'est une grosse tour cylindrique, aujourd'hui comprise dans les communs du château neuf détruit à la Révolution. Ce donjon a été défiguré par l'addition d'un toit conique terminé par une lanterne d'où la vue est des plus étendues sur Paris et sur les environs. Ces additions lui donnent l'air d'un colombier, et il sert, en effet, à cet usage. Les étages étaient desservis par deux escaliers renfermés dans des tourelles qui sont adhérentes à la tour principale. Le rez-de-chaussée était occupé par la prison ; le premier étage servait d'oratoire. Ce sont les seules parties qui soient encore voûtées. Au centre de cet étrange manoir s'élevait un vaste corps de cheminée disposé pour chauffer à la fois les quatre chambres établies à chaque étage. Il a été détruit et remplacé par une colonne qui prend du fond et supporte la charpente des planchers. Ce donjon était entouré d'une douve profonde et remplie d'eau ; un mur de circonvallation s'élevait au delà de la douve ; il était fort épais, terrassé et garni à chacun de ses angles d'une échauguette.

Ce premier château fut remplacé, vers le milieu du XVIIe siècle, par un autre construit, selon le goût de l'époque, de pierres et de briques, et mieux approprié à la vie seigneuriale du temps. Le président Antoine Boyer, qui l'avait fait construire, le laissa à son gendre, le marquis de Noailles. Le roi Louis XIV l'y vint souvent visiter : il était attiré dans le pays par les plaisirs de la chasse. C'est dans une de ces chasses, dans la forêt de Séquigny, que Mlle de Fontanges, ayant vu sa coiffure emportée par le vent, la remplaça, pour retenir ses blonds cheveux, par un ruban dont les nœuds retombaient sur son front. Cet ajustement, dans lequel le hasard avait eu autant et plus de part que la coquetterie, plut extrêmement au roi, qui pria Mlle de Fontanges de ne pas se coiffer autrement de toute la soirée. Le lendemain, toutes les dames de la cour étaient coiffées *à la Fontanges*.

François Berthier de Sauvigny, intendant de Paris, fit détruire ce second château pour en construire un troisième sur un plan encore plus vaste ; mais la Révolution ne lui donna pas le temps de l'achever, et l'on sait qu'il en fut une des premières victimes. De toutes ces splendeurs, il ne reste que le vieux donjon féodal défiguré, les communs, qui servent de ferme, et un grand parc taillé aux dépens de la forêt, dans lequel on retrouve çà et là des grottes, des pièces d'eau, ou miroirs, desséchées, envahies par une végétation parasite.

Savigny-sur-Orge. — Savigny-sur-Orge (*Sabiniacum, Saviniacus*), station de la ligne du chemin de fer de Paris-Étampes-Orléans, est une commune de 1,348 habitants, située dans le canton de Longjumeau, à 13 kilomètres au nord-ouest de Corbeil, sur la rive gauche de l'Orge.

On compte, en France, 23 communes du nom de Savigny ; toutes paraissent avoir pour origine une ancienne villa possédée par un Romain ou un Gallo-Romain du nom de Sabinus, nom très répandu au IIIe et au IVe siècle de notre ère.

Celle qui nous occupe avait rang de paroisse dans le XIIe siècle. Le château que l'on y voit aujourd'hui, entouré de fossés et flanqué de quatre tours, est un ancien château fort qui a été défiguré en 1735 par le comte du Luc, qui en fit augmenter les bâtiments à la suite d'un incendie. Le château de Savigny a reçu la visite de Charles VI, alors qu'il était habité par Agnès Sorel. Plus tard, il fit retour à la couronne, et Louis XI le donna au fameux cardinal La Balue, évêque d'Évreux, qu'il y visita plusieurs fois. Il appartint successivement à Louis d'Agoult, comte de Sault ; à F. de La Baume, comte de Montrevel, sous lequel les royalistes s'en emparèrent contre les ligueurs ; à M. de Mesmes ; au comte du Luc, de la maison de Vintimille ; à son frère Guillaume de Vintimille, archevêque de Paris (1730). Il fut épargné par la bande noire, à la Révolution, et servit de retraite au maréchal Davout, prince d'Eckmühl ; l'abbé Gley, son secrétaire, interprète pendant les campagnes de Prusse et de Pologne (1806-1807), prêtre aussi honorable qu'instruit, a écrit sa vie. Le parc de Savigny, traversé par l'Orge, est fort beau. Sur la droite, on voit un beau moulin construit en 1811. Savigny, où l'on rencontre beaucoup de maisons de campagne, a été un instant habité par Chateaubriand, en 1801 ; il y termina son *Génie du christianisme*. La maison qu'il habitait était située à l'entrée du village, du côté de Paris, adossée à un coteau planté de vignes, près du vieux grand chemin que l'on appelle dans le pays le Chemin de Henri IV.

De la commune de Savigny dépend le château de Grand-Vaux, ainsi appelé par opposition avec le château de Petit-Vaux, qui dépend d'Épinay-sur-Orge. Grand-Vaux, dont le parc est arrosé par l'Yvette, a appartenu au marquis de Sades, trop connu par ses dérèglements; au marquis de La Bédoyère, père de l'infortuné colonel du 7ᵉ de ligne, et à la famille Vigier.

GRIGNY. — Grigny (*Griniacum*) est un village ancien; il était connu dès le XIIᵉ siècle, et sa seigneurie a été longtemps réunie à celle de Plessis-le-Comte. C'est aujourd'hui une commune de 492 habitants, située sur une colline qui domine le confluent de l'Orge avec la Seine, à 10 kilomètres au nord-ouest de Corbeil et à 10 kilomètres au sud-est de Longjumeau, son chef-lieu de canton. Comme dans la plupart des communes des environs de Paris, on y voit de belles maisons de campagne.

Grigny a eu pour seigneur le président Omer Joly de Fleury. Ce magistrat, dont le mérite était très borné et la figure fort ingrate, avait lancé un réquisitoire contre Voltaire pour le faire mettre à la Bastille; le poète, en sûreté, lui en fit ses remerciements par une lettre dont la suscription était : « A Monsieur Omer Joly de Fleury, qui n'est ni Homère, ni Joli, ni Fleuri. » Le Père Baroyer, curé de Savigny-sur-Orge, rappelant au président Joly cette malice du grand écrivain un jour qu'il dînait chez lui : « Hélas ! oui, dit le vieux magistrat avec dépit; hélas! oui, l'impie m'échappe! Mais, à l'imitation du bourreau des Anglais, j'ai brûlé sa *Pucelle!* »

JUVISY. — Juvisy (*Gevisiacum*), importante station de la ligne du chemin de fer de Paris à Orléans, point de bifurcation de celle de Corbeil, avec raccordement sur la grande ligne de l'Est à Villeneuve-Saint-Georges, est une commune de 930 habitants, située dans le canton de Longjumeau, à 12 kilomètres au nord-ouest de Corbeil, près de la rive droite de l'Orge. Un savant, M. J. Quicherat, a cru y reconnaître l'emplacement de *Metiosedum*, le lieu de la bataille entre Labienus, le lieutenant de Jules César, et les Parisiens. La partie de cette commune traversée par l'Orge est, en effet, très marécageuse, et répond à la description de l'auteur des *Commentaires*. Ce qui est plus certain, c'est que c'est à Juvisy que Jean sans Peur, duc de Bourgogne, arrêta en 1405 Louis de Bavière, Jean de Montaigu et le comte de Dammartin, qui conduisaient auprès de la reine Isabeau, retirée au château de Corbeil, le jeune dauphin, fils de Charles VI. Au temps de la Fronde, Juvisy eut sa journée; les Parisiens, sortis de leur ville pour aller assiéger Corbeil, y furent mis en déroute par les troupes royales.

Le château des anciens seigneurs, qui a été rebâti en 1857, n'avait de remarquable que son parc, dessiné par Le Nôtre et orné de grottes, de rocailles, de belles pièces d'eau et de belles terrasses d'où l'on jouit d'une vue magnifique. Louis XIV y séjourna plusieurs fois dans ses voyages à Fontainebleau; le pavillon où ce prince couchait existe encore.

De la commune dépend le hameau de *Fromenteau*, qui prit le nom de la *Cour-de-France*, lorsque l'on y établit le relais royal pour les voyages de la cour à Fontainebleau. C'est dans ce lieu qu'on vint annoncer à Henri IV la trahison du maréchal de Biron; c'est encore à La Cour-de-France qu'en 1814 Napoléon apprit la capitulation de Paris. L'empereur était accompagné du prince de Wagram et du duc de Vicence; il revint sur ses pas à Fontainebleau, où eut lieu son abdication.

Autrefois, la route de Fontainebleau traversait Juvisy par une descente rapide et difficile qui subsiste encore; en 1728, on la détourna à son arrivée à Fromenteau, et, à l'aide d'une courbe gracieuse et d'un remblai de 1,400 mètres de longueur, on la conduisit dans la vallée de l'Orge. Ce remblai traverse l'Orge sur un pont d'une seule arche en plein cintre, de 14 mètres d'ouverture et de 18 mètres d'élévation. Sur les deux côtés, au milieu du parapet, une fontaine verse les eaux de plusieurs sources, qui ont été recueillies pendant les travaux, ce qui a fait donner à ce pont monumental le nom de *Pont des Belles-Fontaines*. Une croyance locale, qui faisait venir ces eaux de la rivière d'*Orge*, a pendant longtemps fait donner à l'eau des fontaines de ce pont le nom d'*orgeat de Juvisy*. A ce mauvais jeu de mots, nous préférons les vers suivants, inspirés par les Belles-Fontaines :

> *Olim nympha levis dura sub rupe latebat;*
> *Nunc super hos pontes ambitiosa fluit.*
> *Talia quis fecit? Potuit quis? Disce viator :*
> *Hæc fecit Lodoix; solus enim potuit!*

On voit à Juvisy plusieurs belles maisons de campagne; l'une d'elles, à La Cour-de-France, a été habitée par l'ingénieur Alexis Donnet, auquel on doit une excellente carte de l'arrondissement de Corbeil, devenue très rare, et d'autres travaux géographiques estimables.

ATHIS-MONS. — Athis-Mons (*Attegia, Atiis*), station de la ligne du chemin de fer de Paris-Étampes-Orléans, à 14 kilomètres au nord-ouest de Corbeil et dans le canton de Longjumeau, est une commune de 1,038 habitants, située au-dessus du confluent de l'Orge et de la Seine. Elle est formée des deux villages d'Athis et de Mons réunis depuis 1824; ils couronnent le plateau qui, du côté de l'ouest, domine la vallée de la Seine.

Athis est d'origine fort ancienne, son nom, *Attegiæ*, rappelle les cabanes en branchages qui abritèrent ses premiers habitants. Les religieux de Sainte-Geneviève en possédèrent la seigneurie et y transportèrent, en 845, les reliques de la patronne de Paris pour les soustraire à la profanation des Normands; puis, ne les croyant pas en sûreté en ce lieu, ils les déposèrent de l'autre côté de la Seine, à Draveil ou plutôt à Vigneux. Plus tard, on retrouve à Athis des seigneurs particuliers; comme tous ceux de la châtellerie, ils devaient deux mois de garde au château de Montlhéry, comme vassaux du roi de France. Saint Louis, en 1280, Philippe le Bel en 1305 résidèrent à Athis, et ce dernier y signa un traité avec les envoyés du comte de Flandre. La terre d'Athis resta, au XVIe et au XVIIe siècle, dans la famille de Viole, dont un des membres, le président d'Athis, a joué dans le Parlement de Paris un certain rôle au temps de la Fronde. Le château, qui n'avait de remarquable que la belle vue dont on jouissait de sa terrasse, a appartenu à Mlle de Charolais, fille de Louis III, prince de Condé. En 1865, les jésuites en avaient fait l'acquisition pour en faire une succursale de leur école préparatoire pour l'admission aux Écoles polytechnique et de Saint-Cyr. Un autre château, situé un peu plus loin, mais toujours sur le bord du plateau, est celui d'Oysonville, autrefois appelé le fief de Cerneaux ou des Créneaux; il a été habité par les comtes d'Allonville, en 1720 par le duc de Roquelaure, et par le maréchal de Villars qui y réunissait une société littéraire. Conrart a eu une maison de campagne à Athis. Au-dessous du village, entre l'Orge et la Seine, est l'ancien fief de Chaiges ou Cheiges, dont le nom paraît vouloir dire maison champêtre, qui fut possédé par cet original comte de Watteville, qui fut successivement militaire, chartreux, renégat, pacha du Grand-Turc, ambassadeur de Louis XIV, et mourut doté du revenu de plusieurs abbayes. Le village de Mons, qui tient à celui d'Athis, compte comme lui beaucoup de maisons de campagne; c'était autrefois un fief ecclésiastique.

Athis-Mons fut occupé par les Prussiens en 1870; dès le 18 septembre, ils s'établirent dans les environs dont ils expulsèrent les habitants.

ABLON. — Ablon (*Abluvium, Ablum*), station de la ligne du chemin de fer de Paris-Étampes-Orléans, est une commune de 569 habitants, située sur la rive gauche de la Seine, dans le canton de Longjumeau et à 16 kilomètres au nord de Corbeil.

Ce village paraît devoir son nom au terrain d'alluvion sur lequel il est bâti, ou tout au moins aux sources nombreuses qui l'arrosaient; sa petite église, qui ne date que de 1840, n'offre aucun intérêt; elle a remplacé l'ancienne chapelle Notre-Dame, située sur le bord de la Seine et trop exposée à l'envahissement des eaux à l'époque des crues.

Ablon tient une certaine place dans l'histoire du calvinisme en France. Ce fut une des trois localités qui furent autorisées par l'édit de Nantes à posséder un temple; avant que le temple de Charenton fût construit, Sully et ses coreligionnaires y venaient entendre le service divin. La proximité de Paris (15 kilomètres), les avantages que procure le voisinage d'un grand fleuve ont de bonne heure invité les Parisiens à venir en villégiature à Ablon; aussi y voit-on de nombreuses maisons de campagne. Sully, Agnès Sorel, Mme de Tencin, ont habité Ablon. Il paraît qu'il y avait autrefois un château, si nous en croyons le poète Corneillan, qui dit dans son poème anonyme, *le Voïage de Viry* (1637, in-12°):

> . . . . Hablon se découvre,
> Qui mire dans l'eau qui le bat
> Les quatre tours d'un petit Louvre,
> Qui voit deux lieues de pays plat.

Ce château était probablement au lieu dit La Baronnie, près de l'antique chapelle de Notre-Dame-sur-l'Eau.

MASSY. — Massy ou Macy (*Maciacum*), station du chemin de fer de Paris à Limours, dans le canton de Longjumeau, et à 25 kilomètres au nord-ouest de Corbeil, sur l'ancienne route de Paris à

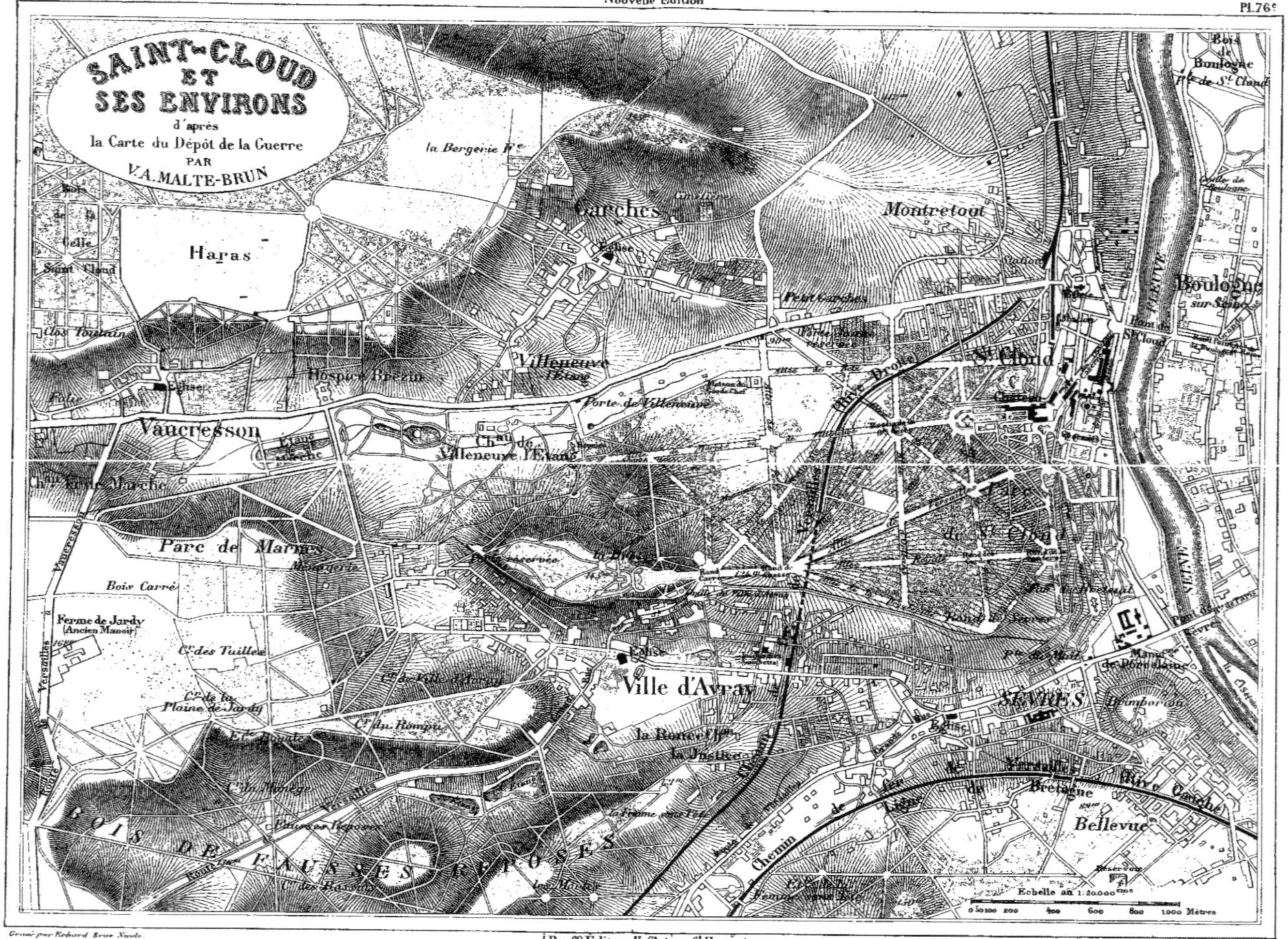
SAINT-CLOUD ET SES ENVIRONS
d'après
la Carte du Dépôt de la Guerre
PAR
V. A. MALTE-BRUN
la Bergerie
Garches
Montretout
Haras
Bois de la Celle Saint Cloud
Clos Toutain
Hospice Brezin
Villeneuve l'Étang
Vaucresson
Chau de Villeneuve l'Étang
Porte de Villeneuve
Petit Garches
St Cloud
Château
Boulogne sur Seine
Bois de Boulogne
FLEUVE
SEINE
Parc de Marnes
Ménagerie
Bois Carré
Ferme de Jardy (Ancien Manoir)
Cr des Tuilles
Cr de la Plaine de Jardy
Cr du Rompu
Ville d'Avray
la Ronce
la Justice
SEVRES
Manufre de Porcelaine
Brimborion
Bellevue
Bretagne
Rive Gauche
Rive Droite
Chemin de fer
BOIS DES FAUSSES REPOSES
Échelle au 1:20000
0 50 100 200 400 600 800 1000 Mètres

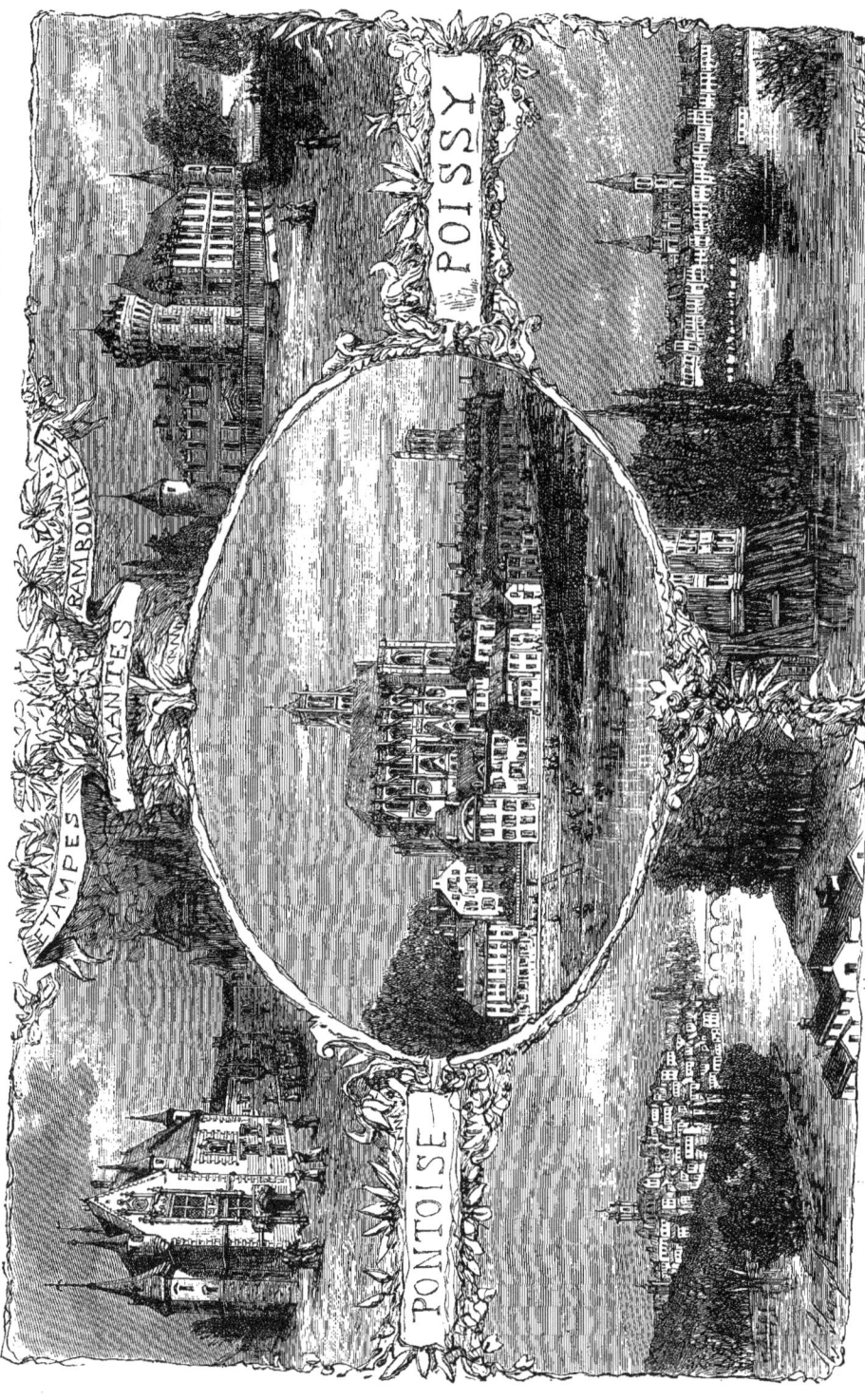

96. — Seine-et-Oise (4ᵉ).

Chartres, est une commune de 1,179 habitants, qui possède des fabriques de colle forte, d'huile de pied de bœuf et des tuileries.

Massy a eu de bonne heure ses seigneurs particuliers qui, comme tous ceux de la châtellenie de Montlhéry, étaient taxés de deux mois de garde chaque année dans ce château. Un sieur Haymond, écuyer, seigneur de Massy, fut un de ceux qui déposèrent dans le procès de Jeanne Darc; il suivit le parti des Anglais et s'était acquis une grande réputation de cruauté dans ses expéditions. Au XVIᵉ et au XVIIᵉ siècle, cette seigneurie appartenait à la maison de Chilly-Mazarin.

Un seigneur de Massy, nommé Étienne, eut en 1162 une dispute avec l'abbé de Saint-Germain-des-Prés, seigneur d'Antony, pour des intérêts temporels. Ne réussissant pas à s'accommoder à l'amiable, les deux compétiteurs convinrent de tout terminer par la décision des armes. Le seigneur d'Antony ne pouvant se battre en personne, à cause de sa qualité d'abbé, ils choisirent chacun un champion auquel ils confièrent le soin de se battre pour eux. Le combat eut lieu en présence de nombreux spectateurs. Il paraît que ce fut à la manière des Anglais, c'est-à-dire à coups de poing; car l'histoire rapporte que le champion de l'abbé de Saint-Germain-des-Prés eut le premier avantage, et creva l'œil à l'autre; il se jeta ensuite sur ce rival à demi vaincu avec tant de furie qu'il le renversa par terre, l'abîma de coups et le força de demander grâce en s'avouant vaincu.

Le village est construit à mi-côte d'une colline qui regarde le midi. De l'ancien château, qui était dans la plaine et qui aujourd'hui est converti en ferme; il ne reste que peu de chose; le portail et la tour de l'église sont en partie du XIIIᵉ siècle.

Les productions du terroir de cette commune sont en grains, en vignes et en prairies.

Le hameau de Villaines et le château de Villegenis sont des dépendances de Massy. Ce dernier, qui avait été bâti en 1755 pour Mˡˡᵉ de Sens, sur les dessins d'Ullin, fut en partie détruit au commencement de ce siècle par M. Delorme, son acquéreur; il a été habité sous le second Empire par le prince Jérôme Bonaparte, oncle de Napoléon III.

Boissy-Saint-Léger. — Boissy-Saint-Léger, station de la petite ligne du chemin de fer de Paris-Vincennes-Brie-Comte-Robert, chef-lieu de canton de l'arrondissement de Corbeil, à 19 kilomètres au nord de cette ville, est une commune de 867 habitants, agréablement située sur une colline qui domine à la fois le cours de la Seine et celui de la Marne.

C'est sur le territoire de cette commune qu'est situé le château de *Grosbois*, qui fut construit au commencement du XVIIᵉ siècle pour Charles d'Angoulême, fils naturel de Charles IX et de Marie Touchet. L'église du lieu gênait ses plans. Saisissant le temps où le curé et ses paroissiens étaient allés en procession dans une paroisse voisine, il mit un si grand nombre de soldats et d'ouvriers à la besogne, qu'au retour du curé et de ceux qui l'accompagnaient, l'église n'existait plus! Il s'acquitta envers les habitants en en faisant construire une plus belle.

Ruiné et endetté par ses prodigalités, comme dernière ressource, il fabriquait, dit-on, de la fausse monnaie. Un jour que Louis XIII s'étonnait de ne pas le voir plus souvent à la cour, et lui disait : « Mais que diable pouvez-vous faire à Grosbois? » Il lui répondit sans sourciller: « Sire, je n'y fais que » ce que je dois! » Ensuite, Grosbois appartint d'abord au financier Samuel Bernard et au comte de Provence, plus tard Louis XVIII, qui réunit ce domaine à celui de Brunoy; puis successivement à Barras, qui s'y retira lorsque Napoléon fut nommé premier consul, et qui le releva de ses ruines; au général Moreau, qui y fut arrêté en 1804 comme conspirateur; au prince de Wagram, dont le fils le possède encore. aujourd'hui Le parc, qui est entouré de murs, n'a pas moins de 1,700 arpents.

Le hameau du Piple est une dépendance de la commune de Boissy-Saint-Léger. On y voit un joli château et une école normale protestante pour les jeunes filles.

Villeneuve-Saint-Georges. — Villeneuve-Saint-Georges, station de la ligne du chemin de fer de Paris à Lyon, dans une jolie position, au confluent de la Seine et de l'Yères et au pied du mont Griffon, colline dont l'altitude est de 132 mètres au-dessus de la mer, est située dans le canton de Boissy-Saint-Léger, à 16 kilomètres au nord de Corbeil et à 15 au sud de Paris; sa population est de 2,262 habitants.

Villeneuve-Saint-Georges doit son origine à un lieu de franchise qu'y établirent les abbés de Saint-Germain-des-Prés qui en furent longtemps seigneurs; il avait pris le nom de la chapelle autour de laquelle on réunit les habitants, pour le distinguer d'un autre Villeneuve, créé de l'autre côté de la Seine par les rois de France, et qui prit le nom de Villeneuve-le-Roi.

Villeneuve-Saint-Georges doit à son heureuse situation sur la Seine, à l'entrée de la charmante vallée de l'Yères, d'avoir été choisi pour lieu de plaisance par les Parisiens; on y voit de nombreuses maisons de campagne, dont la plus importante, placée à mi-côte au milieu d'un parc assez étendu, porte le nom de château de Beauregard, qu'il doit à la vue magnifique dont on jouit de sa terrasse. Il a appartenu à Balzac.

Le 17 septembre 1870, la division de cavalerie Stolberg, suivie du ve corps prussien, passa la Seine, sur un pont de bateaux, à Villeneuve-Saint-Georges, abandonné en partie par ses habitants; quelques jours après, ce fut le tour du vi^e corps. La position du village en faisait un point stratégique important : c'était un passage des plus fréquentés par les convois de l'ennemi ; aussi y avait-il construit deux ponts de bateaux et deux ponts sur pilotis ; en décembre, tous ces ponts furent emportés par la débâcle des glaces, et, pendant cinq jours, le pont de Corbeil, que les habitants avaient été forcés de réparer, fut le seul passage consacré à l'ennemi au sud de Paris.

Aujourd'hui, un fort d'une grande importance a été construit au-dessus du village, sur le mont Griffon, dont l'attitude est de 140 mètres; il commande le passage de la Seine et l'entrée de la vallée d'Yères.

YÈRES. — Yères, que l'on écrit aussi Yerres (*Eara*, *Yrria*), à 36 kilomètres au sud-est de Versailles et à 14 de Corbeil, sur la petite rivière du même nom, est un bourg de 1,308 habitants, qui faisait autrefois partie de la Brie et du diocèse de Paris.

Ce village, l'un des plus jolis des environs de Paris, et dans lequel les Parisiens vont en villégiature, doit sa célébrité à un ancien couvent de camaldules et au château dit de la Grange-du-Milieu, qui a appartenu à la veuve de Guise le Balafré et au maréchal de Saxe ; le parc en est dominé par le mont Griffon, d'où on découvre Paris, et des flancs duquel sortent plusieurs sources. Voltaire a célébré une de ces sources, la fontaine Budée, qui porte le nom du fameux helléniste, frère d'un ancien seigneur d'Yères et secrétaire du roi Charles VIII,
dans les quatre vers suivants, gravés sur le roc d'où elle s'échappe :

> Toujours vive, abondante et pure,
> Un doux penchant règle mon cours :
> Heureux l'ami de la nature
> Qui voit ainsi couler ses jours.

Sur l'emplacement d'une ancienne abbaye de religieuses de l'ordre de Saint-Benoît, qui avait été fondée en 1132, et dont l'enlcos est traversé par la rivière d'Yères, on a établi une importante filature de laine.

Le couvent des camaldules, fondé par saint Romuald au commencement du xie siècle et entouré de bois, fut la retraite choisie par plusieurs personnages de la plus haute distinction et passa aux mains de l'ordre de Cîteaux ; une communauté de femmes s'est établie aussi à Valenton, village du voisinage.

Le sol, d'une grande fertilité, se prête aux cultures les plus variées; il se compose de bois, vignes, prairies et terres labourables.

BRUNOY. — Brunoy (*Brennacum*, *Brunaium*), station de la ligne du chemin de fer de Paris à Fontainebleau, sur l'Yères, à 12 kilomètres au nord de Corbeil, à 37 au sud-est de Versailles, et dans le canton de Boissy-Saint-Léger, est une très ancienne paroisse du diocèse de Paris; elle dépendait de l'Ile-de-France ; c'est aujourd'hui un des plus jolis villages des environs de Paris. Sa population, dont une partie est bourgeoise, est de 2,037 habitants.

Les rois de France paraissent y avoir eu une résidence de chasse à cause de sa proximité de la forêt de Senart. Ce qui est certain, c'est que Philippe VI de Valois y résidait au mois de mars 1346 et qu'il y rendit un édit portant règlement pour les eaux et forêts.

La terre de Brunoy avait été donnée par Dagobert à l'abbaye de Saint-Denis ; l'abbé Suger la céda au prieuré d'Essonnes. Plus tard, elle fut vendue à Christophe de Lannoy, dans la famille duquel elle resta jusqu'au xviie siècle. Charles de Lorraine, prince d'Harcourt et duc d'Elbeuf, ayant épousé la petite-fille de Charles de Lannoy, son fils devint, du chef de sa mère, seigneur de Brunoy ; ce dernier céda cette seigneurie à François de La Rochefoucauld, son neveu, l'auteur des *Maximes*.

En 1722, Brunoy fut acheté par le financier Pàris de Montmartel, qui remplaça l'ancien château par un autre beaucoup plus somptueux, et auquel il joignit un grand parc. Ce fut en sa faveur que Louis XV érigea la terre de Brunoy en marquisat. Son fils unique, qui avait hérité de tous ses biens, se fit remarquer par sa conduite extravagante. Le jour même de ses noces, il disparut, plantant là la mariée que jamais il ne revit; après avoir vu mourir son père et sa mère de chagrin, à cause de ses prodigalités, il leur fit des funérailles extraordinaires; il alla jusqu'à mettre un crêpe aux arbres du parc et à faire verser des tonneaux d'encre dans le canal et les pièces d'eau, afin qu'ils portassent leur deuil. Il s'était passionné pour les cérémonies religieuses, et, pour célébrer dignement la Fête-Dieu, il appelait à lui tous les prêtres d'alentour, racolait les paysans pour les couvrir de chasubles et d'ornements d'église; il s'enivrait avec eux. Il eut bientôt dissipé les 20 millions dont il avait hérité; ses proches le firent interdire et il disparut sans qu'on sache où il mourut.

Le comte de Provence, qui, plus tard, fut Louis XVIII, acheta Brunoy, et à côté du grand château en fit élever un petit qui rivalisa avec lui de magnificence. Aujourd'hui, grand et petit château ont disparu, rasés par la tourmente révolutionnaire; l'ancien parc a été morcelé et forme plusieurs jardins dépendant de gracieuses habitations modernes, parmi lesquelles on remarque celle qui fut la propriété du tragédien Talma et celle de Martin, le célèbre chanteur que l'on désigne encore aujourd'hui sous le nom de *Folie-Martin,* à cause des dépenses exagérées qu'il y fit.

L'église, qui devait une partie de ses riches ornements aux prodigalités du fameux marquis, a également beaucoup souffert pendant la Révolution; elle a été réparée en 1865. Brunoy a de belles pépinières d'arbres fruitiers et forestiers et une filature de coton. Le célèbre chirurgien Barbier y a reçu le jour.

Le fils de Montmartel n'a pas été le dernier marquis de Brunoy : ce fut Wellington, auquel la reconnaissance de Louis XVIII conféra ce titre en souvenir de sa victoire de Waterloo.

En 1870, Brunoy eut à souffrir de la brutalité des soldats allemands (61ᵉ de ligne prussien), qui maltraitèrent un vieux légionnaire du premier Empire et une femme de soixante-quinze ans, tandis qu'un officier s'oubliait jusqu'à souffleter en pleine rue le curé, parce que ce vénérable prêtre ne l'avait pas salué !

CROSNES. — Crosnes, commune de 431 habitants, située dans le canton de Boissy-Saint-Léger, à 14 kilomètres au nord de Corbeil, dans la charmante vallée d'Yères et sur la rive droite de cette petite rivière, possédait autrefois un château qui avait successivement appartenu à Philippe de Savoisy, chambellan du roi Charles V; à Olivier le Daim, le sinistre compagnon de Louis XI; au maréchal d'Harcourt et enfin au duc de Brancas. Il fut détruit à la Révolution et il n'en reste aucune trace.

Boileau avait été mis en nourrice dans ce village, où son père avait une petite ferme, et confié à une bonne paysanne de l'endroit qui l'y garda trois ans. Un jour qu'il voulait battre un gros dindon en colère, l'animal furieux s'élança sur lui; le jeta par terre, et à grands coups de bec le blessa en certain endroit, ce qui explique, dit-on, son humeur parfois chagrine, la sévérité de ses mœurs et surtout sa verve satirique contre les femmes. Après le culte de la poésie, il n'eut plus d'autre passion que celle du jeu de quilles; il y excellait et, d'un seul coup, abattait les neuf quilles.

VILLIERS-SUR-MARNE. — Villiers-sur-Marne, partage ce nom avec trois communes de France : l'une dans le département de la Haute-Marne, la seconde dans celui de l'Aisne. Celle qui nous occupe ici est située dans le canton de Boissy-Saint-Léger, à 30 kilomètres au nord de Corbeil; sa population est de 1,109 habitants. C'est une station de la ligne du chemin de fer de Paris à Provins; elle n'est qu'à 21 kilomètres de la capitale.

C'est sur son territoire que se trouve, au milieu d'un parc magnifique, le château de Cœuilly qui, fortement occupé par les Prussiens, fut en vain attaqué par l'armée de Paris pendant la bataille de Champigny, le 30 novembre 1870. Le mur du parc avait été non seulement crénelé, mais il était protégé par une banquette en terre qui en faisait un véritable camp retranché. Notre artillerie, qui était à découvert, attaqua le mur à 400 mètres; mais les tirailleurs ennemis, protégés par le mur et le rempart en terre, firent taire nos pièces de campagne et tuèrent nos artilleurs; il fallut battre en retraite et abandonner les hauteurs de Villiers et de Champigny.

PONTOISE (lat., 49° 3′ 5″; long., 0° 14′ 23″ O.). — Pontoise (*Pons Æsiæ, Briva Isara, Isarabriva,*

Pontisara, Pontesium), importante station de la ligne du chemin de fer du Nord, avec bifurcation sur Dieppe, à 34 kilomètres au nord de Versailles, sur la rive droite de l'Oise et au confluent de cette rivière avec la Viosne, chef-lieu de sous-préfecture avec tribunal de première instance, prison départementale, vaste hospice, collège, bibliothèque publique de 4,000 volumes, société d'agriculture, et population de 6,412 habitants, était autrefois la capitale du Vexin français (*pagus Vulcanius*, qui devait ce nom à ses nombreuses forges), dans l'Ile-de-France, le siège d'une prévôté, châtellenie, bailliage royal et élection, et dépendait du diocèse de Rouen, après avoir été pendant plusieurs siècles sous la direction d'un archidiacre exempt de toute juridiction diocésaine et ne relevant que du saint-siège.

L'origine de cette ville remonte à la plus haute antiquité; son pont sur l'Oise, d'où son nom lui est venu, était construit sur la chaussée romaine de Beauvais à Paris, et l'importance stratégique de ce passage a fait supposer non sans raison que Jules César avait dû choisir ce point comme station ou campement de ses troupes et y jeter les fondements d'une ville dévouée à la domination romaine; il est question de Pontoise dans l'*Itinéraire* d'Antonin. Après avoir obéi pendant cinq siècles à ces glorieux conquérants, le Vexin fut donné, en grande partie, à l'abbaye de Saint-Denis, par Dagobert, son fondateur. Bientôt l'Ile-de-France fut menacée par les invasions des Normands; pour assurer leurs expéditions dans la haute Seine, ils cherchaient à remonter l'Oise, dont Pontoise était la clef. La nécessité se fit donc sentir d'élever un château fort qui protégeât la ville et défendît le pont et le cours de la rivière; le château fut construit en 844 et devint le but des plus rudes attaques de l'ennemi; en 885, il avait été déjà détruit et reconstruit deux fois. L'importance du poste augmenta bientôt le pouvoir des seigneurs chargés de le défendre; issus du sang royal ou alliés par mariage, les comtes du Vexin prirent le titre de comtes de Pontoise et eurent le premier rang parmi les grands vassaux de la couronne; comme représentants de la puissance militaire de l'abbaye de Saint-Denis, qui résidait principalement dans ses domaines du Vexin, les comtes de Pontoise avaient seuls le droit de porter l'oriflamme pendant la guerre. La domination de ces familles seigneuriales dura près de quatre siècles; la liste de leurs noms comprend les Riperon, les Nebelong, les Robert, les Galeran, les Gauthier; c'est dans la personne d'un comte Gauthier, troisième du nom, que s'éteignit cette dynastie puissante, qui prétendait descendre de Charlemagne. Invité avec sa femme par Guillaume le Conquérant à venir le visiter dans son château de Falaise, il y fut, dit-on, empoisonné; et Louis le Gros obtint de ses héritiers leur renonciation au comté de Pontoise, qui fit retour au domaine de la couronne. C'est de cette époque que date la charte communale octroyée à la ville, document précieux en 21 articles, qui a servi de modèle pour une grande partie des actes semblables que d'autres villes obtinrent dans la suite. Pontoise fut dès lors souvent honorée du séjour des rois; c'est à la suite d'une grave maladie, en décembre 1243, que saint Louis y fit vœu de partir pour la terre sainte. C'est à Pontoise encore que Charles VI fut retenu par la maladie et empêché de se trouver au rendez-vous convenu avec Henri d'Angleterre pour la conclusion de la paix et le mariage du prince avec Catherine de France. Chaque soir, la reine Isabeau revenait des conférences pour coucher à Pontoise. La première moitié du XVe siècle est remplie de désastres causés par la guerre contre les Anglais; Pontoise, pris par eux en 1419, repris en 1423, puis enlevé par ruse en 1437, ne rentra sous la domination française qu'en septembre 1441.

A ces longues et cruelles épreuves succédèrent les discordes civiles: en 1465, la ville fut livrée par le gouvernement aux chefs de la ligue du Bien public; elle fut désignée en 1560 pour la tenue des états généraux; plus tard, les habitants de Pontoise prirent parti pour les Guises et n'ouvrirent leurs portes, en 1589, que devant les armées réunies de Henri III et du roi de Navarre. Pendant les troubles de la Fronde, Louis XIV, forcé de quitter Paris, se retira à Pontoise; plus tard, devenu maître absolu, il y transféra, en 1672, le parlement, qui y fut encore exilé en 1720 et en 1753. Pour protester contre cet exil, les amis des parlementaires se portèrent en foule à Pontoise pour les y aller voir et leur porter leurs compliments de condoléance; ce ne fut qu'une allée et venue de carrosses en promenade de Paris à Pontoise. A leur retour, les visiteurs étaient accablés de questions; la plupart, craignant de se compromettre avec la cour, répondaient avec hésitation, avec embarras; de là le proverbe: *Il a l'air de revenir de Pontoise*, que l'on applique à ceux dont les réponses sont confuses et évasives. Louis XV avait échangé le domaine de Pontoise contre des terres appartenant au prince de Conti, et les héritiers de ce dernier en étaient encore seigneurs au moment de la Révolution.

Tels sont les derniers événements notables dont cette ville fut le théâtre; elle n'a joué qu'un rôle secondaire et passif dans les drames du dernier siècle.

La Révolution n'a laissé à Pontoise que deux églises et l'Hôtel-Dieu; il y avait autrefois une officialité métropolitaine de l'archevêché de Rouen, une collégiale dite de Saint-Mellon, et quatre autres paroisses, une abbaye d'hommes de l'ordre de Saint-Benoît, sous le titre de Saint-Martin, fondée en 1069, un couvent de cordeliers, un de capucins et une maisons de jésuites; ajoutons encore trois communautés religieuses, une abbaye de bénédictines dite des Anglaises, un couvent de carmélites et un d'ursulines. Chacune de ces communautés possédait ses saintes reliques, ses pieuses archives et ses souvenirs historiques à l'aide desquels l'abbé Trou, l'historien de Pontoise, a pu composer un livre intéressant et complet; nous y renvoyons ceux de nos lecteurs pour lesquels notre rapide résumé est insuffisant. Aujourd'hui, les édifices les plus remarquables sont : l'église Saint-Maclou, classée parmi les monuments historiques, dont l'architecture porte l'empreinte de trois époques : le chœur est roman; la haute nef, le portail et sa belle tour, ogival flamboyant; les portiques latéraux et les bas côtés, Renaissance; l'église Notre-Dame, située dans le bas quartier, près de la Viosne, date du XVIe siècle, possède le tombeau de saint Gauthier, et la chapelle votive de la Vierge, dont l'intercession aurait délivré Pontoise de la peste, en 1638; l'Hôtel-Dieu, fondé par saint Louis, et plusieurs fois réparé ou agrandi; la sous-préfecture, établie dans la maison Verville. Près de l'emplacement où fut l'abbaye de Saint-Martin existait un château qui formait la maison abbatiale du monastère, et qui a appartenu depuis au cardinal de Bouillon, au duc d'Albret, au prince de Conti et au comte de La Marche.

Pontoise n'est pas une belle ville; elle ne présente, à l'intérieur, que des rues escarpées, tortueuses et bordées de maisons dont bien peu sont remarquables; mais elle rachète ces imperfections matérielles par une grande importance commerciale; c'est aujourd'hui le centre d'un commerce considérable de céréales et de farines pour l'alimentation de la capitale. Elle possède une vingtaine de moulins sur la rivière de Viosne; elle y joint diverses industries : construction de machines et de moteurs pour moulins, fabrique de sucre de betterave, exploitations de fours à plâtre, fabrique de bonnets, de chandelles, d'acides et de produits chimiques. Pontoise a vu naître Nicolas Flamel; Philippe le Hardi, duc de Bourgogne; Noël Taillepied, historien; Merville, auteur dramatique; les architectes Lemercier, Rouzet, Fontaine; l'orientaliste de Guignes, le compositeur Plantade et le général Leclerc.

Ses armes sont : *d'azur, au pont de quatre arches d'argent, supportant une tour crénelée d'argent, surmontée d'un tourillon de même, accompagnée de deux fleurs de lis d'or en chef.*

Ce fut le 16 septembre 1870 que les Allemands firent leur apparition à Pontoise et occupèrent la ville. Deux divisions de cavalerie, sous les ordres du duc Guillaume de Mecklembourg, après avoir longé l'Oise en séjournant à Beaumont et à L'Isle-Adam, avaient traversé cette rivière sur un pont de bateaux. Les exactions et les réquisitions ne se firent pas attendre; la ville dut payer une première fois 12,000 francs, pour la punir d'un petit avantage que les francs-tireurs, sous la conduite du pharmacien Capron, avaient remporté près du château de Stors. Une sous-préfecture allemande fut établie dans la ville; l'assesseur de régence Schmidt en prit possession, et Pontoise devint, comme Étampes, Rambouillet, Corbeil, un des centres d'approvisionnement des armées allemandes. Les impôts perçus par l'ennemi à Pontoise et dans l'arrondissement s'élevèrent à 399,591 fr. 65; l'impôt de guerre fut, en outre, de 82,194 fr. 58, et les dégâts qui y furent commis atteignirent 84,970 fr.; enfin, le total des réquisitions, pour ce malheureux arrondissement, s'éleva à 7,471,973 fr. 87; après l'arrondissement de Versailles, ce fut, dans le département, celui de Pontoise qui fut le plus éprouvé.

SAINT-OUEN-L'AUMÔNE. — Saint-Ouen-l'Aumône, station du chemin de fer du Nord, sur la rive gauche de l'Oise et à 1 kilomètre au sud-sud-est de Pontoise, doit son nom au dépôt qui y fut fait momentanément, en 683, des restes de saint Ouen, archevêque de Rouen, et aux grandes charités qu'y faisait saint Louis; il fut regardé longtemps comme un des faubourgs de Pontoise;

c'est un village de 2,142 habitants, possédant une fabrique de machines agricoles, une fonderie de fer et de cuivre, et se livrant au commerce du bois et des chevaux; il doit sa célébrité historique à l'abbaye de Maubuisson, qui dépendait de son territoire, et à une léproserie placée sous l'invocation de saint Lazare.

Le célèbre monastère de *Maubuisson*, de l'ordre de Cîteaux, fondé en 1236 par Blanche de Castille, qui y prit l'habit religieux six jours avant sa mort, servit de retraite aux princesses du plus haut rang. En 1314, il fut habité par Marguerite de Bourgogne, femme de Louis le Hutin, et par ses deux belles-sœurs, Jeanne et Blanche de Bourgogne, qui y donnèrent le scandale de leurs déportements. Une lugubre chronique, tirée des annales de Maubuisson, celle des deux frères Philippe et Gauthier d'Aulnay, cruellement punis (1) de leur amour pour les nobles recluses, semble avoir inspiré les auteurs d'un célèbre drame, qui ont transporté les événements à Paris, dans l'intérieur de la vieille tour de Nesle. Le monastère eut beaucoup à souffrir des invasions des Anglais et des guerres de religion; il fut abandonné pendant celles de la Fronde. La Révolution de 1789 l'a en grande partie détruit. De l'église, il ne reste guère que les arasements des murs au niveau du sol, et, des bâtiments claustraux, que la salle du chapitre, la sacristie, la salle des archives, le dortoir des novices, des caves et une grange.

AUVERS. — Auvers-sur-Oise (*Alverni Veliocassium*), station de la ligne de Paris à Creil, réseau du nord, est situé sur une colline qui borde la rive droite de l'Oise, à 7 kilomètres au nord-est de Pontoise, son chef-lieu de canton; sa population est de 1,638 habitants, dont la principale industrie est l'exploitation des carrières. La principale rue de cette commune a près de 4 kilomètres de longueur. L'église est assez remarquable; elle date du XII° et du XIII° siècle, et elle a été rangée au nombre de nos monuments historiques. Parmi les nombreuses maisons de campagne que l'on voit à Auvers, il y en a deux qui se font particulièrement remarquer par la beauté de leur situation.

Si nous nous en rapportons aux récentes recherches d'un littérateur (M. A. Campaux), Auvers en-lèverait à Paris l'honneur d'avoir produit le célèbre poète bohème et quelque peu voleur François Villon, qui mérita l'éloge de Boileau, et le nom d'Auvers devrait être substitué à celui de Paris dans le fameux quatrain-épitaphe si connu :

> Je suis François dont ce me poise,
> Nommé Corbueil en mon surnom,
> Natif d'Auvers, emprès Ponthoise
> Et du commun nommé Villon.

L'ISLE-ADAM et PARMAIN. — L'Isle-Adam, que l'on écrit plus souvent L'Ile-Adam (*Insula Adami*), station de la ligne du chemin de fer de Paris à Creil, par Argenteuil, Ermont et Pontoise (réseau de l'Ouest), et station de la ligne du Nord, à 46 kilomètres nord de Versailles et à 14 kilomètres nord-est de Pontoise, sur la rive gauche de l'Oise, chef-lieu de canton de l'arrondissement de Pontoise, d'une population de 2,792 habitants, faisait autrefois partie de l'Ile-de-France et du diocèse de Beauvais.

L'origine de ce bourg et du nom qu'il porte paraît remonter à 1069, époque à laquelle Adam, connétable de France sous Philippe Ier, fit construire un château dans une île de l'Oise. La terre de L'Ile-Adam devint, en 1527, la propriété de la famille de Montmorency; elle passa, en 1632, dans la maison de Condé, par le mariage de la sœur du maréchal de Montmorency avec le prince de Condé ; avant la Révolution, c'était un domaine du prince de Bourbon-Condé, et elle avait titre de baronnie.

L'Ile-Adam est dans l'une des plus belles situations des environs de Paris, vis-à-vis de deux îles formées par l'Oise, que l'on y traverse sur trois ponts, au milieu d'une contrée couverte de villages, de châteaux et de maisons de campagne. Le château, construit autrefois dans la plus grande des deux îles, a été détruit au commencement de la Révolution. Il ne reste plus qu'une belle terrasse, ornée de balustres et ombragée par des arbres séculaires. Il a été remplacé par une belle maison de campagne. L'église, qui date de la fin du XV° siècle, est remarquable par le détail de ses sculptures et ses beaux vitraux; elle a été restaurée il y a quelques années. L'hôtel de ville et le presbytère sont modernes et dans le style du XVI° siècle.

On peut citer comme dépendances de L'Ile-Adam, les deux châteaux de *Stors* et de *Cassan*, construits tous deux sur les rives de l'Oise, et aussi remarquables par l'élégance et le confortable des habi-

---

(1) Ils furent écorchés vifs et écartelés à quatre chevaux dans la prairie qui était au-dessous du logis abbatial.

Terrasse de Saint-Germain.

tations que par leur heureuse distribution et l'aspect enchanteur de leurs jardins.

L'Ile-Adam possède des fabriques de machines à vapeur et de calorifères, des moulins, une manufacture de porcelaine et des carrières de pierres de taille fort renommées; il s'y fait un commerce très important de grains et de fruits.

Cette petite ville est la patrie de Jean de Villiers de L'Isle-Adam, qui reprit Pontoise aux Anglais, et du général Magallon, gouverneur de l'île de France sous l'Empire.

La forêt de L'Isle-Adam, située au sud-est de la petite ville, n'a pas moins de 1,635 hectares de superficie; elle compte 9 kilomètres dans sa plus grande longueur et elle est principalement plantée en chênes.

De l'autre côté du pont de L'Isle-Adam et sur la rive droite de l'Oise est le petit hameau de Parmain, qui en dépend. Il fut, ainsi que L'Isle-Adam, occupé par les Prussiens de la IV° armée en 1870; mais ce ne fut qu'après plusieurs escarmouches avec les francs-tireurs, qui firent subir à l'ennemi des pertes sensibles.

« Le 27 septembre, à dix heures du matin, quelques centaines de Prussiens avec quatre pièces d'artillerie, se présentent à l'entrée de L'Isle-Adam et, mettant devant eux M. le curé l'abbé Grimot et son vicaire, marchent vers le pont; une fusillade, dirigée contre eux des barricades de Parmain, renverse plusieurs soldats, sans atteindre les deux ecclésiastiques. A six heures du soir, voyant qu'ils ne font aucun mal aux défenseurs de Parmain, ils s'en prennent à la population de L'Isle-Adam, menaçant de mort le vicaire qui a conduit leurs blessés à l'hospice sous les balles françaises, tirent à bout portant sur le médecin qui les a soignés, assassinent un vieux domestique inoffensif, et après avoir mis le feu à trois maisons se retirent, emmenant avec eux dix hommes qui n'ont commis d'autre crime que d'assister à leur déroute. Quand ces malheureux sortirent de leurs mains, leurs corps étaient zébrés des marques des coups qu'ils avaient reçus. Le 29, 1,500 Prussiens sont, une seconde fois, dirigés sur Parmain; une partie de cette colonne passe l'Oise à Mours pour prendre par derrière les héroïques défenseurs du pont, mais ceux-ci, prévenus à temps, se retirent. Le 30, pour se venger de leur échec, les Prussiens bombardent Mantes et brûlent Parmain, et c'est à grand'peine que L'Isle-Adam échappe à l'incendie. » (Desjardins.)

Les armes de l'Isle-Adam sont : *d'or, au chef d'azur, chargé d'un dextrochère, revêtu d'un fanon d'hermine brochant sur le tout.*

BEAUMONT-SUR-OISE. — Beaumont-sur-Oise (*Belmontium ad Isaram*), station de la ligne de Paris à Creil par Saint-Ouen-l'Aumône (réseau du Nord), est une petite ville fort ancienne de 2,696 habitants, sur la pente d'une colline, près de la rive gauche de l'Oise, dans le canton de L'Isle-Adam, à 20 kilomètres au nord de Pontoise. Cette ville, qui dépendait autrefois de l'élection de Senlis, était le siège d'un bailliage particulier; elle avait été érigée en comté-pairie, en 1329, par Philippe de Valois en faveur de Robert III d'Artois; plus tard, elle fit partie de l'apanage de la maison de Bourbon-Conti. Elle avait eu, dans l'origine, ses seigneurs particuliers. Ses remparts, aujourd'hui convertis en une belle promenade, furent démolis en 1422 par le duc de Bourgogne, après un siège meurtrier; de son ancien château, il ne reste qu'une tour à demi-ruinée. L'église, à laquelle on arrive par un escalier de cinquante-quatre marches, est comptée au nombre de nos monuments historiques : elle date du XII° siècle, à l'exception de la tour qui est du XVI° siècle; elle a été complètement réparée dans ces dernières années. Beaumont possède des tanneries, des corroiries, des verreries; on y fabrique des objets de tabletterie en ivoire, et elle fait un commerce de grains et de farines.

Ses armes sont : *d'azur, au lion d'argent à une rose d'or, d'où sortent huit bâtons fleurdelisés de même par le bout, posés en croix et en sautoir brochant sur le tout.*

Le 18 septembre 1870, deux divisions de cavalerie prussienne, sous les ordres du duc Guillaume de Mecklembourg, envahirent Beaumont se dirigeant sur Versailles. Le 21 novembre, les soldats du 2° régiment de la garde enlevèrent vingt-cinq voitures de mobilier sous les yeux mêmes de leurs officiers; ils occupèrent la ville et la soumirent aux plus dures réquisitions; ils avaient converti les principales maisons et l'hôpital en ambulance et y conduisirent leurs blessés après les combats que les francs-tireurs leur livrèrent à Parmain et à L'Isle-Adam.

MÉRIEL. — Mériel (*Meriello*), station de la ligne de Paris à Creil par Saint-Ouen-l'Aumône (réseau du Nord), dont le nom paraît avoir pour origine un diminutif de celui de Méry, est une commune de 582 habitants, située sur l'Oise, dans le canton de L'Isle-Adam et à 11 kilomètres au nord-est de Pontoise. On y fabrique des tissus élastiques pour chaussures et on exploite des carrières. On remarque dans l'église une belle chaire et quelques pierres tombales, dont l'une recouvre les restes de Charles Villiers de L'Isle-Adam, évêque de Beauvais, qui mourut en 1555.

C'est sur le territoire de cette commune que se trouvait l'ancienne *abbaye du Val*, de l'ordre de Cîteaux, fondée en 1136, par les sires de L'Isle-Adam, qui firent venir de l'abbaye de la Cour-Dieu, au diocèse d'Orléans, les premiers religieux. L'abbaye du Val subsista jusqu'à la Révolution; elle était très riche et reçut la visite de plusieurs rois de France qui y séjournèrent dans leurs voyages au nord de Paris; l'un de ses abbés, Jean de La Barrière, la réunit au monastère des feuillants, dont elle devint alors un prieuré. Après la Révolution, les bâtiments furent acquis par le comte Regnault de Saint-Jean-d'Angély, qui en fit une maison de campagne. Cette propriété fut de nouveau vendue en 1824 et en 1845, et chaque fois le marteau des démolisseurs fit son œuvre. Cependant les derniers débris de l'antique monastère ont trouvé grâce devant un propriétaire intelligent qui les a fait restaurer. Parmi les bâtiments conservés, on cite : la salle du chapitre, le réfectoire, le dortoir, les salles basses d'un vaste corps de logis, et quelques restes de l'église. A peu de distance de l'abbaye, sur le ru du Vieux-Moutier, un moulin du XV° siècle, orné de délicates sculptures, mérite d'être visité.

MONTMORENCY — Montmorency (*Monsmorenciacum*), relié à Enghien à la ligne du chemin de fer du Nord par un tronçon de 6 kilomètres, à 24 kilomètres au nord de Paris, à 29 au nord de Versailles et à 21 au sud-est de Pontoise, sur une éminence dominant au sud la vallée, et touchant au nord à la forêt du même nom, chef-lieu de canton de l'arrondissement de Pontoise, peuplé de 4,088 habitants, était une petite ville dépendant autrefois du diocèse de Paris et comprise dans l'Ile-de-France, baronnie d'abord, puis duché-pairie et siège d'un bailliage dont relevaient quarante-neuf justices et sept cents fiefs.

Malgré quelques prétentions contraires et fort peu fondées, l'origine de Montmorency ne remonte pas plus haut qu'au XI° siècle ; un seigneur du nom de Burchard et surnommé *le Barbu*, possédait dans l'île Saint-Denis une forteresse d'où il dirigeait contre les propriétés de l'abbaye des expéditions toujours impunies ; le roi Robert obtint de lui la cession de son château, qu'il fit raser, en échange d'une autorisation d'en construire un autre au lieu appelé *Monsmorenciacum*, près de la fontaine Saint-Walaric ; c'est après l'achèvement du nouvel édifice et la formation du village qui vint se grouper autour, que la dynastie des Burchard échangea son nom contre celui de Montmorency, qui devait acquérir une si longue et si éclatante célébrité. Aborder l'histoire de cette illustre famille, qui a fourni six connétables, des maréchaux et des amiraux, ce serait entreprendre toute une histoire de la France ; elle est écrite sur tous nos champs de bataille et mêlée à tous les faits importants de nos annales ; le Sarrasin comme l'Anglais connaît la fameuse devise : *Dieu aide au premier baron chrétien*.

La ville suivit la fortune de ses seigneurs ; fortifiée au temps des guerres féodales, assiégée par Louis le Gros qui préféra un accommodement amiable aux chances d'un assaut, embellie avec le butin des victoires, dotée pendant les périodes religieuses de monastères et de pieuses fondations, elle resta en la possession des Montmorency jusqu'à la mort du dernier duc, Henri II, décapité à Toulouse le 30 octobre 1632. Cette terre, érigée en duché-pairie dès 1551, fut alors confisquée par Louis XIII et donnée par lui au prince de Condé, duc de Bourbon, qui avait épousé la sœur du duc Henri. Louis XIV, en confirmant cette donation, changea par lettres patentes du mois de septembre 1689, le nom de Montmorency en celui d'*Enghien*, qui était le nom de la première baronnie du Hainaut qu'Antoine de Bourbon, roi de Navarre, avait autrefois donnée à son frère cadet, Louis de Bourbon, prince de Condé.

Malgré les édits royaux, l'obstination des souvenirs populaires a conservé à Montmorency le nom des seigneurs qui l'avaient illustré ; un village, construit plus récemment au pied de la montagne, dans la vallée et au bord d'un vaste étang, a pris et gardé le nom d'Enghien. La célébrité de Montmorency s'est accrue sur la fin du siècle dernier du séjour de Jean-Jacques Rousseau à l'Ermitage, petite maison à l'entrée de la forêt ; pendant la Révolution, on voulut donner à la ville le nom d'*Émile*, titre de l'ouvrage que le grand écrivain y avait composé ; mais la Convention ne fut pas en cela plus heureuse que le grand roi, et le nom de Montmorency prévalut. La demeure de Rousseau fut habitée ensuite par Grétry ; d'autres maisons furent construites près de là et ont changé l'aspect de cette colline isolée, si chère au philosophe genevois. Les orages des derniers siècles et l'envahissement des constructions modernes ont respecté bien peu le vieux Montmorency.

De l'ancien château, il ne reste rien depuis longtemps, ni de la communauté des prêtres de l'Oratoire fondée par Anne de Montmorency, ni du couvent des mathurins. L'Hôtel-Dieu seul a survécu, avec l'église paroissiale, dédiée à saint Martin (monument historique), édifice remarquable qui peut être comparé à certaines cathédrales ; l'architecture et la sculpture dont elle est ornée datent du commencement du XVI° siècle. Les magnifiques tombeaux qui la décoraient en furent enlevés au commencement de la Révolution et transportés au musée des Petits-Augustins. On y voit aujourd'hui dans une chapelle les monuments funéraires des généraux Niemcewicz et Kiriaziewicz, et une inscription commémorative des Polonais morts pour leur patrie en 1831 ; mais, ce qu'on ne saurait ravir à Montmorency, c'est le charme de ses promenades, l'ombrage de ses bois, les richesses de sa vallée, les magnifiques points de vue de son coteau. Aussi tous les environs sont-ils couverts de maisons de campagne dont la proximité du chemin de fer du Nord, qui traverse la vallée dans toute sa longueur, augmente le nombre chaque année.

La ville s'étend sur le penchant et à l'extrémité sud-est des collines qui couronnent la forêt, qui n'a pas moins de 2,000 hectares. On y domine la belle vallée qui s'étend entre la forêt et les hauteurs de Sannois et de Cormeilles. La vue embrasse un immense horizon qui n'a d'autres limites que le Mont-Valérien et l'atmosphère toujours embrumée qui plane au-dessus de Paris.

Les habitants campagnards, qui finiront par être en minorité dans leur pays, ont approprié la culture du sol aux débouchés que leur offre ce contact continuel avec la population parisienne.

Les fruits, et particulièrement les cerises et les melons, ainsi que les légumes que le terrain produit abondamment et en excellente qualité, sont pour eux l'objet d'un commerce florissant et lucratif.

On y fabrique une dentelle commune qui a aussi une certaine importance.

Les armes de Montmorency sont celles de ses anciens seigneurs, c'est-à-dire *d'or, à la croix de gueules, cantonnée de seize alérions d'azur*.

Montmorency, que recommandait sa position stratégique, fut occupé par les Prussiens dès les premiers jours de septembre 1870. Ils s'établirent dans les habitations momentanément abandonnées et n'épargnèrent à la ville ni les réquisitions, ni les amendes, ni les levées d'impôts. La ville n'échappa à un pillage général que par le dévouement de son maire, M. Rey de Foresta, qui consentit à contracter, sur sa fortune personnelle, un engagement de 300,000 francs. « Lors du bombardement de Paris, de tous les points élevés d'où l'on pouvait voir s'accomplir l'œuvre barbare de destruction, ils applaudissaient, le verre en main, avec la joie la plus insultante, aux terribles effets du *moment psychologique*. Enfin, lorsqu'ils durent abandonner les habitations dont ils s'étaient emparés, ce ne fut qu'après les avoir souillées, et, comme en d'autres lieux, après avoir étalé la braise enflammée sur le plancher, pour qu'elles prissent feu derrière eux. » (E. Desjardins.)

Enghien. — Enghien-les-Bains, station de la ligne du chemin de fer du Nord, à 18 kilomètres de Paris, 20 de Pontoise et 3 au sud de Montmorency, son chef-lieu de canton, est un village de création moderne qui compte aujourd'hui 1,610 habitants, à la place duquel il n'y avait, il y a à peine un siècle (1773), qu'un moulin dans le ruisseau duquel une source sulfureuse jusqu'alors négligée ou inconnue versait ses eaux. L'oratorien Cotte, curé de Montmorency, et après lui le chimiste Fourcroy, les médecins Péligot et Alibert, attirèrent l'attention sur l'efficacité de ces eaux. Un établissement thermal, autour duquel vinrent se grouper des habitations de plaisance, telle fut l'origine de ce village, érigé en commune en 1861, et qui hérita du nom d'Enghien, que Louis XIV et Louis XVIII avaient en vain voulu imposer à Montmorency, en souvenir du premier duc d'Enghien, plus tard le grand Condé. Le lac d'Enghien, qu'encadrent les plus jolies habitations de l'endroit, a 1 kilomètre de longueur sur 500 mètres de largeur; il est alimenté par les ruisseaux d'Ermont, de Saisy et d'Eaubonne, et par plusieurs sources. L'établissement thermal a été reconstruit en 1866 et agrandi depuis. Les sources sont au nombre de cinq. Les eaux sont sulfureuses, gazeuses, carbonatées et froides.

Elles conviennent aux affections des organes de la respiration, contre les maladies de la peau, et l'on recommande aussi leur emploi dans les affections rhumatismales, catarrhales et les maladies des articulations. Elles sont excitantes, toniques, diurétiques et légèrement laxatives. On les emploie en boisson, en douches et en bains. L'établissement des bains est entouré d'un joli parc; enfin, cette jeune commune possède une élégante église de style roman, construite de 1857 à 1867, à l'aide d'un legs particulier.

Saint-Gratien. — Saint-Gratien, dans le canton de Montmorency, à 5 kilomètres de cette dernière, à 20 kilomètres au sud-est de Pontoise, et à 27 au nord-est de Versailles, est une commune de 1,241 habitants, située à 1 kilomètre et demi d'Enghien. Elle se compose de deux parties : le village proprement dit, où se trouve l'église, qui date de 1859 et a été construite dans le style gothique, et le quartier neuf, où sont les villas, les maisons de plaisance, parmi lesquelles il faut citer celle de la princesse Mathilde.

Saint-Gratien est ancien; Catinat y avait une habitation, où il mourut en 1712, et dans le parc de laquelle était alors compris le lac d'Enghien.

Gonesse. — Gonesse (*Gaunissa, Gonissa*), à 32 kilomètres au nord-est de Versailles, et à 30 au sud-est de Pontoise, sur le Crould, chef-lieu de canton de l'arrondissement de Pontoise, d'une population de 2,859 habitants, faisait autrefois partie de l'Ile-de-France et du diocèse de Paris.

Cette petite ville appartenait à Hugues le Grand, duc de France et père de Hugues Capet; depuis l'établissement de la dynastie capétienne, elle a toujours fait partie du domaine privé des rois de France. C'est à cette position exceptionnelle, et à certains privilèges qu'elle entraînait, qu'on peut attribuer les développements d'une industrie qui fut longtemps pour la ville la source de profits considérables. On fabriquait à Gonesse des pelleteries pour le débit desquelles les habitants avaient obtenu la concession à Paris d'une halle particulière au bout de la rue de la Tonnellerie, dont elle faisait le coin; on l'appelait *la halle aux bourgeois, habitants pelletiers et drapiers de la ville de Gonesse;* elle avait pris par la suite des temps le nom de Petit-Palais. Comme compensation des avantages de leur indépendance relative, une singulière servitude pesait sur les habitants de ce pays : ils étaient tenus d'amener à Paris les voleurs, et de garder, chacun à son tour, pendant la nuit, la grange du roi à Gonesse, ce qui, ajoute un naïf chroniqueur du temps, était un grave empêchement à leur mariage avec des femmes libres. Saint Louis les affranchit d'une redevance qui pouvait avoir pour les honnêtes bourgeois des conséquences si graves; mais le bien, en ce monde, est presque toujours mêlé de quelque mal : le commerce des draps allait s'amoindrissant et menaçait d'être perdu pour le pays, quand les industrieux habitants s'avisèrent d'utiliser le cours d'eau que possédait la ville et se firent les meuniers des environs et les boulangers de la capitale; cette réputation du pain de Gonesse, qu'on attribuait autant à la qualité des eaux qu'à l'habileté de la confection, dura jusqu'à la Révolution, époque à laquelle un certain nombre de boulangers vinrent s'établir à Paris dans les faubourgs Saint-Denis et Saint-Martin.

Les rois possédaient à Gonesse une résidence dont il ne reste aucune trace; Philippe-Auguste y naquit en 1165, et se faisait appeler quelquefois *Philippe de Gonesse.* Robert d'Artois, frère de saint Louis, y tomba malade; Charles le Mauvais, roi de Navarre, vint camper à Gonesse en 1358, et y attira les Anglais, ses dignes alliés.

Les Bourguignons s'en emparèrent le 24 juin 1465, et Henri IV, après sa seconde tentative sur Paris, se retira sur Gonesse, où il passa tout un mois. Enfin, en juin 1815, Gonesse fut le point choisi pour une jonction avec l'armée de Paris, par le maréchal Gouvion Saint-Cyr, qui, en deux jours, ramenait de Charleroi 40,000 hommes et 120 pièces de canon. Le 2 juillet suivant, le duc de Wellington y avait son quartier général. Gonesse possède un Hôtel-Dieu, fondé en 1210 par Pierre de Tillay, richement doté par les rois et seigneurs de Gonesse et épargné par la Révolution; mais le monument capital de Gonesse est son église, d'un style gothique fort remarquable. Le chœur, élevé à la fin du XIIe siècle, est précédé d'une belle nef, qui est du XIIIe, et que décore une galerie. La base du clocher est d'architecture romane, et sert d'appui à une sacristie du XIIe siècle; le trésor, qui domine cette sacristie, contient de magnifiques ornements d'église donnés sous le règne de Louis XIV. L'orgue, dont la tradition attribue la construction aux libéralités de la reine Blanche, est d'un grand intérêt comme monument. Au-dessus de la porte d'entrée de l'église s'élève un encorbellement en bois qui a été peint au XVe siècle; la peinture, qui est d'un beau caractère, représente des anges jouant chacun d'un instrument de musique et faisant concert. Au-dessus de cet encorbellement s'élève l'appui de la tribune, qui était couvert d'arabesques du temps de François Ier; au-dessus de la tribune se déploie l'orgue, qui se divise en trois parties principales couronnées de coupoles, et en parties secondaires moins élevées. Les sculptures qui accompagnent le buffet sont bien conservées, et dans le style du temps de François Ier. Au milieu des trois corps principaux sont des tuyaux du XVIe siècle, ornés au sommet et à la base de renflements sculptés; des peintures et arabesques dorées décorent ces tuyaux dans toute leur longueur.

Gonesse possède des fabriques de passementerie, de bonneterie, de tricots, des manufactures de boutons, des féculeries, une raffinerie de sucre et des blanchisseries de tissus; elle fait aussi commerce de céréales, bestiaux et chevaux.

Le 17 septembre 1870, la garde prussienne vint camper autour de Gonesse, qui fut occupé militairement, avec toutes les charges d'un pays envahi, jusqu'à la fin de la guerre. L'hospice servit alors de refuge à de pauvres prêtres chassés de leur domicile avec leurs paroissiens. L'église reçut les prisonniers faits après la bataille du Bourget.

LIVRY. — Livry (*Liberiacum, Livriacum*), station du chemin de fer du Nord, est un gros bourg de 2,195 habitants, situé à 12 kilomètres au sud-est de Gonesse, son chef-lieu de canton, et à 36 kilomètres au sud-est de Pontoise, sur la route d'Allemagne.

Ce bourg doit son nom à l'un de ses premiers seigneurs, le Romain ou Gallo-Romain Liberius, qui y possédait une villa. Il fut plus tard un des domaines de cette redoutable famille des Garlande, qui causa tant de soucis à la royauté capétienne. Il y avait un château que Louis VI vint assiéger en personne, et dont il ne put se rendre maître qu'après un terrible assaut et après y avoir employé toutes les ressources militaires de l'époque; il y fut même blessé à la cuisse. Le château pris, il le démantela. Plus tard, le seigneur de Livry obtint la permission de relever les murs de sa forteresse et de clore le bourg de murailles flanquées de tours. Henri IV venait chasser dans la forêt de Bondy, voisine de Livry; il y séjourna même plusieurs jours, au printemps de 1610, chez son capitaine des chasses. En 1689, Louis XIV érigea la terre de Livry en marquisat, en faveur de Louis Auguin, son premier maître d'hôtel. Au château fort avait succédé une demeure plus somptueuse, mieux appropriée aux mœurs du temps. Louis XVIII y coucha le 11 avril 1814, la veille de son entrée dans Paris. On voyait avant la Révolution, à Livry, une abbaye de l'ordre de Saint-Augustin, fondée en 1186 par Guillaume de Garlande; elle fut un instant habitée au XVIIe siècle par Mme de Sévigné, qui data de ce lieu ces lettres charmantes sur l'éducation qu'elle adressait à sa fille. Ce qui reste de cette ancienne abbaye est aujourd'hui converti en une maison de campagne.

SAINT-LEU-TAVERNY. — Saint-Leu (*Sanctus Lupus*), ou Napoléon-Saint-Leu, nommé aussi Saint-Leu-Taverny, pour le distinguer de Saint-Leu-d'Esserent (Oise), station de la ligne du chemin de fer de Paris à Creil par Ermont (réseau du Nord), à 31 kilomètres au nord-est de Versailles et à 14 au sud de Pontoise, canton de Montmorency, arrondissement de Pontoise, peuplé de 1,683 habitants, est un bourg qui faisait autrefois partie de l'Ile-de-France et dépendait du diocèse de Paris.

On prétend avoir retrouvé dans l'ancien parc les traces d'un camp romain; il semble difficile toutefois de faire remonter à une antiquité aussi reculée l'origine du village actuel; il en est fait mention pour la première fois au commencement du XIIe siècle, époque à laquelle Fulchard, seigneur de Montmorency, donne l'église de Saint-Leu à l'abbaye de Pontoise. Au XVe siècle, il y existait une maladrerie destinée à recevoir les malades de onze villages environnants; au XVIIe siècle, l'église tombait en ruine et on en construisit une nouvelle sur le même emplacement; c'est celle qui sert encore aujourd'hui à l'exercice du culte.

Saint-Leu a longtemps été une dépendance de Montmorency, et, après avoir appartenu à la maison de Condé, faisait partie des domaines du duc d'Orléans à l'époque de la Révolution; un magnifique château y avait été construit, et le parc allait rejoindre par des collines boisées et aux pentes adoucies la vaste forêt de Montmorency. La marquise de Genlis l'habita et s'y plaisait beaucoup. Sous l'Empire, cette résidence devint la propriété du prince Louis, roi de Hollande, qui prit à sa déchéance le titre de comte de Saint-Leu; après 1815, elle revint au prince de Condé, mort si tragiquement en 1830. Le château fut rasé à cette époque, le parc défriché, et on éleva une colonne commémorative du mystérieux événement.

L'empereur Napoléon III, fils de l'ancien roi de Hollande, dès que l'établissement de la République lui eut, en 1848, rouvert les portes de sa patrie, fit réparer l'église, qui renferme les tombeaux de plusieurs membres de sa famille. C'est alors que la commune prit le nom de Napoléon-Saint-Leu.

La culture des fruits, des légumes et de la vigne est la principale ressource du pays; on y exploite des carrières de pierre, et on y fabrique aussi de la colle forte.

TAVERNY. — Taverny (*Taberniacum*), qui est à 12 kilomètres au sud-est de Pontoise et à 1 kilomètre au nord de Saint-Leu, paraît être d'origine ancienne et remonter au VIIIe siècle. Son nom lui vient des tavernes ou cabarets que les vignerons du voisinage y avaient établis. Le roi Philippe le Bref et son fils Philippe le Long ont daté de *Taberniacum* plusieurs chartes importantes, ce qui porte à croire qu'ils y eurent un château. Taverny est aujourd'hui un joli village de 1,676 habitants. Son église, rangée au nombre de nos monuments historiques, est très belle; elle appartient au style ogival du commencement du XIIIe siècle.

ÉCOUEN. — Écouen (*Iscuina, Eschonium, Escuem*), à 34 kilomètres au nord-est de Versailles et à 28 de Pontoise, chef-lieu de canton de l'arrondissement de Pontoise, peuplé de 1,524 habitants, faisait autrefois partie de l'Ile-de-France et dépendait du diocèse de Paris.

L'origine de ce bourg est ancienne; mais, jusqu'au règne de Louis XIII, son histoire se rattache étroitement à celle de la maison de Montmorency, qui en possédait la terre dès le XIᵉ siècle. Le château, situé sur une éminence, près de la route de Chantilly, fut bâti, sous le règne de François Iᵉʳ, par l'architecte Bullant, pour le connétable Anne de Montmorency. Ce château, entouré de fossés secs, formait un vaste carré composé de quatre corps de bâtiments au milieu desquels régnait une cour pavée en compartiments. Son bon état de conservation et la beauté de l'exposition le firent choisir par Napoléon comme maison d'éducation pour les filles ou nièces des chevaliers de la Légion d'honneur. De 1814 à 1848, il devint un des domaines de la maison d'Orléans; en 1852, Napoléon III lui rendit la destination que son oncle lui avait attribuée, et aujourd'hui c'est, avec le couvent des Loges, près de Saint-Germain, une succursale de l'établissement central de Saint-Denis. L'édifice, très convenable pour l'usage auquel il est consacré, n'a rien gardé des richesses intérieures dont l'avaient décoré les princes de Condé, qui l'avaient possédé longtemps comme héritiers des Montmorency.

L'église communale, aujourd'hui rangée au nombre de nos monuments historiques, date de l'époque de la Renaissance. On y remarque de beaux vitraux, attribués à Jean Cousin. Écouen, outre un commerce assez important de grains et de fruits, possède des fabriques de passementerie, de sabots, de plâtre, etc., etc. Au-dessus du château, on a récemment construit un fort.

Comme souvenir historique, il faut rappeler que c'est à Écouen que fut rendu, au mois de juin 1559, le triste édit qui condamnait à mort les calvinistes.

Sarcelles. — Sarcelles, autrefois Cercelles (*Cercilla*), est une forte commune de 1,845 habitants, située dans le canton d'Écouen, à 29 kilomètres à l'est de Pontoise, sur la route de Paris à Calais.

Une ferme, un moulin, situés sur territoire royal, c'est-à-dire relevant directement du roi, telle paraît être l'origine de Sarcelles, que le roi Eudes donna en 894 à l'abbaye de Saint-Denis pour l'entretien du luminaire de l'église.

Ses seigneurs ne sont guère connus qu'à partir du XVᵉ siècle; parmi eux, on cite un Jean de Popincourt, qui appartenait à une vieille famille parisienne, puis Roland de Neubourg, qui prenait

le titre de maître d'hôtel du roi. Il obtint, en 1681, des lettres patentes du roi Louis XIV, qui érigeaient la terre de Sarcelles en marquisat; au siècle dernier, la maison de Hautefort en était en possession. Il y avait aussi dans ce lieu plusieurs petits fiefs indépendants de la seigneurie; l'un d'entre eux appartenait à la maison de Montmorency.

On trouve à Sarcelles une manufacture d'impressions sur étoffes, des fabriques de cire, des préparations de conserve, de liqueurs, des corroiries et des corderies. Son église est remarquable; le chœur est ogival et le clocher, surmonté d'une flèche en pierre, est roman, tandis que la façade est de la Renaissance; cette dernière, qui avait été fortement endommagée pendant le siège de Paris, a été restaurée depuis.

Villiers-le-Bel. — Villiers-le-Bel, à 28 kilomètres à l'est de Pontoise, dans le canton d'Écouen, à 2 kilomètres seulement de cette petite ville, doit, comme beaucoup d'autres lieux en France, son origine à une ancienne *villa* ou maison de campagne gallo-romaine; quant à son surnom de *le Bel*, il le devrait, non pas à la beauté de sa situation, mais à un des chevaliers vassaux et feudataires de l'abbaye de Saint-Denis, Matthieu le Bel, qui y possédait une certaine quantité de terres. La seigneurie de Villiers-le-Bel, après avoir appartenu au XIVᵉ siècle à la maison de Montmorency, passa ensuite dans celle de Condé.

Villiers-le-Bel est une commune de 1,958 habitants, livrés pour la plupart à l'agriculture; on y trouve des corroiries et de belles pépinières; les femmes y fabriquent de la dentelle; l'église, qui paraît dater du XIIIᵉ siècle, est celle de l'ancien prieuré qui existait en ce lieu.

Cette commune possède plusieurs belles maisons de campagne et son marché hebdomadaire est très fréquenté.

Luzarches. — Luzarches (*Lusargiæ, Lusarcha, Lusarca*), station de la ligne du chemin de fer de Paris-Monsoult-Maffliers-Luzarches (réseau du Nord), près de l'Isieux, l'un des sous-affluents de la rive gauche de l'Oise, à 44 kilomètres nord-est de Versailles, et à 32 kilomètres nord-est de Pontoise, chef-lieu de canton de l'arrondissement de Pontoise, peuplé de 1,350 habitants, dépendait autrefois de l'Ile-de-France et du diocèse de Paris.

Quelques ruines encore visibles font supposer

que Luzarches fut résidence royale sous les rois de la première race; on prétend que Clovis II et Clovis III y tinrent leurs plaids en 680 et 692; ce qui est beaucoup plus certain, c'est que Charlemagne y possédait des terres qu'il donna à l'abbaye de Saint-Denis, et que le château, devenu forteresse féodale et défendu par le comte de Beaumont, fut pris et rasé par Louis le Gros, qui punit cruellement aussi la ville de la résistance qu'il avait éprouvée de la part de ses habitants. L'église, comptée au nombre de nos monuments historiques, date, dit-on, du règne de Charlemagne; elle était dédiée à saint Cosme et à saint Damien; elle porte l'empreinte très évidente d'importantes restaurations au XIII° et au XIV° siècle. Un vieil usage, oublié depuis longtemps, obligeait la compagnie des médecins de Paris à envoyer, deux fois l'an, quatre de ses membres à Luzarches; ils avaient leur banc à l'église.

De l'ancien château, il ne reste plus qu'une partie des murs et une belle porte couronnée de mâchicoulis; dans son enceinte, il y avait un prieuré sous le vocable de saint Cosme; il n'en reste aucune trace. Luzarches possède un orphelinat pour les jeunes filles et un bel hospice.

Près de Luzarches, au hameau d'*Hérivaux*, exista longtemps une célèbre abbaye de chanoines réguliers de la congrégation de France, fondée au XII° siècle; sur l'emplacement, vendu pendant la Révolution, une délicieuse maison de campagne a été construite.

Les environs de Luzarches, très fertiles, très pittoresques et d'une culture variée, étaient une des promenades de prédilection de Jean-Jacques-Rousseau; aux richesses du sol, l'industrie moderne a ajouté des fabriques de dentelles, de boutons en nacre et en métal, de tissus et cols en crin et crinoline, et de franges pour châles.

Luzarches est la patrie de Robert de Luzarches, architecte de mérite auquel on doit le plan et les premiers travaux de la cathédrale d'Amiens.

C'est près de Luzarches que vint tomber, en 1870, le second ballon, le *Général Uhrich*, chargé de la correspondance des Parisiens investis; il atterrit heureusement et ses dépêches furent distribuées par les soins de Mme Delaye, directrice des postes de Viarmes, qui réussit à les transporter à travers les lignes prussiennes.

ASNIÈRES-ROYAUMONT. — Asnières-sur-Oise, dans le canton de Luzarches, compte 1,100 habitants et est situé près de la rive gauche de l'Oise, à 27 kilomètres au nord-est de Pontoise et à peu de distance de la forêt de Carnelle qui offre de belles promenades. Il y a une filature de coton, et l'on y fabrique des cordes à puits; l'église, dont le clocher octogonal est d'un joli effet, date du XII° et du XIII° siècle; l'ancien château féodal a été converti en maison de campagne.

L'ancienne abbaye de ROYAUMONT, fondée par saint Louis en 1228, est située dans une jolie vallée dépendante de cette commune; elle appartenait à l'ordre de Cîteaux et subsista jusqu'à la Révolution; le lieu où elle fut construite s'appelait, dans l'origine, Cuimont, et prit alors le nom de *Regalis Mons*, d'où l'on fit Royaumont. Le pieux fondateur avait établi dans cette abbaye vingt moines; plus tard, elle en comptait plus de cent. Saint Louis se retirait souvent à Royaumont pour prier; il y servait les malades, mangeait au réfectoire avec les moines et couchait avec eux au dortoir; cinq de ses enfants furent enterrés dans l'église, dans laquelle on voyait plusieurs tombeaux remarquables, entre autres celui de Henri de Lorraine, comte d'Harcourt, mort en 1660; ce tombeau était un des chefs-d'œuvre de Coysevox. Cette abbaye a compté parmi ses abbés plusieurs saints personnages qui ont été canonisés, et des hommes célèbres à divers titres; plusieurs d'entre eux appartenaient à la maison de Lorraine.

Les bâtiments claustraux, après avoir été pendant longtemps convertis en une grande filature, subsistent encore dans leur entier; l'église seule, chef-d'œuvre de Pierre de Montreuil, a disparu; à peine en reste-t-il un pilier auquel est accolée une jolie tourelle. Les matériaux provenant de la destruction de l'église avaient été utilisés pour construire, dans l'ancien enclos du monastère, des habitations pour les ouvriers de la filature.

Aujourd'hui, les anciens bâtiments de cette royale abbaye ont été restaurés avec soin; ils sont la propriété des sœurs de la Sainte-Famille, qui y ont établi leur noviciat et un orphelinat; c'est l'ancien réfectoire qui sert de chapelle.

LE RAINCY. — Le Raincy, station du chemin de fer de l'Est, est un chef-lieu de canton de récente création qui compte 2,741 habitants. Il occupe l'emplacement de l'ancien parc du château du Raincy, qui n'avait pas moins de 700 arpents.

Lac d'Enghien.

Le château du Raincy, situé à 3 kilomètres au sud-ouest de Livry, sur la lisière de la forêt de Bondy, avait été bâti en 1652 sur l'emplacement d'une ancienne abbaye de bénédictins, par l'architecte Levau, pour Jacques Bordier, conseiller du roi. Acheté en 1698 par Louis Auguin, seigneur et marquis de Livry, il passa ensuite entre les mains du célèbre fournisseur Ouvrard, puis revint à la maison d'Orléans, qui en avait fait une première fois l'achat en 1750 et en avait accru le parc. Cette belle terre fut confisquée en 1852 sur cette dernière maison, en vertu des décrets spoliateurs de cette époque, et fit alors retour à l'État, qui l'aliéna au profit d'une société financière. Celle-ci acheva de ruiner le château, et morcela le parc en lots nombreux, sur lesquels s'élevèrent les habitations, la plupart maisons de campagne, qui forment le village actuel.

Le Raincy est à 13 kilomètres de Paris; il est desservi, ainsi que Livry, par un embranchement du chemin de fer de l'Est, qui va rejoindre la ligne du Nord entre Aulnay-lez-Bondy et Sévran.

A 2 kilomètres au nord-est du Raincy, et sur le territoire de la petite commune de Clichy-en-l'Aulnoy, se trouve la petite chapelle de *Notre-Dame-des-Anges*, lieu d'un pèlerinage encore fréquenté du 8 au 18 septembre. La légende rapporte que trois marchands angevins passaient, en 1212, dans cette forêt, qui alors n'était traversée que par de rares sentiers plus redoutés que fréquentés; ils y furent attaqués par des voleurs qui, après les avoir complètement dévalisés, trouvèrent plaisant de les attacher à trois gros chênes voisins du lieu où se passait la rencontre. Les malheureux y passèrent un jour et une nuit sans secours; ils allaient mourir; ils implorèrent Notre-Dame, qui, exauçant leur prière, leur envoya un ange qui les délivra! Les marchands reconnaissants élevèrent au lieu même une chapelle qui, sous le nom de *Notre-Dame-des-Anges*, devint bientôt célèbre par les miracles qui s'y opéraient. Détruite pendant la Révolution, elle fut réédifiée en 1808, et elle continua d'être visitée par les habitants du voisinage. La chapelle de Notre-Dame-des-Anges fut entièrement saccagée en 1871 par les Allemands, qui, malgré l'armistice, anéantirent l'autel, les stalles, les bancs et les vitraux.

MONTFERMEIL. — Montfermeil (*Mons Firmalis*, ou *Mons Fermeolus*), sur une colline et sur la lisière orientale de la forêt de Bondy, est un charmant village de 997 habitants, situé dans le canton du Raincy, à 46 kilomètres au sud-est de Pontoise. Ce village est très ancien et, au XIII° siècle, il y avait une léproserie considérable. La terre de Montfermeil relevait de l'abbaye de Chelles, qui, si nous en croyons Dulaure, avait imposé à cette seigneurie une singulière obligation. Lors de la prestation de serment du nouveau seigneur, celui-ci se présentait le corps entièrement nu, ceint d'une corde, et, dans cet état, on le conduisait à l'abbesse, qui, prenant le bout de la corde, disait : *A qui tient-il?* Après, le seigneur lui déclinait ses titres, qualités, et prêtait serment ; la digne abbesse disait un *Oremus*, le bénissait et le renvoyait... à sa chemise!...

Ce village est desservi par la station du Raincy (chemin de fer de l'Est) et aussi par celle de Gagny ; on y trouve quantité de jolies habitations ; la vue se promène agréablement sur la vallée de la Marne, et les bois voisins offrent de charmantes promenades.

Montfermeil possède un château accompagné d'un beau parc ; il appartient à M. le marquis de Nicolaï. Pendant la guerre de 1870, les Allemands avaient établi dans le village une ambulance ; en s'en allant, ils étalèrent de la braise enflammée sur le plancher des maisons abandonnées dont ils s'étaient emparés afin de les incendier. (E. Desjardins.)

NEUILLY-SUR-MARNE. — Neuilly-sur-Marne est une commune de 3,646 habitants, située dans le canton du Raincy, à 45 kilomètres au sud-est de Pontoise, dans une charmante position, près de la rive droite de la Marne ; comme les précédentes, elle fait partie du canton de Gonesse, et possède des fabriques de papiers peints, de limes, d'articles de quincaillerie et des fours à plâtre. L'église, aujourd'hui rangée parmi nos monuments historiques, possède la sépulture de son fondateur, le curé Foulques, prédicateur de la quatrième croisade, qui y fut enterré en 1201.

A 2 kilomètres à l'est se trouve l'ancien château de la *Ville-Évrard*, dont les bâtiments, remaniés et augmentés, sont aujourd'hui convertis en une maison d'aliénés dépendante des hospices de Paris.

Pendant le siège de Paris, la Ville-Évrard fut notre extrême poste avancé du côté de l'Est, et nos batteries y causèrent de sérieux dommages à l'ennemi.

VAUJOURS. — Vaujours, dans le canton du Raincy, à 48 kilomètres au sud-est de Pontoise, et à 4 kilomètres à l'est de la station de Sévran-Livry, est une commune de 1,734 habitants, qui, autrefois, portait le nom de *Montauban*. Elle est située sur l'extrême limite orientale du département, dans une vallée profonde, à 2 kilomètres du canal de l'Ourcq et au pied de la montagne de Montauban, qui lui donna autrefois son nom.

Elle doit son nom moderne et son importance actuelle à un beau château que Louis XIV donna à Mlle de La Vallière ; il est dans une admirable situation, sur une colline élevée d'où l'on jouit d'une vue très étendue ; il appartenait, avant la Révolution, à la famille de Maistre. Aujourd'hui, il est converti en un asile-école pour les enfants pauvres, sous le nom d'*Asile Fénelon*. Les bâtiments peuvent recevoir 400 pensionnaires ; le parc a été transformé en exploitation agricole : c'est l'école pratique des enfants qui se destinent à la culture. L'entrée du château a conservé tout son caractère seigneurial ; devant sa façade s'étend un petit jardin avec pelouse, qu'ombragent de grands et vieux arbres, dont un cèdre, sans doute contemporain de la belle comtesse de Vaujours.

Dans les environs, on voit un ruisseau dont les eaux vont se perdre dans un gouffre : c'est le gouffre de la Fourgoyeuse.

MARINES. — Marines (*Marinæ*), station de la ligne du chemin de fer de Paris à Gisors par Pontoise (réseau du Nord), à 48 kilomètres au nord de Versailles et à 14 kilomètres au nord-ouest de Pontoise, chef-lieu de canton de l'arrondissement de Pontoise, avec une population de 1,575 habitants, faisait autrefois partie du Vexin français, dans la province de l'Ile-de-France et dépendait du diocèse de Rouen. L'ancienne importance de ce bourg est constatée par l'existence, en 1164, d'une église paroissiale avec prieuré de chanoines réguliers, et par la fondation en 1618 d'une communauté des pères de l'Oratoire, lesquels y furent appelés par le chancelier de Sillery, qui avait un château à Marines ; il existe encore. Une chapelle marque l'emplacement de l'ancien monastère. En 1497, Charles VIII avait établi un marché à Marines ; celui qui s'y tient encore aujourd'hui, et où la vente des bestiaux est fort importante, n'en est probablement que la continuation. A cette richesse et à un commerce considérable de veaux et d'avoine, Marines joint des fours à chaux, des tuileries, des briqueteries, des fabriques de taillanderie, de chandelles, de bonneteries et des pépinières.

Ce bourg a vu naître les deux Mandar, l'oratorien et le littérateur.

Marines fut occupé, dès le 30 septembre, par les Prussiens qui couvrirent de patrouilles tout le canton, et, outre les réquisitions ordinaires, imposèrent au bourg une amende de 2,500 fr. pour coups de feu tirés, prétendirent-ils, sur eux ou leurs chevaux.

CHARS. — Chars (*Sartum, Essartum*), station du chemin de fer de Paris à Dieppe par Pontoise, avec embranchement de 13 kilomètres sur Magny, est dans le canton de Marines, à 18 kilomètres de Pontoise. C'est une commune de 1,109 habitants, située au fond d'une vallée tourbeuse que traverse la Viosne, petite rivière qui se jette dans l'Oise à Pontoise ; on y cultive du blé et des céréales. Chars est fort ancien : il fut donné au VIIe siècle par Dagobert à l'abbaye de Saint-Denis ; plus tard, il fut fortifié et fit partie de cette ligne de forteresses qui défendait le Vexin français contre les invasions des premiers ducs de Normandie. Ce lieu eut aussi ses seigneurs particuliers ; le plus ancien que l'on connaisse est Guillaume de Chars, qui vivait au commencement du XIIe siècle ; après lui on cite : Pierre, Thibaut, Hugues de Chars et Henri de Ferrières, chevaliers qui paraissent avoir relevé des comtes de Gisors et des sires de Trie. C'est la fille de Pierre de Ferrières qui fut la première fondatrice de l'hospice de Chars. Cette terre passa ensuite dans les maisons d'Aumont et de Rouville (1357-1586), puis avec le titre de baronnie dans les familles de robe des La Guesle, Séguier et d'Oo (1586-1651), enfin dans celles de Luynes de Créquy et de Gouy d'Arsy (1651-1793).

Sur une petite éminence que baigne la Viosne, près du chemin de fer, s'élèvent les ruines de l'ancien château. Il se composait d'une enceinte polygonale, flanquée de tours et soutenue par des contreforts, dans laquelle s'élevait le bâtiment principal ou donjon : c'était, à proprement parler, plutôt une maison forte qu'un château fort.

L'église de Chars date du XIIe et du XVe siècle ; elle a été plusieurs fois réparée. On trouve sur le territoire de la commune des infiltrations de sources sulfureuses et ferrugineuses, et sur la gauche du chemin de Magny un débris de monument mégalithique, connu dans le pays sous le nom de la *Pierre qui tourne*.

MANTES (lat., 48° 59′ 28″ ; long., 0° 37′ 0″ O.) — Mantes (*Medunta, Petromantalum*), Mantes-sur-Seine, station importante de la ligne du chemin de fer de Paris à Rouen, avec bifurcation sur Caen, Cherbourg et Granville, à 42 kilomètres au nord-est de Versailles, chef-lieu de sous-préfecture, siège d'un tribunal de première instance, compte aujourd'hui 5,649 habitants. Cette ville faisait autrefois partie de l'Ile-de-France et dépendait du diocèse de Chartres. Le rôle important que Mantes a joué dans notre histoire a stimulé le zèle investigateur des historiens, qui lui ont trouvé une origine digne de ses destinées. *Medunta*, qui veut dire *chêne* en langue celtique, semblerait indiquer une existence antérieure à la domination romaine. Jules César aurait pénétré jusqu'à la ville, retraite des druides, cachée alors à l'extrémité de la forêt de Dreux, s'en serait emparé et aurait fait construire un pont sur la Seine, pour assurer ses communications avec le Vexin. De cette époque daterait la division de la ville en trois parties : Mantes-l'Eau, Mantes-le-Château, Mantes-la-Ville. On prétend avoir retrouvé, dans les fondations d'une église dédiée à saint Maclou, quelques restes d'un temple de Cybèle. Nous n'enregistrons ces vieux souvenirs, d'une authenticité douteuse, que sous toute réserve, ainsi que la tradition que nous avons retrouvée ailleurs des méfaits d'un comte Ganelon et de l'inévitable tour de Gannes. Il faut arriver au IXe siècle pour rencontrer dans l'histoire des documents positifs sur la ville de Mantes ; à cette époque, la ville avait déjà une certaine importance, car les Normands, conduits par Bisern Côte de Fer, s'en emparèrent et la pillèrent ; plus tard, le Vexin ayant été partagé entre les Français et les Normands, elle devint la capitale du Vexin français. Au xii° siècle, elle dépendait du comté de Meulan ; les rois de la troisième race y avaient un château. Prise d'assaut par Guillaume le Conquérant, duc de Normandie, elle vit ses habitants passés au fil de l'épée, ses églises et son château rasés, les trois quarts de ses maisons brûlées ou détruites. C'est à ce sac de Mantes que Guillaume fut blessé à mort dans une chute de cheval. C'est à la régularité des constructions élevées pour réparer ce désastre, que cette ville dut par là suite son nom de *Mantes-la-Jolie*, qu'elle a conservé et qu'elle mérite encore de nos jours. La charte communale de Mantes, constituant un maire et douze pairs pour l'administration de la ville, lui fut octroyée en 1012 par le roi Robert, complétée en 1110 par Louis le Gros et confirmée par Louis le Jeune en 1152. Philippe-Auguste, dans ses plans d'attaque contre la Normandie, regarda Mantes comme la base essentielle de ses opérations militaires, et fit tout pour s'assurer le dévouement de ses habitants ; il y résidait souvent, et la mort vint l'y surprendre en 1223 : son cœur et ses entrailles reposèrent longtemps dans l'église collégiale de Notre-Dame.

Après la mort de ce monarque, Mantes, donnée en dot à Isabelle, fille de saint Louis, tomba entre les mains de Thibaut de Champagne, roi de Navarre ; cette alliance établit plus tard des droits en faveur de Charles le Mauvais. Le règne de ce prince est l'époque la plus importante de l'histoire de Mantes. Entre la France si affaiblie, si sérieusement menacée sous ses rois Charles V et Charles VI, et l'Angleterre, aidée de la trahison d'Isabeau, de la défection des grands vassaux, dans ses projets d'usurpation et de conquêtes, la maison de Navarre devenait arbitre de la situation, et Mantes, son domaine, sa résidence, semblait désignée comme le centre des négociations ou comme le théâtre des combats. Aussi la cour des rois de Navarre réunissait-elle à Mantes, à cette époque, grand nombre de seigneurs français et étrangers, de reines et de princesses ; ses fortifications furent augmentées, et la ville s'enrichit alors de fondations de monastères et d'églises. Les alternatives et l'issue générale des guerres du xiv° et du xv° siècle sont connues de tout le monde ; nous n'en relaterons, comme se rapportant plus spécialement à notre sujet, que le brillant coup de main de Bertrand Du Guesclin, qui enleva Mantes par surprise en 1364, et la victoire de Dunois en 1449, qui la fit rentrer définitivement sous la domination française.

Depuis cette époque, les habitants de Mantes se montrèrent fidèles à la couronne, et si fidèles que l'on disait proverbialement en parlant d'eux : *Les chiens de Mantes*, et, sur des jetons frappés en 1576 et 1579, est gravé un lévrier au-dessous duquel on lit ces mots : *Fidelis comes*.

L'enceinte de la ville formait, à cette époque, un demi-cercle, dont les deux extrémités en amont et en aval aboutissaient à la Seine, et dont on retrouve encore quelques vestiges. Au sud-est s'ouvrait la porte aux Prêtres, près de laquelle était l'embouchure du ruisseau de Vaucouleurs ; puis venait la porte de l'Étape, dont Charles de Navarre avait augmenté la solidité, et qu'il avait reliée à un enclos où, pour les besoins de la garnison, avaient été creusés des puits et bâtis des fours. La porte de la Pêcherie s'ouvrait sur le quartier qu'habitaient les pêcheurs. En faisant le tour de la ville, on trouvait successivement la porte Chante-l'Oie ; la porte aux Saints, qui était ornée d'images vénérées ; la tour Saint-Martin, qui sert aujourd'hui de terrasse à la sous-préfecture. La ville avait une milice bourgeoise et une compagnie d'élite de vingt arbalétriers auxquels Charles VII, à son avènement, confirma des privilèges. En même temps, il avait confirmé les immunités de la commune.

En 1501, Mantes fut ravagée par la peste ; pendant les guerres de la Ligue, quoique cette ville fût l'objet des faveurs les plus signalées, malgré la réintégration de son présidial transporté précédemment à Montfort-l'Amaury, malgré toutes les séductions de Catherine de Médicis qui se l'était fait donner comme douaire à la mort de Henri II, malgré même une visite de Henri III en 1587, Mantes, au moment décisif, se prononça pour Henri IV. Brissac, son gouverneur, ajouta encore aux fortifications de la ville, et quelques jours après la bataille d'Ivry les clefs de Mantes étaient portées au Béarnais victorieux dans le château de Rosny.

Pendant ce temps, le duc de Mayenne fuyait jusqu'aux portes de Mantes, criant aux habitants : « Mes amis, sauvez-moi, j'ai perdu la bataille ; mais le Béarnais est mort !... » Enfin, il entra par le guichet, et avec lui un Gascon de l'armée royale, portant, comme tous les partisans de Henri IV, l'écharpe blanche. Il s'appelait Villeneuve, et il avait été emporté par son cheval qui avait la bouche dure sur les traces du duc de Mayenne, un peu plus qu'il ne l'aurait voulu, « et véritablement, dit l'historien auquel nous empruntons ce récit, fut un temps où il s'estimoit perdu, à cause de son escharpe. Enfin il s'advisa d'une ruse qui luy succéda envers ce peuple tout en désordre dans l'estonnement où l'avoit jetté la fuite et frayeur du duc. D'abord Villeneuve fit signe qu'il vouloit parler, pour les empescher de tirer sur luy, puis fit aux premiers qui se présentèrent et ensuite aux commandants et aux principaux une jolie et hardie harangue : que le roy, ayant eu pleine victoire de la bataille, comme ils le voyoient par la fuite du général et chef du party, venoit avec toutes ses forces et le reste de celles de l'ennemy qui avoient passé à sa solde, teste baissée, droit à eux ; mais qu'auparavant les menacer et leur faire sentir les effets de sa juste colère, il leur faisoit offre de sa clémence, etc. De cette harangue, Villeneuve en rapporta au roy la résolution d'une entière obéissance et soumission, et, dès le lendemain, Mantes fut à Henri IV. »

Dès le lendemain, en effet, Henri IV faisait son entrée à Mantes et nommait Sully gouverneur de la ville, charge qui après lui passa à son fils, sous la surveillance duquel s'exécutèrent les travaux de démolition de la citadelle et des remparts, ordonnés par la prévoyance du cardinal de Richelieu.

Henri IV aima toujours beaucoup le séjour de Mantes, qu'il appelait son Paris, qui avait été longtemps la résidence de la belle Gabrielle d'Estrées, et dont Rosny, le domaine de son ministre et de son meilleur ami, était proche.

Louis XIII et Louis XIV voulurent aller visiter la ville, théâtre de si notables événements ; mais cependant son importance historique ne s'est relevée sous aucun des successeurs de Henri IV. De ses quatre églises, de ses couvents de cordeliers, de bénédictins, d'ursulines et de filles de la Congrégation, Mantes n'a conservé que la célèbre tour de Saint-Maclou, et l'église paroissiale placée sous l'invocation de Notre-Dame. Elle fut élevée à la fin du XIIe siècle, presque en même temps que Notre-Dame de Paris, à laquelle elle ressemble dans son aspect général. On en attribue la construction à l'architecte Eudes de Montreuil. On croit que la reine Blanche et Marguerite de Provence, l'une mère et l'autre épouse de saint Louis, concoururent aux embellissements de l'édifice, et que la couverture en est due à Thibaut IV, comte de Champagne, roi de Navarre, gendre du pieux monarque.

Cette église, précieux type d'études pour les archéologues, a été à bon droit classée au nombre des monuments historiques. L'hôtel de ville occupe un ancien édifice restauré au XVIIe siècle ; le tribunal est établi dans l'ancien auditoire royal, qui date du XVe siècle ; ainsi, ce curieux édifice n'a pas changé de destination. Le théâtre, bâti au siècle dernier, occupe l'emplacement de l'ancien Hôtel-Dieu, qui a été remplacé par un hôpital général bien approprié à sa destination ; enfin, sur la place du Marché, s'élève une fontaine de la Renaissance.

Les bords de la Seine offrent dans les environs de Mantes de très jolies promenades, parmi lesquelles on cite l'île Champion et l'île des Cordeliers. Le paysage est animé par de nombreux moulins construits les uns sur la Seine, les autres sur le ru de Vaucouleurs. Le sol est fertile en céréales et en vins qui jouissaient jadis d'une grande réputation, *jusqu'à la cour du Grand Mogol*, dit-on, *et du Sofi de Perse ;* l'industrie consiste en tanneries renommées, en fabriques de cuirs, minoteries et en fabriques de salpêtre ; les principaux articles du commerce sont les bestiaux, les cuirs et les céréales.

Mantes porte pour armoiries : *d'azur, à la demi-fleur de lis d'or, mouvante du deuxième qui est de gueules, au demi-chêne de sinople, feuillé de même, chargé de trois glands d'or.*

Mantes fut envahi, le 22 septembre, par la brigade prussienne du général Bredow. Inquiété par les attaques des francs-tireurs, l'ennemi conserva la ville et menaça de la détruire. Le maire, M. Regnault, sut remonter le courage des habitants par son exemple. Mais la ville et l'arrondissement eurent à payer 1,045,096 fr. 72 de réquisitions, 299,785 fr. 63 pour les 5 douzièmes d'impôts réclamés par M. de Brauchitsch, préfet allemand de Seine-et-Oise. Ce ne fut qu'après l'entrée de l'armée allemande à Rouen, que Mantes et ses environs retrouvèrent un peu de tranquillité ; mais ils ne furent débarrassés des hordes germaniques qu'à la fin de février 1871.

LIMAY. — Limay, chef-lieu de canton de l'arrondissement de Mantes, à 1 kilomètre en face de cette ville et sur la rive droite de la Seine, est agréablement situé au pied d'une colline que couvrent des maisons de campagne, des vergers et des vignes. Sa population est de 1,373 habitants.

Ce bourg s'appelait autrefois *Limais*. Il en est fait mention pour la première fois dans une charte de 978, par laquelle Laigarde, qui avait eu successivement pour mari Guillaume Longue-Épée, duc de Normandie, et Thibaut le Tricheur, comte de Chartres, cède à l'abbaye de Saint-Père tout ce qu'elle possède « au village de Limay, situé dans le Vexin, sur le fleuve de la Seine. »

Charles V, par un acte du mois de février 1396, fonda à Limay et à mi-côte un couvent de célestins. Il procéda à leur installation le 25 février 1377, accompagné de la reine, de l'archevêque de Rouen, des évêques de Paris, de Beauvais, et de plusieurs grands dignitaires. Ce fut sur l'acte de fondation de ce monastère que Charles V apposa pour la première fois son sceau royal, réduit à trois fleurs de lis « en l'honneur de la sainte Trinité. » Les célestins de Limay possédaient de grands biens en terres et surtout en vignes, dont ils tiraient un vin qui avait une grande réputation et que Regnard a célébré dans son *Voyage en Normandie*. Le couvent a été détruit à la Révolution et il a fait place à une maison de campagne, des jardins de laquelle on jouit d'une vue admirable sur le cours de la Seine, sur Mantes et ses environs.

Les capucins avaient aussi à Limay un couvent qui avait été élevé aux frais de Marie de Médicis. L'église paroissiale de Limay, qui est rangée au nombre de nos monuments historiques, appartient au XIIIe et au XVe siècle ; elle possède cependant une chapelle romane et est surmontée par un curieux clocher du XIIe siècle que termine une flèche en pierre. On remarque à l'intérieur plusieurs objets d'art et des pierres tombales provenant de l'ancien monastère des célestins. Outre ses deux couvents, son église paroissiale et ses nombreuses confréries, Limay eut, jusqu'à la révocation de l'édit de Nantes, un prêche qui se tenait dans un ancien cellier, vaste et solidement voûté ; et, ce qu'il y a de remarquable, c'est que, malgré le séjour assez prolongé que firent à Mantes des pasteurs justement estimés, la Réforme fut concentrée à Limay et ne passa jamais sur la rive gauche.

Au-dessous du château des célestins, un petit chemin tracé à mi-côte conduit à l'Ermitage de Saint-Sauveur, taillé dans un rocher calcaire, près de la rive gauche de la Seine. C'est un des derniers sanctuaires de ce genre qui existent en France, et il est entretenu avec soin par une confrérie dont font partie un grand nombre d'habitants notables du voisinage. La légende dit que, à une époque très reculée, des bandits avaient agrandi une cavité naturelle, s'y étaient cachés et en descendaient pour rançonner les passants. Ils furent attaqués par les ordres de Charles V et pendus à la porte de leur repaire, qui depuis fut converti en chapelle. Un ermite s'y installa, en se donnant pour mission d'appeler la protection divine sur les mariniers et de sonner la cloche pour avertir le péager du pont de Mantes de l'approche des bateaux qui remontaient la Seine.

Une multitude d'*ex-voto* couvrent les parois de la chapelle que des piliers fixés dans le bloc calcaire séparent en trois nefs. On y voit aussi un *Christ au tombeau*, environné de saintes femmes et de ses disciples ; c'est, dit-on, un don des mariniers de Rouen.

HOUDAN. — Houdan (*Hosdanum*), station de la ligne du chemin de fer de Paris à Granville (réseau de l'Ouest), est un chef-lieu de canton de 2,035 habitants, situé à 28 kilomètres au sud de Mantes. Cette petite ville, assise sur le sommet et le penchant d'une colline peu élevée, baignée au nord par l'Opton et au sud par la Vègre, est d'origine celtique. Elle est appelée *Hosdench* dans les lettres de l'évêque Gosselin et d'Amaury de Montfort, en 1065 ; *Hosdanum*, dans des titres de 1300. On y a découvert des tombeaux, des armes franques, des amphores, des poteries et des médailles d'Adrien, de Gallien, de Gratien. Le roi Robert y fonda, en 1075, une chapelle et un prieuré. Amaury III, comte d'Évreux à la fin du XIe siècle, fit construire à Houdan un château avec deux églises. C'est ce qui résulte d'une lettre écrite par son fils, Simon d'Évreux, en 1105 ; et, dans l'intérêt des religieux de Coulombs, qui desservaient alors l'église de Hosdench, il établit deux foires dans l'enceinte du château. Les comtes de Montfort-l'Amaury, maîtres de Houdan, lui octroyèrent une charte communale, et leurs privilèges furent augmentés par Philippe-Auguste, auquel ils fournirent cent gens d'armes et dix charrettes.

Réuni à la couronne, Houdan fut cédé par Louis XIV à la famille de Luynes, en échange de terres voisines du parc de Versailles. De ses anciennes fortifications, il ne reste plus que le vieux donjon construit par Amaury. Il est bâti en meulières avec chaînes en pierres de taille et se compose d'une tour cylindrique de 15 mètres de diamètre, flanquée de quatre tourelles de 4 mètres de diamètre. Le sommet de la tour, ainsi que ceux des tourelles, était surmonté de toits pointus « en poinçon, » comme on disait autrefois. L'entrée primitive était dans la tourelle du nord, à environ 4 mètres du sol ; l'intérieur se compose d'un rez-de-chaussée et de deux étages auxquels on accède par un escalier en pierre. Une petite place circulaire indique l'enceinte qui séparait le donjon du château. L'église, malheureusement inachevée, offre des sculptures curieuses, de belles stalles du chœur. Quoiqu'elle ait été rangée au nombre des monuments historiques, on la laisse néanmoins dans un état de délabrement malheureux. On remarque encore dans la rue de Paris une jolie maison en bois sculpté.

Il y a à Houdan une fabrique de bas de laine, une fonderie de fer, des tanneries, des taillanderies. La ville fait un certain commerce de grains, de laines, de chevaux, de bestiaux et surtout de volailles renommées.

Près de Houdan, au lieu dit la *Butte des Gergaus*, se trouve un ancien cimetière gallo-romain où, sur un espace de 25 arcs, on a trouvé plusieurs objets curieux. Les fosses sont rangées symétriquement ; les corps sont couchés sur le dos et la face tournée vers l'orient.

Rosny. — Rosny, à 48 kilomètres au nord-est de Versailles et à 6 kilomètres à l'ouest de Mantes, son chef-lieu de canton et d'arrondissement, sur la rive gauche de la Seine, station de la ligne du chemin de fer de Paris à Rouen, avec une population de 675 habitants, faisait autrefois partie de l'Ile-de-France et dépendait du diocèse de Chartres.

Rosny doit son illustration au château construit dans une vastes îles que forme la Seine à cet endroit. Sully y naquit en 1559, et la bataille d'Ivry s'étant livrée dans les environs, Sully, qui y avait été grièvement blessé, fut rapporté dans ce château où Henri IV vint le retrouver et résider près de lui après sa mémorable victoire.

La duchesse de Berry l'acquit en 1818 du comte Edmond de Périgord et en faisait sa résidence d'été. Elle respecta, dans les travaux de restauration qu'elle ordonna, les dispositions principales de l'édifice construit en briques, flanqué de quatre pavillons carrés et entouré de larges et profonds fossés.

Le bourg doit à la libéralité de cette princesse la fondation d'un hospice de douze lits pour les indigents du village, aujourd'hui converti en salle d'asile, et d'une chapelle où elle avait fait déposer dans un cénotaphe de marbre blanc le cœur de son mari.

La population est exclusivement agricole.

Magny. — Magny-en-Vexin (*Masigniacum, Masgny*), station terminale de l'embranchement de Chars à Magny, est un chef-lieu de canton situé dans une position agréable sur les bords de l'Aubette, à 22 kilomètres au nord de Mantes et sur l'ancienne route de Paris à Rouen par Pontoise. Sa population est de 2,028 habitants.

On ignore l'origine de cette petite ville qui, au XIIIe siècle, n'était encore qu'un pauvre village composé de quelques maisons (d'où le nom de Magny) groupées autour d'un prieuré ; vers la fin du XVe siècle, il était devenu assez important pour que Louis XII y établit (1498) deux foires. Magny, à cette époque, avait déjà une halle et un marché.

En 1550, Catherine de Médicis possédait le domaine de Magny ; il passa vingt ans après (1570) au duc d'Alençon, qui l'engagea en 1598 à Mme de Longueville, laquelle le vendit la même année au marquis de Villeroy, secrétaire d'État. Ce seigneur, dans les dernières années du XVIe siècle, fit entourer le bourg de Magny de murs, avec tours, remparts et fossés ; il en fut le bienfaiteur et embellit l'église Notre-Dame, où l'on voit encore les tombeaux de plusieurs membres de sa famille ; cette église possède aussi un curieux baptistère de la Renaissance.

Magny avait, avant la Révolution, des couvents d'ursulines, de bénédictines et de cordeliers. Il possède aujourd'hui des papeteries, des filatures, des tanneries, des mégisseries et des fabriques de chaises.

Les armes de Magny sont : *d'azur, à deux fleurs de lis d'or en chef, et une croix d'or ancrée de même, en pointe.*

Le château de *Boves*, reconstruit en 1810, est une dépendance de Magny. A l'est, du côté d'Arthieul, on a découvert l'emplacement d'un camp romain.

La Roche-Guyon. — La Roche-Guyon (*Rupes Guidonis*), à 58 kilomètres au nord-est de Versailles et à 17 kilomètres au nord-ouest de Mantes, sur la rive droite de la Seine, canton de Magny, arrondissement de Mantes, avec une population exclusivement agricole de 740 habitants, faisait autrefois partie du Vexin français et dépendait du diocèse de Rouen. Ce village, bâti dans une situation pittoresque, au pied d'un rocher escarpé et sur la rive droite de la Seine, est célèbre par son antique château, édifice de grande dimension, adossé à un rocher taillé à pic; il est composé de divers corps de bâtiments dont quelques-uns, notamment l'ancien donjon, qui date du XII° siècle, sont très intéressants à visiter à cause des riches objets qu'ils renferment : armures, tableaux, chartres, livres, etc. Les seules constructions remarquables qui aient résisté aux injures du temps et aux ravages des guerres dont La Roche-Guyon fut souvent le théâtre sont un beau porche d'entrée, une chapelle pratiquée dans le roc à une grande élévation, et un beau réservoir taillé dans l'intérieur même du rocher pouvant contenir 590 mètres cubes d'eau.

Un trait de fidélité chevaleresque, dont une noble dame fut l'héroïne, se rattache aux souvenirs du château de La Roche-Guyon.

En 1448, sous le règne malheureux de Charles VI, le duc de Bourgogne avait soumis toute la contrée à l'exception de Gisors, Pont-de-l'Arche et La Roche-Guyon; ce dernier point avait été enlevé dans le cours de la même année par le comte de Warwick. Une femme, fille de Jean Bureau, chambellan du roi de France, et veuve de Gui VI, sire de La Roche-Guyon, tué à la bataille d'Azincourt, occupait alors la forteresse; sommée de prêter serment au roi d'Angleterre, elle refusa et fut dépouillée de sa seigneurie; Charles VII, pour récompenser sa fidélité, la nomma quelques années après dame d'honneur de la reine.

François Ier vint résider quelque temps, au mois de février 1546, au château de La Roche-Guyon. C'est pendant son séjour qu'eut lieu l'événement déplorable qui enleva à la France le jeune vainqueur de Cérisoles. Les jeunes gens de la suite du dauphin avaient organisé un combat à coups de boules de neige : les uns assaillaient, les autres défendaient un bâtiment. Le comte d'Enghien, frère du roi de Navarre et du premier prince de Condé, commandait les assiégés. Le dauphin, le comte d'Aumale et le seigneur de Saint-André, favori du dauphin, conduisaient l'attaque. Le comte d'Enghien ayant fait une sortie à la tête des assiégés, ou, suivant un autre récit, s'étant assis dans la cour sur les marches du porche d'entrée pour se reposer, quelqu'un jeta sur lui, par une fenêtre que l'on montre encore au haut de la petite tourelle à droite de la porte, un coffre qui lui brisa le crâne. Le jeune homme mourut après avoir langui quelques jours : il avait à peine vingt-quatre ans. Quelques historiens accusent le duc d'Aumale, qui depuis fut le grand duc de Guise, d'avoir fait faire le coup par jalousie.

Ce domaine, siège d'un bailliage auquel ressortissaient dix-sept paroisses, fut érigé en duché-pairie une première fois en 1621 en faveur de François de Silly, puis en 1643 en faveur de Roger Duplessis, seigneur de Liancourt : il est échu dans ces derniers temps à la famille des ducs de La Rochefoucauld-Liancourt, dont un des membres a fondé, en 1850, une maison de convalescence pour les jeunes enfants qui sortent des hôpitaux de Paris.

Le panorama qui se déroule du haut du vieux donjon de La Roche-Guyon est un des plus magnifiques que puisse offrir le cours de la Seine. Un élégant pont suspendu a remplacé le bac qui existait autrefois.

SAINT-CLAIR-SUR-EPTE. — Saint-Clair-sur-Epte, à 67 kilomètres au nord-est de Versailles et à 29 kilomètres au nord-ouest de Mantes, sur la petite rivière dont le bourg a joint le nom au sien et qui, après avoir servi autrefois de limite entre l'Ile-de-France et la Normandie, sépare aujourd'hui le département de l'Eure de celui de Seine-et-Oise, ancienne commune du Vexin, dans l'Ile-de-France, et paroisse du diocèse de Rouen, est aujourd'hui un village de 546 habitants, canton de Magny, arrondissement de Mantes.

La célébrité de ce lieu a une double origine : c'est là que fut martyrisé saint Clair, vers la fin du IX° siècle. La dévotion à ce saint avait déterminé l'établissement d'un prieuré considérable appartenant au chapitre de Saint-Denis. La fontaine d'un ermitage qu'on prétendait avoir été habité par le saint et dont les eaux passaient pour avoir la vertu de guérir les maux d'yeux, attirait chaque année un grand concours de pèlerins le jour de la fête du saint patron. C'est aussi dans le vieux château de Saint-Clair, fameux par les nombreux assauts qu'il eut à soutenir contre les Normands et les Anglais, que fut signé en 912, entre Charles le Simple et Rollon, le traité par lequel le roi de France cédait au chef des Normands la Neustrie, qui prit depuis le nom de Normandie :

« Toute la terre de Neustrie lui donna le roy,

Château d'Écouen.

disent les *Grandes Chroniques de Saint-Denis*, et Gillette sa fille par mariage et, par-dessus, toute Bretaigne : et commanda le roy aux deulx princes de cette contrée, Bérengier et Alain, qu'ils entrassent en son hommage. »

Lorsque, selon le cérémonial usité alors, on procéda à la prestation de l'hommage, les évêques avertirent Rollon qu'il eût à baiser le pied du roi. Celui-ci fit un bond en arrière en s'écriant : *Nesse bi Gott!* (Non, de par Dieu!), ce qui fit beaucoup rire les Français et leur fit donner aux Normands le sobriquet de *Bigoths*. Comme on insista, Rollon ordonna à l'un de ses gens de baiser pour lui le pied du roi : le soldat normand, sans se baisser, prit le pied du roi, et l'élevant à la hauteur de sa bouche, jeta le roi à la renverse. Un grand tumulte s'éleva ; mais les seigneurs français tenaient médiocrement à l'honneur de leur roi, et prirent le parti de rire au lieu de se fâcher : la cérémonie s'acheva ; Rollon prêta serment de fidélité en la forme voulue.

De la résidence seigneuriale, il reste encore quelques ruines ; l'ermitage a été réparé par les soins du duc de Caylus, propriétaire du château du *Héloy*, qu'on peut considérer comme une dépendance de Saint-Clair.

Le pays, outre les produits d'une culture variée, possède une fabrique de papier assez considérable.

STATISTIQUE DU DÉPARTEMENT DE SEINE-ET-OISE

RANG DU DÉPARTEMENT

Superficie : 60ème. — Population : 15ème. — Densité de la population : 9ème.

I. STATISTIQUE GÉNÉRALE

SUPERFICIE.	POPULATION.	ARRONDISSE-MENTS.	CANTONS.	COMMUNES.	REVENU TERRITORIAL.	CONTRIBUTIONS et REVENUS PUBLICS
5.604 kil. carrés. ou 569.364 hect.	Hommes, 286.916 Femmes, 275.074 Total.. 561.990 100 hab. par kil. carré.	6	37	686	Propriétés bâties... 20.000.000 fr. — non bâties. 42.000.000 » Revenu agricole.... 200.000.000 »	58.000.000 fr.

II. STATISTIQUE COMMUNALE

ARRONDISSEMENT DE VERSAILLES

Superficie, 848 kil. carrés ou 84.768 hect. — Population, 207.117 hab. — Cantons, 10. — Communes, 115.

CANTON, sa population.	NOM de LA COMMUNE.	POPULATION.	Distance au chef-lieu d'arr.	CANTON, sa population.	NOM de LA COMMUNE.	POPULATION.	Distance au chef-lieu d'arr.	CANTON, sa population.	NOM de LA COMMUNE.	POPULATION.	Distance au chef-lieu d'arr.
VERSAILLES, 16 cantons, 16 communes, 63.059 habit.	Versailles (Nord)..	23.786	»	Suite de MARLY-LE-ROI	Port-Marly.......	738	10	POISSY, 17 communes, 17.952 habitants.	Poissy.........	5.063	19
	Viroflay..........	1.572	4		Rennemoulin......	76	11		Alluets-le-Roi (Les)..	448	23
					Rueil............	8.087	11		Andresy.........	970	24
	Versailles (Ouest)..	2.274	»		St-Nom-la-Bretèche.	780	13		Carrières-sous-Poissy.........	612	19
	Bois-d'Arcy.......	842	8		Villepreux........	651	12		Chanteloup.......	675	22
	Chesnay (Le).....	2.214	4						Conflans-Sainte-Honorine..........	1.985	25
	Fontenay-le-Fleury..	625	8		Meulan...........	2.374	35				
	Guyancourt.......	665	6		Aubergenville......	483	31		Crespières.......	710	12
	Montigny-le-Breton-neux..........	332	10		Aulnay...........	285	28		Davron..........	235	16
	Rocquencourt.....	275	4		Bazemont........	403	30		Maurecourt......	427	28
	Saint-Cyr-l'École..	2.918	6		Bouafle..........	830	30		Médan...........	191	22
	Trappes.........	976	10		Chapet..........	370	28		Morainvilliers....	620	26
3 cantons, communes					Ecquevilly.......	528	27		Orgeval.........	1.341	22
	Versailles (Sud)...	23.787	»		Évecquemont.....	333	35		Thiverval........	553	20
	Buc.............	709	4		Flins............	788	32		Triel...........	2.351	24
	Jouy-en-Josas.....	1.463	6		Gaillon..........	307	39		Verneuil.........	612	25
	Loges-en-Josas (Les).	360	5		Hardricourt......	232	36		Vernouillet.......	734	26
	Vélizy...........	261	7	MEULAN, 20 communes, 12.631 habitants.	Herbeville........	124	23		Villennes........	425	21
ARGENTEUIL, 11 comm., 23.980 habit.	Argenteuil.......	8.990	20		Mareil-sur-Mauldre..	222	26				
	Bezons..........	1.580	18		Maule...........	1.311	28				
	Carrières-Saint-Denis	1.193	16		Mézy............	493	40				
	Cormeilles-en-Parisis	2.070	25		Montainville......	321	25	SAINT-GERMAIN-EN-LAYE, 12 comm., 32.133 hab.	Saint-Germain-en-Laye.........	17.199	12
	Frette (La)......	433	22		Mureaux (Les)....	1.394	35		Achères.........	853	22
	Herblay.........	1.631	25		Nézel...........	343	30		Aigremont.......	176	20
	Houilles.........	1.407	19		Tessancourt......	303	31		Chambourcy......	787	17
	Montesson.......	1.576	15		Vaux............	1.187	30		Chatou..........	2.956	13
	Montigny-lès-Cormeilles..........	682	24		Palaiseau........	2.464	15		Croissy..........	1.492	12
	Sannois.........	2.727	23		Bièvres.........	977	9		Fourqueux.......	338	12
	Sartrouville......	1.691	19		Bures...........	413	17		Maisons-sur-Seine..	3.247	20
MARLY-LE-ROI, 16 comm., 21.199 habit.	Marly-le-Roi......	1.334	8		Châteaufort......	591	13		Mareil-Marly.....	376	11
	Bailly...........	375	7		Gif.............	732	15		Mesnil-le-Roi.....	674	20
	Bougival.........	2.309	7	PALAISEAU, 17 communes, 12.729 habitants.	Igny............	1.145	11		Pecq (Le)........	1.570	14
	Celle-Saint-Cloud (La)	663	6		Nozay..........	287	22		Vésinet (Le).....	2.465	3
	Chavenay........	566	15		Orsay...........	1.320	15				
	Clayes (Les)......	292	13		Saclay..........	514	10	SÈVRES, 8 communes, 23.474 hab.	Sèvres..........	6.552	10
	Étang-la-Ville (L')..	399	10		Saint-Aubin......	102	12		Châville.........	2.361	5
	Feucherolles......	682	17		Toussus-le-Noble...	60	8		Garches.........	1.366	8
	Louveciennes.....	2.160	7		Vauhallan........	311	12		Marnes-la-Coquette.	303	6
	Noisy-le-Roi......	713	10		Verrières-le-Buisson.	1.331	15		Meudon.........	6.425	10
	Plaisir..........	1.374	15		Villebon........	729	10		Saint-Cloud......	4.862	10
					Ville-du-Bois (La)..	976	25		Vaucresson......	331	5
					Villejust.........	500	19		Ville-d'Avray.....	1.274	6
					Villiers-le-Bâcle...	277	10				

ARRONDISSEMENT DE CORBEIL

Superficie, 640 kil. carrés ou 64.004 hect. — Population, 75.584 hab. — Cantons, 4. — Communes, 93.

CANTON	NOM	POPULATION	Dist.	CANTON	NOM	POPULATION	Dist.	CANTON	NOM	POPULATION	Dist.
CORBEIL, 25 c., 34.193 h.	Corbeil.........	6.392	»	Suite de CORBEIL	Champcueil......	586	14	Suite de CORBEIL	Écharcon........	400	9
	Auvernaux.......	195	12		Chevannes......	306	15		Essonnes........	5.334	3
	Ballancourt......	1.203	15		Coudray-Monceaux (Les)..	556	6		Étiolles.........	391	3
	Bondoufle.......	256	10		Courcouronnes....	205	7		Évry-sur-Seine....	927	5

SEINE-ET-OISE

SUITE DE L'ARRONDISSEMENT DE CORBEIL

CANTON, sa population.	NOM de LA COMMUNE.	POPULATION.	Distance au chef-lieu d'arr.	CANTON, sa population.	NOM de LA COMMUNE.	POPULATION.	Distance au chef-lieu d'arr.	CANTON, sa population.	NOM de LA COMMUNE.	POPULATION.	Distance au chef-lieu d'arr.
Suite de CORBEIL.	Fontenay-le-Vicomte.	314	11	Suite d'ARPAJON.	Saint-Germain-lès-Arpajon.	591	25	Suite de BOISSY-ST-LÉGER.	Villecresnes.	673	18
	Lisses.	476	5		Saint-Michel-sur-Orge.	690	17		Villeneuve-Saint-Georges.	2.262	16
	Mennecy.	1.463	8						Villiers-sur-Marne.	1.109	37
	Morsang-sur-Seine.	182	6		Saint-Vrain.	815	15		Yères.	1.308	14
	Nainville.	128	15		Vert-le-Grand.	727	11	Suite de LONGJUMEAU, 16.956 habitants.	Longjumeau.	2.314	20
	Ormoy.	250	6		Vert-le-Petit.	782	15		Ablon.	531	12
	Ris-Orangis.	1.021	10						Athis-Mons.	976	16
	Saint-Germain-lès-Corbeil.	567	1						Ballainvilliers.	568	22
	Saint-Pierre-du-Perray.	411	2		Boissy-Saint-Léger.	867	19		Champlan.	600	22
	Saintry.	580	2		Boussy-Saint-Antoine	267	12		Chilly-Mazarin.	397	20
	Soisy-sous-Étioles.	1.007	5		Brunoy.	2.037	12		Épinay-sur-Orge.	1.506	18
	Tigery.	356	5		Chennevières-sur-Marne.	815	28		Fleury-Mérogis.	224	10
	Villabé.	615	5		Crosnes.	431	15		Grigny.	492	10
ARPAJON, 13.068 habitants.	Arpajon.	2.769	35	BOISSY-SAINT-LÉGER, 19.437 habitants.	Draveil.	1.655	11		Juvisy-sur-Orge.	930	12
	Avrainville.	275	38		Épinay-sous-Sénart.	348	15		Longpont.	642	18
	Brétigny.	983	17		Limeil-Brevannes.	600	20		Massy.	1.179	25
	Bruyères-le-Châtel.	718	30		Mandres.	793	17		Morangis.	378	16
	Cheptainville.	503	23		Marolles-en-Brie.	211	23		Morsang-sur-Orge.	600	15
	Égly.	340	26		Montgeron.	1.876	15		Paray.	57	20
	Guibeville.	56	26		Noiseau.	160	26		Plessis-Pâté (Le).	271	15
	Leudeville.	355	15		Ormesson.	110	27		Sainte-Geneviève-des-Bois.	402	12
	Leuville.	753	22		Périgny.	347	16		Saulx-les-Chartreux.	985	25
	Linas.	1.143	19		Queue-en-Brie (La).	629	30		Savigny-sur-Orge.	1.348	13
	Marolles-lès-Arpajon.	479	20		Quincy-sous-Sénart.	179	13		Villemoisson.	360	15
	Montlhéry.	2.065	18		Santeny.	419	25		Villeneuve-le-Roi.	516	25
	Norville (La).	472	25		Sucy-en-Brie.	1.130	25		Villiers-sur-Orge.	199	19
	Ollainville.	542	27		Valenton.	748	20		Viry-Châtillon.	669	12
					Varennes.	254	16		Wissous.	812	25
					Vigneux.	209	14				

ARRONDISSEMENT D'ÉTAMPES

Superficie, 800 kil. carrés ou 80.018 hect. — Population, 39.684 hab. — Cantons, 4. — Communes, 69.

CANTON	NOM de LA COMMUNE.	POP.	Dist.	CANTON	NOM de LA COMMUNE.	POP.	Dist.	CANTON	NOM de LA COMMUNE.	POP.	Dist.
ÉTAMPES, 14 communes, 13.246 habit.	ÉTAMPES.	7.840	»	Suite de LA FERTÉ-ALAIS	Itteville.	789	20	Suite de MÉRÉVILLE.	Monnerville.	337	20
	Boissy-le-Sec.	590	10		Lardy.	689	15		Pussay.	1.168	20
	Boutervilliers.	185	10		Mondeville.	463	25		Roinvilliers.	123	17
	Bouville.	462	10		Orveau.	120	12		Saclas.	740	10
	Brières-les-Scellés.	323	3		Torfou.	207	13		Saint-Cyr-la-Rivière.	249	22
	Châlo-Saint-Mars.	986	10		Vayres.	265	15		Thionville.	98	20
	Chauffour.	84	10		Videlles.	376	25	MILLY, 17 communes, 8.084 habitants.	Milly.	2.306	26
	Étréchy.	1.256	8		Villeneuve-sur-Auvers.	405	10		Boigneville.	444	25
	Mauchamps.	103	12						Brouy.	222	20
	Morigny-Champigny.	955	3	MÉRÉVILLE, 20 communes, 8.515 habitants.	Méréville.	1.591	16		Buno-Bonneveaux.	392	25
	Ormoy-la-Rivière.	358	5		Abbeville.	257	15		Champmotteux.	264	17
	Saint-Hilaire.	480	8		Angerville.	1.503	20		Courances.	350	30
	Souzy-la-Briche.	162	13		Arrancourt.	97	15		Courdimanche-sur-Essonnes.	118	20
	Villeconin.	462	14		Blandy.	221	20		Dannemois.	443	30
LA FERTÉ-ALAIS, 18 comm., 9.139 hab.	Ferté-Alais (La).	850	17		Bois-Herpin.	80	15		Gironville.	290	22
	Auvers-Saint-Georges	901	14		Boissy-la-Rivière.	245	10		Maisse.	936	17
	Baulne.	479	20		Chaloux-Moulineux.	444	14		Mespuits.	238	15
	Boissy-le-Cutté.	355	12		Congerville.	168	18		Moigny.	541	25
	Bouray.	755	22		Estouches.	160	20		Onoy.	195	27
	Boutigny.	561	20		Fontaine-la-Rivière.	109	12		Prunay-sur-Essonnes.	145	22
	Cerny.	842	17		Forêt-Sainte-Croix (La).	181	10		Puiselet-le-Marais.	210	10
	Chamarande.	390	12		Guillerval.	545	10		Soisy-sur-École.	596	30
	D'Huison.	318	15		Marolles.	199	10		Valpuiseaux.	394	15
	Guigneville.	174	20								

ARRONDISSEMENT DE MANTES

Superficie, 877 kil. carrés ou 87.684 hect. — Population, 55.235 hab. — Cantons, 5. — Communes, 125.

CANTON	NOM de LA COMMUNE.	POP.	Dist.	CANTON	NOM de LA COMMUNE.	POP.	Dist.	CANTON	NOM de LA COMMUNE.	POP.	Dist.
MANTES, 23 c., 14.307 h.	MANTES.	5.649	»	Suite de MANTES.	Boinvilliers.	198	10	Suite de MANTES.	Flacourt.	91	10
	Andelu.	160	16		Breuil-Bois-Robert.	304	6		Gassicourt.	347	2
	Arnouville.	534	10		Buchelay.	305	4		Goussonville.	216	10
	Auffreville.	248	5		Épône.	860	10		Guerville.	744	6
	Boinville.	242	9		Falaise (La).	197	12		Jumeauville.	416	12

SUITE DE L'ARRONDISSEMENT DE MANTES

CANTON, sa population.	NOM de LA COMMUNE.	POPULATION.	Distance au chef-lieu d'arr.	CANTON, sa population.	NOM de LA COMMUNE.	POPULATION.	Distance au chef-lieu d'arr.	CANTON, sa population.	NOM de LA COMMUNE.	POPULATION.	Distance au chef-lieu d'arr.
Suite de MANTES.	Magnanville	139	4		Houdan	2.035	28		Guitrancourt	296	6
	Mantes-la-Ville	990	2		Adainville	497	37		Issou	289	7
	Mézières	870	7		Bazainville	493	26		Jambville	244	13
	Rosay	270	10		Boissets	232	19	Suite de LIMAY.	Juziers	800	12
	Rosny	675	6		Bourdonné	532	33		Lainville	288	12
	Soindres	230	6		Civry-la-Forêt	232	16		Montalet-le-Bois	170	12
	Vert	334	6		Condé	425	35		Oinville	502	12
	Villette	288	8		Courgent	149	13		Porcheville	216	6
					Dammartin	631	13		Sailly	183	10
					Dannemarie	87	31		Saint-Martin-la-Garenne	498	8
BONNIÈRES, 9.460 habitants.	Bonnières	930	13	HOUDAN, 12.054 habitants.	Flins-Neuve-Église	100	16				
	Bennecourt	729	14		Gambais	999	32				
	Blaru	572	21		Grandchamp	175	39		Magny-en-Vexin	2.028	22
	Boissy-Mauvoisin	411	13		Gressey	377	22		Aincourt	425	11
	Bréval	586	17		Hargeville	140	13		Ambleville	423	21
	Chauffour	196	19		Hauteville (La)	313	41		Amenucourt	207	18
	Cravent	232	20		Longnes	789	13		Arthies	254	15
	Favrieux	98	9		Maulette	308	26		Arthieul	338	22
	Fontenay-Mauvoisin	181	6		Mondreville	162	17		Banthelu	172	19
	Freneuse	554	14		Montchauvet	348	13		Blamecourt	378	24
	Gommecourt	488	17		Mulcent	71	16		Bray-et-Lû	313	28
	Jeufosse	318	16		Orvilliers	384	18		Buhy	316	27
	Jouy-Mauvoisin	95	6		Osmoy	179	16		Chapelle (La)	175	28
	Limetz	594	17		Prunay-le-Temple	197	17	MAGNY-EN-VEXIN, 11.721 habitants.	Charmont	59	20
	Lommoye	417	18		Richebourg	540	22		Chaussy	818	17
	Ménerville	107	11		Saint-Martin-des-Champs	250	14		Chérence	234	14
	Méricourt	139	13						Genainville	369	19
	Moisson	504	14		Septeuil	987	13		Haute-Isle	130	15
	Mousseaux	230	14		Tartre-Gaudran (Le)	22	42		Hodent	226	22
	Neauphlette	249	19		Thionville-sur-Opton	40	30		Maudetour	169	17
	Perdreauville	351	8		Tilly	360	18		Montreuil-sur-Epte	315	25
	Port-Villez	183	20						Omerville	415	20
	Rolleboise	229	10						Roche-Guyon (La)	740	17
	Saint-Illiers-la-Ville	175	15	LIMAY, 1.713 h.	Limay	1.373	1		Saint-Clair-sur-Epte	546	29
	Saint-Illiers-le-Bois	309	18		Breuil	307	10		Saint-Cyr-en-Arthies	224	10
					Drocourt	240	9		Saint-Gervais	648	24
	Tertre-Saint-Denis (Le)	117	11		Follainville	608	5		Vétheuil	567	11
					Fontenay-Saint-Pierre	610	6		Vienne-en-Arthies	363	11
	Villeneuve-en-Chevrie (La)	466	15		Gargenville	614	8		Villers-en-Arthies	521	14
					Guernes	478	9		Wy, dit Joli-Village	348	18

ARRONDISSEMENT DE PONTOISE

Superficie, 1.113 kil. carrés ou 111.319 hect. — Population, 117.490 hab. — Cantons, 8. — Communes, 165.

CANTON, sa population.	NOM de LA COMMUNE.	POPULATION.	Distance au chef-lieu d'arr.	CANTON, sa population.	NOM de LA COMMUNE.	POPULATION.	Distance au chef-lieu d'arr.	CANTON, sa population.	NOM de LA COMMUNE.	POPULATION.	Distance au chef-lieu d'arr.
PONTOISE, 17.441 habitants.	PONTOISE	6.412	»		Ézanville	162	30	Suite de GONESSE.	Sevran	518	44
	Auvers-sur-Oise	1.638	7		Fontenay-lès-Louvres	520	44		Thillay (Le)	514	36
	Boisemont	218	7		Maffliers	438	26		Tremblay	735	45
	Boissy-l'Aillerie	553	7		Mareil-en-France	510	30		Vaud'Herland	44	39
	Cergy	897	4	Suite d'ÉCOUEN.	Mesnil-Aubry (Le)	384	36		Villepinte	290	44
	Courdimanche	434	7		Moisselles	352	25				
	Ennery	527	5		Montsoult	354	24				
	Éragny	611	9		Piscop	388	21		Isle-Adam (L')	2.792	14
	Génicourt	214	6		Plessis-Gassot (Le)	76	36		Beaumont-sur-Oise	2.696	22
	Jouy-le-Moutier	676	9		Puiseux-lès-Louvres	178	44		Bernes	170	23
	Menucourt	408	10		Saint-Brice	957	30		Bruyères	285	23
	Neuville	656	»		Sarcelles	1.845	29		Champagne	672	17
	Osny	473	3		Villaines	99	23		Frouville	275	15
	Pierrelaye	987	5		Villiers-le-Bel	1.968	30		Hédouville	251	17
	Puiseux	189	6		Villiers-le-Sec	231	33		Hérouville	284	8
	Saint-Ouen-l'Aumône	2.142	1					L'ISLE-ADAM, 16.659 habitants.	Jouy-le-Comte	875	15
	Vauréal	382	6		Gonesse	2.859	30		Labbeville	312	13
					Arnouville-lès-Gonesse	453	35		Livilliers	224	6
ÉCOUEN, 12.742 h.	Écouen	1.524	28	GONESSE, 15.905 hab.	Aulnay-lès-Bondy	765	40		Mériel	582	11
	Attainville	342	28		Baillet	246	40		Méry-sur-Oise	1.478	8
	Baillet	246	40		Blanc-Mesnil (Le)	156	36		Mours	118	20
	Bouffémont	324	25		Bonneuil	354	36		Nerville	187	16
	Bouquet	125	36		Garges	808	30		Nesles-la-Vallée	833	11
	Chatenay	71	34		Goussainville	526	40		Nointel	235	20
	Domont	1.618	30		Roissy	850	40		Persan	1.458	21

SUITE DE L'ARRONDISSEMENT DE PONTOISE

CANTON, sa population.	NOM de LA COMMUNE.	POPULATION.	Distance au chef-lieu d'arr	CANTON, sa population	NOM de LA COMMUNE.	POPULATION.	Distance au chef-lieu d'arr	CANTON, sa population.	NOM de LA COMMUNE.	POPULATION.	Distance au chef-lieu d'arr
Suite de L'ISLE-ADAM.	Presles............	1.180	19		Bellay (Le)........	156	24		Montmorency......	4.088	21
	Ronquerolles......	344	25		Berville...........	237	20		Andilly...........	685	18
	Vallangoujard.....	407	15		Bréançon..........	334	15		Bessancourt.......	866	10
	Valmondois........	367	10		Brignancourt......	97	18		Bethemont.........	200	12
	Villiers-Adam.....	434	15		Chars.............	947	18	MONTMORENCY, 22.328 habitants.	Chauvry..........	282	16
LUZARCHES, 11.109 habitants. 22 communes,					Cléry.............	256	25		Deuil.............	2.009	21
	Luzarches.........	1.350	32		Commeny..........	282	24		Eaubonne.........	736	17
	Asnières-sur-Oise..	1.100	27		Condécourt.......	277	15		Enghien-les-Bains..	1.610	20
	Bellefontaine......	191	36		Cormeilles - en - Vexin...........	791	14		Ermont............	1.106	16
	Belloy............	900	25		Courcelles........	170	9		Franconville......	1.352	13
	Chaumontel.......	437	33		Épiais-et-Rhus.....	461	11		Frépillon..........	409	10
	Chennevières-lès-Louvres.........	175	40		Frémainville......	325	21		Groslay............	1.107	22
	Épiais-lès-Louvres..	70	40	Suite de MARINES.	Frémécourt........	238	13	21 communes,	Margency.........	227	18
	Épinay-Champlâtreux	142	30		Gadancourt........	100	25		Montlignon........	690	20
	Fosses............	246	35		Gouzangrez.......	163	24		Montmagny........	746	25
	Jagny.............	231	30		Grisy-les-Plâtres...	464	12		Napoléon-Saint-Leu.	1.683	14
	Lassy.............	171	32		Guiry.............	106	23		Plessis-Bouchard (Le)	265	15
	Louvres...........	1.036	37		Haravilliers.......	350	17		Saint-Gratien......	1.241	20
	Marly-la-Ville.....	825	36		Heaulme (Le).....	130	19		Saint-Prix.........	480	20
	Noisy-sur-Oise.....	330	26		Longuesse.........	216	15		Soisy-sous-Montmorency........	870	20
	Plessis-Luzarches (Le)	149	37		Ménouville........	95	15		Taverny..........	1.676	14
	St-Martin-du-Tertre	833	25		Montgeroult......	280	11				
	Saint-Witz........	84	40		Moussy...........	104	25				
	Seugy.............	314	30		Neuilly-Marines...	227	20		Raincy...........	2.741	39
	Survilliers........	484	40		Nucourt...........	377	27	RAINCY, 15.205 h. 10 comm.	Clichy-sous-Bois...	205	40
	Vémars............	497	45		Perchay (Le)......	220	20		Coubron...........	264	47
	Viarmes..........	1.305	28		Sagy..............	533	13		Gagny............	1.954	40
	Villeron..........	239	40		Santeuil...........	160	16		Gournay-sur-Marne.	135	59
MARINES, 37 c. 13.188 h.					Seraincourt........	514	20		Livry.............	2.195	36
	Marines...........	1.575	14		Théméricourt.....	275	18		Montfermeil.......	997	46
	Ableiges..........	349	12		Theuville.........	169	15		Neuilly-sur-Marne..	3.646	46
	Arronville........	528	15		Vigny.............	577	14		Noisy-le-Grand....	1.334	47
	Avernes...........	519	20		Ws................	576	15		Vaujours..........	1.734	48

ARRONDISSEMENT DE RAMBOUILLET

Superficie, 1.326 kil. carrés ou 132.559 hect. — Population, 66.820 hab. — Cantons, 6. — Communes, 119.

CANTON	NOM de LA COMMUNE.	POPULATION.	Distance	CANTON	NOM de LA COMMUNE.	POPULATION.	Distance	CANTON	NOM de LA COMMUNE.	POPULATION.	Distance
RAMBOUILLET, 12.719 habitants. 47 communes,	Rambouillet.......	4.750	»	Suite de CHEVREUSE.	Milon-la-Chapelle...	164	30		Dourdan (Sud)....	1.182	22
	Auffargis.........	504	9		Saint-Forget......	316	22		Ablis.............	883	14
	Boissière (La).....	572	18		Saint-Lambert.....	251	30		Allainville........	350	24
	Bréviaires (Les)...	380	9		Saint-Remy-lès-Chevreuse..........	720	22		Authon-la-Plaine...	650	31
	Émancé...........	428	15						Boinville - le - Gaillard............	361	18
	Essarts-le-Roi (Les).	760	10		Saint-Remy-l'Honoré	367	20		Châtignonville.....	155	30
	Gambaiseuil.......	63	18		Senlisse...........	348	16		Clairefontaine.....	527	8
	Gazeran...........	650	6		Verrière (La)......	80	17		Corbreuse.........	497	27
	Hermeray.........	768	15		Voisins-le-Bretonneux	266	28		Craches...........	150	12
	Mittainville.......	358	18	DOURDAN (Nord), 10.928 habitants. 18 communes,	Dourdan (Nord)....	1.767	22	DOURDAN (Sud), 12.097 habitants. 23 communes,	Forêt-le-Roi (La)...	304	30
	Orcemont..........	347	8		Angervilliers......	353	30		Granges-le-Roi (Les).	400	21
	Perray (Le).......	745	7		Boissy-sous-Saint-Yon	733	29		Mérobert..........	424	35
	Poigny............	447	7		Bonnelles.........	541	12		Orphin............	487	11
	Raizeux...........	507	15		Breuillet..........	627	30		Orsonville........	302	18
	Saint-Hilarion.....	540	9		Breux.............	404	29		Paray-Douaville...	254	21
	Saint-Léger-en-Yvelines............	674	12		Bullion............	757	14		Ponthévrard.......	180	15
	Vieille-Église......	226	6		Celle-les-Bordes (La).	649	9		Prunay-sous-Ablis..	645	16
CHEVREUSE, 9.884 habil. 20 comm.					Longvilliers.......	379	18		Richarville........	271	28
	Chevreuse.........	1.786	18		Rochefort.........	547	14		Saint-Arnoult......	1.311	14
	Cernay-la-Ville....	519	12		Roinville..........	543	23		Sainte-Escobille...	364	33
	Choisel...........	436	16		Saint-Chéron......	1.188	28		Saint-Martin-de-Brethencourt.......	643	20
	Coignières........	373	14		Saint-Cyr-sous-Dourdan............	605	25		Sainte-Mesme......	638	20
	Dampierre.........	641	14						Sonchamp.........	1.119	12
	Élancourt.........	602	25		Saint-Maurice.....	355	37				
	Jouars-Pontchartrain.	1.419	22		Saint-Sulpice-de-Favières..........	257	50				
	Lévy-Saint-Nom....	323	19		Saint-Yon.........	206	30	LIMOURS, 7.046 h. 14 c.	Limours...........	1.204	16
	Magny-les-Hameaux.	442	18		Sermaise..........	478	27		Boullay-les-Troux..	229	25
	Maincourt.........	91	18		Val - Saint - Germain (Le)..............	539	20		Briis-sous-Forges..	738	18
	Maurepas.........	222	19						Courson-l'Aunay...	166	30
	Mesnil-St-Denis (Le).	518	17								

SUITE DE L'ARRONDISSEMENT DE RAMBOUILLET

CANTON, sa population.	NOM de LA COMMUNE.	POPULATION.	Distance au chef-lieu d'arr.	CANTON, sa population.	NOM de LA COMMUNE.	POPULATION.	Distance au chef-lieu d'arr.	CANTON, sa population.	NOM de LA COMMUNE.	POPULATION.	Distance au chef-lieu d'arr.
Suite de Limours.	Fontenay-lès-Briis...	622	35	Montfort-l'Amaury, 28 communes, 13.246 habitants.	Montfort-l'Amaury...	1.509	19	Suite de Montfort-l'Amaury.	Mesnuls (Les).......	584	14
	Forges-les-Bains.....	849	20		Auteuil............	379	28		Millemont..........	197	25
	Gometz-la-Ville.....	293	26		Autouillet..........	231	28		Neauphle-le-Château.	1.221	23
	Gometz - le - Châtel	431	27		Bazoches...........	272	18		Neauphle-le-Vieux...	435	24
	Janvry............	394	32		Béhoust............	280	31		Orgerus............	757	31
	Marcoussis........	1.713	32		Beynes............	785	31		Saint Germain-de-la-Grange.........	138	31
	Molières (Les)......	470	25		Boissy-sans-Avoir...	266	28		Saint-Marchais......	209	34
	Pecqueuse.........	251	15		Flexanville.........	333	33		Tacoignières........	243	34
	Saint-Jean-de-Beauregard...........	199	30		Galluis-la-Queue.....	1.007	25		Thoiry.............	498	28
	Vaugrigneuse.......	385	31		Garancières........	750	28		Tremblay (Le).......	360	18
					Goupillières........	357	30		Vicq...............	200	28
					Grosrouvres........	647	18		Villiers-le-Mahieu...	206	31
					Marcq.............	418	28		Villiers-Saint-Frédéric.............	353	34
					Mareil-le-Guyon.....	204	17				
					Méré..............	407	17				

III. STATISTIQUE MORALE (1)
Par M. Eug. BOUTMY, ancien Professeur.

Les chiffres en caractères gras inscrits dans chacune des trois petites colonnes de ce tableau indiquent le rang du département relativement à la mention devant laquelle ils sont placés.

Religion (2).
Catholiques......... 570.657
Protestants......... 5.142
Israélites........... 538
Clergé catholique.... 620
Pasteurs protestants... 7
Rabbins............. 1

Mouvement de la population.
Naissances......... 12.422
Mariages........... 4.177
Décès.............. 13.587
32e Durée moyenne de la vie. 38 a. 4 m.

Instruction (3).
9e Nombre des jeunes gens sachant lire, écrire et compter sur 100 jeunes gens maintenus sur les listes de tirage....... 91.67
Nombre des établissements d'enseignement secondaire de l'État....... 3
Nombre des pensions et des écoles primaires (publiques ou libres)........ 1.157

Crimes contre les personnes (4).
COURS D'ASSISES.
12e Rapport du nombre des accusés à la population.. 1 sur 12.727 hab.
Nombre total des accusés.... 44

Infanticides.
61e Rapport du nombre des infanticides à celui des enfants naturels.......... 1 sur 429.5
Nombre total.......... 2

Suicides.
1er Rapport des suicides au chiffre de la population.. 1 sur 2.554 hab.
Nombre total........ 220

Crimes contre les propriétés.
46e Rapport du nombre des accusés à la population.. 1 sur 18.128 hab.
Nombre total......... 57

Tribunaux correctionnels.
7e Nombre des affaires..... 3.685
Nombre des prévenus.... 4.429
Nombre des condamnés... 4.079

Procès.
6e Affaires civiles (5)....... 2.030
Affaires commerciales (6).. 3.260
Faillites (7).......... 131

Paupérisme.
43e Rapport des indigents au chiffre de la population... 1 sur 63 hab.
Nombre total..... 10.501
Bureaux de bienfaisance.. 308
Hôpitaux et hospices.... 33
Aliénés à la charge du département............ 321
Sociétés de secours mutuels. 113

Contributions directes (8)
5e Foncière........... 3.904.876
Personnelle et mobilière. 1.426.251
Portes et fenêtres.... 895.020

---

(1) Les chiffres contenus dans ce tableau sont empruntés, pour la plupart, à l'*Annuaire statistique de la France* (1878), publié par le ministère de l'agriculture et du commerce, ou calculés d'après des données puisées dans cet ouvrage.

(2) Ces chiffres sont antérieurs au recensement de 1876, qui a négligé ce point de vue.

Culte catholique. — Évêché à Versailles, suffragant de la métropole de Paris. Le diocèse de Versailles, qui comprend le département tout entier, compte 63 cures, 521 succursales et 61 vicariats rétribués par l'État. Les congrégations et communautés religieuses établies dans le département étaient, avant 1880, au nombre de 59 : 7 pour les hommes et 52 pour les femmes.

Culte réformé. — Le département est divisé sous ce rapport en deux paroisses : celle de Versailles et celle de Saint-Germain-en-Laye. La paroisse de Versailles comprend les arrondissements de Corbeil, d'Étampes, de Rambouillet, de Versailles, les cantons de Versailles, de Marly, de Palaiseau et de Sèvres. La paroisse de Saint-Germain-en-Laye comprend les arrondissements de Mantes et de Pontoise, et dans l'arrondissement de Versailles, les cantons de Saint-Germain, d'Argenteuil, de Poissy et de Meulan. Un pasteur dessert chaque paroisse. Un pasteur auxiliaire est attaché à l'annexe de Mantes.

Culte israélite. — Le culte israélite possède une synagogue à Versailles, desservie par un rabbin ; elle ressortit au consistoire de Paris.

(3) Le département relève de l'académie de Paris. Lycée à Versailles ; collèges communaux à Pontoise et à Étampes ; 26 établissements libres pour l'enseignement secondaire. École normale d'instituteurs primaires à Versailles et cours libre d'institutrices protestantes à Boissy-Saint-Léger. Au point de vue du nombre d'élèves inscrits dans les écoles primaires de 6 à 13 ans, sur 100 enfants recensés, Seine-et-Oise occupe le 21e rang. Le même département occupe le 47e rang d'après le nombre d'enfants présents à l'école par 10,000 habitants.

(4) Au point de vue judiciaire, le département de Seine-et-Oise ressortit à la cour d'appel de Paris. Versailles est le siège de la cour d'assises. Chaque chef-lieu d'arrondissement possède un tribunal de première instance ; celui de Versailles est divisé en deux chambres. Un tribunal de commerce est établi à Versailles.

(5) Ce chiffre indique le nombre des affaires civiles terminées pendant l'année.

(6) Ce chiffre comprend les affaires contentieuses à juger pendant l'année.

(7) Terminées pendant l'année.

(8) Trésorier-payeur général à Versailles ; faisant fonction de receveur particulier pour l'arrondissement ; receveur particulier dans chaque chef-lieu des autres arrondissements ; 94 percepteurs.

BIBLIOGRAPHIE

1609. Antiquités de la ville de Poissy, par *Sébastien Rouillard* (à la p. 260 de sa Parthénée ou Histoire du diocèse de Chartres). In-8°.
1624. Mémoires de la ville de Dourdan, recueillis par *De Lescornay*. In-12.
1647. Antiquités de la ville, comté, châtellenie de Corbeil, par *Jean de La Barre*. In-4°.
1683. Les Antiquités de la ville d'Étampes, avec l'histoire de l'abbaye de Morigny, par dom *Basile Fleureau*. In-4°.
1694. L'Anastase de Marcoussis ou Recueil de plusieurs titres, mémoires et antiquités de la châtellenie dudit lieu et autres circonvoisins, par *Perron*. In-12.
1710. Histoire abrégée de l'abbaye de Port-Royal, depuis sa fondation, en 1204, jusqu'à l'enlèvement des religieuses en 1709, par *Michel Tronchet*. In-12.
1713. Nouvelle description des châteaux et parcs de Versailles et de Marly. 2 vol. in-12, par *Piganiol de La Force* (réimpr. avec additions en 1751).
1720. L'Antiquité de Pontoise, par *Noël Taillepied*. In-8°.
1737. Mémoire historique sur la ville, comté, prévôté et châtellenie de Montlhéry, par *A. G. Boucher d'Argis* (Mercure de juillet et août 1737).
1742. Mémoires historiques sur la seigneurie de Marcoussi (et le prieuré de Célestins qui est dans le même lieu), par *Boucher d'Argis*, dans le Mercure de juin 1742, t. Ier.
1754. Histoire de la ville et de tout le diocèse de Paris, par l'abbé *Lebeuf*. 15 vol. in-12 (de 1754 à 1757).
1755. Histoire générale de Port-Royal, depuis la réforme de cette abbaye jusqu'à son entière destruction, par Dom *C. Clémencet*. 9 vol. in-12.
1766. Les Délices de Versailles et des maisons royales, par *Ch. Antoine Jombert*. In-f° de 218 vues.
1767. Abrégé de l'histoire de Port-Royal, par *J. Racine*. In-12 en 2 part.
1784. Description d'une partie de la vallée de Montmorency et de ses plus agréables jardins, par *J.-C. Prieur*. In-8°.
1789. Tableau historique des maisons royales, châteaux, etc., par *Foncet de La Grave*. 4 vol. in-12.
1810. Statistique du département de Seine-et-Oise, par *Peuchet et Chanlaire*. In-4°.
1812. Dictionnaire topographique des environs de Paris, par *Ch. Oudiette*. In-8° (réimp. en 1823).
1815. Histoire de la ville et des antiquités de Saint-Germain-en-Laye, par *Goujon*. In-16.
1815. Curiosités de Saint-Cloud, par *J.-P. C****. In-12.
1825. Histoire des environs de Paris, comprenant la plupart des lieux du département de Seine-et-Oise, par *J.-A. Dulaure*. 7 vol. in-8°, 1825-1828 (réimp. plus. fois).
1825. Précis historique de la ville de Montfort-l'Amaury, et histoire chronologique de ses seigneurs, par *J.-M. L'Hermite*. In-8°.
1827. Itinéraire historique, géographique, statistique, pittoresque et biographique de la vallée de Montmorency, depuis Paris jusqu'à Pontoise, par *Flamand-Grétry*. 2 vol. in-12, fig.
1827. Tableau descriptif, historique de la ville, du château et du parc de Versailles, compris les deux Trianons, par *Marsan de Perramont*.
1829. Saint-Germain-en-Laye et ses environs, depuis l'an 1020 jusqu'à nos jours, par *J.-C. de Beaurepaire*. In-8°.
1831. Dictionnaire géographique du département de Seine-et-Oise, par *Girault de Saint-Fargeau*. In-8°.
1833. Antiquités gauloises et gallo-romaines de l'arrondissement de Mantes, par *Cassou*. In-8°, avec fig.
1833. Notes historiques sur Arpajon, par *J.-Jos. de Beauregard*. In-12.
1833. Promenade historique et pittoresque à Saint-Germain-en-Laye, précédée d'un itinéraire descriptif. In-12.
1834. Itinéraire historique, géographique, statistique, etc., de la vallée de Montmorency depuis Paris jusqu'à Pontoise. In-8°.
1834. Guide pittoresque du voyageur en France, de *Didot*, article Seine-et-Oise, t. V. In-8°, cart. et fig.
1834. Statistique de la commune de La Celle-Saint-Cloud, par le vicomte *de Morel-Vindé*. In-8°.
1835. Le Département de Seine-et-Oise, dans la France pittoresque de *A. Hugo*. T. III, in-4°.
1835. Notice historique, statistique et biographique sur Saint-Germain-en-Laye, par *Rebière* et *Bréant*. In-18.
1836. Notice historique sur la ville et le domaine de Rambouillet, par *Séguin*. In-12.
1836. Notice descriptive de Saint-Maclou de Pontoise, par l'abbé *Trou*. In-8°.
1836. Recherches historiques et biographiques sur Versailles, par *Eckard*. In-8°.
1837. Biographie des hommes remarquables de Seine-et-Oise, par *Hipp. Daniel de Saint-Antoine*. In-8°.
1837. Essais historiques sur la ville d'Étampes, par *Maxime de Montrond*. 2 vol. in-8°.
1838. Notice historique sur l'église Notre-Dame de Pontoise, par *Pihan de Laforest*. In-8°.
1838. Histoire et description pittoresque de Maisons-Laffitte, par *de Rouvières*. In-8°.
1838. Essai historique sur le musée de Versailles, par *Marsan de Perramont*. In-8°.
1838. Notice historique sur le château de La Roche-Guyon. In-8°.
1839. Versailles, seigneurie, château et ville (sous Louis XIII), par *Le Roi*. In-8°.
1839. Rambouillet devenu chef-lieu d'arrondissement, par *J.-S. Delorme*. In-8°.
1839. Souvenirs de l'école militaire de Saint-Cyr, par *Montalant Bougleux*. In-8°.
1840. Notice sur le château de Montlhéry, par *Hautefeuille*. Broch. in-8°.
1840. Versailles ancien et moderne, par le comte *Alex. de Laborde*. In-8°.
1840. Description pittoresque et archéologique de l'abbaye des Vaux-de-Cernay, près Rambouillet. In-8°.
1841. Recherches historiques, archéologiques et biographiques sur la ville de Pontoise, par l'abbé *Trou*. Grand in-8°.
1842. Souvenirs historiques des résidences royales, t. V, palais de Saint-Cloud, par *Vatout*. In-12.
1843. Galeries historiques de Versailles, par *Ch. Gavard*. 13 vol. in-4°, de 1838 à 1843 (il existe une édit. in-f°).
1843. Histoire et description naturelle de la commune de Meudon, par *Eugène Robert*. In-8°.
1844. Notice archéologique sur la tour de Montlhéry, par *A. Duchalais*. Broch. in-8°.
1844. Notices historiques sur les villes du département de Seine-et-Oise les plus remarquables par leurs châteaux au moyen âge, par *Lepayen de Flacourt*. In-8° de 2 feuilles.
1844. Dictionnaire de toutes les communes de France, articles Seine-et-Oise, Versailles, Étampes, etc., par *Girault de Saint-Fargeau*. 3 vol. in-4°.
1845. Rueil, le château de Richelieu et la Malmaison, par *J. Jacquin* et *J. Duesberg*. In-8°, fig.
1847. Géographies départementales de *Badin* et *Quantin*, département de Seine-et-Oise. In-12.
1848. Articles Versailles, Pontoise, Poissy, Saint-Germain, etc., dans l'histoire des Villes de France d'*A. Guilbert*, t. VI, Gr. in-8°.
1848. Précis historique de Saint-Germain-en-Laye, par *Rolot et de Sivry*. In-8°.
1850. Notice historique sur le domaine et le château de Rambouillet, par *Auguste Moutié*. In-18, planch.
1852. Enghien et Montmorency (Guide Hachette). 1 vol. in-12.
1853. Le Parc et les grandes eaux de Versailles (Guide Hachette). 1 vol. in-12.
1853. Mantes, son histoire et ses environs, par *A. Moutié*. 1 vol. in-12.
1853. Histoire de la Maison royale et de l'École spéciale du Saint-Cyr, par *Théophile Lavallée*. 2 vol. gr. in-8°, avec plans, gravures, etc.
1853. Histoire de l'abbaye de Saint-Cyr, par le duc *de Broglie*. 2 vol. in-8°.
1853. Recherches archéologiques sur les abbayes de l'ancien diocèse de Paris, par M. *Hérard*, architecte. In-8°.
1857. Cartulaire de l'abbaye de Notre-Dame de Vaux-de-Cernay, de l'ordre de Cîteaux, au diocèse de Paris, publié par *Lucien Merlet* et *A. Moutié*. 2 vol. in-4°.
1857. Monographie de l'église Saint-Spire de Corbeil, par M. *Pinard*. In-8°.
1859. L'Abbaye Notre-Dame d'Yères, essai historique, par *Sainte-Marie Mévil*. In-8°.
1864. Histoire, archéologie, biographie du canton de Longjumeau, par *Pinard*. In-8°.
1865. L'Église Saint-Sulpice de Favières, par M. *Patrice Salin*. 1 vol. gr. in-8°.
1867. Histoire de Marcoussis, de ses seigneurs et de son monastère, par *V.-A. Malte-Brun*. In-8°.
1867. Notice sur l'ancienne commanderie du Déluge, par *V.-A. Malte-Brun*. In-8°.
1867. Le Tour de la vallée, histoire et description de : Montmorency, Deuil, Épinay, Montmagny, Groslay, Saint-Brice, Bethemont, Bessancourt, Taverny, Napoléon-Saint-Leu, Montigny, Eaubonne, par *A. Lefeuvre*. 2 vol. in-8°.
1867. Notice historique sur le château féodal d'Étampes, par *L. Marquis*. In-8°.
1867. Notice sur l'église Saint-Sulpice de Favières, monument historique, et son ancien et célèbre pèlerinage, par l'abbé *Amaury*. 1 broch. in-8°.
1868. Marigny, son abbaye, sa chronique, son cartulaire, par *Ern. Ménault*. In-8°.
. Histoire de Versailles, par *J.-A. Le Roi*. In-8°.
1868. Histoire de Meulan, par *Émile Réaux*. In-12.
1868. Chilly-Mazarin, le château, l'église, le village, par *Patrice Salin*. 1 vol. in-4°.

1868. Dictionnaire des anciens noms des communes du département de Seine-et-Oise. 1 vol., papier vergé, par *Hippolyte Cocheris*.
1869. Dourdan. Chronique d'une ancienne ville royale, capitale du Hurepoix, par *Joseph Guyot*. 1 vol. gr. in-8°.
1869. Le Canton de Chevreuse, notes topographiques, historiques, par *L. Morize*. In-8°.
1869. Géographie du département de Seine-et-Oise, par *Ad. Joanne*. 1 vol. in-12.
1870. Montlhéry, son château et ses seigneurs, notice historique et archéologique par *V.-A. Malte-Brun*. In-8°.
1870. La Tour et l'ancien château de Montlhéry, par *V.-A. Malte-Brun*. In-8°. Réimprimé en 1876.
1871. Abbaye de Gif, ruines du château de Damiette, et commanderie du Déluge, par *Morize*.
1872. Tableau de la guerre des Allemands dans le département de Seine-et-Oise (1870-1871), par *Gustave Desjardins*. 1 v. in-8°.
1872. Versailles pendant l'occupation allemande, par *Delérot*. 1 vol. gr. in-8°.
1873. Étampes. La ville et ses environs. Monuments et ruines, etc., par *L. Marquis*. In-8°.
1873. Chars, son histoire, ses hauts barons, son vieux château, son Hôtel-Dieu, son église, par le Dr *Bonnejoy*. 1 vol. in-8°.
1873. Tableau de la guerre des Allemands dans le département de Seine-et-Oise, par *Gustave Desjardins*. In 8°.
1874. Monographie de la commune d'Itteville (arrond. d'Étampes), depuis son origine jusqu'à nos jours, par *P.-A. Poulain Motte de Vareille*. In-12.
1874. Topographie ecclésiastique du département de Seine-et-Oise. 1 vol., par *A. Dutilleux*.
1875. Histoire de la seigneurie et de la paroisse de Bures, par *Lair*. 1 vol. gr. in-8°.
1876. Recherches historiques, archéologiques et généalogiques sur les anciens seigneurs de Chevreuse, par *A. Moutié*. In-8°.
1876. Étymologie géographique de Seine-et-Oise, par *G.* In-8°.
1877. Restitution archéologique des châteaux de Dampierre, de Chevreuse, de Chantilly, de Saint-Germain, des abbayes des Vaux-de-Cernay, de Port-Royal, sept grandes eaux-fortes par *Guillaumot* fils. In-f°.
1878. La Ligue à Pontoise et dans le Vexin français, par *L. Charpentier*. 1 vol. in-8°.
1878. Tableau et carte des monuments et objets de l'âge de pierre dans le département de Seine-et-Oise, par *P. Guégan* et *A. Dutilleux*.
1880. Recherches préhistoriques de 1872 à 1879, dans le département de Seine-et-Oise, par *M.-P. Guégan*, officier d'académie. 1 broch. in-8°.
1880. Trois catastrophes à Pontoise en 1788 et 1789 : la grêle, le grand hiver, la disette, par *E. Séré-Depoin*. 1 vol. in-8°.
1880. Cartulaire de l'abbaye de Longpont. 1 vol. in-8°.
1881. Histoire de Versailles, par *Louis Dussieux*. 2 vol. in-8° et atlas.
1881. Les Rues d'Étampes et ses monuments, histoire, archéologie, chronique, géographie, biographie et bibliographie, par *Léon Marquis*. 1 vol. gr. in-8° avec planches.
1882. Le Département de Seine-et-Oise aux temps antéhistoriques, monographie par *P. Guégan*. Gr. in-4°. Ouvrage annoncé.
1882. Bibliographie du département de Seine-et-Oise, par *Paul Pinson*. 1 vol. in-8°.
Annuaires du département de Seine-et-Oise. In-18 (la collection renferme des notices historiques sur les cantons et les communes).
Mémoires et Bulletin de la Société des belles-lettres et sciences de Seine-et-Oise.
Cartes du département de Seine-et-Oise, extraites des grandes cartes de *Cassini*, de *Capitains*.
Carte des chasses. — Pouillé du diocèse de Paris en 1767.
Voir les feuilles : 31, 32, 47, 48, 64, 65, 80 de la *Carte de France* dite *de l'État-Major*, publiée par le Dépôt de la guerre.
Atlas topographique des environs de Paris, par dom *Coutans*, gravé par *Ch. Picquet* en 16 feuilles.
Carte des environs de Paris en 20 feuilles.
Cartes du département de Seine-et-Oise, par *Dufour, Charle, Donnet*, etc.
Carte routière et hydrographique de Seine-et-Oise, dressée par *A. Dubois*, agent voyer en chef du département.

TABLE DES MATIÈRES

CONTENUES DANS LE DÉPARTEMENT DE SEINE-ET-OISE

	Pages.
Ablon	96
Argenteuil	46
Arpajon	86
Asnières-Royaumont	112
Athis-Mons	96
Auvers	104
Beaumont-sur-Oise	106
Bellevue	40
Bibliographie	127
Bièvre	37
Boissy-Saint-Léger	99
Bougival	50
Brunoy	100
Bruyères-le-Châtel	87
Buc	35
Cernay-la-Ville et Les Vaux-de-Cernay	71
Chamarande	82
Champcueil	86
Champmotteux	78
Chars	115
Château de Saint-Cloud	44
Château de Saint-Germain	54
Châteaufort	37
Chatou	42
Chaville	42
Chevreuse	70
Chilly-Mazarin	92
Conflans-Sainte-Honorine	61
Corbeil	84
Cormeilles-en-Parisis	47
Courances	79
Crosnes	101
Dampierre	71
Description physique et géographique du département	3
Dourdan	63
Écouen	110
Enghien	108
Epinay-sur-Orge	93
Essonnes	85
Étampes	75
Forges-les-Bains	70
Gif	38

	Pages.
Gonesse	108
Grigny et Juvisy	95
Histoire du département	10
Houdan	118
Jouy-en-Josas	36
La Celle-Saint-Cloud	52
La Ferté-Alais	80
La Roche-Guyon	119
Le Château de Versailles	28
Le Pecq	56
Le Raincy	112
Les deux Trianons	31
Le Val-Saint-Germain	64
Le Vésinet	56
Lévy-Saint-Nom	73
Limay	117
Limours	67
Linas	91
L'Isle-Adam et Parmain	104
Livry	109
Longjumeau	92
Longpont	93
Luzarches	111
Magny	119
Magny-les-Hameaux	72
Maison-Laffitte	56
Mantes	115
Marcoussis	68
Marines	114
Marly-la-Machine	50
Marly-le-Roi	48
Massy	96
Maurepas	74
Mennecy	86
Méréville	82
Mériel	106
Meudon	39
Meulan	60
Milly	78
Montfermeil	114
Montfort-l'Amaury	74
Montlhéry	88
Montmorency	106

	Pages.
Morigny-Champigny	77
Neauphle-le-Château	75
Neuilly-sur-Marne	114
Orsay	38
Palaiseau	36
Poissy	57
Pontoise	101
Rambouillet	61
Rochefort-en-Yveline	67
Rosny	119
Rueil et la Malmaison	51
Saint-Arnould	67
Saint-Chéron	64
Saint-Clair-sur-Epte	120
Saint-Cloud	43
Saint-Cyr-l'École	35
Sainte-Geneviève-des-Bois	93
Saint-Germain-en-Laye	53
Saint-Gratien	108
Saint-Leu-Taverny	110
Saint-Ouen-l'Aumône	103
Saint-Sulpice-de-Favières	64
Saint-Vrain	91
Sannois	48
Sarcelles	111
Savigny-sur-Orge	94
Sèvres	38
Statistique morale	126
Table des matières	128
Tableaux statistiques	122
Taverny	110
Thiverval-Grignon	59
Torfou	83
Triel	59
Vaujours	114
Verrières-le-Buisson	37
Versailles	21
Ville-d'Avray	42
Villeneuve-Saint-Georges	99
Villiers-le-Bel	111
Villiers-sur-Marne	101
Villiers-sur-Orge	93
Viroflay	35
Yères	100

Paris. — Imprimerie Vve P. LAROUSSE et Cie, rue Montparnasse, 19. — JULES ROUFF, ÉDITEUR.

SAINT-GERMAIN
LA FORÊT
ET
LES ENVIRONS
par
V. A. MALTE-BRUN

LA FRANCE ILLUSTRÉE PAR V.-A. MALTE-BRUN

23. — Deux-Sèvres. NIORT

DEUX-SÈVRES

Chef-lieu : NIORT

Superficie : 6,000 kil. carrés. — Population : 336,655 habitants.
4 Arrondissements. — 31 Cantons. — 356 Communes.

DESCRIPTION PHYSIQUE ET GÉOGRAPHIQUE.

Situation, limites. — Le département des Deux-Sèvres doit son nom aux deux rivières de Sèvre qui y ont leur source ; c'est un des départements de la région occidentale de la France. Il est situé au nord et à l'est, dans le bassin de la Loire ; au sud, dans ceux de la Sèvre Niortaise et de la Charente. Il a été formé, en 1790, de parties des provinces du Poitou, de l'Aunis, de la Saintonge et des Marches.

Ses limites sont : au nord, le département de Maine-et-Loire ; à l'est, celui de la Vienne ; au sud, ceux de la Charente et de la Charente-Inférieure ; à l'ouest, celui de la Vendée.

Superficie, nature du sol, montagnes. — Le sol du département des Deux-Sèvres présente une très grande différence dans la configuration de la partie du nord-ouest et dans celles du sud et de l'est. La première partie forme un massif montueux, coupé de vallées profondément encaissées ; les secondes, au contraire, offrent de vastes plaines où l'on rencontre pourtant, parfois, des accidents de terrain assez prononcés. La partie montueuse, connue sous le nom de *Bocage* ou de *Gâtine*, n'offre pas de montagnes proprement dites ; on trouve seulement une série d'éminences et de dépressions qui rendent le sol très irrégulier.

Une chaîne saillante coupe le Bocage du sud-est au nord-ouest, formant la ligne de faîte et de séparation des eaux du bassin de la Loire et de ceux de la Sèvre Niortaise et de la Charente ; cette chaîne, composée de plateaux peu élevés dits *hauteurs de Gâtine*, forme une section du contrefort des montagnes de l'Auvergne. Sa hauteur moyenne est de 150 mètres au-dessus du niveau de la mer ; le point culminant du département est la colline de Saint-Martin-du-Fouilloux, au sud-est de Parthenay ; elle a 272 mètres d'altitude ; les sources du Thouet, à l'ouest de Secondigny, sont à 271 mètres au-dessus du niveau de la mer ; le village de l'Absie, près des sources de la Vendée, sur la limite du département et de celui de la Vendée, est à 259 mètres.

On peut diviser le département en trois parties différentes d'aspect. Le *Bocage*, avec ses monticules sans nombre, ses cours d'eau au lit profond et parsemé de rochers, ses chemins tortueux et ombragés, ses haies impénétrables, ses prairies et ses bois, occupe le nord-ouest. A l'est et aud, la *Plaine* unie et couverte de moissons, parfois arrosée par des rivières dont les eaux tranquilles, couvertes de nénufars, coulent sur un fond vaseux, ou par des ruisseaux limpides coulant dans un lit creusé dans le roc ; parfois sèche et aride, ne recevant de l'humidité que par les eaux souterraines qui circulent dans les fissures du sol. Enfin, tout à fait à l'ouest, un triangle marécageux, le *Marais*, dont le terrain sablonneux laisse filtrer l'eau avec la plus grande facilité, découpé d'autant de canaux que le Bocage l'est de chemins creux.

La superficie du département est de 599,988 hectares. Le Bocage a un sol argileux, maigre et froid ; on y trouve quelques landes et dans les parties humides de bons pâturages ; le sol de la Plaine est propre à la culture des céréales, sa fertilité est très grande. Le sol des Deux-Sèvres se divise d'après sa nature, en : pays de montagnes, 121,230 hectares ; pays de bruyères ou de landes, 22,550 ; sol de riche terreau, 20,930 ; sol de craie ou calcaire, 50 ; sol de gravier, 130,680 ; sol pierreux, 160,950 ; sol sablonneux, 50,470 hectares.

Hydrographie. — Le département des Deux-Sèvres est partagé du sud-est au nord-ouest par les hauteurs de Gâtine en deux versants : le premier, le versant nord-est, appartient au bassin de la Loire ; il est arrosé par la Sèvre Nantaise et par le Thouet grossis de leurs petits affluents ; le second, le versant du sud-ouest, est arrosé par la Sèvre Niortaise et la Boutonne, affluents de la Charente, grossies d'un grand nombre de petites rivières.

La Sèvre Nantaise prend sa source à L'Archerie, commune de Bougon ; elle passe près de Vernoux, près de La Chapelle-Saint-Étienne, à Laforêt-sur-Sèvre, à Saint-André-sur-Sèvre ; un peu au delà, elle sert de limite entre le département et celui de la Vendée, baigne Saint-Amand-sur-Sèvre, passe à Mortagne (Vendée), à Clisson (Loire-Inférieure) et vient se jeter à Nantes dans la Loire après un cours d'environ 138 kilomètres dont 21 navigables, pendant lequel elle reçoit dans le département, et par sa rive droite, l'Ouine et l'Ouin. Ses bords sont extrêmement pittoresques.

Le Thouet prend sa source à La Pointerie, au-dessus de Secondigny ; il passe à Secondigny, Azay, Tallud, Sainte-Croix-de-Parthenay, Parthenay, Gourgé, Saint-Loup, Airvault, Soulièvre, Availles, Saint-Généroux, Maulais, Missé, Thouars, Bagneux, Saint-Martin-de-Sanzay ; il entre alors, après avoir reçu, sur la limite du département, l'Argenton, son principal affluent, dans le département de Maine-et-Loire, où il va se jeter dans la Loire au-dessous de Saumur, près de Saint-Hilaire-Saint-Florent, après un cours de 133 kilomètres. Cette rivière reçoit, par sa rive gauche, le Palais, le Cébron, le Thouaret, le Geais et l'Argenton, qui passe près de Bressuire et d'Argenton ; le cours de ce dernier affluent est de 30 kilomètres.

La Dive, qu'il faut bien se garder de confondre avec la Dives normande, sert de limite au nord-est entre le département et celui de la Vienne sur une longueur de 12 à 13 kilomètres, qui est canalisée. On la désigne sous le nom de Dive-du-Nord, pour la distinguer d'une autre rivière du même nom, affluent du Clain, qui prend sa source au sud-est du département et que l'on nomme la Dive-du-Midi. Cette dernière rivière, qui passe près de Lezay, disparaît un instant sous terre.

Le Thouet est uni à la Dive par un canal de 42 kilomètres qui traverse une contrée fertile.

La Sèvre Niortaise prend sa source près de Sepvret ; elle passe à La Mothe-Saint-Héraye, à Saint-Maixent, près de Sainte-Néomaye, à Breloux, à François, à Saint-Gelais, à Échiré, à Sciecq, à Sainte-Pezenne, à Niort, à Saint-Liguaire, à Coulon ; près d'Arcais, elle quitte le département et va se jeter, entre ceux de la Vendée et de la Charente-Inférieure, dans l'Océan, à l'anse d'Aiguillon, après un cours évalué à environ 165 kilomètres. Elle est navigable depuis Niort jusqu'à son embouchure, sur une étendue de 71 kilomètres, et depuis Marans (Charente-Inférieure) jusqu'à la mer ; sur une étendue de 20 kilomètres la navigation est exclusivement maritime. Ce petit fleuve côtier, dont le lit est creusé profondément jusqu'au-dessous de Saint-Maixent, a pour affluents, dans le département : à droite, le Claubon, l'Égray et l'Autise (par son cours supérieur seulement) ; à gauche, le Lambon, la Guirande et le Mignon ; cette dernière rivière est navigable à partir de Moulin-Neuf-sous-Mauzé jusqu'à la limite du département de la Charente, sur une étendue d'environ 11 kilomètres.

La Boutonne prend sa source au pied de l'une des tours de l'ancien château de Malesherbes, près du bourg de Chef-Boutonne ; elle passe à Saint-Martin-d'Entraigues, Chérigné, Brioux, Vernoux, Seligné, Chizé, Le Vert, et entre dans le département de la Charente-Inférieure, où, après un cours total d'environ 90 kilomètres, elle va se jeter dans la Charente au port de Candé. Elle a pour affluents, dans le département des Deux-Sèvres, la Béronne et la Belle. La Vienne, affluent du Clain, prend sa source dans le département et passe près de Ménigoute, chef-lieu d'un canton.

L'une des sources de la Vendée se trouve dans la forêt de Chantemerle, sur l'extrême limite occidentale du département.

La Sèvre Niortaise communique avec plusieurs canaux de dérivation qui sont destinés à régler son cours et à recevoir les eaux des marais et des ruisseaux. Le département ne renferme point de lacs, mais on rencontre dans la partie septentrionale un grand nombre d'étangs. La partie méridionale présente des marais sur les bords de la Sèvre, au-dessous de Niort, et sur ceux du Mignon ; on évalue leur superficie à 10,034 hectares.

Voies de communication. — Le département des Deux-Sèvres est sillonné par un grand nombre de routes et de chemins de fer.

Il compte : 6 routes nationales, ayant 288 kilomètres de longueur ; 5 routes stratégiques, ayant 265 kilomètres ; 8 routes départementales, 248 kilomètres ; 54 chemins vicinaux de grande communication, 936 kilomètres ; 74 chemins de moyenne communication ou d'intérêt commun et près de 1,800 chemins vicinaux ordinaires ayant un développement approximatif de 3 500 kilomètres.

Niort et Bressuire sont les deux principaux centres de chemins de fer du département. Les lignes qui le traversent appartiennent au grand réseau d'Orléans et au réseau secondaire de l'État.

La principale ligne qui le traverse, du nord-est au sud-ouest, est celle de Paris à Poitiers (réseau d'Orléans), à La Rochelle. Elle entre dans le département après la station de Rouillé (Vienne) et dessert les stations de Pamproux, La Mothe-Saint-Héraye, Saint-Maixent, La Crèche, Niort (410 kilomètres de Paris, 78 kilomètres de Poitiers), Frontenay-Rohan-Rohan, Épannes, Mauzé, à peu de distance de laquelle elle entre dans le département de la Charente après un parcours d'environ 65 kilomètres dans celui des Deux-Sèvres. A Niort, un embranchement rejoint Angers par Bressuire et Cholet, en desservant les stations de Niort (183 kilomètres d'Angers), Coulon, Benet, Saint-Pompain, Coulonges, Saint-Laurs, Moncoutant, Courlay, Bressuire (77 kilomètres de Niort, 106 d'Angers), Voultegeon, Nueil-lès-Aubiers, Châtillon-sur-Aubiers. Plusieurs embranchements partant de Niort sont projetés ou en construction; citons ceux de Niort à Saumur, par Parthenay et Thouars; de Niort à Bressuire, par Parthenay; de Bressuire à Poitiers, par Parthenay; de Niort à Ruffec; de Niort à Libourne, par Saint-Jean-d'Angely. A Melle, un embranchement doit mettre en communication Saintes avec Angoulême.

Une des lignes de l'État, celle de Tours aux Sables-d'Olonne, traverse la partie septentrionale du département, du nord-est au sud-ouest, en desservant les stations de Pas-de-Jeu, Thouars (98 kilomètres de Tours), Coulonges-Thouarsais-Saint-Varent-Noirterre, Bressuire (128 kilomètres de Tours) et Cerizay.

On peut évaluer la longueur des lignes exploitées (1878) à environ 225 kilomètres et celle des lignes projetées ou en construction à 125 kilomètres.

Climat. — Le département des Deux-Sèvres appartient à la région climatoriale du sud-ouest, dite du climat girondin. La température est loin d'y être uniforme sur tous les points; les froids sont plus vifs et plus longs, les chaleurs de plus courte durée dans le Bocage que dans la Plaine, où le thermomètre centigrade ne descend, en moyenne, qu'à — 5° ou — 6°; tandis que, dans le Bocage, les froids atteignent jusqu'à — 8° et — 10°. Il y a moins de différence dans le degré de chaleur, dont la moyenne atteint + 18°; mais elle ne dure pas aussi longtemps dans la Gâtine que dans la Plaine, et elle y est tempérée par des brouillards très fréquents et très épais. Les vents d'est-nord-est, du sud et du sud-ouest sont ceux qui règnent le plus souvent à Niort et dans les environs. Ceux d'ouest et du sud-ouest sont les plus fréquents dans les autres arrondissements.

Productions naturelles. — La partie septentrionale du département des Deux-Sèvres appartient à la région géologique dite de Bretagne, tandis que la partie qui est située au sud de la ligne de partage des eaux dépend de la région du haut Poitou. Le granit, les schistes primitifs et l'argile se rencontrent dans la première ; dans la seconde, le calcaire, et surtout le calcaire coquillier, domine. Les productions du règne minéral ne sont pas très nombreuses dans ce département; on y exploite : des mines de fer à La Peyratte, à Verrière, à Gaubreté, etc., etc.; une mine d'étain près de Melle; une importante mine de houille à Saint-Laurs; des carrières de marbre, de granit, de pierre calcaire, de pierre meulière, de grès à paver, etc., etc., à Breloux, à Souché et dans beaucoup d'autres localités. Il y a dans l'arrondissement de Thouars un gisement d'antimoine ; près de Celles, de beaux cristaux de quartz; près de Châtillon, des cailloux transparents qui ressemblent à des topazes de Bohême. Les environs de Niort présentent fréquemment des calcédoines. Les terres d'un grand nombre de localités sont abondamment imprégnées de salpêtre. Les coquillages pétrifiés sont très communs dans tous les terrains calcaires, et l'on distingue surtout les ammonites et les bélemnites. Il existe plusieurs sources minérales parmi lesquelles nous citerons celles de Vrère, de Fontadan et du Tonneret, qui sont ferrugineuses; celles de Bilazais et de Saint-Léger-de-Montbrun, dont les eaux servent pour le traitement des maladies de la peau, et la source d'eau purgative de La Mothe-Saint-Héraye.

La récolte en céréales, vins et fourrages est surabondante; celle des pommes de terre, des légumes secs, du chanvre et du colza est très importante. Les fruits à pépin et à noyau, noix, amandes, châtaignes, ainsi que le houblon donnent beaucoup. Les vins du département, dont on évalue le produit annuel à 350,000 hectolitres, ne sont en général que des vins communs, et les meilleurs, les vins rouges de Bouillé-Loretz, de Rochenard, de Monten-Saint-Martin, de Thouars, de La Foye-Montjault et d'Airvault, ne sont que d'assez bons vins d'ordinaire. Les vins blancs, beaucoup plus abondants, donnent de l'eau-de-vie de Saintonge, presque égale en qualité à celle de Cognac. En 1874, on évaluait la récolte des vins à 344,456 hectolitres, valant 9,904,650 francs; en 1876, la récolte a été de 424,581 hectolitres. Les forêts, dont les plus importantes sont celles de Chizé, d'Aulnay et d'Autier, et les bois du Bocage présentent cinquante à soixante espèces bien caractérisées d'arbres et d'arbustes; celles des arbres fruitiers et des arbrisseaux s'élèvent à plus de soixante-dix-huit. Le chêne, le hêtre et le châtaignier dominent dans le Bocage. Le jardin botanique de Niort a acclimaté un grand nombre d'arbres et d'arbrisseaux exotiques, parmi lesquels on remarque le micocoulier, l'azérolier du Canada, l'érable de Tartarie, le genévrier, le noyer et le frêne de Virginie, le catalpa, le tulipier, etc.

La race de chevaux est médiocre dans les Deux-Sèvres; mais celle des ânes, des mules et des mulets y est très belle, et l'on compte dans le département un grand nombre de haras pour la propagation des mulets, regardés comme les meilleurs et les plus beaux de l'Europe. Les bêtes à cornes sont très belles et très multipliées; on en remarque trois espèces: les bœufs gâtinaux, les bœufs bourets et ceux du Marais. Les bêtes à laine offrent une grande source de richesse, parce que leur éducation y est facile, peu coûteuse et répandue dans presque tous les cantons. On élève dans les basses-cours beaucoup de porcs, quantité de volaille estimée: oies, canards et dindons. L'éducation des abeilles y est productive. Le pays renferme beaucoup de gibier; on y trouve des sangliers, des cerfs, des loutres, des blaireaux, des martres. Citons, parmi les animaux nuisibles: le loup, le renard, la genette, la belette, la fouine, etc., etc. Les oiseaux y sont multipliés, surtout les oiseaux aquatiques; l'outarde s'y montre par troupes, ainsi que la canepetière. Les reptiles sont nombreux; la chasse des vipères y était autrefois une industrie productive. Les rivières et les étangs sont abondants en poisson: on y trouve l'anguille, la carpe, la truite, la perche et le brochet.

Industrie agricole, manufacturière et commerciale. — Le département des Deux-Sèvres est un pays agricole assez riche, mais l'agriculture y a encore des progrès à réaliser. Une ferme école est d'ailleurs établie dans ce but au Petit-Chêne, près de Mazières-en-Gâtine. L'industrie agricole s'exerce sur la production des grains, des vins et des fruits; l'élève y est surtout importante; les chevaux, les ânes et les mulets, qui sont très estimés; les bœufs gras et les porcs, qui se vendent pour la consommation de Paris, les maigres aux herbagers de Normandie; la volaille et les abeilles sont l'objet de soins bien entendus. La superficie du département se partage en: superficie bâtie et voies de communication, 60,617 hectares, et territoire agricole, 539,371 hectares. Ce dernier est lui-même subdivisé en: céréales, 223,550 hectares; farineux, 15,910; cultures potagères et maraîchères, 15,205; cultures industrielles, 9,952; prairies artificielles, 31,200; fourrages annuels, 2,000; autres cultures et jachères, etc., 124,560; vignes, 20,242; bois et forêts, 36,485; prairies naturelles et vergers, 50,800; pâturages et pacages, 1,200; terres incultes, 8,267 hectares.

L'industrie s'exerce sur l'exploitation du fer, de la houille et des pierres de différente qualité, le marbre, la pierre à chaux, le salpêtre et l'argile. Il y a à La Meilleraie, commune de La Peyratte, une forge composée d'un haut fourneau au charbon de bois et de trois feux d'affinerie par la méthode comtoise. Cette forge produit de la fonte de moulage et du fer forgé de bonne qualité. L'industrie manufacturière est sans grande importance; la préparation des cuirs et peaux mégissées et chamoisées, la fabrication de la ganterie très estimée de Niort et la distillation des eaux-de-vie en sont les deux branches les plus considérables et les plus renommées. D'autres produits sont les fils et tissus de coton, les étoffes communes de laine, les papiers, la faïence, les poteries et les tuiles. Les confitures d'angélique de Niort sont particulièrement renommées. Il se fait de grandes exportations de grains, de graines de lin, de trèfle, de luzerne et de moutarde, de bois, de vinaigre et d'eau-de-vie. Les mulets et les bestiaux gras, les bois, les fourrages sont encore, avec les cuirs et les peaux travaillées, les principaux articles de l'exportation.

Le nombre des foires est de 501; elles se tiennent dans 87 communes et durent environ 522 journées. L'éducation et le commerce des mules et des mulets étant particuliers au département, on en trouve sur les principales foires, ainsi que du bétail gros et menu, gras et maigre; certaines foires sont réputées pour la vente des brebis, d'autres sont remarquables par des objets spéciaux de commerce; celle de Niort pour l'angélique, les oignons pour planter, la ganterie; celles de Magné pour la vente de l'ail, de Thénezay pour la graine de luzerne, d'Airvault, Secondigny, Coulonge-sur-l'Autise, pour le commerce du vin; celles de Mauzé-sur-Mignon pour la vente des eaux-de-vie; celles de Saint-Maixent pour la bonneterie, la moutarde; la foire d'Argenton-l'Église est une assemblée pour la location des domestiques. Enfin on désigne dans le pays, sous le nom de foire d'assemblée d'accueillage, celle de septembre, à Mauzé-sur-Mignon ; sous celui d'assemblées ballades, celle du premier dimanche de juin à Pamproux et celle de Massais ; d'assemblée ballade et d'accueillage tout à la fois, celle du lundi de Pâques à Sainte-Liguaire.

Division politique et administrative. — Le département des Deux-Sèvres a pour chef-lieu Niort; il est divisé en 4 arrondissements, 31 cantons, 356 communes; le tableau statistique que nous donnons plus loin les fera connaître. Il appartient à la région agricole de l'ouest de la France. Le département forme avec celui de la Vienne le diocèse de l'évêché de Poitiers, ressortissant à l'archevêché de Bordeaux. Il y a dans les Deux-Sèvres : 2 cures de première classes, 67 de deuxième classe, 572 succusales et 135 vicariats. Les protestants ont 5 églises consistoriales : à Niort, à Melle, à Saint-Maixent, à La Mothe-Saint-Héraye et à Lezay ; chacune d'elles se subdivise en plusieurs paroisses et possède des écoles protestantes.

Les quatre tribunaux de première instance de Niort, Melle, Bressuire et Parthenay et le tribunal de commerce de Parthenay sont du ressort de la cour d'appel de Poitiers.

Le département dépend de l'académie universitaire de Poitiers ; il compte un lycée à Niort, des collèges communaux à Melle et à Parthenay, une école secondaire ecclésiastique à Bressuire, trois institutions secondaires libres, une école d'instituteurs à Parthenay et 627 écoles primaires.

Le département des Deux-Sèvres dépend du 9ᵉ corps d'armée et de la 9ᵉ circonscription de l'armée territoriale, dont le quartier général est à Tours.

Parthenay est le siège d'une des subdivisions de région. La compagnie de gendarmerie dépend de la 9ᵉ légion (*bis*), dont le quartier général est à Poitiers. Saint-Maixent est un chef-lieu de remonte pour la cavalerie.

Le département des Deux-Sèvres appartient à l'arrondissement minéralogique de Nantes, dépendant de la région du Centre ; à la 11ᵉ inspection des ponts et chaussées, dont le siège est à Tours ; au 24ᵉ arrondissement forestier, dont le siège est à Niort et qui comprend les départements des Deux-Sèvres, de la Charente, de la Charente-Inférieure, de la Vendée et de la Vienne.

On compte dans le département 51 perceptions des finances ; les contributions et revenus publics atteignent 13 millions de francs.

HISTOIRE DU DÉPARTEMENT

Des trois départements qui ont été formés avec l'ancien Poitou, celui des Deux-Sèvres occupe la région centrale ; confinant à l'est à la Vienne, et à la Vendée à l'ouest, il fait vers le sud-ouest une pointe dans la Saintonge, à laquelle il a emprunté 25,921 hectares de son territoire. Cette position explique l'absence d'une histoire particulière pour cette contrée, après les notices que nous avons données sur le haut et le bas Poitou, dans les parties de cet ouvrage qui s'y rapportaient plus directement. De la conquête romaine à l'établissement de la féodalité, nous n'avons pas à citer un seul fait qui ne rentre ou dans l'histoire générale de la province, ou dans les annales particulières des localités dont nous nous occuperons plus loin.

Comme le reste du Poitou, ce pays était habité par les *Pictones*, quand les Romains l'envahirent. Après avoir pris part à la lutte nationale, qui se termina par la chute d'Alésia et la défaite de Vercingétorix, ils se soumirent à César, et firent partie de l'Aquitaine, dont ils suivirent la fortune, tour à tour conquis par les Wisigoths et par les Francs. Au commencement du VIᵉ siècle, saint Agapit et saint Maixent prêchèrent dans le pays la foi nouvelle, et y fondèrent une abbaye. — Vers 732, les Sarrasins y parurent, mais pour être bientôt dispersés par Charles-Martel.

Sous les Carlovingiens, quand le pouvoir des grands vassaux se substitua, dans la France entière, à l'autorité royale, quand les puissants comtes de Poitiers, créés par Charlemagne, eurent affermi leur domination sur les vastes territoires devenus leurs fiefs héréditaires, on vit se reproduire en petit, dans leur province, ce qui s'était passé dans le royaume. Les barons, qu'ils avaient préposés à l'administration des diverses parties de leurs domaines, affectèrent vis-à-vis d'eux la même indépendance que les comtes affectaient eux-mêmes envers le roi de France, et de même que l'État n'était plus que l'assemblage fictif de provinces à peu près indépendantes, le Poitou ne fut plus que la réunion de seigneuries obéissant à des maîtres différents, soumises chacune à des lois et à des usages particuliers et trop souvent en guerre les unes contre les autres. C'est alors que prirent naissance ces désignations de Niortais, de Bressuirois, de Mellois, souvenir rajeuni des subdivisions gauloises, qui donnaient à chaque canton ou *pagus* ses frontières, son administration et sa petite capitale. Ce fractionnement était un obstacle à toute influence sérieuse des populations dans les grandes affaires du pays. Il fallait qu'un danger commun ou qu'un principe nouveau brisât les vieilles barrières, ralliât toutes ces forces disséminées et refît un corps de ces membres épars.

Ce résultat, que l'ancien ordre de choses ne permettait pas d'espérer de la paix, on l'obtint d'abord de la lutte contre les Anglais, et plus tard, quelque contradictoire que paraisse cette assertion, des guerres civiles et religieuses qui bouleversèrent la province. L'émotion répandue par ces alternatives de succès et de revers finit par pénétrer jusqu'au fond des contrées les plus insouciantes ou les plus étrangères aux grands intérêts qui étaient en jeu; les sympathies des populations devenant un appoint important dans les opérations de la guerre, on se préoccupa de part et d'autre de se concilier leur intérêt, dont jusque-là on avait fait si bon marché.

C'est ainsi que nous voyons en quelque sorte mis aux enchères le concours de la bourgeoisie des villes, et cette précieuse alliance achetée au prix de chartes communales, de privilèges commerciaux, qui initiaient les habitants à la vie publique. Cette révélation de droits nouveaux, rayonnant des cités dans les campagnes, y éveilla des sentiments de solidarité dans lesquels était en germe le nationalisme français. Après une si longue ignorance, et cet isolement séculaire de tous les intérêts généraux, il dut y avoir beaucoup d'hésitation et de grandes incertitudes. Les princes anglais, ducs héréditaires de Guyenne, comtes de Poitou, étaient-ils bien des étrangers? Et le roi de Paris, qui était si loin et qu'on ne voyait jamais, était-il bien le monarque légitime? Il fallut de longues années et de rudes épreuves pour que la vérité se dégageât des événements. Les trois siècles qui séparent le règne de Louis le Jeune de celui de Charles VII y suffirent à peine; mais, au xve siècle, le résultat était cependant en grande partie obtenu : le Poitou était province française et avait le sentiment de sa nationalité. Un autre progrès s'était encore accompli, le pouvoir s'était centralisé, et le roi, vainqueur de l'étranger, rattachait plus directement à son autorité souveraine les provinces dont il était le libérateur. Les habitants du territoire des Deux-Sèvres commencent donc à sortir de la passiveté où le régime féodal les avait tenus jusqu'alors, et entrent dans la sphère d'action au milieu de laquelle s'agitent les siècles suivants.

Pendant la période anglaise, quoique le pays fût souvent le théâtre de la lutte et se trouvât presque toujours atteint par ses résultats, les habitants n'eurent encore qu'un rôle relativement passif, et furent, pour ainsi dire, moins acteurs que spectateurs; c'est seulement dans la période suivante que leur initiative commence à se dessiner. Il semble que la population tout entière prît à cœur de se venger de la longue insignifiance de son passé par l'ardeur avec laquelle elle se jeta dans le grand drame religieux du xvie siècle. Il n'y eut pas une ville, pas une bourgade qui ne se mêlât alors aux révoltes des protestants, comme plus tard aux agitations de la Ligue.

Ce fut à Châtillon, en 1568, que les chefs du parti réformé se rassemblèrent pour la première fois après s'être assurés des places voisines, telles que Thouars, Parthenay, Oyron, etc. Dandelot, frère de l'amiral Coligny, fit capituler Niort et passa au fil de l'épée la garnison de la tour Magné. Saint-Maixent se rendit à lui dans le même temps. Les armées des ducs de Montpensier et d'Anjou se rencontrèrent près de Pamproux, où la campagne se termina par une escarmouche. Les chefs protestants et la reine de Navarre passèrent l'hiver à Niort, où ils s'occupèrent à réunir des forces, à pourvoir aux finances de leur parti par la vente des biens ecclésiastiques, et à se ménager les secours de l'Angleterre.

Après la journée de Moncontour, si fatale aux protestants, les villes de Châtillon, de Thouars et d'Oyron furent évacuées; l'amiral Coligny recueillit les débris de l'armée à Niort, et, après y avoir laissé garnison, se retira à La Rochelle. Niort capi-

Château de Bressuire.

tula à l'arrivée du duc d'Anjou, et tout le Poitou se soumit.

Une tranquillité, du moins apparente, régna jusqu'en 1588. A cette époque, les protestants, menacés dans La Rochelle, se remirent en campagne. D'Aubigné s'empara de Niort et de Saint-Maixent. Thouars et les places environnantes se rendirent aux protestants un an après. L'avènement de Henri IV au trône ramena la paix.

La guerre ne recommença qu'en 1621, sous Louis XIII, lorsque le projet d'établir une république protestante surgit dans le conseil des chefs protestants. La Bretagne et le Poitou devaient être un des huit *cercles* de cette république. L'énergie déployée en cette circonstance par le cardinal de Richelieu et la présence du roi en Poitou déterminèrent la soumission de Niort et de Saint-Maixent;

la prise de La Rochelle, en 1628, mit le sceau à la paix définitive.

Cent cinquante ans de paix succédèrent à ces longues agitations; mais le souvenir des rivalités locales, le réveil des haines mal éteintes donnèrent, en 1792, à l'explosion contre-révolutionnaire un caractère particulier d'obstination. Quatre-vingt-sept communes du département se soulevèrent et prirent une part active à la lutte. Les arrondissements de Bressuire et de Parthenay fournirent aux rebelles leurs principaux chefs, La Rochejacquelein entre autres. Pendant que Niort devenait le quartier général de l'armée républicaine, Châtillon était le siège du conseil supérieur de l'armée royale. Thouars fut la première ville importante dont les Vendéens s'emparèrent; Parthenay, Bressuire et un grand nombre de villes de la Gâtine et du Bocage furent tour à tour prises, reprises, incendiées, démantelées, détruites même pendant cette déplorable guerre civile. Nulle part ne fut plus manifeste et plus tranchée la ligne qui séparait alors l'opinion des villes de celle des campagnes. Autant la naïve ignorance, le culte du passé, les pieuses traditions de famille firent des uns les aveugles instruments des agents royalistes, autant l'intelligence des autres fut prompte à comprendre le problème posé par la Révolution, autant cette conscience de l'avenir les rattacha étroitement à sa cause. C'est cette foi également ardente et sincère des deux côtés qui donna à la lutte ses proportions gigantesques; l'héroïsme des uns n'eut de comparable que le dévouement des autres, et aux fabuleux exploits des intrépides paysans il n'y a à opposer que les glorieuses et stoïques expéditions de ces gardes nationaux des villes, eux aussi soldats improvisés, quittant, eux aussi, leur foyer, leur famille, et sachant aussi mourir pour la cause qu'ils avaient embrassée. Depuis la pacification, nous ne trouvons dans l'histoire du département qu'un seul fait important à noter, c'est la fameuse conspiration de Berton, en 1822. (Voir la notice sur Thouars.)

Si la guerre civile a trop longtemps désolé le département des Deux-Sèvres, il n'a pas eu, en compensation, à souffrir de la guerre étrangère. Situé loin de la frontière, il a dû à sa position de n'avoir subi ni les hontes ni les malheurs des invasions. Ce qui ne l'empêcha point de payer largement sa dette à la patrie, en envoyant ses enfants aux armées qui, en 1814 et 1815 d'abord, puis en 1870 et 1871, luttèrent si vaillamment, mais hélas! si inutilement, pour repousser l'étranger.

Quoique, depuis cinquante ans, les mœurs se soient bien modifiées dans la contrée qui nous occupe; quoique, là comme ailleurs, s'accomplisse chaque jour l'œuvre de progrès et d'assimilation, le département des Deux-Sèvres est encore un de ceux qui a gardé, dans certaines parties, le plus de son ancienne originalité; nous en emprunterons quelques traits à un de ses plus habiles administrateurs, M. Dupin, qui y fut préfet dès les premières années de l'Empire:

« Le département des Deux-Sèvres, composé de trois parties bien distinctes, savoir: le *Bocage*, qui comprend tout le nord-ouest, c'est-à-dire la presque totalité des premier et deuxième arrondissements et une partie du troisième; le *Marais*, qui occupe une portion sud-ouest du troisième arrondissement, et, enfin, la *Plaine*, offre les mêmes différences dans la constitution physique et morale de ses habitants.

» L'homme du Bocage a une taille médiocre, mais assez bien prise; tête grosse et ronde, teint pâle, cheveux noirs, yeux petits, mais expressifs; son tempérament est bilieux et mélancolique; son esprit est lent, mais non sans profondeur; son cœur est généreux, mais irascible; sa conception peu facile, mais sûre. Il a conservé toute la simplicité des mœurs anciennes, quoique la guerre en ait un peu altéré la pureté. Il est bon, hospitalier, juste et d'une fidélité inviolable à ses engagements; mais taciturne à l'excès, méfiant pour tout ce qui vient de l'autorité, fortement attaché au sol qui l'a vu naître, plus attaché encore à la religion de ses pères, et capable des actions les plus héroïques pour la défense de sa foi. Dans tous les temps, on l'a vu prendre part aux guerres religieuses. Son humeur mélancolique et les préjugés superstitieux qui le gouvernent tiennent essentiellement au pays qu'il habite. Il vit isolé dans sa chaumière, ne voyant autour de lui aucune autre habitation. S'il sort pour cultiver son champ, il y est encore seul; de larges fossés, des haies impénétrables lui interdisent la vue de son semblable. Il n'a d'autre société que celle de ses bœufs, à qui il parle sans cesse, et pour qui même il fait des chansons. S'il veut vendre quelques bestiaux à une foire, la foire est rarement à plus d'une lieue; souvent même les marchands viennent le trouver dans son enclos. Il n'y a dans ces contrées aucune ville qui répande la civilisation, aucune route qui y conduise les étrangers, qui favorise la circulation, qui permette aux habitants de se fréquenter, et aux passions humaines de s'adoucir et de s'user par un frottement journalier.

» La Plaine est traversée par plusieurs grandes routes, et ses habitants sont plus civilisés que ceux du Bocage; ils ont un caractère moins prononcé et plus confiant; ils aiment le repos, la danse, le vin, sans toutefois en faire excès; leur taille est plus élevée, leur physionomie plus ouverte, leur carnation plus vive. Ils sont aussi braves, mais moins industrieux et plus processifs; ce qui provient sans doute de ce que leurs propriétés n'ont pas des limites aussi immuables. Quoique leur esprit, plus flexible, se soit plus facilement détaché des prêtres, il n'est pas moins ouvert à tous les préjugés de l'ignorance. Il existe pourtant, dans la

Plaine, une différence assez notable entre les catholiques et les protestants; ceux-ci sont, en général, plus laborieux et plus instruits.

» L'habitant du Marais est encore plus grand que celui de la Plaine ; il a plus d'embonpoint, ses membres sont plus massifs, mais il manque de santé et d'agilité; il est grossier, apathique et ne pousse pas loin sa carrière. Une cabane de roseaux, un petit pré, quelques vaches, un bateau qui sert à la pêche, et souvent à voler du fourrage le long de la rivière, un fusil pour tuer les oiseaux d'eau, voilà toute sa fortune et tous ses moyens d'industrie. »

Les usages, sauf les cérémonies des noces, qui offrent quelques traits particuliers, n'ont rien de remarquable. Les fêtes et divertissements tiennent aux travaux champêtres et à la croyance religieuse. C'est ainsi que la récolte des châtaignes, dans certaines contrées, et, dans d'autres, la tonte des brebis, le fanage, la moisson sont accompagnés de jeux et de danses ; que le jour de tel saint il faut se régaler de *crêpes* pour empêcher le blé de se carier, etc. Pendant l'été, il y a beaucoup de *ballades* ou fêtes champêtres. C'est là que les hommes boivent et que les jeunes gens dansent au son de la musette, ou plus souvent à la voix d'une vieille femme qui chante gravement un air monotone et sans paroles; c'est là que se forment les inclinations, que s'arrangent les mariages. Une jeune fille qui paraît à la ballade sans un garçon qui lui tire les doigts est méprisée de ses compagnes. C'est aussi aux ballades qu'on choisit les domestiques : ils y viennent parés d'épis, s'ils se destinent aux travaux de la moisson; de fleurs, s'ils veulent servir aux travaux du ménage.

Les fêtes de l'été ont donné naissance aux inclinations, les mariages se concluent en automne. Le fiancé, accompagné d'un de ses parents et d'un parent de sa prétendue, va faire les invitations. Il a grand soin de régler l'ordre de ses visites sur les différents degrés de parenté ; c'est une étiquette à laquelle on tient strictement. Il attache dans chaque maison, au lit du maître, un petit bouquet de laurier, orné de rubans, et fait son invitation par un compliment très long, qui est le même pour tous et de temps immémorial. Ces visites sont accompagnées de fréquentes libations.

Le jour des noces est suivi d'un lendemain plus joyeux et plus bruyant encore ; l'épisode le plus caractéristique de la cérémonie est le bouquet symbolique offert à la mariée par les jeunes filles, ses compagnes, accompagnant leur offrande d'une chanson qui n'a pas varié depuis trois cents ans, et qui retrace toutes les peines réservées à la jeune femme dans son ménage. Cette naïve complainte a été citée trop souvent et est aujourd'hui trop connue pour que nous lui donnions place ici. Nous ne dirons rien non plus des naissances et des funérailles, qui ne présentent aucun détail de remarquable originalité.

HISTOIRE ET DESCRIPTION DES VILLES, BOURGS ET CHATEAUX LES PLUS REMARQUABLES.

NIORT (lat. 46° 19′ 23″; long. 2° 48′ 12″ O.). — Niort (*Niortum, Noverogus*), station de la ligne de Poitiers à La Rochelle, à 411 kilomètres au sud-ouest de Paris, chef-lieu du département des Deux-Sèvres, d'un arrondissement et de deux cantons, peuplé de 20,923 habitants, siège d'un tribunal de première instance et de commerce, d'une chambre consultative des arts et manufactures, d'un conseil de prud'hommes, d'une société d'agriculture, d'un athénée des sciences et arts et d'un lycée, était autrefois gouvernement particulier, chef-lieu d'élection avec bailliage, sénéchaussée, justice royale, maîtrise particulière et justice consulaire, dépendait du diocèse de La Rochelle, du parlement de Paris et de l'intendance de Poitiers.

L'origine de cette ville est très ancienne, mais pleine d'incertitude. C'était, à l'époque de la conquête romaine, un amas de quelques chétives cabanes groupées sur deux collines que séparait la rivière. La pêche était la principale occupation des habitants, qu'entouraient presque de tous côtés les marais du bas Poitou et les eaux de l'Océan, qui s'avançait alors bien plus avant dans les terres. La première mention qui soit faite d'eux dans l'histoire remonte au IVe siècle et au règne de l'empereur Julien. Ils furent chargés du transport des blés qui, tirés de la Grande-Bretagne, venaient approvisionner les provinces occidentales de la Gaule. Ces premières expéditions développèrent dans le pays niortais, *pagus niortensis*, un commerce maritime qui consistait principalement dans l'échange du vin, du sel, du cuivre et des ouvrages de poterie, produits du territoire ou de l'industrie des environs, contre les blés, l'or, l'argent, le fer, les cuirs, les chiens de chasse et les bestiaux, qu'on trouvait en plus grande abondance de l'autre côté du détroit. C'est dans les premières années du vi° siècle qu'une révolution physique vint changer en cité la bourgade primitive. La mer, en se retirant, permit au cours de la Sèvre de se dessiner; la navigation se régularisa et s'agrandit. Les Niortais exploitèrent cet heureux événement au profit de leur commerce, et le bourg devenant le centre d'opérations plus importantes, ils l'appelèrent *Niortum*, du nom de la contrée dont il était désormais la capitale. Les attaques des Normands rendirent plus tard des fortifications indispensables. Leur étendue et leur solidité furent proportionnées à l'importance commerciale de la ville. Plusieurs châteaux furent élevés sur les bords de la Sèvre pour en défendre l'embouchure. Une ceinture de redoutables remparts entoura la cité et ses faubourgs, et une citadelle, qui passait pour imprenable, fut encore ajoutée à tous ces ouvrages protecteurs. Le but qu'on se proposait fut atteint; la sécurité de Niort ne fut ni compromise ni même sérieusement inquiétée, et c'est un incendie, qui paraît avoir été tout accidentel, qui détruisit le château vers le xii° siècle. La ville, à cette époque, était l'entrepôt de tout le commerce du Poitou et disputait à Poitiers, sous beaucoup de rapports, le premier rang parmi les cités de la province. Éléonore d'Aquitaine, la duchesse-reine, avait pour Niort une prédilection toute particulière. Un des premiers soins de son second époux, Henri II d'Angleterre, fut de reconstruire la forteresse que les flammes avaient dévorée. Il rapprocha les nouvelles constructions des bords de la Sèvre et réunit les deux rives de la rivière par un pont qui traversait une île située en face du château. Du côté de la ville, le pont, en se levant, pouvait intercepter toute communication avec le dehors, et à l'extrémité deux tours énormes défendaient les abords de ce périlleux passage. Un moulin construit dans l'île assurait l'alimentation de la garnison. Des précautions d'une autre nature, mais non moins efficaces, furent prises pour consolider la domination anglaise. Les anciens privilèges de la bourgeoisie niortaise furent confirmés et consacrés dans une charte à laquelle Éléonore mit à honneur d'attacher son nom. Ces bons procédés, une administration sage et bienveillante conquirent non seulement à Éléonore, mais à ses fils, la fidélité et le dévouement de ses habitants. Pendant plus d'un siècle, le drapeau anglais flotta sur les murs de Niort. Ce fut seulement en 1224, le 13 juillet, après un siège de quarante jours, que Savary de Mauléon, sénéchal d'Aquitaine, ouvrit les portes de la ville à l'armée de Louis VIII.

La tâche du roi de France était difficile. Il parvint cependant, sinon à faire oublier, du moins à tourner à son profit les sympathies traditionnelles de la population pour les descendants de l'héritière des anciens ducs. Il en appela à la mémoire de la reine Blanche, petite-fille d'Éléonore, et donna aux intérêts commerciaux satisfaction plus large et plus complète que ses prédécesseurs. En 1230, tous les privilèges acquis furent confirmés; en 1285, le port de Niort fut déclaré port libre; enfin, en 1341, toutes les franchises de la charte de Rouen furent concédées à la municipalité niortaise, copie de tous les titres et diplômes fut envoyée par le maire de Rouen au maire et aux jurés de Niort. Le traité de Brétigny mit seul un terme à cette ère de paix et de prospérité. La journée de Maupertuis (bataille de Poitiers, 1356) replaça Niort et tout le Poitou sous la domination anglaise. Du Guesclin prisonnier y fut reçu par Chandos, son vainqueur, et le prince Noir y convoqua, en 1368, les états généraux de toutes les provinces conquises, pour y voter le malencontreux impôt du fouage. C'était, comme on le sait, une taxe de dix sols par feu. Le prince avait choisi Niort dans l'espoir de convertir les Gascons par le bon exemple des Poitevins. Il fut déçu dans son espérance, l'assemblée se sépara, et les Niortais, sur la soumission desquels on semblait avoir compté, ne tardèrent pas à manifester leur désaffection. Ils refusèrent l'entrée de la ville à Richard d'Évreux et à Thomas de Percy, qui se présentaient, en 1369, à la tête de quatre cents lances et de deux cents archers. Leur patriotique résistance fut cruellement punie; la place fut emportée d'assaut, livrée aux flammes, et *il y fut occis*, dit Froissart, *grand foison d'hommes et de femmes*. Du Guesclin se chargea de la vengeance. S'étant rendu maître de la garnison de Chizé, il revêtit ses meilleurs soldats des uniformes des vaincus et les dirigea sur Niort. Les Anglais, croyant voir en eux des amis, les laissèrent entrer dans la ville sans défiance. Du Guesclin les suivait de près. Les portes lui furent ouvertes à son tour; la ville l'accueillit comme un libérateur, et la reddition de Niort entraîna la conquête de tout le reste du Poitou.

Depuis l'expulsion des Anglais jusqu'aux guerres de religion, l'épisode de la Praguerie troubla seul la paix dont jouit Niort. Ce ne sont qu'embellissements dans la ville, concessions de nouveaux privilèges au commerce, témoignages réciproques de bienveillance et de dévouement entre les gouvernants et les administrés. C'est de cette période que date l'établissement d'un hôtel des monnaies, d'une justice consulaire et l'hérédité de la noblesse accordée aux maires et échevins. On pourrait fixer à la première moitié du xvi⁰ siècle l'apogée des prospérités niortaises. Au mois de mai 1562, le comte du Lude, gouverneur du Poitou, chassé de la capitale de la province par les protestants, se réfugie à Niort. Il semble qu'avec lui se glissent pour la première fois les germes du fanatisme et des haines religieuses. En moins de six ans, les progrès de la nouvelle secte sont tels que les réformés, sous la conduite de Coligny, s'emparent de la place sans coup férir. La reine de Navarre et les chefs du parti viennent y rejoindre l'amiral. Niort devient tout à coup le quartier général et la principale place d'armes des huguenots. C'est là que les vaincus viennent se rallier après les journées de Jarnac et de Moncontour; c'est là que Henri de Navarre, échappant à la surveillance de ses ennemis, rentre solennellement dans le sein de la religion réformée, qu'il n'avait abjurée que *des lèvres et par crainte de la mort*. C'est à cette phase de son histoire, déplorable sous tant d'autres rapports, que Niort doit cependant les pages les plus glorieuses de ses annales militaires. En 1569, du Lude était revenu avec des forces imposantes pour reprendre la place que Coligny avait enlevée à son lieutenant la Marcousse. La fureur était extrême dans le camp des assiégeants. La comtesse, qui accompagnait son mari, excitait le délire des soldats en leur promettant les *belles filles de Niort à discrétion*. Rien ne fut épargné pour obtenir la soumission de la place, ni la science des sièges, ni les ressources de l'artillerie, ni les assauts désespérés; et cependant le 2 juillet le siège était levé. Le duc d'Anjou, plus heureux, prit la ville le 8 octobre de la même année.

On doit supposer qu'alors avec ses chefs l'élément le plus énergique du parti protestant abandonna Niort pour La Rochelle, théâtre des grandes luttes; car, dans les événements qui suivirent, rien ne rappelle l'acharnement du fameux siège de 1569, et il faut aller jusqu'à l'insurrection vendéenne de 1792 pour retrouver dans la population niortaise le réveil des ardentes passions qui l'avaient animée au xvi⁰ siècle. Par un revirement d'opinion assez peu expliqué par les chroniqueurs contemporains, nous voyons sous Henri III la Ligue dominer à Niort. Catherine de Médicis, en janvier 1587, y vient ourdir ses trames sanglantes. C'est de là qu'elle dirige sur Maillezais ses bandes d'arquebusiers albanais, chargés de rompre une trêve qui l'irrite, en égorgeant deux régiments calvinistes confiants dans la foi jurée. Les habitants assistèrent avec impassibilité au massacre des prisonniers et à la vente du butin. En 1588, ils laissent prendre la ville sans plus d'émotion par deux lieutenants du roi de Navarre, Saint-Genis et Ranques, qui escaladent les remparts et s'emparent de la place en une seule nuit. Il semble que la vie politique se soit retirée de Niort : la population accepte le bien et le mal avec la même indifférence. Le Béarnais confirme, en août 1591, les vieux privilèges; les prédicateurs protestants reprennent possession de leurs chaires; le culte de Calvin retrouve ses anciens sectaires; Niort semble devoir redevenir un des boulevards de la religion réformée. Quelques années après, en 1621, Louis XIII traverse la ville pour aller investir Saint-Jean-d'Angely. Les bourgeois s'empressent de former un détachement de milice niortaise qui brigue l'honneur d'accompagner et d'assister le roi dans sa sanglante expédition. Cette milice, composée de douze compagnies et recrutée, chose incroyable, en nombre égal parmi les catholiques et les protestants, se conduisit de façon à mériter le titre de *régiment royal Niort*. Louis XIII passa par Niort dans chacun des voyages qu'il fit au camp de La Rochelle, et Niort servit de prison aux plus notables des vaincus, après la chute du dernier refuge du protestantisme. Cet assoupissement de toute passion populaire se révèle dans les événements qui suivent. La Fronde met tout en mouvement autour de Niort sans que Niort s'en émeuve, malgré l'influence de La Trémouille dans la province. Les troubles excités par l'impôt sur le sel y ont à peine un faible retentissement. Et enfin la révocation de l'édit de Nantes, ce dernier coup porté à son opulence et à son commerce, n'y soulève pas la moindre protestation. Depuis cette époque jusqu'à la révolution de 1789, les Niortais ne donnent signe de vie que par leurs plaintes, hélas! trop fondées, sur la décadence des diverses industries qui avaient fait leur prospérité d'autrefois. La perte du Canada mit le sceau à leur infortune, en annulant le commerce des pelleteries et des industries qui s'y rattachaient. La comparaison des misères présentes avec les splendeurs passées put donc entrer pour quelque chose dans l'enthousiasme avec lequel fut accueillie la convocation des états généraux, et Niort mérita une place distinguée parmi les plus patriotiques cités de la France. En 1814 et 1815, les Niortais s'associèrent aux désastres de l'Empire avec autant de spontanéité qu'ils l'avaient fait pour les triomphes de la République, et leur respectueuse douleur accompagna jusqu'au dernier moment, jusqu'à l'heure suprême du départ, dans la nuit du 2 au 3 juillet, le grand vaincu de Waterloo, l'hôte captif du *Bellérophon*.

Niort est une des plus agréables villes du Poitou; sa situation sur le penchant de deux collines, au pied desquelles coule la Sèvre Niortaise, est des plus pittoresques; ses environs sont charmants; de nombreuses constructions modernes lui donnent un air d'aisance et de propreté, indice d'une prospérité nouvelle. Le Donjon, reste fort important de l'ancien château, bâti, dit-on, par Richard Cœur de Lion et transformé en maison d'arrêt, est l'édifice le plus apparent, sinon le plus notable du temps passé; l'église Notre-Dame et l'église Saint-André sont deux monuments du XVᵉ siècle; celle de Saint-Hilaire date de nos jours. Il faut citer ensuite l'hôtel de ville dans l'ancien palais d'Aliénor; le temple protestant, ancienne église des Cordeliers; l'hôtel de Candie, où naquit Mᵐᵉ de Maintenon; de belles casernes, les bains publics, la galerie du Commerce, la salle de spectacle, l'hôpital, les halles, la belle fontaine du Vivier, la place de la Brèche, la terrasse de Saint-Gelais, l'hospice civil et militaire, le nouvel hôtel de la préfecture, le palais de justice, le musée et sa curieuse collection géologique; la bibliothèque, riche de plus de 30,000 volumes.

La principale industrie de Niort consiste dans la fabrication des gants, des huiles, des vinaigres, des étoffes communes en laine, serges pinchinats et autres, des souliers, des arçons, des peignes en corne et en buis, et de la confiture d'angélique. La ville possède aussi des filatures, des distilleries et des papeteries; il s'y fait, en outre, un important commerce de bestiaux, mulets, chevaux, vins, laines, crins, céréales, bois de tonnellerie et de construction.

Patrie de Mᵐᵉ de Maintenon, née Françoise d'Aubigné; du comte de Fontanes, grand maître de l'Université; de l'amiral Liniers-Brémont et du général Chabot.

Les armes de la ville sont : *d'azur, semé de fleurs de lis d'or, à une tour d'argent maçonnée de sable, crénelée de sept pièces, et sommée d'une autre tour aussi d'argent maçonnée de sable, brochant sur le tout.*

ÉCHIRÉ. — Échiré, canton, arrondissement et à 8 kilomètres au nord de Niort, est un bourg peuplé de 1,653 habitants, et qui possède, sur son territoire et dans son voisinage, les débris de deux monuments remarquables, l'un par son ancienneté et l'autre par le souvenir historique qu'il rappelle. Ce sont d'abord les ruines imposantes du château de Salbar, dont les tours à moitié écroulées reportent l'esprit du voyageur vers les époques les plus dramatiques qu'a traversées le Poitou. Ces créneaux, ces épaisses murailles furent un des premiers refuges ouverts aux populations désolées, alors que les pirates normands, débarquant sur ces rivages, pillaient et brûlaient les habitations, entassaient le butin sur leurs navires et redescendaient la Sèvre, emmenant en esclavage femmes, enfants et vieillards. Cette forteresse fut élevée vers le milieu du IXᵉ siècle par un seigneur nommé Cesbron-Chabot. Elle eut, sans doute, une destination moins bienfaisante pendant la période féodale, mais son histoire se perd dans l'obscurité qui enveloppe cette époque; on sait seulement que le château de Salbar fut détruit durant les guerres de religion, à la fin du XVIᵉ siècle.

Le second monument que possède dans ses environs le bourg d'Échiré est un petit château de peu d'importance par lui-même, mais que remplit encore le souvenir de la femme célèbre qui l'a habité; c'est le château de Mursay. Il appartenait à une sœur de ce d'Aubigné qui était renfermé comme faussaire dans les prisons de Niort, lorsque sa femme mit au monde une petite fille, qui devait être un jour Mᵐᵉ de Maintenon. Pour soulager la besogneuse famille, l'enfant fut envoyée au château de Mursay, chez sa tante; elle y était employée, dit la chronique, à garder les dindons. Sur l'emplacement où s'élève le pittoresque domaine de la Guillemeaudrie, il y avait une fontaine où venait se désaltérer celle qui fut presque reine de France. Oublia-t-elle, dans les grandeurs de Versailles, l'humilité de ses premiers jours? Ce qui est certain, c'est que, lorsqu'elle arrachait à la faiblesse du vieux roi la révocation de l'édit de Nantes, elle devait chasser loin d'elle les souvenirs de Mursay, où elle avait vécu dans la foi protestante.

Saint-Maixent. — Saint-Maixent (*Maxentiopolis Pictonum, Sancti Maxentii*), station de la ligne de Poitiers à La Rochelle, à 387 kilomètres de Paris, arrondissement et à 22 kilomètres au nord-est de Niort, chef-lieu de deux cantons, peuplé de 4,259 habitants, fut autrefois chef-lieu d'élection, gouvernement particulier avec bailliage, sénéchaussée, justice royale, dépendait du diocèse, de l'intendance de Poitiers, du parlement de Paris et possédait, outre une abbaye de l'ordre de Saint-Benoît, plusieurs couvents de cordeliers, de capucins, de bénédictines et de filles de l'Union chrétienne.

Vers l'année 459, Agapit, abbé de Saint-Hilaire de Poitiers, ayant été contraint d'abandonner son monastère qu'avaient ravagé les Goths, vint chercher un asile dans la vaste forêt de Vauclair, dont les bois de l'Hermilain ne sont aujourd'hui qu'un faible reste. Aidé de quelques moines, compagnons de sa fuite et de son exil, il jeta les fondements d'un nouveau couvent; le modeste oratoire des proscrits s'élevait sur l'emplacement qu'occupe aujourd'hui l'église de Saint-Saturnin. Le nouvel établissement servit bientôt de refuge à un autre religieux qui devait grandement payer l'hospitalité reçue. Adjutor, renommé par ses vertus non moins que par ses talents, avait été chassé par la persécution d'Agde, sa patrie; il se mêla aux compagnons d'Agapit sous le nom de Maixent. Sa supériorité était telle qu'Agapit fut le premier à remettre entre ses mains le gouvernement de l'abbaye. Le retentissement des mérites du pieux cénobite parvint jusqu'aux oreilles de Clovis, si jaloux d'identifier sa cause avec celle du clergé catholique, pendant sa lutte contre les Wisigoths ariens. En 507, ce prince accorda au monastère les bois et les terres qui l'avoisinaient; cet accroissement de richesses, qui venait s'ajouter à un grand prestige moral, détermina pour l'abbaye de rapides développements. Saint Maixent mourut, mais la mémoire vénérée du saint continua l'œuvre de son habile administration. Les habitants des environs transportèrent leurs habitations près du tombeau du saint abbé, et bientôt se forma une ville qui a gardé le nom du pieux personnage. Saint-Maixent était devenu un lieu trop important pour échapper à la cupidité des Normands. En 830, ils dirigèrent leurs courses de ce côté, saccagèrent le monastère, pillèrent et incendièrent les maisons qui s'étaient groupées à l'entour. Après leur départ, on dut songer à se prémunir contre le retour de pareilles catastrophes : les bâtiments du couvent furent fortifiés, une enceinte de murailles solides entoura la ville, et, pour la protéger contre de nouvelles attaques, un château fort fut construit. Ces précautions furent impuissantes toutefois contre d'autres fléaux qui vinrent éprouver la malheureuse ville. En 1050, un tremblement de terre renversa une partie des habitations et jeta une terreur telle parmi la population, qu'agitait comme toutes les autres à cette époque l'attente de la fin du monde, qu'elle se réfugia presque tout entière au milieu des bois. Quelques années après, un incendie, qui était le troisième depuis le commencement du siècle, anéantissait les maisons qui étaient restées debout. Au XIIe siècle, Saint-Maixent ressemblait à un désert, lorsque Éléonore de Guyenne, voulant lui rendre sa prospérité perdue, dota la ville, en 1203, d'immunités et de privilèges qui y ramenèrent ses habitants dispersés. Une ère nouvelle commence pour Saint-Maixent à dater de cette époque; il acquiert alors comme ville l'importance qu'il n'avait empruntée jusque-là qu'à son abbaye. Cette importance ne fit que grandir pendant la période des guerres contre l'Anglais. En 1431, les habitants, qui avaient aidé Charles VII de leur bourse comme de leurs bras, lui demandèrent d'autoriser des assemblées où ils pourraient *traicter, adviser et ordonner des affaires*. En 1440, ayant ajouté à leurs services passés le mérite d'une attitude irréprochable et d'une fidélité exemplaire pendant les troubles de la Praguerie, ils obtinrent le droit de commune avec les privilèges les plus étendus qui pussent y être attachés. Un peu plus tard, cette organisation administrative se compléta par la création d'un maire et d'échevins. La chambre des aides qui siégeait à Niort fut aussi transférée à Saint-Maixent, et, sur l'ordre du roi, le sénéchal de Poitou dut y tenir ses assises. Les progrès intellectuels suivirent les développements de la liberté, l'éducation publique devint l'objet d'une sollicitude toute particulière; des bourgeois vendirent leurs maisons pour l'entretien et l'accroissement des écoles de grammaire. Dès le temps de Villon, notre plus ancien poète national, le goût de la littérature semble répandu parmi les habitants de Saint-Maixent; Villon s'y arrête pour y faire jouer le mystère de la Passion, et, contrarié dans l'organisation de son spectacle par le mauvais vouloir d'un certain sacristain des Cordeliers, il en tire une vengeance burlesque à laquelle la population entière applaudit. La décadence de Saint-Maixent comme celle de Niort doit être attribuée aux guerres religieuses et aux persécutions du fanatisme. Le protestantisme avait envahi la population à peu près entière; l'abbé lui-même et la plupart des moines avaient abjuré en 1543. Pluviaut, un des chefs huguenots, s'était emparé de la ville en 1568; l'année suivante, elle retomba au pouvoir des catholiques commandés par Daunoux. Les violences qu'y exercèrent les vainqueurs furent extrêmes; l'église et l'abbaye furent, en quelque sorte, détruites de fond en comble; quant au reste de la ville, on ne voyait partout, dit un chroniqueur contemporain, que tours chancelantes et murailles prêtes à s'écrouler. Henri III fut obligé d'accorder aux habitants, en 1581, un octroi de six deniers par livre pour la réparation de tous ces désastres. Henri IV et Louis XIII firent successivement de louables efforts pour la pacification des esprits; peut-être la ville serait-elle parvenue à cicatriser ses plaies sans les persécutions nouvelles dont la révocation de l'édit de Nantes fut le signal. Saint-Maixent vit arriver dans ses murs les impitoyables dragons. Des registres furent ouverts, sur lesquels devaient se faire inscrire les nouveaux convertis. Les récalcitrants furent emprisonnés, puis bannis. La liste des proscrits, qu'on peut lire encore, dit un savant historien moderne, est longue et d'une monotonie douloureuse. A la suite de chaque nom revient presque toujours la terrible formule : *Amené par les dragons*. Deux siècles se sont écoulés depuis que ce coup a frappé Saint-Maixent, et il ne s'en est point encore relevé. La vie moderne commence cependant à circuler parmi ces ruines du passé; la Révolution a semé des germes féconds dont on peut déjà entrevoir les fruits; l'industrie de la laine, jadis si florissante, y reprend un nouvel essor, et le commerce y retrouve quelque activité; espérons donc pour Saint-Maixent un avenir digne de son glorieux passé.

Cette ville est bâtie sur le penchant d'une colline et baignée par la Sèvre Niortaise, que l'on passe sur un beau pont, mais qui n'est point encore navigable à cette hauteur. Les campagnes environnantes sont délicieuses et de la plus grande richesse; de charmantes promenades y conduisent dans toutes les directions; les bords de la Sèvre surtout, plantés de vigoureux peupliers, offrent aux regards les aspects les plus riants et les plus variés. L'intérieur de Saint-Maixent ne répond pas à ces séduisants dehors; les constructions sont vieilles et vulgaires, les rues mal percées, aucune poésie du passé n'a survécu. On ne retrouve aucune trace de ces traditions dont les habitants gardaient, dit-on, le culte avec tant de fidélité, qu'en 1583 il fallait qu'une ordonnance mît fin à la célébration de certaines pratiques druidiques. Quelques fragments mutilés de sculpture sont tout ce qui reste de sa riche et célèbre abbaye; pas d'autres monuments à citer que l'église et la crypte, qui renferment les tombeaux de saint Maixent et de saint Léger.

On vient d'élever (16 mai 1880) au centre du champ de manœuvres de Saint-Maixent une statue au colonel Denfert-Rochereau, le vaillant défenseur de Belfort. Cette statue est due au ciseau du sculpteur Baujault, compatriote du colonel.

Saint-Maixent est aujourd'hui le siège d'une école de sous-officiers, d'un dépôt de remonte et d'une école de dressage; elle possède d'importantes fabriques de chapeaux, de serges, de bonneterie en laine et d'étoffes communes, des filatures et des tanneries. Son commerce consiste principalement en mules et mulets, chevaux, étalons, bestiaux, céréales, laines et moutarde.

Les armes de la ville sont : *de gueules, à une couronne royale simple d'or, au chef d'azur, chargé de trois fleurs de lis d'or*.

Frontenay ou Rohan-Rohan. — Frontenay, station de la ligne de Poitiers à La Rochelle, chef-lieu de canton de 2,073 habitants, situé à 10 kilomètres au sud-ouest de Niort, était autrefois une place forte; Louis IX l'enleva au comte de La Marche en 1242 et la fit raser; elle porta depuis cette époque le nom de Frontenay-*l'Abattu*, jusqu'à ce que, Louis XIV l'ayant érigée en duché-pairie en faveur d'Hercule de Rohan, elle prit celui de Rohan-Rohan. En 1569, il y eut dans ses environs un combat entre les catholiques et les protestants. Aujourd'hui, Frontenay est le centre commercial de son canton; ce commerce embrasse principalement les laines et les bestiaux; son église, dont quelques parties remontent au xiie siècle, d'autres au xve, est assez remarquable.

Mauzé. — Mauzé, chef-lieu de canton, est à

Statue de Denfert-Rochereau à Saint-Maixent.

22 kilomètres au sud-ouest de Niort; sa population est de 1,603 habitants; comme la précédente commune, c'est une station de la ligne de Poitiers à La Rochelle. Elle est agréablement située sur la rive droite du Mignon et possède une fabrique de tartre et quelques mines. Sur le pont qui la relie à la rive gauche du Mignon, s'élève le buste de René Caillié, le premier Européen qui ait pénétré dans Tombouctou et en soit revenu.

Mauzé dépendait autrefois de l'Aunis et était défendue par un château fort. Eudes, comte de Poitou et duc d'Aquitaine, fut tué sous ses murs en 1039. Plus tard, il fut détruit par les Anglais; relevé au XIIIe siècle, il fut de nouveau ruiné au XVIe par les catholiques; ce qui en restait a été réparé de nos jours et date de l'époque de la Renaissance.

CHAMPDENIERS. — Champdeniers est un chef-lieu de canton de 1,326 habitants, agréablement situé à 20 kilomètres au nord de Niort, sur la rive droite de l'Egray, au milieu de belles prairies.

Cette petite ville possède une église du XIIe siècle qui a été rangée parmi les monuments historiques; on y remarque son clocher polygonal, l'abside, qui date du XVe siècle, et une crypte; les halles sont fort belles; elle possède aussi des tanneries, des tuileries et des fabriques de chapeaux; mais ce qui fait la fortune de Champdeniers, ce sont ses grandes foires pour les denrées, les bestiaux et les mulets. C'est à ces foires que l'Espagne, le midi de la France, l'Auvergne, le Dauphiné viennent acheter la plupart des mules et mulets qu'ils emploient.

SAINT-LAURS. — Saint-Laurs, station du chemin de fer d'Angers à Niort, est une commune du canton de Coulonges, située à 28 kilomètres au nord de

Niort; sa population est de 1,142 habitants. Sur son territoire, il existe une importante mine de houille qui fournit en moyenne près de 250,000 hectolitres par an. Cette mine de houille appartient au bassin houiller de la Vendée dont elle forme de ce côté l'extrême limite.

On trouve dans cette commune des tuileries et d'importants fours à chaux, dont les produits sont consommés par l'agriculture,

BRESSUIRE (lat. 40° 19′ 23″; long. 2° 48′ 12″ O.). — Bressuire (*Bercorium*), station de la ligne d'Angers à Niort, à 65 kilomètres au nord de Niort, chef-lieu d'arrondissement et d'un canton, peuplé de 3,536 habitants, siège d'un tribunal de 1re instance, d'une Société d'agriculture et d'une institution secondaire ecclésiastique, passe aux yeux de quelques historiens pour l'ancienne *Segora*, située, d'après l'Itinéraire d'Antonin, sur la voie romaine de Poitiers à Nantes. Sans repousser positivement cette hypothèse, nous devons déclarer que nous ne la trouvons pas appuyée sur des preuves concluantes. Les seuls documents authentiques qui soient parvenus jusqu'à nous se rattachent à l'époque féodale. Ce domaine appartint pendant plusieurs siècles à une famille originaire de Nueil-sous-les-Aubiers, les Beaumont, qui reconnaissaient comme suzerains les vicomtes de Thouars. On voit figurer ces seigneurs dans tous les épisodes importants du moyen âge ; ils avaient attiré à Bressuire grand nombre de marchands et d'artisans par les franchises et privilèges dont ils avaient doté leur ville ; ils l'avaient entourée de solides murailles et y avaient élevé un magnifique et redoutable château fort. Pendant la première partie des guerres contre les Anglais, Bressuire avait alternativement reconnu la domination des rois de France et d'Angleterre, sans que sa prospérité fût sérieusement atteinte par ces vicissitudes. En 1361, sa population s'élevait au chiffre fort important pour cette époque de 7 à 8,000 habitants. Dix ans après le traité de Brétigny, lorsque les hostilités recommencèrent, Cressonval, poursuivi par Du Guesclin, se réfugia dans la ville avec les soldats anglais qu'il commandait ; le connétable vint l'y attaquer et fit de la place un siège qui est resté célèbre, tant par la valeur et l'acharnement déployés des deux côtés, que par la rigoureuse vengeance que Du Guesclin tira de ses ennemis vaincus. Les habitants, qui, dans une neutralité prudente, étaient demeurés spectateurs de la lutte, échappèrent encore à cette catastrophe. Il paraît que les sires de Beaumont ne s'étaient pas non plus compromis ; car nous voyons plus tard un Jacques de Beaumont, seigneur de Bressuire, jouir du plus grand crédit auprès du roi Louis XI et chargé, par cet habile monarque, des plus délicates missions.

Le XVe siècle est une époque fatale pour presque toutes les villes des Deux-Sèvres ; les dissensions religieuses enlèvent les bras à l'agriculture, arrêtent tout développement de l'industrie et du commerce. Bressuire n'évita aucun des fléaux que déchaîna le fanatisme sur le malheureux Poitou : banqueroutes, famines, épidémies, proscriptions, dépopulation. Après la révocation de l'édit de Nantes, la ville était déjà dans un déplorable état de décadence. L'enceinte de ses murs, qui ne servait plus qu'à assurer la perception de l'octroi, attestait bien encore son ancienne importance ; mais, sur plusieurs points, des jardins, des prés, des champs avaient remplacé les habitations. L'insurrection vendéenne de 1792 acheva la ruine de Bressuire. La Convention ne pardonna pas à la malheureuse ville de ne pas avoir su se défendre contre les bandes de paysans qui la pressaient de toutes parts ; on lui reprochait aussi d'avoir fourni des chefs aux rebelles ; elle fut en quelque sorte choisie comme une victime expiatoire, dont le châtiment exemplaire devait répandre au loin une salutaire terreur. En 1793, la colonne du général Grignon occupa la ville et la livra aux flammes ; deux maisons seulement restèrent debout. Sept ans après, la population n'était encore que de 630 habitants. Il fallut de bien longues années pour réparer tant de désastres.

Bressuire est situé sur une colline, au bas de laquelle serpente la petite rivière de l'Argenton ; les maisons, reconstruites dans le goût moderne avec les beaux matériaux des environs, ont un aspect de confortable et d'élégance ; les rues sont larges, bien pavées et d'une grande propreté. La ville renferme de vastes jardins, des promenades et des places plantées d'arbres ; elle a été récemment entourée de boulevards auxquels aboutissent neuf tronçons de routes stratégiques et départementales et quatre chemins de grande communication. Deux monuments importants donnent à la fois à Bressuire un aspect pittoresque et un relief historique ; ce sont : une fort belle église, entièrement construite en granit et surmontée d'une tour de cinquante-six mètres d'élévation, qui lui sert de clocher, et les ruines magnifiques du vieux château, qui, par leur étendue, leur conservation et leur position, peuvent soutenir la comparaison avec ce que la France possède de plus grandiose et de plus intéressant en ce genre. Quelques fabriques de tiretaines, flanelles, serges rasées et drapées, basins, siamoises, mouchoirs façon Cholet, l'exploitation de carrières de granit, un commerce assez actif de céréales et de bestiaux constituent les ressources industrielles de la population.

Bressuire a vu naître La Fontenelle de Vaudoré, agronome et antiquaire distingué. Le petit village de Beaulieu, à quelques kilomètres de la ville, est la patrie de Raoul Ardent, savant littérateur, philosophe éclairé, théologien profond, qui accompagna à la croisade, au xi° siècle, Guillaume IX, comte de Poitou. Enfin, l'hôtel de la sous-préfecture a gardé le souvenir du fonctionnaire illustre qu'il a abrité : c'est là que M. de Barante, le célèbre historien des ducs de Bourgogne, n'étant encore que sous-préfet de Bressuire, a écrit son *Tableau de la littérature française au* xvii° *siècle.*

Les armes de Bressuire sont : *d'argent, à une aigle éployée de sable.*

ARGENTON. — Argenton-Château (*Argentomagus Pictonum*), arrondissement et à 18 kilomètres au nord de Bressuire, chef-lieu de canton peuplé de 1,125 habitants, est une petite ville d'une origine probablement fort ancienne, mais peu connue. Il n'existe que de vagues traditions sur les premiers seigneurs d'Argenton, qui étaient feudataires de la maison de Thouars. On fait remonter au xiv° siècle l'érection de ce fief en baronnie; en 1473, après diverses transmissions, il était passé dans la famille de Chambes-Montsoreau. Philippe de Comines, ayant à cette époque épousé la fille du seigneur d'Argenton, Hélène de Chambes-Montsoreau, acheta la terre avec les libéralités de Louis XI et reconstruisit le château, où plus tard il devait écrire ses *Mémoires.* L'expérience des guerres nombreuses auxquelles il avait assisté guida sans doute le célèbre chroniqueur dans le plan des fortifications; les remparts étaient flanqués de tours, ceints de fossés, et la ville dut, sans doute, à l'habileté de ces dispositions la sécurité dont elle semble avoir joui pendant les guerres de religion. Nous ne retrouvons Argenton mêlé aux grands événements politiques que pendant l'insurrection de la Vendée. La ville partagea alors le triste sort de Bressuire et de Châtillon; les murailles de Philippe de Comines ne purent résister aux canons de la Convention; Argenton fut pris, brûlé, et le château fut rasé. Une circonstance particulière retarda longtemps la reconstruction des habitations détruites : on avait remarqué que le sol était un engrais précieux; la population ruinée par la guerre, au lieu de rebâtir ses maisons, trouvait un bénéfice plus immédiat à vendre cette terre précieuse, et, pour s'en procurer, elle faisait chaque jour des ruines nouvelles, enlevant les planchers, creusant les cours et les caves. Ce fut pendant plusieurs années la seule industrie de ce malheureux pays.

Argenton est situé dans un territoire fertile en vins estimés, sur une colline d'assez difficile accès, au confluent de l'Ouère et de l'Argenton, qui y arrosent de belles prairies. A défaut de son ancien château, il possède une fort belle église.

On fabrique à Argenton des serges, des étamines, des toiles et des cadis; on y trouve aussi quelques tanneries, et il s'y fait un commerce assez important de chanvre, vins et bois.

Les armes d'Argenton sont : *d'or, semé de croisettes de gueules à trois tourteaux de même.*

CHATILLON. — Châtillon-sur-Sèvre, autrefois MAULÉON (*Maleolium*), arrondissement et à 22 kilomètres au nord-ouest de Bressuire, chef-lieu de canton peuplé de 1,379 habitants, existait, dit-on, du temps des Romains; mais aucun épisode de son histoire authentique ne remonte au delà du xiii° siècle. Cette ancienne baronnie dut longtemps son importance à la puissante famille qui portait le même nom. C'est seulement en 1736 que le comte de Châtillon, lieutenant général et gouverneur du Dauphiné, ayant fait acquisition de ce domaine, et ayant obtenu son érection en duchépairie, fit changer son ancien nom de Mauléon en celui de Châtillon, auquel on ajouta sur Sèvre, pour le distinguer de bien d'autres Châtillon. Le règne des barons de Mauléon est la grande époque pour cette ville. Elle était alors entourée de murs et défendue par un château dont on aperçoit encore les traces. Elle possédait, sous l'invocation de la Trinité, une riche abbaye de génovéfains, qui avaient encore des serfs en 1789. La famille des Mauléon, qui se prétendait issue des comtes de Poitiers, se fondit dans celle de Thouars. Le dernier et le plus illustre de tous les seigneurs de ce nom fut Savary, troubadour célèbre, grand homme de guerre sur terre et sur mer, et l'un des capitaines les plus marquants dans la lutte anglo-française au commencement du XIIIᵉ siècle.

Les guerres civiles et religieuses ont été également fatales à Châtillon à deux époques différentes. En 1581, les protestants s'en étant emparés pillèrent l'abbaye, emportèrent tous les vases et toute l'argenterie du monastère, butin évalué à trente mille louis, somme énorme pour le temps. En 1792, cette ville, étant devenue le quartier général et le siège du gouvernement des insurgés vendéens, fut prise et reprise, puis brûlée, et il n'y resta debout que trois maisons. Elle a été réédifiée depuis ; l'ancienne église de l'abbaye est aujourd'hui l'église paroissiale.

Châtillon est situé à 8 kilomètres environ de la Sèvre Nantaise, sur l'Ouin, un de ses affluents, qui arrose de fertiles prairies. Ses habitants fabriquent de la toile fine, de grosses flanelles rayées. Ses foires sont très suivies ; il s'y fait surtout un important commerce de moutons. C'est la patrie du marquis de La Rochejacquelein, général en chef des Vendéens, tué le 4 mars 1794, près de Nouaillé.

Autrefois, les armes de Châtillon, ou plutôt celles de Mauléon, étaient : *de gueules, au lion passant d'argent, lampassé et armé de sable.*

THOUARS. — Thouars (*Tuedæ arx, Duracium, Toartium*), station de la ligne de Tours aux Sables-d'Olonne, arrondissement et à 29 kilomètres au nord-est de Bressuire, chef-lieu de canton peuplé de 3,468 habitants, était autrefois duché-pairie, chef-lieu d'élection avec justice consulaire, dépendait du diocèse et de l'intendance de Poitiers et du parlement de Paris.

Thouars est une des plus anciennes villes du département des Deux-Sèvres. Dès les premiers temps de l'établissement du christianisme dans les Gaules, ce fut le siège d'un des doyennés du Poitou ; sous les Mérovingiens, Thouars était fortifié et avait un hôtel des monnaies. C'est une des places dont s'empara Pépin quand il entreprit la conquête de l'Aquitaine, et, selon certaines chroniques, c'est dans le château de Thouars qu'il enferma le duc Hunald prisonnier. Dès que les premiers comtes de Poitiers commencèrent à étendre leur domination, ils érigèrent Thouars en fief héréditaire au profit des fils puînés de leur maison. La souche de cette branche fut Arnould, fils de Ranulphe ; il mourut vers l'an 900. Ses descendants régnèrent presque sans interruption pendant près de cinq siècles, mêlés à tous les événements importants, alliés à presque toutes les familles princières d'Europe et agrandissant sans cesse leur patrimoine, dont relevèrent jusqu'à dix-sept cents fiefs. La maison d'Amboise succéda aux vicomtes de Thouars et fut remplacée à son tour par les La Trémouille, au bénéfice desquels l'ancienne vicomté fut érigée en duché-pairie par Henri IV, en 1594.

L'histoire des premiers vicomtes de Thouars est une suite non interrompue de guerres contre leurs voisins, de brigandages et de déprédations. Une grande page, cependant, des annales de cette famille, c'est la part que prit, en 1068, Aimery IV à la conquête de l'Angleterre ; il s'embarqua avec Guillaume le Bâtard, commandait l'aile gauche de son armée à la bataille d'Hastings et contribua à le faire proclamer roi à Londres. Il refusa de s'établir dans la Grande-Bretagne et revint à Thouars avec un immense butin. Un ordre particulier de succession régnait dans cette famille : les frères succédaient aux frères, et les fils de l'aîné ne recueillaient l'héritage qu'après la mort de tous leurs oncles. Plusieurs seigneurs de Thouars figurèrent glorieusement dans les croisades, mais c'est surtout pendant les guerres entre la France et l'Angleterre que se révèle leur influence ; ils traitent alors de puissance à puissance avec les monarques des deux pays, mettent le plus souvent leur alliance aux enchères et s'intitulent *vicomtes par la grâce de Dieu*. Cependant, à dater du XIVᵉ siècle, leur ambitieuse indépendance et leurs sympathies pour l'Anglais leur attirèrent quelques rudes leçons. En 1372, le connétable Du Guesclin vint investir la place à la tête d'une armée de quarante mille hommes et accompagné du duc Jean de Berry et d'Olivier de Clisson. Le siège dura plusieurs mois. Enfin, le connétable ayant pratiqué une large brèche dans les murs à l'aide de ses machines et de cinq gros canons qu'il avait envoyé prendre à Poitiers, Amaury de Craon, mari de Péronnelle, vicomtesse de Thouars, proposa, pour éviter l'assaut, une suspension d'armes, s'engageant à remettre la place à Du Guesclin le jour de la Saint-Michel, s'il ne recevait d'ici là aucun secours du roi d'Angleterre. Le connétable accepta et alla guerroyer ailleurs, attendant le délai convenu pour exiger l'exécution du traité. Sur ces entrefaites, le roi d'Angleterre avait mis à la voile avec une flotte de quatre cents vaisseaux, montés par quatre mille hommes d'armes et dix mille archers ; mais les vents ne favorisèrent pas son entreprise ;

il fut forcé de retourner dans son royaume, et Du Guesclin ne manqua pas de se présenter la veille de la Saint-Michel, 28 septembre, sous les murs de Thouars, où il entra le lendemain au soleil couché.

Quoique vainqueurs de l'étranger, les rois de France se crurent encore pendant longtemps tenus à de grands ménagements envers d'aussi redoutables vassaux que les seigneurs de Thouars. Louis XI exploita avec son habileté ordinaire des rivalités de famille, qui divisaient cette maison depuis son absorption dans celle d'Amboise; un arrêt du parlement de Paris, en date du 21 juillet 1479, le mit en possession de la vicomté de Thouars, qu'il avait en fait réunie à la couronne depuis plusieurs années. Par le plaisir qu'il éprouvait à venir visiter Thouars, on sent le prix qu'il attachait à cette conquête. Charles VIII restitua aux La Trémouille une grande partie des biens confisqués à la succession de Louis d'Amboise; mais la possession de cette nouvelle dynastie ne ressembla en rien à la domination indépendante des anciens vicomtes. C'est à la cour, à la suite des rois, dans leurs expéditions, que se signalèrent les nouveaux seigneurs de Thouars; le plus illustre d'entre eux, Louis de La Trémouille, accompagna Charles VIII en Italie et se distingua à côté de François Ier à Marignan comme à Pavie. Après Louis, ce sont deux femmes, alliées par mariage à la famille, qui ont laissé à Thouars les plus durables souvenirs. Barbantine de Nassau, femme de Claude V, fit de cette ville un des centres du protestantisme et poussa jusqu'au fanatisme et aux persécutions son zèle pour la religion réformée. Marie de La Tour d'Auvergne, seconde fille du duc de Bouillon, épouse de Henri Ier, construisit sur les plans de Philibert Delorme le château qu'on admire encore aujourd'hui. Elle fut guidée, dit-on, dans cette œuvre par le désir de braver Richelieu, qui ambitionnait la possession de Thouars.

Les principes de la Révolution de 1789 furent accueillis à Thouars avec sympathie, et cette ville fut érigée par l'Assemblée constituante en chef-lieu de district, mais, en 1792, l'esprit des campagnes réagit sur sa population. Le général républicain était, cependant, parvenu à y rétablir l'ordre et l'autorité de la Convention, lorsque, le 5 mai 1793, les bandes vendéennes investirent la place, et la garnison fut obligée de se rendre après un combat sanglant.

Les 18 et 19 juin 1815, il y eut encore à Thouars un mouvement royaliste; mais cette levée de boucliers n'eut pas de résultats sérieux.

Quand le général Berton, l'un des chefs du carbonarisme, en 1822, fut envoyé par la Vente suprême dans les départements de l'Ouest, pour y préparer une insurrection militaire, il jeta les yeux sur Thouars, qui lui parut le lieu le plus propice à un soulèvement. Cette ville avait eu beaucoup à souffrir, pendant la Révolution, des invasions des chouans, et à cause de cela elle détestait les ultraroyalistes. Plusieurs habitants de Thouars et de deux villes voisines, Parthenay et Thomeray, promirent à Berton de le seconder. Il se décida, en conséquence, à lever l'étendard de la révolution.

« Toute la journée du 23 février s'est passée en préparatifs; des hommes résolus sont prêts à se montrer en armes; ils attendent avec impatience que la nuit vienne leur prêter ses ombres protectrices. Quand elle est arrivée, Berton revêt son uniforme de général; à un signal donné, il voit accourir autour de lui ceux qui lui ont offert l'appui de leurs bras. Avec cette poignée de braves, il désarme la gendarmerie de Thouars, il se rend maître de la ville et y fait arborer un drapeau tricolore (1). » De là, il marcha sur Saumur, où devaient échouer ses projets. (V. le dép. d'*Indre-et-Loire*, SAUMUR.)

La ville de Thouars est bâtie en amphithéâtre, sur le penchant d'une colline, dont le pied est baigné par le Thouet, sur lequel sont jetés trois ponts : un pont ogival, un pont moderne de 3 arches et un pont suspendu, l'un des plus beaux de France. Il a 80 mètres de longueur et 27 mètres d'élévation au-dessus des eaux du Thouet. Cette rivière se courbe en arc vers le sud et l'ouest, entoure la ville dans plus de la moitié de son étendue et lui sert ainsi de fortification naturelle. Tout ce qui n'est pas entouré par la rivière est garni de murs bâtis dans le XIIIe siècle, flanqués de grosses tours à la distance de 15 mètres les unes des autres. Parmi ces tours, on remarque celles du Prince-de-Galles et de la Porte-au-Prévôt. Quatre cents ans de vétusté et les sièges que ces murailles ont traversés leur ont à peine fait éprouver quelques dégradations.

Les deux quartiers les plus anciens de la ville sont ceux qui répondent aux paroisses de Notre-Dame-du-Châtelet et de Saint-André ou de la basse ville; celui de Saint-Laon ne date que du XIe siècle

(1) FERRAND et LAMARQUE, *Histoire de la Révolution française*, tome VI.

et dut ses développements à la translation des reliques du saint de ce nom, dont on croyait l'intercession toute-puissante pour la guérison de la folie et de la faiblesse du cerveau. Le faubourg est d'une construction encore postérieure.

Les rues de Thouars sont étroites et tortueuses ; les fenêtres des maisons sont petites, placées très haut et garnies de fortes barres de fer. Des nombreux édifices que possédait cette ville, il ne reste plus que le château et deux églises, celle de Saint-Laon (XII° siècle), remarquable par sa belle tour carrée, et celle de Saint-Médard (XV° siècle), classées, ainsi que le château, parmi les monuments historiques.

Le château est situé sur un rocher de granit, qui domine une campagne magnifique. Le bâtiment présente une ligne imposante et une belle façade. La cour principale, carrée, ornée sur les deux ailes de portiques voûtés, est décorée de balustrades. L'escalier ressemble un peu à celui des Tuileries. Les rampes sont en marbre jaspé. On loue la distribution intérieure du château ; les appartements y sont en grand nombre et très vastes. Les cuisines sont taillées dans le roc ; le parterre, situé à l'extrémité du rocher, est formé de terres rapportées. La petite chapelle attenante au château est un chef-d'œuvre de la Renaissance ; elle repose sur une chapelle souterraine dont un des caveaux contient les restes de Louis de La Trémouille. La pente qui descend du château vers la rivière est disposée en terrasses ; une d'elles, pavée en dessus et voûtée en dessous, couvre une belle serre. La rivière du Thouet, large et profonde en cet endroit, se replie autour du château, que son élévation met de niveau avec les rochers de l'autre rive. L'œil y est satisfait tout à la fois par les recherches de l'art et par la beauté du paysage. On évalue à douze cent mille livres la somme que coûta, en 1635, cette remarquable construction, qui appartient à la ville.

L'industrie de Thouars, jadis florissante, et qui a eu surtout à souffrir des persécutions religieuses, consiste aujourd'hui dans quelques fabriques de droguets, toiles, chapeaux, coutellerie, et dans quelques tanneries. Les grains, eaux-de-vie, bestiaux, chevaux et mulets alimentent son commerce.

Thouars est la patrie du professeur Corneille-Bonaventure Bertram, des jurisconsultes Isambert et Larcher, du médecin François Brion et de l'historien Drouyneau de Brie.

Les armes de la ville sont : *d'argent, à trois grappes de raisin d'azur.*

OYRON. — Oyron, arrondissement et à 41 kilomètres au nord-est de Bressuire, canton de Thouars, est un bourg peuplé par 886 habitants, que recommandent à l'intérêt du voyageur : sa belle église de Saint-Maurice, monument historique de la Renaissance qui contient le tombeau de l'amiral Bonnivet, et surtout les restes d'un magnifique château construit par Louis XIV pour Mme de Montespan. La Révolution a détruit en partie cette fantaisie somptueuse du grand roi ; il est cependant facile de reconstruire par la pensée l'édifice dans son ensemble, et ce qui a été épargné par la vengeance populaire suffit encore pour donner une idée des splendides décorations de l'intérieur. L'or et l'azur de plusieurs plafonds dominent encore les vastes salons délabrés ; quelques fragments d'une exécution remarquable rappellent les merveilles de la grande galerie peinte à fresque, et où étaient représentés les principaux épisodes de l'*Iliade*. A quelques pas de ces débris, qui évoquent tous les souvenirs de Versailles, la terrasse du château nous transporte dans la fameuse plaine où fut livrée la bataille de Moncontour. Ce rapprochement de deux grandes époques est plein de charme et d'intérêt. Oyron possède, en outre, dans son église paroissiale quelques tombeaux remarquables, et, ce qui est un gage moins stérile de sa gloire passée, un hospice qui sert d'asile à des vieillards des deux sexes et à des enfants indigents.

MELLE (lat. 46° 13′ 20″ ; long. 2° 28′ 53″ O.). — Melle (*Metallum*), à 29 kilomètres au sud-est de Niort, chef-lieu d'un arrondissement, peuplé de 2,493 habitants, siège d'un tribunal de 1re instance et d'un collège communal, doit son origine et ce qu'il eut d'importance à une mine de plomb sulfuré argentifère qui enrichit longtemps habitants, seigneurs et souverains de cette localité. Sans rien préjuger sur une exploitation antérieure, le nom de *Metallum* indique suffisamment que les Romains connurent et utilisèrent ces gisements précieux. Plusieurs documents, de vieilles monnaies retrouvées établissent la transmission de cette industrie et sa continuation sous les Mérovingiens ; elle prit surtout une grande activité sous les successeurs de Charlemagne. Cette avidité amena l'épuisement, sans doute ; car, à dater du XI° siècle, la monnaie de Melle disparaît et fait place à celle de Niort. Au moyen âge, villes comme individus n'étaient pas riches impunément. Melle fut attaquée et ravagée par les Normands en 840. Ses anciens vicomtes disparurent dans la grande reconstitution féodale du Poitou, et les souverains de la contrée se réservèrent cette ville comme fief direct; il en résulta que Melle fut de bonne heure réunie à la couronne de France, quand la monarchie se substitua à la grande féodalité. Aux ressources métallurgiques, à mesure qu'elles s'épuisaient, les habitants avaient habilement substitué une autre industrie, la fabrication des serges, qui continua la prospérité de la ville jusqu'aux guerres de religion et, en dernier lieu, jusqu'à la révocation de l'édit de Nantes. En 1600, il y avait à Melle plus de six cents maisons, ce qui permet de supposer un chiffre de population double de celui que nous indiquons pour l'époque actuelle. Chaque époque avait laissé à Melle des traces monumentales que le temps et les révolutions n'ont malheureusement pas épargnées; les vicomtes y avaient un château; les protestants, pendant leur courte domination, s'y étaient organisé un prêche spécial; dans les excavations de la mine, on a retrouvé depuis peu les débris d'une fabrique d'épingles, derniers efforts des mineurs, quand la matière leur manqua pour des destinations plus importantes. Deux églises, celles de Saint-Pierre et de Saint-Hilaire, monuments historiques du XII° siècle; une troisième, celle de Saint-Savinien, aujourd'hui convertie en prison; deux statues mutilées, l'une pédestre, l'autre équestre, représentant, suivant la tradition, les empereurs Constantin et Charlemagne; un campanile du XVII° siècle, la mairie, l'hôpital et une assez jolie promenade sont les seules curiosités que nous puissions citer. Les habitants ont conservé dans le caractère cette douce et spirituelle naïveté dont La Fontaine a voulu nous donner un type dans son conte charmant du *Juge de Melle*. La ville est bâtie sur une colline dont l'accès est peu facile; les environs sont riants et pittoresques; le sol se prête à toutes les productions, excepté à la culture de la vigne; on prétend, à cause de cela, que Melle pourrait bien signifier *pays mêlé*. Les chroniques disent aussi que la fameuse Mélusine a pris son nom de Melle et de Lusignan, qui lui appartenaient. Près de la ville est une tour remarquable appelée Mellezéard, citadelle de Melle, et à quelques lieues la fontaine de Tontadan, dont les eaux sulfureuses ont quelque réputation pour la guérison des maladies de la peau.

Melle n'a pas abandonné la fabrication des serges et grosses étoffes de laine qui a fait si longtemps sa richesse; on y a joint des papeteries et des tanneries. Mais les habitants tirent un plus riche parti des produits de leur territoire, belles pépinières, céréales, graines de trèfle, laines, bestiaux, mulets, dont ils font un commerce considérable; c'est particulièrement dans l'arrondissement de Melle qu'on élève ces mulets de belle race regardés comme les meilleurs de l'Europe.

La Mothe-Saint-Héraye. — La Mothe-Saint-Héraye, arrondissement et à 17 kilomètres au nord de Melle, chef-lieu de canton peuplé de 2,430 habitants, est un bourg remarquable par son antiquité, qui remonte à saint Héraye, ministre du roi Théodebert, et par un magnifique château qu'y avait fait construire, il y a deux cents ans, sur l'emplacement de l'ancien manoir féodal, M. de Parabère, gouverneur général de la province. Cette propriété, après avoir appartenu à Murat et au maréchal Lobau, a été vendue par l'administration des domaines et a servi à la reconstruction de deux villas, qui figurent encore parmi les plus somptueuses habitations du département. La Mothe est bâtie dans une situation fort agréable, sur la rive droite de la Sèvre Niortaise, à 4 kilomètres de la source de cette rivière; mais la température en est humide et malsaine. Le sol en est de médiocre qualité. L'importance commerciale de la commune consiste dans ses marchés et dans ses foires, où les Normands viennent acheter des bestiaux pour l'approvisionnement de Paris. Les Espagnols et les Piémontais y viennent aussi faire emplette de mules. On y trouve des tanneries et des fabriques d'étoffes grossières de laine ou de coton à l'usage de la campagne; mais surtout des minoteries importantes. On compte à La Mothe et dans son voisinage cent vingt moulins pouvant tourner toute l'année. Lors de l'expédition de Jean-Bon Saint-André, ils fournirent, en très peu de temps, quarante mille quintaux de fleur de farine, malgré la disette et le maximum.

Aux environs, dans les bois, on remarque plusieurs monuments mégalithiques.

Brioux. — Brioux, chef-lieu de canton peuplé par 1,224 habitants, sur la rive gauche de la Boutonne, à 11 kilomètres au sud-ouest de Melle, est, croit-on, l'antique *Brigiosum* de l'Itinéraire d'Antonin. Ce qui semblerait confirmer cette opinion, c'est qu'on a trouvé dans cette localité plusieurs arcades qui appartenaient à une chaussée et les débris d'une voie romaine qui conduisait de Poitiers à Saintes. A la suite de fouilles faites dans son champ de foire, on a découvert des tombeaux, des épées, des casques, une riche armure, des médailles et des vases lacrymatoires. En 1789, on voyait encore, dans la cour du prieuré, une pierre sur laquelle on lisait une inscription romaine.

Brioux était autrefois le chef-lieu d'un archidiaconé que l'on appelait le Briançais.

Cette commune possède des tuileries, des moulins à huile, des métiers pour la fabrication des droguets, des serges, un haras de chevaux et de baudets ; ses foires de mulets, de chevaux et de bestiaux sont très suivies.

Chizé. — Chizé est une petite commune de 656 habitants, située à 23 kilomètres au sud-ouest de Melle et dans le canton de Brioux, sur la rive droite de la Boutonne et à l'entrée de la belle forêt à laquelle elle a donné son nom.

C'était autrefois une place importante; Guillaume VI, comte de Poitiers, y mourut en 1086. Au temps de Philippe le Hardi, la terre de Chizé appartenait aux comtes d'Eu ; Raoul, l'un d'entre eux, ayant été décapité pour trahison, le roi confisqua ses biens. C'est sous les murs de Chizé que Du Guesclin battit les Anglais en 1373 et après s'empara de son château ; elle était le siège d'une prévôté royale. Charles VIII la donna, en 1487, à Charles, comte d'Angoulême, et elle fit retour à la couronne à l'avènement de François Ier, fils de ce dernier Au temps des guerres de religion, en 1587, Chizé fut attaqué par Henri, roi de Navarre; la place était défendue par Fayolle, qui n'avait pour toute artillerie qu'une seule couleuvrine dont il tira le meilleur parti ; mais il fut forcé de se rendre au roi Henri, qui avait combattu comme un simple soldat. Aujourd'hui, Chizé n'a plus qu'un château ruiné. Cette petite ville fabrique des sabots, de la boissellerie et fait un commerce de bois, de charbon et de bestiaux.

Chef-Boutonne. — Chef-Boutonne (*Caput Vultunæ*) est un chef-lieu de canton, situé à 16 kilomètres au sud-est de Melle, à la source de la Boutonne, et peuplé par 2,346 habitants. C'est une petite ville fort ancienne, mentionnée dans les *Commentaires* de César, et qui, au moyen âge, possédait un château fort sur l'emplacement duquel s'élève aujourd'hui l'église. Une bataille célèbre fut livrée dans ses environs par un comte du Poitou, et Lamoignon de Malesherbes, l'un des défenseurs de Louis XVI, en fut seigneur; son château existe encore près des sources de la Boutonne. La petite ville de Chef-Boutonne possède de nombreuses usines; on y fabrique des serges, des droguets, des flanelles et des couvertures de laine.

Sur son territoire, et au hameau de *Javarzay*, que baigne la Boutonne, et dont l'église date du XIIe siècle, s'élève un ancien château qui a appartenu à la famille de Rochechouart et qui paraît dater du XVIe siècle. On a trouvé des tombes celtiques au lieu dit le Champ-des-Chirons.

Parthenay (lat. 46° 38′ 49″; long. 2° 35′ 14″ O.). — Parthenay (*Parthænum, Partiniacum*), à 56 kilomètres au nord-nord-est de Niort, chef-lieu d'un arrondissement et d'un canton, peuplée de 5,091 habitants, siège d'un tribunal de 1re instance et d'un collège communal, était autrefois la capitale du petit pays de Gâtine, qui séparait au moyen âge les États des ducs d'Aquitaine des possessions des comtes d'Anjou. Cette position, en ajoutant à l'importance de la petite ville, en fit le théâtre de guerres presque continuelles pendant plusieurs siècles. Elle était possédée par une famille qui avait pris son nom et qui était une des plus anciennes maisons du Poitou. En 1057, Josselin de Parthenay était archevêque de Bordeaux et trésorier de Saint-Hilaire de Poitiers ; la terre de Parthenay ayant été confisquée sur un de ses seigneurs, au XVe siècle, passa dans la maison de Longueville. Elle fut ensuite vendue et fit partie du duché de La Meilleraie, érigé en faveur du maréchal de ce nom, dont le vrai nom de famille était La Porte, et dont un fils prit le nom de Mazarin en épousant une nièce du cardinal. Les divers propriétaires ne négligeaient pas d'ajouter à leurs autres titres celui de seigneurs de Parthenay. C'est une demoiselle de ce nom, Catherine de Parthenay, qui, pressée par les galanteries de Henri IV, lui fit cette belle réponse : « Je suis de trop bonne maison pour être votre maîtresse et pas assez riche pour être votre femme. » Cette même demoiselle, devenue l'épouse du duc de Deux-Ponts, était dans les murailles de La Rochelle lors du fameux siège conduit par Richelieu ; elle en supporta tous les périls et toutes les privations sans que sa fermeté fléchît un seul instant.

Parthenay était une place de guerre de grande

Parthenay.

importance; elle était entourée de triples fossés et de doubles murailles, « trois paires de fossés et deux paires de murailles, » dit un vieux chroniqueur du pays. Après avoir tenu pour le parti anglais, pendant la première partie de la lutte anglo-française, elle arbora le drapeau national sous Charles V et y resta fidèle. Ses bourgeois, en 1423, chassèrent Jacques d'Harcourt, qui avait essayé de surprendre la ville pendant les discordes d'Armagnac et de Bourgogne. Sous Charles VIII, ils ouvrirent leurs portes aux troupes royales, ne voulant pas s'associer à la révolte des grands vassaux contre la couronne. Le roi, par précaution, fit néanmoins démanteler, à cette époque, les fortifications de Parthenay, qui y gagna probablement de traverser avec moins de dommage la période des guerres de religion. La ville, toutefois, fut prise par chacun des deux partis ; les chefs huguenots s'y rassemblèrent après la journée de Moncontour ; mais l'histoire de ce temps ne mentionne aucune de ces luttes dont les combattants proportionnent l'acharnement à l'importance de la conquête qu'ils ambitionnent. Parthenay souffrit relativement davantage pendant l'insurrection vendéenne de 1793. Le 20 juin, Westermann et Lescure s'y rencontrèrent. Le général républicain vainqueur sut faire observer à ses soldats la plus stricte discipline et put écrire à la Convention : « Ma légion ne sera pas accusée d'avoir enlevé une obole aux habitants de Parthenay ; » mais Lescure, étant rentré dans la ville après le départ de Westermann, eut beaucoup de peine à la préserver des flammes, les Vendéens se montrant très irrités contre les habitants, qu'ils accusaient d'avoir favorisé les soldats de la République.

Parthenay est située sur la rive droite du Thouet, dans une contrée entrecoupée de montagnes et de forêts, sur une colline qui la divise en haute et basse ville. Les antiquités qu'on y rencontre sont : les restes d'un ancien château, entouré de fossés et contrescarpes, flanqué de tours, et qui formait une place d'armes souterraine ; la porte Saint-Jacques, route de Thouars ; la porte de l'Horloge ; l'église Saint-Laurent, l'église Sainte-Croix, deux monuments historiques du XIIe siècle ; les anciennes prisons et quelques débris de Notre-Dame-de-la-Couldre. Les édifices encore debout sont : l'hôpital, l'hôtel de ville, deux anciens couvents dont l'un, celui de l'Union-Chrétienne, est occupé par la sous-préfecture ; et l'autre, celui des Cordeliers, est occupé par la gendarmerie.

L'industrie de la ville consiste en des fabriques de porcelaine, de draps, serges, droguets, de chapellerie, et dans de nombreuses tanneries et corroiries ; il s'y fait un important commerce de grains, laines et bestiaux.

Les armes de Parthenay sont : *burelé d'argent et d'azur de six pièces, à la bande engrêlée de gueules, brochant sur le tout.*

AIRVAULT. — Airvault (*Ara Vallis, Aurea Vallis*), arrondissement et à 24 kilomètres au nord-nord-est de Parthenay, chef-lieu de canton, peuplé de 1,761 habitants, est une des plus jolies villes du département ; elle est bien bâtie, près de la rive droite du Thouet ; les rues sont tirées au cordeau ; l'eau y est amenée par un canal souterrain, qui forme dans chaque maison un bassin propre et commode. Au milieu de la place est une source, assez abondante pour faire tourner un moulin à peu de distance de la ville. Les environs d'Airvault sont très agréables ; d'un côté sont des plaines couvertes de riches moissons, de l'autre des coteaux couronnés de vignobles fertiles. Sous le régime féodal, Airvault fut entouré de murailles et soutint plusieurs sièges ; on y voit les ruines d'un vieux château qui dominait la ville, et qui fut détruit par l'amiral Coligny fuyant vers Parthenay, après la bataille de Moncontour, avec le jeune roi de Navarre, depuis Henri IV. L'église paroissiale, d'architecture gothique, est surmontée d'une tour élevée sur quatre piliers d'une grande légèreté. Cette église, reste d'une ancienne abbaye qui fut brûlée dans les guerres de religion, au XVIe siècle, a été classée au nombre des monuments historiques.

La population d'Airvault n'a pas encore atteint le chiffre où elle était parvenue autrefois. Il est vrai de dire qu'elle a payé un large tribut aux guerres de la République et de l'Empire. Sa jeunesse se signala principalement dans la défense de la ville de Thouars. Il y avait autrefois à Airvault une industrie qui y est aujourd'hui complètement oubliée : son horlogerie jouissait d'une certaine réputation. La fabrication des étoffes de laine y est toujours en honneur ; on y tisse aussi des toiles de chanvre et de lin, qui sont d'un excellent usage ; mais les principales ressources du pays consistent dans le commerce qui s'y fait sur les grains, vins, eaux-de-vie, lin, chanvre, étoffes dites serges frisées et toiles, que les paysans des environs viennent vendre à Airvault, les jours de marché et pendant les foires.

SAINT-JOUIN-DES-MARNES. — Saint-Jouin-des-Marnes, commune du canton d'Airvault, située sur la limite de l'arrondissement de Parthenay et du département de la Vienne, est à 38 kilomètres au nord de Parthenay ; sa population est de 1,188 habitants.

C'est sur son territoire que fut fondée, vers 350, par saint Martial, le monastère d'*Ansion*, le plus ancien de la Gaule, puisque saint Martin n'établit celui de Ligugé que dix ans plus tard. Parmi ses premiers abbés, on cite Jovin ou Jouin, qui lui donna son nom ; saint Généroux, saint Paterne. De cet ancien monastère il ne reste que l'église, une des plus curieuses du Poitou ; sa façade est une des plus riches de l'époque romane, et l'ensemble des statues qui ornent le tympan de la porte du milieu représente le Jugement dernier. Cette église a été mise au nombre de nos monuments historiques.

C'est près de Saint-Jouin-des-Marnes que, le 9 septembre 1033, Guillaume IV, comte de Poitou, fut fait prisonnier par le comte d'Anjou.

SAINT-LOUP-SUR-THOUET. — Saint-Loup, arrondissement et à 23 kilomètres au nord-nord-est de Parthenay, chef-lieu de canton, peuplé de 1,503 habitants, autrefois décoré, dit-on, du titre de ville, aujourd'hui simple bourg, doit une grande partie de sa célébrité aux restes d'un magnifique château qu'y avait fait construire, sous Louis XIII, le cardinal d'Escoubleau de Sourdis. Par un caprice de grand seigneur amoureux, le prélat avait fait donner aux constructions la forme d'une H, première lettre du mot Henriette, nom d'une certaine dame, cousine et maîtresse du cardinal. Ce qui était moins exemplaire encore, c'était le goût et le style des décorations intérieures. Les murs mêmes des escaliers étaient couverts de peintures tellement licencieuses, que les successeurs de M. de Sourdis les ont fait effacer. Parmi eux, il en est un qui sembla avoir pris à cœur de faire oublier les érotiques extravagances du cardinal par le plus honorable emploi de sa fortune; il accordait une somme de trois cents livres à tout nouvel habitant qui venait s'établir à Saint-Loup avec un métier quelconque. Cette intelligente libéralité avait attiré dans la commune plusieurs ouvriers en draperie, qui donnèrent une certaine extension à leur industrie; ils avaient spécialement adopté la fabrication des tapis, dont la réputation s'étendait assez loin dans la province.

La mort du bienfaiteur a, depuis, arrêté les développements d'un art auquel manquaient les éléments essentiels d'un succès durable; les habitants en sont revenus à la production de quelques moquettes grossières, et les tanneries ont aujourd'hui, à Saint-Loup, plus d'importance que la draperie. Les habitants de Saint-Loup joignent à ces ressources un commerce assez considérable de grains, de vins, de cuirs, de laines et de moutons.

La commune de Saint-Loup, qui, jadis, eut de fréquents démêlés avec les moines, prétend avoir donné le jour au père de Voltaire; et il existe, en effet, aujourd'hui encore, des Arouet dans les environs. Quelques écrivains assurent même que l'auteur de la *Henriade* n'a pas accaparé tout l'esprit voltairien du pays.

La Peyratte. — La Peyratte ou La Peirate est une commune de 1,168 habitants, appartenant au canton de Thénezay et située sur la rive droite du Thouet, à 10 kilomètres à l'est de Parthenay. Elle possède un de ces fanaux funéraires qu'on élevait dans les cimetières ou près des églises, et qu'on éclairait dans certaines occasions pour honorer le souvenir des morts.

C'est dans cette commune qu'est établie la forge de La Meilleraie, composée d'un haut fourneau et de trois feux d'affinerie. Cette forge produit de la fonte et du fer forgé d'une bonne qualité.

Saint-Marc-la-Lande. — Saint-Marc-la-Lande, dans le canton de Mazières et à 23 kilomètres au sud de Parthenay, n'a pas plus de 504 habitants; mais nous devons mentionner ici cette petite commune parce qu'elle possède une magnifique église du commencement de la Renaissance, qui dépendait d'une ancienne commanderie de l'ordre de Malte La façade offre un heureux mélange du style ogival et du style de la Renaissance; elle est très curieuse par la richesse de son ornementation et la délicatesse des sculptures qui la couvrent.

Beaulieu-sous-Parthenay. — Dans ce même canton de Mazières, et à 10 kilomètres au sud de Parthenay, un peu à droite de la route de Parthenay à Niort, on voit dans la commune de Beaulieu-sous-Parthenay les ruines du château de La Meilleraie, construit vers 1635 par Charles de La Porte, maréchal de La Meilleraie, pour la belle Hortense de Mancini, nièce de Mazarin, qui y mourut en 1713. Ce château se composait d'un corps de bâtiment accompagné de deux ailes en retour et entouré de douves; deux pavillons et deux cours le précédaient; deux belles pièces d'eau, une orangerie, un parc immense et de belles avenues en dépendaient. Il n'en reste que les gros murs, à demi cachés sous le lierre envahissant. On raconte qu'au milieu de la cour d'honneur on voyait autrefois une statue du cardinal de Richelieu, et qu'un des démolisseurs ne trouva de meilleur emploi pour la tête du grand cardinal que d'en faire un poids pour son tournebroche.

Beaulieu-sous-Parthenay, qui doit son nom à sa position sur un plateau, possède une belle église du XIIe siècle; sa population est de 849 habitants.

STATISTIQUE DU DÉPARTEMENT DES DEUX-SEVRES

RANG DU DÉPARTEMENT

Superficie : 45ème. — Population : 50ème. — Densité de la population : 52ème.

I. STATISTIQUE GÉNÉRALE

SUPERFICIE.	POPULATION.	ARRONDISSE-MENTS.	CANTONS.	COMMUNES.	REVENU TERRITORIAL.		CONTRIBUTIONS et REVENUS PUBLICS
6.000 kil. carrés ou 599.998 hect.	Hommes, 170.363 Femmes, 166.292 Total.. 336.655 56 hab. 11 par kil. carré	4	31	356	Propriétés bâties.... — non bâties Revenu agricole....	4.000.000 fr. 18.000.000 » 110.000.000 »	13.000.000 fr.

II STATISTIQUE COMMUNALE

ARRONDISSEMENT DE NIORT

Superficie, 1.414 kil. carrés ou 141.393 hect. — Population, 108.518 hab. — Cantons, 10. — Communes, 93.

CANTON, sa population.	NOM de LA COMMUNE.	POPULATION.	Distance au chef-lieu d'arr.	CANTON, sa population.	NOM de LA COMMUNE.	POPULATION.	Distance au chef-lieu d'arr.	CANTON, sa population.	NOM de LA COMMUNE.	POPULATION.	Distance au chef-lieu d'arr.
Niort, 2 cant., 13 comm., 34.177 hab.	Niort (1er canton).. Chauray Échiré Saint-Gelais Saint-Maxire Sainte-Pezenne Saint-Remy Sciec Niort (2e canton)... Coulon Magné Saint-Florent Saint-Liguaire Souché	8.724 908 1.653 829 817 1.606 543 294 12.199 1.740 1.237 1.262 1.141 1.224	» 8 8 9 8 3 7 6 » 11 7 1 4 3	Suite de Champdeniers.	Rouvre Saint-Christophe-sur-Roc Saint-Denis Sainte-Ouenne Surin Xaintray	276 694 258 711 988 513	14 17 20 15 16 21	Mauzé, 8 c., 7.807 hab.	Mauzé Bourdet (Le) Deyrançon Priaires Rochénard (La) Saint-Georges-de-Rex St-Hilaire-la-Pallud.. Usseau	1.603 577 1.063 283 632 512 1.987 1.150	22 17 23 25 18 18 23 21
Beauvoir, 14 communes, 6.159 habitants	Beauvoir-sur-Niort... Belleville Charrière (La) Cormenier (Le) Foye-Monjault (La).. Granzay Gript Marigny Prissé-le-Grand Prissé-le-Petit Revétison (La) St-Etienne-la-Cigogne Saint-Martin-d'Augé. Thorigny	519 183 658 378 996 453 284 1.122 500 211 251 306 141 157	16 24 20 16 17 13 13 16 21 20 15 25 25 23	Coulonges-sur-l'Autize, 14 communes, 15.784 habitants.	Coulonges-sur-l'Autize Ardin Béceleuf Beugnon (Le) Busseau (Le) Chapelle-Thireuil (La) Faye-sur-Ardin Fenioux Puihardy Saint-Laurs Saint-Maixent-de-Beugné Saint-Pompain Scillé Villiers-en-Plaine....	2.239 1.877 1.096 881 1.591 961 530 1.663 102 1.142 636 1.090 719 1.234	20 20 19 35 35 30 16 30 25 28 21 18 36 13	Prahecq, 8 comm., 6.618 hab.	Prahecq Aiffres Brûlain Fors Juscorps Saint-Martin-de-Bernegoue Saint-Romans-des-Champs Vouillé	1.044 1.053 915 825 296 501 274 1.710	12 6 19 11 15 15 18 8
Champdeniers, 12 c., 7.831 h.	Champdeniers Champeaux Chapelle-Bâton (La).. Cours Germond Pamplie	1.326 314 704 661 782 604	20 20 22 21 17 27	Frontenay, 9 comm., 8.186 hab.	Frontenay Amuré Arçais Bessines Epannes Saint-Symphorien Sansais Vallans Vanneau (Le)	2.073 370 1.001 518 524 1.085 910 630 1.075	10 16 20 5 15 15 12 15 15	Saint-Maixent, 15 comm., 21.959 hab. 2 cantons	St-Maixent (1er cant.). Augé Azay-le-Brûlé Breloux Cherveux François Saivres St-Maixent (2e cant.). Chavagné Exireuil Nanteuil Romans Sainte-Eanne S-Martin-de-St-Maixent. Sainte-Néomaye Souvigné	2.051 1.543 1.776 2.300 1.520 636 1.642 2.208 1.063 1.018 1.173 913 813 1.006 816 1.481	23 20 19 13 15 12 23 23 12 25 26 20 27 22 17 22

ARRONDISSEMENT DE BRESSUIRE

Superficie, 1.633 kil. carrés ou 163.272 hect. — Population, 80.606 hab. — Cantons, 6. — Communes, 92.

CANTON, sa population.	NOM de LA COMMUNE.	POPULATION.	Distance au chef-lieu d'arr.	CANTON, sa population.	NOM de LA COMMUNE.	POPULATION.	Distance au chef-lieu d'arr.	CANTON, sa population.	NOM de LA COMMUNE.	POPULATION.	Distance au chef-lieu d'arr.
BRESSUIRE, 13 comm., 14.522 habitants.	Bressuire	3.536	»	CERIZAY, 13 communes, 13.150 habitants.	Cerizay	1.817	14	SAINT-VARENT, 9 com., 6.241 hab.	Saint-Varent	1.734	23
	Beaulieu-sous-Bressuire	524	5		Bretignolles	610	8		Chapelle-Gaudin (La)	480	12
	Boismé	1.403	10		Cirière	897	8		Coulonges-Thouarsais	706	15
	Breuil-Chaussée	992	5		Combrand	1.178	13		Geay	607	12
	Chambroutet	342	5		Courlay	2.430	14		Glénay	648	18
	Chiché	1.676	11		Forêt-sur-Sèvre (La)	852	15		Luché-Thouarsais	504	13
	Clazay	565	8		Montigny	641	13		Luzay	630	25
	Faye-l'Abbesse	1.091	10		Montravers	463	19		Pierrefitte	590	13
	Noirlieu	407	10		Pin (Le)	1.134	13		Sainte-Gemme	312	16
	Noirterre	1.108	9		Ronde (La)	811	19				
	Saint-Porchaire	998	3		Saint-André-sur-Sèvre	1.117	19	THOUARS, 24 communes, 17.070 habitants.	Thouars	3.468	29
	Saint-Sauveur	569	5		Saint-Jouin-de-Milly	435	15		Bagneux	284	35
	Terves	1.311	5		Saint-Marsault	765	18		Bilazais	150	33
ARGENTON-CHATEAU, 19 communes, 13.330 habitants.	Argenton-Château	1.125	18						Brie	480	35
	Argenton-l'Eglise	926	35						Brion	496	33
	Boësse	503	18	CHATILLON-SUR-SÈVRE, 14 communes, 16.323 habitants.	Châtillon-sur-Sèvre	1.379	22		Hameaux (Les)	944	25
	Bouillé-Loretz	1.178	34		Aubiers (Les)	2.534	13		Louzy	741	34
	Bouillé-Saint-Paul	704	26		Chapelle-Largeau (La)	970	32		Maulais	328	28
	Breuil-sous-Argenton (Le)	441	18		Loublande	523	»		Mauzé-Thouarsais	1.482	23
	Cersay	1.017	28		Moulins	705	28		Missé	647	27
	Coudre (La)	296	14		Nueil-sous-les-Aubiers	2.107	15		Noizé	194	33
	Etusson	575	19		Petite-Boissière (La)	592	22		Oyron	886	41
	Gennetou	738	25		Puy-Saint-Bonnet (Le)	771	38		Pas-de-Jeu	608	36
	Missais	786	23		Rorthais	465	20		Rigné	312	20
	Moutiers	942	15		Saint-Amand-sur-Sèvre	1.902	25		Saint-Cyr-la-Lalande	470	35
	Saint-Aubin-du-Plain	496	10		Saint-Aubin-de-Beaubigné	1.860	20		Saint-Jacques-de-Thouars	304	25
	Saint-Clémentin	787	14		Saint-Jouin-sur-Châtillon	1.030	35		St-Jean-de-Thouars	428	25
	Saint-Maurice-la-Fougereuse	1.132	20		St-Pierre-des-Echaubrognes	1.168	28		Saint-Léger-de-Montbrun	870	35
	Saint-Pierre-à-Champ	531	30		Temple (Le)	317	30		St-Martin-de-Maçon	491	35
	Sanzay	456	14						St-Martin-de-Sanzay	1.169	35
	Ulcot	124	23						Sainte-Radegonde	460	25
	Voultegon	573	12						Sainte-Verge	726	29
									Taizé	627	30
									Tourtenay	503	38

ARRONDISSEMENT DE MELLE

Superficie, 1.373 kil. carrés ou 137.293 hect. — Population, 72.328 hab. — Cantons, 7. — Communes, 92.

CANTON, sa population.	NOM de LA COMMUNE.	POPULATION.	Distance au chef-lieu d'arr.	CANTON, sa population.	NOM de LA COMMUNE.	POPULATION.	Distance au chef-lieu d'arr.	CANTON, sa population.	NOM de LA COMMUNE.	POPULATION.	Distance au chef-lieu d'arr.
MELLE, 13 communes, 9.561 habitants.	Melle	2.493	»	Suite de BRIOUX.	Crézières	174	18	Suite de CELLES.	Prailles	1.322	15
	Chail	508	5		Ensigné	600	18		Sainte-Blandine	690	10
	Enclave-de-La-Martinière (L')	558	5		Fosses (Les)	430	22		Saint-Médard	193	13
	Maisonnay	243	8		Juillé	240	15		Thorigné	973	13
	Mazières-sur-la-Béronne	573	5		Luché-sur-Brioux	198	15		Verrines	1.277	8
	Paizay-le-Tort	630	7		Lusseray	371	15		Vitré	577	10
	Pouffond	523	4		Paizay-le-Chapt	631	22				
	Saint-Génard	561	5		Périgné	1.395	10	CHEF-BOUTONNE, 16 communes, 10.185 habitants.	Chef-Boutonne	2.346	16
	Saint-Léger-lès-Melle	738	1		Secondigné	998	15		Ardilleux	240	17
	Saint-Martin-de-Melle	496	3		Séligné	301	15		Aubigné	500	22
	Saint-Romans-lès-Melle	831	5		Vernoux-sur-Boutonne	357	13		Bataille (La)	175	17
	St-Vincent-la-Châtre	985	10		Vert (Le)	357	27		Bouin	336	20
	Sompt	422	10		Villefollet	506	15		Couture-d'Argenson	721	28
					Villiers-en-Bois	207	27		Fontenille	354	10
					Villiers-sur-Chizé	344	23		Gournay	762	10
BRIOUX, 21 c., 10294 h.	Brioux	1.224	11						Hanc	662	20
	Asnières	503	18	CELLES, 12 c., 10741 h.	Celles-sur-Belle	1.612	5		Loizé	460	15
	Availles-sur-Chizé	312	25		Aigonnay	639	17		Loubigné	309	18
	Brieuil-sur-Chizé	152	22		Beaussais	781	10		Loubillé	857	23
	Chérigné	338	17		Fressines	891	17		Pioussay	958	23
	Chizé	656	23		Montigné	373	8		St-Martin-d'Entraigues	345	18
					Mougon	1.413	15		Tillou	712	10
									Villemain	448	27

SUITE DE L'ARRONDISSEMENT DE MELLE

CANTON, sa population.	NOM de LA COMMUNE.	POPULATION.	Distance au chef-lieu d'arr.	CANTON, sa population.	NOM de LA COMMUNE.	POPULATION.	Distance au chef-lieu d'arr.	CANTON, sa population.	NOM de LA COMMUNE.	POPULATION.	Distance au chef-lieu d'arr.
LEZAY, 10 comm., 11.404 hab.	Lezay	2.628	12	LA MOTHE-STE-HÉRAYE, 8 comm., 8.759 habitants.	Mothe-Saint-Héraye (La)	2.439	18	SAUZÉ-VAUSSAIS, 12 comm., 11.384 hab.	Sauzé-Vaussais	1.745	22
	Chenay	1.114	15		Avon	303	23		Alleuds (Les)	643	13
	Chey	1.101	13		Bougon	413	18		Caunay	564	22
	Messé	442	27		Exoudun	1.501	15		Chapelle-Pouilloux (La)	551	18
	Rom	1.806	22		Goux	557	13		Clussais	1.396	17
	Saint-Coutant	876	13		Pamproux	2.139	22		Limalonges	1.525	27
	Sainte-Soline	1.022	17		Salles	603	23		Lorigné	959	23
	Sepvret	1.130	10		Soudan	804	27		Mairé-Levescault	1.185	23
	Vançais	749	23						Melleran	1.161	18
	Vanzay	536	23						Montalembert	775	23
									Pers	178	18
									Pliboux	702	27

ARRONDISSEMENT DE PARTHENAY

Superficie, 1.580 kil. carrés ou 158.030 hect. — Population, 75.203 hab. — Cantons, 8. — Communes, 79.

CANTON, sa population.	NOM de LA COMMUNE.	POPULATION.	Distance au chef-lieu d'arr.	CANTON, sa population.	NOM de LA COMMUNE.	POPULATION.	Distance au chef-lieu d'arr.	CANTON, sa population.	NOM de LA COMMUNE.	POPULATION.	Distance au chef-lieu d'arr.
PARTHENAY, 11 comm., 10.893 habitants.	PARTHENAY	5.091	»	Suite de MAZIÈRES.	Saint-Lin	547	17	Suite de MONCOUTANT.	Moutiers-sous-Chantemerle	1.253	37
	Adilly	391	8		Saint-Marc-La-lande	504	23		Pugny	383	30
	Amailloux	1.074	15		Saint-Pardoux	1.898	10		Saint-Paul-en-Gâtine	1.250	33
	Boissière-Thouarsaise (La)	463	10		Sontiers	277	12		Traye	182	23
	Chapelle-Bertrand (La)	698	28		Verruyes	1.639	18	ST-LOUP-SUR-THOUET, 9 comm., 7.144 hab.	St-Loup-sur-Thouet	1.503	29
	Châtillon-sur-Thouet	722	3		Vouhé	705	13		Assais	891	27
	Fénery	323	13	MÉNIGOUTE, 10 comm., 8.996 habit.	Ménigoute	976	26		Chillou (Le)	279	20
	Pompaire	475	5		Chantecorps	933	23		Courgé	1.523	15
	Saint-Germain-de-Longue-Chaume	483	13		Coutière	305	25		Jumeaux (Les)	394	27
	Tallud (Le)	765	5		Fomperron	891	26		Lamairé	384	18
	Viennay	408	7		Forges (Les)	334	25		Louin	1.167	24
AIRVAULT, 9 comm., 6.853 hab.	Airvault	1.761	24		Saint-Germier	668	35		Maisontiers	273	18
	Availles-Thouarsais	306	32		St-Martin-du-Fouilloux	656	15		Tessonnière	727	23
	Borcq-sur-Airvault	416	30		Vasles	2.622	13	SECONDIGNY, 7 c., 10.019 h.	Secondigny	2.178	13
	Boussais	804	25		Vausseroux	650	18		Allonne	1.938	15
	Irais	394	35		Vautebis	961	18		Azay-sur-Thouet	1.425	10
	Marnes	791	37	MONCOUTANT, 12 comm., 13.862 hab.	Moncoutant	2.566	32		Neuvy-Bouin	865	23
	Saint-Généroux	501	37		Absie (L')	1.506	27		Pougne-Hérisson	573	15
	Saint-Jouin-de-Marnes	1.188	38		Breuil-Bernard (Le)	588	30		Saint-Aubin-le-Cloud	1.517	10
	Soulièvres	692	28		Chanteloup	1.252	33		Vernoux	1.523	25
MAZIÈRES-EN-GATINE, 12 c., 10.365 hab.	Mazières-en-Gâtine	1.044	15		Chapelle-St-Etienne (La)	833	33	THÉNEZAY, 9 comm., 7.074 hab.	Thénezay	2.380	21
	Beaulieu-sous-Parthenay	849	10		Chapelle-Saint-Laurent (La)	1.828	23		Aubigny	453	18
	Boissière-en-Gâtine (La)	500	17		Clessé	1.133	23		Doux	527	29
	Clavé	769	22		Largeasse	1.088	26		Ferrière-en-Parthenay (La)	914	17
	Groseillers (Les)	146	22						Lhoumois	441	16
	Saint-Georges-de-Noisné	1.487	21						Oroux	293	18
									Peyratte (La)	1.168	10
									Pressigny	563	23
									Saurais	335	13

III. STATISTIQUE MORALE (1)
Par M. Eug. BOUTMY, ancien professeur.

Les chiffres en caractères gras inscrits dans chacune des trois petites colonnes de ce tableau indiquent le rang du département relativement à la mention devant laquelle ils sont placés.

	Religion (2).			Crimes contre les personnes (4).			Tribunaux correctionnels.	
	Catholiques	293.103		COURS D'ASSISES.		81e	Nombre des affaires	776
	Protestants	37.931	83e	Rapport du nombre des accusés à la population. 1 sur 56.109 hab.			Nombre des prévenus	856
	Israélites	8					Nombre des condamnés	803
	Clergé catholique	444		Nombre total des accusés	6		**Procès.**	
	Pasteurs	42					Affaires civiles (5)	528
	Rabbins	»		**Infanticides.**			Affaires commerciales (6)	592
	Mouvement de la population.		53e	Rapport du nombre des infanticides à celui des enfants naturels. 1 sur 308		62e	Faillites (7)	25
	Naissances	8.522					**Paupérisme.**	
	Mariages	2.923		Nombre total	1	66e	Rapport des indigents au chiffre de la population. 1 sur 81 hab.	
	Décès	7.052		**Suicides.**			Nombre total	4.140
11e	Durée moyenne de la vie. 42 ans.						Bureaux de bienfaisance	40
	Instruction (3).		38e	Rapport des suicides au chiffre de la population. 1 sur 8.416 hab.			Hôpitaux et hospices	14
52e	Nombre des jeunes gens sachant lire, écrire et compter sur 100 jeunes gens maintenus sur les listes de tirage. 75,14			Nombre total	40		Aliénés à la charge du département	202
							Sociétés de secours mutuels	19
	Nombre des établissements d'enseignement secondaire de l'État	4		**Crimes contre les propriétés.**			**Contributions directes (8).**	
			81e	Rapport du nombre des accusés à la population. 1 sur 48.093 hab.		49e	Foncière	1.537.232
	Nombre des écoles primaires (publiques ou libres)	627					Personnelle et mobilière	312.665
				Nombre total	7		Portes et fenêtres	178.513

(1) Les chiffres contenus dans ce tableau sont empruntés, pour la plupart, à l'*Annuaire statistique de la France* (1878), publié par le ministère de l'agriculture et du commerce, ou calculés d'après des données puisées dans cet ouvrage.

(2) Ces chiffres sont antérieurs au recensement de 1876, qui a négligé ce point de vue.
Culte catholique. — Évêché à Poitiers, suffragant de la métropole de Bordeaux. Le diocèse de Poitiers, qui comprend les départements de la Vienne et des Deux-Sèvres, compte 69 cures, 572 succursales et 135 vicariats rétribués par l'État. Les congrégations et communautés religieuses établies dans ce diocèse sont au nombre de 34 : 9 pour les hommes et 25 pour les femmes.
Culte réformé. — Le département possède 5 églises consistoriales : Niort, Saint-Maixent, Lezay, Melle, La Mothe-Saint-Héraye. Pour Niort, 7 paroisses avec 4 annexes, 8 pasteurs, 7 temples et 18 écoles ; pour Saint-Maixent, 5 paroisses, 1 annexe, 6 pasteurs, 4 temples, 12 écoles ; pour Lezay, 7 paroisses avec 3 annexes, 8 pasteurs, 7 temples et 10 écoles ; pour Melle, 6 paroisses avec 6 annexes, 7 pasteurs, 6 temples, 17 écoles ; pour La Mothe-Saint-Héraye, 5 paroisses avec 6 annexes, 5 temples et 14 écoles.
Mœurs et caractère. — Voici quelques traits des mœurs et du caractère des habitants des Deux-Sèvres que nous empruntons à un des anciens préfets de ce département.
Une probité antique, de la loyauté, des mœurs douces, une humeur enjouée, un caractère franc et hospitalier, plus de bonhomie que de politesse, un goût très vif pour la danse et pour les plaisirs de la table ; tels sont les principaux traits du caractère des habitants de ce pays : les différences de climat et d'industrie déterminent les nuances.
L'homme du Bocage a la taille médiocre, mais assez bien prise, la tête grosse et ronde, le teint pâle, les cheveux noirs, les yeux petits, mais expressifs. Son tempérament est bilieux et mélancolique, son esprit est lent, mais non sans profondeur, son cœur est généreux, mais irascible ; sa conception peu facile, mais sûre. Il conserve encore la simplicité des mœurs anciennes.
Les habitants de la Plaine, plus civilisés que ceux du Bocage, ont un caractère plus confiant ; ils aiment le repos, la danse, le vin, sans toutefois en faire excès ; leur taille est plus élevée, leur physionomie plus ouverte, leur carnation plus vive. Ils sont aussi braves, mais moins industrieux et plus processifs, ce qui provient sans doute de ce que leurs propriétés n'ont pas des limites aussi immuables. Quoique leur esprit se soit plus facilement détaché des vieilles superstitions, ils conservent encore de nombreux préjugés.
L'habitant du Marais est encore d'une taille plus élevée que celui de la Plaine ; il a de l'embonpoint, ses membres sont plus massifs, mais il manque de santé et d'agilité, il est d'ailleurs apathique et grossier. Une cabane de roseaux, un petit pré, quelques vaches, un bateau qui sert à la pêche, et souvent à prendre du fourrage le long de la rivière, un fusil pour chasser, composent toute sa fortune et tous ses moyens d'industrie.

(3) Le département relève de l'académie de Poitiers. Lycée à Niort ; collèges communaux à Melle et à Parthenay ; 3 établissements libres pour l'enseignement secondaire. École normale d'instituteurs primaires à Parthenay. Au point de vue d'élèves inscrits dans les écoles primaires de 6 à 13 ans, sur 100 enfants recensés, le département des Deux-Sèvres occupe le 45e rang. Il occupe le 35e rang d'après le nombre d'enfants présents à l'école par 10,000 habitants.

(4) Au point de vue judiciaire, le département des Deux-Sèvres ressortit à la cour d'appel de Poitiers. Niort est le siège de la cour d'assises. Chaque chef-lieu d'arrondissement possède un tribunal de première instance ; un tribunal de commerce est établi à Niort.

(5) Ce chiffre indique le nombre des affaires civiles terminées pendant l'année.

(6) Ce chiffre comprend les affaires contentieuses à juger pendant l'année.

(7) Terminées pendant l'année.

(8) Trésorier-payeur général à Niort ; receveur particulier dans chaque chef-lieu d'arrondissement ; 51 percepteurs.

BIBLIOGRAPHIE

1622. La Fondation et dotation de l'église de Saint-Maixent, par *Pierre Porcher*. In-8°.

1659. Actes des choses mémorables survenues au siège devant Nyort le 20 juin 1569, par le comte *de Lude*. In-8°.

1793. Coup d'œil historique, topographique et médical sur la ville de Niort et ses environs, par *Guillemeau*. In-12.

1794. Niort, Bressuire, Parthenay, etc., etc., au tome XXXIV du Voyageur françois de l'abbé *de Laporte*. In-12.

1798. Essai sur les minéraux et les fossiles des départements des Deux-Sèvres et de la Vienne, par *Guillemeau*. 1 vol. in-12.

1801. Calendrier de Flore des environs de Niort, ou temps approximatif de la floraison, etc., par *Guillemeau*. 1 vol. in-12.

1801. Mémoire sur la statistique du département des Deux-Sèvres, par le baron *C.-F.-R. Dupin*. In-4°.

1803. Annuaire statistique du département des Deux-Sèvres pour 1802 et 1803, par *Guillemeau*. 2 vol. in-12.

1803. Dictionnaire géographique, agronomique et industriel du département des Deux-Sèvres, par *Dupin*, an XI. In-8°.

1804. Mémoire statistique du département des Deux-Sèvres, par *Dupin*. In-folio.

1804. Annuaire statistique du département des Deux-Sèvres pour l'an XIII, par *Jacquin*. In-8°.

1806. Essai sur l'histoire naturelle des oiseaux du département des Deux-Sèvres, par *Guillemeau*. In-8°.

1810. Statistique du département des Deux-Sèvres, par *Peuchet* et *Chanlaire*. In-4°.

1821. Mémoire sur le produit des céréales dans le département des Deux-Sèvres et sur le résultat des recensements annuels, par *J. Bujault*. In-8°.

1824. Histoire de la ville de Thouars, avec un supplément comprenant la tentative du général Berton, par *Berthre de Bournisseaux*. In-8°.

1832. Histoire de la ville de Niort depuis son origine, par *Briquet*. 2 vol. in-8°. Publiée par *Robin* et *L. Favre*.

1835. Le Département des Deux-Sèvres au tome III de la France pittoresque d'*Abel Hugo*. Grand in-8°, cartes et gravures.

1838. Le Département des Deux-Sèvres au tome V du Guide pittoresque en France de *Firmin-Didot*. In-8°, cartes et gravures.

1838. Recherches sur les chroniques du monastère de Saint-Maixent, par *A.-D. La Fontenelle de Vaudoré*. In-8°.

1838. Géographie élémentaire du département des Deux-Sèvres, par *L. de Folin*. 1 vol. in-18.

1839. Notes géologiques sur les environs de Saint-Maixent, par *A. Rivière*. In-8°.

1841. Rapport sur l'Hôtel-Dieu de Thouars et l'hospice Saint-Michel, par *A.-H. de Vielblanc*. In-4°.

1842. Monuments religieux, militaires et civils du Poitou (1re série, département des Deux-Sèvres), par *Arnaud*, publiée par *Robin* et *Favre*. In-4°.

1842. Vues et costumes pittoresques du département des Deux-Sèvres, par *Gellé*, avec texte par *Arnaud*. In-4°.

1842. Tableau synoptique des végétaux du département des Deux-Sèvres, par *B. Braquier* et *Maurette*. In-18.

1843. Monuments religieux, militaires et civils du Poitou (Deux-Sèvres), dessins par *Baugier*, lithographies par *E. Comte*, texte historique par *Ch. Arnauld*.

. . . Statistique du département des Deux-Sèvres, par *M. Soutain*.

1845. Articles Niort, Saint-Maixent, Melle, Parthenay, Thouars, Bressuire, etc., au tome IV de l'Histoire des villes de France par *Aristide Guilbert*. Grand in-8°, blasons et gravures.

. . . Petite géographie du département des Deux-Sèvres, publiée par *Robin*. In-16.

1853. Annuaire statistique et historique du département des Deux-Sèvres, publié par Mme *Morisset*. In-12. Voir les années précédentes.

1860. Petit dictionnaire statistique et historique des communes du département des Deux-Sèvres, par *T. Lukomski*.

1866. Histoire de la ville et baronnie de Bressuire, par *B. Ledain*. In-8°.

1870. Recherches sur Airvault, son château, son abbaye, par *H. Beauchet-Filleau*. In-8°.

1872. Notes sur Melle, recueillies par *Babert de Juillé*. In-8°.

1873. Dictionnaire géographique du département des Deux-Sèvres, comprenant les noms de tous les endroits habités; précédé d'une introduction par *H. Beauchet-Filleau* et *Saint-Elme Ravan*. In-8°.

1875. De la Loire à la Garonne, itinéraire général de la France, par *Ad. Joanne*. 1 fort vol. in-18, cartes.

1875. Géographie du département des Deux-Sèvres, par *Ad. Joanne*. In-12.

1876. Petite Géographie du département des deux-Sèvres. (Collection *E. Levasseur*). In-18.

1880. Almanach historique et patriotique du département des Deux-Sèvres, publié par *Oudin*.

Mémoires de la Société de statistique, sciences et arts du département des Deux-Sèvres, publiés par *Robin* et *L. Favre*. Grand in-8°.

Mémoire de la Société des antiquaires de France.

Mémoire de la Société des antiquaires de l'Ouest.

Cartes cadastrales du département des Deux-Sèvres.

Feuilles 118, 119, 130, 131, 141, 142, 152, 153 de la grande *Carte*, dite de l'*État-major*, publiée par le *Dépôt de la guerre*.

Plan de Niort, publié par *Robin* et *Favre*.

Cartes du département des Deux-Sèvres, par *Frémin*, *Dufour*, *Charle*, *Duvotenay*, *Logerot*, *Ad. Joanne*.

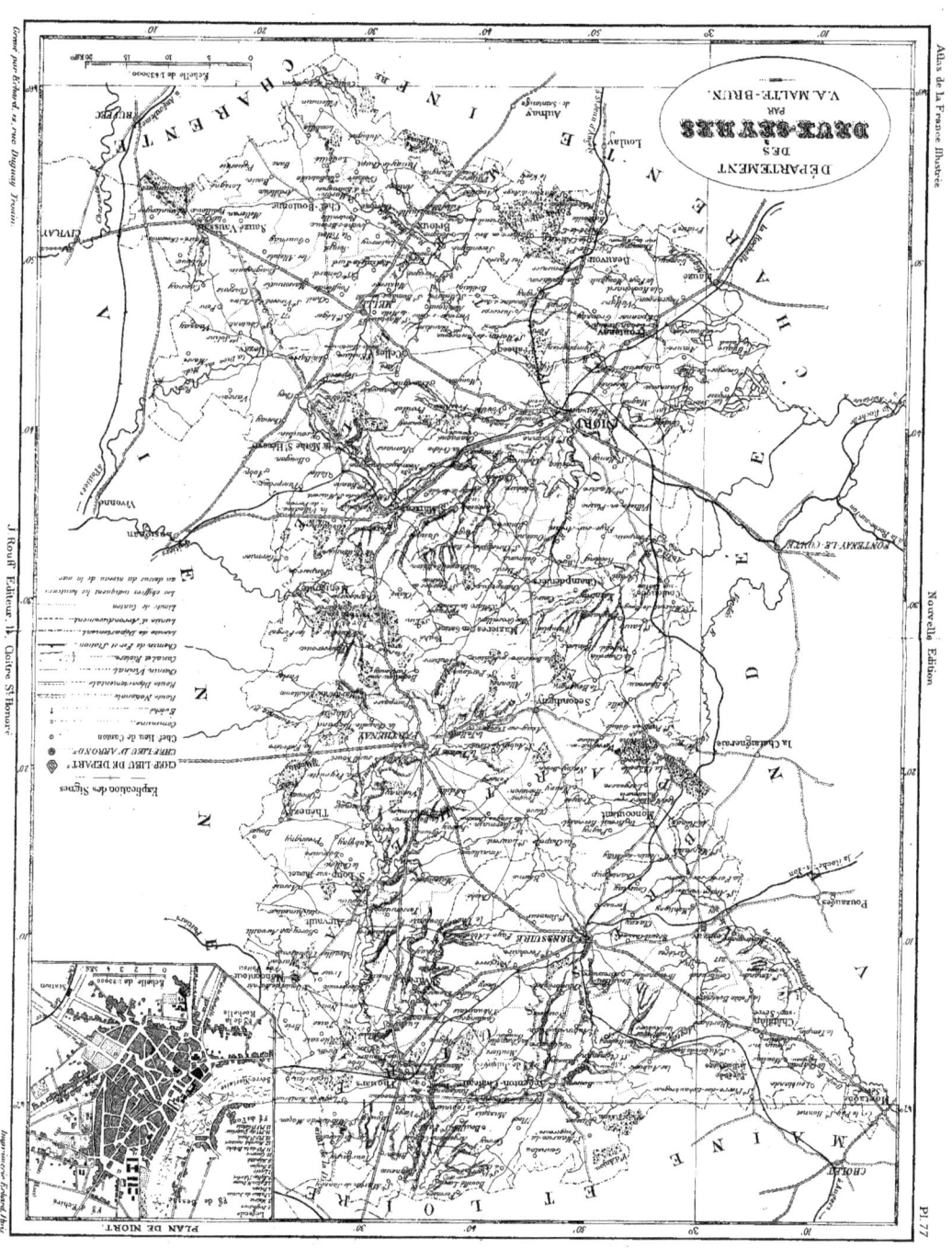

LA FRANCE ILLUSTRÉE PAR V.-A. MALTE-BRUN

5. — Somme. AMIENS

SOMME

Chef-lieu : AMIENS

Superficie : 6,161 kil. carrés. — Population : 556,641 habitants.
5 Arrondissements. — 41 Cantons. — 835 Communes.

DESCRIPTION PHYSIQUE ET GÉOGRAPHIQUE

Situation, limites. — Le département de la Somme tire son nom du fleuve qui le traverse dans toute sa largeur du sud-est au nord-ouest. Il forme presque en totalité le bassin de la Somme et comprend une partie des bassins de deux petits fleuves côtiers, la Bresle et l'Authie.

Il a été formé, en 1790, d'un morcellement de l'ancienne Picardie comprenant en tout ou en partie l'Amiénois, le Ponthieu, le Santerre, le Vermandois et quelques parties de l'Artois.

Ses limites sont : au nord, le département du Pas-de-Calais ; au nord-est, la Manche ; à l'est, le département de l'Aisne ; à l'ouest et au sud-ouest, celui de la Seine-Inférieure, et au sud-est, celui de l'Oise.

Nature du sol, côtes. — Le sol du département de la Somme, formé en grande partie de craie, de sable et d'argile, est généralement gras et riche, fort inégal et ne présente qu'une suite continuelle de plaines ondulées, coupées de collines et de vallons. Ces collines semblent d'autant plus s'élever qu'on approche davantage de l'embouchure de la Somme. Mais nulle part ces accidents de terrain ne s'élèvent aux proportions même de petites montagnes comme dans les départements limitrophes de l'Aisne et de l'Oise, car les collines qui bornent le département au nord-est, et qui pourtant sont les plus élevées, ne dépassent guère 150 à 200 mètres d'altitude. Les points culminants du département sont au sud-ouest, entre la Somme et la Bresle : Neuville-Coppegueule, 210 mètres ; Ganville, 207 mètres ; entre Thoix et Conty, 193 mètres ; au nord de la Somme, la côte de Beauvel atteint 170 mètres, et Arquèves, 15 mètres. Les principales vallées sont celles de la Somme, de la Noye et de l'Authie. On y trouve un grand nombre de parties marécageuses, qui, sans être assez inondées pour s'appeler marais, n'offriraient aucun avantage aux exploitations, si elles ne renfermaient de la tourbe. Un terrain plat et fertile, appelé le *Marquenterre*, présente une surface de 12 kilomètres dans sa moyenne largeur, sur 20 dans sa plus grande longueur, et s'étend sur le bord de la mer, entre les rives de la Somme et l'embouchure de l'Authie ; ce sol est le plus riche et le plus pittoresque de la Picardie.

Le département présente un développement de côtes d'environ 37 kilomètres et possède deux ports principaux sur l'Océan et deux ports en rivière. Le littoral est bordé tantôt de hautes falaises calcaires, tantôt, et principalement à l'embouchure des trois rivières qui se jettent dans l'Océan, d'une plage en pente douce, composée de détritus de coquillages et de fragments calcaires et siliceux.

Le sol du département se divise, d'après sa nature, en pays de landes ou bruyères, 13,236 hectares ; sol de riche terreau, 1,869 ; sol de craie ou calcaire, 63,200 ; sol de gravier, 31,739 ; sol pierreux, 36,749 ; sol sablonneux, 26,750 hectares.

Hydrographie. — Le département appartient au bassin de la Manche et aux bassins côtiers de la Somme, de la Bresle et de l'Authie.

La Somme prend sa source à Fonsomme, à 10 kilomètres au nord-est de Saint-Quentin (Aisne), dont elle traverse une partie de l'arrondissement dans la direction du nord-est au sud-ouest, sur environ 35 kilomètres ; elle entre ensuite dans le département de la Somme à Estouilly, passe à Ham et prend une direction nord-ouest à Offoy, Épenancourt, Péronne, où elle commence à couler de l'est à l'ouest jusqu'à Amiens par Sainte-Radegonde, Bray, Corbie et La Neuville. A Amiens, elle se partage en quatre bras et onze canaux qui se réunissent à la sortie de la ville ; de là à Montières, Ailly, Picquigny, Pont-Remy, Épagnette, Épagne et Abbeville, où la Somme se divise de nouveau en plusieurs bras qui se réunissent au-dessous ; elle passe ensuite à Port, à Noyelles, d'où elle va à travers les sables se jeter dans la Manche entre Le Crotoy et Saint-Valery, après un cours total de 245 kilomètres, dont 185 appartiennent au département. Les principaux affluents de la Somme sont, dans le département, à droite, l'Omignon, qui passe à Authies ; la Cologne ou Doingt, qui se jette dans la Somme, à Péronne ; l'Ancre, qui se jette dans la Somme, au-dessous de Corbie ; la Niéve ou Fieffe et la Maye ; cette dernière peut être considérée comme se jetant directement dans la Manche ; elle prend sa source à Crécy, passe à Arry, à Rue et traverse les sables de l'embouchure de la Somme jusqu'à la mer. Les principaux affluents de gauche sont : l'Ingon, qui passe à Nesle ; l'Avre, qui passe à Roye, à Saint-Mard, à Pierrepont, près de Moreuil, où elle est navigable, et à Boves ; elle a pour affluent la Noye ; la Celle, qui reçoit la rivière de Poix, l'Airaines, l'Amboise et la Trie.

L'Authie, qui a environ 100 kilomètres de cours, sépare les départements de la Somme et du Pas-de-Calais ; elle prend sa source à Rossignol, dans le département du Pas-de-Calais, entre dans celui de la Somme, à Authies, passe à Authieul, à Doullens, à Hem, à Occoches, à Beauvoir-Rivière et sert alors généralement de limite entre les deux départements. Elle a pour affluents de droite, dans le département de la Somme, la Kilienne ou Quillienne et la Grouche ou le Lucheux ; cette dernière passe à Humbercourt, à Lucheux et se jette dans l'Authie, à Doullens, au moulin Fromentel.

La Bresle, qui forme la limite des départements de la Seine-Inférieure et de la Somme, prend sa source à Blargies (Oise), arrive dans le département un peu au-dessous d'Aumale, passe à Guémicourt, Saint-Germain, Senarpont, Gamaches, Mareste, où elle s'écarte de la frontière du département de la Somme pour se jeter dans la Manche, au Tréport, et après avoir traversé la ville d'Eu (Seine-Inférieure). Son cours peut être évalué à 72 kilomètres. La Bresle a pour affluents de droite, dans le département de la Somme, le Liger et la Vismes ou Vimeuse.

Le département est traversé par le canal latéral de la Somme, qui a son origine à Saint-Simon (Aisne) et s'étend jusqu'à la mer, à Saint-Valery, en suivant la vallée de la Somme ; sa longueur totale est de 156,831 mètres, dont 151,331 dans le département, avec une pente de 65 mètres 54 depuis le niveau du biez du canal de Saint-Quentin, auquel il se rattache, jusqu'au niveau de la marée basse dans le port de Saint-Valery ; cette pente est rachetée par 23 écluses. Ce canal, commencé en 1725, n'a été complètement achevé qu'en 1835. Il existe encore dans le département quelques canaux, mais ils sont sans importance pour la navigation et ne servent qu'aux desséchements.

Le département n'a point de lacs, mais de nombreux étangs, dont les plus considérables sont ceux de Saint-Christ, Pargny, Frise, Cléry, Bray, Sailly-sur-Somme, et ceux de Rue et de Quend, dans le Marquenterre.

Voies de communication. — Le département de la Somme est un des plus favorisés sous le rapport des voies de communication. Il est traversé par : 11 routes nationales, ayant une longueur de 620 kilomètres ; 21 routes départementales, 577 kilomètres ; 55 chemins vicinaux de grande communication, 965 kilomètres ; 159 chemins vicinaux d'intérêt commun, 1,702 kilomètres ; enfin, par 3,450 chemins vicinaux ordinaires, ayant un développement de 5,065 kilomètres.

Les lignes de chemins de fer qui sillonnent le département appartiennent au grand réseau du Nord. La principale ligne, celle de Paris, Amiens, Saint-Valery, Boulogne et Calais, y pénètre un peu au delà de la station de Breteuil (Oise) et dessert dans la Somme les stations de : La Faloise, Ailly-sur-Noye, Boves, Longueau, Amiens (133 kilomètres de Paris), Saint-Roch, Dreuil, Ailly-sur-Somme, Picquigny, Hangest, Longpré, Pont-Remy, Abbeville (176 kilomètres de Paris, 45 kilomètres d'Amiens), Noyelles, Saint-Valery (189 kilomètres de Paris, 58 kilomètres d'Amiens). A Noyelles se détache la ligne qui va sur Boulogne et Calais ; station Rue. A Amiens se soude l'embranchement qui va vers Arras, Béthune, Hazebrouck, Dunkerque et Calais ; les stations dans le département sont : Daours, Corbie, Méricourt et Ribemont, Albert, Beaucourt et Ribemont. Un autre embranchement de 27 kil. va d'Amiens à Canaples.

De Laon par Tergnier (Aisne), une ligne vient sur Amiens, en passant dans le département aux stations de Ham (21 kil. de Tergnier), Nesle, Chaulnes, Rosières, Gillaucourt, Marcelcave, Villers-Bretonneux, Amiens (211 kil. de Paris, 80 kil. de Tergnier). Cette ligne se continue sur Rouen et dessert les stations d'Amiens (117 kil. de Rouen), Saint-Roch, Saleux,

Bacouel, Namps-Quevauvilliers, Famechon, Poix, Sainte-Segrée, après laquelle station elle quitte le département.

A Longpré, station de la ligne d'Amiens à Boulogne, se détache un embranchement de 36 kilomètres, qui, en passant par Flixecourt, Saint-Ouen, Saint-Léger, Pernois, Canaples, Montrelet, Candas, Gezaincourt et Doullens, va rejoindre la ligne d'Arras à Doullens. C'est également à Longpré que se détache l'embranchement d'Eu (54 kilomètres) et du Tréport (58 kilomètres); il dessert dans la Somme les stations de Airaines, Allery, Wiry, Oisemont, Martainneville, Maisnières et Gamaches.

Amiens est encore rattaché à Paris par la ligne de Paris à Beauvais, Amiens; elle entre dans le département après la station de Croissy (Oise) et dessert celles de Conty, Lœuilly, Prouzel, Saleux, Saint-Roch, Amiens (148 kilomètres de Paris, 69 de Beauvais).

Enfin, la partie orientale du département est traversée du sud-ouest au nord-ouest par la ligne de Picardie-Flandre (Montdidier, Péronne, Cambrai), qui se sépare à Saint-Just de la ligne principale de Paris à Amiens et dessert dans le département de la Somme les stations de : Montdidier (102 kilomètres de Paris, Laboissière, Dancourt, Roye (120 kilomètres de Paris), Hattencourt, Chaulnes, Marchelepot, Pont-les-Brie, Péronne (150 kilomètres de Paris), Cartigny, Roisel, Villers-Faucon et Épehy.

D'autres lignes ou embranchements sont projetés ou en construction, notamment : la ligne d'Amiens à Doullens, par Villers-Bocage, qui mettra directement Amiens en communication avec Lille ; celle de Saint-Valery au Tréport et à Eu ; celle d'Amiens à Compiègne, par Montdidier.

On peut évaluer (1877) la longueur des lignes exploitées dans le département de la Somme à 461 kilomètres, et celle des lignes en construction ou projetées à 73 kilomètres.

Climat. — Le département de la Somme appartient au climat séquanien ou du nord-ouest. Ce climat est humide à cause du voisinage de la mer, très variable, mais généralement tempéré. Le sol, entrecoupé de vallées et de collines, modifie aussi l'accès de l'atmosphère. Les vents d'ouest, nord-ouest, sud-ouest soufflent pendant la plus grande partie de l'année ; le vent d'ouest amène les pluies ; il règne souvent au printemps, et presque toujours vers la fin de l'automne. Le vent du nord-ouest règne au printemps, il arrête la végétation et cause quelquefois un grand dommage aux fleurs et aux fruits. A Abbeville, la température moyenne diurne de l'année a été, en 1840 et 1841, de 9°,4. La température moyenne de l'hiver, de 1839 à 1842, a été de 3°. Celle de l'été, pendant la même période, de 15°,4. Le nombre annuel moyen des jours de gelée a été, dans une période de huit années, de 66 ; celui des jours de pluie de 175, dont 52 appartiennent à l'automne, la saison la plus pluvieuse. Le vent d'ouest a soufflé en moyenne annuelle pendant 47 jours, celui du sud-ouest pendant 75, et celui du nord-ouest pendant 56. Enfin, le nombre annuel moyen des jours d'orage est de 25 ; l'été en fournit à lui seul 10 journées.

Productions naturelles. — Le département de la Somme appartient à la région géologique dite de la Neustrie ou du bassin de Paris. Le sol repose sur des alluvions modernes, dans les vallées ; et sur les plateaux calcaires on rencontre çà et là quelques lambeaux de terrain tertiaire de l'étage inférieur ; ils sont formés de sables, de grès, d'argile plastique et de lignites, dans les parties surtout qui avoisinent le département de l'Oise.

La richesse minérale du département consiste surtout dans la tourbe, dont l'extraction occupe, pendant l'été, une grande partie de la population de la vallée de la Somme. Boves, Hangest, Long sont les principaux centres de cette industrie ; les lignites sont exploités dans l'arrondissement de Montdidier, à Villers-Tournelle, à Rollet, à Esmery, pour la fabrication des cendres noires destinées à l'agriculture.

L'agile plastique alimente diverses fabriques de poteries, dont les plus considérables sont situées à Esmery-Hallon et à Amiens, des briqueteries fort nombreuses qui s'établissent souvent instantanément selon les besoins des localités et d'importantes fabriques de tuiles et de pannes. La craie est exploitée dans tout le département pour la fabrication de la chaux, ou comme pierre à bâtir de qualité variable, sur un grand nombre de points ; mais les carrières de La Faloise, du Chaussoy, de Pont-Révoy en fournissent de qualité excellente et sont l'objet d'un commerce considérable.

Il existe à Saint-Christ une source d'eau minérale d'une grande efficacité dans toutes les maladies qui résultent d'obstructions du foie et de la rate.

Corbie, Roye et Abbeville possèdent aussi, près de leurs murs, des sources d'eaux minérales

Le règne végétal n'offre rien de remarquable; le pays est assez fertile pour que toutes les cultures y prospèrent. On récolte dans le département toute espèce de céréales en quantité plus que suffisante pour les besoins de ses habitants; les plantes oléagineuses, les prairies naturelles et artificielles, l'orge, le houblon, le chou à vaches, le chanvre, le lin, le pommier à cidre, les légumes de toutes sortes y réussissent parfaitement bien. Le cidre est la boisson ordinaire des habitants. Les vignobles sont peu nombreux et se rencontrent seulement dans les environs de Montdidier. Parmi les arbres, on remarque le chêne, l'orme, le frêne, le bouleau, le tilleul, le peuplier, le saule et quelques châtaigniers; la viorne, le coudrier, le cornouiller, les pruniers, les saules peuplent les taillis.

Les arbres fruitiers présentent un assez grand nombre de variétés; le pommier, le poirier, le cerisier sont communs. Enfin, la végétation cryptogamique, les mousses, les champignons, les algues, fournissent d'inépuisables récoltes aux botanistes.

La race des animaux domestiques est généralement assez belle dans le département; les chevaux picards sont forts, et on les utilise pour le trait et le labourage.

Les grandes espèces d'animaux sauvages sont rares aujourd'hui; le sanglier se montre encore dans les forêts de Crécy et de Lucheux; le loup commun, le renard et le blaireau le sont plus encore; la loutre se montre rarement; les petites espèces sont assez nombreuses; les plus communes sont le hérisson, le putois, la fouine, la belette, le rat d'eau, les loirs, la taupe, le lièvre et le lapin. Le voisinage de la mer et les grands marais amènent le passage régulier d'un grand nombre d'oiseaux voyageurs de la famille des palmipèdes, tels que les oies cendrée, rieuse, bernache, cravant; les canards chipot, pilet, siffleur, macreuse, double macreuse, sarcelle, souchet, milouin, eider, etc., etc.; les outardes, les barges et les grèbes. Les oiseaux sédentaires sont fort nombreux; les reptiles le sont peu; la vipère est rare et seule venimeuse; la couleuvre à collier, fort commune dans les lieux bas et les marais; on la mange sous le nom d'anguille de haie; la lisse se rencontre moins fréquemment; l'orvet est partout; le lézard vert des souches, des murailles, la rainette verte, la grenouille, les cra-
pauds et quelques salamandres se rencontrent aussi dans les campagnes.

Outre les poissons communs, tels que la carpe, la tanche, le barbeau, le brochet, la loche, la truite, l'anguille, la lamproie, etc., on trouve aussi dans les eaux douces du département des saumons et quelques esturgeons.

Sur les côtes maritimes on pêche le turbot, la sole, la raie, la plie, le merlan, le maquereau, le hareng. Ces deux dernières espèces se pêchent abondamment à certaines époques de l'année; les écrevisses de mer, les crabes, les huîtres, les moules se trouvent sur les côtes.

Industrie agricole, manufacturière et commerciale. — Le département de la Somme est un pays riche, agricole et manufacturier; l'agriculture y est perfectionnée; le cultivateur est laborieux et dégagé de préjugés; il tire parti de tous les procédés nouveaux dont l'expérience a démontré les bons résultats; la récolte des grains est bien plus que suffisante pour la consommation locale. On cultive en grand le chanvre, le lin et le houblon.

La superficie du département se partage en: superficie bâtie et voies de communication, 9,320 hectares, et territoire agricole, 606,800 hectares. Ce dernier est lui-même subdivisé en: céréales, 318,500 hectares; farineux, 21,000; cultures potagères et maraîchères, 4,000; cultures industrielles, 47,230; prairies artificielles, 54,260; fourrages annuels, 21,200; autres cultures et jachères, 64,116; bois et forêts, 40,000; prairies naturelles et vergers, 25,490; pâturages et pacages, 8,030; terres incultes, 5,974.

Sous le rapport du commerce et de l'industrie, le département de la Somme tient un rang important parmi ceux de la France. Ses fabriques sont variées et livrent au commerce un grand nombre de produits. Les matières premières que l'on y emploie sont les laines, le poil de chèvre, la soie, le lin, le chanvre et le coton. Les étoffes, qui forment la branche la plus importante du commerce d'Amiens, sont les velours de coton et d'Utrecht, les reps, les popelines, les alépines, les escots. Il existe dans cette ville d'importantes fabriques de tapis. A Villers-Bretonneux, arrondissement d'Amiens, on fabrique un nombre considérable d'objets de bonneterie. Abbeville possède une manufacture de draps qui a une grande importance. Dans son arrondissement sont des fabriques de tapis moquettes, de serrurerie, de linge de table, de toiles, de cordages, etc.; des fabriques de faïence, de verrerie, de poterie. Dans l'arrondissement de Péronne, de la rouennerie, des tricots, des gazes. A Montdidier et dans son arrondissement, des fabriques de bas au métier. L'industrie la plus remarquable de l'arrondissement de Doullens est la fabrication des toiles communes pour emballages, sacs, etc. Dans le département, on trouve des ateliers de teinture et d'apprêts, de belles blanchisseries de toiles (une des plus importantes est celle d'Ailly-sur-Noye), des moulins à moudre et à effiler le bois de teinture, des tanneries, des papeteries, des fabriques de produits chimiques, de colle, de savons mous, de nombreuses fabriques de sucre de betterave; les pâtés d'Amiens, le fromage de Rollot sont en réputation. Le département fait, par les ports de Saint-Valery, du Crotoy, de Berg, de Cayeux, du Hourdel et d'Abbeville, un commerce considérable de cabotage; leur tonnage est d'environ 200 bâtiments jaugeant 4,000 tonneaux, et leur mouvement de 2,400 bâtiments jaugeant 115,000 tonneaux. Le port de Saint-Valery est 1 entrepôt et le centre d'un commerce actif de vins, d'eaux-de-vie et de productions indigènes et étrangères. Il s'y fait aussi quelques armements pour la pêche. Le nombre des foires du département est de 79; elles se tiennent dans 34 communes et durent 138 journées. Les principales sont celles de la Saint-Jean, à Amiens, qui dure quinze jours; la foire de la Madeleine, à Abbeville, qui en dure 20; les foires aux bestiaux de Picquigny et de Nampont; enfin, la foire aux chevaux d'Oisemont. Les principaux articles de commerce sont les chevaux, les bestiaux, les porcs, les bêtes à laine, les volailles, le miel, le lin, le chanvre, les draps, les toiles, les grains, les instruments aratoires, la quincaillerie, les huiles, etc.

Division politique et administrative. — Le département de la Somme a pour chef-lieu Amiens; il est divisé en 5 arrondissements, 41 cantons, 835 communes; le tableau statistique que nous donnons plus loin les fera connaître. Il appartient à la région agricole du nord de la France. Le département forme le diocèse d'un évêché suffragant de l'archevêché de Reims et dont le siège est à Amiens; il possède 12 cures de première classe, 48 cures de seconde, 608 succursales et 96 vicariats.

Le grand séminaire est à Amiens, et le petit à Saint-Riquier.

Il existe dans le département, à Amiens, à Contay et à Templeux-le-Guérard, trois églises consistoriales, pour le culte réformé, dépendant de l'église de Saint-Quentin.

Les cinq tribunaux de première instance d'Amiens, de Montdidier, de Péronne, de Doullens et d'Abbeville et les tribunaux de commerce d'Amiens, de Saint-Valery et d'Abbeville ressortissent à la cour d'appel d'Amiens, qui a dans sa circonscription judiciaire les départements de l'Aisne, de l'Oise et de la Somme.

Au point de vue universitaire, le département dépend de l'académie de Douai. Il y a à Amiens une école préparatoire de médecine et de pharmacie, un lycée, des collèges à Abbeville et à Péronne, 13 institutions secondaires libres, une école normale primaire à Amiens et 1,357 écoles primaires.

Amiens possède un collège ecclésiastique important; c'est le collège de la Providence, et Montdidier un collège ecclésiastique tenu par les lazaristes.

Amiens est le quartier général du 2ᵉ corps d'armée et de la 2ᵉ circonscription de l'armée territoriale, qui comprend les départements de la Somme, de l'Aisne, de l'Oise, de Seine-et-Oise (arrondissement de Pontoise) et de la Seine (cantons de Saint-Denis, de Pantin, Xᵉ, XIXᵉ, XXᵉ arrondissements de Paris). Amiens, Péronne, Abbeville sont des chefs-lieux de subdivision. Amiens est le quartier général de la 2ᵉ légion de gendarmerie, répartie dans les départements de la Somme, de l'Aisne et de l'Oise. Le département renferme cinq places de guerre: Abbeville, citadelle d'Amiens, citadelle de Doullens, château de Ham et Péronne.

Le port de Saint-Valery forme un quartier maritime du sous-arrondissement de Dunkerque, dépendant de l'arrondissement maritime de Cherbourg.

Le département de la Somme dépend de l'arrondissement minéralogique de Paris, appartenant à la région du nord-ouest; de la 2ᵉ inspection des ponts et chaussées, dont le siège est à Lille, et du 7ᵉ arrondissement forestier, dont le chef-lieu est à Douai. Abbeville est le siège d'une direction des douanes; l'inspection de Saint-Valery comprend les principalités de Saint-Valery et d'Abbeville et 3 capitaineries.

On compte dans le département 127 perceptions des finances; les contributions et revenus publics atteignent 45 millions de francs.

HISTOIRE DU DÉPARTEMENT

La Somme est notre ancienne Picardie, province dont le nom a été, pour les étymologistes, le texte de si longues et si stériles dissertations. Les Romains trouvèrent ce territoire occupé par de nombreuses tribus dont ils nous ont transmis les noms; c'étaient, au nord, les *Morini;* à l'ouest, les *Ambiani*, qui avaient pour capitale *Somarobriva*, et les *Britanni;* les *Veromandui*, à l'est, et, au sud, les *Bellovaci* et les *Sylvanectenses*. Les *Ambiani*, les *Morini* et les *Bellovaques* prirent une large part à la guerre de l'Indépendance sous Vercingétorix ; mais, vaincus comme les autres peuples de la Gaule, ils se soumirent et firent partie de la seconde Belgique. La résistance des habitants à la domination étrangère leur mérita l'estime des vainqueurs. D'importants privilèges, de larges franchises municipales, de nombreux embellissements dans les villes assurèrent la paix dans le pays jusqu'à l'arrivée des Francs. Clodion est le premier chef qui y pénétra, au commencement du IV° siècle ; c'est à peu près vers la même époque qu'apparaissent aussi les premiers propagateurs de la foi chrétienne, saint Firmin, saint Crépin et saint Crépinien, saint Valère, saint Ruffin, saint Quentin, saint Vaast, saint Valery, saint Ricquier, saint Lucien et les apôtres de l'Église irlandaise. Leur lutte contre le druidisme et le paganisme romain fut laborieuse et rude ; les traits principaux du caractère picard se retrouvent aussi prononcés, à cette époque, qu'ils se sont maintenus depuis. La ténacité, l'obstination, la fidélité aux vieilles croyances furent de sérieux obstacles à l'établissement de la foi nouvelle. Mais hâtons-nous d'ajouter que la vérité, une fois connue et acceptée, ne trouva nulle part de plus zélés sectateurs ni de défenseurs plus intrépides.

Sous les princes de la première race, la Picardie demeura inféodée au domaine royal ; elle faisait partie de ce qu'on appelait alors *la France*. Ce fait s'explique quand on se rappelle que, jusqu'à Charlemagne, Soissons fut, à vrai dire, la capitale de la monarchie franque et la résidence la plus habituelle des rois. Sous les successeurs du grand empereur, l'immensité des possessions conquises nécessita la création de comtes ou lieutenants, chargés de gouverner les provinces au nom du souverain, qui en vivait éloigné. C'est en 823 que nous voyons Louis le Débonnaire abandonner pour la première fois l'administration de la Picardie à un comte. On sait quels furent les rapides envahissements de ces nouveaux pouvoirs, et en combien de lieux et de circonstances ils parvinrent à se rendre indépendants. Grâce à l'inamovibilité des fiefs féodaux, les alliances de famille concentrèrent bientôt entre les mains de quelques seigneurs une puissance rivale de celle des rois. Le développement de ces usurpations remplit toute la seconde race et aboutit au triomphe définitif, au couronnement de la haute féodalité dans la personne des Capet, comtes de Paris. La Picardie suivit la loi générale. Un Philippe d'Alsace, comte de Flandre, qui avait épousé une comtesse de Vermandois, voulut, après la mort de sa femme, retenir le comté d'Amiens, qui devait retourner à Aliénor, comtesse de Saint-Quentin, sœur cadette de la défunte. L'injustice de cette prétention était si flagrante, et l'ambition du comte Philippe prenait des proportions si menaçantes, que le roi de France crut devoir enfin intervenir ; il ne s'agissait ni de remontrances ni d'arbitrage, c'est une guerre sérieuse qu'il fallut entreprendre pour réduire l'ambitieux vassal ; et encore une dernière satisfaction lui fut-elle donnée par le traité de paix qui intervint : il fut convenu que le beau-frère et la belle-sœur jouiraient successivement de la province en litige, et qu'après leur mort elle appartiendrait à la couronne. C'est à Philippe-Auguste qu'on doit cet arrangement, qui fit rentrer la partie la plus importante de la Picardie dans le domaine national. Le Ponthieu, dont Abbeville est la capitale, passa successivement dans les maisons d'Alençon, de Dammartin, de Castille et d'Angleterre. Philippe de Valois le reprit sur Édouard III par confiscation ; ce comté, ainsi que celui de Santerre (territoire de Péronne), avait été rattaché à la couronne, lorsque Charles VII, en 1435, engagea au duc de Bourgogne, pour quatre cent mille écus, toutes les villes situées sur la Somme. Le droit des rois de France étant enfin reconnu, cette aliénation ne devait être que momentanée. Le premier soin de Louis XI, deux ans après son avènement au trône, en 1463, fut d'acquitter la dette contractée par son père et de rentrer dans l'entière possession de la Picardie. Depuis cette époque, la province n'a pas cessé d'être française. Elle comprenait alors l'Amiénois, le Boulonnais, le Ponthieu, le Santerre, le Vermandois, le Thiérache, le Pays reconquis, le Beauvoisis, le Noyonnais et le Laonnais ; on y réunit l'Artois. Dans

Abbeville.

la suite, les territoires de Beauvais, Noyon et Laon en furent détachés au profit de l'Ile-de-France; puis, en 1790, dans la dernière division du sol français en départements, Boulogne et Montreuil furent affectés au Pas-de-Calais; l'Aisne eut les arrondissements de Saint-Quentin et de Vervins; tout le reste forma le département de la Somme.

Depuis la réunion de la Picardie à la France, son histoire, comme province, se confond avec l'histoire générale du pays. L'intérêt et l'importance des événements qui s'y sont passés sont tout entiers dans les chroniques particulières des villes; nous y renverrons donc le lecteur, nous contentant ici de quelques observations sur la physionomie générale de la province.

La grande lutte de Charles le Téméraire trouvera sa place dans la notice de Péronne, et les chroniques d'Amiens nous diront l'histoire de la rivalité des maisons de France et d'Espagne. Ce qu'il importe de constater ici, comme aperçu synthétique, c'est la profonde empreinte laissée sur le sol picard par chacune des grandes crises sociales qui ont tour à tour transformé notre pays. Le caractère des habitants, lent et paresseux dans ses évolutions spéculatives, défiant dans sa naïveté, après avoir opposé aux principes nouveaux une résistance obstinée, s'en est laissé pénétrer plus profondément qu'aucun autre. Nous avons parlé de l'enracinement des croyances païennes en face de la Gaule presque entièrement convertie au christianisme; dès que la vraie foi se fut emparée des intelligences et des cœurs, la Picardie devint le pays le plus religieux peut-être de la chrétienté. Est-il besoin de citer les fameuses écoles monastiques de Corbie et de Saint-Ricquier, les pèlerinages si célèbres et si fréquentés à Notre-Dame de Liesse, à Notre-Dame de Boulogne et à l'église du Saint-Esprit de Rue?

L'époque des croisades surtout éclate en glorieux témoignages de la piété des Picards; et, pour em-

France illustrée. 18.

5. — Somme, 2ᵉ Liv.

prunter les paroles d'un historien moderne de la province, c'est un Picard, Pierre l'Hermite, qui prêche la première croisade et marche à l'avant-garde ; c'est un Picard, le baron Creton d'Estourmel, qui, le premier, plante sa bannière sur les murs de Jérusalem, et sa famille, en mémoire de ce fait d'armes, inscrit sur son blason cette noble devise : « Vaillant sur la crête » ; enfin, c'est un Picard, Godefroy de Bouillon, le plus glorieux peut-être, qui porta le premier la couronne de Jérusalem. Voilà pour le sentiment religieux.

Quant à l'esprit féodal, les preuves de son développement, en Picardie, sont bien plus nombreuses encore. Suivant le même auteur, on comptait dans la mouvance directe du comté de Ponthieu 250 fiefs et plus de 400 arrière-fiefs ; dans la mouvance du comté de Guines, 12 baronnies et 12 pairies. La plupart des seigneurs avaient haute et basse justice, et sur aucun point du royaume peut-être le droit féodal ne présentait des usages plus bizarres, des symboles plus étranges. Les familles nobles, sous le règne de Louis XIV, étaient au nombre de 500, toutes d'origine ancienne ; et, parmi les plus illustres, nous citerons les maisons d'Ailly, de Boufflers, de Créqui, de Rambures, d'Estrée, d'Humières, de Melun, de La Motte-Houdancourt, de Gamaches, de Mailly, de Rubempré, de Senarpont ; n'oublions pas qu'outre Godefroy de Bouillon, la noblesse picarde a donné huit rois au trône de Jérusalem. Non, cependant, que la sève du pays soit épuisée par cette exubérance de floraison aristocratique ; lorsqu'à bout de résignation et de patience, après un long et sérieux travail des esprits, l'indépendance municipale essayera ses premières manifestations, quels magnifiques exemples d'habile persévérance, de courageuse initiative et d'invincible fermeté, les villes de Picardie ne donneront-elles pas au reste de la France ?

Vers 1250, l'affranchissement des communes était à peu près complet dans la province entière. Cette vaillance proverbiale des Picards, mise au service des intérêts locaux, n'a jamais fait défaut non plus dans les grandes questions nationales ; depuis Bouvines jusqu'aux immortelles campagnes de la République et de l'Empire, les Picards ont toujours marché au premier rang parmi les défenseurs de la patrie ; le bataillon de la Somme fut toujours un de ceux qui se firent le plus remarquer par leur valeur et leur patriotisme.

Pendant la guerre de 1870-1871, le département de la Somme fut envahi par les Prussiens. Après les combats de Mézières, de Boves et de Villers-Bretonneux, ils occupèrent Amiens et sa citadelle, abandonnées par l'armée du Nord, qui, sous les ordres du général Faidherbe, ne tarda pas à reprendre l'offensive, en s'emparant de la forteresse de Ham, et en livrant, à Pont-Noyelles, aux Prussiens, un combat qui leur fit éprouver des pertes considérables. Cependant, Péronne, assiégée et bombardée pendant plusieurs jours, dut capituler ; mais Abbeville ne fut occupée qu'après l'armistice, jusqu'au 22 juillet 1871, où les Prussiens évacuèrent le département. L'invasion lui avait coûté 22,850,443 fr. 27 cent. Aujourd'hui, le génie industriel s'est emparé, tout aussi puissamment qu'avant la dernière guerre, du département de la Somme ; le coton et la laine y sont travaillés sous mille formes diverses ; Amiens est devenu une des villes manufacturières les plus importantes de France ; l'agriculture est très perfectionnée dans les localités où le sol a pu répondre aux efforts des cultivateurs ; les vastes tourbières sont soumises à une exploitation chaque jour plus savante.

Il manque à la Somme un port de mer qui réponde à l'importance de ses produits agricoles ou industriels ; toutefois, Saint-Valery est en progrès ; et quand l'extension du réseau de nos chemins de fer permettra une répartition plus générale des bienfaits qu'apportent avec elles ces voies rapides de communication, nous ne désespérons pas de voir un département qui possède vingt lieues de côtes, qui compte sur son territoire des villes comme Amiens, Abbeville, Péronne, avoir sur l'Océan un port digne de son passé, digne de sa prospérité présente et digne surtout de ses destinées futures.

HISTOIRE ET DESCRIPTION DES VILLES, BOURGS ET CHATEAUX LES PLUS REMARQUABLES.

AMIENS (lat. 49° 53′ 43″ ; long. 0° 2′ 4″ O.). — Amiens (*Somarobriva, Ambiani, Ambianum, Somarobriva Ambianorum*), nœud important de lignes de chemins de fer, rayonnant sur Paris, Rouen, Laon, Boulogne, Lille, Valenciennes, Calais, à 133 kilomètres au nord de Paris, chef-lieu du département de la Somme, peuplé de 66,896 habitants, siège d'un évêché avec grand séminaire, d'une cour d'appel, dont la juridiction s'étend sur les départements de la Somme, de l'Aisne et de l'Oise, d'un tribunal de première instance et de commerce, d'une académie universitaire avec lycée, d'une académie des sciences, agriculture, arts, belles-lettres, d'une société de médecine, d'une chambre et bourse de commerce, d'un conseil de prud'hommes et d'une chambre consultative des manufactures, était autrefois la capitale de la Picardie, comté et vidamie, évêché, généralité, intendance, élection, gouvernement de place, présidial, bailliage, prévôté, et ne relevait, que sous le rapport judiciaire, du parlement de Paris.

La haute antiquité d'Amiens est incontestable; c'est l'ancienne *Somarobriva* des *Ambiani*, située sur les deux rives de la Somme. Les Romains, dès leur arrivée dans les Gaules, la citent comme une des villes importantes des pays. Jules César, qui s'en empara, y convoqua les envoyés de la confédération gauloise et y plaça trois légions; plus tard, elle fit partie de la seconde Belgique ; les empereurs la visitèrent souvent et y firent de nombreux embellissements. Antonin et Marc-Aurèle comptent parmi les principaux bienfaiteurs d'Amiens ; Valentinien, en 367, y fit reconnaître Auguste son fils Gratien. Déjà cette ville, convertie au christianisme par saint Firmin qui y souffrit le martyre, avait son évêque. Sa prospérité la désigna aux premiers assauts des barbares qui, de toutes parts, se ruaient sur l'Occident. Alains, Vandales, Burgundes s'emparèrent successivement d'Amiens, que tous dévastèrent ; puis, au ve siècle, arrivèrent les Francs sous la conduite de Clodion. Ils portèrent le dernier coup à la puissance romaine, chassèrent les anciens dominateurs et s'installèrent à leur place. Amiens semble avoir été la capitale de ce premier essai du royaume franc ; le successeur de Clodion, Mérovée, y fut élu roi par ses compagnons d'armes et élevé sur le pavois en signe du pouvoir qui lui était conféré.

Entre cette époque et la constitution réelle de la monarchie franque, sous Clovis, se placent deux faits historiques d'une grande importance : le passage d'Atila, traversant la Picardie comme un torrent dévastateur, et les progrès du christianisme dans la contrée. L'appui qu'avait trouvé, dans les apôtres de la foi nouvelle, Clovis, négociateur aussi habile que puissant conquérant, explique la haute position qui, de bonne heure, fut faite aux évêques dans la plupart des cités importantes, où la vieille influence de la bourgeoisie gallo-romaine avait besoin d'être contre-balancée. L'évêque d'Amiens eut donc la seigneurie de la ville, et, à côté de cette autorité, le pouvoir royal fut représenté par des comtes.

Cette organisation se maintint tant que les rois furent assez puissants pour contenir les ambitions rivales ; mais sous les faibles successeurs de Charlemagne, lorsque la féodalité arriva à rêver son indépendance absolue, les luttes qui étaient en germe dans cet antagonisme de position ne tardèrent point à éclater.

Les comtes, obligés à de fréquentes absences, soit par la guerre, soit par le besoin de visiter leurs domaines qui s'agrandissaient sans cesse, se firent remplacer par des vicomtes ayant leurs droits et leurs attributions particulières ; aux vicomtes, création dirigée contre leur autorité, les évêques opposèrent les vidames, dignitaires laïques qui, dans les rapports civils, étaient plus propres que des prélats à régler les différends et à soutenir les intérêts épiscopaux dans les conflits du pouvoir. Avec le temps, ces deux fonctions, quoique secondaires, avaient usurpé des privilèges qui leur constituaient à leur tour une espèce d'indépendance ; c'est ainsi que la possession d'une grosse tour, construite dans l'intérieur de la ville et appelée le Châtillon ou Castillon, avait fini par donner à son propriétaire des droits seigneuriaux sur tout un quartier d'Amiens.

Telle était la situation politique de la ville vers la fin du XIe siècle, lorsque, à bout de résignation, les habitants entreprirent l'œuvre sainte, mais périlleuse, de leur affranchissement.

Empruntons quelques lignes au savant historien des communes ; elles engageront nos lecteurs à se reporter à l'admirable ouvrage d'Augustin Thierry : « Le hasard voulut que la dignité épiscopale fût alors possédée par un homme d'une vertu exemplaire, d'un esprit aussi éclairé que le comportait son siècle et plein de zèle pour le bien général. Sans se laisser épouvanter par les terribles scènes qui venaient d'avoir lieu à Laon, l'évêque Geoffroi comprit ce qu'avait de légitime le désir d'indépendance et de garanties pour les personnes et pour les biens. Il céda sans effort et gratuitement aux requêtes des bourgeois et concourut avec eux à l'érection d'un gouvernement municipal. Ce gouvernement, composé de vingt-quatre échevins, sous la présidence d'un majeur, fut installé sans aucun trouble au milieu de la joie populaire. » Mais la constitution nouvelle souleva une violente opposition de la part du comte Enguerrand de

Boves ou de Coucy, qui n'eut pas de peine à rallier à sa cause le seigneur propriétaire du Castillon. La guerre éclata donc, sanglante et acharnée, entre les bourgeois, soutenus par l'évêque et le vidame, et le comte allié au seigneur du Castillon. Après de nombreuses alternatives de succès et de revers, l'intervention du roi Louis le Gros détermina le triomphe de la bonne cause. Les ennemis de la commune s'étaient réfugiés dans la grosse tour, dont les bourgeois, aidés de quelques troupes laissées par le roi, durent faire le blocus. « Ce fut seulement au bout de deux ans, dit encore notre historien, que les assiégés rendirent le Castillon, qui fut aussitôt démoli et rasé. L'évêque Geoffroi ne démentit pas son caractère d'ami des libertés du peuple. Il avait encouru le blâme des adversaires des communes, qui étaient nombreux parmi la noblesse et le clergé ; mais ses mœurs étaient si pures et son zèle religieux si éclatant, qu'après sa mort l'Église l'honora du nom de saint. Si le mérite d'avoir fondé une commune ne lui fut pas compté, il y a sept siècles, parmi ceux qui lui valurent ce titre, c'est à nous de l'y ajouter comme un motif de plus pour vénérer sa mémoire. »

Cet épisode étant le plus intéressant et le plus glorieux de ceux qui se rattachent aux annales d'Amiens, nous avons dû lui sacrifier d'autres faits d'un intérêt moins local, tels que les invasions des Normands, les luttes féodales, la guerre de Cent ans et les guerres religieuses, dont Amiens eut beaucoup à souffrir ; nous en serons réduits à une aride nomenclature des événements principaux dont la ville a été le théâtre. C'est, on le sait, sous Louis XI qu'Amiens rentra définitivement dans le domaine royal. En 1597, Fernand Telle, gouverneur de Doullens pour les Espagnols, s'en empara par stratagème ; mais Henri IV reprit la place la même année. C'est à Amiens que les rois de France, d'Angleterre, d'Aragon, de Navarre et de Bohême se réunirent pour concerter les plans de la grande croisade. Le mariage de Philippe-Auguste avec Ingelberge, en 1195, et celui de Charles VI avec Isabeau de Bavière y furent célébrés. C'est dans la cathédrale d'Amiens, en 1289, que saint Louis, nommé arbitre entre Henri III d'Angleterre et ses barons, convoqua les parties, entendit l'exposition de leurs griefs et de leurs prétentions et prononça son jugement. C'est encore à Amiens, en 1329, que Philippe de Valois reçut l'hommage d'Édouard III, comme duc de Guyenne. A la fin du XVIe siècle, les Espagnols s'emparèrent de cette ville ; mais Henri IV ne tarda pas à la reprendre. Attaquée en 1653 par le prince de Condé, alors au service de l'Espagne, Amiens résista victorieusement ; mais, en 1667, elle fut ravagée par une épidémie qui enleva plus d'un tiers de ses habitants. C'est enfin à Amiens que fut signé, en 1802, le fameux traité de ce nom entre l'Angleterre et la République française ; seule trêve, bien courte, hélas ! à la longue guerre que se firent les deux pays jusqu'en 1815.

Pendant la guerre de 1870-1871, il se livra, le 27 novembre, en avant d'Amiens, une bataille entre une armée prussienne, forte de 45,000 hommes, et l'armée du Nord qui en comptait à peine 25,000, en voie d'organisation. Après les plus vaillants efforts, notre jeune armée dut céder au nombre et abandonner Amiens, dont les Prussiens n'avaient pu forcer les retranchements. Ils prirent, le lendemain, possession de la ville ; mais la citadelle, défendue par le commandant Vogel, résistait encore ; elle capitula le 30, le brave commandant s'étant fait tuer plutôt que de se rendre.

La ville d'Amiens est agréablement située au milieu de fertiles campagnes ; elle est entourée dans toute sa circonférence, sur une étendue de 5 kilomètres environ, de boulevards qui forment de magnifiques promenades ; ces boulevards sont baignés au nord par le canal de la Somme, et au nord-ouest par la rivière elle-même, qui pénètre ensuite dans l'intérieur de la ville et s'y divise en onze canaux ; ce qui autorisait Louis XI à appeler Amiens sa petite Venise. Il ne reste guère des anciennes fortifications que la citadelle où se réfugia le maréchal d'Ancre avant son triste procès. Les quartiers se divisent en quartiers de la haute et de la basse ville. On croit retrouver, dans ces derniers, l'emplacement de l'ancienne ville romaine. Les rues y sont beaucoup moins larges, les constructions moins confortables et plus antiques que dans la haute ville.

Les monuments les plus remarquables d'Amiens sont : d'abord, et avant tous les autres, sa magnifique cathédrale. La première pierre en fut posée en 1220, par Évrard de Fouilloy, quarante-cinquième évêque d'Amiens ; c'est plus qu'un monument historique ; c'est un chef-d'œuvre d'architecture gothique, tant à l'intérieur qu'à l'extérieur. Amiens compte, en outre, plus de quinze églises ou chapelles anciennes ou modernes, dont l'une, celle de Saint-Acheul, renferme le tombeau de saint Firmin. Il faut citer aussi l'hôtel de ville, en partie reconstruit et possédant plusieurs tableaux de maîtres ; l'ancien bailliage ; le lycée, qui occupe l'emplacement de l'ancienne abbaye de Saint-Jean ; le grand séminaire, œuvre splendide des lazaristes et qui possède une belle chapelle et une bibliothèque de 15,000 volumes ; le Château-d'Eau, gros pavillon carré, qui sert de cage à une puissante machine hydraulique disposée de manière à combattre les incendies sur quelque point de la ville qu'ils éclatent ; l'hôtel de la préfecture, l'Hôtel-Dieu, la bibliothèque communale, si riche en vieux manuscrits ; la salle de spectacle, le palais de justice, le Bourse, les halles, le beffroi, le cimetière de la Madeleine, le fameux collège de Saint-Acheul, de belles casernes, des restes d'anciens remparts, plusieurs maisons anciennes, le musée, l'un des plus riches de la province ; le jardin des Plantes et les belles promenade de la Hautoie et des Petits-Jardins.

Amiens est la patrie de Pierre l'Hermite, de l'académicien Voiture, du poète Gresset, dont le tombeau se trouve dans la cathédrale ; de Chanderlos de Laclos, auteur du célèbre, mais licencieux roman : les *Liaisons dangereuses ;* du grammairien de Wailly ; de l'historien Dufresne-Ducange, à qui la ville a dressé une statue sur la place Saint-Denis ; des généraux Gribeauval, Desprez et Dejean ; des publicistes et jurisconsultes Boulenger de Rivery, d'Albin Berville, Couture, Chrestien de Poly et de Miramont ; des médecins Trannoy, Jean et Gaspard Banchin, Duméril et Ricolan ; du savant bénédictin dom Bouquet ; des antiquaires de Camps, Gence, Daire et Legrand d'Aussy ; de Bourgeois, peintre et physicien ; de Bienaimé, architecte ; de l'astronome Delambre ; de Rohaut, philosophe cartésien, et du littérateur de Sévelinges.

Les armes d'Amiens sont : *de gueules, à un alisier d'argent, entrelacé en cercle, au chef de France.*

Pont-Noyelles. — Pont-Noyelles, sur l'Hallue, à 12 kilomètres au nord-est d'Amiens, est une petite commune de 693 habitants, appartenant au canton de Villers-Bocage, et que nous mentionnerons ici, parce que c'est sur son territoire qu'en 1870 l'armée du Nord, commandée par le général Faidherbe, reprit l'offensive, après avoir abandonné la citadelle d'Amiens. Ce combat fit le plus grand honneur à nos troupes, qui repoussèrent l'ennemi et lui firent éprouver des pertes considérables.

Corbie. — Corbie (*Corbeia, Corbia*), chef-lieu de canton, peuplé de 4,101 habitants, station de la ligne d'Amiens à Arras, à 17 kilomètres à l'est d'Amiens, petite ville d'une importance aujourd'hui très secondaire, était jadis une cité célèbre à plus d'un titre. Beaucoup plus peuplée d'abord et fort riche, elle avait une charte communale qui datait de Louis le Gros et possédait cinq églises paroissiales. L'abbaye de Corbie, de l'ordre de Saint-Benoît, était une des plus importantes de France ; sa fondation remontait à la reine Bathilde, en 660 ; l'abbé avait le titre de seigneur et comte de Corbie ; ses revenus étaient tels qu'au moment de la suppression des couvents, et après bien des réductions successives, ils s'élevaient encore à quarante-cinq mille livres. Corbie, enfin, était une place de guerre dont le rôle ne fut pas sans retentissement ni sans éclat dans nos annales nationales. C'est là que Charlemagne tint prisonnier Didier, roi des Lombards, après l'avoir détrôné. En 1636, les Espagnols s'étant emparés de Corbie par surprise, cette nouvelle frappa d'une telle épouvante les Parisiens, qu'une sédition faillit éclater. Le roi Louis XIII se hâta de partir à son secours, et, grâce aux patriotiques efforts des habitants, l'ennemi fut chassé quelques mois après. Toutefois, l'insuffisance des fortifications détermina leur destruction, ordonnée par Louis XIV en 1673.

Corbie est aujourd'hui une succursale industrielle d'Amiens. Sa situation sur la rive droite de la Somme est des plus agréables ; un beau pont réunit les deux rives du fleuve. De l'ancienne et magnifique église abbatiale, il ne reste plus que le portail, fort curieux du reste, une partie de la nef et une fort belle statue de sainte Bathilde ; les antiquaires et les artistes regrettent surtout la disparition de la crypte, ornée jadis de fresques et de mosaïques, et qui renfermait les tombes et les statues de plusieurs abbés du monastère.

Les armes de Corbie sont : *d'or, à une crosse d'azur, posée en pal, côtoyée de deux clefs de gueules aussi en pal, et un corbeau de sable sur le pied de la crosse.*

Conty. — Conty ou Conti (*Constiacum*), station du chemin de fer d'Amiens à Beauvais, chef-lieu de canton, est une petite ville de 1,025 habitants, située à 21 kilomètres au sud d'Amiens, près du confluent de la Celle avec la Poix.

La seigneurie de Conty a longtemps appartenu à

la famille de Mailly, avant qu'Éléonore de Roye l'apportât en dot, en 1551, à Louis de Bourbon, prince de Condé, qui devint par ce moyen chef de la branche de Bourbon-Conti. Elle possédait un ancien château qui fut occupé et en partie démoli, en 1427, par le duc de Bedford; pendant les guerres de religion du XVIe siècle, il fut entièrement démoli; il occupait une motte artificielle, au sud de la place principale de cette petite ville. Aujourd'hui, elle n'offre de curieux que son église Saint-Antoine, qui est rangée parmi les monuments historiques; elle appartient au style flamboyant; son portail est plus ancien, il date du XIIIe siècle.

Conty possède une papeterie; elle est le centre d'un commerce assez actif avec les environs. Ses armes sont : *d'or, au lion de gueules, à trois bandes de vair alaisées, brochant sur le tout.*

Poix. — Poix (*Pisæ*), station du chemin de fer de Rouen à Amiens, et chef-lieu d'un canton, est située à 27 kilomètres au sud-est d'Amiens, au fond d'une charmante vallée arrosée par le ruisseau du même nom, affluent de la Celle. C'était autrefois une ville considérable; mais, comme la plupart des villes de Picardie, elle fut ruinée dans les guerres contre les Bourguignons et les Anglais; c'est ainsi qu'en 1472 Charles le Téméraire la brûla. C'était le siège d'une principauté, qui appartint successivement aux maisons de Tyrel, de Soissons et de Créquy. Érigée en duché-pairie sous le nom de Créquy, en 1652, en faveur de Charles de Créquy qui mourut sans enfants, elle passa ensuite au duc de Bouillon, à la maison de la Trémoille, à la marquise de Richelieu, enfin à la maison de Noailles.

Poix, qui compte aujourd'hui 1,353 habitants, possède une belle église du XVe et du XVIe siècle, l'église Saint-Denis, rangée aujourd'hui parmi les monuments historiques; plusieurs usines, entre autres une belle fabrique de sucre de betterave, occupent son industrieuse population. Ses marchés et ses foires sont très fréquentés; il s'y fait un grand commerce de menus objets, de grains et de bestiaux.

Villers-Bretonneux. — Villers-Bretonneux, station de la ligne d'Amiens à Tergnier et Laon, est situé à 16 kilomètres à l'est d'Amiens, dans le canton de Corbie. Ce n'était, il y a quelques années, qu'un simple village; l'industrie l'a complètement transformé, et c'est aujourd'hui une ville de 5,356 habitants. Son église a été entièrement reconstruite en brique et dans le style gothique; sa façade, que domine une belle statue de la Vierge, est accostée de deux tours, et à la croisée de la nef et du transept s'élève une flèche très élancée.

Villers-Bretonneux possède une belle filature de laine, des fabriques de bonneterie, des usines, une scierie mécanique, une distillerie, des teintureries, des briqueteries, etc. Il se fait dans ses foires beaucoup d'affaires et de commerce. Pendant la guerre de 1870-1871, les environs de Villers-Bretonneux furent le théâtre d'un combat d'avant-garde entre l'armée du Nord, commandée par le général Faidherbe, et les Allemands, qui marchaient sur Amiens.

Boves. — Boves, dans le canton de Sains, à 9 kilomètres au sud-ouest d'Amiens, sur les bords de la Noye, est un joli village de 1,803 habitants. Sa principale industrie consiste dans ses blanchisseries de toiles. Il est dominé par les ruines d'un vieux château, dont les barons tiennent une place importante dans l'histoire de notre pays. Nous les retrouvons au nombre des seigneurs qui prirent part aux croisades et à la grande lutte de la France et de l'Angleterre aux XIe, XIIe, XIIIe et XIVe siècles. A la fin du XIe siècle, l'un des sires de Boves usurpa le château de Coucy, possédé par Albéric, feudataire de l'Église de Reims; il devint la tige des sires de Coucy. Les sires de Boves portaient le titre de comtes d'Amiens; leurs armes étaient : *de gueules, à la bande d'or, à deux cotices de même.*

Pendant la guerre de 1870-1871, les environs de cette commune furent le théâtre d'un combat contre les Allemands qui marchaient sur Amiens.

Picquigny. — Picquigny (*Pinqueniacum*), à 13 kilomètres à l'ouest d'Amiens, chef-lieu de canton, peuplé de 1,329 habitants.

Cette petite ville, située sur la Somme et sur le chemin de fer d'Amiens à Boulogne, existait dès le VIIe siècle; elle possédait du moins un château qui fut, en 942, le théâtre de l'assassinat d'Arnould, comte de Flandre, par Guillaume Longue-Épée. C'était une des principales baronnies du comté de Ponthieu; et comme toutes les villes de Picardie, elle eut beaucoup à souffrir pendant la désastreuse époque de la guerre de Cent ans. Charles le Téméraire la prit et la ruina en 1470 et força la garnison à sortir en simple pourpoint. C'est à Picquigny, que nous retrouvons quelquefois écrit *Pecquigny*, que fut signée, le 29 août 1475, la paix entre le roi d'Angleterre Édouard IV et Louis XI. A cette époque, où la ruse et la violence suppléaient souvent au bon droit et à la justice, ce n'était pas petite affaire qu'une entrevue entre deux monarques rivaux; aussi la défiance présida-t-elle à celle-ci. Les deux monarques se réunirent sur un pont construit sur la Somme, partagé par une lourde et épaisse barrière qu'il était impossible de franchir et qui n'avait pas de porte; ils arrivèrent par les deux rives, accompagnés seulement de douze personnes. Louis XI salua le premier le roi Édouard, l'assurant de son affection et de son dévouement. Les deux rois ratifièrent ensuite solennellement le traité qu'ils avaient conclu, et, passant les mains à travers le grillage, ils jurèrent de l'observer, l'un sur le missel, l'autre sur la vraie croix. Les ouvertures de ce grillage ne permettaient que le passage du bras, *comme aux cages des lions*, dit naïvement l'historien Comines.

Ce traité de Picquigny est très important dans notre histoire; on le connaît aussi sous le nom de *Trêve marchande*, car il garantissait les relations d'affaires des deux pays. C'est le premier traité par lequel on essaya de détruire les obstacles qui s'opposaient autrefois aux transactions commerciales d'un pays à un autre.

Un historien picard raconte que, comme les Anglais ont de la peine à prononcer le nom de Picquigny, cette circonstance fut mise à profit lorsqu'on les chassa du comté de Ponthieu. La plupart d'entre eux, autorisés par un séjour de plusieurs années, se disaient Français; mais pour seule preuve on leur faisait prononcer le nom de cette ville, et l'on massacrait sans pitié ceux dont la prononciation trahissait l'origine.

Picquigny n'offre aujourd'hui aux curieux que son église, ancienne collégiale, et les ruines de son vieux château, dont les terrasses présentent un point de vue magnifique; l'écluse qui retient les eaux de la Somme est un beau travail d'art; la ville fait un commerce assez important de chanvre et de tourbe.

MONTDIDIER (lat. 49° 39′ 0″; long. 0° 13′ 50″ E.). — Montdidier, (*Mons desiderii*, *Mondiderium*), station du chemin de fer de Paris à Cambrai, à 36 kilomètres au sud-est d'Amiens, chef-lieu du 4ᵉ arrondissement et d'un canton, peuplé de 4,362 habitants, siège d'un tribunal de 1ʳᵉ instance et de commerce d'une société d'agriculture et d'un collège communal, est d'une origine incontestablement fort ancienne, quoique la date de sa fondation soit demeurée incertaine. On croit que cette ville est bâtie sur les ruines de l'ancienne cité gauloise *Bratuspantium*, et on attribue l'étymologie de son nom à la captivité qu'y aurait subie Didier, roi des Lombards, avant d'être détenu à Corbie. Son importance, sous le règne des Carlovingiens, est attestée par des témoignages authentiques. Elle était entourée de redoutables murailles et possédait un château royal où résidèrent, dit-on, plusieurs monarques de la troisième race, parmi lesquels on cite Philippe-Auguste, en 1219, et, en 1413, Charles VI, qui, au mois de janvier, y convoqua ses vassaux de Picardie.

Les habitants de Montdidier s'étaient acquis de longue date une réputation de bravoure et d'intrépidité à laquelle ils mirent le sceau par leur vaillante attitude pendant les guerres du XVIIᵉ siècle contre les Espagnols. Assiégés en 1636 par les troupes de Piccolomini et du fameux Jean de Wert, ils les défirent dans une sortie vigoureuse et les forcèrent à se retirer.

L'intérieur de la ville, irrégulièrement bâtie et mal pavée, est d'un aspect assez triste; ses monuments les plus remarquables sont : l'hôtel de ville, le palais de justice (ancien bailliage), l'église Saint-Pierre, monument historique du XVᵉ siècle; le collège, l'hôpital, etc.

Commerce important de céréales; fabrication très active de bonneterie.

Patrie de la reine Frédégonde, de l'orientaliste Caussin de Perceval, [du mathématicien Fernel et du célèbre agronome Parmentier, dont la statue s'élève sur une des places de la ville.

Les armes de Montdidier sont : *d'azur, semé de fleurs de lis d'or, à un château alaisé d'or, crénelé et couvert en croupe, accompagné de deux tours de même, couvertes en pointe et girouettées.*

FOLLEVILLE. — Folleville, petite commune du canton d'Ailly-sur-Noye, à 16 kilomètres à l'ouest de Montdidier, n'a pas plus de 214 habitants; elle possède une église remarquable, mise au nombre des monuments historiques, et sur son territoire le beau château de Beauvoir.

L'église de Folleville appartient au style ogival flamboyant; la voûte de la nef est en bois et couverte de figures hideusement grimaçantes; celle du chœur, où l'on voit des débris de beaux vitraux, est divisée par une foule de nervures qui sont ornées, dans toute leur étendue, de cordes, de chaînes, de guirlandes et de fleurs sculptées avec délicatesse. Dans l'abside, on voit deux tombeaux remarquables, exécutés par le sculpteur milanais Antonio de Porta, le premier pour Raoul de Lannoy et sa femme Jeanne de Poix, le second pour François de Lannoy; mais ce dernier le cède en importance au premier, qui, par son ornementation délicate, rappelle les beaux mausolées de l'église de Brou, près de Bourg (Ain). Il est difficile de rencontrer des fonts baptismaux plus beaux et plus élégants que ceux de cette église; ils sont en marbre blanc, et, entre autres ornements, ils présentent quatre écussons chargés des armes des Lannoy et des Folleville. Citons encore une modeste chaire de bois, dans laquelle prêcha saint Vincent de Paul en 1616, pendant son séjour au château de Folleville, où il faisait l'éducation des enfants du comte Emmanuel de Condé. C'est à la suite de cette prédication qu'il fonda l'ordre des lazaristes.

Le château de Beauvoir doit son nom à la vue immense dont on y jouit. Il est situé sur le sommet d'une montagne et domine au loin sur les environs. Le château a la forme d'un carré long, de 28 mètres sur 12; chaque angle est muni d'une tour ronde; celle du sud-ouest est la mieux conservée. Mais la tour la plus remarquable s'élevait au nord. Elle ne contient à l'intérieur qu'un escalier à vis et paraît n'avoir servi que pour le guet. A la base, cette tour est ronde, puis, avoir présenté une ceinture de mâchicoulis en très bon état, la construction se rétrécit et prend une forme hexagonale; plus haut, elle s'élargit de nouveau et déborde en encorbellement à 12 pans au-dessus des étages inférieurs. Une plate-forme règne au sommet; elle n'a pas plus de 12 mètres de diamètre, et l'on y jouit d'un panorama fort étendu sur les plaines voisines. Au milieu des ruines du château, on montre encore l'entrée des souterrains, mais des éboulements empêchent d'y pénétrer. On pénètre dans ce château en traversant une cour de ferme, qui en formait la première enceinte, et en passant sur un pont de deux arches, sous lequel on a creusé des fossés profonds qui, comblés en partie, s'unissent par des gazons chargés d'arbres fruitiers, d'arbrisseaux et de fleurs à des vergers délicieux.

Roye. — Roye, petite ville de 3,973 habitants, chef-lieu de canton, station de la ligne de Montdidier à Péronne, située à 16 kilomètres au nord-est de Montdidier, sur la rive droite de l'Avre, a remplacé au IXe siècle l'antique *Rhodium* de la Table théodosienne, détruite par les Normands, et qui, paraît-il, était située à 4 kilomètres au sud-ouest de la ville actuelle, là où s'élève le village actuel de Roiglise. Elle eut au XIIe siècle ses seigneurs particuliers et fut réunie à la couronne par voie d'échange, en 1205, par Philippe-Auguste qui en fit agrandir l'enceinte, la fortifia et lui accorda certaines franchises communales. Les Anglais, sous le commandement de Robert Knolles, s'en emparèrent et la détruisirent. Charles V la rebâtit, mais lui confisqua sa charte communale. Depuis, elle fut successivement prise et reprise, par Charles le Téméraire, Louis XI, les Anglais, les impériaux et le prince de Condé en 1653. On y remarque aujourd'hui son hôtel de ville, l'église Saint-Pierre, monument historique et plusieurs maisons en bois.

Roye possède des fabriques de sucre de betterave, une filature de laine, des fabriques de bas, de flanelles et de bonneterie. Ses marchés sont très importants.

Les armes de Roye sont : *de gueules, à la bande d'argent, au chef d'azur, chargés de trois fleurs de lis d'or.*

Péronne (lat. 49° 55′ 47″; long. 0° 35′ 54″ E.). — Péronne (*Perrona Veromanduorum*), station du chemin de fer de Paris à Cambrai, à 48 kilomètres est d'Amiens, chef-lieu du troisième arrondissement, peuplé de 4,370 habitants, siège du tribunal de première instance, a mérité, pendant les longues luttes de la France contre l'Espagne, le surnom de *Pucelle*, qu'elle a gardé jusqu'à nos jours. *Vrai colombier*, disait de cette ville Henri de Nassau, prince d'Orange, *dont les pigeons savent se défendre et ne s'envolent pas.* C'était sa réponse à Marguerite d'Autriche, sœur de Charles-Quint, gouvernant alors les Pays-Bas et qui lui faisait reproche de n'avoir pu s'emparer d'un colombier tel que Péronne. La situation de la ville sur la rive droite de la Somme, dans une vallée basse et marécageuse qu'on peut facilement inonder, a secondé dans maintes occasions l'héroïsme des habitants; là, ainsi que dans plusieurs autres villes de la Picardie, les femmes se sont souvent associées aux courageux efforts de leurs frères et de leurs maris pour repousser l'étranger; acceptons donc et maintenons à Péronne son glorieux titre de *Pucelle*, sans

Église Saint-Pierre, à Montdidier.

discuter bien strictement ses droits à cette réputation de ville inviolée. Son origine est très ancienne, mais l'époque de sa fondation, comme celle de la construction de son château, est demeurée fort incertaine. Péronne apparaît pour la première fois dans l'histoire d'une façon notable, comme capitale de l'ancienne province de Santerre. La captivité du roi Charles le Simple est le premier fait de grande importance historique qui se rattache à ses annales; ce prince, tombé au pouvoir d'Herbert, comte de Vermandois, fut enfermé dans la citadelle et y mourut après une longue détention. Tout le monde a lu les charmants récits de Walter Scott, nous racontant les luttes si dramatiques de Louis XI et de Charles le Téméraire; l'épisode dont Péronne est le théâtre, l'habileté du politique jouée par la brutalité du soldat, Louis pris dans ses propres filets, retenu prisonnier comme Charles le Simple et obligé de signer le fameux traité connu sous le nom de traité de Péronne; ces faits, dégagés des fictions romanesques qui les accompagnent, sont d'une rigoureuse exactitude. Une scène d'un autre genre, mais d'un intérêt tout aussi capital, se passa plus tard dans l'enceinte du célèbre château. Henri III et le duc de Guise vinrent y signer l'acte d'association de la sainte Ligue. Par les seuls faits qu'il nous est possible de citer, on voit quel vaste cadre comporterait une *Histoire de Péronne*; nous ne pouvons que renvoyer nos lecteurs, pour cette curieuse et attachante étude, au savant ouvrage de M. H. Dusevel. Chaque édifice de la ville a ses chroniques ; ses restaurations ou transformations y sont racontées avec un soin et des détails qui jettent une précieuse clarté sur chaque époque. Contentons-nous de citer, après le château, le beffroi, construit en 1376 ; l'hôtel de ville, l'église Saint-Jean et une maison en bois d'une origine très ancienne et d'une architecture fort originale, qui subsiste encore près de la grande place. La ville, quoique bâtie avec peu de régularité, est percée de rues propres, bien aérées et d'un aspect agréable.

Péronne a payé son tribut à la guerre de 1870-1871. Bombardée pendant treize jours par les Prussiens, si ses remparts restèrent intacts, les trois quarts de ses maisons ou édifices furent endommagés ou détruits. Mais, depuis la paix, elle s'est relevée de ses désastres ; grâce à ses instincts industriels et commerciaux, elle est devenue un entrepôt important de laines et d'huile d'œillette ; on y fabrique percales, linons et batistes ; la sucrerie indigène y est aussi en voie de prospérité.

Péronne a donné le jour au savant orientaliste Langlès, au littérateur Coupé de Saint-Donnat et au baron de Haussy-Robecourt, membre de l'Assemblée législative.

Les armes de la ville sont : *d'azur, au P gothique d'or, couronné de même, cantonné de trois fleurs de lis d'or, deux en chef et une en pointe.*

ALBERT. — Albert (*Albertum*), station de la ligne d'Amiens à Arras, chef-lieu de canton, peuplé de 4,500 habitants, à 25 kilomètres nord-ouest de Péronne, n'a pris son nom actuel qu'au commencement du XVIIe siècle ; jusque-là cette petite ville fut connue sous le nom d'Ancre (*Anchora*) ; la seigneurie en avait été donnée à l'Italien Concino-Concini, l'époux de Léonora Galigaï, favorite de Marie de Médicis, qui a rendu aussi célèbre par ses revers que par sa fortune le titre de maréchal d'Ancre. Lorsqu'un caprice de cour l'eut renversé, au profit du duc de Luynes, de la haute position à laquelle il était parvenu, la ville dont il avait porté le nom dut prendre celui de son heureux rival.

Ce qu'Albert renferme aujourd'hui de plus curieux, c'est une cascade, formée à l'extrémité de la ville par la chute d'un des bras de la petite rivière d'Ancre, dont les eaux se précipitent avec fracas du haut d'un rocher artificiel. On voit aussi dans l'église paroissiale une image fort vénérée de Notre-Dame Brebière, protectrice des bergers de la contrée, qui ne manquent pas de venir, chaque année, en pèlerinage, précédés par des joueurs de cornemuse et chargés d'énormes gâteaux, remercier la Vierge de ses bienfaits passés et implorer son assistance pour l'avenir. Une vaste grotte, garnie de riches pétrifications et découverte le siècle dernier, attire aussi bon nombre de naturalistes et de curieux.

Outre les ressources d'un sol fertile et d'une culture avancée, Albert possède de nombreux établissements industriels, tanneries, papeteries, filatures de laine et de coton.

CHAULNES. — Chaulnes (*Calniacum*), chef-lieu de canton, station de la ligne de Paris à Cambrai, à 20 kilomètres au sud de cette dernière ville, compte 1,380 habitants. Cette ville était autrefois le siège d'une baronnie jusqu'en 1563, époque à laquelle elle fut érigée en comté, en faveur de Louis d'Ongnies. Elle passa ensuite dans la maison d'Albert de Luynes, et elle fut érigée en duché-pairie, en 1621, en faveur du frère du connétable, Honoré d'Albert, seigneur de Cadenet et maréchal de France. Charles IX, Richelieu, Mme de Sévigné séjournèrent à Chaulnes ; cette dernière y data même, en 1689, trois de ses lettres. Les jardins du château de Chaulnes étaient renommés pour leur beauté et le jeu de leurs eaux. Aujourd'hui, c'est un bourg qui demande à l'industrie une prospérité méritée ; il possède des fabriques de toiles, de treillis, de mousselines, de batistes, ainsi que des blanchisseries de toiles et des tanneries.

Sur sa principale place s'élève la statue du grammairien Lhomond, qui consacra sa vie à l'éducation de la jeunesse.

Les armes de Chaulnes étaient celles de ses seigneurs, savoir : *d'azur, au chevron d'or, accompagné de trois clous de la passion de même.*

NESLE. — Nesle, station de la ligne d'Amiens à Laon, chef-lieu de canton, peuplé de 2,377 habitants, à 22 kilomètres sud de Péronne, sur l'Ingon, était autrefois le premier, le plus ancien et très probablement le plus riche marquisat de France ; dix-huit cents fiefs en dépendaient.

Les seigneurs qui ont porté ce titre l'ont souvent illustré à la cour, dans la haute administration ou à la guerre. Quant à la ville, elle doit sa célébrité à la vengeance cruelle et imméritée que Charles le Téméraire tira de ses habitants. En 1472, il se présenta devant Nesle à la tête d'une armée de 80,000 hommes. Quoique protégée par des fortifications et des remparts, la ville ne pouvait songer à la résistance; les portes furent donc ouvertes aux Bourguignons; la garnison seule se disposait à se retirer; le duc feignit de voir dans cet acte une violation des conventions; il livra la ville au pillage, ordonna que la population entière fût massacrée sans distinction d'âge ni de sexe, puis, entrant dans l'église Notre-Dame, où s'était réfugiée une partie des habitants, et la trouvant pleine de cadavres : *De par Saint-Georges*, s'écria-t-il, *j'ai de bons bouchers!* Le gouverneur de Nesle et quelques prisonniers notables furent seuls épargnés, ou plutôt réservés à une autre vengeance; Charles leur fit couper les poings et les renvoya à Louis XI; le feu fut mis ensuite aux quatre coins de la ville : *Tel fruit porte l'arbre de la guerre;* voilà les froides et impitoyables paroles dont il accompagna cette dernière cruauté. L'église où se passèrent les principaux épisodes de ce drame sanglant subsiste encore; elle est d'architecture romane et paraît dater du VIIIe siècle. La ville ne s'est jamais relevée du coup qui lui avait été porté.

Patrie d'Amaury, patriarche de Jérusalem, et du chansonnier Blondel. Les armes de Nesle sont : *de gueules, à deux bars adossés d'or, l'écu semé de trèfles de même.*

HAM. — Ham (*Hammus, Hametum, Hamum*), station de la ligne de chemin de fer d'Amiens à Laon, chef-lieu de canton, peuplé de 3,122 habitants, à 25 kilomètres sud-est de Péronne, doit surtout sa célébrité à son redoutable *château*, contemporain, dit-on, de Charlemagne et rebâti deux fois depuis, la première au XIIIe siècle et la seconde au XVe par Louis de Luxembourg, comte de Saint-Pol. Le nom des prisonniers politiques qui ont été renfermés dans son énorme tour est encore dans toutes les mémoires. Après Jeanne Darc, c'est le prince de Condé, puis Choiseul et Montmorency. Au maréchal Moncey, captif en 1815, pour avoir refusé de siéger parmi les juges de son frère d'armes, le maréchal Ney, succèdent, en 1830, le prince de Polignac et les ministres du roi Charles X détrôné; leur place, à peine vide, est occupée par le prince Louis-Napoléon Bonaparte, qu'une autre révolution devait appeler, peu d'années après, à la présidence de la République, et de là au trône impérial; enfin, toujours par suite des vicissitudes politiques, les généraux Cavaignac, Changarnier, Lamoricière et Bedeau y subirent une courte captivité. Il semble que ce fort de Ham ait pour principale mission, au milieu des révolutions qui agitent notre époque, de se dresser comme un enseignement de l'instabilité de la fortune! N'est-ce pas ce sens qu'il faut chercher à la mystérieuse devise gravée en caractères gothiques au-dessus de la porte principale : *Mon mieux*. Le puissant comte de Saint-Pol couronnait à peine son œuvre de cette prophétique inscription que sa tête tombait sous la hache du bourreau.

L'épisode le plus remarquable des assauts nombreux que la ville eut à soutenir est la désastreuse épreuve que le duc de Bourgogne y fit de son artillerie en 1411; le premier jour, elle renversa des murailles qui passaient pour inébranlables; la ville fut prise, pillée, brûlée, les habitants massacrés la nuit suivante; on ne faisait pas mieux auparavant, mais on allait moins vite. Pendant la guerre de 1870-1871, l'armée du Nord, commandée par le général Faidherbe, s'empara de la forteresse de Ham, avant de livrer aux Prussiens la bataille de Pont-Noyelles.

Après le château, l'église de Ham, avec sa crypte funéraire, avec son jeu d'orgues monumental et le superbe baldaquin suspendu à l'entrée du chœur, est l'édifice le plus notable de la ville.

L'industrie sucrière, la fabrication des sabots et des tissus dits *articles de Saint-Quentin* donnent à Ham une certaine importance commerciale.

C'est la patrie du poète Vadé et du général Foy, à qui la ville vient d'ériger une statue.

Les armes de Ham sont : *d'azur, à trois croissants d'argent, deux en chef et un en pointe;* on les trouve encore : *coupé le premier d'azur, à une tour d'argent, supportant deux guidons d'or; le deuxième à une muraille d'argent maçonnée de sable.*

DOULLENS (lat. 50° 9′ 17″; long. 0° 0′ 14″ E.). — Doullens, que l'on écrivait aussi autrefois *Dourlens* (*Durlendium, Donencum, Doningium*), place de guerre peuplée de 14,810 habitants, station de la ligne de Longpré à Arras, chef-lieu du deuxième arrondissement, siège d'un tribunal de première instance, à 30 kilomètres au nord d'Amiens, est une des conquêtes que les comtes de Vermandois firent au temps de la féodalité, aux dépens du domaine royal; elle passa ensuite à la maison de Ponthieu, et c'est par cette voie qu'elle était parvenue aux mains du comte d'Artois, depuis Charles X, qui la possédait encore à ce titre, quand éclata la Révolution de 1789.

Il paraît, toutefois, que ce n'est pas sans un certain scrupule que les comtes de Vermandois avaient détaché jadis ce brillant joyau de la couronne royale; on trouve cette singulière formule dans une charte octroyée aux habitants : *Donné à Doullens, ville empruntée du roi, notre sire, et de messieurs les mayeurs et échevins.* La citadelle, construite sous Louis XIII et restaurée sous Louis XIV, passe pour un des chefs-d'œuvre de Vauban. Si elle eût existé un siècle plus tôt, peut-être eût-elle épargné à la ville les désastres dont elle eut à souffrir pendant la guerre contre les Espagnols; au reste, elle n'empêcha pas, en 1814, le baron de Goismar, colonel aux gardes de l'empereur de Russie, de pénétrer dans Doullens. Son utilité la plus manifeste a été jusqu'ici de servir de prison d'État. Sous l'ancienne monarchie, les plus puissants seigneurs, les princes du sang, les comtes de Maillebois et de Mailly, le duc du Maine y furent détenus; depuis la Révolution, ce sont des noms démocratiques qui ont figuré sur les écrous de la geôle : Barbès, Blanqui, Raspail, Guinard, etc.

La ville, située sur la rive gauche de l'Authie, est d'un aspect assez riant et possède de jolies promenades; l'église Saint-Martin est remarquable par la hardiesse et la légèreté de son architecture. l'église Saint-Pierre est un monument historique du XIIIe siècle. Des filatures, des fabriques de toiles d'emballage constituent, avec les produits agricoles, la richesse industrielle de Doullens.

Sous la domination des comtes de Ponthieu, le sceau de la ville représentait un comte à cheval l'épée au poing et portant un écusson d'argent à l'écu de gueules. Après l'érection de la ville en commune, ce sceau fut changé contre un autre où l'on voyait, dans un grand cercle, les têtes des douze pairs ou juges de Doullens, placées de la manière qui est indiquée par l'inscription suivante qu'on lisait autour :

Hi sunt duodeni,
Nam Bisterni,
Terque Bini,
Pares Dullendini.

Mais Charles V, en réunissant cette place à la couronne, lui permit de porter l'écu de France, semé de fleurs de lis sans nombre, avec cette devise : *infinita decus lilia mihi præstant.*

Lucheux. — Lucheux, bourg de 988 habitants, à 7 kilomètres au nord-est de Doullens et sur le petit ruisseau auquel il donne son nom, fait un commerce considérable de bois provenant de la vaste forêt qui l'avoisine. L'abside de son église est digne de l'attention des archéologues, et les chapiteaux des piliers du chœur sont ornés de figures grotesques remarquables.

Le château de Lucheux mérite aussi d'être visité; au milieu du parc, on aperçoit les ruines de la tour dite de Guy de Châtillon.

C'est dans l'hôtel de ville de Lucheux que Louis XI signa, en 1464, l'édit de l'établissement des Postes.

Lucheux fabrique de la boissellerie et des sabots. On y cultive le houblon.

Varennes. — Varennes, à 21 kilomètres au sud-est de Doullens, est un village de 518 habitants, le mieux bâti sans doute du département, et dont les rues bien alignées se coupent à angle droit. On voit dans ses environs les ruines de l'abbaye de *Clair-Fay*. On a retiré de son cloître un morceau curieux de sculpture. C'est une ronde bosse de grandeur naturelle, représentant l'entrée de Jésus-Christ à Jérusalem, monté sur une ânesse que suit son ânon. Il n'y a pas encore longtemps que chaque année, le jour de la Fête-Dieu, on promenait à Varennes ce groupe sur des roulettes, à la suite de la procession.

Abbeville (lat. 50° 7′ 5″; long. 0° 30′ 18″ O.). — Abbeville (*Abbatis villa, Alba villa*), ancienne capitale du comté de Ponthieu, dépendant du diocèse et de l'intendance d'Amiens, du parlement de Paris, aujourd'hui importante station de la ligne d'Amiens à Boulogne, chef-lieu d'arrondissement et de deux cantons, peuplée de 19,381 habitants, à 44 kilomètres ouest-nord-ouest d'Amiens. Place de guerre, port maritime (par le canal de la Somme), siège de tribunaux de première instance et de commerce, avec conseil de prud'hommes, chambres consultatives des arts et manufactures, collège communal et société d'émulation pour les sciences et belles-lettres, Abbeville est, comme importance, la seconde ville de ce département, si important lui-même et dans son passé et dans la division actuelle du territoire national. La date de son origine est très controversée. Selon les uns, Abbeville fut fondée par une colonie de Gaulois qui habitaient une petite bourgade voisine, d'où l'approche des Romains les aurait fait fuir; selon les autres, la ville ne se groupa que beaucoup plus tard autour d'un château qui appartenait à l'abbé du monastère de Saint-Ricquier, et c'est de là que lui serait venu son premier nom *abbatis villa*. La certitude nous arrive avec le règne de Charlemagne ; c'est à ce prince qu'Abbeville doit ses premières fortifications; sous ses successeurs, les comtes de Ponthieu, devenus puissants, font d'Abbeville leur capitale et leur résidence habituelle. Hugues Capet, qui voit dans ce port sur la Somme un accès toujours ouvert aux Danois et aux Normands, reprend et complète l'œuvre de Charlemagne ; la ville est entourée de fortifications qui répondent à sa croissante importance. La longue période des guerres de l'Angleterre et de la France fournirait de glorieuses pages à l'histoire d'Abbeville ; seule au milieu du Ponthieu soumis à l'étranger, elle défendit avec une invincible opiniâtreté sa nationalité française; n'oublions jamais le nom ni la mémoire de Ringois, ce martyr du patriotisme, qui aima mieux être précipité du haut du château de Douvres que de prêter serment au roi d'Angleterre, Édouard III. La charte communale d'Abbeville datait de 1130 ; elle fut maintenue sous les diverses dominations que les habitants eurent à subir. Charles le Téméraire sembla seul vouloir y porter atteinte, quoique le maintien de toutes les franchises et privilèges fût une des conditions du traité par lequel Louis XI avait cédé les villes de la Somme. Le Bourguignon avait fait élever une menaçante forteresse. Dès que nos braves Picards crurent le moment opportun, en 1587, ils rasèrent en quelques heures l'édifice qui portait ombrage à leur liberté. Après les guerres de la Ligue et la dernière lutte contre l'Espagne, les murailles d'Abbeville étaient trouées comme de vieux drapeaux ; on releva leurs ruines et on les restaura d'après les plans de Vauban.

Nous ne pouvons qu'enregistrer les principaux événements dont Abbeville a été le théâtre ; ce sont de simples jalons plantés pour une étude plus sérieuse ; nous renvoyons d'ailleurs à la savante et consciencieuse histoire qu'a publiée M. Charles Louandre. C'est à Abbeville, en 1445, que Louis XI compta au duc de Bourgogne les 400,000 écus, rançon des villes engagées par le traité d'Arras, Abbeville vit célébrer en 1514, au milieu de fêtes splendides, le mariage de Louis XII avec la sœur de Henri VIII. Pendant le siège d'Hesdin, Louis XIII, en 1637, voua son royaume à la Vierge. A tous ces souvenirs vient se mêler un drame lugubre : c'est à Abbeville que fut rendu et exécuté cet arrêt infâme, condamnant à la mort la plus affreuse et aux plus horribles mutilations le jeune chevalier de La Barre, accusé d'avoir chanté quelques chansons licencieuses et d'être resté la tête couverte pendant le passage d'une procession ; c'était en 1766 ! N'était-il pas temps que les réformes de 1789 arrivassent? La Révolution eut pour Abbeville d'autres résultats non moins heureux : son industrie, déjà fortement constituée au XVe siècle, mais dont le succès était subordonné aux caprices ou à l'intelligente protection des rois et de leurs ministres, dès qu'elle ne dépendit plus que de l'activité et du génie commercial des habitants, suivit un progrès constant et régulier. Toutes les conditions du bien-être, toutes les constructions, toutes les voies de communication s'améliorèrent proportionnellement. Après la prise d'Amiens par les Prussiens en 1870, Abbeville devint le siège de la préfecture et ne fut occupée par l'ennemi qu'après l'armistice, à la fin de janvier 1871. Bien qu'elle eût à souffrir de cette occupation qui se prolongea jusqu'au 22 juillet de la même année, elle dut à sa situation privilégiée, aussi favorable que possible au développement de son commerce, de réparer promptement les maux de l'invasion. Abbeville est située, en effet, sur la Somme, dans une riante et fertile vallée large de 4 kilomètres environ. Le reflux de la mer se fait notablement sentir dans le port, l'eau y monte de deux mètres aux fortes marées ; la rivière, en se divisant en plusieurs bras, partage la ville en trois quartiers distincts, l'île, le faubourg de la rive droite vers Saint-Ricquier et le quartier de la rive gauche. Outre ces principales artères, Abbeville est encore arrosée par trois petites rivières et communique avec l'Oise par le canal de Saint-Quentin, à la mer par le canal de Saint-Valery ; ajoutons les lignes de fer et sept grandes routes, qui relient l'ancienne capitale du Ponthieu avec l'Artois, la Champagne et toute la haute Normandie.

Les principaux monuments d'Abbeville sont l'église de Saint-Vulfran, monument historique des XVIe et XVIIe siècles, en voie de restauration ; l'église du Saint-Sépulcre, l'église Saint-Jacques, l'ancienne église abbatiale de Saint-Pierre, l'hôtel de ville, avec sa vieille tour du Beffroi; la maison de François Ier, le musée, la bibliothèque, le théâtre, etc.

Abbeville a vu naître les géographes Duval et Sanson; d'Estrées, grand maître de l'artillerie en 1567; le célèbre médecin Hecquet, le compositeur de musique Lesueur, dont la statue s'élève sur la place Saint-Pierre; les poètes Millevoye, de Pongerville, l'archéologue Boucher de Perthes, et une foule d'artistes recommandables, parmi lesquels les deux frères Polly, dessinateurs et graveurs; Beauvarlet-Chartier, célèbre organiste, etc.

Les armes de la ville sont : *d'or, à trois bandes d'azur à la bordure de gueules, au chef d'azur chargé de trois fleurs de lis d'or*, avec la devise : *Semper fidelis.*

SAINT-RIQUIER. — Saint-Riquier (*Centulum*), petite ville, peuplée de 1,691 habitants, canton d'Ailly-le-Haut-Clocher, à 9 kilomètres nord-est d'Abbeville, est bien déchue de son antique splendeur. Son nom de *Centulum* lui venait, dit-on, des cent tours qui flanquaient ses hautes murailles; les bénédictins de la congrégation de Saint-Maur y possédaient une abbaye fondée en 570, dotée par les princes et les plus puissants seigneurs du temps, et dans laquelle s'était formée une école célèbre où les enfants des rois et des hauts barons recevaient leur première éducation. Le savant et illustre Angilbert, qu'on appelait l'Homère de son siècle, en eut la direction sous le règne de Charlemagne; un grand nombre de prélats fameux et de personnages célèbres sortirent de l'abbaye de Saint-Riquier. La prospérité et la richesse de cet établissement sont attestées encore aujourd'hui par les ruines, qui ont résisté aux ravages des guerres ou des révolutions et aux outrages du temps. Chaque époque de l'art français est représentée parmi ces ruines intéressantes. Les murs dentelés de la vieille basilique sont revêtus, à l'intérieur, des fresques les plus curieuses : c'est la danse macabre, la fameuse légende des trois morts et des trois vifs; Hugues Capet rapportant les reliques de saint Riquier et vingt-deux écussons ou armoiries des principales provinces de la vieille France; enfin le maître-autel est encore surmonté d'un magnifique Christ de Girardon, chef-d'œuvre de la sculpture du XVIIIe siècle.

Les faits les plus mémorables qui se rattachent à l'histoire de Saint-Riquier sont un siège que les habitants soutinrent vaillamment contre les Espagnols en 1555, et durant lequel les femmes elles-mêmes se signalèrent par leur intrépidité, entre autres l'héroïne Bèque-Étoile, qui enleva deux enseignes à l'ennemi, et l'incendie de 1719, qui dévasta l'abbaye. Avec les ruines que nous avons citées, le Beffroi, l'hôpital, la chapelle du petit séminaire et quelques restes d'anciens remparts sont ce qui paraît le plus digne de l'attention du voyageur. Les armes de Saint-Riquier sont : *d'azur, semé de fleurs de lis d'or.*

CRÉCY. —Crécy (*Crisiacum*), chef-lieu de canton, peuplé de 1,686 habitants, à 19 kilomètres nord d'Abbeville, sur la Maye, est un bourg qui tirait jadis toute sa notoriété d'une maison de plaisance qu'y possédaient les rois de France au VIIe siècle. Une autre et plus triste illustration lui a été acquise depuis : c'est dans ses plaines, au nord-est du village, que fut livrée, le 26 août 1346, la sanglante bataille qui menaça si sérieusement la nationalité française. A défaut du récit détaillé de cette journée néfaste, évoquons les souvenirs que les lieux rappellent. C'est ici que se tenait à portée des traits ennemis, et après avoir eu son cheval tué sous lui, Philippe de Valois, lorsque Jean de Hainaut l'entraîna loin du champ de bataille; voici la croix et le moulin à vent (monument historique) qu'occupait Édouard III, observatoire improvisé, d'où le roi anglais, qui avait, ce jour-là, cédé le commandement en chef à son fils, le prince de Galles, dit le Prince Noir, suivait les mouvements des deux armées. Les murailles de l'humble bâtiment sont couvertes des noms de touristes anglais, curieux de visiter ce théâtre des exploits de leurs ancêtres. Nous n'avons à enregistrer que la liste de nos morts; elle est longue, mais glorieuse aussi; ce sont : le roi de Bohême, le duc de Lorraine, le duc d'Alençon, dont l'imprudence décida du sort de la journée; les comtes de Flandre, de Nevers, de Blois, d'Harcourt, avec ses deux fils; d'Aumale, de Bar, de Sancerre, le seigneur de Thouars, les archevêques de Nîmes et de Sens, le grand prieur de l'hôpital Saint-Jean, le comte de Savoie, six comtes d'Allemagne et un nombre infini d'autres seigneurs et hauts barons.

Ajoutons, comme détail curieux, que c'est à la bataille de Crécy qu'il fut fait, pour la première fois, usage du canon.

Crécy est rentré dans la paisible et fructueuse

obscurité de ses mœurs agricoles; une savonnerie y a été établie il y a quelques années.

C'est la patrie du cardinal Jean Lemoine qui fonda, au moyen âge, à Paris, un collège renommé.

Les armes de la ville sont : *d'azur, à trois croissants entrelacés d'argent.*

SAINT-VALERY. — Saint-Valery-sur-Somme, chef-lieu de canton, siège d'un tribunal de commerce et d'une école d'hydrographie, à 20 kilomètres nord-ouest d'Abbeville, est une ville maritime peuplée de 3,647 habitants, dont l'importance grandit d'année en année, autant par l'extension de sa propre industrie et du mouvement commercial dont elle est le centre, que par les améliorations dont les différents gouvernements qui se sont succédé en France depuis un demi-siècle ont cherché à doter son port et à encourager sa navigation.

Saint-Valery est situé sur la rive gauche de la Somme, près de son embouchure dans la Manche, et elle est aujourd'hui reliée, à Noyelles, à la ligne d'Amiens à Boulogne par un tronçon de chemin de fer de 6 kilomètres. C'était autrefois la capitale d'un petit canton nommé le Vimeux, à cause d'une petite rivière qui traverse cette contrée et qui a sa source au village de Wismes. La dévotion à un saint dont la ville porte le nom amena la fondation d'une abbaye de bénédictins; l'accroissement du bourg lui valut le titre de marquisat; quant à son port, un seul fait suffit pour donner une idée de son ancienneté et des proportions qu'il devait avoir autrefois. Guillaume le Conquérant en fit choix pour y réunir les embarcations à la tête desquelles il entreprit la conquête de l'Angleterre. Selon les chroniques du temps, sa flottille se composait de mille voiles et portait cent mille combattants. Une plaque commémorative, placée sur l'Entrepôt, rappelle ce grand événement.

Une longue période de décadence avait succédé à cette prospérité passée; notre époque semble avoir pris à cœur de réparer l'injuste oubli des siècles précédents; d'importants travaux ont été ou commencés ou menés à fin. Une nouvelle écluse a été construite qui retient les eaux de la mer lors des fortes marées, et qui sert à chasser les sables aux marées basses.

Le quai de la Ferté, le port de relâche creusé au Hourdel, le phare de Cayeux, destiné à signaler l'entrée de la rivière, la grande écluse du canal de la Somme et les bâtiments considérablement agrandis de l'entrepôt réel témoignent de l'intérêt qu'inspirent à l'administration centrale les destinées de Saint-Valery.

Saint-Valery compte peu de monuments remarquables; l'église paroissiale elle-même est un peu oubliée pour la chapelle de Saint-Valery, que la dévotion des marins choisit de préférence pour but de leurs pèlerinages; mais la ville offre partout de remarquables restes du passé : vestiges d'un camp romain et d'un *castellum*, ruines d'un château fort et d'une ancienne abbaye; vieilles tours, parmi lesquelles celle de Harold, etc.

L'industrie de Saint-Valery répond aux besoins de la population qu'elle a mission de desservir; toiles, cordages et approvisionnements forment les principaux objets de son commerce. C'est la patrie du savant jésuite Lallemant et du contre-amiral Perrée.

Les armes de la ville sont : *coupé, le chef d'azur à trois fleurs de lis d'or, à la bordure compassée d'argent et de gueules, la pointe d'azur à un bateau d'or, sans rames ni voiles.*

CAYEUX. — Cayeux-sur-Mer, à 18 kilomètres à l'ouest d'Abbeville, et dans le canton de Saint-Valery, à la pointe occidentale de l'atterrissement que forme sur sa rive gauche et à son embouchure la Somme, on voit le petit port de Cayeux (*Cadocum*), peuplé de 3,021 habitants. Il est pourvu d'un phare et fort singulièrement bâti; ses maisons d'argile et de paille sont dispersées sans ordre, sur la plage, à des hauteurs inégales; quelques-unes paraissent même englouties dans les sables. Aucun arbre, aucune verdure n'égaye le paysage; la nature a ici quelque chose de sauvage et d'imposant; aussi Cayeux ne reçoit-il la visite que de quelques artistes, qui viennent visiter son église gothique et les restes de son ancien château fort, ou des touristes qui fuient l'encombrement des bains de mer à la mode.

Cayeux et à 8 kilomètres à l'ouest de Saint-Valery et à 28 d'Abbeville; la fabrication de la serrurerie et la pêche nourrissent une grande partie de sa population.

RUE. — Rue est un chef-lieu de canton, situé à 23 kilomètres au nord-ouest d'Abbeville, sur le chemin de fer d'Amiens à Boulogne; sa population est de 2,476 habitants. Cette petite ville était autrefois murée et avait un gouverneur particulier; la mer, si nous en croyons la tradition, baignait le pied de ses murailles; elle eut beaucoup à souffrir durant la période de la guerre de Cent ans; plus tard, les protestants essayèrent en vain de s'en emparer. Elle était, au moyen âge, le but de fréquents pèlerinages; on y venait de bien loin s'agenouiller devant son crucifix miraculeux. La légende en est encore aujourd'hui représentée en relief, au haut du tympan de la porte d'entrée de la chapelle du Saint-Esprit, qui a été classée au nombre des monuments historiques. Le roi Louis XI l'avait dotée de 4,000 écus d'or, à cause des miracles qui s'y faisaient de son temps.

Les armes de Rue sont : *coupé, le chef d'or à trois bandes d'azur à la bordure de gueules; la pointe d'azur aux lettres capitales RUE d'argent, 2 et 1.*

LE CROTOY. — Le Crotoy, canton de Rue, à 25 kilomètres nord-nord-ouest d'Abbeville, est un bourg ou un petit port maritime peuplé de 1,585 habitants et situé sur la rive droite de la Somme, près de son embouchure et en face de Saint-Valery.

Rien ne recommanderait aux travaux de l'historien cette ville aux rues encombrées de sable, ce port où relâchent quelques rares caboteurs de la baie de Somme, cette population exclusivement adonnée aux travaux de la pêche et à la chasse du ver marin, si les ruines d'un vieux château, bâti par les Anglais, ne nous rappelaient que là fut enfermée, en 1431, l'infortunée Jeanne Darc, et si le nom du Crotoy n'était pas uni à celui d'un traité conclu, le 3 octobre 1471, entre le duc de Bourgogne et le roi Louis XI. Ajoutons à l'importance historique que ces souvenirs donnent au Crotoy celle, plus actuelle, qui ressort d'un commerce assez actif de marée et d'huîtres, et d'entrepôts fort achalandés de sel, vin, blés, toiles, huiles et serrurerie.

Un monument doit être élevé à Jeanne Darc sur l'emplacement du donjon.

Il y a, au Crotoy, un établissement thermal.

GAMACHES. — Gamaches, chef-lieu de canton, station de l'embranchement de Longpré à Eu, est à 26 kilomètres au sud-ouest d'Abbeville et compte 1,998 habitants. C'est une petite ville fort ancienne, située sur la limite des départements de la Somme et de la Seine-Inférieure, au confluent de la Visme avec la Bresle. On y a trouvé plusieurs fois des antiquités gallo-romaines, et dans ses environs on voit une tombelle et des restes de chaussées; elle possédait un château, dont il ne reste guère qu'une tour entière et les ruines d'une autre.

Dans la ville, on remarque la grande halle du marché, l'église, monument historique, dont quelques parties remontent aux XIIe et XIIIe siècles, et sur la place un marronnier gigantesque, qui aurait, dit-on, été planté en 1598, à l'occasion de la paix de Vervins.

Gamaches possède des fabriques de toile de lin et de coton, des fonderies de fer, des fabriques d'instruments aratoires, des clouteries, des mégisseries et des moulins à huile; ses marchés et ses foires sont bien fréquentés.

Dans ses environs, aux Cahutes, on visite d'anciennes carrières de pierre fort étendues.

RAMBURES. — Rambures (*Ramburelli*), commune de 733 habitants, à 26 kilomètres au sud-ouest d'Abbeville et dans le canton de Gamaches, possède un château remarquable par sa conservation. Il date du XIVe siècle et se compose de quatre grosses tours, couvertes en poinçon, reliées entre elles par des tours à demi engagées et dominées par un donjon octogonal beaucoup plus élevé. Les tours et les courtines sont terminées par un rang de mâchicoulis en très bon état; il s'élève à plus de 26 mètres au-dessus des douves profondes qui l'entourent. On pénètre dans ce château par deux ponts-levis, l'un au nord, l'autre au sud. Au-dessous des bâtiments règnent trois étages de souterrains, qui pouvaient recevoir de nombreuses provisions et, au besoin, offrir un asile aux populations du voisinage; l'escalier qui y conduisait s'ouvre encore aujourd'hui dans la salle des gardes.

Ce château appartenait à une des plus illustres familles de la Picardie, dont la branche directe s'éteignit avec Louis-Alexandre, marquis de Rambures, qui fut tué en 1676. D'elle sont sortis les comtes de Dammartin et les seigneurs de Ligny-sur-Canche. — Le titre de marquis de Rambures est aujourd'hui relevé.

Les armes des sires de Rambures étaient . *d'or, à trois fasces de gueules.*

STATISTIQUE DU DÉPARTEMENT DE LA SOMME

RANG DU DÉPARTEMENT

Superficie : 39ème. — Population : 17ème. — Densité de la population : 13ème.

I. STATISTIQUE GÉNÉRALE

SUPERFICIE.	POPULATION.	ARRONDISSE-MENTS.	CANTONS.	COMMUNES.	REVENU TERRITORIAL.	CONTRIBUTIONS et REVENUS PUBLICS
6.161 kil. carrés ou 616.120 hect.	Hommes, 273.957 Femmes, 282.684 Total.. 556.641 90 hab. 85 par kil. carré	5	41	835	Propriétés bâties... 10.000.000 f. — non bâties. 40.000.000 » Revenu agricole.... 188.000.000 »	45.000.000 fr.

II. STATISTIQUE COMMUNALE

ARRONDISSEMENT D'AMIENS

Superficie, 1.799 kil. carrés ou 179.949 hect. — Population, 190.335 hab. — Cantons, 13. — Communes, 250.

CANTON, sa population.	NOM de LA COMMUNE.	POPULATION.	Distance au chef-lieu d'arr.	CANTON, sa population.	NOM de LA COMMUNE.	POPULATION.	Distance au chef-lieu d'arr.	CANTON, sa population.	NOM de LA COMMUNE.	POPULATION.	Distance au chef-lieu d'arr.
AMIENS, 4 cantons, 15 comm., 73.972 habit.	Amiens (Nord-Est)...	13.630	»	Suite de CONTY.	Rumaisnil..........	208	17	Suite de HORNOY.	Boisrault..........	148	35
	Allonville...........	653	9		Sentelie............	272	32		Brocourt...........	171	40
	Poulainville........	375	7		Taisnil.............	264	17		Dromesnil..........	308	38
	Amiens (Nord-Ouest).	13.536	»		Thoix..............	259	32		Gouy-l'Hôpital.....	129	30
	Argœuves...........	490	7		Tilloy-lès-Conty.....	338	21		Guémicourt........	92	42
	Dreuil-lès-Amiens...	410	6		Velennes...........	300	25		Guibermesnil......	164	38
	Saint-Sauveur......	1.214	9		Wailly.............	213	21		Laboissière........	198	40
	Saveuse............	445	7						Lafresnoye.........	317	42
					Corbie.............	4.001	17		Lincheux-Hallivillers.	357	30
	Amiens (Sud-Est)...	19.400	»		Aubigny............	746	16		Liomer.............	428	40
	Cagny..............	442	5		Baizieux...........	547	22		Méricourt-en-Vimeux.	236	28
	Camon..............	1.413	5		Bonnay.............	408	22		Montmarquet.......	297	45
	Longueau...........	686	5		Bresle..............	225	26		Orival.............	295	40
	Rivery..............	161	2		Bussy-lèsDaours-...	401	13		Quesne (Le)........	258	41
				CORBIE, 22.968 habitants.	Daours.............	686	15		Saint-Germain-sur-Bresle.........	184	50
	Amiens (Sud-Ouest)..	20.330	»		Fouilloy............	989	19		Selincourt.........	354	35
	Pont-de-Metz.......	787	5		Franvillers.........	894	21		Thieulloy-l'Abbaye..	543	32
					Hamel (Le).........	961	25		Tronchoy...........	445	38
CONTY, 27 communes, 10.191 habitants.	Conty..............	1.025	21		Hamelet............	545	22		Villers-Campsart....	312	37
	Bacouel.............	206	10		Heilly..............	551	25		Vraignes...........	229	35
	Belleuse............	720	30		Hénencourt.........	410	27				
	Bosquel.............	674	23		Lahoussoye........	419	18	MOLLIENS-VIDAME, 29 communes, 12.470 habitants.	Molliens-Vidame....	738	22
	Brassy..............	116	31		Lamotte-Brebière...	142	9		Airaines...........	2.074	35
	Contre..............	262	25		Lamotte-en-Santerre.	537	25		Avelesges..........	113	35
	Courcelles-sous-Thoix	172	28		Marcelcave.........	1.543	25		Bettencourt-Rivière..	354	35
	Essertaux...........	352	20		Ribemont...........	500	27		Bougainville.......	726	24
	Fleury..............	264	26		Vaire-sous-Corbie...	558	25		Bovelles...........	438	12
	Fossemanant.......	116	17		Vaux-sous-Corbie...	341	25		Briquemesnil.......	205	20
	Fresmontiers.......	281	27		Vecquemont........	308	15		Camps-l'Amiénois...	400	28
	Lœuilly.............	750	20		Villers-Bretonneux..	5.356	16		Clairy-Saulchoy....	418	12
	Monsures...........	305	27		Warfusée-Abancourt.	430	25		Creuse.............	144	15
	Namps-au-Mont.....	287	20		Warloy-Baillon.....	1.370	27		Dreuil-lès-Molliens..	80	24
	Namps-au-Val......	379	20	HORNOY, 26 c., 9.294 h.	Hornoy.............	952	32		Floxicourt.........	39	22
	Nampty-Coppegueule.	173	17		Arguel.............	107	40		Fluy...............	420	18
	Neuville-lès-Lœuilly.	151	17		Aumont............	347	30		Fresnoy-au-Val.....	358	24
	Oresmaux...........	1.328	17		Beaucamps-le-Jeune.	445	42		Guignemicourt.....	290	13
	Plachy-Buyon.......	426	13		Beaucamps-le-Vieux.	1.854	43		Laleu.............	130	35
	Prouzel.............	353	13		Belloy-Saint-Léonard.	194	35		Métigny............	163	35

SUITE DE L'ARRONDISSEMENT D'AMIENS

CANTON, sa population.	NOM de LA COMMUNE.	POPULATION.	Distance au chef-lieu d'arr.	CANTON, sa population.	NOM de LA COMMUNE.	POPULATION.	Distance au chef-lieu d'arr.	CANTON, sa population.	NOM de LA COMMUNE.	POPULATION.	Distance au chef-lieu d'arr.
Suite de MOLLIENS-VIDAME.	Montagne	453	30	Picquigny, 22 communes, 17.038 habitants.	Picquigny	1.329	13	Suite de POIX.	Offignies	156	44
	Oissy	301	22		Ailly-sur-Somme	1.103	10		Saint-Romain	167	40
	Pissy	322	15		Belloy-sur-Somme	979	19		Sainte-Segrée	111	39
	Quesnoy-sur-Airaines	775	31		Bettencourt-St-Ouen	397	27		Saulchoy-sous-Poix	65	37
	Quevauvillers	1.004	20		Bouchon	406	30		Souplicourt	118	42
	Revelles	676	15		Bourdon	431	24		Thieulloy-la-Ville	245	40
	Riencourt	418	24		Breilly	472	12	Sains, 22 communes, 12.617 habitants.	Sains	766	8
	Saint-Aubin-Montenoy	330	25		Cavillon	221	16		Blangy-Tronville	402	11
	Saisseval	329	16		Chaussée-Tirancourt (La)	714	16		Boves	1.803	9
	Seux	284	16		Condé-Folie	1.167	30		Cachy	312	14
	Tailly	77	35		Crouy	322	20		Cottenchy	520	15
	Warlus	411	35		Etoile (L')	956	30		Dommartin	358	16
OISEMONT, 32 communes, 9.617 habitants.	Oisemont	1.102	41		Ferrières	383	10		Dury	641	6
	Andainville	548	47		Flixecourt	2.007	25		Estrées	272	14
	Aumâtre	437	48		Fourdrinoy	550	15		Fouencamps	294	13
	Avesnes-Chaussoy	179	40		Hangest-sur-Somme	898	24		Gentelles	630	14
	Bernaprè	130	50		Mesge (Le)	335	24		Glisy	318	9
	Cannessières	166	48		Saint-Pierre-à-Gouy	82	17		Grattepanche	256	13
	Epaumesnil	240	41		Soues	191	24		Guyencourt	255	17
	Etréjust	177	39		Vignacourt	3.318	19		Hailles	372	17
	Fontaine-le-Sec	334	45		Ville-Saint-Ouen	515	26		Remiencourt	307	17
	Forceville	220	45		Yzeux	262	20		Rumigny	514	10
	Foucaucourt-hors-Nesle	145	51	Poix, 33 communes, 9.186 habitants.	Poix	1.353	27		Saint-Fuscien	492	8
	Fresne-Tilloloy	264	49		Agnières	278	14		Saint-Sauflieu	1.114	14
	Fresneville	219	42		Bergicourt	210	37		Saleux	1.058	7
	Fresnoy-Andainville	219	46		Bettembos	243	39		Salouel	820	7
	Frettecuisse	211	45		Blangy-sous-Poix	201	35		Thésy-Glimont	442	15
	Heucourt-Croquoison	312	40		Bussy-lès-Poix	159	26		Vers-Hébécourt	671	9
	Inval-Boiron	280	49		Caulières	286	26	VILLERS-BOCAGE, 23 communes, 12.982 habitants.	Villers-Bocage	1.246	12
	Lignières'-hors-Foucoucourt	192	50		Courcelles-sous-Moyencourt	228	25		Bavelincourt	207	19
	Mazis (Le)	143	48		Croixrault	431	32		Beaucourt	350	18
	Mesnil-Eudin	151	50		Eplessier	339	34		Béhencourt	474	19
	Monflières	175	49		Equennes	312	38		Bertangles	513	11
	Nesle-l'Hôpital	179	57		Eramecourt	69	40		Cardonnette	325	9
	Neslette	82	59		Famechon	260	34		Coisy	364	10
	Neuville-au-Bois	254	46		Fourcigny	212	47		Contay	645	22
	Neuville-Coppegueule	863	50		Frettemolle	306	45		Flesselles	1.390	16
	Saint-Aubin-Rivière	250	48		Fricamps	241	27		Fréchencourt	402	17
	Saint-Léger-le-Pauvre	80	53		Gauville	394	48		Mirvaux	310	16
	Saint-Maulvis	574	42		Guizancourt	165	38		Mollieus-au-Bois	473	14
	Senarpont	590	53		Hescamps-Saint-Clair	418	47		Montigny	228	17
	Vergies	473	42		Lachapelle	80	36		Montonvillers	137	15
	Villeroy	341	51		Lamaronde	164	39		Pierregot	392	14
	Woirel	87	44		Lignières-Châtelain	438	45		Pont-Noyelles	693	12
					Marlers	189	45		Querrieu	921	14
					Meigneux	350	42		Rainneville	812	11
					Méreaucourt	52	41		Rubempré	.004	18
					Morvillers-Saint-Saturnin	594	49		Saint-Gratien	535	14
					Moyencourt	352	26		St-Vast-en-Chaussée	692	14
									Vadencourt	131	22
									Vaux-en-Amiénois	738	13

ARRONDISSEMENT D'ABBEVILLE

Superficie, 1.585 kil. carrés ou 158.469 hect. — Population, 137.152 hab. — Cantons, 11. — Communes, 172.

CANTON, sa population.	NOM de LA COMMUNE.	POPULATION.	Distance au chef-lieu d'arr.	CANTON, sa population.	NOM de LA COMMUNE.	POPULATION.	Distance au chef-lieu d'arr.	CANTON, sa population.	NOM de LA COMMUNE.	POPULATION.	Distance au chef-lieu d'arr.
ABBEVILLE, 2 cant., 11 comm., 25.142 h.	Abbeville (Nord)	9.621	»	AILLY-LE-HAUT-CLOCHER, 19 comm., 12.014 habitants.	Ailly-le-Haut-Clocher	1.129	12	Suite de AILLY.	Mesnil-Domqueur	221	20
	Bellancourt	384	5		Brucamps	411	15		Mouflers	160	21
	Caours	351	5		Buigny-l'Abbé	407	9		Pont-Remy	2.032	9
	Drucat	530	5		Bussus	527	15		Saint-Riquier	1.691	9
	Grand-Laviers	301	5		Coquerel	343	13		Villers-sous-Ailly	354	17
	Vauchelles	795	5		Coulonvillers	439	15		Yaucourt-Bussus	346	13
	Abbeville (Sud)	9.760	»		Cramont	514	20	AULT, 19 c., 14.859 h.	Ault	1.454	32
	Bray-lès-Mareuil	351	9		Domqueur	749	17		Allenay	247	31
	Cambron	1.132	5		Ergnies	202	18		Béthencourt-sur-Mer	827	29
	Eaucourt-sur-Somme	388	7		Francières	307	10		Bourseville	715	25
	Epagne-Epagnette	547	5		Gorenflos	535	17		Fressenneville	1.686	21
	Mareuil-Caubert	982	5		Long	1.336	15		Friaucourt	350	30
					Maison-Roland	311	15				

SUITE DE L'ARRONDISSEMENT D'ABBEVILLE

CANTON, sa population.	NOM de LA COMMUNE.	POPULATION.	Distance au chef-lieu d'arr.	CANTON, sa population.	NOM de LA COMMUNE.	POPULATION.	Distance au chef-lieu d'arr.	CANTON, sa population.	NOM de LA COMMUNE.	POPULATION.	Distance au chef-lieu d'arr.
Suite de Ault.	Friville-Escarbotin...	2.109	27	Suite de Gamaches.	Cérisy-Buleux.......	465	19	Nouvion, 9.698 habitants. 19 communes,	Nouvion............	*833	12
	Meneslies..........	485	27		Dargnies...........	1.174	25		Agenvillers.........	408	12
	Mers...............	488	35		Embreville..........	516	25		Buigny-Saint-Maclou.	382	5
	Nibas..............	911	21		Framicourt..........	272	21		Canchy.............	486	10
	Ochancourt.........	416	17		Frettemeule.........	468	20		Domvast............	409	15
	Oust-Marais........	195	32		Maisnières..........	679	21		Forest-l'Abbaye.....	437	12
	St-Quentin-Lamotte-Croix-au-Bailly....	1.205	33		Martainneville.......	323	15		Forest-Montiers.....	652	20
	Tully..............	446	30		Ramburelles........	360	20		Gapennes..........	630	17
	Valines............	591	18		Rambures..........	733	22		Hautvillers-Ouville...	411	7
	Vaudricourt........	520	25		Tilloy-Floriville......	367	21		Lamotte-Buleux.....	338	9
	Woignarue..........	753	30		Translay (Le).......	280	20		Millencourt.........	408	10
	Woincourt..........	949	25		Vismes.............	560	15		Neuf-Moulin........	335	8
	Yzengremer........	512	26	Hallencourt, 12.506 habitants. 19 communes,	Hallencourt........	1.981	17		Neuilly-l'Hôpital.....	384	7
Crécy, 11.938 habitants. 23 communes,	Crécy..............	1.686	19		Allery.............	1.124	20		Noyelles-sur-Mer....	802	15
	Boisle (Le).........	685	25		Bailleul............	629	10		Oneux.............	620	12
	Boufflers...........	315	26		Citerne............	485	20		Ponthoile...........	848	20
	Brailly-Cornehotte..	450	20		Doudelainville......	443	15		Port-le-Grand.......	289	10
	Conteville..........	325	22		Dreuil-Hamel.......	477	22		Sailly-le-Sec........	679	12
	Dominois..........	427	30		Erondelle...........	412	00		Titre (Le)..........	347	12
	Domléger...........	295	22		Fontaine-sur-Somme.	1.137	15	Rue, 12.468 habitants. 16 communes,	Rue................	2.476	23
	Dompierre..........	926	27		Frucourt...........	314	15		Argoules...........	706	30
	Estrées-lès-Crécy...	855	21		Hocquincourt.......	431	15		Arry...............	294	25
	Fontaine-sur-Maye...	309	20		Huppy.............	1.096	13		Bernay............	463	25
	Froyelles...........	93	19		Liercourt..........	461	12		Crotoy (Le)........	1.585	25
	Gueschard.........	1.007	25		Limeux............	350	12		Favières...........	657	25
	Hiermont...........	402	25		Longpré-les-Corps-Saints.............	1.851	17		Machiel............	292	22
	Ligescourt.........	348	15		Mérélessart.........	395	17		Machy.............	311	22
	Longvillers........	405	21		Sorel..............	246	14		Nampont...........	666	35
	Maison-Ponthieu....	689	23		Vaux-Marquenne-ville...............	164	15		Quend.............	1.827	32
	Marcheville........	288	16		Wanel..............	183	17		Régnière-Ecluse.....	326	25
	Neuilly-le-Dien.....	277	25		Wiry-au-Mont......	327	20		Saint-Quentin-en-Tourmont..........	407	32
	Noyelles-en-Chaussée.............	598	21	Moyenneville, 11.048 habitants. 14 comm.,	Moyenneville........	993	8		Vercourt...........	152	28
	Ponches-Estruval...	252	26		Acheux............	1.005	15		Villers-sur-Authie...	604	30
	Vitz-sur-Authie.....	256	28		Béhen.............	776	10		Vironchaux.........	695	25
	Yvrench...........	612	15		Cahon.............	264	8	St-Valery-sur-Somme, 15.437 habit. 12 comm.,	Vron...............	1.007	30
	Yvrencheux.........	438	15		Chépy.............	1.070	17		St-Valery-sur-Somme	3.647	20
Gamaches, 12.042 hab. 20 comm.,	Gamaches..........	1.998	26		Ercourt............	362	14		Arrest.............	1.026	20
	Aigneville..........	755	20		Feuquières.........	1.732	20		Boismont..........	633	14
	Beauchamps........	527	27		Grébault-Mesnil.....	274	17		Brutelles...........	354	24
	Biencourt..........	224	20		Huchenneville......	832	8		Cayeux-sur-Mer....	3.021	18
	Bouillancourt-en-Séry................	840	25		Miannay...........	859	10		Estrebœuf..........	334	28
	Bouttencourt.......	581	27		Quesnoy-le-Montant..............	662	15		Franleu............	695	16
	Bouvaincourt.......	402	28		Saint-Maxent.......	482	15		Lanchères..........	1.110	23
	Buigny-lès-Gamaches.............	518	24		Tœufles............	612	12		Mons-Boubert......	1.319	14
					Tours..............	1.125	15		Pendé.............	1.418	21
									Saigneville.........	642	11
									Saint-Blimont......	1.238	22

ARRONDISSEMENT DE DOULLENS

Superficie, 659 kil. carrés ou 65.858 hect. — Population, 55.434 hab. — Cantons, 4. — Communes, 89.

CANTON, sa population.	NOM de LA COMMUNE.	POPULATION.	Distance au chef-lieu d'arr.	CANTON, sa population.	NOM de LA COMMUNE.	POPULATION.	Distance au chef-lieu d'arr.	CANTON, sa population.	NOM de LA COMMUNE.	POPULATION.	Distance au chef-lieu d'arr.
Doullens, 16.525 habitants. 14 comm.,	Doullens...........	4.810	»	Acheux, 13.213 habitants. 26 comm.,	Acheux............	655	18	Suite d'Acheux.	Léalvillers.........	374	19
	Authieule..........	378	3		Arquèves..........	417	15		Louvencourt........	598	16
	Beauquesne........	2.658	10		Authies............	840	14		Mailly.............	1.046	25
	Beauval............	2.478	6		Bayencourt........	176	20		Marieux............	335	10
	Bouquemaison......	1.028	7		Bertrancourt.......	580	19		Puchevillers........	814	14
	Brévillers..........	112	9		Bus................	624	18		Raincheval.........	725	18
	Gézaincourt........	767	2		Coigneux..........	172	18		Saint-Léger-lès-Authies..............	236	15
	Grouches-Luchuel...	822	5		Colincamps........	238	00		Senlis.............	504	27
	Hem...............	472	5		Courcelles-au-Bois..	157	21		Thièvres...........	120	10
	Humbercourt.......	572	12		Englebelmer........	525	26		Toutencourt........	1.140	19
	Longuevillette......	257	6		Forceville..........	460	22		Varennes...........	518	21
	Lucheux...........	988	7		Harponville.........	470	20		Vauchelles-lès-Authies..............	372	14
	Neuvillette.........	601	7		Hédauville.........	227	23				
	Terramesnil........	582	7		Hérissart..........	890	18				

SUITE DE L'ARRONDISSEMENT DE DOULLENS

CANTON, sa population	NOM de LA COMMUNE.	POPULATION.	Distance au chef-lieu d'arr.	CANTON, sa population	NOM de LA COMMUNE.	POPULATION.	Distance au chef-lieu d'arr.	CANTON, sa population	NOM de LA COMMUNE.	POPULATION.	Distance au chef-lieu d'arr.
BERNAVILLE, 10.705 habitants. 27 communes,	Bernaville	1.000	16	Suite de BERNAVILLE.	Maizicourt	336	20	Suite de DOMART.	Franqueville	360	23
	Agenville	919	22		Meillard (Le)	356	13		Fransu	396	23
	Autheux	325	10		Mézerolles	396	9		Halloy-lès-Pernois	385	17
	Barly	487	9		Montigny	278	18		Havernas	360	18
	Béalcourt	250	14		Occoches	298	7		Lanches-Saint-Hilaire	323	19
	Beaumetz	467	19		Outrebois	506	8		Montrelet	427	13
	Beauvoir-Rivière	323	16		Prouville	628	18		Naours	1.574	16
	Bernâtre	236	24		Remaisnil	142	10		Pernois	724	18
	Boisbergues	272	9		Saint-Acheul	67	15		Ribeaucourt	343	19
	Candas	1.666	9		Vacquerie	198	15		St-Léger-lès-Domart	1.125	22
	Domesmont	87	16						Saint-Ouen	1.513	23
	Epécamps	56	16	DOMART, 22 c. 14.991 h.	Domart	1.243	20		Surcamps	192	25
	Fienvillers	1.115	10		Berneuil	735	16		Talmas	1.320	16
	Frohen-le-Grand	396	12		Berteaucourt	1.175	20		Vauchelles-lès-Domart	241	28
	Frohen-le-Petit	66	13		Bonneville	842	13		Vicogne (La)	270	13
	Gorges	148	14		Canaples	918	16		Wargnies	165	17
	Heuzecourt	387	15		Fieffes	340	13				

ARRONDISSEMENT DE MONTDIDIER

Superficie, 915 kil. carrés ou 91.495 hect. — Population, 65.645 hab. — Cantons, 5. — Communes, 144.

CANTON, sa population	NOM de LA COMMUNE.	POPULATION.	Distance au chef-lieu d'arr.	CANTON, sa population	NOM de LA COMMUNE.	POPULATION.	Distance au chef-lieu d'arr.	CANTON, sa population	NOM de LA COMMUNE.	POPULATION.	Distance au chef-lieu d'arr.
MONTDIDIER, 13.085 habitants. 33 communes,	MONTDIDIER	4.362	»	Suite d'AILLY-SUR-NOYE.	Jumel	310	25	Suite de ROSIÈRES.	Fransart	177	23
	Andechy	389	14		Lawarde-Mauger	332	28		Guillaucourt	567	28
	Assainvillers	302	5		Louvrechy	204	20		Hallu	179	30
	Ayencourt	106	3		Mailly-Raineval	323	18		Harbonnières	2.010	32
	Becquigny	225	8		Merville-au-Bois	212	19		Maucourt	490	25
	Bouillancourt	226	8		Quiry-le-Sec	450	17		Méharicourt	1.006	25
	Boussicourt	136	9		Rogy	362	33		Parvillers	282	20
	Bus	236	13		Rouvrel	441	22		Punchy	168	28
	Cantigny	166	7		Sauvillers-Mongival	278	14		Quesnoy (Le)	192	17
	Cardonnois (Le)	92	8		Sourdon	290	17		Rouvroy	568	19
	Courtemanche	126	3		Thory	285	16		Vrély	795	23
	Davenescourt	795	8		Villers-Tournelle	220	10		Warvillers	258	20
	Erches	302	13	MOREUIL, 25 communes, 15.552 habitants.	Moreuil	3.115	16		Roye	3.973	18
	Etelfay	365	5		Arvillers	1.333	14		Armancourt	57	13
	Faverolles	195	5		Aubercourt	156	24		Balâtre	201	27
	Fescamps	315	10		Beaucourt	315	18		Beuvraignes	1.198	18
	Fignières	203	6		Berteaucour	514	24		Biarre	95	30
	Fontaine	241	4		Braches	264	12		Billancourt	278	32
	Gratibus	190	7		Cayeux	222	23		Breuil	164	33
	Grivillers	125	13		Contoire	407	10		Carrépuis	200	23
	Guerbigny	586	10		Démuin	797	22		Champien	443	25
	Hargicourt	310	10		Domart-sur-la-Luce	551	25		Crémery	99	25
	Laboissière	265	10		Fresnoy-en-Chaussée	251	17		Cressy-Omencourt	268	30
	Lignières	256	9		Hangard	286	24		Curchy	280	30
	Malpart	100	10		Hangest-en-Santerre	1.379	15		Damery	365	18
	Marestmontiers	145	8		Ignaucourt	218	24		Dancourt	120	15
	Marquivillers	279	12		Mézières	841	18		Dreslincourt	55	33
	Mesnil-Saint-Georges	192	5		Morisel	570	21		Échelle-St-Aurin (L')	207	14
	Onvillers	163	10		Neuville-Sire-Bernard (La)	294	15		Ercheu	1.039	34
	Piennes	400	8		Pierrepont	444	10		Étalon	211	29
	Remaugies	180	10		Plessier-Rozainvillers (Le)	814	14		Fonches	237	30
	Rollot	975	10						Fonchette	66	30
	Rubescourt	137	6		Quesnel (Le)	1.257	18	ROYE, 37 communes, 14.150 habitants.	Fresnoy-lès-Roye	506	22
AILLY-SUR-NOYE, 9.360 habitants. 28 communes,	Ailly-sur-Noye	3.181	21		Saulchoy-sur-Davenscourt	77	10		Goyencourt	184	20
	Ainval-Septoutre	141	13		Thennes	507	25		Gruny	329	25
	Aubvillers	275	13		Villers-aux-Érables	231	19		Hattencourt	431	25
	Berny	261	23		Warsy	288	10		Herly	104	31
	Castel	271	23		Wiencourt-l'Équipée	421	27		Laucourt	206	17
	Chaussoy-Épagny	613	22						Liancourt-Fosse	564	29
	Chirmont	193	17	ROSIÈRES, 21 c. 13.498 hab.	Rosières	2.437	23		Manicourt	66	31
	Coullemelle	399	15		Bayonvillers	849	30		Marché-Allouarde	93	28
	Esclainvillers	261	15		Beaufort	345	18		Moyencourt	367	33
	Faloise (La)	321	23		Bouchoir	659	19		Popincourt	70	15
	Flers	406	30		Caix	1.400	24		Réthonvillers	418	20
	Folleville	214	16		Chavatte (La)	83	23		Roiglise	216	23
	Fransures	340	32		Chilly	386	25		Saint-Mard	212	18
	Grivesnes	434	11		Folies	332	18		Tilloloy	436	17
	Hallivillers	243	25		Fouquescourt	315	24		Verpillières	150	23
	Hortoy (L')	100	30						Villers-lès-Roye	240	17

SOMME

ARRONDISSEMENT DE PÉRONNE

Superficie, 1.203 kil. carrés ou 120.349 hect. — Population, 108.075 hab. — Cantons, 8. — Communes, 180.

CANTON, sa population	NOM de LA COMMUNE	POPULATION	Distance au chef-lieu d'arr.	CANTON, sa population	NOM de LA COMMUNE	POPULATION	Distance au chef-lieu d'arr.	CANTON, sa population	NOM de LA COMMUNE	POPULATION	Distance au chef-lieu d'arr.
PÉRONNE, 23 communes, 16.739 habitants.	Péronne............	4.370	»	Suite de Bray.	Morcourt..........	604	27	Suite de Ham.	Esmery-Hallon	1.273	26
	Aizecourt-le-Haut..	178	6		Morlancourt........	823	29		Estouilly...........	148	25
	Allaines...........	701	4		Neuville-lès-Bray (La)	239	21		Matigny...........	884	17
	Barleux...........	523	6		Sailly-Laurette.....	572	31		Monchy-Lagache...	1.028	12
	Biaches............	493	3		Sailly-le-Sec.......	598	34		Muille-Villette.....	330	26
	Bouchavesnes......	678	7		Suzanne...........	484	16		Offoy..............	358	20
	Bouvincourt........	230	10		Treux..............	157	33		Quivières..........	461	15
	Brie...............	506	7		Ville-sous-Corbie...	423	31		Saint-Sulpice.......	717	25
	Buire-Courcelles...	518	6						Sancourt...........	442	21
	Bussu..............	510	4	CHAULNES, 23 communes, 10.093 habitants.	Chaulnes..........	1.380	18		Tertry.............	388	12
	Cartigny...........	947	6		Ablaincourt........	353	15		Ugny-l'Équipée....	165	16
	Cléry..............	976	6		Assevillers........	416	11		Villecourt..........	113	16
	Doingt.............	1.009	3		Belloy.............	409	10		Y.................	183	15
	Estrées-en-Chaussée.	103	10		Berny..............	282	11	NESLE, 23 communes, 10.308 habitants.			
	Éterpigny..........	216	5		Chuignes...........	300	16		Nesle..............	2.377	22
	Feuillères..........	240	7		Dompierre.........	626	11		Béthencourt........	173	20
	Flaucourt..........	537	7		Estrées-Déniécourt.	574	13		Buverchy..........	104	25
	Mesnil-Bruntel.....	430	5		Fay................	203	13		Cizancourt.........	105	12
	Moislains..........	1.766	8		Fontaine-lès-Cappy..	101	15		Épénancourt.......	235	15
	Mons-en-Chaussée..	704	9		Foucaucourt........	539	15		Falvy..............	355	10
	Mont-St-Quentin...	254	0		Framerville........	439	23		Grécourt...........	95	25
	Sainte-Radegonde..	363	2		Fresnes-Mazancourt.	343	15		Hombleux..........	1.106	25
	Villers-Carbonnel...	487	8		Herleville..........	336	20		Hyencourt-le-Petit.	92	20
ALBERT, 26 communes, 15.669 habitants.					Hyencourt-le-Grand..	123	22		Languevoisin-Quiquery.	301	25
	Albert.............	4.500	25		Lihons.............	1.230	22		Licourt............	649	15
	Auchonvillers......	371	32		Pressoir............	140	17		Marchélepot.......	483	15
	Authuile...........	303	27		Proyart............	873	24		Mesnil-Saint-Nicaise.	522	20
	Aveluy.............	407	25		Puzeaux...........	179	23		Misery.............	266	10
	Bazentin...........	275	19		Rainecourt.........	264	22		Morchain..........	430	15
	Beaucourt..........	167	29		Soyécourt..........	418	15		Omiécourt.........	244	20
	Beaumont-Hamel...	563	30		Vauvillers.........	348	25		Pargny.............	278	15
	Bécourt-Bécordel..	159	20		Vermandovillers....	222	18		Pertain............	588	15
	Bouzincourt........	613	29	COMBLES, 21 communes, 12.918 habitants.					Potte...............	152	15
	Buire-sous-Corbie..	348	27		Combles............	1.614	12		Rouy-le-Grand.....	168	20
	Contalmaison.......	263	21		Carnoy.............	118	15		Rouy-le-Petit......	195	10
	Courcelette........	357	23		Curlu..............	337	10		Saint-Christ-Briost..	565	10
	Dernancourt.......	401	26		Equancourt........	895	15		Voyennes...........	825	22
	Fricourt...........	705	20		Flers..............	654	22	ROISEL, 23 communes, 18.269 habitants.			
	Grandcourt.........	651	27		Ginchy.............	199	18		Roisel.............	1.964	12
	Irles...............	344	27		Gueudecourt.......	368	20		Aizecourt-le-Bas ...	341	10
	Laviéville.........	203	30		Guillemont.........	517	18		Bernes.............	735	12
	Mametz............	365	18		Hardecourt-aux-Bois.	458	13		Driencourt.........	325	7
	Méaulte............	937	23		Hem-Monacu......	256	9		Épehy.............	2.105	19
	Mesnil-Martinsart ..	519	28		Leforest...........	101	10		Fins................	626	16
	Millencourt.........	336	29		Lesbœufs..........	620	18		Guyencourt-Saulcourt	726	15
	Miraumont..........	1.104	27		Longueval.........	505	20		Hancourt..........	246	10
	Ovillers-la-Boiselle.	516	21		Manancourt........	1.471	13		Hervilly...........	467	13
	Posières...........	447	23		Maricourt..........	468	12		Hesbécourt........	250	14
	Pys................	448	25		Maurepas..........	635	10		Heudicourt.........	1.614	16
	Thiepval...........	367	25		Mesnil-en-Arrouaise.	525	18		Liéramont.........	778	12
BRAY, 20 comm., 10.443 hab.	Bray-sur-Somme ...	1.394	18		Montauban.........	634	20		Longavesnes.......	292	11
	Becquincourt.......	166	12		Rancourt...........	388	10		Marquaix..........	392	12
	Cappy..............	1.168	17		Sailly-Saillisel.....	1.100	15		Nurlu..............	954	12
	Cerisy-Gailly.......	728	28		Ytres..............	1.035	20		Pœuilly...........	271	15
	Chipilly............	352	27	HAM, 21 c., 13.631 h.	Ham...............	3.122	25		Ronssoy............	1.536	19
	Chuignolles........	291	20		Athies.............	1.157	10		Sorel..............	691	14
	Éclusier-Vaux......	217	14		Brouchy...........	559	27		Templeux-la-Fosse..	675	8
	Étinehem...........	672	23		Croix-Molignaux...	475	15		Templeux-le-Guérard.	701	18
	Frise...............	362	11		Devise.............	153	10		Tincourt-Boucly...	777	9
	Herbécourt.........	308	9		Douilly.............	477	20		Villers-Faucon.....	1.483	15
	Méricourt-l'Abbé...	406	35		Ennemain..........	418	10		Vraignes...........	300	12
	Méricourt-sur-Somme	479	25		Eppeville..........	780	25				

III. STATISTIQUE MORALE [1]

Par M. Eug. BOUTMY, ancien professeur.

Les chiffres en caractères gras inscrits dans chacune des trois petites colonnes de ce tableau indiquent le rang du département relativement à la mention devant laquelle ils sont placés.

Religion [2].

	Catholiques..........	554.903
	Protestants..........	1.446
	Israélites..........	159
	Clergé catholique.....	926
	Pasteurs..........	3
	Rabbins..........	»

Mouvement de la population.

	Naissances..........	12.886
	Mariages..........	4.347
	Décès..........	13.197
17e	Durée moyenne de la vie.	40 a. 6 m.

Instruction [3].

37e	Nombre des jeunes gens sachant lire, écrire et compter sur 100 jeunes gens maintenus sur les listes de tirage.......	81,32
	Nombre des établissements d'enseignement secondaire de l'État......	2
	Nombre des écoles primaires (publiques ou libres)...	1.357

Crimes contre les personnes [4].

COURS D'ASSISES.

72e	Rapport du nombre des accusés à la population. 1 sur 34.790 hab.	
	Nombre total des accusés....	16

Infanticides.

72e	Rapport du nombre des infanticides à celui des enfants naturels.......... 1 sur 1.578	
	Nombre total..........	1

Suicides.

18e	Rapport des suicides au chiffre de la population.. 1 sur 5.622 hab.	
	Nombre total..........	99

Crimes contre les propriétés.

59e	Rapport du nombre des accusés à la population. 1 sur 23.193 hab.	
	Nombre total...........	24

Tribunaux correctionnels.

16e	Nombre des affaires.....	2.426
	Nombre des prévenus....	2.865
	Nombre des condamnés...	2.647

Procès.

	Affaires civiles [5]......	1.620
	Affaires commerciales [6]..	2.335
21e	Faillites [7].........	59

Paupérisme [8].

17e	Rapport des indigents au chiffre de la population... 1 sur 26 hab.	
	Nombre total.........	21.013
	Bureaux de bienfaisance..	321
	Hôpitaux et hospices....	27
	Aliénés à la charge du département.........	196
	Sociétés de secours mutuels.	26

Contributions directes [9].

8e	Foncière.........	3.355.458
	Personnelle et mobilière	713.412
	Portes et fenêtres....	810.750

---

[1] Les chiffres contenus dans ce tableau sont empruntés, pour la plupart, à l'*Annuaire statistique de la France* (1878), publié par le ministère de l'agriculture et du commerce, ou calculés d'après des données puisées dans cet ouvrage.

[2] Ces chiffres sont antérieurs au recensement de 1876, qui a négligé ce point de vue.

Culte catholique. — Évêché à Amiens, suffragant de la métropole de Reims. Le diocèse d'Amiens, qui comprend le département tout entier, compte 60 cures, 608 succursales et 96 vicariats rétribués par l'État. Avant 1880, il possédait de nombreuses congrégations et communautés religieuses : 9 pour les hommes et 32 pour les femmes; en tout, 41.

Culte réformé. — Le département possède une église consistoriale à Amiens, desservie par un pasteur, et une autre à Contay, également desservie par un pasteur. Il y a, en outre, à Templeux-le-Guérard une église qui fait partie de l'Église consistoriale de Saint-Quentin (Aisne).

[3] Le département relève de l'académie de Douai. École préparatoire de médecine et de pharmacie à Amiens. Lycée à Amiens ; collèges communaux à Abbeville et à Péronne ; 13 établissements libres pour l'enseignement secondaire. École normale d'instituteurs primaires à Amiens. Au point de vue du nombre d'élèves inscrits dans les écoles primaires de 6 à 13 ans, sur 100 enfants recensés, la Somme occupe le 31e rang. Le même département occupe le 39e rang d'après le nombre d'enfants présents à l'école par 10,000 habitants.

[4] Au point de vue judiciaire, le département de la Somme ressortit à la cour d'appel d'Amiens, qui est le siège de la cour d'assises. Chaque chef-lieu d'arrondissement possède un tribunal de première instance ; celui d'Amiens est divisé en deux chambres. Des tribunaux de commerce sont établis à Amiens, à Saint-Valery-sur-Somme et à Abbeville ; des conseils de prud'hommes existent à Amiens et à Péronne.

[5] Ce chiffre indique le nombre des affaires civiles terminées pendant l'année.

[6] Ce chiffre comprend les affaires contentieuses à juger pendant l'année.

[7] Terminées pendant l'année.

[8] Le département de la Somme est manufacturier en même temps qu'agricole. On y trouve plusieurs manufactures de pannes, de velours de coton et d'Utrecht, de moquette, de bas, de grosse toile, de tissus de laine, dits articles d'Amiens, de cordages, de draps ; des fabriques de sucre, de savon et de produits chimiques ; des bonneteries, des rouanneries, des blanchisseries, des teintureries, des tanneries, des papeteries, des chantiers pour la construction des navires, etc.

Comme tous les pays où dominent les grandes industries, la Somme compte un nombre considérable d'indigents. Pendant les chômages, quand les manufactures sont inactives ou à peu près, ce nombre s'élève au quart de la population.

Cette misère excessive a généralement pour causes l'insuffisance du travail et des salaires.

[9] Trésorier-payeur général à Amiens ; receveur particulier dans chaque chef-lieu d'arrondissement ; 127 percepteurs.

BIBLIOGRAPHIE

1597. Histoire de la surprise de la ville d'Amiens par les Espagnols, le 11 mars 1597, et sa reprise. In-12 (Mém. de la Ligue).

1621. Antiquités de la ville d'Amiens, par *A. de La Morlière*. In-8°, réimp. in-fol. en 1642.

1630. Recueil de plusieurs maisons nobles du diocèse d'Amiens, par *le même*. In-4°.

1637. Britannia ou recherches de l'antiquité d'Abbeville, par *Nic. Sanson*. In-8°.

1646. Histoire ecclésiastique de la ville d'Abbeville, par *Ignace de J.-M.* In-4°.

1657. Histoire généalogique des comtes de Ponthieu et des mayeurs d'Abbeville, par *J. D. J. M. C. D.* In-fol.

1693. Nobiliaire de Picardie, par *Haudicquer de Blancourt*. In-4°.

1717. Nobiliaire de Picardie, par *N. de Rousseville* et *N. de Villers*. In-fol.

1757. Histoire de la ville et du diocèse d'Amiens, par *Daire*. 2 vol. in-4°, fig.

1762. Histoire civile, ecclésiastique et littéraire de la ville et doyenné de Montdidier, par *Daire*. In-12.

1767. Histoire du comté de Ponthieu, d'Abbeville, etc., par *L.-A. Deverité*. 3 vol. in-12.

1768. Tableau historique des sciences, belles-lettres et arts de la Picardie, depuis le commencement de la monarchie jusqu'en 1752, par *Daire*. In-12.

1770. Mémoires historiques sur la Picardie, par *Dubellog*. In-8°.

1770. Histoire des évêques d'Amiens. In-12.

1770. Essai sur l'histoire générale de Picardie, par *L.-A. Deverité*. 2 vol. in-12, avec supplément en 1774.

.... Histoire des villes et doyenné de Doullens et de Vignancourt, en Picardie. In-12.

1783. Voyage pittoresque dans la ville d'Amiens, par *Vermont*. In-12.

1785. Histoire civile, ecclésiastique et littéraire de la ville et du doyenné de Doullens, d'Ancre, etc., par *Daire*. 3 vol. in-12.

1807. Précis historique sur la surprise d'Amiens par les Espagnols..., précédé d'un coup d'œil sur le département de la Somme, par *Rivoire*. In-8°.

1818. Histoire de la ville de Roye, par *Grégoire d'Essigny*. In-8°.

1832. Voyage pittoresque dans l'ancienne France (Picardie), par *Taylor*. In-fol., fig.

1832. Histoire de la ville d'Amiens, par *M.-H. Dusevel*. In-8°, fig.

1834. Privilèges et franchises de quelques villes de la Flandre, de l'Artois et de la Picardie, par *Lafons de Mélicoq*. In-8°.

1834. Description historique de l'église cathédrale d'Amiens, par *Gilbert*. In-8°.

1834. Histoire ancienne et moderne d'Abbeville, par *Ch. Louandre*. In-8°.

1835. Biographie des hommes célèbres du département de la Somme. In-8°. Supplément en 1838.

1836. Description historique de l'ancienne abbaye de Saint-Ricquier, par *A.-P.-M. Gilbert*. In-8°.

1838. Description des monuments les plus curieux de la Picardie par *F. Lombart*. In-8°.

4840. Recherches archéologiques sur Le Crotoy, par *Labourt*. In-8°.

1840. Dictionnaire statistique et topographique des communes, villes, etc., du département de la Somme. In-8°.

1841. Histoire de l'état de la ville d'Amiens et de ses comtes, par *Ducange*. In-8°.

1842. Le château de Ham, son histoire, ses seigneurs, ses prisonniers, par *Capo de Feuillide*. in-8°.

1843. Esquisse géologique du département de la Somme, par *Buteux*. In-8°.

1843. Archives historiques de la Picardie et de l'Artois, par *Roger*. Grand in-8°.

1843. Esquisse féodale du comté d'Amiens au XII° siècle, par *M.-A. Bouthors*, in-4°.

1844. Description historique et pittoresque du département de la Somme, par *M.-H. Dusevel*. 2 vol. in-8°, fig.

1844. Château, église et hôtel de ville de Pecquigny, par *Goze*. In-8°.

1845. Amiens, Abbeville, Montdidier, Péronne, etc., dans le Dictionnaire des communes de *Girault de Saint-Fargeau*. 3 vol. in-4°, fig.

1849. Eglises, châteaux, beffrois et hôtels de ville de la Picardie et de l'Artois, par *H. Dusevel*. 2 vol. in-8°.

1852. Annuaire administratif et historique de la Somme, publié par la Société des Antiquaires de Picardie.

1853. Notice sur l'origine du château de Ham, par *Ch. Gomart*. In-8°.

1854. La ville de Montdidier, ses souvenirs historiques, ses monuments, par *H. Dusevel*. In-8°.

1855. La ville de Doullens, ses souvenirs historiques, ses monuments, par *H. Dusevel*. In-8°.

1858. La ville d'Abbeville, ses souvenirs historiques, ses monuments, par *H. Dusevel*. In-8°.

1858. Histoire civile, politique et religieuse de Saint-Valery et du comté de Vimeu, par *Fl. Lefils*; avec annotation, par *H. Dusevel*. in-8°.

1860. Histoire civile, ecclésiastique et littéraire du doyenné de Picquigny, par l'abbé *Daire*, publiée d'après le manuscrit autographe, par *J. Garnier*. In-12.

1860. Histoire civile, politique et religieuse de Rue et du pays de Marquenterre, par *Fl. Lefils*, avec des annotations par *H. Dusevel*. 1 vol. in-18.

1861. Le Crotoy, par *Fl. Lefils*, avec annotation par *H. Dusevel*. 1 vol. in-18.

1861. Histoire abrégée du Trésor de l'abbaye royale de Saint-Pierre-de-Corbie, par *H. Dusevel*. 1 vol. in-18.

1861. Essai historique et chronologique sur la ville de Péronne, par *F.-G. Martel*. In-8°.

1861. Picquigny et ses seigneurs vidames d'Amiens, par *M.-F.-J. Darsy*. 1 vol. in-8°.

1861. Guide de l'étranger à Amiens, par *H. Callaud*. In-18.
1862. Les châteaux de l'arrondissement d'Abbeville, par *E. Prarond*. 1 vol. in-8°.
1862. Histoire de cinq villes et de trois cents villages, hameaux ou fermes du département de la Somme, par *Ern. Prarond*.
1863. Histoire de la ville de Doullens et des localités voisines, par *Warmé*. 1 vol. in-8°.
1864. Notice historique et statistique sur Gouy et Le Catelet, depuis l'origine de ces communes jusqu'à nos jours, par *A. Ognier*. In-12.
1866. Curiosités historiques de la Picardie, d'après les manuscrits 857—1802. 1 vol. in-8°.
1866. Histoire de la ville de Doullens, par M. l'abbé *Delgove*. 1 vol. in-4°.
1867. Dictionnaire topographique du département de la Somme, par *Garnier*. In-8°.
1868. Géographie historique et statistique du département de la Somme, par *Pringuer*. In-18.
1868. Géographie historique et populaire des communes de l'arrondissement d'Abbeville, par *F. Lefils*. In-8°.
1869. Itinéraire général de la France, par *Ad. Joanne*. — Le Nord — 1 fort vol. in-18.
1874. Notice sur les ports du Crotoy, de Saint-Valery, d'Abbeville et du Hourdel, par *Geoffroy*, ingénieur des ponts et chaussées. In-8°.
1874. Histoire générale de la France du Nord, Flandre, Artois, Picardie, depuis les temps les plus reculés jusqu'en 1872, par *P. Decros*. 1 vol. in-8°.
1874. Petite Géographie du département de la Somme, par *Bertrand* (Collection E. Levasseur). In-12.

1875. Histoire de la ville de Montdidier, par *Victor Beauvillé*. 3 vol. in-8°. 2ᵉ édition. La première était de 1858.
1875. Recueil de documents inédits concernant la Picardie, publiés par *Victor Beauvillé* 3 vol. in-4°.
1876. Géographie du département de la Somme, par *Ad. Joanne*.
1877. Répertoire et appendices des histoires locales de la Picardie par *Darsy*. In-8°.
1878. Grand atlas départemental de la France, de l'Algérie et des colonies; cartes gravées par *Lorsignol*; texte par *H. Fisquet*. 2 vol. in-folio.

Mémoires de la Société des Antiquaires de Picardie. Grand in-8° et atlas.

Mémoires de l'Académie des sciences, belles-lettres, arts, agriculture et commerce du département de la Somme. In-8°.

La Picardie, revue littéraire et scientifique, publiée à Amiens. Grand in-8°.

Mémoires de la Société des Antiquaires de France.

Carte de la Picardie extraite des cartes de *Cassini* et de *Capitaine*.

Voir les feuilles : 6, 7, 11, 12, 13, 20, 21, 22, de la *Carte de France* dite de l'*État-Major*, publiée par le Dépôt de la guerre.

Carte du canton d'Amiens, par M. *Daulle*, agent voyer en chef.

Nouvelle carte de France. — Département de la Somme à l'échelle de : 1/100,000ᵐᵉ, dressée par ordre du ministre de l'intérieur, par le service vicinal, sous la direction de M. *Bouteron*, chef de division et M. *Antoine*, ingénieur civil.

Cartes du département de la Somme, par *Charle, Dufour, Frémin, Donnet, Logerot, Ad. Joanne*, etc.

DÉPARTEMENT DE LA SOMME PAR V. A. MALTE-BRUN

PLAN D'AMIENS

86. — Tarn.

ALBI

TARN

Chef-lieu : ALBI

Superficie : 5,742 kil. carrés. — Population : 359,232 habitants.
4 Arrondissements. — 35 Cantons. — 318 Communes.

DESCRIPTION PHYSIQUE ET GÉOGRAPHIQUE

Situation, limites. — Le département du Tarn doit son nom à la principale rivière qui l'arrose de l'est à l'ouest ; il appartient à la région sud-ouest de la France, et dépend du bassin de la Garonne ; il a été formé, en 1790, de l'Albigeois et d'une partie du haut Languedoc.

Ses limites sont : au nord et au nord-est, le département de l'Aveyron ; au sud-est, celui de l'Hérault ; au sud, celui de l'Aude ; à l'ouest, ceux de la Haute-Garonne et de Tarn-et-Garonne.

Nature du sol, montagnes, vallées, plateaux. — Le département du Tarn est un pays de montagnes et de collines ; les unes et les autres occupent plus des quatre cinquièmes de sa superficie. Il s'appuie au sud et au sud-est sur les montagnes de l'Espinouse et sur les Cévennes méridionales, qui appartiennent à la ligne de faîte générale de la France et de l'Europe, et séparent le bassin de la Garonne des bassins côtiers méditerranéens de l'Aude, de l'Orbe et de l'Hérault.

Les montagnes de l'Espinouse prennent, en pénétrant dans le département, entre le Tarn et l'Agout, le nom de *montagnes de Lacaune ;* leurs plateaux, dont l'altitude varie entre 800 et 1,000 mètres, sont couverts de forêts et de landes stériles d'un aspect triste et monotone. Les montagnes de Lacaune renferment les sommets les plus élevés du département ; citons : le roc de Montalet, 1,266 mètres ; le bois de Peyreblanque, 1,177 ; le pic de la forêt de Concord, 1,186 ; le bois de Montroncous, 1,169 ; le pic de l'Écu, 1,137 ; le pic d'Escandé, 1,094 ; et le Margnès de Brassac, 1,045 mètres.

La vallée de l'Agout sépare les montagnes de Lacaune de la *montagne Noire*, massif situé au sud du département, entre l'Agout et le canal du Midi, et qui, comme la forêt Noire, doit son nom au sombre aspect de ses forêts de pins. Ses sommets principaux sont : le pic de la forêt de Nore, 1,177 mètres ; le pic de Montaud, 1,021 ; le pic de Ramondens, 886 ; et le Causse de Dourgne, 775 mètres.

A l'est de Castres, entre cette ville et Brassac, s'élève un plateau couvert de roches noires micacées et de granit ; c'est le *plateau de Sidobre.*

La surface du département présente une inclinaison générale à l'ouest, vers le département de Tarn-et-Garonne, où ses eaux vont grossir le cours de la Garonne.

Le sol est varié ; il se compose de belles vallées où les terres sont grasses et riches, et d'une partie montagneuse qui se divise en hautes et basses montagnes. Les plaines sont fertiles, les vallons agréables, les coteaux couverts de vignes et de différentes cultures, et les montagnes en partie couvertes de bois, en partie de seigle et d'avoine ; les seules crêtes qui avoisinent l'Aveyron, et celle du plateau du Sidobre, aux environs de Castres, sont rocailleuses et arides.

L'étendue du département est de 574,216 hectares, qui se partagent, d'après la nature du sol, en : pays de montagnes, 80,847 hectares ; pays de bruyères et de landes, 61,739 ; sol de riche terreau, 328,949 ; sol de craie ou de calcaire, 11,351 ; sol pierreux, 31,243 hectares. M. T. Compayré, dans son *Guide du voyageur dans le département du Tarn*, partage la surface du département en : pays de montagnes, 208,670 hectares ; pays de collines, 284,171, et pays de plaines et de vallons, 81,718 hectares. Il reconnaît les différentes espèces de sol suivantes : sol de riche terreau, 53,140 hectares ; pays de bruyères ou de landes, 58,908 ; sol calcaire, 29,700 ; sol de gravier, 80,000 ; sol pierreux, 165,996 ; sol argileux, 172,605 ; sol limoneux ou marécageux, 134 ; sol de différentes sortes, routes, cours d'eau, etc., 14,076 hectares.

Hydrographie. — Le département du Tarn, incliné, ainsi que nous l'avons déjà dit, de l'est vers l'ouest, appartient entièrement au beau bassin de la Garonne. Il est coupé par quatre vallées principales, dans lesquelles coulent quatre rivières : le Tarn, le Viaur, affluent de l'Aveyron, le Dadou et l'Agout.

Le Tarn, que les Celtes appelaient *Taran*, c'est-à-dire *source des montagnes, torrent*, prend sa source dans les montagnes de la Lozère, près du hameau de Concortès, entre Villefort et Pont-de-Montvert, traverse les départements de la Lozère et de l'Aveyron, et entre dans celui auquel il donne son nom un peu au-dessous de Combradet, à environ 180 kilomètres de sa source. Les deux rives y sont alors bien cultivées, et la rivière a perdu cet aspect torrentueux qu'elle avait dans les départements de la Lozère et de l'Aveyron. Le Tarn traverse ensuite des terrains arides, et roule sur un fond hérissé d'écueils qui rendent son cours périlleux. Au-dessous d'Ambialet, la rivière forme une presqu'île rocheuse, et arrive ensuite au Saut-de-Sabo, où elle s'ouvre un passage dans des tranchées de plus de 15 mètres de profondeur, à travers des roches schisteuses dont les aspérités produisent un effet des plus pittoresques. Sur quelques points, le passage est assez étroit pour avoir été franchi par de hardis sauteurs, et, si nous en croyons la tradition, il devrait son nom à une malheureuse tentative de ce genre qui aurait coûté la vie à un Léandre languedocien du nom de Sabo.

Au sortir de cette cataracte et après le village d'Arthès, le Tarn coule sur un terrain d'alluvion, et traverse de l'est à l'ouest la riche plaine de l'Albigeois. Là, il est toujours encaissé dans un lit profond qui a souvent plus de 100 mètres de largeur. Il passe à Albi, Gaillac, Lisle et Rabastens, et il quitte le département un peu au-dessous de la Pointe-Saint-Sulpice, après avoir reçu les eaux d'un affluent considérable, l'Agout. Le Tarn entre alors dans le département de Tarn-et-Garonne, où il va, après avoir passé sous les murs de Montauban, se jeter dans la Garonne au-dessous de Moissac, après un cours de 375 kilomètres, dont 109 appartiennent au département. Les crues du Tarn sont fréquentes ; elles sont surtout à redouter lorsque le vent d'autan (le vent d'est) fait fondre les neiges des montagnes de la Lozère. En 1766 et en 1809, elles ont atteint à Albi une hauteur de $10^m,71$. Cette rivière est navigable à l'aide d'écluses depuis le Saut-de-Sabo.

L'Agout, affluent de gauche du Tarn, prend sa source dans la montagne de l'Espinouse, département de l'Hérault, traverse le département du Tarn de l'est à l'ouest, passe à Brassac, près de Vabre, à Roquecourbe, à Castres, à Vielmur, à Saint-Paul, à Lavaur, et se jette dans le Tarn à la Pointe-Saint-Sulpice, après avoir parcouru, dans le département, un espace de 90 kilomètres sur les 180 qui forment son cours total. Le confluent du Tarn et de l'Agout est le point le moins élevé du département. Il est à 190 mètres au-dessus du niveau de l'Océan.

L'Aveyron et son affluent le Viaur séparent au nord et au nord-ouest le département de ceux de l'Aveyron et de Tarn-et-Garonne. L'Aveyron pénètre cependant au nord-ouest, et arrose le territoire des communes de Saint-Martin-de-La-Guépie, de Riols, de Racayrens, de Montrosier et de Penne. Le Cérou, autre affluent de gauche de l'Aveyron, passe à Monestiés et près de Cordes.

Le Dadou prend sa source près de Saint-Salvy-de-Carcavès, non loin de Roquecesière, passe près de Montredon, de Réalmont, de Graulhet, et va se jeter dans l'Agout au-dessous d'Ambres, après un cours de 85 kilomètres de l'est à l'ouest.

Les autres rivières, moins considérables, qui arrosent le département, sont : le Thoré, grossi du Larn ou de l'Arn, et le Sor, affluents de gauche de l'Agout ; le Girou et l'Adou, affluents de droite, la Vère, affluent de gauche de l'Aveyron.

Au-dessous d'Augmontel et près de Caucalières, on voit, en été, les eaux du Thoré disparaître tout à coup sous une voûte de rochers ; la rivière parcourt ainsi, sans être aperçue, une distance d'environ 800 mètres. Elle sort ensuite de ce gouffre par deux ouvertures au pied de la montagne, en face de Labruguière. En été, lorsque les eaux sont basses, toute la rivière est même engloutie dans ces cavités.

L'extrémité méridionale du département, qui confine avec ceux de l'Aude et de la Haute-Garonne, est traversée par la *rigole de la Plaine*, qui va depuis le Sor, près de Sorèze, se terminer au bassin de Naurouse, et par la *rigole de la Montagne*, qui amène plusieurs ruisseaux dans le bassin de Saint-Ferréol, destiné à alimenter le canal du Midi. Ce bassin est situé dans le département de la Haute-Garonne à 192 mètres au-dessus du bief de partage des eaux, qui est au col de Naurouse. Un autre bassin moins grand, appelé le bassin de

Lampy, a été formé dans le même but au Pas du Lampy, dans le département de l'Aude. Il est aussi en communication avec les deux rigoles.

Voies de communication. — Le département du Tarn est traversé par 5 routes nationales, ayant une longueur totale de 332 kilomètres, par 31 routes départementales, 882 kilomètres; 33 chemins vicinaux de grande communication, 826 kilomètres; par 145 chemins vicinaux de moyenne communication ou d'intérêt commun, 2,450 kilomètres; et par 1,500 chemins vicinaux ordinaires dont on peut évaluer le développement à environ 2,850 kilomètres.

Les chemins de fer de ce département appartiennent aux deux grands réseaux d'Orléans et du Midi. La ligne de Paris à Toulouse par Villefranche (réseau d'Orléans) traverse la partie occidentale du département, et y dessert, en quittant Lexos (Tarn-et-Garonne), les stations de : Vindrac, Donnazac, Cahuzac, Tessonnières, Gaillac (698 kilomètres de Paris, 53 kilomètres de Toulouse), Lisle-d'Albi, Rabastens et Saint-Sulpice-du-Tarn.

A Tessonnières, un embranchement de 16 kilomètres dessert Albi, en passant par Marssac. Albi est par cette voie à 709 kilomètres de Paris.

La principale ligne du Midi détache, à Castelnaudary, un embranchement de 119 kilomètres qui dessert Castres, Albi et s'arrête à Carmaux. Les stations de cet embranchement sont, dans le département : Blan, Lempaut, Soual, La Crémade, Castres (55 kilomètres de Castelnaudary), Mandoul, Lautrec, Francoumas, La Boutarie, Lombers, Mousquette, Ranteil, Albi (48 kilomètres de Castres, 103 de Castelnaudary) et Carmaux. De Carmaux la ligne sera prolongée jusqu'à Rodez et ira, par un petit embranchement rejoindre aussi à Saint-Martin-de-La-Guépie la grande ligne de Paris-Villefranche-Toulouse.

A Castres commence un embranchement de 19 kilomètres qui ne dessert encore que les stations de Lostange, Labruguière, Routinarie, Saint-Albi et Mazamet, mais qui doit être continué par Saint-Pons, jusqu'à Béziers et Agde.

En 1877, on évaluait la longueur des lignes de chemin de fer livrées dans le Tarn à la circulation à 203 kilomètres, et celle des lignes à l'étude ou en construction, à 74 kilomètres.

Climat. — Le département du Tarn appartient à la région climatérique du sud-ouest ou climat girondin. La température est douce, l'air y est généralement sain; l'époque ordinaire des plus grands froids est du 15 décembre au 15 février; le thermomètre marque alors pour maximum — 7°,5 centigrades. La chaleur commence souvent de bonne heure à se faire sentir, de manière que quelquefois le mois de mai est plus chaud que le mois de juin. Sa plus grande intensité dure ordinairement quarante jours, de juillet à août. Dans les étés ordinaires, le maximum de la chaleur est de + 30° à + 35° centigrades; celle des étés brûlants à + 40°. Assez ordinairement, il n'y a pas de printemps, la fin des hivers se confondant presque toujours avec le commencement des étés. En revanche, les automnes sont longs et délicieux.

Les vents y sont fréquents; ceux qui dominent sont le vent d'ouest, le nord-ouest et le vent d'est. Ce dernier, que l'on nomme le vent d'*autan*, est sec et chaud; il détruit souvent par sa violence les moissons dans quelques localités, principalement dans les cantons de Dourgne, Castres, Labruguière et Puylaurens.

Productions naturelles. — Le département du Tarn a sa partie orientale dans la région géologique dite du plateau central; elle est formée par des terrains primitifs, et sa partie occidentale dans celle dite de l'Aquitaine, qui appartient à la formation argilo-sableuse tertiaire. Les formations d'époques intermédiaires, telles que le terrain houiller, le grès bigarré, le calcaire jurassique, n'apparaissent que par intervalles entre ces deux terrains principaux. Le granit pur occupe un assez grand espace dans la partie sud-est du département. Celui du plateau aride du Sidobre est gris, à mica noir et à grands cristaux de feldspath; celui des environs de Brassac renferme des grenats et des tourmalines roses; à La Bessonnié, il est rose. Il existe dans le département de la serpentine, à La Guépie; des porphyres dans les vallées du Cérou, du Dadou et à La Garde-Viaur. Le calcaire y est très commun dans plusieurs localités. Les marbres que l'on y découvre sont le plus souvent gris, quelquefois presque noirs, comme à Brassac; cependant, au sud de Lacaune, dans les forêts d'Escoussens, et notamment au Cayroulet, on trouve du marbre blanc. En général, le marbre du Tarn n'est pas exploité comme pierre à polir, à cause surtout de sa grande facilité à se diviser en fragments irréguliers. On exploite des ardoisières à Saint-Agnan, près de Brassac, dans les environs de Lacaune, à Gijounet et à Dourgne. Les principales exploitations de calcaire à chaux hydraulique sont à Saint-Martin-de-Damiate, près de Saint-Paul, à Marssac, à Gaillac. Le grès s'exploite près de Réalmont, à La Guépie et à Salles, près de Monestiés. On découvre de la pierre à plâtre dans les environs de Cordes et à Succaljac, près de Marnaves. Les pierres lithographiques que l'on rencontre dans le même canton sont de mauvaise qualité, ainsi que celles de Tonnac, de Milhars et de La Barthe-Bleys. Il existe de nombreux gisements de mines de fer à Lacaune, au Feydel, au Cayla, à La Trivalle, au Puy-Ferrat, etc., etc. Celles de Puycelcy et de Penne sont depuis longtemps exploitées; elles alimentent les hauts fourneaux de Bruniquel. On trouve encore des indices de mines de plomb, de cuivre et de manganèse. Il y a de riches houillères à Carmaux.

Il existe des sources d'eau minérale à Trébas, de même nature que celles de Vichy; au Meout, commune de Saint-Grégoire, qui sont de même nature que celles de Barèges, et, à Rieumajou, l'analyse chimique leur reconnaît des qualités analogues à celles de Spa, de Seltz et de Vichy.

Le sol du département est gras, riche et parfaitement travaillé dans les plaines. Il produit des céréales en quantité plus que suffisante pour la consommation des habitants. La partie montagneuse ne produit guère que du seigle et de l'avoine, du sarrasin et des châtaignes, cependant on réserve toujours les meilleurs coins de terre pour le chanvre, qui y réussit fort bien. Outre les céréales de toute espèce et les parmentières, les plaines donnent beaucoup de lin et de chanvre. La flore du département est très variée, et le nombre des plantes qui sont l'objet d'une culture utile est très multiplié. Parmi celles qui paraissent appartenir au pays, on remarque l'anis, la coriandre, le fenugrec et le pastel : cette dernière culture, qui se pratiquait aux environs d'Albi et de Castres, est bien déchue de ce qu'elle était autrefois, quoique ce soit encore la plus considérable de France. Les vignes produisent près de 579,600 hectolitres de vins communs, mais dont plusieurs sont estimés pour les mélanges. Plusieurs vignobles donnent, cependant, des produits distingués, dont les meilleurs, les vins rouges de Cunac, Caysaguet, Saint-Juéry-du-Roc et Saint-Amarans, avec les vins rouges et les vins blancs de Gaillac, sont classés parmi les bons vins d'ordinaire de France. En 1871, la production des vins, dans ce département, a été de 337,070 hectolitres, valant 8,426,750 francs; en 1874, elle montait à 660,310 hectolitres, estimés 9,904,650 francs; en 1875, à 847,390 hectolitres, valant environ 12 millions de francs; en 1877, elle était encore de 768,370 hectolitres, malgré la présence du phylloxera sur quelques points des vignobles, et en 1880, elle remontait à 978,005 hectolitres. Les forêts, parmi lesquelles nous citerons celles de la Grésigne, d'Escoussens, de Montagnol, de Lacaune, de Concord, couvrent la cinquième partie du département. Elles sont plantées de hêtres, de chênes blancs et de chênes noirs; le chêne vert y est rare.

Les espèces d'animaux domestiques sont généralement d'une bonne nature. La race des chevaux du Tarn est recherchée pour la cavalerie légère, cette race tient à la fois de la race navarraise et de la race limousine. L'élève du mouton est importante; le produit des laines est considérable : presque toutes sont mises en œuvre dans les fabriques du département. Les porcs, les volailles, les abeilles sont en grande quantité et sont l'objet de soins entendus; le miel de ces dernières est estimé, et leur cire alimente les fabriques de bougies et de cierges du département. Dans quelques localités des arrondissements de Lavaur et de Castres, on se livre à l'éducation des vers à soie. Le gibier abonde dans ce département; on y trouve quelques sangliers, des blaireaux, beaucoup de lièvres et de lapins ; la belette et la fouine y sont assez multipliées ; le gibier ailé y est également fort commun; les loups sont rares, les renards le sont moins. Les eaux du département renferment des poissons de diverses espèces ; on y trouve, entre autres, des truites et des tacons. Le saumon, l'alose et la lamproie remontent quelquefois le Tarn.

Industrie agricole, manufacturière et commerciale. — Le département du Tarn est un pays agricole et manufacturier, mais surtout agricole; les nouvelles méthodes, propagées par la ferme-école des Bruyères, commune de Moulavès, y sont en usage; les prairies artificielles réussissent parfaitement; les bestiaux sont plus nombreux, et par suite les engrais ont augmenté, et les produits sont plus considérables. La chaux est employée pour le chaulage des terres, et l'usage de cet amendement produit des effets merveilleux. Les troupeaux de bêtes à laine ont reçu des améliorations importantes par l'introduction des béliers mérinos. Les vignobles, déjà nombreux, augmentent; car on convertit en vignes les bruyères improductives. La culture du mûrier prend chaque jour de nouveaux développements dans les arrondissements de Lavaur, de Castres et de Gaillac.

La superficie du département se partage en : superficie bâtie et voies de communication, 8,702 hectares ; et en territoire agricole, 565,514 hectares. Ce dernier se subdivise lui-même en : céréales, 200,358 hectares ; farineux, 36,620 ; cultures potagères et maraîchères, 3,050 ; cultures industrielles, 5,195 ; prairies artificielles, 24,843 ; fourrages annuels, 1,895 ; autres cultures et jachères, 87,269 ; vignes, 43,941 ; bois et forêts, 75,509 ; prairies naturelles et vergers, 47,780 ; pâturages et pacages, 17,846 ; terres incultes, 21,208 hectares.

L'industrie manufacturière du département est importante ; les deux branches les plus renommées sont la préparation et le travail de l'acier, qui est converti en faux, faucilles, limes, et en partie exporté pour la fabrication des armes blanches, mais surtout la fabrication des draps croisés et autres, de la bonneterie de laine, et des lainages de Castres, Albi, Réalmont et Mazamet ; les manufactures de cette dernière ville ont pris un grand développement depuis quelques années. Parmi les autres produits fabriqués, nommons : les toiles, les tissus de coton, les étoffes de soie de Lavaur, les papiers et le carton, les cuirs et les maroquins, les verres et la verroterie, les pâtes d'Albi, qui rivalisent avantageusement avec celles de Gênes, les ustensiles de ménage en cuivre, la poterie, les tuiles, les briques. Les principaux articles exportés sont les vins, le pastel, les graines de coriandre et d'anis, et les produits fabriqués. Il y a dans le département 450 foires, qui se tiennent dans 110 communes et qui durent 496 journées ; parmi les plus importantes, nous citerons la foire franche du 10 juin à Castres, qui dure 10 jours ; les foires du carême à Albi, à Castres et à Penne ; celle du 10 juin à Mazamet, qui dure 5 jours, et celle de décembre à Ruscelet, qui dure 3 jours. Dans un grand nombre de communes, il y en a beaucoup d'autres qui durent 2 journées.

Division politique et administrative. — Le département du Tarn a pour chef-lieu Albi ; il comprend 4 arrondissements, 35 cantons, 318 communes ; le tableau statistique que nous donnons plus loin les fera connaître. Il appartient à la région agricole du sud de la France.

Albi est le siège d'un archevêché dont le diocèse s'étend sur tout le département, et qui a pour suffragants les évêchés de Rodez, de Cahors, de Mende et de Perpignan. Le département renferme 3 cures de première classe, 46 de seconde, 446 succursales et 80 vicariats. Il y a un grand séminaire à Albi, des petits séminaires à Castres, à Lavaur, et une école secondaire ecclésiastique à Massals. Les protestants ont 4 églises consistoriales · la première à Castres, divisée en 5 sections ; la seconde à Mazamet, divisée en 3 sections ; la troisième à Vabre, divisée en 3 sections ; la quatrième à Viane, divisée en 2 sections.

Les quatre tribunaux de première instance d'Albi, de Castres, de Gaillac et de Lavaur, ainsi que les tribunaux de commerce d'Albi, de Castres, sont du ressort de la cour d'appel de Toulouse.

Il y a à Lavaur une prison départementale.

Au point de vue universitaire, le département ressortit à l'académie de Toulouse ; il y a un lycée à Albi et des collèges communaux à Gaillac et à Castres ; Sorèze possède un établissement d'instruction secondaire ecclésiastique justement renommé ; il y a un pensionnat, dit de Saint-Louis de Gonzague, à Albi, une école normale d'instituteurs dans la même ville, des écoles primaires supérieures à Albi, à Castres, à Gaillac, et 803 écoles primaires.

Le département du Tarn est compris dans la circonscription du 16e corps d'armée et de la 16e région de l'armée territoriale dont l'état-major est à Montpellier. Albi est le siège d'une des subdivisions. La compagnie de gendarmerie départementale appartient à la légion 16e (*bis*) dont l'état-major est à Perpignan.

Le département du Tarn dépend : de l'arrondissement minéralogique de Rodez (région du sud-ouest) ; de la 9e inspection divisionnaire des ponts et chaussées, et du 25e arrondissement forestier, dont le conservateur réside à Carcassonne.

Le nombre des perceptions des finances de ce département est de 55, les contributions et revenus publics atteignent 14 millions de francs.

HISTOIRE DU DÉPARTEMENT

Le pays d'Albi était habité avant l'invasion romaine par un des peuples gaulois les plus belliqueux, celui des *Volces Tectosages*. Les Tectosages, dit-on, composaient en grande partie l'armée de Brennus. Au passage d'Annibal, ils tentèrent de lui fermer la route. On les voit ensuite s'enrôler dans les armées étrangères pour aller chercher des aventures dans les pays lointains, et étonner la Grèce et la Thrace de leur valeur indomptable. Les Tectosages, selon quelques auteurs, faisaient partie de la confédération des Cadurques, et ce serait eux que César désignerait sous le nom de *Cadurci Eleutheri*. Selon d'Anville, ils dépendaient des *Rutheni provinciales*. Le nom d'*Albigeois*, qui est resté à cette province, n'apparaît, pour la première fois, que dans la Notice de l'empire, qui est du commencement du ve siècle; on y rencontre la *Civitas Albientium*, et, dans la liste des dignités de l'empire, on trouve des *cataphractarii Albigenses*, que quelques-uns ont traduit par *des cuirassiers albigeois*. Cette traduction n'est-elle pas téméraire, et ces cuirassiers, que la Notice nous montre cantonnés en Thrace, venaient-ils des rives du Tarn? Voilà ce qu'on peut difficilement décider. On donne à ce nom d'*Albigenses* ou *Albienses* deux étymologies différentes : l'une, latine (*albus*, blanc), rappellerait les terres blanches des coteaux qui environnent Albi; l'autre, celtique (*alp* ou *alb*, hauteur, sommet), l'éminence sur laquelle s'élevait l'ancien château de cette ville, Castelviel (voyez Albi). Toutefois, ce n'est que fort tard que le nom d'Albigeois fut appliqué au pays même dont a été formé le département du Tarn. Compris, après la conquête de César, dans la province Romaine, et sous Auguste dans l'Aquitaine, ce pays n'eut point de dénomination propre jusqu'au temps où Charlemagne forma un comté ayant pour chef-lieu Albi ; en devenant une circonscription administrative particulière, il reçut le nom particulier d'Albigeois.

Ni l'époque celtique ni l'époque romaine n'ont laissé beaucoup de monuments dans le département du Tarn. On n'y trouve que quelques dolmens, des pierres levées, des médailles et certains ornements. A peu de distance de la route qui conduit de Cordes à Saint-Antonin, dans la commune de Saint-Michel-de-Vax, on voit un dolmen composé d'une large pierre de $3^m,60$ de longueur sur $2^m,56$ de largeur, posée horizontalement sur deux blocs de rocher. A Tonnac, on en voit un plus considérable encore, et sous lequel on a trouvé des ossements humains Quant aux monuments romains, ce sont, avec des tombeaux bien conservés et des fragments de voies et d'aqueducs, des pavés en mosaïques, des médailles, des urnes, des fragments de poterie, que des fouilles ont mis au jour.

Dévasté par les Vandales, le pays fut occupé en 478 par les Wisigoths, et conquis par les Francs à la suite de la bataille de Vouillé (507). Ces nouveaux dominateurs n'y régnèrent point tranquilles. En 512, Théodoric les en chassa momentanément, et bientôt, sous les descendants de Clovis, l'Albigeois devient, comme tout le Midi, le théâtre, l'objet et la victime des querelles sanglantes de ces princes rivaux. Caribert en est maître en 564 ; en 574, Théodebert s'y précipite avec ses bandes austrasiennes, ne respectant rien, pillant, brûlant et ravageant églises et monastères. En 575, le duc de Toulouse, Didier, chasse les soldats de Sigebert et s'empare du pays pour le compte de Chilpéric. En 576, c'est Mummol, le général du roi de Bourgogne, Gontran, qui vient à son tour désoler cette malheureuse contrée, d'où il emmène une foule de prisonniers. Quatre ans après (580), Chilpéric en redevient possesseur. Nous ne suivrons point ces vicissitudes presque annuelles, toujours accompagnées des plus barbares violences. En 615, apparaît le premier comte d'Albi, Syagrius, issu d'une très riche famille d'origine gauloise et frère des deux évêques de Cahors Rustique et Didier (saint Géry).

Dans leur décadence, les Mérovingiens perdirent la domination des pays méridionaux soumis à leur autorité. Eudes, duc d'Aquitaine, s'empara de l'Albigeois en 688. Ses successeurs ne jouirent pas paisiblement de cette conquête ; un demi-siècle n'était pas écoulé que l'Albigeois était en proie aux incursions dévastatrices des Sarrasins (720-732). Cette invasion eut pour résultat indirect de ramener les rois francs, rudes libérateurs des chrétiens de la Gaule méridionale. En 766, Pépin le Bref s'empara de l'Albigeois en même temps que de tout le Languedoc, et c'est douze ans après que Charlemagne, définitivement maître de ces contrées, établit Aimon comte de l'Albigeois. Le gouvernement de ce grand monarque profita au Languedoc, et surtout à l'Albigeois, par l'abolition de l'impôt militaire appelé *foderum*, que ce pays payait en proportion de la richesse de ses récoltes (795). Ermengaud, qui vivait au temps de Charles le Chauve, fut le dernier comte de l'Albigeois qui

Jubé de l'église d'Albi.

relevât des rois de France. Il se distingua par la prudence avec laquelle il mit la contrée en état de défense contre les Normands qui y portaient le ravage en 864. Garsinde, sa fille et son héritière, en épousant Eudes, comte de Toulouse, lui porta en dot cette province, qui fut depuis lors gouvernée par des vicomtes sous la suzeraineté des comtes de Toulouse. Au commencement du x⁰ siècle, la contrée désignée sous le nom d'Albigeois comprenait, outre la vicomté d'Albi et d'Ambialet, celle de Lautrec et Paulin. Elle ne remonta au rang de comté qu'en 987. Guillaume Taillefer, comte de Toulouse, l'ayant cédée à son frère Pons, celui-ci prit le titre de comte d'Albi. C'était l'année même où Hugues Capet commençait humblement la nouvelle dynastie française. On a remarqué avec quelle liberté, depuis plus d'un siècle, les pays du Midi disposaient d'eux-mêmes, se rapprochaient, s'unissaient, se séparaient à leur gré, non seulement ne voyant plus les rois, mais ne sentant plus même leur autorité. Aussi le nouveau monarque ne fut-il point reconnu dans l'Albigeois pendant d'assez longues années.

Le voyage que le roi Robert fit en 1031 dans l'Albigeois fut de peu d'effet pour l'autorité royale. Les seigneurs du Midi ne furent pas moins indépendants de fait que par le passé pendant le xi⁰ siècle.

Ce siècle vit s'accroître considérablement la puissance des vicomtes d'Albi. Aton II, qui mourut en 1032, était vicomte d'Albi et de Nîmes. Bernard III, son successeur, s'intitule, dans l'acte de fondation du pont d'Albi, *proconsul de Nîmes et prince d'Albi*. Raymond-Bernard, qui vint après lui, y ajouta par un mariage le comté de Carcassonne et les vicomtés de Béziers et d'Agde (1061). C'est lui qui porta le premier le surnom de Trencavel, qui servit depuis à désigner cette puissante famille. Bernard-Aton IV, homme tout à fait remarquable, porta enfin à son plus haut période cette agglomération de fiefs, qui était au moyen âge le secret des grandes puissances, en joignant la vicomté de Rasez à toutes les autres. A sa mort, malheureusement, cette œuvre de la patiente ambition des Trencavel se brisa par un partage entre ses trois fils. Mais les débris en furent encore imposants : les vicomtés d'Albi et d'Ambialet échurent d'abord à l'aîné, Roger, puis à sa mort à Raymond Trencavel, le second, lequel posséda en même temps Béziers, Carcassonne et Rasez (1150). Vicomte de Béziers avant de l'être d'Albi, Raymond Trencavel donna la priorité de rang à la première de ces deux villes. L'Albigeois, dont les seigneurs étaient naguère les dominateurs du Midi, déchut du rang où il avait été élevé et ne fut plus qu'une dépendance de la vicomté de Béziers. Mais ce qui devait faire à jamais sa célébrité, ce qui devait graver le nom d'Albigeois dans l'histoire en lettres ineffaçables, c'est l'hérésie et la croisade fameuses dont nous allons rappeler les principaux traits.

Depuis plus d'un siècle, des doctrines malsonnantes inquiétaient l'Eglise catholique. En 1022, sous le roi Robert, on brûlait à Orléans des manichéens ; c'est du moins sous ce nom que le concile désigna les malheureux qui périrent alors sur le bûcher. Soissons fut témoin d'un supplice semblable en 1115. Les hérétiques se multipliaient partout, mais principalement dans le Midi. Ils avaient reçu, disait-on, les doctrines manichéennes des Bulgares, qui les tenaient eux-mêmes des Arméniens, et l'on ajoutait que leur pape résidait en Bulgarie. Aussi les appelait-on quelquefois *bulgares* ou *boulgres* par abréviation. Ces hérésiarques s'élevaient, et leur voix était écoutée des peuples. Il y en eut à cette époque deux célèbres, Pierre de Bruys et Henri, qui prêchèrent avec un grand succès dans le Dauphiné, la Provence et la province de Narbonne.

Les auteurs catholiques les accusaient de piller les églises ; de brûler les croix et de s'abandonner à la débauche. Pierre de Bruys fut livré au bûcher dans la petite ville de Saint-Gilles « en punition des croix qu'il avait brûlées. » Henri, son disciple, ancien religieux qui avait quitté la vie monastique, ne fut point ébranlé par ce terrible avertissement, et, continuant de prêcher, se rendit à Toulouse, sans doute en traversant l'Albigeois. Ses sectateurs furent appelés *henriciens*.

Déjà, au milieu du XIIe siècle, les progrès de l'hérésie étaient assez considérables pour inspirer des alarmes au pape Eugène III, venu en France pour y prêcher la seconde croisade (1147). Ce pontife envoya à Toulouse le cardinal Albéric, l'évêque de Chartres et saint Bernard, accablé des infirmités de la vieillesse, mais toujours plein d'ardeur. Saint Bernard, qui était le véritable chef de cette mission par son génie, fut frappé de l'aspect religieux du pays. « Les églises, écrivait-il, sont sans peuple, les peuples sans prêtres, les prêtres sans ministère. » Ce n'était point merveille : les hommes du Midi n'avaient sous les yeux qu'un clergé livré au luxe et aux mauvaises mœurs. Ils accueillirent avec dérision et outrage la pompe du légat, mais avec respect et enthousiasme l'austère simplicité du moine éloquent qui dominait son siècle, et dont l'ambition était toute religieuse. Verfeil, près de Toulouse, fut le seul lieu où saint Bernard n'obtint pas le silence du respect ; obligé de se taire devant les clameurs de la foule, il secoua contre ce lieu la poussière de ses sandales et se retira. La mission passa alors dans l'Albigeois.

Les doctrines hétérodoxes prospéraient dans cette province. Elles y étaient particulièrement favorisées par Raymond Trencavel, qui, sans cesse en guerre avec son suzerain, Raymond V, comte de Toulouse, protégeait par système les hérétiques pour s'en faire un appui. Presque tous les habitants d'Albi étaient henriciens. Ils firent au légat une réception burlesque : montés sur des ânes et battant du tambour, ils allèrent au-devant de lui. Quand il prêcha à Sainte-Cécile, il eut environ trente auditeurs. On ne traita pas de même saint Bernard : sa parole tomba sur une foule pressée, avide de l'entendre, émue, que la cathédrale ne pouvait contenir. Elle écouta, non sans se troubler, la réfutation qu'il fit de point en point des doctrines henriciennes, et quand il s'écria : « Choisissez entre les deux doctrines ! » tous répondirent qu'ils détestaient leur erreur, qu'ils revenaient à la foi catholique. « Faites donc pénitence, ajouta-t-il, vous qui avez péché ! » Et il leur fait à tous lever le bras en signe qu'ils jurent d'être fidèles à l'Église. Mais leur retour aux saines doctrines ne devait pas être de longue durée : saint Bernard parti, ils oublièrent leur serment.

Il sembla à Guillaume, évêque d'Albi, qu'un concile spécialement convoqué pouvait seul porter remède à l'état de choses et venir à bout de l'hydre qu'il s'agissait d'étouffer. Ce concile fut indiqué pour la fin du mois de mai 1165, et dut se réunir dans une ville de l'Albigeois, alors forte et considérable, aujourd'hui très obscure, la ville de Lombers, à 30 kilomètres au sud d'Albi.

On y interrogea sur leur doctrine et leur profession de foi les hérétiques, qui s'appelaient les *bons hommes*, les *parfaits;* ce dernier titre toutefois n'appartenait qu'à un petit nombre d'entre eux, puritains de la secte, qui se distinguaient par l'austérité de leur vie ; la foule ne portait que le nom de *croyants*. Affranchis par la révolte des obligations morales de la loi catholique, les croyants se passaient de toute morale et vivaient dans la licence, persuadés que les vertus des parfaits rachèteraient leurs vices. Quant à cette dénomination d'*Albigeois*, qui est demeurée aux hérétiques de cette secte, répandue également dans tout le Languedoc, on peut admettre qu'elle prit naissance à cette époque, peut-être même à l'occasion de ce concile tenu dans l'Albigeois pour examiner et condamner la doctrine nouvelle. Pour résumer l'exposé des croyances albigeoises, nous dirons que, aux yeux de ces hérétiques, Satan, principe du mal, était l'auteur du monde physique ; de là cette condamnation de la chair, de la vie d'ici-bas et du mariage, qui conduisit quelques femmes égarées à faire périr leurs enfants. Le Jéhovah de l'Ancien Testament n'est autre que Satan lui-même, et de plus tous les Pères de l'Ancien Testament sont damnés jusqu'à saint Jean-Baptiste, l'*un des majeurs démons et pires diables*. Le bon esprit, c'est Jésus-Christ ; mais il ne s'est point incarné, c'eût été s'asservir à la chair, au mauvais principe ; il n'a pris que les apparences de la chair, de la vie et de la mort, et est venu, pur esprit, régénérer les esprits des hommes. Non seulement les Albigeois attaquaient ainsi le dogme, mais ils attaquaient aussi le clergé. L'habit noir des *parfaits* était un reproche aux somptueux vêtements des évêques. Ils avaient des cimetières particuliers où ils enterraient publiquement leurs adeptes. Enfin, ils recevaient, dit Pierre de Vaux-de-Cernai, des legs plus abondants que les gens d'église, tant les populations de ces contrées étaient séduites par eux !

« Moi, Gaucelin, évêque de Lodève, par ordre de l'évêque d'Albi et de ses assesseurs, je juge que ces prétendus bons hommes sont hérétiques, et je condamne la secte d'Olivier et de ses compagnons, qui est celle des hérétiques de Lombers, quelque part qu'ils soient. » Tel fut l'arrêt rendu par le concile de Lombers. Quatorze ans après, le concile de Latran (1179) énonçait, à propos des Albigeois, cette maxime : « Bien que l'Église rejette les exécutions sanglantes, elle ne laisse pas d'être aidée par les lois des princes chrétiens ; et la crainte du supplice fait quelquefois recourir au remède spirituel. » Nouveaux anathèmes au concile de Montpellier (1195).

Tant d'excommunications n'écrasaient pas les Albigeois. Ils n'en acquéraient que plus de célébrité, d'importance et d'audace. Au concile catholique de Lombers, ils opposèrent, deux ans après, un concile hérétique présidé par Niquinta, leur pape, à Saint-Félix-de-Caraman, où se réunirent des représentants des églises dissidentes de l'Albigeois, du pays de Toulouse, de Carcassonne et de la vallée d'Aran. L'hérésie ne se contenait plus même dans le midi de la France, elle débordait sur le nord et sur les pays étrangers, l'Angleterre, la Catalogne, l'Aragon. Ce n'est pas qu'il y eût bien des divergences d'opinion dans cette diffusion de l'hérésie, et le nom d'Albigeois couvrait sans doute plus d'une secte. Néanmoins, c'était un formidable ensemble de rébellions contre l'unité catholique.

Le glaive temporel allait donc être tiré du fourreau. Quelle serait la main qui le ferait mouvoir ? Ce droit et ce devoir n'appartenaient-ils pas tout d'abord aux souverains temporels des pays qui étaient le siège de l'hérésie ? Mais, soit connivence, soit impuissance véritable, ces souverains cherchaient à s'affranchir de cette tâche. « Je ne puis trouver le moyen de mettre fin à de si grands maux, écrivait Raymond V au chapitre général de Cîteaux, en 1177, et je reconnais que je ne suis pas assez fort pour réussir. » Raymond V était sincèrement catholique. Son fils Raymond VI penchait vers l'hérésie : « Je sais, disait-il, que je perdrai ma terre pour ces bons hommes, eh bien ! la perte de ma terre, et encore celle de ma tête, je suis prêt à tout endurer. »

Il y eut, dès 1178, une petite guerre religieuse dirigée contre l'Albigeois proprement dit. Le fils de Raymond Trencavel, Roger II, suivait les errements paternels. Non seulement il était toujours en querelle avec son suzerain, le comte de Toulouse, dont il épousa pourtant la fille Adélaïde, mais il favorisait ouvertement les hérétiques ; il leur permettait de s'établir en maîtres à Lavaur et même à Lombers, qui naguère avait retenti des anathèmes lancés contre eux; il leur laissait le champ libre pour provoquer les évêques à la discussion. En démêlé lui-même avec l'évêque d'Albi, il finissait le débat un beau jour en le faisant mettre en prison, et en l'y faisant garder par des hérétiques Cette cruelle plaisanterie fut mal prise par la cour de Rome. Le légat, qui s'était rendu à Toulouse, envoya dans l'Albigeois Henri, abbé de Clairvaux, accompagné du vicomte de Turenne et de Raymond de Castelnau, qui devaient lui prêter main-forte. Roger se retira prudemment dans des lieux inaccessibles et se laissa sans autre souci excommunier dans la ville de Castres, dont son épouse Adélaïde avait ouvert les portes. Il fut déclaré traître, hérétique et parjure. Henri, qui avait prononcé l'anathème, devint lui-même légat du saint-siège peu de temps après, et résolut d'employer l'autorité étendue que lui donnait cette dignité à frapper l'hérésie avec quelque vigueur. Il retourna dans l'Albigeois, entraînant sur ses pas les catholiques en armes, assiégea vivement Lavaur, qui ouvrit ses portes, et obligea Roger d'abjurer l'hérésie et de livrer les hérétiques pris dans cette place (1180). Mais à peine eut-il le dos tourné, que le vicomte et ses sujets revinrent aux doctrines qu'ils avaient feint de quitter, se riant des tentatives inutiles de l'Église. En 1194, Roger mourant laissait la tutelle de son fils à un seigneur hérétique.

Le saint-siège, qui ne pouvait être vaincu dans cette lutte, redoubla l'énergie de ses moyens. Dès 1198, les frères Gui et Raynier, de l'ordre de Cîteaux, parcouraient le Midi comme commissaires du pape, chargés de représenter sa puissance tout entière. Leurs successeurs, Pierre de Castelnau et Raoul, moines du même ordre, réunirent dans leurs mains tout le faisceau des foudres pontificales, en vertu d'une bulle qui les autorisait à « détruire, arracher et planter tout ce qui était nécessaire dans les pays infectés d'hérésie. » Ces dictateurs commencèrent par suspendre tous les évêques modérés, dont la tiédeur eût pu ralentir leur marche impitoyable. L'opiniâtreté de l'hérésie résista encore à leurs efforts. Obligés de cacher leurs croyances et leurs réunions, les Albigeois en confiaient le mystère aux ténèbres de la nuit. Pierre de Castelnau se décourageait lui-même, lorsqu'il rencontra l'évêque d'Osma qui voyageait en France avec un de ses chanoines nommé Dominique. « Renoncez, lui dit l'évêque, à ces somptueux appareils, à ces chevaux caparaçonnés, à ces riches vêtements; fermez la bouche aux méchants en faisant et enseignant comme le divin Maître, allant pieds nus et déchaux, sans or ni argent; imitez la manière des apôtres. » Mais le luxe était devenu tellement inséparable de la cour de Rome, que les légats n'osèrent point reprendre les simples habits de moine : ce serait, dirent-ils, une trop grande nouveauté; ils ne pouvaient prendre cela sur eux. Ils se bornèrent à suivre l'évêque d'Osma et Dominique, qui se mirent à parcourir pieds nus les campagnes, soutenant des discussions solennelles contre les Albigeois. L'évêque mourut, Dominique resta seul. C'est saint Dominique, le patron de l'Inquisition. Il avait la tendresse d'âme et les vertus d'un saint Vincent de Paul. Dans une famine, il vendit ses livres pour en donner l'argent aux pauvres; une autre fois, il voulut se vendre lui-même pour racheter un captif. Mais il avait aussi la cruauté d'une logique inflexible qui lui faisait désirer, par amour des hommes, l'extermination *des suppôts de l'enfer qui perdaient tant de milliers d'âmes*. Ce qu'il souhaitait avec la dernière ardeur, c'était le martyre, et le plus cruel de tous, afin de mériter une plus riche couronne. Qu'importaient à cet homme les outrages, la boue, les crachats, les bouchons de paille attachés par derrière à ses vêtements? Il en remerciait le ciel. Ce n'était pourtant pas une preuve du succès de sa prédication; aussi Castelnau retombait dans l'abattement, et répétait que l'affaire de Jésus-Christ ne réussirait pas dans ce pays jusqu'à ce que quelqu'un d'entre eux fût mort pour la défense de la foi, et Dieu veuille, ajoutait-il, que je sois la première victime! En 1207, il se rendit à la cour de Raymond VI, alors en guerre avec ses voisins, et le somma de faire la paix; sur son refus, il lança une excommunication que le pape Innocent III confirma en termes accablants. Raymond céda sur un point, mais feignit de ne point entendre les injonctions du légat qui lui ordonnait de persécuter les hérétiques. La colère de Castelnau n'eut plus de bornes : il excommunia de nouveau Raymond, et l'accabla en face des injures les plus violentes. Le comte, à son tour, s'emporta, et répondit qu'il saurait bien le retrouver. Un de ses chevaliers recueillit cette parole, et Castelnau fut égorgé au moment où il s'embarquait sur le Rhône (1208).

L'épée du chevalier de Raymond VI déchira

l'effroyable nuée des colères pontificales amoncelée depuis un demi-siècle sur le Languedoc. A la voix du pape Innocent III, à celle d'Arnaud, abbé de Cîteaux, et des moines des nombreux couvents de cet ordre, tout le nord de la France se croisa ; ducs, comtes, évêques, chevaliers, brodèrent la croix sur leur poitrine (jusque-là elle se portait sur l'épaule). Français, Normands, Champenois, Bourguignons, s'armaient avec joie pour aller combattre ces hommes du Midi, objet de leur aversion, *cette gent empestée de Provence;* des Méridionaux catholiques les joignirent en grand nombre. Lyon était le rendez-vous de cette armée de 300,000 hommes. Arnaud-Amaury, abbé de Cîteaux, homme de fer, et Milon, légat *a latere,* dirigeaient la croisade.

Le plan tracé par le pape était de ménager le comte, s'il ne paraissait pas empressé à secourir les hérétiques. Milon n'avait été nommé légat que pour donner le change à Raymond, qui s'était plaint de la raideur de l'abbé de Cîteaux.

La conduite indécise du comte de Toulouse favorisa les vues d'Innocent. Dans une assemblée réunie par lui à Aubenas (Vivarais), son neveu, Raymond-Roger Trencavel, vicomte de Béziers, Albi, Rasez, Carcassonne, lui conseillait valeureusement de convoquer tous ses amis, de mettre en défense toutes ses places fortes et de tenir tête à l'orage. Effrayé d'un si grand danger, le comte répondit qu'il ne voulait pas se brouiller avec l'Église. Il se rendit à Valence, où l'appelait le légat, et lui remit les clefs de sept de ses plus forts châteaux ; il se laissa ensuite conduire à Saint-Gilles. Là, en présence de vingt archevêques ou évêques, il fit amende honorable ; on lui mit au cou une étole, et le légat, le tirant par cette étole, l'introduisit dans l'église en le flagellant ; enfin la croix parut sur sa poitrine en signe qu'il allait prendre les armes contre ses propres sujets.

L'armée s'ébranla, passa par Montpellier, fondit sur Béziers, dont nous raconterons ailleurs la catastrophe. L'esprit de cette guerre se résume dans ce mot, qui, malheureusement, appartient bien à l'histoire d'Arnaud-Amaury : « Tuez-les tous, Dieu saura bien distinguer les siens. » — « Brûlez-les tous deux, disait de même Simon de Montfort ; si celui-ci parle de bonne foi, le feu lui servira pour l'expiation de ses péchés ; s'il ment, il portera la peine de son imposture. » Après Béziers, ce fut le tour de Carcassonne, où fut pris traîtreusement le vicomte Raymond-Roger, qui mourut en prison peu de temps après, de dysenterie, dit-on. Il laissait un fils en bas âge, Raymond Trencavel II, né en 1207.

Le bel héritage des quatre vicomtés que cet enfant semblait destiné à recueillir lui fut enlevé, et le légat l'offrit successivement au duc de Bourgogne, aux comtes de Nevers et de Saint-Pol, qui tous le refusèrent. « Le légat, fort malcontent et embarrassé, offrit en dernier lieu la seigneurie à Simon, comte de Montfort, lequel la désirait et la prit. » Pour intéresser l'Église à lui conserver ces nouveaux domaines, Simon ordonna qu'un cens de trois deniers, par feu ou par maison, serait levé au profit de la cour de Rome, sans compter une redevance annuelle dont il fixa la somme.

Le chef des croisés n'occupait encore que Castres dans l'Albigeois ; il s'y rendit en personne, s'empara de Lombers, où cinquante chevaliers avaient formé un complot pour s'emparer de sa personne ; il entra dans Albi, dont l'évêque lui ouvrit les portes. Une révolte, excitée par le roi d'Aragon, ne tarda pas à le chasser de presque toutes ces places ; mais il y rentra bientôt l'épée à la main ; une bulle du pape le confirma dans la possession d'Albi (1210).

L'Albigeois était le chemin de Toulouse. Le comte voyait avec terreur approcher les croisés. Il courut à Paris et de Paris à Rome. Philippe-Auguste, qui approuvait peu la croisade et qui en avait refusé le commandement sous prétexte « qu'il avait à ses côtés deux grands lions menaçants, le roi d'Angleterre et l'empereur d'Allemagne, » lui donna une lettre pour le pape. Innocent se montra bien disposé en sa faveur. Mais les légats, plus zélés que le pape, l'évêque de Toulouse, Fouquet, troubadour transfuge, l'abbé de Cîteaux, Simon de Montfort, ne voulaient point se laisser arracher leur proie. Le concile d'Arles (1211) dicta au comte des lois de fer. Raymond et le roi d'Aragon, Pierre II, qui intercédait en sa faveur, attendirent longtemps à la porte du concile, en plein air, « au froid et au vent. » Enfin on leur remit la charte qui contenait des conditions inacceptables.

Cette charte fut utile à Raymond ; il la montra partout, et ses sujets, chevaliers ou bourgeois, jurèrent de périr plutôt que d'accepter un tel esclavage. L'évêque Fouquet fut chassé de Toulouse ; défense faite aux habitants de donner des vivres aux croisés. Montfort, qui venait de prendre Lavaur, échoua devant la capitale du Languedoc.

La campagne fut tenue habilement et avec succès pendant l'hiver par les capitaines albigeois, particulièrement le comte de Foix. Montfort n'avait que peu de troupes dans cette saison ; la plupart des croisés ne donnant que le service de quarante jours, « le flot de la croisade tarissait vers l'automne pour ne revenir qu'au printemps. » (H. Martin.) Il s'occupait de régler la conquête, de distribuer des fiefs aux hommes de la langue d'oïl. Les moines se pourvoyaient de leur côté ; l'abbé de Cîteaux était élu évêque de Narbonne, et accolait à ce titre celui de duc ; l'abbé de Vaux-de-Cernai devenait évêque de Carcassonne.

Pierre II d'Aragon, libre du côté de l'Espagne par la bataille de Las Navas de Tolosa, intervint plus énergiquement. Raymond, qui était son beau-frère, remit entre ses mains « ses terres, son fils et sa femme. » Les représentations de Pierre émurent un instant le pape, qui suspendit la prédication de la croisade. Mais, à l'instigation des chefs croisés, Innocent III revint sur ses dispositions indulgentes et exhorta Pierre à abandonner « le Toulousain. » Pierre n'en fit rien, et, le 10 septembre 1213, il assiégeait Muret. La grande bataille qu'il livra devant cette place, et qui lui coûta la vie, fut le coup fatal des Albigeois. Toulouse prise fut démantelée. Simon de Montfort fut institué « prince et monarque du pays » par les canons du concile de Montpellier, confirmés par le pape. Le quatrième concile de Latran, solennelle assemblée de 71 archevêques, 412 évêques et plus de 800 abbés et prieurs (1215), renouvela sa réfutation des doctrines hétérodoxes, le symbole de Nicée, et prescrivit des mesures qui, dans le Languedoc, devaient prévenir le retour de l'hérésie. Le concile ratifia la fondation de deux ordres religieux nouveaux, spécialement établis en vue de l'hérésie albigeoise. « L'Église avait été ébranlée par la prédication hétérodoxe ; Dominique entreprit de la soutenir par la création d'un ordre exclusivement destiné à prêcher la foi catholique, et, sous les auspices de l'évêque Fouquet, il jeta les fondements de l'ordre des Prêcheurs dans Toulouse même, la métropole de l'hérésie. L'Église avait été attaquée au nom de l'inspiration mystique et du renoncement évangélique, François d'Assise transporta le mysticisme et la réalisation littérale de la pauvreté et de l'humilité chrétienne dans le sein de l'Église ; il fonda un ordre de moines qui renonçaient absolument, non plus seulement à la propriété individuelle, ainsi que les autres moines, mais à la propriété collective, et faisaient vœu de ne vivre que d'aumônes. »

C'est en vain que, du sein même de l'assemblée catholique, quelques voix courageuses protestèrent contre les effets désastreux de la croisade, qu'un chevalier ajourna le pape au jour du jugement s'il ne rendait pas au fils du vicomte de Béziers et d'Albi son héritage, que l'archidiacre de Lyon lui-même s'écria, montrant Fouquet : « Cet évêque fait vivre dans le deuil plus de cinq cent mille hommes, dont l'âme pleure et dont le corps saigne ! » Innocent III, disposé à s'attendrir, ne put réserver au fils de Raymond VI que le marquisat de Provence, « s'il s'en rendait digne. » Tout le reste fut donné à Simon de Montfort, qui alla demander au roi Philippe-Auguste l'investiture du comté de Toulouse et du duché de Narbonne (1216), et qui se vit accueilli partout dans les campagnes de la langue d'oïl à ce cri : « Béni soit celui qui vient au nom du Seigneur ! » Les peuples de la langue d'oc pleuraient leur brillante et gracieuse civilisation broyée sous le fer des masses d'armes et jetée au feu des bûchers. « Ah ! s'écrie un troubadour, Toulouse et Provence, terre d'Agen, Béziers et Carcassonne, quelles je vous vis, et quelles je vous vois ! »

La mort d'Innocent III (1216) et celle de Simon de Montfort (1218) mirent fin à la première période de la guerre des Albigeois. Amaury, fils de Simon, confirmé dans la possession des conquêtes paternelles par le pape Honorius III, entra dans Albi. De son côté, Raymond VI entra dans l'Albigeois, qui devint le théâtre de la lutte. Raymond VII, lui ayant succédé (1222), enleva Albi à son rival, qui était dans le même temps attaqué d'un autre côté par Raymond Trencavel II, héritier des quatre vicomtés (1224). Amaury s'enfuit en France. L'hérésie releva la tête.

En 1222, Amaury avait offert à Philippe-Auguste la cession de tous ses droits sur le comté de Toulouse. Ce monarque les avait refusés, et avait seulement autorisé son fils Louis à prendre part à la croisade. Devenu roi, Louis VIII reprit la croix et accepta l'offre d'Amaury ; puis avec 100,000 hommes il assiégea Avignon. Le Languedoc, pendant ce temps, se soumettait à lui ; il parut à Albi et y séjourna quelque temps ; il reçut le serment de fidélité des habitants par l'intermédiaire de l'évêque, et c'est dans cette ville qu'il régla le sort des pays acquis par lui à la couronne ; il en confia le gouvernement à Humbert de Beaujeu, qui, bientôt abandonné à lui-même, déploya beaucoup d'énergie et d'habileté à poursuivre la guerre contre les hérétiques et contre Raymond VII.

Enfin le comte de Toulouse céda. En 1229, il reçut l'absolution de la main du cardinal-légat dans l'église de Notre-Dame de Paris. Il s'engageait à démanteler trente-une places fortes de ses États, entre autres, dans l'Albigeois, Lavaur, Gaillac, Rabastens, Montaigu, Puicelci ; les châteaux de Cordes et de Penne étaient remis à Louis IX pendant dix ans. La partie de l'Albigeois située sur la rive gauche du Tarn était réunie, avec Albi, au domaine royal ; la rive droite demeurait au comte. Castres fut inféodé à Philippe, neveu de Simon de Montfort. Les deux parties de l'Albigeois eurent chacune un sénéchal, l'une pour le roi, l'autre pour le comte. Celle-ci était divisée en sept bailliages. La vaine tentative faite plus tard par Raymond VII, avec le secours de Henri III, roi d'Angleterre, et du comte de la Marche ayant échoué, Raymond Trencavel II, l'héritier dépouillé des quatre vicomtés, vendit tous ses droits à Louis IX, moyennant une pension de 600 livres sur la sénéchaussée de Beaucaire (1247). Le siècle ne s'écoula pas sans que l'Albigeois de la rive droite du Tarn fût réuni à la couronne. Jeanne, fille de Raymond VII, et son mari, Alphonse, comte de Poitiers et de Toulouse, en héritèrent à la mort de Raymond, et quand ils moururent à leur tour, ce pays fut réuni par les commissaires de Philippe le Hardi au domaine royal (1271). La soumission du comte de Toulouse consomma la défaite de l'hérésie. Lui-même était obligé de se tourner contre elle, et s'engageait, par le traité de 1229, à payer pendant deux ans deux marcs d'argent, et, dans la suite, un marc à quiconque livrerait un hérétique, à confisquer les biens des sectaires, à les exclure des charges publiques, comme les juifs. Il ordonna même de raser les maisons des protecteurs et fauteurs des hérétiques. Saint Louis envoya à ses baillis une ordonnance dans le même sens, et le concile de Toulouse organisa l'inquisition permanente en établissant que les évêques « députeraient dans chaque paroisse un prêtre et deux ou trois laïques de bonne réputation, » qui visiteraient « toutes les maisons depuis le grenier jusqu'à la cave. » L'obligation de dénoncer commençait à quatorze ans pour les hommes, à douze ans pour les femmes ; on devait alors prêter un serment. Les hérétiques convertis devaient porter sur la poitrine deux croix de couleurs tranchantes. Le concile de Narbonne (1244) obligea les hérétiques en voie de conversion à se présenter tous les dimanches à l'église, le corps en partie nu, avec une poignée de verges pour recevoir la discipline. Le comte de Béziers (1246) établit la peine du feu pour tous les partisans qui refuseraient d'abjurer. Le concile d'Albi (1254) ordonna la construction de prisons dans chaque diocèse pour recevoir les hérétiques. Le pape Grégoire IX, en 1233, prétendit donner plus de rigueur encore à l'Inquisition en attribuant aux frères prêcheurs des pouvoirs absolus, supérieurs même à ceux des évêques. Les protestations de Raymond VII, de Louis IX, du haut clergé de France ne l'arrêtèrent pas. Raymond fut de nouveau excommunié ; mais toutes les populations étaient pour lui, et en plusieurs lieux maltraitèrent les inquisiteurs dominicains. Ceux-ci n'en continuèrent pas moins leur sanglante mission jusqu'au règne de Philippe le Bel, qui d'abord envoya des commissaires (1302), puis vint lui-même (1304) dans le Languedoc pour faire cesser la tyrannie des dominicains. Un édit rendu par lui à Toulouse ordonna que les commissaires royaux visiteraient avec les inquisiteurs les prisons de l'Inquisition et veilleraient à ce qu'elles servissent « pour la garde et non pour la peine des prisonniers ; » que les évêques ou leurs vicaires instruiraient le procès des accusés sur le sort desquels il n'aurait pas été statué. Un peu plus tard, un décret du concile de Vienne, confirmé par Clément V, défendait aux inquisiteurs de procéder contre les hérétiques « sans le concert des évêques diocésains. » Alors seulement, après un siècle de souffrances terribles, le Languedoc respira et le châtiment de l'hérésie albigeoise fut arrêté. Chose singulière, ruinée en Languedoc, elle s'était réfugiée et se relevait dans les pays étrangers, principalement en Lombardie . c'est de là qu'on vit dès lors partir souvent deux à deux, suivant la règle, des ministres parfaits, qui allaient à leur tour, à travers mille dangers, vêtus de bure, vivant d'aumônes, exhorter les habitants du Languedoc à rester fidèles à la secte.

L'histoire de l'Albigeois sera courte à achever après que nous avons terminé celle de l'hérésie albigeoise. Ce pays souffrit des guerres des Anglais et plus encore des ravages des routiers, quoiqu'il n'ait jamais été un des principaux théâtres de ces grandes luttes nationales. Il fut agité au temps des guerres de religion comme toutes les contrées de la France. Les hérétiques y furent durement traités, et pourtant, en 1569, ils y possédaient trente-huit villes, bourgs ou villages, dont Gaillac, Lombers et Réalmont. L'année suivante, le fléau de la guerre cessant, celui de la famine commença avec accompagnement de fièvres pestilentielles, qui sévirent cruellement dans les pays d'Albi et de Castres. Après la mort de Henri III, la Ligue établit son influence dans l'Albigeois. L'évêque d'Albi, d'Elbène, dont elle se méfiait, fut dépouillé de ses biens, et, en 1592, Antoine-Scipion de Joyeuse, maréchal de France de la création de Mayenne, battit les royalistes près de Montets; ceux-ci eurent leur revanche à Vilennet, où ils enlevèrent le camp de Joyeuse, et ce malheureux maréchal alla en fuyant se noyer dans le Tarn. Son frère, Henri de Joyeuse, prit sa place dans le commandement et convoqua des états à Albi pour obtenir des subsides. Albi et Gaillac étaient les seules villes qui restaient à la Ligue. La paix de Folembray (1596) replaça tout le pays sous l'autorité royale. Sous Louis XIII, la révolte du duc de Rohan et des protestants donna lieu à des événements militaires dans l'Albigeois. Lombers, Réalmont furent assiégées. Mais les protestants furent battus par le duc d'Angoulême, qu'accompagnait Alphonse d'Elbène, évêque d'Albi. Ce même évêque changea de rôle plus tard, et, moins fidèle à la cause royale, fut un des instigateurs de la révolte du duc d'Orléans, et jeta Albi et son diocèse dans le parti des rebelles. Les capucins et les jésuites d'Albi tournèrent contre lui les populations, et, quand la révolte fut apaisée, une commission ecclésiastique, nommée en vertu d'un bref d'Urbain VIII, le déposa (1634). Depuis ce temps, on peut dire que les événements politiques n'ont que peu troublé le repos de l'Albigeois. La Révolution n'y commit que peu de violences. L'affaire de Fualdès, après la chute du premier Empire, fut la seule qui y réveilla les émotions endormies.

En 1790, l'Assemblée constituante avait réuni en un département les diocèses de Lavaur et de Castres; cette dernière ville avait été choisie pour chef-lieu; elle fut privée de ce titre par le Directoire, qui, pour la punir de quelques mouvements séditieux, le transféra à Albi. Le Concordat (1802) supprima le siège archiépiscopal d'Albi, érigé sous Louis XIV (1676) aux dépens de l'archevêché de Bourges, et comprit tout l'Albigeois dans le diocèse de Montpellier; mais, sous la Restauration, ce siège fut rétabli, avec les évêchés de Cahors, Rodez, Perpignan et Mende pour suffragants.

HISTOIRE ET DESCRIPTION DES VILLES BOURGS ET CHATEAUX LES PLUS REMARQUABLES

Albi (lat., 43° 55′ 44″; long., 0° 11′ 43″ O.). — Albi (*Albiga*, *Alba Augusta*), station du chemin de fer de Castelnaudary à Carmaux (réseau du Midi) et en communication par Tessonnières avec la grande ligne de Paris à Toulouse (réseau d'Orléans), est une vieille ville archiépiscopale, chef-lieu du département, d'un arrondissement et d'un canton, peuplée de 19,169 habitants, située à 709 kilomètres au sud de Paris et à 72 de Toulouse, sur une éminence dont la base est baignée par le Tarn; elle possède tribunal de première instance et de commerce, chambre consultative des manufactures, chambre d'agriculture, lycée, école normale d'instituteurs, hospice, maison d'aliénés, etc., etc.; elle avait autrefois justice royale, grenier à sel, gruerie, et dépendait du parlement et de l'intendance de Toulouse.

Nous avons suffisamment parlé de l'étymologie des noms *Albi* et *Albigeois*. En acceptant l'étymologie celtique *alp*, hauteur, on peut admettre aussi qu'Albi existait avant l'invasion romaine et lui assigner alors pour emplacement l'éminence où l'on voyait encore, il y a quelques années, les ruines du *Castelviel*. Ce devait être un bien ancien château que celui-là, puisqu'au xi° siècle il portait déjà le nom de Castelviel ou Château vieux. C'est donc avec raison que l'on a le droit de penser qu'Albi était située sur cette hauteur ou sur le penchant avant ou tout au moins pendant la domination romaine.

Une tradition, un peu douteuse il est vrai, donne saint Clair et saint Firmin pour les premiers apôtres qui prêchèrent le christianisme aux populations de ce pays pendant le iii° siècle. Saint Firmin fut trois ans évêque d'Albi, et pendant ce temps il délivra la ville d'une peste et renversa les temples de l'idolâtrie; il s'en alla ensuite se faire martyriser à Lectoure. Albi eut, au reste, son martyr, elle aussi, comme toute bonne ville catholique: ce fut saint Amarant, sous l'empereur Dèce. Il fut enseveli à Vioux, près d'Albi, et, dit la légende, sur son tombeau les cierges s'allumaient tout seuls. Néan-

Castres.

moins, on n'a point de certitude historique sur les évêques d'Albi jusqu'à Diogénien, au v° siècle. Un des plus célèbres dans ces temps reculés est saint Salvi, ami de Grégoire de Tours. Saint Salvi était un brillant avocat qui renonça à l'éclat et aux avantages du barreau pour se faire moine. Il tomba malade et mourut; mais, comme on s'occupait de l'ensevelir, il reprit ses sens et demeura trois jours à partir de ce moment, plongé dans l'extase et sans prendre de nourriture. Quand il sortit de cet état, les visions merveilleuses que Dieu lui avait envoyées tourmentant son imagination, il ne put s'empêcher de les raconter à ceux qui l'entouraient. Il lui fut révélé qu'il avait péché par la langue, comme il convenait à un ancien avocat, et il s'en punit en s'imposant un silence éternel. Il le rompit heureusement lorsque le patrice Mummol vint ravager le pays et faire une foule de prisonniers; les paroles qu'il sut trouver furent assez éloquentes pour toucher ce farouche général, qui lui rendit ses captifs. Salvi était alors évêque d'Albi; ses compatriotes, touchés de ses vertus, l'avaient élevé à ce haut rang peu de temps auparavant. Sa réputation gagna toute la Gaule. Chilpéric le choisit avec Grégoire de Tours pour entendre la lecture de ses écrits, où il prouvait qu'on ne devait admettre ni le nom ni la distinction des personnes en Dieu. Salvi faillit arracher le manuscrit des mains du bizarre et hérétique monarque des Francs. Au concile de Braine, il défendit Grégoire de Tours, accusé par Frédégonde, et comme un jour il rencontrait son pieux collègue à l'entrée du palais du roi : « Voyez-vous quelque chose sur ce palais? lui dit-il. — Je ne vois que la nouvelle couverture que le prince y a fait mettre. — Quoi! reprit-il, vous n'y voyez rien de plus? Eh bien! moi, j'y vois le glaive de la colère de Dieu prêt à fondre sur cette maison! » Saint Salvi prophétisait, et quand il mourut, en 584, les enfants de Chilpéric et de Frédégonde, et Chilpéric lui-même n'étaient plus. Ses biens, consacrés à des fondations pieuses, servirent à construire un monastère placé sous son invocation et dont il ne reste pas de traces; on a lieu de croire, cependant, que c'était près des bords du Tarn, en un lieu où l'on voit une fontaine qui porte encore le nom de Saint-Salvi.

A la fin du VIIe siècle naquit à Albi sainte Sigolène. Issue d'une noble et ancienne famille, veuve à vingt-deux ans, elle se fit bâtir un monastère à Troclar, entre Albi et Gaillac, et s'y retira avec des jeunes filles choisies dans les meilleures maisons. Ce monastère, dont elle fut la première abbesse, subsista jusqu'au XIVe siècle. Canonisée après sa mort en raison de sa pieuse conduite et des miracles qu'elle avait opérés pendant sa vie, sainte Sigolène devint une des patronnes de l'Albigeois et des pays voisins, où nombre d'églises lui furent dédiées.

Albi n'était encore à cette époque qu'une petite cité, comme le disait l'évêque Constance dans une lettre à saint Didier. Son importance s'accrut dans les siècles suivants. Devenu le chef-lieu d'une vicomté, un de ses vicomtes, Aton II, lui donna l'attribut de toute ville seigneuriale au moyen âge, un château fort. Castelviel était sur la rive droite, Albi sur la rive gauche du Tarn; l'intervalle aujourd'hui comblé de maisons n'en contenait alors qu'un petit nombre : Castelviel n'appartenait donc pas véritablement à la ville. Or, Aton II entreprit de bâtir à l'intérieur de celle-ci un château qui fut appelé *Castrum novum*, très probablement à l'emplacement du palais de justice actuel, au lieu qui portait, avant la construction du couvent des Carmes, le nom de *Châteauneuf*. Il n'acheva pas l'entreprise et en laissa le soin à ses successeurs, qui firent de cet édifice une de leurs plus ordinaires résidences. La construction d'un pont, ordonnée en 1035 par les deux fils d'Aton II, d'après l'avis des seigneurs du pays et des *citoyens et bourgeois d'Albi*, prépara la réunion de Castelviel à la ville. Mais ces deux parties n'en demeurèrent pas moins assez distinctes pour former deux seigneuries séparées, que les comtes de Toulouse, les vicomtes et les évêques se disputaient. On bâtissait à la même époque l'église de Saint-Salvi, commencée en 942 par l'évêque Miron, et dont on voit encore des restes portant les caractères du style roman du Xe siècle. La partie inférieure de la tour carrée, d'aspect si pittoresque, est du même temps jusqu'au point où commencent les colonnettes qui supportent des arcs en ogive. Sur cette tour, les consuls d'Albi plaçaient une sentinelle chargée de sonner les cloches en cas de surprise, d'incendie ou d'orage. L'église actuelle de Saint-Salvi, sur le même emplacement, est de construction plus récente.

Ces grands travaux prouvent qu'au XIe siècle Albi était riche, puissante et active. Quelle était sa situation politique et municipale? Nous avons parlé de la rivalité de trois suzerains : le comte de Toulouse, le vicomte d'Albi et l'évêque. Il semble toutefois que la puissance épiscopale ne se dégagea que peu à peu des deux autres, qui s'en firent assez longtemps un jouet et un profit. En 1037, le comte Pons Ier donne en douaire à sa femme *l'évêché d'Albi, la cité, la monnaie et le marché*. Trois ans plus tard, le même Pons, de concert avec ses deux frères vicomtes d'Albi, vend le même évêché à un certain Guillaume, sa vie durant, « soit qu'il se fît sacrer, soit qu'il fît sacrer un autre à sa place; » et ledit Guillaume paye 5,000 sols au comte, 5,000 sols aux vicomtes.

Les droits particuliers au vicomte étaient assez étendus : il avait l'ost et la chevauchée; ses juges connaissaient du vol, de l'adultère, etc.; quand il entrait dans la ville, on convoquait à son de trompe, en son nom et au nom de l'évêque, tous ceux qui devaient le service militaire; il jouissait d'un singulier privilège aboli en 1144, qui était de s'emparer de la dépouille de l'évêque quand il venait à mourir.

L'évêque, peut-être, était, des trois puissances dont nous avons parlé, celle dont les droits étaient le mieux assis. A lui seul, à ce qu'il paraît, la cité prêtait serment. Il avait la juridiction temporelle. De nombreux villages et châteaux dépendaient de lui. Plusieurs familles nobles, les Otgers, les Sicards, les Gorgols, ne relevaient que de son autorité. Aussi devait-il le service militaire au comte de Toulouse, plus tard au roi de France. Il possédait et conserva jusqu'à la Révolution le droit de *pezade*, impôt destiné à servir aux dépenses de la police ou de la *paix* publique, et qui consistait en « un septier de grain par charrue et en dix deniers, monnaie d'Albi, pour chaque bête de charge, âne et ânesse. »

Quant à la bourgeoisie d'Albi, dont le développement fut sans doute favorisé par le nombre même et la rivalité des suzerains, on l'a vue apparaître, dès 1035, à l'occasion du pont; déjà les vicomtes ne dédaignaient pas de prendre son avis. Probablement elle ne tarda pas à avoir ses consuls et sa commune ; toutefois, on n'en trouve qu'en 1242 la première mention. Dès 1229, il y avait un viguier, qui, sans doute, désignait les consuls ; plus tard, ce droit passa à l'évêque. Enfin, les *hommes notables* de la ville concouraient à l'élection de l'évêque avec le vicomte et le chapitre de Sainte-Cécile.

L'évêque et les bourgeois s'entendaient assez bien en général. Les bourgeois aimaient assez à être vassaux de l'Église, ce qui les exemptait de la taille. Lorsque la défaite du comte de Toulouse et du vicomte d'Albi eut placé cette ville sous l'autorité royale, les officiers de Louis IX prétendirent enlever au prélat sa juridiction temporelle. Il se révolta et déclara ne relever que de l'archevêque de Bourges, non seulement au spirituel, mais aussi au temporel. Le peuple d'Albi prit fait et cause, chassa le bailli du roi et mit des gardes aux portes. On se fit la guerre, et le sénéchal de Carcassonne eut quelque peine à réprimer une rébellion qui ne se termina que par un compromis, le roi cédant à l'évêque la haute justice, et se partageant avec lui la moyenne. Ce n'est pas le seul acte de révolte des bourgeois d'Albi au xiiie siècle. Plusieurs fois ils refusèrent au roi de mettre sur pied leur milice, et préférèrent se voir condamnés à de lourdes amendes.

Nous ne reparlerons de la guerre des Albigeois que pour rappeler l'apparition à Albi de deux inquisiteurs, en 1233, Arnaud Catalan et Guillaume Pelisse. Ils firent brûler deux hérétiques et envoyèrent dix autres personnes en Palestine ; puis ils eurent l'idée de faire exhumer une femme morte, disaient-ils, dans l'hérésie. Frère Catalan se rendit lui-même au cimetière, une pioche à la main, et, après avoir entamé la besogne, ordonna aux gens de l'évêque de continuer. La foule indignée les chassa. Catalan revint lui-même, malgré le peuple qui l'arrêtait et le maltraitait. « Que ce traître sorte de la ville ! qu'il meure ! » criait-on de toutes parts. Il n'en arriva pas moins au cimetière, déterra la malheureuse, et, retournant à la cathédrale où se trouvait en ce moment l'évêque et toute sa cour, il monta en chaire et excommunia les habitants d'Albi déjà tremblants sous ses anathèmes. Ce n'est pas la seule fois, au reste, qu'Albi eut à souffrir les inquisiteurs dans le cours du xiiie siècle, et, à la fin même de ce siècle, l'évêque Bernard de Castanet s'intitulait *vice-gérant de l'inquisiteur du royaume de France.*

Ce Castanet, qui fut très peu populaire, est le fondateur de la magnifique cathédrale de Sainte-Cécile. C'était un homme versé dans les arts. Lui-même il traça le plan de la cathédrale qu'il voulait faire bâtir à la place de l'ancienne qui tombait en ruine. Il fit venir des ouvriers habiles qui formèrent ceux du pays ; il consacra à son entreprise le vingtième des revenus de l'évêché et du chapitre, le quarantième des rentes provenant des bénéfices du diocèse, le produit des confiscations pour cause d'hérésie ; il imposa aux habitants d'Albi des corvées, et leur fit transporter la belle brique fabriquée dans la plaine de Lasbordes, et, le 15 août 1282, il posa la première pierre. Ses successeurs continuèrent cette œuvre ; l'évêque Géraud, en 1310, obtint de Clément V une bulle accordant des indulgences à tous ceux qui feraient des dons pour l'achèvement de l'édifice. Ce n'est pourtant qu'en 1383 que fut construite la dernière arcade de la voûte au-dessous de la tour, et la tour elle-même n'atteignit qu'en 1475 sa hauteur totale, qui est de 74^m,71. Le clocher est flanqué de quatre tourelles qui en font une véritable tour fortifiée.

« L'aspect du monument, dit l'auteur du *Guide du voyageur dans le département du Tarn*, est vraiment majestueux. On est vivement impressionné par cette architecture aussi grave qu'originale. Les proportions élevées de ses tours presque aussi larges au sommet qu'à la base, ses nombreux contreforts, la teinte que lui donnent les briques dont il est bâti, ajoutent encore à sa sévérité. »

Un mur d'enceinte, dont il ne reste que des débris, reliait la cathédrale à l'évêché. L'intérieur de l'église offre à l'œil un spectacle imposant par l'harmonie de l'ensemble. On y est surtout frappé du nombre prodigieux de peintures dont les murs sont chargés ; on croit voir une église d'Italie. Ce sont, en effet, des artistes italiens appelés par l'évêque-cardinal Joffredi et par ses successeurs, les deux Louis d'Amboise, qui sont les auteurs de ces riches décorations. Ces peintures, quoique remarquables, n'offrent pas la perfection de l'art (on n'était qu'au xve siècle) ; mais elles méritent surtout l'attention comme une vaste épopée catholique. L'Ancien et le Nouveau Testament y sont représentés : Adam et Ève, Abraham, Moïse, les rois, les prophètes, Jésus-Christ, les évangélistes, la Vierge, les anges, etc., s'y succèdent. Au fond de la nef on assiste aux joies des élus et aux souffrances des réprouvés. Des diables hideux, assemblage des plus affreux animaux de la nature, tourmentent les damnés, répartis en sept classes, suivant les sept péchés mortels. Au-dessous se lisent encore des inscriptions explicatives.

LA PEINE DES ORGUEILLEUX ET DES ORGUEILLEUSES.

« Les orgueilleux et orgueilleuses sont pendus et attachés à des roues situées en une montagne en manière de molins continuellement en grande impétuosité tornants. »

LA PEINE DES AVARICIEUX ET DES AVARICIEUSES.

« Les avaricieus et avaricieuses sont en ung lieu plein de grandes chaudières et dedans metauls fondus et boulhans du feu d'enfer, et au dedans desdites chaudières sont plongés les avaricieus et avaricieuses pour les saouler de leur avarice. »

Etc...

Il y avait peu de cathédrales plus riches que celle de Sainte-Cécile. Ceux qui la pillèrent, en 1436, y trouvèrent 5,000 écus d'or. Ce pillage fut amené par une querelle qui mérite d'être rapportée. Le siège épiscopal était vacant. Les habitants d'Albi, appliquant le décret du concile de Bâle, qui rétablissait les élections, nommèrent évêque Bernard de Casilhac, prévôt de la cathédrale, qui fut sacré du consentement du concile. Le pape Eugène IV nomma de son côté Robert Dauphin, qui entra dans la ville et se fit reconnaître. Dauphin eut l'imprudence de s'absenter ; aussitôt Casilhac revient avec un corps de troupes qui pille la cathédrale, canonne le Châteauneuf et installe le prétendant. Casilhac demeura en possession de l'évêché, malgré les efforts de son rival, que Charles VII soutenait, mais dont la mort (1463) mit fin au débat.

Outre sa belle cathédrale, on remarque à Albi : l'église romane de Saint-Salvi, dont une partie date du XIᵉ siècle ; l'église Sainte-Madeleine, récemment reconstruite, et dont le clocher s'élève à 44 mètres ; le palais archiépiscopal, véritable forteresse avec tours, herse, pont-levis, etc., qui date du XIIIᵉ et du XIVᵉ siècle et qui, aujourd'hui, est, ainsi que la cathédrale, rangé parmi nos monuments historiques ; la préfecture, récemment restaurée et agrandie ; le palais de justice, qui occupe l'ancien couvent des Carmes, et qui a conservé un beau cloître du XIVᵉ siècle ; la bibliothèque publique, qui renferme de précieux manuscrits ; l'Hôtel-Dieu ; la chapelle du couvent de Notre-Dame ; le lycée, l'un des plus beaux de France ; la prison départementale ; enfin, on peut citer plusieurs belles maisons ou hôtels du XIIᵉ, du XIIIᵉ et du XIVᵉ siècle.

Albi possède de belles avenues qui lui servent de promenades, sur l'une desquelles s'élève la statue en bronze de La Pérouse, et un beau parc, celui du Sud, dans lequel s'élève la maison hospitalière du Bon-Sauveur.

Cette ville fabrique des toiles, des étoffes de laine et de coton, de la brosserie, de la chapellerie, des cierges, des bougies, des pâtes alimentaires, de l'essence d'anis, de l'absinthe et d'autres liqueurs. Elle fait commerce de grains, de vins estimés de Caysaguet et du Roc, de safran, d'anis et de coriandre, etc.

Albi a vu naître : saint Salvi, saint Didier, le littérateur Pierre Gilles, les académiciens Leclerc et Boyer, La Pérouse et le contre-amiral de Rochegude.

Les armes d'Albi sont : *de gueules, à la croix archiépiscopale d'or en pal ; à la tour d'argent, crénelée de quatre pièces et ouverte de deux portes les herses levées, et au léopard du second émail, les pattes posées sur les quatre créneaux, brochant sur la croix ; en chef, à dextre, un soleil rayonnant d'or* (aliàs : *une lune en décours d'argent*), *et à sénestre, une lune en décours d'argent ;* avec la devise : STAT BACULUS, VIGILATQUE LEO, TURRESQUE TUETUR. Deux palmes de sinople liées de gueules servent d'ornement extérieur à l'écu.

LESCURE. — Lescure, commune de 1,155 habitants, située près de la rive droite du Tarn, dans le canton et à 4 kilomètres au nord-est d'Albi, doit son origine à un château qui a été le théâtre de nombreux combats au temps de la guerre des Albigeois et de la guerre des Anglais. Ce château, dont il ne reste plus que quelques débris transformés en habitations particulières, était autrefois célèbre. Lescure a eu la destinée singulière de relever directement des papes. Le roi Robert, en disciple reconnaissant, en fit don à Gerbert (Sylvestre II). C'est ce qui est rappelé dans une lettre de Sergius IV, par laquelle il le donne en fief à Vedianus et à sa postérité, sous la redevance de 10 sols raymondains.

Entre Lescure et la rive droite du Tarn, on doit visiter une petite église isolée qui est très remarquable sous le rapport de l'art; elle remonte au XIe siècle, ainsi que le démontrent les ornements qui décorent son portail.

MONESTIÉS. — Monestiés (*Monasterium*), chef-lieu de canton, est un bourg peuplé de 1,545 habitants, situé sur la rive droite du Cérou, à 20 kilomètres au nord d'Albi. C'était, au moyen âge, un monastère fortifié et la place la plus forte de la rive droite du Tarn, depuis Gaillac jusqu'à Rodez; il était placé sous la juridiction des évêques d'Albi, qui le donnaient en fief militaire à des chevaliers. Les habitants des communes voisines y cherchèrent plus d'une fois un refuge au temps des guerres de l'Albigeois. C'est aujourd'hui une petite ville agréablement située dans un bassin fertile; ses foires sont importantes et très fréquentées : on y vend beaucoup de toiles et de fil de chanvre. Son église de Saint-Pierre date du milieu du XVIe siècle. Dans la chapelle de l'hôpital Saint-Jacques, on voit un admirable groupe représentant le Christ au tombeau; il provient de l'ancien château de Combefa. Son église est remarquable par son antiquité.

COMBEFA. — Combefa, petite commune de 96 habitants, située à 18 kilomètres au nord d'Albi, dans le canton et à 5 kilomètres au sud de Monestiés, doit son origine à un des plus forts châteaux de l'Albigeois ; il appartint successivement aux comtes et aux évêques d'Albi; ceux-ci s'appliquèrent particulièrement à l'orner et à le fortifier. Un fossé taillé dans le roc, un mur d'enceinte, de hautes tours crénelées en défendaient l'entrée ; une riche chapelle, décorée de vitraux et de statues, s'élevait à l'intérieur. Occupée quelque temps par les Anglais, disputée dans la querelle de Bernard de Casilhac et de Robert Dauphin, cette forteresse fut démolie en 1761 en vertu d'un arrêt du conseil du roi, et on n'épargna qu'une tour dite de Médicis, fondée au XVIe siècle par Julien de Médicis, évêque d'Albi.

CARMAUX. — Carmaux, station terminale de l'embranchement qui se détache à Castelnaudary de la principale ligne du grand réseau du Midi, est une petite ville de 6,160 habitants, située sur le Cérou, dans le canton de Monestiés, à 18 kilomètres au nord d'Albi; elle doit son importance actuelle aux mines de houille que l'on exploite sur son territoire. Ces mines, qui étaient déjà exploitées au XIIIe siècle, couvrent une étendue de 80 kilomètres carrés et produisent annuellement environ 1,200,000 quintaux métriques de combustible. Carmaux possède aussi une verrerie importante. Les archéologues ont le choix entre : *Cara Mansio*, *Cara mons* ou *Carbonis Mansio*, pour l'étymologie du nom de cette ville.

A l'est de Carmaux et sur la rive droite du Cérou se trouve la mine de cuivre de Rosières, qui, autrefois exploitée, est aujourd'hui abandonnée.

PAMPELONNE. — Pampelonne, chef-lieu de canton, peuplée de 2,211 habitants, située sur une colline qui domine la profonde vallée du Viaur, à 30 kilomètres au nord d'Albi, n'a probablement pas été fondée par Pompée, comme quelques-uns se le sont imaginé. *Thuries* était son ancien nom. Ce n'est qu'en 1290 que le sénéchal d'Albigeois, Eustache de Beaumarchais, fit construire la *nouvelle bastide de Pampelonne*, en souvenir de Pampelune, capitale du Navarrais, dont il s'était emparé pendant l'expédition française en Espagne. Cette place, pendant les guerres des Anglais, fut prise par le bâtard de Mauléon, déguisé en femme, ainsi que ses compagnons. C'est le sujet d'un charmant récit de Froissart.

L'église de Pampelonne, construite dans le style de la Renaissance, est moderne. Cette petite ville possède une filature de laine et une source ferrugineuse au Teillet ; dans ses environs, il y a une église gothique, dont le style, très pur, accuse le XVe siècle.

AMBIALET. — Ambialet, petite ville industrieuse de 2,746 habitants, située dans le canton de Villefranche, à 25 kilomètres à l'est d'Albi, et dans une presqu'île formée par le Tarn, était autrefois le siège d'une baronnie qui donnait entrée aux états du Languedoc. Dans la presqu'île, sur un rocher à pic, s'élevait le château, qui était réputé le plus fort de l'Albigeois. Les vicomtes d'Albi y firent souvent leur résidence. La petite ville qui entourait le château et qui s'étendait sur le penchant de la colline se divisait en trois quartiers fortifiés séparément ayant chacun leur église, et qui ne communiquaient entre eux que par des portes garnies de herses et de mâchicoulis. Un couvent de bénédictins occupait le sommet de la montagne; il est aujourd'hui en ruine.

On exploite sur le territoire d'Ambialet une mine de fer; cette petite ville possède des usines; ses foires et ses marchés sont importants.

Réalmont. — Réalmont (*Regalis Mons, Regius Mons*), est une jolie ville manufacturière, chef-lieu de canton, peuplée de 2,845 habitants, à 20 kilomètres au sud d'Albi et sur le Blima, à 1 kilomètre du Dadou.

Réalmont fut fondée en 1272, par Guillaume Cohardon, sénéchal de Carcassonne, « pour l'exaltation de la foi catholique, l'utilité du roi et la destruction entière des repaires des hérétiques, de leurs fauteurs et des voleurs qui se tenaient cachés dans les forêts des environs. » Son origine se rattache donc indirectement à la guerre des Albigeois. Elle devint une place assez forte dont les calvinistes s'emparèrent plus d'une fois. Le prince de Condé la leur enleva en 1622, et, l'année suivante les fortifications furent démolies par un arrêt du roi. Elles ont été converties en charmantes promenades.

Réalmont possède une église du XVIᵉ siècle dont la flèche s'élance à 33 mètres; on y voit des fabriques de draps, des teintureries, des tanneries, une filature de laine, une scierie hydraulique et une minoterie.

Sur son territoire il existe une mine de houille et des traces de gisements d'argent.

Les armes de Réalmont sont : *d'azur, à trois pals d'argent.*

Lombers. — Lombers, sur l'Assou et dans le canton de Réalmont, à 15 kilomètres au sud d'Albi, est une commune fort ancienne qui compte aujourd'hui 1,504 habitants. Il y a peu de localités dans le département dont l'histoire présente des faits plus intéressants. C'est, en effet, dans son château, qui couronnait le pic dominant cette petite ville, que fut tenu, en 1165, le concile qui condamnait l'hérésie des Albigeois; au XIIIᵉ siècle, ce château appartenait à la belle Adélaïde de Boissexon qui y recevait l'élite des poètes et des troubadours du Languedoc; il fut plusieurs fois assiégé, pris et repris pendant la guerre des Albigeois et les guerres de religion. Les fortifications de la ville furent rasées en 1623; mais, à cette époque, le château était encore très important et recevait garnison; aujourd'hui, il est entièrement démoli. Dans plusieurs maisons de Lombers, on retrouve des pierres sculptées et des bas-reliefs qui en proviennent.

Gaillac (lat., 43° 54'; long., 0° 26' 24" O.). — Gaillac (*Galliacum*), station de la grande ligne du chemin de fer de Paris à Toulouse (réseau d'Orléans), est une ancienne ville, chef-lieu d'un arrondissement, peuplée de 8,124 habitants, à 698 kilomètres de Paris et à 22 kilomètres à l'ouest d'Albi, avec tribunal de première instance et collège communal; elle dépendait autrefois du parlement et de la généralité de Toulouse, du diocèse d'Albi.

Divers monuments druidiques, qui existent sur le territoire de cette ville, ne laissent aucun doute sur la présence d'une colonie de Celtes dans le pays. Gaillac est construit sur une voie romaine qui de *Tolosa* (Toulouse) conduisait à *Segodunum* (Rodez) en traversant le pays des *Albienses*. Le plus ancien document qui fasse mention de cette ville est le testament de saint Didier, lequel date de 654.

Pépin Iᵉʳ, roi d'Aquitaine, y fonda en 819 un monastère dédié à saint Quentin, que les Normands détruisirent et qui se releva, au Xᵉ siècle, sous l'invocation de saint Michel; à cette époque, Gaillac avait déjà une certaine importance; elle avait deux églises et une forteresse appelée le château de Polin. La munificence des comtes d'Albi et de Toulouse attribua de riches domaines à ce monastère. Au XIIIᵉ siècle, l'abbé partageait avec le comte de Toulouse la seigneurie de Gaillac, mais pour un quart seulement. Ses successeurs jouirent jusqu'en 1789 de cette petite souveraineté. Les habitants se soumirent sans résistance à Simon de Montfort; plus tard, vers 1280, aux Anglais, qui emportèrent leurs archives à la Tour de Londres et les y gardent encore aujourd'hui. Si le peuple de Gaillac était médiocrement belliqueux, en revanche il était riche. Il avait ses consuls, ses franchises confirmées en 1288 par Philippe le Bel. Son commerce et son agriculture étaient florissants; ses vins étaient recherchés des Anglais, des Hollandais, sous le nom de *vins du Coq*, à cause des armoiries de la ville dont les tonneaux portaient l'empreinte. Au XIVᵉ et au XVᵉ siècle, les Anglais avaient même fait un traité avec les magistrats de la ville pour affranchir de tous droits ce précieux produit des coteaux de l'Albigeois; cette prospérité ne fut que momentanément suspendue, quoique bien cruellement, par les guerres de religion. Les protestants prirent et pillèrent Gaillac en 1562. Dix ans plus tard, la Saint-Barthélemy ensanglanta les prisons, où quatre-vingts huguenots avaient été renfermés.

Laissons parler un manuscrit de l'époque : « Le mandement arriva de Toulouse qu'on les fît tous mourir, qui fut cause que le soir, cinquième octobre 1572, sur l'heure de dix à onze heures, vinrent aux susdites prisons, avec soldats et entorches, ceux qui avoient prinse la charge de meurtrir et faire le massacre desdits huguenots prisonniers, portant haches bien aiguisées, hallebardes, fourchettes, grandes dagues et poignards en leurs mains, ouvrant avec grande terreur et espouventement des pauvres prisonniers les portes desdites prisons ; ils se ruoient sur ces transis désarmés, qui, se mettant les uns derrière les autres et parant les bras aux coups, en criant et se plaignant du tort et de l'injure qu'on leur faisoit, estoient néanmoins par ceux qui n'en avoient aucune pitié mis à mort, détranchés et coupés en plusieurs endroits de leur personne ; ce qui apporta une telle frayeur et espouvante, qu'il y en eut qui, comme désespérés, se précipitoient en bas desdites tours, et un s'en sauva miraculeusement. Tant y a qu'il en fut tué jusques au nombre de septante-quatre, et aussitôt leurs maisons pillées et saccagées non-seulement, mais encore plusieurs furent ruinées et abattues jusques aux fondements. »

Le principal monument de Gaillac est l'église Saint-Michel, ancienne église du monastère, qui est aujourd'hui rangée parmi nos monuments historiques : le chœur est roman ; le portail, de même style, est moderne. Citons aussi l'église Saint-Pierre, qui date du XIII° et du XIV° siècle. L'église Saint-Jean, récemment reconstruite dans le style roman ; plusieurs maisons du XV° ou du XVI° siècle ; la tour de Palmata, qui date du XIII° ; l'hôtel de ville, de construction moderne ; la fontaine du Griffon ; enfin la prison cellulaire. Cette ville fabrique des toiles de différentes qualités, des cordes, et surtout des barriques pour l'exportation des vins de son territoire; elle possède des teintureries, des verreries, des tanneries, des briqueteries et des minoteries ; elle exporte des céréales, des vins, des pommes sèches, des volailles, de l'anis vert et de la coriandre. Ses foires sont très fréquentées.

Gaillac est la patrie du bénédictin dom Vaissette, l'un des principaux auteurs de l'*Histoire du Languedoc*, entreprise par l'ordre des états généraux de la province, et que Chateaubriand a appelée « la meilleure des histoires de France. » La principale place de la ville porte le nom de dom Vaissette.

Gaillac a élevé une statue au lieutenant général d'Hautpoul, né à peu de distance, au château de Salette, et mort glorieusement à la bataille d'Eylau.

Les armes de Gaillac sont : *d'or, à un coq de gueules, à la bordure crénelée de douze créneaux d'azur; trois fleurs de lis d'or posées sur les créneaux, bastillés en chef.*

CORDES. — Cordes, chef-lieu de canton de 2,378 habitants, situé sur une colline qui domine le cours du Cérou, et à 26 kilomètres au nord de Gaillac, est une petite ville fort ancienne, qui paraît s'être appelée autrefois *Mordania* ou *Mordun*. Sous Charles VII, elle avait quatre enceintes de remparts et on la considérait comme une des plus fortes places de l'Albigeois. Ce fut pour son malheur ; car elle fut plusieurs fois assiégée, prise et reprise pendant les guerres religieuses du XII° et du XVI° siècle.

On remarque à Cordes plusieurs maisons de l'époque du style ogival, qui rendent la ville curieuse à visiter. Son église Saint-Michel date du XIII° et du XIV° siècle.

Cette ville fabrique de la grosse toile d'emballage, de la chaudronnerie ; elle possède des tanneries, des fours à chaux et fait un commerce de grains, de pommes, d'anis, et des bons vins que l'on récolte sur son territoire.

Les armes de Cordes sont : *de gueules, au château antique à trois tours d'argent, ouvert de gueules, accompagné en chef d'une croix d'or, au chef d'azur, à trois flandrins d'or.*

LISLE. — Lisle, que l'on appelle Lisle-d'Albi pour la distinguer d'autres villes du même nom, station de la grande ligne du chemin de fer de Paris à Toulouse (réseau d'Orléans), sur le Tarn, que l'on y passe sur un pont en fil de fer, est un chef-lieu de canton de 4,388 habitants, situé à 11 kilomètres au sud-ouest de Gaillac. Cette ville occupait autrefois, sous le nom de *Montaigut*, une hauteur voisine ; elle fut détruite pendant la guerre des Albigeois et reconstruite avec ses débris sur les bords du Tarn, non loin du château royal de Belbèze, en un lieu appelé

Yla. En 1440, Salazar et le bâtard le Béarn, chefs des grandes compagnies, s'en emparèrent. Près de cent ans après, en 1537, Montluc la prit d'assaut et ses troupes y commirent d'affreux ravages; la malheureuse ville fut plusieurs fois prise et reprise par les catholiques et les protestants.

Lisle est très bien percée; sa position est des plus agréables et ses alentours sont convertis en promenades et en jardins. Elle a une fort belle place au milieu de laquelle on remarque une jolie fontaine à vasque romane. L'église principale, qui date du xive siècle, est surmontée d'un élégant clocher; une autre église, celle de Montaigut, est romane. On recueille sur le territoire de cette commune les bons vins blancs de Saurs et des Fortis.

Les armes de Lisle sont : *tiercé en fasce, au 1er d'azur, à trois fleurs de lis d'or; au 2e, de gueules, à la croix cléchée, vuidée et pommetée d'or; au 3e, ondé d'azur plein.*

RABASTENS. — Rabastens, station de la grande ligne du chemin de fer de Paris à Toulouse (réseau d'Orléans), chef-lieu de canton peuplé de 5,161 habitants, à 16 kilomètres au sud-ouest de Gaillac, sur la rive droite du Tarn que l'on y passe sur un beau pont suspendu, et sur la grande route d'Albi à Toulouse, est une ville très ancienne. On trouve souvent aux environs, non seulement des mosaïques, des bas-reliefs, des médailles, qui rappellent la domination romaine, mais encore des monuments gaulois et des débris de l'ancien culte druidique. Ce n'est qu'au xiie siècle toutefois qu'il est fait mention des seigneurs de Rabastens. Ils occupaient un château bâti sur un escarpement du Tarn. Cette ville se soumit à Simon de Montfort en 1211, se révolta et fut reprise en 1212.

En 1380, Gaston-Phœbus, comte de Foix, y ayant surpris un grand nombre de routiers et de brigands, les attaqua, les défit, et fit pendre ou noyer dans le Tarn plus de 400 prisonniers qu'il leur avait faits.

Rabastens fut le théâtre d'atroces cruautés pendant les guerres de religion. L'église Notre-Dame-du-Bourg, rangée au nombre de nos monuments historiques, offre un beau portail roman, avec une nef du xiiie siècle et un chœur du xive. Ses murs sont recouverts de belles fresques et ses vitraux datent du xiiie siècle. On remarque dans l'église Saint-Pierre une belle pierre tumulaire qui date de 1322. Citons encore l'église des Vertus et la chapelle de Saint-Michel, qui renferme les tombeaux de la famille de Puységur. Cette ville fabrique des chapeaux, des toiles de chanvre, de la clouterie et de la chaudronnerie; elle possède des minoteries. Ses foires et ses marchés sont très fréquentés. On voit au château de Saint-Géry, dans les environs, de très belles tapisseries.

Cette ville est la patrie du cardinal Pilfort, du poète Auger Gaillard et du général comte P.-L. Chastenet de Puységur.

Les armes de Rabastens sont : *tiercé en fasce, au 1er d'azur, à trois fleurs de lis d'or; au 2e, de gueules, à la croix cléchée, vuidée et pommetée d'or; au 3e de sable, à trois raves d'argent, feuillées d'or, rangées en fasce.*

A 5 kilomètres à l'ouest de cette ville, sur une montagne dominant au loin la plaine, il existe une chapelle construite sous l'invocation de Notre-Dame-des-Grâces; c'est, dit-on, dans ce modeste oratoire, caché dans les bois, que saint Vincent de Paul célébra sa première messe.

LAVAUR (lat., 43° 41′ 59″; long., 0° 30′ 58″ O.). — Lavaur (*Vaurium, Vaurum*) est une ancienne ville peuplée de 7,563 habitants, chef-lieu d'arrondissement et d'un canton, avec tribunal de première instance, société d'agriculture, collège communal et petit séminaire, située sur la rive gauche de l'Agout, que l'on y traverse sur un beau pont d'une seule travée, à 42 kilomètres au sud-ouest d'Albi. Lavaur existait dès le xie siècle. Il y avait en ce lieu un château fort entouré de quelques maisons. Ce château fut emporté d'assaut en 1211 par Simon de Montfort, après un siège de plus d'un mois. Les habitants de la ville furent rassemblés dans un pré et là « brûlés et grillés, » comme dit Guillaume de Tudèle : « Il y eut bien quatre cents hérétiques de brûlés au bûcher, qui jeta grande flamme. Dom Aimrigats fut pendu avec maints autres chevaliers, et on en pendit quatre-vingts, comme on fait les larrons; on les exposa sur des fourches, l'un d'un côté, l'autre de l'autre. Dame Girande fut prise criant, pleurant, et jetée dans un puits, chose dont on eut grande horreur; mais les autres dames, un Français courtois les fit délivrer toutes en véritable preux. » A Lavaur fut tenu, en 1213, le concile où Pierre d'Aragon intercéda vainement pour le comte de Toulouse. En 1317, Jean XXII y érigea un évêché. Lavaur résista toujours aux Anglais. Au xvie siècle, elle se déclara pour la Ligue,

Château de Lacaze.

et vit se réunir dans ses murs les états généraux, présidés par le maréchal de Joyeuse, en 1589. Son château célèbre fut démoli en 1622 par arrêt du conseil du roi. L'église Saint-Alain, ouvrage des mêmes artistes qui travaillèrent à la cathédrale d'Albi, mérite l'attention de l'archéologue ; l'église Saint-François, la chapelle du petit séminaire, et le palais de justice sont les principaux monuments de la ville. On conserve dans la bibliothèque, riche de 4 à 5,000 volumes, les pièces originales du procès de Cinq-Mars et de Thou. Sur la promenade, on a élevé une statue au comte de Las Cases, auteur du *Mémorial de Sainte-Hélène*.

La principale industrie de Lavaur est l'industrie séricicole. Les états généraux de la province et les évêques du diocèse eurent, dès le XVIe siècle, l'heureuse idée d'y faire venir des plants de mûriers de Nîmes. En 1664, des filages furent établis à Lavaur. Au XVIIIe siècle, le célèbre Vaucanson y fut appelé et y inventa la chaîne qui porte son nom et la lunette des tours à filer. Les filatures de Lavaur sont aujourd'hui florissantes. Lavaur fabrique aussi de la bonneterie ; elle possède des filatures de coton, des teintureries et des minoteries, etc.

Les armes de Lavaur sont : *de gueules, à la tour donjonnée de trois pièces, accompagnée en pointe d'une ancre dont la stangue se termine en croix, le tout d'argent sur chef cousu d'azur, à trois fleurs de lis d'or.*

GRAULHET. — Graulhet est une petite ville de 6,940 habitants, chef-lieu d'un canton et située à 19 kilomètres au nord-est de Lavaur, près de la rive gauche du Dadou, que l'on y traverse sur deux ponts, dont l'un date du XVIe siècle, et l'autre est tout moderne. Au Xe siècle, il existait déjà une forteresse en ce lieu, et c'était le siège d'une seigneurie qui appartenait à l'importante maison d'Alaman ; ce château a été détruit pendant les guerres civiles du XVIᵉ siècle, et son emplacement converti en une agréable promenade. Graulhet possède une filature de laine, des mégisseries, des tanneries et des chapelleries; ses foires et ses marchés sont suivis. Quelques-unes de ses anciennes maisons ont conservé des traces de fortifications.

A l'ouest de Graulhet est Briatexte, qui soutint en 1622 un siège long et meurtrier contre le duc de Vendôme qui commandait l'armée royale et catholique. On voit dans les environs des grottes celtiques.

Les armes de Graulhet sont : *parti, au 1ᵉʳ d'argent, à un épi de froment de sinople; au 2ᵉ, d'azur à un marteau d'or.*

PUYLAURENS. — Puylaurens est situé sur une éminence d'où l'œil embrasse une plaine riche et fertile. C'est un chef-lieu de canton de 5,141 habitants, situé à 25 kilomètres au sud-est de Lavaur. Avant la révocation de l'édit de Nantes, Puylaurens possédait une école célèbre qui prenait le nom d'*académie*. Cette académie protestante avait acquis une grande réputation, et l'on cite parmi ses élèves : Bayle, Rapin de Thoyras et André Dacier; elle fut supprimée en 1683. L'histoire de Puylaurens, comme celle de toutes les villes de l'Albigeois, se résume dans ses malheurs pendant les guerres de religion; aujourd'hui, elle est renommée par ses marchés et par ses foires. La vente des produits du sol et des objets de consommation locale font la richesse de son canton.

Il y a à Puylaurens une église catholique et un temple protestant; sur un rocher qui domine la ville, on voit les ruines de son château, et plusieurs de ses maisons sont remarquables par leur antiquité.

Les armes de Puylaurens sont : *d'argent, au laurier de sinople, au chef d'azur, à trois fleurs de lis d'or, soutenu d'une devise de même;* — aliàs : *d'or, à trois billettes de sable posées en pal.*

CASTRES (lat., 43° 36′ 16″, long., 0° 5′ 45″ O.). — Castres (*Castra, Castrum*), station de l'embranchement du chemin de fer de Castelnaudary à Mazamet et à Carmaux (Paris à Toulouse, réseau d'Orléans), chef-lieu d'arrondissement et d'un canton, avec tribunal de première instance et de commerce, collège communal, petit séminaire, chambre des manufactures, est une ville peuplée de 25,856 habitants; autrefois comté et évêché, sénéchaussée et justice royale, elle dépendait de l'intendance du Languedoc, du parlement et de la généralité de Toulouse.

Cette ville, qui est située sur l'Agout, à 42 kilomètres au sud d'Albi et à 74 à l'est de Toulouse, est la plus considérable du département. On a attribué son origine à trois anachorètes, qui s'y établirent au VIᵉ siècle après J.-C. Mais les antiquités romaines, les statuettes gauloises, les haches druidiques en pierre dure qu'on y a trouvées semblent prouver qu'elle existait dès les temps les plus reculés. Son nom vient probablement d'un camp romain, *castra*. Laissons du moins aux anachorètes la gloire d'avoir fondé la célèbre abbaye de Castres, à laquelle Charles-Martel, puis Charles le Chauve, témoignèrent successivement leur bienveillance. Les reliques de saint Vincent, apportées d'Espagne au IXᵉ siècle, y attirèrent de nombreux pèlerins, parmi lesquels le roi Robert en 1031, Louis VII et Louis VIII. Ce dernier se fit donner une partie des reliques de saint Vincent, qu'il offrit à l'église Saint-Germain-des-Prés, à Paris. L'abbaye de Castres fut érigée en évêché en 1317, aux dépens de l'évêché d'Albi, qui perdit 114 paroisses. Parmi les évêques qui occupèrent ce siège, il en est d'illustres : plusieurs Armagnacs, le cardinal Charles de Lorraine, Sébastien de Barral, etc.

Castres appartint dès le XIᵉ siècle aux vicomtes de Béziers et d'Albi, qui accordèrent aux habitants des franchises étendues, ne se réservant que la justice et la chevauchée. Elle se soumit à Simon de Montfort après la prise de Carcassonne et passa, avec toute la rive gauche du Tarn, sous la domination de Gui, son frère, qui la transmit à ses descendants, Philippe Iᵉʳ et Philippe II. La seigneurie de Castres, disputée ensuite entre plusieurs prétendants et attribuée par le parlement de Paris à Éléonore, comtesse de Vendôme (1302), fut érigée en comté par le roi Jean, en 1356. Elle passa aux sires de Bourbon et aux Armagnacs, et Jacques de Nemours en fut dépouillé par Louis XI, qui la donna à son chambellan, Buffi de Juge, chevalier lombard (1477). Les réclamations des Armagnacs donnèrent lieu à un long procès, qui se termina par la réunion au domaine royal (1519). Les protestants dominèrent à Castres dès 1561 et y saccagèrent la cathédrale de Saint-Benoît et le monastère de Saint-Vincent. Elle fut prise et reprise plusieurs fois par les deux partis religieux. Henri IV y installa une chambre composée mi-partie de catholiques et de protestants. Le duc de Rohan s'y introduisit en 1628 ; mais, l'année suivante, les troupes du roi la reprirent et détruisirent les deux tiers des fortifications. Sa chambre mi-partie fut transportée à Castelnaudary en 1679, et, en 1768, sa sénéchaussée fut réunie à celle de Carcassonne. Vers ce temps, l'évêque Sébastien de Barral dota Castres de ses belles allées du Mail et des Lices, de deux hôpitaux et d'un collège après l'expulsion des jésuites.

Les églises de Castres : Saint-Benoît, Notre-Dame de la Platé, Saint-Jacques, sont relativement modernes, et leur construction ou restauration ne date que du siècle dernier. Parmi ses autres monuments, nous citerons l'hôtel de la sous-préfecture, l'hôtel de ville, autrefois palais épiscopal, le palais de justice, la halle au blé, le séminaire, deux hôpitaux, la caserne, etc., etc. Castres possède de belles promenades, de nombreuses fontaines, de beaux squares.

L'industrie de Castres se développa de bonne heure sous les auspices des états de la province, qui accordèrent plusieurs fois des subventions considérables. En 1743, le sieur Cabanis fut autorisé à y établir des filatures de coton et de soie ; en 1745, un Arménien, Johannis, fit une plantation de coton, qui réussit, il est vrai, médiocrement. C'est surtout à la fin du xviiie et au xixe siècle que l'industrie castraise prit son essor. Elle consiste en filatures, fabriques de draperie, papeteries, teintureries, tanneries, mégisseries, ateliers de colle forte, etc. Castres en est le centre ; Mazamet et Vabre en sont les principales succursales. Castres est la patrie de Dacier, l'époux de la savante Mme Dacier, et qui devint lui-même secrétaire perpétuel de l'Académie française sous Louis XIV. L'historien Paul Rapin de Thoyras y est né également ; protestant, la révocation de l'édit de Nantes le jeta en Angleterre.

Les armes de Castres sont : *d'argent, à quatre pièces emmanchées de gueules, mouvantes du flanc sénestre de l'écu..., au chef d'azur, chargé de trois fleurs de lis d'or;* avec cette devise : DEBOUT.

SORÈZE. — Sorèze, petite ville de 2,477 habitants, dans le canton de Dourgne, et à 26 kilomètres au sud-est de Castres, tire son nom de la rivière du Sor, qui a sa source tout près de là ; c'était autrefois une place importante dont les protestants s'emparèrent. Pépin d'Aquitaine y avait fondé au ixe siècle une abbaye de bénédictins, célèbre dans le pays sous le nom d'*abbaye de la Paix*.

Les bénédictins de l'ancienne abbaye de Sorèze y fondèrent, en 1682, un vaste établissement d'éducation qui a fait la renommée de cet endroit, et qui devint le plus considérable du midi de la France. Cette école comptait avant la Révolution 450 élèves, nourris dans les principes de l'ancienne monarchie. A moitié ruinée par la crise révolutionnaire, elle se releva par les soins et les sacrifices de M. de Ferlus, ancien professeur de la maison, qui en prit alors la direction et en modifia l'esprit dans un sens plus moderne. Elle était tout à fait florissante sous le premier Empire, et recevait surtout un grand nombre de jeunes gens italiens et espagnols. Sous le second Empire, elle reçut une nouvelle impulsion sous la direction du R. P. Lacordaire, qui y mourut et dont on voit le tombeau dans la chapelle du collège. Le professeur Azaïs, l'auteur des *Compensations*, né à Sorèze, y fit son éducation. C'est aussi la patrie de dom Vicq, l'un des principaux collaborateurs de dom Vaissette, pour sa belle *Histoire du Languedoc*.

Sur une montagne, au sud-est de Sorèze, il existe une grotte qui attire l'attention des curieux : c'est la *Grotte du Calel;* et, à 4 kilomètres au sud de cette ville, le voyageur doit visiter le remarquable bassin de Saint-Ferréol, réservoir du canal du Languedoc. Dans les environs se dressent, près du Sor, sur un rocher granitique presque inaccessible, les ruines du château de Roquefort, et, plus loin, celles du château et de l'ancienne ville de Puysat, édifiés par Simon de Montfort.

Les armes de Sorèze sont : *d'azur, à une couleuvre d'argent contournée en S; — aliàs : de gueules, à la tour crénelée de cinq créneaux d'argent, surmontée d'une colombe essorante de même, une bisse contournée d'or, pliée en trois parties, en fasce, en forme de S, la partie supérieure brochant sur la porte de la tour.*

MAZAMET. — Mazamet, station terminale de l'embranchement du chemin de fer de Castelnaudary-Castres-Mazamet (réseau d'Orléans, ligne de Paris à Toulouse), chef-lieu de canton, situé à 19 kilomètres au sud-est de Castres, au pied de la montagne Noire, sur l'Arnette, près du confluent du Thoré et de l'Arn, est aujourd'hui la ville la plus manufacturière du département ; ce n'est qu'une vaste fabrique de draps de toute sorte : cadis, espagnolettes, flanelles, draps pour la troupe, nouveautés pour hommes, imitations d'Elbeuf, chemises et casquettes pour la marine, castorines, alpaga, etc., etc., pour une vingtaine de millions par an, dans laquelle les familles les plus pauvres, comme les plus riches sont exclusivement occupées de la fabrication des étoffes. Elle est située au milieu d'une vallée fertile, arrosée par divers cours d'eau qui alimentent un grand nombre d'usines. Sa population est de 14,168 habitants.

Les armes de Mazamet sont : *d'azur, à un coq d'or, barbé de gueules et surmonté de trois fleurs de lis d'or, 2 et 1.*

L'origine de cette ville, dont la principale église est celle de Saint-Sauveur, ne remonte pas à une époque fort reculée. Sur la montagne à laquelle elle était adossée s'élevait l'antique château d'Hautpoul, assiégé et pris plusieurs fois pendant la guerre des Albigeois, et dont les seigneurs prenaient quelquefois le titre de *roi des montagnes du Hautpoullois*, tant leur autorité s'étendait au loin dans la contrée.

SAINT-AMANS-SOULT. — Saint-Amans-Soult, autrefois *Saint-Amans-La-Bastide*, est un chef-lieu de canton de 2,435 habitants, situé sur le Thoré, au pied de la montagne Noire, à 26 kilomètres au sud-est de Castres. Il y a une filature de laine, et l'on y fabrique des draps et des molletons. Cette commune doit son nom moderne à la modeste habitation où naquit, le 29 mars 1769, le maréchal Jean-de-Dieu Soult, duc de Dalmatie. Il aima toujours le pays qui l'avait vu naître; il s'y fit élever, sur un coteau appuyé à la montagne Noire, le château de Soult-Berg, entouré d'un parc fort étendu et arrosé par des eaux vives, et s'y retira après la révolution de 1848; il y passa les dernières années de sa vie et y mourut le 26 novembre 1851. Ses dépouilles mortelles reposent dans un caveau qu'il avait fait construire de son vivant, et qui est adossé au mur méridional de l'église de Saint-Amans, d'où l'on peut apercevoir, à la fois, et le toit paternel et le château de Soult-Berg.

A un demi-kilomètre au nord et sur la rive droite du Thoré, un autre village, du même nom de SAINT-AMANS et que l'on distingue du premier par le surnom de VALTORET, compte 1,592 habitants; il possède une belle filature de laine.

Les armes de Saint-Amans-Soult sont : *d'azur, à la harpe d'or, accompagnée en pointe de deux fleurs de lis de même.*

LACAUNE. — Lacaune, sur le Gijou, à 47 kilomètres à l'est de Castres, est un chef-lieu de canton de 3,578 habitants, agréablement situé dans un vallon boisé; il se compose des deux paroisses de Lacaune et de Saint-Pierre-des-Vidals. Le chœur de l'église de Lacaune est gothique, mais ses chapelles sont romanes; il y a un temple protestant. Cette commune possède une filature de laine, des fabriques de draps, de chapeaux et de chandelles; elle fait un certain commerce de ses fromages renommés dans le pays. On trouve sur son territoire des mines de fer, des carrières de marbre de différentes nuances, et à Bains des eaux thermales ferrugineuses calcaires.

LACAZE. — Lacaze, sur la rive droite du Gijou, dans le canton et à 16 kilomètres au nord-est de Vabre, arrondissement et à 45 kilomètres au nord-est de Castres, est un bourg peuplé de 2,078 habitants. Il possède des fabriques de cotonnades et de basins, et son commerce est favorisé par plusieurs foires. On y remarque les restes d'un ancien château dont s'emparèrent les habitants de Castres en 1562.

STATISTIQUE DU DÉPARTEMENT DU TARN

RANG DU DÉPARTEMENT

Superficie : 56ème. — Population : 43ème. — Densité de la population : 51ème.

I. STATISTIQUE GÉNÉRALE

SUPERFICIE.	POPULATION.	ARRONDISSEMENTS.	CANTONS.	COMMUNES.	REVENU TERRITORIAL.	CONTRIBUTIONS et REVENUS PUBLICS
5.742 kil. carrés. ou 574.216 hect.	Hommes, 180.424 Femmes, 178.808 Total.. 359.232 62 hab. 56 par kil. carré.	4	35	318	Propriétés bâties ... 4.000.000 fr. — non bâties. 20.000.000 » Revenu agricole.... 85.000.000 »	14.000.000 fr.

II. STATISTIQUE COMMUNALE

ARRONDISSEMENT D'ALBI

Superficie, 1.429 kil. carrés ou 142.906 hect. — Population, 98.132 hab. — Cantons, 8. — Communes, 94.

CANTON, sa population	NOM de LA COMMUNE.	POPULATION.	Distance au chef-lieu d'arr.	CANTON, sa population	NOM de LA COMMUNE.	POPULATION.	Distance au chef-lieu d'arr.	CANTON, sa population	NOM de LA COMMUNE.	POPULATION.	Distance au chef-lieu d'arr.
ALBI, 17 communes, 28.804 habitants.	Albi	19.169	»	Suite de MONESTIÉS.	Saint-Benoît-de-Carmaux	942	18	VALDERIÈS, 7 c., 5.954 hab.	Valderiès	1.088	14
	Arthès	854	6		Saint-Christophe	562	32		Andouque	1.500	20
	Carlus	492	5		Salles	540	24		Crespinet	385	16
	Castelnau-de-Lévis	1.050	6		Ségur (Le)	794	30		Saint-Grégoire	508	15
	Fréjairolles	792	11		Taïx	188	9		Saint-Jean-de-Marcel	1.070	21
	Garric (Le)	810	6		Trévien	787	25		Saussenac	671	13
	Lescure	1.155	4		Virac	425	26		Sérénac	732	16
	Mailhoc	502	11	PAMPELONNE, 9 comm., 9.627 h.	Pampelonne	2.211	30	VALENCE, 16 communes, 8.818 habitants.	Valence-d'Albigeois	1.495	27
	Marssac	712	9		Almayrac	560	20		Assac	617	26
	Maussans	472	10		Jouqueviel	640	30		Cadix	765	28
	Mithavet	160	15		Mirandol	2.525	30		Courris	375	25
	Puygouzon	606	5		Montauriol	237	32		Dourn (Le)	440	30
	St-Sernin-lès-Mailhoc	597	8		Moularès	915	28		Faussergues	652	29
	Saliès	135	5		Sainte-Gemme	1.324	20		Fraissines	415	32
	Séquestre (Le)	282	5		Tanus	988	30		Lacapelle-Pinet	355	35
	Torsac	290	5		Trébau	227	30		Lédas-et-Penthiès	571	25
	Villeneuve-sur-Vère	706	12	RÉALMONT, 16 communes, 11.479 habitants.	Réalmont	2.845	18		Padiès	779	24
ALBAN, 7 c., 8.684 hab.	Alban	824	29		Dénat	819	9		Saint-Cirgue	809	25
	Curvalle	2.363	25		Fauch	769	15		Saint-Julien-Gaulène	629	20
	Massals	765	38		Labastide-Dénat	303	10		Saint-Michel-Labadié	395	25
	Miolles	547	35		Laboutarié	168	20		Trébas	521	30
	Paulin	2.457	25		Lamillarié	521	10	VILLEFRANCHE, 8 c., 8.159 hab.	Villefranche-d'Albigeois	1.533	17
	Saint-André	526	36		Lombers	1.504	16		Ambialet	2.746	25
	Teillet	1.202	25		Orban	409	10		Bellegarde	520	12
MONESTIÉS, 16 c., 16.607 habit.	Monestiés	1.545	23		Poulan-Pouzols	420	8		Cambon	414	15
	Blaye	1.127	13		Ronel	362	12		Cunac	475	7
	Carmaux	6.160	16		Rouméguoux	649	20		Marsal	354	15
	Combefa	96	18		St-Antonin-de-Lacalm	803	25		Mouzieys-Teulet	663	15
	Labastide-Gabausse	525	18		St-Lieux-Lafenasse	766	25		Saint-Juéry	1.454	5
	Laparrouquial	273	30		Sieurac	318	18				
	Montirat	1.831	34		Terre-Clapier	543	16				
	Narthoux	179	35		Travet (Le)	280	20				
	Rosières	633	18								

ARRONDISSEMENT DE CASTRES

Superficie, 2.230 kil. carrés ou 223.004 hect. — Population, 144.234 hab. — Cantons, 14. — Communes, 92.

CANTON, sa population	NOM de LA COMMUNE.	POPULATION.	Distance	CANTON	NOM	POPULATION.	Distance	CANTON	NOM	POPULATION.	Distance
CASTRES, 4 c., 27.937 h.	Castres	23.856	»	ANGLÈS, 3 c., 3.505 hab.	Anglès	2.596	35	BRASSAC, 3 c., 9.832 hab.	Brassac	2.149	22
	Laboulbène	161	10		Lamontelarié	724	47		Bez-de-Belfourte (Le)	1.565	22
	Navés	438	7		Lasfaillades	185	53		Cambounès	1.504	43
	Saïx	1.482	7						Castelnau-de-Brassac	4.172	40
									Margnès (Le)	442	20

SUITE DE L'ARRONDISSEMENT DE CASTRES

CANTON, sa population.	NOM de LA COMMUNE.	POPULATION.	Distance au chef-lieu d'arr.	CANTON, sa population.	NOM de LA COMMUNE.	POPULATION.	Distance au chef-lieu d'arr.	CANTON, sa population.	NOM de LA COMMUNE.	POPULATION.	Distance au chef-lieu d'arr.
DOURGNE, 15 communes, 12.023 habitants.	Dourgne	1.916	19	LAUTREC, 10 comm., 8.464 hab.	Lautrec	3.051	14	ROQUECOURBE, 6 c., 5.740 h.	Roquecourbe	1.845	9
	Arfons	1.162	20		Brousse	617	27		Burlats	1.902	13
	Belleserre	261	32		Gibrondes	714	15		Lacrouzette	1.240	18
	Cahuzac	222	33		Mondragon	593	24		Monfa	465	12
	Cammazes (Les)	752	33		Montpinier	352	15		Saint-Germier	181	13
	Durfort	435	25		Peyregoux	219	17		Saint-Jean-de-Vals	107	18
	Garrevaques	430	20		Puycalvel	479	20	ST-AMANS-SOULT, 6 c., 9.391 h.	Saint-Amans-Soult	2.435	26
	Lagardiolle	434	25		St-Genest-de-Contest	516	21		La Bastide-Rouairoux	3.090	38
	Massaguel	497	23		Saint-Julien-du-Puy	760	40		Lacabarède	773	43
	Palleville	332	25		Vénès	1.183	23		Rouairoux	1.148	47
	Saint-Amancet	411	23	MAZAMET, 10 comm., 23.921 h.	Mazamet	14.768	19		Saint-Amans-Valtoret	1.592	32
	Saint-Avit	249	23		Aiguefonde	1.988	23		Sauveterre	353	38
	Sorèze	2.477	35		Augmontel	802	15	VABRE, 6 c., 8.445 h.	Vabre	2.580	30
	Soual	1.303	17		Aussillon	1.384	28		Ferrières	767	33
	Verdalle	1.142	18		Boissezon	2.845	18		Lacaze	2.078	45
LABRUGUIÈRE, 6 c., 7.263 hab.	Labruguière	3.740	9		Caucalières	241	18		Masnau (Le)	1.310	44
	Escoussens	934	14		Pont-de-Larn	1.789	23		St-Pierre-de-Trivisy	1.392	40
	Lagarrigue	398	5		Rialet (Le)	365	27		Saint-Salvi-de-Carcavès	318	53
	Saint-Affrique	535	15		Vintrou (Le)	339	30				
	Valdurenque	478	10	MONTREDON, 4 c., 6.647 h.	Montredon	4.719	21				
	Viviers-les-Montagnes	1.180	13		Arifat	676	20				
					Montcouyoul	432	43				
					Rayssac	820	38	VIELMUR, 6 c., 6.966 hab.	Vielmur	1.114	14
LACAUNE, 8 c., 10.557 hab.	Lacaune	3.578	47						Carbes	330	15
	Berlats	752	36						Cuq	702	17
	Escroux	501	55						Fréjeville	552	15
	Espérausses	967	47	MURAT, 2 c., 4.221 h.	Murat	2.770	62		Guitalens	577	25
	Gijounet	740	47		Cabannes-et-Barre	1.451	55		Lalbarède	341	25
	Nages	1.632	58						Sémalens	1.894	18
	Senaux	200	48						Serviès	756	27
	Viane	2.187	42								

ARRONDISSEMENT DE GAILLAC

Superficie, 1.272 kil. carrés ou 127.200 hect. — Population, 65.066 hab. — Cantons, 8. — Communes, 75.

CANTON, sa population.	NOM de LA COMMUNE.	POPULATION.	Distance au chef-lieu d'arr.	CANTON, sa population.	NOM de LA COMMUNE.	POPULATION.	Distance au chef-lieu d'arr.	CANTON, sa population.	NOM de LA COMMUNE.	POPULATION.	Distance au chef-lieu d'arr.
GAILLAC, 12 comm., 15.777 habit.	GAILLAC	8.124	»	Suite de CASTELNAU-DE-MONTMIRAL.	Puycelci	1.833	22	RABASTENS, 6 c., 8.802 h.	Rabastens	5.161	16
	Bernac	240	13		Saint-Beauzile	394	15		Coufouleux	1.237	22
	Brens	1.265	2		Ste-Cécile-du-Cayrou	340	15		Grazac	1.070	22
	Broze	171	6		Verdier (Le)	546	12		Loupiac	413	14
	Castanet	326	15		Vieux	422	11		Mézens	380	21
	Cestayrols	977	13	CORDES, 18 communes, 9.234 habitants.	Cordes	2.378	26		Roquemaure	541	26
	Fayssac	360	9		Amarens	117	22				
	Labastide-de-Lévis	898	11		Bournazel	398	36	SALVAGNAC, 7 c., 5.626 habit.	Salvagnac	1.768	21
	Lograve	681	9		Cabannes (Les)	629	32		Beauvais	543	29
	Mantans	1.314	7		Campes	255	28		Lasclottes	690	25
	Rivières	436	6		Donnazac	154	21		Montdurausse	541	34
	Senouillac	985	7		Frausseilles	230	18		Montgaillard	682	27
CADALEN, 7 c., 5.280 hab.	Cadalen	1.842	11		Labarthe-Bleys	326	31		Montvalen-Tauriac	816	27
	Aussac	289	15		Lacapelle-Ségalar	322	35		Saint-Urcisse	616	30
	Fénols	287	16		Livers-Cazelles	476	24				
	Florentin	555	12		Loubers	221	22	VAOUR, 10 comm., 4.939 habit.	Vaour	588	25
	Labessière-Candeil	888	18		Mouzieys-Panens	670	30		Itzac	302	18
	Lasgraisses	572	18		Noailles	478	17		Marnaves	331	33
	Técou	847	10		Saint-Marcel	381	32		Milhars	748	35
					Saint-Martin-la-Guépie	1.156	42		Montrozier	134	34
CASTELNAU-DE-MONTMIRAL, 12 c., 9.263 hab.	Castelnau-de-Montmiral	2.507	12		Souel	314	20		Penne	1.826	32
	Alos	291	15		Tonnac	348	22		Ratayrens	34	35
	Andillac	223	13		Vindrac-Alayrac	381	30		Riols (Le)	383	42
	Cahuzac-sur-Vère	1.525	12	LISLE, 3 c., 6.145 h.	Lisle-d'Albigeois	4.588	9		Roussayrolles	200	29
	Campagnac	320	16		Parisot	984	14		Saint-Michel-de-Vax	303	29
	Larroque	692	25		Peyrole	573	12				
	Montels	170	6								

ARRONDISSEMENT DE LAVAUR

Superficie, 811 kil. carrés ou 81.106 hect. — Population, 51.800 hab. — Cantons, 5. — Communes, 57.

CANTON, sa population.	NOM de LA COMMUNE.	POPULATION.	Distance au chef-lieu d'arr.	CANTON, sa population.	NOM de LA COMMUNE.	POPULATION.	Distance au chef-lieu d'arr.	CANTON, sa population.	NOM de LA COMMUNE.	POPULATION.	Distance au chef-lieu d'arr.
LAVAUR, 48.556 habitants. 49 communes.	Lavaur	7.563	»	Cuq-Toulza, 5.370 hab. 11 comm.	Cuq-Toulza	1.175	21	PUYLAURENS, 9.632 hab. 10 comm.	Puylaurens	5.141	25
	Ambres	1.091	7		Aguts	585	33		Appelle	201	30
	Banières	333	25		Algans	541	23		Bertre	127	27
	Belcastel	444	15		Cambon	513	22		Blan	747	32
	Garrigues	430	17		Lacroisille	317	18		Cambounet	484	32
	Giroussens	1.730	17		Maurens-Scopont	390	13		Lempaut	873	30
	La Bastide-St-Georges	524	2		Montgey	669	25		Lescout	502	33
	Lacougote-Cadoul	307	7		Mouzens	223	23		Poudis	458	25
	Lugan	480	15		Péchaudier	447	25		St-Germain-des-Prés	912	32
	Marzens	475	14		Puéchoursi	188	27		St-Sernin-lès-Lavaur	187	26
	Montcabrier	287	12		Roquevidal	322	18		St-Paul-Cap-de-Joux, 6.785 hab. 10 comm.	St-Paul-Cap-de-Joux	1.216	15
	Saint-Agnan	257	15						Cabanès	327	20
	Saint-Jean-de-Rives	315	13						Damiatte	1.273	23
	Saint-Lieux-lès-Lavaur	501	17	GRAULHET, 11.457 h.	Graulhet	6.940	19		Fiac	1.384	15
	Saint-Sulpice	2.219	15		Briatexte	1.449	15		Magrin	345	18
	Teulat	524	30		Busque	436	18		Massac	337	7
	Veilhes	251	20		Missècle	230	30		Prades	306	23
	Villeneuve-lès-Lavaur	358	22		Moulayrès	384	32		Pratviel	257	16
	Viviers-lès-Lavaur	447	17		Puybegon	939	27		Teyssode	943	18
					Saint-Gauzens	1.079	17		Viterbe	397	15

III. STATISTIQUE MORALE (1)
Par M. Eug. BOUTMY, ancien Professeur.

Les chiffres en caractères gras inscrits dans chacune des trois petites colonnes de ce tableau indiquent le rang du département relativement à la mention devant laquelle ils sont placés.

Religion (2).
Catholiques... 336.357
Protestants... 16.355
Israélites... 3
Clergé catholique... 713
Pasteurs protestants... 37
Rabbins... »

Mouvement de la population.
49e
Naissances... 9.169
Mariages... 2.714
Décès... 8.195
Durée moyenne de la vie. 37 a. 2 m.

Instruction (3).
70e
Nombre des jeunes gens sachant lire, écrire et compter sur 100 jeunes gens maintenus sur les listes de tirage... 69,32
Nombre des établissements d'enseignement secondaire de l'État... 3
Nombre des écoles primaires (publiques ou libres)... 808

Crimes contre les personnes (4).
COURS D'ASSISES.
79e Rapport du nombre des accusés à la population... 1 sur 44.909 hab.
Nombre total des accusés... 8

Infanticides.
12e Rapport du nombre des infanticides à celui des enfants naturels... 1 sur 95
Nombre total... 2

Suicides.
78e Rapport des suicides au chiffre de la population... 1 sur 19.957 hab.
Nombre total... 18

Crimes contre les propriétés.
73e Rapport du nombre des accusés à la population... 1 sur 32.659 hab.
Nombre total... 2

Tribunaux correctionnels.
64e Nombre des affaires... 1.050
Nombre des prévenus... 1.218
Nombre des condamnés... 1.145

Procès.
Affaires civiles (5)... 1.332
Affaires commerciales (6)... 688
50e Faillites (7)... 31

Paupérisme.
55e Rapport des indigents au chiffre de la population... 1 sur 70 hab.
Nombre total... 5.080
Bureaux de bienfaisance... 122
Hôpitaux et hospices... 8
Aliénés à la charge du département... 273
Sociétés de secours mutuels... 48

Contributions directes (8)
40e Foncière... 1.711.953
Personnelle et mobilière... 337.071
Portes et fenêtres... 233.800

(1) Les chiffres contenus dans ce tableau sont empruntés, pour la plupart, à l'*Annuaire statistique de la France* (1878), publié par le ministère de l'agriculture et du commerce, ou calculés d'après des données puisées dans cet ouvrage.

(2) Ces chiffres sont antérieurs au recensement de 1876, qui a négligé ce point de vue.

Culte catholique. — Archevêché à Albi, dont les suffragants sont les évêchés de Rodez, de Cahors, de Mende et de Perpignan. Le diocèse d'Albi, qui comprend le département tout entier, compte 49 cures, 446 succursales et 80 vicariats rétribués par l'État. Avant 1880, le nombre des congrégations et communautés religieuses établies dans le département était de 32 : 9 pour les hommes et 23 pour les femmes.

Culte réformé. — Le département possède 4 églises consistoriales : la première à Castres, desservie par 8 pasteurs et divisée en 5 sections ; la seconde, à Mazamet, desservie par 8 pasteurs et divisée en 3 sections ; la troisième, à Vabre, desservie par 6 pasteurs et divisée en 3 sections ; la quatrième, à Viane, desservie par 7 pasteurs, divisée en 2 sections.

(3) Le département relève de l'académie de Toulouse. Lycée à Albi ; collèges communaux à Gaillac et à Castres ; 11 établissements libres pour l'enseignement secondaire. Parmi ces établissements, il faut noter celui de Sorèze, relevé par Lacordaire et dirigé jusqu'en 1880 par les dominicains. École normale d'instituteurs et cours normal d'institutrices à Albi. Au point de vue du nombre d'élèves inscrits dans les écoles primaires de 6 à 13 ans, sur 100 enfants recensés, le Tarn occupe le 49e rang. Le même département occupe le 58e rang d'après le nombre d'enfants présents à l'école par 10.000 habitants.

(4) Au point de vue judiciaire, le département du Tarn ressortit à la cour d'appel de Toulouse. Albi est le siège de la cour d'assises. Chaque chef-lieu d'arrondissement possède un tribunal de première instance ; celui d'Albi est divisé en deux chambres. Des tribunaux de commerce sont établis à Albi et à Castres.

(5) Ce chiffre indique le nombre des affaires civiles terminées pendant l'année.

(6) Ce chiffre comprend les affaires contentieuses à juger pendant l'année.

(7) Terminées pendant l'année.

(8) Trésorier-payeur général à Albi ; faisant fonction de receveur particulier pour l'arrondissement ; receveur particulier dans chaque chef-lieu des autres arrondissements ; 55 percepteurs.

BIBLIOGRAPHIE

1561. Histoire du schisme et des hérésies des Albigeois, par *J. Gray*. In-8°.

1562. Conciles de Tholose, de Béziers et de Narbonne ; ensemble des ordonnances du comte Raymond contre les Albigeois. In-8°.

1569. Histoire de la ligue sainte, sous la conduite de Simon de Montfort, contre les Albigeois, par *Pierre de Vaux-de-Cernay*, traduite par *Sorbin*. In-8°.

1590. Sommaire de l'histoire de la guerre faite contre les Albigeois, extraite du trésor des chartes, par *Jean du Tillet*. In-12.

1595. Histoire des Albigeois touchant leur doctrine et leur religion, par *Jean de Chavanion*. In-8°.

1615. *Petrus Cœnobius Vallis-Cernensis. ordinis Cistersiensis.* Historia Albigensium et sacri belli in eos anno 1209, suscepti duce et principe Simone à Monte-forti. 1 vol. in-8°.

1618. Histoire des chrétiens albigeois, par *Jean-Paul Perrin*. In-8°.

1633. Traicté du comté de Castres, des seigneurs et comtes d'iceluy, par *Dav. Defos*. In-4°.

1649. Les antiquités, raretés de la ville et comté de Castres, par *Pierre Borel*. In-8°.

1686. Parallèle de l'hérésie des Albigeois et de celle du calvinisme, par *de la Valette*. In-4°.

1691. Histoire des Albigeois, des Vaudois et des Barbets, par *Jean. Benoist de Saint-Dominique*. 2 vol. in-12.

1703. Histoire des croisades contre les Albigeois, par *J.-B. Langlois*. In-12.

1792. L'Albigeois, Lavaur et le Castrais, aux tomes XXXII et XXXIII du Voyageur français, par l'abbé *Delaporte*. In-12.

1802. Statistique du département du Tarn, par *F. Lamarque*. In-8°, an IX.

1802. Voyage à Sorèze, par *J.-B. Lalanne*. In-8°.

1818. Description du département du Tarn, avec l'histoire d'Albi et de l'Albigeois, par *Manol*. In-8°.

1822. Notice historique sur Sorèze et ses environs, par *J.-A. Clos*. In-8°.

1824. Histoire du pays castrais, par *B. A. Marturé*. 2 vol. in-8°.

1835. Le département du Tarn au tome III de la France pittoresque d'*Abel Hugo*. Grand in-8°.

1836. Statistique de l'arrondissement de Castres, par *Anach. Combes*. In-8°.

1837. Notice géologique sur le bassin houiller de Brassac, par *L.-J. Baudin*. In-8°.

1838. Albi, Lavaur, Castres, etc., au tome V de l'histoire des villes de France, par *Aristide Guilbert*. Grand in-8°.

1840. Biographie castraise, par *Magl. Nayral*. 4 vol. in-8°.

1841. Études historiques et documents inédits sur l'Albigeois, le Castrais et l'ancien diocèse de Lavaur, par *Cl. Compayré*. In-8°, fig.

1841. Notice historique et descriptive sur l'église de Sainte-Cécile d'Albi, avec la biographie des évêques et archevêques, par *M, H. C. C.* In-8°.

1842. Archives historiques de l'Albigeois et du pays castrais, par *P. Roger*. Grand in-8°.

1842. Précis historique sur les mines de houille de Brassac, par *L.-S. Baudin*. In-8°.

1844. Poésies languedociennes et françaises d'*Auger Gaillard*, dit Lou Roudié de Rabastens en Albigès, publiées par *Clarisade*. In-8°.

1850. Monographie de la cathédrale d'Albi, par *H. Crozes*, 2e édit. 1 vol. in-12.

1852. Guide du voyageur dans le département du Tarn, par *M. Cl. Compayré*. In-12, avec carte.

1855. Notice historique, topographique, médicale sur les eaux salines thermales de Lacaune, par le docteur *Léon Martin*. Broch. in-8°.

1858. Histoire de l'ancienne cathédrale d'Albi, et des évêques, depuis les premiers temps connus jusqu'à la fondation de la nouvelle église Sainte-Cécile, par *E. Dauriac*. In-8°.

1860. Itinéraire par la voie ferrée de Toulouse à Albi, et de Tessonnières à Lexos, par *L. de L. C.* In-12.

1862. Géographie du département du Tarn, par *J.-P. Carrié*. In-12.

1865. Monographie de la cathédrale d'Albi, suivie de la biographie des évêques et des archevêques d'Albi, par *Hip. Crozes*. 1 vol. in-8°.

1866. Monographies communales du département du Tarn, par *E. Rossignol*. 1 vol. in-8°.

1869. Répertoire archéologique du département du Tarn, par *H. Crozes*. 1 vol. in-4°.

1872. Histoire de la ville de Castres et de ses environs pendant la Révolution française, par *A. Combes*. 1 vol. grand in-8°.

1873. Petite géographie du département du Tarn, par *M. Raffy* (Collection E. Levasseur). In-12.

1875. Le Languedoc, 1re partie, description complète du département du Tarn, par le docteur *M. Bastié*. 1 vol. in-4°.

1875. De la Loire à la Garonne (Itinéraire général de la France), par *Ad. Joanne*. 1 vol. in-18.

1878. Géographie du département du Tarn, par *Ad. Joanne*. 1 vol. in-12.

Annuaire statistique et administratif du département du Tarn, publié par *M. Papailhau*. Voir les annuaires statistiques de l'an XI et de l'an XII, de 1805, et de 1833 à 1852. In-16 et in-12.

Carte du Languedoc en 2 feuilles in-f°, 1867.

Carte du Languedoc par *Sanson, Buache, Robert*.

Cartes de *Cassini* et de *Capitaine*.

Plan d'Albi, dédié à M. le cardinal de Bernis, archevêque d'Albi, et gravé à l'eau-forte, par *Laroche*.

Voir les feuilles : 218, 219, 230, 231, 232 de la carte de France dite de l'État-Major, publiée par le Dépôt de la guerre.

Carte géologique du département du Tarn, par *M. de Boucheporn*.

Carte du département du Tarn, par *Charle, Dufour, Duvotenay, Fremin, Logerot, Ad. Joanne, etc.*

Carte routière et administrative du département du Tarn, à l'échelle de 1/80,000e, en 4 feuilles d'après la carte du Dépôt de la guerre, complétée par l'addition des voies vicinales, localités, etc., qui avaient pu être oubliées, gravée sur pierre par *Régnier* et tirée en cinq couleurs.

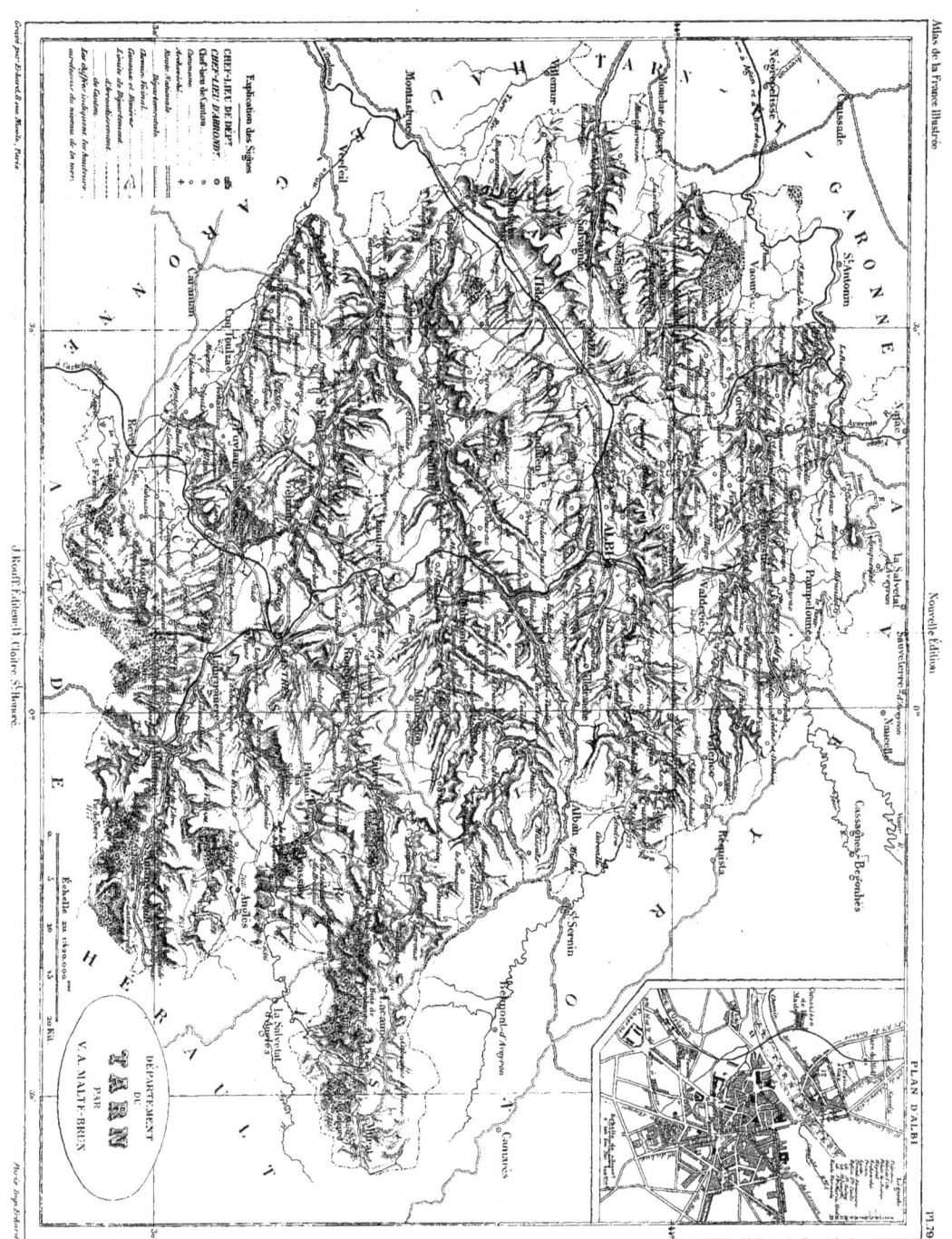

LA FRANCE ILLUSTRÉE   PAR V.-A. MALTE-BRUN

87. — Tarn-et-Garonne.

MONTAUBAN

TARN-ET-GARONNE

Chef-lieu : MONTAUBAN

Superficie : 3,720 kil. carrés. — Population : 221,364 habitants.
3 Arrondissements. — 24 Cantons. — 194 Communes.

DESCRIPTION PHYSIQUE ET GÉOGRAPHIQUE

Situation, limites. — Le département de Tarn-et-Garonne, le plus récemment créé de ceux de l'ancienne France, doit son nom à la Garonne et au Tarn qui s'y réunissent et qui l'arrosent; c'est un des départements de la région sud-ouest de la France. Il est situé dans le bassin de la Garonne, se compose d'une partie des anciennes provinces du bas Quercy, de l'Agénois et du Rouergue, et a été formé en 1808 : 1° de l'arrondissement de Montauban, démembré du département du Lot ; 2° de l'arrondissement de Castelsarrasin, détaché du département de la Haute-Garonne ; 3° des cantons d'Auvillar, Montaigut et Valence, distraits de l'arrondissement d'Agen, département de Lot-et-Garonne ; 4° du canton de Lavit-de-Lomagne, extrait de l'arrondissement de Lectoure, département du Gers ; 5° du canton de Saint-Antonin, détaché de l'arrondissement de Villefranche, département de l'Aveyron.

Ses limites sont : au nord, le département du Lot ; à l'est, ceux de l'Aveyron et du Tarn ; au sud, celui de la Haute-Garonne ; au sud-ouest, celui du Gers ; et à l'ouest, celui de Lot-et-Garonne.

Nature du sol, montagnes. — Le département de Tarn-et-Garonne est un pays de plateaux, de 3 à 400 mètres d'altitude, qui, vers le sud-ouest, et au delà du département, vont se souder au grand plateau de Lannemazan ; ces plateaux sont sillonnés de vallées en général profondes et dont les principales, celles de la Garonne et du Tarn, forment de belles plaines. La surface du département n'offre pas ce que l'on pourrait, à proprement parler, appeler des montagnes : le point culminant, le Puech-Maurel, commune de Castanet, n'a que 498 mètres au-dessus du niveau de la mer ; mais elle est sillonnée par trois groupes de collines : le premier, formé par les ramifications des fertiles coteaux du Gers, forme des vallées transversales qu'arrosent des affluents de gauche de la Garonne ; le second, dont les eaux se déversent d'un côté dans le Tarn et de l'autre dans l'Aveyron, voit ses derniers chaînons expirer au pied des murs de Montauban ; le troisième, composé des derniers rameaux des montagnes du Quercy, longe d'abord la rive droite de l'Aveyron, puis celle du Tarn après la jonction de ces deux rivières, enfin celle de la Garonne après l'embouchure du Tarn.

Les terres d'alluvion qui composent les vallées du département, et principalement celles de la Garonne, du Tarn et de l'Aveyron, sont très fertiles ; elles conviennent aux céréales de toutes sortes, tandis que les coteaux se couvrent de vignes.

La superficie du département est évaluée à 372,016 hectares, et le sol se divise, d'après sa nature, en : pays de coteaux, 191,000 hectares ; pays de bruyères ou de landes, 16,562 ; sol de riche terreau, 30,000 ; sol de craie ou calcaire, 52,400 ; sol de gravier, 4,000 ; sol pierreux, 51,000 ; sol sablonneux, 200,0000 hectares.

Hydrographie. — La pente générale de ce département est de l'est vers l'ouest ; entièrement situé dans le bassin de la Garonne, il est traversé par ce fleuve, par le Tarn, un de ses principaux affluents, et par d'autres cours d'eau secondaires qui sont leurs tributaires.

La Garonne, qui prend sa source au val d'Aran en Espagne (voir l'hydrographie des départements de la Haute-Garonne et de la Gironde), entre dans le département au-dessous de Grenade (Haute-Garonne), arrose : Verdun, Le Mas-Grenier, Bourret et Saint-Aignan, change de direction après avoir réuni les eaux du Tarn et de l'Aveyron à une lieue de Moissac ; passe à Malause, Auvillar, La Magistère, et quitte le département à Las Peyres, après un parcours de 83 kilomètres, pour entrer dans celui de Lot-et-Garonne.

La largeur moyenne du fleuve est de 205 mètres ; son lit a peu de profondeur, et la hauteur de ses rives n'est guère que de 4 mètres au-dessus des moyennes eaux; aussi ses débordements sont-ils fréquents et désastreux. Les eaux s'élèvent souvent de 8 mètres au-dessus des eaux moyennes; on peut juger des ravages qu'elles causent sur les terres voisines. Les rives de la Garonne sont surtout remarquables par un grand nombre de peupliers, qui y grossissent avec une rapidité extrême, et qui peuvent le disputer à ceux de la Lombardie.

Le Tarn, qui prend sa source au revers méridional du mont Lozère (voyez l'hydrographie du département du Tarn), entre dans le département au-dessous de Villemur (Haute-Garonne), arrose Villerumier, La Bastide-Saint-Pierre, Bressols, Montauban, Lagarde, Sainte-Livrade, Las Barthes et Moissac, et se jette dans la Garonne par sa rive droite, en face de Saint-Nicolas-de-la-Grave, après un parcours de 58 kilomètres dans le département. La largeur moyenne de cette rivière est de 130 mètres; son lit est profondément creusé, les berges sont escarpées, à pic et de 10, 15 ou 20 mètres de profondeur. Ses bords sont presque aussi fertiles que ceux de la Garonne; moins exposés aux ravages des inondations, mais en général moins beaux et moins pittoresques. Les eaux du Tarn sont moins claires que celles de la Garonne ; elles empruntent une couleur rougeâtre aux terrains qu'elles traversent avant d'arriver à Montauban. Le Tarn reçoit le Tescou, grossi lui-même par le Tescouet; mais le principal affluent du Tarn est l'Aveyron qui prend sa source au sud-est de Sévérac, dans la région des Causses (voir l'hydrographie du département de l'Aveyron), entre dans le département de Tarn-et-Garonne à La Guépie, où il reçoit les eaux du Viaur, arrose Varen, Lexos, Feneyrols, Saint-Antonin, Montricoux, Bioule, Réalville, Cayrac, La Mothe-Capdeville, Piquecos, et se jette dans le Tarn, par sa rive droite, à peu de distance de Montastruc, à La Pointe, près de La Française, après un cours de 102 kilomètres dans le département; sa largeur moyenne est de 57 mètres. L'Aveyron franchit plus souvent ses bords que le Tarn, et se répand alors sur une vaste plaine qu'il fertilise par son limon, ou qu'il dévaste en enlevant et entraînant la terre végétale, pour y déposer un sable presque pur. Les rives de cette rivière sont très agréables; les coteaux dont elle baigne le pied donnent au paysage un aspect varié et gracieux. Les affluents de l'Aveyron sont : dans le département, la Bonnette, qui passe à Caylus et à Saint-Antonin, le Candé ou Lére, qui passe à Caussade, et la Vère, qui passe près de Bruniquel.

La Garonne reçoit encore dans le département : sur la rive gauche, la Gimone, qui prend sa source dans la vallée de Magnoac, arrondissement de Bagnères (Hautes-Pyrénées); elle vient du département du Gers, passe à Beaumont-de-Lomagne, à La Bourgade, à Lafitte et se jette dans la Garonne après un cours d'environ 100 kilomètres; le Lambon, qui passe à Comberouger; la Sère, qui passe à Gensac et à Castelmayran et l'Arrats qui passe à Grammonts et à Mansonville et, sur la rive droite, la Barguelonne, qui passe à Lauzerte, et la Séoune. Quant aux autres affluents du Tarn, outre l'Aveyron, nous citerons l'Emboulas ou Lemboulas, grossi lui-même du Lembous et de la Lutte, et le Tescou qui, avant de se jeter dans le Tarn, sous les murs de Montauban, passe à Verlac-Tescou et à Saint-Nauphary.

La Garonne et le Tarn sont seuls navigables dans le département; la première sur une longueur de 83 kilomètres, la seconde sur une longueur de 56 kilomètres.

Le département est traversé dans toute sa longueur par le canal latéral de la Garonne, qui suit, de Pompignan à La Magistère, la rive droite de ce fleuve. A Montech, un embranchement de 12 kilomètres met Montauban en communication avec ce canal.

Nous n'avons pas dans ce département de marais ou d'étang de quelque importance à signaler.

Voies de communication. — Le département de Tarn-et-Garonne est traversé par 7 routes nationales d'un parcours de 254 kilomètres ; 32 routes départementales, 666 kilomètres; 27 chemins vicinaux de grande communication, 386 kilomètres; 30 chemins vicinaux de moyenne communication ou d'intérêt commun, 490 kilomètres; et par 1,260 chemins vicinaux ordinaires dont le développement total peut être évalué à 2,929 kilomètres.

Les chemins de fer de ce département appartiennent aux deux grands réseaux d'Orléans et du Midi. Au premier appartient la ligne de Paris à Toulouse par Villefranche et Gaillac; elle ne dessert dans le département que les deux stations de

Saint-Martin-La Guépie et de Lexos (663 kilom. de Paris); mais de cette dernière part un embranchement de 66 kilomètres qui se dirige sur Montauban par : Feneyrols, Saint-Antonin, Cazals, Penne (Tarn), Bruniquel, Montricoux, Nègrepelisse, Saint-Étienne-de-Tilmont et Montauban (729 kilom. de Paris).

Au réseau du Midi appartient l'autre ligne principale, celle de Bordeaux à Cette, qui traverse le département de l'ouest au sud-est, en desservant les stations de : La Magistère, Valence-d'Agen, Malause, Moissac (178 kilom. de Bordeaux), Castelsarrasin (187 kilom. de Bordeaux), La Villedieu, Montauban (206 kilom. de Bordeaux, 51 kilom. de Toulouse), Montbartier, Dieupentale et Grisolles.

D'autres lignes sont à l'étude ou en construction; citons : celle de Cahors à Moissac, et de Montauban à Lombez.

En 1879, la longueur des lignes livrées à la circulation était de 140 kilomètres, et celle des lignes projetées ou en construction, de 55 kilomètres.

Climat. — Le département de Tarn-et-Garonne appartient à la région climatoriale dite du climat girondin ou du sud-ouest. Le climat est beau, doux et tempéré, mais assez variable; la température moyenne de l'hiver est de — 2° ou — 3° du thermomètre centigrade, celle du printemps et de l'automne, de 12° à 14°, et celle de l'été de 22° à 24°. Les rivières ne gèlent que fort rarement, une fois tout au plus en 10 ans, et seulement dans les endroits où la pente de l'eau est peu rapide. Les vents dominants sont ceux de l'est et de l'ouest : celui-ci, appelé *cers*, décline quelquefois vers le sud, et alors il est accompagné de pluies; s'il tourne vers le nord, il devient sec et froid, c'est celui qui règne le plus ordinairement. Le vent d'est, appelé vent d'*autan*, souffle avec assez de permanence; quand il se tourne vers le nord, il devient froid; lorsqu'il tourne vers le sud, il n'est pas de longue durée et amène des orages.

Productions naturelles. — Le département de Tarn-et-Garonne appartient à la région naturelle de l'Aquitaine ou du *bassin de Bordeaux*; il est formé par des plateaux peu élevés, à pentes peu rapides, et par de grandes vallées; cette région est généralement argilo-sableuse tertiaire; les terrains d'alluvion occupent le fond des vallées et les plaines que traversent les grands cours d'eau.

Les productions minéralogiques du département consistent en : minerai de fer à Bruniquel, Varen, Montricoux; mines de cuivre à La Guépie; de houille à Puech-Mignon; paillettes d'or charriées par la Garonne; carrières de marbre à Montricoux; nombreuses carrières de plâtre à Mansonville et dans plusieurs autres parties du canton de Lavit, à Varen, etc., etc.; de pierre à chaux à Labourgade, à Mansonville, etc., etc. ; de grès à Puy-Cornet; carrières de pierres granito-schisteuses, propres à couvrir les maisons, dans les cantons de Caussade, Caylus et Saint-Antonin; de pierre de taille d'une grande beauté, à Bruniquel, Septfonds, Caylus, Saint-Antonin, Pèlemouton (près de Castelmayran), etc. ; argile à potier, à Auvillar, Castelsagrat, et aux environs de Montauban, de Nègrepelisse, etc.; cailloux roulés, très grande quantité de coquilles pétrifiées, aux environs d'Espinas et de Verfeil, qui se trouvent plus élevées de 400 mètres que les eaux moyennes de l'Océan, sables et pierres calcaires, etc.; fontaine intermittente à Vieille, près de Septfonds; grottes à Bruniquel, Saint-Antonin, Loze, Montaigu, etc; enfin il existe des sources minérales sulfureuses et ferrugineuses à Feneyrols, Saint-Antonin et Parizot.

Le département produit des céréales, du maïs, du millet et des vins en quantité surabondante pour les besoins de ses habitants; du froment en très grande quantité et de qualité très estimée; de l'avoine, des légumes, des artichauts, des asperges, des melons, des truffes, des châtaignes, des noix, des prunes dites d'Agen, des raisins très estimés à Paris, et toutes sortes de fruits; du chanvre et du lin en quantité assez considérable, des betteraves à sucre, du miel, de la cire. On évalue la quantité moyenne de vins produite à 400,000 hectolitres; dont 170,000 sont consommés sur les lieux, et le surplus livré au commerce ou converti en eaux-de-vie. Le Fau, Aussac, Auvillar, Campsas, Montbartier, Beau-Soleil, Lesjac, Saint-Loup et La Villedieu fournissent les meilleurs vins rouges du département; les vins blancs sont peu abondants et se consomment surtout dans le pays; le plus estimé est celui d'Aussac. En 1871, on évaluait la production des vignobles du Tarn-et-Garonne à 481,082 hectolitres, valant 9,621,640 fr.; en 1874, à 1,436,385 hectolitres, valant 21,545,775 francs; en 1875, la production a été de 456,877 hectolitres; en 1877, de 312,800 hectolitres seulement, à cause de la présence du phylloxéra, et en 1880, de 406,857 hectolitres. Le chêne vert domine dans les forêts dont les plus importantes sont celles de Montech et de Grésigne.

Les animaux des espèces domestiques sont les mêmes que tous ceux des départements méridionaux. On élève dans les basses-cours beaucoup de volaille, dont il se fait un grand commerce. La race des chevaux présente quelques-unes des qualités de l'espèce limousine et de l'espèce navarraise; elle donne des produits propres à la remonte de la cavalerie légère; l'espèce ovine est médiocre, on tente de l'améliorer en la mêlant aux moutons anglais ou mérinos. On élève des baudets destinés à la production des mulets et qui sont fort recherchés. Parmi les animaux nuisibles, on retrouve peu de loups, assez de renards, beaucoup de fouines et de belettes; le sanglier et le renard qui sortent quelquefois de la forêt de Grésigne sont plus utiles que nuisibles. Le gibier est assez abondant; on rencontre dans les plaines le lièvre, le lapin, la perdrix; la caille, la bécasse, à leur temps de passage; au milieu du printemps et vers la fin de l'été, on prend aussi des ortolans. Les alouettes sont très communes. La Garonne et les autres rivières du département sont très poissonneuses; on y pêche entre autres poissons, des saumons, des esturgeons, des aloses et des lamproies; l'écrevisse se pêche dans plusieurs petites rivières.

Industrie agricole, manufacturière et commerciale. — Le département de Tarn-et-Garonne est un pays presque exclusivement agricole, et les nouveaux procédés y sont assez répandus. Nous avons détaillé dans l'article précédent les principaux produits agricoles, nous ajouterons que les prairies qui bordent les rives de la Garonne, de l'Aveyron et du Tarn produisent d'excellents foins; mais, comme le drainage et les irrigations y sont encore peu pratiqués, leurs produits se bornent à une seule coupe et le fourrage est cher. La culture de la betterave prend chaque jour une extension plus considérable, ainsi que celle du mûrier.

La superficie du département se partage en : superficie bâtie et voies de communication, 15,232 hectares, et territoire agricole, 356,784 hectares. Ce dernier se subdivise lui-même en : céréales, 152,148 hectares; farineux, 14,683; cultures potagères et maraîchères, 4,310; cultures industrielles, 3,211; prairies artificielles, 28,006; fourrages annuels, 2,845; autres cultures et jachères, 36,550; vignes, 46,625; bois et forêts, 38,070; prairies naturelles et vergers, 20,022; pâturages et pacages, 2,684; terres incultes, 7,630.

L'élève des chevaux, des mulets, des bestiaux, des porcs, des oies, des canards et de la volaille, qui trouvent un débit sûr et facile dans les départements des Pyrénées, contribue puissamment à augmenter la richesse de la production agricole dans le département.

La farine préparée avec un soin tout particulier, sous le nom de *minot*, occupe un grand nombre d'ouvriers dans plusieurs villes du département. Les minoteries de Montauban et de Moissac sont les plus renommées. Il y a à Montauban des fabriques d'étoffes communes, telles que cadis, ratines, molletons, toiles à tamis et gros drap dit *de Montauban*. Il y a des filatures de laine à la mécanique; des fabriques de chaudrons et de tamis; faïenceries et poteries; brasseries; amidonneries, teintureries; fabriques de liqueurs et distilleries d'eau-de-vie; eau de Seltz et limonades gazeuses; tanneries, plusieurs filatures et fabriques d'étoffes de soie; bonneterie en soie et en filoselle; fabriques de chandelles et de cierges, de chapeaux de soie et en feutre; préparations de duvets et de plumes à écrire. Bruniquel possède des hauts fourneaux, avec feu d'affinerie et feu de martinet; à Nègrepelisse, des fabriques de poterie commune; à Moissac, des ciments estimés; à Montricoux, de nombreuses fabriques de toiles et principalement celles dites *rondelles*, pour les minotiers, des filatures de laine à la mécanique et des teintureries; Puylaroque possède des tanneries; Saint-Antonin a des fabriques de papier et de cartons à apprêter, de cadis, des teintureries et des tanneries. Castelsarrasin possède : des fabriques de draps, de serges et de toiles, des tanneries, des teietureries, des bonneteries; Moissac, des fabriques de poterie; Auvillar, des faïenceries renommées; Valence, des établissements pour l'apprêt des plumes à écrire et des tanneries; Verdun, des fabriques de cadis; Beaumont, des fabriques de gros draps et de toiles; Caussade, des fabriques d'étamines et de cadis; enfin le nombre des fours à chaux et des briqueteries est très considérable dans le département. Parmi les autres produits fabriqués ou préparés, citons encore la coutellerie estimée de Grisolles, les conserves de volaille et les pâtés de foie d'oie dits *pâtés de Toulouse*.

Les farines, les vins, les fruits, les mulets, les porcs gras, sont les principaux articles de l'exportation. Le nombre des foires du département est de 418; elles se tiennent dans 69 communes et durent 445 journées. Les articles qui s'y vendent le plus sont : les chevaux, les mulets, les bêtes à cornes et à laine, les porcs, les volailles, les laines, les chanvres, les toiles, le safran, etc.

Division politique et administrative. — Le département de Tarn-et-Garonne a pour chef-lieu Montauban ; il compte 3 arrondissements, 24 cantons, 194 communes ; le tableau statistique que nous donnons plus loin les fera connaître. Il appartient à la région agricole du sud de la France.

Montauban est le siège d'un évêché suffragant de l'archevêché de Toulouse ; il y a à Montauban un grand et un petit séminaire et un autre petit séminaire à Moissac sous la direction des maristes. Le diocèse comprend 6 cures de première classe, 26 cures de deuxième classe, 294 succursales et 46 vicariats.

Les protestants ont deux églises consistoriales dans Tarn-et-Garonne : la première à Montauban, desservie par 9 pasteurs et divisée en 7 sections : Montauban et Lagarde ; la deuxième à Nègrepelisse, desservie par 7 pasteurs et divisée en 6 sections, Nègrepelisse, Caussade, Réalville et Saint-Antonin. Il y a, en outre, dans le département 2 temples ou maisons de prières, plusieurs sociétés bibliques et une société des missions évangéliques.

Les tribunaux de première instance des trois chefs-lieux d'arrondissement et les tribunaux de commerce de Montauban et de Moissac sont du ressort de la cour d'appel de Toulouse.

Au point de vue universitaire, le département de Tarn-et-Garonne relève de l'académie de Toulouse. Il y a à Montauban une Faculté de théologie protestante de la confession d'Augsbourg, un lycée et des collèges communaux à Moissac et à Castelsarrasin ; des écoles secondaires ecclésiastiques à Montauban et à Moissac; plusieurs institutions et pensions ; une école normale d'instituteurs à Montauban, et, dans le département, 463 écoles primaires.

Le département appartient à la circonscription du 17ᵉ corps d'armée et à la 17ᵉ région de l'armée territoriale dont l'état-major est à Toulouse ; Montauban est le siège d'une subdivision. La compagnie de gendarmerie départementale appartient à la 17ᵉ légion dont l'état-major est à Toulouse.

Le département de Tarn-et-Garonne dépend : de l'arrondissement minéralogique de Rodez (région du sud-ouest); de la 9ᵉ inspection divisionnaire des ponts et chaussées, et du 18ᵉ arrondissement forestier dont le conservateur réside à Toulouse.

Le nombre de perceptions de finances est de 37 ; les contributions et revenus publics atteignent 60 millions de francs.

HISTOIRE DU DÉPARTEMENT

Lorsque, en 1808, Napoléon Iᵉʳ traversa le midi de la France, il passa à Montauban. Touché des plaintes des habitants, qui gémissaient de voir leur glorieuse ville si industrieuse et si peuplée réduite à l'humble rang de chef-lieu d'arrondissement, il traça sur-le-champ, aux dépens des cinq départements du Lot, de l'Aveyron, de la Haute-Garonne, de Lot-et-Garonne et du Gers, la circonscription d'un département nouveau dont Montauban fut le chef-lieu. Un sénatus-consulte du 2 novembre 1808 consacra la volonté impériale. Si la nouvelle division rendait à Montauban un rang digne d'elle, celle que l'Assemblée constituante avait précédemment établie était cependant préférable au point de vue historique, puisqu'elle concordait jusqu'à un certain point avec l'ancienne division provinciale. Le département de Tarn-et-Garonne, au contraire, fut formé sur un point limitrophe de cinq provinces anciennes dont chacune lui donna un lambeau ; il se compose, en effet, du bas Quercy et d'une partie du haut Languedoc, de l'Agénois, de la Lomagne et de la basse Marche du Rouergue. C'est assez dire que ce département n'a pas d'histoire qui lui soit propre et que nous sommes dans l'obligation de renvoyer le lecteur à celle des cinq départements énumérés plus haut. Nous rappellerons cependant en peu de mots le sort des provinces qui ont contribué à le former.

Le Quercy était occupé, à l'époque de l'invasion romaine, par les *Cadurci*. Il fut compris, après la conquête, dans l'Aquitaine, plus tard dans l'Aquitaine Iʳᵉ. Les Wisigoths l'occupèrent au vᵉ siècle et en furent dépossédés au vıᵉ par les Francs. Les rois francs successeurs de Clovis se partagèrent l'Aquitaine, et le Quercy échut à ceux d'Austrasie. Au commencement du vıııᵉ siècle, Eudes, duc d'Aquitaine, s'en rendit maître et sa famille continua d'y régner jusqu'à la conquête qu'en fit Pépin le Bref (768). Il resta soumis à l'autorité plus ou moins effective des Carlovingiens jusqu'à la naissance du régime féodal. Les comtes de Toulouse le possédèrent alors aussi longtemps que dura leur puissance, anéantie en 1229 par le traité de Meaux. Réuni ensuite à la couronne de France, il fut abandonné aux Anglais par le traité de Brétigny (1360); mais Charles V le leur enleva, et depuis lors il n'a plus été détaché de la monarchie. Montauban était la capitale du bas Quercy, tandis que le haut Quercy avait pour capitale Cahors.

Le Rouergue était occupé par les *Rutheni*. Son histoire est à peu près la même que celle du Quercy. Il fut aussi compris dans l'Aquitaine Iʳᵉ, conquis successivement par les Wisigoths, les Francs, Eudes d'Aquitaine et Pépin le Bref: il eut, à l'époque féodale, des comtes particuliers; passa à la maison d'Armagnac, qui le transmit elle-même à celle de Navarre, et fut enfin réuni par Henri IV à la couronne de France. Le Rouergue, dont la capitale était Rodez, se divisait en haute et basse Marche. La partie orientale du département de Tarn-et-Garonne (Caylus, Saint-Antonin) appartenait à la basse Marche de Rouergue.

Le Quercy et le Rouergue formaient, avant la Révolution, une généralité dont Montauban était la capitale; c'est ce que l'on appelait la *haute Guyenne*, avec une assemblée provinciale particulière.

L'Agénois, ancien pays des *Nitiobriges*, offre à peu près les mêmes vicissitudes dans son histoire que les provinces dont nous venons de parler et suivit le sort de la Guyenne; il a fourni la partie occidentale de notre département (Moissac).

A la vicomté de Lomagne le département de Tarn-et-Garonne doit la partie sud-ouest de son territoire, sur la rive gauche de la Garonne (Beaumont-de-Lomagne, etc.). Cette vicomté, située jadis dans le bas Armagnac, suivit le sort de la province dont elle dépendait et appartient aujourd'hui presque entièrement au département du Gers.

Enfin le haut Languedoc formait le long de la Garonne, entre les diverses provinces dont nous venons de parler, une pointe où se trouvaient situés Castelsarrasin, Montech, etc. C'est cette pointe qui a été incorporée, assez naturellement du reste, au département de Tarn-et-Garonne.

Quant à l'histoire du Languedoc, nous n'en dirons rien ici et nous renverrons au département de la Haute-Garonne.

Par ce que nous venons de dire, on peut juger que le département de Tarn-et-Garonne a eu sa part à peu près de tous les événements considérables du midi de la France. Guerre des Francs et des Aquitains, guerre des Albigeois, guerre des Anglais, guerres de religion. Nous ne reviendrons sur ces événements, racontés ailleurs dans leur ensemble, que pour les détails particuliers aux localités de notre département.

Quoique le département de Tarn-et-Garonne ne soit pas des plus remarquables en fait d'antiquités, nous n'omettrons point de dire cependant qu'il possède plusieurs dolmens druidiques à Septfonds, Bruniquel, Saint-Antonin, Loze, Saint-Projet, etc.; des tumulus, dont le plus remarquable est celui du Bretou; des buttes, des camps retranchés, des restes de camps romains à Gandalon, à Asques et à Bouloc, et quantité de ruines romaines et du moyen âge.

HISTOIRE ET DESCRIPTION DES VILLES BOURGS ET CHATEAUX LES PLUS REMARQUABLES

Montauban (lat., 44° 1′ 6″; long., 0° 59′ 6″ O.). — Montauban (*Mons Albanus*, *Aureolus mons*), station de la ligne du chemin de fer de Bordeaux à Cette (réseau du Midi), avec raccordement à Lexos sur celui de Paris à Toulouse par Villefranche (réseau d'Orléans), est une grande et importante ville de 26,952 habitants, située à 721 kilomètres au sud de Paris, par Agen, ou 793 par Brive, sur un plateau qu'entourent le Tarn, le ruisseau du Tescou et un profond ravin; aujourd'hui chef-lieu du département, d'un arrondissement et de 2 cantons, avec tribunaux de première instance et de commerce, chambre des manufactures, société des sciences et d'agriculture, Faculté de théologie de l'Église réformée, lycée, évêché, séminaire, etc. Elle dépendait autrefois du parlement de Toulouse et avait évêché, cour des aides, bureau des finances; était le siège d'une intendance, d'une sénéchaussée et d'un présidial; possédait des juges consuls, prévôté de maréchaussée, académie, chapitres et plusieurs couvents.

La position si avantageuse qu'occupe Montauban au milieu d'une belle et vaste plaine de 6 kilomètres de largeur sur 20 de longueur, sur les bords du Tarn et à 20 kilomètres environ de l'embouchure

Cathédrale de Montauban.

de cette rivière dans la Garonne, n'avait pas été négligée par les Romains. Ils y avaient établi une station postale, qu'en raison de sa situation sur les confins du pays des Cadurques et du pays des Tolosates, ils avaient appelée *Fines*, nom aussi commun dans la Gaule romaine que le fut dans l'Europe féodale le nom de *Marche*, qui a le même sens. La voie de Toulouse à Cahors passait en ce lieu. Les barbares passèrent, et il ne resta plus rien des constructions romaines. Plus tard, un monastère s'éleva près de la place vide, sur le *mont Doré, mons Aureolus*. Dédié d'abord à saint Martin de Tours, il prit ensuite le nom de saint Théodard, archevêque de Narbonne, qui vint y achever ses jours. Tout alentour se groupèrent des habitations qui formèrent le bourg de Montauréol ou Montauriol. Or, en sa qualité de seigneur, l'abbé de Saint-Théodard jouissait du fameux droit de *prélibation* ou de *marquette*, qui lui donnait les prémices de tous les mariages de ses serfs. Vers 1144, l'abbé Albert usa, dit-on, de ce droit avec si peu de modération que la longanimité des vassaux, si exercée qu'elle fût au moyen âge, se révolta. Ils émigrèrent tous et s'allèrent mettre sous la protection du comte de Toulouse, Alphonse Jourdain. Celui-ci, qui depuis longtemps jalousait les richesses des moines de Saint-Théodard, accueillit les fugitifs à bras ouverts et les établit dans le voisinage, en un lieu appelé

Mont-Alban, c'est-à-dire mont Blanc ou mont des Saules ; *aubes* est le nom qu'on donne encore aux saules dans le pays. Telle est la véritable origine de Montauban, quoi qu'en dise la chronique des quatre fils Aymon.

Le don que fit Alphonse aux serfs de Saint-Théodard ne fut point gratuit. La charte de fondation énumère les nombreuses redevances auxquelles les habitants de la nouvelle ville durent se soumettre. Outre les dispositions financières, la charte en contenait d'autres qui déterminaient les amendes dues pour les troubles apportés à la paix publique : cinq sous d'amende pour chaque plainte entre particuliers ; trente sous pour effusion de sang ; soixante pour avoir tiré l'épée, et tout ce qu'il plairait au seigneur d'exiger dans le cas de blessure faite avec le fer. Ces conditions si profitables au comte de Toulouse n'étaient pas trop onéreuses pour le temps, puisque Montauban vit arriver de nombreux colons. D'ailleurs, liberté et protection contre toute poursuite étrangère étaient assurées à tous ceux qui viendraient peupler la nouvelle ville, et le comte de Toulouse jura sur les quatre Évangiles que ni lui ni ses successeurs ne la donneraient en fief, ne l'engageraient ni ne l'échangeraient jamais. Et comme Montauban pouvait avoir à redouter les entreprises ou la vengeance des abbés de Saint-Théodard, il fit construire entre la ville et le monastère trois châteaux destinés à la protéger.

Une colère de moine s'empara de l'abbé. Il courut à Rome et arracha au pape Eugène III des excommunications. Quoique les comtes de Toulouse fussent assez familiers avec les foudres du saint-siège, Raymond, successeur d'Alphonse, entra en accommodement, et abandonna à l'abbé de Saint-Théodard la moitié de la seigneurie de Montauban (1149).

Née sous de tels auspices, pourvue de libertés confiées à la garde de dix capitouls annuels, Montauban ne pouvait hésiter entre le comte de Toulouse et les croisés de Simon de Montfort, parmi lesquels l'abbé de Saint-Théodard s'était empressé de se ranger. Sous prétexte de réprimer l'hérésie accueillie avec faveur par les Montalbanais, l'abbé Azémard espérait bien que son monastère trouverait moyen de ressaisir les serfs de Montauriol émancipés ; mais il s'y prit mal : étant entré dans Montauban dans l'intention d'en ouvrir les portes à Montfort, il arriva tout au contraire qu'on les ferma sur lui et qu'on l'envoya achever sa vie prisonnier du comte de Toulouse (1211). La fidélité des Montalbanais à la cause des Albigeois et du Midi et la situation remarquable de leur ville aux confins du Quercy et de l'Agénois la firent choisir par le comte de Foix, qui vint s'y établir avec son armée ; il repoussa une attaque des croisés, maîtres de Moissac, les poursuivit jusqu'à La Française (1212). Un an après, les routiers albigeois ramenaient prisonnier dans Montauban le frère de Raymond VI, ce traître Baudouin qu'une basse ambition avait conduit au camp des croisés. Il fut pendu sans pitié à un noyer sur la route de Toulouse, au lieu où s'élève aujourd'hui la croix de Saint-Orens. Si Montauban fit durant cette guerre tout ce qu'il fallait pour mériter la reconnaissance des hommes du Midi, elle fit aussi tout ce qu'il fallait pour attirer sur elle-même les vengeances de l'Église. Lorsque le légat dicta, en 1228, les conditions du traité de Meaux, il ne l'oublia pas dans la liste des villes dont il fallut démolir les murailles ; puis il y envoya l'inquisition pour sévir contre les personnes. Les uns furent brûlés vifs ; les autres, comme Armand de Montpezat, étouffés entre quatre murailles ; les cadavres des hérétiques furent déterrés et traînés sur la claie.

Enfin le règne bienfaisant de Philippe le Bel arrêta ces cruautés. Ce monarque, que le Midi devrait bénir comme le réparateur des iniquités de la croisade, s'efforça de détourner les esprits de la fureur des haines religieuses vers les travaux pacifiques de l'industrie et de la civilisation. En 1303, il rappela aux habitants de Montauban un engagement contracté par leurs pères dans la charte de 1144 ; c'était de construire un pont sur le Tarn. Pour diriger le travail, il leur envoya deux de ses architectes : Estève de Ferrières et Matthieu de Verdun. En treize ans fut achevé le beau pont de Montauban, composé de sept arches en ogive et défendu par trois tours crénelées. Il est vrai que l'intervention royale, là comme partout ailleurs, ne fut point avantageuse à la liberté locale ; mais il faut reconnaître que depuis longtemps l'institution municipale avait dégénéré. Nous avons dit que, dès 1194, Montauban avait à sa tête dix capitouls annuels. Ces magistrats de la cité recevaient des habitants le serment de les soutenir et de leur obéir, et c'était aussi dans leurs mains que le viguier du comte et le bailli de l'abbé juraient de respecter les libertés de la ville. Ils avaient une juridiction correctionnelle et criminelle ; celle-ci conjointement avec le viguier et les prud'hommes. Enfin, c'étaient eux qui, parmi les prud'hommes, en désignaient un certain nombre à l'élection populaire. Ils abusèrent par la suite de ce droit de désignation et finirent par se nommer les uns les autres, ce qui équivalait à une prorogation continuelle de leurs pouvoirs. Cette usurpation nécessita une disposition nouvelle qui fut prise en 1250, et qui régla qu'à l'avenir nul ne pourrait être réélu consul qu'après être sorti de charge depuis trois ans. Nous disons *consul*; car ce nom avait alors été substitué à celui de capitoul. L'ambition ayant été réprimée, la cupidité prit sa place. Les magistrats de Montauban n'usurpèrent plus le pouvoir, mais ils s'approprièrent les deniers de leurs concitoyens ; leurs malversations furent assez considérables dans la grande affaire de la construction du pont pour que le parlement de Paris les condamnât, en 1321, à 8,000 livres d'amende envers le roi et 1,000 envers celui qui les avait dénoncés, et que de plus le consulat fût supprimé. Il fut rétabli, à la vérité, l'année suivante à la prière du pape Jean XXII. Ce pontife cahorsin, qui montra tant de prédilection aux villes du midi de la France, fut particulièrement bienveillant pour les Montalbanais, qui étaient presque ses compatriotes. En 1317, il avait érigé l'abbaye de Saint-Théodard en un évêché dont Montauban fut le siège. Le nouvel évêque était suffragant de celui de Toulouse, dont le diocèse avait été notablement diminué par cette création, et qui en fut dédommagé par la dignité archiépiscopale.

Montauban ne se montra pas très française pendant la guerre de Cent ans. Après le traité de Brétigny, qui la livra aux Anglais, elle ouvrit sans difficulté ses portes à Jean Chandos, lequel, du reste, lui garantit la conservation de ses privilèges. Ses nouveaux maîtres, reconnaissant son importance, la fortifièrent, et lorsque, en 1366, le duc d'Anjou battit dans le voisinage les routiers qui se rendaient à Bordeaux auprès du prince de Galles, il fut repoussé des murs de la ville non seulement par les Anglais, mais même par les habitants et les femmes qui jetaient des pierres aux assaillants. Il est fâcheux d'avoir à raconter le moyen qui ramena Montauban à la cause de la France. Ce fut la corruption. Une somme de mille sols distribuée aux principaux bourgeois fit l'affaire. A ce prix, les habitants prirent les armes, et, profitant de l'absence de Chandos et de Robert Knolles, chassèrent eux-mêmes les Anglais. Le duc d'Anjou ne tint pas les promesses d'amnistie qu'il avait faites. Pour être plus libre dans ses exactions, il fit pendre ou emprisonner ceux qui tentaient de lui opposer quelque obstacle, suspendit les libertés municipales, annula les élections consulaires. En général, une semblable tyrannie anime ceux qui la supportent contre celui qui l'exerce et gâte la cause qu'il représente. Il ne paraît pas, cependant, que les Montalbanais en aient conçu des sentiments hostiles contre la France; on les voit même, en 1432, livrer aux consuls deux jacobins qui conspiraient en faveur des Anglais et qui furent jetés à l'eau cousus dans un sac. Charles VII, dix ans après, en préféra le séjour à celui de Toulouse. Il réduisit le nombre des consuls à six, moins pour diminuer l'importance de leur charge que pour soulager la ville qui n'avait pas d'argent pour payer les robes consulaires. D'après un arrêt du parlement de Toulouse de 1493, qui établit l'élection sur de nouvelles bases, chacun de ces six consuls devait en sortant de charge choisir dans sa *gasche*, c'est-à-dire dans son quartier ou consulat, quatre notables, de manière à former une assemblée élective de trente membres ; c'est ce qu'on appelait les *conseillers politiques*. A ces électeurs il appartenait de nommer les six consuls nouveaux, savoir : trois parmi les bourgeois, ce qui comprenait les nobles, les clercs et les marchands de la ville ; et trois parmi les *populaires*, « au nombre desquels estoient compris les méchaniques habitants de ladite ville; » l'un de ces trois derniers devait être « laboureur, homme de bien et honneste, » et spécialement chargé des intérêts des *forestains* demeurant dans le consulat ; à la fin de l'année, il devait choisir ses quatre coélecteurs parmi les laboureurs demeurant hors de la ville. Ce mode d'élection, qui supprimait l'assemblée populaire, n'avait pas un caractère bien démocratique ; on ne peut s'empêcher pourtant d'admirer comment les intérêts des artisans, et même, chose plus rare, du peuple de la campagne, étaient représentés dans le consulat par l'effet de cette organisation.

Avec les antécédents qu'on lui connaît, Montauban devait nécessairement embrasser le protestantisme. Les scandales de son clergé eussent été à eux seuls un motif suffisant. A peine le parlement de Toulouse venait-il de les flétrir par un arrêt (1548), que l'évêque Jean de Lettes, seigneur de Montpezat, donnant son évêché à son neveu, épousa ouvertement sa maîtresse, la belle Armande de Durfort, et s'enfuit avec elle à Genève (1556). Bientôt arriva de Paris un natif de Montauban initié à la Réforme, et qui commença dans sa patrie la prédication calviniste. En 1560, deux ministres furent mandés de Toulouse, et, l'année suivante, les consuls eux-mêmes se mettaient à la tête des religionnaires. Ils prirent possession des couvents, en chassèrent les moines et les religieuses, et s'emparèrent des églises. La cathédrale, qu'on essaya de défendre, fut pillée et brûlée; l'évêque, qui se trouvait hors de la ville, ne put y rentrer. Six cents protestants de Toulouse fugitifs vinrent imprimer au mouvement de la Réforme une activité nouvelle, et on leur assigna cette partie du quartier de Montmirat appelée depuis *Cour-Toulouse*. Montluc et Terride parurent devant la ville en 1562, mais sans oser faire contre elle de tentative sérieuse. Charles IX et Catherine de Médicis passèrent à Montauban en 1564, et la protection même qu'ils accordèrent aux catholiques ne fit que constater la puissance du parti protestant dans cette ville; en effet, ils ne purent leur faire rendre que la moitié du cousulat et seulement les places inférieures: la seconde, la quatrième et la sixième. C'était encore trop; en 1568, les consuls catholiques furent chassés et toutes les propriétés du clergé vendues à l'encan. Ce fut la rupture éclatante des Montalbanais avec l'ancienne religion. Un instant effrayés par la Saint-Barthélemy, ils reprirent promptement courage, repoussèrent Terride et virent leur ville devenir la capitale des Églises protestantes de la Guyenne et presque de toute la France. C'est dans leurs murs, en effet, qu'elles tinrent la plupart du temps leurs assemblées générales: 1578, 1579, 1584. La dernière était présidée par le roi de Navarre lui-même, qui fit décider la guerre. Appréciant sa force militaire et l'importance de sa position à peu près intermédiaire entre La Rochelle et Nîmes, dans le grand bassin de la Garonne, à peu de distance de ses États de Béarn et de Gascogne, il en laissa le gouvernement à Du Plessis-Mornay, qui ajouta encore à la force de la place en fortifiant le faubourg de la rive gauche du Tarn, appelé depuis lors *Ville-Bourbon*. Les catholiques ne rentrèrent qu'avec peine dans Montauban, en vertu de l'édit de Nantes (1598), et l'église Saint-Louis ne fut rendue à l'évêque qu'à la condition de ne pas sonner les cloches et de s'abstenir de toute manifestation extérieure du culte romain au delà de la rue dite des Soubirous.

Nous arrivons au fait le plus mémorable de l'histoire de Montauban : c'est le fameux siège de 1621. Invariablement fidèle au protestantisme, cette ville avait chassé les catholiques et repris les armes dès qu'elle avait appris le rétablissement du catholicisme dans le Béarn : signal des dernières guerres religieuses. Comme elle prévit que le principal poids de la guerre retomberait sur elle, elle se mit promptement en mesure d'opposer une énergique résistance. Le duc de Rohan assembla le peuple dans une église le 18 juin 1621, et lui tint ce noble discours que rapporte l'histoire particulière du siège de Montauban : « Je ne crains point que l'étonnement et la lassitude des autres passent à vous par contagion : le zèle qu'avez toujours témoigné et la nécessité de résister si imposante vous feront rechercher courageusement la gloire qu'en cette occasion vous pouvez acquérir; car, pour certain, nous nous ferons donner ici la paix. Les jours passés, vous avez juré l'union des Églises en ma présence; vous vaut-il pas mieux garder ce serment que de quitter la religion, et vendre chèrement votre sang à ceux qui en ont soif, qu'être honteusement traînés au supplice? Je vais préparer ceux de Castres et les circonvoisins à votre secours..... Je vous prie de prendre cette confiance en moi qu'en cette occasion je ne vous abandonnerai point, quoi qu'il arrive. Quand il n'y auroit que deux hommes de la religion, je serai un des deux; il ne me reste que l'épée et la vie, mais Dieu me fera la grâce de les employer pour vous en cette cause... » Après avoir excité l'enthousiasme par ces paroles et tracé le plan de quelques ouvrages à construire pour la défense, il s'éloigna, laissant le commandement de la place au premier consul, Dupuy, homme de tête et de cœur, d'une énergie et d'un sang-froid admirables. Toute la population fut appelée au travail : les dames les plus élégantes vinrent y prendre part comme les autres, et plus tard, dans le cours du siège, les femmes firent merveille jusque sur la brèche. Enfin l'on vit dans les murs de Montauban le magnifique spectacle d'un peuple qui manie la pioche et qui prend le mousquet pour défendre les droits sacrés de la conscience. Bientôt la place fut entourée d'une enceinte de bastions, demi-bastions, fossés, demi-lunes, qui présenta l'aspect le plus formidable. Quand ces travaux furent ébauchés, voici l'aspect que présentèrent les fortifications : la vieille ville, bâtie en forme de triangle dont le sommet s'inclinait vers le midi tandis que la base était tournée vers le nord, apparaissait sur un plateau assez escarpé entre le Tarn, qui la baigne au couchant, le Tescou, qui la baigne en serpentant au midi, et le ruisseau de la Garrigue par lequel elle est bornée du côté septentrional. Ceinte d'une haute muraille de briques, elle était flanquée par six portes percées dans d'énormes tours et appelées : l'une, qui regarde au nord, porte du Griffon, à cause de la belle fontaine de ce nom ; l'autre, qui fait face au levant, porte des Cordeliers ; la troisième, tournée vers le Tescou, porte du Moustier ; la quatrième, placée tout à fait au midi, porte des Carmes ; et les deux autres, bâties au bord du Tarn : la première à côté d'une construction massive nommée château de Regnaud, porte du Pont ; la seconde, à l'angle occidental de la ville, porte de Montmirat. Le bastion dit des Carmes, une demi-lune et les bastions de Paillas, du Moustier, de Rohan et de l'Écluse, ouvraient leurs angles habilement tracés entre cette première enceinte et le fossé, à partir du château Regnaud, où le Tarn cessait de protéger le mur, jusqu'au bord du ruisseau de la Garrigue. Là ils se liaient au-dessus du fort des Jacobins aux bastions du fort, de la Fontaine et de Saint-Antoine, et à trois grandes tenailles aboutissant au Tarn en avant de la porte de Montmirat, et rattachaient à la vieille ville le faubourg de la ville nouvelle construit sur la rive droite du ruisseau de la Garrigue. Sur la rive gauche du Tarn, le faubourg de Ville-Bourbon, du nom de Henri IV, son fondateur, joint au corps de la place par un beau pont, était entouré de trois petits bastions et d'une demi-lune, élevés jadis sur le plan de ce prince, et d'une fortification récente.

Ces fortifications étaient défendues par quatre mille cinq cents hommes déterminés et quarante pièces de canon. Une réserve de dix-huit cents bourgeois se tenait dans la ville, prête à courir sur les points menacés. Le conseil général et les consuls demeuraient en permanence à l'hôtel de ville ; chacun était chargé des fonctions qui convenaient le mieux à ses talents ou à son âge ; les plus âgés devaient s'occuper de faire panser les blessés ; les plus jeunes, de porter les munitions ; les octogénaires, de fabriquer le filet pour les mèches des canons et des arquebuses. Deux ministres par quartier animaient cette population belliqueuse par des discours ardents au nom de la religion, et des voix d'hommes, de femmes et d'enfants chantaient avec enthousiasme par les rues :

> Dieu nous rendra preux et vaillants
> Encontre tous nos assaillants...

Ces préparatifs formidables faisaient dire aux capitaines expérimentés de l'armée royale que le siège de Montauban était une *grosse affaire*. « Plusieurs des généraux et des membres du conseil, dit Henri Martin, étaient d'avis que l'on commençât par nettoyer de rebelles tout le reste de la haute Guyenne et tout le haut Languedoc, et que l'on remît l'attaque de Montauban au printemps prochain. Le roi et Luynes ne voulurent rien entendre : l'armée planta ses tentes devant Montauban le 18 août. Durant les premiers jours du siège, le vieux Sully, qui depuis quelques années vivait retiré dans ses terres de Languedoc et de Quercy, et qui avait son fils aîné dans l'armée royale, son fils puîné dans la ville assiégée, se rendit au camp du roi, supplia Louis XIII de « donner la paix à ses peuples, » et demanda la permission d'entrer dans Montauban pour exhorter les assiégés à se soumettre. Sully comptait traiter avec son fils d'Orval et les La Force ; mais ceux-ci le renvoyèrent au conseil de ville. Les grands n'étaient considérés par la bourgeoisie républicaine de Montauban que comme d'illustres volontaires et toute l'autorité restait au conseil municipal, que dominait le fougueux ministre Chamier. Les soldats, commandés par un brave officier de fortune que Rohan avait mis à leur tête, et aussi enthousiastes que les bourgeois, suivaient la même impulsion. Le premier consul, Dupuy, répondit à Sully que les citoyens de Montauban avaient juré de vivre ou de mourir en l'union des Églises, et qu'ils ne pouvaient traiter sans leurs associés ni sans l'aveu du duc de Rohan, général de la province. Sully s'en retourna tristement, et quarante-cinq pièces de canon commencèrent à foudroyer la place.

» Lesdiguières avait conseillé d'employer toutes les ressources de l'art et d'enfermer la ville dans des lignes de circonvallation protégées par des forts ; le connétable ne voulut pas que l'on perdît le temps à ces précautions superflues. Quelques faciles succès avaient changé en infatuation la timidité ordinaire de Luynes. La conduite du siège répondit à ce début. Luynes et son frère, le maréchal de Chaulnes, montrèrent une ignorance de l'art militaire, une incapacité telles que le roi, qui du moins entendait le détail de la guerre, s'en aperçut et s'en railla. Le garde des sceaux Du Vair étant mort pendant le siège de Clairac, Luynes n'avait pas permis qu'on lui donnât de successeur, et, contrairement aux usages aussi bien qu'au sens commun, tenait d'une main les sceaux, de l'autre, l'épée de connétable. Le prince de Condé prétendit à ce sujet que Luynes était un bon connétable en temps de paix, un bon garde des sceaux en temps de guerre; ce quolibet courut toute la France. Le présomptueux connétable essuya désappointement sur désappointement : les intelligences qu'il avait pratiquées dans la ville n'aboutirent qu'à faire pendre un aventurier dont les assiégés découvrirent la trahison; les renforts envoyés par Rohan pénétrèrent en grande partie dans Montauban. L'absence d'ensemble et de direction, l'armée mal tenue, mal payée, les compagnies incomplètes attestaient l'impéritie et le désordre de l'homme auquel Louis XIII avait livré la France. Il n'y avait pas douze mille combattants effectifs, quand le roi en payait trente mille. Les chefs de corps, n'étant ni dirigés ni contenus, s'abandonnaient les uns à une témérité aveugle, les autres au découragement. Les assiégés, exaltés par la pensée que le destin de leur parti reposait sur eux seuls, se défendaient avec furie : seigneurs, soldats et bourgeois rivalisaient d'intrépidité. Les trois fils et le petit-fils de La Force, durant deux mois entiers, ne bougèrent pas d'une demi-lune construite par leur père en avant du quartier d'outre-Tarn, appelé Ville-Bourbon. L'élite des gentilshommes de l'armée royale vint se faire tuer sur ce boulevard, que les assiégeants ne purent jamais emporter. Le duc de Mayenne, fils du ligueur, y périt le 17 septembre, victime de ses folles bravades; il jouait avec la mort. Il se complaisait à amener les autres capitaines sous les balles ennemies et à faire tirer sur eux et sur lui.... Le roi et Luynes recoururent à une singulière intervention pour venger Mayenne et prendre la ville. Le fameux carme espagnol, Domingo de Jésus-Maria, qui avait marché en tête de l'armée impériale le jour de la bataille de Prague, et à qui les dévots attribuaient la victoire, passait par la France à son retour d'Allemagne; Luynes le fit venir au camp et lui demanda ce qu'il fallait faire. Le moine ordonna tout bonnement de faire tirer quatre cents coups de canon sur la ville, après quoi la ville ne manquerait pas de se rendre. On tira les quatre cents coups bien comptés, mais la ville ne se rendit pas.

» Non seulement les assauts contre le quartier de Ville-Bourbon avaient été repoussés, mais les assiégés avaient sur divers autres points fait des sorties meurtrières, bouleversé les tranchées, encloué les canons; l'assaut au corps de la place fut reconnu impossible. Après deux mois et demi, on n'était pas plus avancé que le premier jour. Luynes avait essayé en vain de gagner Rohan par les offres les plus brillantes. Rohan refusa de se séparer des gens de Montauban et de traiter, sinon pour tout le parti. L'armée royale, quoique renforcée par Montmorency, gouverneur du Languedoc, se fondait de semaine en semaine par le fer de l'ennemi, par la maladie, par la désertion. Tout le monde sentait qu'il fallait lever le siège. Un des maréchaux de camp, Bassompierre, eut le courage de le dire. Le roi s'y résigna la larme à l'œil, et décampa dans les premiers jours de novembre. » On dit que vingt mille coups de canon avaient été tirés contre la place et que seize mille morts jonchaient la plaine environnante.

La pauvre bourgade de Monheurs, sur la Garonne (Lot-et-Garonne), paya pour les Montalbanais; elle fut prise d'assaut par l'armée royale à son retour et livrée à toute la rage du soldat humilié par ses revers. Quant au connétable de Luynes, il mourait d'une fièvre pourprée non loin de ces murailles horriblement saccagées et teintes de sang, dans le château d'Aiguillon, où il s'était fait transporter.

Ce qu'il n'avait pu faire par les armes, le gouvernement royal essaya de l'accomplir par la corruption. L'or répandu parmi la haute bourgeoisie de Montauban jeta la division dans la population de cette ville. En 1626, une scission eut lieu; les corps de métiers se réunirent dans les églises sans le concours des principaux et proclamèrent de nouveau le duc de Rohan généralissime des réformés. Pendant trois années, les protestants de Montauban soutinrent avec avantage la guerre contre les partisans catholiques des environs; mais la prise de La Rochelle donna tout à coup la prépondérance aux traîtres que la cour appelait « les gens bien intentionnés. » Ceux-ci traitèrent pour la ville, et, pour obtenir la paix, consentirent à la démolition des murailles. Cette clause fut immédiatement exécutée, et, quand Richelieu entra dans la ville, il vit les paysans catholiques des environs, la tête couronnée de lauriers, occupés à faire tomber pierre par pierre les remparts de la grande citadelle des huguenots dans le Midi. Une nuée de moines et de religieuses s'abattit aussitôt sur cette proie : ce furent d'abord les capucins et les dames de Sainte-Claire; puis rentrèrent l'évêque et son clergé, les augustins, les cordeliers, les carmes, les jésuites. Une autre invasion non moins funeste à l'indépendance de Montauban fut celle des administrations royales. En rappelant dans cette ville le sénéchal qui avait été précédemment transféré à Moissac, en y établissant un présidial (1632), une intendance (1635), Richelieu parut favoriser Montauban et lui faire honneur; mais, en réalité, il la remplissait d'officiers royaux qui devaient être comme autant d'agents du gouvernement et transformer la population en s'y mêlant. Plus tard, vers 1660, Louis XIV, continuant le même système, transféra la cour des aides de Cahors à Montauban, après avoir réprimé avec vigueur quelques émeutes populaires soulevées contre l'évêque, contre les jésuites ou contre l'intendant. Les catholiques furent réintégrés dans le consulat, où ils occupèrent la première, la seconde et la quatrième place. Le conseil général fut réduit à quarante membres, dont dix seulement purent être protestants. Enfin, ce peuple intrépide, dompté par tant de mesures habiles et fortes, ne bougea plus. Les horreurs qui suivirent la révocation de l'édit de Nantes (1685) ne le tirèrent pas de l'apathie et de l'impuissance où il était tombé. Ni l'évêque pourtant ni l'intendant La Berchère ne se firent faute d'indignes actions, faisant mettre à genoux par force devant eux des gens titrés et respectables, et fabriquant de fausses abjurations signées de leurs noms.

Les Montalbanais trouvèrent une certaine compensation dans le développement de leur industrie et l'embellissement de leur cité. Des manufactures de cadis, sorte de drap grossier, et des teintureries s'élevèrent sur les bords du Tarn, et principalement à Ville-Bourbon. Elles occupaient en 1713 jusqu'à huit mille ouvriers. Les intendants Pellot, Foucault, Legendre et surtout Pajot, depuis 1667 jusque vers 1730, plantèrent sur l'emplacement des anciens fossés et des fortifications détruites ces belles promenades dont s'enorgueillit Montauban, bâtirent ces portes monumentales dont une est encore debout à l'extrémité du pont de Ville-Bourbon, construisirent cette place en briques qui rappelle la place Royale de Paris. Tous les intendants, il est vrai, ne valurent pas ceux-là, témoin ce L'Escalopier, infâme exacteur que la cour des aides réussit à éloigner, et que la cour ne punit qu'en l'avançant à l'intendance plus avantageuse de Tours. C'est lui qui exigeait d'un jardinier vingt-quatre journées de corvée en cinq mois, et qui, un beau jour, voulant reconduire par le Rouergue son frère qui était venu le voir, exigea de quatre mille ouvriers dix journées de travail en pleines vendanges pour tracer une route carrossable.

Tels sont les excès que la Révolution vint faire disparaître et venger. Le parti protestant lui offrit à Montauban des éléments tout préparés, dont se recruta la garde nationale. Le parti royaliste réussit néanmoins par son influence, en 1790, à s'emparer de la municipalité et à former des compagnies de volontaires qu'on surnomma *cardis* ou *chardonnerets*, à cause des collets jaunes de leur uniforme. Les gardes nationaux, résistant aux ordres de la municipalité, refusèrent d'admettre dans leurs rangs ces chardonnerets et, soutenus par les dragons, engagèrent une lutte qui devint sanglante. Les royalistes l'emportèrent et jetèrent les dragons en prison après les avoir abreuvés d'outrages. L'Assemblée nationale ne fit pas attendre la répression; les vaincus furent portés à la municipalité (1791) et à leur tête Jean-Bon Saint-André, qui, envoyé l'année suivante à la Convention nationale, reparut ensuite à Montauban comme commissaire et fit guillotiner son propre neveu pour avoir conspiré contre la République. Vint ensuite la réaction royaliste, qui se signala par les violences de la société de Sainte-Ursule, ainsi appelée du café de Sainte-Ursule où se réunissaient les réactionnaires. Les amis de la Révolution furent égorgés la nuit dans les rues. Ce furent là, sauf une émeute en 1815, les derniers mouvements politiques qui agitèrent Montauban. Dans l'intervalle (29 juillet 1808), Napoléon Ier y passa avec l'impératrice; une garde d'honneur l'accompagna dans la ville partout ornée d'arcs de triomphe, et il descendit à l'hôtel de l'ancienne intendance. Montauban, qui avait compté avant la Révolution jusqu'à 30,000 habitants, n'en avait plus alors que 22,000, et malheureusement son élévation au rang de chef-lieu de département n'a pas beaucoup augmenté ce nombre ni fait prospérer son industrie un peu languissante; ce qu'il faut sans doute attribuer au trop grand voisinage de Toulouse, qui en est à 49 kilomètres au sud.

Cette industrie consiste principalement en minoteries renommées, fabriques d'étoffes communes, telles que cadis, ratines, molletons, draps 3/4 et 4/4; filatures de laine et de soie à la mécanique; chaudronneries, faïenceries, amidonneries, teintureries, bonneteries, tanneries, poteries, chapellerie, préparation de duvets et plumes à écrire; fabriques de porcelaines de couleurs, d'amidon, de bougies, de produits pharmaceutiques. Son commerce comprend les farines, les vins, les cuirs, les huiles, les fruits, etc.

Cependant on doit constater une grande amélioration dans son commerce et son industrie depuis qu'un embranchement du canal Latéral la met en communication plus directe avec la Garonne et le canal du Midi et surtout depuis que, par les chemins de fer du Midi et de Paris à Toulouse, elle est en communication, par ses deux gares de Ville-Bourbon et de Ville-Nouvelle, avec tous les grands centres industriels et commerçants de la France.

La ville est petite; ses maisons sont, pour la plupart, bâties en briques; les faubourgs sont vastes et étendus; les places de la Préfecture, d'Armes et Royale sont fort belles; en quelques endroits, la ville rappelle les rues tristes et monumentales à maisons de briques du vieux Versailles; les promenades, dont les principales sont les allées des Carmes, les allées Mortarieu, le jardin d'horticulture et d'acclimatation, enfin le Cours, sont fort belles. De la principale on découvre par un beau temps les sommets neigeux des Pyrénées. Les seuls monuments sont : la cathédrale, construite en forme de croix grecque, surmontée d'une coupole et achevée seulement en 1739; l'église Saint-Jacques, l'église du faubourg Sapiac; la préfecture; l'hôtel de ville, qui renferme le musée Ingres, et la bibliothèque, riche de 20,000 volumes; l'évêché; le beffroi ou Tour de Lautié, la bourse, le théâtre, la succursale de la Banque de France, la Faculté de théologie protestante, le lycée, la halle et l'abattoir.

Les lettres ont toujours été en honneur à Montauban. Dès 1730, il y existait une société littéraire qui, en 1744, fut érigée en Académie par lettres patentes. Cette Académie se composait de trente membres et du premier consul de la ville, académicien-né. Elle avait, en outre, dix associés étrangers. Elle distribuait à ses membres des jetons d'argent, dont les fonds avaient été faits par M. de Verthamon, évêque de Montauban, en 1743. Ces jetons portaient, d'un côté, les armes de la maison de Verthamon, et, de l'autre, celles de l'Académie, avec ces mots en exergue : *Academia Montalbanensis, fundata auspice Ludovico XV, patre patriæ, pio, felici, augusto, imperii anno XXIX.* Supprimée en 1792, l'Académie de Montauban fut rétablie en 1796 sous le nom de *Société des sciences et des arts*, et divisée en trois sections : 1° sciences et arts mécaniques; 2° littérature; 3° agriculture et commerce. On ne s'étonnera pas que Montauban ait été, au siècle dernier et au nôtre, la patrie de plusieurs littérateurs et artistes distingués : du poète Le Franc de Pompignan; de Cathala-Couture, auteur d'une *Histoire du Quercy;* d'Olympe de Gouges, veuve Aubry, auteur dramatique et célèbre révolutionnaire; du conventionnel Jean-Bon Saint-André; de Guibert de Cahusac, de Borderies, de Germaine Cousin, née dans le faubourg de Sapiac, et du grand peintre Ingres, auquel la ville a élevé un beau monument au bout de l'allée des Carmes.

Les armes de Montauban sont : *de gueules, au saule terrassé et étêté d'or; ayant six branches sans feuilles, trois à dextre et trois à sénestre; au chef d'azur, semé de fleurs de lis d'or.*

NÈGREPELISSE. — Nègrepelisse (*Nigra Pelliciacum, Nigrapelissa*), station de la ligne du chemin de fer de Paris à Toulouse (réseau d'Orléans), chef-lieu de canton peuplé de 2,893 habitants, et situé à 17 kilomètres au nord-est de Montauban, sur la rive gauche de l'Aveyron, est une agréable petite ville, autrefois plus importante qu'elle n'est aujourd'hui. Elle a appartenu au duc de Bouillon, comte d'Évreux, et au maréchal de Turenne. Elle était fortifiée et peuplée surtout de calvinistes, ce qui fut cause de sa ruine en 1622. « La petite ville de Nègrepelisse en Quercy, dit Henri Martin, ayant durant une nuit d'hiver égorgé sa garnison royaliste, le roi l'assaillit en personne. Les habitants, ne s'étant pas rendus à la première sommation, demandèrent en vain quartier au moment de l'assaut; le roi, excité par Condé, ordonna de les traiter comme ils avaient traité ses soldats. Tous les hommes en état de porter les armes furent massacrés après avoir vendu chèrement leur vie. Le soldat dépassa l'ordre impitoyable du roi : la plupart des femmes furent violées et beaucoup furent égorgées avec leurs enfants (10 juin). » Un auteur contemporain de cette épouvantable boucherie s'exprime ainsi : « Les mères qui s'étaient sauvées au travers de la rivière ne purent obtenir aucune miséricorde du soldat, qui les attendait à l'autre bord et les tuait. En une demi-heure, tout fut exterminé dans la ville, et les rues étaient si pleines de morts et de sang qu'on y marchait avec peine. Ceux qui se sau-

Saint-Antonin.

vèrent dans le château furent contraints le lendemain de se rendre à discrétion, et furent tous pendus. Les soldats mirent ensuite le feu à la ville, laquelle fut toute brûlée en une heure. Le château seul fut conservé. » Ce château existe encore aujourd'hui ; il est dans une situation très pittoresque sur le bord de l'Aveyron. Nègrepelisse ne s'est pas relevée depuis. L'église de Nègrepelisse est ogivale et surmontée d'une flèche en pierre ; la ville fabrique des toiles de futaine, des chapeaux de paille, de la poterie commune ; elle possède des briqueteries, des taillanderies, des minoteries, etc.; elle fait un commerce de gibier, de farines, grains, vins, chanvre, etc., etc.

Les armes de Nègrepelisse sont : *écartelé, au 1er et au 4e de gueules, à une fasce d'argent, accompagné en chef de trois besants de même, et en pointe d'un croissant d'argent; au 2e et au 3e d'azur, à un lion d'or, et sur le tout d'argent, à un cerf de gueules.*

BIOULE. — Bioule, petite ville de 1,087 habitants, située dans le canton de Nègrepelisse, à 18 kilomètres au nord-est de Montauban, existait d'abord dans un lieu qui porte à présent le nom de camp d'Auriol ; mais le seigneur ayant engagé ses vassaux à construire leurs demeures auprès de son château pour qu'il les pût protéger plus facilement, ceux-ci transportèrent leur résidence sur les bords de l'Aveyron, au pied du manoir féodal ; bientôt elles prirent assez d'importance pour former une petite ville qui fut entourée de murailles ; elles furent démolies comme celles de la plupart des villes du Languedoc, sous le règne de Louis XIII. Deux portes surmontées de tours subsistèrent même jusqu'en 1794. Le château de Bioule était remarquable par sa force et par sa grandeur : un rempart, flanqué de trois grosses tours carrées et placées à une égale distance l'une de l'autre, le couvrait du côté de l'est ; un fossé rempli d'eau courante, tirée de l'Aveyron, en défendait les approches ; et cette rivière elle-même lui servait de fortification du côté du sud; il y avait aussi en cet endroit deux tours carrées; une troisième se montrait au milieu du mur qui séparait le château de la terrasse, et, enfin, dans l'intérieur, on en voyait une autre qui avait cinq étages : c'était le donjon qui subsiste encore aujourd'hui.

On fabrique dans cette ville des toiles et des cadis. Il y a quatre briqueteries.

Les armes de Bioule sont : *écartelé, au 1er et au 4º d'azur, à une tour d'argent ; au 2º et au 3º, d'argent, fretté de gueules.*

MONTRICOUX. — Montricoux, station de l'embranchement de Montauban à Lexos (réseau d'Orléans), petite ville de 1,357 habitants, située dans le canton de Nègrepelisse, à 25 kilomètres à l'est de Montauban, sur la rive droite de l'Aveyron et sur une colline qui domine au loin une vaste plaine, est dans le département l'exemple le plus complet que nous puissions offrir d'une petite ville du moyen âge. Elle est ceinte d'une muraille percée de trois portes et flanquée par trois vieilles tours de forme ronde; un fossé peu profond défendait jadis l'entrée de cette enceinte, et des ponts-levis étaient établis aux portes. Dans le château, entièrement bâti en pierre, on remarque une grande tour carrée, le donjon, ayant à chacun de ses angles une échauguette. L'église paroissiale a été bâtie par les templiers, qui étaient les plus anciens seigneurs de la ville de Montricoux ; elle n'est séparée de leur ancienne maison que par le cimetière, qui servait aussi aux chevaliers, mais qui était jadis environné d'un cloître. Le commandeur François Rossoli de Fos avait, en 1276, accordé une charte communale aux habitants de la ville.

Cette petite ville possède des filatures de laine, des teintureries, des fabriques de toile.

On exploite aujourd'hui aux environs des carrières de marbre et de belles pierres de taille; commerce important de grains, bestiaux, fruits, etc.

Les armes de Montricoux sont: *d'or, à une montagne de sinople, au chef de gueules, chargé de deux merlettes d'argent.*

CAUSSADE. — Caussade, l'une des plus jolies petites villes du midi de la France, aujourd'hui chef-lieu de canton, peuplée de 4,066 habitants, et située à 22 kilomètres au nord-est de Montauban, sur le Candé, dans une belle et fertile plaine, était autrefois le chef-lieu d'une baronnie démembrée en 1486 du comté de Rodez, et donnée à cette époque par le comte Charles à Pierre, son bâtard. Cette baronnie comprenait les lieux de La Française, Molières, Montalsat, Sainte-Livrade. Elle appartenait, en 1562, au cardinal Georges d'Armagnac. C'est alors que la ville de Caussade fut surprise et saccagée par le huguenot Duras. Georges d'Armagnac la vendit, en 1583, à Jacques de Villeneuve, prieur de la Daurade de Toulouse. Celui-ci la transmit à son neveu, qui la revendit au duc de Sully; à son tour, le fils du duc la céda à la famille d'Aliès, qui la posséda jusqu'à la Révolution.

La ville, qui autrefois dépendait de l'élection et de l'intendance de Montauban et du parlement de Toulouse, est petite, bien bâtie et entourée de beaux boulevards qui ont remplacé ses fortifications; on y voit des maisons curieuses du XIIIe et du XIVe siècle. L'église paroissiale, rangée au nombre de nos monuments historiques, est très remarquable; elle est surmontée d'une belle flèche. Ses faubourgs sont fort étendus. Elle possède des fabriques de chapeaux de paille, d'étamines et de cadis. Il y a dans ses environs un nombre considérable de fours à chaux et de briqueteries. Elle fait un grand commerce de grains, de toiles communes et d'étoffes de laine; de farines, de safran, de fruits, de truffes et de volaille. Elle possède une station d'étalons et un comice agricole.

Les armes de Caussade sont: *d'azur, à une maison d'argent, accostée à dextre d'une fleur de lis de même, et à sénestre d'une chausse aussi d'argent.*

MIRABEL. — Mirabel, commune de 1,515 habitants, située à 18 kilomètres au nord de Montauban, dans le canton de Caussade, est une ville ancienne dont on ignore l'origine. Elle fut entièrement détruite à une époque reculée et ses débris jonchent encore ses environs; elle fut reconstruite depuis au lieu où elle se trouve aujourd'hui et devint la première des villes du bas Quercy. Elle embrassa le calvinisme et fut ravagée à l'époque des guerres de religion.

Mirabel avait autrefois un château flanqué de quatre tours crénelées et percées d'étroites meurtrières; au milieu était une église qui sert aujourd'hui de paroisse : elle est en partie voûtée, ainsi que plusieurs chapelles; le clocher est de forme octogonale et très élevé; le cimetière est entouré par le reste des murs du château.

Dans le voisinage de Mirabel, l'abbaye de la Garde-Dieu, dont l'église est du XIII° siècle et dont la sacristie est surmontée d'un donjon, mérite l'attention des archéologues par ses peintures murales. La chapelle de Notre-Dame des Misères est célèbre dans toute la contrée, et l'on y vient en pèlerinage des départements voisins.

MOLIÈRES. — Molières, près de l'Emboulas, à 23 kilomètres au nord de Montauban, est un chef-lieu de canton qui compte 2,310 habitants. L'origine de cette petite ville paraît remonter à une époque reculée. Vers le milieu du XIII° siècle, Alphonse, comte de Poitiers et de Toulouse, accorda une charte communale à ses habitants. C'est aujourd'hui une commune agricole dont les foires et les marchés sont très fréquentés.

Sur son territoire, on trouve cinq de ces souterrains-refuges qui abritèrent plus d'une fois les habitants du pays pendant les guerres désastreuses du moyen âge et celles de religion.

MONCLAR. — Monclar est un chef-lieu de canton situé sur le Tescouet, à 22 kilomètres au sud-est de Montauban. Sa population est de 1,983 habitants. Elle dépendait du Quercy et a souvent été ravagée pendant les guerres du XVI° siècle. Monclar était défendu par un château, qui fut rebâti au XV° siècle sur les ruines d'un autre plus ancien dont on attribuait la construction à la reine Brunehaut. On voit encore, sur un plateau qui s'élève près de la ville, les ruines de ce château, qui fut démoli par les habitants de Montauban en 1793. Commerce de céréales et de fruits.

Les armes de Monclar sont : *de gueules, à une montagne d'argent, surmontée d'une étoile de même.*

BRUNIQUEL. — Bruniquel, station de la ligne du chemin de fer de Montauban à Lexos, autrefois appelée *Bourniquel*, petite ville de 1,660 habitants, située dans le canton de Monclar, à 30 kilomètres à l'est de Montauban, sur une haute colline dominant le confluent de la Vère avec l'Aveyron, est remarquable par les belles et curieuses ruines d'un vieux château (aujourd'hui rangé parmi nos monuments historiques) et dont la tradition attribue la fondation à la fameuse reine d'Austrasie Brunehaut ou Brunichilde. Ce château, dont la reine Brunehaut prit possession en 587, à la suite du traité d'Andelot, bâti au sommet d'un roc escarpé, n'est accessible que par un seul point. Le donjon porte tous les caractères que l'on assigne aux monuments militaires antérieurs au XII° siècle; il s'élève au plus haut de la cour intérieure. Dans une des salles, dite de Maillebois, on voit un immense manteau de cheminée en chêne du XVII° siècle; deux femmes debout forment le montant de ce remarquable ouvrage de sculpture. Des caves immenses règnent sous presque la totalité du château.

Le château aurait donné son nom à la ville, dans laquelle on remarque un grand nombre de maisons du XIII°, du XIV° et du XV° siècle, ainsi qu'un beau beffroi qui s'élève au-dessus d'une ancienne porte. Cette petite ville trouve dans son industrie une source de bien-être et de prospérité. Elle possède des forges et des fonderies importantes, et il y a dans ses environs d'abondants et d'excellents minerais de fer.

Les armes de Bruniquel sont : *d'argent, au chevron de gueules, accompagné en pointe d'une tête de bœuf en profil, de sable.*

SAINT-ANTONIN. — Saint-Antonin (*Antonium*), station de la ligne du chemin de fer de Montauban à Lexos, petite ville de 4,924 habitants, aujourd'hui chef-lieu d'un canton, située à 41 kilomètres au nord-est de Montauban, dans un vallon spacieux, au confluent de l'Aveyron et de la Bonnette, doit son origine à un monastère que Pépin le Bref, devenu duc d'Aquitaine, fonda en 763 dans un lieu que l'on appelait alors la *Vallée noble;* ce monastère était dédié à saint Antoine. Au X° siècle, Saint-Antonin avait des seigneurs particuliers qui prenaient le titre de comtes. En 1083, le comte de Rouergue y établit un viguier, et les anciens seigneurs achetèrent ce titre. Les vicomtes de Saint-Antonin donnèrent une charte communale à leur ville en 1136; cette charte établit un conseil de prud'hommes. Assiégée en vain par l'évêque du Puy en 1209, Saint-Antonin fut prise et horriblement saccagée pendant trois jours, en 1211, par les soldats de Simon de Montfort. Le vicomte n'avait fait aucun préparatif de défense; mais le comte de Toulouse Raymond VI y avait placé un chevalier nommé Adhémar Jourdain. L'avant-garde de l'armée ennemie, conduite par l'évêque d'Albi, parut bientôt devant Saint-Antonin; le gouverneur, sommé de se rendre, répondit : « Que le comte de Montfort sache qu'il ne viendra jamais à bout de mon château. » Montfort, instruit de cette fière réponse, promit d'en faire repentir celui-ci. Ses troupes se placèrent dans la plaine, près du château. Le soir, les assiégés font une sortie, mais ils sont repoussés avec vigueur par l'avant-garde qui attaque la place sans en avoir reçu l'ordre; toute l'armée les suit, et, après un combat qui dure seulement une heure, trois barbacanes sont enlevées. L'épouvante s'empare des défenseurs de la place, qui demandent à capituler et se rendent à discrétion. La ville fut entièrement saccagée, et on n'épargna ni la religion, ni l'âge, ni le sexe. Plus tard, lors de la guerre de Cent ans, les Anglais furent deux fois repoussés de ses murs (1345 et 1354). Les habitants de Saint-Antonin, au XVIe siècle, se prononcèrent pour la Réforme; Montluc fit détruire leurs murailles (1565). Fidèles néanmoins au protestantisme, ils virent reparaître en 1622 l'armée de Louis XIII toute couverte encore du sang de Nègrepelisse. Obligés de capituler au bout de sept jours, ils obtinrent leur grâce en payant cinquante mille écus et en abandonnant à la vengeance du roi onze notables qui furent pendus devant le temple.

Saint-Antonin est une petite ville curieuse à visiter. On y traverse l'Aveyron sur un pont de cinq arches; on y voit de nombreuses maisons du XIIIe siècle dont plusieurs sont d'un aspect vraiment monumental; mais c'est surtout son hôtel de ville qui est remarquable par l'originalité des dessins qui le décorent. On l'appelle le *Petit-Monument;* il date du XIIe siècle; il a été restauré par les soins de la commission des monuments historiques.

Cette ville possède un comice agricole; elle a de nombreuses tanneries, des filatures de laine, des teintureries, des fabriques de cadis, de papier et de carton à apprêter et fait un commerce important de grains, de genièvre, de gibier, de truffes et de porcs. On récolte sur son territoire un vin estimé.

C'est la patrie de Jean de La Valette, quarante-huitième grand maître de l'ordre de Malte, et du troubadour Raymond Jourdain, célèbre par ses amours avec la belle Adélaïde de Penne.

Les armes de Saint-Antonin sont : *parti, au 1er de gueules, à trois fleurs de lis d'argent mal ordonnées; au 2e, de sable, à un pont de trois arches d'argent, sur une rivière du même, soutenant trois tours crénelées de trois pièces, chacune aussi d'argent, et un chef cousu d'azur, chargé de trois fleurs de lis d'or.*

MONTPEZAT. — Montpezat-de-Quercy, petite ville de 2,587 habitants, aujourd'hui chef-lieu d'un canton et située à 34 kilomètres au nord-ouest de Montauban, au pied d'une colline et à la source du petit Lembous, ne paraît pas être une ville fort ancienne. Au temps de la guerre des Albigeois, elle existait déjà, et sans doute elle avait été formée par l'agglomération des habitations autour du château qui couronnait la colline. C'était une châtellenie qui dépendait des comtes de Toulouse. Simon de Montfort s'en empara en 1214 et fit raser les tours et les habitations. Ce château fut rétabli dans la suite, mais pour être de nouveau détruit pendant les guerres de religion. Il n'en reste aujourd'hui que quelques vestiges.

L'église paroissiale de Montpezat, aujourd'hui rangée parmi nos monuments historiques, date de la fin du XIIIe siècle. Le chœur offre de curieux détails d'ornementation : on y voit une belle tapisserie représentant la légende de saint Martin, expliquée en vieux vers français, ainsi que deux beaux tombeaux en marbre blanc qui datent du XIVe et du XVe siècle. Cette ville, dont les rues ont conservé leur aspect pittoresque du moyen âge, possède un comice agricole et une station d'étalons. Fabrique de toiles et de cadis.

Les armes de Montpezat sont : *d'or, à une montagne d'azur et à un chef de gueules, chargé d'une balance d'or.*

CAYLUS. — Caylus ou Caylux (*Castutium*), petite ville de 5,363 habitants, aujourd'hui chef-lieu d'un canton, et située à 44 kilomètres au nord-est de Montauban, sur la Bonnette, est remarquable par les restes d'un ancien château, aujourd'hui rangé parmi nos monuments historiques; par son église du XIVe siècle, dont la construction est attribuée aux Anglais, et dans laquelle on voit un beau vitrail; enfin par plusieurs vieilles maisons du XIIIe et du XIVe siècle. Elle fait un grand commerce de grains, et possède sur son territoire de belles carrières de pierres lithographiques.

Dans ses environs, on voit plusieurs anciens châteaux; citons celui de Montdidier.

Les armes de Caylus sont : *de gueules, à un pont d'argent, d'une seule arche en pointe, sommé* de trois tours du même, le tout maçonné de sable, surmonté de deux bâtons fleurdelisés d'or, posés en croix, et trois fleurs de lis de même, rangées en chef.

LA FRANÇAISE. — La Française ou Lafrançaise, doit, dit-on, son nom à ce que Philippe-Auguste, son fondateur, y planta pour la première fois dans le Midi le drapeau de la France ; c'est une petite ville de 3,481 habitants, chef-lieu de canton, située à 16 kilomètres au nord-ouest de Montauban, à un kilomètre de la rive droite du Tarn et sur une colline d'où l'on jouit d'une vue magnifique.

Cette ville ne présente dans ses annales aucun de ces événements importants par lesquels les villes achètent trop souvent, au prix de cruels sacrifices, l'attention de l'historien. Son église, qui est celle d'un ancien prieuré, est ogivale. Elle possède un comice agricole et fait un important commerce de céréales et de grains qui attire un grand concours de gens de la campagne à chaque jour de marché.

Les armes de La Française sont : *de gueules, au pal d'argent, chargé en cœur d'une rose de gueules.*

MOISSAC (lat., 44° 6′ 22″ ; long., 1° 15′ 11″ O.). — Moissac (*Musiiacum*), station de la ligne du chemin de fer de Bordeaux à Cette (réseau du Midi), est une ancienne et importante ville de 9,137 habitants, chef-lieu d'un arrondissement communal et d'un canton, avec tribunaux de première instance et de commerce, collège communal, petit séminaire, prison départementale, comice agricole, etc., etc. ; située dans une position aussi agréable qu'elle est avantageuse pour son commerce, à 28 kilomètres au nord-ouest de Montauban, sur le Tarn, qui y est navigable et que l'on y passe sur un beau pont, et sur le canal latéral à la Garonne.

Moissac doit son origne à un monastère placé sous l'invocation de saint Pierre, qui existait en ce lieu, sur la rive droite du Tarn, dès 817. *Moïssiacum* ou *Musiiacum*, si l'on en croit certains auteurs, est un surnom hébraïque qui lui fut donné et dont le sens est celui-ci : *lieu aux belles fontaines*. On ignore quel fut le véritable fondateur de ce monastère. Les moines, pour donner à leur abbaye le plus d'âge possible, nommaient Clovis ; Mabillon se prononce pour Clotaire II, et les bénédictins pour Pépin d'Aquitaine. La tradition rapporte que les premières cellules furent fondées par trois saints personnages, Ausbert, Leotadius et Paternus, et que le premier abbé fut saint Amand Les Sarrasins et les Normands détruisirent cette abbaye ; mais elle se releva et commença, à partir du XIe siècle, à acquérir de vastes domaines, fruit des legs de la plupart des seigneurs du Midi et particulièrement des comtes de Toulouse. Un grand nombre de terres allodiales et d'églises devinrent la propriété des abbés de Moissac. Citons les églises de Saint-Pierre de Cos, de Bredoms en Auvergne, de Saint-Martin de Leyrac, de Saint-Loup en Agénois, de Sainte-Marie du Bouis, du Mas-Grenier et de Cazals en Quercy. Vers l'époque où elle arrivait à ce degré de puissance, aux fêtes de Noël de l'année 1063, l'abbaye de Moissac fit solennellement la dédicace d'une nouvelle basilique qu'elle s'était construite ; elle prit soin de conserver ce fait dans ses fastes par une inscription en vers latins fort médiocres :

Idibus octavis domus ista dicata decembris
Gaudet pontifices hos convenisse celebres.....

Voici la traduction de l'inscription tout entière : « Ce temple, dédié le 8 des ides de décembre, peut se glorifier d'avoir réuni de célèbres prélats. Auch lui envoya Austen ; Lectoure, Raymond ; Saint-Bertrand-de-Cominges, Guilhem ; Agen, Wilhem ; Bigorre, le doux Héraclius ; Oleron, Étienne ; Bayonne, Pierre ; et toi, Durand, tu nous arrivas de Toulouse ; mais Foulques, le simoniaque de Cahors, fut repoussé. C'était en l'an mil soixante-trois. La Vierge donnait un sauveur au monde. Ce temple, ô Christ ! te fut élevé par Clovis ; et la magnificence de Louis le combla de présents. »

Au siècle suivant, Pons, comte de Toulouse, donna l'abbaye de Moissac à un de ses chevaliers, et depuis ce moment elle eut des abbés-chevaliers qui portaient le casque et la mitre et s'intitulaient comtes palatins, et quelquefois *abbés laïques* de Moissac.

Une ville s'était cependant formée autour de l'abbaye. Elle avait, ainsi que cette dernière, été entourée de murailles et fortifiée. D'immenses tours carrées ou cylindriques, dont on retrouve encore aujourd'hui quelques traces, construites en majeure partie avec de la pierre et de la brique, formaient avec les murs qui les unissaient une enceinte presque carrée comme un *castrum* romain. L'espace compris entre ces murailles était divisé en deux parties à peu près égales par deux parallèles qui ne laissaient entre elles qu'un étroit chemin de ronde; des portes, défendues par des tours, permettaient de passer d'une des enceintes dans l'autre, où était établie l'abbaye, dont le cloître et l'église existent encore. La ville occupait le reste de la surface, c'est-à-dire la seconde enceinte fortifiée; mais la condition nécessaire de tout développement et de toute croissance manquait encore à Moissac, c'est-à-dire des libertés et des garanties. Elle les reçut de Richard Cœur de Lion, qui, s'en étant emparé en 1188, chercha à se l'attacher par des concessions de cette nature. Elle les conserva ensuite sous les comtes de Toulouse redevenus ses maîtres en 1197. Raymond se soumit à venir jurer dans le cloître, et la main sur l'Évangile, « qu'il ne prendrait les bourgeois ni ne les ferait prendre; qu'il ne les tuerait ni ne les ferait tuer; qu'il ne leur ferait violence ni ne souffrirait qu'on leur fît violence; qu'il ne leur prendrait leur argent ni ne leur ferait prendre; et qu'il ne leur imposerait ni ne leur ferait imposer aucune maltôte. » Les Moissagnais paraissent avoir été dans ces temps reculés des gens fort prudents : on remarque avec quel soin ils stipulent que le comte *ne prendra* ni *ne fera prendre*, prévenant les subterfuges par lesquels il pourrait, sinon les dépouiller lui-même, du moins en charger un autre. On pense bien qu'ils ne se précautionnaient pas moins contre leur seigneur direct que contre le suzerain éloigné. Les coutumes, confirmées par Raymond, établissaient que, le jour de son entrée dans la ville, l'abbé-chevalier et douze de ses barons jureraient de défendre les habitants et de n'exiger aucun subside injuste; ce n'était qu'après avoir reçu ce serment que les habitants au-dessus de douze ans juraient fidélité. Il était réglé, de plus, que les bourgeois de Moissac payeraient annuellement cinq cents sols pour chevauchée de guerre et suivraient la bannière de l'abbé-chevalier, mais « de telle façon qu'ils pussent être de retour le soir à Moissac. » C'était à peu près une exemption du service militaire. Il y avait un conseil de prud'hommes, qui furent remplacés au XIV° siècle par des consuls.

Il faut croire que les Moissagnais n'avaient pas à se plaindre de l'abbé et de l'abbaye; car les villes nées à l'ombre des monastères et soumises à un seigneur ecclésiastique se sont montrées le plus souvent rebelles à l'autorité religieuse. Au contraire, Moissac fut constamment opposée aux doctrines nouvelles, soit des Albigeois, soit des huguenots. Si Montfort fut obligé d'en faire le siège, c'est que Raymond avait pris soin, dès 1199, d'occuper le château. « Il (Montfort), dit un historien provençal du temps, vint, en 1212, avec tout son host, pour mettre le siège devant Moissac et le prendre. Et, quand ledit siège eut été mis, voici la comtesse de Montfort qui accourt vers son seigneur, car il y avoit longtemps qu'elle ne l'avoit vu, et lui mène une belle et noble compagnie de gens bien en point et bien armés, lesquels estoient bien quinze mille, ayant pour chef le comte Baudouin. Or, lorsque dudit Moissac on vit venir si grand secours, les bourgeois furent ébahis et auroient bien désiré s'arranger avec ledit Montfort, mais les hommes d'armes de Toulouse les empêchoient. Montfort tint donc conseil avec les siens pour savoir si audit Moissac on donneroit l'assaut. Le conseil délibéra qu'on le donneroit, et aussitôt les croisés commencèrent effectivement à faire les approches. Or, quand les hommes d'armes de Moissac virent s'ébranler l'host pour monter à l'assaut, ils s'armèrent promptement, et, une fois armés, sortirent bien serrés et vinrent frapper sur les ennemis avec une telle vigueur et une telle furie qu'ils tuèrent et blessèrent maints croisés et firent l'host reculer. Montfort, très courroucé, fit dresser contre les murs pierriers et tours bélières qui tiroient jour et nuit sans cesser. Lesdits hommes d'armes sortent encore et repoussent si furieusement l'host de Montfort, que le comte lui-même eut son cheval tué entre les jambes. Sur ces entrefaites arrive l'évêque de Cahors avec une nouvelle armée au secours de Montfort; un second assaut est livré qui n'avance à rien. La *chatte* (machine de guerre) du comte, qui bat les murailles jour et nuit, renverse pourtant un matin la moitié du rempart; les hommes d'armes crient alors qu'ils se rendront bien si l'on veut; mais Montfort ne voulut pas recevoir les bourgeois à rançon, qu'ils n'eussent égorgé les trois cents hommes d'armes : ce qui fut grand dommage. »

Moissac ne demeura pas moins fidèle au catholicisme pendant le XVI° siècle que pendant le XIII°. Elle se déclara même pour la Ligue et fut prise par le duc d'Épernon en 1592. De même, elle tint fidèlement pour la royauté sous Louis XIII, tandis que presque tout le pays se mettait en rébellion. Vers la même époque (1618), l'abbaye était sécularisée par le pape Paul V et enlevée aux moines réguliers de Cluny ; le premier administrateur de ce chapitre fut le cardinal Mazarin, et le dernier l'archevêque Loménie de Brienne. La Révolution, pas plus que la Réforme, ne trouva les Moissagnais favorables aux idées nouvelles. Ils tentèrent même d'abord de s'opposer à la démolition des châteaux par les paysans ; mais ils eurent bientôt le bon esprit de changer de sentiments, et furent récompensés par l'érection de leur ville en chef-lieu de district et plus tard d'arrondissement.

Depuis le siècle dernier, Moissac a été merveilleusement favorisée sous le rapport des voies de communication. Ce même intendant L'Escalopier, dont nous avons raconté plus haut les exactions, fit tracer la grande route qui la rattache à Montauban et à Bordeaux, et construire sur la rive droite du Tarn une écluse qui rendit sûr pour le passage des bateaux cet endroit de la rivière auparavant fort dangereux. En 1808, Napoléon, passant à Moissac, désigna la place d'un pont à construire, qui fut en effet achevé en 1826 ; l'ancien pont était détruit depuis les guerres de religion. Enfin le canal Latéral passe dans la ville et l'on a construit tout auprès, sur le Tarn, dans ces dernières années, un magnifique pont destiné à lui livrer passage. Ces avantages et celui d'une importante station du chemin de fer du Midi assurent un brillant avenir à Moissac.

La principale industrie de cette ville, la minoterie, a beaucoup souffert de la perte du Canada et de la prééminence que Bordeaux a laissé prendre au Havre pour les relations avec l'Amérique. Elle est pourtant encore renommée. Moissac fabrique aussi des poteries et trafique de ses vins et de ses grains ; elle possède aujourd'hui une fonderie. Elle offre au visiteur sa vieille église Saint-Pierre (monument historique), ancienne dépendance de l'abbaye fondée par saint Amand au VIᵉ siècle, reconstruite au XVᵉ et restaurée de nos jours ; les ruines de son cloître, l'un des plus beaux de France ; les belles promenades de ses environs et une ancienne fontaine située dans le voisinage et que l'on a découverte en 1780. On en a attribué la construction aux Anglais ; mais il y a peut-être lieu de lui assigner une plus ancienne origine. Voici la description qu'en donne Cathala-Couture, l'auteur de l'*Histoire du Quercy* : « On descend dans cette fontaine par vingt-huit marches ; son entrée a un mètre de large et deux mètres dix-sept centimètres d'élévation, et l'on y voit des pétrifications très curieuses ; au fond est un grand bassin de cinq mètres trente centimètres de hauteur avec une voûte bâtie en rocaille et d'une très belle architecture ; quatre aqueducs y conduisent leurs eaux. Sous l'escalier du bassin est un autre aqueduc très bien bâti en briques, de cinquante mètres de longueur sur cinquante centimètres de largeur ; cet aqueduc conduit les eaux qui tombent des premiers aqueducs dans le grand bassin et les porte ensuite dans le second. Ce dernier bassin est bien voûté : il a quatre mètres cinquante centimètres de profondeur, et l'on y descend par huit marches ; à sa base est un tuyau de trois centimètres de diamètre pour porter les eaux dans Moissac. Le sol de la fontaine est élevé de près de deux cents mètres au-dessus des rues de la ville. »

Les armes de Moissac sont : *de gueules, à la croix cléchée, vidée et pommetée d'or à douze pierres d'argent ; au chef d'azur, chargé de trois fleurs de lis d'or ;* — aliàs : *de sinople, à la colonne d'or, embrassée par une vigne d'argent, fruitée de pourpre.*

VALENCE-D'AGEN. — Valence-d'Agen, station de la ligne du chemin de fer de Bordeaux à Cette (réseau du Midi), est un chef-lieu de canton de 3,699 habitants, situé à 16 kilomètres à l'ouest de Moissac, sur le canal latéral à la Garonne et à la jonction des routes de Toulouse et de Montauban à Agen. Cette ville avait un château et était entourée de murailles, ce qui lui valut le triste honneur de jouer un certain rôle pendant la guerre des Albigeois, et plus tard pendant celles de religion. On y montre encore aujourd'hui la *Maison de la foi* où siégèrent les inquisiteurs.

Aujourd'hui, c'est une ville industrielle, qui a des fabriques importantes de plumes à écrire, des tanneries renommées, des fabriques de toiles, des taillanderies et des corderies ; elle possède aussi un comice agricole et une station d'étalons.

LA MAGISTÈRE. — La Magistère, station de la ligne du chemin de fer de Bordeaux à Cette (réseau du Midi), est une commune de 1,605 habitants, située dans le canton de Valence-d'Agen, sur la rive droite de la Garonne et près du confluent de la Braguelonne avec cette dernière, à 23 kilomètres de Moissac. C'est une petite ville industrielle qui possède une importante papeterie, des minoteries, et fait un commerce considérable de grains, farines, pruneaux, avec Moissac et Agen. Elle a deux ponts, l'un sur le canal latéral à la Garonne et l'autre sur la Braguelonne.

AUVILLAR. — Auvillar, à 30 kilomètres à l'ouest de Moissac, est un chef-lieu de canton de 1,706 habitants, situé sur une hauteur qui borde la rive gauche de la Garonne où il a un petit port très commerçant. On y voit une chapelle bâtie au XIVe siècle, par Bertrand de Goth, qui plus tard devint pape sous le nom de Clément V. Cet édifice, dont le portail est monumental, mais dont l'intérieur est peu remarquable, est placé sous l'invocation de Sainte-Catherine.

Auvillar possède des faïenceries renommées, et l'on récolte sur son territoire un vin rouge estimé.

MONTAIGUT. — Montaigut-de-Quercy est un chef-lieu de canton de 3,090 habitants, situé sur la Séoune, à 38 kilomètres au nord de Moissac. C'est une petite ville industrielle qui possède des fabriques de laine, des tanneries, un comice agricole ; ses foires et ses marchés sont fréquentés.

LAUZERTE. — Lauzerte (*Lauzerta*), petite ville de 2,852 habitants, chef-lieu d'un canton, et située à 33 kilomètres au nord de Moissac sur une colline, entre la petite Braguelonne et le Lendou, près de la petite Braguelonne, dans un territoire fertile en grains, en vins, en fruits, possède un ancien château, dit le *Château du Roi*, qui fut bâti par Raymond IV, comte de Toulouse ; ce château fut, à l'époque de l'incorporation du comté de Toulouse à la couronne, acquis au domaine royal, et c'est alors qu'il prit le nom qu'il porte. Il fut longtemps affecté aux séances du sénéchal de Lauzerte, et sert aujourd'hui de prison municipale. La ville de Lauzerte fut saccagée en 1562 par les protestants. Duras, leur chef, après avoir été battu par Montluc à Rozan, rallia ses compagnons et se jeta sur le Quercy, le fer et la flamme à la main. L'horrible massacre dont Montluc venait d'ensanglanter Agen avait rempli de fureur les soldats huguenots : ils s'emparèrent de quatre-vingt-dix-neuf prêtres trouvés dans Lauzerte les armes à la main et les précipitèrent du haut des remparts.

Lauzerte a un comice agricole et un hospice ; elle fait commerce de grains, de vins et de fruits. Sur son territoire, on voit un de ces souterrains-refuges si communs dans ce pays souvent désolé par les guerres religieuses.

Les armes de Lauzerte sont : *parti, au 1er, de gueules, à une croix tréflée d'argent ; au 2e, de gueules, à trois tours couvertes en dôme d'argent, croisées et maçonnées de sable, jointes ensemble par une champagne d'argent, chargée d'un lézard passant de sinople, et un chef d'azur, chargé de trois fleurs de lis d'or brochant sur le tout.*

CASTELSARRASIN (lat., 44° 2′ 32″ ; long., 1° 13′ 49″ O.). — Castelsarrasin (*Castrum Cerrucinum, Castrum Sarracenum*), station de la ligne du chemin de fer de Bordeaux à Cette (réseau du Midi), est une jolie petite ville de 6,900 habitants, chef-lieu d'un arrondissement communal et d'un canton, avec tribunal de première instance et collège communal, comice agricole, prison dépôt, située à 21 kilomètres à l'ouest de Montauban, sur l'Azine, le Merdaillon et le canal latéral à la Garonne, à 1 kilomètre de la rive droite de ce fleuve. Elle dépendait autrefois du diocèse de Montauban, du parlement et de la généralité de Toulouse et de l'intendance du Languedoc.

Castelsarrasin doit son origine à un château fort appelé *Castellum Cerrucinum*. Ce château, donné par Pépin d'Aquitaine au seigneur Astanove, fut cédé par celui-ci en 847 aux moines de Moissac, à la condition de bâtir auprès un monastère qui serait appelé Bonneval et dédié à saint Pierre, saint Paul et saint Avitus. *Castellum Cerrucinum* a été transformé plus tard en *Castellum Sarracenum*, ce qui a fait croire faussement à quelques-uns que cette ville devait son origine aux Sarrasins. Certains étymologistes préfèrent tirer le nom Castelsarrasin de sa position au bord du ruisseau appelé l'*Azine*, qui se jette dans la Garonne (Castel-sur-Azine). Au XIIe siècle, l'église de Castelsarrasin appartenait au chapitre de la cathédrale Saint-Étienne de Toulouse. On ne voit pas que cette ville se soit montrée bien dévouée aux comtes de Toulouse pendant la guerre des Albigeois. Quoi qu'ils eussent juré fidélité à Raymond VI en 1211, dès l'année suivante, ils envoyèrent des députés à Simon de Montfort, alors occupé au siège de Moissac, pour le prier d'en accepter la soumission. Raymond VII essaya, en 1228, de reprendre cette place et y réussit. Il fut tenu longtemps en échec par le château ; mais, si la longueur du siège donna à Humbert de Beaujeu et aux troupes de Louis VIII le temps d'ar-

Porte à Moissac.

river, Raymond sut si bien employer ce temps à se fortifier lui-même contre les attaques du dehors, qu'il repoussa les troupes d'Humbert de Beaujeu et celles que Louis VIII envoya pour dégager la place. En 1229, le légat, en réglant les conditions du traité de Meaux, eut soin de porter Castelsarrasin sur la liste des trente places dont les fortifications durent être démolies, et, vingt ans plus tard, nous voyons les consuls de cette ville se rendre à Toulouse et y prêter dans les mains des commissaires de Blanche de Castille le serment de fidélité à Alphonse, comte de Potiers, et à Jeanne, sa femme. Les habitants ne montrèrent pas un grand zèle dans les guerres contre les Anglais ; ils furent même sur le point de livrer leur ville aux ennemis, qui pénétraient jusque dans le voisinage ; mais le complot fut déjoué. Le dauphin Charles ne se montra pas pour cela mal disposé contre eux, puisque, en 1420, par lettres patentes datées du Puy-en-Velay, il leur octroya trois foires annuelles. Cette mesure se rattachait à son système habile pour se concilier les villes du Midi.

En général, la population de Castelsarrasin paraît s'être montrée assez tiède. Au XVIe siècle, elle reste fidèle au catholicisme. Quelques-uns de ses membres, feignant le protestantisme, appellent dans leur ville les vicomtes de Paulin, de Bruniquel et de Montclar, et ce n'est qu'un piège auquel ces chefs huguenots échappent par bonheur une première fois, mais qui, une seconde fois, coûte la vie au comte de Bruniquel. Plus tard, elle entre dans la Ligue, mais assez froidement. C'est dans son sein que les ligueurs modérés du parlement de Toulouse cherchent un refuge (1595), et, la même année, Henri IV y envoie le parlement royaliste de Béziers. Ces deux fractions modérées du parlement de Toulouse quittent enfin Castelsarrasin et rentrent à Toulouse après la paix de Folembray (1596).

Castelsarrasin dépendait de la généralité de Toulouse, mais appartenait au diocèse de Montauban depuis 1317. Elle fut également rattachée à Montauban au point de vue administratif par l'organisation départementale de 1808, qui la fit passer de la Haute-Garonne dans le Tarn-et-Garonne. Cette jolie ville est entourée d'agréables promenades, qui ont remplacé ses anciens remparts, elle n'offre guère d'antiquité remarquable que le portail de son église Saint-Sauveur, qui appartient à l'époque de la transition et que domine un clocher octogonal à deux étages.

C'est la patrie du littérateur géographe Dezos de La Roquette.

Cette ville possède des fabriques importantes de serges, de cadis, de toiles, de bonneteries, de chapeaux; tanneries, teintureries, etc.; mais son principal commerce est celui des grains : son marché est un des meilleurs et des plus suivis du Midi.

Les armes de Castelsarrasin sont : *d'azur, à un château sommé de trois tours d'argent maçonnées de sable; au chef de gueules, chargé d'une croix cléchée, vidée et pommetée d'or;* — aliàs : *d'azur, au château antique, donjonné de trois tours crénelées d'or, ouvert et maçonné de sable, surmonté d'une tête de Maure, tortillée d'argent, au chef cousu de gueules, chargé d'une croix cléchée, vidée et pommetée d'or.*

BEAUMONT.—Beaumont ou Beaumont-de-Lomagne est une petite ville de 4,516 habitants, qui dépendait autrefois du diocèse de Montauban, du parlement de Toulouse, de l'intendance d'Auch et possédait un bailliage royal; c'est aujourd'hui un chef-lieu de canton situé à 16 kilomètres au sud de Castelsarrasin, dans une belle situation, sur la rive gauche de la Gimone. Elle ne nous offre point d'événement historique important; mais nous ne saurions omettre cette petite ville si agréablement située dans une vallée productive et gracieuse, au milieu des prairies et des vignes, et qui se livre à un commerce actif grâce à sa position au point d'intersection de la route nationale de Montauban et d'une route départementale. La ville est remarquable par la régularité de son plan : elle est distribuée autour d'une place spacieuse et carrée, entourée de maisons propres et jolies; deux côtés de la place sont bordés d'arcades, et au centre s'élève une haile propre et spacieuse. L'église, qui date du commencement du xiv° siècle, a été rangée au nombre de nos monuments historiques; elle est couronnée par un clocher ogival. La plupart des rues sont droites et larges et se coupent à angle droit. Elle possède des fabriques de toiles, de grosses draperies, de chapeaux, de ferronnerie, de faïences, de fouets, des tuileries, des tanneries, et elle fait un commerce considérable de grains. A l'est, sur son territoire, est une belle forêt.

C'est la patrie du mathématicien Fermat, auquel on y a élevé une statue en bronze.

SAINT-NICOLAS.—Saint-Nicolas-de-la-Grave, chef-lieu de canton de 2,788 habitants, situé à 10 kilomètres à l'ouest de Castelsarrasin, est situé dans un terrain d'alluvions très fertile, qui produit deux variétés de melons très estimés. Ses foires sont très fréquentées. A quelque distance, on y passe la Garonne sur un beau pont en fil de fer.

MONTECH. — Montech (*Montegium*), petite ville de 2,720 habitants, chef-lieu de canton, située sur le canal latéral à la Garonne, à 15 kilomètres au sud-est de Castelsarrasin, doit son origine à un château qui existait au xiii° siècle sur une hauteur que l'on nommait *Ætius Mons*. Assiégée, prise et reprise, au temps des guerres des Albigeois, des Anglais et de religion, son histoire n'offre aucun fait bien mémorable. Elle possède un comice agricole, un hospice, une papeterie, des minoteries, et elle est aujourd'hui importante par son commerce de grains et de vins; c'est un des principaux marchés du département.

Les armes de Montech sont . *de gueules, à une plante de fougère d'argent, au chef cousu d'azur, chargé de trois fleurs de lis d'or à la bordure de sable.*

MONTBARTIER. — Montbartier, station de la ligne du chemin de fer de Bordeaux à Cette, est un joli village de 636 habitants, situé dans le canton de Montech, sur un magnifique plateau, à 22 kilomètres au sud-est de Castelsarrasin, au milieu de riches vignobles, entre le Tarn, la Garonne et le canal Latéral. Les habitants font un grand commerce de ses vins rouges estimés. On remarque dans la commune deux tumulus s'élevant à la hauteur de 15 mètres et renfermant des débris gallo-romains. L'église de Montbartier fut donnée à l'abbaye de Moissac par Vizerries et sa femme Ermentrude. Prise et usurpée par les seigneurs toulousains, elle fut rendue à la célèbre abbaye par ordre du pape Urbain II.

Dans son voisinage, on voit un souterrain qui, au temps des guerres religieuses, a souvent servi d'asile aux habitants.

Lavit. — Lavit-de-Lomagne est un chef-lieu de canton de 1,523 habitants, situé à 20 kilomètres au sud-ouest de Castelsarrasin, sur une hauteur, dans un pays fertile et accidenté, entre la Sère et l'Airoux; il possède un comice agricole et fabrique de la tonnellerie; ses marchés, alimentés par les productions agricoles du pays, sont très fréquentés. Le premier vendredi de septembre, il s'y tient une foire aux chiens.

Les armes de Lavit sont : *d'azur, à trois danois de trumeaux d'or, 2 et 1.*

Verdun. — Verdun ou Verdun-sur-Garonne, station du chemin de fer du Midi, petite ville de 3,631 habitants, chef-lieu d'un canton, située à 40 kilomètres de Castelsarrasin, sur la rive gauche de la Garonne, s'occupe surtout aujourd'hui de fabriquer des cadis. Autrefois, elle avait une tour qui fut le théâtre d'un des événements les plus atroces du moyen âge et d'une des plus cruelles manifestations de cette haine aveugle que l'Église inspirait au peuple catholique contre les juifs. « En 1320, disent les *Grandes Chroniques de Saint-Denis*, commença une émeute sans nulle discrétion. Deux fourbes, l'un, prêtre chassé de son église à cause de ses infamies, l'autre, moine apostat de l'ordre de Saint-Benoît, publièrent qu'il était révélé que les pastoureaux devaient conquérir la terre sainte; en sorte qu'ils s'assemblèrent un très grand nombre, et accouroient les pastoureaux des champs, et laissoient leurs bêtes, et, sans prendre congé ni de père ni de mère, se réunissoient aux autres.... Et ils vinrent de cette manière jusqu'en la terre de Languedoc; et tous les juifs qu'ils trouvoient, ils les massacroient sans merci. Les baillis eux-mêmes ne pouvoient s'y opposer; car les chrétiens refusoient de combattre les chrétiens pour les juifs. Il advint donc qu'ils s'enfuirent dans la tour de Verdun au nombre de cinq cents, hommes, femmes ou enfants, et les pastoureaux les assaillirent, et eux se défendoient vaillamment avec pierres et flèches; et, lorsqu'ils n'eurent plus ni bois ni pierres, ils jetèrent leurs enfants. Alors les pastoureaux mirent le feu à la tour, et les juifs, voyant qu'ils ne pouvoient échapper, s'entretuèrent eux-mêmes. Les pastoureaux allèrent ensuite vers Carcassonne pour en faire autant; mais ceux qui gardoient le pays assemblèrent grande ost et marchèrent contre eux, et ils se dispersèrent çà et là. La plupart furent pris et pendus par les chemins, ici dix, là vingt, ailleurs trente, et ainsi finit cette folle assemblée. »

Les armes de Verdun sont : *de gueules, à une croix cléchée d'or, accompagnée de trois fleurs de lis de même, deux en chef et une en pointe, accostée de deux tours crénelées d'argent.*

Grisolles. — Grisolles, station de la ligne du chemin de fer de Bordeaux à Cette (réseau du Midi), chef-lieu de canton, est une petite ville dont l'origine paraît fort ancienne, peuplée de 2,046 habitants, située à 29 kilomètres au sud-est de Castelsarrasin, sur la route de Montauban à Toulouse, et près du canal Latéral. Elle est sur la voie romaine qui de Toulouse se dirigeait sur Moissac et Agen, et l'on rencontre dans ses environs plusieurs tumulus. Elle était jadis entourée de murailles, et elle eut sa part des calamités qui désolèrent le Languedoc. Ses habitants n'ayant pas embrassé le parti de la Ligue, le ligueur Joyeuse en fit le siège, l'emporta d'assaut et fit pendre sur la brèche le capitaine Fénelon, un des aïeux du grand archevêque, qui commandait dans la place. La ville fut alors livrée à toutes les horreurs de la guerre; mais sa situation dans une contrée fertile et dans le voisinage de deux grandes villes, Toulouse et Montauban, contribua puissamment à son rétablissement. L'église paroissiale de cette ville, rangée parmi nos monuments historiques, est un édifice du xive siècle, dont le portail est remarquable; il est de forme ogivale et composé de dix arcs en briques et d'un arc extérieur en pierres qui sert d'encadrement; huit colonnes en marbre des Pyrénées décorent ce portail et supportent des chapiteaux sur lesquels on a représenté quelques sujets tirés de l'histoire sainte : l'Annonciation, l'Adoration des Mages, la Pondération des âmes, etc.

La principale industrie de la ville, qui possède un comice agricole et un hospice, est celle de la coutellerie, qui est estimée; on y voit quelques métiers; elle fait aussi des conserves de volaille et un commerce actif de pâtés de foie gras. Les habitants se livrent, en outre, aux travaux agricoles.

Pompignan. — Pompignan ou Pompignan-le-Franc,

est une petite commune de 640 habitants, située dans le canton de Grisolles, sur la route de Montauban à Toulouse, à 33 kilomètres au sud-est de Castelsarrasin. Nous la citerons à cause du poëte devenu doublement célèbre par ses vers et par les railleries de Voltaire. Jean-Jacques Le Franc, marquis de Pompignan, naquit à Montauban en 1709. Son père était premier président de la cour des aides de cette ville, et lui-même remplit plus tard les mêmes fonctions. Ses odes, sa tragédie de *Didon* et ses cantiques sacrés le conduisirent à l'Académie en 1760 ; mais il étala dans son discours de réception un zèle religieux et une animosité contre les philosophes qui attirèrent sur lui les attaques des encyclopédistes. Voltaire lui décocha sur-le-champ toutes ses épigrammes en prose et en vers, les *Si*, les *Quand*, les *Mais*, les *Pourquoi*, et le harcela de ces railleries que toute la France répétait.

Pompignan, qui manquait de tact, fit un peu plus tard une maladresse encore plus lourde. S'étant retiré à Pompignan, il y fit consacrer solennellement l'église, reconstruite par ses soins, et publia un écrit qui exposait toute la pompe de cette cérémonie, énumérant avec complaisance les gens de qualité qui s'y trouvaient, sans omettre les jésuites, faisant le compte des moindres détails et ne faisant pas grâce d'un seul cierge. Voltaire s'en empara aussitôt et fit cette chanson fameuse :

> Nous avons vu ce beau village
> De Pompignan,
> Et ce marquis brillant et sage,
> Modeste et grand,
> De ses vertus premier garant ;
> Et vive Louis
> Et Pompignan son favori !
>
> Il a recrépi sa chapelle
> Et tous ses vers ;
> Il poursuit avec un saint zèle
> Les gens pervers ;
> Tout son clergé s'en va chantant :
> Et vive Louis
> Et Pompignan son favori !
>
> En aumusse un jeune jésuite
> Marchait devant ;
> Gravement venait à sa suite
> Sieur Pompignan
> En beau satin de président.
> Et vive Louis
> Et Pompignan son favori !

C'est encore Voltaire qui disait des *Cantiques sacrés* de Pompignan : « Sacrés ils sont, car personne n'y touche. » Cependant il rendit sincèrement hommage au poète tant persiflé, lorsqu'un jour La Harpe, lui ayant lu l'ode célèbre sur la mort de J.-B. Rousseau, il s'écria : « Ah ! mon Dieu ! que cela est beau ! » C'est, en effet, dans cette ode que se trouvent deux des plus magnifiques strophes qui existent dans la langue française. Quoiqu'elles soient dans la mémoire de tous, nous ne pouvons résister au désir de les citer ici :

> Quand le premier chantre du monde
> Expira sur ces bords glacés
> Où l'Èbre effrayé dans son onde
> Roula ses membres dispersés,
> Le Thrace errant sur les montagnes
> Remplit les bois et les campagnes
> Du cri perçant de ses douleurs ;
> Les champs de l'air en retentirent,
> Et dans les antres qui gémirent
> Le lion répandit des pleurs.
>
> . . . .
>
> Le Nil a vu sur ses rivages
> Les noirs habitants des déserts
> Insulter par leurs cris sauvages
> L'astre éclatant de l'univers.
> Cris impuissants ! fureurs bizarres !
> Tandis que ces monstres barbares
> Poussaient d'insolentes clameurs,
> Le dieu poursuivant sa carrière
> Versait des torrents de lumière
> Sur ses obscurs blasphémateurs.

Les restes de Le Franc de Pompignan reposent dans l'église paroissiale. La commune ne fait d'autre commerce que celui du transit entre Toulouse et Montauban. Ses habitants se livrent aux travaux agricoles.

Les armes de Pompignan sont : *d'azur, au Franc (homme) armé, monté sur un cheval, tenant de la main droite un badelaire prêt à frapper, le tout d'argent.*

STATISTIQUE DU DÉPARTEMENT DE TARN-ET-GARONNE

RANG DU DÉPARTEMENT

Superficie : 83ème. — Population : 81ème. — Densité de la population : 46ème.

I. STATISTIQUE GÉNÉRALE

SUPERFICIE.	POPULATION.	ARRONDISSEMENTS.	CANTONS.	COMMUNES.	REVENU TERRITORIAL.	CONTRIBUTIONS ET REVENUS PUBLICS
3.720 kil. carrés, ou 372.016 hect.	Hommes. 109.872 Femmes. 111.492 Total.. 221.364 59 hab. 51 par kil. carr.	3	24	194	Propriétés bâties... 4.000.000 fr. — non bâties 16.000.000 » Revenu agricole... 62.000.000 »	60.000.000 fr.

II. STATISTIQUE COMMUNALE

ARRONDISSEMENT DE MONTAUBAN

Superficie, 1.599 kil. carrés ou 159.928 hect. — Population, 102.521 hab. — Cantons, 11. — Communes, 63.

CANTON, sa population.	NOM de LA COMMUNE.	POPULATION.	Distance au chef-lieu d'arr.	CANTON, sa population.	NOM de LA COMMUNE.	POPULATION.	Distance au chef-lieu d'arr.	CANTON, sa population.	NOM de LA COMMUNE.	POPULATION.	Distance au chef-lieu d'arr.
MONTAUBAN, 2 c., 5 c., 28.730 h.	Montauban (Est)....	11.086	»	LA FRANÇAISE, 4 c., 5.806 hab.	La Française...	3.481	16	NÉGREPELISSE, 7 c., 9.341 habt.	Nègrepelisse........	2.893	17
	Lamothe-Capdeville..	773	7		Honor-de-Cos (L.)...	1.524	13		Albias.............	1.173	12
	Villemade	575	9		Montastruc.........	384	12		Bioule.............	1.087	18
	Montauban (Ouest)..	15.866	»		Piquecos	417	11		Cazals.............	491	35
	Léojac.............	440	8						Montricoux.........	1.357	25
									Saint-Étienne-de-Tulmont.	913	11
									Vaissac............	1.427	21
CAUSSADE, 11 c., 12.284 hab.	Caussade...........	4.066	22	MOLIÈRES, 5 c., 6.331 h.	Molières...........	2.310	23	SAINT-ANTONIN, 8 c., 13.439 hab.	Saint-Antonin......	4.924	41
	Cayrac.............	276	14		Auty...............	380	32		Castanet...........	930	65
	Cayriech...........	372	32		Labarthe...........	1.032	26		Feneyrols..........	648	48
	Lavaurette.........	578	35		Puycornet..........	1.094	20		Ginals.............	1.013	52
	Mirabel............	1.513	18		Vazerac............	1.535	25		La Guépie.........	1.461	65
	Monteils...........	761	25						Parisot............	1.584	54
	Réalville..........	1.621	15	MONCLAR, 5 c., 5.745 h.	Monclar-de-Quercy...	1.983	22		Varen.............	1.812	54
	Saint-Cirq.........	648	28		Belmontet..........	852	15		Verfeil............	1.067	53
	Saint-Georges......	408	33		Bruniquel..........	1.660	30				
	Saint-Vincent......	609	30		Génébrières........	660	16				
	Septfonds..........	1.432	29		Puygaillard........	590	22				
CAYLUS, 7 c., 9.484 h.	Caylus.............	4.928	44	MONTPEZAT, 6 c., 6.841 h.	Montpezat-de-Quercy.	2.587	34	VILLEBRUMIER, 6 comm., 4.490 h.	Villebrumier.......	644	18
	Espinas............	788	52		La Bastide-de-Penne.	481	40		Corbarieu..........	505	9
	La Capelle-Livron..	583	48		Lapenche..........	438	31		Reyniès............	846	13
	Loze...............	479	50		Montalzat..........	1.033	30		Saint-Nauphary....	978	9
	Mouillac...........	292	41		Montfermier........	265	28		Varennes..........	616	20
	Puylagarde.........	1.122	56		Puylaroque.........	2.037	35		Verlhac-Tescou.....	901	20
	Saint-Projet.......	1.292	52								

ARRONDISSEMENT DE CASTELSARRASIN

Superficie, 1.215 kil. carrés ou 121.496 hect. — Population, 66.249 hab. — Cantons, 7. — Communes, 81.

CANTON, sa population.	NOM de LA COMMUNE.	POPULATION.	Distance.	CANTON.	NOM de LA COMMUNE.	POPULATION.	Distance.	CANTON.	NOM de LA COMMUNE.	POPULATION.	Distance.
CASTELSARRASIN, 6 c., 10.274 h.	Castelsarrasin.....	6.900	»	BEAUMONT, 8 c., 11.804 h.	Beaumont..........	4.513	16	Suite de BEAUMONT.	Esparsac...........	601	33
	Albefeuille-et-Lagarde	631	13		Auterive...........	202	20		Faudoas............	711	37
	Barry-d'Islemade...	536	13		Belbèse............	197	24		Gariès.............	439	23
	Barthes (Les)......	489	10		Cause (Le).........	441	40		Gimat..............	320	22
	La Bastide-du-Temple	746	10		Cumont.............	270	36		Glatens............	100	18
	Meauzac............	966	12		Escazeaux..........	543	20		Goas...............	99	24

SUITE DE L'ARRONDISSEMENT DE CASTELSARRASIN

CANTON, sa population.	NOM de LA COMMUNE.	POPULATION.	Distance au chef-lieu d'arr.	CANTON, sa population.	NOM de LA COMMUNE.	POPULATION.	Distance au chef-lieu d'arr.	CANTON, sa population.	NOM de LA COMMUNE.	POPULATION.	Distance au chef-lieu d'arr.
Suite de BEAUMONT.	La Mothe-Cumont...	323	35	Suite de LAVIT.	Castera-Bouzet	434	17	SAINT-NICOLAS, 15 communes, 9.305 habitants.	St-Nicolas-de-la-Grave	2.788	10
	Larrazet	833	12		Gramont	602	35		Angeville	340	8
	Marignac	245	24		La Chapelle	408	30		Castelferrus	623	5
	Maubec	568	25		Mansonville	800	30		Castelmayran	880	5
	Sérignac	1.113	14		Marsac	490	30		Caumont	653	10
	Vigueron	286	15		Maumusson	216	20		Cordes-Tolosanes	603	7
GRISOLLES, 11 comm., 17.770 hab.					Montgaillard	511	25		Coutures	292	5
	Grisolles	2.046	32		Poupas	352	30		Fajolles	292	13
	Bessens	615	23		Puygaillard	283	22		Garganvillar	767	10
	Campsas	573	25		Saint-Jean-du-Bouzet	254	23		Gensac	357	15
	Canals	475	33						Labourgade	362	13
	Dieupentale	596	28						Lafitte	446	10
	Fabas	285	30						Montain	196	13
	La Bastide-St-Pierre	1.031	27						Saint-Aignan	351	5
	Monbéqui	432	21	MONTECH, 9 comm., 10.382 hab.	Montech	2.720	20		Saint-Arroumex	355	13
	Nohic	522	42		Bressols	885	10	VERDUN, 8 c., 9.893 hab.			
	Orgueil	555	35		Escatalens	1.090	10		Verdun-sur-Garonne	3.631	40
	Pompignan	640	33		Finhan	1.515	20		Aucamville	1.042	32
LAVIT, 14 c., 6.821 h.					Lacourt-Saint-Pierre	544	18		Beaupuy	428	24
	Lavit-de-Lomagne	1.524	23		La Villedieu	935	7		Bouillac	1.118	24
	Asques	319	15		Montbartier	636	22		Bourret	856	14
	Balignac	140	20		Montbeton	833	16		Comberouger	503	23
	Bardigues	488	22		Saint-Porquier	1.224	8		Mas-Grenier	1.325	20
									Saint-Sardos	990	18

ARRONDISSEMENT DE MOISSAC

Superficie, 906 kil. carrés ou 90.592 hect. — Population, 52.594 hab. — Cantons, 6. — Communes, 50.

CANTON	NOM de LA COMMUNE	POPULATION	Distance	CANTON	NOM de LA COMMUNE	POPULATION	Distance	CANTON	NOM de LA COMMUNE	POPULATION	Distance
MOISSAC, 7 c., 14.133 hab.	Moissac	9.137	»	BOURG-DE-VISA, 7 c., 5.133 h.	Bourg-de-Visa	877	23	MONTAIGUT, 6 c., 5.987 h.	Montaigut-de-Quercy	3.090	38
	Boudou	669	10		Brassac	881	35		Lacour	635	40
	Lizac	705	17		Fauroux	470	30		Roquecor	1.005	31
	Malause	951	9		Miramont	686	30		Saint-Amans	400	30
	Montesquieu	1.111	17		Montagudet	479	24		Saint-Beauzeil	327	52
	Saint-Paul-d'Espis	1.189	15		Saint-Nazaire	780	28		Valeilles	530	53
	Saint-Vincent-l'Espinasse	371	20		Touffailles	960	38				
AUVILLAR, 9 comm., 6.487 hab.				LAUZERTE, 10 comm., 10.368 hab.	Lauzerte	2.852	33	VALENCE, 11 comm., 10.486 hab.	Valence-d'Agen	3.699	25
	Auvillar	1.706	20		Belvèze	594	34		Castelsagrat	1.152	27
	Donzac	797	35		Bouloc	554	40		Espalais	488	23
	Dunes	1.246	42		Cazes-Mondenard	2.573	30		Gasques	516	25
	Merles	449	20		Durfort	1.350	25		Golfech	760	28
	Pin (Le)	286	23		Montbarla	319	32		Goudourville	460	24
	Saint-Cirice	287	28		Saint-Amans-de-Pellagal	652	22		La Magistère	1.605	25
	Saint-Loup	596	25		Sainte-Juliette	295	29		Montjoi	574	30
	Saint-Michel	725	25		Sauveterre	638	40		Perville	346	33
	Sistels	395	40		Tréjouls	541	37		Pommevic	569	22
									Saint-Clair	317	27

III. STATISTIQUE MORALE (1)

par M. Eug. Boutmy, ancien Professeur.

Les chiffres en caractères gras inscrits dans chacune des trois petites colonnes de ce tableau indiquent le rang du département relativement à la mention devant laquelle ils sont placés.

Religion (2).

	Catholiques............	211.968
	Protestants...........	9.432
	Israélites.............	25
	Clergé catholique.....	456
	Pasteurs.............	20
	Rabbins..............	»

Mouvement de la population.

	Naissances...........	4.390
	Mariages.............	1.743
	Décès................	5.366
13e	Durée moyenne de la vie.	41 a. 6 m.

Instruction (3).

59e	Nombre des jeunes gens sachant lire, écrire et compter sur 100 jeunes gens maintenus sur les listes de tirage......	73.75
	Nombre des établissements d'enseignement secondaire de l'État.......	4
	Nombre des écoles primaires (publiques ou libres)...	463

Crimes contre les personnes (4).

COURS D'ASSISES.

18e	Rapport du nombre des accusés à la population.	1 sur 13.835 hab.
	Nombre total des accusés...	16

Infanticides.

13e	Rapport du nombre des infanticides à celui des enfants naturels...........	1 sur 96
	Nombre total...........	1

Suicides.

76e	Rapport des suicides au chiffre de la population.	1 sur 18.447 hab.
	Nombre total..........	12

Crimes contre les propriétés.

7e	Rapport du nombre des accusés à la population.	1 sur 8.198 hab.
	Nombre total..........	27

Tribunaux correctionnels.

76e	Nombre des affaires....	856
	Nombre des prévenus...	1.011
	Nombre des condamnés.	938

Procès.

	Affaires civiles (5).....	802
	Affaires commerciales (6).	609
68e	Faillites (7).........	16

Paupérisme.

39e	Rapport des indigents au chiffre de la population...	1 sur 42 hab.
	Nombre total.........	5.220
	Bureaux de bienfaisance..	97
	Hôpitaux et hospices...	11
	Aliénés à la charge du département........	212
	Sociétés de secours mutuels.	40

Contributions directes (8).

42e	Foncière...........	1.679.098
	Personnelle et mobilière.	257.199
	Portes et fenêtres....	134.986

---

(1) Les chiffres contenus dans ce tableau sont empruntés, pour la plupart, à l'*Annuaire statistique de la France* (1878), publié par le ministère de l'agriculture et du commerce, ou calculés d'après des données puisées dans cet ouvrage.

(2) Ces chiffres sont antérieurs au recensement de 1876, qui a négligé ce point de vue.

Culte catholique. — Évêché à Montauban, suffragant de la métropole de Toulouse. Le diocèse de Montauban, qui comprend le département tout entier, compte 32 cures, 294 succursales et 46 vicariats rétribués par l'État. Les congrégations et communautés religieuses établies dans ce département étaient, avant 1880, au nombre de 17 : 3 pour les hommes et 14 pour les femmes.

Culte réformé. — Le département possède deux Églises consistoriales : la première à Montauban, desservie par 9 pasteurs et divisée en 7 sections; la seconde à Nègrepelisse, desservie par 7 pasteurs et divisée en 6 sections.

(3) Le département relève de l'académie de Toulouse. Faculté de théologie protestante à Montauban. Lycée dans la même ville; collèges communaux à Castelsarrasin et à Moissac; 2 établissements libres pour l'enseignement secondaire. École normale d'instituteurs primaires et cours normal d'institutrices à Montauban. Au point de vue du nombre d'élèves inscrits dans les écoles primaires de 6 à 13 ans, sur 100 enfants recensés, le département de Tarn-et-Garonne occupe le 47e rang. Le même département occupe le 64e rang d'après le nombre d'enfants présents à l'école par 10,000 habitants.

Caractère des habitants. — Abel Hugo, l'auteur de la *France pittoresque*, qui avait séjourné quelque temps dans ce département, dit en parlant des habitants : « Nous leur avons trouvé de la gaieté, de la vivacité, de l'esprit, un peu de paresse intellectuelle, mais néanmoins de grandes dispositions pour tous les arts où l'imagination joue un rôle important. Les dons naturels et les qualités instinctives y suppléent à l'éducation. Le peuple, doué de passions ardentes, est néanmoins patient, tolérant et laborieux. Il a de la bravoure, du coup d'œil, de la fermeté et produit des militaires distingués... Les habitants de Tarn-et-Garonne nous ont paru aptes à toutes choses, disposés à toute entreprise utile, prêts à tout travail fructueux... »

(4) Au point de vue judiciaire, le départemnt de Tarn-et-Garonne ressortit à la cour d'appel de Toulouse. Montauban est le siège de la cour d'assises. Chaque chef-lieu d'arrondissement possède un tribunal de première instance; celui de Montauban est divisé en deux chambres. Des tribunaux de commerce sont établis à Montauban, à Castelsarrasin et à Moissac.

(5) Ce chiffre indique le nombre des affaires civiles terminées pendant l'année.

(6) Ce chiffre comprend les affaires contentieuses à juger pendant l'année.

(7) Terminées pendant l'année.

(8) Trésorier-payeur général à Montauban ; receveur particulier dans chaque chef-lieu d'arrondissement ; 37 percepteurs.

BIBLIOGRAPHIE

1621. L'État du siège de Montauban du 12 août 1621. In-8°.

1622. La Réduction de la ville de Montauban à l'obéissance du roi. In-8°.

1622. Histoire particulière des plus mémorables choses qui se sont passées au siège de Montauban. In-12 et in-8°.

1623. Histoire particulière des mémorables choses du siège de Montauban, par *H. Joli.* In-12.

1628. L'État de Montauban depuis la descente des Anglais dans l'isle de Ré en 1622 jusqu'à la reddition de La Rochelle, par *Pierre Beraud.* In-8°.

1668. Histoire de Montauban, par *Henri Lebret.* In-8°.

1701. Récit de ce qu'a été et de ce qu'est présentement Montauban, par *Henri Lebret.* In-8°.

1785. Histoire du Quercy, par *Cathala-Couture.* 3 vol. in-8°.

1810. Statistique du département de Tarn-et-Garonne, par *Peuchet et Chanlaire.* In-4°.

1823. Flore des départements méridionaux et principalement de celui de Tarn-et-Garonne, par *P.-Alexis Baron.* In-8°.

1828. Voyage littéraire et archéologique dans le département de Tarn-et-Garonne, par *Al.-And. du Mège.* In-8°.

1834. Notice géologique sur les terrains de Lot-et-Garonne, par *Chaubard.* In-8°.

1835. Le département de Tarn-et-Garonne au tome III de la France pittoresque d'*Abel Hugo*, gr. in-8°, grav. et cart.

1838. Le Département de Tarn-et-Garonne au tome IV du Guide pittoresque du Voyageur en France, publié par *Firmin Didot.* In-12, cart. et grav.

1841. Monuments historiques de Montauban, par *Devals* aîné. In-4°.

1842. Histoire de Montauban de *Henri Lebret*, nouvelle édition, revue et annotée par MM. l'abbé *Marcellin* et *Gabriel Ruch.* 2 vol. in-8°.

1842. Histoire du midi de la France, par *Mary-Lafon.* 4 vol. in-8°, avec cartes.

1846. Articles Tarn-et-Garonne, Montauban, Moissac, etc., au Dictionnaire des communes de *Girault de Saint-Fargeau.* 3 vol. in-4°, blas. et grav.

1846. Montauban, Caussade, Moissac, La Française, etc., au tome II de l'Histoire des villes de France, par *Aristide Guilbert.* Gr. in-8°, grav. et blas.

1860. Le Château de Bruniquel sous Baudouin de Toulouse, par *Gustave de Clausade.* In-8°.

1864. Notice historique et descriptive du chemin de fer de Montauban à Rodez. In-16.

1872. Répertoire archéologique du département de Tarn-et-Garonne, par *Devals* aîné. 1 vol. in-8°.

1873. Aperçu général des questions d'agronomie, d'hydrologie, et des questions économiques qui se rattachent à l'étude géologique du département de Tarn-et-Garonne, par *Rey-Lescure.* Broch. in-8°.

1873. Études sur la topographie d'une partie de l'arrondissement de Castelsarrasin, pendant la période mérovingienne, par *Devals.* Broch. in-8°.

1873. Études historiques sur Moissac, par *Lagrèze-Fossat.* 2 v. in-8°.

1873. Manuel de géographie du département de Tarn-et-Garonne, par *J.-F. Gasc.* In-32.

1873. Répertoire archéologique du département de Tarn-et-Garonne, par *A. Devals.* In-4°.

1875. Petite géographie du département de Tarn-et-Garonne, par *Bouchard* (Collection E. Levasseur). In-12.

1875. Itinéraire général de la France. De la Loire à la Garonne, par *Ad. Joanne.* 1 fort vol. in-18.

1880. Géographie du département de Tarn-et-Garonne, par *Ad. Joanne.* 1 vol. in-12.

Annuaires de Tarn-et-Garonne.

Mémoires de l'Académie des sciences, agriculture et belles-lettres du département de Tarn-et-Garonne. In-8°.

Mémoires de l'Académie des inscriptions et belles-lettres.

Bulletin archéologique, publié sous la direction de la Société archéologique de Tarn-et-Garonne, paraissant depuis 1871. In-8°.

Cartes du Quercy et de l'ancienne province de Guyenne.

Cartes de *Cassini* et de *Capitaine*.

Carte du diocèse de Montauban.

Voir les feuilles 205, 206, 217, 218 de la *Carte de France*, dite de l'*État-Major*, publiée par le Dépôt de la Guerre.

Carte du département de Tarn-et-Garonne dans l'Annuaire de 1853.

Carte cadastrale du département de Tarn-et-Garonne.

Plan de Montauban.

Carte du département de Tarn-et-Garonne, par M. *Bagel*, agent voyer en chef. 1872, 4 feuiles.

Carte du département de Tarn-et-Garonne, par *Aubry*, géomètre en chef du cadastre, publiée sous les auspices du conseil général. 1878, 1 feuille.

Carte du département de Tarn-et-Garonne, par *Charle*, *Dufour*, *Frémin*, *Duvotenay*, *Logerot*, *Ad. Joanne*, etc.

Carte du département de Tarn-et-Garonne, à l'échelle de 1/120000°, d'après celle de M. *Aubry*, géomètre en chef du cadastre, et complétée par l'agent voyer en chef d'après la *Carte du Dépôt de la Guerre*, gravée sur pierre par *Erhard* et imprimée en 4 couleurs. Publication du ministère de l'intérieur.

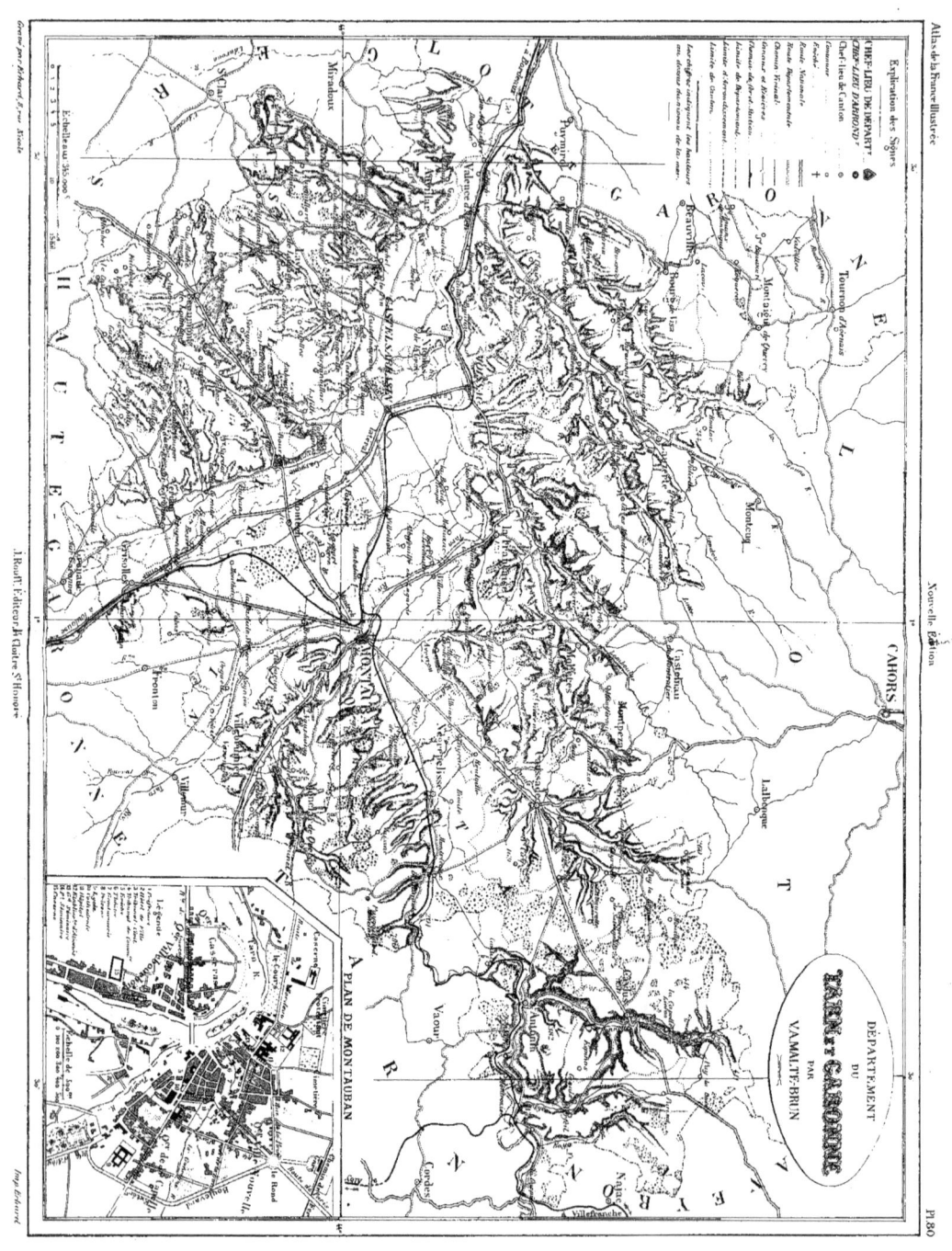

France Illustrée

TABLE

DES

DÉPARTEMENTS CONTENUS DANS LE TOME QUATRIÈME

Rhin (Haut-).
Rhône.
Saône (Haute-).
Saône-et-Loire.
Sarthe.
Savoie.
Savoie (Haute-).
Seine.

Seine-Inférieure.
Seine-et-Marne.
Seine-et-Oise.
Sèvres (Deux-).
Somme.
Tarn.
Tarn-et-Garonne.

www.ingramcontent.com/pod-product-compliance
Lightning Source LLC
Chambersburg PA
CBHW070715020526

44115CB00031B/1092